Schweizer Steuergesetze 2025

Die Steuergesetze des Bundes und des Kantons Zürich
mit über 100 Verwaltungsverordnungen und Querverweisen

16. Auflage

Von professionellen Steuerfachleuten, von Steuerexpertinnen und Steuerexperten sowie von Studierenden des Steuerrechts geschätzte Vorteile

Aktuell
Das Werk ist garantiert aktuell. Sämtliche relevanten Bekanntmachungen bis zum 7. Februar 2025 (Redaktionsschluss) und alle Änderungen, die bis zum 1. Februar 2025 in Kraft getreten sind, wurden berücksichtigt.

Hinweise auf zukünftige Änderungen
Die verabschiedeten zukünftigen Änderungen der Steuergesetze sind sauber und abgegrenzt im Text eingepflegt und erlauben eine proaktive Steuerplanung.

Wertvolle Querverweise
Wertvolle Querverweise sind diskret dort vermerkt, wo ein Gesetzesartikel in einer Verordnung oder Verwaltungsanweisung konkretisiert wird.

Übersichtliche Darstellung
Dank der übersichtlichen Darstellung sowie anhand eines raffinierten Daumenregisters finden die Anwenderin und der Anwender jeden gewünschten Artikel rasch und zielgerichtet.

Stichwortverzeichnis und Dictionnaire
Anhand des sauber strukturierten, direkt vergleichenden Stichwortverzeichnisses und dank dem Dictionnaire lässt sich jeder Begriff schnell, eindeutig und in drei Fremdsprachen finden.

E-Mail-Update-Service
Dank dem integrierten E-Mail-Update-Service werden – einmal aktiviert – Änderungen der Steuergesetze während des Jahres sowie Korrigenda bequem per E-Mail mitgeteilt.

eBook für iPad®, iPhone®, Android-Gerät oder PC
Das eBook dieses Werkes ist im Preis inbegriffen. Es kann folglich kostenlos freigeschaltet werden, um damit auf einem iPad®, iPhone®, Android-Gerät oder PC interaktiv arbeiten zu können.

Verlagsprogramm 2025
Die Steuergesetze des Bundes (inkl. OECD-MA): Ausgabe 2025
Die Steuergesetze des Bundes – Edition Zürich (inkl. OECD-MA): Ausgabe 2025
Die steuerrechtlichen Kreis- und Rundschreiben des Bundes: Ausgabe 2025
Schweizer Steuergesetze 2025 (im Hardcover: Steuergesetze des Bundes + Kreisschreiben)
Les lois fiscales fédérales (y compris le MC de l'OCDE): Édition 2025
Circulaires et instructions fédérales en matière fiscale: Édition 2025/2026
Le leggi fiscali federali (ivi compresa la convenzione modello OCSE): Edizione 2025
Die internationalen Steuererlasse des Bundes (inkl. OECD-MA + MLI): Ausgabe 2024/2025
Die Mehrwertsteuererlasse des Bundes (Band I): Ausgabe 2025
La TVA fédérale – Actes législatifs fédéraux et Infos TVA: Édition 2025/2026

Bestellung steuerrechtlicher Publikationen

Die Gesetzessammlungen des Verlags Steuern und Recht und auch andere steuerrechtliche Publikationen können über unsere Partnerwebsite «www.taxbooks.ch» einfach und bequem gegen Rechnung bestellt werden.

Scan to shop.

Daniel R. Gygax

Schweizer Steuergesetze 2025

Die Steuergesetze des Bundes und des Kantons Zürich
mit über 100 Verwaltungsverordnungen und Querverweisen

- **BV** Finanzordnung
- **StHG | VO StHG** Steuerharmonisierungsgesetz | Verordnungen
- **DBG | VO DBG** Gesetz über die DBST | Ausgewählte Verordnungen
- **OECD** OECD-MA (d|e) | Two-Pillar Solution | MindStV
- **VStG | VStV** Verrechnungssteuergesetz | Verordnung
- **StG | StV** Stempelabgabengesetz | Verordnung
- **MWSTG | MWSTV | VO MWSTG** Mehrwertsteuergesetz | Verordnungen
- **IStR** StADG | VStA | MAC | StAhiG | StAhiV | MCAA | AIAG
- **Nebenerlasse** VStrR | Auszug BGG, OR, BVG, StGB | BRP
- **Vorlagen** Vernehmlassungen, Botschaften, Initiativen

- **Steuerrecht Zürich** StG ZH | StV ZH | ESchG ZH | ESchV ZH

- **VVO** KS ESTV | RS/M ESTV | MB ESTV/E EFD | WL ESTV, SSK, SIF | KS SSK

- **Hinweise auf zukünftige Änderungen**
- **Wertvolle Querverweise**
- **Dictionnaire** (d|f|i|e)
- **Stichwortverzeichnis**

- **Aktueller Stand: 7. Februar 2025**
- **Inklusive E-Mail-Update-Service**
- **Inklusive eBook für iPad® | iPhone® | Android | PC**
- **16. Auflage**

% Verlag Steuern und Recht GmbH

Bibliografische Information der Deutschen Nationalbibliothek

Die Deutsche Nationalbibliothek verzeichnet diese Publikation in der Deutschen Nationalbibliografie; detaillierte bibliografische Daten sind im Internet über «http://www.d-nb.de/» abrufbar.

Herausgeber:
Daniel R. Gygax, lic. oec. publ., dipl. Steuerexperte, Zürich

Alle Rechte vorbehalten.
Das Werk und seine Teile sind urheberrechtlich geschützt. Jede Verwertung in anderen als den gesetzlich zugelassenen Fällen bedarf deshalb der vorherigen Einwilligung des Verlages.

ISBN-13: 978-3-906842-97-4

© 2025 by Taxbooks GmbH
Für diese Ausgabe © by Verlag Steuern und Recht GmbH

Diese Rechtsdaten wurden von der Schweizerischen Bundeskanzlei und von der Eidg. Steuerverwaltung bis zum 14. Februar 2025 geliefert (download) und geben den Stand vom 1. Februar 2025 wieder.
Die Aktualisierung und das Anbringen von Hinweisen erfolgten durch die Redaktion, wobei amtliche Bekanntmachungen bis zum 7. Februar 2025 berücksichtigt worden sind.
Dies ist keine amtliche Veröffentlichung.
Massgebend ist allein die Veröffentlichung durch die Bundeskanzlei.
Massgebend für die Verwaltungsverordnungen ist alleine die Veröffentlichung durch die Eidg. Steuerverwaltung bzw. die Schweizerische Steuerkonferenz.
Betreffend die Daten des Kantons Zürich ist allein die Veröffentlichung durch die Staatskanzlei des Kantons Zürich massgebend.

Jede Haftung ist ausgeschlossen.

Printed in Germany

Vorwort zur 16. Auflage

Die vorliegende 16. Auflage dieser garantiert aktuellen Textsammlung zum Steuerrecht wurde komplett überarbeitet. Sie berücksichtigt sämtliche relevanten Bekanntmachungen bis zum 7. Februar 2025 (Redaktionsschluss) und alle Änderungen, die bis zum 1. Februar 2025 in Kraft getreten sind.

Nachdem per 1. Januar 2024 die Mehrwertsteuersätze angehoben worden sind, erfahren das MWSTG und die MWSTV durch eine Teilrevision per 1. Januar 2025 weitere umfangreiche Anpassungen. Dies betrifft insbesondere die Themen jährliche Abrechnung, Saldo- und Pauschalsteuersatzmethode, elektronische Plattformen, Subventionen und eine Onlinepflicht. Ebenfalls per 1. Januar 2025 in Kraft getreten ist das Gesetz über die Besteuerung der Leibrenten; die Änderungen im StHG, DBG und VStG heben die starre Regelung, 40 % der Rente als Einkommen zu besteuern, zugunsten einer flexiblen Berechnung auf und verhelfen somit der Leibrente zu grösserer Attraktivität. Im Eiltempo wurde ausserdem – induziert durch zwischenstaatliche Abkommen mit Italien und Frankreich in Bezug auf die Arbeit im Homeoffice – das Bundesgesetz über die Besteuerung der Telearbeit im internationalen Verhältnis vom Parlament verabschiedet und die Änderungen im StHG und DBG wurden vom Bundesrat per 1. Januar 2025 in Kraft gesetzt. Auf das gleiche Datum hin hat der Bundesrat überraschend eine Änderung der BVV 3 verordnet, welche einen limitierten Einkauf in die Säule 3a ermöglicht. Auf alle verabschiedeten zukünftigen Änderungen wird hingewiesen, so auch auf den Systemwechsel bei der Wohneigentumsbesteuerung. Auf Seite 825 ff. finden Sie zudem kurze Erläuterungstexte zu Vorlagen, die sich in der parlamentarischen Pipeline befinden.

Mit Bezug auf den Kanton Zürich hat der Kantonsrat am 25. März 2024 diverse Anpassungen des Steuergesetzes an das Bundesrecht verabschiedet. Diese Änderungen – konkret handelt es sich dabei um das BG über die Berechnung des Beteiligungsabzugs bei systemrelevanten Banken, die Änderung des BankG (Insolvenz und Einlagensicherung), das BG über die steuerliche Behandlung finanzieller Sanktionen, das neue Aktienrecht, das BG über Überbrückungsleistungen für ältere Arbeitslose, das Landesversorgungsgesetz und das BG über elektronische Verfahren im Steuerbereich – treten formell per 1. Januar 2025 in Kraft, wobei sie aufgrund von Art. 72 StHG bereits vorher Wirkung entfaltet hatten. Zudem wird am 18. Mai 2025 das Zürcher Stimmvolk darüber entscheiden, ob es einer Änderung des StG ZH, die den Steuersatz für Unternehmen von heute 7 % auf neu 6 % senken würde, zustimmen will.

Die Kollektion der über 100 wichtigsten Verwaltungsverordnungen (VVO) der Eidgenössischen Steuerverwaltung (ESTV) und der Schweizerischen Steuerkonferenz (SSK) wurde erweitert und umfassend aktualisiert (siehe S. VII). Einige wenig häufig verwendete Anweisungen sind nicht mehr oder nur teilweise abgedruckt, jedoch in ihrer Gesamtheit im eBook vorhanden.

Mein herzlicher Dank gebührt all unseren Fachkräften, die zum Gelingen dieser Ausgabe beigetragen haben; insbesondere bedanke ich mich bei Frau Janine Baechler, MLaw, bei Herrn RA Lorenz Naef und bei Herrn RA Jonas Achermann für deren tatkräftige Unterstützung.

Zürich, im Februar 2025   Daniel R. Gygax, lic. oec. publ., dipl. Steuerexperte

Ausgabe 2025 – Aktuelle Entwicklungen auf einen Blick

Das Gesetz ist ständig im Fluss. Damit Sie immer sicher mit den aktuellen Gesetzestexten arbeiten können, verfolgen wir die Entwicklungen im Steuerrecht systematisch. Nachfolgend sind sämtliche bis zum 7. Februar 2025 bekannten Revisionen aufgeführt, die Änderungen in den abgedruckten Texten bewirkt haben bzw. [voraussichtlich][1] bewirken werden. Die neu in Kraft getretenen Änderungen werden in den Gesetzes- und Verordnungstexten durch eine Linie am Rand hervorgehoben; Hinweise auf zukünftige Änderungen sind kursiv gedruckt und stehen in einem Kasten. Wichtige steuerrechtliche Vorlagen im gesetzgeberischen Prozess finden Sie unter N 8 ab Seite 825 ff.

Inkraftsetzung während des Jahres 2024
- BG vom 17.12.2021 (Änderung KAG; L-QIF), in Kraft ab 1.3.2024: StHG, DBG
- VO vom 31.1.2024 (Änderung KKV; L-QIF), in Kraft ab 1.3.2024: BVV 3
- VO vom 10.4.2024 (Änderung; Naturalgewinne), in Kraft ab 1.6.2024: VStV
- VO vom 21.12.2022 (Ende der Verlängerung; Sars-CoV-2 Analysen), in Kraft ab 1.7.2024: MWSTV
- BG vom 16.6.2023 (Bewilligungsverfahren für Windenergieanlagen), in Kraft ab 1.2.2024: BGG
- BG vom 29.9.2023 (Änderung; Finanzhilfen), in Kraft ab 1.4.2024: BRP

Inkraftsetzung ab 1. Januar 2025
- BG vom 17.6.2022 (Besteuerung von Leibrenten), in Kraft ab 1.1.2025: StHG, DBG, VStG
- BG vom 14.6.2024 (Besteuerung der Telearbeit), in Kraft ab 1.1.2025: StHG, DBG
- BG vom 18.3.2022 (Bekämpfung des missbräuchlichen Konkurses), in Kraft ab 1.1.2025: DBG
- BG vom 16.6.2023 (Änderung; Teilrevision MWST), in Kraft ab 1.1.2025: MWSTG
- VO vom 22.8.2024 (Änderung VKP; Totalrevision), in Kraft ab 1.1.2025: DBG
- VO vom 22.8.2024 (Änderung; Tarife), in Kraft ab 1.1.2025: QStV (VO DBG K)
- VO vom 16.10.2024 (Änderung; Grenzgänger), in Kraft ab 1.1.2025: QStV (VO DBG K)
- VO vom 19.9.2024 (Änderung), in Kraft ab 1.1.2025: Zinssatzverordnung EFD (VO DBG P)
- VO vom 20.11.2024 (Änderung; Income Inclusion Rule [IRR]), in Kraft ab 1.1.2025: MindStV
- VO vom 9.6.2023 (Änderung; diverse), abschliessende Inkraftsetzung, in Kraft ab 1.1.2025: VStV
- VO vom 21.8.2024 (Änderung; Teilrevision MWST), in Kraft ab 1.1.2025: MWSTV
- VO vom 7.10.2024 (Änderung; Wertfreigrenze), in Kraft ab 1.1.2025: VO MWSTG A
- VO vom 5.9.2024 (Ersetzung; Saldosteuersätze), in Kraft ab 1.1.2025: VO MWSTG C
- BG vom 17.3.2023 (Änderung ZPO; Verbesserung Praxistauglichkeit), in Kraft ab 1.1.2025: BGG
- VO vom 28.8.2024 (Änderung BVV 2), in Kraft ab 1.1.2025: BVG
- VO vom 6.11.2024 (Änderung; Einkauf Säule 3a), in Kraft ab 1.1.2025: BVV 3
- G vom 25.3.2024 (Änderung; Anpassungen an das Bundesrecht), in Kraft ab 1.1.2025: StG ZH

Inkraftsetzung [voraussichtlich][1] während des Jahres 2025, ab 1. Januar 2026 oder später
- BB vom 20.12.2024 [Änderung; Objektsteuer auf Zweitliegenschaften], [in Kraft ab 1.1.2027]: BV
- BG vom 20.12.2024 [Änderung; Wohneigentumsbesteuerung], [in Kraft ab 1.1.2027]: StHG, DBG
- BG vom 20.12.2024 [Plattformen für die elektronische Kommunikation in der Justiz], [in Kraft ab 1.1.2026]: VStrR, BGG
- VO vom 21.8.2024 (Änderung; Teilrevision MWST), abschliessende Inkraftsetzung, in Kraft ab 1.1.2027: MWSTV
- VO vom 5.12.2024 (Änderung; Anhang mit Liste der Vertragsstaaten), in Kraft ab 1.2.2025: VStA 1
- G vom 4.11.2024 [Änderung; Schritt 2 der Steuervorlage 17], [in Kraft ab 1.1.2026]: StG ZH

---

[1] Steht die Bezeichnung des Erlasses in einer eckigen Klammer, wurde dieser noch nicht definitiv verabschiedet. Steht das Datum in einer eckigen Klammer, ist der Inkraftsetzungszeitpunkt von der Exekutive noch nicht beschlossen worden.

Aktuelle Entwicklung 2025 im Bereich der Verwaltungsverordnungen

Die Auswahl an Verwaltungsverordnungen (VVO) in dieser Kompaktsammlung betrifft Dokumente, die derzeit auf der Webseite der Eidgenössischen Steuerverwaltung (ESTV) publiziert und nicht durch aktuellere Anweisungen ersetzt worden und somit gültig sind. Es handelt sich dabei um ausgewählte Kreisschreiben, Rundschreiben, Mitteilungen, Merkblätter und Wegleitungen der ESTV bzw. der Schweizerischen Steuerkonferenz (SSK). Bitte beachten Sie, dass – insbesondere bei älteren Dokumenten – einzelne Passagen durch Gesetzesänderungen oder aber durch neuere Anweisungen überholt sein können. Für allenfalls noch hängige Veranlagungen der entsprechenden Steuerperiode bleibt die Gültigkeit jedoch vollständig erhalten. Die vorliegende Aufstellung betrifft nur Publikationen, die in diesem Buch bzw. im entsprechenden eBook enthalten sind oder (bei gelöschten Dokumenten) Inhalt früherer Ausgaben waren (die Indexzahl ist entsprechend kursiv gedruckt). Erläuterungen, Anleitungen, Faktenblätter, Richtlinien und Arbeitspapiere des Eidgenössischen Finanzdepartements (EFD), des Staatssekretariats für internationale Finanzfragen (SIF) und der ESTV, aber auch umfangreiche und selten benutzte Verwaltungsanweisungen sind neu im Jahr des Erscheinens bzw. Inkrafttretens in der Sammlung enthalten und in den Folgejahren mindestens im eBook in vollem Umfang dargestellt.

Neue Publikationen, Inkraftsetzung im Jahr 2024 oder ab 1.1.2025
- M ESTV Nr. 22 vom 9.12.2024: Eigene Aktien, gültig ab 9.12.2024 (B114)
- M ESTV Nr. 21 vom 1.11.2024: Vermittlung im Konzern, gültig ab 1.11.2024 (B113)
- Empfehlung SSK vom 19.6.2024: Kapitalleistungen aus Leibrentenversicherungen, gültig ab 1.1.2025 (E20) *(ersetzt Empfehlung SSK vom 27.10.2009 [–])*

Aktualisierte Publikationen, Inkraftsetzung im Jahr 2024 oder ab 1.1.2025
- KS ESTV Nr. 32a vom 20.1.2025: Sanierung, gültig ab 20.1.2025 (A77) *(ersetzt KS ESTV Nr. 32 vom 23.12.2010 [A77])*
- KS ESTV Nr. 6a vom 10.10.2024: Verdecktes Eigenkapital, gültig ab 10.10.2024 (A38) *(ersetzt KS ESTV Nr. 6 vom 6.6.1997 [A38])*
- RS ESTV vom 27.1.2025: Geldwerte Leistungen 2025, gültig ab 1.1.2025 (B86)
- RS ESTV vom 28.1.2025: Zinssätze Fremdwährungen 2025, gültig ab 1.1.2025 (B85)
- RS ESTV 7.1.2025 *(online)*: Zinssätze DBST, Sicherheitseigenkapital / Abzüge Säule 3a 2025, gültig ab 1.1.2025 (B84)
- RS ESTV vom 22.8.2024: Berufskosten / Ausgleich kalte Progression 2025, gültig ab 1.1.2025 (B83)
- RS ESTV vom 8.10.2024: Quellensteuertarife 2025; gültig ab 1.1.2025 (B80)
- RS ESTV vom 24.1.2025: Quellenbesteuerung und DBA 2025, gültig ab 1.1.2025 (B81)
- MB ESTV vom 24.1.2025: Quellenbesteuerung und DBA 2025 (diverse), gültig ab 1.1.2025 (C68–C75)
- Erläuterungen EFD vom 22.12.2023 / 20.11.2024 *(Ergänzung)*: OECD / G20-Mindestbesteuerung in der Schweiz, in Kraft am 1.1.2025 (C104)
- WL ESTV 01.2025: Neuer Lohnausweis, gültig ab 1.1.2025 (D11)

Ausser Kraft gesetzte bzw. überholte Publikationen (oder im Jahr 2024 gelöscht)
- KS ESTV Nr. 32 vom 23.12.2010: Sanierung, gültig bis 19.1.2025 *[A77] (ersetzt durch KS ESTV Nr. 32a vom 20.1.2025)*
- KS ESTV Nr. 6 vom 6.6.1997: Verdecktes Eigenkapital, gültig bis 9.10.2024 *[A38] (ersetzt durch KS ESTV Nr. 6a vom 10.10.2024)*
- KS ESTV Nr. 8 vom 6.5.1985: Liquidation von Kapitalgesellschaften *[A19]*

«Lies das Gesetz ...»

0	Finanzordnung (Auszug Bundesverfassung)	BV
1	Steuerharmonisierungsgesetz (StHG) und Verordnungen (VO StHG A–C)	StHG|VO
2	Gesetz über die direkte Bundessteuer (DBG)	DBG
3	Ausgewählte Verordnungen zum DBG (VO DBG A–P)	VO DBG
4	OECD (OECD-MA 2017 (d/f) | Two-Pillar Solution | MindStV)	OECD
5	Verrechnungssteuergesetz (VStG)	VStG
6	Verrechnungssteuerverordnung (VStV)	VStV
7	Stempelabgabengesetz (StG)	StG
8	Stempelabgabenverordnung (StV)	StV
9	Mehrwertsteuergesetz (MWSTG)	MWSTG
10	Verordnungen zum Mehrwertsteuergesetz (MWSTV | VO MWSTG A–C)	MWSTV
N	IStR | Nebenerlasse | Vorlagen	N 1–8
I–VI	Steuergesetze Kanton Zürich (StG ZH | StV ZH | ESchG ZH | ESchV ZH)	StG ZH
A	Kreisschreiben der Eidgenössischen Steuerverwaltung (KS ESTV)	A | KS
B	Rundschreiben / Mitteilungen ESTV (RS / M ESTV)	B | RS/M
C	Merkblätter ESTV / Informationen / Erläuterungen EFD (MB ESTV / E EFD)	C | MB/E
D	Wegleitungen ESTV, SSK / Arbeitspapiere ESTV (WL ESTV)	D | WL
E	Kreisschreiben / Analysen der Schweizerischen Steuerkonferenz (KS SSK)	E | KS SSK
F	Praxishinweise Kanton Zürich	F | KT ZH
	Dictionnaire (d | f | i | e)	Dict.
	Stichwortverzeichnis | ☞ Steuerbelastungsvergleiche Kantone	Stichw.

... und dann die Verwaltungsverordnung!»

Suchlisten

Neben dieser Schautafel finden Sie ab Seite 977 ff. weitere Suchhilfen, die Ihnen das Finden einer bestimmten Verwaltungsverordnung erheblich erleichtern werden. Die Listen ermöglichen Ihnen, auf ein Dokument chronologisch, alphabetisch oder nach steuerrechtlichen Kategorien zuzugreifen. Zwei Gesamtlisten der publizierten Anweisungen vervollständigen zudem dieses Hilfsmittel.

- Schautafel – Quickfinder
- Verwaltungsverordnungen chronologisch nach Art des Dokuments (S. 978 f.)
- Verwaltungsverordnungen nach Alphabet (S. 980 f.)
- Verwaltungsverordnungen nach steuerrechtlicher Kategorie (S. 982 f.)
- Gesamtliste der Verwaltungsverordnungen (S. 984 ff.)
- Gesamtliste Mehrwertsteuerinformationen (S. 1002 f.)

Schweizer Steuergesetze 2025 | Schautafel

Kreisschreiben ESTV

Bestechungsgelder an Amtsträger und Private	A96	Beteiligungsabzug	A72
Ausland-Ausland-Geschäfte	A95	Selbständige Erwerbstätigkeit USR II	A71
Verwirkung Anspruch auf Rückerstattung VSt	A94	Kollektive Kapitalanlagen; Anleger	A70
Obligationen	A93	Kollektive Kapitalanlagen	A69
Konsortial-, Schuldscheindarlehen, Wechsel, etc.	A92	Teilbesteuerung im GV	A68
Quellenbesteuerung des Erwerbseinkommens	A91	Teilbesteuerung im PV	A67
Aufwandbesteuerung	A90	Ertragsgutschrift ausländischer Banken	A66
Mitarbeiterbeteiligungen; Arbeitgeberin	A89	Vorsorgebeiträge und Säule 3a	A63
Preise, Ehrengaben, Stipendien	A88	Wohneigentumsförderung BVG	A62
Berufsorientierte Aus- und Weiterbildung	A87	Obligationen und Derivate	A60
Freizügigkeit in der beruflichen Vorsorge	A86	Indirekte Teilliquidation	A59
Aktionärsoptionen	A84	Securities Lending	A58
Kapitalgewinnbesteuerung bei Landwirten	A83	Umsatzabgabe	A57
Besteuerung von Mitarbeiterbeteiligungen	A82	Krankheits- und Unfallkosten	A56
Gewerbsmässiger Wertschriftenhandel	A81	Umstrukturierungen	A50
Verkehrs- und Infrastrukturunternehmen	A80	Dienstleistungsgesellschaften	A49
Kundenguthaben	A79	Abgangsentschädigung	A48
Stempelabgabe auf Versicherungsprämien	A78	Eigene Beteiligungsrechte	A42
Sanierung	A77	Verdecktes Eigenkapital	A38
Verpachtung	A76	Einmalprämienversicherung	A36
Ehepaar- und Familienbesteuerung	A75	Auskunftspflicht	A34
Kapitaleinlageprinzip	A74	Steuerbefreiung jP	A30
Liquidationsgewinne	A73		

Rundschreiben / Mitteilungen ESTV

Eigene Aktien	B114	Eigenmietwertzuschlag DBST ab 2018	B82
Vermittlung im Konzern	B113	Quellenbesteuerung und DBA 2025	B81
Verjährungsfristen, Rückerstattung VSt	B112	Quellensteuertarife 2025	B80
Sekundärberichtigung VSt	B111	Covid-19 Erwerbsausfall	B23
Prinzipalgesellschaften / Swiss Finance Branches	B109	Bekämpfung der Schwarzarbeit	B21
Steuervorbescheide / Steuerrulings	B108	Steuerbefreiung von internat. Sportverbänden	B20
Guthaben im Konzern VSt	B107	Atypische stille Beteiligungen	B17
Zeitgleiche Dividendenverbuchung	B105	Freigrenze für Zinsen von Kundenguthaben	B16
Rückforderung von Verzugszinsen VSt	B104	Straflose Selbstanzeige	B15
Geldwerte Leistungen 2025	B86	Steuererlass DBST	B13
Zinssätze Fremdwährungen 2025	B85	Indirekte Teilliquidation & Transponierung	B11
Zinssätze DBST u. a. / Abzüge Säule 3a 2025	B84	Parallelität des Instanzenzuges	B10
Berufskosten / Ausgleich kalte Progression 2025	B83		

Merkblätter ESTV / Informationen / Erläuterungen EFD

OECD / G20-Mindestbesteuerung in der Schweiz	C104	Verwaltungsräte	C68
Abzug auf Eigenfinanzierung	C103	Einkünfte VSt in einfacher BH	C27
Patentbox	C102	Einkünfte VSt in doppelter BH	C26
Liegenschaftskosten	C100	Anrechnung ausländischer Quellensteuern	C25
Abschreibung auf Anlagevermögen	C78	Investment-Clubs	C24
Naturalbezüge Selbstständigerwerbender	C77	Meldeverfahren im Konzernverhältnis	C23
Naturalbezüge Arbeitnehmer	C76	Dreieckstheorie und Leistungsempfänger VSt	C22
Ersatzeinkünfte	C75	Qualified Intermediaries	C21
Hypothekarzinsen	C74	Geldmarktpapiere	C20
Studenten, Lernende und Praktikanten	C73	Gratisaktien	C17
Künstler, Sportler und Referenten	C72	Treuhandverhältnisse	C15
Öffentlich-rechtliche Vorsorgeleistung	C71	Treuhandkonto	C14
Privatrechtliche Vorsorgeleistung	C70	Präponderanzmethode	C12
Internationale Transporte	C69		

Wegleitungen ESTV, SSK / Arbeitspapiere ESTV

Verhaltenskodex Steuern 2021	D15	Bewertung von Wertpapieren ohne Kurswert	D12
Kryptowährungen	D13	Neuer Lohnausweis	D11

Kreisschreiben / Analysen SSK

QSt nP und jP; interkantonale Verhältnisse	E67	Ersatzbeschaffung	E54
Interkantonale Steuerausscheidung STAF	E66	Interkantonale Steuerausscheidung nP	E53
Verkehrs- und Infrastrukturunternehmen	E65	Interkantonale Steuerausscheidung jP	E52
Teilbesteuerung interkantonal	E64	Interkantonale Verhältnis im StHG	E51
Interkantonale Repartition der StA	E63	Vereinfachung und Koordination	E50
Trusts	E62	Öffentlich-rechtliches Arbeitsverhältnis	E40
Leasinggeschäfte mit Immobilien	E61	Telearbeit / Homeoffice im Unternehmen	E33
Ausscheidungsverluste	E59	Aufwandbesteuerung; ausserkantonale LS	E32
Interkantonale Verlustverrechnung	E58	F&E-Aufwand; zusätzlicher Steuerabzug	E31
Repartitionsfaktoren	E57	Neue Rechnungslegung; steuerrechtliche Analyse	E30
Vorgehen bei Sonderfällen	E56	Kapitalleistungen aus Leibrentenversicherungen	E20

MWST-Informationen ESTV, EZV

Liste (MI, MBI, ZI) *(siehe Seite 1002f.)*

Praxishinweise Kanton Zürich

Sondersteuer bei Statuswechsel	F12	Statuswechsel §§ 73 und 74 StG ZH	F11

A | KS
B | RS/M
C | MB/E
D | WL
E | KS SSK
F | KT ZH

Häufig verwendete Abkürzungen

Abs.	Absatz
AIAG / AIA	BG über den internationalen automatischen Informationsaustausch in Steuersachen / Automatischer Informationsaustausch
ARR	Antrag des Regierungsrates
Art.	Artikel
AS	Amtliche Sammlung des Bundesrechts
BAZG	Bundesamt für Zoll und Grenzsicherheit
BB	Bundesbeschluss
BBl	Bundesblatt
BEPS	OECD-Projekt Base Erosion and Profit Shifting
BG / G	Bundesgesetz / Gesetz
BGG	Bundesgerichtsgesetz
BH	Buchhaltung
BR / BRB	Bundesrat / Bundesrecht / Bundesratsbeschluss
BSGA	Bundesgesetz gegen die Schwarzarbeit
Bst.	Buchstabe(n)
BSU	Besondere Untersuchungsmassnahmen
BV	Bundesverfassung
BVors	Berufliche Vorsorge
DBA	Doppelbesteuerungsabkommen
DBG	Bundesgesetz über die direkte Bundessteuer
DBSt	Direkte Bundessteuer
DSG / DSV	Datenschutzgesetz / Verordnung
DVS	Direkte Bundessteuer, Verrechnungssteuer, Stempelabgaben
E	Erläuterungen
EFD	Eidgenössisches Finanzdepartement
ESchG / V ZH	Erbschafts- und Schenkungssteuergesetz / Verordnung Kanton Zürich
ESTV	Eidgenössische Steuerverwaltung
EU	Europäische Union
ExpaV	Expatriates-Verordnung
f. / ff.	folgende(r) (Seite / Artikel) / folgende (Seiten / Artikel)
FABI	Finanzierung und Ausbau der Eisenbahninfrastruktur
FDK	Finanzdirektorenkonferenz
Fn.	Fussnote
GV	Geschäftsvermögen
HA	Hauptabteilung
iStR	internationales Steuerrecht
jP	juristische Personen
KR	Kantonsrat
KS	Kreisschreiben
M	Mitteilungen
MA	Musterabkommen
MAC	Convention on Mutual Administrative Assistance in Tax Matters resp. Übereinkommen (des Europarats und der OECD) über die gegenseitige Amtshilfe in Steuersachen, kurz «Amtshilfeübereinkommen»

MB	Merkblatt
MCAA	Multilateral Competent Authority Agreement on Automatic Exchange of Financial Account Information resp. Multilaterale Vereinbarung der zuständigen Behörden betreffend den automatischen Informationsaustausch über Finanzkonten, kurz «AIA-Vereinbarung»
MindStV	Mindestbesteuerungsverordnung
MLI	Multilaterales Übereinkommen zur Umsetzung steuerabkommensbezogener Massnahmen zur Verhinderung der Gewinnverkürzung und Gewinnverlagerung, kurz «BEPS-Übereinkommen»
MWSTG / V	Mehrwertsteuergesetz / -verordnung
N	Nebenerlass
NP / nP	natürliche Personen
Nr.	Nummer
PV	Privatvermögen
QSt / QStV	Quellensteuer / Quellensteuerverordnung
Rev.	Revision
RL	Richtlinie
RP / BRP	Regionalpolitik / Bundesgesetz über Regionalpolitik
RR	Regierungsrat
RS	Rundschreiben
SR	Systematische Sammlung des Bundesrechts
SSK	Schweizerische Steuerkonferenz
StA	Anrechnung ausländischer Quellensteuern
StADG	Bundesgesetz über die Durchführung von internationalen Abkommen
STAF	Bundesgesetz über die Steuerreform und die AHV-Finanzierung
StAhiG / StAhiV	Steueramtshilfegesetz / -verordnung
StG / V	Bundesgesetz / Verordnung über die Stempelabgaben
StG / V ZH	Steuergesetz / Verordnung zum Steuergesetz des Kantons Zürich
StGB / StPO	Strafgesetzbuch / Strafprozessordnung
StHG	Steuerharmonisierungsgesetz
TBTF	Too-big-to-fail
VKP	Verordnung über die kalte Progression
VL	Vernehmlassungsverfahren
VO / V	Verordnung
VStA	Verordnung über die Anrechnung ausländischer Quellensteuern
VStG / V	Verrechnungssteuergesetz / -verordnung
VStrR	Bundesgesetz über das Verwaltungsstrafrecht
VVO	Verwaltungsverordnung
WBF	Eidgenössisches Departement für Wirtschaft, Bildung und Forschung
WL	Wegleitung
ZBstA / G	Zinsbesteuerungsabkommen / -gesetz
ZGB	Schweizerisches Zivilgesetzbuch
Ziff.	Ziffer
ZH	Zürich

Inhaltsverzeichnis

0 Auszug aus der Bundesverfassung der Schweizerischen Eidgenossenschaft 1

1 Steuerharmonisierungsgesetz (StHG) 9
Erster Titel: Allgemeine Bestimmungen 10
Zweiter Titel: Steuern der natürlichen Personen 10
   1. Kapitel: Steuerpflicht 10
   2. Kapitel: Einkommenssteuer 14
      1. Abschnitt: Einkünfte 14
      2. Abschnitt: Abzüge 21
      3. Abschnitt: Steuerberechnung 26
   3. Kapitel: Grundstückgewinnsteuer 27
   4. Kapitel: Vermögenssteuer 28
   5. Kapitel: Zeitliche Bemessung 29
Dritter Titel: Steuern der juristischen Personen 31
   1. Kapitel: Steuerpflicht 31
   2. Kapitel: Gewinnsteuer 33
      1. Abschnitt: Steuerobjekt 33
      2. Abschnitt: Steuerberechnung 40
   3. Kapitel: Kapitalsteuer 42
   4. Kapitel: Zeitliche Bemessung 42
Vierter Titel: Quellensteuern für natürliche und juristische Personen 43
   1. Kapitel: NP mit steuerrechtlichem Wohnsitz oder Aufenthalt im Kanton 43
   2. Kapitel: NP ohne steuerrechtlichen Wohnsitz oder Aufenthalt in der Schweiz [...] 45
   3. Kapitel: Pflichten des Schuldners der steuerbaren Leistung 47
   4. Kapitel: Örtliche Zuständigkeit und interkantonales Verhältnis 48
Fünfter Titel: Verfahrensrecht 49
   1. Kapitel: Verfahrensgrundsätze und Veranlagungsverfahren 49
   2. Kapitel: Rekursverfahren 54
   3. Kapitel: Änderungen rechtskräftiger Verfügungen und Entscheide 54
   4. Kapitel: Inventar 55
Sechster Titel: Steuerstrafrecht 56
   1. Kapitel: Verletzung von Verfahrenspflichten und Steuerhinterziehung 56
   2. Kapitel: Steuervergehen 60
Siebter Titel: 61
Achter Titel: Schlussbestimmungen 61
   1. Kapitel: Durchführung durch die Kantone 61
   2. Kapitel: Vollzug und Änderung des geltenden Rechts 63
   3. Kapitel: Übergangsbestimmungen 63
   4. Kapitel: Referendum und Inkrafttreten 66

Verordnungen zum Steuerharmonisierungsgesetz (VO StHG A – C) 67
   A   VO über die Anwendung des StHG im interkantonalen Verhältnis 69
   B   Patentbox-Verordnung 71
   C   VO über den steuerlichen Abzug auf Eigenfinanzierung juristischer Personen ... 75

2 Bundesgesetz über die direkte Bundessteuer (DBG) 79
Erster Teil: Allgemeine Bestimmungen 80
Zweiter Teil: Besteuerung der natürlichen Personen 80
Erster Titel: Steuerpflicht 80

1. Kapitel: Steuerliche Zugehörigkeit ... 80
   1. Abschnitt: Persönliche Zugehörigkeit ... 80
   2. Abschnitt: Wirtschaftliche Zugehörigkeit ... 81
   3. Abschnitt: Umfang der Steuerpflicht ... 82
   4. Abschnitt: Steuerberechnung bei teilweiser Steuerpflicht ... 82
2. Kapitel: Beginn und Ende der Steuerpflicht ... 83
3. Kapitel: Besondere Verhältnisse bei der Einkommenssteuer ... 83
4. Kapitel: Steuerbefreiung ... 86
Zweiter Titel: Einkommenssteuer ... 86
1. Kapitel: Steuerbare Einkünfte ... 86
   1. Abschnitt: Allgemeines ... 86
   2. Abschnitt: Unselbständige Erwerbstätigkeit ... 87
   3. Abschnitt: Selbständige Erwerbstätigkeit ... 88
   4. Abschnitt: Bewegliches Vermögen ... 90
   5. Abschnitt: Unbewegliches Vermögen ... 92
   6. Abschnitt: Einkünfte aus Vorsorge ... 93
   7. Abschnitt: Übrige Einkünfte ... 94
2. Kapitel: Steuerfreie Einkünfte ... 94
3. Kapitel: Ermittlung des Reineinkommens ... 95
   1. Abschnitt: Grundsatz ... 95
   2. Abschnitt: Unselbständige Erwerbstätigkeit ... 96
   3. Abschnitt: Selbständige Erwerbstätigkeit ... 96
   4. Abschnitt: Privatvermögen ... 98
   5. Abschnitt: Allgemeine Abzüge ... 99
   6. Abschnitt: Nicht abziehbare Kosten und Aufwendungen ... 103
4. Kapitel: Sozialabzüge ... 103
5. Kapitel: Steuerberechnung ... 104
   1. Abschnitt: Tarife ... 104
   2. Abschnitt: Sonderfälle ... 106
6. Kapitel: Ausgleich der Folgen der kalten Progression ... 107
Dritter Titel: Zeitliche Bemessung ... 108
Dritter Teil: Besteuerung der juristischen Personen ... 109
Erster Titel: Steuerpflicht ... 109
1. Kapitel: Begriff der juristischen Personen ... 109
2. Kapitel: Steuerliche Zugehörigkeit ... 109
3. Kapitel: Beginn und Ende der Steuerpflicht ... 110
4. Kapitel: Mithaftung ... 111
5. Kapitel: Ausnahmen von der Steuerpflicht ... 111
Zweiter Titel: Gewinnsteuer ... 113
1. Kapitel: Steuerobjekt ... 113
   1. Abschnitt: Grundsatz ... 113
   2. Abschnitt: Berechnung des Reingewinns ... 113
2. Kapitel: Steuerberechnung ... 119
   1. Abschnitt: Kapitalgesellschaften und Genossenschaften ... 119
   2. Abschnitt: Gesellschaften mit Beteiligungen ... 119
   3. Abschnitt: Vereine, Stiftungen und übrige juristische Personen ... 120
   4. Abschnitt: Kollektive Kapitalanlagen ... 121
Dritter Titel: 121
Vierter Titel: Zeitliche Bemessung ... 121
Vierter Teil: Quellensteuern für natürliche und juristische Personen ... 122

Erster Titel: NP mit steuerrechtlichem Wohnsitz oder Aufenthalt in der Schweiz 122
Zweiter Titel: NP ohne steuerrechtlichen Wohnsitz oder Aufenthalt in der Schweiz [...] 125
Fünfter Teil: Verfahrensrecht 129
Erster Titel: Steuerbehörden 129
 1. Kapitel: Eidgenössische Behörden 129
 2. Kapitel: Kantonale Behörden 130
  1. Abschnitt: Organisation, elektronische Verfahren und Aufsicht 130
  2. Abschnitt: Örtliche Zuständigkeit 131
Zweiter Titel: Allgemeine Verfahrensgrundsätze 133
 1. Kapitel: Amtspflichten 133
 2. Kapitel: Verfahrensrechtliche Stellung der Ehegatten 135
 3. Kapitel: Verfahrensrechte des Steuerpflichtigen 135
 4. Kapitel: Fristen 136
 5. Kapitel: Verjährung 137
Dritter Titel: Veranlagung im ordentlichen Verfahren 137
 1. Kapitel: Vorbereitung der Veranlagung 137
 2. Kapitel: Verfahrenspflichten 138
  1. Abschnitt: Aufgaben der Veranlagungsbehörden 138
  2. Abschnitt: Pflichten des Steuerpflichtigen 138
  3. Abschnitt: Bescheinigungspflicht Dritter 140
  4. Abschnitt: Auskunftspflicht Dritter 140
  5. Abschnitt: Meldepflicht Dritter 140
 3. Kapitel: Veranlagung 141
 4. Kapitel: Einsprache 142
Vierter Titel: Verfahren bei der Erhebung der Quellensteuer 143
Fünfter Titel: Beschwerdeverfahren 145
 1. Kapitel: Vor kantonaler Steuerrekurskommission 145
 2. Kapitel: Vor einer weiteren kantonalen Beschwerdeinstanz 146
 3. Kapitel: Vor Bundesgericht 146
Sechster Titel: Änderung rechtskräftiger Verfügungen und Entscheide 147
 1. Kapitel: Revision 147
 2. Kapitel: Berichtigung von Rechnungsfehlern und Schreibversehen 147
 3. Kapitel: Nachsteuern 148
Siebenter Titel: Inventar 149
 1. Kapitel: Inventarpflicht 149
 2. Kapitel: Gegenstand 149
 3. Kapitel: Verfahren 149
 4. Kapitel: Behörden 150
Achter Titel: Bezug und Sicherung der Steuer 151
 1. Kapitel: Bezugskanton 151
 2. Kapitel: Fälligkeit der Steuer 151
 3. Kapitel: Steuerbezug 152
 4. Kapitel: Erlass der Steuer 153
 5. Kapitel: Rückforderung bezahlter Steuern 155
 6. Kapitel: Steuersicherung 155
Sechster Teil: Steuerstrafrecht 157
Erster Titel: Verletzung von Verfahrenspflichten und Steuerhinterziehung 157
 1. Kapitel: Verfahrenspflichten 157
 2. Kapitel: Steuerhinterziehung 157

3. Kapitel: Juristische Personen ... 159
4. Kapitel: Verfahren ... 160
5. Kapitel: Verjährung der Strafverfolgung ... 161
6. Kapitel: Bezug und Verjährung der Bussen und Kosten ... 161
Zweiter Titel: Steuervergehen ... 162
Dritter Titel: Besondere Untersuchungsmassnahmen der ESTV ... 163
Siebenter Teil: Abrechnung zwischen Bund und Kantonen ... 165
Achter Teil: Schlussbestimmungen ... 166
Erster Titel: Ausführungsbestimmungen ... 166
Zweiter Titel: Kantonale Stempelabgaben ... 166
Dritter Titel: Aufhebung und Änderung bisherigen Rechts ... 166
Vierter Titel: Übergangsbestimmungen ... 167
1. Kapitel: Natürliche Personen ... 167
2. Kapitel: Juristische Personen ... 169
Fünfter Titel: Referendum und Inkrafttreten ... 170
Schlussbestimmungen zur Änderung vom 8. Oktober 2004 ... 170

3 Ausgewählte Verordnungen zum DBG (VO DBG A–P) ... 171
A VO über die zeitliche Bemessung der direkten Bundessteuer ... 173
B VO über die Besteuerung von natürlichen Personen im Ausland [...] ... 177
C Berufskostenverordnung ... 181
D VO über besondere Untersuchungsmassnahmen der Eidg. Steuerverwaltung ... 187
E VO über die Besteuerung nach dem Aufwand bei der direkten Bundessteuer ... 189
F Liegenschaftskostenverordnung ... 191
G ESTV-Liegenschaftskostenverordnung ... 195
H VO über die Massnahmen zur rationellen Energieverwendung [...] ... 197
I Expatriates-Verordnung (ExpaV) ... 199
J VO des EFD über Fälligkeit und Verzinsung der direkten Bundessteuer ... 203
K Quellensteuerverordnung (QStV) ... 205
L Steuererlassverordnung ... 215
M VO über die Besteuerung der Liquidationsgewinne (LGBV) ... 221
N Mitarbeiterbeteiligungsverordnung (MBV) ... 225
O Gebührenverordnung ESTV (GebV-ESTV) ... 231
P Zinssatzverordnung EFD ... 235

4 Texte betreffend OECD / G20 ... 241
4.1 OECD-Musterabkommen 2017 ... 243
4.2 Model Tax Convention on Income and Capital, Version 2017 ... 265
4.3 Statement on a Two-Pillar Solution *(inkl. Outcome Statement)* ... 285
4.4 Mindestbesteuerungsverordnung (MindStV) ... 295

5 Verrechnungssteuergesetz (VStG) ... 311
Einleitung ... 312
  A. Gegenstand des Gesetzes ... 312
  B. Provision der Kantone ... 312
  C. Verhältnis zum kantonalen Recht ... 312
Erster Abschnitt: Steuererhebung ... 313
  A. Gegenstand der Steuer ... 313
    I. Kapitalerträge ... 313
    II. Gewinne aus Geldspielen sowie aus Lotterien und Geschicklichkeitsspielen [...] ... 317

III. Versicherungsleistungen ... 317
IV. Begriffsbestimmungen ... 318
B. Steuerpflicht ... 318
I. Steuerpflichtiger ... 318
II. Art der Erfüllung ... 318
III. Steuerentrichtung ... 319
IV. Meldung statt Steuerentrichtung ... 321
Zweiter Abschnitt: Steuerrückerstattung ... 323
A. Rückerstattung der Steuer auf Kapitalerträgen und auf Gewinnen [...] ... 323
I. Allgemeine Voraussetzungen des Anspruchs ... 323
II. Berechtigte ... 323
III. Geltendmachung des Anspruchs ... 325
IV. Befriedigung des Anspruchs ... 326
V. Untergang des Anspruchs infolge Zeitablaufs ... 326
B. Rückerstattung der Steuer auf Versicherungsleistungen ... 327
Dritter Abschnitt: Behörden und Verfahren ... 327
A. Behörden ... 327
I. Organisation ... 327
II. Amtshilfe ... 328
IIa. Datenbearbeitung ... 329
III. Schweigepflicht ... 329
B. Verfahren ... 330
I. Steuererhebung ... 330
II. Steuerrückerstattung ... 333
C. Abrechnung zwischen Bund und Kantonen ... 336
I. Rechnungstellung; Überprüfung; Kürzung ... 336
II. Folgen der Kürzung ... 336
D. Revision und Erläuterung von Entscheiden ... 337
E. Berichtigung von kantonalen Abrechnungen ... 337
Vierter Abschnitt: Strafbestimmungen ... 337
A. Widerhandlungen ... 337
I. Hinterziehung ... 337
II. Steuergefährdung ... 338
III. Verletzung der Überwälzungsvorschrift ... 338
IV. Ordnungswidrigkeiten ... 338
B. Verhältnis zum Bundesgesetz über das Verwaltungsstrafrecht [...] ... 339
Fünfter Abschnitt: Schluss- und Übergangsbestimmungen ... 340
A. Änderung bisherigen Rechts ... 340
B. Übergangsrecht ... 340
I. Für Ausländer ... 340
II. 340
III. Übergangsbestimmung zur Änderung vom 10. Oktober 1997 ... 340
IV. Übergangsbestimmung zur Änderung vom 15. Dezember 2000 ... 340
V. Übergangsbestimmungen zur Änderung vom 30. September 2016 ... 341
VI. Übergangsbestimmung zur Änderung vom 28. September 2018 ... 341
C. Aufhebung der Couponabgabe ... 341
D. Aufhebung bisherigen Rechts ... 342
E. Vollzug ... 342
F. Inkrafttreten ... 342

6 Verrechnungssteuerverordnung (VStV) ... 343

Erster Titel: Steuererhebung ... 344
Erster Abschnitt: Allgemeine Bestimmungen ... 344
  I. Eidgenössische Steuerverwaltung ... 344
  II. Mitwirkung des Steuerpflichtigen ... 344
  III. Steuererhebungsverfahren ... 345
  IV. Bezug und Sicherung der Steuer ... 346
  V. Rückvergütung der nicht geschuldeten Steuer ... 347
  VI. Verrechnung ... 347
Zweiter Abschnitt: Steuer auf Kapitalerträgen ... 348
  A. Steuer auf dem Ertrag von Obligationen und Kundenguthaben ... 348
    I. Gegenstand der Steuer ... 348
    II. Anmeldung als Steuerpflichtiger ... 349
    III. Steuerabrechnung ... 349
  B. Steuer auf dem Ertrag von Aktien, Stammanteilen an GmbH [...] ... 350
    I. Gegenstand der Steuer ... 350
    II. Steuerabrechnung ... 351
    III. Meldung statt Steuerentrichtung ... 353
    IV. Erlass ... 355
  C. Steuer auf dem Ertrag von Anteilen an kollektiven Kapitalanlagen ... 355
    I. Gegenstand der Steuer ... 355
    II. Anmeldung als Steuerpflichtiger ... 356
    III. Steuerabrechnung ... 356
    IV. Nichterhebung der Steuer gegen Domizilerklärung ... 357
    V. Meldung statt Steuerentrichtung ... 359
Dritter Abschnitt: Steuer auf Gewinnen aus Geldspielen [...] (Art. 6 VStG) ... 360
  I. und II. ... 360
  III. Steuerentrichtung; Bescheinigung ... 360
  IV. Rückforderung der Steuer auf nicht bezogenen Gewinnen ... 361
Vierter Abschnitt: Steuer auf Versicherungsleistungen ... 362
  I. Gegenstand der Steuer ... 362
  II. Anmeldung als Steuerpflichtiger ... 363
  III. Meldung statt Steuerentrichtung ... 363
  IV. Steuerentrichtung ... 364
Zweiter Titel: Steuerrückerstattung ... 365
Erster Abschnitt: Anspruchsberechtigung ... 365
  I. Berechtigte ... 365
  II. Besondere Verhältnisse ... 367
Zweiter Abschnitt: Rückerstattung durch den Bund ... 369
  I. ESTV ... 369
  II. Pflichten des Antragstellers ... 369
  III. Abschlagsrückerstattungen ... 369
Dritter Abschnitt: Rückerstattung durch den Kanton ... 370
  I. Behörden ... 370
  II. Verfahren ... 371
Dritter Titel: Schlussbestimmung ... 372
  Schlussbestimmungen der Änderung vom 22. November 2000 ... 372
  Übergangsbestimmung zur Änderung vom 15. Oktober 2008 ... 372
  Übergangsbestimmung zur Änderung vom 18. Juni 2010 ... 372
  Übergangsbestimmung zur Änderung vom 3. Februar 2021 ... 372
  Übergangsbestimmung zur Änderung vom 4. Mai 2022 ... 372

7 Bundesgesetz über die Stempelabgaben (StG) 373
Einleitung 374
   I. Gegenstand des Gesetzes 374
   II. 374
   III. Verhältnis zum kantonalen Recht 375
   IV. Begriffsbestimmungen 375
Erster Abschnitt: Emissionsabgabe 376
   I. Gegenstand der Abgabe 376
   II. Entstehung der Abgabeforderung 379
   III. Abgabesätze und Berechnungsgrundlage 379
   IV. Abgabepflicht 381
   V. Fälligkeit der Abgabeforderung 381
   VI. Stundung und Erlass der Abgabeforderung 381
Zweiter Abschnitt: Umsatzabgabe 382
   I. Gegenstand der Abgabe 382
   II. Entstehung der Abgabeforderung 385
   III. Abgabesatz und Berechnungsgrundlage 385
   IV. Abgabepflicht 385
   V. Fälligkeit der Abgabeforderung 387
Dritter Abschnitt: Abgabe auf Versicherungsprämien 387
   I. Gegenstand der Abgabe 387
   II. Entstehung der Abgabeforderung 388
   III. Abgabesätze und Berechnungsgrundlage 388
   IV. Abgabepflicht 388
   V. Fälligkeit der Abgabeforderung 389
Vierter Abschnitt: Gemeinsame Bestimmungen für alle Abgaben 389
   I. Festsetzung der Abgaben 389
   II. Umrechnung ausländischer Währungen 389
   III. Verzugszins 389
   IV. Verjährung der Abgabeforderung 389
Fünfter Abschnitt: Behörden und Verfahren 390
   A. Behörden 390
      I. Eidgenössische Steuerverwaltung 390
      II. Amtshilfe 390
      IIa. Datenbearbeitung 391
      III. Schweigepflicht 391
   B. Verfahren 392
      I. Abgabeerhebung 392
      II. Entscheide der ESTV 393
      III. Einsprache 393
      IV. Kosten 394
      IVa. Elektronische Verfahren 394
      V. Zwangsvollstreckung 394
   C. Revision und Erläuterung von Entscheiden 395
Sechster Abschnitt: Strafbestimmungen 396
   A. Widerhandlungen 396
      I. Hinterziehung 396
      II. Abgabegefährdung 396
      III. Ordnungswidrigkeiten 397
      IV. Allgemeine Bestimmungen 397

B. Verhältnis zum Verwaltungsstrafrechtsgesetz 397
Siebenter Abschnitt: Schluss- und Übergangsbestimmungen 397
  I. Anrechnung bezahlter Emissionsabgaben 397
  II. Änderung des Verrechnungssteuergesetzes 397
  III. Aufhebung bisherigen Rechts 398
  IV. Vollzug 398
  V. Inkrafttreten 398

8 Verordnung über die Stempelabgaben (StV) 399
  1 Allgemeine Bestimmungen 400
  2 Emissionsabgabe 402
    21 Abgabe auf Aktien, Partizipationsscheinen und Stammanteilen von GmbH 402
    22 Abgabe auf Genussscheinen von AG, KG und GmbH 403
    23 Abgabe auf Genossenschaftsanteilen und Genussscheinen [...] 404
    24 404
    25 Abgabebefreiung; [...] Stundung und Erlass der Abgabeforderung 405
  3 Umsatzabgabe 406
  4 Abgabe auf Versicherungsprämien 410
  5 Übergangsbestimmungen 412
  6 Schlussbestimmungen 413
  Schlussbestimmungen der Änderung vom 28. Oktober 1992 413
  Übergangsbestimmung zur Änderung vom 18. Juni 2010 413

9 Mehrwertsteuergesetz (MWSTG) 415
  1. Titel: Allgemeine Bestimmungen 416
  2. Titel: Inlandsteuer 420
    1. Kapitel: Steuersubjekt 420
    2. Kapitel: Steuerobjekt 424
    3. Kapitel: Bemessungsgrundlage und Steuersätze 434
    4. Kapitel: Rechnungsstellung und Steuerausweis 436
    5. Kapitel: Vorsteuerabzug 437
    6. Kapitel: Ermittlung, Entstehung und Verjährung der Steuerforderung 440
      1. Abschnitt: Zeitliche Bemessung 440
      2. Abschnitt: Umfang der Steuerforderung und Meldeverfahren 441
      3. Abschnitt: Entstehung, Änderung und Verjährung der Steuerforderung 442
  3. Titel: Bezugsteuer 444
  4. Titel: Einfuhrsteuer 446
  5. Titel: Verfahrensrecht für die Inland- und die Bezugsteuer 453
    1. Kapitel: Allgemeine Verfahrensbestimmungen 453
    2. Kapitel: Rechte und Pflichten der steuerpflichtigen Person 454
    3. Kapitel: Auskunftspflicht von Drittpersonen 456
    4. Kapitel: Rechte und Pflichten der Behörden 457
      1. Abschnitt: Geheimhaltung und Amtshilfe 457
      2. Abschnitt: Datenschutz 458
      3. Abschnitt: Sicherstellung der korrekten Steuerentrichtung 460
    5. Kapitel: Verfügungs- und Rechtsmittelverfahren 462
    6. Kapitel: Bezug 463
    7. Kapitel: Steuersicherung 467
  6. Titel: Strafbestimmungen 469
  7. Titel: Schlussbestimmungen 473
    1. Kapitel: Ausführungsbestimmungen 473

2. Kapitel: Aufhebung und Änderung bisherigen Rechts 474
3. Kapitel: Übergangsbestimmungen 475
4. Kapitel: Referendum und Inkrafttreten 476

10 Mehrwertsteuerverordnung (MWSTV) 477
1. Titel: Allgemeine Bestimmungen 478
2. Titel: Inlandsteuer 480
  1. Kapitel: Steuersubjekt 480
    1. Abschnitt: Unternehmerische Tätigkeit und Umsatzgrenze 480
    2. Abschnitt: Gemeinwesen 482
    3. Abschnitt: Gruppenbesteuerung 483
    4. Abschnitt: Haftung bei der Zession von Forderungen 486
  2. Kapitel: Steuerobjekt 487
    1. Abschnitt: Leistungsverhältnis 487
    2. Abschnitt: Mehrheit von Leistungen 488
    3. Abschnitt: Von der Steuer ausgenommene Leistungen 489
    4. Abschnitt: Von der Steuer befreite Leistungen 492
  3. Kapitel: Bemessungsgrundlage und Steuersätze 493
    1. Abschnitt: Bemessungsgrundlage 493
    1a. Abschnitt: Margenbesteuerung 494
    2. Abschnitt: Steuersätze 496
  4. Kapitel: Rechnungsstellung und Steuerausweis 500
  5. Kapitel: Vorsteuerabzug 500
    1. Abschnitt: Allgemeines 500
    2. Abschnitt: Abzug fiktiver Vorsteuer 500
    3. Abschnitt: Korrektur des Vorsteuerabzugs 501
    4. Abschnitt: Eigenverbrauch 502
    5. Abschnitt: Einlageentsteuerung 503
    6. Abschnitt: Kürzung des Vorsteuerabzugs 504
  6. Kapitel: Ermittlung und Entstehung der Steuerforderung 505
    1. Abschnitt: Geschäftsabschluss 505
    1a. Abschnitt: Jährliche Abrechnung 505
    2. Abschnitt: Saldosteuersatzmethode 506
    3. Abschnitt: Pauschalsteuersatzmethode 512
    4. Abschnitt: Meldeverfahren 514
    5. Abschnitt: Abrechnungsart und Abtretung der Steuerforderung 514
3. Titel: Bezugsteuer 516
4. Titel: Einfuhrsteuer 517
  1. Kapitel: Versandhandelsunternehmen […] als einfuhrsteuerpflichtiger Person 517
  1a. Kapitel: Mehrheit von Leistungen und Befreiung von der Einfuhrsteuer 517
  2. Kapitel: Bestimmung und Sicherstellung der Einfuhrsteuerschuld 518
  3. Kapitel: Verlagerung der Steuerentrichtung 519
5. Titel: Verfahrensrecht für die Inland- und die Bezugsteuer 520
  1. Kapitel: Rechte und Pflichten der steuerpflichtigen Person 520
    1. Abschnitt: 520
    1a. Abschnitt: Papierlose Belege, elektronische Verfahren 520
    2. Abschnitt: Abrechnung 521
  2. Kapitel: Auskunftspflicht von Drittpersonen 524
  3. Kapitel: Rechte und Pflichten der Behörden 524
    1. Abschnitt: Datenschutz 524

2. Abschnitt: Sicherstellung der korrekten Steuerentrichtung 527
4. Kapitel: Verfügungs- und Rechtsmittelverfahren 527
6. Titel: Entlastung von der Mehrwertsteuer für Begünstigte, die nach dem GSG [...]....528
7. Titel: Vergütung der Mehrwertsteuer an Abnehmer und Abnehmerinnen [...].......531
8. Titel: Mehrwertsteuer-Konsultativgremium 533
9. Titel: Schlussbestimmungen 534
   1. Kapitel: Aufhebung und Änderung bisherigen Rechts 534
   2. Kapitel: Übergangsbestimmungen 534
   3. Kapitel: Inkrafttreten 536

Verordnungen des EFD und der ESTV zum Mehrwertsteuergesetz (VO MWSTG A–C) ...537
A Verordnung des EFD über die steuerbefreite Einfuhr von Gegenständen [...]...539
B Verordnung des EFD über die Steuerbefreiung von Inlandlieferungen [...].......541
C Verordnung der ESTV über die Höhe der Saldosteuersätze [...] 545

N   IStR, Nebenerlasse, Vorlagen 559

N 1 Internationales Steuerrecht (IStR) 561
1.1 BG über die Durchführung von internationalen Abkommen [...] (StADG)......563
1.2 Verordnung über die Anrechnung ausländischer Quellensteuern (VSta)...........573
1.2.1 VO 1 des EFD über die Anrechnung ausländischer Quellensteuern (VStA 1)...583
1.2.2 VO 2 des EFD über die pauschale Steueranrechnung 601
1.3 Verordnung über die Steuerentlastung schweizerischer Dividenden [...].........603
1.4 Amtshilfeübereinkommen (MAC) 607
1.5 Steueramtshilfegesetz (StAhiG) 631
1.5.1 Steueramtshilfeverordnung (StAhiV) 647
1.6 AIA-Vereinbarung (MCAA) 655
1.6.1 Bundesbeschluss über den Prüfmechanismus zur Sicherstellung des AIA........669
1.7 BG über den internationalen automatischen Informationsaustausch [...] (AIAG)..671
1.8 AIA-Abkommen mit der EU 689
1.8.1 Bundesgesetz über die Aufhebung des Zinsbesteuerungsgesetzes [...]........691

N 2 Bundesgesetz über das Verwaltungsstrafrecht (VStrR)............................ 693
Erster Titel: Geltungsbereich des Gesetzes 694
Zweiter Titel: Verwaltungsstrafrecht 694
Erster Abschnitt: Allgemeine Bestimmungen 694
A. Anwendung des Schweizerischen Strafgesetzbuches 694
B. Ordnungswidrigkeit 694
C. Abweichungen vom Schweizerischen Strafgesetzbuch 694
D. Hinterziehung; Erschleichen eines Beitrages u. dgl. 697
Zweiter Abschnitt: Besondere Bestimmungen 698
A. Strafbare Handlungen 698
B. Gleichstellung der mit öffentlich-rechtlichen Aufgaben betrauten Organisationen ... 700
Dritter Abschnitt: Schutz von Personendaten 700
A. Beschaffung von Personendaten 700
B. Bearbeitung von Personendaten 700
C. Bekanntgabe und Verwendung von Personendaten bei hängigem Verfahren .700
D. Auskunftsrecht bei hängigem Verfahren 701
E. Richtigkeit der Personendaten 701
Dritter Titel: Verwaltungsstrafverfahren 701
Erster Abschnitt: Behörden; allgemeine Verfahrensvorschriften 701
A. Behörden 701

B. Beschwerde gegen Untersuchungshandlungen 704
C. Allgemeine Verfahrensbestimmungen 705
Zweiter Abschnitt: Untersuchung und Strafverfügung der Verwaltung 707
Erster Unterabschnitt: Allgemeine Bestimmungen 707
   A. Verteidiger 707
   B. Zustellung 708
   C. Teilnahme an Beweisaufnahmen 709
   D. Akteneinsicht 709
Zweiter Unterabschnitt: Untersuchung 709
   A. Umfang 709
   B. Protokollierung 710
   C. Einvernahmen, Auskünfte 710
   D. Sachverständige 711
   E. Augenschein 712
   F. Zwangsmassnahmen 712
   G. Schlussprotokoll 717
Dritter Unterabschnitt: Entscheid der Verwaltung 717
   A. Art des Entscheids 717
   B. Strafbescheid 718
   C. Einsprache 719
   D. Begehren um gerichtliche Beurteilung 720
Dritter Abschnitt: Gerichtliches Verfahren 721
   A. Verfahren vor den kantonalen Gerichten 721
   B. Verfahren vor dem Bundesstrafgericht 723
   C. Ergänzende Vorschriften 724
Vierter Abschnitt: Revision 724
   A. Entscheide der Verwaltung 724
   B. Urteile der Strafgerichte 726
Fünfter Abschnitt: Vollzug 726
   A. Zuständigkeit 726
   B. Vollstreckung von Bussen 726
   C. Rückgabe beschlagnahmter Gegenstände; Verwertung 726
   D. Verwendung der Bussen, eingezogenen Vermögenswerte usw. 727
Sechster Abschnitt: Kosten, Entschädigung und Rückgriff 727
   A. Kosten 727
   B. Entschädigung 728
Siebenter Abschnitt: Abwesenheitsverfahren 730
Vierter Titel: Schlussbestimmungen 730
   A. Änderung von Bundeserlassen 730
   B. Neue Zuständigkeiten 730
   C. Übergangsbestimmungen 731
   D. Ausführung. Inkrafttreten 731
Anhang: Änderung von Bundeserlassen 731
Änderung VStrR: BG über die Plattformen für die elektronische Kommunikation [...] ... 732

N 3 Bundesgerichtsgesetz (BGG) 735
   1. Kapitel: Stellung und Organisation 736
      1. Abschnitt: Stellung 736
   2. Kapitel: Allgemeine Verfahrensbestimmungen 737
      5. Abschnitt: Fristen 737

3. Kapitel: Das Bundesgericht als ordentliche Beschwerdeinstanz ... 739
3. Abschnitt: Beschwerde in öffentlich-rechtlichen Angelegenheiten ... 739
4. Kapitel: Beschwerdeverfahren ... 744
1. Abschnitt: Anfechtbare Entscheide ... 744
2. Abschnitt: Beschwerdegründe ... 745
3. Abschnitt: Neue Vorbringen ... 745
4. Abschnitt: Beschwerdefrist ... 746
5. Abschnitt: Weitere Verfahrensbestimmungen ... 747
6. Abschnitt: Vereinfachtes Verfahren ... 748
7. Abschnitt: Kantonales Verfahren ... 749
5. Kapitel: Subsidiäre Verfassungsbeschwerde ... 750
5a. Kapitel: Revision gegen Entscheide von Schiedsgerichten [...] ... 751

N 4 Auszug aus dem Obligationenrecht (OR) ... 753
   Zehnter Titel: Der Arbeitsvertrag ... 754
   Erster Abschnitt: Der Einzelarbeitsvertrag ... 754
      C. Pflichten des Arbeitgebers ... 754
   Sechsundzwanzigster Titel: Die Aktiengesellschaft ... 755
   Erster Abschnitt: Allgemeine Bestimmungen ... 755
      L. Eigene Aktien ... 757
   Zweiter Abschnitt: Rechte und Pflichten der Aktionäre ... 758
   Dritter Abschnitt: Organisation der Aktiengesellschaft ... 758
   Achtundzwanzigster Titel: Die Gesellschaft mit beschränkter Haftung ... 760
   Erster Abschnitt: Allgemeine Bestimmungen ... 760
      N. Erwerb eigener Stammanteile ... 760
   Zweiunddreissigster Titel: Kaufmännische Buchführung, Rechnungslegung [...] ... 760
   Erster Abschnitt: Allgemeine Bestimmungen ... 760
      A. Pflicht zur Buchführung und Rechnungslegung ... 760
      B. Buchführung ... 761
      C. Rechnungslegung ... 761
      D. Veröffentlichung und Einsichtnahme ... 763
      E. Führung und Aufbewahrung der Geschäftsbücher ... 764
   Zweiter Abschnitt: Jahresrechnung und Zwischenabschluss ... 764
      A. Bilanz ... 764
      B. Erfolgsrechnung; Mindestgliederung ... 766
      C. Anhang ... 767
      D. Bewertung ... 768
   Dritter Abschnitt: Rechnungslegung für grössere Unternehmen ... 770
      A. Zusätzliche Anforderungen an den Geschäftsbericht ... 770
      B. Zusätzliche Angaben im Anhang zur Jahresrechnung ... 770
      C. Geldflussrechnung ... 771
      D. Lagebericht ... 771
      E. Erleichterungen ... 771
   Vierter Abschnitt: Abschluss nach anerkanntem Standard zur Rechnungslegung ... 772
      A. Im Allgemeinen ... 772
      B. Anerkannte Standards zur Rechnungslegung ... 772
   Fünfter Abschnitt: Konzernrechnung ... 773
      A. Pflicht zur Erstellung ... 773
      B. Befreiung von der Pflicht zur Erstellung ... 773
      C. Anerkannte Standards zur Rechnungslegung ... 774

Übergangsbestimmungen der Änderung vom 23. Dezember 2011 775
A. Allgemeine Regel 775
B. Kaufmännische Buchführung und Rechnungslegung 775

N 5 Berufliche Vorsorge (BVors) 777
5.1 Auszug aus dem Bundesgesetz über die berufliche Altersvorsorge (BVG) 779
5.2 Auszug aus der Verordnung über die berufliche Altersvorsorge (BVV 2) 787
5.3 VO über die steuerliche Abzugsberechtigung für Beiträge [...] (BVV 3) 789

N 6 Regionalpolitik (RP) 797
6.1 Bundesgesetz über Regionalpolitik 799
6.2 VO über die Gewährung von Steuererleichterungen im Rahmen der RP 807
6.3 VO des WBF über die Festlegung der zu den Anwendungsgebieten [...] 815
6.4 VO des WBF über die Gewährung von Steuererleichterungen [...] 817

N 7 Auszug aus dem Schweizerischen Strafgesetzbuch (StGB) 821
Zweites Buch: Besondere Bestimmungen 822
Siebzehnter Titel: Verbrechen und Vergehen gegen die Rechtspflege 822

N 8 Überblick über wichtige Vorlagen im gesetzgeberischen Prozess 825
8.1 Individualbesteuerung 826
8.2 Erstreckung der Verlustverrechnung 826
8.3 Totalrevision des Verwaltungsstrafrechtsgesetzes (VStrR) 826
8.4 Finanzierung der 13. AHV-Rente – Erhöhung der Mehrwertsteuer 827
8.5 Totalrevision des Zollgesetzes 827
8.6 Härtefallregelung (StG ZH) 827

I Steuergesetz Kanton Zürich (StG ZH) 829
Erster Teil: Staatssteuern 830
Erster Abschnitt: Allgemeine Bestimmungen 830
A. Steuerpflicht 830
B. Einkommenssteuer 836
C. Vermögenssteuer 851
D. Ausgleich der kalten Progression 854
E. Zeitliche Bemessung 854
Dritter Abschnitt: Besteuerung der juristischen Personen 856
A. Steuerpflicht 856
B. Gewinnsteuer 860
C. Kapitalsteuer 870
D. Zeitliche Bemessung 871
Vierter Abschnitt: Quellensteuern für natürliche und juristische Personen 873
A. NP mit steuerrechtlichem Wohnsitz oder Aufenthalt im Kanton 873
B. NP ohne steuerrechtlichen Wohnsitz oder Aufenthalt in der Schweiz [...] ... 876
C. Örtliche Zuständigkeit 880
Fünfter Abschnitt: Verfahrensrecht 881
A. Steuerverwaltungsbehörden 881
B. Steuerrekursgericht 884
C. Allgemeine Verfahrensgrundsätze 887
D. Einschätzung im ordentlichen Verfahren 891
E. Verfahren bei der Erhebung der Quellensteuer 894
F. Rekurs- und Beschwerdeverfahren 896

- G. Änderung rechtskräftiger Entscheide 898
- H. Inventar 901
- I. Verfahren bei Steuerbefreiungen 903
- Sechster Abschnitt: Steuerbezug und Steuererlass 903
  - A. Steuerbezug 903
  - B. Steuersicherung 905
  - C. Steuererlass 906
- Zweiter Teil: Gemeindesteuern 907
  - Erster Abschnitt: Allgemeine Gemeindesteuern 907
    - A. Allgemeine Bestimmungen 907
    - B. Besondere Bestimmungen 909
  - Zweiter Abschnitt: Grundsteuern 910
    - A. Allgemeine Bestimmungen 910
    - B. Grundstückgewinnsteuer 912
    - C. Handänderungssteuer 916
- Dritter Teil: Steuerstrafrecht 917
  - A. Verletzung von Verfahrenspflichten und Steuerhinterziehung 917
  - B. Steuervergehen 924
- Vierter Teil: Schlussbestimmungen 926
- Übergangsbestimmungen 931

II Verordnung zum Steuergesetz Kanton Zürich (StV ZH) 935

- Erster Teil: Staatssteuern 936
  - Erster Abschnitt: Besteuerung nach dem Aufwand 936
  - Zweiter Abschnitt: Verfahrensgrundsätze 936
    - A. Allgemeine Bestimmungen 936
    - B. Beweismittel 936
    - C. Form und Zustellung von Verfügungen und Entscheiden 937
    - D. Fristen 938
    - E. Verfahrenskosten in Verwaltungsverfahren 939
    - F. Meldepflichten 940
  - Dritter Abschnitt: Das Einschätzungsverfahren 941
    - A. Die Anlage der Register und Akten 941
    - B. Das Steuererklärungsverfahren 941
    - C. Einschätzungsverfahren 943
  - Vierter Abschnitt: Der Steuerbezug 944
    - A. Allgemeine Bestimmungen 944
    - B. Periodische Steuern 944
    - C. Nicht periodische Steuern 945
    - D. Abrechnung 945
    - E. Vereinfachtes Abrechnungsverfahren für kleine Arbeitsentgelte ... 946
  - Fünfter Abschnitt: Das Inventar 946
- Zweiter Teil: Gemeindesteuern 947
  - Erster Abschnitt: Allgemeine Gemeindesteuern 947
  - Zweiter Abschnitt: Grundsteuern 948
- Dritter Teil: Steuerstrafrecht 949
- Vierter Teil: Schlussbestimmungen 950
  - Erster Abschnitt: Wechsel der zeitlichen Bemessung 950
  - Zweiter Abschnitt: Übergangsbestimmungen 950

III Erbschafts- und Schenkungssteuergesetz Kanton Zürich (EschG ZH) 951
    1. Abschnitt: Steuerpflicht 952
        A. Allgemeine Bestimmungen 952
        B. Objektive Steuerpflicht 952
        C. Subjektive Steuerpflicht 953
        D. Ausnahmen von der Steuerpflicht 954
    2. Abschnitt: Steuerbemessung 955
        A. Bewertung des Steuerobjekts 955
        B. Abzüge 956
        C. Steuerberechnung 957
    3. Abschnitt: Verfahrensrecht 960
        A. Steuerbehörden 960
        B. Allgemeine Verfahrensgrundsätze 960
        C. Inventarisation 962
    4. Abschnitt: Veranlagungs- und Rechtsmittelverfahren 962
        A. Veranlagung 962
        B. Einsprache 963
        C. Rekurs- und Beschwerdeverfahren 964
    5. Abschnitt: Änderung rechtskräftiger Entscheide 964
        A. Revision und Berichtigung 964
        B. Nachsteuer 965
    6. Abschnitt: Steuerbezug 966
    7. Abschnitt: Strafbestimmungen 969
        A. Steuerwiderhandlung 969
        B. Steuerhinterziehung 970
        C. Juristische Personen und Erbenhaftung 971
        D. Steuerbetrug 971
    8. Abschnitt: Schlussbestimmungen 972

IV Verordnung zum Erbschafts- und Schenkungssteuergesetz Kanton Zürich (ESchV ZH) ... 973
    A. Steuerbehörden und Verfahrensgrundsätze 974
    B. Ausgleichs- und Nachsteuerzins 974
    C. Steuerbezug 975
    D. Schlussbestimmungen 976

↳ **Verwaltungsverordnungen (VVO)** 977
    Suchlisten 978
    A   **Kreisschreiben der Eidgenössischen Steuerverwaltung (KS ESTV)** 1005
    B   **Rundschreiben / Mitteilungen ESTV (RS / M ESTV)** 1685
    C   **Merkblätter ESTV / Erläuterungen EFD (MB ESTV / E EFD)** 1761
    D   **Wegleitungen ESTV, SSK / Arbeitspapiere ESTV / Anleitungen SIF (WL ESTV)** 1905
    E   **Kreisschreiben der Schweizerischen Steuerkonferenz (KS SSK)** 2003
    F   **Praxishinweise Kanton Zürich (KT ZH)** 2233

↳ **Dictionnaire (d | f | i | e)** 2243

↳ **Stichwortverzeichnis** 2303

↳ **Steuerbelastungsvergleiche** 2369

BV

Bundesverfassung

0 Auszug aus der Bundesverfassung der Schweizerischen Eidgenossenschaft – Finanzordnung
SR 101

vom 18. April 1999 (Stand am 3. März 2024)

☞ *Die zukünftige Änderung durch folgenden Bundesbeschluss ist mit einem Hinweis im Text integriert:*

- *BB vom 20.12.2024 über die Einführung einer Objektsteuer auf Zweitliegenschaften, frühestens in Kraft ab 1.1.2027 (unter Voraussetzung der Annahme in der Volksabstimmung; der Bundesrat bestimmt das Datum der Abstimmung und des Inkrafttretens)*

I Bundesverfassung der Schweizerischen Eidgenossenschaft

3. Titel: Bund, Kantone und Gemeinden

3. Kapitel: Finanzordnung

Art. 126[1] **Haushaltführung**

1 Der Bund hält seine Ausgaben und Einnahmen auf Dauer im Gleichgewicht.

2 Der Höchstbetrag der im Voranschlag zu bewilligenden Gesamtausgaben richtet sich unter Berücksichtigung der Wirtschaftslage nach den geschätzten Einnahmen.

3 Bei ausserordentlichem Zahlungsbedarf kann der Höchstbetrag nach Absatz 2 angemessen erhöht werden. Über eine Erhöhung beschliesst die Bundesversammlung nach Artikel 159 Absatz 3 Buchstabe c.

4 Überschreiten die in der Staatsrechnung ausgewiesenen Gesamtausgaben den Höchstbetrag nach Absatz 2 oder 3, so sind die Mehrausgaben in den Folgejahren zu kompensieren.

5 Das Gesetz regelt die Einzelheiten.

Art. 127 Grundsätze der Besteuerung

1 Die Ausgestaltung der Steuern, namentlich der Kreis der Steuerpflichtigen, der Gegenstand der Steuer und deren Bemessung, ist in den Grundzügen im Gesetz selbst zu regeln.

2 Soweit es die Art der Steuer zulässt, sind dabei insbesondere die Grundsätze der Allgemeinheit und der Gleichmässigkeit der Besteuerung sowie der Grundsatz der Besteuerung nach der wirtschaftlichen Leistungsfähigkeit zu beachten.

> ☞ *Art. 127 Abs. 2bis wird gemäss BB vom 20.12.2024 über die Einführung einer Objektsteuer auf Zweitliegenschaften frühestens per 1.1.2027 wie folgt neu eingefügt (unter Voraussetzung der Annahme in der Volksabstimmung):*
>
> *2bis Die Kantone können bei Liegenschaftssteuern auf überwiegend selbstgenutzten Zweitliegenschaften in den Schranken der Bundesgesetzgebung von den Grundsätzen nach Absatz 2 abweichen, sofern der Mietwert von selbstgenutzten Zweitliegenschaften vom Bund und von den Kantonen nicht besteuert wird.*

3 Die interkantonale Doppelbesteuerung ist untersagt. Der Bund trifft die erforderlichen Massnahmen.

Art. 128 Direkte Steuern[2]

1 Der Bund kann eine direkte Steuer erheben:

a. von höchstens 11,5 Prozent auf dem Einkommen der natürlichen Personen;

---

1 Angenommen in der Volksabstimmung vom 2. Dez. 2001 (BB vom 22. Juni 2001, BRB vom 4. Febr. 2002 – AS **2002** 241; BBl **2000** 4653, **2001** 2387 2878, **2002** 1209).
2 Mit Übergangsbestimmung (Art. 196 Ziff. 13 BV; ☞ *siehe S. 6*).

b.[1] von höchstens 8,5 Prozent auf dem Reinertrag der juristischen Personen;
c.[2] …

[2] Der Bund nimmt bei der Festsetzung der Tarife auf die Belastung durch die direkten Steuern der Kantone und Gemeinden Rücksicht.

[3] Bei der Steuer auf dem Einkommen der natürlichen Personen werden die Folgen der kalten Progression periodisch ausgeglichen.

[4] Die Steuer wird von den Kantonen veranlagt und eingezogen. Vom Rohertrag der Steuer fallen ihnen mindestens 17 Prozent zu. Der Anteil kann bis auf 15 Prozent gesenkt werden, sofern die Auswirkungen des Finanzausgleichs dies erfordern.[3]

Art. 129 Steuerharmonisierung

[1] Der Bund legt Grundsätze fest über die Harmonisierung der direkten Steuern von Bund, Kantonen und Gemeinden; er berücksichtigt die Harmonisierungsbestrebungen der Kantone.

[2] Die Harmonisierung erstreckt sich auf Steuerpflicht, Gegenstand und zeitliche Bemessung der Steuern, Verfahrensrecht und Steuerstrafrecht. Von der Harmonisierung ausgenommen bleiben insbesondere die Steuertarife, die Steuersätze und die Steuerfreibeträge.

[3] Der Bund kann Vorschriften gegen ungerechtfertigte steuerliche Vergünstigungen erlassen.

Art. 129a[4] Besondere Besteuerung grosser Unternehmensgruppen

[1] Der Bund kann für grosse Unternehmensgruppen Vorschriften über eine Besteuerung im Marktstaat und eine Mindestbesteuerung erlassen. MindStV

[2] Er orientiert sich dabei an internationalen Standards und Mustervorschriften.

[3] Er kann zur Wahrung der Interessen der schweizerischen Gesamtwirtschaft abweichen von:
a. den Grundsätzen der Allgemeinheit und der Gleichmässigkeit der Besteuerung sowie dem Grundsatz der Besteuerung nach der wirtschaftlichen Leistungsfähigkeit gemäss Artikel 127 Absatz 2;
b. den maximalen Steuersätzen gemäss Artikel 128 Absatz 1;
c. den Vorschriften über den Vollzug gemäss Artikel 128 Absatz 4 erster Satz;
d. den Ausnahmen von der Steuerharmonisierung gemäss Artikel 129 Absatz 2 zweiter Satz.

---

[1] Angenommen in der Volksabstimmung vom 28. Nov. 2004, in Kraft seit 1. Jan. 2007 (BB vom 19. März 2004, BRB vom 26. Jan. 2005, BRB vom 2. Febr. 2006, – AS **2006** 1057; BBl **2003** 1531, **2004** 1363, **2005** 951).

[2] Aufgehoben in der Volksabstimmung vom 28. Nov. 2004, mit Wirkung seit 1. Jan. 2007 (BB vom 19. März 2004, BRB vom 26. Jan. 2005, BRB vom 2. Febr. 2006, – AS **2006** 1057; BBl **2003** 1531, **2004** 1363, **2005** 951).

[3] Angenommen in der Volksabstimmung vom 28. Nov. 2004, in Kraft seit 1. Jan. 2008 (BB vom 3. Okt. **2003**, BRB vom 26. Jan. 2005, BRB vom 7. Nov. 2007 – AS **2007** 5765; BBl **2002** 2291, **2003** 6591, **2005** 951).

[4] Angenommen in der Volksabstimmung vom 18. Juni 2023, in Kraft seit 1. Jan. 2024 (BB vom 16. Dez. 2022, BRB vom 12. April 2023, BRB vom 28. Aug. 2023 – AS **2023** 482; BBl **2022** 1700; **2023** 970, 2015).

Art. 130[1] **Mehrwertsteuer**[2]

¹ Der Bund kann auf Lieferungen von Gegenständen und auf Dienstleistungen einschliesslich Eigenverbrauch sowie auf Einfuhren eine Mehrwertsteuer mit einem Normalsatz von höchstens 6,5 Prozent und einem reduzierten Satz von mindestens 2,0 Prozent erheben.

² Das Gesetz kann für die Besteuerung der Beherbergungsleistungen einen Satz zwischen dem reduzierten Satz und dem Normalsatz festlegen.[3]

³ Ist wegen der Entwicklung des Altersaufbaus die Finanzierung der Alters-, Hinterlassenen- und Invalidenversicherung nicht mehr gewährleistet, so kann in der Form eines Bundesgesetzes der Normalsatz um höchstens 1 Prozentpunkt und der reduzierte Satz um höchstens 0,3 Prozentpunkt erhöht werden.[4]

³[bis] Zur Finanzierung der Eisenbahninfrastruktur werden die Sätze um 0,1 Prozentpunkte erhöht.[5]

³[ter] Zur Sicherung der Finanzierung der Alters- und Hinterlassenenversicherung erhöht der Bundesrat den Normalsatz um 0,4 Prozentpunkte, den reduzierten Satz und den Sondersatz für Beherbergungsleistungen um je 0,1 Prozentpunkte, sofern der Grundsatz der Vereinheitlichung des Referenzalters von Frauen und Männern in der Alters- und Hinterlassenenversicherung gesetzlich verankert wird.[6]

³[quater] Der Ertrag aus der Erhöhung nach Absatz 3ter wird vollumfänglich dem Ausgleichsfonds der Alters- und Hinterlassenenversicherung zugewiesen.[7]

⁴ 5 Prozent des nicht zweckgebundenen Ertrags werden für die Prämienverbilligung in der Krankenversicherung zu Gunsten unterer Einkommensschichten verwendet, sofern nicht durch Gesetz eine andere Verwendung zur Entlastung unterer Einkommensschichten festgelegt wird.

Art. 131 Besondere Verbrauchssteuern[8]

¹ Der Bund kann besondere Verbrauchssteuern erheben auf:
  a. Tabak und Tabakwaren;
  b. gebrannten Wassern;
  c. Bier;
  d. Automobilen und ihren Bestandteilen;
  e. Erdöl, anderen Mineralölen, Erdgas und den aus ihrer Verarbeitung gewonnenen Produkten sowie auf Treibstoffen.

---

1 Angenommen in der Volksabstimmung vom 28. Nov. 2004, in Kraft seit 1. Jan. 2007 (BB vom 19. März 2004, BRB vom 26. Jan. 2005, BRB vom 2. Febr. 2006, – AS **2006** 1057; BBl **2003** 1531, **2004** 1363, **2005** 951).
2 Mit Übergangsbestimmung (Art. 196 Ziff. 14 BV; ☞ siehe S. 6).
3 Seit dem 1. Jan. 2018 beträgt der Sondersatz für Beherbergungsleistungen 3,8 % (Art. 25 Abs. 4 des Mehrwertsteuergesetzes vom 12. Juni 2009 – SR **641.20**).
4 Seit dem 1. Jan. 2024 betragen die Mehrwertsteuersätze 8,1 % (Normalsatz) und 2,6 % (ermässigter Satz) (Art. 25 Abs. 1 und 2 des Mehrwertsteuergesetzes vom 12. Juni 2009 – SR **641.20**).
5 Angenommen in der Volksabstimmung vom 9. Febr. 2014, in Kraft seit 1. Jan. 2016 (BB vom 20. Juni 2013, BRB vom 13. Mai 2014, BRB vom 2. Juni 2014, BRB vom 6. Juni 2014 – AS **2015** 645; BBl **2010** 6637, BBl **2012** 1577, **2013** 4725 6518, **2014** 4113 4117).
6 Angenommen in der Volksabstimmung vom 25. Sept. 2022, in Kraft seit 1. Jan. 2024 (BB vom 17. Dez. 2021, BRB vom 9. Dez. 2022, BRB vom 20. Febr. 2023 – AS **2023** 91; BBl **2019** 6305; **2021** 2991; **2023** 486).
7 Angenommen in der Volksabstimmung vom 25. Sept. 2022, in Kraft seit 1. Jan. 2024 (BB vom 17. Dez. 2021, BRB vom 9. Dez. 2022, BRB vom 20. Febr. 2023 – AS **2023** 91; BBl **2019** 6305; **2021** 2991; **2023** 486).
8 Mit Übergangsbestimmung.

² Er kann zudem erheben:
  a. einen Zuschlag auf der Verbrauchssteuer auf allen Treibstoffen, ausser den Flugtreibstoffen;
  b. eine Abgabe, wenn für das Motorfahrzeug andere Antriebsmittel als Treibstoffe nach Absatz 1 Buchstabe e verwendet werden.[1]

²ᵇⁱˢ Reichen die Mittel für die Erfüllung der in Artikel 87b vorgesehenen Aufgaben im Zusammenhang mit dem Luftverkehr nicht aus, so erhebt der Bund auf den Flugtreibstoffen einen Zuschlag auf der Verbrauchssteuer.[2]

³ Die Kantone erhalten 10 Prozent des Reinertrags aus der Besteuerung der gebrannten Wasser. Diese Mittel sind zur Bekämpfung der Ursachen und Wirkungen von Suchtproblemen zu verwenden.

Art. 132 Stempelsteuer und Verrechnungssteuer

¹ Der Bund kann auf Wertpapieren, auf Quittungen von Versicherungsprämien und auf anderen Urkunden des Handelsverkehrs eine Stempelsteuer erheben; ausgenommen von der Stempelsteuer sind Urkunden des Grundstück- und Grundpfandverkehrs.

² Der Bund kann auf dem Ertrag von beweglichem Kapitalvermögen, auf Lotteriegewinnen und auf Versicherungsleistungen eine Verrechnungssteuer erheben. Vom Steuerertrag fallen 10 Prozent den Kantonen zu.[3]

Art. 133 Zölle

Die Gesetzgebung über Zölle und andere Abgaben auf dem grenzüberschreitenden Warenverkehr ist Sache des Bundes.

Art. 134 Ausschluss kantonaler und kommunaler Besteuerung

Was die Bundesgesetzgebung als Gegenstand der Mehrwertsteuer, der besonderen Verbrauchssteuern, der Stempelsteuer und der Verrechnungssteuer bezeichnet oder für steuerfrei erklärt, dürfen die Kantone und Gemeinden nicht mit gleichartigen Steuern belasten.

Art. 135[4] Finanz- und Lastenausgleich

¹ Der Bund erlässt Vorschriften über einen angemessenen Finanz- und Lastenausgleich zwischen Bund und Kantonen sowie zwischen den Kantonen.

² Der Finanz- und Lastenausgleich soll insbesondere:
  a. die Unterschiede in der finanziellen Leistungsfähigkeit zwischen den Kantonen verringern;
  b. den Kantonen minimale finanzielle Ressourcen gewährleisten;

---

[1] Angenommen in der Volksabstimmung vom 12. Febr. 2017, in Kraft seit 1. Jan. 2018 (BB vom 30. Sept. 2016, BRB vom 10. Nov. 2016 – AS **2017** 6731; BBl **2015** 2065, **2016** 7587, **2017** 3387).
[2] Angenommen in der Volksabstimmung vom 12. Febr. 2017, in Kraft seit 1. Jan. 2018 (BB vom 30. Sept. 2016, BRB vom 10. Nov. 2016 – AS **2017** 6731; BBl **2015** 2065, **2016** 7587, **2017** 3387).
[3] Angenommen in der Volksabstimmung vom 28. Nov. 2004, in Kraft seit 1. Jan. 2008 (BB vom 3. Okt. **2003**, BRB vom 26. Jan. 2005, BRB vom 7. Nov. 2007 – AS **2007** 5765; BBl **2002** 2291, **2003** 6591, **2005** 951).
[4] Angenommen in der Volksabstimmung vom 28. Nov. 2004, in Kraft seit 1. Jan. 2008 (BB vom 3. Okt. **2003**, BRB vom 26. Jan. 2005, BRB vom 7. Nov. 2007 – AS **2007** 5765; BBl **2002** 2291, **2003** 6591, **2005** 951).

c. übermässige finanzielle Lasten der Kantone auf Grund ihrer geografischtopografischen oder soziodemografischen Bedingungen ausgleichen;
d. die interkantonale Zusammenarbeit mit Lastenausgleich fördern;
e. die steuerliche Wettbewerbsfähigkeit der Kantone im nationalen und internationalen Verhältnis erhalten.

³ Die Mittel für den Ausgleich der Ressourcen werden durch die ressourcenstarken Kantone und den Bund zur Verfügung gestellt. Die Leistungen der ressourcenstarken Kantone betragen mindestens zwei Drittel und höchstens 80 Prozent der Leistungen des Bundes.
...

6. Titel: Revision der Bundesverfassung und Übergangsbestimmungen

...

2. Kapitel: Übergangsbestimmungen

Art. 196 Übergangsbestimmungen gemäss Bundesbeschluss vom 18. Dezember 1998 über eine neue Bundesverfassung[1]

...

13.[2] **Übergangsbestimmung zu Art. 128 (Dauer der Steuererhebung)**

Die Befugnis zur Erhebung der direkten Bundessteuer ist bis Ende 2035 befristet.

14.[3] **Übergangsbestimmung zu Art. 130 (Mehrwertsteuer)**[4]

¹ Die Befugnis zur Erhebung der Mehrwertsteuer ist bis Ende 2035 befristet.[5]

² Zur Sicherung der Finanzierung der Invalidenversicherung hebt der Bundesrat die Mehrwertsteuersätze vom 1. Januar 2011 bis 31. Dezember 2017 wie folgt an: ...

³ Der Ertrag aus der Anhebung nach Absatz 2 wird vollumfänglich dem Ausgleichsfonds der Invalidenversicherung zugewiesen.[6]

⁴ Zur Sicherung der Finanzierung der Eisenbahninfrastruktur hebt der Bundesrat die Steuersätze nach Artikel 25 des Mehrwertsteuergesetzes vom 12. Juni 2009[7] ab 1. Januar 2018 um 0,1 Prozentpunkt an, im Fall einer Verlängerung der Frist gemäss Absatz 1 bis längstens 31. Dezember 2030.[8]

---

1 Angenommen in der Volksabstimmung vom 3. März 2002 (BB vom 5. Okt. 2001, BRB vom 26. April 2002 – AS **2002** 885; BBl **2000** 2453, **2001** 1183 5731, **2002** 3690).
2 Angenommen in der Volksabstimmung vom 4. März 2018, in Kraft seit 1. Jan. 2021 (BB vom 16. Juni 2017, BRB vom 5. Febr. 2019 – AS **2019** 769; BBl **2016** 6221, **2017** 4205, **2018** 2761).
3 Angenommen in der Volksabstimmung vom 28. Nov. 2004, in Kraft seit 1. Jan. 2007 (BB vom 19. März 2004, BRB vom 26. Jan. **2005**, BRB vom 2. Febr. 2006 – AS **2006** 1057; BBl **2003** 1531, **2004** 1363, **2005** 951).
4 Angenommen in der Volksabstimmung vom 27. Sept. 2009, in Kraft seit 1. Jan. 2011 (BB vom 13. Juni 2008 und vom 12. Juni 2009, BRB vom 7. Sept. 2010 – AS **2010** 3821; BBl **2005** 4623, **2008** 5241, **2009** 4371 4377 4379 8719).
5 Angenommen in der Volksabstimmung vom 4. März 2018, in Kraft seit 1. Jan. 2021 (BB vom 16. Juni 2017, BRB vom 5. Febr. 2019 – AS **2019** 769; BBl **2016** 6221, **2017** 4205, **2018** 2761).
6 Angenommen in der Volksabstimmung vom 27. Sept. 2009, in Kraft seit 1. Jan. 2011 (BB vom 13. Juni 2008 und vom 12. Juni 2009, BRB vom 7. Sept. 2010 – AS **2010** 3821; BBl **2005** 4623, **2008** 5241, **2009** 4371 4377 4379 8719).
7 SR **641.20**
8 Angenommen in der Volksabstimmung vom 9. Feb. 2014, in Kraft seit 1. Jan. 2016 (BB vom 20. Juni 2013, BRB vom 13. Mai 2014, BRB vom 2. Juni 2014, BRB vom 6. Juni 2014 – AS **2015** 645; BBl **2010** 6637, BBl **2012** 1577, **2013** 4725 6518, **2014** 4113 4117).

⁵ Der Ertrag aus der Anhebung nach Absatz 4 wird vollumfänglich dem Fonds nach Artikel 87*a* zugewiesen.¹

...

Art. 197² Übergangsbestimmungen nach Annahme der Bundesverfassung vom 18. April 1999

...

15.³ Übergangsbestimmungen zu Art. 129a (Besondere Besteuerung grosser Unternehmensgruppen)

¹ Der Bundesrat kann die bis zum Inkrafttreten der gesetzlichen Bestimmungen erforderlichen Vorschriften über die Mindestbesteuerung grosser Unternehmensgruppen erlassen. MindStV

² Er beachtet dabei folgende Grundsätze:

a. Die Vorschriften gelten für die Geschäftseinheiten einer multinationalen Unternehmensgruppe, die einen konsolidierten jährlichen Umsatz von 750 Millionen Euro erreicht.

b. Unterschreiten die massgebenden Steuern der Geschäftseinheiten in der Schweiz oder einem anderen Steuerhoheitsgebiet gesamthaft die Mindestbesteuerung zum Satz von 15 Prozent der massgebenden Gewinne, so erhebt der Bund zum Ausgleich der Differenz zwischen dem effektiven Steuersatz und dem Mindeststeuersatz eine Ergänzungssteuer.

c. Massgebende Steuern sind insbesondere die in der Erfolgsrechnung der Geschäftseinheiten verbuchten direkten Steuern.

d. Massgebender Gewinn einer Geschäftseinheit ist der für die konsolidierte Jahresrechnung der Unternehmensgruppe nach einem anerkannten Rechnungslegungsstandard ermittelte Gewinn oder Verlust vor Herausrechnung der Transaktionen zwischen den Geschäftseinheiten und nach Berücksichtigung anderer Korrekturen; nicht berücksichtigt werden Gewinne und Verluste aus dem internationalen Seeverkehr.

e. Der effektive Steuersatz für ein Steuerhoheitsgebiet berechnet sich, indem die Summe der massgebenden Steuern aller Geschäftseinheiten in diesem Steuerhoheitsgebiet durch die Summe der massgebenden Gewinne dieser Geschäftseinheiten geteilt wird.

f. Die Ergänzungssteuer für ein Steuerhoheitsgebiet berechnet sich, indem der Gewinnüberschuss mit dem Ergänzungssteuersatz multipliziert wird.

g. Der Gewinnüberschuss in einem Steuerhoheitsgebiet ist die Summe der massgebenden Gewinne aller Geschäftseinheiten in diesem Steuerhoheitsgebiet nach dem zulässigen Abzug für materielle Vermögenswerte und Lohnkosten.

h. Der Ergänzungssteuersatz für ein Steuerhoheitsgebiet entspricht der positiven Differenz zwischen 15 Prozent und dem effektiven Steuersatz.

---

[1] Angenommen in der Volksabstimmung vom 9. Feb. 2014, in Kraft seit 1. Jan. 2016 (BB vom 20. Juni 2013, BRB vom 13. Mai 2014, BRB vom 2. Juni 2014, BRB vom 6. Juni 2014 – AS **2015** 645; BBl **2010** 6637, BBl **2012** 1577, **2013** 4725 6518, **2014** 4113 4117).

[2] Angenommen in der Volksabstimmung vom 12. März 2002, in Kraft seit 3. März 2002 (BB vom 5. Okt. 2001, BRB vom 26. April 2002 – AS **2002** 885; BBl **2000** 2453, **2001** 1183 5731, **2002** 3690).

[3] Angenommen in der Volksabstimmung vom 18. Juni 2023, in Kraft seit 1. Jan. 2024 (BB vom 16. Dez. 2022, BRB vom 12. April 2023, BRB vom 28. Aug. 2023 – AS **2023** 482; BBl **2022** 1700; **2023** 970, 2015).

i. Bei einer Unterbesteuerung in der Schweiz wird die Ergänzungssteuer den inländischen Geschäftseinheiten im Verhältnis des Ausmasses zugerechnet, in dem sie die Unterbesteuerung mitverursacht haben.
j. Bei einer Unterbesteuerung in einem anderen Steuerhoheitsgebiet wird die Ergänzungssteuer primär der obersten inländischen Geschäftseinheit und sekundär allen inländischen Geschäftseinheiten zugerechnet.

³ Der Bundesrat kann ergänzende Vorschriften zur Umsetzung der Mindestbesteuerung erlassen, insbesondere über:

a. die Berücksichtigung besonderer Unternehmensverhältnisse;
b. die Abziehbarkeit der Ergänzungssteuer als Aufwand bei den Gewinnsteuern von Bund und Kantonen;
c. das Verfahren und die Rechtsmittel;
d. die Strafbestimmungen nach Massgabe des übrigen Steuerstrafrechts;
e. die Übergangsregelungen.

⁴ Sofern der Bundesrat es für die Umsetzung der Mindestbesteuerung als erforderlich erachtet, kann er von den Grundsätzen nach Absatz 2 abweichen. Er kann internationale Mustervorschriften und zugehörige Regelwerke für anwendbar erklären. Er kann diese Kompetenzen auf das Eidgenössische Finanzdepartement übertragen.

⁵ Die Vorschriften über die Ergänzungssteuer werden von den Kantonen unter Aufsicht der Eidgenössischen Steuerverwaltung vollzogen. Der Bundesrat kann eine Abgeltung für den administrativen Aufwand vorsehen, der beim Vollzug dieser Vorschriften entsteht.

⁶ Der Rohertrag der Ergänzungssteuer steht zu 75 Prozent den Kantonen zu, denen die Geschäftseinheiten steuerlich zugehörig sind. Die Kantone berücksichtigen die Gemeinden angemessen. Der Rohertrag der Ergänzungssteuer aus gewinnsteuerbefreiten Tätigkeiten von Geschäftseinheiten von Bund, Kantonen und Gemeinden steht dem jeweiligen Gemeinwesen zu.

⁷ Der Kantonsanteil am Rohertrag der Ergänzungssteuer wird im Rahmen des Finanz- und Lastenausgleichs als zusätzliche Steuereinnahme berücksichtigt.

⁸ Macht der Bundesrat von seiner Kompetenz in Absatz 1 Gebrauch, unterbreitet er dem Parlament innerhalb von sechs Jahren nach Inkrafttreten der Verordnung die gesetzlichen Bestimmungen über die Mindestbesteuerung grosser multinationaler Unternehmensgruppen.

⁹ Der Bund verwendet seinen Anteil am Rohertrag der Ergänzungssteuer, nach Abzug seiner durch die Ergänzungssteuer verursachten Mehrausgaben für den Finanz- und Lastenausgleich, zur zusätzlichen Förderung der Standortattraktivität der Schweiz.

Datum des Inkrafttretens: 1. Januar 2000[1]

...

---

[1] BB vom 28. Sept. 1999 (AS **1999** 2555; BBl **1999** 7922)

StHG

Steuerharmonisierungsgesetz

1 Bundesgesetz über die Harmonisierung der direkten Steuern der Kantone und Gemeinden (Steuerharmonisierungsgesetz, StHG)[1]
SR 642.14

vom 14. Dezember 1990 (Stand am 1. Januar 2025)

Die Bundesversammlung der Schweizerischen Eidgenossenschaft,

gestützt auf die Artikel 127 Absatz 3 und 129 Absätze 1 und 2 der Bundesverfassung[2],[3]
nach Einsicht in eine Botschaft des Bundesrates vom 25. Mai 1983[4],

beschliesst:

☞ *Die zukünftigen Änderungen durch folgendes Gesetz sind mit einem Hinweis im Text integriert:*

- *BG vom 20.12.2024 über den Systemwechsel bei der Wohneigentumsbesteuerung, frühestens in Kraft ab 1.1.2027 (unter Vorbehalt des Referendums und der Annahme des BB vom 20.12.2024 über die Einführung einer Objektsteuer auf Zweitliegenschaften in der Volksabstimmung; der Bundesrat bestimmt das Datum der Abstimmung und des Inkrafttretens)*

---

[1] Fassung gemäss Ziff. I 3 des BG vom 28. Sept. 2018 über die Steuerreform und die AHV-Finanzierung, in Kraft seit 1. Jan. 2020 (AS **2019** 2395 2413; BBl **2018** 2527).
[2] SR **101**
[3] Fassung gemäss Ziff. I 2 des BG vom 15. Dez. 2000 zur Koordination und Vereinfachung der Veranlagungsverfahren für die direkten Steuern im interkantonalen Verhältnis (AS **2001** 1050; BBl **2000** 3898).
[4] BBl **1983** III 1

Erster Titel: Allgemeine Bestimmungen

Art. 1 Zweck und Geltungsbereich

¹ Dieses Gesetz bestimmt die von den Kantonen zu erhebenden direkten Steuern und legt die Grundsätze fest, nach denen die kantonale Gesetzgebung zu gestalten ist.

² Das Gesetz gilt auch für die Gemeinden, soweit ihnen das kantonale Recht die Steuerhoheit für vorgeschriebene Steuern der Kantone gemäss Artikel 2 Absatz 1 einräumt.

³ Soweit es keine Regelung enthält, gilt für die Ausgestaltung der Kantons- und Gemeindesteuern das kantonale Recht. Sache der Kantone bleibt insbesondere die Bestimmung der Steuertarife, Steuersätze und Steuerfreibeträge.

Art. 2 Vorgeschriebene direkte Steuern

¹ Die Kantone erheben folgende Steuern:

a. eine Einkommens- und eine Vermögenssteuer von den natürlichen Personen;
b. eine Gewinn- und eine Kapitalsteuer von den juristischen Personen;
c. eine Quellensteuer von bestimmten natürlichen und juristischen Personen;
d. eine Grundstückgewinnsteuer.

² Die Kantone können bestimmen, dass die Grundstückgewinnsteuer allein von den Gemeinden erhoben wird.

Zweiter Titel: Steuern der natürlichen Personen

1. Kapitel: Steuerpflicht

Art. 3 Steuerpflicht aufgrund persönlicher Zugehörigkeit

¹ Natürliche Personen sind aufgrund persönlicher Zugehörigkeit steuerpflichtig, wenn sie ihren steuerrechtlichen Wohnsitz im Kanton haben oder wenn sie sich im Kanton, ungeachtet vorübergehender Unterbrechung, bei Ausübung einer Erwerbstätigkeit während mindestens 30 Tage, ohne Ausübung einer Erwerbstätigkeit während mindestens 90 Tage aufhalten.

² Einen steuerrechtlichen Wohnsitz im Kanton hat eine Person, wenn sie sich hier mit der Absicht dauernden Verbleibens aufhält oder wenn ihr das Bundesrecht hier einen besonderen gesetzlichen Wohnsitz zuweist.

³ Einkommen und Vermögen der Ehegatten, die in rechtlich und tatsächlich ungetrennter Ehe leben, werden ohne Rücksicht auf den Güterstand zusammengerechnet. Einkommen und Vermögen von Kindern unter elterlicher Sorge[1] werden dem Inhaber der elterlichen Sorge zugerechnet. Erwerbseinkommen der Kinder sowie Grundstückgewinne werden selbständig besteuert.

---

[1] Ausdruck gemäss Ziff. I 2 des BG vom 25. September 2009 über die steuerliche Entlastung von Familien mit Kindern, in Kraft seit 1. Jan. 2011 (AS **2010** 455; BBl **2009** 4729). Die Anpassung wurde im ganzen Text vorgenommen.

⁴ Absatz 3 gilt für eingetragene Partnerschaften sinngemäss. Die Stellung eingetragener Partnerinnen oder Partner entspricht derjenigen von Ehegatten. Dies gilt auch bezüglich der Unterhaltsbeiträge während des Bestehens der eingetragenen Partnerschaft sowie der Unterhaltsbeiträge und der vermögensrechtlichen Auseinandersetzung bei Getrenntleben und Auflösung einer eingetragenen Partnerschaft.[1]

Art. 4 Steuerpflicht aufgrund wirtschaftlicher Zugehörigkeit VO StHG A 2

¹ Natürliche Personen ohne steuerrechtlichen Wohnsitz oder Aufenthalt im Kanton sind aufgrund wirtschaftlicher Zugehörigkeit steuerpflichtig, wenn sie im Kanton Geschäftsbetriebe oder Betriebsstätten unterhalten, Grundstücke besitzen, nutzen oder damit handeln.[2]

² Natürliche Personen ohne steuerrechtlichen Wohnsitz oder Aufenthalt in der Schweiz sind aufgrund wirtschaftlicher Zugehörigkeit steuerpflichtig, wenn sie:

a.[3] im Kanton eine selbstständige oder unselbstständige Erwerbstätigkeit ausüben;

a^{bis}[4]. eine unselbstständige Erwerbstätigkeit für einen Arbeitgeber mit Sitz, tatsächlicher Verwaltung oder Betriebsstätte im Kanton ausüben und der Schweiz nach dem anwendbaren internationalen Abkommen im Steuerbereich mit dem jeweiligen Nachbarstaat ein Besteuerungsrecht betreffend die im Ausland ausgeübte Erwerbstätigkeit eingeräumt wird;

b.[5] als Mitglieder der Verwaltung oder Geschäftsführung von juristischen Personen mit Sitz oder Betriebsstätte im Kanton Tantiemen, Sitzungsgelder, feste Entschädigungen, Mitarbeiterbeteiligungen oder ähnliche Vergütungen beziehen;

c. Gläubiger oder Nutzniesser von Forderungen sind, die durch Grund- oder Faustpfand auf Grundstücken im Kanton gesichert sind;

d. Pensionen, Ruhegehälter oder andere Leistungen erhalten, die aufgrund eines früheren öffentlich-rechtlichen Arbeitsverhältnisses von einem Arbeitgeber oder einer Vorsorgeeinrichtung mit Sitz im Kanton ausgerichtet werden;

e. Leistungen aus schweizerischen privatrechtlichen Einrichtungen der beruflichen Vorsorge oder aus anerkannten Formen der gebundenen Selbstvorsorge erhalten;

f.[6] für Arbeit im internationalen Verkehr an Bord eines Schiffs oder eines Luftfahrzeugs oder bei einem Transport auf der Strasse Lohn oder andere Vergütungen von einem Arbeitgeber mit Sitz, tatsächlicher Verwaltung oder Betriebsstätte im Kanton erhalten; davon ausgenommen bleibt die Besteuerung von Seeleuten für die Erwerbstätigkeit an Bord eines von einem solchen Arbeitgeber unter Schweizer Flagge betriebenen Seeschiffs;

g.[7] im Kanton gelegene Grundstücke vermitteln.

---

[1] Eingefügt durch Anhang Ziff. 25 des Partnerschaftsgesetzes vom 18. Juni 2004, in Kraft seit 1. Jan. 2007 (AS **2005** 5685; BBl **2003** 1288).
[2] Fassung gemäss Ziff. I des BG vom 17. März 2017, in Kraft seit 1. Jan. 2019 (AS **2017** 5039; BBl **2016** 5357).
[3] Fassung gemäss Ziff. I 2 des BG vom 14. Juni 2024 über die Besteuerung der Telearbeit im internationalen Verhältnis, in Kraft seit 1. Jan. 2025 (AS **2024** 573; BBl **2024** 650).
[4] Eingefügt durch Ziff. I 2 des BG vom 14. Juni 2024 über die Besteuerung der Telearbeit im internationalen Verhältnis, in Kraft seit 1. Jan. 2025 (AS **2024** 573; BBl **2024** 650).
[5] Fassung gemäss Ziff. I 2 des BG vom 17. Dez. 2010 über die Besteuerung von Mitarbeiterbeteiligungen, in Kraft seit 1. Jan. 2013 (AS **2011** 3259; BBl **2005** 575).
[6] Fassung gemäss Ziff. I 2 des BG vom 14. Juni 2024 über die Besteuerung der Telearbeit im internationalen Verhältnis, in Kraft seit 1. Jan. 2025 (AS **2024** 573; BBl **2024** 650).
[7] Eingefügt durch Ziff. I des BG vom 17. März 2017, in Kraft seit 1. Jan. 2019 (AS **2017** 5039; BBl **2016** 5357).

Art. 4a[1] Steuerbefreiung

Die auf Grund von Artikel 2 Absatz 2 des Gaststaatgesetzes vom 22. Juni 2007[2] gewährten steuerlichen Vorrechte bleiben vorbehalten.

Art. 4b[3] Wechsel der Steuerpflicht E53

¹ Bei Wechsel des steuerrechtlichen Wohnsitzes innerhalb der Schweiz besteht die Steuerpflicht aufgrund persönlicher Zugehörigkeit für die laufende Steuerperiode im Kanton, in dem die steuerpflichtige Person am Ende dieser Periode ihren Wohnsitz hat. Kapitalleistungen nach Artikel 11 Absatz 3 sind jedoch in dem Kanton steuerbar, in dem die steuerpflichtige Person im Zeitpunkt der Fälligkeit der Leistung ihren Wohnsitz hat. ...[4]

² Eine Steuerpflicht aufgrund wirtschaftlicher Zugehörigkeit in einem andern Kanton als demjenigen des steuerrechtlichen Wohnsitzes besteht für die gesamte Steuerperiode, auch wenn sie im Laufe des Jahres begründet, verändert oder aufgehoben wird. In diesem Fall wird der Wert der Vermögensobjekte im Verhältnis zur Dauer der Zugehörigkeit vermindert. Im Übrigen werden das Einkommen und das Vermögen zwischen den beteiligten Kantonen in sinngemässer Anwendung der Grundsätze des Bundesrechts über das Verbot der interkantonalen Doppelbesteuerung ausgeschieden.

Art. 5 Steuererleichterungen

Die Kantone können auf dem Wege der Gesetzgebung für Unternehmen, die neu eröffnet werden und dem wirtschaftlichen Interesse des Kantons dienen, für das Gründungsjahr und die neun folgenden Jahre Steuererleichterungen vorsehen. Eine wesentliche Änderung der betrieblichen Tätigkeit kann einer Neugründung gleichgestellt werden. N 6

Art. 6[5] Besteuerung nach dem Aufwand

¹ Der Kanton kann natürlichen Personen das Recht zugestehen, anstelle der Einkommens- und Vermögenssteuer eine Steuer nach dem Aufwand zu entrichten, wenn sie:

a. nicht das Schweizer Bürgerrecht haben;
b. erstmals oder nach mindestens zehnjähriger Unterbrechung unbeschränkt steuerpflichtig (Art. 3) sind; und
c. in der Schweiz keine Erwerbstätigkeit ausüben.

² Ehegatten, die in rechtlich und tatsächlich ungetrennter Ehe leben, müssen beide die Voraussetzungen nach Absatz 1 erfüllen.

---

[1] Eingefügt durch Anhang Ziff. II 8 des Gaststaatgesetzes vom 22. Juni 2007, in Kraft seit 1. Jan. 2008 (AS **2007** 6637; BBl **2006** 8017).
[2] SR **192.12**
[3] Eingefügt durch Ziff. I 2 des BG vom 22. März 2013 über die formelle Bereinigung der zeitlichen Bemessung der direkten Steuern bei den natürlichen Personen, in Kraft seit 1. Jan. 2014 (AS **2013** 2397; BBl **2011** 3593).
[4] Dritter Satz aufgehoben durch Ziff. I 2 des BG vom 16. Dez. 2016 über die Revision der Quellenbesteuerung des Erwerbseinkommens, mit Wirkung seit 1. Jan. 2021 (AS **2018** 1813; BBl **2015** 657).
[5] Fassung gemäss Ziff. I 2 des BG vom 28. September 2012, in Kraft seit 1. Jan. 2014 (AS **2013** 779; BBl **2011** 6021). Siehe auch die UeB dieser Änd. in Art. 78e am Schluss des Textes.

³ Die Steuer, die an die Stelle der Einkommenssteuer tritt, wird nach den jährlichen, in der Bemessungsperiode im In- und Ausland entstandenen Lebenshaltungskosten der steuerpflichtigen Person und der von ihr unterhaltenen Personen, mindestens aber nach dem höchsten der folgenden Beträge bemessen:
a. einem vom Kanton festgelegten Mindestbetrag;
b. für Steuerpflichtige mit eigenem Haushalt: dem Siebenfachen des jährlichen Mietzinses oder des von den zuständigen Behörden festgelegten Mietwerts;
c. für die übrigen Steuerpflichtigen: dem Dreifachen des jährlichen Pensionspreises für Unterkunft und Verpflegung am Ort des Aufenthalts nach Artikel 3.

⁴ Die Steuer wird nach dem ordentlichen Steuertarif berechnet.

⁵ Die Kantone bestimmen, wie die Besteuerung nach dem Aufwand die Vermögenssteuer abgilt.

⁶ Die Steuer nach dem Aufwand muss mindestens gleich hoch sein wie die Summe der nach den ordentlichen Tarifen berechneten Einkommens- und Vermögenssteuern vom gesamten Bruttobetrag:
a. des in der Schweiz gelegenen unbeweglichen Vermögens und von dessen Einkünften; E32
b. der in der Schweiz gelegenen Fahrnis und von deren Einkünften;
c. des in der Schweiz angelegten beweglichen Kapitalvermögens, einschliesslich der grundpfändlich gesicherten Forderungen, und von dessen Einkünften;
d. der in der Schweiz verwerteten Urheberrechte, Patente und ähnlichen Rechte und von deren Einkünften;
e. der Ruhegehälter, Renten und Pensionen, die aus schweizerischen Quellen fliessen;
f. der Einkünfte, für die die steuerpflichtige Person aufgrund eines von der Schweiz abgeschlossenen Abkommens zur Vermeidung der Doppelbesteuerung gänzliche oder teilweise Entlastung von ausländischen Steuern beansprucht.

⁷ Werden Einkünfte aus einem Staat nur dann von dessen Steuern entlastet, wenn die Schweiz diese Einkünfte allein oder mit anderen Einkünften zum Satz des Gesamteinkommens besteuert, so wird die Steuer nicht nur nach den in Absatz 6 bezeichneten Einkünften, sondern auch nach allen aufgrund des betreffenden Doppelbesteuerungsabkommens der Schweiz zugewiesenen Einkommensbestandteilen aus dem Quellenstaat bemessen.

2. Kapitel: Einkommenssteuer

1. Abschnitt: Einkünfte

Art. 7 Grundsatz

¹ Der Einkommenssteuer unterliegen alle wiederkehrenden und einmaligen Einkünfte, insbesondere solche aus unselbständiger und selbständiger Erwerbstätigkeit, aus Vermögensertrag, eingeschlossen die Eigennutzung von Grundstücken, aus Vorsorgeeinrichtungen sowie aus Leibrenten. Die vom Arbeitgeber getragenen Kosten der berufsorientierten Aus- und Weiterbildung[1], einschliesslich Umschulungskosten, stellen unabhängig von deren Höhe keine steuerbaren Einkünfte dar. Dividenden, Gewinnanteile, Liquidationsüberschüsse und geldwerte Vorteile aus Aktien, Anteilen an Gesellschaften mit beschränkter Haftung, Genossenschaftsanteilen und Partizipationsscheinen (einschliesslich Gratisaktien, Gratisnennwerterhöhungen u. dgl.) sind im Umfang von 50 Prozent steuerbar, wenn diese Beteiligungsrechte mindestens 10 Prozent des Grund- oder Stammkapitals einer Kapitalgesellschaft oder Genossenschaft darstellen.² Die Kantone können eine höhere Besteuerung vorsehen.[3,4]   D11, E64, E581

> ☞ *Art. 7 Abs. 1 erster Satz wird gemäss BG über den Systemwechsel bei der Wohneigentumsbesteuerung frühestens per 1.1.2027 wie folgt geändert (unter Vorbehalt des Referendums und der Annahme des BB vom 20.12.2024 über die Einführung einer Objektsteuer auf Zweitliegenschaften in der Volksabstimmung):*
>
> *¹ Der Einkommenssteuer unterliegen alle wiederkehrenden und einmaligen Einkünfte, insbesondere solche aus unselbstständiger und selbstständiger Erwerbstätigkeit, aus Vermögensertrag, aus Vorsorgeeinrichtungen sowie aus Leibrenten. ...*

¹ᵇⁱˢ Ein bei der Rückgabe von Beteiligungsrechten im Sinne von Artikel 4a des Bundesgesetzes vom 13. Oktober 1965[5] über die Verrechnungssteuer an die Kapitalgesellschaft oder Genossenschaft erzielter Vermögensertrag gilt in dem Jahr als realisiert, in welchem die Verrechnungssteuerforderung entsteht (Art. 12 Abs. 1 und 1ᵇⁱˢ des BG vom 13. Okt. 1965 über die Verrechnungssteuer).[6]

¹ᵗᵉʳ Erträge aus rückkaufsfähigen Kapitalversicherungen mit Einmalprämie sind im Erlebensfall oder bei Rückkauf steuerbar, ausser wenn diese Kapitalversicherungen der Vorsorge dienen. Als der Vorsorge dienend gilt die Auszahlung der Versicherungsleistung ab dem vollendeten 60. Altersjahr des Versicherten auf Grund eines mindestens fünfjährigen Vertragsverhältnisses, das vor Vollendung des 66. Altersjahres begründet wurde. In diesem Fall ist die Leistung steuerfrei.[7]

---

[1] Die Änd. gemäss BG vom 20. Juni 2014 über die Weiterbildung, in Kraft seit 1. Jan. 2017 betrifft nur den französischen und den italienischen Text (AS **2016** 689; BBl **2013** 3729).
[2] Fassung des dritten Satzes gemäss Ziff. I 3 des BG vom 28. Sept. 2018 über die Steuerreform und die AHV-Finanzierung, in Kraft seit 1. Jan. 2020 (AS **2019** 2395 2413; BBl **2018** 2527).
[3] Vierter Satz eingefügt durch Ziff. I 3 des BG vom 28. Sept. 2018 über die Steuerreform und die AHV-Finanzierung, in Kraft seit 1. Jan. 2020 (AS **2019** 2395 2413; BBl **2018** 2527).
[4] Fassung gemäss Ziff. I 2 des BG vom 27. Sept. 2013 über die steuerliche Behandlung der berufsorientierten Aus- und Weiterbildungskosten, in Kraft seit 1. Jan. 2016 (AS **2014** 1105; BBl **2011** 2607).
[5] SR **642.21**
[6] Eingefügt durch Ziff. I 2 des BG vom 10. Okt. 1997 über die Reform der Unternehmensbesteuerung 1997, in Kraft seit 1. Jan. 1998 (AS **1998** 669; BBl **1997** II 1164).
[7] Eingefügt durch Ziff. I 6 des BG vom 19. März 1999 über das Stabilisierungsprogramm 1998, in Kraft seit 1. Jan. 2001 (AS **1999** 2374; BBl **1999** 4).

² Leibrentenversicherungen sowie Leibrenten- und Verpfründungsverträge sind im Umfang ihres Ertragsanteils steuerbar. Dieser bestimmt sich wie folgt: E20

   a. Bei garantierten Leistungen aus Leibrentenversicherungen, die dem Versicherungsvertragsgesetz vom 2. April 1908 (VVG)¹ unterstehen, ist der im Zeitpunkt des Vertragsabschlusses auf der Grundlage von Artikel 36 Absatz 1 des Versicherungsaufsichtsgesetzes vom 17. Dezember 2004² bestimmte maximale technische Zinssatz (m) während der gesamten Vertragsdauer massgebend:
      1. Ist dieser Zinssatz grösser als null, so berechnet sich der Ertragsanteil, auf den nächstliegenden ganzen Prozentwert auf- oder abgerundet, wie folgt:

$$Ertragsanteil = \left[1 - \frac{(1+m)^{22} - 1}{22 \cdot m \cdot (1+m)^{23}} \right] \cdot 100\,\%$$

      2. Ist dieser Zinssatz negativ oder null, so beträgt der Ertragsanteil null Prozent.
   b. Bei Überschussleistungen aus Leibrentenversicherungen, die dem VVG unterstehen, entspricht der Ertragsanteil 70 Prozent dieser Leistungen.
   c. Bei Leistungen aus ausländischen Leibrentenversicherungen, aus Leibrenten- und aus Verpfründungsverträgen ist die Höhe der um 0,5 Prozentpunkte erhöhten annualisierten Rendite zehnjähriger Bundesobligationen (r) während des betreffenden Steuerjahres und der neun vorangegangenen Jahre massgebend:
      1. Ist diese Rendite grösser als null, so berechnet sich der Ertragsanteil, auf den nächstliegenden ganzen Prozentwert auf- oder abgerundet, wie folgt:

$$Ertragsanteil = \left[1 - \frac{(1+r)^{22} - 1}{22 \cdot r \cdot (1+r)^{23}} \right] \cdot 100\,\%$$

      2. Ist diese Rendite negativ oder null, so beträgt der Ertragsanteil null Prozent.³

³ Einkünfte aus Anteilen an kollektiven Kapitalanlagen gemäss Kollektivanlagegesetz vom 23. Juni 2006⁴ (KAG) werden den Anlegern anteilsmässig zugerechnet; Einkünfte aus Anteilen an kollektiven Kapitalanlagen mit direktem Grundbesitz sind nur steuerbar, soweit die Gesamterträge die Erträge aus direktem Grundbesitz übersteigen.⁵

⁴ Steuerfrei sind nur:

   a. der Erlös aus Bezugsrechten, sofern die Vermögensrechte zum Privatvermögen gehören;
   b. Kapitalgewinne auf beweglichem Privatvermögen; vorbehalten bleibt Artikel 12 Absatz 2 Buchstaben a und d;
   c. Vermögensanfall infolge Erbschaft, Vermächtnis, Schenkung oder güterrechtlicher Auseinandersetzung; E62
   d.⁶ der Vermögensanfall aus rückkaufsfähiger privater Kapitalversicherung, ausgenommen aus Freizügigkeitspolicen. Absatz 1ᵗᵉʳ bleibt vorbehalten;

---

[1] SR **221.229.1**
[2] SR **961.01**
[3] Fassung gemäss Ziff. I 2 des BG vom 17. Juni 2022 über die Besteuerung von Leibrenten und ähnlichen Vorsorgeformen, in Kraft seit 1. Jan. 2025 (AS **2023** 38; BBl **2021** 3028).
[4] SR **951.31**
[5] Fassung gemäss Anhang Ziff. II 7 des Kollektivanlagengesetzes vom 23. Juni 2006, in Kraft seit 1. Jan. 2007 (AS **2006** 5379; BBl **2005** 6395).
[6] Fassung gemäss Ziff. I 6 des BG vom 19. März 1999 über das Stabilisierungsprogramm 1998, in Kraft seit 1. Jan. 2001 (AS **1999** 2374; BBl **1999** 4).

e. Kapitalzahlungen, die bei Stellenwechsel vom Arbeitgeber oder von Einrichtungen der beruflichen Vorsorge ausgerichtet werden, wenn sie der Empfänger innert Jahresfrist zum Einkauf in eine Einrichtung der beruflichen Vorsorge oder zum Erwerb einer Freizügigkeitspolice verwendet;   N 5.1, N 5.2 | E401
f. Unterstützungen aus öffentlichen oder privaten Mitteln;
g. Leistungen in Erfüllung familienrechtlicher Verpflichtungen, ausgenommen die vom geschiedenen, gerichtlich oder tatsächlich getrennt lebenden Ehegatten erhaltenen Unterhaltsbeiträge sowie die Unterhaltsbeiträge, die ein Elternteil für die unter seiner elterlichen Sorge stehenden Kinder erhält;
h.[1] der Sold für Militär- und Schutzdienst sowie das Taschengeld für Zivildienst;
h$^{bis.}$ der Sold der Milizfeuerwehrleute bis zu einem nach kantonalem Recht bestimmten jährlichen Betrag für Dienstleistungen im Zusammenhang mit der Erfüllung der Kernaufgaben der Feuerwehr (Übungen, Pikettdienste, Kurse, Inspektionen und Ernstfalleinsätze zur Rettung, Brandbekämpfung, allgemeinen Schadenwehr, Elementarschadenbewältigung und dergleichen); ausgenommen sind Pauschalzulagen für Kader, Funktionszulagen sowie Entschädigungen für administrative Arbeiten und für Dienstleistungen, welche die Feuerwehr freiwillig erbringt;[2]
i. Zahlungen von Genugtuungssummen;
k. Einkünfte aufgrund der Bundesgesetzgebung über Ergänzungsleistungen zur Alters-, Hinterlassenen- und Invalidenversicherung;
l.[3] die Gewinne, die in Spielbanken mit Spielbankenspielen erzielt werden, die nach dem Geldspielgesetz vom 29. September 2017[4] (BGS) zugelassen sind, sofern diese Gewinne nicht aus selbstständiger Erwerbstätigkeit stammen;
l^{bis}.[5] die einzelnen Gewinne bis zu einem Betrag von 1 Million Franken oder zu einem nach kantonalem Recht bestimmten höheren Betrag aus der Teilnahme an Grossspielen, die nach dem BGS zugelassen sind, und aus der Online-Teilnahme an Spielbankenspielen, die nach dem BGS zugelassen sind;
l^{ter}.[6] die Gewinne aus Kleinspielen, die nach dem BGS zugelassen sind;
m.[7] die einzelnen Gewinne aus Lotterien und Geschicklichkeitsspielen zur Verkaufsförderung, die nach Artikel 1 Absatz 2 Buchstaben d und e BGS diesem nicht unterstehen, sofern die nach kantonalem Recht bestimmte Grenze nicht überschritten wird;
n.[8] Einkünfte aufgrund des Bundesgesetzes vom 19. Juni 2020[9] über Überbrückungsleistungen für ältere Arbeitslose.

---

1 Fassung gemäss Anhang Ziff. 8 des Zivildienstgesetzes vom 6. Okt. 1995, in Kraft seit 1. Okt. 1996 (AS **1996** 1445; BBl **1994** III 1609).
2 Eingefügt durch Ziff. I 2 des BG vom 17. Juni 2011 über die Steuerbefreiung des Feuerwehrsoldes, in Kraft seit 1. Jan. 2013 (AS **2012** 489; BBl **2010** 2855).
3 Eingefügt durch Anhang Ziff. 3 des Spielbankengesetzes vom 18. Dez. 1998 (AS **2000** 677; BBl **1997** III 145). Fassung gemäss Anhang Ziff. II 6 des Geldspielgesetzes vom 29. Sept. 2017, in Kraft seit 1. Jan. 2019 (AS **2018** 5103; BBl **2015** 8387).
4 SR **935.51**
5 Eingefügt durch Anhang Ziff. II 6 des Geldspielgesetzes vom 29. Sept. 2017, in Kraft seit 1. Jan. 2019 (AS **2018** 5103; BBl **2015** 8387).
6 Eingefügt durch Anhang Ziff. II 6 des Geldspielgesetzes vom 29. Sept. 2017, in Kraft seit 1. Jan. 2019 (AS **2018** 5103; BBl **2015** 8387).
7 Eingefügt durch Ziff. I 2 des BG vom 15. Juni 2012 über die Vereinfachungen bei der Besteuerung von Lotteriegewinnen (AS **2012** 5977; BBl **2011** 6517 6543). Fassung gemäss Anhang Ziff. II 6 des Geldspielgesetzes vom 29. Sept. 2017, in Kraft seit 1. Jan. 2019 (AS **2018** 5103; BBl **2015** 8387).
8 Eingefügt durch Anhang Ziff. 3 des BG vom 19. Juni 2020 über Überbrückungsleistungen für ältere Arbeitslose, in Kraft seit 1. Juli 2021 (AS **2021** 373; BBl **2019** 8251).
9 SR **837.2**

Art. 7a[1] Besondere Fälle

¹ Als Vermögensertrag im Sinne von Artikel 7 Absatz 1 gilt auch:

a. der Erlös aus dem Verkauf einer Beteiligung von mindestens 20 Prozent am Grund- oder Stammkapital einer Kapitalgesellschaft oder Genossenschaft aus dem Privatvermögen in das Geschäftsvermögen einer anderen natürlichen oder einer juristischen Person, soweit innert fünf Jahren nach dem Verkauf, unter Mitwirkung des Verkäufers, nicht betriebsnotwendige Substanz ausgeschüttet wird, die im Zeitpunkt des Verkaufs bereits vorhanden und handelsrechtlich ausschüttungsfähig war; dies gilt sinngemäss auch, wenn innert fünf Jahren mehrere Beteiligte eine solche Beteiligung gemeinsam verkaufen oder Beteiligungen von insgesamt mindestens 20 Prozent verkauft werden; ausgeschüttete Substanz wird beim Verkäufer gegebenenfalls im Verfahren nach Artikel 53 nachträglich besteuert;

b.[2] der Erlös aus der Übertragung einer Beteiligung am Grund- oder Stammkapital einer Kapitalgesellschaft oder Genossenschaft aus dem Privatvermögen in das Geschäftsvermögen einer Personenunternehmung oder einer juristischen Person, an welcher der Veräusserer oder Einbringer nach der Übertragung zu mindestens 50 Prozent am Kapital beteiligt ist, soweit die gesamthaft erhaltene Gegenleistung die Summe aus dem Nennwert der übertragenen Beteiligung und den Reserven aus Kapitaleinlagen nach Artikel 7b übersteigt; dies gilt sinngemäss auch, wenn mehrere Beteiligte die Übertragung gemeinsam vornehmen.

² Mitwirkung im Sinne von Absatz 1 Buchstabe a liegt vor, wenn der Verkäufer weiss oder wissen muss, dass der Gesellschaft zwecks Finanzierung des Kaufpreises Mittel entnommen und nicht wieder zugeführt werden.

Art. 7b[3] Kapitaleinlageprinzip

¹ Die Rückzahlung von Einlagen, Aufgeldern und Zuschüssen (Reserven aus Kapitaleinlagen), die von den Inhabern der Beteiligungsrechte nach dem 31. Dezember 1996 geleistet worden sind, wird gleich behandelt wie die Rückzahlung von Grund- oder Stammkapital. Absatz 2 bleibt vorbehalten.

² Schüttet eine Kapitalgesellschaft oder Genossenschaft, die an einer schweizerischen Börse kotiert ist, bei der Rückzahlung von Reserven aus Kapitaleinlagen nach Absatz 1 nicht mindestens im gleichen Umfang übrige Reserven aus, so ist die Rückzahlung im Umfang der halben Differenz zwischen der Rückzahlung und der Ausschüttung der übrigen Reserven steuerbar, höchstens aber im Umfang der in der Gesellschaft vorhandenen, handelsrechtlich ausschüttungsfähigen übrigen Reserven.

³ Absatz 2 ist nicht anwendbar auf Reserven aus Kapitaleinlagen:

a. die bei fusionsähnlichen Zusammenschlüssen durch Einbringen von Beteiligungs- und Mitgliedschaftsrechten an einer ausländischen Kapitalgesellschaft oder Genossenschaft nach Artikel 24 Absatz 3 Buchstabe c oder durch eine grenzüberschreitende Übertragung auf eine inländische Tochtergesellschaft nach Artikel 24 Absatz 3 Buchstabe d nach dem 24. Februar 2008 entstanden sind;

---

[1] Eingefügt durch Ziff. I 2 des BG vom 23. Juni 2006 über dringende Anpassungen bei der Unternehmensbesteuerung, in Kraft seit 1. Jan. 2008 (AS **2006** 4883; BBl **2005** 4733).

[2] Fassung gemäss Ziff. I 3 des BG vom 28. Sept. 2018 über die Steuerreform und die AHV-Finanzierung, in Kraft seit 1. Jan. 2020 (AS **2019** 2395 2413; BBl **2018** 2527).

[3] Eingefügt durch Ziff. II 3 des Unternehmenssteuerreformgesetzes II vom 23. März 2007 (AS **2008** 2893; BBl **2005** 4733). Fassung gemäss Ziff. I 3 des BG vom 28. Sept. 2018 über die Steuerreform und die AHV-Finanzierung, in Kraft seit 1. Jan. 2020 (AS **2019** 2395 2413; BBl **2018** 2527).

b. die im Zeitpunkt einer grenzüberschreitenden Fusion oder Umstrukturierung nach Artikel 24 Absatz 3 Buchstabe b und Absatz 3^{quater} oder der Verlegung des Sitzes oder der tatsächlichen Verwaltung nach dem 24. Februar 2008 bereits in einer ausländischen Kapitalgesellschaft oder Genossenschaft vorhanden waren;
c. im Falle der Liquidation der Kapitalgesellschaft oder Genossenschaft.

4 Die Absätze 2 und 3 gelten sinngemäss auch für Reserven aus Kapitaleinlagen, die für die Ausgabe von Gratisaktien oder für Gratisnennwerterhöhungen verwendet werden.

5 Entspricht bei der Rückgabe von Beteiligungsrechten an einer Kapitalgesellschaft oder Genossenschaft, die an einer schweizerischen Börse kotiert ist, die Rückzahlung der Reserven aus Kapitaleinlagen nicht mindestens der Hälfte des erhaltenen Liquidationsüberschusses, so vermindert sich der steuerbare Anteil dieses Liquidationsüberschusses um die halbe Differenz zwischen diesem Anteil und der Rückzahlung, höchstens aber im Umfang der in der Gesellschaft vorhandenen Reserven aus Kapitaleinlagen, die auf diese Beteiligungsrechte entfallen.

6 Absatz 1 gilt für Einlagen und Aufgelder, die während eines Kapitalbands nach den Artikeln 653s ff. des Obligationenrechts (OR)[1] geleistet werden, nur soweit sie die Rückzahlungen von Reserven im Rahmen dieses Kapitalbands übersteigen.[2] N 4

Art. 7c[3] Mitarbeiterbeteiligungen

1 Als echte Mitarbeiterbeteiligungen gelten:

a. Aktien, Genussscheine, Partizipationsscheine, Genossenschaftsanteile oder Beteiligungen anderer Art, die die Arbeitgeberin, deren Muttergesellschaft oder eine andere Konzerngesellschaft den Mitarbeiterinnen und Mitarbeitern abgibt;
b. Optionen auf den Erwerb von Beteiligungen nach Buchstabe a.

2 Als unechte Mitarbeiterbeteiligung gelten Anwartschaften auf blosse Bargeldabfindungen.

Art. 7d[4] Einkünfte aus echten Mitarbeiterbeteiligungen

1 Geldwerte Vorteile aus echten Mitarbeiterbeteiligungen, ausser aus gesperrten oder nicht börsenkotierten Optionen, sind im Zeitpunkt des Erwerbs als Einkommen aus unselbständiger Erwerbstätigkeit steuerbar. Die steuerbare Leistung entspricht deren Verkehrswert vermindert um einen allfälligen Erwerbspreis.

2 Bei Mitarbeiteraktien sind für die Berechnung der steuerbaren Leistung Sperrfristen mit einem Diskont von 6 Prozent pro Sperrjahr auf deren Verkehrswert zu berücksichtigen. Dieser Diskont gilt längstens für zehn Jahre.

3 Geldwerte Vorteile aus gesperrten oder nicht börsenkotierten Mitarbeiteroptionen werden im Zeitpunkt der Ausübung besteuert. Die steuerbare Leistung entspricht dem Verkehrswert der Aktie bei Ausübung vermindert um den Ausübungspreis.

---

[1] SR **220**
[2] Eingefügt durch Anhang Ziff. 8 des BG vom 19. Juni 2020 (Aktienrecht), in Kraft seit 1. Jan. 2023 (AS **2020** 4005, **2022** 109, 112; BBl **2017** 399).
[3] Eingefügt durch Ziff. I 2 des BG vom 17. Dez. 2010 über die Besteuerung von Mitarbeiterbeteiligungen, in Kraft seit 1. Jan. 2013 (AS **2011** 3259; BBl **2005** 575).
[4] Eingefügt durch Ziff. I 2 des BG vom 17. Dez. 2010 über die Besteuerung von Mitarbeiterbeteiligungen, in Kraft seit 1. Jan. 2013 (AS **2011** 3259; BBl **2005** 575).

Art. 7e[1] Einkünfte aus unechten Mitarbeiterbeteiligungen

Geldwerte Vorteile aus unechten Mitarbeiterbeteiligungen sind im Zeitpunkt ihres Zuflusses steuerbar.

Art. 7f[2] Anteilsmässige Besteuerung

Hatte der Steuerpflichtige nicht während der gesamten Zeitspanne zwischen Erwerb und Entstehen des Ausübungsrechts der gesperrten Mitarbeiteroptionen (Art. 7d Abs. 3) steuerrechtlichen Wohnsitz oder Aufenthalt in der Schweiz, so werden die geldwerten Vorteile daraus anteilsmässig im Verhältnis zwischen der gesamten zu der in der Schweiz verbrachten Zeitspanne besteuert.

Art. 8 Selbständige Erwerbstätigkeit

^{1} Zu den steuerbaren Einkünften aus selbständiger Erwerbstätigkeit zählen auch alle Kapitalgewinne auf Geschäftsvermögen aus Veräusserung, Verwertung, buchmässiger Aufwertung, Privatentnahme oder aus Verlegung in ausländische Betriebe oder Betriebsstätten; ausgenommen sind Gewinne aus Veräusserung von land- und forstwirtschaftlichen Grundstücken, soweit der Veräusserungserlös die Anlagekosten übersteigt. Artikel 12 Absatz 4 bleibt vorbehalten.

^{2} Als Geschäftsvermögen gelten alle Vermögenswerte, die ganz oder vorwiegend der selbständigen Erwerbstätigkeit dienen; Gleiches gilt für Beteiligungen von mindestens 20 Prozent am Grund- oder Stammkapital einer Kapitalgesellschaft oder Genossenschaft, sofern der Eigentümer sie im Zeitpunkt des Erwerbs zum Geschäftsvermögen erklärt.[3]

^{2bis} Wird eine Liegenschaft des Anlagevermögens aus dem Geschäftsvermögen in das Privatvermögen überführt, so kann die steuerpflichtige Person verlangen, dass im Zeitpunkt der Überführung nur die Differenz zwischen den Anlagekosten und dem massgebenden Einkommenssteuerwert besteuert wird. In diesem Fall gelten die Anlagekosten als neuer massgebender Einkommenssteuerwert, und die Besteuerung der übrigen stillen Reserven als Einkommen aus selbstständiger Erwerbstätigkeit wird bis zur Veräusserung der Liegenschaft aufgeschoben.[4]

^{2ter} Die Verpachtung eines Geschäftsbetriebs gilt nur auf Antrag der steuerpflichtigen Person als Überführung in das Privatvermögen.[5]

^{2quater} Wird bei einer Erbteilung der Geschäftsbetrieb nicht von allen Erben fortgeführt, so wird die Besteuerung der stillen Reserven auf Gesuch der den Betrieb übernehmenden Erben bis zur späteren Realisierung aufgeschoben, soweit diese Erben die bisherigen für die Einkommenssteuer massgebenden Werte übernehmen.[6]

---

[1] Eingefügt durch Ziff. I 2 des BG vom 17. Dez. 2010 über die Besteuerung von Mitarbeiterbeteiligungen, in Kraft seit 1. Jan. 2013 (AS **2011** 3259; BBl **2005** 575).
[2] Eingefügt durch Ziff. I 2 des BG vom 17. Dez. 2010 über die Besteuerung von Mitarbeiterbeteiligungen, in Kraft seit 1. Jan. 2013 (AS **2011** 3259; BBl **2005** 575).
[3] Fassung gemäss Ziff. I 6 des BG vom 19. März 1999 über das Stabilisierungsprogramm 1998, in Kraft seit 1. Jan. 2001 (AS **1999** 2374; BBl **1999** 4).
[4] Eingefügt durch Ziff. II 3 des Unternehmenssteuerreformgesetzes II vom 23. März 2007, in Kraft seit 1. Jan. 2009 (AS **2008** 2893; BBl **2005** 4733).
[5] Eingefügt durch Ziff. II 3 des Unternehmenssteuerreformgesetzes II vom 23. März 2007, in Kraft seit 1. Jan. 2009 (AS **2008** 2893; BBl **2005** 4733).
[6] Eingefügt durch Ziff. II 3 des Unternehmenssteuerreformgesetzes II vom 23. März 2007, in Kraft seit 1. Jan. 2009 (AS **2008** 2893; BBl **2005** 4733).

²quinquies Dividenden, Gewinnanteile, Liquidationsüberschüsse und geldwerte Vorteile aus Aktien, Anteilen an Gesellschaften mit beschränkter Haftung, Genossenschaftsanteilen und Partizipationsscheinen sowie Gewinne aus der Veräusserung solcher Beteiligungsrechte sind nach Abzug des zurechenbaren Aufwandes im Umfang von 50 Prozent steuerbar, wenn diese Beteiligungsrechte mindestens 10 Prozent des Grund- oder Stammkapitals einer Kapitalgesellschaft oder Genossenschaft darstellen. Die Kantone können eine höhere Besteuerung vorsehen. Die Teilbesteuerung auf Veräusserungsgewinnen wird nur gewährt, wenn die veräusserten Beteiligungsrechte mindestens ein Jahr im Eigentum der steuerpflichtigen Person oder Personenunternehmung waren.[1]

³ Stille Reserven einer Personenunternehmung (Einzelunternehmen, Personengesellschaft) werden bei Umstrukturierungen, insbesondere im Fall der Fusion, Spaltung oder Umwandlung, nicht besteuert, soweit die Steuerpflicht in der Schweiz fortbesteht und die bisher für die Einkommenssteuer massgeblichen Werte übernommen werden:[2]

a. bei der Übertragung von Vermögenswerten auf eine andere Personenunternehmung;
b. bei der Übertragung eines Betriebs oder eines Teilbetriebs auf eine juristische Person;
c. beim Austausch von Beteiligungs- oder Mitgliedschaftsrechten anlässlich von Umstrukturierungen im Sinne von Artikel 24 Absatz 3 oder von fusionsähnlichen Zusammenschlüssen.[3]

³ᵇⁱˢ Bei einer Umstrukturierung nach Absatz 3 Buchstabe b werden die übertragenen stillen Reserven im Verfahren nach Artikel 53 nachträglich besteuert, soweit während der der Umstrukturierung nachfolgenden fünf Jahre Beteiligungs- oder Mitgliedschaftsrechte zu einem über dem übertragenen steuerlichen Eigenkapital liegenden Preis veräussert werden; die juristische Person kann in diesem Fall entsprechende, als Gewinn versteuerte stille Reserven geltend machen.[4]

⁴ Werden Gegenstände des betriebsnotwendigen Anlagevermögens ersetzt, so können die stillen Reserven auf die als Ersatz erworbenen Anlagegüter übertragen werden, wenn diese ebenfalls betriebsnotwendig sind und sich in der Schweiz befinden. Vorbehalten bleibt die Besteuerung beim Ersatz von Liegenschaften durch Gegenstände des beweglichen Vermögens.[5] VO StHG A 5 | E51, E54

Art. 8a[6] Einkommen aus Patenten und vergleichbaren Rechten bei selbstständiger Erwerbstätigkeit

Für das Einkommen aus Patenten und vergleichbaren Rechten bei selbstständiger Erwerbstätigkeit sind die Artikel 24a und 24b sinngemäss anwendbar.

---

[1] Eingefügt durch Ziff. I 3 des BG vom 28. Sept. 2018 über die Steuerreform und die AHV-Finanzierung, in Kraft seit 1. Jan. 2020 (AS **2019** 2395 2413; BBl **2018** 2527).
[2] Fassung gemäss Anhang Ziff. 8 des BG vom 16. Dez. 2005 (GmbH-Recht sowie Anpassungen im Aktien-, Genossenschafts-, Handelsregister- und Firmenrecht), in Kraft seit 1. Jan. 2008 (AS **2007** 4791; BBl **2002** 3148, **2004** 3969).
[3] Fassung gemäss Anhang Ziff. 8 des Fusionsgesetzes vom 3. Okt. 2003, in Kraft seit 1. Juli 2004 (AS **2004** 2617; BBl **2000** 4337).
[4] Eingefügt durch Anhang Ziff. 8 des Fusionsgesetzes vom 3. Okt. 2003, in Kraft seit 1. Juli 2004 (AS **2004** 2617; BBl **2000** 4337).
[5] Fassung gemäss Ziff. II 3 des Unternehmenssteuerreformgesetzes II vom 23. März 2007, in Kraft seit 1. Jan. 2009 (AS **2008** 2893; BBl **2005** 4733).
[6] Eingefügt durch Ziff. I 3 des BG vom 28. Sept. 2018 über die Steuerreform und die AHV-Finanzierung, in Kraft seit 1. Jan. 2020 (AS **2019** 2395 2413; BBl **2018** 2527).

2. Abschnitt: Abzüge

Art. 9 Allgemeines

1 Von den gesamten steuerbaren Einkünften werden die zu ihrer Erzielung notwendigen Aufwendungen und die allgemeinen Abzüge abgezogen. Für die notwendigen Kosten für Fahrten zwischen Wohn- und Arbeitsstätte kann ein Maximalbetrag festgesetzt werden.[1] D11

2 Allgemeine Abzüge sind:

a.[2] die privaten Schuldzinsen im Umfang des nach den Artikeln 7 und 7a steuerbaren Vermögensertrages und weiterer 50 000 Franken;

> ☞ *Art. 9 Abs. 2 Bst. a wird gemäss BG über den Systemwechsel bei der Wohneigentumsbesteuerung frühestens per 1.1.2027 wie folgt geändert (unter Vorbehalt des Referendums und der Annahme des BB vom 20.12.2024 über die Einführung einer Objektsteuer auf Zweitliegenschaften in der Volksabstimmung):*
>
> *a. die privaten Schuldzinsen im Verhältnis aller im Kanton gelegenen unbeweglichen Vermögenswerte, mit Ausnahme der Liegenschaften oder Liegenschaftsteile, die der steuerpflichtigen Person aufgrund von Eigentum oder eines unentgeltlichen Nutzungsrechts für den Eigengebrauch zur Verfügung stehen, zu den gesamten Vermögenswerten;*

b.[3] die dauernden Lasten sowie der Ertragsanteil nach Artikel 7 Absatz 2 Buchstabe c der Leistungen aus Leibrenten- und aus Verpfründungsverträgen;
c. die Unterhaltsbeiträge an den geschiedenen, gerichtlich oder tatsächlich getrennt lebenden Ehegatten sowie die Unterhaltsbeiträge an einen Elternteil für die unter dessen elterlicher Sorge stehenden Kinder, nicht jedoch Leistungen in Erfüllung anderer familienrechtlicher Unterhalts- oder Unterstützungspflichten;
d.[4] die gemäss Gesetz, Statut oder Reglement geleisteten Einlagen, Prämien und Beiträge an die Alters-, Hinterlassenen- und Invalidenversicherung und an Einrichtungen der beruflichen Vorsorge; N 5.1, N 5.2, N 5.3 | E401
e. Einlagen, Prämien und Beiträge zum Erwerb von vertraglichen Ansprüchen aus anerkannten Formen der gebundenen Selbstvorsorge, bis zu einem bestimmten Betrag;
f. die Prämien und Beiträge für die Erwerbsersatzordnung, die Arbeitslosenversicherung und für die obligatorische Unfallversicherung;
g. die Einlagen, Prämien und Beiträge für die Lebens-, die Kranken- und die nicht unter Buchstabe f fallende Unfallversicherung sowie die Zinsen von Sparkapitalien des Steuerpflichtigen und der von ihm unterhaltenen Personen, bis zu einem nach kantonalem Recht bestimmten Betrag, der pauschaliert werden kann;
h.[5] die Krankheits- und Unfallkosten des Steuerpflichtigen und der von ihm unterhaltenen Personen, soweit der Steuerpflichtige die Kosten selber trägt und diese einen vom kantonalen Recht bestimmten Selbstbehalt übersteigen;

---

[1] Fassung gemäss Ziff. II 2 des BG vom 21. Juni 2013 über die Finanzierung und den Ausbau der Eisenbahninfrastruktur, in Kraft seit 1. Jan. 2016 (AS **2015** 651; BBl **2012** 1577). Berichtigung der RedK der BVers vom 15. Februar 2015, veröffentlicht am 31. März 2015 (AS **2015** 993).
[2] Fassung gemäss Ziff. II 3 des Unternehmenssteuerreformgesetzes II vom 23. März 2007, in Kraft seit 1. Jan. 2009 (AS **2008** 2893; BBl **2005** 4733).
[3] Fassung gemäss Ziff. I 2 des BG vom 17. Juni 2022 über die Besteuerung von Leibrenten und ähnlichen Vorsorgeformen, in Kraft seit 1. Jan. 2025 (AS **2023** 38; BBl **2021** 3028).
[4] Fassung gemäss Anhang Ziff. 4 des BG vom 18. Juni 2004, in Kraft seit 1. Jan. 2005 (AS **2004** 4635; BBl **2003** 6399).
[5] Fassung gemäss Anhang Ziff. 3 des Behindertengleichstellungsgesetzes vom 13. Dez. 2002, in Kraft seit 1. Jan. 2005 (AS **2003** 4487; BBl **2001** 1715).

h^bis. die behinderungsbedingten Kosten des Steuerpflichtigen oder der von ihm unterhaltenen Personen mit Behinderungen im Sinne des Behindertengleichstellungsgesetzes vom 13. Dezember 2002[1], soweit der Steuerpflichtige die Kosten selber trägt;[2]

i.[3] die freiwilligen Leistungen von Geld und übrigen Vermögenswerten bis zu dem nach kantonalem Recht bestimmten Ausmass an juristische Personen mit Sitz in der Schweiz, die im Hinblick auf ihre öffentlichen oder gemeinnützigen Zwecke von der Steuerpflicht befreit sind (Art. 23 Abs. 1 Bst. f), sowie an Bund, Kantone, Gemeinden und deren Anstalten (Art. 23 Abs.1 Bst. a–c);

k. ein Abzug vom Erwerbseinkommen, das ein Ehegatte unabhängig vom Beruf, Geschäft oder Gewerbe des andern Ehegatten erzielt, bis zu einem nach kantonalem Recht bestimmten Betrag; ein gleichartiger Abzug ist zulässig bei erheblicher Mitarbeit eines Ehegatten im Beruf, Geschäft oder Gewerbe des andern Ehegatten;

l.[4] die Mitgliederbeiträge und Zuwendungen bis zu einem nach kantonalem Recht bestimmten Betrag an politische Parteien, die:
1. im Parteienregister nach Artikel 76a des Bundesgesetzes vom 17. Dezember 1976[5] über die politischen Rechte eingetragen sind,
2. in einem kantonalen Parlament vertreten sind, oder
3. in einem Kanton bei den letzten Wahlen des kantonalen Parlaments mindestens 3 Prozent der Stimmen erreicht haben;

m.[6] die nachgewiesenen Kosten, bis zu einem nach kantonalem Recht bestimmten Betrag, für die Drittbetreuung jedes Kindes, das das 14. Altersjahr noch nicht vollendet hat und mit der steuerpflichtigen Person, die für seinen Unterhalt sorgt, im gleichen Haushalt lebt, soweit diese Kosten in direktem kausalem Zusammenhang mit der Erwerbstätigkeit, Ausbildung oder Erwerbsunfähigkeit der steuerpflichtigen Person stehen;

n.[7] die Einsatzkosten in der Höhe eines nach kantonalem Recht bestimmten Prozentbetrags der einzelnen Gewinne aus Geldspielen, welche nicht nach Artikel 7 Absatz 4 Buchstaben l–m steuerfrei sind; die Kantone können einen Höchstbetrag für den Abzug vorsehen;

o.[8] die Kosten der berufsorientierten Aus- und Weiterbildung, einschliesslich der Umschulungskosten, bis zu einem nach kantonalem Recht bestimmten Betrag, sofern:
1. ein erster Abschluss auf der Sekundarstufe II vorliegt, oder
2. das 20. Lebensjahr vollendet ist und es sich nicht um die Ausbildungskosten bis zum ersten Abschluss auf der Sekundarstufe II handelt.

---

1 SR **151.3**
2 Eingefügt durch Anhang Ziff. 3 des Behindertengleichstellungsgesetzes vom 13. Dez. 2002, in Kraft seit 1. Jan. 2005 (AS **2003** 4487; BBl **2001** 1715).
3 Fassung gemäss Anhang Ziff. 4 des BG vom 8. Okt. 2004 (Stiftungsrecht), in Kraft seit 1. Jan. 2006 (AS **2005** 4545; BBl **2003** 8153 8191).
4 Eingefügt durch Ziff. I 2 des BG vom 12. Juni 2009 über die steuerliche Abzugsfähigkeit von Zuwendungen an politische Parteien, in Kraft seit 1. Jan. 2011 (AS **2009** 449; BBl **2008** 7463 7485).
5 SR **161.1**
6 Eingefügt durch Ziff. I 2 des BG vom 25. September 2009 über die steuerliche Entlastung von Familien mit Kindern, in Kraft seit 1. Jan. 2011 (AS **2010** 455; BBl **2009** 4729). Berichtigt von der Redaktionskommission der BVers (Art. 58 Abs. 1 ParlG – SR **171.10**).
7 Eingefügt durch Ziff. I 2 des BG vom 15. Juni 2012 über die Vereinfachung bei der Besteuerung von Lotteriegewinnen (AS **2012** 5977; BBl **2011** 6517 6543). Fassung gemäss Anhang Ziff. II 6 des Geldspielgesetzes vom 29. Sept. 2017, in Kraft seit 1. Jan. 2019 (AS **2018** 5103; BBl **2015** 8387).
8 Eingefügt durch Ziff. I 2 des BG vom 27. Sept. 2013 über die steuerliche Behandlung der berufsorientierten Aus- und Weiterbildungskosten, in Kraft seit 1. Jan. 2016 (AS **2014** 1105; BBl **2011** 2607).

³ Bei Liegenschaften im Privatvermögen können die Unterhaltskosten, die Kosten der Instandstellung von neu erworbenen Liegenschaften, die Versicherungsprämien und die Kosten der Verwaltung durch Dritte abgezogen werden. Zudem können die Kantone Abzüge für Umweltschutz, Energiesparen und Denkmalpflege vorsehen. Bei den drei letztgenannten Abzügen gilt folgende Regelung:[1] VO DBG F, G, H | C100

a.[2] Bei den Investitionen, die dem Energiesparen und dem Umweltschutz dienen, bestimmt das Eidgenössische Finanzdepartement in Zusammenarbeit mit den Kantonen, welche Investitionen den Unterhaltskosten gleichgestellt werden können; den Unterhaltskosten gleichgestellt sind auch die Rückbaukosten im Hinblick auf den Ersatzneubau.
b. Die nicht durch Subventionen gedeckten Kosten denkmalpflegerischer Arbeiten sind abziehbar, sofern der Steuerpflichtige solche Massnahmen aufgrund gesetzlicher Vorschriften, im Einvernehmen mit den Behörden oder auf deren Anordnung hin vorgenommen hat.

> ☞ *Art. 9 Abs. 3 und 3bis wird gemäss BG über den Systemwechsel bei der Wohneigentumsbesteuerung frühestens per 1.1.2027 wie folgt geändert bzw. aufgehoben (unter Vorbehalt des Referendums und der Annahme des BB vom 20.12.2024 über die Einführung einer Objektsteuer auf Zweitliegenschaften in der Volksabstimmung):*
>
> *³ Bei Liegenschaften im Privatvermögen können die Kantone Abzüge für Denkmalpflege vorsehen. Abziehbar sind die nicht durch Subventionen gedeckten Kosten denkmalpflegerischer Arbeiten, sofern die steuerpflichtige Person solche Massnahmen aufgrund gesetzlicher Vorschriften, im Einvernehmen mit den Behörden oder auf deren Anordnung hin, vorgenommen hat.*
>
> *³^{bis} aufgehoben*

³^{bis} Investitionen und Rückbaukosten im Hinblick auf einen Ersatzneubau nach Absatz 3 Buchstabe a sind in den zwei nachfolgenden Steuerperioden abziehbar, soweit sie in der laufenden Steuerperiode, in welcher die Aufwendungen angefallen sind, steuerlich nicht vollständig berücksichtigt werden können.[3]

⁴ Andere Abzüge sind nicht zulässig. Vorbehalten sind die Kinderabzüge und andere Sozialabzüge des kantonalen Rechts.

---

[1] Fassung gemäss Ziff. I 2 des BG vom 3. Okt. 2008 über die steuerliche Behandlung von Instandstellungskosten bei Liegenschaften, in Kraft seit 1. Jan. 2010 (AS **2009** 1515; BBl **2007** 7993 8009).
[2] Fassung gemäss Anhang Ziff. II 4 des Energiegesetzes vom 30. Sept. 2016, in Kraft seit 1. Jan. 2018 (AS **2017** 6839; BBl **2013** 7561).
[3] Eingefügt durch Anhang Ziff. II 4 des Energiegesetzes vom 30. Sept. 2016, in Kraft seit 1. Jan. 2018 (AS **2017** 6839; BBl **2013** 7561).

☞ Art. 9a wird gemäss BG über den Systemwechsel bei der Wohneigentumsbesteuerung frühestens per 1.1.2027 wie folgt neu eingefügt (unter Vorbehalt des Referendums und der Annahme des BB vom 20.12.2024 über die Einführung einer Objektsteuer auf Zweitliegenschaften in der Volksabstimmung):

Art. 9a Vermietete oder verpachtete Liegenschaften

¹ Bei vermieteten oder verpachteten Liegenschaften im Privatvermögen können abgezogen werden:

a. die Unterhaltskosten;
b. die Kosten der Instandstellung von neu erworbenen Liegenschaften;
c. die Versicherungsprämien;
d. die Kosten der Verwaltung durch Dritte.

² Die Kantone können die Rückbaukosten im Hinblick auf den Ersatzneubau zum Abzug zulassen.

³ Die Kosten nach Absatz 2 sind in den zwei nachfolgenden Steuerperioden abziehbar, soweit sie in der Steuerperiode, in der sie angefallen sind, steuerlich nicht vollständig berücksichtigt werden können.

☞ Art. 9b wird gemäss BG über den Systemwechsel bei der Wohneigentumsbesteuerung frühestens per 1.1.2027 wie folgt neu eingefügt (unter Vorbehalt des Referendums und der Annahme des BB vom 20.12.2024 über die Einführung einer Objektsteuer auf Zweitliegenschaften in der Volksabstimmung):

Art. 9b Selbstbewohnte Liegenschaften

¹ Steuerpflichtige, die erstmals eine dauernd und ausschliesslich selbstbewohnte Liegenschaft in der Schweiz erwerben, können im ersten Steuerjahr nach dem Erwerb die auf diese Liegenschaft entfallenden privaten Schuldzinsen wie folgt abziehen:

a. Ehepaare in rechtlich und tatsächlich ungetrennter Ehe: bis zu 10 000 Franken;
b. übrige Steuerpflichtige: bis zu 5 000 Franken.

² Dieser Abzug ist nur so weit zulässig, als die Schuldzinsen nicht bereits nach Artikel 9 Absatz 2 Buchstabe a berücksichtigt worden sind.

³ In den nachfolgenden Steuerjahren vermindert sich der maximal abziehbare Betrag jährlich um 10 Prozent des Höchstbetrags nach Absatz 1.

⁴ Wird die Liegenschaft veräussert oder anders genutzt, so entfällt die Abzugsmöglichkeit ab dem ersten Steuerjahr nach der Veräusserung oder Nutzungsänderung. Erwirbt die steuerpflichtige Person innert angemessener Frist eine gleichgenutzte Ersatzliegenschaft in der Schweiz, so richtet sich die Abzugsmöglichkeit ab dem Jahr des Erwerbs der Liegenschaft für die verbleibenden Steuerjahre nach Absatz 3.

⁵ Artikel 9a Absätze 2 und 3 gilt sinngemäss.

Art. 10 Selbständige Erwerbstätigkeit

¹ Als geschäfts- oder berufsmässig begründete Kosten werden namentlich abgezogen:
   a. die ausgewiesenen Abschreibungen des Geschäftsvermögens;
   b. die Rückstellungen für Verpflichtungen, deren Höhe noch unbestimmt ist, oder für unmittelbar drohende Verlustrisiken;
   c. die eingetretenen und verbuchten Verluste auf dem Geschäftsvermögen;
   d. die Zuwendungen an Vorsorgeeinrichtungen zugunsten des eigenen Personals, sofern jede zweckwidrige Verwendung ausgeschlossen ist;
   e.¹ Zinsen auf Geschäftsschulden sowie Zinsen, die auf Beteiligungen nach Artikel 8 Absatz 2 entfallen;
   f.² die Kosten der berufsorientierten Aus- und Weiterbildung, einschliesslich Umschulungskosten, des eigenen Personals;
   g.³ gewinnabschöpfende Sanktionen, soweit sie keinen Strafzweck haben.

¹ᵇⁱˢ Nicht abziehbar sind insbesondere:

   a. Zahlungen von Bestechungsgeldern im Sinne des schweizerischen Strafrechts;
   b. Aufwendungen zur Ermöglichung von Straftaten oder als Gegenleistung für die Begehung von Straftaten;
   c. Bussen und Geldstrafen;
   d. finanzielle Verwaltungssanktionen, soweit sie einen Strafzweck haben.⁴

¹ᵗᵉʳ Sind Sanktionen nach Absatz 1ᵇⁱˢ Buchstaben c und d von einer ausländischen Straf- oder Verwaltungsbehörde verhängt worden, so sind sie abziehbar, wenn:

   a. die Sanktion gegen den schweizerischen Ordre public verstösst; oder
   b. die steuerpflichtige Person glaubhaft darlegt, dass sie alles Zumutbare unternommen hat, um sich rechtskonform zu verhalten.⁵

² Verluste aus den sieben der Steuerperiode (Art. 15) vorangegangenen Geschäftsjahren können abgezogen werden, soweit sie bei der Berechnung des steuerbaren Einkommens dieser Jahre nicht berücksichtigt werden konnten.⁶ E59, E58, E50

³ Mit Leistungen Dritter, die zum Ausgleich einer Unterbilanz im Rahmen einer Sanierung erbracht werden, können auch Verluste verrechnet werden, die in früheren Geschäftsjahren entstanden und noch nicht mit Einkommen verrechnet werden konnten.

⁴ Die Absätze 2 und 3 gelten auch bei Verlegung des steuerrechtlichen Wohnsitzes oder des Geschäftsortes innerhalb der Schweiz.⁷ E58

---

1. Eingefügt durch Ziff. I 6 des BG vom 19. März 1999 über das Stabilisierungsprogramm 1998, in Kraft seit 1. Jan. 2001 (AS **1999** 2374; BBl **1999** 4).
2. Eingefügt durch Ziff. I 2 des BG vom 27. Sept. 2013 über die steuerliche Behandlung der berufsorientierten Aus- und Weiterbildungskosten, in Kraft seit 1. Jan. 2016 (AS **2014** 1105; BBl **2011** 2607).
3. Eingefügt durch Ziff. I 2 des BG vom 19. Juni 2020 über die steuerliche Behandlung finanzieller Sanktionen, in Kraft seit 1. Jan. 2022 (AS **2020** 5121; BBl **2016** 8503).
4. Eingefügt durch Ziff. II des BG vom 22. Dez. 1999 über die Unzulässigkeit steuerlicher Abzüge von Bestechungsgeldern (AS **2000** 2147; BBl **1997** II 1037, IV 1336). Fassung gemäss Ziff. I 2 des BG vom 19. Juni 2020 über die steuerliche Behandlung finanzieller Sanktionen, in Kraft seit 1. Jan. 2022 (AS **2020** 5121; BBl **2016** 8503).
5. Eingefügt durch Ziff. I 2 des BG vom 19. Juni 2020 über die steuerliche Behandlung finanzieller Sanktionen, in Kraft seit 1. Jan. 2022 (AS **2020** 5121; BBl **2016** 8503).
6. Fassung gemäss Ziff. I 2 des BG vom 22. März 2013 über die formelle Bereinigung der zeitlichen Bemessung der direkten Steuern bei den natürlichen Personen, in Kraft seit 1. Jan. 2014 (AS **2013** 2397; BBl **2011** 3593).
7. Eingefügt durch Ziff. I 2 des BG vom 15. Dez. 2000 zur Koordination und Vereinfachung der Veranlagungsverfahren für die direkten Steuern im interkantonalen Verhältnis (AS **2001** 1050; BBl **2000** 3898).

Art. 10a[1] Abzug von Forschungs- und Entwicklungsaufwand bei selbstständiger Erwerbstätigkeit E31

Für den Abzug von Forschungs- und Entwicklungsaufwand bei selbstständiger Erwerbstätigkeit ist Artikel 25a sinngemäss anwendbar.

3. Abschnitt: Steuerberechnung

Art. 11

¹ Für Ehegatten, die in rechtlich und tatsächlich ungetrennter Ehe leben, muss die Steuer im Vergleich zu alleinstehenden Steuerpflichtigen angemessen ermässigt werden.[2]

² Gehören zu den Einkünften Kapitalabfindungen für wiederkehrende Leistungen, so wird die Steuer unter Berücksichtigung der übrigen Einkünfte zu dem Satz berechnet, der sich ergäbe, wenn anstelle der einmaligen Leistung eine entsprechende jährliche Leistung ausgerichtet würde.

³ Kapitalleistungen aus Vorsorgeeinrichtungen sowie Zahlungen bei Tod und für bleibende körperliche oder gesundheitliche Nachteile werden für sich allein besteuert. Sie unterliegen stets einer vollen Jahressteuer.

⁴ Für kleine Arbeitsentgelte aus unselbständiger Erwerbstätigkeit ist die Steuer ohne Berücksichtigung der übrigen Einkünfte, allfälliger Berufskosten und Sozialabzüge zu erheben; Voraussetzung ist, dass der Arbeitgeber die Steuer im Rahmen des vereinfachten Abrechnungsverfahrens nach den Artikeln 2 und 3 des Bundesgesetzes vom 17. Juni 2005[3] gegen die Schwarzarbeit entrichtet. Damit sind die Einkommenssteuern von Kanton und Gemeinde abgegolten. Artikel 37 Absatz 1 Buchstabe a gilt sinngemäss. Die Steuern sind periodisch der zuständigen AHV-Ausgleichskasse abzuliefern. Diese stellt dem Steuerpflichtigen eine Aufstellung oder eine Bestätigung über den Steuerabzug aus. Sie überweist der zuständigen Steuerbehörde die einkassierten Steuerzahlungen. Das Recht auf eine Bezugsprovision nach Artikel 37 Absatz 3 wird auf die zuständige AHV-Ausgleichskasse übertragen.[4] B21

⁵ Wird die selbstständige Erwerbstätigkeit nach dem vollendeten 55. Altersjahr oder wegen Unfähigkeit zur Weiterführung infolge Invalidität definitiv aufgegeben, so ist die Summe der in den letzten zwei Geschäftsjahren realisierten stillen Reserven getrennt vom übrigen Einkommen zu besteuern.[5] Einkaufsbeiträge gemäss Artikel 9 Absatz 2 Buchstabe d sind abziehbar. Werden keine solchen Einkäufe vorgenommen, so wird die Steuer auf dem Betrag der realisierten stillen Reserven, für den der Steuerpflichtige die Zulässigkeit eines Einkaufs gemäss Artikel 9 Absatz 2 Buchstabe d nachweist, in gleicher Weise wie Kapitalleistungen aus Vorsorge gemäss Absatz 3 erhoben. Der auf den Restbetrag der realisierten stillen Reserven anwendbare Satz

---

1 Eingefügt durch Ziff. I 3 des BG vom 28. Sept. 2018 über die Steuerreform und die AHV-Finanzierung, in Kraft seit 1. Jan. 2020 (AS **2019** 2395 2413; BBl **2018** 2527).
2 Fassung gemäss Ziff. I 2 des BG vom 25. September 2009 über die steuerliche Entlastung von Familien mit Kindern, in Kraft seit 1. Jan. 2011 (AS **2010** 455; BBl **2009** 4729).
3 SR **822.41**
4 Eingefügt durch Anhang Ziff. 5 des BG vom 17. Juni 2005 gegen die Schwarzarbeit, in Kraft seit 1. Jan. 2008 (AS **2007** 359; BBl **2002** 3605).
5 Berichtigt von der Redaktionskommission der BVers (Art. 58 Abs. 1 ParlG – SR **171.10**).

wird durch das kantonale Recht bestimmt. Die gleiche Satzmilderung gilt auch für den überlebenden Ehegatten, die anderen Erben und die Vermächtnisnehmer, sofern sie das übernommene Unternehmen nicht fortführen; die steuerliche Abrechnung erfolgt spätestens fünf Kalenderjahre nach Ablauf des Todesjahres des Erblassers.[1]

3. Kapitel: Grundstückgewinnsteuer

Art. 12

[1] Der Grundstückgewinnsteuer unterliegen Gewinne, die sich bei Veräusserung eines Grundstückes des Privatvermögens oder eines land- oder forstwirtschaftlichen Grundstückes sowie von Anteilen daran ergeben, soweit der Erlös die Anlagekosten (Erwerbspreis oder Ersatzwert zuzüglich Aufwendungen) übersteigt.

[2] Die Steuerpflicht wird durch jede Veräusserung eines Grundstückes begründet. Den Veräusserungen sind gleichgestellt:

a. die Rechtsgeschäfte, die in Bezug auf die Verfügungsgewalt über ein Grundstück wirtschaftlich wie eine Veräusserung wirken;
b. die Überführung eines Grundstückes sowie von Anteilen daran vom Privatvermögen in das Geschäftsvermögen des Steuerpflichtigen;
c. die Belastung eines Grundstückes mit privatrechtlichen Dienstbarkeiten oder öffentlich-rechtlichen Eigentumsbeschränkungen, wenn diese die unbeschränkte Bewirtschaftung oder den Veräusserungswert des Grundstückes dauernd und wesentlich beeinträchtigen und dafür ein Entgelt entrichtet wird;
d. die Übertragung von Beteiligungsrechten des Privatvermögens des Steuerpflichtigen an Immobiliengesellschaften, soweit das kantonale Recht für diesen Fall eine Steuerpflicht vorsieht;
e. die ohne Veräusserung erzielten Planungsmehrwerte im Sinne des Raumplanungsgesetzes vom 22. Juni 1979[2], sofern das kantonale Recht diesen Tatbestand der Grundstückgewinnsteuer unterstellt.

[3] Die Besteuerung wird aufgeschoben bei:

a. Eigentumswechsel durch Erbgang (Erbfolge, Erbteilung, Vermächtnis), Erbvorbezug oder Schenkung;
b.[3] Eigentumswechsel unter Ehegatten im Zusammenhang mit dem Güterrecht, sowie zur Abgeltung ausserordentlicher Beiträge eines Ehegatten an den Unterhalt der Familie (Art. 165 ZGB[4]) und scheidungsrechtlicher Ansprüche, sofern beide Ehegatten einverstanden sind;
c. Landumlegungen zwecks Güterzusammenlegung, Quartierplanung, Grenzbereinigung, Abrundung landwirtschaftlicher Heimwesen sowie bei Landumlegungen im Enteignungsverfahren oder drohender Enteignung;
d. vollständiger oder teilweiser Veräusserung eines land- oder forstwirtschaftlichen Grundstückes, soweit der Veräusserungserlös innert angemessener Frist zum Erwerb eines selbstbewirtschafteten Ersatzgrundstückes oder zur Verbesserung der eigenen, selbstbewirtschafteten land- oder forstwirtschaftlichen Grundstücke verwendet wird; VO StHG A 5 | E54

---

[1] Eingefügt durch Ziff. II 3 des Unternehmenssteuerreformgesetzes II vom 23. März 2007, in Kraft seit 1. Jan. 2009 (AS **2008** 2893; BBl **2005** 4733).
[2] SR **700**
[3] Fassung gemäss Anhang Ziff. 4 des BG vom 26. Juni 1998, in Kraft seit 1. Jan. 2000 (AS **1999** 1118; BBl **1996** I 1).
[4] SR **210**

e. Veräusserung einer dauernd und ausschliesslich selbstgenutzten Wohnliegenschaft (Einfamilienhaus oder Eigentumswohnung), soweit der dabei erzielte Erlös innert angemessener Frist zum Erwerb oder zum Bau einer gleichgenutzten Ersatzliegenschaft in der Schweiz verwendet wird. VO StHG A 5 | E54

> *Art. 12 Abs. 3 Bst. e wird gemäss BG über den Systemwechsel bei der Wohneigentumsbesteuerung frühestens per 1.1.2027 geändert (unter Vorbehalt des Referendums und der Annahme des BB vom 20.12.2024 über die Einführung einer Objektsteuer auf Zweitliegenschaften in der Volksabstimmung):*
>
> *e. Veräusserung einer dauernd und ausschliesslich selbstbewohnten Liegenschaft, soweit der dabei erzielte Erlös innert angemessener Frist zum Erwerb oder zum Bau einer gleichgenutzten Ersatzliegenschaft in der Schweiz verwendet wird.*

4 Die Kantone können die Grundstückgewinnsteuer auch auf Gewinnen aus der Veräusserung von Grundstücken des Geschäftsvermögens des Steuerpflichtigen erheben, sofern sie diese Gewinne von der Einkommens- und Gewinnsteuer ausnehmen oder die Grundstückgewinnsteuer auf die Einkommens- und Gewinnsteuer anrechnen. In beiden Fällen gilt:

a.[1] die in den Artikeln 8 Absätze 3 und 4 und 24 Absätze 3 und 3^{quater} genannten Tatbestände sind bei der Grundstückgewinnsteuer als steueraufschiebende Veräusserung zu behandeln;

b. die Überführung eines Grundstückes sowie von Anteilen daran vom Privatvermögen ins Geschäftsvermögen darf nicht einer Veräusserung gleichgestellt werden.

5 Die Kantone sorgen dafür, dass kurzfristig realisierte Grundstückgewinne stärker besteuert werden.

4. Kapitel: Vermögenssteuer

Art. 13 Steuerobjekt

1 Der Vermögenssteuer unterliegt das gesamte Reinvermögen.

2 Nutzniessungsvermögen wird dem Nutzniesser zugerechnet.

3 Bei Anteilen an kollektiven Kapitalanlagen mit direktem Grundbesitz ist die Wertdifferenz zwischen den Gesamtaktiven der kollektiven Kapitalanlage und deren direktem Grundbesitz steuerbar.[2]

4 Hausrat und persönliche Gebrauchsgegenstände werden nicht besteuert.

Art. 14 Bewertung

1 Das Vermögen wird zum Verkehrswert bewertet. Dabei kann der Ertragswert angemessen berücksichtigt werden. D12

---

[1] Fassung gemäss Anhang Ziff. 8 des Fusionsgesetzes vom 3. Okt. 2003, in Kraft seit 1. Juli 2004 (AS **2004** 2617; BBl **2000** 4337).

[2] Fassung gemäss Anhang Ziff. II 7 des Kollektivanlagengesetzes vom 23. Juni 2006, in Kraft seit 1. Jan. 2007 (AS **2006** 5379; BBl **2005** 6395).

² Die land- und forstwirtschaftlich genutzten Grundstücke werden zum Ertragswert bewertet. Das kantonale Recht kann bestimmen, dass bei der Bewertung der Verkehrswert mitberücksichtigt wird oder im Falle der Veräusserung oder Aufgabe der land- oder forstwirtschaftlichen Nutzung des Grundstückes eine Nachbesteuerung für die Differenz zwischen Ertrags- und Verkehrswert erfolgt. Die Nachbesteuerung darf für höchstens 20 Jahre erfolgen.

³ Immaterielle Güter und bewegliches Vermögen, die zum Geschäftsvermögen der steuerpflichtigen Person gehören, werden zu dem für die Einkommenssteuer massgeblichen Wert bewertet. Die Kantone können für Vermögen, das auf Rechte nach Artikel 8*a* entfällt, eine Steuerermässigung vorsehen.[1, 2]

Art. 14a[3] Bewertung von Mitarbeiterbeteiligungen

¹ Mitarbeiterbeteiligungen nach Artikel 7*d* Absatz 1 sind zum Verkehrswert einzusetzen. Allfällige Sperrfristen sind angemessen zu berücksichtigen.

² Mitarbeiterbeteiligungen nach den Artikeln 7*d* Absatz 3 und 7*e* sind bei Zuteilung ohne Steuerwert zu deklarieren.

5. Kapitel: Zeitliche Bemessung

Art. 15[4] Steuerperiode

¹ Als Steuerperiode gilt das Kalenderjahr.

² Die Steuern vom Einkommen und Vermögen werden für jede Steuerperiode festgesetzt und erhoben.

³ Besteht die Steuerpflicht nur während eines Teils der Steuerperiode, so wird die Steuer auf den in diesem Zeitraum erzielten Einkünften erhoben. Dabei bestimmt sich der Steuersatz für regelmässig fliessende Einkünfte nach dem auf zwölf Monate berechneten Einkommen; nicht regelmässig fliessende Einkünfte unterliegen der vollen Jahressteuer, werden aber für die Satzbestimmung nicht in ein Jahreseinkommen umgerechnet. Die Artikel 4*b* und 11 Absatz 3 bleiben vorbehalten. VO DBG A

Art. 16[5] Bemessung des Einkommens VO DBG A

¹ Das steuerbare Einkommen bemisst sich nach den Einkünften in der Steuerperiode.

² Für die Ermittlung des Einkommens aus selbstständiger Erwerbstätigkeit ist das Ergebnis des in der Steuerperiode abgeschlossenen Geschäftsjahres massgebend.

³ Steuerpflichtige mit selbstständiger Erwerbstätigkeit müssen in jeder Steuerperiode einen Geschäftsabschluss erstellen.

---

[1] Zweiter Satz eingefügt durch Ziff. I 3 des BG vom 28. Sept. 2018 über die Steuerreform und die AHV-Finanzierung, in Kraft seit 1. Jan. 2020 (AS **2019** 2395 2413; BBl **2018** 2527).
[2] Fassung gemäss Ziff. II 3 des Unternehmenssteuerreformgesetzes II vom 23. März 2007, in Kraft seit 1. Jan. 2009 (AS **2008** 2893; BBl **2005** 4733).
[3] Eingefügt durch Ziff. I 2 des BG vom 17. Dez. 2010 über die Besteuerung von Mitarbeiterbeteiligungen, in Kraft seit 1. Jan. 2013 (AS **2011** 3259; BBl **2005** 575).
[4] Fassung gemäss Ziff. I 2 des BG vom 22. März 2013 über die formelle Bereinigung der zeitlichen Bemessung der direkten Steuern bei den natürlichen Personen, in Kraft seit 1. Jan. 2014 (AS **2013** 2397; BBl **2011** 3593).
[5] Fassung gemäss Ziff. I 2 des BG vom 22. März 2013 über die formelle Bereinigung der zeitlichen Bemessung der direkten Steuern bei den natürlichen Personen, in Kraft seit 1. Jan. 2014 (AS **2013** 2397; BBl **2011** 3593).

Art. 17[1] Bemessung des Vermögens

1 Das steuerbare Vermögen bemisst sich nach dem Stand am Ende der Steuerperiode oder der Steuerpflicht.

2 Für Steuerpflichtige mit selbstständiger Erwerbstätigkeit und Geschäftsjahren, die nicht mit dem Kalenderjahr übereinstimmen, bestimmt sich das steuerbare Geschäftsvermögen nach dem Eigenkapital am Ende des in der Steuerperiode abgeschlossenen Geschäftsjahres.

3 Erbt die steuerpflichtige Person während der Steuerperiode Vermögen, so wird dieses erst von dem Zeitpunkt an dem übrigen Vermögen zugerechnet, in dem es anfällt. Absatz 4 gilt sinngemäss.

4 Besteht die Steuerpflicht nur während eines Teils der Steuerperiode, so wird der diesem Zeitraum entsprechende Betrag erhoben. Artikel 4b Absatz 2 bleibt vorbehalten.

Art. 18[2] Veranlagung bei Begründung und Auflösung der Ehe

1 Ehegatten, die in rechtlich und tatsächlich ungetrennter Ehe leben, werden für die ganze Steuerperiode, in der sie die Ehe geschlossen haben, nach Artikel 3 Absatz 3 veranlagt.

2 Bei Scheidung, gerichtlicher oder tatsächlicher Trennung werden die Ehegatten für die ganze Steuerperiode separat veranlagt.

3 Stirbt ein in rechtlich und tatsächlich ungetrennter Ehe lebender Ehegatte, so werden bis zu seinem Todestag beide Ehegatten gemeinsam veranlagt (Art. 3 Abs. 3). Der überlebende Ehegatte wird für den Rest der Steuerperiode separat zu dem für ihn anwendbaren Tarif veranlagt. Die Artikel 15 Absatz 3 und 17 Absätze 3 und 4 gelten sinngemäss.

Art. 19 Grundstückgewinne

Die Grundstückgewinnsteuer wird für die Steuerperiode festgesetzt, in der die Gewinne erzielt worden sind.

---

[1] Fassung gemäss Ziff. I 2 des BG vom 22. März 2013 über die formelle Bereinigung der zeitlichen Bemessung der direkten Steuern bei den natürlichen Personen, in Kraft seit 1. Jan. 2014 (AS **2013** 2397; BBl **2011** 3593).

[2] Fassung gemäss Ziff. I 2 des BG vom 22. März 2013 über die formelle Bereinigung der zeitlichen Bemessung der direkten Steuern bei den natürlichen Personen, in Kraft seit 1. Jan. 2014 (AS **2013** 2397; BBl **2011** 3593).

Dritter Titel: Steuern der juristischen Personen

1. Kapitel: Steuerpflicht

Art. 20 Steuerpflicht aufgrund persönlicher Zugehörigkeit

1 Kapitalgesellschaften, Genossenschaften, Vereine, Stiftungen und die übrigen juristischen Personen sind steuerpflichtig, wenn sich ihr Sitz oder ihre tatsächliche Verwaltung im Kanton befindet. Den übrigen juristischen Personen gleichgestellt sind die kollektiven Kapitalanlagen mit direktem Grundbesitz nach Artikel 58 oder 118*a* KAG[1].[2] Die Investmentgesellschaften mit festem Kapital nach Artikel 110 KAG werden wie Kapitalgesellschaften besteuert.[3]

2 Juristische Personen, ausländische Handelsgesellschaften und andere ausländische Personengesamtheiten ohne juristische Persönlichkeit werden den inländischen juristischen Personen gleichgestellt, denen sie rechtlich oder tatsächlich am ähnlichsten sind.

Art. 21 Steuerpflicht aufgrund wirtschaftlicher Zugehörigkeit VO StHG A 2

1 Juristische Personen mit Sitz oder mit tatsächlicher Verwaltung ausserhalb des Kantons sind steuerpflichtig, wenn sie:

a. Teilhaber an Geschäftsbetrieben im Kanton sind;
b. im Kanton Betriebsstätten unterhalten;
c. an Grundstücken im Kanton Eigentum, dingliche Rechte oder diesen wirtschaftlich gleichzuachtende persönliche Nutzungsrechte haben;
d.[4] mit im Kanton gelegenen Grundstücken handeln.

2 Juristische Personen mit Sitz und tatsächlicher Verwaltung im Ausland sind ausserdem steuerpflichtig, wenn sie:

a. Gläubiger oder Nutzniesser von Forderungen sind, die durch Grund- oder Faustpfand auf Grundstücken im Kanton gesichert sind;
b.[5] im Kanton gelegene Grundstücke vermitteln.

Art. 22[6] Wechsel der Steuerpflicht E52, E50

1 Verlegt eine juristische Person während einer Steuerperiode ihren Sitz oder die tatsächliche Verwaltung von einem Kanton in einen anderen Kanton, so ist sie in den beteiligten Kantonen für die gesamte Steuerperiode steuerpflichtig. Veranlagungsbehörde im Sinne des Artikels 39 Absatz 2 ist diejenige des Kantons des Sitzes oder der tatsächlichen Verwaltung am Ende der Steuerperiode.

---

[1] SR **951.31**
[2] Fassung des zweiten Satzes gemäss Anhang Ziff. 3 des BG vom 17. Dez. 2021, in Kraft seit 1. März 2024 (AS **2024** 53; BBl **2020** 6885).
[3] Fassung gemäss Anhang Ziff. II 7 des Kollektivanlagengesetzes vom 23. Juni 2006, in Kraft seit 1. Jan. 2007 (AS **2006** 5379; BBl **2005** 6395).
[4] Eingefügt durch Ziff. I des BG vom 17. März 2017, in Kraft seit 1. Jan. 2019 (AS **2017** 5039; BBl **2016** 5357).
[5] Fassung gemäss Ziff. I des BG vom 17. März 2017, in Kraft seit 1. Jan. 2019 (AS **2017** 5039; BBl **2016** 5357).
[6] Fassung gemäss Ziff. I 2 des BG vom 15. Dez. 2000 zur Koordination und Vereinfachung der Veranlagungsverfahren für die direkten Steuern im interkantonalen Verhältnis (AS **2001** 1050; BBl **2000** 3898).

² Eine Steuerpflicht auf Grund wirtschaftlicher Zugehörigkeit im Sinne von Artikel 21 Absatz 1 in einem anderen Kanton als demjenigen des Sitzes oder der tatsächlichen Verwaltung besteht für die gesamte Steuerperiode, auch wenn sie während der Steuerperiode begründet, verändert oder aufgehoben wird.

³ Der Gewinn und das Kapital werden zwischen den beteiligten Kantonen in sinngemässer Anwendung der Grundsätze des Bundesrechts über das Verbot der interkantonalen Doppelbesteuerung ausgeschieden.

Art. 23 Ausnahmen

¹ Von der Steuerpflicht sind nur befreit:

a. der Bund und seine Anstalten nach Massgabe des Bundesrechtes;
b. der Kanton und seine Anstalten nach Massgabe des kantonalen Rechts;
c. die Gemeinden, die Kirchgemeinden und die anderen Gebietskörperschaften des Kantons und ihre Anstalten nach Massgabe des kantonalen Rechts;
d. die Einrichtungen der beruflichen Vorsorge von Unternehmen mit Wohnsitz, Sitz oder Betriebsstätte in der Schweiz und von ihnen nahe stehenden Unternehmen, sofern die Mittel der Einrichtung dauernd und ausschliesslich der Personalvorsorge dienen;
e. die inländischen Sozialversicherungs- und Ausgleichskassen, insbesondere Arbeitslosen-, Krankenversicherungs-, Alters-, Invaliden- und Hinterlassenenversicherungskassen, mit Ausnahme der konzessionierten Versicherungsgesellschaften; E404
f. die juristischen Personen, die öffentliche oder gemeinnützige Zwecke verfolgen, für den Gewinn und das Kapital, die ausschliesslich und unwiderruflich diesen Zwecken gewidmet sind. Unternehmerische Zwecke sind grundsätzlich nicht gemeinnützig. Der Erwerb und die Verwaltung von wesentlichen Kapitalbeteiligungen an Unternehmen gelten als gemeinnützig, wenn das Interesse an der Unternehmenserhaltung dem gemeinnützigen Zweck untergeordnet ist und keine geschäftsleitenden Tätigkeiten ausgeübt werden;
g. die juristischen Personen, die kantonal oder gesamtschweizerisch Kultuszwecke verfolgen, für den Gewinn und das Kapital, die ausschliesslich und unwiderruflich diesen Zwecken gewidmet sind;
h.[1] die ausländischen Staaten für ihre inländischen, ausschliesslich dem unmittelbaren Gebrauch der diplomatischen und konsularischen Vertretungen bestimmten Liegenschaften sowie die von der Steuerpflicht befreiten institutionellen Begünstigten nach Artikel 2 Absatz 1 des Gaststaatgesetzes vom 22. Juni 2007[2] für die Liegenschaften, die Eigentum der institutionellen Begünstigten sind und die von deren Dienststellen benützt werden;
i.[3] die kollektiven Kapitalanlagen mit direktem Grundbesitz, sofern deren Anleger ausschliesslich steuerbefreite Einrichtungen der beruflichen Vorsorge nach Buchstabe d oder steuerbefreite inländische Sozialversicherungs- und Ausgleichskassen nach Buchstabe e sind;

---

1 Fassung gemäss Anhang Ziff. II 8 des Gaststaatgesetzes vom 22. Juni 2007, in Kraft seit 1. Jan. 2008 (AS **2007** 6637; BBl **2006** 8017).
2 SR **192.12**
3 Eingefügt durch Anhang Ziff. II 7 des Kollektivanlagengesetzes vom 23. Juni 2006, in Kraft seit 1. Jan. 2007 (AS **2006** 5379; BBl **2005** 6395).

j.[1] die vom Bund konzessionierten Verkehrs- und Infrastrukturunternehmen, die für diese Tätigkeit Abgeltungen erhalten oder aufgrund ihrer Konzession einen ganzjährigen Betrieb von nationaler Bedeutung aufrecht erhalten müssen; die Steuerbefreiung erstreckt sich auch auf Gewinne aus der konzessionierten Tätigkeit, die frei verfügbar sind; von der Steuerbefreiung ausgenommen sind jedoch Nebenbetriebe und Liegenschaften, die keine notwendige Beziehung zur konzessionierten Tätigkeit haben. E65

2 ...[2]

3 Die Kantone können auf dem Wege der Gesetzgebung für Unternehmen, die neu eröffnet werden und dem wirtschaftlichen Interesse des Kantons dienen, für das Gründungsjahr und die neun folgenden Jahre Steuererleichterungen vorsehen. Eine wesentliche Änderung der betrieblichen Tätigkeit kann einer Neugründung gleichgestellt werden. N6

4 Die in Absatz 1 Buchstaben d-g und i genannten juristischen Personen unterliegen jedoch in jedem Fall der Grundstückgewinnsteuer. Die Bestimmungen über Ersatzbeschaffungen (Art. 8 Abs. 4), über Abschreibungen (Art. 10 Abs. 1 Bst. a), über Rückstellungen (Art. 10 Abs. 1 Bst. b) und über den Verlustabzug (Art. 10 Abs. 1 Bst. c) gelten sinngemäss.[3]

2. Kapitel: Gewinnsteuer

1. Abschnitt: Steuerobjekt

Art. 24 Allgemeines

1 Der Gewinnsteuer unterliegt der gesamte Reingewinn. Dazu gehören auch:

a. der der Erfolgsrechnung belastete, geschäftsmässig nicht begründete Aufwand;
b. die der Erfolgsrechnung nicht gutgeschriebenen Erträge, Kapital-, Liquidations- und Aufwertungsgewinne;
c.[4] die Zinsen auf verdecktem Eigenkapital (Art. 29*a*).

2 Kein steuerbarer Gewinn entsteht durch:

a. Kapitaleinlagen von Mitgliedern von Kapitalgesellschaften und Genossenschaften einschliesslich Aufgelder und Leistungen *à fonds perdu*;
b. Verlegung des Sitzes, der Verwaltung, eines Geschäftsbetriebes oder einer Betriebsstätte in einen andern Kanton, soweit keine Veräusserungen oder buchmässigen Aufwertungen vorgenommen werden;
c. Kapitalzuwachs aus Erbschaft, Vermächtnis oder Schenkung.

---

[1] Eingefügt durch Ziff. II 11 des BG vom 20. März 2009 über die Bahnreform 2, in Kraft seit 1. Jan. 2010 (AS **2009** 5597; BBl **2005** 2415, **2007** 2681).
[2] Aufgehoben durch Ziff. II 11 des BG vom 20. März 2009 über die Bahnreform 2, mit Wirkung seit 1. Jan. 2010 (AS **2009** 5597; BBl **2005** 2415, **2007** 2681).
[3] Fassung gemäss Anhang Ziff. II 7 des Kollektivanlagengesetzes vom 23. Juni 2006, in Kraft seit 1. Jan. 2007 (AS **2006** 5379; BBl **2005** 6395).
[4] Fassung gemäss Ziff. I 2 des BG vom 26. Sept. 2014 (Anpassung an die allgemeinen Bestimmungen des StGB), in Kraft seit 1. Jan. 2017 (AS **2015** 779; BBl **2012** 2869).

³ Stille Reserven einer juristischen Person werden bei Umstrukturierungen, insbesondere im Fall der Fusion, Spaltung oder Umwandlung, nicht besteuert, soweit die Steuerpflicht in der Schweiz fortbesteht und die bisher für die Gewinnsteuer massgeblichen Werte übernommen werden:

a. bei der Umwandlung in eine Personenunternehmung oder in eine andere juristische Person;
b. bei der Auf- oder Abspaltung einer juristischen Person, sofern ein oder mehrere Betriebe oder Teilbetriebe übertragen werden und soweit die nach der Spaltung bestehenden juristischen Personen einen Betrieb oder Teilbetrieb weiterführen;
c. beim Austausch von Beteiligungs- oder Mitgliedschaftsrechten anlässlich von Umstrukturierungen oder von fusionsähnlichen Zusammenschlüssen;
d. bei der Übertragung von Betrieben oder Teilbetrieben, sowie von Gegenständen des betrieblichen Anlagevermögens auf eine inländische Tochtergesellschaft. Als Tochtergesellschaft gilt eine Kapitalgesellschaft oder Genossenschaft, an der die übertragende Kapitalgesellschaft oder Genossenschaft zu mindestens 20 Prozent am Grund- oder Stammkapital beteiligt ist.[1]

³ᵇⁱˢ Überträgt eine Kapitalgesellschaft oder Genossenschaft eine Beteiligung auf eine ausländische Konzerngesellschaft, so wird für die Differenz zwischen dem Gewinnsteuerwert und dem Verkehrswert der Beteiligung die Besteuerung aufgeschoben.[2] Der Steueraufschub entfällt, wenn die übertragene Beteiligung an einen konzernfremden Dritten veräussert wird, wenn die Gesellschaft, deren Beteiligungsrechte übertragen wurden, ihre Aktiven und Passiven in wesentlichem Umfang veräussert oder wenn sie liquidiert wird.[3]

³ᵗᵉʳ Bei einer Übertragung auf eine Tochtergesellschaft nach Absatz 3 Buchstabe d werden die übertragenen stillen Reserven im Verfahren nach Artikel 53 nachträglich besteuert, soweit während der Umstrukturierung nachfolgenden fünf Jahren die übertragenen Vermögenswerte oder Beteiligungs- oder Mitgliedschaftsrechte an der Tochtergesellschaft veräussert werden; die Tochtergesellschaft kann in diesem Fall entsprechende, als Gewinn versteuerte stille Reserven geltend machen.[4]

³ᵠᵘᵃᵗᵉʳ Zwischen inländischen Kapitalgesellschaften und Genossenschaften, welche nach dem Gesamtbild der tatsächlichen Verhältnisse durch Stimmenmehrheit oder auf andere Weise unter einheitlicher Leitung einer Kapitalgesellschaft oder Genossenschaft zusammengefasst sind, können direkt oder indirekt gehaltene Beteiligungen von mindestens 20 Prozent am Grund- oder Stammkapital einer anderen Kapitalgesellschaft oder Genossenschaft, Betriebe oder Teilbetriebe sowie Gegenstände des betrieblichen Anlagevermögens zu den bisher für die Gewinnsteuer massgeblichen Werten übertragen werden. Vorbehalten bleibt die Übertragung auf eine inländische Tochtergesellschaft nach Absatz 3 Buchstabe d.[5]

---

[1] Fassung gemäss Anhang Ziff. 8 des Fusionsgesetzes vom 3. Okt. 2003, in Kraft seit 1. Juli 2004 (AS **2004** 2617; BBl **2000** 4337).
[2] Fassung gemäss Ziff. I 3 des BG vom 28. Sept. 2018 über die Steuerreform und die AHV-Finanzierung, in Kraft seit 1. Jan. 2020 (AS **2019** 2395 2413; BBl **2018** 2527).
[3] Eingefügt durch Ziff. I 2 des BG vom 10. Okt. 1997 über die Reform der Unternehmensbesteuerung 1997, in Kraft seit 1. Jan. 1998 (AS **1998** 669; BBl **1997** II 1164).
[4] Eingefügt durch Anhang Ziff. 8 des Fusionsgesetzes vom 3. Okt. 2003, in Kraft seit 1. Juli 2004 (AS **2004** 2617; BBl **2000** 4337).
[5] Eingefügt durch Anhang Ziff. 8 des Fusionsgesetzes vom 3. Okt. 2003, in Kraft seit 1. Juli 2004 (AS **2004** 2617; BBl **2000** 4337). Fassung des zweiten Satzes gemäss Ziff. I 3 des BG vom 28. Sept. 2018 über die Steuerreform und die AHV-Finanzierung, in Kraft seit 1. Jan. 2020 (AS **2019** 2395 2413; BBl **2018** 2527).

3^quinquies Werden im Fall einer Übertragung nach Absatz 3^quater während der nachfolgenden fünf Jahre die übertragenen Vermögenswerte veräussert oder wird während dieser Zeit die einheitliche Leitung aufgegeben, so werden die übertragenen stillen Reserven im Verfahren nach Artikel 53 nachträglich besteuert. Die begünstigte juristische Person kann in diesem Fall entsprechende, als Gewinn versteuerte stille Reserven geltend machen. Die im Zeitpunkt der Sperrfristverletzung unter einheitlicher Leitung zusammengefassten inländischen Kapitalgesellschaften und Genossenschaften haften für die Nachsteuer solidarisch.[1]

⁴ Die Bestimmungen über Ersatzbeschaffungen (Art. 8 Abs. 4), über Abschreibungen (Art. 10 Abs. 1 Bst. a), über Rückstellungen (Art. 10 Abs. 1 Bst. b) und über den Verlustabzug (Art. 10 Abs. 1 Bst. c) gelten sinngemäss. E54

⁴ᵇⁱˢ Beim Ersatz von Beteiligungen können die stillen Reserven auf eine neue Beteiligung übertragen werden, sofern die veräusserte Beteiligung mindestens 10 Prozent des Grund- oder Stammkapitals oder mindestens 10 Prozent des Gewinns und der Reserven der anderen Gesellschaft ausmacht und diese Beteiligung während mindestens eines Jahres im Besitz der Kapitalgesellschaft oder Genossenschaft war.[2]

⁵ Leistungen, welche gemischtwirtschaftliche, im öffentlichen Interesse tätige Unternehmen überwiegend an nahe stehende Personen erbringen, sind zum jeweiligen Marktpreis, zu den jeweiligen Gestehungskosten zuzüglich eines angemessenen Aufschlages oder zum jeweiligen Endverkaufspreis abzüglich einer angemessenen Gewinnmarge zu bewerten; das Ergebnis eines jeden Unternehmens ist entsprechend zu berichtigen.

Art. 24a[3] Patente und vergleichbare Rechte: Begriffe E31

¹ Als Patente gelten:
a. Patente nach dem Europäischen Patentübereinkommen vom 5. Oktober 1973[4] in seiner revidierten Fassung vom 29. November 2000 mit Benennung Schweiz;
b. Patente nach dem Patentgesetz vom 25. Juni 1954[5];
c. ausländische Patente, die den Patenten nach den Buchstaben a oder b entsprechen.

² Als vergleichbare Rechte gelten:
a. ergänzende Schutzzertifikate nach dem Patentgesetz vom 25. Juni 1954 und deren Verlängerung;
b. Topographien, die nach dem Topographiengesetz vom 9. Oktober 1992[6] geschützt sind;
c. Pflanzensorten, die nach dem Sortenschutzgesetz vom 20. März 1975[7] geschützt sind;

---

[1] Eingefügt durch Anhang Ziff. 8 des Fusionsgesetzes vom 3. Okt. 2003, in Kraft seit 1. Juli 2004 (AS **2004** 2617; BBl **2000** 4337).
[2] Eingefügt durch Anhang Ziff. 8 des Fusionsgesetzes vom 3. Okt. 2003 (AS **2004** 2617; BBl **2000** 4337). Fassung gemäss Ziff. II 3 des Unternehmenssteuerreformgesetzes II vom 23. März 2007, in Kraft seit 1. Jan. 2009 (AS **2008** 2893; BBl **2005** 4733).
[3] Eingefügt durch Ziff. I 3 des BG vom 28. Sept. 2018 über die Steuerreform und die AHV-Finanzierung, in Kraft seit 1. Jan. 2020 (AS **2019** 2395 2413; BBl **2018** 2527).
[4] SR **0.232.142.2**
[5] SR **232.14**
[6] SR **231.2**
[7] SR **232.16**

d. Unterlagen, die nach dem Heilmittelgesetz vom 15. Dezember 2000[1] geschützt sind;
e. Berichte, für die gestützt auf Ausführungsbestimmungen zum Landwirtschaftsgesetz vom 29. April 1998[2] ein Berichtschutz besteht;
f. ausländische Rechte, die den Rechten nach den Buchstaben a–e entsprechen.

Art. 24b[3] Patente und vergleichbare Rechte: Besteuerung VO StHG B | C102, E66, E31

1 Der Reingewinn aus Patenten und vergleichbaren Rechten wird auf Antrag der steuerpflichtigen Person im Verhältnis des qualifizierenden Forschungs- und Entwicklungsaufwands zum gesamten Forschungs- und Entwicklungsaufwand pro Patent oder vergleichbares Recht (Nexusquotient) mit einer Ermässigung von 90 Prozent in die Berechnung des steuerbaren Reingewinns einbezogen. Die Kantone können eine geringere Ermässigung vorsehen.

2 Der Reingewinn aus Patenten und vergleichbaren Rechten, die in Produkten enthalten sind, ermittelt sich, indem der Reingewinn aus diesen Produkten jeweils um 6 Prozent der diesen Produkten zugewiesenen Kosten sowie um das Markenentgelt vermindert wird.

3 Wird der Reingewinn aus Patenten und vergleichbaren Rechten erstmals ermässigt besteuert, so werden der in vergangenen Steuerperioden bereits berücksichtigte Forschungs- und Entwicklungsaufwand sowie ein allfälliger Abzug nach Artikel 25a zum steuerbaren Reingewinn hinzugerechnet. Im Umfang des hinzugerechneten Betrags ist eine versteuerte stille Reserve zu bilden. Die Kantone können diese Besteuerung innert fünf Jahren ab Beginn der ermässigten Besteuerung auf andere Weise sicherstellen.

4 Der Bundesrat erlässt weiterführende Bestimmungen, insbesondere:

a. zur Berechnung des ermässigt steuerbaren Reingewinns aus Patenten und vergleichbaren Rechten, namentlich zum Nexusquotienten;
b. zur Anwendung der Regelung auf Produkte, die nur geringe Abweichungen voneinander aufweisen und denen dieselben Patente und vergleichbaren Rechte zugrunde liegen;
c. zu den Dokumentationspflichten;
d. zum Beginn und Ende der ermässigten Besteuerung; und
e. zur Behandlung der Verluste aus Patenten und vergleichbaren Rechten.

Art. 24c[4] Aufdeckung stiller Reserven bei Beginn der Steuerpflicht StHG 78g | E66

1 Deckt die steuerpflichtige Person bei Beginn der Steuerpflicht stille Reserven einschliesslich des selbst geschaffenen Mehrwerts auf, so unterliegen diese nicht der Gewinnsteuer. Nicht aufgedeckt werden dürfen stille Reserven einer Kapitalgesellschaft oder Genossenschaft aus Beteiligungen von mindestens 10 Prozent am Grund- oder Stammkapital oder am Gewinn und an den Reserven einer anderen Gesellschaft.

---

[1] SR **812.21**
[2] SR **910.1**
[3] Eingefügt durch Ziff. I 3 des BG vom 28. Sept. 2018 über die Steuerreform und die AHV-Finanzierung, in Kraft seit 1. Jan. 2020 (AS **2019** 2395 2413; BBl **2018** 2527).
[4] Eingefügt durch Ziff. I 3 des BG vom 28. Sept. 2018 über die Steuerreform und die AHV-Finanzierung, in Kraft seit 1. Jan. 2020 (AS **2019** 2395 2413; BBl **2018** 2527).

² Als Beginn der Steuerpflicht gelten die Verlegung von Vermögenswerten, Betrieben, Teilbetrieben oder Funktionen aus dem Ausland in einen inländischen Geschäftsbetrieb oder in eine inländische Betriebsstätte, das Ende einer Steuerbefreiung nach Artikel 23 Absatz 1 sowie die Verlegung des Sitzes oder der tatsächlichen Verwaltung in die Schweiz.

³ Die aufgedeckten stillen Reserven sind jährlich zum Satz abzuschreiben, der für Abschreibungen auf den betreffenden Vermögenswerten steuerlich angewendet wird.

⁴ Der aufgedeckte selbst geschaffene Mehrwert ist innert zehn Jahren abzuschreiben.

Art. 24d[1] Besteuerung stiller Reserven am Ende der Steuerpflicht

¹ Endet die Steuerpflicht, so werden die in diesem Zeitpunkt vorhandenen, nicht versteuerten stillen Reserven einschliesslich des selbst geschaffenen Mehrwerts besteuert.

² Als Ende der Steuerpflicht gelten die Verlegung von Vermögenswerten, Betrieben, Teilbetrieben oder Funktionen aus dem Inland in einen ausländischen Geschäftsbetrieb oder in eine ausländische Betriebsstätte, der Übergang zu einer Steuerbefreiung nach Artikel 23 Absatz 1 sowie die Verlegung des Sitzes oder der tatsächlichen Verwaltung ins Ausland.

Art. 25 Aufwand

¹ Zum geschäftsmässig begründeten Aufwand gehören auch:

a.[2] die eidgenössischen, kantonalen und kommunalen Steuern;
b. die Zuwendungen an Vorsorgeeinrichtungen zugunsten des eigenen Personals, sofern jede zweckwidrige Verwendung ausgeschlossen ist;
c.[3] die freiwilligen Leistungen von Geld und übrigen Vermögenswerten bis zu dem nach kantonalem Recht bestimmten Ausmass an juristische Personen mit Sitz in der Schweiz, die im Hinblick auf ihre öffentlichen oder gemeinnützigen Zwecke von der Steuerpflicht befreit sind (Art. 23 Abs. 1 Bst. f), sowie an Bund, Kantone, Gemeinden und deren Anstalten (Art. 23 Abs.1 Bst. a–c);
d. die Rabatte, Skonti, Umsatzbonifikationen und Rückvergütungen auf dem Entgelt für Lieferungen und Leistungen sowie zur Verteilung an die Versicherten bestimmte Überschüsse von Versicherungsgesellschaften;
e.[4] die Kosten der berufsorientierten Aus- und Weiterbildung, einschliesslich Umschulungskosten, des eigenen Personals;
f.[5] gewinnabschöpfende Sanktionen, soweit sie keinen Strafzweck haben.

---

[1] Eingefügt durch Ziff. I 3 des BG vom 28. Sept. 2018 über die Steuerreform und die AHV-Finanzierung, in Kraft seit 1. Jan. 2020 (AS **2019** 2395 2413; BBl **2018** 2527).
[2] Fassung gemäss Ziff. I 2 des BG vom 19. Juni 2020 über die steuerliche Behandlung finanzieller Sanktionen, in Kraft seit 1. Jan. 2022 (AS **2020** 5121; BBl **2016** 8503).
[3] Fassung gemäss Anhang Ziff. 4 des BG vom 8. Okt. 2004 (Stiftungsrecht), in Kraft seit 1. Jan. 2006 (AS **2005** 4545; BBl **2003** 8153 8191).
[4] Eingefügt durch Ziff. I 2 des BG vom 27. Sept. 2013 über die steuerliche Behandlung der berufsorientierten Aus- und Weiterbildungskosten, in Kraft seit 1. Jan. 2016 (AS **2014** 1105; BBl **2011** 2607).
[5] Eingefügt durch Ziff. I 2 des BG vom 19. Juni 2020 über die steuerliche Behandlung finanzieller Sanktionen, in Kraft seit 1. Jan. 2022 (AS **2020** 5121; BBl **2016** 8503).

¹ᵇⁱˢ Nicht zum geschäftsmässig begründeten Aufwand gehören insbesondere:
   a. Zahlungen von Bestechungsgeldern im Sinne des schweizerischen Strafrechts;
   b. Aufwendungen zur Ermöglichung von Straftaten oder als Gegenleistung für die Begehung von Straftaten;
   c. Bussen;
   d. finanzielle Verwaltungssanktionen, soweit sie einen Strafzweck haben.[1]

¹ᵗᵉʳ Sind Sanktionen nach Absatz 1ᵇⁱˢ Buchstaben c und d von einer ausländischen Straf- oder Verwaltungsbehörde verhängt worden, so sind sie abziehbar, wenn:
   a. die Sanktion gegen den schweizerischen Ordre public verstösst; oder
   b. die steuerpflichtige Person glaubhaft darlegt, dass sie alles Zumutbare unternommen hat, um sich rechtskonform zu verhalten.[2]

² Vom Reingewinn der Steuerperiode werden die Verluste aus den sieben der Steuerperiode (Art. 31 Abs. 2) vorangegangenen Geschäftsjahren abgezogen, soweit sie bei der Berechnung des steuerbaren Reingewinns dieser Jahre nicht berücksichtigt werden konnten.[3] E59, E58, E50

³ Mit Leistungen zum Ausgleich einer Unterbilanz im Rahmen einer Sanierung, die nicht Kapitaleinlagen im Sinne von Artikel 24 Absatz 2 Buchstabe a sind, können auch Verluste verrechnet werden, die in früheren Geschäftsperioden entstanden und noch nicht mit Gewinnen verrechnet werden konnten.

⁴ Die Absätze 2 und 3 gelten auch bei Verlegung des Sitzes oder der tatsächlichen Verwaltung innerhalb der Schweiz.[4] E50

Art. 25a[5] Zusätzlicher Abzug von Forschungs- und Entwicklungsaufwand E66, E31

¹ Die Kantone können auf Antrag Forschungs- und Entwicklungsaufwand, welcher der steuerpflichtigen Person direkt oder durch Dritte im Inland indirekt entstanden ist, um höchstens 50 Prozent über den geschäftsmässig begründeten Forschungs- und Entwicklungsaufwand hinaus zum Abzug zulassen.

² Als Forschung und Entwicklung gelten die wissenschaftliche Forschung und die wissenschaftsbasierte Innovation nach Artikel 2 des Bundesgesetzes vom 14. Dezember 2012[6] über die Förderung der Forschung und Innovation.

³ Ein erhöhter Abzug ist zulässig auf:
   a. dem direkt zurechenbaren Personalaufwand für Forschung und Entwicklung, zuzüglich eines Zuschlags von 35 Prozent dieses Personalaufwands, höchstens aber bis zum gesamten Aufwand der steuerpflichtigen Person;

---

[1] Eingefügt durch Ziff. II des BG vom 22. Dez. 1999 über die Unzulässigkeit steuerlicher Abzüge von Bestechungsgeldern (AS **2000** 2147; BBl **1997** II 1037, IV 1336). Fassung gemäss Ziff. I 2 des BG vom 19. Juni 2020 über die steuerliche Behandlung finanzieller Sanktionen, in Kraft seit 1. Jan. 2022 (AS **2020** 5121; BBl **2016** 8503).
[2] Eingefügt durch Ziff. I 2 des BG vom 19. Juni 2020 über die steuerliche Behandlung finanzieller Sanktionen, in Kraft seit 1. Jan. 2022 (AS **2020** 5121; BBl **2016** 8503).
[3] Fassung gemäss Ziff. I 2 des BG vom 15. Dez. 2000 zur Koordination und Vereinfachung der Veranlagungsverfahren für die direkten Steuern im interkantonalen Verhältnis (AS **2001** 1050; BBl **2000** 3898).
[4] Eingefügt durch Ziff. I 2 des BG vom 15. Dez. 2000 zur Koordination und Vereinfachung der Veranlagungsverfahren für die direkten Steuern im interkantonalen Verhältnis (AS **2001** 1050; BBl **2000** 3898).
[5] Eingefügt durch Ziff. I 3 des BG vom 28. Sept. 2018 über die Steuerreform und die AHV-Finanzierung, in Kraft seit 1. Jan. 2020 (AS **2019** 2395 2413; BBl **2018** 2527).
[6] SR **420.1**

b. 80 Prozent des Aufwands für durch Dritte in Rechnung gestellte Forschung und Entwicklung.

⁴ Ist der Auftraggeber der Forschung und Entwicklung abzugsberechtigt, so steht dem Auftragnehmer dafür kein Abzug zu.

Art. 25a^bis [1] Abzug auf Eigenfinanzierung VO StHG C | C103, E66

¹ Zum geschäftsmässig begründeten Aufwand gehört auch der Abzug für Eigenfinanzierung, sofern das kantonale Gesetz dies vorsieht und im Hauptort des Kantons das kumulierte Steuermass von Kanton, Gemeinde und allfälligen anderen Selbstverwaltungskörpern über den gesamten Tarifverlauf mindestens 13,5 Prozent beträgt. Der Abzug entspricht dem kalkulatorischen Zins auf dem Sicherheitseigenkapital.

² Das Sicherheitseigenkapital entspricht dem Teil des in der Schweiz steuerbaren Eigenkapitals vor einer Ermässigung nach Artikel 29 Absatz 3, der das für die Geschäftstätigkeit langfristig benötigte Eigenkapital übersteigt. Es wird mittels Eigenkapitalunterlegungssätzen berechnet, die nach dem Risiko der Kategorie der Aktiven abgestuft sind.

³ Ausgeschlossen ist ein kalkulatorischer Zins auf:

a. Beteiligungen nach Artikel 28 Absatz 1;
b. nicht betriebsnotwendigen Aktiven;
c. Aktiven nach Artikel 24*a*;
d. den nach Artikel 24*c* aufgedeckten stillen Reserven einschliesslich des selbst geschaffenen Mehrwerts sowie auf vergleichbaren unversteuert aufgedeckten stillen Reserven;
e. Aktiven im Zusammenhang mit Transaktionen, die eine ungerechtfertigte Steuerersparnis bewirken, namentlich Forderungen aller Art gegenüber Nahestehenden, soweit diese Forderungen aus der Veräusserung von Beteiligungen nach Artikel 28 Absätze 1–1ter oder Ausschüttungen stammen.

⁴ Der kalkulatorische Zinssatz auf dem Sicherheitseigenkapital richtet sich nach der Rendite von zehnjährigen Bundesobligationen. Soweit das Sicherheitseigenkapital anteilmässig auf Forderungen aller Art gegenüber Nahestehenden entfällt, kann ein dem Drittvergleich entsprechender Zinssatz geltend gemacht werden; Absatz 3 Buchstabe e bleibt vorbehalten. B84

⁵ Die Berechnung des kalkulatorischen Zinses auf dem Sicherheitseigenkapital erfolgt am Ende der Steuerperiode auf der Grundlage:

a. des Durchschnittswerts der einzelnen Aktiven, bewertet zu Gewinnsteuerwerten während der Steuerperiode;
b. des Durchschnittswertes des Eigenkapitals während der Steuerperiode;
c. der Eigenkapitalunterlegungssätze nach den Absätzen 2 und 3; und
d. der Bestimmungen zum kalkulatorischen Zinssatz nach Absatz 4.

⁶ Der Bundesrat erlässt die erforderlichen Ausführungsbestimmungen zu den Absätzen 2–5.

---

[1] Eingefügt durch Ziff. I 3 des BG vom 28. Sept. 2018 über die Steuerreform und die AHV-Finanzierung, in Kraft seit 1. Jan. 2020 (AS **2019** 2395 2413; BBl **2018** 2527).

Art. 25b[1] Entlastungsbegrenzung E66

¹ Die gesamte steuerliche Ermässigung nach den Artikeln 24b Absätze 1 und 2, 25a und 25a[bis] darf nicht höher sein als 70 Prozent des steuerbaren Gewinns vor Verlustverrechnung, wobei der Nettobeteiligungsertrag nach Artikel 28 Absätze 1 und 1bis ausgeklammert wird, und vor Abzug der vorgenommenen Ermässigungen.

² Die Kantone können eine geringere Ermässigung vorsehen.

³ Es dürfen weder aus den einzelnen Ermässigungen noch aus der gesamten steuerlichen Ermässigung Verlustvorträge resultieren.

Art. 26 Gewinn von Vereinen, Stiftungen und kollektiven Kapitalanlagen[2]

¹ Die Mitgliederbeiträge an die Vereine und die Einlagen in das Vermögen der Stiftungen werden nicht zum steuerbaren Gewinn gerechnet.

² Von den steuerbaren Erträgen der Vereine können die zur Erzielung dieser Erträge erforderlichen Aufwendungen in vollem Umfang abgezogen werden, andere Aufwendungen nur insoweit, als sie die Mitgliederbeiträge übersteigen.

³ Die kollektiven Kapitalanlagen mit direktem Grundbesitz unterliegen der Gewinnsteuer für den Ertrag aus direktem Grundbesitz.[3]

Art. 26a[4] Gewinne von juristischen Personen mit ideellen Zwecken

Gewinne von juristischen Personen mit ideellen Zwecken werden nicht besteuert, sofern sie einen nach kantonalem Recht bestimmten Betrag nicht übersteigen und ausschliesslich und unwiderruflich diesen Zwecken gewidmet sind.

2. Abschnitt: Steuerberechnung

Art. 27 Allgemeines

¹ Kapitalgesellschaften und Genossenschaften werden nach dem gleichen Tarif besteuert.

² Allfällige Minimalsteuern auf Ersatzfaktoren werden an die Gewinn- und Kapitalsteuern angerechnet.

---

[1] Eingefügt durch Ziff. I 3 des BG vom 28. Sept. 2018 über die Steuerreform und die AHV-Finanzierung, in Kraft seit 1. Jan. 2020 (AS **2019** 2395 2413; BBl **2018** 2527).
[2] Fassung gemäss Anhang Ziff. II 7 des Kollektivanlagengesetzes vom 23. Juni 2006, in Kraft seit 1. Jan. 2007 (AS **2006** 5379; BBl **2005** 6395).
[3] Fassung gemäss Anhang Ziff. II 7 des Kollektivanlagengesetzes vom 23. Juni 2006, in Kraft seit 1. Jan. 2007 (AS **2006** 5379; BBl **2005** 6395).
[4] Eingefügt durch Ziff. I 2 des BG vom 20. März 2015 über die Gewinnbesteuerung von juristischen Personen mit ideellen Zwecken, in Kraft seit 1. Jan. 2016 (AS **2015** 2947; BBl **2014** 5369).

Art. 28 Besondere Fälle

¹ Ist eine Kapitalgesellschaft oder Genossenschaft zu mindestens 10 Prozent am Grund- oder Stammkapital oder am Gewinn und an den Reserven einer anderen Gesellschaft beteiligt oder haben ihre Beteiligungsrechte einen Verkehrswert von mindestens einer Million Franken, so ermässigt sich die Gewinnsteuer im Verhältnis des Nettoertrages aus den Beteiligungsrechten zum gesamten Reingewinn.¹ Der Nettoertrag entspricht dem Ertrag dieser Beteiligungen abzüglich des darauf entfallenden Finanzierungsaufwandes und eines Beitrages von 5 Prozent zur Deckung des Verwaltungsaufwandes; der Nachweis des effektiven Verwaltungsaufwandes bleibt vorbehalten. Als Finanzierungsaufwand gelten Schuldzinsen sowie weiterer Aufwand, der wirtschaftlich den Schuldzinsen gleichzustellen ist.²

¹ᵇⁱˢ Die Kantone können die Ermässigung auf Kapitalgewinne aus Beteiligungen sowie auf Erlöse aus dazugehörigen Bezugsrechten ausdehnen, wenn die veräusserte Beteiligung mindestens 10 Prozent des Grund- oder Stammkapitals einer anderen Gesellschaft betrug oder einen Anspruch auf mindestens 10 Prozent des Gewinns und der Reserven einer anderen Gesellschaft begründete und während mindestens eines Jahres im Besitz der Kapitalgesellschaft oder Genossenschaft war. Fällt die Beteiligungsquote infolge Teilveräusserung unter 10 Prozent, so kann die Ermässigung für jeden folgenden Veräusserungsgewinn nur gewährt werden, wenn die Beteiligungsrechte am Ende des Steuerjahres vor dem Verkauf einen Verkehrswert von mindestens einer Million Franken hatten.³

¹ᵗᵉʳ Bei der Berechnung der Ermässigung wird der Veräusserungserlös nur so weit berücksichtigt, als er die Gestehungskosten übersteigt. Wertberichtigungen sowie Abschreibungen auf den Gestehungskosten von Beteiligungen von mindestens 10 Prozent werden dem steuerbaren Gewinn zugerechnet, soweit sie nicht mehr begründet sind.⁴

¹ᑫᵘᵃᵗᵉʳ Bei Konzernobergesellschaften von systemrelevanten Banken nach Artikel 7 Absatz 1 des Bankengesetzes vom 8. November 1934⁵ (BankG) werden für die Berechnung des Nettoertrags nach Absatz 1 der Finanzierungsaufwand und die Forderung in der Bilanz aus konzernintern weitergegebenen Mitteln nicht berücksichtigt, wenn diese Mittel aus Fremdkapitalinstrumenten nach den Artikeln 11 Absatz 4 oder 30*b* Absatz 6 oder 7 Buchstabe b BankG stammen, die von der Eidgenössischen Finanzmarktaufsicht im Hinblick auf die Erfüllung regulatorischer Erfordernisse genehmigt wurden.⁶

² –5 …⁷

---

1. Fassung gemäss Ziff. II 3 des Unternehmenssteuerreformgesetzes II vom 23. März 2007, in Kraft seit 1. Jan. 2009 (AS **2008** 2893; BBl **2005** 4733).
2. Fassung gemäss Ziff. I 2 des BG vom 10. Okt. 1997 über die Reform der Unternehmensbesteuerung 1997, in Kraft seit 1. Jan. 1998 (AS **1998** 669; BBl **1997** II 1164).
3. Eingefügt durch Ziff. I 2 des BG vom 10. Okt. 1997 über die Reform der Unternehmensbesteuerung 1997 (AS **1998** 669; BBl **1997** II 1164). Fassung gemäss Ziff. II 3 des Unternehmenssteuerreformgesetzes II vom 23. März 2007, in Kraft seit 1. Jan. 2009 (AS **2008** 2893; BBl **2005** 4733).
4. Eingefügt durch Ziff. II 3 des Unternehmenssteuerreformgesetzes II vom 23. März 2007, in Kraft seit 1. Jan. 2009 (AS **2008** 2893; BBl **2005** 4733).
5. SR **952.0**
6. Eingefügt durch Ziff. I 2 des BG vom 14. Dez. 2018 über die Berechnung des Beteiligungsabzugs bei systemrelevanten Banken (AS **2019** 1207; BBl **2018** 1263). Fassung gemäss Anhang Ziff. 6 des BG vom 17. Dez. 2021 (Insolvenz und Einlagensicherung), in Kraft seit 1. Jan. 2023 (AS **2022** 732; BBl **2020** 6359).
7. Aufgehoben durch Ziff. I 3 des BG vom 28. Sept. 2018 über die Steuerreform und die AHV-Finanzierung, mit Wirkung seit 1. Jan. 2020 (AS **2019** 2395 2413; BBl **2018** 2527).

⁶ Andere Ausnahmen von der ordentlichen Steuerberechnung gemäss Artikel 27 sind nicht zulässig.

3. Kapitel: Kapitalsteuer

Art. 29 Steuerobjekt; im Allgemeinen[1]

¹ Gegenstand der Kapitalsteuer ist das Eigenkapital.

² Das steuerbare Eigenkapital besteht:
a. bei Kapitalgesellschaften und Genossenschaften aus dem einbezahlten Grund- oder Stammkapital, den offenen und den aus versteuertem Gewinn gebildeten stillen Reserven;
b.[2] ...
c. bei Vereinen, Stiftungen und den übrigen juristischen Personen aus dem Reinvermögen, wie es nach den Bestimmungen für die natürlichen Personen berechnet wird.

³ Die Kantone können für Eigenkapital, das auf Beteiligungsrechte nach Artikel 28 Absatz 1, auf Rechte nach Artikel 24a sowie auf Darlehen an Konzerngesellschaften entfällt, eine Steuerermässigung vorsehen.[3] E66

Art. 29a[4] **Steuerobjekt; verdecktes Eigenkapital**

Das steuerbare Eigenkapital von Kapitalgesellschaften und Genossenschaften wird um den Teil des Fremdkapitals erhöht, dem wirtschaftlich die Bedeutung von Eigenkapital zukommt.

Art. 30 Steuerberechnung

¹ Kapitalgesellschaften und Genossenschaften werden nach dem gleichen Tarif besteuert.

² Die Kantone können die Gewinnsteuer an die Kapitalsteuer anrechnen.[5]

4. Kapitel: Zeitliche Bemessung

Art. 31

¹ Die Steuern vom Reingewinn und vom Eigenkapital werden für jede Steuerperiode festgesetzt und erhoben.

² Als Steuerperiode gilt das Geschäftsjahr. Die Steuerpflichtigen müssen in jedem Kalenderjahr, ausgenommen im Gründungsjahr, einen Geschäftsabschluss mit Bilanz und Erfolgsrechnung erstellen. Umfasst ein Geschäftsjahr mehr oder weniger als zwölf Monate, so bestimmt sich der Steuersatz für die Gewinnsteuer nach dem auf zwölf Monate berechneten Reingewinn.

---

[1] Fassung gemäss Ziff. II des BG vom 7. Okt. 1994, in Kraft seit 1. Jan. 1995 (AS **1995** 1449; BBl **1994** II 357).
[2] Aufgehoben durch Ziff. I 3 des BG vom 28. Sept. 2018 über die Steuerreform und die AHV-Finanzierung, mit Wirkung seit 1. Jan. 2020 (AS **2019** 2395 2413; BBl **2018** 2527).
[3] Fassung gemäss Ziff. I 3 des BG vom 28. Sept. 2018 über die Steuerreform und die AHV-Finanzierung, in Kraft seit 1. Jan. 2020 (AS **2019** 2395 2413; BBl **2018** 2527).
[4] Eingefügt durch Ziff. II des BG vom 7. Okt. 1994, in Kraft seit 1. Jan. 1995 (AS **1995** 1449; BBl **1994** II 357).
[5] Eingefügt durch Ziff. II 3 des Unternehmenssteuerreformgesetzes II vom 23. März 2007, in Kraft seit 1. Jan. 2009 (AS **2008** 2893; BBl **2005** 4733).

³ Der steuerbare Reingewinn bemisst sich nach dem Ergebnis der Steuerperiode.

³ᵇⁱˢ Lautet der Geschäftsabschluss auf eine ausländische Währung, so ist der steuerbare Reingewinn in Franken umzurechnen. Massgebend ist der durchschnittliche Devisenkurs (Verkauf) der Steuerperiode.¹

⁴ Das steuerbare Eigenkapital bemisst sich nach dem Stand am Ende der Steuerperiode.

⁵ Lautet der Geschäftsabschluss auf eine ausländische Währung, so ist das steuerbare Eigenkapital in Franken umzurechnen. Massgebend ist der Devisenkurs (Verkauf) am Ende der Steuerperiode.²

Vierter Titel: Quellensteuern für natürliche und juristische Personen

1. Kapitel: Natürliche Personen mit steuerrechtlichem Wohnsitz oder Aufenthalt im Kanton   E67, E51

Art. 32³ Geltungsbereich

¹ Arbeitnehmer ohne Niederlassungsbewilligung, die im Kanton jedoch steuerrechtlichen Wohnsitz oder Aufenthalt haben, unterliegen für ihr Einkommen aus unselbstständiger Erwerbstätigkeit einer Quellensteuer. Davon ausgenommen sind Einkommen, die der Besteuerung im vereinfachten Abrechnungsverfahren nach Artikel 11 Absatz 4 unterstehen.

² Ehegatten, die in rechtlich und tatsächlich ungetrennter Ehe leben, unterliegen nicht der Quellensteuer, wenn einer der Ehegatten das Schweizer Bürgerrecht oder die Niederlassungsbewilligung besitzt.

³ Die Quellensteuer wird von den Bruttoeinkünften berechnet.

⁴ Steuerbar sind:
a. die Einkommen aus unselbstständiger Erwerbstätigkeit nach Absatz 1, die Nebeneinkünfte wie geldwerte Vorteile aus Mitarbeiterbeteiligungen sowie Naturalleistungen, nicht jedoch die vom Arbeitgeber getragenen Kosten der berufsorientierten Aus- und Weiterbildung nach Artikel 7 Absatz 1;
b. die Ersatzeinkünfte; und
c. die Leistungen nach Artikel 18 Absatz 3 des Bundesgesetzes vom 20. Dezember 1946⁴ über die Alters- und Hinterlassenenversicherung (AHVG).

Art. 33⁵ Ausgestaltung des Steuerabzuges

¹ Der Quellensteuerabzug wird auf der Grundlage der für die Einkommenssteuer natürlicher Personen geltenden Steuertarife festgesetzt; er umfasst die eidgenössischen, kantonalen und kommunalen Steuern.

---

¹ Eingefügt durch Anhang Ziff. 8 des BG vom 19. Juni 2020 (Aktienrecht), in Kraft seit 1. Jan. 2023 (AS **2020** 4005, **2022** 109; BBl **2017** 399).
² Eingefügt durch Anhang Ziff. 8 des BG vom 19. Juni 2020 (Aktienrecht), in Kraft seit 1. Jan. 2023 (AS **2020** 4005, **2022** 109; BBl **2017** 399).
³ Fassung gemäss Ziff. I 2 des BG vom 16. Dez. 2016 über die Revision der Quellenbesteuerung des Erwerbseinkommens, in Kraft seit 1. Jan. 2021 (AS **2018** 1813; BBl **2015** 657).
⁴ SR **831.10**
⁵ Fassung gemäss Ziff. I 2 des BG vom 16. Dez. 2016 über die Revision der Quellenbesteuerung des Erwerbseinkommens, in Kraft seit 1. Jan. 2021 (AS **2018** 1813; BBl **2015** 657).

² Der Quellensteuerabzug für die in rechtlich und tatsächlich ungetrennter Ehe lebenden Ehegatten, die beide erwerbstätig sind, trägt ihrem Gesamteinkommen Rechnung.

³ Berufskosten, Versicherungsprämien sowie der Abzug für Familienlasten und bei Erwerbstätigkeit beider Ehegatten werden pauschal berücksichtigt. Die Kantone veröffentlichen die einzelnen Pauschalen.

⁴ Die Eidgenössische Steuerverwaltung (ESTV) legt zusammen mit den Kantonen einheitlich fest, wie insbesondere der 13. Monatslohn, Gratifikationen, unregelmässige Beschäftigung, Stundenlöhner, Teilzeit- oder Nebenerwerb sowie Leistungen nach Artikel 18 Absatz 3 AHVG[1] und welche satzbestimmenden Elemente zu berücksichtigen sind. Die ESTV regelt zusammen mit den Kantonen weiter wie bei Tarifwechsel, rückwirkenden Gehaltsanpassungen und -korrekturen, sowie Leistungen vor Beginn und nach Beendigung der Anstellung zu verfahren ist.

Art. 33a[2] Obligatorische nachträgliche ordentliche Veranlagung

¹ Personen, die nach Artikel 32 Absatz 1 der Quellensteuer unterliegen, werden nachträglich im ordentlichen Verfahren veranlagt, wenn:

a. ihr Bruttoeinkommen in einem Steuerjahr einen bestimmten Betrag erreicht oder übersteigt; oder
b. sie über Vermögen und Einkünfte verfügen, die nicht der Quellensteuer unterliegen.

² Das Eidgenössische Finanzdepartement legt den Betrag nach Absatz 1 Buchstabe a in Zusammenarbeit mit den Kantonen fest.

³ Der nachträglichen ordentlichen Veranlagung unterliegt auch, wer mit einer Person nach Absatz 1 in rechtlich und tatsächlich ungetrennter Ehe lebt.

⁴ Personen mit Vermögen und Einkünften nach Absatz 1 Buchstabe b müssen das Formular für die Steuererklärung bis am 31. März des auf das Steuerjahr folgenden Jahres bei der zuständigen Behörde verlangen.

⁵ Die nachträgliche ordentliche Veranlagung gilt bis zum Ende der Quellensteuerpflicht.

⁶ Die an der Quelle abgezogene Steuer wird zinslos angerechnet.

Art. 33b[3] Nachträgliche ordentliche Veranlagung auf Antrag

¹ Personen, die nach Artikel 32 Absatz 1 der Quellensteuer unterliegen und keine der Voraussetzungen nach Artikel 33a Absatz 1 erfüllen, werden auf Antrag hin nachträglich im ordentlichen Verfahren veranlagt.

² Der Antrag erstreckt sich auch auf den Ehegatten, der mit dem Antragsteller in rechtlich und tatsächlich ungetrennter Ehe lebt.

³ Er muss bis am 31. März des auf das Steuerjahr folgenden Jahres eingereicht werden. Für Personen, die die Schweiz verlassen, endet die Frist für die Einreichung des Antrags im Zeitpunkt der Abmeldung.

---

[1] SR **831.10**
[2] Eingefügt durch Ziff. I 2 des BG vom 16. Dez. 2016 über die Revision der Quellenbesteuerung des Erwerbseinkommens, in Kraft seit 1. Jan. 2021 (AS **2018** 1813; BBl **2015** 657).
[3] Eingefügt durch Ziff. I 2 des BG vom 16. Dez. 2016 über die Revision der Quellenbesteuerung des Erwerbseinkommens, in Kraft seit 1. Jan. 2021 (AS **2018** 1813; BBl **2015** 657).

⁴ Erfolgt keine nachträgliche ordentliche Veranlagung auf Antrag, so tritt die Quellensteuer an die Stelle der im ordentlichen Verfahren zu veranlagenden Steuern des Bundes, des Kantons und der Gemeinde auf dem Erwerbseinkommen. Nachträglich werden keine zusätzlichen Abzüge gewährt.

⁵ Artikel 33a Absätze 5 und 6 ist anwendbar.

Art. 34[1] ...

2. Kapitel: Natürliche Personen ohne steuerrechtlichen Wohnsitz oder Aufenthalt in der Schweiz sowie juristische Personen ohne Sitz oder tatsächliche Verwaltung in der Schweiz[2] E67

Art. 35 Geltungsbereich

¹ Folgende natürliche Personen ohne steuerrechtlichen Wohnsitz oder Aufenthalt in der Schweiz sowie folgende juristische Personen ohne Sitz oder tatsächliche Verwaltung in der Schweiz unterliegen der Quellensteuer:[3]

a. Arbeitnehmer für ihr aus unselbständiger Tätigkeit im Kanton erzieltes Erwerbseinkommen;

a^bis[4]. in einem Nachbarstaat wohnhafte Arbeitnehmer für ihr im Ausland erzieltes Einkommen aus unselbstständiger Erwerbstätigkeit für einen Arbeitgeber mit Sitz, tatsächlicher Verwaltung oder Betriebsstätte im Kanton, sofern der Schweiz nach dem anwendbaren internationalen Abkommen im Steuerbereich mit dem jeweiligen Nachbarstaat ein Besteuerungsrecht betreffend die im Ausland ausgeübte Erwerbstätigkeit eingeräumt wird;

b. Künstler, Sportler und Referenten für Einkünfte aus ihrer im Kanton ausgeübten persönlichen Tätigkeit, eingeschlossen die Einkünfte und Entschädigungen, die nicht dem Künstler, Sportler oder Referenten, sondern einem Dritten zufliessen, der seine Tätigkeit organisiert hat;

c.[5] Mitglieder der Verwaltung oder der Geschäftsführung von juristischen Personen mit Sitz oder mit tatsächlicher Verwaltung im Kanton für die ihnen ausgerichteten Tantiemen, Sitzungsgelder, festen Entschädigungen, Mitarbeiterbeteiligungen und ähnlichen Vergütungen;

d.[6] Mitglieder der Verwaltung oder der Geschäftsführung ausländischer Unternehmungen mit Betriebsstätten im Kanton für die ihnen zu Lasten dieser Betriebsstätten ausgerichteten Tantiemen, Sitzungsgelder, festen Entschädigungen, Mitarbeiterbeteiligungen und ähnlichen Vergütungen;

e. Gläubiger und Nutzniesser von Forderungen, die durch Grund- oder Faustpfand auf Grundstücken im Kanton gesichert sind, für die ihnen ausgerichteten Zinsen;

---

[1] Aufgehoben durch Ziff. I 2 des BG vom 16. Dez. 2016 über die Revision der Quellenbesteuerung des Erwerbseinkommens, mit Wirkung seit 1. Jan. 2021 (AS **2018** 1813; BBl **2015** 657).

[2] Fassung gemäss Ziff. I 2 des BG vom 16. Dez. 2016 über die Revision der Quellenbesteuerung des Erwerbseinkommens, in Kraft seit 1. Jan. 2021 (AS **2018** 1813; BBl **2015** 657).

[3] Fassung gemäss Ziff. I 2 des BG vom 16. Dez. 2016 über die Revision der Quellenbesteuerung des Erwerbseinkommens, in Kraft seit 1. Jan. 2021 (AS **2018** 1813; BBl **2015** 657).

[4] Eingefügt durch Ziff. I 2 des BG vom 14. Juni 2024 über die Besteuerung der Telearbeit im internationalen Verhältnis, in Kraft seit 1. Jan. 2025 (AS **2024** 573; BBl **2024** 650).

[5] Fassung gemäss Ziff. I 2 des BG vom 17. Dez. 2010 über die Besteuerung von Mitarbeiterbeteiligungen, in Kraft seit 1. Jan. 2013 (AS **2011** 3259; BBl **2005** 575).

[6] Fassung gemäss Ziff. I 2 des BG vom 17. Dez. 2010 über die Besteuerung von Mitarbeiterbeteiligungen, in Kraft seit 1. Jan. 2013 (AS **2011** 3259; BBl **2005** 575).

f.[1] Empfänger von Pensionen, Ruhegehältern oder anderen Vergütungen, die sie auf Grund eines früheren öffentlich-rechtlichen Arbeitsverhältnisses von einem Arbeitgeber oder einer Vorsorgeeinrichtung mit Sitz im Kanton erhalten, für diese Leistungen;

g. im Ausland wohnhafte Empfänger von Leistungen aus schweizerischen privatrechtlichen Einrichtungen der beruflichen Vorsorge oder aus anerkannten Formen der gebundenen Selbstvorsorge für diese Leistungen;

h.[2] Arbeitnehmer, die für Arbeit im internationalen Verkehr an Bord eines Schiffs oder eines Luftfahrzeugs oder bei einem Transport auf der Strasse Lohn oder andere Vergütungen von einem Arbeitgeber mit Sitz, tatsächlicher Verwaltung oder Betriebsstätte im Kanton erhalten; davon ausgenommen bleibt die Besteuerung von Seeleuten für Erwerbstätigkeit an Bord eines von einem solchen Arbeitgeber unter Schweizer Flagge betriebenen Seeschiffs;

i.[3] Personen, die im Zeitpunkt des Zuflusses von geldwerten Vorteilen aus Mitarbeiterbeteiligungen gemäss Artikel 7d Absatz 3 im Ausland wohnhaft sind, nach Artikel 7f [4] anteilsmässig für den geldwerten Vorteil;

j.[5] Empfänger, die Leistungen nach Artikel 18 Absatz 3 AHVG[6] erhalten, für diese Leistungen.

2 Davon ausgenommen sind Einkommen, die der Besteuerung im vereinfachten Abrechnungsverfahren nach Artikel 11 Absatz 4 unterstehen.[7]

Art. 35a[8] Nachträgliche ordentliche Veranlagung auf Antrag

1 Personen, die nach Artikel 35 Absatz 1 Buchstabe a oder h der Quellensteuer unterliegen, können für jede Steuerperiode bis am 31. März des auf das Steuerjahr folgenden Jahres eine nachträgliche ordentliche Veranlagung beantragen, wenn:

a. der überwiegende Teil ihrer weltweiten Einkünfte, einschliesslich der Einkünfte des Ehegatten, in der Schweiz steuerbar ist;

b. ihre Situation mit derjenigen einer in der Schweiz wohnhaften steuerpflichtigen Person vergleichbar ist; oder

c. eine solche Veranlagung erforderlich ist, um Abzüge geltend zu machen, die in einem Doppelbesteuerungsabkommen vorgesehen sind.

2 Die an der Quelle abgezogene Steuer wird zinslos angerechnet.

3 Das Eidgenössische Finanzdepartement präzisiert in Zusammenarbeit mit den Kantonen die Voraussetzungen nach Absatz 1 und regelt das Verfahren.

---

[1] Fassung gemäss Ziff. I 6 des BG vom 19. März 1999 über das Stabilisierungsprogramm 1998, in Kraft seit 1. Jan. 2001 (AS **1999** 2374; BBl **1999** 4).

[2] Fassung gemäss Ziff. I 2 des BG vom 14. Juni 2024 über die Besteuerung der Telearbeit im internationalen Verhältnis, in Kraft seit 1. Jan. 2025 (AS **2024** 573; BBl **2024** 650).

[3] Eingefügt durch Ziff. I 2 des BG vom 17. Dez. 2010 über die Besteuerung von Mitarbeiterbeteiligungen, in Kraft seit 1. Jan. 2013 (AS **2011** 3259; BBl **2005** 575).

[4] Berichtigt von der Redaktionskommission der BVers (Art. 58 Abs. 1, ParlG; SR **171.10**).

[5] Eingefügt durch Ziff. I 2 des BG vom 16. Dez. 2016 über die Revision der Quellenbesteuerung des Erwerbseinkommens, in Kraft seit 1. Jan. 2021 (AS **2018** 1813; BBl **2015** 657).

[6] SR **831.10**

[7] Fassung gemäss Ziff. I 2 des BG vom 16. Dez. 2016 über die Revision der Quellenbesteuerung des Erwerbseinkommens, in Kraft seit 1. Jan. 2021 (AS **2018** 1813; BBl **2015** 657).

[8] Eingefügt durch Ziff. I 2 des BG vom 16. Dez. 2016 über die Revision der Quellenbesteuerung des Erwerbseinkommens, in Kraft seit 1. Jan. 2021 (AS **2018** 1813; BBl **2015** 657).

Art. 35b[1] Nachträgliche ordentliche Veranlagung von Amtes wegen

1 Bei stossenden Verhältnissen, insbesondere betreffend die im Quellensteuersatz einberechneten Pauschalabzüge, können die zuständigen kantonalen Steuerbehörden von Amtes wegen eine nachträgliche ordentliche Veranlagung zugunsten oder zuungunsten der steuerpflichtigen Person verlangen.

2 Das Eidgenössische Finanzdepartement legt in Zusammenarbeit mit den Kantonen die Voraussetzungen fest.

Art. 36 Ausgestaltung des Steuerabzuges

1 In den Fällen von Artikel 35 Absatz 1 Buchstaben a und h wird die Quellensteuer nach den Vorschriften der Artikel 32 und 33 erhoben.

2 In den Fällen von Artikel 35 Absatz 1 Buchstabe b wird die Quellensteuer von den Bruttoeinkünften nach Abzug der Gewinnungskosten erhoben. Diese betragen:
a. 50 Prozent der Bruttoeinkünfte bei Künstlern;
b. 20 Prozent der Bruttoeinkünfte bei Sportlern sowie Referenten.[2]

3 In den Fällen von Artikel 35 Absatz 1 Buchstaben c–g wird die Quellensteuer von den Bruttoeinkünften berechnet.

Art. 36a[3] Abgegoltene Steuer

1 Die Quellensteuer tritt an die Stelle der im ordentlichen Verfahren zu veranlagenden Steuern des Bundes, des Kantons und der Gemeinde auf dem Erwerbseinkommen. Nachträglich werden keine zusätzlichen Abzüge gewährt.

2 Bei Zweiverdienerehepaaren kann eine Korrektur des steuersatzbestimmenden Erwerbseinkommens für den Ehegatten vorgesehen werden.

3. Kapitel: Pflichten des Schuldners der steuerbaren Leistung

Art. 37

1 Der Schuldner der steuerbaren Leistung (Art. 32 und 35) haftet für die Entrichtung der Quellensteuer. Er ist verpflichtet:
a. die geschuldete Steuer bei Fälligkeit seiner Leistung zurückzubehalten oder vom Steuerpflichtigen einzufordern;
b. dem Steuerpflichtigen eine Bestätigung über den Steuerabzug auszustellen;
c. die Steuern der zuständigen Steuerbehörde abzuliefern;
d.[4] die anteilsmässigen Steuern auf im Ausland ausgeübten Mitarbeiteroptionen zu entrichten; die Arbeitgeberin schuldet die anteilsmässige Steuer auch dann, wenn der geldwerte Vorteil von einer ausländischen Konzerngesellschaft ausgerichtet wird.

---

1 Eingefügt durch Ziff. I 2 des BG vom 16. Dez. 2016 über die Revision der Quellenbesteuerung des Erwerbseinkommens, in Kraft seit 1. Jan. 2021 (AS **2018** 1813; BBl **2015** 657).
2 Fassung gemäss Ziff. I 2 des BG vom 16. Dez. 2016 über die Revision der Quellenbesteuerung des Erwerbseinkommens, in Kraft seit 1. Jan. 2021 (AS **2018** 1813; BBl **2015** 657).
3 Eingefügt durch Ziff. I 2 des BG vom 16. Dez. 2016 über die Revision der Quellenbesteuerung des Erwerbseinkommens, in Kraft seit 1. Jan. 2021 (AS **2018** 1813; BBl **2015** 657).
4 Eingefügt durch Ziff. I 2 des BG vom 17. Dez. 2010 über die Besteuerung von Mitarbeiterbeteiligungen, in Kraft seit 1. Jan. 2013 (AS **2011** 3259; BBl **2005** 575).

² Der Quellensteuerabzug ist auch dann vorzunehmen, wenn die steuerpflichtige Person in einem andern Kanton steuerpflichtig ist.[1]

³ Der Schuldner der steuerbaren Leistung erhält eine Bezugsprovision von 1–2 Prozent des gesamten Quellensteuerbetrags; die zuständige Steuerbehörde setzt die Bezugsprovision fest. Für Kapitalleistungen beträgt die Bezugsprovision 1 Prozent des gesamten Quellensteuerbetrags, jedoch höchstens 50 Franken pro Kapitalleistung für die Quellensteuer von Bund, Kanton und Gemeinde.[2]

4. Kapitel:[3] Örtliche Zuständigkeit und interkantonales Verhältnis E67, E51

Art. 38 Örtliche Zuständigkeit

¹ Der Schuldner der steuerbaren Leistung berechnet und erhebt die Quellensteuer wie folgt:

a. für Arbeitnehmer nach Artikel 32: nach dem Recht jenes Kantons, in dem der Arbeitnehmer bei Fälligkeit der steuerbaren Leistung seinen steuerrechtlichen Wohnsitz oder Aufenthalt hat;
b. für Personen nach Artikel 35 Absatz 1 Buchstaben a und c–i: nach dem Recht jenes Kantons, in dem der Schuldner der steuerbaren Leistung bei Fälligkeit der steuerbaren Leistung seinen steuerrechtlichen Wohnsitz oder Aufenthalt oder seinen Sitz oder die Verwaltung hat; wird die steuerbare Leistung von einer Betriebsstätte in einem anderen Kanton oder von der Betriebsstätte eines Unternehmens ohne Sitz oder tatsächliche Verwaltung in der Schweiz ausgerichtet, so richten sich die Berechnung und die Erhebung der Quellensteuer nach dem Recht des Kantons, in dem die Betriebsstätte liegt;
c. für Personen nach Artikel 35 Absatz 1 Buchstabe b: nach dem Recht jenes Kantons, in dem der Künstler, Sportler oder Referent seine Tätigkeit ausübt.

² Ist der Arbeitnehmer nach Artikel 35 Wochenaufenthalter, so gilt Absatz 1 Buchstabe a sinngemäss.

³ Der Schuldner der steuerbaren Leistung überweist die Quellensteuer an den nach Absatz 1 zuständigen Kanton.

⁴ Für die nachträgliche ordentliche Veranlagung ist zuständig:

a. für Arbeitnehmer nach Absatz 1 Buchstabe a: der Kanton, in dem die steuerpflichtige Person am Ende der Steuerperiode oder der Steuerpflicht ihren steuerrechtlichen Wohnsitz oder Aufenthalt hatte;
b. für Personen nach Absatz 1 Buchstabe b: der Kanton, in dem die steuerpflichtige Person am Ende der Steuerperiode oder der Steuerpflicht erwerbstätig war;
c. für Arbeitnehmer nach Absatz 2: der Kanton, in dem die steuerpflichtige Person am Ende der Steuerperiode oder der Steuerpflicht Wochenaufenthalt hatte.

---

1 Fassung gemäss Ziff. I 2 des BG vom 16. Dez. 2016 über die Revision der Quellenbesteuerung des Erwerbseinkommens, in Kraft seit 1. Jan. 2021 (AS **2018** 1813; BBl **2015** 657).
2 Fassung gemäss Ziff. I 2 des BG vom 16. Dez. 2016 über die Revision der Quellenbesteuerung des Erwerbseinkommens, in Kraft seit 1. Jan. 2021 (AS **2018** 1813; BBl **2015** 657).
3 Fassung gemäss Ziff. I 2 des BG vom 16. Dez. 2016 über die Revision der Quellenbesteuerung des Erwerbseinkommens, in Kraft seit 1. Jan. 2021 (AS **2018** 1813; BBl **2015** 657).

Art. 38a Interkantonales Verhältnis

¹ Der nach Artikel 38 Absatz 4 zuständige Kanton hat Anspruch auf allfällige im Kalenderjahr an andere Kantone überwiesene Quellensteuerbeträge. Zu viel bezogene Steuern werden dem Arbeitnehmer zurückerstattet, zu wenig bezogene Steuern nachgefordert.

² Die Kantone leisten einander bei der Erhebung der Quellensteuer unentgeltliche Amts- und Rechtshilfe.

Fünfter Titel: Verfahrensrecht

1. Kapitel: Verfahrensgrundsätze und Veranlagungsverfahren

Art. 38b[1] Elektronische Verfahren

¹ Die Kantone sehen die Möglichkeit elektronischer Verfahren vor. Dabei stellen sie die Authentizität und Integrität der übermittelten Daten nach kantonalem Recht sicher.

² Sie sehen bei der elektronischen Einreichung von Eingaben, deren Unterzeichnung gesetzlich vorgeschrieben ist, anstelle der Unterzeichnung die Möglichkeit einer elektronischen Bestätigung der Angaben durch die steuerpflichtige Person vor.

³ Sie sehen vor, dass die Steuerbehörde der steuerpflichtigen Person mit deren Einverständnis Dokumente in elektronischer Form zustellt.

Art. 39 Amtspflichten   E50

¹ Die mit dem Vollzug der Steuergesetze betrauten Personen sind zur Geheimhaltung verpflichtet. Vorbehalten bleibt die Auskunftspflicht, soweit hiefür eine gesetzliche Grundlage im Bundesrecht oder im kantonalen Recht besteht.

² Die Steuerbehörden erteilen einander kostenlos die benötigten Auskünfte und gewähren einander Einsicht in die amtlichen Akten. Ist eine Person mit Wohnsitz oder Sitz im Kanton aufgrund der Steuererklärung auch in einem andern Kanton steuerpflichtig, so gibt die Veranlagungsbehörde der Steuerbehörde des andern Kantons Kenntnis von der Steuererklärung und von der Veranlagung.   VO StHG A 2 | E56

³ Die Behörden des Bundes, der Kantone, Bezirke, Kreise und Gemeinden erteilen den mit dem Vollzug der Steuergesetze betrauten Behörden auf Ersuchen hin alle Auskünfte, die für die Anwendung dieser Gesetze erforderlich sind. Sie können diese Behörden von sich aus darauf aufmerksam machen, wenn sie vermuten, dass eine Veranlagung unvollständig ist.

⁴ …[2]

---

[1] Eingefügt durch Ziff. I 4 des BG vom 18. Juni 2021 über elektronische Verfahren im Steuerbereich, in Kraft seit 1. Jan. 2024 (AS **2021** 673; BBl **2020** 4705).

[2] Eingefügt durch Anhang Ziff. 6 des BG vom 23. Juni 2006 (Neue AHV-Versichertennummer) (AS **2007** 5259; BBl **2006** 501). Aufgehoben durch Anhang Ziff. 20 des BG vom 18. Dez. 2020 (Systematische Verwendung der AHV-Nummer durch Behörden), mit Wirkung seit 1. Jan. 2022 (AS **2021** 758; BBl **2019** 7359).

Art. 39a[1] Datenbearbeitung

1 Die Eidgenössische Steuerverwaltung und die Behörden nach Artikel 39 Absatz 2 geben einander die Daten weiter, die für die Erfüllung ihrer Aufgaben dienlich sein können. Die Behörden nach Artikel 39 Absatz 3 geben der Steuerbehörde die Daten weiter, die für die Durchführung dieses Gesetzes von Bedeutung sein können.

2 Die Daten werden einzeln, auf Listen oder auf elektronischen Datenträgern übermittelt. Sie können auch mittels eines Abrufverfahrens zugänglich gemacht werden. Diese Amtshilfe ist kostenlos.

3 Es sind alle diejenigen Daten von Steuerpflichtigen weiterzugeben, die zur Veranlagung und Erhebung der Steuer dienen können, namentlich:
a. die Personalien;
b. Angaben über den Zivilstand, den Wohn- und Aufenthaltsort, die Aufenthaltsbewilligung und die Erwerbstätigkeit;
c. Rechtsgeschäfte;
d. Leistungen eines Gemeinwesens.

Art. 40 Verfahrensrechtliche Stellung der Ehegatten

1 Ehegatten, die in rechtlich und tatsächlich ungetrennter Ehe leben, üben die nach diesem Gesetz dem Steuerpflichtigen zukommenden Verfahrensrechte und -pflichten gemeinsam aus.

2 Sie unterschreiben die Steuererklärung gemeinsam. Ist die Steuererklärung nur von einem der beiden Ehegatten unterzeichnet, so wird dem nicht unterzeichnenden Ehegatten eine Frist eingeräumt. Nach deren unbenutztem Ablauf wird die vertragliche Vertretung unter Ehegatten angenommen.

3 Rechtsmittel und andere Eingaben gelten als rechtzeitig eingereicht, wenn ein Ehegatte innert Frist handelt.

Art. 41 Verfahrensrechte des Steuerpflichtigen

1 Der Steuerpflichtige kann die Akten, die er eingereicht oder unterzeichnet hat, einsehen. Die übrigen Akten stehen ihm nach Ermittlung des Sachverhaltes offen, soweit nicht öffentliche oder private Interessen entgegenstehen.

2 Die vom Steuerpflichtigen angebotenen Beweise müssen abgenommen werden, soweit sie geeignet sind, die für die Veranlagung erheblichen Tatsachen festzustellen.

3 Veranlagungsverfügungen werden dem Steuerpflichtigen schriftlich eröffnet und müssen eine Rechtsmittelbelehrung enthalten. Andere Verfügungen und Entscheide sind ausserdem zu begründen.

---

[1] Eingefügt durch Ziff. VI 4 des BG vom 24. März 2000 über die Schaffung und die Anpassung gesetzlicher Grundlagen für die Bearbeitung von Personendaten, in Kraft seit 1. Sept. 2000 (AS **2000** 1891; BBl **1999** 9005).

Art. 42 Verfahrenspflichten des Steuerpflichtigen

¹ Der Steuerpflichtige muss alles tun, um eine vollständige und richtige Veranlagung zu ermöglichen. VO StHG A 2

² Er muss auf Verlangen der Veranlagungsbehörde insbesondere mündlich oder schriftlich Auskunft erteilen, Geschäftsbücher, Belege und weitere Bescheinigungen sowie Urkunden über den Geschäftsverkehr vorlegen.

³ Natürliche Personen mit Einkommen aus selbständiger Erwerbstätigkeit und juristische Personen müssen der Steuererklärung beilegen:

  a. die unterzeichneten Jahresrechnungen (Bilanzen, Erfolgsrechnungen) der Steuerperiode; oder

  b.¹ bei vereinfachter Buchführung nach Artikel 957 Absatz 2 OR²: Aufstellungen über Einnahmen und Ausgaben, über die Vermögenslage sowie über Privatentnahmen und -einlagen der Steuerperiode.³ N 4

⁴ Die Art und Weise der Führung und der Aufbewahrung der Dokumente nach Absatz 3 richtet sich nach den Artikeln 957–958f OR.⁴ N 4

Art. 43 Bescheinigungspflicht Dritter

¹ Dritte, die mit dem Steuerpflichtigen in einem Vertragsverhältnis stehen oder standen, müssen ihm das gemeinsame Vertragsverhältnis und die beiderseitigen Ansprüche und Leistungen bescheinigen.

¹ᵇⁱˢ Bei einem unterjährigen Austritt muss der bisherige Arbeitgeber dem Arbeitnehmer nach Artikel 35 Absatz 1 Buchstaben a und aᵇⁱˢ im Zeitpunkt der Beendigung des Arbeitsverhältnisses auf dessen Verlangen eine Bescheinigung mit den relevanten Angaben über die unselbständige Erwerbstätigkeit ausstellen, die für die Umsetzung des jeweiligen internationalen Abkommens im Steuerbereich erforderlich sind. Das Eidgenössische Finanzdepartement regelt in Zusammenarbeit mit den Kantonen die Einzelheiten.⁵

² Reicht der Steuerpflichtige die Bescheinigung trotz Mahnung nicht ein, so kann die Steuerbehörde diese vom Dritten einfordern. Das gesetzlich geschützte Berufsgeheimnis bleibt gewahrt.

Art. 44 Auskunftspflicht Dritter

Gesellschafter, Miteigentümer und Gesamteigentümer müssen auf Verlangen den Steuerbehörden über ihr Rechtsverhältnis zum Steuerpflichtigen Auskunft erteilen.

---

1 Fassung gemäss Anhang Ziff. 8 des BG vom 19. Juni 2020 (Aktienrecht), in Kraft seit 1. Jan. 2023 (AS **2020** 4005, **2022** 109; BBl **2017** 399).

2 SR **220**

3 Fassung gemäss Ziff. I 3 des Steuererlassgesetzes vom 20. Juni 2014, in Kraft seit 1. Jan. 2016 (AS **2015** 9; BBl **2013** 8435).

4 Eingefügt durch Ziff. I 3 des Steuererlassgesetzes vom 20. Juni 2014, in Kraft seit 1. Jan. 2016 (AS **2015** 9; BBl **2013** 8435).

5 Eingefügt durch Ziff. I 2 des BG vom 14. Juni 2024 über die Besteuerung der Telearbeit im internationalen Verhältnis, in Kraft seit 1. Jan. 2025 (AS **2024** 573; BBl **2024** 650).

Art. 45 Meldepflicht Dritter

¹ Den Veranlagungsbehörden müssen für jede Steuerperiode eine Bescheinigung einreichen:
  a. die juristischen Personen über die den Mitgliedern der Verwaltung und anderer Organe ausgerichteten Leistungen; Stiftungen reichen zusätzlich eine Bescheinigung über die ihren Begünstigten erbrachten Leistungen ein;
  b. die Einrichtungen der beruflichen Vorsorge und der gebundenen Selbstvorsorge über die den Vorsorgenehmern oder Begünstigten erbrachten Leistungen;
  c. die einfachen Gesellschaften und Personengesellschaften über alle Verhältnisse, die für die Veranlagung der Teilhaber von Bedeutung sind, insbesondere über ihren Anteil an Einkommen und Vermögen der Gesellschaft;
  d.[1] die kollektiven Kapitalanlagen mit direktem Grundbesitz über die Verhältnisse, die für die Besteuerung des direkten Grundbesitzes und dessen Erträge massgeblich sind;
  e.[2] die Arbeitgeber über die geldwerten Vorteile aus echten Mitarbeiterbeteiligungen sowie über die Zuteilung und die Ausübung von Mitarbeiteroptionen;
  f.[3] die Arbeitgeber über die Lohndaten zu Arbeitnehmern nach Artikel 35 Absatz 1 Buchstaben a und a^{bis}, für die ein internationales Abkommen im Steuerbereich den automatischen Austausch von Informationen über diese Daten vorsieht.

² Der steuerpflichtigen Person ist ein Doppel der Bescheinigung zuzustellen.[4]

Art. 46 Veranlagung

¹ Die Veranlagungsbehörde prüft die Steuererklärung und nimmt die erforderlichen Untersuchungen vor.

² Abweichungen von der Steuererklärung gibt sie dem Steuerpflichtigen spätestens bei der Eröffnung der Veranlagungsverfügung bekannt.

³ Hat der Steuerpflichtige trotz Mahnung seine Verfahrenspflichten nicht erfüllt oder können die Steuerfaktoren mangels zuverlässiger Unterlagen nicht einwandfrei ermittelt werden, so nimmt die Veranlagungsbehörde die Veranlagung nach pflichtgemässem Ermessen vor.

Art. 47 Verjährung

¹ Das Recht, eine Steuer zu veranlagen, verjährt fünf Jahre, bei Stillstand oder Unterbrechung der Verjährung spätestens 15 Jahre nach Ablauf der Steuerperiode.

² Steuerforderungen verjähren fünf Jahre, nachdem die Veranlagung rechtskräftig geworden ist, bei Stillstand oder Unterbrechung der Verjährung jedoch spätestens zehn Jahre nach Ablauf des Jahres, in dem die Steuern rechtskräftig festgesetzt worden sind.

---

[1] Fassung gemäss Anhang Ziff. II 7 des Kollektivanlagengesetzes vom 23. Juni 2006, in Kraft seit 1. Jan. 2007 (AS **2006** 5379; BBl **2005** 6395).

[2] Eingefügt durch Ziff. I 2 des BG vom 17. Dez. 2010 über die Besteuerung von Mitarbeiterbeteiligungen, in Kraft seit 1. Jan. 2013 (AS **2011** 3259; BBl **2005** 575).

[3] Eingefügt durch Ziff. I 2 des BG vom 14. Juni 2024 über die Besteuerung der Telearbeit im internationalen Verhältnis, in Kraft seit 1. Jan. 2025 (AS **2024** 573; BBl **2024** 650).

[4] Eingefügt durch Ziff. I 2 des BG vom 14. Juni 2024 über die Besteuerung der Telearbeit im internationalen Verhältnis, in Kraft seit 1. Jan. 2025 (AS **2024** 573; BBl **2024** 650).

Art. 48 Einsprache

¹ Gegen die Veranlagungsverfügung kann der Steuerpflichtige innert 30 Tagen nach Zustellung bei der Veranlagungsbehörde schriftlich Einsprache erheben.

² Eine Veranlagung nach pflichtgemässem Ermessen kann der Steuerpflichtige nur wegen offensichtlicher Unrichtigkeit anfechten. Die Einsprache ist zu begründen und muss allfällige Beweismittel nennen.

³ Im Einspracheverfahren hat die Veranlagungsbehörde die gleichen Befugnisse wie im Veranlagungsverfahren.

⁴ Die Veranlagungsbehörde entscheidet gestützt auf die Untersuchung über die Einsprache. Sie kann alle Steuerfaktoren neu festsetzen und, nach Anhören des Steuerpflichtigen, die Veranlagung auch zu dessen Nachteil abändern.

Art. 49 Verfahren bei Erhebung der Quellensteuer E67

¹ Der Steuerpflichtige und der Schuldner der steuerbaren Leistung müssen auf Verlangen über die für die Erhebung der Quellensteuer massgebenden Verhältnisse Auskunft erteilen.

² Die steuerpflichtige Person kann von der Veranlagungsbehörde bis am 31. März des auf die Fälligkeit der Leistung folgenden Steuerjahres eine Verfügung über Bestand und Umfang der Steuerpflicht verlangen, wenn sie:
  a. mit dem Quellensteuerabzug gemäss Bescheinigung nach Artikel 37 nicht einverstanden ist; oder
  b. die Bescheinigung nach Artikel 37 vom Arbeitgeber nicht erhalten hat.[1]

²ᵇⁱˢ Der Schuldner der steuerbaren Leistung kann von der Veranlagungsbehörde bis am 31. März des auf die Fälligkeit der Leistung folgenden Steuerjahres eine Verfügung über Bestand und Umfang der Steuerpflicht verlangen.[2]

²ᵗᵉʳ Er bleibt bis zum rechtskräftigen Entscheid verpflichtet, die Quellensteuer zu erheben.[3]

³ Hat der Schuldner der steuerbaren Leistung den Steuerabzug nicht oder ungenügend vorgenommen, so verpflichtet ihn die Veranlagungsbehörde zur Nachzahlung. Der Rückgriff des Schuldners auf den Steuerpflichtigen bleibt vorbehalten.

⁴ Hat der Schuldner der steuerbaren Leistung einen zu hohen Steuerabzug vorgenommen, so muss er dem Steuerpflichtigen die Differenz zurückzahlen.

⁵ Die steuerpflichtige Person kann von der Veranlagungsbehörde zur Nachzahlung der von ihr geschuldeten Quellensteuer verpflichtet werden, wenn die ausbezahlte steuerbare Leistung nicht oder nicht vollständig um die Quellensteuer gekürzt wurde und ein Nachbezug beim Schuldner der steuerbaren Leistung nicht möglich ist.[4]

---

[1] Fassung gemäss Ziff. I 2 des BG vom 16. Dez. 2016 über die Revision der Quellenbesteuerung des Erwerbseinkommens, in Kraft seit 1. Jan. 2021 (AS **2018** 1813; BBl **2015** 657).

[2] Eingefügt durch Ziff. I 2 des BG vom 16. Dez. 2016 über die Revision der Quellenbesteuerung des Erwerbseinkommens, in Kraft seit 1. Jan. 2021 (AS **2018** 1813; BBl **2015** 657).

[3] Eingefügt durch Ziff. I 2 des BG vom 16. Dez. 2016 über die Revision der Quellenbesteuerung des Erwerbseinkommens, in Kraft seit 1. Jan. 2021 (AS **2018** 1813; BBl **2015** 657).

[4] Eingefügt durch Ziff. I 2 des BG vom 16. Dez. 2016 über die Revision der Quellenbesteuerung des Erwerbseinkommens, in Kraft seit 1. Jan. 2021 (AS **2018** 1813; BBl **2015** 657).

2. Kapitel: Rekursverfahren

Art. 50

¹ Der Steuerpflichtige kann gegen den Einspracheentscheid innert 30 Tagen nach Zustellung bei einer von der Steuerbehörde unabhängigen Justizbehörde schriftlich Rekurs erheben.

² Der Rekurs ist zu begründen. Es können alle Mängel des angefochtenen Entscheides und des vorangegangenen Verfahrens gerügt werden.

³ Der Steuerpflichtige und die kantonale Steuerverwaltung können den Rekursentscheid an eine weitere verwaltungsunabhängige kantonale Instanz ziehen, wenn das kantonale Recht dies vorsieht. B10

3. Kapitel: Änderungen rechtskräftiger Verfügungen und Entscheide

Art. 51 Revision

¹ Eine rechtskräftige Verfügung oder ein rechtskräftiger Entscheid kann auf Antrag oder von Amtes wegen zugunsten des Steuerpflichtigen revidiert werden:

  a. wenn erhebliche Tatsachen oder entscheidende Beweismittel entdeckt werden;
  b. wenn die erkennende Behörde erhebliche Tatsachen oder entscheidende Beweismittel, die ihr bekannt waren oder bekannt sein mussten, ausser acht gelassen oder in anderer Weise wesentliche Verfahrensgrundsätze verletzt hat;
  c. wenn ein Verbrechen oder ein Vergehen die Verfügung oder den Entscheid beeinflusst hat.

² Die Revision ist ausgeschlossen, wenn der Antragsteller als Revisionsgrund vorbringt, was er bei der ihm zumutbaren Sorgfalt schon im ordentlichen Verfahren hätte geltend machen können.

³ Das Revisionsbegehren muss innert 90 Tagen nach Entdeckung des Revisionsgrundes, spätestens aber innert zehn Jahren nach Eröffnung der Verfügung oder des Entscheides eingereicht werden.

⁴ Für die Behandlung des Revisionsbegehrens ist die Behörde zuständig, welche die fragliche Verfügung oder den fraglichen Entscheid erlassen hat.

Art. 52 Rechnungsfehler und Schreibversehen

Rechnungsfehler und Schreibversehen in rechtskräftigen Verfügungen und Entscheiden können innert fünf Jahren nach der Eröffnung auf Antrag oder von Amtes wegen von der Behörde berichtigt werden, der sie unterlaufen sind.

Art. 53 Ordentliche Nachsteuer[1]

¹ Ergibt sich aufgrund von Tatsachen oder Beweismitteln, die der Steuerbehörde nicht bekannt waren, dass eine Veranlagung zu Unrecht unterblieben oder eine rechtskräftige Veranlagung unvollständig ist, oder ist eine unterbliebene oder unvollständige Veranlagung auf ein Verbrechen oder Vergehen gegen die Steuerbehörde zurückzuführen, so wird die nicht erhobene Steuer samt Zins als Nachsteuer eingefordert. Wegen ungenügender Bewertung allein kann keine Nachsteuer erhoben werden.

---

[1] Fassung gemäss Ziff. I 2 des BG vom 20. März 2008 über die Vereinfachung der Nachbesteuerung in Erbfällen und die Einführung der straflosen Selbstanzeige, in Kraft seit 1. Jan. 2010 (AS **2008** 4453; BBl **2006** 8795).

² Das Recht, ein Nachsteuerverfahren einzuleiten, erlischt zehn Jahre nach Ablauf der Steuerperiode, für die eine Veranlagung zu Unrecht unterblieben oder eine rechtskräftige Veranlagung unvollständig ist.

³ Das Recht, die Nachsteuer festzusetzen, erlischt 15 Jahre nach Ablauf der Steuerperiode, auf die sie sich bezieht.

⁴ Wenn bei Einleitung eines Nachsteuerverfahrens ein Strafverfahren wegen Steuerhinterziehung weder eingeleitet wird, noch hängig ist, noch von vornherein ausgeschlossen werden kann, wird die steuerpflichtige Person auf die Möglichkeit der späteren Einleitung eines solchen Strafverfahrens aufmerksam gemacht.[1]

Art. 53a[2] Vereinfachte Nachbesteuerung von Erben

¹ Alle Erben haben unabhängig voneinander Anspruch auf eine vereinfachte Nachbesteuerung der vom Erblasser hinterzogenen Bestandteile von Vermögen und Einkommen, wenn:

a. die Hinterziehung keiner Steuerbehörde bekannt ist;
b. sie die Verwaltung bei der Feststellung der hinterzogenen Vermögens- und Einkommenselemente vorbehaltlos unterstützen; und
c. sie sich ernstlich um die Bezahlung der geschuldeten Nachsteuer bemühen.

² Die Nachsteuer wird für die letzten drei vor dem Todesjahr abgelaufenen Steuerperioden nach den Vorschriften über die ordentliche Veranlagung berechnet und samt Verzugszins nachgefordert.

³ Die vereinfachte Nachbesteuerung ist ausgeschlossen, wenn die Erbschaft amtlich oder konkursamtlich liquidiert wird.

⁴ Auch der Willensvollstrecker oder der Erbschaftsverwalter kann um eine vereinfachte Nachbesteuerung ersuchen.

4. Kapitel: Inventar

Art. 54

¹ Nach dem Tode eines Steuerpflichtigen wird ein amtliches Inventar aufgenommen. Die Inventaraufnahme kann unterbleiben, wenn anzunehmen ist, dass kein Vermögen vorhanden ist.

² In das Inventar wird das am Todestag bestehende Vermögen des Erblassers, seines in ungetrennter Ehe lebenden Ehegatten und der unter seiner elterlichen Sorge stehenden minderjährigen Kinder aufgenommen.

³ Tatsachen, die für die Steuerveranlagung von Bedeutung sind, werden festgestellt und im Inventar vorgemerkt.

---

[1] Eingefügt durch Ziff. I 2 des BG vom 20. Dez. 2006 über Änderungen des Nachsteuerverfahrens und des Strafverfahrens wegen Steuerhinterziehung auf dem Gebiet der direkten Steuern, in Kraft seit 1. Jan. 2008 (AS **2007** 2973; BBl **2006** 4021 4039).

[2] Eingefügt durch Ziff. I 2 des BG vom 20. März 2008 über die Vereinfachung der Nachbesteuerung in Erbfällen und die Einführung der straflosen Selbstanzeige, in Kraft seit 1. Jan. 2010 (AS **2008** 4453; BBl **2006** 8795).

Sechster Titel: Steuerstrafrecht[1]

1. Kapitel: Verletzung von Verfahrenspflichten und Steuerhinterziehung

Art. 55 Verletzung von Verfahrenspflichten

Wer einer Pflicht, die ihm nach den Vorschriften des Gesetzes oder nach einer aufgrund dieses Gesetzes getroffenen Anordnung obliegt, trotz Mahnung vorsätzlich oder fahrlässig nicht nachkommt, wird mit Busse bis zu 1000 Franken, in schweren Fällen oder bei Rückfall bis zu 10 000 Franken bestraft.

Art. 56 Steuerhinterziehung

[1] Wer als Steuerpflichtiger vorsätzlich oder fahrlässig bewirkt, dass eine Veranlagung zu Unrecht unterbleibt oder dass eine rechtskräftige Veranlagung unvollständig ist,

wer als zum Steuerabzug an der Quelle Verpflichteter vorsätzlich oder fahrlässig einen Steuerabzug nicht oder nicht vollständig vornimmt,

wer vorsätzlich oder fahrlässig eine unrechtmässige Rückerstattung oder einen ungerechtfertigten Erlass erwirkt,

wird mit einer Busse entsprechend seinem Verschulden bestraft, die einen Drittel bis das Dreifache, in der Regel das Einfache der hinterzogenen Steuer beträgt.[2]

[1bis] Zeigt die steuerpflichtige Person erstmals eine Steuerhinterziehung selbst an, so wird von einer Strafverfolgung abgesehen (straflose Selbstanzeige), wenn:

a. die Hinterziehung keiner Steuerbehörde bekannt ist;
b. sie die Steuerbehörden bei der Feststellung der hinterzogenen Vermögens- und Einkommenselemente vorbehaltlos unterstützt; und
c. sie sich ernstlich um die Bezahlung der geschuldeten Nachsteuer bemüht.[3]

[1ter] Bei jeder weiteren Selbstanzeige wird die Busse unter den Voraussetzungen nach Absatz 1bis auf einen Fünftel der hinterzogenen Steuer ermässigt.[4]

[2] Wer Steuern zu hinterziehen versucht, wird mit einer Busse bestraft, die zwei Drittel der bei vollendeter Begehung auszufällenden Busse beträgt.

[3] Wer zu einer Steuerhinterziehung anstiftet, Hilfe leistet oder als Vertreter des Steuerpflichtigen vorsätzlich eine Steuerhinterziehung bewirkt oder an einer solchen mitwirkt, wird ohne Rücksicht auf die Strafbarkeit des Steuerpflichtigen mit Busse bestraft und haftet solidarisch für die hinterzogene Steuer. Die Busse beträgt bis zu 10 000 Franken, in schweren Fällen oder bei Rückfall bis zu 50 000 Franken.

---

[1] Ab 1. Jan. 2007 sind die angedrohten Strafen und die Verjährungsfristen in Anwendung von Art. 333 Abs. 2-6 des Strafgesetzbuches (SR **311.0**) in der Fassung des BG vom 13. Dez. 2002 (AS **2006** 3459; BBl **1999** 1979) zu interpretieren beziehungsweise umzurechnen.
[2] Fassung gemäss Ziff. I 2 des BG vom 20. März 2008 über die Vereinfachung der Nachbesteuerung in Erbfällen und die Einführung der straflosen Selbstanzeige, in Kraft seit 1. Jan. 2010 (AS **2008** 4453; BBl **2006** 8795).
[3] Eingefügt durch Ziff. I 2 des BG vom 20. März 2008 über die Vereinfachung der Nachbesteuerung in Erbfällen und die Einführung der straflosen Selbstanzeige, in Kraft seit 1. Jan. 2010 (AS **2008** 4453; BBl **2006** 8795).
[4] Eingefügt durch Ziff. I 2 des BG vom 20. März 2008 über die Vereinfachung der Nachbesteuerung in Erbfällen und die Einführung der straflosen Selbstanzeige, in Kraft seit 1. Jan. 2010 (AS **2008** 4453; BBl **2006** 8795).

3bis Zeigt sich eine Person nach Absatz 3 erstmals selbst an und sind die Voraussetzungen nach Absatz 1bis Buchstaben a und b erfüllt, so wird von einer Strafverfolgung abgesehen und die Solidarhaftung entfällt.[1]

4 Wer Nachlasswerte, zu deren Bekanntgabe er im Inventarverfahren verpflichtet ist, verheimlicht oder beiseite schafft, in der Absicht, sie der Inventaraufnahme zu entziehen, sowie

wer hierzu anstiftet, Hilfe leistet oder eine solche Tat begünstigt,

wird ohne Rücksicht auf die Strafbarkeit des Steuerpflichtigen mit einer Busse bis zu 10 000 Franken, in schweren Fällen oder bei Rückfall bis zu 50 000 Franken bestraft.

Der Versuch einer Verheimlichung oder Beiseiteschaffung von Nachlasswerten ist ebenfalls strafbar. Die Strafe kann milder sein als bei vollendeter Begehung.[2]

5 Zeigt sich eine Person nach Absatz 4 erstmals selbst an, so wird von einer Strafverfolgung wegen Verheimlichung oder Beiseiteschaffung von Nachlasswerten im Inventarverfahren und wegen allfälliger anderer in diesem Zusammenhang begangener Straftaten abgesehen (straflose Selbstanzeige), wenn:

a. die Widerhandlung keiner Steuerbehörde bekannt ist; und
b. die Person die Verwaltung bei der Berichtigung des Inventars vorbehaltlos unterstützt.[3]

Art. 57 Besondere Fälle

1 Werden zum Vorteil einer juristischen Person Verfahrenspflichten verletzt, Steuern hinterzogen oder Steuern zu hinterziehen versucht, so wird die juristische Person gebüsst. Die handelnden Organe oder Vertreter können zudem nach Artikel 56 Absatz 3 bestraft werden.

2 Werden im Geschäftsbereich einer juristischen Person Teilnahmehandlungen (Anstiftung, Gehilfenschaft, Mitwirkung) an Steuerhinterziehungen Dritter begangen, so ist Artikel 56 Absatz 3 auf die juristische Person anwendbar.

3 …[4]

4 Die steuerpflichtige Person, die in rechtlich und tatsächlich ungetrennter Ehe lebt, wird nur für die Hinterziehung ihrer eigenen Steuerfaktoren gebüsst. Vorbehalten bleibt Artikel 56 Absatz 3. Die Mitunterzeichnung der Steuererklärung stellt für sich allein keine Widerhandlung nach Artikel 56 Absatz 3 dar.[5]

---

[1] Eingefügt durch Ziff. I 2 des BG vom 20. März 2008 über die Vereinfachung der Nachbesteuerung in Erbfällen und die Einführung der straflosen Selbstanzeige, in Kraft seit 1. Jan. 2010 (AS **2008** 4453; BBl **2006** 8795).
[2] Fassung gemäss Ziff. I 2 des BG vom 20. März 2008 über die Vereinfachung der Nachbesteuerung in Erbfällen und die Einführung der straflosen Selbstanzeige, in Kraft seit 1. Jan. 2010 (AS **2008** 4453; BBl **2006** 8795).
[3] Eingefügt durch Ziff. I 2 des BG vom 20. März 2008 über die Vereinfachung der Nachbesteuerung in Erbfällen und die Einführung der straflosen Selbstanzeige, in Kraft seit 1. Jan. 2010 (AS **2008** 4453; BBl **2006** 8795).
[4] Aufgehoben durch Ziff. I 2 des BG vom 8. Okt. 2004 über die Aufhebung der Haftung der Erben für Steuerbussen, mit Wirkung seit 1. März 2005 (AS **2005** 1051; BBl **2004** 1437 1451). Siehe auch Art. 78c hiernach.
[5] Fassung gemäss Ziff. I 2 des BG vom 20. Dez. 2006 über Änderungen des Nachsteuerverfahrens und des Strafverfahrens wegen Steuerhinterziehung auf dem Gebiet der direkten Steuern, in Kraft seit 1. Jan. 2008 (AS **2007** 2973; BBl **2006** 4021 4039).

Art. 57bis Verfahren

¹ Nach Abschluss der Untersuchung erlässt die zuständige kantonale Behörde eine Verfügung, die sie der betroffenen Person schriftlich eröffnet.[1]

² Entscheide der Steuerbehörden bei Hinterziehungstatbeständen sind vor Verwaltungs- und Verwaltungsgerichtsbehörden anfechtbar. Gegen letztinstanzliche kantonale Entscheide kann beim Bundesgericht nach Massgabe des Bundesgerichtsgesetzes vom 17. Juni 2005[2] Beschwerde in öffentlich-rechtlichen Angelegenheiten geführt werden. Die Strafgerichtsbarkeit ist ausgeschlossen.[3]

³ Die Vorschriften über die Verfahrensgrundsätze, das Veranlagungs- und das Rekursverfahren gelten sinngemäss.

Art. 57a[4] Eröffnung des Strafverfahrens wegen Steuerhinterziehung

¹ Die Einleitung eines Strafverfahrens wegen Steuerhinterziehung wird der betroffenen Person schriftlich mitgeteilt. Es wird ihr Gelegenheit gegeben, sich zu der gegen sie erhobenen Anschuldigung zu äussern; sie wird auf ihr Recht hingewiesen, die Aussage und ihre Mitwirkung zu verweigern.

² Beweismittel aus einem Nachsteuerverfahren dürfen in einem Strafverfahren wegen Steuerhinterziehung nur dann verwendet werden, wenn sie weder unter Androhung einer Veranlagung nach pflichtgemässem Ermessen (Art. 46 Abs. 3) mit Umkehr der Beweislast im Sinne von Artikel 48 Absatz 2 noch unter Androhung einer Busse wegen Verletzung von Verfahrenspflichten beschafft wurden.

Art. 57b[5] Selbstanzeige juristischer Personen

¹ Zeigt eine steuerpflichtige juristische Person erstmals eine in ihrem Geschäftsbetrieb begangene Steuerhinterziehung selbst an, so wird von einer Strafverfolgung abgesehen (straflose Selbstanzeige), wenn:

a. die Hinterziehung keiner Steuerbehörde bekannt ist;
b. sie die Verwaltung bei der Festsetzung der Nachsteuer vorbehaltlos unterstützt; und
c. sie sich ernstlich um die Bezahlung der geschuldeten Nachsteuer bemüht.

² Die straflose Selbstanzeige kann auch eingereicht werden:

a. nach einer Änderung der Firma oder einer Verlegung des Sitzes innerhalb der Schweiz;

---

[1] Eingefügt durch Art. 3 Ziff. 8 des BB vom 17. Dez. 2004 über die Genehmigung und die Umsetzung der bilateralen Abk. zwischen der Schweiz und der EU über die Assoziierung an Schengen und an Dublin (AS **2008** 447; BBl **2004** 5965). Fassung gemäss Ziff. I 2 des BG vom 26. Sept. 2014 (Anpassung an die allgemeinen Bestimmungen des StGB), in Kraft seit 1. Jan. 2017 (AS **2015** 779; BBl **2012** 2869).
[2] SR **173.110**
[3] Fassung gemäss Anhang Ziff. 58 des Verwaltungsgerichtsgesetzes vom 17. Juni 2005, in Kraft seit 1. Jan. 2007 (AS **2006** 2197 1069; BBl **2001** 4202).
[4] Eingefügt durch Ziff. I 2 des BG vom 20. Dez. 2006 über Änderungen des Nachsteuerverfahrens und des Strafverfahrens wegen Steuerhinterziehung auf dem Gebiet der direkten Steuern, in Kraft seit 1. Jan. 2008 (AS **2007** 2973; BBl **2006** 4021 4039).
[5] Eingefügt durch Ziff. I 2 des BG vom 20. März 2008 über die Vereinfachung der Nachbesteuerung in Erbfällen und die Einführung der straflosen Selbstanzeige, in Kraft seit 1. Jan. 2010 (AS **2008** 4453; **2009** 5683; BBl **2006** 8795).

b. nach einer Umwandlung nach den Artikeln 53–68 des Fusionsgesetzes vom 3. Oktober 2003[1] (FusG) durch die neue juristische Person für die vor der Umwandlung begangenen Steuerhinterziehungen;
c. nach einer Absorption (Art. 3 Abs. 1 Bst. a FusG) oder Abspaltung (Art. 29 Bst. b FusG) durch die weiterbestehende juristische Person für die vor der Absorption oder Abspaltung begangenen Steuerhinterziehungen.

³ Die straflose Selbstanzeige muss von den Organen oder Vertretern der juristischen Person eingereicht werden. Von einer Strafverfolgung gegen diese Organe oder Vertreter wird abgesehen und ihre Solidarhaftung entfällt.

⁴ Zeigt ein ausgeschiedenes Organmitglied oder ein ausgeschiedener Vertreter der juristischen Person diese wegen Steuerhinterziehung erstmals an und ist die Steuerhinterziehung keiner Steuerbehörde bekannt, so wird von einer Strafverfolgung der juristischen Person, sämtlicher aktueller und ausgeschiedener Mitglieder der Organe und sämtlicher aktueller und ausgeschiedener Vertreter abgesehen. Ihre Solidarhaftung entfällt.

⁵ Bei jeder weiteren Selbstanzeige wird die Busse unter den Voraussetzungen nach Absatz 1 auf einen Fünftel der hinterzogenen Steuer ermässigt.

⁶ Nach Beendigung der Steuerpflicht einer juristischen Person in der Schweiz kann keine Selbstanzeige mehr eingereicht werden.

Art. 58[2] Verjährung der Strafverfolgung

¹ Die Strafverfolgung wegen Verletzung von Verfahrenspflichten verjährt drei Jahre und diejenige wegen versuchter Steuerhinterziehung sechs Jahre nach dem rechtskräftigen Abschluss des Verfahrens, in dem die Verfahrenspflichten verletzt oder die Steuern zu hinterziehen versucht wurden.

² Die Strafverfolgung wegen vollendeter Steuerhinterziehung verjährt zehn Jahre nach Ablauf:
a. der Steuerperiode, für welche die steuerpflichtige Person nicht oder unvollständig veranlagt wurde oder der Steuerabzug an der Quelle nicht gesetzmässig erfolgte (Art. 56 Abs. 1);
b. des Kalenderjahres, in dem eine unrechtmässige Rückerstattung oder ein ungerechtfertigter Erlass erwirkt wurde (Art. 56 Abs. 1) oder Nachlasswerte im Inventarverfahren verheimlicht oder beiseitegeschafft wurden (Art. 56 Abs. 4).

³ Die Verjährung tritt nicht mehr ein, wenn die zuständige kantonale Behörde (Art. 57bis Abs. 1) vor Ablauf der Verjährungsfrist eine Verfügung erlassen hat.

---

[1] SR **221.301**
[2] Fassung gemäss Ziff. I 2 des BG vom 26. Sept. 2014 (Anpassung an die allgemeinen Bestimmungen des StGB), in Kraft seit 1. Jan. 2017 (AS **2015** 779; BBl **2012** 2869).

2. Kapitel: Steuervergehen

Art. 59 Steuerbetrug

¹ Wer zum Zweck der Steuerhinterziehung gefälschte, verfälschte oder inhaltlich unwahre Urkunden zur Täuschung gebraucht oder als zum Steuerabzug an der Quelle Verpflichteter abgezogene Steuern zu seinem oder eines andern Nutzen verwendet, wird mit Freiheitsstrafe bis zu drei Jahren oder Geldstrafe bestraft. Eine bedingte Strafe kann mit Busse bis zu 10 000 Franken verbunden werden.[1] N7

² Die Bestrafung wegen Steuerhinterziehung bleibt vorbehalten.

^{2bis} Liegt eine Selbstanzeige nach Artikel 56 Absatz 1bis oder Artikel 57*b* Absatz 1 wegen Steuerhinterziehung vor, so wird von einer Strafverfolgung wegen allen anderen Straftaten abgesehen, die zum Zweck der Steuerhinterziehung begangen wurden. Diese Bestimmung ist auch in den Fällen nach den Artikeln 56 Absatz 3bis und 57*b* Absätze 3 und 4 anwendbar.[2]

^{2ter} Liegt eine straflose Selbstanzeige wegen Veruntreuung der Quellensteuer vor, so wird auch von einer Strafverfolgung wegen allen anderen Straftaten abgesehen, die zum Zweck der Veruntreuung der Quellensteuer begangen wurden. Diese Bestimmung ist auch in den Fällen nach den Artikeln 56 Absatz 3bis und 57*b* Absätze 3 und 4 anwendbar.[3]

³ Die allgemeinen Bestimmungen des Strafgesetzbuches[4] sind anwendbar, soweit das Gesetz nichts anderes vorschreibt.

Art. 60[5] Verjährung der Strafverfolgung

¹ Die Strafverfolgung der Steuervergehen verjährt 15 Jahre nachdem der Täter die letzte strafbare Tätigkeit ausgeführt hat.

² Die Verjährung tritt nicht mehr ein, wenn vor Ablauf der Verjährungsfrist ein erstinstanzliches Urteil ergangen ist.

Art. 61 Verfahren und Vollzug

Das Strafverfahren und der Strafvollzug richten sich nach kantonalem Recht, soweit Bundesrecht nichts anderes bestimmt. Entscheide der letzten kantonalen Instanz unterliegen der Beschwerde in Strafsachen an das Bundesgericht.[6]

---

[1] Fassung gemäss Ziff. I 2 des BG vom 26. Sept. 2014 (Anpassung an die allgemeinen Bestimmungen des StGB), in Kraft seit 1. Jan. 2017 (AS **2015** 779; BBl **2012** 2869).
[2] Eingefügt durch Ziff. I 2 des BG vom 20. März 2008 über die Vereinfachung der Nachbesteuerung in Erbfällen und die Einführung der straflosen Selbstanzeige, in Kraft seit 1. Jan. 2010 (AS **2008** 4453; **2009** 5683; BBl **2006** 8795).
[3] Eingefügt durch Ziff. I 2 des BG vom 20. März 2008 über die Vereinfachung der Nachbesteuerung in Erbfällen und die Einführung der straflosen Selbstanzeige, in Kraft seit 1. Jan. 2010 (AS **2008** 4453; **2009** 5683; BBl **2006** 8795).
[4] SR **311.0**
[5] Fassung gemäss Ziff. I 2 des BG vom 26. Sept. 2014 (Anpassung an die allgemeinen Bestimmungen des StGB), in Kraft seit 1. Jan. 2017 (AS **2015** 779; BBl **2012** 2869).
[6] Fassung des zweiten Satzes gemäss Anhang Ziff. 13 des Bundesgerichtsgesetzes vom 17. Juni 2005, in Kraft seit 1. Jan. 2007 (AS **2006** 1205 1069; BBl **2001** 4202).

Siebter Titel: ...

Art. 62 –70[1]

...

Achter Titel: Schlussbestimmungen

1. Kapitel: Durchführung durch die Kantone

Art. 71 Mitwirkung

[1] Die Kantone vollziehen dieses Gesetz in Zusammenarbeit mit den Bundesbehörden.

[2] Die Kantone erteilen den zuständigen Bundesbehörden sämtliche für die Durchführung dieses Gesetzes nötigen Auskünfte und beschaffen ihnen die erforderlichen Unterlagen. E56, E50

[3] Für die Steuererklärungen und die dazugehörigen Beilagen werden für die ganze Schweiz einheitliche Datenformate verwendet. Der Bundesrat bestimmt die hierzu anzuwendenden Datenformate in Zusammenarbeit mit den Kantonen.[2]

Art. 72 Anpassung der kantonalen Gesetzgebungen

[1] Die Kantone passen ihre Gesetzgebung den Bestimmungen dieses Gesetzes auf den Zeitpunkt von deren Inkrafttreten an. Der Bund nimmt bei der Festlegung des Zeitpunkts der Inkraftsetzung Rücksicht auf die Kantone; er lässt ihnen in der Regel eine Frist von mindestens zwei Jahren für die Anpassung ihrer Gesetzgebung.[3]

[2] Nach ihrem Inkrafttreten finden die Bestimmungen dieses Gesetzes direkt Anwendung, wenn ihnen das kantonale Steuerrecht widerspricht.[4]

[3] Die Kantonsregierung erlässt die erforderlichen vorläufigen Vorschriften.

Art. 72a –72s[5]

...

---

[1] Aufgehoben durch Ziff. I 2 des BG vom 22. März 2013 über die formelle Bereinigung der zeitlichen Bemessung der direkten Steuern bei den natürlichen Personen, mit Wirkung seit 1. Jan. 2014 (AS **2013** 2397; BBl **2011** 3593).
[2] Fassung gemäss Ziff. I 4 des BG vom 18. Juni 2021 über elektronische Verfahren im Steuerbereich, in Kraft seit 1. Jan. 2024 (AS **2021** 673; BBl **2020** 4705).
[3] Fassung gemäss Ziff. I 4 des BG vom 18. Juni 2021 über elektronische Verfahren im Steuerbereich, in Kraft seit 1. Jan. 2022 (AS **2021** 673; BBl **2020** 4705).
[4] Fassung gemäss Ziff. I 4 des BG vom 18. Juni 2021 über elektronische Verfahren im Steuerbereich, in Kraft seit 1. Jan. 2022 (AS **2021** 673; BBl **2020** 4705).
[5] Aufgehoben durch Ziff. I 4 des BG vom 18. Juni 2021 über elektronische Verfahren im Steuerbereich, mit Wirkung seit 1. Jan. 2022 (AS **2021** 673; BBl **2020** 4705). ☞ *Siehe Art. 72.*

Art. 72t[1] Anpassung der kantonalen Gesetzgebung an die Änderung vom 20. März 2015

[1] Die Kantone passen ihre Gesetzgebung innert zwei Jahren nach Inkrafttreten der Änderung vom 20. März 2015 Artikel 26*a* an.

[2] Nach Ablauf dieser Frist findet Artikel 26*a* direkt Anwendung, wenn ihm das kantonale Steuerrecht widerspricht. Dabei gilt der Betrag nach Artikel 66*a* des Bundesgesetzes vom 14. Dezember 1990[2] über die direkte Bundessteuer.

Art. 72u –72w[3]

...

Art. 72x[4] Anpassung der kantonalen Gesetzgebung an die Änderung vom 29. September 2017

[1] Die Kantone passen ihre Gesetzgebung auf den Zeitpunkt des Inkrafttretens der Änderung vom 29. September 2017 den geänderten Artikeln 7 Absatz 4 Buchstaben l–m sowie 9 Absatz 2 Buchstabe n an.

[2] Ab diesem Zeitpunkt finden die Artikel 7 Absatz 4 Buchstaben l–m sowie 9 Absatz 2 Buchstabe n direkt Anwendung, wenn ihnen das kantonale Steuerrecht widerspricht. Dabei gelten die Beträge nach Artikel 24 Buchstaben i^{bis} und j des Bundesgesetzes vom 14. Dezember 1990[5] über die direkte Bundessteuer.

Art. 72y[6] ...

Art. 72z[7] ...

Art. 72z^{bis}[8] ...

---

[1] Eingefügt durch Ziff. I 2 des BG vom 20. März 2015 über die Gewinnbesteuerung von juristischen Personen mit ideellen Zwecken, in Kraft seit 1. Jan. 2016 (AS **2015** 2947; BBl **2014** 5369).

[2] SR **642.11**

[3] Aufgehoben durch Ziff. I 4 des BG vom 18. Juni 2021 über elektronische Verfahren im Steuerbereich, mit Wirkung seit 1. Jan. 2022 (AS **2021** 673; BBl **2020** 4705). ☞ *Siehe Art. 72.*

[4] Eingefügt durch Anhang Ziff. II 6 des Geldspielgesetzes vom 29. Sept. 2017, in Kraft seit 1. Jan. 2019 (AS **2018** 5103; BBl **2015** 8387).

[5] SR **642.11**

[6] Eingefügt durch Ziff. I 3 des BG vom 28. Sept. 2018 über die Steuerreform und die AHV-Finanzierung (AS **2019** 2395; BBl **2018** 2527). Aufgehoben durch Ziff. I 4 des BG vom 18. Juni 2021 über elektronische Verfahren im Steuerbereich, mit Wirkung seit 1. Jan. 2022 (AS **2021** 673; BBl **2020** 4705). ☞ *Siehe Art. 72.*

[7] Eingefügt durch Ziff. I 2 des BG vom 14. Dez. 2018 über die Berechnung des Beteiligungsabzugs bei systemrelevanten Banken (AS **2019** 1207; BBl **2018** 1263). Aufgehoben durch Ziff. I 4 des BG vom 18. Juni 2021 über elektronische Verfahren im Steuerbereich, mit Wirkung seit 1. Jan. 2022 (AS **2021** 673; BBl **2020** 4705). ☞ *Siehe Art. 72.*

[8] Eingefügt durch Ziff. I 2 des BG vom 19. Juni 2020 über die steuerliche Behandlung finanzieller Sanktionen (AS **2020** 5121; BBl **2016** 8503). Aufgehoben durch Ziff. I 4 des BG vom 18. Juni 2021 über elektronische Verfahren im Steuerbereich, mit Wirkung seit 1. Jan. 2022 (AS **2021** 673; BBl **2020** 4705). ☞ *Siehe Art. 72.*

Art. 73 Beschwerde

1 Entscheide der letzten kantonalen Instanz, die eine in den Titeln 2–5 und 6 Kapitel 1 geregelte Materie oder den Erlass der kantonalen oder kommunalen Einkommens- und Gewinnsteuer betreffen, unterliegen nach Massgabe des Bundesgerichtsgesetzes vom 17. Juni 2005[1] der Beschwerde in öffentlich-rechtlichen Angelegenheiten an das Bundesgericht.[2] N 3

2 Beschwerdebefugt sind die Steuerpflichtigen, die nach kantonalem Recht zuständige Behörde und die Eidgenössische Steuerverwaltung.

3 …[3]

2. Kapitel: Vollzug und Änderung des geltenden Rechts

Art. 74 Vollzugsbestimmungen

Der Bundesrat erlässt die Vollzugsbestimmungen. Er regelt insbesondere die Probleme, die sich im interkantonalen Verhältnis, vor allem zwischen Kantonen mit unterschiedlicher Regelung der zeitlichen Bemessung, stellen.[4] VO StHG A

Art. 75 Änderung des AHVG

…[5]

3. Kapitel: Übergangsbestimmungen

Art. 76 Leistungen aus Militärversicherung

Artikel 47 Absatz 2 des Bundesgesetzes vom 20. September 1949[6] über die Militärversicherung ist hinsichtlich der Renten und Kapitalleistungen, die nach Inkrafttreten dieses Gesetzes zu laufen beginnen oder fällig werden, nicht anwendbar. E402

Art. 77 Reingewinnsteuer

1 Die Reingewinnsteuer der juristischen Personen für die erste Steuerperiode nach dem Wechsel der zeitlichen Bemessung wird nach altem und nach neuem Recht provisorisch veranlagt. Ist die nach neuem Recht berechnete Steuer höher, so wird diese, andernfalls die nach altem Recht berechnete Steuer geschuldet. Vorbehalten bleibt die Besteuerung ausserordentlicher Erträge nach altem Recht.

2 Soweit in den Fällen von Absatz 1 das im Kalenderjahr n zu Ende gehende Geschäftsjahr in das Kalenderjahr n−1 zurückreicht, wird die Steuer für diesen Zeitraum nach altem Recht festgesetzt und auf die für den gleichen Zeitraum nach neuem Recht berechnete Steuer angerechnet; ein Überschuss wird nicht zurückerstattet.

---

1 SR **173**.110
2 Fassung gemäss Ziff. I 3 des Steuererlassgesetzes vom 20. Juni 2014, in Kraft seit 1. Jan. 2016 (AS **2015** 9; BBl **2013** 8435).
3 Aufgehoben durch Ziff. I 2 des BG vom 26. Sept. 2014 (Anpassung an die allgemeinen Bestimmungen des StGB), mit Wirkung seit 1. Jan. 2017 (AS **2015** 779; BBl **2012** 2869).
4 Zweiter Satz eingefügt durch Ziff. I 2 des BG vom 15. Dez. 2000 zur Koordination und Vereinfachung der Veranlagungsverfahren für die direkten Steuern im interkantonalen Verhältnis (AS **2001** 1050; BBl **2000** 3898).
5 Die Änderung kann unter AS **1991** 1256 konsultiert werden.
6 [AS **1949** 1671, **1956** 759, **1959** 303, **1964** 253, **1968** 563, **1972** 897 Art. 15 Ziff. 1, **1982** 1676 Anhang Ziff. 5 2184 Art 116, **1990** 1882 Anhang Ziff. 9, **1991** 362 Ziff. II 414, AS **1993** 3043 Anhang Ziff. 1]

Art. 78[1] Arrest

Die Kantone können Sicherstellungsverfügungen der zuständigen kantonalen Steuerbehörden den Arrestbefehlen nach Artikel 274 des Bundesgesetzes vom 11. April 1889[2] über Schuldbetreibung und Konkurs (SchKG) gleichstellen. Der Arrest wird vom zuständigen Betreibungsamt vollzogen. Die Einsprache gegen den Arrestbefehl nach Artikel 278 SchKG ist nicht zulässig.

Art. 78a[3] Kapitalversicherungen mit Einmalprämie

Artikel 7 Absatz 1ter ist auf Kapitalversicherungen mit Einmalprämie anwendbar, die nach dem 31. Dezember 1998 abgeschlossen wurden.

Art. 78b[4] ...

Art. 78c[5] Übergangsbestimmungen zur Änderung vom 8. Oktober 2004

[1] Bussen nach Artikel 57 Absatz 3[6] sind nicht mehr vollstreckbar und können von den Steuerbehörden nicht mehr verrechnungsweise geltend gemacht werden.

[2] Entsprechende Eintragungen im Betreibungsregister werden auf Antrag der betroffenen Person gelöscht.

Art. 78d[7] Übergangsbestimmung zur Änderung vom 20. März 2008

Auf Erbgänge, die vor Inkrafttreten der Änderung vom 20. März 2008 eröffnet wurden, sind die Bestimmungen über die Nachsteuern nach bisherigem Recht anwendbar.

Art. 78e[8] Übergangsbestimmungen zur Änderung vom 28. September 2012

Für natürliche Personen, die im Zeitpunkt des Inkrafttretens der Änderung vom 28. September 2012 des Bundesgesetzes vom 14. Dezember 1990[9] über die direkte Bundessteuer nach dem Aufwand besteuert wurden, gilt während fünf Jahren weiterhin Artikel 6 des bisherigen Rechts.

---

[1] Fassung gemäss Ziff. I 2 des BG vom 26. Sept. 2014 (Anpassung an die allgemeinen Bestimmungen des StGB), in Kraft seit 1. Jan. 2017 (AS **2015** 779; BBl **2012** 2869).
[2] SR **281.1**
[3] Eingefügt durch Ziff. I 6 des BG vom 19. März 1999 über das Stabilisierungsprogramm 1998, in Kraft seit 1. Jan. 2001 (AS **1999** 2374; BBl **1999** 4).
[4] Eingefügt durch Ziff. I 2 des BG vom 15. Dez. 2000 zur Koordination und Vereinfachung der Veranlagungsverfahren für die direkten Steuern im interkantonalen Verhältnis (AS **2001** 1050; BBl **2000** 3898). Aufgehoben durch Ziff. I 2 des BG vom 22. März 2013 über die formelle Bereinigung der zeitlichen Bemessung der direkten Steuern bei den natürlichen Personen, mit Wirkung seit 1. Jan. 2014 (AS **2013** 2397; BBl **2011** 3593).
[5] Eingefügt durch Ziff. I 2 des BG vom 8. Oktober über die Aufhebung der Haftung der Erben für Steuerbussen, in Kraft seit 1. März 2005 (AS **2005** 1051; BBl **2004** 1437 1451).
[6] AS **1991** 1256
[7] Eingefügt durch Ziff. I 2 des BG vom 20. März 2008 über die Vereinfachung der Nachbesteuerung in Erbfällen und die Einführung der straflosen Selbstanzeige, in Kraft seit 1. Jan. 2010 (AS **2008** 4453; BBl **2006** 8795).
[8] Eingefügt durch Ziff. I 2 des BG vom 28. September 2012, in Kraft seit 1. Jan. 2014 (AS **2013** 779; BBl **2011** 6021).
[9] SR **642.11**

Art. 78f[1] Übergangsbestimmung zur Änderung vom 26. September 2014

Für die Beurteilung von Straftaten, die in Steuerperioden vor Inkrafttreten der Änderung vom 26. September 2014 begangen wurden, ist das neue Recht anwendbar, sofern dieses milder ist als das in jenen Steuerperioden geltende Recht.

Art. 78g[2] Übergangsbestimmungen zur Änderung vom 28. September 2018

¹ Wurden juristische Personen nach Artikel 28 Absätze 2–4[3] bisherigen Rechts besteuert, so werden die bei Ende dieser Besteuerung bestehenden stillen Reserven einschliesslich des selbst geschaffenen Mehrwerts, soweit diese bisher nicht steuerbar gewesen wären, im Falle ihrer Realisation innert den nächsten fünf Jahren gesondert besteuert.

² Die Höhe der von der juristischen Person geltend gemachten stillen Reserven einschliesslich des selbst geschaffenen Mehrwerts wird von der Veranlagungsbehörde mittels Verfügung festgesetzt.

³ Abschreibungen auf stillen Reserven einschliesslich des selbstgeschaffenen Mehrwerts, die bei Ende der Besteuerung nach Artikel 28 Absätze 2–4 bisherigen Rechts aufgedeckt wurden, werden in die Berechnung der Entlastungsbegrenzung nach Artikel 25*b* einbezogen.[4]

> ☞ *Art. 78h wird gemäss BG über den Systemwechsel bei der Wohneigentumsbesteuerung frühestens per 1.1.2027 wie folgt neu eingefügt (unter Vorbehalt des Referendums und der Annahme des BB vom 20.12.2024 über die Einführung einer Objektsteuer auf Zweitliegenschaften in der Volksabstimmung):*
>
> *Art. 78h Übergangsbestimmungen zur Änderung vom 20. Dezember 2024*
>
> *¹ Für Steuerpflichtige, die höchstens zehn Jahre vor dem Inkrafttreten der Änderung vom 20. Dezember 2024 erstmals eine dauernd und ausschliesslich selbstbewohnte Liegenschaft in der Schweiz erworben haben, gilt Artikel 9b für die nach dem Inkrafttreten verbleibenden Steuerjahre.*
>
> *² Bis das Ziel einer ausgeglichenen Treibhausgasbilanz erreicht ist, längstens aber bis 2050, können die Kantone Abzüge für Energiesparen und Umweltschutz vorsehen. Bei den Investitionen, die dem Energiesparen und dem Umweltschutz dienen, bestimmt das Eidgenössische Finanzdepartement in Zusammenarbeit mit den Kantonen, welche dieser Kosten abgezogen werden können.*
>
> *³ Die Kosten nach Absatz 2 sind in den zwei nachfolgenden Steuerperioden abziehbar, soweit sie in der Steuerperiode, in der sie angefallen sind, steuerlich nicht vollständig berücksichtigt werden können.*

---

1 Eingefügt durch Ziff. I 2 des BG vom 26. Sept. 2014 (Anpassung an die allgemeinen Bestimmungen des StGB), in Kraft seit 1. Jan. 2017 (AS **2015** 779; BBl **2012** 2869).
2 Eingefügt durch Ziff. I 3 des BG vom 28. Sept. 2018 über die Steuerreform und die AHV-Finanzierung, in Kraft seit 9. Juli 2019 (AS **2019** 2395; BBl **2018** 2527).
3 AS **1991** 1556, **1998** 669
4 In Kraft seit 1. Jan. 2020 (AS **2019** 2395 2413; BBl **2018** 2527).

4. Kapitel: Referendum und Inkrafttreten

Art. 79

[1] Dieses Gesetz untersteht dem fakultativen Referendum.

[2] Der Bundesrat bestimmt das Inkrafttreten.

Datum des Inkrafttretens: 1. Januar 1993[1]

---

[1] BRB vom 3. Juni 1991

VO StHG

Verordnungen zum StHG

Verordnungen zum Steuerharmonisierungsgesetz (VO StHG A–C)

A Verordnung über die Anwendung des Steuerharmonisierungsgesetzes im interkantonalen Verhältnis

B Verordnung über die ermässigte Besteuerung von Gewinnen aus Patenten und vergleichbaren Rechten (Patentbox-Verordnung)

C Verordnung über den steuerlichen Abzug auf Eigenfinanzierung juristischer Personen

A Verordnung über die Anwendung des Steuerharmonisierungsgesetzes im interkantonalen Verhältnis
SR 642.141

vom 9. März 2001 (Stand am 1. Januar 2021)

Der Schweizerische Bundesrat,

gestützt auf Artikel 74 des Bundesgesetzes vom 14. Dezember 1990[1] über die direkten Steuern der Kantone und Gemeinden (StHG),

verordnet:

Art. 1[2] ...

Art. 2 In mehreren Kantonen steuerpflichtige Personen E51, E50

[1] Besteht auf Grund wirtschaftlicher Zugehörigkeit in anderen Kantonen als im Wohnsitz- oder im Sitzkanton eine Steuerpflicht, so wird auch in diesen Kantonen ein Veranlagungsverfahren durchgeführt.

[2] Wer in mehreren Kantonen steuerpflichtig ist, kann seine Steuererklärungspflicht durch Einreichung einer Kopie der Steuererklärung des Wohnsitz- oder des Sitzkantons erfüllen.[3]

[3] Die Steuerbehörde des Wohnsitz- oder des Sitzkantons teilt den Steuerbehörden der anderen Kantone ihre Steuerveranlagung einschliesslich der interkantonalen Steuerausscheidung und allfälliger Abweichungen gegenüber der Steuererklärung kostenlos mit.

[4] Das Verfahren richtet sich nach dem jeweiligen kantonalen Verfahrensrecht.

Art. 3 Zuständigkeit in Sonderfällen E56, E51

Als Wohnsitz- oder Sitzkanton im Sinne von Artikel 2 gilt auch:

a. der Kanton, in dem sich der grösste Teil der steuerbaren Werte einer Person befindet, die keinen steuerrechtlichen Wohnsitz, Aufenthalt oder Sitz in der Schweiz hat und auf Grund wirtschaftlicher Zugehörigkeit in mehreren Kantonen steuerpflichtig ist;

b. der Kanton, in dem sich am Ende der Steuerperiode der steuerrechtliche Sitz einer juristischen Person befindet, der während einer Steuerperiode von einem Kanton in einen anderen verlegt wurde (Art. 22 Abs. 1 StHG);

c.[4] ...

---

[1] SR **642.14**
[2] Aufgehoben durch Ziff. II 3 der V vom 14. Aug. 2013 über die zeitliche Bemessung der direkten Bundessteuer, mit Wirkung seit 1. Jan. 2014 (AS **2013** 2773).
[3] Fassung gemäss Ziff. II 3 der V vom 14. Aug. 2013 über die zeitliche Bemessung der direkten Bundessteuer, in Kraft seit 1. Jan. 2014 (AS **2013** 2773).
[4] Aufgehoben durch Ziff. II 3 der V vom 14. Aug. 2013 über die zeitliche Bemessung der direkten Bundessteuer, mit Wirkung seit 1. Jan. 2014 (AS **2013** 2773).

Art. 4[1] ...

Art. 5 Verfahrenspflichten bei Ersatzbeschaffung von Grundstücken im interkantonalen Verhältnis E54, E51

[1] Bei Ersatzbeschaffung von Grundstücken nach den Artikeln 8 Absatz 4, 12 Absatz 3 Buchstaben d und e und 24 Absatz 4 StHG in einem anderen Kanton muss der Steuerpflichtige den Veranlagungsbehörden der beteiligten Kantone Auskunft über den gesamten Ablauf der Ersatzbeschaffung erteilen sowie die entsprechenden Belege vorlegen.

[2] Der Kanton, der die Ersatzbeschaffung gewährt, teilt seinen Entscheid der Veranlagungsbehörde des Kantons mit, wo sich das Ersatzgrundstück befindet.

Art. 6 Inkrafttreten

Diese Verordnung tritt rückwirkend auf den 1. Januar 2001 in Kraft.

---

[1] Aufgehoben durch Ziff. I 3 der V vom 11. April 2018 über die Anpassung von Verordnungen an die Revision der Quellenbesteuerung des Erwerbseinkommens, mit Wirkung seit 1. Jan. 2021 (AS **2018** 1827).

B Verordnung über die ermässigte Besteuerung von Gewinnen aus Patenten und vergleichbaren Rechten (Patentbox-Verordnung) SR 642.142.1 C102

vom 13. November 2019 (Stand am 1. Januar 2020)

Der Schweizerische Bundesrat,

gestützt auf Artikel 24*b* Absatz 4 des Bundesgesetzes vom 14. Dezember 1990[1] über die Harmonisierung der direkten Steuern der Kantone und Gemeinden (StHG),

verordnet:

Art. 1 Beginn und Ende

1 Die ermässigte Besteuerung des Gewinns aus einem Patent oder vergleichbaren Recht beginnt am Beginn der Steuerperiode, in der das Recht erteilt wird.

2 Sie endet am Ende der Steuerperiode, in der das Recht erlischt.

3 Entfällt der Schutz des Rechts rückwirkend, so hat dies auf die Besteuerung in den vorangegangenen Steuerperioden keinen Einfluss. In der laufenden Steuerperiode wird keine ermässigte Besteuerung mehr gewährt.

Art. 2 Berechnungsgrundsatz

Der ermässigt steuerbare Reingewinn wird ermittelt, indem der Reingewinn aus den einzelnen Patenten und vergleichbaren Rechten vor Steueraufwand mit dem entsprechenden Nexusquotienten multipliziert wird und die Ergebnisse dieser Multiplikationen addiert werden.

Art. 3 Berechnung bei in Produkten enthaltenen Patenten und vergleichbaren Rechten

1 Soweit die Patente und vergleichbaren Rechte in einem Produkt enthalten sind, ermittelt sich der ermässigt steuerbare Reingewinn aus diesen Rechten anhand des Reingewinns aus dem Produkt vor Steueraufwand. Dieser Reingewinn wird zusätzlich vermindert um:

 a. 6 Prozent der dem Produkt zugewiesenen Kosten;
 b. das Markenentgelt.

2 Das Ergebnis dieser Berechnung wird mit dem entsprechenden Nexusquotienten multipliziert.

---

[1] SR **642.14**

³ Ist der Reingewinn aus dem Produkt nicht bekannt, so werden vor der Berechnung nach den Absätzen 1 und 2 vom gesamten steuerbaren Reingewinn vor Steueraufwand folgende Erfolge abgezogen:
  a. der Finanzerfolg;
  b. der Liegenschaftserfolg;
  c. der Beteiligungserfolg;
  d. der Erfolg, der auf ein Produkt entfällt, das kein Patent oder vergleichbares Recht enthält;
  e. der Erfolg, der auf ein Produkt entfällt, das ein Patent oder vergleichbares Recht enthält, für welches die steuerpflichtige Person keine ermässigte Besteuerung beantragt.

⁴ Der nach Absatz 3 ermittelte Reingewinn wird auf die Produkte verteilt, die ein Patent oder vergleichbares Recht enthalten und für welche die steuerpflichtige Person eine ermässigte Besteuerung beantragt.

Art. 4 Berechnung nach Produktfamilien

¹ Weisen die Produkte nur geringe Abweichungen voneinander auf und liegen ihnen dieselben Patente oder vergleichbaren Rechte zugrunde (Produktfamilien), so wird die Berechnung nach Artikel 3 auf Antrag der steuerpflichtigen Person pro Produktfamilie vorgenommen.

² Die Berechnung nach Produktfamilien ist über die gesamte Laufzeit der zugrunde liegenden Rechte beizubehalten.

Art. 5 Nexusquotient

¹ Der Nexusquotient berechnet sich für eine Steuerperiode pro Patent, vergleichbares Recht, Produkt oder Produktfamilie nach der folgenden Formel, beträgt jedoch höchstens 100 Prozent:

$$\frac{(a + b) \cdot 130\%}{a + b + c + d}$$

a = sämtlicher dem Recht, dem Produkt oder der Produktfamilie zurechenbarer, bisher angefallener Aufwand für Forschung und Entwicklung, welche die steuerpflichtige Person selbst im Inland durchgeführt hat;

b = sämtlicher dem Recht, dem Produkt oder der Produktfamilie zurechenbarer, bei der steuerpflichtigen Person bisher angefallener Aufwand für Forschung und Entwicklung, welche Konzerngesellschaften nach Artikel 963 des Obligationenrechts[1] (OR) im Inland oder unabhängige Dritte im Inland oder Ausland durchgeführt haben;

c = sämtlicher bisher angefallener Aufwand für den Erwerb von Rechten, die in einem Produkt enthalten sind;

d = sämtlicher dem Recht, dem Produkt oder der Produktfamilie zurechenbarer, bei der steuerpflichtigen Person bisher angefallener Aufwand für Forschung und Entwicklung, welche Konzerngesellschaften nach Artikel 963 OR, Geschäftsbetriebe und Betriebsstätten im Ausland durchgeführt haben;

---

[1] SR **220**

130 % = Faktor zur Abgeltung des tatsächlich bei Konzerngesellschaften nach Artikel 963 OR, Geschäftsbetrieben und Betriebsstätten im Ausland angefallenen Aufwands für Forschung und Entwicklung sowie zur Abgeltung des Aufwands für den Erwerb von Rechten, die in einem Produkt enthalten sind.

² Zur Berechnung des Nexusquotienten bei der erstmaligen ermässigten Besteuerung gilt als bisher angefallener Aufwand der Aufwand der laufenden und der zehn vorangegangenen Steuerperioden. Die steuerpflichtige Person kann Aufwand weiter zurückliegender Steuerperioden geltend machen.

³ Zur Berechnung des Nexusquotienten in den folgenden Steuerperioden wird der laufende Aufwand zum Aufwand nach Absatz 2 hinzugerechnet. Der weiter als zwanzig Steuerperioden zurückliegende Aufwand wird jedoch nicht mehr berücksichtigt; dabei gilt der nach Absatz 2 berechnete Aufwand gesamthaft als in der Steuerperiode der erstmaligen ermässigten Besteuerung angefallen.

⁴ Zins-, Miet- und Liegenschaftsaufwand bleibt unberücksichtigt.

Art. 6 Verluste

¹ Ergibt sich aus der Berechnung nach den Artikeln 2–5 ein Verlust, so erfolgt keine ermässigte Besteuerung.

² Ergibt sich vor Anwendung des Nexusquotienten oder bei Produkten vor Ermittlung des Reingewinns nach Artikel 3 Absatz 1 ein Verlust, so wird in den folgenden Steuerperioden der Reingewinn, der ermässigt besteuert werden könnte, im Umfang dieses Verlusts nicht ermässigt besteuert.

Art. 7 Hinzurechnung bisherigen Forschungs- und Entwicklungsaufwands bei erstmaliger ermässigter Besteuerung

¹ Bei der erstmaligen ermässigten Besteuerung nach Artikel 24b Absatz 3 StHG wird der in den zehn vorangegangenen Steuerperioden berücksichtigte Forschungs- und Entwicklungsaufwand zum steuerbaren Reingewinn hinzugerechnet. Nicht direkt den Patenten, vergleichbaren Rechten, Produkten oder Produktfamilien zurechenbarer Forschungs- und Entwicklungsaufwand, insbesondere Aufwand für die Grundlagenforschung, wird auf sämtliche Rechte, Produkte oder Produktfamilien verteilt.

² Zins-, Miet- und Liegenschaftsaufwand bleibt unberücksichtigt.

Art. 8 Zuordnung des Aufwands zu einzelnen Rechten, Produkten oder Produktfamilien

¹ Die steuerpflichtige Person hat den Forschungs- und Entwicklungsaufwand und den dazugehörigen Reingewinn zu dokumentieren. Dabei muss sie insbesondere den Forschungs- und Entwicklungsaufwand und den Reingewinn den einzelnen Patenten und vergleichbaren Rechten zuordnen. Die Steuerbehörde kann diese Dokumentation einfordern.

² Erbringt eine steuerpflichtige Person den Nachweis, dass eine Zuordnung des Forschungs- und Entwicklungsaufwands und des dazugehörigen Reingewinns zu den einzelnen Rechten nicht sachgerecht ist, so kann sie diesen Aufwand und Reingewinn den einzelnen Produkten oder Produktfamilien zuordnen.

Art. 9 Berechnung des Nexusquotienten bei fehlender Zuordnung

¹ Kann bei der erstmaligen ermässigten Besteuerung der in den vorangegangenen Steuerperioden angefallene Forschungs- und Entwicklungsaufwand nicht den einzelnen Patenten, vergleichbaren Rechten, Produkten oder Produktfamilien zugeordnet werden, so wird bei der Berechnung des Nexusquotienten der gesamte Forschungs- und Entwicklungsaufwand der laufenden und der vier vorangegangenen Steuerperioden berücksichtigt.

² Diese Berechnung ist für drei weitere Steuerperioden beizubehalten. Danach wird der den einzelnen Rechten, Produkten oder Produktfamilien zugeordnete Forschungs- und Entwicklungsaufwand ab der Steuerperiode der erstmaligen ermässigten Besteuerung in die Berechnung einbezogen.

Art. 10 Inkrafttreten

Diese Verordnung tritt am 1. Januar 2020 in Kraft.

C Verordnung über den steuerlichen Abzug auf Eigenfinanzierung juristischer Personen
SR 642.142.2 C103

vom 13. November 2019 (Stand am 1. Januar 2020)

Der Schweizerische Bundesrat,

gestützt auf Artikel 25a^{bis} Absatz 6 des Bundesgesetzes vom 14. Dezember 1990[1] über die Harmonisierung der direkten Steuern der Kantone und Gemeinden (StHG),

verordnet:

Art. 1 Eigenkapitalunterlegungssätze
(Art. 25a^{bis} Abs. 2 und 3 StHG)

Die Eigenkapitalunterlegungssätze betragen auf folgenden Aktiven:

Aktiven		Eigenkapital-unterlegungssätze
1	**Betriebsnotwendiges Umlaufvermögen**	
1.1	Flüssige Mittel	0 %
1.2	Kurzfristig gehaltene Aktiven mit Börsenkurs:	
1.2.1	in- und ausländische Obligationen in Schweizerfranken	35 %
1.2.2	ausländische Obligationen in Fremdwährung	45 %
1.2.3	börsenkotierte in- und ausländische Aktien	65 %
1.3	Forderungen aus Lieferungen und Leistungen	40 %
1.4	Übrige kurzfristige Forderungen	40 %
1.5	Vorräte und nicht fakturierte Dienstleistungen	40 %
1.6	Aktive Rechnungsabgrenzungen	40 %
2	**Betriebsnotwendiges Anlagevermögen**	
2.1	Finanzanlagen:	
2.1.1	in- und ausländische Obligationen in Schweizerfranken	35 %
2.1.2	ausländische Obligationen in Fremdwährung	45 %
2.1.3	börsenkotierte in- und ausländische Aktien	65 %
2.1.4	nicht börsenkotierte Aktien und Stammanteile	75 %
2.1.5	Darlehen an Nahestehende:	
2.1.5.1	die keine ungerechtfertigte Steuerersparnis nach Artikel 25a^{bis} Absatz 3 Buchstabe e StHG bewirken	15 %
2.1.5.2	die eine ungerechtfertigte Steuerersparnis nach Artikel 25a^{bis} Absatz 3 Buchstabe e StHG bewirken	100 %
2.1.6	Darlehen an Drittparteien	40 %

---

[1] SR **642.14**

Aktiven		Eigenkapital-unterlegungssätze
2.2	Beteiligungen nach Artikel 28 Absatz 1 StHG	100 %
2.3	Sachanlagen:	
2.3.1	mobile Sachanlagen	75 %
2.3.2	immobile Sachanlagen:	
2.3.2.1	Fabrikliegenschaften, Wohnliegenschaften und Bauland	55 %
2.3.2.2	übrige Liegenschaften	45 %
2.4	Immaterielle Werte:	
2.4.1	derivative immaterielle Werte	55 %
2.4.2	selbst geschaffene immaterielle Werte:	
2.4.2.1	die nach Artikel 24b StHG besteuert werden	100 %
2.4.2.2	die nicht nach Artikel 24b StHG besteuert werden	55 %
2.5	Nicht einbezahltes Grund-, Gesellschafter- oder Stiftungskapital	100 %
3	**Nicht betriebsnotwendige Aktiven**	100 %
4	**Nach Artikel 24c StHG aufgedeckte stille Reserven, einschliesslich des selbst geschaffenen Mehrwerts, sowie vergleichbare unversteuert aufgedeckte stille Reserven**	
4.1	sofern Teil des steuerbaren Eigenkapitals	100 %
4.2	sofern nicht Teil des steuerbaren Eigenkapitals	0 %

Art. 2 Berechnung des Sicherheitseigenkapitals
(Art. 25a^{bis} Abs. 2 StHG)

¹ Das Sicherheitseigenkapital entspricht der positiven Differenz zwischen dem gesamten steuerlich massgeblichen Eigenkapital und dem Kerneigenkapital.

² Das Kerneigenkapital berechnet sich, indem die durchschnittlichen Gewinnsteuerwerte der Aktiven mit den Eigenkapitalunterlegungssätzen nach Artikel 1 multipliziert und die Ergebnisse summiert werden.

³ Die durchschnittlichen Gewinnsteuerwerte berechnen sich anhand der Gewinnsteuerwerte zu Beginn und am Ende der Steuerperiode.

⁴ Verfügt eine steuerpflichtige Person über Geschäftsbetriebe, Betriebsstätten oder Grundstücke im Ausland oder in einem anderen Kanton, so vermindert sich das Sicherheitseigenkapital prozentual um den Anteil der durchschnittlichen Gewinnsteuerwerte dieser Aktiven an den durchschnittlichen Gewinnsteuerwerten der gesamten Aktiven. Dabei werden die durchschnittlichen Gewinnsteuerwerte der Aktiven mit der Differenz zwischen 100 Prozent und dem jeweiligen Eigenkapitalunterlegungssatz nach Artikel 1 gewichtet.

Art. 3 Kalkulatorischer Zinssatz
(Art. 25a^{bis} Abs. 4 erster Satz StHG)

1 Der kalkulatorische Zinssatz auf dem Sicherheitseigenkapital entspricht der Rendite von zehnjährigen Bundesobligationen am letzten Handelstag des dem Beginn der Steuerperiode vorangegangenen Kalenderjahres. Bei negativer Rendite beträgt der Zinssatz 0 Prozent.

2 Der kalkulatorische Zinssatz wird jährlich von der Eidgenössischen Steuerverwaltung publiziert. B84

Art. 4 Forderungen aller Art gegenüber Nahestehenden
(Art. 25a^{bis} Abs. 4 zweiter Satz StHG)

Der Anteil des Sicherheitseigenkapitals, der auf Forderungen aller Art gegenüber Nahestehenden entfällt, entspricht dem Anteil des durchschnittlichen Gewinnsteuerwerts dieser Forderungen am durchschnittlichen Gewinnsteuerwert der Aktiven nach Anwendung von Artikel 2 Absatz 4. Dabei werden die durchschnittlichen Gewinnsteuerwerte der Aktiven mit der Differenz zwischen 100 Prozent und dem jeweiligen Eigenkapitalunterlegungssatz nach Artikel 1 gewichtet.

Art. 5 Berechnung des kalkulatorischen Zinses auf dem Sicherheitseigenkapital
(Art. 25a^{bis} Abs. 5 StHG)

1 Der massgebende Zinsaufwand berechnet sich, indem das Sicherheitseigenkapital mit dem kalkulatorischen Zinssatz multipliziert wird.

2 Der Zinsaufwand auf Sicherheitseigenkapital, das auf Forderungen aller Art gegenüber Nahestehenden entfällt, berechnet sich, indem dieser Anteil des Sicherheitseigenkapitals mit dem Zinssatz multipliziert wird, der dem Drittvergleich entspricht.

Art. 6 Inkrafttreten

Diese Verordnung tritt am 1. Januar 2020 in Kraft.

DBG

Direkte Bundessteuer

2 Bundesgesetz über die direkte Bundessteuer (DBG)
SR 642.11

vom 14. Dezember 1990 (Stand am 1. Januar 2025)

Die Bundesversammlung der Schweizerischen Eidgenossenschaft,

gestützt auf die Artikel 128 und 129 der Bundesverfassung[1],[2] nach Einsicht in eine Botschaft des Bundesrates vom 25. Mai 1983[3],

beschliesst:

☞ *Die zukünftigen Änderungen durch folgendes Gesetz sind mit einem Hinweis im Text integriert:*

- *BG vom 20.12.2024 über den Systemwechsel bei der Wohneigentumsbesteuerung, frühestens in Kraft ab 1.1.2027 (unter Vorbehalt des Referendums und der Annahme des BB vom 20.12.2024 über die Einführung einer Objektsteuer auf Zweitliegenschaften in der Volksabstimmung; der Bundesrat bestimmt das Datum der Abstimmung und des Inkrafttretens)*

---

[1] SR **101**
[2] Fassung gemäss Ziff. I 2 des BG vom 28. Sept. 2018 über die Steuerreform und die AHV-Finanzierung, in Kraft seit 1. Jan. 2020 (AS **2019** 2395 2413; BBl **2018** 2527).
[3] BBl **1983** III 1

Erster Teil: Allgemeine Bestimmungen

Art. 1 Gegenstand des Gesetzes

Der Bund erhebt als direkte Bundessteuer nach diesem Gesetz:

a. eine Einkommenssteuer von den natürlichen Personen;
b.[1] eine Gewinnsteuer von den juristischen Personen;
c. eine Quellensteuer auf dem Einkommen von bestimmten natürlichen und juristischen Personen.

Art. 2 Steuererhebung

Die direkte Bundessteuer wird von den Kantonen unter Aufsicht des Bundes veranlagt und bezogen.

Zweiter Teil: Besteuerung der natürlichen Personen

Erster Titel: Steuerpflicht

1. Kapitel: Steuerliche Zugehörigkeit

1. Abschnitt: Persönliche Zugehörigkeit

Art. 3

¹ Natürliche Personen sind aufgrund persönlicher Zugehörigkeit steuerpflichtig, wenn sie ihren steuerrechtlichen Wohnsitz oder Aufenthalt in der Schweiz haben.

² Einen steuerrechtlichen Wohnsitz in der Schweiz hat eine Person, wenn sie sich hier mit der Absicht dauernden Verbleibens aufhält oder wenn ihr das Bundesrecht hier einen besonderen gesetzlichen Wohnsitz zuweist.

³ Einen steuerrechtlichen Aufenthalt in der Schweiz hat eine Person, wenn sie in der Schweiz ungeachtet vorübergehender Unterbrechung:

a. während mindestens 30 Tagen verweilt und eine Erwerbstätigkeit ausübt;
b. während mindestens 90 Tagen verweilt und keine Erwerbstätigkeit ausübt.

⁴ Keinen steuerrechtlichen Wohnsitz oder Aufenthalt begründet eine Person, die ihren Wohnsitz im Ausland hat und sich in der Schweiz lediglich zum Besuch einer Lehranstalt oder zur Pflege in einer Heilstätte aufhält.

⁵ Natürliche Personen sind ferner aufgrund persönlicher Zugehörigkeit am Heimatort steuerpflichtig, wenn sie im Ausland wohnen und dort mit Rücksicht auf ein Arbeitsverhältnis zum Bund oder zu einer andern öffentlich-rechtlichen Körperschaft oder Anstalt des Inlandes von den Einkommenssteuern ganz oder teilweise befreit sind. Ist der Steuerpflichtige an mehreren Orten heimatberechtigt, so ergibt sich die Steuerpflicht nach dem Bürgerrecht, das er zuletzt erworben hat. Hat er das Schweizer Bürgerrecht nicht, so ist er am Wohnsitz oder am Sitz des Arbeitgebers steuerpflichtig. Die Steuerpflicht erstreckt sich auch auf den Ehegatten und die Kinder im Sinne von Artikel 9. VO DBG B | E40

---

[1] Fassung gemäss Ziff. I 1 des BG vom 10. Okt. 1997 über die Reform der Unternehmensbesteuerung 1997, in Kraft seit 1. Jan. 1998 (AS **1998** 669; BBl **1997** II 1164).

2. Abschnitt: Wirtschaftliche Zugehörigkeit

Art. 4 Geschäftsbetriebe, Betriebsstätten und Grundstücke

1 Natürliche Personen ohne steuerrechtlichen Wohnsitz oder Aufenthalt in der Schweiz sind aufgrund wirtschaftlicher Zugehörigkeit steuerpflichtig, wenn sie:

   a. Inhaber, Teilhaber oder Nutzniesser von Geschäftsbetrieben in der Schweiz sind;
   b. in der Schweiz Betriebsstätten unterhalten;
   c. an Grundstücken in der Schweiz Eigentum, dingliche oder diesen wirtschaftlich gleichkommende persönliche Nutzungsrechte haben;
   d. in der Schweiz gelegene Grundstücke vermitteln oder damit handeln.

2 Als Betriebsstätte gilt eine feste Geschäftseinrichtung, in der die Geschäftstätigkeit eines Unternehmens oder ein freier Beruf ganz oder teilweise ausgeübt wird. Betriebsstätten sind insbesondere Zweigniederlassungen, Fabrikationsstätten, Werkstätten, Verkaufsstellen, ständige Vertretungen, Bergwerke und andere Stätten der Ausbeutung von Bodenschätzen sowie Bau- oder Montagestellen von mindestens zwölf Monaten Dauer.

Art. 5 Andere steuerbare Werte

1 Natürliche Personen ohne steuerrechtlichen Wohnsitz oder Aufenthalt in der Schweiz sind aufgrund wirtschaftlicher Zugehörigkeit steuerpflichtig, wenn sie:

   a.[1] in der Schweiz eine selbstständige oder unselbstständige Erwerbstätigkeit ausüben;
   a^{bis}[2]. eine unselbstständige Erwerbstätigkeit für einen Arbeitgeber mit Sitz, tatsächlicher Verwaltung oder Betriebsstätte in der Schweiz ausüben und der Schweiz nach dem anwendbaren internationalen Abkommen im Steuerbereich mit dem jeweiligen Nachbarstaat ein Besteuerungsrecht betreffend die im Ausland ausgeübte Erwerbstätigkeit eingeräumt wird;
   b.[3] als Mitglieder der Verwaltung oder Geschäftsführung von juristischen Personen mit Sitz oder Betriebsstätte in der Schweiz Tantiemen, Sitzungsgelder, feste Entschädigungen, Mitarbeiterbeteiligungen oder ähnliche Vergütungen beziehen;
   c. Gläubiger oder Nutzniesser von Forderungen sind, die durch Grund- oder Faustpfand auf Grundstücken in der Schweiz gesichert sind; C74
   d. Pensionen, Ruhegehälter oder andere Leistungen erhalten, die aufgrund eines früheren öffentlich-rechtlichen Arbeitsverhältnisses von einem Arbeitgeber oder einer Vorsorgeeinrichtung mit Sitz in der Schweiz ausgerichtet werden; C71
   e. Leistungen aus schweizerischen privatrechtlichen Einrichtungen der beruflichen Vorsorge oder aus anerkannten Formen der gebundenen Selbstvorsorge erhalten; C70

---

[1] Fassung gemäss Ziff. I 1 des BG vom 14. Juni 2024 über die Besteuerung der Telearbeit im internationalen Verhältnis, in Kraft seit 1. Jan. 2025 (AS **2024** 573; BBl **2024** 650).
[2] Eingefügt durch Ziff. I 1 des BG vom 14. Juni 2024 über die Besteuerung der Telearbeit im internationalen Verhältnis, in Kraft seit 1. Jan. 2025 (AS **2024** 573; BBl **2024** 650).
[3] Fassung gemäss Ziff. I 1 des BG vom 17. Dez. 2010 über die Besteuerung von Mitarbeiterbeteiligungen, in Kraft seit 1. Jan. 2013 (AS **2011** 3259; BBl **2005** 575).

f.[1] für Arbeit im internationalen Verkehr an Bord eines Schiffs oder eines Luftfahrzeugs oder bei einem Transport auf der Strasse Lohn oder andere Vergütungen von einem Arbeitgeber mit Sitz, tatsächlicher Verwaltung oder Betriebsstätte in der Schweiz erhalten; davon ausgenommen bleibt die Besteuerung von Seeleuten für die Erwerbstätigkeit an Bord eines von einem solchen Arbeitgeber unter Schweizer Flagge betriebenen Seeschiffs. C69

² Kommen die Vergütungen nicht den genannten Personen, sondern Dritten zu, so sind diese hierfür steuerpflichtig.

3. Abschnitt: Umfang der Steuerpflicht

Art. 6

¹ Bei persönlicher Zugehörigkeit ist die Steuerpflicht unbeschränkt; sie erstreckt sich aber nicht auf Geschäftsbetriebe, Betriebsstätten und Grundstücke im Ausland.

² Bei wirtschaftlicher Zugehörigkeit beschränkt sich die Steuerpflicht auf die Teile des Einkommens, für die nach den Artikeln 4 und 5 eine Steuerpflicht in der Schweiz besteht. Es ist mindestens das in der Schweiz erzielte Einkommen zu versteuern.

³ Die Abgrenzung der Steuerpflicht für Geschäftsbetriebe, Betriebsstätten und Grundstücke erfolgt im Verhältnis zum Ausland nach den Grundsätzen des Bundesrechts über das Verbot der interkantonalen Doppelbesteuerung. Wenn ein schweizerisches Unternehmen Verluste aus einer ausländischen Betriebsstätte mit inländischen Gewinnen verrechnet hat, innert der folgenden sieben Jahre aber aus dieser Betriebsstätte Gewinne verzeichnet, so ist im Ausmass der im Betriebsstättestaat verrechenbaren Gewinne eine Revision der ursprünglichen Veranlagung vorzunehmen; die Verluste aus dieser Betriebsstätte werden in diesem Fall in der Schweiz nachträglich nur satzbestimmend berücksichtigt. In allen übrigen Fällen sind Auslandsverluste ausschliesslich satzbestimmend zu berücksichtigen. Vorbehalten bleiben die in Doppelbesteuerungsabkommen enthaltenen Regelungen.

⁴ Die nach Artikel 3 Absatz 5 steuerpflichtigen Personen entrichten die Steuer auf dem Einkommen, für das sie im Ausland aufgrund völkerrechtlicher Verträge oder Übung von den Einkommenssteuern befreit sind. VO DBG B

4. Abschnitt: Steuerberechnung bei teilweiser Steuerpflicht

Art. 7

¹ Die natürlichen Personen, die nur für einen Teil ihres Einkommens in der Schweiz steuerpflichtig sind, entrichten die Steuer für die in der Schweiz steuerbaren Werte nach dem Steuersatz, der ihrem gesamten Einkommen entspricht. A75

² Steuerpflichtige mit Wohnsitz im Ausland entrichten die Steuern für Geschäftsbetriebe, Betriebsstätten und Grundstücke in der Schweiz mindestens zu dem Steuersatz, der dem in der Schweiz erzielten Einkommen entspricht.

---

1 Fassung gemäss Ziff. I 1 des BG vom 14. Juni 2024 über die Besteuerung der Telearbeit im internationalen Verhältnis, in Kraft seit 1. Jan. 2025 (AS **2024** 573; BBl **2024** 650).

2. Kapitel: Beginn und Ende der Steuerpflicht

Art. 8

1 Die Steuerpflicht beginnt mit dem Tag, an dem der Steuerpflichtige in der Schweiz steuerrechtlichen Wohnsitz oder Aufenthalt nimmt oder in der Schweiz steuerbare Werte erwirbt.

2 Die Steuerpflicht endet mit dem Tode oder dem Wegzug des Steuerpflichtigen aus der Schweiz oder mit dem Wegfall der in der Schweiz steuerbaren Werte.

3 Nicht als Beendigung der Steuerpflicht gelten die vorübergehende Sitzverlegung ins Ausland und die anderen Massnahmen aufgrund der Bundesgesetzgebung über die wirtschaftliche Landesversorgung.

3. Kapitel: Besondere Verhältnisse bei der Einkommenssteuer

Art. 9 Ehegatten; eingetragene Partnerinnen oder Partner; Kinder unter elterlicher Sorge[1] A75

1 Das Einkommen der Ehegatten, die in rechtlich und tatsächlich ungetrennter Ehe leben, wird ohne Rücksicht auf den Güterstand zusammengerechnet.

1bis Das Einkommen von Personen, die in rechtlich und tatsächlich ungetrennter eingetragener Partnerschaft leben, wird zusammengerechnet. Die Stellung eingetragener Partnerinnen oder Partner entspricht in diesem Gesetz derjenigen von Ehegatten. Dies gilt auch bezüglich der Unterhaltsbeiträge während des Bestehens der eingetragenen Partnerschaft sowie der Unterhaltsbeiträge und der vermögensrechtlichen Auseinandersetzung bei Getrenntleben und Auflösung einer eingetragenen Partnerschaft.[2]

2 Das Einkommen von Kindern unter der elterlichen Sorge[3] wird dem Inhaber der elterlichen Sorge zugerechnet; für Einkünfte aus einer Erwerbstätigkeit wird das Kind jedoch selbständig besteuert. VO DBG A

Art. 10 Erbengemeinschaften, Gesellschaften und kollektive Kapitalanlagen[4]

1 Das Einkommen von Erbengemeinschaften wird den einzelnen Erben, das Einkommen von einfachen Gesellschaften, Kollektiv- und Kommanditgesellschaften den einzelnen Teilhabern anteilmässig zugerechnet.

2 Das Einkommen der kollektiven Kapitalanlagen gemäss dem Kollektivanlagegesetz vom 23. Juni 2006[5] (KAG) wird den Anlegern anteilsmässig zugerechnet; ausgenommen hievon sind die kollektiven Kapitalanlagen mit direktem Grundbesitz.[6] A70

---

[1] Fassung gemäss Anhang Ziff. 24 des Partnerschaftsgesetzes vom 18. Juni 2004, in Kraft seit 1. Jan. 2007 (AS **2005** 5685; BBl **2003** 1288).

[2] Eingefügt durch Anhang Ziff. 24 des Partnerschaftsgesetzes vom 18. Juni 2004, in Kraft seit 1. Jan. 2007 (AS **2005** 5685; BBl **2003** 1288).

[3] Ausdruck gemäss Ziff. I 1 des BG vom 25. September 2009 über die steuerliche Entlastung von Familien mit Kindern, in Kraft seit 1. Jan. 2011 (AS **2010** 455; BBl **2009** 4729). Die Anpassung wurde im ganzen Text vorgenommen.

[4] Fassung gemäss Anhang Ziff. II 6 des Kollektivanlagegesetzes vom 23. Juni 2006, in Kraft seit 1. Jan. 2007 (AS **2006** 5379; BBl **2005** 6395).

[5] SR **951.31**

[6] Eingefügt durch Anhang Ziff. II 6 des Kollektivanlagegesetzes vom 23. Juni 2006, in Kraft seit 1. Jan. 2007 (AS **2006** 5379; BBl **2005** 6395).

Art. 11 Ausländische Handelsgesellschaften und andere ausländische Personengesamtheiten ohne juristische Persönlichkeit

Ausländische Handelsgesellschaften und andere ausländische Personengesamtheiten ohne juristische Persönlichkeit, die aufgrund wirtschaftlicher Zugehörigkeit steuerpflichtig sind, entrichten ihre Steuern nach den Bestimmungen für die juristischen Personen.

Art. 12 Steuernachfolge A75

[1] Stirbt der Steuerpflichtige, so treten seine Erben in seine Rechte und Pflichten ein. Sie haften solidarisch für die vom Erblasser geschuldeten Steuern bis zur Höhe ihrer Erbteile, mit Einschluss der Vorempfänge.

[2] Der überlebende Ehegatte haftet mit seinem Erbteil und dem Betrag, den er aufgrund ehelichen Güterrechts vom Vorschlag oder Gesamtgut über den gesetzlichen Anteil nach schweizerischem Recht hinaus erhält.

[3] Die überlebenden eingetragenen Partnerinnen oder Partner haften mit ihrem Erbteil und dem Betrag, den sie auf Grund einer vermögensrechtlichen Regelung im Sinne von Artikel 25 Absatz 1 des Partnerschaftsgesetzes vom 18. Juni 2004[1] erhalten haben.[2]

Art. 13 Haftung und Mithaftung für die Steuer A75

[1] Ehegatten, die in rechtlich und tatsächlich ungetrennter Ehe leben, haften solidarisch für die Gesamtsteuer. Jeder Gatte haftet jedoch nur für seinen Anteil an der Gesamtsteuer, wenn einer von beiden zahlungsunfähig ist. Ferner haften sie solidarisch für denjenigen Teil an der Gesamtsteuer, der auf das Kindereinkommen entfällt.

[2] Bei rechtlich oder tatsächlich getrennter Ehe entfällt die Solidarhaftung auch für alle noch offenen Steuerschulden.

[3] Mit dem Steuerpflichtigen haften solidarisch:
   a. die unter seiner elterlichen Sorge stehenden Kinder bis zum Betrage des auf sie entfallenden Anteils an der Gesamtsteuer;
   b. die in der Schweiz wohnenden Teilhaber an einer einfachen Gesellschaft, Kollektiv- oder Kommanditgesellschaft bis zum Betrage ihrer Gesellschaftsanteile für die Steuern der im Ausland wohnenden Teilhaber;
   c. Käufer und Verkäufer einer in der Schweiz gelegenen Liegenschaft bis zu 3 Prozent der Kaufsumme für die vom Händler oder Vermittler aus dieser Tätigkeit geschuldeten Steuern, wenn der Händler oder der Vermittler in der Schweiz keinen steuerrechtlichen Wohnsitz hat;
   d. die Personen, die Geschäftsbetriebe oder Betriebsstätten in der Schweiz auflösen oder in der Schweiz gelegene Grundstücke oder durch solche gesicherte Forderungen veräussern oder verwerten, bis zum Betrage des Reinerlöses, wenn der Steuerpflichtige keinen steuerrechtlichen Wohnsitz in der Schweiz hat.

---

[1] SR **211.231**
[2] Eingefügt durch Anhang Ziff. 24 des Partnerschaftsgesetzes vom 18. Juni 2004, in Kraft seit 1. Jan. 2007 (AS **2005** 5685; BBl **2003** 1288).

⁴ Mit dem Steuernachfolger haften für die Steuer des Erblassers solidarisch der Erbschaftsverwalter und der Willensvollstrecker bis zum Betrage, der nach dem Stand des Nachlassvermögens im Zeitpunkt des Todes auf die Steuer entfällt. Die Haftung entfällt, wenn der Haftende nachweist, dass er alle nach den Umständen gebotene Sorgfalt angewendet hat.

Art. 14[1] Besteuerung nach dem Aufwand VO DBG E | A90

¹ Natürliche Personen haben das Recht, anstelle der Einkommenssteuer eine Steuer nach dem Aufwand zu entrichten, wenn sie:

a. nicht das Schweizer Bürgerrecht haben;
b. erstmals oder nach mindestens zehnjähriger Unterbrechung unbeschränkt steuerpflichtig (Art. 3) sind; und
c. in der Schweiz keine Erwerbstätigkeit ausüben.

² Ehegatten, die in rechtlich und tatsächlich ungetrennter Ehe leben, müssen beide die Voraussetzungen nach Absatz 1 erfüllen.

³ Die Steuer wird nach den jährlichen, in der Bemessungsperiode im In- und Ausland entstandenen Lebenshaltungskosten der steuerpflichtigen Person und der von ihr unterhaltenen Personen, mindestens aber nach dem höchsten der folgenden Beträge bemessen:[2]

a.[3] 434 700 Franken;
b. für Steuerpflichtige mit eigenem Haushalt: dem Siebenfachen des jährlichen Mietzinses oder des Mietwerts nach Artikel 21 Absatz 1 Buchstabe b;

> ☞ *Art. 14 Abs. 3 Bst. b wird gemäss BG über den Systemwechsel bei der Wohneigentumsbesteuerung frühestens per 1.1.2027 wie folgt geändert (unter Vorbehalt des Referendums und der Annahme des BB vom 20.12.2024 über die Einführung einer Objektsteuer auf Zweitliegenschaften in der Volksabstimmung):*
>
> *b. für Steuerpflichtige mit eigenem Haushalt: dem Siebenfachen des jährlichen Mietzinses oder des unter Berücksichtigung der ortsüblichen Verhältnisse festgelegten Mietwerts;*

c. für die übrigen Steuerpflichtigen: dem Dreifachen des jährlichen Pensionspreises für Unterkunft und Verpflegung am Ort des Aufenthalts nach Artikel 3;
d. der Summe der Bruttoerträge:
 1. der Einkünfte aus dem in der Schweiz gelegenen unbeweglichen Vermögen,
 2. der Einkünfte aus der in der Schweiz gelegenen Fahrnis,
 3. der Einkünfte aus dem in der Schweiz angelegten beweglichen Kapitalvermögen, einschliesslich der grundpfändlich gesicherten Forderungen,
 4. der Einkünfte aus den in der Schweiz verwerteten Urheberrechten, Patenten und ähnlichen Rechten,
 5. der Ruhegehälter, Renten und Pensionen, die aus schweizerischen Quellen fliessen,

---

1 Fassung gemäss Ziff. I 1 des BG vom 28. Sept. 2012, in Kraft seit 1. Jan. 2016 (AS **2013** 779; BBl **2011** 6021). Siehe auch die UeB dieser Änd. in Art. 205*d* dieser Änd. am Schluss des Textes.
2 Fassung gemäss Ziff. II des BG vom 22. März 2013 über die formelle Bereinigung der zeitlichen Bemessung der direkten Steuern bei den natürlichen Personen, in Kraft seit 1. Jan. 2016 (AS **2013** 2397; BBl **2011** 3593).
3 Fassung gemäss Art. 5 der V des EFD vom 22. Aug. 2024 über die kalte Progression, in Kraft seit 1. Jan. 2025 (AS **2024** 479).

6. der Einkünfte, für die die steuerpflichtige Person aufgrund eines von der Schweiz abgeschlossenen Abkommens zur Vermeidung der Doppelbesteuerung gänzlich oder teilweise Entlastung von ausländischen Steuern beansprucht.

4 Die Steuer wird nach dem ordentlichen Steuertarif (Art. 36) berechnet. Die Ermässigung nach Artikel 36 Absatz 2bis zweiter Satz kommt nicht zur Anwendung.[1]

5 Werden Einkünfte aus einem Staat nur dann von dessen Steuern entlastet, wenn die Schweiz diese Einkünfte allein oder mit anderen Einkünften zum Satz des Gesamteinkommens besteuert, so wird die Steuer nicht nur nach den in Absatz 3 Buchstabe d bezeichneten Einkünften, sondern auch nach allen aufgrund des betreffenden Doppelbesteuerungsabkommens der Schweiz zugewiesenen Einkommensbestandteilen aus dem Quellenstaat bemessen.

6 Das Eidgenössische Finanzdepartement (EFD)[2] passt den Betrag nach Absatz 3 Buchstabe a an den Landesindex der Konsumentenpreise an. Artikel 39 Absatz 2 gilt sinngemäss.[3]

4. Kapitel: Steuerbefreiung

Art. 15

1 Die von der Steuerpflicht ausgenommenen begünstigten Personen nach Artikel 2 Absatz 2 des Gaststaatgesetzes vom 22. Juni 2007[4] werden insoweit nicht besteuert, als das Bundesrecht eine Steuerbefreiung vorsieht.[5]

2 Bei teilweiser Steuerpflicht gilt Artikel 7 Absatz 1.

Zweiter Titel: Einkommenssteuer

1. Kapitel: Steuerbare Einkünfte

1. Abschnitt: Allgemeines

Art. 16

1 Der Einkommenssteuer unterliegen alle wiederkehrenden und einmaligen Einkünfte.

2 Als Einkommen gelten auch Naturalbezüge jeder Art, insbesondere freie Verpflegung und Unterkunft sowie der Wert selbstverbrauchter Erzeugnisse und Waren des eigenen Betriebes; sie werden nach ihrem Marktwert bemessen. C77, C76

3 Die Kapitalgewinne aus der Veräusserung von Privatvermögen sind steuerfrei. A81, A59

---

[1] Fassung gemäss Ziff. II des BG vom 22. März 2013 über die formelle Bereinigung der zeitlichen Bemessung der direkten Steuern bei den natürlichen Personen, in Kraft seit 1. Jan. 2016 (AS **2013** 2397; BBl **2011** 3593).
[2] Ausdruck gemäss Ziff. I 2 des Steuererlassgesetzes vom 20. Juni 2014, in Kraft seit 1. Jan. 2016 (AS **2015** 9; BBl **2013** 8435). Diese Änd. wurde im ganzen Erlass berücksichtigt.
[3] Fassung gemäss Ziff. II des BG vom 22. März 2013 über die formelle Bereinigung der zeitlichen Bemessung der direkten Steuern bei den natürlichen Personen, in Kraft seit 1. Jan. 2016 (AS **2013** 2397; BBl **2011** 3593).
[4] SR **192.12**
[5] Fassung gemäss Anhang Ziff. II 7 des Gaststaatgesetzes vom 22. Juni 2007, in Kraft seit 1. Jan. 2008 (AS **2007** 6637; BBl **2006** 8017).

2. Abschnitt: Unselbständige Erwerbstätigkeit D11

Art. 17 Grundsatz[1]

¹ Steuerbar sind alle Einkünfte aus privatrechtlichem oder öffentlich-rechtlichem Arbeitsverhältnis mit Einschluss der Nebeneinkünfte wie Entschädigungen für Sonderleistungen, Provisionen, Zulagen, Dienstalters- und Jubiläumsgeschenke, Gratifikationen, Trinkgelder, Tantiemen, geldwerte Vorteile aus Mitarbeiterbeteiligungen und andere geldwerte Vorteile.[2] A88, A82, B86, C76

¹ᵇⁱˢ Die vom Arbeitgeber getragenen Kosten der berufsorientierten Aus- und Weiterbildung[3] einschliesslich Umschulungskosten, stellen unabhängig von deren Höhe keinen anderen geldwerten Vorteil im Sinne von Absatz 1 dar.[4] A87

² Kapitalabfindungen aus einer mit dem Arbeitsverhältnis verbundenen Vorsorgeeinrichtung oder gleichartige Kapitalabfindungen des Arbeitgebers werden nach Artikel 38 besteuert. A48

Art. 17a[5] Mitarbeiterbeteiligungen A89, A82

¹ Als echte Mitarbeiterbeteiligungen gelten:
   a. Aktien, Genussscheine, Partizipationsscheine, Genossenschaftsanteile oder Beteiligungen anderer Art, die die Arbeitgeberin, deren Muttergesellschaft oder eine andere Konzerngesellschaft den Mitarbeiterinnen und Mitarbeitern abgibt;
   b. Optionen auf den Erwerb von Beteiligungen nach Buchstabe a.

² Als unechte Mitarbeiterbeteiligung gelten Anwartschaften auf blosse Bargeldabfindungen.

Art. 17b[6] Einkünfte aus echten Mitarbeiterbeteiligungen A82

¹ Geldwerte Vorteile aus echten Mitarbeiterbeteiligungen, ausser aus gesperrten oder nicht börsenkotierten Optionen, sind im Zeitpunkt des Erwerbs als Einkommen aus unselbstständiger Erwerbstätigkeit steuerbar. Die steuerbare Leistung entspricht deren Verkehrswert vermindert um einen allfälligen Erwerbspreis.

² Bei Mitarbeiteraktien sind für die Berechnung der steuerbaren Leistung Sperrfristen mit einem Diskont von 6 Prozent pro Sperrjahr auf deren Verkehrswert zu berücksichtigen. Dieser Diskont gilt längstens für zehn Jahre.

³ Geldwerte Vorteile aus gesperrten oder nicht börsenkotierten Mitarbeiteroptionen werden im Zeitpunkt der Ausübung besteuert. Die steuerbare Leistung entspricht dem Verkehrswert der Aktie bei Ausübung vermindert um den Ausübungspreis.

---

[1] Eingefügt durch Ziff. I 1 des BG vom 17. Dez. 2010 über die Besteuerung von Mitarbeiterbeteiligungen, in Kraft seit 1. Jan. 2013 (AS **2011** 3259; BBl **2005** 575).

[2] Fassung gemäss Ziff. I 1 des BG vom 17. Dez. 2010 über die Besteuerung von Mitarbeiterbeteiligungen, in Kraft seit 1. Jan. 2013 (AS **2011** 3259; BBl **2005** 575).

[3] Die Änd. gemäss BG vom 20. Juni 2014 über die Weiterbildung, in Kraft seit 1. Jan. 2017, betrifft nur den französischen und den italienischen Text (AS **2016** 689; BBl **2013** 3729).

[4] Eingefügt durch Ziff. I 1 des BG vom 27. Sept. 2013 über die steuerliche Behandlung der berufsorientierten Aus- und Weiterbildungskosten, in Kraft seit 1. Jan. 2016 (AS **2014** 1105; BBl **2011** 2607).

[5] Eingefügt durch Ziff. I 1 des BG vom 17. Dez. 2010 über die Besteuerung von Mitarbeiterbeteiligungen, in Kraft seit 1. Jan. 2013 (AS **2011** 3259; BBl **2005** 575).

[6] Eingefügt durch Ziff. I 1 des BG vom 17. Dez. 2010 über die Besteuerung von Mitarbeiterbeteiligungen, in Kraft seit 1. Jan. 2013 (AS **2011** 3259; BBl **2005** 575).

Art. 17c[1] Einkünfte aus unechten Mitarbeiterbeteiligungen   A82

Geldwerte Vorteile aus unechten Mitarbeiterbeteiligungen sind im Zeitpunkt ihres Zuflusses steuerbar.

Art. 17d[2] Anteilsmässige Besteuerung   A82

Hatte der Steuerpflichtige nicht während der gesamten Zeitspanne zwischen Erwerb und Entstehen des Ausübungsrechts der gesperrten Mitarbeiteroptionen (Art. 17b Abs. 3) steuerrechtlichen Wohnsitz oder Aufenthalt in der Schweiz, so werden die geldwerten Vorteile daraus anteilsmässig im Verhältnis zwischen der gesamten zu der in der Schweiz verbrachten Zeitspanne besteuert.

3. Abschnitt: Selbständige Erwerbstätigkeit

Art. 18 Grundsatz

¹ Steuerbar sind alle Einkünfte aus einem Handels-, Industrie-, Gewerbe-, Land- und Forstwirtschaftsbetrieb, aus einem freien Beruf sowie aus jeder anderen selbständigen Erwerbstätigkeit.   A81, C77

² Zu den Einkünften aus selbstständiger Erwerbstätigkeit zählen auch alle Kapitalgewinne aus Veräusserung, Verwertung oder buchmässiger Aufwertung von Geschäftsvermögen. Der Veräusserung gleichgestellt ist die Überführung von Geschäftsvermögen in das Privatvermögen oder in ausländische Betriebe oder Betriebsstätten. Als Geschäftsvermögen gelten alle Vermögenswerte, die ganz oder vorwiegend der selbstständigen Erwerbstätigkeit dienen; Gleiches gilt für Beteiligungen von mindestens 20 Prozent am Grund- oder Stammkapital einer Kapitalgesellschaft oder Genossenschaft, sofern der Eigentümer sie im Zeitpunkt des Erwerbs zum Geschäftsvermögen erklärt. Artikel 18b bleibt vorbehalten.³   E61

³ Für Steuerpflichtige, die eine ordnungsgemässe Buchhaltung führen, gilt Artikel 58 sinngemäss.

⁴ Die Gewinne aus der Veräusserung von land- und forstwirtschaftlichen Grundstücken werden den steuerbaren Einkünften nur bis zur Höhe der Anlagekosten zugerechnet.   A83

Art. 18a[4] Aufschubstatbestände   VO DBG M | A73, A71

¹ Wird eine Liegenschaft des Anlagevermögens aus dem Geschäftsvermögen in das Privatvermögen überführt, so kann die steuerpflichtige Person verlangen, dass im Zeitpunkt der Überführung nur die Differenz zwischen den Anlagekosten und dem massgebenden Einkommenssteuerwert besteuert wird. In diesem Fall gelten die Anlagekosten als neuer massgebender Einkommenssteuerwert, und die Besteuerung der übrigen stillen Reserven als Einkommen aus selbstständiger Erwerbstätigkeit wird bis zur Veräusserung der Liegenschaft aufgeschoben.

---

[1] Eingefügt durch Ziff. I 1 des BG vom 17. Dez. 2010 über die Besteuerung von Mitarbeiterbeteiligungen, in Kraft seit 1. Jan. 2013 (AS **2011** 3259; BBl **2005** 575).
[2] Eingefügt durch Ziff. I 1 des BG vom 17. Dez. 2010 über die Besteuerung von Mitarbeiterbeteiligungen, in Kraft seit 1. Jan. 2013 (AS **2011** 3259; BBl **2005** 575).
[3] Fassung gemäss Ziff. II 2 des Unternehmenssteuerreformgesetzes II vom 23. März 2007, in Kraft seit 1. Jan. 2009 (AS **2008** 2893; BBl **2005** 4733).
[4] Eingefügt durch Ziff. II 2 des Unternehmenssteuerreformgesetzes II vom 23. März 2007, in Kraft seit 1. Jan. 2011 (AS **2008** 2893; BBl **2005** 4733).

² Die Verpachtung eines Geschäftsbetriebs gilt nur auf Antrag der steuerpflichtigen Person als Überführung in das Privatvermögen. A76

³ Wird bei einer Erbteilung der Geschäftsbetrieb nicht von allen Erben fortgeführt, so wird die Besteuerung der stillen Reserven auf Gesuch der den Betrieb übernehmenden Erben bis zur späteren Realisierung aufgeschoben, soweit diese Erben die bisherigen für die Einkommenssteuer massgebenden Werte übernehmen.

Art. 18b[1] **Teilbesteuerung der Einkünfte aus Beteiligungen des Geschäftsvermögens**

¹ Dividenden, Gewinnanteile, Liquidationsüberschüsse und geldwerte Vorteile aus Aktien, Anteilen an Gesellschaften mit beschränkter Haftung, Genossenschaftsanteilen und Partizipationsscheinen sowie Gewinne aus der Veräusserung solcher Beteiligungsrechte sind nach Abzug des zurechenbaren Aufwandes im Umfang von 70 Prozent steuerbar, wenn diese Beteiligungsrechte mindestens 10 Prozent des Grund- oder Stammkapitals einer Kapitalgesellschaft oder Genossenschaft darstellen.[2] A84, A68

² Die Teilbesteuerung auf Veräusserungsgewinnen wird nur gewährt, wenn die veräusserten Beteiligungsrechte mindestens ein Jahr im Eigentum der steuerpflichtigen Person oder des Personenunternehmens waren. A68

Art. 19 Umstrukturierungen[3] A50

¹ Stille Reserven einer Personenunternehmung (Einzelunternehmen, Personengesellschaft) werden bei Umstrukturierungen, insbesondere im Fall der Fusion, Spaltung oder Umwandlung, nicht besteuert, soweit die Steuerpflicht in der Schweiz fortbesteht und die bisher für die Einkommenssteuer massgeblichen Werte übernommen werden:[4]

a. bei der Übertragung von Vermögenswerten auf eine andere Personenunternehmung;
b. bei der Übertragung eines Betriebs oder eines Teilbetriebs auf eine juristische Person;
c. beim Austausch von Beteiligungs- oder Mitgliedschaftsrechten anlässlich von Umstrukturierungen im Sinne von Artikel 61 Absatz 1 oder von fusionsähnlichen Zusammenschlüssen.[5]

² Bei einer Umstrukturierung nach Absatz 1 Buchstabe b werden die übertragenen stillen Reserven im Verfahren nach den Artikeln 151–153 nachträglich besteuert, soweit während den der Umstrukturierung nachfolgenden fünf Jahren Beteiligungs- oder Mitgliedschaftsrechte zu einem über dem übertragenen steuerlichen Eigenkapital liegenden Preis veräussert werden; die juristische Person kann in diesem Fall entsprechende, als Gewinn versteuerte stille Reserven geltend machen.[6]

---

[1] Eingefügt durch Ziff. II 2 des Unternehmenssteuerreformgesetzes II vom 23. März 2007, in Kraft seit 1. Jan. 2009 (AS **2008** 2893; BBl **2005** 4733).
[2] Fassung gemäss Ziff. I 2 des BG vom 28. Sept. 2018 über die Steuerreform und die AHV-Finanzierung, in Kraft seit 1. Jan. 2020 (AS **2019** 2395 2413; BBl **2018** 2527).
[3] Fassung gemäss Anhang Ziff. 7 des Fusionsgesetzes vom 3. Okt. 2003, in Kraft seit 1. Juli 2004 (AS **2004** 2617; BBl **2000** 4337).
[4] Fassung gemäss Anhang Ziff. 7 des BG vom 16. Dez. 2005 (GmbH-Recht sowie Anpassungen im Aktien-, Genossenschafts-, Handelsregister- und Firmenrecht), in Kraft seit 1. Jan. 2008 (AS **2007** 4791; BBl **2002** 3148, **2004** 3969).
[5] Fassung gemäss Anhang Ziff. 7 des Fusionsgesetzes vom 3. Okt. 2003, in Kraft seit 1. Juli 2004 (AS **2004** 2617; BBl **2000** 4337).
[6] Fassung gemäss Anhang Ziff. 7 des Fusionsgesetzes vom 3. Okt. 2003, in Kraft seit 1. Juli 2004 (AS **2004** 2617; BBl **2000** 4337).

³ Die Absätze 1 und 2 gelten sinngemäss für Unternehmen, die im Gesamthandverhältnis betrieben werden.

4. Abschnitt: Bewegliches Vermögen

Art. 20 Grundsatz[1]

¹ Steuerbar sind die Erträge aus beweglichem Vermögen, insbesondere:

a.[2] Zinsen aus Guthaben, einschliesslich ausbezahlter Erträge aus rückkaufsfähigen Kapitalversicherungen mit Einmalprämie im Erlebensfall oder bei Rückkauf, ausser wenn diese Kapitalversicherungen der Vorsorge dienen. Als der Vorsorge dienend gilt die Auszahlung der Versicherungsleistung ab dem vollendeten 60. Altersjahr des Versicherten auf Grund eines mindestens fünfjährigen Vertragsverhältnisses, das vor Vollendung des 66. Altersjahres begründet wurde. In diesem Fall ist die Leistung steuerfrei;   A60, A36, B801

b. Einkünfte aus der Veräusserung oder Rückzahlung von Obligationen mit überwiegender Einmalverzinsung (globalverzinsliche Obligationen, Diskont-Obligationen), die dem Inhaber anfallen;   A60

c.[3] Dividenden, Gewinnanteile, Liquidationsüberschüsse und geldwerte Vorteile aus Beteiligungen aller Art (einschliesslich Gratisaktien, Gratisnennwerterhöhungen u. dgl.). Ein bei der Rückgabe von Beteiligungsrechten im Sinne von Artikel 4a des Bundesgesetzes vom 13. Oktober 1965[4] über die Verrechnungssteuer (VStG) an die Kapitalgesellschaft oder Genossenschaft erzielter Liquidationsüberschuss gilt in dem Jahre als realisiert, in welchem die Verrechnungssteuerforderung entsteht (Art. 12 Abs. 1 und 1bis VStG); Absatz 1bis bleibt vorbehalten;   A84, A42, B86, C17

d. Einkünfte aus Vermietung, Verpachtung, Nutzniessung oder sonstiger Nutzung beweglicher Sachen oder nutzbarer Rechte;

e.[5] Einkünfte aus Anteilen an kollektiven Kapitalanlagen, soweit die Gesamterträge die Erträge aus direktem Grundbesitz übersteigen;   A70

f. Einkünfte aus immateriellen Gütern.

¹^bis Dividenden, Gewinnanteile, Liquidationsüberschüsse und geldwerte Vorteile aus Aktien, Anteilen an Gesellschaften mit beschränkter Haftung, Genossenschaftsanteilen und Partizipationsscheinen (einschliesslich Gratisaktien, Gratisnennwerterhöhungen u. dgl.) sind im Umfang von 70 Prozent steuerbar, wenn diese Beteiligungsrechte mindestens 10 Prozent des Grund- oder Stammkapitals einer Kapitalgesellschaft oder Genossenschaft darstellen.[6]   A84, A67

² Der Erlös aus Bezugsrechten gilt nicht als Vermögensertrag, sofern sie zum Privatvermögen des Steuerpflichtigen gehören.

---

[1] Eingefügt durch Ziff. I 1 des BG vom 23. Juni 2006 über dringende Anpassungen bei der Unternehmensbesteuerung, in Kraft seit 1. Jan. 2007 (AS **2006** 4883; BBl **2005** 4733).
[2] Fassung gemäss Ziff. I 5 des BG vom 19. März 1999 über das Stabilisierungsprogramm 1998, in Kraft seit 1. Jan. 2001 (AS **1999** 2374; BBl **1999** 4).
[3] Fassung gemäss Ziff. II 2 des Unternehmenssteuerreformgesetzes II vom 23. März 2007, in Kraft seit 1. Jan. 2009 (AS **2008** 2893; BBl **2005** 4733).
[4] SR **642.21**
[5] Fassung gemäss Anhang Ziff. II 6 des Kollektivanlagengesetzes vom 23. Juni 2006, in Kraft seit 1. Jan. 2007 (AS **2006** 5379; BBl **2005** 6395).
[6] Eingefügt durch Ziff. II 2 des Unternehmenssteuerreformgesetzes II vom 23. März 2007 (AS **2008** 2893; BBl **2005** 4733). Fassung gemäss Ziff. I 2 des BG vom 28. Sept. 2018 über die Steuerreform und die AHV-Finanzierung, in Kraft seit 1. Jan. 2020 (AS **2019** 2395 2413; BBl **2018** 2527).

³ Die Rückzahlung von Einlagen, Aufgeldern und Zuschüssen (Reserven aus Kapitaleinlagen), die von den Inhabern der Beteiligungsrechte nach dem 31. Dezember 1996 geleistet worden sind, wird gleich behandelt wie die Rückzahlung von Grund- oder Stammkapital. Absatz 4 bleibt vorbehalten.[1]

⁴ Schüttet eine Kapitalgesellschaft oder Genossenschaft, die an einer schweizerischen Börse kotiert ist, bei der Rückzahlung von Reserven aus Kapitaleinlagen nach Absatz 3 nicht mindestens im gleichen Umfang übrige Reserven aus, so ist die Rückzahlung im Umfang der halben Differenz zwischen der Rückzahlung und der Ausschüttung der übrigen Reserven steuerbar, höchstens aber im Umfang der in der Gesellschaft vorhandenen, handelsrechtlich ausschüttungsfähigen übrigen Reserven.[2]

⁵ Absatz 4 ist nicht anwendbar auf Reserven aus Kapitaleinlagen:

a. die bei fusionsähnlichen Zusammenschlüssen durch Einbringen von Beteiligungs- und Mitgliedschaftsrechten an einer ausländischen Kapitalgesellschaft oder Genossenschaft nach Artikel 61 Absatz 1 Buchstabe c oder durch eine grenzüberschreitende Übertragung auf eine inländische Tochtergesellschaft nach Artikel 61 Absatz 1 Buchstabe d nach dem 24. Februar 2008 entstanden sind;
b. die im Zeitpunkt einer grenzüberschreitenden Fusion oder Umstrukturierung nach Artikel 61 Absatz 1 Buchstabe b und Absatz 3 oder der Verlegung des Sitzes oder der tatsächlichen Verwaltung nach dem 24. Februar 2008 bereits in einer ausländischen Kapitalgesellschaft oder Genossenschaft vorhanden waren;
c. im Falle der Liquidation der Kapitalgesellschaft oder Genossenschaft.[3]

⁶ Die Absätze 4 und 5 gelten sinngemäss auch für Reserven aus Kapitaleinlagen, die für die Ausgabe von Gratisaktien oder für Gratisnennwerterhöhungen verwendet werden.[4]

⁷ Entspricht bei der Rückgabe von Beteiligungsrechten an einer Kapitalgesellschaft oder Genossenschaft, die an einer schweizerischen Börse kotiert ist, die Rückzahlung der Reserven aus Kapitaleinlagen nicht mindestens der Hälfte des erhaltenen Liquidationsüberschusses, so vermindert sich der steuerbare Anteil dieses Liquidationsüberschusses um die halbe Differenz zwischen diesem Anteil und der Rückzahlung, höchstens aber im Umfang der in der Gesellschaft vorhandenen Reserven aus Kapitaleinlagen, die auf diese Beteiligungsrechte entfallen.[5]

⁸ Absatz 3 gilt für Einlagen und Aufgelder, die während eines Kapitalbands nach den Artikeln 653s ff. des Obligationenrechts (OR)[6] geleistet werden, nur soweit sie die Rückzahlungen von Reserven im Rahmen dieses Kapitalbands übersteigen.[7]

---

[1] Eingefügt durch Ziff. II 2 des Unternehmenssteuerreformgesetzes II vom 23. März 2007 (AS **2008** 2893; BBl **2005** 4733). Fassung gemäss Ziff. I 2 des BG vom 28. Sept. 2018 über die Steuerreform und die AHV-Finanzierung, in Kraft seit 1. Jan. 2020 (AS **2019** 2395 2413; BBl **2018** 2527).
[2] Eingefügt durch Ziff. I 2 des BG vom 28. Sept. 2018 über die Steuerreform und die AHV-Finanzierung, in Kraft seit 1. Jan. 2020 (AS **2019** 2395 2413; BBl **2018** 2527).
[3] Eingefügt durch Ziff. I 2 des BG vom 28. Sept. 2018 über die Steuerreform und die AHV-Finanzierung, in Kraft seit 1. Jan. 2020 (AS **2019** 2395 2413; BBl **2018** 2527).
[4] Eingefügt durch Ziff. I 2 des BG vom 28. Sept. 2018 über die Steuerreform und die AHV-Finanzierung, in Kraft seit 1. Jan. 2020 (AS **2019** 2395 2413; BBl **2018** 2527).
[5] Eingefügt durch Ziff. I 2 des BG vom 28. Sept. 2018 über die Steuerreform und die AHV-Finanzierung, in Kraft seit 1. Jan. 2020 (AS **2019** 2395 2413; BBl **2018** 2527).
[6] SR **220**
[7] Eingefügt durch Anhang Ziff. 7 des BG vom 19. Juni 2020 (Aktienrecht), in Kraft seit 1. Jan. 2023 (AS **2020** 4005, **2022** 109, 112; BBl **2017** 399).

Art. 20a[1] **Besondere Fälle** B11

¹ Als Ertrag aus beweglichem Vermögen im Sinne von Artikel 20 Absatz 1 Buchstabe c gilt auch:
   a. der Erlös aus dem Verkauf einer Beteiligung von mindestens 20 Prozent am Grund- oder Stammkapital einer Kapitalgesellschaft oder Genossenschaft aus dem Privatvermögen in das Geschäftsvermögen einer anderen natürlichen oder einer juristischen Person, soweit innert fünf Jahren nach dem Verkauf, unter Mitwirkung des Verkäufers, nicht betriebsnotwendige Substanz ausgeschüttet wird, die im Zeitpunkt des Verkaufs bereits vorhanden und handelsrechtlich ausschüttungsfähig war; dies gilt sinngemäss auch, wenn innert fünf Jahren mehrere Beteiligte eine solche Beteiligung gemeinsam verkaufen oder Beteiligungen von insgesamt mindestens 20 Prozent verkauft werden; ausgeschüttete Substanz wird beim Verkäufer gegebenenfalls im Verfahren nach den Artikeln 151 Absatz 1, 152 und 153 nachträglich besteuert; A74, A59
   b.[2] der Erlös aus der Übertragung einer Beteiligung am Grund- oder Stammkapital einer Kapitalgesellschaft oder Genossenschaft aus dem Privatvermögen in das Geschäftsvermögen einer Personenunternehmung oder einer juristischen Person, an welcher der Veräusserer oder Einbringer nach der Übertragung zu mindestens 50 Prozent am Kapital beteiligt ist, soweit die gesamthaft erhaltene Gegenleistung die Summe aus dem Nennwert der übertragenen Beteiligung und den Reserven aus Kapitaleinlagen nach Artikel 20 Absätze 3–7 übersteigt; dies gilt sinngemäss auch, wenn mehrere Beteiligte die Übertragung gemeinsam vornehmen. A74

² Mitwirkung im Sinne von Absatz 1 Buchstabe a liegt vor, wenn der Verkäufer weiss oder wissen muss, dass der Gesellschaft zwecks Finanzierung des Kaufpreises Mittel entnommen und nicht wieder zugeführt werden. A59

5. Abschnitt: Unbewegliches Vermögen

Art. 21

¹ Steuerbar sind die Erträge aus unbeweglichem Vermögen, insbesondere:
   a. alle Einkünfte aus Vermietung, Verpachtung, Nutzniessung oder sonstiger Nutzung; E61
   b. der Mietwert von Liegenschaften oder Liegenschaftsteilen, die dem Steuerpflichtigen aufgrund von Eigentum oder eines unentgeltlichen Nutzungsrechts für den Eigengebrauch zur Verfügung stehen;
   c. Einkünfte aus Baurechtsverträgen;
   d. Einkünfte aus der Ausbeutung von Kies, Sand und anderen Bestandteilen des Bodens.

> ☞ *Art. 21 Abs. 1 Bst. b und Abs. 2 wird gemäss BG über den Systemwechsel bei der Wohneigentumsbesteuerung frühestens per 1.1.2027 aufgehoben (unter Vorbehalt des Referendums und der Annahme des BB vom 20.12.2024 über die Einführung einer Objektsteuer auf Zweitliegenschaften in der Volksabstimmung).*

---

1. Eingefügt durch Ziff. I 1 des BG vom 23. Juni 2006 über dringende Anpassungen bei der Unternehmensbesteuerung, in Kraft seit 1. Jan. 2007 (AS **2006** 4883; BBl **2005** 4733).
2. Fassung gemäss Ziff. I 2 des BG vom 28. Sept. 2018 über die Steuerreform und die AHV-Finanzierung, in Kraft seit 1. Jan. 2020 (AS **2019** 2395 2413; BBl **2018** 2527).

² Die Festsetzung des Eigenmietwertes erfolgt unter Berücksichtigung der ortsüblichen Verhältnisse und der tatsächlichen Nutzung der am Wohnsitz selbstbewohnten Liegenschaft. B82

6. Abschnitt: Einkünfte aus Vorsorge   A86, A63, A62, C71, C70, E401

Art. 22

¹ Steuerbar sind alle Einkünfte aus der Alters-, Hinterlassenen- und Invalidenversicherung, aus Einrichtungen der beruflichen Vorsorge und aus anerkannten Formen der gebundenen Selbstvorsorge, mit Einschluss der Kapitalabfindungen und Rückzahlungen von Einlagen, Prämien und Beiträgen.

² Als Einkünfte aus der beruflichen Vorsorge gelten insbesondere Leistungen aus Vorsorgekassen, aus Spar- und Gruppenversicherungen sowie aus Freizügigkeitspolicen.

³ Leibrentenversicherungen sowie Leibrenten- und Verpfründungsverträge sind im Umfang ihres Ertragsanteils steuerbar. Dieser bestimmt sich wie folgt: E20

   a. Bei garantierten Leistungen aus Leibrentenversicherungen, die dem Versicherungsvertragsgesetz vom 2. April 1908 (VVG)[1] unterstehen, ist der im Zeitpunkt des Vertragsabschlusses auf der Grundlage von Artikel 36 Absatz 1 des Versicherungsaufsichtsgesetzes vom 17. Dezember 2004[2] bestimmte maximale technische Zinssatz (m) während der gesamten Vertragsdauer massgebend:
      1. Ist dieser Zinssatz grösser als null, so berechnet sich der Ertragsanteil, auf den nächstliegenden ganzen Prozentwert auf- oder abgerundet, wie folgt:

$$Ertragsanteil = \left[1 - \frac{(1+m)^{22} - 1}{22 \cdot m \cdot (1+m)^{23}}\right] \cdot 100\,\%$$

      2. Ist dieser Zinssatz negativ oder null, so beträgt der Ertragsanteil null Prozent.
   b. Bei Überschussleistungen aus Leibrentenversicherungen, die dem VVG unterstehen, entspricht der Ertragsanteil 70 Prozent dieser Leistungen.
   c. Bei Leistungen aus ausländischen Leibrentenversicherungen, aus Leibrenten- und aus Verpfründungsverträgen ist die Höhe der um 0,5 Prozentpunkte erhöhten annualisierten Rendite zehnjähriger Bundesobligationen (r) während des betreffenden Steuerjahres und der neun vorangegangenen Jahre massgebend:
      1. Ist diese Rendite grösser als null, so berechnet sich der Ertragsanteil, auf den nächstliegenden ganzen Prozentwert auf- oder abgerundet, wie folgt:

$$Ertragsanteil = \left[1 - \frac{(1+r)^{22} - 1}{22 \cdot r \cdot (1+r)^{23}}\right] \cdot 100\,\%$$

      2. Ist diese Rendite negativ oder null, so beträgt der Ertragsanteil null Prozent.[3]

⁴ Artikel 24 Buchstabe b bleibt vorbehalten.

---

[1] SR **221.229.1**
[2] SR **961.01**
[3] Fassung gemäss Ziff. I 1 des BG vom 17. Juni 2022 über die Besteuerung von Leibrenten und ähnlichen Vorsorgeformen, in Kraft seit 1. Jan. 2025 (AS **2023** 38; BBl **2021** 3028).

7. Abschnitt: Übrige Einkünfte

Art. 23

Steuerbar sind auch:

a. alle anderen Einkünfte, die an die Stelle des Einkommens aus Erwerbstätigkeit treten; A88, A48, B23
b. einmalige oder wiederkehrende Zahlungen bei Tod sowie für bleibende körperliche oder gesundheitliche Nachteile;
c. Entschädigungen für die Aufgabe oder Nichtausübung einer Tätigkeit; A48
d. Entschädigungen für die Nichtausübung eines Rechtes;
e.[1] ...
f. Unterhaltsbeiträge, die ein Steuerpflichtiger bei Scheidung, gerichtlicher oder tatsächlicher Trennung für sich erhält, sowie Unterhaltsbeiträge, die ein Elternteil für die unter seiner elterlichen Sorge stehenden Kinder erhält. A75

2. Kapitel: Steuerfreie Einkünfte

Art. 24

Steuerfrei sind:

a. der Vermögensanfall infolge Erbschaft, Vermächtnis, Schenkung oder güterrechtlicher Auseinandersetzung;
b. der Vermögensanfall aus rückkaufsfähiger privater Kapitalversicherung, ausgenommen aus Freizügigkeitspolicen. Artikel 20 Absatz 1 Buchstabe a bleibt vorbehalten; B801
c. die Kapitalzahlungen, die bei Stellenwechsel vom Arbeitgeber oder von Einrichtungen der beruflichen Vorsorge ausgerichtet werden, wenn sie der Empfänger innert Jahresfrist zum Einkauf in eine Einrichtung der beruflichen Vorsorge oder zum Erwerb einer Freizügigkeitspolice verwendet; N 5.1, 5.2 | A86, A48
d. die Unterstützungen aus öffentlichen oder privaten Mitteln; A88
e. die Leistungen in Erfüllung familienrechtlicher Verpflichtungen, ausgenommen die Unterhaltsbeiträge nach Artikel 23 Buchstabe f; A75
f.[2] der Sold für Militär- und Schutzdienst sowie das Taschengeld für Zivildienst;
f^bis.[3] der Sold der Milizfeuerwehrleute bis zum Betrag von jährlich 5 300 Franken für Dienstleistungen im Zusammenhang mit der Erfüllung der Kernaufgaben der Feuerwehr (Übungen, Pikettdienste, Kurse, Inspektionen und Ernstfalleinsätze zur Rettung, Brandbekämpfung, allgemeinen Schadenwehr, Elementarschadenbewältigung und dergleichen); ausgenommen sind Pauschalzulagen für Kader, Funktionszulagen sowie Entschädigungen für administrative Arbeiten und für Dienstleistungen, welche die Feuerwehr freiwillig erbringt;[4]

---

[1] Aufgehoben durch Anhang Ziff. II 5 des Geldspielgesetzes vom 29. Sept. 2017, mit Wirkung seit 1. Jan. 2019 (AS **2018** 5103; BBl **2015** 8387).
[2] Fassung gemäss Anhang Ziff. 7 des Zivildienstgesetzes vom 6. Okt. 1995, in Kraft seit 1. Okt. 1996 (AS **1996** 1445; BBl **1994** III 1609).
[3] Eingefügt durch Ziff. I 1 des BG über die Steuerbefreiung des Feuerwehrsoldes vom 17. Juni 2011 (AS **2012** 489; BBl **2010** 2855). Fassung gemäss Art. 6 Abs. 1 der V des EFD vom 1. Sept. 2023 über die kalte Progression, in Kraft seit 1. Jan. 2024 (AS **2023** 493).
[4] Eingefügt durch Ziff. I 1 des BG vom 17. Juni 2011 über die Steuerbefreiung des Feuerwehrsoldes, in Kraft seit 1. Jan. 2013 (AS **2012** 489; BBl **2010** 2855).

g. die Zahlung von Genugtuungssummen;
h. die Einkünfte aufgrund der Bundesgesetzgebung über Ergänzungsleistungen zur Alters-, Hinterlassenen- und Invalidenversicherung;
i.[1] die Gewinne, die in Spielbanken mit Spielbankenspielen erzielt werden, die nach dem Geldspielgesetz vom 29. September 2017[2] (BGS) zugelassen sind, sofern diese Gewinne nicht aus selbstständiger Erwerbstätigkeit stammen;
i^{bis}.[3] die einzelnen Gewinne bis zum Betrag von 1 070 400 Franken aus der Teilnahme an Grossspielen, die nach dem BGS zugelassen sind, und aus der Online-Teilnahme an Spielbankenspielen, die nach dem BGS zugelassen sind;
i^{ter}.[4] die Gewinne aus Kleinspielen, die nach dem BGS zugelassen sind;
j.[5] die einzelnen Gewinne aus Lotterien und Geschicklichkeitsspielen zur Verkaufsförderung, die nach Artikel 1 Absatz 2 Buchstaben d und e BGS diesem nicht unterstehen, sofern die Grenze von 1 100 Franken nicht überschritten wird;
k.[6] Einkünfte aufgrund des Bundesgesetzes vom 19. Juni 2020[7] über Überbrückungsleistungen für ältere Arbeitslose.

3. Kapitel: Ermittlung des Reineinkommens

1. Abschnitt: Grundsatz

Art. 25[8]

Zur Ermittlung des Reineinkommens werden von den gesamten steuerbaren Einkünften die Aufwendungen und allgemeinen Abzüge nach den Artikeln 26–33a abgezogen.

> ☞ *Art. 25 wird gemäss BG über den Systemwechsel bei der Wohneigentumsbesteuerung frühestens per 1.1.2027 wie folgt geändert (unter Vorbehalt des Referendums und der Annahme des BB vom 20.12.2024 über die Einführung einer Objektsteuer auf Zweitliegenschaften in der Volksabstimmung):*
>
> *Zur Ermittlung des Reineinkommens werden von den gesamten steuerbaren Einkünften die Aufwendungen und allgemeinen Abzüge nach den Artikeln 26–33b abgezogen.*

---

1 Eingefügt durch Anhang Ziff. 2 des Spielbankengesetzes vom 18. Dez. 1998 (AS **2000** 677; BBl **1997** III 145). Fassung gemäss Anhang Ziff. II 5 des Geldspielgesetzes vom 29. Sept. 2017, in Kraft seit 1. Jan. 2019 (AS **2018** 5103; BBl **2015** 8387).
2 SR **935.51**
3 Eingefügt durch Anhang Ziff. II 5 des Geldspielgesetzes vom 29. Sept. 2017 (AS **2018** 5103; BBl **2015** 8387). Fassung gemäss Art. 6 der V des EFD vom 22. Aug. 2024 über die kalte Progression, in Kraft seit 1. Jan. 2025 (AS **2024** 479).
4 Eingefügt durch Anhang Ziff. II 5 des Geldspielgesetzes vom 29. Sept. 2017, in Kraft seit 1. Jan. 2019 (AS **2018** 5103; BBl **2015** 8387).
5 Eingefügt durch Ziff. I 1 des BG vom 15. Juni 2012 über Vereinfachungen bei der Besteuerung von Lotteriegewinnen (AS **2012** 5977; BBl **2011** 6517 6543). Fassung gemäss Art. 6 Abs. 3 der V des EFD vom 1. Sept. 2023 über die kalte Progression, in Kraft seit 1. Jan. 2024 (AS **2023** 493).
6 Eingefügt durch Anhang Ziff. 2 des BG vom 19. Juni 2020 über Überbrückungsleistungen für ältere Arbeitslose, in Kraft seit 1. Juli 2021 (AS **2021** 373; BBl **2019** 8251).
7 SR **837.2**
8 Fassung gemäss Anhang Ziff. 3 des BG vom 8. Okt. 2004 (Stiftungsrecht), in Kraft seit 1. Jan. 2006 (AS **2005** 4545; BBl **2003** 8153 8191).

2. Abschnitt: Unselbständige Erwerbstätigkeit   VO DBG C | D11

Art. 26

1 Als Berufskosten werden abgezogen:

a.[1] die notwendigen Kosten bis zu einem Maximalbetrag von 3 300 Franken für die Fahrten zwischen Wohn- und Arbeitsstätte;
b. die notwendigen Mehrkosten für Verpflegung ausserhalb der Wohnstätte und bei Schichtarbeit;
c.[2] die übrigen für die Ausübung des Berufes erforderlichen Kosten; Artikel 33 Absatz 1 Buchstabe j bleibt vorbehalten;   VO DBG I | A87
d.[3] ...

2 Für die Berufskosten nach Absatz 1 Buchstaben b und c werden Pauschalansätze festgelegt; im Fall von Absatz 1 Buchstabe c steht der steuerpflichtigen Person der Nachweis höherer Kosten offen.[4]   A87, B83

3. Abschnitt: Selbständige Erwerbstätigkeit

Art. 27 Allgemeines

1 Bei selbständiger Erwerbstätigkeit werden die geschäfts- oder berufsmässig begründeten Kosten abgezogen.   A95

2 Dazu gehören insbesondere:

a. die Abschreibungen und Rückstellungen nach den Artikeln 28 und 29;   C78
b. die eingetretenen und verbuchten Verluste auf Geschäftsvermögen;
c. die Zuwendungen an Vorsorgeeinrichtungen zugunsten des eigenen Personals, sofern jede zweckwidrige Verwendung ausgeschlossen ist;
d.[5] Zinsen auf Geschäftsschulden sowie Zinsen, die auf Beteiligungen nach Artikel 18 Absatz 2 entfallen;   B86, B85
e.[6] die Kosten der berufsorientierten Aus- und Weiterbildung, einschliesslich Umschulungskosten, des eigenen Personals;   A87
f.[7] gewinnabschöpfende Sanktionen, soweit sie keinen Strafzweck haben.

3 Nicht abziehbar sind insbesondere: A96, A95

a. Zahlungen von Bestechungsgeldern im Sinne des schweizerischen Strafrechts;
b. Aufwendungen zur Ermöglichung von Straftaten oder als Gegenleistung für die Begehung von Straftaten;

---

[1] Fassung gemäss Art. 7 der V des EFD vom 22. Aug. 2024 über die kalte Progression, in Kraft seit 1. Jan. 2025 (AS **2024** 479).
[2] Fassung gemäss Ziff. I 1 des BG vom 27. Sept. 2013 über die steuerliche Behandlung der berufsorientierten Aus- und Weiterbildungskosten, in Kraft seit 1. Jan. 2016 (AS **2014** 1105; BBl **2011** 2607).
[3] Aufgehoben durch Ziff. I 1 des BG vom 27. Sept. 2013 über die steuerliche Behandlung der berufsorientierten Aus- und Weiterbildungskosten, mit Wirkung seit 1. Jan. 2016 (AS **2014** 1105; BBl **2011** 2607).
[4] Fassung gemäss Ziff. II 1 des BG vom 21. Juni 2013 über die Finanzierung und den Ausbau der Eisenbahninfrastruktur, in Kraft seit 1. Jan. 2016 (AS **2015** 651; BBl **2012** 1577).
[5] Eingefügt durch Ziff. I 5 des BG vom 19. März 1999 über das Stabilisierungsprogramm 1998, in Kraft seit 1. Jan. 2001 (AS **1999** 2374; BBl **1999** 4).
[6] Eingefügt durch Ziff. I 1 des BG vom 27. Sept. 2013 über die steuerliche Behandlung der berufsorientierten Aus- und Weiterbildungskosten, in Kraft seit 1. Jan. 2016 (AS **2014** 1105; BBl **2011** 2607).
[7] Eingefügt durch Ziff. I 1 des BG vom 19. Juni 2020 über die steuerliche Behandlung finanzieller Sanktionen, in Kraft seit 1. Jan. 2022 (AS **2020** 5121; BBl **2016** 8503).

c. Bussen und Geldstrafen;
d. finanzielle Verwaltungssanktionen, soweit sie einen Strafzweck haben.[1]

[4] Sind Sanktionen nach Absatz 3 Buchstaben c und d von einer ausländischen Straf- oder Verwaltungsbehörde verhängt worden, so sind sie abziehbar, wenn:

a. die Sanktion gegen den schweizerischen Ordre public verstösst; oder
b. die steuerpflichtige Person glaubhaft darlegt, dass sie alles Zumutbare unternommen hat, um sich rechtskonform zu verhalten.[2]

Art. 28 Abschreibungen C78

[1] Geschäftsmässig begründete Abschreibungen von Aktiven sind zulässig, soweit sie buchmässig oder, bei vereinfachter Buchführung nach Artikel 957 Absatz 2 OR[3], in besonderen Abschreibungstabellen ausgewiesen sind.[4] N 4

[2] In der Regel werden die Abschreibungen nach dem tatsächlichen Wert der einzelnen Vermögensteile berechnet oder nach ihrer voraussichtlichen Gebrauchsdauer angemessen verteilt.

[3] Abschreibungen auf Aktiven, die zum Ausgleich von Verlusten aufgewertet wurden, können nur vorgenommen werden, wenn die Aufwertungen handelsrechtlich zulässig waren und die Verluste im Zeitpunkt der Abschreibung nach Artikel 31 Absatz 1 verrechenbar gewesen wären.

Art. 29 Rückstellungen

[1] Rückstellungen zu Lasten der Erfolgsrechnung sind zulässig für:

a. im Geschäftsjahr bestehende Verpflichtungen, deren Höhe noch unbestimmt ist;
b. Verlustrisiken, die mit Aktiven des Umlaufvermögens, insbesondere mit Waren und Debitoren, verbunden sind;
c. andere unmittelbar drohende Verlustrisiken, die im Geschäftsjahr bestehen;
d. künftige Forschungs- und Entwicklungsaufträge an Dritte bis zu 10 Prozent des steuerbaren Geschäftsertrages, insgesamt jedoch höchstens bis zu 1 Million Franken.

[2] Bisherige Rückstellungen werden dem steuerbaren Geschäftsertrag zugerechnet, soweit sie nicht mehr begründet sind.

Art. 30 Ersatzbeschaffungen A50, E54

[1] Werden Gegenstände des betriebsnotwendigen Anlagevermögens ersetzt, so können die stillen Reserven auf die als Ersatz erworbenen Anlagegüter übertragen werden, wenn diese ebenfalls betriebsnotwendig sind und sich in der Schweiz befinden. Vorbehalten bleibt die Besteuerung beim Ersatz von Liegenschaften durch Gegenstände des beweglichen Vermögens.[5] A71

---

[1] Eingefügt durch Ziff. I des BG vom 22. Dez. 1999 über die Unzulässigkeit steuerlicher Abzüge von Bestechungsgeldern (AS **2000** 2147; BBl **1997** II 1037, IV 1336). Fassung gemäss Ziff. I des BG vom 19. Juni 2020 über die steuerliche Behandlung finanzieller Sanktionen, in Kraft seit 1. Jan. 2022 (AS **2020** 5121; BBl **2016** 8503).
[2] Fassung gemäss Ziff. I 1 des BG vom 19. Juni 2020 über die steuerliche Behandlung finanzieller Sanktionen, in Kraft seit 1. Jan. 2022 (AS **2020** 5121; BBl **2016** 8503).
[3] SR **220**
[4] Fassung gemäss Anhang Ziff. 7 des BG vom 19. Juni 2020 (Aktienrecht), in Kraft seit 1. Jan. 2023 (AS **2020** 4005, **2022** 109; BBl **2017** 399).
[5] Fassung gemäss Ziff. II 2 des Unternehmenssteuerreformgesetzes II vom 23. März 2007, in Kraft seit 1. Jan. 2011 (AS **2008** 2893; BBl **2005** 4733).

² Findet die Ersatzbeschaffung nicht im gleichen Geschäftsjahr statt, so kann im Umfange der stillen Reserven eine Rückstellung gebildet werden. Diese Rückstellung ist innert angemessener Frist zur Abschreibung auf dem Ersatzobjekt zu verwenden oder zugunsten der Erfolgsrechnung aufzulösen.

³ Als betriebsnotwendig gilt nur Anlagevermögen, das dem Betrieb unmittelbar dient; ausgeschlossen sind insbesondere Vermögensteile, die dem Unternehmen nur als Vermögensanlage oder nur durch ihren Ertrag dienen.

Art. 31 Verluste

¹ Verluste aus den sieben der Steuerperiode (Art. 40) vorangegangenen Geschäftsjahren können abgezogen werden, soweit sie bei der Berechnung des steuerbaren Einkommens dieser Jahre nicht berücksichtigt werden konnten.[1]

² Mit Leistungen Dritter, die zum Ausgleich einer Unterbilanz im Rahmen einer Sanierung erbracht werden, können auch Verluste verrechnet werden, die in früheren Geschäftsjahren entstanden und noch nicht mit Einkommen verrechnet werden konnten.

4. Abschnitt: Privatvermögen

Art. 32

¹ Bei beweglichem Privatvermögen können die Kosten der Verwaltung durch Dritte und die weder rückforderbaren noch anrechenbaren ausländischen Quellensteuern abgezogen werden.

² Bei Liegenschaften im Privatvermögen können die Unterhaltskosten, die Kosten der Instandstellung von neu erworbenen Liegenschaften, die Versicherungsprämien und die Kosten der Verwaltung durch Dritte abgezogen werden.[2] Das EFD bestimmt, welche Investitionen, die dem Energiesparen und dem Umweltschutz dienen, den Unterhaltskosten gleichgestellt werden können.[3] Den Unterhaltskosten gleichgestellt sind auch die Rückbaukosten im Hinblick auf den Ersatzneubau.[4]   VO DBG F, G, H | C100

²ᵇⁱˢ Investitionskosten nach Absatz 2 zweiter Satz und Rückbaukosten im Hinblick auf einen Ersatzneubau sind in den zwei nachfolgenden Steuerperioden abziehbar, soweit sie in der laufenden Steuerperiode, in welcher die Aufwendungen angefallen sind, steuerlich nicht vollständig berücksichtigt werden können.[5]

³ Abziehbar sind ferner die Kosten denkmalpflegerischer Arbeiten, die der Steuerpflichtige aufgrund gesetzlicher Vorschriften, im Einvernehmen mit den Behörden oder auf deren Anordnung hin vorgenommen hat, soweit diese Arbeiten nicht subventioniert sind.

---

[1] Fassung gemäss Ziff. I 1 des BG vom 22. März 2013 über die formelle Bereinigung der zeitlichen Bemessung der direkten Steuern bei den natürlichen Personen, in Kraft seit 1. Jan. 2014 (AS **2013** 2397; BBl **2011** 3593).
[2] Fassung gemäss Ziff. I 1 des BG vom 3. Okt. 2008 über die steuerliche Behandlung von Instandstellungskosten bei Liegenschaften, in Kraft seit 1. Jan. 2010 (AS **2009** 1515; BBl **2007** 7993 8009).
[3] Fassung des zweiten Satzes gemäss Anhang Ziff. II 3 des Energiegesetzes vom 30. Sept. 2016, in Kraft seit 1. Jan. 2020 (AS **2017** 6839; BBl **2013** 7561).
[4] Dritter Satz eingefügt durch Anhang Ziff. II 3 des Energiegesetzes vom 30. Sept. 2016, in Kraft seit 1. Jan. 2020 (AS **2017** 6839; BBl **2013** 7561).
[5] Fassung gemäss Anhang Ziff. II 3 des Energiegesetzes vom 30. Sept. 2016, in Kraft seit 1. Jan. 2020 (AS **2017** 6839; BBl **2013** 7561).

⁴ Der Steuerpflichtige kann für Grundstücke des Privatvermögens anstelle der tatsächlichen Kosten und Prämien einen Pauschalabzug geltend machen. Der Bundesrat regelt diesen Pauschalabzug.

> ☞ *Gliederungstitel und Art. 32 werden gemäss BG über den Systemwechsel bei der Wohneigentumsbesteuerung frühestens per 1.1.2027 wie folgt geändert (unter Vorbehalt des Referendums und der Annahme des BB vom 20.12.2024 über die Einführung einer Objektsteuer auf Zweitliegenschaften in der Volksabstimmung):*
>
> *4. Abschnitt: Abzüge bei Privatvermögen*
>
> *Art. 32 Grundsatz*
>
> *¹ Bei beweglichem Privatvermögen können die Kosten der Verwaltung durch Dritte und die weder rückforderbaren noch anrechenbaren ausländischen Quellensteuern abgezogen werden.*
>
> *² Abziehbar sind ferner die Kosten denkmalpflegerischer Arbeiten, die der Steuerpflichtige aufgrund gesetzlicher Vorschriften, im Einvernehmen mit den Behörden oder auf deren Anordnung hin vorgenommen hat, soweit diese Arbeiten nicht subventioniert sind.*

> ☞ *Art. 32a wird gemäss BG über den Systemwechsel bei der Wohneigentumsbesteuerung frühestens per 1.1.2027 wie folgt neu eingefügt (unter Vorbehalt des Referendums und der Annahme des BB vom 20.12.2024 über die Einführung einer Objektsteuer auf Zweitliegenschaften in der Volksabstimmung):*
>
> *Art. 32a Vermietete oder verpachtete Liegenschaften*
>
> *¹ Bei vermieteten oder verpachteten Liegenschaften im Privatvermögen können abgezogen werden:*
>
> *a. die Unterhaltskosten;*
> *b. die Kosten der Instandstellung von neu erworbenen Liegenschaften;*
> *c. die Versicherungsprämien;*
> *d. die Kosten der Verwaltung durch Dritte.*
>
> *² Die steuerpflichtige Person kann anstelle der tatsächlichen Kosten und Prämien einen Pauschalabzug geltend machen. Der Bundesrat regelt diesen Pauschalabzug.*

5. Abschnitt: Allgemeine Abzüge

Art. 33[1] Schuldzinsen und andere Abzüge

¹ Von den Einkünften werden abgezogen:

a.[2] die privaten Schuldzinsen im Umfang der nach den Artikeln 20, 20a und 21 steuerbaren Vermögenserträge und weiterer 50 000 Franken.[3] Nicht abzugsfähig sind Schuldzinsen für Darlehen, die eine Kapitalgesellschaft einer an ihrem Kapital massgeblich beteiligten oder ihr sonst wie nahe stehenden natürlichen Person zu Bedingungen gewährt, die erheblich von den im Geschäftsverkehr unter Dritten üblichen Bedingungen abweichen; A67

---

[1] Eingefügt durch Anhang Ziff. 3 des BG vom 8. Okt. 2004 (Stiftungsrecht), in Kraft seit 1. Jan. 2006 (AS **2005** 4545; BBl **2003** 8153 8191).
[2] Fassung gemäss Ziff. I 5 des BG vom 19. März 1999 über das Stabilisierungsprogramm 1998, in Kraft seit 1. Jan. 2001 (AS **1999** 2374; BBl **1999** 4).
[3] Fassung gemäss Ziff. II 2 des Unternehmenssteuerreformgesetzes II vom 23. März 2007, in Kraft seit 1. Jan. 2011 (AS **2008** 2893; BBl **2005** 4733).

☞ *Art. 33 Abs. 1 Bst. a wird gemäss BG über den Systemwechsel bei der Wohneigentumsbesteuerung frühestens per 1.1.2027 wie folgt geändert (unter Vorbehalt des Referendums und der Annahme des BB vom 20.12.2024 über die Einführung einer Objektsteuer auf Zweitliegenschaften in der Volksabstimmung):*

a. *die privaten Schuldzinsen im Verhältnis aller in der Schweiz gelegenen unbeweglichen Vermögenswerte, mit Ausnahme der Liegenschaften oder Liegenschaftsteile, die der steuerpflichtigen Person aufgrund von Eigentum oder eines unentgeltlichen Nutzungsrechts für den Eigengebrauch zur Verfügung stehen, zu den gesamten Vermögenswerten; nicht abzugsfähig sind Schuldzinsen für Darlehen, die eine Kapitalgesellschaft einer an ihrem Kapital massgeblich beteiligten oder ihr sonst wie nahe stehenden natürlichen Person zu Bedingungen gewährt, die erheblich von den im Geschäftsverkehr unter Dritten üblichen Bedingungen abweichen;*

b.[1] die dauernden Lasten sowie der Ertragsanteil nach Artikel 22 Absatz 3 Buchstabe c der Leistungen aus Leibrenten- und aus Verpfründungsverträgen;
c. die Unterhaltsbeiträge an den geschiedenen, gerichtlich oder tatsächlich getrennt lebenden Ehegatten sowie die Unterhaltsbeiträge an einen Elternteil für die unter dessen elterlicher Sorge stehenden Kinder, nicht jedoch Leistungen in Erfüllung anderer familienrechtlicher Unterhalts- oder Unterstützungspflichten; A75
d.[2] die gemäss Gesetz, Statut oder Reglement geleisteten Einlagen, Prämien und Beiträge an die Alters-, Hinterlassenen- und Invalidenversicherung und an Einrichtungen der beruflichen Vorsorge; N 5.1, 5.2 | A63, A62
e. Einlagen, Prämien und Beiträge zum Erwerb von vertraglichen Ansprüchen aus anerkannten Formen der gebundenen Selbstvorsorge; der Bundesrat legt in Zusammenarbeit mit den Kantonen die anerkannten Vorsorgeformen und die Höhe der abzugsfähigen Beiträge fest; N 5.3 | A63, A62, B84
f. die Prämien und Beiträge für die Erwerbsersatzordnung, die Arbeitslosenversicherung und die obligatorische Unfallversicherung;
g.[3] die Einlagen, Prämien und Beiträge für die Lebens-, die Kranken- und die nicht unter Buchstabe f fallende Unfallversicherung sowie die Zinsen von Sparkapitalien der steuerpflichtigen Person und der von ihr unterhaltenen Personen, bis zum Gesamtbetrag von:
  1.[4] 3 700 Franken für Ehepaare, die in rechtlich und tatsächlich ungetrennter Ehe leben,
  2. 1 800 Franken für die übrigen Steuerpflichtigen;
h.[5] die Krankheits- und Unfallkosten des Steuerpflichtigen und der von ihm unterhaltenen Personen, soweit der Steuerpflichtige die Kosten selber trägt und diese 5 Prozent der um die Aufwendungen (Art. 26–33) verminderten steuerbaren Einkünfte übersteigen; A56

---

[1] Fassung gemäss Ziff. I 1 des BG vom 17. Juni 2022 über die Besteuerung von Leibrenten und ähnlichen Vorsorgeformen, in Kraft seit 1. Jan. 2025 (AS **2023** 38; BBl **2021** 3028).
[2] Fassung gemäss Anhang Ziff. 3 des BG vom 18. Juni 2004, in Kraft seit 1. Jan. 2005 (AS **2004** 4635; BBl **2003** 6399).
[3] Fassung gemäss Art. 3 Abs. 1 der V des EFD vom 16. Sept. 2022 über die kalte Progression, in Kraft seit 1. Jan. 2023 (AS **2022** 575).
[4] Fassung gemäss Art. 3 Abs. 1 der V des EFD vom 22. Aug. 2024 über die kalte Progression, in Kraft seit 1. Jan. 2025 (AS **2024** 479).
[5] Fassung gemäss Anhang Ziff. 2 des Behindertengleichstellungsgesetzes vom 13. Dez. 2002, in Kraft seit 1. Jan. 2005 (AS **2003** 4487; BBl **2001** 1715).

h^bis. die behinderungsbedingten Kosten des Steuerpflichtigen oder der von ihm unterhaltenen Personen mit Behinderungen im Sinne des Behindertengleichstellungsgesetzes vom 13. Dezember 2002¹, soweit der Steuerpflichtige die Kosten selber trägt;² A75, A56

i.³ die Mitgliederbeiträge und Zuwendungen bis zum Gesamtbetrag von 10 600 Franken an politische Parteien, die:⁴
   1. im Parteienregister nach Artikel 76a des Bundesgesetzes vom 17. Dezember 1976⁵ über die politischen Rechte eingetragen sind,
   2. in einem kantonalen Parlament vertreten sind, oder
   3. in einem Kanton bei den letzten Wahlen des kantonalen Parlaments mindestens 3 Prozent der Stimmen erreicht haben;

j.⁶ die Kosten der berufsorientierten Aus- und Weiterbildung, einschliesslich der Umschulungskosten, bis zum Gesamtbetrag von 13 000 Franken, sofern:⁷ A87
   1. ein erster Abschluss auf der Sekundarstufe II vorliegt, oder
   2. das 20. Lebensjahr vollendet ist und es sich nicht um die Ausbildungskosten bis zum ersten Abschluss auf der Sekundarstufe II handelt.

¹ᵇⁱˢ Die Abzüge nach Absatz 1 Buchstabe g erhöhen sich:

a. um die Hälfte für Steuerpflichtige ohne Beiträge nach Absatz 1 Buchstaben d und e;
b. um 700 Franken für jedes Kind oder jede unterstützungsbedürftige Person, für die die steuerpflichtige Person einen Abzug nach Artikel 35 Absatz 1 Buchstabe a oder b geltend machen kann.⁸

² Leben Ehegatten in rechtlich und tatsächlich ungetrennter Ehe und erzielen beide ein Erwerbseinkommen, so werden vom niedrigeren Erwerbseinkommen 50 Prozent, jedoch mindestens 8 600 Franken und höchstens 14 100 Franken abgezogen. Als Erwerbseinkommen gelten die steuerbaren Einkünfte aus unselbständiger oder selbständiger Erwerbstätigkeit abzüglich der Aufwendungen nach den Artikeln 26–31 und der allgemeinen Abzüge nach Absatz 1 Buchstaben d–f. Bei erheblicher Mitarbeit eines Ehegatten im Beruf, Geschäft oder Gewerbe des andern Ehegatten oder bei gemeinsamer selbständiger Erwerbstätigkeit wird jedem Ehegatten die Hälfte des gemeinsamen Erwerbseinkommens zugewiesen. Eine abweichende Aufteilung ist vom Ehepaar nachzuweisen.⁹ A75

---

1 SR **151.3**
2 Eingefügt durch Anhang Ziff. 2 des Behindertengleichstellungsgesetzes vom 13. Dez. 2002, in Kraft seit 1. Jan. 2005 (AS **2003** 4487; BBl **2001** 1715).
3 Fassung gemäss Art. 6 Abs. 3 der V des EFD vom 22. Sept. 2011 über die kalte Progression, in Kraft seit 1. Jan. 2012 (AS **2011** 4503).
4 Fassung gemäss Art. 3 Abs. 2 der V des EFD vom 22. Aug. 2024 über die kalte Progression, in Kraft seit 1. Jan. 2025 (AS **2024** 479).
5 SR **161.1**
6 Eingefügt durch Ziff. I 1 des BG vom 27. Sept. 2013 über die steuerliche Behandlung der berufsorientierten Aus- und Weiterbildungskosten, in Kraft seit 1. Jan. 2016 (AS **2014** 1105; BBl **2011** 2607).
7 Fassung gemäss Art. 3 Abs. 3 der V des EFD vom 22. Aug. 2024 über die kalte Progression, in Kraft seit 1. Jan. 2025 (AS **2024** 479).
8 Eingefügt durch Ziff. I 1 des BG vom 22. März 2013 über die formelle Bereinigung der zeitlichen Bemessung der direkten Steuern bei den natürlichen Personen, in Kraft seit 1. Jan. 2014 (AS **2013** 2397; BBl **2011** 3593).
9 Fassung gemäss Art. 3 Abs. 4 der V des EFD vom 22. Aug. 2024 über die kalte Progression, in Kraft seit 1. Jan. 2025 (AS **2024** 479).

³ Von den Einkünften werden abgezogen die nachgewiesenen Kosten, jedoch höchstens 25 800 Franken, für die Drittbetreuung jedes Kindes, das das 14. Altersjahr noch nicht vollendet hat und mit der steuerpflichtigen Person, die für seinen Unterhalt sorgt, im gleichen Haushalt lebt, soweit diese Kosten in direktem kausalem Zusammenhang mit der Erwerbstätigkeit, Ausbildung oder Erwerbsunfähigkeit der steuerpflichtigen Person stehen.[1]

⁴ Von den einzelnen Gewinnen aus der Teilnahme an Geldspielen, welche nicht nach Artikel 24 Buchstaben i^{bis}–j steuerfrei sind, werden 5 Prozent, jedoch höchstens 5 400 Franken, als Einsatzkosten abgezogen. Von den einzelnen Gewinnen aus der Online-Teilnahme an Spielbankenspielen nach Artikel 24 Buchstabe i^{bis} werden die vom Online-Spielerkonto abgebuchten Spieleinsätze im Steuerjahr, jedoch höchstens 26 800 Franken abgezogen.[2]

> ☞ *Art. 33a (bisheriger Art. 33a wird zu Art. 33b) wird gemäss BG über den Systemwechsel bei der Wohneigentumsbesteuerung frühestens per 1.1.2027 wie folgt neu eingefügt (unter Vorbehalt des Referendums und der Annahme des BB vom 20.12.2024 über die Einführung einer Objektsteuer auf Zweitliegenschaften in der Volksabstimmung):*
>
> *Art. 33a Schuldzinsen bei erstmals erworbenen selbstbewohnten Liegenschaften*
>
> *¹ Steuerpflichtige, die erstmals eine dauernd und ausschliesslich selbstbewohnte Liegenschaft in der Schweiz erwerben, können im ersten Steuerjahr nach dem Erwerb die auf diese Liegenschaft entfallenden privaten Schuldzinsen wie folgt abziehen:*
>
> *a. Ehepaare in rechtlich und tatsächlich ungetrennter Ehe: bis zu 10 000 Franken;*
> *b. übrige Steuerpflichtige: bis zu 5 000 Franken.*
>
> *² Dieser Abzug ist nur so weit zulässig, als die Schuldzinsen nicht bereits nach Artikel 33 Absatz 1 Buchstabe a erster Satz berücksichtigt worden sind.*
>
> *³ In den nachfolgenden Steuerjahren vermindert sich der maximal abziehbare Betrag jährlich um 10 Prozent des Höchstbetrags nach Absatz 1.*
>
> *⁴ Wird die Liegenschaft veräussert oder anders genutzt, so entfällt die Abzugsmöglichkeit ab dem ersten Steuerjahr nach der Veräusserung oder Nutzungsänderung. Erwirbt die steuerpflichtige Person innert angemessener Frist eine gleichgenutzte Ersatzliegenschaft in der Schweiz, so richtet sich die Abzugsmöglichkeit ab dem Jahr des Erwerbs der Liegenschaft für die verbleibenden Steuerjahre nach Absatz 3.*

---

[1] Eingefügt durch Ziff. I 1 des BG vom 25. Sept. 2009 über die steuerliche Entlastung von Familien mit Kindern (AS **2010** 455; BBl **2009** 4729). Fassung gemäss Art. 3 Abs. 5 der V des EFD vom 22. Aug. 2024 über die kalte Progression, in Kraft seit 1. Jan. 2025 (AS **2024** 479).
[2] Eingefügt durch Ziff. I 1 des BG vom 15. Juni 2012 über Vereinfachungen bei der Besteuerung von Lotteriegewinnen (AS **2012** 5977; BBl **2011** 6517 6543). Fassung gemäss Art. 3 Abs. 6 der V des EFD vom 22. Aug. 2024 über die kalte Progression, in Kraft seit 1. Jan. 2025 (AS **2024** 479).

Art. 33a[1] Freiwillige Leistungen

Von den Einkünften abgezogen werden auch die freiwilligen Leistungen von Geld und übrigen Vermögenswerten an juristische Personen mit Sitz in der Schweiz, die im Hinblick auf ihre öffentlichen oder gemeinnützigen Zwecke von der Steuerpflicht befreit sind (Art. 56 Bst. g), wenn diese Leistungen im Steuerjahr 100 Franken erreichen und insgesamt 20 Prozent der um die Aufwendungen (Art. 26–33) verminderten Einkünfte nicht übersteigen. Im gleichen Umfang abzugsfähig sind entsprechende freiwillige Leistungen an Bund, Kantone, Gemeinden und deren Anstalten (Art. 56 Bst. a–c). A30

6. Abschnitt: Nicht abziehbare Kosten und Aufwendungen

Art. 34

Nicht abziehbar sind die übrigen Kosten und Aufwendungen, insbesondere:

a. die Aufwendungen für den Unterhalt des Steuerpflichtigen und seiner Familie sowie der durch die berufliche Stellung des Steuerpflichtigen bedingte Privataufwand;
b.[2] ...
c. die Aufwendungen für Schuldentilgung;
d. die Aufwendungen für die Anschaffung, Herstellung oder Wertvermehrung von Vermögensgegenständen;
e. Einkommens-, Grundstückgewinn- und Vermögenssteuern von Bund, Kantonen und Gemeinden und gleichartige ausländische Steuern.

4. Kapitel: Sozialabzüge

Art. 35

[1] Vom Einkommen werden abgezogen:

a.[3] 6 800 Franken für jedes minderjährige oder in der beruflichen oder schulischen Ausbildung stehende Kind, für dessen Unterhalt die steuerpflichtige Person sorgt; werden die Eltern getrennt besteuert, so wird der Kinderabzug hälftig aufgeteilt, wenn das Kind unter gemeinsamer elterlicher Sorge steht und keine Unterhaltsbeiträge nach Artikel 33 Absatz 1 Buchstabe c für das Kind geltend gemacht werden;

b.[4] 6 800 Franken für jede erwerbsunfähige oder beschränkt erwerbsfähige Person, zu deren Unterhalt die steuerpflichtige Person mindestens in der Höhe des Abzugs beiträgt; der Abzug kann nicht beansprucht werden für den Ehegatten und für Kinder, für die ein Abzug nach Buchstabe a gewährt wird;

---

1 Eingefügt durch Anhang Ziff. 3 des BG vom 8. Okt. 2004 (Stiftungsrecht), in Kraft seit 1. Jan. 2006 (AS **2005** 4545; BBl **2003** 8153 8191).
2 Aufgehoben durch Ziff. I 1 des BG vom 27. Sept. 2013 über die steuerliche Behandlung der berufsorientierten Aus- und Weiterbildungskosten, mit Wirkung seit 1. Jan. 2016 (AS **2014** 1105; BBl **2011** 2607).
3 Fassung gemäss Art. 4 der V des EFD vom 22. Aug. 2024 über die kalte Progression, in Kraft seit 1. Jan. 2025 (AS **2024** 479).
4 Fassung gemäss Art. 4 der V des EFD vom 22. Aug. 2024 über die kalte Progression, in Kraft seit 1. Jan. 2025 (AS **2024** 479).

c.[1] 2 800 Franken für Ehepaare, die in rechtlich und tatsächlich ungetrennter Ehe leben.[2]

[2] Die Sozialabzüge werden nach den Verhältnissen am Ende der Steuerperiode (Art. 40) oder der Steuerpflicht festgesetzt.[3]

[3] Bei teilweiser Steuerpflicht werden die Sozialabzüge anteilsmässig gewährt.

5. Kapitel: Steuerberechnung

1. Abschnitt: Tarife

Art. 36

[1] Die Steuer für ein Steuerjahr beträgt:

– bis 15 200 Franken Einkommen	0.00	Franken
und für je weitere 100 Franken Einkommen	0.77	Franken;
– für 33 200 Franken Einkommen	138.60	Franken
und für je weitere 100 Franken Einkommen	0.88	Franken mehr;
– für 43 500 Franken Einkommen	229.20	Franken
und für je weitere 100 Franken Einkommen	2.64	Franken mehr;
– für 58 000 Franken Einkommen	612.00	Franken
und für je weitere 100 Franken Einkommen	2.97	Franken mehr;
– für 76 100 Franken Einkommen	1 149.55	Franken
und für je weitere 100 Franken Einkommen	5.94	Franken mehr;
– für 82 000 Franken Einkommen	1 500.00	Franken
und für je weitere 100 Franken Einkommen	6.60	Franken mehr;
– für 108 800 Franken Einkommen	3 268.80	Franken
und für je weitere 100 Franken Einkommen	8.80	Franken mehr;
– für 141 500 Franken Einkommen	6 146.40	Franken
und für je weitere 100 Franken Einkommen	11.00	Franken mehr;
– für 184 900 Franken Einkommen	10 920.40	Franken
und für je weitere 100 Franken Einkommen	13.20	Franken mehr;
– für 793 300 Franken Einkommen	91 229.20	Franken
– für 793 400 Franken Einkommen	91 241.00	Franken
und für je weitere 100 Franken Einkommen	11.50	Franken mehr.[4]

---

[1] Fassung gemäss Art. 4 der V des EFD vom 22. Aug. 2024 über die kalte Progression, in Kraft seit 1. Jan. 2025 (AS **2024** 479).

[2] Fassung gemäss Ziff. I 1 des BG vom 22. März 2013 über die formelle Bereinigung der zeitlichen Bemessung der direkten Steuern bei den natürlichen Personen, in Kraft seit 1. Jan. 2014 (AS **2013** 2397; BBl **2011** 3593).

[3] Fassung gemäss Ziff. I 1 des BG vom 22. März 2013 über die formelle Bereinigung der zeitlichen Bemessung der direkten Steuern bei den natürlichen Personen, in Kraft seit 1. Jan. 2014 (AS **2013** 2397; BBl **2011** 3593).

[4] Fassung gemäss Art. 2 Abs. 1 der V des EFD vom 22. Aug. 2024 über die kalte Progression, in Kraft seit 1. Jan. 2025 (AS **2024** 479).

² Für Ehepaare, die in rechtlich und tatsächlich ungetrennter Ehe leben, beträgt die jährliche Steuer:

– bis 29 700 Franken Einkommen	0.00	Franken
und für je weitere 100 Franken Einkommen	1.00	Franken mehr;
– für 53 400 Franken Einkommen	237.00	Franken
und für je weitere 100 Franken Einkommen	2.00	Franken mehr;
– für 61 300 Franken Einkommen	395.00	Franken
und für je weitere 100 Franken Einkommen	3.00	Franken mehr;
– für 79 100 Franken Einkommen	929.00	Franken
und für je weitere 100 Franken Einkommen	4.00	Franken mehr;
– für 94 900 Franken Einkommen	1 561.00	Franken
und für je weitere 100 Franken Einkommen	5.00	Franken mehr;
– für 108 600 Franken Einkommen	2 246.00	Franken
und für je weitere 100 Franken Einkommen	6.00	Franken mehr;
– für 120 500 Franken Einkommen	2 960.00	Franken
und für je weitere 100 Franken Einkommen	7.00	Franken mehr;
– für 130 500 Franken Einkommen	3 660.00	Franken
und für je weitere 100 Franken Einkommen	8.00	Franken mehr;
– für 138 300 Franken Einkommen	4 284.00	Franken
und für je weitere 100 Franken Einkommen	9.00	Franken mehr;
– für 144 200 Franken Einkommen	4 815.00	Franken
und für je weitere 100 Franken Einkommen	10.00	Franken mehr;
– für 148 200 Franken Einkommen	5 215.00	Franken
und für je weitere 100 Franken Einkommen	11.00	Franken mehr;
– für 150 300 Franken Einkommen	5 446.00	Franken
und für je weitere 100 Franken Einkommen	12.00	Franken mehr;
– für 152 300 Franken Einkommen	5 686.00	Franken
und für je weitere 100 Franken Einkommen	13.00	Franken mehr;
– für 940 800 Franken Einkommen	108 191.00	Franken
– für 940 900 Franken Einkommen	108 203.50	Franken
und für je weitere 100 Franken Einkommen	11.50	Franken mehr.[1]

²ᵇⁱˢ Für die in rechtlich und tatsächlich ungetrennter Ehe lebenden Ehepaare und die verwitweten, gerichtlich oder tatsächlich getrennt lebenden, geschiedenen und ledigen steuerpflichtigen Personen, die mit Kindern oder unterstützungsbedürftigen Personen im gleichen Haushalt zusammenleben und deren Unterhalt zur Hauptsache bestreiten, gilt Absatz 2 sinngemäss. Der so ermittelte Steuerbetrag ermässigt sich um 263 Franken für jedes Kind oder jede unterstützungsbedürftige Person.[2]

³ Steuerbeträge unter 25 Franken werden nicht erhoben.

---

[1] Fassung gemäss Art. 2 Abs. 2 der V des EFD vom 22. Aug. 2024 über die kalte Progression, in Kraft seit 1. Jan. 2025 (AS **2024** 479).
[2] Eingefügt durch Ziff. I 1 des BG vom 25. Sept. 2009 über die steuerliche Entlastung von Familien mit Kindern (AS **2010** 455; BBl **2009** 4729). Fassung gemäss Art. 2 Abs. 3 der V des EFD vom 22. Aug. 2024 über die kalte Progression, in Kraft seit 1. Jan. 2025 (AS **2024** 479).

2. Abschnitt: Sonderfälle

Art. 37 Kapitalabfindungen für wiederkehrende Leistungen

Gehören zu den Einkünften Kapitalabfindungen für wiederkehrende Leistungen, so wird die Einkommenssteuer unter Berücksichtigung der übrigen Einkünfte und der zulässigen Abzüge zu dem Steuersatz berechnet, der sich ergäbe, wenn anstelle der einmaligen Leistung eine entsprechende jährliche Leistung ausgerichtet würde. A48

Art. 37a[1] Vereinfachtes Abrechnungsverfahren QStV 21 ff. | A91, B21

1 Für kleine Arbeitsentgelte aus unselbständiger Erwerbstätigkeit ist die Steuer ohne Berücksichtigung der übrigen Einkünfte, allfälliger Berufskosten und Sozialabzüge zu einem Satz von 0,5 Prozent zu erheben; Voraussetzung ist, dass der Arbeitgeber die Steuer im Rahmen des vereinfachten Abrechnungsverfahrens nach den Artikeln 2 und 3 des Bundesgesetzes vom 17. Juni 2005[2] gegen die Schwarzarbeit entrichtet. Damit ist die Einkommenssteuer abgegolten.

2 Artikel 88 Absatz 1 Buchstabe a gilt sinngemäss.

3 Der Schuldner der steuerbaren Leistung ist verpflichtet, die Steuern periodisch der zuständigen AHV-Ausgleichskasse abzuliefern.

4 Die AHV-Ausgleichskasse stellt dem Steuerpflichtigen eine Aufstellung oder eine Bestätigung über den Steuerabzug aus. Sie überweist der zuständigen Steuerbehörde die einkassierten Steuerzahlungen.

5 Das Recht auf eine Bezugsprovision nach Artikel 88 Absatz 4 wird auf die zuständige AHV-Ausgleichskasse übertragen.

6 Der Bundesrat regelt die Einzelheiten; dabei berücksichtigt er die Artikel 88 und 196 Absatz 3.[3]

Art. 37b[4] Liquidationsgewinne VO DBG M | A86, A73, A71

1 Wird die selbstständige Erwerbstätigkeit nach dem vollendeten 55. Altersjahr oder wegen Unfähigkeit zur Weiterführung infolge Invalidität definitiv aufgegeben, so ist die Summe der in den letzten zwei Geschäftsjahren realisierten stillen Reserven getrennt vom übrigen Einkommen zu besteuern. Einkaufsbeiträge gemäss Artikel 33 Absatz 1 Buchstabe d sind abziehbar. Werden keine solchen Einkäufe vorgenommen, so wird die Steuer auf dem Betrag der realisierten stillen Reserven, für den der Steuerpflichtige die Zulässigkeit eines Einkaufs gemäss Artikel 33 Absatz 1 Buchstabe d nachweist, zu einem Fünftel der Tarife nach Artikel 36 berechnet. Für die Bestimmung des auf den Restbetrag der realisierten stillen Reserven anwendbaren Satzes ist ein Fünftel dieses Restbetrages massgebend, es wird aber in jedem Falle eine Steuer zu einem Satz von mindestens 2 Prozent erhoben. A75

---

1 Eingefügt durch Anhang Ziff. 4 des BG vom 17. Juni 2005 gegen die Schwarzarbeit, in Kraft seit 1. Jan. 2008 (AS **2007** 359; BBl **2002** 3605).
2 SR **822.41**
3 Fassung gemäss Ziff. I 1 des BG vom 16. Dez. 2016 über die Revision der Quellenbesteuerung des Erwerbseinkommens, in Kraft seit 1. Jan. 2021 (AS **2018** 1813; BBl **2015** 657).
4 Eingefügt durch Ziff. II 2 des Unternehmenssteuerreformgesetzes II vom 23. März 2007, in Kraft seit 1. Jan. 2011 (AS **2008** 2893; BBl **2005** 4733).

Art. 38 Kapitalleistungen aus Vorsorge A86

¹ Kapitalleistungen nach Artikel 22 sowie Zahlungen bei Tod und für bleibende körperliche oder gesundheitliche Nachteile werden gesondert besteuert. Sie unterliegen stets einer vollen Jahressteuer. A63

¹ᵇⁱˢ Die Steuer wird für das Steuerjahr festgesetzt, in dem die entsprechenden Einkünfte zugeflossen sind.[1]

² Sie wird zu einem Fünftel der Tarife nach Artikel 36 Absätze 1, 2 und 2ᵇⁱˢ erster Satz berechnet.[2]

³ Die Sozialabzüge werden nicht gewährt.[3]

6. Kapitel: Ausgleich der Folgen der kalten Progression

Art. 39

¹ Bei der Steuer vom Einkommen der natürlichen Personen werden die Folgen der kalten Progression durch gleichmässige Anpassung der Tarifstufen und der in Frankenbeträgen festgesetzten Abzüge vom Einkommen voll ausgeglichen. Die Beträge sind auf 100 Franken auf- oder abzurunden.

² Das EFD passt die Tarifstufen und die Abzüge jährlich an den Landesindex der Konsumentenpreise an. Massgebend ist der Indexstand am 30. Juni vor Beginn der Steuerperiode. Bei negativem Teuerungsverlauf ist eine Anpassung ausgeschlossen. Der auf eine negative Teuerung folgende Ausgleich erfolgt auf Basis des letzten Ausgleichs.[4]

³ ...[5]

---

[1] Eingefügt durch Ziff. I 1 des BG vom 22. März 2013 über die formelle Bereinigung der zeitlichen Bemessung der direkten Steuern bei den natürlichen Personen, in Kraft seit 1. Jan. 2014 (AS **2013** 2397; BBl **2011** 3593).
[2] Fassung gemäss Ziff. I 1 des BG vom 22. März 2013 über die formelle Bereinigung der zeitlichen Bemessung der direkten Steuern bei den natürlichen Personen, in Kraft seit 1. Jan. 2014 (AS **2013** 2397; BBl **2011** 3593).
[3] Fassung gemäss Ziff. I des BG vom 25. Sept. 2009, in Kraft seit 1. Jan. 2011 (AS **2010** 453; BBl **2009** 1657).
[4] Fassung gemäss Ziff. I des BG vom 25. Sept. 2009, in Kraft seit 1. Jan. 2011 (AS **2010** 453; BBl **2009** 1657).
[5] Aufgehoben durch Ziff. I des BG vom 25. Sept. 2009, mit Wirkung seit 1. Jan. 2011 (AS **2010** 453; BBl **2009** 1657).

Dritter Titel:[1] Zeitliche Bemessung

Art. 40 Steuerperiode

1 Als Steuerperiode gilt das Kalenderjahr.

2 Die Einkommenssteuer wird für jede Steuerperiode festgesetzt und erhoben.

3 Besteht die Steuerpflicht nur während eines Teils der Steuerperiode, so wird die Steuer auf den in diesem Zeitraum erzielten Einkünften erhoben. Dabei bestimmt sich der Steuersatz für regelmässig fliessende Einkünfte nach dem auf zwölf Monate berechneten Einkommen; nicht regelmässig fliessende Einkünfte unterliegen der vollen Jahressteuer, werden aber für die Satzbestimmung nicht in ein Jahreseinkommen umgerechnet. Artikel 38 bleibt vorbehalten. VO DBG A

Art. 41 Bemessung des Einkommens VO DBG A

1 Das steuerbare Einkommen bemisst sich nach den Einkünften in der Steuerperiode.

2 Für die Ermittlung des Einkommens aus selbstständiger Erwerbstätigkeit ist das Ergebnis des in der Steuerperiode abgeschlossenen Geschäftsjahres massgebend.

3 Steuerpflichtige mit selbstständiger Erwerbstätigkeit müssen in jeder Steuerperiode einen Geschäftsabschluss erstellen.

Art. 42 Veranlagung bei Begründung und Auflösung der Ehe

1 Ehegatten, die in rechtlich und tatsächlich ungetrennter Ehe leben, werden für die ganze Steuerperiode, in der sie die Ehe geschlossen haben, nach Artikel 9 Absatz 1 veranlagt.

2 Bei Scheidung, gerichtlicher oder tatsächlicher Trennung werden die Ehegatten für die ganze Steuerperiode separat veranlagt.

3 Stirbt ein in rechtlich und tatsächlich ungetrennter Ehe lebender Ehegatte, so werden bis zu seinem Todestag beide Ehegatten gemeinsam veranlagt (Art. 9 Abs. 1). Der überlebende Ehegatte wird für den Rest der Steuerperiode separat zu dem für ihn anwendbaren Tarif veranlagt. Artikel 40 Absatz 3 gilt sinngemäss.

Art. 43 –48 ...

---

[1] Fassung gemäss Ziff. I 1 des BG vom 22. März 2013 über die formelle Bereinigung der zeitlichen Bemessung der direkten Steuern bei den natürlichen Personen, in Kraft seit 1. Jan. 2014 (AS **2013** 2397; BBl **2011** 3593).

Dritter Teil: Besteuerung der juristischen Personen

Erster Titel: Steuerpflicht

1. Kapitel: Begriff der juristischen Personen

Art. 49

¹ Als juristische Personen werden besteuert:

a. die Kapitalgesellschaften (Aktiengesellschaften, Kommanditaktiengesellschaften, Gesellschaften mit beschränkter Haftung) und die Genossenschaften;
b. die Vereine, die Stiftungen und die übrigen juristischen Personen.

² Den übrigen juristischen Personen gleichgestellt sind die kollektiven Kapitalanlagen mit direktem Grundbesitz nach Artikel 58 oder 118a KAG[1].[2] Die Investmentgesellschaften mit festem Kapital nach Artikel 110 KAG werden wie Kapitalgesellschaften besteuert.[3] A69

³ Ausländische juristische Personen sowie nach Artikel 11 steuerpflichtige, ausländische Handelsgesellschaften und andere ausländische Personengesamtheiten ohne juristische Persönlichkeit werden den inländischen juristischen Personen gleichgestellt, denen sie rechtlich oder tatsächlich am ähnlichsten sind.

2. Kapitel: Steuerliche Zugehörigkeit

Art. 50 Persönliche Zugehörigkeit

Juristische Personen sind aufgrund persönlicher Zugehörigkeit steuerpflichtig, wenn sich ihr Sitz oder ihre tatsächliche Verwaltung in der Schweiz befindet.

Art. 51 Wirtschaftliche Zugehörigkeit

¹ Juristische Personen, die weder ihren Sitz noch die tatsächliche Verwaltung in der Schweiz haben, sind aufgrund wirtschaftlicher Zugehörigkeit steuerpflichtig, wenn sie:

a. Teilhaber an Geschäftsbetrieben in der Schweiz sind;
b. in der Schweiz Betriebsstätten unterhalten;
c. an Grundstücken in der Schweiz Eigentum, dingliche oder diesen wirtschaftlich gleichkommende persönliche Nutzungsrechte haben;
d. Gläubiger oder Nutzniesser von Forderungen sind, die durch Grund- oder Faustpfand auf Grundstücken in der Schweiz gesichert sind;
e. in der Schweiz gelegene Liegenschaften vermitteln oder damit handeln.

² Als Betriebsstätte gilt eine feste Geschäftseinrichtung, in der die Geschäftstätigkeit eines Unternehmens ganz oder teilweise ausgeübt wird. Betriebsstätten sind insbesondere Zweigniederlassungen, Fabrikationsstätten, Werkstätten, Verkaufsstellen, ständige Vertretungen, Bergwerke und andere Stätten der Ausbeutung von Bodenschätzen sowie Bau- oder Montagestellen von mindestens zwölf Monaten Dauer.

---

[1] SR **951.31**
[2] Fassung gemäss Anhang Ziff. 2 des BG vom 17. Dez. 2021, in Kraft seit 1. März 2024 (AS **2024** 53; BBl **2020** 6885).
[3] Fassung gemäss Anhang Ziff. II 6 des Kollektivanlagengesetzes vom 23. Juni 2006, in Kraft seit 1. Jan. 2007 (AS **2006** 5379; BBl **2005** 6395).

Art. 52 Umfang der Steuerpflicht

¹ Bei persönlicher Zugehörigkeit ist die Steuerpflicht unbeschränkt; sie erstreckt sich aber nicht auf Geschäftsbetriebe, Betriebsstätten und Grundstücke im Ausland.

² Bei wirtschaftlicher Zugehörigkeit beschränkt sich die Steuerpflicht auf den Gewinn, für den nach Artikel 51 eine Steuerpflicht in der Schweiz besteht.[1]

³ Die Abgrenzung der Steuerpflicht für Geschäftsbetriebe, Betriebsstätten und Grundstücke erfolgt im Verhältnis zum Ausland nach den Grundsätzen des Bundesrechts über das Verbot der interkantonalen Doppelbesteuerung. Ein schweizerisches Unternehmen kann Verluste aus einer ausländischen Betriebsstätte mit inländischen Gewinnen verrechnen, soweit diese Verluste im Betriebsstättenstaat nicht bereits berücksichtigt wurden. Verzeichnet diese Betriebsstätte innert der folgenden sieben Geschäftsjahre Gewinne, so erfolgt in diesen Geschäftsjahren im Ausmass der im Betriebsstättenstaat verrechneten Verlustvorträge eine Besteuerung. Verluste aus ausländischen Liegenschaften können nur dann berücksichtigt werden, wenn im betreffenden Land auch eine Betriebsstätte unterhalten wird. Vorbehalten bleiben die in Doppelbesteuerungsabkommen enthaltenen Regelungen.[2]

⁴ Steuerpflichtige mit Sitz und tatsächlicher Verwaltung im Ausland haben den in der Schweiz erzielten Gewinn zu versteuern.[3]

Art. 53[4] ...

3. Kapitel: Beginn und Ende der Steuerpflicht

Art. 54

¹ Die Steuerpflicht beginnt mit der Gründung der juristischen Person, mit der Verlegung ihres Sitzes oder ihrer tatsächlichen Verwaltung in die Schweiz oder mit dem Erwerb von in der Schweiz steuerbaren Werten.

² Die Steuerpflicht endet mit dem Abschluss der Liquidation, mit der Verlegung des Sitzes oder der tatsächlichen Verwaltung ins Ausland mit dem Wegfall der in der Schweiz steuerbaren Werte.

³ Überträgt eine juristische Person Aktiven und Passiven auf eine andere juristische Person, so sind die von ihr geschuldeten Steuern von der übernehmenden juristischen Person zu entrichten.

⁴ Nicht als Beendigung der Steuerpflicht gelten die vorübergehende Sitzverlegung ins Ausland und die anderen Massnahmen aufgrund der Bundesgesetzgebung über die wirtschaftliche Landesversorgung.

---

[1] Fassung gemäss Ziff. I 1 des BG vom 10. Okt. 1997 über die Reform der Unternehmensbesteuerung 1997, in Kraft seit 1. Jan. 1998 (AS **1998** 669; BBl **1997** II 1164).
[2] Fassung gemäss Ziff. I 1 des BG vom 10. Okt. 1997 über die Reform der Unternehmensbesteuerung 1997, in Kraft seit 1. Jan. 1998 (AS **1998** 669; BBl **1997** II 1164).
[3] Fassung gemäss Ziff. I 1 des BG vom 10. Okt. 1997 über die Reform der Unternehmensbesteuerung 1997, in Kraft seit 1. Jan. 1998 (AS **1998** 669; BBl **1997** II 1164).
[4] Aufgehoben durch Ziff. I 1 des BG vom 10. Okt. 1997 über die Reform der Unternehmensbesteuerung 1997, mit Wirkung seit 1. Jan. 1998 (AS **1998** 669; BBl **1997** II 1164).

4. Kapitel: Mithaftung

Art. 55

¹ Endet die Steuerpflicht einer juristischen Person, so haften die mit ihrer Verwaltung und die mit ihrer Liquidation betrauten Personen solidarisch für die von ihr geschuldeten Steuern bis zum Betrag des Liquidationsergebnisses oder, falls die juristische Person ihren Sitz oder tatsächliche Verwaltung ins Ausland verlegt, bis zum Betrag des Reinvermögens der juristischen Person. Die Haftung entfällt, wenn der Haftende nachweist, dass er alle nach den Umständen gebotene Sorgfalt angewendet hat.

² Für die Steuern einer aufgrund wirtschaftlicher Zugehörigkeit steuerpflichtigen juristischen Person haften solidarisch bis zum Betrag des Reinerlöses Personen, die:

a. Geschäftsbetriebe oder Betriebsstätten in der Schweiz auflösen;
b. Grundstücke in der Schweiz oder durch solche Grundstücke gesicherte Forderungen veräussern oder verwerten.

³ Käufer und Verkäufer einer in der Schweiz gelegenen Liegenschaft haften für die aus der Vermittlungstätigkeit geschuldete Steuer solidarisch bis zu 3 Prozent der Kaufsumme, wenn die die Liegenschaft vermittelnde juristische Person in der Schweiz weder ihren Sitz noch ihre tatsächliche Verwaltung hat.

⁴ Für die Steuern ausländischer Handelsgesellschaften und anderer ausländischer Personengesamtheiten ohne juristische Persönlichkeit haften die Teilhaber solidarisch.

5. Kapitel: Ausnahmen von der Steuerpflicht

Art. 56

Von der Steuerpflicht sind befreit:

a. der Bund und seine Anstalten;
b. die Kantone und ihre Anstalten;
c. die Gemeinden, die Kirchgemeinden und die anderen Gebietskörperschaften der Kantone sowie ihre Anstalten;
d.[1] vom Bund konzessionierte Verkehrs- und Infrastrukturunternehmen, die für diese Tätigkeit Abgeltungen erhalten oder aufgrund ihrer Konzession einen ganzjährigen Betrieb von nationaler Bedeutung aufrecht erhalten müssen; die Steuerbefreiung erstreckt sich auch auf Gewinne aus der konzessionierten Tätigkeit, die frei verfügbar sind; von der Steuerbefreiung ausgenommen sind jedoch Nebenbetriebe und Liegenschaften, die keine notwendige Beziehung zur konzessionierten Tätigkeit haben; A80
e. Einrichtungen der beruflichen Vorsorge von Unternehmen mit Wohnsitz, Sitz oder Betriebsstätte in der Schweiz und von ihnen nahe stehenden Unternehmen, sofern die Mittel der Einrichtung dauernd und ausschliesslich der Personalvorsorge dienen;

---

[1] Fassung gemäss Ziff. II 10 des BG vom 20. März 2009 über die Bahnreform 2, in Kraft seit 1. Jan. 2010 (AS **2009** 5597; BBl **2005** 2415, **2007** 2681).

f. inländische Sozialversicherungs- und Ausgleichskassen, insbesondere Arbeitslosen-, Krankenversicherungs-, Alters-, Invaliden- und Hinterlassenenversicherungskassen, mit Ausnahme der konzessionierten Versicherungsgesellschaften;
g. juristische Personen, die öffentliche oder gemeinnützige Zwecke verfolgen, für den Gewinn, der ausschliesslich und unwiderruflich diesen Zwecken gewidmet ist.[1] Unternehmerische Zwecke sind grundsätzlich nicht gemeinnützig. Der Erwerb und die Verwaltung von wesentlichen Kapitalbeteiligungen an Unternehmen gelten als gemeinnützig, wenn das Interesse an der Unternehmenserhaltung dem gemeinnützigen Zweck untergeordnet ist und keine geschäftsleitenden Tätigkeiten ausgeübt werden; A30, B20
h.[2] juristische Personen, die gesamtschweizerisch Kultuszwecke verfolgen, für den Gewinn, der ausschliesslich und unwiderruflich diesen Zwecken gewidmet ist; A30
i.[3] die ausländischen Staaten für ihre inländischen, ausschliesslich dem unmittelbaren Gebrauch der diplomatischen und konsularischen Vertretungen bestimmten Liegenschaften sowie die von der Steuerpflicht befreiten institutionellen Begünstigten nach Artikel 2 Absatz 1 des Gaststaatgesetzes vom 22. Juni 2007[4] für die Liegenschaften, die Eigentum der institutionellen Begünstigten sind und die von deren Dienststellen benützt werden;
j.[5] die kollektiven Kapitalanlagen mit direktem Grundbesitz, sofern deren Anleger ausschliesslich steuerbefreite Einrichtungen der beruflichen Vorsorge nach Buchstabe e oder steuerbefreite inländische Sozialversicherungs- und Ausgleichskassen nach Buchstabe f sind.

---

[1] Fassung gemäss Ziff. I 1 des BG vom 10. Okt. 1997 über die Reform der Unternehmensbesteuerung 1997, in Kraft seit 1. Jan. 1998 (AS **1998** 669; BBl **1997** II 1164).
[2] Fassung gemäss Ziff. I 1 des BG vom 10. Okt. 1997 über die Reform der Unternehmensbesteuerung 1997, in Kraft seit 1. Jan. 1998 (AS **1998** 669; BBl **1997** II 1164).
[3] Fassung gemäss Anhang Ziff. II 7 des Gaststaatgesetzes vom 22. Juni 2007, in Kraft seit 1. Jan. 2008 (AS **2007** 6637; BBl **2006** 8017).
[4] SR **192.12**
[5] Eingefügt durch Anhang Ziff. II 6 des Kollektivanlagengesetzes vom 23. Juni 2006, in Kraft seit 1. Jan. 2007 (AS **2006** 5379; BBl **2005** 6395).

Zweiter Titel: Gewinnsteuer

1. Kapitel: Steuerobjekt

1. Abschnitt: Grundsatz

Art. 57

Gegenstand der Gewinnsteuer ist der Reingewinn.

2. Abschnitt: Berechnung des Reingewinns

Art. 58 Allgemeines

¹ Der steuerbare Reingewinn setzt sich zusammen aus:
  a. dem Saldo der Erfolgsrechnung unter Berücksichtigung des Saldovortrages des Vorjahres; A89
  b. allen vor Berechnung des Saldos der Erfolgsrechnung ausgeschiedenen Teilen des Geschäftsergebnisses, die nicht zur Deckung von geschäftsmässig begründetem Aufwand verwendet werden, wie insbesondere:
     – Kosten für die Anschaffung, Herstellung oder Wertvermehrung von Gegenständen des Anlagevermögens,
     – geschäftsmässig nicht begründete Abschreibungen und Rückstellungen,
     – Einlagen in die Reserven,
     – Einzahlungen auf das Eigenkapital aus Mitteln der juristischen Person, soweit sie nicht aus als Gewinn versteuerten Reserven erfolgen,
     – offene und verdeckte Gewinnausschüttungen und geschäftsmässig nicht begründete Zuwendungen an Dritte; A95, B86
  c. den der Erfolgsrechnung nicht gutgeschriebenen Erträgen, mit Einschluss der Kapital-, Aufwertungs- und Liquidationsgewinne, vorbehältlich Artikel 64. ...¹

² Der steuerbare Reingewinn juristischer Personen, die keine Erfolgsrechnung erstellen, bestimmt sich sinngemäss nach Absatz 1.

³ Leistungen, welche gemischtwirtschaftliche, im öffentlichen Interesse tätige Unternehmen überwiegend an nahe stehende Personen erbringen, sind zum jeweiligen Marktpreis, zu den jeweiligen Gestehungskosten zuzüglich eines angemessenen Aufschlages oder zum jeweiligen Endverkaufspreis abzüglich einer angemessenen Gewinnmarge zu bewerten; das Ergebnis eines jeden Unternehmens ist entsprechend zu berichtigen.

---

¹ Zweiter Satz aufgehoben durch Ziff. I 2 des BG vom 28. Sept. 2018 über die Steuerreform und die AHV-Finanzierung, mit Wirkung seit 1. Jan. 2020 (AS **2019** 2395 2413; BBl **2018** 2527).

Art. 59 Geschäftsmässig begründeter Aufwand A95

¹ Zum geschäftsmässig begründeten Aufwand gehören auch:
   a.¹ die eidgenössischen, kantonalen und kommunalen Steuern;
   b. die Zuwendungen an Vorsorgeeinrichtungen zugunsten des eigenen Personals, sofern jede zweckwidrige Verwendung ausgeschlossen ist;
   c.² die freiwilligen Leistungen von Geld und übrigen Vermögenswerten bis zu 20 Prozent des Reingewinns an juristische Personen mit Sitz in der Schweiz, die im Hinblick auf ihre öffentlichen oder gemeinnützigen Zwecke von der Steuerpflicht befreit sind (Art. 56 Bst. g), sowie an Bund, Kantone, Gemeinden und deren Anstalten (Art. 56 Bst. a–c); A30
   d. die Rabatte, Skonti, Umsatzbonifikationen und Rückvergütungen auf dem Entgelt für Lieferungen und Leistungen sowie zur Verteilung an die Versicherten bestimmte Überschüsse von Versicherungsgesellschaften;
   e.³ die Kosten der berufsorientierten Aus- und Weiterbildung, einschliesslich Umschulungskosten, des eigenen Personals; A87
   f.⁴ gewinnabschöpfende Sanktionen, soweit sie keinen Strafzweck haben.

² Nicht zum geschäftsmässig begründeten Aufwand gehören insbesondere: A96, A95
   a. Zahlungen von Bestechungsgeldern im Sinne des schweizerischen Strafrechts;
   b. Aufwendungen zur Ermöglichung von Straftaten oder als Gegenleistung für die Begehung von Straftaten;
   c. Bussen;
   d. finanzielle Verwaltungssanktionen, soweit sie einen Strafzweck haben.⁵

³ Sind Sanktionen nach Absatz 2 Buchstaben c und d von einer ausländischen Straf- oder Verwaltungsbehörde verhängt worden, so sind sie abziehbar, wenn:
   a. die Sanktion gegen den schweizerischen Ordre public verstösst; oder
   b. die steuerpflichtige Person glaubhaft darlegt, dass sie alles Zumutbare unternommen hat, um sich rechtskonform zu verhalten.⁶

---

¹ Fassung gemäss Ziff. I 1 des BG vom 19. Juni 2020 über die steuerliche Behandlung finanzieller Sanktionen, in Kraft seit 1. Jan. 2022 (AS **2020** 5121; BBl **2016** 8503).
² Fassung gemäss Anhang Ziff. 3 des BG vom 8. Okt. 2004 (Stiftungsrecht), in Kraft seit 1. Jan. 2006 (AS **2005** 4545; BBl **2003** 8153 8191).
³ Eingefügt durch Ziff. I 1 des BG vom 27. Sept. 2013 über die steuerliche Behandlung der berufsorientierten Aus- und Weiterbildungskosten, in Kraft seit 1. Jan. 2016 (AS **2014** 1105; BBl **2011** 2607).
⁴ Eingefügt durch Ziff. I 1 des BG vom 19. Juni 2020 über die steuerliche Behandlung finanzieller Sanktionen, in Kraft seit 1. Jan. 2022 (AS **2020** 5121; BBl **2016** 8503).
⁵ Eingefügt durch Ziff. I des BG vom 22. Dez. 1999 über die Unzulässigkeit steuerlicher Abzüge von Bestechungsgeldern (AS **2000** 2147; BBl **1997** II 1037, IV 1336). Fassung gemäss Ziff. I 1 des BG vom 19. Juni 2020 über die steuerliche Behandlung finanzieller Sanktionen, in Kraft seit 1. Jan. 2022 (AS **2020** 5121; BBl **2016** 8503).
⁶ Eingefügt durch Ziff. I 1 des BG vom 19. Juni 2020 über die steuerliche Behandlung finanzieller Sanktionen, in Kraft seit 1. Jan. 2022 (AS **2020** 5121; BBl **2016** 8503).

Art. 60 Erfolgsneutrale Vorgänge

Kein steuerbarer Gewinn entsteht durch:

a. Kapitaleinlagen von Mitgliedern von Kapitalgesellschaften und Genossenschaften, einschliesslich Aufgelder und Leistungen *à fonds perdu*; A77, A74, B114
b. Verlegung des Sitzes, der Verwaltung, eines Geschäftsbetriebes oder einer Betriebsstätte innerhalb der Schweiz, soweit keine Veräusserungen oder buchmässigen Aufwertungen vorgenommen werden;
c. Kapitalzuwachs aus Erbschaft, Vermächtnis oder Schenkung.

Art. 61[1] Umstrukturierungen A50

1 Stille Reserven einer juristischen Person werden bei Umstrukturierungen, insbesondere im Fall der Fusion, Spaltung oder Umwandlung, nicht besteuert, soweit die Steuerpflicht in der Schweiz fortbesteht und die bisher für die Gewinnsteuer massgeblichen Werte übernommen werden: A74

a. bei der Umwandlung in eine Personenunternehmung oder in eine andere juristische Person;
b. bei der Auf- oder Abspaltung einer juristischen Person, sofern ein oder mehrere Betriebe oder Teilbetriebe übertragen werden und soweit die nach der Spaltung bestehenden juristischen Personen einen Betrieb oder Teilbetrieb weiterführen;
c. beim Austausch von Beteiligungs- oder Mitgliedschaftsrechten anlässlich von Umstrukturierungen oder von fusionsähnlichen Zusammenschlüssen;
d. bei der Übertragung von Betrieben oder Teilbetrieben sowie von Gegenständen des betrieblichen Anlagevermögens auf eine inländische Tochtergesellschaft. Als Tochtergesellschaft gilt eine Kapitalgesellschaft oder Genossenschaft, an der die übertragende Kapitalgesellschaft oder Genossenschaft zu mindestens 20 Prozent am Grund- oder Stammkapital beteiligt ist.

2 Bei einer Übertragung auf eine Tochtergesellschaft nach Absatz 1 Buchstabe d werden die übertragenen stillen Reserven im Verfahren nach den Artikeln 151–153 nachträglich besteuert, soweit während den der Umstrukturierung nachfolgenden fünf Jahren die übertragenen Vermögenswerte oder Beteiligungs- oder Mitgliedschaftsrechte an der Tochtergesellschaft veräussert werden; die Tochtergesellschaft kann in diesem Fall entsprechende, als Gewinn versteuerte stille Reserven geltend machen.

3 Zwischen inländischen Kapitalgesellschaften und Genossenschaften, welche nach dem Gesamtbild der tatsächlichen Verhältnisse durch Stimmenmehrheit oder auf andere Weise unter einheitlicher Leitung einer Kapitalgesellschaft oder Genossenschaft zusammengefasst sind, können direkt oder indirekt gehaltene Beteiligungen von mindestens 20 Prozent am Grund- oder Stammkapital einer anderen Kapitalgesellschaft oder Genossenschaft, Betriebe oder Teilbetriebe sowie Gegenstände des betrieblichen Anlagevermögens zu den bisher für die Gewinnsteuer massgeblichen Werten übertragen werden. Die Übertragung auf eine Tochtergesellschaft nach Artikel 61 Absatz 1 Buchstabe d bleibt vorbehalten.

---

1 Fassung gemäss Anhang Ziff. 7 des Fusionsgesetzes vom 3. Okt. 2003, in Kraft seit 1. Juli 2004 (AS **2004** 2617; BBl **2000** 4337).

⁴ Werden im Fall einer Übertragung nach Absatz 3 während der nachfolgenden fünf Jahre die übertragenen Vermögenswerte veräussert oder wird während dieser Zeit die einheitliche Leitung aufgegeben, so werden die übertragenen stillen Reserven im Verfahren nach den Artikeln 151–153 nachträglich besteuert. Die begünstigte juristische Person kann in diesem Fall entsprechende, als Gewinn versteuerte stille Reserven geltend machen. Die im Zeitpunkt der Sperrfristverletzung unter einheitlicher Leitung zusammengefassten inländischen Kapitalgesellschaften und Genossenschaften haften für die Nachsteuer solidarisch.

⁵ Entsteht durch die Übernahme der Aktiven und Passiven einer Kapitalgesellschaft oder einer Genossenschaft, deren Beteiligungsrechte der übernehmenden Kapitalgesellschaft oder Genossenschaft gehören, ein Buchverlust auf der Beteiligung, so kann dieser steuerlich nicht abgezogen werden; ein allfälliger Buchgewinn auf der Beteiligung wird besteuert.

Art. 61a[1] Aufdeckung stiller Reserven bei Beginn der Steuerpflicht   E66

¹ Deckt die steuerpflichtige Person bei Beginn der Steuerpflicht stille Reserven einschliesslich des selbst geschaffenen Mehrwerts auf, so unterliegen diese nicht der Gewinnsteuer. Nicht aufgedeckt werden dürfen stille Reserven einer Kapitalgesellschaft oder Genossenschaft aus Beteiligungen von mindestens 10 Prozent am Grund- oder Stammkapital oder am Gewinn und an den Reserven einer anderen Gesellschaft.

² Als Beginn der Steuerpflicht gelten die Verlegung von Vermögenswerten, Betrieben, Teilbetrieben oder Funktionen aus dem Ausland in einen inländischen Geschäftsbetrieb oder in eine inländische Betriebsstätte, das Ende einer Steuerbefreiung nach Artikel 56 sowie die Verlegung des Sitzes oder der tatsächlichen Verwaltung in die Schweiz.

³ Die aufgedeckten stillen Reserven sind jährlich zum Satz abzuschreiben, der für Abschreibungen auf den betreffenden Vermögenswerten steuerlich angewendet wird.

⁴ Der aufgedeckte selbst geschaffene Mehrwert ist innert zehn Jahren abzuschreiben.

Art. 61b[2] Besteuerung stiller Reserven am Ende der Steuerpflicht

¹ Endet die Steuerpflicht, so werden die in diesem Zeitpunkt vorhandenen, nicht versteuerten stillen Reserven einschliesslich des selbst geschaffenen Mehrwerts besteuert.

² Als Ende der Steuerpflicht gelten die Verlegung von Vermögenswerten, Betrieben, Teilbetrieben oder Funktionen aus dem Inland in einen ausländischen Geschäftsbetrieb oder in eine ausländische Betriebsstätte, der Übergang zu einer Steuerbefreiung nach Artikel 56 sowie die Verlegung des Sitzes oder der tatsächlichen Verwaltung ins Ausland.

---

[1] Eingefügt durch Ziff. I 2 des BG vom 28. Sept. 2018 über die Steuerreform und die AHV-Finanzierung, in Kraft seit 1. Jan. 2020 (AS **2019** 2395 2413; BBl **2018** 2527).
[2] Eingefügt durch Ziff. I 2 des BG vom 28. Sept. 2018 über die Steuerreform und die AHV-Finanzierung, in Kraft seit 1. Jan. 2020 (AS **2019** 2395 2413; BBl **2018** 2527).

Art. 62 Abschreibungen C78

¹ Geschäftsmässig begründete Abschreibungen von Aktiven sind zulässig, soweit sie buchmässig oder, bei vereinfachter Buchführung nach Artikel 957 Absatz 2 OR¹, in besonderen Abschreibungstabellen ausgewiesen sind.² N4

² In der Regel werden die Abschreibungen nach dem tatsächlichen Wert der einzelnen Vermögensteile berechnet oder nach ihrer voraussichtlichen Gebrauchsdauer angemessen verteilt.

³ Abschreibungen auf Aktiven, die zum Ausgleich von Verlusten höher bewertet wurden, können nur vorgenommen werden, wenn die Aufwertungen handelsrechtlich zulässig waren und die Verluste im Zeitpunkt der Abschreibung nach Artikel 67 Absatz 1 verrechenbar gewesen wären.

⁴ Wertberichtigungen und Abschreibungen auf den Gestehungskosten von Beteiligungen, welche die Voraussetzungen nach Artikel 70 Absatz 4 Buchstabe b erfüllen, werden dem steuerbaren Gewinn zugerechnet, soweit sie nicht mehr begründet sind.³ A72

Art. 63 Rückstellungen

¹ Rückstellungen zu Lasten der Erfolgsrechnung sind zulässig für:
a. im Geschäftsjahr bestehende Verpflichtungen, deren Höhe noch unbestimmt ist;
b. Verlustrisiken, die mit Aktiven des Umlaufvermögens, insbesondere mit Waren und Debitoren, verbunden sind;
c. andere unmittelbar drohende Verlustrisiken, die im Geschäftsjahr bestehen;
d. künftige Forschungs- und Entwicklungsaufträge an Dritte bis zu 10 Prozent des steuerbaren Gewinnes, insgesamt jedoch höchstens bis zu 1 Million Franken.

² Bisherige Rückstellungen werden dem steuerbaren Gewinn zugerechnet, soweit sie nicht mehr begründet sind.

Art. 64 Ersatzbeschaffungen E54

¹ Werden Gegenstände des betriebsnotwendigen Anlagevermögens ersetzt, so können die stillen Reserven auf die als Ersatz erworbenen Anlagegüter übertragen werden, wenn diese ebenfalls betriebsnotwendig sind und sich in der Schweiz befinden. Vorbehalten bleibt die Besteuerung beim Ersatz von Liegenschaften durch Gegenstände des beweglichen Vermögens.⁴

¹ᵇⁱˢ Beim Ersatz von Beteiligungen können die stillen Reserven auf eine neue Beteiligung übertragen werden, sofern die veräusserte Beteiligung mindestens 10 Prozent des Grund- oder Stammkapitals oder mindestens 10 Prozent des Gewinns und der Reserven der anderen Gesellschaft ausmacht und diese Beteiligung während mindestens eines Jahres im Besitz der Kapitalgesellschaft oder Genossenschaft war.⁵ A50

---

¹ SR **220**
² Fassung gemäss Ziff. I 2 des Steuererlassgesetzes vom 20. Juni 2014, in Kraft seit 1. Jan. 2016 (AS **2015** 9; BBl **2013** 8245).
³ Eingefügt durch Ziff. I 1 des BG vom 10. Okt. 1997 über die Reform der Unternehmensbesteuerung 1997 (AS **1998** 669; BBl **1997** II 1164). Fassung gemäss Ziff. II 2 des Unternehmenssteuerreformgesetzes II vom 23. März 2007, in Kraft seit 1. Jan. 2011 (AS **2008** 2893; BBl **2005** 4733).
⁴ Fassung gemäss Ziff. II 2 des Unternehmenssteuerreformgesetzes II vom 23. März 2007, in Kraft seit 1. Jan. 2011 (AS **2008** 2893; BBl **2005** 4733).
⁵ Eingefügt durch Anhang Ziff. 7 des Fusionsgesetzes vom 3. Okt. 2003 (AS **2004** 2617; BBl **2000** 4337). Fassung gemäss Ziff. II 2 des Unternehmenssteuerreformgesetzes II vom 23. März 2007, in Kraft seit 1. Jan. 2011 (AS **2008** 2893; BBl **2005** 4733).

² Findet die Ersatzbeschaffung nicht im gleichen Geschäftsjahr statt, so kann im Umfange der stillen Reserven eine Rückstellung gebildet werden. Diese Rückstellung ist innert angemessener Frist zur Abschreibung auf dem Ersatzobjekt zu verwenden oder zugunsten der Erfolgsrechnung aufzulösen.

³ Als betriebsnotwendig gilt nur Anlagevermögen, das dem Betrieb unmittelbar dient; ausgeschlossen sind insbesondere Vermögensobjekte, die dem Unternehmen nur als Vermögensanlage oder nur durch ihren Ertrag dienen.

Art. 65[1] Zinsen auf verdecktem Eigenkapital A38

Zum steuerbaren Gewinn der Kapitalgesellschaften und Genossenschaften gehören auch die Schuldzinsen, die auf jenen Teil des Fremdkapitals entfallen, dem wirtschaftlich die Bedeutung von Eigenkapital zukommt.

Art. 66 Gewinne von Vereinen, Stiftungen und kollektiven Kapitalanlagen[2]

¹ Die Mitgliederbeiträge an die Vereine und die Einlagen in das Vermögen der Stiftungen werden nicht zum steuerbaren Gewinn gerechnet.

² Von den steuerbaren Erträgen der Vereine können die zur Erzielung dieser Erträge erforderlichen Aufwendungen in vollem Umfange abgezogen werden, andere Aufwendungen nur insoweit, als sie die Mitgliederbeiträge übersteigen.

³ Die kollektiven Kapitalanlagen mit direktem Grundbesitz unterliegen der Gewinnsteuer für den Ertrag aus direktem Grundbesitz.[3] A70

Art. 66a[4] Gewinne von juristischen Personen mit ideellen Zwecken

Gewinne von juristischen Personen mit ideellen Zwecken werden nicht besteuert, sofern sie höchstens 20 000 Franken betragen und ausschliesslich und unwiderruflich diesen Zwecken gewidmet sind.

Art. 67 Verluste

¹ Vom Reingewinn der Steuerperiode können Verluste aus sieben der Steuerperiode (Art. 79) vorangegangenen Geschäftsjahren abgezogen werden, soweit sie bei der Berechnung des steuerbaren Reingewinnes dieser Jahre nicht berücksichtigt werden konnten.

² Mit Leistungen zum Ausgleich einer Unterbilanz im Rahmen einer Sanierung, die nicht Kapitaleinlagen nach Artikel 60 Buchstabe a sind, können auch Verluste verrechnet werden, die in früheren Geschäftsjahren entstanden und noch nicht mit Gewinnen verrechnet werden konnten. A77

---

1 Fassung gemäss Ziff. I 1 des BG vom 10. Okt. 1997 über die Reform der Unternehmensbesteuerung 1997, in Kraft seit 1. Jan. 1998 (AS **1998** 669; BBl **1997** II 1164).
2 Fassung gemäss Anhang Ziff. II 6 des Kollektivanlagengesetzes vom 23. Juni 2006, in Kraft seit 1. Jan. 2007 (AS **2006** 5379; BBl **2005** 6395).
3 Fassung gemäss Anhang Ziff. II 6 des Kollektivanlagengesetzes vom 23. Juni 2006, in Kraft seit 1. Jan. 2007 (AS **2006** 5379; BBl **2005** 6395).
4 Eingefügt durch Ziff. I 1 des BG vom 20. März 2015 über die Gewinnbesteuerung von juristischen Personen mit ideellen Zwecken, in Kraft seit 1. Jan. 2018 (AS 2015 2947; BBl **2014** 5369).

2. Kapitel: Steuerberechnung

1. Abschnitt: Kapitalgesellschaften und Genossenschaften

Art. 68[1]

Die Gewinnsteuer der Kapitalgesellschaften und Genossenschaften beträgt 8,5 Prozent des Reingewinns.

DBG
Art. 70

2. Abschnitt: Gesellschaften mit Beteiligungen

Art. 69[2] **Ermässigung** A72

Die Gewinnsteuer einer Kapitalgesellschaft oder Genossenschaft ermässigt sich im Verhältnis des Nettoertrages aus den Beteiligungsrechten zum gesamten Reingewinn, wenn die Gesellschaft oder Genossenschaft:

a. zu mindestens 10 Prozent am Grund- oder Stammkapital einer anderen Gesellschaft beteiligt ist;
b. zu mindestens 10 Prozent am Gewinn und an den Reserven einer anderen Gesellschaft beteiligt ist; oder
c. Beteiligungsrechte im Verkehrswert von mindestens einer Million Franken hält.

Art. 70 Nettoertrag aus Beteiligungen A72

¹ Der Nettoertrag aus Beteiligungen nach Artikel 69 entspricht dem Ertrag dieser Beteiligungen abzüglich des darauf entfallenden Finanzierungsaufwandes und eines Beitrages von 5 Prozent zur Deckung des Verwaltungsaufwandes; der Nachweis des effektiven Verwaltungsaufwandes bleibt vorbehalten. Als Finanzierungsaufwand gelten Schuldzinsen sowie weiterer Aufwand, der wirtschaftlich den Schuldzinsen gleichzustellen ist. Zum Ertrag aus Beteiligungen gehören auch die Kapitalgewinne auf diesen Beteiligungen sowie die Erlöse aus dazugehörigen Bezugsrechten. Artikel 207a bleibt vorbehalten.[3]

² Keine Beteiligungserträge sind:

a.[4] ...
b. Erträge, die bei der leistenden Kapitalgesellschaft oder Genossenschaft geschäftsmässig begründeten Aufwand darstellen;
c.[5] Aufwertungsgewinne auf Beteiligungen.

---

[1] Fassung gemäss Ziff. I 1 des BG vom 10. Okt. 1997 über die Reform der Unternehmensbesteuerung 1997, in Kraft seit 1. Jan. 1998 (AS **1998** 669; BBl **1997** II 1164).
[2] Fassung gemäss Ziff. II 2 des Unternehmenssteuerreformgesetzes II vom 23. März 2007, in Kraft seit 1. Jan. 2011 (AS **2008** 2893; BBl **2005** 4733).
[3] Fassung gemäss Ziff. I 1 des BG vom 10. Okt. 1997 über die Reform der Unternehmensbesteuerung 1997, in Kraft seit 1. Jan. 1998 (AS **1998** 669; BBl **1997** II 1164).
[4] Aufgehoben durch Ziff. I 1 des BG vom 10. Okt. 1997 über die Reform der Unternehmensbesteuerung 1997, mit Wirkung seit 1. Jan. 1998 (AS **1998** 669; BBl **1997** II 1164).
[5] Fassung gemäss Ziff. I 1 des BG vom 10. Okt. 1997 über die Reform der Unternehmensbesteuerung 1997, in Kraft seit 1. Jan. 1998 (AS **1998** 669; BBl **1997** II 1164).

³ Der Ertrag aus einer Beteiligung wird bei der Berechnung der Ermässigung nur berücksichtigt, soweit auf der gleichen Beteiligung zu Lasten des steuerbaren Reingewinns (Art. 58ff.) keine Abschreibung vorgenommen wird, die mit diesem Ertrag im Zusammenhang steht.[1]

⁴ Kapitalgewinne werden bei der Berechnung der Ermässigung nur berücksichtigt:
   a. soweit der Veräusserungserlös die Gestehungskosten übersteigt;
   b.[2] wenn die veräusserte Beteiligung mindestens 10 Prozent des Grund- oder Stammkapitals einer anderen Gesellschaft betrug oder einen Anspruch auf mindestens 10 Prozent des Gewinns und der Reserven einer anderen Gesellschaft begründete und während mindestens eines Jahres im Besitz der veräussernden Kapitalgesellschaft oder Genossenschaft war; fällt die Beteiligungsquote infolge Teilveräusserung unter 10 Prozent, so kann die Ermässigung für jeden folgenden Veräusserungsgewinn nur beansprucht werden, wenn die Beteiligungsrechte am Ende des Steuerjahres vor dem Verkauf einen Verkehrswert von mindestens einer Million Franken hatten.[3]

⁵ Transaktionen, die im Konzern eine ungerechtfertigte Steuerersparnis bewirken, führen zu einer Berichtigung des steuerbaren Reingewinns oder zu einer Kürzung der Ermässigung. Eine ungerechtfertigte Steuerersparnis liegt vor, wenn Kapitalgewinne und Kapitalverluste oder Abschreibungen auf Beteiligungen im Sinne der Artikel 62, 69 und 70 in kausalem Zusammenhang stehen.[4]

⁶ Bei Konzernobergesellschaften von systemrelevanten Banken nach Artikel 7 Absatz 1 des Bankengesetzes vom 8. November 1934 (BankG)[5] werden für die Berechnung des Nettoertrags nach Absatz 1 der Finanzierungsaufwand und die Forderung in der Bilanz aus konzernintern weitergegebenen Mitteln nicht berücksichtigt, wenn diese Mittel aus Fremdkapitalinstrumenten nach den Artikeln 11 Absatz 4 oder 30b Absatz 6 oder 7 Buchstabe b BankG stammen, die von der Eidgenössischen Finanzmarktaufsicht im Hinblick auf die Erfüllung regulatorischer Erfordernisse genehmigt wurden.[6]

3. Abschnitt: Vereine, Stiftungen und übrige juristische Personen

Art. 71

¹ Die Gewinnsteuer der Vereine, Stiftungen und übrigen juristischen Personen beträgt 4,25 Prozent des Reingewinnes.[7]

² Gewinne unter 5 000 Franken werden nicht besteuert.

---

[1] Fassung gemäss Ziff. I 1 des BG vom 10. Okt. 1997 über die Reform der Unternehmensbesteuerung 1997, in Kraft seit 1. Jan. 1998 (AS **1998** 669; BBl **1997** II 1164).
[2] Fassung gemäss Ziff. II 2 des Unternehmenssteuerreformgesetzes II vom 23. März 2007, in Kraft seit 1. Jan. 2011 (AS **2008** 2893; BBl **2005** 4733).
[3] Eingefügt durch Ziff. I 1 des BG vom 10. Okt. 1997 über die Reform der Unternehmensbesteuerung 1997, in Kraft seit 1. Jan. 1998 (AS **1998** 669; BBl **1997** II 1164).
[4] Eingefügt durch Ziff. I 1 des BG vom 10. Okt. 1997 über die Reform der Unternehmensbesteuerung 1997, in Kraft seit 1. Jan. 1998 (AS **1998** 669; BBl **1997** II 1164).
[5] SR **952.0**
[6] Eingefügt durch Ziff. I 1 des BG vom 14. Dez. 2018 über die Berechnung des Beteiligungsabzugs bei systemrelevanten Banken (AS **2019** 1207; BBl **2018** 1263). Fassung gemäss Anhang Ziff. 5 des BG vom 17. Dez. 2021 (Insolvenz und Einlagensicherung), in Kraft seit 1. Jan. 2023 (AS **2022** 732; BBl **2020** 6359).
[7] Fassung gemäss Ziff. I 1 des BG vom 10. Okt. 1997 über die Reform der Unternehmensbesteuerung 1997, in Kraft seit 1. Jan. 1998 (AS **1998** 669; BBl **1997** II 1164).

4. Abschnitt: Kollektive Kapitalanlagen[1] A70, A69

Art. 72

Die Gewinnsteuer der kollektiven Kapitalanlagen mit direktem Grundbesitz beträgt 4,25 Prozent des Reingewinnes.

Dritter Titel: ...[2]

Art. 73 -78 ...

Vierter Titel: Zeitliche Bemessung

Art. 79 Steuerperiode VO DBG A

[1] Die Steuer vom Reingewinn wird für jede Steuerperiode festgesetzt und erhoben.[3]

[2] Als Steuerperiode gilt das Geschäftsjahr.

[3] In jedem Kalenderjahr, ausgenommen im Gründungsjahr, muss ein Geschäftsabschluss mit Bilanz und Erfolgsrechnung erstellt werden. Ausserdem ist ein Geschäftsabschluss erforderlich bei Verlegung des Sitzes, der Verwaltung, eines Geschäftsbetriebes oder einer Betriebsstätte sowie bei Abschluss der Liquidation.

Art. 80 Bemessung des Reingewinns VO DBG A

[1] Der steuerbare Reingewinn bemisst sich nach dem Ergebnis der Steuerperiode.

[1bis] Lautet der Geschäftsabschluss auf eine ausländische Währung, so ist der steuerbare Reingewinn in Franken umzurechnen. Massgebend ist der durchschnittliche Devisenkurs (Verkauf) der Steuerperiode.[4]

[2] Wird eine juristische Person aufgelöst oder verlegt sie ihren Sitz, die Verwaltung, einen Geschäftsbetrieb oder eine Betriebsstätte ins Ausland, so werden die aus nicht versteuertem Gewinn gebildeten stillen Reserven zusammen mit dem Reingewinn des letzten Geschäftsjahres besteuert.

Art. 81[5] ...

Art. 82 Steuersätze

Anwendbar sind die am Ende der Steuerperiode geltenden Steuersätze.

---

[1] Fassung gemäss Anhang Ziff. II 6 des Kollektivanlagengesetzes vom 23. Juni 2006, in Kraft seit 1. Jan. 2007 (AS **2006** 5379; BBl **2005** 6395).
[2] Aufgehoben durch Ziff. I 1 des BG vom 10. Okt. 1997 über die Reform der Unternehmensbesteuerung 1997 (AS **1998** 669; BBl **1997** II 1164).
[3] Fassung gemäss Ziff. I 1 des BG vom 10. Okt. 1997 über die Reform der Unternehmensbesteuerung 1997, in Kraft seit 1. Jan. 1998 (AS **1998** 669; BBl **1997** II 1164).
[4] Eingefügt durch Anhang Ziff. 7 des BG vom 19. Juni 2020 (Aktienrecht), in Kraft seit 1. Jan. 2023 (AS **2020** 4005, **2022** 109; BBl **2017** 399).
[5] Aufgehoben durch Ziff. I 1 des BG vom 10. Okt. 1997 über die Reform der Unternehmensbesteuerung 1997 (AS **1998** 669; BBl **1997** II 1164).

Vierter Teil: Quellensteuern für natürliche und juristische Personen QStV

Erster Titel: Natürliche Personen mit steuerrechtlichem Wohnsitz oder Aufenthalt in der Schweiz QStV 9 ff. | A91, B80

Art. 83[1] Der Quellensteuer unterworfene Arbeitnehmer

1 Arbeitnehmer ohne Niederlassungsbewilligung, die in der Schweiz jedoch steuerrechtlichen Wohnsitz oder Aufenthalt haben, unterliegen für ihr Einkommen aus unselbstständiger Erwerbstätigkeit einer Quellensteuer. Davon ausgenommen sind Einkommen, die der Besteuerung im vereinfachten Abrechnungsverfahren nach Artikel 37a unterstehen.

2 Ehegatten, die in rechtlich und tatsächlich ungetrennter Ehe leben, unterliegen nicht der Quellensteuer, wenn einer der Ehegatten das Schweizer Bürgerrecht oder die Niederlassungsbewilligung besitzt.

Art. 84 Steuerbare Leistungen

1 Die Quellensteuer wird von den Bruttoeinkünften berechnet.

2 Steuerbar sind:

a. die Einkommen aus unselbstständiger Erwerbstätigkeit nach Artikel 83 Absatz 1, die Nebeneinkünfte wie geldwerte Vorteile aus Mitarbeiterbeteiligungen sowie Naturalleistungen, nicht jedoch die vom Arbeitgeber getragenen Kosten der berufsorientierten Aus- und Weiterbildung nach Artikel 17 Absatz 1bis; A82
b. die Ersatzeinkünfte; und C75
c. die Leistungen nach Artikel 18 Absatz 3 des Bundesgesetzes vom 20. Dezember 1946[2] über die Alters- und Hinterlassenenversicherung (AHVG).[3] QStV 3

3 Naturalleistungen und Trinkgelder werden in der Regel nach den für die eidgenössische Alters- und Hinterlassenenversicherung geltenden Ansätzen bewertet.

Art. 85[4] Quellensteuerabzug B80

1 Die Eidgenössische Steuerverwaltung (ESTV) berechnet die Höhe des Quellensteuerabzugs auf der Grundlage der für die Einkommenssteuer natürlicher Personen geltenden Steuertarife.

2 Bei der Berechnung des Abzugs werden Pauschalen für Berufskosten (Art. 26) und für Versicherungsprämien (Art. 33 Abs. 1 Bst. d, f und g) sowie Abzüge für Familienlasten (Art. 35) berücksichtigt. Die ESTV veröffentlicht die einzelnen Pauschalen.

3 Der Abzug für die in rechtlich und tatsächlich ungetrennter Ehe lebenden Ehegatten, die beide erwerbstätig sind, richtet sich nach Tarifen, die ihr Gesamteinkommen (Art. 9 Abs. 1), die Pauschalen und Abzüge nach Absatz 2 sowie den Abzug bei Erwerbstätigkeit beider Ehegatten (Art. 33 Abs. 2) berücksichtigen.

---

1 Fassung gemäss Ziff. I 1 des BG vom 16. Dez. 2016 über die Revision der Quellenbesteuerung des Erwerbseinkommens, in Kraft seit 1. Jan. 2021 (AS **2018** 1813; BBl **2015** 657).
2 SR **831.10**
3 Fassung gemäss Ziff. I 1 des BG vom 16. Dez. 2016 über die Revision der Quellenbesteuerung des Erwerbseinkommens, in Kraft seit 1. Jan. 2021 (AS **2018** 1813; BBl **2015** 657).
4 Fassung gemäss Ziff. I 1 des BG vom 16. Dez. 2016 über die Revision der Quellenbesteuerung des Erwerbseinkommens, in Kraft seit 1. Jan. 2021 (AS **2018** 1813; BBl **2015** 657).

⁴ Die ESTV legt zusammen mit den Kantonen einheitlich fest, wie insbesondere der 13. Monatslohn, Gratifikationen, unregelmässige Beschäftigung, Stundenlöhner, Teilzeit- oder Nebenerwerb sowie Leistungen nach Artikel 18 Absatz 3 AHVG[1] und welche satzbestimmenden Elemente zu berücksichtigen sind. Die ESTV regelt zusammen mit den Kantonen weiter wie bei Tarifwechsel, rückwirkenden Gehaltsanpassungen und -korrekturen, sowie Leistungen vor Beginn und nach Beendigung der Anstellung zu verfahren ist.

⁵ Sie bestimmt im Einvernehmen mit der kantonalen Behörde die Ansätze, die als direkte Bundessteuer in den kantonalen Tarif einzurechnen sind.

Art. 86 und 87[2] ...

Art. 88 Pflichten des Schuldners der steuerbaren Leistung   QStV 5

¹ Der Schuldner der steuerbaren Leistung ist verpflichtet:

a. bei Fälligkeit von Geldleistungen die geschuldete Steuer zurückzubehalten und bei anderen Leistungen (insbesondere Naturalleistungen und Trinkgeldern) die geschuldete Steuer vom Arbeitnehmer einzufordern;   QStV 2
b. dem Steuerpflichtigen eine Aufstellung oder eine Bestätigung über den Steuerabzug auszustellen;
c. die Steuern periodisch der zuständigen Steuerbehörde abzuliefern, mit ihr hierüber abzurechnen und ihr zur Kontrolle der Steuererhebung Einblick in alle Unterlagen zu gewähren.

² Der Quellensteuerabzug ist auch dann vorzunehmen, wenn der Arbeitnehmer in einem anderen Kanton Wohnsitz oder Aufenthalt hat.[3]

³ Der Schuldner der steuerbaren Leistung haftet für die Entrichtung der Quellensteuer.

⁴ Er erhält eine Bezugsprovision von 1 bis 2 Prozent des gesamten Quellensteuerbetrags; die zuständige Steuerbehörde setzt die Bezugsprovision fest.[4]   QStV 6

Art. 89[5] Obligatorische nachträgliche ordentliche Veranlagung   QStV 9

¹ Personen, die nach Artikel 83 Absatz 1 der Quellensteuer unterliegen, werden nachträglich im ordentlichen Verfahren veranlagt, wenn:

a. ihr Bruttoeinkommen in einem Steuerjahr einen bestimmten Betrag erreicht oder übersteigt; oder
b. sie über Einkünfte verfügen, die nicht der Quellensteuer unterliegen.

² Das EFD legt den Betrag nach Absatz 1 Buchstabe a in Zusammenarbeit mit den Kantonen fest.

---

[1] SR **831.10**
[2] Aufgehoben durch Ziff. I 1 des BG vom 16. Dez. 2016 über die Revision der Quellenbesteuerung des Erwerbseinkommens, mit Wirkung seit 1. Jan. 2021 (AS **2018** 1813; BBl **2015** 657).
[3] Fassung gemäss Ziff. I 1 des BG vom 16. Dez. 2016 über die Revision der Quellenbesteuerung des Erwerbseinkommens, in Kraft seit 1. Jan. 2021 (AS **2018** 1813; BBl **2015** 657).
[4] Fassung gemäss Ziff. I 1 des BG vom 16. Dez. 2016 über die Revision der Quellenbesteuerung des Erwerbseinkommens, in Kraft seit 1. Jan. 2021 (AS **2018** 1813; BBl **2015** 657).
[5] Fassung gemäss Ziff. I 1 des BG vom 16. Dez. 2016 über die Revision der Quellenbesteuerung des Erwerbseinkommens, in Kraft seit 1. Jan. 2021 (AS **2018** 1813; BBl **2015** 657).

³ Der nachträglichen ordentlichen Veranlagung unterliegt auch, wer mit einer Person nach Absatz 1 in rechtlich und tatsächlich ungetrennter Ehe lebt.

⁴ Personen mit Einkünften nach Absatz 1 Buchstabe b müssen das Formular für die Steuererklärung bis am 31. März des auf das Steuerjahr folgenden Jahres bei der zuständigen Behörde verlangen.

⁵ Die nachträgliche ordentliche Veranlagung gilt bis zum Ende der Quellensteuerpflicht.

⁶ Die an der Quelle abgezogene Steuer wird zinslos angerechnet.

Art. 89a¹ Nachträgliche ordentliche Veranlagung auf Antrag QStV 10

¹ Personen, die nach Artikel 83 Absatz 1 der Quellensteuer unterliegen und keine der Voraussetzungen nach Artikel 89 Absatz 1 erfüllen, werden auf Antrag hin nachträglich im ordentlichen Verfahren veranlagt.

² Der Antrag erstreckt sich auch auf den Ehegatten, der mit dem Antragsteller in rechtlich und tatsächlich ungetrennter Ehe lebt.

³ Er muss bis am 31. März des auf das Steuerjahr folgenden Jahres eingereicht werden. Für Personen, die die Schweiz verlassen, endet die Frist für die Einreichung des Antrags im Zeitpunkt der Abmeldung.

⁴ Erfolgt keine nachträgliche ordentliche Veranlagung auf Antrag, so tritt die Quellensteuer an die Stelle der im ordentlichen Verfahren zu veranlagenden direkten Bundessteuer auf dem Erwerbseinkommen. Nachträglich werden keine zusätzlichen Abzüge gewährt.

⁵ Artikel 89 Absätze 5 und 6 ist anwendbar.

Art. 90² ...

---

1 Eingefügt durch Ziff. I 1 des BG vom 16. Dez. 2016 über die Revision der Quellenbesteuerung des Erwerbseinkommens, in Kraft seit 1. Jan. 2021 (AS **2018** 1813; BBl **2015** 657).
2 Aufgehoben durch Ziff. I 1 des BG vom 16. Dez. 2016 über die Revision der Quellenbesteuerung des Erwerbseinkommens, mit Wirkung seit 1. Jan. 2021 (AS **2018** 1813; BBl **2015** 657).

Zweiter Titel: Natürliche Personen ohne steuerrechtlichen Wohnsitz oder Aufenthalt in der Schweiz sowie juristische Personen ohne Sitz oder tatsächliche Verwaltung in der Schweiz[1] QStV 14 ff. | A91, B81, B80

Art. 91[2] Der Quellensteuer unterworfene Arbeitnehmer QStV 14

¹ Im Ausland wohnhafte Arbeitnehmer unterliegen für ihr in der Schweiz erzieltes Einkommen aus unselbstständiger Erwerbstätigkeit der Quellensteuer nach den Artikeln 84 und 85.

² In einem Nachbarstaat wohnhafte Arbeitnehmer unterliegen für ihr im Ausland erzieltes Einkommen aus unselbstständiger Erwerbstätigkeit für einen Arbeitgeber mit Sitz, tatsächlicher Verwaltung oder Betriebsstätte in der Schweiz der Quellensteuer nach den Artikeln 84 und 85, sofern der Schweiz nach dem anwendbaren internationalen Abkommen im Steuerbereich mit dem jeweiligen Nachbarstaat ein Besteuerungsrecht betreffend die im Ausland ausgeübte Erwerbstätigkeit eingeräumt wird.

³ Ebenfalls der Quellensteuer nach den Artikeln 84 und 85 unterliegen im Ausland wohnhafte Arbeitnehmer, die für Arbeit im internationalen Verkehr an Bord eines Schiffs oder eines Luftfahrzeugs oder bei einem Transport auf der Strasse Lohn oder andere Vergütungen von einem Arbeitgeber mit Sitz, tatsächlicher Verwaltung oder Betriebsstätte in der Schweiz erhalten.

⁴ Von der Quellensteuer ausgenommen bleiben Einkommen:
 a. von Seeleuten aus unselbstständiger Erwerbstätigkeit an Bord eines von einem solchen Arbeitgeber unter Schweizer Flagge betriebenen Seeschiffs;
 b. die der Besteuerung im vereinfachten Abrechnungsverfahren nach Artikel 37a unterstehen.

Art. 92 Künstler, Sportler und Referenten QStV 16 | C72

¹ Im Ausland wohnhafte Künstler, wie Bühnen-, Film-, Rundfunk- oder Fernsehkünstler, Musiker und Artisten, sowie Sportler und Referenten sind für Einkünfte aus ihrer in der Schweiz ausgeübten persönlichen Tätigkeit und für weitere damit verbundene Entschädigungen steuerpflichtig. Dies gilt auch für Einkünfte und Entschädigungen, die nicht dem Künstler, Sportler oder Referenten selber, sondern einem Dritten zufliessen, der seine Tätigkeit organisiert hat.[3]

² Die Steuer beträgt:

– bei Tageseinkünften bis 200 Franken	0,8 %;
– bei Tageseinkünften von 201 bis 1000 Franken	2,4 %;
– bei Tageseinkünften von 1001 bis 3000 Franken	5 %;
– bei Tageseinkünften über 3000 Franken	7 %.

---

[1] Fassung gemäss Ziff. I 1 des BG vom 16. Dez. 2016 über die Revision der Quellenbesteuerung des Erwerbseinkommens, in Kraft seit 1. Jan. 2021 (AS **2018** 1813; BBl **2015** 657).
[2] Fassung gemäss Ziff. I 1 des BG vom 14. Juni 2024 über die Besteuerung der Telearbeit im internationalen Verhältnis, in Kraft seit 1. Jan. 2025 (AS **2024** 573; BBl **2024** 650).
[3] Fassung gemäss Ziff. I 1 des BG vom 16. Dez. 2016 über die Revision der Quellenbesteuerung des Erwerbseinkommens, in Kraft seit 1. Jan. 2021 (AS **2018** 1813; BBl **2015** 657).

³ Als Tageseinkünfte gelten die Bruttoeinkünfte, einschliesslich aller Zulagen und Nebenbezüge, nach Abzug der Gewinnungskosten. Diese betragen:
   a. 50 Prozent der Bruttoeinkünfte bei Künstlern;
   b. 20 Prozent der Bruttoeinkünfte bei Sportlern sowie Referenten.[1]

⁴ Der mit der Organisation der Darbietung in der Schweiz beauftragte Veranstalter ist für die Steuer solidarisch haftbar.

⁵ Das EFD legt in Zusammenarbeit mit den Kantonen die Höhe der Bruttoeinkünfte fest, ab welcher die Quellensteuer erhoben wird.[2]

Art. 93 Verwaltungsräte QStV 14 | C68

¹ Im Ausland wohnhafte Mitglieder der Verwaltung oder der Geschäftsführung von juristischen Personen mit Sitz oder tatsächlicher Verwaltung in der Schweiz sind für die ihnen ausgerichteten Tantiemen, Sitzungsgelder, festen Entschädigungen, Mitarbeiterbeteiligungen und ähnlichen Vergütungen steuerpflichtig.[3] Dies gilt auch, wenn diese Vergütungen einem Dritten zufliessen.[4]

² Im Ausland wohnhafte Mitglieder der Verwaltung oder der Geschäftsführung von ausländischen Unternehmungen, welche in der Schweiz Betriebsstätten unterhalten, sind für die ihnen zu Lasten dieser Betriebsstätten ausgerichteten Tantiemen, Sitzungsgelder, festen Entschädigungen, Mitarbeiterbeteiligungen und ähnliche Vergütungen steuerpflichtig.[5]

³ Die Steuer beträgt 5 Prozent der Bruttoeinkünfte.

Art. 94 Hypothekargläubiger QStV 17 | C74

¹ Im Ausland wohnhafte Gläubiger oder Nutzniesser von Forderungen, die durch Grund- oder Faustpfand auf Grundstücken in der Schweiz gesichert sind, sind für die ihnen ausgerichteten Zinsen steuerpflichtig.

² Die Steuer beträgt 3 Prozent der Bruttoeinkünfte.

Art. 95[6] Empfänger von Vorsorgeleistungen aus öffentlich-rechtlichem Arbeitsverhältnis QStV 18f. | A86, C71

¹ Im Ausland wohnhafte Empfänger von Pensionen, Ruhegehältern oder anderen Vergütungen, die sie auf Grund eines früheren öffentlich-rechtlichen Arbeitsverhältnisses von einem Arbeitgeber oder einer Vorsorgeeinrichtung mit Sitz in der Schweiz erhalten, sind für diese Leistungen steuerpflichtig.

---

[1] Fassung gemäss Ziff. I 1 des BG vom 16. Dez. 2016 über die Revision der Quellenbesteuerung des Erwerbseinkommens, in Kraft seit 1. Jan. 2021 (AS **2018** 1813; BBl **2015** 657).
[2] Fassung gemäss Ziff. I 1 des BG vom 16. Dez. 2016 über die Revision der Quellenbesteuerung des Erwerbseinkommens, in Kraft seit 1. Jan. 2021 (AS **2018** 1813; BBl **2015** 657).
[3] Fassung gemäss Ziff. I 1 des BG vom 17. Dez. 2010 über die Besteuerung von Mitarbeiterbeteiligungen, in Kraft seit 1. Jan. 2013 (AS **2011** 3259; BBl **2005** 575).
[4] Eingefügt durch Ziff. I 1 des BG vom 16. Dez. 2016 über die Revision der Quellenbesteuerung des Erwerbseinkommens, in Kraft seit 1. Jan. 2021 (AS **2018** 1813; BBl **2015** 657).
[5] Fassung gemäss Ziff. I 1 des BG vom 17. Dez. 2010 über die Besteuerung von Mitarbeiterbeteiligungen, in Kraft seit 1. Jan. 2013 (AS **2011** 3259; BBl **2005** 575).
[6] Fassung gemäss Ziff. I 5 des BG vom 19. März 1999 über das Stabilisierungsprogramm 1998, in Kraft seit 1. Jan. 2001 (AS **1999** 2374; BBl **1999** 4).

² Die Steuer beträgt bei Renten 1 Prozent der Bruttoeinkünfte; bei Kapitalleistungen wird sie nach Artikel 38 Absatz 2 berechnet.

Art. 96 Empfänger von privatrechtlichen Vorsorgeleistungen QStV 18 f. | A86, C70

¹ Im Ausland wohnhafte Empfänger von Leistungen aus schweizerischen privatrechtlichen Einrichtungen der beruflichen Vorsorge oder aus anerkannten Formen der gebundenen Selbstvorsorge sind hierfür steuerpflichtig.

² Die Steuer beträgt bei Renten 1 Prozent der Bruttoeinkünfte; bei Kapitalleistungen wird sie gemäss Artikel 38 Absatz 2 berechnet.

Art. 97¹ ...

Art. 97a² Empfänger von Mitarbeiterbeteiligungen A82

¹ Personen, die im Zeitpunkt des Zuflusses von geldwerten Vorteilen aus gesperrten Mitarbeiteroptionen (Art. 17b Abs. 3) im Ausland wohnhaft sind, werden für den geldwerten Vorteil anteilsmässig nach Artikel 17d steuerpflichtig.

² Die Steuer beträgt 11,5 Prozent des geldwerten Vorteils.

Art. 98³ ...

Art. 99⁴ Abgegoltene Steuer

Die Quellensteuer tritt an die Stelle der im ordentlichen Verfahren zu veranlagenden direkten Bundessteuer auf dem Erwerbseinkommen. Nachträglich werden keine zusätzlichen Abzüge gewährt.

Art. 99a⁵ Nachträgliche ordentliche Veranlagung auf Antrag QStV 14

¹ Personen, die nach Artikel 91 der Quellensteuer unterliegen, können für jede Steuerperiode bis am 31. März des auf das Steuerjahr folgenden Jahres eine nachträgliche ordentliche Veranlagung beantragen, wenn:
a. der überwiegende Teil ihrer weltweiten Einkünfte, einschliesslich der Einkünfte des Ehegatten, in der Schweiz steuerbar ist;
b. ihre Situation mit derjenigen einer in der Schweiz wohnhaften steuerpflichtigen Person vergleichbar ist; oder
c. eine solche Veranlagung erforderlich ist, um Abzüge geltend zu machen, die in einem Doppelbesteuerungsabkommen vorgesehen sind.

² Die an der Quelle abgezogene Steuer wird zinslos angerechnet.

---

1 Aufgehoben durch Ziff. I 1 des BG vom 16. Dez. 2016 über die Revision der Quellenbesteuerung des Erwerbseinkommens, mit Wirkung seit 1. Jan. 2021 (AS 2018 1813; BBl 2015 657).
2 Eingefügt durch Ziff. I 1 des BG vom 17. Dez. 2010 über die Besteuerung von Mitarbeiterbeteiligungen, in Kraft seit 1. Jan. 2013 (AS 2011 3259; BBl 2005 575).
3 Aufgehoben durch Ziff. I 1 des BG vom 16. Dez. 2016 über die Revision der Quellenbesteuerung des Erwerbseinkommens, mit Wirkung seit 1. Jan. 2021 (AS 2018 1813; BBl 2015 657).
4 Fassung gemäss Ziff. I 1 des BG vom 16. Dez. 2016 über die Revision der Quellenbesteuerung des Erwerbseinkommens, in Kraft seit 1. Jan. 2021 (AS 2018 1813; BBl 2015 657).
5 Eingefügt durch Ziff. I 1 des BG vom 16. Dez. 2016 über die Revision der Quellenbesteuerung des Erwerbseinkommens, in Kraft seit 1. Jan. 2021 (AS 2018 1813; BBl 2015 657).

³ Das EFD präzisiert in Zusammenarbeit mit den Kantonen die Voraussetzungen nach Absatz 1 und regelt das Verfahren.

Art. 99b[1] **Nachträgliche ordentliche Veranlagung von Amtes wegen** QStV 15

¹ Bei stossenden Verhältnissen, insbesondere betreffend die im Quellensteuersatz einberechneten Pauschalabzüge, können die zuständigen kantonalen Steuerbehörden von Amtes wegen eine nachträgliche ordentliche Veranlagung zugunsten oder zuungunsten der steuerpflichtigen Person verlangen.

² Das EFD legt in Zusammenarbeit mit den Kantonen die Voraussetzungen fest.

Art. 100 Pflichten des Schuldners der steuerbaren Leistung QStV 5

¹ Der Schuldner der steuerbaren Leistung ist verpflichtet:

a. bei Fälligkeit von Geldleistungen die geschuldete Steuer zurückzubehalten und bei anderen Leistungen (insbesondere Naturalleistungen und Trinkgeldern) die geschuldete Steuer vom Steuerpflichtigen einzufordern; QStV 15
b. dem Steuerpflichtigen eine Aufstellung oder eine Bestätigung über den Steuerabzug auszustellen;
c. die Steuern periodisch der zuständigen Steuerbehörde abzuliefern, mit ihr darüber abzurechnen und ihr zur Kontrolle der Steuererhebung Einblick in alle Unterlagen zu gewähren;
d.² die anteilsmässigen Steuern auf im Ausland ausgeübten Mitarbeiteroptionen zu entrichten; die Arbeitgeberin schuldet die anteilsmässige Steuer auch dann, wenn der geldwerte Vorteil von einer ausländischen Konzerngesellschaft ausgerichtet wird. A89, A82

² Der Schuldner der steuerbaren Leistung haftet für die Entrichtung der Quellensteuer.

³ Er erhält eine Bezugsprovision von 1 bis 2 Prozent des gesamten Quellensteuerbetrags; die zuständige Steuerbehörde setzt die Bezugsprovision fest. Für Kapitalleistungen beträgt die Bezugsprovision 1 Prozent des gesamten Quellensteuerbetrags, jedoch höchstens 50 Franken pro Kapitalleistung für die Quellensteuer von Bund, Kanton und Gemeinde.³ QStV 6

Art. 101[4] ...

---

[1] Eingefügt durch Ziff. I 1 des BG vom 16. Dez. 2016 über die Revision der Quellenbesteuerung des Erwerbseinkommens, in Kraft seit 1. Jan. 2021 (AS **2018** 1813; BBl **2015** 657).
[2] Eingefügt durch Ziff. I 1 des BG vom 17. Dez. 2010 über die Besteuerung von Mitarbeiterbeteiligungen, in Kraft seit 1. Jan. 2013 (AS **2011** 3259; BBl **2005** 575).
[3] Fassung gemäss Ziff. I 1 des BG vom 16. Dez. 2016 über die Revision der Quellenbesteuerung des Erwerbseinkommens, in Kraft seit 1. Jan. 2021 (AS **2018** 1813; BBl **2015** 657).
[4] Aufgehoben durch Ziff. I 1 des BG vom 16. Dez. 2016 über die Revision der Quellenbesteuerung des Erwerbseinkommens, mit Wirkung seit 1. Jan. 2021 (AS **2018** 1813; BBl **2015** 657).

Fünfter Teil: Verfahrensrecht

Erster Titel: Steuerbehörden

1. Kapitel: Eidgenössische Behörden

Art. 102 Organisation

1 Die Aufsicht des Bundes über die Steuererhebung (Art. 2) wird vom EFD ausgeübt.

2 Die ESTV[1] sorgt für die einheitliche Anwendung dieses Gesetzes. Sie erlässt die Vorschriften für die richtige und einheitliche Veranlagung und den Bezug der direkten Bundessteuer. Sie kann die Verwendung bestimmter Formulare vorschreiben. B108, B15

3 Eidgenössische Beschwerdeinstanz ist das Bundesgericht.

4 ...[2]

Art. 103 Aufsicht

1 Die ESTV kann insbesondere:
a. bei den kantonalen Veranlagungs- und Bezugsbehörden Kontrollen vornehmen und in die Steuerakten der Kantone und Gemeinden Einsicht nehmen;
b. sich bei den Verhandlungen der Veranlagungsbehörden vertreten lassen und diesen Anträge stellen;
c. im Einzelfalle Untersuchungsmassnahmen anordnen oder nötigenfalls selber durchführen;
d. im Einzelfalle verlangen, dass die Veranlagung oder der Einspracheentscheid auch ihr eröffnet wird;
e.[3] verlangen, dass ihr Verfügungen, Einsprache- und Beschwerdeentscheide über Gesuche um Erlass der direkten Bundessteuer eröffnet werden. VO DBG L | B13

2 Das EFD kann auf Antrag der ESTV die nötigen Anordnungen treffen, wenn sich ergibt, dass die Veranlagungsarbeiten in einem Kanton ungenügend oder unzweckmässig durchgeführt werden. Die ESTV weist den Kanton gleichzeitig mit dem Antrag an, dass einstweilen keine Veranlagungen eröffnet werden dürfen.

---

[1] Ausdruck gemäss Ziff. I 2 des Steuererlassgesetzes vom 20. Juni 2014, in Kraft seit 1. Jan. 2016 (AS **2015** 9; BBl **2013** 8435). Diese Änd. wurde im ganzen Erlass berücksichtigt.
[2] Aufgehoben durch Ziff. I 2 des Steuererlassgesetzes vom 20. Juni 2014, mit Wirkung seit 1. Jan. 2016 (AS **2015** 9; BBl **2013** 8435).
[3] Eingefügt durch Ziff. I 2 des Steuererlassgesetzes vom 20. Juni 2014, in Kraft seit 1. Jan. 2016 (AS **2015** 9; BBl **2013** 8435).

2. Kapitel: Kantonale Behörden

1. Abschnitt: Organisation, elektronische Verfahren und Aufsicht[1]

Art. 104 Organisation[2]

1 Die kantonale Verwaltung für die direkte Bundessteuer leitet und überwacht den Vollzug und die einheitliche Anwendung dieses Gesetzes. Artikel 103 Absatz 1 gilt sinngemäss.

2 Für die Veranlagung der juristischen Personen bezeichnet jeder Kanton eine einzige Amtsstelle.

3 Jeder Kanton bestellt eine kantonale Steuerrekurskommission.

4 Das kantonale Recht regelt Organisationen und Amtsführung der kantonalen Vollzugsbehörde, soweit das Bundesrecht nichts anderes bestimmt. Können die notwendigen Anordnungen von einem Kanton nicht rechtzeitig getroffen werden, so erlässt der Bundesrat vorläufig die erforderlichen Bestimmungen.

Art. 104a[3] **Elektronische Verfahren**

1 Die Kantone sehen die Möglichkeit elektronischer Verfahren vor. Dabei stellen sie die Authentizität und Integrität der übermittelten Daten nach kantonalem Recht sicher.

2 Sie sehen bei der elektronischen Einreichung von Eingaben, deren Unterzeichnung gesetzlich vorgeschrieben ist, anstelle der Unterzeichnung die Möglichkeit einer elektronischen Bestätigung der Angaben durch die steuerpflichtige Person vor.

3 Sie sehen vor, dass die Steuerbehörde der steuerpflichtigen Person mit deren Einverständnis Dokumente in elektronischer Form zustellt.

Art. 104b[4] **Aufsicht**

1 Ein unabhängiges kantonales Finanzaufsichtsorgan prüft jährlich die Ordnungs- und Rechtmässigkeit der Erhebung der direkten Bundessteuer und der Ablieferung des Bundesanteils. Von der Prüfpflicht ausgenommen ist die materielle Prüfung der Veranlagungen. Das Finanzaufsichtsorgan erstattet der ESTV und der Eidgenössischen Finanzkontrolle bis Ende des Jahres, in dem die Staatsrechnung des Bundes abgenommen wird, Bericht.

2 Wird die Prüfung nicht vorgenommen oder erhalten die ESTV und die Eidgenössische Finanzkontrolle nicht rechtzeitig Bericht, so kann das EFD auf Antrag der ESTV und auf Kosten des Kantons ein nach den Vorschriften des Revisionsaufsichtsgesetzes vom 16. Dezember 2005[5] als Revisionsexperte zugelassenes Revisionsunternehmen mit der Prüfung beauftragen.

---

[1] Fassung gemäss Ziff. I 3 des BG vom 18. Juni 2021 über elektronische Verfahren im Steuerbereich, in Kraft seit 1. Jan. 2024 (AS **2021** 673; BBl **2020** 4705).
[2] Eingefügt durch Ziff. I des BG vom 14. Dez. 2012, in Kraft seit 1. Jan. 2014 (AS **2013** 1345; BBl **2012** 4769).
[3] Eingefügt durch Ziff. I 3 des BG vom 18. Juni 2021 über elektronische Verfahren im Steuerbereich, in Kraft seit 1. Jan. 2024 (AS **2021** 673; BBl **2020** 4705).
[4] Ursprünglich: Art. 104a. Eingefügt durch Ziff. I des BG vom 14. Dez. 2012, in Kraft seit 1. Jan. 2014 (AS **2013** 1345; BBl **2012** 4769).
[5] SR **221.302**

2. Abschnitt: Örtliche Zuständigkeit

Art. 105[1] **Bei persönlicher Zugehörigkeit**

¹ Die kantonalen Behörden erheben die direkte Bundessteuer von den natürlichen Personen, die am Ende der Steuerperiode oder der Steuerpflicht ihren steuerrechtlichen Wohnsitz oder, wenn ein solcher in der Schweiz fehlt, ihren steuerrechtlichen Aufenthalt im Kanton haben. Vorbehalten bleiben die Artikel 3 Absatz 5 und 107.

² Kinder unter elterlicher Sorge werden für ihr Erwerbseinkommen (Art. 9 Abs. 2) in dem Kanton besteuert, in dem sie für dieses Einkommen nach den bundesrechtlichen Grundsätzen betreffend das Verbot der interkantonalen Doppelbesteuerung am Ende der Steuerperiode oder der Steuerpflicht steuerpflichtig sind.

³ Die kantonalen Behörden erheben die direkte Bundessteuer von den juristischen Personen, die am Ende der Steuerperiode oder Steuerpflicht ihren Sitz oder den Ort ihrer tatsächlichen Verwaltung im Kanton haben.

⁴ Begünstigte von Kapitalleistungen nach Artikel 38 werden für diese Leistungen in dem Kanton besteuert, in dem sie im Zeitpunkt der Fälligkeit ihren steuerrechtlichen Wohnsitz haben.

Art. 106[2] **Bei wirtschaftlicher Zugehörigkeit**

¹ Für die Erhebung der direkten Bundessteuer aufgrund wirtschaftlicher Zugehörigkeit ist der Kanton zuständig, in dem am Ende der Steuerperiode oder der Steuerpflicht:
   a. für natürliche Personen die in Artikel 4 genannten Voraussetzungen erfüllt sind;
   b. für juristische Personen die in Artikel 51 genannten Voraussetzungen erfüllt sind.

² Treffen die Voraussetzungen von Artikel 4 oder 51 gleichzeitig in mehreren Kantonen zu, so ist derjenige Kanton zuständig, in dem sich der grösste Teil der steuerbaren Werte befindet.

³ Vorbehalten bleibt Artikel 107.

Art. 107[3] **Bei Quellensteuern** A91, E67

¹ Der Schuldner der steuerbaren Leistung berechnet und erhebt die Quellensteuer wie folgt:
   a. für Arbeitnehmer nach Artikel 83: nach dem Recht jenes Kantons, in dem der Arbeitnehmer bei Fälligkeit der steuerbaren Leistung seinen steuerrechtlichen Wohnsitz oder Aufenthalt hat;

---

[1] Fassung gemäss Ziff. I 1 des BG vom 22. März 2013 über die formelle Bereinigung der zeitlichen Bemessung der direkten Steuern bei den natürlichen Personen, in Kraft seit 1. Jan. 2014 (AS **2013** 2397; BBl **2011** 3593).
[2] Fassung gemäss Ziff. I 1 des BG vom 22. März 2013 über die formelle Bereinigung der zeitlichen Bemessung der direkten Steuern bei den natürlichen Personen, in Kraft seit 1. Jan. 2014 (AS **2013** 2397; BBl **2011** 3593).
[3] Fassung gemäss Ziff. I 1 des BG vom 16. Dez. 2016 über die Revision der Quellenbesteuerung des Erwerbseinkommens, in Kraft seit 1. Jan. 2021 (AS **2018** 1813; BBl **2015** 657).

b. für Personen nach den Artikeln 91 und 93–97a: nach dem Recht jenes Kantons, in dem der Schuldner der steuerbaren Leistung bei Fälligkeit der steuerbaren Leistung seinen steuerrechtlichen Wohnsitz oder Aufenthalt oder seinen Sitz oder die Verwaltung hat; wird die steuerbare Leistung von einer Betriebsstätte in einem anderen Kanton oder von der Betriebsstätte eines Unternehmens ohne Sitz oder tatsächliche Verwaltung in der Schweiz ausgerichtet, so richten sich die Berechnung und die Erhebung der Quellensteuer nach dem Recht des Kantons, in dem die Betriebsstätte liegt;

c. für Personen nach Artikel 92: nach dem Recht jenes Kantons, in dem der Künstler, Sportler oder Referent seine Tätigkeit ausübt.

² Ist der Arbeitnehmer nach Artikel 91 Wochenaufenthalter, so gilt Absatz 1 Buchstabe a sinngemäss.

³ Der Schuldner der steuerbaren Leistung überweist die Quellensteuer an den nach Absatz 1 zuständigen Kanton.

⁴ Für die nachträgliche ordentliche Veranlagung ist zuständig:

a. für Arbeitnehmer nach Absatz 1 Buchstabe a: der Kanton, in dem die steuerpflichtige Person am Ende der Steuerperiode oder der Steuerpflicht ihren steuerrechtlichen Wohnsitz oder Aufenthalt hatte;

b. für Personen nach Absatz 1 Buchstabe b: der Kanton, in dem die steuerpflichtige Person am Ende der Steuerperiode oder der Steuerpflicht erwerbstätig war;

c. für Arbeitnehmer nach Absatz 2: der Kanton, in dem die steuerpflichtige Person am Ende der Steuerperiode oder der Steuerpflicht Wochenaufenthalt hatte.

⁵ Der nach Absatz 4 zuständige Kanton hat Anspruch auf allfällige im Kalenderjahr an andere Kantone überwiesene Quellensteuerbeträge. Zu viel bezogene Steuern werden dem Arbeitnehmer zurückerstattet, zu wenig bezogene Steuern nachgefordert.

Art. 108 Bei ungewisser oder streitiger Zuständigkeit

¹ Ist der Ort der Veranlagung im Einzelfall ungewiss oder streitig, so wird er, wenn die Veranlagungsbehörden nur eines Kantons in Frage kommen, von der kantonalen Verwaltung für die direkte Bundessteuer, wenn mehrere Kantone in Frage kommen, von der ESTV bestimmt. Die Verfügung der ESTV unterliegt der Beschwerde nach den allgemeinen Bestimmungen über die Bundesrechtspflege.[1]

² Die Feststellung des Veranlagungsortes kann von der Veranlagungsbehörde, von der kantonalen Verwaltung für die direkte Bundessteuer und von den Steuerpflichtigen verlangt werden.

³ Hat im Einzelfall eine örtlich nicht zuständige Behörde bereits gehandelt, so übermittelt sie die Akten der zuständigen Behörde.

---

[1] Fassung des Satzes gemäss Anhang Ziff. 57 des Verwaltungsgerichtsgesetzes vom 17. Juni 2005, in Kraft seit 1. Jan. 2007 (AS **2006** 2197 1069; BBl **2001** 4202).

Zweiter Titel: Allgemeine Verfahrensgrundsätze

1. Kapitel: Amtspflichten

Art. 109 Ausstand

¹ Wer beim Vollzug dieses Gesetzes in einer Sache zu entscheiden oder an einer Verfügung oder Entscheidung in massgeblicher Stellung mitzuwirken hat, ist verpflichtet, in Ausstand zu treten, wenn er:

a. an der Sache ein persönliches Interesse hat;
b.¹ mit einer Partei durch Ehe oder eingetragene Partnerschaft verbunden ist oder mit ihr eine faktische Lebensgemeinschaft führt;
b^bis. mit einer Partei in gerader Linie oder bis zum dritten Grade in der Seitenlinie verwandt oder verschwägert ist;²
c. Vertreter einer Partei ist oder für eine Partei in der gleichen Sache tätig war;
d. aus andern Gründen in der Sache befangen sein könnte.

² Der Ausstandsgrund kann von allen am Verfahren Beteiligten angerufen werden.

³ Ist ein Ausstandsgrund streitig, so entscheidet für kantonale Beamte die vom kantonalen Recht bestimmte Behörde, für Bundesbeamte das EFD, in beiden Fällen unter Vorbehalt der Beschwerde.

Art. 110 Geheimhaltungspflicht

¹ Wer mit dem Vollzug dieses Gesetzes betraut ist oder dazu beigezogen wird, muss über Tatsachen, die ihm in Ausübung seines Amtes bekannt werden, und über die Verhandlungen in den Behörden Stillschweigen bewahren und Dritten den Einblick in amtliche Akten verweigern.

² Eine Auskunft ist zulässig, soweit hiefür eine gesetzliche Grundlage im Bundesrecht gegeben ist. A34

Art. 111 Amtshilfe unter Steuerbehörden A34 | N 1.5

¹ Die mit dem Vollzug dieses Gesetzes betrauten Behörden unterstützen sich gegenseitig in der Erfüllung ihrer Aufgabe; sie erteilen den Steuerbehörden des Bundes, der Kantone, Bezirke, Kreise und Gemeinden die benötigten Auskünfte kostenlos und gewähren ihnen auf Verlangen Einsicht in amtliche Akten. Die in Anwendung dieser Vorschrift gemeldeten oder festgestellten Tatsachen unterliegen der Geheimhaltung nach Artikel 110.

² Muss bei einer Veranlagung der kantonale Anteil unter mehrere Kantone aufgeteilt werden, so gibt die zuständige Steuerbehörde den beteiligten kantonalen Verwaltungen für die direkte Bundessteuer davon Kenntnis.

---

1 Fassung gemäss Anhang Ziff. 24 des Partnerschaftsgesetzes vom 18. Juni 2004, in Kraft seit 1. Jan. 2007 (AS **2005** 5685; BBl **2003** 1288).
2 Eingefügt durch Anhang Ziff. 24 des Partnerschaftsgesetzes vom 18. Juni 2004, in Kraft seit 1. Jan. 2007 (AS **2005** 5685; BBl **2003** 1288).

Art. 112 Amtshilfe anderer Behörden A34

¹ Die Behörden des Bundes, der Kantone, Bezirke, Kreise und Gemeinden erteilen den mit dem Vollzug dieses Gesetzes betrauten Behörden auf Ersuchen hin alle erforderlichen Auskünfte. Sie können diese Behörden von sich aus darauf aufmerksam machen, wenn sie vermuten, dass eine Veranlagung unvollständig ist.

² Die gleiche Pflicht zur Amtshilfe haben Organe von Körperschaften und Anstalten, soweit sie Aufgaben der öffentlichen Verwaltung wahrnehmen.

³ Von der Auskunfts- und Mitteilungspflicht ausgenommen sind die Organe der Schweizerischen Post und der öffentlichen Kreditinstitute für Tatsachen, die einer besonderen, gesetzlich auferlegten Geheimhaltung unterstehen.[1]

⁴ Die Steuerbehörden erstatten dem kantonalen Handelsregisteramt Meldung, falls innert 3 Monaten nach Ablauf der entsprechenden Fristen von der juristischen Person keine Jahresrechnung gemäss Artikel 125 Absatz 2 Buchstabe a eingereicht wird.[2]

Art. 112a[3] Datenbearbeitung

¹ Die ESTV betreibt zur Erfüllung der Aufgaben nach diesem Gesetz ein Informationssystem. Dieses kann besonders schützenswerte Personendaten über administrative und strafrechtliche Sanktionen enthalten, die steuerrechtlich wesentlich sind.

¹ᵇⁱˢ ...[4]

² Die ESTV und die Behörden nach Artikel 111 geben einander die Daten weiter, die für die Erfüllung ihrer Aufgaben dienlich sein können. Die Behörden nach Artikel 112 geben den mit dem Vollzug dieses Gesetzes betrauten Behörden die Daten weiter, die für die Durchführung dieses Gesetzes von Bedeutung sein können.

³ Die Daten werden einzeln, auf Listen oder auf elektronischen Datenträgern übermittelt. Sie können auch mittels eines Abrufverfahrens zugänglich gemacht werden. Diese Amtshilfe ist kostenlos.

⁴ Es sind alle diejenigen Daten von Steuerpflichtigen weiterzugeben, die zur Veranlagung und Erhebung der Steuer dienen können, namentlich:
 a. die Personalien;
 b. Angaben über den Zivilstand, den Wohn- und Aufenthaltsort, die Aufenthaltsbewilligung und die Erwerbstätigkeit;
 c. Rechtsgeschäfte;
 d. Leistungen eines Gemeinwesens.

---

1 Fassung gemäss Anhang Ziff. 14 des Postorganisationsgesetzes vom 30. April 1997, in Kraft seit 1. Jan. 1998 (AS **1997** 2465; BBl **1996** III 1306).
2 Eingefügt durch Ziff. I 6 des BG vom 18. März 2022 über die Bekämpfung des missbräuchlichen Konkurses, in Kraft seit 1. Jan. 2025 (AS **2023** 628; BBl **2019** 5193).
3 Eingefügt durch Ziff. VI 3 des BG vom 24. März 2000 über die Schaffung und die Anpassung gesetzlicher Grundlagen für die Bearbeitung von Personendaten, in Kraft seit 1. Sept. 2000 (AS **2000** 1891; BBl **1999** 9005).
4 Eingefügt durch Anhang Ziff. 5 des BG vom 23. Juni 2006 (Neue AHV-Versichertennummer) (AS **2007** 5259; BBl **2006** 501). Aufgehoben durch Anhang Ziff. 19 des BG vom 18. Dez. 2020 (Systematische Verwendung der AHV-Nummer durch Behörden), mit Wirkung seit 1. Jan. 2022 (AS **2021** 758; BBl **2019** 7359).

⁵ Personendaten und die zu deren Bearbeitung verwendeten Einrichtungen wie Datenträger, EDV-Programme und Programmdokumentationen sind vor unbefugtem Verwenden, Verändern oder Zerstören sowie vor Diebstahl zu schützen.

⁶ Der Bundesrat kann Ausführungsbestimmungen erlassen, insbesondere über die Organisation und den Betrieb des Informationssystems, über die Kategorien der zu erfassenden Daten, über die Zugriffs- und Bearbeitungsberechtigung, über die Aufbewahrungsdauer sowie die Archivierung und Vernichtung der Daten.

⁷ Können sich Bundesämter über die Datenbekanntgabe nicht einigen, so entscheidet der Bundesrat endgültig. In allen andern Fällen entscheidet das Bundesgericht im Verfahren nach Artikel 120 des Bundesgerichtsgesetzes vom 17. Juni 2005¹.²

2. Kapitel: Verfahrensrechtliche Stellung der Ehegatten A75

Art. 113

¹ Ehegatten, die in rechtlich und tatsächlich ungetrennter Ehe leben, üben die nach diesem Gesetz dem Steuerpflichtigen zukommenden Verfahrensrechte und Verfahrenspflichten gemeinsam aus.

² Sie unterschreiben die Steuererklärung gemeinsam. Ist die Steuererklärung nur von einem der beiden Ehegatten unterzeichnet, so wird dem nichtunterzeichnenden Ehegatten eine Frist eingeräumt. Nach deren unbenutztem Ablauf wird die vertragliche Vertretung unter Ehegatten angenommen.

³ Rechtsmittel und andere Eingaben gelten als rechtzeitig eingereicht, wenn ein Ehegatte innert Frist handelt.

⁴ Sämtliche Mitteilungen der Steuerbehörden an verheiratete Steuerpflichtige, die in rechtlich und tatsächlich ungetrennter Ehe leben, werden an die Ehegatten gemeinsam gerichtet.

3. Kapitel: Verfahrensrechte des Steuerpflichtigen

Art. 114 Akteneinsicht

¹ Steuerpflichtige sind berechtigt, in die von ihnen eingereichten oder von ihnen unterzeichneten Akten Einsicht zu nehmen. Gemeinsam zu veranlagenden Ehegatten steht ein gegenseitiges Akteneinsichtsrecht zu.³ A75

² Die übrigen Akten stehen dem Steuerpflichtigen zur Einsicht offen, sofern die Ermittlung des Sachverhaltes abgeschlossen ist und soweit nicht öffentliche oder private Interessen entgegenstehen.⁴

---

1 SR **173.110**
2 Fassung des Satzes gemäss Anh. Ziff. 57 des Verwaltungsgerichtsges. vom 17. Juni 2005, in Kraft seit 1. Jan. 2007 (AS **2006** 2197 1069; BBl **2001** 4202).
3 Die Berichtigung der RedK der BVers vom 20. Aug. 2020, veröffentlicht am 1. Sept. 2020 betrifft nur den italienischen Text (AS **2020** 3641).
4 Die Berichtigung der RedK der BVers vom 20. Aug. 2020, veröffentlicht am 1. Sept. 2020 betrifft nur den italienischen Text (AS **2020** 3641).

³ Wird einem Steuerpflichtigen die Einsichtnahme in ein Aktenstück verweigert, so darf darauf zum Nachteil des Steuerpflichtigen nur abgestellt werden, wenn ihm die Behörde von dem für die Sache wesentlichen Inhalt mündlich oder schriftlich Kenntnis und ausserdem Gelegenheit gegeben hat, sich zu äussern und Gegenbeweismittel zu bezeichnen.

⁴ Auf Wunsch des Steuerpflichtigen bestätigt die Behörde die Verweigerung der Akteneinsicht durch eine Verfügung, die durch Beschwerde angefochten werden kann.

Art. 115 Beweisabnahme

Die vom Steuerpflichtigen angebotenen Beweise müssen abgenommen werden, soweit sie geeignet sind, die für die Veranlagung erheblichen Tatsachen festzustellen.

Art. 116 Eröffnung

¹ Verfügungen und Entscheide werden dem Steuerpflichtigen schriftlich eröffnet und müssen eine Rechtsmittelbelehrung enthalten.

² Ist der Aufenthalt eines Steuerpflichtigen unbekannt oder befindet er sich im Ausland, ohne in der Schweiz einen Vertreter zu haben, so kann ihm eine Verfügung oder ein Entscheid rechtswirksam durch Publikation im kantonalen Amtsblatt eröffnet werden.

Art. 117 Vertragliche Vertretung

¹ Der Steuerpflichtige kann sich vor den mit dem Vollzug dieses Gesetzes betrauten Behörden vertraglich vertreten lassen, soweit seine persönliche Mitwirkung nicht notwendig ist.

² Als Vertreter wird zugelassen, wer handlungsfähig ist und in bürgerlichen Ehren und Rechten steht. Die Behörde kann den Vertreter auffordern, sich durch schriftliche Vollmacht auszuweisen.

³ Haben Ehegatten, welche in rechtlich und tatsächlich ungetrennter Ehe leben, keinen gemeinsamen Vertreter oder Zustellungsberechtigten bestellt, so ergehen sämtliche Zustellungen an die Ehegatten gemeinsam.

⁴ Zustellungen an Ehegatten, die in gerichtlich oder tatsächlich getrennter Ehe leben, erfolgen an jeden Ehegatten gesondert.

Art. 118[1] ...

4. Kapitel: Fristen

Art. 119

¹ Die vom Gesetz bestimmten Fristen können nicht erstreckt werden.

² Eine von einer Behörde angesetzte Frist wird erstreckt, wenn zureichende Gründe vorliegen und das Erstreckungsgesuch innert der Frist gestellt worden ist.

---

[1] Aufgehoben durch Ziff. I 1 des BG vom 16. Dez. 2016 über die Revision der Quellenbesteuerung des Erwerbseinkommens, mit Wirkung seit 1. Jan. 2021 (AS **2018** 1813; BBl **2015** 657).

5. Kapitel: Verjährung

Art. 120 Veranlagungsverjährung

¹ Das Recht, eine Steuer zu veranlagen, verjährt fünf Jahre nach Ablauf der Steuerperiode. Vorbehalten bleiben die Artikel 152 und 184.

² Die Verjährung beginnt nicht oder steht still:
  a. während eines Einsprache-, Beschwerde- oder Revisionsverfahrens;
  b. solange die Steuerforderung sichergestellt oder gestundet ist;
  c. solange weder der Steuerpflichtige noch der Mithaftende in der Schweiz steuerrechtlichen Wohnsitz oder Aufenthalt haben.

³ Die Verjährung beginnt neu mit:
  a. jeder auf Feststellung oder Geltendmachung der Steuerforderung gerichteten Amtshandlung, die einem Steuerpflichtigen oder Mithaftenden zur Kenntnis gebracht wird;
  b. jeder ausdrücklichen Anerkennung der Steuerforderung durch den Steuerpflichtigen oder den Mithaftenden;
  c. der Einreichung eines Erlassgesuches;
  d. der Einleitung einer Strafverfolgung wegen vollendeter Steuerhinterziehung oder wegen Steuervergehens.

⁴ Das Recht, eine Steuer zu veranlagen, ist 15 Jahre nach Ablauf der Steuerperiode auf jeden Fall verjährt.

Art. 121 Bezugsverjährung

¹ Steuerforderungen verjähren fünf Jahre, nachdem die Veranlagung rechtskräftig geworden ist.

² Stillstand und Unterbrechung der Verjährung richten sich nach Artikel 120 Absätze 2 und 3.

³ Die Verjährung tritt in jedem Fall zehn Jahre nach Ablauf des Jahres ein, in dem die Steuern rechtskräftig festgesetzt worden sind.

Dritter Titel: Veranlagung im ordentlichen Verfahren

1. Kapitel: Vorbereitung der Veranlagung

Art. 122

¹ Die Veranlagungsbehörden führen ein Verzeichnis der mutmasslich Steuerpflichtigen.

² Die zuständigen Behörden der Kantone und Gemeinden übermitteln den mit dem Vollzug dieses Gesetzes betrauten Behörden die nötigen Angaben aus den Kontrollregistern.

³ Für die Vorbereitungsarbeiten können die Veranlagungsbehörden die Mithilfe der Gemeindebehörden oder besonderer Vorbereitungsorgane in Anspruch nehmen.

2. Kapitel: Verfahrenspflichten

1. Abschnitt: Aufgaben der Veranlagungsbehörden

Art. 123

¹ Die Veranlagungsbehörden stellen zusammen mit dem Steuerpflichtigen die für eine vollständige und richtige Besteuerung massgebenden tatsächlichen und rechtlichen Verhältnisse fest.

² Sie können insbesondere Sachverständige beiziehen, Augenscheine durchführen und Geschäftsbücher und Belege an Ort und Stelle einsehen. Die sich daraus ergebenden Kosten können ganz oder teilweise dem Steuerpflichtigen oder jeder andern zur Auskunft verpflichteten Person auferlegt werden, die diese durch eine schuldhafte Verletzung von Verfahrenspflichten notwendig gemacht haben.

2. Abschnitt: Pflichten des Steuerpflichtigen A34

Art. 124 Steuererklärung

¹ Die zuständige Steuerbehörde fordert die Steuerpflichtigen durch öffentliche Bekanntgabe, durch persönliche Mitteilung oder durch Zustellung des Formulars auf, die Steuererklärung einzureichen. Auch Steuerpflichtige, die weder eine persönliche Mitteilung noch ein Formular erhalten haben, müssen eine Steuererklärung einreichen.[1]

² Die steuerpflichtige Person muss die Steuererklärung wahrheitsgemäss und vollständig ausfüllen, persönlich unterzeichnen und samt den vorgeschriebenen Beilagen fristgemäss der zuständigen Steuerbehörde einreichen.[2]

³ Der Steuerpflichtige, der die Steuererklärung nicht oder mangelhaft ausgefüllt einreicht, wird aufgefordert, das Versäumte innert angemessener Frist nachzuholen.

⁴ Bei verspäteter Einreichung und bei verspäteter Rückgabe einer dem Steuerpflichtigen zur Ergänzung zurückgesandten Steuererklärung ist die Fristversäumnis zu entschuldigen, wenn der Steuerpflichtige nachweist, dass er durch Militär- oder Zivildienst, Landesabwesenheit, Krankheit oder andere erhebliche Gründe an der rechtzeitigen Einreichung oder Rückgabe verhindert war und dass er das Versäumte innert 30 Tagen nach Wegfall der Hinderungsgründe nachgeholt hat.[3]

Art. 125 Beilagen zur Steuererklärung

¹ Natürliche Personen müssen der Steuererklärung insbesondere beilegen:

a. Lohnausweise über alle Einkünfte aus unselbständiger Erwerbstätigkeit;
b. Ausweise über Bezüge als Mitglied der Verwaltung oder eines anderen Organs einer juristischen Person;
c. Verzeichnisse über sämtliche Wertschriften, Forderungen und Schulden.

---

[1] Fassung gemäss Ziff. I 3 des BG vom 18. Juni 2021 über elektronische Verfahren im Steuerbereich, in Kraft seit 1. Jan. 2024 (AS **2021** 673; BBl **2020** 4705).
[2] Fassung gemäss Ziff. I 3 des BG vom 18. Juni 2021 über elektronische Verfahren im Steuerbereich, in Kraft seit 1. Jan. 2024 (AS **2021** 673; BBl **2020** 4705).
[3] Fassung gemäss Anhang Ziff. 7 des Zivildienstgesetzes vom 6. Okt. 1995, in Kraft seit 1. Okt. 1996 (AS **1996** 1445; BBl **1994** III 1609).

² Natürliche Personen mit Einkommen aus selbständiger Erwerbstätigkeit und juristische Personen müssen der Steuererklärung beilegen:

a. die unterzeichneten Jahresrechnungen (Bilanzen, Erfolgsrechnungen) der Steuerperiode; oder

b. bei vereinfachter Buchführung nach Artikel 957 Absatz 2 OR¹: Aufstellungen über Einnahmen und Ausgaben, über die Vermögenslage sowie über Privatentnahmen und -einlagen der Steuerperiode.² N 4

³ Zudem haben Kapitalgesellschaften und Genossenschaften das ihrer Veranlagung zur Gewinnsteuer dienende Eigenkapital am Ende der Steuerperiode oder der Steuerpflicht auszuweisen. Dieses besteht aus dem einbezahlten Grund- oder Stammkapital, den in der Handelsbilanz ausgewiesenen Reserven aus Kapitaleinlagen nach Artikel 20 Absätze 3–7, den offenen und den aus versteuertem Gewinn gebildeten stillen Reserven sowie aus jenem Teil des Fremdkapitals, dem wirtschaftlich die Bedeutung von Eigenkapital zukommt.³ A74

Art. 126 Weitere Mitwirkungspflichten

¹ Der Steuerpflichtige muss alles tun, um eine vollständige und richtige Veranlagung zu ermöglichen.

² Er muss auf Verlangen der Veranlagungsbehörde insbesondere mündlich oder schriftlich Auskunft erteilen, Geschäftsbücher, Belege und weitere Bescheinigungen sowie Urkunden über den Geschäftsverkehr vorlegen. A34

³ Natürliche Personen mit Einkommen aus selbständiger Erwerbstätigkeit und juristische Personen müssen Geschäftsbücher und Aufstellungen nach Artikel 125 Absatz 2 und sonstige Belege, die mit ihrer Tätigkeit in Zusammenhang stehen, während zehn Jahren aufbewahren. Die Art und Weise der Führung und der Aufbewahrung richtet sich nach den Artikeln 957–958f OR⁴.⁵,⁶ N 4 | A34

Art. 126a⁷ Notwendige Vertretung

Die Steuerbehörden können von einer steuerpflichtigen Person mit Wohnsitz oder Sitz im Ausland verlangen, dass sie einen Vertreter in der Schweiz bezeichnet.

---

1 SR **220**
2 Fassung gemäss Ziff. I 2 des Steuererlassgesetzes vom 20. Juni 2014, in Kraft seit 1. Jan. 2016 (AS **2015** 9; BBl **2013** 8435).
3 Eingefügt durch Ziff. I 1 des BG vom 10. Okt. 1997 über die Reform der Unternehmensbesteuerung 1997 (AS **1998** 669; BBl **1997** II 1164). Fassung gemäss Ziff. I 2 des BG vom 28. Sept. 2018 über die Steuerreform und die AHV-Finanzierung, in Kraft seit 1. Jan. 2020 (AS **2019** 2395 2413; BBl **2018** 2527).
4 SR **220**
5 Fassung des zweiten Satzes gemäss Ziff. I 2 des Steuererlassgesetzes vom 20. Juni 2014, in Kraft seit 1. Jan. 2016 (AS **2015** 9; BBl **2013** 8435).
6 Fassung gemäss Ziff. II 1 des BG vom 22. Dez. 1999 (Die kaufmännische Buchführung), in Kraft seit 1. Juni 2002 (AS **2002** 949; BBl **1999** 5149).
7 Eingefügt durch Ziff. I 1 des BG vom 16. Dez. 2016 über die Revision der Quellenbesteuerung des Erwerbseinkommens, in Kraft seit 1. Jan. 2021 (AS **2018** 1813; BBl **2015** 657).

3. Abschnitt: Bescheinigungspflicht Dritter A34

Art. 127

¹ Gegenüber dem Steuerpflichtigen sind zur Ausstellung schriftlicher Bescheinigungen verpflichtet:

a. Arbeitgeber über ihre Leistungen an Arbeitnehmer;
b. Gläubiger und Schuldner über Bestand, Höhe Verzinsung und Sicherstellung von Forderungen;
c.¹ Versicherer über den Rückkaufswert von Versicherungen und über die aus dem Versicherungsverhältnis ausbezahlten oder geschuldeten Leistungen; bei Leibrentenversicherungen, die dem VVG² unterstehen, müssen sie zusätzlich das Abschlussjahr, die Höhe der garantierten Leibrente, den gesamten steuerbaren Ertragsanteil nach Artikel 22 Absatz 3 sowie die Überschussleistungen und den Ertragsanteil aus diesen Leistungen nach Artikel 22 Absatz 3 Buchstabe b ausweisen; E20
d. Treuhänder, Vermögensverwalter, Pfandgläubiger, Beauftragte und andere Personen, die Vermögen des Steuerpflichtigen in Besitz oder in Verwaltung haben oder hatten, über dieses Vermögen und seine Erträgnisse;
e. Personen, die mit dem Steuerpflichtigen Geschäfte tätigen oder getätigt haben, über die beiderseitigen Ansprüche und Leistungen.

² Reicht der Steuerpflichtige trotz Mahnung die nötigen Bescheinigungen nicht ein, so kann sie die Veranlagungsbehörde vom Dritten einfordern. Das gesetzlich geschützte Berufsgeheimnis bleibt vorbehalten.

³ Bei einem unterjährigen Austritt muss der bisherige Arbeitgeber dem Arbeitnehmer nach Artikel 91 Absätze 1 und 2 im Zeitpunkt der Beendigung des Arbeitsverhältnisses auf dessen Verlangen eine Bescheinigung mit den relevanten Angaben über die unselbstständige Erwerbstätigkeit ausstellen, die für die Umsetzung des jeweiligen internationalen Abkommens im Steuerbereich erforderlich sind. Das EFD regelt die Einzelheiten.³

4. Abschnitt: Auskunftspflicht Dritter A34

Art. 128

Gesellschafter, Miteigentümer und Gesamteigentümer müssen auf Verlangen den Steuerbehörden über ihr Rechtsverhältnis zum Steuerpflichtigen Auskunft erteilen, insbesondere über dessen Anteile, Ansprüche und Bezüge.

5. Abschnitt: Meldepflicht Dritter A34

Art. 129

¹ Den Veranlagungsbehörden müssen für jede Steuerperiode eine Bescheinigung einreichen:

---

¹ Fassung gemäss Ziff. I 1 des BG vom 17. Juni 2022 über die Besteuerung von Leibrenten und ähnlichen Vorsorgeformen, in Kraft seit 1. Jan. 2025 (AS **2023** 38; BBl **2021** 3028).
² SR **221.229.1**
³ Eingefügt durch Ziff. I 1 des BG vom 14. Juni 2024 über die Besteuerung der Telearbeit im internationalen Verhältnis, in Kraft seit 1. Jan. 2025 (AS **2024** 573; BBl **2024** 650).

a. juristische Personen über die den Mitgliedern der Verwaltung und anderer Organe ausgerichteten Leistungen; Stiftungen reichen zusätzlich eine Bescheinigung über die ihren Begünstigten erbrachten Leistungen ein;
b. Einrichtungen der beruflichen Vorsorge und der gebundenen Selbstvorsorge über die den Vorsorgenehmern oder Begünstigten erbrachten Leistungen (Art. 22 Abs. 2);
c. einfache Gesellschaften und Personengesellschaften über alle Verhältnisse, die für die Veranlagung der Teilhaber von Bedeutung sind, insbesondere über ihren Anteil an Einkommen und Vermögen der Gesellschaft;
d.[1] Arbeitgeber, die ihren Angestellten Mitarbeiterbeteiligungen einräumen, über alle für deren Veranlagung notwendigen Angaben; die Einzelheiten regelt der Bundesrat in einer Verordnung; VO DBG N | A89, A82
e.[2] die Arbeitgeber über die Lohndaten zu Arbeitnehmern nach Artikel 91 Absätze 1 und 2, für die ein internationales Abkommen im Steuerbereich den automatischen Austausch von Informationen über diese Daten vorsieht.

2 Dem Steuerpflichtigen ist ein Doppel der Bescheinigung zuzustellen.

3 Die kollektiven Kapitalanlagen mit direktem Grundbesitz müssen den Veranlagungsbehörden für jede Steuerperiode eine Bescheinigung über alle Verhältnisse einreichen, die für die Besteuerung des direkten Grundbesitzes und dessen Erträge massgeblich sind.[3]

3. Kapitel: Veranlagung

Art. 130 Durchführung

1 Die Veranlagungsbehörde prüft die Steuererklärung und nimmt die erforderlichen Untersuchungen vor.

2 Hat der Steuerpflichtige trotz Mahnung seine Verfahrenspflichten nicht erfüllt oder können die Steuerfaktoren mangels zuverlässiger Unterlagen nicht einwandfrei ermittelt werden, so nimmt die Veranlagungsbehörde die Veranlagung nach pflichtgemässem Ermessen vor. Sie kann dabei Erfahrungszahlen, Vermögensentwicklung und Lebensaufwand des Steuerpflichtigen berücksichtigen. A94

Art. 131 Eröffnung

1 Die Veranlagungsbehörde setzt in der Veranlagungsverfügung die Steuerfaktoren (steuerbares Einkommen, steuerbarer Reingewinn), den Steuersatz und die Steuerbeträge fest. Zudem wird den Kapitalgesellschaften und Genossenschaften der sich nach der Veranlagung zur Gewinnsteuer und Berücksichtigung von Gewinnausschüttungen ergebende Stand des Eigenkapitals bekannt gegeben.[4]

2 Abweichungen von der Steuererklärung gibt sie dem Steuerpflichtigen spätestens bei der Eröffnung der Veranlagungsverfügung bekannt.

---

[1] Eingefügt durch Ziff. I 1 des BG vom 17. Dez. 2010 über die Besteuerung von Mitarbeiterbeteiligungen, in Kraft seit 1. Jan. 2013 (AS **2011** 3259; BBl **2005** 575).

[2] Eingefügt durch Ziff. I 1 des BG vom 14. Juni 2024 über die Besteuerung der Telearbeit im internationalen Verhältnis, in Kraft seit 1. Jan. 2025 (AS **2024** 573; BBl **2024** 650).

[3] Fassung gemäss Anhang Ziff. II 6 des Kollektivanlagengesetzes vom 23. Juni 2006, in Kraft seit 1. Jan. 2007 (AS **2006** 5379; BBl **2005** 6395).

[4] Fassung gemäss Ziff. I 1 des BG vom 10. Okt. 1997 über die Reform der Unternehmensbesteuerung 1997, in Kraft seit 1. Jan 1998 (AS **1998** 669; BBl **1997** II 1164).

³ Die Veranlagungsverfügung wird auch der kantonalen Verwaltung für die direkte Bundessteuer sowie der ESTV eröffnet, wenn diese im Veranlagungsverfahren mitgewirkt oder die Eröffnung verlangt haben (Art. 103 Abs. 1 Bst. d und 104 Abs. 1).

4. Kapitel: Einsprache

Art. 132 Voraussetzungen

¹ Gegen die Veranlagungsverfügung kann der Steuerpflichtige innert 30 Tagen nach Zustellung bei der Veranlagungsbehörde schriftlich Einsprache erheben.

² Richtet sich die Einsprache gegen eine einlässlich begründete Veranlagungsverfügung, so kann sie mit Zustimmung des Einsprechers und der übrigen Antragsteller (Art. 103 Abs. 1 Bst. b und 104 Abs. 1) als Beschwerde an die kantonale Steuerrekurskommission weitergeleitet werden.

³ Eine Veranlagung nach pflichtgemässem Ermessen kann der Steuerpflichtige nur wegen offensichtlicher Unrichtigkeit anfechten. Die Einsprache ist zu begründen und muss allfällige Beweismittel nennen.

Art. 133 Fristen

¹ Die Frist beginnt mit dem auf die Eröffnung folgenden Tage. Sie gilt als eingehalten, wenn die Einsprache am letzten Tag der Frist bei der Veranlagungsbehörde eingelangt ist, den schweizerischen PTT-Betrieben[1] oder einer schweizerischen diplomatischen oder konsularischen Vertretung im Ausland übergeben wurde. Fällt der letzte Tag auf einen Samstag, Sonntag oder staatlich anerkannten Feiertag, so läuft die Frist am nächstfolgenden Werktag ab.

² Eine unzuständige Amtsstelle überweist die bei ihr eingereichte Einsprache ohne Verzug der zuständigen Veranlagungsbehörde. Die Frist zur Einreichung der Einsprache gilt als eingehalten, wenn diese am letzten Tag der Frist bei der unzuständigen Amtsstelle eingelangt ist oder den schweizerischen PTT-Betrieben[2] übergeben wurde.

³ Auf verspätete Einsprachen wird nur eingetreten, wenn der Steuerpflichtige nachweist, dass er durch Militär- oder Zivildienst, Krankheit, Landesabwesenheit oder andere erhebliche Gründe an der rechtzeitigen Einreichung verhindert war und dass die Einsprache innert 30 Tagen nach Wegfall der Hinderungsgründe eingereicht wurde.[3]

Art. 134 Befugnisse der Steuerbehörden

¹ Im Einspracheverfahren haben die Veranlagungsbehörde, die kantonale Verwaltung für die direkte Bundessteuer und die ESTV die gleichen Befugnisse wie im Veranlagungsverfahren.

² Einem Rückzug der Einsprache wird keine Folge gegeben, wenn nach den Umständen anzunehmen ist, dass die Veranlagung unrichtig war. Das Einspracheverfahren kann zudem nur mit Zustimmung aller an der Veranlagung beteiligten Steuerbehörden eingestellt werden.

---

[1] Heute: der Schweizerischen Post.
[2] Heute: der Schweizerischen Post.
[3] Fassung gemäss Anhang Ziff. 7 des Zivildienstgesetzes vom 6. Okt. 1995, in Kraft seit 1. Okt. 1996 (AS **1996** 1445; BBl **1994** III 1609).

Art. 135 Entscheid

¹ Die Veranlagungsbehörde entscheidet gestützt auf die Untersuchung über die Einsprache. Sie kann alle Steuerfaktoren neu festsetzen und, nach Anhören des Steuerpflichtigen, die Veranlagung auch zu dessen Nachteil abändern.

² Der Entscheid wird begründet und dem Steuerpflichtigen sowie der kantonalen Verwaltung für die direkte Bundessteuer zugestellt. Er wird auch der ESTV mitgeteilt, wenn diese bei der Veranlagung mitgewirkt oder die Eröffnung des Einspracheentscheides verlangt hat (Art. 103 Abs. 1).

³ Das Einspracheverfahren ist kostenfrei. Artikel 123 Absatz 2 letzter Satz ist entsprechend anwendbar.

Vierter Titel: Verfahren bei der Erhebung der Quellensteuer   A91, E67

Art. 136 Verfahrenspflichten   A34

Der Steuerpflichtige und der Schuldner der steuerbaren Leistung müssen der Veranlagungsbehörde auf Verlangen über die für die Erhebung der Quellensteuer massgebenden Verhältnisse mündlich oder schriftlich Auskunft erteilen. Die Artikel 123–129 gelten sinngemäss.

Art. 136a¹ Notwendige Vertretung

¹ Die Steuerbehörden können von einer steuerpflichtigen Person mit Wohnsitz oder Sitz im Ausland verlangen, dass sie einen Vertreter in der Schweiz bezeichnet.

² Personen, die nach Artikel 99a eine nachträgliche ordentliche Veranlagung beantragen, müssen die erforderlichen Unterlagen einreichen und eine Zustelladresse in der Schweiz bezeichnen. Wird keine Zustelladresse bezeichnet oder verliert die Zustelladresse während des Veranlagungsverfahrens ihre Gültigkeit, so gewährt die zuständige Behörde der steuerpflichtigen Person eine angemessene Frist für die Bezeichnung einer gültigen Zustelladresse. Läuft diese Frist unbenutzt ab, so tritt die Quellensteuer an die Stelle der im ordentlichen Verfahren zu veranlagenden direkten Bundessteuer auf dem Erwerbseinkommen. Artikel 133 Absatz 3 gilt sinngemäss.

Art. 137² Verfügung

¹ Die steuerpflichtige Person kann von der Veranlagungsbehörde bis am 31. März des auf die Fälligkeit der Leistung folgenden Steuerjahres eine Verfügung über Bestand und Umfang der Steuerpflicht verlangen, wenn sie:

a. mit dem Quellensteuerabzug gemäss Bescheinigung nach Artikel 88 oder 100 nicht einverstanden ist; oder
b. die Bescheinigung nach Artikel 88 oder 100 vom Arbeitgeber nicht erhalten hat.

---

1   Eingefügt durch Ziff. I 1 des BG vom 16. Dez. 2016 über die Revision der Quellenbesteuerung des Erwerbseinkommens, in Kraft seit 1. Jan. 2021 (AS **2018** 1813; BBl **2015** 657).
2   Fassung gemäss Ziff. I 1 des BG vom 16. Dez. 2016 über die Revision der Quellenbesteuerung des Erwerbseinkommens, in Kraft seit 1. Jan. 2021 (AS **2018** 1813; BBl **2015** 657).

² Der Schuldner der steuerbaren Leistung kann von der Veranlagungsbehörde bis am 31. März des auf die Fälligkeit der Leistung folgenden Steuerjahres eine Verfügung über Bestand und Umfang der Steuerpflicht verlangen.

³ Er bleibt bis zum rechtskräftigen Entscheid verpflichtet, die Quellensteuer zu erheben.

Art. 138 Nachforderung und Rückerstattung

¹ Hat der Schuldner der steuerbaren Leistung den Steuerabzug nicht oder ungenügend vorgenommen, so verpflichtet ihn die Veranlagungsbehörde zur Nachzahlung. Der Rückgriff des Schuldners auf den Steuerpflichtigen bleibt vorbehalten.

² Hat der Schuldner der steuerbaren Leistung einen zu hohen Steuerabzug vorgenommen, so muss er dem Steuerpflichtigen die Differenz zurückzahlen. QStV 7

³ Die steuerpflichtige Person kann von der Veranlagungsbehörde zur Nachzahlung der von ihr geschuldeten Quellensteuer verpflichtet werden, wenn die ausbezahlte steuerbare Leistung nicht oder nicht vollständig um die Quellensteuer gekürzt wurde und ein Nachbezug beim Schuldner der steuerbaren Leistung nicht möglich ist.[1]

Art. 139 Rechtsmittel

¹ Gegen eine Verfügung über die Quellensteuer kann der Betroffene Einsprache nach Artikel 132 erheben.

² Das kantonale Recht kann in seinen Vollzugsvorschriften bestimmen, dass sich das Einspracheverfahren und das Verfahren vor der kantonalen Rekurskommission nach den für die Anfechtung und Überprüfung eines Entscheides über kantonalrechtliche Quellensteuern massgebenden kantonalen Verfahrensvorschriften richtet, wenn der streitige Quellensteuerabzug sowohl auf Bundesrecht wie auf kantonalem Recht beruht.

---

[1] Eingefügt durch Ziff. I 1 des BG vom 16. Dez. 2016 über die Revision der Quellenbesteuerung des Erwerbseinkommens, in Kraft seit 1. Jan. 2021 (AS **2018** 1813; BBl **2015** 657).

Fünfter Titel: Beschwerdeverfahren

1. Kapitel: Vor kantonaler Steuerrekurskommission

Art. 140 Voraussetzungen für die Beschwerde des Steuerpflichtigen

¹ Der Steuerpflichtige kann gegen den Einspracheentscheid der Veranlagungsbehörde innert 30 Tagen nach Zustellung bei einer von der Steuerbehörde unabhängigen Rekurskommission schriftlich Beschwerde erheben. Artikel 132 Absatz 2 bleibt vorbehalten.

² Er muss in der Beschwerde seine Begehren stellen, die sie begründenden Tatsachen und Beweismittel angeben sowie Beweisurkunden beilegen oder genau bezeichnen. Entspricht die Beschwerde diesen Anforderungen nicht, so wird dem Steuerpflichtigen unter Androhung des Nichteintretens eine angemessene Frist zur Verbesserung angesetzt.

³ Mit der Beschwerde können alle Mängel des angefochtenen Entscheides und des vorangegangenen Verfahrens gerügt werden.

⁴ Artikel 133 gilt sinngemäss.

Art. 141 Voraussetzungen für die Beschwerde der Aufsichtsbehörden

¹ Die kantonale Verwaltung für die direkte Bundessteuer und die ESTV können gegen jede Veranlagungsverfügung und jeden Einspracheentscheid der Veranlagungsbehörde Beschwerde bei der kantonalen Steuerrekurskommission erheben.

² Die Beschwerdefrist beträgt:
a. gegen Veranlagungsverfügungen und Einspracheentscheide, die der beschwerdeführenden Verwaltung eröffnet worden sind, 30 Tage seit Zustellung;
b. in den andern Fällen 60 Tage seit Eröffnung an den Steuerpflichtigen.

Art. 142 Verfahren

¹ Die kantonale Steuerrekurskommission fordert die Veranlagungsbehörde zur Stellungnahme und zur Übermittlung der Veranlagungsakten auf. Sie gibt auch der kantonalen Verwaltung für die direkte Bundessteuer und der ESTV Gelegenheit zur Stellungnahme.

² Wird die Beschwerde von der kantonalen Verwaltung für die direkte Bundessteuer oder von der ESTV eingereicht, so erhält der Steuerpflichtige Gelegenheit zur Stellungnahme.

³ Enthält die von einer Behörde eingereichte Stellungnahme zur Beschwerde des Steuerpflichtigen neue Tatsachen oder Gesichtspunkte, so erhält der Steuerpflichtige Gelegenheit, sich auch dazu zu äussern.

⁴ Im Beschwerdeverfahren hat die Steuerrekurskommission die gleichen Befugnisse wie die Veranlagungsbehörde im Veranlagungsverfahren.

⁵ Die Akteneinsicht des Steuerpflichtigen richtet sich nach Artikel 114.

Art. 143 Entscheid

¹ Die kantonale Steuerrekurskommission entscheidet gestützt auf das Ergebnis ihrer Untersuchungen. Sie kann nach Anhören des Steuerpflichtigen die Veranlagung auch zu dessen Nachteil abändern.

² Sie teilt ihren Entscheid mit schriftlicher Begründung dem Steuerpflichtigen und den am Verfahren beteiligten Behörden mit.

Art. 144 Kosten

¹ Die Kosten des Verfahrens vor der kantonalen Steuerrekurskommission werden der unterliegenden Partei auferlegt; wird die Beschwerde teilweise gutgeheissen, so werden sie anteilmässig aufgeteilt.

² Dem obsiegenden Beschwerdeführer werden die Kosten ganz oder teilweise auferlegt, wenn er bei pflichtgemässem Verhalten schon im Veranlagungs- oder Einspracheverfahren zu seinem Recht gekommen wäre oder wenn er die Untersuchung der kantonalen Steuerrekurskommission durch trölerisches Verhalten erschwert hat.

³ Wenn besondere Verhältnisse es rechtfertigen, kann von einer Kostenauflage abgesehen werden.

⁴ Für die Zusprechung von Parteikosten gilt Artikel 64 Absätze 1–3 des Verwaltungsverfahrensgesetzes vom 20. Dezember 1968[1] sinngemäss.

⁵ Die Höhe der Kosten des Verfahrens vor der kantonalen Steuerrekurskommission wird durch das kantonale Recht bestimmt.

2. Kapitel: Vor einer weiteren kantonalen Beschwerdeinstanz B10

Art. 145

¹ Das kantonale Recht kann den Weiterzug des Beschwerdeentscheides an eine weitere verwaltungsunabhängige kantonale Instanz vorsehen.

² Die Artikel 140–144 gelten sinngemäss.

3. Kapitel: Vor Bundesgericht

Art. 146[2]

Gegen Entscheide letzter kantonaler Instanzen kann nach Massgabe des Bundesgerichtsgesetzes vom 17. Juni 2005[3] beim Bundesgericht Beschwerde geführt werden. Zur Beschwerde in öffentlich-rechtlichen Angelegenheiten ist auch die kantonale Verwaltung für die direkte Bundessteuer berechtigt.

---

[1] SR **172.021**
[2] Fassung gemäss Ziff. I 1 des BG vom 26. Sept. 2014 (Anpassungen an die Allgemeinen Bestimmungen des StGB), in Kraft seit 1. Jan. 2017 (AS **2015** 779; BBl **2012** 2869).
[3] SR **173.110**

Sechster Titel: Änderung rechtskräftiger Verfügungen und Entscheide

1. Kapitel: Revision

Art. 147 Gründe

1 Eine rechtskräftige Verfügung oder ein rechtskräftiger Entscheid kann auf Antrag oder von Amtes wegen zugunsten des Steuerpflichtigen revidiert werden:

a. wenn erhebliche Tatsachen oder entscheidende Beweismittel entdeckt werden;
b. wenn die erkennende Behörde erhebliche Tatsachen oder entscheidende Beweismittel, die ihr bekannt waren oder bekannt sein mussten, ausser acht gelassen oder in anderer Weise wesentliche Verfahrensgrundsätze verletzt hat;
c. wenn ein Verbrechen oder ein Vergehen die Verfügung oder den Entscheid beeinflusst hat.

2 Die Revision ist ausgeschlossen, wenn der Antragsteller als Revisionsgrund vorbringt, was er bei der ihm zumutbaren Sorgfalt schon im ordentlichen Verfahren hätte geltend machen können.

3 Die Revision bundesgerichtlicher Urteile richtet sich nach dem Bundesgerichtsgesetz vom 17. Juni 2005[1].[2]

Art. 148 Frist

Das Revisionsbegehren muss innert 90 Tagen nach Entdeckung des Revisionsgrundes, spätestens aber innert zehn Jahren nach Eröffnung der Verfügung oder des Entscheides eingereicht werden.

Art. 149 Verfahren und Entscheid

1 Für die Behandlung des Revisionsbegehrens ist die Behörde zuständig, welche die frühere Verfügung oder den früheren Entscheid erlassen hat.

2 Ist ein Revisionsgrund gegeben, so hebt die Behörde ihre frühere Verfügung oder ihren früheren Entscheid auf und verfügt oder entscheidet von neuem.

3 Gegen die Abweisung des Revisionsbegehrens und gegen die neue Verfügung oder den neuen Entscheid können die gleichen Rechtsmittel wie gegen die frühere Verfügung oder den früheren Entscheid ergriffen werden.

4 Im Übrigen sind die Vorschriften über das Verfahren anwendbar, in dem die frühere Verfügung oder der frühere Entscheid ergangen ist.

2. Kapitel: Berichtigung von Rechnungsfehlern und Schreibversehen

Art. 150

1 Rechnungsfehler und Schreibversehen in rechtskräftigen Verfügungen und Entscheiden können innert fünf Jahren nach Eröffnung auf Antrag oder von Amtes wegen von der Behörde, der sie unterlaufen sind, berichtigt werden.

---

[1] SR **173.110**
[2] Fassung gemäss Anhang Ziff. 57 des Verwaltungsgerichtsgesetzes vom 17. Juni 2005, in Kraft seit 1. Jan. 2007 (AS **2006** 2197 1069; BBl **2001** 4202).

² Gegen die Berichtigung oder ihre Ablehnung können die gleichen Rechtsmittel wie gegen die Verfügung oder den Entscheid ergriffen werden.

3. Kapitel: Nachsteuern

Art. 151 **Ordentliche Nachsteuer**[1]

¹ Ergibt sich aufgrund von Tatsachen oder Beweismittel, die der Steuerbehörde nicht bekannt waren, dass eine Veranlagung zu Unrecht unterblieben oder eine rechtskräftige Veranlagung unvollständig ist, oder ist eine unterbliebene oder unvollständige Veranlagung auf ein Verbrechen oder ein Vergehen gegen die Steuerbehörde zurückzuführen, so wird die nicht erhobene Steuer samt Zins als Nachsteuer eingefordert.

² Hat der Steuerpflichtige Einkommen, Vermögen und Reingewinn in seiner Steuererklärung vollständig und genau angegeben und das Eigenkapital zutreffend ausgewiesen und haben die Steuerbehörden die Bewertung anerkannt, so kann keine Nachsteuer erhoben werden, selbst wenn die Bewertung ungenügend war.[2]

Art. 152 **Verwirkung**

¹ Das Recht, ein Nachsteuerverfahren einzuleiten, erlischt zehn Jahre nach Ablauf der Steuerperiode, für die eine Veranlagung zu Unrecht unterblieben oder eine rechtskräftige Veranlagung unvollständig ist.

² Die Eröffnung der Strafverfolgung wegen Steuerhinterziehung oder Steuervergehens gilt zugleich als Einleitung des Nachsteuerverfahrens.

³ Das Recht, die Nachsteuer festzusetzen, erlischt 15 Jahre nach Ablauf der Steuerperiode, auf die sie sich bezieht.

Art. 153 **Verfahren**

¹ Die Einleitung eines Nachsteuerverfahrens wird dem Steuerpflichtigen schriftlich mitgeteilt.

¹ᵇⁱˢ Wenn bei Einleitung des Verfahrens ein Strafverfahren wegen Steuerhinterziehung weder eingeleitet wird, noch hängig ist, noch von vornherein ausgeschlossen werden kann, wird die steuerpflichtige Person auf die Möglichkeit der späteren Einleitung eines solchen Strafverfahrens aufmerksam gemacht.[3]

² Das Verfahren, das beim Tod des Steuerpflichtigen noch nicht eingeleitet oder noch nicht abgeschlossen ist, wird gegenüber den Erben eingeleitet oder fortgesetzt.

³ Im Übrigen sind die Vorschriften über die Verfahrensgrundsätze, das Veranlagungs- und das Beschwerdeverfahren sinngemäss anwendbar.

---

[1] Fassung gemäss Ziff. I 1 des BG vom 20. März 2008 über die Vereinfachung der Nachbesteuerung in Erbfällen und die Einführung der straflosen Selbstanzeige, in Kraft seit 1. Jan. 2010 (AS **2008** 4453; BBl **2006** 8795).

[2] Fassung gemäss Ziff. I 1 des BG vom 10. Okt. 1997 über die Reform der Unternehmensbesteuerung 1997, in Kraft seit 1. Jan. 1998 (AS **1998** 669; BBl **1997** II 1164).

[3] Eingefügt durch Ziff. I 1 des BG vom 20. Dez. 2006 über Änderungen des Nachsteuerverfahrens und des Strafverfahrens wegen Steuerhinterziehung auf dem Gebiet der direkten Steuern, in Kraft seit 1. Jan. 2008 (AS **2007** 2973; BBl **2006** 4021 4039).

Art. 153a[1] Vereinfachte Nachbesteuerung von Erben A94, B15

¹ Alle Erben haben unabhängig voneinander Anspruch auf eine vereinfachte Nachbesteuerung der vom Erblasser hinterzogenen Bestandteile von Vermögen und Einkommen, wenn:

a. die Hinterziehung keiner Steuerbehörde bekannt ist;
b. sie die Verwaltung bei der Feststellung der hinterzogenen Vermögens- und Einkommenselemente vorbehaltlos unterstützen; und
c. sie sich ernstlich um die Bezahlung der geschuldeten Nachsteuer bemühen.

² Die Nachsteuer wird für die letzten drei vor dem Todesjahr abgelaufenen Steuerperioden nach den Vorschriften über die ordentliche Veranlagung berechnet und samt Verzugszins nachgefordert.

³ Die vereinfachte Nachbesteuerung ist ausgeschlossen, wenn die Erbschaft amtlich oder konkursamtlich liquidiert wird.

⁴ Auch der Willensvollstrecker oder der Erbschaftsverwalter kann um eine vereinfachte Nachbesteuerung ersuchen.

Siebenter Titel: Inventar VO DBG InvV

1. Kapitel: Inventarpflicht

Art. 154

¹ Nach dem Tod eines Steuerpflichtigen wird innert zwei Wochen ein amtliches Inventar aufgenommen.

² Die Inventaraufnahme kann unterbleiben, wenn anzunehmen ist, dass kein Vermögen vorhanden ist.

2. Kapitel: Gegenstand

Art. 155

¹ In das Inventar wird das am Todestag bestehende Vermögen des Erblassers, seines in ungetrennter Ehe lebenden Ehegatten und der unter seiner elterlichen Sorge stehenden minderjährigen Kinder aufgenommen.

² Tatsachen, die für die Steuerveranlagung von Bedeutung sind, werden festgestellt und im Inventar vorgemerkt.

3. Kapitel: Verfahren

Art. 156 Sicherung der Inventaraufnahme

¹ Die Erben und die Personen, die das Nachlassvermögen verwalten oder verwahren, dürfen über dieses vor Aufnahme des Inventars nur mit Zustimmung der Inventarbehörde verfügen.

² Zur Sicherung des Inventars kann die Inventarbehörde die sofortige Siegelung vornehmen.

---

[1] Eingefügt durch Ziff. I 1 des BG vom 20. März 2008 über die Vereinfachung der Nachbesteuerung in Erbfällen und die Einführung der straflosen Selbstanzeige, in Kraft seit 1. Jan. 2010 (AS **2008** 4453; BBl **2006** 8795).

Art. 157 Mitwirkungspflichten A34

¹ Die Erben, die gesetzlichen Vertreter von Erben, die Erbschaftsverwalter und die Willensvollstrecker sind verpflichtet:

a. über alle Verhältnisse, die für die Feststellung der Steuerfaktoren des Erblassers von Bedeutung sein können, wahrheitsgemäss Auskunft zu erteilen;
b. alle Bücher, Urkunden, Ausweise und Aufzeichnungen, die über den Nachlass Aufschluss verschaffen können, vorzuweisen;
c. alle Räumlichkeiten und Behältnisse zu öffnen, die dem Erblasser zur Verfügung gestanden haben.

² Erben und gesetzliche Vertreter von Erben, die mit dem Erblasser in häuslicher Gemeinschaft gelebt oder Vermögensgegenstände des Erblassers verwahrt oder verwaltet haben, müssen auch Einsicht in ihre Räume und Behältnisse gewähren.

³ Erhält ein Erbe, ein gesetzlicher Vertreter von Erben, ein Erbschaftsverwalter oder ein Willensvollstrecker nach Aufnahme des Inventars Kenntnis von Gegenständen des Nachlasses, die nicht im Inventar verzeichnet sind, so muss er diese innert zehn Tagen der Inventarbehörde bekannt geben.

⁴ Der Inventaraufnahme müssen mindestens ein handlungsfähiger Erbe und der gesetzliche Vertreter minderjähriger oder unter umfassender Beistandschaft stehender Erben oder die vorsorgebeauftragte Person beiwohnen.[1]

Art. 158 Auskunfts- und Bescheinigungspflicht A34

¹ Dritte, die Vermögenswerte des Erblassers verwahrten oder verwalteten oder denen gegenüber der Erblasser geldwerte Rechte oder Ansprüche hatte, sind verpflichtet, den Erben zuhanden der Inventarbehörde auf Verlangen schriftlich alle damit zusammenhängenden Auskünfte zu erteilen.

² Stehen der Erfüllung dieser Auskunftspflicht wichtige Gründe entgegen, so kann der Dritte die verlangten Angaben direkt der Inventarbehörde machen.

³ Im Übrigen gelten die Artikel 127 und 128 sinngemäss.

4. Kapitel: Behörden

Art. 159

¹ Für die Inventaraufnahme und die Siegelung ist die kantonale Behörde des Ortes zuständig, an dem der Erblasser seinen letzten steuerrechtlichen Wohnsitz oder Aufenthalt gehabt oder steuerbare Werte besessen hat.

² Ordnet die Erwachsenenschutzbehörde oder das Gericht eine Inventaraufnahme an, so wird eine Ausfertigung des Inventars der Inventarbehörde zugestellt.[2] Diese kann es übernehmen oder nötigenfalls ergänzen.

³ Die Zivilstandsämter informieren bei einem Todesfall unverzüglich die Steuerbehörde am letzten steuerrechtlichen Wohnsitz oder Aufenthalt (Art. 3) des Verstorbenen.

---

[1] Fassung gemäss Anhang Ziff. 18 des BG vom 19. Dez. 2008 (Erwachsenenschutz, Personenrecht und Kindesrecht), in Kraft seit 1. Jan. 2013 (AS **2011** 725; BBl **2006** 7001).
[2] Fassung gemäss Anhang Ziff. 18 des BG vom 19. Dez. 2008 (Erwachsenenschutz, Personenrecht und Kindesrecht), in Kraft seit 1. Jan. 2013 (AS **2011** 725; BBl **2006** 7001).

Achter Titel: Bezug und Sicherung der Steuer A365

1. Kapitel: Bezugskanton

Art. 160

Die Steuer wird durch den Kanton bezogen, in dem die Veranlagung vorgenommen worden ist.

2. Kapitel: Fälligkeit der Steuer VO DBG J

Art. 161

¹ Die Steuer wird in der Regel in dem vom EFD bestimmten Zeitpunkt fällig (allgemeiner Fälligkeitstermin). Sie kann in Raten bezogen werden.

² Für die Steuer von Steuerpflichtigen, bei denen das Steuerjahr nicht mit dem Kalenderjahr übereinstimmt (Art. 79 Abs. 2), kann die Steuerbehörde besondere Fälligkeitstermine festsetzen.

³ Mit der Zustellung der Veranlagungsverfügung werden fällig:

a. die Steuer auf Kapitalleistungen aus Vorsorge (Art. 38);
b.[1] ...
c. die Nachsteuer (Art. 151).

⁴ In jedem Falle wird die Steuer fällig:

a. am Tag, an dem der Steuerpflichtige, der das Land dauernd verlassen will, Anstalten zur Ausreise trifft;
b. mit der Anmeldung zur Löschung einer steuerpflichtigen juristischen Person im Handelsregister;
c. im Zeitpunkt, in dem der ausländische Steuerpflichtige seinen Geschäftsbetrieb oder seine Beteiligung an einem inländischen Geschäftsbetrieb, seine inländische Betriebsstätte, seinen inländischen Grundbesitz oder seine durch inländische Grundstücke gesicherten Forderungen aufgibt (Art. 4, 5 und 51);
d. bei der Konkurseröffnung über den Steuerpflichtigen;
e. beim Tode des Steuerpflichtigen.

⁵ Der Fälligkeitstermin bleibt unverändert, auch wenn zu diesem Zeitpunkt dem Steuerpflichtigen lediglich eine provisorische Rechnung zugestellt worden ist oder wenn er gegen die Veranlagung Einsprache oder Beschwerde erhoben hat.

---

[1] Aufgehoben durch Ziff. I 1 des BG vom 22. März 2013 über die formelle Bereinigung der zeitlichen Bemessung der direkten Steuern bei den natürlichen Personen, mit Wirkung seit 1. Jan. 2014 (AS **2013** 2397; BBl **2011** 3593).

3. Kapitel: Steuerbezug VO DBG J | A365

Art. 162 Provisorischer und definitiver Bezug

1 Die direkte Bundessteuer wird gemäss Veranlagung bezogen. Ist die Veranlagung im Zeitpunkt der Fälligkeit noch nicht vorgenommen, so wird die Steuer provisorisch bezogen. Grundlage dafür ist die Steuererklärung, die letzte Veranlagung oder der mutmasslich geschuldete Betrag.

2 Provisorisch bezogene Steuern werden auf die gemäss definitiver Veranlagung geschuldeten Steuern angerechnet.

3 Zu wenig bezahlte Beträge werden nachgefordert, zu viel bezahlte Beträge zurückerstattet. Das EFD bestimmt, inwieweit diese Beträge verzinst werden.

Art. 163 Zahlung

1 Die Steuer muss innert 30 Tagen nach Fälligkeit entrichtet werden. Vorbehalten bleibt der ratenweise Bezug der Steuer (Art. 161 Abs. 1).

2 Das EFD setzt für Steuerpflichtige, die vor Eintritt der Fälligkeit Vorauszahlungen leisten, einen Vergütungszins fest. VO DBG P

3 Die Kantone geben die allgemeinen Fälligkeits- und Zahlungstermine und die kantonalen Einzahlungsstellen öffentlich bekannt.

Art. 164 Verzugszins

1 Der Zahlungspflichtige muss für die Beträge, die er nicht fristgemäss entrichtet, einen Verzugszins bezahlen, der vom EFD festgesetzt wird. VO DBG P

2 Hat der Zahlungspflichtige bei Eintritt der Fälligkeit aus Gründen, die er nicht zu vertreten hat, noch keine Steuerrechnung erhalten, so beginnt die Zinspflicht 30 Tage nach deren Zustellung.

Art. 165 Zwangsvollstreckung

1 Wird der Steuerbetrag auf Mahnung hin nicht bezahlt, so wird gegen den Zahlungspflichtigen die Betreibung eingeleitet.

2 Hat der Zahlungspflichtige keinen Wohnsitz in der Schweiz oder sind ihm gehörende Vermögenswerte mit Arrest belegt, so kann die Betreibung ohne vorherige Mahnung eingeleitet werden.

3 Im Betreibungsverfahren haben die rechtskräftigen Veranlagungsverfügungen und -entscheide der mit dem Vollzug dieses Gesetzes betrauten Behörden die gleiche Wirkung wie ein vollstreckbares Gerichtsurteil.

4 Eine Eingabe der Steuerforderung in öffentliche Inventare und auf Rechnungsrufe ist nicht erforderlich.

Art. 166 Zahlungserleichterungen

¹ Ist die Zahlung der Steuer, Zinsen und Kosten oder einer Busse wegen Übertretung innert der vorgeschriebenen Frist für den Zahlungspflichtigen mit einer erheblichen Härte verbunden, so kann die Bezugsbehörde die Zahlungsfrist erstrecken oder Ratenzahlungen bewilligen. Sie kann darauf verzichten, wegen eines solchen Zahlungsaufschubes Zinsen zu berechnen.

² Zahlungserleichterungen können von einer angemessenen Sicherheitsleistung abhängig gemacht werden.

³ Zahlungserleichterungen werden widerrufen, wenn ihre Voraussetzungen wegfallen oder wenn die Bedingungen, an die sie geknüpft sind, nicht erfüllt werden.

4. Kapitel: Erlass der Steuer VO DBG L | B13

Art. 167[1] Voraussetzungen

¹ Bedeutet für eine steuerpflichtige Person infolge einer Notlage die Zahlung der Steuer, eines Zinses oder einer Busse wegen einer Übertretung eine grosse Härte, so können die geschuldeten Beträge auf Gesuch hin ganz oder teilweise erlassen werden.

² Der Steuererlass bezweckt, zur dauerhaften Sanierung der wirtschaftlichen Lage der steuerpflichtigen Person beizutragen. Er hat der steuerpflichtigen Person selbst und nicht ihren Gläubigerinnen oder Gläubigern zugutezukommen.

³ Bussen und Nachsteuern werden nur in besonders begründeten Ausnahmefällen erlassen.

⁴ Die Erlassbehörde tritt nur auf Erlassgesuche ein, die vor Zustellung des Zahlungsbefehls (Art. 38 Abs. 2 des BG vom 11. April 1889[2] über Schuldbetreibung und Konkurs; SchKG) eingereicht werden.

⁵ In Quellensteuerfällen kann nur die steuerpflichtige Person selbst oder die von ihr bestimmte vertragliche Vertretung ein Erlassgesuch einreichen.

Art. 167a[3] Ablehnungsgründe

Der Steuererlass kann insbesondere dann ganz oder teilweise abgelehnt werden, wenn die steuerpflichtige Person:

a. ihre Pflichten im Veranlagungsverfahren schwerwiegend oder wiederholt verletzt hat, sodass eine Beurteilung der finanziellen Situation in der betreffenden Steuerperiode nicht mehr möglich ist;
b. ab der Steuerperiode, auf die sich das Erlassgesuch bezieht, trotz verfügbarer Mittel keine Rücklagen vorgenommen hat;
c. im Zeitpunkt der Fälligkeit der Steuerforderung trotz verfügbarer Mittel keine Zahlungen geleistet hat;

---

[1] Fassung gemäss Ziff. I 2 des Steuererlassgesetzes vom 20. Juni 2014, in Kraft seit 1. Jan. 2016 (AS **2015** 9; BBl **2013** 8435).
[2] SR **281.1**
[3] Eingefügt durch Ziff. I 2 des Steuererlassgesetzes vom 20. Juni 2014, in Kraft seit 1. Jan. 2016 (AS **2015** 9; BBl **2013** 8435).

d. die mangelnde Leistungsfähigkeit durch freiwilligen Verzicht auf Einkommen oder Vermögen ohne wichtigen Grund, durch übersetzte Lebenshaltung oder dergleichen leichtsinnig oder grobfahrlässig herbeigeführt hat;

e. während des Beurteilungszeitraums andere Gläubigerinnen oder Gläubiger bevorzugt behandelt hat.

Art. 167b[1] Erlassbehörde

1 Die Kantone bestimmen die für den Erlass der direkten Bundessteuer zuständige kantonale Behörde (Erlassbehörde).

2 Sie legen das Verfahren fest, soweit es nicht bundesrechtlich geregelt ist. Dies gilt auch für das Erlassverfahren in Quellensteuerfällen.

Art. 167c[2] Inhalt des Erlassgesuchs

Das Erlassgesuch muss schriftlich und begründet sein und die nötigen Beweismittel enthalten. Im Gesuch ist die Notlage darzulegen, derzufolge die Zahlung der Steuer, des Zinses oder der Busse eine grosse Härte bedeuten würde.

Art. 167d[3] Verfahrensrechte und Verfahrenspflichten der gesuchstellenden Person

1 Für die gesuchstellende Person gelten die Verfahrensrechte und Verfahrenspflichten nach diesem Gesetz. Sie hat der Erlassbehörde umfassende Auskunft über ihre wirtschaftlichen Verhältnisse zu erteilen.

2 Verweigert die gesuchstellende Person trotz Aufforderung und Mahnung die notwendige und zumutbare Mitwirkung, so kann die Erlassbehörde beschliessen, nicht auf das Gesuch einzutreten.

3 Das Verwaltungs- und das Einspracheverfahren vor der Erlassbehörde sind kostenfrei. Der gesuchstellenden Person können jedoch die Kosten ganz oder teilweise auferlegt werden, wenn sie ein offensichtlich unbegründetes Gesuch eingereicht hat.

Art. 167e[4] Untersuchungsmittel der Erlassbehörde

Die Erlassbehörde verfügt über sämtliche Untersuchungsmittel nach diesem Gesetz.

Art. 167f[5] Ausführungsbestimmungen

Das EFD umschreibt in einer Verordnung insbesondere die Voraussetzungen für den Steuererlass, die Gründe für dessen Ablehnung sowie das Erlassverfahren näher.

---

[1] Eingefügt durch Ziff. I 2 des Steuererlassgesetzes vom 20. Juni 2014, in Kraft seit 1. Jan. 2016 (AS 2015 9; BBl 2013 8435).
[2] Eingefügt durch Ziff. I 2 des Steuererlassgesetzes vom 20. Juni 2014, in Kraft seit 1. Jan. 2016 (AS 2015 9; BBl 2013 8435).
[3] Eingefügt durch Ziff. I 2 des Steuererlassgesetzes vom 20. Juni 2014, in Kraft seit 1. Jan. 2016 (AS 2015 9; BBl 2013 8435).
[4] Eingefügt durch Ziff. I 2 des Steuererlassgesetzes vom 20. Juni 2014, in Kraft seit 1. Jan. 2016 (AS 2015 9; BBl 2013 8435).
[5] Eingefügt durch Ziff. I 2 des Steuererlassgesetzes vom 20. Juni 2014, in Kraft seit 1. Jan. 2016 (AS 2015 9; BBl 2013 8435).

Art. 167g[1] Rechtsmittelverfahren

¹ Die gesuchstellende Person kann gegen den Entscheid über den Erlass der direkten Bundessteuer dieselben Rechtsmittel ergreifen wie gegen den Entscheid über den Erlass der kantonalen Einkommens- und Gewinnsteuer.

² Der ESTV stehen die gleichen Rechtsmittel wie der gesuchstellenden Person zu.

³ Die Erlassbehörde kann gegen den Verwaltungsbeschwerdeentscheid und gegen den Entscheid einer verwaltungsunabhängigen Instanz dieselben Rechtsmittel ergreifen wie gegen den Beschwerdeentscheid über den Erlass der kantonalen Einkommens- und Gewinnsteuer.

⁴ Die Artikel 132–135 und 140–145 sind sinngemäss anwendbar.

⁵ Die gesuchstellende Person, die Erlassbehörde und die ESTV können den Entscheid der letzten kantonalen Instanz nach Massgabe des Bundesgerichtsgesetzes vom 17. Juni 2005[2] mit Beschwerde in öffentlich-rechtlichen Angelegenheiten beim Bundesgericht anfechten. N 3

5. Kapitel: Rückforderung bezahlter Steuern

Art. 168

¹ Der Steuerpflichtige kann einen von ihm bezahlten Steuerbetrag zurückfordern, wenn er irrtümlicherweise eine ganz oder teilweise nicht geschuldete Steuer bezahlt hat.

² Zurückzuerstattende Steuerbeträge werden, wenn seit der Zahlung mehr als 30 Tage verflossen sind, vom Zeitpunkt der Zahlung an zu dem vom EFD festgesetzten Ansatz verzinst. VO DBG P

³ Der Rückerstattungsanspruch muss innert fünf Jahren nach Ablauf des Kalenderjahres, in dem die Zahlung geleistet worden ist, bei der kantonalen Verwaltung für die direkte Bundessteuer geltend gemacht werden. Weist diese den Antrag ab, so stehen dem Betroffenen die gleichen Rechtsmittel zu wie gegen eine Veranlagungsverfügung (Art. 132). Der Anspruch erlischt zehn Jahre nach Ablauf des Zahlungsjahres.

6. Kapitel: Steuersicherung

Art. 169 Sicherstellung

¹ Hat der Steuerpflichtige keinen Wohnsitz in der Schweiz oder erscheint die Bezahlung der von ihm geschuldeten Steuer als gefährdet, so kann die kantonale Verwaltung für die direkte Bundessteuer auch vor der rechtskräftigen Feststellung des Steuerbetrages jederzeit Sicherstellung verlangen. Die Sicherstellungsverfügung gibt den sicherzustellenden Betrag an und ist sofort vollstreckbar. Sie hat im Betreibungsverfahren die gleichen Wirkungen wie ein vollstreckbares Gerichtsurteil.

² Die Sicherstellung muss in Geld, durch Hinterlegung sicherer, marktgängiger Wertschriften oder durch Bankbürgschaft geleistet werden.

---

[1] Eingefügt durch Ziff. I 2 des Steuererlassgesetzes vom 20. Juni 2014, in Kraft seit 1. Jan. 2016 (AS **2015** 9; BBl **2013** 8435).
[2] SR **173.110**

³ Der Steuerpflichtige kann gegen die Sicherstellungsverfügung innert 30 Tagen nach Zustellung bei der kantonalen Steuerrekurskommission Beschwerde führen. Artikel 146 ist anwendbar.[1]

⁴ Beschwerden gegen Sicherstellungsverfügungen haben keine aufschiebende Wirkung.[2]

Art. 170[3] Arrest

¹ Die Sicherstellungsverfügung gilt als Arrestbefehl nach Artikel 274 SchKG[4]. Der Arrest wird durch das zuständige Betreibungsamt vollzogen.

² Die Einsprache gegen den Arrestbefehl nach Artikel 278 SchKG ist nicht zulässig.

Art. 171 Löschung im Handelsregister

Eine juristische Person darf im Handelsregister erst dann gelöscht werden, wenn die kantonale Verwaltung für die direkte Bundessteuer dem Handelsregisteramt angezeigt hat, dass die geschuldete Steuer bezahlt oder sichergestellt ist.

Art. 172 Eintrag im Grundbuch

¹ Veräussert eine in der Schweiz ausschliesslich aufgrund von Grundbesitz (Art. 4 Abs. 1 Bst. c und 51 Abs. 1 Bst. c) steuerpflichtige natürliche oder juristische Person ein in der Schweiz gelegenes Grundstück, so darf der Erwerber im Grundbuch nur mit schriftlicher Zustimmung der kantonalen Verwaltung für die direkte Bundessteuer als Eigentümer eingetragen werden.

² Die kantonale Verwaltung für die direkte Bundessteuer bescheinigt dem Veräusserer zuhanden des Grundbuchverwalters ihre Zustimmung zum Eintrag, wenn die mit dem Besitz und der Veräusserung des Grundstückes in Zusammenhang stehende Steuer bezahlt oder sichergestellt ist oder wenn feststeht, dass keine Steuer geschuldet ist oder der Veräusserer hinreichend Gewähr für die Erfüllung der Steuerpflicht bietet.

³ Verweigert die kantonale Verwaltung die Bescheinigung, so kann dagegen Beschwerde bei der kantonalen Steuerrekurskommission erhoben werden.

Art. 173 Sicherstellung der für die Vermittlungstätigkeit an Grundstücken geschuldeten Steuern

Vermittelt eine natürliche oder juristische Person, die in der Schweiz weder Wohnsitz noch Sitz oder die tatsächliche Verwaltung hat, ein in der Schweiz gelegenes Grundstück, so kann die kantonale Verwaltung für die direkte Bundessteuer vom Käufer oder Verkäufer verlangen, 3 Prozent der Kaufsumme als Sicherheit des für die Vermittlungstätigkeit geschuldeten Steuerbetrages zu hinterlegen.

---

[1] Fassung gemäss Anhang Ziff. 57 des Verwaltungsgerichtsgesetzes vom 17. Juni 2005, in Kraft seit 1. Jan. 2007 (AS **2006** 2197 1069; BBl **2001** 4202).

[2] Fassung gemäss Anhang Ziff. 57 des Verwaltungsgerichtsgesetzes vom 17. Juni 2005, in Kraft seit 1. Jan. 2007 (AS **2006** 2197 1069; BBl **2001** 4202).

[3] Fassung gemäss Ziff. I 2 des Steuererlassgesetzes vom 20. Juni 2014, in Kraft seit 1. Jan. 2016 (AS **2015** 9; BBl **2013** 8435).

[4] SR **281.1**

Sechster Teil: Steuerstrafrecht

Erster Titel: Verletzung von Verfahrenspflichten und Steuerhinterziehung

1. Kapitel: Verfahrenspflichten A34

Art. 174

1 Wer einer Pflicht, die ihm nach den Vorschriften dieses Gesetzes oder nach einer aufgrund dieses Gesetzes getroffenen Anordnung obliegt, trotz Mahnung vorsätzlich oder fahrlässig nicht nachkommt, insbesondere: A75

   a. die Steuererklärung oder die dazu verlangten Beilagen nicht einreicht,
   b. eine Bescheinigungs-, Auskunfts- oder Meldepflicht nicht erfüllt,
   c. Pflichten verletzt, die ihm als Erben oder Dritten im Inventarverfahren obliegen,

wird mit Busse bestraft.

2 Die Busse beträgt bis zu 1 000 Franken, in schweren Fällen oder bei Rückfall bis zu 10 000 Franken.

2. Kapitel: Steuerhinterziehung

Art. 175 Vollendete Steuerhinterziehung

1 Wer als Steuerpflichtiger vorsätzlich oder fahrlässig bewirkt, dass eine Veranlagung zu Unrecht unterbleibt oder dass eine rechtskräftige Veranlagung unvollständig ist,

wer als zum Steuerabzug an der Quelle Verpflichteter vorsätzlich oder fahrlässig einen Steuerabzug nicht oder nicht vollständig vornimmt,

wer vorsätzlich oder fahrlässig eine unrechtmässige Rückerstattung oder einen ungerechtfertigten Erlass erwirkt,

wird mit Busse bestraft.

2 Die Busse beträgt in der Regel das Einfache der hinterzogenen Steuer. Sie kann bei leichtem Verschulden bis auf einen Drittel ermässigt, bei schwerem Verschulden bis auf das Dreifache erhöht werden.

3 Zeigt die steuerpflichtige Person erstmals eine Steuerhinterziehung selbst an, so wird von einer Strafverfolgung abgesehen (straflose Selbstanzeige), wenn: A94, B15

   a. die Hinterziehung keiner Steuerbehörde bekannt ist;
   b. sie die Verwaltung bei der Festsetzung der Nachsteuer vorbehaltlos unterstützt; und
   c. sie sich ernstlich um die Bezahlung der geschuldeten Nachsteuer bemüht.[1]

4 Bei jeder weiteren Selbstanzeige wird die Busse unter den Voraussetzungen nach Absatz 3 auf einen Fünftel der hinterzogenen Steuer ermässigt.[2]

---

[1] Fassung gemäss Ziff. I 1 des BG vom 20. März 2008 über die Vereinfachung der Nachbesteuerung in Erbfällen und die Einführung der straflosen Selbstanzeige, in Kraft seit 1. Jan. 2010 (AS **2008** 4453; BBl **2006** 8795).
[2] Eingefügt durch Ziff. I 1 des BG vom 20. März 2008 über die Vereinfachung der Nachbesteuerung in Erbfällen und die Einführung der straflosen Selbstanzeige, in Kraft seit 1. Jan. 2010 (AS **2008** 4453; BBl **2006** 8795).

Art. 176 Versuchte Steuerhinterziehung

¹ Wer eine Steuer zu hinterziehen versucht, wird mit Busse bestraft.

² Die Busse beträgt zwei Drittel der Busse, die bei vorsätzlicher und vollendeter Steuerhinterziehung festzusetzen wäre.

Art. 177 Anstiftung, Gehilfenschaft, Mitwirkung

¹ Wer vorsätzlich zu einer Steuerhinterziehung anstiftet, Hilfe leistet oder als Vertreter des Steuerpflichtigen eine Steuerhinterziehung bewirkt oder an einer solchen mitwirkt, wird ohne Rücksicht auf die Strafbarkeit des Steuerpflichtigen mit Busse bestraft und haftet überdies solidarisch für die hinterzogene Steuer.

² Die Busse beträgt bis zu 10 000 Franken, in schweren Fällen oder bei Rückfall bis zu 50 000 Franken.

³ Zeigt sich eine Person nach Absatz 1 erstmals selbst an und sind die Voraussetzungen nach Artikel 175 Absatz 3 Buchstaben a und b erfüllt, so wird von einer Strafverfolgung abgesehen und die Solidarhaftung entfällt.[1]

Art. 178 Verheimlichung oder Beiseiteschaffung von Nachlasswerten im Inventarverfahren

¹ Wer Nachlasswerte, zu deren Bekanntgabe er im Inventarverfahren verpflichtet ist, verheimlicht oder beiseite schafft in der Absicht, sie der Inventaraufnahme zu entziehen,

wer zu einer solchen Handlung anstiftet oder dazu Hilfe leistet,

wird mit Busse bestraft.[2]

² Die Busse beträgt bis zu 10 000 Franken, in schweren Fällen oder bei Rückfall bis zu 50 000 Franken.

³ Der Versuch einer Verheimlichung oder Beiseiteschaffung von Nachlasswerten ist ebenfalls strafbar. Die Strafe kann milder sein als bei vollendeter Begehung.

⁴ Zeigt sich eine Person nach Absatz 1 erstmals selbst an, so wird von einer Strafverfolgung wegen Verheimlichung oder Beiseiteschaffung von Nachlasswerten im Inventarverfahren und wegen allfälliger anderer in diesem Zusammenhang begangener Straftaten abgesehen (straflose Selbstanzeige), wenn:

a. die Widerhandlung keiner Steuerbehörde bekannt ist; und
b. die Person die Verwaltung bei der Berichtigung des Inventars vorbehaltlos unterstützt.[3]

Art. 179[4] ...

---

[1] Eingefügt durch Ziff. I 1 des BG vom 20. März 2008 über die Vereinfachung der Nachbesteuerung in Erbfällen und die Einführung der straflosen Selbstanzeige, in Kraft seit 1. Jan. 2010 (AS **2008** 4453; BBl **2006** 8795).
[2] Fassung gemäss Ziff. I 1 des BG vom 20. März 2008 über die Vereinfachung der Nachbesteuerung in Erbfällen und die Einführung der straflosen Selbstanzeige, in Kraft seit 1. Jan. 2010 (AS **2008** 4453; BBl **2006** 8795).
[3] Eingefügt durch Ziff. I 1 des BG vom 20. März 2008 über die Vereinfachung der Nachbesteuerung in Erbfällen und die Einführung der straflosen Selbstanzeige, in Kraft seit 1. Jan. 2010 (AS **2008** 4453; BBl **2006** 8795).
[4] Aufgehoben durch Ziff. I 1 des BG vom 8. Okt. 2004 über die Aufhebung der Haftung der Erben für Steuerbussen, mit Wirkung seit 1. März 2005 (AS **2005** 1051; BBl **2004** 1437 1451). Siehe auch die SchlB dieser Änd. am Ende dieses Textes.

Art. 180[1] Steuerhinterziehung von Ehegatten

Die steuerpflichtige Person, die in rechtlich und tatsächlich ungetrennter Ehe lebt, wird nur für die Hinterziehung ihrer eigenen Steuerfaktoren gebüsst. Vorbehalten bleibt Artikel 177. Die Mitunterzeichnung der Steuererklärung stellt für sich allein keine Widerhandlung nach Artikel 177 dar. A75

3. Kapitel: Juristische Personen

Art. 181 Allgemeines[2]

1 Werden mit Wirkung für eine juristische Person Verfahrenspflichten verletzt, Steuern hinterzogen oder Steuern zu hinterziehen versucht, so wird die juristische Person gebüsst.

2 Werden im Geschäftsbereich einer juristischen Person Teilnahmehandlungen (Anstiftung, Gehilfenschaft, Mitwirkung) an Steuerhinterziehungen Dritter begangen, so ist Artikel 177 auf die juristische Person anwendbar.

3 Die Bestrafung der handelnden Organe oder Vertreter nach Artikel 177 bleibt vorbehalten.

4 Bei Körperschaften und Anstalten des ausländischen Rechts und bei ausländischen Personengesamtheiten ohne juristische Persönlichkeit gelten die Absätze 1–3 sinngemäss.

Art. 181a[3] Selbstanzeige

1 Zeigt eine steuerpflichtige juristische Person erstmals eine in ihrem Geschäftsbetrieb begangene Steuerhinterziehung selbst an, so wird von einer Strafverfolgung abgesehen (straflose Selbstanzeige), wenn: B15

a. die Hinterziehung keiner Steuerbehörde bekannt ist;
b. sie die Verwaltung bei der Festsetzung der Nachsteuer vorbehaltlos unterstützt; und
c. sie sich ernstlich um die Bezahlung der geschuldeten Nachsteuer bemüht.

2 Die straflose Selbstanzeige kann auch eingereicht werden:

a. nach einer Änderung der Firma oder einer Verlegung des Sitzes innerhalb der Schweiz;
b. nach einer Umwandlung nach den Artikeln 53–68 des Fusionsgesetzes vom 3. Oktober 2003[4] (FusG) durch die neue juristische Person für die vor der Umwandlung begangenen Steuerhinterziehungen;
c. nach einer Absorption (Art. 3 Abs. 1 Bst. a FusG) oder Abspaltung (Art. 29 Bst. b FusG) durch die weiterbestehende juristische Person für die vor der Absorption oder Abspaltung begangenen Steuerhinterziehungen.

---

[1] Fassung gemäss Ziff. I 1 des BG vom 20. Dez. 2006 über Änderungen des Nachsteuerverfahrens und des Strafverfahrens wegen Steuerhinterziehung auf dem Gebiet der direkten Steuern, in Kraft seit 1. Jan. 2008 (AS **2007** 2973; BBl **2006** 4021 4039).
[2] Fassung gemäss Ziff. I 1 des BG vom 20. März 2008 über die Vereinfachung der Nachbesteuerung in Erbfällen und die Einführung der straflosen Selbstanzeige, in Kraft seit 1. Jan. 2010 (AS **2008** 4453; BBl **2006** 8795).
[3] Eingefügt durch Ziff. I 1 des BG vom 20. März 2008 über die Vereinfachung der Nachbesteuerung in Erbfällen und die Einführung der straflosen Selbstanzeige, in Kraft seit 1. Jan. 2010 (AS **2008** 4453; BBl **2006** 8795).
[4] SR **221.301**

³ Die straflose Selbstanzeige muss von den Organen oder Vertretern der juristischen Person eingereicht werden. Von einer Strafverfolgung gegen diese Organe oder Vertreter wird abgesehen und ihre Solidarhaftung entfällt.

⁴ Zeigt ein ausgeschiedenes Organmitglied oder ein ausgeschiedener Vertreter der juristischen Person diese wegen Steuerhinterziehung erstmals an und ist die Steuerhinterziehung keiner Steuerbehörde bekannt, so wird von einer Strafverfolgung der juristischen Person, sämtlicher aktueller und ausgeschiedener Mitglieder der Organe und sämtlicher aktueller und ausgeschiedener Vertreter abgesehen. Ihre Solidarhaftung entfällt.

⁵ Bei jeder weiteren Selbstanzeige wird die Busse unter den Voraussetzungen nach Absatz 1 auf einen Fünftel der hinterzogenen Steuer ermässigt.

⁶ Nach Beendigung der Steuerpflicht einer juristischen Person in der Schweiz kann keine Selbstanzeige mehr eingereicht werden.

4. Kapitel: Verfahren

Art. 182 Allgemeines

¹ Nach Abschluss der Untersuchung erlässt die zuständige kantonale Behörde eine Verfügung und eröffnet sie der betroffenen Person schriftlich.[1]

² Gegen letztinstanzliche kantonale Entscheide kann beim Bundesgericht nach Massgabe des Bundesgerichtsgesetzes vom 17. Juni 2005[2] Beschwerde in öffentlich-rechtlichen Angelegenheiten geführt werden. Die Strafgerichtsbarkeit ist ausgeschlossen.[3]

³ Die Vorschriften über die Verfahrensgrundsätze, das Veranlagungs- und das Beschwerdeverfahren gelten sinngemäss.

⁴ Der Kanton bezeichnet die Amtsstellen, denen die Verfolgung von Steuerhinterziehungen und von Verletzungen von Verfahrenspflichten obliegt.

Art. 183 Bei Steuerhinterziehungen

¹ Die Einleitung eines Strafverfahrens wegen Steuerhinterziehung wird der betroffenen Person schriftlich mitgeteilt. Es wird ihr Gelegenheit gegeben, sich zu der gegen sie erhobenen Anschuldigung zu äussern; sie wird auf ihr Recht hingewiesen, die Aussage und ihre Mitwirkung zu verweigern.[4]

¹ᵇⁱˢ Beweismittel aus einem Nachsteuerverfahren dürfen in einem Strafverfahren wegen Steuerhinterziehung nur dann verwendet werden, wenn sie weder unter Androhung einer Veranlagung nach pflichtgemässem Ermessen (Art. 130 Abs. 2) mit Umkehr der

---

[1] Fassung gemäss Ziff. I 1 des BG vom 26. Sept. 2014 (Anpassungen an die Allgemeinen Bestimmungen des StGB), in Kraft seit 1. Jan. 2017 (AS **2015** 779; BBl **2012** 2869).
[2] SR **173.110**
[3] Fassung gemäss Art. 51 des Verwaltungsgerichtsgesetzes vom 17. Juni 2005, in Kraft seit 1. März 2008 (AS **2006** 2197 1069; BBl **2001** 4202).
[4] Fassung gemäss Ziff. I 1 des BG vom 20. Dez. 2006 über Änderungen des Nachsteuerverfahrens und des Strafverfahrens wegen Steuerhinterziehung auf dem Gebiet der direkten Steuern, in Kraft seit 1. Jan. 2008 (AS **2007** 2973; BBl **2006** 4021 4039).

Beweislast nach Artikel 132 Absatz 3 noch unter Androhung einer Busse wegen Verletzung von Verfahrenspflichten beschafft wurden.[1]

2 Die ESTV kann die Verfolgung der Steuerhinterziehung verlangen. ...[2]

3 Die Straf- oder Einstellungsverfügung der kantonalen Behörde wird auch der ESTV eröffnet, wenn sie die Verfolgung verlangt hat oder am Verfahren beteiligt war.

4 Die Kosten besonderer Untersuchungsmassnahmen (Buchprüfung, Gutachten Sachverständiger usw.) werden in der Regel demjenigen auferlegt, der wegen Hinterziehung bestraft wird; sie können ihm auch bei Einstellung der Untersuchung auferlegt werden, wenn er die Strafverfolgung durch schuldhaftes Verhalten verursacht oder die Untersuchung wesentlich erschwert oder verzögert hat. VO DBG O

5. Kapitel: Verjährung der Strafverfolgung

Art. 184[3]

1 Die Strafverfolgung verjährt:

a. bei Verletzung von Verfahrenspflichten drei Jahre und bei versuchter Steuerhinterziehung sechs Jahre nach dem rechtskräftigen Abschluss des Verfahrens, in dem die Verfahrenspflichten verletzt oder die Steuern zu hinterziehen versucht wurden;

b. bei vollendeter Steuerhinterziehung zehn Jahre nach Ablauf:
   1. der Steuerperiode, für welche die steuerpflichtige Person nicht oder unvollständig veranlagt wurde oder der Steuerabzug an der Quelle nicht gesetzmässig erfolgte (Art. 175 Abs. 1),
   2. des Kalenderjahres, in dem eine unrechtmässige Rückerstattung oder ein ungerechtfertigter Erlass erwirkt wurde (Art. 175 Abs. 1) oder Nachlasswerte im Inventarverfahren verheimlicht oder beiseitegeschafft wurden (Art. 178 Abs. 1–3).

2 Die Verjährung tritt nicht mehr ein, wenn die zuständige kantonale Behörde (Art. 182 Abs. 1) vor Ablauf der Verjährungsfrist eine Verfügung erlassen hat.

6. Kapitel: Bezug und Verjährung der Bussen und Kosten

Art. 185[4]

1 Die im Steuerstrafverfahren auferlegten Bussen und Kosten werden nach den Artikeln 160 und 163–172 bezogen.

2 Bussen- und Kostenforderungen verjähren fünf Jahre nachdem die Veranlagung rechtskräftig geworden ist.

---

1 Eingefügt durch Ziff. I 1 des BG vom 20. Dez. 2006 über Änderungen des Nachsteuerverfahrens und des Strafverfahrens wegen Steuerhinterziehung auf dem Gebiet der direkten Steuern, in Kraft seit 1. Jan. 2008 (AS **2007** 2973; BBl **2006** 4021 4039).

2 Zweiter Satz aufgehoben durch Anhang 1 Ziff. II 19 der Strafprozessordnung vom 5. Okt. 2007, mit Wirkung seit 1. Jan. 2011 (AS **2010** 1881; BBl **2006** 1085).

3 Fassung gemäss Ziff. I 1 des BG vom 26. Sept. 2014 (Anpassungen an die Allgemeinen Bestimmungen des StGB), in Kraft seit 1. Jan. 2017 (AS **2015** 779; BBl **2012** 2869).

4 Fassung gemäss Ziff. I 1 des BG vom 26. Sept. 2014 (Anpassungen an die Allgemeinen Bestimmungen des StGB), in Kraft seit 1. Jan. 2017 (AS **2015** 779; BBl **2012** 2869).

³ Stillstand und Unterbrechung der Verjährung richten sich nach Artikel 120 Absätze 2 und 3.

⁴ Die Verjährung tritt in jedem Fall zehn Jahre nach Ablauf des Jahres ein, in dem die Steuern rechtskräftig festgesetzt worden sind.

Zweiter Titel: Steuervergehen

Art. 186 Steuerbetrug N 7

¹ Wer zum Zweck einer Steuerhinterziehung im Sinne der Artikel 175–177 gefälschte, verfälschte oder inhaltlich unwahre Urkunden wie Geschäftsbücher, Bilanzen, Erfolgsrechnungen oder Lohnausweise und andere Bescheinigungen Dritter zur Täuschung gebraucht, wird mit Freiheitsstrafe bis zu drei Jahren oder Geldstrafe bestraft. Eine bedingte Strafe kann mit Busse bis zu 10 000 Franken verbunden werden.¹

² Die Bestrafung wegen Steuerhinterziehung bleibt vorbehalten.

³ Liegt eine Selbstanzeige nach Artikel 175 Absatz 3 oder Artikel 181a Absatz 1 vor, so wird von einer Strafverfolgung wegen allen anderen Straftaten abgesehen, die zum Zweck dieser Steuerhinterziehung begangen wurden. Diese Bestimmung ist auch in den Fällen nach den Artikeln 177 Absatz 3 und 181a Absätze 3 und 4 anwendbar.²

Art. 187 Veruntreuung von Quellensteuern

¹ Wer zum Steuerabzug an der Quelle verpflichtet ist und abgezogene Steuern zu seinem oder eines andern Nutzen verwendet, wird mit Freiheitsstrafe bis zu drei Jahren oder Geldstrafe bestraft. Eine bedingte Strafe kann mit Busse bis zu 10 000 Franken verbunden werden.³

² Liegt eine Selbstanzeige nach Artikel 175 Absatz 3 oder Artikel 181a Absatz 1 vor, so wird von einer Strafverfolgung wegen Veruntreuung von Quellensteuern und anderen Straftaten, die zum Zweck der Veruntreuung von Quellensteuern begangen wurden, abgesehen. Diese Bestimmung ist auch in den Fällen nach den Artikeln 177 Absatz 3 und 181a Absätze 3 und 4 anwendbar.⁴

Art. 188 Verfahren

¹ Vermutet die kantonale Verwaltung für die direkte Bundessteuer, es sei ein Vergehen nach den Artikeln 186–187 begangen worden, so erstattet sie der für die Verfolgung des kantonalen Steuervergehens zuständigen Behörde Anzeige. Diese Behörde verfolgt alsdann ebenfalls das Vergehen gegen die direkte Bundessteuer. A96

² Das Verfahren richtet sich nach den Vorschriften der Strafprozessordnung vom 5. Oktober 2007⁵ (StPO).⁶

---

1 Fassung gemäss Ziff. I 1 des BG vom 26. Sept. 2014 (Anpassungen an die Allgemeinen Bestimmungen des StGB), in Kraft seit 1. Jan. 2017 (AS **2015** 779; BBl **2012** 2869).
2 Eingefügt durch Ziff. I 1 des BG vom 20. März 2008 über die Vereinfachung der Nachbesteuerung in Erbfällen und die Einführung der straflosen Selbstanzeige, in Kraft seit 1. Jan. 2010 (AS **2008** 4453; BBl **2006** 8795).
3 Fassung gemäss Ziff. I 1 des BG vom 26. Sept. 2014 (Anpassungen an die Allgemeinen Bestimmungen des StGB), in Kraft seit 1. Jan. 2017 (AS **2015** 779; BBl **2012** 2869).
4 Eingefügt durch Ziff. I 1 des BG vom 20. März 2008 über die Vereinfachung der Nachbesteuerung in Erbfällen und die Einführung der straflosen Selbstanzeige, in Kraft seit 1. Jan. 2010 (AS **2008** 4453; BBl **2006** 8795).
5 SR **312.0**
6 Fassung gemäss Anhang 1 Ziff. II 19 der Strafprozessordnung vom 5. Okt. 2007, in Kraft seit 1. Jan. 2011 (AS **2010** 1881; BBl **2006** 1085).

³ Wird der Täter für das kantonale Steuervergehen zu einer Freiheitsstrafe verurteilt, so ist eine Freiheitsstrafe für das Vergehen gegen die direkte Bundessteuer als Zusatzstrafe zu verhängen; gegen das letztinstanzliche kantonale Urteil kann Beschwerde in Strafsachen beim Bundesgericht nach den Artikeln 78–81 des Bundesgerichtsgesetzes vom 17. Juni 2005[1] erhoben werden.[2]

⁴ Die ESTV kann die Strafverfolgung verlangen.[3]

Art. 189[4] Verjährung der Strafverfolgung

¹ Die Strafverfolgung der Steuervergehen verjährt 15 Jahre nachdem der Täter die letzte strafbare Tätigkeit ausgeführt hat.

² Die Verjährung tritt nicht mehr ein, wenn vor Ablauf der Verjährungsfrist ein erstinstanzliches Urteil ergangen ist.

Dritter Titel: Besondere Untersuchungsmassnahmen der ESTV   VO DBG D | N 2

Art. 190 Voraussetzungen

¹ Besteht der begründete Verdacht, dass schwere Steuerwiderhandlungen begangen wurden oder dass zu solchen Beihilfe geleistet oder angestiftet wurde, so kann der Vorsteher des EFD die ESTV ermächtigen, in Zusammenarbeit mit den kantonalen Steuerverwaltungen eine Untersuchung durchzuführen.

² Schwere Steuerwiderhandlungen sind insbesondere die fortgesetzte Hinterziehung grosser Steuerbeträge (Art. 175 und 176) und die Steuervergehen (Art. 186 und 187).

Art. 191 Verfahren gegen Täter, Gehilfen und Anstifter

¹ Das Verfahren gegenüber dem Täter, dem Gehilfen und dem Anstifter richtet sich nach den Artikeln 19–50 des Verwaltungsstrafrechtsgesetzes vom 22. März 1974[5]. Die vorläufige Festnahme nach Artikel 19 Absatz 3 des Verwaltungsstrafrechtsgesetzes ist ausgeschlossen.

² Für die Auskunftspflicht gilt Artikel 126 Absatz 2 sinngemäss.

Art. 192 Untersuchungsmassnahmen gegen am Verfahren nicht beteiligte Dritte

¹ Die Untersuchungsmassnahmen gegenüber den am Verfahren nicht beteiligten Dritten richten sich nach den Artikeln 19–50 des Verwaltungsstrafrechtsgesetzes vom 22. März 1974[6]. Die vorläufige Festnahme nach Artikel 19 Absatz 3 des Verwaltungsstrafrechtsgesetzes ist ausgeschlossen.

---

[1] SR **173.110**
[2] Fassung gemäss Anhang Ziff. 12 des Bundesgerichtsgesetzes vom 17. Juni 2005, in Kraft seit 1. Jan. 2007 (AS **2006** 1205 1069; BBl **2001** 4202).
[3] Fassung gemäss Anhang 1 Ziff. II 19 der Strafprozessordnung vom 5. Okt. 2007, in Kraft seit 1. Jan. 2011 (AS **2010** 1881; BBl **2006** 1085).
[4] Fassung gemäss Ziff. I 1 des BG vom 26. Sept. 2014 (Anpassungen an die Allgemeinen Bestimmungen des StGB), in Kraft seit 1. Jan. 2017 (AS **2015** 779; BBl **2012** 2869).
[5] SR **313.0**
[6] SR **313.0**

² Die Artikel 127–129 betreffend die Bescheinigungs-, Auskunfts- und Meldepflicht Dritter bleiben vorbehalten. Die Verletzung dieser Pflichten kann durch die ESTV mit Busse nach Artikel 174 geahndet werden. Die Busse muss vorgängig angedroht werden.

³ Die nach den Artikeln 41 und 42 des Verwaltungsstrafrechtsgesetzes als Zeugen einvernommenen Personen können zur Herausgabe der in ihrem Besitz befindlichen sachdienlichen Unterlagen und sonstigen Gegenstände aufgefordert werden. Verweigert ein Zeuge die Herausgabe, ohne dass einer der in den Artikeln 168, 169, 171 und 172 StPO[1] genannten Gründe zur Zeugnisverweigerung vorliegt, so ist er auf die Strafandrohung von Artikel 292 des Strafgesetzbuches[2] hinzuweisen und kann gegebenenfalls wegen Ungehorsams gegen eine amtliche Verfügung dem Strafrichter überwiesen werden.[3]

Art. 193 Abschluss der Untersuchung

¹ Die ESTV erstellt nach Abschluss der Untersuchung einen Bericht, den sie dem Beschuldigten und den interessierten kantonalen Verwaltungen für die direkte Bundessteuer zustellt.

² Liegt keine Widerhandlung vor, hält der Bericht fest, dass die Untersuchung eingestellt worden ist.

³ Kommt die ESTV zum Ergebnis, es liege eine Widerhandlung vor, kann sich der Beschuldigte während 30 Tagen nach Zustellung des Berichtes dazu äussern und Antrag auf Ergänzung der Untersuchung stellen. Im gleichen Zeitraum steht ihm das Recht auf Akteneinsicht nach Artikel 114 zu.

⁴ Gegen die Eröffnung des Berichtes und seinen Inhalt ist kein Rechtsmittel gegeben. Die Ablehnung eines Antrages auf Ergänzung der Untersuchung kann im späteren Hinterziehungsverfahren oder Verfahren wegen Steuerbetruges oder Veruntreuung von Quellensteuern angefochten werden.

⁵ Einem Beschuldigten, der, ohne in der Schweiz einen Vertreter oder ein Zustellungsdomizil zu haben, unbekannten Aufenthalts ist oder im Ausland Wohnsitz oder Aufenthalt hat, muss der Bericht nicht eröffnet werden.

Art. 194 Antrag auf Weiterverfolgung

¹ Kommt die ESTV zum Ergebnis, dass eine Steuerhinterziehung (Art. 175 und 176) begangen wurde, so verlangt sie von der zuständigen kantonalen Verwaltung für die direkte Bundessteuer die Durchführung des Hinterziehungsverfahrens.

² Kommt die ESTV zum Schluss, es liege ein Steuervergehen vor, so erstattet sie bei der zuständigen kantonalen Strafverfolgungsbehörde Anzeige. A96

³ …[4]

---

[1] SR **312.0**
[2] SR **311.0**
[3] Fassung zweiter Satz gemäss Anhang 1 Ziff. II 19 der Strafprozessordnung vom 5. Okt. 2007, in Kraft seit 1. Jan. 2011 (AS **2010** 1881; BBl **2006** 1085).
[4] Aufgehoben durch Anhang 1 Ziff. II 19 der Strafprozessordnung vom 5. Okt. 2007, mit Wirkung seit 1. Jan. 2011 (AS **2010** 1881; BBl **2006** 1085).

Art. 195 Weitere Verfahrensvorschriften

¹ Die Vorschriften über die Amtshilfe (Art. 111 und 112) bleiben anwendbar.

² Die mit der Durchführung der besonderen Untersuchungsmassnahmen betrauten Beamten der ESTV unterstehen der Ausstandspflicht nach Artikel 109.

³ Die Kosten der besonderen Untersuchungsmassnahmen werden nach Artikel 183 Absatz 4 auferlegt. VO DBG O

⁴ Allfällige Entschädigungen an den Beschuldigten oder an Dritte werden nach den Artikeln 99 und 100 des Verwaltungsstrafrechtsgesetzes vom 22. März 1974¹ ausgerichtet.

⁵ Für Beschwerdeentscheide nach Artikel 27 des Verwaltungsstrafrechtsgesetzes wird eine Spruchgebühr von 10–500 Franken erhoben.

Siebenter Teil: Abrechnung zwischen Bund und Kantonen

Art. 196 Abrechnung mit dem Bund

¹ Die Kantone liefern 78,8 Prozent der bei ihnen eingegangenen Steuerbeträge, Bussen wegen Steuerhinterziehung oder Verletzung von Verfahrenspflichten sowie Zinsen dem Bund ab.²

¹ᵇⁱˢ Sie gelten den Gemeinden die Auswirkungen der Aufhebung der Artikel 28 Absätze 2–5³ und 29 Absatz 2 Buchstabe b⁴ des Bundesgesetzes vom 14. Dezember 1990⁵ über die Harmonisierung der direkten Steuern der Kantone und Gemeinden angemessen ab.⁶

² Sie liefern den Bundesanteil an den im Laufe eines Monats bei ihnen eingegangenen Beträgen bis zum Ende des folgenden Monats ab.

³ Über die an der Quelle erhobene direkte Bundessteuer erstellen sie eine jährliche Abrechnung.

Art. 197 Verteilung der kantonalen Anteile

¹ Der kantonale Anteil an den Steuerbeträgen, Bussen wegen Steuerhinterziehung oder Verletzung von Verfahrenspflichten sowie Zinsen, die von Steuerpflichtigen mit Steuerobjekten in mehreren Kantonen geschuldet sind, wird von den Kantonen unter sich nach den bundesrechtlichen Grundsätzen betreffend das Verbot der Doppelbesteuerung verteilt. ...⁷

² Können sich die Kantone nicht einigen, so entscheidet das Bundesgericht als einzige Instanz.⁸

---

¹ SR **313.0**
² Fassung gemäss Ziff. I 2 des BG vom 28. Sept. 2018 über die Steuerreform und die AHV-Finanzierung, in Kraft seit 1. Jan. 2020 (AS **2019** 2395 2413; BBl **2018** 2527).
³ AS **1991** 1256, **1998** 669
⁴ AS **1991** 1256, **1995** 1449
⁵ SR **642.14**
⁶ Eingefügt durch Ziff. I 2 des BG vom 28. Sept. 2018 über die Steuerreform und die AHV-Finanzierung, in Kraft seit 1. Jan. 2020 (AS **2019** 2395 2413; BBl **2018** 2527).
⁷ Zweiter Satz aufgehoben durch Ziff. II 11 des BG vom 6. Okt. 2006 zur Neugestaltung des Finanzausgleichs und der Aufgabenteilung zwischen Bund und Kantonen (NFA), mit Wirkung seit 1. Jan. 2008 (AS **2007** 5779; BBl **2005** 6029).
⁸ Fassung gemäss Anhang Ziff. 57 des Verwaltungsgerichtsgesetzes vom 17. Juni 2005, in Kraft seit 1. Jan. 2007 (AS **2006** 2197 1069; BBl **2001** 4202).

Art. 198 Kosten der Kantone

Soweit die Durchführung der direkten Bundessteuer den Kantonen obliegt, tragen sie die sich daraus ergebenden Kosten.

Achter Teil: Schlussbestimmungen

Erster Titel: Ausführungsbestimmungen

Art. 199

Der Bundesrat erlässt die Ausführungsbestimmungen.

Zweiter Titel: Kantonale Stempelabgaben

Art. 200

Werden in einem Verfahren nach diesem Gesetz Urkunden verwendet, so müssen dafür keine kantonalen Stempelabgaben entrichtet werden.

Dritter Titel: Aufhebung und Änderung bisherigen Rechts

Art. 201 Aufhebung des BdBSt

Der Bundesratsbeschluss vom 9. Dezember 1940[1] über die Erhebung einer direkten Bundessteuer (BdBSt) wird aufgehoben.

Art. 202 Änderung des MVG

Artikel 47 Absatz 2 des Bundesgesetzes vom 20. September 1949[2] über die Militärversicherung (MVG) ist nicht anwendbar hinsichtlich der Renten und Kapitalleistungen, die nach Inkrafttreten dieses Gesetzes zu laufen beginnen oder fällig werden.

Art. 203 Änderung des AHVG

...[3]

---

[1] [BS **6** 350; AS **1950** 1467, **1954** 1316, **1958** 398, **1971** 947, **1973** 1066, **1975** 1213, **1977** 2103, **1978** 2066, **1982** 144, **1984** 584, **1985** 1222, **1988** 878, **1992** 1072]

[2] [AS **1949** 1671, **1956** 759, **1959** 303, **1964** 253, **1968** 563, **1990** 1882 Anhang Ziff. 9, **1991** 362 Ziff. II 414; SR **415.0** Art. 15 Ziff. 1, **832.20** Anhang Ziff. 5, **837.0** Art. 116. AS **1993** 3043 Anhang Ziff. 1] Siehe heute Art. 116 des BG vom 19. Juni 1992 (SR **833.1**).

[3] Die Änderung kann unter AS **1991** 1184 konsultiert werden.

Vierter Titel: Übergangsbestimmungen

1. Kapitel: Natürliche Personen

Art. 204 Renten und Kapitalabfindungen aus Einrichtungen der beruflichen Vorsorge A86

¹ Renten und Kapitalabfindungen aus beruflicher Vorsorge, die vor dem 1. Januar 1987 zu laufen begannen oder fällig wurden oder die vor dem 1. Januar 2002 zu laufen beginnen oder fällig werden und auf einem Vorsorgeverhältnis beruhen, das am 31. Dezember 1986 bereits bestand, sind wie folgt steuerbar:

a. zu drei Fünfteln, wenn die Leistungen (wie Einlagen, Beiträge, Prämienzahlungen), auf denen der Anspruch des Steuerpflichtigen beruht, ausschliesslich vom Steuerpflichtigen erbracht worden sind;
b. zu vier Fünfteln, wenn die Leistungen, auf denen der Anspruch des Steuerpflichtigen beruht, nur zum Teil, mindestens aber zu 20 Prozent vom Steuerpflichtigen erbracht worden sind;
c. zum vollen Betrag in den übrigen Fällen.

² Den Leistungen des Steuerpflichtigen im Sinne von Absatz 1 Buchstaben a und b sind die Leistungen von Angehörigen gleichgestellt; dasselbe gilt für die Leistungen von Dritten, wenn der Steuerpflichtige den Versicherungsanspruch durch Erbgang, Vermächtnis oder Schenkung erworben hat.

Art. 205 Einkauf von Beitragsjahren

Beiträge des Versicherten für den Einkauf von Beitragsjahren sind abziehbar, wenn die Altersleistungen nach dem 31. Dezember 2001 zu laufen beginnen oder fällig werden.

Art. 205a[1] Altrechtliche Kapitalversicherungen mit Einmalprämien A36

¹ Bei Kapitalversicherungen gemäss Artikel 20 Absatz 1 Buchstabe a, die vor dem 1. Januar 1994 abgeschlossen wurden, bleiben die Erträge steuerfrei, sofern bei Auszahlung das Vertragsverhältnis mindestens fünf Jahre gedauert oder der Versicherte das 60. Altersjahr vollendet hat.

² Bei Kapitalversicherungen nach Artikel 20 Absatz 1 Buchstabe a, die in der Zeit vom 1. Januar 1994 bis und mit 31. Dezember 1998 abgeschlossen wurden, bleiben die Erträge steuerfrei, sofern bei Auszahlung das Vertragsverhältnis mindestens fünf Jahre gedauert und der Versicherte das 60. Altersjahr vollendet hat.[2]

Art. 205b[3] Dringende Anpassungen bei der Unternehmensbesteuerung; Rückwirkung

Artikel 20*a* Absatz 1 Buchstabe a gilt auch für noch nicht rechtskräftige Veranlagungen der in den Steuerjahren ab 2001 erzielten Erträge.

---

[1] Eingefügt durch Ziff. I des BG vom 7. Okt. 1994, in Kraft seit 1. Jan. 1995 (AS **1995** 1445; BBl **1993** I 1196).
[2] Eingefügt durch Ziff. I 5 des BG vom 19. März 1999 über das Stabilisierungsprogramm 1998, in Kraft seit 1. Jan. 2001 (AS **1999** 2374; BBl **1999** 4).
[3] Eingefügt durch Ziff. I 1 des BG vom 23. Juni 2006 über dringende Anpassungen bei der Unternehmensbesteuerung, in Kraft seit 1. Jan. 2007 (AS **2006** 4883; BBl **2005** 4733).

Art. 205b^(bis)[1] Übergangsbestimmung zur Änderung vom 20. März 2008

Auf Erbgängen, die vor Inkrafttreten der Änderung vom 20. März 2008 eröffnet wurden, sind die Bestimmungen über die Nachsteuern nach bisherigem Recht anwendbar.

Art. 205c[2] ...

Art. 205d[3] Übergangsbestimmung zur Änderung vom 28. September 2012

Für natürliche Personen, die im Zeitpunkt des Inkrafttretens der Änderung vom 28. September 2012 nach dem Aufwand besteuert wurden, gilt während fünf Jahren weiterhin Artikel 14 des bisherigen Rechts.

Art. 205e[4] Übergangsbestimmung zur Änderung vom 20. Juni 2014

[1] Über Gesuche um Erlass der direkten Bundessteuer, die im Zeitpunkt des Inkrafttretens der Änderung vom 20. Juni 2014 dieses Gesetzes bei der Eidgenössischen Erlasskommission für die direkte Bundessteuer oder bei der zuständigen kantonalen Behörde zur Antragstellung an die Eidgenössische Erlasskommission hängig sind, entscheidet die kantonale Erlassbehörde.

[2] Das Einsprache- und das Beschwerdeverfahren gegen Verfügungen, die vor dem Inkrafttreten der Änderung vom 20. Juni 2014 dieses Gesetzes ergangen sind, richten sich nach dem bisherigen Recht.

Art. 205f[5,6] Übergangsbestimmung zur Änderung vom 26. September 2014

Für die Beurteilung von Straftaten, die in Steuerperioden vor Inkrafttreten der Änderung vom 26. September 2014 begangen wurden, ist das neue Recht anwendbar, sofern dieses milder ist als das in jenen Steuerperioden geltende Recht.

> ☞ *Art. 205g wird gemäss BG über den Systemwechsel bei der Wohneigentumsbesteuerung frühestens per 1.1.2027 wie folgt eingefügt (unter Vorbehalt des Referendums und der Annahme des BB vom 20.12.2024 über die Einführung einer Objektsteuer auf Zweitliegenschaften in der Volksabstimmung):*
>
> *Art. 205g Übergangsbestimmung zur Änderung vom 20. Dezember 2024*
>
> *Für Steuerpflichtige, die höchstens zehn Jahre vor dem Inkrafttreten der Änderung vom 20. Dezember 2024 erstmals eine dauernd und ausschliesslich selbstbewohnte Liegenschaft in der Schweiz erworben haben, gilt Artikel 33a für die nach dem Inkrafttreten verbleibenden Steuerjahre.*

---

[1] Ursprünglich: Art. 220a. Eingefügt durch Ziff. I des BG vom 20. März 2008 über die Vereinfachung der Nachbesteuerung in Erbfällen und die Einführung der straflosen Selbstanzeige, in Kraft seit 1. Jan. 2010 (AS **2008** 4453; BBl **2006** 8795).

[2] Eingefügt durch Ziff. I des BG vom 25. Sept. 2009, in Kraft seit 1. Jan. 2011 (AS **2010** 453; BBl **2009** 1657). Aufgehoben durch Ziff. I 1 des BG vom 26. Sept. 2014 (Anpassungen an die Allgemeinen Bestimmungen des StGB), mit Wirkung seit 1. Jan. 2017 (AS **2015** 779; BBl **2012** 2869).

[3] Eingefügt durch Ziff. I 1 des BG vom 28. Sept. 2012, in Kraft seit 1. Jan. 2016 (AS **2013** 779; BBl **2011** 6021).

[4] Eingefügt durch Ziff. I 2 des Steuererlassgesetzes vom 20. Juni 2014, in Kraft seit 1. Jan. 2016 (AS **2015** 9; BBl **2013** 8435).

[5] Eingefügt durch Ziff. I 1 des BG vom 26. Sept. 2014 (Anpassungen an die Allgemeinen Bestimmungen des StGB), in Kraft seit 1. Jan. 2017 (AS **2015** 779; BBl **2012** 2869).

[6] Berichtigt von der Redaktionskommission der BVers (Art. 58 Abs. 1 ParlG; SR **171.10**).

2. Kapitel: Juristische Personen

Art. 206[1] ...

Art. 207 Steuerermässigung bei Liquidation von Immobiliengesellschaften

1 Die Steuer auf dem Kapitalgewinn, den eine vor Inkrafttreten dieses Gesetzes gegründete Immobiliengesellschaft bei Überführung ihrer Liegenschaft auf den Aktionär erzielt, wird um 75 Prozent gekürzt, wenn die Gesellschaft aufgelöst wird.

2 Die Steuer auf dem Liquidationsergebnis, das dem Aktionär zufliesst, wird im gleichen Verhältnis gekürzt.

3 Liquidation und Löschung der Immobiliengesellschaft müssen spätestens bis zum 31. Dezember 2003 vorgenommen werden.[2]

4 Erwirbt der Aktionär einer Mieter-Aktiengesellschaft durch Hingabe seiner Beteiligungsrechte das Stockwerkeigentum an jenen Gebäudeteilen, deren Nutzungsrecht die hingegebenen Beteiligungsrechte vermittelt haben, reduziert sich die Steuer auf dem Kapitalgewinn der Gesellschaft um 75 Prozent, sofern die Mieter-Aktiengesellschaft vor dem 1. Januar 1995 gegründet worden ist. Die Übertragung des Grundstücks auf den Aktionär muss spätestens bis zum 31. Dezember 2003 im Grundbuch eingetragen werden. Unter diesen Voraussetzungen wird die Steuer auf dem Liquidationsergebnis, das dem Aktionär zufliesst, im gleichen Verhältnis gekürzt.[3]

Art. 207a[4] **Übergangsbestimmung zur Änderung vom 10. Oktober 1997**

1 Kapitalgewinne auf Beteiligungen sowie der Erlös aus dem Verkauf von zugehörigen Bezugsrechten werden bei der Berechnung des Nettoertrages nach Artikel 70 Absatz 1 nicht berücksichtigt, wenn die betreffenden Beteiligungen schon vor dem 1. Januar 1997 im Besitze der Kapitalgesellschaft oder Genossenschaft waren und die erwähnten Gewinne vor dem 1. Januar 2007 erzielt werden.

2 Für Beteiligungen, die vor dem 1. Januar 1997 im Besitze der Kapitalgesellschaft oder Genossenschaft waren, gelten die Gewinnsteuerwerte zu Beginn des Geschäftsjahres, das im Kalenderjahr 1997 endet, als Gestehungskosten (Art. 62 Abs. 4 und Art. 70 Abs. 4 Bst. a).

3 Überträgt eine Kapitalgesellschaft oder Genossenschaft eine Beteiligung von mindestens 20 Prozent am Grund- oder Stammkapital anderer Gesellschaften, die vor dem 1. Januar 1997 in ihrem Besitze war, auf eine ausländische Konzerngesellschaft, so wird die Differenz zwischen dem Gewinnsteuerwert und dem Verkehrswert der Beteiligung zum steuerbaren Reingewinn gerechnet. In diesem Fall gehören die betreffenden Beteiligungen weiterhin zum Bestand der vor dem 1. Januar 1997 gehaltenen Beteiligungen. Gleichzeitig ist die Kapitalgesellschaft oder Genossenschaft berechtigt, in der Höhe dieser Differenz eine unbesteuerte Reserve zu bilden. Diese Reserve ist steuerlich wirksam aufzulösen, wenn die übertragene Beteiligung an einen konzernfremden Dritten veräussert wird, wenn die Gesellschaft, deren

---

[1] Aufgehoben durch Ziff. I 1 des BG vom 26. Sept. 2014 (Anpassungen an die Allgemeinen Bestimmungen des StGB), mit Wirkung seit 1. Jan. 2017 (AS **2015** 779; BBl **2012** 2869).
[2] Fassung gemäss Ziff. I des BG vom 8. Okt. 1999, in Kraft seit 1. Jan. 2000 (AS **2000** 324; BBl **1999** 5966).
[3] Eingefügt durch Ziff. I des BG vom 8. Okt. 1999, in Kraft seit 1. Jan. 2000 (AS **2000** 324; BBl **1999** 5966).
[4] Eingefügt durch Ziff. I 1 des BG vom 10. Okt. 1997 über die Reform der Unternehmensbesteuerung 1997, in Kraft seit 1. Jan. 1998 (AS **1998** 669; BBl **1997** II 1164).

Beteiligungsrechte übertragen wurden, ihre Aktiven und Passiven in wesentlichem Umfang veräussert oder wenn sie liquidiert wird. Die Kapitalgesellschaft oder Genossenschaft hat jeder Steuererklärung ein Verzeichnis der Beteiligungen beizulegen, für die eine unbesteuerte Reserve im Sinne dieses Artikels besteht. Am 31. Dezember 2006 wird die unbesteuerte Reserve steuerneutral aufgelöst.

⁴ Sofern das Geschäftsjahr nach dem Inkrafttreten der Änderung vom 10. Oktober 1997 endet, wird die Gewinnsteuer für dieses Geschäftsjahr nach neuem Recht festgesetzt.

Art. 207b[1] Übergangsbestimmung zur Änderung vom 20. Juni 2014

¹ Über Gesuche um Erlass der direkten Bundessteuer, die im Zeitpunkt des Inkrafttretens der Änderung vom 20. Juni 2014 dieses Gesetzes bei der Eidgenössischen Erlasskommission für die direkte Bundessteuer oder bei der zuständigen kantonalen Behörde zur Antragstellung an die Eidgenössische Erlasskommission hängig sind, entscheidet die kantonale Erlassbehörde.

² Das Einsprache- und das Beschwerdeverfahren gegen Verfügungen, die vor dem Inkrafttreten der Änderung vom 20. Juni 2014 dieses Gesetzes ergangen sind, richten sich nach dem bisherigen Recht.

Art. 208 –220[2]

Art. 220a[3] ...

Fünfter Titel: Referendum und Inkrafttreten

Art. 221

¹ Dieses Gesetz untersteht dem fakultativen Referendum.

² Der Bundesrat bestimmt das Inkrafttreten.

³ Es tritt mit dem Wegfall der Verfassungsgrundlage ausser Kraft.

Art. 222[4] ...

Datum des Inkrafttretens: 1. Januar 1995[5]

Schlussbestimmungen zur Änderung vom 8. Oktober 2004[6]

¹ Bussen nach Artikel 179[7] sind nicht mehr vollstreckbar und können von den Steuerbehörden nicht mehr verrechnungsweise geltend gemacht werden.

² Entsprechende Eintragungen im Betreibungsregister werden auf Antrag der betroffenen Person gelöscht.

---

[1] Eingefügt durch Ziff. I 2 des Steuererlassgesetzes vom 20. Juni 2014, in Kraft seit 1. Jan. 2016 (AS **2015** 9; BBl **2013** 8435).
[2] Aufgehoben durch Ziff. I 1 des BG vom 22. März 2013 über die formelle Bereinigung der zeitlichen Bemessung der direkten Steuern bei den natürlichen Personen, mit Wirkung seit 1. Jan. 2014 (AS **2013** 2397; BBl **2011** 3593).
[3] Heute: Art. 205b^{bis} (AS **2013** 2397; BBl **2011** 3593).
[4] Aufgehoben durch Ziff. I 1 des BG vom 10. Okt. 1997 über die Reform der Unternehmensbesteuerung 1997 (AS **1998** 669; BBl **1997** II 1164).
[5] BRB vom 3. Juni 1991
[6] AS **2005** 1051; BBl **2004** 1437 1451
[7] AS **1991** 1184

VO DBG

Verordnungen zum DBG

3 Ausgewählte Verordnungen zum DBG (VO DBG A–P)

A VO über die zeitliche Bemessung der DBST
B VO über die Besteuerung von natürlichen Personen im Ausland mit einem Arbeitsverhältnis zum Bund
C Berufskostenverordnung
D VO über besondere Untersuchungsmassnahmen der ESTV
E VO über die Besteuerung nach dem Aufwand bei der DBST
F Liegenschaftskostenverordnung
G ESTV-Liegenschaftskostenverordnung
H VO über die Massnahmen zur rationellen Energieverwendung
I Expatriates-Verordnung (ExpaV)
J VO des EFD über Fälligkeit und Verzinsung der DBST
K Quellensteuerverordnung (QStV)
L Steuererlassverordnung
M VO über die Besteuerung der Liquidationsgewinne (LGBV)
N Mitarbeiterbeteiligungsverordnung (MBV)
O Gebührenverordnung ESTV (GebV-ESTV)
P Zinssatzverordnung EFD

☞ *Folgende Verordnungen zum DBG sind nicht enthalten:*
- VO DBG InvV (SR 642.113): Errichtung des Nachlassinventars für die DBST (InvV)
- VO DBG VKP (SR 642.119.2): Ausgleich der Folgen der kalten Progression (VKP)
  ☞ *Tarife und Beträge sind im DBG integriert*
- VO DBG Kompetenz (SR 642.118): Kompetenzzuweisungen bei der DBST an das Finanzdepartement
- VO DBG Bewertung (SR 642.112): Bewertung der Grundstücke bei der DBST

A Verordnung über die zeitliche Bemessung der direkten Bundessteuer
SR 642.117.1

vom 14. August 2013 (Stand am 1. Januar 2014)

Der Schweizerische Bundesrat,

gestützt auf Artikel 199 des Bundesgesetzes vom 14. Dezember 1990[1] über die direkte Bundessteuer (DBG),

verordnet:

Art. 1 Gegenstand

Diese Verordnung regelt die zeitliche Bemessung der direkten Bundessteuer bei natürlichen und juristischen Personen.

Art. 2 Bemessung des Einkommens natürlicher Personen

1 Massgeblich für die Bemessung des steuerbaren Einkommens natürlicher Personen sind die in der Steuerperiode tatsächlich erzielten Einkünfte (Art. 40 DBG).

2 Die Abzüge nach Artikel 33 Absätze 1 Buchstabe g, 1bis, 2 und 3 sowie Artikel 35 DBG werden entsprechend der Dauer der Steuerpflicht gewährt.

3 Bei unterjähriger Steuerpflicht werden für die Satzbestimmung die regelmässig fliessenden Einkünfte aufgrund der Dauer der Steuerpflicht auf zwölf Monate umgerechnet. Die nicht regelmässig fliessenden Einkünfte werden in ihrem tatsächlichen Umfang hinzugezählt. Die Artikel 37 und 38 DBG bleiben vorbehalten.

Art. 3 Bemessung des Einkommens aus selbstständiger Erwerbstätigkeit

1 Das Einkommen aus selbstständiger Erwerbstätigkeit bemisst sich nach dem Ergebnis jedes in der Steuerperiode abgeschlossenen Geschäftsjahres. Das gilt auch bei Aufnahme oder Aufgabe der Erwerbstätigkeit oder wenn das Geschäftsjahr aufgrund einer Änderung des Zeitpunktes für den Geschäftsabschluss nicht zwölf Monate umfasst (Art. 41 DBG).

2 Das Ergebnis des Geschäftsjahres wird, unabhängig vom Kalenderjahr, in seinem tatsächlichen Umfang für die Bemessung des für die Steuerperiode massgeblichen Einkommens herangezogen.

---

[1] SR 642.11

³ Bei ganzjähriger Steuerpflicht ist für die Satzbestimmung das Ergebnis des Geschäftsjahres ohne Umrechnung heranzuziehen. Bei unterjähriger Steuerpflicht und unterjährigem Geschäftsjahr werden für die Satzbestimmung die ordentlichen Gewinne aufgrund der Dauer der Steuerpflicht auf zwölf Monate umgerechnet. Übersteigt jedoch die Dauer des unterjährigen Geschäftsjahres jene der unterjährigen Steuerpflicht, so werden die ordentlichen Gewinne aufgrund der Dauer des Geschäftsjahres auf zwölf Monate umgerechnet.

⁴ Bei unterjähriger Steuerpflicht und einem Geschäftsjahr, das zwölf oder mehr Monate umfasst, werden für die Satzbestimmung die ordentlichen Gewinne nicht umgerechnet.

⁵ Die ausserordentlichen Faktoren, namentlich Kapitalgewinne und buchmässig realisierte Wertvermehrungen, werden für die Satzbestimmung nicht umgerechnet.

Art. 4 Geschäftsabschluss selbstständig Erwerbstätiger

¹ Selbstständig Erwerbstätige müssen in jeder Steuerperiode einen Geschäftsabschluss einreichen (Art. 41 Abs. 3 DBG).

² Führen sie Geschäftsvermögen in das Privatvermögen oder in ausländische Betriebe oder Betriebsstätten über, so müssen sie nur einen Zwischenabschluss einreichen (Art. 18 Abs. 2 DBG).

³ Entfällt die Steuerpflicht oder wird die selbstständige Erwerbstätigkeit aufgegeben, so müssen sie einen Geschäftsabschluss einreichen.

⁴ Entfällt die Steuerpflicht ganz oder teilweise oder wird die selbstständige Erwerbstätigkeit aufgegeben, so sind alle davon betroffenen, bisher unversteuert gebliebenen stillen Reserven zusammen mit dem Reingewinn des betreffenden Geschäftsjahres zu versteuern. Vorbehalten bleibt Artikel 37*b* DBG.

Art. 5 Veranlagung bei Eintritt der Volljährigkeit

¹ Steuerpflichtige werden erstmals für die Steuerperiode separat veranlagt, in der sie volljährig werden.

² Minderjährige werden separat veranlagt, soweit sie Erwerbseinkünfte nach Artikel 9 Absatz 2 DBG erzielen oder nicht unter elterlicher Sorge stehen.

Art. 6 Steuerperiode und Geschäftsabschluss juristischer Personen

¹ Für juristische Personen gilt, unabhängig vom Kalenderjahr, das Geschäftsjahr, für welches ein Geschäftsabschluss erstellt worden ist, als Steuerperiode (Art. 79 Abs. 2 DBG).

² Der Geschäftsabschluss ist mit der Steuererklärung einzureichen.

³ Wird bei Fortführung der bisherigen Steuerpflicht ein Geschäftsbetrieb oder eine Betriebsstätte ins Ausland verlegt, so genügt ein Zwischenabschluss (Art. 79 Abs. 3 und 80 Abs. 2 DBG).

Art. 7 Veranlagung juristischer Personen

¹ Die juristischen Personen werden in jedem Kalenderjahr veranlagt, ausgenommen im Gründungsjahr, sofern in diesem kein Geschäftsabschluss erstellt wird. Bei Beendigung der Steuerpflicht werden sie in jedem Fall veranlagt.

² Die Veranlagung erfolgt aufgrund des für die Steuerperiode massgeblichen Geschäftsabschlusses.

Art. 8 Aufhebung und Änderung bisherigen Rechts

Die Aufhebung und die Änderung bisherigen Rechts werden im Anhang geregelt.

Art. 9 Inkrafttreten

Diese Verordnung tritt am 1. Januar 2014 in Kraft.

Anhang

I

Die nachstehenden Verordnungen werden aufgehoben:

1. Verordnung vom 16. September 1992[1] über die zeitliche Bemessung der direkten Bundessteuer bei natürlichen Personen;
2. Verordnung vom 16. September 1992[2] über die zeitliche Bemessung der direkten Bundessteuer bei juristischen Personen.

II

Die nachstehenden Verordnungen werden wie folgt geändert:

…[3]

---

[1] [AS **1992** 1820, **1999** 596, **2001** 1022]
[2] [AS **1992** 1826]
[3] Die Änderungen können unter AS **2013** 2773 konsultiert werden.

B Verordnung über die Besteuerung von natürlichen Personen im Ausland mit einem Arbeitsverhältnis zum Bund oder zu einer andern öffentlich-rechtlichen Körperschaft oder Anstalt des Inlandes
SR 642.110.8

vom 20. Oktober 1993 (Stand am 1. Januar 2014)

Der Schweizerische Bundesrat,

gestützt auf die Artikel 3 Absatz 5, 6 Absatz 4 sowie 199 des Bundesgesetzes vom 14. Dezember 1990[1] über die direkte Bundessteuer (DBG),

verordnet:

1. Abschnitt: Steuerpflicht und Gegenstand der Steuer

Art. 1 Steuerpflicht

1 Steuerpflichtige im Sinne von Artikel 3 Absatz 5 DBG sind Arbeitnehmer des Bundes, der Kantone, Gemeinden und der andern öffentlich-rechtlichen Körperschaften oder Anstalten des Inlandes, wenn sie mindestens 183 Tage ununterbrochen im Ausland ansässig sind und dort aufgrund völkerrechtlicher Verträge oder Übung mit Rücksicht auf dieses Arbeitsverhältnis von den Einkommenssteuern ganz oder teilweise befreit sind. Halten sie sich weniger lang im Ausland auf, sind sie steuerpflichtig nach Artikel 3 Absatz 1 DBG.

2 Wohnt die betreffende Person bereits im Ausland, bevor sie Arbeitnehmer nach Absatz 1 wird, ist sie sofort im Sinne von Artikel 3 Absatz 5 DBG steuerpflichtig, unabhängig von der Dauer des Arbeitsverhältnisses.

Art. 2 Steuerbare Einkünfte

1 Für die Steuerpflichtigen, die im Ausland nach Artikel 1 Absatz 1 aufgrund ihres öffentlich-rechtlichen Arbeitsverhältnisses von den Einkommenssteuern ganz befreit sind, kommen insbesondere folgende Einkünfte zur Besteuerung:

a. die Einkünfte aus diesem Arbeitsverhältnis, ausgenommen Einkünfte, welche Spesen ersetzen; Kaufkraftunterschiede zwischen der Schweiz und dem Ausland können berücksichtigt werden;
b. die entsprechenden Naturalbezüge, wobei diese nach ihrem Marktwert am ausländischen Wohnort bemessen werden;
c. die Erträge aus schweizerischem unbeweglichem Vermögen nach Artikel 21 DBG;
d. die Erträge aus beweglichem Vermögen nach Artikel 20 DBG.

---

[1] SR **642.11**

² Für die Steuerpflichtigen, die im Ausland nach Artikel 1 Absatz 1 aufgrund ihres öffentlich-rechtlichen Arbeitsverhältnisses von der Einkommenssteuer nur teilweise befreit sind, sind die Einkünfte nach Absatz 1 Buchstaben a–c steuerbar.

Art. 3 Abzugsfähige Aufwendungen

Notwendige Aufwendungen, die dem Steuerpflichtigen durch den Aufenthalt und die Arbeit im Ausland erwachsen und vom Arbeitgeber nicht ersetzt werden, können als Berufsauslagen vom steuerbaren Einkommen abgezogen werden.

Art. 4 Einkünfte des Ehegatten und der Kinder bei Wohnsitz im Ausland

¹ Bei den Steuerpflichtigen, die im Ausland von den Einkommenssteuern ganz befreit sind, gelangen auch alle Vermögenserträge des Ehegatten und der Kinder zur Besteuerung.

² Allfällige andere im Gastland erzielte Einkünfte werden in der Schweiz nicht besteuert.

2. Abschnitt: Örtliche Zuständigkeit und zeitliche Bemessung

Art. 5[1] Örtliche Zuständigkeit

¹ Wird im Laufe einer Steuerperiode eine Person durch Verlegung ihres Wohnsitzes ins Ausland nach Artikel 1 steuerpflichtig, so ist der Kanton ihrer Heimatgemeinde für die Veranlagung der ganzen Steuerperiode zuständig.

² Endet im Laufe einer Steuerperiode durch Verlegung des Wohnsitzes in die Schweiz die Steuerpflicht nach Artikel 1, so ist der Wohnsitzkanton am Ende der Steuerperiode für die Veranlagung der ganzen Steuerperiode zuständig.

³ Bleibt der Ehegatte während des Auslandaufenthalts der steuerpflichtigen Person in der Schweiz, so ist die Heimatgemeinde der im Ausland weilenden steuerpflichtigen Person für die Veranlagung beider Ehegatten zuständig, sofern für diese die Voraussetzungen von Artikel 9 DBG erfüllt sind. Der in der Schweiz verbleibende Ehegatte kann verlangen, dass die Veranlagung an seinem Wohnort vorgenommen wird.

⁴ Hat die steuerpflichtige Person keine schweizerische Heimatgemeinde, so erfolgt die Veranlagung am Sitz des Arbeitgebers. Wird ein schweizerisches Bürgerrecht erworben, so gelten die Absätze 2 und 3 sinngemäss.

Art. 6[2] ...

---

[1] Fassung gemäss Ziff. II 1 der V vom 14. Aug. 2013 über die zeitliche Bemessung der direkten Bundessteuer, in Kraft seit 1. Jan. 2014 (AS **2013** 2773).
[2] Aufgehoben durch Ziff. II 1 der V vom 14. Aug. 2013 über die zeitliche Bemessung der direkten Bundessteuer, mit Wirkung seit 1. Jan. 2014 (AS **2013** 2773).

3. Abschnitt: Verfahrenspflichten

Art. 7 Steuerpflichtiger

1 Steuerpflichtige Personen nach Artikel 1 haben einen Vertreter in der Schweiz zu nennen. Unterlässt es der Steuerpflichtige, einen Vertreter zu bestimmen, ist die Steuerbehörde befugt, den Arbeitgeber als Vertreter zu bezeichnen.

2 Bleibt der Ehegatte in der Schweiz, gilt dieser als Steuervertreter, solange die Ehegatten im Sinne von Artikel 9 DBG gemeinsam veranlagt werden.

3 Bestimmt der Steuerpflichtige keinen Vertreter oder anerkennt er weder den Arbeitgeber noch seinen in der Schweiz lebenden Ehegatten als Vertreter, so kann ihm eine Verfügung oder ein Entscheid rechtswirksam durch Publikation im kantonalen Amtsblatt eröffnet werden.

Art. 8 Arbeitgeber

Der Arbeitgeber ist verpflichtet, der Eidgenössischen Steuerverwaltung die Personalien, die voraussichtliche Dauer der Anstellung sowie den Einsatzort der für einen Auslandaufenthalt vorgesehenen Steuerpflichtigen vor ihrer Ausreise zu melden. Gleichzeitig legt er die vom Steuerpflichtigen unterzeichnete Vollmacht für den Vertreter (Art. 7) bei.

4. Abschnitt: Schlussbestimmungen

Art. 9 Aufhebung bisherigen Rechts

Der Bundesratsbeschluss vom 3. Januar 1967[1] über die Anwendung der Bestimmungen des Bundesratsbeschlusses vom 9. Dezember 1940 über die Erhebung einer Wehrsteuer bei der Besteuerung der im Ausland wohnenden Beamten und ständigen Angestellten des Eidgenössischen Politischen Departementes wird aufgehoben.

Art. 10 Inkrafttreten

Diese Verordnung tritt am 1. Januar 1995 in Kraft und findet erstmals auf die für das Jahr 1995 erhobene direkte Bundessteuer Anwendung.

---

[1] In der AS nicht veröffentlicht.

C Verordnung des EFD über den Abzug der Berufskosten unselbstständig Erwerbstätiger bei der direkten Bundessteuer[1] (Berufskostenverordnung)
SR 642.118.1 B83

vom 10. Februar 1993 (Stand am 1. Januar 2023)

Das Eidgenössische Finanzdepartement,

gestützt auf Artikel 26 des Bundesgesetzes vom 14. Dezember 1990[2] über die direkte Bundessteuer (DBG) sowie Artikel 1 Buchstabe a der Verordnung vom 18. Dezember 1991[3] über Kompetenzzuweisungen bei der direkten Bundessteuer an das Finanzdepartement,

verordnet:

☞ *Der Maximalabzug der Fahrkosten von bisher CHF 3 200 wird aufgrund des Ausgleichs der kalten Progression für das Steuerjahr 2025 auf CHF 3 300 erhöht. Die übrigen Pauschalabzüge für Berufskosten und Naturalbezüge erfahren im Steuerjahr 2025 keine Änderungen gegenüber dem Vorjahr (vgl. RS ESTV vom 22.8.2024).*

Art. 1 Grundsatz

¹ Als steuerlich abziehbare Berufskosten der unselbständigen Erwerbstätigkeit gelten Aufwendungen, die für die Erzielung des Einkommens erforderlich sind und in einem direkten ursächlichen Zusammenhang dazu stehen.

² Nicht abziehbar sind die vom Arbeitgeber oder einem Dritten übernommenen Aufwendungen, der durch die berufliche Stellung des Steuerpflichtigen bedingte Privataufwand (sog. Standesauslagen) und die Aufwendungen für den Unterhalt des Steuerpflichtigen und seiner Familie (Art. 34 Bst. a DBG).

Art. 2 Ehegatten

Die Abzüge für Berufskosten stehen jedem unselbständig erwerbenden Ehegatten zu. Bei Mitarbeit eines Ehegatten im Beruf, Geschäft oder Gewerbe des anderen Ehegatten sind sie zulässig, wenn ein Arbeitsverhältnis besteht und hierüber mit den Sozialversicherungen abgerechnet wird.

---

[1] Fassung gemäss Ziff. I der V des EFD vom 6. März 2015, in Kraft seit 1. Jan. 2016 (AS **2015** 861).
[2] SR **642.11**
[3] SR **642.118**

Art. 3[1] Festlegung der Pauschalansätze und des Abzugs für die Benützung eines privaten Fahrzeugs

Das Eidgenössische Finanzdepartement legt die Pauschalansätze (Art. 6 Abs. 1 und 2, Art. 7 Abs. 1, Art. 9 Abs. 2 und Art. 10) und den Abzug für die Benützung eines privaten Fahrzeugs (Art. 5 Abs. 2 Bst. b) im Anhang fest.

Art. 4[2] Nachweis höherer Kosten bei Pauschalansätzen

Werden anstelle einer Pauschale nach den Artikeln 7 Absatz 1 und 10 höhere Kosten geltend gemacht, so sind die gesamten tatsächlichen Auslagen und deren berufliche Notwendigkeit nachzuweisen.

Art. 5[3] Fahrkosten

[1] Die notwendigen Kosten für Fahrten zwischen Wohn- und Arbeitsstätte können bis zum Maximalbetrag nach Artikel 26 Absatz 1 Buchstabe a DBG geltend gemacht werden.[4]

[2] Als Kosten sind abziehbar:

a. die notwendigen Auslagen für die Benützung öffentlicher Verkehrsmittel; oder
b. die notwendigen Kosten pro gefahrene Kilometer für die Benützung eines privaten Fahrzeugs, sofern kein öffentliches Verkehrsmittel zur Verfügung steht oder dessen Benützung objektiv nicht zumutbar ist.

Art. 5a[5] Fahrkosten bei der unentgeltlichen privaten Nutzung von Geschäftsfahrzeugen

[1] Nutzt die steuerpflichtige Person ein Geschäftsfahrzeug unentgeltlich für Fahrten zwischen Wohn- und Arbeitsstätte sowie für weitere private Zwecke, so kann anstelle der Abrechnung über die tatsächlichen Kosten der privaten Nutzung und des Fahrkostenabzugs nach Artikel 5 eine pauschale Fahrkostenberechnung vorgenommen werden.

[2] Bei der pauschalen Fahrkostenberechnung gelten 0,9 Prozent des Kaufpreises des Fahrzeugs als monatliches Einkommen aus dieser Nutzung.

Art. 6 Mehrkosten für Verpflegung

[1] Bei Mehrkosten für Verpflegung ist ausschliesslich der Pauschalabzug nach Artikel 3 zulässig:

a. wenn der Steuerpflichtige wegen grosser Entfernung zwischen Wohn- und Arbeitsstätte oder wegen kurzer Essenspause eine Hauptmahlzeit nicht zu Hause einnehmen kann; oder
b. bei durchgehender Schicht- oder Nachtarbeit.[6]

---

[1] Fassung gemäss Ziff. I der V des EFD vom 6. März 2015, in Kraft seit 1. Jan. 2016 (AS **2015** 861).
[2] Fassung gemäss Ziff. I der V des EFD vom 6. März 2015, in Kraft seit 1. Jan. 2016 (AS **2015** 861).
[3] Fassung gemäss Ziff. I der V des EFD vom 6. März 2015, in Kraft seit 1. Jan. 2016 (AS **2015** 861).
[4] Fassung gemäss Ziff. I der V des EFD vom 16. Sept. 2022, in Kraft seit 1. Jan. 2023 (AS **2022** 573).
[5] Eingefügt durch Ziff. I der V des EFD vom 15. März 2021, in Kraft seit 1. Jan. 2022 (AS **2021** 165).
[6] Fassung gemäss Ziff. I der V des EFD vom 3. Nov. 2006, in Kraft seit 1. Jan. 2007 (AS **2006** 4887).

² Nur der halbe Abzug ist zulässig, wenn die Verpflegung vom Arbeitgeber anders als in bar verbilligt wird (Abgabe von Gutscheinen) oder wenn sie in einer Kantine, einem Personalrestaurant oder einer Gaststätte des Arbeitgebers eingenommen werden kann.[1]

³ Kein Abzug ist mangels Mehrkosten zulässig, wenn der Arbeitgeber bei der Bewertung von Naturalbezügen die von den Steuerbehörden festgelegten Ansätze unterschreitet oder wenn sich der Steuerpflichtige zu Preisen verpflegen kann, die unter diesen Bewertungsansätzen liegen.

⁴ Der Schichtarbeit ist die gestaffelte (unregelmässige) Arbeitszeit gleichgestellt, sofern beide Hauptmahlzeiten nicht zur üblichen Zeit zu Hause eingenommen werden können.

⁵ Der Arbeitgeber muss die Anzahl Tage mit Schicht- oder Nachtarbeit sowie den Arbeitsort auf Verlangen bescheinigen.[2]

⁶ Der Pauschalabzug nach Absatz 1 oder 2 kann nicht gleichzeitig mit jenem nach Artikel 9 Absatz 2 beansprucht werden.

Art. 7 Übrige Berufskosten

¹ Als übrige Berufskosten können insbesondere die für die Berufsausübung erforderlichen Auslagen für Berufswerkzeuge (inkl. EDV-Hard- und -Software), Fachliteratur, privates Arbeitszimmer, Berufskleider, besonderen Schuh- und Kleiderverschleiss sowie Schwerarbeit als Pauschale nach Artikel 3 abgezogen werden. Vorbehalten bleibt der Nachweis höherer Kosten (Art. 4).[3]

² Der Pauschalabzug ist angemessen zu kürzen, wenn die unselbständige Erwerbstätigkeit bloss während eines Teils des Jahres oder als Teilzeitarbeit ausgeübt wird.

Art. 8[4] ...

Art. 9 Auswärtiger Wochenaufenthalt

¹ Steuerpflichtige, die an den Arbeitstagen am Arbeitsort bleiben und dort übernachten müssen (sog. Wochenaufenthalt), jedoch regelmässig für die Freitage an den steuerlichen Wohnsitz zurückkehren, können die Mehrkosten für den auswärtigen Aufenthalt abziehen.

² Für den Abzug der notwendigen Mehrkosten der auswärtigen Verpflegung werden Pauschalansätze (Art. 3) festgelegt. Der Nachweis höherer Kosten ist ausgeschlossen.

³ Als notwendige Mehrkosten der Unterkunft sind die ortsüblichen Auslagen für ein Zimmer abziehbar.

⁴ Als notwendige Fahrkosten gelten die Kosten der regelmässigen Heimkehr an den steuerlichen Wohnsitz sowie die Fahrkosten zwischen auswärtiger Unterkunft und Arbeitsstätte. Sie sind bis zum Maximalbetrag nach Artikel 5 Absatz 1 abziehbar.[5]

---

[1] Fassung gemäss Ziff. I der V des EFD vom 3. Nov. 2006, in Kraft seit 1. Jan. 2007 (AS **2006** 4887).
[2] Fassung gemäss Ziff. I der V des EFD vom 3. Nov. 2006, in Kraft seit 1. Jan. 2007 (AS **2006** 4887).
[3] Fassung gemäss Ziff. I der V des EFD vom 16. April 2014, in Kraft seit 1. Jan. 2016 (AS **2014** 1109).
[4] Aufgehoben durch Ziff. I der V des EFD vom 16. April 2014, mit Wirkung seit 1. Jan. 2016 (AS **2014** 1109).
[5] Fassung gemäss Ziff. I der V des EFD vom 6. März 2015, in Kraft seit 1. Jan. 2016 (AS **2015** 861).

Art. 10[1] **Nebenerwerb**

Für die mit einer Nebenerwerbstätigkeit verbundenen Berufskosten ist ein Pauschalabzug nach Artikel 3 zulässig. Der Nachweis höherer Kosten bleibt vorbehalten (Art. 4).

Art. 11 Schlussbestimmungen

1 Die Verordnung des Eidgenössischen Finanzdepartements vom 7. Mai 1992[2] über den Abzug von Berufsauslagen bei der direkten Bundessteuer wird aufgehoben.

2 Diese Verordnung tritt am 1. Januar 1995 in Kraft.

Übergangsbestimmung zur Änderung vom 3. November 2006[3]

Für Ausnahmefälle, in welchen für die Steuerperiode 2007 der alte Lohnausweis verwendet wird, gilt das bisherige Recht bis zum 31. Dezember 2007.

---

[1] Fassung gemäss Ziff. I der V des EFD vom 3. Nov. 2006, in Kraft seit 1. Jan. 2007 (AS **2006** 4887).
[2] [AS **1992** 1166]
[3] AS **2006** 4887

Anhang[1]

1. Pauschalansätze ab dem Steuerjahr 2016

		Fr.
Mehrkosten für Verpflegung		
a. Bei auswärtiger Verpflegung bzw. Schicht- oder Nachtarbeit (Art. 6 Abs. 1 und 2)		
– Voller Abzug	pro Hauptmahlzeit bzw. Tag	15.—
	im Jahr	3 200.—
– Halber Abzug	pro Hauptmahlzeit bzw. Tag	7.50
	im Jahr	1 600.—
b. Bei auswärtigem Wochenaufenthalt (Art. 9 Abs. 2)		
– Voller Abzug	im Tag	30.—
	im Jahr	6 400.—
– Gekürzter Abzug[2]	im Tag	22.50
	im Jahr	4 800.—
Übrige Berufskosten		
(Art. 7 Abs. 1)	3 % des Nettolohns	
	mindestens im Jahr	2 000.—
	höchstens im Jahr	4 000.—
Nebenerwerb		
(Art. 10)	20 % der Nettoeinkünfte,	
	mindestens im Jahr	800.—
	höchstens im Jahr	2 400.—

2. Abzug für die Benützung eines privaten Fahrzeugs

		Fr.
Abzug für die Benützung eines privaten Fahrzeugs		
(Art. 5 Abs. 2 Bst. b)		
– Fahrräder, Motorfahrräder und Motorräder mit gelbem Kontrollschild	im Jahr	700.—
– Motorräder mit weissem Kontrollschild	pro Fahrkilometer	—.40
– Autos	pro Fahrkilometer	—.70

---

[1] Eingefügt durch Ziff. I der V des EFD vom 29. Juni 1994 (AS **1994** 1673). Fassung gemäss Ziff. II der V des EFD vom 6. März 2015 (AS **2015** 861). Bereinigt gemäss Ziff. II der V des EFD vom 16. Sept. 2022, in Kraft seit 1. Jan. 2023 (AS **2022** 573).

D Verordnung über besondere Untersuchungsmassnahmen der Eidgenössischen Steuerverwaltung
SR 642.132

vom 31. August 1992 (Stand am 1. Januar 1995)

Der Schweizerische Bundesrat,

gestützt auf die Artikel 190–195 und 199 des Bundesgesetzes vom 14. Dezember 1990[1] über die direkte Bundessteuer (DBG),

verordnet:

Art. 1 Besondere Untersuchungsorgane

1 Für die besonderen Untersuchungsmassnahmen gemäss den Artikeln 190–195 DBG bildet die Eidgenössische Steuerverwaltung unter Aufsicht des Eidgenössischen Finanzdepartementes eigens dafür bestimmte, in Gruppen aufgeteilte Untersuchungsorgane.

2 Mit dem Durchführen von Einvernahmen, Augenscheinen und Zwangsmassnahmen sind entsprechend ausgebildete Beamte zu beauftragen.

Art. 2 Aufgabe der besonderen Untersuchungsorgane, Voraussetzungen für eine Untersuchung

1 Die besonderen Untersuchungsorgane nehmen, gestützt auf die Ermächtigung des Vorstehers des Eidgenössischen Finanzdepartements, bei Verdacht auf schwere Steuerwiderhandlungen Untersuchungen vor.

2 Die Ermächtigung nennt die Verdachtsgründe und die bei Beginn der Untersuchung bekannten Personen, gegen welche eine Untersuchung angehoben werden soll.

Art. 3 Untersuchung, Zusammenarbeit mit Kantonen und Gemeinden

1 Die Untersuchungen sind in Zusammenarbeit mit den betreffenden kantonalen Steuerverwaltungen vorzubereiten und durchzuführen.

2 Die Behörden der Kantone und Gemeinden unterstützen die besonderen Untersuchungsorgane; insbesondere dürfen die untersuchenden Beamten polizeiliche Hilfe in Anspruch nehmen, wenn ihnen bei einer Untersuchungshandlung, die innerhalb ihrer Amtsbefugnis liegt, Widerstand geleistet wird.

---

[1] SR **642.11**

Art. 4 Abschluss der Untersuchung; Kosten, Entschädigungen

1 Der Bericht der besonderen Untersuchungsorgane ist dem oder den Beschuldigten und den für die Verfahren zuständigen kantonalen Steuerverwaltungen gleichzeitig zuzustellen. Soweit eine gesetzliche Grundlage besteht, wird der Bericht auch anderen Stellen des Bundes, deren Fiskalansprüche betroffen sind, zugestellt.

2 Wird die Untersuchung mangels Widerhandlungen eingestellt, ist zu prüfen, ob dem oder den Beschuldigten Kosten (Art. 183 Abs. 4 DBG) zu überbinden sind. Auf Begehren des Beschuldigten sind ihm gegebenenfalls Entschädigungen gemäss den Artikeln 99 und 100 des Verwaltungsstrafrechtsgesetzes (VStrR)[1] auszurichten; das Begehren ist binnen eines Jahres nach Eröffnung der Einstellung geltend zu machen. N 2

Art. 5 Antrag auf Weiterverfolgung

Droht vor Abschluss der Untersuchung die Verfolgungsverjährung, verlangt die Eidgenössische Steuerverwaltung die Einleitung des Hinterziehungsverfahrens durch die kantonale Verwaltung für die direkte Bundessteuer (Art. 183 und 184 DBG) oder erstattet bei Verdacht auf Steuervergehen Anzeige bei der zuständigen kantonalen Strafuntersuchungsbehörde (Art. 194 Abs. 2 DBG).

Art. 6 Beschwerden gegen Untersuchungshandlungen N 2

1 Für Beschwerden gegen Untersuchungshandlungen der besonderen Untersuchungsorgane sind die Artikel 26–28 VStrR[2] anwendbar.

2 Für Beschwerdeentscheide nach Artikel 27 VStrR bemisst sich die Spruchgebühr nach den Regeln von Artikel 8 der Verordnung vom 25. November 1974[3] über Kosten und Entschädigungen im Verwaltungsstrafverfahren.

Art. 7 Inkrafttreten

Diese Verordnung tritt am 1. Januar 1995 in Kraft.

---

[1] SR 313.0
[2] SR 313.0
[3] SR 313.32

E Verordnung über die Besteuerung nach dem Aufwand bei der direkten Bundessteuer
SR 642.123 A90

vom 20. Februar 2013 (Stand am 1. Januar 2016)

Der Schweizerische Bundesrat,

gestützt auf Artikel 199 des Bundesgesetzes vom 14. Dezember 1990[1] über die direkte Bundessteuer (DBG),

verordnet:

Art. 1 Abzüge bei der Steuerberechnung nach Artikel 14 Absatz 3 Buchstabe d DBG

1 Bei der Steuerberechnung nach Artikel 14 Absatz 3 Buchstabe d DBG können abgezogen werden:

   a. die Unterhaltskosten nach der Liegenschaftskostenverordnung vom 24. August 1992[2];
   b. die Kosten für die gewöhnliche Verwaltung von beweglichem Vermögen, soweit die daraus fliessenden Einkünfte besteuert werden.

2 Andere Abzüge, insbesondere solche für Schuldzinsen, Renten und dauernde Lasten, sind nicht zulässig.

Art. 2 Ausschluss der Sozialabzüge

Sozialabzüge nach den Artikeln 35 [und 213][3] DBG sind bei der Besteuerung nach dem Aufwand nicht zulässig.

Art. 3 Satzbestimmung

Das nicht unter Artikel 14 Absatz 3 Buchstabe d DBG fallende Einkommen der steuerpflichtigen Person wird in Abweichung von Artikel 7 Absatz 1 DBG bei der Festsetzung des Steuersatzes nicht berücksichtigt.

Art. 4 Besteuerung nach Artikel 14 Absatz 5 DBG

1 Bei der Besteuerung nach dem Aufwand nach Artikel 14 Absatz 5 DBG (modifizierte Besteuerung nach dem Aufwand) sind nur die Kosten nach Artikel 1 Absatz 1 abziehbar.

2 Der Steuersatz für die Einkünfte nach Artikel 14 Absatz 5 DBG bestimmt sich nach dem weltweiten Gesamteinkommen nach Artikel 7 Absatz 1 DBG.

---

[1] SR **642.11**
[2] SR **642.116**
[3] ☞ *Art. 213: Aufgehoben durch Ziff. I 1 des BG vom 22. März 2013 (AS 2013 2397).*

Art. 5 Veranlagungsergebnis

Die Veranlagungsbehörde eröffnet in der Veranlagungsverfügung nach Artikel 131 DBG stets das höchste nach Artikel 14 Absätze 3–5 DBG berechnete Veranlagungsergebnis.

Art. 6 Aufhebung bisherigen Rechts

Die Verordnung vom 15. März 1993[1] über die Besteuerung nach dem Aufwand bei der direkten Bundessteuer wird aufgehoben.

Art. 7 Übergangsbestimmungen

1 Für Personen, die am 1. Januar 2016 nach dem Aufwand besteuert werden, gilt bis zum Steuerjahr 2020 Artikel 1 der Verordnung vom 15. März 1993[2] über die Besteuerung nach dem Aufwand bei der direkten Bundessteuer.

2 Für Personen, die am 1. Januar 2016 nach der modifizierten Besteuerung nach dem Aufwand besteuert werden, ist Artikel 14 Absatz 5 DBG ab dem Steuerjahr 2016 anwendbar.

Art. 8 Inkrafttreten

Diese Verordnung tritt am 1. Januar 2016 in Kraft.

---

[1] [AS **1993** 1367]
[2] [AS **1993** 1367]

F Verordnung über den Abzug der Kosten von Liegenschaften des Privatvermögens bei der direkten Bundessteuer (Liegenschaftskostenverordnung)
SR 642.116 C100

vom 9. März 2018 (Stand am 1. Januar 2020)

Der Schweizerische Bundesrat,

gestützt auf Artikel 32 des Bundesgesetzes vom 14. Dezember 1990[1] über die direkte Bundessteuer (DBG),

verordnet:

Art. 1 Dem Energiesparen und dem Umweltschutz dienende Investitionen
(Art. 32 Abs. 2 zweiter Satz DBG)

¹ Als Investitionen, die dem Energiesparen und dem Umweltschutz dienen, gelten Aufwendungen für Massnahmen, die zur rationellen Energieverwendung oder zur Nutzung erneuerbarer Energien beitragen. Diese Massnahmen beziehen sich auf den Ersatz von veralteten und die erstmalige Anbringung von neuen Bauteilen oder Installationen in bestehenden Gebäuden.

² Werden die Massnahmen durch öffentliche Gemeinwesen subventioniert, so kann die steuerpflichtige Person nur die Kosten abziehen, die sie selbst trägt.

³ Das Eidgenössische Finanzdepartement bezeichnet in Zusammenarbeit mit dem Eidgenössischen Departement für Umwelt, Verkehr, Energie und Kommunikation die den Unterhaltskosten gleichgestellten Massnahmen zur rationellen Energieverwendung und zur Nutzung erneuerbarer Energien im Einzelnen.

Art. 2 Rückbaukosten im Hinblick auf den Ersatzneubau
(Art. 32 Abs. 2 dritter Satz DBG)

¹ Als abziehbare Rückbaukosten im Hinblick auf den Ersatzneubau gelten die Kosten der Demontage von Installationen, des Abbruchs des vorbestehenden Gebäudes sowie des Abtransports und der Entsorgung des Bauabfalls.

² Nicht abziehbar sind insbesondere die Kosten von Altlastensanierungen des Bodens und von Geländeverschiebungen, Rodungen, Planierungsarbeiten sowie Aushubarbeiten im Hinblick auf den Ersatzneubau.

³ Die steuerpflichtige Person hat der zuständigen Steuerbehörde die abziehbaren Kosten, gegliedert nach Demontage-, Abbruch-, Abtransport- und Entsorgungskosten, in einer separaten Abrechnung auszuweisen.

---

[1] SR **642.11**

⁴ Rückbaukosten sind nur insoweit abziehbar, als der Ersatzneubau durch dieselbe steuerpflichtige Person vorgenommen wird.

Art. 3 Ersatzneubau
(Art. 32 Abs. 2 dritter Satz DBG)

Als Ersatzneubau gilt ein Bau, der nach Abschluss des Rückbaus eines Wohngebäudes oder eines gemischt genutzten Gebäudes innert angemessener Frist auf dem gleichen Grundstück errichtet wird und eine gleichartige Nutzung aufweist.

Art. 4 Auf die beiden nachfolgenden Steuerperioden übertragbare Kosten
(Art. 32 Abs. 2bis DBG)

¹ Können die dem Energiesparen und dem Umweltschutz dienenden Investitionskosten oder die Rückbaukosten im Hinblick auf den Ersatzneubau im Jahr der angefallenen Aufwendungen nicht vollständig steuerlich berücksichtigt werden, so können die verbleibenden Kosten auf die folgende Steuerperiode übertragen werden.

² Können die übertragenen Kosten auch in dieser Steuerperiode nicht vollständig steuerlich berücksichtigt werden, so können die verbleibenden Kosten auf die folgende Steuerperiode übertragen werden.

³ Der Übertrag erfolgt, sofern das Reineinkommen negativ ist.

⁴ Werden Kosten auf eine folgende Steuerperiode übertragen, so kann auch in dieser Steuerperiode kein Pauschalabzug geltend gemacht werden.

⁵ Erfolgt nach Vornahme des Ersatzneubaus ein Wohnsitzwechsel innerhalb der Schweiz oder eine Eigentumsübertragung der Liegenschaft, so behält die steuerpflichtige Person das Recht, die verbleibenden übertragbaren Kosten abzuziehen. Dies gilt auch bei Wegzug ins Ausland, wenn die Liegenschaft im Eigentum der steuerpflichtigen Person verbleibt.

Art. 5 Pauschalabzug
(Art. 32 Abs. 4 zweiter Satz DBG)

¹ Die steuerpflichtige Person kann einen Pauschalabzug geltend machen anstelle der tatsächlichen Kosten:
 a. des Unterhalts;
 b. der Instandstellung von neu erworbenen Liegenschaften;
 c. der Verwaltung durch Dritte;
 d. der Investitionen, die dem Energiesparen und dem Umweltschutz dienen;
 e. der Rückbaukosten im Hinblick auf den Ersatzneubau;
 f. der Versicherungsprämien.

² Der Pauschalabzug beträgt:
 a. wenn das Gebäude zu Beginn der Steuerperiode bis zehn Jahre alt ist: 10 Prozent des Brutto-Mietertrags beziehungsweise des Brutto-Eigenmietwerts;
 b. wenn das Gebäude zu Beginn der Steuerperiode mehr als zehn Jahre alt ist: 20 Prozent des Brutto-Mietertrags beziehungsweise des Brutto-Eigenmietwerts.

³ Ein Pauschalabzug ist ausgeschlossen, wenn die Liegenschaft von Dritten vorwiegend geschäftlich genutzt wird.

⁴ Die steuerpflichtige Person kann in jeder Steuerperiode und für jede Liegenschaft zwischen dem Abzug der tatsächlichen Kosten und dem Pauschalabzug wählen.

Art. 6 Aufhebung eines anderen Erlasses

Die Liegenschaftskostenverordnung vom 24. August 1992[1] wird aufgehoben.

Art. 7 Inkrafttreten

Diese Verordnung tritt am 1. Januar 2020 in Kraft.

---

[1] AS **1992** 1792, **2002** 1517

G Verordnung der ESTV über die abziehbaren Kosten von Liegenschaften des Privatvermögens bei der direkten Bundessteuer (ESTV-Liegenschaftskostenverordnung)[1]
SR 642.116.2

vom 24. August 1992 (Stand am 1. Januar 2010)

Die Eidgenössische Steuerverwaltung,

gestützt auf Artikel 102 Absatz 2 des Bundesgesetzes vom 14. Dezember 1990[2] über die direkte Bundessteuer sowie die Verordnung vom 24. August 1992[3, 4] über den Abzug der Kosten von Liegenschaften des Privatvermögens bei der direkten Bundessteuer,

verordnet:

Art. 1 Abziehbare Kosten

1 Abziehbar sind insbesondere die folgenden Kosten:

a. Unterhaltskosten:
   1. Auslagen für Reparaturen und Renovationen, die nicht wertvermehrende Aufwendungen darstellen;
   2. Einlagen in den Reparatur- oder Erneuerungsfonds (Art. 712*l* ZGB[5]) von Stockwerkeigentumsgemeinschaften, sofern diese Mittel nur zur Bestreitung von Unterhaltskosten für die Gemeinschaftsanlagen verwendet werden;
   3. Betriebskosten: Wiederkehrende Gebühren für Kehrichtentsorgung (nicht aber Gebühren, die nach dem Verursacherprinzip erhoben werden), Abwasserentsorgung, Strassenbeleuchtung und -reinigung; Strassenunterhaltskosten; Liegenschaftssteuern, die als Objektsteuern gelten; Entschädigungen an den Hauswart; Kosten der gemeinschaftlich genutzten Räume, des Lifts usw., soweit der Hauseigentümer hiefür aufzukommen hat.
b. Versicherungsprämien:
   Sachversicherungsprämien für die Liegenschaft (Brand-, Wasserschäden-, Glas- und Haftpflichtversicherungen).
c. Kosten der Verwaltung:
   Auslagen für Porto, Telefon, Inserate, Formulare, Betreibungen, Prozesse, Entschädigungen an Liegenschaftsverwalter usw. (nur die tatsächlichen Auslagen, keine Entschädigung für die eigene Arbeit des Hauseigentümers).

---

[1] Fassung gemäss Ziff. I der V der ESTV vom 25. März 2009, in Kraft seit 1. Jan. 2010 (AS **2009** 1519).
[2] SR **642.11**
[3] SR **642.116**
[4] ☞ *Es ist zu beachten, dass die Liegenschaftskostenverordnung vom 24.8.1992 (VO DBG F) per 1.1.2020 ersetzt worden ist.*
[5] SR **210**

² Nicht abziehbar sind insbesondere die folgenden Unterhaltskosten:
 a.[1] ...
 b. Einmalige Beiträge des Grundeigentümers, wie Strassen-, Trottoir-, Schwellen-, Werkleitungsbeiträge, Anschlussgebühren für Kanalisation, Abwasserreinigung, Wasser, Gas, Strom, Fernseh- und Gemeinschaftsantennen usw.
 c. Heizungs- und Warmwasseraufbereitungskosten, die mit dem Betrieb der Heizanlage oder der zentralen Warmwasseraufbereitungsanlage direkt zusammenhängen, insbesondere Energiekosten.
 d. Wasserzinsen sind grundsätzlich nicht abziehbare Unterhaltskosten.

³ Abziehbar sind jedoch diejenigen Wasserzinsen, die der Grundeigentümer für vermietete Objekte selber übernimmt und nicht auf die Mieter überwälzt.

Art. 2 Inkrafttreten

Diese Verordnung tritt am 1. Januar 1995 in Kraft.

---

[1] Aufgehoben durch Ziff. I der V der ESTV vom 25. März 2009, mit Wirkung seit 1. Jan. 2010 (AS **2009** 1519).

H Verordnung über die Massnahmen zur rationellen Energieverwendung und zur Nutzung erneuerbarer Energien
SR 642.116.1

vom 24. August 1992 (Stand am 1. Januar 1995)

Das Eidgenössische Finanzdepartement,

gestützt auf Artikel 102 Absatz 1 des Bundesgesetzes vom 14. Dezember 1990[1] über die direkte Bundessteuer (DBG) sowie die Verordnung vom 24. August 1992[2, 3] über den Abzug der Kosten von Liegenschaften des Privatvermögens bei der direkten Bundessteuer,

verordnet:

Art. 1 Massnahmen

Massnahmen zur rationellen Energieverwendung und zur Nutzung erneuerbarer Energien sind insbesondere:

a. Massnahmen zur Verminderung der Energieverluste der Gebäudehülle, wie:
   1. Wärmedämmung von Böden, Wänden, Dächern und Decken gegen Aussenklima, unbeheizte Räume oder Erdreich;
   2. Ersatz von Fenstern durch energetisch bessere Fenster als vorbestehend;
   3. Anbringen von Fugendichtungen;
   4. Einrichten von unbeheizten Windfängen;
   5. Ersatz von Jalousieläden, Rollläden;
b. Massnahmen zur rationellen Energienutzung bei haustechnischen Anlagen, wie z. B.:
   1. Ersatz des Wärmeerzeugers, ausgenommen ist der Ersatz durch ortsfeste elektrische Widerstandsheizungen;
   2. Ersatz von Wassererwärmern, ausgenommen der Ersatz von Durchlauferhitzern durch zentrale Wassererwärmer;
   3. Anschluss an eine Fernwärmeversorgung;
   4. Einbau von Wärmepumpen, Wärme-Kraft-Kopplungsanlagen und Anlagen zur Nutzung erneuerbarer Energien[4];

---

[1] SR **642.11**
[2] SR **642.116**
[3] *☞ Es ist zu beachten, dass die Liegenschaftskostenverordnung vom 24.8.1992 (VO DBG F) per 1.1.2020 ersetzt worden ist.*
[4] Als zu fördernde erneuerbare Energien gelten: Sonnenenergie, Geothermie, mit oder ohne Wärmepumpen nutzbare Umgebungswärme, Windenergie und Biomasse (inkl. Holz oder Biogas). Die Nutzung der Wasserkraft wird im Rahmen des DBG nicht gefördert.

5. Einbau und Ersatz von Installationen, die in erster Linie der rationellen Energienutzung dienen, wie:
   - Regelungen, thermostatische Heizkörperventile, Umwälzpumpen, Ventilatoren,
   - Wärmedämmungen von Leitungen, Armaturen oder des Heizkessels,
   - Messeinrichtungen zur Verbrauchserfassung und zur Betriebsoptimierung,
   - Installationen im Zusammenhang mit der verbrauchsabhängigen Heiz- und Warmwasserkostenabrechnung;
6. Kaminsanierung im Zusammenhang mit dem Ersatz eines Wärmeerzeugers;
7. Massnahmen zur Rückgewinnung von Wärme, z. B. bei Lüftungs- und Klimaanlagen;
c. Kosten für energietechnische Analysen und Energiekonzepte;
d. Kosten für den Ersatz von Haushaltgeräten mit grossem Stromverbrauch, wie Kochherden, Backöfen, Kühlschränken, Tiefkühlern, Geschirrspülern, Waschmaschinen, Beleuchtungsanlagen usw., die im Gebäudewert eingeschlossen sind.

Art. 2 Inkrafttreten

Diese Verordnung tritt am 1. Januar 1995 in Kraft.

I Verordnung des EFD über den Abzug besonderer Berufskosten von Expatriates bei der direkten Bundessteuer[1] (Expatriates-Verordnung, ExpaV) SR 642.118.3

vom 3. Oktober 2000 (Stand am 1. Januar 2021)

Das Eidgenössische Finanzdepartement,

gestützt auf Artikel 26 des Bundesgesetzes vorn 14. Dezember 1990[2] über die direkte Bundessteuer (DBG) sowie Artikel 1 Buchstabe a der Verordnung vom 18. Dezember 1991[3] über Kompetenzzuweisungen bei der direkten Bundessteuer an das Finanzdepartement,

verordnet:

Art. 1[4] Grundsatz

1 Leitende Angestellte sowie Spezialistinnen und Spezialisten mit besonderer beruflicher Qualifikation, die von ihrem ausländischen Arbeitgeber vorübergehend in die Schweiz entsandt werden (Expatriates), können bei der direkten Bundessteuer zusätzlich zu den Berufskosten nach der Berufskostenverordnung vom 10. Februar 1993[5] besondere Berufskosten abziehen. Diese besonderen Berufskosten gelten als übrige Berufskosten im Sinne von Artikel 26 Absatz 1 Buchstabe c DBG.

2 Als vorübergehend gilt eine auf höchstens fünf Jahre befristete Erwerbstätigkeit.

3 Die Abziehbarkeit besonderer Berufskosten endet in jedem Fall, wenn die befristete durch eine dauernde Erwerbstätigkeit abgelöst wird.

Art. 2 Besondere Berufskosten

1 Besondere Berufskosten von im Ausland wohnhaften Expatriates sind:

a. die notwendigen Kosten für Reisen zwischen dem ausländischen Wohnsitz und der Schweiz;
b. die angemessenen Wohnkosten in der Schweiz bei Beibehaltung einer ständig für den Eigengebrauch zur Verfügung stehenden Wohnung im Ausland.[6]

---

[1] Fassung gemäss Ziff. I der V des EFD vom 9. Jan. 2015, in Kraft seit 1. Jan. 2016 (AS **2015** 311).
[2] SR **642.11**
[3] SR **642.118**
[4] Fassung gemäss Ziff. I der V des EFD vom 9. Jan. 2015, in Kraft seit 1. Jan. 2016 (AS **2015** 311).
[5] SR **642.118.1**
[6] Fassung gemäss Ziff. I der V des EFD vom 9. Jan. 2015, in Kraft seit 1. Jan. 2016 (AS **2015** 311).

² Besondere Berufskosten von in der Schweiz wohnhaften Expatriates sind:

a. die notwendigen Kosten für den Umzug in die Schweiz und zurück in den früheren ausländischen Wohnsitzstaat sowie die notwendigen Hin- und Rückreisekosten des Expatriate und seiner Familie bei Beginn und Ende des Arbeitsverhältnisses;
b. die angemessenen Wohnkosten in der Schweiz bei Beibehaltung einer ständig für den Eigengebrauch zur Verfügung stehenden Wohnung im Ausland;
c. die Kosten für den Unterricht der minderjährigen fremdsprachigen Kinder an fremdsprachigen Privatschulen, sofern die öffentlichen Schulen keinen Unterricht in deren Sprache anbieten.[1]

³ Der Abzug besonderer Berufskosten nach den Absätzen 1 und 2 ist zulässig, wenn sie vom Expatriate selbst bezahlt und vom Arbeitgeber:

a. nicht zurückerstattet werden;
b. in Form einer Pauschale zurückerstattet werden. Diese Pauschale ist zum steuerbaren Bruttolohn hinzuzurechnen.

⁴ Kein Abzug besonderer Berufskosten nach den Absätzen 1 und 2 ist zulässig, wenn sie:

a. direkt vom Arbeitgeber bezahlt werden;
b. vorerst vom Expatriate selbst bezahlt und dann vom Arbeitgeber gegen Vorlage der Belege effektiv zurückerstattet werden.

⁵ Die Abgeltung besonderer Berufskosten durch den Arbeitgeber ist im Lohnausweis zu bescheinigen.

Art. 3 Nicht abzugsfähige Kosten

Nicht als abzugsfähige Berufskosten gelten insbesondere:

a. die Kosten der ständigen Wohnung im Ausland;
b. die Auslagen für die Wohnungseinrichtung und für Wohnnebenkosten in der Schweiz;
c. die Mehraufwendungen wegen des höheren Preisniveaus oder der höheren Steuerbelastung in der Schweiz;
d. die Kosten für Rechts- und Steuerberatung.

Art. 4[2] Geltendmachung der besonderen Berufskosten

¹ Besteht ein Anspruch auf Abzug der Wohnkosten nach Artikel 2 Absatz 1 Buchstabe b oder Absatz 2 Buchstabe b, so kann anstelle der Kosten nach Artikel 2 Absatz 1 oder Absatz 2 Buchstaben a und b ein Pauschalbetrag von monatlich 1500 Franken abgezogen werden.

² Im Quellensteuerverfahren kürzt der Arbeitgeber den für die Steuerberechnung massgebenden Bruttolohn um den Pauschalabzug nach Absatz 1. Höhere tatsächliche Kosten können vom Expatriate mittels einer nachträglichen ordentlichen Veranlagung geltend gemacht werden (Art. 89, 89a und 99a DBG).[3]

---

[1] Fassung gemäss Ziff. I der V des EFD vom 9. Jan. 2015, in Kraft seit 1. Jan. 2016 (AS **2015** 311).
[2] Fassung gemäss Ziff. I der V des EFD vom 9. Jan. 2015, in Kraft seit 1. Jan. 2016 (AS **2015** 311).
[3] Fassung des zweiten Satzes gemäss Art. 26 der Quellensteuerverordnung des EFD vom 11. April 2018, in Kraft seit 1. Jan. 2021 (AS **2018** 1829).

Art. 4a[1] Übergangsbestimmung zur Änderung vom 9. Januar 2015

Personen, die im Zeitpunkt des Inkrafttretens der Änderung vom 9. Januar 2015 als Expatriates nach Artikel 1 Absatz 1 in der Fassung vom 3. Oktober 2000[2] gelten, behalten diesen Status bis zum Ende der befristeten Erwerbstätigkeit.

Art. 5 Inkrafttreten

Diese Verordnung tritt am 1. Januar 2001 in Kraft.

---

[1] Eingefügt durch Ziff. I der V des EFD vom 9. Jan. 2015, in Kraft seit 1. Jan. 2016 (AS **2015** 311).
[2] AS **2000** 2792

J Verordnung des EFD über Fälligkeit und Verzinsung der direkten Bundessteuer[1]
SR 642.124 VO DBG P | B84

vom 10. Dezember 1992 (Stand am 1. Januar 2022)

Das Eidgenössische Finanzdepartement,

gestützt auf die Artikel 161–164 und 168 des Bundesgesetzes vom 14. Dezember 1990[2] über die direkte Bundessteuer (DBG), sowie auf Artikel 1 Buchstabe c der Verordnung vom 18. Dezember 1991[3] über Kompetenzzuweisungen bei der direkten Bundessteuer an das Finanzdepartement,

verordnet:

Art. 1 Fälligkeiten

1 Als allgemeiner Fälligkeitstermin gilt der 1. März des auf das Steuerjahr folgenden Kalenderjahres. Auf diesen Termin ist gestützt auf Artikel 162 Absatz 1 DBG eine definitive oder provisorische Rechnung zu erstellen. Der Kanton kann aber auf die Erstellung provisorischer Rechnungen mit einem unter 300 Franken liegenden Betrag verzichten.[4]

2 Vorbehalten bleiben die besonderen Fälligkeitstermine nach Artikel 161 Absätze 3 und 4 DBG.

3 Für juristische Personen, bei denen das Geschäftsjahr nicht mit dem Kalenderjahr übereinstimmt (Steuerperiode nach Art. 79 Abs. 2 DBG), kann die kantonale Verwaltung für die direkte Bundessteuer den Fälligkeitstermin bis frühestens zwei Monate nach dem Abschluss des Geschäftsjahres vorverlegen.

Art. 2 Ratenweiser Vorausbezug

1 Die Eidgenössische Steuerverwaltung kann die kantonale Verwaltung für die direkte Bundessteuer auf deren Antrag hin ermächtigen, die direkte Bundessteuer ratenweise im Voraus zu beziehen.

2 Für Ratenzahlungen ist ein Vergütungszins nach Artikel 4 zu gewähren.

3 Ein Verzugszins ist bei ratenweisem Vorausbezug nicht geschuldet.

---

[1] Fassung gemäss Ziff. I der V des EFD vom 17. Okt. 2016, in Kraft seit 1. Jan. 2017 (AS **2016** 3683).
[2] SR **642.11**
[3] SR **642.118**
[4] Satz eingefügt durch Ziff. I der V des EFD vom 23. März 2001, in Kraft seit 1. Jan. 2001 (AS **2001** 1057). Diese Änderung findet erstmals auf die Steuern der Steuerperiode 2001 Anwendung (Ziff. II der genannten Änd.).

Art. 3 Verzugszins VO DBG P

¹ Die Zinspflicht beginnt 30 Tage:
  a. nach der Zustellung der definitiven oder provisorischen Rechnung;
  b. nach der ursprünglichen Fälligkeit bei Nachsteuerfällen (Art. 151 Abs. 1 DBG);
  c. nach Zustellung von Verfügungen über Bussen und Kosten im Sinne von Artikel 185 DBG.

² Der Verzugszinssatz richtet sich nach der Zinssatzverordnung EFD vom 25. Juni 2021[1],[2].

³ Der Zinssatz gilt für alle Steuerforderungen, Bussen und Kosten im betreffenden Kalenderjahr. Der Zinssatz zu Beginn eines Betreibungsverfahrens gilt jedoch bis zu dessen Abschluss.

Art. 4 Vergütungszins VO DBG P

¹ Der Vergütungszins wird unter Vorbehalt von Absatz 2 gewährt:
  a. auf Raten- und sonstigen Vorauszahlungen vom Zahlungseingang bis zur ursprünglichen Fälligkeit;
  b. auf Guthaben der Steuerpflichtigen auch nach der ursprünglichen Fälligkeit, sofern diese Forderungen auf freiwillige Zahlungen zurückzuführen sind.

² Kein Zins wird vergütet, wenn die Rückzahlung innert 30 Tagen nach dem Zahlungseingang erfolgt.

³ Der Vergütungszinssatz für Vorauszahlungen richtet sich nach der Zinssatzverordnung EFD vom 25. Juni 2021[3],[4]. Kantone, welche die Steuer ratenweise im Voraus beziehen, können diesen Zinssatz über das Kalenderjahr hinaus bis zur Fälligkeit der Steuer anwenden.

Art. 5 Rückerstattungszins VO DBG P

¹ Auf zuviel bezogenen Beträgen, die auf eine nachträglich herabgesetzte definitive oder provisorische Rechnung zurückzuführen sind, wird der Rückerstattungszins gewährt.

² Der Vergütungszinssatz auf Rückerstattungen richtet sich nach der Zinssatzverordnung EFD vom 25. Juni 2021[5],[6].

³ Der Zinssatz gilt für alle Guthaben der Steuerpflichtigen im betreffenden Kalenderjahr.

Art. 6 Inkrafttreten

Diese Verordnung tritt am 1. Januar 1995 in Kraft und findet erstmals auf die Steuern des Jahres 1995 Anwendung.

Anhang[7]

...

---

[1] SR **631.014**
[2] Fassung gemäss Art. 3 der Zinssatzverordnung EFD vom 25. Juni 2021, in Kraft seit 1. Jan. 2022 (AS **2021** 432).
[3] SR **631.014**
[4] Fassung gemäss Art. 3 der Zinssatzverordnung EFD vom 25. Juni 2021, in Kraft seit 1. Jan. 2022 (AS **2021** 432).
[5] SR **631.014**
[6] Fassung gemäss Art. 3 der Zinssatzverordnung EFD vom 25. Juni 2021, in Kraft seit 1. Jan. 2022 (AS **2021** 432).
[7] Eingefügt durch Ziff. I der V des EFD vom 29. Nov. 1994 (AS **1994** 2786). Aufgehoben durch Art. 3 der Zinssatzverordnung EFD vom 25. Juni 2021, mit Wirkung seit 1. Jan. 2022 (AS **2021** 432).

K Verordnung des EFD über die Quellensteuer bei der direkten Bundessteuer (Quellensteuerverordnung, QStV)
SR 642.118.2 A91, B81, B80, C75–C68, E67

vom 11. April 2018 (Stand am 1. Januar 2025)

Das Eidgenössische Finanzdepartement (EFD),

gestützt auf die Artikel 89 Absatz 2, 92 Absatz 5, 99a Absatz 3, 99b Absatz 2 und 161 Absatz 1 des Bundesgesetzes vom 14. Dezember 1990[1] über die direkte Bundessteuer (DBG) sowie auf Artikel 1 Buchstabe b der Verordnung vom 18. Dezember 1991[2] über Kompetenzzuweisungen bei der direkten Bundessteuer an das Finanzdepartement,

verordnet:

1. Abschnitt: Allgemeine Bestimmungen   A91, B81, B80

Art. 1 Anwendbare Quellensteuertarife

¹ Folgende Tarifcodes werden bei den nachstehend aufgeführten Personen für den Quellensteuerabzug angewendet:

a. *Tarifcode A:* bei ledigen, geschiedenen, gerichtlich oder tatsächlich getrennt lebenden und verwitweten Personen, die nicht mit Kindern oder unterstützungsbedürftigen Personen im gleichen Haushalt zusammenleben;

b. *Tarifcode B:* bei in rechtlich und tatsächlich ungetrennter Ehe lebenden Eheleuten, bei welchen nur der Ehemann oder die Ehefrau erwerbstätig ist;

c. *Tarifcode C:* bei in rechtlich und tatsächlich ungetrennter Ehe lebenden Eheleuten, bei welchen beide Eheleute erwerbstätig sind;

d. *Tarifcode D:* bei Personen, die Leistungen nach Artikel 18 Absatz 3 des Bundesgesetzes vom 20. Dezember 1946[3] über die Alters- und Hinterlassenenversicherung erhalten;

e. *Tarifcode E:* bei Personen, die im vereinfachten Abrechnungsverfahren nach den Artikeln 21–24 besteuert werden;

f.[4] ...

g. *Tarifcode G:* bei Ersatzeinkünften nach Artikel 3, die nicht über die Arbeitgeber an die quellensteuerpflichtigen Personen ausbezahlt werden;

h. *Tarifcode H:* bei ledigen, geschiedenen, gerichtlich oder tatsächlich getrennt lebenden und verwitweten Personen, die mit Kindern oder unterstützungsbedürftigen Personen im gleichen Haushalt zusammenleben und deren Unterhalt zur Hauptsache bestreiten;

---

[1] SR **642.11**
[2] SR **642.118**
[3] SR **831.10**
[4] Aufgehoben durch Ziff. I der V des EFD vom 31. Okt. 2022, mit Wirkung seit 1. Jan. 2024 (AS **2023** 398).

i. *Tarifcode L*: bei Grenzgängerinnen und Grenzgängern nach dem Abkommen vom 11. August 1971[1] zwischen der Schweizerischen Eidgenossenschaft und der Bundesrepublik Deutschland zur Vermeidung der Doppelbesteuerung auf dem Gebiete der Steuern vom Einkommen und vom Vermögen (DBA-D), welche die Voraussetzungen für den Tarifcode A erfüllen;
j. *Tarifcode M*: bei Grenzgängerinnen und Grenzgängern nach dem DBA-D, welche die Voraussetzungen für den Tarifcode B erfüllen;
k. *Tarifcode N*: bei Grenzgängerinnen und Grenzgängern nach dem DBA-D, welche die Voraussetzungen für den Tarifcode C erfüllen;
l. *Tarifcode P*: bei Grenzgängerinnen und Grenzgängern nach dem DBA-D, welche die Voraussetzungen für den Tarifcode H erfüllen;
m. *Tarifcode Q*: bei Grenzgängerinnen und Grenzgängern nach dem DBA-D, welche die Voraussetzungen für den Tarifcode G erfüllen;
n.[2] *Tarifcode R*: bei Grenzgängerinnen und Grenzgängern, die nach Artikel 3 Absatz 1 des Abkommens vom 23. Dezember 2020[3] zwischen der Schweizerischen Eidgenossenschaft und der Italienischen Republik über die Besteuerung der Grenzgängerinnen und Grenzgänger (Grenzgängerabkommen CH-IT) besteuert werden und die Voraussetzungen für den Tarifcode A erfüllen;
o.[4] *Tarifcode S*: bei Grenzgängerinnen und Grenzgängern, die nach Artikel 3 Absatz 1 des Grenzgängerabkommens CH-IT besteuert werden und die Voraussetzungen für den Tarifcode B erfüllen;
p.[5] *Tarifcode T*: bei Grenzgängerinnen und Grenzgängern, die nach Artikel 3 Absatz 1 des Grenzgängerabkommens CH-IT besteuert werden und die Voraussetzungen für den Tarifcode C erfüllen;
q.[6] *Tarifcode U*: bei Grenzgängerinnen und Grenzgängern, die nach Artikel 3 Absatz 1 des Grenzgängerabkommens CH-IT besteuert werden und die Voraussetzungen für den Tarifcode H erfüllen;
r.[7] *Tarifcode V*: bei Grenzgängerinnen und Grenzgängern, die nach Artikel 3 Absatz 1 des Grenzgängerabkommens CH-IT besteuert werden und die Voraussetzungen für den Tarifcode G erfüllen.

² Der Steuersatz für Einkünfte, die nach Absatz 1 Buchstaben d und g der Quellensteuer unterliegen, richtet sich nach den Ziffern 1 und 2 des Anhangs.

³ Die Quellensteuer der Grenzgängerinnen und Grenzgänger nach Absatz 1 Buchstaben n–r beträgt 80 Prozent der Quellensteuer nach dem Tarifcode, für den sie die Voraussetzungen erfüllen.[8]

Art. 2 Fälligkeit und Berechnung der Quellensteuer

¹ Der Quellensteuerabzug ist im Zeitpunkt der Auszahlung, Überweisung, Gutschrift oder Verrechnung der steuerbaren Leistung fällig. Der Schuldner der steuerbaren Leistung muss die Quellensteuer ungeachtet allfälliger Einwände (Art. 137 DBG) oder Lohnpfändungen abziehen.

---

[1] SR **0.672.913.62**
[2] Eingefügt durch Ziff. I der V des EFD vom 31. Okt. 2022, mit Wirkung seit 1. Jan. 2024 (AS **2023** 398).
[3] SR **0.642.045.43**; BBl **2021** 1919
[4] Eingefügt durch Ziff. I der V des EFD vom 31. Okt. 2022, mit Wirkung seit 1. Jan. 2024 (AS **2023** 398).
[5] Eingefügt durch Ziff. I der V des EFD vom 31. Okt. 2022, mit Wirkung seit 1. Jan. 2024 (AS **2023** 398).
[6] Eingefügt durch Ziff. I der V des EFD vom 31. Okt. 2022, mit Wirkung seit 1. Jan. 2024 (AS **2023** 398).
[7] Eingefügt durch Ziff. I der V des EFD vom 31. Okt. 2022, mit Wirkung seit 1. Jan. 2024 (AS **2023** 398).
[8] Eingefügt durch Ziff. I der V des EFD vom 31. Okt. 2022, mit Wirkung seit 1. Jan. 2024 (AS **2023** 398).

² Die Eidgenössische Steuerverwaltung (ESTV) legt in Zusammenarbeit mit den Kantonen gesamtschweizerisch gültige Methoden und Verfahren zur Berechnung der Quellensteuer fest.

³ Für die Berechnung der Quellensteuer gilt Artikel 40 Absatz 3 DBG sinngemäss.

Art. 3 Ersatzeinkünfte B23, C75

Der Quellensteuer unterworfen sind alle Ersatzeinkünfte aus Arbeitsverhältnissen sowie aus Kranken-, Unfall-, Invaliden- und Arbeitslosenversicherung. Insbesondere gehören dazu Taggelder, Entschädigungen, Teilrenten und an deren Stelle tretende Kapitalleistungen.

Art. 4 Ordentliche Veranlagung bei Vergütungen aus dem Ausland

¹ Erhält eine steuerpflichtige Person die Vergütungen von einem nicht in der Schweiz ansässigen Schuldner der steuerbaren Leistung, so wird sie im ordentlichen Verfahren veranlagt.

² Sie wird jedoch in der Schweiz an der Quelle besteuert, wenn:

a. die Vergütung der Leistung von einer in der Schweiz gelegenen Betriebsstätte oder festen Einrichtung des Arbeitgebers getragen wird;
b. eine Arbeitnehmerentsendung unter verbundenen Gesellschaften vorliegt und die Gesellschaft mit Sitz in der Schweiz als faktischer Arbeitgeber zu qualifizieren ist; oder
c. ein ausländischer Personalverleiher im Widerspruch zu Artikel 12 Absatz 2 des Arbeitsvermittlungsgesetzes vom 6. Oktober 1989[1] Personal an einen Einsatzbetrieb in der Schweiz verleiht und die Vergütung der Leistung von diesem Einsatzbetrieb getragen wird.

Art. 5 Meldepflichten

¹ Die Arbeitgeber müssen die Beschäftigung von Personen, die nach Artikel 83 oder 91 DBG quellensteuerpflichtig sind, der zuständigen Steuerbehörde innert acht Tagen ab Stellenantritt auf dem dafür vorgesehenen Formular melden.

² Übermittelt der Arbeitgeber die Quellensteuerabrechnung elektronisch, so kann er Neuanstellungen mittels monatlicher Abrechnung melden.

³ Die Arbeitnehmerinnen und Arbeitnehmer müssen dem Arbeitgeber Änderungen von Sachverhalten melden, die für die Erhebung der Quellensteuer massgebend sind. Der Arbeitgeber meldet die Änderungen innerhalb der Fristen nach den Absätzen 1 und 2 der zuständigen Steuerbehörde.

Art. 5a[2] Bescheinigung bei unterjähriger Beendigung des Arbeitsverhältnisses für in Frankreich wohnhafte Arbeitnehmerinnen und Arbeitnehmer

Der bisherige Arbeitgeber muss der in Frankreich wohnhaften Arbeitnehmerin oder dem in Frankreich wohnhaften Arbeitnehmer bei unterjähriger Beendigung des Arbeitsverhältnisses auf deren oder dessen Verlangen eine Bescheinigung nach Artikel 127 Absatz 3 DBG ausstellen. Die Bescheinigung muss folgende Angaben enthalten:

---

[1] SR **823.11**
[2] Eingefügt durch Ziff. I der V des EFD vom 16. Okt. 2024, in Kraft seit 1. Jan. 2025 (AS **2024** 586).

a. Name, Vorname und Adresse der Arbeitnehmerin oder des Arbeitnehmers zum Zeitpunkt des Austritts;
b. Zeitraum der beschränkten Steuerpflicht während der Anstellung im Kalenderjahr;
c. durchschnittlicher Beschäftigungsgrad in Prozent im Zeitraum nach Buchstabe b;
d. Anzahl Arbeitstage in Form temporärer Einsätze im Ansässigkeitsstaat im Zeitraum nach Buchstabe b;
e. Anzahl Arbeitstage in Form temporärer Einsätze in Drittstaaten im Zeitraum nach Buchstabe b;
f. Anzahl Telearbeitstage oder Telearbeitsquote in Prozent im Ansässigkeitsstaat im Zeitraum nach Buchstabe b, ohne Berücksichtigung der temporären Einsätze nach den Buchstaben d und e;
g. Anzahl Übernachtungen in der Schweiz für Arbeitnehmerinnen und Arbeitnehmer, die der Vereinbarung vom 11. April 1983[1] zwischen dem Schweizerischen Bundesrat und der Regierung der Französischen Republik über die Besteuerung der Erwerbseinkünfte von Grenzgängern unterliegen.

Art. 6 Bezugsprovision

¹ Die Kantone legen den Ansatz und die Modalitäten der Bezugsprovision fest. Sie können die Bezugsprovision nach Art und Höhe der steuerbaren Einkünfte sowie nach dem vom Schuldner der steuerbaren Leistung gewählten Abrechnungsverfahren abstufen.

² Die zuständige Steuerbehörde kann die Bezugsprovision kürzen oder streichen, wenn der Schuldner der steuerbaren Leistung die Verfahrenspflichten verletzt.

Art. 7 Rückerstattung

Hat der Schuldner der steuerbaren Leistung einen zu hohen Quellensteuerabzug vorgenommen und hierüber bereits mit der zuständigen Steuerbehörde abgerechnet, so kann diese den Differenzbetrag direkt der steuerpflichtigen Person zurückerstatten.

Art. 8 Bundessteueranteil bei Grenzgängerinnen und Grenzgängern aus Deutschland

Werden Personen mit dem Tarifcode L, M, N, P oder Q besteuert, so beträgt der Anteil der direkten Bundessteuer 10 Prozent des gesamten Quellensteuerbetrags.

2. Abschnitt: Natürliche Personen mit steuerrechtlichem Wohnsitz oder Aufenthalt in der Schweiz A91

Art. 9 Obligatorische nachträgliche ordentliche Veranlagung

¹ Eine Person wird nach Artikel 89 Absatz 1 Buchstabe a DBG nachträglich ordentlich veranlagt, wenn ihr Bruttoeinkommen aus unselbstständiger Erwerbstätigkeit in einem Steuerjahr mindestens 120 000 Franken beträgt.

² Als Bruttoeinkommen aus unselbstständiger Erwerbstätigkeit gelten die Einkünfte nach Artikel 84 Absatz 2 Buchstaben a und b DBG.

---

[1] BBl 1983 II 535

³ Zweiverdienerehepaare werden nachträglich ordentlich veranlagt, wenn das Bruttoeinkommen von Ehemann oder Ehefrau in einem Steuerjahr mindestens 120 000 Franken beträgt.

⁴ Die nachträgliche ordentliche Veranlagung wird bis zum Ende der Quellensteuerpflicht beibehalten, und zwar unabhängig davon, ob das Bruttoeinkommen vorübergehend oder dauernd unter den Mindestbetrag von 120 000 Franken fällt, Eheleute sich scheiden lassen oder sich tatsächlich oder rechtlich trennen.

⁵ Bei unterjähriger Steuerpflicht richtet sich die Berechnung des Mindestbetrags nach Artikel 40 Absatz 3 DBG.

Art. 10 Nachträgliche ordentliche Veranlagung auf Antrag

¹ Die quellensteuerpflichtige Person kann bei der zuständigen Steuerbehörde bis zum 31. März des auf das Steuerjahr folgenden Jahres schriftlich einen Antrag um Durchführung einer nachträglichen ordentlichen Veranlagung einreichen. Ein gestellter Antrag kann nicht mehr zurückgezogen werden.

² Geschiedene sowie tatsächlich oder rechtlich getrennte Eheleute, die nach Artikel 89*a* DBG auf Antrag nachträglich ordentlich veranlagt wurden, werden bis zum Ende der Quellensteuerpflicht nachträglich ordentlich veranlagt.

Art. 11 Regelung von Härtefällen

¹ Auf Gesuch von quellensteuerpflichtigen Personen, die Unterhaltsbeiträge nach Artikel 33 Absatz 1 Buchstabe c DBG leisten und bei denen der Tarifcode A, B, C oder H angewendet wird, kann die Steuerbehörde zur Milderung von Härtefällen bei der Berechnung der Quellensteuer Kinderabzüge bis höchstens zur Höhe der Unterhaltsbeiträge berücksichtigen.

² Wurden Unterhaltsbeiträge bei der Anwendung eines dieser Tarifcodes berücksichtigt, so wird die nachträgliche ordentliche Veranlagung nur auf Antrag der quellensteuerpflichtigen Person durchgeführt. Wird die nachträgliche ordentliche Veranlagung beantragt, so wird diese bis zum Ende der Quellensteuerpflicht durchgeführt.

Art. 12 Wechsel von der Quellenbesteuerung zur ordentlichen Besteuerung E67

¹ Eine bisher an der Quelle besteuerte Person wird für die ganze Steuerperiode im ordentlichen Verfahren veranlagt, wenn sie:

a. die Niederlassungsbewilligung erhält;
b. eine Person mit Schweizer Bürgerrecht oder mit Niederlassungsbewilligung heiratet.

² Die Quellensteuer ist ab dem Folgemonat nach der Erteilung der Niederlassungsbewilligung oder der Heirat nicht mehr geschuldet. Die an der Quelle abgezogene Steuer wird zinslos angerechnet.

Art. 13 Wechsel von der ordentlichen Besteuerung zur Quellenbesteuerung E67

¹ Unterliegt ein Einkommen innerhalb einer Steuerperiode zunächst der ordentlichen Besteuerung und dann der Quellensteuer, so wird die steuerpflichtige Person für das gesamte Jahr und bis zum Ende der Quellensteuerpflicht nachträglich ordentlich veranlagt.

² Die Scheidung sowie die tatsächliche oder rechtliche Trennung von einem Ehemann oder einer Ehefrau mit Schweizer Bürgerrecht oder Niederlassungsbewilligung lösen für eine ausländische Arbeitnehmerin oder einen ausländischen Arbeitnehmer ohne Niederlassungsbewilligung ab Beginn des Folgemonats wieder die Besteuerung an der Quelle aus.

³ Allfällige Vorauszahlungen vor dem Übergang zur Quellenbesteuerung sowie an der Quelle abgezogene Steuern sind anzurechnen.

3. Abschnitt: Natürliche Personen ohne steuerrechtlichen Wohnsitz oder Aufenthalt in der Schweiz sowie juristische Personen ohne Sitz oder tatsächliche Verwaltung in der Schweiz A91, 881

Art. 14 Nachträgliche ordentliche Veranlagung bei Quasi-Ansässigkeit

¹ Eine Person, die nach Artikel 5 Absatz 1 DBG steuerpflichtig ist und in der Regel mindestens 90 Prozent ihrer weltweiten Bruttoeinkünfte, einschliesslich der Bruttoeinkünfte des Ehemanns oder der Ehefrau, in der Schweiz versteuert (Quasi-Ansässigkeit), kann bei der zuständigen Steuerbehörde bis zum 31. März des auf das Steuerjahr folgenden Jahres schriftlich einen Antrag um Durchführung einer nachträglichen ordentlichen Veranlagung einreichen. Ein gestellter Antrag kann nicht mehr zurückgezogen werden.

² Die Steuerbehörde prüft im Veranlagungsverfahren, ob die quellensteuerpflichtige Person im Steuerjahr die Voraussetzungen der Quasi-Ansässigkeit erfüllt. Dazu ermittelt sie nach den Artikeln 16–18 und 20–23 DBG zuerst die weltweiten Bruttoeinkünfte und danach den Anteil der in der Schweiz steuerbaren Bruttoeinkünfte.

³ Für Grenzgängerinnen und Grenzgänger nach Artikel 2 Buchstabe b des Grenzgängerabkommens CH-IT darf keine nachträgliche ordentliche Veranlagung bei Quasi-Ansässigkeit durchgeführt werden.[1]

Art. 15 Nachträgliche ordentliche Veranlagung von Amtes wegen

¹ Die zuständigen kantonalen Steuerbehörden können von Amtes wegen eine nachträgliche ordentliche Veranlagung durchführen, wenn sich aus der Aktenlage der begründete Verdacht ergibt, dass stossende Verhältnisse zugunsten oder zuungunsten der steuerpflichtigen Person vorliegen.

² Für die Einleitung einer nachträglichen ordentlichen Veranlagung von Amtes wegen gilt Artikel 120 DBG über die Veranlagungsverjährung.

³ Für Grenzgängerinnen und Grenzgänger nach Artikel 2 Buchstabe b des Grenzgängerabkommens CH-IT darf keine nachträgliche ordentliche Veranlagung von Amtes wegen durchgeführt werden.[2]

Art. 16 Künstlerinnen und Künstler, Sportlerinnen und Sportler, Referentinnen und Referenten C72

¹ Als Tageseinkünfte von im Ausland wohnhaften Künstlerinnen und Künstlern, Sportlerinnen und Sportlern sowie Referentinnen und Referenten gelten die Einkünfte

---

[1] Eingefügt durch Ziff. I der V des EFD vom 31. Okt. 2022, mit Wirkung seit 1. Jan. 2024 (AS **2023** 398).
[2] Eingefügt durch Ziff. I der V des EFD vom 31. Okt. 2022, mit Wirkung seit 1. Jan. 2024 (AS **2023** 398).

nach Artikel 92 Absatz 3 DBG, dividiert durch die Zahl der Auftritts- und Probetage. Zu den Tageseinkünften zählen insbesondere:

a. die Bruttoeinkünfte einschliesslich aller Zulagen und Nebeneinkünfte sowie Naturalleistungen; und
b. alle vom Veranstalter übernommenen Spesen, Kosten und Quellensteuern.

² Ist bei Gruppen der Anteil des einzelnen Mitglieds nicht bekannt oder schwer zu ermitteln, so wird für dessen Bestimmung das durchschnittliche Tageseinkommen pro Kopf berechnet.

³ Zu den Tageseinkünften gehören auch Vergütungen, die nicht der quellensteuerpflichtigen Person selber, sondern einer Drittperson zufliessen.

Art. 17 Hypothekargläubigerinnen und Hypothekargläubiger C74

Als steuerbare Einkünfte von im Ausland ansässigen Hypothekargläubigerinnen und Hypothekargläubigern gelten die Bruttoeinkünfte aus Forderungen nach Artikel 94 DBG. Dazu gehören auch Zinsen, die nicht der quellensteuerpflichtigen Person selber, sondern einer Drittperson zufliessen.

Art. 18 Im Ausland wohnhafte Empfängerinnen und Empfänger von Renten aus Vorsorge C71, C70

¹ Soweit keine abweichende staatsvertragliche Regelung besteht, unterliegen die Renten von im Ausland wohnhaften Empfängerinnen und Empfängern nach den Artikeln 95 und 96 DBG der Quellensteuer.

² Wird die Quellensteuer nicht erhoben, weil die Besteuerung dem andern Vertragsstaat zusteht, so hat sich der Schuldner der steuerbaren Leistung den ausländischen Wohnsitz der Empfängerin oder des Empfängers schriftlich bestätigen zu lassen und diesen periodisch zu überprüfen.

Art. 19 Im Ausland wohnhafte Empfängerinnen und Empfänger von Kapitalleistungen aus Vorsorge C71, C70

¹ Kapitalleistungen an im Ausland wohnhafte Empfängerinnen und Empfänger nach den Artikeln 95 und 96 DBG unterliegen ungeachtet staatsvertraglicher Regelungen immer der Quellensteuer. Der Tarif ist in Ziffer 3 des Anhangs festgelegt.

² Die erhobene Quellensteuer wird zinslos zurückerstattet, wenn die Empfängerin oder der Empfänger der Kapitalleistung:

a. innerhalb von drei Jahren seit Auszahlung einen entsprechenden Antrag bei der zuständigen kantonalen Steuerbehörde stellt; und
b. dem Antrag eine Bestätigung der zuständigen Steuerbehörde des anspruchsberechtigten Wohnsitzstaates beiliegt, wonach:
   1. diese von der Kapitalleistung Kenntnis genommen hat, und
   2. die Empfängerin oder der Empfänger der Kapitalleistung eine im Sinne des Doppelbesteuerungsabkommens mit der Schweiz dort ansässige Person ist.

Art. 20 Bezugsminima

Die Quellensteuer wird bei Personen nach den Artikeln 16–18 nicht erhoben, wenn die steuerbaren Bruttoeinkünfte unter den in Ziffer 4 des Anhangs festgelegten Beträgen liegen.

4. Abschnitt: Vereinfachtes Abrechnungsverfahren A91

Art. 21 Anwendbares Recht

Sofern sich aus Artikel 37a DBG und aus den Bestimmungen dieses Abschnitts nichts anderes ergibt, gelten die Bestimmungen des DBG über die Quellensteuer und die übrigen Bestimmungen dieser Verordnung sinngemäss auch im Verfahren der vereinfachten Abrechnung.

Art. 22 Besteuerungsgrundlage

Die Steuer wird auf der Grundlage des vom Arbeitgeber der AHV-Ausgleichskasse gemeldeten Bruttolohns erhoben.

Art. 23 Ablieferung der Quellensteuer durch den Arbeitgeber

1 Für die Abrechnung und die Ablieferung der Quellensteuer an die zuständige AHV-Ausgleichskasse gelten die Bestimmungen der Verordnung vom 31. Oktober 1947[1] über die Alters- und Hinterlassenenversicherung über das vereinfachte Abrechnungsverfahren sinngemäss.

2 Wird die Steuer auf Mahnung der AHV-Ausgleichskasse hin nicht abgeliefert, so erstattet diese der Steuerbehörde des Kantons Meldung, in dem der Arbeitgeber seinen Sitz oder Wohnsitz hat. Die Steuerbehörde bezieht die Steuer nach den Vorschriften der Steuergesetzgebung.

Art. 24 Überweisung der Quellensteuer an die Steuerbehörden

Die AHV-Ausgleichskasse überweist die einkassierten Steuerzahlungen nach Abzug der ihr zustehenden Bezugsprovision an die Steuerbehörde des Kantons, in dem die quellensteuerpflichtige Person ihren Wohnsitz hat.

5. Abschnitt: Schlussbestimmungen

Art. 25 Aufhebung eines anderen Erlasses

Die Quellensteuerverordnung vom 19. Oktober 1993[2] wird aufgehoben.

Art. 26 Änderung eines anderen Erlasses

…[3]

Art. 27 Inkrafttreten

Diese Verordnung tritt am 1. Januar 2021 in Kraft.

---

[1] SR **831.101**
[2] [AS **1993** 3324, **1994** 1788, **2001** 1055, **2007** 373, **2010** 4481, **2011** 4329, **2013** 783]
[3] Die Änderung kann unter AS **2018** 1829 konsultiert werden.

Anhang[1]

(Art. 1 Abs. 2, 19 Abs. 1 und 20)

Quellensteuertarife

1. Die Quellensteuer von Personen mit dem Tarifcode D beträgt 1 Prozent der Bruttoeinkünfte.

2. Die Quellensteuer auf Ersatzeinkünften mit dem Tarifcode G beträgt:

		Franken	
bis	18 000 Franken jährliche Bruttoeinkünfte und für	0.00	
	je weitere 100 Franken jährliche Bruttoeinkünfte	0.80;	
für	36 000 Franken jährliche Bruttoeinkünfte und für	144.00	
	je weitere 100 Franken jährliche Bruttoeinkünfte	2.35	mehr;
für	60 000 Franken jährliche Bruttoeinkünfte und für	708.00	
	je weitere 100 Franken jährliche Bruttoeinkünfte	4.20	mehr;
für	90 000 Franken jährliche Bruttoeinkünfte und für	1 968.00	
	je weitere 100 Franken jährliche Bruttoeinkünfte	7.35	mehr;
für	120 000 Franken jährliche Bruttoeinkünfte und für	4 173.00	
	je weitere 100 Franken jährliche Bruttoeinkünfte	10.20	mehr;
für	180 000 Franken jährliche Bruttoeinkünfte und für	10 293.00	
	je weitere 100 Franken jährliche Bruttoeinkünfte	12.85	mehr;
für	780 000 Franken jährliche Bruttoeinkünfte und für	87 393.00	
	je weitere 100 Franken jährliche Bruttoeinkünfte	11.50	mehr.

3. a. Die Quellensteuer auf dem Bruttobetrag der Kapitalleistungen nach Artikel 19 Absatz 1 beträgt für alleinstehende Personen:

– auf dem Betrag bis	25 000 Franken	0,00 %
– auf dem Betrag über 25 000 bis	50 000 Franken	0,35 %
– auf dem Betrag über 50 000 bis	75 000 Franken	0,55 %
– auf dem Betrag über 75 000 bis	100 000 Franken	1,25 %
– auf dem Betrag über 100 000 bis	125 000 Franken	1,60 %
– auf dem Betrag über 125 000 bis	150 000 Franken	1,95 %
– auf dem Betrag über 150 000 bis	750 000 Franken	2,60 %
– auf dem Betrag über	750 000 Franken	2,30 %

b. Die Quellensteuer auf dem Bruttobetrag der Kapitalleistungen nach Artikel 19 Absatz 1 beträgt für verheiratete Personen:

– auf dem Betrag bis	25 000 Franken	0,00 %
– auf dem Betrag über 25 000 bis	50 000 Franken	0,15 %
– auf dem Betrag über 50 000 bis	75 000 Franken	0,50 %
– auf dem Betrag über 75 000 bis	100 000 Franken	0,80 %
– auf dem Betrag über 100 000 bis	125 000 Franken	1,15 %

---

[1] Bereinigt gemäss Ziff. I der V des EFD vom 22. Aug. 2024, in Kraft seit 1. Jan. 2025 (AS **2024** 478).

– auf dem Betrag über 125 000 bis	150 000 Franken	1,75 %
– auf dem Betrag über 150 000 bis	900 000 Franken	2,60 %
– auf dem Betrag über	900 000 Franken	2,30 %

4. Die Quellensteuer wird nach Artikel 20 nicht erhoben, wenn die steuerbaren Bruttoeinkünfte weniger betragen als:

- bei Künstlerinnen, Künstlern, Sportlerinnen, Sportlern, Referentinnen und Referenten (Art. 92 DBG)
  Fr. 300.– der von einem Schuldner der steuerbaren Leistung pro Veranstaltung ausgerichteten Leistungen;

- bei Verwaltungsrätinnen und Verwaltungsräten (Art. 93 DBG)
  Fr. 300.– der von einem Schuldner der steuerbaren Leistung gesamthaft in einem Steuerjahr ausgerichteten Leistungen;

- bei Hypothekargläubigerinnen und Hypothekargläubigern (Art. 94 DBG)
  Fr. 300.– im Steuerjahr;

- bei Empfängerinnen und Empfängern von Renten (Art. 95 und 96 DBG)
  Fr. 1000.– im Steuerjahr.

L Verordnung des EFD über die Behandlung von Gesuchen um Erlass der direkten Bundessteuer (Steuererlassverordnung) SR 642.121 B13

vom 12. Juni 2015 (Stand am 1. Januar 2016)

Das Eidgenössische Finanzdepartement (EFD),

gestützt auf Artikel 167f des Bundesgesetzes vom 14. Dezember 1990[1] über die direkte Bundessteuer (DBG),

verordnet:

1. Abschnitt: Gegenstand

Art. 1

Diese Verordnung umschreibt die Voraussetzungen für den Steuererlass, die Gründe für dessen Ablehnung sowie das Erlassverfahren näher.

2. Abschnitt: Voraussetzungen und Ablehnungsgründe

Art. 2 Notlagen bei natürlichen Personen

[1] Eine Notlage (Art. 167 Abs. 1 DBG) einer natürlichen Person liegt vor, wenn:

  a. die finanziellen Mittel der Person zur Bestreitung des betreibungsrechtlichen Existenzminimums nicht ausreichen; oder
  b. der ganze geschuldete Betrag in einem Missverhältnis zur finanziellen Leistungsfähigkeit der Person steht.

[2] Ein Missverhältnis zur finanziellen Leistungsfähigkeit ist insbesondere dann gegeben, wenn die Steuerschuld trotz zumutbarer Einschränkung der Lebenshaltungskosten nicht in absehbarer Zeit vollumfänglich beglichen werden kann.

[3] Eine Einschränkung der Lebenshaltungskosten gilt als zumutbar, wenn diese das betreibungsrechtliche Existenzminimum übersteigen (Art. 93 des BG vom 11. April 1889[2] über Schuldbetreibung und Konkurs, SchKG).

Art. 3 Ursachen für eine Notlage bei natürlichen Personen

[1] Als Ursachen, die zu einer Notlage einer natürlichen Person führen, werden insbesondere anerkannt:

  a. eine wesentliche und andauernde Verschlechterung der wirtschaftlichen Verhältnisse der Person ab der Steuerperiode, auf die sich das Erlassgesuch bezieht, aufgrund:

---

[1] SR **642.11**
[2] SR **281.1**

1. aussergewöhnlicher Belastungen durch den Unterhalt der Familie oder Unterhaltspflichten,
2. hoher Kosten infolge Krankheit, Unfall oder Pflege, die nicht von Dritten getragen werden, oder
3. längerer Arbeitslosigkeit;
   b. eine starke Überschuldung aufgrund ausserordentlicher Aufwendungen, die in den persönlichen Verhältnissen begründet sind und für welche die Person nicht einzustehen hat.

2 Geht die Notlage auf andere Ursachen zurück, so kann die Erlassbehörde nicht zugunsten anderer Gläubiger auf die gesetzlichen Ansprüche des Bundes verzichten. Verzichten andere Gläubiger ganz oder teilweise auf ihre Forderungen, so kann ein Erlass im selben prozentualen Umfang gewährt werden, sofern dies zur dauerhaften Sanierung der wirtschaftlichen Lage der Person (Art. 167 Abs. 2 DBG) beiträgt. Als andere Ursachen gelten insbesondere:

   a. Bürgschaftsverpflichtungen;
   b. hohe Grundpfandschulden;
   c. Kleinkreditschulden aufgrund eines überhöhten Lebensstandards;
   d. erhebliche Geschäfts- und Kapitalverluste bei Selbstständigerwerbenden, welche die wirtschaftliche Existenz der Person sowie Arbeitsplätze gefährden.

3 Einkommensausfälle und Aufwendungen, die bereits mit der Veranlagung oder der Steuerberechnung berücksichtigt wurden, werden nicht als Ursache anerkannt. Dies gilt insbesondere für übliche Schwankungen des Einkommens der steuerpflichtigen Person.

Art. 4 Notlage und deren Ursachen bei juristischen Personen

1 Eine Notlage einer juristischen Person liegt vor, wenn diese sanierungsbedürftig ist.

2 Als Ursache für eine Notlage bei juristischen Personen gilt ein Kapitalverlust oder eine Überschuldung, wenn dadurch die wirtschaftliche Existenz der Person sowie Arbeitsplätze gefährdet sind.

3 Erbringen die Anteilsinhaber Sanierungsleistungen und verzichten andere Gläubiger ganz oder teilweise auf ihre Forderungen, so kann ein Erlass im selben prozentualen Umfang wie der Gläubigerverzicht gewährt werden, sofern dies zur dauerhaften Sanierung der wirtschaftlichen Lage der Person (Art. 167 Abs. 2 DBG) beiträgt.

4 Ein Steuererlass wird abgelehnt, wenn die Sanierungsbedürftigkeit auf die Gewährung geldwerter Vorteile, insbesondere auf offene oder verdeckte Gewinnausschüttungen, zurückzuführen ist oder wenn die juristische Person nicht mit ausreichendem Eigenkapital ausgestattet war.

3. Abschnitt: Erlassgesuch

Art. 5 Gegenstand

1 Die steuerpflichtige Person kann ein Gesuch stellen um den Erlass von:

   a. Steuern, einschliesslich Nachsteuern;
   b. Verzugszinsen;
   c. Bussen wegen einer Übertretung.

² Die vom Gesuch betroffenen Steuern, Verzugszinsen und Bussen dürfen noch nicht gezahlt sein.

³ Auch nach der Zahlung möglich sind:
  a. Erlassgesuche in Quellensteuerfällen;
  b. Erlassgesuche, bei denen die Zahlung unter Vorbehalt erfolgt ist.

Art. 6 Inhalt

Die steuerpflichtige Person gibt in ihrem Gesuch (Art. 167c DBG) an, für welche Steuerjahre und in welchem Umfang sie um Steuererlass ersucht.

Art. 7 Abgrenzung zum Veranlagungsverfahren

¹ Ein Erlassgesuch kann erst gestellt werden, wenn die Veranlagung rechtskräftig geworden ist. Weder kann mit dem Gesuch die Revision der Veranlagung verlangt werden, noch ersetzt das Erlassverfahren das Rechtsmittelverfahren.

² Im Verfahren um Erlass einer Quellensteuer ist Absatz 1 sinngemäss anwendbar.

Art. 8 Einreichungsort und Eingangsbestätigung

¹ Das Erlassgesuch ist bei der zuständigen kantonalen Behörde einzureichen.

² Die Behörde bestätigt der gesuchstellenden Person den Eingang des Gesuchs.

Art. 9 Tod der gesuchstellenden Person

¹ Stirbt die Person, die ein Erlassgesuch gestellt hat, so wird ihr Gesuch gegenstandslos.

² Der einzelne Erbe oder die einzelne Erbin (Art. 12 DBG) kann ein Erlassgesuch stellen.

4. Abschnitt: Prüfung und Entscheid

Art. 10 Entscheidungsgrundlagen

Die Erlassbehörde entscheidet über das Erlassgesuch aufgrund aller für die Beurteilung der Voraussetzungen und der Ablehnungsgründe wesentlichen Tatsachen, insbesondere aufgrund:

  a. der gesamten wirtschaftlichen Verhältnisse der gesuchstellenden Person im Zeitpunkt des Entscheids;
  b. der Entwicklung ab der Steuerperiode, auf die sich das Gesuch bezieht;
  c. der wirtschaftlichen Aussichten der gesuchstellenden Person; und
  d. der von der gesuchstellenden Person getroffenen Massnahmen zur Verbesserung ihrer finanziellen Leistungsfähigkeit.

Art. 11 Zahlung von Steuern während des Verfahrens

Zahlt die gesuchstellende Person ohne Vorbehalt die vom Erlassgesuch betroffenen Steuern, Verzugszinsen oder Bussen ganz oder teilweise, während das Gesuch bei der Erlassbehörde hängig ist, so wird das Erlassverfahren im Umfang der Zahlung gegenstandslos.

Art. 12 Zahlung von Steuern aus dem Vermögen

1 Die Erlassbehörde prüft, wieweit die Zahlung der geschuldeten Steuer aus dem Vermögen zumutbar ist.

2 Auf jeden Fall zumutbar ist die Zahlung aus dem Vermögen bei Steuern auf einmaligen Einkünften.

3 Als Vermögen gilt das zum Verkehrswert bewertete Reinvermögen. Nicht frei verfügbare Austrittsleistungen und Anwartschaften gemäss dem Freizügigkeitsgesetz vom 17. Dezember 1993[1] gelten nicht als Vermögenselemente.

4 Handelt es sich beim Vermögen um einen unentbehrlichen Bestandteil der Altersvorsorge, so kann die Erlassbehörde in begründeten Ausnahmefällen:

a. die Steuer ganz oder teilweise erlassen; oder
b. der zuständigen kantonalen Behörde empfehlen, eine Stundung zu gewähren und die Sicherstellung der Steuerforderung zu verlangen.

Art. 13 Entscheid

1 Die Gewährung des Steuererlasses kann an Bedingungen und Auflagen wie Abzahlungen oder die Leistung von Sicherheiten geknüpft werden.

2 Wird ein Erlassgesuch gutgeheissen, so geht die Steuerforderung im Umfang des erlassenen Betrags unter. Davon ausgenommen sind Fälle:

a. in denen die Bedingungen und Auflagen nach Absatz 1 nicht erfüllt werden;
b. von Steuerhinterziehung oder Steuervergehen.

3 Kann den wirtschaftlichen Verhältnissen der gesuchstellenden Person mit Zahlungserleichterungen (Art. 166 DBG) Rechnung getragen werden, so weist die Erlassbehörde das Gesuch ganz oder teilweise ab und empfiehlt der zuständigen kantonalen Behörde, eine Stundung zu gewähren oder Ratenzahlungen zu bewilligen.

4 Der Verzugszins auf einem nicht erlassenen Forderungsbetrag gilt als geschuldet, sofern nicht gegenteilig entschieden wird.

Art. 14 Zwangsvollstreckungs- und Liquidationsverfahren: Konkurs, gerichtlicher Nachlassvertrag, Liquidation

1 Steht die gesuchstellende Person vor dem Abschluss eines gerichtlichen Nachlassvertrags oder droht ihr der Konkurs, so wird ihr Erlassgesuch abgewiesen. Die Erlassbehörde stundet der Person die Steuerforderungen, damit diese die Sanierung einleiten kann. Die Stundung wird so lange gewährt, bis Klarheit über die wirtschaftlichen Verhältnisse herrscht, jedoch nur in begründeten Ausnahmefällen länger als sechs Monate.

2 Im Fall eines gerichtlichen Nachlassverfahrens kann die zuständige kantonale Behörde dem Nachlassvertrag zustimmen (Art. 305 SchKG[2]). Im Übrigen richten sich der Untergang und die Vollstreckbarkeit der Steuerforderung nach den Bestimmungen des SchKG über den Nachlassvertrag oder den Konkurs. Das Erlassverfahren wird gegenstandslos.

3 Befindet sich die gesuchstellende Person in Liquidation, so wird ihr Gesuch abgewiesen.

---

[1] SR 831.42
[2] SR 281.1

Art. 15 Zwangsvollstreckungs- und Liquidationsverfahren: Aussergerichtlicher Nachlassvertrag und einvernehmliche private Schuldenbereinigung

Einem aussergerichtlichen Nachlassvertrag oder einer einvernehmlichen privaten Schuldenbereinigung kann die zuständige kantonale Behörde zustimmen, wenn die Mehrheit der übrigen gleichrangigen Gläubiger ebenfalls zustimmt und die von ihnen vertretenen Forderungen mindestens die Hälfte der gesamten Forderungen der 3. Klasse (Art. 219 SchKG[1]) ausmachen. Der nicht gedeckte Teil des Steuerbetrags gilt als erlassen.

Art. 16 Zwangsvollstreckungs- und Liquidationsverfahren: Rückkauf von Verlustscheinen

[1] Über den Rückkauf von Verlustscheinen entscheidet die zuständige kantonale Behörde.

[2] Der Rückkauf unter dem Nominalwert ist zulässig:

a. soweit ein Teilerlass der Steuerschuld gerechtfertigt erscheint; oder
b. sofern anzunehmen ist, dass die Steuerschuld nicht in absehbarer Zeit vollumfänglich beglichen werden kann.

[3] Wird ein Verlustschein zurückgekauft, so geht die Steuerforderung unter.

Art. 17 Verhältnis zum Steuerbezug

[1] Die Einreichung eines Erlassgesuchs hemmt den Bezug der Steuer nicht.

[2] Verhindert oder verzögert die gesuchstellende Person durch ihr Verhalten die Behandlung des Erlassgesuchs, so wird der geschuldete Betrag nötigenfalls durch Zwangsvollstreckung bezogen.

Art. 18 Kosten

[1] Bei einem offensichtlich unbegründeten Erlassgesuch (Art. 167d Abs. 3 zweiter Satz DBG) kann der gesuchstellenden Person eine Spruch- und Schreibgebühr auferlegt werden.

[2] Die Gebühr bemisst sich nach dem Zeitaufwand. Sie beträgt mindestens 50 Franken und höchstens 1 000 Franken.

5. Abschnitt: Schlussbestimmungen

Art. 19 Aufhebung eines anderen Erlasses

Die Steuererlassverordnung vom 19. Dezember 1994[2] wird aufgehoben.

Art. 20 Inkrafttreten

Diese Verordnung tritt am 1. Januar 2016 in Kraft.

---

[1] SR **281.1**
[2] AS **1995** 595, **2006** 4181, **2009** 2621

M Verordnung über die Besteuerung der Liquidationsgewinne bei definitiver Aufgabe der selbstständigen Erwerbstätigkeit (LGBV)
SR 642.114 A73

vom 17. Februar 2010 (Stand am 1. Januar 2011)

Der Schweizerische Bundesrat,

gestützt auf die Artikel 37*b* und 199 des Bundesgesetzes vom 14. Dezember 1990[1] über die direkte Bundessteuer (DBG),

verordnet:

1. Abschnitt: Allgemeine Bestimmungen

Art. 1 Gegenstand und Geltungsbereich

1 Diese Verordnung regelt die Besteuerung von Liquidationsgewinnen einer steuerpflichtigen Person bei definitiver Aufgabe der selbstständigen Erwerbstätigkeit:

 a. nach dem vollendeten 55. Altersjahr; oder
 b. infolge Invalidität.

2 Der Eintritt der Invalidität bestimmt sich nach Artikel 4 Absatz 2 des Bundesgesetzes vom 19. Juni 1959[2] über die Invalidenversicherung.

3 Die Verordnung gilt nicht für:

 a. Einkünfte aus selbstständiger Erwerbstätigkeit und andere Einkünfte, die nicht aus der Liquidation stammen;
 b. Liquidationsgewinne, welche die steuerpflichtige Person nach Absatz 1 (steuerpflichtige Person) nach der Wiederaufnahme einer selbstständigen Erwerbstätigkeit erzielt.

Art. 2 Liquidationsjahr

Als Liquidationsjahr gilt das Geschäftsjahr, in dem die Liquidation abgeschlossen wird.

Art. 3 Verhältnis zu Artikel 18a DBG

1 Wird die Besteuerung von stillen Reserven als Einkommen aus selbstständiger Erwerbstätigkeit nach Artikel 18*a* Absatz 1 DBG bis zur Veräusserung der Liegenschaft aufgeschoben, so findet die Verordnung auf diese realisierten stillen Reserven keine Anwendung.

---

[1] SR **642.11**
[2] SR **831.20**

² Wird die Liegenschaft jedoch während des Liquidationsjahrs oder des Vorjahrs aus dem Geschäftsvermögen in das Privatvermögen überführt und in einem dieser Jahre veräussert, so sind die realisierten stillen Reserven Bestandteil des Liquidationsgewinns.

2. Abschnitt: Einkauf in eine Vorsorgeeinrichtung N 5

Art. 4

¹ Ist die steuerpflichtige Person einer Vorsorgeeinrichtung angeschlossen, so kann sie sich im Liquidationsjahr und im Vorjahr im Rahmen der reglementarischen und übrigen vorsorgerechtlichen Bestimmungen in die Vorsorgeeinrichtung einkaufen.

² Sie kann diese Einkaufsbeträge von den Einkünften abziehen (Art. 33 Abs. 1 Bst. d DBG).

³ Ein Beitragsüberhang reduziert den Liquidationsgewinn.

3. Abschnitt: Fiktiver Einkauf N 5

Art. 5 Grundsätze

¹ Die steuerpflichtige Person kann bei der Steuerbehörde Antrag auf Besteuerung eines fiktiven Einkaufs nach Artikel 8 stellen.

² Sie muss die notwendigen Belege für die Berechnung des fiktiven Einkaufs nach Artikel 6 beibringen.

Art. 6 Berechnung des fiktiven Einkaufs

¹ Der Betrag des fiktiven Einkaufs einer steuerpflichtigen Person berechnet sich aus dem Altersgutschriftensatz von 15 Prozent, multipliziert mit der Anzahl Jahre nach Absatz 2 und dem Einkommen nach den Absätzen 3–5, reduziert um die Abzüge nach Absatz 6. Er darf die Höhe des Liquidationsgewinns nicht übersteigen.

² Massgebend ist die Anzahl Jahre vom vollendeten 25. Altersjahr bis zum Alter im Liquidationsjahr, höchstens jedoch bis zum ordentlichen AHV-Rentenalter.

³ Das Einkommen entspricht dem Durchschnitt aus der Summe der AHV-pflichtigen Erwerbseinkommen aus selbstständiger Erwerbstätigkeit der letzten fünf Geschäftsjahre vor dem Liquidationsjahr, abzüglich der im Vorjahr realisierten stillen Reserven.

⁴ Weist die steuerpflichtige Person nach, dass sie bis zum Liquidationsjahr weniger als fünf Jahre selbstständig erwerbend war, so wird das Einkommen gestützt auf die tatsächliche Anzahl Jahre der selbstständigen Erwerbstätigkeit berechnet.

⁵ Das Einkommen darf den zehnfachen oberen Grenzbetrag nach Artikel 8 Absatz 1 des Bundesgesetzes vom 25. Juni 1982[1] über die berufliche Alters-, Hinterlassenen- und Invalidenvorsorge (BVG) nicht überschreiten.

---

[1] SR **831.40**

⁶ Abgezogen werden:
   a. Altersguthaben aus beruflicher Vorsorge, insbesondere:
      1. Guthaben bei Vorsorgeeinrichtungen und Freizügigkeitseinrichtungen,
      2. Guthaben der Säule 3a nach Artikel 60*a* Absatz 2 der Verordnung vom 18. April 1984[1] über die berufliche Alters-, Hinterlassenen- und Invalidenvorsorge; N 5.2
   b. Vorbezüge nach Artikel 3 der Verordnung vom 13. November 1985[2] über die steuerliche Abzugsberechtigung für Beiträge an anerkannte Vorsorgeformen;
   c. Vorbezüge nach Artikel 30*c* BVG und Artikel 331*e* des Obligationenrechts[3] sowie Pfandverwertungen nach Artikel 331*d* Absatz 6 des Obligationenrechts;
   d. Barauszahlungen von Vorsorgeeinrichtungen, Freizügigkeitseinrichtungen und Säule-3a-Einrichtungen sowie von Wohlfahrtsfonds;
   e. Invaliden- und Altersleistungen von Vorsorgeeinrichtungen, Freizügigkeitseinrichtungen und Säule-3a-Einrichtungen sowie von Wohlfahrtsfonds.

Art. 7 Nachträglicher Anschluss an eine Vorsorgeeinrichtung

Der geltend gemachte fiktive Einkauf wird steuerrechtlich an einen späteren Einkauf in eine Vorsorgeeinrichtung angerechnet.

Art. 8 Besteuerung des fiktiven Einkaufs

Der Betrag des fiktiven Einkaufs wird nach Artikel 38 DBG besteuert.

4. Abschnitt: Übriger Liquidationsgewinn

Art. 9 Bemessung

Der übrige Liquidationsgewinn umfasst die im Liquidationsjahr und im Vorjahr realisierten stillen Reserven, abzüglich:

a. der Beitragsüberhänge (Art. 4 Abs. 3);
b. des fiktiven Einkaufs;
c. des durch die Realisierung der stillen Reserven verursachten Aufwandes;
d. des Verlustvortrags und des Verlusts des laufenden Geschäftsjahres, die nicht mit dem Einkommen aus der selbstständigen Erwerbstätigkeit verrechnet werden konnten.

Art. 10 Besteuerung

¹ Für den anwendbaren Steuersatz nach Artikel 214 DBG[4] ist ein Fünftel des Liquidationsgewinns massgebend.

² Der Steuersatz beträgt jedoch mindestens 2 Prozent.

---

[1] SR **831.441.1**
[2] SR **831.461.3**
[3] SR **220**
[4] Ab 1. Jan. 2014: Art. 36

5. Abschnitt: Erbgang

Art. 11 Liquidation durch die Erben, Erbinnen, Vermächtnisnehmer oder Vermächtnisnehmerinnen

1 Führen die Erben, Erbinnen, Vermächtnisnehmer oder Vermächtnisnehmerinnen der steuerpflichtigen Person die selbstständige Erwerbstätigkeit nicht fort und liquidieren sie das Einzelunternehmen innert fünf Kalenderjahren nach Ablauf des Todesjahres des Erblassers oder der Erblasserin, so bestimmt sich der Steuersatz nach Artikel 10. Dasselbe gilt, wenn die Tätigkeit der steuerpflichtigen Person in einer Personengesellschaft durch die Erben, Erbinnen, Vermächtnisnehmer oder Vermächtnisnehmerinnen nicht fortgeführt wird und innert derselben Frist die Personengesellschaft liquidiert oder der Gesellschaftsanteil veräussert wird.

2 Führen die Erben, Erbinnen, Vermächtnisnehmer oder Vermächtnisnehmerinnen der steuerpflichtigen Person die selbstständige Erwerbstätigkeit nicht fort und liquidieren sie das Unternehmen nicht innert fünf Kalenderjahren nach Ablauf des Todesjahres des Erblassers oder der Erblasserin, so erfolgt nach Ablauf dieser Frist eine steuersystematische Abrechnung nach Absatz 1.

3 Die blosse Erfüllung von im Zeitpunkt des Erbgangs bestehenden Verpflichtungen gilt nicht als Fortführung der selbstständigen Erwerbstätigkeit.

4 Ein fiktiver Einkauf nach Artikel 5 kann von den Erben, Erbinnen, Vermächtnisnehmern oder Vermächtnisnehmerinnen nicht geltend gemacht werden.

Art. 12 Fortführung der selbstständigen Erwerbstätigkeit durch die Erben, Erbinnen, Vermächtnisnehmer oder Vermächtnisnehmerinnen

Führen die Erben, Erbinnen, Vermächtnisnehmer oder Vermächtnisnehmerinnen der steuerpflichtigen Person die selbstständige Erwerbstätigkeit fort, so findet diese Verordnung nur Anwendung, wenn sie die Voraussetzungen nach Artikel 37b DBG selbst erfüllen.

6. Abschnitt: Inkrafttreten

Art. 13

Diese Verordnung tritt am 1. Januar 2011 in Kraft.

N Verordnung über die Bescheinigungspflichten bei Mitarbeiterbeteiligungen (Mitarbeiterbeteiligungsverordnung, MBV)
SR 642.115.325.1 A89, A82

vom 27. Juni 2012 (Stand am 1. Januar 2021)

Der Schweizerische Bundesrat,

gestützt auf die Artikel 129 Absatz 1 Buchstabe d und 199 des Bundesgesetzes vom 14. Dezember 1990[1] über die direkte Bundessteuer (DBG),

verordnet:

1. Abschnitt: Allgemeine Bestimmungen

Art. 1 Gegenstand

1 Diese Verordnung regelt, welche Angaben die Arbeitgeber den Steuerbehörden in der Bescheinigung über die Mitarbeiterbeteiligungen machen müssen:
   a. im Zeitpunkt der Abgabe von Mitarbeiterbeteiligungen;
   b. im Zeitpunkt der Realisation des geldwerten Vorteils aus den Mitarbeiterbeteiligungen.

2 Die Verordnung gilt für:
   a. Aktien, Genussscheine, Partizipationsscheine, Genossenschaftsanteile oder Beteiligungen anderer Art, die den Mitarbeiterinnen und Mitarbeitern Vermögens- oder Mitgliedschaftsrechte am Arbeitgeber, an dessen Muttergesellschaft oder an einer anderen Konzerngesellschaft einräumen (Mitarbeiteraktien);
   b. Mitarbeiteroptionen, Anwartschaften auf Mitarbeiteraktien und unechte Mitarbeiterbeteiligungen.

Art. 2 Vestingperiode

In dieser Verordnung gilt als Vestingperiode die Zeitdauer zwischen dem Erwerb einer Mitarbeiterbeteiligung und dem Entstehen des Ausübungsrechts.

Art. 3 Ausübungsrecht

1 Das Ausübungsrecht entsteht im Zeitpunkt des Rechtserwerbs (Vesting).

2 Sperrfristen, die nach dem Vesting enden, werden für die Festlegung des Vesting nicht berücksichtigt.

---

[1] SR **642.11**

2. Abschnitt: Inhalt und Form der Bescheinigung

Art. 4 Bescheinigung über Mitarbeiteraktien

Bescheinigungen über Mitarbeiteraktien müssen die folgenden Angaben enthalten:

a. die Bezeichnung des Mitarbeiterbeteiligungsplans;
b. das Datum des Erwerbs der Mitarbeiteraktien;
c. den Verkehrswert bei kotierten Mitarbeiteraktien oder den mit einer Formel festgelegten Wert (Formelwert) bei nicht kotierten Mitarbeiteraktien im Zeitpunkt des Erwerbs;
d. allfällige Sperrfristen sowie die Dauer allfälliger Rückgabeverpflichtungen;
e. den vereinbarten Erwerbspreis;
f. die Anzahl der erworbenen Mitarbeiteraktien;
g. den im Lohnausweis beziehungsweise in der Quellensteuerabrechnung bescheinigten geldwerten Vorteil.

Art. 5 Bescheinigung über Mitarbeiteroptionen und Anwartschaften auf Mitarbeiteraktien

¹ Bescheinigungen über Mitarbeiteroptionen, die im Zeitpunkt der Abgabe besteuert werden, müssen sinngemäss die Angaben nach Artikel 4 enthalten.

² Bescheinigungen über Mitarbeiteroptionen und Anwartschaften auf Mitarbeiteraktien, die im Zeitpunkt der Realisation des geldwerten Vorteils besteuert werden, müssen die folgenden Angaben enthalten:

a. im Zeitpunkt des Erwerbs:
 1. die Bezeichnung des Mitarbeiterbeteiligungsplans,
 2. das Datum des Erwerbs der Mitarbeiterbeteiligungen,
 3. das Datum des Entstehens des Ausübungsrechts, sofern bestimmbar,
 4. die Anzahl der erworbenen Mitarbeiterbeteiligungen;
b. im Zeitpunkt der Ausübung, des Verkaufs oder der Umwandlung in Mitarbeiteraktien:
 1. die Bezeichnung des Mitarbeiterbeteiligungsplans,
 2. das Datum des Erwerbs der Mitarbeiterbeteiligungen,
 3. das Datum der Ausübung, des Verkaufs oder der Umwandlung,
 4. den Verkehrswert der zugrunde liegenden, kotierten Aktie oder den Formelwert der zugrunde liegenden, nichtkotierten Aktie im Zeitpunkt der Ausübung, des Verkaufs oder der Umwandlung,
 5. den vereinbarten Ausübungs-, Verkaufs- oder Umwandlungspreis,
 6. die Anzahl ausgeübter, verkaufter oder umgewandelter Mitarbeiterbeteiligungen,
 7. den im Lohnausweis beziehungsweise in der Quellensteuerabrechnung bescheinigten geldwerten Vorteil.

Art. 6 Bescheinigung über unechte Mitarbeiterbeteiligungen

Bescheinigungen über Einkünfte aus unechten Mitarbeiterbeteiligungen müssen sinngemäss die Angaben nach Artikel 5 Absatz 2 enthalten.

Art. 7 Bescheinigung bei Zuzug der Mitarbeiterin oder des Mitarbeiters

¹ Hat die Mitarbeiterin oder der Mitarbeiter während der Zeit, in der sie oder er im Ausland ansässig war, Mitarbeiteroptionen, Anwartschaften auf Mitarbeiteraktien oder unechte Mitarbeiterbeteiligungen erworben, die sie oder er nach dem Zuzug in die Schweiz hier realisiert hat, so hat der schweizerische Arbeitgeber zusätzlich zu den Angaben nach den Artikeln 5 und 6 die folgenden Angaben zu machen:

a. die Anzahl Tage in der Vestingperiode, die die Mitarbeiterin oder der Mitarbeiter in der Schweiz gearbeitet hat;
b. den geldwerten Vorteil.

² Der geldwerte Vorteil ist nach der folgenden Formel zu berechnen:

(Der von der Mitarbeiterin oder dem Mitarbeiter gesamthaft erhaltene geldwerte Vorteil) × (Anzahl Arbeitstage in der Schweiz innerhalb der Vestingperiode) ÷ (Anzahl Tage der Vestingperiode).

Art. 8 Bescheinigung bei Wegzug der Mitarbeiterin oder des Mitarbeiters

¹ Hat die Mitarbeiterin oder der Mitarbeiter während der Zeit, in der sie oder er in der Schweiz ansässig war, Mitarbeiteroptionen, Anwartschaften auf Mitarbeiteraktien oder unechte Mitarbeiterbeteiligungen erworben, die sie oder er nach dem Wegzug ins Ausland dort realisiert hat, so hat der schweizerische Arbeitgeber der nach Artikel 107 DBG zuständigen kantonalen Behörde:[1]

a. die Realisation zu melden;
b. die Anzahl Tage in der Vestingperiode, die die Mitarbeiterin oder der Mitarbeiter in der Schweiz gearbeitet hat, zu bescheinigen;
c. den geldwerten Vorteil zu bescheinigen; und
d. die Quellensteuer nach Artikel 100 Absatz 1 Buchstabe d DBG abzuliefern.

² Der geldwerte Vorteil ist nach der folgenden Formel zu berechnen:

(Der von der Mitarbeiterin oder dem Mitarbeiter gesamthaft erhaltene geldwerte Vorteil) × (Anzahl Arbeitstage in der Schweiz innerhalb der Vestingperiode) ÷ (Anzahl Tage der Vestingperiode).

³ Verfügt der Arbeitgeber in der Schweiz nur über eine Betriebsstätte, so ist die zuständige Behörde nach Absatz 1 die kantonale Steuerbehörde des Kantons dieser Betriebsstätte. Verfügt er über mehrere Betriebsstätten, so ist die zuständige Behörde die Steuerbehörde des Kantons derjenigen Betriebsstätte, die die entsprechenden Löhne abrechnet.

Art. 9 Bescheinigung bei mehrfachem Wechseln der Ansässigkeit

Wechselt die Mitarbeiterin oder der Mitarbeiter seine Ansässigkeit innerhalb der Vestingperiode mehr als einmal, so gelten die Artikel 7 und 8 sinngemäss.

---

[1] Fassung gemäss Ziff. I 1 der V vom 11. April 2018 über die Anpassung von Verordnungen an die Revision der Quellenbesteuerung des Erwerbseinkommens, in Kraft seit 1. Jan. 2021 (AS **2018** 1827).

Art. 10 Form der Bescheinigungen

Der Arbeitgeber muss die Bescheinigung über Mitarbeiterbeteiligungen dem Lohnausweis beziehungsweise der Quellensteuerabrechnung beilegen.

3. Abschnitt: Sonderfälle

Art. 11 Freigabe von Mitarbeiteraktien vor Ablauf der Sperrfrist

1 Werden Mitarbeiteraktien vor Ablauf der ursprünglichen Sperrfrist frei verfügbar, so entsteht im Zeitpunkt der Freigabe zusätzliches Erwerbseinkommen.

2 Der Berechnung des zusätzlichen Erwerbseinkommens sind der Verkehrs- oder Formelwert im Zeitpunkt der Freigabe und die Anzahl Jahre bis zum Ablauf der Sperrfrist zugrunde zu legen.

3 Der geldwerte Vorteil ist nach der folgenden Formel zu berechnen:

$x - x \div 1{,}06^n$. (x) entspricht dem Verkehrs- oder Formelwert der Aktie im Zeitpunkt der Freigabe und (n) der Anzahl Jahre vom Zeitpunkt der Freigabe bis zum Ablauf der Sperrfrist. Angebrochene Sperrjahre sind anteilsmässig zu berücksichtigen.

4 Bescheinigungen über das zusätzliche Erwerbseinkommen infolge einer Freigabe vor Ablauf der Sperrfrist müssen die folgenden Angaben enthalten:

a. die Bezeichnung des Mitarbeiterbeteiligungsplans;
b. das Datum des ordentlichen Ablaufs der Sperrfrist;
c. das Datum der Freigabe;
d. den Diskont für die restliche Sperrfrist, auf drei Nachkommastellen gerundet;
e. den Verkehrs- oder Formelwert der Mitarbeiteraktie im Zeitpunkt der Freigabe;
f. den geldwerten Vorteil pro Mitarbeiteraktie;
g. die Anzahl Mitarbeiteraktien;
h. den im Lohnausweis beziehungsweise in der Quellensteuerabrechnung bescheinigten geldwerten Vorteil.

Art. 12 Rückgabe von Mitarbeiteraktien

1 Ist die Mitarbeiterin oder der Mitarbeiter vertraglich verpflichtet, bei Beendigung des Arbeitsverhältnisses die Mitarbeiteraktien entschädigungslos oder unter deren aktuellen Verkehrswert dem Arbeitgeber zurückzugeben, so kann sie oder er Gewinnungskosten geltend machen. Der Berechnung der Gewinnungskosten wird die Differenz zwischen dem Verkehrs- oder Formelwert bei der Rückgabe und dem Rückgabepreis zugrunde gelegt.

2 Die Höhe der Gewinnungskosten ist nach der folgenden Formel zu berechnen:

$x \div 1{,}06^n - y$. (x) entspricht dem Verkehrs- oder Formelwert der Mitarbeiteraktie im Rückgabezeitpunkt, (y) dem Rückgabepreis und (n) der Anzahl Jahre zwischen dem Rückgabezeitpunkt und dem Ablauf der Sperrfrist. Angebrochene Sperrjahre sind anteilsmässig zu berücksichtigen.

3 Der Arbeitgeber muss die Gewinnungskosten der Mitarbeiterin oder dem Mitarbeiter bescheinigen. Die Gewinnungskosten dürfen nicht mit den Bruttoeinkünften im Lohnausweis beziehungsweise in der Quellensteuerabrechnung verrechnet werden.

⁴ Wird bei der Rückgabe mehr als der aktuelle Verkehrswert oder mehr als der Formelwert vergütet, so ist dieser Teil als zusätzliches Einkommen zu bescheinigen. Die Bescheinigung muss sinngemäss die Angaben nach Artikel 11 Absatz 4 enthalten.

Art. 13 Mitarbeiterinnen und Mitarbeiter mit Wohnsitz im Ausland

¹ Die Artikel 7 und 8 gelten nicht für Personen, die der Quellenbesteuerung nach Artikel 91 DBG unterliegen.[1]

² Diese Personen unterliegen für ihr gesamtes Einkommen aus Mitarbeiterbeteiligungen der Quellenbesteuerung nach den ordentlichen Quellensteuersätzen (Art. 85 DBG).

Art. 14 Mitglieder der Verwaltung oder Geschäftsführung mit Wohnsitz im Ausland

¹ Die Artikel 7 und 8 gelten nicht für Mitglieder der Verwaltung oder der Geschäftsführung nach Artikel 93 DBG.

² Diese Personen unterliegen für ihr gesamtes Einkommen aus Mitarbeiterbeteiligungen der Quellensteuer nach Artikel 93 Absatz 3 DBG.

Art. 15 Realisation von geldwerten Vorteilen nach Beendigung des Arbeitsverhältnisses

¹ Werden geldwerte Vorteile aus Mitarbeiteroptionen, Anwartschaften auf Mitarbeiteraktien oder unechten Mitarbeiterbeteiligungen in einem Zeitpunkt realisiert, in dem zwischen der begünstigten Person und dem Arbeitgeber kein Arbeitsverhältnis mehr besteht, so hat der Arbeitgeber der kantonalen Steuerbehörde des Wohnsitzkantons der begünstigten Person eine Bescheinigung zuzustellen.

² Hat die begünstigte Person keinen Wohnsitz in der Schweiz, so erfolgt die Bescheinigung an die nach Artikel 107 DBG zuständige Behörde.[2]

4. Abschnitt: Einteilung der Mitarbeiterbeteiligungen in Kategorien und weitere Angaben

Art. 16 Einteilung der Mitarbeiterbeteiligungen in Kategorien

Die Eidgenössische Steuerverwaltung ordnet die Mitarbeiterbeteiligungen den Kategorien nach Artikel 1 Absatz 2 zu und veröffentlicht die entsprechende Liste.

Art. 17 Weitere Angaben

Die Eidgenössische Steuerverwaltung und die kantonalen Steuerbehörden können zusätzlich zu den in dieser Verordnung vorgeschriebenen Angaben weitere Informationen vom Arbeitgeber verlangen, soweit dies für die vorschriftsgemässe Veranlagung der Einkünfte notwendig ist.

---

[1] Fassung gemäss Ziff. I 1 der V vom 11. April 2018 über die Anpassung von Verordnungen an die Revision der Quellenbesteuerung des Erwerbseinkommens, in Kraft seit 1. Jan. 2021 (AS **2018** 1827).
[2] Fassung gemäss Ziff. I 1 der V vom 11. April 2018 über die Anpassung von Verordnungen an die Revision der Quellenbesteuerung des Erwerbseinkommens, in Kraft seit 1. Jan. 2021 (AS **2018** 1827).

5. Abschnitt: Schlussbestimmungen

Art. 18 Übergangsbestimmung

Für Mitarbeiterbeteiligungen, die Mitarbeiterinnen und Mitarbeitern vor Inkrafttreten dieser Verordnung abgegeben wurden, die jedoch erst nach deren Inkrafttreten realisiert werden, gelten die Bescheinigungspflichten dieser Verordnung. Davon ausgenommen sind Mitarbeiterbeteiligungen, die vor Inkrafttreten dieser Verordnung schon besteuert wurden.

Art. 19 Inkrafttreten

Diese Verordnung tritt am 1. Januar 2013 in Kraft.

O Verordnung über Gebühren für Verfügungen und Dienstleistungen der Eidgenössischen Steuerverwaltung (Gebührenverordnung ESTV, GebV-ESTV)
SR 642.31

vom 21. Mai 2014 (Stand am 1. Juli 2014)

Der Schweizerische Bundesrat,

gestützt auf Artikel 46*a* des Regierungs- und Verwaltungsorganisationsgesetzes vom 21. März 1997[1], auf Artikel 84 Absatz 2 des Mehrwertsteuergesetzes vom 12. Juni 2009[2] sowie auf die Artikel 183 und 195 des Bundesgesetzes vom 14. Dezember 1990[3] über die direkte Bundessteuer (DBG),

verordnet:

Art. 1 Grundsätze

[1] Die Eidgenössische Steuerverwaltung (ESTV) erhebt Gebühren namentlich für folgende Dienstleistungen:

a. Gutachten und schriftliche Auskünfte;
b. Schulungen;
c. umfangreiche oder komplexe Auskünfte, die von der anfragenden Person wirtschaftlich weiterverwendet werden können;
d. umfangreiche oder komplexe Statistiken, die speziell erstellt werden müssen;
e. Reproduktion von Dokumenten und Daten bei Gesuchen um Akteneinsicht, einschliesslich der Gesuche um Akteneinsicht bei besonderen Untersuchungsmassnahmen nach den Artikeln 190–195 DBG.

[2] Sie erhebt im Bereich der Mehrwertsteuer auch Gebühren für:

a. Verfügungen, zu deren Erlass aufwendige, durch die steuerpflichtige Person verschuldete Beweisverfahren durchgeführt wurden;
b. unnötige Verrichtungen, die die steuerpflichtige Person verursacht hat.

[3] Sie erhebt keine Gebühren für verbindliche Auskünfte zu einem konkreten Sachverhalt betreffend eine bestimmte Person, es sei denn, die Anfrage übersteige das übliche Ausmass.

---

[1] SR **172.010**
[2] SR **641.20**
[3] SR **642.11**

Art. 2 Anwendbarkeit anderer Verordnungen

1 Soweit diese Verordnung keine besondere Regelung enthält, gelten die Bestimmungen der Allgemeinen Gebührenverordnung vom 8. September 2004[1] (AllgGebV).

2 Für die Kosten der besonderen Untersuchungsmassnahmen nach den Artikeln 190–195 DBG, die neben den Reproduktionskosten nach Artikel 1 Absatz 1 Buchstabe e dieser Verordnung anfallen, gilt die Verordnung vom 25. November 1974[2] über Kosten und Entschädigungen im Verwaltungsstrafverfahren.

Art. 3 Gebührenbemessung

1 Die Gebühren werden nach Zeitaufwand festgelegt.

2 Der Stundenansatz beträgt je nach erforderlicher Sachkenntnis 100–250 Franken.

3 Für Verfügungen und Dienstleistungen von aussergewöhnlichem Umfang, besonderer Schwierigkeit oder Dringlichkeit kann die ESTV Zuschläge bis zu 50 Prozent der ordentlichen Gebühr erheben.

4 Für die Reproduktion von Dokumenten und Daten nach Artikel 1 Absatz 1 Buchstabe e werden die Gebühren nach dem Anhang erhoben.

Art. 4 Auslagen

1 Als Auslagen gelten die Kosten, die im Zusammenhang mit einer gebührenpflichtigen Tätigkeit zusätzlich anfallen, insbesondere die Auslagen nach Artikel 6 AllgGebV[3] sowie Zeugenentschädigungen.

2 Die Zeugenentschädigung beträgt:
   a. 30–100 Franken, wenn die Inspruchnahme einschliesslich Reisezeit bis zu einem halben Tag dauert;
   b. 50–150 Franken pro Tag, wenn die Inspruchnahme einschliesslich Reisezeit länger als einen halben Tag dauert.

3 Für Erwerbsausfall beträgt die Entschädigung in der Regel 25–150 Franken pro Stunde. Wenn besondere Verhältnisse es rechtfertigen, kann der tatsächliche Erwerbsausfall entschädigt werden. Ausserordentlich hoher Erwerbsausfall wird nicht berücksichtigt.

4 Auskunftspersonen und andere Dritte, die von Beweismassnahmen betroffen sind, werden wie Zeugen und Zeuginnen entschädigt.

Art. 5 Aufhebung bisherigen Rechts

Die Verordnung vom 23. August 1989[4] über Gebühren für Dienstleistungen der Eidgenössischen Steuerverwaltung wird aufgehoben.

Art. 6 Inkrafttreten

Diese Verordnung tritt am 1. Juli 2014 in Kraft.

---

[1] SR **172.041.1**
[2] SR **313.32**
[3] SR **172.041.1**
[4] [AS **1989** 1769, **1993** 1494, **2006** 4705 Ziff. II 47]

Anhang
(Art. 3 Abs. 4)

Gebühren für die Reproduktion von Dokumenten und Daten bei Gesuchen um Akteneinsicht

	Franken pro Stück
Reproduktion von Dokumenten in Papierform	
– Kopien A4 schwarz-weiss	0.20
Kopien A3 schwarz-weiss	0.40
Kopien A4 farbig	1.—
Kopien A3 farbig	1.20
– Kopien A4 ab gebundenen oder gehefteten Vorlagen oder pro Seite bei besonderen Formaten	2.—
– Kopien A3 ab gebundenen oder gehefteten Vorlagen oder pro Seite bei besonderen Formaten	2.20
Reproduktion von Daten in elektronischer Form	
– Trägermedium, abhängig von der Grösse des Speichermediums	5.– bis 80.–

P Verordnung des EFD über die Verzugs- und die Vergütungszinssätze auf Abgaben und Steuern (Zinssatzverordnung EFD)
SR 631.014

vom 25. Juni 2021 (Stand am 1. Januar 2025)

Das Eidgenössische Finanzdepartement (EFD),

gestützt auf Artikel 74 Absatz 4 des Zollgesetzes vom 18. März 2005[1],
die Artikel 187 Absatz 1 und 188 Absatz 2 der Zollverordnung vom 1. November 2006[2],
Artikel 29 des Bundesgesetzes vom 27. Juni 1973[3] über die Stempelabgaben,
Artikel 108 des Mehrwertsteuergesetzes vom 12. Juni 2009[4],
Artikel 20 Absatz 4 des Tabaksteuergesetzes vom 21. März 1969[5],
Artikel 41 Absatz 1 der Tabaksteuerverordnung vom 14. Oktober 2009[6],
Artikel 25 Absatz 5 des Biersteuergesetzes vom 6. Oktober 2006[7],
Artikel 22 Absatz 1 der Biersteuerverordnung vom 15. Juni 2007[8],
die Artikel 15 Absatz 2 und 17 Absatz 3 des Automobilsteuergesetzes vom 21. Juni 1996[9],
Artikel 22 Absatz 3 des Mineralölsteuergesetzes vom 21. Juni 1996[10],
Artikel 106a Absatz 2 Mineralölsteuerverordnung vom 20. November 1996[11],
die Artikel 162 Absatz 3, 163 Absatz 2, 164 Absatz 1 und 168 Absatz 2 des Bundesgesetzes vom 14. Dezember 1990[12] über die direkte Bundessteuer,
Artikel 14 der Verordnung vom 22. Dezember 2023[13] über die Mindestbesteuerung grosser Unternehmensgruppen i. V. m. den Artikeln 163 Absatz 2, 164 Absatz 1 und 168 Absatz 2 des Bundesgesetzes vom 14. Dezember 1990 über die direkte Bundessteuer,
Artikel 16 Absatz 2 des Verrechnungssteuergesetzes vom 13. Oktober 1965[14]
und auf die Artikel 72 Absatz 2 und 73 Absatz 2 der Alkoholverordnung vom 15. September 2017[15],[16]

verordnet:

---

[1] SR **631.0**
[2] SR **631.01**
[3] SR **641.10**
[4] SR **641.20**
[5] SR **641.31**
[6] SR **641.311**
[7] SR **641.411**
[8] SR **641.411.1**
[9] SR **641.51**
[10] SR **641.61**
[11] SR **641.611**
[12] SR **642.11**
[13] SR **642.161**
[14] SR **642.21**
[15] SR **680.11**
[16] Fassung gemäss Ziff. I der V des EFD vom 19. Sept. 2024, in Kraft seit 1. Jan. 2025 (AS **2024** 535).

Art. 1[1] Gegenstand

Diese Verordnung legt für die folgenden vom Bund erhobenen Abgaben und Steuern die Zinssätze für die Verzugszinsen und Vergütungszinsen fest:

a. Zollabgaben;
b. leistungsabhängige Schwerverkehrsabgabe;
c. CO_2-Abgabe;
d. Lenkungsabgabe auf flüchtigen organischen Verbindungen;
e. Stempelabgaben;
f. Mehrwertsteuer;
g. Tabaksteuer;
h. Biersteuer;
i. Automobilsteuer;
j. Mineralölsteuer;
k. direkte Bundessteuer;
l. Ergänzungssteuer zum Zweck der Mindestbesteuerung grosser multinationaler Unternehmensgruppen;
m. Verrechnungssteuer;
n. Steuer auf gebrannten Wassern.

Art. 1a[2] Festlegung der Zinssätze

¹ Die Zinssätze werden für jedes Kalenderjahr festgelegt. Sie sind im Anhang Ziffer 1 aufgeführt.

² Verzugs- und Vergütungszinsen auf den Abgaben und Steuern nach Artikel 1 Absatz 1 Buchstaben a–d, f–j und n werden erst ab einem Zinsbetrag von 100 Franken erhoben beziehungsweise ausgerichtet. Vorbehalten bleiben Verzugszinsen für Forderungen, die im Rahmen des Zwangsvollstreckungsverfahrens erhoben werden.

³ Der Zinssatz für Vergütungszinsen auf Vorauszahlungen vor Eintritt der Fälligkeit basiert auf dem arithmetischen Mittel der Renditen der Bundesobligationen mit 1-, 2- und 3-jähriger Laufzeit gemäss Stand von Ende Juni des Vorjahres, wobei der Durchschnitt auf einen Viertelprozentpunkt gerundet wird.

⁴ Der Zinssatz für die Verzugszinsen, der Zinssatz für die Vergütungszinsen auf Rückerstattungen und der Zinssatz für die Vergütungszinsen bei bedingter Zahlungspflicht bestimmen sich durch einen Aufschlag auf dem Zinssatz für die Vergütungszinsen auf Vorauszahlungen. Die Höhe des Aufschlags ist abhängig von der Höhe des Zinssatzes für Vergütungszinse. Der Aufschlag ist in Anhang Ziffer 2 aufgeführt.

⁵ Kein Verzugszins auf der Mehrwertsteuer wird erhoben bei einer Nachforderung der Einfuhrsteuer, wenn der Importeur oder die Importeurin im Zeitpunkt der Einfuhr im Inland als steuerpflichtige Person eingetragen war und die Einfuhrsteuer als Vorsteuer hätte abziehen können.

---

[1] Fassung gemäss Ziff. I der V des EFD vom 19. Sept. 2024, in Kraft seit 1. Jan. 2025 (AS **2024** 535).
[2] Eingefügt durch Ziff. I der V des EFD vom 19. Sept. 2024, in Kraft seit 1. Jan. 2025 (AS **2024** 535).

Art. 2

Die folgenden Erlasse werden aufgehoben:
1. Verordnung vom 29. November 1996[1] über die Verzinsung ausstehender Stempelabgaben;
2. Verordnung des EFD vom 11. Dezember 2009[2] über die Verzugs- und die Vergütungszinssätze;
3. Verordnung des EFD vom 4. Dezember 2007[3] über die Verzugs- und Vergütungszinssätze auf der Tabak- und der Biersteuer;
4. Verordnung des EFD vom 6. Dezember 2001[4] über den Verzugszins bei der Automobilsteuer;
5. Verordnung vom 29. November 1996[5] über die Verzinsung ausstehender Verrechnungssteuern.

Art. 3

...[6]

Art. 4[7] Zinssätze für die Kalenderjahre vor 2025

[1] Für die Zollabgaben, die Mehrwertsteuer, die Mineralölsteuer, die leistungsabhängige Schwerverkehrsabgabe und die Steuer auf gebrannten Wassern beträgt der Zinssatz für Verzugs- und Vergütungszinsen:

a. im Jahr 2024: 4,75 Prozent;
b. in den Jahren 2012–2023: 4,0 Prozent;
c. in den Jahren 2010–2011: 4,5 Prozent;
d. in den Jahren 1995–2009: 5,0 Prozent;
e. vom 1. Juli 1990 bis 31. Dezember 1994: 6,0 Prozent;
f. bis zum 30. Juni 1990: 5,0 Prozent.

[2] Für die Stempelabgabe und die Verrechnungssteuer beträgt der Zinssatz für Verzugszinsen:

a. im Jahr 2024: 4,75 Prozent;
b. in den Jahren 2022–2023: 4,0 Prozent;
c. bis zum 31. Dezember 2021: 5,0 Prozent.

[3] Für die direkte Bundessteuer betragen die Zinssätze:

a. im Jahr 2024:
   1. 4,75 Prozent für Verzugs- und Rückerstattungszinsen,
   2. 1,25 Prozent für Vergütungszinsen auf Vorauszahlungen;
b. in den Jahren 2022–2023:
   1. 4,0 Prozent für Verzugs- und Rückerstattungszinsen,
   2. 0 Prozent für Vergütungszinsen auf Vorauszahlungen;

---

[1] [AS **1996** 3370]
[2] [AS **2009** 6835; **2011** 6203; **2013** 4489 Art. 13; **2016** 3573; **2017** 5161 Anhang 2 Ziff. II 8; **2018** 1519]
[3] [AS **2007** 6823; **2009** 5595]
[4] [AS **2001** 3382]
[5] [AS **1996** 3432]
[6] Die Änderung kann unter AS **2021** 432 konsultiert werden.
[7] Fassung gemäss Ziff. I der V des EFD vom 19. Sept. 2024, in Kraft seit 1. Jan. 2025 (AS **2024** 535).

c. in den Jahren 2017–2021:
      1. 3,0 Prozent für Verzugs- und Rückerstattungszinsen,
      2. 0 Prozent für Vergütungszinsen auf Vorauszahlungen;
   d. in den Jahren 2013–2016:
      1. 3,0 Prozent für Verzugs- und Rückerstattungszinsen,
      2. 0,25 Prozent für Vergütungszins auf Vorauszahlungen;
   e. im Jahr 2012:
      1. 3,0 Prozent für Verzugs- und Rückerstattungszinsen,
      2. 1,0 Prozent für Vergütungszinsen auf Vorauszahlungen;
   f. im Jahr 2011:
      1. 3,5 Prozent für Verzugs- und den Rückerstattungszinsen,
      2. 1,0 Prozent für Vergütungszinsen auf Vorauszahlungen.

4 Für die Tabaksteuer und die Biersteuer beträgt der Zinssatz für Verzugs- und Vergütungszinsen:

   a. im Jahr 2024: 4,75 Prozent;
   b. in den Jahren 2022–2023: 4,0 Prozent;
   c. bis zum 31. Dezember 2021: 5,0 Prozent.

5 Für die Automobilsteuer beträgt der Zinssatz für die Verzugszinsen:

   a. im Jahr 2024: 4,75 Prozent;
   b. in den Jahren 2022–2023: 4,0 Prozent;
   c. bis zum 31. Dezember 2021: 5,0 Prozent.

6 Für die Ergänzungssteuer zum Zweck der Mindestbesteuerung grosser multinationaler Unternehmensgruppen beträgt der Zinssatz vom 1. Januar 2024 bis zum 31. Dezember 2024:

   a. 4,75 Prozent für Verzugszinsen und Rückerstattungszinsen;
   b. 1,25 Prozent für Vergütungszinsen auf Vorauszahlungen.

Art. 5

Diese Verordnung tritt am 1. Januar 2022 in Kraft.

Anhang[1]

(Art. 1*a* Abs. 1 und 4)

1. Zinssatz für Verzugs- und Vergütungszinsen

Für die Kalenderjahre ab 2025 gelten die folgenden Zinssätze:

Gültig für die (Kalenderjahre ab)	Zinssatz für Verzugszinsen	Zinssatz für Vergütungszinsen auf Rückerstattungen	Zinssatz für Vergütungszins bei bedingter Zahlungspflicht	Zinssatz für Vergütungszinsen auf Vorauszahlungen
	(in %)	(in %)	(in %)	(in %)
2025	4,5	4,5	4,5	0,75

2. Berechnung des Zinssatzes für Verzugszinsen, Vergütungszinsen auf Rückerstattungen und Vergütungszinsen bei bedingter Zahlungspflicht

Der Zinssatz für die Verzugszinsen, der Zinssatz für die Vergütungszinsen auf Rückerstattungen und der Zinssatz für die Vergütungszinsen bei bedingter Zahlungspflicht werden ausgehend vom Vergütungszinssatz auf Vorauszahlungen wie folgt berechnet:

Zinssatz für Vergütungszinsen auf Vorauszahlungen	Aufschlag	Zinssatz für Verzugszinsen, für Vergütungszinsen auf Rückerstattungen und für Vergütungszinsen bei bedingter Zahlungspflicht
(in %)	(in %)	(in %)
0,00	4,00	4,00
0,25–1,00	3,75	4,00–4,75
1,25–2,00	3,50	4,75–5,50
2,25–3,00	3,25	5,50–6,25
3,25–4,00	3,00	6,25–7,00
4,25–5,00	2,75	7,00–7,75

---

[1] Fassung gemäss Ziff. II der V des EFD vom 19. Sept. 2024, in Kraft seit 1. Jan. 2025 (AS **2024** 535).

OECD

Texte betreffend OECD/G20

4 Texte betreffend OECD/G20

4.1 OECD-Musterabkommen 2017 auf dem Gebiet der Steuern vom Einkommen und vom Vermögen (OECD-MA 2017)

4.2 Model Tax Convention on Income and Capital, Version 2017 (OECD MC 2017)

4.3 Two Pillar Statement OECD/G20 (incl. Outcome Statement)

4.4 Mindestbesteuerungsverordnung (MindStV)

☞ *Weiterführende Erlasse in Bezug auf das internationale Steuerrecht (IStR) finden Sie unter N1 (siehe S. 561ff.). Darüber hinaus enthält das spezifische Werk «Die internationalen Steuererlasse des Bundes 2024/2025» – welches separat erworben werden kann – neben den wichtigsten DBA und weiteren Erlassen zum IStR auch das BEPS-Übereinkommen (MLI)[1] und die GloBE-Mustervorschriften.*

Scan to shop.

---

[1] *Im MLI sind unter anderem die (von der Schweiz zu übernehmenden) abkommensbezogenen Mindeststandards zur Verhinderung von Abkommensmissbrauch und zur Verbesserung von Streitbeilegungsmechanismen enthalten. Diese Mindeststandards sind aber auch in das hier vorliegende OECD-MA 2017 eingeflossen, welches auf Basis der Empfehlungen aus dem BEPS-Projekt im Jahr 2017 umfassend revidiert worden ist.*

4.1 OECD-Musterabkommen 2017 auf dem Gebiet der Steuern vom Einkommen und vom Vermögen

21. November 2017

OECD Fiskalausschuss

Organisation für wirtschaftliche Zusammenarbeit und Entwicklung

Inoffizielle Übersetzung[1] des originalen OECD-Dokuments, das in Englisch unter dem Titel OECD (2017), Model Tax Convention on Income and on Capital: Condensed Version 2017, OECD Publishing, Paris, veröffentlicht worden ist. Weicht die deutsche Übersetzung von der Originalversion ab, ist der Text des originalen Musterabkommens massgeblich.

Titel des Abkommens

Abkommen zwischen (Staat A) und (Staat B) zur Beseitigung der Doppelbesteuerung auf dem Gebiet der Steuern vom Einkommen und vom Vermögen sowie zur Verhinderung von Steuerhinterziehung und Steuerumgehung

Präambel[2]

(Staat A) und (Staat B),

vom Wunsch geleitet, ihre wirtschaftlichen Beziehungen weiterzuentwickeln und ihre Zusammenarbeit in steuerlichen Angelegenheiten zu vertiefen,

in der Absicht, ein Abkommen zur Beseitigung der Doppelbesteuerung auf dem Gebiet der Steuern vom Einkommen und vom Vermögen zu schliessen, ohne Möglichkeiten zur Nichtbesteuerung oder reduzierten Besteuerung durch Steuerhinterziehung oder -umgehung (unter anderem durch missbräuchliche Gestaltungen mit dem Ziel des Erhalts von in diesem Abkommen vorgesehenen Erleichterungen zum mittelbaren Nutzen von in Drittstaaten ansässigen Personen) zu schaffen,

haben Folgendes vereinbart:

---

1 In Anlehnung an die amtliche Übersetzung des OECD-Musterabkommens vom 28. Januar 2003 (OECD-MA 2003) durch das Deutsche Bundesministerium für Finanzen (BMF), Bonn, an die offizielle Übersetzung des Multilateralen Übereinkommens zur Umsetzung steuerabkommensbezogener Massnahmen zur Verhinderung der Gewinnverkürzung und Gewinnverlagerung (SR 0.671.1), an die Übersetzung des Updates 2017 zum OECD-Musterabkommen vom 21. November 2017 durch die NWB Verlag GmbH, Herne, und an den Sprachgebrauch in aktuellen von der schweizerischen Eidgenossenschaft abgeschlossenen Doppelbesteuerungsabkommen (z. B. SR 0.672.919.81).

2 Die Präambel des Abkommens richtet sich nach den verfassungsrechtlichen Vorschriften der beiden Vertragsstaaten.

Abschnitt I: Geltungsbereich des Abkommens

Art. 1 Unter das Abkommen fallende Personen

1 Dieses Abkommen gilt für Personen, die in einem Vertragsstaat oder in beiden Vertragsstaaten ansässig sind.

2 Im Sinne dieses Abkommens gelten Einkünfte, die durch oder über Rechtsträger oder Gebilde bezogen werden, die nach dem Steuerrecht eines der Vertragsstaaten als vollständig oder teilweise steuerlich transparent behandelt werden, als Einkünfte einer in einem Vertragsstaat ansässigen Person, jedoch nur, soweit die Einkünfte für Zwecke der Besteuerung durch diesen Staat als Einkünfte einer in diesem Staat ansässigen Person behandelt werden.

3 Dieses Abkommen berührt nicht die Besteuerung der in einem Vertragsstaat ansässigen Personen durch diesen Vertragsstaat, ausser in Bezug auf die Vergünstigungen nach Artikel 7 Absatz 3, Artikel 9 Absatz 2 sowie den Artikeln 19, 20, 23 [A] [B], 24, 25 und 28.

Art. 2 Unter das Abkommen fallende Steuern

1 Dieses Abkommen gilt, ohne Rücksicht auf die Art der Erhebung, für Steuern vom Einkommen und vom Vermögen, die für Rechnung eines Vertragsstaats oder seiner politischen Unterabteilungen oder lokalen Körperschaften erhoben werden.

2 Als Steuern vom Einkommen und vom Vermögen gelten alle Steuern, die vom Gesamteinkommen, vom Gesamtvermögen oder von Teilen des Einkommens oder des Vermögens erhoben werden, einschliesslich der Steuern vom Gewinn aus der Veräusserung beweglichen oder unbeweglichen Vermögens, der Lohnsummensteuern sowie der Steuern vom Vermögenszuwachs.

3 Zu den bestehenden Steuern, für die das Abkommen gilt, gehören insbesondere

    a) (in Staat A): …
    b) (in Staat B): …

4 Das Abkommen gilt auch für alle Steuern gleicher oder im Wesentlichen ähnlicher Art, die nach der Unterzeichnung des Abkommens neben den bestehenden Steuern oder an deren Stelle erhoben werden. Die zuständigen Behörden der Vertragsstaaten teilen einander die in ihren Steuergesetzen eingetretenen wichtigen Änderungen mit.

Abschnitt II: Begriffsbestimmungen

Art. 3 Allgemeine Begriffsbestimmungen

1 Im Sinne dieses Abkommens, wenn der Zusammenhang nichts anderes erfordert,

    a) umfasst der Ausdruck «Person» natürliche Personen, Gesellschaften und alle anderen Personenvereinigungen;
    b) bedeutet der Ausdruck «Gesellschaft» juristische Personen oder Rechtsträger, die für die Besteuerung wie juristische Personen behandelt werden;
    c) bezieht sich der Ausdruck «Unternehmen» auf die Ausübung einer Geschäftstätigkeit;

d) bedeuten die Ausdrücke «Unternehmen eines Vertragsstaats» und «Unternehmen des anderen Vertragsstaats», je nachdem, ein Unternehmen, das von einer in einem Vertragsstaat ansässigen Person betrieben wird, oder ein Unternehmen, das von einer im anderen Vertragsstaat ansässigen Person betrieben wird;
e) bedeutet der Ausdruck «internationaler Verkehr» jede Beförderung mit einem Schiff oder Luftfahrzeug, es sei denn, das Schiff oder Luftfahrzeug wird ausschliesslich zwischen Orten in einem Vertragsstaat betrieben und das Unternehmen, welches das Schiff oder Luftfahrzeug betreibt, ist nicht ein Unternehmen dieses Staates;
f) bedeutet der Ausdruck «zuständige Behörde»
   i) (in Staat A): ...
   ii) (in Staat B): ...
g) bedeutet der Ausdruck «Staatsangehöriger» in Bezug auf einen Vertragsstaat
   i) jede natürliche Person, die die Staatsangehörigkeit oder Staatsbürgerschaft dieses Vertragsstaats besitzt; und
   ii) jede juristische Person, Personengesellschaft und andere Personenvereinigung, die nach dem in diesem Vertragsstaat geltenden Recht errichtet worden ist;
h) schliesst der Ausdruck «Geschäftstätigkeit» die Ausübung einer freiberuflichen und sonstigen selbständigen Tätigkeit ein;
i) bedeutet der Ausdruck «Vorsorgeeinrichtung» eines Staates ein in diesem Staat errichteter Rechtsträger oder ein in diesem Staat errichtetes Gebilde, der beziehungsweise das nach den Steuergesetzen dieses Staats als eigenständige Person gilt und:
   i) ausschliesslich oder fast ausschliesslich errichtet und betrieben wird, um für natürliche Personen Ruhestandsleistungen und Zusatz- oder Nebenleistungen zu verwalten oder zu erbringen, und als solcher beziehungsweise solches durch diesen Staat oder eine seiner politischen Unterabteilungen oder lokalen Körperschaften gesetzlich geregelt wird, oder
   ii) ausschliesslich oder fast ausschliesslich errichtet und betrieben wird, um für unter Ziffer i genannte Rechtsträger oder Gebilde Mittel anzulegen.

2 Bei der Anwendung dieses Abkommens durch einen Vertragsstaat hat, wenn der Zusammenhang nichts anderes erfordert oder die zuständigen Behörden sich nicht gemäss den Bestimmungen nach Artikel 25 auf eine andere Bedeutung einigen, jeder im Abkommen nicht definierte Ausdruck die Bedeutung, die ihm im Anwendungszeitpunkt nach dem Recht dieses Staates über die Steuern zukommt, für die das Abkommen gilt, wobei die in der Steuergesetzgebung dieses Staates geltende Bedeutung derjenigen nach anderen Gesetzen des gleichen Staates vorgeht.

Art. 4 Ansässige Person

1 Im Sinne dieses Abkommens bedeutet der Ausdruck «eine in einem Vertragsstaat ansässige Person» eine Person, die nach dem Recht dieses Staates dort auf Grund ihres Wohnsitzes, ihres ständigen Aufenthalts, des Ortes ihrer Geschäftsleitung oder eines anderen ähnlichen Merkmals steuerpflichtig ist, und umfasst auch diesen Staat und seine politischen Unterabteilungen oder lokalen Körperschaften sowie eine Vorsorgeeinrichtung in diesem Staat. Der Ausdruck umfasst jedoch nicht eine Person, die in diesem Staat nur mit Einkünften aus Quellen in diesem Staat oder mit in diesem Staat gelegenem Vermögen steuerpflichtig ist.

² Ist nach Absatz 1 eine natürliche Person in beiden Vertragsstaaten ansässig, so gilt folgendes:

a) Die Person gilt als nur in dem Staat ansässig, in dem sie über eine ständige Wohnstätte verfügt; verfügt sie in beiden Staaten über eine ständige Wohnstätte, so gilt sie als nur in dem Staat ansässig, zu dem sie die engeren persönlichen und wirtschaftlichen Beziehungen hat (Mittelpunkt der Lebensinteressen);
b) kann nicht bestimmt werden, in welchem Staat die Person den Mittelpunkt ihrer Lebensinteressen hat, oder verfügt sie in keinem der Staaten über eine ständige Wohnstätte, so gilt sie als nur in dem Staat ansässig, in dem sie ihren gewöhnlichen Aufenthalt hat;
c) hat die Person ihren gewöhnlichen Aufenthalt in beiden Staaten oder in keinem der Staaten, so gilt sie als nur in dem Staat ansässig, dessen Staatsangehöriger sie ist;
d) ist die Person Staatsangehöriger beider Staaten oder keines der Staaten, so regeln die zuständigen Behörden der Vertragsstaaten die Frage in gegenseitigem Einvernehmen.

³ Ist nach Absatz 1 eine andere als eine natürliche Person in beiden Vertragsstaaten ansässig, so werden sich die zuständigen Behörden der Vertragsstaaten bemühen, durch Verständigung den Vertragsstaat zu bestimmen, in dem diese Person unter Berücksichtigung des Ortes ihrer tatsächlichen Geschäftsleitung, ihres Gründungsorts sowie sonstiger massgeblicher Faktoren im Sinne des Abkommens als ansässig gilt. Ohne eine solche Verständigung hat diese Person nur in dem Umfang und der Weise, die von den zuständigen Behörden der Vertragsstaaten vereinbart werden, Anspruch auf die in diesem Abkommen vorgesehenen Steuererleichterungen oder -befreiungen.

Art. 5 Betriebsstätte

¹ Im Sinne dieses Abkommens bedeutet der Ausdruck «Betriebsstätte» eine feste Geschäftseinrichtung, durch die die Geschäftstätigkeit eines Unternehmens ganz oder teilweise ausgeübt wird.

² Der Ausdruck «Betriebsstätte» umfasst insbesondere:

a) einen Ort der Leitung,
b) eine Zweigniederlassung,
c) eine Geschäftsstelle,
d) eine Fabrikationsstätte,
e) eine Werkstätte und
f) ein Bergwerk, ein Öl- oder Gasvorkommen, einen Steinbruch oder eine andere Stätte der Ausbeutung von Bodenschätzen.

³ Eine Bauausführung oder Montage ist nur dann eine Betriebsstätte, wenn ihre Dauer zwölf Monate überschreitet.

⁴ Ungeachtet der vorstehenden Bestimmungen dieses Artikels gelten nicht als Betriebsstätten:

a) Einrichtungen, die ausschliesslich zur Lagerung, Ausstellung oder Auslieferung von Gütern oder Waren des Unternehmens benutzt werden;
b) Bestände von Gütern oder Waren des Unternehmens, die ausschliesslich zur Lagerung, Ausstellung oder Auslieferung unterhalten werden;

c) Bestände von Gütern oder Waren des Unternehmens, die ausschliesslich zu dem Zweck unterhalten werden, durch ein anderes Unternehmen bearbeitet oder verarbeitet zu werden;
d) eine feste Geschäftseinrichtung, die ausschliesslich zu dem Zweck unterhalten wird, für das Unternehmen Güter oder Waren einzukaufen oder Informationen zu beschaffen;
e) eine feste Geschäftseinrichtung, die ausschliesslich zu dem Zweck unterhalten wird, für das Unternehmen andere Tätigkeiten auszuüben;
f) eine feste Geschäftseinrichtung, die ausschliesslich zu dem Zweck unterhalten wird, mehrere der unter den Buchstaben a) bis e) genannten Tätigkeiten auszuüben,

sofern diese Tätigkeit oder im Fall des Buchstabens f) die Gesamttätigkeit der festen Geschäftseinrichtung vorbereitender Art ist oder eine Hilfstätigkeit darstellt.

4.1 Absatz 4 ist nicht auf eine von einem Unternehmen genutzte oder unterhaltene feste Geschäftseinrichtung anzuwenden, wenn dasselbe Unternehmen oder ein eng verbundenes Unternehmen an demselben Ort oder an einem anderen Ort in demselben Vertragsstaat eine Geschäftstätigkeit ausübt und:

a) dieser Ort oder der andere Ort für das Unternehmen oder das eng verbundene Unternehmen nach den Bestimmungen dieses Artikels eine Betriebsstätte darstellt oder
b) die Gesamttätigkeit, die sich aus den von den beiden Unternehmen an demselben Ort oder von demselben Unternehmen oder eng verbundenen Unternehmen an den beiden Orten ausgeübten Tätigkeiten ergibt, weder vorbereitender Art ist noch eine Hilfstätigkeit darstellt,

sofern die von den beiden Unternehmen an demselben Ort oder von demselben Unternehmen oder eng verbundenen Unternehmen an den beiden Orten ausgeübten Geschäftstätigkeiten sich ergänzende Aufgaben darstellen, die Teil eines zusammenhängenden Geschäftsbetriebs sind.

5 Ungeachtet der Bestimmungen von Absatz 1 und 2, jedoch vorbehältlich des Absatzes 6, wird, wenn eine Person in einem Vertragsstaat für ein Unternehmen tätig ist und dabei gewöhnlich Verträge schliesst oder gewöhnlich die führende Rolle beim Abschluss von Verträgen einnimmt, die regelmässig ohne wesentliche Änderung durch das Unternehmen geschlossen werden, und es sich dabei um Verträge

a) im Namen des Unternehmens; oder
b) zur Übertragung des Eigentums an oder zur Gewährung des Nutzungsrechts für Vermögen, das diesem Unternehmen gehört oder für das es das Nutzungsrecht besitzt; oder
c) zur Erbringung von Dienstleistungen durch dieses Unternehmen

handelt, das Unternehmen so behandelt, als habe es in diesem Staat für alle von der Person für das Unternehmen ausgeübten Tätigkeiten eine Betriebsstätte, es sei denn, diese Tätigkeiten beschränkten sich auf die in Absatz 4 genannten Tätigkeiten, die, würden sie durch eine feste Geschäftseinrichtung ausgeübt (mit Ausnahme einer festen Geschäftseinrichtung, auf die Absatz 4.1 anzuwenden wäre), diese Einrichtung nach dem genannten Absatz nicht zu einer Betriebsstätte machen würden. B109

6 Absatz 5 ist nicht anzuwenden, wenn die in einem Vertragsstaat für ein Unternehmen des anderen Vertragsstaats tätige Person im erstgenannten Staat eine Geschäftstätigkeit als unabhängiger Vertreter ausübt und im Rahmen dieser ordentlichen Geschäftstätigkeit für das Unternehmen handelt. Ist eine Person jedoch ausschliesslich oder nahezu ausschliesslich für ein oder mehrere Unternehmen tätig, mit dem beziehungsweise denen sie eng verbunden ist, so gilt diese Person in Bezug auf dieses beziehungsweise diese Unternehmen nicht als unabhängiger Vertreter im Sinne dieses Absatzes.

7 Allein dadurch, dass eine in einem Vertragsstaat ansässige Gesellschaft eine Gesellschaft beherrscht oder von einer Gesellschaft beherrscht wird, die im anderen Vertragsstaat ansässig ist oder dort (entweder durch eine Betriebsstätte oder auf andere Weise) ihre Geschäftstätigkeit ausübt, wird keine der beiden Gesellschaften zur Betriebsstätte der anderen.

8 Im Sinne dieses Artikels ist eine Person oder ein Unternehmen mit einem Unternehmen eng verbunden, wenn allen massgeblichen Tatsachen und Umständen zufolge die Person das Unternehmen oder das Unternehmen die Person beherrscht oder beide von denselben Personen oder Unternehmen beherrscht werden. In jedem Fall gilt eine Person oder ein Unternehmen als mit einem Unternehmen eng verbunden, wenn einer von beiden unmittelbar oder mittelbar mehr als 50 Prozent der Eigentumsrechte am anderen (oder bei einer Gesellschaft mehr als 50 Prozent der Gesamtstimmrechte und des Gesamtwerts der Anteile der Gesellschaft oder der Eigentumsrechte an der Gesellschaft) besitzt oder wenn eine weitere Person oder ein weiteres Unternehmen unmittelbar oder mittelbar mehr als 50 Prozent der Eigentumsrechte an der Person und dem Unternehmen oder an beiden Unternehmen (oder bei einer Gesellschaft mehr als 50 Prozent der Gesamtstimmrechte und des Gesamtwerts der Anteile der Gesellschaft oder der Eigentumsrechte an der Gesellschaft) besitzt.

Abschnitt III: Besteuerung des Einkommens

Art. 6 Einkünfte aus unbeweglichem Vermögen

1 Einkünfte, die eine in einem Vertragsstaat ansässige Person aus unbeweglichem Vermögen (einschliesslich der Einkünfte aus land- und forstwirtschaftlichen Betrieben) bezieht, das im anderen Vertragsstaat liegt, können im anderen Staat besteuert werden.

2 Der Ausdruck «unbewegliches Vermögen» hat die Bedeutung, die ihm nach dem Recht des Vertragsstaats zukommt, in dem das Vermögen liegt. Der Ausdruck umfasst in jedem Fall die Zugehör zum unbeweglichen Vermögen, das lebende und tote Inventar, land- und forstwirtschaftlicher Betriebe, die Rechte, für die die Vorschriften des Privatrechts über Grundstücke gelten, Nutzungsrechte an unbeweglichem Vermögen sowie Rechte auf veränderliche oder feste Vergütungen für die Ausbeutung oder das Recht auf Ausbeutung von Mineralvorkommen, Quellen und anderen Bodenschätzen; Schiffe und Luftfahrzeuge gelten nicht als unbewegliches Vermögen.

3 Absatz 1 gilt für Einkünfte aus der unmittelbaren Nutzung, der Vermietung oder Verpachtung sowie jeder anderen Art der Nutzung unbeweglichen Vermögens.

4 Die Absätze 1 und 3 gelten auch für Einkünfte aus unbeweglichem Vermögen eines Unternehmens.

Art. 7 Unternehmensgewinne

1 Gewinne eines Unternehmens eines Vertragsstaates können nur in diesem Staat besteuert werden, es sei denn, das Unternehmen übt seine Geschäftstätigkeit im anderen Vertragsstaat durch eine dort gelegene Betriebstätte aus. Übt das Unternehmen seine Tätigkeit auf diese Weise aus, so können die Gewinne, die nach den Bestimmungen von Absatz 2 dieser Betriebstätte zuzurechnen sind, im anderen Staat besteuert werden.

2 Für die Zwecke dieses Artikels sowie des Artikels [23 A] [23 B] sind unter den Gewinnen, die in jedem Vertragsstaat der in Absatz 1 erwähnten Betriebstätte zuzurechnen sind, jene Gewinne zu verstehen, die sie namentlich durch ihre Beziehungen zu anderen Teilen des Unternehmens unter Berücksichtigung der vom Unternehmen über die Betriebstätte und über andere Teile des Unternehmens ausgeübten Funktionen, der verwendeten Aktiven und der übernommenen Risiken hätte erzielen können, wenn sie ein getrenntes und unabhängiges Unternehmen gewesen wäre, das eine gleiche oder ähnliche Tätigkeit unter gleichen oder ähnlichen Bedingungen ausgeübt hätte.

3 Berichtigt ein Vertragsstaat die Gewinne, die der Betriebstätte eines Unternehmens eines Vertragsstaates nach Absatz 2 zuzurechnen sind, und besteuert er demzufolge Gewinne dieses Unternehmens, die im andern Staat besteuert worden sind, so nimmt dieser andere Staat, soweit es zur Behebung der Doppelbesteuerung auf diesen Gewinnen notwendig ist, eine entsprechende Berichtigung der darauf erhobenen Steuern vor. Die zuständigen Behörden der Vertragsstaaten konsultieren sich erforderlichenfalls zur Festlegung der Berichtigung.

4 Gehören zu den Gewinnen Einkünfte, die in anderen Artikeln dieses Abkommens behandelt werden, so werden die Bestimmungen jener Artikel durch die Bestimmungen dieses Artikels nicht berührt.

Art. 8 Internationale Schifffahrt und Luftfahrt

1 Gewinne eines Unternehmens in einem Vertragsstaat aus dem Betrieb von Schiffen oder Luftfahrzeugen im internationalen Verkehr können nur in diesem Staat besteuert werden.

2 Absatz 1 gilt auch für Gewinne aus der Beteiligung an einem Pool, einer Betriebsgemeinschaft oder einer internationalen Betriebsstelle.

Art. 9 Verbundene Unternehmen

1 Wenn

a) ein Unternehmen eines Vertragsstaats unmittelbar oder mittelbar an der Geschäftsleitung, der Kontrolle oder dem Kapital eines Unternehmens des anderen Vertragsstaats beteiligt ist oder
b) dieselben Personen unmittelbar oder mittelbar an der Geschäftsleitung, der Kontrolle oder dem Kapital eines Unternehmens eines Vertragsstaats und eines Unternehmens des anderen Vertragsstaats beteiligt sind

und in diesen Fällen die beiden Unternehmen in ihren kaufmännischen oder finanziellen Beziehungen an vereinbarte oder auferlegte Bedingungen gebunden sind, die von denen abweichen, die unabhängige Unternehmen miteinander vereinbaren würden, so dürfen die Gewinne, die eines der Unternehmen ohne diese Bedingungen erzielt hätte, wegen dieser Bedingungen aber nicht erzielt hat, den Gewinnen dieses Unternehmens zugerechnet und entsprechend besteuert werden.

² Werden in einem Vertragsstaat den Gewinnen eines Unternehmens dieses Staates Gewinne zugerechnet – und entsprechend besteuert –, mit denen ein Unternehmen des anderen Vertragsstaats in diesem Staat besteuert worden ist, und handelt es sich bei den zugerechneten Gewinnen um solche, die das Unternehmen des erstgenannten Staates erzielt hätte, wenn die zwischen den beiden Unternehmen vereinbarten Bedingungen die gleichen gewesen wären, die unabhängige Unternehmen miteinander vereinbaren würden, so nimmt der andere Staat eine entsprechende Änderung der dort von diesen Gewinnen erhobenen Steuer vor. Bei dieser Änderung sind die übrigen Bestimmungen dieses Abkommens zu berücksichtigen; erforderlichenfalls werden die zuständigen Behörden der Vertragsstaaten einander konsultieren.

Art. 10 Dividenden

¹ Dividenden, die eine in einem Vertragsstaat ansässige Gesellschaft an eine im anderen Vertragsstaat ansässige Person zahlt, können im anderen Staat besteuert werden.

² Dividenden, die eine in einem Vertragsstaat ansässige Gesellschaft zahlt, können jedoch auch in diesem Staat nach dem Recht dieses Staates besteuert werden; die Steuer darf aber, wenn der Nutzungsberechtigte der Dividenden eine in dem anderen Vertragsstaat ansässige Person ist, nicht übersteigen:

a) 5 Prozent des Bruttobetrags der Dividenden, wenn der Nutzungsberechtigte eine Gesellschaft ist, die während eines Zeitraums von 365 Tagen einschliesslich des Tages der Dividendenzahlung unmittelbar mindestens 25 Prozent des Kapitals der die Dividenden zahlenden Gesellschaft hält (bei der Berechnung dieses Zeitraums bleiben Änderungen der Eigentumsverhältnisse unberücksichtigt, die sich unmittelbar aus einer Umstrukturierung, wie einer Fusion oder Spaltung, der die Anteile haltenden oder die Dividenden zahlenden Gesellschaft ergeben würden);

b) 15 Prozent des Bruttobetrags der Dividenden in allen anderen Fällen.

Die zuständigen Behörden der Vertragsstaaten regeln in gegenseitigem Einvernehmen, wie diese Begrenzungsbestimmungen durchzuführen sind. Dieser Absatz berührt nicht die Besteuerung der Gesellschaft in Bezug auf die Gewinne, aus denen die Dividenden gezahlt werden.

³ Der in diesem Artikel verwendete Ausdruck «Dividenden» bedeutet Einkünfte aus Aktien, Genussaktien oder Genussscheinen, Kuxen, Gründeranteilen oder anderen Rechten – ausgenommen Forderungen – mit Gewinnbeteiligung sowie aus sonstigen Gesellschaftsanteilen stammende Einkünfte, die nach dem Recht des Staates, in dem die ausschüttende Gesellschaft ansässig ist, den Einkünften aus Aktien steuerlich gleichgestellt sind.

⁴ Die Absätze 1 und 2 sind nicht anzuwenden, wenn der in einem Vertragsstaat ansässige Nutzungsberechtigte im anderen Vertragsstaat, in dem die die Dividenden zahlende Gesellschaft ansässig ist, eine Geschäftstätigkeit durch eine dort gelegene Betriebsstätte ausübt und die Beteiligung, für die die Dividenden gezahlt werden, tatsächlich zu dieser Betriebsstätte gehört. In diesem Fall ist Artikel 7 anzuwenden.

⁵ Bezieht eine in einem Vertragsstaat ansässige Gesellschaft Gewinne oder Einkünfte aus dem anderen Vertragsstaat, so darf dieser andere Staat weder die von der Gesellschaft gezahlten Dividenden besteuern, es sei denn, dass diese Dividenden an eine im anderen Staat ansässige Person gezahlt werden oder dass die Beteiligung, für die die Dividenden gezahlt werden, tatsächlich zu einer im anderen Staat gelegenen Betriebsstätte gehört,

noch Gewinne der Gesellschaft einer Steuer für nichtausgeschüttete Gewinne unterwerfen, selbst wenn die gezahlten Dividenden oder die nichtausgeschütteten Gewinne ganz oder teilweise aus im anderen Staat erzielten Gewinnen oder Einkünften bestehen.

Art. 11 Zinsen

1 Zinsen, die aus einem Vertragsstaat stammen und an eine im anderen Vertragsstaat ansässige Person gezahlt werden, können im anderen Staat besteuert werden.

2 Zinsen, die aus einem Vertragsstaat stammen, können jedoch auch in diesem Staat nach dem Recht dieses Staates besteuert werden; die Steuer darf aber, wenn der Nutzungsberechtigte der Zinsen eine im anderen Vertragsstaat ansässige Person ist, 10 Prozent des Bruttobetrags der Zinsen nicht übersteigen. Die zuständigen Behörden der Vertragsstaaten regeln in gegenseitigem Einvernehmen, wie diese Begrenzungsbestimmung durchzuführen ist.

3 Der in diesem Artikel verwendete Ausdruck «Zinsen» bedeutet Einkünfte aus Forderungen jeder Art, auch wenn die Forderungen durch Pfandrechte an Grundstücken gesichert oder mit einer Beteiligung am Gewinn des Schuldners ausgestattet sind, und insbesondere Einkünfte aus öffentlichen Anleihen und aus Obligationen einschliesslich der damit verbundenen Aufgelder und der Gewinne aus Losanleihen. Zuschläge für verspätete Zahlung gelten nicht als Zinsen im Sinne dieses Artikels.

4 Die Absätze 1 und 2 sind nicht anzuwenden, wenn der in einem Vertragsstaat ansässige Nutzungsberechtigte im anderen Vertragsstaat, aus dem die Zinsen stammen, eine Geschäftstätigkeit durch eine dort gelegene Betriebsstätte ausübt und die Forderung, für die die Zinsen gezahlt werden, tatsächlich zu dieser Betriebsstätte gehört. In diesem Fall ist Artikel 7 anzuwenden.

5 Zinsen gelten dann als aus einem Vertragsstaat stammend, wenn der Schuldner eine in diesem Staat ansässige Person ist. Hat aber der Schuldner der Zinsen, ohne Rücksicht darauf, ob er in einem Vertragsstaat ansässig ist oder nicht, in einem Vertragsstaat eine Betriebsstätte und ist die Schuld, für die die Zinsen gezahlt werden, für Zwecke der Betriebsstätte eingegangen worden und trägt die Betriebsstätte die Zinsen, so gelten die Zinsen als aus dem Staat stammend, in dem die Betriebsstätte liegt.

6 Bestehen zwischen dem Schuldner und dem Nutzungsberechtigten oder zwischen jedem von ihnen und einem Dritten besondere Beziehungen und übersteigen deshalb die Zinsen, gemessen an der zugrunde liegenden Forderung, den Betrag, den Schuldner und Nutzungsberechtigter ohne diese Beziehungen vereinbart hätten, so wird dieser Artikel nur auf den letzteren Betrag angewendet. In diesem Fall kann der übersteigende Betrag nach dem Recht eines jeden Vertragsstaats und unter Berücksichtigung der anderen Bestimmungen dieses Abkommens besteuert werden.

Art. 12 Lizenzgebühren

1 Lizenzgebühren, die aus einem Vertragsstaat stammen und deren Nutzungsberechtigter eine im anderen Vertragsstaat ansässige Person ist, können nur im anderen Staat besteuert werden.

² Der in diesem Artikel verwendete Ausdruck «Lizenzgebühren» bedeutet Vergütungen jeder Art, die für die Benutzung oder für das Recht auf Benutzung von Urheberrechten an literarischen, künstlerischen oder wissenschaftlichen Werken, einschliesslich kinematographischer Filme, von Patenten, Marken, Mustern oder Modellen, Plänen, geheimen Formeln oder Verfahren oder für die Mitteilung gewerblicher, kaufmännischer oder wissenschaftlicher Erfahrungen gezahlt werden.

³ Absatz 1 ist nicht anzuwenden, wenn der in einem Vertragsstaat ansässige Nutzungsberechtigte im anderen Vertragsstaat, aus dem die Lizenzgebühren stammen, eine Geschäftstätigkeit durch eine dort gelegene Betriebsstätte ausübt und die Rechte oder Vermögenswerte, für die die Lizenzgebühren gezahlt werden, tatsächlich zu dieser Betriebsstätte gehören. In diesem Fall ist Artikel 7 anzuwenden.

⁴ Bestehen zwischen dem Schuldner und dem Nutzungsberechtigten oder zwischen jedem von ihnen und einem Dritten besondere Beziehungen und übersteigen deshalb die Lizenzgebühren, gemessen an der zugrunde liegenden Leistung, den Betrag, den Schuldner und Nutzungsberechtigter ohne diese Beziehungen vereinbart hätten, so wird dieser Artikel nur auf den letzteren Betrag angewendet. In diesem Fall kann der übersteigende Betrag nach dem Recht eines jeden Vertragsstaats und unter Berücksichtigung der anderen Bestimmungen dieses Abkommens besteuert werden.

Art. 13 Gewinne aus der Veräusserung von Vermögen

¹ Gewinne, die eine in einem Vertragsstaat ansässige Person aus der Veräusserung unbeweglichen Vermögens im Sinne des Artikels 6 bezieht, das im anderen Vertragsstaat liegt, können im anderen Staat besteuert werden.

² Gewinne aus der Veräusserung beweglichen Vermögens, das Betriebsvermögen einer Betriebsstätte ist, die ein Unternehmen eines Vertragsstaats im anderen Vertragsstaat hat, einschliesslich derartiger Gewinne, die bei der Veräusserung einer solchen Betriebsstätte (allein oder mit dem übrigen Unternehmen) erzielt werden, können im anderen Staat besteuert werden.

³ Gewinne, die ein Unternehmen in einem Vertragsstaat, das Schiffe oder Luftfahrzeuge im internationalen Verkehr betreibt, aus der Veräusserung dieser Schiffe oder Luftfahrzeuge oder von beweglichem Vermögen bezieht, das dem Betrieb dieser Schiffe oder Luftfahrzeuge dient, können nur in diesem Vertragsstaat besteuert werden.

⁴ Gewinne, die eine in einem Vertragsstaat ansässige Person aus der Veräusserung von Anteilen oder vergleichbaren Rechten, wie Rechten an einer Personengesellschaft oder einem Trust, erzielt, können im anderen Vertragsstaat besteuert werden, wenn der Wert dieser Anteile oder vergleichbaren Rechte zu irgendeinem Zeitpunkt während der 365 Tage vor der Veräusserung zu mehr als 50 Prozent unmittelbar oder mittelbar auf unbeweglichem Vermögen im Sinne des Artikels 6 beruhte, das im anderen Staat liegt.

⁵ Gewinne aus der Veräusserung des in den Absätzen 1, 2, 3 und 4 nicht genannten Vermögens können nur in dem Vertragsstaat besteuert werden, in dem der Veräusserer ansässig ist.

Art. 14 Selbständige Arbeit

(Aufgehoben)

Art. 15 Einkünfte aus unselbständiger Arbeit

1 Vorbehältlich der Artikel 16, 18 und 19 können Gehälter, Löhne und ähnliche Vergütungen, die eine in einem Vertragsstaat ansässige Person aus unselbständiger Arbeit bezieht, nur in diesem Staat besteuert werden, es sei denn, die Arbeit wird im anderen Vertragsstaat ausgeübt. Wird die Arbeit dort ausgeübt, so können die dafür bezogenen Vergütungen im anderen Staat besteuert werden.

2 Ungeachtet des Absatzes 1 können Vergütungen, die eine in einem Vertragsstaat ansässige Person für eine im anderen Vertragsstaat ausgeübte unselbständige Arbeit bezieht, nur im erstgenannten Staat besteuert werden, wenn

a) der Empfänger sich im anderen Staat insgesamt nicht länger als 183 Tage innerhalb eines Zeitraums von 12 Monaten, der während des betreffenden Steuerjahres beginnt oder endet, aufhält und

b) die Vergütungen von einem Arbeitgeber oder für einen Arbeitgeber gezahlt werden, der nicht im anderen Staat ansässig ist, und

c) die Vergütungen nicht von einer Betriebsstätte getragen werden, die der Arbeitgeber im anderen Staat hat.

3 Ungeachtet der vorstehenden Bestimmungen dieses Artikels können Vergütungen für unselbständige Arbeit, die eine in einem Vertragsstaat ansässige Person als Mitglied der ständigen Besatzung an Bord eines Schiffes oder Luftfahrzeuges ausübt, das im internationalen Verkehr betrieben wird, jedoch nicht an Bord eines Schiffes oder Luftfahrzeuges, das ausschliesslich im anderen Vertragsstaat betrieben wird, nur im erstgenannten Staat besteuert werden.

Art. 16 Aufsichtsrats- und Verwaltungsratsvergütungen

Aufsichtsrats- oder Verwaltungsratsvergütungen und ähnliche Zahlungen, die eine in einem Vertragsstaat ansässige Person in ihrer Eigenschaft als Mitglied des Aufsichts- oder Verwaltungsrats einer Gesellschaft bezieht, die im anderen Vertragsstaat ansässig ist, können im anderen Staat besteuert werden.

Art. 17 Künstler und Sportler

1 Ungeachtet des Artikels 15 können Einkünfte, die eine in einem Vertragsstaat ansässige Person als Künstler, wie Bühnen-, Film-, Rundfunk- und Fernsehkünstler sowie Musiker, oder als Sportler aus ihrer im anderen Vertragsstaat persönlich ausgeübten Tätigkeit bezieht, im anderen Staat besteuert werden.

2 Fliessen Einkünfte aus einer von einem Künstler oder Sportler in dieser Eigenschaft persönlich ausgeübten Tätigkeit nicht dem Künstler oder Sportler, sondern einer anderen Person zu, so können diese Einkünfte ungeachtet des Artikels 15 in dem Vertragsstaat besteuert werden, in dem der Künstler oder Sportler seine Tätigkeit ausübt.

Art. 18 Ruhegehälter

Vorbehältlich des Artikels 19 Absatz 2 können Ruhegehälter und ähnliche Vergütungen, die einer in einem Vertragsstaat ansässigen Person für frühere unselbständige Arbeit gezahlt werden, nur in diesem Staat besteuert werden.

Art. 19 Öffentlicher Dienst

1 a) Gehälter, Löhne und ähnliche Vergütungen, die von einem Vertragsstaat oder einer seiner politischen Unterabteilungen oder lokalen Körperschaften an eine natürliche Person für die diesem Staat oder der politischen Unterabteilung oder lokalen Körperschaft geleisteten Dienste gezahlt werden, können nur in diesem Staat besteuert werden.

b) Diese Gehälter, Löhne und ähnlichen Vergütungen können jedoch nur im anderen Vertragsstaat besteuert werden, wenn die Dienste in diesem Staat geleistet werden und die natürliche Person in diesem Staat ansässig ist und
i) ein Staatsangehöriger dieses Staates ist oder
ii) nicht ausschliesslich deshalb in diesem Staat ansässig geworden ist, um die Dienste zu leisten.

2 a) Ungeachtet der vorstehenden Bestimmungen dieses Artikels können Ruhegehälter und ähnliche Vergütungen, die von einem Vertragsstaat oder einer seiner politischen Unterabteilungen oder lokalen Körperschaften oder aus einem von diesem Staat oder der politischen Unterabteilung oder lokalen Körperschaft errichteten Sondervermögen an eine natürliche Person für die diesem Staat oder der politischen Unterabteilung oder lokalen Körperschaft geleisteten Dienste gezahlt werden, nur in diesem Staat besteuert werden.

b) Diese Ruhegehälter und ähnliche Vergütungen können jedoch nur im anderen Vertragsstaat besteuert werden, wenn die natürliche Person in diesem Staat ansässig ist und ein Staatsangehöriger dieses Staates ist.

3 Auf Gehälter, Löhne, Ruhegehälter und ähnliche Vergütungen für Dienstleistungen, die im Zusammenhang mit einer Geschäftstätigkeit eines Vertragsstaats oder einer seiner politischen Unterabteilungen oder lokalen Körperschaften erbracht werden, sind die Artikel 15, 16, 17 oder 18 anzuwenden.

Art. 20 Studenten

Zahlungen, die ein Student, Praktikant oder Lehrling, der sich in einem Vertragsstaat ausschliesslich zum Studium oder zur Ausbildung aufhält und der im anderen Vertragsstaat ansässig ist oder dort unmittelbar vor der Einreise in den erstgenannten Staat ansässig war, für seinen Unterhalt, sein Studium oder seine Ausbildung erhält, dürfen im erstgenannten Staat nicht besteuert werden, sofern diese Zahlungen aus Quellen ausserhalb dieses Staates stammen.

Art. 21 Andere Einkünfte

1 Einkünfte einer in einem Vertragsstaat ansässigen Person, die in den vorstehenden Artikeln nicht behandelt wurden, können ohne Rücksicht auf ihre Herkunft nur in diesem Staat besteuert werden.

2 Absatz 1 ist auf andere Einkünfte als solche aus unbeweglichem Vermögen im Sinne des Artikels 6 Absatz 2 nicht anzuwenden, wenn der in einem Vertragsstaat ansässige Empfänger im anderen Vertragsstaat eine Geschäftstätigkeit durch eine dort gelegene Betriebsstätte ausübt und die Rechte oder Vermögenswerte, für die die Einkünfte gezahlt werden, tatsächlich zu dieser Betriebsstätte gehören. In diesem Fall ist Artikel 7 anzuwenden.

Abschnitt IV: Besteuerung des Vermögens

Art. 22 Vermögen

1 Unbewegliches Vermögen im Sinne des Artikels 6, das einer in einem Vertragsstaat ansässigen Person gehört und im anderen Vertragsstaat liegt, kann im anderen Staat besteuert werden.

2 Bewegliches Vermögen, das Betriebsvermögen einer Betriebsstätte ist, die ein Unternehmen eines Vertragsstaats im anderen Vertragsstaat hat, kann im anderen Staat besteuert werden.

3 Schiffe und Luftfahrzeuge sowie bewegliches Vermögen, das dem Betrieb dieser Schiffe oder Luftfahrzeuge dient, können, wenn sie einem Unternehmen eines Vertragsstaats gehören, das diese Schiffe oder Luftfahrzeuge im internationalen Verkehr betreibt, nur in diesem Staat besteuert werden.

4 Alle anderen Vermögensteile einer in einem Vertragsstaat ansässigen Person können nur in diesem Staat besteuert werden.

Abschnitt V: Methoden zur Vermeidung der Doppelbesteuerung

Art. 23 A Befreiungsmethode

1 Bezieht eine in einem Vertragsstaat ansässige Person Einkünfte oder hat sie Vermögen und können diese Einkünfte oder dieses Vermögen nach den Bestimmungen dieses Abkommens im anderen Vertragsstaat besteuert werden (es sei denn, diese Bestimmungen gestatten die Besteuerung durch den anderen Staat allein deshalb, weil das Einkommen auch von einer in diesem Staat ansässigen Person bezogen wird oder weil sich das Vermögen auch im Besitz einer in diesem Staat ansässigen Person befindet), so nimmt der erstgenannte Staat vorbehältlich der Absätze 2 und 3 diese Einkünfte oder dieses Vermögen von der Besteuerung aus.

2 Bezieht eine in einem Vertragsstaat ansässige Person Einkünfte und können diese Einkünfte nach den Artikeln 10 und 11 im anderen Vertragsstaat besteuert werden (es sei denn, diese Artikel gestatten die Besteuerung durch den anderen Staat allein deshalb, weil das Einkommen auch von einer in diesem Staat ansässigen Person bezogen wird), so rechnet der erstgenannte Staat auf die vom Einkommen dieser Person zu erhebende Steuer den Betrag an, der der im anderen Staat gezahlten Steuer entspricht. Der anzurechnende Betrag darf jedoch den Teil der von der Anrechnung ermittelten Steuer nicht übersteigen, der auf die aus dem anderen Staat bezogenen Einkünfte entfällt.

3 Einkünfte oder Vermögen einer in einem Vertragsstaat ansässigen Person, die nach dem Abkommen von der Besteuerung in diesem Staat auszunehmen sind, können gleichwohl in diesem Staat bei der Festsetzung der Steuer für das übrige Einkommen oder Vermögen der Person einbezogen werden.

4 Absatz 1 gilt nicht für Einkünfte oder Vermögen einer in einem Vertragsstaat ansässigen Person, wenn der andere Vertragsstaat dieses Abkommen so anwendet, dass er diese Einkünfte oder dieses Vermögen von der Besteuerung ausnimmt oder Absatz 2 des Artikels 10 oder des Artikels 11 auf diese Einkünfte anwendet.

Art. 23 B Anrechnungsmethode

1 Bezieht eine in einem Vertragsstaat ansässige Person Einkünfte oder hat sie Vermögen und können diese Einkünfte oder dieses Vermögen nach den Bestimmungen dieses Abkommens im anderen Vertragsstaat besteuert werden (es sei denn, diese Bestimmungen gestatten die Besteuerung durch den anderen Staat allein deshalb, weil das Einkommen auch von einer in diesem Staat ansässigen Person bezogen wird oder weil sich das Vermögen auch im Besitz einer in diesem Staat ansässigen Person befindet), so rechnet der erstgenannte Staat:

a) auf die vom Einkommen dieser Person zu erhebende Steuer den Betrag an, der der im anderen Staat gezahlten Steuer vom Einkommen entspricht;

b) auf die vom Vermögen dieser Person zu erhebende Steuer den Betrag an, der der in dem anderen Vertragsstaat gezahlten Steuer vom Vermögen entspricht.

Der anzurechnende Betrag darf jedoch in beiden Fällen den Teil der vor der Anrechnung ermittelten Steuer vom Einkommen oder vom Vermögen nicht übersteigen, der auf die Einkünfte, die im anderen Staat besteuert werden können oder auf das Vermögen, das dort besteuert werden kann, entfällt.

2 Einkünfte oder Vermögen einer in einem Vertragsstaat ansässigen Person, die nach dem Abkommen von der Besteuerung in diesem Staat auszunehmen sind, können gleichwohl in diesem Staat bei der Festsetzung der Steuer für das übrige Einkommen oder Vermögen der Person einbezogen werden.

Abschnitt VI: Besondere Bestimmungen

Art. 24 Gleichbehandlung

1 Staatsangehörige eines Vertragsstaats dürfen im anderen Vertragsstaat keiner Besteuerung oder damit zusammenhängenden Verpflichtung unterworfen werden, die anders oder belastender ist als die Besteuerung und die damit zusammenhängenden Verpflichtungen, denen Staatsangehörige des anderen Staates unter gleichen Verhältnissen, insbesondere hinsichtlich der Ansässigkeit, unterworfen sind oder unterworfen werden können. Diese Bestimmung gilt ungeachtet des Artikels 1 auch für Personen, die in keinem Vertragsstaat ansässig sind.

2 Staatenlose, die in einem Vertragsstaat ansässig sind, dürfen in keinem Vertragsstaat einer Besteuerung oder damit zusammenhängenden Verpflichtung unterworfen werden, die anders oder belastender ist als die Besteuerung und die damit zusammenhängenden Verpflichtungen, denen Staatsangehörige des betreffenden Staates unter gleichen Verhältnissen, insbesondere hinsichtlich der Ansässigkeit, unterworfen sind oder unterworfen werden können.

3 Die Besteuerung einer Betriebsstätte, die ein Unternehmen eines Vertragsstaats im anderen Vertragsstaat hat, darf im anderen Staat nicht ungünstiger sein als die Besteuerung von Unternehmen des anderen Staates, die die gleiche Tätigkeit ausüben. Diese Bestimmung ist nicht so auszulegen, als verpflichte sie einen Vertragsstaat, den im anderen Vertragsstaat ansässigen Personen Steuerfreibeträge, -vergünstigungen und -ermässigungen auf Grund des Personenstandes oder der Familienlasten zu gewähren, die er seinen ansässigen Personen gewährt.

4 Sofern nicht Artikel 9 Absatz 1, Artikel 11 Absatz 6 oder Artikel 12 Absatz 4 anzuwenden ist, sind Zinsen, Lizenzgebühren und andere Entgelte, die ein Unternehmen eines Vertragsstaats an eine im anderen Vertragsstaat ansässige Person zahlt, bei der Ermittlung der steuerpflichtigen Gewinne dieses Unternehmens unter den gleichen Bedingungen wie Zahlungen an eine im erstgenannten Staat ansässige Person zum Abzug zuzulassen. Dementsprechend sind Schulden, die ein Unternehmen eines Vertragsstaats gegenüber einer im anderen Vertragsstaat ansässigen Person hat, bei der Ermittlung des steuerpflichtigen Vermögens dieses Unternehmens unter den gleichen Bedingungen wie Schulden gegenüber einer im erstgenannten Staat ansässigen Person zum Abzug zuzulassen.

5 Unternehmen eines Vertragsstaats, deren Kapital ganz oder teilweise unmittelbar oder mittelbar einer im anderen Vertragsstaat ansässigen Person oder mehreren solchen Personen gehört oder ihrer Kontrolle unterliegt, dürfen im erstgenannten Staat keiner Besteuerung oder damit zusammenhängenden Verpflichtung unterworfen werden, die anders oder belastender ist als die Besteuerung und die damit zusammenhängenden Verpflichtungen, denen andere ähnliche Unternehmen des erstgenannten Staates unterworfen sind oder unterworfen werden können.

6 Dieser Artikel gilt ungeachtet des Artikels 2 für Steuern jeder Art und Bezeichnung.

Art. 25 Verständigungsverfahren

1 Ist eine Person der Auffassung, dass Massnahmen eines Vertragsstaats oder beider Vertragsstaaten für sie zu einer Besteuerung führen oder führen werden, die diesem Abkommen nicht entspricht, so kann sie ungeachtet der nach dem innerstaatlichen Recht dieser Staaten vorgesehenen Rechtsmittel ihren Fall der zuständigen Behörde eines der beiden Vertragsstaaten unterbreiten. Der Fall muss innerhalb von drei Jahren nach der ersten Mitteilung der Massnahme unterbreitet werden, die zu einer dem Abkommen nicht entsprechenden Besteuerung führt.

2 Hält die zuständige Behörde die Einwendung für begründet und ist sie selbst nicht in der Lage, eine befriedigende Lösung herbeizuführen, so wird sie sich bemühen, den Fall durch Verständigung mit der zuständigen Behörde des anderen Vertragsstaats so zu regeln, dass eine dem Abkommen nicht entsprechende Besteuerung vermieden wird. Die Verständigungsregelung ist ungeachtet der Fristen des innerstaatlichen Rechts der Vertragsstaaten durchzuführen.

3 Die zuständigen Behörden der Vertragsstaaten werden sich bemühen, Schwierigkeiten oder Zweifel, die bei der Auslegung oder Anwendung des Abkommens entstehen, in gegenseitigem Einvernehmen zu beseitigen. Sie können auch gemeinsam darüber beraten, wie eine Doppelbesteuerung in Fällen vermieden werden kann, die im Abkommen nicht behandelt sind.

4 Die zuständigen Behörden der Vertragsstaaten können zur Herbeiführung einer Einigung im Sinne der vorstehenden Absätze unmittelbar miteinander verkehren, gegebenenfalls auch durch eine aus ihnen oder ihren Vertretern bestehende gemeinsame Kommission.

5 Wenn

 a) eine Person nach Absatz 1 der zuständigen Behörde eines Vertragsstaats einen Fall mit der Begründung unterbreitet hat, dass Massnahmen eines Vertragsstaats oder beider Vertragsstaaten für sie zu einer Besteuerung geführt haben, die diesem Abkommen nicht entspricht, und

b) die zuständigen Behörden nicht in der Lage sind, sich gemäss Absatz 2 über die Lösung des Falles innerhalb von zwei Jahren seit dem Tag zu einigen, an dem beiden zuständigen Behörden alle von ihnen zur Behandlung des Falles benötigten Informationen übermittelt wurden,

werden alle ungelösten Fragen des Falles auf schriftlichen Antrag der Person einem Schiedsverfahren unterworfen. Diese ungelösten Fragen werden jedoch nicht dem Schiedsverfahren unterworfen, wenn darüber bereits ein Gericht in einem der Staaten entschieden hat. Sofern eine Person, die unmittelbar von dem Fall betroffen ist, die Verständigungsvereinbarung, durch der Schiedsspruch umgesetzt wird, nicht ablehnt, ist der Schiedsspruch für beide Staaten verbindlich und ungeachtet der Fristen des innerstaatlichen Rechts dieser Staaten durchzuführen. Die zuständigen Behörden dieser Vertragsstaaten regeln in gegenseitigem Einvernehmen die Anwendung dieses Absatzes.

Art. 26 Informationsaustausch

1 Die zuständigen Behörden der Vertragsstaaten tauschen die Informationen aus, die für die Durchführung dieses Abkommens oder die Verwaltung und den Vollzug des innerstaatlichen Rechts betreffend Steuern jeder Art und Bezeichnung, die für Rechnung der Vertragsstaaten oder ihrer politischen Unterabteilungen oder lokalen Körperschaften erhoben werden, voraussichtlich erheblich sind, soweit die diesem Recht entsprechende Besteuerung nicht dem Abkommen widerspricht. Der Informationsaustausch ist durch Artikel 1 und 2 nicht eingeschränkt.

2 Alle Informationen, die ein Vertragsstaat nach Absatz 1 erhalten hat, sind ebenso geheim zu halten, wie die auf Grund des innerstaatlichen Rechts dieses Staates beschafften Informationen und dürfen nur den Personen oder Behörden (einschliesslich der Gerichte und der Verwaltungsbehörden) zugänglich gemacht werden, die mit der Veranlagung oder Erhebung, der Vollstreckung oder Strafverfolgung oder mit der Entscheidung von Rechtsmitteln hinsichtlich der in Absatz 1 genannten Steuern oder mit der Aufsicht über die vorgenannten Personen oder Behörden befasst sind. Diese Personen oder Behörden dürfen die Informationen nur für diese Zwecke verwenden. Sie dürfen die Informationen in einem öffentlichen Gerichtsverfahren oder in einer Gerichtsentscheidung offen legen. Ungeachtet der vorstehenden Bestimmungen kann ein Vertragsstaat die erhaltenen Informationen für andere Zwecke verwenden, wenn solche Informationen nach dem Recht beider Staaten für diese Zwecke verwendet werden können und die zuständige Behörde des übermittelnden Staates einer solchen Verwendung zustimmt.

3 Die Absätze 1 und 2 sind nicht so auszulegen, als verpflichten sie einen Vertragsstaat,

a) Verwaltungsmassnahmen durchzuführen, die von den Gesetzen und der Verwaltungspraxis dieses oder des anderen Vertragsstaats abweichen;
b) Informationen zu erteilen, die nach den Gesetzen oder im üblichen Verwaltungsverfahren dieses oder des anderen Vertragsstaats nicht beschafft werden können;
c) Informationen zu erteilen, die ein Handels-, Industrie-, Gewerbe- oder Berufsgeheimnis oder ein Geschäftsverfahren preisgeben würden oder deren Erteilung dem Ordre public widerspräche.

4 Wenn ein Vertragsstaat in Übereinstimmung mit diesem Artikel um Erteilung von Informationen ersucht, wendet der andere Vertragsstaat zur Beschaffung der Informationen seine innerstaatlichen Ermittlungsmassnahmen an, auch wenn er die Informationen nicht für seine eigenen Steuerzwecke benötigt. Die Verpflichtung unterliegt den Beschränkungen des Absatzes 3; diese sind aber nicht so auszulegen, als erlaubten sie einem Vertragsstaat, die Erteilung der Informationen abzulehnen, nur weil er kein eigenes Interesse an ihnen hat.

5 Absatz 3 ist nicht so auszulegen, als erlaube er einem Vertragsstaat, die Erteilung von Informationen abzulehnen, nur weil sie sich im Besitz einer Bank, einer anderen Finanzinstitution, eines Beauftragten, Bevollmächtigten oder Treuhänders befinden oder weil sie sich auf Beteiligungen an einer Person beziehen.

Art. 27 Amtshilfe bei der Erhebung von Steuern[1]

1 Die Vertragsstaaten leisten sich gegenseitig Amtshilfe bei der Erhebung von Steueransprüchen. Diese Amtshilfe ist durch Artikel 1 und 2 nicht eingeschränkt. Die zuständigen Behörden der Vertragsstaaten können in gegenseitigem Einvernehmen regeln, wie dieser Artikel durchzuführen ist.

2 Der in diesem Artikel verwendete Ausdruck «Steueranspruch» bedeutet einen Betrag, der auf Grund von Steuern jeder Art und Bezeichnung, die für Rechnung der Vertragsstaaten oder ihrer politischen Unterabteilungen oder lokalen Körperschaften erhoben werden, geschuldet wird, soweit die Besteuerung diesem Abkommen oder anderen völkerrechtlichen Übereinkünften, denen die Vertragsstaaten beigetreten sind, nicht widerspricht, sowie mit diesem Betrag zusammenhängende Zinsen, Geldbussen und Kosten der Erhebung oder Sicherung.

3 Ist der Steueranspruch eines Vertragsstaats nach dem Recht dieses Staates vollstreckbar und wird er von einer Person geschuldet, die zu diesem Zeitpunkt nach dem Recht dieses Staates die Erhebung nicht verhindern kann, wird dieser Steueranspruch auf Ersuchen der zuständigen Behörde dieses Staates für Zwecke der Erhebung von der zuständigen Behörde des anderen Vertragsstaats anerkannt. Der Steueranspruch wird vom anderen Staat nach dessen Rechtsvorschriften über die Vollstreckung und Erhebung seiner eigenen Steuern erhoben, als handle es sich bei dem Steueranspruch um einen Steueranspruch des anderen Staates.

4 Handelt es sich bei dem Steueranspruch eines Vertragsstaats um einen Anspruch, bei dem dieser Staat nach seinem Recht Massnahmen zur Sicherung der Erhebung einleiten kann, wird dieser Steueranspruch auf Ersuchen der zuständigen Behörde dieses Staates zum Zwecke der Einleitung von Sicherungsmassnahmen von der zuständigen Behörde des anderen Vertragsstaats anerkannt. Der andere Staat leitet nach seinen Rechtsvorschriften Sicherungsmassnahmen in Bezug auf diesen Steueranspruch ein, als wäre der Steueranspruch ein Steueranspruch dieses anderen Staates, selbst wenn der Steueranspruch im Zeitpunkt der Einleitung dieser Massnahmen im erstgenannten Staat nicht vollstreckbar ist oder von einer Person geschuldet wird, die berechtigt ist, die Erhebung zu verhindern.

---

[1] In einigen Ländern ist Amtshilfe nach diesem Artikel möglicherweise auf Grund von innerstaatlichem Recht oder aus politischen oder verwaltungstechnischen Erwägungen unrechtmässig, ungerechtfertigt oder eingeschränkt, beispielsweise auf Länder mit ähnlichen Steuersystemen oder Steuerverwaltungen oder auf bestimmte unter das Abkommen fallende Steuern. Aus diesem Grund sollte dieser Artikel nur dann Eingang in das Abkommen finden, wenn beide Staaten auf der Grundlage der in Ziffer 1 des Kommentars zu diesem Artikel beschriebenen Faktoren zu dem Schluss kommen, dass sie der Leistung von Amtshilfe bei der Erhebung von im anderen Staat erhobenen Steuern zustimmen können.

⁵ Ungeachtet der Absätze 3 und 4 unterliegt ein von einem Vertragsstaat für Zwecke der Absätze 3 oder 4 anerkannter Steueranspruch als solcher in diesem Staat nicht den Verjährungsfristen oder den Vorschriften über die vorrangige Behandlung eines Steueranspruchs nach dem Recht dieses Staates. Ferner hat ein Steueranspruch, der von einem Vertragsstaat für Zwecke der Absätze 3 oder 4 anerkannt wurde, in diesem Staat nicht den Vorrang, den dieser Steueranspruch nach dem Recht des anderen Vertragsstaats hat.

⁶ Verfahren im Zusammenhang mit dem Bestehen, der Gültigkeit oder der Höhe des Steueranspruchs eines Vertragsstaats können nicht bei den Gerichten oder Verwaltungsbehörden des anderen Vertragsstaats eingeleitet werden.

⁷ Verliert der betreffende Steueranspruch, nachdem das Ersuchen eines Vertragsstaats nach den Absätzen 3 oder 4 gestellt wurde und bevor der andere Vertragsstaat den betreffenden Steueranspruch erhoben und an den erstgenannten Staat ausgezahlt hat,

a) im Falle eines Ersuchens nach Absatz 3 seine Eigenschaft als Steueranspruch des erstgenannten Staates, der nach dem Recht dieses Staates vollstreckbar ist und von einer Person geschuldet wird, die zu diesem Zeitpunkt nach dem Recht dieses Staates die Erhebung nicht verhindern kann, oder

b) im Falle eines Ersuchens nach Absatz 4 seine Eigenschaft als Steueranspruch des erstgenannten Staates, für den dieser Staat nach seinem Recht Massnahmen zur Sicherung der Erhebung einleiten kann,

teilt die zuständige Behörde des erstgenannten Staates dies der zuständigen Behörde des anderen Staates unverzüglich mit und nach Wahl des anderen Staates setzt der erstgenannte Staat das Ersuchen entweder aus oder nimmt es zurück.

⁸ Dieser Artikel ist nicht so auszulegen, als verpflichte er einen Vertragsstaat:

a) Verwaltungsmassnahmen durchzuführen, die von den Gesetzen und der Verwaltungspraxis dieses oder des anderen Vertragsstaats abweichen;
b) Massnahmen durchzuführen, die dem Ordre public widersprächen;
c) Amtshilfe zu leisten, wenn der andere Vertragsstaat nicht alle angemessenen Massnahmen zur Erhebung oder Sicherung, die nach seinen Gesetzen oder seiner Verwaltungspraxis möglich sind, ausgeschöpft hat;
d) Amtshilfe in Fällen zu leisten, in denen der Verwaltungsaufwand für diesen Staat in einem eindeutigen Missverhältnis zu dem Nutzen steht, den der andere Vertragsstaat dadurch erlangt.

Art. 28 Mitglieder diplomatischer Missionen und konsularischer Vertretungen

Dieses Abkommen berührt nicht die steuerlichen Vorrechte, die den Mitgliedern diplomatischer Missionen und konsularischer Vertretungen nach den allgemeinen Regeln des Völkerrechts oder auf Grund besonderer Übereinkünfte zustehen.

Art. 29 Anspruch auf Vergünstigungen[1]

1 [Bestimmung, nach der vorbehältlich der Absätze 3 bis 5 einer in einem Vertragsstaat ansässigen Person Abkommensvergünstigungen versagt werden, sofern sie keine «berechtigte Person» im Sinne des Absatzes 2 ist].

2 [Begriffsbestimmung von Fällen, in denen eine ansässige Person eine berechtigte Person ist, dazu zählen

- eine natürliche Person;
- ein Vertragsstaat, seine politischen Unterabteilungen und deren Behörden und Institutionen;
- bestimmte börsenkotierte Gesellschaften und Rechtsträger;
- bestimmte verbundene Unternehmen von Publikumsgesellschaften und Rechtsträgern;
- bestimmte gemeinnützige Organisationen und Vorsorgeeinrichtungen;
- andere Rechtsträger, die bestimmte Eigentums- und Gewinnverkürzungskriterien erfüllen;
- bestimmte kollektive Kapitalanlagen].

3 [Bestimmung, nach der für bestimmte Einkünfte einer Person, die keine berechtigte Person ist, Abkommensvergünstigungen gewährt werden, wenn die Person in ihrem Ansässigkeitsstaat aktiv eine Geschäftstätigkeit ausübt und die Einkünfte aus dieser Geschäftstätigkeit stammen oder mit ihr verbunden sind].

4 [Bestimmung, nach der einer Person, die keine berechtigte Person ist, Abkommensvergünstigungen gewährt werden, wenn mindestens mehr als ein festgelegter Anteil an diesem Rechtsträger bestimmten Personen gehört, die Anspruch auf gleichwertige Vergünstigungen haben].

5 [Bestimmung, nach der einer Person Abkommensvergünstigungen gewährt werden, die als «Hauptsitzgesellschaft (Headquarters Company)» qualifiziert].

6 [Bestimmung, nach der die zuständige Behörde eines Vertragsstaats einer Person bestimmte Abkommensvergünstigungen gewähren kann, die ihr nach Absatz 1 versagt würden].

7 [Begriffsbestimmungen für die Zwecke der Absätze 1 bis 7].

---

[1] Die konkrete Formulierung dieses Artikels wird jeweils davon abhängen, wie die Vertragsstaaten ihre gemeinsame Absicht umsetzen wollen. Diese Absicht spiegelt sich in der Präambel des Abkommens wider und ist in dem Mindeststandard verkörpert, der im Rahmen des Projekts der OECD/G20 gegen Gewinnverkürzung und Gewinnverlagerung vereinbart wurde, um eine Doppelbesteuerung zu beseitigen, ohne dabei Möglichkeiten zur Nichtbesteuerung oder reduzierten Besteuerung durch Steuerhinterziehung oder -umgehung, u.a. durch Treaty-Shopping-Gestaltungen, zu schaffen. Dies kann entweder durch die alleinige Aufnahme des Absatzes 9 oder durch die Aufnahme der im Kommentar zu Artikel 29 enthaltenen ausführlichen Fassung der Absätze 1 bis 7 zusammen mit einem Mechanismus zur Bekämpfung von Durchlaufgestaltungen nach Ziffer 187 des Kommentars oder durch die Aufnahme des Absatzes 9 zusammen mit einer im Kommentar zu Artikel 29 enthaltenen Variante der Absätze 1 bis 7 erfolgen.

⁸ a) Wenn

  i) ein Unternehmen eines Vertragsstaats Einkünfte aus dem anderen Vertragsstaat bezieht und der erstgenannte Staat diese Einkünfte als Einkünfte betrachtet, die einer in einem Drittstaat gelegenen Betriebsstätte des Unternehmens zugerechnet werden können; und
  ii) die Gewinne, die dieser Betriebsstätte zugerechnet werden können, im erstgenannten Staat von der Steuer befreit sind,

  gelten die Vergünstigungen nach diesem Abkommens nicht für Einkünfte, für die die Steuer im Drittstaat geringer ist als der kleinere Wert von [Prozentsatz bilateral zu bestimmen] auf dem Betrag dieser Einkünfte und 60 Prozent der Steuer, die im erstgenannten Staat von diesen Einkünften erhoben würde, wenn diese Betriebsstätte im erstgenannten Staat gelegen wäre. In diesem Fall können Einkünfte, auf die die Bestimmungen dieses Absatzes anwendbar sind, ungeachtet der sonstigen Bestimmungen des Abkommens weiterhin nach dem innerstaatlichen Recht des anderen Staats besteuert werden.

b) Die vorstehenden Bestimmungen dieses Absatzes gelten nicht, wenn die aus dem anderen Staat bezogenen Einkünfte aus einer durch die Betriebsstätte aktiv ausgeübten Geschäftätigkeit stammen oder mit einer solchen Geschäftätigkeit verbunden sind (mit Ausnahme der Vornahme, der Verwaltung oder des blossen Haltens von Kapitalanlagen auf eigene Rechnung des Unternehmens, es sei denn, es handelt sich dabei um Bank-, Versicherungs- oder Wertpapiergeschäfte, die entsprechend von einer Bank, einem Versicherungsunternehmen oder einem zugelassenem Wertpapierhändler ausgeübt werden).

c) Werden Vergünstigungen nach diesem Abkommen in Bezug auf bestimmte Einkünfte einer in einem Vertragsstaat ansässigen Person gemäss den vorstehenden Bestimmungen dieses Absatzes versagt, so kann die zuständige Behörde des anderen Vertragsstaats diese Vergünstigungen gleichwohl für diese Einkünfte gewähren, wenn diese zuständige Behörde auf einen Antrag dieser ansässigen Person hin feststellt, dass die Gewährung dieser Vergünstigungen angesichts der Gründe, aus denen diese ansässige Person die Voraussetzungen unter diesem Absatz nicht erfüllt hat (wie etwa das Vorliegen von Verlusten), gerechtfertigt ist. Die zuständige Behörde des Vertragsstaats, bei der nach dem vorstehenden Satz ein Antrag gestellt worden ist, konsultiert die zuständige Behörde des anderen Vertragsstaats, bevor sie dem Antrag stattgibt oder ihn ablehnt.

⁹ Ungeachtet der sonstigen Bestimmungen dieses Abkommens wird eine Vergünstigung nach diesem Abkommen nicht für bestimmte Einkünfte oder Vermögenswerte gewährt, wenn unter Berücksichtigung aller massgeblichen Tatsachen und Umstände die Feststellung gerechtfertigt ist, dass der Erhalt dieser Vergünstigung einer der Hauptzwecke einer Gestaltung oder Transaktion war, die unmittelbar oder mittelbar zu dieser Vergünstigung geführt hat, es sei denn, es wird nachgewiesen, dass die Gewährung dieser Vergünstigung unter diesen Umständen mit dem Ziel und Zweck der einschlägigen Bestimmungen dieses Abkommens im Einklang steht.

Art. 30 Ausdehnung des räumlichen Geltungsbereichs[1]

1 Dieses Abkommen kann entweder als Ganzes oder mit den erforderlichen Änderungen [auf jeden Teil des Hoheitsgebiets (des Staates A) oder (des Staates B), der ausdrücklich von der Anwendung des Abkommens ausgeschlossen ist, oder] auf jeden anderen Staat oder jedes andere Hoheitsgebiet ausgedehnt werden, dessen internationale Beziehungen von (Staat A) oder von (Staat B) wahrgenommen werden und in dem Steuern erhoben werden, die im wesentlichen den Steuern ähnlich sind, für die das Abkommen gilt. Eine solche Ausdehnung wird von dem Zeitpunkt an und mit den Änderungen und Bedingungen, einschliesslich der Bedingungen für die Beendigung, wirksam, die zwischen den Vertragsstaaten durch auf diplomatischem Weg auszutauschende Noten oder auf andere, den Verfassungen dieser Staaten entsprechende Weise vereinbart werden.

2 Haben die beiden Vertragsstaaten nichts anderes vereinbart, so wird mit der Kündigung durch einen Vertragsstaat nach Artikel 32 die Anwendung des Abkommens in der in jenem Artikel vorgesehenen Weise auch [für jeden Teil des Hoheitsgebiets (des Staates A) oder (des Staates B) oder] für Staaten oder Hoheitsgebiete beendet, auf die das Abkommen nach diesem Artikel ausgedehnt worden ist.

Abschnitt VII: Schlussbestimmungen

Art. 31 Inkrafttreten

1 Dieses Abkommen bedarf der Ratifikation; die Ratifikationsurkunden werden so bald wie möglich in … ausgetauscht.

2 Das Abkommen tritt mit dem Austausch der Ratifikationsurkunden in Kraft, und seine Bestimmungen finden Anwendung:

a) (in Staat A): …
b) (in Staat B): …

Art. 32 Kündigung

Dieses Abkommen bleibt in Kraft, solange es nicht von einem Vertragsstaat gekündigt wird. Jeder Vertragsstaat kann nach dem Jahr… das Abkommen auf diplomatischem Weg unter Einhaltung einer Frist von mindestens sechs Monaten zum Ende eines Kalenderjahres kündigen. In diesem Fall findet das Abkommen nicht mehr Anwendung:

a) (in Staat A): …
b) (in Staat B): …

Schlussklausel[2]

---

[1] Die Worte in eckigen Klammern gelten, wenn das Abkommen auf Grund einer besonderen Bestimmung für einen Teil des Hoheitsgebiets eines Vertragsstaats nicht anzuwenden ist.
[2] Die Schlussklausel über die Unterzeichnung richtet sich nach den verfassungsrechtlichen Verfahren der beiden Vertragsstaaten.

4.2 Model Tax Convention on Income and Capital, Version 2017

21 November 2017

OECD Committee on Fiscal Affairs

Organisation for Economic Co-Operation and Development

OECD (2017)[1]

Title of the Convention

Convention between (State A) and (State B) for the elimination of double taxation with respect to taxes on income and on capital and the prevention of tax evasion and avoidance

Preamble to the Convention

(State A) and (State B),

Desiring to further develop their economic relationship and to enhance their co-operation in tax matters,

Intending to conclude a Convention for the elimination of double taxation with respect to taxes on income and on capital without creating opportunities for non-taxation or reduced taxation through tax evasion or avoidance (including through treaty-shopping arrangements aimed at obtaining reliefs provided in this Convention for the indirect benefit of residents of third States),

Have agreed as follows:

---

[1] Nachdruck der englischen Originalversion mit Bewilligung der OECD, Paris

Chapter I: Scope of the Convention

Art. 1 Persons covered

¹ This Convention shall apply to persons who are residents of one or both of the Contracting States.

² For the purposes of this Convention, income derived by or through an entity or arrangement that is treated as wholly or partly fiscally transparent under the tax law of either Contracting State shall be considered to be income of a resident of a Contracting State but only to the extent that the income is treated, for purposes of taxation by that State, as the income of a resident of that State.

³ This Convention shall not affect the taxation, by a Contracting State, of its residents except with respect to the benefits granted under paragraph 3 of Article 7, paragraph 2 of Article 9 and Articles 19, 20, 23 [A] [B], 24, 25 and 28.

Art. 2 Taxes covered

¹ This Convention shall apply to taxes on income and on capital imposed on behalf of a Contracting State or of its political subdivisions or local authorities, irrespective of the manner in which they are levied.

² There shall be regarded as taxes on income and on capital all taxes imposed on total income, on total capital, or on elements of income or of capital, including taxes on gains from the alienation of movable or immovable property, taxes on the total amounts of wages or salaries paid by enterprises, as well as taxes on capital appreciation.

³ The existing taxes to which the Convention shall apply are in particular:
   a) (in State A): ...
   b) (in State B): ...

⁴ The Convention shall apply also to any identical or substantially similar taxes that are imposed after the date of signature of the Convention in addition to, or in place of, the existing taxes. The competent authorities of the Contracting States shall notify each other of any significant changes which have been made in their taxation laws.

Chapter II: Definitions

Art. 3 General definitions

¹ For the purposes of this Convention, unless the context otherwise requires:

   a) the term «person» includes an individual, a company and any other body of persons;
   b) the term «company» means any body corporate or any entity that is treated as a body corporate for tax purposes;
   c) the term «enterprise» applies to the carrying on of any business;
   d) the terms «enterprise of a Contracting State» and «enterprise of the other Contracting State» mean respectively an enterprise carried on by a resident of a Contracting State and an enterprise carried on by a resident of the other Contracting State;
   e) the term «international traffic» means any transport by a ship or aircraft except when the ship or aircraft is operated solely between places in a Contracting State and the enterprise that operates the ship or aircraft is not an enterprise of that State;

f) the term «competent authority» means:
   (i) (in State A): …
   (ii) (in State B): …
g) the term «national», in relation to a Contracting State, means:
   (i) any individual possessing the nationality or citizenship of that Contracting State; and
   (ii) any legal person, partnership or association deriving its status as such from the laws in force in that Contracting State;
h) the term «business» includes the performance of professional services and of other activities of an independent character;
i) the term «recognised pension fund» of a State means an entity or arrangement established in that State that is treated as a separate person under the taxation laws of that State and:
   (i) that is established and operated exclusively or almost exclusively to administer or provide retirement benefits and ancillary or incidental benefits to individuals and that is regulated as such by that State or one of its political subdivisions or local authorities; or
   (ii) that is established and operated exclusively or almost exclusively to invest funds for the benefit of entities or arrangements referred to in subdivision (i).

2. As regards the application of the Convention at any time by a Contracting State, any term not defined therein shall, unless the context otherwise requires or the competent authorities agree to a different meaning pursuant to the provisions of Article 25, have the meaning that it has at that time under the law of that State for the purposes of the taxes to which the Convention applies, any meaning under the applicable tax laws of that State prevailing over a meaning given to the term under other laws of that State.

Art. 4 Resident

1. For the purposes of this Convention, the term «resident of a Contracting State» means any person who, under the laws of that State, is liable to tax therein by reason of his domicile, residence, place of management or any other criterion of a similar nature, and also includes that State and any political subdivision or local authority thereof as well as a recognised pension fund of that State. This term, however, does not include any person who is liable to tax in that State in respect only of income from sources in that State or capital situated therein.

2. Where by reason of the provisions of paragraph 1 an individual is a resident of both Contracting States, then his status shall be determined as follows:

   a) he shall be deemed to be a resident only of the State in which he has a permanent home available to him; if he has a permanent home available to him in both States, he shall be deemed to be a resident only of the State with which his personal and economic relations are closer (centre of vital interests);
   b) if the State in which he has his centre of vital interests cannot be determined, or if he has not a permanent home available to him in either State, he shall be deemed to be a resident only of the State in which he has an habitual abode;
   c) if he has an habitual abode in both States or in neither of them, he shall be deemed to be a resident only of the State of which he is a national;
   d) if he is a national of both States or of neither of them, the competent authorities of the Contracting States shall settle the question by mutual agreement.

³ Where by reason of the provisions of paragraph 1 a person other than an individual is a resident of both Contracting States, the competent authorities of the Contracting States shall endeavour to determine by mutual agreement the Contracting State of which such person shall be deemed to be a resident for the purposes of the Convention, having regard to its place of effective management, the place where it is incorporated or otherwise constituted and any other relevant factors. In the absence of such agreement, such person shall not be entitled to any relief or exemption from tax provided by this Convention except to the extent and in such manner as may be agreed upon by the competent authorities of the Contracting States.

Art. 5 Permanent establishment

¹ For the purposes of this Convention, the term «permanent establishment» means a fixed place of business through which the business of an enterprise is wholly or partly carried on.

² The term «permanent establishment» includes especially:

a) a place of management;
b) a branch;
c) an office;
d) a factory;
e) a workshop, and
f) a mine, an oil or gas well, a quarry or any other place of extraction of natural resources.

³ A building site or construction or installation project constitutes a permanent establishment only if it lasts more than twelve months.

⁴ Notwithstanding the preceding provisions of this Article, the term «permanent establishment» shall be deemed not to include:

a) the use of facilities solely for the purpose of storage, display or delivery of goods or merchandise belonging to the enterprise;
b) the maintenance of a stock of goods or merchandise belonging to the enterprise solely for the purpose of storage, display or delivery;
c) the maintenance of a stock of goods or merchandise belonging to the enterprise solely for the purpose of processing by another enterprise;
d) the maintenance of a fixed place of business solely for the purpose of purchasing goods or merchandise or of collecting information, for the enterprise;
e) the maintenance of a fixed place of business solely for the purpose of carrying on, for the enterprise, any other activity;
f) the maintenance of a fixed place of business solely for any combination of activities mentioned in subparagraphs a) to e),

provided that such activity or, in the case of subparagraph f), the overall activity of the fixed place of business, is of a preparatory or auxiliary character.

⁴·¹ Paragraph 4 shall not apply to a fixed place of business that is used or maintained by an enterprise if the same enterprise or a closely related enterprise carries on business activities at the same place or at another place in the same Contracting State and

a) that place or other place constitutes a permanent establishment for the enterprise or the closely related enterprise under the provisions of this Article, or

b) the overall activity resulting from the combination of the activities carried on by the two enterprises at the same place, or by the same enterprise or closely related enterprises at the two places, is not of a preparatory or auxiliary character,

provided that the business activities carried on by the two enterprises at the same place, or by the same enterprise or closely related enterprises at the two places, constitute complementary functions that are part of a cohesive business operation.

5. Notwithstanding the provisions of paragraphs 1 and 2 but subject to the provisions of paragraph 6, where a person is acting in a Contracting State on behalf of an enterprise and, in doing so, habitually concludes contracts, or habitually plays the principal role leading to the conclusion of contracts that are routinely concluded without material modification by the enterprise, and these contracts are

a) in the name of the enterprise, or
b) for the transfer of the ownership of, or for the granting of the right to use, property owned by that enterprise or that the enterprise has the right to use, or
c) for the provision of services by that enterprise,

that enterprise shall be deemed to have a permanent establishment in that State in respect of any activities which that person undertakes for the enterprise, unless the activities of such person are limited to those mentioned in paragraph 4 which, if exercised through a fixed place of business (other than a fixed place of business to which paragraph 4.1 would apply), would not make this fixed place of business a permanent establishment under the provisions of that paragraph.

6. Paragraph 5 shall not apply where the person acting in a Contracting State on behalf of an enterprise of the other Contracting State carries on business in the first-mentioned State as an independent agent and acts for the enterprise in the ordinary course of that business. Where, however, a person acts exclusively or almost exclusively on behalf of one or more enterprises to which it is closely related, that person shall not be considered to be an independent agent within the meaning of this paragraph with respect to any such enterprise.

7. The fact that a company which is a resident of a Contracting State controls or is controlled by a company which is a resident of the other Contracting State, or which carries on business in that other State (whether through a permanent establishment or otherwise), shall not of itself constitute either company a permanent establishment of the other.

8. For the purposes of this Article, a person or enterprise is closely related to an enterprise if, based on all the relevant facts and circumstances, one has control of the other or both are under the control of the same persons or enterprises. In any case, a person or enterprise shall be considered to be closely related to an enterprise if one possesses directly or indirectly more than 50 per cent of the beneficial interest in the other (or, in the case of a company, more than 50 per cent of the aggregate vote and value of the company's shares or of the beneficial equity interest in the company) or if another person or enterprise possesses directly or indirectly more than 50 per cent of the beneficial interest (or, in the case of a company, more than 50 per cent of the aggregate vote and value of the company's shares or of the beneficial equity interest in the company) in the person and the enterprise or in the two enterprises.

Chapter III: Taxation of Income

Art. 6 Income from immovable property

1 Income derived by a resident of a Contracting State from immovable property (including income from agriculture or forestry) situated in the other Contracting State may be taxed in that other State.

2 The term «immovable property» shall have the meaning which it has under the law of the Contracting State in which the property in question is situated. The term shall in any case include property accessory to immovable property, livestock and equipment used in agriculture and forestry, rights to which the provisions of general law respecting landed property apply, usufruct of immovable property and rights to variable or fixed payments as consideration for the working of, or the right to work, mineral deposits, sources and other natural resources; ships and aircraft shall not be regarded as immovable property.

3 The provisions of paragraph 1 shall apply to income derived from the direct use, letting, or use in any other form of immovable property.

4 The provisions of paragraphs 1 and 3 shall also apply to the income from immovable property of an enterprise.

Art. 7 Business profits

1 Profits of an enterprise of a Contracting State shall be taxable only in that State unless the enterprise carries on business in the other Contracting State through a permanent establishment situated therein. If the enterprise carries on business as aforesaid, the profits that are attributable to the permanent establishment in accordance with the provisions of paragraph 2 may be taxed in that other State.

2 For the purposes of this Article and Article [23 A] [23 B], the profits that are attributable in each Contracting State to the permanent establishment referred to in paragraph 1 are the profits it might be expected to make, in particular in its dealings with other parts of the enterprise, if it were a separate and independent enterprise engaged in the same or similar activities under the same or similar conditions, taking into account the functions performed, assets used and risks assumed by the enterprise through the permanent establishment and through the other parts of the enterprise.

3 Where, in accordance with paragraph 2, a Contracting State adjusts the profits that are attributable to a permanent establishment of an enterprise of one of the Contracting States and taxes accordingly profits of the enterprise that have been charged to tax in the other State, the other State shall, to the extent necessary to eliminate double taxation on these profits, make an appropriate adjustment to the amount of the tax charged on those profits. In determining such adjustment, the competent authorities of the Contracting States shall if necessary consult each other.

4 Where profits include items of income which are dealt with separately in other Articles of this Convention, then the provisions of those Articles shall not be affected by the provisions of this Article.

Art. 8 International shipping and air transport

1 Profits of an enterprise of a Contracting State from the operation of ships or aircraft in international traffic shall be taxable only in that State.

2 The provisions of paragraph 1 shall also apply to profits from the participation in a pool, a joint business or an international operating agency.

Art. 9 Associated enterprises

1 Where

a) an enterprise of a Contracting State participates directly or indirectly in the management, control or capital of an enterprise of the other Contracting State, or
b) the same persons participate directly or indirectly in the management, control or capital of an enterprise of a Contracting State and an enterprise of the other Contracting State,

and in either case conditions are made or imposed between the two enterprises in their commercial or financial relations which differ from those which would be made between independent enterprises, then any profits which would, but for those conditions, have accrued to one of the enterprises, but, by reason of those conditions, have not so accrued, may be included in the profits of that enterprise and taxed accordingly.

2 Where a Contracting State includes in the profits of an enterprise of that State – and taxes accordingly – profits on which an enterprise of the other Contracting State has been charged to tax in that other State and the profits so included are profits which would have accrued to the enterprise of the first-mentioned State if the conditions made between the two enterprises had been those which would have been made between independent enterprises, then that other State shall make an appropriate adjustment to the amount of the tax charged therein on those profits. In determining such adjustment, due regard shall be had to the other provisions of this Convention and the competent authorities of the Contracting States shall if necessary consult each other.

Art. 10 Dividends

1 Dividends paid by a company which is a resident of a Contracting State to a resident of the other Contracting State may be taxed in that other State.

2 However, dividends paid by a company which is a resident of a Contracting State may also be taxed in that State according to the laws of that State, but if the beneficial owner of the dividends is a resident of the other Contracting State, the tax so charged shall not exceed:

a) 5 per cent of the gross amount of the dividends if the beneficial owner is a company which holds directly at least 25 per cent of the capital of the company paying the dividends throughout a 365 day period that includes the day of the payment of the dividend (for the purpose of computing that period, no account shall be taken of changes of ownership that would directly result from a corporate reorganisation, such as a merger or divisive reorganisation, of the company that holds the shares or that pays the dividend);
b) 15 per cent of the gross amount of the dividends in all other cases.

The competent authorities of the Contracting States shall by mutual agreement settle the mode of application of these limitations. This paragraph shall not affect the taxation of the company in respect of the profits out of which the dividends are paid.

3 The term «dividends» as used in this Article means income from shares, «jouissance» shares or «jouissance» rights, mining shares, founders' shares or other rights, not being debt-claims, participating in profits, as well as income from other corporate rights which is subjected to the same taxation treatment as income from shares by the laws of the State of which the company making the distribution is a resident.

4 The provisions of paragraphs 1 and 2 shall not apply if the beneficial owner of the dividends, being a resident of a Contracting State, carries on business in the other Contracting State of which the company paying the dividends is a resident, through a permanent establishment situated therein and the holding in respect of which the dividends are paid is effectively connected with such permanent establishment. In such case the provisions of Article 7 shall apply.

5 Where a company which is a resident of a Contracting State derives profits or income from the other Contracting State, that other State may not impose any tax on the dividends paid by the company, except insofar as such dividends are paid to a resident of that other State or insofar as the holding in respect of which the dividends are paid is effectively connected with a permanent establishment situated in that other State, nor subject the company's undistributed profits to a tax on the company's undistributed profits, even if the dividends paid or the undistributed profits consist wholly or partly of profits or income arising in such other State.

Art. 11 Interest

1 Interest arising in a Contracting State and paid to a resident of the other Contracting State may be taxed in that other State.

2 However, interest arising in a Contracting State may also be taxed in that State according to the laws of that State, but if the beneficial owner of the interest is a resident of the other Contracting State, the tax so charged shall not exceed 10 per cent of the gross amount of the interest. The competent authorities of the Contracting States shall by mutual agreement settle the mode of application of this limitation.

3 The term «interest» as used in this Article means income from debt-claims of every kind, whether or not secured by mortgage and whether or not carrying a right to participate in the debtor's profits, and in particular, income from government securities and income from bonds or debentures, including premiums and prizes attaching to such securities, bonds or debentures. Penalty charges for late payment shall not be regarded as interest for the purpose of this Article.

4 The provisions of paragraphs 1 and 2 shall not apply if the beneficial owner of the interest, being a resident of a Contracting State, carries on business in the other Contracting State in which the interest arises, through a permanent establishment situated therein, and the debt-claim in respect of which the interest is paid is effectively connected with such permanent establishment. In such case the provisions of Article 7 shall apply.

5 Interest shall be deemed to arise in a Contracting State when the payer is a resident of that State. Where, however, the person paying the interest, whether he is a resident of a Contracting State or not, has in a Contracting State a permanent establishment in connection with which the indebtedness on which the interest is paid was incurred, and such interest is borne by such permanent establishment, then such interest shall be deemed to arise in the State in which the permanent establishment is situated.

6. Where, by reason of a special relationship between the payer and the beneficial owner or between both of them and some other person, the amount of the interest, having regard to the debt-claim for which it is paid, exceeds the amount which would have been agreed upon by the payer and the beneficial owner in the absence of such relationship, the provisions of this Article shall apply only to the last-mentioned amount. In such case, the excess part of the payments shall remain taxable according to the laws of each Contracting State, due regard being had to the other provisions of this Convention.

Art. 12 Royalties

1. Royalties arising in a Contracting State and beneficially owned by a resident of the other Contracting State shall be taxable only in that other State.

2. The term «royalties» as used in this Article means payments of any kind received as a consideration for the use of, or the right to use, any copyright of literary, artistic or scientific work including cinematograph films, any patent, trade mark, design or model, plan, secret formula or process, or for information concerning industrial, commercial or scientific experience.

3. The provisions of paragraph 1 shall not apply if the beneficial owner of the royalties, being a resident of a Contracting State, carries on business in the other Contracting State in which the royalties arise, through a permanent establishment situated therein and the right or property in respect of which the royalties are paid is effectively connected with such permanent establishment. In such case the provisions of Article 7 shall apply.

4. Where, by reason of a special relationship between the payer and the beneficial owner or between both of them and some other person, the amount of the royalties, having regard to the use, right or information for which they are paid, exceeds the amount which would have been agreed upon by the payer and the beneficial owner in the absence of such relationship, the provisions of this Article shall apply only to the last-mentioned amount. In such case, the excess Part of the payments shall remain taxable according to the laws of each Contracting State, due regard being had to the other provisions of this Convention.

Art. 13 Capital gains

1. Gains derived by a resident of a Contracting State from the alienation of immovable property referred to in Article 6 and situated in the other Contracting State may be taxed in that other State.

2. Gains from the alienation of movable property forming part of the business property of a permanent establishment which an enterprise of a Contracting State has in the other Contracting State, including such gains from the alienation of such a permanent establishment (alone or with the whole enterprise), may be taxed in that other State.

3. Gains that an enterprise of a Contracting State that operates ships or aircraft in international traffic derives from the alienation of such ships or aircraft, or from movable property pertaining to the operation of such ships or aircraft, shall be taxable only in that State.

⁴ Gains derived by a resident of a Contracting State from the alienation of shares or comparable interests, such as interests in a partnership or trust, may be taxed in the other Contracting State if, at any time during the 365 days preceding the alienation, these shares or comparable interests derived more than 50 per cent of their value directly or indirectly from immovable property, as defined in Article 6, situated in that other State.

⁵ Gains from the alienation of any property other than that referred to in paragraphs 1, 2, 3 and 4, shall be taxable only in the Contracting State of which the alienator is a resident.

Art. 14 Independent personal services

(Deleted)

Art. 15 Income from employment

¹ Subject to the provisions of Articles 16, 18 and 19, salaries, wages and other similar remuneration derived by a resident of a Contracting State in respect of an employment shall be taxable only in that State unless the employment is exercised in the other Contracting State. If the employment is so exercised, such remuneration as is derived therefrom may be taxed in that other State.

² Notwithstanding the provisions of paragraph 1, remuneration derived by a resident of a Contracting State in respect of an employment exercised in the other Contracting State shall be taxable only in the first-mentioned State if:

a) the recipient is present in the other State for a period or periods not exceeding in the aggregate 183 days in any twelve month period commencing or ending in the fiscal year concerned, and
b) the remuneration is paid by, or on behalf of, an employer who is not a resident of the other State, and
c) the remuneration is not borne by a permanent establishment which the employer has in the other State.

³ Notwithstanding the preceding provisions of this Article, remuneration derived by a resident of a Contracting State in respect of an employment, as a member of the regular complement of a ship or aircraft, that is exercised aboard a ship or aircraft operated in international traffic, other than aboard a ship or aircraft operated solely within the other Contracting State, shall be taxable only in the first-mentioned State.

Art. 16 Directors' fees

Directors' fees and other similar payments derived by a resident of a Contracting State in his capacity as a member of the board of directors of a company which is a resident of the other Contracting State may be taxed in that other State.

Art. 17 Entertainers and Sportspersons

¹ Notwithstanding the provisions of Article 15, income derived by a resident of a Contracting State as an entertainer, such as a theatre, motion picture, radio or television artiste, or a musician, or as a sportsperson, from that resident's personal activities as such exercised in the other Contracting State, may be taxed in that other State.

2 Where income in respect of personal activities exercised by an entertainer or a sportsperson acting as such accrues not to the entertainer or sportsperson but to another person, that income may, notwithstanding the provisions of Article 15, be taxed in the Contracting State in which the activities of the entertainer or sportsperson are exercised.

Art. 18 Pensions

Subject to the provisions of paragraph 2 of Article 19, pensions and other similar remuneration paid to a resident of a Contracting State in consideration of past employment shall be taxable only in that State.

Art. 19 Government service

1 a) Salaries, wages and other similar remuneration paid by a Contracting State or a political subdivision or a local authority thereof to an individual in respect of services rendered to that State or subdivision or authority shall be taxable only in that State.
   b) However, such salaries, wages and other similar remuneration shall be taxable only in the other Contracting State if the services are rendered in that State and the individual is a resident of that State who:
      (i) is a national of that State; or
      (ii) did not become a resident of that State solely for the purpose of rendering the services.

2 a) Notwithstanding the provisions of paragraph 1, pensions and other similar remuneration paid by, or out of funds created by, a Contracting State or a political subdivision or a local authority thereof to an individual in respect of services rendered to that State or subdivision or authority shall be taxable only in that State.
   b) However, such pensions and other similar remuneration shall be taxable only in the other Contracting State if the individual is a resident of, and a national of, that State.

3 The provisions of Articles 15, 16, 17, and 18 shall apply to salaries, wages, pensions, and other similar remuneration in respect of services rendered in connection with a business carried on by a Contracting State or a political subdivision or a local authority thereof.

Art. 20 Students

Payments which a student or business apprentice who is or was immediately before visiting a Contracting State a resident of the other Contracting State and who is present in the first-mentioned State solely for the purpose of his education or training receives for the purpose of his maintenance, education or training shall not be taxed in that State, provided that such payments arise from sources outside that State.

Art. 21 Other income

1 Items of income of a resident of a Contracting State, wherever arising, not dealt with in the foregoing Articles of this Convention shall be taxable only in that State.

2 The provisions of paragraph 1 shall not apply to income, other than income from immovable property as defined in paragraph 2 of Article 6, if the recipient of such income, being a resident of a Contracting State, carries on business in the other Contracting State through a permanent establishment situated therein, and the right or

property in respect of which the income is paid is effectively connected with such permanent establishment. In such case the provisions of Article 7 shall apply.

Chapter IV: Taxation of Capital

Art. 22 Capital

1. Capital represented by immovable property referred to in Article 6, owned by a resident of a Contracting State and situated in the other Contracting State, may be taxed in that other State.

2. Capital represented by movable property forming part of the business property of a permanent establishment which an enterprise of a Contracting State has in the other Contracting State may be taxed in that other State.

3. Capital of an enterprise of a Contracting State that operates ships or aircraft in international traffic represented by such ships or aircraft, and by movable property pertaining to the operation of such ships or aircraft, shall be taxable only in that State.

4. All other elements of capital of a resident of a Contracting State shall be taxable only in that State.

Chapter V: Methods for Elimination of Double Taxation

Art. 23A Exemption method

1. Where a resident of a Contracting State derives income or owns capital which may be taxed in the other Contracting State in accordance with the provisions of this Convention (except to the extent that these provisions allow taxation by that other State solely because the income is also income derived by a resident of that State or because the capital is also capital owned by a resident of that State), the first-mentioned State shall, subject to the provisions of paragraphs 2 and 3, exempt such income or capital from tax.

2. Where a resident of a Contracting State derives items of income which may be taxed in the other Contracting State in accordance with the provisions of Articles 10 and 11 (except to the extent that these provisions allow taxation by that other State solely because the income is also income derived by a resident of that State), the first-mentioned State shall allow as a deduction from the tax on the income of that resident an amount equal to the tax paid in that other State. Such deduction shall not, however, exceed that part of the tax, as computed before the deduction is given, which is attributable to such items of income derived from that other State.

3. Where in accordance with any provision of the Convention income derived or capital owned by a resident of a Contracting State is exempt from tax in that State, such State may nevertheless, in calculating the amount of tax on the remaining income or capital of such resident, take into account the exempted income or capital.

4. The provisions of paragraph 1 shall not apply to income derived or capital owned by a resident of a Contracting State where the other Contracting State applies the provisions of this convention to exempt such income or capital from tax or applies the provisions of paragraph 2 of Article 10 of 11 to such income.

Art. 23 B Credit method

1. Where a resident of a Contracting State derives income or owns capital which may be taxed in the other Contracting State in accordance with the provisions of this Convention (except to the extent that these provisions allow taxation by that other State solely because the income is also income derived by a resident of that State or because the capital is also capital owned by a resident of that State), the first-mentioned State shall allow:
   a) as a deduction from the tax on the income of that resident, an amount equal to the income tax paid in that other State;
   b) as a deduction from the tax on the capital of that resident, an amount equal to the capital tax paid in that other State.

   Such deduction in either case shall not, however, exceed that part of the income tax or capital tax, as computed before the deduction is given, which is attributable, as the case may be, to the income or the capital which may be taxed in that other State.

2. Where in accordance with any provision of the Convention income derived or capital owned by a resident of a Contracting State is exempt from tax in that State, such State may nevertheless, in calculating the amount of tax on the remaining income or capital of such resident, take into account the exempted income or capital.

Chapter VI: Special Provisions

Art. 24 Non-discrimination

1. Nationals of a Contracting State shall not be subjected in the other Contracting State to any taxation or any requirement connected therewith, which is other or more burdensome than the taxation and connected requirements to which nationals of that other State in the same circumstances, in particular with respect to residence, are or may be subjected. This provision shall, notwithstanding the provisions of Article 1, also apply to persons who are not residents of one or both of the Contracting States.

2. Stateless persons who are residents of a Contracting State shall not be subjected in either Contracting State to any taxation or any requirement connected therewith, which is other or more burdensome than the taxation and connected requirements to which nationals of the State concerned in the same circumstances, in particular with respect to residence, are or may be subjected.

3. The taxation on a permanent establishment which an enterprise of a Contracting State has in the other Contracting State shall not be less favourably levied in that other State than the taxation levied on enterprises of that other State carrying on the same activities. This provision shall not be construed as obliging a Contracting State to grant to residents of the other Contracting State any personal allowances, reliefs and reductions for taxation purposes on account of civil status or family responsibilities which it grants to its own residents.

4. Except where the provisions of paragraph 1 of Article 9, paragraph 6 of Article 11, or paragraph 4 of Article 12, apply, interest, royalties and other disbursements paid by an enterprise of a Contracting State to a resident of the other Contracting State shall, for the purpose of determining the taxable profits of such enterprise, be deductible under the same conditions as if they had been paid to a resident of the first-mentioned State. Similarly, any debts of an enterprise of a Contracting State to a resident of

the other Contracting State shall, for the purpose of determining the taxable capital of such enterprise, be deductible under the same conditions as if they had been contracted to a resident of the first-mentioned State.

5 Enterprises of a Contracting State, the capital of which is wholly or partly owned or controlled, directly or indirectly, by one or more residents of the other Contracting State, shall not be subjected in the first-mentioned State to any taxation or any requirement connected therewith which is other or more burdensome than the taxation and connected requirements to which other similar enterprises of the first-mentioned State are or may be subjected.

6 The provisions of this Article shall, notwithstanding the provisions of Article 2, apply to taxes of every kind and description.

Art. 25 Mutual agreement procedure

1 Where a person considers that the actions of one or both of the Contracting States result or will result for him in taxation not in accordance with the provisions of this Convention, he may, irrespective of the remedies provided by the domestic law of those States, present his case to the competent authority of either Contracting State. The case must be presented within three years from the first notification of the action resulting in taxation not in accordance with the provisions of the Convention.

2 The competent authority shall endeavour, if the objection appears to it to be justified and if it is not itself able to arrive at a satisfactory solution, to resolve the case by mutual agreement with the competent authority of the other Contracting State, with a view to the avoidance of taxation which is not in accordance with the Convention. Any agreement reached shall be implemented notwithstanding any time limits in tile domestic law of the Contracting States.

3 The competent authorities of the Contracting States shall endeavour to resolve by mutual agreement any difficulties or doubts arising as to the interpretation or application of the Convention. They may also consult together for the elimination of double taxation in cases not provided for in the Convention.

4 The competent authorities of the Contracting States may communicate with each other directly, including through a joint commission consisting of themselves or their representatives, for the purpose of reaching an agreement in the sense of the preceding paragraphs.

5 Where,
   a) under paragraph 1, a person has presented a case to the competent authority of a Contracting State on the basis that the actions of one or both of the Contracting States have resulted for that person in taxation not in accordance with the provisions of this Convention, and
   b) the competent authorities are unable to reach an agreement to resolve that case pursuant to paragraph 2 within two years from the date when all the information required by the competent authorities in order to address the case has been provided to both competent authorities,

any unresolved issues arising from the case shall be submitted to arbitration if the person so requests in writing. These unresolved issues shall not, however, be submitted to arbitration if a decision on these issues has already been rendered by a court or administrative tribunal of either State. Unless a person directly affected by the case does not accept the mutual agreement that implements the arbitration decision, that decision shall be binding on both Contracting States and shall be implemented notwithstanding any time limits in the domestic laws of these States. The competent authorities of the Contracting States shall by mutual agreement settle the mode of application of this paragraph.

Art. 26 Exchange of information

1 The competent authorities of the Contracting States shall exchange such information as is forseeably relevant for carrying out the provisions of this Convention or to the administration or enforcement of the domestic laws concerning taxes of every kind and description imposed on behalf of the Contracting States, or of their political subdivisions or local authorities, insofar as the taxation thereunder is not contrary to the Convention. The exchange of information is not restricted by Articles 1 and 2.

2 Any information received under paragraph 1 by a Contracting State shall be treated as secret in the same manner as information obtained under the domestic laws of that State and shall be disclosed only to persons or authorities (including courts and administrative bodies) concerned with the assessment or collection of, the enforcement or prosecution in respect of, the determination of appeals in relation to the taxes referred to in paragraph 1, or the oversight of the above. Such persons or authorities shall use the information only for such purposes. They may disclose the information in public court proceedings or in judicial decisions. Notwithstanding the foregoing, information received by a Contracting State may be used for other purposes when such information may be used for such other purposes under the laws of both States and the competent authority of the supplying State authorises such use.

3 In no case shall the provisions of paragraphs 1 and 2 be construed so as to impose on a Contracting State the obligation:

a) to carry out administrative measures at variance with the laws and administrative practice of that or of the other Contracting State;
b) to supply information which is not obtainable under the laws or in the normal course of the administration of that or of the other Contracting State;
c) to supply information which would disclose any trade, business, industrial, commercial or professional secret or trade process, or information the disclosure of which would be contrary to public policy (ordre public).

4 If information is requested by a Contracting State in accordance with this Article, the other Contracting State shall use its information gathering measures to obtain the requested information, even though that other State may not need such information for its own tax purposes. The obligation contained in the preceding sentence is subject to the limitations of paragraph 3 but in no case shall such limitations be construed to permit a Contracting State to decline to supply information solely because it has no domestic interest in such information.

5 In no case shall the provisions of paragraph 3 be construed to permit a Contracting State to decline to supply information solely because the information is held by a bank, other financial institution, nominee or person acting in an agency or a fiduciary capacity or because it relates to ownership interests in a person.

Art. 27 Assistance in the collection of taxes[1]

1. The Contracting States shall lend assistance to each other in the collection of revenue claims. This assistance is not restricted by Articles 1 and 2. The competent authorities of the Contracting States may by mutual agreement settle the mode of application of this Article.

2. The term «revenue claim» as used in this Article means an amount owed in respect of taxes of every kind and description imposed on behalf of the Contracting States, or of their political subdivisions or local authorities, insofar as the taxation thereunder is not contrary to this Convention or any other instrument to which the Contracting States are parties, as well as interest, administrative penalties and costs of collection or conservancy related to such amount.

3. When a revenue claim of a Contracting State is enforceable under the laws of that State and is owed by a person who, at that time, cannot, under the laws of that State, prevent its collection, that revenue claim shall, at the request of the competent authority of that State, be accepted for purposes of collection by the competent authority of the other Contracting State. That revenue claim shall be collected by that other State in accordance with the provisions of its laws applicable to the enforcement and collection of its own taxes as if the revenue claim were a revenue claim of that other State.

4. When a revenue claim of a Contracting State is a claim in respect of which that State may, under its law, take measures of conservancy with a view to ensure its collection, that revenue claim shall, at the request of the competent authority of that State, be accepted for purposes of taking measures of conservancy by the competent authority of the other Contracting State. That other State shall take measures of conservancy in respect of that revenue claim in accordance with the provisions of its laws as if the revenue claim were a revenue claim of that other State even if, at the time when such measures are applied, the revenue claim is not enforceable in the first-mentioned State or is owed by a person who has a right to prevent its collection.

5. Notwithstanding the provisions of paragraphs 3 and 4, a revenue claim accepted by a Contracting State for purposes of paragraph 3 or 4 shall not, in that State, be subject to the time limits or accorded any priority applicable to a revenue claim under the laws of that State by reason of its nature as such. In addition, a revenue claim accepted by a Contracting State for the purposes of paragraph 3 or 4 shall not, in that State, have any priority applicable to that revenue claim under the laws of the other Contracting State.

6. Proceedings with respect to the existence, validity or the amount of a revenue claim of a Contracting State shall not be brought before the courts or administrative bodies of the other Contracting State.

7. Where, at any time after a request has been made by a Contracting State under paragraph 3 or 4 and before the other Contracting State has collected and remitted the relevant revenue claim to the first-mentioned State, the relevant revenue claim ceases to be

---

[1] In some countries, national law, policy or administrative considerations may not allow or justify the type of assistance envisaged under this Article or may require that this type of assistance be restricted, e.g. to countries that have similar tax systems or tax administrations or as to the taxes covered. For that reason, the Article should only be included in the Convention where each State concludes that, based on the factors described in paragraph 1 of the Commentary on the Article, they can agree to provide assistance in the collection of taxes levied by the other State.

a) in the case of a request under paragraph 3, a revenue claim of the first-mentioned State that is enforceable under the laws of that State and is owed by a person who, at that time, cannot, under the laws of that State, prevent its collection, or
b) in the case of a request under paragraph 4, a revenue claim of the first-mentioned State in respect of which that State may, under its laws, take measures of conservancy with a view to ensure its collection

the competent authority of the first-mentioned State shall promptly notify the competent authority of the other State of that fact and, at the option of the other State, the first-mentioned State shall either suspend or withdraw its request.

8 In no case shall the provisions of this Article be construed so as to impose on a Contracting State the obligation:

a) to carry out administrative measures at variance with the laws and administrative practice of that or of the other Contracting State;
b) to carry out measures which would be contrary to public policy (ordre public);
c) to provide assistance if the other Contracting State has not pursued all reasonable measures of collection or conservancy, as the case may be, available under its laws or administrative practice;
d) to provide assistance in those cases where the administrative burden for that State is clearly disproportionate to the benefit to be derived by the other Contracting State.

Art. 28 Members of diplomatic missions and consular posts

Nothing in this Convention shall affect the fiscal privileges of members of diplomatic missions or consular posts under the general rules of international law or under the provisions of special agreements.

Art. 29 Entitlement to benefits[1]

1 [Provision that, subject to paragraphs 3 to 5, restricts treaty benefits to a resident of a Contracting State who is a «qualified person» as defined in paragraph 2].

2 [Definition of situations where a resident is a qualified person, which covers

- an individual;
- a Contracting State, its political subdivisions and their agencies and instrumentalities;
- certain publicly-traded companies and entities;
- certain affiliates of publicly-listed companies and entities;
- certain non-profit organisations and recognised pension funds;
- other entities that meet certain ownership and base erosion requirements;
- certain collective investment vehicles.]

---

[1] The drafting of this Article will depend on how the Contracting States decide to implement their common intention, reflected in the preamble of the Convention and incorporated in the minimum standard agreed to as part of the OECD/G20 Base Erosion and Profit Shifting Project, to eliminate double taxation without creating opportunities for non-taxation or reduced taxation through tax evasion or avoidance, including through treaty-shopping arrangements. This may be done either through the adoption of paragraph 9 only, through the adoption of the detailed version of paragraphs 1 to 7 that is described in the Commentary on Article 29 together with the implementation of an anti-conduit mechanism as described in paragraph 187 of that Commentary, or through the adoption of paragraph 9 together with any variation of paragraphs 1 to 7 described in the Commentary on Article 29.

3 [Provision that provides treaty benefits to certain income derived by a person that is not a qualified person if the person is engaged in the active conduct of a business in its State of residence and the income emanates from, or is incidental to, that business].

4 [Provision that provides treaty benefits to a person that is not a qualified person if at least more than an agreed proportion of that entity is owned by certain persons entitled to equivalent benefits].

5 [Provision that provides treaty benefits to a person that qualifies as a «headquarters company»].

6 [Provision that allows the competent authority of a Contracting State to grant certain treaty benefits to a person where benefits would otherwise be denied under paragraph 1].

7 [Definitions applicable for the purposes of paragraphs 1 to 7].

8 a) Where
   (i) an enterprise of a Contracting State derives income from the other Contracting State and the first-mentioned State treats such income as attributable to a permanent establishment of the enterprise situated in a third jurisdiction, and
   (ii) the profits attributable to that permanent establishment are exempt from tax in the first-mentioned State,
   the benefits of this Convention shall not apply to any item of income on which the tax in the third jurisdiction is less than the lower of [rate to be determined bilaterally] of the amount of that item of income and 60 per cent of the tax that would be imposed in the first-mentioned State on that item of income if that permanent establishment were situated in the first-mentioned State. In such a case any income to which the provisions of this paragraph apply shall remain taxable according to the domestic law of the other State, notwithstanding any other provisions of the Convention.
   b) The preceding provisions of this paragraph shall not apply if the income derived from the other State emanates from, or is incidental to, the active conduct of a business carried on through the permanent establishment (other than the business of making, managing or simply holding investments for the enterprise's own account, unless these activities are banking, insurance or securities activities carried on by a bank, insurance enterprise or registered securities dealer, respectively).
   c) If benefits under this Convention are denied pursuant to the preceding provisions of this paragraph with respect to an item of income derived by a resident of a Contracting State, the competent authority of the other Contracting State may, nevertheless, grant these benefits with respect to that item of income if, in response to a request by such resident, such competent authority determines that granting such benefits is justified in light of the reasons such resident did not satisfy the requirements of this paragraph (such as the existence of losses). The competent authority of the Contracting State to which a request has been made under the preceding sentence shall consult with the competent authority of the other Contracting State before either granting or denying the request.

9 Notwithstanding the other provisions of this Convention, a benefit under this Convention shall not be granted in respect of an item of income or capital if it is reasonable to conclude, having regard to all relevant facts and circumstances, that obtaining that benefit was one of the principal purposes of any arrangement or transaction that resulted directly or indirectly in that benefit, unless it is established that granting that

benefit in these circumstances would be in accordance with the object and purpose of the relevant provisions of this Convention.

Art. 30 Territorial extension[1]

1. This Convention may be extended, either in its entirety or with any necessary modifications [to any part of the territory of (State A) or of (State B) which is specifically excluded from the application of the Convention or], to any State or territory for whose international relations (State A) or (State B) is responsible, which imposes taxes substantially similar in character to those to which the Convention applies. Any such extension shall take effect from such date and subject to such modifications and conditions, including conditions as to termination, as may be specified and agreed between the Contracting States in notes to be exchanged through diplomatic channels or in any other manner in accordance with their constitutional procedures.

2. Unless otherwise agreed by both Contracting States, the termination of the Convention by one of them under Article 32 shall also terminate, in the manner provided for in that Article, the application of the Convention [to any part of the territory of (State A) or of (State B) or] to any State or territory to which it has been extended under this Article.

Chapter VII: Final Provisions

Art. 31 Entry into force

1. This Convention shall be ratified and the instruments of ratification shall be exchanged at … as soon as possible.

2. The Convention shall enter into force upon the exchange of instruments of ratification and its provisions shall have effect:

   a) (in State A): …
   b) (in State B): …

Art. 32 Termination

This Convention shall remain in force until terminated by a Contracting State. Either Contracting State may terminate the Convention, through diplomatic channels, by giving notice of termination at least six months before the end of any calendar year after the year … In such event, the Convention shall cease to have effect:

a) (in State A): …
b) (in State B): …

Terminal clause[2]

---

[1] The words between brackets are of relevance when, by special provision, a part of the territory of a Contracting State is excluded from the application of the Convention.

[2] The terminal clause concerning the signing shall be drafted in accordance with the constitutional procedure of both Contracting States.

OECD/G20 Base Erosion and Profit Shifting Project[1]

4.3 Statement on a Two-Pillar Solution to Address the Tax Challenges Arising from the Digitalisation of the Economy[2]   C104

8 October 2021 (☞ *Stand: 28.5.2024*)

☞ *142 Staaten, darunter auch die Schweiz, haben sich bis heute als Mitglieder des OECD/G20 Inclusive Framework on BEPS dazu bekannt, eine Mindestbesteuerung von 15 % für grosse Unternehmensgruppen einzuführen (Pillar Two). Am 12.1.2022 hat der Bundesrat beschlossen, diese besondere Besteuerung mit einer Verfassungsänderung umzusetzen. Die Änderungen der BV wurden in der dazu nötigen Volksabstimmung vom 18.6.2023 angenommen und die Art. 129a und Art. 197 Ziff. 15 BV per 1.1.2024 neu eingefügt (siehe S. 3 und 7 f.). Basierend darauf hat der Bundesrat die temporäre Mindestbesteuerungsverordnung (MindStV) erlassen, welche ebenfalls per 1.1.2024 in Kraft gesetzt worden ist (siehe S. 295 ff.). Das entsprechende Gesetz soll im Nachgang auf dem ordentlichen Weg verabschiedet werden. Ebenfalls zu beachten ist das Outcome Statement (S. 292 ff.).*

Introduction

The OECD/G20 Inclusive Framework on Base Erosion and Profit Shifting (IF) has agreed a two-pillar solution to address the tax challenges arising from the digitalisation of the economy. The agreed components of each Pillar are described in the following paragraphs.

A detailed implementation plan is provided in the Annex.

Pillar One

Scope

In-scope companies are the multinational enterprises (MNEs) with global turnover above 20 billion euros and profitability above 10% (i.e. profit before tax/revenue) calculated using an averaging mechanism with the turnover threshold to be reduced to 10 billion euros, contingent on successful implementation including of tax certainty on Amount A, with the relevant review beginning 7 years after the agreement comes into force, and the review being completed in no more than one year.

Extractives and Regulated Financial Services are excluded.

Nexus

There will be a new special purpose nexus rule permitting allocation of Amount A to a market jurisdiction when the in-scope MNE derives at least 1 million euros in revenue from that jurisdiction. For smaller jurisdictions with GDP lower than 40 billion euros, the nexus will be set at 250 000 euros.

The special purpose nexus rule applies solely to determine whether a jurisdiction qualifies for the Amount A allocation.

Compliance costs (incl. on tracing small amounts of sales) will be limited to a minimum.

---

[1] This document sets out the Statement which has been discussed in the OECD/G20 Inclusive Framework on BEPS. 142 member jurisdictions have agreed to it as of 28 May 2024. It is noted that not all Inclusive Framework members have joined as of today.

[2] © OECD (2024).

Quantum

For in-scope MNEs, 25% of residual profit defined as profit in excess of 10% of revenue will be allocated to market jurisdictions with nexus using a revenue-based allocation key.

Revenue sourcing

Revenue will be sourced to the end market jurisdictions where goods or services are used or consumed. To facilitate the application of this principle, detailed source rules for specific categories of transactions will be developed. In applying the sourcing rules, an in-scope MNE must use a reliable method based on the MNE's specific facts and circumstances.

Tax base determination

The relevant measure of profit or loss of the in-scope MNE will be determined by reference to financial accounting income, with a small number of adjustments.

Losses will be carried forward.

Segmentation

Segmentation will occur only in exceptional circumstances where, based on the segments disclosed in the financial accounts, a segment meets the scope rules.

Marketing and distribution profits safe harbour

Where the residual profits of an in-scope MNE are already taxed in a market jurisdiction, a marketing and distribution profits safe harbour will cap the residual profits allocated to the market jurisdiction through Amount A. Further work on the design of the safe harbour will be undertaken, including to take into account the comprehensive scope.

Elimination of double taxation

Double taxation of profit allocated to market jurisdictions will be relieved using either the exemption or credit method.

The entity (or entities) that will bear the tax liability will be drawn from those that earn residual profit.

Tax certainty

In-scope MNEs will benefit from dispute prevention and resolution mechanisms, which will avoid double taxation for Amount A, including all issues related to Amount A (e.g. transfer pricing and business profits disputes), in a mandatory and binding manner. Disputes on whether issues may relate to Amount A will be solved in a mandatory and binding manner, without delaying the substantive dispute prevention and resolution mechanism.

An elective binding dispute resolution mechanism will be available only for issues related to Amount A for developing economies that are eligible for deferral of their BEPS Action 14 peer review[1] and have no or low levels of MAP disputes. The eligibility of a jurisdiction for this elective mechanism will be reviewed regularly; jurisdictions found ineligible by a review will remain ineligible in all subsequent years.

---

[1] The conditions for being eligible for a deferral of the BEPS Action 14 peer review are provided in paragraph 7 of the current Action 14 Assessment Methodology published as part of the Action 14 peer review documents.

Amount B

The application of the arm's length principle to in-country baseline marketing and distribution activities will be simplified and streamlined, with a particular focus on the needs of low capacity countries. This work will be completed by the end of 2022.

Administration

The tax compliance will be streamlined (including filing obligations) and allow in-scope MNEs to manage the process through a single entity.

Unilateral measures

The Multilateral Convention (MLC) will require all parties to remove all Digital Services Taxes and other relevant similar measures with respect to all companies, and to commit not to introduce such measures in the future. No newly enacted Digital Services Taxes or other relevant similar measures will be imposed on any company from 8 October 2021 and until the earlier of 31 December 2023 or the coming into force of the MLC. The modality for the removal of existing Digital Services Taxes and other relevant similar measures will be appropriately coordinated. The IF notes reports from some members that transitional arrangements are being discussed expeditiously.

Implementation

The MLC through which Amount A is implemented will be developed and opened for signature in 2022, with Amount A coming into effect in 2023. A detailed implementation plan is set out in the Annex.

Pillar Two   MindStV, C104

Overall design

Pillar Two consists of:

- two interlocking domestic rules (together the Global anti-Base Erosion Rules (GloBE) rules): (i) an Income Inclusion Rule (IIR), which imposes top-up tax on a parent entity in respect of the low taxed income of a constituent entity; and (ii) an Undertaxed Payment Rule (UTPR), which denies deductions or requires an equivalent adjustment to the extent the low tax income of a constituent entity is not subject to tax under an IIR; and
- a treaty-based rule (the Subject to Tax Rule (STTR)) that allows source jurisdictions to impose limited source taxation on certain related party payments subject to tax below a minimum rate. The STTR will be creditable as a covered tax under the GloBE rules.

Rule status

The GloBE rules will have the status of a common approach.

This means that IF members:

- are not required to adopt the GloBE rules, but, if they choose to do so, they will implement and administer the rules in a way that is consistent with the outcomes provided for under Pillar Two, including in light of model rules and guidance agreed to by the IF;
- accept the application of the GloBE rules applied by other IF members including agreement as to rule order and the application of any agreed safe harbours.

Scope

The GloBE rules will apply to MNEs that meet the 750 million euros threshold as determined under BEPS Action 13 (country by country reporting). Countries are free to apply the IIR to MNEs headquartered in their country even if they do not meet the threshold.

Government entities, international organisations, non-profit organisations, pension funds or investment funds that are Ultimate Parent Entities (UPE) of an MNE Group or any holding vehicles used by such entities, organisations or funds are not subject to the GloBE rules.

Rule design

The IIR allocates top-up tax based on a top-down approach subject to a split-ownership rule for shareholdings below 80%.

The UTPR allocates top-up tax from low-tax constituent entities including those located in the UPE jurisdiction. The GloBE rules will provide for an exclusion from the UTPR for MNEs in the initial phase of their international activity, defined as those MNEs that have a maximum of EUR 50 million tangible assets abroad and that operate in no more than 5 other jurisdictions.[2] This exclusion is limited to a period of 5 years after the MNE comes into the scope of the GloBE rules for the first time. For MNEs that are in scope of the GloBE rules when they come into effect the period of 5 years will start at the time the UTPR rules come into effect.

ETR calculation

The GloBE rules will operate to impose a top-up tax using an effective tax rate test that is calculated on a jurisdictional basis and that uses a common definition of covered taxes and a tax base determined by reference to financial accounting income (with agreed adjustments consistent with the tax policy objectives of Pillar Two and mechanisms to address timing differences).

In respect of existing distribution tax systems, there will be no top-up tax liability if earnings are distributed within 4 years and taxed at or above the minimum level.

Minimum rate

The minimum tax rate used for purposes of the IIR and UTPR will be 15%.

Carve-outs

The GloBE rules will provide for a formulaic substance carve-out that will exclude an amount of income that is 5% of the carrying value of tangible assets and payroll. In a transition period of 10 years, the amount of income excluded will be 8% of the carrying value of tangible assets and 10% of payroll, declining annually by 0.2 percentage points for the first five years, and by 0.4 percentage points for tangible assets and by 0.8 percentage points for payroll for the last five years.

The GloBE rules will also provide for a *de minimis* exclusion for those jurisdictions where the MNE has revenues of less than EUR 10 million and profits of less than EUR 1 million.

---

[2] An MNE is considered to operate in a jurisdiction if that MNE has a Constituent Entity in that jurisdiction as defined for purposes of the GloBE rules.

Other exclusions

The GloBE rules also provide for an exclusion for international shipping income using the definition of such income under the OECD Model Tax Convention.

Simplifications

To ensure that the administration of the GloBE rules are as targeted as possible and to avoid compliance and administrative costs that are disproportionate to the policy objectives, the implementation framework will include safe harbours and/or other mechanisms.

GILTI co-existence

It is agreed that Pillar Two will apply a minimum rate on a jurisdictional basis. In that context, consideration will be given to the conditions under which the US GILTI regime will co-exist with the GloBE rules, to ensure a level playing field.

Subject to tax rule (STTR)

IF members recognise that the STTR is an integral part of achieving a consensus on Pillar Two for developing countries.[3] IF members that apply nominal corporate income tax rates below the STTR minimum rate to interest, royalties and a defined set of other payments would implement the STTR into their bilateral treaties with developing IF members when requested to do so.

The taxing right will be limited to the difference between the minimum rate and the tax rate on the payment.

The minimum rate for the STTR will be 9%.

Implementation

Pillar Two should be brought into law in 2022, to be effective in 2023, with the UTPR coming into effect in 2024. A detailed implementation plan is set out in the Annex.

---

[3] For this purpose, developing countries are defined as those with a GNI per capita, calculated using the World Bank Atlas method, of USD 12 535 or less in 2019 to be regularly updated.

Annex. Detailed Implementation Plan

This Annex describes the work needed to implement the two-pillar solution described in the body of the Statement. It also sets out a timeline for that process, including the key milestones for the Inclusive Framework (IF) going forward, noting that bespoke technical assistance will be available to developing countries to support all aspects of implementation. IF members recognise the ambitious nature of the timelines contained in this implementation plan and are fully committed to use all efforts within the context of their legislative process in achieving that goal.

Pillar One

Amount A, the removal of all Digital Service Taxes and other relevant similar measures on all companies, and Amount B will be implemented under the Pillar One solution, as described below.

Amount A

Amount A will be implemented through a Multilateral Convention (MLC), and where necessary by way of correlative changes to domestic law, with a view to allowing it to come into effect in 2023.

Multilateral Convention

In order to facilitate swift and consistent implementation, an MLC will be developed to introduce a multilateral framework for all jurisdictions that join, regardless of whether a tax treaty currently exists between those jurisdictions. The MLC will contain the rules necessary to determine and allocate Amount A and eliminate double taxation, as well as the simplified administration process, the exchange of information process and the processes for dispute prevention and resolution in a mandatory and binding manner between all jurisdictions, with the appropriate allowance for those jurisdictions for which an elective binding dispute resolution mechanism applies with respect to issues related to Amount A, thereby ensuring consistency and certainty in the application of Amount A and certainty with respect to issues related to Amount A. The MLC will be supplemented by an Explanatory Statement that describes the purpose and operation of the rules and processes. Where a tax treaty exists between parties to the MLC, that tax treaty will remain in force and continue to govern cross-border taxation outside Amount A, but the MLC will address inconsistencies with existing tax treaties to the extent necessary to give effect to the solution with respect to Amount A. The MLC will also address interactions between the MLC and future tax treaties. Where there is no tax treaty in force between parties, the MLC will create the relationship necessary to ensure the effective implementation of all aspects of Amount A.

The IF has mandated the Task Force on the Digital Economy (TFDE) to define and clarify the features of Amount A (e.g., elimination of double taxation, Marketing and Distribution Profits Safe Harbour) and develop the MLC and negotiate its content, so that all jurisdictions that have committed to the Statement will be able to participate. The TFDE will seek to conclude the text of the MLC and its Explanatory Statement by early 2022, so that the MLC is quickly open to signature and a high-level signing ceremony can be organised by mid-2022. Following its signature, jurisdictions will be expected to ratify the MLC as soon as possible, with the objective of enabling it to enter into force and effect in 2023 once a critical mass of jurisdictions as defined by the MLC have ratified it.

Removal and Standstill of All Digital Services Taxes and Other Relevant Similar Measures

The MLC will require all parties to remove all Digital Services Taxes and other relevant similar measures with respect to all companies, and to commit not to introduce such measures in the future. A detailed definition of what constitutes relevant similar measures will be finalised as part of the adoption of the MLC and its Explanatory Statement.

Domestic Law Changes

IF members may need to make changes to domestic law to implement the new taxing rights over Amount A. To facilitate consistency in the approach taken by jurisdictions and to support domestic implementation consistent with the agreed timelines and their domestic legislative procedures, the IF has mandated the TFDE to develop model rules for domestic legislation by early 2022 to give effect to Amount A. The model rules will be supplemented by commentary that describes the purpose and operation of the rules.

Amount B

The IF has mandated Working Party 6 and the FTA MAP Forum to jointly finalise the work on Amount B by end of 2022. The technical work will start by defining the in-country baseline marketing and distribution activities in scope of Amount B. Working Party 6 and the FTA MAP Forum will then jointly develop the rest of Amount B components, with a view of releasing Amount B final deliverables by end of 2022.

Pillar Two MindStV, C104

Model rules to give effect to the GloBE rules will be developed by the end of November 2021. These model rules will define the scope and set out the mechanics of the GloBE rules. They will include the rules for determining the ETR on a jurisdictional basis and the relevant exclusions, such as the formulaic substance-based carve-out. The model rules will also cover administrative provisions that address an MNE's filing obligations and the use of any administrative safe-harbours. The model rules will further include transition rules. The model rules are supplemented by commentary that explains the purpose and operation of the rules, and addresses the need for a switch-over rule in certain treaties and in circumstances that otherwise commit the contracting parties to the use of the exemption method.

A model treaty provision to give effect to the STTR will be developed by the end of November 2021. The model treaty provision will be supplemented by commentary that explains the purpose and the operation of the STTR. A process to assist in implementing the STTR will be agreed.

A multilateral instrument (MLI) will be developed by the IF by mid-2022 to facilitate the swift and consistent implementation of the STTR in relevant bilateral treaties.

At the latest by the end of 2022 an implementation framework will be developed that facilitates the coordinated implementation of the GloBE rules. This implementation framework will cover agreed administrative procedures (e.g. detailed filing obligations, multilateral review processes) and safe-harbours to facilitate both compliance by MNEs and administration by tax authorities. As part of the work on the implementation framework, IF members will consider the merits and possible content of a multilateral convention in order to further ensure co-ordination and consistent implementation of the GloBE rules.

Consultations

Within the constraints of the timeline set forth in this implementation plan, the work will continue to progress in consultation with stakeholders.

Outcome Statement on the Two-Pillar Solution to Address the Tax Challenges Arising from the Digitalisation of the Economy

11 July 2023

Introduction

1. Members of the OECD/G20 Inclusive Framework on Base Erosion and Profit Shifting (Inclusive Framework) have delivered a package to further implement the Two-Pillar Solution to Address the Tax Challenges Arising from the Digitalisation of the Economy.

2. The consensus-based Two-Pillar Solution plays an important role to ensure fairness and equity in our tax systems and to fortify the international tax framework in the face of new and changing business models. The global minimum tax under Pillar Two establishes a floor on corporate tax competition which will ensure a multinational enterprise (MNE) is subject to tax in each jurisdiction at a 15% effective minimum tax rate regardless of where it operates, thereby ensuring a level playing field. This global minimum tax framework under Pillar Two is already a reality, with over 50 jurisdictions taking steps towards implementation.

3. The Inclusive Framework is finalising the work on Pillar One and has completed the work on the development of the Subject to Tax Rule (STTR) and its implementation framework. Amount A of Pillar One will establish a taxing right for market jurisdictions with respect to a defined portion of the residual profits of the largest and most profitable MNEs operating in their markets, prevent the proliferation of Digital Service Taxes (DSTs) and relevant similar measures, avoid double taxation and excessive compliance burdens, and enhance stability and certainty in the international tax system.

4. This Statement summarises the package of deliverables developed by the Inclusive Framework to address the remaining elements of the Two-Pillar Solution. This package reflects compromises made by small and large jurisdictions, developing and developed countries, and source and residence jurisdictions alike.

5. The package delivered by members of the Inclusive Framework comprises four parts, which are outlined in the following paragraphs.

Part I – Multilateral Convention on Amount A of Pillar One

6. The Inclusive Framework has delivered a text of a Multilateral Convention (MLC),[1] which will allow the Parties to the MLC to exercise a domestic taxing right (Amount A of Pillar One) with respect to a defined portion of the residual profits of MNEs that meet certain revenue and profitability thresholds and that have a defined nexus to the markets of these Parties.

7. The MLC sets out the substantive features necessary for it to be prepared for signature, including the scope and operation of the permissible taxing right, the mechanisms for relieving double taxation, a process for ensuring tax certainty, the conditions for the removal of existing DSTs and relevant similar measures upon its entry into effect, and the commitment as of the same time not to enact new DSTs and relevant similar measures. The MLC also includes several provisions designed to address the unique circumstances of developing Inclusive Framework members. The MLC will be accompanied by an Explanatory Statement that will set out the common understanding of the MLC.

8. A few jurisdictions have expressed concerns with some specific items in the MLC. Efforts to resolve these issues are underway with a view to prepare the MLC for signature expeditiously. The MLC will be opened in the second half of 2023 and a signing ceremony will be organised by year end, with the objective of enabling the MLC to enter into force in 2025, allowing for the domestic consultation, legislative, and administrative processes applicable in each jurisdiction.

9. Recognising the progress made and the need to prevent disruption or delay of the ratification of the MLC, and subject to at least 30 jurisdictions accounting for at least 60 percent of the Ultimate Parent Entities (UPEs) of in-scope MNEs signing the MLC before the end of 2023, members of the Inclusive Framework agree to refrain from imposing newly enacted DSTs or relevant similar measures, as defined in the MLC, on any company between 1 January 2024 and the earlier of 31 December 2024, or the entry into force of the MLC. Assuming sufficient progress has been made by that date towards the entry into force of the MLC, members of the Inclusive Framework may agree to extend this commitment to the earlier of 31 December 2025, or the entry into force of the MLC.

Part II – Amount B of Pillar One

10. Amount B of Pillar One provides a framework for the simplified and streamlined application of the arm's length principle to in-country baseline marketing and distribution activities with a particular focus on the needs of low-capacity countries which are most often related to the unavailability of appropriate local market comparables through which arm's length prices can be established.

11. The Inclusive Framework recognises that Amount B is a critical component of the broader agreement on Pillar One and as such have achieved consensus on many aspects of that framework. To ensure the appropriateness of the scope and pricing framework, further work will be undertaken on the following aspects:

　I. Ensuring an appropriate balance between a quantitative and qualitative approach in identifying baseline distribution activities;

　II. The appropriateness of:
　　a) the pricing framework, including in light of the final agreement on scope;
　　b) the application of the framework to the wholesale distribution of digital goods;
　　c) country uplifts within geographic markets; and
　　d) the criteria to apply Amount B utilising a local database in certain jurisdictions.

---

[1] With efforts continuing on a small number of specific items as mentioned in paragraph 8.

12. We invite input from stakeholders on the elements identified above through 1 September 2023 with the work on those elements to be completed by year end.

13. Once this work is completed, the Inclusive Framework will approve and publish a final Amount B report, content from which will be incorporated into the OECD Transfer Pricing Guidelines by January 2024 with due consideration given to both the needs of low-capacity jurisdictions (which are most often related to the absence of local market comparables), and the interdependence of Amount B and the signing and entry into force of the MLC. The timeline for the smooth implementation of Amount B will take into account those considerations and the time necessary for some jurisdictions to adopt legislative changes to give effect to the revised guidelines as well as to allow business to be prepared.

Part III – The Subject to Tax Rule (STTR) under Pillar Two

14. The STTR is an integral part of achieving consensus on Pillar Two for developing Inclusive Framework members. Inclusive Framework members that apply nominal corporate income tax rates below nine per cent to intra-group interest, royalties and a defined set of other payments will implement the STTR in their treaties with developing Inclusive Framework members when requested to do so.

15. The Inclusive Framework has completed and delivered:
   - **An STTR model provision and commentary**. The STTR is a treaty-based rule, which applies to intra-group interest, royalties and a defined set of other intra-group payments (covered income). The list of covered income includes all payments for intra-group services. Where items of covered income are subject to a nominal corporate income tax rate below the STTR minimum rate of nine per cent in the residence jurisdiction, and the treaty limits the rate at which the jurisdiction in which that income arises can tax that income, the STTR allows that jurisdiction to tax it at a rate up to the difference between nine per cent and the nominal corporate income tax rate of the residence jurisdiction. The STTR is subject to certain exclusions, a materiality threshold and a mark-up threshold, and is administered through an ex-post annualised charge.
   - A **Multilateral Instrument (MLI), together with an Explanatory Statement**, to facilitate the implementation of the STTR. The MLI will amend the treaties that it covers. The Explanatory Statement reflects the agreed understanding of the negotiators on the approach taken in the MLI. Finally, the Inclusive Framework has also agreed a process to assist developing Inclusive Framework members in implementing the STTR.

The MLI implementing the STTR will be open for signature from 2 October 2023. Inclusive Framework members can elect to implement the STTR by signing the MLI, or bilaterally amending their treaties to include the STTR when requested by developing Inclusive Framework members.

Part IV – Implementation Support

16. The Inclusive Framework also calls upon the Secretariat to prepare a comprehensive action plan to support the swift and co-ordinated implementation of the Two-Pillar Solution. In particular, the plan should offer additional support and technical assistance to enhance the capacity necessary for the implementation of the Two-Pillar Solution by developing countries. In this regard, the OECD should co-ordinate with relevant regional and international organisations.

4.4 Verordnung über die Mindestbesteuerung grosser Unternehmensgruppen (Mindestbesteuerungsverordnung, MindStV)
SR 642.161 C104

vom 22. Dezember 2023 (Stand am 1. Januar 2025)

Der Schweizerische Bundesrat,

gestützt auf Artikel 197 Ziffer 15 der Bundesverfassung[1],

verordnet:

1. Kapitel: Allgemeine Bestimmungen

Art. 1 Gegenstand und Geltungsbereich

Diese Verordnung regelt die Mindestbesteuerung grosser multinationaler Unternehmensgruppen durch eine Ergänzungssteuer, bemessen auf den Gewinnen ihrer Geschäftseinheiten, die:

a. steuerlich der Schweiz zugehörig sind (schweizerische Ergänzungssteuer);

b. steuerlich nicht der Schweiz zugehörig sind (internationale Ergänzungssteuer).

Art. 2 Anwendbares Recht

[1] Die Mustervorschriften zur weltweiten Bekämpfung der Gewinnverkürzung und Gewinnverlagerung des Inclusive Framework on Base Erosion and Profit Shifting der Organisation für wirtschaftliche Zusammenarbeit und Entwicklung und der G20-Staaten vom 14. Dezember 2021[2] (*Global Anti-Base Erosion Model Rules [Pillar Two]*, GloBE-Mustervorschriften) sind unter Vorbehalt von Absatz 2 direkt für die internationale Ergänzungssteuer und sinngemäss für die schweizerische Ergänzungssteuer anwendbar.

AS **2023** 841
[1] SR **101**
[2] Die GloBE-Mustervorschriften können kostenlos eingesehen werden unter: www.oecd.org > Topics > Tax > Base erosion and profit shifting > BEPS Actions > Tax Challenges Arising from the Digitalisation of the Economy > December 2021: Global Anti-Base Erosion Model (GloBE) Rules – Pillar Two.

² Nicht anwendbar sind:
- a. Artikel 9.3.5 der GloBE-Mustervorschriften;
- b. für die schweizerische Ergänzungssteuer: die Artikel 4.3.2 Buchstaben a und c–e sowie 6.4 der GloBE-Mustervorschriften.

³ Die GloBE-Mustervorschriften sind insbesondere nach Massgabe des zugehörigen Kommentars[3] und zugehöriger Regelwerke der Organisation für wirtschaftliche Zusammenarbeit und Entwicklung und der G20-Staaten auszulegen.

⁴ Bei der Anwendung der GloBE-Mustervorschriften gilt die Schweiz als «Implementing Jurisdiction» im Sinne der GloBE-Mustervorschriften.

Art. 3 Geschäftseinheiten

¹ Als Geschäftseinheiten gelten die «Constituent Entities» nach Artikel 1.3 der GloBE-Mustervorschriften.

² Die steuerliche Zugehörigkeit der Geschäftseinheiten zu einem Kanton bestimmt sich sinngemäss nach den Artikeln 105 Absatz 3 und 106 des Bundesgesetzes vom 14. Dezember 1990[4] über die direkte Bundessteuer (DBG) betreffend die örtliche Zuständigkeit. In Abweichung der Artikel 105 Absatz 3 und 106 DBG sind die Verhältnisse zu Beginn des jeweiligen Geschäftsjahres nach Artikel 10.1 der GloBE-Mustervorschriften massgebend.

Art. 4 Schweizerische Ergänzungssteuer bei Joint Ventures und in Minderheitseigentum stehenden Geschäftseinheiten

Für die Zwecke der schweizerischen Ergänzungssteuer gelten als separate Unternehmensgruppe:
- a. ein Joint Venture nach Artikel 10.1 der GloBE-Mustervorschriften mitsamt seinen Geschäftseinheiten, wenn mindestens eine Beteiligungsinhaberin des Joint Ventures in den Anwendungsbereich der GloBE-Mustervorschriften fällt;
- b. eine in Minderheitseigentum stehende Geschäftseinheit nach Artikel 10.1 der GloBE-Mustervorschriften mitsamt ihren Geschäftseinheiten, wenn die Beteiligungsinhaberin der in Minderheitseigentum stehenden Geschäftseinheit in den Anwendungsbereich der GloBE-Mustervorschriften fällt.

---

[3] Der Kommentar kann kostenlos eingesehen werden unter: www.oecd.org > Topics > Tax > Base erosion and profit shifting > BEPS Actions > Tax Challenges Arising from the Digitalisation of the Economy > March 2022: Commentary to the Global Anti-Base Erosion Model (GloBE) Rules – Pillar Two.
[4] SR **642.11**

2. Kapitel: Ergänzungssteuerpflichtige Geschäftseinheiten

Art. 5

¹ Die steuerlich der Schweiz zugehörige Geschäftseinheit, die nach den Artikeln 2.1–2.3 der GloBE-Mustervorschriften für die internationale Ergänzungssteuer nach der Primärergänzungssteuerregelung (*Income Inclusion Rule*, IIR) steuerpflichtig ist, ist überdies für die schweizerische Ergänzungssteuer und die internationale Ergänzungssteuer nach der Sekundärergänzungssteuerregelung (UTPR) steuerpflichtig.

² Ist in der Schweiz keine Geschäftseinheit für die internationale Ergänzungssteuer nach der IIR steuerpflichtig, so ist für die schweizerische Ergänzungssteuer und die internationale Ergänzungssteuer nach der UTPR die Geschäftseinheit mit der höchsten durchschnittlichen Bilanzsumme der letzten drei Jahresrechnungen nach Artikel 125 Absatz 2 Buchstabe a DBG[5] unter Ausklammerung ihrer Beteiligungen steuerpflichtig. Diese Geschäftseinheit bleibt für drei Geschäftsjahre nach Artikel 10.1 der GloBE-Mustervorschriften ergänzungssteuerpflichtig.

³ Ist in der Schweiz mehr als eine Geschäftseinheit für die internationale Ergänzungssteuer nach der IIR steuerpflichtig, so ist für die schweizerische Ergänzungssteuer und die internationale Ergänzungssteuer nach der UTPR diejenige dieser Geschäftseinheiten mit der höchsten durchschnittlichen Bilanzsumme der letzten drei Jahresrechnungen nach Artikel 125 Absatz 2 Buchstabe a DBG unter Ausklammerung ihrer Beteiligungen steuerpflichtig. Diese Geschäftseinheit bleibt für drei Geschäftsjahre nach Artikel 10.1 der GloBE-Mustervorschriften ergänzungssteuerpflichtig.

⁴ Bei einem Joint Venture oder einer in Minderheitseigentum stehenden Geschäftseinheit nach Artikel 4 ist für die schweizerische Ergänzungssteuer dessen beziehungsweise deren oberste steuerlich der Schweiz zugehörige Geschäftseinheit steuerpflichtig. Ist keine steuerlich der Schweiz zugehörige Geschäftseinheit oberste Geschäftseinheit, so richtet sich die Ergänzungssteuerpflicht nach Absatz 2.

⁵ Ist im Einzelfall streitig, welche Geschäftseinheit einer Unternehmensgruppe ergänzungssteuerpflichtig ist, so wird die ergänzungssteuerpflichtige Geschäftseinheit von der folgenden Behörde bestimmt:

a. in Fällen, in denen alle Geschäftseinheiten einer Unternehmensgruppe steuerlich demselben Kanton zugehörig sind: von der kantonalen Verwaltung für die Ergänzungssteuer; die Verfügung der kantonalen Verwaltung für die Ergänzungssteuer unterliegt der Einsprache nach den Artikeln 14 und 24 sowie der Beschwerde nach Artikel 25;

b. in den anderen Fällen: von der Eidgenössischen Steuerverwaltung (ESTV); die Verfügung der ESTV unterliegt der Beschwerde nach den allgemeinen Bestimmungen über die Bundesrechtspflege.

---

[5] SR **642.11**

⁶ Die Feststellung der ergänzungssteuerpflichtigen Geschäftseinheit kann von der Veranlagungsbehörde für die Ergänzungssteuer, von der kantonalen Verwaltung für die Ergänzungssteuer oder von einer betroffenen Geschäftseinheit der entsprechenden Unternehmensgruppe verlangt werden. Die steuerlich der Schweiz zugehörigen Geschäftseinheiten der Unternehmensgruppe müssen für dieses Verfahren eine gemeinsame Vertretung in der Schweiz bezeichnen.

⁷ Hat im Einzelfall eine örtlich nicht zuständige Behörde bereits gehandelt, so übermittelt sie die Akten der zuständigen Behörde.

3. Kapitel: Mithaftung, geschäftsmässig begründeter Aufwand

Art. 6 Mithaftung

Für die Ergänzungssteuer haften alle steuerlich der Schweiz zugehörigen Geschäftseinheiten einer Unternehmensgruppe solidarisch in der Höhe der ihnen gemäss Artikel 12 zugerechneten Ergänzungssteuer.

Art. 7 Geschäftsmässig begründeter Aufwand

Die Ergänzungssteuer kann bei den Gewinnsteuern von Bund und Kantonen nicht als geschäftsmässig begründeter Aufwand geltend gemacht werden.

4. Kapitel: Schweizerische Ergänzungssteuer

Art. 8 Anwendungsbereich

¹ Der schweizerischen Ergänzungssteuer unterliegen die Gewinne von steuerlich der Schweiz zugehörigen Geschäftseinheiten einer Unternehmensgruppe, deren oberste Muttergesellschaft gemäss ihrer konsolidierten Jahresrechnung einen jährlichen Umsatz von 750 Millionen Euro im Sinne der Artikel 1.1.1, 1.1.2 und 6.1 der GloBE-Mustervorschriften erreicht.

² Gilt im Steuerhoheitsgebiet der obersten Muttergesellschaft einer Unternehmensgruppe ein tieferer Schwellenwert für den konsolidierten jährlichen Umsatz im Sinne der Artikel 1.1.1, 1.1.2 und 6.1 der GloBE-Mustervorschriften, so unterliegen die Gewinne ihrer steuerlich der Schweiz zugehörigen Geschäftseinheiten ebenfalls der schweizerischen Ergänzungssteuer.

³ Der schweizerischen Ergänzungssteuer unterliegen die Gewinne einer steuerlich der Schweiz zugehörigen Geschäftseinheit unabhängig davon, welchem Steuerhoheitsgebiet ihre oberste Muttergesellschaft steuerlich zugehörig ist.

⁴ Eine steuerlich der Schweiz zugehörige Geschäftseinheit einer Unternehmensgruppe unterliegt in der Anfangsphase ihrer internationalen Tätigkeit gemäss den Artikeln 9.3.1–9.3.4 der GloBE-Mustervorschriften nur der schweizerischen Ergänzungssteuer, sofern in Bezug auf die Gewinne der betreffenden Geschäftseinheiten eine ausländische IIR anwendbar ist.

Art. 9   Berechnung

¹ Die schweizerische Ergänzungssteuer wird sinngemäss nach den Artikeln 5.1–5.6 der GloBE-Mustervorschriften berechnet; diesbezügliche Sonderregelungen der GloBE-Mustervorschriften sind ebenfalls sinngemäss anwendbar. Bei der Berechnung nach Artikel 5.2.3 der GloBE-Mustervorschriften wird die schweizerische Ergänzungssteuer nicht abgezogen.

² Werden die Jahresrechnungen aller steuerlich der Schweiz zugehörigen Geschäftseinheiten auf der Grundlage der Fachempfehlungen zur Rechnungslegung der Stiftung für Fachempfehlungen zur Rechnungslegung (Swiss GAAP FER)[6] erstellt und unterliegen sie einer Prüfung durch eine externe Revisionsstelle, so wird die schweizerische Ergänzungssteuer auf der Grundlage dieser Jahresrechnungen berechnet.

³ Erfüllen nicht alle steuerlich der Schweiz zugehörigen Geschäftseinheiten die Voraussetzungen nach Absatz 2 oder stimmen die Geschäftsjahre, für die die Jahresrechnungen nach Absatz 2 erstellt werden, von einer oder mehreren steuerlich der Schweiz zugehörigen Geschäftseinheiten nicht mit dem Geschäftsjahr nach Artikel 10.1 der GloBE-Mustervorschriften überein, so wird die schweizerische Ergänzungssteuer auf der Grundlage der Jahresrechnung berechnet, die gemäss den Artikeln 3.1.2 und 3.1.3 der GloBE-Mustervorschriften erstellt wird.

5. Kapitel: Internationale Ergänzungssteuer

Art. 10   Anwendungsbereich

¹ Die internationale Ergänzungssteuer wird bemessen auf den Gewinnen von steuerlich nicht der Schweiz zugehörigen Geschäftseinheiten einer Unternehmensgruppe, deren oberste Muttergesellschaft gemäss ihrer konsolidierten Jahresrechnung einen jährlichen Umsatz von 750 Millionen Euro im Sinne der Artikel 1.1.1, 1.1.2 und 6.1 der GloBE-Mustervorschriften erreicht.

² Sie wird nach den Artikeln 2.1–2.3 der GloBE-Mustervorschriften über die IIR bemessen auf den Gewinnen von steuerlich einem anderen Steuerhoheitsgebiet zugehörigen Geschäftseinheiten.

³ Sie ist nach den Artikeln 2.4–2.6 der GloBE-Mustervorschriften über die UTPR anwendbar in Bezug auf Gewinne von steuerlich einem anderen Steuerhoheitsgebiet zugehörigen Geschäftseinheiten, deren oberste Muttergesellschaft steuerlich ebenfalls einem anderen Steuerhoheitsgebiet zugehörig ist, sofern mindestens eine Geschäftseinheit der Unternehmensgruppe steuerlich der Schweiz zugehörig ist und soweit in Bezug auf die Gewinne der betreffenden ausländischen Geschäftseinheiten keine ausländische IIR anwendbar ist.

Art. 11   Berechnung

Die internationale Ergänzungssteuer wird nach den Artikeln 5.1–5.6 der GloBE-Mustervorschriften berechnet; diesbezügliche Sonderregelungen der GloBE-Mustervorschriften sind ebenfalls anwendbar.

---

[6]   Die Empfehlungen können kostenlos eingesehen und gegen Bezahlung bezogen werden bei: Verlag SKV, Reitergasse 9, Postfach, 8021 Zürich (www.verlagskv.ch).

6. Kapitel: Zurechnung der Ergänzungssteuer zu den Geschäftseinheiten

Art. 12

[1] Die schweizerische Ergänzungssteuer einer Unternehmensgruppe wird den einzelnen Geschäftseinheiten nach Massgabe des Betrags der Ergänzungssteuer zugerechnet, der sich bei einer Berechnung anhand der Einzelabschlüsse dieser Geschäftseinheiten ergeben würde. Für die Berechnung werden die massgebenden Steuern, der massgebende Gewinn sowie der Gewinnüberschuss für jede Geschäftseinheit auf der Grundlage des nach den GloBE-Mustervorschriften erstellten Einzelabschlusses ermittelt.

[2] Ist eine Zurechnung nach Absatz 1 nicht möglich, so ist der Betrag der schweizerischen Ergänzungssteuer nach Massgabe des massgebenden Gewinns der einzelnen Geschäftseinheiten den Geschäftseinheiten zuzurechnen.

[3] Verfügt eine Geschäftseinheit über Steuerobjekte in mehreren Kantonen, so wird die schweizerische Ergänzungssteuer nach den bundesrechtlichen Grundsätzen betreffend das Verbot der interkantonalen Doppelbesteuerung auf diese Steuerobjekte aufgeteilt.

[4] Der Betrag der internationalen Ergänzungssteuer nach der UTPR wird den Geschäftseinheiten sinngemäss nach Artikel 2.6 der GloBE-Mustervorschriften zugerechnet.

7. Kapitel: Verteilung des Rohertrags

Art. 13

[1] Der Rohertrag der schweizerischen Ergänzungssteuer aus nach Artikel 56 DBG[7] gewinnsteuerbefreiten Tätigkeiten von Geschäftseinheiten von Bund, Kantonen und Gemeinden, die nach den GloBE-Mustervorschriften der Mindestbesteuerung unterliegen, steht dem jeweiligen Gemeinwesen zu.

[2] Im Übrigen steht der kantonale Anteil den Kantonen entsprechend der steuerlichen Zugehörigkeit der Geschäftseinheiten zu, denen die Ergänzungssteuer zugerechnet wurde. Verfügt eine Geschäftseinheit über Steuerobjekte in mehreren Kantonen, so steht der Rohertrag den Kantonen entsprechend der Zurechnung zu diesen Steuerobjekten zu.

---

[7] SR **642.11**

8. Kapitel: Verfahrensrecht
1. Abschnitt: Anwendbares Recht

Art. 14

Unter Vorbehalt der Bestimmungen dieser Verordnung sind die Artikel 102–106, 108–135 und 140–172 DBG[8] über das Verfahrensrecht sinngemäss anwendbar.

2. Abschnitt: Kantonale Behörden

Art. 15 Organisation

Soweit das kantonale Recht keine andere Behörde bestimmt, gilt:

a. die kantonale Verwaltung für die direkte Bundessteuer als kantonale Verwaltung für die Ergänzungssteuer;

b. die Veranlagungsbehörde für die direkte Bundessteuer für juristische Personen als Veranlagungsbehörde für die Ergänzungssteuer.

Art. 16 Örtliche Zuständigkeit

[1] Die Artikel 105–108 DBG[9] über die örtliche Zuständigkeit sind nicht anwendbar.

[2] Die kantonalen Behörden veranlagen und beziehen die Ergänzungssteuer von den ergänzungssteuerpflichtigen Geschäftseinheiten, die zu Beginn des Geschäftsjahres nach Artikel 10.1 der GloBE-Mustervorschriften steuerlich dem Kanton zugehörig sind.

[3] Ist der Ort der Veranlagung im Einzelfall ungewiss oder streitig, so wird er von der ESTV bestimmt. Die Verfügung der ESTV unterliegt der Beschwerde nach den allgemeinen Bestimmungen über die Bundesrechtspflege.

[4] Die Feststellung des Veranlagungsortes kann von der Veranlagungsbehörde für die Ergänzungssteuer, von der kantonalen Verwaltung für die Ergänzungssteuer oder von der ergänzungssteuerpflichtigen Geschäftseinheit verlangt werden. Die ergänzungssteuerpflichtige Geschäftseinheit muss für dieses Verfahren ein Zustellungsdomizil in der Schweiz bezeichnen.

[5] Hat im Einzelfall eine örtlich nicht zuständige Behörde bereits gehandelt, so übermittelt sie die Akten der zuständigen Behörde.

---

[8] SR **642.11**
[9] SR **642.11**

3. Abschnitt: Informationssystem Ergänzungssteuer

Art. 17 Organisation, Inhalt

¹ Die Kantone betreiben zur Umsetzung der Mindestbesteuerung gemeinsam ein Informationssystem.

² Die zuständigen kantonalen Behörden können darin die folgenden besonders schützenswerten Personendaten bearbeiten, sofern diese Daten für die Erfüllung ihrer Aufgaben nach dieser Verordnung erforderlich sind: Daten über verwaltungs- und strafrechtliche Verfolgungen oder Sanktionen.

³ Der Bund richtet ein Portal für den Zugang zum Informationssystem ein.

⁴ Das Informationssystem dient insbesondere:

a. der Führung eines zentralen Verzeichnisses der ergänzungssteuerpflichtigen Geschäftseinheiten (zentrales Ergänzungssteuerverzeichnis);

b. der elektronischen Einreichung und Bearbeitung der Ergänzungssteuererklärungen sowie von weiteren Eingaben der ergänzungssteuerpflichtigen Geschäftseinheiten an die Veranlagungsbehörden für die Ergänzungssteuer;

c. der elektronischen Eröffnung von Veranlagungen und Entscheiden der Veranlagungsbehörden für die Ergänzungssteuer;

d. dem Informationsaustausch zwischen den ergänzungssteuerpflichtigen Geschäftseinheiten und den Veranlagungsbehörden für die Ergänzungssteuer.

⁵ Das Informationssystem enthält namentlich folgende Daten:

a. die Ergänzungssteuererklärungen einschliesslich der Beilagen;

b. die Veranlagungsverfügungen und die Entscheide der Veranlagungsbehörden für die Ergänzungssteuer;

c. Angaben zur Verteilung des Rohertrags der Ergänzungssteuer zwischen den einzelnen Kantonen und dem Bund;

d. die Geschäftseinheiten im Ausland.

⁶ Das zentrale Ergänzungssteuerverzeichnis enthält namentlich folgende Daten der ergänzungssteuerpflichtigen Geschäftseinheiten:

a. die Firma;

b. den Sitz;

c. die Unternehmens-Identifikationsnummer (UID);

d. die zur Vertretung der Geschäftseinheiten bevollmächtigten Personen.

⁷ Die Veranlagungsbehörden für die Ergänzungssteuer, die kantonalen Verwaltungen für die Ergänzungssteuer und die ESTV verwenden die UID für die Erfüllung ihrer Aufgaben gemäss dieser Verordnung systematisch.

Art. 18 Bearbeitungsrechte

¹ Die Veranlagungsbehörde für die Ergänzungssteuer und die kantonale Verwaltung für die Ergänzungssteuer können zur Erfüllung ihrer Aufgaben nach dieser Verordnung ihre Daten im Informationssystem bearbeiten.

² Die kantonalen Steuerverwaltungen haben Einsicht in:
  a. das zentrale Ergänzungssteuerverzeichnis;
  b. die Daten von Geschäftseinheiten einer Unternehmensgruppe, sofern Geschäftseinheiten oder Steuerobjekte dieser Unternehmensgruppe steuerlich dem Kanton zugehörig sind.

³ Die Kantone dürfen die Daten, von denen sie aufgrund dieser Verordnung Kenntnis erhalten, verwenden, um ihre Aufgaben im Bereich der direkten Bundessteuer zu erfüllen.

⁴ Sie können Statistiken über die Ergänzungssteuer erstellen und publizieren.

⁵ Die ESTV kann zur Erfüllung ihrer Aufgaben nach dieser Verordnung sämtliche Daten des Informationssystems, einschliesslich der folgenden besonders schützenswerten Personendaten, bearbeiten: Daten über verwaltungs- und strafrechtliche Verfolgungen oder Sanktionen. Sie kann diese Daten verwenden, um ihre Aufgaben im Bereich der direkten Bundessteuer zu erfüllen.

⁶ Sie kann Statistiken über die Ergänzungssteuer erstellen und publizieren.

Art. 19 Pflichten der ergänzungssteuerpflichtigen Geschäftseinheit

¹ Die nach Artikel 5 ergänzungssteuerpflichtige Geschäftseinheit muss sich innert der für die Abgabe der Ergänzungssteuererklärung vorgesehenen Frist nach Artikel 20 unaufgefordert im Informationssystem anmelden.

² Sie muss ihre Eingaben nach Artikel 17 Absätze 5 Buchstaben a und d sowie 6 elektronisch einreichen.

³ Sie muss sich unaufgefordert im Informationssystem abmelden, wenn ihre Ergänzungssteuerpflicht endet.

4. Abschnitt: Veranlagung

Art. 20 Fristen für die Ergänzungssteuererklärung

¹ Die ergänzungssteuerpflichtige Geschäftseinheit muss die Ergänzungssteuererklärung innert 15 Monaten nach Ablauf des Geschäftsjahres nach Artikel 10.1 der GloBE-Mustervorschriften der zuständigen kantonalen Behörde einreichen; die erste Ergänzungssteuererklärung nach Eintritt der Unternehmensgruppe in den Anwendungsbereich der GloBE-Mustervorschriften ist innert 18 Monaten nach Ablauf des ersten Geschäftsjahres einzureichen.

² Reicht die ergänzungssteuerpflichtige Geschäftseinheit die Ergänzungssteuererklärung nicht oder mangelhaft ausgefüllt ein, so fordert die zuständige kantonale Behörde sie auf, das Versäumte innert kurzer Frist nachzuholen.

Art. 21 Auskunftspflicht von Geschäftseinheiten derselben Unternehmensgruppe

Die der Schweiz steuerlich zugehörigen Geschäftseinheiten einer Unternehmensgruppe müssen auf Verlangen der zuständigen Veranlagungsbehörde für die Ergänzungssteuer über alle Tatsachen, die für die Veranlagung der Ergänzungssteuer von Bedeutung sind, Auskunft erteilen, sofern die ergänzungssteuerpflichtige Geschäftseinheit diese Auskunft nicht erteilt.

Art. 22 Besondere Bestimmungen zur Veranlagungsverfügung

Die schweizerische Ergänzungssteuer, die internationale Ergänzungssteuer nach der IIR und die internationale Ergänzungssteuer nach der UTPR werden mittels separater Verfügungen veranlagt.

Art. 23 Umrechnung

Lautet die Jahresrechnung auf eine ausländische Währung, so ist der Steuerbetrag in Franken umzurechnen. Massgebend ist der durchschnittliche Devisenkurs (Verkauf) der Steuerperiode.

5. Abschnitt: Einsprache und Beschwerde

Art. 24 Besondere Bestimmungen zur Einsprache

Richtet sich die Einsprache der ergänzungssteuerpflichtigen Geschäftseinheit gegen eine einlässlich begründete Veranlagungsverfügung, so kann sie mit Zustimmung der Einsprecherin, der kantonalen Verwaltung für die Ergänzungssteuer und der ESTV als Beschwerde an das Bundesverwaltungsgericht weitergeleitet werden.

Art. 25 Beschwerde

¹ Die Artikel 140–146 DBG[10] über die Beschwerde vor der kantonalen Steuerrekurskommission, vor einer weiteren kantonalen Beschwerdeinstanz oder vor dem Bundesgericht sind nicht anwendbar.

² Die ergänzungssteuerpflichtige Geschäftseinheit kann gegen den Einspracheentscheid der Veranlagungsbehörde für die Ergänzungssteuer nach Massgabe des Verwaltungsgerichtsgesetzes vom 17. Juni 2005[11] (VGG) beim Bundesverwaltungsgericht Beschwerde erheben.

---

[10] SR **642.11**
[11] SR **173.32**

³ Die kantonale Verwaltung für die Ergänzungssteuer des veranlagenden Kantons und die ESTV können gegen jede Veranlagungsverfügung und jeden Einspracheentscheid der Veranlagungsbehörde für die Ergänzungssteuer nach Massgabe des VGG beim Bundesverwaltungsgericht Beschwerde erheben.

⁴ Die Frist für die Beschwerde nach Absatz 3 beträgt:

    a. bei Veranlagungsverfügungen und Einspracheentscheiden, die der beschwerdeführenden Verwaltung eröffnet worden sind: 30 Tage seit Zustellung;

    b. in den anderen Fällen: 60 Tage seit Eröffnung der Veranlagungsverfügung oder des Einspracheentscheids an die ergänzungssteuerpflichtige Geschäftseinheit.

⁵ Die Revision bundesverwaltungsgerichtlicher Urteile richtet sich nach dem VGG.

⁶ Gegen Entscheide des Bundesverwaltungsgerichts kann nach Massgabe des Bundesgerichtsgesetzes vom 17. Juni 2005[12] beim Bundesgericht Beschwerde geführt werden. Zur Beschwerde in öffentlich-rechtlichen Angelegenheiten sind auch die kantonale Verwaltung für die Ergänzungssteuer und die ESTV berechtigt.

6. Abschnitt: Inventar

Art. 26

Die Artikel 154–159 DBG[13] über das Inventar sind nicht anwendbar.

7. Abschnitt: Fälligkeit und Erlass der Steuer

Art. 27   Fälligkeit

¹ Artikel 161 Absätze 1 und 2 DBG[14] über die Fälligkeit der Steuer ist nicht anwendbar.

² Die Ergänzungssteuer wird gleichzeitig mit Ablauf der Fristen nach Artikel 20 Absatz 1 für die Ergänzungssteuererklärung fällig.

Art. 28   Erlass

Die Artikel 167–167g DBG[15] über den Erlass der Steuer sind nicht anwendbar.

---

[12] SR **173.110**
[13] SR **642.11**
[14] SR **642.11**
[15] SR **642.11**

9. Kapitel: Steuerstrafrecht
1. Abschnitt: Verletzung von Verfahrenspflichten, Steuerhinterziehung

Art. 29 Verletzung von Verfahrenspflichten

¹ Mit Busse wird bestraft, wer einer Pflicht, die ihm nach dieser Verordnung oder einer aufgrund dieser Verordnung getroffenen Anordnung obliegt, trotz Mahnung vorsätzlich oder fahrlässig nicht nachkommt, insbesondere:

a. die Ergänzungssteuererklärung oder die dazu verlangten Beilagen nicht einreicht;

b. eine Bescheinigungs-, Auskunfts- oder Meldepflicht nicht erfüllt.

² Die Busse beträgt bis zu 1000 Franken, in schweren Fällen oder im Wiederholungsfall bis zu 10 000 Franken.

Art. 30 Ergänzungssteuerhinterziehung

¹ Die ergänzungssteuerpflichtige Geschäftseinheit wird mit Busse bestraft, wenn sie vorsätzlich oder fahrlässig:

a. bewirkt, dass eine Veranlagung zu Unrecht unterbleibt oder dass eine rechtskräftige Veranlagung unvollständig ist;

b. eine unrechtmässige Rückerstattung von Ergänzungssteuern erwirkt.

² Die Busse beträgt in der Regel das Einfache der hinterzogenen Ergänzungssteuer. Sie kann bei leichtem Verschulden bis auf einen Drittel ermässigt, bei schwerem Verschulden bis auf das Dreifache erhöht werden.

³ Die Bestrafung der handelnden Organe oder Vertreterinnen und Vertreter nach Artikel 31 bleibt vorbehalten.

⁴ Für die Selbstanzeige gilt Artikel 181*a* DBG[16] sinngemäss.

⁵ Die ergänzungssteuerpflichtige Geschäftseinheit wird mit Busse bestraft, wenn sie versucht, eine Ergänzungssteuer zu hinterziehen. Die Busse beträgt zwei Drittel der Busse, die bei vorsätzlicher und vollendeter Ergänzungssteuerhinterziehung festzusetzen wäre.

Art. 31 Anstiftung, Gehilfenschaft, Mitwirkung

¹ Wer vorsätzlich zur Hinterziehung einer Ergänzungssteuer anstiftet, Hilfe leistet oder als Vertreterin oder Vertreter der ergänzungssteuerpflichtigen Geschäftseinheit eine Ergänzungssteuerhinterziehung bewirkt oder an einer solchen mitwirkt, wird ohne Rücksicht auf die Strafbarkeit der ergänzungssteuerpflichtigen Geschäftseinheit mit Busse bestraft und haftet überdies solidarisch für die hinterzogene Ergänzungssteuer.

² Die Busse beträgt bis zu 10 000 Franken, in schweren Fällen oder im Wiederholungsfall bis zu 50 000 Franken.

---

[16] SR **642.11**

[3] Für die Selbstanzeige gelten die Artikel 177 Absatz 3 und 181a DBG[17] sinngemäss.

[4] Werden im Geschäftsbereich einer juristischen Person Teilnahmehandlungen (Anstiftung, Gehilfenschaft, Mitwirkung) an Ergänzungssteuerhinterziehungen der ergänzungssteuerpflichtigen Geschäftseinheit begangen, so sind die Absätze 1–3 auf die juristische Person anwendbar.

Art. 32 Verfahren und Verjährung

[1] Das Verfahren richtet sich sinngemäss nach den Artikeln 182 Absätze 1, 3 und 4 sowie 183 DBG[18].

[2] Die Vorschriften über die Verfahrensgrundsätze, das Veranlagungs- und das Beschwerdeverfahren dieser Verordnung gelten sinngemäss. Die Strafgerichtsbarkeit ist ausgeschlossen.

[3] Für die Verjährung der Strafverfolgung sowie den Bezug und die Verjährung der Bussen und Kosten gelten die Artikel 184 und 185 DBG sinngemäss.

2. Abschnitt: Steuervergehen

Art. 33 Ergänzungssteuerbetrug

[1] Wer zum Zweck der Hinterziehung einer Ergänzungssteuer im Sinne von Artikel 30 gefälschte, verfälschte oder inhaltlich unwahre Urkunden wie Geschäftsbücher, Bilanzen oder Erfolgsrechnungen und andere Bescheinigungen Dritter zur Täuschung gebraucht, wird mit Freiheitsstrafe bis zu drei Jahren oder Geldstrafe bestraft. Eine bedingte Strafe kann mit Busse bis zu 10 000 Franken verbunden werden.

[2] Die Bestrafung wegen Ergänzungssteuerhinterziehung bleibt vorbehalten.

[3] Für die Selbstanzeige gilt Artikel 186 Absatz 3 DBG[19] sinngemäss.

Art. 34 Verfahren

Das Verfahren richtet sich sinngemäss nach Artikel 188 DBG[20].

Art. 35 Verjährung der Strafverfolgung

[1] Die Strafverfolgung verjährt 15 Jahre nachdem der Täter die letzte strafbare Tätigkeit ausgeführt hat.

[2] Die Verjährung tritt nicht mehr ein, wenn vor Ablauf der Verjährungsfrist ein erstinstanzliches Urteil ergangen ist.

---

[17] SR **642.11**
[18] SR **642.11**
[19] SR **642.11**
[20] SR **642.11**

3. Abschnitt: Besondere Untersuchungsmassnahmen der ESTV

Art. 36

Die Artikel 190–195 DBG[21] über die besonderen Untersuchungsmassnahmen der ESTV bei Verdacht auf schwere Steuerwiderhandlungen gelten sinngemäss.

10. Kapitel:
Abrechnung zwischen Bund und Kantonen sowie unter den Kantonen

Art. 37   Bundesanteil

[1] Die Kantone rechnen den Rohertrag der von ihnen in Rechnung gestellten Ergänzungssteuer und den Bundesanteil daran bis zum Ende des folgenden Monats mit dem Bund ab.

[2] Sie liefern den Bundesanteil an den im Laufe eines Monats bei ihnen eingegangenen Beträgen bis zum Ende des folgenden Monats dem Bund ab.

Art. 38   Kantonale Anteile

[1] Die Kantone rechnen den Rohertrag der von ihnen in Rechnung gestellten Ergänzungssteuer und den Anteil der anderen Kantone daran bis zum Ende des folgenden Monats mit den anderen Kantonen ab.

[2] Sie liefern die Anteile der anderen Kantone an den rechtskräftig festgesetzten und im Laufe eines Monats bei ihnen eingegangenen Beträge, abzüglich der Entschädigung nach Artikel 39, innert 90 Tagen nach Monatsende ab.

[3] Ist die Ergänzungssteuer innert zwei Jahren nach Ablauf des Geschäftsjahres noch nicht rechtskräftig veranlagt, so liefern die Kantone die Anteile der anderen Kantone an den in Rechnung gestellten und bei ihnen eingegangenen Beträge bis zum Ende des folgenden Monats ab.

[4] Können sich die beteiligten Kantone über die Verteilung nicht einigen, so entscheidet das Bundesgericht als einzige Instanz.

Art. 39   Entschädigung

Die veranlagenden Kantone können pro Veranlagungsverfügung eine Entschädigung von 2 Prozent des kantonalen Anteils am Rohertrag der Ergänzungssteuer einbehalten, höchstens jedoch 100 000 Franken.

---

[21] SR **642.11**

11. Kapitel: Schlussbestimmungen

Art. 40 Übergangsbestimmungen

[1] Diese Verordnung findet unter Vorbehalt von Absatz 2 Anwendung auf Geschäftsjahre nach Artikel 10.1 der GloBE-Mustervorschriften, die ab dem Tag ihres Inkrafttretens beginnen.

[2] Die Bestimmungen über die internationale Ergänzungssteuer finden, mit Ausnahme von Artikel 10 Absatz 3, Anwendung auf Geschäftsjahre nach Artikel 10.1 der GloBE-Mustervorschriften, die ab dem 1. Januar 2025 beginnen. Artikel 10 Absatz 3 findet zu einem späteren Zeitpunkt Anwendung.[22]

[3] Bei fahrlässiger Verletzung von Verfahrenspflichten oder fahrlässiger Steuerhinterziehung entfällt die Strafbarkeit nach den Artikeln 29 und 30 für alle Geschäftsjahre nach Artikel 10.1 der GloBE-Mustervorschriften, die bis am 31. Dezember 2026 beginnen und bis am 30. Juni 2028 enden.

Art. 41 Änderung eines anderen Erlasses

…[23]

Art. 42 Inkrafttreten

Diese Verordnung tritt am 1. Januar 2024 in Kraft.

---

[22] Fassung gemäss Ziff. I der V vom 20. Nov. 2024, in Kraft seit 1. Jan. 2025 (AS **2024** 692).
[23] Die Änderung kann unter AS **2023** 841 konsultiert werden.

VStG

Verrechnungssteuergesetz

5 Bundesgesetz über die Verrechnungssteuer
(Verrechnungssteuergesetz, VStG)[1]
SR 642.21

vom 13. Oktober 1965 (Stand am 1. Januar 2025)

Die Bundesversammlung der Schweizerischen Eidgenossenschaft,

gestützt auf Artikel 41bis Absatz 1 Buchstaben a und b und Absätze 2 und 3 der Bundesverfassung[2],[3] nach Einsicht in eine Botschaft des Bundesrates vom 18. Oktober 1963[4],

beschliesst:

---

[1] Fassung gemäss Ziff. I des BG vom 15. Juni 2012, in Kraft seit 1. Jan. 2013 (AS **2012** 5981; BBl **2011** 6615).
[2] [BS **1** 3; AS **1958** 362, **1985** 1026]. Den genannten Bestimmungen entsprechen heute Artikel 132 Abs. 2 und Art. 134 der BV vom 18. April 1999 (SR **101**).
[3] Fassung gemäss Ziff. II des BG vom 8. Okt. 1999, in Kraft seit 1. Jan. 2000 (AS **2000** 324; BBl **1999** 5966).
[4] BBl **1963** II 953

Einleitung

A. Gegenstand des Gesetzes

Art. 1

¹ Der Bund erhebt eine Verrechnungssteuer auf dem Ertrag beweglichen Kapitalvermögens, auf Gewinnen aus Geldspielen im Sinne des Geldspielgesetzes vom 29. September 2017[1] (BGS), auf Gewinnen aus Lotterien und Geschicklichkeitsspielen zur Verkaufsförderung, die nach Artikel 1 Absatz 2 Buchstaben d und e BGS diesem nicht unterstehen, und auf Versicherungsleistungen; wo es das Gesetz vorsieht, tritt anstelle der Steuerentrichtung die Meldung der steuerbaren Leistung.[2]

² Die Verrechnungssteuer wird dem Empfänger der um die Steuer gekürzten Leistung nach Massgabe dieses Gesetzes vom Bund oder vom Kanton zu Lasten des Bundes zurückerstattet.

B. Provision der Kantone

Art. 2[3]

¹ Der Anteil der Kantone am jährlichen Reinertrag der Verrechnungssteuer beträgt 10 Prozent.

² Er wird jeweils zu Beginn des Folgejahres auf die Kantone verteilt. Als Bemessungsgrundlage dient die Wohnbevölkerung nach dem letzten verfügbaren Ergebnis der eidgenössischen Volkszählung.

³ Der Bundesrat ordnet die Einzelheiten nach Anhörung der Kantonsregierungen.

C. Verhältnis zum kantonalen Recht

Art. 3

¹ Was dieses Gesetz als Gegenstand der Verrechnungssteuer oder steuerfrei erklärt, ist der Belastung durch gleichgeartete Kantons- und Gemeindesteuern entzogen; Anstände, die sich auf Grund dieser Bestimmung ergeben, beurteilt das Bundesgericht als einzige Instanz (Art. 120 des Bundesgerichtsgesetzes vom 17. Juni 2005[4]).[5]

² Die Verwendung von Urkunden in einem Verfahren, das in Anwendung dieses Gesetzes durchgeführt wird, begründet nicht die Pflicht zur Entrichtung kantonaler Stempelabgaben.

---

[1] SR **935.51**
[2] Fassung gemäss Anhang Ziff. II 7 des Geldspielgesetzes vom 29. Sept. 2017, in Kraft seit 1. Jan. 2019 (AS **2018** 5103; BBl **2015** 8387).
[3] Fassung gemäss Ziff. II 12 des BG vom 6. Okt. 2006 zur Neugestaltung des Finanzausgleichs und der Aufgabenteilung zwischen Bund und Kantonen (NFA), in Kraft seit 1. Jan. 2008 (AS **2007** 5779; BBl **2005** 6029).
[4] SR **173.110**
[5] Fassung gemäss Anhang Ziff. 60 des Verwaltungsgerichtsgesetzes vom 17. Juni 2005, in Kraft seit 1. Jan. 2007 (AS **2006** 2197 1069; BBl **2001** 4202).

Erster Abschnitt: Steuererhebung

A. Gegenstand der Steuer

I. Kapitalerträge VStV 14 ff., 20, 28 ff.

Art. 4 Regel 1.

¹ Gegenstand der Verrechnungssteuer auf dem Ertrag beweglichen Kapitalvermögens sind die Zinsen, Renten, Gewinnanteile und sonstigen Erträge:

    a. der von einem Inländer ausgegebenen Obligationen, Serienschuldbriefe, Seriengülten und Schuldbuchguthaben; A93, A92, A60, C20

    b.[1] der von einem Inländer ausgegebenen Aktien, Stammanteile an Gesellschaften mit beschränkter Haftung, Genossenschaftsanteile, Beteiligungsscheine von Genossenschaftsbanken, Partizipationsscheine und Genussscheine; A84, B86, B85, C17

    c.[2] der von einem Inländer oder von einem Ausländer in Verbindung mit einem Inländer ausgegebenen Anteile an einer kollektiven Kapitalanlage gemäss Kollektivanlagegesetz vom 23. Juni 2006[3] (KAG); A70, A69

    d. der Kundenguthaben bei inländischen Banken und Sparkassen. A79

² Die Verlegung des Sitzes einer Aktiengesellschaft, Gesellschaft mit beschränkter Haftung oder Genossenschaft ins Ausland steht steuerlich der Liquidation der Gesellschaft oder Genossenschaft gleich; diese Bestimmung findet auf kollektive Kapitalanlagen gemäss KAG sinngemässe Anwendung.[4] VStV 22, 33 | A69, A50

Art. 4a[5] **Erwerb eigener Beteiligungsrechte** 1a. A42

¹ Erwirbt eine Gesellschaft oder eine Genossenschaft gestützt auf einen Beschluss über die Herabsetzung des Kapitals oder im Hinblick auf eine Herabsetzung ihres Kapitals eigene Beteiligungsrechte (Aktien, Stammanteile von Gesellschaften mit beschränkter Haftung, Anteilscheine von Genossenschaften, Beteiligungsscheine von Genossenschaftsbanken, Partizipationsscheine oder Genussscheine), so unterliegt die Differenz zwischen dem Erwerbspreis und dem einbezahlten Nennwert dieser Beteiligungsrechte der Verrechnungssteuer.[6] Dasselbe gilt, soweit der Erwerb eigener Beteiligungsrechte den Rahmen der Artikel 659 oder 783 des Obligationenrechts (OR)[7] überschreitet.[8]

---

[1] Fassung gemäss Anhang Ziff. II 10 des Finanzinstitutsgesetzes vom 15. Juni 2018, in Kraft seit 1. Jan. 2020 (AS **2018** 5247, **2019** 4631; BBl **2015** 8901).

[2] Fassung gemäss Anhang Ziff. II 8 des Kollektivanlagengesetzes vom 23. Juni 2006, in Kraft seit 1. Jan. 2007 (AS **2006** 5379; BBl **2005** 6395).

[3] SR **951.31**

[4] Fassung gemäss Anhang Ziff. II 8 des Kollektivanlagengesetzes vom 23. Juni 2006, in Kraft seit 1. Jan. 2007 (AS **2006** 5379; BBl **2005** 6395).

[5] Eingefügt durch Ziff. I 4 des BG vom 10. Okt. 1997 über die Reform der Unternehmensbesteuerung 1997, in Kraft seit 1. Jan. 1998 (AS **1998** 669; BBl **1997** II 1164).

[6] Fassung gemäss Anhang Ziff. II 10 des Finanzinstitutsgesetzes vom 15. Juni 2018, in Kraft seit 1. Jan. 2020 (AS **2018** 5247, **2019** 4631; BBl **2015** 8901).

[7] SR **220**

[8] Fassung des zweiten Satzes gemäss Anhang Ziff. 9 des BG vom 19. Juni 2020 (Aktienrecht), in Kraft seit 1. Jan. 2023 (AS **2020** 4005, **2022** 109; BBl **2017** 399).

² Erwirbt eine Gesellschaft oder eine Genossenschaft im Rahmen der Artikel 659 oder 783 OR eigene Beteiligungsrechte, ohne anschliessend ihr Kapital herabzusetzen, so gilt Absatz 1 sinngemäss, wenn die Gesellschaft oder die Genossenschaft diese Beteiligungsrechte nicht innerhalb von sechs Jahren wieder veräussert.[1]

³ Hat eine Gesellschaft oder Genossenschaft eigene Beteiligungsrechte aus Anlass von Verpflichtungen erworben, die auf einer Wandelanleihe, einer Optionsanleihe oder einem Mitarbeiterbeteiligungsplan beruhen, so steht die Frist zur Wiederveräusserung nach Absatz 2 bis zum Erlöschen der betreffenden Verpflichtungen, im Falle des Mitarbeiterbeteiligungsplans jedoch längstens sechs Jahre, still.

⁴ Kapitalgesellschaften und Genossenschaften, die an einer schweizerischen Börse kotiert sind, haben beim Erwerb eigener Beteiligungsrechte nach den Absätzen 1–3 den Liquidationsüberschuss mindestens zur Hälfte den Reserven aus Einlagen, Aufgeldern und Zuschüssen (Reserven aus Kapitaleinlagen) zu belasten. Ist diese Bedingung nicht erfüllt, so wird der Bestand an Reserven aus Kapitaleinlagen dementsprechend korrigiert, höchstens aber im Umfang der vorhandenen Reserven aus Kapitaleinlagen.[2]

Art. 5 Ausnahmen 2.

¹ Von der Steuer sind ausgenommen:

a.[3] die Reserven und Gewinne einer Kapitalgesellschaft gemäss Artikel 49 Absatz 1 Buchstabe a des Bundesgesetzes vom 14. Dezember 1990[4] über die direkte Bundessteuer (DBG) oder Genossenschaft, die bei einer Umstrukturierung nach Artikel 61 DBG in die Reserven einer aufnehmenden oder umgewandelten inländischen Kapitalgesellschaft oder Genossenschaft übergehen; A50

b.[5] die in einer kollektiven Kapitalanlage gemäss KAG[6] erzielten Kapitalgewinne und Erträge aus direktem Grundbesitz sowie die durch die Anleger geleisteten Kapitaleinzahlungen, sofern sie über gesonderten Coupon ausgerichtet werden; A69

c.[7] die Zinsen von Kundenguthaben, wenn der Zinsbetrag für ein Kalenderjahr 200 Franken nicht übersteigt; VStV 16, 54 | A79, B16

d. die Zinsen der Einlagen zur Bildung und Äufnung von auf den Erlebens- oder Todesfall gestellten Guthaben bei Anstalten, Kassen und sonstigen Einrichtungen, die der Alters-, Invaliditäts- oder Hinterlassenenversicherung oder -fürsorge dienen;

e.[8] ...

---

[1] Fassung gemäss Anhang Ziff. 9 des BG vom 19. Juni 2020 (Aktienrecht), in Kraft seit 1. Jan. 2023 (AS **2020** 4005, **2022** 109; BBl **2017** 399).

[2] Eingefügt durch Ziff. I 7 des BG vom 28. Sept. 2018 über die Steuerreform und die AHV-Finanzierung, in Kraft seit 1. Jan. 2020 (AS **2019** 2395 2413; BBl **2018** 2527).

[3] Fassung gemäss Anhang Ziff. 9 des Fusionsgesetzes vom 3. Okt. 2003, in Kraft seit 1. Juli 2004 (AS **2004** 2617; BBl **2000** 4337).

[4] SR **642.11**

[5] Fassung gemäss Anhang Ziff. II 8 des Kollektivanlagengesetzes vom 23. Juni 2006, in Kraft seit 1. Jan. 2007 (AS **2006** 5379; BBl **2005** 6395).

[6] SR **951.31**

[7] Fassung gemäss Ziff. II 4 des Unternehmenssteuerreformgesetzes II vom 23. März 2007, in Kraft seit 1. Jan. 2010 (AS **2008** 2893; BBl **2005** 4733).

[8] Eingefügt durch Art. 25 des ABRG vom 20. Dez. 1985 (AS **1988** 1420; BBl **1984** I 1129). Aufgehoben durch Ziff. I des BG vom 28. Sept. 2018, mit Wirkung seit 1. Jan. 2019 (AS **2019** 433; BBl **2018** 2325).

f.[1] die freiwilligen Leistungen einer Aktiengesellschaft, einer Gesellschaft mit beschränkter Haftung oder einer Genossenschaft, sofern diese Leistungen gestützt auf Artikel 59 Absatz 1 Buchstabe c DBG[2] geschäftsmässig begründet sind;

g.[3] die Zinsen von Banken oder Konzerngesellschaften von Finanzgruppen für von der Eidgenössischen Finanzmarktaufsicht (FINMA) im Hinblick auf die Erfüllung regulatorischer Erfordernisse genehmigte Fremdkapitalinstrumente nach den Artikeln 11 Absatz 4 und 30b Absatz 6 des Bankengesetzes vom 8. November 1934[4] (BankG), sofern das betreffende Fremdkapitalinstrument zwischen dem 1. Januar 2013 und dem 31. Dezember 2026 ausgegeben wird;

h.[5] Zinszahlungen von Teilnehmern an eine zentrale Gegenpartei im Sinne des Finanzmarktinfrastrukturgesetzes vom 19. Juni 2015[6] sowie von einer zentralen Gegenpartei an ihre Teilnehmer;

i.[7] die Zinsen von Banken oder Konzerngesellschaften von Finanzgruppen für Fremdkapitalinstrumente nach Artikel 30b Absatz 7 Buchstabe b BankG, die:
1. die FINMA im Hinblick auf die Erfüllung regulatorischer Erfordernisse genehmigt hat:
   – bei nicht systemrelevanten Banken oder bei Konzerngesellschaften von Finanzgruppen: im Zeitpunkt der Emission
   – bei systemrelevanten Banken nach den Artikeln 7 Absatz 1 BankG: im Zeitpunkt der Emission oder bei einem Wechsel von einem ausländischen zu einem schweizerischen Emittenten, und
2. zwischen dem 1. Januar 2017 und dem 31. Dezember 2026 ausgegeben werden oder deren Emittent während dieser Zeit nach Ziffer 1 wechselt.

^{1bis} Die Rückzahlung von Reserven aus Kapitaleinlagen, die von den Inhabern der Beteiligungsrechte nach dem 31. Dezember 1996 geleistet worden sind, wird gleich behandelt wie die Rückzahlung von Grund- oder Stammkapital, wenn die Reserven aus Kapitaleinlagen von der Kapitalgesellschaft oder Genossenschaft in der Handelsbilanz auf einem gesonderten Konto ausgewiesen werden und die Gesellschaft oder Genossenschaft jede Veränderung auf diesem Konto der Eidgenössischen Steuerverwaltung (ESTV) meldet. Absatz 1ter bleibt vorbehalten.[8] A77, A74

^{1ter} Kapitalgesellschaften und Genossenschaften, die an einer schweizerischen Börse kotiert sind, haben bei der Rückzahlung von Reserven aus Kapitaleinlagen nach Absatz 1bis mindestens im gleichen Umfang übrige Reserven auszuschütten. Ist diese Bedingung nicht erfüllt, so ist die Rückzahlung im Umfang der halben Differenz zwischen der Rückzahlung und der Ausschüttung der übrigen Reserven steuerbar,

---

[1] Eingefügt durch Anhang Ziff. 5 des BG vom 8. Okt. 2004 (Stiftungsrecht), in Kraft seit 1. Jan. 2006 (AS **2005** 4545; BBl **2003** 8153 8191).
[2] Ausdruck gemäss Ziff. I des BG vom 28. Sept. 2018, in Kraft seit 1. Jan. 2019 (AS **2019** 433; BBl **2018** 2325).
[3] Eingefügt durch Ziff. I des BG vom 15. Juni 2012 (AS **2012** 5981; BBl **2011** 6615). Fassung gemäss Anhang Ziff. 7 des BG vom 17. Dez. 2021 (Insolvenz und Einlagensicherung), in Kraft seit 1. Jan. 2023 (AS **2022** 732; BBl **2020** 6359).
[4] SR **952.0**
[5] Eingefügt durch Anhang Ziff. 7 des Finanzmarktinfrastrukturgesetzes vom 19. Juni 2015, in Kraft seit 1. Jan. 2016 (AS **2015** 5339; BBl **2014** 7483).
[6] SR **958.1**
[7] Eingefügt durch Ziff. I des BG vom 18. März 2016 (AS **2016** 3451; BBl **2015** 7083). Fassung gemäss Anhang Ziff. 7 des BG vom 17. Dez. 2021 (Insolvenz und Einlagensicherung), in Kraft seit 1. Jan. 2023 (AS **2022** 732; BBl **2020** 6359).
[8] Eingefügt durch Ziff. II 4 des Unternehmenssteuerreformgesetzes II vom 23. März 2007 (AS **2008** 2893; BBl **2005** 4733). Fassung gemäss Ziff. I 7 des BG vom 28. Sept. 2018 über die Steuerreform und die AHV-Finanzierung, in Kraft seit 1. Jan. 2020 (AS **2019** 2395 2413; BBl **2018** 2527).

höchstens aber im Umfang der vorhandenen, handelsrechtlich ausschüttungsfähigen übrigen Reserven. Im gleichen Umfang sind handelsrechtlich ausschüttungsfähige übrige Reserven dem gesonderten Konto für Reserven aus Kapitaleinlagen zuzuweisen.[1]

1^{quater} Absatz 1ter ist nicht anwendbar auf Reserven aus Kapitaleinlagen:

a. die bei fusionsähnlichen Zusammenschlüssen durch Einbringen von Beteiligungs- und Mitgliedschaftsrechten an einer ausländischen Kapitalgesellschaft oder Genossenschaft nach Artikel 61 Absatz 1 Buchstabe c DBG oder durch eine grenzüberschreitende Übertragung auf eine inländische Tochtergesellschaft nach Artikel 61 Absatz 1 Buchstabe d DBG nach dem 24. Februar 2008 entstanden sind;

b. die im Zeitpunkt einer grenzüberschreitenden Fusion oder Umstrukturierung nach Artikel 61 Absatz 1 Buchstabe b und Absatz 3 DBG oder der Verlegung des Sitzes oder der tatsächlichen Verwaltung nach dem 24. Februar 2008 bereits in einer ausländischen Kapitalgesellschaft oder Genossenschaft vorhanden waren;

c. die an in- und ausländische juristische Personen zurückgezahlt werden, die zu mindestens 10 Prozent am Grund- oder Stammkapital der leistenden Gesellschaft beteiligt sind;

d. im Falle der Liquidation oder der Verlegung des Sitzes oder der tatsächlichen Verwaltung der Kapitalgesellschaft oder Genossenschaft ins Ausland.[2]

$1^{quinquies}$ Die Gesellschaft hat die Reserven aus Kapitaleinlagen nach Absatz 1^{quater} Buchstaben a und b auf einem gesonderten Konto auszuweisen und der ESTV jede Veränderung auf diesem Konto zu melden.[3]

1^{sexies} Die Absätze 1ter–$1^{quinquies}$ gelten sinngemäss auch für Reserven aus Kapitaleinlagen, die für die Ausgabe von Gratisaktien oder für Gratisnennwerterhöhungen verwendet werden.[4]

$1^{septies}$ Absatz 1bis gilt für Einlagen und Aufgelder, die während eines Kapitalbands nach den Artikeln 653s ff. des OR[5] geleistet werden, nur soweit sie die Rückzahlungen von Reserven im Rahmen dieses Kapitalbands übersteigen.[6] N 4

2 Die Verordnung kann vorschreiben, dass Zinsen verschiedener, von einem Gläubiger oder Verfügungsberechtigten bei der gleichen Bank oder Sparkasse unterhaltener Kundenguthaben zusammenzurechnen sind; bei offenbarem Missbrauch kann die ESTV eine solche Zusammenrechnung im Einzelfall anordnen.[7]

---

[1] Eingefügt durch Ziff. I 7 des BG vom 28. Sept. 2018 über die Steuerreform und die AHV-Finanzierung, in Kraft seit 1. Jan. 2020 (AS **2019** 2395 2413; BBl **2018** 2527).
[2] Eingefügt durch Ziff. I 7 des BG vom 28. Sept. 2018 über die Steuerreform und die AHV-Finanzierung, in Kraft seit 1. Jan. 2020 (AS **2019** 2395 2413; BBl **2018** 2527).
[3] Eingefügt durch Ziff. I 7 des BG vom 28. Sept. 2018 über die Steuerreform und die AHV-Finanzierung, in Kraft seit 1. Jan. 2020 (AS **2019** 2395 2413; BBl **2018** 2527).
[4] Eingefügt durch Ziff. I 7 des BG vom 28. Sept. 2018 über die Steuerreform und die AHV-Finanzierung, in Kraft seit 1. Jan. 2020 (AS **2019** 2395 2413; BBl **2018** 2527).
[5] SR **220**
[6] Eingefügt durch Anhang Ziff. 9 des BG vom 19. Juni 2020 (Aktienrecht), in Kraft seit 1. Jan. 2023 (AS **2020** 4005, **2022** 109, 112; BBl **2017** 399).
[7] Fassung gemäss Ziff. II 4 des Unternehmenssteuerreformgesetzes II vom 23. März 2007, in Kraft seit 1. Jan. 2010 (AS **2008** 2893; BBl **2005** 4733).

II.[1] Gewinne aus Geldspielen sowie aus Lotterien und Geschicklichkeitsspielen zur Verkaufsförderung VStV 41 ff.

Art. 6

[1] Gegenstand der Verrechnungssteuer auf Gewinnen aus Geldspielen sind ausgerichtete einzelne Gewinne, die nicht nach Artikel 24 Buchstaben i–i^{ter} DBG[2] steuerfrei sind.

[2] Gegenstand der Verrechnungssteuer auf Gewinnen aus Lotterien und Geschicklichkeitsspielen zur Verkaufsförderung sind ausgerichtete einzelne Gewinne, die nicht nach Artikel 24 Buchstabe j DBG steuerfrei sind.

III. Versicherungsleistungen VStV 43 ff.

Art. 7 Regel 1.

[1] Gegenstand der Verrechnungssteuer auf Versicherungsleistungen sind Kapitalleistungen aus Lebensversicherung sowie Leibrenten und Pensionen, sofern die Versicherung zum inländischen Bestand des Versicherers gehört und bei Eintritt des versicherten Ereignisses der Versicherungsnehmer oder ein Anspruchsberechtigter Inländer ist.

[2] Wird eine Versicherung vom inländischen in einen ausländischen Versicherungsbestand übergeführt oder tritt ein Inländer seine Versicherungsansprüche an einen Ausländer ab, so steht dies steuerlich der Erbringung der Versicherungsleistung gleich.

[3] Als Kapitalleistung aus Lebensversicherung gilt auch jede Auszahlung von Guthaben im Sinne von Artikel 5 Absatz 1 Buchstabe d, unbekümmert um den Grund dieser Auszahlung.

Art. 8 Ausnahmen 2.

[1] Von der Steuer sind ausgenommen:
 a. Kapitalleistungen, wenn der gesamte Leistungsbetrag aus derselben Versicherung 5 000 Franken nicht übersteigt;
 b. Renten und Pensionen, wenn ihr Betrag einschliesslich Zulagen im Jahr 500 Franken nicht übersteigt;
 c. Leistungen auf Grund der Bundesgesetze über die Alters- und Hinterlassenenversicherung[3] und die Invalidenversicherung[4].

[2] Die Verordnung kann allgemein vorschreiben, dass Kapitalleistungen oder Renten und Pensionen, die beim gleichen Versicherer auf dasselbe Leben gestellt sind, zusammenzurechnen sind; bei offenbarem Missbrauch kann die ESTV eine solche Zusammenrechnung im Einzelfall anordnen.

---

[1] Fassung gemäss Anhang Ziff. II 7 des Geldspielgesetzes vom 29. Sept. 2017, in Kraft seit 1. Jan. 2019 (AS **2018** 5103; BBl **2015** 8387).
[2] SR **642.11**
[3] SR **831.10**
[4] SR **831.20**

IV. Begriffsbestimmungen

Art. 9

¹ Inländer ist, wer im Inland Wohnsitz, dauernden Aufenthalt oder statutarischen Sitz hat oder als Unternehmen im inländischen Handelsregister eingetragen ist; als Inländer im Sinne von Artikel 4 gelten auch juristische Personen oder Handelsgesellschaften ohne juristische Persönlichkeit, die ihren statutarischen Sitz im Ausland haben, jedoch tatsächlich im Inland geleitet werden und hier eine Geschäftstätigkeit ausüben.

² Als Bank oder Sparkasse gilt, wer sich öffentlich zur Annahme verzinslicher Gelder empfiehlt oder fortgesetzt Gelder gegen Zins entgegennimmt; ausgenommen sind Sparvereine, die Einlagen nur von den eigenen Mitgliedern entgegennehmen, sowie Betriebssparkassen, die als Einleger nur das Personal des Betriebes zulassen, sofern diese Vereine oder Kassen die ihnen anvertrauten Gelder ausschliesslich in Werten anlegen, deren Ertrag der Verrechnungssteuer unterliegt. A79

³ Wo in diesem Gesetz von kollektiven Kapitalanlagen gemäss KAG[1] die Rede ist, gelten seine Vorschriften für alle Personen, welche die entsprechenden Funktionen ausüben. Die Investmentgesellschaften mit festem Kapital nach Artikel 110 KAG werden in diesem Gesetz den Kapitalgesellschaften gleichgestellt.[2] A69

B. Steuerpflicht

I. Steuerpflichtiger VStV 17, 21, 23, 31, 40, 46

Art. 10

¹ Steuerpflichtig ist der Schuldner der steuerbaren Leistung.

² Bei kollektiven Kapitalanlagen gemäss KAG[3] ist die Fondsleitung, die Investmentgesellschaft mit variablem Kapital, die Investmentgesellschaft mit festem Kapital und die Kommanditgesellschaft steuerpflichtig. Haben eine Mehrheit der unbeschränkt haftenden Gesellschafter einer Kommanditgesellschaft für kollektive Kapitalanlagen ihren Wohnsitz im Ausland oder handelt es sich bei den unbeschränkt haftenden Gesellschaftern um juristische Personen, an denen eine Mehrheit von Personen mit Wohnsitz oder Sitz im Ausland beteiligt sind, haftet die Depotbank der Kommanditgesellschaft solidarisch für die Steuer auf den ausbezahlten Erträgen.[4] A69

II. Art der Erfüllung

Art. 11

¹ Die Steuerpflicht wird erfüllt durch:

a. Entrichtung der Steuer (Art. 12–18); oder
b. Meldung der steuerbaren Leistung (Art. 19–20a).[5]

---

[1] SR **951.31**
[2] Fassung gemäss Anhang Ziff. II 8 des Kollektivanlagengesetzes vom 23. Juni 2006, in Kraft seit 1. Jan. 2007 (AS **2006** 5379; BBl **2005** 6395).
[3] SR **951.31**
[4] Fassung gemäss Anhang Ziff. II 8 des Kollektivanlagengesetzes vom 23. Juni 2006, in Kraft seit 1. Jan. 2007 (AS **2006** 5379; BBl **2005** 6395).
[5] Fassung gemäss Ziff. I des BG vom 28. Sept. 2018, in Kraft seit 1. Jan. 2019 (AS **2019** 433; BBl **2018** 2325).

² Die Verordnung umschreibt die Voraussetzungen, unter denen gegen Domizilerklärung (Affidavit) die Verrechnungssteuer auf Erträgen von Anteilen an kollektiven Kapitalanlagen gemäss KAG[1] nicht erhoben wird.[2] VStV 34 ff.

III. Steuerentrichtung VStV 18 f., 21, 32, 41, 49 f.

Art. 12 Entstehung der Steuerforderung 1.

¹ Bei Kapitalerträgen und bei Gewinnen aus Geldspielen, die nicht nach Artikel 24 Buchstaben i–i^ter DBG[3] steuerfrei sind, sowie bei Gewinnen aus Lotterien und Geschicklichkeitsspielen zur Verkaufsförderung, die nicht nach Artikel 24 Buchstabe j DBG steuerfrei sind, entsteht die Steuerforderung im Zeitpunkt, in dem die steuerbare Leistung fällig wird.[4] Werden Zinsen kapitalisiert oder wird eine Sitzverlegung ins Ausland (Art. 4 Abs. 2) beschlossen, so bewirkt dies die Entstehung der Steuerforderung. VStV 41, 41b

¹ᵇⁱˢ Im Falle des Erwerbs eigener Beteiligungsrechte nach Artikel 4a Absatz 2 entsteht die Steuerforderung mit Ablauf der dort geregelten Frist.[5]

¹ᵗᵉʳ Bei Thesaurierungsfonds entsteht die Steuerforderung im Zeitpunkt der Gutschrift des steuerbaren Ertrages (Art. 4 Abs. 1 Bst. c).[6]

² Bei Versicherungsleistungen entsteht die Steuerforderung mit der Erbringung der Leistung.

³ Ist der Schuldner aus einem in seiner Person liegenden Grunde ausserstande, die steuerbare Leistung bei ihrer Fälligkeit zu erbringen, so entsteht die Steuerforderung erst im Zeitpunkt, auf den die Leistung oder eine an ihre Stelle tretende Leistung zahlbar gestellt, in jedem Falle aber, wenn sie tatsächlich erbracht wird. VStV 5

Art. 13 Steuersätze 2.

¹ Die Steuer beträgt:

a.[7] auf Kapitalerträgen und auf Gewinnen aus Geldspielen, die nicht nach Artikel 24 Buchstaben i–i^ter DBG[8] steuerfrei sind, sowie aus Lotterien und Geschicklichkeitsspielen zur Verkaufsförderung, die nicht nach Artikel 24 Buchstabe j DBG steuerfrei sind: 35 Prozent der steuerbaren Leistung;
b. auf Leibrenten und Pensionen: 15 Prozent der steuerbaren Leistung;
c. auf sonstigen Versicherungsleistungen: 8 Prozent der steuerbaren Leistung.

---

[1] SR **951.31**
[2] Fassung gemäss Anhang Ziff. II 8 des Kollektivanlagengesetzes vom 23. Juni 2006, in Kraft seit 1. Jan. 2007 (AS **2006** 5379; BBl **2005** 6395).
[3] SR **642.11**
[4] Fassung gemäss Anhang Ziff. II 7 des Geldspielgesetzes vom 29. Sept. 2017, in Kraft seit 1. Jan. 2019 (AS **2018** 5103; BBl **2015** 8387).
[5] Eingefügt durch Ziff. I 4 des BG vom 10. Okt. 1997 über die Reform der Unternehmensbesteuerung 1997, in Kraft seit 1. Jan. 1998 (AS **1998** 669; BBl **1997** II 1164).
[6] Eingefügt durch Anhang Ziff. II 8 des Kollektivanlagengesetzes vom 23. Juni 2006, in Kraft seit 1. Jan. 2007 (AS **2006** 5379; BBl **2005** 6395).
[7] Fassung gemäss Anhang Ziff. II 7 des Geldspielgesetzes vom 29. Sept. 2017, in Kraft seit 1. Jan. 2019 (AS **2018** 5103; BBl **2015** 8387).
[8] SR **642.11**

² Der Bundesrat kann den in Absatz 1 Buchstabe a festgesetzten Steuersatz auf ein Jahresende auf 30 Prozent herabsetzen, wenn es die Entwicklung der Währungslage oder des Kapitalmarktes erfordert.[1]

Art. 14 Überwälzung 3.

¹ Die steuerbare Leistung ist bei der Auszahlung, Überweisung, Gutschrift oder Verrechnung ohne Rücksicht auf die Person des Gläubigers um den Steuerbetrag zu kürzen. Vereinbarungen, die dieser Verpflichtung widersprechen, sind nichtig. C22

² Der Steuerpflichtige hat dem Empfänger der steuerbaren Leistung die zur Geltendmachung des Rückerstattungsanspruchs notwendigen Angaben zu machen und auf Verlangen hierüber eine Bescheinigung auszustellen. VStV 3

Art. 15 Mithaftung 4.

¹ Mit dem Steuerpflichtigen haften solidarisch:
  a. für die Steuer einer aufgelösten juristischen Person, einer Handelsgesellschaft ohne juristische Persönlichkeit oder einer kollektiven Kapitalanlage: die mit der Liquidation betrauten Personen bis zum Betrag des Liquidationsergebnisses;
  b. für die Steuer einer juristischen Person oder einer kollektiven Kapitalanlage, die ihren Sitz ins Ausland verlegt: die Organe und im Falle der Kommanditgesellschaft für kollektive Kapitalanlage die Depotbank bis zum Betrage des reinen Vermögens der juristischen Person und der kollektiven Kapitalanlage.[2]

² Die in Absatz 1 bezeichneten Personen haften nur für Steuer-, Zins- und Kostenforderungen, die während ihrer Geschäftsführung entstehen, geltend gemacht oder fällig werden; ihre Haftung entfällt, soweit sie nachweisen, dass sie alles ihnen Zumutbare zur Feststellung und Erfüllung der Steuerforderung getan haben.

³ Der Mithaftende hat im Verfahren die gleichen Rechte und Pflichten wie der Steuerpflichtige.

Art. 16 Fälligkeit; Verzugszins 5.

¹ Die Steuer wird fällig:
  a. auf Zinsen von Kassenobligationen und Kundenguthaben bei inländischen Banken oder Sparkassen: 30 Tage nach Ablauf jedes Geschäftsvierteljahres für die in diesem Zeitraum fällig gewordenen Zinsen; VStV 19
  b.[3] ...
  c.[4] auf den übrigen Kapitalerträgen und auf Gewinnen aus Geldspielen, die nicht nach Artikel 24 Buchstaben i–i^{ter} DBG[5] steuerfrei sind, sowie aus Lotterien und Geschicklichkeitsspielen zur Verkaufsförderung, die nicht nach Artikel 24 Buchstabe j DBG steuerfrei sind: 30 Tage nach Entstehung der Steuerforderung (Art. 12);

---

[1] Eingefügt durch Ziff. I des BG vom 31. Jan. 1975 (AS **1975** 932; BBl **1975** I 334). Fassung gemäss Ziff. I des BG vom 15. Dez. 1978, in Kraft seit 1. Jan. 1980 (AS **1979** 499; BBl **1978** I 849).
[2] Fassung gemäss Anhang Ziff. II 8 des Kollektivanlagengesetzes vom 23. Juni 2006, in Kraft seit 1. Jan. 2007 (AS **2006** 5379; BBl **2005** 6395).
[3] Aufgehoben durch Ziff. II 4 des Unternehmenssteuerreformgesetzes II vom 23. März 2007, mit Wirkung seit 1. Jan. 2009 (AS **2008** 2893; BBl **2005** 4733).
[4] Fassung gemäss Anhang Ziff. II 7 des Geldspielgesetzes vom 29. Sept. 2017, in Kraft seit 1. Jan. 2019 (AS **2018** 5103; BBl **2015** 8387). Die Berichtigung vom 2. Juli 2019 betrifft nur den französischen Text (AS **2019** 2013).
[5] SR **642.11**

d. auf Versicherungsleistungen: 30 Tage nach Ablauf jedes Monats für die in diesem Monat erbrachten Leistungen.

² Auf Steuerbeträgen, die nach Ablauf der in Absatz 1 geregelten Fälligkeitstermine ausstehen, ist ohne Mahnung ein Verzugszins geschuldet. Der Zinssatz wird vom Eidgenössischen Finanzdepartement bestimmt.[1] VO DBG P | B104

²ᵇⁱˢ Kein Verzugszins ist geschuldet, wenn die materiellen Voraussetzungen für die Erfüllung der Steuerpflicht durch Meldung der steuerbaren Leistung erfüllt sind nach:

    a. Artikel 20 und seinen Ausführungsbestimmungen;
    aᵇⁱˢ. Artikel 20*a* und seinen Ausführungsbestimmungen; oder[2] VStV 41a, 41c
    b. dem im Einzelfall anwendbaren internationalen Abkommen und den Ausführungsbestimmungen zu diesem Abkommen.[3]

³ Wird über den Steuerpflichtigen der Konkurs eröffnet oder verlegt er seinen Wohnsitz oder Aufenthalt ins Ausland, so bewirkt dies die Fälligkeit der Steuer.

Untergang der Steuerforderung 6.

Art. 17 Verjährung a. B112

¹ Die Steuerforderung verjährt fünf Jahre nach Ablauf des Kalenderjahres, in dem sie entstanden ist (Art. 12).

² Die Verjährung beginnt nicht oder steht stille, solange die Steuerforderung sichergestellt ist oder keiner der Zahlungspflichtigen im Inland Wohnsitz hat.

³ Die Verjährung wird unterbrochen durch jede Anerkennung der Steuerforderung von Seiten eines Zahlungspflichtigen sowie durch jede auf Geltendmachung des Steueranspruchs gerichtete Amtshandlung, die einem Zahlungspflichtigen zur Kenntnis gebracht wird; mit der Unterbrechung beginnt die Verjährung von neuem.

⁴ Stillstand und Unterbrechung wirken gegenüber allen Zahlungspflichtigen.

Art. 18 Erlass b. VStV 27

Die Steuerforderung, die bei der Aufwertung sanierungshalber abgeschriebener Beteiligungsrechte oder bei der Einlösung anlässlich einer Sanierung ausgegebener Genussscheine entstanden ist, kann erlassen werden, soweit der Steuerbezug eine offenbare Härte gegen den Empfänger der steuerbaren Leistung bedeuten würde.

IV. Meldung statt Steuerentrichtung

Art. 19 Bei Versicherungsleistungen 1. VStV 47 f.

¹ Der Versicherer hat seine Steuerpflicht durch Meldung der steuerbaren Versicherungsleistung zu erfüllen, sofern nicht vor Ausrichtung der Leistung der Versicherungsnehmer oder ein Anspruchsberechtigter bei ihm schriftlich Einspruch gegen die Meldung erhoben hat.

---

[1] Fassung gemäss Ziff. I 4 des BG vom 10. Okt. 1997 über die Reform der Unternehmensbesteuerung 1997, in Kraft seit 1. Jan. 1998 (AS **1998** 669; BBl **1997** II 1164).
[2] Eingefügt durch Ziff. I des BG vom 28. Sept. 2018, in Kraft seit 1. Jan. 2019 (AS **2019** 433; BBl **2018** 2325).
[3] Eingefügt durch Ziff. I des BG vom 30. Sept. 2016, in Kraft seit 15. Febr. 2017 (AS **2017** 497; BBl **2015** 5331 5365).

² Übersteigt die infolge des Einspruchs zu entrichtende Steuer die noch zu erbringende Versicherungsleistung, so ist der Einspruch nur wirksam, wenn der Einsprecher dem Versicherer den Fehlbetrag ersetzt.

³ Der Versicherer muss der ESTV die in einem Monat erbrachten Leistungen innert 30 Tagen nach Ablauf dieses Monats melden.[1]

⁴ Er muss der ESTV die in einem Kalenderjahr erbrachten periodischen Leistungen aus Leibrentenversicherungen, die dem Versicherungsvertragsgesetz vom 2. April 1908[2] unterstehen, innert 30 Tagen nach Ablauf dieses Jahres melden.[3]

Art. 20[4] Bei Kapitalerträgen 2. VStV 24ff., 38a | C23, C17

¹ Würde bei Kapitalerträgen die Steuerentrichtung zu unnötigen Umtrieben oder zu einer offenbaren Härte führen, so kann der steuerpflichtigen Person gestattet werden, ihre Steuerpflicht durch Meldung der steuerbaren Leistung zu erfüllen.

² Der Bundesrat umschreibt die Fälle, in denen das Meldeverfahren zulässig ist. Das Meldeverfahren ist insbesondere bei Dividendenausschüttungen und geldwerten Leistungen im inländischen und grenzüberschreitenden Konzernverhältnis zuzulassen.

³ In den Fällen nach Artikel 16 Absatz 2bis Buchstaben a und b wird das Meldeverfahren unabhängig davon gewährt, ob die Meldung der steuerbaren Leistung, das Gesuch um Bewilligung des Meldeverfahrens oder die Geltendmachung des Anspruchs auf ein Meldeverfahren rechtzeitig erfolgt oder nicht.[5] VStG 64 | A94, B105

Art. 20a[6] Bei Naturalgewinnen aus Geldspielen sowie aus Lotterien und Geschicklichkeitsspielen zur Verkaufsförderung 3. VStV 41a, 41c

¹ Bei Naturalgewinnen aus Geldspielen, die nicht nach Artikel 24 Buchstaben i–i^{ter} DBG[7] steuerfrei sind, sowie aus Lotterien und Geschicklichkeitsspielen zur Verkaufsförderung, die nicht nach Artikel 24 Buchstabe j DBG steuerfrei sind, hat die Veranstalterin die Steuerpflicht durch Meldung der steuerbaren Leistung zu erfüllen.

² Die Meldung ist innert 90 Tagen nach Fälligkeit des Gewinns schriftlich der ESTV zu erstatten. Der Meldung ist eine Wohnsitzbestätigung der Gewinnerin oder des Gewinners beizulegen.

³ Die ESTV leitet die Meldung an die Steuerbehörde des Wohnsitzkantons der Gewinnerin oder des Gewinners weiter.

⁴ Das Meldeverfahren wird auch dann gewährt, wenn die Meldung nicht innert 90 Tagen nach Fälligkeit des Gewinns erstattet wird.

---

1 Fassung gemäss Ziff. I 3 des BG vom 17. Juni 2022 über die Besteuerung von Leibrenten und ähnlichen Vorsorgeformen, in Kraft seit 1. Jan. 2025 (AS **2023** 38; BBl **2021** 3028).
2 SR **221.229.1**
3 Eingefügt durch Ziff. I 3 des BG vom 17. Juni 2022 über die Besteuerung von Leibrenten und ähnlichen Vorsorgeformen, in Kraft seit 1. Jan. 2025 (AS **2023** 38; BBl **2021** 3028).
4 Fassung gemäss Ziff. I des BG vom 30. Sept. 2016, in Kraft seit 15. Febr. 2017 (AS **2017** 497; BBl **2015** 5331 5365).
5 Fassung gemäss Ziff. I des BG vom 28. Sept. 2018, in Kraft seit 1. Jan. 2019 (AS **2019** 433; BBl **2018** 2325).
6 Eingefügt durch Ziff. I des BG vom 28. Sept. 2018, in Kraft seit 1. Jan. 2019 (AS **2019** 433; BBl **2018** 2325).
7 SR **642.11**

Zweiter Abschnitt: Steuerrückerstattung VStV 51–68

A. Rückerstattung der Steuer auf Kapitalerträgen und auf Gewinnen aus Geldspielen sowie aus Lotterien und Geschicklichkeitsspielen zur Verkaufsförderung[1]

I. Allgemeine Voraussetzungen des Anspruchs

Art. 21

[1] Ein nach den Artikeln 22–28 Berechtigter hat Anspruch auf Rückerstattung der ihm vom Schuldner abgezogenen Verrechnungssteuer:

a. auf Kapitalerträgen: wenn er bei Fälligkeit der steuerbaren Leistung das Recht zur Nutzung des den steuerbaren Ertrag abwerfenden Vermögenswertes besass; C22

b.[2] auf Gewinnen aus Geldspielen, die nicht nach Artikel 24 Buchstaben i–i^{ter} DBG[3] steuerfrei sind, und aus Lotterien und Geschicklichkeitsspielen zur Verkaufsförderung, die nicht nach Artikel 24 Buchstabe j DBG steuerfrei sind: wenn er bei der Ziehung Eigentümer des Loses war oder gewinnberechtigter Teilnehmer ist.

[2] Die Rückerstattung ist in allen Fällen unzulässig, in denen sie zu einer Steuerumgehung führen würde. A42

[3] Wo besondere Verhältnisse es rechtfertigen (Börsengeschäfte u. dgl.), kann die Verordnung die Anspruchsberechtigung abweichend von Absatz 1 regeln. VStV 56–62

II. Berechtigte VStV 51–55, 56–62

Natürliche Personen 1.

Art. 22 Anspruch a.

[1] Natürliche Personen haben Anspruch auf Rückerstattung der Verrechnungssteuer, wenn sie bei Fälligkeit der steuerbaren Leistung im Inland Wohnsitz hatten.

[2] Die Verordnung regelt den Rückerstattungsanspruch natürlicher Personen, die infolge blossen Aufenthalts zur Entrichtung von Einkommens- oder Vermögenssteuern des Bundes, eines Kantons oder einer Gemeinde verpflichtet sind; sie kann, wo besondere Verhältnisse es rechtfertigen, die Rückerstattung auch für andere Fälle vorsehen. VStV 51 ff.

Art. 23[4] **Verwirkung** b. A94

[1] Wer mit der Verrechnungssteuer belastete Einkünfte oder Vermögen, woraus solche Einkünfte fliessen, entgegen gesetzlicher Vorschrift der zuständigen Steuerbehörde nicht angibt, verwirkt den Anspruch auf Rückerstattung der von diesen Einkünften abgezogenen Verrechnungssteuer.

---

[1] Fassung gemäss Anhang Ziff. II 7 des Geldspielgesetzes vom 29. Sept. 2017, in Kraft seit 1. Jan. 2019 (AS **2018** 5103; BBl **2015** 8387).
[2] Fassung gemäss Anhang Ziff. II 7 des Geldspielgesetzes vom 29. Sept. 2017, in Kraft seit 1. Jan. 2019 (AS **2018** 5103; BBl **2015** 8387).
[3] SR **642.11**
[4] Fassung gemäss Ziff. I des BG vom 28. Sept. 2018, in Kraft seit 1. Jan. 2019 (AS **2019** 433; BBl **2018** 2325).

² Die Verwirkung tritt nicht ein, wenn die Einkünfte oder Vermögen in der Steuererklärung fahrlässig nicht angegeben wurden und in einem noch nicht rechtskräftig abgeschlossenen Veranlagungs-, Revisions- oder Nachsteuerverfahren: VStG 70d | A94

a. nachträglich angegeben werden; oder
b. von der Steuerbehörde aus eigener Feststellung zu den Einkünften oder Vermögen hinzugerechnet werden.

Juristische Personen, Geschäftsbetriebe u. dgl. 2.

Art. 24 Anspruch a.

¹ Der Bund, die Kantone und die Gemeinden sowie ihre Anstalten und Betriebe und die unter ihrer Verwaltung stehenden Spezialfonds haben Anspruch auf Rückerstattung der Verrechnungssteuer, wenn der den steuerbaren Ertrag abwerfende Vermögenswert in der Rechnung ausgewiesen ist.

² Juristische Personen und Handelsgesellschaften ohne juristische Persönlichkeit haben Anspruch auf Rückerstattung der Verrechnungssteuer, wenn sie bei Fälligkeit der steuerbaren Leistung ihren Sitz im Inland hatten.

³ Ausländische Unternehmen, die für ihre Einkünfte aus einer inländischen Betriebsstätte oder für deren Betriebsvermögen Kantons- oder Gemeindesteuern zu entrichten verpflichtet sind, haben Anspruch auf Rückerstattung der von den Einkünften aus diesem Betriebsvermögen abgezogenen Verrechnungssteuer.

⁴ Ausländische Körperschaften und Anstalten ohne Erwerbszweck haben Anspruch auf Rückerstattung der Verrechnungssteuer, die von Einkünften aus Vermögen abgezogen wurde, das ausschliesslich Kultus-, Unterrichts- oder andern gemeinnützigen Zwecken des Auslandschweizertums dient.

⁵ Die Verordnung regelt den Rückerstattungsanspruch von Stockwerkeigentümergemeinschaften sowie von anderen Personenvereinigungen und Vermögensmassen, die das Recht der Persönlichkeit nicht erlangt haben, aber über eine eigene Organisation verfügen und im Inland tätig sind oder verwaltet werden.[1] VStV 55ff. | C291, C281, C24, C205

Art. 25 Verwirkung b. B105, C27, C26

¹ Juristische Personen, Handelsgesellschaften ohne juristische Persönlichkeit und ausländische Unternehmen mit inländischer Betriebsstätte (Art. 24 Abs. 2–4), welche die mit der Verrechnungssteuer belasteten Einkünfte nicht ordnungsgemäss als Ertrag verbuchen, verwirken den Anspruch auf Rückerstattung der von diesen Einkünften abgezogenen Verrechnungssteuer.

² Wo besondere Verhältnisse es rechtfertigen (Gratisaktien u. dgl.), kann die Verordnung Ausnahmen von dem in Absatz 1 aufgestellten Erfordernis der Verbuchung als Ertrag zulassen.

---

[1] Fassung gemäss Ziff. I des BG vom 23. Juni 2000, in Kraft seit 1. Jan. 2001 (AS **2000** 2741; BBl **2000** 634 4903). Sie findet erstmals Anwendung auf die Rückerstattung der Verrechnungssteuer von steuerbaren Leistungen, die nach dem 31. Dez. 2000 fällig werden (Ziff. II Abs. 2 der genannten Änd.).

Art. 26[1] Kollektive Kapitalanlagen 3. A69

Die kollektive Kapitalanlage, welche die Verrechnungssteuer auf den Erträgen von Anteilen an einer kollektiven Kapitalanlage gemäss KAG[2] entrichtet (Art. 10 Abs. 2), hat für Rechnung der kollektiven Kapitalanlage Anspruch auf Rückerstattung der zu ihren Lasten abgezogenen Verrechnungssteuer; Artikel 25 findet sinngemässe Anwendung.

Art. 27[3] Ausländische Inhaber von Anteilen an kollektiven Kapitalanlagen 4. A69

Ausländische Inhaber von Anteilen an einer kollektiven Kapitalanlage gemäss KAG[4] haben Anspruch auf Rückerstattung der von den Erträgen dieser Anteile abgezogenen Verrechnungssteuer, sofern diese Erträge zu mindestens 80 Prozent von ausländischen Quellen entstammen. VStV 34 f.

Art. 28 Ausländische Staaten, internationale Organisationen, Diplomaten u. dgl. 5.

¹ Ausländische Staaten haben Anspruch auf Rückerstattung der Verrechnungssteuer, soweit diese auf Zinsen von Guthaben abgezogen wurde, die sie ausschliesslich für die Bedürfnisse ihrer diplomatischen und konsularischen Vertretungen bei inländischen Banken unterhalten.

² Die gemäss dem Gaststaatgesetz vom 22. Juni 2007[5] von der Steuerpflicht ausgenommenen Begünstigten haben Anspruch auf Rückerstattung der Verrechnungssteuer, wenn sie bei Fälligkeit der steuerbaren Leistung nach gesetzlicher Vorschrift, Vertragsrecht oder Übung von der Entrichtung kantonaler Steuern auf Wertpapieren und Bankguthaben sowie auf dem Ertrag solcher Werte befreit waren.[6]

³ Hält ein ausländischer Staat nicht Gegenrecht, so wird ihm sowie den Angehörigen seiner diplomatischen oder konsularischen Vertretungen die Rückerstattung versagt.

III. Geltendmachung des Anspruchs

Art. 29 Antrag 1. VStV 64 f.

¹ Wer Rückerstattung der Verrechnungssteuer beansprucht, hat sie bei der zuständigen Behörde schriftlich zu beantragen.

² Der Antrag kann frühestens nach Ablauf des Kalenderjahres, in dem die steuerbare Leistung fällig geworden ist, gestellt werden.

---

[1] Fassung gemäss Anhang Ziff. II 8 des Kollektivanlagengesetzes vom 23. Juni 2006, in Kraft seit 1. Jan. 2007 (AS **2006** 5379; BBl **2005** 6395).
[2] SR **951.31**
[3] Fassung gemäss Anhang Ziff. II 8 des Kollektivanlagengesetzes vom 23. Juni 2006, in Kraft seit 1. Jan. 2007 (AS **2006** 5379; BBl **2005** 6395).
[4] SR **951.31**
[5] SR **192.12**
[6] Fassung gemäss Anhang Ziff. II 9 des Gaststaatgesetzes vom 22. Juni 2007, in Kraft seit 1. Jan. 2008 (AS **2007** 6637; BBl **2006** 8017).

³ Wo wichtige Gründe vorliegen (Beendigung der Steuerpflicht, Auflösung einer juristischen Person, Konkurs und dergleichen) oder wo besondere Härten es rechtfertigen, kann der Antrag vorzeitig gestellt werden.¹ VStV 65 f.

⁴ ...²

Art. 30 Zuständige Behörden 2. VStV 66 ff.

¹ Natürliche Personen haben ihren Antrag auf Rückerstattung bei der Steuerbehörde desjenigen Kantons einzureichen, in dem sie am Ende des Kalenderjahres, in dem die steuerbare Leistung fällig wurde, Wohnsitz hatten.³ B811

² Juristische Personen, Handelsgesellschaften ohne juristische Persönlichkeit und alle sonstigen in Absatz 1 nicht genannten Anspruchsberechtigten haben ihren Antrag bei der ESTV einzureichen.

³ Wo die Verhältnisse es rechtfertigen, kann der Bundesrat die Zuständigkeit abweichend ordnen.

IV. Befriedigung des Anspruchs

Art. 31

¹ Die Kantone befriedigen den Anspruch in der Regel bis zur Höhe der vom Antragsteller zu entrichtenden Kantons- und Gemeindesteuern in Form der Verrechnung, für den Überschuss durch Rückerstattung in bar; sie können in ihren Vollzugsvorschriften die volle Rückerstattung in bar vorsehen.

² Die Kantons- und Gemeindesteuern, mit welchen die Verrechnungssteuer gemäss Absatz 1 zu verrechnen ist, werden in den kantonalen Vollzugsvorschriften bezeichnet.

³ Wird der Antrag auf Rückerstattung mit der kantonalen Steuererklärung oder, wenn keine solche einzureichen ist, innert einer vom Kanton zu bestimmenden Frist gestellt, so wird mit den im gleichen Jahr zu entrichtenden Kantons- oder Gemeindesteuern verrechnet.

⁴ Die zu verrechnenden oder zurückzuerstattenden Beträge werden nicht verzinst.

V. Untergang des Anspruchs infolge Zeitablaufs B112

Art. 32

¹ Der Anspruch auf Rückerstattung erlischt, wenn der Antrag nicht innert drei Jahren nach Ablauf des Kalenderjahres, in dem die steuerbare Leistung fällig geworden ist, gestellt wird.

² Wird die Verrechnungssteuer erst auf Grund einer Beanstandung der ESTV entrichtet und überwälzt, und ist die Frist gemäss Absatz 1 bereits abgelaufen oder verbleiben von der Entrichtung der Steuer bis zu ihrem Ablauf nicht mindestens 60 Tage, so beginnt mit der Entrichtung der Steuer eine neue Frist von 60 Tagen zur Einreichung des Antrages.

---

¹ Fassung gemäss Ziff. I 3 des BG vom 22. März 2013 über die formelle Bereinigung der zeitlichen Bemessung der direkten Steuern bei den natürlichen Personen, in Kraft seit 1. Jan. 2014 (AS **2013** 2397; BBl **2011** 3593).
² Aufgehoben durch Ziff. I 3 des BG vom 22. März 2013 über die formelle Bereinigung der zeitlichen Bemessung der direkten Steuern bei den natürlichen Personen, mit Wirkung seit 1. Jan. 2014 (AS **2013** 2397; BBl **2011** 3593).
³ Fassung gemäss Ziff. I 3 des BG vom 15. Dez. 2000 zur Koordination und Vereinfachung des Veranlagungsverfahrens für die direkten Steuern im interkantonalen Verhältnis (AS **2001** 1050; BBl **2000** 3898).

B. Rückerstattung der Steuer auf Versicherungsleistungen VStV 60 | C253

Art. 33

1 Der Empfänger der um die Verrechnungssteuer gekürzten Versicherungsleistung hat Anspruch auf Rückerstattung der Steuer, wenn er die Abzugsbescheinigung des Versicherers (Art. 14 Abs. 2) beibringt und alle Angaben vermittelt, die zur Geltendmachung der mit der Versicherung zusammenhängenden Steueransprüche des Bundes und der Kantone erforderlich sind.

2 Wer Rückerstattung beansprucht, hat sie bei der ESTV schriftlich zu beantragen; der Anspruch erlischt, wenn der Antrag nicht innert drei Jahren nach Ablauf des Kalenderjahres, in dem die Versicherungsleistung erbracht worden ist, gestellt wird.

3 Die Artikel 31 Absatz 4 und 32 Absatz 2 finden Anwendung.

Dritter Abschnitt: Behörden und Verfahren

A. Behörden

I. Organisation VStV 1 ff., 63 ff., 66 ff.

Art. 34 Eidgenössische Steuerverwaltung 1.

1 Die ESTV erlässt für die Erhebung und Rückerstattung der Verrechnungssteuer alle Weisungen, Verfügungen und Entscheide, die nicht ausdrücklich einer andern Behörde vorbehalten sind.

2 Soweit die Rückerstattung der Verrechnungssteuer den Kantonen übertragen ist, sorgt die ESTV für die gleichmässige Handhabung der Bundesvorschriften. B 108

Art. 34a[1] Elektronische Verfahren 1a.

1 Der Bundesrat kann die elektronische Durchführung von Verfahren nach diesem Gesetz vorschreiben. Dabei regelt er die Modalitäten der Durchführung.

2 Die ESTV stellt bei der elektronischen Durchführung von Verfahren die Authentizität und Integrität der übermittelten Daten sicher.

3 Sie kann bei der elektronischen Einreichung von Eingaben, deren Unterzeichnung gesetzlich vorgeschrieben ist, anstelle der qualifizierten elektronischen Signatur eine andere elektronische Bestätigung der Angaben durch die steuerpflichtige oder antragstellende Person anerkennen.

Art. 35 Kantonale Behörden 2.

1 Organisation und Amtsführung der mit dem Vollzug dieses Gesetzes betrauten kantonalen Behörden werden, soweit das Bundesrecht nichts anderes bestimmt, durch das kantonale Recht geregelt.

2 Jeder Kanton bestellt eine von der Verwaltung unabhängige Rekurskommission.

---

[1] Eingefügt durch Ziff. I 5 des BG vom 18. Juni 2021 über elektronische Verfahren im Steuerbereich, in Kraft seit 1. Jan. 2022 (AS **2021** 673; BBl **2020** 4705).

³ Die Kantone bestimmen in ihren Vollzugsvorschriften die Amtsstellen, denen die Rückerstattung der Verrechnungssteuer obliegt (Verrechnungssteuerämter).

⁴ Die kantonalen Vollzugsvorschriften zu diesem Gesetze sind dem Bund[1] zur Genehmigung zu unterbreiten.

Art. 35a[2] **Elektronische Verfahren im Kanton** 2a.

¹ Die Kantone sehen die Möglichkeit elektronischer Verfahren vor. Dabei stellen sie die Authentizität und Integrität der übermittelten Daten nach kantonalem Recht sicher.

² Sie sehen bei der elektronischen Einreichung von Eingaben, deren Unterzeichnung gesetzlich vorgeschrieben ist, anstelle der Unterzeichnung die Möglichkeit einer elektronischen Bestätigung der Angaben durch die antragstellende Person vor.

³ Sie sehen vor, dass die Steuerbehörde der antragstellenden Person mit deren Einverständnis Dokumente in elektronischer Form zustellt.

II. Amtshilfe

Art. 36

¹ Die Steuerbehörden der Kantone, Bezirke, Kreise und Gemeinden und die ESTV unterstützen sich gegenseitig in der Erfüllung ihrer Aufgabe; sie haben sich kostenlos die zweckdienlichen Meldungen zu erstatten, die benötigten Auskünfte zu erteilen und in amtliche Akten Einsicht zu gewähren.

² Die Verwaltungsbehörden des Bundes und die andern als die in Absatz 1 genannten Behörden der Kantone, Bezirke, Kreise und Gemeinden sind gegenüber der ESTV auskunftspflichtig, sofern die verlangten Auskünfte für die Durchführung dieses Gesetzes von Bedeutung sein können. Eine Auskunft darf nur verweigert werden, soweit ihr wesentliche öffentliche Interessen, insbesondere die innere oder äussere Sicherheit des Bundes oder der Kantone entgegenstehen, oder die Auskunft die angegangene Behörde in der Durchführung ihrer Aufgabe wesentlich beeinträchtigen würde. Das Post-, Telefon- und Telegrafengeheimnis ist zu wahren.

³ Anstände über die Auskunftspflicht von Verwaltungsbehörden des Bundes entscheidet der Bundesrat, Anstände über die Auskunftspflicht von Behörden der Kantone, Bezirke, Kreise und Gemeinden, sofern die kantonale Regierung das Auskunftsbegehren abgelehnt hat, das Bundesgericht (Art. 110 ff. des Bundesrechtspflegegesetzes vom 16. Dez. 1943[3]).

⁴ Die mit öffentlich-rechtlichen Aufgaben betrauten Organisationen sind im Rahmen dieser Aufgaben gleich den Behörden zur Auskunft verpflichtet; Absatz 3 findet sinngemässe Anwendung.

---

[1] Ausdruck gemäss Ziff. III des BG vom 15. Dez. 1989 über die Genehmigung kantonaler Erlasse durch den Bund, in Kraft seit 1. Febr. 1991 (AS **1991** 362; BBl **1988** II 1333).
[2] Eingefügt durch Ziff. I 5 des BG vom 18. Juni 2021 über elektronische Verfahren im Steuerbereich, in Kraft seit 1. Jan. 2024 (AS **2021** 673; BBl **2020** 4705).
[3] Siehe heute das Bundesgerichtsgesetz vom 17. Juni 2005 (SR **173.110**).

IIa. Datenbearbeitung

Art. 36a[1]

1 Die ESTV betreibt zur Erfüllung der Aufgaben nach diesem Gesetz ein Informationssystem. Dieses kann besonders schützenswerte Personendaten über administrative und strafrechtliche Sanktionen enthalten, die steuerrechtlich wesentlich sind.

2 Die ESTV und die Behörden nach Artikel 36 Absatz 1 geben einander die Daten weiter, die für die Erfüllung ihrer Aufgaben dienlich sein können. Die Behörden nach Artikel 36 Absätze 2 und 4 geben der ESTV die Daten weiter, die für die Durchführung dieses Gesetzes von Bedeutung sein können. …[2]

3 Die Daten werden einzeln, auf Listen oder auf elektronischen Datenträgern übermittelt. Sie können auch mittels eines Abrufverfahrens zugänglich gemacht werden. Diese Amtshilfe ist kostenlos.

4 Personendaten und die zu ihrer Bearbeitung verwendeten Einrichtungen wie Datenträger, EDV-Programme und Programmdokumentationen sind vor unbefugtem Verwenden, Verändern oder Zerstören sowie vor Diebstahl zu schützen.

5 Der Bundesrat kann Ausführungsbestimmungen erlassen, insbesondere über die Organisation und den Betrieb des Informationssystems, über die Kategorien der zu erfassenden Daten, über die Zugriffs- und Bearbeitungsberechtigung, über die Aufbewahrungsdauer sowie die Archivierung und Vernichtung der Daten.

III. Schweigepflicht

Art. 37

1 Wer mit dem Vollzug dieses Gesetzes betraut ist oder dazu beigezogen wird, hat gegenüber andern Amtsstellen und Privaten über die in Ausübung seines Amtes gemachten Wahrnehmungen Stillschweigen zu bewahren und den Einblick in amtliche Akten zu verweigern.

2 Keine Geheimhaltungspflicht besteht:

a. bei Leistung von Amtshilfe nach Artikel 36 Absatz 1 und bei Erfüllung einer Pflicht zur Anzeige strafbarer Handlungen;
b. gegenüber Organen der Rechtspflege und der Verwaltung, die vom Bundesrat allgemein oder vom Eidgenössischen Finanzdepartement[3] im Einzelfalle zur Einholung amtlicher Auskünfte bei den mit dem Vollzug dieses Gesetzes betrauten Behörden ermächtigt worden sind.

---

[1] Eingefügt durch Ziff. VI 2 des BG vom 24. März 2000 über die Schaffung und die Anpassung gesetzlicher Grundlagen für die Bearbeitung von Personendaten, in Kraft seit 1. Sept. 2000 (AS **2000** 1891; BBl **1999** 9005).
[2] Dritter Satz gegenstandslos (AS **2021** 673 Ziff. II; BBl **2020** 4705).
[3] Bezeichnung gemäss nicht veröffentlichtem BRB vom 19. Dez. 1997.

B. Verfahren

I. Steuererhebung VStV 1 ff., 6 f.

Art. 38 Anmeldung als Steuerpflichtiger; Selbstveranlagung 1. VStV 17, 23, 31, 46

1 Wer auf Grund dieses Gesetzes steuerpflichtig wird, hat sich unaufgefordert bei der ESTV anzumelden.

2 Der Steuerpflichtige hat der ESTV bei Fälligkeit der Steuer (Art. 16) unaufgefordert die vorgeschriebene Abrechnung mit den Belegen einzureichen und gleichzeitig die Steuer zu entrichten oder die an ihre Stelle tretende Meldung (Art. 19 und 20) zu erstatten.

3 Für Meldeverfahren nach Artikel 20a Absatz 1 ist die Meldung innert 90 Tagen nach Fälligkeit der steuerbaren Leistung zusammen mit den Belegen und einer Wohnsitzbestätigung der Gewinnerin oder des Gewinners zu erstatten.[1]

4 Bei Meldungen nach Artikel 19 über Versicherungsleistungen an inländische natürliche Personen ist deren AHV-Nummer anzugeben.[2]

5 Inländische natürliche Personen mit Anspruch auf Versicherungsleistungen nach Artikel 7 müssen der nach Artikel 19 meldepflichtigen Person ihre AHV-Nummer bekanntgeben. Fehlt die Selbstauskunft, so werden die Verzugsfolgen aus Gesetz oder Vertrag bei der meldepflichtigen Person bis zum Erhalt der AHV-Nummer aufgeschoben. Artikel 19 Absatz 3 bleibt vorbehalten.[3]

Art. 39 Auskunftspflicht 2. VStV 6

1 Der Steuerpflichtige hat der ESTV über alle Tatsachen, die für die Steuerpflicht oder für die Steuerbemessung von Bedeutung sein können, nach bestem Wissen und Gewissen Auskunft zu erteilen; er hat insbesondere:

a. Steuerabrechnungen, Steuererklärungen und Fragebogen vollständig und genau auszufüllen;
b. seine Geschäftsbücher ordnungsgemäss zu führen und sie, die Belege und andere Urkunden auf Verlangen beizubringen. VStV 2

2 Die Bestreitung der Pflicht, die Verrechnungssteuer zu entrichten oder eine an ihre Stelle tretende Meldung zu erstatten, entbindet nicht von der Auskunftspflicht.

3 Wird die Auskunftspflicht bestritten, so trifft die ESTV eine Verfügung.[4]

---

[1] Fassung gemäss Ziff. I des BG vom 28. Sept. 2018, in Kraft seit 1. Jan. 2019 (AS **2019** 433; BBl **2018** 2325).
[2] Eingefügt durch Ziff. I 5 des BG vom 18. Juni 2021 über elektronische Verfahren im Steuerbereich, in Kraft seit 1. Febr. 2023 (AS **2021** 673; BBl **2020** 4705).
[3] Eingefügt durch Ziff. I 5 des BG vom 18. Juni 2021 über elektronische Verfahren im Steuerbereich, in Kraft seit 1. Sept. 2022 (AS **2021** 673; BBl **2020** 4705).
[4] Fassung gemäss Anhang Ziff. 60 des Verwaltungsgerichtsgesetzes vom 17. Juni 2005, in Kraft seit 1. Jan. 2007 (AS **2006** 2197 1069; BBl **2001** 4202).

Art. 40 Überprüfung 3.

¹ Die Erfüllung der Pflicht zur Anmeldung als Steuerpflichtiger, die Steuerabrechnungen und -ablieferungen sowie die Erfüllung der Meldepflicht gemäss den Artikeln 19 und 20 werden durch die ESTV überprüft.

² Die ESTV kann zur Abklärung des Sachverhalts die Geschäftsbücher, die Belege und andere Urkunden des Steuerpflichtigen an Ort und Stelle prüfen. VStV 2, 7

³ Ergibt sich, dass der Steuerpflichtige seinen gesetzlichen Pflichten nicht nachgekommen ist, so ist ihm Gelegenheit zu geben, zu den erhobenen Aussetzungen Stellung zu nehmen.

⁴ Lässt sich der Anstand nicht erledigen, so trifft die ESTV einen Entscheid.

⁵ Die anlässlich einer Prüfung gemäss Absatz 1 oder 2 bei einer Bank oder Sparkasse im Sinne des Bankengesetzes vom 8. November 1934[1], bei der Schweizerischen Nationalbank oder bei einer Pfandbriefzentrale gemachten Feststellungen dürfen ausschliesslich für die Durchführung der Verrechnungssteuer verwendet werden. Das Bankgeheimnis ist zu wahren.

Art. 41 Entscheide der ESTV 4. VStV 1

Die ESTV trifft alle Verfügungen und Entscheide, welche die Erhebung der Verrechnungssteuer notwendig macht; sie trifft einen Entscheid insbesondere dann, wenn:

a. die Steuerforderung, die Mithaftung oder die Überwälzungspflicht bestritten wird;
b. für einen bestimmten Fall vorsorglich die amtliche Feststellung der Steuerpflicht, der Grundlagen der Steuerberechnung, der Mithaftung oder der Überwälzungspflicht beantragt wird;
c. der Steuerpflichtige oder Mithaftende die gemäss Abrechnung geschuldete Steuer nicht entrichtet.

Art. 42[2] Einsprache 5.

¹ Verfügungen und Entscheide der ESTV können innert 30 Tagen nach der Eröffnung mit Einsprache angefochten werden.

² Die Einsprache ist schriftlich bei der ESTV einzureichen; sie hat einen bestimmten Antrag zu enthalten und die zu seiner Begründung dienenden Tatsachen anzugeben.

³ Ist gültig Einsprache erhoben worden, so hat die ESTV die Verfügung oder den Entscheid ohne Bindung an die gestellten Anträge zu überprüfen.

⁴ Das Einspracheverfahren ist trotz Rückzug der Einsprache weiterzuführen, wenn Anhaltspunkte dafür vorliegen, dass die Verfügung oder der Entscheid dem Gesetz nicht entspricht.

⁵ Der Einspracheentscheid ist zu begründen und hat eine Rechtsmittelbelehrung zu enthalten.

---

[1] SR **952.0**
[2] Fassung gemäss Anhang Ziff. 60 des Verwaltungsgerichtsgesetzes vom 17. Juni 2005, in Kraft seit 1. Jan. 2007 (AS **2006** 2197 1069; BBl **2001** 4202).

Art. 42a[1] ...

Art. 43[2] ...

Art. 44 Kosten 6.

¹ Im Veranlagungs- und im Einspracheverfahren werden in der Regel keine Kosten berechnet.

² Ohne Rücksicht auf den Ausgang des Verfahrens können Kosten von Untersuchungsmassnahmen demjenigen auferlegt werden, der sie schuldhaft verursacht hat.

Zwangsvollstreckung 7. VStV 8

Art. 45 Betreibung a.

¹ Wird der Anspruch auf Steuern, Zinsen und Kosten auf Mahnung hin nicht befriedigt, so ist Betreibung einzuleiten; vorbehalten bleibt die Eingabe in einem Konkurs.

² Ist die Steuerforderung noch nicht rechtskräftig festgesetzt und wird sie bestritten, so unterbleibt ihre endgültige Kollokation, bis ein rechtskräftiger Steuerentscheid vorliegt.

Art. 46 Übergang der Rückgriffsansprüche b.[3]

¹ Fällt der Steuerpflichtige in Konkurs oder wird in einer gegen ihn gerichteten Betreibung das Pfändungsbegehren gestellt, bevor er seiner Pflicht zur Steuerüberwälzung nachgekommen ist, so gehen die ihm zustehenden Rückgriffsansprüche bis zur Höhe der noch nicht bezahlten Steuer auf den Bund über.

² ...[4]

Art. 47 Sicherstellung c. VStV 9f.

¹ Die ESTV kann Steuern, Zinsen und Kosten, auch wenn sie weder rechtskräftig festgesetzt noch fällig sind, sicherstellen lassen, wenn:

a. der Bezug als gefährdet erscheint;
b. der Zahlungspflichtige keinen Wohnsitz in der Schweiz hat oder Anstalten trifft, den Wohnsitz in der Schweiz aufzugeben oder sich im Handelsregister löschen zu lassen;
c. der Zahlungspflichtige mit der Zahlung der Steuer in Verzug ist oder wiederholt in Verzug war.

² Die Sicherstellungsverfügung hat den Rechtsgrund der Sicherstellung, den sicherzustellenden Betrag und die Stelle, welche die Sicherheiten entgegennimmt, anzugeben. Wird die Sicherstellung aufgrund von Absatz 1 Buchstabe a oder b angeordnet, so gilt die Sicherstellungsverfügung als Arrestbefehl im Sinne von

---

[1] Eingefügt durch Anhang Ziff. 28 des BG vom 4. Okt. 1991, in Kraft seit 1. Jan. 1994 (AS **1992** 288; BBl **1991** II 465). Aufgehoben durch Anhang Ziff. 60 des Verwaltungsgerichtsgesetzes vom 17. Juni 2005, mit Wirkung seit 1. Jan. 2007 (AS **2006** 2197 1069; BBl **2001** 4202).

[2] Aufgehoben durch Anhang Ziff. 60 des Verwaltungsgerichtsgesetzes vom 17. Juni 2005, mit Wirkung seit 1. Jan. 2007 (AS **2006** 2197 1069; BBl **2001** 4202).

[3] Fassung gem. Anhang Ziff. 12 des BG vom 16. Dez. 1994, in Kraft seit 1. Jan. 1997 (AS **1995** 1227; BBl **1991** III 1).

[4] Aufgehoben durch Anhang Ziff. 12 des BG vom 16. Dez. 1994 (AS **1995** 1227; BBl **1991** III 1).

Artikel 274 des Bundesgesetzes über Schuldbetreibung und Konkurs[1]; die Einsprache gegen den Arrestbefehl ist ausgeschlossen.[2]

³ Gegen Sicherstellungsverfügungen der ESTV kann beim Bundesverwaltungsgericht Beschwerde geführt werden.[3]

⁴ Beschwerden gegen Sicherstellungsverfügungen haben keine aufschiebende Wirkung.[4]

⁵ ...[5]

II. Steuerrückerstattung   VStV 51 ff., 68 ff.

Allgemeine Bestimmungen 1.

Art. 48 Pflichten des Antragstellers a.   VStV 2, 64

¹ Wer Rückerstattung der Verrechnungssteuer verlangt, hat der zuständigen Behörde über alle Tatsachen, die für den Rückerstattungsanspruch von Bedeutung sein können, nach bestem Wissen und Gewissen Auskunft zu erteilen; er hat insbesondere:

a. die Antragsformulare und Fragebogen vollständig und genau auszufüllen;
b. auf Verlangen Steuerabzugsbescheinigungen (Art. 14 Abs. 2) zu beschaffen und Geschäftsbücher, Belege und andere Urkunden beizubringen.

² Kommt der Antragsteller seinen Auskunftspflichten nicht nach und kann der Rückerstattungsanspruch ohne die von der Behörde verlangten Auskünfte nicht abgeklärt werden, so wird der Antrag abgewiesen.

Art. 49 Pflichten Dritter b.   VStV 3

¹ Der Aussteller einer Steuerabzugsbescheinigung ist verpflichtet, dem Antragsteller auf sein Verlangen zuhanden der zuständigen Behörde ergänzende schriftliche Auskünfte zu erteilen.

² Mitgesellschafter, Miteigentümer und Gesamthänder sind verpflichtet, der zuständigen Behörde auf Verlangen über das Rechtsverhältnis, das sie mit dem Antragsteller verbindet, insbesondere über seine Anteile, Ansprüche und Bezüge, Auskunft zu erteilen.

³ Bestreitet der Dritte seine Auskunftspflicht, so trifft die Behörde eine Verfügung, die mit Einsprache und Beschwerde angefochten werden kann.

---

[1] SR **281.1**
[2] Fassung gem. Anhang Ziff. 12 des BG vom 16. Dez. 1994, in Kraft seit 1. Jan. 1997 (AS **1995** 1227; BBl **1991** III 1).
[3] Fassung gemäss Anhang Ziff. 60 des Verwaltungsgerichtsgesetzes vom 17. Juni 2005, in Kraft seit 1. Jan. 2007 (AS **2006** 2197 1069; BBl **2001** 4202).
[4] Eingefügt durch Anhang Ziff. 28 des BG vom 4. Okt. 1991 (AS **1992** 288; BBl **1991** II 465). Fassung gemäss Anhang Ziff. 60 des Verwaltungsgerichtsgesetzes vom 17. Juni 2005, in Kraft seit 1. Jan. 2007 (AS **2006** 2197 1069; BBl **2001** 4202).
[5] Eingefügt durch Anhang Ziff. 28 des BG vom 4. Okt. 1991 (AS **1992** 288; BBl **1991** II 465). Aufgehoben durch Anhang Ziff. 60 des Verwaltungsgerichtsgesetzes vom 17. Juni 2005, mit Wirkung seit 1. Jan. 2007 (AS **2006** 2197 1069; BBl **2001** 4202).

Art. 50 Überprüfung c. VStV 6

1 Die zuständige Behörde ist befugt, die vom Antragsteller oder gemäss Artikel 49 Absatz 2 von Dritten erteilten Auskünfte an Ort und Stelle nachzuprüfen und dabei in die Bücher und Belege sowie in andere Urkunden Einblick zu nehmen.

2 Die ESTV ist überdies befugt, die Steuerabzugsbescheinigungen (Art. 14 Abs. 2) und die sie ergänzenden Auskünfte (Art. 49 Abs. 1) beim Aussteller zu überprüfen. Artikel 40 Absatz 5 findet Anwendung.

3 Die kantonalen Behörden können im Übrigen von den ihnen als Veranlagungsbehörde eingeräumten Befugnissen Gebrauch machen.

Art. 51 Rückerstattung durch den Bund 2. VStV 63–65a

1 Entspricht die ESTV einem Antrag nicht oder nur teilweise, und lässt sich der Anstand nicht auf andere Weise erledigen, so trifft sie einen Entscheid.

2 Die nicht auf einem Entscheid nach Absatz 1 beruhende Rückerstattung steht unter dem Vorbehalt einer späteren Nachprüfung des Anspruchs; nach Ablauf von drei Jahren seit Gewährung der Rückerstattung ist die Nachprüfung nur noch in Verbindung mit einem Strafverfahren zulässig.

3 Ergibt die Nachprüfung, dass die Rückerstattung zu Unrecht gewährt worden ist, und verweigern der Antragsteller, seine Erben oder die Mithaftenden die Wiedereinzahlung, so trifft die ESTV einen auf Wiedereinzahlung lautenden Entscheid.

4 Die Artikel 42–44 über das Einsprache- und Beschwerdeverfahren und die Verfahrenskosten sowie, im Falle von Absatz 3, auch die Artikel 45 und 47 über Betreibung und Sicherstellung finden sinngemässe Anwendung.

Rückerstattung durch den Kanton 3. VStV 66–68

Art. 52 Entscheid des Verrechnungssteueramtes a.

1 Das kantonale Verrechnungssteueramt prüft die bei ihm eingereichten Anträge, untersucht den Sachverhalt und trifft alle Massnahmen, welche die richtige Ermittlung des Rückerstattungsanspruchs nötig macht.

2 Nach Abschluss seiner Untersuchung trifft das Verrechnungssteueramt einen Entscheid über den Rückerstattungsanspruch; der Entscheid kann mit der Veranlagungsverfügung verbunden werden.

3 Wird dem Rückerstattungsantrag nicht oder nicht in vollem Umfange entsprochen, so ist der Entscheid kurz zu begründen.

4 Die vom Verrechnungssteueramt bewilligte Rückerstattung steht unter dem Vorbehalt einer Überprüfung des Anspruchs durch die ESTV gemäss Artikel 57.

Art. 53 Einsprache b.

1 Gegen den Entscheid des kantonalen Verrechnungssteueramtes kann innert 30 Tagen nach der Eröffnung bei dieser Amtsstelle schriftlich Einsprache erhoben werden.

2 Auf das Einspracheverfahren finden die Bestimmungen der Artikel 42 und 44 sinngemässe Anwendung.

3 Vorbehalten bleibt Artikel 55.

Art. 54 Beschwerde an die kantonale Rekurskommission c.

¹ Gegen den Einspracheentscheid des kantonalen Verrechnungssteueramtes kann innert 30 Tagen nach der Eröffnung bei der kantonalen Rekurskommission schriftlich Beschwerde erhoben werden; die Beschwerde hat einen bestimmten Antrag zu enthalten und die zu seiner Begründung dienenden Tatsachen anzugeben. Vorbehalten bleibt Artikel 55.

² Die Rekurskommission trifft die erforderlichen Untersuchungsmassnahmen; die Artikel 48–50 finden sinngemässe Anwendung.

³ Der ESTV ist Gelegenheit zu geben, am Verfahren teilzunehmen und Anträge zu stellen.

⁴ Das Beschwerdeverfahren ist trotz Rückzug der Beschwerde weiterzuführen, wenn Anhaltspunkte dafür vorliegen, dass der Entscheid dem Gesetz nicht entspricht, oder wenn die Eidgenössische oder die kantonale Steuerverwaltung Anträge gestellt hat und aufrechterhält.

⁵ Die Rekurskommission trifft den Beschwerdeentscheid auf Grund des Ergebnisses ihrer Untersuchung ohne Bindung an die gestellten Anträge.

⁶ Der Beschwerdeentscheid ist zu begründen und hat eine Rechtsmittelbelehrung zu enthalten; er ist den von ihm unmittelbar Betroffenen sowie der kantonalen und der ESTV schriftlich zu eröffnen.

Art. 55 Ergänzendes kantonales Recht d.

Der Kanton kann in seinen Vollzugsvorschriften bestimmen, dass sich das Einspracheverfahren und das Verfahren vor der kantonalen Rekurskommission nach den für die Anfechtung und Überprüfung der Steuerveranlagung massgebenden kantonalen Verfahrensvorschriften (einschliesslich der Fristen) richtet, wenn der Entscheid über den Rückerstattungsanspruch mit einer Veranlagungsverfügung verbunden worden ist.

Art. 56[1] Beschwerde an das Bundesgericht e.

Der Entscheid der kantonalen Rekurskommission kann durch Beschwerde beim Bundesgericht angefochten werden.

---

[1] Fassung gemäss Anhang Ziff. 60 des Verwaltungsgerichtsgesetzes vom 17. Juni 2005, in Kraft seit 1. Jan. 2007 (AS **2006** 2197 1069; BBl **2001** 4202).

C. Abrechnung zwischen Bund und Kantonen

I. Rechnungstellung; Überprüfung; Kürzung

Art. 57

¹ Die Kantone stellen dem Bund Rechnung über die von ihnen zurückerstatteten Verrechnungssteuern.

² Die ESTV überprüft die Abrechnungen der Kantone; sie kann dabei in alle massgebenden Unterlagen der Kantone, Bezirke, Kreise und Gemeinden Einsicht nehmen, im Einzelfalle weitere Untersuchungsmassnahmen anordnen oder von den Untersuchungsbefugnissen eines Verrechnungssteueramtes selber Gebrauch machen.

³ Ergibt die Überprüfung, dass die vom Verrechnungssteueramt gewährte Rückerstattung zu Unrecht erfolgt ist, so ordnet die ESTV vorsorglich eine entsprechende Kürzung des Betrages an, den der Kanton mit einer der nächsten Abrechnungen beansprucht.

⁴ Nach Ablauf von drei Jahren seit Ende des Kalenderjahres, in dem der Entscheid des Verrechnungssteueramtes über die Rückerstattung rechtskräftig geworden ist, kann die Kürzung nur noch in Verbindung mit einem Strafverfahren angeordnet werden.

II. Folgen der Kürzung

Art. 58

¹ Ist gemäss Artikel 57 Absatz 3 vorsorglich eine Kürzung angeordnet worden, so kann das kantonale Verrechnungssteueramt von demjenigen, der in den Genuss der beanstandeten Rückerstattung gelangt ist, deren Rückleistung verlangen; der Rückleistungsanspruch des Kantons erlischt, wenn er nicht innert sechs Monaten seit Eröffnung der vorsorglichen Kürzung durch Entscheid geltend gemacht wird.

² Gegen den Entscheid über die Rückleistungspflicht kann der Betroffene innert 30 Tagen seit der Eröffnung bei der kantonalen Rekurskommission Beschwerde erheben; die Artikel 54 und 56 finden Anwendung.

³ Stellt der Beschwerdeentscheid fest, dass keine Rückleistungspflicht besteht, so fällt die vorsorgliche Kürzung dahin; schützt er den Rückleistungsanspruch ganz oder zum Teil, so wird die Kürzung in diesem Umfange endgültig.

⁴ Macht das Verrechnungssteueramt ohne Zustimmung der ESTV die Rückleistung nicht geltend oder hat es sie in seinem rechtskräftig gewordenen Entscheid nicht in der vollen Höhe geltend gemacht, so wird die vorsorgliche Kürzung endgültig, sofern sie der Kanton nicht innert neun Monaten nach ihrer Eröffnung durch Klage beim Bundesgericht anficht (Art. 120 des Bundesgerichtsgesetzes vom 17. Juni 2005[1]).[2]

⁵ Der rechtskräftige Rückleistungsentscheid des kantonalen Verrechnungssteueramtes oder der kantonalen Rekurskommission steht einem vollstreckbaren Gerichtsurteil im Sinne von Artikel 80 des Schuldbetreibungs- und Konkursgesetzes[3] gleich.

---

[1] SR **173.110**
[2] Fassung gemäss Anhang Ziff. 60 des Verwaltungsgerichtsgesetzes vom 17. Juni 2005, in Kraft seit 1. Jan. 2007 (AS **2006** 2197 1069; BBl **2001** 4202).
[3] SR **281.1**

D. Revision und Erläuterung von Entscheiden[1]

Art. 59

1 Auf die Revision und die Erläuterung von Entscheiden der ESTV und der kantonalen Behörden werden die Artikel 66–69 des Verwaltungsverfahrensgesetzes[2] sinngemäss angewandt.[3]

2 ...[4]

3 ...[5]

E. Berichtigung von kantonalen Abrechnungen

Art. 60

1 Rechnungsfehler und Schreibversehen in der Abrechnung der Kantone gemäss Artikel 57 können innert drei Jahren seit der Rechnungsstellung berichtigt werden.[6]

2 Lässt sich der Anstand nicht erledigen, so trifft die zuständige Behörde einen Entscheid, der mit Einsprache und Beschwerde angefochten werden kann.

Vierter Abschnitt: Strafbestimmungen

A. Widerhandlungen

I. Hinterziehung   N 2

Art. 61[7]

Wer vorsätzlich oder fahrlässig, zum eigenen oder zum Vorteil eines andern

a. dem Bunde Verrechnungssteuern vorenthält,
b. die Pflicht zur Meldung einer steuerbaren Leistung (Art. 19 und 20) nicht erfüllt oder eine unwahre Meldung erstattet,
c. eine ungerechtfertigte Rückerstattung der Verrechnungssteuer oder einen andern unrechtmässigen Steuervorteil erwirkt,

wird, sofern nicht die Strafbestimmung von Artikel 14 des Verwaltungsstrafrechtsgesetzes[8] zutrifft, wegen Hinterziehung mit Busse bis zu 30 000 Franken oder, sofern dies einen höheren Betrag ergibt, bis zum Dreifachen der hinterzogenen Steuer oder des unrechtmässigen Vorteils bestraft.   N 2

---

[1] Fassung gemäss Art. 52 des BG vom 27. Juni 1973 über die Stempelabgaben, in Kraft seit 1. Juli 1974 (AS **1974** 11; BBl **1972** II 1278).
[2] SR **172.021**
[3] Fassung gemäss Art. 52 des BG vom 27. Juni 1973 über die Stempelabgaben, in Kraft seit 1. Juli 1974 (AS **1974** 11; BBl **1972** II 1278).
[4] Aufgehoben durch Art. 52 des BG vom 27. Juni 1973 über die Stempelabgaben (AS **1974** 11; BBl **1972** II 1278).
[5] Aufgehoben durch Anhang Ziff. 60 des Verwaltungsgerichtsgesetzes vom 17. Juni 2005, mit Wirkung seit 1. Jan. 2007 (AS **2006** 2197 1069; BBl **2001** 4202).
[6] Fassung gemäss Art. 52 des BG vom 27. Juni 1973 über die Stempelabgaben, in Kraft seit 1. Juli 1947 (AS **1974** 11; BBl **1972** II 1278).
[7] Fassung gemäss Ziff. 10 des Anhangs zum VStrR, in Kraft seit 1. Jan. 1975 (AS **1974** 1857; BBl **1971** I 993).
[8] SR **313.0**

II. Steuergefährdung

Art. 62

¹ Wer die gesetzmässige Durchführung der Verrechnungssteuer gefährdet, indem er vorsätzlich oder fahrlässig:

a. im Steuererhebungsverfahren der Pflicht zur Anmeldung als Steuerpflichtiger, zur Einreichung von Steuererklärungen, Aufstellungen und Abrechnungen, zur Erteilung von Auskünften und zur Vorlage von Geschäftsbüchern und Belegen nicht nachkommt;
b. als Steuerpflichtiger oder an seiner Stelle eine unrichtige Abzugsbescheinigung aushändigt (Art. 14 Abs. 2);
c. in einer Aufstellung oder Abrechnung, in einer Meldung oder einem Affidavit (Art. 11), in einem Antrag auf Rückerstattung der Steuer, in einem Gesuch um Steuererlass oder -befreiung unwahre Angaben macht oder erhebliche Tatsachen verschweigt oder dabei unwahre Belege über erhebliche Tatsachen vorlegt;
d.¹ als Steuerpflichtiger, Antragsteller oder auskunftspflichtiger Dritter unrichtige Auskünfte erteilt;
e. Rückerstattungsansprüche geltend macht, die ihm nicht zustehen oder für die er bereits befriedigt worden ist;
f. der Pflicht zur ordnungsgemässen Führung und Aufbewahrung der Geschäftsbücher, Register und Belege zuwiderhandelt, oder
g. die ordnungsgemässe Durchführung einer Buchprüfung oder andern amtlichen Kontrolle erschwert, behindert oder verunmöglicht,

wird, sofern nicht eine der Strafbestimmungen der Artikel 14–16 des Verwaltungsstrafrechtsgesetzes vom 22. März 1974² zutrifft, mit Busse bis zu 20 000 Franken bestraft.³ N 2

² Bei einer Widerhandlung im Sinne von Absatz 1 Buchstabe *g* bleibt die Strafverfolgung nach Artikel 285 des Strafgesetzbuches⁴ vorbehalten.

III. Verletzung der Überwälzungsvorschrift

Art. 63

Wer vorsätzlich oder fahrlässig die Überwälzung der Verrechnungssteuer unterlässt oder zu unterlassen verspricht, wird mit Busse bis zu 10 000 Franken bestraft.

IV. Ordnungswidrigkeiten

Art. 64

¹ Mit Busse bis zu 5 000 Franken wird bestraft, wer:

a. eine Bedingung, an welche eine besondere Bewilligung geknüpft wurde, nicht einhält;

---

[1] Fassung gemäss Ziff. 10 des Anhangs zum VStrR, in Kraft seit 1. Jan. 1975 (AS **1974** 1857; BBl **1971** I 993).
[2] SR **313.0**
[3] Fassung des letzten Satzes gemäss Ziff. 10 des Anhangs zum VStrR, in Kraft seit 1. Jan. 1975 (AS **1974** 1857; BBl **1971** I 993).
[4] SR **311.0**

b. einer Vorschrift dieses Gesetzes, einer Ausführungsverordnung oder einer aufgrund solcher Vorschriften erlassenen allgemeinen Weisung oder unter Hinweis auf die Strafdrohung dieses Artikels an ihn gerichteten Einzelverfügung zuwiderhandelt;
c. für die Handlungen nach Artikel 20 Absatz 3 die Fristen nach dessen Ausführungsbestimmungen nicht einhält;
d. die Frist nach Artikel 20a Absatz 2 nicht einhält.[1]

² Strafbar ist auch die fahrlässige Begehung.

Art. 65 –66[2] ...

B. Verhältnis zum Bundesgesetz über das Verwaltungsstrafrecht; Besonderheiten für Widerhandlungen im kantonalen Verfahren[3] N 2

Art. 67

¹ Das Verwaltungsstrafrechtsgesetz vom 22. März 1974[4] findet Anwendung; verfolgende und urteilende Verwaltungsbehörde im Sinne jenes Gesetzes ist die ESTV.[5]

² Wird die Widerhandlung im Verfahren vor einer kantonalen Behörde begangen, so ist diese zur Anzeige an die ESTV verpflichtet.

³ Die kantonale Behörde kann für Ordnungswidrigkeiten (Art. 64) Bussen bis zu 500 Franken verhängen; das Verfahren richtet sich nach den einschlägigen Bestimmungen der kantonalen Steuergesetzgebung.

---

1 Fassung gemäss Ziff. I des BG vom 28. Sept. 2018, in Kraft seit 1. Jan. 2019 (AS **2019** 433; BBl **2018** 2325).
2 Aufgehoben durch Ziff. 10 des Anhangs zum VStrR (AS **1974** 1857; BBl **1971** I 993).
3 Fassung gemäss Ziff. 10 des Anhangs zum VStrR, in Kraft seit 1. Jan. 1975 (AS **1974** 1857; BBl **1971** I 993).
4 SR **313.0**
5 Fassung gemäss Ziff. 10 des Anhangs zum VStrR, in Kraft seit 1. Jan. 1975 (AS **1974** 1857; BBl **1971** I 993).

Fünfter Abschnitt: Schluss- und Übergangsbestimmungen

A. Änderung bisherigen Rechts

Art. 68

...[1]

B. Übergangsrecht

I. Für Ausländer

Art. 69

[1] Ausländische Inhaber von Obligationen, die von einer inländischen öffentlich-rechtlichen Körperschaft vor dem 10. Oktober 1921 mit dem Versprechen ausgegeben worden sind, dass die Zinsen ohne jeden Steuerabzug ausbezahlt werden, haben Anspruch auf Rückerstattung der von diesen Zinsen abgezogenen Verrechnungssteuer.

[2] ...[2]

II. ...

Art. 70[3] ...

III. Übergangsbestimmung zur Änderung vom 10. Oktober 1997[4]

Art. 70a[5]

Die Artikel 4a, 12 Absatz 1bis und 16 Absatz 2 sind auch auf Tatbestände anwendbar, welche vor Inkrafttreten dieser Bestimmungen eingetreten sind, es sei denn, die Steuerforderung sei verjährt oder bereits rechtskräftig festgesetzt.

IV. Übergangsbestimmung zur Änderung vom 15. Dezember 2000

Art. 70b[6]

Natürliche Personen haben ihren Antrag auf Rückerstattung der Verrechnungssteuer für die vor dem 1. Januar 2001 fälligen steuerbaren Einkünfte bei der Steuerbehörde desjenigen Kantons einzureichen, in dem sie zu Beginn des der Fälligkeit der steuerbaren Leistung folgenden Kalenderjahres Wohnsitz hatten.

---

[1] Die Änderungen können unter AS **1966** 385 konsultiert werden.
[2] Aufgehoben durch Anhang Ziff. II 8 des Kollektivanlagengesetzes vom 23. Juni 2006, mit Wirkung seit 1. Jan. 2007 (AS **2006** 5379; BBl **2005** 6395).
[3] Aufgehoben durch Anhang Ziff. II 8 des Kollektivanlagengesetzes vom 23. Juni 2006, mit Wirkung seit 1. Jan. 2007 (AS **2006** 5379; BBl **2005** 6395).
[4] AS **1988** 669
[5] Eingefügt durch Ziff. I 4 des BG vom 10. Okt. 1997 über die Reform der Unternehmensbesteuerung 1997, in Kraft seit 1. Jan. 1998 (AS **1998** 669; BBl **1997** II 1164).
[6] Eingefügt durch Ziff. I 3 des BG vom 15. Dez. 2000 zur Koordination und Vereinfachung der Veranlagungsverfahren für die direkten Steuern im interkantonalen Verhältnis (AS **2001** 1050; BBl **2000** 3898).

V. Übergangsbestimmungen zur Änderung vom 30. September 2016 B104

Art. 70c[1]

¹ Die Artikel 16 Absatz 2bis und 20 sind auch auf Sachverhalte anwendbar, die vor Inkrafttreten der Änderungen vom 30. September 2016 eingetreten sind, es sei denn, die Steuerforderung oder die Verzugszinsforderung sei verjährt oder bereits vor dem 1. Januar 2011 rechtskräftig festgesetzt worden.

² Erfüllt die steuerpflichtige Person die Voraussetzungen nach Artikel 16 Absatz 2bis, so wird auf ihr Gesuch der bereits bezahlte Verzugszins ohne Vergütungszins zurückerstattet.

³ Das Gesuch ist innerhalb eines Jahres nach Inkrafttreten dieser Änderung zu stellen.

VI. Übergangsbestimmung zur Änderung vom 28. September 2018

Art. 70d[2]

Artikel 23 Absatz 2 gilt für Ansprüche, die seit dem 1. Januar 2014 entstanden sind, sofern über den Anspruch auf Rückerstattung der Verrechnungssteuer noch nicht rechtskräftig entschieden worden ist. A94

C. Aufhebung der Couponabgabe

Art. 71

¹ Die Stempelabgabe auf Coupons wird vom Inkrafttreten dieses Gesetzes an nicht mehr erhoben; die damit in Widerspruch stehenden Bestimmungen der Bundesgesetzgebung treten ausser Kraft.

² Die ausser Kraft gesetzten Bestimmungen bleiben mit Bezug auf Abgabeforderungen, Tatsachen und Rechtsverhältnisse, die vor dem Inkrafttreten dieses Gesetzes entstanden oder eingetreten sind, auch nach diesem Zeitpunkt anwendbar.

³ Ist die Abgabe auf Coupons ausländischer Wertpapiere durch einmalige Pauschalzahlung entrichtet worden, so wird für Coupons, die nach dem Inkrafttreten dieses Gesetzes fällig werden, kein anteilmässiger Betrag zurückerstattet.

⁴ Die Coupons im Sinne des Bundesgesetzes vom 25. Juni 1921[3] betreffend die Stempelabgabe auf Coupons und die ihnen durch die eidgenössische Stempelgesetzgebung gleichgestellten Urkunden dürfen von den Kantonen nicht mit Stempelabgaben oder Registrierungsgebühren belegt werden.

---

[1] Eingefügt durch Ziff. I des BG vom 30. Sept. 2016, in Kraft seit 15. Febr. 2017 (AS **2017** 497; BBl **2015** 5331 5365).
[2] Eingefügt durch Ziff. I des BG vom 28. Sept. 2018, in Kraft seit 1. Jan. 2019 (AS **2019** 433; BBl **2018** 2325).
[3] [BS **127**]

D. Aufhebung bisherigen Rechts

Art. 72

1 Mit dem Inkrafttreten dieses Gesetzes sind aufgehoben:

   a. der Bundesratsbeschluss vom 1. September 1943[1] über die Verrechnungssteuer;
   b. der Bundesratsbeschluss vom 13. Februar 1945[2] über die Sicherung der Steueransprüche bei Versicherungen;
   c. die Artikel 34–40 und 48 des Bundesbeschlusses vom 22. Dezember 1938[3] über die Durchführung der Übergangsordnung des Finanzhaushaltes.

2 Die Artikel 35–40 und 48 des Bundesbeschlusses vom 22. Dezember 1938[4] über die Durchführung der Übergangsordnung des Finanzhaushaltes bleiben anwendbar auf alle während ihrer Gültigkeitsdauer eingetretenen Tatsachen.

E. Vollzug

Art. 73

1 Der Bundesrat und die Kantone erlassen die erforderlichen Vollzugsvorschriften.

2 Kann ein Kanton die Vollzugsvorschriften nicht rechtzeitig erlassen, so trifft der Bundesrat vorläufig die erforderlichen Massnahmen.

F. Inkrafttreten

Art. 74

Der Bundesrat bestimmt den Zeitpunkt des Inkrafttretens dieses Gesetzes.

Datum des Inkrafttretens: 1. Januar 1967[5]

---

1 [BS **6** 326; AS **1949** II 1801 Art. 1 Bst. B Ziff. 1 Bst. d, **1950** II 1463 Art. 2 ad Art. 2, **1954** 1314 Art. 2, **1958** 362]
2 [BS **6** 345; AS **1949** II 1801 Art. 1 Bst. B Ziff. 1 Bst. e, **1950** II 1463 Art. 2 ad Art. 2, **1954** 1314 Art. 2]
3 [BS **6** 38 40; AS **1949** II 1801 Art. 1 Bst. A, **1950** II 1463 Art. 2 ad Art. 1, **1954** 1314 Art. 2]
4 [BS **6** 38 40; AS **1949** II 1801 Art. 1 Bst. A, **1950** II 1463 Art. 2 ad Art. 1, **1954** 1314 Art. 2]
5 BRB vom 28. Jan. 1966

VStV

Verrechnungssteuerverordnung

**6 Verordnung über die Verrechnungssteuer
(Verrechnungssteuerverordnung, VStV)[1]
SR 642.211**

vom 19. Dezember 1966 (Stand am 1. Januar 2025)

Der Schweizerische Bundesrat,

gestützt auf Artikel 73 Absatz 1 des Verrechnungssteuergesetzes vom 13. Oktober 1965[2] (VStG),[3]

beschliesst:

---

[1] Fassung gemäss Ziff. I der V vom 24. Juni 2009, in Kraft seit 1. Jan. 2010 (AS **2009** 3471).
[2] SR **642.21**
[3] Fassung gemäss Ziff. I 1 der V vom 4. Mai 2022 über das Meldeverfahren im Konzern bei der Verrechnungssteuer, in Kraft seit 1. Jan. 2023 (AS **2022** 307).

Erster Titel: Steuererhebung

Erster Abschnitt: Allgemeine Bestimmungen

I. Eidgenössische Steuerverwaltung

Art. 1

1 Die Eidgenössische Steuerverwaltung (ESTV) erlässt die allgemeinen Weisungen und trifft die Einzelverfügungen, die für die Erhebung der Verrechnungssteuer erforderlich sind; sie bestimmt Form und Inhalt der Formulare für die Anmeldung als Steuerpflichtiger sowie für die Steuerabrechnungen, Steuererklärungen und Fragebogen.[1]

2 Sie ist zur Beschwerde an das Bundesgericht berechtigt.[2]

II. Mitwirkung des Steuerpflichtigen

Art. 2 Buchführung 1.

1 Der Steuerpflichtige hat seine Bücher so einzurichten und zu führen, dass sich aus ihnen die für die Steuerpflicht und Steuerbemessung massgebenden Tatsachen ohne besonderen Aufwand zuverlässig ermitteln und nachweisen lassen.

2 Bedient sich der Steuerpflichtige für sein Rechnungswesen der automatischen oder elektronischen Datenverarbeitung, so wird diese Art der Buchführung für die Erhebung der Verrechnungssteuer nur zugelassen, wenn die vollständige und richtige Verarbeitung aller steuerlich wesentlichen Geschäftsvorfälle und Zahlen vom Urbeleg bis zur Jahresrechnung und Steuerabrechnung sichergestellt ist und wenn die zur Festsetzung der geschuldeten Steuer erforderlichen Unterlagen übersichtlich angeordnet und lesbar sind.

3 Die ESTV[3] kann unter den von ihr festzulegenden Bedingungen und Auflagen den Steuerpflichtigen gestatten, Belege in Form von Aufnahmen auf Mikrofilm aufzubewahren. In diesem Falle hat der Steuerpflichtige auf seine Kosten der ESTV Rückvergrösserungen der von ihr bestimmten Belege beizubringen und ihr anlässlich der Buchprüfung gemäss Artikel 40 VStG[4] auf Verlangen ein Lesegerät und die zu seiner Bedienung erforderlichen Hilfskräfte zur Verfügung zu stellen.

Art. 3 Abrechnung und Bescheinigung über den Steuerabzug 2.

1 Händigt der Steuerpflichtige dem Empfänger der steuerbaren Leistung eine Abrechnung aus, so sind darin die Fälligkeit dieser Leistung und ihr Bruttobetrag vor Abzug der Verrechnungssteuer und von Spesen anzugeben.

---

[1] Fassung gemäss Ziff. I 1 der V vom 4. Mai 2022 über das Meldeverfahren im Konzern bei der Verrechnungssteuer, in Kraft seit 1. Jan. 2023 (AS **2022** 307).
[2] Eingefügt durch Ziff. II 46 der V vom 8. Nov. 2006 über die Anpassung von Bundesratsverordnungen an die Totalrevision der Bundesrechtspflege, in Kraft seit 1. Jan. 2007 (AS **2006** 4705).
[3] Ausdruck gemäss Ziff. I 1 der V vom 4. Mai 2022 über das Meldeverfahren im Konzern bei der Verrechnungssteuer, in Kraft seit 1. Jan. 2023 (AS **2022** 307). Diese Änd. wurde im ganzen Erlass berücksichtigt.
[4] Ausdruck gemäss Ziff. I 1 der V vom 4. Mai 2022 über das Meldeverfahren im Konzern bei der Verrechnungssteuer, in Kraft seit 1. Jan. 2023 (AS **2022** 307). Diese Änd. wurde im ganzen Erlass berücksichtigt.

² Verlangt der Empfänger der steuerbaren Leistung eine besondere Bescheinigung (Art. 14 Abs. 2 VStG), so sind darin anzugeben:

    a. der Name und die dem Aussteller bekannte Adresse des Empfängers;
    b. die Art und der Nennbetrag des Vermögenswertes, der die steuerbare Leistung abgeworfen hat;
    c. der Bruttobetrag der steuerbaren Leistung, der Zeitraum, auf den sie sich bezieht, und das Fälligkeitsdatum;
    d. der Betrag der abgezogenen Verrechnungssteuer;
    e. das Datum der Ausstellung sowie Name und Adresse (Firmastempel) und Unterschrift des Ausstellers.

³ Für jede steuerbare Leistung darf nur eine Bescheinigung ausgestellt werden; Kopien oder Ersatzbescheinigungen sind als solche zu kennzeichnen.

⁴ Die ESTV kann unter den von ihr festzulegenden Bedingungen und Auflagen nicht unterschriebene Bescheinigungen und unmittelbar auf dem Rückerstattungsantrag angebrachte Bescheinigungen zulassen.

Art. 4 Leistung in ausländischer Währung 3.

¹ Lautet die steuerbare Leistung auf eine ausländische Währung, so ist sie auf den Zeitpunkt ihrer Fälligkeit in Schweizer Franken umzurechnen.

² In der Bescheinigung über den Steuerabzug (Art. 3 Abs. 2) sind die Bruttobeträge der Leistung in beiden Währungen und der Umrechnungskurs anzugeben.

³ Ist unter den Parteien kein bestimmter Umrechnungskurs vereinbart worden, so ist der Umrechnung das Mittel der Geld- und Briefkurse am letzten Werktage vor der Fälligkeit der Leistung zugrundezulegen.

Art. 5 Meldung bei Leistungsverzug u. dgl. 4.

¹ Ist der Schuldner wegen Zahlungsunfähigkeit ausserstande, die steuerbare Leistung bei ihrer Fälligkeit zu erbringen, oder ist ihm auf Grund des Bundesgesetzgebung eine Stundung bewilligt worden, so hat er unaufgefordert der ESTV diesen Sachverhalt und den voraussichtlichen Zeitpunkt, auf den die Leistung zahlbar gestellt wird, mitzuteilen.

² Wird über den Steuerpflichtigen der Konkurs eröffnet, so hat über die auf den Zeitpunkt der Konkurseröffnung fällig gewordene Steuer (Art. 16 Abs. 3 VStG) die Konkursverwaltung die vorgeschriebene Abrechnung zu erstellen und mit den Belegen der ESTV einzureichen (Art. 38 Abs. 2 VStG).

III. Steuererhebungsverfahren

Art. 6 Einholen von Auskünften; Einvernahme 1.

¹ Die ESTV kann Auskünfte schriftlich oder mündlich einholen und den Steuerpflichtigen zur Einvernahme laden.

² Wo es angezeigt erscheint, sind die Auskünfte in Gegenwart der einvernommen Person zu protokollieren; das Protokoll ist von dieser und der einvernehmenden Person sowie allenfalls von der beigezogenen protokollführenden Person zu unterzeichnen.[1]

---

[1] Fassung gemäss Ziff. I der V vom 9. Juni 2023, in Kraft seit 1. Sept. 2023 (AS **2023** 305).

³ Vor jeder Einvernahme nach Absatz 2 ist der Einzuvernehmende zur Wahrheit zu ermahnen und auf die Folgen unrichtiger Auskünfte (Art. 62 Abs. 1 Bst. d VStG) hinzuweisen.

Art. 7 Buchprüfung 2.

¹ Der Steuerpflichtige ist berechtigt und auf Verlangen verpflichtet, der Buchprüfung (Art. 40 Abs. 2 VStG) beizuwohnen und die erforderlichen Aufschlüsse zu erteilen.

² Die ESTV ist nicht verpflichtet, die Buchprüfung zum voraus anzuzeigen.

IV. Bezug und Sicherung der Steuer

Art. 8 Zwangsvollstreckung 1.

¹ Die ESTV ist zuständig, für die Forderungen des Bundes an Verrechnungssteuern, Zinsen, Kosten und Bussen die Betreibung anzuheben, sie in einem Konkurs einzugeben, die Aufhebung des Rechtsvorschlages zu verlangen und alle weiteren zur Sicherung oder Eintreibung der Forderung notwendigen Vorkehren zu treffen.

² Vorbehalten bleibt die Zuständigkeit der Eidgenössischen Finanzverwaltung zur Verwahrung von Verlustscheinen und zur Geltendmachung der in einem Verlustschein verurkundeten Forderung.

Sicherstellung 2.

Art. 9 Durch Ausländer beherrschte Gesellschaften a.

¹ Sind am Grundkapital einer Aktiengesellschaft oder am Stammkapital einer Gesellschaft mit beschränkter Haftung zu mehr als 80 Prozent (direkt oder indirekt) Personen mit Wohnsitz im Ausland beteiligt, und befinden sich die Aktiven der Gesellschaft zur Hauptsache im Ausland oder bestehen sie überwiegend aus Forderungen oder anderen Rechten gegenüber Ausländern, und schüttet die Gesellschaft nicht alljährlich einen angemessenen Teil des Reinertrages als Dividende oder Gewinnanteil an die Inhaber der Aktien, Stammanteile oder Genussscheine aus, so kann die ESTV wegen Gefährdung des Steuerbezuges eine Sicherstellung verfügen (Art. 47 Abs. 1 Bst. a VStG).[1]

² Der sicherzustellende Betrag hat der Steuer zu entsprechen, die bei einer Liquidation der Gesellschaft zu entrichten wäre, und wird nötigenfalls alljährlich auf Grund der Jahresrechnung neu festgesetzt.

Art. 10 Sicherheitsleistung b.

¹ Die nach Artikel 47 VStG verfügte Sicherstellung ist gemäss Artikel 49 der Finanzhaushaltverordnung vom 5. April 2006[2] zu leisten.[3]

² Eine geleistete Sicherheit ist freizugeben, sobald die sichergestellten Steuern, Zinsen und Kosten bezahlt sind oder der Grund der Sicherstellung dahingefallen ist.

³ …[4]

---

[1] Fassung gemäss Ziff. I 2 der V vom 15. Okt. 2008, in Kraft seit 1. Jan. 2009 (AS **2008** 5073).
[2] SR **611.01**
[3] Fassung gemäss Ziff. I der V vom 9. Juni 2023, in Kraft seit 1. Sept. 2023 (AS **2023** 305).
[4] Aufgehoben durch Anhang 3 Ziff. 14 der V vom 3. Febr. 1993 über Organisation und Verfahren eidgenössischer Rekurs- und Schiedskommissionen, mit Wirkung seit 1. Jan. 1994 (AS **1993** 879).

Art. 11 Löschung im Handelsregister [3].

[1] Eine Aktiengesellschaft, Gesellschaft mit beschränkter Haftung oder Genossenschaft darf in Handelsregister erst dann gelöscht werden, wenn die ESTV dem kantonalen Handelsregisteramt angezeigt hat, dass die geschuldeten Verrechnungssteuern bezahlt sind.

[2] Auf die Löschung einer anderen Rechtseinheit im Sinne von Artikel 2 Buchstabe a der Handelsregisterverordnung vom 17. Oktober 2007[1] findet Absatz 1 Anwendung, wenn die ESTV dem kantonalen Handelsregisteramt mitgeteilt hat, dass die Rechtseinheit aufgrund des VStG steuerpflichtig geworden ist.[2]

V. Rückvergütung der nicht geschuldeten Steuer

Art. 12[3]

[1] Bezahlte Steuern und Zinsen, die nicht durch Entscheid der ESTV festgesetzt worden sind, werden zurückvergütet, sobald feststeht, dass sie nicht geschuldet waren.

[2] Ist eine nicht geschuldete Steuer schon überwälzt worden (Art. 14 Abs. 1 VStG), so wird die Rückvergütung nur gewährt, wenn feststeht, dass die von der Überwälzung betroffene Person die Rückerstattung nicht im ordentlichen Rückerstattungsverfahren (Art. 21–33 VStG) erlangt hat und dass sie in den Genuss der Rückvergütung gemäss Absatz 1 gebracht wird.

[3] Die Rückvergütung ist insoweit ausgeschlossen, als nach dem Sachverhalt, den die rückfordernde Person geltend macht, eine andere, wenn auch inzwischen verjährte Bundessteuer geschuldet war.

[4] Der Rückvergütungsanspruch verjährt fünf Jahre nach Ablauf des Kalenderjahres, in dem die Zahlung geleistet worden ist.

[5] Die Vorschriften des VStG und dieser Verordnung über die Steuererhebung finden sinngemässe Anwendung; kommt die gesuchstellende Person ihren Auskunftspflichten nicht nach und kann der Anspruch ohne die von der ESTV verlangten Auskünfte nicht abgeklärt werden, so wird das Gesuch abgewiesen.

VI. Verrechnung

Art. 13

Die ESTV kann eine gefährdete fällige Steuerforderung mit der Verrechnungssteuer, deren Rückerstattung die Zahlungspflichtige beansprucht, verrechnen.

---

[1] SR **221.411**
[2] Fassung gemäss Ziff. I 2 der V vom 15. Okt. 2008, in Kraft seit 1. Jan. 2009 (AS **2008** 5073).
[3] Fassung gemäss Ziff. I der V vom 9. Juni 2023, in Kraft seit 1. Sept. 2023 (AS **2023** 305).

Zweiter Abschnitt: Steuer auf Kapitalerträgen

A. Steuer auf dem Ertrag von Obligationen und Kundenguthaben

I. Gegenstand der Steuer

Art. 14 Steuerbarer Ertrag 1.

¹ Steuerbarer Ertrag von Obligationen, Serienschuldbriefen, Seriengülten und Schuldbuchguthaben sowie von Kundenguthaben ist jede auf dem Schuldverhältnis beruhende geldwerte Leistung an den Gläubiger, die sich nicht als Rückzahlung der Kapitalschuld darstellt.

² ...[1]

Art. 14a[2] Guthaben im Konzern 1a.

¹ Zwischen Konzerngesellschaften bestehende Guthaben gelten weder als Obligationen nach Artikel 4 Absatz 1 Buchstabe a noch als Kundenguthaben nach Artikel 4 Absatz 1 Buchstabe d VStG; dies gilt unabhängig von ihrer Laufzeit, ihrer Währung und ihrem Zinssatz.

² Als Konzerngesellschaften gelten Gesellschaften, deren Jahresrechnungen nach anerkannten Standards zur Rechnungslegung in der Konzernrechnung voll- oder teilkonsolidiert werden.[3]

³ Absatz 1 ist nicht anwendbar, wenn:

a. eine inländische Konzerngesellschaft eine Obligation einer ausländischen Konzerngesellschaft garantiert; und

b. die von der ausländischen Konzerngesellschaft an die inländische Konzerngesellschaft weitergeleiteten Mittel per Bilanzstichtag den Umfang des Eigenkapitals der ausländischen Konzerngesellschaft übersteigen.[4]

Art. 15 Begriff der Obligationen und Serientitel 2.

¹ Obligationen sind auf den Inhaber, an Ordre oder auf den Namen lautende

a. Anleihensobligationen, mit Einschluss der Partialen von Anleihen, die durch Grundpfand sichergestellt sind, Rententitel, Pfandbriefe, Kassenobligationen, Kassen- und Depositenscheine;

b. in einer Mehrzahl ausgegebene wechselähnliche Schuldverschreibungen und andere Diskontopapiere, die zur Unterbringung im Publikum bestimmt sind.

² Serienschuldbriefe und Seriengülten sind in einer Mehrzahl zu gleichartigen Bedingungen ausgegebene Schuldbriefe und Gülten, die auf den Inhaber oder an Ordre gestellt oder mit auf den Inhaber oder an Ordre lautenden Coupons versehen sind und in ihrer wirtschaftlichen Bedeutung den Partialen von Anleihen gleichstehen.

---

[1] Aufgehoben durch Ziff. I der V vom 22. Nov. 2000, mit Wirkung seit 1. Jan. 2001 (AS **2000** 2994). Siehe dazu die SchlB am Ende dieses Textes.
[2] Eingefügt durch Ziff. I 2 der V vom 18. Juni 2010, in Kraft seit 1. Aug. 2010 (AS **2010** 2963).
[3] Fassung gemäss Ziff. I der V vom 10. März 2017, in Kraft seit 1. April 2017 (AS **2017** 775).
[4] Fassung gemäss Ziff. I der V vom 10. März 2017, in Kraft seit 1. April 2017 (AS **2017** 775).

Art. 16[1] Kundenguthaben 3.

Die Freigrenze nach Artikel 5 Absatz 1 Buchstabe c VStG gilt für Zinsbeträge, die für das Kundenguthaben einmal pro Kalenderjahr vergütet werden.

II. Anmeldung als Steuerpflichtiger

Art. 17

¹ Der Inländer (Art. 9 Abs. 1 VStG), der Obligationen, Serienschuldbriefe oder Seriengülten ausgibt, sich öffentlich zur Annahme verzinslicher Gelder empfiehlt oder fortgesetzt Gelder gegen Zins entgegennimmt, hat sich, bevor er mit seinem Vorhaben beginnt, unaufgefordert bei der ESTV anzumelden.[2]

² In der Anmeldung sind anzugeben: der Name (die Firma) und der Sitz des Unternehmens sowie aller inländischen Zweigniederlassungen, auf welche die Voraussetzungen von Absatz 1 zutreffen, oder, wenn es sich um eine juristische Person oder um eine Handelsgesellschaft ohne juristische Persönlichkeit mit statutarischem Sitz im Ausland handelt, die Firma und der Sitz der Hauptniederlassung und die Adresse der inländischen Leitung; die Art der Tätigkeit und das Datum ihrer Aufnahme; das Rechnungsjahr und die Zinstermine. Mit der Anmeldung sind die für die Überprüfung der Steuerpflicht erforderlichen Belege (Emissionsprospekt, Reglement für die Sparhefte oder Einlagen u. dgl.) einzureichen.

³ Nach Aufnahme der Geschäftstätigkeit eintretende Änderungen an den gemäss Absatz 2 zu meldenden Tatsachen und einzureichenden Belegen, insbesondere die Errichtung neuer Zweigniederlassungen und die Änderung der Reglemente, sind unaufgefordert der ESTV zu melden.

⁴ Gibt ein Unternehmen, das bei der ESTV als Steuerpflichtiger schon angemeldet ist, neue Titel aus, oder schafft es neue Anlagemöglichkeiten, deren Ertrag der Verrechnungssteuer unterliegt, so kann sich die Anmeldung auf diesen Sachverhalt beschränken.

III. Steuerabrechnung

Art. 18 Anleihensobligationen u. dgl. 1.

Die Steuer auf dem Ertrag von Anleihensobligationen, der ihnen von der ESTV für die Steuerabrechnung gleichgestellten Obligationen, Serienschuldbriefe und Seriengülten sowie von Schuldbuchguthaben ist auf Grund der Abrechnung nach amtlichem Formular innert 30 Tagen nach Fälligkeit des Ertrages (Coupontermin) unaufgefordert der ESTV zu entrichten.

---

[1] Fassung gemäss Ziff. I der V vom 24. Juni 2009, in Kraft seit 1. Jan. 2010 (AS **2009** 3471).
[2] Fassung gemäss Ziff. II der V vom 15. Febr. 2012, in Kraft seit 1. März 2012 (AS **2012** 791).

Art. 19 Kassenobligationen u. dgl.; Kundenguthaben 2.

¹ Die Steuer auf dem Ertrag von Kassenobligationen, Kassen- und Depositenscheinen, wechselähnlichen Schuldverschreibungen und anderen Diskontopapieren, der ihnen von der ESTV für die Steuerabrechnung gleichgestellten Obligationen, Serienschuldbriefe und Seriengülten sowie von Kundenguthaben bei Banken und Sparkassen ist auf Grund der Abrechnung nach amtlichem Formular innert 30 Tagen nach Ablauf des Geschäftsvierteljahres für die in diesem Zeitraum fällig gewordenen Zinsen und sonstigen Erträge unaufgefordert der ESTV zu entrichten.

² Um unverhältnismässige Umtriebe zu vermeiden, kann die ESTV eine von Absatz 1 abweichende Art der Steuerabrechnung gestatten oder anordnen; sie kann insbesondere zulassen,

    a. dass die in den ersten drei Geschäftsvierteljahren fällig gewordenen Steuern annäherungsweise ermittelt werden und über die im ganzen Geschäftsjahr fällig gewordenen Steuern erst nach Ablauf des letzten Geschäftsvierteljahres genau abgerechnet wird;

    b.¹ dass in Fällen, wo der Gesamtwert der Obligationen und Kundenguthaben im Sinne von Absatz 1 nicht mehr als 1 000 000 Franken beträgt, über die auf ihren Erträgen fällig gewordenen Steuern nur einmal jährlich abgerechnet wird.

³ Der Steuerpflichtige hat in seinen Geschäftsbüchern gesondert die folgenden Bestände mit den entsprechenden Erträgen auszuweisen: Kassenobligationen (mit Einschluss der ihnen für die Steuerabrechnung gleichgestellten Obligationen, Serienschuldbriefe und Seriengülten); wechselähnliche Schuldverschreibungen und andere Diskontopapiere sowie Kundenguthaben, unterteilt in Guthaben, deren Zinsen von der Steuer ausgenommen sind (Art. 5 Abs. 1 Bst. c VStG) und in Guthaben, deren Zinsen der Steuer unterliegen.²

B. Steuer auf dem Ertrag von Aktien, Stammanteilen an Gesellschaften mit beschränkter Haftung, Genossenschaftsanteilen, Beteiligungsscheinen von Genossenschaftsbanken und Genussscheinen³

I. Gegenstand der Steuer

Art. 20

¹ Steuerbarer Ertrag von Aktien, Stammanteilen an Gesellschaften mit beschränkter Haftung und Genossenschaftsanteilen ist jede geldwerte Leistung der Gesellschaft oder Genossenschaft an die Inhaber gesellschaftlicher Beteiligungsrechte oder an ihnen nahestehende Dritte, die sich nicht als Rückzahlung der im Zeitpunkt der Leistung bestehenden Anteile am einbezahlten Grund- oder Stammkapital darstellt (Dividenden, Boni, Gratisaktien, Gratis-Partizipationsscheine, Liquidationsüberschüsse und dergleichen).⁴

---

1 Fassung gemäss Ziff. I der V vom 22. Nov. 2000, in Kraft seit 1. Jan. 2001 (AS **2000** 2994).
2 Fassung gemäss Ziff. II der V vom 15. Febr. 2012, in Kraft seit 1. März 2012 (AS **2012** 791).
3 Fassung gemäss Anhang 1 Ziff. II 5 der Finanzinstitutsverordnung vom 6. Nov. 2019, in Kraft seit 1. Jan. 2020 (AS **2019** 4633).
4 Fassung gemäss Ziff. I 2 der V vom 15. Okt. 2008, in Kraft seit 1. Jan. 2009 (AS **2008** 5073).

² Steuerbarer Ertrag von Partizipations-, Genuss- und Beteiligungsscheinen ist jede geldwerte Leistung an den Inhaber des Partizipations-, Genuss- oder Beteiligungsscheins; die Rückzahlung des Nennwertes von unentgeltlich ausgegebenen Partizipationsscheinen oder Beteiligungsscheinen bildet nicht Bestandteil des steuerbaren Ertrags, wenn die Gesellschaft oder die Genossenschaftsbank nachweist, dass sie die Verrechnungssteuer auf dem Nennwert bei der Ausgabe der Titel entrichtet hat.[1]

3 ...[2]

II. Steuerabrechnung

1. Aktiengesellschaften und Gesellschaften mit beschränkter Haftung

Art. 21 a. Im Allgemeinen

¹ Jede inländische Aktiengesellschaft oder Gesellschaft mit beschränkter Haftung (Art. 9 Abs. 1 VStG) hat unaufgefordert der ESTV innert 30 Tagen nach Genehmigung der Jahresrechnung den Geschäftsbericht oder eine unterzeichnete Abschrift der Jahresrechnung (Bilanz und Gewinn- und Verlustrechnung) sowie eine Aufstellung nach amtlichem Formular einzureichen, woraus der Kapitalbestand am Ende des Geschäftsjahres, das Datum der Generalversammlung, die beschlossene Gewinnverteilung und ihre Fälligkeit ersichtlich sind, und die Steuer auf den mit Genehmigung der Jahresrechnung fällig gewordenen Erträgen zu entrichten, wenn:

a. die Bilanzsumme mehr als fünf Millionen Franken beträgt;
b. mit der beschlossenen Gewinnverteilung eine steuerbare Leistung vorliegt;
c. im Geschäftsjahr eine steuerbare Leistung vorgelegen ist;
d. die Gesellschaft aufgrund von Artikel 69 des Bundesgesetzes vom 14. Dezember 1990[3] über die direkte Bundessteuer oder Artikel 28 des Bundesgesetzes vom 14. Dezember 1990[4] über die Harmonisierung der direkten Steuern der Kantone und Gemeinden veranlagt wird; oder
e. die Gesellschaft ein Doppelbesteuerungsabkommen zwischen der Schweiz und einem anderen Staat in Anspruch genommen hat.[5]

¹ᵇⁱˢ In den übrigen Fällen sind die Unterlagen auf Verlangen der ESTV einzureichen.[6]

² Die Steuer auf Erträgen, die nicht mit Genehmigung der Jahresrechnung fällig oder die nicht auf Grund der Jahresrechnung ausgerichtet werden (Interimsdividenden, Bauzinsen, Gratisaktien, Liquidationsüberschüsse, Ablösung von Genussscheinen, geldwerte Leistungen anderer Art) ist auf Grund der Abrechnung nach amtlichem Formular innert 30 Tagen nach der Fälligkeit des Ertrages unaufgefordert der ESTV zu entrichten.

---

[1] Fassung gemäss Anhang 1 Ziff. II 5 der Finanzinstitutsverordnung vom 6. Nov. 2019, in Kraft seit 1. Jan. 2020 (AS **2019** 4633).
[2] Aufgehoben durch Ziff. I 1 der V vom 4. Mai 2022 über das Meldeverfahren im Konzern bei der Verrechnungssteuer, mit Wirkung seit 1. Jan. 2023 (AS **2022** 307).
[3] SR **642.11**
[4] SR **642.14**
[5] Fassung gemäss Ziff. I 2 der V vom 15. Okt. 2008, in Kraft seit 1. Jan. 2009 (AS **2008** 5073).
[6] Eingefügt durch Ziff. I 2 der V vom 15. Okt. 2008, in Kraft seit 1. Jan. 2009 (AS **2008** 5073).

³ Ist für den Ertrag ein Fälligkeitstermin nicht bestimmt, so beginnt die 30-tägige Frist am Tage, an dem die Ausrichtung beschlossen oder, mangels eines solchen Beschlusses, an dem der Ertrag ausgerichtet wird, zu laufen.

⁴ Wird die Jahresrechnung nicht innert sechs Monaten nach Ablauf des Geschäftsjahres genehmigt, so hat die Gesellschaft der ESTV vor Ablauf des siebenten Monats den Grund der Verzögerung und den mutmasslichen Zeitpunkt der Rechnungsabnahme mitzuteilen.

Art. 22 Auflösung; Sitzverlegung ins Ausland b.

¹ Wird eine Aktiengesellschaft oder Gesellschaft mit beschränkter Haftung aufgelöst (Art. 736 und 821 des Obligationenrechts[1]), so hat sie das unverzüglich der ESTV mitzuteilen.[2]

² Die aufgelöste Gesellschaft hat der ESTV eine unterzeichnete Abschrift der von den Liquidatoren aufgestellten Bilanz einzureichen und nach ihrer Anordnung regelmässig über den Stand der Liquidation und über die Verwendung der Aktiven Auskunft zu erteilen; nach Beendigung der Liquidation ist der ESTV eine unterzeichnete Abschrift der Liquidationsrechnung mit einer Aufstellung über die Verteilung des Liquidationsüberschusses einzureichen.

³ Innert 30 Tagen nach jeder Verteilung eines Anteils am Liquidationsüberschuss hat die Gesellschaft unaufgefordert die auf diesem Anteil geschuldete Steuer auf Grund einer besonderen Abrechnung zu entrichten.

⁴ Bei einer Auflösung ohne Liquidation finden die Absätze 1–3 sinngemässe Anwendung.

⁵ Will eine Gesellschaft ihren Sitz ins Ausland verlegen, so hat sie dieses Vorhaben unverzüglich der ESTV mitzuteilen, ihr eine auf den Tag der Sitzverlegung erstellte Bilanz und Gewinn- und Verlustrechnung einzureichen und gleichzeitig die auf dem Überschuss des Vermögens über das einbezahlte Grund- oder Stammkapital geschuldete Steuer zu entrichten. Das gilt auch, wenn eine Gesellschaft mit statutarischem Sitz im Ausland den Ort ihrer tatsächlichen Leitung ins Ausland verlegen will.

Art. 23 Genossenschaften 2.

¹ Jede inländische Genossenschaft, deren Statuten Geldleistungen der Genossenschafter oder die Schaffung eines Genossenschaftskapitals durch Genossenschaftsanteile und jede Genossenschaftsbank, deren Statuten, die Schaffung eines Beteiligungskapitals durch Beteiligungsscheine vorsehen, haben sich unverzüglich nach ihrer Eintragung in das Handelsregister oder nach Aufnahme entsprechender Bestimmungen in ihre Statuten unaufgefordert bei der ESTV anzumelden; der Anmeldung ist ein unterzeichnetes Exemplar der Statuten beizulegen.[3]

² Für die Steuerabrechnung, die Einreichung der Jahresrechnung und die Auflösung der Genossenschaft finden die Artikel 21 und 22 sinngemäss Anwendung.[4]

³⁻⁵ ...[5]

---

[1] SR **220**
[2] Fassung gemäss Ziff. I der V vom 9. Juni 2023, in Kraft seit 1. Sept. 2023 (AS **2023** 305).
[3] Fassung gemäss Anhang 1 Ziff. II 5 der Finanzinstitutsverordnung vom 6. Nov. 2019, in Kraft seit 1. Jan. 2020 (AS **2019** 4633).
[4] Fassung gemäss Ziff. I 2 der V vom 15. Okt. 2008, in Kraft seit 1. Jan. 2009 (AS **2008** 5073).
[5] Aufgehoben durch Ziff. I 2 der V vom 15. Okt. 2008, mit Wirkung seit 1. Jan. 2009 (AS **2008** 5073).

III. Meldung statt Steuerentrichtung

Art. 24 Fälle 1.

¹ Der Gesellschaft oder Genossenschaft kann auf Gesuch hin gestattet werden, ihre Steuerpflicht durch Meldung der steuerbaren Leistung zu erfüllen (Art. 20 VStG),

a. wenn die anlässlich einer amtlichen Kontrolle oder Buchprüfung geltend gemachte Steuer eine Leistung betrifft, die in einem Vorjahre fällig geworden ist;
b. bei der Ausgabe oder Nennwerterhöhung von Aktien, Gesellschafts- oder Genossenschaftsanteilen zulasten der Reserven der Gesellschaft oder Genossenschaft (Gratisaktien u. dgl.);
c. bei der Ausrichtung von Naturaldividenden oder des Liquidationsüberschusses durch Abtretung von Aktiven;
d. bei der Verlegung des Sitzes ins Ausland.

² Das Meldeverfahren ist in allen Fällen nur zulässig, wenn feststeht, dass die Personen, auf die die Steuer zu überwälzen wäre (Leistungsempfänger), nach dem VStG oder dieser Verordnung Anspruch auf Rückerstattung dieser Steuer hätten, und wenn ihre Zahl zwanzig nicht übersteigt.

Art. 24a[1] Meldung beim Rückkauf eigener Beteiligungsrechte 2.

Der Gesellschaft oder Genossenschaft kann auf Gesuch hin gestattet werden, ihre Steuerpflicht durch Meldung der steuerbaren Leistung zu erfüllen, wenn:

a. die Steuer aufgrund von Artikel 4*a* Absatz 2 VStG geschuldet ist;
b. die steuerpflichtige Gesellschaft oder Genossenschaft den Nachweis erbringt, dass die zurückgekauften Beteiligungsrechte aus dem Geschäftsvermögen des Verkäufers stammen;
c. der Verkäufer zum Zeitpunkt des Verkaufs im Inland unbeschränkt steuerpflichtig war; und
d. der Verkauf vom Verkäufer ordnungsgemäss verbucht worden ist.

Art. 25 Gesuch; Bewilligung[2] 3.

¹ Das Gesuch ist der ESTV schriftlich einzureichen; im Gesuch sind anzugeben:

a. die Namen der Leistungsempfänger und der Ort ihres Wohnsitzes oder Aufenthalts im Zeitpunkt der Fälligkeit der Leistung;
b. Art und Bruttobetrag der einem jeden Leistungsempfänger zustehenden Leistung, das Fälligkeitsdatum und gegebenenfalls der Zeitraum, auf den sie sich bezieht.

² Die ESTV klärt den Sachverhalt ab und trifft ihren Entscheid; sie kann die Bewilligung des Gesuches an Bedingungen knüpfen und mit Auflagen verbinden. Betrifft der Entscheid noch nicht fällig gewordene Leistungen, so steht er unter dem Vorbehalt der Nachprüfung des Rückerstattungsanspruchs der Leistungsempfänger bei Fälligkeit.

³ Die Bewilligung entbindet die Gesellschaft oder Genossenschaft nicht von der Pflicht, sich vor der Meldung zu vergewissern, ob der Leistungsempfänger auch noch bei Fälligkeit der Leistung im Inland Wohnsitz oder dauernden Aufenthalt hatte.

---

1 Eingefügt durch Ziff. I der V vom 22. Nov. 2000, in Kraft seit 1. Jan. 2001 (AS **2000** 2994). Siehe dazu die SchlB am Ende dieses Textes.
2 Fassung gemäss Ziff. I der V vom 22. Nov. 2000, in Kraft seit 1. Jan. 2001 (AS **2000** 2994).

Art. 26 Meldung; nachträgliche Einforderung der Steuer[1] 4.

1 Die Meldung der steuerbaren Leistung hat die in Artikel 3 Absatz 2 genannten Angaben zu enthalten und ist der ESTV mit je einem Doppel für jeden Leistungsempfänger innert der Frist von Artikel 21 und mit den dort vorgeschriebenen Belegen einzureichen.

2 Erfüllt das Gesuch im Sinne von Artikel 25 Absatz 1 nach Inhalt und Zahl der Exemplare die Erfordernisse von Absatz 1, so braucht keine neue Meldung eingereicht zu werden; andernfalls ist die anstelle einer nachträglichen Steuerentrichtung tretende Meldung (Art. 24 Abs. 1 Bst. a) innert 30 Tagen nach der Bewilligung einzureichen.

3 Die ESTV leitet die Meldungen an die zuständigen kantonalen Behörden weiter. Diese haben, sofern die ESTV es infolge eines Vorbehalts nach Artikel 25 Absatz 2 verfügt, ihr zu melden, ob der Leistungsempfänger die Rückerstattung der Steuer beanspruchen könnte.

4 Hätte der Leistungsempfänger keinen Anspruch auf Rückerstattung der Steuer, so ist sie von der ESTV bei der Gesellschaft oder Genossenschaft oder beim Mithaftenden einzufordern. Vorbehalten bleibt die Einleitung eines Strafverfahrens.

Art. 26a[2] Meldung statt Steuerentrichtung für Dividenden im Konzernverhältnis 5.

1 Ist eine juristische Person, eine kollektive Kapitalanlage oder ein Gemeinwesen nach Artikel 24 Absatz 1 VStG unmittelbar zu mindestens 10 Prozent am Grund- oder Stammkapital einer Kapitalgesellschaft oder Genossenschaft beteiligt, so kann sie diese mittels eines amtlichen Formulars anweisen, ihr die Dividende ohne Abzug der Verrechnungssteuer auszurichten.[3] N 1.3 | C23

2 Die steuerpflichtige Gesellschaft ihrerseits vervollständigt das Gesuch und reicht dieses der ESTV innert 30 Tagen nach Fälligkeit der Dividende zusammen mit dem amtlichen Formular zur Jahresrechnung unaufgefordert ein. Artikel 21 findet Anwendung.

3 Das Meldeverfahren ist nur zulässig, wenn feststeht, dass die juristische Person, die kollektive Kapitalanlage oder das Gemeinwesen, worauf die Steuer zu überwälzen wäre, nach VStG oder dieser Verordnung Anspruch auf Rückerstattung dieser Steuer hätte.[4]

4 Ergibt die Nachprüfung durch die ESTV, dass vom Meldeverfahren zu Unrecht Gebrauch gemacht wurde, ist die Verrechnungssteuer nachzuerheben; wird die Steuerforderung bestritten, so trifft die ESTV einen entsprechenden Entscheid. Vorbehalten bleibt die Einleitung eines Strafverfahrens.

---

[1] Fassung gemäss Ziff. I der V vom 22. Nov. 2000, in Kraft seit 1. Jan. 2001 (AS **2000** 2994).
[2] Eingefügt durch Ziff. I der V vom 22. Nov. 2000, in Kraft seit 1. Jan. 2001 (AS **2000** 2994).
[3] Fassung gemäss Ziff. I 1 der V vom 4. Mai 2022 über das Meldeverfahren im Konzern bei der Verrechnungssteuer, in Kraft seit 1. Jan. 2023 (AS **2022** 307). Siehe auch die UeB dieser Änd. am Schluss des Textes.
[4] Fassung gemäss Ziff. I 1 der V vom 4. Mai 2022 über das Meldeverfahren im Konzern bei der Verrechnungssteuer, in Kraft seit 1. Jan. 2023 (AS **2022** 307). Siehe auch die UeB dieser Änd. am Schluss des Textes.

IV. Erlass

Art. 27

¹ Das Gesuch um Erlass der Steuerforderung gemäss Artikel 18 VStG ist spätestens mit der Abrechnung über die fällig gewordene Steuer (Art. 21) oder mit der Steuererklärung (Art. 23 Abs. 2) der ESTV einzureichen.

² Die ESTV kann vom Gesuchsteller über alle Tatsachen, die für den Erlass von Bedeutung sein können, die erforderlichen Auskünfte und Belege verlangen; kommt der Gesuchsteller seinen Auskunftspflichten nicht nach, so wird das Gesuch abgewiesen.

C. Steuer auf dem Ertrag von Anteilen an kollektiven Kapitalanlagen[1]

I. Gegenstand der Steuer

Art. 28[2] Steuerbarer Ertrag 1.

¹ Steuerbarer Ertrag von Anteilen an einer kollektiven Kapitalanlage ist jede auf dem Anteil beruhende geldwerte Leistung an die Anteilsinhaberin oder den Anteilsinhaber, die nicht über einen ausschliesslich der Ausschüttung von Kapitalgewinnen, von Erträgen aus direktem Grundbesitz oder der Rückzahlung der Kapitaleinzahlungen dienenden Coupon ausgerichtet wird (Art. 5 Abs. 1 Bst. b VStG).[3]

² Bei der Rückzahlung von Anteilen wird die Steuer nur erhoben, wenn die Rückzahlung infolge Auflösung oder Liquidation der kollektiven Kapitalanlage erfolgt.

³ Sind Anteilscheine ohne Coupons ausgegeben worden oder wird die Leistung gegen Rückgabe des Anteilscheins erbracht, so bleiben die ausgerichteten Kapitalgewinne, Kapitalauszahlungen und Erträge aus direktem Grundbesitz von der Steuer ausgenommen, wenn sie in der Abrechnung für die Anteilsinhaberin oder den Anteilsinhaber gesondert ausgewiesen werden.[4]

Art. 29 Verlegung von Verlusten und Kosten 2.

Die in einer kollektiven Kapitalanlage eingetretenen Verluste sowie die mit Kapitalgewinnen zusammenhängenden Kosten (Gewinnungskosten, Ausschüttungskommissionen usw.) sind zulasten der erzielten Kapitalgewinne und des Kapitals zu verbuchen.

Art. 30 Fondsleitung und Depotbank[5] 3.

¹ …[6]

² Wo von Fondsleitung oder Depotbank die Rede ist, gelten die Vorschriften sinngemäss für alle Personen, welche diese Funktionen ausüben.

---

[1] Ausdruck gemäss Ziff. I 2 der V vom 15. Okt. 2008, in Kraft seit 1. Jan. 2009 (AS **2008** 5073). Diese Änd. ist im ganzen Erlass berücksichtigt.
[2] Fassung gemäss Ziff. I 2 der V vom 15. Okt. 2008, in Kraft seit 1. Jan. 2009 (AS **2008** 5073).
[3] Fassung gemäss Ziff. I der V vom 9. Juni 2023, in Kraft seit 1. Sept. 2023 (AS **2023** 305).
[4] Fassung gemäss Ziff. I der V vom 9. Juni 2023, in Kraft seit 1. Sept. 2023 (AS **2023** 305).
[5] Fassung gemäss Ziff. I 2 der V vom 15. Okt. 2008, in Kraft seit 1. Jan. 2009 (AS **2008** 5073).
[6] Aufgehoben durch Ziff. I 2 der V vom 15. Okt. 2008, mit Wirkung seit 1. Jan. 2009 (AS **2008** 5073).

II. Anmeldung als Steuerpflichtiger

Art. 31

1 Der nach Artikel 10 Absatz 2 VStG steuerpflichtige Inländer hat sich, bevor mit der Ausgabe von Anteilen begonnen wird, unaufgefordert bei der ESTV anzumelden.[1]

2 In der Anmeldung sind anzugeben: der Name (die Firma) und der Sitz der Fondsleitung und der Depotbank sowie, wenn sich Fondsleitung und Depotbank im Ausland befinden, des Inländers, der sich mit ihnen zur Ausgabe der Anteilscheine verbunden hat, und aller inländischen Zahlstellen (Art. 10 Abs. 2 VStG); der Name des Anlagefonds; das Datum, von dem an Anteile ausgegeben werden; das Rechnungsjahr und die Dauer des Anlagefonds.[2]

2bis Mit der Anmeldung sind folgende Dokumente einzureichen:
  a. der Kollektivanlagevertrag des vertraglichen Anlagefonds;
  b. die Statuten und das Anlagereglement der Investmentgesellschaft mit variablem Kapital (SICAV);
  c. der Gesellschaftsvertrag der Kommanditgesellschaft für kollektive Kapitalanlagen;
  d. die Statuten und das Anlagereglement der Investmentgesellschaft mit festem Kapital (SICAF).[3]

3 Nach Aufnahme der Geschäftstätigkeit eintretende Änderungen an den Angaben und Dokumenten nach den Absätzen 2 und 2bis, insbesondere die Errichtung neuer Zahlstellen, sind unaufgefordert der ESTV zu melden.[4]

4 Werden die Anteile von einem Ausländer in Verbindung mit einem Inländer ausgegeben, so ist der Inländer verpflichtet, die Bücher der kollektiven Kapitalanlage samt den Belegen der ESTV auf Verlangen vorzulegen.

III. Steuerabrechnung

Art. 32 Im Allgemeinen 1.

1 Der nach Artikel 10 Absatz 2 VStG Steuerpflichtige hat die Steuer auf Grund der Abrechnung nach amtlichem Formular innert 30 Tagen nach Fälligkeit des Ertrages (Coupontermin) unaufgefordert der ESTV zu entrichten.

2 Innert sechs Monaten nach Ablauf des Rechnungsjahres hat der Steuerpflichtige unaufgefordert der ESTV den Jahresbericht und die Jahresrechnung gemäss Kollektivanlagengesetz vom 23. Juni 2006[5] (KAG) einzureichen.[6]

3 In der gemäss Absatz 2 einzureichenden Jahresrechnung ist anzugeben, welcher Betrag der ausgewiesenen Kapitalgewinne in der zur kollektiven Kapitalanlage gehörenden Gesellschaften erzielt worden ist.

---

[1] Fassung gemäss Ziff. I 2 der V vom 15. Okt. 2008, in Kraft seit 1. Jan. 2009 (AS **2008** 5073).
[2] Fassung gemäss Ziff. I 2 der V vom 15. Okt. 2008, in Kraft seit 1. Jan. 2009 (AS **2008** 5073).
[3] Eingefügt durch Ziff. I 2 der V vom 15. Okt. 2008, in Kraft seit 1. Jan. 2009 (AS **2008** 5073).
[4] Fassung gemäss Ziff. I 2 der V vom 15. Okt. 2008, in Kraft seit 1. Jan. 2009 (AS **2008** 5073).
[5] SR **951.31**
[6] Fassung gemäss Ziff. I 2 der V vom 15. Okt. 2008, in Kraft seit 1. Jan. 2009 (AS **2008** 5073).

⁴ Liegen der Jahresbericht und die Jahresrechnung innert sechs Monaten nach Ablauf des Rechnungsjahres noch nicht vor, so hat der Steuerpflichtige der ESTV vor Ablauf des siebenten Monats den Grund der Verzögerung und den mutmasslichen Zeitpunkt der Erstellung des Jahresberichts und der Jahresrechnung mitzuteilen.[1]

Art. 33 Liquidation; Sitzverlegung ins Ausland 2.

¹ Wird eine kollektive Kapitalanlage aufgelöst, so hat das der Steuerpflichtige, bevor er mit einer Liquidationshandlung beginnt, der ESTV mitzuteilen.

² Auf den Zeitpunkt der Auflösung ist der Handel der Anteilscheine an einem Handelsplatz oder organisierten Handelssystem einzustellen.[2]

³ Die Verteilung des Liquidationsergebnisses ist erst zulässig, nachdem die ESTV zugestimmt hat.

⁴ Will der Steuerpflichtige seinen Sitz ins Ausland verlegen, und tritt an seiner Stelle nicht gemäss Artikel 10 Absatz 2 VStG ein anderer Inländer in die Steuerpflicht ein, so hat er sein Vorhaben unverzüglich der ESTV mitzuteilen.

IV. Nichterhebung der Steuer gegen Domizilerklärung[3]

Art. 34 Voraussetzungen 1.

¹ Macht der Steuerpflichtige glaubhaft, dass der steuerbare Ertrag von Anteilen an einer kollektiven Kapitalanlage voraussichtlich dauernd zu mindestens 80 Prozent ausländischen Quellen entstammen wird, so kann ihn die ESTV auf sein Gesuch hin ermächtigen, die Steuer insoweit nicht zu entrichten, als der Ertrag gegen Domizilerklärung (Affidavit) zugunsten eines Ausländers ausbezahlt, überwiesen oder gutgeschrieben wird.

² Die Ermächtigung wird erteilt, wenn der Steuerpflichtige für eine zuverlässige Überprüfung der Jahresrechnung und der ihm abgegebenen Domizilerklärungen Gewähr bietet; sie kann auf die Erklärung bestimmter Institute beschränkt werden.[4]

³ Die ESTV hat die Ermächtigung zu widerrufen, wenn die Gewähr für ihren zuverlässigen Gebrauch oder für die Überprüfung nicht mehr besteht.

Art. 35 Befristung 2.

¹ Nach Ablauf von drei Jahren seit dem Ende des Kalenderjahres, in dem der steuerbare Ertrag fällig geworden ist, darf er, auch wenn im Übrigen die Voraussetzungen erfüllt wären, nicht mehr gegen Domizilerklärung steuerfrei ausgeschüttet werden.

² Die Zahlstellen haften solidarisch mit dem Steuerpflichtigen für die Bezahlung der gemäss Absatz 1 zu Unrecht nicht entrichteten Steuer.

---

[1] Fassung gemäss Ziff. I 2 der V vom 15. Okt. 2008, in Kraft seit 1. Jan. 2009 (AS **2008** 5073).
[2] Fassung gemäss Anhang 1 Ziff. 9 der Finanzmarktinfrastrukturverordnung vom 25. Nov. 2015, in Kraft seit 1. Jan. 2016 (AS **2015** 5413).
[3] Ausdruck gemäss Ziff. I 2 der V vom 15. Okt. 2008, in Kraft seit 1. Jan. 2009 (AS **2008** 5073). Diese Änd. ist im ganzen Erlass berücksichtigt.
[4] Fassung gemäss Ziff. I 2 der V vom 15. Okt. 2008, in Kraft seit 1. Jan. 2009 (AS **2008** 5073).

Domizilerklärung 3.

Art. 36 Ausstellung a.

¹ Eine Domizilerklärung darf nur durch folgende Institute ausgestellt werden:

    a. Banken im Sinne des Bankengesetzes vom 8. November 1934[1];
    b.[2] inländische Fondsleitungen nach Artikel 32 des Finanzinstitutsgesetzes vom 15. Juni 2018[3] (FINIG);
    c.[4] inländische Verwalter von Kollektivvermögen nach Artikel 24 FINIG;
    d. inländische Depotstellen, die einer behördlichen Aufsicht unterstellt sind;
    e.[5] inländische Wertpapierhäuser nach Artikel 41 FINIG.[6]

² Das Institut hat in der Erklärung schriftlich zu bestätigen, dass:[7]

    a. bei Fälligkeit des steuerbaren Ertrages ein Ausländer das Recht zur Nutzung am Anteil besitzt;
    b. der Anteil bei Fälligkeit des steuerbaren Ertrages bei ihr im offenen Depot liegt;
    c. der steuerbare Ertrag einem bei ihr für diesen Ausländer geführten Konto gutgeschrieben wird.

³ Die ESTV umschreibt den Kreis der Ausländer, zu deren Gunsten eine Domizilerklärung ausgestellt werden darf.

⁴ Ein Institut, das den Anteil bei Fälligkeit des steuerbaren Ertrages nicht im eigenen Depot hat, darf eine Domizilerklärung nur gestützt auf die entsprechende Erklärung eines anderen inländischen Instituts ausstellen.[8]

⁵ Die ESTV kann auch Domizilerklärungen einer ausländischen Bank oder Depotstelle zulassen, die der behördlichen Aufsicht unterstellt ist.[9]

⁶ Domizilerklärungen in elektronischer Form dürfen nur ausgestellt werden, wenn die ESTV sie bewilligt hat.[10]

Art. 37[11] **Überprüfung** b.

¹ Das Institut, das eine Domizilerklärung abgibt, hat die zu ihrer Überprüfung erforderlichen Unterlagen, einschliesslich der nötigenfalls zu beschaffenden Unterlagen der ausländischen Bank oder Depotstelle (Art. 36 Abs. 5), der ESTV auf Verlangen vorzuweisen.

---

[1] SR **952.0**
[2] Fassung gemäss Anhang 1 Ziff. II 5 der Finanzinstitutsverordnung vom 6. Nov. 2019, in Kraft seit 1. Jan. 2020 (AS **2019** 4633).
[3] SR **954.1**
[4] Fassung gemäss Anhang 1 Ziff. II 5 der Finanzinstitutsverordnung vom 6. Nov. 2019, in Kraft seit 1. Jan. 2020 (AS **2019** 4633).
[5] Fassung gemäss Anhang 1 Ziff. II 5 der Finanzinstitutsverordnung vom 6. Nov. 2019, in Kraft seit 1. Jan. 2020 (AS **2019** 4633).
[6] Fassung gemäss Ziff. I 2 der V vom 15. Okt. 2008, in Kraft seit 1. Jan. 2009 (AS **2008** 5073).
[7] Fassung gemäss Ziff. I 2 der V vom 15. Okt. 2008, in Kraft seit 1. Jan. 2009 (AS **2008** 5073).
[8] Fassung gemäss Ziff. I 2 der V vom 15. Okt. 2008, in Kraft seit 1. Jan. 2009 (AS **2008** 5073).
[9] Fassung gemäss Ziff. I 2 der V vom 15. Okt. 2008, in Kraft seit 1. Jan. 2009 (AS **2008** 5073).
[10] Eingefügt durch Ziff. I 2 der V vom 15. Okt. 2008, in Kraft seit 1. Jan. 2009 (AS **2008** 5073).
[11] Fassung gemäss Ziff. I 2 der V vom 15. Okt. 2008, in Kraft seit 1. Jan. 2009 (AS **2008** 5073).

² Weigert sich das Institut, die Unterlagen vorzuweisen, sind seine Unterlagen ungenügend oder hat es eine unrichtige Erklärung abgegeben, so ist die betreffende Steuer zu entrichten. Die ESTV kann dem Institut untersagen, Erklärungen auszustellen; falls sie dies untersagt, unterrichtet sie die anderen Institute sowie den Steuerpflichtigen davon, dass künftige Erklärungen dieses Instituts unwirksam sind. Vorbehalten bleibt die Einleitung des Strafverfahrens.

Art. 38 Abrechnung 4.

¹ Steht bei Fälligkeit der Steuer noch nicht fest, in welchem Betrage steuerbare Erträge ohne Domizilerklärung ausgeschüttet werden, so ist die Verrechnungssteuer vorläufig auf Grund einer Schätzung dieses Betrages zu entrichten.

² Die endgültige Abrechnung über die zu entrichtende Steuer ist sechs Monate nach ihrer Fälligkeit zu erstellen.

³ Werden nach der endgültigen Abrechnung noch steuerbare Erträge gegen Domizilerklärung ausgeschüttet, so kann die auf diesen Erträgen schon entrichtete Verrechnungssteuer in der nächsten Abrechnung abgezogen werden.

V. Meldung statt Steuerentrichtung

Art. 38a[1]

¹ Sind die Anleger einer kollektiven Kapitalanlage ausschliesslich steuerbefreite inländische Einrichtungen der beruflichen Vorsorge, der gebundenen Vorsorge, Freizügigkeitseinrichtungen oder Sozialversicherungs- oder Ausgleichskassen sowie der Aufsicht des Bundes unterstellte Lebensversicherer oder inländische öffentlichrechtliche Lebensversicherer, so kann die ESTV der kollektiven Kapitalanlage auf Gesuch hin gestatten, ihre Steuerpflicht durch Meldung der steuerbaren Ausschüttung zu erfüllen.

² Das Meldeverfahren ist in allen Fällen nur zulässig, wenn feststeht, dass die Leistungsempfänger, auf die die Steuer zu überwälzen wäre, nach dem VStG oder dieser Verordnung Anspruch auf Rückerstattung dieser Steuer hätten. Das Verfahren richtet sich sinngemäss nach den Artikeln 25 und 26 Absätze 1, 2 und 4.

---

[1] Eingefügt durch Ziff. I 2 der V vom 15. Okt. 2008, in Kraft seit 1. Jan. 2009 (AS **2008** 5073).

Dritter Abschnitt: Steuer auf Gewinnen aus Geldspielen sowie Lotterien und Geschicklichkeitsspielen zur Verkaufsförderung (Art. 6 VStG)[1]

I. und II.

Art. 39 und 40 ...[2]

III. Steuerentrichtung; Bescheinigung

Gewinne aus Geldspielen 1.

Art. 41 Geldgewinne a.[3]

¹ Die Steuer ist auf dem Betrag der einzelnen nach Artikel 6 VStG steuerbaren Geldgewinne aus der Teilnahme an Geldspielen zu berechnen.[4] Sie ist aufgrund der Abrechnung auf amtlichem Formular innert 30 Tagen nach der Resultatermittlung unaufgefordert der ESTV zu entrichten.[5]

² Der Veranstalter hat der ESTV Mitteilung zu machen, wenn er vor dem Verkauf der Lose oder bevor der Verkauf aller Lose abgeschlossen ist, zu einer Ziehung schreiten will. Die ESTV setzt hierauf die Zahlungstermine fest.

³ ...[6]

Art. 41a[7] **Naturalgewinne** b.

Die gemäss Artikel 6 Absatz 1 VStG steuerbaren Naturalgewinne aus Geldspielen sind auf amtlichem Formular innert 90 Tagen nach der Resultatermittlung unaufgefordert der ESTV zu melden. Dem Formular ist eine gültige Wohnsitzbestätigung der Gewinnerin oder des Gewinners beizulegen. Artikel 41 Absatz 2 gilt sinngemäss.

---

[1] Fassung gemäss Anhang 2 Ziff. II 3 der Geldspielverordnung vom 7. Nov. 2018, in Kraft seit 1. Jan. 2019 (AS **2018** 5155).
[2] Aufgehoben durch Anhang 2 Ziff. II 3 der Geldspielverordnung vom 7. Nov. 2018, mit Wirkung seit 1. Jan. 2019 (AS **2018** 5155).
[3] Fassung gemäss Anhang 2 Ziff. II 3 der Geldspielverordnung vom 7. Nov. 2018, in Kraft seit 1. Jan. 2019 (AS **2018** 5155).
[4] Fassung gemäss Ziff. I der V vom 9. Juni 2023, in Kraft seit 1. Sept. 2023 (AS **2023** 305).
[5] Fassung gemäss Anhang 2 Ziff. II 3 der Geldspielverordnung vom 7. Nov. 2018, in Kraft seit 1. Jan. 2019 (AS **2018** 5155).
[6] Aufgehoben durch Anhang 2 Ziff. II 3 der Geldspielverordnung vom 7. Nov. 2018, mit Wirkung seit 1. Jan. 2019 (AS **2018** 5155).
[7] Eingefügt durch Anhang 2 Ziff. II 3 der Geldspielverordnung vom 7. Nov. 2018 (AS **2018** 5155). Fassung gemäss Ziff. I der V vom 10. April 2024, in Kraft seit 1. Juni 2024 (AS **2024** 161).

2. Gewinne aus Lotterien und Geschicklichkeitsspielen zur Verkaufsförderung

Art. 41b[1] **a. Geldgewinne**

Die Steuer ist auf den einzelnen gemäss Artikel 6 Absatz 2 VStG steuerbaren Geldgewinnen aus Lotterien und Geschicklichkeitsspielen zur Verkaufsförderung zu berechnen; sie ist aufgrund der Abrechnung auf amtlichem Formular innert 30 Tagen nach der Resultatermittlung unaufgefordert der ESTV zu entrichten.

Art. 41c[2] **b. Naturalgewinne**

Die gemäss Artikel 6 Absatz 2 VStG steuerbaren Naturalgewinne aus Lotterien und Geschicklichkeitsspielen zur Verkaufsförderung sind auf amtlichem Formular innert 90 Tagen nach der Resultatermittlung unaufgefordert der ESTV zu melden. Dem Formular ist eine gültige Wohnsitzbestätigung der Gewinnerin oder des Gewinners beizulegen.

IV. Rückforderung der Steuer auf nicht bezogenen Gewinnen

Art. 42

[1] Ist die Frist, nach deren Ablauf nicht bezogene Gewinne verfallen, verstrichen, so kann der Veranstalter die auf den nicht bezogenen Gewinnen nachweisbar entrichtete Steuer bei der ESTV zurückfordern oder, mit ihrer Zustimmung, in seiner nächsten Steuerabrechnung abziehen.

[2] Dem Rückforderungsbegehren oder der Steuerabrechnung ist eine Aufstellung beizulegen, die Auskunft gibt über die Bezeichnung der Veranstaltung, das Datum der Ziehung, die Nummer des nicht eingelösten Loses und die Höhe des Treffers vor Abzug der Steuer; gleichzeitig ist unterschriftlich zu bestätigen, dass die zurückerstattete oder verrechnete Steuer zugunsten des Zweckes der Lotterie verwendet und entsprechend verbucht wird.

[3] Die Rückforderung verjährt fünf Jahre nach Ablauf des Kalenderjahres, in dem die Steuer entrichtet worden ist.

---

[1] Eingefügt durch Anhang 2 Ziff. II 3 der Geldspielverordnung vom 7. Nov. 2018 (AS **2018** 5155). Fassung gemäss Ziff. I der V vom 10. April 2024, in Kraft seit 1. Juni 2024 (AS **2024** 161).
[2] Eingefügt durch Anhang 2 Ziff. II 3 der Geldspielverordnung vom 7. Nov. 2018 (AS **2018** 5155). Fassung gemäss Ziff. I der V vom 10. April 2024, in Kraft seit 1. Juni 2024 (AS **2024** 161).

Vierter Abschnitt: Steuer auf Versicherungsleistungen

I. Gegenstand der Steuer

Art. 43 Vorzeitige Auflösung der Versicherung; Abtretung u. dgl. 1.

¹ Beruht eine Versicherungsleistung auf einer vorzeitigen Auflösung der Versicherung, so ist sie Gegenstand der Steuer, sofern der Versicherungsnehmer oder Anspruchsberechtigte im Zeitpunkt seines Auflösungsbegehrens (Rückkaufsbegehrens u. dgl.) oder bei der Auflösungserklärung des Versicherers Inländer ist.

² Wird eine Versicherung vorzeitig ganz oder teilweise aufgelöst, und übersteigt die Leistung des Versicherers allein oder zusammengerechnet mit den auf Grund der gleichen Versicherung schon ausgerichteten Beträgen 5 000 Franken, so ist die Leistung mit Einschluss der noch nicht versteuerten früheren Leistungen Gegenstand der Steuer.

³ Wird eine Versicherung vom inländischen in einen ausländischen Versicherungsbestand übergeführt, oder tritt ein Inländer seine Versicherungsansprüche an einen Ausländer ab (Art. 7 Abs. 2 VStG), so ist die Steuer auf dem Höchstbetrage der Kapitalleistungen zu berechnen, die für den Eintritt des versicherten Ereignisses vereinbart sind, bei Renten und Pensionen auf dem Betrage ihres Barwertes am Tage des vereinbarten Beginns.

Art. 44 Gewinnanteile 2.

¹ Gewinnanteile unterliegen der Steuer nicht, wenn sie als Prämie einer zusätzlichen Versicherung verwendet, fortlaufend mit geschuldeten Prämien verrechnet oder dem Berechtigten ausbezahlt werden.

² Werden Gewinnanteile den Berechtigten zur freien Verfügung fortgesetzt verzinslich gutgeschrieben, so begründen diese Gutschriften Kundenguthaben im Sinne von Artikel 4 Absatz 1 Buchstabe d VStG.

³ Die übrigen Gewinnanteile unterliegen als Versicherungsleistung der Steuer im Zeitpunkt ihrer Ausrichtung.

Art. 45 Gruppenversicherung u. dgl.; Stellenwechsel versicherter Arbeitnehmer 3.

¹ Um unverhältnismässige Umtriebe zu vermeiden, kann die ESTV unter den von ihr festzulegenden Bedingungen und Auflagen bei der Gruppenversicherung die Leistungen des Gruppenversicherers oder diejenigen des Gruppenversicherungsnehmers von der Steuerpflicht ausnehmen.

² Richtet der Gruppenversicherer seine Leistung unmittelbar an den Versicherten oder einen Anspruchsberechtigten aus, so hat er in seiner Meldung der steuerbaren Leistung auch den Gruppenversicherungsnehmer zu nennen.

³ Die Ausnahme des Gruppenversicherers oder Gruppenversicherungsnehmers von der Steuerpflicht (Abs. 1) entbindet nicht von der Buchführungspflicht gemäss Artikel 2. Im Falle von Absatz 2 hat der Gruppenversicherungsnehmer der ESTV seine Unterlagen über das Versicherungsverhältnis auf Verlangen vorzuweisen.

⁴ Die Abgangsentschädigung an den versicherten Arbeitnehmer bei vorzeitiger Auflösung des Dienstverhältnisses bleibt von der Steuer ausgenommen, sofern sie von der Versicherungseinrichtung des bisherigen Arbeitgebers unmittelbar und zwecks Einkaufs an diejenige des neuen Arbeitgebers überwiesen wird.

⁵ Auf Einzelversicherungen, die eine Fürsorgeeinrichtung als Versicherungsnehmer abschliesst, findet dieser Artikel sinngemässe Anwendung.

II. Anmeldung als Steuerpflichtiger

Art. 46

¹ Wer im Inlande Lebens-, Renten- oder Pensionsversicherungen übernimmt, hat sich, bevor er mit seinem Vorhaben beginnt, unaufgefordert bei der ESTV anzumelden; die Anmeldung kann mit derjenigen für die Stempelabgabe auf Quittungen für Versicherungsprämien verbunden werden.

² Die konzessionierten Versicherungsunternehmen haben in der Anmeldung anzugeben: den Namen (die Firma) und den Sitz des Unternehmens; die Versicherungszweige und das Datum der Geschäftsaufnahme.

³ Auf die Anstalten, Kassen und sonstigen Einrichtungen, die der Alters-, Invaliditäts- oder Hinterlassenenversicherung oder -fürsorge dienen, sowie auf Arbeitgeber und Berufsverbände, die Versicherungs- oder Fürsorgeeinrichtungen unterhalten, findet Absatz 2 sinngemässe Anwendung; sie haben mit der Anmeldung die Statuten, Reglemente und alle sonstigen für die Überprüfung der Steuerpflicht erforderlichen Belege einzureichen und gegebenenfalls den Gruppenversicherer zu nennen.

⁴ Nach Aufnahme der Geschäftstätigkeit eintretende Änderungen an den gemäss den Absätzen 2 und 3 zu meldenden Tatsachen und einzureichenden Belegen, insbesondere neue Gruppenversicherer, sind unaufgefordert der ESTV zu melden.

III. Meldung statt Steuerentrichtung

Art. 47 Meldung 1.

¹ Der Versicherer hat die Meldungen gemäss Artikel 19 VStG auf den vorgeschriebenen Formularen und unaufgefordert zu erstatten.

² Die ESTV kann unter den von ihr festzulegenden Bedingungen und Auflagen nicht unterschriebene Meldungen zulassen.

³ Sind auf Grund eines Versicherungsverhältnisses nacheinander mehrere Kapitalleistungen zu erbringen, so ist in der Meldung über die erste Leistung auf die später fällig werdenden Leistungen hinzuweisen.

⁴ Zeitrenten sind bei der ersten Rentenzahlung als Kapitalleistung mit dem Barwert zu melden; die Berechnungsgrundlagen des Barwertes und die Fälligkeit der letzten Rentenzahlung sind anzugeben.

⁵ Bei Leibrenten und Pensionen sind in der Meldung der ersten Rente der Beginn des Rentenlaufs, der Betrag der Jahresrente und die Fälligkeitsdaten der künftigen Renten anzugeben; eine neue Meldung ist jeweils nur zu erstatten, wenn der Rentenbetrag erhöht wird oder der Anspruchsberechtigte wechselt.

⁶ Bei der Meldung von Leistungen aus Leibrentenversicherungen, die dem Versicherungsvertragsgesetz vom 2. April 1908[1] unterstehen, muss der Versicherer gesondert ausweisen:

a. den Zeitpunkt des Vertragsabschlusses des Versicherungsvertrags;
b. die Höhe der garantierten Leibrente;
c. die Überschussleistungen;
d. den Ertragsanteil aus den Überschussleistungen; und
e. den gesamten steuerbaren Ertragsanteil.[2]

Art. 48 Einspruch gegen die Meldung 2.

¹ Gegen die Meldung einer Rente aus Haftpflichtversicherung kann nur der geschädigte Dritte Einspruch erheben, es sei denn, die Versicherungsleistung werde mit seiner Einwilligung dem Versicherungsnehmer ausgerichtet.

² Weist der Inhaber einer Police, nach deren Bestimmungen der Versicherer an den Inhaber leisten darf, weder sich noch einen Dritten mit Namen und Adresse als Versicherungsnehmer oder Anspruchsberechtigten aus, oder gibt der Beauftragte oder Willensvollstrecker des Versicherungsnehmers oder Versicherten dem Versicherer den Namen und die Adresse des Anspruchsberechtigten nicht bekannt, so steht diese Unterlassung dem Einspruch gegen die Meldung gleich.

IV. Steuerentrichtung

Art. 49 Abrechnung 1.

Die Steuer auf Versicherungsleistungen, gegen deren Meldung Einspruch erhoben wurde, ist auf Grund der Abrechnung nach amtlichem Formular innert 30 Tagen nach Ablauf jedes Monats für die in diesem Monat erbrachten Leistungen unaufgefordert der ESTV zu entrichten.

Art. 50 Bescheinigung über den Steuerabzug 2.

¹ Der Versicherer hat den Empfänger einer um die Steuer gekürzten Versicherungsleistung darauf hinzuweisen, dass er die Steuer nur auf Grund einer Bescheinigung gemäss Artikel 3 Absatz 2 zurückerhält, und ihm auf Verlangen die Bescheinigung auf vorgeschriebenem Formular auszustellen.

² Für die Steuer auf Leibrenten und Pensionen ist eine das ganze Kalenderjahr umfassende Bescheinigung auszustellen.

³ Wird die Versicherungsleistung anteilmässig mehreren Anspruchsberechtigten ausgerichtet, so kann jeder für seinen Teil eine besondere Bescheinigung verlangen, die als Teilbescheinigung zu kennzeichnen ist.

---

[1] SR **221.229.1**
[2] Eingefügt durch Ziff. I der V vom 9. Juni 2023, in Kraft seit 1. Jan. 2025 (AS **2023** 305).

Zweiter Titel: Steuerrückerstattung

Erster Abschnitt: Anspruchsberechtigung

I. Berechtigte

Art. 51 Aufenthalter; beschränkt Steuerpflichtige 1.

¹ Wer infolge blossen Aufenthalts nach der kantonalen Steuergesetzgebung unbeschränkt steuerpflichtig ist, hat Anspruch auf Rückerstattung der Verrechnungssteuer, wenn die steuerbare Leistung im Zeitraum seiner Steuerpflicht fällig wurde.

² Eine natürliche Person, die nach der kantonalen Steuergesetzgebung nicht unbeschränkt steuerpflichtig ist, jedoch kraft gesetzlicher Vorschrift des Bundes, des Kantons oder der Gemeinde auf Einkünften, die der Verrechnungssteuer unterliegen, oder auf dem Vermögen, woraus solche Einkünfte fliessen, Einkommens- oder Vermögenssteuern zu entrichten verpflichtet ist, hat bis zum Betrag, den diese Steuern ausmachen, Anspruch auf Rückerstattung der von den Einkünften abgezogenen Verrechnungssteuer, wenn die steuerbare Leistung im Zeitraum ihrer Steuerpflicht fällig wurde.

³ Wer nach Absatz 1 oder 2 die Rückerstattung beansprucht, hat den Antrag bei der Steuerbehörde des Kantons einzureichen, der für die Veranlagung der Einkommens- oder Vermögenssteuern zuständig ist.

Art. 52 Bundesbedienstete im Ausland 2.

¹ Bundesbedienstete, die bei Fälligkeit der steuerbaren Leistung ihren Wohnsitz oder Aufenthalt im Ausland hatten und dort auf Grund eines Vertrages oder völkerrechtlicher Übung von den direkten Steuern befreit waren, haben Anspruch auf Rückerstattung der von dieser Leistung abgezogenen Verrechnungssteuer.

² Der Antrag auf Rückerstattung ist auf dem amtlichen Formular der ESTV einzureichen.

³ …¹

Art. 53 Versicherungskassen und Fürsorgeeinrichtungen 3.

¹ Anstalten, Kassen und sonstige Einrichtungen, die der Alters-, Invaliditäts- oder Hinterlassenenversicherung oder -fürsorge dienen, haben Anspruch auf Rückerstattung der Verrechnungssteuer, die von den Erträgen ihrer im eigenen oder im Namen der Einleger unterhaltenen Anlagen abgezogen wurde.

² Der Antrag ist der ESTV einzureichen; umfasst er Erträge von Anlagen, die im Namen der Einleger unterhalten werden, so ist ihm ein Verzeichnis beizulegen, das die Namen und Adressen dieser Einleger sowie den Betrag ihrer Anlagen und der auf sie entfallenden Bruttoerträge angibt.

³ Dem einzelnen Einleger steht kein Anspruch auf Rückerstattung der gemäss Absatz 1 zurückzufordernden Verrechnungssteuer zu, und es darf ihm keine Bescheinigung zur Geltendmachung eines Rückerstattungsanspruchs ausgestellt werden.

---

[1] Aufgehoben durch Ziff. I der V vom 3. Febr. 2021, mit Wirkung seit 1. Jan. 2022 (AS **2021** 77).

⁴ Auf die rechtlich nicht verselbständigten Einrichtungen findet Artikel 25 VStG über die Verwirkung des Rückerstattungsanspruchs mangels Verbuchung der Einkünfte sinngemässe Anwendung.

Art. 54 Sparvereine und Betriebssparkassen 4.

¹ Ein Sparverein oder eine Betriebssparkasse im Sinne von Artikel 9 Absatz 2 VStG hat Anspruch auf Rückerstattung der Verrechnungssteuer für Rechnung des Einlegers, wenn dessen Anteil am Bruttoertrag 200 Franken im Kalenderjahr nicht übersteigt. Der Antrag ist bei der ESTV einzureichen.[1]

² Übersteigt dieser Anteil 200 Franken, so muss der Verein oder die Kasse den Einleger darauf hinweisen, dass dieser die Rückerstattung der Verrechnungssteuer selbst zu beantragen hat und sie nur aufgrund einer Bescheinigung nach Artikel 3 Absatz 2 zurückerhält. Auf Verlangen des Einlegers muss der Verein oder die Kasse die Bescheinigung ausstellen.[2]

³ Um unverhältnismässige Umtriebe zu vermeiden, kann die ESTV unter den von ihr festzulegenden Bedingungen und Auflagen einem Verein oder einer Kasse gestatten, die Rückerstattung der Verrechnungssteuer unbekümmert um die Höhe der Einlegeranteile zu beantragen.

Art. 55 Personenvereinigungen und Vermögensmassen ohne Rechtspersönlichkeit 5.

Gleich den juristischen Personen haben Anspruch auf Rückerstattung der Verrechnungssteuer:

a.[3] Gemeinschaftsunternehmen (Baukonsortien u. dgl.) und Stockwerkeigentümergemeinschaften (Art. 712*a* ff. Zivilgesetzbuch[4]) für den auf Teilhaber mit Domizil im Inland entfallenden Anteil, wenn die Verrechnungssteuer von Kapitalerträgen auf Vermögenswerten abgezogen wurde, die ausschliesslich für Zwecke des Gemeinschaftsunternehmens bzw. zur Finanzierung der gemeinsamen Kosten und Lasten der Stockwerkeigentümergemeinschaft eingesetzt werden und sofern dem Rückerstattungsantrag ein Verzeichnis aller Beteiligten (enthaltend Name, Adresse, Wohnsitz und Beteiligungsquote) beigelegt wird;
b. Personenvereinigungen, die das Recht der Persönlichkeit nicht erlangt haben, aber über eine eigene Organisation verfügen und ausschliesslich oder vorwiegend im Inland tätig sind, wenn die Mitglieder für ihren Anteil am Einkommen und Vermögen der Vereinigung nicht steuerpflichtig sind und für ihren Anteil an den Einkünften der Vereinigung persönlich keinen Rückerstattungsanspruch geltend machen;
c. im Inland verwaltete Vermögensmassen, die einem besonderen Zweck gewidmet sind, jedoch das Recht der Persönlichkeit nicht erlangt haben, wenn die Vermögenswerte und ihr Ertrag steuerlich nicht bestimmten Personen zugerechnet werden können.

---

[1] Fassung gemäss Ziff. I der V vom 24. Juni 2009, in Kraft seit 1. Jan. 2010 (AS **2009** 3471).
[2] Fassung gemäss Ziff. I der V vom 24. Juni 2009, in Kraft seit 1. Jan. 2010 (AS **2009** 3471).
[3] Fassung gemäss Ziff. I der V vom 22. Nov. 2000, in Kraft seit 1. Jan. 2001 (AS **2000** 2994).
[4] SR **210**

II. Besondere Verhältnisse

Art. 56 Privatbankiers 1.

¹ Die dem Bundesgesetz vom 8. November 1934[1] über die Banken und Sparkassen unterstellten Privatbankiers, die ihr Geschäft als Einzelfirma betreiben, haben den Antrag auf Rückerstattung der Verrechnungssteuer, die von Einkünften aus Geschäftsaktiven abgezogen wurde, bei der ESTV einzureichen.

² Auf die von den Einkünften aus Geschäftsaktiven abgezogene Verrechnungssteuer findet die Vorschrift von Artikel 25 VStG über die Verwirkung des Rückerstattungsanspruchs mangels Verbuchung Anwendung.

Art. 57[2] Steuervertretung und Steuernachfolge 2.

¹ Wer für die mit der Verrechnungssteuer belasteten Einkünfte oder für das Vermögen, woraus diese Einkünfte fliessen, als Inhaberin oder Inhaber der elterlichen Sorge ein Kind in der Steuerpflicht vertritt oder in die Steuerpflicht einer anderen Person eingetreten ist, hat anstelle dieser Person Anspruch auf Rückerstattung der Verrechnungssteuer.

² Die Rückerstattung richtet sich nach den für die vertretene Person, die Rechtsvorgängerin oder den Rechtsvorgänger massgebenden Bestimmungen.

Erbfälle 3.

Art. 58 Anspruch a.

¹ Ist eine mit der Verrechnungssteuer belastete Leistung zu Lebzeiten des Erblassers fällig geworden, so steht der Anspruch auf Rückerstattung dieser Steuer an seiner Stelle den Erben zu, ohne Rücksicht auf ihren Wohnsitz oder Aufenthalt.[3]

² Wird ein der Verrechnungssteuer unterliegender Ertrag eines Erbschaftsgegenstandes nach dem Tode des Erblassers und vor der Teilung der Erbschaft fällig, so steht jedem Erben, soweit er persönlich die Voraussetzungen erfüllt, nach Massgabe seines Anteils[4] an der Erbschaft ein Anspruch auf Rückerstattung dieser Steuer zu.

³ Ist nach der kantonalen Steuergesetzgebung eine Erbengemeinschaft als solche verpflichtet, auf den der Verrechnungssteuer unterliegenden Einkünften oder auf dem Vermögen, woraus solche Einkünfte fliessen, Einkommens- oder Vermögenssteuern zu entrichten, so findet Absatz 2 sinngemässe Anwendung.

Art. 59[5] Verfahren b.

¹ Ist eine mit der Verrechnungssteuer belastete Leistung zu Lebzeiten des Erblassers fällig geworden, so ist der Antrag auf Rückerstattung dieser Steuer durch alle Erben gemeinsam oder durch deren gemeinsamen Vertreter bei der Steuerbehörde zu stellen, die für die Rückerstattung der Verrechnungssteuer an den Erblasser zuständig war.

---

[1] SR **952.0**
[2] Fassung gemäss Ziff. I der V vom 9. Juni 2023, in Kraft seit 1. Sept. 2023 (AS **2023** 305).
[3] Fassung gemäss Ziff. I der V vom 9. Juni 2023, in Kraft seit 1. Sept. 2023 (AS **2023** 305).
[4] Ausdruck gemäss Ziff. I der V vom 3. Febr. 2021, in Kraft seit 1. Jan. 2022 (AS **2021** 77).
[5] Fassung gemäss Ziff. I der V vom 3. Febr. 2021, in Kraft seit 1. Jan. 2022 (AS **2021** 77).

² Ist eine mit der Verrechnungssteuer belastete Leistung nach dem Ableben des Erblassers fällig geworden, so ist der Antrag auf Rückerstattung durch jeden Erben nach Massgabe seines Anteils an der Erbschaft bei der für ihn zuständigen Steuerbehörde zu stellen.

³ In den Fällen nach Absatz 2 gibt die für die Rückerstattung der Verrechnungssteuer an den Erblasser zuständige Steuerbehörde der für den Erben zuständigen Steuerbehörde die Namen und Adressen der übrigen Erben und deren Anteile an der Erbschaft bekannt.

Art. 60 Mehrheit von Anspruchsberechtigten (Investment-Klub, Geldspiele, Lotterien und Geschicklichkeitsspiele zur Verkaufsförderung, Versicherungsleistung)[1] 4.

¹ Haben sich nicht mehr als 20 Personen vertragsmässig miteinander verbunden, um gemeinsam Anlagen in Wertpapieren zu tätigen und zu verwalten (Investment-Klub), so kann ihnen die ESTV unter den von ihr festzulegenden Bedingungen und Auflagen gestatten, die Rückerstattung der Verrechnungssteuer, die vom Ertrag der Wertpapiere abgezogen wurde, durch gemeinsamen Antrag beim Bund geltend zu machen. C24

² Haben mehrere Personen durch gemeinsame Teilnahme einen um die Verrechnungssteuer gekürzten Geldspielgewinn oder Gewinn aus einer Lotterie oder einem Geschicklichkeitsspiel zur Verkaufsförderung erzielt, so ist die Rückerstattung von allen Teilnehmenden nach Massgabe ihres Anteils am Gewinn zu beantragen; dem Antrag ist eine vom Inhaber der Originalbescheinigung (Art. 3 Abs. 2) unterzeichnete Bescheinigung beizulegen, die alle Angaben der Originalbescheinigung enthält sowie den Gewinnanteil des Antragstellers nennt. Sind alle Teilnehmenden im gleichen Kanton steuerpflichtig, so kann ihnen die zuständige kantonale Behörde unter den von ihr festzulegenden Bedingungen und Auflagen gestatten, die Rückerstattung durch gemeinsamen Antrag geltend zu machen.[2]

³ Waren auf eine um die Verrechnungssteuer gekürzte Versicherungsleistung mehrere Personen anspruchsberechtigt, ist aber nur eine Abzugsbescheinigung ausgestellt worden, so kann die Rückerstattung der Steuer nur von demjenigen beantragt werden, der die Abzugsbescheinigung vorlegt. C253

⁴ Enthält die Abzugsbescheinigung des Versicherers den Vermerk, dass der Versicherungsanspruch bei Erbringung der Leistung verpfändet war, so wird die Verrechnungssteuer dem Anspruchsberechtigten oder dem Pfandgläubiger je nur mit Zustimmung des andern zurückerstattet.

Art. 61 Treuhandverhältnis 5. C15, C14

¹ Die Verrechnungssteuer, die vom Ertrag treuhänderisch übereigneter Werte abgezogen wurde, wird nur zurückerstattet, wenn die Voraussetzungen zur Rückerstattung beim Treugeber erfüllt sind.

² Der Antrag auf Rückerstattung ist vom Treugeber einzureichen; er hat auf das Treuhandverhältnis hinzuweisen und die an ihm beteiligten Personen mit Namen und Adresse zu bezeichnen.

---

[1] Fassung gemäss Anhang 2 Ziff. II 3 der Geldspielverordnung vom 7. Nov. 2018, in Kraft seit 1. Jan. 2019 (AS **2018** 5155).
[2] Fassung gemäss Anhang 2 Ziff. II 3 der Geldspielverordnung vom 7. Nov. 2018, in Kraft seit 1. Jan. 2019 (AS **2018** 5155).

Art. 62 Termingeschäft an oder ausserhalb der Börse 6.

Wird der Ertrag eines Wertpapiers, das Gegenstand eines an oder ausserhalb der Börse abgeschlossenen Termingeschäftes bildet, zwischen dem Abschluss- und dem Liquidationstag fällig, so steht der Anspruch auf Rückerstattung der von diesem Ertrag abgezogenen Verrechnungssteuer dem Terminverkäufer zu, wenn ihm bei Fälligkeit des Ertrages das Wertpapier und der Coupon gehörten, ansonst dem Dritten, der bei Fälligkeit des Ertrages das Recht zur Nutzung des am Termin gelieferten Wertpapiers besass.

Zweiter Abschnitt: Rückerstattung durch den Bund

I. ESTV

Art. 63

1 Die ESTV erlässt die allgemeinen Weisungen und trifft die Einzelverfügungen, die für die Rückerstattung der Verrechnungssteuer durch den Bund erforderlich sind; sie bestimmt Form und Inhalt der Antragsformulare und Fragebogen und bezeichnet die den Anträgen beizufügenden Belege.

2 Die Artikel 6 und 7 über das Einholen von Auskünften, die Einvernahme und die Buchprüfung finden auf das Rückerstattungsverfahren sinngemässe Anwendung.

II. Pflichten des Antragstellers

Art. 64

1 Der Rückerstattungsantrag ist der ESTV auf dem amtlichen Formular einzureichen.

2 Vom gleichen Rückerstattungsberechtigten wird ein Antrag in der Regel nur einmal jährlich entgegengenommen; vorbehalten bleiben Anträge gemäss den Artikeln 29 Absatz 3 und 32 Absatz 2 VStG.

3 Buchführungspflichtige Antragsteller haben ihre Bücher so einzurichten und zu führen, dass sich aus ihnen die für den Rückerstattungsanspruch massgebenden Tatsachen ohne besonderen Aufwand zuverlässig ermitteln und nachweisen lassen; Artikel 2 Absätze 2 und 3 finden sinngemässe Anwendung.

III. Abschlagsrückerstattungen

Art. 65 Voraussetzungen und Verfahren[1] 1.

1 Macht der Berechtigte glaubhaft, dass sich sein für das ganze Jahr berechneter Rückerstattungsanspruch auf mindestens 4 000 Franken belaufen wird, so gewährt ihm die ESTV auf Antrag Abschlagsrückerstattungen.

2 …[2]

3 Wer Abschlagsrückerstattungen erhalten hat, ist verpflichtet, innert drei Monaten nach Ablauf des betreffenden Jahres einen vollständigen Rückerstattungsantrag einzureichen und in ihm die erhaltenen Abschlagsrückerstattungen anzugeben.

---

[1] Fassung gemäss Ziff. I der V vom 22. Nov. 2000, in Kraft seit 1. Jan. 2001 (AS **2000** 2994).
[2] Aufgehoben durch Ziff. I der V vom 22. Nov. 2000, mit Wirkung seit 1. Jan. 2001 (AS **2000** 2994).

Art. 65a[1] **Bemessung** 2.

¹ Die Abschlagsrückerstattungen werden jeweils auf das Ende der ersten drei Vierteljahre geleistet und grundsätzlich so bemessen, dass sie annähernd je einem Viertel des voraussichtlichen Rückerstattungsanspruchs des betreffenden Kalender- oder Geschäftsjahres entsprechen.

² Falls die Fälligkeiten der mit der Verrechnungssteuer belasteten Erträge vorwiegend in einem Quartal des Kalender- oder Geschäftsjahres eintreten, ist dies bei der Bemessung der Abschlagsrückerstattungen zu berücksichtigen.

³ Bei der Bemessung der Abschlagsrückerstattungen werden die Ansprüche auf Rückerstattung der Verrechnungssteuer insoweit nicht berücksichtigt, als die entsprechenden Verrechnungssteuerbeträge erst im folgenden Kalender- oder Geschäftsjahr zur Zahlung an die ESTV fällig werden.

Dritter Abschnitt: Rückerstattung durch den Kanton

I. Behörden

Art. 66 **ESTV** 1.

¹ Die Aufsicht des Bundes über die Rückerstattung der Verrechnungssteuer durch die Kantone wird von der ESTV ausgeübt.

² Die ESTV sorgt für die gleichmässige Handhabung der Bundesvorschriften und erlässt die erforderlichen allgemeinen Weisungen an die kantonalen Behörden. Sie ist insbesondere befugt:

a. die Verwendung bestimmter Formulare vorzuschreiben;
b. bei den Steuerbehörden der Kantone, Bezirke, Kreise und Gemeinden in alle massgebenden Unterlagen Einsicht zu nehmen, im Einzelfalle Untersuchungsmassnahmen anzuordnen und selber von den Untersuchungsbefugnissen eines Verrechnungssteueramtes Gebrauch zu machen;
c. am Verfahren vor der kantonalen Rekurskommission teilzunehmen und Anträge zu stellen;
d. ein Begehren um Revision eines rechtskräftig abgeschlossenen Verfahrens zu stellen.

³ Die ESTV ist zur Beschwerde an das Bundesgericht berechtigt.[2]

Art. 67 **Kantonale Behörden** 2.

¹ Die vom Kanton zu bezeichnende Behörde sorgt für die gleichmässige Anwendung der Bundesvorschriften im Gebiet ihres Kantons und übt die Aufsicht über die Amtsstellen aus, denen die Rückerstattung der Verrechnungssteuer obliegt.

² Die Kantone haben die Formulare, mit denen der Rückerstattungsanspruch geltend zu machen ist, vor der Ausgabe der ESTV zur Genehmigung zu unterbreiten.

---

[1] Eingefügt durch Ziff. I der V vom 22. Nov. 2000, in Kraft seit 1. Jan. 2001 (AS **2000** 2994).
[2] Fassung gemäss Ziff. II 46 der V vom 8. Nov. 2006 über die Anpassung von Bundesratsverordnungen an die Totalrevision der Bundesrechtspflege, in Kraft seit 1. Jan. 2007 (AS **2006** 4705).

³ Über die bewilligten Rückerstattungen ist ein besonderes Register zu führen; die behandelten Rückerstattungsanträge und die Beweismittel sind während fünf Jahren seit Ende des Kalenderjahres, in dem der Entscheid über die Rückerstattung rechtskräftig geworden ist, geordnet aufzubewahren.

⁴ Will eine kantonale Behörde eine Steuerabzugsbescheinigung und die sie ergänzenden Auskünfte gemäss Artikel 50 Absatz 2 VStG beim Aussteller überprüfen lassen, so hat sie der ESTV das Begehren schriftlich zu stellen.

II. Verfahren

Art. 68 Antrag 1.

¹ Der Rückerstattungsantrag ist der zuständigen Behörde auf dem amtlichen Formular einzureichen.

² Dem Antrag ist unaufgefordert eine Bescheinigung über den Steuerabzug (Art. 3 Abs. 2) beizulegen, wenn die Steuer, deren Rückerstattung beantragt wird:

a. aus Geldspielgewinnen oder Gewinnen aus Lotterien und Geschicklichkeitsspielen zur Verkaufsförderung stammt;
b. aus dem Ertrag der Anlagen eines Sparvereins oder einer Betriebssparkasse stammt, sofern die Rückerstattung vom Einleger zu beantragen ist (Art. 54 Abs. 2).[1]

Art. 69[2] ... 2.

---

[1] Fassung gemäss Anhang 2 Ziff. II 3 der Geldspielverordnung vom 7. Nov. 2018, in Kraft seit 1. Jan. 2019 (AS **2018** 5155).
[2] Aufgehoben durch Anhang Ziff. 4 der V vom 14. Aug. 2013 über die zeitliche Bemessung der direkten Bundessteuer, mit Wirkung seit 1. Jan. 2014 (AS **2013** 2773).

Dritter Titel: Schlussbestimmung

Art. 70

¹ Diese Verordnung tritt am 1. Januar 1967 in Kraft.

² Auf den gleichen Zeitpunkt sind die Verfügungen des Eidgenössischen Finanz- und Zolldepartements Nr. 1a vom 20. November 1944[1], Nr. 2 vom 30. Juni 1944[2], Nr. 3 vom 21. Januar 1946[3] und Nr. 4b vom 19. Dezember 1951[4] über die Verrechnungssteuer sowie vom 31. August 1945[5] über die Sicherung der Steueransprüche bei Versicherungen aufgehoben.

Schlussbestimmungen der Änderung vom 22. November 2000[6]

¹ Die geänderten Bestimmungen gelten für die nach dem 31. Dezember 2000 fällig werdenden steuerbaren Leistungen. Artikel 24a gilt für Fälle, in denen die Frist nach Artikel 4a Absatz 2 VStG nach dem 31. Dezember 2000 abläuft.

² Die Aufhebung von Artikel 14 Absatz 2 gilt für die nach dem 31. Dezember 2000 neu ausgegebenen Obligationen, Serienschuldbriefe und Seriengülten.

Übergangsbestimmung zur Änderung vom 15. Oktober 2008[7]

Diese Änderung gilt für die nach dem 31. Dezember 2008 fällig werdenden steuerbaren Leistungen.

Übergangsbestimmung zur Änderung vom 18. Juni 2010[8]

Die geänderten Bestimmungen gelten für die nach dem 31. Juli 2010 fällig werdenden steuerbaren Leistungen.

Übergangsbestimmung zur Änderung vom 3. Februar 2021[9]

Diese Änderung ist auf steuerbare Leistungen anwendbar, die ab dem 1. Januar 2022 fällig werden.

Übergangsbestimmung zur Änderung vom 4. Mai 2022[10]

Auf Gesuche, die beim Inkrafttreten der Änderung vom 4. Mai 2022 hängig sind, ist Artikel 26a Absätze 1 und 3 bisherigen Rechts anwendbar.

---

[1] [BS **6** 338]
[2] [BS **6** 341]
[3] [BS **6** 343]
[4] [AS **1951** 1274]
[5] [BS **6** 348]
[6] AS **2000** 2994
[7] AS **2008** 5073
[8] AS **2010** 2963
[9] AS **2021** 77
[10] AS **2022** 307

StG

Stempelabgabengesetz

7 Bundesgesetz über die Stempelabgaben (StG)
SR 641.10

vom 27. Juni 1973 (Stand am 1. Januar 2024)

Die Bundesversammlung der Schweizerischen Eidgenossenschaft,

gestützt auf die Artikel 132 Absatz 1 und 134 der Bundesverfassung[1],[2] nach Einsicht in eine Botschaft des Bundesrates vom 25. Oktober 1972[3],

beschliesst:

---

[1] SR **101**
[2] Fassung gemäss Ziff. I des BG vom 29. Sept. 2017, in Kraft seit 1. März 2018 (AS **2018** 705; BBl **2017** 1511).
[3] BBl **1972** II 1278

Einleitung

I. Gegenstand des Gesetzes

Art. 1

¹ Der Bund erhebt Stempelabgaben:

a.¹ auf der Ausgabe folgender inländischer Urkunden: StG 5 ff.
  1. Aktien,
  2.² Stammanteile von Gesellschaften mit beschränkter Haftung und Anteilscheine von Genossenschaften,
  2bis.³ Partizipationsscheine und Beteiligungsscheine von Genossenschaftsbanken,
  3. Genussscheine,
  4. und 5. ...⁴

b.⁵ auf dem Umsatz der folgenden inländischen und ausländischen Urkunden: StG 13 ff.
  1. Obligationen,
  2. Aktien,
  3.⁶ Stammanteile von Gesellschaften mit beschränkter Haftung und Anteilscheine von Genossenschaften,
  3bis.⁷ Partizipationsscheine und Beteiligungsscheine von Genossenschaftsbanken,
  4. Genussscheine,
  5.⁸ Anteile an kollektiven Kapitalanlagen gemäss Kollektivanlagegesetz vom 23. Juni 2006⁹ (KAG),
  6. Papiere, die dieses Gesetz den Urkunden nach den Ziffern 1–5 gleichstellt;

c. auf der Zahlung von Versicherungsprämien gegen Quittung. StG 21 ff.

² Werden bei den in Absatz 1 erwähnten Rechtsvorgängen keine Urkunden ausgestellt oder umgesetzt, so treten an ihre Stelle die der Feststellung der Rechtsvorgänge dienenden Geschäftsbücher oder sonstigen Urkunden.

II. ...

Art. 2¹⁰ ...

---

1. Fassung gemäss Ziff. I des BG vom 4. Okt. 1991, in Kraft seit 1. April 1993 (AS **1993** 222; BBl **1991** IV 497 521).
2. Fassung gemäss Anhang Ziff. 6 des BG vom 16. Dez. 2005 (GmbH-Recht sowie Anpassungen im Aktien-, Genossenschafts-, Handelsregister- und Firmenrecht), in Kraft seit 1. Jan. 2008 (AS **2007** 4791; BBl **2002** 3148, **2004** 3969).
3. Fassung gemäss Anhang Ziff. II 7 des Finanzinstitutsgesetzes vom 15. Juni 2018, in Kraft seit 1. Jan. 2020 (AS **2018** 5247, **2019** 4631; BBl **2015** 8901).
4. Aufgehoben durch Anhang Ziff. 2 des BG vom 30. Sept. 2011 (Stärkung der Stabilität im Finanzsektor), mit Wirkung seit 1. März 2012 (AS **2012** 811; BBl **2011** 4717).
5. Fassung gemäss Ziff. I des BG vom 4. Okt. 1991, in Kraft seit 1. April 1993 (AS **1993** 222; BBl **1991** IV 497 521).
6. Fassung gemäss Anhang Ziff. 6 des BG vom 16. Dez. 2005 (GmbH-Recht sowie Anpassungen im Aktien-, Genossenschafts-, Handelsregister- und Firmenrecht), in Kraft seit 1. Jan. 2008 (AS **2007** 4791; BBl **2002** 3148, **2004** 3969).
7. Fassung gemäss Anhang Ziff. II 7 des Finanzinstitutsgesetzes vom 15. Juni 2018, in Kraft seit 1. Jan. 2020 (AS **2018** 5247, **2019** 4631; BBl **2015** 8901).
8. Fassung gemäss Anhang Ziff. II 4 des Kollektivanlagengesetzes vom 23. Juni 2006, in Kraft seit 1. Jan. 2007 (AS **2006** 5379; BBl **2005** 6395).
9. SR **951.31**
10. Aufgehoben durch Ziff. I des BG vom 5. Okt. 1984 (AS **1985** 1963; BBl **1981** III 737).

III. Verhältnis zum kantonalen Recht

Art. 3

¹ Urkunden, welche dieses Gesetz als Gegenstand einer Stempelabgabe oder steuerfrei erklärt, dürfen von den Kantonen nicht mit gleichgearteten Abgaben oder Registrierungsgebühren belastet werden. Anstände, die sich auf Grund dieser Bestimmung ergeben, beurteilt das Bundesgericht als einzige Instanz (Art. 116 des Bundesrechtspflegegesetzes vom 16. Dez. 1943 – OG[1]).

² Zu den steuerfreien Urkunden gehören auch die Frachturkunden im Gepäck-, Tier- und Güterverkehr der Schweizerischen Bundesbahnen und der vom Bund konzessionierten Transportunternehmen.[2]

IV. Begriffsbestimmungen A93, A92, A69, A60, A57

Art. 4

¹ Inländer ist, wer im Inland Wohnsitz, dauernden Aufenthalt, statutarischen oder gesetzlichen Sitz hat oder als Unternehmen im inländischen Handelsregister eingetragen ist. A57

² Investmentgesellschaften mit festem Kapital nach Artikel 110 KAG[3] werden in diesem Gesetz den Kapitalgesellschaften gleichgestellt.[4] A69

³ Obligationen sind schriftliche, auf feste Beträge lautende Schuldanerkennungen, die zum Zwecke der kollektiven Kapitalbeschaffung oder Anlagegewährung oder der Konsolidierung von Verbindlichkeiten in einer Mehrzahl von Exemplaren ausgegeben werden, namentlich Anleihensobligationen mit Einschluss der Partialen von Anleihen, für welche ein Grundpfandrecht gemäss Artikel 875 des Zivilgesetzbuches[5] besteht, Rententitel, Pfandbriefe, Kassenobligationen, Kassen- und Depositenscheine sowie Schuldbuchforderungen.[6] A93, A60

⁴ Den Obligationen gleichgestellt sind: A92

  a. in einer Mehrzahl ausgegebene Wechsel, wechselähnliche Schuldverschreibungen und andere Diskontpapiere, sofern sie zur Unterbringung im Publikum bestimmt sind;
  b. Ausweise über Unterbeteiligungen an Darlehensforderungen;
  c.[7] in einer Mehrzahl ausgegebene, der kollektiven Kapitalbeschaffung dienende Buchforderungen.

⁵ Geldmarktpapiere sind Obligationen mit einer festen Laufzeit von nicht mehr als zwölf Monaten.[8] C20

---

1 Siehe heute das Bundesgerichtsgesetz vom 17. Juni 2005 (SR **173.110**).
2 Eingefügt durch Ziff. I des BG vom 8. Okt. 1999 (AS **2000** 322; BBl **1999** 7922). Fassung gemäss Ziff. II 9 des BG vom 20. März 2009 über die Bahnreform 2, in Kraft seit 1. Jan. 2010 (AS **2009** 5597; BBl **2005** 2415, **2007** 2681).
3 SR **951.31**
4 Fassung gemäss Anhang Ziff. II 4 des Kollektivanlagengesetzes vom 23. Juni 2006, in Kraft seit 1. Jan. 2007 (AS **2006** 5379; BBl **2005** 6395).
5 SR **210**
6 Eingefügt durch Ziff. I des BG vom 4. Okt. 1991, in Kraft seit 1. April 1993 (AS **1993** 222; BBl **1991** IV 497 521).
7 Eingefügt durch Ziff. I des BG vom 4. Okt. 1991, in Kraft seit 1. April 1993 (AS **1993** 222; BBl **1991** IV 497 521).
8 Eingefügt durch Ziff. I des BG vom 4. Okt. 1991, in Kraft seit 1. April 1993 (AS **1993** 222; BBl **1991** IV 497 521).

Erster Abschnitt: Emissionsabgabe

I. Gegenstand der Abgabe

Art. 5 Beteiligungsrechte[1]   StV 9 ff.

¹ Gegenstand der Abgabe sind:

a. die entgeltliche oder unentgeltliche Begründung und Erhöhung des Nennwertes von Beteiligungsrechten in Form von: StV 9
   - Aktien inländischer Aktiengesellschaften und Kommanditaktiengesellschaften;
   - Stammanteilen inländischer Gesellschaften mit beschränkter Haftung;[2]
   - Genossenschaftsanteilen inländischer Genossenschaften;
   - Genussscheinen inländischer Gesellschaften oder Genossenschaften. Als Genussscheine gelten Urkunden über Ansprüche auf einen Anteil am Reingewinn oder am Liquidationsergebnis;   StV 11 f. | A77
   -[3] Partizipationsscheinen inländischer Gesellschaften, Genossenschaften oder gewerblicher Unternehmen des öffentlichen Rechts;
   -[4] Beteiligungsscheinen von Genossenschaftsbanken.
b.[5] ...

² Der Begründung von Beteiligungsrechten im Sinne von Absatz 1 Buchstabe a sind gleichgestellt: StV 10

a. die Zuschüsse, die die Gesellschafter oder Genossenschafter ohne entsprechende Gegenleistung an die Gesellschaft oder Genossenschaft erbringen, ohne dass das im Handelsregister eingetragene Gesellschaftskapital oder der einbezahlte Betrag der Genossenschaftsanteile erhöht wird;   A84, A77, C22
b.[6] der Handwechsel der Mehrheit der Aktien, Stammanteilen oder Genossenschaftsanteile an einer inländischen Gesellschaft oder Genossenschaft, die wirtschaftlich liquidiert oder in liquide Form gebracht worden ist;
c.[7] ...

Art. 5a[8] ...

---

[1] Fassung gemäss Ziff. I des BG vom 4. Okt. 1991, in Kraft seit 1. April 1993 (AS **1993** 222; BBl **1991** IV 497 521).
[2] Fassung gemäss Anhang Ziff. 6 des BG vom 16. Dez. 2005 (GmbH-Recht sowie Anpassungen im Aktien-, Genossenschafts-, Handelsregister- und Firmenrecht), in Kraft seit 1. Jan. 2008 (AS **2007** 4791; BBl **2002** 3148, **2004** 3969).
[3] Fünfter Strich eingefügt durch Ziff. III Art. 7 Ziff. 1 des BG vom 4. Okt. 1991 über die Änderung des OR (Die Aktiengesellschaft), in Kraft seit 1. Juli 1992 (AS **1992** 733; BBl **1983** II 745).
[4] Eingefügt durch Anhang Ziff. II 7 des Finanzinstitutsgesetzes vom 15. Juni 2018, in Kraft seit 1. Jan. 2020 (AS **2018** 5247, **2019** 4631; BBl **2015** 8901).
[5] Aufgehoben durch Ziff. I des BG vom 4. Okt. 1991 (AS **1993** 222; BBl **1991** IV 497 521).
[6] Fassung gemäss Anhang Ziff. 6 des BG vom 16. Dez. 2005 (GmbH-Recht sowie Anpassungen im Aktien-, Genossenschafts-, Handelsregister- und Firmenrecht), in Kraft seit 1. Jan. 2008 (AS **2007** 4791; BBl **2002** 3148, **2004** 3969).
[7] Aufgehoben durch Ziff. I des BG vom 4. Okt. 1991 (AS **1993** 222; BBl **1991** IV 497 521).
[8] Eingefügt durch Ziff. I des BG vom 4. Okt. 1991 (AS **1993** 222; BBl **1991** IV 497 521). Aufgehoben durch Anhang Ziff. 2 des BG vom 30. Sept. 2011 (Stärkung der Stabilität im Finanzsektor), mit Wirkung seit 1. März 2012 (AS **2012** 811; BBl **2011** 4717).

Art. 6 Ausnahmen

¹ Von der Abgabe sind ausgenommen: StV 16

a. die Beteiligungsrechte an Aktiengesellschaften, Kommanditaktiengesellschaften, Gesellschaften mit beschränkter Haftung oder Genossenschaften, die sich, ohne einen Erwerbszweck zu verfolgen, entweder der Fürsorge für Bedürftige und Kranke, der Förderung des Kultus, des Unterrichts sowie anderer gemeinnütziger Zwecke oder der Beschaffung von Wohnungen zu mässigen Mietzinsen oder der Gewährung von Bürgschaften widmen, sofern nach den Statuten
   – die Dividende auf höchstens 6 Prozent des einbezahlten Gesellschafts- oder Genossenschaftskapitals beschränkt,
   – die Ausrichtung von Tantiemen ausgeschlossen und
   – bei der Auflösung der Gesellschaft oder Genossenschaft der nach Rückzahlung des einbezahlten Gesellschafts- oder Genossenschaftskapitals verbleibende Teil des Vermögens einem der erwähnten Zwecke zuzuwenden ist;

a^{bis}. Beteiligungsrechte, die in Durchführung von Beschlüssen über Fusionen oder diesen wirtschaftlich gleichkommende Zusammenschlüsse, Umwandlungen und Spaltungen von Aktiengesellschaften, Kommanditaktiengesellschaften, Gesellschaften mit beschränkter Haftung oder Genossenschaften begründet oder erhöht werden;[1] A50

a^{ter}.[2] die Begründung oder Erhöhung des Nennwerts von Beteiligungsrechten an Gesellschaften, die ausschliesslich in öffentlicher Hand sind und einen öffentlichen Zweck nach Artikel 1 des Bundesgesetzes vom 17. März 2023[3] über den Einsatz elektronischer Mittel zur Erfüllung von Behördenaufgaben verfolgen, sowie gleichgestellte Vorgänge zur Begründung von Beteiligungsrechten an solchen Gesellschaften;

b.[4] die Begründung oder Nennwerterhöhung von Beteiligungsrechten an Genossenschaften, soweit die Leistungen der Genossenschafter im Sinne von Artikel 5 gesamthaft eine Million Franken nicht übersteigen;

c.[5] die Beteiligungsrechte an Transportunternehmen, die aus Investitionsbeiträgen der öffentlichen Hand zu deren Gunsten begründet oder erhöht werden;

d. die Beteiligungsrechte, die unter Verwendung früherer Aufgelder und Zuschüsse der Gesellschafter oder Genossenschafter begründet oder erhöht werden, sofern die Gesellschaft oder Genossenschaft nachweist, dass sie auf diesen Leistungen die Abgabe entrichtet hat;

e.[6] …

f.[7] …

---

[1] Eingefügt durch Ziff. I des BG vom 4. Okt. 1991 (AS **1993** 222; BBl **1991** IV 497). Fassung gemäss Anhang Ziff. 6 des Fusionsgesetzes vom 3. Okt. 2003, in Kraft seit 1. Juli 2004 (AS **2004** 2617; BBl **2000** 4337).
[2] Eingefügt durch Anhang Ziff. 3 des BG vom 17. März 2023 über den Einsatz elektronischer Mittel zur Erfüllung von Behördenaufgaben, in Kraft seit 1. Jan. 2024 (AS **2023** 682; BBl **2022** 804).
[3] SR **172.019**
[4] Fassung gemäss Ziff. II 1 des Unternehmenssteuerreformgesetzes II vom 23. März 2007, in Kraft seit 1. Jan. 2009 (AS **2008** 2893; BBl **2005** 4733).
[5] Fassung gemäss Ziff. II 9 des BG vom 20. März 2009 über die Bahnreform 2, in Kraft seit 1. Jan. 2010 (AS **2009** 5597; BBl **2005** 2415, **2007** 2681).
[6] Aufgehoben durch Ziff. I des BG vom 4. Okt. 1991 (AS **1993** 222; BBl **1991** IV 497 521).
[7] Eingefügt durch Art. 25 des ABRG vom 20. Dez. 1985 (AS **1988** 1420; BBl **1984** I 1129). Aufgehoben durch Ziff. II des BG vom 28. Sept. 2018, mit Wirkung seit 1. Jan. 2019 (AS **2019** 433; BBl **2018** 2325).

g.[1] die Beteiligungsrechte, die unter Verwendung eines Partizipationskapitals oder Beteiligungskapitals einer Genossenschaftsbank begründet oder erhöht werden, sofern die Gesellschaft oder Genossenschaft nachweist, dass sie auf diesem Partizipationskapital oder Beteiligungskapital die Abgabe entrichtet hat;

h.[2] die bei der Gründung oder Kapitalerhöhung einer Aktiengesellschaft, einer Kommanditaktiengesellschaft oder einer Gesellschaft mit beschränkter Haftung entgeltlich ausgegebenen Beteiligungsrechte, soweit die Leistungen der Gesellschafter gesamthaft eine Million Franken nicht übersteigen;

i.[3] die Begründung von Anteilen von kollektiven Kapitalanlagen gemäss KAG[4]; A69

j.[5] Beteiligungsrechte, die zur Übernahme eines Betriebes oder Teilbetriebes einer Aktiengesellschaft, Kommanditaktiengesellschaft, Gesellschaft mit beschränkter Haftung oder Genossenschaft begründet oder erhöht werden, sofern gemäss letzter Jahresbilanz die Hälfte des Kapitals und der gesetzlichen Reserven dieser Gesellschaft oder Genossenschaft nicht mehr gedeckt ist; N 4 725 | A77

k.[6] die bei offenen Sanierungen vorgenommene Begründung von Beteiligungsrechten oder die Erhöhung von deren Nennwert bis zur Höhe vor der Sanierung sowie Zuschüsse von Gesellschaftern oder Genossenschaftern bei stillen Sanierungen, soweit: A77
   – bestehende Verluste beseitigt werden, und
   – die Leistungen der Gesellschafter oder Genossenschafter gesamthaft 10 Millionen Franken nicht übersteigen;

l.[7] die Beteiligungsrechte an Banken oder Konzerngesellschaften von Finanzgruppen, die unter Verwendung des von der Eidgenössischen Finanzmarktaufsicht im Hinblick auf die Erfüllung regulatorischer Erfordernisse genehmigten Wandlungskapitals nach den Artikeln 13 Absatz 1 oder 30*b* Absatz 7 Buchstabe b des Bankengesetzes vom 8. November 1934[8] begründet oder erhöht werden;

m.[9] ...

2 Fallen die Voraussetzungen der Abgabebefreiung dahin, so ist auf den noch bestehenden Beteiligungsrechten die Abgabe zu entrichten.[10]

---

[1] Eingefügt durch Ziff. III Art. 7 Ziff. 1 des BG vom 4. Okt. 1991 über die Änderung des OR (Die Aktiengesellschaft) (AS **1992** 733; BBl **1983** II 745). Fassung gemäss Anhang Ziff. II 7 des Finanzinstitutsgesetzes vom 15. Juni 2018, in Kraft seit 1. Jan. 2020 (AS **2018** 5247, **2019** 4631; BBl **2015** 8901).

[2] Eingefügt durch Ziff. I des BG vom 24. März 1995 (AS **1995** 4259; BBl **1995** I 89). Fassung gemäss Ziff. I des BG vom 18. März 2005, in Kraft seit 1. Jan. 2006 (AS **2005** 3577; BBl **2004** 4899).

[3] Eingefügt durch Anhang Ziff. II 4 des Kollektivanlagengesetzes vom 23. Juni 2006, in Kraft seit 1. Jan. 2007 (AS **2006** 5379; BBl **2005** 6395).

[4] SR **951.31**

[5] Eingefügt durch Ziff. II 1 des Unternehmenssteuerreformgesetzes II vom 23. März 2007, in Kraft seit 1. Jan. 2009 (AS **2008** 2893; BBl **2005** 4733).

[6] Eingefügt durch Ziff. II 1 des Unternehmenssteuerreformgesetzes II vom 23. März 2007, in Kraft seit 1. Jan. 2009 (AS **2008** 2893; BBl **2005** 4733).

[7] Eingefügt durch Anhang Ziff. 2 des BG vom 30. Sept. 2011 (Stärkung der Stabilität im Finanzsektor) (AS **2012** 811; BBl **2011** 4717). Fassung gemäss Anhang Ziff. 4 des BG vom 17. Dez. 2021 (Insolvenz und Einlagensicherung), in Kraft seit 1. Jan. 2023 (AS **2022** 732; BBl **2020** 6359).

[8] SR **952.0**

[9] Eingefügt durch Ziff. II des BG vom 18. März 2016 (AS **2016** 3451; BBl **2015** 7083). Aufgehoben durch Anhang Ziff. 4 des BG vom 17. Dez. 2021 (Insolvenz und Einlagensicherung), mit Wirkung seit 1. Jan. 2023 (AS **2022** 732; BBl **2020** 6359).

[10] Im Sinne einer Berichtigung nach Art. 33 Abs. 1 GVG (AS **1974** 1051) hat die Redaktionskommission der BVers den Passus «oder Anteilen an Anlagefonds» gestrichen.

II. Entstehung der Abgabeforderung

Art. 7

1 Die Abgabeforderung entsteht: StV 9 ff.

   a.[1] bei Aktien, Partizipationsscheinen, Stammanteilen von Gesellschaften mit beschränkter Haftung und bei Beteiligungsscheinen von Genossenschaftsbanken: im Zeitpunkt der Eintragung der Begründung oder der Erhöhung der Beteiligungsrechte ins Handelsregister;

   a^{bis}. bei Beteiligungsrechten, die im Verfahren der bedingten Kapitalerhöhung begründet werden: im Zeitpunkt ihrer Ausgabe;[2]

   b.[3] ...

   c. bei Genossenschaftsanteilen: im Zeitpunkt ihrer Begründung oder Erhöhung;

   d. bei Genussscheinen: im Zeitpunkt ihrer Ausgabe oder Erhöhung;

   e. bei Zuschüssen und bei einem Handwechsel der Mehrheit von Beteiligungsrechten: im Zeitpunkt des Zuschusses oder des Handwechsels;

   f.[4] bei Beteiligungsrechten, die im Rahmen eines Kapitalbands nach den Artikeln 653s ff. des Obligationenrechts[5] ausgegeben werden, am Ende des Kapitalbands. N 4

2 ...[6]

III. Abgabesätze und Berechnungsgrundlage

Art. 8 Beteiligungsrechte[7]

1 Die Abgabe auf Beteiligungsrechten beträgt 1 Prozent und wird berechnet:[8]

   a. bei der Begründung und Erhöhung von Beteiligungsrechten: vom Betrag, der der Gesellschaft oder Genossenschaft als Gegenleistung für die Beteiligungsrechte zufliesst, mindestens aber vom Nennwert;

   b. auf Zuschüssen: vom Betrag des Zuschusses;

   c. beim Handwechsel der Mehrheit von Beteiligungsrechten: vom Reinvermögen, das sich im Zeitpunkt des Handwechsels in der Gesellschaft oder Genossenschaft befindet, mindestens aber vom Nennwert aller bestehenden Beteiligungsrechte.

2 ...[9]

3 Sachen und Rechte sind zum Verkehrswert im Zeitpunkt ihrer Einbringung zu bewerten.

---

1 Fassung gemäss Anhang Ziff. II 7 des Finanzinstitutsgesetzes vom 15. Juni 2018, in Kraft seit 1. Jan. 2020 (AS **2018** 5247, **2019** 4631; BBl **2015** 8901).
2 Eingefügt durch Ziff. III Art. 7 Ziff. 1 des BG vom 4. Okt. 1991 über die Änderung des OR (Die Aktiengesellschaft), in Kraft seit 1. Juli 1992 (SR **220** am Ende, SchlB zum Tit. XXVI).
3 Aufgehoben durch Ziff. I 3 des BG vom 10. Okt. 1997 über die Reform der Unternehmensbesteuerung 1997 (AS **1998** 669; BBl **1997** II 1164).
4 Eingefügt durch Ziff. I des BG vom 4. Okt. 1991 (AS **1993** 222; BBl **1991** IV 497 521). Fassung gemäss Anhang Ziff. 6 des BG vom 19. Juni 2020 (Aktienrecht), in Kraft seit 1. Jan. 2023 (AS **2020** 4005, **2022** 109; BBl **2017** 399).
5 SR **220**
6 Aufgehoben durch Ziff. I des BG vom 4. Okt. 1991 (AS **1993** 222; BBl **1991** IV 497 521).
7 Fassung gemäss Ziff. I des BG vom 4. Okt. 1991, in Kraft seit 1. April 1993 (AS **1993** 222; BBl **1991** IV 497 521).
8 Fassung gemäss Ziff. I 3 des BG vom 10. Okt. 1997 über die Reform der Unternehmensbesteuerung 1997, in Kraft seit 1. April 1998 (AS **1998** 669; BBl **1997** II 1164).
9 Aufgehoben durch Ziff. I des BG vom 4. Okt. 1991 (AS **1993** 222; BBl **1991** IV 497 521).

Art. 9 Besondere Fälle

¹ Die Abgabe beträgt:

a.¹ ...
b.² ...
c.³ ...
d.⁴ auf unentgeltlich ausgegebenen Genussscheinen: 3 Franken je Genussschein;
e.⁵ auf Beteiligungsrechten, die in Durchführung von Beschlüssen über die Fusion, Spaltung oder Umwandlung von Einzelunternehmen, Handelsgesellschaften ohne juristische Persönlichkeit, Vereinen, Stiftungen oder Unternehmen des öffentlichen Rechts begründet oder erhöht werden, sofern der bisherige Rechtsträger während mindestens fünf Jahren bestand: 1 Prozent des Nennwerts, vorbehältlich der Ausnahmen in Artikel 6 Absatz 1 Buchstabe h. Über den Mehrwert wird nachträglich abgerechnet, soweit während den der Umstrukturierung nachfolgenden fünf Jahren die Beteiligungsrechte veräussert werden.

² Von den Einzahlungen, die während eines Geschäftsjahres auf das Genossenschaftskapital gemacht werden, wird die Abgabe nur soweit erhoben, als diese Einzahlungen die Rückzahlungen auf dem Genossenschaftskapital während des gleichen Geschäftsjahres übersteigen.

³ Auf den Beträgen, die der Gesellschaft im Rahmen eines Kapitalbands nach den Artikeln 653s ff. des Obligationenrechts⁶ zufliessen, wird die Abgabe nur soweit erhoben, als diese Zuflüsse die Rückzahlungen im Rahmen dieses Kapitalbands übersteigen.⁷ N 4

Art. 9a⁸ ...

---

¹ Aufgehoben durch Ziff. I des BG vom 4. Okt. 1991 (AS **1993** 222; BBl **1991** IV 497 521).
² Aufgehoben durch Ziff. I 3 des BG vom 10. Okt. 1997 über die Reform der Unternehmensbesteuerung 1997 (AS **1998** 669; BBl **1997** II 1164).
³ Aufgehoben durch Ziff. I des BG vom 4. Okt. 1991 (AS **1993** 222; BBl **1991** IV 497 521).
⁴ Fassung gemäss Ziff. III Art. 7 Ziff. 1 des BG vom 4. Okt. 1991 über die Änderung des OR (Die Aktiengesellschaft), in Kraft seit 1. Juli 1992 (SR **220** am Ende, SchlB zum Tit. XXVI).
⁵ Eingefügt durch Anhang Ziff. 6 des Fusionsgesetzes vom 3. Okt. 2003 (AS **2004** 2617; BBl **2000** 4337). Fassung gemäss Anhang Ziff. 6 des BG vom 16. Dez. 2005 (GmbH-Recht sowie Anpassungen im Aktien-, Genossenschafts-, Handelsregister- und Firmenrecht), in Kraft seit 1. Jan. 2008 (AS **2007** 4791; BBl **2002** 3148, **2004** 3969).
⁶ SR **220**
⁷ Eingefügt durch Ziff. I des BG vom 4. Okt. 1991 (AS **1993** 222; BBl **1991** IV 497 521). Fassung gemäss Anhang Ziff. 6 des BG vom 19. Juni 2020 (Aktienrecht), in Kraft seit 1. Jan. 2023 (AS **2020** 4005, **2022** 109; BBl **2017** 399).
⁸ Eingefügt durch Ziff. I des BG vom 4. Okt. 1991 (AS **1993** 222; BBl **1991** IV 497 521). Aufgehoben durch Anhang Ziff. 2 des BG vom 30. Sept. 2011 (Stärkung der Stabilität im Finanzsektor), mit Wirkung seit 1. März 2012 (AS **2012** 811; BBl **2011** 4717).

IV. Abgabepflicht

Art. 10

¹ Für Beteiligungsrechte ist die Gesellschaft oder Genossenschaft abgabepflichtig.[1] Für die beim Handwechsel der Mehrheit von Beteiligungsrechten (Art. 5 Abs. 2 Bst. b) geschuldete Abgabe haftet der Veräusserer der Beteiligungsrechte solidarisch.

² ...[2]

³ und ⁴ ...[3]

V. Fälligkeit der Abgabeforderung StV 9 ff.

Art. 11

Die Abgabe wird fällig:

a.[4] auf Genossenschaftsanteilen: 30 Tage nach Geschäftsabschluss;
b.[5] auf Beteiligungsrechten: 30 Tage nach Ablauf des Vierteljahres, in dem die Abgabeforderung entstanden ist (Art. 7);
c. in allen andern Fällen: 30 Tage nach Entstehung der Abgabeforderung (Art. 7).

VI. Stundung und Erlass der Abgabeforderung StV 17

Art. 12

Wenn bei der offenen oder stillen Sanierung einer Aktiengesellschaft, Kommanditaktiengesellschaft, Gesellschaft mit beschränkter Haftung oder Genossenschaft die Erhebung der Emissionsabgabe eine offenbare Härte bedeuten würde, so soll die Abgabe gestundet oder erlassen werden. A77

---

[1] Fassung gemäss Ziff. I des BG vom 4. Okt. 1991, in Kraft seit 1. April 1993 (AS **1993** 222; BBl **1991** IV 497 521).
[2] Aufgehoben durch Ziff. I des BG vom 4. Okt. 1991 (AS **1993** 222; BBl **1991** IV 497 521).
[3] Eingefügt durch Ziff. I des BG vom 4. Okt. 1991 (AS **1993** 222; BBl **1991** IV 497 521). Aufgehoben durch Anhang Ziff. 2 des BG vom 30. Sept. 2011 (Stärkung der Stabilität im Finanzsektor), mit Wirkung seit 1. März 2012 (AS **2012** 811; BBl **2011** 4717).
[4] Fassung gemäss Ziff. II 1 des Unternehmenssteuerreformgesetzes II vom 23. März 2007, in Kraft seit 1. Jan. 2009 (AS **2008** 2893; BBl **2005** 4733).
[5] Fassung gemäss Anhang Ziff. 2 des BG vom 30. Sept. 2011 (Stärkung der Stabilität im Finanzsektor), in Kraft seit 1. März 2012 (AS **2012** 811; BBl **2011** 4717).

Zweiter Abschnitt: Umsatzabgabe StV 18–25a | A57

I. Gegenstand der Abgabe

Art. 13 Regel A57

¹ Gegenstand der Abgabe ist die entgeltliche Übertragung von Eigentum an den in Absatz 2 bezeichneten Urkunden, sofern eine der Vertragsparteien oder einer der Vermittler Effektenhändler nach Absatz 3 ist.[1]

² Steuerbare Urkunden sind:

a. die von einem Inländer ausgegebenen:
  1. Obligationen (Art. 4 Abs. 3 und 4), A93
  2.[2] Aktien, Stammanteile von Gesellschaften mit beschränkter Haftung, Anteilscheine und Beteiligungsscheine von Genossenschaften, Partizipationsscheine, Genussscheine,
  3.[3] Anteile an kollektiven Kapitalanlagen gemäss KAG[4]; A69
b. die von einem Ausländer ausgegebenen Urkunden, die in ihrer wirtschaftlichen Funktion den Titeln nach Buchstabe a gleichstehen. Der Bundesrat hat die Ausgabe von ausländischen Titeln von der Abgabe auszunehmen, wenn die Entwicklung der Währungslage oder des Kapitalmarktes es erfordert;
c.[5] Ausweise über Unterbeteiligungen an Urkunden der in Buchstaben a und b bezeichneten Arten. A92, A60

³ Effektenhändler sind:

a.[6] die Banken, die bankähnlichen Finanzgesellschaften im Sinne des Bankengesetzes vom 8. November 1934[7], die Schweizerische Nationalbank sowie die zentralen Gegenparteien im Sinne des Finanzmarktinfrastrukturgesetzes vom 19. Juni 2015[8];
b. die nicht unter Buchstabe a fallenden inländischen natürlichen und juristischen Personen und Personengesellschaften, inländischen Anstalten und Zweigniederlassungen ausländischer Unternehmen, deren Tätigkeit ausschliesslich oder zu einem wesentlichen Teil darin besteht,
  1. für Dritte den Handel mit steuerbaren Urkunden zu betreiben (Händler), oder
  2. als Anlageberater oder Vermögensverwalter Kauf und Verkauf von steuerbaren Urkunden zu vermitteln (Vermittler); B113
c.[9] ...

---

[1] Fassung gemäss Ziff. I des BG vom 18. März 2005, in Kraft seit 1. Jan. 2006 (AS **2005** 3577; BBl **2004** 4899).
[2] Fassung gemäss Anhang Ziff. II 7 des Finanzinstitutsgesetzes vom 15. Juni 2018, in Kraft seit 1. Jan. 2020 (AS **2018** 5247, **2019** 4631; BBl **2015** 8901).
[3] Fassung gemäss Anhang Ziff. II 4 des Kollektivanlagengesetzes vom 23. Juni 2006, in Kraft seit 1. Jan. 2007 (AS **2006** 5379; BBl **2005** 6395).
[4] SR **951.31**
[5] Fassung gemäss Ziff. I des BG vom 4. Okt. 1991, in Kraft seit 1. April 1993 (AS **1993** 222; BBl **1991** IV 497 521).
[6] Fassung gemäss Anhang Ziff. 5 des Finanzmarktinfrastrukturgesetzes vom 19. Juni 2015, in Kraft seit 1. Jan. 2016 (AS **2015** 5339; BBl **2014** 7483).
[7] SR **952.0**
[8] SR **958.1**
[9] Aufgehoben durch Ziff. I des BG vom 18. März 2005, mit Wirkung seit 1. Jan. 2006 (AS **2005** 3577; BBl **2004** 4899).

d.[1] die nicht unter die Buchstaben a und b fallenden inländischen Aktiengesellschaften, Kommanditaktiengesellschaften, Gesellschaften mit beschränkter Haftung und Genossenschaften sowie inländischen Einrichtungen der beruflichen Vorsorge und der gebundenen Vorsorge, deren Aktiven nach Massgabe der letzten Bilanz zu mehr als 10 Millionen Franken aus steuerbaren Urkunden nach Absatz 2 bestehen;

e.[2] ...

f.[3] der Bund, die Kantone und die politischen Gemeinden samt ihren Anstalten, sofern sie in ihrer Rechnung für mehr als 10 Millionen Franken steuerbare Urkunden nach Absatz 2 ausweisen, sowie die inländischen Einrichtungen der Sozialversicherung.[4]

4 Als inländische Einrichtungen der beruflichen Vorsorge und der gebundenen Vorsorge nach Absatz 3 Buchstabe d gelten:

a. die Einrichtungen nach Artikel 48 des Bundesgesetzes vom 25. Juni 1982[5] über die berufliche Alters-, Hinterlassenen- und Invalidenvorsorge (BVG) und nach Artikel 331 des Obligationenrechts[6], der Sicherheitsfonds sowie die Auffangeinrichtung nach den Artikeln 56 und 60 BVG;

b. Freizügigkeitsstiftungen nach den Artikeln 10 Absatz 3 und 19 der Freizügigkeitsverordnung vom 3. Oktober 1994[7] über die Freizügigkeit in der beruflichen Alters-, Hinterlassenen- und Invalidenvorsorge;

c. die Träger der in Artikel 1 Absatz 1 der Verordnung vom 13. November 1985[8] über die steuerliche Abzugsberechtigung für Beiträge an anerkannte Vorsorgeformen erwähnten gebundenen Vorsorgeversicherungen und Vorsorgevereinbarungen;

d.[9] Anlagestiftungen, die sich der Anlage und der Verwaltung von Vermögen von Vorsorgeeinrichtungen nach den Buchstaben a–c widmen und unter der Stiftungsaufsicht des Bundes oder der Kantone stehen.

5 Als inländische Einrichtungen der Sozialversicherung nach Absatz 3 Buchstabe f gelten: der Ausgleichsfonds der Alters- und Hinterlassenenversicherung sowie der Ausgleichsfonds der Arbeitslosenversicherung.[10]

---

1 Fassung gemäss Ziff. I des BG vom 18. März 2005, in Kraft seit 1. Jan. 2006 (AS **2005** 3577; BBl **2004** 4899).
2 Eingefügt durch Ziff. I des BB vom 19. März 1999 über dringliche Massnahmen im Bereich der Umsatzabgabe (AS **1999** 1287; BBl **1999** 1025). Aufgehoben durch Ziff. I des BG vom 19. März 2010, mit Wirkung seit 1. Juli 2010 (AS **2010** 3317; BBl **2009** 8745 8753).
3 Eingefügt durch Ziff. I des BG vom 15. Dez. 2000 über neue dringliche Massnahmen im Bereich der Umsatzabgabe (AS **2000** 2991; BBl **2000** 5835). Fassung gemäss Ziff. I des BG vom 18. März 2005, in Kraft seit 1. Jan. 2006 (AS **2005** 3577; BBl **2004** 4899).
4 Fassung gemäss Ziff. I des BG vom 4. Okt. 1991, in Kraft seit 1. April 1993 (AS **1993** 222; BBl **1991** IV 497 521).
5 SR **831.40**
6 SR **220**
7 SR **831.425**
8 SR **831.461.3**
9 Eingefügt durch Ziff. I des BG vom 15. Dez. 2000 über neue dringliche Massnahmen im Bereich der Umsatzabgabe (AS **2000** 2991; BBl **2000** 5835). Fassung gemäss Ziff. I des BG vom 18. März 2005, in Kraft seit 1. Jan. 2006 (AS **2005** 3577; BBl **2004** 4899).
10 Eingefügt durch Ziff. I des BG vom 15. Dez. 2000 über neue dringliche Massnahmen im Bereich der Umsatzabgabe (AS **2000** 2991; BBl **2000** 5835). Fassung gemäss Ziff. I des BG vom 18. März 2005, in Kraft seit 1. Jan. 2006 (AS **2005** 3577; BBl **2004** 4899).

Art. 14 Ausnahmen A57

1 Von der Abgabe sind ausgenommen:

a.[1] die Ausgabe inländischer Aktien, Stammanteile von Gesellschaften mit beschränkter Haftung und von Genossenschaften, Beteiligungsscheine von Genossenschaftsbanken, Partizipationsscheine, Genussscheine, Anteile an kollektiven Kapitalanlagen nach KAG[2], Obligationen und Geldmarktpapiere, einschliesslich der Festübernahme durch eine Bank oder Beteiligungsgesellschaft und der Zuteilung bei einer nachfolgenden Emission;

b.[3] die Sacheinlage von Urkunden zur Liberierung in- oder ausländischer Aktien, Stammanteile von Gesellschaften mit beschränkter Haftung, Genossenschaftsanteile, Beteiligungsscheine von Genossenschaftsbanken, Partizipationsscheine und Anteile von kollektiven Kapitalanlagen nach KAG;

c.[4] ...

d. der Handel mit Bezugsrechten;

e. die Rückgabe von Urkunden zur Tilgung;

f.[5] die Ausgabe von Obligationen ausländischer Schuldner, die auf eine fremde Währung lauten (Euroobligationen), sowie von Beteiligungsrechten an ausländischen Gesellschaften. Als Euroobligationen gelten ausschliesslich Titel, bei denen sowohl die Vergütung des Zinses als auch die Rückzahlung des Kapitals in einer fremden Währung erfolgen;

g.[6] der Handel mit in- und ausländischen Geldmarktpapieren;

h.[7] die Vermittlung oder der Kauf und Verkauf von ausländischen Obligationen, soweit der Käufer oder der Verkäufer eine ausländische Vertragspartei ist;

i.[8] die mit einer Umstrukturierung, insbesondere einer Fusion, Spaltung oder Umwandlung verbundene Übertragung steuerbarer Urkunden von der übernommenen, spaltenden oder umwandelnden Unternehmung auf die aufnehmende oder umgewandelte Unternehmung; A50

j.[9] der Erwerb oder die Veräusserung von steuerbaren Urkunden im Rahmen von Umstrukturierungen nach den Artikeln 61 Absatz 3 und 64 Absatz 1bis des Bundesgesetzes vom 14. Dezember 1990[10] über die direkte Bundessteuer sowie bei der Übertragung von Beteiligungen von mindestens 20 Prozent am Grund- oder Stammkapital anderer Gesellschaften auf eine in- oder ausländische Konzerngesellschaft. A50

---

[1] Fassung gemäss Anhang Ziff. II 7 des Finanzinstitutsgesetzes vom 15. Juni 2018, in Kraft seit 1. Jan. 2020 (AS **2018** 5247, **2019** 4631; BBl **2015** 8901).

[2] SR **951.31**

[3] Fassung gemäss Anhang Ziff. II 7 des Finanzinstitutsgesetzes vom 15. Juni 2018, in Kraft seit 1. Jan. 2020 (AS **2018** 5247, **2019** 4631; BBl **2015** 8901).

[4] Aufgehoben durch Ziff. I des BG vom 4. Okt. 1991 (AS **1993** 222; BBl **1991** IV 497 521).

[5] Eingefügt durch Ziff. I des BG vom 4. Okt. 1991, in Kraft seit 1. April 1993 (AS **1993** 222; BBl **1991** IV 497 521).

[6] Eingefügt durch Ziff. I des BG vom 4. Okt. 1991, in Kraft seit 1. April 1993 (AS **1993** 222; BBl **1991** IV 497 521).

[7] Eingefügt durch Ziff. I des BG vom 4. Okt. 1991 (AS **1993** 222; BBl **1991** IV 497 521). Fassung gemäss Ziff. I des BB vom 19. März 1999 über dringliche Massnahmen im Bereich der Umsatzabgabe (AS **1999** 1287; BBl **1999** 1025). Fassung gemäss Ziff. I des BG vom 18. März 2005, in Kraft seit 1. Jan. 2006 (AS **2005** 3577; BBl **2004** 4899).

[8] Eingefügt durch Anhang Ziff. 6 des Fusionsgesetzes vom 3. Okt. 2003, in Kraft seit 1. Juli 2004 (AS **2004** 2617; BBl **2000** 4337).

[9] Eingefügt durch Anhang Ziff. 6 des Fusionsgesetzes vom 3. Okt. 2003, in Kraft seit 1. Juli 2004 (AS **2004** 2617; BBl **2000** 4337).

[10] SR **642.11**

² ...[1]

³ Der gewerbsmässige Effektenhändler gemäss Artikel 13 Absatz 3 Buchstabe a und b Ziffer 1 ist von dem auf ihn selbst entfallenden Teil der Abgaben befreit, soweit er Titel aus seinem Handelsbestand veräussert oder zur Äuffnung dieses Bestandes erwirbt. Als Handelsbestand gelten die aus steuerbaren Urkunden zusammengesetzten Titelbestände, die sich aus der Handelstätigkeit der gewerbsmässigen Händler ergeben, nicht aber Beteiligungen und Bestände mit Anlagecharakter.[2] StV 25a

II. Entstehung der Abgabeforderung A57

Art. 15

¹ Die Abgabeforderung entsteht mit dem Abschluss des Geschäftes.

² Bei bedingten oder ein Wahlrecht einräumenden Geschäften entsteht die Abgabeforderung mit der Erfüllung des Geschäftes.

III. Abgabesatz und Berechnungsgrundlage A57

Art. 16 Regel[3]

¹ Die Abgabe wird auf dem Entgelt berechnet und beträgt: StV 22

 a. 1,5 Promille[4] für von einem Inländer ausgegebene Urkunden;
 b. 3 Promille[5] für von einem Ausländer ausgegebene Urkunden.

² Besteht das Entgelt nicht in einer Geldsumme, so ist der Verkehrswert der vereinbarten Gegenleistung massgebend.

IV. Abgabepflicht A57

Art. 17 Regel StV 18 ff.

¹ Abgabepflichtig ist der Effektenhändler.

² Er schuldet eine halbe Abgabe:

 a. wenn er vermittelt: für jede Vertragspartei, die sich weder als registrierter Effektenhändler noch als von der Abgabe befreiter Anleger ausweist;
 b. wenn er Vertragspartei ist: für sich selbst und die Gegenpartei, die sich weder als registrierter Effektenhändler noch als von der Abgabe befreiter Anleger ausweist.[6]

³ Der Effektenhändler gilt als Vermittler, wenn er

 a. mit seinem Auftraggeber zu den Originalbedingungen des mit der Gegenpartei abgeschlossenen Geschäftes abrechnet;

---

[1] Aufgehoben durch Ziff. I des BG vom 4. Okt. 1991 (AS **1993** 222; BBl **1991** IV 497 521).
[2] Eingefügt durch Ziff. I des BG vom 4. Okt. 1991, in Kraft seit 1. April 1993 (AS **1993** 222; BBl **1991** IV 497 521).
[3] Sachüberschrift eingefügt durch Ziff. I des BG vom 7. Okt. 1977, in Kraft seit 1. April 1978 (AS **1978** 201; BBl **1977** II 1453).
[4] Abgabesatz gemäss Ziff. I des BG vom 7. Okt. 1977, in Kraft seit 1. April 1978 (AS **1978** 201; BBl **1977** II 1453).
[5] Abgabesatz gemäss Ziff. I des BG vom 7. Okt. 1977, in Kraft seit 1. April 1978 (AS **1978** 201; BBl **1977** II 1453).
[6] Fassung gemäss Ziff. I des BG vom 18. März 2005, in Kraft seit 1. Jan. 2006 (AS **2005** 3577; BBl **2004** 4899).

b. lediglich Gelegenheit zum Geschäftsabschluss nachweist;
c. die Urkunden am Tage ihres Erwerbs weiterveräussert.

4 ...[1]

Art. 17a[2] **Von der Abgabe befreite Anleger** A57

1 Von der Abgabe nach Artikel 17 Absatz 2 befreit sind:
   a. ausländische Staaten und Zentralbanken;
   b.[3] inländische kollektive Kapitalanlagen nach Artikel 7 KAG[4];
   c.[5] ausländische kollektive Kapitalanlagen nach Artikel 119 KAG;
   d. ausländische Einrichtungen der Sozialversicherung;
   e. ausländische Einrichtungen der beruflichen Vorsorge;
   f. ausländische Lebensversicherer, die einer der Bundesaufsicht vergleichbaren ausländischen Regulierung unterstehen;
   g. ausländische Gesellschaften, deren Aktien an einer anerkannten Börse kotiert sind, sowie ihre ausländischen konsolidierten Konzerngesellschaften.

2 Als ausländische Einrichtungen der Sozialversicherung gelten Einrichtungen, welche die gleichen Aufgaben wie die inländischen Einrichtungen nach Artikel 13 Absatz 5 erfüllen und einer vergleichbaren Aufsicht unterstellt sind.

3 Als ausländische Einrichtungen der beruflichen Vorsorge gelten Einrichtungen:
   a. die der Alters-, Hinterlassenen- und Invalidenvorsorge dienen;
   b. deren Mittel dauernd und ausschliesslich für die berufliche Vorsorge bestimmt sind; und
   c. die einer der Bundesaufsicht vergleichbaren Aufsicht unterstellt sind.

Art. 18 **Emissionsgeschäfte** A57

1 Der Effektenhändler gilt als Vertragspartei, wenn er die Urkunden bei ihrer Emission fest übernimmt.

2 Übernimmt der Effektenhändler die Urkunden als Unterbeteiligter von einem andern Effektenhändler und gibt er sie während der Emission weiter, so ist er von dem auf ihn entfallenden Teil der Abgaben ausgenommen.

3 Der Effektenhändler gilt ferner als Vertragspartei, wenn er Ausweise über Unterbeteiligungen an Darlehensforderungen ausgibt.[6]

---

[1] Eingefügt durch Ziff. I des BB vom 19. März 1999 über dringliche Massnahmen im Bereich der Umsatzabgabe (AS **1999** 1287; BBl **1999** 1025). Aufgehoben durch Ziff. I des BG vom 19. März 2010, mit Wirkung seit 1. Juli 2010 (AS **2010** 3317; BBl **2009** 8745 8753).

[2] Eingefügt durch Ziff. I des BG vom 15. Dez. 2000 über neue dringliche Massnahmen im Bereich der Umsatzabgabe (AS **2000** 2991; BBl **2000** 5835). Fassung gemäss Ziff. I des BG vom 18. März 2005, in Kraft seit 1. Jan. 2006 (AS **2005** 3577; BBl **2004** 4899).

[3] Fassung gemäss Anhang Ziff. II 4 des Kollektivanlagengesetzes vom 23. Juni 2006, in Kraft seit 1. Jan. 2007 (AS **2006** 5379; BBl **2005** 6395).

[4] SR **951.31**

[5] Fassung gemäss Anhang Ziff. II 4 des Kollektivanlagengesetzes vom 23. Juni 2006, in Kraft seit 1. Jan. 2007 (AS **2006** 5379; BBl **2005** 6395).

[6] Eingefügt durch Ziff. I des BG vom 4. Okt. 1991, in Kraft seit 1. April 1993 (AS **1993** 222; BBl **1991** IV 497 521).

Art. 19[1] Geschäfte mit ausländischen Banken und Börsenagenten A57

1 Ist beim Abschluss eines Geschäftes eine ausländische Bank, ein ausländischer Börsenagent oder eine zentrale Gegenpartei im Sinne des Finanzmarktinfrastrukturgesetzes vom 19. Juni 2015[2] Vertragspartei, so entfällt die diese Partei betreffende halbe Abgabe.[3] Das Gleiche gilt für Titel, die von einer als Gegenpartei auftretenden Börse bei der Ausübung von standardisierten Derivaten übernommen oder geliefert werden.

2 …[4]

Art. 19a[5] Zum Zweck der Steuersicherung zwischengeschaltete Organisationen

Wer im Wohnsitzstaat einer natürlichen Person einer staatlichen Bewilligungs- oder Kontrollpflicht untersteht und ausschliesslich die Melde- und Steuerpflichten für deren in der Schweiz gehaltene Vermögenswerte erfüllt, ist für die damit verbundenen Geschäfte von der Umsatzabgabe befreit.

V. Fälligkeit der Abgabeforderung   StV 24

Art. 20

Die Abgabe wird 30 Tage nach Ablauf des Vierteljahres fällig, in dem die Abgabeforderung entstanden ist (Art. 15)

Dritter Abschnitt: Abgabe auf Versicherungsprämien   StV 26–28 | A78

I. Gegenstand der Abgabe

Art. 21 Regel

Gegenstand der Abgabe sind die Prämienzahlungen für Versicherungen,

a. die zum inländischen Bestand eines der Aufsicht des Bundes unterstellten oder eines inländischen öffentlich-rechtlichen Versicherers gehören;

b. die ein inländischer Versicherungsnehmer mit einem nicht der Bundesaufsicht unterstellten ausländischen Versicherer abgeschlossen hat.

Art. 22 Ausnahmen

Von der Abgabe ausgenommen sind die Prämienzahlungen für die

a.[6] nichtrückkaufsfähige Lebensversicherung sowie die rückkaufsfähige Lebensversicherung mit periodischer Prämienzahlung; der Bundesrat legt in einer Verordnung die notwendigen Abgrenzungen fest; StV 26a f.

---

1 Fassung gemäss Ziff. I des BG vom 18. März 2005, in Kraft seit 1. Jan. 2006 (AS **2005** 3577; BBl **2004** 4899).
2 SR **958.1**
3 Fassung gemäss Anhang Ziff. 5 des Finanzmarktinfrastrukturgesetzes vom 19. Juni 2015, in Kraft seit 1. Jan. 2016 (AS **2015** 5339; BBl **2014** 7483).
4 Aufgehoben durch Ziff. I des BG vom 19. März 2010, mit Wirkung seit 1. Juli 2010 (AS **2010** 3317; BBl **2009** 8745).
5 Eingefügt durch Ziff. I des BG vom 29. Sept. 2017, in Kraft seit 1. März 2018 (AS **2018** 705; BBl **2017** 1511).
6 Fassung gemäss Ziff. I 3 des BG vom 10. Okt. 1997 über die Reform der Unternehmensbesteuerung 1997, in Kraft seit 1. April 1998 (AS **1998** 669; BBl **1997** II 1164).

a[bis]. Lebensversicherung, soweit diese der beruflichen Vorsorge im Sinne des BVG[1] dient;[2]

a[ter]. Lebensversicherung, welche von einem Versicherungsnehmer mit Wohnsitz im Ausland abgeschlossen wird;[3]

b. Kranken- und Invaliditätsversicherung;
c. Unfallversicherung;
d. Transportversicherung für Güter;
e. Versicherung für Elementarschäden an Kulturland und Kulturen;
f. Arbeitslosenversicherung;
g. Hagelversicherung;
h. Viehversicherung;
i. Rückversicherung;
k. Kaskoversicherung für die in der Verordnung[4] zu umschreibenden Luftfahrzeuge und Schiffe, die im Wesentlichen im Ausland der gewerbsmässigen Beförderung von Personen und Gütern dienen;   StV 27
l. Feuer-, Diebstahl-, Glas-, Wasserschaden-, Kredit-, Maschinen- und Schmuckversicherung, sofern der Abgabepflichtige nachweist, dass sich die versicherte Sache im Ausland befindet.

II. Entstehung der Abgabeforderung

Art. 23

Die Abgabeforderung entsteht mit der Zahlung der Prämie.

III. Abgabesätze und Berechnungsgrundlage

Art. 24

¹ Die Abgabe beträgt 5 Prozent der Barprämie; für die Lebensversicherung beträgt sie 2,5 Prozent der Barprämie.[5]

² Die Abgabepflichtigen haben in ihren Büchern für jeden einzelnen Versicherungszweig die steuerbaren und die befreiten Prämien gesondert auszuweisen.   StV 28

IV. Abgabepflicht   StV 26, 28

Art. 25

Abgabepflichtig ist der Versicherer. Ist die Versicherung mit einem ausländischen Versicherer abgeschlossen worden (Art. 21 Bst. b), so hat der inländische Versicherungsnehmer die Abgabe zu entrichten.

---

[1] SR **831.40**
[2] Eingefügt durch Ziff. I 3 des BG vom 10. Okt. 1997 über die Reform der Unternehmensbesteuerung 1997, in Kraft seit 1. April 1998 (AS **1998** 669; BBl **1997** II 1164).
[3] Eingefügt durch Ziff. I 3 des BG vom 10. Okt. 1997 über die Reform der Unternehmensbesteuerung 1997, in Kraft seit 1. April 1998 (AS **1998** 669; BBl **1997** II 1164).
[4] V vom 3. Dez. 1973 über die Stempelabgaben (SR **641.101**).
[5] Fassung gemäss Ziff. I 3 des BG vom 10. Okt. 1997 über die Reform der Unternehmensbesteuerung 1997, in Kraft seit 1. April 1998 (AS **1998** 669; BBl **1997** II 1164).

V. Fälligkeit der Abgabeforderung StV 28

Art. 26

Die Abgabe wird 30 Tage nach Ablauf des Vierteljahres fällig, in dem die Abgabeforderung entstanden ist (Art. 23).

Vierter Abschnitt: Gemeinsame Bestimmungen für alle Abgaben

I. Festsetzung der Abgaben

Art. 27

¹ Für die Festsetzung der Abgaben ist der wirkliche Inhalt der Urkunden oder Rechtsvorgänge massgebend; von den Beteiligten gebrauchte unrichtige Bezeichnungen und Ausdrucksweisen fallen nicht in Betracht.

² Kann der für die Abgabepflicht oder für die Abgabebemessung massgebende Sachverhalt nicht eindeutig abgeklärt werden, so ist er durch Abwägung aller auf Grund pflichtgemässer Ermittlung festgestellten Umstände zu erschliessen.

II. Umrechnung ausländischer Währungen

Art. 28

¹ Lautet der für die Abgabeberechnung massgebende Betrag auf eine ausländische Währung, so ist er auf den Zeitpunkt der Entstehung der Abgabeforderung (Art. 7, 15, 23) in Schweizerfranken umzurechnen.

² Ist unter den Parteien kein bestimmter Umrechnungskurs vereinbart worden, so ist der Umrechnung das Mittel der Geld- und Briefkurse am letzten Werktage vor der Entstehung der Abgabeforderung zugrunde zu legen.

III.[1] Verzugszins[2]

Art. 29

Auf Abgabebeträgen, die nach Ablauf der in den Artikeln 11, 20 und 26 geregelten Fälligkeitstermine ausstehen, ist ohne Mahnung ein Verzugszins geschuldet. Der Zinssatz wird vom Eidgenössischen Finanzdepartement bestimmt. VO DBG P

IV. Verjährung der Abgabeforderung

Art. 30

¹ Die Abgabeforderung verjährt fünf Jahre nach Ablauf des Kalenderjahres, in dem sie entstanden ist (Art. 7, 15, 23).

² Die Verjährung beginnt nicht oder steht still, solange die Abgabeforderung sichergestellt oder gestundet ist oder keiner der Zahlungspflichtigen im Inland Wohnsitz hat.

---

[1] Fassung gemäss Ziff. I des BG vom 24. März 1995, in Kraft seit 1. Jan. 1996 (AS **1995** 4259; BBl **1995** I 89).
[2] Berichtigt von der Redaktionskommission der BVers (Art. 33 GVG - AS **1974** 1051).

³ Die Verjährung wird unterbrochen durch jede Anerkennung der Abgabeforderung von Seiten eines Zahlungspflichtigen sowie durch jede auf Geltendmachung des Abgabeanspruches gerichtete Amtshandlung, die einem Zahlungspflichtigen zur Kenntnis gebracht wird; mit der Unterbrechung beginnt die Verjährung von neuem.

⁴ Stillstand und Unterbrechung wirken gegenüber allen Zahlungspflichtigen.

Fünfter Abschnitt: Behörden und Verfahren

A. Behörden   StV 1

I. Eidgenössische Steuerverwaltung

Art. 31[1]

Die Eidgenössische Steuerverwaltung (ESTV) erlässt für die Erhebung der Stempelabgaben alle Weisungen, Verfügungen und Entscheide, die nicht ausdrücklich einer anderen Behörde vorbehalten sind.   B108

II. Amtshilfe

Art. 32

¹ Die Steuerbehörden der Kantone, Bezirke, Kreise und Gemeinden und die ESTV[2] unterstützen sich gegenseitig in der Erfüllung ihrer Aufgabe; sie haben sich kostenlos die zweckdienlichen Meldungen zu erstatten, die benötigten Auskünfte zu erteilen und in amtliche Akten Einsicht zu gewähren.

² Die Verwaltungsbehörden des Bundes und die andern als die in Absatz 1 genannten Behörden der Kantone, Bezirke, Kreise und Gemeinden sind gegenüber der ESTV auskunftspflichtig, sofern die verlangten Auskünfte für die Durchführung dieses Gesetzes von Bedeutung sein können. Eine Auskunft darf nur verweigert werden, soweit ihr wesentliche öffentliche Interessen, insbesondere die innere oder äussere Sicherheit des Bundes oder der Kantone entgegenstehen, oder die Auskunft die angegangene Behörde in der Durchführung ihrer Aufgabe wesentlich beeinträchtigen würde. Das Post-, Telefon- und Telegrafengeheimnis ist zu wahren.

³ Anstände über die Auskunftspflicht von Verwaltungsbehörden des Bundes entscheidet der Bundesrat, Anstände über die Auskunftspflicht von Behörden der Kantone, Bezirke, Kreise und Gemeinden, sofern die kantonale Regierung das Auskunftsbegehren abgelehnt hat, das Bundesgericht (Art. 120 des Bundesgerichtsgesetzes vom 17. Juni 2005[3]).[4]

⁴ Die mit öffentlich-rechtlichen Aufgaben betrauten Organisationen sind im Rahmen dieser Aufgaben gleich den Behörden zur Auskunft verpflichtet; Absatz 3 findet sinngemässe Anwendung.

---

[1] Fassung gemäss Ziff. I 1 des BG vom 18. Juni 2021 über elektronische Verfahren im Steuerbereich, in Kraft seit 1. Jan. 2022 (AS **2021** 673; BBl **2020** 4705).
[2] Ausdruck gemäss Ziff. I 1 des BG vom 18. Juni 2021 über elektronische Verfahren im Steuerbereich, in Kraft seit 1. Jan. 2022 (AS **2021** 673; BBl **2020** 4705). Diese Anpassung wurde im ganzen Text vorgenommen.
[3] SR **173.110**
[4] Fassung gemäss Anhang Ziff. 51 des Verwaltungsgerichtsgesetzes vom 17. Juni 2005, in Kraft seit 1. Jan. 2007 (AS **2006** 2197 1069; BBl **2001** 4202).

IIa.[1] Datenbearbeitung

Art. 32a

1 Die ESTV betreibt zur Erfüllung der Aufgaben nach diesem Gesetz ein Informationssystem. Dieses kann besonders schützenswerte Personendaten über administrative und strafrechtliche Sanktionen enthalten, die steuerrechtlich wesentlich sind.

2 Die ESTV und die Behörden nach Artikel 32 Absatz 1 geben einander die Daten weiter, die für die Erfüllung ihrer Aufgaben dienlich sein können. Die Behörden nach Artikel 32 Absätze 2 und 4 geben der ESTV die Daten weiter, die für die Durchführung dieses Gesetzes von Bedeutung sein können.

3 Die Daten werden einzeln, auf Listen oder auf elektronischen Datenträgern übermittelt. Sie können auch mittels eines Abrufverfahrens zugänglich gemacht werden. Diese Amtshilfe ist kostenlos.

4 Personendaten und die zu ihrer Bearbeitung verwendeten Einrichtungen wie Datenträger, EDV-Programme und Programmdokumentationen sind vor unbefugtem Verwenden, Verändern oder Zerstören sowie vor Diebstahl zu schützen.

5 Der Bundesrat kann Ausführungsbestimmungen erlassen, insbesondere über die Organisation und den Betrieb des Informationssystems, über die Kategorien der zu erfassenden Daten, über die Zugriffs- und Bearbeitungsberechtigung, über die Aufbewahrungsdauer sowie die Archivierung und Vernichtung der Daten.

III. Schweigepflicht

Art. 33

1 Wer mit dem Vollzug dieses Gesetzes betraut ist oder dazu beigezogen wird, hat gegenüber andern Amtsstellen und Privaten über die in Ausübung seines Amtes gemachten Wahrnehmungen Stillschweigen zu bewahren und den Einblick in amtliche Akten zu verweigern.

2 Keine Geheimhaltungspflicht besteht:

a. bei Leistung von Amtshilfe nach Artikel 32 Absatz 1 und bei Erfüllung einer Pflicht zur Anzeige strafbarer Handlungen;

b. gegenüber Organen der Rechtspflege und der Verwaltung, die vom Bundesrat allgemein oder vom Eidgenössischen Finanzdepartement[2] im Einzelfalle zur Einholung amtlicher Auskünfte bei den mit dem Vollzug dieses Gesetzes betrauten Behörden ermächtigt worden sind.

---

[1] Eingefügt durch Ziff. VI 1 des BG vom 24. März 2000 über die Schaffung und die Anpassung gesetzlicher Grundlagen für die Bearbeitung von Personendaten, in Kraft seit 1. Sept. 2000 (AS **2000** 1891; BBl **1999** 9005).
[2] Bezeichnung gemäss nicht veröffentlichtem BRB vom 19. Dez. 1997.

B. Verfahren

I. Abgabeerhebung

Art. 34 Anmeldung als Abgabepflichtiger; Selbstveranlagung StV 9, 19, 26

1 Wer auf Grund dieses Gesetzes abgabepflichtig wird, hat sich unaufgefordert bei der ESTV anzumelden. A57

2 Der Abgabepflichtige hat der ESTV bei Fälligkeit der Abgabe (Art. 11, 20, 26) unaufgefordert die vorgeschriebene Abrechnung mit den Belegen einzureichen und gleichzeitig die Abgabe zu entrichten. StV 24, 28

3 …[1]

Art. 35 Auskunft des Abgabepflichtigen StV 2 f.

1 Der Abgabepflichtige hat der ESTV über alle Tatsachen, die für die Abgabepflicht oder für die Abgabebemessung von Bedeutung sein können, nach bestem Wissen und Gewissen Auskunft zu erteilen; er hat insbesondere:
   a. Steuerabrechnungen, Steuererklärungen und Fragebogen vollständig und genau auszufüllen;
   b. seine Geschäftsbücher ordnungsgemäss zu führen und sie, die Belege und andere Urkunden auf Verlangen beizubringen.

2 Die Bestreitung der Abgabepflicht entbindet nicht von der Auskunftspflicht.

3 Wird die Auskunftspflicht bestritten, so trifft die ESTV eine Verfügung.[2]

Art. 36 Auskunft Dritter

1 Die bei der Gründung oder Kapitalerhöhung einer Gesellschaft oder Genossenschaft mitwirkenden Personen (insbesondere Banken, Notare und Treuhänder) haben der ESTV auf Verlangen über alle Tatsachen, die für die Abgabepflicht oder für die Bemessung der Emissionsabgabe von Bedeutung sein können, nach bestem Wissen und Gewissen Auskunft zu erteilen.

2 Wird die Auskunftspflicht bestritten, so findet Artikel 35 Absatz 3 Anwendung.

Art. 37 Überprüfung

1 Die Erfüllung der Pflicht zur Anmeldung als Abgabepflichtiger sowie die Steuerabrechnungen und -ablieferungen werden von der ESTV überprüft.

2 Die ESTV kann zur Abklärung des Sachverhalts die Geschäftsbücher, die Belege und andere Urkunden des Abgabepflichtigen an Ort und Stelle prüfen. StV 4

3 Ergibt sich, dass der Abgabepflichtige seinen gesetzlichen Pflichten nicht nachgekommen ist, so ist ihm Gelegenheit zu geben, zu den erhobenen Aussetzungen Stellung zu nehmen.

4 Lässt sich der Anstand nicht erledigen, so trifft die ESTV einen Entscheid.

---

[1] Aufgehoben durch Ziff. II 1 des Unternehmenssteuerreformgesetz II vom 23. März 2007, mit Wirkung seit 1. Jan. 2009 (AS **2008** 2893; BBl **2005** 4733).

[2] Fassung gemäss Ziff. II 26 des BG vom 20. März 2008 zur formellen Bereinigung des Bundesrechts, in Kraft seit 1. Aug. 2008 (AS **2008** 3437; BBl **2007** 6121).

⁵ Die anlässlich einer Prüfung gemäss Absatz 1 oder 2 bei einer Bank oder Sparkasse im Sinne des Bankengesetzes vom 8. November 1934[1], bei der Schweizerischen Nationalbank oder bei einer Pfandbriefzentrale gemachten Feststellungen dürfen ausschliesslich für die Durchführung der Stempelabgaben verwendet werden. Das Bankgeheimnis ist zu wahren.

II. Entscheide der ESTV

Art. 38

Die ESTV trifft alle Verfügungen und Entscheide, welche die Abgabeerhebung notwendig macht; sie trifft einen Entscheid insbesondere dann, wenn

a. die Abgabeforderung oder die Mithaftung bestritten wird;
b. für einen bestimmten Fall vorsorglich die amtliche Feststellung der Abgabepflicht, der Grundlagen der Abgabebemessung oder der Mithaftung beantragt wird;
c. der Abgabepflichtige oder Mithaftende die gemäss Abrechnung geschuldete Abgabe nicht entrichtet.

III. Einsprache[2] StV 1

Art. 39 ...[3]

¹ Verfügungen und Entscheide der ESTV können innert 30 Tagen nach der Eröffnung mit Einsprache angefochten werden.

² Die Einsprache ist schriftlich bei der ESTV einzureichen; sie hat einen bestimmten Antrag zu enthalten und die zu seiner Begründung dienenden Tatsachen anzugeben.

³ Ist gültig Einsprache erhoben worden, so hat die ESTV die Verfügung oder den Entscheid ohne Bindung an die gestellten Anträge zu überprüfen.

⁴ Das Einspracheverfahren ist trotz Rückzug der Einsprache weiterzuführen, wenn Anhaltspunkte dafür vorliegen, dass die Verfügung oder der Entscheid dem Gesetz nicht entspricht.

⁵ Der Einspracheentscheid ist zu begründen und hat eine Rechtsmittelbelehrung zu enthalten.

Art. 39a[4] ...

Art. 40[5] ...

---

[1] SR **952.0**
[2] Fassung gemäss Anhang Ziff. 51 des Verwaltungsgerichtsgesetzes vom 17. Juni 2005, in Kraft seit 1. Jan. 2007 (AS **2006** 2197 1069; BBl **2001** 4202).
[3] Aufgehoben durch Anhang Ziff. 51 des Verwaltungsgerichtsgesetzes vom 17. Juni 2005, mit Wirkung seit 1. Jan. 2007 (AS **2006** 2197 1069; BBl **2001** 4202).
[4] Eingefügt durch Anhang Ziff. 26 des BG vom 4. Okt. 1991, in Kraft seit 1. Jan. 1994 (AS **1992** 288; BBl **1991** II 465). Aufgehoben durch Anhang Ziff. 51 des Verwaltungsgerichtsgesetzes vom 17. Juni 2005, mit Wirkung seit 1. Jan. 2007 (AS **2006** 2197 1069; BBl **2001** 4202).
[5] Aufgehoben durch Anhang Ziff. 51 des Verwaltungsgerichtsgesetzes vom 17. Juni 2005, mit Wirkung seit 1. Jan. 2007 (AS **2006** 2197 1069; BBl **2001** 4202).

IV. Kosten

Art. 41

¹ Im Veranlagungs- und im Einspracheverfahren werden in der Regel keine Kosten berechnet.

² Ohne Rücksicht auf den Ausgang des Verfahrens können die Kosten von Untersuchungsmassnahmen demjenigen auferlegt werden, der sie schuldhaft verursacht hat.

IVa.[1] Elektronische Verfahren

Art. 41a

¹ Der Bundesrat kann die elektronische Durchführung von Verfahren nach diesem Gesetz vorschreiben. Dabei regelt er die Modalitäten der Durchführung.

² Die ESTV stellt bei der elektronischen Durchführung von Verfahren die Authentizität und Integrität der übermittelten Daten sicher.

³ Sie kann bei der elektronischen Einreichung von Eingaben, deren Unterzeichnung gesetzlich vorgeschrieben ist, anstelle der qualifizierten elektronischen Signatur eine andere elektronische Bestätigung der Angaben durch die abgabepflichtige Person anerkennen.

V. Zwangsvollstreckung

Art. 42 Betreibung StV 5

¹ Wird der Anspruch auf Abgaben, Zinsen und Kosten auf Mahnung hin nicht befriedigt, so ist Betreibung einzuleiten; vorbehalten bleibt die Eingabe in einem Konkurs.

² Ist die Abgabeforderung noch nicht rechtskräftig festgesetzt und wird sie bestritten, so unterbleibt ihre endgültige Kollokation, bis ein rechtskräftiger Abgabeentscheid vorliegt.

Art. 43 Sicherstellung StV 6

¹ Die ESTV kann Abgaben, Zinsen und Kosten, auch wenn sie weder rechtskräftig festgesetzt noch fällig sind, sicherstellen lassen, wenn

 a. der Bezug als gefährdet erscheint;
 b. der Zahlungspflichtige keinen Wohnsitz in der Schweiz hat oder Anstalten trifft, den Wohnsitz in der Schweiz aufzugeben oder sich im Handelsregister löschen zu lassen;
 c. der Zahlungspflichtige mit der Zahlung der Abgabe in Verzug ist oder wiederholt in Verzug war.

---

[1] Eingefügt durch Ziff. I 1 des BG vom 18. Juni 2021 über elektronische Verfahren im Steuerbereich, in Kraft seit 1. Jan. 2022 (AS **2021** 673; BBl **2020** 4705).

² Die Sicherstellungsverfügung hat den Rechtsgrund der Sicherstellung, den sicherzustellenden Betrag und die Stelle, welche die Sicherheiten entgegennimmt, anzugeben. Wird die Sicherstellung aufgrund von Absatz 1 Buchstaben a oder b angeordnet, so gilt die Sicherstellungsverfügung als Arrestbefehl im Sinne von Artikel 274 des Bundesgesetzes über Schuldbetreibung und Konkurs[1]; die Einsprache gegen den Arrestbefehl ist ausgeschlossen.[2]

³ Gegen Sicherstellungsverfügungen der ESTV kann beim Bundesverwaltungsgericht Beschwerde geführt werden.[3]

⁴ Beschwerden gegen Sicherstellungsverfügungen haben keine aufschiebende Wirkung.[4]

⁵ ...[5]

C. Revision und Erläuterung von Entscheiden

Art. 44

¹ Auf die Revision und die Erläuterung von Entscheiden der ESTV werden die Artikel 66–69 des Verwaltungsverfahrensgesetzes vom 20. Dezember 1968[6] sinngemäss angewandt.

² ...[7]

---

[1] SR **281.1**
[2] Fassung gem. Anhang Ziff. 10 des BG vom 16. Dez. 1994, in Kraft seit 1. Jan. 1997 (AS **1995** 1227; BBl **1991** III 1).
[3] Fassung gemäss Anhang Ziff. 51 des Verwaltungsgerichtsgesetzes vom 17. Juni 2005, in Kraft seit 1. Jan. 2007 (AS **2006** 2197 1069; BBl **2001** 4202).
[4] Eingefügt durch Anhang Ziff. 26 des BG vom 4. Okt. 1991, in Kraft seit 1. Jan. 1994 (AS **1992** 288; BBl **1991** II 465). Fassung gemäss Anhang Ziff. 51 des Verwaltungsgerichtsgesetzes vom 17. Juni 2005, in Kraft seit 1. Jan. 2007 (AS **2006** 2197 1069; BBl **2001** 4202).
[5] Eingefügt durch Anhang Ziff. 26 des BG vom 4. Okt. 1991 (AS **1992** 288; BBl **1991** II 465). Aufgehoben durch Anhang Ziff. 51 des Verwaltungsgerichtsges. vom 17. Juni 2005, mit Wirkung seit 1. Jan. 2007 (AS **2006** 2197 1069; BBl **2001** 4202).
[6] SR **172.021**
[7] Aufgehoben durch Anhang Ziff. 51 des Verwaltungsgerichtsgesetzes vom 17. Juni 2005, mit Wirkung seit 1. Jan. 2007 (AS **2006** 2197 1069; BBl **2001** 4202).

Sechster Abschnitt: Strafbestimmungen

A. Widerhandlungen

I. Hinterziehung[1] N 2

Art. 45

¹ Wer vorsätzlich oder fahrlässig, zum eigenen oder zum Vorteil eines andern, dem Bunde Stempelabgaben vorenthält oder sich oder einem andern auf andere Weise einen unrechtmässigen Abgabevorteil verschafft, wird, sofern nicht die Strafbestimmung von Artikel 14 des Verwaltungsstrafrechtsgesetzes vom 22. März 1974[2] zutrifft, wegen Hinterziehung mit Busse bis zu 30 000 Franken oder, sofern dies einen höheren Betrag ergibt, bis zum Dreifachen der hinterzogenen Abgabe oder des unrechtmässigen Vorteils bestraft.[3] N 2

2–4 …[4]

II. Abgabegefährdung

Art. 46

¹ Wer die gesetzmässige Erhebung der Stempelabgaben gefährdet, indem er vorsätzlich oder fahrlässig

a. der Pflicht zur Anmeldung als Abgabepflichtiger, zur Einreichung von Steuererklärungen, Aufstellungen und Abrechnungen, zur Erteilung von Auskünften und zur Vorlage von Geschäftsbüchern, Registern und Belegen nicht nachkommt;
b. in einer Steuererklärung, Aufstellung oder Abrechnung, in einem Antrag auf Befreiung, Rückerstattung, Stundung oder Erlass von Abgaben unwahre Angaben macht oder erhebliche Tatsachen verschweigt oder dabei unwahre Belege über erhebliche Tatsachen vorlegt;
c.[5] als Abgabepflichtiger oder auskunftspflichtiger Dritter unrichtige Auskünfte erteilt;
d. der Pflicht zur ordnungsgemässen Führung und Aufbewahrung der Geschäftsbücher, Register und Belege zuwiderhandelt;
e. die ordnungsgemässe Durchführung einer Buchprüfung oder andern amtlichen Kontrolle erschwert, behindert oder verunmöglicht oder
f. wahrheitswidrig erklärt, Effektenhändler zu sein oder nach Streichung im Register der Effektenhändler die abgegebenen Erklärungen nicht widerruft,

wird, sofern nicht eine der Strafbestimmungen der Artikel 14–16 des Verwaltungsstrafrechtsgesetzes vom 22. März 1974[6] zutrifft, mit Busse bis zu 20 000 Franken bestraft.[7] N 2

---

[1] Fassung gemäss Ziff. 8 des Anhangs zum VStrR, in Kraft seit 1. Jan. 1975 (AS **1974** 1857; BBl **1971** I 993).
[2] SR **313**.0
[3] Fassung gemäss Ziff. 8 des Anhangs zum VStrR, in Kraft seit 1. Jan. 1975 (AS **1974** 1857; BBl **1971** I 993).
[4] Aufgehoben durch Ziff. 8 des Anhangs zum VStrR (AS **1974** 1857; BBl **1971** I 993).
[5] Fassung gemäss Ziff. 8 des Anhangs zum VStrR, in Kraft seit 1. Jan. 1975 (AS **1974** 1857; BBl **1971** I 993).
[6] SR **313**.0
[7] Fassung des letzten Satzes gemäss Ziff. 8 des Anhangs zum VStrR, in Kraft seit 1. Jan. 1975 (AS **1974** 1857; BBl **1971** I 993).

² Bei einer Widerhandlung im Sinne von Absatz 1 Buchstabe e bleibt die Strafverfolgung nach Artikel 285 des Strafgesetzbuches[1] vorbehalten.

III. Ordnungswidrigkeiten

Art. 47

¹ Wer eine Bedingung, an die eine besondere Bewilligung geknüpft wurde, nicht einhält, wer einer Vorschrift dieses Gesetzes, einer Verordnung oder einer auf Grund solcher Vorschriften erlassenen allgemeinen Weisung oder unter Hinweis auf die Strafdrohung dieses Artikels an ihn gerichteten Einzelverfügung zuwiderhandelt,

wird mit Busse bis zu 5 000 Franken bestraft.

² Strafbar ist auch die fahrlässige Begehung.

IV. Allgemeine Bestimmungen

Art. 48 –49[2] ...

B. Verhältnis zum Verwaltungsstrafrechtsgesetz[3] N 2

Art. 50

¹ Das Verwaltungsstrafrechtsgesetz vom 22. März 1974[4] findet Anwendung; verfolgende und urteilende Verwaltungsbehörde im Sinne jenes Gesetzes ist die ESTV.[5]

² ...[6]

Siebenter Abschnitt: Schluss- und Übergangsbestimmungen

I. Anrechnung bezahlter Emissionsabgaben

Art. 51[7] ...

II. Änderung des Verrechnungssteuergesetzes

Art. 52

...[8]

---

[1] SR **311.0**
[2] Aufgehoben durch Ziff. 8 des Anhangs zum VStrR (AS **1974** 1857; BBl **1971** I 993).
[3] Fassung gemäss Ziff. 8 des Anhangs zum VStrR, in Kraft seit 1. Jan. 1975 (AS **1974** 1857; BBl **1971** I 993).
[4] SR **313.0**
[5] Fassung gemäss Ziff. 8 des Anhangs zum VStrR, in Kraft seit 1. Jan. 1975 (AS **1974** 1857; BBl **1971** I 993).
[6] Aufgehoben durch Ziff. I des BG vom 5. Okt. 1984 (AS **1985** 1963; BBl **1981** III 737).
[7] Aufgehoben durch Ziff. I 3 des BG vom 10. Okt. 1997 über die Reform der Unternehmensbesteuerung 1997 (AS **1998** 669; BBl **1997** II 1164).
[8] Die Änderungen können unter AS **1974** 11 konsultiert werden.

III. Aufhebung bisherigen Rechts

Art. 53

¹ Mit dem Inkrafttreten dieses Gesetzes werden aufgehoben:
   a. das Bundesgesetz vom 4. Oktober 1917[1] über die Stempelabgaben;
   b. das Bundesgesetz vom 15. Februar 1921[2] betreffend Erlass und Stundung von Stempelabgaben;
   c. das Bundesgesetz vom 24. Juni 1937[3] über Ergänzung und Abänderung der eidgenössischen Stempelgesetzgebung.

² Die ausser Kraft gesetzten Bestimmungen bleiben in Bezug auf Abgabeforderungen, Tatsachen und Rechtsverhältnisse, die vor dem Inkrafttreten dieses Gesetzes entstanden oder eingetreten sind, auch nach diesem Zeitpunkt anwendbar.

IV. Vollzug

Art. 54

Der Bundesrat erlässt die für den Vollzug erforderlichen Vorschriften.

V. Inkrafttreten

Art. 55

Der Bundesrat bestimmt den Zeitpunkt des Inkrafttretens dieses Gesetzes.

Datum des Inkrafttretens: 1. Juli 1974[4]

Art. 21–26: 1. Januar 1975

---

[1] [BS **6** 101; AS **1966** 371 Art. 68 Ziff. I]
[2] [BS **6** 126]
[3] [BS **6** 165; AS **1966** 371 Art. 68 Ziff. II]
[4] BRB vom 30. Okt. 1973

Stempelabgabenverordnung

8 Verordnung über die Stempelabgaben (StV)
SR 641.101

vom 3. Dezember 1973 (Stand am 1. September 2023)

Der Schweizerische Bundesrat,

gestützt auf die Artikel 22 Buchstabe a und 54 des Bundesgesetzes vom 27. Juni 1973[1] über die Stempelabgaben (StG),[2]

verordnet:

---

[1] SR **641.10**
[2] Fassung gemäss Anhang der V vom 9. Juni 2023, in Kraft seit 1. Sept. 2023 (AS **2023** 305).

1 Allgemeine Bestimmungen

Art. 1 Eidgenössische Steuerverwaltung

¹ Die Eidgenössische Steuerverwaltung (ESTV) erlässt die allgemeinen Weisungen und trifft die Einzelverfügungen, die für die Erhebung der Stempelabgaben erforderlich sind; sie bestimmt Form und Inhalt der Formulare für die Anmeldung als abgabepflichtige Person sowie für die Steuerabrechnungen, Steuererklärungen, Register und Fragebogen.[1]

² Sie ist zur Beschwerde an das Bundesgericht berechtigt.[2]

Art. 2[3] Buchführung des Abgabepflichtigen

¹ Der Abgabepflichtige hat seine Bücher so einzurichten und zu führen, dass sich aus ihnen die für die Abgabepflicht und Abgabebemessung massgebenden Tatsachen ohne besonderen Aufwand zuverlässig ermitteln und nachweisen lassen. Die abgabepflichtigen Effektenhändler, die gemäss Obligationenrecht nicht buchführungspflichtig sind, haben bei der Führung ihrer Umsatzregister die Bestimmungen der Geschäftsbücherverordnung vom 24. April 2002[4] sinngemäss anzuwenden.

² Werden die Bücher elektronisch oder auf vergleichbare Weise geführt und aufbewahrt, müssen alle steuerlich wesentlichen Geschäftsvorfälle und Zahlen vom Urbeleg bis zur Jahresrechnung und Steuerabrechnung sichergestellt sein.

³ Die Bücher sind sorgfältig, geordnet und vor schädlichen Einwirkungen geschützt aufzubewahren. Sie müssen von der ESTV[5] innert angemessener Frist eingesehen und geprüft werden können.

⁴ Soweit für die Buchprüfung erforderlich, sind das entsprechende Personal sowie die Geräte oder Hilfsmittel für die ESTV unentgeltlich verfügbar zu halten. Dabei muss die Möglichkeit bestehen, die Geschäftsunterlagen oder Teile davon der ESTV auf deren Begehren auf Papier ausgedruckt zur Verfügung zu stellen.

Art. 3[6] Auskünfte; Gutachten von Sachverständigen; Einvernahme

¹ Die ESTV kann Auskünfte schriftlich oder mündlich einholen, Sachverständige beiziehen und die abgabepflichtige Person zur Einvernahme laden.

² Wo es angezeigt erscheint, sind die Auskünfte in Gegenwart der einvernommenen Person zu protokollieren; das Protokoll ist von dieser und der einvernehmenden Person sowie allenfalls von der beigezogenen protokollführenden Person zu unterzeichnen.

³ Vor jeder Einvernahme ist die einzuvernehmende Person zur Wahrheit zu ermahnen und auf die Folgen unrichtiger Auskünfte (Art. 46 Abs. 1 Bst. c StG) hinzuweisen.

---

[1] Fassung gemäss Anhang der V vom 9. Juni 2023, in Kraft seit 1. Sept. 2023 (AS **2023** 305).
[2] Eingefügt durch Ziff. II 44 der V vom 8. Nov. 2006 über die Anpassung von Bundesratsverordnungen an die Totalrevision der Bundesrechtspflege, in Kraft seit 1. Jan. 2007 (AS **2006** 4705).
[3] Fassung gemäss Ziff. I der V vom 24. Mai 2006, in Kraft seit 1. Juli 2006 (AS **2006** 2349).
[4] SR **221.431**
[5] Ausdruck gemäss Anhang der V vom 9. Juni 2023, in Kraft seit 1. Sept. 2023 (AS **2023** 305). Diese Änd. wurde im ganzen Erlass berücksichtigt.
[6] Fassung gemäss Anhang der V vom 9. Juni 2023, in Kraft seit 1. Sept. 2023 (AS **2023** 305).

Art. 4 Buchprüfung

¹ Der Abgabepflichtige ist berechtigt und auf Verlangen verpflichtet, der Buchprüfung (Art. 37 Abs. 2 StG[1]) beizuwohnen und die erforderlichen Aufschlüsse zu erteilen.

² Die ESTV ist nicht verpflichtet, die Buchprüfung zum voraus anzuzeigen.

Art. 5 Zwangsvollstreckung

¹ Die ESTV ist zuständig, für die Forderungen des Bundes an Stempelabgaben, Zinsen, Kosten und Bussen die Betreibung anzuheben, sie in einem Konkurs einzugeben, die Aufhebung des Rechtsvorschlages zu verlangen und alle weiteren zur Sicherung oder Eintreibung der Forderung notwendigen Vorkehren zu treffen.

² Vorbehalten bleibt die Zuständigkeit der Eidgenössischen Finanzverwaltung zur Verwahrung von Verlustscheinen und zur Geltendmachung der in einem Verlustschein verurkundeten Forderung.

Art. 6 Sicherheitsleistung

¹ Die nach Artikel 43 StG verfügte Sicherstellung ist gemäss Artikel 49 der Finanzhaushaltverordnung vom 5. April 2006[2] zu leisten.[3]

² Eine geleistete Sicherheit ist freizugeben, sobald die sichergestellten Abgaben, Zinsen und Kosten bezahlt sind oder der Grund der Sicherstellung dahingefallen ist.

³ …[4]

Art. 7 Löschung im Handelsregister

¹ Eine Aktiengesellschaft, Kommanditaktiengesellschaft, Gesellschaft mit beschränkter Haftung oder Genossenschaft darf im Handelsregister erst dann gelöscht werden, wenn die ESTV dem kantonalen Handelsregisteramt angezeigt hat, dass die geschuldeten Stempelabgaben bezahlt sind.

² Auf die Löschung einer anderen Rechtseinheit im Sinne von Artikel 2 Buchstabe a der Handelsregisterverordnung vom 17. Oktober 2007[5] findet Absatz 1 Anwendung, wenn die ESTV dem kantonalen Handelsregisteramt mitgeteilt hat, dass die Rechtseinheit aufgrund des StG[6] steuerpflichtig geworden ist.[7]

---

[1] Ausdruck gemäss Anhang der V vom 9. Juni 2023, in Kraft seit 1. Sept. 2023 (AS **2023** 305). Diese Änd. wurde im ganzen Erlass berücksichtigt.
[2] SR **611.01**
[3] Fassung gemäss Anhang der V vom 9. Juni 2023, in Kraft seit 1. Sept. 2023 (AS **2023** 305).
[4] Aufgehoben durch Anhang 3 Ziff. 13 der V vom 3. Febr. 1993 über Organisation und Verfahren eidgenössischer Rekurs- und Schiedskommissionen (AS **1993** 879).
[5] SR **221.411**
[6] Ausdruck gemäss Anhang der V vom 9. Juni 2023, in Kraft seit 1. Sept. 2023 (AS **2023** 305). Diese Änd. wurde in den in der AS erwähnten Bestimmungen berücksichtigt.
[7] Fassung gemäss Ziff. I 1 der V vom 15. Okt. 2008, in Kraft seit 1. Jan. 2009 (AS **2008** 5073).

Art. 8[1] Rückvergütung nicht geschuldeter Abgaben

[1] Bezahlte Abgaben und Zinsen, die nicht durch Entscheid der ESTV festgesetzt worden sind, werden zurückvergütet, sobald feststeht, dass sie nicht geschuldet waren.

[2] Ist eine nicht geschuldete Abgabe überwälzt worden, so wird die Rückvergütung nur gewährt, wenn feststeht, dass die von der Überwälzung betroffene Person in den Genuss der Rückvergütung gebracht wird.

[3] Die Rückvergütung ist insoweit ausgeschlossen, als nach dem Sachverhalt, den die rückfordernde Person geltend macht, eine andere, wenn auch inzwischen verjährte Bundessteuer geschuldet war.

[4] Der Rückvergütungsanspruch verjährt fünf Jahre nach Ablauf des Kalenderjahres, in dem die Zahlung geleistet worden ist.

[5] Die Vorschriften des StG und dieser Verordnung über die Abgabeerhebung finden sinngemässe Anwendung; kommt die gesuchstellende Person ihren Auskunftspflichten nicht nach und kann der Anspruch ohne die von der ESTV verlangten Auskünfte nicht abgeklärt werden, so wird das Gesuch abgewiesen.

2 Emissionsabgabe

21 Abgabe auf Aktien, Partizipationsscheinen und Stammanteilen von Gesellschaften mit beschränkter Haftung[2]

Art. 9 Begründung und Erhöhung des Nennwertes von Beteiligungsrechten

[1] Wird für eine inländische Aktiengesellschaft, Kommanditaktiengesellschaft oder Gesellschaft mit beschränkter Haftung beim kantonalen Handelsregisteramt die entgeltliche oder unentgeltliche Begründung oder Erhöhung des Nennwertes von Aktien, Partizipationsscheinen oder Stammanteilen angemeldet, so hat die Gesellschaft die Abgabe aufgrund der Abrechnung nach amtlichem Formular innert 30 Tagen nach Ablauf des Vierteljahres, in welchem die Beteiligungsrechte ausgegeben wurden, der ESTV unaufgefordert zu entrichten.[3]

[2] Der Abrechnung sind die öffentliche Urkunde über die Gründung oder die Kapitalerhöhung, ein unterzeichnetes Exemplar der Statuten oder des Protokolls der Generalversammlung über die Statutenänderung, der Beschluss des Verwaltungsrates über die genehmigte Kapitalerhöhung, der Emissionsprospekt sowie bei Sacheinlagen der Sacheinlagevertrag, die Eingangsbilanz und eine Erklärung nach amtlichem Formular über den Verkehrswert der Sacheinlagen samt der Prüfungsbestätigung des Revisors beizulegen.[4]

[3] …[5]

---

[1] Fassung gemäss Anhang der V vom 9. Juni 2023, in Kraft seit 1. Sept. 2023 (AS **2023** 305).
[2] Fassung gemäss Ziff. I 1 der V vom 15. Okt. 2008, in Kraft seit 1. Jan. 2009 (AS **2008** 5073).
[3] Fassung gemäss Anhang 1 Ziff. II 4 der Finanzinstitutsverordnung vom 6. Nov. 2019, in Kraft seit 1. Jan. 2020 (AS **2019** 4633).
[4] Fassung gemäss Ziff. I der V vom 28. Okt. 1992, in Kraft seit 1. April 1993 (AS **1993** 228).
[5] Aufgehoben durch Ziff. I der V vom 9. März 1998 (AS **1998** 961).

⁴ Jede inländische Aktiengesellschaft, Kommanditaktiengesellschaft oder Gesellschaft mit beschränkter Haftung hat unaufgefordert der ESTV innert 30 Tagen nach Genehmigung der Jahresrechnung den Geschäftsbericht oder eine unterzeichnete Abschrift der Jahresrechnung (Bilanz und Erfolgsrechnung) einzureichen, sofern die Bilanzsumme mehr als fünf Millionen Franken beträgt. In den übrigen Fällen sind die Unterlagen auf Verlangen der ESTV einzureichen.[1]

⁵ ...[2]

Art. 10 Zuschüsse; Handwechsel der Mehrheit von Beteiligungsrechten

¹ Jede inländische Aktiengesellschaft, Kommanditaktiengesellschaft oder Gesellschaft mit beschränkter Haftung muss die Abgabe aufgrund der Abrechnung innert 30 Tagen unaufgefordert der ESTV entrichten, wenn:

a. sie von ihren Gesellschaftern Zuschüsse im Sinne von Artikel 5 Absatz 2 Buchstabe a StG erhält;
b. ihre Beteiligungsrechte unter den in Artikel 5 Absatz 2 Buchstabe b StG genannten Umständen zur Mehrheit die Hand gewechselt haben.[3]

¹ᵇⁱˢ Die 30-Tage Frist beginnt mit dem Ablauf des Vierteljahres:

a. in dem der Zuschuss geleistet wurde: für die Fälle nach Absatz 1 Buchstabe a;
b. in dem der Handwechsel erfolgte: für die Fälle nach Absatz 1 Buchstabe b.[4]

² Der Abrechnung sind ein unterzeichnetes Exemplar der Beschlüsse und eine Erklärung nach amtlichem Formular über den Verkehrswert der Sacheinlagen beizulegen; beim Handwechsel der Mehrheit der Beteiligungsrechte ist überdies die dem Handwechsel zugrunde liegende Bilanz beizufügen.

22 Abgabe auf Genussscheinen von Aktiengesellschaften, Kommanditaktiengesellschaften und Gesellschaften mit beschränkter Haftung

Art. 11[5]

¹ Jede inländische Aktiengesellschaft, Kommanditaktiengesellschaft oder Gesellschaft mit beschränkter Haftung, die beschliesst, dass Genussscheine begründet werden können, hat unaufgefordert der ESTV innert 30 Tagen ein unterzeichnetes Exemplar der Beschlüsse einzureichen.

² Die Abgabe auf den Genussscheinen ist der ESTV aufgrund der Abrechnung nach amtlichem Formular unaufgefordert zu entrichten, und zwar innert 30 Tagen nach Ablauf jedes Vierteljahres für die in diesem Zeitraum ausgegebenen Genussscheine.[6]

³ Der Abrechnung sind die Beschlüsse über die Ausgabe von Genussscheinen sowie der Emissionsprospekt beizulegen.

---

[1] Fassung gemäss Ziff. I 1 der V vom 15. Okt. 2008, in Kraft seit 1. Jan. 2009 (AS **2008** 5073).
[2] Aufgehoben durch Ziff. I der V vom 28. Okt. 1992 (AS **1993** 228).
[3] Fassung gemäss Anhang 1 Ziff. II 4 der Finanzinstitutsverordnung vom 6. Nov. 2019, in Kraft seit 1. Jan. 2020 (AS **2019** 4633).
[4] Eingefügt durch Anhang 1 Ziff. II 4 der Finanzinstitutsverordnung vom 6. Nov. 2019, in Kraft seit 1. Jan. 2020 (AS **2019** 4633).
[5] Fassung gemäss Ziff. I der V vom 28. Okt. 1992, in Kraft seit 1. April 1993 (AS **1993** 228).
[6] Fassung gemäss Anhang 1 Ziff. II 4 der Finanzinstitutsverordnung vom 6. Nov. 2019, in Kraft seit 1. Jan. 2020 (AS **2019** 4633).

23 Abgabe auf Genossenschaftsanteilen und Genussscheinen von Genossenschaften sowie auf Beteiligungsscheinen von Genossenschaftsbanken[1]

Art. 12

[1] Jede inländische Genossenschaft, deren Statuten Geldleistungen der Genossenschafter oder die Schaffung eines Genossenschaftskapitals durch Genossenschaftsanteile oder von Genussscheinen vorsehen, hat sich unverzüglich nach ihrer Eintragung im Handelsregister oder nach Aufnahme solcher Bestimmungen in ihre Statuten unaufgefordert bei der ESTV anzumelden; der Anmeldung ist ein unterzeichnetes Exemplar der geltenden Statuten beizulegen.

[1bis] Die Genossenschaft hat die Abgabe aufgrund der Abrechnung nach amtlichem Formular innert 30 Tagen nach Geschäftsabschluss unaufgefordert der ESTV zu entrichten.[2]

[2] Die Genossenschaft hat unaufgefordert der ESTV innert 30 Tagen nach Genehmigung der Jahresrechnung den Geschäftsbericht oder eine unterzeichnete Abschrift der Jahresrechnung (Bilanz und Erfolgsrechnung) einzureichen, sofern die Bilanzsumme mehr als fünf Millionen Franken beträgt. In den übrigen Fällen sind die Unterlagen auf Verlangen der ESTV einzureichen.[3]

[2bis] Die Genossenschaftsbanken, deren Statuten die Aufnahme von Beteiligungskapital vorsehen, haben der ESTV die Abgabe auf Beteiligungsscheinen aufgrund der Abrechnung nach amtlichem Formular unaufgefordert zu entrichten, und zwar innert 30 Tagen nach Ablauf des Vierteljahres, in dem die Begründung oder Erhöhung von Beteiligungskapital im Handelsregister eingetragen wurde. Im Übrigen sind die Absätze 1 und 2 anwendbar.[4]

[3] –4 ...[5]

24 ...

Art. 13 –15[6] ...

---

[1] Fassung gemäss Anhang 1 Ziff. II 4 der Finanzinstitutsverordnung vom 6. Nov. 2019, in Kraft seit 1. Jan. 2020 (AS **2019** 4633).
[2] Eingefügt durch Anhang 1 Ziff. II 4 der Finanzinstitutsverordnung vom 6. Nov. 2019, in Kraft seit 1. Jan. 2020 (AS **2019** 4633).
[3] Fassung gemäss Ziff. I 1 der V vom 15. Okt. 2008, in Kraft seit 1. Jan. 2009 (AS **2008** 5073).
[4] Eingefügt durch Anhang 1 Ziff. II 4 der Finanzinstitutsverordnung vom 6. Nov. 2019, in Kraft seit 1. Jan. 2020 (AS **2019** 4633).
[5] Aufgehoben durch Ziff. I 1 der V vom 15. Okt. 2008, mit Wirkung seit 1. Jan. 2009 (AS **2008** 5073).
[6] Aufgehoben durch Ziff. I der V vom 28. Okt. 1992 (AS **1993** 228).

25 Abgabebefreiung; Guthaben im Konzern; Stundung und Erlass der Abgabeforderung[1]

Art. 16 Abgabebefreiung

[1] Das Gesuch um Abgabebefreiung nach Artikel 6 Absatz 1 Buchstabe a, c, d, g, j oder l StG ist der ESTV einzureichen.[2] Es hat eine Begründung mit Angabe der Beweismittel zu enthalten; die als Beweismittel angerufenen Urkunden sind beizulegen.[3]

[2] Die ESTV kann vom Gesuchsteller über alle Tatsachen, die für die Befreiung von Bedeutung sein können, die erforderlichen Auskünfte und Belege verlangen; erfüllt der Gesuchsteller die Auflage nicht, so wird das Gesuch abgewiesen.

Art. 16a[4] ...

Art. 17 Stundung und Erlass der Abgabeforderung

[1] Das Gesuch um Stundung oder Erlass von Emissionsabgaben, die bei der offenen oder stillen Sanierung entstanden sind (Art. 12 StG), ist bei der ESTV einzureichen. Das Gesuch hat die Ursachen der Verluste und die zu ihrer Beseitigung getroffenen und vorgesehenen Massnahmen darzustellen; Unterlagen über die Sanierung, wie Rundschreiben, Rechenschaftsberichte, Generalversammlungsprotokolle sowie die Geschäftsberichte oder Jahresrechnungen der letzten Jahre und eine Aufstellung der Sanierungsbuchungen sind beizulegen. Mit besonderem amtlichen Formular sind die von den Gesellschaftern oder Genossenschaftern bei der Sanierung erlittenen Einbussen und ihre in Beteiligungsrechte umgewandelten Forderungen zu melden.

[2] Die ESTV kann vom Gesuchsteller über alle Tatsachen, die für die Stundung oder den Erlass von Bedeutung sein können, die erforderlichen Auskünfte und Belege verlangen; erfüllt der Gesuchsteller die Auflage nicht, so wird das Gesuch abgewiesen.

[3] Die Einspracheentscheide der ESTV über Stundung und Erlass von Abgaben unterliegen der Beschwerde nach den allgemeinen Bestimmungen über die Bundesrechtspflege.[5]

Art. 17a –17b[6] ...

---

[1] Fassung gemäss Ziff. I 1 der V vom 18. Juni 2010, in Kraft seit 1. Aug. 2010 (AS **2010** 2963).
[2] Fassung gemäss Anhang der V vom 9. Juni 2023, in Kraft seit 1. Sept. 2023 (AS **2023** 305).
[3] Fassung gemäss Ziff. I der V vom 15. Febr. 2012, in Kraft seit 1. März 2012 (AS **2012** 791).
[4] Eingefügt durch Ziff. I 1 der V vom 18. Juni 2010 (AS **2010** 2963). Aufgehoben durch Ziff. I der V vom 15. Febr. 2012, mit Wirkung seit 1. März 2012 (AS **2012** 791).
[5] Fassung gemäss Ziff. II 44 der V vom 8. Nov. 2006 über die Anpassung von Bundesratsverordnungen an die Totalrevision der Bundesrechtspflege, in Kraft seit 1. Jan. 2007 (AS **2006** 4705).
[6] Eingefügt durch Ziff. I der V vom 28. Okt. 1992 (AS **1993** 228). Aufgehoben durch Ziff. I der V vom 15. Febr. 2012, mit Wirkung seit 1. März 2012 (AS **2012** 791).

3 Umsatzabgabe

Art. 18[1] Beginn der Abgabepflicht

1 Die Abgabepflicht des Effektenhändlers beginnt mit der Aufnahme der Geschäftstätigkeit.

2 Gesellschaften, Genossenschaften, Einrichtungen der beruflichen und gebundenen Vorsorge sowie die öffentliche Hand nach Artikel 13 Absatz 3 Buchstaben d und f StG werden sechs Monate nach Ablauf des Geschäftsjahres, in dem die dort genannten Voraussetzungen eingetreten sind, abgabepflichtig. Nachweisbar treuhänderisch verwaltete Urkunden sind nicht Aktiven im Sinne jener Bestimmung, sofern sie in der ESTV einzureichenden Bilanz gesondert ausgewiesen sind.[2]

Art. 19 Anmeldung als Abgabepflichtiger

1 Der Effektenhändler hat sich vor Beginn der Abgabepflicht (Art. 18) unaufgefordert bei der ESTV anzumelden.

2 In der Anmeldung sind anzugeben: der Name (die Firma) und der Sitz des Unternehmens sowie aller inländischen Zweigniederlassungen, auf welche die Voraussetzungen der Abgabepflicht zutreffen, oder, wenn es sich um eine juristische Person oder um eine Handelsgesellschaft ohne juristische Persönlichkeit mit statutarischem Sitz im Ausland handelt, die Firma und der Sitz der Hauptniederlassung und die Adresse der inländischen Zweigniederlassungen; das Rechnungsjahr; das Datum des Beginns der Abgabepflicht. Mit der Anmeldung sind die für die Überprüfung der Abgabepflicht erforderlichen Belege (Statuten, Bilanzen, Beschlüsse über Kapitalerhöhungen u. dgl.) einzureichen.

3 Nach Beginn der Abgabepflicht eintretende Änderungen an den gemäss Absatz 2 zu meldenden Tatsachen und einzureichenden Belegen, insbesondere die Errichtung neuer Zweigniederlassungen, sind unaufgefordert der ESTV zu melden.

Art. 20 Registrierung der Effektenhändler

Die ESTV registriert die Effektenhändler und gibt jedem die ihm zugeteilte Effektenhändler-Nummer bekannt.

Art. 21 Führung des Umsatzregisters

1 Der Effektenhändler hat für seinen Hauptsitz und für jede abgabepflichtige Zweigniederlassung je ein Umsatzregister zu führen. Wenn er seine Bücher so einrichtet, dass sich aus ihnen die für die Abgabebemessung massgebenden Tatsachen ohne besonderen Aufwand zuverlässig ermitteln und nachweisen lassen, kann ihn die ESTV von der Führung eines besonderen Umsatzregisters entbinden.

---

[1] Fassung gemäss Ziff. I der V vom 28. Okt. 1992, in Kraft seit 1. April 1993 (AS **1993** 228).
[2] Fassung gemäss Ziff. I der V vom 24. Mai 2006, in Kraft seit 1. Juli 2006 (AS **2006** 2349).

² Das Register ist wie folgt der Reihe nach in Spalten zu gliedern:
1. Datum des Geschäftsabschlusses;
2. Art des Geschäftes;
3. Anzahl oder Nennwert der Titel;
4. Bezeichnung der Titel;
5.[1] Titelkurs, Währung sowie Umrechnungskurs bei Fremdwährungen;
6.[2] Name, Domizil, Ansässigkeitsstaat und Effektenhändler-Nummer des Verkäufers und des Käufers;
7. Entgelt in Schweizer Währung
   a. abgabebelastete Umsätze
      aa. inländische Titel
      bb. ausländische Titel,
   b. nicht abgabebelastete Umsätze.

³ Jedes Geschäft ist innert drei Tagen nach seinem Abschluss oder nach Eingang der Abrechnung im Register einzutragen, sofern es nicht gemäss Artikel 14 Absatz 1 Buchstaben a, b oder d–g StG von der Abgabe ausgenommen ist. Der Zugriff auf die Daten der nicht einzutragenden Geschäfte ist für Kontrollzwecke der ESTV auf deren Begehren zu gewährleisten.[3]

⁴ In der Spalte «Art des Geschäftes» ist das Geschäft, sofern es sich nicht um einen einfachen Kauf oder Verkauf handelt, nach seiner Art zu bezeichnen (z. B. Umwandlung, Unterbeteiligung, Report, Tausch). In der Spalte «Name, Domizil, Ansässigkeitsstaat und Effektenhändler-Nummer des Käufers und des Verkäufers» ist der Ansässigkeitsstaat aufzuführen (mindestens die Angabe Schweiz/Liechtenstein oder Ausland); das Domizil ist nur anzugeben, wenn keine Abgabe geschuldet ist.[4]

⁵ Um unverhältnismässige Umtriebe zu vermeiden, kann die ESTV eine von Absatz 2 abweichende Art der Eintragung gestatten. Der Antrag des Abgabepflichtigen ist unter Vorlage von Mustern zu begründen.

⁶ Das Entgelt für die abgabebelasteten Umsätze ist Seite für Seite oder Tag für Tag und auf Ende jedes Quartals zusammenzuzählen.[5]

⁷ Die Registerseiten sind fortlaufend zu nummerieren und geheftet oder in Büchern zusammengefasst während fünf Jahren nach Ablauf des Kalenderjahres, in dem die letzte Eintragung erfolgt ist, aufzubewahren. Die Aufbewahrung kann elektronisch erfolgen, sofern die in Artikel 2 erwähnten Voraussetzungen erfüllt sind.[6]

⁸ Effektenhändler nach Artikel 13 Absatz 3 Buchstaben b Ziffer 2 sowie d und f StG müssen die mit inländischen Banken im Sinne des Bankengesetzes wie auch die mit inländischen Händlern nach Artikel 13 Absatz 3 Buchstabe b Ziffer 1 StG getätigten Geschäfte nicht im Register eintragen, wenn sie sich beim Abschluss dieser Geschäfte nicht als Effektenhändler ausgewiesen haben.[7]

---

[1] Fassung gemäss Ziff. I der V vom 28. Okt. 1992, in Kraft seit 1. April 1993 (AS **1993** 228).
[2] Fassung gemäss Ziff. I der V vom 24. Mai 2006, in Kraft seit 1. Juli 2006 (AS **2006** 2349).
[3] Fassung gemäss Ziff. I der V vom 24. Mai 2006, in Kraft seit 1. Juli 2006 (AS **2006** 2349).
[4] Fassung gemäss Ziff. I der V vom 24. Mai 2006, in Kraft seit 1. Juli 2006 (AS **2006** 2349).
[5] Fassung gemäss Ziff. I der V vom 28. Okt. 1992, in Kraft seit 1. April 1993 (AS **1993** 228).
[6] Fassung gemäss Ziff. I der V vom 24. Mai 2006, in Kraft seit 1. Juli 2006 (AS **2006** 2349).
[7] Eingefügt durch Ziff. I der V vom 28. Okt. 1992 (AS **1993** 228). Fassung gemäss Ziff. I der V vom 24. Mai 2006, in Kraft seit 1. Juli 2006 (AS **2006** 2349).

Art. 22 Eintragung des Entgelts

¹ Als Entgelt (Art. 16 Abs. 1 StG) darf im Register eingetragen werden:

a. entweder der in der Abrechnung enthaltene Kurswert der gehandelten Urkunden, einschliesslich der Vergütung für laufende Zinsen oder für noch nicht abgetrennte Coupons;

b. oder der Endbetrag der Abrechnung.

² Die Art des Eintrages darf nur auf Beginn eines Geschäftsjahres gewechselt werden.

³ Ein Entgelt in ausländischer Währung ist in Schweizerfranken umzurechnen (Art. 28 StG) und einzutragen.

⁴ Sind inländische und ausländische Urkunden in der Weise miteinander verbunden, dass sie nur als Einheit gehandelt werden können, so ist das ganze Entgelt in der Spalte «inländische Titel» einzutragen.

Art. 23[1] Abrechnung unter Effektenhändlern

¹ Die Banken im Sinne des Bankengesetzes vom 8. November 1934[2], die Schweizerische Nationalbank, die zentralen Gegenparteien im Sinne des Finanzmarktinfrastrukturgesetzes vom 19. Juni 2015[3] und die Pfandbriefzentralen gelten ohne besonderen Ausweis als registrierte Effektenhändler.[4]

² Alle sonstigen Effektenhändler haben sich gegenüber ihren Vertragsparteien mit einer Erklärung nach amtlichem Formular (Karte) als registrierte Effektenhändler auszuweisen. Die abgegebenen Karten sind zu nummerieren, über sie ist ein besonderes Verzeichnis anzulegen (mit Name und Adresse des Empfängers, Datum der Ausstellung, fortlaufende Nummer) und diese zur Verfügung der ESTV zu halten.

³ Die Effektenhändler nach Artikel 13 Absatz 3 Buchstaben b Ziffer 2 sowie d und f StG können im geschäftlichen Verkehr mit inländischen Banken sowie mit inländischen Händlern nach Artikel 13 Absatz 3 Buchstabe b Ziffer 1 StG davon absehen, sich als Effektenhändler auszuweisen (Art. 21 Abs. 8).[5]

⁴ Der Abgabepflichtige hat die ihm abgegebenen Karten geordnet nach den Effektenhändler-Nummern zur Verfügung der ESTV zu halten.

Art. 24 Abgabeabrechnung

¹ Der Abgabepflichtige hat die Abgabe auf Grund der Abrechnung nach amtlichem Formular innert 30 Tagen nach Ablauf des Geschäftsvierteljahres für die in diesem Zeitraum abgeschlossenen oder erfüllten Geschäfte (Art. 15 Abs. 1 und 2 StG) unaufgefordert der ESTV zu entrichten.

² Um unverhältnismässige Umtriebe zu vermeiden, kann die ESTV ein von Absatz 1 abweichendes Abrechnungsverfahren gestatten oder anordnen.

---

[1] Fassung gemäss Ziff. I der V vom 28. Okt. 1992, in Kraft seit 1. April 1993 (AS **1993** 228). *Siehe auch Abs. 2 der SchlB dieser Änd. am Ende dieses Textes.*
[2] SR **952.0**
[3] SR **958.1**
[4] Fassung gemäss Anhang 1 Ziff. 7 der Finanzmarktinfrastrukturverordnung vom 25. Nov. 2015, in Kraft seit 1. Jan. 2016 (AS **2015** 5413).
[5] Fassung gemäss Ziff. I der V vom 24. Mai 2006, in Kraft seit 1. Juli 2006 (AS **2006** 2349).

Art. 25 Entlassung aus der Abgabepflicht

¹ Wer seine Geschäftstätigkeit aufgeben will oder die gesetzlichen Eigenschaften als Effektenhändler nicht mehr als erfüllt erachtet, hat das unverzüglich der ESTV anzuzeigen.

² Die ESTV entscheidet auf Grund der Anzeige oder von Amtes wegen, ob und auf welchen Zeitpunkt die Abgabepflicht aufhört und die Streichung als registrierter Effektenhändler in Kraft tritt.

³ Macht eine Gesellschaft, Genossenschaft, Einrichtung der beruflichen und gebundenen Vorsorge sowie die öffentliche Hand glaubhaft, dass sie die in Artikel 13 Absatz 3 Buchstaben d und f StG umschriebenen Voraussetzungen bald wieder erfüllen werde, so kann sie auf ihr Ersuchen freiwillig als Effektenhändler registriert bleiben, jedoch längstens während zweier Jahre.[1]

⁴ Der Betroffene hat auf das Datum seiner Streichung als registrierter Effektenhändler hin alle von ihm abgegebenen Erklärungen mit amtlichem Formular zu widerrufen und diesen Widerruf der ESTV unter Beilage des in Artikel 23 Absatz 2 erwähnten Verzeichnisses zu melden.[2]

⁵ Innert 30 Tagen nach der Streichung als registrierter Effektenhändler sind der ESTV die Schlussabrechnung einzureichen und die geschuldeten Abgaben zu überweisen.

Art. 25a[3] Handelsbestand der gewerbsmässigen Händler

¹ Die Banken und die bankähnlichen Finanzgesellschaften im Sinne des Bankengesetzes vom 8. November 1934[4], die Schweizerische Nationalbank und die zentralen Gegenparteien im Sinne des Finanzmarktinfrastrukturgesetzes vom 19. Juni 2015[5] sind gewerbsmässige Händler im Sinne von Artikel 14 Absatz 3 StG.[6]

² Effektenhändler nach Artikel 13 Absatz 3 Buchstabe b Ziffer 1 StG können die Befreiung des Handelsbestandes erst beanspruchen, wenn sie der ESTV den Nachweis erbracht haben, dass sie den Handel mit steuerbaren Urkunden gewerbsmässig betreiben.

³ Handelsbestand im Sinne von Artikel 14 Absatz 3 StG ist die Gesamtheit der liberierten Titel, welche der gewerbsmässige Effektenhändler mit der Absicht der Weiterveräusserung für eigene Rechnung erworben hat. Die von der Schweizerischen Nationalbank zur Durchführung ihrer Geld- und Währungspolitik erworbenen Urkunden gelten als Handelsbestand der Nationalbank.

⁴ Nicht zum Handelsbestand gehören steuerbare Urkunden, die:

a.[7] vom Effektenhändler zu den Anschaffungskosten in die Bilanz eingestellt werden;

---

1 Fassung gemäss Ziff. I der V vom 24. Mai 2006, in Kraft seit 1. Juli 2006 (AS **2006** 2349).
2 Fassung gemäss Ziff. I der V vom 28. Okt. 1992, in Kraft seit 1. April (AS **1993** 228).
3 Eingefügt durch Ziff. I der V vom 28. Okt. 1992, in Kraft seit 1. April 1993 (AS **1993** 228).
4 SR **952.0**
5 SR **958.1**
6 Fassung gemäss Anhang 1 Ziff. 7 der Finanzmarktinfrastrukturverordnung vom 25. Nov. 2015, in Kraft seit 1. Jan. 2016 (AS **2015** 5413).
7 Fassung gemäss Anhang der V vom 9. Juni 2023, in Kraft seit 1. Sept. 2023 (AS **2023** 305).

b.[1] zu den dauernden Beteiligungen im Sinne der auf Artikel 42 der Bankenverordnung vom 30. April 2014[2] gestützten Ausführungsbestimmungen der FINMA gehören;
c. nicht jederzeit und frei handelbar sind, insbesondere weil sie:
 1. als Garantie oder als Pfanddeckung dienen, insbesondere beim Lombard,
 2. vom Effektenhändler für fremde Rechnung gehalten werden,
 3. einen kommerziellen Kredit verkörpern;
d. vom Effektenhändler bei einer Emission fest übernommen werden.

⁵ Der gewerbsmässige Händler hat für sich eine halbe Umsatzabgabe zu entrichten für die Überführung von:

a. steuerfrei erworbenen Titeln aus dem Handelsbestand in einen anderen Bestand;
b. Titeln aus einem anderen Bestand in den Handelsbestand.

4 Abgabe auf Versicherungsprämien

Art. 26 Anmeldung als Abgabepflichtiger

¹ Die der Aufsicht des Bundes unterstellten sowie die inländischen öffentlich-rechtlichen Versicherer haben sich, bevor sie Versicherungen übernehmen, unaufgefordert bei der ESTV anzumelden. Nicht verpflichtet zur Anmeldung sind Versicherer, die ausschliesslich Versicherungen übernehmen, deren Prämien von der Abgabe ausgenommen sind (Art. 22 StG).

² In der Anmeldung sind anzugeben: der Name (die Firma) und der Sitz des Unternehmens sowie aller inländischen Zweigniederlassungen, auf welche die Voraussetzungen der Abgabepflicht (Art. 21 f. StG) zutreffen, das Rechnungsjahr, das Datum der Aufnahme der Geschäftstätigkeit und die zu betreibenden Versicherungszweige.

³ Nach Beginn der Abgabepflicht eintretende Änderungen an den gemäss Absatz 2 zu meldenden Tatsachen sind unaufgefordert der ESTV zu melden.

⁴ Der inländische Versicherungsnehmer, der mit einem nicht der Bundesaufsicht unterstellten ausländischen Versicherer Verträge abschliesst, deren Prämien der Abgabe unterliegen, hat sich nach Vertragsabschluss unaufgefordert bei der ESTV anzumelden. In der Anmeldung sind der Name und die Adresse des Versicherungsnehmers, der Versicherungszweig, der ausländische Versicherer und das Fälligkeitsdatum der Prämie anzugeben.

---

1 Fassung gemäss Anhang 2 Ziff. 2 der Bankenverordnung vom 30. April 2014, in Kraft seit 1. Jan. 2015 (AS **2014** 1269).
2 SR **952.02**

Art. 26a[1] Rückkaufsfähige Lebensversicherung

¹ Als rückkaufsfähige Lebensversicherungen im Sinne von Artikel 22 Buchstabe a StG gelten Lebensversicherungen, bei denen der Eintritt des versicherten Ereignisses gewiss ist. Darunter fallen insbesondere die gemischte Versicherung, die lebenslängliche Todesfallversicherung und die Rentenversicherung mit Prämienrückgewähr.

² Werden eine rückkaufsfähige und eine nicht rückkaufsfähige Versicherung in einem Vertrag miteinander kombiniert, so unterliegt nur die für die rückkaufsfähige Versicherung gesondert ausgewiesene Prämie der Abgabe.

Art. 26b[2] Periodische Prämienzahlung

¹ Als rückkaufsfähige Lebensversicherungen mit periodischer Prämienzahlung im Sinne von Artikel 22 Buchstabe a StG gelten Versicherungen, die mit im wesentlichen gleich hohen, über die gesamte Vertragslaufzeit verteilten Jahresprämien finanziert werden. Darunter fallen auch:

a. Versicherungen mit regelmässig steigenden Prämien;
b. Versicherungen mit indexierten Prämien;
c. Versicherungen, bei denen die höchste der für die ersten fünf Jahre der Vertragslaufzeit vereinbarten Jahresprämien die tiefste um nicht mehr als 20 Prozent übersteigt;
d. lebenslängliche Todesfallversicherungen mit abgekürzter Prämienzahlung.

² Keine periodische Prämienzahlung im Sinne von Artikel 22 Buchstabe a StG liegt insbesondere vor, wenn:

a. die Vertragslaufzeit weniger als fünf Jahre beträgt; oder
b. trotz vertraglich vereinbarter periodischer Prämienzahlung in den ersten fünf Jahren der Vertragslaufzeit nicht fünf Jahresprämien bezahlt werden, es sei denn, dass:
   1. die Prämienzahlungspflicht wegen Tod oder Invalidität der versicherten Person erlischt, oder
   2. der Abfindungswert (Rückkaufswert einschliesslich sämtlicher Überschussbeteiligungen) tiefer als die bezahlten Prämien ist.

Art. 27 Fahrzeugkaskoversicherung

¹ Als Fahrzeugkaskoversicherung im Sinne von Artikel 22 Buchstabe k StG gilt jede Versicherung gegen die Gefahr irgendeiner Beschädigung oder eines Diebstahls des Fahrzeuges.[3]

² Die Prämie der Kaskoversicherung für ein Luftfahrzeug gemäss Artikel 22 Buchstabe k StG ist von der Abgabe ausgenommen, wenn sein Abfluggewicht 5 700 kg übersteigt.

---

[1] Eingefügt durch Ziff. I der V vom 9. März 1998, in Kraft seit 1. April 1998 (AS **1998** 961).
[2] Eingefügt durch Ziff. I der V vom 9. März 1998, in Kraft seit 1. April 1998 (AS **1998** 961).
[3] Fassung gemäss Anhang der V vom 9. Juni 2023, in Kraft seit 1. Sept. 2023 (AS **2023** 305).

Art. 28 Abgabeabrechnung

¹ Der Versicherer hat die Abgabe aufgrund der Abrechnung nach amtlichem Formular innert 30 Tagen nach Ablauf des Geschäftsvierteljahres für die in diesem Zeitraum vereinnahmten Prämien (Art. 23 StG), gesondert nach Versicherungszweigen, unaufgefordert der ESTV zu entrichten. Die Aufteilung auf Versicherungszweige erstreckt sich auch auf kombinierte Versicherungen, sofern die Prämienanteile verschiedenen Abgabesätzen unterliegen. Enthält die Prämienrechnung aufgrund gesetzlicher Bestimmungen eines Kantons oder des Bundes Forderungen, die nicht als Prämienzahlung für eine Versicherung qualifizieren, so sind diese eindeutig zu bezeichnen und gesondert aufzuführen; andernfalls ist die Abgabe auf dem Gesamtbetrag geschuldet.[1]

² Wird eine Versicherung von mehreren Versicherern gemeinschaftlich übernommen (Mitversicherung), so hat jeder Versicherer die Abgabe nach Absatz 1 für den auf ihn entfallenden Prämienanteil zu entrichten. Sind an einem Mitversicherungsvertrag jedoch ausschliesslich der Aufsicht des Bundes unterstellte oder inländische öffentlich- rechtliche Versicherer beteiligt, so hat der federführende Versicherer die gesamte Abgabe zu entrichten.[2]

³ Der abgabepflichtige inländische Versicherungsnehmer (Art. 25 Satz 2 StG) hat die Abgabe innert 30 Tagen nach Ablauf jedes Quartals für die in diesem Zeitraum bezahlten Prämien mit amtlichem Formular unaufgefordert der ESTV zu entrichten.

⁴ Um unverhältnismässige Umtriebe zu vermeiden, kann die ESTV ein von den Absätzen 1 und 3 abweichendes Abgabeabrechnungsverfahren gestatten oder anordnen.

5 Übergangsbestimmungen

Art. 29 und Art. 30[3] ...

Art. 30a[4] Lebensversicherungen

Die Abgabe auf den Prämien für die rückkaufsfähige Lebensversicherung wird auf Versicherungen mit Versicherungsbeginn nach dem 31. März 1998 erhoben.

---

[1] Fassung gemäss Ziff. I 1 der V vom 15. Okt. 2008, in Kraft seit 1. Jan. 2010 (AS **2008** 5073).
[2] Fassung gemäss Ziff. I der V vom 24. Mai 2006, in Kraft seit 1. Juli 2006 (AS **2006** 2349).
[3] Aufgehoben durch Ziff. I der V vom 24. Mai 2006, mit Wirkung seit 1. Juli 2006 (AS **2006** 2349).
[4] Eingefügt durch Ziff. I der V vom 9. März 1998 (AS **1998** 961).

6 Schlussbestimmungen

Art. 31 Aufhebung bisherigen Rechts

Aufgehoben werden:

am 1. Juli 1974:
- die Vollziehungsverordnung vom 7. Juni 1928[1] zu den Bundesgesetzen über die Stempelabgaben, mit Ausnahme der Artikel 75–83;
- die Vollziehungsverordnung vom 1. Oktober 1937[2] zum Bundesgesetz vom 24. Juni 1937 über Ergänzung und Abänderung der eidgenössischen Stempelgesetzgebung;

am 1. Januar 1975:
- die Artikel 75–83 der Vollziehungsverordnung vom 7. Juni 1928[3] zu den Bundesgesetzen über die Stempelabgaben.

Art. 32 Inkrafttreten

Diese Verordnung tritt wie folgt in Kraft:

am 1. Juli 1974: die Artikel 1–25 und 29–31;
am 1. Januar 1975: die Artikel 26–28.

Schlussbestimmungen der Änderung vom 28. Oktober 1992[4]

1 Die Effektenhändlererklärungen, welche vor dem Inkrafttreten dieser Änderung abgegeben wurden, sind ab 1. April 1993 nicht mehr gültig.

2 Neben den in Artikel 23 Absatz 1 genannten Banken und Pfandbriefzentralen darf der Effektenhändler nur solche Gegenparteien zu den Effektenhändlern zählen, welche sich ihm gegenüber als Abgabepflichtige ausweisen, die nach der Änderung vom 4. Oktober 1991 des StG[5] registriert worden sind.

3 Für die in Artikel 13 Absatz 3 Buchstabe d StG erwähnten Gesellschaften und Genossenschaften beginnt die Pflicht zur Entrichtung der Umsatzabgabe am 1. April 1993, sofern ihre letzte, vor oder auf den 30. September 1992 erstellte Bilanz steuerbare Urkunden von mehr als 10 Millionen Franken ausweist.

Übergangsbestimmung zur Änderung vom 18. Juni 2010[6]

Die geänderten Bestimmungen gelten für die nach dem 31. Juli 2010 fällig werdenden steuerbaren Leistungen.

---

[1] [BS **6** 134; AS **1954** 1145 Ziff. I, **1958** 362 UeB Art. 7 Abs. 1, **1966** 371 Art. 71 Abs. 1688]
[2] [BS **6** 170; AS **1954** 1145 Ziff. II]
[3] [BS **6** 134; AS **1954** 1145 Ziff. I, **1958** 362 UeB Art. 7 Abs. 1, **1966** 371 Art. 71 Abs. 1688]
[4] AS **1993** 228
[5] AS **1993** 222
[6] AS **2010** 2963

MWSTG

Mehrwertsteuergesetz

9 Bundesgesetz über die Mehrwertsteuer (Mehrwertsteuergesetz, MWSTG) SR 641.20

vom 12. Juni 2009 (Stand am 1. Januar 2025)

Die Bundesversammlung der Schweizerischen Eidgenossenschaft,

gestützt auf Artikel 130 der Bundesverfassung[1], nach Einsicht in die Botschaft des Bundesrates vom 25. Juni 2008[2],

beschliesst:

☞ *Die MWST-Infos und diverse Zoll-Informationen zur MWST finden Sie im umfassenden Werk «Die Mehrwertsteuererlasse des Bundes I 2025».*

Scan to shop.

---

[1] SR **101**
[2] BBl **2008** 6885

1. Titel: Allgemeine Bestimmungen

Art. 1 Gegenstand und Grundsätze

¹ Der Bund erhebt eine allgemeine Verbrauchssteuer nach dem System der Netto-Allphasensteuer mit Vorsteuerabzug (Mehrwertsteuer). Die Steuer bezweckt die Besteuerung des nicht unternehmerischen Endverbrauchs im Inland.

² Als Mehrwertsteuer erhebt er:

a. eine Steuer auf den im Inland von steuerpflichtigen Personen gegen Entgelt erbrachten Leistungen (Inlandsteuer);
b.[1] eine Steuer auf dem Bezug von Leistungen im Inland, die von Unternehmen mit Sitz im Ausland erbracht werden, sowie auf dem Erwerb von Emissionsrechten und ähnlichen Rechten (Bezugsteuer);
c. eine Steuer auf der Einfuhr von Gegenständen (Einfuhrsteuer).

³ Die Erhebung erfolgt nach den Grundsätzen:

a. der Wettbewerbsneutralität;
b. der Wirtschaftlichkeit der Entrichtung und der Erhebung;
c. der Überwälzbarkeit.

Art. 2 Verhältnis zum kantonalen Recht

¹ Billettsteuern und Handänderungssteuern, die von den Kantonen und Gemeinden erhoben werden, gelten nicht als gleichartige Steuern im Sinne von Artikel 134 der Bundesverfassung.

² Sie dürfen erhoben werden, soweit sie nicht die Mehrwertsteuer in ihre Bemessungsgrundlage einbeziehen.

Art. 3 Begriffe

Im Sinne dieses Gesetzes bedeuten:

a. Inland: das schweizerische Staatsgebiet mit den Zollanschlussgebieten nach Artikel 3 Absatz 2 des Zollgesetzes vom 18. März 2005[2] (ZG);   MWSTV 1
b. Gegenstände: bewegliche und unbewegliche Sachen sowie Elektrizität, Gas, Wärme, Kälte und Ähnliches;
c. Leistung: die Einräumung eines verbrauchsfähigen wirtschaftlichen Wertes an eine Drittperson in Erwartung eines Entgelts, auch wenn sie von Gesetzes wegen oder aufgrund behördlicher Anordnung erfolgt;   MI 04
d. Lieferung:
   1. Verschaffen der Befähigung, im eigenen Namen über einen Gegenstand wirtschaftlich zu verfügen,
   2. Abliefern eines Gegenstandes, an dem Arbeiten besorgt worden sind, auch wenn dieser Gegenstand dadurch nicht verändert, sondern bloss geprüft, geeicht, reguliert, in der Funktion kontrolliert oder in anderer Weise behandelt worden ist,
   3. Überlassen eines Gegenstandes zum Gebrauch oder zur Nutzung;   MWSTV 2

---

[1] Fassung gemäss Ziff. I des BG vom 16. Juni 2023, in Kraft seit 1. Jan. 2025 (AS **2024** 438; BBl **2021** 2363).
[2] SR **631.0**

e. Dienstleistung: jede Leistung, die keine Lieferung ist; eine Dienstleistung liegt auch vor, wenn:
   1. immaterielle Werte und Rechte überlassen werden,
   2. eine Handlung unterlassen oder eine Handlung beziehungsweise ein Zustand geduldet wird;
f. Entgelt: Vermögenswert, den der Empfänger oder die Empfängerin oder an seiner oder ihrer Stelle eine Drittperson für den Erhalt einer Leistung aufwendet;
g.[1] hoheitliche Tätigkeit: Tätigkeit eines Gemeinwesens oder einer von einem Gemeinwesen eingesetzten Person oder Organisation, die nicht unternehmerischer Natur ist, namentlich nicht marktfähig ist und nicht im Wettbewerb mit Tätigkeiten privater Anbieter steht, selbst wenn für die Tätigkeit Gebühren, Beiträge oder sonstige Abgaben erhoben werden; MBl 19
h.[2] eng verbundene Personen:
   1. die Inhaber und Inhaberinnen von mindestens 20 Prozent des Stamm- oder Grundkapitals eines Unternehmens oder von einer entsprechenden Beteiligung an einer Personengesellschaft oder ihnen nahestehende Personen,
   2. Stiftungen und Vereine, zu denen eine besonders enge wirtschaftliche, vertragliche oder personelle Beziehung besteht; nicht als eng verbundene Personen gelten Vorsorgeeinrichtungen;
i.[3] Spende: freiwillige Zuwendung in der Absicht, den Empfänger oder die Empfängerin zu bereichern ohne Erwartung einer Gegenleistung im mehrwertsteuerlichen Sinne; eine Zuwendung gilt auch dann als Spende, wenn:
   1. die Zuwendung in einer Publikation in neutraler Form einmalig oder mehrmalig erwähnt wird, selbst wenn dabei die Firma oder das Logo des Spenders oder der Spenderin verwendet wird,
   2. es sich um Beiträge von Passivmitgliedern sowie von Gönnern und Gönnerinnen an Vereine oder an gemeinnützige Organisationen handelt; Beiträge von Gönnern und Gönnerinnen an gemeinnützige Organisationen gelten auch dann als Spende, wenn die gemeinnützige Organisation ihren Gönnern und Gönnerinnen freiwillig Vorteile im Rahmen des statutarischen Zwecks gewährt, sofern sie dem Gönner oder der Gönnerin mitteilt, dass kein Anspruch auf die Vorteile besteht; MI 05
j. gemeinnützige Organisation: Organisation, die die Voraussetzungen erfüllt, welche gemäss Artikel 56 Buchstabe g DBG für die direkte Bundessteuer gelten;
k. Rechnung: jedes Dokument, mit dem gegenüber einer Drittperson über das Entgelt für eine Leistung abgerechnet wird, gleichgültig, wie dieses Dokument im Geschäftsverkehr bezeichnet wird; MI 16
l.[4] elektronische Plattform: elektronische Schnittstelle, die online direkte Kontakte zwischen mehreren Personen ermöglicht mit dem Ziel, eine Lieferung oder eine Dienstleistung zu erbringen. MBl 27

---

[1] Fassung gemäss Ziff. I des BG vom 30. Sept. 2016, in Kraft seit 1. Jan. 2018 (AS **2017** 3575; BBl **2015** 2615).
[2] Fassung gemäss Ziff. I des BG vom 30. Sept. 2016, in Kraft seit 1. Jan. 2018 (AS **2017** 3575; BBl **2015** 2615).
[3] Fassung gemäss Ziff. I des BG vom 30. Sept. 2016, in Kraft seit 1. Jan. 2018 (AS **2017** 3575; BBl **2015** 2615).
[4] Eingefügt durch Ziff. I des BG vom 16. Juni 2023, in Kraft seit 1. Jan. 2025 (AS **2024** 438; BBl **2021** 2363).

Art. 4 Samnaun und Sampuoir

¹ Solange die Talschaften Samnaun und Sampuoir aus dem schweizerischen Zollgebiet ausgeschlossen sind, gilt dieses Gesetz in den beiden Talschaften nur für Dienstleistungen.[1]

² Die dem Bund aufgrund von Absatz 1 entstehenden Steuerausfälle sind durch die Gemeinden Samnaun und Valsot zu kompensieren.[2]

³ Der Bundesrat regelt die Einzelheiten im Einvernehmen mit den Gemeinden Samnaun und Valsot. Er berücksichtigt dabei die Einsparungen infolge des geringeren Erhebungsaufwands angemessen.[3]

Art. 5[4] Indexierung

Der Bundesrat beschliesst die Anpassung der in den Artikeln 31 Absatz 2 Buchstabe c, 35 Absatz 1bis Buchstabe b, 37 Absatz 1, 38 Absatz 1 und 45 Absatz 2 Buchstabe b genannten Frankenbeträge, sobald sich der Landesindex der Konsumentenpreise seit der letzten Festlegung um mehr als 30 Prozent erhöht hat.

Art. 6 Steuerüberwälzung

¹ Die Überwälzung der Steuer richtet sich nach privatrechtlichen Vereinbarungen.

² Zur Beurteilung von Streitigkeiten über die Steuerüberwälzung sind die Zivilgerichte zuständig.

Art. 7 Ort der Lieferung MI 06

¹ Als Ort einer Lieferung gilt der Ort, an dem: MWSTV 4

  a. sich der Gegenstand zum Zeitpunkt der Verschaffung der Befähigung, über ihn wirtschaftlich zu verfügen, der Ablieferung oder der Überlassung zum Gebrauch oder zur Nutzung befindet;
  b. die Beförderung oder Versendung des Gegenstandes zum Abnehmer oder zur Abnehmerin oder in dessen oder deren Auftrag zu einer Drittperson beginnt.

² Als Ort der Lieferung von Elektrizität in Leitungen, Gas über das Erdgasverteilnetz und Fernwärme gilt der Ort, an dem der Empfänger oder die Empfängerin der Lieferung den Sitz der wirtschaftlichen Tätigkeit oder eine Betriebsstätte hat, für welche die Lieferung erbracht wird, oder in Ermangelung eines solchen Sitzes oder einer solchen Betriebsstätte der Ort, an dem die Elektrizität, das Gas oder die Fernwärme tatsächlich genutzt oder verbraucht wird.[5] MWSTV 5 | MBI 07

³ Bei der Lieferung eines Gegenstands vom Ausland ins Inland gilt der Ort der Lieferung als im Inland gelegen, sofern der Leistungserbringer oder die Leistungserbringerin:

  a. über eine Bewilligung der Eidgenössischen Steuerverwaltung (ESTV) verfügt, die Einfuhr im eigenen Namen vorzunehmen (Unterstellungserklärung), und im Zeitpunkt der Einfuhr nicht darauf verzichtet; oder MWSTV 3

---

[1] Als Rechtsnachfolgerin der Gemeinde Tschlin hat Valsot ab dem 1. Januar 2013 die Kompensation der auf ihrem Teil des Zollausschlussgebietes ausgeführten steuerfreien Lieferungen an den Bund zu leisten. (AS **2012** 2551).
[2] Fassung gemäss Ziff. I des BG vom 30. Sept. 2016, in Kraft seit 1. Jan. 2018 (AS **2017** 3575; BBl **2015** 2615).
[3] Fassung gemäss Ziff. I des BG vom 30. Sept. 2016, in Kraft seit 1. Jan. 2018 (AS **2017** 3575; BBl **2015** 2615).
[4] Fassung gemäss Ziff. I des BG vom 16. Juni 2023, in Kraft seit 1. Jan. 2025 (AS **2024** 438; BBl **2021** 2363).
[5] Fassung gemäss Ziff. I des BG vom 30. Sept. 2016, in Kraft seit 1. Jan. 2018 (AS **2017** 3575; BBl **2015** 2615).

b. mit Gegenständen, die nach Artikel 53 Absatz 1 Buchstabe a aufgrund des geringfügigen Steuerbetrags von der Einfuhrsteuer befreit sind, Lieferungen nach Absatz 1 Buchstabe b des vorliegenden Artikels erbringt und daraus mindestens einen Umsatz von 100 000 Franken pro Jahr erzielt.[1] MWSTV 4a, 77, 166b

Art. 8 Ort der Dienstleistung   MI 06

[1] Als Ort der Dienstleistung gilt unter Vorbehalt von Absatz 2 der Ort, an dem der Empfänger oder die Empfängerin der Dienstleistung den Sitz der wirtschaftlichen Tätigkeit oder eine Betriebsstätte hat, für welche die Dienstleistung erbracht wird, oder in Ermangelung eines solchen Sitzes oder einer solchen Betriebsstätte der Wohnort oder der Ort seines oder ihres üblichen Aufenthaltes. MWSTV 5

[2] Als Ort der nachfolgend aufgeführten Dienstleistungen gilt:

a. bei Dienstleistungen, die typischerweise unmittelbar gegenüber physisch anwesenden natürlichen Personen erbracht werden, auch wenn sie ausnahmsweise aus der Ferne erbracht werden: der Ort, an dem die dienstleistende Person den Sitz der wirtschaftlichen Tätigkeit oder eine Betriebsstätte hat, oder in Ermangelung eines solchen Sitzes oder einer solchen Betriebsstätte der Wohnort oder der Ort, von dem aus sie tätig wird; als solche Dienstleistungen gelten namentlich: Heilbehandlungen, Therapien, Pflegeleistungen, Körperpflege, Ehe-, Familien- und Lebensberatung, Sozialleistungen und Sozialhilfeleistungen sowie Kinder- und Jugendbetreuung;

b.[2] bei durch Reisebüros weiterverkauften Reiseleistungen und den damit zusammenhängenden Dienstleistungen der Reisebüros: der Ort, an dem die das Reisebüro betreibende Person den Sitz der wirtschaftlichen Tätigkeit oder eine Betriebsstätte hat, oder in Ermangelung eines solchen Sitzes oder einer solchen Betriebsstätte der Wohnort oder der Ort, von dem aus sie tätig wird;

c.[3] bei Dienstleistungen auf dem Gebiet der Kultur, der Künste, des Sportes, der Wissenschaft, des Unterrichts, der Unterhaltung oder ähnlichen Leistungen, die unmittelbar gegenüber vor Ort physisch anwesenden Personen erbracht werden, einschliesslich der Leistungen der jeweiligen Veranstalter und der gegebenenfalls damit zusammenhängenden Leistungen: der Ort, an dem diese Tätigkeiten tatsächlich ausgeübt werden;

d. bei gastgewerblichen Leistungen: der Ort, an dem die Dienstleistung tatsächlich erbracht wird;

e. bei Personenbeförderungsleistungen: der Ort, an dem die Beförderung gemessen an der zurückgelegten Strecke tatsächlich stattfindet; der Bundesrat kann bestimmen, dass bei grenzüberschreitenden Beförderungen kurze inländische Strecken als ausländische und kurze ausländische Strecken als inländische Strecken gelten; MWSTV 5a

f. bei Dienstleistungen im Zusammenhang mit einem Grundstück: der Ort, an dem das Grundstück gelegen ist; als solche Dienstleistungen gelten namentlich: Vermittlung, Verwaltung, Begutachtung und Schätzung des Grundstückes, Dienstleistungen im Zusammenhang mit dem Erwerb oder der Bestellung von dinglichen Rechten am Grundstück, Dienstleistungen im Zusammenhang mit der Vorbereitung oder der Koordinierung von Bauleistungen wie Architektur-,

---

[1] Eingefügt durch Ziff. I des BG vom 30. Sept. 2016, Bst. a in Kraft seit 1. Jan. 2018 und Bst. b in Kraft seit 1. Jan. 2019 (AS **2017** 3575; BBl **2015** 2615).
[2] Fassung gemäss Ziff. I des BG vom 16. Juni 2023, in Kraft seit 1. Jan. 2025 (AS **2024** 438; BBl **2021** 2363).
[3] Fassung gemäss Ziff. I des BG vom 16. Juni 2023, in Kraft seit 1. Jan. 2025 (AS **2024** 438; BBl **2021** 2363).

Ingenieur- und Bauaufsichtsleistungen, Überwachung von Grundstücken und Gebäuden sowie Beherbergungsleistungen;

g. bei Dienstleistungen im Bereich der internationalen Entwicklungszusammenarbeit und der humanitären Hilfe: der Ort, für den die Dienstleistung bestimmt ist.

Art. 9 Vermeidung von Wettbewerbsverzerrungen   MWSTV 6, 6a

Um Wettbewerbsverzerrungen durch Doppelbesteuerungen oder Nichtbesteuerungen bei grenzüberschreitenden Leistungen zu vermeiden, kann der Bundesrat die Abgrenzung zwischen Lieferungen und Dienstleistungen abweichend von Artikel 3 regeln sowie den Ort der Leistungserbringung abweichend von den Artikeln 7 und 8 bestimmen.

2. Titel: Inlandsteuer

1. Kapitel: Steuersubjekt   MI 02, MI 21, MI 22

Art. 10 Grundsatz   MWSTV 7 ff. | MI 22

¹ Steuerpflichtig ist, wer unabhängig von Rechtsform, Zweck und Gewinnabsicht ein Unternehmen betreibt und:

a. mit diesem Unternehmen Leistungen im Inland erbringt; oder   MWSTV 166a
b. Sitz, Wohnsitz oder Betriebsstätte im Inland hat.[1]

^{1bis} Ein Unternehmen betreibt, wer:

a. eine auf die nachhaltige Erzielung von Einnahmen aus Leistungen ausgerichtete berufliche oder gewerbliche Tätigkeit selbstständig ausübt, unabhängig von der Höhe des Zuflusses von Mitteln, die nach Artikel 18 Absatz 2 nicht als Entgelt gelten; und
b. unter eigenem Namen nach aussen auftritt.[2]

^{1ter} Das Erwerben, Halten und Veräussern von Beteiligungen nach Artikel 29 Absätze 2 und 3 stellt eine unternehmerische Tätigkeit dar.[3]

² Von der Steuerpflicht ist befreit, wer:

a. innerhalb eines Jahres im In- und Ausland weniger als 100 000 Franken Umsatz aus Leistungen erzielt, die nicht nach Artikel 21 Absatz 2 von der Steuer ausgenommen sind;   MWSTV 9, 9a
b. ein Unternehmen mit Sitz, Wohnsitz oder Betriebsstätte im Ausland betreibt, das im Inland, unabhängig vom Umsatz, ausschliesslich eine oder mehrere der folgenden Leistungsarten erbringt:[4]
   1. von der Steuer befreite Leistungen,
   1bis.[5] von der Steuer ausgenommene Leistungen,
   2. Dienstleistungen, deren Ort sich nach Artikel 8 Absatz 1 im Inland befindet; nicht von der Steuerpflicht befreit ist jedoch, wer Telekommunikations- oder elektronische Dienstleistungen an nicht steuerpflichtige Empfänger und Empfängerinnen erbringt,   MWSTV 10 | MBI 13

---

[1] Fassung gemäss Ziff. I des BG vom 30. Sept. 2016, in Kraft seit 1. Jan. 2018 (AS **2017** 3575; BBl **2015** 2615).
[2] Eingefügt durch Ziff. I des BG vom 30. Sept. 2016, in Kraft seit 1. Jan. 2018 (AS **2017** 3575; BBl **2015** 2615).
[3] Eingefügt durch Ziff. I des BG vom 30. Sept. 2016, in Kraft seit 1. Jan. 2018 (AS **2017** 3575; BBl **2015** 2615).
[4] Fassung gemäss Ziff. I des BG vom 16. Juni 2023, in Kraft seit 1. Jan. 2025 (AS **2024** 438; BBl **2021** 2363).
[5] Eingefügt durch Ziff. I des BG vom 16. Juni 2023, in Kraft seit 1. Jan. 2025 (AS **2024** 438; BBl **2021** 2363).

3. Lieferung von Elektrizität in Leitungen, Gas über das Erdgasverteilnetz und Fernwärme an steuerpflichtige Personen im Inland;

c.[1] als nicht gewinnstrebiger, ehrenamtlich geführter Sport- oder Kulturverein oder als gemeinnützige Organisation innerhalb eines Jahres im In- und Ausland weniger als 250 000 Franken Umsatz aus Leistungen erzielt, die nicht nach Artikel 21 Absatz 2 von der Steuer ausgenommen sind; MWSTV 9, 9a | MBl 23, 24

d.[2] ein Unternehmen mit Sitz, Wohnsitz oder Betriebsstätte im Inland betreibt, das im Inland ausschliesslich von der Steuer ausgenommene Leistungen erbringt.

2bis Der Umsatz berechnet sich nach den vereinbarten Entgelten ohne die Steuer.[3]

3 Der Sitz im Inland sowie alle inländischen Betriebsstätten bilden zusammen ein Steuersubjekt. MWSTV 5

Art. 11 Verzicht auf die Befreiung von der Steuerpflicht

1 Wer ein Unternehmen betreibt und nach Artikel 10 Absatz 2 oder 12 Absatz 3 von der Steuerpflicht befreit ist, hat das Recht, auf die Befreiung von der Steuerpflicht zu verzichten.

2 Auf die Befreiung von der Steuerpflicht muss mindestens während einer Steuerperiode verzichtet werden.

Art. 12 Gemeinwesen MWSTV 12, 14 | MBl 19

1 Steuersubjekte der Gemeinwesen sind die autonomen Dienststellen von Bund, Kantonen und Gemeinden und die übrigen Einrichtungen des öffentlichen Rechts.

2 Dienststellen können sich zu einem einzigen Steuersubjekt zusammenschliessen. Der Zusammenschluss kann auf den Beginn jeder Steuerperiode gewählt werden. Er muss während mindestens einer Steuerperiode beibehalten werden.

3 Ein Steuersubjekt eines Gemeinwesens ist von der Steuerpflicht befreit, solange weniger als 100 000 Franken Umsatz pro Jahr aus steuerbaren Leistungen an Nichtgemeinwesen stammen. Der Umsatz bemisst sich nach den vereinbarten Entgelten ohne die Steuer.[4]

4 Der Bundesrat bestimmt, welche Leistungen von Gemeinwesen als unternehmerisch und damit steuerbar gelten. MWSTV 14

Art. 13 Gruppenbesteuerung MWSTV 15–21 | MI 03

1 Rechtsträger mit Sitz, Wohnsitz oder Betriebsstätte in der Schweiz, die unter einheitlicher Leitung eines Rechtsträgers miteinander verbunden sind, können sich auf Antrag zu einem einzigen Steuersubjekt zusammenschliessen (Mehrwertsteuergruppe). In die Gruppe können auch Rechtsträger, die kein Unternehmen betreiben, und natürliche Personen einbezogen werden.[5]

---

1 Fassung gemäss Ziff. I des BG vom 16. Juni 2023, in Kraft seit 1. Jan. 2025 (AS **2024** 438; BBl **2021** 2363).
2 Eingefügt durch Ziff. I des BG vom 16. Juni 2023, in Kraft seit 1. Jan. 2025 (AS **2024** 438; BBl **2021** 2363).
3 Eingefügt durch Ziff. I des BG vom 30. Sept. 2016, in Kraft seit 1. Jan. 2018 (AS **2017** 3575; BBl **2015** 2615).
4 Fassung gemäss Ziff. I des BG vom 30. Sept. 2016, in Kraft seit 1. Jan. 2018 (AS **2017** 3575; BBl **2015** 2615).
5 Fassung gemäss Ziff. I des BG vom 16. Juni 2023, in Kraft seit 1. Jan. 2025 (AS **2024** 438; BBl **2021** 2363).

² Der Zusammenschluss zu einer Mehrwertsteuergruppe kann auf den Beginn jeder Steuerperiode gewählt werden. Die Beendigung einer Mehrwertsteuergruppe ist jeweils auf das Ende einer Steuerperiode möglich.

Art. 14 Beginn und Ende der Steuerpflicht und der Befreiung von der Steuerpflicht   MI 21, MI 22

¹ Die Steuerpflicht beginnt:
   a. für Unternehmen mit Sitz, Wohnsitz oder Betriebsstätte im Inland: mit der Aufnahme der unternehmerischen Tätigkeit;   MWSTV 9
   b. für alle anderen Unternehmen: mit dem erstmaligen Erbringen einer Leistung im Inland.[1]   MWSTV 9a

² Die Steuerpflicht endet:
   a. für Unternehmen mit Sitz, Wohnsitz oder Betriebsstätte im Inland:
      1. mit der Beendigung der unternehmerischen Tätigkeit,
      2. bei Vermögensliquidation: mit Abschluss des Liquidationsverfahrens;
   b. für alle anderen Unternehmen: am Schluss des Kalenderjahres, in dem letztmals eine Leistung im Inland erbracht wird.[2]

³ Die Befreiung von der Steuerpflicht endet, sobald das Total der im letzten Geschäftsjahr erzielten Umsätze die Grenze von Artikel 10 Absatz 2 Buchstabe a oder c oder 12 Absatz 3 erreicht hat oder absehbar ist, dass diese Grenze innerhalb von 12 Monaten nach der Aufnahme oder Ausweitung der unternehmerischen Tätigkeit überschritten wird.   MWSTV 9, 9a

⁴ Der Verzicht auf die Befreiung von der Steuerpflicht kann frühestens auf den Beginn der laufenden Steuerperiode erklärt werden.

⁵ Unterschreitet der massgebende Umsatz der steuerpflichtigen Person die Umsatzgrenze nach Artikel 10 Absatz 2 Buchstabe a oder c oder 12 Absatz 3 und ist zu erwarten, dass der massgebende Umsatz auch in der folgenden Steuerperiode nicht mehr erreicht wird, so muss sich die steuerpflichtige Person abmelden. Die Abmeldung ist frühestens möglich auf das Ende der Steuerperiode, in der der massgebende Umsatz nicht erreicht worden ist. Die Nichtabmeldung gilt als Verzicht auf die Befreiung von der Steuerpflicht nach Artikel 11. Der Verzicht gilt ab Beginn der folgenden Steuerperiode.

Art. 15 Mithaftung

¹ Mit der steuerpflichtigen Person haften solidarisch:
   a. die Teilhaber und Teilhaberinnen an einer einfachen Gesellschaft, Kollektiv- oder Kommanditgesellschaft im Rahmen ihrer zivilrechtlichen Haftbarkeit;
   b. Personen, die eine freiwillige Versteigerung durchführen oder durchführen lassen;
   c.[3] jede zu einer Mehrwertsteuergruppe (Art. 13) gehörende Person oder Personengesellschaft, mit Ausnahme von Vorsorgeeinrichtungen, für sämtliche von der Gruppe geschuldeten Steuern; tritt eine Person oder Personengesellschaft aus der Gruppe aus, so haftet sie nur noch für die Steuerforderungen, die sich aus ihren eigenen unternehmerischen Tätigkeiten ergeben haben;   MWSTV 22 | MI 03

---

[1] Fassung gemäss Ziff. I des BG vom 30. Sept. 2016, in Kraft seit 1. Jan. 2018 (AS **2017** 3575; BBl **2015** 2615).
[2] Fassung gemäss Ziff. I des BG vom 30. Sept. 2016, in Kraft seit 1. Jan. 2018 (AS **2017** 3575; BBl **2015** 2615).
[3] Fassung gemäss Ziff. I des BG vom 30. Sept. 2016, in Kraft seit 1. Jan. 2018 (AS **2017** 3575; BBl **2015** 2615).

d. bei der Übertragung eines Unternehmens: der bisherige Steuerschuldner oder die bisherige Steuerschuldnerin noch während dreier Jahre seit der Mitteilung oder Auskündigung der Übertragung für die vor der Übertragung entstandenen Steuerforderungen;
e. bei Beendigung der Steuerpflicht einer aufgelösten juristischen Person, Handelsgesellschaft oder Personengesamtheit ohne Rechtspersönlichkeit: die mit der Liquidation betrauten Personen bis zum Betrag des Liquidationsergebnisses;
f. für die Steuer einer juristischen Person, die ihren Sitz ins Ausland verlegt: die geschäftsführenden Organe bis zum Betrag des reinen Vermögens der juristischen Person;
g.[1] in den Fällen nach Artikel 93 Absatz 1bis: die Mitglieder der geschäftsführenden Organe bis zum Betrag der verlangten Sicherheit.

² Die in Absatz 1 Buchstaben e und f bezeichneten Personen haften nur für Steuer-, Zins- und Kostenforderungen, die während ihrer Geschäftsführung entstehen oder fällig werden; ihre Haftung entfällt, soweit sie nachweisen, dass sie alles ihnen Zumutbare zur Feststellung und Erfüllung der Steuerforderung getan haben.

³ Die Haftung nach Artikel 12 Absatz 3 des Bundesgesetzes vom 22. März 1974[2] über das Verwaltungsstrafrecht (VStrR) bleibt vorbehalten. N 2

⁴ Tritt eine steuerpflichtige Person Forderungen aus ihrem Unternehmen an Dritte ab, so haften diese subsidiär für die mit den Forderungen mitzedierte Mehrwertsteuer, wenn im Zeitpunkt der Abtretung die Steuerschuld gegenüber der ESTV noch nicht entstanden ist und ein Verlustschein vorliegt.[3] MWSTV 23–25, 164

4bis Verkäufer und Verkäuferinnen, die Lieferungen über eine elektronische Plattform erbringen, haften subsidiär für die Steuer, die von der Person, die nach Artikel 20a als Leistungserbringerin gilt, für diese Lieferungen geschuldet ist.[4]

⁵ Die mithaftende Person hat im Verfahren die gleichen Rechte und Pflichten wie die steuerpflichtige Person.

Art. 16 Steuernachfolge

¹ Stirbt eine steuerpflichtige natürliche Person, so treten ihre Erben und Erbinnen in ihre Rechte und Pflichten ein. Sie haften solidarisch für die vom Erblasser oder von der Erblasserin geschuldeten Steuern bis zur Höhe ihrer Erbteile, mit Einschluss der Vorempfänge.

² Wer ein Unternehmen übernimmt, tritt in die steuerlichen Rechte und Pflichten des Rechtsvorgängers oder der Rechtsvorgängerin ein.

Art. 17 Steuersubstitution

Die Erfüllung der Steuerpflicht ausländischer Handelsgesellschaften und ausländischer Personengesamtheiten ohne Rechtspersönlichkeit obliegt auch deren Teilhabern und Teilhaberinnen.

---

1 Eingefügt durch Ziff. I des BG vom 16. Juni 2023, in Kraft seit 1. Jan. 2025 (AS **2024** 438; BBl **2021** 2363).
2 SR **313.0**
3 Fassung gemäss Ziff. I des BG vom 30. Sept. 2016, in Kraft seit 1. Jan. 2018 (AS **2017** 3575; BBl **2015** 2615).
4 Eingefügt durch Ziff. I des BG vom 16. Juni 2023, in Kraft seit 1. Jan. 2025 (AS **2024** 438; BBl **2021** 2363).

2. Kapitel: Steuerobjekt MI 04

Art. 18 Grundsatz MWSTV 26–43a

1 Der Inlandsteuer unterliegen die im Inland durch steuerpflichtige Personen gegen Entgelt erbrachten Leistungen; sie sind steuerbar, soweit dieses Gesetz keine Ausnahme vorsieht.

2 Mangels Leistung gelten namentlich die folgenden Mittelflüsse nicht als Entgelt:

   a. Subventionen und andere öffentlich-rechtliche Beiträge, auch wenn sie gestützt auf einen Leistungsauftrag oder eine Programmvereinbarung gemäss Artikel 46 Absatz 2 der Bundesverfassung ausgerichtet werden; MWSTV 29 | MI 05
   b. Gelder, die Kur- und Verkehrsvereine ausschliesslich aus öffentlich-rechtlichen Tourismusabgaben erhalten und die sie im Auftrag von Gemeinwesen zugunsten der Allgemeinheit einsetzen; MBI 12
   c. Beiträge aus kantonalen Wasser-, Abwasser- oder Abfallfonds an Entsorgungsanstalten oder Wasserwerke;
   d. Spenden; MI 05
   e. Einlagen in Unternehmen, insbesondere zinslose Darlehen, Sanierungsleistungen und Forderungsverzichte;
   f. Dividenden und andere Gewinnanteile;
   g. vertraglich oder gesetzlich geregelte Kostenausgleichszahlungen, die durch eine Organisationseinheit, namentlich durch einen Fonds, an Akteure und Akteurinnen innerhalb einer Branche geleistet werden;
   h. Pfandgelder, namentlich auf Umschliessungen und Gebinden;
   i. Zahlungen für Schadenersatz, Genugtuung und dergleichen;
   j. Entschädigungen für unselbstständig ausgeübte Tätigkeiten wie Verwaltungsrats- und Stiftungsratshonorare, Behördenentschädigungen oder Sold;
   k. Erstattungen, Beiträge und Beihilfen bei Lieferungen ins Ausland, die nach Artikel 23 Absatz 2 Ziffer 1 von der Steuer befreit sind;
   l. Gebühren, Beiträge oder sonstige Zahlungen, die für hoheitliche Tätigkeiten empfangen werden.

3 Bezeichnet ein Gemeinwesen von ihm ausgerichtete Mittel gegenüber dem Empfänger oder der Empfängerin ausdrücklich als Subvention oder als anderen öffentlich-rechtlichen Beitrag, so gelten diese Mittel als Subvention oder als anderer öffentlich-rechtlicher Beitrag im Sinne von Absatz 2 Buchstabe a.[1]

Art. 19 Mehrheit von Leistungen

1 Voneinander unabhängige Leistungen werden selbstständig behandelt. MWSTV 31

2 Mehrere voneinander unabhängige Leistungen, die zu einer Sachgesamtheit vereinigt sind oder als Leistungskombination angeboten werden, können einheitlich nach der überwiegenden Leistung behandelt werden, wenn sie zu einem Gesamtentgelt erbracht werden und die überwiegende Leistung wertmässig mindestens 70 Prozent des Gesamtentgelts ausmacht (Kombination). MWSTV 32, 33, 112

---

[1] Eingefügt durch Ziff. I des BG vom 16. Juni 2023, in Kraft seit 1. Jan. 2025 (AS **2024** 438; BBl **2021** 2363).

³ Leistungen, die wirtschaftlich eng zusammengehören und so ineinander greifen, dass sie als unteilbares Ganzes anzusehen sind, gelten als ein einheitlicher wirtschaftlicher Vorgang und sind nach dem Charakter der Gesamtleistung zu behandeln.

⁴ Nebenleistungen, namentlich Umschliessungen und Verpackungen, werden steuerlich gleich behandelt wie die Hauptleistung.

Art. 20 Zuordnung von Leistungen

¹ Eine Leistung gilt als von derjenigen Person erbracht, die nach aussen als Leistungserbringerin auftritt.

² Handelt eine Person im Namen und für Rechnung einer anderen Person, so gilt die Leistung als durch die vertretene Person getätigt, wenn die Vertreterin:

a. nachweisen kann, dass sie als Stellvertreterin handelt und die vertretene Person eindeutig identifizieren kann; und
b. das Bestehen eines Stellvertretungsverhältnisses dem Leistungsempfänger oder der Leistungsempfängerin ausdrücklich bekannt gibt oder sich dieses aus den Umständen ergibt.

³ Findet Absatz 1 in einem Dreiparteienverhältnis Anwendung, so wird das Leistungsverhältnis zwischen der nach aussen auftretenden Person und der die eigentliche Leistung erbringenden Person gleich qualifiziert wie das Leistungsverhältnis zwischen der nach aussen auftretenden Person und der leistungsempfangenden Person.

Art. 20a[1] Zuordnung von Leistungen bei Lieferungen über elektronische Plattformen   MWSTV 43a, 48e | MBI 27

¹ Wer mit Hilfe einer elektronischen Plattform eine Lieferung nach Artikel 3 Buchstabe d Ziffer 1 ermöglicht, indem er oder sie Verkäufer und Verkäuferinnen mit Käufern und Käuferinnen zu einem Vertragsabschluss auf der Plattform zusammenbringt, gilt gegenüber dem Käufer oder der Käuferin als Leistungserbringer oder Leistungserbringerin. In diesem Fall liegt sowohl zwischen dieser Person und dem Verkäufer oder der Verkäuferin als auch zwischen dieser Person und dem Käufer oder der Käuferin eine Lieferung vor.

² Nicht als Leistungserbringer oder Leistungserbringerin gilt, wer eine oder mehrere der nachfolgenden Bedingungen erfüllt:

a. Er oder sie ist weder unmittelbar noch mittelbar am Bestellvorgang beteiligt.
b. Er oder sie erzielt keinen Umsatz, der unmittelbar mit dem Geschäft zusammenhängt.
c. Er oder sie nimmt lediglich die Zahlungsabwicklung im Zusammenhang mit der Lieferung vor.
d. Er oder sie stellt lediglich Platz für Anzeigen zur Verfügung.
e. Er oder sie erbringt lediglich Werbeleistungen.
f. Er oder sie leitet lediglich Käufer und Käuferinnen auf andere elektronische Plattformen um oder weiter.

---

[1] Eingefügt durch Ziff. I des BG vom 16. Juni 2023, in Kraft seit 1. Jan. 2025 (AS **2024** 438; BBl **2021** 2363).

Art. 21 Von der Steuer ausgenommene Leistungen

¹ Eine Leistung, die von der Steuer ausgenommen ist und für deren Versteuerung nicht nach Artikel 22 optiert wird, ist nicht steuerbar.

² Von der Steuer ausgenommen sind:
1.[1] die Beförderung von Briefen, die unter den reservierten Dienst nach Artikel 18 des Postgesetzes vom 17. Dezember 2010[2] fällt;
2.[3] die Spitalbehandlung und die ärztliche Heilbehandlung in Spitälern im Bereich der Humanmedizin einschliesslich der damit eng verbundenen Leistungen, die von Spitälern, Zentren für ärztliche Heilbehandlung und Diagnostik sowie Ambulatorien und Tageskliniken erbracht werden. Die Abgabe von selbst hergestellten oder zugekauften Prothesen und orthopädischen Apparaten gilt als steuerbare Lieferung; MBI 21
3. die von Ärzten und Ärztinnen, Zahnärzten und Zahnärztinnen, Psychotherapeuten und Psychotherapeutinnen, Chiropraktoren und Chiropraktorinnen, Physiotherapeuten und Physiotherapeutinnen, Naturärzten und Naturärztinnen, Entbindungspflegern und Hebammen, Pflegefachmännern und Pflegefachfrauen oder Angehörigen ähnlicher Heil- und Pflegeberufe erbrachten Heilbehandlungen im Bereich der Humanmedizin, soweit die Leistungserbringer und Leistungserbringerinnen über eine Berufsausübungsbewilligung verfügen; der Bundesrat bestimmt die Einzelheiten. Die Abgabe von selbst hergestellten oder zugekauften Prothesen und orthopädischen Apparaten gilt als steuerbare Lieferung; MWSTV 34 f.
3bis.[4] Leistungen der koordinierten Versorgung im Zusammenhang mit Heilbehandlungen;
4. die von Krankenpflegepersonen, Organisationen der Krankenpflege und der Hilfe zu Hause (Spitex) oder in Heimen erbrachten Pflegeleistungen, sofern sie ärztlich verordnet sind;
5. die Lieferung von menschlichen Organen durch medizinisch anerkannte Institutionen und Spitäler sowie von menschlichem Vollblut durch Inhaber und Inhaberinnen einer hiezu erforderlichen Bewilligung;
6. die Dienstleistungen von Gemeinschaften, deren Mitglieder Angehörige der in Ziffer 3 aufgeführten Berufe sind, soweit diese Dienstleistungen anteilsmässig zu Selbstkosten an die Mitglieder für die unmittelbare Ausübung ihrer Tätigkeiten erbracht werden;
7. die Beförderung von kranken oder verletzten Personen oder Personen mit Behinderungen in dafür besonders eingerichteten Transportmitteln;
8.[5] Leistungen von Einrichtungen der Sozialhilfe und der sozialen Sicherheit, von Organisationen der Krankenpflege und der Hilfe zu Hause (Spitex) und von Alters-, Wohn- und Pflegeheimen;
9. die mit der Kinder- und Jugendbetreuung verbundenen Leistungen durch dafür eingerichtete Institutionen; MBI 22
10. die mit der Kultur- und Bildungsförderung von Jugendlichen eng verbundenen Leistungen von gemeinnützigen Jugendaustauschorganisationen; Jugendliche im Sinne dieser Bestimmung sind Personen bis zum vollendeten 25. Altersjahr;

---

[1] Fassung gemäss Ziff. I des BG vom 16. Juni 2023, in Kraft seit 1. Jan. 2025 (AS **2024** 438; BBl **2021** 2363).
[2] SR **783.0**
[3] Fassung gemäss Ziff. I des BG vom 16. Juni 2023, in Kraft seit 1. Jan. 2025 (AS **2024** 438; BBl **2021** 2363).
[4] Eingefügt durch Ziff. I des BG vom 16. Juni 2023, in Kraft seit 1. Jan. 2025 (AS **2024** 438; BBl **2021** 2363).
[5] Fassung gemäss Ziff. I des BG vom 16. Juni 2023, in Kraft seit 1. Jan. 2025 (AS **2024** 438; BBl **2021** 2363).

11. die folgenden Leistungen im Bereich der Erziehung und Bildung:[1] MBI 20
   a.[2] die Leistungen im Bereich der Erziehung von Kindern und Jugendlichen, des Unterrichts, der Ausbildung, der Weiterbildung und der beruflichen Umschulung einschliesslich des von Privatlehrern und Privatlehrerinnen oder an Privatschulen erteilten Unterrichts,
   b. Kurse, Vorträge und andere Veranstaltungen wissenschaftlicher oder bildender Art; die Referententätigkeit ist von der Steuer ausgenommen, unabhängig davon, ob das Honorar der unterrichtenden Person oder ihrem Arbeitgeber ausgerichtet wird,
   c. im Bildungsbereich durchgeführte Prüfungen,
   d. Organisationsdienstleistungen (mit Einschluss der damit zusammenhängenden Nebenleistungen) der Mitglieder einer Einrichtung, die von der Steuer ausgenommene Leistungen nach den Buchstaben a–c erbringt, an diese Einrichtung,
   e. Organisationsdienstleistungen (mit Einschluss der damit zusammenhängenden Nebenleistungen) an Dienststellen von Bund, Kantonen und Gemeinden, die von der Steuer ausgenommene Leistungen nach den Buchstaben a–c entgeltlich oder unentgeltlich erbringen;
12.[3] das Zurverfügungstellen von Personal durch nichtgewinnstrebige Einrichtungen für Zwecke der Krankenbehandlung, der Sozialhilfe und der sozialen Sicherheit, der Kinder- und Jugendbetreuung, der Erziehung und Bildung sowie für kirchliche, karitative und gemeinnützige Zwecke;
13. die Leistungen, die nichtgewinnstrebige Einrichtungen mit politischer, gewerkschaftlicher, wirtschaftlicher, religiöser, patriotischer, weltanschaulicher, philanthropischer, ökologischer, sportlicher, kultureller oder staatsbürgerlicher Zielsetzung ihren Mitgliedern gegen einen statutarisch festgesetzten Beitrag erbringen;
14. dem Publikum unmittelbar erbrachte oder, sofern nicht unmittelbar erbracht, von diesem unmittelbar wahrnehmbare kulturelle Dienstleistungen der nachstehend aufgeführten Arten:[4]
   a. Theater-, musikalische und choreographische Aufführungen sowie Filmvorführungen, MBI 23
   b.[5] Darbietungen von Schauspielern und Schauspielerinnen, Musikern und Musikerinnen, Tänzern und Tänzerinnen und anderen ausübenden Künstlern und Künstlerinnen, Leistungen von Personen, die an solchen Darbietungen künstlerisch mitwirken, sowie Leistungen von Schaustellern und Schaustellerinnen, einschliesslich der von diesen angebotenen Geschicklichkeitsspiele, MWSTV 36
   c. Besuche von Museen, Galerien, Denkmälern, historischen Stätten sowie botanischen und zoologischen Gärten,
   d. Dienstleistungen von Bibliotheken, Archiven und Dokumentationsstellen, namentlich die Einsichtgewährung in Text-, Ton- und Bildträger in ihren Räumlichkeiten; steuerbar ist jedoch die Lieferung von Gegenständen (einschliesslich Gebrauchsüberlassung) solcher Institutionen;

---

1 Fassung gemäss Ziff. I des BG vom 30. Sept. 2016, in Kraft seit 1. Jan. 2018 (AS **2017** 3575; BBl **2015** 2615).
2 Fassung gemäss Ziff. I des BG vom 16. Juni 2023, in Kraft seit 1. Jan. 2025 (AS **2024** 438; BBl **2021** 2363).
3 Fassung gemäss Ziff. I des BG vom 16. Juni 2023, in Kraft seit 1. Jan. 2025 (AS **2024** 438; BBl **2021** 2363).
4 Fassung gemäss Ziff. I des BG vom 30. Sept. 2016, in Kraft seit 1. Jan. 2018 (AS **2017** 3575; BBl **2015** 2615).
5 Fassung gemäss Ziff. I des BG vom 30. Sept. 2016, in Kraft seit 1. Jan. 2018 (AS **2017** 3575; BBl **2015** 2615).

14bis.[1] für die Zulassung zur Teilnahme an kulturellen Anlässen verlangte Entgelte (z. B. Einschreibegebühren) samt den darin eingeschlossenen Nebenleistungen;
15. für sportliche Anlässe verlangte Entgelte einschliesslich derjenigen für die Zulassung zur Teilnahme an solchen Anlässen (z. B. Startgelder) samt den darin eingeschlossenen Nebenleistungen; MBI 24
16.[2] kulturelle Dienstleistungen, die Lieferung von Werken kultureller Natur durch deren Urheber und Urheberinnen wie Schriftsteller und Schriftstellerinnen, Komponisten und Komponistinnen, Filmschaffende, Kunstmaler und Kunstmalerinnen, Bildhauer und Bildhauerinnen sowie Dienstleistungen, die von den Verlegern und Verlegerinnen und den Verwertungsgesellschaften zur Verbreitung dieser Werke erbracht werden; dies gilt auch für Werke zweiter Hand nach Artikel 3 des Urheberrechtsgesetzes vom 9. Oktober 1992[3], die kultureller Natur sind; MWSTV 36 | MBI 23
17.[4] die Leistungen bei Veranstaltungen wie Basaren, Flohmärkten und Tombolas von Einrichtungen, die von der Steuer ausgenommene Tätigkeiten auf dem Gebiet des nichtgewinnstrebigen Sports und Kulturschaffens, auf dem Gebiet der Krankenbehandlung, der Sozialhilfe und der sozialen Sicherheit und der Kinder- und Jugendbetreuung ausüben, sowie von gemeinnützigen Organisationen der Krankenpflege und der Hilfe zu Hause (Spitex) und von Alters-, Wohn- und Pflegeheimen, sofern die Veranstaltungen dazu bestimmt sind, diesen Einrichtungen eine finanzielle Unterstützung zu verschaffen, und ausschliesslich zu ihrem Nutzen durchgeführt werden; Leistungen von Einrichtungen der Sozialhilfe und der sozialen Sicherheit, die diese mittels Brockenhäusern ausschliesslich zu ihrem Nutzen erbringen; MBI 22, 24
18.[5] im Versicherungsbereich:
 a. Versicherungs- und Rückversicherungsleistungen,
 b. Sozialversicherungsleistungen,
 c. die folgenden Leistungen im Bereich der Sozialversicherungen und Prävention:
  – Leistungen von Einrichtungen der Sozialversicherungen untereinander
  – Leistungen von Durchführungsorganen aufgrund gesetzlich vorgeschriebener Präventionsaufgaben
  – Leistungen, die der beruflichen Aus- und Weiterbildung dienen,
 d. Leistungen im Rahmen der Tätigkeit als Versicherungsvertreter oder Versicherungsvertreterin, als Versicherungsmakler oder Versicherungsmaklerin; MBI 16
19. die folgenden Umsätze im Bereich des Geld- und Kapitalverkehrs: MBI 14
 a. die Gewährung und die Vermittlung von Krediten und die Verwaltung von Krediten durch die Kreditgeber und Kreditgeberinnen,
 b. die Vermittlung und die Übernahme von Verbindlichkeiten, Bürgschaften und anderen Sicherheiten und Garantien sowie die Verwaltung von Kreditsicherheiten durch die Kreditgeber und Kreditgeberinnen,
 c. die Umsätze, einschliesslich Vermittlung, im Einlagengeschäft und Kontokorrentverkehr, im Zahlungs- und Überweisungsverkehr, im Geschäft mit Geldforderungen, Checks und anderen Handelspapieren; steuerbar ist jedoch die Einziehung von Forderungen im Auftrag des Gläubigers (Inkassogeschäft),

---

[1] Eingefügt durch Ziff. I des BG vom 16. Juni 2023, in Kraft seit 1. Jan. 2025 (AS **2024** 438; BBl **2021** 2363).
[2] Fassung gemäss Ziff. I des BG vom 30. Sept. 2016, in Kraft seit 1. Jan. 2018 (AS **2017** 3575; BBl **2015** 2615).
[3] SR **231.1**
[4] Fassung gemäss Ziff. I des BG vom 30. Sept. 2016, in Kraft seit 1. Jan. 2018 (AS **2017** 3575; BBl **2015** 2615).
[5] Fassung gemäss Ziff. I des BG vom 30. Sept. 2016, in Kraft seit 1. Jan. 2018 (AS **2017** 3575; BBl **2015** 2615).

d. die Umsätze, einschliesslich Vermittlung, die sich auf gesetzliche Zahlungsmittel (in- und ausländische Valuten wie Devisen, Banknoten, Münzen) beziehen; steuerbar sind jedoch Sammlerstücke (Banknoten und Münzen), die normalerweise nicht als gesetzliches Zahlungsmittel verwendet werden,
e. die Umsätze (Kassa- und Termingeschäfte), einschliesslich Vermittlung, von Wertpapieren, Wertrechten und Derivaten sowie von Anteilen an Gesellschaften und anderen Vereinigungen; steuerbar sind jedoch die Verwahrung und die Verwaltung von Wertpapieren, Wertrechten und Derivaten sowie von Anteilen (namentlich Depotgeschäft) einschliesslich Treuhandanlagen,
f.[1] dem Anbieten von Anteilen an kollektiven Kapitalanlagen gemäss Kollektivanlagengesetz vom 23. Juni 2006[2] (KAG) und die Verwaltung von kollektiven Kapitalanlagen nach dem KAG durch Personen, die diese verwalten oder aufbewahren, die Fondsleitungen, die Depotbanken und deren Beauftragte; als Beauftragte werden alle natürlichen oder juristischen Personen betrachtet, denen die kollektiven Kapitalanlagen nach dem KAG oder dem Finanzinstitutsgesetz vom 15. Juni 2018[3] Aufgaben delegieren können; das Anbieten von Anteilen und die Verwaltung von Investmentgesellschaften mit festem Kapital nach Artikel 110 KAG richtet sich nach Buchstabe e;
g.[4] das Anbieten von Anlagegruppen von Anlagestiftungen gemäss Bundesgesetz vom 25. Juni 1982[5] über die berufliche Alters-, Hinterlassenen- und Invalidenvorsorge (BVG) und die Verwaltung von Anlagegruppen nach BVG durch Personen, die diese verwalten oder aufbewahren, die Depotbanken und deren Beauftragte; als Beauftragte gelten alle natürlichen oder juristischen Personen, denen die Anlagestiftungen Aufgaben delegieren können,
20. die Übertragung und die Bestellung von dinglichen Rechten an Grundstücken sowie die Leistungen von Stockwerkeigentümergemeinschaften an die Stockwerkeigentümer und Stockwerkeigentümerinnen, soweit die Leistungen in der Überlassung des gemeinschaftlichen Eigentums zum Gebrauch, seinem Unterhalt, seiner Instandsetzung und sonstigen Verwaltung sowie der Lieferung von Wärme und ähnlichen Gegenständen bestehen; MBI 17
21. die Überlassung von Grundstücken und Grundstücksteilen zum Gebrauch oder zur Nutzung; steuerbar sind jedoch: MBI 17
    a. die Vermietung von Wohn- und Schlafräumen zur Beherbergung von Gästen sowie die Vermietung von Sälen im Hotel- und Gastgewerbe, MBI 08
    b. die Vermietung von Campingplätzen,
    c. die Vermietung von nicht im Gemeingebrauch stehenden Plätzen für das Abstellen von Fahrzeugen, ausser es handle sich um eine unselbstständige Nebenleistung zu einer von der Steuer ausgenommenen Immobilienvermietung,
    d. die Vermietung und Verpachtung von fest eingebauten Vorrichtungen und Maschinen, die zu einer Betriebsanlage, nicht jedoch zu einer Sportanlage gehören,
    e. die Vermietung von Schliessfächern,
    f. die Vermietung von Messestandflächen und einzelner Räume in Messe- und Kongressgebäuden;

---

[1] Fassung gemäss Anhang Ziff. II 8 des Finanzinstitutsgesetzes vom 15. Juni 2018, in Kraft seit 1. Jan. 2020 (AS **2018** 5247, **2019** 4631; BBl **2015** 8901).
[2] SR **951.31**
[3] SR **954.1**
[4] Eingefügt durch Ziff. I des BG vom 16. Juni 2023, in Kraft seit 1. Jan. 2025 (AS **2024** 438; BBl **2021** 2363).
[5] SR **831.40**

22. die Lieferung von im Inland gültigen Postwertzeichen und sonstigen amtlichen Wertzeichen höchstens zum aufgedruckten Wert;
23.[1] die Umsätze bei Geldspielen, soweit die Bruttospielerträge der Spielbankenabgabe nach Artikel 119 des Geldspielgesetzes vom 29. September 2017[2] unterliegen oder der damit erzielte Reingewinn vollumfänglich für gemeinnützige Zwecke im Sinne von Artikel 125 des genannten Gesetzes verwendet wird; MWSTV 10
24. die Lieferung gebrauchter beweglicher Gegenstände, die ausschliesslich zur Erbringung von nach diesem Artikel von der Steuer ausgenommenen Leistungen verwendet wurden;
25.[3] ...
26. die Veräusserung von im eigenen Betrieb gewonnenen Erzeugnissen der Landwirtschaft, der Forstwirtschaft sowie der Gärtnerei durch Landwirte und Landwirtinnen, Forstwirte und Forstwirtinnen oder Gärtner und Gärtnerinnen sowie der Verkauf von Vieh durch Viehhändler und Viehhändlerinnen und der Verkauf von Milch durch Milchsammelstellen an milchverarbeitende Betriebe; MBI 01
27. Bekanntmachungsleistungen, die gemeinnützige Organisationen zugunsten Dritter oder Dritte zugunsten gemeinnütziger Organisationen erbringen;
28.[4] Leistungen:
   a. zwischen den Organisationseinheiten des gleichen Gemeinwesens,
   b. zwischen privat- oder öffentlich-rechtlichen Gesellschaften, an denen ausschliesslich Gemeinwesen beteiligt sind, und den an der Gesellschaft beteiligten Gemeinwesen und deren Organisationseinheiten, MWSTV 38
   c.[5] zwischen Anstalten oder Stiftungen, deren Gründer oder Träger ausschliesslich Gemeinwesen sind, und diesen Gemeinwesen und deren Organisationseinheiten; MWSTV 38 | MBI 19
28bis. das Zurverfügungstellen von Personal durch Gemeinwesen an andere Gemeinwesen;[6]
29. die Ausübung von Funktionen der Schiedsgerichtsbarkeit; MBI 18
30.[7] Leistungen zwischen Bildungs- und Forschungsinstitutionen, die an einer Bildungs- und Forschungskooperation beteiligt sind, sofern sie im Rahmen der Kooperation erfolgen, unabhängig davon, ob die Bildungs- und Forschungskooperation als Mehrwertsteuersubjekt auftritt;
31.[8] die durch Reisebüros weiterverkauften Reiseleistungen und die damit zusammenhängenden Dienstleistungen der Reisebüros.

3 Ob eine in Absatz 2 genannte Leistung von der Steuer ausgenommen ist, bestimmt sich unter Vorbehalt von Absatz 4 ausschliesslich nach deren Gehalt und unabhängig davon, wer die Leistung erbringt oder empfängt.

---

1 Fassung gemäss Anhang Ziff. II 4 des Geldspielgesetzes vom 29. Sept. 2017, in Kraft seit 1. Jan. 2019 (AS **2018** 5103; BBl **2015** 8387).
2 SR **935.51**
3 Aufgehoben durch Ziff. I des BG vom 30. Sept. 2016, mit Wirkung seit 1. Jan. 2018 (AS **2017** 3575; BBl **2015** 2615).
4 Fassung gemäss Ziff. I des BG vom 30. Sept. 2016, in Kraft seit 1. Jan. 2018 (AS **2017** 3575; BBl **2015** 2615). Die Berichtigung vom 31. Aug. 2017 betrifft nur den französischen Text (AS 2017 4857).
5 Fassung gemäss Ziff. I des BG vom 16. Juni 2023, in Kraft seit 1. Jan. 2025 (AS **2024** 438; BBl **2021** 2363).
6 Eingefügt durch Ziff. I des BG vom 30. Sept. 2016, in Kraft seit 1. Jan. 2018 (AS **2017** 3575; BBl **2015** 2615).
7 Eingefügt durch Ziff. I des BG vom 30. Sept. 2016, in Kraft seit 1. Jan. 2018 (AS **2017** 3575; BBl **2015** 2615).
8 Eingefügt durch Ziff. I des BG vom 16. Juni 2023, in Kraft seit 1. Jan. 2025 (AS **2024** 438; BBl **2021** 2363).

⁴ Ist eine Leistung in Absatz 2 entweder aufgrund von Eigenschaften des Leistungserbringers beziehungsweise der Leistungserbringerin oder des Leistungsempfängers beziehungsweise der Leistungsempfängerin von der Steuer ausgenommen, so gilt die Ausnahme nur für Leistungen, die von einer Person mit diesen Eigenschaften erbracht oder empfangen werden.

⁵ Der Bundesrat bestimmt die von der Steuer ausgenommenen Leistungen näher; dabei beachtet er das Gebot der Wettbewerbsneutralität.

⁶ Organisationseinheiten eines Gemeinwesens nach Absatz 2 Ziffer 28 sind dessen Dienststellen, dessen privat- und öffentlich-rechtliche Gesellschaften, sofern weder andere Gemeinwesen noch andere Dritte daran beteiligt sind, sowie dessen Anstalten und Stiftungen, sofern das Gemeinwesen sie ohne Beteiligung anderer Gemeinwesen oder anderer Dritter gegründet hat.[1]

⁷ Der Bundesrat legt fest, welche Institutionen als Bildungs- und Forschungsinstitutionen nach Absatz 2 Ziffer 30 gelten.[2] MWSTV 38a

Art. 22 Option für die Versteuerung der von der Steuer ausgenommenen Leistungen MWSTV 39

¹ Die steuerpflichtige Person kann unter Vorbehalt von Absatz 2 jede von der Steuer ausgenommene Leistung durch offenen Ausweis der Steuer oder durch Deklaration in der Abrechnung versteuern (Option).[3]

² Die Option ist ausgeschlossen für:
a. Leistungen nach Artikel 21 Absatz 2 Ziffern 18, 19 und 23;
b.[4] Leistungen nach Artikel 21 Absatz 2 Ziffern 20 und 21, wenn der Gegenstand vom Empfänger oder von der Empfängerin ausschliesslich für Wohnzwecke genutzt wird oder genutzt werden soll.

Art. 23 Von der Steuer befreite Leistungen

¹ Ist eine Leistung nach diesem Artikel von der Steuer befreit, so ist auf dieser Leistung keine Inlandsteuer geschuldet.

² Von der Steuer sind befreit:
1. die Lieferung von Gegenständen mit Ausnahme der Überlassung zum Gebrauch oder zur Nutzung, die direkt ins Ausland befördert oder versendet werden;
2.[5] die Überlassung zum Gebrauch oder zur Nutzung, namentlich die Vermietung und Vercharterung, von Gegenständen, sofern die Gegenstände vom Lieferungsempfänger oder von der Lieferungsempfängerin selbst überwiegend im Ausland genutzt werden;

---

[1] Eingefügt durch Ziff. I des BG vom 30. Sept. 2016, in Kraft seit 1. Jan. 2018 (AS **2017** 3575; BBl **2015** 2615).
[2] Eingefügt durch Ziff. I des BG vom 30. Sept. 2016, in Kraft seit 1. Jan. 2018 (AS **2017** 3575; BBl **2015** 2615).
[3] Fassung gemäss Ziff. I des BG vom 30. Sept. 2016, in Kraft seit 1. Jan. 2018 (AS **2017** 3575; BBl **2015** 2615).
[4] Fassung gemäss Ziff. I des BG vom 30. Sept. 2016, in Kraft seit 1. Jan. 2018 (AS **2017** 3575; BBl **2015** 2615).
[5] Fassung gemäss Ziff. I des BG vom 30. Sept. 2016, in Kraft seit 1. Jan. 2018 (AS **2017** 3575; BBl **2015** 2615).

3.[1] die Lieferung von Gegenständen, die im Rahmen eines Transitverfahrens (Art. 49 ZG[2]), Zolllagerverfahrens (Art. 50–57 ZG), Zollverfahrens der vorübergehenden Verwendung (Art. 58 ZG) oder der aktiven Veredelung (Art. 59 ZG) nachweislich im Inland unter Zollüberwachung standen, sofern das Verfahren ordnungsgemäss oder mit nachträglicher Bewilligung des Bundesamtes für Zoll und Grenzsicherheit (BAZG) abgeschlossen wurde;

3bis.[3] die Lieferung von Gegenständen, die wegen Einlagerung in einem Zollfreilager (Art. 62–66 ZG) nachweislich im Inland unter Zollüberwachung standen und diesen Zollstatus nicht rückwirkend verloren haben;

4. das Verbringen oder Verbringenlassen von Gegenständen ins Ausland, das nicht im Zusammenhang mit einer Lieferung steht;

5. das mit der Einfuhr von Gegenständen im Zusammenhang stehende Befördern oder Versenden von Gegenständen und alle damit zusammenhängenden Leistungen bis zum Bestimmungsort, an den die Gegenstände im Zeitpunkt der Entstehung der Steuerschuld nach Artikel 56 zu befördern sind; entsteht keine Steuerschuld, so gilt für den massgebenden Zeitpunkt Artikel 69 ZG sinngemäss;

6. das mit der Ausfuhr von Gegenständen des zollrechtlich freien Verkehrs im Zusammenhang stehende Befördern oder Versenden von Gegenständen und alle damit zusammenhängenden Leistungen;

7.[4] Beförderungsleistungen und Nebentätigkeiten des Logistikgewerbes wie Beladen, Entladen, Umschlagen, Abfertigen oder Zwischenlagern:
   a. bei denen der Ort der Dienstleistung nach Artikel 8 Absatz 1 im Inland liegt, die Dienstleistung selbst aber ausschliesslich im Ausland ausgeführt wird, oder
   b. die im Zusammenhang mit Gegenständen unter Zollüberwachung erbracht werden;

8. die Lieferung von Luftfahrzeugen an Luftverkehrsunternehmen, die gewerbsmässige Luftfahrt im Beförderungs- oder Charterverkehr betreiben und deren Umsätze aus internationalen Flügen jene aus dem Binnenluftverkehr übertreffen; Umbauten, Instandsetzungen und Wartungen an Luftfahrzeugen, die solche Luftverkehrsunternehmen im Rahmen einer Lieferung erworben haben; Lieferungen, Instandsetzungen und Wartungen der in diese Luftfahrzeuge eingebauten Gegenstände oder der Gegenstände für ihren Betrieb; Lieferungen von Gegenständen zur Versorgung dieser Luftfahrzeuge sowie Dienstleistungen, die für den unmittelbaren Bedarf dieser Luftfahrzeuge und ihrer Ladungen bestimmt sind;

9. die Dienstleistungen von ausdrücklich in fremdem Namen und für fremde Rechnung handelnden Vermittlern und Vermittlerinnen, wenn die vermittelte Leistung entweder nach diesem Artikel von der Steuer befreit ist oder ausschliesslich im Ausland bewirkt wird; wird die vermittelte Leistung sowohl im Inland als auch im Ausland bewirkt, so ist nur der Teil der Vermittlung von der Steuer befreit, der auf Leistungen im Ausland oder auf Leistungen, die nach diesem Artikel von der Steuer befreit sind, entfällt;

---

[1] Fassung gemäss Ziff. I 18 der V vom 12. Juni 2020 über die Anpassung von Gesetzen infolge der Änderung der Bezeichnung der Eidgenössischen Zollverwaltung im Rahmen von deren Weiterentwicklung, in Kraft seit 1. Jan. 2022 (AS **2020** 2743).
[2] SR **631.0**
[3] Eingefügt durch Ziff. I des BG vom 30. Sept. 2016, in Kraft seit 1. Jan. 2018 (AS **2017** 3575; BBl **2015** 2615).
[4] Fassung gemäss Ziff. I des BG vom 30. Sept. 2016, in Kraft seit 1. Jan. 2018 (AS **2017** 3575; BBl **2015** 2615).

10. in eigenem Namen erbrachte Dienstleistungen von Reisebüros und Organisatoren von Veranstaltungen, soweit sie Lieferungen und Dienstleistungen Dritter in Anspruch nehmen, die von diesen im Ausland bewirkt werden; werden diese Leistungen Dritter sowohl im Inland als auch im Ausland erbracht, so ist nur der Teil der Dienstleistung des Reisebüros oder des Organisators von der Steuer befreit, der auf Leistungen im Ausland entfällt;

11.[1] die Lieferung von Gegenständen nach Artikel 17 Absatz 1bis des ZG an ins Ausland abfliegende oder aus dem Ausland ankommende Reisende;

12.[2] die Umsätze, die mit Gold und Legierungen von Gold der folgenden Form erzielt werden:
   a. staatlich geprägte Goldmünzen der Zolltarifnummern 7118.9010, 9705.3100 und 9705.3900[3],
   b. Gold zu Anlagezwecken mit einem Mindestfeingehalt von 995 Tausendsteln, in Form von:
      – gegossenen Barren, versehen mit der Angabe des Feingehalts und dem Stempelzeichen eines anerkannten Prüfer-Schmelzers oder
      – gestanzten Plättchen, versehen mit der Angabe des Feingehalts und dem Stempelzeichen eines anerkannten Prüfer-Schmelzers oder einer in der Schweiz registrierten Verantwortlichkeitsmarke,
   c. Gold in Form von Granalien mit einem Mindestfeingehalt von 995 Tausendsteln, die von einem anerkannten Prüfer-Schmelzer verpackt und versiegelt wurden,
   d. Gold in Rohform oder in Form von Halbzeug, das zur Raffination oder Rückgewinnung bestimmt ist, sowie Gold in Form von Abfällen und Schrott,
   e. Legierungen von Gold nach Buchstabe d, sofern sie zwei oder mehr Gewichtsprozent Gold oder, wenn Platin enthaltend, mehr Gold als Platin aufweisen;

13.[4] die Lieferung von Gegenständen durch einen Verkäufer oder eine Verkäuferin, die mit Hilfe einer elektronischen Plattform ermöglicht wird, sofern die Person, die die Lieferung ermöglicht hat, nach Artikel 20a als Leistungserbringerin gilt und im Register der steuerpflichtigen Personen eingetragen ist. MWSTV 43a

³ Direkte Ausfuhr nach Absatz 2 Ziffer 1 liegt vor, wenn der Gegenstand der Lieferung ohne Ingebrauchnahme im Inland ins Ausland ausgeführt oder in ein offenes Zolllager oder Zollfreilager ausgeführt wird. Bei Reihengeschäften erstreckt sich die direkte Ausfuhr auf alle beteiligten Lieferanten und Lieferantinnen. Der Gegenstand der Lieferung kann vor der Ausfuhr durch Beauftragte des nicht steuerpflichtigen Abnehmers oder der nicht steuerpflichtigen Abnehmerin bearbeitet oder verarbeitet werden.

⁴ Der Bundesrat kann zur Wahrung der Wettbewerbsneutralität Beförderungen im grenzüberschreitenden Luft-, Eisenbahn- und Busverkehr von der Steuer befreien. MWSTV 41 ff.

⁵ Das Eidgenössische Finanzdepartement (EFD) regelt die Bedingungen, unter denen Inlandlieferungen zwecks Ausfuhr im Reiseverkehr von der Steuer befreit sind, und legt die hierfür erforderlichen Nachweise fest. Die Nachweise können in elektronischer Form erbracht werden.[5] VO MWSTG B

---

[1] Eingefügt durch Ziff. I 2 des BG vom 17. Dez. 2010 über den Einkauf von Waren in Zollfreiläden auf Flughäfen, in Kraft seit 1. Juni 2011 (AS **2011** 1743; BBl **2010** 2169).
[2] Eingefügt durch Ziff. I des BG vom 16. Juni 2023, in Kraft seit 1. Jan. 2025 (AS **2024** 438; BBl **2021** 2363).
[3] SR **632.10** Anhang
[4] Eingefügt durch Ziff. I des BG vom 16. Juni 2023, in Kraft seit 1. Jan. 2025 (AS **2024** 438; BBl **2021** 2363).
[5] Zweiter Satz eingefügt durch Ziff. I des BG vom 16. Juni 2023, in Kraft seit 1. Jan. 2025 (AS **2024** 438; BBl **2021** 2363).

3. Kapitel: Bemessungsgrundlage und Steuersätze MI 07

Art. 24 Bemessungsgrundlage MWSTV 45 ff.

1 Die Steuer wird vom tatsächlich empfangenen Entgelt berechnet. Zum Entgelt gehören namentlich auch der Ersatz aller Kosten, selbst wenn diese gesondert in Rechnung gestellt werden, sowie die von der steuerpflichtigen Person geschuldeten öffentlich-rechtlichen Abgaben. Die Absätze 2 und 6 bleiben vorbehalten.

2 Bei Leistungen an eng verbundene Personen (Art. 3 Bst. h) gilt als Entgelt der Wert, der unter unabhängigen Dritten vereinbart würde. MWSTV 26

3 Bei Tauschverhältnissen gilt der Marktwert jeder Leistung als Entgelt für die andere Leistung.

4 Bei Austauschreparaturen umfasst das Entgelt lediglich den Werklohn für die ausgeführte Arbeit. MBI 05

5 Bei Leistungen an Zahlungs statt gilt als Entgelt der Betrag, der dadurch ausgeglichen wird.

5bis Gilt eine Person als Leistungserbringerin nach Artikel 20a, so entspricht das Entgelt für die Lieferung, die sie ermöglicht hat, dem Wert, den sie dem Käufer oder der Käuferin des Gegenstandes mitgeteilt hat.[1]

6 Nicht in die Bemessungsgrundlage einbezogen werden:

a. Billettsteuern, Handänderungssteuern sowie die auf der Leistung geschuldete Mehrwertsteuer selbst;

b. Beträge, welche die steuerpflichtige Person von der die Leistung empfangenden Person als Erstattung der in deren Namen und für deren Rechnung getätigten Auslagen erhält, sofern sie diese gesondert ausweist (durchlaufende Posten);

c. der Anteil des Entgelts, der bei der Veräusserung eines unbeweglichen Gegenstandes auf den Wert des Bodens entfällt; MBI 04, 17

d. die im Preis für Entsorgungs- und Versorgungsleistungen eingeschlossenen kantonalen Abgaben an Wasser-, Abwasser- oder Abfallfonds, soweit diese Fonds daraus an Entsorgungsanstalten oder Wasserwerke Beiträge ausrichten. MWSTV 48

Art. 24a[2] **Margenbesteuerung** MWSTV 48a–48e

1 Hat die steuerpflichtige Person Sammlerstücke wie Kunstgegenstände, Antiquitäten und dergleichen erworben, so kann sie für die Berechnung der Steuer den Ankaufspreis vom Verkaufspreis abziehen, sofern sie auf dem Ankaufspreis keine Vorsteuern abgezogen hat (Margenbesteuerung). Ist der Ankaufspreis höher als der Verkaufspreis, so kann der Verlust verrechnet werden, indem die Differenz vom steuerbaren Umsatz abgezogen wird.

2 Werden solche Sammlerstücke durch den Wiederverkäufer oder die Wiederverkäuferin eingeführt, so kann die entrichtete Einfuhrsteuer zum Ankaufspreis hinzugerechnet werden.

---

[1] Eingefügt durch Ziff. I des BG vom 16. Juni 2023, in Kraft seit 1. Jan. 2025 (AS **2024** 438; BBl **2021** 2363).
[2] Eingefügt durch Ziff. I des BG vom 30. Sept. 2016, in Kraft seit 1. Jan. 2018 (AS **2017** 3575; BBl **2015** 2615).

³ Als Wiederverkäufer oder Wiederverkäuferin gilt, wer auf eigene Rechnung oder aufgrund eines Einkaufs- oder Verkaufskommissionsvertrages auf fremde Rechnung handelt.

⁴ Der Bundesrat legt fest, was als Sammlerstück gilt. MWSTV 48a

⁵ Werden mehrere Sammlerstücke zu einem Gesamtpreis bezogen, so kann die Steuer von der Gesamtdifferenz zwischen dem Gesamtverkaufspreis und dem Gesamtankaufspreis berechnet werden. Der Bundesrat regelt die Voraussetzungen. MWSTV 48b

Art. 25 Steuersätze MWSTV 49 ff.

¹ Die Steuer beträgt 8,1 Prozent (Normalsatz); vorbehalten bleiben die Absätze 2 und 3.[1]

² Der reduzierte Steuersatz von 2,6 Prozent findet Anwendung:[2]

a. auf der Lieferung folgender Gegenstände:
1. Wasser in Leitungen,
2.[3] Lebensmittel nach dem Lebensmittelgesetz vom 20. Juni 2014[4], mit Ausnahme alkoholischer Getränke,
3. Vieh, Geflügel, Fische, MBl 01
4. Getreide,
5. Sämereien, Setzknollen und -zwiebeln, lebende Pflanzen, Stecklinge, Pfropfreiser sowie Schnittblumen und Zweige, auch zu Arrangements, Sträussen, Kränzen und dergleichen veredelt; gesonderte Rechnungsstellung vorausgesetzt, unterliegt die Lieferung dieser Gegenstände auch dann dem reduzierten Steuersatz, wenn sie in Kombination mit einer zum Normalsatz steuerbaren Leistung erbracht wird, MBl 02
6. Futtermittel, Silagesäuren, Streumittel für Tiere,
7. Dünger, Pflanzenschutzmittel, Mulch und anderes pflanzliches Abdeckmaterial, MBl 01
8. Medikamente, MWSTV 49 | MBl 21
9. Zeitungen, Zeitschriften, Bücher und andere Druckerzeugnisse ohne Reklamecharakter der vom Bundesrat zu bestimmenden Arten, MWSTV 50, 51, 52 | MBl 03
10.[5] Produkte für die Monatshygiene;
a^bis.[6] auf elektronische Zeitungen, Zeitschriften und Bücher ohne Reklamecharakter der vom Bundesrat zu bestimmenden Arten; MWSTV 50a, 51a, 52 | MBl 03
b. auf den Dienstleistungen der Radio- und Fernsehgesellschaften, mit Ausnahme der Dienstleistungen mit gewerblichem Charakter; MBl 13
c. auf den Leistungen nach Artikel 21 Absatz 2 Ziffern 14–16;
d. auf den Leistungen im Bereich der Landwirtschaft, die in einer mit der Urproduktion in unmittelbarem Zusammenhang stehenden Bearbeitung des Bodens oder Bearbeitung von mit dem Boden verbundenen Erzeugnissen der Urproduktion bestehen.

---

[1] Fassung gemäss Ziff. I der V vom 9. Dez. 2022 über die Anhebung der Mehrwertsteuersätze zur Zusatzfinanzierung der AHV, in Kraft seit 1. Jan. 2024 (AS **2022** 863).
[2] Fassung gemäss Ziff. I der V vom 9. Dez. 2022 über die Anhebung der Mehrwertsteuersätze zur Zusatzfinanzierung der AHV, in Kraft seit 1. Jan. 2024 (AS **2022** 863).
[3] Fassung gemäss Anhang Ziff. II 3 des Lebensmittelgesetzes vom 20. Juni 2014, in Kraft seit 1. Mai 2017 (AS **2017** 249; BBl **2011** 5571).
[4] SR 817.0
[5] Eingefügt durch Ziff. I des BG vom 16. Juni 2023, in Kraft seit 1. Jan. 2025 (AS **2024** 438; BBl **2021** 2363).
[6] Eingefügt durch Ziff. I des BG vom 30. Sept. 2016, in Kraft seit 1. Jan. 2018 (AS **2017** 3575; BBl **2015** 2615).

³ Für Lebensmittel, die im Rahmen von gastgewerblichen Leistungen abgegeben werden, gilt der Normalsatz. Als gastgewerbliche Leistung gilt die Abgabe von Lebensmitteln, wenn die steuerpflichtige Person sie beim Kunden oder bei der Kundin zubereitet beziehungsweise serviert oder wenn sie für deren Konsum an Ort und Stelle besondere Vorrichtungen bereithält. Sind Lebensmittel, mit Ausnahme alkoholischer Getränke, zum Mitnehmen oder zur Auslieferung bestimmt, so findet der reduzierte Steuersatz Anwendung, sofern geeignete organisatorische Massnahmen zur Abgrenzung dieser Leistungen von den gastgewerblichen Leistungen getroffen worden sind; andernfalls gilt der Normalsatz. Werden Lebensmittel, mit Ausnahme alkoholischer Getränke, in Verpflegungsautomaten angeboten, so findet der reduzierte Steuersatz Anwendung.[1] MWSTV 53–56 | MBI 08

⁴ Die Steuer auf Beherbergungsleistungen beträgt 3,8 Prozent (Sondersatz).[2] Der Sondersatz gilt bis zum 31. Dezember 2020 oder, sofern die Frist nach Artikel 196 Ziffer 14 Absatz 1 Bundesverfassung verlängert wird, bis längstens zum 31. Dezember 2027. Als Beherbergungsleistung gilt die Gewährung von Unterkunft einschliesslich der Abgabe eines Frühstücks, auch wenn dieses separat berechnet wird.[3]

⁵ Der Bundesrat bestimmt die in Absatz 2 bezeichneten Gegenstände und Dienstleistungen näher; dabei beachtet er das Gebot der Wettbewerbsneutralität.

4. Kapitel: Rechnungsstellung und Steuerausweis   MI 16

Art. 26 Rechnung

¹ Der Leistungserbringer oder die Leistungserbringerin hat dem Leistungsempfänger oder der Leistungsempfängerin auf Verlangen eine Rechnung auszustellen, die den Anforderungen nach den Absätzen 2 und 3 genügt.

² Die Rechnung muss den Leistungserbringer oder die Leistungserbringerin, den Leistungsempfänger oder die Leistungsempfängerin und die Art der Leistung eindeutig identifizieren und in der Regel folgende Elemente enthalten:

a.[4] den Namen und den Ort des Leistungserbringers oder der Leistungserbringerin, wie er oder sie im Geschäftsverkehr auftritt, den Hinweis, dass er oder sie im Register der steuerpflichtigen Personen eingetragen ist, sowie die Nummer, unter der er oder sie eingetragen ist;
b. den Namen und den Ort des Leistungsempfängers oder der Leistungsempfängerin, wie er oder sie im Geschäftsverkehr auftritt;
c. Datum oder Zeitraum der Leistungserbringung, soweit diese nicht mit dem Rechnungsdatum übereinstimmen;
d. Art, Gegenstand und Umfang der Leistung;
e. das Entgelt für die Leistung;
f. den anwendbaren Steuersatz und den vom Entgelt geschuldeten Steuerbetrag; schliesst das Entgelt die Steuer ein, so genügt die Angabe des anwendbaren Steuersatzes.

---

[1] Fassung gemäss Ziff. IV des BG vom 30. Sept. 2016, in Kraft seit 1. Jan. 2018 (AS **2017** 3575; BBl **2015** 2615).
[2] Fassung gemäss Ziff. I der V vom 9. Dez. 2022 über die Anhebung der Mehrwertsteuersätze zur Zusatzfinanzierung der AHV, in Kraft seit 1. Jan. 2024 (AS **2022** 863).
[3] Fassung gemäss Ziff. II 1 des BG vom 16. Juni 2017, in Kraft seit 1. Jan. 2018 (AS **2017** 7667; BBl **2017** 3429 3443).
[4] Fassung gemäss Anhang Ziff. 2 des BG vom 18. Juni 2010 über die Unternehmens-Identifikationsnummer, in Kraft seit 1. Jan. 2011 (AS **2010** 4989; BBl **2009** 7855).

³ Bei Rechnungen, die von automatisierten Kassen ausgestellt werden (Kassenzettel), müssen die Angaben über den Leistungsempfänger oder die Leistungsempfängerin nicht aufgeführt sein, sofern das auf dem Beleg ausgewiesene Entgelt einen vom Bundesrat festzusetzenden Betrag nicht übersteigt. MWSTV 57

Art. 27 Unrichtiger oder unberechtigter Steuerausweis

¹ Wer nicht im Register der steuerpflichtigen Personen eingetragen ist oder wer das Meldeverfahren nach Artikel 38 anwendet, darf in Rechnungen nicht auf die Steuer hinweisen.

² Wer in einer Rechnung eine Steuer ausweist, obwohl er zu deren Ausweis nicht berechtigt ist, oder wer für eine Leistung eine zu hohe Steuer ausweist, schuldet die ausgewiesene Steuer, es sei denn:

a. es erfolgt eine Korrektur der Rechnung nach Absatz 4; oder
b.¹ er oder sie macht glaubhaft, dass dem Bund kein Steuerausfall entstanden ist; kein Steuerausfall entsteht namentlich, wenn der Rechnungsempfänger oder die Rechnungsempfängerin keinen Vorsteuerabzug vorgenommen hat oder die geltend gemachte Vorsteuer dem Bund zurückerstattet worden ist.

³ Die Rechtsfolgen von Absatz 2 treten auch bei Gutschriften ein, soweit der Gutschriftsempfänger oder die Gutschriftsempfängerin einer unberechtigt ausgewiesenen Steuer oder einem zu hohen Steuerbetrag nicht schriftlich widerspricht.²

⁴ Die nachträgliche Korrektur einer Rechnung kann innerhalb des handelsrechtlich Zulässigen durch ein empfangsbedürftiges Dokument erfolgen, das auf die ursprüngliche Rechnung verweist und diese widerruft.

5. Kapitel: Vorsteuerabzug MWSTV 58–75 | MI 09

Art. 28 Grundsatz

¹ Die steuerpflichtige Person kann im Rahmen ihrer unternehmerischen Tätigkeit, unter Vorbehalt der Artikel 29 und 33, die folgenden Vorsteuern abziehen:

a. die ihr in Rechnung gestellte Inlandsteuer; MWSTV 59
b. die von ihr deklarierte Bezugsteuer (Art. 45–49);
c. die von ihr entrichtete oder zu entrichtende Einfuhrsteuer, die mit unbedingter Forderung veranlagt wurde oder die mit bedingter Forderung veranlagt wurde und fällig geworden ist, sowie die von ihr für die Einfuhr von Gegenständen deklarierte Steuer (Art. 52 und 63).

² Hat die steuerpflichtige Person bei nicht steuerpflichtigen Landwirten und Landwirtinnen, Forstwirten und Forstwirtinnen, Gärtnern und Gärtnerinnen, Viehhändlern und Viehhändlerinnen und Milchsammelstellen Erzeugnisse der Landwirtschaft, der Forstwirtschaft, der Gärtnerei, Vieh oder Milch im Rahmen ihrer zum Vorsteuerabzug berechtigenden unternehmerischen Tätigkeit bezogen, so kann sie als Vorsteuer 2,6 Prozent des ihr in Rechnung gestellten Betrags abziehen.³ MBI 01

---

1 Fassung gemäss Ziff. I des BG vom 30. Sept. 2016, in Kraft seit 1. Jan. 2018 (AS **2017** 3575; BBl **2015** 2615).
2 Fassung gemäss Ziff. I des BG vom 30. Sept. 2016, in Kraft seit 1. Jan. 2018 (AS **2017** 3575; BBl **2015** 2615).
3 Fassung gemäss Ziff. I der V vom 9. Dez. 2022 über die Anhebung der Mehrwertsteuersätze zur Zusatzfinanzierung der AHV, in Kraft seit 1. Jan. 2024 (AS **2022** 863).

³ Der Abzug der Vorsteuer nach Absatz 1 ist zulässig, wenn die steuerpflichtige Person nachweist, dass sie die Vorsteuer bezahlt hat.[1]

Art. 28a[2] Abzug fiktiver Vorsteuer   MWSTV 62, 63 | MBI 05

¹ Die steuerpflichtige Person kann eine fiktive Vorsteuer abziehen, wenn:

   a. sie im Rahmen ihrer zum Vorsteuerabzug berechtigenden unternehmerischen Tätigkeit einen individualisierbaren beweglichen Gegenstand bezieht; und
   b. ihr beim Bezug des Gegenstands keine Mehrwertsteuer offen überwälzt wird.

² Die fiktive Vorsteuer wird auf dem von der steuerpflichtigen Person bezahlten Betrag berechnet. Der von ihr bezahlte Betrag versteht sich inklusive Steuer zu dem im Zeitpunkt des Bezugs anwendbaren Steuersatz.

³ Für Gegenstände, die der Margenbesteuerung nach Artikel 24a unterliegen, können keine fiktiven Vorsteuern abgezogen werden.

Art. 29 Ausschluss des Anspruchs auf Vorsteuerabzug

¹ Kein Anspruch auf Vorsteuerabzug besteht bei Leistungen und bei der Einfuhr von Gegenständen, die für die Erbringung von Leistungen, die von der Steuer ausgenommen sind und für deren Versteuerung nicht optiert wurde, verwendet werden.

¹ᵇⁱˢ Der Vorsteuerabzug für Leistungen, die im Ausland erbracht wurden, ist im selben Umfang möglich, wie wenn sie im Inland erbracht worden wären und nach Artikel 22 für deren Versteuerung hätte optiert werden können.[3]

¹ᵗᵉʳ Der Vorsteuerabzug für von Reisebüros weiterverkauften Reiseleistungen und die damit zusammenhängenden Dienstleistungen der Reisebüros ist möglich, sofern sie im Ausland bewirkt oder genutzt werden.[4]

² Ungeachtet von Absatz 1 besteht ein Anspruch auf Vorsteuerabzug im Rahmen der zum Vorsteuerabzug berechtigenden unternehmerischen Tätigkeit für das Erwerben, Halten und Veräussern von Beteiligungen sowie für Umstrukturierungen im Sinne von Artikel 19 oder 61 des BG vom 14. Dezember 1990[5] über die direkte Bundessteuer (DBG).

³ Beteiligungen sind Anteile am Kapital anderer Unternehmen, die mit der Absicht dauernder Anlage gehalten werden und einen massgeblichen Einfluss vermitteln. Anteile von mindestens 10 Prozent am Kapital gelten als Beteiligung.

⁴ Holdinggesellschaften können zur Ermittlung der abziehbaren Vorsteuer auf die zum Vorsteuerabzug berechtigende unternehmerische Tätigkeit der von ihnen gehaltenen Unternehmen abstellen.[6]

---

1   Ursprünglich: Abs. 4. Ursprünglicher Abs. 3 aufgehoben durch Ziff. I des BG vom 30. Sept. 2016, mit Wirkung seit 1. Jan. 2018 (AS **2017** 3575; BBl **2015** 2615).
2   Eingefügt durch Ziff. I des BG vom 30. Sept. 2016, in Kraft seit 1. Jan. 2018 (AS **2017** 3575; BBl **2015** 2615).
3   Eingefügt durch Ziff. I des BG vom 30. Sept. 2016, in Kraft seit 1. Jan. 2018 (AS **2017** 3575; BBl **2015** 2615).
4   Eingefügt durch Ziff. I des BG vom 16. Juni 2023, in Kraft seit 1. Jan. 2025 (AS **2024** 438; BBl **2021** 2363).
5   SR **642.11**
6   Fassung gemäss Ziff. I des BG vom 30. Sept. 2016, in Kraft seit 1. Jan. 2018 (AS **2017** 3575; BBl **2015** 2615).

Art. 30 Gemischte Verwendung MWSTV 65–68

¹ Verwendet die steuerpflichtige Person Gegenstände, Teile davon oder Dienstleistungen auch ausserhalb ihrer unternehmerischen Tätigkeit oder innerhalb ihrer unternehmerischen Tätigkeit sowohl für Leistungen, die zum Vorsteuerabzug berechtigen, als auch für Leistungen, die vom Vorsteuerabzug ausgeschlossen sind, so hat sie den Vorsteuerabzug nach dem Verhältnis der Verwendung zu korrigieren.

² Wird eine solche Vorleistung zu einem überwiegenden Teil im Rahmen der unternehmerischen Tätigkeit verwendet für Leistungen, die zum Vorsteuerabzug berechtigen, so kann die Vorsteuer ungekürzt abgezogen und am Ende der Steuerperiode korrigiert werden (Art. 31).

Art. 31 Eigenverbrauch MWSTV 69 ff. | MI 10

¹ Fallen die Voraussetzungen des Vorsteuerabzugs nachträglich weg (Eigenverbrauch), so ist der Vorsteuerabzug in demjenigen Zeitpunkt zu korrigieren, in welchem die Voraussetzungen hierfür weggefallen sind. Die früher in Abzug gebrachte Vorsteuer, einschliesslich ihrer als Einlageentsteuerung korrigierten Anteile, muss zurückerstattet werden.

² Eigenverbrauch liegt namentlich vor, wenn die steuerpflichtige Person aus ihrem Unternehmen Gegenstände oder Dienstleistungen dauernd oder vorübergehend entnimmt, sofern sie beim Bezug oder der Einlage des Ganzen oder seiner Bestandteile einen Vorsteuerabzug vorgenommen hat oder die Gegenstände oder Dienstleistungen im Rahmen des Meldeverfahrens nach Artikel 38 bezogen hat, und die:

a. sie ausserhalb ihrer unternehmerischen Tätigkeit, insbesondere für private Zwecke, verwendet;
b. sie für eine unternehmerische Tätigkeit verwendet, die nach Artikel 29 Absatz 1 nicht zum Vorsteuerabzug berechtigt;
c. sie unentgeltlich abgibt, ohne dass ein unternehmerischer Grund besteht; bei Geschenken bis 500 Franken pro Person und Jahr sowie bei Werbegeschenken und Warenmustern zur Erzielung steuerbarer oder von der Steuer befreiter Umsätze wird der unternehmerische Grund ohne weiteres vermutet;
d. sich bei Wegfall der Steuerpflicht noch in ihrer Verfügungsmacht befinden.

³ Wurde der Gegenstand oder die Dienstleistung in der Zeit zwischen dem Empfang der Leistung und dem Wegfall der Voraussetzungen für den Vorsteuerabzug in Gebrauch genommen, so ist der Vorsteuerabzug im Umfang des Zeitwerts des Gegenstandes oder der Dienstleistung zu korrigieren. Zur Ermittlung des Zeitwertes wird der Vorsteuerbetrag linear für jedes abgelaufene Jahr bei beweglichen Gegenständen und bei Dienstleistungen um einen Fünftel, bei unbeweglichen Gegenständen um einen Zwanzigstel reduziert. Die buchmässige Behandlung ist nicht von Bedeutung. Der Bundesrat kann in begründeten Fällen Abweichungen von den Abschreibungsvorschriften festlegen. MWSTV 70

⁴ Wird ein Gegenstand nur vorübergehend ausserhalb der unternehmerischen Tätigkeit oder für eine nicht zum Vorsteuerabzug berechtigende unternehmerische Tätigkeit verwendet, so ist der Vorsteuerabzug im Umfang der Steuer, die auf einer einer unabhängigen Drittperson dafür in Rechnung gestellten Miete anfallen würde, zu korrigieren.

Art. 32 Einlageentsteuerung MWSTV 72 ff., 165 | MI 10

1 Treten die Voraussetzungen des Vorsteuerabzugs nachträglich ein (Einlageentsteuerung), so kann der Vorsteuerabzug in der Abrechnungsperiode vorgenommen werden, in der die Voraussetzungen hierfür eingetreten sind. Die früher nicht in Abzug gebrachte Vorsteuer, einschliesslich ihrer als Eigenverbrauch korrigierten Anteile, kann abgezogen werden.

2 Wurde der Gegenstand oder die Dienstleistung in der Zeit zwischen dem Empfang der Leistung oder der Einfuhr und dem Eintritt der Voraussetzungen für den Vorsteuerabzug in Gebrauch genommen, so beschränkt sich die abziehbare Vorsteuer auf den Zeitwert des Gegenstandes oder der Dienstleistung. Zur Ermittlung des Zeitwertes wird der Vorsteuerbetrag linear für jedes abgelaufene Jahr bei beweglichen Gegenständen und bei Dienstleistungen um einen Fünftel, bei unbeweglichen Gegenständen um einen Zwanzigstel reduziert. Die buchmässige Behandlung ist nicht von Bedeutung. Der Bundesrat kann in begründeten Fällen Abweichungen von den Abschreibungsvorschriften festlegen. MWSTV 73

3 Wird ein Gegenstand nur vorübergehend für eine zum Vorsteuerabzug berechtigende unternehmerische Tätigkeit verwendet, so kann der Vorsteuerabzug im Umfang der Steuer, die auf einer einer unabhängigen Drittperson dafür in Rechnung gestellten Miete anfallen würde, geltend gemacht werden.

Art. 33 Kürzung des Vorsteuerabzugs

1 Mittelflüsse, die nicht als Entgelte gelten (Art. 18 Abs. 2), führen unter Vorbehalt von Absatz 2 zu keiner Kürzung des Vorsteuerabzugs.

2 Die steuerpflichtige Person hat ihren Vorsteuerabzug verhältnismässig zu kürzen, wenn sie Gelder nach Artikel 18 Absatz 2 Buchstaben a–c erhält. MWSTV 75

6. Kapitel: Ermittlung, Entstehung und Verjährung der Steuerforderung

1. Abschnitt: Zeitliche Bemessung MI 15

Art. 34 Steuerperiode

1 Die Steuer wird je Steuerperiode erhoben.

2 Als Steuerperiode gilt das Kalenderjahr.

3 Die ESTV gestattet der steuerpflichtigen Person auf Antrag, das Geschäftsjahr als Steuerperiode heranzuziehen.[1] MWSTV 76a–d

Art. 35 Abrechnungsperiode

1 Innerhalb der Steuerperiode erfolgt die Abrechnung der Steuer vierteljährlich. Bei der Abrechnung nach Saldosteuersätzen (Art. 37 Abs. 1 und 2) erfolgt die Abrechnung halbjährlich.[2]

---

[1] Noch nicht in Kraft (AS **2009** 5203; ☞ vgl. Art. 116 Abs. 2 MWSTG).
[2] Fassung gemäss Ziff. I des BG vom 16. Juni 2023, in Kraft seit 1. Jan. 2025 (AS **2024** 438; BBl **2021** 2363).

¹ᵇⁱˢ Auf Antrag der steuerpflichtigen Person erfolgt die Abrechnung:
  a. bei regelmässigem Vorsteuerüberschuss: monatlich;
  b. bei einem Umsatz von nicht mehr als 5 005 000 Franken pro Jahr aus steuerbaren Leistungen: jährlich.¹ MWSTV 166d

² Auf Antrag gestattet die ESTV in begründeten Fällen andere Abrechnungsperioden und setzt die Bedingungen dafür fest.

Art. 35a² Jährliche Abrechnung MWSTV 76a–d

¹ Die ESTV kann steuerpflichtigen Personen, die ihren Abrechnungs- und Zahlungspflichten nicht oder nur teilweise nachkommen, die Genehmigung zur Anwendung der jährlichen Abrechnung verweigern oder deren Genehmigung widerrufen.

² Die jährliche Abrechnung muss während mindestens einer ganzen Steuerperiode beibehalten werden.

³ Wer von der jährlichen zur monatlichen, vierteljährlichen oder halbjährlichen Abrechnung wechselt, kann frühestens nach drei Steuerperioden wieder zur jährlichen Abrechnung wechseln.

⁴ Wechsel sind jeweils auf den Beginn einer Steuerperiode möglich.

2. Abschnitt: Umfang der Steuerforderung und Meldeverfahren

Art. 36 Effektive Abrechnungsmethode

¹ Grundsätzlich ist nach der effektiven Abrechnungsmethode abzurechnen.

² Bei Anwendung der effektiven Abrechnungsmethode berechnet sich die Steuerforderung nach der Differenz zwischen der geschuldeten Inlandsteuer, der Bezugsteuer (Art. 45) sowie der im Verlagerungsverfahren deklarierten Einfuhrsteuer (Art. 63) und dem Vorsteuerguthaben der entsprechenden Abrechnungsperiode.

Art. 37 Abrechnung nach Saldo- und nach Pauschalsteuersätzen MWSTV 77-100, 166ff. | MI 12, 13

¹ Wer als steuerpflichtige Person jährlich nicht mehr als 5 024 000 Franken Umsatz aus steuerbaren Leistungen erzielt und im gleichen Zeitraum nicht mehr als 108 000 Franken Steuern, berechnet nach dem für sie massgebenden Saldosteuersatz, zu bezahlen hat, kann nach der Saldosteuersatzmethode abrechnen.³ VO MWSTG C

² Bei Anwendung der Saldosteuersatzmethode wird die Steuerforderung durch Multiplikation des Totals aller in einer Abrechnungsperiode erzielten steuerbaren Entgelte, einschliesslich Steuer, mit dem von der ESTV bewilligten Saldosteuersatz ermittelt.

³ Die Saldosteuersätze berücksichtigen die branchenübliche Vorsteuerquote. Sie werden von der ESTV nach Konsultation der betroffenen Branchenverbände festgelegt.⁴

---

1 Eingefügt durch Ziff. I des BG vom 16. Juni 2023, in Kraft seit 1. Jan. 2025 (AS **2024** 438; BBl **2021** 2363).
2 Eingefügt durch Ziff. I des BG vom 16. Juni 2023, in Kraft seit 1. Jan. 2025 (AS **2024** 438; BBl **2021** 2363).
3 Fassung gemäss Ziff. I der V vom 9. Dez. 2022 über die Anhebung der Mehrwertsteuersätze zur Zusatzfinanzierung der AHV, in Kraft seit 1. Jan. 2024 (AS **2022** 863).
4 Fassung des zweiten Satzes gemäss Ziff. I des BG vom 30. Sept. 2016, in Kraft seit 1. Jan. 2018 (AS **2017** 3575; BBl **2015** 2615).

⁴ Die Abrechnung nach der Saldosteuersatzmethode ist bei der ESTV zu beantragen und muss während mindestens einer Steuerperiode beibehalten werden. Entscheidet sich die steuerpflichtige Person für die effektive Abrechnungsmethode, so kann sie frühestens nach drei Jahren zur Saldosteuersatzmethode wechseln. Wechsel sind jeweils auf Beginn einer Steuerperiode möglich.

⁵ Gemeinwesen und verwandte Einrichtungen, namentlich private Spitäler und Schulen oder konzessionierte Transportunternehmungen, sowie Vereine und Stiftungen können nach der Pauschalsteuersatzmethode abrechnen. Der Bundesrat regelt die Einzelheiten. MWSTV 97–100

Art. 38 Meldeverfahren MWSTV 101–105 | MI 11

¹ Übersteigt die auf dem Veräusserungspreis zum gesetzlichen Satz berechnete Steuer 10 000 Franken oder erfolgt die Veräusserung an eine eng verbundene Person, so hat die steuerpflichtige Person ihre Abrechnungs- und Steuerentrichtungspflicht in den folgenden Fällen durch Meldung zu erfüllen:

a.[1] bei Umstrukturierungen nach Artikel 19 oder 61 DBG[2];
b.[3] bei anderen Übertragungen eines Gesamt- oder eines Teilvermögens auf eine andere steuerpflichtige Person im Rahmen einer Gründung, einer Liquidation, einer Umstrukturierung, einer Geschäftsveräusserung oder eines im Fusionsgesetz vom 3. Oktober 2003[4] geregelten Rechtsgeschäfts. MWSTV 101–103

² Der Bundesrat kann bestimmen, in welchen anderen Fällen das Meldeverfahren anzuwenden ist oder angewendet werden kann. MWSTV 104

³ Die Meldungen sind im Rahmen der ordentlichen Abrechnung vorzunehmen.

⁴ Durch die Anwendung des Meldeverfahrens übernimmt der Erwerber oder die Erwerberin für die übertragenen Vermögenswerte die Bemessungsgrundlage und den zum Vorsteuerabzug berechtigenden Verwendungsgrad des Veräusserers oder der Veräussererin. MWSTV 105

⁵ Wurde in den Fällen von Absatz 1 das Meldeverfahren nicht angewendet und ist die Steuerforderung gesichert, so kann das Meldeverfahren nicht mehr angeordnet werden.

3. Abschnitt: Entstehung, Änderung und Verjährung der Steuerforderung

Art. 39 Abrechnungsart MWSTV 106, 107 | MI 15

¹ Über die Steuer wird nach vereinbarten Entgelten abgerechnet.

² Die ESTV gestattet der steuerpflichtigen Person auf Antrag, über die Steuer nach vereinnahmten Entgelten abzurechnen.

³ Die gewählte Abrechnungsart muss während mindestens einer Steuerperiode beibehalten werden.

⁴ Die ESTV kann die steuerpflichtige Person verpflichten, nach vereinnahmten Entgelten abzurechnen, wenn:

---

1 Fassung gemäss Ziff. I des BG vom 30. Sept. 2016, in Kraft seit 1. Jan. 2018 (AS **2017** 3575; BBl **2015** 2615).
2 SR **642.11**
3 Fassung gemäss Ziff. I des BG vom 30. Sept. 2016, in Kraft seit 1. Jan. 2018 (AS **2017** 3575; BBl **2015** 2615).
4 SR **221.301**

a. diese zu einem erheblichen Teil Entgelte erhält, bevor sie die Leistung ausführt oder darüber Rechnung stellt; oder
b. der begründete Verdacht besteht, dass die steuerpflichtige Person die Abrechnung nach vereinbarten Entgelten missbraucht, um sich oder einer Drittperson einen unrechtmässigen Vorteil zu verschaffen.

Art. 40 Entstehung der Steuerforderung MI 15

¹ Im Falle der Abrechnung nach vereinbarten Entgelten entsteht der Anspruch auf Vorsteuerabzug im Zeitpunkt des Empfangs der Rechnung. Die Umsatzsteuerschuld entsteht:
a. mit der Rechnungsstellung;
b. mit der Ausgabe der Teilrechnung oder mit der Vereinnahmung der Teilzahlung, wenn die Leistungen zu aufeinander folgenden Teilrechnungen oder Teilzahlungen Anlass geben;
c. mit der Vereinnahmung des Entgelts bei Vorauszahlungen für nicht von der Steuer befreite Leistungen sowie bei Leistungen ohne Rechnungsstellung.

² Im Falle der Abrechnung nach vereinnahmten Entgelten entsteht der Anspruch auf Vorsteuerabzug im Zeitpunkt der Bezahlung. Die Umsatzsteuerschuld entsteht mit der Vereinnahmung des Entgelts.

³ Der Anspruch auf Vorsteuerabzug aufgrund der Bezugsteuer entsteht im Zeitpunkt der Abrechnung über diese Bezugsteuer (Art. 48).[1]

⁴ Der Anspruch auf Vorsteuerabzug aufgrund der Einfuhrsteuer entsteht am Ende der Abrechnungsperiode, in der die Steuer festgesetzt wurde.

Art. 41 Nachträgliche Änderung der Umsatzsteuerschuld und des Vorsteuerabzugs

¹ Wird das vom Leistungsempfänger oder der Leistungsempfängerin bezahlte oder mit ihm oder ihr vereinbarte Entgelt korrigiert, so ist im Zeitpunkt, in dem die Korrektur verbucht oder das korrigierte Entgelt vereinnahmt wird, eine Anpassung der Umsatzsteuerschuld vorzunehmen.

² Wird das von der steuerpflichtigen Person aufgewendete Entgelt korrigiert, so ist im Zeitpunkt, in dem die Korrektur verbucht oder das korrigierte Entgelt bezahlt wird, eine Anpassung des Vorsteuerabzuges vorzunehmen.

Art. 42 Festsetzungsverjährung

¹ Das Recht, eine Steuerforderung festzusetzen, verjährt fünf Jahre nach Ablauf der Steuerperiode, in der die Steuerforderung entstanden ist.

² Die Verjährung wird durch eine auf Festsetzung oder Korrektur der Steuerforderung gerichtete empfangsbedürftige schriftliche Erklärung, eine Verfügung, einen Einspracheentscheid oder ein Urteil unterbrochen. Zu einer entsprechenden Unterbrechung der Verjährung führen auch die Ankündigung einer Kontrolle nach Artikel 78 Absatz 3 oder der Beginn einer unangekündigten Kontrolle.

³ Wird die Verjährung durch die ESTV oder eine Rechtsmittelinstanz unterbrochen, so beginnt die Verjährungsfrist neu zu laufen. Sie beträgt neu zwei Jahre.

---

1 Fassung gemäss Ziff. I des BG vom 16. Juni 2023, in Kraft seit 1. Jan. 2025 (AS **2024** 438; BBl **2021** 2363).

⁴ Die Verjährung steht still, solange für die entsprechende Steuerperiode ein Steuerstrafverfahren nach diesem Gesetz durchgeführt wird und der zahlungspflichtigen Person dies mitgeteilt worden ist (Art. 104 Abs. 4).

⁵ Unterbrechung und Stillstand wirken gegenüber allen zahlungspflichtigen Personen.

⁶ Das Recht, die Steuerforderung festzusetzen, verjährt in jedem Fall zehn Jahre nach Ablauf der Steuerperiode, in der die Steuerforderung entstanden ist.

Art. 43 Rechtskraft der Steuerforderung

¹ Die Steuerforderung wird rechtskräftig durch:

a. eine in Rechtskraft erwachsene Verfügung, einen in Rechtskraft erwachsenen Einspracheentscheid oder ein in Rechtskraft erwachsenes Urteil;
b. die schriftliche Anerkennung oder die vorbehaltlose Bezahlung einer Einschätzungsmitteilung durch die steuerpflichtige Person;
c. den Eintritt der Festsetzungsverjährung.

² Bis zum Eintritt der Rechtskraft können die eingereichten und bezahlten Abrechnungen korrigiert werden.

Art. 44 Abtretung und Verpfändung der Steuerforderung

¹ Die steuerpflichtige Person kann ihre Steuerforderung nach den Vorschriften des Zivilrechts abtreten und verpfänden.

² Die Rechte der ESTV, namentlich deren Einreden und die Massnahmen zur Steuersicherung, bleiben durch die Abtretung oder Verpfändung unberührt.[1] MWSTV 108

3. Titel: Bezugsteuer MI 14

Art. 45 Bezugsteuerpflicht

¹ Der Bezugsteuer unterliegen:

a.[2] Dienstleistungen, deren Ort sich nach Artikel 8 Absatz 1 im Inland befindet und die erbracht werden durch Unternehmen mit Sitz im Ausland, die nicht im Register der steuerpflichtigen Personen eingetragen sind, mit Ausnahme von Telekommunikations- oder elektronischen Dienstleistungen an nicht steuerpflichtige Empfänger und Empfängerinnen;
b. die Einfuhr von Datenträgern ohne Marktwert mit den darin enthaltenen Dienstleistungen und Rechten (Art. 52 Abs. 2); MWSTV 111
c.[3] die Lieferung von unbeweglichen Gegenständen im Inland, die nicht der Einfuhrsteuer unterliegt und die erbracht wird durch Unternehmen mit Sitz im Ausland, die nicht im Register der steuerpflichtigen Personen eingetragen sind, mit Ausnahme des Überlassens solcher Gegenstände zum Gebrauch oder zur Nutzung;
d.[4] die Lieferung von Elektrizität in Leitungen, Gas über das Erdgasverteilnetz und Fernwärme durch Unternehmen mit Sitz im Ausland an steuerpflichtige Personen im Inland;

---

[1] Fassung gemäss Ziff. I des BG vom 30. Sept. 2016, in Kraft seit 1. Jan. 2018 (AS **2017** 3575; BBl **2015** 2615).
[2] Fassung gemäss Ziff. I des BG vom 30. Sept. 2016, in Kraft seit 1. Jan. 2018 (AS **2017** 3575; BBl **2015** 2615).
[3] Fassung gemäss Ziff. I des BG vom 30. Sept. 2016, in Kraft seit 1. Jan. 2018 (AS **2017** 3575; BBl **2015** 2615).
[4] Eingefügt durch Ziff. I des BG vom 30. Sept. 2016, in Kraft seit 1. Jan. 2018 (AS **2017** 3575; BBl **2015** 2615).

e.[1] die Übertragung von Emissionsrechten, Zertifikaten und Bescheinigungen für Emissionsverminderungen, Herkunftsnachweisen für Elektrizität und ähnlichen Rechten, Bescheinigungen und Zertifikaten durch Unternehmen mit Sitz, Wohnsitz oder Betriebsstätte im Ausland oder Inland, die nicht nach Artikel 21 Absatz 2 Ziffer 19 Buchstabe e von der Inlandsteuer ausgenommen ist. MWSTV 111a

² Steuerpflichtig für Leistungen nach Absatz 1 ist deren Empfänger oder Empfängerin, sofern er oder sie:[2]

a. nach Artikel 10 steuerpflichtig ist; oder
b.[3] im Kalenderjahr solche Leistungen für mehr als 10 000 Franken bezieht.

Art. 45a[4] Nicht der Bezugsteuer unterliegende Leistungen

Nicht der Bezugsteuer unterliegen Leistungen, die nach Artikel 21 von der Inlandsteuer ausgenommen oder nach Artikel 23 von der Inlandsteuer befreit sind.

Art. 46 Steuerbemessung und Steuersätze

Für die Steuerbemessung und die Steuersätze gelten die Bestimmungen der Artikel 24 und 25.

Art. 47 Steuer- und Abrechnungsperiode

¹ Für steuerpflichtige Personen nach Artikel 45 Absatz 2 Buchstabe a gelten die gleichen Steuer- und Abrechnungsperioden wie für die Inlandsteuer (Art. 34 und 35).

² Als Steuer- und Abrechnungsperiode für steuerpflichtige Personen nach Artikel 45 Absatz 2 Buchstabe b gilt das Kalenderjahr.

Art. 48 Entstehung und Festsetzungsverjährung der Bezugsteuerschuld

¹ Die Bezugsteuerschuld entsteht:

a. mit der Zahlung des Entgelts für die Leistung;
b. bei steuerpflichtigen Personen nach Artikel 45 Absatz 2 Buchstabe a, die nach vereinbarten Entgelten (Art. 40 Abs. 1) abrechnen: im Zeitpunkt des Empfangs der Rechnung sowie bei Leistungen ohne Rechnungsstellung mit der Zahlung des Entgelts.

² Festsetzungsverjährung und Rechtskraft richten sich nach den Artikeln 42 und 43.

Art. 49 Mithaftung, Steuernachfolge und Substitution

Für die Mithaftung, die Steuernachfolge und die Substitution gelten die Bestimmungen der Artikel 15–17.

---

[1] Eingefügt durch Ziff. I des BG vom 16. Juni 2023, in Kraft seit 1. Jan. 2025 (AS **2024** 438; BBl **2021** 2363).
[2] Fassung gemäss Ziff. I des BG vom 30. Sept. 2016, in Kraft seit 1. Jan. 2018 (AS **2017** 3575; BBl **2015** 2615).
[3] Fassung gemäss Ziff. I des BG vom 30. Sept. 2016, in Kraft seit 1. Jan. 2018 (AS **2017** 3575; BBl **2015** 2615).
[4] Eingefügt durch Ziff. I des BG vom 30. Sept. 2016, in Kraft seit 1. Jan. 2018 (AS **2017** 3575; BBl **2015** 2615).

4. Titel: Einfuhrsteuer   MWSTV 112–121 | ZI 01

Art. 50 Anwendbares Recht

Für die Steuer auf der Einfuhr von Gegenständen gilt die Zollgesetzgebung, soweit die nachfolgenden Bestimmungen nichts anderes anordnen.

Art. 51 Steuerpflicht   MWSTV 111b ff.

[1] Steuerpflichtig ist, wer nach Artikel 70 Absätze 2 und 3 ZG[1] Zollschuldner oder Zollschuldnerin ist.

[2] Die Solidarhaftung nach Artikel 70 Absatz 3 ZG ist für Personen, die gewerbsmässig Zollanmeldungen ausstellen (Art. 109 ZG), aufgehoben, wenn der Importeur oder die Importeurin:

    a. zum Vorsteuerabzug (Art. 28) berechtigt ist;
    b.[2] die Einfuhrsteuerschuld über das Konto des zentralisierten Abrechnungsverfahrens des BAZG[3] (ZAZ) belastet erhält; und
    c. der Person, die gewerbsmässig Zollanmeldungen ausstellt, einen Auftrag zur direkten Stellvertretung erteilt hat.

[3] Das BAZG kann von der Person, die gewerbsmässig Zollanmeldungen ausstellt, den Nachweis für ihre Vertretungsbefugnis verlangen.[4]

Art. 52 Steuerobjekt

[1] Der Steuer unterliegen:

    a. die Einfuhr von Gegenständen einschliesslich der darin enthaltenen Dienstleistungen und Rechte;
    b. das Überführen von Gegenständen nach Artikel 17 Absatz 1bis des ZG[5] in den zollrechtlich freien Verkehr durch Reisende, die im Flugverkehr aus dem Ausland ankommen.[6]

[2] Lässt sich bei der Einfuhr von Datenträgern kein Marktwert feststellen und ist die Einfuhr nicht nach Artikel 53 von der Steuer befreit, so ist hierauf keine Einfuhrsteuer geschuldet und die Bestimmungen über die Bezugsteuer (Art. 45–49) sind anwendbar.[7]   MWSTV 111 | ZI 21

[3] Bei einer Mehrheit von Leistungen gelten die Bestimmungen von Artikel 19.   MWSTV 112 | ZI 24

Art. 53 Steuerbefreite Einfuhren

[1] Von der Steuer befreit ist die Einfuhr von:

---

[1] SR **631.0**
[2] Fassung gemäss Ziff. I des BG vom 30. Sept. 2016, in Kraft seit 1. Jan. 2018 (AS **2017** 3575; BBl **2015** 2615).
[3] Ausdruck gemäss Ziff. I 18 der V vom 12. Juni 2020 über die Anpassung von Gesetzen infolge der Änderung der Bezeichnung der Eidgenössischen Zollverwaltung im Rahmen von deren Weiterentwicklung, in Kraft seit 1. Jan. 2022 (AS **2020** 2743). Diese Änd. wurde im ganzen Erlass berücksichtigt.
[4] Fassung gemäss Ziff. I des BG vom 30. Sept. 2016, in Kraft seit 1. Jan. 2018 (AS **2017** 3575; BBl **2015** 2615).
[5] SR **631.0**
[6] Fassung gemäss Ziff. I 2 des BG vom 17. Dez. 2010 über den Einkauf von Waren in Zollfreiläden auf Flughäfen, in Kraft seit 1. Juni 2011 (AS **2011** 1743; BBl **2010** 2169).
[7] Fassung gemäss Ziff. I des BG vom 30. Sept. 2016, in Kraft seit 1. Jan. 2018 (AS **2017** 3575; BBl **2015** 2615).

a. Gegenständen in kleinen Mengen, von unbedeutendem Wert oder mit geringfügigem Steuerbetrag; das EFD erlässt die näheren Bestimmungen; VO MWSTG A
b. menschlichen Organen durch medizinisch anerkannte Institutionen und Spitäler sowie von menschlichem Vollblut durch Inhaber und Inhaberinnen einer hierzu erforderlichen Bewilligung;
c. Kunstwerken, die von Kunstmalern und Kunstmalerinnen oder Bildhauern und Bildhauerinnen persönlich geschaffen wurden und von ihnen selbst oder in ihrem Auftrag ins Inland verbracht werden, unter Vorbehalt von Artikel 54 Absatz 1 Buchstabe c; ZI 22
d. Gegenständen, die nach Artikel 8 Absatz 2 Buchstaben b–d, g und i–l ZG[1] zollfrei sind;
e. Gegenständen nach Artikel 23 Absatz 2 Ziffer 8, die im Rahmen einer Lieferung von Luftverkehrsunternehmen nach Artikel 23 Absatz 2 Ziffer 8 eingeführt oder die von solchen Luftverkehrsunternehmen ins Inland verbracht werden, sofern diese die Gegenstände vor der Einfuhr im Rahmen einer Lieferung bezogen haben und nach der Einfuhr für eigene zum Vorsteuerabzug berechtigende unternehmerische Tätigkeiten (Art. 28) verwenden;
f. Gegenständen, die nach dem Ausfuhrverfahren (Art. 61 ZG) veranlagt worden sind und unverändert an den Absender oder die Absenderin im Inland zurückgesandt werden, sofern sie nicht wegen der Ausfuhr von der Steuer befreit worden sind; ist die Steuer beachtlich, so erfolgt die Steuerbefreiung durch Rückerstattung; die Bestimmungen von Artikel 59 gelten sinngemäss; ZI 85
g.[2] Elektrizität in Leitungen, Gas über das Erdgasverteilnetz und Fernwärme;
h. Gegenständen, die in völkerrechtlichen Verträgen für steuerfrei erklärt werden;
i. Gegenständen, die nach den Artikeln 9 und 58 ZG zur vorübergehenden Verwendung oder nach den Artikeln 12 und 59 ZG zur aktiven Veredelung nach dem Verfahren mit Rückerstattungsanspruch ins Inland eingeführt werden, unter Vorbehalt von Artikel 54 Absatz 1 Buchstabe d;
j. Gegenständen, die zur Lohnveredelung im Rahmen eines Werkvertrags von einer im Inland als steuerpflichtig eingetragenen Person vorübergehend ins Inland eingeführt und nach dem Verfahren der aktiven Veredelung mit bedingter Zahlungspflicht (Nichterhebungsverfahren) veranlagt werden (Art. 12 und 59 ZG);
k. Gegenständen, die nach den Artikeln 9 und 58 ZG zur vorübergehenden Verwendung oder nach den Artikeln 13 und 60 ZG zur passiven Lohnveredelung im Rahmen eines Werkvertrages aus dem Inland ausgeführt und an den Absender oder die Absenderin im Inland zurückgesandt werden, unter Vorbehalt von Artikel 54 Absatz 1 Buchstabe e;
l. Gegenständen, die zur Lohnveredelung im Rahmen eines Werkvertrags nach dem Ausfuhrverfahren (Art. 61 ZG) ins Ausland verbracht worden sind und an den Absender oder die Absenderin im Inland zurückgesandt werden, unter Vorbehalt von Artikel 54 Absatz 1 Buchstabe f;
m.[3] Gold und Legierungen von Gold nach Artikel 23 Absatz 2 Ziffer 12.

² Der Bundesrat kann Gegenstände, die er nach Artikel 8 Absatz 2 Buchstabe a ZG für zollfrei erklärt, von der Einfuhrsteuer befreien. MWSTV 113

---

[1] SR **631.0**
[2] Fassung gemäss Ziff. I des BG vom 30. Sept. 2016, in Kraft seit 1. Jan. 2018 (AS **2017** 3575; BBl **2015** 2615).
[3] Eingefügt durch Ziff. I des BG vom 16. Juni 2023, in Kraft seit 1. Jan. 2025 (AS **2024** 438; BBl **2021** 2363).

Art. 54 Bemessungsgrundlage[1]

[1] Die Steuer wird berechnet:
  a. auf dem Entgelt, wenn die Gegenstände in Erfüllung eines Veräusserungs- oder Kommissionsgeschäfts eingeführt werden;
  b. auf dem Entgelt für werkvertragliche Lieferungen oder Arbeiten im Sinne von Artikel 3 Buchstabe d Ziffer 2, die unter Verwendung von in den zollrechtlich freien Verkehr übergeführten Gegenständen besorgt (Art. 48 ZG[2]) und durch eine im Inland nicht als steuerpflichtig eingetragene Person ausgeführt werden;
  c. auf dem Entgelt für die im Auftrag von Kunstmalern und Kunstmalerinnen sowie Bildhauern und Bildhauerinnen an ihren eigenen Kunstwerken im Ausland besorgten Arbeiten (Art. 3 Bst. d Ziff. 2), sofern die Kunstwerke von ihnen selbst oder in ihrem Auftrag ins Inland verbracht wurden;
  d. auf dem Entgelt für den Gebrauch von Gegenständen, die nach den Artikeln 9 und 58 ZG zur vorübergehenden Verwendung eingeführt wurden, sofern die Steuer auf diesem Entgelt beachtlich ist; wird für den vorübergehenden Gebrauch kein oder ein ermässigtes Entgelt gefordert, so ist das Entgelt massgebend, das einer unabhängigen Drittperson berechnet würde; ZI 10
  e. auf dem Entgelt für die im Ausland besorgten Arbeiten an Gegenständen (Art. 3 Bst. d Ziff. 2), die nach den Artikeln 9 und 58 ZG zur vorübergehenden Verwendung oder die nach den Artikeln 13 und 60 ZG zur passiven Lohnveredelung im Rahmen eines Werkvertrags ausgeführt wurden und an den Absender oder die Absenderin im Inland zurückgesandt werden;
  f. auf dem Entgelt für die im Ausland besorgten Arbeiten an Gegenständen (Art. 3 Bst. d Ziff. 2), sofern diese zur Lohnveredelung im Rahmen eines Werkvertrags nach dem Ausfuhrverfahren (Art. 61 ZG) ins Ausland verbracht worden sind und an den Absender oder die Absenderin im Inland zurückgesandt werden;
  g.[3] auf dem Marktwert in den übrigen Fällen; als Marktwert gilt, was der Importeur oder die Importeurin auf der Stufe, auf der die Einfuhr bewirkt wird, an einen selbstständigen Lieferanten oder eine selbständige Lieferantin im Herkunftsland der Gegenstände zum Zeitpunkt der Entstehung der Einfuhrsteuerschuld nach Artikel 56 unter den Bedingungen des freien Wettbewerbs zahlen müsste, um die gleichen Gegenstände zu erhalten.

[2] Richtet sich die Steuerberechnung nach dem Entgelt, so ist das vom Importeur oder der Importeurin oder an seiner oder ihrer Stelle von einer Drittperson entrichtete oder zu entrichtende Entgelt nach Artikel 24 massgebend, unter Vorbehalt von Artikel 18 Absatz 2 Buchstabe h. Bei einer nachträglichen Änderung dieses Entgelts gilt Artikel 41 sinngemäss.

[3] In die Bemessungsgrundlage sind einzubeziehen, soweit nicht bereits darin enthalten:
  a. die ausserhalb des Inlands sowie aufgrund der Einfuhr geschuldeten Steuern, Zölle und sonstigen Abgaben, mit Ausnahme der zu erhebenden Mehrwertsteuer;

---

[1] Fassung gemäss Ziff. I des BG vom 30. Sept. 2016, in Kraft seit 1. Jan. 2018 (AS **2017** 3575; BBl **2015** 2615).
[2] SR **631.0**
[3] Die Berichtigung der RedK der BVers vom 28. April 2016, veröffentlicht am 10. Mai 2016, betrifft nur den französischen Text (AS **2016** 1357).

b.[1] die Kosten für das Befördern oder Versenden und alle damit zusammenhängenden Leistungen bis zum Bestimmungsort im Inland, an den die Gegenstände zum Zeitpunkt der Entstehung der Einfuhrsteuerschuld nach Artikel 56 zu befördern sind; ist dieser Ort unbekannt, so gilt als Bestimmungsort der Ort, an dem das Umladen nach Entstehung der Einfuhrsteuerschuld im Inland erfolgt.

4 Bestehen Zweifel an der Richtigkeit der Zollanmeldung oder fehlen Wertangaben, so kann das BAZG die Steuerbemessungsgrundlage nach pflichtgemässem Ermessen schätzen.

5 Für die Ermittlung der Bemessungsgrundlage herangezogene Preis- oder Wertangaben in ausländischer Währung sind nach dem am letzten Börsentag vor der Entstehung der Einfuhrsteuerschuld nach Artikel 56 notierten Devisenkurs (Verkauf) in Schweizerfranken umzurechnen.

Art. 55[2] Steuersätze

1 Die Steuer auf der Einfuhr von Gegenständen beträgt 8,1 Prozent; vorbehalten bleibt Absatz 2.

2 Auf der Einfuhr von Gegenständen nach Artikel 25 Absatz 2 Buchstaben a und a^{bis} beträgt die Steuer 2,6 Prozent.

Art. 56 Entstehung, Verjährung und Entrichtung der Einfuhrsteuerschuld

1 Die Einfuhrsteuerschuld entsteht zur gleichen Zeit wie die Zollschuld (Art. 69 ZG[3]).

2 Der steuerpflichtigen Person nach Artikel 51, welche die Einfuhrsteuerschuld über das ZAZ begleicht, steht für die Bezahlung eine Frist von 60 Tagen nach Ausstellung der Rechnung zu; ausgenommen sind Einfuhren im Reiseverkehr, die mündlich zur Zollveranlagung angemeldet werden.

3 Hinsichtlich der Sicherstellung können Erleichterungen gewährt werden, wenn dadurch der Steuereinzug nicht gefährdet wird. MWSTV 114 f.

4 Die Einfuhrsteuerschuld verjährt zur gleichen Zeit wie die Zollschuld (Art. 75 ZG). Die Verjährung steht still, solange ein Steuerstrafverfahren nach diesem Gesetz durchgeführt wird und der zahlungspflichtigen Person dies mitgeteilt worden ist (Art. 104 Abs. 4).

5 Ändert sich die Einfuhrsteuerschuld wegen nachträglicher Anpassung des Entgelts, namentlich aufgrund von Vertragsänderungen oder wegen Preisanpassungen zwischen verbundenen Unternehmen aufgrund anerkannter Richtlinien, so muss die zu niedrig bemessene Steuer innert 30 Tagen nach dieser Anpassung dem BAZG angezeigt werden. Die Meldung sowie die Anpassung der Steuerveranlagung können unterbleiben, wenn die nachzuentrichtende Steuer als Vorsteuer nach Artikel 28 abgezogen werden könnte. MWSTV 116

---

[1] Die Berichtigung der RedK der BVers vom 28. April 2016, veröffentlicht am 10. Mai 2016, betrifft nur den französischen Text (AS **2016** 1357).
[2] Fassung gemäss Ziff. I der V vom 9. Dez. 2022 über die Anhebung der Mehrwertsteuersätze zur Zusatzfinanzierung der AHV, in Kraft seit 1. Jan. 2024 (AS **2022** 863).
[3] SR **631.0**

Art. 57 Verzugszins VO DBG P

¹ Wird die Einfuhrsteuerschuld nicht fristgerecht bezahlt, so ist ein Verzugszins geschuldet.

² Die Verzugszinspflicht beginnt:
   a. bei Bezahlung über das ZAZ: mit dem Ablauf der eingeräumten Zahlungsfrist;
   b. bei Erhebung der Steuer auf dem Entgelt nach Artikel 54 Absatz 1 Buchstabe d: mit dem Ablauf der eingeräumten Zahlungsfrist;
   c. bei nachträglicher Erhebung einer zu Unrecht erwirkten Rückerstattung von Steuern: mit dem Datum der Auszahlung;
   d. in den übrigen Fällen: mit der Entstehung der Einfuhrsteuerschuld nach Artikel 56.

³ Die Verzugszinspflicht besteht auch während eines Rechtsmittelverfahrens und bei Ratenzahlungen.

Art. 58 Ausnahmen von der Verzugszinspflicht

Kein Verzugszins wird erhoben, wenn:
   a. die Einfuhrsteuerschuld durch Barhinterlage sichergestellt wurde;
   b. in den zollrechtlich freien Verkehr übergeführte Gegenstände (Art. 48 ZG[1]) vorerst provisorisch veranlagt werden (Art. 39 ZG) und der Importeur oder die Importeurin im Zeitpunkt der Annahme der Zollanmeldung im Inland als steuerpflichtige Person eingetragen war;
   c.[2] bedingt veranlagte Gegenstände (Art. 49, 51 Abs. 2 Bst. b, 58 und 59 ZG) unter Abschluss des Zollverfahrens:
      1. wieder ausgeführt werden, oder
      2. in ein anderes Zollverfahren übergeführt werden (Art. 47 ZG);
   c[bis].[3] bei bedingt veranlagten Gegenständen der Importeur oder die Importeurin im Zeitpunkt der Annahme der Zollanmeldung im Inland als steuerpflichtige Person eingetragen war;
   d.[4] ...
   e. die Gegenstände periodisch zum Zollveranlagungsverfahren anzumelden sind (Art. 42 Abs. 1 Bst. c ZG) oder aufgrund eines vereinfachten Zollveranlagungsverfahrens nachträglich veranlagt werden (Art. 42 Abs. 2 ZG) und der Importeur oder die Importeurin im Zeitpunkt der Einfuhr im Inland als steuerpflichtige Person eingetragen war.

Art. 59 Anspruch auf Steuerrückerstattung und Verjährung

¹ Für zu viel erhobene oder nicht geschuldete Steuern besteht ein Anspruch auf Rückerstattung.

² Nicht zurückerstattet werden zu viel erhobene, nicht geschuldete sowie wegen nachträglicher Veranlagung der Gegenstände nach den Artikeln 34 und 51 Absatz 3 ZG[5] oder wegen deren Wiederausfuhr nach den Artikeln 49 Absatz 4, 51 Absatz 3, 58 Absatz 3

---

[1] SR **631.0**
[2] Fassung gemäss Ziff. I des BG vom 30. Sept. 2016, in Kraft seit 1. Jan. 2018 (AS **2017** 3575; BBl **2015** 2615).
[3] Eingefügt durch Ziff. I des BG vom 30. Sept. 2016, in Kraft seit 1. Jan. 2018 (AS **2017** 3575; BBl **2015** 2615).
[4] Aufgehoben durch Ziff. I des BG vom 30. Sept. 2016, mit Wirkung seit 1. Jan. 2018 (AS **2017** 3575; BBl **2015** 2615).
[5] SR **631.0**

und 59 Absatz 4 ZG nicht mehr geschuldete Steuern, wenn der Importeur oder die Importeurin im Inland als steuerpflichtige Person eingetragen ist und die dem BAZG zu entrichtende oder entrichtete Steuer als Vorsteuer nach Artikel 28 abziehen kann.

³ Der Anspruch verjährt fünf Jahre nach Ablauf des Kalenderjahres, in dem er entstanden ist.

⁴ Die Verjährung wird unterbrochen durch die Geltendmachung des Anspruchs gegenüber dem BAZG.

⁵ Sie steht still, solange über den geltend gemachten Anspruch ein Rechtsmittelverfahren hängig ist.

⁶ Der Anspruch auf Rückerstattung zu viel erhobener oder nicht geschuldeter Steuern verjährt in jedem Fall 15 Jahre nach Ablauf des Kalenderjahres, in dem er entstanden ist.

Art. 60 Rückerstattung wegen Wiederausfuhr ZI 86

¹ Die bei der Einfuhr erhobene Steuer wird auf Antrag zurückerstattet, wenn die Voraussetzungen für den Vorsteuerabzug nach Artikel 28 fehlen und:
   a. die Gegenstände ohne vorherige Übergabe an eine Drittperson im Rahmen einer Lieferung im Inland und ohne vorherige Ingebrauchnahme unverändert wieder ausgeführt werden; oder
   b. die Gegenstände im Inland in Gebrauch genommen wurden, aber wegen Rückgängigmachung der Lieferung wieder ausgeführt werden; in diesem Fall wird die Rückerstattung gekürzt um den Betrag, welcher der Steuer auf dem Entgelt für den Gebrauch der Gegenstände oder auf der durch den Gebrauch eingetretenen Wertverminderung sowie auf den nicht zurückerstatteten Einfuhrzollabgaben und Abgaben nach nichtzollrechtlichen Bundesgesetzen entspricht.

² Die Steuer wird nur zurückerstattet, wenn:
   a. die Wiederausfuhr innert fünf Jahren nach Ablauf des Kalenderjahres erfolgt, in dem die Steuer erhoben worden ist; und
   b. die Identität der ausgeführten mit den seinerzeit eingeführten Gegenständen nachgewiesen ist.

³ Die Rückerstattung kann im Einzelfall von der ordnungsgemässen Anmeldung im Einfuhrland abhängig gemacht werden.

⁴ Die Anträge auf Rückerstattung sind bei der Anmeldung zum Ausfuhrverfahren zu stellen. Nachträgliche Rückerstattungsanträge können berücksichtigt werden, wenn sie innert 60 Tagen seit Ausstellung des Ausfuhrdokuments, mit dem die Gegenstände nach dem Ausfuhrverfahren (Art. 61 ZG[1]) veranlagt worden sind, schriftlich beim BAZG eingereicht werden.

Art. 61 Vergütungszins VO DBG P

¹ Ein Vergütungszins wird bis zur Auszahlung ausgerichtet:
   a. bei Rückerstattung einer zu viel erhobenen oder nicht geschuldeten Steuer nach Artikel 59: ab dem 61. Tag nach Eintreffen der schriftlichen Geltendmachung des Anspruchs beim BAZG;

---

[1] SR **631.0**

b. bei Rückerstattung der Steuer wegen Wiederausfuhr nach Artikel 60: ab dem 61. Tag nach Eintreffen des Antrages beim BAZG;
c. bei Verfahren mit bedingter Zahlungspflicht (Art. 49, 51, 58 und 59 ZG[1]): ab dem 61. Tag nach ordnungsgemässem Abschluss des Verfahrens.

² Die zinslose Frist von 60 Tagen beginnt erst zu laufen, wenn:

a. sämtliche für die Feststellung des Sachverhalts und die Beurteilung des Begehrens notwendigen Unterlagen beim BAZG eingetroffen sind;
b. die Beschwerde gegen die Veranlagungsverfügung den Anforderungen von Artikel 52 des Bundesgesetzes vom 20. Dezember 1968[2] über das Verwaltungsverfahren (VwVG) genügt;
c. die Grundlagen für die Berechnung der Steuer auf dem Entgelt nach Artikel 54 Absatz 1 Buchstabe d dem BAZG bekannt sind.

³ Kein Vergütungszins wird ausgerichtet beim Steuererlass nach Artikel 64.

Art. 62 Zuständigkeit und Verfahren

¹ Die Einfuhrsteuer wird durch das BAZG erhoben. Diese trifft die erforderlichen Anordnungen und Verfügungen.

² Die Organe des BAZG sind befugt, zur Prüfung der für die Steuerveranlagung wesentlichen Tatsachen alle erforderlichen Erhebungen vorzunehmen. Die Artikel 68–70, 73–75 und 79 gelten sinngemäss. Das BAZG kann Erhebungen bei im Inland als steuerpflichtig eingetragenen Personen im Einvernehmen mit der ESTV dieser übertragen.

Art. 63 Verlagerung der Steuerentrichtung   MWSTV 117–121

¹ Die folgenden steuerpflichtigen Personen können die auf der Einfuhr von Gegenständen geschuldete Steuer, statt sie dem BAZG zu entrichten, in der periodischen Steuerabrechnung mit der ESTV deklarieren (Verlagerungsverfahren):

a. bei der ESTV registrierte und nach der effektiven Methode abrechnende steuerpflichtige Importeure und Importeurinnen, sofern sie regelmässig Gegenstände ein- und ausführen und sich daraus regelmässig beachtliche Vorsteuerüberschüsse ergeben;
b. Leistungserbringer oder Leistungserbringerinnen nach Artikel 20a, die im Register der steuerpflichtigen Personen eingetragen sind, sofern gegen sie keine administrative Massnahme nach Artikel 79a angeordnet worden ist.[3]

² Werden die im Verlagerungsverfahren eingeführten Gegenstände nach der Einfuhr im Inland noch bearbeitet oder verarbeitet, so kann die ESTV steuerpflichtigen Personen bewilligen, die bearbeiteten oder verarbeiteten Gegenstände ohne Berechnung der Steuer an andere steuerpflichtige Personen zu liefern.   MWSTV 121

³ Der Bundesrat regelt die Einzelheiten des Verlagerungsverfahrens.

---

[1] SR **631.0**
[2] SR **172.021**
[3] Fassung gemäss Ziff. I des BG vom 16. Juni 2023, in Kraft seit 1. Jan. 2025 (AS **2024** 438; BBl **2021** 2363).

Art. 64 Steuererlass

¹ Die Einfuhrsteuer kann ganz oder teilweise erlassen werden, wenn:
  a. im Gewahrsam des BAZG stehende oder in ein Transitverfahren (Art. 49 ZG[1]), ein Zolllagerverfahren (Art. 50–57 ZG), ein Verfahren der vorübergehenden Verwendung (Art. 58 ZG) oder ein Verfahren der aktiven Veredelung (Art. 59 ZG) übergeführte Gegenstände durch Zufall, höhere Gewalt oder mit amtlicher Einwilligung ganz oder teilweise vernichtet werden;
  b. in den zollrechtlich freien Verkehr übergeführte Gegenstände auf amtliche Verfügung hin ganz oder teilweise vernichtet oder wieder aus dem Inland ausgeführt werden;
  c. eine Nachforderung im Sinne von Artikel 85 ZG mit Rücksicht auf besondere Verhältnisse die steuerpflichtige Person nach Artikel 51 unverhältnismässig belasten würde;
  d. die mit der Zollanmeldung beauftragte Person (z. B. der Spediteur) die Steuer wegen Zahlungsunfähigkeit des Importeurs oder der Importeurin nicht weiterbelasten kann und der Importeur oder die Importeurin im Zeitpunkt der Annahme der Zollanmeldung im Inland als steuerpflichtige Person eingetragen war; von der Zahlungsunfähigkeit des Importeurs oder der Importeurin ist auszugehen, wenn die Forderung der beauftragten Person ernsthaft gefährdet erscheint.

² Die Oberzolldirektion entscheidet über den Steuererlass auf schriftliches, mit den nötigen Nachweisen belegtes Gesuch.

³ Die Frist für die Einreichung eines Gesuchs beträgt:
  a. bei Veranlagung mit unbedingter Einfuhrsteuerschuld: ein Jahr seit der Ausstellung des Einfuhrdokuments, mit dem die Einfuhrsteuer veranlagt wurde;
  b. bei Veranlagung mit bedingter Einfuhrsteuerschuld: ein Jahr seit Abschluss des gewählten Zollverfahrens.

5. Titel: Verfahrensrecht für die Inland- und die Bezugsteuer

1. Kapitel: Allgemeine Verfahrensbestimmungen

Art. 65 Grundsätze[2]

¹ Die ESTV ist für die Erhebung und den Einzug der Inland- und der Bezugsteuer zuständig.

² Für eine gesetzeskonforme Erhebung und den gesetzeskonformen Einzug der Steuer erlässt die ESTV alle erforderlichen Verfügungen, deren Erlass nicht ausdrücklich einer andern Behörde vorbehalten ist.

³ Sie veröffentlicht ohne zeitlichen Verzug alle Praxisfestlegungen, die nicht ausschliesslich verwaltungsinternen Charakter haben.   MI 20

⁴ Sämtliche Verwaltungshandlungen sind beförderlich zu vollziehen.

---

[1] SR **631.0**
[2] Eingefügt durch Ziff. I 2 des BG vom 18. Juni 2021 über elektronische Verfahren im Steuerbereich, in Kraft seit 1. Jan. 2022 (AS **2021** 673; BBl **2020** 4705).

⁵ Die steuerpflichtige Person darf durch die Steuererhebung nur soweit belastet werden, als dies für die Durchsetzung dieses Gesetzes zwingend erforderlich ist.

Art. 65a[1] Elektronische Verfahren   MWSTV 123

¹ Der Bundesrat kann die elektronische Durchführung von Verfahren nach diesem Gesetz vorschreiben. Dabei regelt er die Modalitäten der Durchführung.   MWSTV 18

² Die ESTV stellt bei der elektronischen Durchführung von Verfahren die Authentizität und Integrität der übermittelten Daten sicher.

³ Sie kann bei der elektronischen Einreichung von Eingaben, deren Unterzeichnung gesetzlich vorgeschrieben ist, anstelle der qualifizierten elektronischen Signatur eine andere elektronische Bestätigung der Angaben durch die steuerpflichtige oder antragstellende Person anerkennen.

2. Kapitel: Rechte und Pflichten der steuerpflichtigen Person   MI 21

Art. 66   An- und Abmeldung als steuerpflichtige Person   MI 02

¹ Personen, die nach Artikel 10 steuerpflichtig werden, haben sich unaufgefordert innert 30 Tagen nach Beginn ihrer Steuerpflicht bei der ESTV schriftlich anzumelden. Diese teilt ihnen eine nicht übertragbare Nummer nach den Vorgaben des Bundesgesetzes vom 18. Juni 2010[2] über die Unternehmens-Identifikationsnummer zu, die registriert wird.[3]

² Endet die Steuerpflicht nach Artikel 14 Absatz 2, so hat sich die steuerpflichtige Person innert 30 Tagen nach der Beendigung der unternehmerischen Tätigkeit, spätestens aber mit dem Abschluss des Liquidationsverfahrens bei der ESTV schriftlich abzumelden.

³ Wer einzig aufgrund der Bezugsteuer steuerpflichtig wird (Art. 45 Abs. 2), hat sich innert 60 Tagen nach Ablauf des Kalenderjahres, für das er steuerpflichtig ist, schriftlich bei der ESTV anzumelden und gleichzeitig die bezogenen Leistungen zu deklarieren.

Art. 67   Steuervertretung

¹ Steuerpflichtige Personen ohne Wohn- oder Geschäftssitz im Inland haben für die Erfüllung ihrer Verfahrenspflichten eine Vertretung zu bestimmen, die ihren Wohn- oder Geschäftssitz in der Schweiz hat.[4]   MI 22

¹ᵇⁱˢ Die ESTV kann darauf verzichten, die Bestimmung einer Vertretung nach Absatz 1 zu verlangen, sofern die Erfüllung der Verfahrenspflichten durch die steuerpflichtige Person und der rasche Vollzug dieses Gesetzes auf andere Weise gewährleistet sind; vorbehalten bleiben spezialgesetzliche Bestimmungen.[5]

---

1 Eingefügt durch Ziff. I 2 des BG vom 18. Juni 2021 über elektronische Verfahren im Steuerbereich, in Kraft seit 1. Jan. 2022 (AS **2021** 673; BBl **2020** 4705).
2 SR **431.03**
3 Fassung des zweiten Satzes gemäss Anhang Ziff. 2 des BG vom 18. Juni 2010 über die Unternehmens-Identifikationsnummer, in Kraft seit 1. Jan. 2011 (AS **2010** 4989; BBl **2009** 7855).
4 Fassung gemäss Ziff. I des BG vom 16. Juni 2023, in Kraft seit 1. Jan. 2025 (AS **2024** 438; BBl **2021** 2363).
5 Eingefügt durch Ziff. I des BG vom 16. Juni 2023, in Kraft seit 1. Jan. 2025 (AS **2024** 438; BBl **2021** 2363).

² Bei Gruppenbesteuerung (Art. 13) muss die Mehrwertsteuergruppe für die Erfüllung ihrer Verfahrenspflichten eine Vertretung mit Wohn- oder Geschäftssitz in der Schweiz bestimmen. MWSTV 18

³ Durch die Bestimmung einer Vertretung nach den Absätzen 1 und 2 wird keine Betriebsstätte nach den Bestimmungen über die direkten Steuern begründet.

Art. 68 Auskunftspflicht

¹ Die steuerpflichtige Person hat der ESTV über alle Tatsachen, die für die Steuerpflicht oder für die Steuerbemessung von Bedeutung sein können, nach bestem Wissen und Gewissen Auskunft zu erteilen und die erforderlichen Unterlagen einzureichen.

² Das gesetzlich geschützte Berufsgeheimnis bleibt vorbehalten. Träger und Trägerinnen des Berufsgeheimnisses sind zur Vorlage der Bücher oder Aufzeichnungen verpflichtet, dürfen aber Namen und Adresse, nicht jedoch den Wohnsitz oder den Sitz der Klienten und Klientinnen abdecken oder durch Codes ersetzen. In Zweifelsfällen werden auf Antrag der ESTV oder der steuerpflichtigen Person vom Präsidenten oder der Präsidentin der zuständigen Kammer des Bundesverwaltungsgerichts ernannte neutrale Sachverständige als Kontrollorgane eingesetzt.

Art. 69 Auskunftsrecht

Auf schriftliche Anfrage der steuerpflichtigen Person zu den mehrwertsteuerlichen Konsequenzen eines konkret umschriebenen Sachverhalts erteilt die ESTV innert angemessener Frist Auskunft. Die Auskunft ist für die anfragende steuerpflichtige Person und die ESTV rechtsverbindlich; sie kann auf keinen anderen Sachverhalt bezogen werden.

Art. 70 Buchführung und Aufbewahrung MI 16

¹ Die steuerpflichtige Person hat ihre Geschäftsbücher und Aufzeichnungen nach den handelsrechtlichen Grundsätzen zu führen. Die ESTV kann ausnahmsweise darüber hinausgehende Aufzeichnungspflichten erlassen, wenn dies für die ordnungsgemässe Erhebung der Mehrwertsteuer unerlässlich ist.

² Die steuerpflichtige Person hat ihre Geschäftsbücher, Belege, Geschäftspapiere und sonstigen Aufzeichnungen bis zum Eintritt der absoluten Verjährung der Steuerforderung (Art. 42 Abs. 6) ordnungsgemäss aufzubewahren. Artikel 958*f* des Obligationenrechts[1] bleibt vorbehalten.[2]

³ Geschäftsunterlagen, die im Zusammenhang mit der Berechnung der Einlageentsteuerung und des Eigenverbrauchs von unbeweglichen Gegenständen benötigt werden, sind während 20 Jahren aufzubewahren (Art. 31 Abs. 3 und 32 Abs. 2).

⁴ Der Bundesrat regelt die Voraussetzungen, unter welchen Belege, die nach diesem Gesetz für die Durchführung der Steuer nötig sind, papierlos übermittelt und aufbewahrt werden können. MWSTV 122

---

[1] SR **220**
[2] Fassung des zweiten Satzes gemäss Anhang Ziff. 4 des BG vom 23. Dez. 2011 (Rechnungslegungsrecht), in Kraft seit 1. Jan. 2013 (AS **2012** 6679; BBl **2008** 1589).

Art. 71 Einreichung der Abrechnung MWSTV 126–128 | MI 15

¹ Die steuerpflichtige Person hat gegenüber der ESTV innert 60 Tagen nach Ablauf der Abrechnungsperiode unaufgefordert in der vorgeschriebenen Form über die Steuerforderung abzurechnen.

² Endet die Steuerpflicht, so läuft die Frist von diesem Zeitpunkt an.

Art. 72 Korrektur von Mängeln in der Abrechnung MWSTV 126–129

¹ Stellt die steuerpflichtige Person im Rahmen der Erstellung ihres Jahresabschlusses Mängel in ihren Steuerabrechnungen fest, so muss sie diese spätestens in der Abrechnung über jene Abrechnungsperiode korrigieren, in der der 180. Tag seit Ende des betreffenden Geschäftsjahres fällt.

² Die steuerpflichtige Person ist verpflichtet, erkannte Mängel in Abrechnungen über zurückliegende Steuerperioden nachträglich zu korrigieren, soweit die Steuerforderungen dieser Steuerperioden nicht in Rechtskraft erwachsen oder verjährt sind.

³ Die nachträglichen Korrekturen der Abrechnungen haben in der von der ESTV vorgeschriebenen Form zu erfolgen.

⁴ Bei schwierig ermittelbaren systematischen Fehlern kann die ESTV der steuerpflichtigen Person eine Erleichterung nach Artikel 80 gewähren.

3. Kapitel: Auskunftspflicht von Drittpersonen

Art. 73

¹ Auskunftspflichtige Drittpersonen nach Absatz 2 haben der ESTV auf Verlangen kostenlos:
  a. alle Auskünfte zu erteilen, die für die Feststellung der Steuerpflicht oder für die Berechnung der Steuerforderung gegenüber einer steuerpflichtigen Person erforderlich sind;
  b. Einblick in Geschäftsbücher, Belege, Geschäftspapiere und sonstige Aufzeichnungen zu gewähren, sofern die nötigen Informationen bei der steuerpflichtigen Person nicht erhältlich sind.

² Auskunftspflichtige Drittperson ist, wer:
  a. als steuerpflichtige Person in Betracht fällt;
  b. neben der steuerpflichtigen Person oder an ihrer Stelle für die Steuer haftet;
  c. Leistungen erhält oder erbracht hat; MWSTV 130
  d. an einer Gesellschaft, die der Gruppenbesteuerung unterliegt, eine massgebende Beteiligung hält;
  e.[1] Leistungserbringer und Leistungserbringerinnen und Leistungsempfänger und Leistungsempfängerinnen mit Hilfe einer elektronischen Plattform zusammenbringt.

³ Das gesetzlich geschützte Berufsgeheimnis bleibt vorbehalten.

---

[1] Eingefügt durch Ziff. I des BG vom 16. Juni 2023, in Kraft seit 1. Jan. 2025 (AS **2024** 438; BBl **2021** 2363).

4. Kapitel: Rechte und Pflichten der Behörden

1. Abschnitt: Geheimhaltung und Amtshilfe[1]

Art. 74 Geheimhaltung

1 Wer mit dem Vollzug dieses Gesetzes betraut ist oder dazu beigezogen wird, hat gegenüber anderen Behörden und Privaten über die in Ausübung seines Amtes gemachten Wahrnehmungen Stillschweigen zu bewahren und den Einblick in amtliche Akten zu verweigern.

2 Keine Geheimhaltungspflicht besteht:

a. bei Leistung von Amtshilfe nach Artikel 75 und bei Erfüllung einer Pflicht zur Anzeige strafbarer Handlungen;
b. gegenüber Organen der Rechtspflege oder der Verwaltung, wenn die mit dem Vollzug dieses Gesetzes betraute Behörde durch das EFD zur Auskunftserteilung ermächtigt worden ist;
c. im Einzelfall gegenüber den Schuldbetreibungs- und Konkursbehörden oder bei der Anzeige von Schuldbetreibungs- und Konkursdelikten zum Nachteil der ESTV;
d.[2] für die folgenden im Register der steuerpflichtigen Personen enthaltenen Informationen: Nummer, unter der er oder sie eingetragen ist, Adresse und wirtschaftliche Tätigkeit sowie Beginn und Ende der Steuerpflicht;
e.[3] bei Massnahmen nach Artikel 79a.

Art. 75 Amtshilfe

1 Die Steuerbehörden des Bundes, der Kantone, Bezirke, Kreise und Gemeinden unterstützen sich gegenseitig in der Erfüllung ihrer Aufgaben; sie haben sich kostenlos die zweckdienlichen Meldungen zu erstatten, die benötigten Auskünfte zu erteilen und Akteneinsicht zu gewähren.

2 Die Verwaltungsbehörden des Bundes und die autonomen eidgenössischen Anstalten und Betriebe sowie alle sonstigen nicht in Absatz 1 genannten Behörden der Kantone, Bezirke, Kreise und Gemeinden sind gegenüber der ESTV auskunftspflichtig, sofern die verlangten Auskünfte für die Durchführung dieses Gesetzes, für die Einforderung der Steuer gemäss diesem Gesetz sowie für die Erhebung der Unternehmensabgabe gemäss Bundesgesetz vom 24. März 2006[4] über Radio und Fernsehen von Bedeutung sein können; die Auskunftserteilung hat kostenlos zu erfolgen. Auf Wunsch sind der ESTV Unterlagen kostenlos zuzustellen.[5]

3 Eine Auskunft darf nur verweigert werden, soweit ihr wesentliche öffentliche Interessen entgegenstehen oder die Auskunft die angefragte Behörde in der Durchführung ihrer Aufgabe wesentlich beeinträchtigen würde. Das Post- und das Fernmeldegeheimnis ist zu wahren.

---

[1] Eingefügt durch Ziff. I des BG vom 30. Sept. 2016, in Kraft seit 1. Jan. 2018 (AS **2017** 3575; BBl **2015** 2615).
[2] Fassung gemäss Anhang Ziff. 2 des BG vom 18. Juni 2010 über die Unternehmens-Identifikationsnummer, in Kraft seit 1. Jan. 2011 (AS **2010** 4989; BBl **2009** 7855).
[3] Eingefügt durch Ziff. I des BG vom 16. Juni 2023, in Kraft seit 1. Jan. 2025 (AS **2024** 438; BBl **2021** 2363).
[4] SR **784.40**
[5] Fassung gemäss Anhang Ziff. 3 des BG vom 26. Sept. 2014, in Kraft seit 1. Juli 2016 (AS **2016** 2131; BBl **2013** 4975).

⁴ Über Streitigkeiten betreffend die Auskunftspflicht von Verwaltungsbehörden des Bundes entscheidet der Bundesrat. Über Streitigkeiten betreffend die Auskunftspflicht von Behörden der Kantone, Bezirke, Kreise und Gemeinden entscheidet das Bundesgericht (Art. 120 des Bundesgerichtsgesetzes vom 17. Juni 2005[1]), sofern die kantonale Regierung das Auskunftsbegehren abgelehnt hat.

⁵ Die mit öffentlich-rechtlichen Aufgaben betrauten Organisationen haben im Rahmen dieser Aufgaben die gleiche Auskunftspflicht wie die Behörden; Absatz 4 gilt sinngemäss.

Art. 75a[2] Internationale Amtshilfe

¹ Die ESTV kann im Rahmen ihrer Zuständigkeit ausländischen Behörden auf deren Ersuchen Amtshilfe bei der Erfüllung ihrer Aufgaben leisten, namentlich bei der Sicherstellung der ordnungsgemässen Anwendung des Mehrwertsteuerrechts und bei der Verhütung, Aufdeckung und Verfolgung von Widerhandlungen gegen das Mehrwertsteuerrecht, sofern ein völkerrechtlicher Vertrag dies vorsieht.

² Sie vollzieht die Amtshilfe in analoger Anwendung der Artikel 115a–115i ZG[3].

2. Abschnitt: Datenschutz[4]   MWSTV 131–138

Art. 76[5] Datenbearbeitung

¹ Die ESTV darf zur Erfüllung ihrer gesetzlichen Aufgaben besonders schützenswerte Personendaten, einschliesslich Daten über verwaltungs- und strafrechtliche Verfolgungen und Sanktionen, bearbeiten.[6]   MWSTV 131, 132

² ...[7]

³ Zur Erfüllung ihrer Aufgaben ist sie überdies zum Profiling, einschliesslich zum Profiling mit hohem Risiko, nach dem Datenschutzgesetz vom 25. September 2020 befugt:

a. für die Überprüfung und Kontrolle;
b. für die Feststellung der Steuerpflicht;
c. für die Erhebung der Steuer;
d. für die Verhinderung und Verfolgung von Widerhandlungen;
e. für die Analyse und Erstellung von Risikoprofilen;
f. für die Erstellung von Statistiken.[8]

---

1 SR **173.110**
2 Eingefügt durch Anhang Ziff. 3 des Steueramtshilfegesetzes vom 28. Sept. 2012, in Kraft seit 1. Febr. 2013 (AS **2013** 231; BBl **2011** 6193).
3 SR **631.0**
4 Eingefügt durch Ziff. I des BG vom 30. Sept. 2016, in Kraft seit 1. Jan. 2018 (AS **2017** 3575; BBl **2015** 2615).
5 Fassung gemäss Ziff. I des BG vom 30. Sept. 2016, in Kraft seit 1. Jan. 2018 (AS **2017** 3575; BBl **2015** 2615).
6 Fassung gemäss Anhang 1 Ziff. II 49 des Datenschutzgesetzes vom 25. Sept. 2020, in Kraft seit 1. Sept. 2023 (AS **2022** 491; BBl **2017** 6941).
7 Aufgehoben durch Anhang Ziff. 18 des BG vom 18. Dez. 2020 (Systematische Verwendung der AHV-Nummer durch Behörden), mit Wirkung seit 1. Jan. 2022 (AS **2021** 758; BBl **2019** 7359).
8 Eingefügt durch Anhang 1 Ziff. II 49 des Datenschutzgesetzes vom 25. Sept. 2020, in Kraft seit 1. Sept. 2023 (AS **2022** 491; BBl **2017** 6941).

Art. 76a[1] Informationssystem

[1] Die ESTV betreibt ein Informationssystem zur Bearbeitung von Personendaten einschliesslich besonders schützenswerter Daten über verwaltungs- und strafrechtliche Verfolgungen und Sanktionen.[2] MWSTV 132–134

[2] Das System dient den folgenden Zwecken: MWSTV 132
   a. Feststellen der Steuerpflicht von natürlichen und juristischen Personen und Personengesamtheiten;
   b. Feststellen der steuerbaren Leistungen sowie Erheben und Überprüfen der darauf geschuldeten Steuer und der abziehbaren Vorsteuern;
   c. Überprüfen der als von der Steuer ausgenommen geltend gemachten Leistungen und der in diesem Zusammenhang stehenden Vorsteuern;
   d. Überprüfen der Steuerbefreiung von Leistungen, die von Gesetzes wegen der Steuer unterliegen oder für deren Versteuerung optiert wird;
   e. Durchführen der für die Erhebung der Mehrwertsteuer relevanten Kontrollen von Einfuhr- und Ausfuhrbelegen;
   f. Sicherstellen des Bezugs der geschuldeten Steuern bei den steuerpflichtigen und mithaftenden Personen;
   g. Verhängen und Vollstrecken von administrativen oder strafrechtlichen Sanktionen;
   h. Bearbeitung von Amts- und Rechtshilfeersuchen;
   i. Deliktsbekämpfung im Steuerbereich;
   j. Führen der für die Steuererhebung nötigen Statistiken; MWSTV 135
   k. Erstellen von Analysen und Risikoprofilen.

[3] Das Informationssystem kann folgende Personendaten, einschliesslich besonders schützenswerter Personendaten, enthalten: MWSTV 134
   a. Angaben über die Identität von Personen;
   b. Angaben über die wirtschaftlichen Tätigkeiten;
   c. Angaben über die Einkommens- und Vermögensverhältnisse;
   d. Angaben über die Steuerverhältnisse;
   e. Angaben über die Schuldverhältnisse und Forderungszessionen;
   f. Angaben über Betreibungs-, Konkurs- und Arrestverfahren;
   g.[3] ...
   h. Angaben über die Befolgung von steuerrechtlichen Pflichten;
   i. Angaben über Verdacht auf Widerhandlungen;
   j. Angaben über Straftaten, beschlagnahmte Gegenstände und Beweismittel;
   k. Angaben über Administrativ- und Strafverfahren sowie Amts- und Rechtshilfeverfahren.

[4] Der Eidgenössische Datenschutz- und Öffentlichkeitsbeauftragte erhält für seine Aufsichtstätigkeit Zugang zum Informationssystem der ESTV.[4]

---

[1] Eingefügt durch Ziff. I des BG vom 30. Sept. 2016, in Kraft seit 1. Jan. 2018 (AS **2017** 3575; BBl **2015** 2615).
[2] Fassung gemäss Anhang 1 Ziff. II 49 des Datenschutzgesetzes vom 25. Sept. 2020, in Kraft seit 1. Sept. 2023 (AS **2022** 491; BBl **2017** 6941).
[3] Aufgehoben durch Anhang 1 Ziff. II 49 des Datenschutzgesetzes vom 25. Sept. 2020, mit Wirkung seit 1. Sept. 2023 (AS **2022** 491; BBl **2017** 6941).
[4] Eingefügt durch Anhang 1 Ziff. II 49 des Datenschutzgesetzes vom 25. Sept. 2020, in Kraft seit 1. Sept. 2023 (AS **2022** 491; BBl **2017** 6941).

Art. 76b[1] Datenbekanntgabe

1 Die Eidgenössische Finanzkontrolle hat zur Erfüllung ihrer gesetzlichen Aufgaben nach Artikel 10 des Finanzkontrollgesetzes vom 28. Juni 1967[2] Zugang zum Informationssystem der ESTV.

2 Die ESTV darf den im BAZG mit der Erhebung und dem Einzug der Mehrwertsteuer sowie mit der Durchführung von Straf- und Administrativverfahren betrauten Personen die Personendaten aus einem Profiling, einschliesslich aus einem Profiling mit hohem Risiko, nach Artikel 76 Absatz 3 und die Daten nach Artikel 76a Absatz 3 bekannt geben oder im Abrufverfahren zugänglich machen, sofern dies für die Erfüllung von dessen Aufgaben nötig ist.[3]   MWSTV 136

Art. 76c[4] Aufbewahrung der Daten und Dokumente   MWSTV 137

1 Daten und Dokumente, die in Anwendung dieses Gesetzes genutzt und bearbeitet werden, sind sorgfältig und systematisch aufzubewahren und vor schädlichen Einwirkungen zu schützen.

2 Die gestützt auf diese Bestimmung aufbewahrten Dokumente sind den Originalen gleichgestellt.

Art. 76d[5] Ausführungsbestimmungen   MWSTV 138

Der Bundesrat erlässt Ausführungsbestimmungen über:

a. das Informationssystem;   MWSTV 133
b. die Kategorien der bearbeiteten Personendaten;   MWSTV 134
c. den Katalog der besonders schützenswerten Daten über administrative und strafrechtliche Verfolgungen und Sanktionen;   MWSTV 134
d. die Zugriffs- und Bearbeitungsberechtigung;   MWSTV 132
e. die Aufbewahrungsdauer der Daten; und   MWSTV 137
f. die Archivierung und Vernichtung der Daten.   MWSTV 137

3. Abschnitt: Sicherstellung der korrekten Steuerentrichtung[6]

Art. 77 Überprüfung

Die Erfüllung der Pflicht zur Anmeldung als steuerpflichtige Person sowie die Steuerabrechnungen und -ablieferungen werden von der ESTV überprüft.

Art. 78 Kontrolle

1 Die ESTV kann bei steuerpflichtigen Personen Kontrollen durchführen, soweit dies zur Abklärung des Sachverhalts erforderlich ist. Zu diesem Zweck haben diese Personen der ESTV den Zugang zu ihrer Buchhaltung sowie zu den dazugehörigen Belegen zu gewähren. Dasselbe gilt für auskunftspflichtige Drittpersonen nach Artikel 73 Absatz 2.

---

[1] Eingefügt durch Ziff. I des BG vom 30. Sept. 2016, in Kraft seit 1. Jan. 2018 (AS **2017** 3575; BBl **2015** 2615).
[2] SR **614.0**
[3] Fassung gemäss Anhang 1 Ziff. II 49 des Datenschutzgesetzes vom 25. Sept. 2020, in Kraft seit 1. Sept. 2023 (AS **2022** 491; BBl **2017** 6941).
[4] Eingefügt durch Ziff. I des BG vom 30. Sept. 2016, in Kraft seit 1. Jan. 2018 (AS **2017** 3575; BBl **2015** 2615).
[5] Eingefügt durch Ziff. I des BG vom 30. Sept. 2016, in Kraft seit 1. Jan. 2018 (AS **2017** 3575; BBl **2015** 2615).
[6] Eingefügt durch Ziff. I des BG vom 30. Sept. 2016, in Kraft seit 1. Jan. 2018 (AS **2017** 3575; BBl **2015** 2615).

² Als Kontrolle gilt auch das Einfordern und die Überprüfung von umfassenden Unterlagen durch die ESTV. MWSTV 140

³ Eine Kontrolle ist schriftlich anzukündigen. In begründeten Fällen kann ausnahmsweise von der Ankündigung einer Kontrolle abgesehen werden.

⁴ Die steuerpflichtige Person kann mittels begründeten Gesuchs die Durchführung einer Kontrolle verlangen. Die Kontrolle ist innerhalb von zwei Jahren durchzuführen.

⁵ Die Kontrolle ist innert 360 Tagen seit Ankündigung mit einer Einschätzungsmitteilung abzuschliessen; diese hält den Umfang der Steuerforderung in der kontrollierten Periode fest.

⁶ Feststellungen, die Dritte betreffen und bei einer Kontrolle nach den Absätzen 1–4 bei folgenden Einrichtungen gemacht werden, dürfen ausschliesslich für die Durchführung der Mehrwertsteuer verwendet werden:
a. der Schweizerischen Nationalbank;
b. einer Pfandbriefzentrale;
c. einer Bank oder Sparkasse im Sinne des Bankengesetzes vom 8. November 1934[1];
d. bei einem Finanzinstitut im Sinne des Finanzinstitutsgesetzes vom 15. Juni 2018[2];
e. bei einer Finanzmarktinfrastruktur im Sinne des Finanzmarktinfrastrukturgesetzes vom 19. Juni 2015[3].[4]

⁷ Die Berufsgeheimnisse nach dem Bankengesetz, nach dem Finanzinstitutsgesetz und nach dem Finanzmarktinfrastrukturgesetz sind zu wahren.[5]

Art. 79 Ermessenseinschätzung

¹ Liegen keine oder nur unvollständige Aufzeichnungen vor oder stimmen die ausgewiesenen Ergebnisse mit dem wirklichen Sachverhalt offensichtlich nicht überein, so schätzt die ESTV die Steuerforderung nach pflichtgemässem Ermessen ein.

² Die Festsetzung der Steuerforderung erfolgt mit einer Einschätzungsmitteilung.

Art. 79a[6] Administrative Massnahmen

¹ Die ESTV kann gegen eine steuerpflichtige Person, die nach Artikel 7 Absatz 3 Buchstabe b Lieferungen im Inland erbringt, administrative Massnahmen anordnen, wenn diese Person:
a. sich nicht ins Register der steuerpflichtigen Personen eintragen lässt; oder
b. ihren Deklarations- und Zahlungspflichten nicht oder nur teilweise nachkommt.

² Die ESTV hört die steuerpflichtige Person vor der Verfügung der administrativen Massnahmen an. Die Leistungsempfänger und Leistungsempfängerinnen werden nicht angehört.

---

[1] SR **952.0**
[2] SR **954.1**
[3] SR **958.1**
[4] Fassung gemäss Anhang Ziff. II 8 des Finanzinstitutsgesetzes vom 15. Juni 2018, in Kraft seit 1. Jan. 2020 (AS **2018** 5247, **2019** 4631; BBl **2015** 8901).
[5] Eingefügt durch Anhang Ziff. II 8 des Finanzinstitutsgesetzes vom 15. Juni 2018, in Kraft seit 1. Jan. 2020 (AS **2018** 5247, **2019** 4631; BBl **2015** 8901).
[6] Eingefügt durch Ziff. I des BG vom 16. Juni 2023, in Kraft seit 1. Jan. 2025 (AS **2024** 438; BBl **2021** 2363).

³ Die ESTV kann ein Einfuhrverbot verfügen für Gegenstände, die nach Artikel 53 Absatz 1 Buchstabe a aufgrund des geringfügigen Steuerbetrags von der Einfuhrsteuer befreit sind. Kommt die steuerpflichtige Person trotz Einfuhrverbot ihren Pflichten weiterhin nicht nach, kann die ESTV die entschädigungslose Vernichtung der Gegenstände verfügen.

⁴ Die Massnahmen werden vom BAZG vollzogen. MWSTV 140a

⁵ Die ESTV veröffentlicht die Namen der steuerpflichtigen Personen, gegen die mit einer rechtskräftigen Verfügung Massnahmen nach Absatz 3 angeordnet worden sind.

Art. 80 Vereinfachungen

Erwachsen der steuerpflichtigen Person aus der genauen Feststellung einzelner für die Bemessung der Steuer wesentlicher Tatsachen übermässige Umtriebe, so gewährt die ESTV Erleichterungen und lässt zu, dass die Steuer annäherungsweise ermittelt wird, sofern sich dadurch kein namhafter Steuerausfall oder -mehrertrag, keine beachtenswerte Verzerrung der Wettbewerbsverhältnisse und keine übermässige Erschwerung der Steuerabrechnung für andere steuerpflichtige Personen und der Steuerkontrolle ergeben.

5. Kapitel: Verfügungs- und Rechtsmittelverfahren

Art. 81 Grundsätze MWSTV 141

¹ Die Vorschriften des VwVG[1] sind anwendbar. Artikel 2 Absatz 1 VwVG findet auf das Mehrwertsteuerverfahren keine Anwendung.

² Die Behörden stellen den rechtserheblichen Sachverhalt von Amtes wegen fest.

³ Es gilt der Grundsatz der freien Beweiswürdigung. Es ist unzulässig, Nachweise ausschliesslich vom Vorliegen bestimmter Beweismittel abhängig zu machen.

Art. 82 Verfügungen der ESTV

¹ Die ESTV trifft von Amtes wegen oder auf Verlangen der steuerpflichtigen Person alle für die Steuererhebung erforderlichen Verfügungen, insbesondere wenn:

a. Bestand oder Umfang der Steuerpflicht bestritten wird;
b. die Eintragung oder Löschung im Register der steuerpflichtigen Personen bestritten wird;
c. Bestand oder Umfang der Steuerforderung, der Mithaftung oder des Anspruchs auf Rückerstattung von Steuern streitig ist;
d. die steuerpflichtige Person oder Mithaftende die Steuer nicht entrichten;
e. sonstige Pflichten nicht anerkannt oder nicht erfüllt werden, die sich aus diesem Gesetz oder aus gestützt darauf ergangenen Verordnungen ergeben;
f. für einen bestimmten Fall vorsorglich die amtliche Feststellung der Steuerpflicht, der Steuerforderung, der Grundlagen der Steuerbemessung, des anwendbaren Steuersatzes oder der Mithaftung beantragt wird oder als geboten erscheint.

² Verfügungen werden der steuerpflichtigen Person schriftlich eröffnet. Sie müssen eine Rechtsmittelbelehrung sowie eine angemessene Begründung enthalten.

---

[1] SR **172.021**

Art. 83 Einsprache

1 Verfügungen der ESTV können innert 30 Tagen nach der Eröffnung mit Einsprache angefochten werden.

2 Die Einsprache ist schriftlich bei der ESTV einzureichen. Sie hat den Antrag, dessen Begründung mit Angabe der Beweismittel sowie die Unterschrift des Einsprechers oder der Einsprecherin oder seiner oder ihrer Vertretung zu enthalten. Die Vertretung hat sich durch schriftliche Vollmacht auszuweisen. Die Beweismittel sind in der Einspracheschrift zu bezeichnen und ihr beizulegen.

3 Genügt die Einsprache diesen Anforderungen nicht oder lässt der Antrag oder dessen Begründung die nötige Klarheit vermissen, so räumt die ESTV dem Einsprecher oder der Einsprecherin eine kurze Nachfrist zur Verbesserung ein. Sie verbindet diese Nachfrist mit der Androhung, nach unbenutztem Fristablauf aufgrund der Akten zu entscheiden oder, wenn Antrag, Begründung, Unterschrift oder Vollmacht fehlen, auf die Einsprache nicht einzutreten.

4 Richtet sich die Einsprache gegen eine einlässlich begründete Verfügung der ESTV, so ist sie auf Antrag oder mit Zustimmung des Einsprechers oder der Einsprecherin als Beschwerde an das Bundesverwaltungsgericht weiterzuleiten.

5 Das Einspracheverfahren ist trotz Rückzugs der Einsprache weiterzuführen, wenn Anhaltspunkte dafür vorliegen, dass die angefochtene Verfügung den massgebenden Gesetzesbestimmungen nicht entspricht.

Art. 84 Kosten und Entschädigungen

1 Im Verfügungs- und im Einspracheverfahren werden in der Regel keine Kosten erhoben. Es werden keine Parteientschädigungen ausgerichtet.

2 Ohne Rücksicht auf den Ausgang des Verfahrens können die Verfahrenskosten derjenigen Person oder Behörde auferlegt werden, die sie schuldhaft verursacht hat. VO DBG O

Art. 85 Revision, Erläuterung und Berichtigung

Auf die Revision, Erläuterung und Berichtigung von Einschätzungsmitteilungen, Verfügungen und Einspracheentscheiden der ESTV sind die Artikel 66–69 VwVG[1] anwendbar.

6. Kapitel: Bezug

Art. 86 Entrichtung der Steuer MI 15

1 Innert 60 Tagen nach Ablauf der Abrechnungsperiode hat die steuerpflichtige Person die in diesem Zeitraum entstandene Steuerforderung zu begleichen.

2 Erbringt die steuerpflichtige Person keine oder eine offensichtlich ungenügende Zahlung, so setzt die ESTV den für die jeweilige Abrechnungsperiode provisorisch geschuldeten Steuerbetrag nach vorgängiger Mahnung in Betreibung. Liegt keine oder eine offensichtlich ungenügende Abrechnung der steuerpflichtigen Person vor,

---

[1] SR 172.021

so bestimmt die ESTV den provisorisch geschuldeten Steuerbetrag vorgängig nach pflichtgemässem Ermessen.

3 Durch Rechtsvorschlag eröffnet die steuerpflichtige Person das Verfahren um Rechtsöffnung. Für die Beseitigung des Rechtsvorschlages ist die ESTV im Verfügungs- und Einspracheverfahren zuständig.

4 Die Verfügung betreffend den Rechtsvorschlag kann innert 10 Tagen nach der Eröffnung mit Einsprache bei der ESTV angefochten werden. Der Einspracheentscheid ist unter Vorbehalt von Absatz 5 endgültig.

5 Hat die ESTV den in Betreibung gesetzten provisorisch geschuldeten Steuerbetrag nach pflichtgemässem Ermessen bestimmt, so kann gegen den Einspracheentscheid beim Bundesverwaltungsgericht Beschwerde geführt werden. Die Beschwerde hat keine aufschiebende Wirkung, es sei denn, das Gericht ordne diese auf begründetes Ersuchen hin an. Das Bundesverwaltungsgericht entscheidet endgültig.

6 Artikel 85a des Bundesgesetzes vom 11. April 1889[1] über Schuldbetreibung und Konkurs (SchKG) ist nicht anwendbar.

7 Der Einzug eines Steuerbetrags nach Absatz 2 berührt die Festsetzung nach den Artikeln 72, 78 und 82 der endgültigen Steuerforderung nicht. Unterbleibt die Festsetzung der Steuerforderung wegen Untätigkeit der steuerpflichtigen Person, insbesondere weil diese weder Mängel nach Artikel 72 korrigiert noch eine Verfügung nach Artikel 82 verlangt, so gelten mit Eintritt der Festsetzungsverjährung auch die von der ESTV nach Absatz 2 bestimmten Steuerbeträge als Steuerforderung.[2]

8 Anstelle einer Zahlung des Steuerbetrags kann die steuerpflichtige Person auch Sicherheiten gemäss Artikel 93 Absatz 7 leisten.

9 Unmittelbar nach Eingang der Zahlung oder der Sicherheitsleistung zieht die ESTV die Betreibung zurück. MWSTV 142

10 Die Absätze 1–9 gelten unabhängig davon, welche Abrechnungsperiode gewählt wurde.[3]

Art. 86a[4] Provisorischer Steuerbezug bei jährlicher Abrechnung   MWSTV 76a–d

1 Bei der jährlichen Abrechnung (Art. 35a) erfolgt ein provisorischer Steuerbezug mittels Raten, die von der ESTV festgelegt und in Rechnung gestellt werden.

2 Massgebend für die Festlegung der Raten ist die Steuerforderung der letzten Steuerperiode. Ist sie noch nicht bekannt, so wird sie von der ESTV geschätzt. Bei neu steuerpflichtigen Personen ist die bis zum Ende der ersten Steuerperiode erwartete Steuerforderung massgebend.

3 Bei Anwendung der effektiven Abrechnungsmethode (Art. 36) und bei Abrechnung nach Pauschalsteuersätzen (Art. 37 Abs. 5) beläuft sich eine Rate auf einen Viertel, bei Abrechnung nach Saldosteuersätzen (Art. 37 Abs. 1–4) auf die Hälfte der Steuerforderung nach Absatz 2.

4 Es werden keine Kleinstbeträge in Rechnung gestellt.

---

[1] SR **281.1**
[2] Fassung gemäss Ziff. I des BG vom 30. Sept. 2016, in Kraft seit 1. Jan. 2018 (AS **2017** 3575; BBl **2015** 2615).
[3] Eingefügt durch Ziff. I des BG vom 16. Juni 2023, in Kraft seit 1. Jan. 2025 (AS **2024** 438; BBl **2021** 2363).
[4] Eingefügt durch Ziff. I des BG vom 16. Juni 2023, in Kraft seit 1. Jan. 2025 (AS **2024** 438; BBl **2021** 2363).

⁵ Erachtet die steuerpflichtige Person die Raten als zu hoch oder zu niedrig, so kann sie bei der ESTV eine Anpassung der Raten beantragen.

⁶ Die Raten sind zu begleichen:

a. bei Anwendung der effektiven Abrechnungsmethode und bei Abrechnung nach Pauschalsteuersätzen: bis 150, 240 und 330 Tage nach Beginn der Steuerperiode;
b. bei Abrechnung nach Saldosteuersätzen: bis 240 Tage nach Beginn der Steuerperiode.

⁷ Die bezahlten Raten werden an die Steuerforderung gemäss eingereichter Jahresabrechnung angerechnet.

Art. 87 Verzugszins VO DBG P

¹ Bei verspäteter Zahlung wird ohne Mahnung ein Verzugszins geschuldet.

¹ᵇⁱˢ Beim provisorischen Steuerbezug bei der jährlichen Abrechnung ist ohne Mahnung ein Verzugszins geschuldet, wenn die steuerpflichtige Person die Raten nach Ablauf der Frist oder nicht vollständig bezahlt.[1]

² Kein Verzugszins ist geschuldet bei einer Nachbelastung, wenn diese auf einem Fehler beruht, der bei richtiger Abwicklung beim Bund zu keinem Steuerausfall geführt hätte.

Art. 88 Vergütungen an die steuerpflichtige Person

¹ Ergibt sich aus der Steuerabrechnung oder aus der Anrechnung der bezahlten Raten an die Steuerforderung ein Überschuss zugunsten der steuerpflichtigen Person, so wird ihr dieser ausbezahlt.[2]

² Vorbehalten bleiben:

a. die Verrechnung dieses Überschusses mit Einfuhrsteuerschulden, selbst wenn diese noch nicht fällig sind;
b. die Verwendung des Überschusses zur Steuersicherung nach Artikel 94 Absatz 1;
c. die Verwendung des Überschusses zur Verrechnung unter Bundesstellen.

³ Die steuerpflichtige Person kann bezahlte, aber nicht geschuldete Steuern zurückfordern, sofern die Steuerforderung noch nicht rechtskräftig ist.[3]

⁴ Erfolgt die Auszahlung des Überschusses nach Absatz 1 oder die Rückerstattung nach Absatz 3 später als 60 Tage nach Eintreffen der Steuerabrechnung beziehungsweise der schriftlichen Geltendmachung des Anspruches bei der ESTV, so wird für die Zeit vom 61. Tag bis zur Auszahlung oder Rückerstattung ein Vergütungszins ausgerichtet. VO DBG P

Art. 89 Betreibung

¹ Wird der Anspruch auf Steuern, Zinsen, Kosten und Bussen nicht befriedigt, so leitet die ESTV die Betreibung ein und trifft alle zweckdienlichen zivil- und vollstreckungsrechtlichen Vorkehrungen.

---

[1] Eingefügt durch Ziff. I des BG vom 16. Juni 2023, in Kraft seit 1. Jan. 2025 (AS **2024** 438; BBl **2021** 2363).
[2] Fassung gemäss Ziff. I des BG vom 16. Juni 2023, in Kraft seit 1. Jan. 2025 (AS **2024** 438; BBl **2021** 2363).
[3] Fassung gemäss Ziff. I des BG vom 30. Sept. 2016, in Kraft seit 1. Jan. 2018 (AS **2017** 3575; BBl **2015** 2615).

² Ist die Steuerforderung noch nicht rechtskräftig und wird sie bestritten, so erlässt die ESTV eine Verfügung. Bis eine rechtskräftige Verfügung vorliegt, unterbleibt die endgültige Kollokation.[1]

³ Wird in der Betreibung Recht vorgeschlagen, so eröffnet die steuerpflichtige Person das Verfahren um Rechtsöffnung. Für die Beseitigung des Rechtsvorschlages ist die ESTV zuständig.

⁴ ...[2]

⁵ Die ESTV muss die Steuerforderung in die öffentlichen Inventare oder auf Rechnungsrufe eingeben.[3]

⁶ Die im Rahmen von Zwangsvollstreckungsverfahren anfallenden Steuern stellen Verwertungskosten dar.

⁷ Die ESTV kann in begründeten Fällen auf den Einzug der Steuer verzichten, wenn die Durchführung eines Betreibungsverfahrens keinen Erfolg bringen würde.

Art. 90 Zahlungserleichterungen

¹ Ist die Zahlung der Steuer, Zinsen und Kosten innert der vorgeschriebenen Frist für die zahlungspflichtige Person mit einer erheblichen Härte verbunden, so kann die ESTV mit der steuerpflichtigen Person die Erstreckung der Zahlungsfrist oder Ratenzahlungen vereinbaren.

² Zahlungserleichterungen können von einer angemessenen Sicherheitsleistung abhängig gemacht werden.

³ Zahlungserleichterungen fallen dahin, wenn ihre Voraussetzungen wegfallen oder wenn die Bedingungen, an die sie geknüpft sind, nicht erfüllt werden.

⁴ Die Einreichung eines Antrags um Vereinbarung von Zahlungserleichterung hemmt die Vollstreckung nicht.

Art. 91 Bezugsverjährung

¹ Das Recht, die Steuerforderung, Zinsen und Kosten geltend zu machen, verjährt fünf Jahre, nachdem der entsprechende Anspruch rechtskräftig geworden ist.

² Die Verjährung steht still, solange die zahlungspflichtige Person in der Schweiz nicht betrieben werden kann.

³ Die Verjährung wird unterbrochen durch jede Einforderungshandlung und jede Stundung seitens der ESTV sowie durch jede Geltendmachung des Anspruchs seitens der steuerpflichtigen Person.

⁴ Unterbrechung und Stillstand wirken gegenüber allen zahlungspflichtigen Personen.

⁵ Die Verjährung tritt in jedem Fall zehn Jahre nach Ablauf des Jahres ein, in dem der Anspruch rechtskräftig geworden ist.

---

1   Fassung gemäss Ziff. I des BG vom 30. Sept. 2016, in Kraft seit 1. Jan. 2018 (AS **2017** 3575; BBl **2015** 2615).
2   Aufgehoben durch Ziff. I des BG vom 30. Sept. 2016, mit Wirkung seit 1. Jan. 2018 (AS **2017** 3575; BBl **2015** 2615).
3   Fassung gemäss Ziff. I des BG vom 30. Sept. 2016, in Kraft seit 1. Jan. 2018 (AS **2017** 3575; BBl **2015** 2615).

⁶ Wird über eine Steuerforderung ein Verlustschein ausgestellt, so richtet sich die Bezugsverjährung nach den Bestimmungen des SchKG[1].

Art. 92 Steuererlass

¹ Die ESTV kann rechtskräftig festgesetzte Steuern ganz oder teilweise erlassen, wenn die steuerpflichtige Person:
- a. die Steuer aus einem entschuldbaren Grund nicht in Rechnung gestellt und eingezogen hat, eine nachträgliche Überwälzung nicht möglich oder nicht zumutbar ist und die Bezahlung der Steuer eine grosse Härte bedeuten würde;
- b. die Steuer einzig aufgrund der Nichteinhaltung von formellen Vorschriften oder aufgrund von Abwicklungsfehlern schuldet und erkennbar ist oder die steuerpflichtige Person nachweist, dass für den Bund kein Steuerausfall entstanden ist; oder
- c. aus einem entschuldbaren Grund ihren Veranlagungspflichten nicht nachkommen konnte, nachträglich aber nachweisen oder glaubhaft machen kann, dass die durch die ESTV vorgenommene Ermessenseinschätzung zu hoch ausgefallen ist; in diesem Falle ist ein Steuererlass nur bis zur Höhe des zu viel veranlagten Betrages möglich.

² Die ESTV kann ferner im Rahmen eines gerichtlichen Nachlassverfahrens einem Steuererlass zustimmen beziehungsweise auf die Sicherstellung ihrer Forderung verzichten.

³ Das Erlassgesuch muss schriftlich begründet und mit den nötigen Beweismitteln versehen bei der ESTV eingereicht werden. Die Einsprache gegen die Verfügung der ESTV ist ausgeschlossen. Gegen die Verfügung kann beim Bundesverwaltungsgericht Beschwerde geführt werden.

⁴ Die Einreichung eines Gesuchs um Steuererlass hemmt die Vollstreckung der rechtskräftig festgesetzten Steuern nicht.

⁵ Das Steuererlassverfahren ist kostenfrei. Dem Gesuchsteller oder der Gesuchstellerin können indessen die Kosten ganz oder teilweise auferlegt werden, wenn er oder sie ein offensichtlich unbegründetes Gesuch eingereicht hat.

⁶ ...[2]

7. Kapitel: Steuersicherung

Art. 93 Sicherstellung

¹ Die ESTV kann Steuern, Zinsen und Kosten, auch wenn sie weder rechtskräftig festgesetzt noch fällig sind, sicherstellen lassen, wenn:
- a. deren rechtzeitige Bezahlung als gefährdet erscheint;
- b. die zahlungspflichtige Person Anstalten trifft, ihren Wohn- oder Geschäftssitz oder ihre Betriebsstätte in der Schweiz aufzugeben oder sich im schweizerischen Handelsregister löschen zu lassen;
- c. die zahlungspflichtige Person mit ihrer Zahlung in Verzug ist;

---

[1] SR **281.1**
[2] Aufgehoben durch Ziff. I des BG vom 30. Sept. 2016, mit Wirkung seit 1. Jan. 2018 (AS **2017** 3575; BBl **2015** 2615).

d. die steuerpflichtige Person ein Unternehmen, über das der Konkurs eröffnet worden ist, ganz oder teilweise übernimmt;
e. die steuerpflichtige Person offensichtlich zu tiefe Abrechnungen einreicht.

[1bis] Die ESTV kann von einem Mitglied des geschäftsführenden Organs einer juristischen Person eine Sicherheit verlangen für Steuern, Zinsen und Kosten, die von dieser juristischen Person geschuldet sind oder voraussichtlich geschuldet werden, wenn:

a. das betreffende Mitglied dem geschäftsführenden Organ von mindestens zwei weiteren juristischen Personen angehörte, über die innerhalb einer kurzen Zeitspanne der Konkurs eröffnet worden ist; und
b. Anhaltspunkte dafür vorliegen, dass sich das betreffende Mitglied im Zusammenhang mit diesen Konkursen strafbar verhalten hat.[1]

[2] Verzichtet die steuerpflichtige Person auf die Befreiung von der Steuerpflicht (Art. 11) oder optiert sie für die Versteuerung von ausgenommenen Leistungen (Art. 22), so kann die ESTV von ihr die Leistung von Sicherheiten gemäss Absatz 7 verlangen.

[3] Die Sicherstellungsverfügung hat den Rechtsgrund der Sicherstellung, den sicherzustellenden Betrag und die Stelle, welche die Sicherheiten entgegennimmt, anzugeben; sie gilt als Arrestbefehl im Sinne von Artikel 274 SchKG[2]. Die Einsprache gegen die Sicherstellungsverfügung ist ausgeschlossen.

[4] Gegen die Verfügung kann beim Bundesverwaltungsgericht Beschwerde geführt werden.

[5] Beschwerden gegen Sicherstellungsverfügungen haben keine aufschiebende Wirkung.

[6] Die Zustellung einer Verfügung über die Steuerforderung gilt als Anhebung der Klage nach Artikel 279 SchKG. Die Frist für die Einleitung der Betreibung beginnt mit dem Eintritt der Rechtskraft der Verfügung über die Steuerforderung zu laufen.

[7] Die Sicherstellung ist zu leisten durch Barhinterlage, solvente Solidarbürgschaften, Bankgarantien, Schuldbriefe und Grundpfandverschreibungen, Lebensversicherungspolicen mit Rückkaufswert, kotierte Frankenobligationen von schweizerischen Schuldnern oder Kassenobligationen von schweizerischen Banken.

Art. 93a[3] Sicherstellung bei der Ausfuhr im Reiseverkehr

[1] Verwendet der Käufer oder die Käuferin ein elektronisches Verfahren für die Ausfuhr im Reiseverkehr, so kann von ihm oder ihr im Zeitpunkt des Kaufes eine Sicherheit in der Höhe der entsprechenden Steuer verlangt werden.

[2] Die Sicherheit wird zurückerstattet, wenn der Ausfuhrnachweis innert der vorgeschriebenen Frist erbracht wird.

Art. 94 Andere Sicherungsmassnahmen

[1] Ein Überschuss zugunsten der steuerpflichtigen Person aus der Steuerabrechnung oder aus der Differenz zwischen den bezahlten Raten und der Steuerforderung kann:[4]

a. mit Schulden für frühere Perioden verrechnet werden;

---

[1] Eingefügt durch Ziff. I des BG vom 16. Juni 2023, in Kraft seit 1. Jan. 2025 (AS **2024** 438; BBl **2021** 2363).
[2] SR **281.1**
[3] Eingefügt durch Ziff. I des BG vom 16. Juni 2023, in Kraft seit 1. Jan. 2025 (AS **2024** 438; BBl **2021** 2363).
[4] Fassung gemäss Ziff. I des BG vom 16. Juni 2023, in Kraft seit 1. Jan. 2025 (AS **2024** 438; BBl **2021** 2363).

b. zur Verrechnung mit zu erwartenden Schulden für nachfolgende Perioden gutgeschrieben werden, sofern die steuerpflichtige Person mit der Steuerentrichtung im Rückstand ist oder andere Gründe eine Gefährdung der Steuerforderung wahrscheinlich erscheinen lassen; der gutgeschriebene Betrag wird vom 61. Tag nach Eintreffen der Steuerabrechnung bei der ESTV bis zum Zeitpunkt der Verrechnung zum Satz verzinst, der für den Vergütungszins gilt; oder
c. mit einer von der ESTV geforderten Sicherstellungsleistung verrechnet werden.

² Bei steuerpflichtigen Personen ohne Wohn- oder Geschäftssitz in der Schweiz kann die ESTV ausserdem Sicherstellung der voraussichtlichen Schulden durch Leistung von Sicherheiten nach Artikel 93 Absatz 7 verlangen.

³ Bei wiederholtem Zahlungsverzug kann die ESTV die zahlungspflichtige Person dazu verpflichten, künftig monatliche oder halbmonatliche Vorauszahlungen zu leisten.

Art. 95 Löschung im Handelsregister

Eine juristische Person oder eine Betriebsstätte eines ausländischen Unternehmens darf im schweizerischen Handelsregister erst dann gelöscht werden, wenn die ESTV dem für die Führung des Registers zuständigen Amt angezeigt hat, dass die geschuldete Steuer bezahlt oder sichergestellt ist.

6. Titel: Strafbestimmungen

Art. 96 Steuerhinterziehung

¹ Mit Busse bis zu 400 000 Franken wird bestraft, wer vorsätzlich oder fahrlässig die Steuerforderung zulasten des Staates verkürzt, indem er:

a. in einer Steuerperiode nicht sämtliche Einnahmen, zu hohe Einnahmen aus von der Steuer befreiten Leistungen, nicht sämtliche der Bezugsteuer unterliegenden Ausgaben oder zu hohe zum Vorsteuerabzug berechtigende Ausgaben deklariert;
b. eine unrechtmässige Rückerstattung erwirkt; oder
c. einen ungerechtfertigten Steuererlass erwirkt.

² Die Busse beträgt bis zu 800 000 Franken, wenn die hinterzogene Steuer in den in Absatz 1 genannten Fällen in einer Form überwälzt wird, die zum Vorsteuerabzug berechtigt.

³ Mit Busse bis zu 200 000 Franken wird bestraft, wer die Steuerforderung zulasten des Staates verkürzt, indem er die für die Steuerfestsetzung relevanten Faktoren zwar wahrheitsgetreu deklariert, aber steuerlich falsch qualifiziert, sofern er vorsätzlich klare gesetzliche Bestimmungen, Anordnungen der Behörden oder publizierte Praxisfestlegungen nicht richtig anwendet und die Behörden darüber nicht vorgängig schriftlich in Kenntnis setzt. Bei fahrlässiger Begehung beträgt die Busse bis zu 20 000 Franken.

⁴ Mit Busse bis zu 800 000 Franken wird bestraft, wer die Steuerforderung zulasten des Staates verkürzt, indem er:

a. vorsätzlich oder fahrlässig bei der Einfuhr Waren nicht oder unrichtig anmeldet oder verheimlicht;
b. vorsätzlich im Rahmen einer behördlichen Kontrolle oder eines Verwaltungsverfahrens, das auf die Festsetzung der Steuerforderung oder den Steuererlass

gerichtet ist, auf entsprechende Nachfrage hin keine, unwahre oder unvollständige Angaben macht.

⁵ Der Versuch ist strafbar.

⁶ Wird der Steuervorteil aufgrund einer fehlerhaften Abrechnung erzielt, so ist die Steuerhinterziehung erst strafbar, wenn die Frist zur Korrektur von Mängeln in der Abrechnung (Art. 72 Abs. 1) abgelaufen ist und der Fehler nicht korrigiert wurde.

Art. 97 Strafzumessung und qualifizierte Steuerhinterziehung

¹ Die Busse wird in Anwendung von Artikel 106 Absatz 3 des Strafgesetzbuches[1] (StGB) bemessen; dabei kann Artikel 34 StGB sinngemäss herangezogen werden. Sofern der durch die Tat erzielte Steuervorteil höher ist als die Strafdrohung, kann die Busse bei vorsätzlicher Begehung bis zum Doppelten des Steuervorteils erhöht werden.

² Bei erschwerenden Umständen wird das Höchstmass der angedrohten Busse um die Hälfte erhöht. Zugleich kann auf eine Freiheitsstrafe von bis zu zwei Jahren erkannt werden. Als erschwerende Umstände gelten:
a. das Anwerben einer oder mehrerer Personen für eine Widerhandlung gegen das Mehrwertsteuerrecht;
b. das gewerbsmässige Verüben von Widerhandlungen gegen das Mehrwertsteuerrecht.

Art. 98 Verletzung von Verfahrenspflichten

Mit Busse wird bestraft, sofern die Tat nicht nach einer anderen Bestimmung mit höherer Strafe bedroht ist, wer vorsätzlich oder fahrlässig:
a. die Anmeldung als steuerpflichtige Person nicht vornimmt;
b. trotz Mahnung eine Steuerabrechnung nicht fristgerecht einreicht;
c. die Steuer nicht periodengerecht deklariert;
d. Sicherheiten nicht gehörig leistet;
e. Geschäftsbücher, Belege, Geschäftspapiere und sonstige Aufzeichnungen nicht ordnungsgemäss führt, ausfertigt, aufbewahrt oder vorlegt;
f. trotz Mahnung nicht oder nicht richtig Auskunft erteilt oder die für die Steuererhebung oder für die Überprüfung der Steuerpflicht massgebenden Daten und Gegenstände nicht oder nicht richtig deklariert;
g. in Rechnungen eine nicht oder nicht in dieser Höhe geschuldete Mehrwertsteuer ausweist;
h. durch Angabe einer Registernummer eine Eintragung im Register der steuerpflichtigen Personen vortäuscht;
i. trotz Mahnung die ordnungsgemässe Durchführung einer Kontrolle erschwert, behindert oder verunmöglicht.

Art. 99 Steuerhehlerei

Wer Gegenstände, von denen er weiss oder annehmen muss, dass die darauf geschuldete Einfuhrsteuer vorsätzlich hinterzogen worden ist, erwirbt, sich schenken lässt, zu Pfand oder sonst wie in Gewahrsam nimmt, verheimlicht, absetzen hilft oder in Verkehr bringt, wird nach der Strafandrohung, die auf den Täter oder die Täterin Anwendung findet, bestraft.

---

[1] SR **311.0**

Art. 100 Widerhandlung im Geschäftsbetrieb N 2

Fällt eine Busse von höchstens 100 000 Franken in Betracht und würde die Ermittlung der nach Artikel 6 VStrR[1] strafbaren Personen Untersuchungsmassnahmen bedingen, die im Hinblick auf die verwirkte Strafe unverhältnismässig wären, so kann die Behörde von einer Verfolgung dieser Personen absehen und an ihrer Stelle den Geschäftsbetrieb (Art. 7 VStrR) zur Bezahlung der Busse verurteilen.

Art. 101 Konkurrenz N 2

[1] Die Artikel 7, 9, 11 und 12 Absatz 4 und 13 VStrR[2] sind nicht anwendbar.

[2] Eine Bestrafung nach Artikel 98 Buchstabe a dieses Gesetzes schliesst eine Bestrafung nach den Artikeln 96 und 97 nicht aus.

[3] Eine Bestrafung nach Artikel 14 VStrR schliesst eine zusätzliche Bestrafung wegen derselben Tat nach den Artikeln 96 und 97 des vorliegenden Gesetzes aus.

[4] Erfüllt eine Handlung sowohl den Tatbestand einer Hinterziehung der Einfuhrsteuer oder einer Steuerhehlerei als auch einer durch das BAZG zu verfolgenden Widerhandlung gegen andere Abgabenerlasse des Bundes, so wird die Strafe für die schwerste Widerhandlung verhängt; diese kann angemessen erhöht werden.

[5] Hat der Täter oder die Täterin durch eine oder mehrere Handlungen die Voraussetzungen für mehrere Strafen erfüllt, die in den Zuständigkeitsbereich der ESTV fallen, so wird die Strafe für die schwerste Widerhandlung verhängt; diese kann angemessen erhöht werden.

Art. 102 Selbstanzeige

[1] Zeigt die steuerpflichtige Person eine Widerhandlung gegen dieses Gesetz an, bevor sie der zuständigen Behörde bekannt wird, wird von einer Strafverfolgung abgesehen, wenn:

   a. sie die Behörde bei der Festsetzung der geschuldeten oder rückzuerstattenden Steuer in zumutbarer Weise unterstützt; und
   b. sie sich ernstlich um die Bezahlung der geschuldeten oder rückzuerstattenden Steuer bemüht.

[2] Zeigt eine nicht steuerpflichtige Person, die eine Widerhandlung gegen dieses Gesetz begangen oder an einer solchen teilgenommen hat, die Widerhandlung an, so wird von einer Strafverfolgung abgesehen.

[3] Die Selbstanzeige einer juristischen Person erfolgt durch ihre Organe oder Vertreter und Vertreterinnen. Die Solidarhaftung gemäss Artikel 12 Absatz 3 VStrR[3] der Organe oder der Vertreter und Vertreterinnen wird aufgehoben und von einer Strafverfolgung wird abgesehen.

[4] Eine Korrektur der Abrechnung nach Artikel 72 Absatz 2 gilt als Selbstanzeige.

---

[1] SR **313.0**
[2] SR **313.0**
[3] SR **313.0**

Art. 103 Strafverfolgung N 2

1 Auf die Strafverfolgung ist mit Ausnahme der Artikel 63 Absätze 1 und 2, 69 Absatz 2, 73 Absatz 1 letzter Satz sowie 77 Absatz 4 das VStrR[1] anwendbar.

2 Die Strafverfolgung obliegt bei der Inlandsteuer und bei der Bezugsteuer der ESTV, bei der Einfuhrsteuer dem BAZG.

3 In Strafsachen mit engem Sachzusammenhang, bei denen sowohl die Zuständigkeit der ESTV als auch die des BAZG gegeben ist, kann die ESTV im Einvernehmen mit dem BAZG die Vereinigung der Strafverfolgung bei einer der beiden Behörden beschliessen.

4 Die Strafverfolgung kann unterbleiben, wenn Schuld und Tatfolgen gering sind (Artikel 52 StGB[2]). In diesen Fällen wird eine Nichtanhandnahme- oder Einstellungsverfügung erlassen.

5 Hat die zuständige Behörde auch andere strafbare Handlungen, für welche das VStrR anwendbar ist, zu untersuchen oder zu beurteilen, so gilt Absatz 1 für alle strafbaren Handlungen.

Art. 104 Verfahrensgarantien

1 Die beschuldigte Person hat Anspruch auf ein faires Strafverfahren gemäss der Bundesverfassung und den einschlägigen Strafverfahrensgesetzen.

2 Die beschuldigte Person ist nicht verpflichtet, sich in einem Strafverfahren selbst zu belasten.

3 Die von der beschuldigten Person im Steuererhebungsverfahren erteilten Auskünfte (Art. 68 und 73) oder Beweismittel aus einer Kontrolle nach Artikel 78 dürfen in einem Strafverfahren nur dann verwendet werden, wenn die beschuldigte Person in diesem hierzu ihre Zustimmung erteilt.

4 Die Eröffnung einer Strafuntersuchung ist der beschuldigten Person unverzüglich schriftlich mitzuteilen, soweit nicht wichtige Gründe entgegenstehen.

Art. 105 Verfolgungsverjährung N 2

1 Das Recht, eine Strafuntersuchung einzuleiten, verjährt:
 a. bei Verletzung von Verfahrenspflichten: im Zeitpunkt der Rechtskraft der Steuerforderung, welche im Zusammenhang mit dieser Tat steht;
 b.[3] im Bereich der Inland- und der Bezugsteuer:
  1. bei Übertretungen nach Artikel 96 Absätze 1–3: sechs Monate nach Eintritt der Rechtskraft der entsprechenden Steuerforderung,
  2. bei der Steuerhinterziehung nach Artikel 96 Absatz 4: zwei Jahre nach Eintritt der Rechtskraft der entsprechenden Steuerforderung,
  3. bei Vergehen nach Artikel 97 Absatz 2 sowie bei Vergehen nach den Artikeln 14–17 VStrR[4]: sieben Jahre nach Ablauf der betreffenden Steuerperiode;

---

[1] SR **313.0**
[2] SR **311.0**
[3] Fassung gemäss Ziff. I des BG vom 30. Sept. 2016, in Kraft seit 1. Jan. 2018 (AS **2017** 3575; BBl **2015** 2615).
[4] SR **313.0**

c.[1] im Bereich der Einfuhrsteuer: für alle Vergehen und Übertretungen nach den Artikeln 96, 97 Absatz 2 und 99 sowie bei Vergehen nach den Artikeln 14–17 VStrR: in sieben Jahren;
d. ...[2]
e. ...[3]

[2] Die Verfolgungsverjährung tritt nicht mehr ein, wenn vor Ablauf der Verjährungsfrist eine Strafverfügung oder ein erstinstanzliches Urteil ergangen ist.

[3] Die Verjährung für die Leistungs- und Rückleistungspflicht gemäss Artikel 12 VStrR richtet sich:

a. grundsätzlich nach Artikel 42;
b. falls ein Tatbestand der Artikel 96 Absatz 4, 97 Absatz 2 oder 99 oder nach den Artikeln 14–17 VStrR erfüllt ist, nach den Absätzen 1 und 2.

[4] Das Recht, eine eingeleitete Strafuntersuchung durchzuführen, verjährt in fünf Jahren; die Verjährung ruht, solange sich die beschuldigte Person im Ausland befindet.

Art. 106 Bezug und Verjährung der Bussen und Kosten

[1] Die im Steuerstrafverfahren auferlegten Bussen und Kosten werden im Verfahren nach den Artikeln 86–90 bezogen. Artikel 36 StGB[4] ist anwendbar.

[2] Die Bezugsverjährung richtet sich nach Artikel 91.

7. Titel: Schlussbestimmungen

1. Kapitel: Ausführungsbestimmungen

Art. 107 Bundesrat

[1] Der Bundesrat:

a. regelt die Entlastung von der Mehrwertsteuer für Begünstigte nach Artikel 2 des Gaststaatgesetzes vom 22. Juni 2007[5], die von der Steuerpflicht befreit sind; MWSTV 143–150 | MI 17
b. bestimmt, unter welchen Voraussetzungen den Abnehmern und Abnehmerinnen mit Wohn- oder Geschäftssitz im Ausland die Steuer auf den an sie im Inland ausgeführten Leistungen sowie auf ihren Einfuhren bei Gewährung des Gegenrechts durch das Land ihres Wohn- oder Geschäftssitzes vergütet werden kann; dabei haben grundsätzlich die gleichen Anforderungen zu gelten, wie sie bei inländischen steuerpflichtigen Personen in Bezug auf den Vorsteuerabzug bestehen; MWSTV 151–156 | MI 18

---

[1] Fassung gemäss Ziff. I des BG vom 30. Sept. 2016, in Kraft seit 1. Jan. 2018 (AS **2017** 3575; BBl **2015** 2615).
[2] Aufgehoben durch Ziff. I des BG vom 30. Sept. 2016, mit Wirkung seit 1. Jan. 2018 (AS **2017** 3575; BBl **2015** 2615).
[3] Aufgehoben durch Ziff. I des BG vom 30. Sept. 2016, mit Wirkung seit 1. Jan. 2018 (AS **2017** 3575; BBl **2015** 2615).
[4] SR **311.0**
[5] SR **192.12**

c.[1] regelt die mehrwertsteuerrechtliche Behandlung von Leistungen an Personen, die zum Personal gehören und zugleich eng verbundene Personen sind; er beachtet dabei die Behandlung dieser Leistungen bei der direkten Bundessteuer und kann Ausnahmen von Artikel 24 Absatz 2 festlegen.

[2] ...[2]

[3] Der Bundesrat erlässt die Vollzugsvorschriften.

Art. 108 Eidgenössisches Finanzdepartement VO DBG P

Das EFD:

a. legt marktübliche Verzugs- und Vergütungszinssätze fest und passt diese periodisch an;
b. legt die Fälle fest, in denen kein Verzugszins erhoben wird;
c. regelt, bis zu welchem Betrag geringfügige Verzugs- und Vergütungszinsen nicht erhoben werden oder nicht zu entrichten sind;
d.[3] bestimmt, was beim provisorischen Steuerbezug als nicht in Rechnung zu stellender Kleinstbetrag gilt.

Art. 109 Konsultativgremium MWSTV 157–162

[1] Der Bundesrat kann ein Konsultativgremium, bestehend aus Vertretern und Vertreterinnen der steuerpflichtigen Personen, der Kantone, der Wissenschaft, der Steuerpraxis und der Konsumenten und Konsumentinnen, einsetzen.[4]

[2] Das Konsultativgremium berät Anpassungen dieses Gesetzes sowie der gestützt darauf erlassenen Ausführungsbestimmungen und Praxisfestlegungen bezüglich der Auswirkungen auf die steuerpflichtigen Personen und die Volkswirtschaft.

[3] Es nimmt zu den Entwürfen Stellung und kann selbstständig Empfehlungen für Änderungen abgeben.

2. Kapitel: Aufhebung und Änderung bisherigen Rechts MI 20

Art. 110 Aufhebung bisherigen Rechts

Das Mehrwertsteuergesetz vom 2. September 1999[5] wird aufgehoben.

Art. 111 Änderung bisherigen Rechts

Die nachstehenden Bundesgesetze werden wie folgt geändert:

...[6]

---

[1] Eingefügt durch Ziff. I des BG vom 30. Sept. 2016, in Kraft seit 1. Jan. 2018 (AS **2017** 3575; BBl **2015** 2615).
[2] Aufgehoben durch Ziff. I des BG vom 16. Juni 2023, mit Wirkung seit 1. Jan. 2025 (AS **2024** 438; BBl **2021** 2363).
[3] Eingefügt durch Ziff. I des BG vom 16. Juni 2023, in Kraft seit 1. Jan. 2025 (AS **2024** 438; BBl **2021** 2363).
[4] Fassung gemäss Ziff. I des BG vom 30. Sept. 2016, in Kraft seit 1. Jan. 2018 (AS **2017** 3575; BBl **2015** 2615).
[5] [AS **2000** 1300 1134, **2001** 3086, **2002** 1480, **2004** 4719 Anhang Ziff. II 5, **2005** 4545 Anhang Ziff. 2, **2006** 2197 Anhang Ziff. 52 2673 5379 Anhang Ziff. II 5, **2007** 1411 Anhang Ziff. 7 3425 Anhang Ziff. 1 6637 Anhang Ziff. II 5]
[6] Die Änderungen können unter AS **2009** 5203 konsultiert werden.

3. Kapitel: Übergangsbestimmungen

Art. 112 Anwendung bisherigen Rechts

¹ Die bisherigen gesetzlichen Bestimmungen sowie die darauf gestützt erlassenen Vorschriften bleiben, unter Vorbehalt von Artikel 113, weiterhin auf alle während ihrer Geltungsdauer eingetretenen Tatsachen und entstandenen Rechtsverhältnisse anwendbar. Die Verjährung richtet sich weiterhin nach den Artikeln 49 und 50 des bisherigen Rechts.

² Für Leistungen, die vor Inkrafttreten dieses Gesetzes erbracht worden sind, sowie für Einfuhren von Gegenständen, bei denen die Einfuhrsteuerschuld vor Inkrafttreten dieses Gesetzes entstanden ist, gilt das bisherige Recht.

³ Leistungen, die teilweise vor Inkrafttreten dieses Gesetzes erbracht worden sind, sind für diesen Teil nach bisherigem Recht zu versteuern. Leistungen, die teilweise ab Inkrafttreten dieses Gesetzes erbracht werden, sind für diesen Teil nach neuem Recht zu versteuern.

Art. 113 Anwendung des neuen Rechts

¹ Für die Feststellung, ob die Befreiung von der Steuerpflicht nach Artikel 10 Absatz 2 mit dem Inkrafttreten dieses Gesetzes besteht, ist das neue Recht auf die in den vorangegangenen zwölf Monaten vor dem Inkrafttreten erzielten, nach diesem Gesetz steuerbaren Leistungen anzuwenden.

² Die Bestimmungen über die Einlageentsteuerung nach Artikel 32 gelten auch für Leistungen, für die vor dem Inkrafttreten des neuen Rechts kein Anspruch auf Vorsteuerabzug gegeben war.

³ Unter Vorbehalt von Artikel 91 ist das neue Verfahrensrecht auf sämtliche im Zeitpunkt des Inkrafttretens hängigen Verfahren anwendbar.

Art. 114 Wahlmöglichkeiten MWSTV 166

¹ Die steuerpflichtigen Personen können mit dem Inkrafttreten dieses Gesetzes von den in diesem Gesetz vorgesehenen Wahlmöglichkeiten erneut Gebrauch machen. Sofern die Wahlmöglichkeiten an bestimmte Fristen geknüpft sind, beginnen diese mit dem Datum des Inkrafttretens neu zu laufen.

² Äussert sich die steuerpflichtige Person nicht innert 90 Tagen nach Inkrafttreten des Gesetzes zu den Wahlmöglichkeiten, so wird vermutet, dass sie ihre bisherige Wahl beibehält, sofern dies rechtlich weiterhin möglich ist.

Art. 115 Änderung der Steuersätze MI 19

¹ Bei einer Änderung der Steuersätze gelten die Artikel 112 und 113 sinngemäss. Der Bundesrat passt die in Artikel 37 Absatz 1 festgelegten Höchstbeträge angemessen an.[1]

² Für die Abrechnung der Steuerbeträge mit den bisherigen Sätzen sind den steuerpflichtigen Personen genügend lange Fristen einzuräumen, die sich nach der Natur der Liefer- und Dienstleistungsverträge richten.

---

[1] Fassung gemäss Ziff. I des BG vom 30. Sept. 2016, in Kraft seit 1. Jan. 2018 (AS **2017** 3575; BBl **2015** 2615).

Art. 115a[1] Übergangsbestimmung zur Änderung vom 30. September 2016

Auf Sammlerstücken wie Kunstgegenständen, Antiquitäten und dergleichen, für die bei Inkrafttreten der Änderung vom 30. September 2016 bereits Vorsteuer abgezogen wurde, ist der Vorsteuerabzug nicht rückgängig zu machen, sofern der Verkauf im Inland erfolgt und auf dem gesamten Verkaufspreis die Mehrwertsteuer entrichtet wird.

Art. 115b[2] Übergangsbestimmungen zur Änderung vom 16. Juni 2023

1 Steuerpflichtige Personen, die im Jahr des Inkrafttretens der Änderung vom 16. Juni 2023 nach Artikel 35a jährlich abrechnen wollen, müssen dies innert 60 Tagen nach Inkrafttreten dieser Änderung bei der ESTV beantragen.

2 Werden Gegenstände aus dem Ausland ins Inland geliefert, die nach Artikel 53 Absatz 1 Buchstabe a aufgrund des geringfügigen Steuerbetrags von der Einfuhrsteuer befreit sind, so beginnt die Steuerpflicht des Leistungserbringers oder der Leistungserbringerin mit Inkrafttreten dieser Änderung, wenn:

a. er oder sie als Leistungserbringer oder Leistungserbringerin nach Artikel 20a gilt;
b. er oder sie in den vorangegangenen zwölf Monaten mit der Lieferung solcher Gegenstände einen Umsatz von mindestens 100 000 Franken erzielt hat; und
c. anzunehmen ist, dass er oder sie auch in den zwölf Monaten ab Inkrafttreten dieser Änderung solche Lieferungen ausführen wird.

4. Kapitel: Referendum und Inkrafttreten

Art. 116

1 Dieses Gesetz untersteht dem fakultativen Referendum.[3]

2 Es tritt unter Vorbehalt von Absatz 3 am 1. Januar 2010 in Kraft. Der Bundesrat bestimmt das Inkrafttreten der Artikel 34 Absatz 3 und 78 Absatz 4.[4]

3 Wird das Referendum ergriffen und wird das Gesetz in der Volksabstimmung angenommen, so bestimmt der Bundesrat das Inkrafttreten.

Übergangsbestimmung zur Änderung vom 19. März 2010[5]

...

---

[1] Eingefügt durch Ziff. I des BG vom 30. Sept. 2016, in Kraft seit 1. Jan. 2018 (AS **2017** 3575; BBl **2015** 2615). Die Berichtigung der RedK der BVers vom 30. Aug. 2017 betrifft nur den italienischen Text (AS **2017** 4857).
[2] Eingefügt durch Ziff. I des BG vom 16. Juni 2023, in Kraft seit 1. Jan. 2025 (AS **2024** 438; BBl **2021** 2363).
[3] Die Referendumsfrist für dieses Gesetz ist am 1. Oktober 2009 unbenützt abgelaufen (BBl **2009** 4407).
[4] Art. 78 Abs. 4 tritt am 1. Jan. 2012 in Kraft (AS **2011** 4737).
[5] AS **2011** 1167; BBl **2008** 7733. Gegenstandslos aufgrund von Art. 21 Abs. 2 Ziff. 28 Bst. c hiervor, in Kraft seit 1. Jan. 2018.

MWSTV

Mehrwertsteuerverordnung

10 Mehrwertsteuerverordnung (MWSTV) SR 641.201

vom 27. November 2009 (Stand am 1. Januar 2025)

Der Schweizerische Bundesrat,

gestützt auf das Mehrwertsteuergesetz vom 12. Juni 2009[1] (MWSTG),

verordnet:

☞ *Die zukünftige Änderung durch folgende Verordnung ist mit einem Hinweis im Text integriert:*

- *VO vom 21.8.2024 (Änderung MWSTV; Teilrevision), abschliessende Inkraftsetzung, in Kraft ab 1.1.2027*

---

[1] SR **641.20**

1. Titel: Allgemeine Bestimmungen

Art. 1 Schweizerisches Staatsgebiet
(Art. 3 Bst. a MWSTG)

Schweizerische Hochseeschiffe gelten nicht als schweizerisches Staatsgebiet im Sinn von Artikel 3 Buchstabe a MWSTG.

Art. 2 Verpfändung und besondere Verhältnisse beim Verkauf
(Art. 3 Bst. d MWSTG)

¹ Der Verkauf eines Gegenstands stellt auch dann eine Lieferung dar, wenn ein Eigentumsvorbehalt eingetragen wird.

² Die Übertragung eines Gegenstands im Rahmen einer Sicherungsübereignung oder einer Verpfändung stellt keine Lieferung dar. Wird das Recht aus der Sicherungsübereignung oder aus der Verpfändung in Anspruch genommen, so findet eine Lieferung statt.

³ Der Verkauf eines Gegenstands bei dessen gleichzeitiger Rücküberlassung zum Gebrauch an den Verkäufer oder die Verkäuferin (Sale-and-lease-back-Geschäft) gilt nicht als Lieferung, wenn im Zeitpunkt des Vertragsschlusses eine Rückübereignung vereinbart wird. In diesem Fall gilt die Leistung des Leasinggebers oder der Leasinggeberin nicht als Gebrauchsüberlassung des Gegenstands, sondern als Finanzierungsdienstleistung nach Artikel 21 Absatz 2 Ziffer 19 Buchstabe a MWSTG.

Art. 3 Unterstellungserklärung bei Einfuhr eines Gegenstands[1]
(Art. 7 Abs. 3 Bst. a MWSTG)

¹ ...[2]

² Wird die Einfuhr aufgrund der Unterstellungserklärung im eigenen Namen vorgenommen, so gelten bei Reihengeschäften die vorangehenden Lieferungen als im Ausland und die nachfolgenden als im Inland ausgeführt.

³ Verzichtet der Leistungserbringer oder die Leistungserbringerin darauf, die Einfuhr im eigenen Namen vorzunehmen, so muss er oder sie auf der Rechnung an den Abnehmer oder die Abnehmerin darauf hinweisen.[3]

Art. 4[4] Lieferung eines aus dem Ausland ins Inland verbrachten Gegenstands ab Lager im Inland
(Art. 7 Abs. 1 MWSTG)

Bei Gegenständen, die aus dem Ausland in ein Lager im Inland verbracht und ab diesem Lager geliefert werden, liegt der Ort der Lieferung im Ausland, wenn der Lieferungsempfänger oder die Lieferungsempfängerin und das zu entrichtende Entgelt beim Verbringen der Gegenstände ins Inland feststehen und sich die Gegenstände im Zeitpunkt der Lieferung im zollrechtlich freien Verkehr befinden.

---

[1] Fassung gemäss Ziff. I der V vom 18. Okt. 2017, in Kraft seit 1. Jan. 2018 (AS **2017** 6307)
[2] Aufgehoben durch Ziff. I der V vom 18. Okt. 2017, mit Wirkung seit 1. Jan. 2018 (AS **2017** 6307).
[3] Fassung gemäss Ziff. I der V vom 18. Okt. 2017, in Kraft seit 1. Jan. 2018 (AS **2017** 6307).
[4] Fassung gemäss Ziff. I der V vom 30. Okt. 2013, in Kraft seit 1. Jan. 2014 (AS **2013** 3839).

Art. 4a[1] Zeitpunkt des Übergangs des Lieferungsortes beim Versandhandel
(Art. 7 Abs. 3 Bst. b MWSTG)

¹ Werden Gegenstände aus dem Ausland ins Inland geliefert, die aufgrund des geringfügigen Steuerbetrags von der Einfuhrsteuer befreit sind, so gilt der Ort der Lieferung bis zum Ende desjenigen Monats als im Ausland gelegen, in dem der Leistungserbringer oder die Leistungserbringerin die Umsatzgrenze von 100 000 Franken aus solchen Lieferungen erreicht hat.

² Ab dem Folgemonat gilt der Ort der Lieferung für alle Lieferungen des Leistungserbringers oder der Leistungserbringerin vom Ausland ins Inland als im Inland gelegen. Ab diesem Zeitpunkt muss er oder sie die Einfuhr im eigenen Namen vornehmen.

³ Der Ort der Lieferung bleibt bis zum Ende desjenigen Kalenderjahres im Inland gelegen, in dem der Leistungserbringer oder die Leistungserbringerin die Umsatzgrenze von 100 000 Franken aus Lieferungen nach Absatz 1 unterschreitet.

⁴ Unterschreitet der Leistungserbringer oder die Leistungserbringerin die Umsatzgrenze und teilt er oder sie dies der Eidgenössischen Steuerverwaltung (ESTV) nicht schriftlich mit, so gilt er oder sie als unterstellt nach Artikel 7 Absatz 3 Buchstabe a MWSTG.[2]

Art. 5 Betriebsstätte
(Art. 7 Abs. 2, 8 und 10 Abs. 3 MWSTG)

¹ Als Betriebsstätte gilt eine feste Geschäftseinrichtung, durch welche die Tätigkeit eines Unternehmens ganz oder teilweise ausgeübt wird.

² Als Betriebsstätten gelten namentlich:

a. Zweigniederlassungen;
b. Fabrikationsstätten;
c. Werkstätten;
d. Einkaufs- oder Verkaufsstellen;
e. ständige Vertretungen;
f. Bergwerke und andere Stätten der Ausbeutung von Bodenschätzen;
g. Bau- und Montagestellen von mindestens zwölf Monaten Dauer;
h. land-, weide- oder waldwirtschaftlich genutzte Grundstücke.

³ Nicht als Betriebsstätten gelten namentlich:

a. reine Auslieferungslager;
b. Beförderungsmittel, die entsprechend ihrem ursprünglichen Zweck eingesetzt werden;
c. Informations-, Repräsentations- und Werbebüros von Unternehmen, die nur zur Ausübung von entsprechenden Hilfstätigkeiten befugt sind.

---

[1] Eingefügt durch Ziff. I der V vom 15. Aug. 2018, in Kraft seit 1. Jan. 2019 (AS **2018** 3143).
[2] Fassung gemäss Ziff. I der V vom 21. Aug. 2024, in Kraft seit 1. Jan. 2025 (AS **2024** 485).

Art. 5a[1] Schiffsverkehr auf dem Bodensee, dem Untersee und dem Rhein bis zur Schweizer Grenze unterhalb Basel
(Art. 8 Abs. 2 Bst. e MWSTG)

Die Beförderung von Personen mit Schiffen auf dem Bodensee, dem Untersee sowie dem Rhein zwischen dem Untersee und der Schweizer Grenze unterhalb Basel gilt als im Ausland erbracht.

Art. 6 Beförderungsleistungen
(Art. 9 MWSTG)

Eine Beförderungsleistung liegt auch vor, wenn ein Beförderungsmittel mit Bedienungspersonal zu Beförderungszwecken zur Verfügung gestellt wird.

Art. 6a[2] Ort der Leistung für gastgewerbliche, kulturelle und ähnliche Leistungen im Rahmen einer Personenbeförderung im Grenzgebiet
(Art. 9 MWSTG)

¹ Werden Leistungen nach Artikel 8 Absatz 2 Buchstaben c und d MWSTG im Rahmen einer Personenbeförderung erbracht, die im Grenzgebiet teilweise im Inland und teilweise im Ausland oder auf dem Bodensee stattfindet, und lässt sich der Ort der Leistung nicht eindeutig als im Inland oder im Ausland liegend bestimmen, so gilt die Leistung als am Ort erbracht, an dem die dienstleistende Person den Sitz der wirtschaftlichen Tätigkeit oder eine Betriebsstätte hat, oder in Ermangelung eines solchen Sitzes oder einer solchen Betriebsstätte am Wohnort oder am Ort, von dem aus sie tätig wird.

² Weist die steuerpflichtige Person nach, dass eine Leistung nach Absatz 1 im Ausland erbracht worden ist, so gilt Artikel 8 Absatz 2 Buchstaben c und d MWSTG.

2. Titel: Inlandsteuer

1. Kapitel: Steuersubjekt

1. Abschnitt: Unternehmerische Tätigkeit und Umsatzgrenze

Art. 7 Betriebsstätten von ausländischen Unternehmen   MI 22
(Art. 10 MWSTG)

Alle inländischen Betriebsstätten eines Unternehmens mit Sitz im Ausland gelten zusammen als ein einziges selbstständiges Steuersubjekt.

Art. 8[3] ...

---

[1] Eingefügt durch Ziff. I der V vom 12. Okt. 2011, in Kraft seit 1. Jan. 2012 (AS **2011** 4739).
[2] Eingefügt durch Ziff. I der V vom 12. Okt. 2011, in Kraft seit 1. Jan. 2012 (AS **2011** 4739).
[3] Aufgehoben durch Ziff. I der V vom 18. Okt. 2017, mit Wirkung seit 1. Jan. 2018 (AS **2017** 6307).

Art. 9[1] Befreiung und Ende der Befreiung von der Steuerpflicht bei inländischen Unternehmen
(Art. 10 Abs. 2 Bst. a und c sowie 14 Abs. 1 Bst. a und 3 MWSTG)

¹ Unternehmen mit Sitz, Wohnsitz oder Betriebsstätte im Inland, die ihre Tätigkeit aufnehmen oder durch Geschäftsübernahme oder Eröffnung eines neuen Betriebszweiges ausweiten, sind von der Steuerpflicht befreit, wenn zu diesem Zeitpunkt nach den Umständen anzunehmen ist, dass innerhalb der folgenden zwölf Monate die Umsatzgrenze nach Artikel 10 Absatz 2 Buchstabe a oder c MWSTG aus Leistungen im In- und Ausland nicht erreicht wird. Kann zu diesem Zeitpunkt noch nicht beurteilt werden, ob die Umsatzgrenze erreicht wird, so ist spätestens nach drei Monaten eine erneute Beurteilung vorzunehmen.

² Ist aufgrund der erneuten Beurteilung anzunehmen, dass die Umsatzgrenze erreicht wird, so endet die Befreiung von der Steuerpflicht wahlweise auf den Zeitpunkt:

  a. der Aufnahme oder der Ausweitung der Tätigkeit; oder
  b. der erneuten Beurteilung, spätestens aber mit Beginn des vierten Monats.

³ Bei bisher von der Steuerpflicht befreiten Unternehmen endet die Befreiung von der Steuerpflicht nach Ablauf des Geschäftsjahres, in dem die Umsatzgrenze erreicht wird. Wurde die für die Steuerpflicht massgebende Tätigkeit nicht während eines ganzen Jahres ausgeübt, so ist der Umsatz auf ein volles Jahr umzurechnen.

Art. 9a[2] Befreiung und Ende der Befreiung von der Steuerpflicht bei ausländischen Unternehmen MI 22
(Art. 10 Abs. 2 Bst. a und c sowie 14 Abs. 1 Bst. b und 3 MWSTG)

¹ Unternehmen ohne Sitz, Wohnsitz oder Betriebsstätte im Inland, die erstmals eine Leistung im Inland erbringen, sind von der Steuerpflicht befreit, wenn zu diesem Zeitpunkt nach den Umständen anzunehmen ist, dass innerhalb der folgenden zwölf Monate die Umsatzgrenze nach Artikel 10 Absatz 2 Buchstabe a oder c MWSTG aus Leistungen im In- und Ausland nicht erreicht wird. Kann zu diesem Zeitpunkt noch nicht beurteilt werden, ob die Umsatzgrenze erreicht wird, so ist spätestens nach drei Monaten eine erneute Beurteilung vorzunehmen.

² Ist aufgrund der erneuten Beurteilung anzunehmen, dass die Umsatzgrenze erreicht wird, so endet die Befreiung von der Steuerpflicht wahlweise auf den Zeitpunkt:

  a. des erstmaligen Erbringens einer Leistung im Inland; oder
  b. der erneuten Beurteilung, spätestens aber mit Beginn des vierten Monats.

³ Bei bisher von der Steuerpflicht befreiten Unternehmen endet die Befreiung von der Steuerpflicht nach Ablauf des Geschäftsjahres, in dem die Umsatzgrenze erreicht wird. Wurde die für die Steuerpflicht massgebende Tätigkeit nicht während eines ganzen Jahres ausgeübt, so ist der Umsatz auf ein volles Jahr umzurechnen.

---

1 Fassung gemäss Ziff. I der V vom 18. Okt. 2017, in Kraft seit 1. Jan. 2018 (AS **2017** 6307).
2 Eingefügt durch Ziff. I der V vom 12. Nov. 2014 (AS 2014 3847). Fassung gemäss Ziff. I der V vom 18. Okt. 2017, in Kraft seit 1. Jan. 2018 (AS **2017** 6307).

Art. 10 Telekommunikations- und elektronische Dienstleistungen
(Art. 10 Abs. 2 Bst. b MWSTG)

¹ Als Telekommunikations- und elektronische Dienstleistungen gelten insbesondere:
  a. Radio- und Fernsehdienstleistungen;
  b. das Verschaffen von Zugangsberechtigungen, namentlich zu Festnetzen und Mobilfunknetzen und zur Satellitenkommunikation sowie zu anderen Informationsnetzen;
  c. das Bereitstellen und Zusichern von Datenübertragungskapazitäten;
  d. das Bereitstellen von Websites, Webhosting, Fernwartung von Programmen und Ausrüstungen;
  e. das elektronische Bereitstellen von Software und deren Aktualisierung;
  f. das elektronische Bereitstellen von Bildern, Texten und Informationen sowie das Bereitstellen von Datenbanken;
  g.[1] das elektronische Bereitstellen von Musik, Filmen und Spielen, einschliesslich Geldspielen.

² Nicht als Telekommunikations- oder elektronische Dienstleistung gelten namentlich:

  a. die blosse Kommunikation zwischen leistungserbringender und leistungsempfangender Person über Draht, Funk, optische oder sonstige elektromagnetische Medien;
  b. Bildungsleistungen im Sinn von Artikel 21 Absatz 2 Ziffer 11 MWSTG in interaktiver Form;
  c. die blosse Gebrauchsüberlassung von genau bezeichneten Anlagen oder Anlageteilen für die alleinige Verfügung des Mieters oder der Mieterin zwecks Übertragung von Daten.

Art. 11[2] ...

2. Abschnitt: Gemeinwesen

Art. 12 Steuersubjekt
(Art. 12 Abs. 1 MWSTG)

¹ Die Unterteilung eines Gemeinwesens in Dienststellen richtet sich nach der Gliederung des finanziellen Rechnungswesens (Finanzbuchhaltung), soweit dieses dem organisatorischen und funktionalen Aufbau des Gemeinwesens entspricht.

² Übrige Einrichtungen des öffentlichen Rechts nach Artikel 12 Absatz 1 MWSTG sind:
  a. in- und ausländische öffentlich-rechtliche Körperschaften wie Zweckverbände;
  b. öffentlich-rechtliche Anstalten mit eigener Rechtspersönlichkeit;
  c. öffentlich-rechtliche Stiftungen mit eigener Rechtspersönlichkeit;
  d. einfache Gesellschaften von Gemeinwesen.

³ Im Rahmen der grenzüberschreitenden Zusammenarbeit können auch ausländische Gemeinwesen in Zweckverbände und einfache Gesellschaften aufgenommen werden.

⁴ Eine Einrichtung nach Absatz 2 ist als Ganzes ein Steuersubjekt.

---

[1] Fassung gemäss Anhang 2 Ziff. II 2 der Geldspielverordnung vom 7. Nov. 2018, in Kraft seit 1. Jan. 2019 (AS **2018** 5155).
[2] Aufgehoben durch Ziff. I der V vom 18. Okt. 2017, mit Wirkung seit 1. Jan. 2018 (AS **2017** 6307).

Art. 13[1] ...

Art. 14 Unternehmerische Leistungen eines Gemeinwesens
(Art. 12 Abs. 4 MWSTG)

Als unternehmerisch und damit steuerbar gelten Leistungen eines Gemeinwesens, die nicht hoheitliche Tätigkeiten nach Artikel 3 Buchstabe g MWSTG sind. Namentlich die folgenden Leistungen von Gemeinwesen sind unternehmerischer Natur:[2]

1. Dienstleistungen im Bereich von Radio und Fernsehen, Telekommunikationsdienstleistungen sowie elektronische Dienstleistungen;
2. Lieferung von Wasser, Gas, Elektrizität, thermischer Energie, Ethanol, Vergällungsmitteln und ähnlichen Gegenständen;
3. Beförderung von Gegenständen und Personen;
4. Dienstleistungen in Häfen und auf Flughäfen;
5. Lieferung von zum Verkauf bestimmten neuen Fertigwaren;
6.[3] ...
7. Veranstaltung von Messen und Ausstellungen mit gewerblichem Charakter;
8. Betrieb von Sportanlagen wie Badeanstalten und Kunsteisbahnen;
9. Lagerhaltung;
10. Tätigkeiten gewerblicher Werbebüros;
11. Tätigkeiten von Reisebüros;
12. Leistungen von betrieblichen Kantinen, Personalrestaurants, Verkaufsstellen und ähnlichen Einrichtungen;
13. Tätigkeiten von Amtsnotaren und Amtsnotarinnen;
14. Tätigkeiten von Vermessungsbüros;
15. Tätigkeiten im Entsorgungsbereich;
16. Tätigkeiten, die durch vorgezogene Entsorgungsgebühren gestützt auf Artikel 32a^{bis} des Umweltschutzgesetzes vom 7. Oktober 1983[4] (USG) finanziert werden;
17. Tätigkeiten im Rahmen der Erstellung von Verkehrsanlagen;
18. Rauchgaskontrollen;
19. Werbeleistungen.

3. Abschnitt: Gruppenbesteuerung

Art. 15 Einheitliche Leitung
(Art. 13 MWSTG)

Eine einheitliche Leitung liegt vor, wenn durch Stimmenmehrheit, Vertrag oder auf andere Weise das Verhalten eines Rechtsträgers kontrolliert wird.

Art. 16 Gruppenmitglieder
(Art. 13 MWSTG)

[1] Nicht rechtsfähige Personengesellschaften sind Rechtsträgern im Sinn von Artikel 13 MWSTG gleichgestellt.

---

[1] Aufgehoben durch Ziff. I der V vom 18. Okt. 2017, mit Wirkung seit 1. Jan. 2018 (AS **2017** 6307).
[2] Fassung gemäss Ziff. I der V vom 18. Juni 2010, in Kraft seit 1. Jan. 2010 (AS **2010** 2833).
[3] Aufgehoben durch Ziff. I der V vom 18. Okt. 2017, mit Wirkung seit 1. Jan. 2018 (AS **2017** 6307).
[4] SR **814.01**

² Versicherungsvertreter und Versicherungsvertreterinnen können Mitglieder einer Gruppe sein.

³ ...[1]

Art. 17 Gruppenbildung
(Art. 13 MWSTG)

¹ Der Kreis der Mitglieder der Mehrwertsteuergruppe kann, innerhalb der zur Teilnahme an der Gruppenbesteuerung Berechtigten, frei bestimmt werden.

² Die Bildung mehrerer Teilgruppen ist zulässig.

Art. 17a[2] Gruppenvertretung
(Art. 13 MWSTG)

Gruppenvertretung kann sein:

a. ein in der Schweiz ansässiges Mitglied der Mehrwertsteuergruppe; oder
b. eine Person, die nicht Mitglied der Mehrwertsteuergruppe ist und Wohn- oder Geschäftssitz in der Schweiz hat.

Art. 18[3] Antrag auf Gruppenbesteuerung
(Art. 13, 65a Abs. 1 und 67 Abs. 2 MWSTG)

¹ Auf Antrag trägt die ESTV die Gruppe in das Register der steuerpflichtigen Personen (Mehrwertsteuerregister) ein.

² Sind die Voraussetzungen nach Artikel 13 Absatz 1 MWSTG für die Gruppenbesteuerung auf Beginn der Steuerperiode erfüllt, so trägt die ESTV die Gruppe auf diesen Zeitpunkt ins Mehrwertsteuerregister ein, sofern:

a. keiner der betroffenen Rechtsträger für diejenige Steuerperiode eine Abrechnung eingereicht hat, für welche die Gruppenbesteuerung beantragt wird; und
b. die Frist zur Einreichung der Abrechnung nach Artikel 71 Absatz 1 MWSTG nicht verstrichen ist.

³ Sind die Voraussetzungen nach Artikel 13 Absatz 1 MWSTG für die Gruppenbesteuerung erst während der laufenden Steuerperiode erfüllt, so trägt die ESTV die Gruppe auf diesen Zeitpunkt ins Mehrwertsteuerregister ein, sofern:

a. keiner der betroffenen Rechtsträger für diejenige Abrechnungsperiode eine Abrechnung eingereicht hat, in der die Voraussetzungen zur Anwendung der Gruppenbesteuerung eingetreten sind; und
b. die Frist zur Einreichung der Abrechnung nach Artikel 71 Absatz 1 MWSTG nicht verstrichen ist.

⁴ Dem Antrag sind schriftliche Erklärungen der einzelnen Gruppenmitglieder beizulegen, in denen sich diese mit der Gruppenbesteuerung und deren Wirkungen sowie der gemeinsamen Vertretung durch das darin bestimmte Mitglied oder die darin bestimmte Person einverstanden erklären.

---

[1] Aufgehoben durch Ziff. I der V vom 12. Nov. 2014, mit Wirkung seit 1. Jan. 2015 (AS **2014** 3847).
[2] Eingefügt durch Ziff. I der V vom 21. Aug. 2024, in Kraft seit 1. Jan. 2025 (AS **2024** 485).
[3] Fassung gemäss Ziff. I der V vom 21. Aug. 2024, in Kraft seit 1. Jan. 2025 (AS **2024** 485).

Art. 19 Änderungen der Gruppenvertretung
(Art. 13 MWSTG)

¹ Ein Wechsel der Vertretung einer Mehrwertsteuergruppe ist der ESTV zu melden.[1]

² Tritt die bisherige Gruppenvertretung zurück und wird der ESTV keine neue Gruppenvertretung gemeldet, so kann die ESTV nach vorgängiger Mahnung eines der Gruppenmitglieder zur Gruppenvertretung bestimmen.[2]

³ Die Gruppenmitglieder können gemeinsam der Gruppenvertretung das Mandat entziehen, sofern sie gleichzeitig eine neue Gruppenvertretung bestimmen. Absatz 1 gilt sinngemäss.

Art. 20[3] Änderung im Bestand der Gruppe
(Art. 13 MWSTG)

¹ Erfüllt ein Mitglied die Voraussetzungen nach Artikel 13 Absatz 1 MWSTG nicht mehr, um an der Gruppenbesteuerung teilzunehmen, so muss die Gruppenvertretung dies der ESTV melden.

² Auf Antrag kann ein Rechtsträger auf den Beginn der folgenden Steuerperiode in eine bestehende Gruppe eintreten oder ein Mitglied auf das Ende der laufenden Steuerperiode aus einer Gruppe austreten.

³ Erfüllt ein Rechtsträger neu die Voraussetzungen nach Artikel 13 Absatz 1 MWSTG zur Teilnahme an der Gruppenbesteuerung, so kann der Eintritt in eine bestehende Mehrwertsteuergruppe auch während der laufenden Steuerperiode zum Zeitpunkt der Erfüllung dieser Voraussetzungen beantragt werden, sofern:

a. weder die Mehrwertsteuergruppe noch der neu aufzunehmende Rechtsträger für diejenige Abrechnungsperiode eine Abrechnung eingereicht hat, in der die Voraussetzungen zur Teilnahme an einer Gruppenbesteuerung eingetreten sind; und

b. die Frist zur Einreichung der Abrechnung nach Artikel 71 Absatz 1 MWSTG nicht verstrichen ist.

Art. 21 Administrative und buchhalterische Erfordernisse
(Art. 13 MWSTG)

¹ Die Mitglieder müssen ihre Buchhaltung am gleichen Bilanzstichtag abschliessen; davon ausgenommen sind Holdinggesellschaften, wenn diese aus Gründen der Rechnungslegung einen anderen Bilanzstichtag aufweisen.

² Jedes Mitglied muss eine interne Mehrwertsteuerabrechnung erstellen, die in der Abrechnung der Mehrwertsteuergruppe zu konsolidieren ist.

Art. 22 Mithaftung bei Gruppenbesteuerung
(Art. 15 Abs. 1 Bst. c MWSTG)

¹ Die Mithaftung eines Mitglieds einer Mehrwertsteuergruppe erstreckt sich auf alle Steuer-, Zins- und Kostenforderungen, die während dessen Zugehörigkeit zur Gruppe entstehen, ausgenommen Bussen.

---

[1] Fassung gemäss Ziff. I der V vom 21. Aug. 2024, in Kraft seit 1. Jan. 2025 (AS **2024** 485).
[2] Fassung gemäss Ziff. I der V vom 21. Aug. 2024, in Kraft seit 1. Jan. 2025 (AS **2024** 485).
[3] Fassung gemäss Ziff. I der V vom 21. Aug. 2024, in Kraft seit 1. Jan. 2025 (AS **2024** 485).

² Wurde gegenüber einem Gruppenmitglied eine Betreibung eingeleitet, bei der Gruppenvertretung eine Steuernachforderung mittels Einschätzungsmitteilung geltend gemacht oder wurde eine Kontrolle angekündigt, so kann sich ein Gruppenmitglied nicht durch Austritt aus der Gruppe der Mithaftung entziehen.

4. Abschnitt: Haftung bei der Zession von Forderungen

Art. 23 Umfang der Abtretung
(Art. 15 Abs. 4 MWSTG)

Bei der Abtretung eines Teilbetrags einer Forderung auf ein Entgelt gilt die Mehrwertsteuer als anteilig mitzediert. Die Abtretung der Nettoforderung ohne Mehrwertsteuer ist nicht möglich.

Art. 24 Umfang der Haftung
(Art. 15 Abs. 4 MWSTG)

¹ Die Haftung nach Artikel 15 Absatz 4 MWSTG beschränkt sich auf die Höhe des Mehrwertsteuerbetrags, der während eines Zwangsvollstreckungsverfahrens gegen die steuerpflichtige Person ab dem Zeitpunkt der Pfändung beziehungsweise ab dem Zeitpunkt der Konkurseröffnung durch den Zessionar oder die Zessionarin tatsächlich vereinnahmt worden ist.

² Im Rahmen eines Pfändungs- oder Pfandverwertungsverfahrens gegen eine steuerpflichtige Person muss die ESTV den Zessionar oder die Zessionarin nach Erhalt der Pfändungsurkunde unverzüglich über seine oder ihre Haftung informieren.

³ Nach der Eröffnung des Konkurses über eine steuerpflichtige Person kann die ESTV die Haftung des Zessionars oder der Zessionarin unabhängig von einer vorgängigen Mitteilung in Anspruch nehmen.

Art. 25 Befreiung von der Haftung
(Art. 15 Abs. 4 MWSTG)

Durch Weiterleitung der mit der Forderung mitzedierten und vereinnahmten Mehrwertsteuer an die ESTV befreit sich der Zessionar oder die Zessionarin im entsprechenden Umfang von der Haftung.

2. Kapitel: Steuerobjekt

1. Abschnitt: Leistungsverhältnis

Art. 26[1] **Leistungen an eng verbundene Personen**
(Art. 18 Abs. 1 MWSTG)

Das Erbringen von Leistungen an eng verbundene Personen gilt als Leistungsverhältnis. Die Bemessung richtet sich nach Artikel 24 Absatz 2 MWSTG.

Art. 27 Vorgezogene Entsorgungsgebühren
(Art. 18 Abs. 1 MWSTG)

Private Organisationen im Sinn von Artikel $32a^{bis}$ USG[2] erbringen durch ihre Tätigkeiten Leistungen gegenüber den Herstellern und Importeuren. Die vorgezogenen Entsorgungsgebühren sind Entgelt für diese Leistungen.

Art. 28 Grenzüberschreitende Entsendung von Mitarbeitenden im Konzern
(Art. 18 MWSTG)

Kein Leistungsverhältnis bei grenzüberschreitender Entsendung von Mitarbeitenden innerhalb eines Konzerns liegt vor, wenn:

a. ein ausländischer Arbeitgeber einen Arbeitnehmer oder eine Arbeitnehmerin in einem zum gleichen Konzern gehörenden Einsatzbetrieb im Inland einsetzt oder ein inländischer Arbeitgeber einen Arbeitnehmer oder eine Arbeitnehmerin in einem zum gleichen Konzern gehörenden ausländischen Einsatzbetrieb einsetzt;
b. der Arbeitnehmer oder die Arbeitnehmerin die Arbeitsleistung dem Einsatzbetrieb erbringt, jedoch den Arbeitsvertrag mit dem entsendenden Unternehmen beibehält; und
c. die Löhne, Sozialabgaben und dazugehörenden Spesen vom entsendenden Arbeitgeber ohne Zuschläge dem Einsatzbetrieb belastet werden.

Art. 29 Subventionen und andere öffentlich-rechtliche Beiträge
(Art. 18 Abs. 2 Bst. a MWSTG)

¹ Als Subventionen oder andere öffentlich-rechtliche Beiträge gelten unter Vorbehalt von Artikel 18 Absatz 3 MWSTG namentlich die von Gemeinwesen ausgerichteten:[3]

a. Finanzhilfen im Sinn von Artikel 3 Absatz 1 des Subventionsgesetzes vom 5. Oktober 1990[4] (SuG);
b. Abgeltungen im Sinn von Artikel 3 Absatz 2 Buchstabe a SuG, sofern kein Leistungsverhältnis vorliegt;
c. Forschungsbeiträge, sofern dem Gemeinwesen kein Exklusivrecht auf die Resultate der Forschung zusteht;
d. mit den Buchstaben a–c vergleichbaren Mittelflüsse, die gestützt auf kantonales und kommunales Recht ausgerichtet werden.

---

[1] Die Berichtigung vom 12. Dez. 2017 betrifft nur den französischen Text (AS **2017** 7263).
[2] SR **814.01**
[3] Fassung gemäss Ziff. I der V vom 21. Aug. 2024, in Kraft seit 1. Jan. 2025 (AS **2024** 485).
[4] SR **616.1**

² Ein Gemeinwesen kann Mittel gegenüber dem Empfänger oder der Empfängerin bis zum Ablauf der Frist von Artikel 72 Absatz 1 MWSTG jener Steuerperiode, in der die Auszahlung erfolgt, als Subvention oder anderen öffentlich-rechtlichen Beitrag bezeichnen.[1]

Art. 30 Weiterleiten von Mittelflüssen, die nicht als Entgelte gelten
(Art. 18 Abs. 2 MWSTG)

¹ Das Weiterleiten von Mittelflüssen, die nach Artikel 18 Absatz 2 MWSTG nicht als Entgelte gelten, namentlich innerhalb von Bildungs- und Forschungskooperationen, unterliegt nicht der Steuer.

² Die Kürzung des Vorsteuerabzugs nach Artikel 33 Absatz 2 MWSTG erfolgt beim letzten Zahlungsempfänger oder der letzten Zahlungsempfängerin.

2. Abschnitt: Mehrheit von Leistungen

Art. 31 Spezialwerkzeuge
(Art. 19 Abs. 1 MWSTG)

¹ Spezialwerkzeuge, die eine steuerpflichtige Person eigens für die Ausführung eines Fabrikationsauftrages zukauft, anfertigen lässt oder selbst anfertigt, gelten als Teil der Lieferung des damit hergestellten Gegenstands. Unerheblich ist, ob die Spezialwerkzeuge:

a. dem Leistungsempfänger oder der Leistungsempfängerin allenfalls gesondert fakturiert oder in den Preis der Erzeugnisse eingerechnet werden;
b. nach Ausführung des Fabrikationsauftrages dem Leistungsempfänger oder der Leistungsempfängerin oder einer von ihm oder ihr bezeichneten Drittperson abgeliefert werden oder nicht.

² Als Spezialwerkzeuge gelten namentlich Klischees, Fotolithos und Satz, Stanz- und Ziehwerkzeuge, Lehren, Vorrichtungen, Press- und Spritzformen, Gesenke, Giessereimodelle, Kokillen und Filme für gedruckte Schaltungen.

Art. 32[2] Sachgesamtheiten und Leistungskombinationen
(Art. 19 Abs. 2 MWSTG)

Für die Bestimmung, ob der Ort der Leistung bei Leistungskombinationen im Inland oder im Ausland liegt, ist Artikel 19 Absatz 2 MWSTG sinngemäss anwendbar.

Art. 33 Geltung der Einfuhrsteuerveranlagung für die Inlandsteuer
(Art. 19 Abs. 2 MWSTG)

Eine Einfuhrsteuerveranlagung nach Artikel 112 ist auch für die Inlandsteuer massgebend, sofern nach der Einfuhrveranlagung keine Bearbeitung oder Veränderung der Leistungskombination vorgenommen wurde.

---

[1] Eingefügt durch Ziff. I der V vom 21. Aug. 2024, in Kraft seit 1. Jan. 2025 (AS **2024** 485).
[2] Fassung gemäss Ziff. I der V vom 18. Okt. 2017, in Kraft seit 1. Jan. 2018 (AS **2017** 6307).

3. Abschnitt: Von der Steuer ausgenommene Leistungen

Art. 34 Heilbehandlungen
(Art. 21 Abs. 2 Ziff. 3 MWSTG)

1 Als Heilbehandlungen gelten die Feststellung und Behandlung von Krankheiten, Verletzungen und anderen Störungen der körperlichen und seelischen Gesundheit des Menschen sowie Tätigkeiten, die der Vorbeugung von Krankheiten und Gesundheitsstörungen des Menschen dienen.

2 Den Heilbehandlungen gleichgestellt sind:

a. besondere Leistungen bei Mutterschaft, wie Kontrolluntersuchungen, Geburtsvorbereitung oder Stillberatung;
b. Untersuchungen, Beratungen und Behandlungen, die mit künstlicher Befruchtung, Empfängnisverhütung oder Schwangerschaftsabbruch im Zusammenhang stehen;
c. Lieferungen und Dienstleistungen eines Arztes, einer Ärztin, eines Zahnarztes oder einer Zahnärztin für die Erstellung eines medizinischen Berichts oder Gutachtens zur Abklärung sozialversicherungsrechtlicher Ansprüche.

3 Nicht als Heilbehandlungen gelten namentlich:

a. Untersuchungen, Beratungen und Behandlungen, die lediglich der Hebung des Wohlbefindens oder der Leistungsfähigkeit dienen oder lediglich aus ästhetischen Gründen vorgenommen werden, ausser die Untersuchung, Beratung oder Behandlung erfolge durch einen Arzt, eine Ärztin, einen Zahnarzt oder eine Zahnärztin, die im Inland zur Ausübung der ärztlichen oder zahnärztlichen Tätigkeit berechtigt sind;
b. die zur Erstellung eines Gutachtens vorgenommenen Untersuchungen, die nicht mit einer konkreten Behandlung der untersuchten Person im Zusammenhang stehen, ausser in Fällen nach Absatz 2 Buchstabe c;
c. die Abgabe von Medikamenten oder von medizinischen Hilfsmitteln, es sei denn, diese werden von der behandelnden Person im Rahmen einer Heilbehandlung verwendet;
d. die Abgabe von selbst hergestellten oder zugekauften Prothesen und orthopädischen Apparaten, auch wenn diese im Rahmen einer Heilbehandlung erfolgt; als Prothese gilt ein Körper-Ersatz, der ohne operativen Eingriff vom Körper entfernt und wieder eingesetzt oder angebracht werden kann;
e. Massnahmen der Grundpflege; diese gelten als Pflegeleistungen nach Artikel 21 Absatz 2 Ziffer 4 MWSTG.

Art. 35 Voraussetzung für die Anerkennung als Erbringer oder Erbringerin einer Heilbehandlung
(Art. 21 Abs. 2 Ziff. 3 MWSTG)

1 Ein Leistungserbringer oder eine Leistungserbringerin verfügt über eine Berufsausübungsbewilligung im Sinn von Artikel 21 Absatz 2 Ziffer 3 MWSTG, wenn er oder sie:

a. im Besitz der nach kantonalem Recht erforderlichen Bewilligung zur selbstständigen Berufsausübung ist; oder
b. zur Ausübung der Heilbehandlung nach der kantonalen Gesetzgebung zugelassen ist.

² Als Angehörige von Heil- und Pflegeberufen im Sinn von Artikel 21 Absatz 2 Ziffer 3 MWSTG gelten namentlich:

a. Ärzte und Ärztinnen;
b. Zahnärzte und Zahnärztinnen;
c. Zahnprothetiker und Zahnprothetikerinnen;
c^{bis}.[1] Dentalhygieniker und Dentalhygienikerinnen;
d. Psychotherapeuten und Psychotherapeutinnen;
d^{bis}.[2] Psychologen und Psychologinnen;
e. Chiropraktoren und Chiropraktorinnen;
f. Physiotherapeuten und Physiotherapeutinnen;
g. Ergotherapeuten und Ergotherapeutinnen;
h. Naturärzte, Naturärztinnen, Heilpraktiker, Heilpraktikerinnen, Naturheilpraktiker und Naturheilpraktikerinnen;
i. Entbindungspfleger und Hebammen;
j. Pflegefachmänner und Pflegefachfrauen;
k. medizinische Masseure und Masseurinnen;
l. Logopäden und Logopädinnen;
m. Ernährungsberater und Ernährungsberaterinnen;
n. Podologen und Podologinnen;
o.[3] ...
p.[4] Apotheker und Apothekerinnen;
q.[5] Optometristen und Optometristinnen.

Art. 36 Kulturelle Leistungen
(Art. 21 Abs. 2 Ziff. 14 und 16 MWSTG)

¹ ...[6]

² Als Urheber und Urheberinnen im Sinn von Artikel 21 Absatz 2 Ziffer 16 MWSTG gelten Urheber und Urheberinnen von Werken nach den Artikeln 2 und 3 URG, soweit sie kulturelle Dienstleistungen und Lieferungen erbringen.

Art. 37[7] ...

Art. 38[8] Zusammenarbeit zwischen Gemeinwesen
(Art. 21 Abs. 2 Ziff. 28 Bst. b und c MWSTG)

¹ Als Beteiligung von Gemeinwesen an privat- oder öffentlich-rechtlichen Gesellschaften im Sinn von Artikel 21 Absatz 2 Ziffer 28 Buchstabe b MWSTG gilt sowohl eine direkte als auch eine indirekte Beteiligung.

---

[1] Eingefügt durch Ziff. I der V vom 30. Okt. 2013, in Kraft seit 1. Jan. 2014 (AS **2013** 3839).
[2] Eingefügt durch Ziff. I der V vom 21. Aug. 2024, in Kraft seit 1. Jan. 2025 (AS **2024** 485).
[3] Eingefügt durch Ziff. II der V vom 18. Dez. 2020 (Sars-CoV-2-Schnelltests) (AS **2020** 5801). Fassung gemäss Ziff. I der V vom 17. Dez. 2021, in Kraft vom 1. Jan. 2022 bis zum 31. Dez. 2022, verlängert bis zum 30. Juni 2024 (AS **2021** 891; **2022** 838).
[4] Eingefügt durch Ziff. II der V vom 27. Jan. 2021 (AS **2021** 53). Fassung gemäss Ziff. I der V vom 21. Aug. 2024, in Kraft seit 1. Jan. 2025 (AS **2024** 485).
[5] Eingefügt durch Ziff. I der V vom 21. Aug. 2024, in Kraft seit 1. Jan. 2025 (AS **2024** 485).
[6] Aufgehoben durch Ziff. I der V vom 18. Okt. 2017, mit Wirkung seit 1. Jan. 2018 (AS **2017** 6307).
[7] Aufgehoben durch Ziff. I der V vom 18. Okt. 2017, mit Wirkung seit 1. Jan. 2018 (AS **2017** 6307).
[8] Fassung gemäss Ziff. I der V vom 18. Okt. 2017, in Kraft seit 1. Jan. 2018 (AS **2017** 6307).

² Als von Gemeinwesen gegründete Anstalten und Stiftungen im Sinn von Artikel 21 Absatz 2 Ziffer 28 Buchstabe c MWSTG gelten sowohl direkt als auch indirekt von Gemeinwesen gegründete Anstalten und Stiftungen.

³ Die Steuerausnahme erstreckt sich auf:

a. die Leistungen zwischen privat- oder öffentlich-rechtlichen Gesellschaften, an denen ausschliesslich Gemeinwesen beteiligt sind, und:
   1. den ausschliesslich von diesen Gesellschaften direkt oder indirekt gehaltenen Gesellschaften, oder
   2. den Anstalten und Stiftungen, deren alleinige Gründer oder Träger sie sind;
b. die Leistungen zwischen Anstalten oder Stiftungen, deren Gründer oder Träger ausschliesslich Gemeinwesen sind, und:
   1. den Gesellschaften, die sie alleine direkt oder indirekt halten, oder
   2. den Anstalten und Stiftungen, deren alleinige Träger oder Gründer sie sind.[1]

Art. 38a[2] Bildungs- und Forschungsinstitutionen
(Art. 21 Abs. 7 MWSTG)

¹ Als Bildungs- und Forschungsinstitutionen gelten:

a. Institutionen des Hochschulwesens, die von Bund und Kantonen im Rahmen von Artikel 63a der Bundesverfassung[3] gestützt auf eine gesetzliche Grundlage gefördert werden;
b. gemeinnützige Organisationen nach Artikel 3 Buchstabe j MWSTG sowie Gemeinwesen nach Artikel 12 MWSTG;
c. öffentliche Spitäler unabhängig von ihrer Rechtsform.

² Unternehmen der Privatwirtschaft gelten nicht als Bildungs- oder Forschungsinstitutionen.

Art. 39[4] Option für die Versteuerung der von der Steuer ausgenommenen Leistungen
(Art. 22 MWSTG)

Die Option durch Deklaration in der Abrechnung muss in der Steuerperiode ausgeübt werden, in der die Umsatzsteuerschuld entstanden ist. Nach Ablauf der Finalisierungsfrist gemäss Artikel 72 Absatz 1 MWSTG ist eine Ausübung der Option oder ein Verzicht auf eine ausgeübte Option nicht mehr möglich.

---

[1] Fassung gemäss Ziff. I der V vom 21. Aug. 2024, in Kraft seit 1. Jan. 2025 (AS **2024** 485).
[2] Eingefügt durch Ziff. I der V vom 18. Okt. 2017, in Kraft seit 1. Jan. 2018 (AS **2017** 6307).
[3] SR **101**
[4] Fassung gemäss Ziff. I der V vom 18. Okt. 2017, in Kraft seit 1. Jan. 2018 (AS **2017** 6307).

4. Abschnitt: Von der Steuer befreite Leistungen

Art. 40[1] ...

Art. 41 Steuerbefreiung des internationalen Luftverkehrs
(Art. 23 Abs. 4 MWSTG)

¹ Von der Steuer sind befreit:
  a. Beförderungen im Luftverkehr, bei denen entweder der Ankunfts- oder der Abflugsort im Inland liegt;
  b. Beförderungen im Luftverkehr von einem ausländischen Flughafen zu einem anderen ausländischen Flughafen über inländisches Gebiet.

² Inlandstrecken im internationalen Luftverkehr sind von der Steuer befreit, wenn der Flug im Inland lediglich durch eine technische Zwischenlandung oder zum Umsteigen auf einen Anschlussflug unterbrochen wird.

Art. 42 Steuerbefreiung des internationalen Eisenbahnverkehrs
(Art. 23 Abs. 4 MWSTG)

¹ Beförderungen im grenzüberschreitenden Eisenbahnverkehr sind unter Vorbehalt von Absatz 2 von der Steuer befreit, soweit es sich um Strecken handelt, wofür ein internationaler Fahrausweis besteht. Darunter fallen:
  a. Beförderungen auf Strecken, bei denen entweder der Abgangs- oder der Ankunftsbahnhof im Inland liegt;
  b. Beförderungen auf inländischen Strecken, die im Transit benutzt werden, um die im Ausland liegenden Abgangs- und Ankunftsbahnhöfe zu verbinden.

² Für eine Steuerbefreiung muss der Fahrpreisanteil der ausländischen Strecke grösser sein als die wegen der Steuerbefreiung entfallende Mehrwertsteuer.

³ Für den Verkauf von Pauschalfahrausweisen, namentlich Generalabonnementen und Halbtax-Abonnementen, die ganz oder teilweise für steuerbefreite Beförderungen verwendet werden, wird keine Steuerbefreiung gewährt.

Art. 43 Steuerbefreiung des internationalen Busverkehrs
(Art. 23 Abs. 4 MWSTG)

¹ Von der Steuer befreit sind die Beförderungen von Personen mit Autobussen auf Strecken, die:
  a. überwiegend über ausländisches Gebiet führen; oder
  b. im Transit benutzt werden, um die im Ausland liegenden Abgangs- und Ankunftsorte zu verbinden.

² Von der Steuer befreit sind Personenbeförderungen auf reinen Inlandstrecken, die allein für das unmittelbare Zubringen einer Person zu einer Beförderungsleistung nach Absatz 1 bestimmt sind, sofern diese gemeinsam mit der Beförderungsleistung nach Absatz 1 in Rechnung gestellt wird.

---

[1] Aufgehoben durch Ziff. I der V vom 18. Okt. 2017, mit Wirkung seit 1. Jan. 2018 (AS **2017** 6307).

Art. 43a[1] Verzicht auf steuerfreie Lieferung an Plattformen
(Art. 23 Abs. 2 Ziff. 13 MWSTG)

[1] Der Verkäufer oder die Verkäuferin kann die fingierte Lieferung von Gegenständen im Inland an einen Leistungserbringer oder eine Leistungserbringerin nach Artikel 20a MWSTG mit dessen oder deren Einverständnis mit Steuer in Rechnung stellen. Kein Einverständnis ist notwendig, wenn gegen den Leistungserbringer oder die Leistungserbringerin nach Artikel 20a MWSTG eine administrative Massnahme nach Artikel 79a MWSTG verfügt ist.

[2] Der Leistungserbringer oder die Leistungserbringerin nach Artikel 20a MWSTG kann die Steuer als Vorsteuer in Abzug bringen.

Art. 44[2] ...

3. Kapitel: Bemessungsgrundlage und Steuersätze

1. Abschnitt: Bemessungsgrundlage

Art. 45 Entgelte in ausländischer Währung
(Art. 24 Abs. 1 MWSTG)

[1] Zur Berechnung der geschuldeten Mehrwertsteuer sind Entgelte in ausländischer Währung im Zeitpunkt der Entstehung der Steuerforderung in Landeswährung umzurechnen.

[2] Ein Entgelt in ausländischer Währung liegt vor, wenn die Rechnung oder Quittung in ausländischer Währung ausgestellt ist. Wird keine Rechnung oder Quittung ausgestellt, so ist die Verbuchung beim Leistungserbringer oder bei der Leistungserbringerin massgebend. Unerheblich ist, ob in Landes- oder in ausländischer Währung bezahlt wird und in welcher Währung das Retourgeld ausbezahlt wird.

[3] Die Umrechnung erfolgt nach dem von der ESTV veröffentlichten Wechselkurs, wobei wahlweise der Monatsmittelkurs oder der Tageskurs für den Verkauf von Devisen verwendet werden kann.[3]

[3bis] Bei ausländischen Währungen, für welche die ESTV keinen Kurs veröffentlicht, gilt der publizierte Tageskurs für den Verkauf von Devisen einer inländischen Bank.[4]

[4] Steuerpflichtige Personen, die Teil eines Konzerns sind, können für die Umrechnung ihren Konzernumrechnungskurs verwenden. Dieser ist sowohl für die Leistungen innerhalb des Konzerns als auch im Verhältnis zu Dritten anzuwenden.[5]

[5] Das gewählte Vorgehen (Monatsmittel-, Tages- oder Konzernkurs) ist während mindestens einer Steuerperiode beizubehalten.

---

[1] Eingefügt durch Ziff. I der V vom 21. Aug. 2024, in Kraft seit 1. Jan. 2025 (AS **2024** 485).
[2] Aufgehoben durch Ziff. I der V vom 21. Aug. 2024, mit Wirkung seit 1. Jan. 2025 (AS **2024** 485).
[3] Fassung gemäss Ziff. I der V vom 18. Okt. 2017, in Kraft seit 1. Jan. 2018 (AS **2017** 6307).
[4] Eingefügt durch Ziff. I der V vom 18. Okt. 2017, in Kraft seit 1. Jan. 2018 (AS **2017** 6307).
[5] Fassung gemäss Ziff. I der V vom 18. Okt. 2017, in Kraft seit 1. Jan. 2018 (AS **2017** 6307).

Art. 46 Kreditkartenkommissionen und Scheckgebühren
(Art. 24 Abs. 1 MWSTG)

Nicht als Entgeltsminderungen gelten Kreditkartenkommissionen, Scheckgebühren, WIR-Einschläge und dergleichen.

Art. 47 Leistungen an das Personal
(Art. 24 MWSTG)

¹ Bei entgeltlichen Leistungen an das Personal ist die Steuer vom tatsächlich empfangenen Entgelt zu berechnen. Artikel 24 Absätze 2 und 3 MWSTG bleiben vorbehalten.

² Leistungen des Arbeitgebers an das Personal, die im Lohnausweis zu deklarieren sind, gelten als entgeltlich erbracht. Die Steuer ist von dem Betrag zu berechnen, der auch für die direkten Steuern massgebend ist.

³ Leistungen, die im Lohnausweis nicht zu deklarieren sind, gelten als nicht entgeltlich erbracht und es wird vermutet, dass ein unternehmerischer Grund besteht.

⁴ Soweit bei den direkten Steuern Pauschalen für die Ermittlung von Lohnanteilen zulässig sind, die auch für die Bemessung der Mehrwertsteuer dienlich sind, können diese für die Mehrwertsteuer ebenfalls angewendet werden.

⁵ Für die Anwendung der Absätze 2–4 ist nicht erheblich, ob es sich dabei um eng verbundene Personen nach Artikel 3 Buchstabe h MWSTG handelt.[1]

Art. 48 Kantonale Abgaben an Wasser-, Abwasser- oder Abfallfonds
(Art. 24 Abs. 6 Bst. d MWSTG)

¹ Die ESTV legt für jeden Fonds den Umfang des Abzuges in Prozenten fest, der für die einzelnen angeschlossenen Entsorgungsanstalten und Wasserwerke gilt.

² Sie berücksichtigt dabei, dass:

a. der Fonds nicht alle eingenommenen Abgaben wieder ausrichtet; und
b. die steuerpflichtigen Bezüger und Bezügerinnen von Entsorgungsdienstleistungen und Wasserlieferungen die ihnen darauf in Rechnung gestellte Steuer vollumfänglich als Vorsteuer abgezogen haben.

1a. Abschnitt:[2] Margenbesteuerung

Art. 48a Kunstgegenstände, Antiquitäten und andere Sammlerstücke
(Art. 24*a* Abs. 4 MWSTG)

¹ Als Kunstgegenstände gelten folgende körperliche Werke von Urhebern und Urheberinnen nach Artikel 21 Absatz 2 Ziffer 16 MWSTG:

a. vom Künstler oder von der Künstlerin persönlich geschaffene Bildwerke wie Ölgemälde, Aquarelle, Pastelle, Zeichnungen, Collagen und dergleichen; ausgenommen sind Baupläne und -zeichnungen, technische Zeichnungen und andere Pläne und Zeichnungen zu Gewerbe-, Handels-, topografischen oder ähnlichen

---

[1] Die Berichtigung vom 12. Dez. 2017 betrifft nur den französischen Text (AS **2017** 7263).
[2] Eingefügt durch Ziff. I der V vom 18. Okt. 2017, in Kraft seit 1. Jan. 2018 (AS **2017** 6307).

Zwecken, bemalte oder verzierte gewerbliche Erzeugnisse, bemalte Gewebe für Theaterdekorationen, Atelierhintergründe und dergleichen;
b. Originalstiche, -schnitte und -steindrucke, die unmittelbar in begrenzter Stückzahl von einer oder mehreren vom Künstler oder von der Künstlerin vollständig handgearbeiteten Platten nach einem beliebigen, jedoch nicht mechanischen oder fotomechanischen Verfahren auf ein beliebiges Material in Schwarz-Weiss oder farbig abgezogen wurden;
c. Serigrafien, die die Merkmale eines künstlerisch individuell gestalteten Originalwerks aufweisen, in begrenzter Stückzahl hergestellt und von vom Urheber oder von der Urheberin vollständig handgearbeiteten Vervielfältigungsformen abgezogen worden sind;
d. Originalwerke der Bildhauerkunst, die vollständig vom Künstler oder von der Künstlerin geschaffen wurden, sowie unter Aufsicht des Künstlers oder der Künstlerin beziehungsweise deren Rechtsnachfolger hergestellte Bildgüsse in begrenzter Stückzahl;
e. handgearbeitete Tapisserien und Textilwaren für Wandbekleidung nach Originalentwürfen von Künstlern und Künstlerinnen in begrenzter Stückzahl;
f. Originalwerke aus Keramik, die vollständig vom Künstler oder von der Künstlerin geschaffen und von ihm oder ihr signiert wurden;
g. Werke der Emaillekunst in begrenzter Stückzahl, die vollständig von Hand geschaffen wurden, nummeriert und mit der Signatur des Künstlers oder der Künstlerin oder des Kunstateliers versehen sind;
h. vom Künstler oder von der Künstlerin aufgenommene Fotografien, die von ihm oder ihr oder unter deren Aufsicht in begrenzter Stückzahl abgezogen sowie zertifiziert oder von ihm oder ihr signiert wurden;
i. in den Buchstaben a–h nicht genannte, vom Künstler oder von der Künstlerin persönlich geschaffene Kunstgegenstände in begrenzter Stückzahl.

2 Als Antiquitäten gelten bewegliche Gegenstände, die mehr als 100 Jahre alt sind.

3 Als Sammlerstücke gelten namentlich auch:

a. Briefmarken, Stempelmarken, Steuerzeichen, Ersttagsbriefe, Ganzsachen und dergleichen, entwertet oder nicht entwertet, die nicht zum Umlauf vorgesehen sind;
b. zoologische, botanische, mineralogische oder anatomische Sammlerstücke und Sammlungen; Sammlerstücke von geschichtlichem, archäologischem, paläontologischem, völkerkundlichem oder münzkundlichem Wert;
c. Motorfahrzeuge, deren erste Inverkehrsetzung beim Ankauf länger als 30 Jahre zurückliegt;
d. Weine und andere Alkoholika, die mit Jahrgang versehen sind und mittels Nummerierung oder auf andere Art und Weise individualisierbar sind;
e. Gegenstände aus Edelmetallen, Edelmetallplattierungen, Edelsteinen, Schmucksteinen und dergleichen wie Bijouterie, Juwelierwaren, Uhren und Münzen, die einen Sammlerwert haben.

Art. 48b Margenbesteuerung bei zu einem Gesamtpreis erworbenen Gegenständen
(Art. 24a Abs. 5 MWSTG)

¹ Hat der Wiederverkäufer oder die Wiederverkäuferin Sammlerstücke zu einem Gesamtpreis erworben, so muss er oder sie für den Verkauf sämtlicher dieser Sammlerstücke die Margenbesteuerung anwenden.

² Das Entgelt aus dem Wiederverkauf einzelner zu einem Gesamtpreis erworbener Sammlerstücke ist in der Abrechnungsperiode, in der es erzielt wurde, zu deklarieren. Sobald die Entgelte zusammen den Gesamtpreis übersteigen, sind sie zu versteuern.

³ Werden Sammlerstücke zusammen mit anderen Gegenständen zu einem Gesamtpreis erworben, so ist die Margenbesteuerung nur anwendbar, wenn der Anteil am Ankaufspreis, der auf die Sammlerstücke entfällt, annäherungsweise ermittelt werden kann.

Art. 48c Rechnungsstellung
(Art. 24a MWSTG)

Weist die steuerpflichtige Person die Steuer beim Wiederverkauf von Sammlerstücken offen aus, so schuldet sie die Steuer und kann weder die Margenbesteuerung anwenden noch die fiktive Vorsteuer abziehen.

Art. 48d Aufzeichnungen
(Art. 24a MWSTG)

Die steuerpflichtige Person muss über die Sammlerstücke eine Bezugs- und Verkaufskontrolle führen. Bei zu einem Gesamtpreis erworbenen Gegenständen sind pro Gesamtheit separate Aufzeichnungen zu führen.

Art. 48e[1] Margenbesteuerung für elektronische Plattformen
(Art. 24a MWSTG)

Wer als Leistungserbringer oder Leistungserbringerin nach Artikel 20a MWSTG gilt, kann die Margenbesteuerung nur anwenden, sofern der Verkäufer oder die Verkäuferin des Gegenstandes im Inland ansässig und nicht im Mehrwertsteuerregister eingetragen ist.

2. Abschnitt: Steuersätze

Art. 49[2] Medikamente
(Art. 25 Abs. 2 Bst. a Ziff. 8 MWSTG)

Als Medikamente gelten:

a. nach Artikel 9 Absatz 1 des Heilmittelgesetzes vom 15. Dezember 2000[3] (HMG) zugelassene verwendungsfertige Arzneimittel- und Tierarzneimittel-Vormischungen sowie die entsprechenden galenisch fertigen Produkte;

b.[4] verwendungsfertige Arzneimittel, die nach Artikel 9 Absätze 2 und 2ter HMG keiner Zulassung bedürfen, mit Ausnahme von menschlichem und tierischem Vollblut;

---

[1] Eingefügt durch Ziff. I der V vom 21. Aug. 2024, in Kraft seit 1. Jan. 2025 (AS **2024** 485).
[2] Fassung gemäss Ziff. I der V vom 18. Juni 2010, in Kraft seit 1. Jan. 2010 (AS **2010** 2833).
[3] SR **812.21**
[4] Fassung gemäss Ziff. I der V vom 8. März 2019, in Kraft seit 1. April 2019 (AS **2019** 911).

c.[1] verwendungsfertige Arzneimittel, die nach Artikel 9*a* HMG eine befristete Zulassung oder nach Artikel 9*b* HMG eine befristete Bewilligung erhalten haben;

d.[2] nicht zugelassene verwendungsfertige Arzneimittel nach den Artikeln 48 und 49 Absätze 1–4 der Arzneimittel-Bewilligungsverordnung vom 14. November 2018[3] sowie nach den Artikeln 7–7*c* der Tierarzneimittelverordnung vom 18. August 2004[4].

Art. 50 Zeitungen und Zeitschriften ohne Reklamecharakter
(Art. 25 Abs. 2 Bst. a Ziff. 9 MWSTG)

Als Zeitungen und Zeitschriften ohne Reklamecharakter gelten Druckerzeugnisse, welche die folgenden Voraussetzungen erfüllen:

a. Sie erscheinen periodisch, mindestens zweimal pro Jahr.
b. Sie dienen der laufenden Orientierung über Wissenswertes oder der Unterhaltung.
c. Sie tragen einen gleich bleibenden Titel.
d. Sie enthalten eine fortlaufende Nummerierung sowie die Angabe des Erscheinungsdatums und der Erscheinungsweise.
e. Sie sind äusserlich als Zeitungen oder Zeitschriften aufgemacht.
f. Sie weisen nicht überwiegend Flächen zur Aufnahme von Eintragungen auf.

Art. 50a[5] Elektronische Zeitungen und Zeitschriften ohne Reklamecharakter
(Art. 25 Abs. 2 Bst. a^{bis} MWSTG)

1 Als elektronische Zeitungen und Zeitschriften ohne Reklamecharakter gelten elektronische Erzeugnisse, die:

a. auf elektronischem Weg übermittelt oder auf Datenträgern angeboten werden;
b. überwiegend text- oder bildbasiert sind; und
c. im Wesentlichen die gleiche Funktion wie gedruckte Zeitungen und Zeitschriften nach Artikel 50 erfüllen.

2 Zu den elektronischen Zeitungen und Zeitschriften ohne Reklamecharakter gehören auch Hörzeitungen und -zeitschriften, die inhaltlich überwiegend dem Originalwerk entsprechen.

Art. 51 Bücher und andere Druckerzeugnisse ohne Reklamecharakter
(Art. 25 Abs. 2 Bst. a Ziff. 9 MWSTG)

Als Bücher und andere Druckerzeugnisse ohne Reklamecharakter gelten Druckerzeugnisse, welche die folgenden Voraussetzungen erfüllen:

a. Sie weisen Buch-, Broschüren- oder Loseblattform auf; Loseblattwerke gelten als Bücher, wenn sie sich aus einer Einbanddecke, versehen mit einer Schraub-, Spiral- oder Schnellheftung, und den darin einzuordnenden losen Blättern zusammensetzen, als vollständiges Werk mindestens 16 Seiten umfassen und der Titel des Werks auf der Einbanddecke erscheint.

---

1 Fassung gemäss Ziff. I der V vom 8. März 2019, in Kraft seit 1. April 2019 (AS **2019** 911).
2 Fassung gemäss Ziff. III 1 der V vom 3. Juni 2022, in Kraft seit 1. Juli 2022 (AS **2022** 349).
3 SR **812.212.1**
4 SR **812.212.27**
5 Eingefügt durch Ziff. I der V vom 18. Okt. 2017, in Kraft seit 1. Jan. 2018 (AS **2017** 6307).

b. Sie weisen inklusive Umschlag und Deckseiten mindestens 16 Seiten auf, mit Ausnahme von Kinderbüchern, gedruckten Musikalien und Teilen zu Loseblattwerken.
c. Sie weisen einen religiösen, literarischen, künstlerischen, unterhaltenden, erzieherischen, belehrenden, informierenden, technischen oder wissenschaftlichen Inhalt auf.
d. Sie sind nicht zur Aufnahme von Eintragungen oder Sammelbildern bestimmt, mit Ausnahme von Schul- und Lehrbüchern sowie bestimmten Kinderbüchern wie Übungsheften mit Illustrationen und ergänzendem Text und Zeichen- und Malbüchern mit Vorgaben und Anleitungen.

Art. 51a[1] Elektronische Bücher ohne Reklamecharakter
(Art. 25 Abs. 2 Bst. a^{bis} MWSTG)

¹ Als elektronische Bücher ohne Reklamecharakter gelten elektronische Erzeugnisse, die:

a. auf elektronischem Weg übermittelt oder auf Datenträgern angeboten werden;
b. in sich geschlossene, überwiegend text- oder bildbasierte und nicht interaktive Einzelwerke sind; und
c. im Wesentlichen die gleiche Funktion wie gedruckte Bücher nach Artikel 51 erfüllen.

² Zu den elektronischen Büchern ohne Reklamecharakter gehören auch Hörbücher, die inhaltlich überwiegend dem Originalwerk entsprechen.

Art. 52[2] Reklamecharakter
(Art. 25 Abs. 2 Bst. a Ziff. 9 und Bst. a^{bis} MWSTG)

¹ Druck- und elektronische Erzeugnisse haben Reklamecharakter, wenn bei ihrem Inhalt die Werbung für die geschäftlichen Tätigkeiten der Herausgeberschaft oder einer hinter dieser stehenden Drittperson im Vordergrund steht.

² Als hinter der Herausgeberschaft stehende Drittpersonen gelten:

a. Personen und Unternehmen, für die die Herausgeberschaft handelt oder die die Herausgeberschaft beherrscht; oder
b. sonstige mit der Herausgeberschaft eng verbundene Personen im Sinn von Artikel 3 Buchstabe h MWSTG.

³ Als Werbung gelten sowohl die direkte Werbung, wie Reklame oder Inserate, als auch die indirekte Werbung, wie Publireportagen oder Publimitteilungen.

Art. 53 Zubereitung vor Ort und Servierleistung
(Art. 25 Abs. 3 MWSTG)

¹ Als Zubereitung gelten namentlich das Kochen, Erwärmen, Mixen, Rüsten und Mischen von Lebensmitteln[3]. Nicht als Zubereitung gilt das blosse Bewahren der Temperatur konsumbereiter Lebensmittel.

² Als Servierleistung gelten namentlich das Anrichten von Speisen auf Tellern, das Bereitstellen von kalten oder warmen Buffets, der Ausschank von Getränken, das

---

[1] Eingefügt durch Ziff. I der V vom 18. Okt. 2017, in Kraft seit 1. Jan. 2018 (AS **2017** 6307).
[2] Fassung gemäss Ziff. I der V vom 18. Okt. 2017, in Kraft seit 1. Jan. 2018 (AS **2017** 6307).
[3] Ausdruck gemäss Anhang Ziff. 1 der Lebensmittel- und Gebrauchsgegenständeverordnung vom 16. Dez. 2016, in Kraft seit 1. Mai 2017 (AS **2017** 283). Diese Änd. wurde im ganzen Erlass berücksichtigt.

Decken und Abräumen von Tischen, das Bedienen der Gäste, die Leitung oder Beaufsichtigung des Service-Personals sowie die Betreuung und Versorgung von Selbstbedienungsbuffets.

Art. 54 Besondere Konsumvorrichtungen an Ort und Stelle
(Art. 25 Abs. 3 MWSTG)

¹ Als besondere Vorrichtungen zum Konsum von Lebensmitteln an Ort und Stelle (Konsumvorrichtungen) gelten namentlich Tische, Stehtische, Theken und andere für den Konsum zur Verfügung stehende Abstellflächen oder entsprechende Vorrichtungen, namentlich in Beförderungsmitteln. Unerheblich ist:
   a. wem die Vorrichtungen gehören;
   b. ob der Kunde oder die Kundin die Vorrichtung tatsächlich benutzt;
   c. ob die Vorrichtungen ausreichen, um sämtlichen Kunden und Kundinnen den Konsum an Ort und Stelle zu ermöglichen.

² Nicht als Konsumvorrichtungen gelten:
   a. blosse Sitzgelegenheiten ohne dazugehörige Tische, die in erster Linie als Ausruhmöglichkeit dienen;
   b. bei Kiosks oder Restaurants auf Campingplätzen: die Zelte und Wohnwagen der Mieter und Mieterinnen.

Art. 55 Zum Mitnehmen oder zur Auslieferung bestimmte Lebensmittel
(Art. 25 Abs. 3 MWSTG)

¹ Als Auslieferung gilt die Lieferung von Lebensmitteln durch die steuerpflichtige Person an ihre Kundschaft an deren Domizil oder an einen andern von ihr bezeichneten Ort ohne jede weitere Zubereitung oder Servierleistung.

² Als zum Mitnehmen bestimmte Lebensmittel gelten Lebensmittel, die der Kunde oder die Kundin nach dem Kauf an einen anderen Ort verbringt und nicht im Betrieb des Leistungserbringers oder der Leistungserbringerin konsumiert. Für das Mitnehmen spricht namentlich:

   a. der durch den Kunden oder die Kundin bekannt gegebene Wille zum Mitnehmen der Lebensmittel;
   b. die Abgabe der Lebensmittel in einer speziellen, für den Transport geeigneten Verpackung;
   c. die Abgabe von Lebensmitteln, die nicht für den unmittelbaren Verzehr geeignet sind.

³ Für bestimmte Betriebe und Anlässe sieht die ESTV Vereinfachungen im Sinn von Artikel 80 MWSTG vor.

Art. 56 Geeignete organisatorische Massnahme
(Art. 25 Abs. 3 MWSTG)

Eine geeignete organisatorische Massnahme ist namentlich das Ausstellen von Belegen, anhand derer festgestellt werden kann, ob eine gastgewerbliche Leistung oder eine Auslieferung beziehungsweise eine Lieferung zum Mitnehmen erbracht wurde.

4. Kapitel: Rechnungsstellung und Steuerausweis

Art. 57
(Art. 26 Abs. 3 MWSTG)

Kassenzettel für Beträge bis 400 Franken müssen keine Angaben über den Leistungsempfänger oder die Leistungsempfängerin enthalten. Solche Kassenzettel berechtigen nicht zu einer Steuerrückerstattung im Vergütungsverfahren.

5. Kapitel: Vorsteuerabzug

1. Abschnitt: Allgemeines

Art. 58 Vorsteuerabzug bei ausländischer Währung
(Art. 28 MWSTG)

Für die Berechnung der abziehbaren Vorsteuern gilt Artikel 45 sinngemäss.

Art. 59 Nachweis
(Art. 28 Abs. 1 Bst. a MWSTG)

1 Die Inlandsteuer gilt als in Rechnung gestellt, wenn der Leistungserbringer oder die Leistungserbringerin für den Leistungsempfänger oder die Leistungsempfängerin erkennbar von diesem oder dieser die Mehrwertsteuer eingefordert hat.

2 Der Leistungsempfänger oder die Leistungsempfängerin muss nicht prüfen, ob die Mehrwertsteuer zu Recht eingefordert wurde. Weiss er oder sie aber, dass die Person, die die Mehrwertsteuer überwälzt hat, nicht als steuerpflichtige Person eingetragen ist, so ist der Vorsteuerabzug ausgeschlossen.

Art. 60[1] ...

Art. 61[2] ...

2. Abschnitt:[3] Abzug fiktiver Vorsteuer

Art. 62 Edelmetalle und Edelsteine
(Art. 28a Abs. 1 Bst. a MWSTG)

Nicht als individualisierbare bewegliche Gegenstände gelten Edelmetalle der Zolltarifnummern 7106–7112[4] und Edelsteine der Zolltarifnummern 7102–7105.

---

[1] Aufgehoben durch Ziff. I der V vom 18. Okt. 2017, mit Wirkung seit 1. Jan. 2018 (AS **2017** 6307).
[2] Aufgehoben durch Ziff. I der V vom 21. Aug. 2024, mit Wirkung seit 1. Jan. 2025 (AS **2024** 485).
[3] Fassung gemäss Ziff. I der V vom 18. Okt. 2017, in Kraft seit 1. Jan. 2018 (AS **2017** 6307).
[4] SR **632.10** Anhang

Art. 63 Berechtigung zum Abzug der fiktiven Vorsteuer
(Art. 28a Abs. 1 und 2 MWSTG)

¹ Werden ausschliesslich individualisierbare bewegliche Gegenstände zu einem Gesamtpreis erworben, so ist ein Abzug der fiktiven Vorsteuer zulässig.[1]

² Der Abzug der fiktiven Vorsteuer ist ausgeschlossen, wenn im Gesamtpreis Sammlerstücke (Art. 48a) oder nicht individualisierbare bewegliche Gegenstände enthalten sind und der Anteil am Ankaufspreis, der auf Gegenstände nach Artikel 28a MWSTG entfällt, nicht annäherungsweise ermittelt werden kann.

³ Der Abzug der fiktiven Vorsteuer ist ausgeschlossen, wenn:

a. beim Erwerb des Gegenstands das Meldeverfahren nach Artikel 38 MWSTG zur Anwendung kam;
b. die steuerpflichtige Person den Gegenstand eingeführt hat;
c.[2] Gegenstände nach Artikel 23 Absatz 2 Ziffer 12 MWSTG erworben wurden;
d. die steuerpflichtige Person weiss oder wissen müsste, dass der Gegenstand steuerbefreit eingeführt wurde;
e.[3] die steuerpflichtige Person den Gegenstand von einem Begünstigten oder einer Begünstigten nach Artikel 2 des Gaststaatgesetzes vom 22. Juni 2007[4] (GSG) bezogen hat.

⁴ Bei Zahlungen im Rahmen der Schadenregulierung ist der Abzug der fiktiven Vorsteuer nur auf dem tatsächlichen Wert des Gegenstandes im Zeitpunkt der Übernahme zulässig.

⁵ Wer als Leistungserbringer oder Leistungserbringerin nach Artikel 20a MWSTG gilt, kann den Abzug der fiktiven Vorsteuer nur anwenden, sofern der Verkäufer oder die Verkäuferin des Gegenstandes im Inland ansässig und nicht im Mehrwertsteuerregister eingetragen ist.[5]

Art. 64 ...

3. Abschnitt: Korrektur des Vorsteuerabzugs

Art. 65 Methoden zur Berechnung der Korrektur
(Art. 30 MWSTG)

Die Korrektur des Vorsteuerabzugs kann berechnet werden:

a. nach dem effektiven Verwendungszweck;
b. anhand von Pauschalmethoden mit von der ESTV festgelegten Pauschalen;
c. gestützt auf eigene Berechnungen.

---

[1] Die Berichtigung vom 30. Jan. 2018 betrifft nur den italienischen Text (AS **2018** 521).
[2] Fassung gemäss Ziff. I der V vom 21. Aug. 2024, in Kraft seit 1. Jan. 2025 (AS **2024** 485).
[3] Eingefügt durch Ziff. I der V vom 21. Aug. 2024, in Kraft seit 1. Jan. 2025 (AS **2024** 485).
[4] SR **192.12**
[5] Eingefügt durch Ziff. I der V vom 21. Aug. 2024, in Kraft seit 1. Jan. 2025 (AS **2024** 485).

Art. 66 Pauschalmethoden
(Art. 30 MWSTG)

Die ESTV legt namentlich Pauschalen fest für:
a. Tätigkeiten von Banken;
b. die Tätigkeit von Versicherungsgesellschaften;
c. Tätigkeiten von spezialfinanzierten Dienststellen von Gemeinwesen;
d. die Gewährung von Krediten sowie für Zinseinnahmen und Einnahmen aus dem Handel mit Wertpapieren;
e. die Verwaltung von eigenen Immobilien, für deren Versteuerung nicht nach Artikel 22 MWSTG optiert wird;
f. Transportunternehmen des öffentlichen Verkehrs.

Art. 67 Eigene Berechnungen
(Art. 30 MWSTG)

Stützt die steuerpflichtige Person die Korrektur des Vorsteuerabzugs auf eigene Berechnungen, so muss sie die Sachverhalte, die ihren Berechnungen zugrunde liegen, umfassend belegen sowie eine Plausibilitätsprüfung durchführen.

Art. 68 Wahl der Methode
(Art. 30 MWSTG)

¹ Die steuerpflichtige Person kann zur Berechnung der Korrektur des Vorsteuerabzugs eine oder mehrere Methoden anwenden, sofern dies zu einem sachgerechten Ergebnis führt.

² Als sachgerecht gilt jede Anwendung einer oder mehrerer Methoden, die den Grundsatz der Erhebungswirtschaftlichkeit berücksichtigt, betriebswirtschaftlich nachvollziehbar ist und die Vorsteuern nach Massgabe der Verwendung für eine bestimmte Tätigkeit zuteilt.

4. Abschnitt: Eigenverbrauch

Art. 69 Grundsätze
(Art. 31 MWSTG)

¹ Der Vorsteuerabzug ist auf nicht in Gebrauch genommenen Gegenständen und Dienstleistungen vollumfänglich zu korrigieren.

² Der Vorsteuerabzug ist auf in Gebrauch genommenen Gegenständen und Dienstleistungen zu korrigieren, die im Zeitpunkt des Wegfalls der Voraussetzungen des Vorsteuerabzugs noch vorhanden sind und einen Zeitwert haben. Bei Dienstleistungen in den Bereichen Beratung, Buchführung, Personalbeschaffung, Management und Werbung wird vermutet, dass sie bereits im Zeitpunkt ihres Bezugs verbraucht und nicht mehr vorhanden sind.

³ Bei selbst hergestellten Gegenständen ist für die Ingebrauchnahme der Infrastruktur ein Pauschalzuschlag von 33 Prozent auf den Vorsteuern auf Material und allfälligen Drittarbeiten bei Halbfabrikaten vorzunehmen. Vorbehalten bleibt der effektive Nachweis der Vorsteuern, die auf die Ingebrauchnahme der Infrastruktur entfallen.

⁴ Fallen die Voraussetzungen des Vorsteuerabzugs nur teilweise weg, so ist die Korrektur im Ausmass der nicht mehr zum Vorsteuerabzug berechtigenden Nutzung vorzunehmen.

Art. 70 Ermittlung des Zeitwerts
(Art. 31 Abs. 3 MWSTG)

¹ Zu berechnen ist der Zeitwert auf der Grundlage des Anschaffungspreises, bei Immobilien ohne Wert des Bodens, sowie der wertvermehrenden Aufwendungen. Nicht zu berücksichtigen sind die werterhaltenden Aufwendungen. Werterhaltende Aufwendungen sind solche, die lediglich dazu dienen, den Wert eines Gegenstands sowie seine Funktionsfähigkeit zu erhalten, namentlich Service-, Unterhalts-, Betriebs-, Reparatur- und Instandstellungskosten.

² Bei der Ermittlung des Zeitwerts von in Gebrauch genommenen Gegenständen und Dienstleistungen ist in der ersten Steuerperiode der Ingebrauchnahme der Wertverlust für die ganze Steuerperiode zu berücksichtigen. In der letzten noch nicht abgelaufenen Steuerperiode ist hingegen keine Abschreibung vorzunehmen, ausser die Nutzungsänderung tritt am letzten Tag der Steuerperiode ein.

Art. 71 Grossrenovationen von Liegenschaften
(Art. 31 MWSTG)

Übersteigen die Renovationskosten einer Bauphase insgesamt 5 Prozent des Gebäudeversicherungswerts vor der Renovation, so muss der Vorsteuerabzug um die gesamten Kosten korrigiert werden, unabhängig davon, ob es sich um Kosten für wertvermehrende oder für werterhaltende Aufwendungen handelt.

5. Abschnitt: Einlageentsteuerung

Art. 72 Grundsätze
(Art. 32 MWSTG)

¹ Der Vorsteuerabzug kann auf nicht in Gebrauch genommenen Gegenständen und Dienstleistungen vollumfänglich korrigiert werden.

² Der Vorsteuerabzug kann auf in Gebrauch genommenen Gegenständen und Dienstleistungen korrigiert werden, die im Zeitpunkt des Eintritts der Voraussetzungen des Vorsteuerabzugs noch vorhanden sind und einen Zeitwert haben. Bei Dienstleistungen in den Bereichen Beratung, Buchführung, Personalbeschaffung, Management und Werbung wird vermutet, dass sie bereits im Zeitpunkt ihres Bezugs verbraucht und nicht mehr vorhanden sind.

³ Bei selbst hergestellten Gegenständen kann für die Ingebrauchnahme der Infrastruktur ein Pauschalzuschlag von 33 Prozent auf den Vorsteuern auf Material und allfälligen Drittarbeiten bei Halbfabrikaten vorgenommen werden. Vorbehalten bleibt der effektive Nachweis der Vorsteuern, die auf die Ingebrauchnahme der Infrastruktur entfallen.

⁴ Treten die Voraussetzungen des Vorsteuerabzugs nur teilweise ein, so kann die Korrektur nur im Ausmass der nun zum Vorsteuerabzug berechtigenden Nutzung vorgenommen werden.

Art. 73 Ermittlung des Zeitwerts
(Art. 32 Abs. 2 MWSTG)

¹ Zu berechnen ist der Zeitwert auf der Grundlage des Anschaffungspreises, bei Immobilien ohne Wert des Bodens, sowie der wertvermehrenden Aufwendungen. Nicht zu berücksichtigen sind die werterhaltenden Aufwendungen. Werterhaltende Aufwendungen sind solche, die lediglich dazu dienen, den Wert eines Gegenstands sowie seine Funktionsfähigkeit zu erhalten, namentlich Service-, Unterhalts-, Betriebs-, Reparatur- und Instandstellungskosten.

² Bei der Ermittlung des Zeitwerts von in Gebrauch genommenen Gegenständen und Dienstleistungen ist in der ersten Steuerperiode der Ingebrauchnahme der Wertverlust für die ganze Steuerperiode zu berücksichtigen. In der letzten noch nicht abgelaufenen Steuerperiode ist hingegen keine Abschreibung vorzunehmen, ausser die Nutzungsänderung tritt am letzten Tag der Steuerperiode ein.

Art. 74 Grossrenovationen von Liegenschaften
(Art. 32 MWSTG)

Übersteigen die Renovationskosten einer Bauphase insgesamt 5 Prozent des Gebäudeversicherungswerts vor der Renovation, so kann der Vorsteuerabzug um die gesamten Kosten korrigiert werden, unabhängig davon, ob es sich um Kosten für wertvermehrende oder für werterhaltende Aufwendungen handelt.

6. Abschnitt: Kürzung des Vorsteuerabzugs

(Art. 33 Abs. 2 MWSTG)

Art. 75

¹ Keine Vorsteuerabzugskürzung ist vorzunehmen, soweit die Mittel nach Artikel 18 Absatz 2 Buchstaben a–c MWSTG einem Tätigkeitsbereich zuzuordnen sind, für den keine Vorsteuer anfällt oder für den kein Anspruch auf Vorsteuerabzug besteht.

² Soweit die Mittel nach Artikel 18 Absatz 2 Buchstaben a–c MWSTG einem bestimmten Tätigkeitsbereich zugeordnet werden können, ist nur die Vorsteuer auf den Aufwendungen für diesen Tätigkeitsbereich zu kürzen.

³ Werden die Mittel nach Artikel 18 Absatz 2 Buchstaben a–c MWSTG zur Deckung eines Betriebsdefizits entrichtet, so ist die Vorsteuer gesamthaft im Verhältnis dieser Mittel zu den Gesamteinnahmen zu kürzen. Die Gesamteinnahmen setzen sich zusammen aus dem Total der Umsätze exklusive Mehrwertsteuer und den Einnahmen, die nicht zu den Entgelten zählen.[1]

---

[1] Fassung gemäss Ziff. I der V vom 21. Aug. 2024, in Kraft seit 1. Jan. 2025 (AS **2024** 485).

6. Kapitel: Ermittlung und Entstehung der Steuerforderung

1. Abschnitt: Geschäftsabschluss
(Art. 34 Abs. 3 MWSTG)

Art. 76[1] ...

1a. Abschnitt:[2] Jährliche Abrechnung

Art. 76a Jährliche Abrechnung bei Beginn der Steuerpflicht
(Art. 35 Abs. 1bis Bst. b, 35a und 86a MWSTG)

[1] Neu im Mehrwertsteuerregister eingetragene Personen, welche die jährliche Abrechnung anwenden wollen, müssen dies bei der ESTV spätestens 60 Tage nach Zustellung der Mehrwertsteuernummer beantragen.

[2] Die ESTV bewilligt die Anwendung der jährlichen Abrechnung, wenn der in den ersten zwölf Monaten erwartete Umsatz mit Mehrwertsteuer die Grenze von Artikel 35 Absatz 1bis Buchstabe b MWSTG nicht überschreitet.

[3] Nach Ablauf der Frist von Absatz 1 kann die steuerpflichtige Person die jährliche Abrechnung frühestens nach einer Steuerperiode beantragen.

Art. 76b Wechsel zur jährlichen Abrechnung
(Art. 35 Abs. 1bis Bst. b, 35a und 86a MWSTG)

[1] Steuerpflichtige Personen, die zur jährlichen Abrechnung wechseln wollen, müssen dies spätestens 60 Tage nach Beginn der Steuerperiode, ab welcher der Wechsel erfolgen soll, beantragen.

[2] Die ESTV bewilligt die jährliche Abrechnung, wenn die steuerpflichtige Person:

a. in der vorangegangenen Steuerperiode die Umsatzgrenze von Artikel 35 Absatz 1bis Buchstabe b MWSTG nicht überschritten hat; und
b. in den vorangegangenen drei Steuerperioden oder, wenn die Steuerpflicht weniger lang besteht, seit Beginn der Steuerpflicht alle Abrechnungen fristgerecht eingereicht und alle Steuerforderungen vollumfänglich und fristgerecht bezahlt hat.

Art. 76c Ende der jährlichen Abrechnung
(Art. 35 Abs. 1bis Bst. b, 35a, 86 Abs. 2 und 86a MWSTG)

[1] Steuerpflichtige Personen, welche die jährliche Abrechnung nicht mehr anwenden wollen, müssen dies der ESTV spätestens 60 Tage nach Beginn der Steuerperiode, ab welcher der Wechsel erfolgen soll, melden.

[2] Die ESTV widerruft die Genehmigung der jährlichen Abrechnung:

a. auf den Beginn der nächsten Steuerperiode, wenn die steuerpflichtige Person die in Artikel 35 Absatz 1bis Buchstabe b MWSTG festgelegte Umsatzgrenze in drei aufeinander folgenden Steuerperioden überschritten hat;
b. auf den Beginn der übernächsten Steuerperiode, wenn:

---

[1] Tritt zu einem späteren Zeitpunkt in Kraft.
[2] Eingefügt durch Ziff. I der V vom 21. Aug. 2024, in Kraft seit 1. Jan. 2025 (AS **2024** 485).

1. die steuerpflichtige Person eine Herabsetzung der Raten beantragt hat, durch die in der laufenden Steuerperiode das Total der Raten im Verhältnis zum Steuerbetrag gemäss Abrechnung folgenden Wert unterschreitet:
   - bei effektiver Abrechnung und bei Abrechnung mit Pauschalsteuersätzen: 50 Prozent
   - bei Abrechnung mit Saldosteuersätzen: 35 Prozent,
2. die ESTV wegen Nichteinreichens der Abrechnung den geschuldeten Steuerbetrag gestützt auf Artikel 86 Absatz 2 zweiter Satz MWSTG nach pflichtgemässem Ermessen bestimmt hat, oder
3. die ESTV gestützt auf Artikel 86 Absatz 2 erster Satz Forderungen in Betreibung gesetzt hat.

Art. 76d Anpassung der Raten
(Art. 35 Abs. 1bis Bst. b, 35a und 86a MWSTG)

Eine Anpassung der Raten ist nur vor deren Fälligkeit möglich.

2. Abschnitt: Saldosteuersatzmethode

Art. 77 Grundsätze
(Art. 37 Abs. 1–4 MWSTG)

¹ Bei der Abklärung, ob die Voraussetzungen nach Artikel 37 MWSTG erfüllt sind, sind die im Inland gegen Entgelt erbrachten steuerbaren Leistungen zu berücksichtigen.

² Die Saldosteuersatzmethode kann nicht gewählt werden von steuerpflichtigen Personen, die:

a. nach Artikel 37 Absatz 5 MWSTG nach der Pauschalsteuersatzmethode abrechnen können;
b. das Verlagerungsverfahren nach Artikel 63 MWSTG anwenden;
c. die Gruppenbesteuerung nach Artikel 13 MWSTG anwenden;
d. ihren Sitz oder eine Betriebsstätte in den Talschaften Samnaun oder Sampuoir haben;
e.[1] mehr als 50 Prozent ihres Umsatzes aus steuerbaren Leistungen an andere steuerpflichtige, nach der effektiven Abrechnungsmethode abrechnende Personen erzielen, sofern die beteiligten Personen unter einheitlicher Leitung stehen;
f.[2] gestützt auf Artikel 7 Absatz 3 MWSTG Lieferungen im Inland erbringen;
g.[3] als Leistungserbringer oder Leistungserbringerinnen nach Artikel 20a MWSTG gelten;
h.[4] ihren Sitz im Ausland haben.

³ Steuerpflichtige Personen, die mit der Saldosteuersatzmethode abrechnen, können nicht für die Versteuerung von Leistungen nach Artikel 21 Absatz 2 Ziffern 1–24 und 27–31 MWSTG optieren. Wird die Steuer gleichwohl in Rechnung gestellt, so ist die ausgewiesene Steuer unter Vorbehalt von Artikel 27 Absatz 2 MWSTG der ESTV abzuliefern.[5]

---

[1] Fassung gemäss Ziff. I der V vom 18. Okt. 2017, in Kraft seit 1. Jan. 2018 (AS **2017** 6307).
[2] Eingefügt durch Ziff. I der V vom 15. Aug. 2018, in Kraft seit 1. Jan. 2019 (AS **2018** 3143).
[3] Eingefügt durch Ziff. I der V vom 21. Aug. 2024, in Kraft seit 1. Jan. 2025 (AS **2024** 485).
[4] Eingefügt durch Ziff. I der V vom 21. Aug. 2024, in Kraft seit 1. Jan. 2025 (AS **2024** 485).
[5] Fassung gemäss Ziff. I der V vom 21. Aug. 2024, in Kraft seit 1. Jan. 2025 (AS **2024** 485).

Art. 78[1] Saldosteuersatzmethode bei Beginn der Steuerpflicht
(Art. 37 Abs. 1–4 MWSTG)

[1] Neu ins Mehrwertsteuerregister eingetragene Personen, die sich der Saldosteuersatzmethode unterstellen wollen, müssen dies der ESTV innert 60 Tagen nach Zustellung der Mehrwertsteuernummer melden.

[2] Die ESTV bewilligt die Anwendung der Saldosteuersatzmethode, wenn in den ersten 12 Monaten sowohl der erwartete Umsatz als auch die erwarteten Steuern die Grenzen von Artikel 37 Absatz 1 MWSTG nicht überschreiten.

[3] Erfolgt keine Meldung innert der Frist von Absatz 1, so muss die steuerpflichtige Person mindestens drei ganze Steuerperioden nach der effektiven Abrechnungsmethode abrechnen, bevor sie sich der Saldosteuersatzmethode unterstellen kann. Ein früherer Wechsel ist bei jeder Anpassung des betreffenden Saldosteuersatzes möglich, die nicht auf eine Änderung der Steuersätze nach den Artikeln 25 und 55 MWSTG zurückzuführen ist.

[4] Die Absätze 1–3 gelten bei rückwirkenden Eintragungen sinngemäss.

[5] Die bei Beginn der Steuerpflicht auf Gegenständen und Dienstleistungen lastende Steuer wird mit der Anwendung der Saldosteuersatzmethode berücksichtigt. Eine Einlageentsteuerung kann nicht vorgenommen werden.

Art. 79[2] Wechsel von der effektiven Abrechnungsmethode zur Saldosteuersatzmethode
(Art. 37 Abs. 1–4 MWSTG)

[1] Steuerpflichtige Personen, die von der effektiven Abrechnungsmethode zur Saldosteuersatzmethode wechseln wollen, müssen dies der ESTV bis spätestens 60 Tage nach Beginn der Steuerperiode, ab welcher der Wechsel erfolgen soll, melden.

[2] Die ESTV bewilligt die Anwendung der Saldosteuersatzmethode, wenn in der vorangegangenen Steuerperiode keine der Grenzen von Artikel 37 Absatz 1 MWSTG überschritten wurde.

[3] Auf dem Zeitwert der Gegenstände und Dienstleistungen im Zeitpunkt des Wechsels ist die früher in Abzug gebrachte Vorsteuer einschliesslich ihrer als Einlageentsteuerung korrigierten Anteile an die ESTV zurückzuerstatten. Die Deklaration hat in der letzten Abrechnungsperiode vor dem Wechsel zu erfolgen. Artikel 31 Absatz 3 MWSTG und die Artikel 69 Absätze 1–3, 70 und 71 gelten sinngemäss.

[4] Wird gleichzeitig mit der Unterstellung unter die Saldosteuersatzmethode auch die Abrechnungsart nach Artikel 39 MWSTG geändert, so sind per Umstellungsdatum zusätzlich folgende Korrekturen vorzunehmen:

a. Wird von vereinbarten auf vereinnahmte Entgelte gewechselt, so hat die steuerpflichtige Person in der letzten Abrechnungsperiode vor dem Wechsel Folgendes rückgängig zu machen:
1. die deklarierte Steuer auf den von ihr in Rechnung gestellten, aber noch nicht bezahlten steuerbaren Leistungen (Debitorenposten); und

---

[1] Fassung gemäss Ziff. I der V vom 21. Aug. 2024, in Kraft seit 1. Jan. 2025 (AS **2024** 485).
[2] Fassung gemäss Ziff. I der V vom 21. Aug. 2024, in Kraft seit 1. Jan. 2025 (AS **2024** 485).

2. den Vorsteuerabzug auf den ihr in Rechnung gestellten, aber noch nicht bezahlten steuerbaren Leistungen (Kreditorenposten), sofern es sich dabei um Vorsteuern handelt, die nicht bereits aufgrund von Absatz 3 korrigiert werden müssen.
b. Wird von vereinnahmten auf vereinbarte Entgelte gewechselt, so hat die steuerpflichtige Person in der letzten Abrechnungsperiode vor dem Wechsel:
1. die Steuer auf den bestehenden Debitorenposten zum entsprechenden gesetzlichen Steuersatz zu deklarieren; und
2. die auf den Kreditorenposten lastende Steuer als Vorsteuer abzuziehen.

Art. 80 Entzug der Bewilligung
(Art. 37 Abs. 1–4 MWSTG)

Steuerpflichtigen Personen, denen die Anwendung der Saldosteuersatzmethode aufgrund falscher Angaben gewährt wurde, kann die ESTV die Bewilligung rückwirkend bis auf den Zeitpunkt der Gewährung dieser Abrechnungsmethode entziehen.

Art. 81[1] Wechsel von der Saldosteuersatzmethode zur effektiven Abrechnungsmethode
(Art. 37 Abs. 1–4 MWSTG)

[1] Steuerpflichtige Personen, die von der Saldosteuersatzmethode zur effektiven Abrechnungsmethode wechseln wollen, müssen dies der ESTV bis spätestens 60 Tage nach Beginn der Steuerperiode, ab welcher der Wechsel erfolgen soll, melden.

[2] Ein Wechsel ist vor Ablauf der ganzen Steuerperiode zulässig, wenn mit mindestens einem bewilligten Saldosteuersatz abgerechnet wird, den die ESTV angepasst hat, ohne dass die Anpassung auf eine Änderung der Steuersätze nach den Artikeln 25 und 55 MWSTG zurückzuführen ist. Der Wechsel erfolgt auf den Zeitpunkt der Änderung des Saldosteuersatzes.

[3] Wer eine oder beide der in Artikel 37 Absatz 1 MWSTG festgelegten Grenzen in drei aufeinander folgenden Steuerperioden überschreitet, muss auf den Beginn der folgenden Steuerperiode zur effektiven Abrechnungsmethode wechseln.

[4] Die im Zeitpunkt des Wechsels auf dem Zeitwert der Gegenstände und Dienstleistungen lastende Steuer kann in der ersten Abrechnungsperiode nach dem Wechsel als Vorsteuer abgezogen werden. Artikel 32 Absatz 2 MWSTG und die Artikel 72 Absätze 1–3, 73 und 74 gelten sinngemäss.

[5] Wird gleichzeitig mit dem Wechsel zur effektiven Abrechnungsmethode auch die Abrechnungsart nach Artikel 39 MWSTG geändert, so sind per Umstellungsdatum zusätzlich folgende Korrekturen vorzunehmen:
a. Wird von vereinbarten auf vereinnahmte Entgelte gewechselt, so muss die steuerpflichtige Person in der letzten Abrechnungsperiode vor dem Wechsel die Steuer abziehen, die sie auf den Debitorenposten deklariert hat; zusätzlich ist eine Belastung der Steuer auf den Kreditorenposten vorzunehmen, bei denen gestützt auf Absatz 4 eine Einlageentsteuerung möglich ist.

---

[1] Fassung gemäss Ziff. I der V vom 21. Aug. 2024, in Kraft seit 1. Jan. 2025 (AS **2024** 485).

b. Wird von vereinnahmten auf vereinbarte Entgelte gewechselt, so muss die steuerpflichtige Person in der letzten Abrechnungsperiode vor dem Wechsel auf den Debitorenposten die Steuer zu den bewilligten Saldosteuersätzen deklarieren; auf den Kreditorenposten sind keine Korrekturen vorzunehmen.

Art. 82 Ende der Steuerpflicht
(Art. 37 Abs. 1–4 MWSTG)

Stellt eine nach der Saldosteuersatzmethode abrechnende steuerpflichtige Person ihre Geschäftstätigkeit ein oder wird sie infolge Unterschreitens der Umsatzgrenze von Artikel 10 Absatz 2 Buchstabe a MWSTG von der Steuerpflicht befreit, so sind die bis zur Löschung aus dem Mehrwertsteuerregister erzielten Umsätze, die angefangenen Arbeiten und bei Abrechnung nach vereinnahmten Entgelten auch die Debitorenposten mit den bewilligten Saldosteuersätzen abzurechnen.

2 und 3 ...[1]

Art. 83[2] Übernahme von Vermögen im Meldeverfahren
(Art. 37 Abs. 1–4 MWSTG)

1 Übernimmt eine nach der Saldosteuersatzmethode abrechnende steuerpflichtige Person im Meldeverfahren nach Artikel 38 MWSTG ein Gesamt- oder Teilvermögen oder sonstige Vermögenswerte von einer effektiv abrechnenden Person, so ist eine Korrektur im Sinne von Artikel 79 Absatz 3 vorzunehmen; vorbehalten bleibt Absatz 2.

2 Keine Korrektur ist vorzunehmen, wenn das Gesamt- oder Teilvermögen oder die sonstigen Vermögenswerte vom Veräusserer oder von der Veräusserin für eine nicht zum Vorsteuerabzug berechtigende Tätigkeit verwendet wurde.

Art. 84 Abrechnung nach Saldosteuersätzen
(Art. 37 Abs. 1–4 MWSTG)

1 Steuerpflichtige Personen müssen ihre Tätigkeiten zu den von der ESTV bewilligten Saldosteuersätzen abrechnen.

2 Wird eine Tätigkeit aufgegeben oder eine neue aufgenommen oder verändern sich die Umsatzanteile der Tätigkeiten derart, dass eine Neuzuteilung der Saldosteuersätze notwendig wird, so muss sich die steuerpflichtige Person mit der ESTV in Verbindung setzen.

3 Steuerpflichtige Personen, denen mehrere Saldosteuersätze bewilligt wurden, müssen die Erträge für jeden dieser Saldosteuersätze separat verbuchen.[3]

Art. 85[4] ...

---

[1] Aufgehoben durch Ziff. I der V vom 21. Aug. 2024, mit Wirkung seit 1. Jan. 2025 (AS **2024** 485).
[2] Fassung gemäss Ziff. I der V vom 21. Aug. 2024, in Kraft seit 1. Jan. 2025 (AS **2024** 485).
[3] Fassung gemäss Ziff. I der V vom 21. Aug. 2024, in Kraft seit 1. Jan. 2025 (AS **2024** 485).
[4] Aufgehoben durch Ziff. I der V vom 21. Aug. 2024, mit Wirkung seit 1. Jan. 2025 (AS **2024** 485).

Art. 86[1] Bewilligung der Saldosteuersätze
(Art. 37 Abs. 1–4 MWSTG)

¹ Für jede Tätigkeit, deren Anteil am Gesamtumsatz aus steuerbaren Leistungen mehr als 10 Prozent beträgt, wird der dafür festgelegte Saldosteuersatz bewilligt.

² Massgebend für die Abklärung, ob die 10-Prozent-Grenze überschritten ist, sind:

a. bei Personen, die neu steuerpflichtig werden, und bei steuerpflichtigen Personen, die eine neue Tätigkeit aufnehmen, die voraussichtlichen Umsätze in den ersten 12 Monaten;
b. bei den übrigen steuerpflichtigen Personen die in den drei vorangegangenen Steuerperioden erzielten Umsätze, wobei der Anteil der betreffenden Tätigkeit am Gesamtumsatz aus steuerbaren Leistungen in jeder dieser Steuerperioden mehr als 10 Prozent betragen haben muss.

³ Die Umsätze von Tätigkeiten mit gleichem Saldosteuersatz sind bei der Abklärung, ob die 10-Prozent-Grenze überschritten wird, zusammenzuzählen.

⁴ Überschreitet der Umsatz einer Tätigkeit oder der Umsatz mehrerer Tätigkeiten, für die der gleiche Saldosteuersatz festgelegt ist, während drei aufeinander folgenden Steuerperioden die 10-Prozent-Grenze nicht mehr, so fällt die Bewilligung zur Anwendung des betreffenden Saldosteuersatzes auf den Beginn der vierten Steuerperiode dahin.

Art. 87[2] ...

Art. 88[3] Versteuerung der einzelnen Tätigkeiten
(Art. 37 Abs. 1–4 MWSTG)

¹ Die Umsätze aus Tätigkeiten der steuerpflichtigen Person, der mehr als ein Saldosteuersatz bewilligt worden ist, sind zum bewilligten Saldosteuersatz zu versteuern, der für die betreffende Tätigkeit festgelegt ist.

² Wurde für eine Tätigkeit der dafür festgelegte Saldosteuersatz nicht bewilligt, so sind die damit erzielten Umsätze wie folgt zu versteuern:

a. zum nächsttieferen bewilligten Saldosteuersatz, wenn kein höherer Satz bewilligt ist;
b. zum nächsthöheren bewilligten Saldosteuersatz in den übrigen Fällen.

³ In den Fällen von Artikel 19 Absatz 2 MWSTG kann das Gesamtentgelt mit dem bewilligten Saldosteuersatz abgerechnet werden, der nach den Artikeln 84 und 86 sowie nach den Absätzen 1 und 2 für die überwiegende Leistung massgebend ist.

⁴ Unterliegen die Leistungen alle dem gleichen Steuersatz nach Artikel 25 MWSTG, so sind die einzelnen Teilleistungen zu den hierfür bewilligten Saldosteuersätzen abzurechnen.

⁵ Kann die steuerpflichtige Person nicht nachweisen, welche Anteile auf die einzelnen Teilleistungen entfallen, ist das Gesamtentgelt zum höchsten Saldosteuersatz abzurechnen, der für diese Leistungen bewilligt wurde.

⁶ Die steuerpflichtige Person kann den gesamten Umsatz aus steuerbaren Leistungen freiwillig zum höchsten bewilligten Saldosteuersatz abrechnen.

---

[1] Fassung gemäss Ziff. I der V vom 21. Aug. 2024, in Kraft seit 1. Jan. 2025 (AS **2024** 485).
[2] Aufgehoben durch Ziff. I der V vom 21. Aug. 2024, mit Wirkung seit 1. Jan. 2025 (AS **2024** 485).
[3] Fassung gemäss Ziff. I der V vom 21. Aug. 2024, in Kraft seit 1. Jan. 2025 (AS **2024** 485).

Art. 89[1] ...

Art. 90[2] Besondere Verfahren
(Art. 37 Abs. 1–4 MWSTG)

Die ESTV stellt Betrieben und Anlässen nach Artikel 55 Absatz 3 eine Pauschalregelung für die Aufteilung der Umsätze auf gastgewerbliche Leistungen und auf Verkäufe von zum Mitnehmen bestimmten Lebensmitteln nach Artikel 55 Absatz 2 zur Verfügung.

Art. 91[3] Abrechnung der Bezugsteuer
(Art. 37 Abs. 1–4 MWSTG)

Nach der Saldosteuersatzmethode abrechnende steuerpflichtige Personen, die Leistungen nach Artikel 45 Absatz 1 MWSTG beziehen, müssen die Bezugsteuer in der entsprechenden Abrechnungsperiode zum hierfür geltenden gesetzlichen Steuersatz entrichten.

Art. 92[4] Eigenverbrauch
(Art. 37 Abs. 1–4 MWSTG)

Der Eigenverbrauch ist mit der Anwendung der Saldosteuersatzmethode berücksichtigt.

Art. 93[5] ...

Art. 94[6] Leistungen an eng verbundene Personen und das Personal
(Art. 37 Abs. 1–4 MWSTG)

¹ Leistungen an eng verbundene Personen und an das Personal sind mit dem nach den Artikeln 84, 86 und 88 für die betreffende Leistung massgebenden bewilligten Saldosteuersatz abzurechnen.

² Leistungen, die im Lohnausweis zuhanden der direkten Steuern aufgeführt werden müssen, gelten immer als entgeltlich erbracht. Die Steuer ist auf der Grundlage des Betrages zu berechnen, der auch für die direkten Steuern massgebend ist.

Art. 95[7] Verkäufe von Betriebsmitteln, Anlagegütern und aktivierbaren Dienstleistungen
(Art. 37 Abs. 1–4 MWSTG)

Verkäufe von Betriebsmitteln, Anlagegütern und aktivierbaren Dienstleistungen, die nicht ausschliesslich zur Erbringung von Leistungen, die von der Steuer ausgenommen sind, eingesetzt wurden, sind mit dem nach den Artikeln 84, 86 und 88 für die betreffende Leistung massgebenden bewilligten Saldosteuersatz abzurechnen.

---

[1] Aufgehoben durch Ziff. I der V vom 21. Aug. 2024, mit Wirkung seit 1. Jan. 2025 (AS **2024** 485).
[2] Fassung gemäss Ziff. I der V vom 21. Aug. 2024, in Kraft seit 1. Jan. 2025 (AS **2024** 485).
[3] Fassung gemäss Ziff. I der V vom 21. Aug. 2024, in Kraft seit 1. Jan. 2025 (AS **2024** 485).
[4] Fassung gemäss Ziff. I der V vom 21. Aug. 2024, in Kraft seit 1. Jan. 2025 (AS **2024** 485).
[5] Aufgehoben durch Ziff. I der V vom 21. Aug. 2024, mit Wirkung seit 1. Jan. 2025 (AS **2024** 485).
[6] Fassung gemäss Ziff. I der V vom 21. Aug. 2024, in Kraft seit 1. Jan. 2025 (AS **2024** 485).
[7] Fassung gemäss Ziff. I der V vom 21. Aug. 2024, in Kraft seit 1. Jan. 2025 (AS **2024** 485).

Art. 96 Rechnungsstellung zu einem zu hohen Steuersatz
(Art. 37 Abs. 1–4 MWSTG)

Stellt eine mit Saldosteuersätzen abrechnende steuerpflichtige Person eine Leistung zu einem zu hohen Steuersatz in Rechnung, so muss sie zusätzlich zu der mit dem Saldosteuersatz berechneten Mehrwertsteuer auch die Differenz zwischen der nach dem ausgewiesenen Steuersatz berechneten Steuer und der nach dem Steuersatz nach Artikel 25 MWSTG berechneten Steuer entrichten. Dabei wird das Entgelt als inklusive Mehrwertsteuer betrachtet.

3. Abschnitt: Pauschalsteuersatzmethode

Art. 97 Grundsätze
(Art. 37 Abs. 5 MWSTG)

¹ Verwandte Einrichtungen nach Artikel 37 Absatz 5 MWSTG sind namentlich:

a. Gemeindezweckverbände und andere Zusammenschlüsse von Gemeinwesen;
b. Kirchgemeinden;
c. private Schulen und Internate;
d. private Spitäler und Zentren für ärztliche Heilbehandlungen;
e. Rehabilitationszentren und Kurhäuser;
f. private Spitexorganisationen;
g. Altersheime, Pflegeheime und Seniorenresidenzen;
h. sozial tätige Unternehmen wie Behindertenwerkstätten, Wohnheime und Sonderschulen;
i. von Gemeinwesen subventionierte Betreiber von Sportanlagen und Kulturzentren;
j. kantonale Gebäudeversicherungen;
k. Wassergenossenschaften;
l. Transportunternehmen des öffentlichen Verkehrs;
m. von Gemeinwesen subventionierte privatrechtliche Korporationen;
n. Veranstalter und Veranstalterinnen von nicht wiederkehrenden Anlässen in den Bereichen Kultur und Sport;
o. Vereine nach den Artikeln 60–79 des Zivilgesetzbuchs (ZGB)[1]; und
p. Stiftungen nach den Artikeln 80–89bis ZGB.[2]

² Es bestehen keine betragsmässigen Grenzen für die Anwendung der Pauschalsteuersatzmethode.

³ Steuerpflichtige Personen, die mit der Pauschalsteuersatzmethode abrechnen, können nicht für die Versteuerung von Leistungen nach Artikel 21 Absatz 2 Ziffern 1–24, 27 und 29–31 MWSTG optieren. Wird die Steuer gleichwohl in Rechnung gestellt, so ist die ausgewiesene Steuer unter Vorbehalt von Artikel 27 Absatz 2 MWSTG der ESTV abzuliefern.[3]

⁴ Autonome Dienststellen nach Artikel 12 Absatz 1 MWSTG, die sich zu einem einzigen Steuersubjekt zusammenschliessen (Art. 12 Abs. 2 MWSTG), können die Pauschalsteuersatzmethode anwenden.[4]

---

[1] SR **210**
[2] Fassung gemäss Ziff. I der V vom 21. Aug. 2024, in Kraft seit 1. Jan. 2025 (AS **2024** 485).
[3] Fassung gemäss Ziff. I der V vom 21. Aug. 2024, in Kraft seit 1. Jan. 2025 (AS **2024** 485).
[4] Eingefügt durch Ziff. I der V vom 18. Okt. 2017, in Kraft seit 1. Jan. 2018 (AS **2017** 6307).

Art. 98[1] Unterstellung unter die Pauschalsteuersatzmethode und Wechsel der Abrechnungsmethode
(Art. 37 Abs. 5 MWSTG)

[1] Gemeinwesen und verwandte Einrichtungen nach Artikel 97 Absatz 1, die nach der Pauschalsteuersatzmethode abrechnen wollen, müssen dies der ESTV melden.

[2] Die Pauschalsteuersatzmethode muss während mindestens einer ganzen Steuerperiode beibehalten werden. Entscheidet sich die steuerpflichtige Person für die effektive Abrechnungsmethode, so kann sie frühestens nach einer ganzen Steuerperiode zur Pauschalsteuersatzmethode wechseln.

[3] Frühere Wechsel zur effektiven Methode oder zur Pauschalsteuersatzmethode sind bei jeder Anpassung des betreffenden Pauschalsteuersatzes zulässig, die nicht auf eine Änderung der Steuersätze nach den Artikeln 25 und 55 MWSTG zurückzuführen ist.

[4] Wechsel der Abrechnungsmethode sind auf den Beginn einer Steuerperiode möglich. Sie müssen der ESTV bis spätestens 60 Tage nach Beginn der Steuerperiode, ab welcher der Wechsel erfolgen soll, gemeldet werden.

Art. 99 Pauschalsteuersätze
(Art. 37 Abs. 5 MWSTG)

[1] Bei Anwendung der Pauschalsteuersatzmethode wird die Steuerforderung durch Multiplikation des Totals der in einer Abrechnungsperiode erzielten steuerbaren Entgelte, einschliesslich der Steuer, mit dem von der ESTV bewilligten Pauschalsteuersatz ermittelt.

[2] Die ESTV legt die Pauschalsteuersätze unter Berücksichtigung der branchenüblichen Vorsteuerquote fest. Eine Tätigkeit, für die kein Pauschalsteuersatz festgelegt wurde, ist mit dem bei der Saldosteuersatzmethode geltenden Satz abzurechnen.

[3] Die steuerpflichtige Person muss jede ihrer Tätigkeiten ungeachtet der Höhe des damit erzielten Umsatzes zum massgebenden Pauschalsteuersatz abrechnen. Sie kann den gesamten Umsatz aus steuerbaren Leistungen auch freiwillig zum höchsten bewilligten Pauschalsteuersatz abrechnen.[2]

Art. 99a[3] ...

Art. 100 Anwendbarkeit der Regeln der Saldosteuersatzmethode
(Art. 37 Abs. 5 MWSTG)

Soweit dieser Abschnitt keine Regelung enthält, gelten ergänzend die Artikel 77–96.

---

[1] Fassung gemäss Ziff. I der V vom 21. Aug. 2024, in Kraft seit 1. Jan. 2025 (AS **2024** 485).
[2] Fassung gemäss Ziff. I der V vom 21. Aug. 2024, in Kraft seit 1. Jan. 2025 (AS **2024** 485).
[3] Eingefügt durch Ziff. I der V vom 18. Okt. 2017 (AS **2017** 6307). Aufgehoben durch Ziff. I der V vom 21. Aug. 2024, mit Wirkung seit 1. Jan. 2025 (AS **2024** 485).

4. Abschnitt: Meldeverfahren

Art. 101 Teilvermögen
(Art. 38 Abs. 1 MWSTG)

Als Teilvermögen gilt jede kleinste für sich lebensfähige Einheit eines Unternehmens.

Art. 102 Steuerpflicht des Erwerbers oder der Erwerberin
(Art. 38 Abs. 1 MWSTG)

Das Meldeverfahren ist auch dann anzuwenden, wenn der Erwerber oder die Erwerberin erst im Zusammenhang mit der Übertragung des Gesamt- oder Teilvermögens steuerpflichtig wird.

Art. 103 Rechnung
(Art. 38 Abs. 1 MWSTG)

Wird das Meldeverfahren angewendet, so muss dies auf der Rechnung vermerkt werden.

Art. 104 Freiwillige Anwendung des Meldeverfahrens
(Art. 38 Abs. 2 MWSTG)

Unter der Voraussetzung, dass beide Parteien steuerpflichtig sind oder werden, kann das Meldeverfahren angewendet werden:

a. bei der Übertragung eines Grundstücks oder von Grundstücksteilen;
b. auf Gesuch der übertragenden Person, sofern gewichtige Interessen vorliegen.

Art. 105 Verwendungsgrad
(Art. 38 Abs. 4 MWSTG)

Es wird vermutet, dass der Veräusserer oder die Veräusserin die übertragenen Vermögenswerte vollumfänglich für zum Vorsteuerabzug berechtigende Tätigkeiten verwendet hat. Ein anderer Verwendungsgrad ist vom Erwerber oder der Erwerberin nachzuweisen.

5. Abschnitt: Abrechnungsart und Abtretung der Steuerforderung

Art. 106 Wechsel der Abrechnungsart bei Abrechnung nach der effektiven Methode
(Art. 39 MWSTG)

¹ Beim Wechsel von der Abrechnung nach vereinnahmten Entgelten zur Abrechnung nach vereinbarten Entgelten muss die steuerpflichtige Person in der auf den Wechsel folgenden Abrechnungsperiode:

a. die Steuer auf den im Zeitpunkt des Wechsels bestehenden Debitorenposten abrechnen; und
b. die Vorsteuern auf den im Zeitpunkt des Wechsels bestehenden Kreditorenposten im Rahmen der zum Vorsteuerabzug berechtigenden unternehmerischen Tätigkeit abziehen.

² Beim Wechsel von der Abrechnung nach vereinbarten Entgelten zur Abrechnung nach vereinnahmten Entgelten muss die steuerpflichtige Person in der auf den Wechsel folgenden Abrechnungsperiode:
   a. die im Zeitpunkt des Wechsels bestehenden Debitorenposten von den in dieser Abrechnungsperiode vereinnahmten Entgelten abziehen; und
   b. die Vorsteuern auf den im Zeitpunkt des Wechsels bestehenden Kreditorenposten von den in dieser Abrechnungsperiode bezahlten Vorsteuern abziehen.

³ Wird gleichzeitig mit dem Wechsel der Abrechnungsart auch die Abrechnungsmethode nach den Artikeln 36 und 37 MWSTG geändert, so gilt Artikel 79 Absatz 4 beziehungsweise Artikel 81 Absatz 6 dieser Verordnung.

Art. 107 Wechsel der Abrechnungsart bei Abrechnung nach der Saldosteuersatzmethode oder der Pauschalsteuersatzmethode[1]
(Art. 39 MWSTG)

¹ Wechselt die steuerpflichtige Person von der Abrechnung nach vereinnahmten Entgelten zur Abrechnung nach vereinbarten Entgelten, so muss sie in der auf den Wechsel folgenden Abrechnungsperiode die im Zeitpunkt des Wechsels bestehenden Debitorenposten mit den bewilligten Saldosteuersätzen beziehungsweise Pauschalsteuersätzen abrechnen, die nach den Artikeln 84, 86 und 88 für die Tätigkeiten massgebend sind, aus denen sich diese Debitorenposten ergeben.[2]

² Wechselt die steuerpflichtige Person von der Abrechnung nach vereinbarten Entgelten zur Abrechnung nach vereinnahmten Entgelten, so muss sie in der Abrechnungsperiode, die auf den Wechsel folgt, die im Zeitpunkt des Wechsels bestehenden Debitorenposten von den in dieser Abrechnungsperiode vereinnahmten Entgelten aus den entsprechenden Tätigkeiten abziehen.[3]

³ Wird gleichzeitig mit dem Wechsel der Abrechnungsart auch die Abrechnungsmethode geändert, so gilt Artikel 79 Absatz 4 beziehungsweise Artikel 81 Absatz 6.

Art. 108 Abtretung und Verpfändung der Steuerforderung
(Art. 44 Abs. 2 MWSTG)

Bei der Abtretung und der Verpfändung der Steuerforderung gelten die Bestimmungen über die Geheimhaltung nach Artikel 74 MWSTG nicht.

---

1 Fassung gemäss Ziff. I der V vom 18. Okt. 2017, in Kraft seit 1. Jan. 2018 (AS **2017** 6307).
2 Fassung gemäss Ziff. I der V vom 21. Aug. 2024, in Kraft seit 1. Jan. 2025 (AS **2024** 485).
3 Fassung gemäss Ziff. I der V vom 21. Aug. 2024, in Kraft seit 1. Jan. 2025 (AS **2024** 485).

3. Titel: Bezugsteuer

Art. 109 und Art. 110[1] ...

Art. 111 Datenträger ohne Marktwert
(Art. 45 Abs. 1 Bst. b und 52 Abs. 2 MWSTG)

¹ Als Datenträger ohne Marktwert gilt, unabhängig vom Trägermaterial oder der Art der Datenspeicherung, jeder Träger von Daten, der in der Art und Beschaffenheit, wie er eingeführt wird:
  a. nicht gegen Entrichtung eines im Zeitpunkt der Einfuhr feststehenden Entgelts erworben werden kann; und
  b. nicht gegen Entrichtung einer einmaligen, im Zeitpunkt der Einfuhr feststehenden Lizenzgebühr vertragsmässig genutzt werden kann.

² Der Datenträger kann namentlich Computerprogramme und -dateien, deren Updates und Upgrades sowie Ton- und Bilddaten enthalten.

³ Massgebend für die Beurteilung, ob ein Datenträger ohne Marktwert vorliegt, ist der Träger selbst mit den darin enthaltenen Dienstleistungen und den damit verbundenen Rechten ohne Berücksichtigung des zur Einfuhr führenden Rechtsgeschäfts.

⁴ Den Datenträgern ohne Marktwert sind namentlich die folgenden Gegenstände gleichgestellt, sofern der Gegenstand dem Auftraggeber oder der Auftraggeberin aufgrund eines selbstständigen Rechtsgeschäftes übergeben oder überlassen wird:
  a. Pläne, Zeichnungen und Illustrationen namentlich von Architekten und Architektinnen, Ingenieuren und Ingenieurinnen, Grafikern und Grafikerinnen sowie Designern und Designerinnen;
  b. Rechtsschriften von Anwälten und Anwältinnen, Gutachten von Sachverständigen, Übersetzungen, Forschungs- und Versuchsergebnisse sowie Ergebnisse aus Analysen, Bewertungen und Ähnlichem;
  c. verbriefte Rechte und immaterielle Werte.

Art. 111a[2] Übertragung von Emissionsrechten und ähnlichen Rechten
(Art. 45 Abs. 1 Bst. e MWSTG)

¹ Die Übertragung von Emissionsrechten und weiteren Rechten nach Artikel 45 Absatz 1 Buchstabe e MWSTG unterliegt nicht der Inlandsteuer.

² Wird bei der Übertragung die Inlandsteuer in Rechnung gestellt, kann diese nicht als Vorsteuer abgezogen werden, es sei denn, die Steuer wurde abgerechnet und bezahlt.

---

[1] Aufgehoben durch Ziff. I der V vom 18. Okt. 2017, mit Wirkung seit 1. Jan. 2018 (AS **2017** 6307).
[2] Eingefügt durch Ziff. I der V vom 21. Aug. 2024, in Kraft seit 1. Jan. 2025 (AS **2024** 485).

4. Titel: Einfuhrsteuer

1. Kapitel:[1] Versandhandelsunternehmen anstelle der Plattform als einfuhrsteuerpflichtiger Person
(Art. 51 MWSTG)

Art. 111b

Das Versandhandelsunternehmen kann bei der Einfuhr von Gegenständen mit dem Leistungserbringer oder der Leistungserbringerin nach Artikel 20a MWSTG vereinbaren, dass es die Einfuhr im eigenen Namen vornimmt, sofern es mindestens eine der beiden Bedingungen von Artikel 7 Absatz 3 MWSTG erfüllt.

1a. Kapitel: Mehrheit von Leistungen und Befreiung von der Einfuhrsteuer[2]

Art. 112 Sachgesamtheiten und Leistungskombinationen
(Art. 52 Abs. 3 und 19 Abs. 2 MWSTG)

¹ Wird bei der Einfuhr die Veranlagung nach Artikel 19 Absatz 2 MWSTG verlangt, so muss im Zeitpunkt der Zollanmeldung eine Kostenkalkulation eingereicht werden.

² Aus der Kostenkalkulation müssen ersichtlich sein:
   a. die Selbstkosten der einzelnen Leistungen;
   b. das Gesamtentgelt.

³ Kostenbestandteile, die den einzelnen Leistungen nicht vollständig zugeordnet werden können, wie Gemeinkosten, Gewinn oder Beförderungskosten, sind wertanteilig auf die einzelnen Leistungen aufzuteilen.

⁴ Das Bundesamt für Zoll und Grenzsicherheit (BAZG)[3] kann im Einzelfall zur Überprüfung der Kalkulation weitere Unterlagen einfordern.

Art. 113 Befreiung von der Mehrwertsteuer
(Art. 53 Abs. 2 MWSTG)[4]

Von der Einfuhrsteuer sind befreit:

a. Gegenstände für Staatsoberhäupter sowie für diplomatische, konsularische und internationale Stellen und deren Mitglieder, die nach Artikel 6 der Zollverordnung vom 1. November 2006[5] (ZV) zollfrei sind;
b. Särge, Urnen und Trauerschmuck, die nach Artikel 7 ZV zollfrei sind;
c. Ehrenpreise, Erinnerungszeichen und Ehrengaben, die nach Artikel 8 ZV zollfrei sind;
d. Speisewagenvorräte, die nach Artikel 10 ZV zollfrei sind;

---

[1] Fassung gemäss Ziff. I der V vom 21. Aug. 2024, in Kraft seit 1. Jan. 2025 (AS **2024** 485).
[2] Eingefügt durch Ziff. I der V vom 21. Aug. 2024, in Kraft seit 1. Jan. 2025 (AS **2024** 485).
[3] Die Bezeichnung der Verwaltungseinheit wurde in Anwendung von Art. 20 Abs. 2 der Publikationsverordnung vom 7. Okt. 2015 (AS **2015** 3989) auf den 1. Jan. 2022 angepasst. Diese Anpassung wurde im ganzen Text vorgenommen.
[4] Fassung gemäss Ziff. I der V vom 21. Aug. 2024, in Kraft seit 1. Jan. 2025 (AS **2024** 485).
[5] SR **631.01**

e. Vorräte, Ersatzteile und Ausrüstungsgegenstände auf Schiffen, die nach Artikel 11 ZV zollfrei sind;
f. Vorräte, Ersatzteile und Ausrüstungsgegenstände an Bord von Luftfahrzeugen, die nach Artikel 12 ZV zollfrei sind;
g.[1] ...

2. Kapitel: Bestimmung und Sicherstellung der Einfuhrsteuerschuld

Art. 114 Sicherheit bei Bezahlung der Steuer über das zentralisierte Abrechnungsverfahren des BAZG
(Art. 56 Abs. 3 MWSTG)

Wird die Steuer über das zentralisierte Abrechnungsverfahren (ZAZ) bezahlt, so kann das BAZG aufgrund ihrer Risikobeurteilung eine pauschale Sicherheit verlangen. Diese berechnet sich wie folgt:

a. mindestens 20 Prozent der innerhalb einer Periode von 60 Tagen aufgelaufenen Steuer, sofern der Importeur oder die Importeurin bei der ESTV als steuerpflichtige Person eingetragen ist und die Bedingungen des ZAZ eingehalten werden;
b. 100 Prozent der innerhalb einer Periode von 60 Tagen aufgelaufenen Steuer, sofern der Importeur oder die Importeurin bei der ESTV nicht als steuerpflichtige Person eingetragen ist oder die Bedingungen des ZAZ nicht eingehalten werden.

Art. 115 Höhe der Sicherheit bei bedingt entstandener Steuerforderung und bei Zahlungserleichterungen
(Art. 56 Abs. 3 MWSTG)

[1] Die Höhe der Sicherheit beträgt bei bedingt entstandenen Steuerforderungen oder in Fällen, in denen Zahlungserleichterungen nach Artikel 76 Absatz 1 ZG[2] gewährt werden:

a. 100 Prozent bei der Lagerung von Massengütern;
a^{bis}.[3] höchstens 10 Prozent für den nach Artikel 42a ZG zugelassenen Wirtschaftsbeteiligten («Authorised Economic Operator», AEO);
b. mindestens 25 Prozent in den übrigen Fällen.

[2] Bei internationalen Transiten richtet sich die Höhe der Sicherheit nach den völkerrechtlichen Verträgen.

Art. 116 Nachträgliche Anpassung der Entgelte
(Art. 56 Abs. 5 MWSTG)

[1] Die Meldung einer nachträglichen Anpassung der Entgelte muss folgende Informationen enthalten:

a. Anfangs- und Enddatum der Periode, für welche die Entgelte nachträglich angepasst werden;
b. die in dieser Periode berechneten Entgelte;
c. das Total der Entgeltsanpassungen;
d. die Aufteilung der Entgeltsanpassung auf die verschiedenen Steuersätze.

---

[1] Aufgehoben durch Ziff. I der V vom 21. Aug. 2024, mit Wirkung seit 1. Jan. 2025 (AS **2024** 485).
[2] SR **631.0**
[3] Eingefügt durch Anhang Ziff. 2 der V vom 18. Nov. 2015, in Kraft seit 1. Jan. 2016 (AS **2015** 4917).

² Für die Ermittlung der Entgeltsanpassung herangezogene Preis- oder Wertangaben in ausländischer Währung sind nach dem durchschnittlichen Devisenkurs (Verkauf) der Periode in Schweizerfranken umzurechnen.

³ Das BAZG kann im Einzelfall zur Bestimmung der Einfuhrsteuerschuld weitere Unterlagen einfordern.

3. Kapitel: Verlagerung der Steuerentrichtung

Art. 117 Verlagerung der Entrichtung der Einfuhrsteuer
(Art. 63 MWSTG)

¹ Wer Steuern im Verlagerungsverfahren entrichten will, bedarf einer Bewilligung der ESTV.

² Bestehen Zweifel darüber, ob die Voraussetzungen für die Verlagerung der Einfuhrsteuer erfüllt sind, so erhebt das BAZG die Steuer.

³ Die Verjährung der verlagerten Einfuhrsteuerschuld richtet sich nach Artikel 42 MWSTG.

⁴ Die ESTV regelt den Vollzug im Einvernehmen mit dem BAZG.

Art. 118 Bewilligungsvoraussetzungen
(Art. 63 MWSTG)

¹ Die Bewilligung wird erteilt, wenn die steuerpflichtige Person:
 a. die Mehrwertsteuer nach der effektiven Methode abrechnet;
 b. im Rahmen ihrer unternehmerischen Tätigkeit regelmässig Gegenstände importiert und exportiert;
 c. über diese Gegenstände eine detaillierte Einfuhr-, Lager- und Ausfuhrkontrolle führt;
 d.¹ in ihren periodischen Steuerabrechnungen mit der ESTV regelmässig Vorsteuerüberschüsse aus Ein- und Ausfuhren von Gegenständen nach Buchstabe b von mehr als 10 000 Franken pro Jahr ausweist, die aus der Entrichtung der Einfuhrsteuer an das BAZG herrühren; und
 e. Gewähr bietet für einen ordnungsgemässen Ablauf des Verfahrens.

¹ᵇⁱˢ Leistungserbringern oder Leistungserbringerinnen nach Artikel 20a MWSTG, gegen die eine administrative Massnahme nach Artikel 79a MWSTG verfügt war, kann die Bewilligung für die Anwendung des Verlagerungsverfahrens auf Antrag hin ab dem Folgetag der Aufhebung der Verfügung erteilt werden.²

² Die Erteilung oder Aufrechterhaltung der Bewilligung kann von der Leistung von Sicherheiten in Höhe der mutmasslichen Ansprüche abhängig gemacht werden.

Art. 119 Wegfall der Bewilligungsvoraussetzungen
(Art. 63 MWSTG)

Fällt eine der Voraussetzungen der Bewilligung nach Artikel 118 Absatz 1 Buchstaben a–d weg, so muss die steuerpflichtige Person die ESTV unverzüglich schriftlich benachrichtigen.

---

¹ Fassung gemäss Ziff. I der V vom 18. Okt. 2017, in Kraft seit 1. Jan. 2018 (AS **2017** 6307).
² Eingefügt durch Ziff. I der V vom 21. Aug. 2024, in Kraft seit 1. Jan. 2025 (AS **2024** 485).

Art. 120[1] Entzug der Bewilligung
(Art. 63 MWSTG)

1 Die Bewilligung wird entzogen, wenn die steuerpflichtige Person nicht mehr Gewähr für einen ordnungsgemässen Ablauf des Verfahrens bietet.

2 Leistungserbringern oder Leistungserbringerinnen nach Artikel 20a MWSTG, gegen die eine administrative Massnahme nach Artikel 79a MWSTG verfügt wird, wird die Bewilligung mit Wirkung ab dem Tag nach dem Erlass der Verfügung entzogen.

Art. 121 Nichterhebung der Inlandsteuer
(Art. 63 Abs. 2 MWSTG)

Für die Bewilligung nach Artikel 63 Absatz 2 MWSTG gelten die Artikel 118–120 sinngemäss.

5. Titel: Verfahrensrecht für die Inland- und die Bezugsteuer

1. Kapitel: Rechte und Pflichten der steuerpflichtigen Person

1. Abschnitt: …

Art. 121a[2] …

1a. Abschnitt: Papierlose Belege, elektronische Verfahren[3]

Art. 122[4] Papierlose Belege
(Art. 70 Abs. 4 MWSTG)[5]

Für die Übermittlung und Aufbewahrung papierloser Belege gelten die Artikel 957–958f des Obligationenrechts[6] und die Geschäftsbücherverordnung vom 24. April 2002[7]. N 4

Art. 123[8] Elektronische Verfahren
(Art. 65a MWSTG)

1 Wird das elektronische Verfahren vorgeschrieben, so müssen sämtliche Eingaben an die ESTV elektronisch über das hierfür vorgesehene Portal erfolgen.

2 Das elektronische Verfahren wird vorgeschrieben für:

a. …
b. die jährliche Abrechnung (Art. 35a und 86a MWSTG);
c. …

---

[1] Fassung gemäss Ziff. I der V vom 21. Aug. 2024, in Kraft seit 1. Jan. 2025 (AS **2024** 485).
[2] Eingefügt durch Ziff. I der V vom 18. Okt. 2017 (AS **2017** 6307). Aufgehoben durch Ziff. I der V vom 21. Aug. 2024, mit Wirkung seit 1. Jan. 2025 (AS **2024** 485).
[3] Eingefügt durch Ziff. I der V vom 18. Okt. 2017 (AS **2017** 6307). Fassung gemäss Ziff. I der V vom 16. Juni 2023, in Kraft seit 1. Jan. 2024 (AS **2023** 312).
[4] Fassung gemäss Ziff. I der V vom 18. Okt. 2017, in Kraft seit 1. Jan. 2018 (AS **2017** 6307).
[5] Eingefügt durch Ziff. I der V vom 16. Juni 2023, in Kraft seit 1. Jan. 2024 (AS **2023** 312).
[6] SR **220**
[7] SR **221.431**
[8] Fassung gemäss Ziff. I der V vom 21. Aug. 2024, in Kraft seit 1. Jan. 2025, Abs. 2 Bst. a, c, d und f treten am 1. Jan. 2027 in Kraft (AS **2024** 485).

d. ...
e. die Anmeldung als steuerpflichtige Person (Art. 66 Abs. 1 MWSTG);
f. ...
g. die Einreichung der Abrechnung (Art. 71 MWSTG);
h. die nachträglichen Korrekturen der Abrechnung (Art. 72 MWSTG).

> ☞ *Art. 123 Abs. 2 Bst. a, c, d und f wird gemäss VO vom 21.8.2024 über die Änderung der MWSTV (Teilrevision), abschliessende Inkraftsetzung, per 1.1.2027 wie folgt neu eingefügt:*
>
> *² Das elektronische Verfahren wird vorgeschrieben für:*
>
> *a. die Gruppenbesteuerung (Art. 13 MWSTG);*
>
> *...*
>
> *c. die Saldosteuersatzmethode (Art. 37 Abs. 1–4 MWSTG);*
>
> *d. die Pauschalsteuersatzmethode (Art. 37 Abs. 5 MWSTG);*
>
> *...*
>
> *f. die Abmeldung als steuerpflichtige Person (Art. 66 Abs. 2 MWSTG);*

Art. 124 und 125[1]

...

2. Abschnitt: Abrechnung

Art. 126 Effektive Abrechnungsmethode
(Art. 71 und 72 MWSTG)

¹ Bei der effektiven Abrechnungsmethode muss die steuerpflichtige Person für die Abrechnung mit der ESTV die folgenden Werte in geeigneter Weise festhalten:

a. das Total aller der Inlandsteuer unterliegenden Entgelte; dieses umfasst namentlich die Entgelte für:
   1. besteuerte Leistungen, aufgeteilt nach Steuersätzen,
   2. Leistungen, die nach Artikel 22 MWSTG freiwillig versteuert werden (Option),
   3. Leistungen, die nach Artikel 23 MWSTG von der Steuer befreit sind,
   4. Leistungen an Begünstigte nach Artikel 2 GSG[2], die nach Artikel 143 dieser Verordnung von der Mehrwertsteuer befreit sind,
   5. Leistungen, für die das Meldeverfahren nach Artikel 38 MWSTG angewendet wurde,
   6. Leistungen, die nach Artikel 21 MWSTG von der Steuer ausgenommen sind;
b. Minderungen des Entgelts bei Abrechnung nach vereinbarten Entgelten, soweit sie nicht in einer anderen Position berücksichtigt sind;
c. die nicht im Anwendungsbereich der Mehrwertsteuer liegenden:
   1. Entgelte aus Leistungen, deren Ort nach den Artikeln 7 und 8 MWSTG im Ausland liegt,
   2. nicht als Entgelte geltenden Mittelflüsse nach Artikel 18 Absatz 2 Buchstaben a–c MWSTG,

---

[1] Aufgehoben durch Ziff. I der V vom 18. Okt. 2017, mit Wirkung seit 1. Jan. 2018 (AS **2017** 6307).
[2] SR **192.12**

3. andere nicht als Entgelte geltende Mittelflüsse nach Artikel 18 Absatz 2 Buchstaben d–l MWSTG;
d. das Total der Entgelte für der Bezugsteuer unterliegende Leistungen, aufgeteilt nach Steuersätzen;
e. das Total aller abziehbaren Vorsteuern, vor den Korrekturen und Kürzungen nach Buchstabe f, aufgeteilt in:
   1. Vorsteuer auf Material- und Dienstleistungsaufwand,
   2. Vorsteuer auf Investitionen und übrigem Betriebsaufwand,
   3. Einlageentsteuerung;
f. die Beträge, um die der Vorsteuerabzug korrigiert oder gekürzt werden muss infolge:
   1. gemischter Verwendung nach Artikel 30 MWSTG,
   2. Eigenverbrauchs nach Artikel 31 MWSTG,
   3. Erhalts von Mittelflüssen, die nicht als Entgelt gelten, nach Artikel 33 Absatz 2 MWSTG;
g. das Total der im Verlagerungsverfahren abgerechneten Einfuhrsteuer.

² Die ESTV kann mehrere Werte nach Absatz 1 unter einer Ziffer des Abrechnungsformulars zusammenfassen oder darauf verzichten, sie im Rahmen der periodischen Abrechnung zu verlangen.

Art. 127 Abrechnung nach der Saldosteuersatz- oder der Pauschalsteuersatzmethode
(Art. 71 und 72 MWSTG)

¹ Bei der Saldosteuersatz- und der Pauschalsteuersatzmethode muss die steuerpflichtige Person für die Abrechnung mit der ESTV die folgenden Werte in geeigneter Weise festhalten:
a. das Total aller der Inlandsteuer unterliegenden Entgelte; dieses umfasst namentlich die Entgelte für:
   1. besteuerte Leistungen, aufgeteilt nach Saldosteuersätzen beziehungsweise Pauschalsteuersätzen,
   2. Leistungen, die nach Artikel 23 MWSTG von der Steuer befreit sind,
   3. Leistungen an Begünstigte nach Artikel 2 GSG[1], die nach Artikel 143 dieser Verordnung von der Mehrwertsteuer befreit sind,
   4. Leistungen, für die das Meldeverfahren nach Artikel 38 MWSTG angewendet wurde,
   5. Leistungen, die nach Artikel 21 MWSTG von der Steuer ausgenommen sind;
b. Minderungen des Entgelts bei Abrechnung nach vereinbarten Entgelten, soweit sie nicht in einer anderen Position berücksichtigt sind;
c. die nicht im Anwendungsbereich der Mehrwertsteuer liegenden:
   1. Entgelte aus Leistungen, deren Ort nach den Artikeln 7 und 8 MWSTG im Ausland liegt,
   2. nicht als Entgelte geltenden Mittelflüsse nach Artikel 18 Absatz 2 Buchstaben a–c MWSTG,
   3. anderen nicht als Entgelte geltenden Mittelflüsse nach Artikel 18 Absatz 2 Buchstaben d–l MWSTG;

---

[1] SR **192.12**

d. das Total der Entgelte für der Bezugsteuer unterliegende Leistungen, aufgeteilt nach Steuersätzen;
e. und f.[1] ...
g.[2] die Korrekturen nach den Artikeln 79 Absätze 3 und 4, 81 Absätze 5 und 6 sowie 83 Absatz 1.

² Die ESTV kann mehrere Werte nach Absatz 1 unter einer Ziffer des Abrechnungsformulars zusammenfassen oder darauf verzichten, sie im Rahmen der periodischen Abrechnung zu verlangen.

Art. 128 Zusätzliche Unterlagen
(Art. 71 und 72 MWSTG)

¹ Die ESTV kann von der steuerpflichtigen Person die Einreichung namentlich folgender Unterlagen verlangen:

a. eine Zusammenfassung der in Artikel 126 beziehungsweise 127 genannten Angaben für die gesamte Steuerperiode (Deklaration für die Steuerperiode);
b. die rechtsgültig unterzeichnete Jahresrechnung oder, wenn die steuerpflichtige Person nicht buchführungspflichtig ist, eine Aufstellung über die Einnahmen und Ausgaben sowie über das Geschäftsvermögen zu Beginn und am Ende der Steuerperiode;
c. den Revisionsbericht, soweit für die steuerpflichtige Person ein solcher zu erstellen ist;
d. eine Umsatzabstimmung nach Absatz 2;
e. bei steuerpflichtigen Personen, die nach der effektiven Methode abrechnen, eine Vorsteuerabstimmung nach Absatz 3;
f. bei steuerpflichtigen Personen, die nach der effektiven Methode abrechnen, eine Aufstellung über die Berechnung der vorgenommenen Vorsteuerkorrekturen und -kürzungen, aus der die Vorsteuerkorrekturen nach Artikel 30 MWSTG, die Eigenverbrauchstatbestände nach Artikel 31 MWSTG und die Vorsteuerabzugskürzungen nach Artikel 33 Absatz 2 MWSTG ersichtlich sind.

² Aus der Umsatzabstimmung muss ersichtlich sein, wie die Deklaration für die Steuerperiode unter Berücksichtigung der verschiedenen Steuersätze beziehungsweise der Saldo- oder Pauschalsteuersätze mit dem Jahresabschluss in Übereinstimmung gebracht wird. Namentlich zu berücksichtigen sind:

a. der in der Jahresrechnung ausgewiesene Betriebsumsatz;
b. die Erträge, die auf Aufwandkonten verbucht wurden (Aufwandminderungen);
c. die konzerninternen Verrechnungen, die nicht im Betriebsumsatz enthalten sind;
d. die Verkäufe von Betriebsmitteln;
e. die Vorauszahlungen;
f. die übrigen Zahlungseingänge, die nicht im ausgewiesenen Betriebsumsatz enthalten sind;
g. die geldwerten Leistungen;
h. die Erlösminderungen;
i. die Debitorenverluste; und
j. die Abschlussbuchungen wie die zeitlichen Abgrenzungen, die Rückstellungen und internen Umbuchungen, die nicht umsatzrelevant sind.

---

[1] Aufgehoben durch Ziff. I der V vom 21. Aug. 2024, mit Wirkung seit 1. Jan. 2025 (AS **2024** 485).
[2] Eingefügt durch Ziff. I der V vom 21. Aug. 2024, in Kraft seit 1. Jan. 2025 (AS **2024** 485).

³ Aus der Vorsteuerabstimmung muss ersichtlich sein, dass die Vorsteuern gemäss Vorsteuerkonti oder sonstigen Aufzeichnungen mit den deklarierten Vorsteuern abgestimmt wurden.

⁴ Die Einforderung zusätzlicher Unterlagen nach den Absätzen 1–3 stellt kein Einfordern von umfassenden Unterlagen im Sinne von Artikel 78 Absatz 2 MWSTG dar.

Art. 129 Korrektur
(Art. 72 MWSTG)

Die Korrektur von Mängeln in zurückliegenden Abrechnungen muss getrennt von den ordentlichen Abrechnungen erfolgen.

2. Kapitel: Auskunftspflicht von Drittpersonen
(Art. 73 Abs. 2 Bst. c MWSTG)

Art. 130

Die Auskunftspflicht von Drittpersonen nach Artikel 73 Absatz 2 Buchstabe c MWSTG gilt nicht für Unterlagen, die:

a. der auskunftspflichtigen Person zur Erbringung ihrer Leistung anvertraut worden sind;
b. die auskunftspflichtige Person zur Erbringung ihrer Leistung selbst erstellt hat.

3. Kapitel: Rechte und Pflichten der Behörden

1. Abschnitt: Datenschutz[1]

Art. 131[2] Datenschutzberatung
(Art. 76 Abs. 1 MWSTG)

¹ Die ESTV bezeichnet eine für die Datenschutz- und Datensicherheitsberatung verantwortliche Person.

² Diese überwacht die Einhaltung der Datenschutzbestimmungen und sorgt insbesondere für eine regelmässige Überprüfung der Richtigkeit und Sicherheit der Daten.

³ Sie sorgt ausserdem dafür, dass regelmässige Kontrollen betreffend die Richtigkeit und die vollständige Übertragung der erhobenen Daten auf Datenträger stattfinden.

Art. 132 Datenbearbeitung[3]
(Art. 76 Abs. 1 und 76a Abs. 1 und 2 MWSTG)

¹ Die Bearbeitung von Daten erfolgt im Rahmen der Erfüllung der gesetzlich vorgeschriebenen Aufgaben ausschliesslich durch Mitarbeitende der ESTV oder durch von der ESTV kontrolliertes Fachpersonal.

---

[1] Fassung gemäss Ziff. I der V vom 18. Okt. 2017, in Kraft seit 1. Jan. 2018 (AS **2017** 6307).
[2] Fassung gemäss Ziff. I der V vom 18. Okt. 2017, in Kraft seit 1. Jan. 2018 (AS **2017** 6307).
[3] Fassung gemäss Ziff. I der V vom 18. Okt. 2017, in Kraft seit 1. Jan. 2018 (AS **2017** 6307).

² Die ESTV kann Daten, die sie selbst erhebt oder zusammenstellt oder von Verfahrensbeteiligten, Drittpersonen oder Behörden erhält, in elektronischer oder anderer Form bearbeiten.[1]

³ ...[2]

Art. 133[3] Verantwortlichkeit für das Informationssystem
(Art. 76a Abs. 1 und 76d Bst. a MWSTG)

Die ESTV ist verantwortlich für den sicheren Betrieb und den Unterhalt des Informationssystems und die Rechtmässigkeit der Datenbearbeitung.

Art. 134[4] Datenkategorien
(Art. 76a Abs. 1 und 3 sowie 76d Bst. b und c MWSTG)

Die Daten, welche die ESTV nach Artikel 76a Absatz 3 MWSTG bearbeiten kann, sind die folgenden:

a. Angaben über die Identität von Personen: insbesondere Namen, Rechtsform, Handelsregistereintrag, Geburtsdatum oder Gründungszeitpunkt, Adresse, Wohn- und Geschäftssitz, Telekommunikationsnummern, E-Mail-Adresse, Heimatort, Bankverbindung, rechtlicher Vertreter oder rechtliche Vertreterin, AHV-Nummer[5];
b. Angaben über die wirtschaftlichen Tätigkeiten: Art der Geschäftstätigkeit, erzielte oder voraussichtliche Umsätze, Eintragungs- und Löschungszeitpunkt, Ort der Leistungserbringung sowie für die Erhebung der Mehrwertsteuer erforderliche Angaben über das Verbringen sowie die Ein- und Ausfuhr von Waren;
c. Angaben über die Einkommens- und Vermögensverhältnisse: insbesondere Angaben aus Geschäftsbüchern, betriebswirtschaftliche Zahlen, Liegenschaften, Barschaft, Post- und Bankkonten, Wertpapiere und sonstige bewegliche Wertsachen sowie unverteilte Erbschaften;
d. Angaben über die Steuerverhältnisse: Steuerabrechnungen;
e. Angaben über Schuldverhältnisse und Forderungszessionen: Dauer und Umfang von Forderungszessionen, Höhe steuerbarer zedierter Forderungen;
f. Angaben über Betreibungs-, Konkurs- und Arrestverfahren: Betreibungs-, Konkurs-, Nachlass- und Arrestverfahren, gerichtliche und aussergerichtliche auf den Bezug von Forderungen gerichtete Handlungen;
g. Angaben über die Befolgung von steuerrechtlichen Pflichten: Befolgung steuerrechtlicher Mitwirkungspflichten, fristgerechte Entrichtung geschuldeter Abgaben, Buchführungspflichten, Feststellungen, die im Rahmen einer Kontrolle gemacht wurden, sowie Angaben, die für das Sicherstellen des Bezugs der geschuldeten Steuern bei den steuerpflichtigen und mithaftenden Personen benötigt werden;
h. Angaben über den Verdacht auf Widerhandlungen, über Straftaten, beschlagnahmte Gegenstände und Beweismittel sowie über Strafverfahren: begründeter Verdacht auf Widerhandlungen, beschlagnahmte Gegenstände und Beweismittel, Straftaten sowie die daraus resultierenden Sanktionen und Nachforderungen nach Artikel 12 des Bundesgesetzes vom 22. März 1974[6] über das Verwaltungsstrafrecht; N 2

---

1 Fassung gemäss Ziff. I der V vom 18. Okt. 2017, in Kraft seit 1. Jan. 2018 (AS **2017** 6307).
2 Aufgehoben durch Ziff. I der V vom 18. Okt. 2017, mit Wirkung seit 1. Jan. 2018 (AS **2017** 6307).
3 Fassung gemäss Ziff. I der V vom 18. Okt. 2017, in Kraft seit 1. Jan. 2018 (AS **2017** 6307).
4 Fassung gemäss Ziff. I der V vom 18. Okt. 2017, in Kraft seit 1. Jan. 2018 (AS **2017** 6307).
5 Ausdruck gemäss Anhang Ziff. II 24 der V vom 17. Nov. 2021, in Kraft seit 1. Jan. 2022 (AS **2021** 800).
6 SR **313.0**

i. Angaben über Administrativverfahren: Daten über Verwaltungs- und Steuerjustizverfahren, die für das Ausstellen von Einschätzungsmitteilungen sowie für die Beurteilung von Steuerrückerstattungsansprüchen und Gesuchen um Steuererlass erforderlich sind;
j. Angaben über Amts- und Rechtshilfeverfahren: ersuchende Behörde, Datum und Gegenstand des Ersuchens, betroffene Personen, Verlauf des Verfahrens sowie Art der Massnahmen.

Art. 135[1] Statistiken
(Art. 76a Abs. 2 Bst. j MWSTG)

[1] Die ESTV erstellt und führt Statistiken, soweit es zur Erfüllung ihrer gesetzlichen Aufgaben erforderlich ist.

[2] Sie kann den Behörden des Bundes und der Kantone sowie weiteren interessierten Personen Daten zu statistischen Zwecken bekanntgeben, sofern diese anonymisiert sind und keine Rückschlüsse auf die betroffenen Personen erlauben. Artikel 10 Absätze 4 und 5 des Bundesstatistikgesetzes vom 9. Oktober 1992[2] sowie Artikel 14 Absatz 3 des Nationalbankgesetzes vom 3. Oktober 2003[3] bleiben vorbehalten.[4]

[3] Nicht anonymisierte Daten dürfen für interne Geschäftskontrollen und für die interne Geschäftsplanung verwendet werden.

Art. 135a[5] Bekanntgabe von Daten an das Bundesamt für Statistik
(Art. 76b und 76d Bst. d MWSTG)

Die ESTV darf dem Bundesamt für Statistik (BFS) zur Durchführung von statistischen Erhebungen die Mehrwertsteuerabrechnungen im Abrufverfahren zugänglich machen, sofern die steuerpflichtige Person gegenüber dem BFS ihr Einverständnis erklärt hat, dass dieses sich die Daten bei der ESTV beschafft.

Art. 136[6] Bekanntgabe von Daten an das BAZG
(Art. 76b Abs. 2 MWSTG)

Die ESTV macht den im BAZG mit der Erhebung und dem Einzug der Mehrwertsteuer betrauten Personen die Daten nach Artikel 134 in einem Abrufverfahren zugänglich, soweit diese Daten für die korrekte und vollständige Veranlagung der Einfuhrsteuer oder für die Durchführung von Straf- oder Administrativverfahren erforderlich sind.

Art. 137[7] Aufbewahrungsdauer, Vernichtung und Archivierung der Daten
(Art. 76c Abs. 1 und 76d Bst. e und f MWSTG)

[1] Die ESTV vernichtet die Daten spätestens nach Ablauf der in Artikel 70 Absätze 2 und 3 MWSTG beziehungsweise der in Artikel 105 MWSTG festgesetzten Fristen.

---

[1] Fassung gemäss Ziff. I der V vom 18. Okt. 2017, in Kraft seit 1. Jan. 2018 (AS **2017** 6307).
[2] SR **431.01**
[3] SR **951.11**
[4] Fassung gemäss Anhang 2 Ziff. II 73 der Datenschutzverordnung vom 31. Aug. 2022, in Kraft seit 1. Sept. 2023 (AS **2022** 568).
[5] Eingefügt durch Ziff. I der V vom 8. März 2019, in Kraft seit 1. April 2019 (AS **2019** 911).
[6] Fassung gemäss Ziff. I der V vom 18. Okt. 2017, in Kraft seit 1. Jan. 2018 (AS **2017** 6307).
[7] Fassung gemäss Ziff. I der V vom 18. Okt. 2017, in Kraft seit 1. Jan. 2018 (AS **2017** 6307).

Ausgenommen sind Daten, die für die Erhebung der Mehrwertsteuer immer wieder benötigt werden.

² Vor der Vernichtung werden die Daten dem Bundesarchiv nach dem Archivierungsgesetz vom 26. Juni 1998[1] zur Archivierung angeboten.

Art. 138[2] Auswertung des Internetangebots der ESTV
(Art. 76d MWSTG)

¹ Zur Auswertung ihres Internetangebots kann die ESTV die Daten von Personen bearbeiten, die von diesem Angebot Gebrauch machen (Logfiles).

² Die Daten dürfen nur für diese Auswertung und nur so lange wie nötig bearbeitet werden. Sie sind nach der Auswertung zu vernichten oder zu anonymisieren.

Art. 139[3] ...

2. Abschnitt: Sicherstellung der korrekten Steuerentrichtung[4]

Art. 140 Kontrolle
(Art. 78 Abs. 2 MWSTG)[5]

Ein Einfordern von umfassenden Unterlagen liegt vor, wenn die Geschäftsbücher eines Geschäftsjahres verlangt werden, sei es mit oder ohne die dazugehörigen Buchungsbelege.

Art. 140a[6] Vernichtungskosten
(Art. 79a Abs. 4 MWSTG)

Die Kosten für die von der ESTV verfügte Vernichtung der Gegenstände gehen zulasten der ESTV.

4. Kapitel: Verfügungs- und Rechtsmittelverfahren

Art. 141 Beschwerdeverfahren
(Art. 81 MWSTG)

Die ESTV ist im Sinn von Artikel 89 Absatz 2 Buchstabe a des Bundesgerichtsgesetzes vom 17. Juni 2005[7] zur Beschwerde an das Bundesgericht berechtigt.

Art. 142 Betreibungskosten
(Art. 86 MWSTG)

Wird die Betreibung nach Artikel 86 Absatz 9 MWSTG zurückgezogen, so trägt die steuerpflichtige Person die angefallenen Betreibungskosten.

---

[1] SR **152.1**
[2] Fassung gemäss Ziff. I der V vom 18. Okt. 2017, in Kraft seit 1. Jan. 2018 (AS **2017** 6307).
[3] Aufgehoben durch Ziff. I der V vom 18. Okt. 2017, mit Wirkung seit 1. Jan. 2018 (AS **2017** 6307).
[4] Fassung gemäss Ziff. I der V vom 21. Aug. 2024, in Kraft seit 1. Jan. 2025 (AS **2024** 485).
[5] Eingefügt durch Ziff. I der V vom 21. Aug. 2024, in Kraft seit 1. Jan. 2025 (AS **2024** 485).
[6] Eingefügt durch Ziff. I der V vom 21. Aug. 2024, in Kraft seit 1. Jan. 2025 (AS **2024** 485).
[7] SR **173.110**

6. Titel: Entlastung von der Mehrwertsteuer für Begünstigte, die nach dem GSG von der Mehrwertsteuer befreit sind

Art. 143 Anspruchsberechtigung für die Steuerentlastung
(Art. 107 Abs. 1 Bst. a MWSTG)

1 Anspruch auf Entlastung von der Mehrwertsteuer haben institutionelle Begünstigte und begünstigte Personen.

2 Als institutionelle Begünstigte gelten:
   a. Begünstigte nach Artikel 2 Absatz 1 GSG[1], die aufgrund des Völkerrechts, einer mit dem Bundesrat abgeschlossenen Vereinbarung über die Befreiung von den indirekten Steuern oder eines Entscheids des Eidgenössischen Departements für auswärtige Angelegenheiten (EDA) nach Artikel 26 Absatz 3 GSG von den indirekten Steuern befreit sind;
   b. Begünstigte nach Artikel 2 Absatz 1 GSG mit Sitz im Ausland, sofern sie durch die Gründungsakte, ein Protokoll über die Vorrechte und Immunitäten oder sonstige völkerrechtliche Vereinbarungen von den indirekten Steuern befreit sind.

3 Als begünstigte Personen gelten:
   a. Staatsoberhäupter sowie Regierungschefs und Regierungschefinnen während der tatsächlichen Ausübung einer offiziellen Funktion in der Schweiz sowie die zu ihrer Begleitung berechtigten Personen, die den diplomatischen Status geniessen;
   b. diplomatische Vertreter und Vertreterinnen, Konsularbeamte und Konsularbeamtinnen sowie die zu ihrer Begleitung berechtigten Personen, sofern sie in der Schweiz denselben diplomatischen Status wie diese geniessen;
   c. hohe Beamte und Beamtinnen von institutionellen Begünstigten nach Absatz 2 Buchstabe a, die in der Schweiz diplomatischen Status geniessen, sowie die zu ihrer Begleitung berechtigten Personen, sofern sie denselben diplomatischen Status geniessen, wenn sie aufgrund einer Vereinbarung zwischen dem Bundesrat oder dem EDA und dem betreffenden institutionellen Begünstigten oder aufgrund eines einseitigen Entscheids des Bundesrates oder des EDA von den indirekten Steuern befreit sind;
   d. die Delegierten internationaler Konferenzen, die diplomatischen Status geniessen, wenn die internationale Konferenz, an der sie teilnehmen, in Übereinstimmung mit Absatz 2 Buchstabe a selbst von den indirekten Steuern befreit ist;
   e. die ein internationales Mandat ausübenden Persönlichkeiten nach Artikel 2 Absatz 2 Buchstabe b GSG, die in der Schweiz diplomatischen Status geniessen und aufgrund eines Entscheids des Bundesrates von den indirekten Steuern befreit sind, sowie die zu ihrer Begleitung berechtigten Personen, sofern sie denselben diplomatischen Status geniessen.

4 Keinen Anspruch auf Steuerentlastung haben Personen mit Schweizer Bürgerrecht.

5 Die Entlastung von der Mehrwertsteuer wird durch die Steuerbefreiung an der Quelle nach den Artikeln 144 und 145 und ausnahmsweise durch die Rückerstattung nach Artikel 146 bewirkt.

---

[1] SR **192.12**

Art. 144 Steuerbefreiung
(Art. 107 Abs. 1 Bst. a MWSTG)

¹ Von der Steuer befreit sind:

a. die Lieferungen von Gegenständen und die Dienstleistungen im Inland durch steuerpflichtige Personen an institutionelle Begünstigte und begünstigte Personen;

b.¹ der Bezug von Leistungen von Unternehmen mit Sitz im Ausland durch institutionelle Begünstigte und begünstigte Personen.

² Die Steuerbefreiung gilt nur für Lieferungen und Dienstleistungen:

a. an begünstigte Personen, wenn sie ausschliesslich zum persönlichen Gebrauch bestimmt sind;

b. an institutionelle Begünstigte, wenn sie ausschliesslich zum amtlichen Gebrauch bestimmt sind.

Art. 145 Voraussetzungen für die Steuerbefreiung
(Art. 107 Abs. 1 Bst. a MWSTG)

¹ Ein institutioneller Begünstigter, der die Steuerbefreiung beanspruchen will, muss vor jedem Bezug von Leistungen auf dem amtlichen Formular bescheinigen, dass die bezogenen Leistungen zum amtlichen Gebrauch bestimmt sind.

² Eine begünstigte Person, welche die Steuerbefreiung beanspruchen will, muss sich vor jedem Bezug von Leistungen von dem institutionellen Begünstigten, dem sie angehört, auf dem amtlichen Formular bescheinigen lassen, dass sie den Status nach Artikel 143 Absatz 3 geniesst, der sie zum steuerfreien Bezug berechtigt. Die begünstigte Person muss das eigenhändig unterzeichnete amtliche Formular dem Leistungserbringer oder der Leistungserbringerin übergeben und sich bei jedem Bezug von Leistungen mit der von der zuständigen eidgenössischen Behörde ausgestellten Legitimationskarte ausweisen.

³ Die Steuerbefreiung nach Artikel 144 Absatz 1 Buchstabe a kann nur in Anspruch genommen werden, wenn der effektive Bezugspreis der in der Rechnung oder einem gleichwertigen Dokument ausgewiesenen Leistungen insgesamt mindestens 100 Franken einschliesslich Steuer beträgt. Dieser Mindestbetrag gilt nicht für Telekommunikations- und elektronische Dienstleistungen nach Artikel 10 sowie für Lieferungen von Wasser in Leitungen, Gas und Elektrizität durch Versorgungsbetriebe.

⁴ Die Voraussetzungen nach den Absätzen 1–3 für die Beanspruchung einer Steuerbefreiung gelten nicht für Bezüge von Treibstoff, für die der institutionelle Begünstigte oder die begünstigte Person auf Grund der Artikel 26–28 der Mineralölsteuerverordnung vom 20. November 1996², der Artikel 30 und 31 der Verordnung vom 23. August 1989³ über Zollvorrechte der diplomatischen Missionen in Bern und der konsularischen Posten in der Schweiz sowie der Artikel 28 und 29 der Verordnung vom 13. November 1985⁴ über Zollvorrechte der internationalen Organisationen, der Staaten in ihren Beziehungen zu diesen Organisationen und der Sondermissionen fremder Staaten die Befreiung von der Mineralölsteuer beanspruchen kann. In

---

¹ Fassung gemäss Ziff. I der V vom 18. Okt. 2017, in Kraft seit 1. Jan. 2018 (AS **2017** 6307).
² SR **641.611**
³ SR **631.144.0**
⁴ SR **631.145.0**

diesem Fall muss der Leistungserbringer oder die Leistungserbringerin nachweisen können, dass das BAZG die Mineralölsteuer nicht erhoben oder rückvergütet hat.

Art. 146 Steuerrückerstattung
(Art. 107 Abs. 1 Bst. a MWSTG)

1 In begründeten Einzelfällen kann die ESTV auf Antrag bereits bezahlte Steuerbeträge, für die ein Anspruch auf Steuerentlastung besteht, zurückerstatten; sie kann dafür, im Einvernehmen mit dem EDA, eine Bearbeitungsgebühr erheben.

2 Für die Steuerrückerstattung gilt Artikel 145 Absatz 3 sinngemäss.

3 Ein institutioneller Begünstigter kann pro Kalenderjahr höchstens zwei Anträge auf Steuerrückerstattung stellen. Er muss dafür das amtliche Formular benutzen.

4 Begünstigte Personen können pro Kalenderjahr höchstens einen Antrag auf Steuerrückerstattung stellen. Die Anträge der begünstigten Personen sind durch die Einrichtung, der sie angehören, zur einmaligen jährlichen Einreichung zusammenzustellen.

5 Die ESTV kann, im Einvernehmen mit dem EDA, einen Mindestrückerstattungsbetrag pro Antrag festsetzen. Auf Rückerstattungsbeträgen wird kein Vergütungszins ausgerichtet.

Art. 147 Aufbewahrungspflicht
(Art. 107 Abs. 1 Bst. a MWSTG)

Die steuerpflichtige Person muss die verwendeten amtlichen Formulare im Original zusammen mit den übrigen Belegen vollständig nach Artikel 70 Absatz 2 MWSTG aufbewahren. Bezüglich elektronisch übermittelter und aufbewahrter amtlicher Formulare gilt Artikel 122[1] sinngemäss.

Art. 148 Vorsteuerabzug
(Art. 107 Abs. 1 Bst. a MWSTG)

Die Steuer auf den Lieferungen und den Einfuhren von Gegenständen sowie den Dienstleistungen, die zur Bewirkung von steuerfreien Leistungen an institutionelle Begünstigte und begünstigte Personen verwendet werden, kann als Vorsteuer abgezogen werden.

Art. 149 Steuernachbezug und Widerhandlungen
(Art. 107 Abs. 1 Bst. a MWSTG)

1 Sind die Voraussetzungen der Steuerbefreiung nach den Artikeln 144 und 145 nicht gegeben oder entfallen sie nachträglich, so ist in Fällen der Steuerbefreiung nach Artikel 144 Absatz 1 Buchstabe a der institutionelle Begünstigte oder die begünstigte Person verpflichtet, der steuerpflichtigen Person den auf die Steuer entfallenden Betrag zu bezahlen. Wird dieser Betrag nicht bezahlt, so wird er von der steuerpflichtigen Person geschuldet, sofern diese ein Verschulden trifft. Beim Bezug von Dienstleistungen von Unternehmen mit Sitz im Ausland sind die institutionellen Begünstigten und begünstigten Personen verpflichtet, die Steuer nachzuentrichten.

---

[1] Der Verweis wurde in Anwendung von Art. 12 Abs. 2 des Publikationsgesetzes vom 18. Juni 2004 (SR **170.512**) auf den 1. Jan. 2018 angepasst.

² Die Bestimmungen der Wiener Übereinkommen vom 18. April 1961[1] über diplomatische Beziehungen und vom 24. April 1963[2] über konsularische Beziehungen sowie der Sitzabkommen bleiben vorbehalten.

Art. 150[3] Freiwillige Versteuerung von ausgenommenen Leistungen
(Art. 107 Abs. 1 Bst. a MWSTG)

Die in Artikel 21 Absatz 2 Ziffern 20 und 21 MWSTG genannten Leistungen ohne den Wert des Bodens können freiwillig versteuert werden, sofern sie gegenüber institutionellen Begünstigten nach Artikel 143 Absatz 2 Buchstabe a erbracht werden, unabhängig davon, ob der institutionelle Begünstigte im Inland steuerpflichtig ist. Diese Option ist beschränkt auf Grundstücke und Grundstücksteile, die:

a. administrativen Zwecken dienen, namentlich Büros, Konferenzsäle, Lager, Parkplätze; oder
b. ausschliesslich für die Residenz des Chefs oder der Chefin einer diplomatischen Mission, einer ständigen Mission oder anderen Vertretung bei zwischenstaatlichen Organisationen oder eines konsularischen Postens bestimmt sind.

7. Titel: Vergütung der Mehrwertsteuer an Abnehmer und Abnehmerinnen mit Wohn- oder Geschäftssitz im Ausland

Art. 151 Anspruchsberechtigte
(Art. 107 Abs. 1 Bst. b MWSTG)

¹ Anspruch auf Vergütung der angefallenen Steuern nach Artikel 28 Absatz 1 Buchstaben a und c MWSTG hat, wer Gegenstände einführt oder sich in der Schweiz Leistungen gegen Entgelt erbringen lässt und zudem:[4]

a. Wohnsitz, Geschäftssitz oder Betriebstätte im Ausland hat;
b. im Inland nicht steuerpflichtige Person ist;
c. unter Vorbehalt von Absatz 2 im Inland keine Leistungen erbringt; und
d. seine oder ihre Unternehmereigenschaft im Land des Wohnsitzes, des Geschäftssitzes oder der Betriebsstätte gegenüber der ESTV nachweist.

² Der Anspruch auf Steuervergütung bleibt gewahrt, wenn:

a. die Person nach Artikel 10 Absatz 2 Buchstabe b MWSTG von der Steuerpflicht befreit ist;
b. sie nicht auf diese Befreiung verzichtet; und
c. die Befreiung nicht ausschliesslich auf Artikel 10 Absatz 2 Buchstabe b Ziffer 1bis MWSTG zurückzuführen ist.[5]

³ Die Steuervergütung setzt voraus, dass der Staat des Wohn- oder Geschäftssitzes beziehungsweise der Betriebstätte des antragstellenden ausländischen Unternehmens ein entsprechendes Gegenrecht gewährt.

---

[1] SR **0.191.01**
[2] SR **0.191.02**
[3] Fassung gemäss Ziff. I der V vom 21. Aug. 2024, in Kraft seit 1. Jan. 2025 (AS **2024** 485).
[4] Fassung gemäss Ziff. I der V vom 18. Okt. 2017, in Kraft seit 1. Jan. 2018 (AS **2017** 6307).
[5] Fassung gemäss Ziff. I der V vom 21. Aug. 2024, in Kraft seit 1. Jan. 2025 (AS **2024** 485).

Art. 152 Gegenrecht
(Art. 107 Abs. 1 Bst. b MWSTG)

¹ Gegenrecht gilt als gewährt, wenn:

a. Unternehmen mit Wohn- oder Geschäftssitz in der Schweiz im betreffenden ausländischen Staat für die auf dort bezogenen Leistungen bezahlte Mehrwertsteuer ein Vergütungsanspruch zusteht, der bezüglich Umfang und Einschränkungen dem Vorsteuerabzugsrecht entspricht, das im ausländischen Staat ansässige Unternehmen geniessen;
b. im betreffenden ausländischen Staat keine mit der schweizerischen Mehrwertsteuer vergleichbare Steuer erhoben wird; oder
c. im betreffenden ausländischen Staat eine andere Art von Umsatzsteuer als die schweizerische Mehrwertsteuer erhoben wird, die Unternehmen mit Wohn- oder Geschäftssitz im ausländischen Staat gleich belastet wie Unternehmen mit Wohn- oder Geschäftssitz in der Schweiz.

² Die ESTV führt eine Liste mit den Staaten, mit denen nach Absatz 1 Buchstabe a eine Gegenrechtserklärung ausgetauscht wurde.

Art. 153 Umfang der Steuervergütung
(Art. 107 Abs. 1 Bst. b MWSTG)

¹ Die Steuervergütung entspricht bezüglich Umfang und Einschränkungen dem Vorsteuerabzugsrecht nach den Artikeln 28–30 und 33 Absatz 2 MWSTG. Eine Vergütung erfolgt höchstens in der Höhe des für die Leistung gesetzlich vorgesehenen Steuersatzes. Bezahlte Mehrwertsteuer auf Leistungen, die nach dem MWSTG nicht der Mehrwertsteuer unterliegen oder davon befreit sind, wird nicht vergütet.[1]

² Reisebüros mit Sitz im Ausland haben keinen Anspruch auf Vergütung der Steuern, die ihnen in der Schweiz beim Bezug von Lieferungen und Dienstleistungen, die sie den Kunden und Kundinnen weiterfakturieren, in Rechnung gestellt worden sind.[2]

³ Rückzahlbare Steuern werden nur vergütet, wenn deren Betrag in einem Kalenderjahr mindestens 500 Franken erreicht.

Art. 154[3] Vergütungsperiode
(Art. 107 Abs. 1 Bst. b MWSTG)

¹ Die Vergütungsperiode entspricht dem Kalenderjahr. Der Antrag auf Vergütung ist innerhalb von sechs Monaten nach Ablauf des Kalenderjahrs zu stellen, in dem die Leistung in Rechnung gestellt wurde.

² Wird der Leistungserbringer oder die Leistungserbringerin steuerpflichtig, so endet die Vergütungsperiode in diesem Zeitpunkt. Der Antrag auf Vergütung für diese Periode ist zusammen mit der ersten Mehrwertsteuerabrechnung einzureichen.

---

[1] Fassung gemäss Ziff. I der V vom 18. Okt. 2017, in Kraft seit 1. Jan. 2018 (AS **2017** 6307).
[2] Fassung gemäss Ziff. I der V vom 21. Aug. 2024, in Kraft seit 1. Jan. 2025 (AS **2024** 485).
[3] Fassung gemäss Ziff. I der V vom 15. Aug. 2018, in Kraft seit 1. Jan. 2019 (AS **2018** 3143).

Art. 155 Verfahren
(Art. 107 Abs. 1 Bst. b MWSTG)

¹ Der Antrag auf Steuervergütung ist mit den Rechnungen der Leistungserbringer und Leistungserbringerinnen oder mit den Veranlagungsverfügungen des BAZG an die ESTV zu richten. Die Rechnungen müssen die Anforderungen nach Artikel 26 Absatz 2 MWSTG erfüllen und auf den Namen des Antragstellers oder der Antragstellerin lauten.[1]

² Für den Antrag ist das Formular der ESTV zu verwenden.

³ Der Antragsteller oder die Antragstellerin muss eine Vertretung mit Wohn- oder Geschäftssitz in der Schweiz bestellen.

⁴ Die auf Kassenzetteln ausgewiesene Steuer kann nicht rückerstattet werden.

⁵ Die ESTV kann weitere Angaben und Unterlagen verlangen.

Art. 156 Vergütungszins
(Art. 107 Abs. 1 Bst. b MWSTG)

Wird die Steuervergütung später als 180 Tage nach Eintreffen des vollständigen Antrags bei der ESTV ausgezahlt, so wird für die Zeit vom 181. Tag bis zur Auszahlung ein vom EFD festzusetzender Vergütungszins ausgerichtet, sofern der entsprechende Staat Gegenrecht gewährt.

8. Titel: Mehrwertsteuer-Konsultativgremium[2]

Art. 157[3] Stellung
(Art. 109 MWSTG)

Das Mehrwertsteuer-Konsultativgremium (Konsultativgremium) ist eine ausserparlamentarische Kommission nach Artikel 57*a* des Regierungs- und Verwaltungsorganisationsgesetzes vom 21. März 1997[4].

Art. 158[5] Zusammensetzung des Konsultativgremiums
(Art. 109 MWSTG)

Das Konsultativgremium setzt sich aus vierzehn ständigen Mitgliedern zusammen.

Art. 159 Arbeitsweise und Sekretariat
(Art. 109 MWSTG)

¹ Das Konsultativgremium tagt nach Bedarf. Die Einladung erfolgt durch den Vorsitzenden oder die Vorsitzende.

¹ᵇⁱˢ Die ESTV nimmt beratend an den Sitzungen des Konsultativgremiums teil.[6]

---

1 Fassung gemäss Ziff. I der V vom 21. Aug. 2024, in Kraft seit 1. Jan. 2025 (AS **2024** 485).
2 Fassung gemäss Ziff. I der V vom 12. Okt. 2011, in Kraft seit 1. Jan. 2012 (AS **2011** 4739).
3 Fassung gemäss Ziff. I der V vom 12. Okt. 2011, in Kraft seit 1. Jan. 2012 (AS **2011** 4739).
4 SR **172.010**
5 Fassung gemäss Ziff. I der V vom 18. Okt. 2017, in Kraft seit 1. Jan. 2018 (AS **2017** 6307).
6 Eingefügt durch Ziff. I der V vom 18. Okt. 2017, in Kraft seit 1. Jan. 2018 (AS **2017** 6307).

² Die ESTV übernimmt die administrativen Sekretariatsaufgaben und führt das Protokoll; dieses enthält die Empfehlungen des Konsultativgremiums und allfällige Mehrheits- und Minderheitsmeinungen.[1]

Art. 160[2] Stellungnahmen und Empfehlungen
(Art. 109 MWSTG)

Das Konsultativgremium richtet seine Stellungnahmen und Empfehlungen an das EFD. Es kann darin die Mehrheits- und Minderheitsmeinungen kenntlich machen.

Art. 161 Entscheidkompetenz
(Art. 109 MWSTG)

¹ Das Konsultativgremium hat keine Entscheidkompetenz.

² Der Entscheid über die Festlegung der Praxis liegt bei der ESTV.[3]

Art. 162[4] Information der Öffentlichkeit

¹ Die Beratungen sowie die Dokumente, die dem Konsultativgremium vorgelegt oder von ihm erstellt werden, sind vertraulich. Davon ausgenommen sind Entwürfe von Praxisfestlegungen der ESTV; diese werden gleichzeitig mit dem Versand der Einladung zur Sitzung des Konsultativgremiums, an der sie voraussichtlich behandelt werden, auf der Website der ESTV[5] veröffentlicht.

² Mit Zustimmung der ESTV darf das Konsultativgremium über seine Geschäfte öffentlich informieren.

9. Titel: Schlussbestimmungen

1. Kapitel: Aufhebung und Änderung bisherigen Rechts

Art. 163

Die Verordnung vom 29. März 2000[6] zum Bundesgesetz über die Mehrwertsteuer wird aufgehoben.

2. Kapitel: Übergangsbestimmungen

Art. 164 Subsidiäre Haftung bei der Zession
(Art. 15 Abs. 4 MWSTG)

Der Zessionar oder die Zessionarin haftet nur für die Mehrwertsteuer auf Forderungen, die er oder sie gestützt auf eine nach dem 1. Januar 2010 zustande gekommene Zession oder Globalzession erwirbt.

---

[1] Fassung gemäss Ziff. I der V vom 18. Okt. 2017, in Kraft seit 1. Jan. 2018 (AS **2017** 6307).
[2] Fassung gemäss Ziff. I der V vom 18. Okt. 2017, in Kraft seit 1. Jan. 2018 (AS **2017** 6307).
[3] Fassung gemäss Ziff. I der V vom 18. Okt. 2017, in Kraft seit 1. Jan. 2018 (AS **2017** 6307).
[4] Fassung gemäss Ziff. I der V vom 18. Okt. 2017, in Kraft seit 1. Jan. 2018 (AS **2017** 6307).
[5] www.estv.admin.ch > Mehrwertsteuer > Fachinformationen > Konsultativgremium.
[6] [AS **2000** 1347, **2001** 3294 Ziff. II 4, **2004** 5387, **2006** 2353 4705 Ziff. II 45, **2007** 1469 Anhang 4 Ziff. 24 6657 Anhang Ziff. 9]

Art. 165 Einlageentsteuerung
(Art. 32 MWSTG)

Die Bestimmungen über die Einlageentsteuerung sind nicht anwendbar bei:
a.[1] nicht als Entgelt geltenden Mittelflüssen (Art. 18 Abs. 2 MWSTG), die mit Inkrafttreten des neuen Rechts nach Artikel 33 Absatz 1 MWSTG nicht mehr zu einer Kürzung des Vorsteuerabzugs führen;
b. im Rahmen des Baueigenverbrauchs nach Artikel 9 Absatz 2 des Mehrwertsteuergesetzes vom 2. September 1999[2] besteuerten Eigenleistungen.

Art. 166 Wahlmöglichkeiten
(Art. 37 und 114 MWSTG)

¹ Mit dem Inkrafttreten des MWSTG beginnen die Fristen nach Artikel 37 Absatz 4 MWSTG für die Wechsel von der effektiven Abrechnungsmethode zur Saldosteuersatzmethode und umgekehrt neu zu laufen.

² Mit dem Inkrafttreten des MWSTG beginnen die Fristen nach Artikel 98 Absatz 2 dieser Verordnung für die Wechsel von der effektiven Abrechnungsmethode zur Pauschalsteuersatzmethode und umgekehrt neu zu laufen.

³ Für Fälle, in denen Artikel 114 Absatz 2 MWSTG eine Frist von 90 Tagen vorsieht, geht diese Frist der 60-Tage-Frist nach den Artikeln 79, 81 und 98 dieser Verordnung vor.[3]

Art. 166a[4] Übergangsbestimmung zur Änderung vom 18. Oktober 2017 MI 22
(Art. 10 Abs. 1 Bst. a MWSTG)

Für ausländische Unternehmen ohne Betriebsstätte im Inland, die in den zwölf Monaten vor Inkrafttreten dieser Verordnung steuerbare Leistungen im Inland erbracht haben, endet die Befreiung von der Steuerpflicht nach Artikel 9a mit Inkrafttreten dieser Verordnung, wenn sie in diesen zwölf Monaten die Umsatzgrenze nach Artikel 10 Absatz 2 Buchstabe a oder c MWSTG aus nicht von der Steuer ausgenommenen Leistungen im In- oder Ausland erreicht haben und anzunehmen ist, dass sie auch in den zwölf Monaten ab Inkrafttreten steuerbare Leistungen im Inland erbringen werden. Wurden die Leistungen nicht während der gesamten zwölf Monate vor Inkrafttreten erbracht, so ist der Umsatz auf ein volles Jahr umzurechnen.

Art. 166b[5] Übergangsbestimmung zur Änderung vom 15. August 2018
(Art. 7 Abs. 3 Bst. b MWSTG)

Werden Gegenstände aus dem Ausland ins Inland geliefert, die aufgrund des geringfügigen Steuerbetrags von der Einfuhrsteuer befreit sind, so beginnt die Steuerpflicht des Leistungserbringers oder der Leistungserbringerin mit Inkrafttreten der Änderung vom 15. August 2018, wenn er oder sie in den vorangegangenen zwölf Monaten mit der Lieferung solcher Gegenstände einen Umsatz von mindestens 100 000 Franken erzielt hat und anzunehmen ist, dass er oder sie auch in den zwölf Monaten ab Inkrafttreten solche Lieferungen ausführen wird.

---

[1] Fassung gemäss Ziff. I der V vom 18. Juni 2010, in Kraft seit 1. Jan. 2010 (AS **2010** 2833).
[2] [AS **2000** 1300]
[3] Fassung gemäss Ziff. I der V vom 30. Okt. 2013, in Kraft seit 1. Jan. 2014 (AS **2013** 3839).
[4] Eingefügt durch Ziff. I der V vom 18. Okt. 2017, in Kraft seit 1. Jan. 2018 (AS **2017** 6307).
[5] Eingefügt durch Ziff. I der V vom 15. Aug. 2018, in Kraft seit 1. Jan. 2019 (AS **2018** 3143).

Art. 166c[1] Übergangsbestimmungen zur Änderung vom 16. Juni 2023
(Art. 65a MWSTG und Art. 123 der vorliegenden Verordnung)

1 Steuerpflichtige Personen, die die Abrechnungen vor dem Inkrafttreten der Änderung vom 16. Juni 2023 in Papierform eingereicht haben, können die Abrechnungen bis zum 31. Dezember 2024 weiterhin in Papierform einreichen.

2 Korrekturen von Abrechnungen, die in Papierform eingereicht wurden, sind ebenfalls in Papierform einzureichen.

Art. 166d[2] Übergangsbestimmung zur Änderung vom 21. August 2024
(Art. 35 Abs. 1bis Bst. b MWSTG)

Steuerpflichtige Personen, die im Zeitpunkt des Inkrafttretens der Änderung vom 21. August 2024 noch nicht ein ganzes Jahr im Mehrwertsteuerregister eingetragen sind, haben für die Abklärung, ob die Umsatzgrenze von Artikel 35 Absatz 1bis Buchstabe b MWSTG überschritten wird, ihren erzielten Umsatz auf ein volles Jahr umzurechnen.

Art. 166e[3] Übergangsbestimmung zur Änderung vom 21. August 2024
(Art. 37 MWSTG)

1 Die Fristen nach Artikel 37 Absatz 4 MWSTG für den Wechsel von der effektiven Abrechnungsmethode zur Saldosteuersatzmethode und umgekehrt beginnen mit Inkrafttreten der Änderung vom 21. August 2024 neu zu laufen.

2 Die Fristen nach Artikel 98 Absatz 2 für den Wechsel von der effektiven Abrechnungsmethode zur Pauschalsteuersatzmethode und umgekehrt beginnen mit Inkrafttreten der Änderung vom 21. August 2024 neu zu laufen.

3. Kapitel: Inkrafttreten

Art. 167

1 Diese Verordnung tritt mit Ausnahme von Artikel 76 am 1. Januar 2010 in Kraft.

2 Artikel 76 wird zu einem späteren Zeitpunkt in Kraft gesetzt.

---

[1] Eingefügt durch Ziff. I der V vom 16. Juni 2023, in Kraft seit 1. Jan. 2024 (AS **2023** 312).
[2] Eingefügt durch Ziff. I der V vom 21. Aug. 2024, in Kraft seit 1. Jan. 2025 (AS **2024** 485).
[3] Eingefügt durch Ziff. I der V vom 21. Aug. 2024, in Kraft seit 1. Jan. 2025 (AS **2024** 485).

VO MWSTG

Verordnungen des EFD und der ESTV zum Mehrwertsteuergesetz

Verordnungen des EFD und der ESTV zum Mehrwertsteuergesetz

A   Verordnung des EFD über die steuerbefreite Einfuhr von Gegenständen in kleinen Mengen, von unbedeutendem Wert oder mit geringfügigem Steuerbetrag

B   Verordnung des EFD über die Steuerbefreiung von Inlandlieferungen von Gegenständen zwecks Ausfuhr im Reiseverkehr

C   Verordnung der ESTV über die Höhe der Saldosteuersätze nach Branchen und Tätigkeiten

A Verordnung des EFD über die steuerbefreite Einfuhr von Gegenständen in kleinen Mengen, von unbedeutendem Wert oder mit geringfügigem Steuerbetrag
SR 641.204

vom 2. April 2014 (Stand am 1. Januar 2025)

Das Eidgenössische Finanzdepartement (EFD),

gestützt auf Artikel 53 Absatz 1 Buchstabe a des Mehrwertsteuergesetzes vom 12. Juni 2009[1],

verordnet:

Art. 1 Steuerbefreiung

Von der Einfuhrsteuer sind befreit:

a. Geschenke, die eine Privatperson mit Wohnsitz im Ausland an eine Privatperson mit Wohnsitz im Inland sendet: bis zu einem Wert von 100 Franken pro Sendung, mit Ausnahme von Tabakfabrikaten und alkoholischen Getränken;
b. persönliche Gebrauchsgegenstände und Reiseproviant, die nach den Artikeln 63 und 64 der Zollverordnung vom 1. November 2006[2] zollfrei sind;
c.[3] Waren des Reiseverkehrs nach Artikel 16 Absatz 2 des Zollgesetzes vom 18. März 2005[4]: bis zu einem Gesamtwert von 150 Franken pro Person (Wertfreigrenze); die Gegenstände nach Buchstabe b werden für die Berechnung des Gesamtwertes nicht berücksichtigt;
d. Gegenstände, bei denen der Steuerbetrag je Veranlagungsverfügung nicht mehr als 5 Franken beträgt.

Art. 2 Gewährung der Wertfreigrenze für Waren des Reiseverkehrs

1 Die Wertfreigrenze nach Artikel 1 Buchstabe c wird der reisenden Person nur für Gegenstände gewährt, welche sie zu ihrem privaten Gebrauch oder zum Verschenken einführt. Sie wird der gleichen Person nur einmal täglich gewährt.

2 Übersteigt der Gesamtwert der Gegenstände 150 Franken pro Person, so ist die ganze eingeführte Menge steuerpflichtig.[5]

3 Ein Gegenstand im Wert von über 150 Franken ist immer steuerpflichtig.[6]

---

[1] SR **641.20**
[2] SR **631.01**
[3] Fassung gemäss Ziff. I der V des EFD vom 7. Okt. 2024, in Kraft seit 1. Jan. 2025 (AS **2024** 572).
[4] SR **631.0**
[5] Fassung gemäss Ziff. I der V des EFD vom 7. Okt. 2024, in Kraft seit 1. Jan. 2025 (AS **2024** 572).
[6] Fassung gemäss Ziff. I der V des EFD vom 7. Okt. 2024, in Kraft seit 1. Jan. 2025 (AS **2024** 572).

⁴ Die Bestimmungen von Artikel 3 des Abkommens vom 4. Juni 1954[1] über die Zollerleichterungen im Reiseverkehr bleiben vorbehalten.

Art. 3 Aufhebung eines anderen Erlasses

Die Verordnung des EFD vom 11. Dezember 2009[2] über die steuerbefreite Einfuhr von Gegenständen in kleinen Mengen, von unbedeutendem Wert oder mit geringfügigem Steuerbetrag wird aufgehoben.

Art. 4 Inkrafttreten

Diese Verordnung tritt am 1. Juli 2014 in Kraft.

---

[1] SR **0.631.250.21**
[2] [AS **2009** 6833]

B Verordnung des EFD über die Steuerbefreiung von Inlandlieferungen von Gegenständen zwecks Ausfuhr im Reiseverkehr
SR 641.202.2

vom 24. März 2011 (Stand am 1. Januar 2022)

Das Eidgenössische Finanzdepartement (EFD),

gestützt auf Artikel 23 Absatz 5 des Mehrwertsteuergesetzes vom 12. Juni 2009[1],

verordnet:

Art. 1 Voraussetzungen für die Steuerbefreiung

Inlandlieferungen von Gegenständen zwecks Ausfuhr im Reiseverkehr sind von der Mehrwertsteuer befreit, wenn die folgenden Voraussetzungen erfüllt sind:

a. Die Gegenstände sind für den privaten Gebrauch des Abnehmers oder der Abnehmerin oder für Geschenkzwecke bestimmt.
b. Der Preis der Gegenstände beträgt je Ausfuhrdokument und Abnehmer oder Abnehmerin mindestens 300 Franken (mit Einschluss der Mehrwertsteuer).
c. Der Abnehmer oder die Abnehmerin hat nicht im Inland Wohnsitz.
d.[2] Die Gegenstände werden innert 90 Tagen nach ihrer Übergabe an den Abnehmer oder die Abnehmerin ins Zollausland verbracht.

Art. 2 Nachweis für die Steuerbefreiung

1 Die Voraussetzungen nach Artikel 1 gelten als erfüllt, wenn der Lieferant oder die Lieferantin der Eidgenössischen Steuerverwaltung (ESTV) vorlegt:

a. ein bestätigtes Ausfuhrdokument nach den Artikeln 3–5; oder
b. ein Ausfuhrdokument zusammen mit einer Einfuhrveranlagung nach Artikel 6.

2 Für Reisegruppen gilt Artikel 7.

Art. 3 Ausfuhrdokument

1 Das Ausfuhrdokument muss enthalten:

a. Aufdruck «Ausfuhrdokument im Reiseverkehr»;
b. Name und Ort des Lieferanten oder der Lieferantin, wie er oder sie im Geschäftsverkehr auftritt, sowie die Nummer, unter der er oder sie im Mehrwertsteuerregister eingetragen ist;
c. Name und Anschrift des Abnehmers oder der Abnehmerin;

---

[1] SR **641.20**
[2] Fassung gemäss Ziff. I der V des EFD vom 8. Juni 2020, in Kraft seit 1. August 2020 (AS **2020** 2853).

d. Nummer eines amtlichen Ausweises des Abnehmers oder der Abnehmerin und Art dieses Ausweises;
e. Datum der Lieferung der Gegenstände;
f. genaue Beschreibung und Preis der Gegenstände;
g. Feld für die Bestätigung nach den Artikeln 4 und 5.

² Der Lieferant oder die Lieferantin sowie der Abnehmer oder die Abnehmerin müssen mit ihrer Unterschrift bestätigen, dass sie die Voraussetzungen für eine Steuerbefreiung kennen und dass die Angaben auf dem Dokument richtig sind.

Art. 4 Bestätigung durch das Bundesamt für Zoll und Grenzsicherheit[1] bei der Ausfuhr

¹ Werden die im Ausfuhrdokument aufgeführten Gegenstände über eine besetzte Zollstelle ins Zollausland verbracht, so muss der Abnehmer oder die Abnehmerin sie unter Vorlage des Ausfuhrdokuments bei der Zollstelle mündlich anmelden.

² Die Zollstelle bestätigt die Ausfuhr auf dem Ausfuhrdokument.

³ Der Abnehmer oder die Abnehmerin ist für die Zustellung des bestätigten Ausfuhrdokuments an den Lieferanten oder die Lieferantin verantwortlich.

Art. 5 Nachträgliche Bestätigung

¹ Erfolgt die Ausfuhr nicht nach Artikel 4, so können die folgenden Stellen auf dem Ausfuhrdokument bestätigen, dass die Gegenstände im Ausland sind:

a. eine ausländische Zollbehörde;
b. eine schweizerische Botschaft oder ein schweizerisches Konsulat im Wohnsitzstaat des Abnehmers oder der Abnehmerin.

² Der Abnehmer oder die Abnehmerin muss dem Lieferanten oder der Lieferantin das bestätigte Ausfuhrdokument zustellen.

Art. 6 Einfuhrveranlagung

¹ Ist das Ausfuhrdokument nicht bestätigt, so kann es zusammen mit einer Einfuhrveranlagung einer ausländischen Zollbehörde als Nachweis nach Artikel 2 Absatz 1 eingereicht werden.

² Die Einfuhrveranlagung muss in einer Schweizer Landessprache oder in Englisch oder in einer beglaubigten Übersetzung in eine dieser Sprachen vorliegen.

Art. 7 Steuerbefreiung von Lieferungen an Reisegruppen

¹ Lieferanten und Lieferantinnen, die steuerfreie Inlandlieferungen an Teilnehmende von geführten Gruppenreisen im Inland erbringen wollen, benötigen eine Bewilligung der ESTV.

² Inlandlieferungen an Teilnehmende von geführten Gruppenreisen sind von der Mehrwertsteuer befreit, wenn die Voraussetzungen nach Artikel 1 erfüllt sind und der Lieferant oder die Lieferantin:

---

[1] Die Bezeichnung der Verwaltungseinheit wurde in Anwendung von Art. 20 Abs. 2 der Publikationsverordnung vom 7. Okt. 2015 (SR **170.512.1**) auf den 1. Jan. 2022 angepasst (AS **2021** 589).

a. über eine Liste der Reiseteilnehmenden mit Angaben zu Beginn und Ende der Reise, Reiseprogramm und Reiseroute sowie zum Zeitpunkt der Ein- und Ausreise verfügt;
b. über eine durch die Unterschrift des Reiseveranstalters oder der Reiseveranstalterin bestätigte Erklärung verfügt, dass alle Reiseteilnehmenden Wohnsitz im Ausland haben, gemeinsam ins Inland eingereist sind und gemeinsam ausreisen werden; und
c. für alle Abnehmer und Abnehmerinnen Ausfuhrdokumente nach Artikel 3 ausstellt und sie um eine Kopie der amtlichen Ausweise der Abnehmer und Abnehmerinnen ergänzt.

³ Der Lieferant oder die Lieferantin muss die Dokumente nach Absatz 2 in einem Dossier zusammenfassen und auf Verlangen der ESTV vorweisen.

Art. 8 Aufhebung bisherigen Rechts

Die Verordnung des EFD vom 11. Dezember 2009[1] über die Steuerbefreiung von Inlandlieferungen von Gegenständen zwecks Ausfuhr im Reiseverkehr wird aufgehoben.

Art. 8a[2] Übergangsbestimmung zur Änderung vom 8. Juni 2020

Findet die Übergabe vor dem 1. August 2020 statt, so müssen die Gegenstände innert 30 Tagen nach ihrer Übergabe an den Abnehmer oder die Abnehmerin ins Zollausland verbracht werden.

Art. 9 Inkrafttreten

Diese Verordnung tritt am 1. Mai 2011 in Kraft.

---

[1] [AS 2009 6813]
[2] Eingefügt durch Ziff. I der V des EFD vom 8. Juni 2020, in Kraft seit 1. August 2020 (AS **2020** 2853).

C Verordnung der ESTV über die Höhe der Saldosteuersätze nach Branchen und Tätigkeiten
SR 641.202.62

vom 5. September 2024 (Stand am 1. Januar 2025)

Die Eidgenössische Steuerverwaltung (ESTV),

gestützt auf Artikel 37 Absatz 3 des Mehrwertsteuergesetzes vom 12. Juni 2009[1] (MWSTG),

verordnet:

Art. 1 Saldosteuersätze nach Branchen und Tätigkeiten

[1] Die Saldosteuersätze (SSS) nach Branchen und Tätigkeiten richten sich nach der Tabelle im Anhang.

[2] Die für Herstellungsbranchen und -tätigkeiten geltenden SSS sind nur anwendbar, wenn im Preis für die Leistung auch das Material eingeschlossen ist. Für Akkord-, Lohn-, Montagearbeiten und die reine Bearbeitung von Gegenständen gelten die dafür vorgesehenen SSS.

[3] Die für Handelsbranchen und -tätigkeiten geltenden SSS sind nur anwendbar, wenn es sich um neue Gegenstände handelt. Für den Handel mit gebrauchten Gegenständen gelten die dafür vorgesehenen SSS.

Art. 2 Aufhebung bisherigen Rechts

Die Verordnung der ESTV vom 6. Dezember 2010[2] über die Höhe der Saldosteuersätze nach Branchen und Tätigkeiten wird aufgehoben.

Art. 3 Inkrafttreten

Diese Verordnung tritt am 1. Januar 2025 in Kraft.

---

[1] SR **641.20**
[2] [AS **2010** 6105; **2023** 18]

Anhang
(Art. 1)

Liste der Saldosteuersätze nach Branchen und Tätigkeiten

Branchen und Tätigkeiten	SSS
Abbruchunternehmen	4,5 %
Abdichtungen aller Art	4,5 %
Abschleppdienst	4,5 %
Akkordunternehmen / Anschlägerinnen/Anschläger im Baugewerbe	6,8 %
Alarmzentrale: alle Umsätze einschliesslich Entschädigungen für Fehlalarme	6,2 %
Alkoholische Getränke: Handel, sofern mit offen überwälzter Steuer bezogen	1,3 %
Alkoholische Getränke: Handel, sofern ohne offen überwälzte Steuer bezogen	6,8 %
Altmaterial: Handel	3,0 %
Anbieten von kostenpflichtigen Mehrwertdiensten, namentlich unter 0900-Nummern	4,5 %
Anhängerbau	3,0 %
Antennenbau	4,5 %
Antikschreinerei	5,3 %
Antiquitäten: Handel	3,0 %
Anwaltsbüro	6,2 %
Apotheke: Handel mit zum Normalsatz steuerbaren Gegenständen	2,1 %
Apotheke: Handel mit zum reduzierten Satz steuerbaren Gegenständen	0,6 %
Apparatebau	3,7 %
Architekturbüro, einschliesslich Bauleitung	6,2 %
Arztpraxis: Handel mit zum reduzierten Satz steuerbaren Gegenständen	0,6 %
Aufzüge: Service und Unterhalt	5,3 %
Auto: Handel mit Neuwagen	0,6 %
Auto / Lastwagen: Handel mit Occasionen	0,6 %
Autoelektrowerkstatt	3,7 %
Autokarosseriespenglerei	4,5 %
Automalerei/-spritzwerk	4,5 %
Autoreparaturwerkstatt	3,7 %
Autoverwertung	4,5 %
Autowaschanlage	3,7 %
Bäckerei / Konditorei / Confiserie: Handel mit zum Normalsatz steuerbaren Gegenständen	2,1 %
Bäckerei / Konditorei / Confiserie: Handel mit zum reduzierten Satz steuerbaren Gegenständen	0,6 %
Bäckerei / Konditorei / Confiserie: Herstellung	0,1 %
Baggerunternehmen	4,5 %
Bar: zum Normalsatz steuerbare Leistungen	5,3 %
Baumaschinen und Baugeräte: Handel	1,3 %

Branchen und Tätigkeiten	SSS
Baumaterial: Handel	2,1 %
Bäume / Sträucher: Pflege, Schnitt	5,3 %
Baumschule: Verkauf von im eigenen Betrieb gewonnenen zum reduzierten Satz steuerbaren Erzeugnissen der Urproduktion	0,6 %
Bautrocknung	4,5 %
Bearbeiten von zum Normalsatz steuerbaren Gegenständen, soweit nicht anderswo genannt	6,2 %
Bearbeiten von zum reduzierten Satz steuerbaren Gegenständen, soweit nicht anderswo genannt	1,3 %
Beherbergung in Hotellerie und Parahotellerie: Übernachtung mit Frühstück	2,1 %
Beizwerkstatt	6,2 %
Bekleidung: Handel	3,0 %
Beratung, soweit nicht anderswo genannt	6,2 %
Berufssportlerinnen/Berufssportler	5,3 %
Bestattungen	4,5 %
Betäubungsmittel: Handel	6,8 %
Betäubungsmittel: Herstellung	6,8 %
Bibliothek: Ausleihe von Büchern	0,6 %
Bibliothek: zum Normalsatz steuerbare Leistungen wie die Ausleihe von DVDs, CDs und Videokassetten	3,7 %
Bijouterie / Schmuck / Uhren: Handel	2,1 %
Bildhauerei aller Art: reine Bearbeitungen	6,2 %
Billardcenter	5,3 %
Blitzschutzanlagen: Lieferung mit Installation	3,7 %
Blumengeschäft: Lieferung von zum Normalsatz steuerbaren Gegenständen	2,1 %
Blumengeschäft: Lieferung von zum reduzierten Satz steuerbaren Gegenständen	0,6 %
Bodenbeläge / Teppiche: Lieferung mit Verlegen	3,7 %
Bodenschätze: Abbaurecht	6,8 %
Bodypiercing	5,3 %
Bohrunternehmen	4,5 %
Boote und Zubehör: Handel	1,3 %
Boote: Herstellung, Reparaturen, Überwinterung, Ein- und Auswasserung	3,7 %
Bootsplatzvermietung	3,7 %
Brauerei: Brauen von alkoholhaltigem Bier	3,7 %
Brennerei ohne Lohnbrennerei	3,7 %
Briefmarken: Handel	3,0 %
Buchbinderei: Binden von zum Normalsatz steuerbaren Gegenständen	5,3 %
Buchbinderei: Binden von zum reduzierten Satz steuerbaren Gegenständen	1,3 %
Bücher, neu oder gebraucht: Handel	0,6 %
Bücherrestaurationsatelier	1,3 %
Buchhaltungsbüro	6,2 %
Buchverlag: zum reduzierten Satz steuerbare Leistungen	0,1 %

Branchen und Tätigkeiten	SSS
Büromaschinen: Handel	2,1 %
Bus-/Carunternehmen	4,5 %
Callcenter	6,2 %
Camping: gastgewerbliche Leistungen	5,3 %
Camping: sämtliche campingbezogenen Tätigkeiten ohne gastgewerbliche Leistungen	2,1 %
Chemische Reinigung	5,3 %
Coiffeursalon: Dienstleistungen	5,3 %
Computerhardware/-software: Handel	1,3 %
Dachdeckergeschäft	3,7 %
Daten: Verkauf oder Zurverfügungstellung	6,2 %
Deckenverkleidungen: Lieferung mit Montage	3,7 %
Décolletage: Drehen, Fräsen, Bohren, wobei das Material von der Kundin oder vom Kunden zur Verfügung gestellt wird	5,3 %
Dekorieren von Schaufenstern / Räumen: gilt nicht, wenn das Dekorationsmaterial zur Verfügung gestellt wird	4,5 %
Detektei	6,2 %
Dienstleistungen, sofern zum Normalsatz steuerbar und soweit nicht anderswo genannt	6,2 %
Dienstleistungen, sofern zum reduzierten Satz steuerbar und soweit nicht anderswo genannt	1,3 %
Digitalisierung von Gegenständen wie Schallplatten, Filme, Druckerzeugnisse und Pläne	4,5 %
Dolmetschleistungen	6,8 %
Drechslerei	3,7 %
Drogerie: Handel mit zum Normalsatz steuerbaren Gegenständen	2,1 %
Drogerie: Handel mit zum reduzierten Satz steuerbaren Gegenständen	0,6 %
Druckerei: zum Normalsatz steuerbare Leistungen	4,5 %
Druckerei: zum reduzierten Satz steuerbare Leistungen	0,1 %
Druckvorstufenbetrieb	5,3 %
Dünger: Handel	0,1 %
Dünger: Herstellung	0,1 %
Edelsteinfasserei	6,2 %
Einrahmungen	4,5 %
Eisenlegen: Akkordarbeiten	6,8 %
Eisenwaren / Haushaltartikel: Handel	2,1 %
Elektroinstallationsunternehmen	4,5 %
Elektronik: Herstellung von elektronischen Bauteilen, Steuerungen, Geräten und anderen Elektronikartikeln	3,7 %
Energie, namentlich in Form von Elektrizität, Gas und Fernwärme: Lieferung	3,0 %
Engineeringbüro / technisches Büro	6,2 %
Entschädigung wegen Auflösung oder Verletzung eines Vertrags	6,8 %
Entsorgungsleistungen	3,0 %

Branchen und Tätigkeiten	SSS
Erotikdienstleistungen ohne eigene Räumlichkeiten	6,8 %
Erotiketablissement/-sauna	6,2 %
Fahrten mit Fahrzeugen wie Pferdekutschen und -schlitten	5,3 %
Fahrzeugbau	3,0 %
Fahrzeuge: Vermietung mit oder ohne Bedienung	3,7 %
Ferienwohnungen: Vermietung	2,1 %
Feuerlöscher: Lieferung und Unterhalt	4,5 %
Film-/Videoproduktion	4,5 %
Finanzdienstleistungen	6,2 %
Fitnesscenter: sämtliche branchenüblichen Leistungen	5,3 %
Flugbetrieb: Flüge mit Fluggeräten wie Flugzeug, Helikopter, Ballon oder Gleitschirm	3,0 %
Flugzeugunterhalt	3,0 %
Formenbau	4,5 %
Forstwirtschaftliche Arbeiten	4,5 %
Fotogeräte und -zubehör: Handel	2,1 %
Fotografinnen/Fotografen	5,3 %
Fotokopien	4,5 %
Fotolabor	3,7 %
Fotoreporterinnen/Fotoreporter	5,3 %
Fotostudio	5,3 %
Freizeitaktivitäten, indoor/outdoor: Anbieten, soweit nicht anderswo genannt	3,7 %
Fremdleistungen, mit offen überwälzter Steuer bezogen sowie ohne Zuschlag und gesondert weiterfakturiert	0,1 %
Führungen, namentlich in Museen und Städten	6,8 %
Fundgegenstände: Verkauf	6,8 %
Fusspflege/Pedicure	5,3 %
Futtermittel: Handel	0,1 %
Futtermittel: Herstellung	0,1 %
Galerie: Handel im eigenen Namen	3,0 %
Galerie: Handel im fremden Namen und auf fremde Rechnung	6,2 %
Galvanische Werkstatt	4,5 %
Garagentore: Lieferung mit Montage	3,0 %
Garderobe	5,3 %
Gartenbau, mit Ausnahme der gesondert fakturierten Pflanzenlieferungen	5,3 %
Gartenbau: Pflanzenlieferungen, wenn gesondert fakturiert	0,6 %
Gartenunterhalt	5,3 %
Gärtnerei: Verkauf von im eigenen Betrieb gewonnenen zum reduzierten Satz steuerbaren Erzeugnissen der Urproduktion	0,1 %
Gas in Flaschen wie Propan oder Butan: Handel	2,1 %
Gastgewerblicher Betrieb: zum Normalsatz steuerbare Leistungen	5,3 %
Gastgewerblicher Betrieb: zum Sondersatz für Beherbergung steuerbare Leistungen	2,1 %

Branchen und Tätigkeiten	SSS
Gebäudereinigungen	6,2 %
Gebrauchtwaren: Handel	3,0 %
Gegenstände, welche zum Normalsatz steuerbar sind und die steuerpflichtige Person gesammelt, gefunden oder unentgeltlich bezogen hat, soweit nicht anderswo genannt: Lieferung	6,8 %
Gegenstände, welche zum reduzierten Satz steuerbar sind und die steuerpflichtige Person gesammelt, gefangen, erjagt, gefunden oder unentgeltlich bezogen hat, soweit nicht anderswo genannt: Lieferung	1,3 %
Gemüse: Handel	0,6 %
Gemüsebaubetrieb: Verkauf von im eigenen Betrieb gewonnenen zum reduzierten Satz steuerbaren Erzeugnissen der Urproduktion	0,1 %
Generalunternehmen (GU) im Baugewerbe: Leistungen aufgrund eines GU-Vertrags	3,7 %
Geometerbüro	6,2 %
Gerüstbau: Vermietung mit Montage	5,3 %
Geschicklichkeitsspiel- /Musikautomaten: Betrieb	3,7 %
Getränke, zum reduzierten Satz steuerbar: Handel	0,6 %
Giesserei	4,5 %
Gipserei	5,3 %
Glasbläserei	3,7 %
Glaserei: Lieferung mit Einbau	3,7 %
Grabsteinbildhauerei: Lieferung mit Bearbeitung	4,5 %
Grabunterhalt	5,3 %
Grafikatelier	6,2 %
Gravieratelier: Gravuren	5,3 %
Gravieratelier: Handel mit Gegenständen, einschliesslich der Kosten der Gravur	3,0 %
Handel mit zum Normalsatz steuerbaren Dienstleistungen, soweit nicht anderswo genannt	2,1 %
Handel mit zum Normalsatz steuerbaren Gegenständen, soweit nicht anderswo genannt	2,1 %
Handel mit zum reduzierten Satz steuerbaren Gegenständen, soweit nicht anderswo genannt	0,6 %
Haushaltgeräte: Handel	2,1 %
Haushalthilfe	6,2 %
Hauswartungen	6,2 %
Heizöl: Handel	0,1 %
Heizungen / Lüftungen: Lieferung mit Montage	3,7 %
Herstellung von zum Normalsatz steuerbaren Gegenständen, soweit nicht anderswo genannt; gilt nicht für reine Bearbeitungen und Lohnarbeiten	4,5 %
Herstellung von zum reduzierten Satz steuerbaren Gegenständen, soweit nicht anderswo genannt; gilt nicht für reine Bearbeitungen und Lohnarbeiten	0,1 %
Hoch-/Tiefbauunternehmen	4,5 %
Holz aus eigenem Wald (Urproduktion): Verkauf	3,0 %
Holz: Handel	2,1 %

Branchen und Tätigkeiten	SSS
Holzbildhauerei/-schnitzerei: Lieferung mit Bearbeitung	5,3 %
Holzschnitzel, zum Normalsatz steuerbar: Handel	2,1 %
Holzschnitzel, zum reduzierten Satz steuerbar: Handel	0,6 %
Hörgeräte: Verkauf mit Service sowie Beratung	3,7 %
Hotel: zum Normalsatz steuerbare Leistungen	5,3 %
Hotel: zum Sondersatz für Beherbergung steuerbare Leistungen	2,1 %
Hufschmiede	0,6 %
Hundezucht	5,3 %
Informatik: Dienstleistungen, soweit nicht anderswo genannt	6,2 %
Ingenieurbüro, einschliesslich Bauleitung	6,2 %
Inkassobüro	6,2 %
Innenarchitekturbüro	6,2 %
Innendekorationen, ohne reinen Handel	3,7 %
Inneneinrichtungen wie Möbel, Teppiche, Lampen: Handel	2,1 %
Internetanbieter/Provider	2,1 %
Internetdienstleistungen wie Webdesign, Hosting, Domainregistrierung, Betreiben einer Datenbank	6,2 %
Isolierungen	4,5 %
Journalismus	6,2 %
Kabelnetzbetreiber	2,1 %
Kalibrieren von Gegenständen aller Art	6,2 %
Kälte-/Klimaanlagen: Lieferung mit Montage	3,7 %
Kaminfegergeschäft	6,2 %
Kaminsanierungen	3,0 %
Kanalfernsehen / Videoinspektionen	4,5 %
Kanalisationsreinigung/-entleerung	4,5 %
Kartografie	5,3 %
Käserei / Molkerei: Handel mit zum Normalsatz steuerbaren Gegenständen	2,1 %
Käserei / Molkerei: Handel mit zum reduzierten Satz steuerbaren Gegenständen	0,6 %
Käserei / Molkerei: Herstellung von zum reduzierten Satz steuerbaren Gegenständen	0,1 %
Kernbohrungen	4,5 %
Kieferorthopädische Praxis: Herstellung	5,3 %
Kies-/Betonwerk	3,0 %
Kieswerk: Gewinnung von Steinen, Schotter, Kies und Sand	3,0 %
Kiosk: Einnahmen aus Provisionen und Agenturtätigkeit	6,8 %
Kiosk: Gastgewerbliche Leistungen	5,3 %
Kiosk: Handel	0,6 %
Kleideränderungsatelier	5,3 %
Klima-/Lüftungsanlagen: Service, Reinigung	5,3 %
Komplementärtherapiepraxis	6,2 %
Körpertherapie, soweit nicht anderswo genannt	6,2 %

Branchen und Tätigkeiten	SSS
Körpertraining mit Instruktion wie Aquafitness, Aerobic, Pilates, Zumba, Yoga	5,3 %
Kosmetiksalon: Dienstleistungen	5,3 %
Kosmetische Produkte: Handel	2,1 %
Kosmetische Produkte: Herstellung	3,7 %
Kostümverleih	5,3 %
Küchenbau: Lieferung mit Montage von Möbeln, Abdeckplatten und Geräten	3,7 %
Küferei	3,7 %
Kunsthandel: Handel im eigenen Namen	3,0 %
Kunsthandel: Handel im fremden Namen und auf fremde Rechnung	6,2 %
Kunsthandwerk, soweit nicht anderswo genannt	5,3 %
Kunststoffe / Kunststoffwaren: Herstellung	3,7 %
Labor: Analyse von Gegenständen im Auftrag	5,3 %
Lagerung von Gegenständen aller Art	3,7 %
Landmaschinen: Handel	0,6 %
Landmaschinen: Reparatur- und Servicearbeiten	3,7 %
Landmaschinen: Vermietung	3,7 %
Landwirtschaftliche Lohnarbeiten, sofern zum reduzierten Satz steuerbar	0,1 %
Landwirtschaftsbetrieb: Verkauf von im eigenen Betrieb gewonnenen zum reduzierten Satz steuerbaren Erzeugnissen der Urproduktion	0,1 %
Lebensmittel, mit Ausnahme alkoholischer Getränke: Handel	0,6 %
Lebensmittel, mit Ausnahme alkoholischer Getränke: Herstellung	0,1 %
Lederwaren / Reiseartikel: Handel	2,1 %
Lehrmittel, zum reduzierten Satz steuerbar: Handel	0,6 %
Leitungsisolierungen	4,5 %
Liegenschaften: Vermittlung	6,2 %
Liegenschaften: Verwaltung	6,2 %
Lizenzen / Patente: Einnahmen	5,3 %
Lohnarbeiten ausserhalb des Baugewerbes, sofern zum Normalsatz steuerbar	6,2 %
Lohnarbeiten im Baugewerbe	6,8 %
Lohnarbeiten, sofern zum reduzierten Satz steuerbar und soweit nicht anderswo genannt	1,3 %
Lohnbrennerei	5,3 %
Lohnkelterei	6,2 %
Lohn-/Störmetzgerei	1,3 %
Lohnmosterei für Süssmost	1,3 %
Lohnsägerei	5,3 %
Mahlzeitenkurierdienst: Lieferung von alkoholischen Getränken	1,3 %
Mahlzeitenkurierdienst: Lieferung von Lebensmitteln mit Ausnahme alkoholischer Getränke	0,6 %
Malerei / Tapeziererei	5,3 %
Marktkaufleute: Handel mit zum Normalsatz steuerbaren Gegenständen	2,1 %
Marktkaufleute: Handel mit zum reduzierten Satz steuerbaren Gegenständen	0,6 %

Branchen und Tätigkeiten	SSS
Marroni: Verkauf	0,6 %
Maschinen: Vermietung mit oder ohne Bedienung	3,7 %
Maschinenbau	3,7 %
Massagepraxis, ohne erotische Massagen	6,2 %
Maurerarbeiten	4,5 %
Maurerarbeiten: Akkordarbeiten	6,8 %
Mechanische Werkstatt: Herstellung	4,5 %
Melkmaschinen: Lieferung mit Installation	2,1 %
Messungen aller Art	6,2 %
Metallbau	3,7 %
Metzgerei / Wursterei: Verkauf von Fleisch und Fleischerzeugnissen	0,1 %
Modellbau/-schreinerei	5,3 %
Moderatorinnen/Moderatoren	6,2 %
Montagearbeiten ausserhalb des Baugewerbes	6,2 %
Motoren: Handel	2,1 %
Motorgeräte: Handel	2,1 %
Mühle	0,1 %
Musikinstrumente: Bau, Reparaturen, Stimmen	4,5 %
Musikinstrumente: Handel	2,1 %
Nachtclub: zum Normalsatz steuerbare Leistungen	5,3 %
Nagelstudio: Dienstleistungen	5,3 %
Nähmaschinen: Handel	2,1 %
Naturheilpraxis: Behandlungen	6,2 %
Niederspannungskontrollen	6,2 %
Notariat	6,2 %
Oberflächenveredelung, soweit nicht anderswo genannt	4,5 %
Oberflächenveredelung/-bearbeitung von Uhrenbestandteilen und Schmuck	6,2 %
Ofen-/Cheminéebau: Lieferung mit Montage	3,0 %
Öl-/Gasbrennerservice, inklusive Installationen	4,5 %
Optikergeschäft: sämtliche branchenüblichen Tätigkeiten	3,7 %
Orthopädische Produkte: Handel	2,1 %
Orthopädische Produkte: Herstellung	4,5 %
Parahotellerie: zum Normalsatz steuerbare Leistungen	5,3 %
Parahotellerie: zum Sondersatz für Beherbergung steuerbare Leistungen	2,1 %
Parfümerie: Handel	2,1 %
Parkett: Lieferung mit Verlegen	3,7 %
Parkplätze im Freien oder in Unterständen: Vermietung	5,3 %
Parkplätze in oder auf Gebäuden: Vermietung	3,7 %
Partyservice / Catering: Lieferung alkoholischer Getränke ohne Serviceleistung bei der Kundin oder beim Kunden	1,3 %
Partyservice / Catering: Lieferung von Lebensmitteln mit Ausnahme alkoholischer Getränke, ohne Serviceleistung bei der Kundin oder beim Kunden	0,6 %

Branchen und Tätigkeiten	SSS
Partyservice / Catering: mit Serviceleistung bei der Kundin oder beim Kunden	5,3 %
Pelzwaren: Handel	3,0 %
Pelzwaren: Herstellung	3,7 %
Personal: Verleih / Zurverfügungstellung	6,8 %
Pferde: Handel	0,6 %
Pferde: Pension	4,5 %
Pflanzenschutzmittel, im Pflanzenschutzmittelverzeichnis aufgeführt: Herstellung	0,1 %
Plakatwände: Nutzungsrecht	5,3 %
Plattenlegerei: Lieferung mit Verlegen	4,5 %
Plattenlegerei: Lohnarbeiten	6,8 %
Pneu: Handel	1,3 %
Polierwerkstatt	6,2 %
Polsterei	3,7 %
Postagentur: Vergütung durch die Schweizerische Post	6,2 %
Public-Relations-Büro/ -Tätigkeiten	6,2 %
Raucherwaren: Handel	1,3 %
Raucherwaren: Provisionseinnahmen	6,8 %
Raum-/Stadtplanungsbüro	6,2 %
Rechte / Lizenzen / Patente: Handel	2,1 %
Rechte: Einräumen / Übertragen	5,3 %
Reinigungsunternehmen	6,2 %
Reiseveranstalter	2,1 %
Reitstall	4,5 %
Reparaturen aller Art, soweit nicht anderswo genannt	4,5 %
Restaurant: zum Normalsatz steuerbare Leistungen	5,3 %
Restaurationsatelier	5,3 %
Rollläden / Storen / Fensterläden: Lieferung mit Montage	3,0 %
Sägerei	3,7 %
Sandstrahlerei	4,5 %
Sanitäre Installationen: Lieferung mit Montage	3,7 %
Sanitätsgeschäft: Handel mit Gehhilfen, Rollstühlen, Badehilfen, Verbandsmaterial und anderen Sanitätsartikeln	2,1 %
Sattlerei	3,7 %
Sauna, ohne Erotiksauna	3,7 %
Schädlingsbekämpfung	5,3 %
Schleifwerkstatt	4,5 %
Schliess-/Sicherheitsanlagen: Lieferung mit Montage sowie Nachmachen von Schlüsseln	3,0 %
Schlosserei	3,7 %
Schmiede	3,7 %
Schmuck: Herstellung	4,5 %
Schneeräumung	4,5 %

Branchen und Tätigkeiten	SSS
Schneiderei	5,3 %
Schreinerei	3,7 %
Schriftenmalerei	4,5 %
Schuhe: Handel	2,1 %
Schuhmacherei: Herstellung / Reparatur von Schuhen sowie Nachmachen von Schlüsseln	3,7 %
Schweiss-/Lötwerkstatt	3,7 %
Second-Hand-Boutique: Handel	3,0 %
Seilbahn	3,7 %
Seilerei	3,0 %
Sicherheitsdienstleistungen	6,2 %
Ski-/Snowboardservice	4,5 %
Skilift	3,7 %
Solarium	3,7 %
Souvenirartikel: Handel	3,0 %
Spenglerei	3,7 %
Spezialsanierungen wie Dekontaminierung und Asbestsanierung	5,3 %
Spielsalon	5,3 %
Sportanlagen wie Schwimmbad, Kunsteisbahn, Minigolfanlage, Kartbahn: alle branchenüblichen Leistungen mit Ausnahme der gastgewerblichen Leistungen	3,7 %
Sportartikel: Handel mit Bekleidung	3,0 %
Sportartikel: Handel mit gebrauchten Gegenständen	3,0 %
Sportartikel: Handel mit Ausnahme von Bekleidung	2,1 %
Sportartikel: Reparatur- und Servicearbeiten	4,5 %
Sportartikel: Vermietung	3,7 %
Standbau; gilt nicht für reine Montage	4,5 %
Steinbildhauerei: Lieferung mit Bearbeitung	4,5 %
Steinbruch	5,3 %
Stickerei	3,7 %
Strassenmarkierungen	4,5 %
Strassenreinigungen	4,5 %
Take-Away mit Konsumationsmöglichkeit	5,3 %
Take-Away ohne Konsumationsmöglichkeit	0,6 %
Tankrevisionen	5,3 %
Tätowierungsstudio	5,3 %
Taxiunternehmen	5,3 %
Taxizentrale	5,3 %
Tearoom: zum Normalsatz steuerbare Leistungen	5,3 %
Temporärfirma	6,8 %
Teppich-/Polsterreinigung	5,3 %
Textilien: Handel	2,1 %
Textilveredelung	3,7 %

Branchen und Tätigkeiten	SSS
Tierarztpraxis: Behandlung von Kleintieren	5,3 %
Tierarztpraxis: Behandlung von Vieh	0,6 %
Tierarztpraxis: Medikamentenverkauf	0,6 %
Tiere ohne Vieh: Dressur, Ausbildung, Training	6,2 %
Tiere, ausschliesslich Vieh: Dressur, Ausbildung, Training	1,3 %
Tiere: Kremieren / Beerdigen	3,7 %
Tierheim/-hotel	5,3 %
Tiersalon	5,3 %
Tonaufnahmestudio	4,5 %
Töpferei	5,3 %
Transport von Gegenständen, sofern zu Fuss oder mit Hilfe von Fahrrädern, Motorfahrrädern oder Motorrädern erbracht	6,2 %
Transport von Gegenständen, soweit nicht anderswo genannt	5,3 %
Traxunternehmen	4,5 %
Treibstoffverkauf auf Provisionsbasis	6,2 %
Treibstoffverkauf im eigenen Namen	0,1 %
Treuhandbüro	6,2 %
Übersetzungsbüro	6,8 %
Überwachungsfirma	6,2 %
Uhren / Uhrenteile: Montage	6,2 %
Uhrmacherei: Reparaturen	5,3 %
Umzugsunternehmen	5,3 %
Unterhaltungselektronik: Handel	1,3 %
Unterlagsböden: Einbauen	3,7 %
Unternehmensberatung	6,2 %
Velo / Moto: Handel	1,3 %
Velo / Moto: Reparatur- und Servicearbeiten	4,5 %
Veranstaltungstechnik: Vermietung mit Installation und allenfalls Bedienung	3,7 %
Vergoldungsarbeiten	4,5 %
Verlag von zum Normalsatz steuerbaren Gegenständen	3,7 %
Verlag: Inserateneinnahmen	4,5 %
Verlag: zum reduzierten Satz steuerbare Leistungen	0,1 %
Vermietung von zum Normalsatz steuerbaren Gegenständen, soweit nicht anderswo genannt	3,7 %
Vermietung von zum reduzierten Satz steuerbaren Gegenständen, soweit nicht anderswo genannt	1,3 %
Vermittlung von Dienstleistungen, soweit nicht anderswo genannt	6,2 %
Vermittlung von Gegenständen aller Art, soweit nicht anderswo genannt	6,2 %
Vermittlung von Personal / Stellen / Arbeit	6,2 %
Verpackungsleistungen	5,3 %
Verzinkerei	4,5 %
Video-Studio: Aufnahmen / Überspielungen	4,5 %

Branchen und Tätigkeiten	SSS
Vieh: Handel	0,6 %
Waffen: Handel	2,1 %
Wäscherei / Glätterei	5,3 %
Wasseraufbereitungsanlagen: Lieferung mit Montage	3,7 %
WC-Anlagen: Benutzungsgebühr	5,3 %
Weberei	3,0 %
Weinbau	4,5 %
Werbeagentur	6,2 %
Werbeeinnahmen, soweit nicht anderswo genannt	5,3 %
Werbetextbüro	6,2 %
Werkzeugbau	4,5 %
Werkzeugschärferei	4,5 %
Zahntechnisches Labor	5,3 %
Zäune: Herstellung, Lieferung mit Montage sowie Reparaturen	3,7 %
Zeitschriftenverlag: Inserateneinnahmen	4,5 %
Zeitschriftenverlag: zum reduzierten Satz steuerbare Leistungen	0,1 %
Zeitungsverlag: Inserateneinnahmen	4,5 %
Zeitungsverlag: zum reduzierten Satz steuerbare Leistungen	0,1 %
Zeltbau: Vermietung mit Montage	3,7 %
Zimmerei	3,7 %
Zoohandlung: Handel mit zum Normalsatz steuerbaren Tieren und Gegenständen	2,1 %
Zoohandlung: Handel mit zum reduzierten Satz steuerbaren Gegenständen	0,1 %

N 1-8

IStR, Nebenerlasse, Vorlagen

N 1 Internationales Steuerrecht (IStR)

N 2 Verwaltungsstrafrechtsgesetz (VStrR)

N 3 Bundesgerichtsgesetz (Auszug BGG)

N 4 Obligationenrecht (Auszug OR)

N 5 Berufliche Vorsorge (Auszug BVG | BVV 2 | BVV 3)

N 6 Regionalpolitik (BRP | VO Steuererleichterungen | VO Gemeinden)

N 7 Schweizerisches Strafgesetzbuch (Auszug StGB)

N 8 Vorlagen

IStR

Internationales Steuerrecht

N 1 Internationales Steuerrecht (IStR)

1.1 Bundesgesetz über die Durchführung von internationalen Abkommen im Steuerbereich (StADG)

1.2 Verordnung über die Anrechnung ausländischer Quellensteuern (VStA)
    1.2.1 VO 1 EFD über die Anrechnung ausländischer Quellensteuern (VStA 1)
    1.2.2 VO 2 EFD über die pauschale Steueranrechnung (VO pStA 2)

1.3 Verordnung über die Steuerentlastung schweizerischer Dividenden aus wesentlichen Beteiligungen ausländischer Gesellschaften

1.4 Übereinkommen über die gegenseitige Amtshilfe in Steuersachen (Amtshilfeübereinkommen; MAC)

1.5 Steueramtshilfegesetz (StAhiG)
    1.5.1 Steueramtshilfeverordnung (StAhiV)

1.6 Multilaterale Vereinbarung der zuständigen Behörden über den automatischen Informationsaustausch über Finanzkonten (AIA-Vereinbarung; MCAA)
    1.6.1 BB über den Prüfmechanismus zur Umsetzung des AIA ab 2018/2019

1.7 Bundesgesetz über den internationalen automatischen Informationsaustausch in Steuersachen (AIAG)

1.8 Auszug aus dem AIA-Abkommen mit der EU
    1.8.1 BG über die Aufhebung des ZBstG und IQG

☞ *Weitere Erlasse zum IStR finden Sie im Werk «Die internationalen Steuererlasse des Bundes 2024/2025». Darin sind z.B. neben 23 Doppelbesteuerungsabkommen (DBA) auch das BEPS-Übereinkommen (MLI), die GloBE-Mustervorschriften, das FATCA-Abkommen, der gemeinsame Meldestandard (GMS) und die wichtigsten DBA-Listen enthalten.*

Scan to shop.

1.1 Bundesgesetz über die Durchführung von internationalen Abkommen im Steuerbereich (StADG)
SR 672.2

vom 18. Juni 2021 (Stand am 1. Januar 2022)

Die Bundesversammlung der Schweizerischen Eidgenossenschaft,

gestützt auf Artikel 173 Absatz 2 der Bundesverfassung[1],
nach Einsicht in die Botschaft des Bundesrates vom 4. November 2020[2],

beschliesst:

1. Kapitel: Gegenstand

Art. 1

¹ Dieses Gesetz regelt die Durchführung von internationalen Abkommen des Bundes im Steuerbereich, insbesondere zur Vermeidung der Doppelbesteuerung, soweit deren Durchführung nicht durch andere Bundesgesetze im Steuerbereich geregelt wird.

² Es regelt insbesondere:
   a. das Verständigungsverfahren zur Vermeidung einer dem Abkommen nicht entsprechenden Besteuerung;
   b. die Entlastung von der Verrechnungssteuer;
   c. die Bestrafung von Widerhandlungen im Zusammenhang mit Quellensteuern auf Kapitalerträgen.

³ Vorbehalten sind die abweichenden Bestimmungen des im Einzelfall anwendbaren Abkommens.

2. Kapitel: Verständigungsverfahren zur Vermeidung einer dem Abkommen nicht entsprechenden Besteuerung

1. Abschnitt: Allgemeine Bestimmungen

Art. 2 Geltungsbereich dieses Kapitels

Die Bestimmungen dieses Kapitels gelten für zwischen den Staaten geführte Verfahren, die nach dem anwendbaren Abkommen auf Gesuch durchgeführt werden, um bestehende oder absehbare dem Abkommen nicht entsprechende Besteuerungen zu vermeiden (Verständigungsverfahren).

---

[1] SR **101**
[2] BBl **2020** 9219

Art. 3 Zuständige Behörde

Für die Durchführung der Verständigungsverfahren zuständig ist das Staatssekretariat für internationale Finanzfragen (SIF).

Art. 4 Gesuchstellende Person

Eine Person, die der Auffassung ist, dass sie oder eine mit ihr verbundene Person von einer dem anwendbaren Abkommen nicht entsprechenden Besteuerung betroffen ist oder sein wird, kann um Durchführung eines Verständigungsverfahrens ersuchen.

2. Abschnitt: Einleitung des Verständigungsverfahrens

Art. 5 Gesuch

[1] Das Gesuch um Durchführung eines Verständigungsverfahrens ist beim SIF einzureichen.

[2] Es muss die Anträge und deren Begründung mit Angabe der Beweismittel enthalten.

[3] Es muss in einer Amtssprache oder auf Englisch verfasst sein.

[4] Genügt es diesen Anforderungen nicht, oder lassen die Anträge oder die Begründung die nötige Klarheit vermissen, so fordert das SIF die gesuchstellende Person auf, die Mängel zu beheben.

Art. 6 Mitwirkungspflicht

Die gesuchstellende Person muss dem SIF über alle Tatsachen, die für das Verständigungsverfahren von Bedeutung sein können, Auskunft erteilen und auf Verlangen die benötigten Unterlagen einreichen.

Art. 7 Nichteintreten auf das Gesuch

Das SIF leitet kein Verständigungsverfahren ein, wenn:

a. die Voraussetzungen für die Einleitung eines Verständigungsverfahrens nach dem anwendbaren Abkommen nicht erfüllt sind;
b. das Gesuch die Anforderungen nach Artikel 5 nicht erfüllt und die Mängel nicht behoben worden sind; oder
c. die gesuchstellende Person ihren Pflichten nach Artikel 6 nicht nachkommt.

Art. 8 Kosten und Entschädigungen

[1] Für die Einleitung des Verständigungsverfahrens werden keine Kosten auferlegt.

[2] Es werden keine Entschädigungen ausgerichtet.

Art. 9 Anwendbares Verfahrensrecht

Für die Einleitung des Verständigungsverfahrens ist im Übrigen das Verwaltungsverfahrensgesetz vom 20. Dezember 1968[1] anwendbar.

---

[1] SR **172.021**

3. Abschnitt: Zusammenarbeit der Behörden

Art. 10 Information der schweizerischen Steuerbehörden

¹ Das SIF informiert die Steuerbehörden, die für die Erhebung der vom Verständigungsverfahren betroffenen Steuern zuständig sind (zuständige Steuerbehörde), über die in der Schweiz oder im andern Staat eingereichten Gesuche um ein Verständigungsverfahren.

² Es gibt den zuständigen Steuerbehörden Gelegenheit zur Stellungnahme, sofern die Besteuerung in der Schweiz vom Verständigungsverfahren betroffen ist.

³ Die zuständigen Steuerbehörden können eine Besprechung mit dem SIF verlangen.

Art. 11 Amtshilfe

¹ Die Steuerbehörden der Kantone, Bezirke, Kreise und Gemeinden, die Eidgenössische Steuerverwaltung (ESTV) sowie das SIF unterstützen sich gegenseitig bei der Durchführung des Verständigungsverfahrens; sie erstatten einander kostenlos die zweckdienlichen Meldungen, erteilen einander die benötigten Auskünfte und gewähren einander Einsicht in die Akten.

² Die andern Behörden des Bundes, der Kantone, Bezirke, Kreise und Gemeinden leisten dem SIF Amtshilfe, sofern dies für die Durchführung des Verständigungsverfahrens erforderlich ist. Die gleiche Pflicht zur Amtshilfe haben Organe von Körperschaften und Anstalten, soweit sie Aufgaben der öffentlichen Verwaltung wahrnehmen.

³ Von der Auskunfts- und Mitteilungspflicht ausgenommen sind die Organe der Schweizerischen Post und der öffentlichen Kreditinstitute für Tatsachen, die einer besonderen, gesetzlich auferlegten Geheimhaltung unterstehen.

4. Abschnitt: Durchführung des Verständigungsverfahrens

Art. 12 Stellung und Mitwirkungspflicht der gesuchstellenden Person

¹ Bei der Durchführung des Verständigungsverfahrens ist die gesuchstellende Person nicht Partei. Sie kann weder die Akten des Verfahrens einsehen noch am Verfahren teilnehmen. Das SIF erteilt der gesuchstellenden Person Auskünfte, soweit dies nach dem anwendbaren Abkommen möglich ist.

² Das SIF kann von der gesuchstellenden Person während des Verfahrens weitere Auskünfte und Unterlagen verlangen. Es kann mit ihrer Einwilligung, allenfalls zusammen mit der zuständigen Behörde des andern Staates, einen Augenschein durchführen, wenn dies der Feststellung des Sachverhalts dient.

Art. 13 Übertragung der Verhandlungsführung

¹ Das SIF kann eine Behörde eines Staates, der nicht Partei des anwendbaren Abkommens ist, in das Verständigungsverfahren einbeziehen oder dieser die Verhandlungsführung übertragen.

² Soweit dies der Sicherung der Interessen der Schweiz dient, kann das SIF die Verhandlungsführung in einem Verständigungsverfahren für einen andern Staat übernehmen, auch wenn die Schweiz nicht Partei des anwendbaren Abkommens ist.

Art. 14 Abschluss des Verständigungsverfahrens

¹ Das Verständigungsverfahren wird durch eine Vereinbarung zwischen dem SIF und der zuständigen Behörde des andern Staates abgeschlossen (Verständigungsvereinbarung).

² Gegen die Verständigungsvereinbarung steht kein Rechtsmittel zur Verfügung.

Art. 15 Zustimmung zur Umsetzung

¹ Sofern die Verständigungsvereinbarung in der Schweiz umzusetzen ist, wird sie mit Zustimmung der Person verbindlich, deren Besteuerung in der Schweiz sie betrifft (betroffene Person).

² Mit der Zustimmung verzichtet die betroffene Person auf sämtliche Rechtsmittel im Zusammenhang mit dem in der Verständigungsvereinbarung geregelten Gegenstand. Sie verpflichtet sich zudem, ergriffene Rechtsmittel umgehend zurückzuziehen.

Art. 16 Innerstaatliche Übereinkunft

¹ Der Verständigungsvereinbarung gleichgestellt ist eine Übereinkunft zwischen der zuständigen Steuerbehörde und dem SIF über die Besteuerung der betroffenen Person in der Schweiz, wenn dadurch ein Verständigungsverfahren vermieden werden kann.

² Diese Übereinkunft bedarf der Zustimmung der betroffenen Person.

³ Mit der Zustimmung verzichtet die betroffene Person auf sämtliche Rechtsmittel im Zusammenhang mit dem in der Übereinkunft geregelten Gegenstand. Sie verpflichtet sich zudem, ergriffene Rechtsmittel umgehend zurückzuziehen.

Art. 17 Kosten und Entschädigungen

¹ Für die Durchführung des Verständigungsverfahrens werden keine Kosten auferlegt.

² Es werden keine Entschädigungen ausgerichtet.

5. Abschnitt: Umsetzung der Verständigungsvereinbarung

Art. 18 Grundsätze

¹ Das SIF teilt die verbindliche Verständigungsvereinbarung der zuständigen Steuerbehörde mit.

² Diese setzt die Verständigungsvereinbarung von Amtes wegen um.

³ Rechtsmittelverfahren im Zusammenhang mit dem in der Verständigungsvereinbarung geregelten Gegenstand müssen vor oder mit der Umsetzung abgeschlossen sein.

⁴ Ausgleichszahlungen, welche schweizerische Gesellschaften als Folge von ausländischen Gewinnberichtigungen an ausländische verbundene Gesellschaften zu entrichten haben, unterliegen nicht der schweizerischen Verrechnungssteuer, sofern solche Ausgleichszahlungen als Folge einer Verständigungsvereinbarung oder einer innerstaatlichen Übereinkunft geleistet werden. B111

Art. 19 Umsetzungsverfügung

¹ Die zuständige Steuerbehörde erlässt auf Grundlage der Verständigungsvereinbarung eine Verfügung, soweit dies zu deren Umsetzung notwendig ist (Umsetzungsverfügung).

² Die betroffene Person muss der zuständigen Steuerbehörde alle für die Umsetzung notwendigen Auskünfte erteilen und auf Verlangen die benötigten Unterlagen einreichen.

³ Im Übrigen sind für den Erlass der Umsetzungsverfügung die Vorschriften über das Verfahren anwendbar, in dem die den Gegenstand der Umsetzungsverfügung betreffende Verfügung der zuständigen Steuerbehörde ergangen ist oder ergangen wäre.

⁴ Gegen die Umsetzungsverfügung können die gleichen Rechtsmittel ergriffen werden wie gegen die Verfügung der zuständigen Steuerbehörde, die den Gegenstand der Umsetzungsverfügung betroffen hat oder hätte.

⁵ Die sich aus der Umsetzungsverfügung ergebenden Forderungen der zuständigen Steuerbehörde oder der betroffenen Person verjähren fünf Jahre nachdem die Umsetzungsverfügung rechtskräftig geworden ist. Stillstand und Unterbrechung richten sich nach den Vorschriften über das Verfahren, in dem die den Gegenstand der Umsetzungsverfügung betreffende Verfügung der zuständigen Steuerbehörde ergangen ist oder ergangen wäre.

Art. 20 Rechtskräftige Verfügungen und Entscheide

Eine rechtskräftige Verfügung oder ein rechtskräftiger Entscheid ist nicht vollstreckbar, soweit der Gegenstand der Umsetzungsverfügung davon betroffen ist.

Art. 21 Dauer der Umsetzungspflicht

¹ Die zuständige Steuerbehörde setzt die Verständigungsvereinbarung um, sofern das Gesuch um Durchführung des Verständigungsverfahrens im Inland oder im Ausland abkommenskonform innert zehn Jahren nach Eröffnung der Verfügung oder des Entscheids eingereicht wird, die oder der den Gegenstand der Umsetzungsverfügung betrifft.

² In allen andern Fällen erlischt die Pflicht der zuständigen Steuerbehörde zur Umsetzung der Verständigungsvereinbarung, sofern das Gesuch um Durchführung des Verständigungsverfahrens mehr als zehn Jahre nach Fälligkeit der Steuer eingereicht wird.

Art. 22 Verzinsung

Die betroffene Person hat keinen Anspruch auf einen für die Rückerstattung bereits bezahlter Steuern gesetzlich geschuldeten Zins, wenn sie:

a. die Veranlagung, die zu einer dem anwendbaren Abkommen nicht entsprechenden Besteuerung geführt hat, absichtlich oder durch fehlende Sorgfalt erwirkt hat; oder
b. die vorgesehenen Verfahren zur Vermeidung der dem Abkommen nicht entsprechenden Besteuerung, mit Ausnahme der Rechtsmittelverfahren, absichtlich oder durch fehlende Sorgfalt versäumt oder unsorgfältig geführt hat.

Art. 23 Kosten und Entschädigungen

¹ Die zuständige Steuerbehörde kann der betroffenen Person die Kosten der Umsetzung auferlegen, sofern das Verständigungsverfahren bei zumutbarer Sorgfalt hätte vermieden werden können.

² Es werden keine Entschädigungen für die Umsetzung der Verständigungsvereinbarung ausgerichtet.

3. Kapitel: Entlastung von der Verrechnungssteuer, Widerhandlungen im Zusammenhang mit Quellensteuern auf Kapitalerträgen

1. Abschnitt: Entlastung von der Verrechnungssteuer

Art. 24 Organisation

¹ Die ESTV ist für die Durchführung des Verfahrens zur Entlastung von der Verrechnungssteuer zuständig.

² Sie regelt die Modalitäten der Geltendmachung des Anspruchs auf Entlastung von der Verrechnungssteuer. Für die elektronische Übermittlung von Rückerstattungsanträgen bestimmt sie die Zustellplattform.

Art. 25 Mitwirkungspflicht

¹ Wer einen Antrag auf Entlastung von der Verrechnungssteuer stellt, muss der ESTV über alle Tatsachen, die für die Entlastung von Bedeutung sein können, Auskunft erteilen und auf Verlangen die benötigten Unterlagen einreichen.

² Kommt die antragstellende Person ihren Mitwirkungspflichten nicht nach und kann die ESTV den Anspruch ohne die verlangten Auskünfte nicht abklären, so weist sie den Antrag ab.

Art. 26 Mitteilung und Entscheid

¹ Weist die ESTV einen Antrag ab oder entspricht sie ihm nur teilweise, so teilt sie dies der antragstellenden Person mit.

² Ist die antragstellende Person mit der Mitteilung der ESTV nicht einverstanden und lässt sich der Anstand nicht auf andere Weise erledigen, so kann sie einen Entscheid der ESTV verlangen.

³ Eine nicht auf einem Entscheid beruhende Rückerstattung steht unter dem Vorbehalt einer späteren Nachprüfung des Anspruchs. Nach Ablauf von drei Jahren seit Gewährung der Rückerstattung ist die Nachprüfung nur noch in Verbindung mit einem Strafverfahren nach Artikel 28 zulässig.

Art. 27 Antragsfristen für die Rückerstattung B112

¹ Der Anspruch auf Rückerstattung der Verrechnungssteuer erlischt, wenn der Antrag nicht innert drei Jahren nach Ablauf des Kalenderjahres gestellt wird, in dem die steuerbare Leistung fällig geworden ist.

² Für die Antragstellung beginnt im Zeitpunkt der Entrichtung der Steuer eine neue Frist von 60 Tagen, wenn:

a. die Verrechnungssteuer erst aufgrund einer Beanstandung der ESTV entrichtet und überwälzt wurde; und
b. in diesem Zeitpunkt die Frist nach Absatz 1 bereits abgelaufen ist oder von der Frist nach Absatz 1 weniger als 60 Tage verbleiben.

2. Abschnitt: Strafbestimmungen im Zusammenhang mit Quellensteuern auf Kapitalerträgen

Art. 28 Ungerechtfertigte Rückerstattung der schweizerischen Verrechnungssteuer

Wer vorsätzlich oder fahrlässig, zum eigenen oder zum Vorteil einer andern Person, eine in einem internationalen Abkommen im Steuerbereich vorgesehene Rückerstattung der schweizerischen Verrechnungssteuer zu Unrecht oder in ungerechtfertigtem Umfang erwirkt, wird mit Busse bis zu 30 000 Franken oder, sofern dies einen höheren Betrag ergibt, bis zum Dreifachen des unrechtmässigen Vorteils bestraft.

Art. 29 Gefährdung der schweizerischen Verrechnungssteuer

Mit Busse bis zu 20 000 Franken wird bestraft, wer vorsätzlich oder fahrlässig:

a. in einem Antrag auf Rückerstattung der schweizerischen Verrechnungssteuer unwahre Angaben macht, erhebliche Tatsachen verschweigt oder dabei unwahre Belege über erhebliche Tatsachen vorlegt;
b. als antragstellende Person oder auskunftspflichtige Drittperson unrichtige Auskünfte erteilt;
c. ungerechtfertigte oder bereits erfüllte Ansprüche geltend macht.

Art. 30 Ungerechtfertigte Anrechnung der ausländischen Residualsteuer

Wer vorsätzlich oder fahrlässig, zum eigenen oder zum Vorteil einer andern Person, eine ungerechtfertigte Steueranrechnung der ausländischen Residualsteuer erwirkt, wird mit Busse bis zu 30 000 Franken oder, sofern dies einen höheren Betrag ergibt, bis zum Dreifachen des unrechtmässigen Vorteils bestraft.

Art. 31 Gefährdung der schweizerischen Einkommens- oder Gewinnsteuer

Mit Busse bis zu 20 000 Franken wird bestraft, wer vorsätzlich oder fahrlässig:

a. in einem Antrag auf Steueranrechnung der ausländischen Residualsteuer unwahre Angaben macht, erhebliche Tatsachen verschweigt oder dabei unwahre Belege über erhebliche Tatsachen vorlegt;
b. als antragstellende Person unrichtige Auskünfte erteilt;
c. ungerechtfertigte oder bereits erfüllte Ansprüche auf Steueranrechnung geltend macht;
d. die ordnungsgemässe Durchführung einer Buchprüfung oder andern amtlichen Kontrolle erschwert, behindert oder verunmöglicht.

Art. 32 Anzeige an die ESTV

Wird die Widerhandlung nach Artikel 30 oder 31 im Veranlagungsverfahren einer kantonalen Behörde begangen, so ist diese zur Anzeige an die ESTV verpflichtet.

Art. 33 Strafverfahren und Zuständigkeit

¹ Auf Widerhandlungen gegen Strafbestimmungen dieses Gesetzes ist das Bundesgesetz vom 22. März 1974[1] über das Verwaltungsstrafrecht anwendbar.

² Verfolgende und urteilende Behörde ist die ESTV.

4. Kapitel: Geheimhaltung

Art. 34

¹ Wer mit dem Vollzug eines internationalen Abkommens im Steuerbereich oder dieses Gesetzes betraut ist oder zu deren Vollzug beigezogen wird, muss gegenüber andern Behörden und Privaten über Tatsachen, die ihr oder ihm in Ausübung des Amtes bekannt werden, Stillschweigen bewahren und den Einblick in die Akten verweigern.

² Keine Geheimhaltungspflicht besteht:

a. bei der Übermittlung von Informationen nach dem anwendbaren Abkommen an einen andern Staat;
b. bei Auskünften und der Übermittlung von Informationen, soweit dafür eine gesetzliche Grundlage im Bundesrecht besteht.

5. Kapitel: Schlussbestimmungen

Art. 35 Ausführungsbestimmungen

¹ Der Bundesrat regelt:

a. das Verfahren der staatsvertraglich vereinbarten Entlastung von an der Quelle erhobenen schweizerischen Steuern auf Kapitalerträgen;
b. das Verfahren der staatsvertraglich vereinbarten Anrechnung von Steuern des andern Vertragsstaats an die in der Schweiz geschuldeten Steuern;
c. unter welchen Voraussetzungen eine schweizerische Betriebsstätte eines ausländischen Unternehmens für Erträge aus einem Drittstaat, die mit nicht rückforderbaren Steuern belastet sind, die Steueranrechnung beanspruchen kann;
d. die Unterstellung der nach dem anwendbaren Abkommen zu treffenden Entscheide und Verfügungen der ESTV, welche Steuern des andern Vertragsstaats zum Gegenstand haben, unter die eidgenössische Verwaltungsgerichtsbarkeit; er stellt diese Entscheide und Verfügungen in Bezug auf ihre Vollstreckbarkeit den Entscheiden über Bundessteuern gleich.

² Er kann den Erlass von Verfahrensbestimmungen dem Eidgenössischen Finanzdepartement (EFD) übertragen.

---

[1] SR 313.0

³ Das EFD regelt im Einvernehmen mit den Kantonen deren Beteiligung an Zahlungen, die die Schweiz dem andern Vertragsstaat in einem Abkommen im Steuerbereich zugesichert hat.

Art. 36 Aufhebung und Änderung anderer Erlasse

¹ Das Bundesgesetz vom 22. Juni 1951[1] über die Durchführung von zwischenstaatlichen Abkommen des Bundes zur Vermeidung der Doppelbesteuerung wird aufgehoben.

² ...[2]

Art. 37 Übergangsbestimmung

Die Artikel 18–23 gelten für die Umsetzung von Verständigungsvereinbarungen, die das SIF der zuständigen Steuerbehörde nach dem Inkrafttreten dieses Gesetzes mitgeteilt hat.

Art. 38 Inkrafttreten

¹ Dieses Gesetz untersteht dem fakultativen Referendum.

² Der Bundesrat bestimmt das Inkrafttreten.

Datum des Inkrafttretens: 1. Januar 2022[3]

---

[1] [AS **1951** 889; **2013** 231 Anhang Ziff. 5; **2017** 5517; **2019** 2395 Ziff. I 4]
[2] Die Änderung kann unter AS **2021** 703 konsultiert werden.
[3] BRB vom 10. Nov. 2021

1.2 Verordnung über die Anrechnung ausländischer Quellensteuern (VStA[1])[2]
SR 672.201

vom 22. August 1967 (Stand am 1. Januar 2024)

Der Schweizerische Bundesrat,

gestützt auf Artikel 35 Absatz 1 des Bundesgesetzes vom 18. Juni 2021[3] über die Durchführung von internationalen Abkommen im Steuerbereich,[4]

verordnet:

I. Allgemeine Bestimmungen C25

Art. 1 Geltungsbereich 1.

¹ Diese Verordnung gilt für Erträge[5] (Abs. 2) aus Staaten (Vertragsstaaten), mit denen die Schweiz zwischenstaatliche Abkommen zur Vermeidung der Doppelbesteuerung (Doppelbesteuerungsabkommen) abgeschlossen hat, die für diese Erträge eine Entlastung von den schweizerischen Steuern vorsehen.

² Als Erträge im Sinne dieser Verordnung gelten Dividenden, Zinsen, Lizenzgebühren, Dienstleistungserträge und Renten, die im Vertragsstaat, aus dem sie stammen, gemäss dem internen Recht dieses Vertragsstaates und in Übereinstimmung mit dem mit diesem Vertragsstaat abgeschlossenen Doppelbesteuerungsabkommen tatsächlich einer begrenzten Steuer unterliegen.[6] Sieht ein Doppelbesteuerungsabkommen für bestimmte Erträge ausdrücklich vor, dass für die Entlastung eine nach einem festen Satz bemessene Steuer in Rechnung zu stellen ist, so gelten diese Erträge, ohne Rücksicht auf die tatsächliche Besteuerung im Vertragsstaat, als zu diesem Satze besteuert.

---

[1] ☞ *Inoffizielle Abkürzung*
[2] Fassung gemäss Ziff. I der V vom 13. Nov. 2019, in Kraft seit 1. Jan. 2020 (AS **2019** 3873).
[3] SR 672.2
[4] Fassung gemäss Ziff. II 1 der V vom 10. Nov. 2021 über Anpassungen des Bundesrechts im Bereich der Durchführung von internationalen Abkommen im Steuerbereich, in Kraft seit 1. Jan. 2022 (AS **2021** 704).
[5] Ausdruck gemäss Ziff. I Abs. 2 der V vom 13. Nov. 2019, in Kraft seit 1. Jan. 2020 (AS **2019** 3873). Diese Änd. wurde im ganzen Erlass berücksichtigt.
[6] Fassung gemäss Ziff. I der V vom 13. Nov. 2019, in Kraft seit 1. Jan. 2020 (AS **2019** 3873).

Entlastung in der Schweiz 2.

Art. 2 In der Schweiz ansässige natürliche und juristische Personen[1] a.

1 In der Schweiz ansässige natürliche und juristische Personen können für die in Übereinstimmung mit einem Doppelbesteuerungsabkommen in einem Vertragsstaat erhobene begrenzte Steuer von aus diesem Vertragsstaat stammenden Erträgen eine Anrechnung ausländischer Quellensteuern[2] beantragen.

2 Fliessen die Erträge einer Kollektiv- oder Kommanditgesellschaft zu, so steht der Anspruch auf Anrechnung ausländischer Quellensteuern der Gesellschaft zu.

3 Wer die Anrechnung ausländischer Quellensteuern nicht beantragt oder darauf gemäss den Artikeln 3–7 keinen Anspruch hat, kann verlangen, dass bei der Veranlagung zu den schweizerischen Steuern vom Einkommen die im Vertragsstaat in Übereinstimmung mit dem Doppelbesteuerungsabkommen erhobenen Steuern vom Bruttobetrag der Erträge abgezogen werden.

Art. 2a Schweizerische Betriebsstätten ausländischer Unternehmen b.[3] C25

1 Eine schweizerische Betriebsstätte eines ausländischen Unternehmens kann für Erträge aus einem Drittstaat, die mit nicht rückforderbaren Quellensteuern belastet sind, die Anrechnung dieser Steuern beanspruchen, wenn Doppelbesteuerungsabkommen bestehen zwischen:

a. der Schweiz und dem Ansässigkeitsstaat des Unternehmens; und
b. jedem der beiden Staaten und dem Drittstaat, aus dem die Erträge stammen.

2 Legen die beiden Doppelbesteuerungsabkommen mit dem Drittstaat für die nicht rückforderbaren Quellensteuern unterschiedliche Steuersätze zugrunde, so kann nur der niedrigere der beiden Beträge geltend gemacht werden.

Art. 3[4] Allgemeine Voraussetzungen der Anrechnung ausländischer Quellensteuern 3.

1 Die Anrechnung ausländischer Quellensteuern kann nur für Erträge beansprucht werden, die den Einkommens- oder Gewinnsteuern des Bundes oder der Kantone und der Gemeinden unterliegen.

2 Erträge, für die die Anrechnung ausländischer Quellensteuern beansprucht wird, sind ohne Abzug der Steuer des Vertragsstaates zu deklarieren; gehören sie indessen zum Ertrag eines zur Führung kaufmännischer Bücher verpflichteten Unternehmens, so sind die Nettoerträge, der Betrag der vom Vertragsstaat gewährten Steuerrückerstattung und der Betrag der anrechenbaren ausländischen Quellensteuern als Ertrag zu verbuchen.

---

[1] Eingefügt durch Ziff. I der V vom 13. Nov. 2019, in Kraft seit 1. Jan. 2020 (AS **2019** 3873).
[2] Ausdruck gemäss Ziff. I Abs. 1 der V vom 13. Nov. 2019, in Kraft seit 1. Jan. 2020 (AS **2019** 3873). Diese Änd. wurde im ganzen Erlass berücksichtigt.
[3] Eingefügt durch Ziff. I der V vom 13. Nov. 2019, in Kraft seit 1. Jan. 2020 (AS **2019** 3873).
[4] Fassung gemäss Ziff. I der V vom 13. Nov. 2019, in Kraft seit 1. Jan. 2020 (AS **2019** 3873).

Sonderfälle 4.

Art. 4[1] Natürliche Personen im Genuss einer Steuer nach dem Aufwand a.[2]

[1] Natürliche Personen können nur für diejenigen Steuern eine Anrechnung ausländischer Quellensteuern verlangen, für die sie nicht nach dem Aufwand gemäss Artikel 14 des Bundesgesetzes vom 14. Dezember 1990[3] über die direkte Bundessteuer (DBG) oder gemäss den gestützt auf Artikel 6 des Bundesgesetzes vom 14. Dezember 1990[4] über die Harmonisierung der direkten Steuern der Kantone und Gemeinden (StHG) erlassenen kantonalen Bestimmungen besteuert werden.

[2] Natürliche Personen, die nach dem Aufwand besteuert werden, aber auf allen Einkünften aus einem Vertragsstaat nach Artikel 14 Absatz 5 DBG oder nach den gestützt auf Artikel 6 Absatz 7 StHG erlassenen kantonalen Bestimmungen die vollen Steuern zum Satz des Gesamteinkommens entrichten, können für die aus diesem Vertragsstaat stammenden Erträge die Anrechnung ausländischer Quellensteuern beanspruchen. Durch den Abzug der nach Artikel 20 dem Bund einerseits sowie den Kantonen und Gemeinden andererseits zu belastenden Anteile dürfen die geschuldeten schweizerischen Einkommens- und Vermögenssteuern nicht unter den Betrag der Steuer gesenkt werden, die nach dem Aufwand oder nach höheren anderen Einkommens- und Vermögensbestandteilen, für die keine Anrechnung ausländischer Quellensteuern gewährt wird, zu bemessen ist.

Art. 5 Dividenden aus Beteiligungen b.[5]

Dividenden, für die bei den Gewinnsteuern des Bundes, der Kantone, der Gemeinden und der Kirchgemeinden eine besondere Steuerermässigung (Art. 69 DBG[6] und gestützt auf Art. 28 Abs. 1 StHG[7] erlassene kantonale Bestimmungen) gewährt wird, gelten für die Anwendung dieser Verordnung als nicht besteuerte Erträge.

Art. 6[8] Ausschluss von Abkommensvorteilen c.

[1] Sind die im anwendbaren Doppelbesteuerungsabkommen enthaltenen Voraussetzungen nicht erfüllt oder nimmt eine Person das Doppelbesteuerungsabkommen missbräuchlich in Anspruch, so kann sie keine Anrechnung ausländischer Quellensteuern beanspruchen.

[2] Das Eidgenössische Finanzdepartement (EFD) kann für bestimmte Fälle Ausnahmen vorsehen.

Art. 7[9] Bagatellfälle d.

Die Anrechnung ausländischer Quellensteuern wird nur gewährt, wenn die nicht rückforderbaren Quellensteuern der Vertragsstaaten von den aus diesen Vertragsstaaten stammenden Erträgen insgesamt den Gegenwert von 100 Franken übersteigen.

---

[1] Fassung gemäss Ziff. I der V vom 13. Nov. 2019, in Kraft seit 1. Jan. 2020 (AS **2019** 3873).
[2] Fassung gemäss Ziff. I der V vom 9. März 2001, in Kraft seit 1. Jan. 2001 (AS **2001** 1060).
[3] SR **642.11**
[4] SR **642.14**
[5] Fassung gemäss Ziff. I der V vom 13. Nov. 2019, in Kraft seit 1. Jan. 2020 (AS **2019** 3873).
[6] SR **642.11**
[7] SR **642.14**
[8] Fassung gemäss Ziff. I der V vom 13. Nov. 2019, in Kraft seit 1. Jan. 2020 (AS **2019** 3873).
[9] Fassung gemäss Ziff. I der V vom 13. Nov. 2019, in Kraft seit 1. Jan. 2020 (AS **2019** 3873).

II. Betrag der anrechenbaren ausländischen Quellensteuern[1] C25

Art. 8 Grundsatz 1.[2]

[1] Die Anrechnung ausländischer Quellensteuern erfolgt für die von Bund, Kantonen, Gemeinden und Kirchgemeinden erhobenen Steuern gesamthaft und wird in einem Betrag vergütet.

[2] Der Betrag der anrechenbaren ausländischen Quellensteuern entspricht der Summe der nicht rückforderbaren Quellensteuern, die in den Vertragsstaaten von den im Laufe eines Jahres (Fälligkeitsjahres) fällig gewordenen Erträgen in Übereinstimmung mit den anwendbaren Doppelbesteuerungsabkommen erhoben worden sind, höchstens aber der Summe der auf diese Erträge entfallenden schweizerischen Steuern (Maximalbetrag). Eine Ergänzungssteuer nach der Mindestbesteuerungsverordnung vom 22. Dezember 2023[3] wird bei der Berechnung des Maximalbetrags nicht berücksichtigt.[4]

[3] Er wird getrennt nach folgenden Erträgen ermittelt:
a. Dividenden;
b. Zinsen;
c. Lizenzgebühren, die nach Artikel 8*a* oder 24*b* StHG[5] besteuert werden;
d. Lizenzgebühren, die nicht nach Artikel 8*a* oder 24*b* StHG besteuert werden;
e. Dienstleistungserträge;
f. Renten.

[4] Er wird nicht verzinst.

Maximalbetrag 2.

Art. 9[6] **Berechnung für natürliche Personen** a.[7]

[1] Der Berechnung des Maximalbetrags für Erträge im Privatvermögen sind die Steuersätze zugrunde zu legen, die bei der Berechnung der für das Fälligkeitsjahr geschuldeten Einkommenssteuern angewandt werden. Dabei wird der Maximalbetrag für die Steuern des Bundes einerseits sowie der Kantone und Gemeinden andererseits gesondert berechnet. Zuschläge für Kirchensteuern sind nicht zu berücksichtigen.

[2] Bei Erträgen im Geschäftsvermögen wird der Maximalbetrag nach Artikel 10 berechnet; jedoch ohne Berücksichtigung der Kirchensteuern.

[3] Die Kantone können für die Berechnung des Maximalbetrags eigene Tarife vorsehen. Dabei ist Artikel 11 Absatz 1 StHG[8] zu beachten. Die Tarife sind dem EFD zur Genehmigung zu unterbreiten.

---

[1] Fassung gemäss Ziff. I der V vom 13. Nov. 2019, in Kraft seit 1. Jan. 2020 (AS **2019** 3873).
[2] Fassung gemäss Ziff. I der V vom 13. Nov. 2019, in Kraft seit 1. Jan. 2020 (AS **2019** 3873).
[3] SR **642.161**
[4] Fassung gemäss Art. 41 der Mindestbesteuerungsverordnung vom 22. Dez. 2023, in Kraft seit 1. Jan. 2024 (AS **2023** 841).
[5] SR **642.14**
[6] Fassung gemäss Ziff. I der V vom 13. Nov. 2019, in Kraft seit 1. Jan. 2020 (AS **2019** 3873).
[7] Fassung gemäss Ziff. I der V vom 9. März 2001, in Kraft seit 1. Jan. 2001 (AS **2001** 1060).
[8] SR **642.14**

⁴ Wurde der Maximalbetrag aufgrund eines kantonalen Tarifs berechnet und weist die Antragstellerin oder der Antragsteller nach, dass die Berechnung gemäss Absatz 1 zu einem höheren Anrechnungsbetrag geführt hätte, so ist ihr oder ihm die Differenz zu vergüten. Die Differenz muss innert 30 Tagen nach der Eröffnung des Entscheids über die Anrechnung ausländischer Quellensteuern oder, wenn die definitive Veranlagung später erfolgt, innert 30 Tagen nach der Eröffnung der Veranlagung in schriftlicher Form bei der zuständigen Behörde nachgewiesen und geltend gemacht werden.

⁵ Der Maximalbetrag darf nicht höher sein als die Summe der schweizerischen Einkommenssteuern im Fälligkeitsjahr.

Art. 10 Berechnung für juristische Personen b.[1]

¹ Der Maximalbetrag entspricht der Summe der Steuern des Bundes, der Kantone, der Gemeinden und der Kirchgemeinden, die auf dem Gewinn des Fälligkeitsjahres berechnet werden. Dabei wird der Maximalbetrag für die Steuern des Bundes einerseits sowie der Steuern der Kantone, Gemeinden und Kirchgemeinden andererseits gesondert berechnet.

² Der Teilbetrag der Gewinnsteuer, der auf die aus den Vertragsstaaten stammenden Erträge entfällt, wird ermittelt, indem die Steuer im Verhältnis der aus den Vertragsstaaten stammenden Erträge nach Abzug der Schuldzinsen und Aufwendungen nach Artikel 11 zum gesamten dieser Steuer unterliegenden Reingewinn des Fälligkeitsjahres aufgeteilt wird. Der Teilbetrag kann nicht höher sein als die tatsächlich geschuldete Steuer.

³ Wird gemäss Artikel 30 Absatz 2 StHG[2] die Gewinnsteuer an die Kapitalsteuer angerechnet, so darf die Anrechnung ausländischer Quellensteuern nicht zu einer Kantons-, Gemeinde- und Kirchensteuer führen, die tiefer ist als die Kapitalsteuer vor Anrechnung der Gewinnsteuer.

Art. 11 Berücksichtigung von Schuldzinsen, anderen Aufwendungen und steuerwirksamen Abzügen c.[3]

¹ Für die Berechnung des Maximalbetrags werden die Erträge um die Schuldzinsen, die anderen Aufwendungen und die steuerwirksamen Abzüge gekürzt.

² Für die Kürzung gelten die folgenden Verteilungsregeln:
   a. Die Schuldzinsen werden proportional zu den Aktiven verteilt.
   b. Die direkt mit den Erträgen zusammenhängenden anderen Aufwendungen werden auf die jeweiligen Erträge, die indirekt mit ihnen zusammenhängenden anderen Aufwendungen proportional zu den Erträgen verteilt.
   c. Die direkt mit den Erträgen zusammenhängenden steuerwirksamen Abzüge werden auf die jeweiligen Erträge, die indirekt mit ihnen zusammenhängenden steuerwirksamen Abzüge proportional zu den Erträgen verteilt.

³ Zu den anderen Aufwendungen gehören auch Geschäftsführungs- und allgemeine Verwaltungskosten sowie die auf die Erträge entfallenden Steuern, die nach dem anwendbaren Recht vom Reinertrag abgezogen werden.

---

[1] Fassung gemäss Ziff. I der V vom 13. Nov. 2019, in Kraft seit 1. Jan. 2020 (AS **2019** 3873).
[2] SR **642.14**
[3] Fassung gemäss Ziff. I der V vom 13. Nov. 2019, in Kraft seit 1. Jan. 2020 (AS **2019** 3873).

⁴ Bei Dividenden und Zinsen, die den Kapitalgesellschaften, Genossenschaften, Betriebsstätten nach Artikel 2a und natürlichen Personen im Geschäftsvermögen zugeflossen sind, wird die Kürzung um andere Aufwendungen auf 5 Prozent der verbuchten Dividenden und Zinsen festgesetzt.

⁵ Bei Lizenzgebühren, die nicht nach den Artikeln 8a und 24b StHG[1] besteuert werden, und bei Dienstleistungserträgen wird die Kürzung um Schuldzinsen und andere Aufwendungen auf die Hälfte der Bruttobeträge dieser Erträge festgesetzt.

⁶ Der Nachweis, dass die tatsächlichen Aufwendungen nach Absatz 4 oder 5 wesentlich höher oder niedriger sind, bleibt vorbehalten.

Art. 12[2] ... 3.

III. Geltendmachung des Anspruchs auf Anrechnung ausländischer Quellensteuern C25

Art. 13 Antrag 1.

¹ Die Anrechnung ausländischer Quellensteuern wird nur auf Antrag gewährt.

² Der Antrag ist gemäss den Vorgaben der Steuerbehörde des Kantons einzureichen, in dem die Antragstellerin oder der Antragsteller am Ende der Steuerperiode, in der die Erträge fällig wurden, ansässig war.[3]

²ᵇⁱˢ Erträge, die bei der Gewinn- oder Einkommenssteuer ermässigt besteuert werden, sind im Antrag besonders zu bezeichnen.[4]

³ Die Erträge des Geschäftsvermögens, die im selben Geschäftsjahr fällig wurden, sind in einem Antrag zusammenzufassen.[5]

Art. 14[6] **Fristen** 2.

¹ Der Antrag auf Anrechnung ausländischer Quellensteuern kann frühestens nach Ablauf der Steuerperiode, in der die Erträge fällig geworden sind, gestellt werden.

² Der Anspruch auf Anrechnung ausländischer Quellensteuern erlischt, wenn der Antrag nicht innert drei Jahren nach Ablauf der Steuerperiode, in der die Erträge fällig geworden sind, gestellt wird.

IV. Behörden und Verfahren C25

Art. 15[7] **Behörden** 1.

Die Durchführung der Anrechnung ausländischer Quellensteuern obliegt den Kantonen. Sie bestimmen die Behörden, die für die Entgegennahme und Entscheidung der Anträge auf Anrechnung ausländischer Quellensteuern zuständig sind.

---

[1] SR **642.14**
[2] Aufgehoben durch Ziff. I der V vom 13. Nov. 2019, mit Wirkung seit 1. Jan. 2020 (AS **2019** 3873).
[3] Fassung gemäss Ziff. I der V vom 13. Nov. 2019, in Kraft seit 1. Jan. 2020 (AS **2019** 3873).
[4] Eingefügt durch Ziff. I der V vom 13. Nov. 2019, in Kraft seit 1. Jan. 2020 (AS **2019** 3873).
[5] Eingefügt durch Ziff. I der V vom 9. März 2001, in Kraft seit 1. Jan. 2001 (AS **2001** 1060).
[6] Fassung gemäss Ziff. I der V vom 9. März 2001, in Kraft seit 1. Jan. 2001 (AS **2001** 1060).
[7] Fassung gemäss Ziff. I der V vom 13. Nov. 2019, in Kraft seit 1. Jan. 2020 (AS **2019** 3873).

Verfahren 2.

Art. 16 Pflichten der Antragstellerin oder des Antragstellers[1] a.

Wer die Anrechnung ausländischer Quellensteuern beansprucht, hat der Steuerbehörde[2] über alle Tatsachen, die für die Beurteilung des Anspruchs von Bedeutung sein können, nach bestem Wissen und Gewissen Auskunft zu erteilen. Artikel 48 des Bundesgesetzes vom 13. Oktober 1965[3] über die Verrechnungssteuer (im folgenden Verrechnungssteuergesetz genannt) findet sinngemäss Anwendung.

Art. 17 Entscheid b.

[1] Die Steuerbehörde prüft die eingereichten Anträge. Es stehen ihr hiefür die gleichen Befugnisse zu wie für die Prüfung der Anträge auf Rückerstattung der eidgenössischen Verrechnungssteuer (Art. 50 Abs. 1 und 3 des Verrechnungssteuergesetzes[4]).

[2] Wird dem Antrag nicht oder nicht in vollem Umfange entsprochen, so ist der Entscheid kurz zu begründen.

[3] Der von der Steuerbehörde festgesetzte Betrag der anrechenbaren ausländischen Quellensteuern steht unter dem Vorbehalt einer Überprüfung des Anspruchs durch die Eidgenössische Steuerverwaltung (Art. 20 Abs. 3).[5]

Art. 18 Einsprache und Beschwerde c.

Die Entscheide über die Anrechnung ausländischer Quellensteuern unterliegen den gleichen Rechtsmitteln wie die Entscheide über die Rückerstattung der eidgenössischen Verrechnungssteuer durch die Kantone (Art. 53–56 des Verrechnungssteuergesetzes[6]).

Art. 19 Auszahlung oder Verrechnung des Betrags der anrechenbaren ausländischen Quellensteuern[7] d.

[1] Der von der Steuerbehörde festgesetzte Betrag der anrechenbaren ausländischen Quellensteuern wird entweder ausbezahlt oder mit Steuern des Bundes, des Kantons, der Gemeinde oder der Kirchgemeinde verrechnet.[8]

[2] Die Kantone führen besondere Register über die Anrechnung ausländischer Quellensteuern.

---

[1] Fassung gemäss Ziff. I der V vom 13. Nov. 2019, in Kraft seit 1. Jan. 2020 (AS **2019** 3873).
[2] Ausdruck gemäss Ziff. I Abs. 3 der V vom 13. Nov. 2019, in Kraft seit 1. Jan. 2020 (AS **2019** 3873). Diese Änd. wurde im ganzen Erlass berücksichtigt.
[3] SR **642.21**
[4] SR **642.21**
[5] Eingefügt durch Ziff. I der V vom 7. Dez. 1981 (AS **1981** 1996). Fassung gemäss Ziff. I der V vom 13. Nov. 2019, in Kraft seit 1. Jan. 2020 (AS **2019** 3873).
[6] SR **642.21**
[7] Fassung gemäss Ziff. I der V vom 13. Nov. 2019, in Kraft seit 1. Jan. 2020 (AS **2019** 3873).
[8] Fassung gemäss Ziff. I der V vom 13. Nov. 2019, in Kraft seit 1. Jan. 2020 (AS **2019** 3873).

Art. 20 Abrechnung zwischen Bund und Kantonen 3.[1]

¹ Der Betrag der anrechenbaren ausländischen Quellensteuern wird zwischen dem Bund einerseits sowie den Kantonen und Gemeinden andererseits wie folgt verteilt:

a. bei natürlichen Personen gemäss den Steuersätzen nach Artikel 9 Absatz 1;
b. bei juristischen Personen im Verhältnis der Steuern auf dem Gewinn nach Artikel 10 Absatz 1.

² Die Kantone belasten dem Bund dessen Anteil. Dieser Anteil wird um den dem Kanton verbleibenden Anteil an der direkten Bundessteuer gemäss Artikel 196 Absatz 1 DBG[2] gekürzt. Die Aufteilung des dem Bund nicht zu belastenden Teils der Anrechnungsbeträge auf die Kantone und Gemeinden ist Sache der Kantone.

³ Auf die Abrechnung der Kantone mit dem Bund und auf die Pflicht zur Rückleistung zu Unrecht erfolgter Auszahlungen oder Verrechnungen (Art. 19) sind die Artikel 57 und 58 des Verrechnungssteuergesetzes vom 13. Oktober 1965[3] anwendbar; dabei gilt Artikel 58 Absätze 1, 2 und 5 gleichermassen für die zulasten des Bundes wie für die zulasten des Kantons gewährten Anrechnungsbeträge.

Art. 21 ...

Art. 22 Revision und Berichtigung von Entscheiden 4.

Die Revision und Berichtigung von Entscheiden über die Anrechnung ausländischer Quellensteuern richten sich nach den Artikeln 59 und 60 des Verrechnungssteuergesetzes[4].

V. ...

Art. 23[5] ...

---

[1] Fassung gemäss Ziff. I der V vom 13. Nov. 2019, in Kraft seit 1. Jan. 2020 (AS **2019** 3873).
[2] SR **642.11**
[3] SR **642.21**
[4] SR **642.21**
[5] Aufgehoben durch Ziff. II 1 der V vom 10. Nov. 2021 über Anpassungen des Bundesrechts im Bereich der Durchführung von internationalen Abkommen im Steuerbereich, mit Wirkung seit 1. Jan. 2022 (AS **2021** 704).

VI. Schlussbestimmungen

Art. 24 Durchführung 1.

¹ Das EFD[1] erlässt die für die Anrechnung ausländischer Quellensteuern erforderlichen Verfahrensvorschriften.

² Es genehmigt insbesondere die für natürliche Personen anwendbaren kantonalen Tarife (Art. 9 Abs. 2) und veröffentlicht die Liste der in den Vertragsstaaten erhobenen abkommensmässigen Steuersätze, für welche die Anrechnung ausländischer Quellensteuern beansprucht werden kann.[2]

Art. 25 Inkrafttreten 2.

¹ Diese Verordnung tritt am 1. September 1967 in Kraft.

² Sie findet auf Erträge Anwendung, die nach dem 31. Dezember 1966 fällig geworden sind, sofern nicht ein Doppelbesteuerungsabkommen die Entlastung (Art. 1) ausdrücklich für später fällig werdende Erträge vorsieht.

³ ...[3]

Schlussbestimmungen der Änderung vom 7. Dezember 1981[4]

...

Schlussbestimmungen der Änderung vom 9. März 2001[5]

II

Kantone, welche die Steuern der natürlichen Personen auch nach dem 1. Januar 2001 im System der zweijährigen Pränumerandobesteuerung veranlagen, können bis zum Systemwechsel zur einjährigen Postnumerandobesteuerung für die in ihrem Kanton wohnhaften natürlichen Personen und für die Kollektiv- und Kommanditgesellschaften mit Sitz in ihrem Kanton den Maximalbetrag gemäss vereinfachter Berechnung im Sinne des Artikels 9 vor Änderung vom 9. März 2001 und des darauf beruhenden Anrechnungtarifs festlegen.

III

¹ Diese Änderung findet auf Erträge Anwendung, die nach dem 31. Dezember 2000 fällig werden.

² Sie tritt rückwirkend auf den 1. Januar 2001 in Kraft.

---

[1] Ausdruck gemäss Ziff. I Abs. 4 der V vom 13. Nov. 2019, in Kraft seit 1. Jan. 2020 (AS **2019** 3873).
[2] Fassung gemäss Ziff. I der V vom 9. März 2001, in Kraft seit 1. Jan. 2001 (AS **2001** 1060).
[3] Aufgehoben durch Art. 12 der V vom 7. Febr. 1973 zum schweizerisch-deutschen Doppelbesteuerungsabkommen [AS **1973** 296].
[4] AS **1981** 1996. Aufgehoben durch Ziff. IV 16 der V vom 22. Aug. 2007 zur formellen Bereinigung des Bundesrechts, mit Wirkung seit 1. Jan. 2008 (AS **2007** 4477).
[5] AS **2001** 1060

Übergangsbestimmung zur Änderung vom 15. Oktober 2008[1]

Diese Änderung gilt für Erträge, die nach dem 31. Dezember 2008 fällig werden.

Übergangsbestimmung zur Änderung vom 13. November 2019[2]

Diese Änderung gilt für Erträge, die nach dem 31. Dezember 2019 fällig werden.

---

[1] AS **2008** 5073
[2] AS **2019** 3873

1.2.1 Verordnung 1 des EFD über die Anrechnung ausländischer Quellensteuern (VStA 1[1])
SR 672.201.1

vom 4. Dezember 2019 (Stand am 1. Februar 2025)

Das Eidgenössische Finanzdepartement (EFD),

gestützt auf Artikel 24 Absatz 1 der Verordnung vom 22. August 1967[2] über die Anrechnung ausländischer Quellensteuern,

verordnet:

Art. 1

[1] Die Liste der Staaten, mit denen die Schweiz Doppelbesteuerungsabkommen abgeschlossen hat, sowie die Höhe der nicht rückforderbaren Quellensteuern auf Dividenden, Zinsen, Lizenzgebühren und Vergütungen für Dienstleistungen wird im Anhang festgehalten.

[2] Das Staatssekretariat für internationale Finanzfragen passt die Liste dem neuesten Stand der Entwicklung an.

Art. 2

Die Verordnung 1 des EFD vom 6. Dezember 1967[3] über die pauschale Steueranrechnung wird aufgehoben.

Art. 3

Diese Verordnung tritt am 1. Februar 2020 in Kraft.

---

[1] *Inoffizielle Abkürzung*
[2] SR **672.201**
[3] [AS **1967** 1711, **1981** 1999, **1988** 604, **2001** 1065, **2012** 5983, **2019** 167]

Anhang [1]
(Art. 1 Abs. 1)

Liste der Vertragsstaaten

(Gilt für die im Jahr 2024 fällig gewordenen Erträge)[2]

Die nicht rückforderbaren ausländischen Quellensteuern sind zurzeit aufgrund der in der nachstehenden Liste[3] genannten Doppelbesteuerungsabkommen (DBA) anzurechnen.[4]

Vertragsstaaten Datum des DBA	Erträge [A1]	Nicht rückforderbare Quellensteuern der Vertragsstaaten in % [A2]
Ägypten 20.5.1987	Dividenden – von Tochtergesellschaften (ab 25 %) – übrige Dividenden Zinsen Lizenzgebühren	 5 [B3] 10 [B1] 15 [C2] 12,5 [D22]
Äthiopien [A4] 29.7.2021	Dividenden – von Tochtergesellschaften (ab 25 %) – übrige Dividenden Zinsen Lizenzgebühren	 5 10 [B1] 5 5
Albanien 12.11.1999	Dividenden – von Tochtergesellschaften (ab 10 %) – übrige Dividenden Zinsen Lizenzgebühren	 5 8 [B1] 5 5
Algerien 3.6.2006	Dividenden – von Tochtergesellschaften (ab 20 %) – übrige Dividenden Zinsen Lizenzgebühren	 5 15 10 10

---

[1] Fassung gemäss Ziff. I der V des SIF vom 5. Dez. 2024, in Kraft seit 1. Febr. 2025 (AS **2024** 797).
[2] Für die 2023 fällig gewordenen Erträge siehe AS **2023** 812.
[3] Die vorliegende Übersicht hält die nicht rückforderbaren Quellensteuern aufgrund der von der Schweiz abgeschlossenen Doppelbesteuerungsabkommen fest. Art. 9 des Abkommens vom 26. Okt. 2004 zwischen der Schweizerischen Eidgenossenschaft und der Europäischen Union über den automatischen Informationsaustausch über Finanzkonten zur Förderung der Steuerehrlichkeit bei internationalen Sachverhalten (SR **0.641.926.81**) sieht unter bestimmten Voraussetzungen ein ausschliessliches Besteuerungsrecht im Ansässigkeitsstaat der empfangenden Person für zwischen verbundenen Gesellschaften gezahlte Dividenden, Zinsen und Lizenzgebühren vor. Eine schweizerische Gesellschaft, die aufgrund von Art. 9 dieses Abkommens von der ausländischen Quellensteuer befreite Dividenden, Zinsen, Lizenzgebühren vereinnahmt, kann für diese Einkünfte keine Anrechnung an die Schweizer Steuern geltend machen.
[4] Die Anmerkungen finden sich am Schluss der Liste.

Vertragsstaaten Datum des DBA	Erträge [A1]	Nicht rückforderbare Quellensteuern der Vertragsstaaten in % [A2]
Argentinien 20.3.2014	Dividenden Zinsen Lizenzgebühren Vergütungen für technische Unterstützungsleistungen	7 [B4] 12 15 [D6] 10
Armenien 12.6.2006	Dividenden – von Tochtergesellschaften (ab 50 %) – von Tochtergesellschaften (ab 10 %) – übrige Dividenden Zinsen Lizenzgebühren	 0 [B38] 5 [B42] 5 [B1] [B43] 10 [C29] 5
Aserbaidschan 23.2.2006	Dividenden – von Tochtergesellschaften (ab 20 %) – übrige Dividenden Zinsen Lizenzgebühren	 5 [B6] 5 [B1] 10 [C3] [C21] 10 [D4]
Australien 30.7.2013	Dividenden Zinsen Lizenzgebühren	0 [B7] 10 5
Bahrain 23.11.2019	Dividenden – von Tochtergesellschaften (ab 10 %) – übrige Dividenden	 0 [B3] 0 [B1]
Bangladesch 10.12.2007	Dividenden – von Tochtergesellschaften (ab 20 %) – übrige Dividenden Zinsen Lizenzgebühren	 10 15 10 10
Belarus 26.4.1999	Dividenden – von Tochtergesellschaften (ab 25 %) – an juristische Personen – übrige Dividenden Zinsen Lizenzgebühren – für Patente und Knowhow – Leasinggebühren – übrige Lizenzgebühren	 5 15 13 [B1] 8 [C3] 3 5 10
Belgien 28.8.1978	Dividenden – von Tochtergesellschaften (ab 10 %) – übrige Dividenden Zinsen	 0 15 10
Brasilien 3.5.2018	Dividenden Zinsen Lizenzgebühren für das Recht auf Benutzung einer Marke andere Vergütungen für technische Dienstleistungen	0 [B14] 15 [C23] 15 10 10
Bulgarien 28.10.1991	Dividenden – von Tochtergesellschaften (ab 10 %) – übrige Dividenden Zinsen	 0 5 [B2] 10

Vertragsstaaten Datum des DBA	Erträge [A1]	Nicht rückforderbare Quellensteuern der Vertragsstaaten in % [A2]
Chile 2.4.2008	Dividenden Zinsen Lizenzgebühren – Leasing – übrige Lizenzgebühren	15 [B8] 10 [C8] 2 10
China 25.9.2013	Dividenden – von Tochtergesellschaften (ab 25 %) – übrige Dividenden Zinsen Lizenzgebühren	 5 10 10 3–9
Côte d'Ivoire 23.11.1987	Dividenden Zinsen Lizenzgebühren	10 [B11] 15 [C27] [C10] 10
Dänemark 23.11.1973	Dividenden – von Tochtergesellschaften (ab 10 %) – übrige Dividenden	 0 15
Deutschland 11.8.1971	Dividenden – von Grenzkraftwerken – von Tochtergesellschaften (ab 10 %) – Einkünfte aus Genussrechten, Gewinn- obligationen, stillen Beteiligungen und partiarischen Darlehen – übrige Dividenden	 5 0 26,375 [B9] 15
Ecuador 28.11.1994	Dividenden Zinsen Lizenzgebühren	10 [B10] 10 [C7] 10
Estland 11.6.2002	Dividenden	0 [B12]
Finnland 16.12.1991	Dividenden – von Tochtergesellschaften (ab 10 %) – übrige Dividenden	 0 10
Frankreich 9.9.1966	Dividenden – von Tochtergesellschaften (ab 10 %) – übrige Dividenden Lizenzgebühren	 0 [B13] 12,8/15 [B26] 5
Georgien 15.6.2010	Dividenden – von Tochtergesellschaften (ab 10 %) – übrige Dividenden	 0 5 [B2]
Ghana 23.7.2008	Dividenden – von Tochtergesellschaften (ab 10 %) – übrige Dividenden Zinsen Lizenzgebühren Dienstleistungsvergütungen	 5 8 [B1] 8 [C4] [C32] 8 8 [E1]
Griechenland 16.6.1983	Dividenden – von Tochtergesellschaften (ab 25 %) – übrige Dividenden Zinsen Lizenzgebühren	 5 5 [B1] 7 [C17] 5

Vertragsstaaten Datum des DBA	Erträge [A1]	Nicht rückforderbare Quellensteuern der Vertragsstaaten in % [A2]
Hongkong 4.11.2011	Lizenzgebühren	3
Indien 2.11.1994	Dividenden Zinsen Lizenzgebühren (inkl. Leasing) Gebühren für technische Dienstleistungen	5 [B45] 10 10 10
Indonesien 29.8.1988	Dividenden – von Tochtergesellschaften (ab 25 %) – übrige Dividenden Zinsen Lizenzgebühren Dienstleistungsvergütungen	 10 15 10 10 5
Iran 27.10.2002	Dividenden – von Tochtergesellschaften (ab 15 %) – übrige Dividenden Zinsen Lizenzgebühren	 0 [B3] 0 [B1] 0 [C4] 5–7,5 [D25]
Island 10.7.2014	Dividenden – von Tochtergesellschaften (ab 10 %) – übrige Dividenden Lizenzgebühren	 0 15 5
Israel 2.7.2003	Dividenden – von Tochtergesellschaften (ab 10 %) – von Tochtergesellschaften (ab 10 %), jedoch keine ordentliche Besteuerung der ausschüttenden israelischen Gesellschaft – übrige Dividenden Zinsen Lizenzgebühren	 5 10 15 10 [C3] [C28] 5
Italien 9.3.1976	Dividenden Zinsen Lizenzgebühren (inkl. Leasing)	15 12,5 [C30] 5
Jamaika 6.12.1994	Dividenden – von Tochtergesellschaften (ab 10 %) – übrige Dividenden Zinsen Lizenzgebühren Dienstleistungsvergütungen	 10 15 10 [C2] [C3] [C32] 10 [D5] [D8] 5 [E2]
Japan 19.1.1971	Dividenden – von Tochtergesellschaften (ab 10 %) – übrige Dividenden Zinsen	 0 10 0 [C34]
Kanada 5.5.1997	Dividenden – von Tochtergesellschaften (ab 10 %) – übrige Dividenden Zinsen – an verbundene Personen – an unverbundene Personen Lizenzgebühren	 5 15 10 0 10

Vertragsstaaten Datum des DBA	Erträge [A1]	Nicht rückforderbare Quellensteuern der Vertragsstaaten in % [A2]
Kasachstan 21.10.1999	Dividenden – von Tochtergesellschaften (ab 10 %) – übrige Dividenden Zinsen Lizenzgebühren (inkl. Leasing)	 5 [B17] [B39] 10/15 [B39] 10 10 [D9]
Katar 24.9.2009	Dividenden	0 [B1] [B2] [B3]
Kosovo 26.5.2017	Dividenden Zinsen	0 [B1] [B3] 5
Kirgisistan 26.1.2001	Dividenden – von Tochtergesellschaften (ab 25 %) – übrige Dividenden Zinsen Lizenzgebühren	 5 10 [B1] 5 5
Kolumbien 26.10.2007	Dividenden – von Tochtergesellschaften (ab 20 %) – übrige Dividenden Zinsen Lizenzgebühren Vergütungen für Dienstleistungen	 0 15 10 [C26] 10 10
Kuwait 16.2.1999	Dividenden Zinsen Lizenzgebühren	0 [B1] 0 [C4] 0 [D2]
Kroatien 12.3.1999	Dividenden – von Tochtergesellschaften (ab 25 %) – übrige Dividenden Zinsen	 5 10 [B1] 5
Lettland 31.1.2002	Dividenden – von Tochtergesellschaften (ab 10 %) – an juristische Personen – übrige Dividenden Zinsen – an juristische Personen – andere Lizenzgebühren – an juristische Personen – andere	 0 [B3] 0 [B1] 10/0 [B1] [B41] 0 [C4] 10 0 [D2] 5
Liechtenstein 10.7.2015	Dividenden	0 [B1]
Litauen 27.5.2002	Dividenden – von Tochtergesellschaften (ab 10 %) – übrige Dividenden Zinsen – an juristische Personen – andere Lizenzgebühren	 0 15 0 [C4] 10 0 [D7]
Luxemburg 21.1.1993	Dividenden – von Tochtergesellschaften (ab 10 %) – übrige Dividenden	 0 [B18] [B19] 15 [B19]

Vertragsstaaten Datum des DBA	Erträge [A1]	Nicht rückforderbare Quellensteuern der Vertragsstaaten in % [A2]
Malaysia 30.12.1974	Dividenden Zinsen Lizenzgebühren	0 [B20] 10 [C24] 10 [D11]
Malta 25.2.2011	Dividenden	0 [B1] [B21]
Marokko 31.3.1993	Dividenden – von Tochtergesellschaften (ab 25 %) – übrige Dividenden Zinsen Lizenzgebühren	 7 12,5 [B1] 10 [C2] 10
Mexiko 3.8.1993	Dividenden – von Tochtergesellschaften (ab 10 %) – übrige Dividenden Zinsen – an Börsen in Mexiko oder in einem Land, mit dem Mexiko ein DBA abgeschlossen hat, gehandelte Wertpapiere – an eine Bank oder Versicherung gezahlt – andere Lizenzgebühren	 0 10 [B1] 4,9 5 10 10 [D24]
Moldau 13.1.1999	Dividenden – von Tochtergesellschaften (ab 25 %) – übrige Dividenden Zinsen	 5 6 [B1] 10
Mongolei 20.9.1999	Dividenden – von Tochtergesellschaften (ab 25 %) – übrige Dividenden Zinsen	 5 15 10
Montenegro 13.4.2005	Dividenden – von Tochtergesellschaften (ab 20 %) – übrige Dividenden Zinsen	 5 15 10
Neuseeland 6.6.1980	Dividenden Zinsen Lizenzgebühren	15 10 [C16] 10
Niederlande 26.2.2010	Dividenden – von Tochtergesellschaften (ab 10 %) – übrige Dividenden	[B19] 0 15
Nordmazedonien 14.4.2000	Dividenden – von Tochtergesellschaften (ab 25 %) – übrige Dividenden Zinsen	 5 10 [B1] 10
Norwegen 7.9.1987	Dividenden – von Tochtergesellschaften (ab 10 %) – übrige Dividenden	 0 15
Oman 22.5.2015	Dividenden – von Tochtergesellschaften (ab 10 %) – übrige Dividenden Zinsen Lizenzgebühren	 0 0 [B1] 0 0/8 [D14]

Vertragsstaaten Datum des DBA	Erträge [A1]	Nicht rückforderbare Quellensteuern der Vertragsstaaten in % [A2]
Österreich 30.1.1974	Dividenden – von Tochtergesellschaften (ab 20 %) – übrige Dividenden	 0 15
Pakistan 21.03.2017	Dividenden – von Tochtergesellschaften (ab 20 %) – übrige Dividenden Zinsen Lizenzgebühren Vergütungen für technische Dienstleistungen	 0–10 [B22] 0–20 [B22] 10 [C15] 10 7
Peru 21.9.2012	Dividenden Zinsen Lizenzgebühren Vergütungen für technische Unterstützung und numerische Dienste	5 [B37] 10 [C25] 15 10
Philippinen 24.6.1998	Dividenden – von Tochtergesellschaften (ab 10 %) – übrige Dividenden Zinsen Lizenzgebühren	 10 15 10 10 [D12]
Polen 2.9.1991	Dividenden – von Tochtergesellschaften (ab 10 %) – übrige Dividenden Zinsen Lizenzgebühren	 0 15 5 [C6] 5 [D13]
Portugal 26.9.1974	Dividenden – von Tochtergesellschaften (ab 25 %) – übrige Dividenden Zinsen Lizenzgebühren	 5 [B35] 15 10 [C33] 5
Rumänien 25.10.1993	Dividenden – von Tochtergesellschaften (ab 25 %) – übrige Dividenden Zinsen	 0 8 [B1] 5 [C6]
Russland 15.11.1995	Dividenden – von Tochtergesellschaften (ab 20 %) – übrige Dividenden	 5 [B5] 15
Sambia 29.8.2017	Dividenden – von Tochtergesellschaften (ab 10 %) – übrige Dividenden Zinsen Lizenzgebühren	 5 15 10 5
Saudi-Arabien 18.2.2018	Dividenden – von Tochtergesellschaften (ab 10 %) – übrige Dividenden Zinsen Lizenzgebühren	 5 5 [B1] 5 [C36] 5/7 [D15]
Schweden 7.5.1965	Dividenden – von Tochtergesellschaften (ab 10 %) – übrige Dividenden	 0 15

Vertragsstaaten Datum des DBA	Erträge [A1]	Nicht rückforderbare Quellensteuern der Vertragsstaaten in % [A2]
Serbien 13.4.2005	Dividenden – von Tochtergesellschaften (ab 20 %) – übrige Dividenden Zinsen	 5 15 10
Singapur 24.02.2011	Dividenden Zinsen Lizenzgebühren	0 [B23] 5 [C14] 5
Slowakei 14.2.1997	Dividenden Zinsen Lizenzgebühren	10 [B1] [B24] 5 [C6] 5 [D13]
Slowenien 12.6.1996	Dividenden – von Tochtergesellschaften (ab 25 %) – übrige Dividenden Zinsen Lizenzgebühren	 0 15 5 [C6] 5 [D13]
Spanien 26.4.1966	Dividenden – von Tochtergesellschaften (ab 10 %) – übrige Dividenden Lizenzgebühren	 0 [B25] 15 5 [D16]
Sri Lanka 11.1.1983	Dividenden – von Tochtergesellschaften (ab 25 %) – übrige Dividenden Zinsen Lizenzgebühren Dienstleistungsvergütungen	 10 15 5 10 5
Südafrika 8.5.2007	Dividenden – von Tochtergesellschaften (ab 20 %) – übrige Dividenden Zinsen	 5 15 5
Südkorea 12.2.1980	Dividenden – von Tochtergesellschaften (ab 10 %) – übrige Dividenden Zinsen Lizenzgebühren	 5 15 10 [C3] 5
Tadschikistan 23.6.2010	Dividenden – von Tochtergesellschaften (ab 20 %) – übrige Dividenden Zinsen Lizenzgebühren	 5 [B40] 12/15 [B1] [B40] 10 5
Taiwan *(Chinesisches Taipei)* 8.10.2007 [A3]	Dividenden – von Tochtergesellschaften (ab 20 %) – übrige Dividenden Zinsen Lizenzgebühren	 10 15 10 10
Thailand 12.2.1996	Dividenden – von Tochtergesellschaften (ab 10 %) – übrige Dividenden Zinsen Lizenzgebühren (inkl. Leasing)	 10 [B27] 10 [B1] [B27] 10 [C9] [C19] [C20] 10 [D17] [D18] [D19]

Vertragsstaaten Datum des DBA	Erträge [A1]	Nicht rückforderbare Quellensteuern der Vertragsstaaten in % [A2]
Trinidad und Tobago 1.2.1973	Dividenden Zinsen Lizenzgebühren Geschäftsleitungsvergütungen	10 [B28] 10 [C2] 10 5
Tschechien 4.12.1995	Dividenden – von Tochtergesellschaften (ab 10 %) – übrige Dividenden Lizenzgebühren	 0 15 5 [D13]
Tunesien 10.2.1994	Dividenden Zinsen Lizenzgebühren	10 10 [C2] 10 [D8]
Türkei 18.6.2010	Dividenden – von Tochtergesellschaften (ab 20 %) – übrige Dividenden Zinsen Lizenzgebühren Ausgeschüttete Gewinne einer Betriebsstätte	 5 10 [B1] 0–15 [C22] 10 5 [B15]
Turkmenistan 8.10.2012	Dividenden – von Tochtergesellschaften (ab 25 %) – übrige Dividenden Zinsen Lizenzgebühren	 5 10/15 [B1] [B16] 10 10
Ukraine 30.10.2000	Dividenden – von Tochtergesellschaften (ab 10 %) – übrige Dividenden Zinsen Lizenzgebühren	 5 15/5 [B44] 5 5
Ungarn 12.9.2013	Dividenden – an Gesellschaften – an natürliche Personen	 0 [B1] 15
Uruguay 18.10.2010	Dividenden – von Tochtergesellschaften (ab 25 %) – übrige Dividenden Zinsen Lizenzgebühren	 5 7 [B1] 10 [C11] 10
Usbekistan 3.4.2002	Dividenden – von Tochtergesellschaften (ab 20 %) – übrige Dividenden Zinsen Lizenzgebühren	 5 0/5 [B1] [B36] 5 [C35] 5
Venezuela 20.12.1996	Dividenden Zinsen Lizenzgebühren	0 [B30] 5 [C5] 5
Vereinigte Arabische Emirate 6.10.2011	Dividenden	0 [B31]
Vereinigte Staaten 2.10.1996	Dividenden – von Tochtergesellschaften (ab 10 %) – übrige Dividenden	 5 [B29] 15 [B29]

Vertragsstaaten Datum des DBA	Erträge [A1]	Nicht rückforderbare Quellensteuern der Vertragsstaaten in % [A2]
Vereinigtes Königreich 8.12.1977	Dividenden	0 [B32]
Vietnam 6.5.1996	Dividenden – an Gesellschaften – an natürliche Personen Zinsen – an Gesellschaften – an natürliche Personen Lizenzgebühren (inkl. Leasing) – an Gesellschaften – an natürliche Personen	[B33] [B34] 0 5 5 [C4] [C12] 5 [C12] 10 [D10] 5 [D2] [D10]
Zypern 25.7.2014	Dividenden	0 [B1]

Anmerkungen

A. Allgemein

[1] Bei Dividenden von Tochtergesellschaften wird in Klammern die Mindestbeteiligung angegeben.

[2] Die Steuersätze gelten für den Normalfall. In einigen Fällen sind die effektiv erhobenen Steuern niedriger. Einzelne Gesetzgebungen sehen für bestimmte Erträge Steuerermässigungen oder -befreiungen vor; in diesen Fällen wird die Anrechnung der ausländischen Quellensteuer nur für die tatsächlich erhobene Steuer gewährt. Ausnahmen gelten für Ägypten [C2, D22], Jamaika [C2, D8, E2], Malaysia [C24, D11], Marokko [C2], Thailand [B27, C20, D19], Trinidad und Tobago [C2], Tunesien [D8] und Vietnam [B33, C12, D10].

[3] Zwischen der Schweiz und Taiwan besteht kein DBA. Es besteht lediglich eine private Doppelbesteuerungsvereinbarung. Diese wurde vom Bundesrat am 9. Dezember 2011 anerkannt. Ihre Bestimmungen sind seit dem 1. Januar 2011 anwendbar.

[4] Zahlungen für technische Dienstleistungen sind vom Geltungsbereich des DBA ausgenommen und können nach dem innerstaatlichen Recht der Vertragsstaaten besteuert werden. Die ausländische Quellensteuer wird als Aufwand berücksichtigt. Es erfolgt keine Anrechnung.

B. Dividenden

[1] Berechtigung des Quellenstaats nach dem DBA zur Erhebung einer Quellensteuer von 15 %.

[2] Berechtigung des Quellenstaats nach dem DBA zur Erhebung einer Quellensteuer von 10 %.

[3] Berechtigung des Quellenstaats nach dem DBA zur Erhebung einer Quellensteuer von 5 %.

[4] Argentinien erhebt eine Quellensteuer von 7 % auf Dividenden. Nach dem DBA wäre Argentinien berechtigt, eine Quellensteuer von 15 % bzw. 10 % bei einer Beteiligung von mindestens 25 % am Kapital zu erheben.

[5] Vorausgesetzt, das ausländisch investierte Kapital übersteigt 200 000 Franken oder deren Gegenwert in anderer Währung.

[6] Vorausgesetzt, die getätigten Investitionen betragen mindestens 200 000 US-Dollar.

[7] In gewissen Fällen («unfranked dividends») wird eine Quellensteuer von 30 % erhoben. In diesen Fällen wird eine Anrechnung der ausländischen Quellensteuer von 15 % gewährt, bei Dividenden von Tochtergesellschaften bei einer Beteiligung von mindestens 10 % jedoch nur 5 %, und bei einer Beteiligung von mindestens 80 % wird in der Regel gar keine Anrechnung der ausländischen Quellensteuer gewährt.

[8] Anrechnung der ausländischen Quellensteuer, soweit die chilenische Gutschrift der Steuer erster Kategorie auf der chilenischen zusätzlichen Steuer gewährt wird. Als Bruttobetrag der Dividenden sind die erhaltenen Dividenden zuzüglich 15 % zu verstehen.

[9] Gilt nur, wenn diese Beträge bei der Gewinnermittlung des Schuldners abzugsfähig sind (inkl. Solidaritätszuschlag). Deutschland wäre nach dem DBA berechtigt, eine Quellensteuer von 30 % zu erheben.

[10] Ecuador erhebt eine Quellensteuer auf Dividenden, deren Satz in der Regel 10 % beträgt. Nach dem DBA wäre es berechtigt, eine Quellensteuer von 15 % zu erheben.

[11] 10 % auf ausgeschütteten Dividenden von kotierten Gesellschaften, 15 % auf ausgeschütteten Dividenden von Gesellschaften, wenn die Gewinne nicht der Gewinnsteuer unterliegen.

[12] Estland erhebt keine Quellensteuern auf Dividenden. Nach dem DBA wäre es berechtigt, eine Quellensteuer auf Dividenden von 10 % bzw. 0 % bei einer Beteiligung von mindestens 10 % am Kapital zu erheben.

[13] Bei wesentlichen ausländischen Interessen von nicht in der EU ansässigen Personen an der schweizerischen Gesellschaft allenfalls 15 % (Art. 11 Abs. 2 Bst. b Ziff. iii).

[14] Brasilien erhebt zurzeit keine Quellensteuern auf Dividenden. Nach dem DBA wäre es berechtigt, eine Quellensteuer von 15 % bzw. 10 % bei einer Beteiligung von mindestens 10 % am Kapital zu erheben.

[15] In der Türkei kann auf den einer schweizerischen Gesellschaft überwiesenen Gewinnen einer Betriebsstätte eine Quellensteuer in Höhe von maximal 5 % («branch profits tax») erhoben werden (nach innerstaatlichem türkischem Recht: 10 %), sofern diese Gewinne in der Schweiz (Sitzstaat des Unternehmens) steuerbefreit sind. Die Steuerbefreiung der Betriebsstätten ist in Artikel 52 des Bundesgesetzes vom 14. Dezember 1990 über die direkte Bundessteuer (SR *642.11*) und in den einschlägigen kantonalen Bestimmungen verankert.

[16] Gemäss internem Recht 10 % bei Dividenden, die an nicht ansässige natürliche Personen gezahlt werden.

[17] Keine Quellensteuer für Dividenden aus Beteiligungen ab 50 % und im Mindestwert von 1 Million US-Dollar, sofern die Investition von der Regierung Kasachstans genehmigt worden ist und seitens der Schweiz vollumfänglich garantiert oder versichert ist.

[18] Wenn die Beteiligung, aufgrund derer die Dividende bezahlt wird, nicht während eines ununterbrochenen Zeitraums von zwei Jahren vor der Zahlung der Dividende gehalten worden ist, beträgt die nicht rückforderbare Steuer 5 %.

[19] Zinsen aus Gewinnobligationen werden wie Dividenden behandelt.

[20] Malaysia erhebt keine Quellensteuern auf Dividenden. Nach dem DBA wäre es berechtigt, eine Quellensteuer von 15 % bzw. 5 % bei einer Beteiligung von mindestens 25 % zu erheben.

[21] Malta erhebt zurzeit keine Quellensteuern auf Dividenden. Nach dem DBA wäre es berechtigt, eine Quellensteuer von 15 % zu erheben, ausser es besteht eine Beteiligung von 10 % am Kapital.

[22] Pakistan ist nach dem DBA berechtigt, eine Quellensteuer von 20 % zu erheben. Dividenden werden in Pakistan zu Sätzen zwischen 0 und 20 % besteuert, weshalb im Einzelfall Anrechnungen von ausländischen Quellensteuern von bis zu 20 % gewährt werden müssen, bzw. von bis zu 10 % bei einer Beteiligung von mindestens 20 % am Kapital.

[23] Singapur erhebt auf Dividenden, mit Ausnahme von Dividenden von REIT («Real Estate Investment Trusts»), keine Quellensteuern. Nach dem DBA wäre es berechtigt, eine Quellensteuer von 15 % bzw. 5 % bei einer Beteiligung von mindestens 10 % am Kapital zu erheben.

[24] Die Slowakei erhebt eine Quellensteuer von 10 % auf Dividenden, die an natürliche Personen gezahlt werden. 0 % auf Dividenden, die an juristische Personen gezahlt werden, die aus Gewinnen stammen, die nach dem 1. Januar 2024 erzielt wurden.

[25] Keine Sockelsteuer, wenn die Bedingungen von Artikel 10 Absatz 2 Buchstabe b des DBA und der Absätze II und III des Protokolls erfüllt sind.

[26] Frankreich erhebt eine Quellensteuer von 12,8 % auf Dividenden, die an natürliche Personen gezahlt werden und eine Quellensteuer von 25 % auf Dividenden, die an juristische Personen gezahlt werden. Im ersten Fall beträgt die anrechenbare ausländische Quellensteuer 12,8 %, im zweiten Fall 15 %.

[27] Bei Dividenden, die nach dem «Investment Promotion Act» (B.E. 2520) oder nach dem «Revenue Code» (B.E. 2481) oder nach einer anderen besonderen Gesetzgebung zur Förderung der Wirtschaft von der thailändischen Steuer befreit sind oder niedriger besteuert werden als zu dem im DBA vorgesehenen Satz, beträgt die anrechenbare ausländische Quellensteuer 10 %.

[28] 5 %, falls die begünstigte Gesellschaft mindestens 50 % der bezahlenden Gesellschaft hält.

[29] Keine Anrechnung der ausländischen Quellensteuer für Einkünfte aus den Vereinigten Staaten, die aufgrund von Artikel 10 Absatz 2 (Dividenden, die von einem in den Vereinigten Staaten ansässigen REIT-«Real Estate Investment Trust» gezahlt werden), von Artikel 11 Absatz 6 oder von Artikel 22 des DBA der amerikanischen Quellensteuer zum Satz von 30 % unterliegen.

[30] Venezuela erhebt keine Quellensteuern auf Dividenden, wenn sie aus besteuerten Gewinnen ausbezahlt werden. Nach dem DBA wäre es berechtigt, eine Quellensteuer von 10 % zu erheben, ausser es besteht eine Beteiligung von 25 % am Kapital.

[31] Die Vereinigten Arabischen Emirate erheben zurzeit keine Quellensteuern auf Dividenden. Nach dem DBA wären sie berechtigt, eine Quellensteuer von 15 % bzw. 5 % bei einer Beteiligung von mindestens 10 % am Kapital zu erheben.

[32] Das Vereinigte Königreich erhebt keine Quellensteuern auf Dividenden, mit Ausnahme von Dividenden von REIT («Real Estate Investment Trusts»). Nach dem DBA wäre es berechtigt, eine Quellensteuer von 15 % zu erheben, ausser es besteht eine Beteiligung von 10 % am Kapital.

[33] Bei Dividenden, die zum Zweck der Wirtschaftsförderung in Vietnam nicht oder zu einem niedrigeren als im DBA vorgesehenen Satz besteuert werden, wird die Anrechnung der ausländischen Quellensteuer entsprechend den im DBA vorgesehenen Sätzen gewährt.

[34] Vietnam wäre nach dem DBA berechtigt, eine Quellensteuer wie folgt zu erheben: 7 % bei Dividenden an Gesellschaften mit einer Beteiligung ab 50 % an der ausschüttenden Gesellschaft, 10 % bei Dividenden an Gesellschaften mit einer Beteiligung ab 25 % an der ausschüttenden Gesellschaft und 15 % in den übrigen Fällen.

[35] 0 %, wenn die Gesellschaft, welche die Dividenden erhält, direkt und während mindestens zwei Jahren mindestens 25 % des Kapitals an der die Dividenden zahlenden Gesellschaft hält, beide Gesellschaften der Steuer unterstellt sind, ohne von einer Steuer nach Artikel 2 des DBA befreit zu sein, keine dieser Gesellschaften gemäss einem mit einem Drittstaat abgeschlossenen DBA in diesem Drittstaat ansässig ist und beide Gesellschaften die Rechtsform einer Kapitalgesellschaft aufweisen.

[36] 0 % für an natürliche Personen bezahlte Dividenden und 5 % für an juristische Personen bezahlte Dividenden (bis zum 31.12.2024).

[37] Auf Dividenden erhebt Peru eine Quellensteuer von 5 %. Gemäss DBA wäre es berechtigt, eine Quellensteuer von 10 % zu erheben (Anwendung Meistbegünstigungsklausel).

[38] Vorausgesetzt, das ausländisch investierte Kapital übersteigt 2 000 000 Franken oder deren Gegenwert in anderer Währung während einer Dauer von 365 Tagen.

[39] 5 %, wenn die Dividenden von einer im Astana Hub ansässigen Gesellschaft bezahlt werden. Die kasachische Steuer beträgt 10 % nach kasachischem Recht, wenn die Dividenden von einer an der kasachischen Börse kotierten Gesellschaft bezahlt werden oder wenn die Anteile seit mehr als drei Jahren gehalten werden und die in Kasachstan ansässige Gesellschaft nicht in der Ausbeutung von Bodenschätzen tätig ist bzw. die Aktiven der Vermögenswerte der in Kasachstan ansässigen Gesellschaft nicht zu mehr als 50 % aus einer Beteiligung an einer in der Ausbeutung von Bodenschätzen tätigen Gesellschaft bestehen.

[40] Gemäss internem Recht 15 % bei Auszahlung von Dividenden an nicht ansässige natürliche Personen.

[41] Auf der Auszahlung der Dividenden, die nach dem 31. Dezember 2017 erzielt wurden, wird keine Quellensteuer erhoben.

[42] Vorausgesetzt, das ausländisch investierte Kapital übersteigt 200 000 Franken oder deren Gegenwert in anderer Währung während einer Dauer von 365 Tagen.

[43] Gemäss internem Recht 5 %.

[44] 5 % auf Dividenden, die von steuerpflichtigen ukrainischen Unternehmen an natürliche Personen gezahlt werden.

[45] Aufgrund der evolutiven Meistbegünstigungsklausel zwischen der Schweiz und Indien hat der Beitritt Litauens bzw. Kolumbiens zur Organisation für wirtschaftliche Zusammenarbeit und Entwicklung zur Folge, dass im Verhältnis zwischen Indien und der Schweiz der Anspruch auf die Anrechnung der ausländischen Quellensteuer für Dividenden, die ab dem 1. Januar 2021 fällig werden, auf 5 % begrenzt ist.

C. Zinsen

[1] …

[2] Ohne Rücksicht auf den Betrag der tatsächlich abgezogenen Steuer, weil das DBA eine fiktive Steueranrechnung vorsieht.

[3] 5 % auf Zinsen von Bankdarlehen.

[4] Berechtigung des Quellenstaats nach dem DBA zur Erhebung einer Quellensteuer von 10 %.

[5] 0 % auf Zinsen von Obligationen, die von einer öffentlich-rechtlichen Körperschaft emittiert werden, und auf Zinsen, die für ein aufgrund der schweizerischen Bestimmungen über die Exportrisikogarantie gewährtes, garantiertes oder versichertes Darlehen oder einen genehmigten, garantierten oder versicherten Kredit gezahlt werden; 4,95 % für überwiesene Zinsen an internationale nicht ansässige Finanzinstitute.

[6] 0 % zwischen verbundenen Unternehmen.

[7] Der ecuadorianische Quellensteuersatz beträgt 0 % auf Zinsen, die an private internationale oder multilaterale Finanzinstitute bezahlt werden.

[8] 0 % auf Zinsen, die von einem Finanzinstitut in Chile an eine Bank, an ein ausländisches Finanzinstitut oder an ein internationales Finanzinstitut gezahlt werden; 4 % auf Kontokorrentkonten oder Termingeldanlagen bei autorisierten Finanzinstituten, für Zinsen auf Darlehen, die durch Banken, Versicherungen, autorisierte internationale Finanzinstitute oder durch Unternehmen, die zur Hauptsache ihre Einkünfte aus Darlehens- oder Finanzgeschäften erzielen, gewährt werden, sowie auf Zinsen bei Kreditverkäufen, die vom Käufer dem Verkäufer von Maschinen und Ausrüstungen gezahlt werden; 5 % auf Obligationsanleihen oder andere Wertschriften, die an einer anerkannten Börse gehandelt werden.

[9] Sofern es sich nicht um Zinsen für ein durch ein Finanzinstitut oder ein Versicherungsunternehmen gewährtes Darlehen handelt (vgl. [C19]), kann Thailand unter dem DBA eine Steuer von 15 % erheben. Die Anrechnung der ausländischen Quellensteuer beträgt 10 % der Bruttozinsen. Als weitere Entlastung müssen nur 95 % des Bruttobetrags der Zinsen versteuert werden.

[10] 0 % auf Zinsen, die im Zusammenhang mit dem Verkauf auf Kredit von gewerblichen, kaufmännischen oder wissenschaftlichen Ausrüstungen oder im Zusammenhang mit dem Verkauf auf Kredit von Waren gezahlt werden. 1 %, 5 %, oder 10 % für Zinsen auf gewisse Obligationen; 8,25 % für Zinsen auf Darlehen, die durch ausländische Finanzinstitutionen gewährt werden im Hinblick auf die Finanzierung des Erwerbs von Ausrüstungen und für Zinsen, die von einer Holdinggesellschaft bezahlt werden für von ausländischen Finanzinstitutionen gewährte Darlehen im Hinblick auf die Finanzierung des Erwerbs von Beteiligungen.

[11] 0 % auf Zinsen, die im Zusammenhang mit dem Verkauf auf Kredit von gewerblichen, kaufmännischen oder wissenschaftlichen Ausrüstungen oder im Zusammenhang mit dem Verkauf auf Kredit von Waren durch ein Unternehmen an ein anderes Unternehmen gezahlt werden, sowie für Zinsen auf Bankdarlehen zur Finanzierung von Investitionsprojekten mit einer Dauer von mindestens drei Jahren. 7 % auf Zinsen, die von Finanzinstitutionen auf Einlagen in uruguayischer Währung bezahlt wurden, oder auf «indexed units», deren Verfalldatum über ein Jahr entfernt ist; 7 % auf Zinsen aus Obligationen, deren Verfalldatum mehr als 3 Jahre entfernt ist und die durch eine öffentliche Ausschreibung herausgegeben wurden und börsenkotiert sind; 7 % auf von Finanztrusts öffentlich herausgegebene Einkommenszertifikate («fideicomisos financieros»), die kotiert sind, wenn ihre Dauer 3 Jahre übersteigt; 7 % auf Zinsen von Einlagen von einer Dauer von einem Jahr oder weniger.

[12] Bei Zinsen, die zum Zweck der Wirtschaftsförderung in Vietnam nicht oder zu einem niedrigeren als im DBA vorgesehenen Satz besteuert werden, wird die Anrechnung der ausländischen Quellensteuer entsprechend den im DBA vorgesehenen Sätzen gewährt.

[13] Volle Entlastung im Quellenstaat auf Zinsen im Zusammenhang mit Kreditverkäufen zwischen nicht verbundenen Unternehmen.

[14] Für zwischen Banken bezahlte Zinsen ist keine Anrechnung der ausländischen Quellensteuer möglich.

[15] Pakistan darf gemäss dem Abkommen Zinsen für von der pakistanischen Regierung genehmigte Kredite nicht besteuern. Daneben existieren im nationalen pakistanischen Recht verschiedene Befreiungen für gewisse Arten von Zinsen.

[16] Keine Anrechnung der ausländischen Quellensteuer, wenn anstelle der Quellensteuer eine «approved issuers levy» von 2 % erhoben wird.

[17] 0 % auf Zinsen für Obligationen, Schuldanerkennung oder andere ähnliche Titel, die von der Regierung, der Zentralbank, politischen Unterabteilungen oder lokalen Körperschaften herausgegeben werden. 0 % auf Zinsen, die bezahlt werden für Darlehen, für die eine Garantie oder Versicherung besteht der Regierung, der Zentralbank, einer Agentur oder eines Organs (einschliesslich Finanzinstitute), die oder das Griechenland gehört oder von Griechenland kontrolliert wird. 0 % auf Zinsen für Kreditverkauf von gewerblicher, kaufmännischer und wissenschaftlicher Ausrüstung sowie Kreditverkauf von Waren zwischen zwei Unternehmen.

[18] …

[19] 10 % für Zinsen auf Darlehen, die durch ein Finanzinstitut oder eine Versicherungsgesellschaft gewährt werden.

[20] Bei Zinsen, die nach dem «Investment Promotion Act» (B.E. 2520) oder nach dem «Revenue Code» (B.E. 2481) oder nach einer anderen besonderen Gesetzgebung zur Förderung der Wirtschaft von der thailändischen Steuer befreit sind oder niedriger besteuert werden als zu dem im DBA vorgesehenen Satz, beträgt die anrechenbare ausländische Quellensteuer 10 %.

[21] 5 % für Zinsen, die im Zusammenhang mit dem Verkauf von Waren auf Kredit durch ein Unternehmen an ein anderes Unternehmen gezahlt werden.

[22] Es bestehen verschiedene Befreiungen für Zinsen im nationalen türkischen Recht und unter dem DBA. Mit der Türkei wurden für die Quellenbesteuerung der Zinsen folgende Steuersätze vereinbart: 0 % für Zinsen, die einem Vertragsstaat oder seiner Zentralbank bezahlt werden; 5 % für Zinsen, die aufgrund eines von einer Export-Import-Bank oder einer ähnlichen Einrichtung, die die Exportförderung bezweckt, gewährten, garantierten oder versicherten Darlehens oder Kredits gezahlt werden; 15 % in allen anderen Fällen (Ziff. 3 des Protokolls).

[23] 10 % des Bruttobetrags der Zinsen, die an eine nutzungsberechtigte Bank gezahlt werden, wenn das Darlehen für mindestens fünf Jahre für den Kauf von Ausrüstung oder Investitionsvorhaben gewährt wurde.

[24] Gilt auch für unter dem DBA in Malaysia steuerbefreite Zinsen, die für von den malaysischen Behörden genehmigte Darlehen bezahlt werden.

[25] Aufgrund einer evolutiven Meistbegünstigungsklausel: 0 % für Zinsen, die von der Zentralbank oder einer peruanischen öffentlich-rechtlichen Körperschaft gezahlt werden, sowie für Zinsen, die auf Darlehen gezahlt werden, die von einer Einrichtung garantiert, versichert oder indirekt finanziert werden, die vollständig im Besitz einer schweizerischen öffentlich-rechtlichen Körperschaft ist; 4,99 % für Zinsen, die von peruanischen Banken und Finanzinstituten an ausländische Darlehen gezahlt werden, sowie Zinsen auf Obligationen, die durch peruanische Banken und Finanzinstitute herausgegeben werden; aufgrund einer evolutiven Meistbegünstigungsklausel beträgt der generelle Residualsatz 10 %.

[26] 5 % auf Darlehen von mindestens 8 Jahren Laufzeit im Rahmen von öffentlich-privaten Partnerschaften. 1 % für Leasingverträge für Helikopter, Flugzeuge und deren Einzelteile.

[27] Es sind nur 95 % des Bruttoertrags der Zinsen zu versteuern. Der Betrag der anrechenbaren ausländischen Quellensteuer entspricht 10 % des vollen Bruttoertrags.

[28] Es bestehen zahlreiche Befreiungen in Israel. Insbesondere Zinsen für Staatsanleihen und Fremdwährungseinlagen bei Banken werden in Israel nicht besteuert.

[29] 0 % gemäss internem Recht auf Zinsen von gewissen Staatsobligationen in ausländischer Währung. Nach dem DBA 0 % für Kreditverkäufe von industriellen, kaufmännischen oder wissenschaftlichen Ausrüstungen, ausserdem auf Darlehen, die von einer Bank gewährt werden und Zinszahlung an die Regierung des anderen Staates, seine politischen Unterabteilungen oder lokalen Körperschaften oder seine Zentralbank.

[30] Der italienische Quellensteuersatz ist in gewissen Fällen, wie z. B. für Zinsen aus gewissen Obligationen, niedriger als 12,5 %.

[31] …

[32] 0 % für Zinsen auf Staatsobligationen.

[33] Es bestehen verschiedene Befreiungen von Zinsen im nationalen portugiesischen Recht und unter dem DBA, z. B. Zinsen für Staatsanleihen, Kreditverkäufe und Darlehen zwischen Finanzinstituten.

[34] 10 % auf Zinsen, die aus einem Vertragsstaat stammen und die durch Bezugnahme auf Einnahmen, Verkäufe, Einkünfte, Gewinne oder andere Zahlungsströme des Schuldners oder einer verbundenen Person, auf Wertänderungen von Vermögenswerten des Schuldners oder einer verbundenen Person oder auf Dividenden, Ausschüttungen einer Personengesellschaft oder ähnlichen Zahlungen des Schuldners oder einer verbundenen Person bestimmt werden.

[35] 0 % gemäss internem Recht auf Zinsen von Obligationen (bis zum 31.12.2024).

[36] Saudi-Arabien darf unter dem DBA in verschiedenen Fällen keine Steuer auf Zinsen erheben (z. B. auf Zinsen für Kreditkauf, auf Zinsen für Darlehen zwischen Gesellschaften oder auf Zinsen für Darlehen von Finanzinstituten)

D. Lizenzgebühren

[1] ...

[2] Berechtigung des Quellenstaates nach dem DBA zur Erhebung einer Quellensteuer von 10 %.

[3] 5 % für Leasingzahlungen.

[4] 5 % auf die Bezahlung für Patente, Muster oder Modelle, Pläne, geheime Formeln oder Verfahren sowie Knowhow.

[5] Es wird nur auf 60 % des Bruttobetrags der Einkünfte aus Leasing eine Quellensteuer erhoben.

[6] 12,25 % für die Benützung oder das Recht zur Benützung von Urheberrechten an literarischen, dramaturgischen, musikalischen oder anderen künstlerischen Werken, wenn die nutzungsberechtigte Person eine Gesellschaft ist; 10 % für die Benützung oder das Recht zur Benützung von industriellen, kaufmännischen oder wissenschaftlichen Ausrüstungen oder von Patenten, Marken, Mustern oder Modellen, Plänen, geheimen Formeln oder Verfahren oder von Informationen über industrielle oder wissenschaftliche Erfahrung; 5 % für die Benützung oder das Recht zur Benützung von Urheberrechten an literarischen, dramaturgischen, musikalischen oder anderen künstlerischen Werken, sofern die nutzungsberechtigte Person die Urheberin oder der Urheber oder deren oder dessen Erbin oder Erbe ist; 3 % für die Benützung oder das Recht zur Benützung von Nachrichten; keine Anrechnung der ausländischen Quellensteuer für Leasinggebühren im Zusammenhang mit Kaufoptionen.

[7] Aufgrund einer Evolutivklausel.

[8] Ohne Rücksicht auf den Betrag der tatsächlich abgezogenen Steuer, weil das DBA eine fiktive Steueranrechnung vorsieht.

[9] Für Leasinggebühren Optionsrecht auf Nettobesteuerung (Art. 12 Abs. 4 DBA). In diesem Fall keine Anrechnung der ausländischen Quellensteuer.

[10] Bei Lizenzgebühren, die zum Zweck der Wirtschaftsförderung in Vietnam nicht oder zu einem niedrigeren als im DBA vorgesehenen Satz besteuert werden, wird die Anrechnung der ausländischen Quellensteuer entsprechend den im DBA vorgesehenen Sätzen gewährt.

[11] Gilt auch für die (aufgrund genehmigter Verträge gezahlten) Lizenzgebühren, die unter dem DBA steuerbefreit sind.

[12] Es sind nur 95 % des Bruttoertrags der Lizenzgebühren zu versteuern. Der Betrag der anrechenbaren ausländischen Quellensteuer entspricht 10 % des vollen Bruttoertrags.

[13] 0 % zwischen verbundenen Unternehmen.

[14] 0 % für Vergütungen zur Benutzung von Schiffen, Flugzeugen und Flugzeugmotoren.

[15] 5 % auf Zahlungen für die Nutzung von gewerblicher, kaufmännischer oder wissenschaftlicher Ausrüstung und 7 % für übrige Lizenzgebühren.

[16] 0 %, wenn die Bedingungen von Artikel 12 Absatz 7 DBA erfüllt sind (verbundene Unternehmen).

[17] Bei Finanzleasing beträgt die Quellensteuer 1 %.

[18] 5 % bei Lizenzen für literarische, künstlerische oder wissenschaftliche Werke.

[19] Bei Lizenzgebühren, die nach dem «Investment Promotion Act» (B.E. 2520) oder nach dem «Revenue Code» (B.E. 2481) oder nach einer anderen besonderen Gesetzgebung zur Förderung der Wirtschaft von der thailändischen Steuer befreit sind oder niedriger besteuert werden als zu dem im DBA vorgesehenen Satz, beträgt die anrechenbare ausländische Quellensteuer 10 %.

[20] ...

[21] ...

[22] Es sind nur 97,5 % des Bruttoertrags der Lizenzgebühren zu versteuern. Der Betrag der anrechenbaren ausländischen Quellensteuer entspricht 10 % des vollen Bruttoertrags.

[23] ...

[24] 1 % für die Benützung von Luftfahrzeugen, die gewerblich für die Beförderung von Personen oder Gütern genutzt werden; 5 % für die Benützung oder das Recht zur Benützung von Eisenbahnwagen.

[25] Die Höhe der nach iranischem Recht erhobenen Quellensteuer auf Lizenzgebühren hängt von der Art des Gläubigers und der wirtschaftlichen Leistungsfähigkeit ab.

E. *Dienstleistungsvergütungen*

[1] Dienstleistungsentschädigungen für Geschäftsleitungsaufgaben, technische Dienstleistungen oder Beratung für eine natürliche Person (mit Ausnahme von Angestellten der Person, die die Entschädigungen zahlt).

[2] Ohne Rücksicht auf den Betrag der tatsächlich abgezogenen Steuer, weil das DBA eine fiktive Steueranrechnung vorsieht.

1.2.2 Verordnung 2 des EFD über die pauschale Steueranrechnung[1]
SR 672.201.3 C25

vom 12. Februar 1973 (Stand am 1. Januar 1982)

Das Eidgenössische Finanz- und Zolldepartement,

gestützt auf Artikel 6 Absatz 2 der Verordnung vom 22. August 1967[2] über die pauschale Steueranrechnung (im folgenden Verordnung des Bundesrates genannt),[3,4]

verordnet:

Art. 1

[1] Abweichend von Artikel 6 Absatz 1 der Verordnung des Bundesrates wird die pauschale Steueranrechnung für deutsche Dividenden im Sinne des Artikels 10 Absatz 6 des Abkommens vom 11. August 1971[5] zwischen der Schweizerischen Eidgenossenschaft und der Bundesrepublik Deutschland zur Vermeidung der Doppelbesteuerung auf dem Gebiete der Steuern vom Einkommen und vom Vermögen (Abkommen) gewährt:

 a. den natürlichen und juristischen Personen, die auf Grund des Artikels 4 Absätze 3, 4 und 9 des Abkommens nicht die in Artikel 10 Absätze 2–5[6] des Abkommens vorgesehene Entlastung von der deutschen Steuer beanspruchen können, und

 b. den schweizerischen Kollektiv- oder Kommanditgesellschaften, an denen nicht in der Schweiz ansässige Personen beteiligt sind, denen mehr als ein Viertel der Gewinne der Gesellschaft zufliessen.

[2] In diesen Fällen ist der Betrag der deutschen Steuer, für den die pauschale Steueranrechnung verlangt werden kann, auf den Betrag begrenzt, den die Bundesrepublik Deutschland erheben dürfte, wenn Artikel 10 Absätze 2–5[7] des Abkommens anzuwenden wären.

Art. 2

[1] Diese Verordnung tritt am 1. März 1973 in Kraft.

[2] Sie findet auf deutsche Dividenden Anwendung, die nach dem 31. Dezember 1971 fällig geworden sind.

---

[1] Fassung gemäss Ziff. II der V des EFD vom 14. Dez. 1981 (AS **1981** 1999).
[2] SR **672.201**
[3] Fassung gemäss Ziff. II der V des EFD vom 14. Dez. 1981 (AS **1981** 1999).
[4] ☞ *Es ist zu beachten, dass die Verordnung vom 22.8.1967 über die pauschale Steueranrechnung per 1.1.2020 vollständig revidiert wurde. Unter anderem lautet der Titel neu «Verordnung über die Anrechnung ausländischer Quellensteuern» (siehe N 1.2, S. 573 ff.).*
[5] SR **0.672.913.62.** Heute: im Sinne der Art. 10 Abs. 4
[6] Heute: Art. 10 Abs. 2 und 3
[7] Heute: Art. 10 Abs. 2 und 3

1.3 Verordnung über die Steuerentlastung schweizerischer Dividenden aus wesentlichen Beteiligungen ausländischer Gesellschaften
SR 672.203

vom 22. Dezember 2004 (Stand am 1. Januar 2023)

Der Schweizerische Bundesrat,

gestützt auf Artikel 35 Absatz 1 des Bundesgesetzes vom 18. Juni 2021[1] über die Durchführung von internationalen Abkommen im Steuerbereich, in Ausführung der vom Bund abgeschlossenen Abkommen zur Vermeidung der Doppelbesteuerung (Doppelbesteuerungsabkommen) und anderer Staatsverträge, die ebenfalls die Besteuerung von Dividenden zum Gegenstand haben (anderer Staatsvertrag),[2]

verordnet:

Art. 1 Gegenstand und Geltungsbereich

¹ Diese Verordnung regelt das Meldeverfahren, mit dem die in einem Doppelbesteuerungsabkommen oder in einem anderen Staatsvertrag für wesentliche Beteiligungen vorgesehene Steuerentlastung von Dividenden an der Quelle erfolgt.

² Sie gilt für schweizerische Gesellschaften, die nach dem Verrechnungssteuergesetz vom 13. Oktober 1965[3] Steuern auf Dividenden zu erheben haben und an denen eine Gesellschaft im Sinne des anwendbaren Doppelbesteuerungsabkommens oder anderen Staatsvertrags wesentlich beteiligt ist, die in einem Staat ansässig ist, mit dem die Schweiz ein Doppelbesteuerungsabkommen oder einen anderen Staatsvertrag abgeschlossen hat (ausländische Gesellschaft).[4]

Art. 2 Wesentliche Beteiligung

¹ Eine ausländische Gesellschaft ist dann wesentlich an der schweizerischen Gesellschaft beteiligt, wenn sie mindestens über die Beteiligung verfügt, die sie nach dem massgebenden Doppelbesteuerungsabkommen oder einem anderen Staatsvertrag zur Beanspruchung einer zusätzlichen oder vollständigen Entlastung von der Verrechnungssteuer berechtigt.

---

[1] SR **672.2**
[2] Fassung gemäss Ziff. II 2 der V vom 10. Nov. 2021 über Anpassungen des Bundesrechts im Bereich der Durchführung von internationalen Abkommen im Steuerbereich, in Kraft seit 1. Jan. 2022 (AS **2021** 704).
[3] SR **642.21**
[4] Fassung gemäss Ziff. I 2 der V vom 4. Mai 2022 über das Meldeverfahren im Konzern bei der Verrechnungssteuer, in Kraft seit 1. Jan. 2023 (AS **2022** 307).

² Enthält das massgebende Doppelbesteuerungsabkommen oder der andere Staatsvertrag keine Bestimmung über die zusätzliche oder vollständige Entlastung bei wesentlichen Beteiligungen, so muss die ausländische Gesellschaft unmittelbar über mindestens 10 Prozent des Kapitals der schweizerischen Gesellschaft verfügen.[1]

Art. 3 Bewilligung des Meldeverfahrens

¹ Die Eidgenössische Steuerverwaltung (ESTV) kann der schweizerischen Gesellschaft auf Gesuch hin die Bewilligung erteilen, auf die an eine ausländische Gesellschaft ausgerichteten Dividenden direkt die im massgebenden Doppelbesteuerungsabkommen oder in einem anderen Staatsvertrag für wesentliche Beteiligungen vorgesehene Entlastung von der Verrechnungssteuer vorzunehmen.

² Das Gesuch ist vor Fälligkeit der Dividenden mit amtlichem Formular einzureichen.

³ Die ESTV prüft, ob die ausländische Gesellschaft nach dem massgebenden Doppelbesteuerungsabkommen oder dem anderen Staatsvertrag Anspruch auf die Entlastung hat.

⁴ Die Bewilligung wird schriftlich mitgeteilt und gilt fünf Jahre.[2]

⁵ Wird das Gesuch ganz oder teilweise abgelehnt, so kann die schweizerische Gesellschaft von der ESTV einen Entscheid verlangen.

Art. 4 Wegfall der Bewilligungsvoraussetzungen

Die die Dividenden zahlende schweizerische Gesellschaft muss der ESTV unverzüglich Meldung erstatten, sobald die Voraussetzungen für die Beanspruchung des Meldeverfahrens nicht mehr erfüllt sind.

Art. 5 Meldung an die ESTV

¹ Verfügt die die Dividenden zahlende schweizerische Gesellschaft über eine Bewilligung, so meldet sie die Ausrichtung der Dividende unaufgefordert und innert 30 Tagen mit Formular 108. Dieses ist zusammen mit dem amtlichen Erhebungsformular bei der ESTV einzureichen.

² Absatz 1 gilt auch, wenn die Bewilligung noch nicht erteilt oder das Gesuch aus wichtigen Gründen nicht rechtzeitig eingereicht wurde. Im letzteren Fall ist das Formular 108 zusammen mit dem Gesuch nachzureichen. Ergibt die Prüfung nach Artikel 3 Absatz 3, dass vom Meldeverfahren zu Unrecht Gebrauch gemacht wurde, so werden die Verrechnungssteuer und ein allfälliger Verzugszins nacherhoben. Wird die Nacherhebung bestritten, so trifft die ESTV einen Entscheid.

---

[1] Fassung gemäss Ziff. I 2 der V vom 4. Mai 2022 über das Meldeverfahren im Konzern bei der Verrechnungssteuer, in Kraft seit 1. Jan. 2023 (AS **2022** 307).
[2] Fassung gemäss Ziff. I 2 der V vom 4. Mai 2022 über das Meldeverfahren im Konzern bei der Verrechnungssteuer, in Kraft seit 1. Jan. 2023 (AS **2022** 307).

Art. 6[1] Rechtsmittel

1 Entscheide der ESTV unterliegen der Beschwerde nach den allgemeinen Bestimmungen über die Bundesrechtspflege.

2 Zur Beschwerde an das Bundesgericht ist auch die ESTV berechtigt.

Art. 7 Informationsaustausch

Die ESTV kann den zuständigen ausländischen Steuerbehörden Doppel der Formulare 108 übermitteln.

Art. 8 Reziprozität

1 Die ESTV entscheidet darüber, inwieweit das Meldeverfahren nur auf Staaten angewendet wird, die Gegenseitigkeit gewähren.

2 Staaten, auf die das Meldeverfahren nicht angewendet wird, werden in einem Anhang dieser Verordnung aufgeführt. Die ESTV passt diese Liste nach Bedarf dem neuesten Stand der Entwicklung an.

Art. 8a[2] Übergangsbestimmungen zur Änderung vom 4. Mai 2022

1 Auf Gesuche, die beim Inkrafttreten der Änderung vom 4. Mai 2022 hängig sind, ist Artikel 2 Absatz 2 bisherigen Rechts anwendbar.

2 Auf Bewilligungsgesuche, die beim Inkrafttreten dieser Änderung hängig sind, sind Artikel 1 Absatz 2 und Artikel 3 Absatz 4 bisherigen Rechts anwendbar.

Art. 9 Inkrafttreten

Diese Verordnung tritt am 1. Januar 2005 in Kraft.

---

[1] Fassung gemäss Ziff. II 50 der V vom 8. Nov. 2006 über die Anpassung von Bundesratsverordnung an die Totalrevision der Bundesrechtspflege, in Kraft seit 1. Jan. 2007 (AS **2006** 4705).

[2] Eingefügt durch Ziff. I 2 der V vom 4. Mai 2022 über das Meldeverfahren im Konzern bei der Verrechnungssteuer, in Kraft seit 1. Jan. 2023 (AS **2022** 307).

1.4 Übereinkommen über die gegenseitige Amtshilfe in Steuersachen (Amtshilfeübereinkommen, MAC[1])
SR 0.652.1

Abgeschlossen am 25. Januar 1988, geändert durch das Protokoll vom 27. Mai 2010
Von der Bundesversammlung genehmigt am 18. Dezember 2015[2]
Schweizerische Ratifikationsurkunde hinterlegt am 26. September 2016
Für die Schweiz in Kraft getreten am 1. Januar 2017

(Stand am 21. März 2023)

Übersetzung[3]

Präambel

Die Mitgliedstaaten des Europarats und die Mitgliedstaaten der Organisation für wirtschaftliche Zusammenarbeit und Entwicklung (OECD), die dieses Übereinkommen unterzeichnen,

in der Erwägung, dass durch die – ansonsten höchst nützliche – Entwicklung des internationalen Personen-, Kapital-, Waren- und Dienstleistungsverkehrs auch die Möglichkeiten der Steuervermeidung und Steuerhinterziehung zugenommen haben und daher eine verstärkte Zusammenarbeit zwischen den Steuerbehörden erforderlich ist;

erfreut über die vielfältigen Anstrengungen, die in den letzten Jahren zur Bekämpfung der Steuervermeidung und Steuerhinterziehung auf internationaler Ebene zweiseitig oder mehrseitig unternommen worden sind;

in der Erwägung, dass zwischen den Staaten abgestimmte Anstrengungen erforderlich sind, um alle Formen der Amtshilfe im Zusammenhang mit Steuern jeder Art zu fördern und zugleich einen angemessenen Schutz der Rechte der Steuerpflichtigen zu gewährleisten;

in der Erkenntnis, dass internationale Zusammenarbeit eine wichtige Rolle dabei spielen kann, die ordnungsgemässe Ermittlung der Steuerpflicht zu erleichtern und die Steuerpflichtigen bei der Wahrnehmung ihrer Rechte zu unterstützen;

AS **2016** 5071; BBL **2015** 5585

[1] *Multilateral Convention on Mutual Administrative Assistance in Tax Matters*
[2] AS **2016** 5059
[3] Übersetzung des französischen Originaltextes

in der Erwägung, dass die Grundprinzipien, nach denen jede Person bei der Feststellung ihrer Rechte und Pflichten Anspruch auf ein ordnungsgemässes rechtliches Verfahren hat, in allen Staaten als für Steuersachen geltend anerkannt werden sollen und dass sich die Staaten bemühen sollen, die berechtigten Interessen der Steuerpflichtigen zu schützen und auch einen angemessenen Schutz gegen Ungleichbehandlung und Doppelbesteuerung zu gewähren;

in der Überzeugung demzufolge, dass die Staaten Massnahmen ergreifen oder Informationen erteilen sollen, wobei der Notwendigkeit, die Vertraulichkeit der Informationen zu wahren, Rechnung zu tragen ist und die völkerrechtlichen Übereinkünfte zum Schutz der Privatsphäre und des Verkehrs personenbezogener Daten zu berücksichtigen sind;

in der Erwägung, dass ein neues Umfeld für die Zusammenarbeit entstanden ist und dass es wünschenswert ist, eine mehrseitige Übereinkunft verfügbar zu machen, um einer möglichst grossen Anzahl von Staaten die Nutzung der Vorteile des neuen Umfelds für die Zusammenarbeit und gleichzeitig die Umsetzung der höchsten internationalen Standards für die Zusammenarbeit im Steuerbereich zu gestatten;

von dem Wunsch geleitet, ein Übereinkommen über die gegenseitige Amtshilfe in Steuersachen zu schliessen,

haben Folgendes vereinbart:

Kapitel I
Geltungsbereich des Übereinkommens

Art. 1   Ziel des Übereinkommens und unter das Übereinkommen fallende Personen

1. Vorbehaltlich des Kapitels IV leisten die Vertragsparteien einander Amtshilfe in Steuersachen. Diese Amtshilfe kann gegebenenfalls auch Massnahmen von Justizbehörden umfassen.

2. Diese Amtshilfe umfasst:

    a. den Informationsaustausch, einschliesslich gleichzeitiger Steuerprüfungen und der Teilnahme an Steuerprüfungen im Ausland;

    b. die Amtshilfe bei der Vollstreckung, einschliesslich Sicherungsmassnahmen; und

    c. die Zustellung von Schriftstücken.

3. Eine Vertragspartei leistet Amtshilfe unabhängig davon, ob die betroffene Person in einer Vertragspartei oder in einem anderen Staat ansässig ist oder die Staatsangehörigkeit einer Vertragspartei oder eines anderen Staates besitzt.

Art. 2   Unter das Übereinkommen fallende Steuern

1. Dieses Übereinkommen gilt:
   a. für die folgenden Steuern:
      i. Steuern vom Einkommen oder vom Gewinn,
      ii. Steuern von Gewinnen aus der Veräusserung von Vermögen, die getrennt von der Steuer vom Einkommen oder vom Gewinn erhoben werden,
      iii. Steuern vom Vermögen,

      die für Rechnung einer Vertragspartei erhoben werden; und
   b. für die folgenden Steuern:
      i. Steuern, die für Rechnung der politischen Unterabteilungen oder lokalen Gebietskörperschaften einer Vertragspartei vom Einkommen, vom Gewinn, von Gewinnen aus der Veräusserung von Vermögen oder vom Vermögen erhoben werden,
      ii. Pflichtbeiträge zur Sozialversicherung, die an den Staat oder an öffentlich-rechtliche Sozialversicherungseinrichtungen zu zahlen sind,
      iii. Steuern anderer Art, ausgenommen Zölle, die für Rechnung einer Vertragspartei erhoben werden, nämlich:
         A. Nachlass-, Erbschafts- und Schenkungssteuern,
         B. Steuern vom unbeweglichen Vermögen,
         C. allgemeine Verbrauchssteuern wie Mehrwert- und Umsatzsteuern,
         D. besondere Steuern auf Waren und Dienstleistungen wie Verbrauchssteuern,
         E. Steuern für die Benutzung von oder das Eigentum an Kraftfahrzeugen,
         F. Steuern für die Benutzung von oder das Eigentum an beweglichem Vermögen mit Ausnahme von Kraftfahrzeugen,
         G. alle anderen Steuern,
      iv. die unter die in Ziffer iii genannten Kategorien fallenden Steuern, die für Rechnung der politischen Unterabteilungen oder lokalen Gebietskörperschaften einer Vertragspartei erhoben werden.

2. Die bestehenden Steuern, für die das Übereinkommen gilt, sind in Anlage A unter den in Absatz 1 genannten Kategorien aufgelistet.

3. Die Vertragsparteien notifizieren dem Generalsekretär des Europarats oder dem Generalsekretär der OECD (im Folgenden als «Verwahrer» bezeichnet) jede Änderung der Anlage A, die wegen einer Änderung der in Absatz 2 erwähnten Liste vorzunehmen ist. Die Änderung wird am ersten Tag des Monats wirksam, der auf einen Zeitabschnitt von drei Monaten nach Eingang der Notifikation bei dem Verwahrer folgt.

4. Das Übereinkommen gilt auch für alle Steuern gleicher oder im Wesentlichen ähnlicher Art – und zwar mit Wirkung vom Zeitpunkt ihrer Einführung –, die in einer Vertragspartei nach dem Inkrafttreten des Übereinkommens für diese Vertragspartei neben den in Anlage A aufgelisteten bestehenden Steuern oder an deren Stelle erhoben werden; in diesem Fall notifiziert die betreffende Vertragspartei einem der Verwahrer die Einführung der betreffenden Steuer.

Kapitel II
Allgemeine Begriffsbestimmungen

Art. 3 Begriffsbestimmungen

1. Im Sinne dieses Übereinkommens, wenn der Zusammenhang nichts anderes erfordert:

   a. bedeuten die Ausdrücke «ersuchender Staat» und «ersuchter Staat» eine Vertragspartei, die um Amtshilfe in Steuersachen ersucht, beziehungsweise eine Vertragspartei, die um solche Amtshilfe ersucht wird;

   b. bedeutet der Ausdruck «Steuer» jede Steuer oder jeden Sozialversicherungsbeitrag, für die beziehungsweise den das Übereinkommen nach Artikel 2 gilt;

   c. bedeutet der Ausdruck «Steuerforderung» jeden Steuerbetrag, die darauf entfallenden Zinsen sowie die damit zusammenhängenden Geldbussen und Vollstreckungskosten, die geschuldet werden und noch nicht gezahlt worden sind;

   d. bedeutet der Ausdruck «zuständige Behörde» die in Anlage B aufgelisteten Personen und Behörden;

   e. bedeutet der Ausdruck «Staatsangehöriger» in Bezug auf eine Vertragspartei:

      i. alle natürlichen Personen, welche die Staatsangehörigkeit der betreffenden Vertragspartei besitzen, und

      ii. alle juristischen Personen, Personengesellschaften oder anderen Personenvereinigungen sowie alle Rechtsträger, die nach dem in der betreffenden Vertragspartei geltenden Recht errichtet worden sind.

Für jede Vertragspartei, die eine diesbezügliche Erklärung abgegeben hat, haben die vorstehenden Ausdrücke die Bedeutung, die sich aus der jeweiligen Begriffsbestimmung in Anlage C ergibt.

2. Bei der Anwendung des Übereinkommens durch eine Vertragspartei hat, wenn der Zusammenhang nichts anderes erfordert, jeder im Übereinkommen nicht definierte Ausdruck die Bedeutung, die ihm nach dem Recht der betreffenden Vertragspartei über die Steuern zukommt, die unter das Übereinkommen fallen.

3. Die Vertragsparteien notifizieren einem der Verwahrer jede Änderung, die an den Anlagen B und C vorzunehmen ist. Die Änderung wird am ersten Tag des Monats wirksam, der auf einen Zeitabschnitt von drei Monaten nach Eingang der Notifikation bei dem betreffenden Verwahrer folgt.

Kapitel III
Formen der Amtshilfe
Abschnitt I
Informationsaustausch

Art. 4 Allgemeine Bestimmungen

1. Die Vertragsparteien tauschen alle Informationen aus, insbesondere wie in diesem Abschnitt vorgesehen, die für die Anwendung beziehungsweise Durchsetzung

ihres innerstaatlichen Rechts betreffend die unter dieses Übereinkommen fallenden Steuern voraussichtlich erheblich sind.

2. *Gestrichen*

3. Jede Vertragspartei kann durch eine an einen der Verwahrer gerichtete Erklärung anzeigen, dass ihre Behörden in Übereinstimmung mit ihren innerstaatlichen Rechtsvorschriften die betroffene ansässige Person oder den betroffenen Staatsangehörigen unterrichten können, bevor sie nach den Artikeln 5 und 7 Informationen über sie beziehungsweise ihn übermitteln.

Art. 5   Informationsaustausch auf Ersuchen

1. Auf Ersuchen des ersuchenden Staates erteilt der ersuchte Staat dem ersuchenden Staat alle in Artikel 4 genannten Informationen über bestimmte Personen oder Transaktionen.

2. Reichen die in den Steuerakten des ersuchten Staates vorhandenen Informationen nicht aus, um dem Informationsersuchen zu entsprechen, so trifft dieser Staat alle erforderlichen Massnahmen, um dem ersuchenden Staat die erbetenen Informationen zu erteilen.

Art. 6   Automatischer Informationsaustausch

Für Fallkategorien und nach Verfahren, die sie einvernehmlich festlegen, tauschen zwei oder mehr Vertragsparteien die in Artikel 4 genannten Informationen automatisch aus.

Art. 7   Spontaner Informationsaustausch

1. In den folgenden Fällen übermittelt eine Vertragspartei einer anderen Vertragspartei ohne vorheriges Ersuchen Informationen, die ihr bekannt geworden sind:

   a. wenn die eine Vertragspartei Gründe für die Vermutung einer Steuerverkürzung in der anderen Vertragspartei hat;

   b. wenn ein Steuerpflichtiger in der einen Vertragspartei eine Steuerermässigung oder Steuerbefreiung erhält, die eine Steuererhöhung oder eine Besteuerung in der anderen Vertragspartei zur Folge haben würde;

   c. bei Geschäftsbeziehungen zwischen einem Steuerpflichtigen einer Vertragspartei und einem Steuerpflichtigen einer anderen Vertragspartei, die über ein oder mehrere weitere Länder in einer Weise geleitet werden, die in einer der beiden oder in beiden Vertragsparteien zur Steuerersparnis führen kann;

   d. wenn eine Vertragspartei Gründe für die Vermutung einer Steuerersparnis durch künstliche Gewinnverlagerungen innerhalb eines Konzerns hat;

   e. wenn im Zusammenhang mit Informationen, die der einen Vertragspartei von der anderen Vertragspartei übermittelt worden sind, ein Sachverhalt ermittelt worden ist, der für die Steuerfestsetzung in der anderen Vertragspartei erheblich sein kann.

2. Jede Vertragspartei trifft die Massnahmen und führt die Verfahren durch, die erforderlich sind, um sicherzustellen, dass die in Absatz 1 genannten Informationen für die Weiterleitung an eine andere Vertragspartei zur Verfügung gestellt werden.

Art. 8 Gleichzeitige Steuerprüfungen

1. Zwei oder mehr Vertragsparteien konsultieren einander auf Ersuchen einer von ihnen, um die Fälle, in denen gleichzeitige Steuerprüfungen stattfinden sollen, und die entsprechenden Verfahren festzulegen. Jede betroffene Vertragspartei entscheidet, ob sie an einer bestimmten gleichzeitigen Steuerprüfung teilnehmen will.

2. Im Sinne dieses Übereinkommens bedeutet «gleichzeitige Steuerprüfung» eine Vereinbarung zwischen zwei oder mehr Vertragsparteien, gleichzeitig im jeweils eigenen Hoheitsgebiet die steuerlichen Verhältnisse einer Person oder mehrerer Personen, an denen sie ein gemeinsames oder ergänzendes Interesse haben, zu prüfen, um die auf diesem Wege gewonnenen sachdienlichen Informationen auszutauschen.

Art. 9 Steuerprüfungen im Ausland

1. Auf Ersuchen der zuständigen Behörde des ersuchenden Staates kann die zuständige Behörde des ersuchten Staates gestatten, dass Vertreter der zuständigen Behörde des ersuchenden Staates während des relevanten Teils einer Steuerprüfung im ersuchten Staat anwesend sind.

2. Ist dem Ersuchen stattgegeben worden, so unterrichtet die zuständige Behörde des ersuchten Staates so bald wie möglich die zuständige Behörde des ersuchenden Staates über Zeitpunkt und Ort der Prüfung, über die mit der Durchführung der Prüfung beauftragte Behörde oder den damit beauftragten Bediensteten sowie über die vom ersuchten Staat für die Durchführung der Prüfung vorgeschriebenen Verfahren und Bedingungen. Alle Entscheidungen im Zusammenhang mit der Durchführung der Steuerprüfung trifft der ersuchte Staat.

3. Eine Vertragspartei kann einen der Verwahrer von ihrer Absicht unterrichten, Ersuchen nach Absatz 1 in der Regel nicht anzunehmen. Eine solche Erklärung kann jederzeit abgegeben oder widerrufen werden.

Art. 10 Widersprüchliche Informationen

Erhält eine Vertragspartei von einer anderen Vertragspartei Informationen über die steuerlichen Verhältnisse einer Person, die nach ihrer Auffassung zu den ihr zur Verfügung stehenden Informationen in Widerspruch stehen, so unterrichtet sie davon die Vertragspartei, welche die Informationen erteilt hat.

Abschnitt II
Amtshilfe bei der Vollstreckung

Art. 11 Vollstreckung von Steuerforderungen

1. Auf Ersuchen des ersuchenden Staates trifft der ersuchte Staat vorbehaltlich der Artikel 14 und 15 die erforderlichen Massnahmen, um die Steuerforderungen des erstgenannten Staates zu vollstrecken, als handele es sich um seine eigenen Steuerforderungen.

2. Absatz 1 gilt nur für Steuerforderungen, für die ein Titel besteht, der ihre Vollstreckung im ersuchenden Staat ermöglicht, und die, sofern zwischen den betreffenden Vertragsparteien nichts anderes vereinbart ist, nicht angefochten werden.

Richtet sich die Forderung jedoch gegen eine Person, die nicht im ersuchenden Staat ansässig ist, so gilt Absatz 1 nur, sofern zwischen den betreffenden Vertragsparteien nichts anderes vereinbart ist, wenn die Forderung nicht mehr angefochten werden kann.

3. Die Verpflichtung zur Amtshilfe bei der Vollstreckung von Steuerforderungen betreffend einen Erblasser oder seinen Nachlass beschränkt sich auf den Wert des Nachlasses oder desjenigen Teils des Vermögens, der auf jeden Nachlassbegünstigten entfällt, je nachdem, ob die Forderung aus dem Nachlass oder von den Nachlassbegünstigten zu vollstrecken ist.

Art. 12 Sicherungsmassnahmen

Auf Ersuchen des ersuchenden Staates trifft der ersuchte Staat zum Zweck der Vollstreckung eines Steuerbetrags Sicherungsmassnahmen, selbst wenn die Forderung angefochten wird oder für sie noch kein Vollstreckungstitel besteht.

Art. 13 Dem Ersuchen beizufügende Schriftstücke

1. Dem Amtshilfeersuchen nach diesem Abschnitt ist Folgendes beizufügen:

   a. eine Erklärung, dass die Steuerforderung eine unter das Übereinkommen fallende Steuer betrifft und, im Fall der Vollstreckung, dass die Steuerforderung vorbehaltlich des Artikels 11 Absatz 2 nicht angefochten wird oder nicht angefochten werden kann;

   b. eine amtliche Ausfertigung des Titels, der die Vollstreckung im ersuchenden Staat ermöglicht; und

   c. sonstige für die Vollstreckung beziehungsweise die Sicherungsmassnahmen erforderliche Schriftstücke.

2. Der Titel, der die Vollstreckung im ersuchenden Staat ermöglicht, wird gegebenenfalls und in Übereinstimmung mit den im ersuchten Staat geltenden Bestimmungen nach Eingang des Amtshilfeersuchens so bald wie möglich angenommen, anerkannt, ergänzt oder ersetzt durch einen Titel, der die Vollstreckung im ersuchten Staat ermöglicht.

Art. 14 Fristen

1. Fragen im Zusammenhang mit den Fristen, nach deren Ablauf Steuerforderungen nicht mehr vollstreckt werden können, werden nach dem Recht des ersuchenden Staates geregelt. Das Amtshilfeersuchen muss genaue Angaben über diese Fristen enthalten.

2. Die vom ersuchten Staat aufgrund eines Amtshilfeersuchens durchgeführten Vollstreckungsmassnahmen, die nach dem Recht dieses Staates eine Hemmung oder Unterbrechung der in Absatz 1 genannten Fristen bewirken würden, entfalten diese

Wirkung auch nach dem Recht des ersuchenden Staates. Der ersuchte Staat unterrichtet den ersuchenden Staat über derartige Massnahmen.

3. Der ersuchte Staat ist in keinem Fall verpflichtet, einem Amtshilfeersuchen nachzukommen, das später als 15 Jahre ab dem Datum des ursprünglichen Vollstreckungstitels übermittelt wird.

Art. 15 Bevorzugung

Steuerforderungen, bei deren Vollstreckung Amtshilfe geleistet wird, geniessen im ersuchten Staat nicht die Bevorzugung, die den Steuerforderungen dieses Staates besonders gewährt wird, selbst wenn das angewandte Vollstreckungsverfahren demjenigen für seine eigenen Steuerforderungen entspricht.

Art. 16 Zahlungsaufschub

Der ersuchte Staat kann einen Zahlungsaufschub oder Ratenzahlungen gestatten, wenn sein Recht oder seine Verwaltungspraxis dies in ähnlichen Fällen zulässt; er unterrichtet hierüber jedoch den ersuchenden Staat im Voraus.

Abschnitt III
Zustellung von Schriftstücken

Art. 17 Zustellung von Schriftstücken

1. Auf Ersuchen des ersuchenden Staates stellt der ersuchte Staat dem Empfänger die Schriftstücke, einschliesslich derjenigen zu Gerichtsentscheidungen, zu, die aus dem ersuchenden Staat stammen und eine unter das Übereinkommen fallende Steuer betreffen.

2. Der ersuchte Staat nimmt die Zustellung von Schriftstücken wie folgt vor:

   a. in einer Form, die sein innerstaatliches Recht für die Zustellung im Wesentlichen ähnlicher Schriftstücke vorschreibt;

   b. soweit möglich in einer besonderen vom ersuchenden Staat gewünschten Form oder in einer dieser am nächsten kommenden Form, die das innerstaatliche Recht des ersuchten Staates vorsieht.

3. Eine Vertragspartei kann die Zustellung von Schriftstücken an eine Person im Hoheitsgebiet einer anderen Vertragspartei unmittelbar durch die Post vornehmen.

4. Dieses Übereinkommen ist nicht so auszulegen, als bewirke es die Nichtigkeit einer durch eine Vertragspartei in Übereinstimmung mit ihrem Recht vorgenommenen Zustellung von Schriftstücken.

5. Wird ein Schriftstück nach diesem Artikel zugestellt, so braucht keine Übersetzung beigefügt zu werden. Ist jedoch der ersuchte Staat überzeugt, dass der Empfänger die Sprache, in der das Schriftstück abgefasst ist, nicht versteht, so veranlasst der ersuchte Staat die Übersetzung in seine Amtssprache oder eine seiner Amtssprachen oder die Anfertigung einer Kurzfassung in seiner Amtssprache oder einer seiner

Amtssprachen. Andernfalls kann er den ersuchenden Staat bitten, das Schriftstück entweder in eine der Amtssprachen des ersuchten Staates, des Europarats oder der OECD übersetzen oder eine Kurzfassung in einer dieser Sprachen beifügen zu lassen.

Kapitel IV
Für alle Formen der Amtshilfe geltende Bestimmungen

Art. 18 Vom ersuchenden Staat zu erteilende Informationen

1. Ein Amtshilfeersuchen enthält, soweit erforderlich:

   a. Angaben über die Behörde oder Stelle, von der das durch die zuständige Behörde gestellte Ersuchen ausgeht;

   b. den Namen, die Anschrift oder alle sonstigen Angaben, welche die Identifizierung der Person, derentwegen das Ersuchen gestellt wird, ermöglichen;

   c. bei einem Informationsersuchen Angaben über die Form, in welcher der ersuchende Staat die Informationen erteilt bekommen möchte, damit sie seinen Erfordernissen entsprechen;

   d. bei einem Ersuchen um Amtshilfe bei der Vollstreckung oder bei Sicherungsmassnahmen Angaben über die Art der Steuerforderung, die Bestandteile der Steuerforderung und die Vermögenswerte, aus denen die Steuerforderung vollstreckt werden kann;

   e. bei einem Ersuchen um Zustellung von Schriftstücken Angaben über die Art und den Gegenstand des zuzustellenden Schriftstücks;

   f. Angaben darüber, ob das Ersuchen dem Recht und der Verwaltungspraxis des ersuchenden Staates entspricht und ob es unter Berücksichtigung der Erfordernisse des Artikels 21 Absatz 2 Buchstabe g gerechtfertigt ist.

2. Sobald dem ersuchenden Staat weitere im Zusammenhang mit dem Amtshilfeersuchen sachdienliche Informationen zur Kenntnis gelangen, übermittelt er sie dem ersuchten Staat.

Art. 19

Gestrichen

Art. 20 Beantwortung des Amtshilfeersuchens

1. Wird dem Amtshilfeersuchen entsprochen, so unterrichtet der ersuchte Staat den ersuchenden Staat so bald wie möglich über die getroffenen Massnahmen und das Ergebnis der Amtshilfe.

2. Wird das Ersuchen abgelehnt, so unterrichtet der ersuchte Staat den ersuchenden Staat so bald wie möglich über seine Entscheidung und deren Gründe.

3. Hat der ersuchende Staat bei einem Informationsersuchen angegeben, in welcher Form er die Informationen erteilt haben möchte, und ist der ersuchte Staat in der Lage, dem zu entsprechen, so erteilt der ersuchte Staat die Informationen in der gewünschten Form.

Art. 21   Schutz der Person und Grenzen der Verpflichtung zur Leistung von Amtshilfe

1. Dieses Übereinkommen berührt nicht die Rechte und Sicherheiten, die Personen durch das Recht oder die Verwaltungspraxis des ersuchten Staates gewährt werden.

2. Mit Ausnahme des Artikels 14 ist dieses Übereinkommen nicht so auszulegen, als verpflichte es den ersuchten Staat:

    a. Massnahmen durchzuführen, die von seinem eigenen Recht oder seiner eigenen Verwaltungspraxis oder dem Recht oder der Verwaltungspraxis des ersuchenden Staates abweichen;

    b. Massnahmen durchzuführen, die der öffentlichen Ordnung (*ordre public*) widersprächen;

    c. Informationen zu erteilen, die nach seinem eigenen Recht oder seiner eigenen Verwaltungspraxis oder nach dem Recht des ersuchenden Staates oder dessen Verwaltungspraxis nicht beschafft werden können;

    d. Informationen zu erteilen, die ein Handels-, Industrie-, Gewerbe- oder Berufsgeheimnis oder ein Geschäftsverfahren preisgeben würden oder deren Preisgabe der öffentlichen Ordnung (*ordre public*) widerspräche;

    e. Amtshilfe zu leisten, wenn und soweit nach seiner Auffassung die Besteuerung im ersuchenden Staat im Widerspruch zu allgemein anerkannten Besteuerungsgrundsätzen, zu einem Abkommen zur Vermeidung der Doppelbesteuerung oder zu einem anderen Abkommen, das der ersuchte Staat mit dem ersuchenden Staat geschlossen hat, steht;

    f. für die Zwecke der Anwendung beziehungsweise Durchsetzung einer Bestimmung des Steuerrechts des ersuchenden Staates oder der Erfüllung einer damit zusammenhängenden Verpflichtung Amtshilfe zu leisten, die einen Staatsangehörigen des ersuchten Staates gegenüber einem Staatsangehörigen des ersuchenden Staates, der sich in der gleichen Situation befindet, benachteiligt;

    g. Amtshilfe zu leisten, wenn der ersuchende Staat nicht alle angemessenen und nach seinem Recht oder seiner Verwaltungspraxis zur Verfügung stehenden Massnahmen ausgeschöpft hat, es sei denn, das Zurückgreifen auf diese Massnahmen würde unverhältnismässig grosse Schwierigkeiten mit sich bringen;

    h. Amtshilfe bei der Vollstreckung in den Fällen zu leisten, in denen der Verwaltungsaufwand für diesen Staat in einem eindeutigen Missverhältnis zu dem Nutzen steht, den der ersuchende Staat dadurch erlangt.

3. Ersucht der ersuchende Staat nach diesem Übereinkommen um Informationen, so nutzt der ersuchte Staat die ihm zur Verfügung stehenden Möglichkeiten zur Be-

schaffung der erbetenen Informationen, selbst wenn der ersuchte Staat diese Informationen für seine eigenen steuerlichen Zwecke nicht benötigt. Die im vorstehenden Satz enthaltene Verpflichtung unterliegt den in dem Übereinkommen enthaltenen Beschränkungen, jedoch sind diese Beschränkungen, insbesondere diejenigen der Absätze 1 und 2, in keinem Fall so auszulegen, dass ein ersuchter Staat die Erteilung von Informationen nur deshalb ablehnen kann, weil er kein innerstaatliches Interesse an diesen Informationen hat.

4. Die Bestimmungen dieses Übereinkommens, insbesondere diejenigen der Absätze 1 und 2, sind in keinem Fall so auszulegen, dass ein ersuchter Staat die Erteilung von Informationen nur deshalb ablehnen kann, weil sich die Informationen bei einer Bank, einem sonstigen Finanzinstitut, einem Bevollmächtigten, Vertreter oder Treuhänder befinden oder sich auf Eigentumsanteile an einer Person beziehen.

Art. 22 Geheimhaltung

1. Alle Informationen, die eine Vertragspartei nach diesem Übereinkommen erhalten hat, sind ebenso geheim zu halten und zu schützen wie die Informationen, die sie nach ihrem innerstaatlichen Recht erhalten hat; soweit dies für die Sicherstellung des erforderlichen Schutzniveaus der personenbezogenen Daten notwendig ist, sind die Informationen ferner nach den Schutzbestimmungen geheim zu halten und zu schützen, die von der erteilenden Vertragspartei als nach ihrem innerstaatlichen Recht erforderlich bezeichnet werden können.

2. Diese Informationen dürfen in jedem Fall nur den Personen oder Behörden (einschliesslich der Gerichte und Verwaltungs- oder Aufsichtsbehörden) zugänglich gemacht werden, die mit der Festsetzung, Erhebung, Vollstreckung oder Strafverfolgung oder der Entscheidung über Rechtsmittel hinsichtlich der Steuern dieser Vertragspartei oder mit der Aufsicht darüber befasst sind. Nur die genannten Personen oder Behörden dürfen die Informationen verwenden, und zwar nur für diese Zwecke. Sie dürfen sie jedoch ungeachtet des Absatzes 1 in einem öffentlichen Gerichtsverfahren oder in einer Gerichtsentscheidung im Zusammenhang mit diesen Steuern offenlegen.

3. Hat eine Vertragspartei einen in Artikel 30 Absatz 1 Buchstabe a vorgesehenen Vorbehalt angebracht, so verwenden alle anderen Vertragsparteien, die Informationen von dieser Vertragspartei erhalten, diese nicht für eine Steuer einer Kategorie, die unter diesen Vorbehalt fällt. Ebenso verwendet die Vertragspartei, die den Vorbehalt angebracht hat, aufgrund des Übereinkommens erhaltene Informationen nicht für eine Steuer einer Kategorie, die unter diesen Vorbehalt fällt.

4. Ungeachtet der Absätze 1, 2 und 3 können Informationen, die eine Vertragspartei erhalten hat, auch für andere Zwecke verwendet werden, sofern diese Informationen nach dem Recht der erteilenden Vertragspartei für diese anderen Zwecke verwendet werden dürfen und die zuständige Behörde dieser Vertragspartei diese Verwendung gestattet. Informationen, die eine Vertragspartei einer anderen Vertragspartei erteilt, können von letzterer nach vorheriger Zustimmung durch die zuständige Behörde der erstgenannten Vertragspartei an eine dritte Vertragspartei weitergeleitet werden.

Art. 23 Rechtsbehelfe

1. Rechtsbehelfe gegen die vom ersuchten Staat nach diesem Übereinkommen ergriffenen Massnahmen sind nur bei der zuständigen Stelle dieses Staates einzulegen.

2. Rechtsbehelfe gegen die vom ersuchenden Staat nach diesem Übereinkommen ergriffenen Massnahmen, insbesondere diejenigen, die hinsichtlich der Vollstreckung das Bestehen oder die Höhe der Steuerforderung oder den Vollstreckungstitel betreffen, sind nur bei der zuständigen Stelle dieses Staates einzulegen. Wird ein solcher Rechtsbehelf eingelegt, so unterrichtet der ersuchende Staat den ersuchten Staat; dieser setzt das Vollstreckungsverfahren aus, bis die Entscheidung der betreffenden Stelle vorliegt. Auf Wunsch des ersuchenden Staates trifft jedoch der ersuchte Staat Sicherungsmassnahmen zur Gewährleistung der Vollstreckung. Der ersuchte Staat kann auch von jedem Beteiligten von dem Rechtsbehelf unterrichtet werden. Nach Eingang der entsprechenden Mitteilung konsultiert der ersuchte Staat in dieser Angelegenheit gegebenenfalls den ersuchenden Staat.

3. Sobald eine endgültige Entscheidung über den Rechtsbehelf getroffen ist, unterrichtet der ersuchte beziehungsweise der ersuchende Staat den jeweils anderen Staat von der Entscheidung und ihren Auswirkungen auf das Amtshilfeersuchen.

Kapitel V
Besondere Bestimmungen

Art. 24 Durchführung des Übereinkommens

1. Zur Durchführung dieses Übereinkommens verkehren die Vertragsparteien durch ihre jeweiligen zuständigen Behörden miteinander. Die zuständigen Behörden können zu diesem Zweck unmittelbar miteinander verkehren und nachgeordneten Behörden gestatten, für sie zu handeln. Die zuständigen Behörden von zwei oder mehr Vertragsparteien können sich über die Modalitäten der Anwendung des Übereinkommens untereinander einigen.

2. Ist der ersuchte Staat der Auffassung, dass die Anwendung dieses Übereinkommens in einem bestimmten Fall schwerwiegende und unerwünschte Folgen haben würde, so konsultieren die zuständigen Behörden des ersuchten und des ersuchenden Staates einander und bemühen sich, die Situation in gegenseitigem Einvernehmen zu regeln.

3. Ein Koordinierungsgremium, das sich aus Vertretern der zuständigen Behörden der Vertragsparteien zusammensetzt, überwacht unter der Leitung der OECD die Durchführung und Entwicklung dieses Übereinkommens. Zu diesem Zweck spricht das Koordinierungsgremium Empfehlungen über Massnahmen aus, die den allgemeinen Zielen des Übereinkommens förderlich sein können. Insbesondere dient es als Forum für die Untersuchung neuer Methoden und Verfahren zur Intensivierung der internationalen Zusammenarbeit in Steuersachen und kann gegebenenfalls Revisionen oder Änderungen des Übereinkommens empfehlen. Staaten, die das Übereinkommen unterzeichnet, aber noch nicht ratifiziert, angenommen oder ge-

nehmigt haben, sind berechtigt, bei den Sitzungen des Koordinierungsgremiums als Beobachter vertreten zu sein.

4. Eine Vertragspartei kann bei dem Koordinierungsgremium Stellungnahmen zur Auslegung des Übereinkommens anfordern.

5. Ergeben sich zwischen zwei oder mehr Vertragsparteien Schwierigkeiten oder Zweifel bezüglich der Durchführung oder Auslegung des Übereinkommens, so bemühen sich die zuständigen Behörden dieser Vertragsparteien, die Angelegenheit in gegenseitigem Einvernehmen zu regeln. Die Vereinbarung wird dem Koordinierungsgremium mitgeteilt.

6. Der Generalsekretär der OECD unterrichtet die Vertragsparteien und die Unterzeichnerstaaten, die das Übereinkommen noch nicht ratifiziert, angenommen oder genehmigt haben, von den nach Absatz 4 von dem Koordinierungsgremium abgegebenen Stellungnahmen und den nach Absatz 5 in gegenseitigem Einvernehmen getroffenen Vereinbarungen.

Art. 25 Sprache

Amtshilfeersuchen und die entsprechenden Antworten werden in einer der Amtssprachen der OECD und des Europarats oder in einer anderen von den betreffenden Vertragsparteien zweiseitig vereinbarten Sprache abgefasst.

Art. 26 Kosten

Wenn die betreffenden Vertragsparteien zweiseitig nichts anderes vereinbart haben:

a. gehen übliche bei der Leistung von Amtshilfe entstehende Kosten zu Lasten des ersuchten Staates;

b. gehen aussergewöhnliche bei der Leistung von Amtshilfe entstehende Kosten zu Lasten des ersuchenden Staates.

Kapitel VI
Schlussbestimmungen

Art. 27 Andere völkerrechtliche Übereinkünfte

1. Die in diesem Übereinkommen vorgesehenen Möglichkeiten der Amtshilfe beschränken nicht die Möglichkeiten, die in bestehenden oder künftigen völkerrechtlichen Übereinkünften zwischen den betreffenden Vertragsparteien oder in sonstigen die Zusammenarbeit in Steuersachen betreffenden Rechtsinstrumenten vorgesehen sind, noch werden sie von diesen beschränkt.

2. Ungeachtet des Absatzes 1 können die Vertragsparteien, die Mitgliedstaaten der Europäischen Union sind, in ihren gegenseitigen Beziehungen die durch das Übereinkommen vorgesehenen Möglichkeiten der Amtshilfe insoweit anwenden, als diese eine umfassendere Zusammenarbeit gestatten als die Möglichkeiten, die durch die anzuwendenden Regeln der Europäischen Union geboten werden.

Art. 28 Unterzeichnung und Inkrafttreten des Übereinkommens

1. Dieses Übereinkommen liegt für die Mitgliedstaaten des Europarats und die Mitgliedstaaten der OECD zur Unterzeichnung auf. Es bedarf der Ratifikation, Annahme oder Genehmigung. Die Ratifikations-, Annahme- oder Genehmigungsurkunden werden bei einem der Verwahrer hinterlegt.

2. Dieses Übereinkommen tritt am ersten Tag des Monats in Kraft, der auf einen Zeitabschnitt von drei Monaten nach dem Tag folgt, an dem fünf Staaten nach Absatz 1 ihre Zustimmung ausgedrückt haben, durch das Übereinkommen gebunden zu sein.

3. Für jeden Mitgliedstaat des Europarats beziehungsweise jeden Mitgliedstaat der OECD, der später seine Zustimmung ausdrückt, durch dieses Übereinkommen gebunden zu sein, tritt das Übereinkommen am ersten Tag des Monats in Kraft, der auf einen Zeitabschnitt von drei Monaten nach Hinterlegung der Ratifikations-, Annahme- oder Genehmigungsurkunde folgt.

4. Jeder Mitgliedstaat des Europarats beziehungsweise jeder Mitgliedstaat der OECD, der nach dem Inkrafttreten des am 27. Mai 2010 zur Unterzeichnung aufgelegten Protokolls zur Änderung des Übereinkommens (im Folgenden als «Protokoll von 2010» bezeichnet) Vertragspartei des Übereinkommens wird, ist Vertragspartei des Übereinkommens in der durch das genannte Protokoll geänderten Fassung, sofern er nicht in einer an einen der Verwahrer gerichteten schriftlichen Mitteilung eine andere Absicht bekundet.

5. Nach Inkrafttreten des Protokolls von 2010 kann jeder Staat, der nicht Mitglied des Europarats oder der OECD ist, darum ersuchen, zur Unterzeichnung und Ratifikation dieses Übereinkommens in der durch das Protokoll von 2010 geänderten Fassung eingeladen zu werden. Jedes diesbezügliche Ersuchen ist an einen der Verwahrer zu richten, der es an die Vertragsparteien weiterleitet. Der Verwahrer unterrichtet zudem das Ministerkomitee des Europarats und den Rat der OECD. Die Entscheidung, ersuchende Staaten einzuladen, Vertragsparteien des Übereinkommens zu werden, wird einvernehmlich von den Vertragsparteien des Übereinkommens durch das Koordinierungsgremium getroffen. Für jeden Staat, der das Übereinkommen in der durch das Protokoll von 2010 geänderten Fassung in Übereinstimmung mit diesem Absatz ratifiziert, tritt es am ersten Tag des Monats in Kraft, der auf einen Zeitabschnitt von drei Monaten nach Hinterlegung der Ratifikationsurkunde bei einem der Verwahrer folgt.

6. Dieses Übereinkommen in der durch das Protokoll von 2010 geänderten Fassung gilt für die Amtshilfe im Zusammenhang mit Besteuerungszeiträumen, die am oder nach dem 1. Januar des Jahres beginnen, das auf das Jahr folgt, in dem das Übereinkommen in der durch das Protokoll von 2010 geänderten Fassung für eine Vertragspartei in Kraft getreten ist, oder, wenn es keinen Besteuerungszeitraum gibt, für die Amtshilfe im Zusammenhang mit Steuerverbindlichkeiten, die am oder nach dem 1. Januar des Jahres entstehen, das auf das Jahr folgt, in dem das Übereinkommen in der durch das Protokoll von 2010 geänderten Fassung für eine Vertragspartei in Kraft getreten ist. Zwei oder mehr Vertragsparteien können in gegenseitigem Einvernehmen vereinbaren, dass das Übereinkommen in der durch das Protokoll

von 2010 geänderten Fassung für die Amtshilfe im Zusammenhang mit früheren Besteuerungszeiträumen oder Steuerverbindlichkeiten gilt.

7. Ungeachtet des Absatzes 6 gilt dieses Übereinkommen in der durch das Protokoll von 2010 geänderten Fassung für Steuersachen im Zusammenhang mit vorsätzlichem Verhalten, das nach dem Strafrecht der ersuchenden Vertragspartei der strafrechtlichen Verfolgung unterliegt, und zwar ab dem Zeitpunkt des Inkrafttretens für eine Vertragspartei im Zusammenhang mit früheren Besteuerungszeiträumen oder Steuerverbindlichkeiten.

Art. 29 Räumlicher Geltungsbereich des Übereinkommens

1. Jeder Staat kann bei der Unterzeichnung oder bei der Hinterlegung seiner Ratifikations-, Annahme- oder Genehmigungsurkunde einzelne oder mehrere Hoheitsgebiete bezeichnen, auf die dieses Übereinkommen Anwendung findet.

2. Jeder Staat kann jederzeit danach durch eine an einen der Verwahrer gerichtete Erklärung die Anwendung dieses Übereinkommens auf jedes weitere in der Erklärung bezeichnete Hoheitsgebiet erstrecken. Das Übereinkommen tritt für dieses Hoheitsgebiet am ersten Tag des Monats in Kraft, der auf einen Zeitabschnitt von drei Monaten nach Eingang der Erklärung bei dem Verwahrer folgt.

3. Jede nach den Absätzen 1 und 2 abgegebene Erklärung kann in Bezug auf jedes darin bezeichnete Hoheitsgebiet durch eine an einen der Verwahrer gerichtete Notifikation zurückgenommen werden. Die Rücknahme wird am ersten Tag des Monats wirksam, der auf einen Zeitabschnitt von drei Monaten nach Eingang der Notifikation bei dem Verwahrer folgt.

Art. 30 Vorbehalte

1. Jeder Staat kann bei der Unterzeichnung oder bei der Hinterlegung seiner Ratifikations-, Annahme- oder Genehmigungsurkunde oder jederzeit danach erklären, dass er sich das Recht vorbehält:

a. in keiner Form Amtshilfe zu leisten hinsichtlich Steuern anderer Vertragsparteien, die unter eine der in Artikel 2 Absatz 1 Buchstabe b aufgelisteten Kategorien fallen, es sei denn, er hat innerstaatliche Steuern, die unter die betreffende Kategorie fallen, in Anlage A des Übereinkommens aufgenommen;

b. in Bezug auf alle in Artikel 2 Absatz 1 aufgelisteten Steuern oder nur in Bezug auf Steuern, die unter eine oder mehrere der in Artikel 2 Absatz 1 aufgelisteten Kategorien fallen, keine Amtshilfe zu leisten bei der Vollstreckung jeglicher Steuerforderungen oder bei der Vollstreckung von Geldbussen;

c. keine Amtshilfe zu leisten in Bezug auf jegliche Steuerforderungen, die im Zeitpunkt des Inkrafttretens des Übereinkommens für diesen Staat oder die, wenn früher ein Vorbehalt nach Buchstabe a oder b angebracht worden ist, im Zeitpunkt der Rücknahme dieses Vorbehalts hinsichtlich Steuern der betreffenden Kategorie bestehen;

d. in Bezug auf alle in Artikel 2 Absatz 1 aufgelisteten Steuern oder nur in Bezug auf Steuern, die unter eine oder mehrere der in Artikel 2 Absatz 1 aufgelisteten Kategorien fallen, keine Amtshilfe zu leisten bei der Zustellung von Schriftstücken;

e. die in Artikel 17 Absatz 3 vorgesehene Zustellung von Schriftstücken durch die Post nicht zu gestatten;

f. Artikel 28 Absatz 7 ausschliesslich auf Amtshilfe im Zusammenhang mit Besteuerungszeiträumen anzuwenden, die am oder nach dem 1. Januar des dritten Jahres vor dem Jahr beginnen, in dem das Übereinkommen in der durch das Protokoll von 2010 geänderten Fassung für eine Vertragspartei in Kraft getreten ist, oder, wenn es keinen Besteuerungszeitraum gibt, auf Amtshilfe im Zusammenhang mit Steuerverbindlichkeiten, die am oder nach dem 1. Januar des dritten Jahres entstehen, das dem Jahr vorangeht, in dem das Übereinkommen in der durch das Protokoll von 2010 geänderten Fassung für eine Vertragspartei in Kraft getreten ist.

2. Weitere Vorbehalte sind nicht zulässig.

3. Nach dem Inkrafttreten des Übereinkommens für eine Vertragspartei kann diese einen oder mehrere der in Absatz 1 aufgeführten Vorbehalte anbringen, den beziehungsweise die sie bei der Ratifikation, der Annahme oder der Genehmigung nicht angebracht hat. Diese Vorbehalte treten am ersten Tag des Monats in Kraft, der auf einen Zeitabschnitt von drei Monaten nach Eingang des Vorbehalts bei einem der Verwahrer folgt.

4. Jede Vertragspartei, die einen Vorbehalt nach den Absätzen 1 und 3 angebracht hat, kann ihn durch eine an einen der Verwahrer gerichtete Notifikation ganz oder teilweise zurücknehmen. Die Rücknahme wird mit dem Eingang der Notifikation bei dem betreffenden Verwahrer wirksam.

5. Eine Vertragspartei, die einen Vorbehalt zu einer Bestimmung dieses Übereinkommens angebracht hat, kann nicht verlangen, dass eine andere Vertragspartei diese Bestimmung anwendet; sie kann jedoch, wenn es sich um einen Teilvorbehalt handelt, die Anwendung der betreffenden Bestimmung insoweit verlangen, als sie selbst sie angenommen hat.

Art. 31 Kündigung

1. Jede Vertragspartei kann dieses Übereinkommen jederzeit durch eine an einen der Verwahrer gerichtete Notifikation kündigen.

2. Die Kündigung wird am ersten Tag des Monats wirksam, der auf einen Zeitabschnitt von drei Monaten nach Eingang der Notifikation bei dem Verwahrer folgt.

3. Jede Vertragspartei, die das Übereinkommen kündigt, bleibt durch Artikel 22 gebunden, solange sie Schriftstücke oder Informationen in ihrem Besitz behält, die sie aufgrund des Übereinkommens erhalten hat.

Art. 32 Die Verwahrer und ihre Aufgaben

1. Der Verwahrer, dem eine Handlung, Notifikation oder Mitteilung zur Kenntnis gebracht worden ist, notifiziert den Mitgliedstaaten des Europarats und den Mitgliedstaaten der OECD und jeder Vertragspartei dieses Übereinkommens:

   a. jede Unterzeichnung;

   b. jede Hinterlegung einer Ratifikations-, Annahme- oder Genehmigungsurkunde;

   c. jeden Zeitpunkt des Inkrafttretens dieses Übereinkommens nach den Artikeln 28 und 29;

   d. jede nach Artikel 4 Absatz 3 oder Artikel 9 Absatz 3 abgegebene Erklärung und die Rücknahme jeder dieser Erklärungen;

   e. jeden nach Artikel 30 angebrachten Vorbehalt und jede nach Artikel 30 Absatz 4 erfolgte Rücknahme eines Vorbehalts;

   f. jede nach Artikel 2 Absatz 3 oder 4, Artikel 3 Absatz 3, Artikel 29 oder Artikel 31 Absatz 1 eingegangene Notifikation;

   g. jede andere Handlung, Notifikation oder Mitteilung im Zusammenhang mit diesem Übereinkommen.

2. Der Verwahrer, bei dem nach Absatz 1 eine Mitteilung eingeht oder der nach Absatz 1 eine Notifikation vornimmt, unterrichtet den anderen Verwahrer unverzüglich hiervon.

Zu Urkund dessen haben die hierzu gehörig befugten Unterzeichneten dieses Übereinkommen unterschrieben.

(Es folgen die Unterschriften)

Geschehen durch die Verwahrer am 1. Juni 2011 nach Artikel X.4 des Änderungsprotokolls zum Übereinkommen über die gegenseitige Amtshilfe in Steuersachen in französischer und englischer Sprache, wobei jeder Wortlaut gleichermassen verbindlich ist, in zwei Urschriften, von denen je eine im Archiv jeden Verwahrers hinterlegt wird. Die Verwahrer übermitteln allen Vertragsparteien des Übereinkommens in der durch das Protokoll geänderten Fassung sowie allen zum Beitritt berechtigten Staaten beglaubigte Abschriften.

Geltungsbereich am 21. März 2023[2]

Vertragsstaaten	Ratifikation		Inkrafttreten	
Albanien*	8. August	2013	1. Dezember	2013
Andorra*	28. August	2016	1. Dezember	2016
Antigua und Barbuda*	16. Oktober	2018	1. Februar	2019
Argentinien*	13. September	2012	1. Januar	2013
Armenien*	6. Februar	2020	1. Juni	2020
Aserbaidschan*	29. Mai	2015	1. September	2015
Australien*	30. August	2012	1. Dezember	2012
Bahamas*	26. April	2018	1. August	2018
Bahrain*	3. Mai	2018	1. September	2018
Barbados*	4. Juli	2016	1. November	2016
Belgien*	8. Dezember	2014	1. April	2015
Belize*	29. Mai	2013	1. September	2013
Benin*	24. Januar	2023	1. Mai	2023
Bosnien und Herzegowina*	21. September	2020	1. Januar	2021
Botsuana*	15. Juni	2021	1. Oktober	2021
Brasilien*	1. Juni	2016	1. Oktober	2016
Brunei*	28. März	2019	1. Juli	2019
Bulgarien*	14. März	2016	1. Juli	2016
Burkina Faso*	13. Dezember	2022	1. April	2023
Chile*	7. Juli	2016	1. November	2016
China*	16. Oktober	2015	1. Februar	2016
Hongkong*	16. Oktober	2015	1. Februar	2016
Macau*	16. Oktober	2015	1. Februar	2016
Cook-Inseln*	29. Mai	2017	1. September	2017
Costa Rica*	5. April	2013	1. August	2013
Deutschland*	28. August	2015	1. Dezember	2015
Dänemark*	28. Januar	2011	1. Juni	2011
Färöer	28. Januar	2011	1. Juni	2011
Grönland	28. Januar	2011	1. Juni	2011
Dominica*	30. April	2019	1. August	2019
Dominikanische Republik	2. August	2019	1. Dezember	2019
Ecuador*	26. August	2019	1. Dezember	2019
El Salvador*	26. Februar	2019	1. Juni	2019
Estland*	8. Juli	2014	1. November	2014
Eswatini*	16. März	2021	1. Juli	2021
Finnland*	21. Dezember	2010	1. Juni	2011
Frankreich*	13. Dezember	2011	1. April	2012
Neukaledonien*	1. Dezember	2018	1. Dezember	2018

[2] AS **2016** 5071, **2017** 3729; **2019** 847; **2020** 2893; **2021** 105; **2023** 154.
Eine aktualisierte Fassung des Geltungsbereichs ist auf der Publikationsplattform des Bundesrechts «Fedlex» unter folgender Adresse veröffentlicht: https://www.fedlex.admin.ch/de/treaty.

Vertragsstaaten	Ratifikation		Inkrafttreten	
Georgien*	28. Februar	2011	1. Juni	2011
Ghana*	29. Mai	2013	1. September	2013
Grenada*	31. Mai	2018	1. September	2018
Griechenland*	29. Mai	2013	1. September	2013
Guatemala*	9. Juni	2017	1. Oktober	2017
Indien*	21. Februar	2012	1. Juni	2012
Indonesien*	21. Januar	2015	1. Mai	2015
Irland*	29. Mai	2013	1. September	2013
Island*	28. Oktober	2011	1. Februar	2012
Israel*	31. August	2016	1. Dezember	2016
Italien*	17. Januar	2012	1. Mai	2012
Jamaika*	29. November	2018	1. März	2019
Japan*	28. Juni	2013	1. Oktober	2013
Kamerun*	30. Juni	2015	1. Oktober	2015
Kanada*	21. November	2013	1. März	2014
Kap Verde	6. Januar	2020	1. Mai	2020
Kasachstan*	8. April	2015	1. August	2015
Katar*	17. September	2018	1. Januar	2019
Kenia*	22. Juli	2020	1. November	2020
Kolumbien*	19. März	2014	1. Juli	2014
Korea (Süd-)*	26. März	2012	1. Juli	2012
Kroatien*	28. Februar	2014	1. Juni	2014
Kuwait*	17. August	2018	1. Dezember	2018
Lettland*	15. Juli	2014	1. November	2014
Libanon*	12. Mai	2017	1. September	2017
Liberia*	26. August	2021	1. Dezember	2021
Liechtenstein*	22. August	2016	1. Dezember	2016
Litauen*	4. Februar	2014	1. Juni	2014
Luxemburg*	11. Juli	2014	1. November	2014
Malaysia*	3. Januar	2017	1. Mai	2017
Malediven*	20. September	2021	1. Januar	2022
Malta*	29. Mai	2013	1. September	2013
Marokko*	22. Mai	2019	1. September	2019
Marshallinseln*	22. Dezember	2016	1. April	2017
Mauretanien*	29. April	2022	1. August	2022
Mauritius*	31. August	2015	1. Dezember	2015
Mexiko*	23. Mai	2012	1. September	2012
Moldau*	24. November	2011	1. März	2012
Monaco*	14. Dezember	2016	1. Mai	2017
Mongolei*	19. Februar	2020	1. Juni	2020
Montenegro*	28. Januar	2020	1. Mai	2020
Namibia*	9. Dezember	2020	1. April	2021
Nauru*	28. Juni	2016	1. Oktober	2016
Neuseeland*	21. November	2013	1. März	2014

Vertragsstaaten	Ratifikation	Inkrafttreten
Niederlande*	29. Mai 2013	1. September 2013
Aruba*	29. Mai 2013	1. September 2013
Curaçao*	29. Mai 2013	1. September 2013
Karibische Gebiete (Bonaire, Sint Eustatius und Saba)*	29. Mai 2013	1. September 2013
Sint Maarten*	29. Mai 2013	1. September 2013
Nigeria*	29. Mai 2015	1. September 2015
Niue*	6. Juni 2016	1. Oktober 2016
Nordmazedonien*	30. September 2019	1. Januar 2020
Norwegen*	18. Februar 2011	1. Juni 2011
Oman*	7. Juli 2020	1. November 2020
Österreich* **	28. August 2014	1. Dezember 2014
Pakistan*	14. Dezember 2016	1. Mai 2017
Panama*	16. März 2017	1. Juli 2017
Paraguay*	15. Juli 2021	1. November 2021
Peru*	28. Mai 2018	1. September 2018
Polen*	22. Juni 2011	1. Oktober 2011
Portugal*	17. November 2014	1. März 2015
Ruanda*	29. August 2022	1. Dezember 2022
Rumänien*	11. Juli 2014	1. November 2014
Russland* †	4. März 2015	1. Juli 2015
Samoa*	31. August 2016	1. Dezember 2016
San Marino*	28. August 2015	1. Dezember 2015
Saudi-Arabien*	17. Dezember 2015	1. April 2016
Schweden*	27. Mai 2011	1. September 2011
Schweiz*	26. September 2016	1. Januar 2017
Senegal*	25. August 2016	1. Dezember 2016
Serbien*	30. August 2019	1. Dezember 2019
Seychellen*	25. Juni 2015	1. Oktober 2015
Singapur*	20. Januar 2016	1. Mai 2016
Slowakei*	21. November 2013	1. März 2014
Slowenien*	31. Januar 2011	1. Mai 2011
Spanien*	28. September 2012	1. Januar 2013
St. Kitts und Nevis*	25. August 2016	1. Dezember 2016
St. Lucia*	21. November 2016	1. März 2017
St. Vincent und die Grenadinen*	31. August 2016	1. Dezember 2016
Südafrika*	21. November 2013	1. März 2014
Thailand*	22. Dezember 2021	1. April 2022
Tschechische Republik*	11. Oktober 2013	1. Februar 2014
Tunesien*	31. Oktober 2013	1. Februar 2014
Türkei*	26. März 2018	1. Juli 2018
Uganda*	26. Mai 2016	1. September 2016
Ukraine*	22. Mai 2013	1. September 2013
Ungarn*	7. November 2014	1. März 2015
Uruguay*	31. August 2016	1. Dezember 2016
Vanuatu*	23. August 2018	1. Dezember 2018

---

† ☞ *Gemäss dem SIF ist die Datenübermittlung an Russland derzeit suspendiert (siehe S. 667, Fn. 9).*

Vertragsstaaten	Ratifikation	Inkrafttreten
Vereinigte Arabische Emirate*	21. Mai 2018	1. September 2018
Vereinigtes Königreich*	30. Juni 2011	1. Oktober 2011
Anguilla*	1. März 2014	1. März 2014
Bermudas*	1. März 2014	1. März 2014
Britische Jungferninseln*	1. März 2014	1. März 2014
Gibraltar*	1. März 2014	1. März 2014
Guernsey*	1. August 2014	1. August 2014
Insel Man*	1. März 2014	1. März 2014
Jersey*	1. Juni 2014	1. Juni 2014
Kaimaninseln*	1. Januar 2014	1. Januar 2014
Montserrat*	1. Oktober 2013	1. Oktober 2013
Turks- und Caicosinseln*	1. Dezember 2013	1. Dezember 2013
Vereinigte Staaten[3]		
Zypern* **	19. Dezember 2014	1. April 2015

* Vorbehalte, Erklärungen.
** Einwendungen.
Vorbehalte, Erklärungen und Einwendungen werden in der AS nicht veröffentlicht, mit Ausnahme der Vorbehalte und Erklärungen der Schweiz. Die französischen und englischen Texte können auf der Internetseite des Europarates: www.coe.int > Deutsch > Mehr > Vertragsbüro > Gesamtverzeichnis eingesehen oder bei der Direktion für Völkerrecht, Sektion Staatsverträge, 3003 Bern, bezogen werden.

Vorbehalte und Erklärungen

Schweiz[4]

Vorbehalte zu Art. 2 Abs. 1, 11–17 und 28 Abs. 7 des Übereinkommens:

1. Gestützt auf Artikel 30 Absatz 1 Buchstabe a leistet die Schweiz keine Amtshilfe hinsichtlich Steuern, die unter eine der in Artikel 2 Absatz 1 Buchstabe b Ziffern ii bis iv des Übereinkommens aufgeführten Kategorien fallen.

2. Gestützt auf Artikel 30 Absatz 1 Buchstabe b leistet die Schweiz keine Amtshilfe bei der Vollstreckung von Steuerforderungen gemäss den Artikeln 11 bis 16 hinsichtlich Steuern, die in Artikel 2 Absatz 1 des Übereinkommens aufgeführt sind.

3. Gestützt auf Artikel 30 Absatz 1 Buchstabe c leistet die Schweiz keine Amtshilfe in Bezug auf Steuerforderungen, die im Zeitpunkt des Inkrafttretens des Übereinkommens für die Schweiz bestehen; bei der Rücknahme eines Vorbehalts gemäss den Ziffern 1 und 2 leistet die Schweiz keine Amtshilfe in Bezug

---

[3] Ratifiziert wurde nur das Übereinkommen über die gegenseitige Amtshilfe in Steuersachen vom 25.1.1988. Der französische und englische Text können auf der Internetseite des Europarates eingesehen werden:
www.coe.int/fr/web/conventions/full-list/-/conventions/treaty/127
[4] BB vom 18. Dez. 2015 (AS **2016** 5059).

auf Steuerforderungen, die im Zeitpunkt der Rücknahme des Vorbehalts hinsichtlich Steuern der betreffenden Kategorie bestehen.

4. Gestützt auf Artikel 30 Absatz 1 Buchstabe d leistet die Schweiz keine Amtshilfe bei der Zustellung von Schriftstücken gemäss Artikel 17 Absatz 1 des Übereinkommens im Zusammenhang mit Steuern, die in Artikel 2 Absatz 1 aufgelistet sind.

5. Gestützt auf Artikel 30 Absatz 1 Buchstabe f wendet die Schweiz Artikel 28 Absatz 7 des Übereinkommens nur an:
   a. wenn es einen Besteuerungszeitraum gibt, auf Amtshilfe im Zusammenhang mit Besteuerungszeiträumen, die am oder nach dem 1. Januar des dritten Jahres vor dem Jahr beginnen, in dem das Übereinkommen für eine Vertragspartei in Kraft getreten ist;
   b. wenn es keinen Besteuerungszeitraum gibt, auf Amtshilfe im Zusammenhang mit Steuerverbindlichkeiten, die am oder nach dem 1. Januar des dritten Jahres entstehen, das dem Jahr vorangeht, in dem das Übereinkommen für eine Vertragspartei in Kraft getreten ist.

Erklärungen zu Art. 4 Abs. 3 und 9 Abs. 3 des Übereinkommens:

1. Die zuständige Schweizer Behörde kann die betroffenen Personen unterrichten, bevor sie gemäss den Artikeln 5 und 7 Informationen über sie übermittelt.

2. Die Schweiz nimmt Ersuchen, dass Vertreter der zuständigen Behörde des ersuchenden Staates während Steuerprüfungen in der Schweiz anwesend sind, nicht an.

Mitteilungen:

1. Folgende Steuerkategorien sind für die Schweiz in Anlage A des Übereinkommens aufzulisten:
   a. Artikel 2 Absatz 1 Buchstabe a Ziffer i:
      – vom Bund erhobene Steuern vom Einkommen (Gesamteinkommen, Erwerbseinkommen, Vermögensertrag, Geschäftsertrag, Kapitalgewinn und andere Einkünfte);
   b. Artikel 2 Absatz 1 Buchstabe b Ziffer i:
      – von Kantonen und Gemeinden erhobene Steuern vom Einkommen (Gesamteinkommen, Erwerbseinkommen, Vermögensertrag, Geschäftsertrag, Kapitalgewinn und andere Einkünfte),
      – von Kantonen und Gemeinden erhobene Steuern vom Vermögen (Gesamtvermögen, bewegliches und unbewegliches Vermögen, Geschäftsvermögen, Kapital und Reserven und andere Vermögensteile).

2. Als zuständige Schweizer Behörde ist in Anlage B des Übereinkommens der «Vorsteher des Eidgenössischen Finanzdepartements oder sein Stellvertreter» aufzuführen (Wiederholung der Mitteilung der Schweiz vom 22. Januar 2016).

Erklärung zum zeitlichen Geltungsbereich für den Informationsaustausch gemäss der multilateralen Vereinbarung der zuständigen Behörden über den Austausch länderbezogener Berichte

1. Dezember 2017

In der Erwägung, dass die Schweiz beabsichtigt, ab 2018 die ersten länderbezogenen Berichte automatisch auszutauschen, und um sicherzustellen, dass sie in der Lage sein wird, diese Informationen gestützt auf Artikel 6 des Übereinkommens über die gegenseitige Amtshilfe in Steuersachen, geschehen am 25. Januar 1988 in Strassburg, in der durch das Änderungsprotokoll von 2010, geschehen am 27. Mai 2010 in Paris, geänderten Fassung (im Folgenden: das geänderte Übereinkommen) automatisch auszutauschen, hat die Schweiz am 27. Januar 2016[5] die Multilaterale Vereinbarung der zuständigen Behörden über den Austausch länderbezogener Berichte (im Folgenden: die Vereinbarung) unterzeichnet;

in der Erwägung, dass die Schweiz aufgrund der Vereinbarung rechtlich verpflichtet ist, die länderbezogenen Berichte für Besteuerungszeiträume, die am oder nach dem 1. Januar 2018 beginnen auszutauschen, oder, wenn es keinen Besteuerungszeitraum gibt, für die Amtshilfe im Zusammenhang mit Steuerverbindlichkeiten, die ab 2018 entstehen, und dass die Schweiz für die Besteuerungszeiträume 2016 und 2017 sowie für die 2016 oder 2017 entstandenen Steuerverbindlichkeiten nur freiwillig eingereichte länderbezogene Berichte austauschen wird;

in der Erwägung, dass das geänderte Übereinkommen gemäss dessen Artikel 28 Absatz 6 für die Amtshilfe im Zusammenhang mit Besteuerungszeiträumen gilt, die am oder nach dem 1. Januar des Jahres beginnen, das auf das Jahr folgt, in dem das geänderte Übereinkommen für eine Vertragspartei in Kraft getreten ist, oder, wenn es keinen Besteuerungszeitraum gibt, für die Amtshilfe im Zusammenhang mit Steuerverbindlichkeiten, die am oder nach dem 1. Januar des Jahres entstehen, das auf das Jahr folgt, in dem das geänderte Übereinkommen für eine Vertragspartei in Kraft getreten ist;

in der Erwägung, dass nach Artikel 28 Absatz 6 des geänderten Übereinkommens zwei oder mehr Vertragsparteien vereinbaren können, dass das geänderte Übereinkommen für die Amtshilfe im Zusammenhang mit früheren Besteuerungszeiträumen oder Steuerverbindlichkeiten gilt;

wissend, dass gemäss geändertem Übereinkommen Informationen nur für Besteuerungszeiträume oder Steuerverbindlichkeiten eines Empfängerstaates, auf den das geänderte Übereinkommen anwendbar ist, ausgetauscht werden dürfen, und demzufolge die Senderstaaten, für die das Übereinkommen in einem bestimmten Jahr in Kraft getreten ist, den Empfängerstaaten nur für die am oder nach dem 1. Januar des Folgejahres entstandenen Besteuerungszeiträume oder Steuerverbindlichkeiten Amtshilfe leisten dürfen;

in Anerkennung dessen, dass eine bestehende Vertragspartei des geänderten Übereinkommens von einer neuen Vertragspartei gestützt auf Artikel 6 des geänderten Übereinkommens sowie gestützt auf die Vereinbarung Informationen über

---

[5] SR **0.654.1**

Besteuerungszeiträume oder Steuerverbindlichkeiten aus der Zeit vor dem im geänderten Übereinkommen vorgesehenen Datum erhalten kann, wenn die beiden Vertragsparteien sich auf einen anderen zeitlichen Geltungsbereich geeinigt haben;

und in Anerkennung dessen, dass eine neue Vertragspartei des geänderten Übereinkommens einer bestehenden Vertragspartei gestützt auf Artikel 6 des geänderten Übereinkommens sowie gestützt auf die Vereinbarung Informationen über Besteuerungszeiträume oder Steuerverbindlichkeiten aus der Zeit vor dem im geänderten Übereinkommen vorgesehenen Datum senden kann, wenn die beiden Vertragsparteien sich auf einen anderen zeitlichen Geltungsbereich geeinigt haben;

in Bestätigung der Tatsache, dass sich die Befugnis eines Staates, gestützt auf Artikel 6 des geänderten Übereinkommens sowie gestützt auf die Vereinbarung länderbezogene Berichte auszutauschen, nach den Bestimmungen der Vereinbarung, einschliesslich den darin genannten Meldezeiträumen des Senderstaates richtet, unabhängig von den Besteuerungszeiträumen oder den Steuerverbindlichkeiten des Empfängerstaates, auf die sich die Informationen beziehen;

erklärt die Schweiz, dass in Übereinstimmung mit den Bestimmungen der Vereinbarung das geänderte Übereinkommen auch Anwendung findet auf die Amtshilfe gemäss der Vereinbarung zwischen der Schweiz und den anderen Vertragsparteien des geänderten Übereinkommens, die ähnliche Erklärungen abgegeben haben, unabhängig von den Besteuerungszeiträumen oder den Steuerverbindlichkeiten des Empfängerstaates, auf die sich die Informationen beziehen.

1.5 Bundesgesetz über die internationale Amtshilfe in Steuersachen (Steueramtshilfegesetz, StAhiG)
SR 651.1

vom 28. September 2012 (Stand am 1. September 2023)

Die Bundesversammlung der Schweizerischen Eidgenossenschaft,

gestützt auf Artikel 173 Absatz 2 der Bundesverfassung[1], nach Einsicht in die Botschaft des Bundesrates vom 6. Juli 2011[2],

beschliesst:

1. Kapitel: Allgemeine Bestimmungen[3]

Art. 1 Gegenstand und Geltungsbereich

1 Dieses Gesetz regelt den Vollzug der Amtshilfe beim Informationsaustausch auf Ersuchen sowie beim spontanen Informationsaustausch:[4] StAhiV 1 ff.

   a. nach den Abkommen zur Vermeidung der Doppelbesteuerung;
   b. nach anderen internationalen Abkommen, die einen auf Steuersachen bezogenen Informationsaustausch vorsehen.

2 Vorbehalten sind die abweichenden Bestimmungen des im Einzelfall anwendbaren Abkommens.

Art. 2[5] Zuständigkeit

1 Die Eidgenössische Steuerverwaltung (ESTV) ist für den Vollzug der Amtshilfe zuständig.

2 Schweizerische Gerichte und die nach kantonalem oder kommunalem Recht zuständigen Steuerbehörden können einer Person in einem ausländischen Staat Schriftstücke unmittelbar durch die Post zustellen, wenn das anwendbare Abkommen dies zulässt.[6]

---

[1] SR **101**
[2] BBl **2011** 6193
[3] Fassung gemäss Anhang des BB vom 18. Dez. 2015 über die Genehmigung und die Umsetzung des Übereinkommens des Europarats und der OECD über die gegenseitige Amtshilfe in Steuersachen, in Kraft seit 1. Jan. 2017 (AS **2016** 5059; BBl **2015** 5585).
[4] Fassung gemäss Anhang des BB vom 18. Dez. 2015 über die Genehmigung und die Umsetzung des Übereinkommens des Europarats und der OECD über die gegenseitige Amtshilfe in Steuersachen, in Kraft seit 1. Jan. 2017 (AS **2016** 5059; BBl **2015** 5585).
[5] Fassung gemäss Anhang des BB vom 18. Dez. 2015 über die Genehmigung und die Umsetzung des Übereinkommens des Europarats und der OECD über die gegenseitige Amtshilfe in Steuersachen, in Kraft seit 1. Jan. 2017 (AS **2016** 5059; BBl **2015** 5585).
[6] Eingefügt durch Ziff. I 3 des BG vom 21. Juni 2019 zur Umsetzung von Empfehlungen des Globalen Forums über Transparenz und Informationsaustausch für Steuerzwecke, in Kraft seit 1. Nov. 2019 (AS **2019** 3161; BBl **2019** 279).

Art. 3 Begriffe

In diesem Gesetz gelten als:

a.[1] *betroffene Person:* Person, über die im Amtshilfeersuchen Informationen verlangt werden, oder Person, deren Steuersituation Gegenstand des spontanen Informationsaustauschs ist;

b. *Informationsinhaberin oder Informationsinhaber:* Person, die in der Schweiz über die verlangten Informationen verfügt;

b^{bis}.[2] *Informationsaustausch auf Ersuchen:* Austausch von Informationen gestützt auf ein Amtshilfeersuchen;

c.[3] *Gruppenersuchen:* Amtshilfeersuchen, mit welchen Informationen über mehrere Personen verlangt werden, die nach einem identischen Verhaltensmuster vorgegangen sind und die anhand präziser Angaben identifizierbar sind;   StAhiV 2 f.

d.[4] *spontaner Informationsaustausch:* unaufgeforderter Austausch von bei der ESTV oder den kantonalen Steuerverwaltungen vorhandenen Informationen, die für die zuständige ausländische Behörde voraussichtlich von Interesse sind.   StAhiV 5 ff.

Art. 4 Grundsätze

^{1} ...[5]

^{2} Das Amtshilfeverfahren wird zügig durchgeführt.

^{3} Die Übermittlung von Informationen zu Personen, die nicht betroffene Personen sind, ist unzulässig, wenn diese Informationen für die Beurteilung der Steuersituation der betroffenen Person nicht voraussichtlich relevant sind oder wenn berechtigte Interessen von Personen, die nicht betroffene Personen sind, das Interesse der ersuchenden Seite an der Übermittlung der Informationen überwiegen.[6]

Art. 4a[7] Elektronische Verfahren

^{1} Der Bundesrat kann die elektronische Durchführung von Verfahren nach diesem Gesetz vorschreiben. Dabei regelt er die Modalitäten der Durchführung.

^{2} Die ESTV stellt bei der elektronischen Durchführung von Verfahren die Authentizität und Integrität der übermittelten Daten sicher.

---

[1] Fassung gemäss Anhang des BB vom 18. Dez. 2015 über die Genehmigung und die Umsetzung des Übereinkommens des Europarats und der OECD über die gegenseitige Amtshilfe in Steuersachen, in Kraft seit 1. Jan. 2017 (AS **2016** 5059; BBl **2015** 5585).

[2] Eingefügt durch den Anhang des BB vom 18. Dez. 2015 über die Genehmigung und die Umsetzung des Übereinkommens des Europarats und der OECD über die gegenseitige Amtshilfe in Steuersachen, in Kraft seit 1. Jan. 2017 (AS **2016** 5059; BBl **2015** 5585).

[3] Eingefügt durch Ziff. I des BG vom 21. März 2014, in Kraft seit 1. Aug. 2014 (AS **2014** 2309; BBl **2013** 8369).

[4] Eingefügt durch den Anhang des BB vom 18. Dez. 2015 über die Genehmigung und die Umsetzung des Übereinkommens des Europarats und der OECD über die gegenseitige Amtshilfe in Steuersachen, in Kraft seit 1. Jan. 2017 (AS **2016** 5059; BBl **2015** 5585).

[5] Aufgehoben durch den Anhang des BB vom 18. Dez. 2015 über die Genehmigung und die Umsetzung des Übereinkommens des Europarats und der OECD über die gegenseitige Amtshilfe in Steuersachen, mit Wirkung seit 1. Jan. 2017 (AS **2016** 5059; BBl **2015** 5585).

[6] Fassung gemäss Anhang des BB vom 18. Dez. 2015 über die Genehmigung und die Umsetzung des Übereinkommens des Europarats und der OECD über die gegenseitige Amtshilfe in Steuersachen, in Kraft seit 1. Jan. 2017 (AS **2016** 5059; BBl **2015** 5585).

[7] Eingefügt durch Ziff. I 6 des BG vom 18. Juni 2021 über elektronische Verfahren im Steuerbereich, in Kraft seit 1. Jan. 2022 (AS **2021** 673; BBl **2020** 4705).

³ Sie kann bei der elektronischen Einreichung von Eingaben, deren Unterzeichnung gesetzlich vorgeschrieben ist, anstelle der qualifizierten elektronischen Signatur eine andere elektronische Bestätigung der Angaben durch die eingebende Person anerkennen.

Art. 5 Anwendbares Verfahrensrecht

¹ Soweit dieses Gesetz nichts anderes bestimmt, ist das Verwaltungsverfahrensgesetz vom 20. Dezember 1968¹ (VwVG) anwendbar.

² Artikel 22*a* Absatz 1 VwVG über den Stillstand der Fristen ist nicht anwendbar.

Art. 5a² Vereinbarungen über den Datenschutz

Sieht das anwendbare Abkommen vor, dass die informierende Behörde Datenschutzbestimmungen bezeichnen kann, die von der empfangenden Behörde einzuhalten sind, so kann der Bundesrat Vereinbarungen über den Datenschutz abschliessen. Die einzuhaltenden Datenschutzbestimmungen müssen mindestens dem Schutzniveau des Datenschutzgesetzes vom 25. September 2020³ entsprechen.⁴

2. Kapitel: Informationsaustausch auf Ersuchen⁵

1. Abschnitt: Ausländische Amtshilfeersuchen⁶

Art. 6 Ersuchen

¹ Das Ersuchen eines ausländischen Staates muss schriftlich in einer schweizerischen Amtssprache oder in Englisch gestellt werden und die im anwendbaren Abkommen vorgesehenen Angaben enthalten.

² Enthält das anwendbare Abkommen keine Bestimmungen über den Inhalt eines Ersuchens und lässt sich aus dem Abkommen nichts anderes ableiten, so muss das Ersuchen folgende Angaben enthalten:

a. die Identität der betroffenen Person, wobei diese Identifikation auch auf andere Weise als durch Angabe des Namens und der Adresse erfolgen kann;
b. eine Beschreibung der verlangten Informationen sowie Angaben zur Form, in der der ersuchende Staat diese Informationen zu erhalten wünscht;
c. den Steuerzweck, für den die Informationen verlangt werden;
d. die Gründe zur Annahme, dass die verlangten Informationen sich im ersuchten Staat oder im Besitz oder unter der Kontrolle einer Informationsinhaberin oder eines Informationsinhabers befinden, die oder der im ersuchten Staat ansässig ist;

---

[1] SR **172.021**
[2] Eingefügt durch den Anhang des BB vom 18. Dez. 2015 über die Genehmigung und die Umsetzung des Übereinkommens des Europarats und der OECD über die gegenseitige Amtshilfe in Steuersachen, in Kraft seit 1. Jan. 2017 (AS **2016** 5059; BBl **2015** 5585).
[3] SR **235.1**
[4] Fassung des zweiten Satzes gemäss Anhang 1 Ziff. II 54 des Datenschutzgesetzes vom 25. Sept. 2020, in Kraft seit 1. Sept. 2023 (AS **2022** 491; BBl **2017** 6941).
[5] Eingefügt durch den Anhang des BB vom 18. Dez. 2015 über die Genehmigung und die Umsetzung des Übereinkommens des Europarats und der OECD über die gegenseitige Amtshilfe in Steuersachen, in Kraft seit 1. Jan. 2017 (AS **2016** 5059; BBl **2015** 5585).
[6] Fassung gemäss Anhang des BB vom 18. Dez. 2015 über die Genehmigung und die Umsetzung des Übereinkommens des Europarats und der OECD über die gegenseitige Amtshilfe in Steuersachen, in Kraft seit 1. Jan. 2017 (AS **2016** 5059; BBl **2015** 5585).

e. den Namen und die Adresse der mutmasslichen Informationsinhaberin oder des mutmasslichen Informationsinhabers, soweit bekannt;
f. die Erklärung, dass das Ersuchen den gesetzlichen und reglementarischen Vorgaben sowie der Verwaltungspraxis des ersuchenden Staates entspricht, sodass die ersuchende Behörde diese Informationen, wenn sie sich in ihrer Zuständigkeit befinden würden, in Anwendung ihres Rechts oder im ordentlichen Rahmen ihrer Verwaltungspraxis erhalten könnte;
g. die Erklärung, welche präzisiert, dass der ersuchende Staat die nach seinem innerstaatlichen Steuerverfahren üblichen Auskunftsquellen ausgeschöpft hat.

2bis Der Bundesrat bestimmt den erforderlichen Inhalt eines Gruppenersuchens.[1]   StAhiV 3

3 Sind die Voraussetzungen nach den Absätzen 1 und 2 nicht erfüllt, so teilt die ESTV dies der ersuchenden Behörde schriftlich mit und gibt ihr Gelegenheit, ihr Ersuchen schriftlich zu ergänzen.[2]

Art. 7 Nichteintreten

Auf das Ersuchen wird nicht eingetreten, wenn:

a. es zum Zweck der Beweisausforschung gestellt worden ist;
b. Informationen verlangt werden, die von den Amtshilfebestimmungen des anwendbaren Abkommens nicht erfasst sind; oder
c. es den Grundsatz von Treu und Glauben verletzt, insbesondere wenn es auf Informationen beruht, die durch nach schweizerischem Recht strafbare Handlungen erlangt worden sind.

2. Abschnitt: Informationsbeschaffung[3]

Art. 8 Grundsätze

1 Zur Beschaffung von Informationen dürfen nur Massnahmen durchgeführt werden, die nach schweizerischem Recht zur Veranlagung und Durchsetzung der Steuern, die Gegenstand des Ersuchens sind, durchgeführt werden könnten.

2 Informationen, die sich im Besitz einer Bank, eines anderen Finanzinstituts, einer beauftragten oder bevollmächtigten Person, einer Treuhänderin oder eines Treuhänders befinden oder die sich auf Beteiligungen an einer Person beziehen, können verlangt werden, wenn das anwendbare Abkommen ihre Übermittlung vorsieht.

3 Die ESTV wendet sich zur Beschaffung der Informationen an die Personen und Behörden nach den Artikeln 9–12, von denen sie annehmen kann, dass sie über die Informationen verfügen.

4 Die ersuchende Behörde hat keinen Anspruch auf Akteneinsicht oder Anwesenheit bei den Verfahrenshandlungen in der Schweiz.

5 Die Kosten aus der Informationsbeschaffung werden nicht erstattet.

---

[1] Eingefügt durch Ziff. I des BG vom 21. März 2014, in Kraft seit 1. Aug. 2014 (AS **2014** 2309; BBl **2013** 8369).
[2] Fassung gemäss Ziff. I des BG vom 21. März 2014, in Kraft seit 1. Aug. 2014 (AS **2014** 2309; BBl **2013** 8369).
[3] Fassung gemäss Anhang des BB vom 18. Dez. 2015 über die Genehmigung und die Umsetzung des Übereinkommens des Europarats und der OECD über die gegenseitige Amtshilfe in Steuersachen, in Kraft seit 1. Jan. 2017 (AS **2016** 5059; BBl **2015** 5585).

⁶ Anwältinnen und Anwälte, die nach dem Anwaltsgesetz vom 23. Juni 2000[1] (BGFA) zur Vertretung vor schweizerischen Gerichten berechtigt sind, können die Herausgabe von Unterlagen und Informationen verweigern, die durch das Anwaltsgeheimnis geschützt sind.

Art. 9 Beschaffung von Informationen bei der betroffenen Person

¹ Ist die betroffene Person in der Schweiz beschränkt oder unbeschränkt steuerpflichtig, so verlangt die ESTV von ihr die Herausgabe der Informationen, die voraussichtlich für die Beantwortung des Ersuchens erforderlich sind. Sie setzt hierfür eine Frist.

² Sie informiert die betroffene Person über den Inhalt des Ersuchens, soweit dies für die Informationsbeschaffung notwendig ist.

³ Die betroffene Person muss alle relevanten Informationen herausgeben, die sich in ihrem Besitz oder unter ihrer Kontrolle befinden.

⁴ Die ESTV führt Verwaltungsmassnahmen wie Buchprüfungen oder Augenscheine durch, soweit dies für die Beantwortung des Ersuchens erforderlich ist. Sie informiert die für die Veranlagung der betroffenen Person zuständige kantonale Steuerverwaltung über die Massnahmen und gibt ihr Gelegenheit, an deren Durchführung teilzunehmen.

⁵ ...[2]

Art. 10 Beschaffung von Informationen bei der Informationsinhaberin oder dem Informationsinhaber

¹ Die ESTV verlangt von der Informationsinhaberin oder dem Informationsinhaber die Herausgabe der Informationen, die voraussichtlich für die Beantwortung des Ersuchens erforderlich sind. Sie setzt hierfür eine Frist.

² Sie informiert die Informationsinhaberin oder den Informationsinhaber über den Inhalt des Ersuchens, soweit dies für die Informationsbeschaffung notwendig ist.

³ Die Informationsinhaberin oder der Informationsinhaber muss alle relevanten Informationen herausgeben, die sich in eigenem Besitz oder unter eigener Kontrolle befinden.

⁴ ...[3]

Art. 11 Beschaffung von Informationen im Besitz der kantonalen Steuerverwaltungen

¹ Die ESTV verlangt von den zuständigen kantonalen Steuerverwaltungen die Übermittlung der Informationen, die voraussichtlich für die Beantwortung des Ersuchens erforderlich sind. Soweit notwendig, kann sie die Übermittlung des vollständigen Steuerdossiers verlangen.

---

[1] SR **935.61**
[2] Aufgehoben durch den Anhang des BB vom 18. Dez. 2015 über die Genehmigung und die Umsetzung des Übereinkommens des Europarats und der OECD über die gegenseitige Amtshilfe in Steuersachen, mit Wirkung seit 1. Jan. 2017 (AS **2016** 5059; BBl **2015** 5585).
[3] Aufgehoben durch den Anhang des BB vom 18. Dez. 2015 über die Genehmigung und die Umsetzung des Übereinkommens des Europarats und der OECD über die gegenseitige Amtshilfe in Steuersachen, mit Wirkung seit 1. Jan. 2017 (AS **2016** 5059; BBl **2015** 5585).

² Sie übermittelt den kantonalen Steuerverwaltungen den vollständigen Inhalt des Ersuchens und setzt für die Übermittlung der Informationen eine Frist.

Art. 12 Beschaffung von Informationen im Besitz anderer schweizerischer Behörden

¹ Die ESTV verlangt von den Behörden des Bundes, der Kantone und der Gemeinden die Übermittlung der Informationen, die voraussichtlich für die Beantwortung des Ersuchens erforderlich sind.

² Sie informiert die Behörden über den wesentlichen Inhalt des Ersuchens und setzt für die Übermittlung eine Frist.

Art. 13 Zwangsmassnahmen

¹ Zwangsmassnahmen können angeordnet werden:
  a. wenn das schweizerische Recht die Durchführung von Zwangsmassnahmen vorsieht; oder
  b. zur Einforderung von Informationen nach Artikel 8 Absatz 2.

² Die ESTV kann zur Beschaffung von Informationen ausschliesslich folgende Zwangsmassnahmen anwenden:
  a. die Durchsuchung von Räumen oder von Gegenständen und Unterlagen in Schriftform oder auf Bild- oder Datenträgern;
  b. die Beschlagnahme von Gegenständen und Unterlagen in Schriftform oder auf Bild- oder Datenträgern;
  c. die polizeiliche Vorführung gehörig vorgeladener Zeuginnen und Zeugen.

³ Die Zwangsmassnahmen sind vom Direktor oder von der Direktorin der ESTV oder von der zur Stellvertretung befugten Person anzuordnen.

⁴ Ist Gefahr im Verzug und kann eine Zwangsmassnahme nicht rechtzeitig angeordnet werden, so darf die mit dem Vollzug der Informationsbeschaffung betraute Person von sich aus eine Zwangsmassnahme durchführen. Diese Zwangsmassnahme hat nur Bestand, wenn sie vom Direktor oder von der Direktorin der ESTV oder von der zur Stellvertretung befugten Person innert drei Werktagen genehmigt wird.

⁵ Die Polizeibehörden der Kantone und Gemeinden sowie andere Behörden unterstützen die ESTV bei der Durchführung der Zwangsmassnahmen.

⁶ Die betroffenen kantonalen Steuerverwaltungen können an der Durchführung der Zwangsmassnahmen teilnehmen.

⁷ Im Übrigen sind die Artikel 42 sowie 45–50 Absätze 1 und 2 des Bundesgesetzes vom 22. März 1974[1] über das Verwaltungsstrafrecht anwendbar.

---

[1] SR **313.0**

Art. 14 Information der beschwerdeberechtigten Personen

¹ Die ESTV informiert die betroffene Person über die wesentlichen Teile des Ersuchens.[1]

² Sie informiert die weiteren Personen, von deren Beschwerdeberechtigung nach Artikel 19 Absatz 2 sie aufgrund der Akten ausgehen muss, über das Amtshilfeverfahren.[2]

³ Ist eine Person nach Absatz 1 oder 2 (beschwerdeberechtigte Person) im Ausland ansässig, so ersucht die ESTV die Informationsinhaberin oder den Informationsinhaber, diese Person aufzufordern, in der Schweiz eine zur Zustellung bevollmächtigte Person zu bezeichnen. Sie setzt hierfür eine Frist.

⁴ Sie kann die im Ausland ansässige beschwerdeberechtigte Person direkt informieren, wenn:

   a. es zulässig ist, Schriftstücke im betreffenden Staat durch die Post zuzustellen; oder
   b. die ersuchende Behörde diesem Vorgehen im Einzelfall ausdrücklich zustimmt.[3]

⁵ Kann eine beschwerdeberechtigte Person nicht erreicht werden, so informiert die ESTV sie auf dem Weg der ersuchenden Behörde oder durch Veröffentlichung im Bundesblatt über das Ersuchen. Sie fordert sie auf, eine zur Zustellung bevollmächtigte Person zu bezeichnen. Sie setzt hierfür eine Frist von zehn Tagen.[4]

Art. 14a[5] Information bei Gruppenersuchen

¹ Auf Verlangen der ESTV muss die Informationsinhaberin oder der Informationsinhaber die von einem Gruppenersuchen betroffenen Personen identifizieren.

² Die ESTV informiert die beschwerdeberechtigten Personen mit Sitz oder Wohnsitz in der Schweiz über das Ersuchen.

³ Sie ersucht die Informationsinhaberin oder den Informationsinhaber darum, die beschwerdeberechtigten Personen mit Sitz oder Wohnsitz im Ausland über das Ersuchen zu informieren und sie gleichzeitig aufzufordern, eine zur Zustellung bevollmächtigte Person in der Schweiz zu bezeichnen.

³^bis Sie kann die im Ausland ansässige beschwerdeberechtigte Person direkt informieren, wenn:

   a. es zulässig ist, Schriftstücke im betreffenden Staat durch die Post zuzustellen; oder
   b. die ersuchende Behörde diesem Vorgehen im Einzelfall ausdrücklich zustimmt.[6]

---

[1] Fassung gemäss Ziff. I des BG vom 21. März 2014, in Kraft seit 1. Aug. 2014 (AS **2014** 2309; BBl **2013** 8369).
[2] Fassung gemäss Ziff. I des BG vom 21. März 2014, in Kraft seit 1. Aug. 2014 (AS **2014** 2309; BBl **2013** 8369).
[3] Fassung gemäss Anhang des BB vom 18. Dez. 2015 über die Genehmigung und die Umsetzung des Übereinkommens des Europarats und der OECD über die gegenseitige Amtshilfe in Steuersachen, in Kraft seit 1. Jan. 2017 (AS **2016** 5059; BBl **2015** 5585).
[4] Fassung des dritten Satzes gemäss Anhang des BB vom 18. Dez. 2015 über die Genehmigung und die Umsetzung des Übereinkommens des Europarats und der OECD über die gegenseitige Amtshilfe in Steuersachen, in Kraft seit 1. Jan. 2017 (AS **2016** 5059; BBl **2015** 5585).
[5] Eingefügt durch Ziff. I des BG vom 21. März 2014, in Kraft seit 1. Aug. 2014 (AS **2014** 2309; BBl **2013** 8369).
[6] Eingefügt durch den Anhang des BB vom 18. Dez. 2015 über die Genehmigung und die Umsetzung des Übereinkommens des Europarats und der OECD über die gegenseitige Amtshilfe in Steuersachen, in Kraft seit 1. Jan. 2017 (AS **2016** 5059; BBl **2015** 5585).

⁴ Sie informiert zudem die vom Gruppenersuchen betroffenen Personen ohne Namensnennung durch Publikation im Bundesblatt:
   a. über den Eingang und den Inhalt des Ersuchens;
   b.¹ über ihre Pflicht, der ESTV eine der folgenden Adressen anzugeben:
      1. ihre inländische Adresse, sofern sie ihren Sitz oder Wohnsitz in der Schweiz haben,
      2. ihre ausländische Adresse, sofern es zulässig ist, Schriftstücke im betreffenden Staat durch die Post zuzustellen, oder
      3. die Adresse einer zur Zustellung bevollmächtigten Person in der Schweiz;
   c. über das vereinfachte Verfahren nach Artikel 16; und
   d. darüber, dass eine Schlussverfügung für jede beschwerdeberechtigte Person erlassen wird, sofern diese nicht dem vereinfachten Verfahren zugestimmt hat.

⁵ Die Frist zur Angabe der Adresse nach Absatz 4 Buchstabe b beträgt 20 Tage. Sie beginnt am Tag nach der Publikation im Bundesblatt zu laufen.²

⁶ Kann die ESTV eine Schlussverfügung den beschwerdeberechtigten Personen nicht zustellen, so notifiziert sie diesen die Verfügung ohne Namensnennung durch Mitteilung im Bundesblatt. Die Beschwerdefrist beginnt am Tag nach der Notifikation im Bundesblatt zu laufen.

Art. 15 Mitwirkungsrecht und Akteneinsicht

¹ Die beschwerdeberechtigten Personen können sich am Verfahren beteiligen und Einsicht in die Akten nehmen.

² Soweit die ausländische Behörde Geheimhaltungsgründe hinsichtlich gewisser Aktenstücke glaubhaft macht, kann die ESTV einer beschwerdeberechtigten Person die Einsicht in die entsprechenden Aktenstücke nach Artikel 27 VwVG³ verweigern.⁴

---

[1] Fassung gemäss Anhang des BB vom 18. Dez. 2015 über die Genehmigung und die Umsetzung des Übereinkommens des Europarats und der OECD über die gegenseitige Amtshilfe in Steuersachen, in Kraft seit 1. Jan. 2017 (AS **2016** 5059; BBl **2015** 5585).
[2] Fassung gemäss Anhang des BB vom 18. Dez. 2015 über die Genehmigung und die Umsetzung des Übereinkommens des Europarats und der OECD über die gegenseitige Amtshilfe in Steuersachen, in Kraft seit 1. Jan. 2017 (AS **2016** 5059; BBl **2015** 5585).
[3] SR **172.021**
[4] Fassung gemäss Ziff. I des BG vom 21. März 2014, in Kraft seit 1. Aug. 2014 (AS **2014** 2309; BBl **2013** 8369).

3. Abschnitt: Verfahren[1]

Art. 16 Vereinfachtes Verfahren

¹ Stimmen die beschwerdeberechtigten Personen der Übermittlung der Informationen an die ersuchende Behörde zu, so teilen sie dies der ESTV schriftlich mit. Diese Zustimmung ist unwiderruflich.

² Die ESTV schliesst das Verfahren ab, indem sie die Informationen unter Hinweis auf die Zustimmung der beschwerdeberechtigten Personen an die ersuchende Behörde übermittelt.

³ Betrifft die Zustimmung nur einen Teil der Informationen, so wird für die übrigen Informationen das ordentliche Verfahren durchgeführt.

Art. 17 Ordentliches Verfahren

¹ Die ESTV eröffnet jeder beschwerdeberechtigten Person eine Schlussverfügung, in der die Amtshilfeleistung begründet und der Umfang der zu übermittelnden Informationen bestimmt werden.

² Informationen, die voraussichtlich nicht erheblich sind, dürfen nicht übermittelt werden. Sie werden von der ESTV ausgesondert oder unkenntlich gemacht.

³ Einer im Ausland ansässigen beschwerdeberechtigten Person eröffnet die ESTV die Schlussverfügung über die zur Zustellung bevollmächtigte Person oder direkt, sofern es zulässig ist, Schriftstücke im betreffenden Staat durch die Post zuzustellen. Andernfalls eröffnet sie die Verfügung durch Veröffentlichung im Bundesblatt.[2]

⁴ Über den Erlass und den Inhalt der Schlussverfügung informiert sie gleichzeitig die betroffenen kantonalen Steuerverwaltungen.

Art. 18 Kosten StAhiV 4

¹ Die Amtshilfeersuchen werden ohne Kostenauferlegung ausgeführt.

² Die ESTV kann Kosten, die ihr im Zusammenhang mit dem Informationsaustausch erwachsen, der betroffenen Person, der Informationsinhaberin oder dem Informationsinhaber ganz oder teilweise auferlegen, wenn:

a. die Kosten einen ausserordentlichen Umfang erreichen; und
b. die betroffene Person, die Informationsinhaberin oder der Informationsinhaber durch eigenes Fehlverhalten wesentlich zur Entstehung der Kosten beigetragen hat.

³ Der Bundesrat umschreibt die Voraussetzungen nach Absatz 2 näher und regelt die Einzelheiten.

---

[1] Fassung gemäss Anhang des BB vom 18. Dez. 2015 über die Genehmigung und die Umsetzung des Übereinkommens des Europarats und der OECD über die gegenseitige Amtshilfe in Steuersachen, in Kraft seit 1. Jan. 2017 (AS **2016** 5059; BBl **2015** 5585).

[2] Fassung gemäss Anhang des BB vom 18. Dez. 2015 über die Genehmigung und die Umsetzung des Übereinkommens des Europarats und der OECD über die gegenseitige Amtshilfe in Steuersachen, in Kraft seit 1. Jan. 2017 (AS **2016** 5059; BBl **2015** 5585).

Art. 18a[1] Verstorbene Personen

Amtshilfe kann betreffend verstorbene Personen geleistet werden. Deren Rechtsnachfolgerinnen und Rechtsnachfolger erhalten Parteistellung.

Art. 19 Beschwerdeverfahren

[1] Jede der Schlussverfügung vorangehende Verfügung, einschliesslich einer Verfügung über Zwangsmassnahmen, ist sofort vollstreckbar und kann nur zusammen mit der Schlussverfügung angefochten werden.

[2] Zur Beschwerde berechtigt sind die betroffene Person sowie weitere Personen unter den Voraussetzungen von Artikel 48 VwVG[2].

[3] Die Beschwerde hat aufschiebende Wirkung. Artikel 55 Absätze 2–4 VwVG ist anwendbar.

[4] Es findet grundsätzlich nur ein Schriftenwechsel statt.

[5] Im Übrigen gelten die Bestimmungen über die Bundesrechtspflege.

Art. 20 Abschluss des Verfahrens

[1] Ist die Schlussverfügung oder der Beschwerdeentscheid rechtskräftig geworden, so übermittelt die ESTV die zum Austausch bestimmten Informationen an die ersuchende Behörde.

[2] Sie weist die ersuchende Behörde auf die Einschränkung der Verwendbarkeit der übermittelten Informationen sowie auf die Geheimhaltungspflichten nach den Amtshilfebestimmungen des anwendbaren Abkommens hin.

[3] Sieht das anwendbare Abkommen vor, dass die im Rahmen des Amtshilfeverfahrens erhaltenen Informationen auch für andere Zwecke als für Steuerzwecke verwendet oder an einen Drittstaat weitergeleitet werden dürfen, sofern die zuständige Behörde des ersuchten Staates dieser Verwendung oder Weiterleitung zustimmt, so erteilt die ESTV nach entsprechender Prüfung ihre Zustimmung.[3] Sollen die erhaltenen Informationen an Strafbehörden weitergeleitet werden, so erteilt die ESTV die Zustimmung im Einvernehmen mit dem Bundesamt für Justiz.

Art. 21 Verwendung der Informationen zur Durchsetzung des schweizerischen Steuerrechts

[1] Zur Durchsetzung des schweizerischen Steuerrechts dürfen nur die der ersuchenden Behörde übermittelten Informationen verwendet werden.

[2] Bankinformationen dürfen nur weiterverwendet werden, soweit sie nach schweizerischem Recht hätten beschafft werden können.

---

[1] Eingefügt durch Ziff. I 3 des BG vom 21. Juni 2019 zur Umsetzung von Empfehlungen des Globalen Forums über Transparenz und Informationsaustausch für Steuerzwecke, in Kraft seit 1. Nov. 2019 (AS **2019** 3161; BBl **2019** 279).

[2] SR **172.021**

[3] Fassung gemäss Anhang des BB vom 18. Dez. 2015 über die Genehmigung und die Umsetzung des Übereinkommens des Europarats und der OECD über die gegenseitige Amtshilfe in Steuersachen, in Kraft seit 1. Jan. 2017 (AS **2016** 5059; BBl **2015** 5585).

³ Wurden die Informationen aufgrund der Mitwirkungspflicht einer Person erlangt, so dürfen sie in einem Strafverfahren gegen diese Person nur verwendet werden, wenn die Person zustimmt oder die Informationen auch ohne ihre Mitwirkung hätten erlangt werden können.

Art. 21a[1] Verfahren mit nachträglicher Information der beschwerdeberechtigten Personen[2]

¹ Die ESTV informiert die beschwerdeberechtigten Personen ausnahmsweise erst nach Übermittlung der Informationen mittels Verfügung über ein Ersuchen, wenn die ersuchende Behörde glaubhaft macht, dass der Zweck der Amtshilfe und der Erfolg ihrer Untersuchung durch die vorgängige Information vereitelt würde.

² Wird gegen die Verfügung Beschwerde erhoben, so kann lediglich die Feststellung der Rechtswidrigkeit verlangt werden.

³ Die ESTV informiert die Informationsinhaberinnen, Informationsinhaber und Behörden, denen das Ersuchen zur Kenntnis gebracht wurde, über den Informationsaufschub. Diese Personen und Behörden dürfen die beschwerdeberechtigten Personen bis zu deren nachträglicher Information nicht über das Ersuchen informieren.

⁴ und ⁵ ...[3]

4. Abschnitt: Schweizerische Amtshilfeersuchen[4]

Art. 22

¹ Die interessierten Steuerbehörden richten ihr Ersuchen um internationale Amtshilfe an die ESTV.

² Die ESTV prüft das Ersuchen und entscheidet, ob die Voraussetzungen nach den Amtshilfebestimmungen des anwendbaren Abkommens erfüllt sind. Sind die Voraussetzungen nicht erfüllt, so teilt sie dies der ersuchenden Behörde schriftlich mit und gibt ihr Gelegenheit, ihr Ersuchen schriftlich zu ergänzen.

³ Die ESTV leitet das Ersuchen an die zuständige ausländische Behörde weiter und begleitet das Amtshilfeverfahren bis zu seinem Abschluss.

⁴ Gegen schweizerische Ersuchen um internationale Amtshilfe kann keine Beschwerde erhoben werden.

⁵ Die ESTV leitet die aus dem Ausland erhaltenen Informationen an die interessierten Steuerbehörden weiter und verweist gleichzeitig auf die Einschränkungen bei deren Verwendung und die Geheimhaltungspflichten nach den Amtshilfebestimmungen des anwendbaren Abkommens.

---

1 Eingefügt durch Ziff. I des BG vom 21. März 2014, in Kraft seit 1. Aug. 2014 (AS **2014** 2309; BBl **2013** 8369).
2 Eingefügt durch den Anhang des BB vom 18. Dez. 2015 über die Genehmigung und die Umsetzung des Übereinkommens des Europarats und der OECD über die gegenseitige Amtshilfe in Steuersachen, in Kraft seit 1. Jan. 2017 (AS **2016** 5059; BBl **2015** 5585).
3 Aufgehoben durch den Anhang des BB vom 18. Dez. 2015 über die Genehmigung und die Umsetzung des Übereinkommens des Europarats und der OECD über die gegenseitige Amtshilfe in Steuersachen, mit Wirkung seit 1. Jan. 2017 (AS **2016** 5059; BBl **2015** 5585).
4 Fassung gemäss Anhang des BB vom 18. Dez. 2015 über die Genehmigung und die Umsetzung des Übereinkommens des Europarats und der OECD über die gegenseitige Amtshilfe in Steuersachen, in Kraft seit 1. Jan. 2017 (AS **2016** 5059; BBl **2015** 5585).

5bis Die ESTV prüft, ob die aus dem Ausland erhaltenen Informationen für weitere schweizerische Behörden von Interesse sind, und leitet die Informationen an diese weiter, sofern dies nach dem anwendbaren Abkommen zulässig und nach schweizerischem Recht vorgesehen ist. Sie holt gegebenenfalls die Zustimmung der zuständigen Behörde des ersuchten Staates ein.[1]

6 Amtshilfeersuchen zu Bankinformationen dürfen nur gestellt werden, soweit diese Informationen nach schweizerischem Recht beschafft werden könnten.

7 Absatz 6 gilt nicht in Bezug auf Staaten, von denen die Schweiz Informationen ohne vorgängiges Ersuchen erhalten kann.[2]

3. Kapitel:[3] Spontaner Informationsaustausch   B108

Art. 22a Grundsätze

1 Der Bundesrat regelt die Pflichten im Zusammenhang mit dem spontanen Informationsaustausch im Einzelnen. Er orientiert sich dabei an den internationalen Standards und an der Praxis anderer Staaten.   StAhiV 5ff.

2 Die ESTV und die kantonalen Steuerverwaltungen treffen die notwendigen Massnahmen, damit die Fälle identifiziert werden, in denen spontan Informationen auszutauschen sind.

3 Die kantonalen Steuerverwaltungen stellen der ESTV die zur Übermittlung an die zuständigen ausländischen Behörden vorgesehenen Informationen unaufgefordert und fristgerecht zu.

4 Die ESTV prüft diese Informationen und entscheidet, welche Informationen übermittelt werden.

5 Das Eidgenössische Finanzdepartement (EFD) kann Weisungen erlassen; insbesondere kann es den kantonalen Steuerverwaltungen die Verwendung bestimmter Formulare vorschreiben und verlangen, dass gewisse Formulare ausschliesslich in elektronischer Form eingereicht werden.

Art. 22b Information der beschwerdeberechtigten Personen

1 Die ESTV informiert die betroffene Person und weitere Personen, von deren Beschwerdeberechtigung nach Artikel 48 VwVG[4] sie aufgrund der Akten ausgehen muss, über den vorgesehenen spontanen Informationsaustausch.

---

[1] Eingefügt durch den Anhang des BB vom 18. Dez. 2015 über die Genehmigung und die Umsetzung des Übereinkommens des Europarats und der OECD über die gegenseitige Amtshilfe in Steuersachen, in Kraft seit 1. Jan. 2017 (AS **2016** 5059; BBl **2015** 5585).

[2] Eingefügt durch Art. 40 des BG vom 18. Dez. 2015 über den internationalen automatischen Informationsaustausch in Steuersachen (AS **2016** 1297; BBl **2015** 5437). Fassung gemäss Anhang des BB vom 18. Dez. 2015 über die Genehmigung und die Umsetzung des Übereinkommens des Europarats und der OECD über die gegenseitige Amtshilfe in Steuersachen, in Kraft seit 1. Jan. 2017 (AS **2016** 5059; BBl **2015** 5585).

[3] Eingefügt durch den Anhang des BB vom 18. Dez. 2015 über die Genehmigung und die Umsetzung des Übereinkommens des Europarats und der OECD über die gegenseitige Amtshilfe in Steuersachen, in Kraft seit 1. Jan. 2017 (AS **2016** 5059; BBl **2015** 5585).

[4] SR **172.021**

² Sie informiert diese Personen ausnahmsweise erst nach dem spontanen Informationsaustausch über dessen Durchführung, wenn der Zweck der Amtshilfe und der Erfolg einer Untersuchung durch die vorgängige Information vereitelt würden. Im Übrigen gilt Artikel 21a Absätze 2 und 3 sinngemäss.

³ Kann eine beschwerdeberechtigte Person nicht erreicht werden, so informiert die ESTV sie durch Veröffentlichung im Bundesblatt über die vorgesehene Übermittlung von Informationen. Sie fordert sie auf, eine zur Zustellung bevollmächtigte Person zu bezeichnen. Sie setzt hierfür eine Frist.

Art. 22c Mitwirkungsrecht und Akteneinsicht der beschwerdeberechtigten Personen

Für das Mitwirkungsrecht und die Akteneinsicht gilt Artikel 15 sinngemäss.

Art. 22d Verfahren

Für die Verfahren gelten die Artikel 16, 17, 19 und 20 sinngemäss.

Art. 22e Vom Ausland spontan übermittelte Informationen

¹ Die ESTV leitet Informationen, die ihr andere Staaten spontan übermittelt haben, zur Anwendung und Durchsetzung des schweizerischen Steuerrechts den interessierten Steuerbehörden weiter. Sie weist diese Behörden auf die Einschränkungen bei der Verwendung der übermittelten Informationen sowie auf die Geheimhaltungspflichten nach den Amtshilfebestimmungen des anwendbaren Abkommens hin.

² Sie leitet die von einem anderen Staat spontan übermittelten Informationen weiteren schweizerischen Behörden, für die die Informationen von Interesse sind, weiter, sofern dies nach dem anwendbaren Abkommen zulässig und nach schweizerischem Recht vorgesehen ist. Sie holt gegebenenfalls die Zustimmung der zuständigen Behörde des informierenden Staates ein.

4. Kapitel:[1] Datenbearbeitung, Schweigepflicht und Statistik

Art. 22f Datenbearbeitung

Die ESTV kann zur Erfüllung ihrer Aufgaben nach den anwendbaren Abkommen und diesem Gesetz Personendaten, einschliesslich Personendaten über administrative und strafrechtliche Verfolgungen und Sanktionen in Steuersachen, bearbeiten.

Art. 22g Informationssystem

¹ Die ESTV betreibt ein Informationssystem zur Bearbeitung von Personendaten, einschliesslich Personendaten über administrative und strafrechtliche Verfolgungen und Sanktionen in Steuersachen, die sie gestützt auf die anwendbaren Abkommen und dieses Gesetz erhalten hat.

² Die Daten dürfen nur durch Mitarbeiter und Mitarbeiterinnen der ESTV oder durch von der ESTV kontrollierte Fachpersonen bearbeitet werden.

---

[1] Eingefügt durch den Anhang des BB vom 18. Dez. 2015 über die Genehmigung und die Umsetzung des Übereinkommens des Europarats und der OECD über die gegenseitige Amtshilfe in Steuersachen, in Kraft seit 1. Jan. 2017 (AS **2016** 5059; BBl **2015** 5585).

³ Das Informationssystem dient der ESTV zur Erfüllung ihrer Aufgaben nach den anwendbaren Abkommen und diesem Gesetz. Es darf namentlich verwendet werden, um:

a. Informationen nach Massgabe der anwendbaren Abkommen und des schweizerischen Rechts zu empfangen und weiterzuleiten;
b. Rechtsverfahren im Zusammenhang mit den anwendbaren Abkommen und diesem Gesetz zu bearbeiten;
c. administrative und strafrechtliche Sanktionen zu verhängen und zu vollstrecken;
d. Amts- und Rechtshilfeersuchen zu bearbeiten;
e. die Begehung von Steuerdelikten zu bekämpfen;
f. Statistiken zu erstellen.

³ᵇⁱˢ Die ESTV kann den schweizerischen Steuerbehörden, denen sie vom Ausland spontan übermittelte Informationen weiterleitet, im Abrufverfahren Zugriff auf die Daten im Informationssystem gewähren, die diese zur Erfüllung ihrer gesetzlichen Aufgaben benötigen.[1]

⁴ Der Bundesrat legt die Einzelheiten fest, insbesondere über:

a. die Organisation und Führung des Informationssystems;
b. die Kategorien der bearbeiteten Personendaten;
c. den Katalog der Daten über administrative und strafrechtliche Verfolgungen und Sanktionen;
d. die Zugriffs- und Bearbeitungsberechtigungen;
e. die Dauer der Aufbewahrung, die Archivierung und die Vernichtung der Daten.

Art. 22h Geheimhaltungspflicht

¹ Wer mit dem Vollzug eines anwendbaren Abkommens und dieses Gesetzes betraut ist oder zu deren Vollzug beigezogen wird, hat gegenüber anderen Amtsstellen und Privaten über die in Ausübung dieser Tätigkeit gemachten Wahrnehmungen Stillschweigen zu bewahren.

² Keine Geheimhaltungspflicht besteht:

a. bei der Übermittlung von Informationen und bei Bekanntmachungen nach dem anwendbaren Abkommen und diesem Gesetz;
b. gegenüber Organen der Rechtspflege und der Verwaltung, die das EFD ermächtigt hat, im Einzelfall amtliche Auskünfte bei den mit dem Vollzug dieses Gesetzes betrauten Behörden einzuholen;
c. soweit das anwendbare Abkommen die Aufhebung der Geheimhaltungspflicht zulässt und im schweizerischen Recht eine gesetzliche Grundlage für diese Aufhebung besteht.

---

[1] Eingefügt durch Ziff. I 3 des BG vom 21. Juni 2019 zur Umsetzung von Empfehlungen des Globalen Forums über Transparenz und Informationsaustausch für Steuerzwecke, in Kraft seit 1. Nov. 2019 (AS **2019** 3161; BBl **2019** 279).

Art. 22i Statistiken

¹ Die ESTV veröffentlicht die für die Länderüberprüfung des Global Forum über Transparenz und Informationsaustausch für Steuerzwecke erforderlichen Statistiken.

² Es besteht kein Recht auf Zugang zu weiter gehenden als den nach Absatz 1 veröffentlichten Informationen.

4a. Kapitel:[1] Transparenz von Rechtseinheiten mit Hauptsitz im Ausland und tatsächlicher Verwaltung in der Schweiz

Art. 22i^bis

Hat eine Rechtseinheit mit Hauptsitz im Ausland ihre tatsächliche Verwaltung in der Schweiz, so muss sie am Ort der tatsächlichen Verwaltung ein Verzeichnis ihrer Inhaberinnen und Inhaber führen. Das Verzeichnis muss den Vor- und den Nachnamen oder die Firma sowie die Adresse dieser Personen enthalten.

5. Kapitel:[2] Strafbestimmungen

Art. 22j Widerhandlungen gegen behördliche Anordnungen

Leistet die betroffene Person, der Informationsinhaber oder die Informationsinhaberin einer von der ESTV unter Hinweis auf die Strafdrohung dieser Bestimmung ergangenen vollstreckbaren Verfügung zur Herausgabe der Informationen nach Artikel 9 oder 10 vorsätzlich nicht Folge, so wird er oder sie mit Busse bis zu 10 000 Franken bestraft.

Art. 22k Verstoss gegen das Informationsverbot

Mit Busse bis zu 10 000 Franken wird bestraft, wer vorsätzlich oder fahrlässig gegen das Informationsverbot nach Artikel 21*a* Absatz 3 verstösst.

Art. 22l Verfahren

¹ Für die Verfolgung und Beurteilung von Widerhandlungen gegen dieses Gesetz ist das Bundesgesetz vom 22. März 1974[3] über das Verwaltungsstrafrecht anwendbar.

² Verfolgende und urteilende Behörde ist die ESTV.

---

[1] Eingefügt durch Ziff. I 3 des BG vom 21. Juni 2019 zur Umsetzung von Empfehlungen des Globalen Forums über Transparenz und Informationsaustausch für Steuerzwecke, in Kraft seit 1. Nov. 2019 (AS **2019** 3161; BBl **2019** 279).

[2] Eingefügt durch den Anhang des BB vom 18. Dez. 2015 über die Genehmigung und die Umsetzung des Übereinkommens des Europarats und der OECD über die gegenseitige Amtshilfe in Steuersachen, in Kraft seit 1. Jan. 2017 (AS **2016** 5059; BBl **2015** 5585).

[3] SR **313.0**

6. Kapitel: Schlussbestimmungen[1]

Art. 23 Änderung bisherigen Rechts

Die Änderung bisherigen Rechts wird im Anhang geregelt.

Art. 24 Übergangsbestimmung

Die Ausführungsbestimmungen, die sich auf den Bundesbeschluss vom 22. Juni 1951[2] über die Durchführung von zwischenstaatlichen Abkommen des Bundes zur Vermeidung der Doppelbesteuerung stützen, gelten weiter für die Amtshilfeersuchen, die beim Inkrafttreten dieses Gesetzes bereits eingereicht waren.

Art. 24a[3] Übergangsbestimmungen zur Änderung vom 21. März 2014

[1] Die Artikel 6 Absatz 2bis und 14a gelten für Gruppenersuchen, die seit dem 1. Februar 2013 eingereicht worden sind.

[2] Die Artikel 14 Absätze 1 und 2, 15 Absatz 2 sowie 21a der Änderung vom 21. März 2014 des vorliegenden Gesetzes gelten auch für Amtshilfeersuchen, die im Zeitpunkt des Inkrafttretens der Änderung vom 21. März 2014 bereits eingereicht waren.

Art. 25 Inkrafttreten

[1] Dieses Gesetz untersteht dem fakultativen Referendum.

[2] Der Bundesrat bestimmt das Inkrafttreten.

Datum des Inkrafttretens: 1. Februar 2013[4]

---

[1] Fassung gemäss Anhang des BB vom 18. Dez. 2015 über die Genehmigung und die Umsetzung des Übereinkommens des Europarats und der OECD über die gegenseitige Amtshilfe in Steuersachen, in Kraft seit 1. Jan. 2017 (AS **2016** 5059; BBl **2015** 5585).
[2] SR **672.2**
[3] Eingefügt durch Ziff. I des BG vom 21. März 2014, in Kraft seit 1. Aug. 2014 (AS **2014** 2309; BBl **2013** 8369).
[4] BRB vom 16. Jan. 2013

1.5.1 Verordnung über die internationale Amtshilfe in Steuersachen (Steueramtshilfeverordnung, StAhiV) SR 651.11

vom 23. November 2016 (Stand am 1. Januar 2017)

Der Schweizerische Bundesrat,

gestützt auf die Artikel 6 Absatz 2bis, 18 Absatz 3 und 22a Absatz 1 des Steueramtshilfegesetzes vom 28. September 2012[1] (StAhiG),

verordnet:

1. Abschnitt: Gegenstand

Art. 1

Diese Verordnung regelt den Vollzug der internationalen Amtshilfe in Steuersachen beim Informationsaustausch auf Ersuchen sowie beim spontanen Informationsaustausch.

2. Abschnitt: Informationsaustausch auf Ersuchen

Art. 2 Gruppenersuchen

¹ Gruppenersuchen nach Artikel 3 Buchstabe c StAhiG sind zulässig für Informationen über Sachverhalte, welche die Zeit seit dem 1. Februar 2013 betreffen.

² Vorbehalten sind die abweichenden Bestimmungen des im Einzelfall anwendbaren Abkommens.

Art. 3 Inhalt eines Gruppenersuchens

¹ Ein Gruppenersuchen muss folgende Angaben enthalten:

a. eine detaillierte Umschreibung der Gruppe und der dem Ersuchen zugrunde liegenden Tatsachen und Umstände;
b. eine Beschreibung der verlangten Informationen sowie Angaben zur Form, in der der ersuchende Staat diese Informationen zu erhalten wünscht;
c. den Steuerzweck, für den die Informationen verlangt werden;
d. die Gründe zur Annahme, dass die verlangten Informationen sich im ersuchten Staat oder im Besitz oder unter der Kontrolle einer Informationsinhaberin oder eines Informationsinhabers befinden, die oder der im ersuchten Staat ansässig ist;
e. soweit bekannt, den Namen und die Adresse der mutmasslichen Informationsinhaberin oder des mutmasslichen Informationsinhabers;

---

[1] SR **651.1**

f. eine Erläuterung des anwendbaren Rechts;
g. eine klare und auf Tatsachen gestützte Begründung der Annahme, dass die Steuerpflichtigen der Gruppe, über welche die Informationen verlangt werden, das anwendbare Recht nicht eingehalten haben;
h. eine Darlegung, dass die verlangten Informationen helfen würden, die Rechtskonformität der Steuerpflichtigen der Gruppe zu bestimmen;
i. sofern die Informationsinhaberin oder der Informationsinhaber oder eine andere Drittpartei aktiv zum nicht rechtskonformen Verhalten der Steuerpflichtigen der Gruppe beigetragen hat, eine Darlegung dieses Beitrages;
j. die Erklärung, dass das Ersuchen den gesetzlichen und reglementarischen Vorgaben sowie der Verwaltungspraxis des ersuchenden Staates entspricht, sodass die ersuchende Behörde diese Informationen, wenn sie sich in ihrer Zuständigkeit befinden würden, in Anwendung ihres Rechts oder im ordentlichen Rahmen ihrer Verwaltungspraxis erhalten könnte;
k. die Erklärung, dass der ersuchende Staat die nach seinem innerstaatlichen Steuerverfahren üblichen Auskunftsquellen ausgeschöpft hat.

² Sind diese Voraussetzungen nicht erfüllt, so teilt die Eidgenössische Steuerverwaltung (ESTV) dies der ersuchenden Behörde schriftlich mit und gibt ihr Gelegenheit, ihr Ersuchen schriftlich zu ergänzen.

Art. 4 Kosten

¹ Kosten von ausserordentlichem Umfang liegen insbesondere vor, wenn sie auf Ersuchen zurückzuführen sind, die einen überdurchschnittlichen Aufwand verursacht haben, besonders schwierig zu bearbeiten oder dringlich waren.

² Die Kosten setzen sich zusammen aus:

a. den direkten Personalkosten;
b. den direkten Arbeitsplatzkosten;
c. einem Zuschlag von 20 Prozent auf den direkten Personalkosten zur Deckung der Gemeinkosten;
d. den direkten Material- und Betriebskosten;
e. den Auslagen.

³ Die Auslagen setzen sich zusammen aus:

a. den Reise- und Transportkosten;
b. den Kosten für beigezogene Dritte.

⁴ Soweit diese Verordnung keine besondere Regelung enthält, gelten die Bestimmungen der Allgemeinen Gebührenverordnung vom 8. September 2004[1].

---

[1] SR **172.041.1**

3. Abschnitt: Spontaner Informationsaustausch

Art. 5 Ausnahmen für Bagatellfälle

¹ Vom spontanen Informationsaustausch können Bagatellfälle ausgenommen werden.

² Als Bagatellfälle gelten insbesondere Fälle, in denen die steuerlich relevanten Beträge und die potenziellen Steuererträge des Empfängerstaates in einem offensichtlichen Missverhältnis zum Aufwand für den spontanen Informationsaustausch stehen.

Art. 6 Zusammenarbeit der Behörden

Das Staatssekretariat für internationale Finanzfragen (SIF), die ESTV und die kantonalen Steuerverwaltungen arbeiten zusammen, um einen schweizweit einheitlichen spontanen Informationsaustausch zu gewährleisten.

Art. 7 Organisationseinheiten für den spontanen Informationsaustausch

¹ Die ESTV und die kantonalen Steuerverwaltungen bezeichnen die für den spontanen Informationsaustausch zuständigen Organisationseinheiten.

² Die Organisationseinheiten stellen die Verbindung mit der für den Informationsaustausch in Steuersachen zuständigen Abteilung der ESTV (zuständige Abteilung der ESTV) sowie die Durchführung des spontanen Informationsaustauschs in ihrer Steuerverwaltung sicher.

Art. 8 Steuervorbescheid: Definition B108

Als Steuervorbescheid gilt eine Auskunft, Bestätigung oder Zusicherung einer Steuerverwaltung:

a. die diese einer steuerpflichtigen Person gegeben hat;
b. die die steuerlichen Folgen eines von der steuerpflichtigen Person dargelegten Sachverhalts betrifft; und
c. auf die sich die steuerpflichtige Person berufen kann.

Art. 9 Steuervorbescheid: Verpflichtung zum spontanen Informationsaustausch

¹ Ein spontaner Informationsaustausch ist durchzuführen, sofern ein Steuervorbescheid:

a. Sachverhalte nach Artikel 28 Absätze 2–4 des Bundesgesetzes vom 14. Dezember 1990[1] über die Harmonisierung der direkten Steuern der Kantone und Gemeinden betrifft, eine Steuerermässigung für Erträge aus Immaterialgütern oder vergleichbaren Rechten oder eine internationale Steuerausscheidung von Prinzipalgesellschaften zum Gegenstand hat;
b. mit grenzüberschreitendem Bezug Verrechnungspreise zwischen nahestehenden Personen oder eine Verrechnungspreismethodik zum Gegenstand hat, die die zuständige Schweizer Behörde ohne Beizug der zuständigen Behörden anderer Staaten festgelegt hat;
c. mit grenzüberschreitendem Bezug eine Reduktion des in der Schweiz steuerbaren Gewinns ermöglicht, die in der Jahresrechnung und der Konzernrechnung nicht ersichtlich ist;

---

[1] SR **642.14**

d. feststellt, dass in der Schweiz oder im Ausland eine Betriebsstätte besteht oder nicht besteht oder welche Gewinne einer Betriebsstätte zugewiesen werden; oder
e. einen Sachverhalt zum Gegenstand hat, der die Ausgestaltung grenzüberschreitender Finanzierungsflüsse oder Einkünfte über schweizerische Rechtsträger an nahestehende Personen in anderen Staaten betrifft.

² Als einander nahestehend gelten Personen, wenn eine Person zu mindestens 25 Prozent an der anderen beteiligt ist oder wenn eine dritte Person je zu mindestens 25 Prozent an beiden Personen beteiligt ist. Als an einer Person beteiligt gilt, wer direkt oder indirekt über einen entsprechenden Anteil der Stimmrechte oder des Grund- oder Gesellschaftskapitals dieser Person verfügt.

³ Die Verpflichtung zum spontanen Informationsaustausch besteht unabhängig davon, ob der dem Steuervorbescheid zugrunde gelegte Sachverhalt sich verwirklicht hat.

Art. 10 Steuervorbescheid: Empfängerstaaten

¹ Erfüllt ein Steuervorbescheid mindestens eine der Voraussetzungen nach Artikel 9 Absatz 1, so ist ein spontaner Informationsaustausch mit den zuständigen Behörden der Sitzstaaten der direkt kontrollierenden Gesellschaft und der Konzernobergesellschaft durchzuführen.

² Der spontane Informationsaustausch ist zudem in den folgenden Fällen mit den nachfolgenden Staaten durchzuführen:
a. sofern ein Steuervorbescheid nach Artikel 9 Absatz 1 Buchstabe a vorliegt: mit den Sitzstaaten von nahestehenden Personen, mit welchen die steuerpflichtige Person Transaktionen durchführt, die zu einer Besteuerung gemäss dem Steuervorbescheid führen oder die bei der steuerpflichtigen Person zu Einkünften vonseiten nahestehender Personen führen, die gemäss dem Steuervorbescheid besteuert werden;
b. sofern ein Steuervorbescheid nach Artikel 9 Absatz 1 Buchstabe b oder c vorliegt: mit den Sitzstaaten von nahestehenden Personen, mit welchen die steuerpflichtige Person Transaktionen durchführt, deren Steuerfolgen Gegenstand des Steuervorbescheids sind;
c. sofern ein Steuervorbescheid nach Artikel 9 Absatz 1 Buchstabe d vorliegt: mit dem Staat, in dem sich die ausländische Betriebsstätte befindet, oder mit dem Sitzstaat der Person, die in der Schweiz eine Betriebsstätte hat;
d. sofern ein Steuervorbescheid nach Artikel 9 Absatz 1 Buchstabe e vorliegt: mit den Sitzstaaten von nahestehenden Personen, die direkt oder indirekt Zahlungen an die steuerpflichtige Person vornehmen, sowie mit dem Sitzstaat der an diesen Zahlungen endgültig berechtigten Person.

³ Ist ein an einer Transaktion oder Zahlung nach Absatz 2 Buchstabe a, b oder d beteiligter Rechtsträger eine Betriebsstätte einer in einem anderen Staat ansässigen Person, so ist der spontane Informationsaustausch jeweils sowohl mit dem Staat, in dem sich die Betriebsstätte befindet, als auch mit dem Sitzstaat der Person durchzuführen, die über die Betriebsstätte verfügt.

⁴ Die zuständige Abteilung der ESTV kann die Übermittlung auf diejenigen Staaten beschränken, die sich zum Standard der OECD betreffend den spontanen Informationsaustausch über Steuervorbescheide bekennen.

Art. 11 An die zuständige Abteilung der ESTV zu übermittelnde Informationen

¹ Liegt ein Steuervorbescheid vor, so sind der zuständigen Abteilung der ESTV folgende Informationen zu übermitteln:

a. eine Kopie des Steuervorbescheids;
b. das Datum, an dem der Steuervorbescheid erteilt worden ist;
c. Angaben zur Identifikation der steuerpflichtigen Person, einschliesslich deren Adresse;
d. die Steueridentifikationsnummer der steuerpflichtigen Person sowie der Name der Unternehmensgruppe, der sie angehört;
e. die Steuerjahre, für die der Steuervorbescheid gilt;
f. die Voraussetzungen nach Artikel 9 Absatz 1, die der Steuervorbescheid erfüllt;
g. eine kurze Zusammenfassung des Inhalts des Steuervorbescheids, falls möglich in französischer oder englischer Sprache, andernfalls in deutscher oder italienischer Sprache;
h. Angaben zum Sitz der direkt kontrollierenden Gesellschaft und der Konzernobergesellschaft, einschliesslich deren Adresse;
i. sofern es sich um einen Steuervorbescheid nach Artikel 9 Absatz 1 Buchstabe a handelt: Angaben zu nahestehenden Personen oder Betriebsstätten, mit welchen die steuerpflichtige Person Transaktionen durchführt, die zu einer Besteuerung gemäss dem Steuervorbescheid führen oder die bei der steuerpflichtigen Person zu Einkünften vonseiten nahestehender Personen oder Betriebsstätten führen, die gemäss dem Steuervorbescheid besteuert werden, einschliesslich deren Name und Adresse;
j. sofern es sich um einen Steuervorbescheid nach Artikel 9 Absatz 1 Buchstabe b oder c handelt: Angaben zu nahestehenden Personen oder Betriebsstätten, mit welchen die steuerpflichtige Person Transaktionen durchführt, die Gegenstand des Steuervorbescheids sind, einschliesslich deren Name und Adresse;
k. sofern es sich um einen Steuervorbescheid nach Artikel 9 Absatz 1 Buchstabe d handelt: Angaben zur ausländischen Betriebsstätte oder zur ausländischen Person, deren Tätigkeit in der Schweiz eine Betriebsstätte begründet, einschliesslich deren Name und Adresse;
l. sofern es sich um einen Steuervorbescheid nach Artikel 9 Absatz 1 Buchstabe e handelt: Angaben zu nahestehenden Personen oder Betriebsstätten, die direkt oder indirekt Zahlungen an die steuerpflichtige Person vornehmen, sowie zu der an diesen Zahlungen endgültig berechtigten Person, einschliesslich deren Name und Adresse;
m. eine Liste der Empfängerstaaten nach Artikel 10;
n. weitere Informationen, die für die zuständige Abteilung der ESTV notwendig sein könnten, um zu beurteilen, ob die Informationen spontan auszutauschen sind.

² Sofern vorhanden, sind der zuständigen Abteilung der ESTV zudem folgende Informationen zu übermitteln:

a. die Referenznummer des Steuervorbescheids;
b. die Steueridentifikationsnummer der direkt kontrollierenden Gesellschaft und der Konzernobergesellschaft;
c. in den Fällen nach Absatz 1 Buchstaben i–l: die Steueridentifikationsnummern der betreffenden Personen oder Betriebsstätten.

³ Der zuständigen Abteilung der ESTV können zudem folgende Informationen übermittelt werden:

a. Angaben zur hauptsächlichen Geschäftstätigkeit der steuerpflichtigen Person;
b. Angaben zum Transaktionsvolumen, zum Umsatz und zum Gewinn der steuerpflichtigen Person.

⁴ In den übrigen Fällen von spontanem Informationsaustausch gestützt auf das im Einzelfall anwendbare Abkommen sind der zuständigen Abteilung der ESTV folgende Informationen zu übermitteln:

a. die für die Übermittlung an den Empfängerstaat vorgesehenen Informationen;
b. eine kurze Zusammenfassung des Sachverhalts, falls möglich in französischer oder englischer Sprache, andernfalls in deutscher oder italienischer Sprache, und die Gründe, weshalb diese Informationen spontan auszutauschen sind;
c. eine Liste der Staaten, für welche die Informationen voraussichtlich von Interesse sind;
d. weitere Informationen, die für die zuständige Abteilung der ESTV notwendig sein könnten, um zu beurteilen, ob die Informationen spontan auszutauschen sind.

Art. 12 Fristen

Die Organisationseinheiten für den spontanen Informationsaustausch stellen der zuständigen Abteilung der ESTV die zu übermittelnden Informationen fortlaufend, spätestens aber innerhalb folgender Fristen zu:

a. bei Vorliegen eines Steuervorbescheids: 60 Tage nach Erteilung des Steuervorbescheids;
b. in den übrigen Fällen: 60 Tage nach rechtskräftiger Veranlagung des Sachverhalts.

Art. 13 Übermittlung an Empfängerstaaten

¹ Liegt ein Steuervorbescheid vor, so übermittelt die zuständige Abteilung der ESTV die nach Artikel 11 Absätze 1 Buchstaben b–l, 2 und 3 erhaltenen Informationen innerhalb von drei Monaten nach deren Erhalt an die Empfängerstaaten. Diese Frist verlängert sich, sofern Gründe nach den Artikeln 22*b*–22*d* StAhiG dies erfordern.

² In den übrigen Fällen übermittelt die zuständige Abteilung der ESTV die nach Artikel 11 Absatz 4 Buchstaben a und b erhaltenen Informationen an die Empfängerstaaten.

Art. 14 Falsche oder nicht relevante Informationen

¹ Erweisen sich an die zuständige Abteilung der ESTV übermittelte Informationen nachträglich als falsch oder als für die Veranlagung der steuerpflichtigen Person nicht relevant, so informiert die betreffende Steuerverwaltung die zuständige Abteilung der ESTV umgehend darüber und übermittelt ihr die entsprechend berichtigten Informationen.

² Die zuständige Abteilung der ESTV übermittelt die berichtigten Informationen an die betroffenen Empfängerstaaten.

4. Abschnitt: Schlussbestimmungen

Art. 15 Aufhebung eines anderen Erlasses

Die Steueramtshilfeverordnung vom 20. August 2014[1] wird aufgehoben.

Art. 16 Übergangsbestimmungen

¹ Die Bestimmungen über den spontanen Informationsaustausch gelten auch für Steuervorbescheide, die zwischen dem 1. Januar 2010 und dem Inkrafttreten dieser Verordnung erteilt worden sind und sich auf Steuerjahre beziehen, für die die staatsvertragliche Norm anwendbar ist, welche die Schweiz zum spontanen Informationsaustausch verpflichtet.

² Liegt ein solcher Steuervorbescheid vor, so übermittelt die betreffende Steuerverwaltung der zuständigen Abteilung der ESTV alle bei ihr vorhandenen Informationen nach Artikel 11 Absätze 1–3 laufend innerhalb von neun Monaten nach Beginn der Anwendbarkeit der staatsvertraglichen Norm, welche die Schweiz zum spontanen Informationsaustausch verpflichtet. Sofern einer Steuerverwaltung nicht alle Informationen nach Artikel 11 Absätze 1 und 2 vorliegen, übermittelt sie die bei ihr vorhandenen Informationen und informiert die zuständige Abteilung der ESTV hierüber.

³ Die zuständige Abteilung der ESTV übermittelt den Empfängerstaaten diese Informationen innerhalb von zwölf Monaten nach Beginn der Anwendbarkeit der staatsvertraglichen Norm, welche die Schweiz zum spontanen Informationsaustausch verpflichtet. Diese Frist verlängert sich, sofern Gründe nach den Artikeln 22b–22d StAhiG dies erfordern.

⁴ Für Steuervorbescheide, die nach Inkrafttreten dieser Verordnung, aber vor dem Beginn der Anwendbarkeit der staatsvertraglichen Norm, welche die Schweiz zum spontanen Informationsaustausch verpflichtet, erteilt wurden, beginnt die Frist nach Artikel 12 Buchstabe a am Tag der Anwendbarkeit dieser staatsvertraglichen Norm. Für die Frist in den übrigen Fällen nach Artikel 12 Buchstabe b gilt dieser Absatz sinngemäss.

Art. 17 Inkrafttreten

Diese Verordnung tritt am 1. Januar 2017 in Kraft.

---

[1] AS **2014** 2753, **2015** 4939

1.6 Multilaterale Vereinbarung der zuständigen Behörden über den automatischen Informationsaustausch über Finanzkonten (AIA-Vereinbarung; MCAA[1])
SR 0.653.1

Abgeschlossen am 29. Oktober 2014
Von der Bundesversammlung genehmigt am 18. Dezember 2015[2]
In Kraft getreten am 1. Januar 2017

(Stand am 1. Januar 2024) ☞ *Geltungsbereich gemäss SIF per 21.1.2025, siehe S. 665ff.*

Übersetzung

In der Erwägung, dass die Staaten der Unterzeichner der multilateralen Vereinbarung der zuständigen Behörden über den automatischen Informationsaustausch über Finanzkonten («Vereinbarung») Vertragsparteien des Übereinkommens über die gegenseitige Amtshilfe in Steuersachen beziehungsweise des Übereinkommens über die gegenseitige Amtshilfe in Steuersachen in der durch das Protokoll zur Änderung des Übereinkommens über die gegenseitige Amtshilfe in Steuersachen geänderten Fassung («Amtshilfeübereinkommen»)[3] oder darunter fallende Hoheitsgebiete sind oder das Amtshilfeübereinkommen unterzeichnet oder ihre entsprechende Absicht bekundet haben und anerkennen, dass das Amtshilfeübereinkommen vor dem ersten Austausch von Informationen über Finanzkonten für sie in Kraft und wirksam sein muss;

in der Erwägung, dass die Staaten beabsichtigen, die Steuerehrlichkeit bei internationalen Sachverhalten durch den weiteren Ausbau ihrer Beziehungen im Bereich der gegenseitigen Unterstützung in Steuersachen zu fördern;

in der Erwägung, dass der gemeinsame Meldestandard von der OECD zusammen mit den G20-Staaten zur Bekämpfung der Steuervermeidung und -hinterziehung sowie zur Förderung der Steuerehrlichkeit entwickelt wurde;

in der Erwägung, dass ein Land, welches das Amtshilfeübereinkommen unterzeichnet oder seine entsprechende Absicht bekundet hat, erst ein Staat im Sinne von Abschnitt 1 dieser Vereinbarung werden wird, wenn es Vertragspartei des Amtshilfeübereinkommens geworden ist;

in der Erwägung, dass das Recht der jeweiligen Staaten Finanzinstitute verpflichtet oder verpflichten soll, gemäss dem Austauschumfang, der in Abschnitt 2 dieser Vereinbarung und in den im gemeinsamen Meldestandard dargelegten Verfahren zur Erfüllung der Melde- und Sorgfaltspflichten vorgesehen ist, Informationen über bestimmte Konten zu melden und entsprechende Verfahren zur Erfüllung der Sorgfaltspflichten einzuhalten;

AS **2016** 4721; BBl **2015** 5437
[1] *Multilateral Competent Authority Agreement on Automatic Exchange of Financial Account Information*
[2] AS **2016** 4717
[3] SR **0.652.1**

in der Erwägung, dass das Recht der Staaten voraussichtlich von Zeit zu Zeit geändert wird, um Aktualisierungen des gemeinsamen Meldestandards Rechnung zu tragen, und dass, sobald diese Änderungen von einem Staat in Kraft gesetzt wurden, die Bestimmung des Begriffs «gemeinsamer Meldestandard» für diesen Staat als Bezugnahme auf die aktualisierte Fassung gelten wird;

in der Erwägung, dass Kapitel III des Amtshilfeübereinkommens die Grundlage für den Informationsaustausch zu Steuerzwecken einschliesslich des automatischen Informationsaustauschs schafft sowie den zuständigen Behörden der Staaten gestattet, den Umfang und die Modalitäten dieses automatischen Austauschs zu vereinbaren;

in der Erwägung, dass Artikel 6 des Amtshilfeübereinkommens vorsieht, dass zwei oder mehr Vertragsparteien einen automatischen Informationsaustausch einvernehmlich vereinbaren können und der Informationsaustausch bilateral zwischen den zuständigen Behörden erfolgen wird;

in der Erwägung, dass die Staaten zum Zeitpunkt des ersten Austauschs über (i) geeignete Schutzvorkehrungen zur Sicherstellung der vertraulichen Behandlung der nach dieser Vereinbarung erhaltenen Informationen und deren ausschliesslicher Verwendung für die im Amtshilfeübereinkommen genannten Zwecke sowie (ii) die Infrastruktur für eine wirksame Austauschbeziehung (einschliesslich bestehende Verfahren zur Gewährleistung eines fristgerechten, fehlerfreien und vertraulichen Informationsaustauschs, wirksame und zuverlässige Übertragungswege sowie Ressourcen für die zügige Klärung von Fragen und Anliegen zum Austausch oder zu Austauschersuchen sowie für die Durchführung von Abschnitt 4 dieser Vereinbarung) verfügen oder verfügen sollen;

in der Erwägung, dass die zuständigen Behörden der Staaten beabsichtigen, eine Vereinbarung zu schliessen zur Förderung der Steuerehrlichkeit bei internationalen Sachverhalten auf der Grundlage eines automatischen Austauschs nach dem Amtshilfeübereinkommen, unbeschadet (etwaiger) innerstaatlicher Gesetzgebungsverfahren, unter Einhaltung des EU-Rechts (sofern anwendbar) und vorbehaltlich der im Amtshilfeübereinkommen vorgesehenen Vertraulichkeitsvorschriften und sonstigen Schutzvorkehrungen einschliesslich der Bestimmungen, welche die Verwendung der danach ausgetauschten Informationen einschränken;

sind die zuständigen Behörden wie folgt übereingekommen:

Abschnitt 1: Begriffsbestimmungen

1. Im Sinne dieser Vereinbarung haben die nachstehenden Ausdrücke folgende Bedeutung:

　　a)　der Ausdruck «Staat» bedeutet ein Land oder ein Hoheitsgebiet, für welches das Amtshilfeübereinkommen in Kraft und wirksam ist, entweder durch Unterzeichnung und Ratifikation nach Artikel 28 oder durch räumliche Erstreckung nach Artikel 29, und das ein Unterzeichner dieser Vereinbarung ist;

　　b)　der Ausdruck «zuständige Behörde» bedeutet für den jeweiligen Staat die in Anhang B des Amtshilfeübereinkommens aufgeführten Personen und Behörden;

c) der Ausdruck «Finanzinstitut eines Staates» bedeutet für den jeweiligen Staat (i) ein in dem Staat ansässiges Finanzinstitut, jedoch nicht Zweigniederlassungen dieses Finanzinstituts, die sich ausserhalb des Staates befinden, und (ii) eine Zweigniederlassung eines nicht in dem Staat ansässigen Finanzinstituts, wenn diese sich in dem Staat befindet;

d) der Ausdruck «meldendes Finanzinstitut» bedeutet ein Finanzinstitut eines Staates, bei dem es sich nicht um ein nicht meldendes Finanzinstitut handelt;

e) der Ausdruck «meldepflichtiges Konto» bedeutet ein von einem meldenden Finanzinstitut geführtes Finanzkonto, das anhand von Verfahren zur Erfüllung der Sorgfaltspflichten nach dem gemeinsamen Meldestandard als ein Konto identifiziert wurde, dessen Kontoinhaber eine oder mehrere Personen sind, die gegenüber einem anderen Staat meldepflichtige Personen sind, oder ein passiver NFE, der von einer oder mehreren einem anderen Staat gegenüber meldepflichtigen Personen beherrscht wird;

f) der Ausdruck «gemeinsamer Meldestandard» bedeutet den von der OECD zusammen mit den G20-Staaten entwickelten Standard für den automatischen Informationsaustausch über Finanzkonten in Steuersachen (einschliesslich der Kommentare);

g) der Ausdruck «Sekretariat des Koordinierungsgremiums» bedeutet das OECD-Sekretariat, das gemäss Artikel 24 Absatz 3 des Amtshilfeübereinkommens das aus Vertretern der zuständigen Behörden der Vertragsparteien des Amtshilfeübereinkommens zusammengesetzte Koordinierungsgremium unterstützt;

h) der Ausdruck «wirksame Vereinbarung» bedeutet in Bezug auf zwei zuständige Behörden, dass beide zuständigen Behörden ihre Absicht bekundet haben, miteinander automatisch Informationen auszutauschen, und die in Abschnitt 7 Absatz 2.1 dieser Vereinbarung genannten weiteren Voraussetzungen erfüllt haben. Die zuständigen Behörden, für die diese Vereinbarung wirksam ist, sind in Anhang E aufgeführt.

2. Jeder [im englischen und im französischen Wortlaut] grossgeschriebene und in dieser Vereinbarung nicht definierte Ausdruck wird die Bedeutung haben, die ihm zum jeweiligen Zeitpunkt nach dem Recht des die Vereinbarung anwendenden Staates zukommt, wobei diese Bedeutung mit der im gemeinsamen Meldestandard festgelegten Bedeutung übereinstimmt. Jeder in dieser Vereinbarung oder im gemeinsamen Meldestandard nicht definierte Ausdruck wird, sofern der Zusammenhang nichts anderes erfordert und die zuständigen Behörden sich nicht (im Rahmen ihres innerstaatlichen Rechts) auf eine gemeinsame Bedeutung einigen, die Bedeutung haben, die ihm zum jeweiligen Zeitpunkt nach dem Recht des diese Vereinbarung anwendenden Staates zukommt, wobei die Bedeutung nach dem in diesem Staat geltenden Steuerrecht Vorrang hat vor einer Bedeutung, die dem Ausdruck nach dem sonstigen Recht dieses Staates zukommt.

Abschnitt 2:
Austausch von Informationen in Bezug auf meldepflichtige Konten

1.1 Gemäss den Artikeln 6 und 22 des Amtshilfeübereinkommens und vorbehaltlich der geltenden Melde- und Sorgfaltsvorschriften nach dem gemeinsamen Meldestandard wird jede zuständige Behörde die gemäss diesen Vorschriften beschafften und in Absatz 2 genannten Informationen jährlich mit den anderen zuständigen Behörden automatisch austauschen, in Bezug auf die diese Vereinbarung wirksam ist.

1.2 Ungeachtet des Absatzes 1.1 werden die zuständigen Behörden der in Anhang A aufgeführten Staaten die in Absatz 2 genannten Informationen übermitteln, jedoch nicht erhalten. Die zuständigen Behörden der nicht in Anhang A aufgeführten Staaten werden die in Absatz 2 genannten Informationen stets erhalten. Die zuständigen Behörden werden diese Informationen nicht an die zuständigen Behörden der in Anhang A aufgeführten Staaten übermitteln.

2. Die für jedes meldepflichtige Konto eines anderen Staates auszutauschenden Informationen sind:

   a) Name, Anschrift, Steueridentifikationsnummer, Geburtsdatum und -ort (bei natürlichen Personen) jeder meldepflichtigen Person, die Inhaber des Kontos ist, sowie bei einem Rechtsträger, der Kontoinhaber ist und für den nach Anwendung von Verfahren zur Erfüllung der Sorgfaltspflichten gemäss dem gemeinsamen Meldestandard eine oder mehrere beherrschende Personen ermittelt wurden, die meldepflichtige Personen sind, Name, Anschrift und Steueridentifikationsnummer des Rechtsträgers sowie Name, Anschrift, Steueridentifikationsnummer, Geburtsdatum und -ort jeder meldepflichtigen Person;

   b) Kontonummer (oder funktionale Entsprechung, wenn keine Kontonummer vorhanden);

   c) Name und (gegebenenfalls) Identifikationsnummer des meldenden Finanzinstituts;

   d) Kontosaldo oder -wert (einschliesslich des Barwerts oder Rückkaufwerts bei rückkaufsfähigen Versicherungs- oder Rentenversicherungsverträgen) zum Ende des betreffenden Kalenderjahrs oder eines anderen geeigneten Meldezeitraums oder, wenn das Konto im Laufe des Jahres beziehungsweise Zeitraums aufgelöst wurde, die Auflösung des Kontos;

   e) bei Verwahrkonten:

      (1) Gesamtbruttobetrag der Zinsen, Gesamtbruttobetrag der Dividenden und Gesamtbruttobetrag anderer Einkünfte, die mittels der auf dem Konto vorhandenen Vermögenswerte erzielt und jeweils auf das Konto (oder in Bezug auf das Konto) im Laufe des Kalenderjahrs oder eines anderen geeigneten Meldezeitraums eingezahlt oder dem Konto gutgeschrieben wurden, sowie

      (2) Gesamtbruttoerlöse aus der Veräusserung oder dem Rückkauf von Finanzvermögen, die während des Kalenderjahrs oder eines anderen geeigneten Meldezeitraums auf das Konto eingezahlt oder dem Konto gutgeschrieben wurden und für die das meldende Finanzinstitut als

Verwahrstelle, Makler, Bevollmächtigter oder anderweitig als Vertreter für den Kontoinhaber tätig war;

f) bei Einlagenkonten der Gesamtbruttobetrag der Zinsen, die während des Kalenderjahrs oder eines anderen geeigneten Meldezeitraums auf das Konto eingezahlt oder dem Konto gutgeschrieben wurden; und

g) bei allen Konten, die nicht unter Buchstabe e oder f fallen, der Gesamtbruttobetrag, der in Bezug auf das Konto während des Kalenderjahrs oder eines anderen geeigneten Meldezeitraums an den Kontoinhaber gezahlt oder ihm gutgeschrieben wurde und für den das meldende Finanzinstitut Schuldner ist, einschliesslich der Gesamthöhe aller Einlösungsbeträge, die während des Kalenderjahrs oder eines anderen geeigneten Meldezeitraums an den Kontoinhaber geleistet wurden.

Abschnitt 3: Zeitraum und Form des Informationsaustauschs

1. Für die Zwecke des Informationsaustauschs nach Abschnitt 2 dieser Vereinbarung können der Betrag und die Einordnung von Zahlungen zugunsten eines meldepflichtigen Kontos nach den Grundsätzen des Steuerrechts des die Informationen austauschenden Staates bestimmt werden.

2. Für die Zwecke des Informationsaustauschs nach Abschnitt 2 dieser Vereinbarung wird in den ausgetauschten Informationen die Währung genannt werden, auf welche die jeweiligen Beträge lauten.

3. Im Hinblick auf Abschnitt 2 Absatz 2 und vorbehaltlich der in Abschnitt 7 dieser Vereinbarung vorgesehenen Notifikation einschliesslich der darin genannten Zeitpunkte sind Informationen ab den in Anhang F genannten Jahren innerhalb von neun Monaten nach Ablauf des Kalenderjahrs auszutauschen, auf das sie sich beziehen. Ungeachtet des Satzes 1 sind Informationen für ein Kalenderjahr nur dann auszutauschen, wenn diese Vereinbarung für beide zuständigen Behörden wirksam ist und in ihren jeweiligen Staaten Rechtsvorschriften bestehen, denen zufolge Meldungen für dieses Kalenderjahr gemäss dem in Abschnitt 2 dieser Vereinbarung und in den im gemeinsamen Meldestandard enthaltenen Verfahren zur Erfüllung der Melde- und Sorgfaltspflichten vorgesehenen Austauschumfang erfolgen müssen.

4. *gestrichen*

5. Die zuständigen Behörden werden die in Abschnitt 2 dieser Vereinbarung beschriebenen Informationen in einem XML-Schema für den gemeinsamen Meldestandard automatisch austauschen.

6. Die zuständigen Behörden werden auf ein oder mehrere Datenübertragungsverfahren einschliesslich Verschlüsselungsstandards hinwirken und sich auf diese verständigen, um eine möglichst weitgehende Standardisierung zu erzielen sowie Komplexität und Kosten möglichst gering zu halten, und sie in Anhang B aufführen.

Abschnitt 4:
Zusammenarbeit bei Einhaltung und Durchsetzung der Vereinbarung

Eine zuständige Behörde wird die andere zuständige Behörde unterrichten, wenn die erstgenannte (unterrichtende) zuständige Behörde Grund zu der Annahme hat, dass ein Fehler zu einer unrichtigen oder unvollständigen Informationsmeldung geführt hat oder dass ein meldendes Finanzinstitut die geltenden Meldepflichten und Verfahren zur Erfüllung der Sorgfaltspflichten nach dem gemeinsamen Meldestandard nicht einhält. Die unterrichtete zuständige Behörde wird sämtliche nach ihrem innerstaatlichen Recht zur Verfügung stehenden geeigneten Massnahmen ergreifen, um gegen die in der Unterrichtung beschriebenen Fehler oder Fälle von Nichteinhaltung vorzugehen.

Abschnitt 5: Vertraulichkeit und Datenschutzvorkehrungen

1. Alle ausgetauschten Informationen unterliegen den im Amtshilfeübereinkommen vorgesehenen Vertraulichkeitsvorschriften und sonstigen Schutzvorkehrungen einschliesslich der Bestimmungen, welche die Verwendung der ausgetauschten Informationen einschränken, und werden, soweit für die Gewährleistung des notwendigen Schutzes personenbezogener Daten erforderlich, im Einklang mit den gegebenenfalls von der übermittelnden zuständigen Behörde nach Massgabe ihres innerstaatlichen Rechts festgelegten und in Anhang C aufgeführten Schutzvorkehrungen ausgetauscht.

2. Eine zuständige Behörde wird das Sekretariat des Koordinierungsgremiums unverzüglich über alle Verstösse gegen die Vertraulichkeitsvorschriften und jedes Versagen der Schutzvorkehrungen sowie alle daraufhin verhängten Sanktionen und ergriffenen Gegenmassnahmen unterrichten. Das Sekretariat des Koordinierungsgremiums wird sämtliche zuständigen Behörden unterrichten, für die diese Vereinbarung eine wirksame Vereinbarung mit der erstgenannten zuständigen Behörde darstellt.

Abschnitt 6: Konsultationen und Änderungen

1. Treten bei der Durchführung oder Auslegung dieser Vereinbarung Schwierigkeiten auf, so kann eine zuständige Behörde um Konsultationen mit einer oder mehreren der zuständigen Behörden zur Ausarbeitung geeigneter Massnahmen ersuchen, durch welche die Einhaltung der Vereinbarung sichergestellt wird. Die zuständige Behörde, die um die Konsultationen ersucht hat, stellt gegebenenfalls sicher, dass das Sekretariat des Koordinierungsgremiums über alle ausgearbeiteten Massnahmen unterrichtet wird, und das Sekretariat des Koordinierungsgremiums wird sämtliche zuständigen Behörden, auch diejenigen, die nicht an den Konsultationen teilgenommen haben, über sämtliche ausgearbeiteten Massnahmen unterrichten.

2. Diese Vereinbarung kann mittels Konsens durch schriftliche Übereinkunft aller zuständigen Behörden geändert werden, für die diese Vereinbarung wirksam ist. Sofern nichts anderes vereinbart wurde, wird diese Änderung am ersten Tag des

Monats wirksam, der auf einen Zeitabschnitt von einem Monat nach der letzten Unterzeichnung dieser schriftlichen Übereinkunft folgt.

Abschnitt 7: Geltungsdauer der Vereinbarung

1. Eine zuständige Behörde muss zum Zeitpunkt der Unterzeichnung dieser Vereinbarung oder sobald wie möglich nach Einführung der zur Umsetzung des gemeinsamen Meldestandards erforderlichen Rechtsvorschriften in ihrem Staat eine Notifikation an das Sekretariat des Koordinierungsgremiums übermitteln:

    a) in der angegeben ist, dass ihr Staat über die zur Umsetzung des gemeinsamen Meldestandards erforderlichen Rechtsvorschriften verfügt, und in der die jeweils massgeblichen Zeitpunkte für bestehende Konten, Neukonten sowie Anwendung oder Abschluss der Verfahren zur Erfüllung der Melde- und Sorgfaltspflichten genannt sind;

    b) in der bestätigt wird, ob der Staat in Anhang A aufzuführen ist;

    c) in der ein oder mehrere Datenübertragungsverfahren einschliesslich Verschlüsselung genannt sind (Anhang B);

    d) in der gegebenenfalls Vorkehrungen zum Schutz personenbezogener Daten genannt sind (Anhang C);

    e) in der angegeben ist, dass sie über geeignete Massnahmen zur Gewährleistung der Einhaltung der vorgeschriebenen Standards für Vertraulichkeit und Datenschutzvorkehrungen verfügt, und welcher der ausgefüllte und in Anhang D aufzunehmende Fragebogen zu Vertraulichkeit und Datenschutzvorkehrungen beigefügt ist; und

    f) eine Liste der Staaten der zuständigen Behörden, mit denen sie dieser Vereinbarung im Einklang mit (etwaigen) innerstaatlichen Gesetzgebungsverfahren Wirksamkeit zu verleihen beabsichtigt.

Die zuständigen Behörden müssen dem Sekretariat des Koordinierungsgremiums umgehend jede an den oben genannten Anhängen vorzunehmende nachträgliche Änderung notifizieren.

2.1 Diese Vereinbarung wird zum späteren der folgenden Zeitpunkte zwischen zwei zuständigen Behörden wirksam werden: (i) dem Tag, an dem die zweite der beiden zuständigen Behörden die Notifikation nach Absatz 1 an das Sekretariat des Koordinierungsgremiums übermittelt hat, in der unter anderem gemäss Absatz 1 Buchstabe f der Staat der anderen zuständigen Behörde aufgeführt ist, oder, sofern zutreffend, (ii) dem Tag, an dem das Amtshilfeübereinkommen für beide Staaten in Kraft getreten und wirksam ist.

2.2 Das Sekretariat des Koordinierungsgremiums wird eine auf der OECD-Webseite zu veröffentlichende Liste der zuständigen Behörden führen, welche die Vereinbarung unterzeichnet haben und zwischen denen diese Vereinbarung eine wirksame Vereinbarung darstellt (Anhang E).

2.3 Das Sekretariat des Koordinierungsgremiums wird die von den zuständigen Behörden gemäss Absatz 1 Buchstaben a und b übermittelten Informationen auf der OECD-Webseite veröffentlichen. Die gemäss Absatz 1 Buchstaben c-f übermittelten Informationen werden den anderen Unterzeichnern auf schriftliche Anfrage an das Sekretariat des Koordinierungsgremiums zur Verfügung gestellt werden.

3. Eine zuständige Behörde kann den Informationsaustausch nach dieser Vereinbarung aussetzen, indem sie einer anderen zuständigen Behörde schriftlich ihre Feststellung mitteilt, dass die letztgenannte zuständige Behörde diese Vereinbarung in erheblichem Umfang nicht einhält oder nicht eingehalten hat. Diese Aussetzung wird unmittelbar wirksam sein. Im Sinne dieses Absatzes umfasst die erhebliche Nichteinhaltung unter anderem die Nichteinhaltung der Vertraulichkeits- und Datenschutzbestimmungen dieser Vereinbarung und des Amtshilfeübereinkommens, die nicht fristgerechte oder angemessene Bereitstellung von Informationen nach dieser Vereinbarung durch die zuständige Behörde sowie eine dem Zweck des gemeinsamen Meldestandards entgegenstehende Festlegung des Status von Rechtsträgern oder Konten als nicht meldende Finanzinstitute beziehungsweise ausgenommene Konten.

4. Eine zuständige Behörde kann ihre Teilnahme an dieser Vereinbarung oder in Bezug auf eine bestimmte zuständige Behörde gegenüber dem Sekretariat des Koordinierungsgremiums schriftlich kündigen. Die Kündigung wird am ersten Tag des Monats wirksam werden, der auf einen Zeitabschnitt von zwölf Monaten nach der Kündigung folgt. Im Fall einer Kündigung werden alle bis zu diesem Zeitpunkt nach dieser Vereinbarung erhaltenen Informationen weiterhin vertraulich behandelt werden und den Bestimmungen des Amtshilfeübereinkommens unterliegen.

Abschnitt 8: Sekretariat des Koordinierungsgremiums

1. Sofern in der Vereinbarung nichts anderes vorgesehen ist, wird das Sekretariat des Koordinierungsgremiums sämtliche zuständigen Behörden über alle nach dieser Vereinbarung bei ihm eingegangenen Notifikationen unterrichten und sämtliche Unterzeichner der Vereinbarung in Kenntnis setzen, wenn eine neue zuständige Behörde die Vereinbarung unterzeichnet.

2. Alle Unterzeichner der Vereinbarung werden sich jährlich zu gleichen Teilen an den Kosten der Verwaltung der Vereinbarung durch das Sekretariat des Koordinierungsgremiums beteiligen. Ungeachtet des Satzes 1 werden berechtigte Länder nach Artikel X der Geschäftsordnung des Koordinierungsgremiums des Amtshilfeübereinkommens von der Kostenbeteiligung befreit sein.

Geschehen in französischer und englischer Sprache, wobei jeder Wortlaut gleichermassen verbindlich ist.

(Es folgen die Unterschriften)

☞ *Die Beilage «Gemeinsamer Melde- und Sorgfaltsstandard» ist hier nicht abgedruckt.*

Notifikation der Schweiz vom 4. Mai 2017 nach Abschnitt 7 Absatz 1 Buchstabe d[5]

Die zuständige Behörde der Schweiz notifiziert hiermit dem Sekretariat des Koordinierungsgremiums, dass sie die in Abschnitt 2 dieser Vereinbarung festgelegten Informationen gemäss der Datenschutzgesetzgebung der Schweiz übermittelt, vorausgesetzt:

- die übermittelten Informationen werden ausschliesslich für die im Übereinkommen über die gegenseitige Amtshilfe in Steuersachen vom 25. Januar 1988 in der mit dem Protokoll vom 27. Mai 2010 revidierten Fassung[6] und in der multilateralen Vereinbarung der zuständigen Behörden über den automatischen Informationsaustausch über Finanzkonten festgelegten Zwecke verwendet, für welche die Übermittlung dieser Daten vorgesehen ist. Die Verwendung dieser Daten zu anderen Zwecken ist nur mit vorgängiger Zustimmung der zuständigen Behörde der Schweiz möglich;

- die von der zuständigen Behörde der Schweiz übermittelten Informationen dürfen in keinem Fall von der zuständige Behörde, welche die Informationen erhält, in Verfahren verwendet oder veröffentlicht werden, welche die Verhängung oder Vollstreckung der Todesstrafe oder eine andere schwere Verletzung der Menschenrechte wie Folter zur Folge hätten; und

- für einen anderen als von der Schweiz oder analogieweise von der Europäischen Union[7] hinsichtlich der Datenschutzregelung als angemessen erachteten Staat gelten folgende Garantien bezüglich der von der Schweiz übermittelten Personendaten:

Recht auf Auskunft, Berichtigung und Löschung der Daten

Jede natürliche Person, die ihre Identität ausweist, hat das Recht auf Auskunft über ihre von der zuständigen Behörde, welche die Informationen erhält, bearbeiteten Daten, sofern:

- ihre Ersuchen aufgrund ihrer unzumutbaren Häufigkeit, ihrer Zahl, Wiederholung oder Systematik nicht offensichtlich missbräuchlich sind; oder

- die Ersuchen das Bearbeiten der Daten, die Veranlagung, Prüfung, Erhebung oder Vollstreckung der Steuern durch den Staat, der die Informationen erhält, nicht gefährden.

Jede natürliche Person, die ihre Identität ausweist, kann die Korrektur, die Änderung oder die Löschung ihrer Personendaten verlangen, wenn diese unzutreffend sind. Bei begründeten Zweifeln an der Rechtmässigkeit des Ersuchens kann die zuständige Behörde, welche die Informationen erhält, weitere Belege verlangen, bevor sie dem Ersuchen stattgibt.

---

[5] AS **2017** 3533. Diese Notifikation ersetzt diejenige vom 21. Dez.2016 (in der AS nicht veröffentlicht) und bleibt gültig, bis das Sekretariat des Koordinierungsgremiums über eine Änderung unterrichtet wird.

[6] SR **0.652.1**

[7] Die Schweiz verfügt über eine Angemessenheitsentscheidung der Europäischen Kommission gemäss Artikel 25 Absatz 6 der Richtlinie 95/46/EG vom 24. Oktober 1995 des Europäischen Parlaments und des Rates zum Schutz natürlicher Personen bei der Verarbeitung personenbezogener Daten und zum freien Datenverkehr.

Informiert die zuständige Behörde der Schweiz die zuständige Behörde, welche die Informationen erhält, dass sie eine unzutreffende Information übermittelt hat, so wird diese unzutreffende Information durch die zuständige Behörde, die die Informationen erhalten hat, entsprechend korrigiert, geändert oder gelöscht.

Die Person, deren Personendaten übermittelt werden, muss gemäss den im Recht des die Daten übermittelnden Staates dafür vorgesehenen Verfahren in allgemeiner Weise über die Sammlung dieser Daten informiert werden.

Beschwerderecht

Jede natürliche Person muss das Recht haben, bei Schäden aus der fehlerhaften Verwendung von der zuständigen Behörde der Schweiz übermittelter Personendaten durch die zuständige Behörde, welche die Informationen erhält, in geeigneter Weise Beschwerde einzulegen.

Datensicherheit

Die zuständige Behörde, welche die Informationen von der zuständigen Behörde der Schweiz erhält, muss Massnahmen zum Schutz der übermittelten Informationen ergreifen, so insbesondere gegen den unbefugten Zugriff auf diese Daten sowie gegen jegliche unbefugte Änderung und Weitergabe dieser Daten.

Datenaufbewahrung

Die zuständige Behörde, welche die Informationen erhält, sorgt für die Aufbewahrung der Personendaten in einer Form, welche die Identifikation der betroffenen Personen nur so lange zulässt, wie es für die Zwecke, für die sie beschafft oder weiterbearbeitet werden, erforderlich ist.

Begriffsbestimmungen

Im Sinne dieser Erklärung:

a) umfasst der Ausdruck *«Personendaten»* alle Informationen über eine bestimmte oder bestimmbare natürliche Person; als bestimmbar wird eine Person angesehen, die direkt oder indirekt identifiziert werden kann, insbesondere durch Zuordnung zu einer Kennnummer oder zu einem oder mehreren besonderen Merkmalen, die Ausdruck ihrer physischen, physiologischen, psychischen, wirtschaftlichen, kulturellen oder sozialen Identität sind;

b) hat der Ausdruck *«zuständige Behörde»* die im Übereinkommen über die gegenseitige Amtshilfe in Steuersachen in der revidierten Fassung definierte und verwendete Bedeutung;

c) verstehen sich die Ausdrücke *«Staat»* und *«wirksame Vereinbarung»* im Sinne der Definition der multilateralen Vereinbarung der zuständigen Behörden über den automatischen Informationsaustausch über Finanzkonten; und

d) sind die Listen der Staaten, deren Regelung zum Schutz der Personendaten von der Schweiz oder der Europäischen Kommission als angemessen erachtet werden, unter folgenden Adressen abrufbar:

www.edoeb.admin.ch/datenschutz/00626/00753/index.html

https://secure.edps.europa.eu/EDPSWEB/edps/site/mySite/lang/de/pid/71#a dequacy_decision

Geltungsbereich am 21. Januar 2025

Die Schweiz setzt den AIA grundsätzlich basierend auf der Multilateralen Vereinbarung der zuständigen Behörden über den automatischen Informationsaustausch über Finanzkonten (*Multilateral Competent Authority Agreement*; MCAA) um. Mit der EU hat die Schweiz einen entsprechenden bilateralen Staatsvertrag unterzeichnet.

Die rechtlichen Grundlagen für den AIA sind am 1. Januar 2017 in Kraft getreten. Für den Vollzug des AIA ist die Eidgenössische Steuerverwaltung (ESTV) zuständig.

Die Liste der aktivierten bilateralen Austauschbeziehungen sämtlicher Staaten und Territorien kann auf der Webseite der OECD eingesehen werden. Die nachstehende Liste enthält die AIA-Partnerstaaten der Schweiz. Sie wird regelmässig aktualisiert und ist massgebend gegenüber den Listen der OECD (☞ *Stand am 21.1.2025 gemäss SIF*).[1]

Partnerstaat	Inkrafttreten[2]
Albanien	01.01.2021
Andorra	01.01.2018
Anguilla[3]	01.01.2019
Antigua und Barbuda[5]	01.01.2019
Argentinien	01.01.2018
Aruba	01.01.2019
Aserbaidschan	01.01.2020
Australien	01.01.2017
Bahamas[3]	01.01.2019
Bahrain[3]	01.01.2019
Barbados	01.01.2018
Belize	01.01.2018
Bermuda[3]	01.01.2018
Brasilien	01.01.2018
Britische Jungferninseln[3]	01.01.2018
Brunei Darussalam[5]	01.01.2021
Cayman Inseln[3]	01.01.2018
Chile	01.01.2018
China (Volksrepublik)	01.01.2018
Cookinseln	01.01.2018
Costa Rica	01.01.2018
Curaçao	01.01.2018
Dominica[5]	01.01.2020
Ecuador	01.01.2023
Europäische Union[6]	01.01.2017
Färöer Inseln	01.01.2018
Georgien	01.01.2025
Ghana	01.01.2020
Gibraltar[4]	01.01.2017
Grenada	01.01.2019
Grönland	01.01.2018
Guernsey	01.01.2017

Hongkong[8]	01.01.2024
Indien	01.01.2018
Indonesien	01.01.2018
Insel Man	01.01.2017
Island	01.01.2017
Israel	01.01.2019
Jamaika	01.01.2023
Japan	01.01.2017
Jersey	01.01.2017
Kanada	01.01.2017
Kasachstan	01.01.2022
Katar[3]	01.01.2019
Kenia	01.01.2024
Kolumbien	01.01.2018
Kuwait[3]	01.01.2019
Libanon[5]	01.01.2020
Liechtenstein	01.01.2018
Macao[5]	01.01.2020
Malaysia	01.01.2018
Malediven	01.01.2022
Mauritius	01.01.2018
Marshallinseln[3]	01.01.2019
Mexiko	01.01.2018
Moldau	01.01.2025
Monaco	01.01.2018
Montserrat[5]	01.01.2018
Nauru[3]	01.01.2019
Neukaledonien[3]	01.01.2023
Neuseeland	01.01.2018
Niederlande, Überseegemeinden (Bonaire, Saint Eustatius, Saba)	01.01.2019
Nigeria	01.01.2021
Norwegen	01.01.2017
Oman[5]	01.01.2022
Panama	01.01.2019
Pakistan	01.01.2020
Peru	01.01.2021
Rumänien[5]	01.01.2017
Russland[9]	01.01.2018
Samoa[5]	01.01.2020
San Marino	01.01.2018
Saint Kitts und Nevis	01.01.2018
Saint-Lucia	01.01.2018
Saint Vincent und die Grenadinen[5]	01.01.2018
Saudi-Arabien	01.01.2018
Seychellen	01.01.2018
Singapur[8]	01.01.2024
Sint Maarten[5]	01.01.2023
Südafrika	01.01.2018

Südkorea	01.01.2017
Thailand	01.01.2024
Türkei	01.01.2021
Turks und Caicos Inseln[3]	01.01.2018
Uganda	01.01.2026
Ukraine	01.01.2025
Uruguay	01.01.2018
Vanuatu[5]	01.01.2020
Vereinigte Arabische Emirate[3]	01.01.2019
Vereinigtes Königreich[4]	01.01.2017

Quelle: vgl. Staatssekretariat für internationale Finanzfragen SIF (Automatischer Informationsaustausch)

[1] vgl. Staatssekretariat für internationale Finanzfragen SIF (Automatischer Informationsaustausch)

[2] Ab dem Inkrafttreten auf den 1. Januar eines bestimmten Jahres gilt ein Staat als teilnehmender Staat. Die meldepflichtigen Finanzinstitute sammeln ab diesem Zeitpunkt – unter Vorbehalt von Fussnote 3 – Kontoinformationen von steuerlich in den jeweiligen Partnerstaaten ansässigen Personen. Diese Informationen werden zwischen den zuständigen Behörden erstmals im Herbst des darauffolgenden Jahres ausgetauscht.

[3] Diese Staaten und Territorien haben sich als «ständige nichtreziproke Jurisdiktionen» erklärt, d. h. sie liefern dauerhaft Kontoinformationen an die Partnerstaaten, jedoch erhalten sie keine solchen Daten.

[4] Der AIA wird mit dem Vereinigten Königreich seit dem 1. Januar 2021 auf der Grundlage der multilateralen AIA-Abkommen (Amtshilfeübereinkommen in Steuersachen und MCAA) umgesetzt.

[5] Diese Staaten und Territorien haben sich als «temporär nichtreziproke Jurisdiktionen» erklärt, d.h. sie werden vorerst Informationen über Finanzkonten liefern, jedoch keine solchen erhalten, bis sie die Voraussetzungen des AIA-Standards im Bereich der Vertraulichkeit und Datensicherheit erfüllen. Meldende schweizerische Finanzinstitute müssen ab dem Zeitpunkt der Aktivierung des AIA die relevanten Daten sammeln und innert der vorgegebenen Frist an die Eidgenössische Steuerverwaltung weiterleiten. Die Eidgenössische Steuerverwaltung wird diese Daten aber nur an die Partnerstaaten übermitteln, wenn diese die Voraussetzungen für den reziproken Datenaustausch erfüllen und eine aktualisierte Prüfung des Global Forum dies bestätigen wird.

[6] Das bilaterale AIA-Abkommen mit der EU gilt für alle 27 EU-Mitgliedstaaten und ist auch für die Åland-Inseln (Finnland), die Azoren (Portugal), Französisch-Guayana (Frankreich), Guadeloupe (Frankreich), die Kanarischen Inseln (Spanien), Madeira (Portugal), Martinique (Frankreich), Mayotte (Frankreich), Réunion (Frankreich) und Saint-Martin (Frankreich) anwendbar (☞ siehe aber Rumänien).

[7] Diese Staaten und Territorien erfüllen die Voraussetzungen für eine Aktivierung des AIA noch nicht. Die sich aus den Abkommen ergebenden Rechte und Pflichten sind daher nicht wirksam. Es besteht insbesondere keine Pflicht der meldenden Finanzinstitute, Informationen über Finanzkonten zu sammeln und an die zuständige Behörde zu übermitteln. Damit die Schweiz diese Staaten und Territorien als AIA-Partner notifizieren kann, müssen sie die Voraussetzungen des globalen AIA-Standards erfüllen und ihr Interesse an der Einführung des AIA mit der Schweiz bekunden. Die Aktivierung des AIA erfolgt immer auf den 1. Januar eines Jahres.

[8] Der AIA wird mit Hongkong und Singapur seit dem 1. Januar 2024 auf der Grundlage der multilateralen AIA-Abkommen (Amtshilfeübereinkommen in Steuersachen und MCAA) umgesetzt.

[9] Die Datenübermittlung an Russland ist derzeit suspendiert. Die übrigen Rechte und Pflichten, die sich aus den einschlägigen Abkommen ergeben, bleiben vom Beschluss des Bundesrates unberührt, so insbesondere die Pflicht der meldenden Finanzinstitute, die Finanzkontendaten von in Russland steuerlich ansässigen Personen zu sammeln und der ESTV zu übermitteln.

1.6.1 Bundesbeschluss über den Prüfmechanismus zur Sicherstellung der standardkonformen Umsetzung des automatischen Informationsaustauschs über Finanzkonten mit Partnerstaaten ab 2018/2019[1]

vom 6. Dezember 2017 (☞ *in Kraft getreten am 6. Dezember 2017*)

Die Bundesversammlung der Schweizerischen Eidgenossenschaft,

gestützt auf die Artikel 54 Absatz 1 und 163 Absatz 2 der Bundesverfassung[2] sowie auf Artikel 148 Absätze 1 und 2 sowie 152 des Parlamentsgesetzes vom 13. Dezember 2002[3], nach Einsicht in die Botschaft des Bundesrates vom 16. Juni 2017[4],

beschliesst:

Art. 1

¹ Der Bundesrat prüft im Hinblick auf den ersten automatischen Informationsaustausch über Finanzkonten mit Partnerstaaten der multilateralen Vereinbarung der zuständigen Behörden vom 29. Oktober 2014[5] über den automatischen Informationsaustausch über Finanzkonten (AIA-Vereinbarung), der im September 2019 stattfindet, ob diese Partnerstaaten die Voraussetzungen für die standardkonforme Umsetzung des automatischen Informationsaustauschs über Finanzkonten (AIA) erfüllen.

² Er prüft insbesondere, ob die folgenden Voraussetzungen erfüllt sind:

a. Der Partnerstaat verfügt über die für die Umsetzung des AIA erforderlichen Rechtsvorschriften; dazu gehören insbesondere die Einhaltung des Spezialitätsprinzips, gemäss dem Informationen nur zu dem im Abkommen vorgesehenen Zweck verwendet werden dürfen;
b. der Stand der Vertraulichkeit sowie der Vorkehrungen für die Datensicherheit und den Datenschutz entspricht im Partnerstaat den Standards der AIA-Vereinbarung;
c. der Partnerstaat verfügt über ein angemessenes Netzwerk von Partnerstaaten, einschliesslich der relevanten Konkurrenzfinanzplätze, mit denen er den AIA umsetzt;
d. dem Sekretariat des Koordinierungsgremiums der AIA-Vereinbarung liegen keine Meldungen über Verstösse gegen die Vertraulichkeitsvorschriften oder ein Versagen der Schutzvorkehrungen im Partnerstaat vor;
e. es liegen keine Feststellungen der mit der Durchführung des AIA betrauten schweizerischen Behörden vor, dass nach Artikel 21 des Übereinkommens vom 25. Januar 1988[6] über die gegenseitige Amtshilfe in Steuersachen aufgrund der allgemeinen Sachlage oder im Einzelfall keine Verpflichtung der Schweiz zum automatischen Austausch von Informationen besteht;

---

[1] BBl **2018** 39
[2] SR **101**
[3] SR **171.10**
[4] BBl **2017** 4913
[5] SR **0.653.1**
[6] SR **0.652.1**

f. vom Datenaustausch betroffene Personen sind im Zusammenhang mit ausgetauschten Steuerinformationen im Partnerstaat nicht Verfahren ausgesetzt, die nachweisbar schwere Menschenrechtsverletzungen mit sich bringen oder zur Folge haben könnten.

³ Er fasst die Ergebnisse in einem Bericht zusammen.

Art. 2

¹ Der Bundesrat unterbreitet den Bericht den zuständigen parlamentarischen Kommissionen zur Konsultation.

² Er veranlasst unter Berücksichtigung der Empfehlungen der zuständigen parlamentarischen Kommissionen die nach der AIA-Vereinbarung erforderlichen Massnahmen.

³ In der Folgezeit überprüft der Bundesrat periodisch und risikobasiert, ob die Voraussetzungen gemäss Artikel 1 weiterhin gegeben sind und unterbreitet diese Berichte den zuständigen parlamentarischen Kommissionen zur Konsultation.

Art. 3

Dieser Beschluss untersteht nicht dem Referendum.

Nationalrat, 6. Dezember 2017   Ständerat, 5. Dezember 2017

1.7 Bundesgesetz über den internationalen automatischen Informationsaustausch in Steuersachen (AIAG) SR 653.1

vom 18. Dezember 2015 (Stand am 1. September 2023)

Die Bundesversammlung der Schweizerischen Eidgenossenschaft,

gestützt auf Artikel 173 Absatz 2 der Bundesverfassung[1], nach Einsicht in die Botschaft des Bundesrates vom 5. Juni 2015[2],

beschliesst:

1. Abschnitt: Allgemeine Bestimmungen

Art. 1 Gegenstand

¹ Dieses Gesetz regelt die Umsetzung des automatischen Informationsaustauschs in Steuersachen (automatischer Informationsaustausch) zwischen der Schweiz und einem Partnerstaat:

a. nach der multilateralen Vereinbarung vom 29. Oktober 2014[3] der zuständigen Behörden über den automatischen Informationsaustausch über Finanzkonten (AIA-Vereinbarung) einschliesslich ihrer Beilage;

b. nach anderen internationalen Abkommen, die einen automatischen Informationsaustausch über Finanzkonten vorsehen.

² Vorbehalten sind die abweichenden Bestimmungen des im Einzelfall anwendbaren Abkommens.

Art. 2 Begriffe

¹ In diesem Gesetz bedeuten:

a. *anwendbares Abkommen:* eine Vereinbarung oder ein Abkommen nach Artikel 1 Absatz 1, die oder das im Einzelfall anwendbar ist;

b. *gemeinsamer Meldestandard (GMS):* der gemeinsame Melde- und Sorgfaltsstandard der Organisation für wirtschaftliche Zusammenarbeit und Entwicklung (OECD) für Informationen über Finanzkonten;

c. *Partnerstaat:* Staat oder Hoheitsgebiet, mit dem die Schweiz den automatischen Informationsaustausch vereinbart hat;

d. *schweizerisches Finanzinstitut:*
   1. ein in der Schweiz ansässiges Finanzinstitut, jedoch nicht eine Zweigniederlassung dieses Finanzinstituts, die sich ausserhalb der Schweiz befindet, oder

---

[1] SR **101**
[2] BBl **2015** 5437
[3] SR **0.653.1**

2. eine Zweigniederlassung eines nicht in der Schweiz ansässigen Finanzinstituts, die sich in der Schweiz befindet;
e. *nicht dokumentiertes Konto:* ein bestehendes Konto natürlicher Personen, bei welchem ein meldendes schweizerisches Finanzinstitut in Anwendung der Bestimmungen des anwendbaren Abkommens die steuerliche Ansässigkeit des Kontoinhabers oder der Kontoinhaberin nicht feststellen kann;
f. *schweizerische Steueridentifikationsnummer für natürliche Personen:* die AHV-Nummer[1] nach dem Bundesgesetz vom 20. Dezember 1946[2] über die Alters- und Hinterlassenenversicherung;
g. *schweizerische Steueridentifikationsnummer für Rechtsträger (UID):* die Unternehmens-Identifikationsnummer nach dem Bundesgesetz vom 18. Juni 2010[3] über die Unternehmens-Identifikationsnummer;
h. *ausländische Steueridentifikationsnummer:* die Identifikationsnummer einer steuerpflichtigen Person nach dem Recht des Staates oder Hoheitsgebiets, in dem sie steuerlich ansässig ist;
i. *bestehendes Konto:* ein Finanzkonto, das am Tag vor Beginn der Anwendbarkeit des automatischen Informationsaustauschs mit einem Partnerstaat von einem meldenden schweizerischen Finanzinstitut geführt wird;
j. *Neukonto:* ein von einem meldenden schweizerischen Finanzinstitut geführtes Finanzkonto, das am Tag der Anwendbarkeit des automatischen Informationsaustauschs mit einem Partnerstaat oder später eröffnet wird;
k. *Konto von geringerem Wert:* ein bestehendes Konto einer natürlichen Person, das am 31. Dezember vor Beginn der Anwendbarkeit des automatischen Informationsaustauschs mit einem Partnerstaat einen Gesamtsaldo oder Gesamtwert von höchstens einer Million US-Dollar[4] aufweist;
l. *Konto von hohem Wert:* ein bestehendes Konto einer natürlichen Person, das am 31. Dezember vor Beginn der Anwendbarkeit des automatischen Informationsaustauschs mit einem Partnerstaat oder am 31. Dezember eines Folgejahres einen Gesamtsaldo oder Gesamtwert von mehr als einer Million US-Dollar aufweist.

² Der Bundesrat kann den in den anwendbaren Abkommen verwendeten Begriff «teilnehmender Staat» für eine befristete Dauer breiter definieren als die Abkommen.

Art. 3 Nicht meldende Finanzinstitute

¹ Als nicht meldendes Finanzinstitut, das ein staatlicher Rechtsträger ist, gelten namentlich:

a. die Schweizerische Eidgenossenschaft;
b. die Kantone und die Gemeinden;
c. die Einrichtungen und Vertretungen, die sich im Alleineigentum einer Einheit nach Buchstabe a oder b befinden, insbesondere die Institutionen, Einrichtungen und Fonds des Sozialversicherungssystems auf Bundes-, Kantons- und Gemeindeebene.

---

[1] Ausdruck gemäss Anhang Ziff. 21 des BG vom 18. Dez. 2020 (Systematische Verwendung der AHV-Nummer durch Behörden), in Kraft seit 1. Jan. 2022 (AS **2021** 758; BBl **2019** 7359). Diese Änd. wurde in den in der AS genannten Bestimmungen vorgenommen.
[2] SR **831.10**
[3] SR **431.03**
[4] Ausdruck gemäss Ziff. I des BG vom 19. Juni 2020, in Kraft seit 1. Januar 2021 (AS **2020** 5247; BBl **2019** 8135). Diese Änd. wurde in den in der AS genannten Bestimmungen vorgenommen.

² Als nicht meldendes Finanzinstitut, das eine internationale Organisation ist, gelten namentlich:
  a. Partnerorganisationen eines internationalen Sitzabkommens mit der Schweizerischen Eidgenossenschaft;
  b. diplomatische Missionen, ständige Missionen oder andere Vertretungen bei internationalen Organisationen, konsularische Vertretungen oder Sondermissionen, deren Status, Privilegien und Immunitäten im Wiener Übereinkommen vom 18. April 1961[1] über diplomatische Beziehungen, im Wiener Übereinkommen von 24. April 1963[2] über konsularische Beziehungen oder im Übereinkommen vom 8. Dezember 1969[3] über Sondermissionen festgelegt sind.

³ Als nicht meldendes Finanzinstitut, das eine Zentralbank ist, gelten namentlich die Schweizerische Nationalbank und die sich in ihrem Alleineigentum befindenden Einrichtungen.

⁴ Finanzinstitute nach den Absätzen 1–3 sind meldende Finanzinstitute in Bezug auf Zahlungen, die aus einer Verpflichtung im Zusammenhang mit gewerblichen Finanzaktivitäten stammen, die denen einer spezifizierten Versicherungsgesellschaft, eines Verwahrinstituts oder eines Einlageinstituts entsprechen.

⁵ Als nicht meldendes Finanzinstitut, das ein Altersvorsorgefonds mit breiter Beteiligung, ein Altersvorsorgefonds mit geringer Beteiligung, ein Pensionsfonds eines staatlichen Rechtsträgers, einer internationalen Organisation oder einer Zentralbank oder ein Rechtsträger ist, bei dem ein geringes Risiko besteht, dass er zur Steuerhinterziehung missbraucht wird, und der im Wesentlichen ähnliche Eigenschaften aufweist wie die nicht meldenden Finanzinstitute nach dem anwendbaren Abkommen, gelten namentlich die folgenden Institute der beruflichen Vorsorge:

  a.[4] die Vorsorgeeinrichtungen und anderen Vorsorgeformen, die gestützt auf die Artikel 48 und 49 des Bundesgesetzes vom 25. Juni 1982[5] über die berufliche Alters-, Hinterlassenen- und Invalidenvorsorge (BVG), Artikel 89a Absatz 6 oder 7 des Zivilgesetzbuches (ZGB)[6] oder Artikel 331 Absatz 1 des Obligationenrechts (OR)[7] in der Schweiz errichtet worden sind;
  b. die Freizügigkeitseinrichtungen, die in Umsetzung der Artikel 4 Absatz 1 und 26 Absatz 1 des Freizügigkeitsgesetzes vom 17. Dezember 1993[8] (FZG) errichtet worden sind;
  c. die Auffangeinrichtung nach Artikel 60 BVG;
  d. der Sicherheitsfonds nach den Artikeln 56–59 BVG;
  e. Einrichtungen der anerkannten Vorsorgeformen nach Artikel 82 BVG;
  f. die Anlagestiftungen nach den Artikeln 53g–53k BVG, sofern sämtliche an der Anlagestiftung Beteiligten Pensionseinrichtungen oder andere Vorsorgeformen nach den Buchstaben a–e sind.

---

[1] SR **0.191.01**
[2] SR **0.191.02**
[3] SR **0.191.2**
[4] Siehe Art. 41.
[5] SR **831.40**
[6] SR **210**
[7] SR **220**
[8] SR **831.42**

⁶ Sieht das anwendbare Abkommen keine Frist vor, so gilt ein Kreditkartenanbieter als qualifizierter Kreditkartenanbieter und somit als nicht meldendes Finanzinstitut, wenn er bei Inkrafttreten dieses Gesetzes die Voraussetzungen nach dem anwendbaren Abkommen erfüllt. Nimmt ein Kreditkartenanbieter die Geschäftstätigkeit nach Inkrafttreten dieses Gesetzes auf, so gilt er als nicht meldendes Finanzinstitut, wenn er die Voraussetzungen nach dem anwendbaren Abkommen spätestens sechs Monate nach Aufnahme der Geschäftstätigkeit erfüllt.

⁷ Als nicht meldendes Finanzinstitut, das ein ausgenommener Organismus für gemeinsame Anlagen ist, gelten namentlich schweizerische kollektive Kapitalanlagen, die dem Kollektivanlagengesetz vom 23. Juni 2006[1] unterstehen und die Voraussetzungen im anwendbaren Abkommen betreffend Beteiligungen am Organismus für gemeinsame Anlagen sowie betreffend Anteilsscheine, die als auf den Inhaber oder die Inhaberin lautende Wertpapiere ausgestaltet sind, erfüllen. Der Bundesrat legt die Kriterien fest, nach denen ein Organismus für gemeinsame Anlagen als nicht meldendes Finanzinstitut gilt. Er bezeichnet die Organismen.

⁸ Sieht das anwendbare Abkommen keine Frist vor, so erfüllen Organismen für gemeinsame Anlagen die Voraussetzung betreffend Anteilsscheine, die als auf den Inhaber oder die Inhaberin lautende Wertpapiere ausgestaltet sind, wenn sie:

a. ab Inkrafttreten dieses Gesetzes keine Anteilsscheine ausgeben, die als auf den Inhaber oder die Inhaberin lautende Wertpapiere ausgestaltet sind; und

b. über Massnahmen und Verfahren verfügen, die sicherstellen, dass Anteilsscheine, die als auf den Inhaber oder die Inhaberin lautende Wertpapiere ausgestaltet sind, so bald wie möglich, spätestens jedoch zwei Jahre nach Inkrafttreten dieses Gesetzes eingelöst werden oder nicht mehr verkehrsfähig sind.

⁹ Sieht das anwendbare Abkommen es vor, so gilt ein Trust als nicht meldendes Finanzinstitut, soweit der Treuhänder oder die Treuhänderin des Trusts (*Trustee*) ein meldendes Finanzinstitut ist und sämtliche nach dem anwendbaren Abkommen zu meldenden Informationen zu sämtlichen meldepflichtigen Konten des Trusts meldet.

¹⁰ …[2]

¹¹ Der Bundesrat kann weitere Rechtsträger als nicht meldende Finanzinstitute bezeichnen, wenn bei diesen ein geringes Risiko besteht, dass sie zur Steuerhinterziehung missbraucht werden, und die im Wesentlichen ähnliche Eigenschaften aufweisen wie die nicht meldenden Finanzinstitute nach dem anwendbaren Abkommen. Er legt die Kriterien fest, nach denen weitere Rechtsträger als nicht meldende Finanzinstitute gelten.

Art. 4 Ausgenommene Konten

¹ Als ausgenommenes Konto, das ein Altersvorsorgekonto oder ein Konto ist, bei dem ein geringes Risiko besteht, dass es zur Steuerhinterziehung missbraucht wird, und das im Wesentlichen ähnliche Eigenschaften aufweist wie die ausgenommenen Konten nach dem anwendbaren Abkommen, gelten namentlich:

---

[1] SR **951.31**
[2] Aufgehoben durch Ziff. I des BG vom 19. Juni 2020, mit Wirkung seit 1. Januar 2021 (AS **2020** 5247; BBl **2019** 8135).

a. Konten im Rahmen der beruflichen Vorsorge, einschliesslich Gruppenversicherungsverträge, die von einem oder mehreren nicht meldenden schweizerischen Finanzinstituten geführt oder gehalten werden;
b. zulässige Formen zur Erhaltung des Vorsorgeschutzes, Freizügigkeitspolicen und -konten, die gestützt auf die Artikel 4 Absatz 1 und 26 Absatz 1 FZG[1] errichtet worden sind;
c.[2] gebundene Vorsorgeversicherungen bei Versicherungseinrichtungen und gebundene Vorsorgevereinbarungen mit Bankstiftungen als anerkannte Vorsorgeformen im Sinne von Artikel 82 Absatz 2 BVG[3].

[2] Als ausgenommenes Konto, bei dem ein geringes Risiko besteht, dass es zur Steuerhinterziehung missbraucht wird, und das im Wesentlichen ähnliche Eigenschaften aufweist wie die ausgenommenen Konten nach dem anwendbaren Abkommen, gelten namentlich:

a. Konten, die von einem oder mehreren nicht meldenden schweizerischen Finanzinstituten geführt oder gehalten werden;
b. Mietzinskautionskonten nach Artikel 257e OR[4].

[3] Der Bundesrat kann weitere Konten als ausgenommene Konten bezeichnen, wenn bei diesen ein geringes Risiko besteht, dass sie zur Steuerhinterziehung missbraucht werden, und die im Wesentlichen ähnliche Eigenschaften aufweisen wie die ausgenommenen Konten nach dem anwendbaren Abkommen. Er legt die Kriterien fest, nach denen weitere Konten als ausgenommene Konten gelten.

Art. 5 Ansässigkeit von Finanzinstituten in der Schweiz

[1] Als in der Schweiz ansässig gelten Finanzinstitute, die in der Schweiz steuerpflichtig sind.

[2] Finanzinstitute, die in keinem Staat oder Hoheitsgebiet steuerlich ansässig sind, gelten als in der Schweiz ansässig, wenn sie:

a. nach schweizerischem Recht eingetragen sind;
b. den Ort ihrer Geschäftsleitung einschliesslich ihrer tatsächlichen Verwaltung in der Schweiz haben; oder
c. der schweizerischen Finanzmarktaufsicht unterstehen.

[3] Ist ein Finanzinstitut in der Schweiz und in einem oder mehreren anderen Staaten oder Hoheitsgebieten ansässig, so gilt es als schweizerisches Finanzinstitut in Bezug auf die Finanzkonten, die es in der Schweiz führt.

[4] Ein Finanzinstitut in der Form eines Trusts gilt für die Zwecke des anwendbaren Abkommens und dieses Gesetzes als in der Schweiz ansässig, wenn mindestens einer oder eine der *Trustees* in der Schweiz ansässig ist. Die Ansässigkeit des *Trustees* oder der *Trustee* bestimmt sich nach den Absätzen 1–3.

[5] Der Bundesrat legt die Kriterien fest, nach denen ein Finanzinstitut als ansässig im Sinne von Absatz 1 gilt. Er bezeichnet zudem die steuerbefreiten Finanzinstitute, die als ansässig im Sinne von Absatz 1 gelten.

---

[1] SR **831.42**
[2] Fassung gemäss Ziff. I des BG vom 19. Juni 2020, in Kraft seit 1. Januar 2021 (AS **2020** 5247; BBl **2019** 8135).
[3] SR **831.40**
[4] SR **220**

Art. 6 Vereinbarungen über den Datenschutz

Sieht das anwendbare Abkommen vor, dass die informierende Behörde Datenschutzbestimmungen bezeichnen kann, die von der empfangenden Behörde einzuhalten sind, so kann der Bundesrat Vereinbarungen über den Datenschutz abschliessen. Die einzuhaltenden Datenschutzbestimmungen müssen mindestens dem Schutzniveau des Datenschutzgesetzes vom 25. September 2020[1] (DSG) und dieses Gesetzes entsprechen.[2]

2. Abschnitt: Gemeinsamer Meldestandard

Art. 7 Anwendung und Weiterentwicklung der AIA-Vereinbarung

[1] Die Rechte und Pflichten der meldenden schweizerischen Finanzinstitute richten sich im Rahmen der Umsetzung der AIA-Vereinbarung[3] nach der Beilage zur AIA-Vereinbarung und nach diesem Gesetz.

[2] Der Bundesrat kann Änderungen des GMS in die Beilage zur AIA-Vereinbarung aufnehmen, wenn diese von beschränkter Tragweite sind. Er unterbreitet der Bundesversammlung die übrigen Änderungen zur Genehmigung.

[3] Als Änderungen von beschränkter Tragweite gelten namentlich solche, die:

a. für meldepflichtige Personen und meldende schweizerische Finanzinstitute keine neuen Pflichten begründen oder keine bestehenden Rechte aufheben;
b. sich in erster Linie an die Behörden richten, administrativ-technische Fragen regeln oder keine bedeutenden finanziellen Aufwendungen verursachen.

Art. 8 Kommentare der OECD

Änderungen der OECD-Kommentare zum Muster für eine Vereinbarung zwischen den zuständigen Behörden und zum GMS sind für die meldenden schweizerischen Finanzinstitute erst umzusetzen, wenn sie in ein Bundesgesetz, in eine Verordnung oder in eine Weisung der Eidgenössischen Steuerverwaltung (ESTV) aufgenommen worden sind.

Art. 9 Erleichterungen bei der Erfüllung der Melde- und Sorgfaltspflichten

[1] Meldende schweizerische Finanzinstitute können:

a. dritte Dienstleister zur Erfüllung ihrer Melde- und Sorgfaltspflichten beiziehen; sie bleiben für die Erfüllung der Pflichten verantwortlich;
b. die für Konten von hohem Wert geltenden Verfahren zur Erfüllung ihrer Sorgfaltspflichten auf bestimmte oder alle Konten von geringerem Wert anwenden;
c. die für Neukonten geltenden Verfahren zur Erfüllung ihrer Sorgfaltspflichten auf bestimmte oder alle bestehenden Konten anwenden; die übrigen Vorschriften für bestehende Konten sind weiterhin anwendbar;

---

[1] SR **235.1**
[2] Fassung des zweiten Satzes gemäss Anhang 1 Ziff. II 55 des Datenschutzgesetzes vom 25. Sept. 2020, in Kraft seit 1. Sept. 2023 (AS **2022** 491; BBl **2017** 6941).
[3] SR **0.653.1**

d. bei bestimmten oder allen bestehenden Konten von Rechtsträgern auf eine Überprüfung, Identifizierung und Meldung verzichten, wenn diese Konten am 31. Dezember vor Beginn der Anwendbarkeit des automatischen Informationsaustauschs mit einem Partnerstaat einen Gesamtsaldo oder Gesamtwert von höchstens 250 000 US-Dollar aufweisen;
e. bei bestimmten oder allen bestehenden Konten von geringerem Wert von natürlichen Personen für die Identifizierung meldepflichtiger Konten das Hausanschriftverfahren oder die Suche in ihren elektronischen Datensätzen anwenden;
f. in Erfüllung ihrer Sorgfaltspflichten bei bestehenden Konten von Rechtsträgern als Beleg jede Einstufung in ihren Unterlagen in Bezug auf den Kontoinhaber oder die Kontoinhaberin verwenden, die auf der Grundlage eines standardisierten nationalen oder internationalen Branchenkodierungssystems ermittelt wurde und die sie im Einklang mit ihrer üblichen Geschäftspraxis für die Zwecke von Verfahren zur Bekämpfung der Geldwäscherei oder zu anderen gesetzlichen Zwecken, ausser zu Steuerzwecken, dokumentieren und vor dem Datum eingeführt haben, an dem das Finanzkonto als bestehendes Konto eingestuft wurde, sofern ihnen nicht bekannt ist oder nicht bekannt sein müsste, dass diese Einstufung nicht zutreffend oder unglaubwürdig ist;
g. bestimmte oder alle Finanzkonten, die frühestens im Zeitpunkt des Inkrafttretens dieses Gesetzes eröffnet werden, als Neukonten behandeln; sie können bei der Kontoeröffnung die ausländische Steueridentifikationsnummer erheben.

² Sie können den Kreis der Begünstigten eines Trusts, die als beherrschende Personen des Trusts betrachtet werden, gleich bestimmen wie den Kreis der Begünstigten eines Trusts, die als meldepflichtige Personen eines Trusts, der ein Finanzinstitut ist, betrachtet werden. Sie müssen dabei angemessene organisatorische Massnahmen treffen, die sicherstellen, dass sie Ausschüttungen an die Begünstigten identifizieren können.

³ Der Bundesrat legt fest, welche im OECD-Kommentar zum GMS enthaltenen Alternativbestimmungen anwendbar sind.

Art. 10 Präzisierung der allgemeinen Meldepflichten

¹ Zur Bestimmung des Saldos oder Werts eines Finanzkontos oder eines sonstigen Betrags muss das meldende schweizerische Finanzinstitut den Betrag unter Verwendung des Kassakurses in US-Dollar umrechnen.[1] Zum Zweck der Meldung eines Kontos ermittelt das meldende schweizerische Finanzinstitut den Kassakurs zum letzten Tag des Kalenderjahres oder eines anderen geeigneten Zeitraums, für welches oder für welchen das Konto gemeldet wird.

² Der Bundesrat legt die Kriterien fest, nach denen:

a. der Betrag und die Einordnung von Zahlungen zugunsten eines meldepflichtigen Kontos zu bestimmen sind;
b. die verschiedenen Typen von Konten den im anwendbaren Abkommen definierten Kategorien von Finanzkonten zuzuweisen sind.

³ Stirbt eine meldepflichtige Person, so behandelt das meldende schweizerische Finanzinstitut ihr Konto so wie vor dem Tod, bis ihm der Nachlass mit eigener Rechtspersönlichkeit oder die berechtigten Erben und Erbinnen mitgeteilt werden.

---

[1] Fassung gemäss Ziff. I des BG vom 19. Juni 2020, in Kraft seit 1. Januar 2021 (AS **2020** 5247; BBl **2019** 8135).

Art. 11 Präzisierung der Sorgfaltspflichten

¹ Eine Selbstauskunft ist so lange gültig, bis eine Änderung der Gegebenheiten eintritt, aufgrund der dem meldenden schweizerischen Finanzinstitut bekannt ist oder bekannt sein müsste, dass die Selbstauskunft nicht zutreffend oder unglaubwürdig ist.

² Bestehende Konten natürlicher Personen müssen ab Beginn der Anwendbarkeit des automatischen Informationsaustauschs mit einem Partnerstaat innerhalb folgender Fristen überprüft werden:

a. Konten von hohem Wert: innerhalb eines Jahres;
b. Konten von geringerem Wert: innerhalb zweier Jahre.

³ Bestehende Konten von Rechtsträgern müssen innerhalb von zwei Jahren nach Beginn der Anwendbarkeit des automatischen Informationsaustauschs mit einem Partnerstaat überprüft werden.

⁴ Das meldende schweizerische Finanzinstitut kann die Fristen nach den Absätzen 2 und 3 ab Inkrafttreten dieses Gesetzes anwenden.

⁵ ...[1]

⁶ Bei den folgenden bestehenden Konten natürlicher Personen gilt die in den Unterlagen des meldenden schweizerischen Finanzinstituts erfasste Adresse im Rahmen des Hausanschriftverfahrens als aktuell:

a. bei Konten, die nach Artikel 37*l* Absatz 4 des Bankengesetzes vom 8. November 1934[2] als nachrichtenlose Konten gelten;
b. bei anderen Konten, bei denen es sich nicht um Rentenversicherungsverträge handelt, wenn:
  1. der Kontoinhaber oder die Kontoinhaberin in den letzten drei Jahren keine Transaktion in Bezug auf dieses oder ein anderes seiner beziehungsweise ihrer Konten beim meldenden schweizerischen Finanzinstitut vorgenommen hat,
  2. der Kontoinhaber oder die Kontoinhaberin in den letzten sechs Jahren mit dem meldenden schweizerischen Finanzinstitut, das dieses Konto führt, keinen Kontakt in Bezug auf dieses oder ein anderes seiner beziehungsweise ihrer Konten bei diesem Finanzinstitut hatte, und
  3. im Falle eines rückkaufsfähigen Versicherungsvertrages das meldende schweizerische Finanzinstitut in den letzten sechs Jahren mit dem Kontoinhaber oder der Kontoinhaberin keinen Kontakt in Bezug auf dieses oder ein anderes Konto dieser Person bei diesem Finanzinstitut hatte.

⁷ Meldende schweizerische Finanzinstitute müssen angemessene organisatorische Massnahmen treffen, die sicherstellen, dass ihnen alle Informationen vorliegen, die nach dem anwendbaren Abkommen und diesem Gesetz im Rahmen der Kontoeröffnung erhoben werden müssen, insbesondere dass die Selbstauskunft erteilt wird.

---

[1] Aufgehoben durch Ziff. I des BG vom 19. Juni 2020, mit Wirkung seit 1. Januar 2021 (AS **2020** 5247; BBl **2019** 8135).
[2] SR **952.0**

⁸ Ein meldendes schweizerisches Finanzinstitut kann ein Neukonto nur dann ohne Vorliegen einer Selbstauskunft des Kontoinhabers oder der Kontoinhaberin eröffnen, wenn:

a. der Kontoinhaber ein Rechtsträger ist und es anhand der ihm vorliegenden oder der öffentlich verfügbaren Informationen in vertretbarer Weise feststellt, dass er eine nicht meldepflichtige Person ist; oder
b. ein anderer Ausnahmefall vorliegt; in diesem Fall muss es die Selbstauskunft innerhalb von 90 Tagen erhalten haben und plausibilisieren; der Bundesrat umschreibt die Ausnahmefälle näher.[1]

⁹ Liegen einem meldenden schweizerischen Finanzinstitut 90 Tage nach Eröffnung eines Neukontos die nach dem anwendbaren Abkommen und diesem Gesetz zur Plausibilisierung der Selbstauskunft notwendigen Informationen oder in einem Ausnahmefall nach Absatz 8 Buchstabe b die Selbstauskunft nicht vor, so muss es das Konto schliessen oder für alle Zu- und Abgänge so lange sperren, bis ihm alle Informationen vorliegen. Es steht ihm ein ausserordentliches Kündigungsrecht zu. Vorbehalten sind Fälle nach Artikel 9 des Geldwäschereigesetzes vom 10. Oktober 1997[2] (GwG).[3]

¹⁰ …[4]

Art. 12 Präzisierung der besonderen Sorgfaltsvorschriften

¹ Ein Konto mit einem negativen Saldo oder Wert gilt als ein Konto mit einem Saldo oder Wert von null.

² – ⁴ …[5]

3. Abschnitt: Registrierungspflicht der meldenden schweizerischen Finanzinstitute

Art. 13

¹ Wer zu einem meldenden schweizerischen Finanzinstitut nach einem Abkommen nach Artikel 1 Absatz 1 und nach diesem Gesetz wird, hat sich unaufgefordert bei der ESTV anzumelden.

² In der Anmeldung hat das meldende schweizerische Finanzinstitut anzugeben:

a. seinen Namen oder seine Firma sowie seinen Sitz oder Wohnsitz; handelt es sich um eine juristische Person oder um eine Gesellschaft ohne juristische Persönlichkeit mit statutarischem Sitz im Ausland oder um ein Einzelunternehmen mit Sitz im Ausland, so sind der Name oder die Firma, der Ort der Hauptniederlassung und die Adresse der inländischen Leitung anzugeben;
b. die UID;
c. die Art der Tätigkeit;
d. das Datum der Aufnahme der Tätigkeit.

---

[1] Fassung gemäss Ziff. I des BG vom 19. Juni 2020, in Kraft seit 1. Januar 2021 (AS **2020** 5247; BBl **2019** 8135).
[2] SR **955.0**
[3] Fassung gemäss Ziff. I des BG vom 19. Juni 2020, in Kraft seit 1. Januar 2021 (AS **2020** 5247; BBl **2019** 8135).
[4] Aufgehoben durch Ziff. I des BG vom 19. Juni 2020, mit Wirkung seit 1. Januar 2021 (AS **2020** 5247; BBl **2019** 8135).
[5] Aufgehoben durch Ziff. I des BG vom 19. Juni 2020, mit Wirkung seit 1. Januar 2021 (AS **2020** 5247; BBl **2019** 8135).

³ Endet die Eigenschaft als meldendes schweizerisches Finanzinstitut nach einem Abkommen nach Artikel 1 Absatz 1 und nach diesem Gesetz oder wird die Geschäftstätigkeit aufgegeben, so hat sich das Finanzinstitut bei der ESTV unaufgefordert abzumelden.

⁴ Der oder die Trustee muss einen Trust nach Artikel 3 Absatz 9 anmelden. Der Bundesrat regelt die Einzelheiten der Anmeldung.[1]

4. Abschnitt: Informationspflicht der meldenden schweizerischen Finanzinstitute

Art. 14

¹ Die meldenden schweizerischen Finanzinstitute informieren die meldepflichtigen Personen direkt oder über ihre Vertragspartei spätestens am 31. Januar des Jahres, in dem erstmals sie betreffende Informationen an einen Partnerstaat übermittelt werden, über:

a. ihre Eigenschaft als meldendes schweizerisches Finanzinstitut;
b. die Abkommen nach Artikel 1 Absatz 1 und deren Inhalt, insbesondere über die aufgrund der Abkommen auszutauschenden Informationen;
c. die Liste der Partnerstaaten der Schweiz und den Ort der Veröffentlichung der jeweils aktualisierten Liste;
d. die in Anwendung der Abkommen nach Artikel 1 Absatz 1 zulässige Nutzung dieser Informationen;
e. die Rechte der meldepflichtigen Personen nach dem DSG[2] und diesem Gesetz.

² Bei meldepflichtigen Konten, die geschlossen worden sind, erfolgt die Information einmalig an die letzte bekannte Adresse. Bei Konten, die die Kriterien nach Artikel 11 Absatz 6 Buchstabe a oder b erfüllen, kann die Information ausbleiben.

³ Die meldenden schweizerischen Finanzinstitute veröffentlichen auf ihrer Website eine jährlich am 31. Januar aktualisierte Liste der Partnerstaaten der Schweiz oder verweisen auf die Liste des Eidgenössischen Finanzdepartements (EFD).

⁴ Das meldende schweizerische Finanzinstitut stellt dem Inhaber oder der Inhaberin des Kontos, das Gegenstand der Meldung ist, auf Ersuchen eine Kopie der Meldung zu.

5. Abschnitt: Meldepflichten und Meldeermächtigung

Art. 15 Übermittlung und Verwendung der Informationen

¹ Die meldenden schweizerischen Finanzinstitute übermitteln die nach dem anwendbaren Abkommen zu übermittelnden Informationen sowie die Informationen über ihre nicht dokumentierten Konten jährlich innerhalb von sechs Monaten nach Ablauf des betreffenden Kalenderjahres elektronisch an die ESTV. Führt ein meldendes schweizerisches Finanzinstitut keine meldepflichtigen Konten, so meldet es diesen Umstand der ESTV innerhalb derselben Frist.

² Die ESTV übermittelt die von den meldenden schweizerischen Finanzinstituten nach dem anwendbaren Abkommen an sie übermittelten Informationen innerhalb der im anwendbaren Abkommen festgelegten Fristen an die zuständigen Behörden der Partnerstaaten.

---

[1] Eingefügt durch Ziff. I des BG vom 19. Juni 2020, in Kraft seit 1. Januar 2021 (AS **2020** 5247; BBl **2019** 8135).
[2] SR **235.1**

³ Sie weist die zuständigen Behörden der Partnerstaaten auf die Einschränkungen bei der Verwendung der übermittelten Informationen sowie auf die Geheimhaltungspflichten nach den Amtshilfebestimmungen des anwendbaren Abkommens hin.

⁴ Sieht das anwendbare Abkommen vor, dass die im Rahmen des automatischen Informationsaustauschs übermittelten Informationen von der empfangenden Behörde für andere Zwecke als für Steuerzwecke verwendet oder von dieser an einen Drittstaat weitergeleitet werden dürfen, sofern die zuständige Behörde des Staates, der die Informationen übermittelt hat, dieser Verwendung oder Weiterleitung zustimmt, so erteilt die ESTV nach entsprechender Prüfung ihre Zustimmung. Sollen die Informationen an Strafbehörden weitergeleitet werden, so erteilt die ESTV die Zustimmung im Einvernehmen mit dem Bundesamt für Justiz.

⁵ Informationen, die der ESTV nach Absatz 1 übermittelt werden, dürfen zur Anwendung und Durchsetzung des schweizerischen Steuerrechts nur weiterverwendet werden, wenn sie nach schweizerischem Recht hätten beschafft werden können.

Art. 16 Verjährung

¹ Der Anspruch gegenüber dem meldenden schweizerischen Finanzinstitut auf Übermittlung der Meldung verjährt fünf Jahre nach Ablauf des Kalenderjahres, in dem die Meldung zu übermitteln war.

² Die Verjährung wird durch jede auf die Geltendmachung der Meldung gerichtete Amtshandlung unterbrochen, die einem meldenden schweizerischen Finanzinstitut zur Kenntnis gebracht wird. Mit der Unterbrechung beginnt die Verjährung von Neuem.

³ Die Verjährung tritt spätestens zehn Jahre nach Ablauf des Kalenderjahres ein, in dem die Meldung zu übermitteln war.

Art. 17 In einem anderen Staat als meldendes Finanzinstitut geltender Trust

Gilt ein Trust in einem anderen Staat nach dessen Recht als meldendes Finanzinstitut, so ist jeder oder jede in der Schweiz ansässige Trustee ermächtigt, für den Trust die Meldung an die zuständige Behörde dieses Staates vorzunehmen.

5a. Abschnitt:[1] Aufbewahrungspflicht der meldenden schweizerischen Finanzinstitute

Art. 17a

Die meldenden schweizerischen Finanzinstitute müssen die zur Erfüllung der Pflichten nach der Beilage zur AIA-Vereinbarung[2] und nach diesem Gesetz erstellten Unterlagen und eingeholten Belege gemäss den Vorgaben von Artikel 958f OR[3] aufbewahren.

---

[1] Eingefügt durch Ziff. I des BG vom 19. Juni 2020, in Kraft seit 1. Januar 2021 (AS **2020** 5247; BBl **2019** 8135).
[2] SR **0.653.1**
[3] SR **220**

6. Abschnitt: Rechte und Pflichten der meldepflichtigen Personen

Art. 18 Mitteilungspflicht bei einer Änderung der Gegebenheiten bei Selbstauskunft

Wer eine Selbstauskunft nach dem anwendbaren Abkommen und diesem Gesetz erteilt hat, muss dem meldenden schweizerischen Finanzinstitut bei einer Änderung der Gegebenheiten die neu zutreffenden Angaben im Rahmen der Selbstauskunft mitteilen.

Art. 19 Ansprüche und Verfahren im Datenschutz

¹ In Bezug auf Informationen, die von meldenden schweizerischen Finanzinstituten gesammelt werden, und auf deren Übermittlung an die zuständigen Behörden der Partnerstaaten stehen den meldepflichtigen Personen die Rechte nach dem DSG[1] zu.

² Gegenüber der ESTV können meldepflichtige Personen ausschliesslich das Auskunftsrecht geltend machen und verlangen, dass unrichtige Daten, die auf Übermittlungsfehlern beruhen, berichtigt werden. Sofern die Übermittlung der Daten für die meldepflichtige Person Nachteile zur Folge hätte, die ihr mangels rechtsstaatlicher Garantien nicht zugemutet werden können, stehen ihr die Ansprüche nach Artikel 25a des Verwaltungsverfahrensgesetzes vom 20. Dezember 1968[2] (VwVG) zu.[3]

³ Werden die der zuständigen Behörde eines Partnerstaates übermittelten Informationen infolge eines rechtskräftigen Entscheids berichtigt, so übermittelt das meldende schweizerische Finanzinstitut die berichtigten Informationen der ESTV. Diese leitet die berichtigten Informationen der betroffenen Behörde weiter.

7. Abschnitt: Vom Ausland automatisch übermittelte Informationen

Art. 20 Verwendung der schweizerischen Steueridentifikationsnummer für natürliche Personen

Meldende Finanzinstitute und die zuständigen Behörden eines Partnerstaates verwenden im Rahmen der Übermittlung der für den automatischen Informationsaustausch erforderlichen Informationen betreffend natürliche Personen die AHV-Nummer.

Art. 21 Weiterleitung von Informationen

¹ Die ESTV leitet Informationen, die ihr andere Staaten automatisch übermittelt haben, zur Anwendung und Durchsetzung des schweizerischen Steuerrechts den schweizerischen Behörden weiter, die für die Festsetzung und Erhebung der in den Anwendungsbereich des anwendbaren Abkommens fallenden Steuern zuständig sind. Sie weist diese Behörden auf die Einschränkungen bei der Verwendung der übermittelten Informationen sowie auf die Geheimhaltungspflichten nach den Amtshilfebestimmungen des anwendbaren Abkommens hin.

---

[1] SR **235.1**
[2] SR **172.021**
[3] Fassung des zweiten Satzes gemäss Ziff. I 7 des BG vom 18. Juni 2021 über elektronische Verfahren im Steuerbereich, in Kraft seit 1. Jan. 2022 (AS **2021** 673; BBl **2020** 4705).

² Sie leitet die von einem anderen Staat automatisch übermittelten Informationen anderen schweizerischen Behörden, für die die Informationen von Interesse sind, weiter, sofern dies nach dem anwendbaren Abkommen zulässig und nach schweizerischem Recht vorgesehen ist. Sie holt gegebenenfalls die Zustimmung der zuständigen Behörde des informierenden Staates ein.

8. Abschnitt: Organisation und Verfahren

Art. 22 Aufgaben der ESTV

¹ Die ESTV sorgt für die richtige Anwendung der anwendbaren Abkommen und dieses Gesetzes.

² Sie erlässt alle Verfügungen und trifft alle Entscheide, die für die Anwendung notwendig sind.

³ Sie kann die Verwendung bestimmter Formulare vorschreiben und verlangen, dass gewisse Formulare ausschliesslich in elektronischer Form eingereicht werden.

⁴ Sie kann Weisungen erlassen. Diese orientieren sich an den OECD-Kommentaren zum Muster für eine Vereinbarung zwischen den zuständigen Behörden und zum GMS.

Art. 23 Datenbearbeitung

¹ Die ESTV kann zur Erfüllung ihrer Aufgaben nach den anwendbaren Abkommen und diesem Gesetz Personendaten, einschliesslich Personendaten über administrative und strafrechtliche Verfolgungen und Sanktionen in Steuersachen, bearbeiten.

² Sie kann die Steueridentifikationsnummern nach Artikel 2 Absatz 1 Buchstaben f–h für die Erfüllung ihrer Aufgaben nach den anwendbaren Abkommen und diesem Gesetz systematisch verwenden.

Art. 24 Informationssystem

¹ Die ESTV betreibt ein Informationssystem zur Bearbeitung von Personendaten, einschliesslich Personendaten über administrative und strafrechtliche Verfolgungen und Sanktionen in Steuersachen, die sie gestützt auf die anwendbaren Abkommen und dieses Gesetz erhalten hat.

² Die Daten dürfen nur durch Mitarbeiter und Mitarbeiterinnen der ESTV oder durch von der ESTV kontrollierte Fachpersonen bearbeitet werden.

³ Das Informationssystem dient der ESTV zur Erfüllung ihrer Aufgaben nach den anwendbaren Abkommen und diesem Gesetz. Es darf namentlich verwendet werden, um:

a. Informationen nach Massgabe der anwendbaren Abkommen und des schweizerischen Rechts zu empfangen und weiterzuleiten;
b. ein Register der meldenden schweizerischen Finanzinstitute zu führen;
c. Rechtsverfahren im Zusammenhang mit den anwendbaren Abkommen und diesem Gesetz zu bearbeiten;
d. die Überprüfungen nach Artikel 28 durchzuführen;
e. administrative und strafrechtliche Sanktionen zu verhängen und zu vollstrecken;
f. Amts- und Rechtshilfeersuchen zu bearbeiten;

g. die Begehung von Steuerdelikten zu bekämpfen;
h. Statistiken zu erstellen.

⁴ Der Bundesrat legt die Einzelheiten fest, insbesondere über:

a. die Organisation und Führung des Informationssystems;
b. die Kategorien der bearbeiteten Personendaten;
c. den Katalog der Daten über administrative und strafrechtliche Verfolgungen und Sanktionen;
d. die Zugriffs- und Bearbeitungsberechtigungen;
e. die Dauer der Aufbewahrung, die Archivierung und die Vernichtung der Daten.

⁵ Die ESTV kann den schweizerischen Behörden, denen sie nach Artikel 21 Absatz 1 Informationen weiterleitet, im Abrufverfahren Zugriff auf die Daten im System gewähren, die diese zur Erfüllung ihrer gesetzlichen Aufgaben benötigen. Der Bundesrat legt fest, welchen Behörden die ESTV für welche Daten Zugriff gewähren darf.

Art. 25 Auskunftspflicht

Personen und Behörden, denen die ESTV nach den anwendbaren Abkommen und diesem Gesetz aus dem Ausland erhaltene Informationen übermittelt, sowie schweizerische Finanzinstitute müssen der ESTV Auskunft über alle Tatsachen erteilen, die für die Umsetzung der Abkommen und dieses Gesetzes relevant sind.

Art. 26 Geheimhaltungspflicht

¹ Wer mit dem Vollzug eines anwendbaren Abkommens und dieses Gesetzes betraut ist oder zu deren Vollzug beigezogen wird, hat gegenüber anderen Amtsstellen und Privaten über die in Ausübung dieser Tätigkeit gemachten Wahrnehmungen Stillschweigen zu bewahren.

² Keine Geheimhaltungspflicht besteht:

a. bei der Übermittlung von Informationen und bei Bekanntmachungen nach dem anwendbaren Abkommen und diesem Gesetz;
b. gegenüber Organen der Rechtspflege und der Verwaltung, die das EFD ermächtigt hat, im Einzelfall amtliche Auskünfte bei den mit dem Vollzug dieses Gesetzes betrauten Behörden einzuholen;
c. soweit das anwendbare Abkommen die Aufhebung der Geheimhaltungspflicht zulässt und im schweizerischen Recht eine gesetzliche Grundlage für diese Aufhebung besteht.

³ Feststellungen über Dritte, die anlässlich einer Überprüfung nach Artikel 28 gemacht werden, dürfen nur für die Durchführung des anwendbaren Abkommens verwendet werden.

Art. 27 Statistiken

¹ Die ESTV veröffentlicht die für die Länderüberprüfung des Global Forum über Transparenz und Informationsaustausch für Steuerzwecke erforderlichen Statistiken.

² Es besteht kein Recht auf Zugang zu weiter gehenden als den nach Absatz 1 veröffentlichten Informationen.

Art. 28 Überprüfung

1 Die ESTV überprüft die schweizerischen Finanzinstitute hinsichtlich der Erfüllung ihrer Pflichten nach den anwendbaren Abkommen und diesem Gesetz.

2 Sie kann zur Abklärung des Sachverhaltes:

a. die Geschäftsbücher, die Belege und andere Urkunden des Finanzinstituts an Ort und Stelle überprüfen oder deren Herausgabe verlangen;
b. schriftliche und mündliche Auskünfte einholen.

3 Stellt sie fest, dass das Finanzinstitut seinen Pflichten nicht oder mangelhaft nachgekommen ist, so gibt sie ihm Gelegenheit, zu den festgestellten Mängeln Stellung zu nehmen.

4 Können sich das Finanzinstitut und die ESTV nicht einigen, so erlässt die ESTV eine Verfügung.

5 Auf Antrag erlässt die ESTV eine Feststellungsverfügung über:

a. die Eigenschaft als Finanzinstitut nach den anwendbaren Abkommen und diesem Gesetz;
b. den Inhalt der Meldungen nach den anwendbaren Abkommen und diesem Gesetz.

Art. 28a[1] Elektronische Verfahren

1 Der Bundesrat kann die elektronische Durchführung von Verfahren nach diesem Gesetz vorschreiben. Dabei regelt er die Modalitäten der Durchführung.

2 Die ESTV stellt bei der elektronischen Durchführung von Verfahren die Authentizität und Integrität der übermittelten Daten sicher.

3 Sie kann bei der elektronischen Einreichung von Eingaben, deren Unterzeichnung gesetzlich vorgeschrieben ist, anstelle der qualifizierten elektronischen Signatur eine andere elektronische Bestätigung der Angaben durch die eingebende Person anerkennen.

Art. 29 Anwendbares Verfahrensrecht

Soweit dieses Gesetz nichts anderes bestimmt, ist das VwVG[2] anwendbar.[3]

Art. 30 Rechtsmittel

1 Gegen Verfügungen der ESTV nach den Artikeln 22–29 kann innert 30 Tagen nach der Eröffnung schriftlich Einsprache erhoben werden.

2 Die Einsprache hat die Anträge zu enthalten und die zur Begründung dienenden Tatsachen anzugeben.

3 Ist gültig Einsprache erhoben worden, so überprüft die ESTV die Verfügung ohne Bindung an die gestellten Anträge und erlässt einen begründeten Einspracheentscheid.

---

[1] Eingefügt durch Ziff. I 7 des BG vom 18. Juni 2021 über elektronische Verfahren im Steuerbereich, in Kraft seit 1. Jan. 2022 (AS **2021** 673; BBl **2020** 4705).
[2] SR **172.021**
[3] Fassung gemäss Ziff. I 7 des BG vom 18. Juni 2021 über elektronische Verfahren im Steuerbereich, in Kraft seit 1. Jan. 2022 (AS **2021** 673; BBl **2020** 4705).

⁴ Der Einspracheentscheid unterliegt der Beschwerde nach den allgemeinen Bestimmungen über die Bundesrechtspflege.

9. Abschnitt: Aussetzung und Kündigung

Art. 31

¹ Die zuständige schweizerische Behörde darf nur mit Zustimmung des Bundesrates handeln, wenn sie gestützt auf das anwendbare Abkommen:

a. den automatischen Informationsaustausch gegenüber einem Partnerstaat aussetzt oder kündigt;
b. das Abkommen kündigt.

² Sie setzt den automatischen Informationsaustausch gegenüber einem Partnerstaat in eigener Kompetenz aus, solange der Partnerstaat die Anforderungen der OECD an die Vertraulichkeit und die Datensicherheit nicht erfüllt.[1]

10. Abschnitt: Strafbestimmungen

Art. 32 Verletzung der Melde- und Sorgfaltspflichten

Mit Busse bis zu 250 000 Franken wird bestraft, wer vorsätzlich:

a. die im anwendbaren Abkommen und in den Artikeln 9–12 genannten Sorgfaltspflichten betreffend die Überprüfung der Konten und die Identifizierung der meldepflichtigen Personen verletzt;
b. die Registrierungspflicht nach Artikel 13 verletzt;
c. die Informationspflicht nach Artikel 14 Absätze 1 und 3 verletzt;
d. die Meldepflichten nach Artikel 15 Absatz 1 verletzt.

Art. 33 Widerhandlungen gegen behördliche Anordnungen

Mit Busse bis zu 50 000 Franken wird bestraft, wer im Rahmen einer Überprüfung nach Artikel 28 einer an ihn oder sie gerichteten amtlichen Verfügung, die auf die Strafdrohung dieses Artikels hinweist, vorsätzlich nicht Folge leistet.

Art. 34 Widerhandlungen in Geschäftsbetrieben

Fällt eine Busse von höchstens 50 000 Franken in Betracht und würde die Ermittlung der nach Artikel 6 des Bundesgesetzes vom 22. März 1974[2] über das Verwaltungsstrafrecht (VStrR) strafbaren Personen Untersuchungsmassnahmen bedingen, die im Hinblick auf die angedrohte Strafe unverhältnismässig wären, so kann von einer Verfolgung dieser Personen abgesehen und an ihrer Stelle der Geschäftsbetrieb (Art. 7 VStrR) zur Bezahlung der Busse verurteilt werden. N 2

---

[1] Eingefügt durch Ziff. I des BG vom 19. Juni 2020, in Kraft seit 1. Januar 2021 (AS **2020** 5247; BBl **2019** 8135).
[2] SR **313.0**

Art. 35 Falsche Selbstauskunft

Mit Busse bis zu 10 000 Franken wird bestraft, wer einem schweizerischen Finanzinstitut vorsätzlich eine falsche Selbstauskunft erteilt, Änderungen der Gegebenheiten nicht mitteilt oder über Änderungen der Gegebenheiten falsche Angaben macht.

Art. 36 Selbstanzeige

¹ Zeigt der Täter oder die Täterin eine Pflichtverletzung aus eigenem Antrieb an, so bleibt er oder sie straflos, wenn er oder sie:

a. über den tatsächlichen Umfang und den Inhalt der Verpflichtungen vollständige und genaue Angaben gemacht hat;
b. zur Abklärung des Sachverhalts und zur Pflichterfüllung beigetragen hat; und
c. bisher noch nie wegen einer vorsätzlichen Widerhandlung der gleichen Art Selbstanzeige erstattet hat.

² Die Straflosigkeit des Täters oder der Täterin hat auch Wirkung für die Teilnehmer und Teilnehmerinnen.

Art. 37 Verfahren

¹ Für die Verfolgung und Beurteilung von Widerhandlungen gegen dieses Gesetz ist das VStrR[1] anwendbar. N 2

² Verfolgende und urteilende Behörde ist die ESTV.

Art. 38 Wahl der Partnerstaaten

Der Bundesrat analysiert die in den möglichen Partnerstaaten anwendbaren Datenschutzbestimmungen sowie die Regularisierungsmöglichkeiten, bevor er der Bundesversammlung die Einführung des automatischen Informationsaustauschs mit diesen Staaten unterbreitet. Er fasst die Ergebnisse seiner Analyse in der Botschaft zusammen.

11. Abschnitt: Schlussbestimmungen

Art. 39 Genehmigungskompetenz

Die Bundesversammlung genehmigt mit einfachem Bundesbeschluss:

a. die Aufnahme eines Staates in die Liste nach Abschnitt 7 Absatz 1 Buchstabe f der AIA-Vereinbarung[2];
b. in ihre Zuständigkeit fallende völkerrechtliche Verträge mit Staaten, die in diese Liste aufgenommen werden sollen, über den Marktzugang für Finanzdienstleister und über die Regularisierung der Steuersituation von Steuerpflichtigen.

Art. 40 Änderung eines anderen Erlasses

...[3]

---

[1] SR **313.0**
[2] SR **0.653.1**
[3] Die Änderung kann unter AS **2016** 1297 konsultiert werden.

Art. 41 Koordination mit der Änderung vom 25. September 2015 des ZGB (Personalfürsorgestiftungen)

Mit Inkrafttreten der Änderung vom 25. September 2015[1] des ZGB[2] (Personalfürsorgestiftungen) lautet Art. 3 Abs. 5 Bst. a des vorliegenden Gesetzes wie folgt:

…[3]

Art. 42 Referendum und Inkrafttreten

[1] Dieses Gesetz untersteht dem fakultativen Referendum.

[2] Der Bundesrat bestimmt das Inkrafttreten.

Datum des Inkrafttretens:[4] 1. Jan. 2017

Art. 39: 27. Mai 2016

---

[1] AS **2016 935**
[2] SR **210**
[3] Eingefügt hiervor.
[4] BRB vom 20. April 2016

1.8 Auszug aus dem Abkommen zwischen der Schweizerischen Eidgenossenschaft und der Europäischen Union über den automatischen Informationsaustausch über Finanzkonten zur Förderung der Steuerehrlichkeit bei internationalen Sachverhalten (AIA-Abkommen mit der EU) SR 0.641.926.81

Abgeschlossen am 26. Oktober 2004
Von der Bundesversammlung genehmigt am 17. Dezember 2004[1]
In Kraft getreten durch Notenaustausch am 1. Juli 2005[2]
Geändert durch Protokoll am 27. Mai 2015[3]
Von der Bundesversammlung genehmigt am 17. Juni 2016[4]
In Kraft getreten durch Notenaustausch am 1. Januar 2017

(Stand am 1. Januar 2017)

Die Schweizerische Eidgenossenschaft, im Folgenden als «Schweiz» bezeichnet, und die Europäische Union,

...

sind wie folgt übereingekommen:

☞ *Das AIA-Abkommen mit der EU regelt im Wesentlichen drei Bereiche:*

- *Automatischer Informationsaustausch nach dem globalen Standard der OECD (vgl. MCAA; für die Umsetzung gelangt das AIA-Gesetz zur Anwendung)*

- *Informationsaustausch auf Ersuchen (Art. 5) gemäss geltendem OECD-Standard nach Art. 26 des OECD-MA (vgl. OECD-MA; für die Umsetzung gelangt das StAhiG zur Anwendung)*

- *Quellensteuerbefreiung grenzüberschreitender Zahlungen von Dividenden, Zinsen und Lizenzgebühren zwischen verbundenen Unternehmen (unverändert aus dem bisherigen Zinsbesteuerungsabkommen (ZBstA) übernommen)*

An dieser Stelle ist auszugsweise Art. 9 betreffend die Quellensteuerbefreiung abgedruckt (ehem. Art. 15 ZBstA).

...

---

[1] Art. 1 Abs. 1 Bst. a des BB vom 17. Dez. 2004 (AS **2005** 2557).
[2] Angewendet ab dem 1. Juli 2005 gemäss dem letzten Abs. des Abk. in Form eines Briefwechsels vom 26. Okt. 2004 zwischen der Europäischen Gemeinschaft und der Schweizerischen Eidgenossenschaft über den Zeitpunkt der Anwendung des Abkommens zwischen der Europäischen Gemeinschaft und der Schweizerischen Eidgenossenschaft über Regelungen, die den in der Richtlinie 2003/48/EG des Rates vom 3. Juni 2003 im Bereich der Besteuerung von Zinserträgen festgelegten Regelungen gleichwertig sind (SR **0.641.926.811**).
[3] AS **2016** 5003; BBl **2015** 9199
[4] AS **2016** 5001

Art. 9 Zahlungen von Dividenden, Zinsen und Lizenzgebühren zwischen Unternehmen

1. Unbeschadet der Anwendung der innerstaatlichen oder auf Abkommen beruhenden Vorschriften in der Schweiz und in den Mitgliedstaaten zur Verhütung von Betrug und Missbrauch werden Dividendenzahlungen von Tochtergesellschaften an Muttergesellschaften im Quellenstaat nicht besteuert, wenn:

- die Muttergesellschaft mindestens zwei Jahre lang eine direkte Beteiligung von mindestens 25 Prozent am Gesellschaftskapital der Tochtergesellschaft hält; und

- die eine Gesellschaft in einem Mitgliedstaat und die andere Gesellschaft in der Schweiz steuerlich ansässig ist; und

- nach den Doppelbesteuerungsabkommen mit Drittstaaten keine der beiden Gesellschaften in diesem Drittstaat steuerlich ansässig ist, und

- beide Gesellschaften ohne Befreiung der Körperschaftsteuer unterliegen und beide die Form einer Kapitalgesellschaft[7] aufweisen.

2. Unbeschadet der Anwendung der innerstaatlichen und auf Abkommen beruhenden Vorschriften in der Schweiz und in den Mitgliedstaaten zur Verhütung von Betrug und Missbrauch werden Zahlungen von Zinsen und Lizenzgebühren zwischen verbundenen Gesellschaften oder ihren Betriebsstätten im Quellenstaat nicht besteuert, wenn:

- diese Gesellschaften mindestens zwei Jahre lang durch eine direkte Beteiligung von mindestens 25 Prozent miteinander verbunden sind oder sich beide im Besitz einer dritten Gesellschaft befinden, die mindestens zwei Jahre lang eine direkte Beteiligung von mindestens 25 Prozent am Gesellschaftskapital der ersten und der zweiten Gesellschaft hält; und

- die eine Gesellschaft in einem Mitgliedstaat steuerlich ansässig ist oder dort eine Betriebsstätte unterhält und die andere Gesellschaft in der Schweiz steuerlich ansässig ist oder dort eine Betriebsstätte unterhält; und

- nach den Doppelbesteuerungsabkommen mit Drittstaaten keine der Gesellschaften in diesem Drittstaat steuerlich ansässig ist und keine der Betriebsstätten in diesem Drittstaat gelegen ist; und

- alle Gesellschaften insbesondere in Bezug auf Zinsen und Lizenzgebühren ohne Befreiung der Körperschaftsteuer unterliegen und jede die Form einer Kapitalgesellschaft[8] aufweist.

3. Bestehende Doppelbesteuerungsabkommen zwischen der Schweiz und den Mitgliedstaaten, die eine günstigere steuerliche Behandlung von Zahlungen von Dividenden, Zinsen und Lizenzgebühren vorsehen, bleiben unberührt. D110

...

---

[7] Für die Schweiz umfasst der Begriff «Kapitalgesellschaft» die:
- société anonyme/Aktiengesellschaft/società anonima;
- société à responsabilité limitée/Gesellschaft mit beschränkter Haftung/società a responsabilità limitata;
- société en commandite par actions/Kommanditaktiengesellschaft/società in accomandita per azioni.

[8] Für die Schweiz umfasst der Begriff «Kapitalgesellschaft» die:
- société anonyme/Aktiengesellschaft/società anonima;
- société à responsabilité limitée/Gesellschaft mit beschränkter Haftung/società a responsabilità limitata;
- société en commandite par actions/Kommanditaktiengesellschaft/società in accomandita per azioni.

1.8.1 Bundesgesetz über die Aufhebung des Zinsbesteuerungsgesetzes vom 17. Dezember 2004 und des Bundesgesetzes vom 15. Juni 2012 über die internationale Quellenbesteuerung SR 641.92

vom 17. Juni 2016 (Stand am 1. Januar 2017)

Die Bundesversammlung der Schweizerischen Eidgenossenschaft,
gestützt auf Artikel 173 Absatz 2 der Bundesverfassung[1],
nach Einsicht in die Botschaft des Bundesrates vom 25. November 2015[2],
beschliesst:

Art. 1 Aufhebung von Bundesgesetzen

Der Bundesrat hebt das Zinsbesteuerungsgesetz vom 17. Dezember 2004[3] (ZBstG) und das Bundesgesetz vom 15. Juni 2012[4] über die internationale Quellenbesteuerung (IQG) auf, sobald die damit zusammenhängenden Rechtsmittelverfahren abgeschlossen sind, frühestens aber sechs Jahre nach Aufhebung der Abkommen, auf die diese Gesetze Anwendung finden.

Art. 2 Weitergeltung von Schweige- und Geheimhaltungspflichten

Die Schweige- und Geheimhaltungspflichten, die sich aus Artikel 10 ZBstG[5] und Artikel 39 IQG[6] ergeben, bleiben nach Aufhebung dieser Gesetze bestehen.

Datum des Inkrafttretens: 1. Januar 2017[7]

AS **2016** 4875
[1] SR **101**
[2] BBl **2015** 9199
[3] SR **641.91**
[4] SR **672.4**
[5] SR **641.91**
[6] SR **672.4**
[7] BRB vom 26. Okt. 2016 (AS **2016** 5001)

VStrR

Verwaltungsstrafrechtsgesetz

N 2 Bundesgesetz über das Verwaltungsstrafrecht (VStrR)
SR 313.0

vom 22. März 1974 (Stand am 1. September 2023)

Die Bundesversammlung der Schweizerischen Eidgenossenschaft,

gestützt auf Artikel 123 Absatz 1 der Bundesverfassung[1],[2] nach Einsicht in eine Botschaft des Bundesrates vom 21. April 1971[3],

beschliesst:

☞ *Die zukünftigen Änderungen durch folgendes Gesetz sind mit einem Hinweis im Text integriert bzw. stehen am Schluss dieses Gesetzes (siehe S. 732 ff.):*

- *BG vom 20.12.2024 über die Plattformen für die elektronische Kommunikation in der Justiz, frühestens in Kraft ab 1.1.2026 (Referendum vorbehalten, der Bundesrat bestimmt das Datum des Inkrafttretens)*

---

[1] SR **101**
[2] Fassung gemäss Ziff. I 13 des BG vom 17. Dez. 2021 über die Harmonisierung der Strafrahmen, in Kraft seit 1. Juli 2023 (AS **2023** 259; BBl **2018** 2827).
[3] BBl **1971** I 993

Erster Titel: Geltungsbereich des Gesetzes

Art. 1 Geltungsbereich

Ist die Verfolgung und Beurteilung von Widerhandlungen einer Verwaltungsbehörde des Bundes übertragen, so findet dieses Gesetz Anwendung.

Zweiter Titel: Verwaltungsstrafrecht

Erster Abschnitt: Allgemeine Bestimmungen

A. Anwendung des Schweizerischen Strafgesetzbuches

Art. 2

Die allgemeinen Bestimmungen des Strafgesetzbuches[1] gelten für Taten, die in der Verwaltungsgesetzgebung des Bundes mit Strafe bedroht sind, soweit dieses Gesetz oder das einzelne Verwaltungsgesetz nichts anderes bestimmt.

B. Ordnungswidrigkeit

Art. 3

Ordnungswidrigkeit im Sinne dieses Gesetzes ist die vom einzelnen Verwaltungsgesetz als solche bezeichnete oder die mit Ordnungsbusse bedrohte Übertretung.

C. Abweichungen vom Schweizerischen Strafgesetzbuch

I. Jugendliche

Art. 4[2]

Begeht ein Jugendlicher vor Vollendung des 15. Altersjahres eine mit Strafe bedrohte Tat, so wird er nicht strafrechtlich verfolgt.

II. Teilnahme

Art. 5

Anstiftung und Gehilfenschaft zu einer Übertretung, ausgenommen zu einer Ordnungswidrigkeit, sind strafbar.

---

[1] SR **311.0**
[2] Fassung gemäss Art. 44 Ziff. 2 des Jugendstrafgesetzes vom 20. Juni 2003, in Kraft seit 1. Jan. 2007 (AS **2006** 3545; BBl **1999** 1979).

III. Widerhandlungen in Geschäftsbetrieben, durch Beauftragte u. dgl.

Art. 6 Regel 1.

1 Wird eine Widerhandlung beim Besorgen der Angelegenheiten einer juristischen Person, Kollektiv- oder Kommanditgesellschaft, Einzelfirma oder Personengesamtheit ohne Rechtspersönlichkeit oder sonst in Ausübung geschäftlicher oder dienstlicher Verrichtungen für einen andern begangen, so sind die Strafbestimmungen auf diejenigen natürlichen Personen anwendbar, welche die Tat verübt haben.

2 Der Geschäftsherr, Arbeitgeber, Auftraggeber oder Vertretene, der es vorsätzlich oder fahrlässig in Verletzung einer Rechtspflicht unterlässt, eine Widerhandlung des Untergebenen, Beauftragten oder Vertreters abzuwenden oder in ihren Wirkungen aufzuheben, untersteht den Strafbestimmungen, die für den entsprechend handelnden Täter gelten.

3 Ist der Geschäftsherr, Arbeitgeber, Auftraggeber oder Vertretene eine juristische Person, Kollektiv- oder Kommanditgesellschaft, Einzelfirma oder Personengesamtheit ohne Rechtspersönlichkeit, so wird Absatz 2 auf die schuldigen Organe, Organmitglieder, geschäftsführenden Gesellschafter, tatsächlich leitenden Personen oder Liquidatoren angewendet.

Art. 7 Sonderordnung bei Bussen bis zu 5000 Franken 2.

1 Fällt eine Busse von höchstens 5000 Franken in Betracht und würde die Ermittlung der nach Artikel 6 strafbaren Personen Untersuchungsmassnahmen bedingen, die im Hinblick auf die verwirkte Strafe unverhältnismässig wären, so kann von einer Verfolgung dieser Personen Umgang genommen und an ihrer Stelle die juristische Person, die Kollektiv- oder Kommanditgesellschaft oder die Einzelfirma zur Bezahlung der Busse verurteilt werden.

2 Für Personengesamtheiten ohne Rechtspersönlichkeit gilt Absatz 1 sinngemäss.

IV. Strafzumessung

Art. 8 Bussen 1.

Bussen bis zu 5000 Franken sind nach der Schwere der Widerhandlung und des Verschuldens zu bemessen; andere Strafzumessungsgründe müssen nicht berücksichtigt werden.

Art. 9 Zusammentreffen von strafbaren Handlungen oder von Strafbestimmungen 2.

Die Vorschriften von Artikel 68 des Strafgesetzbuches[1] über das Zusammentreffen von strafbaren Handlungen oder Strafbestimmungen gelten nicht für Bussen und Umwandlungsstrafen.

---

[1] SR **311.0**. Heute: von Art. 49.

V. Umwandlung der Busse

Art. 10

¹ Soweit eine Busse nicht eingebracht werden kann, wird sie vom Richter in Haft, bei Jugendlichen in Einschliessung umgewandelt. Die Busse wegen einer Ordnungswidrigkeit unterliegt der Umwandlung nicht.

² Der Richter kann die Umwandlung ausschliessen, sofern der Verurteilte nachweist, dass er schuldlos ausserstande ist, die Busse zu bezahlen. Der Ausschluss der Umwandlung ist jedoch nicht zulässig, wenn der Verurteilte die Widerhandlung vorsätzlich begangen hat und wenn zur Zeit der Tat noch nicht fünf Jahre vergangen sind, seit er wegen einer Widerhandlung gegen das gleiche Verwaltungsgesetz, die nicht eine blosse Ordnungswidrigkeit war, verurteilt worden ist.[1]

³ Im Falle der Umwandlung werden 30 Franken einem Tag Haft oder Einschliessung gleichgesetzt, jedoch darf die Umwandlungsstrafe die Dauer von drei Monaten nicht übersteigen. Sind Teilzahlungen entrichtet worden, so setzt der Richter die Umwandlungsstrafe im Verhältnis dieser Teilzahlungen zum ganzen Bussenbetrag herab.

⁴ Wird die Busse, nachdem sie umgewandelt worden ist, bezahlt, so fällt die Umwandlungsstrafe, soweit sie noch nicht vollzogen ist, dahin.

VI. Verjährung

Art. 11

¹ Eine Übertretung verjährt in vier Jahren.[2]

² Besteht die Übertretung jedoch in einer Hinterziehung oder Gefährdung von Abgaben oder im unrechtmässigen Erlangen einer Rückerstattung, einer Ermässigung oder eines Erlasses von Abgaben, so beträgt die Verjährungsfrist sieben Jahre.[3]

³ Bei Verbrechen, Vergehen und Übertretungen ruht die Verjährung:
a. während der Dauer eines Einsprache-, Beschwerde- oder gerichtlichen Verfahrens über die Leistungs- oder Rückleistungspflicht oder über eine andere nach dem einzelnen Verwaltungsgesetz zu beurteilende Vorfrage; oder
b. solange der Täter im Ausland eine Freiheitsstrafe verbüsst.[4]

⁴ Die Strafe einer Übertretung verjährt in fünf Jahren.

---

[1] Fassung gemäss Anhang Ziff. II 6 des Finanzinstitutsgesetzes vom 15. Juni 2018, in Kraft seit 1. Jan. 2020 (AS **2018** 5247, **2019** 4631; BBl **2015** 8901).
[2] Fassung gemäss Ziff. I 13 des BG vom 17. Dez. 2021 über die Harmonisierung der Strafrahmen, in Kraft seit 1. Juli 2023 (AS **2023** 259; BBl **2018** 2827).
[3] Fassung gemäss Ziff. I 13 des BG vom 17. Dez. 2021 über die Harmonisierung der Strafrahmen, in Kraft seit 1. Juli 2023 (AS **2023** 259; BBl **2018** 2827).
[4] Fassung gemäss Ziff. I 13 des BG vom 17. Dez. 2021 über die Harmonisierung der Strafrahmen, in Kraft seit 1. Juli 2023 (AS **2023** 259; BBl **2018** 2827).

D. Hinterziehung; Erschleichen eines Beitrages u. dgl.

I. Leistungs- und Rückleistungspflicht

Art. 12

¹ Ist infolge einer Widerhandlung gegen die Verwaltungsgesetzgebung des Bundes zu Unrecht

a. eine Abgabe nicht erhoben, zurückerstattet, ermässigt oder erlassen worden, oder
b. vom Bund, von einem Kanton, einer Gemeinde, einer Anstalt oder Körperschaft des öffentlichen Rechts oder von einer mit öffentlich-rechtlichen Aufgaben betrauten Organisation eine Vergütung oder ein Beitrag gewährt oder eine Forderung nicht geltend gemacht worden,

so sind die Abgabe, die Vergütung, der Beitrag oder der nicht eingeforderte Betrag und der Zins, ohne Rücksicht auf die Strafbarkeit einer bestimmten Person, nachzuentrichten oder zurückzuerstatten.

² Leistungs- oder rückleistungspflichtig ist, wer in den Genuss des unrechtmässigen Vorteils gelangt ist, insbesondere der zur Zahlung der Abgabe Verpflichtete oder der Empfänger der Vergütung oder des Beitrages.

³ Wer vorsätzlich die Widerhandlung begangen oder an ihr teilgenommen hat, haftet für den nachzuentrichtenden oder zurückzuerstattenden Betrag solidarisch mit den nach Absatz 2 Zahlungspflichtigen.

⁴ Leistungs- und Rückleistungspflicht verjähren nicht, solange die Strafverfolgung und Strafvollstreckung nicht verjährt sind.

II. Selbstanzeige

Art. 13

Hat der Täter die Widerhandlung, die eine Leistungs- oder Rückleistungspflicht begründet, aus eigenem Antrieb angezeigt,

hat er überdies, soweit es ihm zumutbar war, über die Grundlagen der Leistungs- oder Rückleistungspflicht vollständige und genaue Angaben gemacht, zur Abklärung des Sachverhalts beigetragen und die Pflicht, wenn sie ihm obliegt, erfüllt,

und hat er bisher noch nie wegen einer vorsätzlichen Widerhandlung der gleichen Art Selbstanzeige geübt,

so bleibt er straflos.

Zweiter Abschnitt: Besondere Bestimmungen

A. Strafbare Handlungen[1]

I. Leistungs- und Abgabebetrug

Art. 14[2]

¹ Wer die Verwaltung, eine andere Behörde oder einen Dritten durch Vorspiegelung oder Unterdrückung von Tatsachen arglistig irreführt oder sie in einem Irrtum arglistig bestärkt und so für sich oder einen andern unrechtmässig eine Konzession, eine Bewilligung oder ein Kontingent, einen Beitrag, die Rückerstattung von Abgaben oder eine andere Leistung des Gemeinwesens erschleicht oder so bewirkt, dass der Entzug einer Konzession, einer Bewilligung oder eines Kontingents unterbleibt, wird mit Freiheitsstrafe bis zu drei Jahren oder Geldstrafe bestraft.

² Bewirkt der Täter durch sein arglistiges Verhalten, dass dem Gemeinwesen unrechtmässig und in einem erheblichen Betrag eine Abgabe, ein Beitrag oder eine andere Leistung vorenthalten oder dass es sonst am Vermögen geschädigt wird, so ist die Strafe Freiheitsstrafe bis zu drei Jahren oder Geldstrafe.

³ Wer gewerbsmässig oder im Zusammenwirken mit Dritten Widerhandlungen nach Absatz 1 oder 2 in Abgaben- oder Zollangelegenheiten begeht und sich oder einem andern dadurch in besonders erheblichem Umfang einen unrechtmässigen Vorteil verschafft oder das Gemeinwesen am Vermögen oder an andern Rechten besonders erheblich schädigt, wird mit Freiheitsstrafe bis zu fünf Jahren oder Geldstrafe bestraft.

⁴ Sieht ein Verwaltungsgesetz für eine dem Absatz 1, 2 oder 3 entsprechende nicht arglistig begangene Widerhandlung eine Busse vor, so ist in den Fällen nach den Absätzen 1–3 zusätzlich eine Busse auszufällen. Deren Bemessung richtet sich nach dem entsprechenden Verwaltungsgesetz.

II. Urkundenfälschung; Erschleichen einer falschen Beurkundung

Art. 15

1. Wer in der Absicht, sich oder einem andern einen nach der Verwaltungsgesetzgebung des Bundes unrechtmässigen Vorteil zu verschaffen oder das Gemeinwesen am Vermögen oder an andern Rechten zu schädigen, eine Urkunde fälscht oder verfälscht oder die echte Unterschrift oder das echte Handzeichen eines andern zur Herstellung einer unwahren Urkunde benützt oder eine Urkunde dieser Art zur Täuschung gebraucht,

---

[1] Ab 1. Jan. 2007 sind die angedrohten Strafen und die Verjährungsfristen in Anwendung von Art. 333 Abs. 2-6 des Strafgesetzbuches (SR **311.0**) in der Fassung des BG vom 13. Dez. 2002 (AS **2006** 3459; BBl **1999** 1797) zu interpretieren beziehungsweise umzurechnen.

[2] Fassung gemäss Ziff. I 3 des BG vom 17. Dez. 2021 über die Harmonisierung der Strafrahmen, in Kraft seit 1. Juli 2023 (AS **2023** 259; BBl **2018** 2827).

wer durch Täuschung bewirkt, dass die Verwaltung oder eine andere Behörde oder eine Person öffentlichen Glaubens eine für die Durchführung der Verwaltungsgesetzgebung des Bundes erhebliche Tatsache unrichtig beurkundet, und wer eine so erschlichene Urkunde zur Täuschung der Verwaltung oder einer anderen Behörde gebraucht,

wird mit Freiheitsstrafe bis zu drei Jahren oder Geldstrafe bestraft.[1]

2. Ziffer 1 gilt auch für Urkunden des Auslandes.

III. Unterdrückung von Urkunden

Art. 16

[1] Wer in der Absicht, sich oder einem andern einen nach der Verwaltungsgesetzgebung des Bundes unrechtmässigen Vorteil zu verschaffen oder das Gemeinwesen am Vermögen oder an andern Rechten zu schädigen, Urkunden, die er nach dieser Gesetzgebung aufzubewahren verpflichtet ist, beschädigt, vernichtet oder beiseiteschafft, wird mit Freiheitsstrafe bis zu drei Jahren oder Geldstrafe bestraft.[2]

[2] Offenbart der Täter die beiseite geschafften Urkunden aus eigenem Antrieb und bevor die Verwaltung die Untersuchung abgeschlossen hat, so kann von einer Bestrafung Umgang genommen werden.

[3] Die Absätze 1 und 2 gelten auch für Urkunden des Auslandes.

IV. Begünstigung

Art. 17[3]

1. Wer in einem Verwaltungsstrafverfahren jemanden der Strafverfolgung oder dem Strafvollzug, soweit dieser der beteiligten Verwaltung obliegt, entzieht,

   wer dazu beiträgt, einem Täter oder Teilnehmer die Vorteile einer Widerhandlung gegen die Verwaltungsgesetzgebung des Bundes zu sichern,

   wird mit Freiheitsstrafe bis zu drei Jahren oder Geldstrafe bestraft.

2. Ist die Vortat eine Übertretung, so wird der Täter mit Busse bestraft.

3. Wer dazu beiträgt, den Vollzug einer verwaltungsstrafrechtlichen Massnahme widerrechtlich zu verunmöglichen, wird mit Freiheitsstrafe bis zu einem Jahr oder Geldstrafe bestraft.

4. Begünstigt der Täter seine Angehörigen oder jemand anderen, zu dem er in so nahen persönlichen Beziehungen steht, dass sein Verhalten entschuldbar ist, so bleibt er straflos.

---

[1] Fassung gemäss Ziff. I 13 des BG vom 17. Dez. 2021 über die Harmonisierung der Strafrahmen, in Kraft seit 1. Juli 2023 (AS **2023** 259; BBl **2018** 2827).
[2] Fassung gemäss Ziff. I 13 des BG vom 17. Dez. 2021 über die Harmonisierung der Strafrahmen, in Kraft seit 1. Juli 2023 (AS **2023** 259; BBl **2018** 2827).
[3] Fassung gemäss Ziff. I 13 des BG vom 17. Dez. 2021 über die Harmonisierung der Strafrahmen, in Kraft seit 1. Juli 2023 (AS **2023** 259; BBl **2018** 2827).

B. Gleichstellung der mit öffentlich-rechtlichen Aufgaben betrauten Organisationen

Art. 18

Soweit mit öffentlich-rechtlichen Aufgaben betraute Organisationen und ihre Organe oder Beauftragten die Verwaltungsgesetzgebung des Bundes anzuwenden haben, stehen sie in den Artikeln 14–17 dem Gemeinwesen und seiner Verwaltung gleich.

Dritter Abschnitt:[1] Schutz von Personendaten

A. Beschaffung von Personendaten

Art. 18a

¹ Personendaten sind bei der betroffenen Person oder für diese erkennbar zu beschaffen, wenn dadurch das Verfahren nicht gefährdet oder unverhältnismässig aufwendig wird.

² Erfolgte die Beschaffung von Personendaten ohne Wissen der betroffenen Person, so ist diese umgehend darüber zu informieren. Die Information kann zum Schutz überwiegender öffentlicher oder privater Interessen unterlassen oder aufgeschoben werden.

B. Bearbeitung von Personendaten

Art. 18b

Bei der Bearbeitung von Personendaten sorgt die Verwaltungsbehörde des Bundes dafür, dass sie so weit wie möglich unterscheidet:

a. zwischen den verschiedenen Kategorien betroffener Personen;
b. zwischen auf Tatsachen und auf persönlichen Einschätzungen beruhenden Personendaten.

C. Bekanntgabe und Verwendung von Personendaten bei hängigem Verfahren

Art. 18c

Die Verwaltungsbehörde des Bundes darf Personendaten aus einem hängigen Verwaltungsstrafverfahren zur Verwendung in einem anderen hängigen Verfahren bekannt geben, wenn anzunehmen ist, dass die Personendaten wesentliche Aufschlüsse geben können.

---

[1] Eingefügt durch Anhang 1 Ziff. II 27 des Datenschutzgesetzes vom 25. Sept. 2020, in Kraft seit 1. Sept. 2023 (AS **2022** 491; BBl **2017** 6941).

D. Auskunftsrecht bei hängigem Verfahren

Art. 18d

Solange ein Verfahren hängig ist, haben die Parteien und die anderen Verfahrensbeteiligten nach Massgabe des ihnen zustehenden Akteneinsichtsrechts das Recht auf Auskunft über die sie betreffenden Personendaten.

E. Richtigkeit der Personendaten

Art. 18e

¹ Die Verwaltungsbehörde des Bundes berichtigt unrichtige Personendaten unverzüglich.

² Sie benachrichtigt die Behörde, die ihr die Personendaten übermittelt oder bereitgestellt oder der sie diese bekannt gegeben hat, unverzüglich über die Berichtigung.

Dritter Titel: Verwaltungsstrafverfahren

Erster Abschnitt: Behörden; allgemeine Verfahrensvorschriften

A. Behörden

I. Anzeige und dringliche Massnahmen

Art. 19

¹ Strafanzeigen wegen Widerhandlungen gegen ein Verwaltungsgesetz des Bundes sind einem Beamten der beteiligten Bundesverwaltung oder einer Polizeistelle zu erstatten.

² Die Bundesverwaltung und die Polizei der Kantone und Gemeinden, deren Organe in ihrer dienstlichen Tätigkeit eine Widerhandlung wahrnehmen oder von einer solchen Kenntnis erhalten, sind verpflichtet, sie der beteiligten Verwaltung anzuzeigen.

³ Die Organe der Bundesverwaltung und der Polizei, die Zeugen der Widerhandlung sind oder unmittelbar nach der Tat dazukommen, sind bei Gefahr im Verzuge berechtigt, den Täter vorläufig festzunehmen, die mit der Widerhandlung in Zusammenhang stehenden Gegenstände vorläufig zu beschlagnahmen und zu diesem Zweck den Täter oder den Inhaber des Gegenstandes in Wohnungen und andere Räume sowie in unmittelbar zu einem Hause gehörende umfriedete Liegenschaften hinein zu verfolgen.

⁴ Ein vorläufig Festgenommener ist sofort dem untersuchenden Beamten der beteiligten Verwaltung zuzuführen; beschlagnahmte Gegenstände sind unverzüglich abzuliefern.

II. Untersuchung

Art. 20

¹ Für die Untersuchung ist die beteiligte Verwaltung zuständig. Mit der Durchführung von Einvernahmen, Augenscheinen und Zwangsmassnahmen sind besonders ausgebildete Beamte zu betrauen.

² Die Polizei der Kantone und Gemeinden unterstützt die Verwaltung in ihrer Untersuchung; insbesondere darf der untersuchende Beamte polizeiliche Hilfe in Anspruch nehmen, wenn ihm bei einer Untersuchungshandlung, die innerhalb seiner Amtsbefugnisse liegt, Widerstand geleistet wird.

³ Sind in einer Strafsache sowohl die Zuständigkeit der beteiligten Verwaltung als auch Bundesgerichtsbarkeit oder kantonale Gerichtsbarkeit gegeben, so kann das Departement, dem die beteiligte Verwaltung angehört, die Vereinigung der Strafverfolgung in der Hand der bereits mit der Sache befassten Strafverfolgungsbehörde anordnen, sofern ein enger Sachzusammenhang besteht und die Strafverfolgungsbehörde der Vereinigung vorgängig zugestimmt hat.[1]

III. Beurteilung

Art. 21 Sachliche Zuständigkeit 1.

¹ Für die Beurteilung ist die beteiligte Verwaltung zuständig; hält jedoch das übergeordnete Departement die Voraussetzungen einer Freiheitsstrafe, einer freiheitsentziehenden Massnahme oder einer Landesverweisung nach Artikel 66a oder 66a^{bis} des Strafgesetzbuchs[2] für gegeben, so ist das Gericht zuständig.[3]

² Der von der Strafverfügung der Verwaltung Betroffene kann die Beurteilung durch das Gericht verlangen.

³ Dem Bundesrat steht in allen Fällen die Überweisung der Strafsache an das Bundesstrafgericht frei.

⁴ Die zur Ausfällung der Hauptstrafe zuständige Behörde erkennt auch über Nebenstrafen, Massnahmen und Kosten.

Art. 22 Örtliche Zuständigkeit 2.

¹ Der Gerichtsstand ist bei dem Gericht begründet, das nach den Artikeln 31–37 der Strafprozessordnung vom 5. Oktober 2007[4] (StPO) zuständig ist oder in dessen Bezirk der Beschuldigte wohnt.[5] Die Verwaltung wählt zwischen den beiden Gerichtsständen.

---

[1] Eingefügt durch Ziff. I des BG vom 22. Dezember 1999, in Kraft seit 1. Okt. 2000 (AS **2000** 2141; BBl **1998** 1529).
[2] SR **311.0**
[3] Fassung gemäss Anhang Ziff. 6 des BG vom 20. März 2015 (Umsetzung von Art. 121 Abs. 3–6 BV über die Ausschaffung krimineller Ausländerinnen und Ausländer), in Kraft seit 1. Okt. 2016 (AS **2016** 2329; BBl **2013** 5975).
[4] SR **312.0**
[5] Fassung gemäss Anhang 1 Ziff. II 11 der Strafprozessordnung vom 5. Okt. 2007, in Kraft seit 1. Jan. 2011 (AS **2010** 1881; BBl **2006** 1085).

² Artikel 40 Absatz 2 StPO gilt sinngemäss.[1] Das Bundesstrafgericht[2] ist in seinem Entscheid nicht an die von der Verwaltung getroffene Wahl gebunden.

IV. Verfahren gegen Jugendliche

Art. 23

¹ Begeht ein Jugendlicher nach Vollendung des 15., aber vor Vollendung des 18. Altersjahres eine mit Strafe bedrohte Tat, so sind für die Untersuchung und Beurteilung die Vorschriften dieses Gesetzes massgebend. Erscheinen jedoch besondere Erhebungen für die Beurteilung des Jugendlichen oder die Anordnung jugendrechtlicher Massnahmen als geboten oder stellt die zuständige kantonale Behörde der Jugendrechtspflege ein dahinlautendes Begehren oder hat der von der Strafverfügung der Verwaltung betroffene Jugendliche die gerichtliche Beurteilung verlangt, so hat die Verwaltung die Weiterführung des Verfahrens der zuständigen kantonalen Behörde der Jugendrechtspflege zu übertragen, gegebenenfalls unter Trennung des Verfahrens von demjenigen gegen andere Beschuldigte; die Artikel 73–83 dieses Gesetzes gelten sinngemäss.[3]

² In Abweichung von Artikel 22 bestimmt sich der Gerichtsstand nach Artikel 10 der Jugendstrafprozessordnung vom 20. März 2009[4].[5]

³ Der urteilsfähige Minderjährige kann neben dem Inhaber der elterlichen Sorge, dem Vormund oder dem Beistand selbständig die Rechtsmittel ergreifen.[6]

V. Staatsanwaltschaft des Bundes

Art. 24[7]

Die Staatsanwaltschaft des Bundes kann in jedem gerichtlichen Verfahren auftreten.

VI. Beschwerdekammer[8]

Art. 25

¹ Die Beschwerdekammer des Bundesstrafgerichts[9] entscheidet über die ihr nach diesem Gesetz zugewiesenen Beschwerden und Anstände.

---

[1] Fassung gemäss Anhang 1 Ziff. II 11 der Strafprozessordnung vom 5. Okt. 2007, in Kraft seit 1. Jan. 2011 (AS **2010** 1881; BBl **2006** 1085).
[2] Ausdruck gemäss Anhang Ziff. 10 des Strafgerichtsgesetzes vom 4. Okt. 2002, in Kraft seit 1. April 2004 (AS **2003** 2133 2131; BBl **2001** 4202).
[3] Fassung gemäss Art. 44 Ziff. 2 des Jugendstrafgesetzes vom 20. Juni 2003, in Kraft seit 1. Jan. 2007 (AS **2006** 3545; BBl **1999** 1979).
[4] SR **312.1**
[5] Fassung gemäss Anhang Ziff. 2 der Jugendstrafprozessordnung vom 20 März 2009, in Kraft seit 1. Jan. 2011 (AS **2010** 1573; BBl **2006** 1085, **2008** 3121).
[6] Fassung gemäss Anhang Ziff. 15 des BG vom 19. Dez. 2008 (Erwachsenenschutz, Personenrecht und Kindesrecht), in Kraft seit 1. Jan. 2013 (AS **2011** 725; BBl **2006** 7001).
[7] Fassung gemäss Anhang 1 Ziff. II 11 der Strafprozessordnung vom 5. Okt. 2007, in Kraft seit 1. Jan. 2011 (AS **2010** 1881; BBl **2006** 1085).
[8] Ausdruck gemäss Anhang Ziff. 10 des Strafgerichtsgesetzes vom 4. Okt. 2002, in Kraft seit 1. April 2004 (AS **2003** 2133 2131; BBl **2001** 4202). Diese Änd. ist im ganzen Erlass berücksichtigt.
[9] Ausdruck gemäss Anhang Ziff. 10 des Strafgerichtsgesetzes vom 4. Okt. 2002, in Kraft seit 1. April 2004 (AS **2003** 2133 2131; BBl **2001** 4202). Diese Änd. ist im ganzen Erlass berücksichtigt.

² Wenn es für ihren Entscheid erforderlich ist, ordnet die Beschwerdekammer eine Beweisaufnahme an; sie kann dabei die Dienste der beteiligten Verwaltung und des für das betreffende Sprachgebiet gewählten eidgenössischen Untersuchungsrichters in Anspruch nehmen.

³ Wo es zur Wahrung wesentlicher öffentlicher oder privater Interessen nötig ist, hat die Beschwerdekammer von einem Beweismittel unter Ausschluss des Beschwerdeführers oder Antragstellers Kenntnis zu nehmen.

⁴ Die Kostenpflicht im Beschwerdeverfahren vor der Beschwerdekammer bestimmt sich nach Artikel 73 des Strafbehördenorganisationsgesetzes vom 19. März 2010[1].[2]

B. Beschwerde gegen Untersuchungshandlungen

I. Bei Zwangsmassnahmen

Art. 26

¹ Gegen Zwangsmassnahmen (Art. 45ff.) und damit zusammenhängende Amtshandlungen und Säumnis kann bei der Beschwerdekammer des Bundesstrafgerichts Beschwerde geführt werden.

² Die Beschwerde ist einzureichen:
  a. wenn sie gegen eine kantonale Gerichtsbehörde oder gegen den Direktor oder Chef der beteiligten Verwaltung gerichtet ist: bei der Beschwerdekammer;
  b. in den übrigen Fällen: beim Direktor oder Chef der beteiligten Verwaltung.

³ Berichtigt der Direktor oder Chef der beteiligten Verwaltung in den Fällen von Absatz 2 Buchstabe b die Amtshandlung oder Säumnis im Sinne der gestellten Anträge, so fällt die Beschwerde dahin; andernfalls hat er sie mit seiner Äusserung spätestens am dritten Werktag nach ihrem Eingang an die Beschwerdekammer weiterzuleiten.

II. Bei sonstigen Untersuchungshandlungen

Art. 27

¹ Soweit nicht die Beschwerde nach Artikel 26 gegeben ist, kann gegen Amtshandlungen sowie gegen Säumnis des untersuchenden Beamten beim Direktor oder Chef der beteiligten Verwaltung Beschwerde geführt werden.

² Der Beschwerdeentscheid ist dem Beschwerdeführer schriftlich mitzuteilen und hat eine Rechtsmittelbelehrung zu enthalten.

³ Gegen den Beschwerdeentscheid kann bei der Beschwerdekammer des Bundesstrafgerichts Beschwerde geführt werden, jedoch nur wegen Verletzung von Bundesrecht, einschliesslich Überschreitung oder Missbrauch des Ermessens.

⁴ Für Beschwerden wegen Untersuchungshandlungen und Säumnis von Organen der mit öffentlich-rechtlichen Aufgaben des Bundes betrauten Organisationen gelten die Absätze 1–3 sinngemäss; erste Beschwerdeinstanz ist jedoch das übergeordnete Departement.

---

[1] SR **173.71**
[2] Fassung gemäss Anhang Ziff. II 9 des Strafbehördenorganisationsgesetz vom 19. März 2010, in Kraft seit 1. Jan. 2011 (AS **2010** 3267; BBl **2008** 8125).

III. Gemeinsame Bestimmungen

Art. 28

¹ Zur Beschwerde ist berechtigt, wer durch die angefochtene Amtshandlung, die gerügte Säumnis oder den Beschwerdeentscheid (Art. 27 Abs. 2) berührt ist und ein schutzwürdiges Interesse an der Aufhebung oder Änderung hat; zur Beschwerde gegen die Freilassung eines vorläufig Festgenommenen oder Verhafteten durch die kantonale Gerichtsbehörde (Art. 51 Abs. 5, 59 Abs. 3) ist auch der Direktor oder Chef der beteiligten Verwaltung befugt.

² Mit der Beschwerde kann die Verletzung von Bundesrecht, die unrichtige oder unvollständige Feststellung des rechtserheblichen Sachverhalts oder die Unangemessenheit gerügt werden; vorbehalten bleibt Artikel 27 Absatz 3.

³ Die Beschwerde gegen eine Amtshandlung oder gegen einen Beschwerdeentscheid ist innert drei Tagen, nachdem der Beschwerdeführer von der Amtshandlung Kenntnis erhalten hat oder ihm der Beschwerdeentscheid eröffnet worden ist, bei der zuständigen Behörde schriftlich mit Antrag und kurzer Begründung einzureichen; befindet sich der Beschwerdeführer in Haft, so genügt die Aushändigung der Beschwerde an die Gefängnisleitung, die zur sofortigen Weiterleitung verpflichtet ist.

⁴ Die bei der unzuständigen Behörde eingereichte Beschwerde ist unverzüglich der zuständigen Behörde zu überweisen; rechtzeitige Einreichung der Beschwerde bei der unzuständigen Behörde wahrt die Beschwerdefrist.

⁵ Die Beschwerde hat, wenn es das Gesetz nicht anders bestimmt, keine aufschiebende Wirkung, soweit sie ihr nicht durch vorsorgliche Verfügung der Beschwerdeinstanz oder ihres Präsidenten verliehen wird.

C. Allgemeine Verfahrensbestimmungen

I. Ausstand

Art. 29

¹ Beamte, die eine Untersuchung zu führen, einen Entscheid zu treffen oder diesen vorzubereiten haben, sowie Sachverständige, Übersetzer und Dolmetscher treten in Ausstand, wenn sie:

a. in der Sache ein persönliches Interesse haben;
b.[1] mit dem Beschuldigten durch Ehe oder eingetragene Partnerschaft verbunden sind oder mit ihm eine faktische Lebensgemeinschaft führen;
b^{bis}. mit dem Beschuldigten in gerader Linie oder bis zum dritten Grade in der Seitenlinie verwandt oder verschwägert sind;[2]
c. aus anderen Gründen in der Sache befangen sein könnten.

---

[1] Fassung gemäss Anhang Ziff. 21 des Partnerschaftsgesetzes vom 18. Juni 2004, in Kraft seit 1. Jan. 2007 (AS **2005** 5685; BBl **2003** 1288).
[2] Eingefügt durch Anhang Ziff. 21 des Partnerschaftsgesetzes vom 18. Juni 2004, in Kraft seit 1. Jan. 2007 (AS **2005** 5685; BBl **2003** 1288).

² Ist der Ausstand streitig, so entscheidet darüber, unter Vorbehalt der Beschwerde an die Beschwerdekammer des Bundesstrafgerichts (Art. 27 Abs. 3), der Vorgesetzte des betreffenden Beamten oder desjenigen, der den Sachverständigen, Übersetzer oder Dolmetscher beigezogen hat.

³ Der Ausstand im gerichtlichen Verfahren sowie von kantonalen Beamten und Angestellten richtet sich nach dem einschlägigen eidgenössischen oder kantonalen Recht.

II. Rechtshilfe

Art. 30

¹ Die Verwaltungsbehörden des Bundes, der Kantone und der Gemeinden haben den mit der Verfolgung und Beurteilung von Verwaltungsstrafsachen betrauten Behörden in der Erfüllung ihrer Aufgabe Rechtshilfe zu leisten; sie haben ihnen insbesondere die benötigten Auskünfte zu erteilen und Einsicht zu gewähren in amtliche Akten, die für die Strafverfolgung von Bedeutung sein können.

² Die Rechtshilfe darf nur verweigert werden, soweit ihr wesentliche öffentliche Interessen, insbesondere die innere oder äussere Sicherheit des Bundes oder der Kantone, entgegenstehen oder wenn die Rechtshilfe die angegangene Behörde in der Durchführung ihrer Aufgabe wesentlich beeinträchtigen würde. Berufsgeheimnisse im Sinne der Artikel 171–173 StPO[1] sind zu wahren.[2]

³ Im Übrigen sind für die Rechtshilfe die Artikel 43–48 StPO anwendbar.[3]

⁴ Die mit öffentlich-rechtlichen Aufgaben betrauten Organisationen sind im Rahmen dieser Aufgaben gleich den Behörden zur Rechtshilfe verpflichtet.

⁵ Anstände unter Bundesbehörden entscheidet der Bundesrat, Anstände zwischen Bund und Kantonen oder zwischen Kantonen die Beschwerdekammer des Bundesstrafgerichts. Bis der Entscheid erfolgt, sind angeordnete Sicherheitsmassregeln aufrechtzuerhalten.

III. Fristen

Art. 31

¹ Für die Berechnung der Fristen, die Fristverlängerung und die Wiederherstellung gegen die Folgen der Fristversäumnis gelten die Artikel 20–24 des Verwaltungsverfahrensgesetzes vom 20. Dezember 1968[4] sinngemäss.

² Die Fristen im gerichtlichen Verfahren richten sich nach der StPO[5].[6]

---

[1] SR **312.0**
[2] Fassung des zweiten Satzes gemäss Anhang 1 Ziff. II 11 der Strafprozessordnung vom 5. Okt. 2007, in Kraft seit 1. Jan. 2011 (AS **2010** 1881; BBl **2006** 1085).
[3] Fassung gemäss Anhang 1 Ziff. II 11 der Strafprozessordnung vom 5. Okt. 2007, in Kraft seit 1. Jan. 2011 (AS **2010** 1881; BBl **2006** 1085).
[4] SR **172.021**
[5] SR **312.0**
[6] Fassung gemäss Anhang 1 Ziff. II 11 der Strafprozessordnung vom 5. Okt. 2007, in Kraft seit 1. Jan. 2011 (AS **2010** 1881; BBl **2006** 1085).

IV. Form der Mitteilungen und der Zustellung

Art. 31a[1]

¹ Mitteilungen erfolgen in Schriftform, soweit dieses Gesetz nichts Abweichendes bestimmt.

² Die Zustellung erfolgt durch eingeschriebene Postsendung oder auf andere Weise gegen Empfangsbestätigung.

³ Sie gilt als erfolgt, wenn die Sendung vom Adressaten oder von einer angestellten oder einer im gleichen Haushalt lebenden, mindestens 16 Jahre alten Person entgegengenommen wurde. Vorbehalten bleiben Anweisungen, eine Mitteilung dem Adressaten persönlich zuzustellen.

⁴ Sie gilt zudem als erfolgt:

a. bei einer eingeschriebenen Postsendung, die nicht abgeholt worden ist: am siebten Tag nach dem erfolglosen Zustellungsversuch, sofern der Adressat mit einer Zustellung rechnen musste;
b. bei persönlicher Zustellung, wenn der Adressat die Annahme verweigert und dies vom Überbringer festgehalten wird: am Tag der Weigerung.

> ☞ *Art. 31b–31h werden frühestens per 1.1.2026 neu eingefügt (siehe S. 732f.).*

Zweiter Abschnitt: Untersuchung und Strafverfügung der Verwaltung

Erster Unterabschnitt: Allgemeine Bestimmungen

A. Verteidiger

I. Bestellung

Art. 32

¹ Der Beschuldigte kann in jeder Lage des Verfahrens einen Verteidiger bestellen.

² Als berufsmässige Verteidiger im Verfahren der Verwaltung werden zugelassen:

a. die ihren Beruf in einem Kanton ausübenden patentierten Rechtsanwälte;
b. Angehörige von Berufen, die der Bundesrat unter bestimmten Bedingungen zur Verteidigung in Verwaltungsstrafsachen ermächtigt hat.

³ Ausnahmsweise und unter Vorbehalt des Gegenrechts kann die beteiligte Verwaltung auch einen ausländischen Verteidiger zulassen.

⁴ Die Behörde kann den Verteidiger auffordern, sich durch schriftliche Vollmacht auszuweisen.

---

[1] Eingefügt durch Anhang Ziff. 2 des Finanzdienstleistungsgesetzes vom 15. Juni 2018, in Kraft seit 1. Jan. 2020 (AS **2019** 4417; BBl **2015** 8901).

II. Amtlicher Verteidiger

Art. 33

¹ Sofern der Beschuldigte nicht anderweitig verbeiständet ist, bestellt ihm die beteiligte Verwaltung von Amtes wegen aus dem Kreis der in Artikel 32 Absatz 2 Buchstabe a genannten Personen unter tunlicher Berücksichtigung seiner Wünsche einen amtlichen Verteidiger:

    a. wenn der Beschuldigte offensichtlich nicht imstande ist, sich zu verteidigen;
    b. für die Dauer der Untersuchungshaft, wenn diese nach Ablauf von drei Tagen aufrechterhalten wird.

² Kann der Beschuldigte wegen Bedürftigkeit keinen Verteidiger beiziehen, so wird auf sein Verlangen ebenfalls ein amtlicher Verteidiger bestellt. Ausgenommen sind Fälle, bei denen nur eine Busse unter 2000 Franken in Betracht fällt.

³ Die Entschädigung des amtlichen Verteidigers wird auf Grund eines vom Bundesrat aufzustellenden Tarifs, unter Vorbehalt der Beschwerde an die Beschwerdekammer des Bundesstrafgerichts (Art. 25 Abs. 1), durch die beteiligte Verwaltung festgesetzt und gehört zu den Verfahrenskosten; der Beschuldigte, dem Kosten auferlegt werden, hat dem Bund diese Entschädigung in den Fällen von Absatz 1 zurückzuerstatten, wenn ihm nach seinem Einkommen oder Vermögen der Beizug eines Verteidigers zumutbar gewesen wäre.

B. Zustellung

I. Zustellungsdomizil

Art. 34[1]

¹ Mitteilungen sind den Adressaten an ihren Wohnsitz, ihren gewöhnlichen Aufenthaltsort oder an ihren Sitz zuzustellen.

² Beschuldigte mit Wohnsitz, gewöhnlichem Aufenthaltsort oder Sitz im Ausland haben in der Schweiz ein Zustellungsdomizil zu bezeichnen. Vorbehalten bleiben staatsvertragliche Vereinbarungen, wonach Mitteilungen direkt zugestellt werden können.

> ☞ *Art. 34 Abs. 1 und 2 wird frühestens per 1.1.2026 geändert (siehe S. 733).*

³ Mitteilungen an Parteien, die einen Rechtsbeistand bestellt haben, werden rechtsgültig an diesen zugestellt.

⁴ Für den von der Einziehung Betroffenen gelten diese Vorschriften sinngemäss.

---

[1] Fassung gemäss Anhang Ziff. 2 des Finanzdienstleistungsgesetzes vom 15. Juni 2018, in Kraft seit 1. Jan. 2020 (AS **2019** 4417; BBl **2015** 8901).

II. Zustellung durch Veröffentlichung

Art. 34a[1]

¹ Die Zustellung erfolgt durch Veröffentlichung im Bundesblatt, wenn:
   a. der Aufenthaltsort des Empfängers unbekannt ist und trotz zumutbarer Nachforschungen nicht ermittelt werden kann;
   b. eine Zustellung unmöglich ist oder mit ausserordentlichen Umtrieben verbunden wäre;
   c. eine Partei oder ihr Rechtsbeistand mit Wohnsitz, gewöhnlichem Aufenthaltsort oder Sitz im Ausland kein Zustellungsdomizil in der Schweiz bezeichnet hat.

² Die Zustellung gilt am Tag der Veröffentlichung als erfolgt.

³ Von Endentscheiden wird nur das Dispositiv veröffentlicht.

⁴ Schlussprotokolle gelten auch ohne Veröffentlichung als zugestellt.

C. Teilnahme an Beweisaufnahmen

Art. 35

¹ Der untersuchende Beamte gestattet dem Beschuldigten und seinem Verteidiger, an Beweisaufnahmen teilzunehmen, wenn das Gesetz die Teilnahme nicht ausschliesst und keine wesentlichen öffentlichen oder privaten Interessen entgegenstehen.

² Der untersuchende Beamte darf die Teilnahme des Beschuldigten und des Verteidigers an einer Beweisaufnahme ausschliessen, wenn ihre Anwesenheit die Untersuchung beeinträchtigt.

D. Akteneinsicht

Art. 36

Die Artikel 26–28 des Verwaltungsverfahrensgesetzes vom 20. Dezember 1968[2] gelten sinngemäss.

Zweiter Unterabschnitt: Untersuchung

A. Umfang

Art. 37

¹ Der untersuchende Beamte der beteiligten Verwaltung erforscht den Sachverhalt und sichert den Beweis.

² Der Beschuldigte kann jederzeit die Vornahme bestimmter Untersuchungshandlungen beantragen.

³ Sind besondere Untersuchungshandlungen nicht nötig, so wird sogleich nach Artikel 61 das Schlussprotokoll aufgenommen.

---

[1] Eingefügt durch Anhang Ziff. 2 des Finanzdienstleistungsgesetzes vom 15. Juni 2018, in Kraft seit 1. Jan. 2020 (AS **2019** 4417; BBl **2015** 8901).
[2] SR **172.021**

⁴ Vorbehalten bleiben die Vorschriften von Artikel 65 über den Strafbescheid im abgekürzten Verfahren.

B. Protokollierung

Art. 38

¹ Die Eröffnung der Untersuchung, ihr Verlauf und die dabei gewonnenen wesentlichen Feststellungen sollen aus den amtlichen Akten ersichtlich sein.

² Das Protokoll über eine Einvernahme wird während der Verhandlung niedergeschrieben und ist unmittelbar nach Schluss der Einvernahme vom Einvernommenen, nachdem es ihm zur Kenntnis gebracht worden ist, und vom untersuchenden Beamten durch Unterschrift als richtig zu bestätigen; fehlt die Unterschrift des Einvernommenen, so ist der Grund anzugeben.

³ Das Protokoll über eine andere Untersuchungshandlung ist sobald als möglich, spätestens am folgenden Werktag aufzunehmen; seine Richtigkeit ist vom untersuchenden Beamten durch Unterschrift zu bestätigen.

⁴ In jedem Protokoll sind Ort und Zeit der Untersuchungshandlung und die Namen der Beteiligten anzugeben. Ferner ist kenntlich zu machen, was auf eigener Wahrnehmung des untersuchenden Beamten und was auf Mitteilung Dritter beruht.

☞ *Art. 38 Abs. 5 wird frühestens per 1.1.2026 neu eingefügt (siehe S. 733).*

C. Einvernahmen, Auskünfte

I. Beschuldigter

Art. 39

¹ Der Beschuldigte wird vorerst über Name, Alter, Beruf, Heimat und Wohnort befragt.

² Der untersuchende Beamte teilt dem Beschuldigten mit, welcher Tat er beschuldigt wird. Er fordert ihn auf, sich über die Beschuldigung auszusprechen und Tatsachen und Beweismittel zu seiner Verteidigung anzuführen.

³ Der Beschuldigte kann, sofern es sich nicht um seine erste Vernehmung handelt, verlangen, dass der Verteidiger zugegen sei; dieser hat das Recht, über den untersuchenden Beamten Ergänzungsfragen zu stellen.

⁴ Weigert sich der Beschuldigte auszusagen, so ist das aktenkundig zu machen.

⁵ Zwang, Drohung, Versprechungen, unwahre Angaben und verfängliche Fragen oder ähnliche Mittel sind dem untersuchenden Beamten untersagt.

II. Auskünfte

Art. 40

Der untersuchende Beamte kann mündliche oder schriftliche Auskünfte einholen oder Auskunftspersonen einvernehmen; wer auf Grund des Zeugnisverweigerungsrechts die Aussage verweigern kann, ist vorher darauf aufmerksam zu machen.

III. Zeugen

Art. 41

¹ Lässt sich der Sachverhalt auf andere Weise nicht hinreichend abklären, so können Zeugen einvernommen werden.

² Auf die Vernehmung und die Entschädigung der Zeugen sind die Artikel 163–166 und 168–176 StPO[1] und Artikel 48 des Bundesgesetzes vom 4. Dezember 1947[2] über den Bundeszivilprozess sinngemäss anwendbar; verweigert ein Zeuge ohne gesetzlichen Grund die Aussage, zu der er unter Hinweis auf Artikel 292 des Strafgesetzbuches[3] und dessen Strafdrohung aufgefordert worden ist, so ist er wegen Ungehorsams gegen diese Verfügung an den Strafrichter zu überweisen.[4]

³ Der Beschuldigte und sein Verteidiger haben Anspruch darauf, den Zeugeneinvernahmen beizuwohnen und über den untersuchenden Beamten Ergänzungsfragen zu stellen.

IV. Vorladung und Vorführung

Art. 42

¹ Beschuldigte und Zeugen werden in der Regel schriftlich vorgeladen. Sie sind auf die gesetzlichen Folgen des Ausbleibens hinzuweisen.

² Bleibt der gehörig Vorgeladene ohne genügende Entschuldigung aus, so kann er polizeilich vorgeführt werden. Der Vorführungsbefehl wird vom untersuchenden Beamten schriftlich erteilt.

³ Dem unentschuldigt Ausgebliebenen können die Kosten auferlegt werden, die durch sein Ausbleiben entstanden sind.

D. Sachverständige

Art. 43

¹ Setzt die Feststellung oder Beurteilung von Tatsachen besondere Fachkenntnisse voraus, so können Sachverständige beigezogen werden.

² Dem Beschuldigten ist Gelegenheit zu geben, sich zur Wahl und zu den vorzulegenden Fragen zu äussern.[5] Im Übrigen gelten für die Ernennung der Sachverständigen sowie für ihre Rechte und Pflichten die Artikel 183–185, 187, 189 sowie 191 StPO[6] und Artikel 61 des Bundesgesetzes vom 4. Dezember 1947[7] über den Bundeszivilprozess sinngemäss.[8]

---

[1] SR **312.0**
[2] SR **273**
[3] SR **311.0**
[4] Fassung gemäss Anhang 1 Ziff. II 11 der Strafprozessordnung vom 5. Okt. 2007, in Kraft seit 1. Jan. 2011 (AS **2010** 1881; BBl **2006** 1085).
[5] Fassung gemäss Anhang Ziff. 10 des Strafgerichtsgesetzes vom 4. Okt. 2002, in Kraft seit 1. April 2004 (AS **2003** 2133 2131; BBl **2001** 4202).
[6] SR **312.0**
[7] SR **273**
[8] Fassung zweiter Satz gemäss Anhang 1 Ziff. II 11 der Strafprozessordnung vom 5. Okt. 2007, in Kraft seit 1. Jan. 2011 (AS **2010** 1881; BBl **2006** 1085).

E. Augenschein

Art. 44

¹ Der untersuchende Beamte ordnet einen Augenschein an, wenn dies zur Aufklärung des Sachverhaltes beitragen kann. Der Beschuldigte und sein Verteidiger haben Anspruch darauf, dem Augenschein beizuwohnen.

² Werden Geschäfts- und Betriebseinrichtungen einem Augenschein unterzogen, so ist auf die berechtigten Interessen des Inhabers Rücksicht zu nehmen.

F. Zwangsmassnahmen

I. Allgemeine Bestimmungen

Art. 45

¹ Bei einer Beschlagnahme, Durchsuchung, vorläufigen Festnahme oder Verhaftung ist mit der dem Betroffenen und seinem Eigentum gebührenden Schonung zu verfahren.

² Im Falle einer Ordnungswidrigkeit sind Zwangsmassnahmen nicht zulässig.

II. Beschlagnahme

Art. 46 Gegenstand 1.

¹ Vom untersuchenden Beamten sind mit Beschlag zu belegen:
  a. Gegenstände, die als Beweismittel von Bedeutung sein können;
  b. Gegenstände und andere Vermögenswerte, die voraussichtlich der Einziehung unterliegen;
  c. die dem Staate verfallenden Geschenke und anderen Zuwendungen.

² Andere Gegenstände und Vermögenswerte, die zur Begehung der Widerhandlung gedient haben oder durch die Widerhandlung hervorgebracht worden sind, können beschlagnahmt werden, wenn es zur Verhinderung neuer Widerhandlungen oder zur Sicherung eines gesetzlichen Pfandrechtes als erforderlich erscheint.

³ Gegenstände und Unterlagen aus dem Verkehr einer Person mit ihrem Anwalt dürfen nicht beschlagnahmt werden, sofern dieser nach dem Anwaltsgesetz vom 23. Juni 2000[1] zur Vertretung vor schweizerischen Gerichten berechtigt ist und im gleichen Sachzusammenhang nicht selber beschuldigt ist.[2]

Art. 47 Verfahren 2.

¹ Der Inhaber eines beschlagnahmten Gegenstandes oder Vermögenswertes ist verpflichtet, ihn dem untersuchenden Beamten gegen Empfangsbescheinigung oder ein Doppel des Beschlagnahmeprotokolls herauszugeben.

> ☞ *Art. 47 Abs. 1 wird frühestens per 1.1.2026 geändert (siehe S. 733).*

---

[1] SR **935.61**
[2] Eingefügt durch Ziff. I 7 des BG vom 28. Sept. 2012 über die Anpassung von verfahrensrechtlichen Bestimmungen zum anwaltlichen Berufsgeheimnis, in Kraft seit 1. Mai 2013 (AS **2013** 847; BBl **2011** 8181).

² Die beschlagnahmten Gegenstände und Vermögenswerte werden im Beschlagnahmeprotokoll verzeichnet und sind zu verwahren.

³ Gegenstände, die schneller Wertverminderung ausgesetzt sind oder einen kostspieligen Unterhalt erfordern, kann die Verwaltung öffentlich versteigern lassen und in dringenden Fällen freihändig verkaufen.

III. Durchsuchung von Wohnungen und Personen

Art. 48 Gründe, Zuständigkeit 1.

¹ Wohnungen und andere Räume sowie unmittelbar zu einem Hause gehörende umfriedete Liegenschaften dürfen nur durchsucht werden, wenn es wahrscheinlich ist, dass sich der Beschuldigte darin verborgen hält oder dass sich Gegenstände oder Vermögenswerte, die der Beschlagnahme unterliegen, oder Spuren der Widerhandlung darin befinden.

² Der Beschuldigte darf nötigenfalls durchsucht werden. Die Durchsuchung ist von einer Person des gleichen Geschlechts oder von einem Arzt vorzunehmen.

³ Die Durchsuchung erfolgt aufgrund eines schriftlichen Befehls des Direktors oder Chefs der beteiligten Verwaltung.[1]

⁴ Ist Gefahr im Verzuge und kann ein Durchsuchungsbefehl nicht rechtzeitig eingeholt werden, so darf der untersuchende Beamte von sich aus eine Durchsuchung anordnen oder vornehmen. Die Massnahme ist in den Akten zu begründen.

Art. 49 Durchführung 2.

¹ Vor Beginn der Durchsuchung hat sich der untersuchende Beamte auszuweisen.

² Der anwesende Inhaber der Räume ist über den Grund ihrer Durchsuchung zu unterrichten und zu dieser beizuziehen; anstelle des abwesenden Inhabers ist ein Verwandter oder Hausgenosse beizuziehen. Im weitern ist die von der zuständigen kantonalen Behörde bezeichnete Amtsperson oder, falls der untersuchende Beamte von sich aus durchsucht, ein Mitglied der Gemeindebehörde oder ein Kantons-, Bezirks- oder Gemeindebeamter beizuziehen, der darüber wacht, dass sich die Massnahme nicht von ihrem Zweck entfernt. Ist Gefahr im Verzuge oder stimmt der Inhaber der Räume zu, so kann der Beizug von Amtspersonen, Hausgenossen oder Verwandten unterbleiben.

³ An Sonn- und allgemeinen Feiertagen und zur Nachtzeit darf im Allgemeinen nur in wichtigen Fällen und bei dringender Gefahr eine Durchsuchung stattfinden.

⁴ Das Protokoll über die Durchsuchung wird im Beisein der Beteiligten sofort aufgenommen; auf Verlangen ist den Beteiligten ein Doppel des Durchsuchungsbefehls und des Protokolls auszuhändigen.

---

[1] Fassung gemäss Ziff. I der V vom 21. Nov. 2018, in Kraft seit 1. Jan. 2019 (AS **2018** 4587).

IV. Durchsuchung von Papieren

Art. 50

¹ Papiere sind mit grösster Schonung der Privatgeheimnisse zu durchsuchen; insbesondere sollen Papiere nur dann durchsucht werden, wenn anzunehmen ist, dass sich Schriften darunter befinden, die für die Untersuchung von Bedeutung sind.

² Bei der Durchsuchung sind das Amtsgeheimnis sowie Geheimnisse, die Geistlichen, Rechtsanwälten, Notaren, Ärzten, Apothekern, Hebammen und ihren beruflichen Gehilfen in ihrem Amte oder Beruf anvertraut wurden, zu wahren.

³ Dem Inhaber der Papiere ist wenn immer möglich Gelegenheit zu geben, sich vor der Durchsuchung über ihren Inhalt auszusprechen. Erhebt er gegen die Durchsuchung Einsprache, so werden die Papiere versiegelt und verwahrt, und es entscheidet die Beschwerdekammer des Bundesstrafgerichts über die Zulässigkeit der Durchsuchung (Art. 25 Abs. 1).

V. Vorläufige Festnahme und Vorführung vor den Richter

Art. 51

¹ Der untersuchende Beamte kann den einer Widerhandlung dringend Verdächtigen vorläufig festnehmen, wenn ein Haftgrund nach Artikel 52 angenommen werden muss und Gefahr im Verzuge ist.

² Der Festgenommene oder der nach Artikel 19 Absatz 4 Zugeführte ist unverzüglich einzuvernehmen; dabei ist ihm Gelegenheit zu geben, den bestehenden Verdacht und die Gründe der Festnahme zu entkräften.

³ Muss nach wie vor ein Haftgrund angenommen werden, so ist der Festgenommene unverzüglich der zur Ausstellung von Haftbefehlen ermächtigten kantonalen Gerichtsbehörde zuzuführen. Ist die Festnahme in abgelegenen oder unwegsamem Gebiet erfolgt oder ist die zuständige kantonale Gerichtsbehörde nicht sogleich erreichbar, so hat die Zuführung innert 48 Stunden zu erfolgen.

⁴ Die Gerichtsbehörde prüft, ob ein Haftgrund bestehe; der untersuchende Beamte und der Festgenommene sind dazu anzuhören.

⁵ Hierauf verfügt die Gerichtsbehörde die Verhaftung oder die Freilassung, gegebenenfalls gegen Sicherheitsleistung. Der Entscheid kann mit Beschwerde angefochten werden (Art. 26).

⁶ Meldet der untersuchende Beamte gegen eine Freilassung sogleich die Beschwerde an, so wird die Festnahme vorläufig aufrecht erhalten. Der Direktor oder Chef der beteiligten Verwaltung hat der Gerichtsbehörde innert 24 Stunden mitzuteilen, ob er die Beschwerde aufrechterhalte. Hält er sie aufrecht, so bleibt die Festnahme bis zum Entscheid der Beschwerdekammer bestehen; vorbehalten bleibt die gegenteilige Anordnung der Beschwerdekammer oder ihres Präsidenten.

VI. Verhaftung

Art. 52 Zulässigkeit 1.

¹ Ist der Beschuldigte einer Widerhandlung dringend verdächtigt, so darf gegen ihn ein Haftbefehl erlassen werden, wenn bestimmte Umstände den Verdacht begründen, dass:

a. er sich der Strafverfolgung oder dem Strafvollzug entziehen werde oder dass
b. er Spuren der Tat verwischen, Beweisgegenstände beseitigen, Zeugen oder Mitbeschuldigte zu falschen Aussagen verleiten oder auf ähnliche Weise den Zweck der Untersuchung gefährden werde.

² Ein Haftbefehl darf nicht erlassen werden, wenn dies zu der Bedeutung der Sache in einem Missverhältnis stehen würde.

Haftbefehl 2.

Art. 53 Zuständigkeit; Form a.

¹ Der untersuchende Beamte kann einen Haftbefehl beantragen.

² Zum Erlass des Haftbefehls sind zuständig:

a. wenn der Beschuldigte vorläufig festgenommen ist: die am Orte der Festnahme zuständige kantonale Gerichtsbehörde;
b. in allen andern Fällen: die nach Artikel 22 zuständige kantonale Gerichtsbehörde.

³ Der Haftbefehl ist schriftlich zu erlassen und hat anzugeben: die Personalien des Beschuldigten und die Tat, deren er beschuldigt wird; die Strafbestimmungen; den Haftgrund; das Untersuchungsgefängnis, in das der Verhaftete einzuliefern ist; eine Belehrung über die Rechtsmittel, die Parteirechte, die Freilassung gegen Sicherheitsleistung und über das Recht zur Benachrichtigung der Angehörigen.

Art. 54 Vollzug; Fahndung b.

¹ Dem Beschuldigten ist bei der Verhaftung ein Doppel des Haftbefehls auszuhändigen.

² Der Verhaftete ist der zuständigen kantonalen Behörde unter gleichzeitiger Aushändigung eines Doppels des Haftbefehls zu übergeben.

☞ Art. 54 Abs. 1 und 2 wird frühestens per 1.1.2026 geändert (siehe S. 733 f.).

³ Kann der Haftbefehl nicht vollzogen werden, so ist die Fahndung anzuordnen. Der Haftbefehl kann öffentlich bekannt gemacht werden.

Art. 55 Einvernahme des Verhafteten c.

¹ Die Behörde, die den Haftbefehl erliess, hat den Beschuldigten, sofern dieser nicht bereits einvernommen wurde (Art. 51 Abs. 4), spätestens am ersten Werktag nach der Verhaftung einzuvernehmen, um abzuklären, ob ein Haftgrund weiter bestehe; der untersuchende Beamte ist dazu anzuhören.

² Wird die Haft aufrechterhalten, so sind dem Beschuldigten die Gründe zu eröffnen; wird der Beschuldigte freigelassen, so gilt Artikel 51 Absatz 6 sinngemäss.

Art. 56 Mitteilung an die Angehörigen 3.

Der Verhaftete hat das Recht, wenn es der Zweck der Untersuchung nicht verbietet, seinen nächsten Angehörigen die Verhaftung durch den untersuchenden Beamten sogleich mitteilen zu lassen.

Art. 57 Dauer der Haft 4.

¹ Wird die Haft aufrechterhalten, so ist die Untersuchung möglichst zu beschleunigen. Die Haft darf in jedem Falle die voraussichtliche Dauer einer Freiheits- oder Umwandlungsstrafe nicht übersteigen.

² Eine nach Artikel 52 Absatz 1 Buchstabe b verfügte Untersuchungshaft darf nur mit besonderer Bewilligung der Behörde, die den Haftbefehl ausstellte, länger als 14 Tage aufrecht erhalten werden.

Art. 58 Durchführung der Haft 5.

¹ Die kantonale Behörde hat für den richtigen Vollzug der Haft zu sorgen. Der Verhaftete darf in seiner Freiheit nicht weiter beschränkt werden, als es der Zweck der Haft und die Ordnung im Untersuchungsgefängnis erfordern.

² Der mündliche oder schriftliche Verkehr des Verhafteten mit seinem Verteidiger bedarf der Bewilligung des untersuchenden Beamten, der ihn nur beschränken oder ausschliessen kann, wenn es der Zweck der Untersuchung erfordert. Eine Beschränkung oder ein Ausschluss dieses Verkehrs für mehr als drei Tage bedarf der Zustimmung der Behörde, die den Haftbefehl ausstellte; diese Zustimmung darf jeweils höchstens für zehn Tage erteilt werden.

³ Der Vollzug der Haft richtet sich im Übrigen nach den Artikeln 234–236 StPO[1].[2]

Art. 59 Haftentlassung 6.

¹ Der untersuchende Beamte hat den Verhafteten freizulassen, sobald kein Haftgrund mehr besteht.

² Der Verhaftete kann jederzeit ein Haftentlassungsgesuch einreichen.

³ Solange die Akten nicht zur gerichtlichen Beurteilung überwiesen sind, entscheidet über das Gesuch die Behörde, die den Haftbefehl erliess. Sie hat den untersuchenden Beamten oder die Amtsstelle, bei der die Sache hängig ist, zum Gesuch anzuhören; die Vorschriften von Artikel 51 Absätze 5 und 6 gelten sinngemäss.

Art. 60 Freilassung gegen Sicherheitsleistung 7.

¹ Der Beschuldigte, der auf Grund von Artikel 52 Absatz 1 Buchstabe a zu verhaften wäre oder verhaftet ist, kann auf sein Verlangen gegen Sicherheitsleistung in Freiheit gelassen werden.

---

[1] SR **312.0**
[2] Eingefügt durch Anhang 1 Ziff. II 11 der Strafprozessordnung vom 5. Okt. 2007, in Kraft seit 1. Jan. 2011 (AS **2010** 1881; BBl **2006** 1085).

² Für die Freilassung gegen Sicherheitsleistung gelten die Artikel 238–240 StPO[1] sinngemäss.[2] Die Sicherheit ist jedoch beim Eidgenössischen Finanzdepartement[3] zu leisten; sie verfällt auch, wenn sich der Beschuldigte der Vollstreckung der ausgesprochenen Busse entzieht, wobei der Überschuss bei Verwendung der verfallenen Sicherheit dem Bunde zufällt.

G. Schlussprotokoll

Art. 61

¹ Erachtet der untersuchende Beamte die Untersuchung als vollständig und liegt nach seiner Ansicht eine Widerhandlung vor, so nimmt er ein Schlussprotokoll auf; dieses enthält die Personalien des Beschuldigten und umschreibt den Tatbestand der Widerhandlung.

² Der untersuchende Beamte eröffnet das Schlussprotokoll dem Beschuldigten und gibt ihm Gelegenheit, sich sogleich dazu auszusprechen, die Akten einzusehen und eine Ergänzung der Untersuchung zu beantragen.

³ Ist der Beschuldigte bei Aufnahme des Schlussprotokolls nicht zugegen oder stellt der anwesende Beschuldigte ein entsprechendes Begehren oder lassen es die Umstände, insbesondere die Schwere des Falles, sonst als geboten erscheinen, so sind das Schlussprotokoll und die nach Absatz 2 erforderlichen Mitteilungen schriftlich zu eröffnen unter Bekanntgabe des Ortes, wo die Akten eingesehen werden können. Die Frist, sich zu äussern und Anträge zu stellen, endigt in diesem Falle zehn Tage nach Zustellung des Schlussprotokolls; sie kann erstreckt werden, wenn zureichende Gründe vorliegen und das Erstreckungsgesuch innert der Frist gestellt wird.

⁴ Gegen die Eröffnung des Schlussprotokolls und seinen Inhalt ist keine Beschwerde zulässig. Die Ablehnung eines Antrages auf Ergänzung der Untersuchung kann nur in Verbindung mit dem Strafbescheid angefochten werden.

⁵ ...[4]

Dritter Unterabschnitt: Entscheid der Verwaltung

A. Art des Entscheids

I. Im Strafverfahren

Art. 62

¹ Die Verwaltung erlässt einen Strafbescheid oder stellt das Verfahren ein; vorbehalten bleibt die Überweisung zur gerichtlichen Beurteilung (Art. 21 Abs. 1 und 3).

² Die Einstellung des Verfahrens ist allen Personen mitzuteilen, die als Beschuldigte am bisherigen Verfahren teilgenommen haben. Eine mündlich mitgeteilte Einstellung ist auf Verlangen schriftlich zu bestätigen.

---

[1] SR **312.0**
[2] Fassung gemäss Anhang 1 Ziff. II 11 der Strafprozessordnung vom 5. Okt. 2007, in Kraft seit 1. Jan. 2011 (AS **2010** 1881; BBl **2006** 1085).
[3] Bezeichnung gemäss nicht veröffentlichtem BRB vom 19. Dez. 1997.
[4] Aufgehoben durch Anhang Ziff. 2 des Finanzdienstleistungsgesetzes vom 15. Juni 2018, mit Wirkung seit 1. Jan. 2020 (AS **2019** 4417; BBl **2015** 8901).

II. Über die Leistungs- oder Rückleistungspflicht

Art. 63

¹ Die nachzuentrichtenden oder zurückzuerstattenden Abgaben, Vergütungen, Beiträge, Forderungsbeträge und Zinsen werden gemäss den Zuständigkeits- und Verfahrensvorschriften des betreffenden Verwaltungsgesetzes geltend gemacht.

² Ist die Verwaltung befugt, über die Leistungs- und Rückleistungspflicht zu entscheiden, so kann sie ihren Entscheid mit dem Strafbescheid verbinden; der Entscheid unterliegt aber in jedem Falle der Überprüfung nur in dem Verfahren, welches das betreffende Verwaltungsgesetz für seine Anfechtung vorsieht, und hat die entsprechende Rechtsmittelbelehrung zu enthalten.

³ Fusst ein Strafbescheid auf einem Entscheid über die Leistungs- oder Rückleistungspflicht und wird lediglich dieser nach Absatz 2 angefochten und in der Folge geändert oder aufgehoben, so entscheidet die Verwaltung neu gemäss Artikel 62.

B. Strafbescheid

I. Im ordentlichen Verfahren

Art. 64

¹ Der Strafbescheid ist schriftlich zu erlassen und stellt fest:
- den Beschuldigten;
- die Tat;
- die gesetzlichen Bestimmungen, die angewendet werden;
- die Strafe, die Mithaftung nach Artikel 12 Absatz 3 und die besonderen Massnahmen;
- die Kosten;
- die Verfügung über beschlagnahmte Gegenstände;
- das Rechtsmittel.

² Weicht der Strafbescheid zum Nachteil des Beschuldigten wesentlich vom Schlussprotokoll ab, so sind diese Abweichungen anzugeben und kurz zu begründen.

³ ...[1]

> ☞ *Art. 64 Abs. 3 wird frühestens per 1.1.2026 neu eingefügt (siehe S. 734).*

II. Im abgekürzten Verfahren

Art. 65

¹ Ist die Widerhandlung offenkundig, beträgt die Busse nicht mehr als 2000 Franken und verzichtet der Beschuldigte nach Bekanntgabe der Höhe der Busse und der Leistungs- oder Rückleistungspflicht ausdrücklich auf jedes Rechtsmittel, so kann der Strafbescheid ohne vorherige Aufnahme eines Schlussprotokolls erlassen werden.[2]

---

[1] Aufgehoben durch Anhang Ziff. 2 des Finanzdienstleistungsgesetzes vom 15. Juni 2018, mit Wirkung seit 1. Jan. 2020 (AS **2019** 4417; BBl **2015** 8901).
[2] Fassung gemäss Anhang Ziff. 3 des Zollgesetz vom 18. März 2005, in Kraft seit 1. Mai 2007 (AS **2007** 1411; BBl **2004** 567).

² Der vom Beschuldigten und dem untersuchenden Beamten unterzeichnete Strafbescheid im abgekürzten Verfahren steht einem rechtskräftigen Urteil gleich; verweigert der Beschuldigte die Unterzeichnung, so fällt der gemäss Absatz 1 erlassene Strafbescheid dahin.

☞ *Art. 65 Abs. 3 wird frühestens per 1.1.2026 neu eingefügt (siehe S. 734).*

III. Selbständige Einziehung

Art. 66

¹ Führt das Strafverfahren nicht zu einem Strafbescheid oder zur Überweisung des Beschuldigten an das Strafgericht, sind aber nach Gesetz Gegenstände oder Vermögenswerte einzuziehen, Geschenke oder andere Zuwendungen verfallen zu erklären oder ist an Stelle einer solchen Massnahme auf eine Ersatzforderung zu erkennen, so wird ein selbständiger Einziehungsbescheid erlassen.

² Ein solcher Bescheid wird auch dann erlassen, wenn die Massnahme andere Personen als den Beschuldigten beschwert.

³ Artikel 64 gilt sinngemäss. Der Einziehungsbescheid ist den unmittelbar Betroffenen zu eröffnen.

C. Einsprache

I. Einreichung

Art. 67

¹ Gegen den Straf- oder Einziehungsbescheid kann der Betroffene innert 30 Tagen seit der Eröffnung Einsprache erheben.

² Wird innert der gesetzlichen Frist nicht Einsprache erhoben, so steht der Straf- oder Einziehungsbescheid einem rechtskräftigen Urteil gleich.

II. Einreichestelle und Form

Art. 68

¹ Die Einsprache ist schriftlich bei der Verwaltung einzureichen, die den angefochtenen Bescheid erlassen hat.

² Die Einsprache hat einen bestimmten Antrag zu enthalten und die zur Begründung dienenden Tatsachen anzugeben; die Beweismittel sollen bezeichnet und, soweit möglich, beigelegt werden.

³ Genügt die Einsprache den in Absatz 2 umschriebenen Anforderungen nicht, oder lassen die Begehren des Einsprechers oder deren Begründung die nötige Klarheit vermissen und stellt sich die Einsprache nicht als offensichtlich unzulässig heraus, so wird dem Einsprecher eine kurze Nachfrist zur Verbesserung eingeräumt.

⁴ Die Verwaltung verbindet diese Nachfrist mit der Androhung, nach unbenutztem Fristablauf auf Grund der Akten zu entscheiden oder, wenn Begehren, Begründung oder Unterschrift fehlen, auf die Einsprache nicht einzutreten.

> ☞ *Art. 68 Abs. 4 wird frühestens per 1.1.2026 geändert (siehe S. 734).*

III. Verfahren

Art. 69

¹ Ist Einsprache erhoben, so hat die Verwaltung den angefochtenen Bescheid mit Wirkung für alle durch ihn Betroffenen zu überprüfen; sie kann eine mündliche Verhandlung anordnen und die Untersuchung ergänzen.

² Fusst der angefochtene Bescheid auf einem Entscheid über die Leistungs- oder Rückleistungspflicht und ist dieser angefochten worden, so wird, bis darüber rechtskräftig entschieden ist, das Einspracheverfahren ausgesetzt.

IV. Strafverfügung

Art. 70

¹ Auf Grund der Ergebnisse ihrer neuen Prüfung trifft die Verwaltung eine Einstellungs-, Straf- oder Einziehungsverfügung. Sie ist dabei nicht an die gestellten Anträge gebunden, darf jedoch die Strafe gegenüber dem Strafbescheid nur dann verschärfen, wenn im Verfahren nach Artikel 63 Absatz 2 auf eine höhere Leistungs- oder Rückleistungspflicht erkannt worden ist. In diesem Fall ist ein Rückzug der Einsprache unbeachtlich.

² Die Verfügung ist zu begründen; im Übrigen gelten die Vorschriften von Artikel 64 über Inhalt und Eröffnung des Strafbescheides sinngemäss.

V. Überspringen des Einspracheverfahrens

Art. 71

Auf Antrag oder mit Zustimmung des Einsprechers kann die Verwaltung eine Einsprache als Begehren um Beurteilung durch das Strafgericht behandeln.

D. Begehren um gerichtliche Beurteilung

Art. 72

¹ Der von der Straf- oder Einziehungsverfügung Betroffene kann innert zehn Tagen seit der Eröffnung die Beurteilung durch das Strafgericht verlangen.

² Das Begehren um gerichtliche Beurteilung ist schriftlich bei der Verwaltung einzureichen, welche die Straf- oder Einziehungsverfügung getroffen hat.

³ Wird innert der gesetzlichen Frist die Beurteilung durch das Strafgericht nicht verlangt, so steht die Straf- oder Einziehungsverfügung einem rechtskräftigen Urteil gleich.

Dritter Abschnitt: Gerichtliches Verfahren

A. Verfahren vor den kantonalen Gerichten

I. Einleitung

Art. 73

¹ Ist die gerichtliche Beurteilung verlangt worden oder hält das übergeordnete Departement die Voraussetzungen einer Freiheitsstrafe, einer freiheitsentziehenden Massnahme oder einer Landesverweisung nach Artikel 66*a* oder 66*a*^{bis} des Strafgesetzbuchs[1] für gegeben, so überweist die beteiligte Verwaltung die Akten der kantonalen Staatsanwaltschaft zuhanden des zuständigen Strafgerichts.[2] Solange über die Leistungs- oder Rückleistungspflicht, die dem Strafverfahren zugrunde liegt, nicht rechtskräftig entschieden oder sie nicht durch vorbehaltlose Zahlung anerkannt ist, unterbleibt die Überweisung.

² Die Überweisung gilt als Anklage. Sie hat den Sachverhalt und die anwendbaren Strafbestimmungen zu enthalten oder auf die Strafverfügung zu verweisen.

³ Eine Untersuchung gemäss StPO[3] findet nicht statt; vorbehalten bleibt die Ergänzung der Akten gemäss Artikel 75 Absatz 2.[4]

II. Parteien

Art. 74

¹ Parteien im gerichtlichen Verfahren sind der Beschuldigte, die Staatsanwaltschaft des betreffenden Kantons oder des Bundes und die beteiligte Verwaltung.[5]

² Dem von der Einziehung Betroffenen stehen die gleichen Parteirechte und Rechtsmittel zu wie einem Beschuldigten.

III. Vorbereitung der Hauptverhandlung

Art. 75

¹ Das Gericht gibt den Parteien vom Eingang der Akten Kenntnis. Es prüft, ob ein rechtzeitig eingereichtes Begehren um gerichtliche Beurteilung vorliegt.

² Das Gericht kann von sich aus oder auf Antrag einer Partei die Akten vor der Hauptverhandlung ergänzen oder ergänzen lassen.

³ Die Parteien sind rechtzeitig von der Hauptverhandlung zu benachrichtigen.

---

[1] SR **311.0**
[2] Fassung gemäss Anhang Ziff. 6 des BG vom 20. März 2015 (Umsetzung von Art. 121 Abs. 3–6 BV über die Ausschaffung krimineller Ausländerinnen und Ausländer), in Kraft seit 1. Okt. 2016 (AS **2016** 2329; BBl **2013** 5975).
[3] SR **312.0**
[4] Fassung gemäss Anhang 1 Ziff. II 11 der Strafprozessordnung vom 5. Okt. 2007, in Kraft seit 1. Jan. 2011 (AS **2010** 1881; BBl **2006** 1085).
[5] Fassung gemäss Anhang 1 Ziff. II 11 der Strafprozessordnung vom 5. Okt. 2007, in Kraft seit 1. Jan. 2011 (AS **2010** 1881; BBl **2006** 1085).

⁴ Die Vertreter der Staatsanwaltschaft des Bundes und der Verwaltung müssen nicht persönlich erscheinen.[1]

⁵ Der Beschuldigte kann auf sein Ersuchen vom Erscheinen befreit werden.

IV. Säumnisurteil

Art. 76

¹ Die Hauptverhandlung kann auch stattfinden, wenn der Beschuldigte trotz ordnungsgemässer Vorladung ohne genügende Entschuldigung nicht erschienen ist. Ein Verteidiger ist zuzulassen.

² Der in Abwesenheit Verurteilte kann innert zehn Tagen, seitdem ihm das Urteil zur Kenntnis gelangt ist, die Wiedereinsetzung anbegehren, wenn er durch ein unverschuldetes Hindernis abgehalten worden ist, zur Hauptverhandlung zu erscheinen. Wird das Gesuch bewilligt, so findet eine neue Hauptverhandlung statt.

³ Das Gesuch um Wiedereinsetzung hemmt den Vollzug des Urteils nur, wenn das Gericht oder sein Präsident es verfügt.

⁴ Für den von der Einziehung Betroffenen gelten diese Vorschriften sinngemäss.

V. Hauptverhandlung

Art. 77

¹ Die Akten der Verwaltung über die von ihr erhobenen Beweise dienen auch dem Gericht als Beweismittel; dieses kann von sich aus oder auf Antrag einer Partei weitere zur Aufklärung des Sachverhalts erforderliche Beweise aufnehmen oder Beweisaufnahmen der Verwaltung wiederholen.

² Wo es zur Wahrung wesentlicher öffentlicher oder privater Interessen, insbesondere von Amts-, Berufs- oder Geschäftsgeheimnissen einer Partei oder eines Dritten nötig ist, hat das Gericht die Öffentlichkeit der Verhandlungen und Beratungen ganz oder teilweise auszuschliessen.

³ Das Gericht würdigt die Beweise frei.

⁴ Der rechtskräftige Entscheid über die Leistungs- oder Rückleistungspflicht ist für das Gericht verbindlich; handelt es sich um einen Entscheid der Verwaltung und findet das Gericht, er beruhe auf offensichtlicher Gesetzesverletzung oder auf einem Ermessensmissbrauch, so setzt es die Hauptverhandlung aus und weist die Akten zum neuen Entscheid an die beteiligte Verwaltung zurück. Artikel 63 Absatz 3 gilt sinngemäss.

---

[1] Fassung gemäss Anhang 1 Ziff. II 11 der Strafprozessordnung vom 5. Okt. 2007, in Kraft seit 1. Jan. 2011 (AS **2010** 1881; BBl **2006** 1085).

VI. Rückzug der Strafverfügung oder des Begehrens um gerichtliche Beurteilung

Art. 78

1 Die Verwaltung kann die Straf- oder Einziehungsverfügung mit Zustimmung der Staatsanwaltschaft des Bundes zurückziehen, solange das Urteil erster Instanz nicht eröffnet ist.[1]

2 Bis zu diesem Zeitpunkte kann auch der Beschuldigte das Begehren um gerichtliche Beurteilung zurückziehen.

3 In diesen Fällen wird das gerichtliche Verfahren eingestellt.

4 Die Kosten des gerichtlichen Verfahrens trägt die Partei, die den Rückzug erklärt.

VII. Inhalt des Urteils

Art. 79

1 Das Urteil stellt fest:
- den Beschuldigten;
- die Tat;
- die gesetzlichen Bestimmungen, die angewendet werden;
- die Strafe, die Mithaftung nach Artikel 12 Absatz 3 und die besonderen Massnahmen;
- die Kosten des gerichtlichen und des Verwaltungsverfahrens;
- den Entschädigungsanspruch (Art. 99 und 101);
- die Verfügung über beschlagnahmte Gegenstände.

2 Das Urteil ist mit den wesentlichen Entscheidungsgründen den Parteien schriftlich zu eröffnen, unter Angabe der Fristen für die Rechtsmittel und der Behörden, an die es weitergezogen werden kann.

VIII. Rechtsmittel

Art. 80[2]

1 Gegen Entscheide der kantonalen Gerichte können die Rechtsmittel der StPO[3] ergriffen werden.

2 Auch die Staatsanwaltschaft des Bundes und die beteiligte Verwaltung können diese Rechtsmittel je selbstständig ergreifen.

B. Verfahren vor dem Bundesstrafgericht

Art. 81

Die Bestimmungen über das gerichtliche Verfahren gelten sinngemäss auch für das Verfahren vor dem Bundesstrafgericht.

---

[1] Fassung gemäss Anhang 1 Ziff. II 11 der Strafprozessordnung vom 5. Okt. 2007, in Kraft seit 1. Jan. 2011 (AS **2010** 1881; BBl **2006** 1085).
[2] Fassung gemäss Anhang 1 Ziff. II 11 der Strafprozessordnung vom 5. Okt. 2007, in Kraft seit 1. Jan. 2011 (AS **2010** 1881; BBl **2006** 1085).
[3] SR **312.0**

C. Ergänzende Vorschriften

Art. 82[1]

Soweit die Artikel 73–81 nichts anderes bestimmen, gelten für das Verfahren vor den kantonalen Gerichten und das Verfahren vor dem Bundesstrafgericht die entsprechenden Vorschriften der StPO[2].

Art. 83 ...[3]

Vierter Abschnitt: Revision

A. Entscheide der Verwaltung

I. Revisionsgründe

Art. 84

¹ Ein durch Strafbescheid, Strafverfügung oder Einstellungsverfügung der Verwaltung rechtskräftig abgeschlossenes Strafverfahren kann auf Antrag oder von Amtes wegen wieder aufgenommen werden:

  a. auf Grund erheblicher Tatsachen oder Beweismittel, die der Verwaltung zur Zeit des früheren Verfahrens nicht bekannt waren;
  b. wenn nachträglich gegen einen Teilnehmer ein Strafurteil ausgefällt wurde, das mit dem Strafbescheid oder der Strafverfügung in unvereinbarem Widerspruch steht;
  c. wenn durch eine strafbare Handlung auf den Entscheid der Verwaltung eingewirkt worden ist.

² Die Revision zugunsten des Beschuldigten ist jederzeit zulässig. Einer neuen Verurteilung steht die nach der Rechtskraft des beanstandeten Entscheids eingetretene Verfolgungsverjährung nicht entgegen.

³ Die Revision zu Ungunsten des Beschuldigten ist nur zulässig auf Grund von Absatz 1 Buchstaben a und c und solange die Verfolgung der Widerhandlung nicht verjährt ist. Die Verjährung beginnt mit der Widerhandlung zu laufen; der frühere Entscheid ist kein Unterbrechungsgrund.

⁴ Für den Einziehungsbescheid und die Einziehungsverfügung gelten die Vorschriften der Artikel 84–88 sinngemäss.

---

[1] Fassung gemäss Anhang 1 Ziff. II 11 der Strafprozessordnung vom 5. Okt. 2007, in Kraft seit 1. Jan. 2011 (AS **2010** 1881; BBl **2006** 1085).
[2] SR **312.0**
[3] Aufgehoben durch Anhang 1 Ziff. II 11 der Strafprozessordnung vom 5. Okt. 2007, mit Wirkung seit 1. Jan. 2011 (AS **2010** 1881; BBl **2006** 1085).

II. Einleitung des Verfahrens

Art. 85 Auf Antrag 1.

¹ Die Revision können nachsuchen der Beschuldigte und, wenn er verstorben ist, sein Ehegatte, seine eingetragene Partnerin oder sein eingetragener Partner, seine Verwandten in gerader Linie und seine Geschwister.[1]

² Das Revisionsgesuch ist schriftlich und unter Angabe der Gründe und Beweismittel bei der Verwaltung einzureichen, die den beanstandeten Entscheid getroffen hat.

³ Das Gesuch hemmt den Vollzug des beanstandeten Entscheides nur, wenn die Verwaltung es verfügt; sie kann den Vollzug gegen Sicherheitsleistung aufschieben oder andere vorsorgliche Verfügungen treffen.

⁴ Die Verwaltung kann die Untersuchung ergänzen und eine mündliche Verhandlung anordnen.

Art. 86 Von Amtes wegen 2.

Leitet die Verwaltung die Revision von Amtes wegen ein, so kann sie die Untersuchung wieder eröffnen; den Betroffenen ist Gelegenheit zu geben, sich zum Revisionsgrund und zu der in Aussicht genommenen Änderung des Entscheides zu äussern.

III. Entscheid

Art. 87 Aufhebung des früheren Entscheides 1.

¹ Liegt ein Revisionsgrund vor, so hebt die Verwaltung den früheren Entscheid auf und trifft eine Einstellungs-, Straf- oder Einziehungsverfügung; sie entscheidet gleichzeitig über die Rückleistung von Bussen, Kosten und eingezogenen Vermögenswerten. Vorbehalten bleibt die Überweisung zur gerichtlichen Beurteilung (Art. 21 Abs. 1 und 3).

² Die Verfügung ist zu begründen; im Übrigen gilt Artikel 64 über Inhalt und Eröffnung des Strafbescheides sinngemäss.

³ Gegen die Straf- oder Einziehungsverfügung kann gemäss Artikel 72 die gerichtliche Beurteilung verlangt werden.

⁴ Der richterlichen Überprüfung unterliegt auch das Vorliegen eines Revisionsgrundes im Sinne von Artikel 84.

Art. 88 Verneinung des Revisionsgrundes 2.

¹ Liegt kein Revisionsgrund vor, so trifft die Verwaltung einen entsprechenden Entscheid.

² Bei Abweisung eines Revisionsgesuches können die Verfahrenskosten dem Gesuchsteller auferlegt werden.

³ Der Entscheid ist zu begründen und den am Revisionsverfahren Beteiligten durch eingeschriebenen Brief zu eröffnen.

> ☞ *Art. 88 Abs. 3 wird frühestens per 1.1.2026 geändert (siehe S. 734).*

---

[1] Fassung gemäss Anhang Ziff. 21 des Partnerschaftsgesetzes vom 18. Juni 2004, in Kraft seit 1. Jan. 2007 (AS **2005** 5685; BBl **2003** 1288).

⁴ Der Gesuchsteller kann gegen den abweisenden Entscheid innert 30 Tagen seit der Eröffnung bei der Beschwerdekammer des Bundesstrafgerichts Beschwerde führen (Art. 25 Abs. 1); die Verfahrensvorschriften von Artikel 28 Absätze 2–5 gelten sinngemäss.

B. Urteile der Strafgerichte

Art. 89[1]

Für die Revision rechtskräftiger Urteile kantonaler Gerichte oder des Bundesstrafgerichts gelten die Artikel 379–392 sowie die Artikel 410–415 StPO[2].

Fünfter Abschnitt: Vollzug

A. Zuständigkeit

Art. 90

¹ Die Bescheide und Verfügungen der Verwaltung und die Urteile der Strafgerichte, soweit diese nicht auf Freiheitsstrafen oder freiheitsentziehende Massnahmen lauten, werden von der beteiligten Verwaltung vollstreckt.

² Die Kantone vollziehen die Freiheitsstrafen und die freiheitsentziehenden Massnahmen. Der Bund hat die Oberaufsicht über den Vollzug.

B. Vollstreckung von Bussen

Art. 91

¹ Soweit die Busse nicht eingebracht werden kann, wird sie auf Antrag der Verwaltung nach Artikel 10 in Haft oder Einschliessung umgewandelt.

² Zuständig zur Umwandlung ist der Richter, der die Widerhandlung beurteilt hat oder zur Beurteilung zuständig gewesen wäre (Art. 22 und 23 Abs. 2).

C. Rückgabe beschlagnahmter Gegenstände; Verwertung

Art. 92

¹ Mit Beschlag belegte Gegenstände und Vermögenswerte, die weder eingezogen noch dem Staate verfallen sind und an denen nicht ein gesetzliches Pfandrecht besteht, sind dem Berechtigten zurückzugeben. Wenn dieser nicht bekannt ist und der Wert der Gegenstände es rechtfertigt, erfolgt eine öffentliche Ausschreibung.

² Meldet sich innert 30 Tagen kein Berechtigter, so kann die Verwaltung die Gegenstände öffentlich versteigern lassen. Meldet sich der Berechtigte nach der Verwertung, so wird ihm der Verwertungserlös unter Abzug der Verwertungskosten ausgehändigt.

³ Der Anspruch auf Rückgabe der Gegenstände oder Aushändigung des Erlöses erlischt fünf Jahre nach der öffentlichen Ausschreibung.

---

[1] Fassung gemäss Anhang 1 Ziff. II 11 der Strafprozessordnung vom 5. Okt. 2007, in Kraft seit 1. Jan. 2011 (AS **2010** 1881; BBl **2006** 1085).
[2] SR **312.0**

⁴ Ist streitig, welchem von mehreren Ansprechern die Sache zurückzugeben oder der Erlös auszuhändigen sei, so kann sich die Verwaltung durch gerichtliche Hinterlegung befreien.

D. Verwendung der Bussen, eingezogenen Vermögenswerte usw.

Art. 93

¹ Wenn die Gesetzgebung nichts anderes bestimmt, fallen Bussen, eingezogene Gegenstände, Vermögenswerte, Geschenke und andere Zuwendungen, als Massnahme auferlegte Geldzahlungen sowie der Erlös aus den eingezogenen oder nach Artikel 92 verwerteten Gegenständen dem Bunde zu.

² Lehnt die beteiligte Verwaltung einen nach Artikel 59 Ziffer 1 Absatz 2 des Strafgesetzbuches[1] beanspruchten Anteil am Verwertungserlös eines eingezogenen Gegenstandes oder Vermögenswertes ab, so erlässt sie eine Verfügung nach dem Bundesgesetz vom 20. Dezember 1968[2] über das Verwaltungsverfahren.[3]

Sechster Abschnitt: Kosten, Entschädigung und Rückgriff

A. Kosten

I. Im Verfahren der Verwaltung

Art. 94 Arten 1.

¹ Die Kosten des Verfahrens der Verwaltung bestehen in den Barauslagen, mit Einschluss der Kosten der Untersuchungshaft und der amtlichen Verteidigung, in einer Spruchgebühr und in den Schreibgebühren.

² Die Höhe der Spruch- und der Schreibgebühr bestimmt sich nach einem vom Bundesrat aufzustellenden Tarif.

Art. 95 Auferlegung 2.

¹ Im Entscheid der Verwaltung werden die Kosten in der Regel dem Verurteilten auferlegt; aus Gründen der Billigkeit kann er von ihnen ganz oder teilweise befreit werden.

² Wird das Verfahren eingestellt, so können dem Beschuldigten Kosten ganz oder teilweise auferlegt werden, wenn er die Untersuchung schuldhaft verursacht oder das Verfahren mutwillig wesentlich erschwert oder verlängert hat.

³ Mehrere Beschuldigte haften solidarisch für die Kosten, wenn der Strafbescheid oder die Strafverfügung nichts anderes bestimmt.

---

[1] SR **311.0**. Heute: nach Art. 70 Abs. 1.
[2] SR **172.021**
[3] Fassung gemäss Anhang Ziff. 10 des Strafgerichtsgesetzes vom 4. Okt. 2002, in Kraft seit 1. April 2004 (AS **2003** 2133 2131; BBl **2001** 4202).

Art. 96 Beschwerde gegen Kostenerkenntnis 3.

¹ Der mit Kosten beschwerte Beschuldigte kann, wenn das Verfahren eingestellt wurde oder wenn er die gerichtliche Beurteilung nicht verlangt, gegen das Kostenerkenntnis innert 30 Tagen seit Eröffnung des Entscheides bei der Beschwerdekammer des Bundesstrafgerichts Beschwerde führen (Art. 25 Abs. 1); die Verfahrensvorschriften von Artikel 28 Absätze 2–5 gelten sinngemäss.

² Wird innert der gesetzlichen Frist keine Beschwerde eingereicht oder eine Beschwerde abgewiesen, so steht das Kostenerkenntnis einem gerichtlichen Urteil gleich.

II. Im gerichtlichen Verfahren

Art. 97

¹ Die Kosten des gerichtlichen Verfahrens und deren Verlegung bestimmen sich, vorbehältlich Artikel 78 Absatz 4, nach den Artikeln 417–428 StPO[1].[2]

² Im Urteil können die Kosten des Verfahrens der Verwaltung gleich wie die Kosten des gerichtlichen Verfahrens verlegt werden.

III. Kostenvergütung an den Kanton

Art. 98

¹ Der Kanton kann vom Bund die Erstattung der Prozess- und Vollzugskosten fordern, zu denen der Beschuldigte nicht verurteilt worden ist oder die der Verurteilte nicht bezahlen kann. Besoldungen und Taggelder von Beamten sowie Gebühren und Stempel sind ausgenommen.

¹ᵇⁱˢ Sind durch die Übertragung von Verfahren nach Artikel 20 Absatz 3 ausserordentliche Kosten entstanden, so kann der Bund sie den Kantonen auf Gesuch hin ganz oder teilweise vergüten.[3]

² Anstände zwischen dem Bund und einem Kanton über die Vergütung der Kosten entscheidet die Beschwerdekammer des Bundesstrafgerichts (Art. 25 Abs. 1).

B. Entschädigung

I. Im Verfahren der Verwaltung

Art. 99 Anspruch 1.

¹ Dem Beschuldigten, gegen den das Verfahren eingestellt oder der nur wegen Ordnungswidrigkeit bestraft wird, ist auf Begehren eine Entschädigung für die Untersuchungshaft und für andere Nachteile, die er erlitten hat, auszurichten; sie kann jedoch ganz oder teilweise verweigert werden, wenn er die Untersuchung schuldhaft verursacht oder das Verfahren mutwillig erschwert oder verlängert hat.

---

[1] SR **312.0**
[2] Fassung gemäss Anhang 1 Ziff. II 11 der Strafprozessordnung vom 5. Okt. 2007, in Kraft seit 1. Jan. 2011 (AS **2010** 1881; BBl **2006** 1085).
[3] Eingefügt durch Ziff. I des BG vom 22. Dez. 1999, in Kraft seit 1. Okt. 2000 (AS **2000** 2141; BBl **1998** 1529).

² Dem Inhaber eines beschlagnahmten Gegenstandes oder einer durchsuchten Wohnung, der nicht als Beschuldigter ins Verfahren einbezogen worden ist, steht ein Anspruch auf Entschädigung zu, insoweit er unverschuldet einen Nachteil erlitten hat.

³ Die Entschädigung geht zu Lasten des Bundes.

Art. 100 Geltendmachung 2.

¹ Der Entschädigungsanspruch des Beschuldigten erlischt, wenn er nicht innert eines Jahres nach Eröffnung der Einstellung oder nach Eintritt der Rechtskraft des Entscheides geltend gemacht wird.

² Der Entschädigungsanspruch nach Artikel 99 Absatz 2 erlischt, wenn er nicht innert eines Jahres seit der Durchsuchung oder, im Falle einer Beschlagnahme, seit der Rückgabe des beschlagnahmten Gegenstandes oder der Aushändigung des Verwertungserlöses geltend gemacht wird.

³ Das Entschädigungsbegehren ist der beteiligten Verwaltung schriftlich einzureichen und hat einen bestimmten Antrag sowie dessen Begründung zu enthalten.

⁴ Über das Begehren trifft die Verwaltung spätestens innert drei Monaten einen Entscheid. Gegen den Entscheid kann innert 30 Tagen seit der Eröffnung bei der Beschwerdekammer des Bundesstrafgerichts Beschwerde geführt werden (Art. 25 Abs. 1); die Verfahrensvorschriften von Artikel 28 Absätze 2–5 gelten sinngemäss.

II. Im gerichtlichen Verfahren

Art. 101

¹ Im gerichtlichen Verfahren gilt Artikel 99 sinngemäss. Das Gericht entscheidet auch über die Entschädigung für Nachteile im Verfahren vor der Verwaltung.

² Bevor das Gericht eine Entschädigung festsetzt, hat es der beteiligten Verwaltung Gelegenheit zu geben, sich zum Anspruch und seiner Höhe zu äussern und Anträge zu stellen.

III. Rückgriffsanspruch

Art. 102

¹ Wer das Verfahren durch Arglist veranlasst hat, kann verpflichtet werden, dem Bunde die nach Artikel 99 oder 101 auszurichtenden Entschädigungen ganz oder teilweise zu ersetzen.

² Über den Rückgriffsanspruch entscheidet die beteiligte Verwaltung.

³ Gegen den Entscheid kann innert 30 Tagen seit der Eröffnung bei der Beschwerdekammer des Bundesstrafgerichts Beschwerde geführt werden (Art. 25 Abs. 1); die Verfahrensvorschriften von Artikel 28 Absätze 2–5 gelten sinngemäss. Wird innert der gesetzlichen Frist nicht Beschwerde erhoben, so steht der Entscheid einem rechtskräftigen Urteil gleich.

⁴ Der Rückgriffsanspruch erlischt, wenn er nicht innert drei Monaten seit Rechtskraft des Entscheids oder Urteils über den Entschädigungsanspruch geltend gemacht wird.

Siebenter Abschnitt: Abwesenheitsverfahren

Art. 103

¹ Ist der Beschuldigte, ohne in der Schweiz ein Zustellungsdomizil zu haben, unbekannten Aufenthaltes, so kann das Verfahren von der Verwaltung und den Gerichten in seiner Abwesenheit durchgeführt werden. Artikel 34 Absatz 2 ist anwendbar.

² Wenn der Beschuldigte sich stellt oder ergriffen wird, so kann er innert 30 Tagen, seitdem er vom Strafbescheid, von der Strafverfügung oder vom Urteil Kenntnis erhalten hat, bei der Behörde, die zuletzt gesprochen hat, die Wiedereinsetzung verlangen.

³ Wird das Gesuch rechtzeitig gestellt, so ist das ordentliche Verfahren durchzuführen.

⁴ Bei Einziehung und Umwandlung der Busse in Freiheitsstrafe gelten die Absätze 1–3 sinngemäss.

Vierter Titel: Schlussbestimmungen

A. Änderung von Bundeserlassen

Art. 104

¹ Änderungen des geltenden Bundesrechts finden sich im Anhang, der Bestandteil dieses Gesetzes ist.

² Der Bundesrat wird ermächtigt, die Vollziehungsverordnung vom 27. November 1934[1] zum Bundesratsbeschluss vom 4. August 1934 über die eidgenössische Getränkesteuer diesem Gesetz anzupassen.

B. Neue Zuständigkeiten

Art. 105

Wo nach bisherigem Recht Strafverfügungen vom Bundesrat auszugehen hatten, wird diese Zuständigkeit den Departementen zugewiesen; der Bundesrat kann sie auf die den Departementen unmittelbar nachgeordneten Amtsstellen übertragen.

---

[1] [BS **6** 283; AS **1974** 1955, **2007** 1469 Anhang 4 Ziff. 27. AS **2007** 2909 Art. 23 Ziff. 1]. Siehe heute: die Biersteuerverordnung vom 15. Juni 2007 (SR **641.411.1**).

C. Übergangsbestimmungen

Art. 106

¹ Strafverfahren, in denen die Strafverfügung der Verwaltung nach Artikel 293 oder 324 des Bundesstrafrechtspflegegesetzes vom 15. Juni 1934[1] vor dem Inkrafttreten der neuen Vorschriften getroffen worden ist, werden nach bisherigem Recht fortgesetzt.

² Strafbarkeit und Mithaftung des Vertretenen, Auftraggebers oder Geschäftsherrn wegen Widerhandlungen, die vor Inkrafttreten dieses Gesetzes begangen worden sind, richten sich ausschliesslich nach dem alten Recht.

☞ *Art. 106a wird frühestens per 1.1.2026 neu eingefügt (siehe S. 734).*

D. Ausführung. Inkrafttreten

Art. 107

¹ Der Bundesrat erlässt die erforderlichen Ausführungsbestimmungen.

² Er bestimmt das Inkrafttreten dieses Gesetzes.

Datum des Inkrafttretens: 1. Januar 1975[2]

Anhang: Änderung von Bundeserlassen

…[3]

---

[1] [BS **3** 303; AS **1971** 777 Ziff. III 4, **1974** 1857 Anhang Ziff. 2, **1978** 688 Art. 88 Ziff. 4, **1979** 1170, **1992** 288 Anhang Ziff. 15 2465 Anhang Ziff. 2, **1993** 1993, **1997** 2465 Anhang Ziff. 7, **2000** 505 Ziff. I 3 2719 Ziff. II 3 2725 Ziff. II, **2001** 118 Ziff. I 3 3071 Ziff. II 1 3096 Anhang Ziff. 2 3308, 2003 2133 Anhang Ziff. 9, **2004** 1633 Ziff. I 4, **2005** 5685 Anhang Ziff. 19, **2006** 1205 Anhang Ziff. 10, **2007** 6087, **2008** 1607 Anhang Ziff. 1 4989 Anhang 1 Ziff. 6 5463 Anhang Ziff. 3, **2009** 6605 Anhang Ziff. II 3. AS **2010** 1881 Anhang 1 Ziff. I 1].
[2] BRB vom 25. Nov. 1974
[3] Die Änderungen können unter AS **1974** 1857 konsultiert werden.

Änderung VStrR: BG vom 20.12.2024 über die Plattformen für die elektronische Kommunikation in der Justiz, frühestens in Kraft ab 1.1.2026 (Referendum vorbehalten, der Bundesrat bestimmt das Inkrafttreten)

Art. 31b

V. Elektronische Kommunikation und Aktenführung
1. Anwendbare Bestimmungen

Die Bestimmungen des Bundesgesetzes vom 20. Dezember 2024[95] über die Plattformen für die elektronische Kommunikation in der Justiz (BEKJ) sind auf die Verfahren nach dem vorliegenden Gesetz anwendbar, soweit dieses nichts anderes vorsieht.

Art. 31c

2. Führung und Weitergabe der Akten

Die Verwaltungsbehörde führt alle Akten elektronisch und gibt sie über eine Plattform nach dem BEKJ[96] weiter. Ausgenommen sind Akten, die sich aus technischen Gründen nicht dafür eignen.

Art. 31d

3. Pflicht zur elektronischen Übermittlung

[1] Behörden sowie Verteidiger müssen den Austausch von Dokumenten mit der Verwaltungsbehörde über eine Plattform nach dem BEKJ[97] abwickeln.

[2] Reichen sie Eingaben auf Papier ein, so setzt die Verwaltungsbehörde ihnen eine angemessene Frist für die elektronische Einreichung mit der Androhung, dass die Eingabe andernfalls als nicht erfolgt gilt.

[3] Ausgenommen sind Dokumente, die sich aus technischen Gründen nicht dafür eignen.

Art. 31e

4. Elektronische Kommunikation auf Verlangen der Partei

[1] Ist eine Person nicht zur elektronischen Kommunikation verpflichtet, so kann sie verlangen, dass die Kommunikation mit ihr über eine Plattform nach dem BEKJ[98] elektronisch abgewickelt wird. In diesem Fall muss sie auf der Plattform eine Adresse angeben.

[2] Sie kann verlangen, dass die Kommunikation mit ihr nicht mehr elektronisch abgewickelt wird, sofern sie ihren Wohnsitz oder Sitz bezeichnet. Liegt dieser im Ausland, muss sie ein Zustellungsdomizil in der Schweiz bezeichnen.

Art. 31f

5. Format

Der Bundesrat regelt das Format der Dokumente.

Art. 31g

6. Nachreichung von Dokumenten auf Papier

Die Verwaltungsbehörde kann verlangen, dass Dokumente auf Papier nachgereicht werden, wenn:

a. aufgrund technischer Probleme die Gefahr besteht, dass die Bearbeitung innert nützlicher Frist nicht möglich ist;

b. dies zur Überprüfung der Echtheit der Dokumente oder zur weiteren Verwendung nötig ist.

Art. 31h

7. Elektronische Akteneinsicht

Personen, die mit der Verwaltungsbehörde elektronisch kommunizieren, wird die Akteneinsicht auf einer Plattform nach dem BEKJ[99] gewährt.

Art. 34 Abs. 1 und 2

[1] Mitteilungen sind den Adressaten an ihre auf einer Plattform nach dem BEKJ[100] angegebene Adresse, an ihren Wohnsitz, ihren gewöhnlichen Aufenthaltsort oder an ihren Sitz zuzustellen.

[2] Beschuldigte mit Wohnsitz, gewöhnlichem Aufenthaltsort oder Sitz im Ausland haben eine Adresse auf einer Plattform nach dem BEKJ anzugeben oder ein Zustellungsdomizil in der Schweiz zu bezeichnen. Vorbehalten bleiben staatsvertragliche Vereinbarungen, die vorsehen, dass Mitteilungen direkt zugestellt werden können.

Art. 38 Abs. 5

[5] Werden Einvernahmen und andere Untersuchungshandlungen mit technischen Hilfsmitteln aufgezeichnet, so kann auf die Unterschriften verzichtet werden. Die Aufzeichnungen werden zu den Akten genommen.

Art. 47 Abs. 1

[1] Der Inhaber eines beschlagnahmten Gegenstandes oder Vermögenswertes ist verpflichtet, ihn dem untersuchenden Beamten gegen Empfangsbestätigung oder ein Doppel des Beschlagnahmeprotokolls herauszugeben.

Art. 54 Abs. 1 und 2

[1] Dem Beschuldigten ist bei der Verhaftung ein Doppel des Haftbefehls auszuhändigen. Auf Verlangen ist ihm der Haftbefehl zusätzlich an seine auf einer Plattform nach dem BEKJ[101] angegebene Adresse zuzustellen.

² Der Verhaftete ist der zuständigen kantonalen Behörde zu übergeben; der Haftbefehl ist dieser vorgängig über eine Plattform nach dem BEKJ zu übermitteln.

Art. 64 Abs. 3

³ Der Strafbescheid ist dem Beschuldigten über eine Plattform nach dem BEKJ[102] oder durch eingeschriebenen Brief zu eröffnen oder gegen Empfangsbestätigung auszuhändigen; er kann durch Publikation im Bundesblatt eröffnet werden, wenn der Aufenthalt des Beschuldigten nicht bekannt ist und dieser weder auf einer Plattform eine Adresse noch in der Schweiz einen Vertreter oder ein Zustellungsdomizil hat. Artikel 34 Absatz 2 ist anwendbar.

Art. 65 Abs. 3

³ Auf die Unterschrift kann verzichtet werden, wenn die Zustimmung mit technischen Hilfsmitteln aufgezeichnet wird. Die Aufzeichnungen werden zu den Akten genommen.

Art. 68 Abs. 4

⁴ Die Verwaltung verbindet diese Nachfrist mit der Androhung, nach unbenutztem Fristablauf aufgrund der Akten zu entscheiden oder, wenn das Begehren, die Begründung oder, bei Einsprachen auf Papier, die Unterschrift fehlt, auf die Einsprache nicht einzutreten.

Art. 88 Abs. 3

³ Der Entscheid ist zu begründen und den am Revisionsverfahren Beteiligten über eine Plattform nach dem BEKJ[103] oder durch eingeschriebenen Brief zu eröffnen.

Art. 106a

Übergangsbestimmungen zur Änderung vom 20. Dezember 2024

¹ Auf im Zeitpunkt des Inkrafttretens der Artikel 31c und 31d hängige Verfahren bleiben die Verfahrensbestimmungen nach bisherigem Recht anwendbar.

² Besteht im Zeitpunkt des Inkrafttretens des BEKJ[104] ein System einer Behörde für die elektronische Kommunikation mit anderen Behörden, das die sichere elektronische Übermittlung zulässt, so kann dieses System während fünf Jahren weiter benutzt werden.

³ Die Artikel 31c und 31d gelten ab dem vom Bundesrat nach Artikel 37 Absatz 4 BEKJ festgelegten Zeitpunkt.

BGG

Bundesgerichtsgesetz

N 3 Auszug aus dem Bundesgesetz über das Bundesgericht (Bundesgerichtsgesetz, BGG) SR 173.110

vom 17. Juni 2005 (Stand am 1. Januar 2025)

Die Bundesversammlung der Schweizerischen Eidgenossenschaft,

gestützt auf die Artikel 188–191c der Bundesverfassung[1], nach Einsicht in die Botschaft des Bundesrates vom 28. Februar 2001[2],

beschliesst:

☞ *Die zukünftige Änderung durch folgendes Gesetz ist mit einem Hinweis im Text integriert:*

- *BG vom 20.12.2024 über die Plattformen für die elektronische Kommunikation in der Justiz, frühestens in Kraft ab 1.1.2026 (unter Vorbehalt des Referendums, der Bundesrat bestimmt das Datum des Inkrafttretens)*

---

[1] SR **101**
[2] BBl **2001** 4202

1. Kapitel: Stellung und Organisation

1. Abschnitt: Stellung

Art. 1 Oberste Recht sprechende Behörde

[1] Das Bundesgericht ist die oberste Recht sprechende Behörde des Bundes.

[2] Es übt die Aufsicht über die Geschäftsführung des Bundesstrafgerichts, des Bundesverwaltungsgerichts und des Bundespatentgerichts aus.[1]

[3] Es besteht aus 35–45 ordentlichen Bundesrichtern und Bundesrichterinnen.

[4] Es besteht ausserdem aus nebenamtlichen Bundesrichtern und Bundesrichterinnen; deren Zahl beträgt höchstens zwei Drittel der Zahl der ordentlichen Richter und Richterinnen.[2]

[5] Die Bundesversammlung legt die Zahl der Richter und Richterinnen in einer Verordnung fest.

Art. 2 Unabhängigkeit

[1] Das Bundesgericht ist in seiner Recht sprechenden Tätigkeit unabhängig und nur dem Recht verpflichtet.

[2] Seine Entscheide können nur von ihm selbst nach Massgabe der gesetzlichen Bestimmungen aufgehoben oder geändert werden.

Art. 3 Verhältnis zur Bundesversammlung

[1] Die Bundesversammlung übt die Oberaufsicht über das Bundesgericht aus.

[2] Sie entscheidet jährlich über die Genehmigung des Voranschlags, der Rechnung und des Geschäftsberichts des Bundesgerichts.

Art. 4 Sitz

[1] Sitz des Bundesgerichts ist Lausanne.

[2] Eine oder mehrere Abteilungen haben ihren Standort in Luzern.

…

---

[1] Fassung gemäss Anhang Ziff. 2 des BG vom 20. März 2009 über das Bundespatentgericht, in Kraft seit 1. Jan. 2012 (AS **2010** 513, **2011** 2241; BBl **2008** 455).
[2] Siehe auch Art. 132 Abs. 4 hiernach.

2. Kapitel: Allgemeine Verfahrensbestimmungen

...

5. Abschnitt: Fristen

Art. 44 Beginn

1 Fristen, die durch eine Mitteilung oder den Eintritt eines Ereignisses ausgelöst werden, beginnen am folgenden Tag zu laufen.

2 Eine Mitteilung, die nur gegen Unterschrift des Adressaten oder der Adressatin oder einer anderen berechtigten Person überbracht wird, gilt spätestens am siebenten Tag nach dem ersten erfolglosen Zustellungsversuch als erfolgt.

> ☞ *Art. 44 Abs. 3 und 4 wird gemäss BG über die Plattformen für die elektronische Kommunikation in der Justiz frühestens per 1.1.2026 (unter Vorbehalt des Referendums) wie folgt neu eingefügt:*
>
> *3 Erfolgt die Zustellung über eine Plattform nach dem BEKJ, so gilt die Mitteilung im Zeitpunkt des erstmaligen Abrufs, wie er auf der Abrufquittung ausgewiesen ist, als erfolgt, spätestens jedoch am Ende des siebten Tags nach der Übermittlung an die Adresse des Adressaten oder der Adressatin, wie auf der Nichtabholquittung ausgewiesen.*
>
> *4 Erfolgt der erstmalige Abruf an einem Samstag, einem Sonntag oder einem am Wohnsitz oder Sitz der Partei oder ihres Vertreters vom Bundesrecht oder vom kantonalen Recht anerkannten Feiertag und innerhalb von sieben Tagen seit der Zustellung, so gilt die Mitteilung am nächsten Werktag als erfolgt.*

Art. 45 Ende

1 Ist der letzte Tag der Frist ein Samstag, ein Sonntag oder ein vom Bundesrecht oder vom kantonalen Recht anerkannter Feiertag, so endet sie am nächstfolgenden Werktag.

2 Massgebend ist das Recht des Kantons, in dem die Partei oder ihr Vertreter beziehungsweise ihre Vertreterin den Wohnsitz oder den Sitz hat.

Art. 46 Stillstand

1 Gesetzlich oder richterlich nach Tagen bestimmte Fristen stehen still:

a. vom siebenten Tag vor Ostern bis und mit dem siebenten Tag nach Ostern;
b. vom 15. Juli bis und mit dem 15. August;
c. vom 18. Dezember bis und mit dem 2. Januar.

2 Absatz 1 gilt nicht in Verfahren betreffend:

a. die aufschiebende Wirkung und andere vorsorgliche Massnahmen;
b. die Wechselbetreibung;
c. Stimmrechtssachen (Art. 82 Bst. c);
d. die internationale Rechtshilfe in Strafsachen und die internationale Amtshilfe in Steuersachen;
e. die öffentlichen Beschaffungen.[1]

---

[1] Fassung gemäss Anhang 7 Ziff. II 2 des BG vom 21 Juni 2019 über das öffentliche Beschaffungswesen, in Kraft seit 1. Jan. 2021 (AS **2020** 641; BBl **2017** 1851).

Art. 47 Erstreckung

¹ Gesetzlich bestimmte Fristen können nicht erstreckt werden.

² Richterlich bestimmte Fristen können aus zureichenden Gründen erstreckt werden, wenn das Gesuch vor Ablauf der Frist gestellt worden ist.

Art. 48 Einhaltung

¹ Eingaben müssen spätestens am letzten Tag der Frist beim Bundesgericht eingereicht oder zu dessen Handen der Schweizerischen Post oder einer schweizerischen diplomatischen oder konsularischen Vertretung übergeben werden.

² Im Falle der elektronischen Einreichung ist für die Wahrung einer Frist der Zeitpunkt massgebend, in dem die Quittung ausgestellt wird, die bestätigt, dass alle Schritte abgeschlossen sind, die auf der Seite der Partei für die Übermittlung notwendig sind.[1]

³ Die Frist gilt auch als gewahrt, wenn die Eingabe rechtzeitig bei der Vorinstanz oder bei einer unzuständigen eidgenössischen oder kantonalen Behörde eingereicht worden ist. Die Eingabe ist unverzüglich dem Bundesgericht zu übermitteln.

⁴ Die Frist für die Zahlung eines Vorschusses oder für eine Sicherstellung ist gewahrt, wenn der Betrag rechtzeitig zu Gunsten des Bundesgerichts der Schweizerischen Post übergeben oder einem Post- oder Bankkonto in der Schweiz belastet worden ist.

Art. 49 Mangelhafte Eröffnung

Aus mangelhafter Eröffnung, insbesondere wegen unrichtiger oder unvollständiger Rechtsmittelbelehrung oder wegen Fehlens einer vorgeschriebenen Rechtsmittelbelehrung, dürfen den Parteien keine Nachteile erwachsen.

Art. 50 Wiederherstellung

¹ Ist eine Partei oder ihr Vertreter beziehungsweise ihre Vertreterin durch einen anderen Grund als die mangelhafte Eröffnung unverschuldeterweise abgehalten worden, fristgerecht zu handeln, so wird die Frist wiederhergestellt, sofern die Partei unter Angabe des Grundes innert 30 Tagen nach Wegfall des Hindernisses darum ersucht und die versäumte Rechtshandlung nachholt.

² Wiederherstellung kann auch nach Eröffnung des Urteils bewilligt werden; wird sie bewilligt, so wird das Urteil aufgehoben.

...

---

[1] Fassung gemäss Anhang Ziff. II 2 des BG vom 18. März 2016 über die elektronische Signatur, in Kraft seit 1. Jan. 2017 (AS **2016** 4651; BBl **2014** 1001).

3. Kapitel: Das Bundesgericht als ordentliche Beschwerdeinstanz

...

3. Abschnitt: Beschwerde in öffentlich-rechtlichen Angelegenheiten

Art. 82 Grundsatz

Das Bundesgericht beurteilt Beschwerden:
a. gegen Entscheide in Angelegenheiten des öffentlichen Rechts;
b. gegen kantonale Erlasse;
c. betreffend die politische Stimmberechtigung der Bürger und Bürgerinnen sowie betreffend Volkswahlen und -abstimmungen.

Art. 83 Ausnahmen

Die Beschwerde ist unzulässig gegen:
a. Entscheide auf dem Gebiet der inneren oder äusseren Sicherheit des Landes, der Neutralität, des diplomatischen Schutzes und der übrigen auswärtigen Angelegenheiten, soweit das Völkerrecht nicht einen Anspruch auf gerichtliche Beurteilung einräumt;
b. Entscheide über die ordentliche Einbürgerung;
c. Entscheide auf dem Gebiet des Ausländerrechts betreffend:
   1. die Einreise,
   2. Bewilligungen, auf die weder das Bundesrecht noch das Völkerrecht einen Anspruch einräumt,
   3. die vorläufige Aufnahme,
   4. die Ausweisung gestützt auf Artikel 121 Absatz 2 der Bundesverfassung und die Wegweisung,
   5.[1] Abweichungen von den Zulassungsvoraussetzungen,
   6.[2] die Verlängerung der Grenzgängerbewilligung, den Kantonswechsel, den Stellenwechsel von Personen mit Grenzgängerbewilligung sowie die Erteilung von Reisepapieren an schriftenlose Ausländerinnen und Ausländer;
d. Entscheide auf dem Gebiet des Asyls, die:
   1.[3] vom Bundesverwaltungsgericht getroffen worden sind, ausser sie betreffen Personen, gegen die ein Auslieferungsersuchen des Staates vorliegt, vor welchem sie Schutz suchen,
   2. von einer kantonalen Vorinstanz getroffen worden sind und eine Bewilligung betreffen, auf die weder das Bundesrecht noch das Völkerrecht einen Anspruch einräumt;
e. Entscheide über die Verweigerung der Ermächtigung zur Strafverfolgung von Behördenmitgliedern oder von Bundespersonal;
f.[4] Entscheide auf dem Gebiet der öffentlichen Beschaffungen, wenn:

---

[1] Fassung gemäss Ziff. I 1 der V der BVers vom 20. Dez. 2006 über die Anpassung von Erlassen an die Bestimmungen des Bundesgerichtsgesetzes und des Verwaltungsgerichtsgesetzes, in Kraft seit 1. Jan. 2008 (AS **2006** 5599).

[2] Eingefügt durch Ziff. I 1 der V der BVers vom 20. Dez. 2006 über die Anpassung von Erlassen an die Bestimmungen des Bundesgerichtsgesetzes und des Verwaltungsgerichtsgesetzes, in Kraft seit 1. Jan. 2008 (AS **2006** 5599).

[3] Fassung gemäss Ziff. I 2 des BG vom 1. Okt 2010 über die Koordination des Asyl- und des Auslieferungsverfahrens, in Kraft seit 1. April 2011 (AS **2011** 925; BBl **2010** 1467).

[4] Fassung gemäss Anhang 7 Ziff. II 2 des BG vom 21 Juni 2019 über das öffentliche Beschaffungswesen, in Kraft seit 1. Jan. 2021 (AS **2020** 641; BBl **2017** 1851).

1. sich keine Rechtsfrage von grundsätzlicher Bedeutung stellt; vorbehalten bleiben Beschwerden gegen Beschaffungen des Bundesverwaltungsgerichts, des Bundesstrafgerichts, des Bundespatentgerichts, der Bundesanwaltschaft sowie der oberen kantonalen Gerichtsinstanzen, oder
2. der geschätzte Wert des zu vergebenden Auftrags den massgebenden Schwellenwert nach Artikel 52 Absatz 1 in Verbindung mit Anhang 4 Ziffer 2 des Bundesgesetzes vom 21. Juni 2019[1] über das öffentliche Beschaffungswesen nicht erreicht;

f^{bis}. Entscheide des Bundesverwaltungsgerichts über Verfügungen nach Artikel 32*i* des Personenbeförderungsgesetzes vom 20. März 2009[2];[3]

g. Entscheide auf dem Gebiet der öffentlich-rechtlichen Arbeitsverhältnisse, wenn sie eine nicht vermögensrechtliche Angelegenheit, nicht aber die Gleichstellung der Geschlechter betreffen;

h.[4] Entscheide auf dem Gebiet der internationalen Amtshilfe, mit Ausnahme der Amtshilfe in Steuersachen;

i. Entscheide auf dem Gebiet des Militär-, Zivil- und Zivilschutzdienstes;

j.[5] Entscheide auf dem Gebiet der wirtschaftlichen Landesversorgung, die bei schweren Mangellagen getroffen worden sind;

k. Entscheide betreffend Subventionen, auf die kein Anspruch besteht;

l. Entscheide über die Zollveranlagung, wenn diese auf Grund der Tarifierung oder des Gewichts der Ware erfolgt;

m.[6] Entscheide über die Stundung oder den Erlass von Abgaben; in Abweichung davon ist die Beschwerde zulässig gegen Entscheide über den Erlass der direkten Bundessteuer oder der kantonalen oder kommunalen Einkommens- und Gewinnsteuer, wenn sich eine Rechtsfrage von grundsätzlicher Bedeutung stellt oder es sich aus anderen Gründen um einen besonders bedeutenden Fall handelt;

n. Entscheide auf dem Gebiet der Kernenergie betreffend:
1. das Erfordernis einer Freigabe oder der Änderung einer Bewilligung oder Verfügung,
2. die Genehmigung eines Plans für Rückstellungen für die vor Ausserbetriebnahme einer Kernanlage anfallenden Entsorgungskosten,
3. Freigaben;

o. Entscheide über die Typengenehmigung von Fahrzeugen auf dem Gebiet des Strassenverkehrs;

p.[7] Entscheide des Bundesverwaltungsgerichts auf dem Gebiet des Fernmeldeverkehrs, des Radios und des Fernsehens sowie der Post betreffend:[8]
1. Konzessionen, die Gegenstand einer öffentlichen Ausschreibung waren,

---

[1] SR **172.056.1**
[2] SR **745.1**
[3] Eingefügt durch Ziff. I 2 des BG vom 16. März 2012 über den zweiten Schritt der Bahnreform 2, in Kraft seit 1. Juli 2013 (AS **2012** 5619, **2013** 1603; BBl **2011** 911).
[4] Fassung gemäss Anhang Ziff. 1 des Steueramtshilfegesetzes vom 28. Sept. 2012, in Kraft seit 1. Febr. 2013 (AS **2013** 231; BBl **2011** 6193).
[5] Fassung gemäss Anhang 2 Ziff. II 1 des Landesversorgungsgesetzes vom 17. Juni 2016, in Kraft seit 1. Juni 2017 (AS **2017** 3097; BBl **2014** 7119).
[6] Fassung gemäss Ziff. I 1 des Steuererlassgesetzes vom 20. Juni 2014, in Kraft seit 1. Jan. 2016 (AS **2015** 9; BBl **2013** 8435).
[7] Fassung gemäss Art. 106 Ziff. 3 des BG vom 24. März 2006 über Radio und Fernsehen, in Kraft seit 1. April 2007 (AS **2007** 737; BBl **2003** 1569).
[8] Fassung gemäss Anhang Ziff. II 1 des Postgesetzes vom 17. Dez. 2010, in Kraft seit 1. Okt. 2012 (AS **2012** 4993; BBl **2009** 5181).

2. Streitigkeiten nach Artikel 11a des Fernmeldegesetzes vom 30. April 1997[1],
3.[2] Streitigkeiten nach Artikel 8 des Postgesetzes vom 17. Dezember 2010[3];
q. Entscheide auf dem Gebiet der Transplantationsmedizin betreffend:
  1. die Aufnahme in die Warteliste,
  2. die Zuteilung von Organen;
r. Entscheide auf dem Gebiet der Krankenversicherung, die das Bundesverwaltungsgericht gestützt auf Artikel 34[4] des Verwaltungsgerichtsgesetzes vom 17. Juni 2005[5] (VGG) getroffen hat;
s. Entscheide auf dem Gebiet der Landwirtschaft betreffend:
  1.[6] ...
  2. die Abgrenzung der Zonen im Rahmen des Produktionskatasters;
t. Entscheide über das Ergebnis von Prüfungen und anderen Fähigkeitsbewertungen, namentlich auf den Gebieten der Schule, der Weiterbildung und der Berufsausübung;
u.[7] Entscheide auf dem Gebiet der öffentlichen Kaufangebote (Art. 125-141 des Finanzmarktinfrastrukturgesetzes vom 19. Juni 2015[8]);
v.[9] Entscheide des Bundesverwaltungsgerichts über Meinungsverschiedenheiten zwischen Behörden in der innerstaatlichen Amts- und Rechtshilfe;
w.[10] Entscheide auf dem Gebiet des Elektrizitätsrechts betreffend die Plangenehmigung von Starkstromanlagen und Schwachstromanlagen und die Entscheide auf diesem Gebiet betreffend Enteignung der für den Bau oder Betrieb solcher Anlagen notwendigen Rechte, wenn sich keine Rechtsfrage von grundsätzlicher Bedeutung stellt;
x.[11] Entscheide betreffend die Gewährung von Solidaritätsbeiträgen nach dem Bundesgesetz vom 30. September 2016[12] über die Aufarbeitung der fürsorgerischen Zwangsmassnahmen und Fremdplatzierungen vor 1981, ausser wenn sich eine Rechtsfrage von grundsätzlicher Bedeutung stellt oder aus anderen Gründen ein besonders bedeutender Fall vorliegt;
y.[13] Entscheide des Bundesverwaltungsgerichts in Verständigungsverfahren zur Vermeidung einer den anwendbaren internationalen Abkommen im Steuerbereich nicht entsprechenden Besteuerung;

---

[1] SR **784.10**
[2] Eingefügt durch Anhang Ziff. II 1 des Postgesetzes vom 17. Dez. 2010, in Kraft seit 1. Okt. 2012 (AS **2012** 4993; BBl **2009** 5181).
[3] SR **783.0**
[4] Berichtigt von der Redaktionskommission der BVers (Art. 58 Abs. 1 ParlG – SR **171.10**).
[5] SR **173.32**. Dieser Art. ist aufgehoben. Siehe heute: Art. 33 Bst. i VGG in Verbindung mit Art. 53 Abs. 1 des BG vom 18. März 1994 über die Krankenversicherung (SR **832.10**).
[6] Aufgehoben durch Anhang Ziff. 1 des BG vom 22. März 2013, mit Wirkung seit 1. Jan. 2014 (AS **2013** 3463 3863; BBl **2012** 2075).
[7] Eingefügt durch Anhang Ziff. 3 des Finanzmarktaufsichtsgesetzes vom 22. Juni 2007 (AS **2008** 5207; BBl **2006** 2829). Fassung gemäss Anhang Ziff. 1 des Finanzmarktinfrastrukturgesetzes vom 19. Juni 2015, in Kraft seit 1. Jan. 2016 (AS **2015** 5339; BBl **2014** 7483).
[8] SR **958.1**
[9] Eingefügt durch Anhang Ziff. 3 des Finanzmarktaufsichtsgesetzes vom 22. Juni 2007, in Kraft seit 1. Jan. 2009 (AS **2008** 5207; BBl **2006** 2829).
[10] Eingefügt durch Anhang Ziff. II 1 des Energiegesetzes vom 30. Sept. 2016, in Kraft seit 1. Jan. 2018 (AS **2017** 3839; BBl **2013** 7561).
[11] Eingefügt durch Art. 21 Abs. 2 des BG vom 30. Sept. 2016 über die Aufarbeitung der fürsorgerischen Zwangsmassnahmen und Fremdplatzierungen vor 1981, in Kraft seit 1. April 2017 (AS **2017** 753; BBl **2016** 101).
[12] SR **211.223.13**
[13] Eingefügt durch Art. 36 Abs. 2 des BG vom 18. Juni 2021 über die Durchführung von internationalen Abkommen im Steuerbereich, in Kraft seit 1. Jan. 2022 (AS **2021** 703; BBl **2020** 9219).

z.[1] Entscheide betreffend die in Artikel 71c Absatz 1 Buchstabe b des Energiegesetzes vom 30. September 2016[2] genannten Baubewilligungen und notwendigerweise damit zusammenhängenden in der Kompetenz der Kantone liegenden Bewilligungen für Windenergieanlagen von nationalem Interesse, wenn sich keine Rechtsfrage von grundsätzlicher Bedeutung stellt.

Art. 84 Internationale Rechtshilfe in Strafsachen

1 Gegen einen Entscheid auf dem Gebiet der internationalen Rechtshilfe in Strafsachen ist die Beschwerde nur zulässig, wenn er eine Auslieferung, eine Beschlagnahme, eine Herausgabe von Gegenständen oder Vermögenswerten oder eine Übermittlung von Informationen aus dem Geheimbereich betrifft und es sich um einen besonders bedeutenden Fall handelt.

2 Ein besonders bedeutender Fall liegt insbesondere vor, wenn Gründe für die Annahme bestehen, dass elementare Verfahrensgrundsätze verletzt worden sind oder das Verfahren im Ausland schwere Mängel aufweist.

Art. 84a[3] Internationale Amtshilfe in Steuersachen

Gegen einen Entscheid auf dem Gebiet der internationalen Amtshilfe in Steuersachen ist die Beschwerde nur zulässig, wenn sich eine Rechtsfrage von grundsätzlicher Bedeutung stellt oder wenn es sich aus anderen Gründen um einen besonders bedeutenden Fall im Sinne von Artikel 84 Absatz 2 handelt.

Art. 85 Streitwertgrenzen

1 In vermögensrechtlichen Angelegenheiten ist die Beschwerde unzulässig:

a. auf dem Gebiet der Staatshaftung, wenn der Streitwert weniger als 30 000 Franken beträgt;
b. auf dem Gebiet der öffentlich-rechtlichen Arbeitsverhältnisse, wenn der Streitwert weniger als 15 000 Franken beträgt.

2 Erreicht der Streitwert den massgebenden Betrag nach Absatz 1 nicht, so ist die Beschwerde dennoch zulässig, wenn sich eine Rechtsfrage von grundsätzlicher Bedeutung stellt.

Art. 86 Vorinstanzen im Allgemeinen

1 Die Beschwerde ist zulässig gegen Entscheide:

a. des Bundesverwaltungsgerichts;
b. des Bundesstrafgerichts;
c. der unabhängigen Beschwerdeinstanz für Radio und Fernsehen;
d. letzter kantonaler Instanzen, sofern nicht die Beschwerde an das Bundesverwaltungsgericht zulässig ist.

---

[1] Eingefügt durch Ziff. I 2 des BG vom 16. Juni 2023 über die Beschleunigung der Bewilligungsverfahren für Windenergieanlagen, in Kraft seit 1. Febr. 2024 (AS **2023** 804; BBl **2023** 344, 588).
[2] SR **730.0**
[3] Eingefügt durch Anhang Ziff. 1 des Steueramtshilfegesetzes vom 28. Sept. 2012, in Kraft seit 1. Febr. 2013 (AS **2013** 231; BBl **2011** 6193).

² Die Kantone setzen als unmittelbare Vorinstanzen des Bundesgerichts obere Gerichte ein, soweit nicht nach einem anderen Bundesgesetz Entscheide anderer richterlicher Behörden der Beschwerde an das Bundesgericht unterliegen.

³ Für Entscheide mit vorwiegend politischem Charakter können die Kantone anstelle eines Gerichts eine andere Behörde als unmittelbare Vorinstanz des Bundesgerichts einsetzen.

Art. 87 Vorinstanzen bei Beschwerden gegen Erlasse

¹ Gegen kantonale Erlasse ist unmittelbar die Beschwerde zulässig, sofern kein kantonales Rechtsmittel ergriffen werden kann.

² Soweit das kantonale Recht ein Rechtsmittel gegen Erlasse vorsieht, findet Artikel 86 Anwendung.

Art. 88 Vorinstanzen in Stimmrechtssachen

¹ Beschwerden betreffend die politische Stimmberechtigung der Bürger und Bürgerinnen sowie betreffend Volkswahlen und -abstimmungen sind zulässig:

a. in kantonalen Angelegenheiten gegen Akte letzter kantonaler Instanzen;
b. in eidgenössischen Angelegenheiten gegen Verfügungen der Bundeskanzlei und Entscheide der Kantonsregierungen.

² Die Kantone sehen gegen behördliche Akte, welche die politischen Rechte der Stimmberechtigten in kantonalen Angelegenheiten verletzen können, ein Rechtsmittel vor. Diese Pflicht erstreckt sich nicht auf Akte des Parlaments und der Regierung.

Art. 89 Beschwerderecht

¹ Zur Beschwerde in öffentlich-rechtlichen Angelegenheiten ist berechtigt, wer:

a. vor der Vorinstanz am Verfahren teilgenommen hat oder keine Möglichkeit zur Teilnahme erhalten hat;
b. durch den angefochtenen Entscheid oder Erlass besonders berührt ist; und
c. ein schutzwürdiges Interesse an dessen Aufhebung oder Änderung hat.

² Zur Beschwerde sind ferner berechtigt:

a. die Bundeskanzlei, die Departemente des Bundes oder, soweit das Bundesrecht es vorsieht, die ihnen unterstellten Dienststellen, wenn der angefochtene Akt die Bundesgesetzgebung in ihrem Aufgabenbereich verletzen kann;
b. das zuständige Organ der Bundesversammlung auf dem Gebiet des Arbeitsverhältnisses des Bundespersonals;
c. Gemeinden und andere öffentlich-rechtliche Körperschaften, wenn sie die Verletzung von Garantien rügen, die ihnen die Kantons- oder Bundesverfassung gewährt;
d. Personen, Organisationen und Behörden, denen ein anderes Bundesgesetz dieses Recht einräumt.

³ In Stimmrechtssachen (Art. 82 Bst. c) steht das Beschwerderecht ausserdem jeder Person zu, die in der betreffenden Angelegenheit stimmberechtigt ist.

4. Kapitel: Beschwerdeverfahren

1. Abschnitt: Anfechtbare Entscheide

Art. 90 Endentscheide

Die Beschwerde ist zulässig gegen Entscheide, die das Verfahren abschliessen.

Art. 91 Teilentscheide

Die Beschwerde ist zulässig gegen einen Entscheid, der:
a. nur einen Teil der gestellten Begehren behandelt, wenn diese Begehren unabhängig von den anderen beurteilt werden können;
b. das Verfahren nur für einen Teil der Streitgenossen und Streitgenossinnen abschliesst.

Art. 92 Vor- und Zwischenentscheide über die Zuständigkeit und den Ausstand

¹ Gegen selbständig eröffnete Vor- und Zwischenentscheide über die Zuständigkeit und über Ausstandsbegehren ist die Beschwerde zulässig.

² Diese Entscheide können später nicht mehr angefochten werden.

Art. 93 Andere Vor- und Zwischenentscheide

¹ Gegen andere selbständig eröffnete Vor- und Zwischenentscheide ist die Beschwerde zulässig:
a. wenn sie einen nicht wieder gutzumachenden Nachteil bewirken können; oder
b. wenn die Gutheissung der Beschwerde sofort einen Endentscheid herbeiführen und damit einen bedeutenden Aufwand an Zeit oder Kosten für ein weitläufiges Beweisverfahren ersparen würde.

² Auf dem Gebiet der internationalen Rechtshilfe in Strafsachen und dem Gebiet des Asyls sind Vor- und Zwischenentscheide nicht anfechtbar.[1] Vorbehalten bleiben Beschwerden gegen Entscheide über die Auslieferungshaft sowie über die Beschlagnahme von Vermögenswerten und Wertgegenständen, sofern die Voraussetzungen von Absatz 1 erfüllt sind.

³ Ist die Beschwerde nach den Absätzen 1 und 2 nicht zulässig oder wurde von ihr kein Gebrauch gemacht, so sind die betreffenden Vor- und Zwischenentscheide durch Beschwerde gegen den Endentscheid anfechtbar, soweit sie sich auf dessen Inhalt auswirken.

Art. 94 Rechtsverweigerung und Rechtsverzögerung

Gegen das unrechtmässige Verweigern oder Verzögern eines anfechtbaren Entscheids kann Beschwerde geführt werden.

---

[1] Fassung gemäss Ziff. I 2 des BG vom 1. Okt 2010 über die Koordination des Asyl- und des Auslieferungsverfahrens, in Kraft seit 1. April 2011 (AS **2011** 925; BBl **2010** 1467).

2. Abschnitt: Beschwerdegründe

Art. 95 Schweizerisches Recht

Mit der Beschwerde kann die Verletzung gerügt werden von:

a. Bundesrecht;
b. Völkerrecht;
c. kantonalen verfassungsmässigen Rechten;
d. kantonalen Bestimmungen über die politische Stimmberechtigung der Bürger und Bürgerinnen und über Volkswahlen und -abstimmungen;
e. interkantonalem Recht.

Art. 96 Ausländisches Recht

Mit der Beschwerde kann gerügt werden:

a. ausländisches Recht sei nicht angewendet worden, wie es das schweizerische internationale Privatrecht vorschreibt;
b. das nach dem schweizerischen internationalen Privatrecht massgebende ausländische Recht sei nicht richtig angewendet worden, sofern der Entscheid keine vermögensrechtliche Sache betrifft.

Art. 97 Unrichtige Feststellung des Sachverhalts

1 Die Feststellung des Sachverhalts kann nur gerügt werden, wenn sie offensichtlich unrichtig ist oder auf einer Rechtsverletzung im Sinne von Artikel 95 beruht und wenn die Behebung des Mangels für den Ausgang des Verfahrens entscheidend sein kann.

2 Richtet sich die Beschwerde gegen einen Entscheid über die Zusprechung oder Verweigerung von Geldleistungen der Militär- oder Unfallversicherung, so kann jede unrichtige oder unvollständige Feststellung des rechtserheblichen Sachverhalts gerügt werden.[1]

Art. 98 Beschränkte Beschwerdegründe

Mit der Beschwerde gegen Entscheide über vorsorgliche Massnahmen kann nur die Verletzung verfassungsmässiger Rechte gerügt werden.

3. Abschnitt: Neue Vorbringen

Art. 99

1 Neue Tatsachen und Beweismittel dürfen nur so weit vorgebracht werden, als erst der Entscheid der Vorinstanz dazu Anlass gibt.

2 Neue Begehren sind unzulässig.

---

[1] Fassung gemäss Ziff. IV 1 des BG vom 16. Dez. 2005, in Kraft seit 1. Jan. 2007 (AS **2006** 2003; BBl **2005** 3079).

4. Abschnitt: Beschwerdefrist

Art. 100 Beschwerde gegen Entscheide

¹ Die Beschwerde gegen einen Entscheid ist innert 30 Tagen nach der Eröffnung der vollständigen Ausfertigung beim Bundesgericht einzureichen.

² Die Beschwerdefrist beträgt zehn Tage:

   a. bei Entscheiden der kantonalen Aufsichtsbehörden in Schuldbetreibungs- und Konkurssachen;
   b.[1] bei Entscheiden auf den Gebieten der internationalen Rechtshilfe in Strafsachen und der internationalen Amtshilfe in Steuersachen;
   c.[2] bei Entscheiden über die Rückgabe eines Kindes nach dem Europäischen Übereinkommen vom 20. Mai 1980[3] über die Anerkennung und Vollstreckung von Entscheidungen über das Sorgerecht für Kinder und die Wiederherstellung des Sorgerechts oder nach dem Übereinkommen vom 25. Oktober 1980[4] über die zivilrechtlichen Aspekte internationaler Kindesentführung;
   d.[5] bei Entscheiden des Bundespatentgerichts über die Erteilung einer Lizenz nach Artikel 40d des Patentgesetzes vom 25. Juni 1954[6].

³ Die Beschwerdefrist beträgt fünf Tage:

   a. bei Entscheiden der kantonalen Aufsichtsbehörden in Schuldbetreibungs- und Konkurssachen im Rahmen der Wechselbetreibung;
   b. bei Entscheiden der Kantonsregierungen über Beschwerden gegen eidgenössische Abstimmungen.

⁴ Bei Entscheiden der Kantonsregierungen über Beschwerden gegen die Nationalratswahlen beträgt die Beschwerdefrist drei Tage.

⁵ Bei Beschwerden wegen interkantonaler Kompetenzkonflikte beginnt die Beschwerdefrist spätestens dann zu laufen, wenn in beiden Kantonen Entscheide getroffen worden sind, gegen welche beim Bundesgericht Beschwerde geführt werden kann.

⁶ …[7]

⁷ Gegen das unrechtmässige Verweigern oder Verzögern eines Entscheids kann jederzeit Beschwerde geführt werden.

Art. 101 Beschwerde gegen Erlasse

Die Beschwerde gegen einen Erlass ist innert 30 Tagen nach der nach dem kantonalen Recht massgebenden Veröffentlichung des Erlasses beim Bundesgericht einzureichen.

---

[1] Fassung gemäss Anhang Ziff. 1 des Steueramtshilfegesetzes vom 28. Sept. 2012, in Kraft seit 1. Febr. 2013 (AS **2013** 231; BBl **2011** 6193).
[2] Fassung gemäss Anhang Ziff. 2 des BG vom 21. Juni 2013 (Elterliche Sorge), in Kraft seit 1. Juli 2014 (AS **2014** 357; BBl **2011** 9077).
[3] SR **0.211.230.01**
[4] SR **0.211.230.02**
[5] Eingefügt durch Anhang Ziff. 2 des BG vom 20. März 2009 über das Bundespatentgericht, in Kraft seit 1. Jan. 2012 (AS **2010** 513, **2011** 2241; BBl **2008** 455).
[6] SR **232.14**
[7] Aufgehoben durch Anhang 1 Ziff. II 2 der Zivilprozessordnung vom 19. Dez. 2008, mit Wirkung seit 1. Jan. 2011 (AS **2010** 1739; BBl **2006** 7221).

5. Abschnitt: Weitere Verfahrensbestimmungen

Art. 102 Schriftenwechsel

1 Soweit erforderlich stellt das Bundesgericht die Beschwerde der Vorinstanz sowie den allfälligen anderen Parteien, Beteiligten oder zur Beschwerde berechtigten Behörden zu und setzt ihnen Frist zur Einreichung einer Vernehmlassung an.

2 Die Vorinstanz hat innert dieser Frist die Vorakten einzusenden.

3 Ein weiterer Schriftenwechsel findet in der Regel nicht statt.

Art. 103 Aufschiebende Wirkung

1 Die Beschwerde hat in der Regel keine aufschiebende Wirkung.

2 Die Beschwerde hat im Umfang der Begehren aufschiebende Wirkung:

a. in Zivilsachen, wenn sie sich gegen ein Gestaltungsurteil richtet;
b. in Strafsachen, wenn sie sich gegen einen Entscheid richtet, der eine unbedingte Freiheitsstrafe oder eine freiheitsentziehende Massnahme ausspricht; die aufschiebende Wirkung erstreckt sich nicht auf den Entscheid über Zivilansprüche;
c. in Verfahren auf dem Gebiet der internationalen Rechtshilfe in Strafsachen, wenn sie sich gegen eine Schlussverfügung oder gegen jede andere Verfügung richtet, welche die Übermittlung von Auskünften aus dem Geheimbereich oder die Herausgabe von Gegenständen oder Vermögenswerten bewilligt;
d.[1] in Verfahren auf dem Gebiet der internationalen Amtshilfe in Steuersachen.

3 Der Instruktionsrichter oder die Instruktionsrichterin kann über die aufschiebende Wirkung von Amtes wegen oder auf Antrag einer Partei eine andere Anordnung treffen.

Art. 104 Andere vorsorgliche Massnahmen

Der Instruktionsrichter oder die Instruktionsrichterin kann von Amtes wegen oder auf Antrag einer Partei vorsorgliche Massnahmen treffen, um den bestehenden Zustand zu erhalten oder bedrohte Interessen einstweilen sicherzustellen.

Art. 105 Massgebender Sachverhalt

1 Das Bundesgericht legt seinem Urteil den Sachverhalt zugrunde, den die Vorinstanz festgestellt hat.

2 Es kann die Sachverhaltsfeststellung der Vorinstanz von Amtes wegen berichtigen oder ergänzen, wenn sie offensichtlich unrichtig ist oder auf einer Rechtsverletzung im Sinne von Artikel 95 beruht.

3 Richtet sich die Beschwerde gegen einen Entscheid über die Zusprechung oder Verweigerung von Geldleistungen der Militär- oder Unfallversicherung, so ist das Bundesgericht nicht an die Sachverhaltsfeststellung der Vorinstanz gebunden.[2]

---

[1] Eingefügt durch Ziff. II des BG vom 21. März 2014, in Kraft seit 1. Aug. 2014 (AS **2014** 2309; BBl **2013** 8369).
[2] Fassung gemäss Ziff. IV 1 des BG vom 16. Dez. 2005, in Kraft seit 1. Jan. 2007 (AS **2006** 2003; BBl **2005** 3079).

Art. 106 Rechtsanwendung

¹ Das Bundesgericht wendet das Recht von Amtes wegen an.

² Es prüft die Verletzung von Grundrechten und von kantonalem und interkantonalem Recht nur insofern, als eine solche Rüge in der Beschwerde vorgebracht und begründet worden ist.

Art. 107 Entscheid

¹ Das Bundesgericht darf nicht über die Begehren der Parteien hinausgehen.

² Heisst das Bundesgericht die Beschwerde gut, so entscheidet es in der Sache selbst oder weist diese zu neuer Beurteilung an die Vorinstanz zurück. Es kann die Sache auch an die Behörde zurückweisen, die als erste Instanz entschieden hat.

³ Erachtet das Bundesgericht eine Beschwerde auf dem Gebiet der internationalen Rechtshilfe in Strafsachen oder der internationalen Amtshilfe in Steuersachen als unzulässig, so fällt es den Nichteintretensentscheid innert 15 Tagen seit Abschluss eines allfälligen Schriftenwechsels. Auf dem Gebiet der internationalen Rechtshilfe in Strafsachen ist es nicht an diese Frist gebunden, wenn das Auslieferungsverfahren eine Person betrifft, gegen deren Asylgesuch noch kein rechtskräftiger Endentscheid vorliegt.[1]

⁴ Über Beschwerden gegen Entscheide des Bundespatentgerichts über die Erteilung einer Lizenz nach Artikel 40d des Patentgesetzes vom 25. Juni 1954[2] entscheidet das Bundesgericht innerhalb eines Monats nach Anhebung der Beschwerde.[3]

6. Abschnitt: Vereinfachtes Verfahren

Art. 108 Einzelrichter oder Einzelrichterin

¹ Der Präsident oder die Präsidentin der Abteilung entscheidet im vereinfachten Verfahren über:

a. Nichteintreten auf offensichtlich unzulässige Beschwerden;
b. Nichteintreten auf Beschwerden, die offensichtlich keine hinreichende Begründung (Art. 42 Abs. 2) enthalten;
c. Nichteintreten auf querulatorische oder rechtsmissbräuchliche Beschwerden.

² Er oder sie kann einen anderen Richter oder eine andere Richterin damit betrauen.

³ Die Begründung des Entscheids beschränkt sich auf eine kurze Angabe des Unzulässigkeitsgrundes.

---

[1] Fassung gemäss Anhang Ziff. 1 des Steueramtshilfegesetzes vom 28. Sept. 2012, in Kraft seit 1. Febr. 2013 (AS **2013** 231; BBl **2011** 6193).

[2] SR **232.14**

[3] Eingefügt durch Anhang Ziff. 2 des BG vom 20. März 2009 über das Bundespatentgericht, in Kraft seit 1. Jan. 2012 (AS **2010** 513, **2011** 2241; BBl **2008** 455).

Art. 109 Dreierbesetzung

1 Die Abteilungen entscheiden in Dreierbesetzung über Nichteintreten auf Beschwerden, bei denen sich keine Rechtsfrage von grundsätzlicher Bedeutung stellt oder kein besonders bedeutender Fall vorliegt, wenn die Beschwerde nur unter einer dieser Bedingungen zulässig ist (Art. 74 und 83–85). Artikel 58 Absatz 1 Buchstabe b findet keine Anwendung.

2 Sie entscheiden ebenfalls in Dreierbesetzung bei Einstimmigkeit über:
 a. Abweisung offensichtlich unbegründeter Beschwerden;
 b. Gutheissung offensichtlich begründeter Beschwerden, insbesondere wenn der angefochtene Akt von der Rechtsprechung des Bundesgerichts abweicht und kein Anlass besteht, diese zu überprüfen.

3 Der Entscheid wird summarisch begründet. Es kann ganz oder teilweise auf den angefochtenen Entscheid verwiesen werden.

7. Abschnitt: Kantonales Verfahren

Art. 110 Beurteilung durch richterliche Behörde

Soweit die Kantone nach diesem Gesetz als letzte kantonale Instanz ein Gericht einzusetzen haben, gewährleisten sie, dass dieses selbst oder eine vorgängig zuständige andere richterliche Behörde den Sachverhalt frei prüft und das massgebende Recht von Amtes wegen anwendet.

Art. 111 Einheit des Verfahrens

1 Wer zur Beschwerde an das Bundesgericht berechtigt ist, muss sich am Verfahren vor allen kantonalen Vorinstanzen als Partei beteiligen können.

2 Bundesbehörden, die zur Beschwerde an das Bundesgericht berechtigt sind, können die Rechtsmittel des kantonalen Rechts ergreifen und sich vor jeder kantonalen Instanz am Verfahren beteiligen, wenn sie dies beantragen.

3 Die unmittelbare Vorinstanz des Bundesgerichts muss mindestens die Rügen nach den Artikeln 95–98 prüfen können. ...[1]

Art. 112 Eröffnung der Entscheide

1 Entscheide, die der Beschwerde an das Bundesgericht unterliegen, sind den Parteien schriftlich zu eröffnen. Sie müssen enthalten:
 a. die Begehren, die Begründung, die Beweisvorbringen und Prozesserklärungen der Parteien, soweit sie nicht aus den Akten hervorgehen;
 b. die massgebenden Gründe tatsächlicher und rechtlicher Art, insbesondere die Angabe der angewendeten Gesetzesbestimmungen;
 c. das Dispositiv;
 d. eine Rechtsmittelbelehrung einschliesslich Angabe des Streitwerts, soweit dieses Gesetz eine Streitwertgrenze vorsieht.

---

[1] Zweiter Satz aufgehoben durch Anhang 1 Ziff. II 2 der Zivilprozessordnung vom 19. Dez. 2008, mit Wirkung seit 1. Jan. 2011 (AS **2010** 1739; BBl **2006** 7221).

² Sofern es das Bundesrecht oder das kantonale Recht vorsieht, eröffnet die Behörde ihren Entscheid in der Regel zeitnah und ohne Begründung.[1] Die Parteien können in diesem Fall innert 30 Tagen eine vollständige Ausfertigung verlangen. Der Entscheid ist nicht vollstreckbar, solange nicht entweder diese Frist unbenützt abgelaufen oder die vollständige Ausfertigung eröffnet worden ist.

³ Das Bundesgericht kann einen Entscheid, der den Anforderungen von Absatz 1 nicht genügt, an die kantonale Behörde zur Verbesserung zurückweisen oder aufheben.

⁴ Für die Gebiete, in denen Bundesbehörden zur Beschwerde berechtigt sind, bestimmt der Bundesrat, welche Entscheide ihnen die kantonalen Behörden zu eröffnen haben.

5. Kapitel: Subsidiäre Verfassungsbeschwerde

Art. 113 Grundsatz

Das Bundesgericht beurteilt Verfassungsbeschwerden gegen Entscheide letzter kantonaler Instanzen, soweit keine Beschwerde nach den Artikeln 72–89 zulässig ist.

Art. 114 Vorinstanzen

Die Vorschriften des dritten Kapitels über die kantonalen Vorinstanzen (Art. 75 bzw. 86) gelten sinngemäss.

Art. 115 Beschwerderecht

Zur Verfassungsbeschwerde ist berechtigt, wer:

a. vor der Vorinstanz am Verfahren teilgenommen hat oder keine Möglichkeit zur Teilnahme erhalten hat; und

b. ein rechtlich geschütztes Interesse an der Aufhebung oder Änderung des angefochtenen Entscheids hat.

Art. 116 Beschwerdegründe

Mit der Verfassungsbeschwerde kann die Verletzung von verfassungsmässigen Rechten gerügt werden.

Art. 117 Beschwerdeverfahren

Für das Verfahren der Verfassungsbeschwerde gelten die Artikel 90–94, 99, 100, 102, 103 Absätze 1 und 3, 104, 106 Absatz 2 sowie 107–112 sinngemäss.

Art. 118 Massgebender Sachverhalt

¹ Das Bundesgericht legt seinem Urteil den Sachverhalt zugrunde, den die Vorinstanz festgestellt hat.

² Es kann die Sachverhaltsfeststellung der Vorinstanz von Amtes wegen berichtigen oder ergänzen, wenn sie auf einer Rechtsverletzung im Sinne von Artikel 116 beruht.

---

[1] Fassung gemäss Ziff. II 1 des BG vom 17. März 2023 (Verbesserung der Praxistauglichkeit und der Rechtsdurchsetzung), in Kraft seit 1. Jan. 2025 (AS **2023** 491; BBl **2020** 2697).

Art. 119 Gleichzeitige ordentliche Beschwerde

1 Führt eine Partei gegen einen Entscheid sowohl ordentliche Beschwerde als auch Verfassungsbeschwerde, so hat sie beide Rechtsmittel in der gleichen Rechtsschrift einzureichen.

2 Das Bundesgericht behandelt beide Beschwerden im gleichen Verfahren.

3 Es prüft die vorgebrachten Rügen nach den Vorschriften über die entsprechende Beschwerdeart.

5a. Kapitel:[1] Revision gegen Entscheide von Schiedsgerichten in der internationalen Schiedsgerichtsbarkeit

Art. 119a

1 Das Bundesgericht beurteilt Revisionsgesuche gegen Entscheide von Schiedsgerichten in der internationalen Schiedsgerichtsbarkeit unter den Voraussetzungen von Artikel 190*a* des Bundesgesetzes vom 18. Dezember 1987[2] über das Internationale Privatrecht.

2 Für das Revisionsverfahren gelten die Artikel 77 Absatz 2bis und 126. Soweit das Bundesgericht das Revisionsgesuch nicht als offensichtlich unzulässig oder unbegründet befindet, stellt es dieses der Gegenpartei und dem Schiedsgericht zur Stellungnahme zu.

3 Heisst das Bundesgericht das Revisionsgesuch gut, so hebt es den Schiedsentscheid auf und weist die Sache zur Neubeurteilung an das Schiedsgericht zurück oder trifft die notwendigen Feststellungen.

4 Ist das Schiedsgericht nicht mehr vollständig, so ist Artikel 179 des Bundesgesetzes über das Internationale Privatrecht anwendbar.

...

---

1 Eingefügt durch Anhang Ziff. II 5 des Strafbehördenorganisationsgesetzes vom 19. März 2010 (AS **2010** 3267; BBl **2008** 8125). Fassung gemäss Anhang Ziff. II 1 des BG vom 19. Juni 2020, in Kraft seit 1. Jan. 2021 (AS **2020** 4179; BBl **2018** 7163).
2 SR **291**

OR

Obligationenrecht

N 4 Auszug aus dem Bundesgesetz betreffend die Ergänzung des Schweizerischen Zivilgesetzbuches (Fünfter Teil: Obligationenrecht) SR 220

vom 30. März 1911 (Stand am 1. Januar 2025)

Die Bundesversammlung der Schweizerischen Eidgenossenschaft,

nach Einsicht in die Botschaften des Bundesrates vom 3. März 1905 und 1. Juni 1909[1],

beschliesst:

---

[1] BBl **1905** II 1, **1909** III 725, **1911** I 845

Zehnter Titel:[1] Der Arbeitsvertrag
Erster Abschnitt: Der Einzelarbeitsvertrag

...

C. Pflichten des Arbeitgebers

...

Arbeitsgeräte, Material und Auslagen VI.

Art. 327 Arbeitsgeräte und Material 1.

¹ Ist nichts anderes verabredet oder üblich, so hat der Arbeitgeber den Arbeitnehmer mit den Geräten und dem Material auszurüsten, die dieser zur Arbeit benötigt.

² Stellt im Einverständnis mit dem Arbeitgeber der Arbeitnehmer selbst Geräte oder Material für die Ausführung der Arbeit zur Verfügung, so ist er dafür angemessen zu entschädigen, sofern nichts anderes verabredet oder üblich ist.

Auslagen 2.

Art. 327a Im Allgemeinen a.

¹ Der Arbeitgeber hat dem Arbeitnehmer alle durch die Ausführung der Arbeit notwendig entstehenden Auslagen zu ersetzen, bei Arbeit an auswärtigen Arbeitsorten auch die für den Unterhalt erforderlichen Aufwendungen.

² Durch schriftliche Abrede, Normalarbeitsvertrag oder Gesamtarbeitsvertrag kann als Auslagenersatz eine feste Entschädigung, wie namentlich ein Taggeld oder eine pauschale Wochen- oder Monatsvergütung festgesetzt werden, durch die jedoch alle notwendig entstehenden Auslagen gedeckt werden müssen.

³ Abreden, dass der Arbeitnehmer die notwendigen Auslagen ganz oder teilweise selbst zu tragen habe, sind nichtig.

Art. 327b Motorfahrzeug b.

¹ Benützt der Arbeitnehmer im Einverständnis mit dem Arbeitgeber für seine Arbeit ein von diesem oder ein von ihm selbst gestelltes Motorfahrzeug, so sind ihm die üblichen Aufwendungen für dessen Betrieb und Unterhalt nach Massgabe des Gebrauchs für die Arbeit zu vergüten.

² Stellt der Arbeitnehmer im Einverständnis mit dem Arbeitgeber selbst ein Motorfahrzeug, so sind ihm überdies die öffentlichen Abgaben für das Fahrzeug, die Prämien für die Haftpflichtversicherung und eine angemessene Entschädigung für die Abnützung des Fahrzeugs nach Massgabe des Gebrauchs für die Arbeit zu vergüten.

³ ...[2]

---

[1] Fassung gemäss Ziff. I des BG vom 25. Juni 1971, in Kraft seit 1. Jan. 1972 (AS **1971** 1465; BBl **1967** II 241). Siehe auch Art. 7 Schl- und Ueb des X. Tit. am Schluss des OR.

[2] Aufgehoben durch Anhang Ziff. 12 des Unfallversicherungsgesetzes vom 20. März 1981, mit Wirkung seit 1. Jan. 1984 (AS **1982** 1676 1724 Art. 1 Abs. 1; BBl **1976** III 141).

Art. 327c Fälligkeit C.

¹ Auf Grund der Abrechnung des Arbeitnehmers ist der Auslagenersatz jeweils zusammen mit dem Lohn auszurichten, sofern nicht eine kürzere Frist verabredet oder üblich ist.

…

Sechsundzwanzigster Titel:[1] Die Aktiengesellschaft

Erster Abschnitt: Allgemeine Bestimmungen

…

IV. Kapitalband

Art. 653s[2] Ermächtigung 1.

¹ Die Statuten können den Verwaltungsrat ermächtigen, während einer Dauer von längstens fünf Jahren das Aktienkapital innerhalb einer Bandbreite (Kapitalband) zu verändern. Sie legen fest, innerhalb welcher Grenzen der Verwaltungsrat das Aktienkapital erhöhen und herabsetzen darf.

² Die obere Grenze des Kapitalbands darf das im Handelsregister eingetragene Aktienkapital höchstens um die Hälfte übersteigen. Die untere Grenze des Kapitalbands darf das im Handelsregister eingetragene Aktienkapital höchstens um die Hälfte unterschreiten.

³ Die Statuten können die Befugnisse des Verwaltungsrats beschränken. Sie können insbesondere vorsehen, dass der Verwaltungsrat das Aktienkapital nur erhöhen oder nur herabsetzen kann.

⁴ Die Statuten dürfen den Verwaltungsrat nur dann ermächtigen, das Aktienkapital herabzusetzen, wenn die Gesellschaft nicht auf die eingeschränkte Revision der Jahresrechnung verzichtet hat.

Art. 653t[3] Statutarische Grundlagen 2.

¹ Wird ein Kapitalband eingeführt, so müssen die Statuten Folgendes angeben:
1. die untere und die obere Grenze des Kapitalbands;
2. das Datum, an dem die Ermächtigung des Verwaltungsrats zur Veränderung des Aktienkapitals endet;
3. Einschränkungen, Auflagen und Bedingungen der Ermächtigung;
4. Anzahl, Nennwert und Art der Aktien sowie die Vorrechte einzelner Kategorien von Aktien oder Partizipationsscheinen;
5. Inhalt und Wert von besonderen Vorteilen sowie die Namen der begünstigten Personen;
6. Beschränkungen der Übertragbarkeit neuer Namenaktien;

---

[1] Siehe auch die SchlB. zu diesem Tit. am Ende des OR.
[2] Eingefügt durch Ziff. I des BG vom 19. Juni 2020 (Aktienrecht), in Kraft seit 1. Jan. 2023 (AS **2020** 4005, **2022** 109; BBl **2017** 399).
[3] Eingefügt durch Ziff. I des BG vom 19. Juni 2020 (Aktienrecht), in Kraft seit 1. Jan. 2023 (AS **2020** 4005, **2022** 109; BBl **2017** 399).

7. eine Einschränkung oder Aufhebung des Bezugsrechts beziehungsweise die wichtigen Gründe, aus denen der Verwaltungsrat das Bezugsrecht einschränken oder aufheben kann, sowie die Zuweisung nicht ausgeübter oder entzogener Bezugsrechte;
8. die Voraussetzungen für die Ausübung vertraglich erworbener Bezugsrechte;
9. die Ermächtigung des Verwaltungsrats zur Erhöhung des Kapitals mit bedingtem Kapital und die Angaben gemäss Artikel 653b;
10. die Ermächtigung des Verwaltungsrats zur Schaffung eines Partizipationskapitals.

² Nach Ablauf der für die Ermächtigung festgelegten Dauer streicht der Verwaltungsrat die Bestimmungen über das Kapitalband aus den Statuten.

Art. 653u[1] Erhöhung und Herabsetzung des Aktienkapitals innerhalb des Kapitalbands 3.

¹ Im Rahmen seiner Ermächtigung kann der Verwaltungsrat das Aktienkapital erhöhen und herabsetzen.

² Beschliesst der Verwaltungsrat, das Aktienkapital zu erhöhen oder herabzusetzen, so erlässt er die notwendigen Bestimmungen, soweit sie nicht im Ermächtigungsbeschluss der Generalversammlung enthalten sind.

³ Bei einer Herabsetzung des Aktienkapitals innerhalb des Kapitalbands sind die Bestimmungen zur Sicherstellung von Forderungen, zum Zwischenabschluss und zur Prüfungsbestätigung bei der ordentlichen Kapitalherabsetzung sinngemäss anwendbar.

⁴ Nach jeder Erhöhung oder Herabsetzung des Aktienkapitals macht der Verwaltungsrat die erforderlichen Feststellungen und ändert die Statuten entsprechend. Der Beschluss über die Statutenänderung und die Feststellungen des Verwaltungsrats sind öffentlich zu beurkunden.

⁵ Im Übrigen gelten die Vorschriften über die ordentliche beziehungsweise die Kapitalerhöhung aus bedingtem Kapital und über die Kapitalherabsetzung sinngemäss.

Art. 653v[2] Erhöhung oder Herabsetzung des Aktienkapitals durch die Generalversammlung 4.

¹ Beschliesst die Generalversammlung während der Dauer der Ermächtigung des Verwaltungsrats, das Aktienkapital herauf- oder herabzusetzen oder die Währung des Aktienkapitals zu ändern, so fällt der Beschluss über das Kapitalband dahin. Die Statuten sind entsprechend anzupassen.

² Beschliesst die Generalversammlung ein bedingtes Kapital, so erhöhen sich die obere und die untere Grenze des Kapitalbands entsprechend dem Umfang der Erhöhung des Aktienkapitals. Die Generalversammlung kann stattdessen im Rahmen des bestehenden Kapitalbands nachträglich eine Ermächtigung des Verwaltungsrats zur Erhöhung des Kapitals mit bedingtem Kapital beschliessen.

...

---

[1] Eingefügt durch Ziff. I des BG vom 19. Juni 2020 (Aktienrecht), in Kraft seit 1. Jan. 2023 (AS **2020** 4005, **2022** 109; BBl **2017** 399).
[2] Eingefügt durch Ziff. I des BG vom 19. Juni 2020 (Aktienrecht), in Kraft seit 1. Jan. 2023 (AS **2020** 4005, **2022** 109; BBl **2017** 399).

L. Eigene Aktien

Art. 659[1] **Voraussetzungen und Einschränkungen des Erwerbs** I.

[1] Die Gesellschaft darf eigene Aktien nur dann erwerben, wenn frei verwendbares Eigenkapital in der Höhe des Anschaffungswerts vorhanden ist.

[2] Der Erwerb eigener Aktien ist auf 10 Prozent des im Handelsregister eingetragenen Aktienkapitals beschränkt.

[3] Steht der Erwerb im Zusammenhang mit einer Übertragbarkeitsbeschränkung oder einer Auflösungsklage, so beträgt die Höchstgrenze 20 Prozent. Die über 10 Prozent hinaus erworbenen Aktien sind innert zweier Jahre zu veräussern oder durch Kapitalherabsetzung zu vernichten.

Art. 659a[2] **Folgen des Erwerbs** II.

[1] Erwirbt eine Gesellschaft eigene Aktien, so ruhen für diese Aktien das Stimmrecht und die damit verbundenen Rechte.

[2] Das Stimmrecht und die damit verbundenen Rechte ruhen auch, wenn die Gesellschaft eigene Aktien überträgt und die Rücknahme oder die Rückgabe entsprechender Aktien vereinbart wird.

[3] Wird das Stimmrecht ausgeübt, obwohl es ruht, so kommen die Bestimmungen über die unbefugte Teilnahme an der Generalversammlung (Art. 691) zur Anwendung.

[4] Die Gesellschaft hat in der Bilanz für die eigenen Aktien einen dem Anschaffungswert entsprechenden Betrag als Minusposten des Eigenkapitals darzustellen (Art. 959a Abs. 2 Ziff. 3 Bst. e).

Art. 659b[3] **Eigene Aktien im Konzern** III.

[1] Kontrolliert eine Gesellschaft ein oder mehrere Unternehmen (Art. 963), so gelten für den Erwerb ihrer Aktien durch diese Unternehmen die Voraussetzungen, Einschränkungen und Folgen für den Erwerb eigener Aktien sinngemäss.

[2] Die kontrollierende Gesellschaft hat für die Aktien gemäss Absatz 1 einen dem Anschaffungswert dieser Aktien entsprechenden Betrag gesondert als gesetzliche Gewinnreserve auszuweisen.

...

---

[1] Fassung gemäss Ziff. I des BG vom 19. Juni 2020 (Aktienrecht), in Kraft seit 1. Jan. 2023 (AS **2020** 4005, **2022** 109; BBl **2017** 399).

[2] Eingefügt durch Ziff. I des BG vom 4. Okt. 1991 (AS **1992** 733; BBl **1983** II 745). Fassung gemäss Ziff. I des BG vom 19. Juni 2020 (Aktienrecht), in Kraft seit 1. Jan. 2023 (AS **2020** 4005, **2022** 109; BBl **2017** 399).

[3] Eingefügt durch Ziff. I des BG vom 4. Okt. 1991 (AS **1992** 733; BBl **1983** II 745). Fassung gemäss Ziff. I des BG vom 19. Juni 2020 (Aktienrecht), in Kraft seit 1. Jan. 2023 (AS **2020** 4005, **2022** 109; BBl **2017** 399).

Zweiter Abschnitt: Rechte und Pflichten der Aktionäre

...

Dritter Abschnitt: Organisation der Aktiengesellschaft

...

B. Der Verwaltungsrat[1]

...

VII. Drohende Zahlungsunfähigkeit, Kapitalverlust und Überschuldung

Art. 725[2] **Drohende Zahlungsunfähigkeit** 1.

¹ Der Verwaltungsrat überwacht die Zahlungsfähigkeit der Gesellschaft.

² Droht die Gesellschaft zahlungsunfähig zu werden, so ergreift der Verwaltungsrat Massnahmen zur Sicherstellung der Zahlungsfähigkeit. Er trifft, soweit erforderlich, weitere Massnahmen zur Sanierung der Gesellschaft oder beantragt der Generalversammlung solche, soweit sie in deren Zuständigkeit fallen. Er reicht nötigenfalls ein Gesuch um Nachlassstundung ein.

³ Der Verwaltungsrat handelt mit der gebotenen Eile.

Art. 725a[3] **Kapitalverlust** 2.

¹ Zeigt die letzte Jahresrechnung, dass die Aktiven abzüglich der Verbindlichkeiten die Hälfte der Summe aus Aktienkapital, nicht an die Aktionäre zurückzahlbarer gesetzlicher Kapitalreserve und gesetzlicher Gewinnreserve nicht mehr decken, so ergreift der Verwaltungsrat Massnahmen zur Beseitigung des Kapitalverlusts. Er trifft, soweit erforderlich, weitere Massnahmen zur Sanierung der Gesellschaft oder beantragt der Generalversammlung solche, soweit sie in deren Zuständigkeit fallen.

² Hat die Gesellschaft keine Revisionsstelle, so muss die letzte Jahresrechnung vor ihrer Genehmigung durch die Generalversammlung überdies einer eingeschränkten Revision durch einen zugelassenen Revisor unterzogen werden. Der Verwaltungsrat ernennt den zugelassenen Revisor.

³ Die Revisionspflicht nach Absatz 2 entfällt, wenn der Verwaltungsrat ein Gesuch um Nachlassstundung einreicht.

⁴ Der Verwaltungsrat und die Revisionsstelle oder der zugelassene Revisor handeln mit der gebotenen Eile.

---

[1] Fassung gemäss Ziff. I des BG vom 4. Okt. 1991, in Kraft seit 1. Juli 1992 (AS **1992** 733; BBl **1983** II 745).

[2] Fassung gemäss Ziff. I des BG vom 19. Juni 2020 (Aktienrecht), in Kraft seit 1. Jan. 2023 (AS **2020** 4005, **2022** 109; BBl **2017** 399).

[3] Eingefügt durch Ziff. I des BG vom 4. Okt. 1991 (AS **1992** 733; BBl **1983** II 745). Fassung gemäss Ziff. I des BG vom 19. Juni 2020 (Aktienrecht), in Kraft seit 1. Jan. 2023 (AS **2020** 4005, **2022** 109; BBl **2017** 399).

Art. 725b[1] Überschuldung

[1] Besteht begründete Besorgnis, dass die Verbindlichkeiten der Gesellschaft nicht mehr durch die Aktiven gedeckt sind, so erstellt der Verwaltungsrat unverzüglich je einen Zwischenabschluss zu Fortführungswerten und Veräusserungswerten. Auf den Zwischenabschluss zu Veräusserungswerten kann verzichtet werden, wenn die Annahme der Fortführung gegeben ist und der Zwischenabschluss zu Fortführungswerten keine Überschuldung aufweist. Ist die Annahme der Fortführung nicht gegeben, so genügt ein Zwischenabschluss zu Veräusserungswerten.

[2] Der Verwaltungsrat lässt die Zwischenabschlüsse durch die Revisionsstelle oder, wenn eine solche fehlt, durch einen zugelassenen Revisor prüfen; er ernennt den zugelassenen Revisor.

[3] Ist die Gesellschaft gemäss den beiden Zwischenabschlüssen überschuldet, so benachrichtigt der Verwaltungsrat das Gericht. Dieses eröffnet den Konkurs oder verfährt nach Artikel 173a des Bundesgesetzes vom 11. April 1889[2] über Schuldbetreibung und Konkurs.

[4] Die Benachrichtigung des Gerichts kann unterbleiben:
1. wenn Gesellschaftsgläubiger im Ausmass der Überschuldung im Rang hinter alle anderen Gläubiger zurücktreten und ihre Forderungen stunden, sofern der Rangrücktritt den geschuldeten Betrag und die Zinsforderungen während der Dauer der Überschuldung umfasst; oder
2. solange begründete Aussicht besteht, dass die Überschuldung innert angemessener Frist, spätestens aber 90 Tage nach Vorliegen der geprüften Zwischenabschlüssen, behoben werden kann und dass die Forderungen der Gläubiger nicht zusätzlich gefährdet werden.

[5] Verfügt die Gesellschaft über keine Revisionsstelle, so obliegen dem zugelassenen Revisor die Anzeigepflichten der eingeschränkt prüfenden Revisionsstelle.

[6] Der Verwaltungsrat und die Revisionsstelle oder der zugelassene Revisor handeln mit der gebotenen Eile.

Art. 725c[3] Aufwertung von Grundstücken und Beteiligungen

[1] Zur Behebung eines Kapitalverlusts nach Artikel 725a oder einer Überschuldung nach Artikel 725b dürfen Grundstücke und Beteiligungen, deren wirklicher Wert über die Anschaffungs- oder Herstellungskosten gestiegen ist, bis höchstens zu diesem Wert aufgewertet werden. Der Aufwertungsbetrag ist unter der gesetzlichen Gewinnreserve gesondert als Aufwertungsreserve auszuweisen.

[2] Die Aufwertung ist nur zulässig, wenn die Revisionsstelle oder, wenn eine solche fehlt, ein zugelassener Revisor schriftlich bestätigt, dass die gesetzlichen Bestimmungen eingehalten sind.

---

[1] Eingefügt durch Ziff. I des BG vom 19. Juni 2020 (Aktienrecht), in Kraft seit 1. Jan. 2023 (AS **2020** 4005, **2022** 109; BBl **2017** 399).

[2] SR **281.1**

[3] Eingefügt durch Ziff. I des BG vom 19. Juni 2020 (Aktienrecht), in Kraft seit 1. Jan. 2023 (AS **2020** 4005, **2022** 109; BBl **2017** 399).

³ Die Aufwertungsreserve kann nur durch Umwandlung in Aktien- oder Partizipationskapital sowie durch Wertberichtigung oder Veräusserung der aufgewerteten Aktiven aufgelöst werden.

...

Achtundzwanzigster Titel:[1] Die Gesellschaft mit beschränkter Haftung

Erster Abschnitt: Allgemeine Bestimmungen

...

N. Erwerb eigener Stammanteile

Art. 783

¹ Die Gesellschaft darf eigene Stammanteile nur dann erwerben, wenn frei verwendbares Eigenkapital in der Höhe der dafür nötigen Mittel vorhanden ist und der gesamte Nennwert dieser Stammanteile 10 Prozent des Stammkapitals nicht übersteigt.

² Werden im Zusammenhang mit einer Übertragbarkeitsbeschränkung, einem Austritt oder einem Ausschluss Stammanteile erworben, so beträgt die Höchstgrenze 35 Prozent. Die über 10 Prozent des Stammkapitals hinaus erworbenen eigenen Stammanteile sind innerhalb von zwei Jahren zu veräussern oder durch Kapitalherabsetzung zu vernichten.

³ Ist mit den Stammanteilen, die erworben werden sollen, eine Nachschusspflicht oder eine Nebenleistungspflicht verbunden, so muss diese vor deren Erwerb aufgehoben werden.

⁴ Im Übrigen sind für den Erwerb eigener Stammanteile durch die Gesellschaft die Vorschriften über eigene Aktien entsprechend anwendbar.

...

Zweiunddreissigster Titel:[2] Kaufmännische Buchführung, Rechnungslegung, weitere Transparenz- und Sorgfaltspflichten[3]   E30

Erster Abschnitt: Allgemeine Bestimmungen

A. Pflicht zur Buchführung und Rechnungslegung

Art. 957

¹ Der Pflicht zur Buchführung und Rechnungslegung gemäss den nachfolgenden Bestimmungen unterliegen:

---

[1] Fassung gemäss Ziff. I 2 des BG vom 16. Dez. 2005 (GmbH-Recht sowie Anpassungen im Aktien-, Genossenschafts-, Handelsregister- und Firmenrecht), in Kraft seit 1. Jan. 2008 (AS **2007** 4791; BBl **2002** 3148, **2004** 3969).

[2] Fassung gemäss Ziff. I 2 des BG vom 23. Dez. 2011 (Rechnungslegungsrecht), in Kraft seit 1. Jan. 2013 (AS **2012** 6679; BBl **2008** 1589). Siehe auch die UeB dieser Änd. am Schluss des Textes.

[3] Fassung gemäss Ziff. I des BG vom 19. Juni 2020 (Indirekter Gegenvorschlag zur Volksinitiative «Für verantwortungsvolle Unternehmen – zum Schutz von Mensch und Umwelt»), in Kraft seit 1. Jan. 2022 (AS **2021** 846; BBl **2017** 399).

1. Einzelunternehmen und Personengesellschaften, die einen Umsatzerlös von mindestens 500 000 Franken im letzten Geschäftsjahr erzielt haben;
2. juristische Personen.

² Lediglich über die Einnahmen und Ausgaben sowie über die Vermögenslage müssen Buch führen:

1. Einzelunternehmen und Personengesellschaften mit weniger als 500 000 Franken Umsatzerlös im letzten Geschäftsjahr;
2. diejenigen Vereine und Stiftungen, die nicht verpflichtet sind, sich ins Handelsregister eintragen zu lassen;
3. Stiftungen, die nach Artikel 83b Absatz 2 ZGB[1] von der Pflicht zur Bezeichnung einer Revisionsstelle befreit sind.

³ Für die Unternehmen nach Absatz 2 gelten die Grundsätze ordnungsmässiger Buchführung sinngemäss.

B. Buchführung

Art. 957a

¹ Die Buchführung bildet die Grundlage der Rechnungslegung. Sie erfasst diejenigen Geschäftsvorfälle und Sachverhalte, die für die Darstellung der Vermögens-, Finanzierungs- und Ertragslage des Unternehmens (wirtschaftliche Lage) notwendig sind.

² Sie folgt den Grundsätzen ordnungsmässiger Buchführung. Namentlich sind zu beachten:

1. die vollständige, wahrheitsgetreue und systematische Erfassung der Geschäftsvorfälle und Sachverhalte;
2. der Belegnachweis für die einzelnen Buchungsvorgänge;
3. die Klarheit;
4. die Zweckmässigkeit mit Blick auf die Art und Grösse des Unternehmens;
5. die Nachprüfbarkeit.

³ Als Buchungsbeleg gelten alle schriftlichen Aufzeichnungen auf Papier oder in elektronischer oder vergleichbarer Form, die notwendig sind, um den einer Buchung zugrunde liegenden Geschäftsvorfall oder Sachverhalt nachvollziehen zu können.

⁴ Die Buchführung erfolgt in der Landeswährung oder in der für die Geschäftstätigkeit wesentlichen Währung.

⁵ Sie erfolgt in einer der Landessprachen oder in Englisch. Sie kann schriftlich, elektronisch oder in vergleichbarer Weise geführt werden.

C. Rechnungslegung

I. Zweck und Bestandteile

Art. 958

¹ Die Rechnungslegung soll die wirtschaftliche Lage des Unternehmens so darstellen, dass sich Dritte ein zuverlässiges Urteil bilden können.

---

[1] SR **210**

² Die Rechnungslegung erfolgt im Geschäftsbericht. Dieser enthält die Jahresrechnung (Einzelabschluss), die sich aus der Bilanz, der Erfolgsrechnung und dem Anhang zusammensetzt. Die Vorschriften für grössere Unternehmen und Konzerne bleiben vorbehalten.

³ Der Geschäftsbericht muss innerhalb von sechs Monaten nach Ablauf des Geschäftsjahres erstellt und dem zuständigen Organ oder den zuständigen Personen zur Genehmigung vorgelegt werden. Er ist vom Vorsitzenden des obersten Leitungs- oder Verwaltungsorgans und der innerhalb des Unternehmens für die Rechnungslegung zuständigen Person zu unterzeichnen.

II. Grundlagen der Rechnungslegung

Art. 958a Annahme der Fortführung 1.

¹ Die Rechnungslegung beruht auf der Annahme, dass das Unternehmen auf absehbare Zeit fortgeführt wird.

² Ist die Einstellung der Tätigkeit oder von Teilen davon in den nächsten zwölf Monaten ab Bilanzstichtag beabsichtigt oder voraussichtlich nicht abwendbar, so sind der Rechnungslegung für die betreffenden Unternehmensteile Veräusserungswerte zugrunde zu legen. Für die mit der Einstellung verbundenen Aufwendungen sind Rückstellungen zu bilden.

³ Abweichungen von der Annahme der Fortführung sind im Anhang zu vermerken; ihr Einfluss auf die wirtschaftliche Lage ist darzulegen.

Art. 958b Zeitliche und sachliche Abgrenzung 2.

¹ Aufwände und Erträge müssen voneinander in zeitlicher und sachlicher Hinsicht abgegrenzt werden.

² Sofern die Nettoerlöse aus Lieferungen und Leistungen oder die Finanzerträge 100 000 Franken nicht überschreiten, kann auf die zeitliche Abgrenzung verzichtet und stattdessen auf Ausgaben und Einnahmen abgestellt werden.

³ Erfolgt die Rechnungslegung nicht in Franken, so ist zur Festlegung des Wertes gemäss Absatz 2 der Jahresdurchschnittskurs massgebend.[1]

III. Grundsätze ordnungsmässiger Rechnungslegung

Art. 958c

¹ Für die Rechnungslegung sind insbesondere die folgenden Grundsätze massgebend:
1. Sie muss klar und verständlich sein.
2. Sie muss vollständig sein.
3. Sie muss verlässlich sein.
4. Sie muss das Wesentliche enthalten.
5. Sie muss vorsichtig sein.
6. Es sind bei der Darstellung und der Bewertung stets die gleichen Massstäbe zu verwenden.

---

[1] Eingefügt durch Ziff. I des BG vom 19. Juni 2020 (Aktienrecht), in Kraft seit 1. Jan. 2023 (AS **2020** 4005, **2022** 109; BBl **2017** 399).

7. Aktiven und Passiven sowie Aufwand und Ertrag dürfen nicht miteinander verrechnet werden.

² Der Bestand der einzelnen Positionen in der Bilanz und im Anhang ist durch ein Inventar oder auf andere Art nachzuweisen.

³ Die Rechnungslegung ist unter Wahrung des gesetzlichen Mindestinhalts den Besonderheiten des Unternehmens und der Branche anzupassen.

IV. Darstellung, Währung und Sprache

Art. 958d

¹ Die Bilanz und die Erfolgsrechnung können in Konto- oder in Staffelform dargestellt werden. Positionen, die keinen oder nur einen unwesentlichen Wert aufweisen, brauchen nicht separat aufgeführt zu werden.

² In der Jahresrechnung sind neben den Zahlen für das Geschäftsjahr die entsprechenden Werte des Vorjahres anzugeben.

³ Die Rechnungslegung erfolgt in der Landeswährung oder in der für die Geschäftstätigkeit wesentlichen Währung. Wird nicht die Landeswährung verwendet, so müssen die Werte zusätzlich in der Landeswährung angegeben werden. Die verwendeten Umrechnungskurse sind im Anhang offenzulegen und gegebenenfalls zu erläutern.

⁴ Die Rechnungslegung erfolgt in einer der Landessprachen oder in Englisch.

D. Veröffentlichung und Einsichtnahme[1]

Art. 958e

¹ Jahresrechnung und Konzernrechnung sind nach der Genehmigung durch das zuständige Organ mit den Revisionsberichten entweder im Schweizerischen Handelsamtsblatt zu veröffentlichen oder jeder Person, die es innerhalb eines Jahres nach der Genehmigung verlangt, auf deren Kosten in einer Ausfertigung zuzustellen, wenn das Unternehmen:
1. Anleihensobligationen ausstehend hat; oder
2. Beteiligungspapiere an einer Börse kotiert hat.

² Die übrigen Unternehmen müssen den Gläubigern, die ein schutzwürdiges Interesse nachweisen, Einsicht in den Geschäftsbericht und in die Revisionsberichte gewähren. Im Streitfall entscheidet das Gericht.

³ Nutzt das Unternehmen eine Verzichtsmöglichkeit gemäss Artikel 961d Absatz 1, 962 Absatz 3 oder 963a Absatz 1 Ziffer 2, so richten sich die Veröffentlichung und die Einsichtnahme nach den Vorschriften für die eigene Jahresrechnung.[2]

---

[1] Fassung gemäss Ziff. I des BG vom 19. Juni 2020 (Aktienrecht), in Kraft seit 1. Jan. 2023 (AS **2020** 4005, **2022** 109; BBl **2017** 399).

[2] Eingefügt durch Ziff. I des BG vom 19. Juni 2020 (Aktienrecht), in Kraft seit 1. Jan. 2023 (AS **2020** 4005, **2022** 109; BBl **2017** 399).

E. Führung und Aufbewahrung der Geschäftsbücher

Art. 958f

¹ Die Geschäftsbücher und die Buchungsbelege sowie der Geschäftsbericht und der Revisionsbericht sind während zehn Jahren aufzubewahren. Die Aufbewahrungsfrist beginnt mit dem Ablauf des Geschäftsjahres.

² Der Geschäftsbericht und der Revisionsbericht sind schriftlich und unterzeichnet aufzubewahren.

³ Die Geschäftsbücher und die Buchungsbelege können auf Papier, elektronisch oder in vergleichbarer Weise aufbewahrt werden, soweit dadurch die Übereinstimmung mit den zugrunde liegenden Geschäftsvorfällen und Sachverhalten gewährleistet ist und wenn sie jederzeit wieder lesbar gemacht werden können.

⁴ Der Bundesrat erlässt die Vorschriften über die zu führenden Geschäftsbücher, die Grundsätze zu deren Führung und Aufbewahrung sowie über die verwendbaren Informationsträger.

Zweiter Abschnitt: Jahresrechnung und Zwischenabschluss[1]

A. Bilanz

I. Zweck der Bilanz, Bilanzierungspflicht und Bilanzierungsfähigkeit

Art. 959

¹ Die Bilanz stellt die Vermögens- und Finanzierungslage des Unternehmens am Bilanzstichtag dar. Sie gliedert sich in Aktiven und Passiven.

² Als Aktiven müssen Vermögenswerte bilanziert werden, wenn aufgrund vergangener Ereignisse über sie verfügt werden kann, ein Mittelzufluss wahrscheinlich ist und ihr Wert verlässlich geschätzt werden kann. Andere Vermögenswerte dürfen nicht bilanziert werden.

³ Als Umlaufvermögen müssen die flüssigen Mittel bilanziert werden sowie andere Aktiven, die voraussichtlich innerhalb eines Jahres ab Bilanzstichtag oder innerhalb des normalen Geschäftszyklus zu flüssigen Mitteln werden oder anderweitig realisiert werden. Als Anlagevermögen müssen alle übrigen Aktiven bilanziert werden.

⁴ Als Passiven müssen das Fremd- und das Eigenkapital bilanziert werden.

⁵ Verbindlichkeiten müssen als Fremdkapital bilanziert werden, wenn sie durch vergangene Ereignisse bewirkt wurden, ein Mittelabfluss wahrscheinlich ist und ihre Höhe verlässlich geschätzt werden kann.

⁶ Als kurzfristig müssen die Verbindlichkeiten bilanziert werden, die voraussichtlich innerhalb eines Jahres ab Bilanzstichtag oder innerhalb des normalen Geschäftszyklus zur Zahlung fällig werden. Als langfristig müssen alle übrigen Verbindlichkeiten bilanziert werden.

⁷ Das Eigenkapital ist der Rechtsform entsprechend auszuweisen und zu gliedern.

---

[1] Fassung gemäss Ziff. I des BG vom 19. Juni 2020 (Aktienrecht), in Kraft seit 1. Jan. 2023 (AS **2020** 4005, **2022** 109; BBl **2017** 399).

II. Mindestgliederung

Art. 959a

¹ Unter den Aktiven müssen ihrem Liquiditätsgrad entsprechend mindestens folgende Positionen einzeln und in der vorgegebenen Reihenfolge ausgewiesen werden:
1. Umlaufvermögen:
   a. flüssige Mittel und kurzfristig gehaltene Aktiven mit Börsenkurs,
   b. Forderungen aus Lieferungen und Leistungen,
   c. übrige kurzfristige Forderungen,
   d. Vorräte und nicht fakturierte Dienstleistungen,
   e. aktive Rechnungsabgrenzungen;
2. Anlagevermögen:
   a. Finanzanlagen,
   b. Beteiligungen,
   c. Sachanlagen,
   d. immaterielle Werte,
   e. nicht einbezahltes Grund-, Gesellschafter- oder Stiftungskapital.

² Unter den Passiven müssen ihrer Fälligkeit entsprechend mindestens folgende Positionen einzeln und in der vorgegebenen Reihenfolge ausgewiesen werden:

1. kurzfristiges Fremdkapital:
   a. Verbindlichkeiten aus Lieferungen und Leistungen,
   b. kurzfristige verzinsliche Verbindlichkeiten,
   c. übrige kurzfristige Verbindlichkeiten,
   d. passive Rechnungsabgrenzungen;
2. langfristiges Fremdkapital:
   a. langfristige verzinsliche Verbindlichkeiten,
   b. übrige langfristige Verbindlichkeiten,
   c. Rückstellungen sowie vom Gesetz vorgesehene ähnliche Positionen;
3. Eigenkapital:
   a. Grund-, Gesellschafter- oder Stiftungskapital, gegebenenfalls gesondert nach Beteiligungskategorien,
   b. gesetzliche Kapitalreserve,
   c. gesetzliche Gewinnreserve,
   d.[1] freiwillige Gewinnreserven,
   e.[2] eigene Kapitalanteile als Minusposten, A89
   f.[3] Gewinnvortrag oder Verlustvortrag als Minusposten,
   g.[4] Jahresgewinn oder Jahresverlust als Minusposten.

³ Weitere Positionen müssen in der Bilanz oder im Anhang einzeln ausgewiesen werden, sofern dies für die Beurteilung der Vermögens- oder Finanzierungslage durch Dritte wesentlich oder aufgrund der Tätigkeit des Unternehmens üblich ist.

---

[1] Fassung gemäss Ziff. I des BG vom 19. Juni 2020 (Aktienrecht), in Kraft seit 1. Jan. 2023 (AS **2020** 4005, **2022** 109; BBl **2017** 399).
[2] Fassung gemäss Ziff. I des BG vom 19. Juni 2020 (Aktienrecht), in Kraft seit 1. Jan. 2023 (AS **2020** 4005, **2022** 109; BBl **2017** 399).
[3] Eingefügt durch Ziff. I des BG vom 19. Juni 2020 (Aktienrecht), in Kraft seit 1. Jan. 2023 (AS **2020** 4005, **2022** 109; BBl **2017** 399).
[4] Eingefügt durch Ziff. I des BG vom 19. Juni 2020 (Aktienrecht), in Kraft seit 1. Jan. 2023 (AS **2020** 4005, **2022** 109; BBl **2017** 399).

⁴ Forderungen und Verbindlichkeiten gegenüber direkt oder indirekt Beteiligten und Organen sowie gegenüber Unternehmen, an denen direkt oder indirekt eine Beteiligung besteht, müssen jeweils gesondert in der Bilanz oder im Anhang ausgewiesen werden.

B. Erfolgsrechnung; Mindestgliederung

Art. 959b

¹ Die Erfolgsrechnung stellt die Ertragslage des Unternehmens während des Geschäftsjahres dar. Sie kann als Produktionserfolgsrechnung oder als Absatzerfolgsrechnung dargestellt werden.

² In der Produktionserfolgsrechnung (Gesamtkostenverfahren) müssen mindestens folgende Positionen je einzeln und in der vorgegebenen Reihenfolge ausgewiesen werden:

1. Nettoerlöse aus Lieferungen und Leistungen;
2. Bestandesänderungen an unfertigen und fertigen Erzeugnissen sowie an nicht fakturierten Dienstleistungen;
3. Materialaufwand;
4. Personalaufwand;
5. übriger betrieblicher Aufwand;
6. Abschreibungen und Wertberichtigungen auf Positionen des Anlagevermögens;
7. Finanzaufwand und Finanzertrag;
8. betriebsfremder Aufwand und betriebsfremder Ertrag;
9. ausserordentlicher, einmaliger oder periodenfremder Aufwand und Ertrag;
10. direkte Steuern;
11. Jahresgewinn oder Jahresverlust.

³ In der Absatzerfolgsrechnung (Umsatzkostenverfahren) müssen mindestens folgende Positionen je einzeln und in der vorgegebenen Reihenfolge ausgewiesen werden:

1. Nettoerlöse aus Lieferungen und Leistungen;
2. Anschaffungs- oder Herstellungskosten der verkauften Produkte und Leistungen;
3. Verwaltungsaufwand und Vertriebsaufwand;
4. Finanzaufwand und Finanzertrag;
5. betriebsfremder Aufwand und betriebsfremder Ertrag;
6. ausserordentlicher, einmaliger oder periodenfremder Aufwand und Ertrag;
7. direkte Steuern;
8. Jahresgewinn oder Jahresverlust.

⁴ Bei der Absatzerfolgsrechnung müssen im Anhang zudem der Personalaufwand sowie in einer Position Abschreibungen und Wertberichtigungen auf Positionen des Anlagevermögens ausgewiesen werden.

⁵ Weitere Positionen müssen in der Erfolgsrechnung oder im Anhang einzeln ausgewiesen werden, sofern dies für die Beurteilung der Ertragslage durch Dritte wesentlich oder aufgrund der Tätigkeit des Unternehmens üblich ist.

C. Anhang

rt. 959c

1 Der Anhang der Jahresrechnung ergänzt und erläutert die anderen Bestandteile der Jahresrechnung. Er enthält:
   1. Angaben über die in der Jahresrechnung angewandten Grundsätze, soweit diese nicht vom Gesetz vorgeschrieben sind;
   2. Angaben, Aufschlüsselungen und Erläuterungen zu Positionen der Bilanz und der Erfolgsrechnung;
   3. den Gesamtbetrag der aufgelösten Wiederbeschaffungsreserven und der darüber hinausgehenden stillen Reserven, soweit dieser den Gesamtbetrag der neugebildeten derartigen Reserven übersteigt, wenn dadurch das erwirtschaftete Ergebnis wesentlich günstiger dargestellt wird;
   4. weitere vom Gesetz verlangte Angaben.

2 Der Anhang muss weiter folgende Angaben enthalten, sofern diese nicht bereits aus der Bilanz oder der Erfolgsrechnung ersichtlich sind:
   1. Firma oder Name sowie Rechtsform und Sitz des Unternehmens;
   2. eine Erklärung darüber, ob die Anzahl Vollzeitstellen im Jahresdurchschnitt nicht über 10, über 50 beziehungsweise über 250 liegt;
   3. Firma, Rechtsform und Sitz der Unternehmen, an denen direkte oder wesentliche indirekte Beteiligungen bestehen, unter Angabe des Kapital- und des Stimmenanteils;
   4.[1] Anzahl eigener Anteile, die das Unternehmen selbst oder die von ihm kontrollierten Unternehmen (Art. 963) halten;
   5. Erwerb und Veräusserung eigener Anteile und die Bedingungen, zu denen sie erworben oder veräussert wurden;
   6. der Restbetrag der Verbindlichkeiten aus kaufvertragsähnlichen Leasinggeschäften und anderen Leasingverpflichtungen, sofern diese nicht innert zwölf Monaten ab Bilanzstichtag auslaufen oder gekündigt werden können;
   7. Verbindlichkeiten gegenüber Vorsorgeeinrichtungen;
   8. der Gesamtbetrag der für Verbindlichkeiten Dritter bestellten Sicherheiten;
   9. je der Gesamtbetrag der zur Sicherung eigener Verbindlichkeiten verwendeten Aktiven sowie der Aktiven unter Eigentumsvorbehalt;
   10. rechtliche oder tatsächliche Verpflichtungen, bei denen ein Mittelabfluss entweder als unwahrscheinlich erscheint oder in der Höhe nicht verlässlich geschätzt werden kann (Eventualverbindlichkeit);
   11. Anzahl und Wert von Beteiligungsrechten oder Optionen auf solche Rechte für alle Leitungs- und Verwaltungsorgane sowie für die Mitarbeitenden;
   12. Erläuterungen zu ausserordentlichen, einmaligen oder periodenfremden Positionen der Erfolgsrechnung;
   13. wesentliche Ereignisse nach dem Bilanzstichtag;
   14.[2] bei einem vorzeitigen Rücktritt oder einer Abberufung der Revisionsstelle: die Gründe, die dazu geführt haben;

---

[1] Fassung gemäss Ziff. I des BG vom 19. Juni 2020 (Aktienrecht), in Kraft seit 1. Jan. 2023 (AS **2020** 4005, **2022** 109; BBl **2017** 399).

[2] Fassung gemäss Ziff. I des BG vom 19. Juni 2020 (Aktienrecht), in Kraft seit 1. Jan. 2023 (AS **2020** 4005, **2022** 109; BBl **2017** 399).

15.[1] alle Kapitalerhöhungen und Kapitalherabsetzungen, die der Verwaltungsrat innerhalb eines Kapitalbands vorgenommen hat.

³ Einzelunternehmen und Personengesellschaften können auf die Erstellung des Anhangs verzichten, wenn sie nicht zur Rechnungslegung nach den Vorschriften für grössere Unternehmen verpflichtet sind. Werden in den Vorschriften zur Mindestgliederung von Bilanz und Erfolgsrechnung zusätzliche Angaben gefordert und wird auf die Erstellung eines Anhangs verzichtet, so sind diese Angaben direkt in der Bilanz oder in der Erfolgsrechnung auszuweisen.

⁴ Unternehmen, die Anleihensobligationen ausstehend haben, müssen Angaben zu deren Beträgen, Zinssätzen, Fälligkeiten und zu den weiteren Konditionen machen.

D. Bewertung

I. Grundsätze

Art. 960

¹ Aktiven und Verbindlichkeiten werden in der Regel einzeln bewertet, sofern sie wesentlich sind und aufgrund ihrer Gleichartigkeit für die Bewertung nicht üblicherweise als Gruppe zusammengefasst werden.

² Die Bewertung muss vorsichtig erfolgen, darf aber die zuverlässige Beurteilung der wirtschaftlichen Lage des Unternehmens nicht verhindern.

³ Bestehen konkrete Anzeichen für eine Überbewertung von Aktiven oder für zu geringe Rückstellungen, so sind die Werte zu überprüfen und gegebenenfalls anzupassen.

II. Aktiven

Art. 960a Im Allgemeinen 1.

¹ Bei ihrer Ersterfassung müssen die Aktiven höchstens zu den Anschaffungs- oder Herstellungskosten bewertet werden.

² In der Folgebewertung dürfen Aktiven nicht höher bewertet werden als zu den Anschaffungs- oder Herstellungskosten. Vorbehalten bleiben Bestimmungen für einzelne Arten von Aktiven.

³ Der nutzungs- und altersbedingte Wertverlust muss durch Abschreibungen, anderweitige Wertverluste müssen durch Wertberichtigungen berücksichtigt werden. Abschreibungen und Wertberichtigungen müssen nach den allgemein anerkannten kaufmännischen Grundsätzen vorgenommen werden. Sie sind direkt oder indirekt bei den betreffenden Aktiven zulasten der Erfolgsrechnung abzusetzen und dürfen nicht unter den Passiven ausgewiesen werden.

⁴ Zu Wiederbeschaffungszwecken sowie zur Sicherung des dauernden Gedeihens des Unternehmens dürfen zusätzliche Abschreibungen und Wertberichtigungen vorgenommen werden. Zu den gleichen Zwecken kann davon abgesehen werden, nicht mehr begründete Abschreibungen und Wertberichtigungen aufzulösen.

---

1 Eingefügt durch Ziff. I des BG vom 19. Juni 2020 (Aktienrecht), in Kraft seit 1. Jan. 2023 (AS **2020** 4005, **2022** 109; BBl **2017** 399).

Art. 960b Aktiven mit beobachtbaren Marktpreisen 2.

¹ In der Folgebewertung dürfen Aktiven mit Börsenkurs oder einem anderen beobachtbaren Marktpreis in einem aktiven Markt zum Kurs oder Marktpreis am Bilanzstichtag bewertet werden, auch wenn dieser über dem Nennwert oder dem Anschaffungswert liegt. Wer von diesem Recht Gebrauch macht, muss alle Aktiven der entsprechenden Positionen der Bilanz, die einen beobachtbaren Marktpreis aufweisen, zum Kurs oder Marktpreis am Bilanzstichtag bewerten. Im Anhang muss auf diese Bewertung hingewiesen werden. Der Gesamtwert der entsprechenden Aktiven muss für Wertschriften und übrige Aktiven mit beobachtbarem Marktpreis je gesondert offengelegt werden.

² Werden Aktiven zum Börsenkurs oder zum Marktpreis am Bilanzstichtag bewertet, so darf eine Wertberichtigung zulasten der Erfolgsrechnung gebildet werden, um Schwankungen im Kursverlauf Rechnung zu tragen. Solche Wertberichtigungen sind jedoch nicht zulässig, wenn dadurch sowohl der Anschaffungswert als auch der allenfalls tiefere Kurswert unterschritten würden. Der Betrag der Schwankungsreserven ist insgesamt in der Bilanz oder im Anhang gesondert auszuweisen.

Art. 960c Vorräte und nicht fakturierte Dienstleistungen 3.

¹ Liegt in der Folgebewertung von Vorräten und nicht fakturierten Dienstleistungen der Veräusserungswert unter Berücksichtigung noch anfallender Kosten am Bilanzstichtag unter den Anschaffungs- oder Herstellungskosten, so muss dieser Wert eingesetzt werden.

² Als Vorräte gelten Rohmaterial, Erzeugnisse in Arbeit, fertige Erzeugnisse und Handelswaren.

Art. 960d Anlagevermögen 4.

¹ Als Anlagevermögen gelten Werte, die in der Absicht langfristiger Nutzung oder langfristigen Haltens erworben werden.

² Als langfristig gilt ein Zeitraum von mehr als zwölf Monaten.

³ Als Beteiligungen gelten Anteile am Kapital eines anderen Unternehmens, die langfristig gehalten werden und einen massgeblichen Einfluss vermitteln. Dieser wird vermutet, wenn die Anteile mindestens 20 Prozent der Stimmrechte gewähren.

III. Verbindlichkeiten

Art. 960e

¹ Verbindlichkeiten müssen zum Nennwert eingesetzt werden.

² Lassen vergangene Ereignisse einen Mittelabfluss in künftigen Geschäftsjahren erwarten, so müssen die voraussichtlich erforderlichen Rückstellungen zulasten der Erfolgsrechnung gebildet werden.

³ Rückstellungen dürfen zudem insbesondere gebildet werden für:
1. regelmässig anfallende Aufwendungen aus Garantieverpflichtungen;
2. Sanierungen von Sachanlagen;
3. Restrukturierungen;
4. die Sicherung des dauernden Gedeihens des Unternehmens.

⁴ Nicht mehr begründete Rückstellungen müssen nicht aufgelöst werden.

E. Zwischenabschluss

Art. 960f[1]

¹ Ein Zwischenabschluss ist nach den Vorschriften zur Jahresrechnung zu erstellen und enthält eine Bilanz, eine Erfolgsrechnung und einen Anhang. Die Vorschriften für grössere Unternehmen und Konzerne bleiben vorbehalten.

² Vereinfachungen oder Verkürzungen sind zulässig, sofern keine Beeinträchtigung der Darstellung des Geschäftsgangs entsteht. Es sind mindestens die Überschriften und Zwischensummen auszuweisen, die in der letzten Jahresrechnung enthalten sind. Zudem enthält der Anhang des Zwischenabschlusses die folgenden Angaben:

1. den Zweck des Zwischenabschlusses;
2. die Vereinfachungen und Verkürzungen, einschliesslich allfälliger Abweichungen von den für die letzte Jahresrechnung verwendeten Grundsätzen;
3. weitere Faktoren, welche die wirtschaftliche Lage des Unternehmens während der Berichtsperiode wesentlich beeinflusst haben, insbesondere Ausführungen zur Saisonalität.

³ Der Zwischenabschluss ist als solcher zu bezeichnen. Er ist vom Vorsitzenden des obersten Leitungs- oder Verwaltungsorgans und der innerhalb des Unternehmens für den Zwischenabschluss zuständigen Person zu unterzeichnen.

Dritter Abschnitt: Rechnungslegung für grössere Unternehmen

A. Zusätzliche Anforderungen an den Geschäftsbericht

Art. 961

Unternehmen, die von Gesetzes wegen zu einer ordentlichen Revision verpflichtet sind, müssen:

1. zusätzliche Angaben im Anhang der Jahresrechnung machen;
2. als Teil der Jahresrechnung eine Geldflussrechnung erstellen;
3. einen Lagebericht verfassen.

B. Zusätzliche Angaben im Anhang zur Jahresrechnung

Art. 961a

Im Anhang der Jahresrechnung müssen zusätzlich Angaben gemacht werden:

1. zu den langfristigen verzinslichen Verbindlichkeiten, aufgeteilt nach Fälligkeit innerhalb von einem bis fünf Jahren und nach fünf Jahren;
2. zum Honorar der Revisionsstelle je gesondert für Revisionsdienstleistungen und andere Dienstleistungen.

---

[1] Eingefügt durch Ziff. I des BG vom 19. Juni 2020 (Aktienrecht), in Kraft seit 1. Jan. 2023 (AS **2020** 4005, **2022** 109; BBl **2017** 399).

C. Geldflussrechnung

Art. 961b

Die Geldflussrechnung stellt die Veränderung der flüssigen Mittel aus der Geschäftstätigkeit, der Investitionstätigkeit und der Finanzierungstätigkeit je gesondert dar.

D. Lagebericht

Art. 961c

¹ Der Lagebericht stellt den Geschäftsverlauf und die wirtschaftliche Lage des Unternehmens sowie gegebenenfalls des Konzerns am Ende des Geschäftsjahres unter Gesichtspunkten dar, die in der Jahresrechnung nicht zum Ausdruck kommen.

² Der Lagebericht muss namentlich Aufschluss geben über:

1. die Anzahl Vollzeitstellen im Jahresdurchschnitt;
2. die Durchführung einer Risikobeurteilung;
3. die Bestellungs- und Auftragslage;
4. die Forschungs- und Entwicklungstätigkeit;
5. aussergewöhnliche Ereignisse;
6. die Zukunftsaussichten.

³ Der Lagebericht darf der Darstellung der wirtschaftlichen Lage in der Jahresrechnung nicht widersprechen.

E. Erleichterungen[1]

Art. 961d

¹ Auf die zusätzlichen Angaben im Anhang zur Jahresrechnung, die Geldflussrechnung und den Lagebericht kann verzichtet werden, wenn:

1. das Unternehmen einen Abschluss oder eine Konzernrechnung nach einem anerkannten Standard zur Rechnungslegung erstellt; oder
2. eine juristische Person, die das Unternehmen kontrolliert, eine Konzernrechnung nach einem anerkannten Standard zur Rechnungslegung erstellt.[2]

² Es können eine Rechnungslegung nach den Vorschriften dieses Abschnitts verlangen:

1. Gesellschafter, die mindestens 10 Prozent des Grundkapitals vertreten;
2. 10 Prozent der Genossenschafter oder 20 Prozent der Vereinsmitglieder;
3. jeder Gesellschafter oder jedes Mitglied, das einer persönlichen Haftung oder einer Nachschusspflicht unterliegt.

---

[1] Fassung gemäss Ziff. I des BG vom 19. Juni 2020 (Aktienrecht), in Kraft seit 1. Jan. 2023 (AS **2020** 4005, **2022** 109; BBl **2017** 399).
[2] Fassung gemäss Ziff. I des BG vom 19. Juni 2020 (Aktienrecht), in Kraft seit 1. Jan. 2023 (AS **2020** 4005, **2022** 109; BBl **2017** 399).

Vierter Abschnitt: Abschluss nach anerkanntem Standard zur Rechnungslegung

A. Im Allgemeinen

Art. 962

¹ Es müssen zusätzlich zur Jahresrechnung nach diesem Titel einen Abschluss nach einem anerkannten Standard zur Rechnungslegung erstellen:
1. Gesellschaften, deren Beteiligungspapiere an einer Börse kotiert sind, wenn die Börse dies verlangt;
2. Genossenschaften mit mindestens 2000 Genossenschaftern;
3. Stiftungen, die von Gesetzes wegen zu einer ordentlichen Revision verpflichtet sind.

² Es können zudem einen Abschluss nach einem anerkannten Standard verlangen:
1. Gesellschafter, die mindestens 20 Prozent des Grundkapitals vertreten;
2. 10 Prozent der Genossenschafter oder 20 Prozent der Vereinsmitglieder;
3. Gesellschafter oder Mitglieder, die einer persönlichen Haftung oder einer Nachschusspflicht unterliegen.

³ Die Pflicht zur Erstellung eines Abschlusses nach einem anerkannten Standard entfällt, wenn eine Konzernrechnung nach einem anerkannten Standard erstellt wird.

⁴ Das oberste Leitungs- oder Verwaltungsorgan ist für die Wahl des anerkannten Standards zuständig, sofern die Statuten, der Gesellschaftsvertrag oder die Stiftungsurkunde keine anderslautenden Vorgaben enthalten oder das oberste Organ den anerkannten Standard nicht festlegt.

B. Anerkannte Standards zur Rechnungslegung

Art. 962a

¹ Wird ein Abschluss nach einem anerkannten Standard zur Rechnungslegung erstellt, so muss dieser im Abschluss angegeben werden.

² Der gewählte anerkannte Standard muss in seiner Gesamtheit und für den ganzen Abschluss übernommen werden.

³ Die Einhaltung des anerkannten Standards muss durch einen zugelassenen Revisionsexperten geprüft werden. Es ist eine ordentliche Revision des Abschlusses durchzuführen.

⁴ Der Abschluss nach einem anerkannten Standard muss dem obersten Organ anlässlich der Genehmigung der Jahresrechnung vorgelegt werden, bedarf aber keiner Genehmigung.

⁵ Der Bundesrat bezeichnet die anerkannten Standards. Er kann die Voraussetzungen festlegen, die für die Wahl eines Standards oder den Wechsel von einem Standard zum andern erfüllt sein müssen.

Fünfter Abschnitt: Konzernrechnung

A. Pflicht zur Erstellung

Art. 963

¹ Kontrolliert eine rechnungslegungspflichtige juristische Person ein oder mehrere rechnungslegungspflichtige Unternehmen, so muss sie im Geschäftsbericht für die Gesamtheit der kontrollierten Unternehmen eine konsolidierte Jahresrechnung (Konzernrechnung) erstellen.

² Eine juristische Person kontrolliert ein anderes Unternehmen, wenn sie:
1. direkt oder indirekt über die Mehrheit der Stimmen im obersten Organ verfügt;
2. direkt oder indirekt über das Recht verfügt, die Mehrheit der Mitglieder des obersten Leitungs- oder Verwaltungsorgans zu bestellen oder abzuberufen; oder
3. aufgrund der Statuten, der Stiftungsurkunde, eines Vertrags oder vergleichbarer Instrumente einen beherrschenden Einfluss ausüben kann.

³ Ein nach Artikel 963*b* anerkannter Standard kann den Kreis der zu konsolidierenden Unternehmen definieren.

⁴ Vereine, Stiftungen und Genossenschaften können die Pflicht zur Erstellung einer Konzernrechnung an ein kontrolliertes Unternehmen übertragen, wenn das betreffende kontrollierte Unternehmen durch Stimmenmehrheit oder auf andere Weise sämtliche weiteren Unternehmen unter einheitlicher Leitung zusammenfasst und nachweist, dass es die Beherrschung tatsächlich ausübt.

B. Befreiung von der Pflicht zur Erstellung

Art. 963a

¹ Eine juristische Person ist von der Pflicht zur Erstellung einer Konzernrechnung befreit, wenn sie:
1. zusammen mit den kontrollierten Unternehmen zwei der nachstehenden Grössen in zwei aufeinander folgenden Geschäftsjahren nicht überschreitet:
   a. Bilanzsumme von 20 Millionen Franken,
   b. Umsatzerlös von 40 Millionen Franken,
   c. 250 Vollzeitstellen im Jahresdurchschnitt;
2. von einem Unternehmen kontrolliert wird, dessen Konzernrechnung nach schweizerischen oder gleichwertigen ausländischen Vorschriften erstellt und ordentlich geprüft worden ist; oder
3. die Pflicht zur Erstellung einer Konzernrechnung an ein kontrolliertes Unternehmen nach Artikel 963 Absatz 4 übertragen hat.

² Eine Konzernrechnung ist dennoch zu erstellen, wenn:
1. dies für eine möglichst zuverlässige Beurteilung der wirtschaftlichen Lage notwendig ist;

2.[1] Gesellschafter, die mindestens 20 Prozent des Grundkapitals vertreten, oder 10 Prozent der Genossenschafter oder 20 Prozent der Vereinsmitglieder dies verlangen;
3. ein Gesellschafter oder ein Vereinsmitglied, der oder das einer persönlichen Haftung oder einer Nachschusspflicht unterliegt, dies verlangt; oder
4. die Stiftungsaufsichtsbehörde dies verlangt.

[3] Erfolgt die Rechnungslegung nicht in Franken, so ist zur Festlegung der Werte gemäss Absatz 1 Ziffer 1 für die Bilanzsumme der Umrechnungskurs zum Bilanzstichtag und für den Umsatzerlös der Jahresdurchschnittskurs massgebend.[2]

C. Anerkannte Standards zur Rechnungslegung

Art. 963b

[1] Die Konzernrechnung folgender Unternehmen muss nach einem anerkannten Standard zur Rechnungslegung erstellt werden:
1. Gesellschaften, deren Beteiligungspapiere an einer Börse kotiert sind, wenn die Börse dies verlangt;
2. Genossenschaften mit mindestens 2000 Genossenschaftern;
3. Stiftungen, die von Gesetzes wegen zu einer ordentlichen Revision verpflichtet sind.

[2] Artikel 962a Absätze 1–3 und 5 ist sinngemäss anwendbar.

[3] Die Konzernrechnung von übrigen Unternehmen untersteht den Grundsätzen ordnungsmässiger Rechnungslegung. Im Anhang zur Konzernrechnung nennt das Unternehmen die Bewertungsregeln. Weicht es davon ab, so weist es im Anhang darauf hin und vermittelt in anderer Weise die für den Einblick in die Vermögens-, Finanzierungs- und Ertragslage des Konzerns nötigen Angaben.

[4] Eine Konzernrechnung ist dennoch nach einem anerkannten Standard zur Rechnungslegung zu erstellen, wenn:
1. Gesellschafter, die mindestens 20 Prozent des Grundkapitals vertreten oder 10 Prozent der Genossenschafter oder 20 Prozent der Vereinsmitglieder dies verlangen;
2. ein Gesellschafter oder ein Vereinsmitglied, der oder das einer persönlichen Haftung oder einer Nachschusspflicht unterliegt, dies verlangt; oder
3. die Stiftungsaufsichtsbehörde dies verlangt.

…

---

[1] Fassung gemäss Ziff. I des BG vom 19. Juni 2020 (Aktienrecht), in Kraft seit 1. Jan. 2023 (AS **2020** 4005, **2022** 109; BBl **2017** 399).
[2] Fassung gemäss Ziff. I des BG vom 19. Juni 2020 (Aktienrecht), in Kraft seit 1. Jan. 2023 (AS **2020** 4005, **2022** 109; BBl **2017** 399).

Übergangsbestimmungen der Änderung vom 23. Dezember 2011[1]

A. Allgemeine Regel

Art. 1

[1] Die Bestimmungen des Schlusstitels des Zivilgesetzbuches[2] gelten für dieses Gesetz, soweit die folgenden Bestimmungen nichts anderes vorsehen.

[2] Die Bestimmungen der Gesetzesänderung vom 23. Dezember 2011 werden mit ihrem Inkrafttreten auf bestehende Unternehmen anwendbar.

B. Kaufmännische Buchführung und Rechnungslegung

Art. 2

[1] Die Vorschriften des 32. Titels finden erstmals Anwendung für das Geschäftsjahr, das zwei Jahre nach Inkrafttreten dieser Gesetzesänderung beginnt.

[2] Für die Anwendung der Bestimmungen zur Rechnungslegung von grösseren Unternehmen sind die Bilanzsumme, der Umsatzerlös und die Vollzeitstellen im Jahresdurchschnitt in den zwei vor dem Inkrafttreten dieser Gesetzesänderung vorangegangenen Geschäftsjahren massgebend.

[3] Die Bestimmungen zur Konzernrechnung finden erstmals Anwendung auf das Geschäftsjahr, das drei Jahre nach Inkrafttreten dieser Gesetzesänderung beginnt. Für die Befreiung von der Pflicht zur Erstellung einer Konzernrechnung sind die zwei vorangehenden Geschäftsjahre massgebend.

[4] Bei erstmaliger Anwendung der Vorschriften zur Rechnungslegung kann auf die Nennung der Zahlen der Vorjahre verzichtet werden. Bei der zweiten Anwendung müssen nur die Zahlen des Vorjahres angegeben werden. Werden Zahlen der vorgängigen Geschäftsjahre genannt, so kann auf die Stetigkeit der Darstellung und die Gliederung verzichtet werden. Im Anhang ist auf diesen Umstand hinzuweisen.

...

---

[1] AS **2011** 5863; BBl **2008** 1589
[2] SR **210**

BVors

Berufliche Vorsorge

N 5 Berufliche Vorsorge (BVors)

5.1 Auszug aus dem Bundesgesetz über die berufliche Alters-, Hinterlassenen- und Invalidenvorsorge (BVG)

5.2 Auszug aus der Verordnung über die berufliche Alters-, Hinterlassenen- und Invalidenvorsorge (BVV 2)

5.3 Verordnung über die steuerliche Abzugsberechtigung für Beiträge an anerkannte Vorsorgeformen (BVV 3)

N 5.1 Auszug aus dem Bundesgesetz über die berufliche Alters-, Hinterlassenen- und Invalidenvorsorge (BVG) SR 831.40

vom 25. Juni 1982 (Stand am 1. Januar 2025)

Die Bundesversammlung der Schweizerischen Eidgenossenschaft,

gestützt auf Artikel 112 der Bundesverfassung[1],[2] nach Einsicht in eine Botschaft des Bundesrates vom 19. Dezember 1975[3],

beschliesst:

Erster Teil: Zweck und Geltungsbereich

Art. 1[4] Zweck

¹ Berufliche Vorsorge umfasst alle Massnahmen auf kollektiver Basis, die den älteren Menschen, den Hinterbliebenen und Invaliden beim Eintreten eines Versicherungsfalles (Alter, Tod oder Invalidität) zusammen mit den Leistungen der eidgenössischen Alters-, Hinterlassenen- und Invalidenversicherung (AHV / IV) die Fortsetzung der gewohnten Lebenshaltung in angemessener Weise erlauben.

² Der in der beruflichen Vorsorge versicherbare Lohn oder das versicherbare Einkommen der Selbständigerwerbenden darf das AHV-beitragspflichtige Einkommen nicht übersteigen.

³ Der Bundesrat präzisiert die Grundsätze der Angemessenheit, der Kollektivität, der Gleichbehandlung, der Planmässigkeit sowie des Versicherungsprinzips. Er kann ein Mindestalter für den vorzeitigen Altersrücktritt festlegen.

Art. 2[5] Obligatorische Versicherung der Arbeitnehmer und der Arbeitslosen

¹ Arbeitnehmer, die das 17. Altersjahr überschritten haben und bei einem Arbeitgeber einen Jahreslohn von mehr als 22 680 Franken[6] beziehen (Art. 7), unterstehen der obligatorischen Versicherung.

---

[1] SR **101**
[2] Fassung gemäss Ziff. I 11 des BG vom 17. Dez. 2021 über die Anpassung des Nebenstrafrechts an das geänderte Sanktionenrecht, in Kraft seit 1. Juli 2023 (AS **2023** 254; BBl **2018** 2827).
[3] BBl **1976** I 149
[4] Fassung gemäss Ziff. I des BG vom 3. Oktober 2003 (1. BVG-Revision), in Kraft seit 1. Jan. 2006 (AS **2004** 1677; BBl **2000** 2637).
[5] Fassung gemäss Ziff. I des BG vom 3. Oktober 2003 (1. BVG-Revision), in Kraft seit 1. Jan. 2005 (AS **2004** 1677; BBl **2000** 2637).
[6] Betrag gemäss Art. 5 der V vom 18. April 1984 über die berufliche Alters-, Hinterlassenen- und Invalidenvorsorge in der Fassung der Änd. vom 28. Aug. 2024, in Kraft seit 1. Jan. 2025 (AS **2024** 469).

² Ist der Arbeitnehmer weniger als ein Jahr lang bei einem Arbeitgeber beschäftigt, so gilt als Jahreslohn der Lohn, den er bei ganzjähriger Beschäftigung erzielen würde.

³ Bezüger von Taggeldern der Arbeitslosenversicherung unterstehen für die Risiken Tod und Invalidität der obligatorischen Versicherung.

⁴ Der Bundesrat regelt die Versicherungspflicht für Arbeitnehmer in Berufen mit häufig wechselnden oder befristeten Anstellungen. Er bestimmt, welche Arbeitnehmer aus besonderen Gründen nicht der obligatorischen Versicherung unterstellt sind.

Art. 3 Obligatorische Versicherung von Selbständigerwerbenden

Berufsgruppen von Selbständigerwerbenden können vom Bundesrat auf Antrag ihrer Berufsverbände der obligatorischen Versicherung allgemein oder für einzelne Risiken unterstellt werden. Voraussetzung ist, dass in den entsprechenden Berufen die Mehrheit der Selbständigerwerbenden dem Verband angehören.

Art. 4 Freiwillige Versicherung

¹ Arbeitnehmer und Selbständigerwerbende, die der obligatorischen Versicherung nicht unterstellt sind, können sich nach diesem Gesetz freiwillig versichern lassen.

² Die Bestimmungen über die obligatorische Versicherung, insbesondere die in Artikel 8 festgesetzten Einkommensgrenzen, gelten sinngemäss für die freiwillige Versicherung.

³ Selbständigerwerbende haben ausserdem die Möglichkeit, sich ausschliesslich bei einer Vorsorgeeinrichtung im Bereich der weitergehenden Vorsorge, insbesondere auch bei einer Vorsorgeeinrichtung, die nicht im Register für die berufliche Vorsorge eingetragen ist, zu versichern. In diesem Fall finden die Absätze 1 und 2 keine Anwendung.[1]

⁴ Die von den Selbstständigerwerbenden geleisteten Beiträge und Einlagen in die Vorsorgeeinrichtung müssen dauernd der beruflichen Vorsorge dienen.[2]

Art. 5 Gemeinsame Bestimmungen

¹ Dieses Gesetz gilt nur für Personen, die bei der eidgenössischen Alters- und Hinterlassenenversicherung (AHV) versichert sind.[3]

² Es gilt für die registrierten Vorsorgeeinrichtungen nach Artikel 48. Die Artikel 56 Absatz 1 Buchstaben c, d und i und 59 Absatz 2 sowie die Bestimmungen über die finanzielle Sicherheit (Art. 65 Abs. 1, 2 und 2bis, 65c, 65d Abs. 1, 2 und 3 Bst. a zweiter Satz und b, 65e, 67, 71 und 72a–72g) gelten auch für die nicht registrierten Vorsorgeeinrichtungen, die dem Freizügigkeitsgesetz vom 17. Dezember 1993[4] (FZG) unterstellt sind.[5]

---

[1] Eingefügt durch Ziff. I des BG vom 3. Oktober 2003 (1. BVG-Revision), in Kraft seit 1. Jan. 2005 (AS **2004** 1677; BBl **2000** 2637).
[2] Eingefügt durch Ziff. I des BG vom 3. Oktober 2003 (1. BVG-Revision), in Kraft seit 1. Jan. 2005 (AS **2004** 1677; BBl **2000** 2637).
[3] Fassung gemäss Ziff. I des BG vom 3. Oktober 2003 (1. BVG-Revision), in Kraft seit 1. Jan. 2005 (AS **2004** 1677; BBl **2000** 2637).
[4] SR **831.42**
[5] Fassung gemäss Anhang Ziff. 5 des BG vom 17. Juni 2022 (Modernisierung der Aufsicht), in Kraft seit 1. Jan. 2024 (AS **2023** 688; BBl **2020** 1).

Art. 6 Mindestvorschriften

Der zweite Teil dieses Gesetzes enthält Mindestvorschriften.

Zweiter Teil: Versicherung

Erster Titel: Obligatorische Versicherung der Arbeitnehmer

1. Kapitel: Voraussetzungen der obligatorischen Versicherung

Art. 7 Mindestlohn und Alter

[1] Arbeitnehmer, die bei einem Arbeitgeber einen Jahreslohn von mehr als 22 680 Franken[1] beziehen, unterstehen ab 1. Januar nach Vollendung des 17. Altersjahres für die Risiken Tod und Invalidität, ab 1. Januar nach Vollendung des 24. Altersjahres auch für das Alter der obligatorischen Versicherung.[2]

[2] Dieser Lohn entspricht dem massgebenden Lohn nach dem Bundesgesetz vom 20. Dez. 1946[3] über die Alters- und Hinterlassenenversicherung (AHVG). Der Bundesrat kann Abweichungen zulassen.

Art. 8 Koordinierter Lohn

[1] Zu versichern ist der Teil des Jahreslohnes von 26 460 bis und mit 90 720 Franken[4]. Dieser Teil wird koordinierter Lohn genannt.[5]

[2] Beträgt der koordinierte Lohn weniger als 3780 Franken[6] im Jahr, so muss er auf diesen Betrag aufgerundet werden.[7]

[3] Sinkt der Jahreslohn vorübergehend wegen Krankheit, Unfall, Arbeitslosigkeit, Elternschaft, Adoption oder aus ähnlichen Gründen, so behält der bisherige koordinierte Lohn mindestens so lange Gültigkeit, als die Lohnfortzahlungspflicht des Arbeitgebers nach Artikel 324a des Obligationenrechts (OR)[8] bestehen würde oder ein Mutterschaftsurlaub nach Artikel 329f OR, ein Urlaub des andern Elternteils nach den Artikeln 329g und 329g^{bis} OR, ein Betreuungsurlaub nach Artikel 329i OR oder ein Adoptionsurlaub nach Artikel 329j OR dauert.[9] Die versicherte Person kann jedoch die Herabsetzung des koordinierten Lohnes verlangen.[10]

---

[1] Betrag gemäss Art. 5 der V vom 18. April 1984 über die berufliche Alters-, Hinterlassenen- und Invalidenvorsorge in der Fassung der Änd. vom 28. Aug. 2024, in Kraft seit 1. Jan. 2025 (AS **2024** 469).

[2] Fassung gemäss Ziff. I des BG vom 3. Oktober 2003 (1. BVG-Revision), in Kraft seit 1. Jan. 2005 (AS **2004** 1677; BBl **2000** 2637).

[3] SR **831.10**

[4] Beträge gemäss Art. 5 der V vom 18. April 1984 über die berufliche Alters-, Hinterlassenen- und Invalidenvorsorge in der Fassung der Änd. vom 28. Aug. 2024, in Kraft seit 1. Jan. 2025 (AS **2024** 469).

[5] Fassung gemäss Ziff. I des BG vom 3. Oktober 2003 (1. BVG-Revision), in Kraft seit 1. Jan. 2005 (AS **2004** 1677; BBl **2000** 2637).

[6] Betrag gemäss Art. 5 der V vom 18. April 1984 über die berufliche Alters-, Hinterlassenen- und Invalidenvorsorge in der Fassung der Änd. vom 28. Aug. 2024, in Kraft seit 1. Jan. 2025 (AS **2024** 469).

[7] Fassung gemäss Ziff. I des BG vom 3. Oktober 2003 (1. BVG-Revision), in Kraft seit 1. Jan. 2005 (AS **2004** 1677; BBl **2000** 2637).

[8] SR **220**

[9] Fassung gemäss Anhang Ziff. 2 des BG vom 17. März 2023 (Taggelder für den hinterlassenen Elternteil), in Kraft seit 1. Jan. 2024 (AS **2023** 680; BBl **2022** 2515, 2742).

[10] Fassung gemäss Anhang Ziff. II des BG vom 3. Okt. 2003, in Kraft seit 1. Juli 2005 (AS **2005** 1429; BBl **2002** 7522, **2003** 1112 2923).

Art. 9 Anpassung an die AHV

Der Bundesrat kann die in den Artikeln 2, 7, 8 und 46 erwähnten Grenzbeträge den Erhöhungen der einfachen minimalen Altersrente der AHV anpassen. Bei der oberen Grenze des koordinierten Lohnes kann dabei auch die allgemeine Lohnentwicklung berücksichtigt werden.

Art. 10 Beginn und Ende der obligatorischen Versicherung

¹ Die obligatorische Versicherung beginnt mit dem Antritt des Arbeitsverhältnisses, für Bezüger von Taggeldern der Arbeitslosenversicherung mit dem Tag, für den erstmals eine Arbeitslosenentschädigung ausgerichtet wird.[1]

² Unter Vorbehalt von Artikel 8 Absatz 3 endet die Versicherungspflicht, wenn:

a. das Referenzalter[2] erreicht wird (Art. 13);
b. das Arbeitsverhältnis aufgelöst wird;
c. der Mindestlohn unterschritten wird;
d.[3] der Anspruch auf Taggelder der Arbeitslosenversicherung endet.[4]

³ Für die Risiken Tod und Invalidität bleibt der Arbeitnehmer während eines Monats nach Auflösung des Vorsorgeverhältnisses bei der bisherigen Vorsorgeeinrichtung versichert.[5] Wird vorher ein neues Vorsorgeverhältnis begründet, so ist die neue Vorsorgeeinrichtung zuständig.[6]

...

Sechster Teil: Umfang der Leistungen, Steuerrecht und besondere Bestimmungen[7]

Erster Titel: Umfang der Leistungen[8]

Art. 79a[9] Geltungsbereich

Die Bestimmungen dieses Titels gelten für alle Vorsorgeverhältnisse, unabhängig davon, ob die Vorsorgeeinrichtung im Register für die berufliche Vorsorge eingetragen ist oder nicht.

---

[1] Fassung gemäss Art. 117a des Arbeitslosenversicherungsgesetzes vom 26. Juni 1982, in Kraft seit 1. Juli 1997 (AS **1982** 2184; BBl **1980** III 489).
[2] Ausdruck gemäss Anhang Ziff. 4 des BG vom 17. Dez. 2021 (AHV 21), in Kraft seit 1. Jan. 2024 (AS **2023** 92; BBl **2019** 6305). Diese Änd. wurde in den in der AS genannten Bestimmungen vorgenommen.
[3] Fassung gemäss Ziff. I des BG vom 19. März 2010 (Strukturreform), in Kraft seit 1. Jan. 2012 (AS **2011** 3393; BBl **2007** 5669).
[4] Fassung gemäss Ziff. I des BG vom 3. Oktober 2003 (1. BVG-Revision), in Kraft seit 1. Jan. 2005 (AS **2004** 1677; BBl **2000** 2637).
[5] Fassung gemäss Anhang Ziff. 3 des Freizügigkeitsgesetzes vom 17. Dez. 1993, in Kraft seit 1. Jan. 1995 (AS **1994** 2386; BBl **1992** III 533).
[6] Fassung des Satzes gemäss Art. 117a des Arbeitslosenversicherungsgesetzes vom 26. Juni 1982, in Kraft seit 1. Juli 1997 (AS **1982** 2184; BBl **1980** III 489).
[7] Fassung gemäss Ziff. I 10 des BG vom 19. März 1999 über das Stabilisierungsprogramm 1998, in Kraft seit 1. Jan. 2001 (AS **1999** 2374; BBl **1999** 4).
[8] Fassung gemäss Ziff. I 10 des BG vom 19. März 1999 über das Stabilisierungsprogramm 1998, in Kraft seit 1. Jan. 2001 (AS **1999** 2374; BBl **1999** 4).
[9] Eingefügt durch Ziff. I 10 des BG vom 19. März 1999 über das Stabilisierungsprogramm 1998 (AS **1999** 2374; BBl **1999** 4). Fassung gemäss Ziff. I des BG vom 3. Oktober 2003 (1. BVG-Revision), in Kraft seit 1. Jan. 2006 (AS **2004** 1677; BBl **2000** 2637).

Art. 79b[1] Einkauf

[1] Die Vorsorgeeinrichtung darf den Einkauf höchstens bis zur Höhe der reglementarischen Leistungen ermöglichen. BVV 2

[2] Der Bundesrat regelt den Einkauf von Personen, die:

   a. bis zum Zeitpunkt, in dem sie den Einkauf verlangen, noch nie einer Vorsorgeeinrichtung angehört haben;
   b. eine Leistung der beruflichen Vorsorge beziehen oder bezogen haben.[2]

[3] Wurden Einkäufe getätigt, so dürfen die daraus resultierenden Leistungen innerhalb der nächsten drei Jahre nicht in Kapitalform aus der Vorsorge zurückgezogen werden. Wurden Vorbezüge für die Wohneigentumsförderung getätigt, so dürfen freiwillige Einkäufe erst vorgenommen werden, wenn die Vorbezüge zurückbezahlt sind.

[4] Von der Begrenzung ausgenommen sind die Wiedereinkäufe im Falle der Ehescheidung oder gerichtlichen Auflösung einer eingetragenen Partnerschaft nach Artikel 22c FZG[3].[4]

Art. 79c[5] Versicherbarer Lohn und versicherbares Einkommen

Der nach dem Reglement der Vorsorgeeinrichtung versicherbare Lohn der Arbeitnehmer oder das versicherbare Einkommen der Selbständigerwerbenden ist auf den zehnfachen oberen Grenzbetrag nach Artikel 8 Absatz 1 beschränkt.

Zweiter Titel: Steuerrechtliche Behandlung der Vorsorge[6]

Art. 80 Vorsorgeeinrichtungen

[1] Die Bestimmungen dieses Titels gelten auch für die Vorsorgeeinrichtungen, die nicht im Register für die berufliche Vorsorge eingetragen sind.

[2] Die mit Rechtspersönlichkeit ausgestatteten Vorsorgeeinrichtungen des privaten und des öffentlichen Rechts sind, soweit ihre Einkünfte und Vermögenswerte ausschliesslich der beruflichen Vorsorge dienen, von den direkten Steuern des Bundes, der Kantone und der Gemeinden und von Erbschafts- und Schenkungssteuern der Kantone und Gemeinden befreit.

[3] Liegenschaften dürfen mit Grundsteuern, insbesondere Liegenschaftensteuern vom Bruttowert der Liegenschaft und Handänderungssteuern belastet werden.

---

[1] Eingefügt durch Ziff. I des BG vom 3. Oktober 2003 (1. BVG-Revision), in Kraft seit 1. Jan. 2006 (AS **2004** 1677; BBl **2000** 2637).
[2] Fassung gemäss Anhang Ziff. 4 des BG vom 17. Dez. 2021 (AHV 21), in Kraft seit 1. Jan. 2024 (AS **2023** 92; BBl **2019** 6305).
[3] SR **831.42**. Heute: Art. 22d FZG.
[4] Eingefügt durch Art. 37 Ziff. 3 des Partnerschaftsgesetzes vom 18. Juni 2004, in Kraft seit 1. Jan. 2007 (AS **2005** 5685; BBl **2003** 1288).
[5] Eingefügt durch Ziff. I des BG vom 3. Oktober 2003 (1. BVG-Revision), in Kraft seit 1. Jan. 2006 (AS **2004** 1677; BBl **2000** 2637).
[6] Eingefügt durch Ziff. I 10 des BG vom 19. März 1999 über das Stabilisierungsprogramm 1998, in Kraft seit 1. Jan. 2001 (AS **1999** 2374; BBl **1999** 4).

⁴ Mehrwerte aus der Veräusserung von Liegenschaften können entweder mit der allgemeinen Gewinnsteuer oder mit einer speziellen Grundstückgewinnsteuer erfasst werden. Bei Fusionen und Aufteilungen von Vorsorgeeinrichtungen dürfen keine Gewinnsteuern erhoben werden.

Art. 81 Abzug der Beiträge

¹ Die Beiträge der Arbeitgeber an die Vorsorgeeinrichtung und die Einlagen in die Arbeitgeberbeitragsreserven, einschliesslich derjenigen nach Artikel 65e, gelten bei den direkten Steuern des Bundes, der Kantone und Gemeinden als Geschäftsaufwand.[1]

² Die von den Arbeitnehmern und Selbständigerwerbenden an Vorsorgeeinrichtungen nach Gesetz oder reglementarischen Bestimmungen geleisteten Beiträge sind bei den direkten Steuern des Bundes, der Kantone und Gemeinden abziehbar.

³ Für den versicherten Arbeitnehmer sind die vom Lohn abgezogenen Beiträge im Lohnausweis anzugeben; andere Beiträge sind durch die Vorsorgeeinrichtungen zu bescheinigen.

Art. 81a[2] Abzug des Beitrags der Rentnerinnen und Rentner

Der Beitrag der Rentnerinnen und Rentner zur Behebung einer Unterdeckung nach Artikel 65d Absatz 3 Buchstabe b ist bei den direkten Steuern des Bundes, der Kantone und Gemeinden abziehbar.

Art. 82[3] Gleichstellung anderer Vorsorgeformen

¹ Arbeitnehmer und Selbstständigerwerbende können Beiträge für weitere, ausschliesslich und unwiderruflich der beruflichen Vorsorge dienende, anerkannte Vorsorgeformen abziehen. Als solche Vorsorgeformen gelten:

a. die gebundene Selbstvorsorge bei Versicherungseinrichtungen;
b. die gebundene Selbstvorsorge bei Bankstiftungen.

² Der Bundesrat legt in Zusammenarbeit mit den Kantonen die Abzugsberechtigung für Beiträge nach Absatz 1 fest.

³ Er regelt die Einzelheiten der anerkannten Vorsorgeformen, insbesondere bestimmt er den Kreis und die Reihenfolge der Begünstigten. Er legt fest, inwieweit der Vorsorgenehmer die Reihenfolge der Begünstigten ändern und deren Ansprüche näher bezeichnen kann; die vom Vorsorgenehmer getroffenen Anordnungen bedürfen der Schriftform.

⁴ Die aus einer anerkannten Vorsorgeform Begünstigten haben einen eigenen Anspruch auf die ihnen daraus zugewiesene Leistung. Die Versicherungseinrichtung oder die Bankstiftung zahlt diese den Begünstigten aus.

---

[1] Fassung gemäss Ziff. I des BG vom 18. Juni 2004, in Kraft seit 1. Jan. 2005 (AS **2004** 4635; BBl **2003** 6399).
[2] Eingefügt durch Ziff. I des BG vom 18. Juni 2004, in Kraft seit 1. Jan. 2005 (AS **2004** 4635; BBl **2003** 6399).
[3] Fassung gemäss Anhang Ziff. 2 des BG vom 18. Dez. 2020 (Erbrecht), in Kraft seit 1. Jan. 2023 (AS **2021** 312; BBl **2018** 5813).

Art. 83 Besteuerung der Leistungen

Die Leistungen aus Vorsorgeeinrichtungen und Vorsorgeformen nach den Artikeln 80 und 82 sind bei den direkten Steuern des Bundes, der Kantone und der Gemeinden in vollem Umfang als Einkommen steuerbar.

Art. 83a[1] Steuerliche Behandlung der Wohneigentumsförderung

1 Der Vorbezug und der aus einer Pfandverwertung des Vorsorgeguthabens erzielte Erlös sind als Kapitalleistung aus Vorsorge steuerbar.

2 Bei Wiedereinzahlung des Vorbezugs oder des Pfandverwertungserlöses kann der Steuerpflichtige verlangen, dass ihm die beim Vorbezug oder bei der Pfandverwertung für den entsprechenden Betrag bezahlten Steuern zurückerstattet werden. Für solche Wiedereinzahlungen ist ein Abzug zur Ermittlung des steuerbaren Einkommens ausgeschlossen.

3 Das Recht auf Rückerstattung der bezahlten Steuern erlischt nach Ablauf von drei Jahren seit Wiedereinzahlung des Vorbezugs oder des Pfandverwertungserlöses an eine Einrichtung der beruflichen Vorsorge.

4 Alle Vorgänge gemäss den Absätzen 1–3 sind der Eidgenössischen Steuerverwaltung von der betreffenden Vorsorgeeinrichtung unaufgefordert zu melden.

5 Die Bestimmungen dieses Artikels gelten für die direkten Steuern von Bund, Kantonen und Gemeinden.

Art. 84 Ansprüche aus Vorsorge

Vor ihrer Fälligkeit sind die Ansprüche aus Vorsorgeeinrichtungen und Vorsorgeformen nach den Artikeln 80 und 82 von den direkten Steuern des Bundes, der Kantone und der Gemeinden befreit.

…

---

[1] Eingefügt durch Ziff. I des BG vom 17. Dez. 1993 über die Wohneigentumsförderung mit Mitteln der beruflichen Vorsorge, in Kraft seit 1. Jan. 1995 (AS **1994** 2372; BBl **1992** VI 237).

N 5.2 Auszug aus der Verordnung über die berufliche Alters-, Hinterlassenen- und Invalidenvorsorge (BVV 2) SR 831.441.1

vom 18. April 1984 (Stand am 1. Januar 2025)

Der Schweizerische Bundesrat,

gestützt auf Artikel 97 Absatz 1 des Bundesgesetzes vom 25. Juni 1982[1] über die berufliche Alters-, Hinterlassenen- und Invalidenvorsorge (BVG), [...],

verordnet:

...

5. Kapitel:[2] Einkauf, versicherbarer Lohn und versicherbares Einkommen

Art. 60a Einkauf
(Art. 1 Abs. 3 und 79b Abs. 1 BVG)

1 Für die Berechnung des Einkaufs müssen die gleichen, nach fachlich anerkannten Grundsätzen festgelegten Parameter eingehalten werden wie für die Festlegung des Vorsorgeplans (Art. 1g).

2 Der Höchstbetrag der Einkaufssumme reduziert sich um ein Guthaben in der Säule 3a, soweit es die aufgezinste Summe der jährlichen gemäss Artikel 7 Absatz 1 Buchstabe a der Verordnung vom 13. November 1985[3] über die steuerliche Abzugsberechtigung für Beiträge an anerkannte Vorsorgeformen vom Einkommen höchstens abziehbaren Beiträge ab vollendetem 24. Altersjahr der versicherten Person übersteigt. Bei der Aufzinsung kommen die jeweils gültigen BVG-Mindestzinssätze zur Anwendung.

3 Hat eine versicherte Person Vorsorgeguthaben, die in der bisherigen Vorsorgeeinrichtung verbleiben, oder Freizügigkeitsguthaben, die sie nicht nach den Artikeln 3 und 4 Absatz 2bis FZG in eine Vorsorgeeinrichtung übertragen musste, so reduziert sich der Höchstbetrag der Einkaufssumme um diesen Betrag.[4]

4 Für eine versicherte Person, die bereits Altersleistungen bezieht oder bezogen hat und die in der Folge die Erwerbstätigkeit wieder aufnimmt oder ihren Beschäftigungsgrad wieder erhöht, reduziert sich der Höchstbetrag der Einkaufssumme im Umfang der bereits bezogenen Altersleistungen.[5]

---

[1] SR **831.40**
[2] Eingefügt durch Ziff. I der V vom 27. Nov. 2000 (AS **2000** 3086). Fassung gemäss Ziff. I der V vom 10. Juni 2005, in Kraft seit 1. Jan. 2006 (AS **2005** 4279).
[3] SR **831.461.3**
[4] Fassung gemäss Anhang Ziff. 7 der V vom 30. Aug. 2023, in Kraft seit 1. Jan. 2024 (AS **2023** 506).
[5] Eingefügt durch Anhang Ziff. 7 der V vom 30. Aug. 2023, in Kraft seit 1. Jan. 2024 (AS **2023** 506).

Art. 60b[1] Sonderfälle
(Art. 79b Abs. 2 BVG)

1 Für Personen, die aus dem Ausland zuziehen und die noch nie einer Vorsorgeeinrichtung in der Schweiz angehört haben, darf in den ersten fünf Jahren nach Eintritt in eine schweizerische Vorsorgeeinrichtung die jährliche Zahlung in Form eines Einkaufs 20 Prozent des reglementarischen versicherten Lohnes nicht überschreiten. Nach Ablauf der fünf Jahre muss die Vorsorgeeinrichtung den Versicherten, die sich noch nicht in die vollen reglementarischen Leistungen eingekauft haben, ermöglichen, einen solchen Einkauf vorzunehmen.

2 Lässt die versicherte Person im Ausland erworbene Vorsorgeansprüche oder -guthaben übertragen, so gilt die Einkaufslimite nach Absatz 1 erster Satz nicht, sofern:

a. diese Übertragung direkt von einem ausländischen System der beruflichen Vorsorge in eine schweizerische Vorsorgeeinrichtung erfolgt;
b. die schweizerische Vorsorgeeinrichtung eine Übertragung zulässt; und
c. die versicherte Person für diese Übertragung keinen Abzug bei den direkten Steuern des Bundes, der Kantone und Gemeinden geltend macht.

Art. 60c Versicherbarer Lohn und versicherbares Einkommen
(Art. 79c BVG)

1 Die Begrenzung des versicherbaren Lohnes oder des versicherbaren Einkommens nach Artikel 79c BVG gilt für die Gesamtheit aller Vorsorgeverhältnisse, die ein Versicherter bei einer oder mehreren Vorsorgeeinrichtungen hat.

2 Hat der Versicherte mehrere Vorsorgeverhältnisse und überschreitet die Summe aller seiner AHV-pflichtigen Löhne und Einkommen das Zehnfache des oberen Grenzbetrages nach Artikel 8 Absatz 1 BVG, so muss er jede seiner Vorsorgeeinrichtungen über die Gesamtheit seiner Vorsorgeverhältnisse sowie die darin versicherten Löhne und Einkommen informieren. Die Vorsorgeeinrichtung weist den Versicherten auf seine Informationspflicht hin.

3 Für Versicherte, die am 1. Januar 2006 das 50. Altersjahr vollendet haben, gilt bei zu diesem Zeitpunkt bestehenden Vorsorgeverhältnissen die Begrenzung des versicherbaren Lohns oder des versicherbaren Einkommens für die Risiken Tod und Invalidität nach Artikel 79c BVG nicht.

Art. 60d Einkauf und Wohneigentumsvorbezug
(Art. 79b Abs. 3 BVG)

In den Fällen, in denen eine Rückzahlung des Vorbezugs für die Wohneigentumsförderung nach Artikel 30d Absatz 3 Buchstabe a BVG nicht mehr zulässig ist, darf das Reglement der Vorsorgeeinrichtung freiwillige Einkäufe zulassen, soweit sie zusammen mit den Vorbezügen die reglementarisch maximal zulässigen Vorsorgeansprüche nicht überschreiten.

...

---

[1] Fassung gemäss Ziff. I der V vom 24. Sept. 2010, in Kraft seit 1. Jan. 2011 (AS **2010** 4587).

N 5.3 Verordnung über die steuerliche Abzugsberechtigung für Beiträge an anerkannte Vorsorgeformen (BVV 3) SR 831.461.3

vom 13. November 1985 (Stand am 1. Januar 2025)

Der Schweizerische Bundesrat,

gestützt auf Artikel 82 Absätze 2 und 3 des Bundesgesetzes vom 25. Juni 1982[1] über die berufliche Alters-, Hinterlassenen- und Invalidenvorsorge (BVG) und Artikel 99 des Versicherungsvertragsgesetzes vom 2. April 1908[2] (VVG),[3]

verordnet:

1. Abschnitt: Anerkannte Vorsorgeformen

Art. 1 Vorsorgeformen

¹ Als anerkannte Vorsorgeformen im Sinne von Artikel 82 BVG gelten:
  a. die gebundene Vorsorgeversicherung bei Versicherungseinrichtungen;
  b. die gebundene Vorsorgevereinbarung mit Bankstiftungen.

² Als gebundene Vorsorgeversicherungen gelten besondere Kapital- und Rentenversicherungen auf den Erlebens-, Invaliditäts- oder Todesfall, einschliesslich allfälliger Zusatzversicherungen für Unfalltod oder Invalidität, die:[4]

  a. mit einer der Versicherungsaufsicht unterstellten oder mit einer öffentlich-rechtlichen Versicherungseinrichtung gemäss Artikel 67 Absatz 1 BVG abgeschlossen werden und
  b. ausschliesslich und unwiderruflich der Vorsorge dienen.

³ Als gebundene Vorsorgevereinbarungen gelten besondere Sparverträge, die mit Bankstiftungen abgeschlossen werden und ausschliesslich und unwiderruflich der Vorsorge dienen. Sie können durch eine Risiko-Vorsorgeversicherung ergänzt werden.

⁴ Vertragsmodelle für gebundene Vorsorgeversicherungen und -vereinbarungen sind der Eidgenössischen Steuerverwaltung einzureichen. Diese prüft, ob Form und Inhalt den gesetzlichen Vorschriften entsprechen und teilt das Ergebnis mit.

---

[1] SR **831.40**
[2] SR **221.229.1**
[3] Fassung gemäss Ziff. I der V vom 6. Nov. 2024, in Kraft seit 1. Jan. 2025 (AS **2024** 622).
[4] Berichtigung vom 3. Febr. (AS **1986** 326).

Art. 2 Begünstigte Personen

¹ Als Begünstigte sind folgende Personen zugelassen:
  a. im Erlebensfall der Vorsorgenehmer;
  b.[1] nach dessen Ableben die folgenden Personen in nachstehender Reihenfolge:
    1.[2] der überlebende Ehegatte oder die überlebende eingetragene Partnerin oder der überlebende eingetragene Partner,
    2. die direkten Nachkommen sowie die natürlichen Personen, die von der verstorbenen Person in erheblichem Masse unterstützt worden sind, oder die Person, die mit dieser in den letzten fünf Jahren bis zu ihrem Tod ununterbrochen eine Lebensgemeinschaft geführt hat oder die für den Unterhalt eines oder mehrerer gemeinsamer Kinder aufkommen muss,
    3. die Eltern,
    4. die Geschwister,
    5. die übrigen Erben.

² Der Vorsorgenehmer kann eine oder mehrere begünstigte Personen unter den in Absatz 1 Buchstabe b Ziffer 2 genannten Begünstigten bestimmen und deren Ansprüche näher bezeichnen.[3]

³ Der Vorsorgenehmer hat das Recht, die Reihenfolge der Begünstigten nach Absatz l Buchstabe b Ziffern 3–5 zu ändern und deren Ansprüche näher zu bezeichnen.[4]

Art. 2a[5] Kürzung der Leistungen bei vorsätzlicher Herbeiführung des Todes der versicherten Person durch die begünstigte Person

¹ Die Einrichtung der gebundenen Vorsorge kann in ihrem Reglement vorsehen, dass sie die Leistung an eine begünstigte Person kürzt oder verweigert, wenn sie Kenntnis davon erlangt, dass diese den Tod des Vorsorgenehmers vorsätzlich herbeigeführt hat.

² Die frei gewordene Leistung fällt den nächsten Begünstigten nach Artikel 2 zu.

Art. 3 Ausrichtung der Leistungen

¹ Die Altersleistungen dürfen frühestens fünf Jahre vor Erreichen des Referenzalters nach Artikel 13 Absatz 1 BVG ausgerichtet werden. Sie werden bei Erreichen des Referenzalters fällig. Weist der Vorsorgenehmer nach, dass er weiterhin erwerbstätig ist, so kann er den Leistungsbezug höchstens fünf Jahre über das Erreichen des Referenzalters hinaus aufschieben.[6]

² Eine vorzeitige Ausrichtung der Altersleistungen ist zulässig bei Auflösung des Vorsorgeverhältnisses aus einem der folgenden Gründe:

  a. wenn der Vorsorgenehmer eine ganze Invalidenrente der eidgenössischen Invalidenversicherung bezieht und das Invaliditätsrisiko nicht versichert ist;

---

[1] Fassung gemäss Anhang Ziff. 4 der V vom 27. Okt. 2004, in Kraft seit 1. Jan. 2005 (AS **2004** 4643).
[2] Fassung gemäss Ziff. I 4 der V vom 29. Sept. 2006 über die Umsetzung des Partnerschaftsgesetzes vom 18. Juni 2004 in der beruflichen Alters-, Hinterlassenen- und Invalidenvorsorge, in Kraft seit 1. Jan. 2007 (AS **2006** 4155).
[3] Fassung gemäss Anhang Ziff. 2 der V vom 10. Juni 2005, in Kraft seit 1. Jan. 2006 (AS **2005** 4279).
[4] Eingefügt durch Anhang Ziff. 2 der V vom 10. Juni 2005, in Kraft seit 1. Jan. 2006 (AS **2005** 4279).
[5] Eingefügt durch Ziff. I 3 der V vom 26. Aug. 2020 über Änderungen in der beruflichen Vorsorge, in Kraft seit 1. Okt. 2020 (AS **2020** 3755).
[6] Fassung gemäss Anhang Ziff. 8 der V vom 30. Aug. 2023, in Kraft seit 1. Jan. 2024 (AS **2023** 506).

b.[1] ...

c. wenn der Vorsorgenehmer seine bisherige selbständige Erwerbstätigkeit aufgibt und eine andersartige selbständige Erwerbstätigkeit aufnimmt;

d.[2] wenn die Vorsorgeeinrichtung nach Artikel 5 des Freizügigkeitsgesetzes vom 17. Dezember 1993[3] zur Barauszahlung verpflichtet ist.

³ Die Altersleistung kann ferner vorher ausgerichtet werden für:

a. Erwerb und Erstellung von Wohneigentum zum Eigenbedarf;
b. Beteiligungen am Wohneigentum zum Eigenbedarf;
c. Rückzahlung von Hypothekardarlehen.[4]

⁴ Eine solche Ausrichtung kann alle fünf Jahre geltend gemacht werden.[5]

⁵ Die Begriffe Wohneigentum, Beteiligungen und Eigenbedarf richten sich nach den Artikeln 2–4 der Verordnung vom 3. Oktober 1994[6] über die Wohneigentumsförderung mit Mitteln der beruflichen Vorsorge.[7]

⁶ Ist die versicherte Person verheiratet oder lebt sie in eingetragener Partnerschaft, so ist die vorzeitige Ausrichtung der Altersleistungen nach den Absätzen 2 Buchstaben c und d sowie 3 nur zulässig, wenn der Ehegatte, die eingetragene Partnerin oder der eingetragene Partner schriftlich zustimmt. Kann die Zustimmung nicht eingeholt werden oder wird sie verweigert, so kann die versicherte Person das Gericht anrufen.[8]

Art. 3a[9] Übertragung von Vorsorgekapital in Vorsorgeeinrichtungen oder in andere anerkannte Vorsorgeformen

¹ Der Vorsorgenehmer kann das Vorsorgeverhältnis auflösen, wenn er sein Vorsorgekapital:

a. für den Einkauf in eine steuerbefreite Vorsorgeeinrichtung verwendet;
b. in eine andere anerkannte Vorsorgeform überträgt.

² Er kann sein Vorsorgekapital nur dann teilweise übertragen, wenn er es für den vollständigen Einkauf in eine steuerbefreite Vorsorgeeinrichtung verwendet.

³ Die Übertragung von Vorsorgekapital und der Einkauf sind bis zum Erreichen des Referenzalters zulässig. Weist der Vorsorgenehmer nach, dass er weiterhin erwerbstätig ist, so kann er eine solche Übertragung oder einen solchen Einkauf bis höchstens fünf Jahre nach Erreichen des Referenzalters vornehmen.[10]

---

[1] Aufgehoben durch Ziff. I 3 der V vom 26. Aug. 2020 über Änderungen in der beruflichen Vorsorge, mit Wirkung seit 1. Jan. 2021 (AS **2020** 3755 3758).
[2] Fassung gemäss Art. 22 Ziff. 2 der Freizügigkeitsverordnung vom 3. Okt. 1994, in Kraft seit 1. Jan. 1995 (AS **1994** 2399).
[3] SR **831.42**
[4] Eingefügt durch Ziff. I der V vom 18. Sept. 1989 (AS **1989** 1903). Fassung gemäss Art. 20 der V vom 3. Okt. 1994 über die Wohneigentumsförderung mit Mitteln der beruflichen Vorsorge, in Kraft seit 1. Jan. 1995 (AS **1994** 2379).
[5] Eingefügt durch Art. 20 der V vom 3. Okt. 1994 über die Wohneigentumsförderung mit Mitteln der beruflichen Vorsorge, in Kraft seit 1. Jan. 1995 (AS **1994** 2379)
[6] SR **831.411**
[7] Eingefügt durch Art. 20 der V vom 3. Okt. 1994 über die Wohneigentumsförderung mit Mitteln der beruflichen Vorsorge, in Kraft seit 1. Jan. 1995 (AS **1994** 2379)
[8] Eingefügt durch Ziff. I 4 der V vom 29. Sept. 2006 über die Umsetzung des Partnerschaftsgesetzes vom 18. Juni 2004 in der beruflichen Alters-, Hinterlassenen- und Invalidenvorsorge, in Kraft seit 1. Jan. 2007 (AS **2006** 4155).
[9] Eingefügt durch Ziff. I 3 der V vom 26. Aug. 2020 über Änderungen in der beruflichen Vorsorge, in Kraft seit 1. Jan. 2021 (AS **2020** 3755 3758).
[10] Fassung gemäss Anhang Ziff. 8 der V vom 30. Aug. 2023, in Kraft seit 1. Jan. 2024 (AS **2023** 506).

⁴ Eine solche Übertragung oder ein solcher Einkauf ist allerdings nicht mehr möglich, sobald eine Versicherungspolice ab fünf Jahren vor Erreichen des Referenzalters fällig wird.[1]

Art. 4 Abtretung, Verpfändung und Verrechnung

¹ Für die Abtretung, Verpfändung und Verrechnung von Leistungsansprüchen gilt Artikel 39 BVG sinngemäss.[2]

² Für die Verpfändung des Vorsorgekapitals oder des Anspruchs auf Vorsorgeleistungen für das Wohneigentum der versicherten Person gilt Artikel 30b BVG oder Artikel 331d des Obligationenrechts[3] und die Artikel 8–10 der Verordnung vom 3. Oktober 1994[4] über die Wohneigentumsförderung mit Mitteln der beruflichen Vorsorge sinngemäss.[5]

³ Ansprüche auf Altersleistungen können dem Ehegatten ganz oder teilweise vom Vorsorgenehmer abgetreten oder vom Gericht zugesprochen werden, wenn der Güterstand anders als durch Tod aufgelöst wird. Die Einrichtung des Vorsorgenehmers hat den zu übertragenden Betrag an eine vom Ehegatten bezeichnete Einrichtung nach Artikel 1 Absatz 1 oder an eine Vorsorgeeinrichtung zu überweisen; vorbehalten bleibt Artikel 3.[6]

⁴ Absatz 3 gilt sinngemäss bei der gerichtlicher Auflösung einer eingetragenen Partnerschaft, wenn die beiden Partnerinnen oder Partner vereinbart haben, dass das Vermögen gemäss den Bestimmungen über die Errungenschaftsbeteiligung geteilt wird (Art. 25 Abs. 1 zweiter Satz des Partnerschaftsgesetzes vom 18. Juni 2004[7]).[8]

Art. 5[9] Anlagevorschriften

¹ Die Gelder der gebundenen Vorsorgevereinbarung sind als Spareinlagen (Kontolösung) bei einer dem Bankengesetz vom 8. November 1934[10] unterstellten Bank anzulegen, bei Anlagen in der Form der anlagegebundenen Sparlösung (Wertschriftensparen) durch Vermittlung einer solchen Bank.

² Gelder, welche die Bankstiftung im eigenen Namen bei einer Bank anlegt, gelten als Spareinlagen jedes einzelnen Vorsorgenehmers im Sinne des Bankengesetzes vom 8. November 1934.

---

[1] Fassung gemäss Anhang Ziff. 8 der V vom 30. Aug. 2023, in Kraft seit 1. Jan. 2024 (AS **2023** 506).
[2] Fassung gemäss Art. 20 der V vom 3. Okt. 1994 über die Wohneigentumsförderung mit Mitteln der beruflichen Vorsorge, in Kraft seit 1. Jan. 1995 (AS **1994** 2379)
[3] SR **220**
[4] SR **831.411**
[5] Eingefügt durch Art. 20 der V vom 3. Okt. 1994 über die Wohneigentumsförderung mit Mitteln der beruflichen Vorsorge, in Kraft seit 1. Jan. 1995 (AS **1994** 2379)
[6] Eingefügt durch Ziff. I der V vom 9. Dez. 1996 (AS **1996** 3455).
[7] SR **211.231**
[8] Eingefügt durch Ziff. I 4 der V vom 29. Sept. 2006 über die Umsetzung des Partnerschaftsgesetzes vom 18. Juni 2004 in der beruflichen Alters, Hinterlassenen- und Invalidenvorsorge, in Kraft seit 1. Jan. 2007 (AS **2006** 4155).
[9] Fassung gemäss Anhang Ziff. 2 der V vom 19. Sept. 2008, in Kraft seit 1. Jan. 2009 (AS **2008** 4651).
[10] SR **952.0**

³ Für die Anlage der Gelder der gebundenen Vorsorgevereinbarung gelten beim Wertschriftensparen die Artikel 49–58 der Verordnung vom 18. April 1984¹ über die berufliche Alters-, Hinterlassenen- und Invalidenvorsorge (BVV 2) sinngemäss. Abweichend davon kann vollständig in ein kapitalerhaltendes Produkt oder eine Obligation guter Bonität investiert werden. Unzulässig sind Anlagen in Limited Qualified Investor Funds sowie in ausländische kollektive Kapitalanlagen, die keiner ausländischen Aufsicht unterstehen.²

2. Abschnitt: Steuerliche Behandlung

Art. 6 Bankstiftungen

Bankstiftungen, deren Einkünfte und Vermögenswerte ausschliesslich der Vorsorge im Sinne dieser Verordnung dienen, sind für die Steuerpflicht den Vorsorgeeinrichtungen nach Artikel 80 BVG gleichgestellt.

Art. 7 Abzugsberechtigung für Beiträge

¹ Arbeitnehmer und Selbständigerwerbende können in folgendem Umfang Beiträge an anerkannte Vorsorgeformen leisten und bei den direkten Steuern von Bund, Kantonen und Gemeinden von ihrem Einkommen abziehen:³

a. jährlich bis 8 Prozent des oberen Grenzbetrages nach Artikel 8 Absatz 1 BVG, wenn sie einer Vorsorgeeinrichtung nach Artikel 80 BVG angehören;

b. jährlich bis 20 Prozent des Erwerbseinkommens, jedoch höchstens bis 40 Prozent des oberen Grenzbetrages nach Artikel 8 Absatz 1 BVG, wenn sie keiner Vorsorgeeinrichtung nach Artikel 80 BVG angehören.

² Sind beide Ehegatten oder beide eingetragenen Partnerinnen oder Partner erwerbstätig und leisten sie Beiträge an eine anerkannte Vorsorgeform, so können beide diese Abzüge für sich beanspruchen.⁴

³ Beiträge an anerkannte Vorsorgeformen können längstens bis fünf Jahre nach Erreichen des Referenzalters geleistet werden.⁵

⁴ Im Jahr, in dem die Erwerbstätigkeit beendet wird, kann der volle Beitrag geleistet werden.⁶

---

1 SR **831.441.1**
2 Fassung gemäss Anhang Ziff. 6 der V vom 31. Jan. 2024, in Kraft seit 1. März 2024 (AS **2024** 73).
3 Fassung gemäss Ziff. I der V vom 6. Nov. 2024, in Kraft seit 1. Jan. 2025 (AS **2024** 622).
4 Fassung gemäss Ziff. I 4 der V vom 29. Sept. 2006 über die Umsetzung des Partnerschaftsgesetzes vom 18. Juni 2004 in der beruflichen Alters, Hinterlassenen- und Invalidenvorsorge, in Kraft seit 1. Jan. 2007 (AS **2006** 4155).
5 Eingefügt durch Ziff. I der V vom 21. Febr. 2001 (AS **2001** 1068). Fassung gemäss Anhang Ziff. 8 der V vom 30. Aug. 2023, in Kraft seit 1. Jan. 2024 (AS **2023** 506).
6 Eingefügt durch Ziff. I der V vom 21. Febr. 2001 (AS **2001** 1068). Fassung gemäss Ziff. I der V vom 17. Okt. 2007, in Kraft seit 1. Jan. 2008 (AS **2007** 5177).

Art. 7a[1] Abzugsberechtigung für als Einkauf geleistete Beiträge

¹ Arbeitnehmer und Selbständigerwerbende können zusätzlich zu den Beiträgen nach Artikel 7 Absatz 1 Beiträge als Einkauf in die gebundene Selbstvorsorge leisten und diese von ihrem Einkommen abziehen, wenn sie:

    a. in den zehn dem Einkauf vorangehenden Jahren nicht alle für sie maximal zulässigen Beiträge einbezahlt haben;
    b. in den von den Einkäufen betroffenen Jahren jeweils zur Leistung von Beiträgen nach Artikel 7 Absatz 1 berechtigt waren; und
    c. im Jahr, in dem der Einkauf erfolgt (Einkaufsjahr), den für sie zulässigen Beitrag nach Artikel 7 Absatz 1 vollständig einbezahlen.

² Im Einkaufsjahr dürfen die als Einkauf geleisteten Beiträge nicht höher sein als die Differenz zwischen der Summe der zulässigen Beiträge und der Summe der effektiv geleisteten Beiträge der vergangenen zehn Jahre, auf keinen Fall jedoch höher als 8 Prozent des oberen Grenzbetrags nach Artikel 8 Absatz 1 BVG.

³ Für den Ausgleich einer Beitragslücke eines bestimmten Jahres (Jahresbeitragslücke) ist nicht mehr als ein Einkauf zulässig. Mit einem Einkauf können hingegen mehrere Jahresbeitragslücken ausgeglichen werden.

⁴ Tätigt der Vorsorgenehmer einen Bezug der Altersleistung nach Artikel 3 Absatz 1, sind Einkäufe nicht mehr zulässig.

⁵ Im Übrigen gelten die Bestimmungen von Artikel 7 Absätze 2 und 3.

Art. 7b[2] Gesuch um Annahme von als Einkauf geleisteten Beiträgen

¹ Der Vorsorgenehmer muss den Einkauf bei der Einrichtung der gebundenen Selbstvorsorge unter folgenden Angaben schriftlich beantragen:

    a. Höhe des beantragten Einkaufs;
    b. Jahre, für die eine Beitragslücke ausgeglichen werden soll und in welcher Höhe diese ausgeglichen werden soll;
    c. Höhe der Beiträge, die in den Jahren, für die eine Beitragslücke ausgeglichen werden soll, nach Artikel 7 Absatz 1 gegebenenfalls bereits geleistet wurden, unter Angabe des Zahlungsdatums.

² Er muss im Antrag bestätigen, dass er:

    a. im Einkaufsjahr den Beitrag nach Artikel 7 Absatz 1 vollständig entrichtet hat, unter Angabe der Beitragshöhe;
    b. in den Jahren, für die eine Beitragslücke ausgeglichen werden soll, ein AHV-pflichtiges Einkommen erwirtschaftet hat;
    c. für die Jahre, für die eine Beitragslücke ausgeglichen werden soll, noch keinen Einkauf vorgenommen hat;
    d. noch keine Altersleistungen nach Artikel 3 Absatz 1 bezogen hat.

³ Sind die Voraussetzungen nach Artikel 7a erfüllt, so genehmigt die Einrichtung der gebundenen Vorsorge die Annahme der als Einkauf geleisteten Beiträge.

---

[1] Eingefügt durch Ziff. I der V vom 6. Nov. 2024, in Kraft seit 1. Jan. 2025 (AS **2024** 622).
[2] Eingefügt durch Ziff. I der V vom 6. Nov. 2024, in Kraft seit 1. Jan. 2025 (AS **2024** 622).

Art. 8 Bescheinigungspflichten

¹ Versicherungseinrichtungen und Bankstiftungen müssen den Vorsorgenehmern die erbrachten Beiträge und Leistungen bescheinigen.

² Im Falle eines Einkaufs muss die Bescheinigung auch die Angaben nach Artikel 7b Absatz 1 Buchstaben a–c sowie das Datum des Einkaufs enthalten.[1]

2a. Abschnitt:[2] Aufbewahrung der Unterlagen und Mitteilung von Vorsorgeangaben

Art. 8a Festhalten und Aufbewahrung von Vorsorgeangaben

¹ Die Einrichtungen der gebundenen Selbstvorsorge müssen vorsorgerelevante Angaben in ihren Unterlagen festhalten, namentlich:

a. die Höhe der nach Artikel 7 Absatz 1 geleisteten Beiträge und das Datum ihres Zahlungseingangs;
b. die Höhe der als Einkauf geleisteten Beiträge und das Datum ihres Zahlungseingangs sowie die Höhe der Beitragslücken, die mit den Einkäufen ausgeglichen werden;
c. den Bezug einer Altersleistung nach Artikel 3 Absatz 1.

² Sie müssen die Unterlagen noch während 10 Jahren ab Beendigung des Vorsorgeverhältnisses aufbewahren.

Art. 8b Mitteilung der Vorsorgeangaben

Im Falle einer Übertragung von Vorsorgekapital im Sinne von Artikel 3a Absatz 1 Buchstabe b muss die übertragende Einrichtung der neuen Einrichtung den Jahresbetrag mitteilen:

a. der in den vorangehenden zehn Jahren nach Artikel 7 Absatz 1 geleisteten Beiträge und;
b. der in den vorangehenden zehn Jahren als Einkauf geleisteten Beiträge unter Angabe der damit ausgeglichenen Beitragslücken.

3. Abschnitt: Inkrafttreten

Art. 9

¹ Diese Verordnung tritt mit Ausnahme von Artikel 6 am 1. Januar 1987 in Kraft.

² Artikel 6 tritt rückwirkend auf den 1. Januar 1985 in Kraft.

Schlussbestimmung der Änderung vom 21. Febr. 2001[3]

Den Vorsorgenehmerinnen der Jahrgänge 1944, 1945 und 1946 dürfen Altersleistungen frühestens sechs Jahre vor Erreichen des ordentlichen Rentenalters der AHV (Art. 21 Abs. 1 AHVG[4]) ausgerichtet werden.

---

[1] Eingefügt durch Ziff. I der V vom 6. Nov. 2024, in Kraft seit 1. Jan. 2025 (AS **2024** 622).
[2] Eingefügt durch Ziff. I der V vom 6. Nov. 2024, in Kraft seit 1. Jan. 2025 (AS **2024** 622).
[3] AS **2001** 1068
[4] SR **831.10**

Schlussbestimmung der Änderung vom 19. Sept. 2008[1]

Die Anlage der Gelder der gebundenen Vorsorgevereinbarung ist bis zum 1. Januar 2011 an die Bestimmungen dieser Änderung anzupassen.

Übergangsbestimmung zur Änderung vom 6. November 2024[2]

Beitragslücken nach Artikel 7a Absatz 1 Buchstabe a, die vor Inkrafttreten der Änderung vom 6. November 2024 entstanden sind, können nicht mit einem Einkauf ausgeglichen werden.

---

[1] AS **2008** 4651
[2] AS **2024** 622

RP

Regionalpolitik

N 6 Regionalpolitik (RP)

6.1 Bundesgesetz über Regionalpolitik (BRP)

6.2 Verordnung über die Gewährung von Steuererleichterungen im Rahmen der Regionalpolitik

6.3 Verordnung des WBF über die Festlegung der zu den Anwendungsgebieten für Steuererleichterungen gehörenden Gemeinden

6.4 Verordnung des WBF über die Gewährung von Steuererleichterungen im Rahmen der Regionalpolitik

N 6.1 Bundesgesetz über Regionalpolitik
SR 901.0

vom 6. Oktober 2006 (Stand am 1. April 2024)

Die Bundesversammlung der Schweizerischen Eidgenossenschaft,

gestützt auf Artikel 103 der Bundesverfassung[1], nach Einsicht in die Botschaft des Bundesrates vom 16. November 2005[2],

beschliesst:

1. Abschnitt: Allgemeine Bestimmungen

Art. 1 Zweck

Dieses Gesetz soll die Wettbewerbsfähigkeit einzelner Regionen stärken und deren Wertschöpfung erhöhen und so zur Schaffung und Erhaltung von Arbeitsplätzen in den Regionen, zur Erhaltung einer dezentralen Besiedlung und zum Abbau regionaler Disparitäten beitragen.

Art. 2 Grundsätze

Die Regionalpolitik beruht auf folgenden Grundsätzen:

a. Die Anforderungen an eine nachhaltige Entwicklung werden berücksichtigt.
b. Die Regionen entwickeln eigene Initiativen zur Verbesserung der Wettbewerbsfähigkeit und zur Erhöhung der Wertschöpfung.
c. Die regionalen Zentren bilden die Entwicklungsmotoren.
d. Die Kantone sind die zentralen Ansprechpartner des Bundes und stellen die Zusammenarbeit mit den Regionen sicher.
e. Die Bundesstellen pflegen untereinander und mit in- und ausländischen Institutionen und Organisationen eine enge Zusammenarbeit.

Art. 3 Regionen

¹ Als Regionen gelten Gruppen von Kantonen und Gemeinden sowie Zusammenschlüsse von Kantonen oder Gemeinden mit anderen öffentlich-rechtlichen oder privaten Körperschaften oder Verbänden.

² Bei der Bildung von Regionen ist der geografischen Verbundenheit, der wirtschaftlichen Funktionalität und dem Ziel der gemeinsamen Aufgabenlösung gegenüber institutionellen Grenzen Priorität einzuräumen.

³ Den bestehenden regionalen Strukturen ist Rechnung zu tragen, soweit sie sich zur Erfüllung des Zweckes dieses Gesetzes eignen.

---

[1] SR **101**
[2] BBl **2006** 231

⁴ Es obliegt den Regionen zu entscheiden, welche organisatorischen Einheiten sie zur Erfüllung ihrer Aufgaben schaffen wollen.

2. Abschnitt: Massnahmen

Art. 4 Förderung von Initiativen, Programmen und Projekten

¹ Finanzhilfen können gewährt werden an die Vorbereitung, die Durchführung und die Evaluation von Initiativen, Programmen und Projekten, die:

a. das unternehmerische Denken und Handeln in einer Region fördern;
b. die Innovationsfähigkeit in einer Region stärken;
c. regionale Potenziale ausschöpfen und Wertschöpfungssysteme aufbauen oder verbessern; oder
d. die Zusammenarbeit unter öffentlichen und privaten Institutionen, unter Regionen und mit den Agglomerationen fördern.

² Die Finanzhilfen werden nur gewährt, wenn:

a. die Initiativen, Programme und Projekte für die betroffene Region Innovationscharakter haben; und
b. der Nutzen der geförderten Initiativen, Programme und Projekte zum grössten Teil in Regionen anfällt, die mehrheitlich spezifische Entwicklungsprobleme und Entwicklungsmöglichkeiten des Berggebietes und des weiteren ländlichen Raumes aufweisen.

Art. 5 Förderung von Entwicklungsträgern, regionalen Geschäftsstellen und anderen regionalen Akteuren

Finanzhilfen können den Entwicklungsträgern, regionalen Geschäftsstellen und anderen regionalen Akteuren gewährt werden für:

a. die Erarbeitung und die Realisierung mehrjähriger Förderstrategien; oder
b. die Koordination und die Begleitung der Initiativen, Programme und Projekte ihrer Region.

Art. 6 Förderung der grenzüberschreitenden Zusammenarbeit

¹ Mit Finanzhilfen kann die schweizerische Beteiligung an Programmen, Projekten und innovativen Aktionen der grenzüberschreitenden Zusammenarbeit gefördert werden, sofern:

a. dadurch die Wertschöpfung einer Grenzregion mittelbar oder unmittelbar erhöht wird; oder
b. ihr aus nationaler Sicht strategische Bedeutung zukommt.

² Beteiligungen von nationaler strategischer Bedeutung sind in Zusammenarbeit mit den Kantonen durch den Bund zu koordinieren.

³ An Bauprojekte werden keine Finanzhilfen gewährt.

⁴ Bei der Förderung der grenzüberschreitenden Zusammenarbeit sind die europäische und die nationale territoriale Zusammenarbeit sowie ihre Umsetzung und ihr Zeitplan zu berücksichtigen.

Art. 7 Darlehen und A-Fonds-perdu-Beiträge für Infrastrukturvorhaben[1]

¹ Der Bund kann zinsgünstige oder zinslose Darlehen für die Finanzierung von Infrastrukturvorhaben sowie A-Fonds-perdu-Beiträge für die Finanzierung von kleinen Infrastrukturvorhaben gewähren, soweit diese:[2]

a. in einem direkten Zusammenhang mit der Realisierung und der Weiterführung von Vorhaben nach Artikel 4 stehen;
b. Bestandteil eines Wertschöpfungssystems sind und zu dessen Stärkung beitragen; oder
c. unmittelbar Nachfolgeinvestitionen in anderen Wirtschaftsbereichen einer Region induzieren.

² Die Darlehen und A-Fonds-perdu-Beiträge nach Absatz 1 können nur für Infrastrukturvorhaben gewährt werden:[3]

a. deren Nutzen zum grössten Teil in Regionen anfällt, die mehrheitlich spezifische Entwicklungsprobleme und Entwicklungsmöglichkeiten des Berggebietes und des weiteren ländlichen Raumes aufweisen;
b. an deren Finanzierung sich der Kanton mindestens gleichwertig beteiligt; und
c. die der Bund nicht schon auf andere Weise unterstützt.

³ Der Bundesrat legt die Kriterien für die Gewährung und den Höchstbetrag der A-Fonds-perdu-Beiträge unter Berücksichtigung der Teuerung fest.[4]

Art. 8 Verzinsung, Rückzahlung der Darlehen und Darlehensverluste

¹ Bei der Festlegung des Zinssatzes ist den finanziellen Möglichkeiten des Darlehensnehmers oder der Darlehensnehmerin Rechnung zu tragen.

² Die gewährten Darlehen müssen nach höchstens 25 Jahren zurückbezahlt sein. Bei der Festlegung der Laufzeit ist die Lebensdauer der geförderten Infrastruktureinrichtung zu berücksichtigen.

³ Allfällige Verluste aus gewährten Darlehen sind zur Hälfte vom Kanton zu tragen, der sie dem Darlehensnehmer oder der Darlehensnehmerin zugesprochen hat.

Art. 9 Allgemeine Voraussetzungen und Bedingungen

¹ Alle Empfängerinnen und Empfänger von Finanzhilfen nach den Artikeln 4–7 haben sich angemessen mit eigenen Mitteln am Vorhaben zu beteiligen.[5]

² Sie ergreifen geeignete Massnahmen zur Überwachung der Realisierung und zur Evaluation der geförderten Vorhaben.

³ Den Zielen der raumrelevanten Sektoralpolitiken des Bundes und der Raumplanung ist soweit möglich Rechnung zu tragen.

⁴ Die Finanzhilfen können im Einzelfall von weiteren Bedingungen abhängig gemacht oder mit weiteren Auflagen verknüpft werden.[6]

---

1 Fassung gemäss Ziff. I des BG vom 29. Sept. 2023, in Kraft seit 1. April 2024 (AS **2024** 86; BBl **2023** 664).
2 Fassung gemäss Ziff. I des BG vom 29. Sept. 2023, in Kraft seit 1. April 2024 (AS **2024** 86; BBl **2023** 664).
3 Fassung gemäss Ziff. I des BG vom 29. Sept. 2023, in Kraft seit 1. April 2024 (AS **2024** 86; BBl **2023** 664).
4 Eingefügt durch Ziff. I des BG vom 29. Sept. 2023, in Kraft seit 1. April 2024 (AS **2024** 86; BBl **2023** 664).
5 Fassung gemäss Ziff. I des BG vom 29. Sept. 2023, in Kraft seit 1. April 2024 (AS **2024** 86; BBl **2023** 664).
6 Fassung gemäss Ziff. I des BG vom 29. Sept. 2023, in Kraft seit 1. April 2024 (AS **2024** 86; BBl **2023** 664).

Art. 10 Berggebiet und weiterer ländlicher Raum

Der Bundesrat legt zusammen mit den Kantonen das Gebiet fest, welches mehrheitlich spezifische Entwicklungsprobleme und Entwicklungsmöglichkeiten des Berggebietes und des weiteren ländlichen Raumes aufweist (Art. 4 Abs. 2 Bst. b und Art. 7 Abs. 2 Bst. a).

Art. 11[1] Ausrichtung der Finanzhilfen

1 Die Finanzhilfen nach den Artikeln 4–7 werden auf der Grundlage von Programmvereinbarungen in Form von Pauschalbeträgen ausgerichtet.

2 Die Höhe der Finanzhilfen richtet sich nach der Gesamtwirkung der Programme und Massnahmen.

Art. 12 Steuererleichterungen

1 Soweit ein Kanton Steuererleichterungen nach Artikel 23 Absatz 3 des Bundesgesetzes vom 14. Dezember 1990[2] über die Harmonisierung der direkten Steuern der Kantone und Gemeinden gewährt, kann der Bund für die direkte Bundessteuer ebenfalls Steuererleichterungen gewähren.

2 Steuererleichterungen bei der direkten Bundessteuer werden nur gewährt, soweit:
  a. ein industrielles Unternehmen oder ein produktionsnaher Dienstleistungsbetrieb neue Arbeitsplätze schafft oder bestehende neu ausrichtet;
  b. das Vorhaben die regionalwirtschaftlichen Anforderungen dieses Gesetzes erfüllt;
  c. der Kanton die Nachzahlung von missbräuchlich beanspruchten Steuererleichterungen verlangt.

3 Der Bundesrat legt, nach Konsultation der Kantone, die Gebiete fest, in denen Unternehmen von diesen Erleichterungen profitieren können, und regelt die Modalitäten der Finanzaufsicht, insbesondere die Pflicht, Informationen über die Wirkung der gewährten Steuererleichterungen einzuholen und weiterzuleiten. N 6.2

Art. 13 Flankierende Massnahmen

Der Bund kann Massnahmen treffen für:
  a. die Stärkung der Kooperation sowie die Nutzung von Synergien zwischen der Regionalpolitik und den anderen Sektoralpolitiken des Bundes;
  b. die Förderung von Regionen mit besonderen Problemen;
  c. die Schaffung und den Betrieb eines Wissenssystems zur Regionalentwicklung;
  d. die Qualifizierung der regionalen Geschäftsführerinnen und Geschäftsführer und der anderen regionalen Akteure sowie der Verantwortlichen für die Vorbereitung und Realisierung von Initiativen, Programmen und Projekten.

---

[1] Fassung gemäss Ziff. I des BG vom 29. Sept. 2023, in Kraft seit 1. April 2024 (AS **2024** 86; BBl **2023** 664).
[2] SR **642.14**

3. Abschnitt: Umsetzung

Art. 14 Mehrjahresprogramm

¹ Die Bundesversammlung legt in einem Mehrjahresprogramm fest:
  a. die Förderschwerpunkte und Förderinhalte für die Regionalpolitik;
  b. die Schwerpunkte der flankierenden Massnahmen nach Artikel 13.

² Das Mehrjahresprogramm umfasst acht Jahre.

³ Die Kantone bringen bei der Ausarbeitung des Mehrjahresprogramms ihre Bedürfnisse und strategischen Überlegungen ein und tragen dabei auch den Bedürfnissen ihrer Regionen Rechnung.

Art. 15 Aufgaben der Kantone

¹ Die Kantone erarbeiten gestützt auf die Vorgaben des Mehrjahresprogramms zusammen mit ihren Entwicklungsträgern, regionalen Geschäftsstellen oder anderen regionalen Akteuren mehrjährige kantonale Umsetzungsprogramme und aktualisieren sie periodisch.

² Sie stellen zusammen mit den Entwicklungsträgern und den regionalen Geschäftsstellen oder anderen regionalen Akteuren die Koordination der regions- und kantonsübergreifenden sowie der grenzüberschreitenden Vorhaben sicher.

³ Sie entscheiden im Rahmen der verfügbaren Mittel, für welche Vorhaben Finanzhilfen gewährt werden.[1]

Art. 16 Programmvereinbarungen und finanzielle Beteiligung der Kantone

¹ Der Bund schliesst gestützt auf die kantonalen Umsetzungsprogramme mit den Kantonen mehrjährige Programmvereinbarungen ab. Diese bilden die Grundlage für einen pauschal bemessenen Beitrag des Bundes.

² Die Kantone haben sich an der Realisierung ihrer Umsetzungsprogramme im gleichen Ausmass finanziell zu beteiligen wie der Bund.

Art. 17 Überwachung

¹ Der Kanton sorgt für geeignete Massnahmen zur Überwachung der Realisierung der geförderten Initiativen, Programme, Projekte und Infrastrukturvorhaben.

² Der Bund trifft geeignete Massnahmen zur Überwachung der Realisierung des Mehrjahresprogramms.

Art. 18 Evaluation des Mehrjahresprogramms

Der Bundesrat sorgt für die wissenschaftliche Evaluation des Mehrjahresprogramms und erstattet der Bundesversammlung Bericht.

---

[1] Fassung gemäss Ziff. I des BG vom 29. Sept. 2023, in Kraft seit 1. April 2024 (AS **2024** 86; BBl **2023** 664).

Art. 19 Gesuche um Steuererleichterungen und Verfahren

¹ Der Kanton entscheidet über die Gewährung kantonaler Steuererleichterungen. Er leitet das Gesuch mit seinen Entscheiden und Anträgen an das Staatssekretariat für Wirtschaft (SECO) weiter.

² Das SECO prüft die Gesuche zuhanden des Eidgenössischen Departements für Wirtschaft, Bildung und Forschung (WBF)[1]. Dieses entscheidet über die Einräumung und das Ausmass von Steuererleichterungen bei der direkten Bundessteuer.

³ Die Steuererleichterungen bei der direkten Bundessteuer werden, nach Massgabe des vom WBF getroffenen Entscheides und im Einvernehmen mit dem Eidgenössischen Finanzdepartement, von der für die Veranlagung der Unternehmen zuständigen kantonalen Behörde verfügt.

Art. 20 Zusammenarbeit

Der Bundesrat entscheidet, wie die Zusammenarbeit mit den Kantonen, dem Berggebiet und dem weiteren ländlichen Raum organisatorisch sichergestellt wird.

4. Abschnitt: Finanzierung

Art. 21 Fonds für Regionalentwicklung

¹ Der Bund äufnet zur Finanzierung der Massnahmen nach diesem Gesetz einen Fonds für Regionalentwicklung.

² Die jährlichen Zinserträge, Rückzahlungen und Garantieleistungen aus den Darlehen, welche nach dem Bundesgesetz vom 21. März 1997[2] über Investitionshilfe für Berggebiete (IHG) zugesichert und ausbezahlt worden sind, und aus den Darlehen, die nach Artikel 7 gewährt werden, sind dem Fonds für Regionalentwicklung gutzuschreiben.

³ Die Fondsentnahmen und Darlehenskonditionen sind unter Berücksichtigung der Verluste aus laufenden Darlehen, den Zinserträgen und der Teuerung festzulegen. Soweit möglich ist eine längerfristige Werterhaltung des Fonds anzustreben.

Art. 22 Bereitstellung der Mittel

¹ Die Bundesversammlung bewilligt mit einfachem Bundesbeschluss einen auf acht Jahre befristeten Zahlungsrahmen für weitere Einlagen in den Fonds für Regionalentwicklung.

² Bei der Festlegung des Zahlungsrahmens ist dem im Mehrjahresprogramm ausgewiesenen Bedarf, den aus dem Fonds für Regionalentwicklung verfügbaren Mitteln sowie der Finanzlage des Bundes Rechnung zu tragen.

---

[1] Ausdruck gemäss Ziff. I 26 der V vom 15. Juni 2012 (Neugliederung der Departemente), in Kraft seit 1. Jan. 2013 (AS **2012** 3655). Diese Änd. wurde im ganzen Erlass berücksichtigt.
[2] [AS **1997** 2995, **2000** 179 187, **2002** 290 2504, **2003** 267, **2004** 3439 Art. 1, **2006** 2197 2359 Anhang Ziff. 122 2359 Art. 1]

5. Abschnitt: Rechtsschutz

Art. 23

Entscheide von Bundesverwaltungsbehörden sowie letztinstanzliche kantonale Entscheide unterliegen der Beschwerde an das Bundesverwaltungsgericht.

6. Abschnitt: Schlussbestimmungen

Art. 24 Aufhebung und Änderung bisherigen Rechts

Die Aufhebung und die Änderung bisherigen Rechts werden im Anhang geregelt.

Art. 25 Übergangsbestimmungen

¹ Die Mittel des Investitionshilfefonds nach Artikel 14 IHG[1] werden auf den Zeitpunkt des Inkrafttretens dieses Gesetzes in den Fonds für Regionalentwicklung überführt.

² Für die Investitionshilfedarlehen gelten bis zu deren vollständiger Rückzahlung die Bestimmungen des IHG.

³ Die Auszahlung der Verpflichtungen, welche gestützt auf das IHG, das Bundesgesetz vom 8. Oktober 1999[2] über die Förderung der schweizerischen Beteiligung an die Gemeinschaftsinitiative für grenzüberschreitende, transnationale und interregionale Zusammenarbeit (INTERREG III) in den Jahren 2000–2006, den Bundesbeschluss vom 21. März 1997[3] über die Unterstützung des Strukturwandels im ländlichen Raum und den Artikel 6a des Bundesbeschlusses vom 6. Oktober 1995[4] zugunsten wirtschaftlicher Erneuerungsgebiete vom Bund eingegangen wurden, wird nach Inkrafttreten dieses Gesetzes durch den Fonds für Regionalentwicklung sichergestellt.

Art. 26 Referendum und Inkrafttreten

¹ Dieses Gesetz untersteht dem fakultativen Referendum.

² Der Bundesrat bestimmt das Inkrafttreten.

Datum des Inkrafttretens: 1. Jan. 2008[5]

Art. 14 und 22: 15. März 2007[6]

Anhang (Art. 24)

---

[1] [AS **1997** 2995, **2000** 179 187, **2002** 290 2504, **2003** 267, **2004** 3439 Art. 1, **2006** 2197 2359 Anhang Ziff. 122 2359 Art. 1]
[2] [AS **2000** 609, **2006** 4275]
[3] [AS **1997** 1610, **2000** 187 Art. 11, **2006** 2197 Anhang Ziff. 124 4297]
[4] [AS **1996** 1918, **2001** 1911, **2006** 2197 Anhang Ziff. 144 4301]
[5] V vom 28. November 2007 (AS **2007** 6861)
[6] BRB vom 28. Febr. 2007 (AS **2007** 688)

Aufhebung und Änderung bisherigen Rechts

I

Folgende Erlasse werden aufgehoben:

...

4. Bundesbeschluss vom 6. Oktober 1995[1] zugunsten wirtschaftlicher Erneuerungsgebiete

...

---

[1] [AS **1996** 1918, **2001** 1911, **2006** 2197 Anhang Ziff. 144 4301]

N 6.2 Verordnung über die Gewährung von Steuererleichterungen im Rahmen der Regionalpolitik
SR 901.022

vom 3. Juni 2016 (Stand am 1. Juli 2016)

Der Schweizerische Bundesrat,

gestützt auf Artikel 12 Absatz 3 des Bundesgesetzes vom 6. Oktober 2006[1] über Regionalpolitik,

verordnet:

1. Abschnitt: Grundsatz und Anwendungsgebiete

Art. 1 Grundsatz

¹ Im Rahmen der Regionalpolitik kann der Bund industriellen Unternehmen und produktionsnahen Dienstleistungsbetrieben (Unternehmen) Steuererleichterungen gewähren für Vorhaben, die:

  a. die Voraussetzungen nach dem Gesetz und dieser Verordnung erfüllen; und
  b. in einer Gemeinde der Anwendungsgebiete realisiert werden.

² Das Eidgenössische Departement für Wirtschaft, Bildung und Forschung (WBF) umschreibt die Unternehmen gemäss Absatz 1. N 6.4

Art. 2 Begriffe

In dieser Verordnung gelten als:

  a. ländliches Zentrum: Gemeinde im ländlichen Raum mit:
     1. wichtigen zentralörtlichen Funktionen für das Umland und die umliegenden Gemeinden,
     2. einer gewissen Distanz zur Agglomeration, und
     3. je nach Distanz, zwischen 2000 und 10 000 Einwohnerinnen und Einwohnern;
  b. kleinstädtisches Zentrum: Stadt, die:
     1. eine wichtige Zentrumsfunktion auf regionaler Ebene hat,
     2. mindestens zehn Kilometer von einem grösseren Zentrum entfernt liegt oder die Kerngemeinde einer Agglomeration bildet, und
     3. zusammengezählt mindestens 8500 Einwohnerinnen und Einwohner und mindestens 3500 Beschäftigte aufweist;
  c. mittelstädtisches Zentrum: Stadt, die:
     1. eine wichtige Zentrumsfunktion auf regionaler und nationaler Ebene hat,
     2. mindestens zehn Kilometer von einem grösseren Zentrum entfernt liegt oder die Kerngemeinde einer Agglomeration bildet, und
     3. mindestens 40 000 Einwohnerinnen, Einwohner und Beschäftigte aufweist;

---

[1] SR **901.0**

d. suburbaner Raum: Gemeinden, die:
   1. ein mittel- oder kleinstädtisches Zentrum umgeben,
   2. an den urbanen Raum angrenzen,
   3. mit dem Zentrum in einer engen funktionalen Beziehung stehen;
e. grossstädtisches Zentrum: Stadt, die auf nationaler Ebene eine wichtige Zentrumsfunktion hat und zusammengezählt mindestens 70 000 Einwohnerinnen, Einwohner und Beschäftigte aufweist;
f. metropolitanes Zentrum: Stadt, die auf nationaler, aber auch internationaler Ebene eine wichtige Zentrumsfunktion hat und zusammengezählt mindestens 200 000 Einwohnerinnen, Einwohner und Beschäftigte aufweist.

Art. 3 Anwendungsgebiete

¹ Steuererleichterungen können in einer Gemeinde gewährt werden, die folgende Anforderungen erfüllt:

a. Sie ist:
   1. ein mittel- oder kleinstädtisches Zentrum oder gehört als suburbane Gemeinde zu einem solchen Zentrum,
   2. ein ländliches Zentrum, oder
   3. ein kleineres, weniger urbanes Zentrum, das dennoch eine Zentrumsfunktion wahrnimmt.
b. Sie gehört hinsichtlich der Arbeitslosigkeit, des Einkommens, der Wirtschaft und der Bevölkerung zu den strukturschwächsten Gebieten der Schweiz.

² Diese Anwendungsgebiete dürfen zusammen höchstens zehn Prozent der Schweizer Bevölkerung umfassen.

³ Das WBF legt die Gemeinden, die zu den Anwendungsgebieten gehören, nach Anhörung der Kantone fest.   N 6.3

Art. 4 Gemeindefusionen

¹ Fusioniert eine Gemeinde mit einer in einem Anwendungsgebiet liegenden Gemeinde, so gehört die fusionierte Gemeinde bis zur nächsten Aktualisierung zu den Anwendungsgebieten.

² Die fusionierte Gemeinde scheidet aus den Anwendungsgebieten aus, wenn ein mittelstädtisches Zentrum ausserhalb der Anwendungsgebiete oder ein grossstädtisches oder metropolitanes Zentrum an der Fusion beteiligt ist.

³ Die Aufnahme einer zusätzlichen Gemeinde in die Anwendungsgebiete infolge einer Fusion ändert für die Gemeinden der Anwendungsgebiete nichts.

Art. 5 Berichterstattung, Aktualisierung und Überprüfung

¹ Das WBF erstattet dem Bundesrat einmal pro Legislaturperiode über die Festlegung der Anwendungsgebiete Bericht.

² Es aktualisiert die Liste der in den Anwendungsgebieten liegenden Gemeinden einmal pro Legislaturperiode.

³ Es überprüft jede zweite Legislaturperiode:

a. die Kriterien zur Festlegung der Gemeinden nach Artikel 3 Absatz 1 Buchstabe a;
b. die Kriterien und deren Gewichtung zur Aufnahme von Gemeinden in die Anwendungsgebiete.

2. Abschnitt: Voraussetzungen

Art. 6 Voraussetzungen für die Gewährung von Steuererleichterungen

¹ Steuererleichterungen können nur gewährt werden, wenn:

a. der Kanton für das Vorhaben ebenfalls Steuererleichterungen gewährt;
b. das Vorhaben:
  1. vorsieht, dass im Unternehmen neue Arbeitsplätze geschaffen oder bestehende Arbeitsplätze neu so ausgerichtet werden, dass sie langfristig erhalten bleiben, und
  2. eine besondere regionalwirtschaftliche Bedeutung aufweist.

² Handelt es sich beim Gesuchsteller um einen produktionsnahen Dienstleistungsbetrieb, so kann der Bund Steuererleichterungen nur dann gewähren, wenn das Vorhaben mindestens zehn neue Arbeitsplätze vorsieht.

³ Bei Vorhaben, die zu einer Verschiebung von Arbeitsplätzen von einem Kanton in einen anderen führen, können für die Steuererleichterungen nur die neu geschaffenen Arbeitsplätze berücksichtigt werden.

⁴ Für Vorhaben, die im Unternehmen oder in Unternehmen derselben Gruppe insgesamt zu einer Verringerung der Anzahl Arbeitsplätze führen, werden keine Steuererleichterungen gewährt.

⁵ Die Gewährung einer Steuererleichterung kann aus staatspolitischen Gründen abgelehnt werden, namentlich wenn ein Vorhaben in Konflikt mit anderen Zielen des Bundes steht.

⁶ Das WBF kann die Voraussetzungen für die Gewährung von Steuererleichterungen näher umschreiben.

Art. 7 Bemessung der Zahl der Arbeitsplätze

¹ Die Zahl der vorgesehenen oder neu auszurichtenden Arbeitsplätze bemisst sich nach dem Total der Stellenprozente. 100 Stellenprozente entsprechen dabei einem Arbeitsplatz.

² Massgebend sind die Stellenprozente aus befristeten oder unbefristeten Arbeitsverträgen nach schweizerischem Recht, die durch das Unternehmen selbst oder durch die Muttergesellschaft in der Schweiz abgeschlossen werden.

Art. 8 Regionalwirtschaftliche Bedeutung

¹ Die besondere regionalwirtschaftliche Bedeutung eines Vorhabens bestimmt sich insbesondere nach folgenden Kriterien:

a. Einbettung in eine kantonale Wirtschaftsentwicklungsstrategie oder ähnliche Grundlagen;

b. zu schaffende oder neu auszurichtende Arbeitsplätze innerhalb des Anwendungsgebiets;
c. geplante Investitionen innerhalb des Anwendungsgebiets;
d. geplante oder getätigte Einkäufe oder Bestellungen oder nachgefragte Dienstleistungen innerhalb des Anwendungsgebiets;
e. Zusammenarbeit mit Forschungsinstituten und Bildungseinrichtungen, die einen direkten Bezug zum geplanten Vorhaben aufweist;
f. geplante Ausbildungsmöglichkeiten innerhalb des Anwendungsgebiets;
g. neuartige Lösung zur Verbesserung von Produkten, Produktionsprozessen oder betriebswirtschaftlichen Prozessen;
h. Absatzmarkt, der über die Grenze des Anwendungsgebiets hinausreicht.

² Als Investitionen im Sinne von Absatz 1 Buchstabe c gelten:

a. Sachanlagen, die nach den Rechnungslegungsstandards Swiss GAAP FER[1] (FER) oder den International Accounting Standards[2] (IAS) aktiviert werden können;
b. immaterielle Werte gemäss den Rechnungslegungsstandards FER oder IAS.

Art. 9 Form des kantonalen Steuererleichterungsentscheids

Der kantonale Steuererleichterungsentscheid muss folgende Elemente enthalten:

a. die Dauer der kantonalen Steuererleichterung;
b. den für die gesamte Dauer der Steuererleichterung gewährten Höchstbetrag;
c. Rückforderungsgrundsätze für unrechtmässig beanspruchte Steuererleichterungen.

3. Abschnitt: Dauer und Höhe der Steuererleichterungen

Art. 10 Beginn und Dauer

¹ Die Steuererleichterung des Bundes wird höchstens für die Dauer der kantonalen Steuererleichterung und höchstens für zehn Kalenderjahre gewährt.

² Das WBF regelt den Beginn der Steuererleichterung des Bundes. N 6.4

Art. 11 Höhe

¹ Die Steuererleichterung des Bundes entspricht dem kleineren der beiden folgenden Beträge:

a. den für das betreffende Unternehmen erwarteten Steuerersparnissen auf kantonaler und kommunaler Ebene;
b. dem Höchstbetrag der Steuererleichterungen, den der Kanton für die Bundessteuer beantragt.

² Sie übersteigt aber in keinem Fall den vom Bund festgelegten Höchstbetrag.

³ Das WBF regelt die Ansätze und die Berechnung des Höchstbetrags für die Steuererleichterungen des Bundes. Es stellt dabei sicher, dass die Steuerersparnisse und die Arbeitsplätze, die geschaffen oder neu ausgerichtet werden sollen, in einem angemessenen Verhältnis stehen. N 6.4

---

[1] www.fer.ch
[2] www.ifrs.org

4. Abschnitt: Verfahren

Art. 12 Gesuch des Unternehmens

1 Das Unternehmen richtet das Gesuch um Steuererleichterung des Bundes an den Kanton, in dem das Vorhaben umgesetzt werden soll.

2 Das Gesuch muss einen Geschäftsplan zum Vorhaben einschliesslich folgender Angaben enthalten:

   a. eine Beschreibung der Ziele des Vorhabens;
   b. eine Beschreibung der Phasen und des Vorgehens bei der Umsetzung des Vorhabens;
   c. eine Planbilanz und eine Planerfolgsrechnung für die gesamte Dauer der beantragten Steuererleichterung;
   d. das geplante Investitionsvolumen; und
   e. eine Aufstellung der Arbeitsplätze, die jährlich geschaffen oder neu ausgerichtet werden sollen.

Art. 13 Antrag des Kantons

1 Entscheidet der Kanton, dem gesuchstellenden Unternehmen eine kantonale Steuererleichterung zu gewähren, so kann er das vollständige Dossier mit seinem Entscheid und seinem Antrag auf Gutheissung des Gesuchs an das Staatssekretariat für Wirtschaft (SECO) weiterleiten.

2 Der Antrag des Kantons muss die folgenden Angaben enthalten:

   a. den kantonalen Steuererleichterungsentscheid;
   b. eine Bestätigung, dass sein Entscheid mit Artikel 23 Absatz 3 des Bundesgesetzes vom 14. Dezember 1990[1] über die Harmonisierung der direkten Steuern der Kantone und Gemeinden übereinstimmt;
   c. eine Schätzung der nach seinem Entscheid für das gesuchstellende Unternehmen zu erwartenden Steuerersparnisse auf kantonaler und kommunaler Ebene;
   d. den für die Steuererleichterung beantragten Höchstbetrag;
   e. den für die Steuererleichterung beantragten Beginn;
   f. den ohne die Steuererleichterung für die beantragte Dauer zu erwartenden Bundessteuerbetrag;
   g. den Geschäftsplan;
   h. eine Darstellung der besonderen regionalwirtschaftlichen Bedeutung des Vorhabens.

3 Der Kanton muss seinen Antrag spätestens 270 Kalendertage nach Beginn der Steuerpflicht beim SECO unter Verwendung des vorgegebenen Formulars einreichen. Für Vorhaben von bestehenden Unternehmen muss der Antrag spätestens im selben Kalenderjahr eingereicht werden, in dem zum ersten Mal ein Umsatz durch das Vorhaben generiert wird.

4 Reicht der Kanton den Antrag nicht formgerecht ein, so räumt ihm das SECO eine Nachfrist zur Verbesserung ein. Es verbindet diese Nachfrist mit der Androhung, nach unbenutztem Fristablauf nicht auf den Antrag einzutreten. Das SECO informiert gleichzeitig das gesuchstellende Unternehmen über die Nachfrist.

---

[1] SR **642.14**

⁵ Reicht der Kanton den Antrag nicht fristgerecht ein, so wird darauf nicht eingetreten.

⁶ Das SECO kann weitere Angaben verlangen.

Art. 14 Zuständigkeit

Der Kanton bestimmt die kantonale Stelle, die für die Antragsstellung, die Verlängerung und die Aufsicht des Vollzugs zuständig ist.

Art. 15 Verfügung des WBF

¹ Das WBF entscheidet über das Gesuch gestützt auf den Antrag des Kantons und die Beurteilung des SECO.

² Der Antrag des Kantons wird nach dem im Zeitpunkt seiner vollständigen Einreichung beim SECO geltenden Bundesrecht beurteilt.

³ In seiner Verfügung legt das WBF insbesondere folgende Elemente fest:

a. den Höchstbetrag der Steuererleichterung;
b. den Beginn, die Dauer und das Ende der Steuererleichterung;
c. die Bedingungen und Auflagen.

⁴ Die Verfügung des WBF wird dem gesuchstellenden Unternehmen eröffnet.

⁵ Das WBF informiert den antragstellenden Kanton sowie die für die Veranlagung zuständige kantonale Behörde über die dem Unternehmen eingeräumte Bundessteuererleichterung. Es informiert ebenfalls die Eidgenössische Steuerverwaltung (ESTV).

⁶ Das SECO kann einem Unternehmen auf dessen Antrag gestatten, die Nutzung der Steuererleichterung während deren Dauer ganz oder teilweise aufzuschieben. Betrag und Dauer der gewährten Steuererleichterung bleiben dadurch unberührt.

Art. 16 Aufsicht

¹ Das SECO überprüft die Einhaltung der Bedingungen und Auflagen.

² Die ESTV übermittelt dem SECO jährlich die vom Kanton erhaltenen Daten über die Höhe der steuerbaren Reingewinne, für die die direkte Bundessteuer nicht erhoben wurde.

³ Die Kantone liefern dem SECO spätestens zwölf Monate nach Geschäftsabschluss des Unternehmens die Daten zur Entwicklung der Arbeitsplätze sowie alle anderen Daten und Dokumente, die für die Überprüfung der Einhaltung der Bedingungen und Auflagen sowie für die Evaluation der Auswirkungen der gewährten Steuererleichterungen erforderlich sind.

⁴ Sie melden dem SECO Abweichungen vom ursprünglichen Vorhaben, die sich möglicherweise auf die Steuererleichterungsverfügung auswirken, sobald sie davon Kenntnis erhalten.

Art. 17 Revisionsstelle

Unternehmen, die der Revisionspflicht nach Artikel 727 oder 727*a* des Obligationenrechts (OR)[1] unterstehen, müssen die Daten zur Entwicklung der Arbeitsplätze jährlich durch die Revisionsstelle bestätigen lassen und diese an die Kantone und den Bund weiterleiten.

Art. 18 Information

Das SECO veröffentlicht jährlich:

a. die aggregierten Daten der gesamtschweizerisch tatsächlich gewährten Steuererleichterungen;
b. je Vorhaben, für das Steuererleichterungen gewährt werden:
   1. den Namen des Unternehmens,
   2. den Durchführungsort,
   3. die Grössenordnung der Zahl der Arbeitsplätze, die dadurch geschaffen oder neu ausgerichtet werden sollen.

5. Abschnitt: Widerruf und unrechtmässige Beanspruchung

Art. 19 Widerruf

1 Das WBF widerruft seine Verfügung betreffend Bundessteuererleichterungen, sofern ein Kanton seinen entsprechenden kantonalen Steuererleichterungsentscheid widerruft. Die Widerrufsverfügung des WBF richtet sich materiell am kantonalen Widerrufsentscheid aus, insbesondere enthält sie gleichartige Nachzahlungsmodalitäten.

2 Zudem widerruft das WBF seine Verfügung betreffend Bundessteuererleichterungen ganz oder teilweise, unabhängig von einem kantonalen Entscheid, insbesondere wenn:

a. die in der Verfügung festgelegten Mindestanforderungen nicht erfüllt sind;
b. die in der Verfügung festgelegten Bedingungen oder Auflagen nicht oder nicht mehr erfüllt sind; oder
c. die Steuererleichterung unrechtmässig beansprucht wurde.

3 Im Fall eines Widerrufs nach Absatz 2 muss der Betrag der gewährten Steuererleichterung entrichtet werden.

4 Das WBF kann seine Verfügungen gemäss Absatz 1 oder 2 nur während einer Frist widerrufen, die der anderthalbfachen Dauer der Bundessteuererleichterung entspricht.

Art. 20 Unrechtmässig beanspruchte Steuererleichterungen

Eine Steuererleichterung gilt namentlich als unrechtmässig beansprucht, wenn:

a. die Voraussetzungen für die Gewährung der Steuererleichterung an das Vorhaben nicht oder nicht mehr erfüllt sind; oder
b. das Unternehmen die Steuererleichterung missbräuchlich beansprucht hat, namentlich indem es falsche Angaben gemacht hat.

---

[1] SR **220**

6. Abschnitt: Schlussbestimmungen

Art. 21 Aufhebung eines anderen Erlasses

Die Verordnung vom 28. November 2007[1] über die Gewährung von Steuererleichterungen im Rahmen der Regionalpolitik wird aufgehoben.

Art. 22 Übergangsbestimmungen für die Steuererleichterungen

¹ Steuererleichterungen, die nach altem Recht gewährt wurden, bleiben bis zum Ende ihrer Laufzeit gültig.

² Das WBF kann Steuererleichterungen, die nach altem Recht gewährt wurden, bis zum Ende ihrer Laufzeit gemäss dem zum Zeitpunkt der Verfügung anwendbaren alten Recht ändern. Vorbehalten bleibt Absatz 3.

³ Änderungen bezüglich des Orts des Vorhabens werden gemäss den zum Zeitpunkt des geplanten Umzugs geltenden Anwendungsgebieten beurteilt. Bei einem Umzug innerhalb desselben Kantons kann die Verfügung geändert werden. Bei einem Umzug in einen anderen Kanton ist ein neues Gesuch um Steuererleichterung, insbesondere unter Berücksichtigung von Artikel 6 Absatz 3, einzureichen.

⁴ Artikel 17 gilt nicht für Unternehmen, die der Revisionspflicht nach Artikel 727 oder 727*a* OR[2] unterstehen und denen nach altem Recht Steuererleichterungen gewährt wurden.

⁵ Das SECO veröffentlicht die Angaben nach Artikel 18 Buchstabe b nicht zu Unternehmen, denen nach altem Recht Steuererleichterungen gewährt wurden.

Art. 23 Übergangsbestimmungen für Bürgschaften

¹ Für Bürgschaften, die aufgrund des Bundesgesetzes vom 6. Oktober 1995[3] zugunsten wirtschaftlicher Erneuerungsgebiete und vor Inkrafttreten der Verordnung vom 28. November 2007[4] über die Gewährung von Steuererleichterungen im Rahmen der Regionalpolitik gewährt wurden, gelten bis zu ihrem Auslaufen die Übergangsbestimmungen nach Artikel 22.

² Bürgschaften, die vor Inkrafttreten der Verordnung vom 28. November 2007 über die Gewährung von Steuererleichterungen im Rahmen der Regionalpolitik beschlossen wurden, können auf maximal acht Jahre verlängert werden.

³ Widerruft ein Kanton einen Rückbürgschaftsbeschluss, so widerruft der Bund den entsprechenden Bürgschaftsentscheid ebenfalls.

⁴ Der Widerruf des Bürgschaftsentscheids des WBF richtet sich materiell am kantonalen Widerrufsentscheid aus.

Art. 24 Inkrafttreten

Diese Verordnung tritt am 1. Juli 2016 in Kraft.

---

[1] [AS **2007** 6865]
[2] SR **220**
[3] [AS **1996** 1918, **2001** 1911, **2006** 2197 Anhang Ziff. 144 4301. AS **2007** 681 Anhang Ziff. I 4]
[4] [AS **2007** 6865]

N 6.3 Verordnung des WBF über die Festlegung der zu den Anwendungsgebieten für Steuererleichterungen gehörenden Gemeinden
SR 901.022.1

vom 10. Oktober 2022 (Stand am 1. Januar 2023)

Das Eidgenössische Departement für Wirtschaft, Bildung und Forschung (WBF),

gestützt auf Artikel 3 Absatz 3 der Verordnung vom 3. Juni 2016[1] über die Gewährung von Steuererleichterungen im Rahmen der Regionalpolitik,

verordnet:

Art. 1 Anwendungsgebiete

Als Anwendungsgebiete gelten folgende Gemeinden:
a. im Kanton Aargau: Klingnau, Menziken, Reinach, Zurzach;
b. im Kanton Appenzell Ausserrhoden: Bühler, Wolfhalden;
c. im Kanton Appenzell Innerrhoden: Gonten, Oberegg, Schlatt-Haslen;
d. im Kanton Bern: Biglen, Corgémont, Court, Frutigen, Hasle bei Burgdorf, Huttwil, Langnau im Emmental, Loveresse, Lützelflüh, Meiringen, Moutier, Oberdiessbach, Péry-La Heutte, Reconvilier, Reichenbach im Kandertal, Rüegsau, Schwarzenburg, Sonceboz-Sombeval, Sumiswald, Tavannes, Tramelan, Worb;
e. im Kanton Basel-Landschaft: Oberdorf;
f. im Kanton Freiburg: Billens-Hennens, Mézières, Romont, Villaz;
g. im Kanton Glarus: Glarus, Glarus Süd;
h. im Kanton Graubünden: Albula/Alvra, Bregaglia, Cazis, Disentis/Mustér, Fideris, Furna, Ilanz/Glion, Jenaz, Küblis, Luzein, Poschiavo, Schiers, Schluein, Scuol, Seewis im Prättigau, Thusis, Trun, Val Müstair, Zernez;
i. im Kanton Jura: Alle, Cornol, Courgenay, Courrendlin, Courroux, Courtedoux, Courtételle, Delémont, Haute-Sorne, Les Bois, Porrentruy, Rossemaison, Saignelégier;
j. im Kanton Luzern: Schüpfheim, Willisau, Wolhusen;
k. im Kanton Neuenburg: La Chaux-de-Fonds, Le Landeron, Le Locle, Val-de-Travers;
l. im Kanton St. Gallen: Ebnat-Kappel, Flums, Goldach, Mels, Rheineck, Rorschach, Rorschacherberg, Uzwil, Wattwil;
m. im Kanton Schaffhausen: Hallau, Oberhallau, Siblingen, Trasadingen, Wilchingen;
n. im Kanton Solothurn: Balsthal, Breitenbach;
o. im Kanton Thurgau: Amriswil, Hefenhofen;
p. im Kanton Tessin: Ascona, Bellinzona, Biasca, Brione sopra Minusio, Cadenazzo, Gordola, Locarno, Losone, Lumino, Minusio, Muralto, Orselina, Tenero-Contra, Terre di Pedemonte;
q. im Kanton Uri: Altdorf, Bürglen, Erstfeld, Gurtnellen, Schattdorf, Seedorf, Silenen;

---
[1] SR **901.022**

r. im Kanton Waadt: Aigle, Bex, Château-d'Oex, Cheseaux-Noréaz, Cossonay, Echallens, Grandson, Lavey-Morcles, Montagny-près-Yverdon, Moudon, Penthalaz, Rennaz, Sainte-Croix, Valeyres-sous-Montagny, Vallorbe, Yverdon-les-Bains;

s. im Kanton Wallis: Ardon, Bitsch, Brig-Glis, Collombey-Muraz, Conthey, Dorénaz, Fully, Gampel-Bratsch, Leuk, Martigny, Martigny-Combe, Massongex, Monthey, Naters, Niedergesteln, Raron, Riddes, Saint-Léonard, Saint-Maurice, Saxon, Sierre, Sion, St. Niklaus, Steg-Hohtenn, Turtmann-Un-terems, Vernayaz, Vétroz, Vouvry;

t. im Kanton Zürich: Bachenbülach, Dürnten, Rüti.

Art. 2 Aufhebung eines anderen Erlasses

Die Verordnung des WBF vom 3. Juni 2016[1] über die Festlegung der zu den Anwendungsgebieten für Steuererleichterungen gehörenden Gemeinden wird aufgehoben.

Art. 3 Inkrafttreten

Diese Verordnung tritt am 1. Januar 2023 in Kraft.

Karte

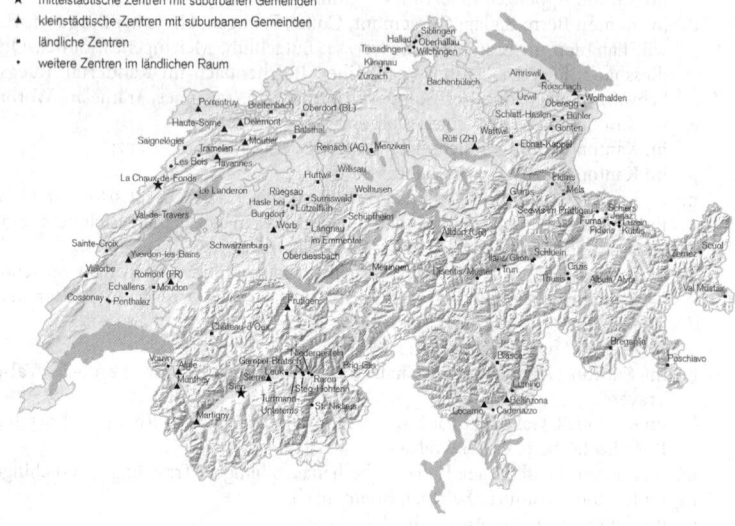

---

[1] AS **2016** 2183

N 6.4 Verordnung des WBF über die Gewährung von Steuererleichterungen im Rahmen der Regionalpolitik SR 901.022.2

vom 3. Juni 2016 (Stand am 1. Juli 2016)

Das Eidgenössische Departement für Wirtschaft, Bildung und Forschung (WBF),

gestützt auf die Artikel 1 Absatz 2, 10 Absatz 2 und 11 Absatz 3 der Verordnung vom 3. Juni 2016[1] über die Gewährung von Steuererleichterungen im Rahmen der Regionalpolitik (Bundesratsverordnung),

verordnet:

Art. 1 Industrielle Unternehmen

Als industrielle Unternehmen im Sinne der Bundesratsverordnung gelten Unternehmen, die, unabhängig davon, ob sie ihren Sitz im Inland oder im Ausland haben, in einem der folgenden Wirtschaftszweige tätig sind:

a. verarbeitendes Gewerbe und Herstellung von Waren gemäss Abschnitt C der Allgemeinen Systematik der Wirtschaftszweige des Bundesamtes für Statistik (BFS) von 2008[2];
b. Erbringung von Dienstleistungen der Informationstechnologie gemäss Abschnitt J Abteilung 62 der Allgemeinen Systematik der Wirtschaftszweige des BFS von 2008.

Art. 2 Produktionsnahe Dienstleistungsbetriebe

Als produktionsnahe Dienstleistungsbetriebe im Sinne der Bundesratsverordnung gelten industrielle Unternehmen, die Vorhaben ausserhalb der Wirtschaftszweige nach Artikel 1 realisieren.

Art. 3 Vorhaben

Das Vorhaben besteht in der Gründung oder Neuausrichtung einer juristischen Einheit oder einer Betriebsstätte.

Art. 4 Neuausrichtung

Eine Neuausrichtung der Arbeitsplätze liegt vor, wenn die betriebliche Tätigkeit insgesamt oder Teile davon wesentlich geändert werden. Wesentlich ist eine Änderung, wenn sie:

a. eine neuartige Lösung zur Verbesserung von Produkten, Produktionsprozessen oder betriebswirtschaftlichen Prozessen zur Folge hat; und
b. Investitionen auslöst, die nicht ausschliesslich dazu dienen, bestehende Investitionen zu ersetzen.

---

[1] SR **901.022**
[2] www.noga.bfs.admin.ch

Art. 5 Lehrstellen und Personalverleih

[1] Lehrstellen werden als Arbeitsplätze angerechnet.

[2] Nicht als Arbeitsplätze angerechnet werden die Stellen, die von Personal nach Artikel 27 der Arbeitsvermittlungsverordnung vom 16. Januar 1991[1] besetzt sind.

Art. 6 Regionalwirtschaftliche Bedeutung

[1] Die regionalwirtschaftliche Bedeutung ist gegeben, wenn das Vorhaben mindestens vier Kriterien von Artikel 8 Absatz 1 Buchstaben a-h der Bundesratsverordnung entspricht.

[2] Die vier massgebenden Kriterien sind vom Kanton im Antrag auszuweisen.

Art. 7 Beginn der Steuererleichterung des Bundes

[1] Die Steuererleichterung beginnt am Tag, an dem das neu gegründete Unternehmen oder die neu eröffnete Betriebstätte nach Artikel 54 Absatz 1 des Bundesgesetzes vom 14. Dezember 1990[2] über die direkte Bundessteuer (DBG) steuerpflichtig wird. Wenn die Steuerpflicht zum Zeitpunkt der Antragsstellung noch nicht begonnen hat, so beginnt die Laufzeit der Steuererleichterung spätestens am 1. Januar des Kalenderjahres, das dem Kalenderjahr folgt, in dem der vollständige Antrag nach Artikel 13 Absatz 2 der Bundesratsverordnung beim SECO eingereicht wurde.

[2] Für Vorhaben bestehender Unternehmen beginnt die Laufzeit der Steuererleichterung am 1. Januar des Kalenderjahres, in dem durch das betreffende Vorhaben nach anerkannten Rechnungslegungsstandards gemäss Obligationenrecht[3] zum ersten Mal ein Umsatz erzielt wurde.

[3] Wird bis zum Zeitpunkt der Antragsstellung durch das Vorhaben eines bestehenden Unternehmens kein Umsatz erzielt, so beginnt die Laufzeit der Steuererleichterung spätestens am 1. Januar des Kalenderjahres, das dem Kalenderjahr folgt, in dem der vollständige Antrag nach Artikel 13 Absatz 2 der Bundesratsverordnung beim SECO eingereicht wurde.

[4] Die Steuererleichterung des Bundes muss nicht gleichzeitig mit derjenigen des Kantons beginnen.

Art. 8 Ausnahmen

[1] In begründeten Fällen, in denen das Unternehmen die wertschöpfende Aktivität nur verzögert aufnehmen kann, namentlich bei baulichen Massnahmen, kann die Steuererleichterung abweichend von Artikel 7 Absätze 1 und 3 später beginnen.

[2] Die Steuererleichterung nach Absatz 1 beginnt spätestens am 1. Januar des sechsten Kalenderjahres, nachdem der Antrag eingereicht wurde.

[3] Das Kalenderjahr, in dem der Antrag nach Artikel 13 Absatz 2 der Bundesratsverordnung beim SECO eingereicht wurde, wird in Absatz 2 nicht einbezogen.

[4] Der Antrag des Kantons um einen späteren Beginn nach Absatz 1 muss eine Begründung und einen detaillierten Zeitplan enthalten.

---

[1] SR **823.111**
[2] SR **642.11**
[3] SR **220**

Art. 9 Höchstbetrag

1 Der Höchstbetrag der Steuererleichterung nach Artikel 11 Absatz 3 der Bundesratsverordnung wird aufgrund folgender Masszahlen berechnet:
   a. AP_{neu}: Anzahl Arbeitsplätze, die durch das Vorhaben neu geschaffen werden sollen;
   b. $AP_{erhalten}$: Anzahl Arbeitsplätze, die durch das Vorhaben erhalten und gemäss Artikel 4 neu ausgerichtet werden sollen;
   c. B_{neu}: Betrag pro neu zu schaffenden Arbeitsplatz;
   d. $B_{erhalten}$: Betrag pro zu erhaltenden und gemäss Artikel 4 neu auszurichtenden Arbeitsplatz;
   e. N: Dauer der Steuererleichterung des Bundes in Anzahl Kalenderjahren.

2 Das WBF berechnet den Höchstbetrag der Steuererleichterung für deren gesamte Dauer aufgrund folgender Formel:

$$[(AP_{neu} \times B_{neu}) + (AP_{erhalten} \times B_{erhalten})] \times N$$

3 B_{neu} beträgt 95 000 Franken, $B_{erhalten}$ 47 500 Franken.

4 Das WBF überprüft mindestens jede zweite Legislaturperiode die Formel und die massgebenden Werte.

5 Gewährte Steuererleichterungen werden durch die allfällige Anpassung der Formel und der massgebenden Werte nicht berührt.

Art. 10 Ermittlung der neu zu schaffenden Arbeitsplätze (AP_{neu})

1 Wenn in der ersten Hälfte der Laufzeit der Steuererleichterungen mindestens 50 Prozent der gemäss Geschäftsplan über die gesamte Dauer der Steuererleichterung des Bundes geplanten neuen Arbeitsplätze geschaffen werden, so entspricht AP_{neu} der im Geschäftsplan enthaltenen Gesamtzahl dieser Arbeitsplätze.

2 Wenn in der ersten Hälfte der Laufzeit der Steuererleichterungen weniger als 50 Prozent der gemäss Geschäftsplan über die gesamte Dauer der Steuererleichterung des Bundes geplanten neuen Arbeitsplätze geschaffen werden, so entspricht AP_{neu} der Anzahl der in der ersten Hälfte geschaffenen Arbeitsplätze multipliziert mit dem Faktor 2.

3 Läuft die Steuererleichterung über eine ungerade Anzahl Jahre, so wird die Erfüllungsfrist um sechs Monate verlängert.

4 Bei Vorhaben produktionsnaher Dienstleistungsbetriebe ist die Voraussetzung gemäss Artikel 6 Absatz 2 der Bundesratsverordnung bis zur Hälfte der Laufzeit zu erfüllen.

Art. 11 Anrechnung der Steuerschuld an die Steuererleichterung

1 Die geschuldete direkte Bundessteuer des Unternehmens wird von der für die Veranlagung des Unternehmens zuständigen kantonalen Behörde, unter Vorbehalt von Artikel 15 Absatz 6 der Bundesratsverordnung, so lange an den Betrag der gewährten Steuererleichterung des Bundes angerechnet, bis dieser aufgebraucht ist, jedoch nicht über die Dauer der Steuererleichterung hinaus.

2 An den Betrag der Steuererleichterung können ausschliesslich die aus dem Vorhaben anfallenden Steuern angerechnet werden.

3 Der Kanton sichert die Kontrolle über die Abrechnung für jede Steuerperiode der Steuererleichterung.

Art. 12 Bearbeitungsfrist

Der Antrag des Kantons wird innerhalb von drei Monaten nach Einreichung des vollständigen Antrags beim SECO bearbeitet. Falls die Bearbeitungsdauer nicht eingehalten werden kann, informiert das SECO den Kanton über das weitere Vorgehen.

Art. 13 Jahresrapport

^{1} Der Kanton übermittelt die Daten nach Artikel 16 Absatz 3 der Bundesratsverordnung unter Verwendung des vom SECO vorgegebenen Jahresrapportformulars (Jahresrapport).

^{2} Der Jahresrapport ist zu unterschreiben:

    a. vom Unternehmen zur Bestätigung der Richtigkeit der angegebenen Informationen;
    b. vom Kanton zur Bestätigung, dass er die angegebenen Informationen auf ihre Plausibilität hin geprüft hat.

^{3} Fehlt eine Unterschrift, so gilt der Jahresrapport als unvollständig und nicht eingereicht.

^{4} Anstatt den Jahresrapport zu unterzeichnen, kann das Unternehmen auch einen separaten Bericht mit den im Jahresrapport geforderten Informationen unterzeichnen.

^{5} Die Bestätigung der Revisionsstelle nach Artikel 17 der Bundesratsverordnung ist dem Jahresrapport beizulegen. Anstatt eine separate unterzeichnete Bestätigung beizulegen, kann die Revisionsstelle den Jahresrapport unterschreiben.

Art. 14 Weiterführung der Steuererleichterung

^{1} Das SECO prüft die Einhaltung der Bedingungen und Auflagen für die Weiterführung der Steuererleichterung insbesondere auf der Grundlage des Jahresrapports.

^{2} Soweit es für diese Prüfung notwendig ist, kann das SECO weitere Angaben und Dokumente, insbesondere eine Kopie der Arbeitsverträge, verlangen.

^{3} Nach Ablauf der Hälfte der Dauer der Steuererleichterung informiert es schriftlich über deren Weiterführung oder deren Ende und setzt dem Unternehmen eine Frist zur Stellungnahme. Das SECO informiert gleichzeitig den antragstellenden Kanton, die für die Veranlagung zuständige kantonale Behörde sowie die Eidgenössische Steuerverwaltung.

^{4} Nach erfolgter Information kann das Unternehmen beim SECO innerhalb der nach Absatz 3 festgelegten Frist eine beschwerdefähige Verfügung des WBF verlangen.

Art. 15 Inkrafttreten

Diese Verordnung tritt am 1. Juli 2016 in Kraft.

StGB

Strafgesetzbuch

N 7 Auszug aus dem Schweizerischen Strafgesetzbuch (StGB) SR 311.0

vom 21. Dezember 1937 (Stand am 1. Januar 2025)

Die Bundesversammlung der Schweizerischen Eidgenossenschaft,

gestützt auf Artikel 123 der Bundesverfassung[1],[2] nach Einsicht in eine Botschaft des Bundesrates vom 23. Juli 1918[3],

beschliesst:

---

[1] SR **101**
[2] Fassung gemäss Ziff. I des BG vom 30. Sept. 2011 in Kraft seit 1. Juli 2012 (AS **2012** 2575; BBl **2010** 5651 5677).
[3] BBl **1918** IV 1

...

Zweites Buch: Besondere Bestimmungen

...

Siebzehnter Titel: Verbrechen und Vergehen gegen die Rechtspflege

...

Art. 305[bis][1] **Geldwäscherei**

1. Wer eine Handlung vornimmt, die geeignet ist, die Ermittlung der Herkunft, die Auffindung oder die Einziehung von Vermögenswerten zu vereiteln, die, wie er weiss oder annehmen muss, aus einem Verbrechen oder aus einem qualifizierten Steuervergehen herrühren, wird mit Freiheitsstrafe bis zu drei Jahren oder Geldstrafe bestraft.[2]

1bis. Als qualifiziertes Steuervergehen gelten die Straftaten nach Artikel 186 des Bundesgesetzes vom 14. Dezember 1990[3] über die direkte Bundessteuer und nach Artikel 59 Absatz 1 erstes Lemma des Bundesgesetzes vom 14. Dezember 1990[4] über die Harmonisierung der direkten Steuern der Kantone und Gemeinden, wenn die hinterzogenen Steuern pro Steuerperiode mehr als 300 000 Franken betragen.[5]

2. In schweren Fällen ist die Strafe Freiheitsstrafe bis zu fünf Jahren oder Geldstrafe.[6] Ein schwerer Fall liegt insbesondere vor, wenn der Täter:
   a. als Mitglied einer Verbrechensorganisation handelt;
   b. als Mitglied einer Bande handelt, die sich zur fortgesetzten Ausübung der Geldwäscherei zusammengefunden hat;
   c. durch gewerbsmässige Geldwäscherei einen grossen Umsatz oder einen erheblichen Gewinn erzielt.

3. Der Täter wird auch bestraft, wenn die Haupttat im Ausland begangen wurde und diese auch am Begehungsort strafbar ist.[7]

Art. 305[ter][8] **Mangelnde Sorgfalt bei Finanzgeschäften und Melderecht**[9]

¹ Wer berufsmässig fremde Vermögenswerte annimmt, aufbewahrt, anlegen oder übertragen hilft und es unterlässt, mit der nach den Umständen gebotenen Sorgfalt die Identität des wirtschaftlich Berechtigten festzustellen, wird mit Freiheitsstrafe bis zu einem Jahr oder Geldstrafe bestraft.[10]

---

[1] Eingefügt durch Ziff. I des BG vom 23. März 1990, in Kraft seit 1. Aug. 1990 (AS **1990** 1077; BBl **1989** II 1061).
[2] Fassung gemäss Ziff. I 4 des BG vom 12. Dez. 2014 zur Umsetzung der 2012 revidierten Empfehlungen der Groupe d'action financière, in Kraft seit 1. Jan. 2016 (AS **2015** 1389; BBl **2014** 605).
[3] SR **642.11**
[4] SR **642.14**
[5] Eingefügt durch Ziff. I 4 des BG vom 12. Dez. 2014 zur Umsetzung der 2012 revidierten Empfehlungen der Groupe d'action financière, in Kraft seit 1. Jan. 2016 (AS **2015** 1389; BBl **2014** 605). Siehe auch die UeB dieser Änd. am Schluss des Textes.
[6] Fassung gemäss Ziff. I 1 des BG vom 17. Dez. 2021 über die Harmonisierung der Strafrahmen, in Kraft seit 1. Juli 2023 (AS **2023** 259; BBl **2018** 2827).
[7] Berichtigt von der Redaktionskommission der BVers (Art. 33 GVG – AS **1974** 1051).
[8] Eingefügt durch Ziff. I des BG vom 23. März 1990, in Kraft seit 1. Aug. 1990 (AS **1990** 1077; BBl **1989** II 1061).
[9] Fassung gemäss Ziff. I des BG vom 18. März 1994, in Kraft seit 1. Aug. 1994 (AS **1994** 1614; BBl **1993** III 277).
[10] Strafdrohungen neu umschrieben gemäss Ziff. II 1 Abs. 16 des BG vom 13. Dez. 2002, in Kraft seit 1. Jan. 2007 (AS **2006** 3459; BBl **1999** 1979).

² Die von Absatz 1 erfassten Personen sind berechtigt, der Meldestelle für Geldwäscherei im Bundesamt für Polizei Wahrnehmungen zu melden, die darauf schliessen lassen, dass Vermögenswerte aus einem Verbrechen oder aus einem qualifizierten Steuervergehen nach Artikel 305bis Ziffer 1bis herrühren.[1]

...

Übergangsbestimmung der Änderung vom 12. Dezember 2014[2]

Artikel 305bis ist nicht anwendbar auf qualifizierte Steuervergehen im Sinne von Artikel 305bis Ziffer 1bis, die vor dem Inkrafttreten der Änderung vom 12. Dezember 2014 begangen wurden.

...

---

[1] Eingefügt durch Ziff. I des BG vom 18. März 1994 (AS **1994** 1614; BBl **1993** III 277). Fassung gemäss Ziff. I 4 des BG vom 12. Dez. 2014 zur Umsetzung der 2012 revidierten Empfehlungen der Groupe d'action financière, in Kraft seit 1. Jan. 2016 (AS **2015** 1389; BBl **2014** 605).
[2] AS **2015** 1389; BBl **2014** 605

Vorlagen

Vorlagen im gesetzgeberischen Prozess

N 8 Überblick über wichtige Vorlagen im gesetzgeberischen Prozess[1]

An dieser Stelle erhalten Sie Informationen über ausgewählte Vorlagen, welche im gesetzgeberischen Prozess bereits weit fortgeschritten (von beiden Räten angenommene parlamentarische Initiativen und Motionen oder bereits vom Bundesrat ausgearbeitete Entwürfe sowie Volksinitiativen) und Gegenstand der politischen Diskussion sind.

- *8.1 Individualbesteuerung*
- *8.2 Erstreckung der Verlustverrechnung*
- *8.3 Totalrevision des Verwaltungsstrafrechtsgesetzes (VStrR)*
- *8.4 Finanzierung der 13. AHV-Rente – Erhöhung der Mehrwertsteuer*
- *8.5 Totalrevision des Zollgesetzes*
- *8.6 Härtefallregelung (StG ZH)*

---

[1] Quelle: vgl. ESTV / Amtsblatt des Kantons Zürich

8.1 Individualbesteuerung
(Botschaft vom 21.2.2024; indirekter Gegenvorschlag zur Volksinitiative)

Mit der Botschaft vom 21.2.2024 beantragt der Bundesrat dem Parlament, die Volksinitiative «Für eine zivilstandsunabhängige Individualbesteuerung (Steuergerechtigkeits-Initiative)» Volk und Ständen zur Abstimmung zu unterbreiten mit der Empfehlung, diese abzulehnen. Gleichzeitig unterbreitet er den Räten als indirekten Gegenvorschlag das Bundesgesetz über die Individualbesteuerung mit dem Antrag auf Zustimmung. Mit dem Wechsel von der Ehepaarbesteuerung zur Individualbesteuerung könnten die sogenannte Heiratsstrafe abgeschafft und positive Erwerbsanreize gesetzt werden. Demnach sieht der indirekte Gegenvorschlag vor, alle Personen unabhängig von ihrem Zivilstand individuell zu besteuern. Die Einkünfte und Vermögenswerte von verheirateten Paaren werden dafür nach den zivilrechtlichen Verhältnissen aufgeteilt, wie es heute bereits bei unverheirateten Paaren erfolgt. Der Kinderabzug wird bei der direkten Bundessteuer von heute 6 700 Franken auf neu 12 000 Franken erhöht und wird zur Hälfte zwischen den Eltern aufgeteilt. Weiter wird der Tarif der direkten Bundessteuer angepasst: Die Steuersätze für tiefe und mittlere Einkommen werden gesenkt, der Grundfreibetrag wird erhöht und der Betrag, bei dem der Maximalsatz von 11,5 Prozent erreicht wird, gesenkt. Am 25.9.2024 hat der Nationalrat den Gesetzesentwurf mit knapper Mehrheit angenommen. In der Folge hat am 18.10.2024 vorbereitend die Finanzkommission des Ständerates (FK-S) der federführenden Kommission für Wirtschaft und Abgaben (WAK-S) beantragt, auf den indirekten Gegenvorschlag (Bundesgesetz über die Individualbesteuerung) einzutreten. Der Ständerat wird in der Frühjahrssession 2025 darüber beraten.

8.2 Erstreckung der Verlustverrechnung
(Botschaft vom 27.11.2024)

Der Bundesrat hat an seiner Sitzung vom 27.11.2024 die Botschaft zur Erstreckung der Verlustverrechnung von sieben auf zehn Jahre verabschiedet. Er erfüllt damit eine vom Parlament überwiesene Motion, die mit der schwierigen wirtschaftlichen Lage vieler Unternehmen aufgrund der Covid-Pandemie begründet wurde. Der Bundesrat anerkennt im Grundsatz das Anliegen der Motion, erachtet die Massnahme aber nicht als prioritär und verzichtet angesichts der finanziellen Lage des Bundeshaushalts bei vergleichsweise bescheidenem Nutzen darauf, dem Parlament einen Antrag auf Zustimmung zu stellen.

8.3 Totalrevision des Verwaltungsstrafrechtsgesetzes (VStrR)
(Vernehmlassung vom 31.1.2024)

Dem Modernisierungsbedarf des Verwaltungsstrafrechts will der Bundesrat mit einer Totalrevision des Verwaltungsstrafrechtsgesetzes (VStrR) Rechnung tragen. Das Verwaltungsstrafrecht soll weiterhin in einem Spezialgesetz geregelt bleiben. Das heisst, der Bundesrat möchte die Bestimmungen nicht ins Strafgesetzbuch (StGB) und in die Strafprozessordnung (StPO) überführen. So schlägt er insbesondere vor, das Verwaltungsstrafverfahren effizienter zu gestalten und der StPO anzugleichen. Die am 31.1.2024 eröffnete Vernehmlassung dauerte bis zum 10.5.2024. Ein Bericht dazu wurde bis dato noch nicht veröffentlicht.

8.4 Finanzierung der 13. AHV-Rente – Erhöhung der Mehrwertsteuer
(Botschaft vom 16.10.2024)

Die Volksinitiative «Für ein besseres Leben im Alter (Initiative für eine 13. AHV-Rente)» wurde in der Volksabstimmung vom 3.3.2024 angenommen. Die 13. AHV-Altersrente soll ab 2026 einmal jährlich im Dezember ausbezahlt werden. Ohne Zusatzfinanzierung würde die AHV schon im Jahr der Einführung mehr ausgeben als einnehmen. Dadurch würde der Stand des AHV-Ausgleichsfonds rasch unter die gesetzlich vorgeschriebene Schwelle von 100 Prozent einer Jahresausgabe der AHV sinken. Der Bundesrat schlägt deshalb in seiner Botschaft vom 16.10.2024 vor, die Mehrwertsteuer um 0,7 Prozentpunkte zu erhöhen. Der Normalsatz würde von heute 8,1 auf 8,8 Prozent steigen, der Sondersatz für die Hotellerie von 3,8 auf 4,2 Prozent und der reduzierte Satz für Güter des täglichen Bedarfs von 2,6 auf 2,8 Prozent. Das Parlament wird in der ersten Hälfte 2025 über die Vorlage beraten. Die Erhöhung der Mehrwertsteuer bedingt eine Verfassungsänderung, welche dem obligatorischen Referendum unterliegt. Volk und Stände müssen also in jedem Fall darüber abstimmen.

8.5 Totalrevision des Zollgesetzes
(Botschaft vom 24.8.2022)

Der Bundesrat hat an seiner Sitzung vom 24.8.2022 die Botschaft zur Totalrevision des Zollgesetzes verabschiedet. Er unterbreitet darin dem Parlament den Entwurf des Bundesgesetzes über den Allgemeinen Teil der Abgabenerhebung und die Kontrolle des grenzüberschreitenden Waren- und Personenverkehrs durch das Bundesamt für Zoll und Grenzsicherheit (BAZG-VG) sowie das neue Zollabgabengesetz (ZoG). Dabei handelt es sich um eine Anpassung des heutigen Zollgesetzes und dessen Reduktion auf einen reinen Abgabeerlass sowie gleichzeitig um das Schaffen eines Rahmengesetzes, das zusammenführt, was im Aufgabenbereich des BAZG harmonisiert werden soll. Im Zuge dieser Revision werden u.a. sämtliche Artikel des MWSTG und der MWSTV, die mit der Einfuhr und entsprechenden Strafbestimmungen im Zusammenhang stehen, angepasst. Am 6.3.2024 hat der Nationalrat und am 17.12.2024 der Ständerat (mit einigen Differenzen zum NR) diese umfangreiche Vorlage gutgeheissen. Das Geschäft geht nun wieder in die zuständigen Kommissionen zur Detailberatung bzw. ins Differenzbereinigungsverfahren.

8.6 Härtefallregelung (StG ZH)
(Antrag des Regierungsrates vom 4.9.2024 an den Kantonsrat)

Gemäss Antrag des Regierungsrates an den Kantonsrat vom 4.9.2024 soll bei am Wohnsitz selbst bewohnten Liegenschaften oder Liegenschaftsteilen der Eigenmietwert auf Antrag angemessen herabgesetzt werden können (ein sogenannter Härtefalleinschlag), wenn er im Verhältnis zu den Einkünften und Vermögenswerten, die den Steuerpflichtigen und weiteren im gleichen Haushalt lebenden Personen zur Deckung der Lebenshaltungskosten zur Verfügung stehen, auf Dauer zu einer übermässigen Belastung führt.

# StG ZH

Steuergesetz Kanton Zürich

I Steuergesetz (StG ZH)[1]
LS 631.1

vom 8. Juni 1997[2] (Stand am 1. Januar 2025)

☞ *Auf die Änderung durch folgendes Gesetz wird im Text hingewiesen:*
- *G vom 4.11.2024 (Schritt 2 der Steuervorlage 17), das Kantonsratsreferendum ist zustande gekommen, frühestens in Kraft ab 1.1.2026 (unter Voraussetzung der Annahme in der Volksabstimmung; der Regierungsrat bestimmt das Datum der Abstimmung und des Inkrafttretens)*

---

[1] Fassung gemäss G über die Anpassung des kantonalen Rechts an das Partnerschaftsgesetz des Bundes vom 9. Juli 2007 (OS 62, 429; ABl 2006, 1703). In Kraftseit 1. Januar 2008.
[2] OS 54, 193

Erster Teil: Staatssteuern

Erster Abschnitt: Allgemeine Bestimmungen

I. Steuerarten

§ 1

Der Kanton erhebt als Staatssteuern jährlich:
a. Einkommens- und Vermögenssteuern von natürlichen Personen[1];
b. Gewinn- und Kapitalsteuern von juristischen Personen;
c. Quellensteuern von bestimmten natürlichen und juristischen Personen.

II. Steuerfuss

§ 2

[1] Die auf Grund der in diesem Gesetz festgelegten Steuersätze berechnete Steuer ist die einfache Staatssteuer.

[2] Der Kantonsrat setzt für je zwei Kalenderjahre den Steuerfuss in Prozenten der einfachen Staatssteuer fest. Der Regierungsrat beantragt innerhalb der Steuerfussperiode Erhöhungen des Steuerfusses zur Deckung höchstens der Hälfte der in seinem Voranschlagsentwurf eingestellten Abschreibungen eines Finanzfehlbetrags.[2]

[3] Der Steuerfuss gilt gleichmässig für alle Steuerarten.

Zweiter Abschnitt: Besteuerung der natürlichen Personen

A. Steuerpflicht

I. Persönliche Zugehörigkeit

§ 3

[1] Natürliche Personen sind aufgrund persönlicher Zugehörigkeit steuerpflichtig, wenn sie ihren steuerrechtlichen Wohnsitz oder Aufenthalt im Kanton haben.

[2] Einen steuerrechtlichen Wohnsitz im Kanton hat eine Person, wenn sie sich hier mit der Absicht dauernden Verbleibens aufhält oder wenn ihr das Bundesrecht hier einen besonderen gesetzlichen Wohnsitz zuweist.

[3] Einen steuerrechtlichen Aufenthalt im Kanton hat eine Person, wenn sie sich hier, ungeachtet vorübergehender Unterbrechung, bei Ausübung einer Erwerbstätigkeit während mindestens 30 Tagen, ohne Ausübung einer Erwerbstätigkeit während mindestens 90 Tagen aufhält.

---

[1] Unabhängig davon, ob im Einzelnen weibliche oder männliche Formulierungen verwendet werden, gelten die personenbezogenen Formulierungen im Steuergesetz für weibliche und männliche Personen, ausser wenn sich aus der Natur der Sache ergibt, dass ein Begriff ausschliesslich auf Angehörige eines bestimmten Geschlechts ausgelegt werden kann.

[2] Fassung gemäss G vom 25. August 2003 (OS 58, 371; ABl 2002, 1404). In Kraft seit 1. Juli 2005 (OS 59, 289).

II. Wirtschaftliche Zugehörigkeit

§ 4

¹ Natürliche Personen ohne steuerrechtlichen Wohnsitz oder Aufenthalt im Kanton sind aufgrund wirtschaftlicher Zugehörigkeit steuerpflichtig, wenn sie
  a. im Kanton Geschäftsbetriebe oder Betriebsstätten unterhalten;
  b. an Grundstücken im Kanton Eigentum, dingliche Rechte oder diesen wirtschaftlich gleichkommende persönliche Nutzungsrechte haben;
  c.[1] mit im Kanton gelegenen Grundstücken handeln.

² Natürliche Personen ohne steuerrechtlichen Wohnsitz oder Aufenthalt in der Schweiz sind aufgrund wirtschaftlicher Zugehörigkeit steuerpflichtig, wenn sie
  a. im Kanton eine Erwerbstätigkeit ausüben;
  b.[2] als Mitglieder der Verwaltung oder Geschäftsführung von juristischen Personen mit Sitz oder Betriebsstätte im Kanton Tantiemen, Sitzungsgelder, feste Entschädigungen, Mitarbeiterbeteiligungen oder ähnliche Vergütungen beziehen;
  c. Gläubiger oder Nutzniesser von Forderungen sind, die durch Grund- oder Faustpfand auf Grundstücken im Kanton gesichert sind;
  d.[3] im Kanton gelegene Grundstücke vermitteln;
  e. Pensionen, Ruhegehälter oder andere Leistungen erhalten, die aufgrund eines früheren öffentlich-rechtlichen Arbeitsverhältnisses von einem Arbeitgeber oder einer Vorsorgeeinrichtung mit Sitz im Kanton ausgerichtet werden;
  f. Leistungen aus schweizerischen privatrechtlichen Einrichtungen der beruflichen Vorsorge oder aus anerkannten Formen der gebundenen Selbstvorsorge mit Sitz oder Betriebsstätte im Kanton erhalten;
  g.[4] für Arbeit im internationalen Verkehr an Bord eines Schiffes oder eines Luftfahrzeuges oder bei einem Transport auf der Strasse Lohn oder andere Vergütungen von einem Arbeitgeber mit Sitz oder Betriebsstätte im Kanton erhalten; davon ausgenommen bleibt die Besteuerung der Seeleute für Arbeit an Bord eines Hochseeschiffes.

III. Umfang der Steuerpflicht

§ 5[5]

¹ Bei persönlicher Zugehörigkeit ist die Steuerpflicht unbeschränkt; sie erstreckt sich aber nicht auf Geschäftsbetriebe, Betriebsstätten und Grundstücke ausserhalb des Kantons.

² Bei wirtschaftlicher Zugehörigkeit beschränkt sich die Steuerpflicht auf die Teile des Einkommens und Vermögens, für die gemäss § 4 eine Steuerpflicht im Kanton besteht. Steuerpflichtige ohne steuerrechtlichen Wohnsitz oder Aufenthalt in der Schweiz versteuern mindestens das im Kanton erzielte Einkommen und das im Kanton gelegene Vermögen.

---

[1] Eingefügt durch G vom 17. August 2020 (OS 75, 593; ABl 2019-05-31). In Kraft seit 1. Januar 2021.
[2] Fassung gemäss G vom 17. September 2012 (OS 68, 48; ABl 2011, 3263). In Kraft seit 1. Januar 2013.
[3] Fassung gemäss G vom 17. August 2020 (OS 75, 593; ABl 2019-05-31). In Kraft seit 1. Januar 2021.
[4] Fassung gemäss G vom 25. März 2024 (OS 79, 394; ABl 2022-10-07). In Kraft seit 1. Januar 2025.
[5] Fassung gemäss G vom 17. August 2020 (OS 75, 593; ABl 2019-05-31). In Kraft seit 1. Januar 2021.

³ Die Abgrenzung der Steuerpflicht für Geschäftsbetriebe, Betriebsstätten und Grundstücke erfolgt im Verhältnis zu anderen Kantonen und zum Ausland nach den Grundsätzen des Bundesrechts über das Verbot der interkantonalen Doppelbesteuerung. Wenn ein schweizerisches Unternehmen Verluste aus einer ausländischen Betriebsstätte mit inländischen Gewinnen verrechnet hat, innert der folgenden sieben Jahre aber aus dieser Betriebsstätte Gewinne verzeichnet, ist im Ausmass der im Betriebsstättenstaat verrechenbaren Gewinne eine Revision der ursprünglichen Veranlagung vorzunehmen; die Verluste aus dieser Betriebsstätte werden in diesem Fall in der Schweiz nachträglich nur satzbestimmend berücksichtigt. In allen übrigen Fällen sind Auslandsverluste ausschliesslich satzbestimmend zu berücksichtigen. Vorbehalten bleiben die in Doppelbesteuerungsabkommen enthaltenen Regelungen.

IV. Steuerberechnung bei teilweiser Steuerpflicht

§ 6[1]

¹ Steuerpflichtige, die im Kanton nur für einen Teil ihres Einkommens und Vermögens steuerpflichtig sind, entrichten die Steuern für die im Kanton steuerbaren Werte nach dem Steuersatz, der ihrem gesamten Einkommen und Vermögen entspricht.

² Steuerpflichtige ohne steuerrechtlichen Wohnsitz oder Aufenthalt in der Schweiz entrichten die Steuern für Geschäftsbetriebe, Betriebsstätten und Grundstücke im Kanton mindestens zu dem Steuersatz, der dem im Kanton erzielten Einkommen und dem im Kanton gelegenen Vermögen entspricht.

V. Ehegatten; eingetragene Partnerinnen oder Partner; Kinder unter elterlicher Sorge[2]

§ 7

¹ Einkommen und Vermögen der Ehegatten, die in rechtlich und tatsächlich ungetrennter Ehe leben, werden ohne Rücksicht auf den Güterstand zusammengerechnet.

^{1bis} Einkommen und Vermögen von Personen, die in rechtlich und tatsächlich ungetrennter eingetragener Partnerschaft leben, werden zusammengerechnet.[3]

^{1ter} Die Stellung eingetragener Partnerinnen und Partner entspricht in diesem Gesetz derjenigen von Ehegatten. Dies gilt auch bezüglich der Unterhaltsbeiträge während des Bestehens der eingetragenen Partnerschaft sowie bezüglich der Unterhaltsbeiträge und der vermögensrechtlichen Auseinandersetzung bei Getrenntleben und Auflösung einer eingetragenen Partnerschaft.[4]

---

[1] Fassung gemäss G vom 17. August 2020 (OS 75, 593; ABl 2019-05-31). In Kraft seit 1. Januar 2021.
[2] Fassung gemäss G über die Anpassung des kantonalen Rechts an das Partnerschaftsgesetz des Bundes vom 9. Juli 2007 (OS 62, 429; ABl 2006, 1703). In Kraft seit 1. Januar 2008.
[3] Eingefügt durch G über die Anpassung des kantonalen Rechts an das Partnerschaftsgesetz des Bundes vom 9. Juli 2007 (OS 62, 429; ABl 2006, 1703). In Kraft seit 1. Januar 2008.
[4] Eingefügt durch G über die Anpassung des kantonalen Rechts an das Partnerschaftsgesetz des Bundes vom 9. Juli 2007 (OS 62, 429; ABl 2006, 1703). In Kraft seit 1. Januar 2008.

² Leben Ehegatten in rechtlich und tatsächlich ungetrennter Ehe, hat jedoch nur ein Ehegatte seinen steuerrechtlichen Wohnsitz oder Aufenthalt im Kanton, während der andere Ehegatte in einem anderen Kanton wohnt, richtet sich die Steuerpflicht des im Kanton wohnhaften Ehegatten nach den Grundsätzen des Bundesrechts über das Verbot der interkantonalen Doppelbesteuerung. Wohnt der andere Ehegatte im Ausland, ist der im Kanton wohnhafte Ehegatte für sein gesamtes Einkommen und Vermögen steuerpflichtig; vorbehalten bleiben auch in diesem Fall die auf eine ausserkantonale Liegenschaft oder Betriebsstätte entfallenden Einkommens- und Vermögenswerte oder eine Einschränkung durch ein Doppelbesteuerungsabkommen. Für den Steuersatz ist, unter Anwendung des Verheiratetentarifs und der Sozialabzüge für Verheiratete, auf das gesamte eheliche Einkommen und Vermögen abzustellen.

³ Einkommen und Vermögen von Kindern unter elterlicher Sorge werden bis zum Beginn des Jahres, in dem sie volljährig werden, dem Inhaber der elterlichen Sorge zugerechnet. Bei Kindern unter gemeinsamer Sorge nicht gemeinsam besteuerter Eltern erfolgt die Zurechnung bei demjenigen Elternteil, dem der Kinderabzug im Sinn von § 34 Abs. 1 lit. a zusteht. Vorbehalten bleibt das Erwerbseinkommen, für welches das minderjährige Kind selbstständig besteuert wird.[1]

VI. Besteuerung von Personengemeinschaften

§ 8 Einfache Gesellschaften, Kollektiv- und Kommanditgesellschaften; ausländische Handelsgesellschaften und andere ausländische Personengesamtheiten 1.

¹ Einfache Gesellschaften, Kollektiv- und Kommanditgesellschaften sind als solche nicht steuerpflichtig; ihr Einkommen und Vermögen wird den Teilhabern und Kommanditären zugerechnet.

² Ausländische Handelsgesellschaften und andere ausländische Personengesamtheiten ohne juristische Persönlichkeit, die aufgrund wirtschaftlicher Zugehörigkeit steuerpflichtig sind, entrichten ihre Steuern nach den Bestimmungen für die juristischen Personen.

§ 9 Erbengemeinschaften 2.

¹ Erbengemeinschaften sind als solche nicht steuerpflichtig; ihr Einkommen und Vermögen wird den einzelnen Erben oder Bedachten zugerechnet.

² Ist die Erbfolge ungewiss, wird die Erbengemeinschaft als Ganzes nach den für natürliche Personen geltenden Bestimmungen besteuert.

§ 9a[2] Kollektive Kapitalanlagen 3.

Einkommen und Vermögen der kollektiven Kapitalanlagen gemäss dem Kollektivanlagengesetz vom 23. Juni 2006 (KAG)[3] werden den Anlegern anteilsmässig zugerechnet; ausgenommen hiervon sind die kollektiven Kapitalanlagen mit direktem Grundbesitz.

---

1 Fassung gemäss Einführungsgesetz zum Kindes- und Erwachsenenschutzrecht vom 25. Juni 2012 (OS 67, 443; ABl 2011, 2567). In Kraft seit 1. Januar 2013.
2 Eingefügt durch G vom 5. November 2007 (OS 63, 65; ABl 2007, 14). In Kraft seit 1. Januar 2008.
3 SR **951.31**

VII. Beginn und Ende der Steuerpflicht

§ 10

¹ Die Steuerpflicht beginnt mit dem Zeitpunkt, in welchem der Steuerpflichtige im Kanton steuerrechtlichen Wohnsitz oder Aufenthalt nimmt oder im Kanton steuerbare Werte erwirbt.

² Die Steuerpflicht endet mit dem Tod oder dem Wegzug des Steuerpflichtigen aus dem Kanton oder mit dem Wegfall der im Kanton steuerbaren Werte.

³ Die Folgen des Beginns, der Änderung und des Endes der Steuerpflicht auf Grund persönlicher und wirtschaftlicher Zugehörigkeit werden im interkantonalen Verhältnis durch das Bundesgesetz über die Harmonisierung der direkten Steuern der Kantone und Gemeinden[1] sowie durch die Grundsätze des Bundesrechts über das Verbot der interkantonalen Doppelbesteuerung bestimmt.[2]

VIII. Steuernachfolge

§ 11

¹ Stirbt der Steuerpflichtige, treten seine Erben in seine Rechte und Pflichten ein. Sie haften solidarisch für die vom Erblasser geschuldeten Steuern bis zur Höhe ihrer Erbteile, einschliesslich der Vorempfänge.

² Der überlebende Ehegatte haftet mit seinem Erbteil und dem Betrag, den er aufgrund ehelichen Güterrechts vom Vorschlag oder Gesamtgut über den gesetzlichen Anteil nach schweizerischem Recht hinaus erhält.

³ Die überlebende eingetragene Partnerin oder der überlebende eingetragene Partner haftet mit ihrem bzw. seinem Erbteil und dem Betrag, den sie bzw. er auf Grund einer vermögensrechtlichen Regelung im Sinne von Art. 25 Abs. 1 des Partnerschaftsgesetzes vom 18. Juni 2004[3] erhalten hat.[4]

IX. Haftung

§ 12

¹ Die in rechtlich und tatsächlich ungetrennter Ehe lebenden Ehegatten haften solidarisch für die Gesamtsteuer. Jeder Gatte haftet jedoch nur für seinen Anteil an der Gesamtsteuer, wenn einer von beiden zahlungsunfähig ist. Ferner haften sie solidarisch für denjenigen Teil an der Gesamtsteuer, der auf das Kindereinkommen entfällt.

² Mit dem Steuerpflichtigen haften solidarisch:

a.[5] die unter seiner elterlichen Sorge stehenden Kinder bis zum Betrag des auf sie entfallenden Anteils an der Gesamtsteuer;

---

[1] SR **642.14**
[2] Eingefügt durch G vom 11. September 2000 (OS 56, 415). In Kraft seit 1. Januar 2001.
[3] SR **211.231**
[4] Eingefügt durch G über die Anpassung des kantonalen Rechts an das Partnerschaftsgesetz des Bundes vom 9. Juli 2007 (OS 62, 429; ABl 2006, 1703). In Kraft seit 1. Januar 2008.
[5] Fassung gemäss G vom 11. September 2000 (OS 56, 415). In Kraft seit 1. Januar 2001.

b. die in der Schweiz wohnenden Teilhaber an einer einfachen Gesellschaft, Kollektiv- oder Kommanditgesellschaft bis zum Betrag ihrer Gesellschaftsanteile für die Steuern der im Ausland wohnenden Teilhaber;
c. Käufer und Verkäufer einer im Kanton gelegenen Liegenschaft bis zu 3 Prozent der Kaufsumme für die vom Händler oder Vermittler aus dieser Tätigkeit geschuldeten Steuern, wenn der Händler oder der Vermittler in der Schweiz keinen steuerrechtlichen Wohnsitz hat; Käufer und Verkäufer haften jedoch nur, soweit sie einem Händler oder Vermittler mit steuerrechtlichem Wohnsitz im Ausland einen entsprechenden Auftrag erteilt haben;
d. die Personen, die Geschäftsbetriebe oder Betriebsstätten im Kanton auflösen oder im Kanton gelegene Grundstücke oder durch solche gesicherte Forderungen veräussern oder verwerten, bis zum Betrag des Reinerlöses, wenn der Steuerpflichtige keinen steuerrechtlichen Wohnsitz in der Schweiz hat.

³ Mit dem Steuernachfolger haften für die Steuer des Erblassers solidarisch der Erbschaftsverwalter und der Willensvollstrecker bis zum Betrag, der nach dem Stand des Nachlassvermögens im Zeitpunkt des Todes auf die Steuer entfällt. Die Haftung entfällt, wenn der Haftende nachweist, dass er alle nach den Umständen gebotene Sorgfalt angewendet hat.

§ 13 ...¹

X.² Angehörige diplomatischer und konsularischer Vertretungen

§ 14

¹ Die Angehörigen der bei der Eidgenossenschaft beglaubigten diplomatischen und konsularischen Vertretungen sowie die Angehörigen der in der Schweiz niedergelassenen internationalen Organisationen und der bei ihnen bestehenden Vertretungen werden insoweit nicht besteuert, als das Bundesrecht eine Steuerbefreiung vorsieht.

² Bei teilweiser Steuerpflicht gilt § 6 Abs. 1.

XI.³ Steuererleichterungen für Unternehmen

§ 15

Für Personenunternehmen, die neu eröffnet werden und dem volkswirtschaftlichen Interesse des Kantons dienen, kann der Regierungsrat im Einvernehmen mit der zuständigen Gemeinde höchstens für das Eröffnungsjahr und die neun folgenden Jahre angemessene Steuererleichterungen gewähren. Eine wesentliche Änderung der betrieblichen Tätigkeit kann einer Neueröffnung gleichgestellt werden.

---

1 Aufgehoben durch G vom 20. Oktober 2014 (OS 70, 94; ABl 2014-03-21). In Kraft seit 1. Januar 2016.
2 Fassung gemäss G vom 20. Oktober 2014 (OS 70, 94; ABl 2014-03-21). In Kraft seit 1. Januar 2016.
3 Fassung gemäss G vom 20. Oktober 2014 (OS 70, 94; ABl 2014-03-21). In Kraft seit 1. Januar 2016.

B. Einkommenssteuer

I. Steuerbare Einkünfte

§ 16 Allgemeines 1.

¹ Der Einkommenssteuer unterliegen alle wiederkehrenden und einmaligen Einkünfte.

² Als Einkommen gelten auch Naturalbezüge jeder Art, insbesondere freie Verpflegung und Unterkunft sowie der Wert selbstverbrauchter Erzeugnisse und Waren des eigenen Betriebs.

³ Die Kapitalgewinne aus der Veräusserung von Privatvermögen sind steuerfrei. Vorbehalten bleibt die Grundstückgewinnsteuer.

Unselbstständige Erwerbstätigkeit 2.

§ 17 Grundsatz a)

¹ Steuerbar sind alle Einkünfte aus privatrechtlichem oder öffentlich-rechtlichem Arbeitsverhältnis mit Einschluss der Nebeneinkünfte, wie Entschädigungen für Sonderleistungen, Provisionen, Zulagen, Dienstalters- und Jubiläumsgeschenke, Gratifikationen, Trinkgelder, Tantiemen, geldwerte Vorteile aus Mitarbeiterbeteiligungen und andere geldwerte Vorteile.[1]

² Die vom Arbeitgeber getragenen Kosten der berufsorientierten Aus- und Weiterbildung, einschliesslich Umschulungskosten, stellen unabhängig von deren Höhe keinen anderen geldwerten Vorteil im Sinne von Abs. 1 dar.[2]

³ Kapitalabfindungen aus einer mit dem Arbeitsverhältnis verbundenen Vorsorgeeinrichtung oder gleichartige Kapitalabfindungen des Arbeitgebers werden nach § 37 besteuert.

§ 17a[3] Mitarbeiterbeteiligungen b)

¹ Als echte Mitarbeiterbeteiligungen gelten:

a. Aktien, Genussscheine, Partizipationsscheine, Genossenschaftsanteile oder Beteiligungen anderer Art, die der Arbeitgeber, dessen Muttergesellschaft oder eine andere Konzerngesellschaft den Mitarbeitern abgibt;
b. Optionen auf den Erwerb von Beteiligungen nach lit. a.

² Als unechte Mitarbeiterbeteiligungen gelten Anwartschaften auf blosse Bargeldabfindungen.

§ 17b[4] Einkünfte aus echten Mitarbeiterbeteiligungen c)

¹ Geldwerte Vorteile aus echten Mitarbeiterbeteiligungen, ausser aus gesperrten oder nicht börsenkotierten Optionen, sind im Zeitpunkt des Erwerbs als Einkommen aus unselbstständiger Erwerbstätigkeit steuerbar. Die steuerbare Leistung entspricht deren Verkehrswert, vermindert um einen allfälligen Erwerbspreis.

---

[1] Fassung gemäss G vom 17. September 2012 (OS 68, 48; ABl 2011, 3263). In Kraft seit 1. Januar 2013.
[2] Eingefügt durch G vom 8. Dezember 2014 (OS 70, 249; ABl 2014-06-06). In Kraft seit 1. Januar 2016.
[3] Eingefügt durch G vom 17. September 2012 (OS 68, 48; ABl 2011, 3263). In Kraft seit 1. Januar 2013.
[4] Eingefügt durch G vom 17. September 2012 (OS 68, 48; ABl 2011, 3263). In Kraft seit 1. Januar 2013.

² Bei Mitarbeiteraktien sind für die Berechnung der steuerbaren Leistung Sperrfristen mit einem Diskont von 6 Prozent pro Sperrjahr auf deren Verkehrswert zu berücksichtigen. Dieser Diskont gilt längstens für zehn Jahre.

³ Geldwerte Vorteile aus gesperrten oder nicht börsenkotierten Mitarbeiteroptionen werden im Zeitpunkt der Ausübung besteuert. Die steuerbare Leistung entspricht dem Verkehrswert der Aktie bei Ausübung, vermindert um den Ausübungspreis.

§ 17c[1] Einkünfte aus unechten Mitarbeiterbeteiligungen d)

Geldwerte Vorteile aus unechten Mitarbeiterbeteiligungen sind im Zeitpunkt ihres Zuflusses steuerbar.

§ 17d[2] Anteilmässige Besteuerung e)

Hatte der Steuerpflichtige nicht während der gesamten Zeitspanne zwischen Erwerb und Entstehen des Ausübungsrechts der gesperrten Mitarbeiteroptionen (§ 17b Abs. 3) steuerrechtlichen Wohnsitz oder Aufenthalt in der Schweiz, so werden die geldwerten Vorteile daraus anteilmässig im Verhältnis zwischen der gesamten zu der in der Schweiz verbrachten Zeitspanne besteuert.

Selbständige Erwerbstätigkeit 3.

§ 18 Grundsatz a)

¹ Steuerbar sind alle Einkünfte aus einem Handels-, Industrie-, Gewerbe-, Land- und Forstwirtschaftsbetrieb, aus einem freien Beruf sowie aus jeder anderen selbständigen Erwerbstätigkeit.

² Zu den Einkünften aus selbständiger Erwerbstätigkeit zählen auch alle Kapitalgewinne aus Veräusserung, Verwertung oder buchmässiger Aufwertung von Geschäftsvermögen. Der Veräusserung gleichgestellt ist die Überführung von Geschäftsvermögen in das Privatvermögen oder in ausländische Betriebe oder Betriebsstätten.[3]

³ Als Geschäftsvermögen gelten alle Vermögenswerte, die ganz oder vorwiegend der selbständigen Erwerbstätigkeit dienen. Gleiches gilt für Beteiligungen von mindestens 20 Prozent am Grund- oder Stammkapital einer Kapitalgesellschaft oder Genossenschaft, sofern der Eigentümer sie im Zeitpunkt des Erwerbs zum Geschäftsvermögen erklärt.[4]

⁴ Für Steuerpflichtige, die eine ordnungsgemässe Buchhaltung führen, gilt § 64 sinngemäss.

⁵ Gewinne auf Grundstücken des Geschäftsvermögens werden in dem Umfang den steuerbaren Einkünften zugerechnet, in dem Erwerbspreis und wertvermehrende Aufwendungen, einschliesslich der Baukreditzinsen, den Einkommenssteuerwert übersteigen.

---

[1] Eingefügt durch G vom 17. September 2012 (OS 68, 48; ABl 2011, 3263). In Kraft seit 1. Januar 2013.
[2] Eingefügt durch G vom 17. September 2012 (OS 68, 48; ABl 2011, 3263). In Kraft seit 1. Januar 2013.
[3] Fassung gemäss G vom 11. September 2000 (OS 56, 415). In Kraft seit 1. Januar 2001.
[4] Eingefügt durch G vom 11. September 2000 (OS 56, 415). In Kraft seit 1. Januar 2001.

§ 18a[1] **Aufschubtatbestände** b)

¹ Die Verpachtung eines Geschäftsbetriebs gilt nur auf Antrag der steuerpflichtigen Person als Überführung in das Privatvermögen.

² Wird bei einer Erbteilung der Geschäftsbetrieb nicht von allen Erben fortgeführt, wird die Besteuerung der stillen Reserven auf Gesuch der den Betrieb übernehmenden Erben bis zur späteren Realisierung aufgeschoben, soweit diese Erben die bisherigen für die Einkommenssteuer massgebenden Werte übernehmen.

§ 18b[2] **Teilbesteuerung der Einkünfte aus Beteiligungen des Geschäftsvermögens** c)

¹ Dividenden, Gewinnanteile, Liquidationsüberschüsse und geldwerte Vorteile aus Aktien, Anteilen an Gesellschaften mit beschränkter Haftung, Genossenschaftsanteilen und Partizipationsscheinen sowie Gewinne aus der Veräusserung solcher Beteiligungsrechte sind nach Abzug des zurechenbaren Aufwands im Umfang von 50 Prozent steuerbar, wenn diese Beteiligungsrechte mindestens 10 Prozent des Grund- oder Stammkapitals einer Kapitalgesellschaft oder Genossenschaft darstellen.

² Die Teilbesteuerung auf Veräusserungsgewinnen wird nur gewährt, wenn die veräusserten Beteiligungsrechte mindestens ein Jahr im Eigentum der steuerpflichtigen Person oder des Personenunternehmens waren.

§ 19[3] **Umstrukturierungen** d)[4]

¹ Stille Reserven eines Personenunternehmens (Einzelfirma, Personengesellschaft) werden bei Umstrukturierungen, insbesondere im Fall der Fusion, Spaltung oder Umwandlung, nicht besteuert, soweit die Steuerpflicht in der Schweiz fortbesteht und die bisher für die Einkommenssteuer massgeblichen Werte übernommen werden:

a. bei der Übertragung von Vermögenswerten auf ein anderes Personenunternehmen;
b. bei der Übertragung eines Betriebs oder eines Teilbetriebs auf eine juristische Person;
c. beim Austausch von Beteiligungs- oder Mitgliedschaftsrechten anlässlich von Umstrukturierungen im Sinne von § 67 Abs. 1 oder von fusionsähnlichen Zusammenschlüssen.

² Bei einer Umstrukturierung nach Abs. 1 lit. b werden die übertragenen stillen Reserven im Nachsteuerverfahren nach den §§ 160–162 nachträglich besteuert, soweit während den der Umstrukturierung nachfolgenden fünf Jahren Beteiligungs- oder Mitgliedschaftsrechte zu einem über dem übertragenen steuerlichen Eigenkapital liegenden Preis veräussert werden; die juristische Person kann in diesem Fall entsprechende, als Gewinn versteuerte stille Reserven geltend machen.

---

[1] Eingefügt durch G vom 5. Mai 2014 (OS 69, 406; ABl 2013-03-08). In Kraft seit 1. Januar 2015.
[2] Eingefügt durch G vom 1. April 2019 (OS 74, 535; ABl 2018-09-28). In Kraft seit 1. Januar 2020.
[3] Fassung gemäss G vom 27. Juni 2005 (OS 60, 349; ABl 2005, 233). In Kraft seit 1. Januar 2006.
[4] Fassung gemäss G vom 1. April 2019 (OS 74, 535; ABl 2018-09-28). In Kraft seit 1. Januar 2020.

§ 19a[1] Einkommen aus Patenten und vergleichbaren Rechten e)

Für das Einkommen aus Patenten und vergleichbaren Rechten sind §§ 64a und 64b sinngemäss anwendbar.

Bewegliches Vermögen 4.

§ 20[2] Allgemein a)[3]

1 Steuerbar sind die Erträge aus beweglichem Vermögen, insbesondere:

a.[4] Zinsen aus Guthaben, einschliesslich ausbezahlter Erträge aus rückkaufsfähigen Kapitalversicherungen mit Einmalprämie im Erlebensfall oder bei Rückkauf, ausser wenn diese Kapitalversicherungen der Vorsorge dienen. Als der Vorsorge dienend gilt die Auszahlung der Versicherungsleistung ab dem vollendeten 60. Altersjahr des Versicherten auf Grund eines mindestens fünfjährigen Vertragsverhältnisses, das vor Vollendung des 66. Altersjahres begründet wurde. In diesem Fall ist die Leistung steuerfrei;

b. Einkünfte aus der Veräusserung oder Rückzahlung von Obligationen mit überwiegender Einmalverzinsung (globalverzinsliche Obligationen, Diskont-Obligationen), die dem Inhaber anfallen;

c. Dividenden, Gewinnanteile, Liquidationsüberschüsse und geldwerte Vorteile aus Beteiligungen aller Art (einschliesslich Gratisaktien, Gratisnennwerterhöhungen und dergleichen). Ein bei der Rückgabe von Beteiligungsrechten im Sinn von Art. 4a des Bundesgesetzes vom 13. Oktober 1965 über die Verrechnungssteuer (VStG)[5] an die Kapitalgesellschaft oder Genossenschaft erzielter Liquidationsüberschuss gilt in dem Jahr als realisiert, in dem die Verrechnungssteuerforderung entsteht (Art. 12 Abs. 1 und 1bis VStG); Abs. 2 bleibt vorbehalten;

d. Einkünfte aus Vermietung, Verpachtung, Nutzniessung oder sonstiger Nutzung beweglicher Sachen oder nutzbarer Rechte;

e.[6] Einkünfte aus Anteilen an kollektiven Kapitalanlagen, soweit die Gesamterträge die Erträge aus direktem Grundbesitz übersteigen;

f. Einkünfte aus immateriellen Gütern.

2 Dividenden, Gewinnanteile, Liquidationsüberschüsse und geldwerte Vorteile aus Aktien, Anteilen an Gesellschaften mit beschränkter Haftung, Genossenschaftsanteilen und Partizipationsscheinen (einschliesslich Gratisaktien, Gratisnennwerterhöhungen und dergleichen) sind im Umfang von 50 Prozent steuerbar, wenn diese Beteiligungsrechte mindestens 10 Prozent des Grund- oder Stammkapitals einer Kapitalgesellschaft oder Genossenschaft darstellen.

3 Der Erlös aus Bezugsrechten gilt nicht als Vermögensertrag, sofern sie zum Privatvermögen des Steuerpflichtigen gehören.

4 Die Rückzahlung von Einlagen, Aufgeldern und Zuschüssen (Reserven aus Kapitaleinlagen), die von den Inhabern der Beteiligungsrechte nach dem 31. Dezember 1996 geleistet worden sind, wird gleich behandelt wie die Rückzahlung von Grund- oder Stammkapital. Abs. 5 bleibt vorbehalten.

---

[1] Eingefügt durch G vom 1. April 2019 (OS 74, 535; ABl 2018-09-28). In Kraft seit 1. Januar 2020.
[2] Fassung gemäss G vom 1. April 2019 (OS 74, 535; ABl 2018-09-28). In Kraft seit 1. Januar 2020.
[3] Eingefügt durch G vom 5. November 2007 (OS 63, 65; ABl 2007, 14). In Kraft seit 1. Januar 2008.
[4] Fassung gemäss G vom 11. September 2000 (OS 56, 415). In Kraft seit 1. Januar 2001.
[5] SR **642.21**
[6] Fassung gemäss G vom 5. November 2007 (OS 63, 65; ABl 2007, 14). In Kraft seit 1. Januar 2008.

⁵ Schüttet eine Kapitalgesellschaft oder Genossenschaft, die an einer schweizerischen Börse kotiert ist, bei der Rückzahlung von Reserven aus Kapitaleinlagen nach Abs. 4 nicht mindestens im gleichen Umfang übrige Reserven aus, so ist die Rückzahlung im Umfang der halben Differenz zwischen der Rückzahlung und der Ausschüttung der übrigen Reserven steuerbar, höchstens aber im Umfang der in der Gesellschaft vorhandenen, handelsrechtlich ausschüttungsfähigen übrigen Reserven.

⁶ Abs. 5 ist nicht anwendbar auf Reserven aus Kapitaleinlagen:

a. die bei fusionsähnlichen Zusammenschlüssen durch Einbringen von Beteiligungs- und Mitgliedschaftsrechten an einer ausländischen Kapitalgesellschaft oder Genossenschaft nach § 67 Abs. 1 lit. c oder durch eine grenzüberschreitende Übertragung auf eine inländische Tochtergesellschaft nach § 67 Abs. 1 lit. d nach dem 24. Februar 2008 entstanden sind;

b. die im Zeitpunkt einer grenzüberschreitenden Fusion oder Umstrukturierung nach § 67 Abs. 1 lit. b und Abs. 3 oder der Verlegung des Sitzes oder der tatsächlichen Verwaltung nach dem 24. Februar 2008 bereits in einer ausländischen Kapitalgesellschaft oder Genossenschaft vorhanden waren;

c. im Falle der Liquidation der Kapitalgesellschaft oder Genossenschaft.

⁷ Abs. 5 und 6 gelten sinngemäss auch für Reserven aus Kapitaleinlagen, die für die Ausgabe von Gratisaktien oder für Gratisnennwerterhöhungen verwendet werden.

⁸ Entspricht bei der Rückgabe von Beteiligungsrechten an einer Kapitalgesellschaft oder Genossenschaft, die an einer schweizerischen Börse kotiert ist, die Rückzahlung der Reserven aus Kapitaleinlagen nicht mindestens der Hälfte des erhaltenen Liquidationsüberschusses, so vermindert sich der steuerbare Anteil dieses Liquidationsüberschusses um die halbe Differenz zwischen diesem Anteil und der Rückzahlung, höchstens aber im Umfang der in der Gesellschaft vorhandenen Reserven aus Kapitaleinlagen, die auf diese Beteiligungsrechte entfallen.

⁹ Abs. 4 gilt für Einlagen und Aufgelder, die während eines Kapitalbands nach Art. 653s ff. OR geleistet werden, nur soweit sie die Rückzahlungen von Reserven im Rahmen dieses Kapitalbands übersteigen.[1] N 4

§ 20a Besondere Fälle b)

¹ Als Vermögensertrag im Sinne von § 20 Abs. 1 lit. c gilt auch:[2]

a. der Erlös aus dem Verkauf einer Beteiligung von mindestens 20 Prozent am Grund- oder Stammkapital einer Kapitalgesellschaft oder Genossenschaft aus dem Privatvermögen in das Geschäftsvermögen einer anderen natürlichen oder einer juristischen Person, soweit innert fünf Jahren nach dem Verkauf, unter Mitwirkung des Verkäufers, nicht betriebsnotwendige Substanz ausgeschüttet wird, die im Zeitpunkt des Verkaufs bereits vorhanden und handelsrechtlich ausschüttungsfähig war; dies gilt sinngemäss auch, wenn innert fünf Jahren mehrere Beteiligte eine solche Beteiligung gemeinsam verkaufen oder Beteiligungen von insgesamt mindestens 20 Prozent verkauft werden; ausgeschüttete Substanz wird beim Verkäufer gegebenenfalls im Verfahren nach den §§ 160 Abs. 1, 161 und 162 nachträglich besteuert;

---

[1] Eingefügt durch G vom 25. März 2024 (OS 79, 394; ABl 2022-10-07). In Kraft seit 1. Januar 2025.
[2] Fassung gemäss G vom 1. April 2019 (OS 74, 535; ABl 2018-09-28). In Kraft seit 1. Januar 2020.

b. der Erlös aus der Übertragung einer Beteiligung am Grund- oder Stammkapital einer Kapitalgesellschaft oder Genossenschaft aus dem Privatvermögen in das Geschäftsvermögen einer Personenunternehmung oder einer juristischen Person, an welcher der Veräusserer oder Einbringer nach der Übertragung zu mindestens 50 Prozent am Kapital beteiligt ist, soweit die gesamthaft erhaltene Gegenleistung die Summe aus dem Nennwert der übertragenen Beteiligung und den Einlagen, Aufgeldern und Zuschüssen nach § 20 Abs. 4 übersteigt; dies gilt sinngemäss auch, wenn mehrere Beteiligte die Übertragung gemeinsam vornehmen.

[2] Mitwirkung im Sinne von Abs. 1 lit. a liegt vor, wenn der Verkäufer weiss oder wissen muss, dass der Gesellschaft zwecks Finanzierung des Kaufpreises Mittel entnommen und nicht wieder zugeführt werden.

Unbewegliches Vermögen 5.

§ 21

[1] Steuerbar sind alle Erträge aus unbeweglichem Vermögen, insbesondere:

a. alle Einkünfte aus Vermietung, Verpachtung, Nutzniessung oder sonstiger Nutzung;
b. der Mietwert von Liegenschaften oder Liegenschaftsteilen, die dem Steuerpflichtigen aufgrund von Eigentum oder eines unentgeltlichen Nutzungsrechts für den Eigengebrauch zur Verfügung stehen;
c. Einkünfte aus Baurechtsverträgen;
d. Einkünfte aus der Ausbeutung von Kies, Sand und anderen Bestandteilen des Bodens.

[2] Der Regierungsrat erlässt die für die durchschnittlich gleichmässige Bemessung des Eigenmietwertes selbstbewohnter Liegenschaften oder Liegenschaftsteile notwendigen Dienstanweisungen. Dabei kann eine schematische, formelmässige Bewertung der Eigenmietwerte vorgesehen werden. Es sind jedoch folgende Leitlinien zu beachten:

a.[1] der Eigenmietwert ist unter Berücksichtigung der Förderung von Eigentumsbildung und Selbstvorsorge in der Regel auf maximal 70 Prozent des Marktwertes festzulegen;
b. Qualitätsmerkmalen der Liegenschaften oder Liegenschaftsteile, die im Falle der Vermietung auch den Mietzins massgeblich beeinflussen würden, ist im Rahmen einer schematischen, formelmässigen Bewertung der Eigenmietwerte angemessen Rechnung zu tragen;
c. bei am Wohnsitz selbstbewohnten Liegenschaften oder Liegenschaftsteilen ist der Eigenmietwert zudem unter Berücksichtigung der tatsächlichen Nutzung festzulegen.

Einkünfte aus Vorsorge 6.

§ 22[2]

[1] Steuerbar sind alle Einkünfte aus der Alters-, Hinterlassenen- und Invalidenversicherung, aus Einrichtungen der beruflichen Vorsorge und aus anerkannten Formen der gebundenen Selbstvorsorge, mit Einschluss der Kapitalabfindungen und Rückzahlungen von Einlagen, Prämien und Beiträgen.

---

[1] Fassung gemäss G vom 8. Januar 2001 (OS 56, 517). In Kraft seit 1. Januar 2003 (OS 57, 276).
[2] Fassung gemäss G vom 11. September 2000 (OS 56, 415). In Kraft seit 1. Januar 2001.

² Als Einkünfte aus der beruflichen Vorsorge gelten insbesondere Leistungen aus Vorsorgekassen, aus Spar- und Gruppenversicherungen sowie aus Freizügigkeitspolicen.

³ Leibrenten sowie Einkünfte aus Verpfründung sind zu 40 Prozent steuerbar.

⁴ Die Einkünfte aus einem mit einer Nutzniessung oder einem Wohnrecht belasteten Vermögen werden dem Nutzniesser oder Wohnrechtsberechtigten zugerechnet.

Übrige Einkünfte 7.

§ 23

Steuerbar sind auch:

a. alle anderen Einkünfte, die an die Stelle des Einkommens aus Erwerbstätigkeit treten;
b. einmalige oder wiederkehrende Zahlungen bei Tod sowie für bleibende körperliche oder gesundheitliche Nachteile;
c. Entschädigungen für die Aufgabe oder Nichtausübung einer Tätigkeit;
d. Entschädigungen für die Nichtausübung eines Rechtes;
e.[1] ...
f.[2] Unterhaltsbeiträge, die ein Steuerpflichtiger bei Scheidung, gerichtlicher oder tatsächlicher Trennung für sich erhält, sowie Unterhaltsbeiträge, die ein Elternteil für die unter seiner elterlichen Sorge oder Obhut stehenden Kinder erhält.

II. Steuerfreie Einkünfte

§ 24[3]

Der Einkommenssteuer sind nicht unterworfen:

a. der Vermögensanfall infolge Erbschaft, Vermächtnis, Schenkung oder güterrechtlicher Auseinandersetzung;
b. der Vermögensanfall aus rückkaufsfähiger privater Kapitalversicherung, ausgenommen aus Freizügigkeitspolicen. § 20 Abs. 1 lit. a bleibt vorbehalten;
c. die Kapitalzahlungen, die bei Stellenwechsel vom Arbeitgeber oder von Einrichtungen der beruflichen Vorsorge ausgerichtet werden, wenn sie der Empfänger innert Jahresfrist zum Einkauf in eine Einrichtung der beruflichen Vorsorge oder zum Erwerb einer Freizügigkeitspolice verwendet; N 5.1, 5.2
d. die Unterstützungen aus öffentlichen oder privaten Mitteln;
e. die Leistungen in Erfüllung familienrechtlicher Verpflichtungen, ausgenommen die Unterhaltsbeiträge gemäss § 23 lit. f;
f.[4] der Sold für Militär- und Schutzdienst sowie das Taschengeld für Zivildienst;
g.[5] der Sold der Milizfeuerwehrleute bis zum Betrag von jährlich Fr. 8 300 für Dienstleistungen im Zusammenhang mit der Erfüllung der Kernaufgaben der Feuerwehr (Übungen, Pikettdienste, Kurse, Inspektionen und Ernstfalleinsätze zur Rettung, Brandbekämpfung, allgemeinen Schadenwehr, Elementarschaden-

---

[1] Aufgehoben durch G vom 17. August 2020 (OS 75, 593; ABl 2019-05-31). In Kraft seit 1. Januar 2021.
[2] Fassung gemäss G vom 11. September 2000 (OS 56, 415). In Kraft seit 1. Januar 2001.
[3] Fassung gemäss G vom 17. August 2020 (OS 75, 593; ABl 2019-05-31). In Kraft seit 1. Januar 2021.
[4] Fassung gemäss G vom 5. November 2007 (OS 63, 65; ABl 2007, 14). In Kraft seit 1. Januar 2008.
[5] Fassung gemäss V über den Ausgleich der kalten Progression bei der Einkommens- und Vermögenssteuer ab 1. Januar 2024 vom 28. Juni 2023 (OS 78, 319; ABl 2023-07-21). In Kraft seit 1. Januar 2024.

bewältigung und dergleichen); ausgenommen sind Pauschalzulagen für Kader, Funktionszulagen sowie Entschädigungen für administrative Arbeiten und für Dienstleistungen, welche die Feuerwehr freiwillig erbringt;
h. die Zahlung von Genugtuungssummen;
i. die Einkünfte aufgrund der Bundesgesetzgebung über Ergänzungsleistungen zur Alters-, Hinterlassenen- und Invalidenversicherung;
j. die Gewinne, die in Spielbanken mit Spielbankenspielen erzielt werden, die nach dem Bundesgesetz vom 29. September 2017 über Geldspiele (BGS)[1] zugelassen sind, sofern diese Gewinne nicht aus selbstständiger Erwerbstätigkeit stammen;
k.[2] die einzelnen Gewinne bis zum Betrag von Fr. 1 033 000 aus der Teilnahme an Grossspielen, die nach dem BGS zugelassen sind, und aus der Online-Teilnahme an Spielbankenspielen, die nach dem BGS zugelassen sind;
l. die Gewinne aus Kleinspielen, die nach dem BGS zugelassen sind;
m. die einzelnen Gewinne aus Lotterien und Geschicklichkeitsspielen zur Verkaufsförderung, die nach Art. 1 Abs. 2 Bst. d und e BGS diesem nicht unterstehen, sofern die Grenze von Fr. 1 000 nicht überschritten wird;
n.[3] Einkünfte aufgrund des Bundesgesetzes vom 19. Juni 2020 über Überbrückungsleistungen für ältere Arbeitslose[4].

III. Ermittlung des Reineinkommens

Grundsatz 1.

§ 25

Zur Ermittlung des Reineinkommens werden von den gesamten steuerbaren Einkünften die zu ihrer Erzielung notwendigen Aufwendungen (§§ 26–30) und die allgemeinen Abzüge (§§ 31 und 32) abgezogen.

Unselbstständige Erwerbstätigkeit 2.

§ 26[5]

¹ Als Berufskosten werden abgezogen:

a.[6] die notwendigen Kosten bis zu einem Höchstbetrag von Fr. 5 200 für Fahrten zwischen Wohn- und Arbeitsstätte;
b. die notwendigen Mehrkosten für Verpflegung ausserhalb der Wohnstätte und bei Schichtarbeit;
c. die übrigen für die Ausübung des Berufes erforderlichen Kosten; § 31 Abs. 1 lit. k bleibt vorbehalten.

² Für die Berufskosten gemäss Abs. 1 lit. a–c legt die Finanzdirektion Pauschalsätze fest. Im Falle von Abs. 1 lit. a und c steht dem Steuerpflichtigen der Nachweis höherer Kosten offen; der Höchstbetrag gemäss Abs. 1 lit. a bleibt vorbehalten.

---

[1] SR **935.51**
[2] Fassung gemäss V über den Ausgleich der kalten Progression bei der Einkommens- und Vermögenssteuer ab 1. Januar 2024 vom 28. Juni 2023 (OS 78, 319; ABl 2023-07-21). In Kraft seit 1. Januar 2024.
[3] Eingefügt durch G vom 25. März 2024 (OS 79, 394; ABl 2022-10-07). In Kraft seit 1. Januar 2025.
[4] SR **837.2**
[5] Fassung gemäss G vom 24. April 2017 (OS 72, 547; ABl 2016-07-08). In Kraft seit 1. Januar 2018.
[6] Fassung gemäss V über den Ausgleich der kalten Progression bei der Einkommens- und Vermögenssteuer ab 1. Januar 2024 vom 28. Juni 2023 (OS 78, 319; ABl 2023-07-21). In Kraft seit 1. Januar 2024.

Selbstständige Erwerbstätigkeit 3.

§ 27[1] Allgemeines a)

[1] Bei selbständiger Erwerbstätigkeit werden die geschäfts- oder berufsmässig begründeten Kosten abgezogen.

[2] Dazu gehören insbesondere:

   a. die ausgewiesenen Abschreibungen des Geschäftsvermögens;
   b. die verbuchten Rückstellungen für Verpflichtungen, deren Höhe noch unbestimmt ist, oder für unmittelbar drohende Verlustrisiken sowie die Rücklagen für Forschungs- und Entwicklungsaufträge an Dritte bis zu 10 Prozent des steuerbaren Geschäftsertrags, insgesamt jedoch höchstens bis zu 1 Million Franken;
   c. die eingetretenen und verbuchten Verluste auf dem Geschäftsvermögen;
   d. die Zuwendungen an Vorsorgeeinrichtungen zugunsten des eigenen Personals, sofern jede zweckwidrige Verwendung ausgeschlossen ist;
   e.[2] Zinsen auf Geschäftsschulden (ohne Baukreditzinsen für Grundstücke im Geschäftsvermögen) sowie Zinsen, die auf Beteiligungen nach § 18 Abs. 3 entfallen;
   f.[3] die Kosten der berufsorientierten Aus- und Weiterbildung, einschliesslich Umschulungskosten, des eigenen Personals.
   g. gewinnabschöpfende Sanktionen, soweit sie keinen Strafzweck haben.

[3] Nicht abziehbar sind insbesondere:

   a. Zahlungen von Bestechungsgeldern im Sinne des schweizerischen Strafrechts,
   b. Aufwendungen zur Ermöglichung von Straftaten oder als Gegenleistung für die Begehung von Straftaten,
   c. Bussen und Geldstrafen,
   d. finanzielle Verwaltungssanktionen, soweit sie einen Strafzweck haben.

[4] Sind Sanktionen nach Abs. 3 lit. c und d von einer ausländischen Straf- oder Verwaltungsbehörde verhängt worden, sind sie abziehbar, wenn

   a. die Sanktion gegen den schweizerischen Ordre public verstösst oder
   b. die steuerpflichtige Person glaubhaft darlegt, dass sie alles Zumutbare unternommen hat, um sich rechtskonform zu verhalten.

[5] Für den Abzug von Forschungs- und Entwicklungsaufwand ist § 65a sinngemäss anwendbar.[4]

§ 28 Ersatzbeschaffungen b)

[1] Werden Gegenstände des betriebsnotwendigen Anlagevermögens ersetzt, können die stillen Reserven auf die als Ersatz erworbenen Anlagegüter übertragen werden, wenn diese ebenfalls betriebsnotwendig sind und sich in der Schweiz befinden. Vorbehalten bleibt die Besteuerung beim Ersatz von Liegenschaften durch Gegenstände des beweglichen Vermögens.[5]

---

[1] Fassung gemäss G vom 25. März 2024 (OS 79, 394; ABl 2022-10-07). In Kraft seit 1. Januar 2025.
[2] Eingefügt durch G vom 11. September 2000 (OS 56, 415). In Kraft seit 1. Januar 2001.
[3] Eingefügt durch G vom 8. Dezember 2014 (OS 70, 249; ABl 2014-06-06). In Kraft seit 1. Januar 2016.
[4] Eingefügt durch G vom 1. April 2019 (OS 74, 535; ABl 2018-09-28). In Kraft seit 1. Januar 2020.
[5] Fassung gemäss G vom 5. Mai 2014 (OS 69, 406; ABl 2013-03-08). In Kraft seit 1. Januar 2015.

² Findet die Ersatzbeschaffung nicht im gleichen Geschäftsjahr statt, kann im Umfang der stillen Reserven eine Rückstellung gebildet werden. Diese Rückstellung ist innert angemessener Frist zur Abschreibung auf dem Ersatzobjekt zu verwenden oder zugunsten der Erfolgsrechnung aufzulösen.

³ Als betriebsnotwendig gilt nur Anlagevermögen, das dem Betrieb unmittelbar dient; ausgeschlossen sind insbesondere Vermögensteile, die dem Unternehmen nur als Vermögensanlage oder nur durch ihren Ertrag dienen.

§ 29 Verluste c)

¹ Verluste aus den sieben der Steuerperiode vorangegangenen Geschäftsjahren können abgezogen werden, soweit sie bei der Berechnung des steuerbaren Einkommens dieser Jahre nicht berücksichtigt werden konnten.

² Mit Leistungen Dritter, die zum Ausgleich einer Unterbilanz im Rahmen einer Sanierung erbracht werden, können auch Verluste verrechnet werden, die in früheren Geschäftsjahren entstanden und noch nicht mit Einkommen verrechnet werden konnten.

Privatvermögen 4.

§ 30[1]

¹ Bei beweglichem Privatvermögen können die Kosten der Verwaltung durch Dritte und die weder rückforderbaren noch anrechenbaren ausländischen Quellensteuern abgezogen werden.

² Bei Liegenschaften im Privatvermögen können die Unterhaltskosten, die Kosten der Instandstellung von neu erworbenen Liegenschaften, die Versicherungsprämien und die Kosten der Verwaltung durch Dritte abgezogen werden. Den Unterhaltskosten sind Investitionen, die dem Energiesparen und dem Umweltschutz dienen, und die Rückbaukosten im Hinblick auf den Ersatzneubau gleichgestellt, soweit sie bei der direkten Bundessteuer abzugsfähig sind.

²ᵇⁱˢ Investitionen und Rückbaukosten im Hinblick auf einen Ersatzneubau nach Abs. 2 zweiter Satz sind in den zwei nachfolgenden Steuerperioden abziehbar, soweit sie in der laufenden Steuerperiode, in der die Aufwendungen angefallen sind, steuerlich nicht vollständig berücksichtigt werden können.

³ Die den Erträgen aus Liegenschaften gegenüberstehenden Baurechtszinsen können abgezogen werden.

⁴ Abzugsfähig sind ferner die Kosten denkmalpflegerischer Arbeiten, die der Steuerpflichtige aufgrund gesetzlicher Vorschriften, im Einvernehmen mit den Behörden oder auf deren Anordnung hin vorgenommen hat, soweit diese Arbeiten nicht subventioniert sind.

⁵ Der Steuerpflichtige kann für Liegenschaften des Privatvermögens anstelle der tatsächlichen Kosten und Prämien einen Pauschalabzug geltend machen. Die Finanzdirektion regelt diesen Pauschalabzug.

---

[1] Fassung gemäss G vom 17. August 2020 (OS 75, 593; ABl 2019-05-31). In Kraft seit 1. Januar 2021.

Allgemeine Abzüge 5.

§ 31 Von der Höhe des Einkommens unabhängige Abzüge a)

¹ Von den Einkünften werden abgezogen:

a.[1] die privaten Schuldzinsen im Umfang der nach den §§ 20, 20a und 21 steuerbaren Vermögenserträge und weiterer Fr. 50 000;

b.[2] die dauernden Lasten sowie 40 Prozent der bezahlten Leibrenten;

c.[3] die Unterhaltsbeiträge an den geschiedenen, gerichtlich oder tatsächlich getrennt lebenden Ehegatten sowie die Unterhaltsbeiträge an einen Elternteil für die unter dessen elterlicher Sorge oder Obhut stehenden Kinder, nicht jedoch Leistungen in Erfüllung anderer familienrechtlicher Unterhalts- oder Unterstützungspflichten;

d.[4] die gemäss Gesetz, Statut oder Reglement geleisteten Einlagen, Prämien und Beiträge an die Alters-, Hinterlassenen- und Invalidenversicherung und an Einrichtungen der beruflichen Vorsorge; N 5.1, 5.2

e. Einlagen, Prämien und Beiträge zum Erwerb von vertraglichen Ansprüchen aus anerkannten Formen der gebundenen Selbstvorsorge im Sinn und im Umfang von Art. 82 BVG[5]; N 5.3

f. die Prämien und Beiträge für die Erwerbsersatzordnung, die Arbeitslosenversicherung und die obligatorische Unfallversicherung;

g.[6] die Einlagen, Prämien und Beiträge für die Lebens-, die Kranken- und die nicht unter lit. f fallende Unfallversicherung sowie die Zinsen von Sparkapitalien des Steuerpflichtigen und der von ihm unterhaltenen Personen, bis zum Gesamtbetrag von Fr. 5800 für in ungetrennter Ehe lebende Steuerpflichtige und von Fr. 2900 für die übrigen Steuerpflichtigen. Für Steuerpflichtige ohne Beiträge gemäss lit. d und e erhöhen sich diese Abzüge um die Hälfte. Zudem erhöhen sich diese Abzüge um Fr. 1300 für jedes Kind oder jede unterstützungsbedürftige Person, für die der Steuerpflichtige einen Abzug gemäss § 34 Abs. 1 geltend machen kann. Wird bei nicht gemeinsam besteuerten Eltern der Kinderabzug gemäss § 34 Abs. 1 lit. a hälftig aufgeteilt, gilt dies auch für die Erhöhung der Abzüge für jedes Kind um Fr. 1300;

h.[7] die Mitgliederbeiträge und Zuwendungen bis zum Gesamtbetrag von Fr. 20 600 für in ungetrennter Ehe lebende Steuerpflichtige und von Fr. 10 300 für die übrigen Steuerpflichtigen an politische Parteien, die
   1. im Parteienregister nach Art. 76a des Bundesgesetzes vom 17. Dezember 1976 über die politischen Rechte[8] eingetragen sind,
   2. in einem kantonalen Parlament vertreten sind oder
   3. in einem Kanton bei den letzten Wahlen des kantonalen Parlaments mindestens 3 Prozent der Stimmen erreicht haben;

---

[1] Fassung gemäss G vom 5. Mai 2014 (OS 69, 406; ABl 2013-03-08). In Kraft seit 1. Januar 2015.
[2] Fassung gemäss G vom 11. September 2000 (OS 56, 415). In Kraft seit 1. Januar 2001.
[3] Fassung gemäss G vom 11. September 2000 (OS 56, 415). In Kraft seit 1. Januar 2001.
[4] Fassung gemäss G vom 5. November 2007 (OS 63, 65; ABl 2007, 14). In Kraft seit 1. Januar 2008.
[5] SR **831.40**
[6] Fassung gemäss G vom 16. Mai 2022 (OS 78 133; ABl 2021-04-27). In Kraft seit 1. Januar 2024.
[7] Fassung gemäss V über den Ausgleich der kalten Progression bei der Einkommens- und Vermögenssteuer ab 1. Januar 2024 vom 28. Juni 2023 (OS 78, 319; ABl 2023-07-21). In Kraft seit 1. Januar 2024.
[8] SR **161.1**.

i.[1] die behinderungsbedingten Kosten des Steuerpflichtigen oder der von ihm unterhaltenen Personen mit Behinderungen im Sinne des Behindertengleichstellungsgesetzes vom 13. Dezember 2002, soweit der Steuerpflichtige die Kosten selber trägt;
j.[2] die nachgewiesenen Kosten, jedoch höchstens Fr. 25 000, für die Drittbetreuung jedes Kindes, das das 14. Altersjahr noch nicht vollendet hat und mit der steuerpflichtigen Person, die für seinen Unterhalt sorgt, im gleichen Haushalt lebt, soweit diese Kosten in direktem kausalem Zusammenhang mit der Erwerbstätigkeit, Ausbildung oder Erwerbsunfähigkeit der steuerpflichtigen Person stehen;
k.[3] die Kosten der berufsorientierten Aus- und Weiterbildung, einschliesslich Umschulungskosten, bis zum Gesamtbetrag von Fr. 12 400, sofern:
1. ein erster Abschluss auf der Sekundarstufe II vorliegt oder
2. das 20. Lebensjahr vollendet ist und es sich nicht um die Ausbildungskosten bis zum ersten Abschluss auf der Sekundarstufe II handelt.

[2] Leben Ehegatten in rechtlich und tatsächlich ungetrennter Ehe, werden vom Erwerbseinkommen, das ein Ehegatte unabhängig von Beruf, Geschäft oder Gewerbe des anderen Ehegatten erzielt, Fr. 6 100 abgezogen; ein gleicher Abzug ist zulässig bei erheblicher Mitarbeit eines Ehegatten im Beruf, Geschäft oder Gewerbe des anderen Ehegatten.[4]

[3] Von den einzelnen Gewinnen aus der Teilnahme an Geldspielen, die nicht nach § 24 lit. j–m steuerfrei sind, werden 5 Prozent, jedoch höchstens Fr. 5 200, als Einsatzkosten abgezogen. Von den einzelnen Gewinnen aus der Online-Teilnahme an Spielbankenspielen nach § 24 lit. k werden die vom Online-Spielerkonto abgebuchten Spieleinsätze im Steuerjahr, jedoch höchstens Fr. 25 800, abgezogen.[5]

§ 32 Von der Höhe des Einkommens abhängige Abzüge b)

Von den Einkünften werden ferner abgezogen:
a.[6] die Krankheits- und Unfallkosten des Steuerpflichtigen und der von ihm unterhaltenen Personen, soweit der Steuerpflichtige die Kosten selber trägt und diese 5 Prozent der um die Aufwendungen gemäss §§ 26–31 verminderten steuerbaren Einkünfte übersteigen;
b.[7] die freiwilligen Leistungen von Geld und übrigen Vermögenswerten an den Bund und seine Anstalten, an Kantone und ihre Anstalten, an Gemeinden und ihre Anstalten und an andere juristische Personen mit Sitz in der Schweiz, die im Hinblick auf öffentliche oder ausschliesslich gemeinnützige Zwecke von der Steuerpflicht befreit sind, wenn die Zuwendungen in der Steuerperiode Fr. 100 erreichen und insgesamt 20 Prozent der um die Aufwendungen gemäss §§ 26–31 verminderten steuerbaren Einkünfte nicht übersteigen.

---

1 Eingefügt durch G vom 13. Dezember 2004 (OS 60, 137; ABl 2004, 505). In Kraft seit 1. Januar 2005.
2 Fassung gemäss G vom 21. August 2023 (OS 78, 484; ABl 2022-08-26). In Kraft seit 1. Januar 2024.
3 Fassung gemäss V über den Ausgleich der kalten Progression bei der Einkommens- und Vermögenssteuer ab 1. Januar 2024 vom 28. Juni 2023 (OS 78, 319; ABl 2023-07-21). In Kraft seit 1. Januar 2024.
4 Fassung gemäss V über den Ausgleich der kalten Progression bei der Einkommens- und Vermögenssteuer ab 1. Januar 2024 vom 28. Juni 2023 (OS 78, 319; ABl 2023-07-21). In Kraft seit 1. Januar 2024.
5 Fassung gemäss V über den Ausgleich der kalten Progression bei der Einkommens- und Vermögenssteuer ab 1. Januar 2024 vom 28. Juni 2023 (OS 78, 319; ABl 2023-07-21). In Kraft seit 1. Januar 2024.
6 Fassung gemäss G vom 13. Dezember 2004 (OS 60, 137; ABl 2004, 505). In Kraft seit 1. Januar 2005.
7 Fassung gemäss G vom 5. November 2007 (OS 63, 65; ABl 2007, 14). In Kraft seit 1. Januar 2008.

§ 33
Nicht abzugsfähige Kosten und Aufwendungen 6.

Nicht abzugsfähig sind die übrigen Kosten und Aufwendungen, insbesondere:

a. die Aufwendungen für den Unterhalt des Steuerpflichtigen und seiner Familie sowie der durch die berufliche Stellung des Steuerpflichtigen bedingte Privataufwand;
b. ...[1]
c. die Aufwendungen für Schuldentilgung;
d. die Aufwendungen für die Anschaffung, Herstellung oder Wertvermehrung von Vermögensgegenständen;
e. Einkommens-, Grundstückgewinn-, Handänderungs- und Vermögenssteuern von Bund, Kantonen und Gemeinden und gleichartige ausländische Steuern.

IV. Sozialabzüge

§ 34[2]

¹ Vom Reineinkommen werden für die Steuerberechnung abgezogen:

a.[3] als Kinderabzug:
für minderjährige Kinder unter elterlicher Sorge oder Obhut des Steuerpflichtigen sowie für volljährige Kinder, die in der beruflichen Erstausbildung stehen und deren Unterhalt der Steuerpflichtige zur Hauptsache bestreitet, je Fr. 9 300.
Bei nicht gemeinsam besteuerten Eltern wird der Kinderabzug hälftig aufgeteilt, wenn das Kind unter gemeinsamer elterlicher Sorge steht und keine Unterhaltsbeiträge nach § 31 Abs. 1 lit. c für das Kind geltend gemacht werden.

b.[4] als Unterstützungsabzug:
für erwerbsunfähige oder beschränkt erwerbsfähige Personen, an deren Unterhalt der Steuerpflichtige mindestens in der Höhe des Abzugs beiträgt, je Fr. 2 800.
Der Abzug kann nicht beansprucht werden für den Ehegatten und für Kinder, für die ein Abzug gemäss lit. a oder § 31 Abs. 1 lit. c gewährt wird.

² Die Sozialabzüge gemäss Abs. 1 werden nach den Verhältnissen am Ende der Steuerperiode oder der Steuerpflicht festgelegt.

³ Bei teilweiser Steuerpflicht werden die Sozialabzüge gemäss Abs. 1 anteilmässig gewährt. Für die Satzbestimmung werden sie voll angerechnet.[5]

---

[1] Aufgehoben durch G vom 8. Dezember 2014 (OS 70, 249; ABl 2014-06-06). In Kraft seit 1. Januar 2016.
[2] Fassung gemäss V über den Ausgleich der kalten Progression bei der Einkommens- und Vermögenssteuer ab 1. Januar 2012 vom 22. Juni 2011 (OS 66, 508; ABl 2011, 1912). In Kraft seit 1. Januar 2012.
[3] Fassung gemäss V über den Ausgleich der kalten Progression bei der Einkommens- und Vermögenssteuer ab 1. Januar 2024 vom 28. Juni 2023 (OS 78, 319; ABl 2023-07-21). In Kraft seit 1. Januar 2024.
[4] Fassung gemäss V über den Ausgleich der kalten Progression bei der Einkommens- und Vermögenssteuer ab 1. Januar 2024 vom 28. Juni 2023 (OS 78, 319; ABl 2023-07-21). In Kraft seit 1. Januar 2024.
[5] Fassung gemäss G vom 17. August 2020 (OS 75, 593; ABl 2019-05-31). In Kraft seit 1. Januar 2021.

V. Steuerberechnung

§ 35 Steuertarife [1].

[1] Die Einkommenssteuer beträgt (Grundtarif):[1]

0 %	für die ersten	Fr.	6 900
2 %	für die weiteren	Fr.	4 900
3 %	für die weiteren	Fr.	4 800
4 %	für die weiteren	Fr.	7 900
5 %	für die weiteren	Fr.	9 600
6 %	für die weiteren	Fr.	11 000
7 %	für die weiteren	Fr.	12 900
8 %	für die weiteren	Fr.	17 400
9 %	für die weiteren	Fr.	33 600
10 %	für die weiteren	Fr.	33 200
11 %	für die weiteren	Fr.	52 700
12 %	für die weiteren	Fr.	68 400
13 %	für Einkommensteile über	Fr.	263 300

[2] Für Ehegatten, die in rechtlich und tatsächlich ungetrennter Ehe leben, sowie für verwitwete, gerichtlich oder tatsächlich getrennt lebende, geschiedene und ledige Steuerpflichtige, die mit Kindern im Sinn von § 34 Abs. 1 lit. a zusammenleben, beträgt die Einkommenssteuer (Verheiratetentarif):[2]

0 %	für die ersten	Fr.	13 900
2 %	für die weiteren	Fr.	6 300
3 %	für die weiteren	Fr.	8 000
4 %	für die weiteren	Fr.	9 700
5 %	für die weiteren	Fr.	11 100
6 %	für die weiteren	Fr.	14 300
7 %	für die weiteren	Fr.	31 800
8 %	für die weiteren	Fr.	31 900
9 %	für die weiteren	Fr.	47 900
10 %	für die weiteren	Fr.	57 200
11 %	für die weiteren	Fr.	62 100
12 %	für die weiteren	Fr.	71 600
13 %	für Einkommensteile über	Fr.	365 800

[2bis] Bei nicht gemeinsam besteuerten Eltern, die mit Kindern unter gemeinsamer elterlicher Sorge zusammenleben und denen der Kinderabzug je zur Hälfte zusteht, hat derjenige Elternteil Anspruch auf den Verheiratetentarif, der aus seinen versteuerten Einkünften den Unterhalt des Kindes zur Hauptsache bestreitet.[3]

---

[1] Fassung gemäss V über den Ausgleich der kalten Progression bei der Einkommens- und Vermögenssteuer ab 1. Januar 2024 vom 28. Juni 2023 (OS 78, 319; ABl 2023-07-21). In Kraft seit 1. Januar 2024.
[2] Fassung gemäss V über den Ausgleich der kalten Progression bei der Einkommens- und Vermögenssteuer ab 1. Januar 2024 vom 28. Juni 2023 (OS 78, 319; ABl 2023-07-21). In Kraft seit 1. Januar 2024.
[3] Eingefügt durch G vom 5. Mai 2014 (OS 69, 403; ABl 2013-05-17). In Kraft seit 1. Januar 2015.

³ Der Tarif wird nach den Verhältnissen am Ende der Steuerperiode oder der Steuerpflicht festgelegt.

⁴ ...[1]

Sonderfälle 2.

§ 36 Kapitalabfindungen für wiederkehrende Leistungen a)

Gehören zu den Einkünften Kapitalabfindungen für wiederkehrende Leistungen, wird die Einkommenssteuer unter Berücksichtigung der übrigen Einkünfte zu dem Steuersatz berechnet, der sich ergäbe, wenn anstelle der einmaligen Leistung eine entsprechende jährliche Leistung ausgerichtet würde.

§ 37 Kapitalleistungen aus Vorsorge b)

¹ Kapitalleistungen gemäss § 22 sowie Zahlungen bei Tod und für bleibende körperliche oder gesundheitliche Nachteile werden gesondert zu dem Steuersatz berechnet, der sich ergäbe, wenn anstelle der einmaligen eine jährliche Leistung von einem Zwanzigstel der Kapitalleistung ausgerichtet würde; die einfache Staatssteuer beträgt jedoch mindestens 2 Prozent. Es wird stets eine volle Jahressteuer erhoben.[2]

² Die Sozialabzüge gemäss § 34 werden nicht gewährt.

VI. Vereinfachtes Abrechnungsverfahren B21

§ 37a[3]

¹ Für kleine Arbeitsentgelte aus unselbstständiger Erwerbstätigkeit ist die Steuer ohne Berücksichtigung der übrigen Einkünfte, allfälliger Berufskosten und Sozialabzüge zu einem Satz von 4,5 Prozent zu erheben. Voraussetzung ist, dass Arbeitgeberinnen und Arbeitgeber die Steuer im Rahmen des vereinfachten Abrechnungsverfahrens nach den Art. 2 und 3 des Bundesgesetzes gegen die Schwarzarbeit vom 17. Juni 2005[4] entrichten. Damit sind die Einkommenssteuern von Kanton und Gemeinden abgegolten.

² Die Steuern sind periodisch der zuständigen AHV-Ausgleichskasse abzuliefern. Diese stellt dem Steuerpflichtigen eine Aufstellung oder eine Bestätigung über den Steuerabzug aus. Sie überweist dem kantonalen Steueramt die einkassierten Steuerzahlungen. Die AHV-Ausgleichskasse erhält eine Bezugsprovision. Die Bestimmungen von § 92 Abs. 1 lit. a sowie Abs. 2 und 3 gelten sinngemäss.

³ Der Regierungsrat regelt die Verteilung der Steuerbeträge auf Kanton und Gemeinden.

---

[1] Aufgehoben durch G vom 1. April 2019 (OS 74, 535; ABl 2018-09-28). In Kraft seit 1. Januar 2020.
[2] Fassung gemäss G vom 14. Dezember 2020 (OS 76, 189; ABl 2020-05-15). In Kraft seit 1. Januar 2022.
[3] Eingefügt durch G vom 5. November 2007 (OS 63, 65; ABl 2007, 14). In Kraft seit 1. Januar 2008.
[4] SR **822.41**

VII. Liquidationsgewinne

§ 37b[1]

1 Wird die selbstständige Erwerbstätigkeit nach dem vollendeten 55. Altersjahr oder wegen Unfähigkeit zur Weiterführung infolge Invalidität definitiv aufgegeben, ist die Summe der in den letzten zwei Geschäftsjahren realisierten stillen Reserven getrennt vom übrigen Einkommen zu besteuern. Einkaufsbeiträge gemäss § 31 Abs. 1 lit. d sind abziehbar. Werden keine solchen Einkäufe vorgenommen, wird der Betrag der realisierten stillen Reserven, für den der Steuerpflichtige die Zulässigkeit eines Einkaufs gemäss § 31 Abs. 1 lit. d nachweist, wie eine Kapitalleistung gemäss § 37 besteuert. Der Restbetrag der realisierten stillen Reserven wird getrennt, jedoch ebenfalls gemäss § 37 besteuert.

2 Abs. 1 gilt auch für den überlebenden Ehegatten, die anderen Erben und die Vermächtnisnehmer, sofern sie das übernommene Unternehmen nicht fortführen. Die steuerliche Abrechnung erfolgt spätestens fünf Kalenderjahre nach Ablauf des Todesjahres des Erblassers.

C. Vermögenssteuer

I. Steuerobjekt

§ 38

1 Der Vermögenssteuer unterliegt das gesamte Reinvermögen.

2 Nutzniessungsvermögen wird dem Nutzniesser zugerechnet.

3 Bei Anteilen an kollektiven Kapitalanlagen mit direktem Grundbesitz ist die Wertdifferenz zwischen den Gesamtaktiven der kollektiven Kapitalanlage und deren direktem Grundbesitz steuerbar.[2]

4 Hausrat und persönliche Gebrauchsgegenstände werden nicht besteuert.

II. Bewertung

§ 39

1 Das Vermögen wird zum Verkehrswert bewertet.

2 Immaterielle Güter und bewegliches Vermögen, die zum Geschäftsvermögen der steuerpflichtigen Person gehören, werden zu dem für die Einkommenssteuer massgeblichen Wert bewertet.[3]

3 Der Regierungsrat erlässt die für eine gleichmässige Bewertung von Grundstücken notwendigen Dienstanweisungen. Es kann eine schematische, formelmässige Bewertung vorgesehen werden, wobei jedoch den Qualitätsmerkmalen der Grundstücke, die im Falle der Veräusserung auch den Kaufpreis massgeblich beeinflussen würden, angemessen Rechnung zu tragen ist. Die Formel ist so zu wählen, dass die am oberen Rand der Bandbreite liegenden Schätzungen nicht über dem effektiven Marktwert liegen.[4]

---

[1] Eingefügt durch G vom 5. Mai 2014 (OS 69, 406; ABl 2013-03-08). In Kraft seit 1. Januar 2015.
[2] Fassung gemäss G vom 5. November 2007 (OS 63, 65; ABl 2007, 14). In Kraft seit 1. Januar 2008.
[3] Fassung gemäss G vom 5. Mai 2014 (OS 69, 406; ABl 2013-03-08). In Kraft seit 1. Januar 2015.
[4] Fassung gemäss G vom 8. Januar 2001 (OS 56, 517). In Kraft seit 1. Januar 2003 (OS 57, 276).

⁴ Führt in Einzelfällen die formelmässige Bewertung dennoch zu einem höheren Vermögenssteuerwert, ist eine individuelle Schätzung vorzunehmen und dabei ein Wert von 90 Prozent des effektiven Marktwertes anzustreben.[1]

III. Mitarbeiterbeteiligungen

§ 39a[2]

¹ Mitarbeiterbeteiligungen nach § 17*b* Abs. 1 sind zum Verkehrswert einzusetzen. Allfällige Sperrfristen sind in Anwendung von § 17*b* Abs. 2 zu berücksichtigen.

² Mitarbeiterbeteiligungen nach §§ 17*b* Abs. 3 und 17*c* sind bei Zuteilung ohne Steuerwert zu deklarieren.

IV.[3] Landwirtschaftliche Grundstücke

§ 40

Land- oder forstwirtschaftlich genutzte Grundstücke werden mit Einschluss der erforderlichen Gebäude zum Ertragswert bewertet.

V.[4] Ergänzende Vermögenssteuer für landwirtschaftliche Grundstücke

§ 41 Steuerpflicht 1.

Wird ein Grundstück, das zum Ertragswert bewertet wurde, ganz oder teilweise veräussert oder der bisherigen land- oder forstwirtschaftlichen Bewirtschaftung entfremdet, wird vom Eigentümer eine ergänzende Vermögenssteuer erhoben.

§ 42 Aufschub der Besteuerung 2.

Die ergänzende Vermögenssteuer wird aufgeschoben bei:

a. Eigentumswechsel durch Erbgang (Erbfolge, Erbteilung, Vermächtnis), Erbvorbezug oder Schenkung;
b.[5] Handänderungen unter Ehegatten im Zusammenhang mit dem Güterrecht, sowie zur Abgeltung ausserordentlicher Beiträge eines Ehegatten an den Unterhalt der Familie (Art. 165 ZGB[6]) und scheidungsrechtlicher Ansprüche, sofern beide Ehegatten einverstanden sind;
c. Landumlegungen zwecks Güterzusammenlegung, Quartierplanung, Grenzbereinigung, Abrundung landwirtschaftlicher Heimwesen sowie bei Landumlegungen im Enteignungsverfahren oder angesichts drohender Enteignung;
d. vollständiger oder teilweiser Veräusserung eines land- oder forstwirtschaftlichen Grundstücks, soweit der Erlös innert angemessener Frist zum Erwerb eines selbstbewirtschafteten Ersatzgrundstückes oder zur Verbesserung der eigenen, selbstbewirtschafteten land- oder forstwirtschaftlichen Grundstücke im Kanton verwendet wird.

---

[1] Eingefügt durch G vom 8. Januar 2001 (OS 56, 517). In Kraft seit 1. Januar 2003 (OS 57, 276).
[2] Eingefügt durch G vom 17. September 2012 (OS 68, 48; ABl 2011, 3263). In Kraft seit 1. Januar 2013.
[3] Fassung gemäss G vom 17. September 2012 (OS 68, 48; ABl 2011, 3263). In Kraft seit 1. Januar 2013.
[4] Fassung gemäss G vom 17. September 2012 (OS 68, 48; ABl 2011, 3263). In Kraft seit 1. Januar 2013.
[5] Fassung gemäss G vom 11. September 2000 (OS 56, 415). In Kraft seit 1. Januar 2001.
[6] SR 210

§ 43 Steuerberechnung 3.

¹ Die ergänzende Vermögenssteuer wird entsprechend der Besitzesdauer, jedoch höchstens für 20 Jahre, erhoben. Ist die Veranlagung aufgeschoben worden, gilt § 219 Abs. 2–5 sinngemäss.

² Das steuerbare Vermögen berechnet sich nach der Differenz zwischen dem Mittel der Ertragswerte und dem Mittel der tatsächlichen Verkehrswerte des Grundstücks je am Anfang und am Ende der massgebenden Besitzesdauer.

³ Die ergänzende Vermögenssteuer wird bezogen zum Steuersatz von 1 Promille und zum Steuerfuss, der im Jahr der Veräusserung oder der Beendigung der land- oder forstwirtschaftlichen Nutzung Geltung hatte.

§ 44 Verfahren 4.

Die ergänzende Vermögenssteuer wird in einem besonderen, vom ordentlichen Einschätzungsverfahren unabhängigen Verfahren festgesetzt.

VI.[1] Lebens- und Rentenversicherungen

§ 45[2]

Lebensversicherungen unterliegen der Vermögenssteuer mit ihrem Rückkaufswert. Ihnen gleichgestellt sind rückkaufsfähige Rentenversicherungen.

VII.[3] Abzug von Schulden

§ 46

Schulden, für die der Steuerpflichtige allein haftet, werden voll abgezogen; andere Schulden, wie Solidar- und Bürgschaftsschulden, nur insoweit, als sie vom Steuerpflichtigen getragen werden müssen.

VIII.[4] Steuertarif

§ 47

¹ Die Vermögenssteuer beträgt (Grundtarif):[5]

0 ‰	für die ersten	Fr.	80 000
½ ‰	für die weiteren	Fr.	238 000
1 ‰	für die weiteren	Fr.	399 000
1 ½ ‰	für die weiteren	Fr.	636 000
2 ‰	für die weiteren	Fr.	956 000
2 ½ ‰	für die weiteren	Fr.	953 000
3 ‰	für Vermögensteile über	Fr.	3 262 000

---

[1] Fassung gemäss G vom 17. September 2012 (OS 68, 48; ABl 2011, 3263). In Kraft seit 1. Januar 2013.
[2] Fassung gemäss G vom 5. Mai 2014 (OS 69, 403; ABl 2013-05-17). In Kraft seit 1. Januar 2015.
[3] Fassung gemäss G vom 17. September 2012 (OS 68, 48; ABl 2011, 3263). In Kraft seit 1. Januar 2013.
[4] Fassung gemäss G vom 17. September 2012 (OS 68, 48; ABl 2011, 3263). In Kraft seit 1. Januar 2013.
[5] Fassung gemäss V über den Ausgleich der kalten Progression bei der Einkommens- und Vermögenssteuer ab 1. Januar 2024 vom 28. Juni 2023 (OS 78, 319; ABl 2023-07-21). In Kraft seit 1. Januar 2024.

² Für Ehegatten, die in rechtlich und tatsächlich ungetrennter Ehe leben, sowie für verwitwete, gerichtlich oder tatsächlich getrennt lebende, geschiedene und ledige Steuerpflichtige, die mit Kindern im Sinn von § 34 Abs. 1 lit. a zusammenleben, beträgt die Vermögenssteuer (Verheiratetentarif):[1]

0 ‰	für die ersten	Fr.	159 000
½ ‰	für die weiteren	Fr.	239 000
1 ‰	für die weiteren	Fr.	397 000
1 ½ ‰	für die weiteren	Fr.	637 000
2 ‰	für die weiteren	Fr.	955 000
2 ½ ‰	für die weiteren	Fr.	955 000
3 ‰	für Vermögensteile über	Fr.	3 342 000

²ᵇⁱˢ Bei nicht gemeinsam besteuerten Eltern, die mit Kindern unter gemeinsamer elterlicher Sorge zusammenleben und denen der Kinderabzug je zur Hälfte zusteht, hat derjenige Elternteil Anspruch auf den Verheiratetentarif, der den Unterhalt des Kindes aus seinen versteuerten Einkünften zur Hauptsache bestreitet.[2]

³ Der Tarif wird nach den Verhältnissen am Ende der Steuerperiode oder der Steuerpflicht festgelegt.

D. Ausgleich der kalten Progression

§ 48[3] Ausgleich der kalten Progression

¹ Die Folgen der kalten Progression werden durch gleichmässige Anpassung der allgemeinen Abzüge gemäss § 31, der Sozialabzüge gemäss § 34 und der Tarifstufen gemäss §§ 35 und 47 ausgeglichen. Die Beträge sind auf- oder abzurunden.

² Die Finanzdirektion passt die Abzüge und die Tarifstufen auf Beginn jeder Steuerfussperiode an den Landesindex der Konsumentenpreise an. Massgebend ist der Indexstand im Monat Mai vor Beginn der Steuerfussperiode. Bei negativem Teuerungsverlauf erfolgt keine Anpassung. Der auf eine negative Teuerung folgende Ausgleich erfolgt auf der Grundlage des letzten Ausgleichs.

E. Zeitliche Bemessung

I. Steuerperiode

§ 49

¹ Die Steuern vom Einkommen und Vermögen werden für jede Steuerperiode festgesetzt und erhoben.

² Als Steuerperiode gilt das Kalenderjahr.

³ Besteht die Steuerpflicht nur während eines Teils der Steuerperiode, wird die Steuer auf den in diesem Zeitraum erzielten Einkünften erhoben. Dabei bestimmt sich der Steuersatz für regelmässig fliessende Einkünfte nach dem auf zwölf Monate

---

[1] Fassung gemäss V über den Ausgleich der kalten Progression bei der Einkommens- und Vermögenssteuer ab 1. Januar 2024 vom 28. Juni 2023 (OS 78, 319; ABl 2023-07-21). In Kraft seit 1. Januar 2024.
[2] Eingefügt durch G vom 5. Mai 2014 (OS 69, 403; ABI 2013-05-17). In Kraft seit 1. Januar 2015.
[3] Fassung gemäss G vom 17. September 2012 (OS 68, 46; ABI 2011, 3254). In Kraft seit 1. Januar 2013.

berechneten Einkommen; nicht regelmässig fliessende Einkünfte werden für die Satzbestimmung nicht umgerechnet. § 37 bleibt vorbehalten.

⁴ Für die Abzüge gilt Abs. 3 sinngemäss.

II. Bemessungsperiode

§ 50

¹ Das steuerbare Einkommen bemisst sich nach den Einkünften in der Steuerperiode.

² Für die Ermittlung des Einkommens aus selbständiger Erwerbstätigkeit ist das Ergebnis der in die Steuerperiode fallenden Geschäftsabschlüsse massgebend.

³ Steuerpflichtige mit selbständiger Erwerbstätigkeit müssen in jeder Steuerperiode und am Ende der Steuerpflicht einen Geschäftsabschluss erstellen. Kein Geschäftsabschluss ist zu erstellen, wenn die Erwerbstätigkeit erst im letzten Quartal der Steuerperiode aufgenommen wird.

III. Vermögensbesteuerung

§ 51

¹ Das steuerbare Vermögen bemisst sich nach dem Stand am Ende der Steuerperiode oder der Steuerpflicht.

² Für Steuerpflichtige mit selbständiger Erwerbstätigkeit, deren Geschäftsjahr nicht mit dem Kalenderjahr übereinstimmt, bestimmt sich das steuerbare Geschäftsvermögen nach dem Eigenkapital am Ende des in der Steuerperiode abgeschlossenen Geschäftsjahres.

³ Besteht die Steuerpflicht nur während eines Teils der Steuerperiode, wird die diesem Zeitraum entsprechende Steuer erhoben.

⁴ Erbt der Steuerpflichtige während der Steuerperiode Vermögen oder entfällt die wirtschaftliche Zugehörigkeit zu einem anderen Kanton während der Steuerperiode, gilt Abs. 3 sinngemäss.

IV. Volljährigkeit; Begründung und Auflösung der Ehe[1]

§ 52

¹ Steuerpflichtige werden erstmals für die Steuerperiode, in der sie volljährig werden, selbstständig eingeschätzt. Vorbehalten bleibt eine selbstständige Einschätzung, soweit sie ein Erwerbseinkommen erzielen oder nicht unter elterlicher Sorge stehen.[2]

² Bei Heirat werden die Ehegatten für die ganze Steuerperiode gemeinsam besteuert.[3]

³ Bei Scheidung und bei rechtlicher oder tatsächlicher Trennung wird jeder Ehegatte für die ganze Steuerperiode getrennt besteuert.

---

1 Fassung gemäss Einführungsgesetz zum Kindes- und Erwachsenenschutzrecht vom 25. Juni 2012 (OS 67, 443; ABl 2011, 2567). In Kraft seit 1. Januar 2013.
2 Fassung gemäss Einführungsgesetz zum Kindes- und Erwachsenenschutzrecht vom 25. Juni 2012 (OS 67, 443; ABl 2011, 2567). In Kraft seit 1. Januar 2013.
3 Fassung gemäss G vom 19. Oktober 2015 (OS 71, 175; ABl 2015-01-09). In Kraft seit 1. Januar 2017.

⁴ Bei Tod eines Ehegatten werden die Ehegatten bis zum Todestag gemeinsam besteuert. Der Tod gilt als Beendigung der Steuerpflicht beider Ehegatten und als Beginn der Steuerpflicht des überlebenden Ehegatten.

V. Steuerfüsse

§ 53

Anwendbar sind die am Ende der Steuerperiode geltenden Steuerfüsse.

Dritter Abschnitt: Besteuerung der juristischen Personen

A. Steuerpflicht

I. Begriff der juristischen Person

§ 54

¹ Als juristische Personen werden besteuert:

a. die Kapitalgesellschaften (Aktiengesellschaften, Kommanditaktiengesellschaften, Gesellschaften mit beschränkter Haftung) und die Genossenschaften;
b. die Vereine, die Stiftungen und die übrigen juristischen Personen.

² Den übrigen juristischen Personen gleichgestellt sind die kollektiven Kapitalanlagen mit direktem Grundbesitz nach Art. 58 KAG[1]. Die Investmentgesellschaften mit festem Kapital nach Art. 110 KAG[2] werden wie Kapitalgesellschaften besteuert.[3]

³ Ausländische juristische Personen sowie gemäss § 8 Abs. 2 steuerpflichtige ausländische Handelsgesellschaften und andere ausländische Personengesamtheiten ohne juristische Persönlichkeit werden den inländischen juristischen Personen gleichgestellt, denen sie rechtlich oder tatsächlich am ähnlichsten sind.

II. Steuerliche Zugehörigkeit

§ 55 Persönliche Zugehörigkeit 1.

Juristische Personen sind aufgrund persönlicher Zugehörigkeit steuerpflichtig, wenn sich ihr Sitz oder ihre tatsächliche Verwaltung im Kanton befindet.

§ 56 Wirtschaftliche Zugehörigkeit 2.

¹ Juristische Personen mit Sitz oder mit tatsächlicher Verwaltung ausserhalb des Kantons sind steuerpflichtig, wenn sie

a. Teilhaber an Geschäftsbetrieben im Kanton sind;
b. im Kanton Betriebsstätten unterhalten;
c. an Grundstücken im Kanton Eigentum, dingliche Rechte oder diesen wirtschaftlich gleichkommende persönliche Nutzungsrechte haben;
d.[4] mit im Kanton gelegenen Grundstücken handeln.

---

[1] SR **951.31**
[2] SR **951.31**
[3] Fassung gemäss G vom 5. November 2007 (OS 63, 65; ABl 2007, 14). In Kraft seit 1. Januar 2008.
[4] Eingefügt durch G vom 17. August 2020 (OS 75, 593; ABl 2019-05-31). In Kraft seit 1. Januar 2021.

² Juristische Personen mit Sitz und tatsächlicher Verwaltung im Ausland sind ausserdem steuerpflichtig, wenn sie

a. Gläubiger oder Nutzniesser von Forderungen sind, die durch Grund- oder Faustpfand auf Grundstücken im Kanton gesichert sind;
b.[1] im Kanton gelegene Grundstücke vermitteln.

§ 57[2] Umfang der Steuerpflicht 3.

¹ Bei persönlicher Zugehörigkeit ist die Steuerpflicht unbeschränkt; sie erstreckt sich aber nicht auf Geschäftsbetriebe, Betriebsstätten und Grundstücke ausserhalb des Kantons.

² Bei wirtschaftlicher Zugehörigkeit beschränkt sich die Steuerpflicht auf die Teile des Gewinns und Kapitals, für die gemäss § 56 eine Steuerpflicht im Kanton besteht.

³ Die Abgrenzung der Steuerpflicht für Geschäftsbetriebe, Betriebsstätten und Grundstücke erfolgt im Verhältnis zu anderen Kantonen und zum Ausland nach den Grundsätzen des Bundesrechts über das Verbot der interkantonalen Doppelbesteuerung. Ein schweizerisches Unternehmen kann Verluste aus einer ausländischen Betriebsstätte mit inländischen Gewinnen verrechnen, soweit diese Verluste im Betriebsstättenstaat bereits berücksichtigt wurden. Verzeichnet diese Betriebsstätte innert der folgenden sieben Geschäftsjahre Gewinne, so erfolgt in diesen Geschäftsjahren im Ausmass der im Betriebsstättenstaat verrechneten Verlustvorträge eine Besteuerung. Verluste aus ausländischen Liegenschaften können nur dann berücksichtigt werden, wenn im betreffenden Land auch eine Betriebsstätte unterhalten wird. Vorbehalten bleiben die in Doppelbesteuerungsabkommen enthaltenen Regelungen.

⁴ Steuerpflichtige ohne Sitz oder tatsächliche Verwaltung in der Schweiz haben den im Kanton erzielten Gewinn und das im Kanton gelegene Kapital zu versteuern.

§ 58[3] ...

III. Beginn und Ende der Steuerpflicht

§ 59

¹ Die Steuerpflicht beginnt mit der Gründung der juristischen Person, mit der Verlegung ihres Sitzes oder ihrer tatsächlichen Verwaltung in den Kanton oder mit dem Erwerb von im Kanton steuerbaren Werten.

² Die Steuerpflicht endet mit dem Abschluss der Liquidation, mit der Verlegung des Sitzes oder der tatsächlichen Verwaltung aus dem Kanton oder mit dem Wegfall der im Kanton steuerbaren Werte.

³ Überträgt eine juristische Person Aktiven und Passiven auf eine andere juristische Person, sind die von ihr geschuldeten Steuern von der übernehmenden juristischen Person zu entrichten.

---

1 Fassung gemäss G vom 17. August 2020 (OS 75, 593; ABl 2019-05-31). In Kraft seit 1. Januar 2021.
2 Fassung gemäss G vom 17. August 2020 (OS 75, 593; ABl 2019-05-31). In Kraft seit 1. Januar 2021.
3 Aufgehoben durch G vom 17. August 2020 (OS 75, 593; ABl 2019-05-31). In Kraft seit 1. Januar 2021.

⁴ Die Folgen des Beginns, der Änderung und des Endes der Steuerpflicht auf Grund persönlicher und wirtschaftlicher Zugehörigkeit werden im interkantonalen Verhältnis durch das Bundesgesetz über die Harmonisierung der direkten Steuern der Kantone und Gemeinden[1] sowie durch die Grundsätze des Bundesrechts über das Verbot der interkantonalen Doppelbesteuerung bestimmt.[2]

IV. Mithaftung

§ 60

¹ Endet die Steuerpflicht einer juristischen Person, haften die mit ihrer Verwaltung und die mit ihrer Liquidation betrauten Personen solidarisch für die von ihr geschuldeten Steuern bis zum Betrag des Liquidationsergebnisses oder, falls die juristische Person ihren Sitz oder die tatsächliche Verwaltung ins Ausland verlegt, bis zum Betrag des Reinvermögens der juristischen Person. Die Haftung entfällt, wenn der Haftende nachweist, dass er alle nach den Umständen gebotene Sorgfalt angewendet hat.

² Für die Steuern einer aufgrund wirtschaftlicher Zugehörigkeit steuerpflichtigen juristischen Person haften solidarisch bis zum Betrag des Reinerlöses Personen, die

a. Geschäftsbetriebe oder Betriebsstätten im Kanton auflösen;
b. Grundstücke im Kanton oder durch solche Grundstücke gesicherte Forderungen veräussern oder verwerten.

³ Käufer und Verkäufer einer im Kanton gelegenen Liegenschaft haften für die aus der Vermittlungstätigkeit geschuldeten Steuern solidarisch bis zu 3 Prozent der Kaufsumme, wenn die die Liegenschaft vermittelnde juristische Person in der Schweiz weder ihren Sitz noch ihre tatsächliche Verwaltung hat; Käufer und Verkäufer haften jedoch nur solidarisch, soweit sie einer juristischen Person mit Sitz im Ausland einen entsprechenden Auftrag erteilt haben.

⁴ Für Steuern ausländischer Handelsgesellschaften und anderer ausländischer Personengesamtheiten ohne juristische Persönlichkeit haften die Teilhaber solidarisch.

V. Ausnahmen von der Steuerpflicht

§ 61

Von der Steuerpflicht sind befreit:

a. der Bund und seine Anstalten nach Massgabe des Bundesrechts;
b. der Kanton und seine Anstalten;
c.[3] die von der Verfassung anerkannten kirchlichen Körperschaften sowie die von der Verfassung anerkannten jüdischen Gemeinden;
d. die zürcherischen Gemeinden und ihre Anstalten;
e. die Einrichtungen der beruflichen Vorsorge von Unternehmen mit Wohnsitz, Sitz oder Betriebsstätte in der Schweiz und von ihnen nahe stehenden Unternehmen, sofern die Mittel der Einrichtung dauernd und ausschliesslich der Personalvorsorge dienen;

---

[1] SR **642.14**
[2] Eingefügt durch G vom 11. September 2000 (OS 56, 415). In Kraft seit 1. Januar 2001.
[3] Eingefügt durch G über die anerkannten jüdischen Gemeinden vom 9. Juli 2007 (OS 62, 476; ABl 2006, 634). In Kraft seit 1. Januar 2008.

f. die inländischen Sozialversicherungs- und Ausgleichskassen, insbesondere Arbeitslosen-, Krankenversicherungs-, Alters-, Invaliden- und Hinterlassenenversicherungskassen, mit Ausnahme der konzessionierten Versicherungsgesellschaften;
g. die juristischen Personen, die öffentliche oder gemeinnützige Zwecke verfolgen, für den Gewinn und das Kapital, die ausschliesslich und unwiderruflich diesen Zwecken gewidmet sind. Unternehmerische Zwecke sind grundsätzlich nicht gemeinnützig. Der Erwerb und die Verwaltung von wesentlichen Kapitalbeteiligungen an Unternehmen gelten als gemeinnützig, wenn das Interesse an der Unternehmenserhaltung dem gemeinnützigen Zweck untergeordnet ist und keine geschäftsleitenden Tätigkeiten ausgeübt werden;
h. im Kantonsrat vertretene politische Parteien;
i. die juristischen Personen, die kantonal oder gesamtschweizerisch Kultuszwecke verfolgen, für den Gewinn und das Kapital, die ausschliesslich und unwiderruflich diesen Zwecken gewidmet sind;
j. die ausländischen Staaten für ihre ausschliesslich dem unmittelbaren Gebrauch der diplomatischen und konsularischen Vertretungen bestimmten Liegenschaften, unter Vorbehalt des Gegenrechts;
k.[1] die kollektiven Kapitalanlagen mit direktem Grundbesitz, sofern deren Anleger ausschliesslich steuerbefreite Einrichtungen der beruflichen Vorsorge nach lit. e oder steuerbefreite inländische Sozialversicherungs- und Ausgleichskassen nach lit. f sind;
l.[2] vom Bund konzessionierte Verkehrs- und Infrastrukturunternehmen, die für diese Tätigkeit Abgeltungen erhalten oder aufgrund ihrer Konzession einen ganzjährigen Betrieb von nationaler Bedeutung aufrechterhalten müssen; die Steuerbefreiung erstreckt sich auch auf Gewinne aus der konzessionierten Tätigkeit, die frei verfügbar sind; von der Steuerbefreiung ausgenommen sind jedoch Nebenbetriebe und Liegenschaften, die keine notwendige Beziehung zur konzessionierten Tätigkeit haben.

VI. Steuererleichterungen für Unternehmen

§ 62

Für Unternehmen von juristischen Personen, die neu eröffnet werden und dem volkswirtschaftlichen Interesse des Kantons dienen, kann der Regierungsrat im Einvernehmen mit der zuständigen Gemeinde höchstens für das Eröffnungsjahr und die neun folgenden Jahre angemessene Steuererleichterungen gewähren. Eine wesentliche Änderung der betrieblichen Tätigkeit kann einer Neueröffnung gleichgestellt werden.

---

[1] Eingefügt durch G vom 5. November 2007 (OS 63, 65; ABl 2007, 14). In Kraft seit 1. Januar 2008.
[2] Eingefügt durch G vom 28. Oktober 2013 (OS 69, 294; ABl 2012-10-12). In Kraft seit 1. Januar 2015.

B. Gewinnsteuer

I. Steuerobjekt

§ 63 Grundsatz 1.

Gegenstand der Gewinnsteuer ist der Reingewinn.

Berechnung des Reingewinns 2.

§ 64 Allgemeines a)

¹ Der steuerbare Reingewinn setzt sich zusammen aus:

1. dem Saldo der Erfolgsrechnung unter Berücksichtigung des Saldovortrags des Vorjahres;
2. allen vor Berechnung des Saldos der Erfolgsrechnung ausgeschiedenen Teilen des Geschäftsergebnisses, die nicht zur Deckung von geschäftsmässig begründetem Aufwand verwendet werden, wie insbesondere:
    a. Kosten für die Anschaffung, Herstellung oder Wertvermehrung von Gegenständen des Anlagevermögens,
    b. geschäftsmässig nicht begründete Abschreibungen und Rückstellungen,
    c. Einlagen in die Reserven,
    d. Einzahlungen auf das Eigenkapital aus Mitteln der juristischen Person, soweit sie nicht aus als Gewinn versteuerten Reserven erfolgen,
    e. offene und verdeckte Gewinnausschüttungen und geschäftsmässig nicht begründete Zuwendungen an Dritte;
3.[1] den der Erfolgsrechnung nicht gutgeschriebenen Erträgen, mit Einschluss der Kapital-, Aufwertungs- und Liquidationsgewinne, vorbehältlich § 68;
4. den Zinsen auf verdecktem Eigenkapital (§ 80);
5.[2] geschäftsmässig nicht mehr begründeten Abschreibungen und Wertberichtigungen auf den Gestehungskosten von Beteiligungen im Sinn von § 72*a* Abs. 1.

² Der steuerbare Reingewinn juristischer Personen, die keine Erfolgsrechnung erstellen, bestimmt sich sinngemäss nach Abs. 1.

³ Gewinne auf Grundstücken sind in dem Umfang als Gewinn steuerbar, in dem Erwerbspreis und wertvermehrende Aufwendungen, einschliesslich der Baukreditzinsen, den Gewinnsteuerwert übersteigen.

§ 64a[3] Patente und vergleichbare Rechte: Begriffe b)

¹ Als Patente gelten:

a. Patente nach dem Europäischen Patentübereinkommen vom 5. Oktober 1973[4] in seiner revidierten Fassung vom 29. November 2000 mit Benennung Schweiz;
b. Patente nach dem Patentgesetz vom 25. Juni 1954[5];
c. ausländische Patente, die den Patenten nach lit. a oder b entsprechen.

---

[1] Fassung gemäss G vom 1. April 2019 (OS 74, 535; ABl 2018-09-28). In Kraft seit 1. Januar 2020.
[2] Fassung gemäss G vom 5. Mai 2014 (OS 69, 406; ABl 2013-03-08). In Kraft seit 1. Januar 2015.
[3] Eingefügt durch G vom 1. April 2019 (OS 74, 535; ABl 2018-09-28). In Kraft seit 1. Januar 2020.
[4] SR **0.232.142.2**
[5] SR **232.14**

² Als vergleichbare Rechte gelten:
   a. ergänzende Schutzzertifikate nach dem Patentgesetz vom 25. Juni 1954¹ und deren Verlängerung;
   b. Topographien, die nach dem Topographiengesetz vom 9. Oktober 1992² geschützt sind;
   c. Pflanzensorten, die nach dem Sortenschutzgesetz vom 20. März 1975³ geschützt sind;
   d. Unterlagen, die nach dem Heilmittelgesetz vom 15. Dezember 2000⁴ geschützt sind;
   e. Berichte, für die gestützt auf Ausführungsbestimmungen zum Landwirtschaftsgesetz vom 29. April 1998⁵ ein Berichtschutz besteht;
   f. ausländische Rechte, die den Rechten nach lit. a–e entsprechen.

§ 64b⁶ **Patente und vergleichbare Rechte: Besteuerung** c) VO StHG B | C102

¹ Der Reingewinn aus Patenten und vergleichbaren Rechten wird auf Antrag der steuerpflichtigen Person im Verhältnis des qualifizierenden Forschungs- und Entwicklungsaufwands zum gesamten Forschungs- und Entwicklungsaufwand pro Patent oder vergleichbares Recht (Nexusquotient) mit einer Ermässigung von 90 Prozent in die Berechnung des steuerbaren Reingewinns einbezogen.

² Der Reingewinn aus Patenten und vergleichbaren Rechten, die in Produkten enthalten sind, ermittelt sich, indem der Reingewinn aus diesen Produkten jeweils um 6 Prozent der diesen Produkten zugewiesenen Kosten sowie um das Markenentgelt vermindert wird.

³ Im Jahr der Einbringung von Patenten und vergleichbaren Rechten in die Besteuerung gemäss Abs. 1 und in den vier folgenden Jahren sind die gemäss Abs. 1 ermittelten Reingewinne zunächst mit dem für diese Rechte bis zur Einbringung entstandenen und steuerwirksam abgezogenen Forschungs- und Entwicklungsaufwand sowie mit gemäss § 65a vorgenommenen Abzügen zu verrechnen. Die ermässigte Besteuerung der Reingewinne aus Patenten und vergleichbaren Rechten gemäss Abs. 1 erfolgt, soweit diese Reingewinne den gesamten für diese Rechte bis zur Einbringung entstandenen und steuerwirksam abgezogenen Forschungs- und Entwicklungsaufwand sowie die gemäss § 65a vorgenommenen Abzüge übersteigen. Am Ende des fünften Jahres nach Einbringung sind der noch nicht verrechnete Forschungs- und Entwicklungsaufwand und die noch nicht verrechneten Abzüge gemäss § 65a zum steuerbaren Reingewinn hinzuzurechnen. Die steuerpflichtige Person hat jederzeit das Recht, den noch nicht verrechneten Forschungs- und Entwicklungsaufwand und die gemäss § 65a vorgenommenen Abzüge zum steuerbaren Reingewinn hinzuzurechnen. Im Umfang des hinzugerechneten Betrags ist eine versteuerte stille Reserve zu bilden.

---

¹ SR **332.14**
² SR **231.2**
³ SR **332.16**
⁴ SR **812.21**
⁵ SR **910.1**
⁶ Eingefügt durch G vom 1. April 2019 (OS 74, 535; ABl 2018-09-28). In Kraft seit 1. Januar 2020.

⁴ Ob die Voraussetzungen der Besteuerung nach Abs. 1 erfüllt sind, prüft die Steuerbehörde
   a. in jener Steuerperiode, in der die steuerpflichtige Person
      1. geltend macht, dass der gesamte für die Patente und vergleichbaren Rechte bis zur Einbringung entstandene und steuerwirksam abgezogene Forschungs- und Entwicklungsaufwand sowie die gemäss § 65a vorgenommenen Abzüge mit dem Reingewinn aus diesen Rechten verrechnet worden sind, oder sofort über diesen Aufwand und über diese Abzüge abrechnet und
      2. die ermässigte Besteuerung nach Abs. 1 beantragt;
   b. spätestens in der fünften Steuerperiode nach Einbringung, sofern die steuerpflichtige Person
      1. über den noch nicht verrechneten Forschungs- und Entwicklungsaufwand und die gemäss § 65a vorgenommenen Abzüge abrechnet und
      2. beantragt, dass Reingewinne aus eingebrachten Patenten und vergleichbaren Rechten künftig gemäss Abs. 1 besteuert werden.

⁵ Die steuerpflichtige Person muss die für die Überprüfung der Anwendung von Abs. 1 und des für die Patente und vergleichbaren Rechte bis zur Einbringung entstandenen und steuerwirksam abgezogenen Forschungs- und Entwicklungsaufwands sowie der gemäss § 65a vorgenommenen Abzüge erforderlichen Unterlagen aufbewahren und der Steuerbehörde auf Verlangen vorweisen.

⁶ Im Übrigen gelten die vom Bundesrat gestützt auf Art. 24b Abs. 4 des Bundesgesetzes über die Harmonisierung der direkten Steuern der Kantone und Gemeinden[1] erlassenen Bestimmungen. VO StHG B | C102

§ 64c[2] Aufdeckung stiller Reserven bei Beginn der Steuerpflicht d)

¹ Deckt die steuerpflichtige Person bei Beginn der Steuerpflicht stille Reserven einschliesslich der selbst geschaffenen Mehrwerts auf, unterliegen diese nicht der Gewinnsteuer. Nicht aufgedeckt werden dürfen stille Reserven einer Kapitalgesellschaft oder Genossenschaft aus Beteiligungen von mindestens 10 Prozent am Grund- oder Stammkapital oder am Gewinn und an den Reserven einer anderen Gesellschaft.

² Als Beginn der Steuerpflicht gelten die Verlegung von Vermögenswerten, Betrieben, Teilbetrieben oder Funktionen aus dem Ausland in einen inländischen Geschäftsbetrieb oder in eine inländische Betriebsstätte, das Ende einer Steuerbefreiung nach § 61 sowie die Verlegung des Sitzes oder der tatsächlichen Verwaltung in die Schweiz.

³ Die aufgedeckten stillen Reserven sind jährlich zum Satz abzuschreiben, der für Abschreibungen auf den betreffenden Vermögenswerten steuerlich angewendet wird.

⁴ Der aufgedeckte selbst geschaffene Mehrwert ist innert zehn Jahren abzuschreiben.

§ 64d[3] Besteuerung stiller Reserven am Ende der Steuerpflicht e)

¹ Endet die Steuerpflicht, werden die in diesem Zeitpunkt vorhandenen, nicht versteuerten stillen Reserven einschliesslich des selbst geschaffenen Mehrwerts besteuert.

---

[1] SR **642.14**
[2] Eingefügt durch G vom 1. April 2019 (OS 74, 535; ABl 2018-09-28). In Kraft seit 1. Januar 2020.
[3] Eingefügt durch G vom 1. April 2019 (OS 74, 535; ABl 2018-09-28). In Kraft seit 1. Januar 2020.

² Als Ende der Steuerpflicht gelten die Verlegung von Vermögenswerten, Betrieben, Teilbetrieben oder Funktionen aus dem Inland in einen ausländischen Geschäftsbetrieb oder in eine ausländische Betriebsstätte, der Übergang zu einer Steuerbefreiung nach § 61 sowie die Verlegung des Sitzes oder der tatsächlichen Verwaltung ins Ausland.

§ 65[1] Geschäftsmässig begründeter Aufwand f)[2]

¹ Zum geschäftsmässig begründeten Aufwand gehören auch:

a. die eidgenössischen, kantonalen und kommunalen Steuern,
b. die Zuwendungen an Vorsorgeeinrichtungen zu Gunsten des eigenen Personals, sofern jede zweckwidrige Verwendung ausgeschlossen ist,
c.[3] die freiwilligen Leistungen von Geld und übrigen Vermögenswerten bis zu 20 Prozent des Reingewinns an den Bund und seine Anstalten, an Kantone und ihre Anstalten, an Gemeinden und ihre Anstalten und an andere juristische Personen mit Sitz in der Schweiz, die im Hinblick auf öffentliche oder ausschliesslich gemeinnützige Zwecke von der Steuerpflicht befreit sind,
d. die Rabatte, Skonti, Umsatzbonifikationen und Rückvergütungen auf dem Entgelt für Lieferungen und Leistungen sowie zur Verteilung an die Versicherten bestimmte Überschüsse von Versicherungsgesellschaften,
e. die Rücklagen für künftige Forschungs- und Entwicklungsaufträge an Dritte bis zu 10 Prozent des steuerbaren Gewinns, insgesamt jedoch höchstens bis 1 Million Franken,
f.[4] die Kosten der berufsorientierten Aus- und Weiterbildung, einschliesslich Umschulungskosten, des eigenen Personals,
g. gewinnabschöpfende Sanktionen, soweit sie keinen Strafzweck haben.

² Nicht zum geschäftsmässig begründeten Aufwand gehören insbesondere:

a. Zahlungen von Bestechungsgeldern im Sinne des schweizerischen Strafrechts,
b. Aufwendungen zur Ermöglichung von Straftaten oder als Gegenleistung für die Begehung von Straftaten,
c. Bussen,
d. finanzielle Verwaltungssanktionen, soweit sie einen Strafzweck haben.

³ Sind Sanktionen nach Abs. 2 lit. c und d von einer ausländischen Straf- oder Verwaltungsbehörde verhängt worden, sind sie abziehbar, wenn

a. die Sanktion gegen den schweizerischen Ordre public verstösst oder
b. die steuerpflichtige Person glaubhaft darlegt, dass sie alles Zumutbare unternommen hat, um sich rechtskonform zu verhalten.

---

1 Fassung gemäss G vom 25. März 2024 (OS 79, 394; ABl 2022-10-07). In Kraft seit 1. Januar 2025.
2 Fassung gemäss G vom 1. April 2019 (OS 74, 535; ABl 2018-09-28). In Kraft seit 1. Januar 2020.
3 Fassung gemäss G vom 5. November 2007 (OS 63, 65; ABl 2007, 14). In Kraft seit 1. Januar 2008.
4 Eingefügt durch G vom 8. Dezember 2014 (OS 70, 249; ABl 2014-06-06). In Kraft seit 1. Januar 2016.

§ 65a[1] Zusätzlicher Abzug von Forschungs- und Entwicklungsaufwand g)

¹ Forschungs- und Entwicklungsaufwand, welcher der steuerpflichtigen Person direkt oder durch Dritte im Inland indirekt entstanden ist, kann auf Antrag um 50 Prozent über den geschäftsmässig begründeten Forschungs- und Entwicklungsaufwand hinaus abgezogen werden.

² Als Forschung und Entwicklung gelten die wissenschaftliche Forschung und die wissenschaftsbasierte Innovation nach Art. 2 des Bundesgesetzes vom 14. Dezember 2012 über die Förderung der Forschung und der Innovation[2].

³ Ein erhöhter Abzug ist zulässig auf:

a. dem direkt zurechenbaren Personalaufwand für Forschung und Entwicklung, zuzüglich eines Zuschlags von 35 Prozent dieses Personalaufwands, höchstens aber bis zum gesamten Aufwand der steuerpflichtigen Person,
b. 80 Prozent des Aufwands für durch Dritte in Rechnung gestellte Forschung und Entwicklung.

⁴ Ist der Auftraggeber der Forschung und Entwicklung abzugsberechtigt, steht dem Auftragnehmer dafür kein Abzug zu.

§ 65b[3] Abzug für Eigenfinanzierung h)   VO StHG C | C103

¹ Zum geschäftsmässig begründeten Aufwand gehört auch der Abzug für Eigenfinanzierung. Der Abzug entspricht dem kalkulatorischen Zins auf dem Sicherheitseigenkapital.

² Das Sicherheitseigenkapital entspricht dem Teil des in der Schweiz steuerbaren Eigenkapitals vor einer Ermässigung nach § 81a, der das für die Geschäftstätigkeit langfristig benötigte Eigenkapital übersteigt. Es wird mittels Eigenkapitalunterlegungssätzen berechnet, die nach dem Risiko der Kategorie der Aktiven abgestuft sind.

³ Ausgeschlossen ist ein kalkulatorischer Zins auf:

a. Beteiligungen nach § 72;
b. nicht betriebsnotwendigen Aktiven;
c. Aktiven nach § 64a;
d. den nach § 64c aufgedeckten stillen Reserven einschliesslich des selbst geschaffenen Mehrwerts sowie auf vergleichbaren unversteuert aufgedeckten stillen Reserven;
e. Aktiven im Zusammenhang mit Transaktionen, die eine ungerechtfertigte Steuerersparnis bewirken, namentlich Forderungen aller Art gegenüber Nahestehenden, soweit diese aus der Veräusserung von Beteiligungen nach §§ 72 und 72a oder Ausschüttungen stammen.

---

[1] Eingefügt durch G vom 1. April 2019 (OS 74, 535; ABl 2018-09-28). In Kraft seit 1. Januar 2020.
[2] SR **420.1**
[3] Eingefügt durch G vom 1. April 2019 (OS 74, 535; ABl 2018-09-28). In Kraft seit 1. Januar 2020.

⁴ Der kalkulatorische Zinssatz auf dem Sicherheitseigenkapital richtet sich nach der Rendite von zehnjährigen Bundesobligationen. Soweit dieses anteilmässig auf Forderungen aller Art gegenüber Nahestehenden entfällt, kann ein dem Drittvergleich entsprechender Zinssatz geltend gemacht werden; Abs. 3 lit. e bleibt vorbehalten.

⁵ Die Berechnung des kalkulatorischen Zinses auf dem Sicherheitseigenkapital erfolgt am Ende der Steuerperiode auf der Grundlage des Durchschnittswerts der einzelnen Aktiven, bewertet zu Gewinnsteuerwerten, und des Eigenkapitals während der betreffenden Steuerperiode sowie der Eigenkapitalunterlegungssätze gemäss Abs. 2 und 3 und der Bestimmungen zum kalkulatorischen Zinssatz gemäss Abs. 4.

⁶ Für die Anwendung der Abs. 2–5 gelten die vom Bundesrat gestützt auf Art. 25a^{bis} Abs. 6 des Bundesgesetzes über die Harmonisierung der direkten Steuern der Kantone und Gemeinden[1] erlassenen Ausführungsbestimmungen. VO StHG C | C103

§ 65c[2] **Entlastungsbegrenzung** i)

¹ Die gesamte steuerliche Ermässigung nach §§ 64*b* Abs. 1 und 2 sowie 65*a* und 65*b* darf nicht höher sein als 70 Prozent des steuerbaren Gewinns vor Verlustverrechnung, wobei der Nettobeteiligungsertrag nach §§ 72 und 72*a* ausgeklammert wird, und vor Abzug der vorgenommenen Ermässigungen.

² Es dürfen weder aus den einzelnen Ermässigungen noch aus der gesamten steuerlichen Entlastung Verlustvorträge resultieren.

§ 66 **Erfolgsneutrale Vorgänge** j)[3]

Kein steuerbarer Gewinn entsteht durch:

a. Kapitaleinlagen von Mitgliedern von Kapitalgesellschaften und Genossenschaften, einschliesslich Aufgelder und Leistungen à fonds perdu;
b. Verlegung des Sitzes, der Verwaltung, eines Geschäftsbetriebs oder einer Betriebsstätte innerhalb der Schweiz, soweit keine Veräusserungen oder buchmässigen Aufwertungen vorgenommen werden;
c. Kapitalzuwachs aus Erbschaft, Vermächtnis oder Schenkung.

---

[1] SR **642.14**
[2] Eingefügt durch G vom 1. April 2019 (OS 74, 535; ABl 2018-09-28). In Kraft seit 1. Januar 2020.
[3] Fassung gemäss G vom 1. April 2019 (OS 74, 535; ABl 2018-09-28). In Kraft seit 1. Januar 2020.

§ 67[1] **Umstrukturierungen** k)[2]

¹ Stille Reserven einer juristischen Person werden bei Umstrukturierungen, insbesondere im Fall der Fusion, Spaltung oder Umwandlung, nicht besteuert, soweit die Steuerpflicht in der Schweiz fortbesteht und die bisher für die Gewinnsteuer massgeblichen Werte übernommen werden:

   a. bei der Umwandlung in ein Personenunternehmen oder in eine andere juristische Person;
   b. bei der Auf- oder Abspaltung einer juristischen Person, sofern ein oder mehrere Betriebe oder Teilbetriebe übertragen werden und soweit die nach der Spaltung bestehenden juristischen Personen einen Betrieb oder Teilbetrieb weiterführen;
   c. beim Austausch von Beteiligungs- oder Mitgliedschaftsrechten anlässlich von Umstrukturierungen oder von fusionsähnlichen Zusammenschlüssen;
   d. bei der Übertragung von Betrieben oder Teilbetrieben sowie von Gegenständen des betrieblichen Anlagevermögens auf eine inländische Tochtergesellschaft. Als Tochtergesellschaft gilt eine Kapitalgesellschaft oder Genossenschaft, an der die übertragende Kapitalgesellschaft oder Genossenschaft zu mindestens 20 Prozent am Grund- oder Stammkapital beteiligt ist.

² Bei einer Übertragung auf eine Tochtergesellschaft nach Abs. 1 lit. d werden die übertragenen stillen Reserven im Nachsteuerverfahren nach den §§ 160–162 nachträglich besteuert, soweit während den der Umstrukturierung nachfolgenden fünf Jahren die übertragenen Vermögenswerte oder Beteiligungs- oder Mitgliedschaftsrechte an der Tochtergesellschaft veräussert werden; die Tochtergesellschaft kann in diesem Fall entsprechende, als Gewinn versteuerte stille Reserven geltend machen.

³ Zwischen inländischen Kapitalgesellschaften und Genossenschaften, die nach dem Gesamtbild der tatsächlichen Verhältnisse durch Stimmenmehrheit oder auf andere Weise unter einheitlicher Leitung einer Kapitalgesellschaft oder Genossenschaft zusammengefasst sind, können direkt oder indirekt gehaltene Beteiligungen von mindestens 20 Prozent am Grund- oder Stammkapital einer anderen Kapitalgesellschaft oder Genossenschaft, Betriebe oder Teilbetriebe sowie Gegenstände des betrieblichen Anlagevermögens zu den bisher für die Gewinnsteuer massgeblichen Werten übertragen werden. Vorbehalten bleibt die Übertragung auf eine Tochtergesellschaft nach Abs. 1 lit. d.[3]

⁴ Werden im Fall einer Übertragung nach Abs. 3 während der nachfolgenden fünf Jahre die übertragenen Vermögenswerte veräussert oder wird während dieser Zeit die einheitliche Leitung aufgegeben, so werden die übertragenen stillen Reserven im Nachsteuerverfahren nach den §§ 160–162 nachträglich besteuert. Die begünstigte juristische Person kann in diesem Fall entsprechende, als Gewinn versteuerte stille Reserven geltend machen. Die im Zeitpunkt der Sperrfristverletzung unter einheitlicher Leitung zusammengefassten inländischen Kapitalgesellschaften und Genossenschaften haften für die Nachsteuer solidarisch.

---

1 Fassung gemäss G vom 27. Juni 2005 (OS 60, 349; ABl 2005, 233). In Kraft seit 1. Januar 2006.
2 Fassung gemäss G vom 1. April 2019 (OS 74, 535; ABl 2018-09-28). In Kraft seit 1. Januar 2020.
3 Fassung gemäss G vom 1. April 2019 (OS 74, 535; ABl 2018-09-28). In Kraft seit 1. Januar 2020.

⁵ Entsteht durch die Übernahme der Aktiven und Passiven einer Kapitalgesellschaft oder einer Genossenschaft, deren Beteiligungsrechte der übernehmenden Kapitalgesellschaft oder Genossenschaft gehören, ein Buchverlust auf der Beteiligung, so kann dieser steuerlich nicht abgezogen werden; ein allfälliger Buchgewinn auf der Beteiligung wird besteuert.

§ 68 Ersatzbeschaffungen l)[1]

¹ Werden Gegenstände des betriebsnotwendigen Anlagevermögens ersetzt, können die stillen Reserven auf die als Ersatz erworbenen Anlagegüter übertragen werden, wenn diese ebenfalls betriebsnotwendig sind und sich in der Schweiz befinden. Vorbehalten bleibt die Besteuerung beim Ersatz von Liegenschaften durch Gegenstände des beweglichen Vermögens.[2]

² Beim Ersatz von Beteiligungen können die stillen Reserven auf eine neue Beteiligung übertragen werden, sofern die veräusserte Beteiligung mindestens 10 Prozent des Grund- oder Stammkapitals oder mindestens 10 Prozent des Gewinns und der Reserven der anderen Gesellschaft ausmacht und diese Beteiligung während mindestens eines Jahres im Besitz der Kapitalgesellschaft oder Genossenschaft war.[3]

³ Findet die Ersatzbeschaffung nicht im gleichen Geschäftsjahr statt, kann im Umfang der stillen Reserven eine Rückstellung gebildet werden. Diese Rückstellung ist innert angemessener Frist zur Abschreibung auf dem Ersatzobjekt zu verwenden oder zu Gunsten der Erfolgsrechnung aufzulösen.

⁴ Als betriebsnotwendig gilt nur Anlagevermögen, das dem Betrieb unmittelbar dient; ausgeschlossen sind insbesondere Vermögensobjekte, die dem Unternehmen nur als Vermögensanlage oder nur durch ihren Ertrag dienen.

§ 69 Gewinne von Vereinen, Stiftungen und kollektiven Kapitalanlagen m)[4]

¹ Die Mitgliederbeiträge an die Vereine und die Einlagen in das Vermögen der Stiftungen werden nicht zum steuerbaren Gewinn gerechnet.

² Von den steuerbaren Erträgen der Vereine können die zu deren Erzielung erforderlichen Aufwendungen in vollem Umfang abgezogen werden, andere Aufwendungen nur insoweit, als sie die Mitgliederbeiträge übersteigen.

³ Die kollektiven Kapitalanlagen mit direktem Grundbesitz unterliegen der Gewinnsteuer für den Ertrag aus direktem Grundbesitz.[5]

§ 69a[6] Gewinne von juristischen Personen mit ideellen Zwecken n)[7]

Gewinne von juristischen Personen mit ideellen Zwecken werden nicht besteuert, sofern sie höchstens Fr. 20 000 betragen und ausschliesslich und unwiderruflich diesen Zwecken gewidmet sind.

---

1 Fassung gemäss G vom 1. April 2019 (OS 74, 535; ABl 2018-09-28). In Kraft seit 1. Januar 2020.
2 Fassung gemäss G vom 5. Mai 2014 (OS 69, 406; ABl 2013-03-08). In Kraft seit 1. Januar 2015.
3 Fassung gemäss G vom 5. Mai 2014 (OS 69, 406; ABl 2013-03-08). In Kraft seit 1. Januar 2015.
4 Fassung gemäss G vom 1. April 2019 (OS 74, 535; ABl 2018-09-28). In Kraft seit 1. Januar 2020.
5 Fassung gemäss G vom 5. November 2007 (OS 63, 65; ABl 2007, 14). In Kraft seit 1. Januar 2008.
6 Eingefügt durch G vom 12. Dezember 2016 (OS 72, 421; ABl 2016-02-12). In Kraft seit 1. Januar 2018.
7 Fassung gemäss G vom 1. April 2019 (OS 74, 535; ABl 2018-09-28). In Kraft seit 1. Januar 2020.

§ 70 Verluste o)[1]

¹ Vom Reingewinn der Steuerperiode können Verluste aus sieben der Steuerperiode vorangegangenen Geschäftsjahren abgezogen werden, soweit sie bei der Berechnung des steuerbaren Reingewinns dieser Jahre nicht berücksichtigt werden konnten.

² Mit Leistungen zum Ausgleich einer Unterbilanz im Rahmen einer Sanierung, die nicht Kapitaleinlagen gemäss § 66 lit. a sind, können auch Verluste verrechnet werden, die in früheren Geschäftsjahren entstanden sind und noch nicht mit Gewinnen verrechnet werden konnten.

II. Steuerberechnung

§ 71[2] **Kapitalgesellschaften und Genossenschaften** 1.

Die Gewinnsteuer der Kapitalgesellschaften und Genossenschaften beträgt 7 Prozent des steuerbaren Gewinns.

> ☞ *§ 71 wird durch das G vom 4.11.2024 (Schritt 2 der Steuervorlage 17) frühestens per 1.1.2026 wie folgt geändert (unter Voraussetzung der Annahme in der Volksabstimmung):*
>
> *Die Gewinnsteuer der Kapitalgesellschaften und Genossenschaften beträgt 6 Prozent des steuerbaren Gewinns.*

Beteiligungsabzug 2.

§ 72[3] **Grundsatz** a)

¹ Die Gewinnsteuer einer Kapitalgesellschaft oder Genossenschaft ermässigt sich im Verhältnis des Nettoertrages aus den Beteiligungsrechten zum gesamten Reingewinn, wenn die Gesellschaft oder Genossenschaft:[4]

a. zu mindestens 10 Prozent am Grund- oder Stammkapital einer anderen Gesellschaft beteiligt ist;

b. zu mindestens 10 Prozent am Gewinn und an den Reserven einer anderen Gesellschaft beteiligt ist; oder

c. Beteiligungsrechte im Verkehrswert von mindestens einer Million Franken hält.

² Der Nettoertrag aus Beteiligungen entspricht dem Ertrag aus Beteiligungen, vermindert um den anteiligen Verwaltungsaufwand von 5 Prozent oder um den tieferen tatsächlichen Verwaltungsaufwand sowie um den anteiligen Finanzierungsaufwand.

³ Als Finanzierungsaufwand gelten Schuldzinsen sowie weiterer Aufwand, der wirtschaftlich den Schuldzinsen gleichzustellen ist. Der Ertrag aus einer Beteiligung wird bei der Berechnung der Ermässigung nicht berücksichtigt, soweit auf der gleichen Beteiligung eine Abschreibung vorgenommen wird, die mit der Gewinnausschüttung im Zusammenhang steht.

---

[1] Fassung gemäss G vom 1. April 2019 (OS 74, 535; ABl 2018-09-28). In Kraft seit 1. Januar 2020.
[2] Fassung gemäss G vom 1. April 2019 (OS 74, 535; ABl 2018-09-28). In Kraft seit 1. Januar 2021.
[3] Fassung gemäss G vom 11. September 2000 (OS 56, 415). In Kraft seit 1. Januar 2001.
[4] Fassung gemäss G vom 5. Mai 2014 (OS 69, 406; ABl 2013-03-08). In Kraft seit 1. Januar 2015.

⁴ Bei Konzernobergesellschaften von systemrelevanten Banken nach Art. 7 Abs. 1 des Bundesgesetzes vom 8. November 1934 über die Banken und Sparkassen (BankG)[1] werden für die Berechnung des Nettoertrags nach Abs. 1 der Finanzierungsaufwand und die Forderung in der Bilanz aus konzernintern weitergegebenen Mitteln nicht berücksichtigt, wenn diese Mittel aus Fremdkapitalinstrumenten nach Art. 11 Abs. 4 oder 30*b* Abs. 6 oder 7 Bst. b BankG stammen, die von der Eidgenössischen Finanzmarktaufsicht im Hinblick auf die Erfüllung regulatorischer Erfordernisse genehmigt wurden.[2]

§ 72a[3] Kapital- und Aufwertungsgewinne b)   N 4

¹ Der Beteiligungsabzug wird ebenfalls gewährt für Kapitalgewinne auf Beteiligungen, Erlöse aus dazugehörigen Bezugsrechten und Buchgewinne auf Beteiligungen infolge Aufwertung gemäss Art. 670 OR[4], wenn die Beteiligung mindestens 10 Prozent des Grund- oder Stammkapitals einer anderen Gesellschaft betrug oder einen Anspruch auf mindestens 10 Prozent des Gewinns und der Reserven einer anderen Gesellschaft begründete. Fällt die Beteiligungsquote infolge Teilveräusserung unter 10 Prozent, kann die Ermässigung für jeden folgenden Veräusserungsgewinn nur beansprucht werden, wenn die Beteiligung am Ende der Steuerperiode vor dem Verkauf einen Verkehrswert von mindestens 1 Million Franken hatte.[5]

² Kapitalgewinne und Buchgewinne infolge Aufwertung gemäss Art. 670 OR[6] werden bei der Berechnung der Ermässigung gemäss § 72 nur berücksichtigt,

a. soweit der Erlös oder die Aufwertung die Gestehungskosten übersteigt
b. und sofern die veräusserte oder aufgewertete Beteiligung während wenigstens eines Jahres im Besitz der Kapitalgesellschaft oder Genossenschaft war.

³ Die Gestehungskosten werden nach einer Aufwertung gemäss Art. 670 OR[7] um den dem Beteiligungsabzug unterliegenden Betrag der Aufwertung erhöht und um die vorgenommenen Abschreibungen herabgesetzt, soweit diese eine Kürzung der Ermässigung gemäss § 72 Abs. 3 zur Folge hatten. Bei Beteiligungen, die bei einer steuerneutralen Umstrukturierung zu Gewinnsteuerwerten übertragen worden sind, wird auf die ursprünglichen Gestehungskosten abgestellt.

⁴ Transaktionen, die im Konzern eine ungerechtfertigte Steuerersparnis bewirken, führen zu einer Berichtigung des steuerbaren Reingewinns oder zu einer Kürzung der Ermässigung. Eine ungerechtfertigte Steuerersparnis liegt vor, wenn Kapitalgewinne und Kapitalverluste oder Abschreibungen auf Beteiligungen in kausalem Zusammenhang stehen.

§§ 73 –75[8] ...

---

[1] SR **952.0**
[2] Eingefügt durch G vom 25. März 2024 (OS 79, 394; ABl 2022-10-07). In Kraft seit 1. Januar 2025.
[3] Eingefügt durch G vom 11. September 2000 (OS 56, 415). In Kraft seit 1. Januar 2001.
[4] SR **220**
[5] Fassung gemäss G vom 5. Mai 2014 (OS 69, 406; ABl 2013-03-08). In Kraft seit 1. Januar 2015.
[6] SR **220**
[7] SR **220**
[8] Aufgehoben durch G vom 1. April 2019 (OS 74, 535; ABl 2018-09-28). In Kraft seit 1. Januar 2020.

§ 76 Vereine, Stiftungen und übrige juristische Personen 6.

¹ Die Gewinnsteuer der Vereine, Stiftungen und übrigen juristischen Personen beträgt 4 Prozent des Reingewinns.

² Gewinne, die auf ein Jahr berechnet Fr. 10 000 nicht erreichen, werden nicht besteuert.

§ 77¹ Kollektive Kapitalanlagen 7.

Die Gewinnsteuer der kollektiven Kapitalanlagen mit direktem Grundbesitz beträgt 4 Prozent des steuerbaren Reingewinns.

C. Kapitalsteuer

I. Steuerobjekt

§ 78 Grundsatz 1.

Gegenstand der Kapitalsteuer ist das Eigenkapital.

Kapitalgesellschaften und Genossenschaften 2.

§ 79 Allgemeines a)

¹ Das steuerbare Eigenkapital besteht bei Kapitalgesellschaften und Genossenschaften aus dem einbezahlten Aktien-, Grund- oder Stammkapital, den in der Handelsbilanz ausgewiesenen Einlagen, Aufgeldern und Zuschüssen im Sinne von § 20 Abs. 4, dem Partizipationskapital, den offenen und den aus versteuertem Gewinn gebildeten stillen Reserven.²

² Steuerbar ist mindestens das einbezahlte Aktien-, Grund- oder Stammkapital, einschliesslich des einbezahlten Partizipationskapitals.

§ 80 Verdecktes Eigenkapital b)

Das steuerbare Eigenkapital von Kapitalgesellschaften und Genossenschaften wird um jenen Teil des Fremdkapitals erhöht, dem wirtschaftlich die Bedeutung von Eigenkapital zukommt.

§ 81 Vereine, Stiftungen und übrige juristische Personen 3.

¹ Als steuerbares Eigenkapital gilt bei

a.³ den kollektiven Kapitalanlagen der auf den direkten Grundbesitz entfallende Anteil am Reinvermögen;

b. den Vereinen, Stiftungen und übrigen juristischen Personen das Reinvermögen.

² Die Vermögenswerte werden nach den für die Vermögenssteuer natürlicher Personen geltenden Grundsätzen bewertet.

---

[1] Fassung gemäss G vom 5. November 2007 (OS 63, 65; ABl 2007, 14). In Kraft seit 1. Januar 2008.
[2] Fassung gemäss G vom 1. April 2019 (OS 74, 535; ABl 2018-09-28). In Kraft seit 1. Januar 2020.
[3] Fassung gemäss G vom 5. November 2007 (OS 63, 65; ABl 2007, 14). In Kraft seit 1. Januar 2008.

³ Bei Veräusserung oder Zweckentfremdung von zum Ertragswert bewerteten land- oder forstwirtschaftlichen Liegenschaften wird eine ergänzende Kapitalsteuer zum Steuersatz von 0,75 Promille erhoben; im Übrigen werden die Bestimmungen über die ergänzende Vermögenssteuer natürlicher Personen sinngemäss angewendet.[1]

§ 81a[2] **Ermässigung** 4.

Vom steuerbaren Eigenkapital, das auf Beteiligungsrechte, Rechte nach § 64a und auf Darlehen an Konzerngesellschaften entfällt, können 90 Prozent abgezogen werden. Der Abzug berechnet sich aufgrund der für die Gewinn- und Kapitalsteuer massgebenden Werte.

II. Steuerberechnung

§ 82

¹ Die Kapitalsteuer beträgt 0,75 Promille des steuerbaren Eigenkapitals.[3]

² Eigenkapital der Vereine, Stiftungen und übrigen juristischen Personen, einschliesslich der kollektiven Kapitalanlagen mit direktem Grundbesitz, unter Fr. 100 000 wird nicht besteuert.[4]

D. Zeitliche Bemessung

I. Steuerperiode

§ 83

¹ Die Steuern vom Reingewinn und vom Eigenkapital werden für jede Steuerperiode festgesetzt und erhoben.

² Als Steuerperiode gilt das Geschäftsjahr.

³ In jedem Kalenderjahr, ausgenommen im Gründungsjahr, muss ein Geschäftsabschluss mit Bilanz und Erfolgsrechnung erstellt werden. Ausserdem ist ein Geschäftsabschluss erforderlich bei Verlegung des Sitzes, der Verwaltung, eines Geschäftsbetriebs oder einer Betriebsstätte ins Ausland sowie bei Abschluss der Liquidation.

II. Bemessung des Reingewinns

§ 84[5]

¹ Der steuerbare Reingewinn bemisst sich nach dem Ergebnis der Steuerperiode.

² Lautet der Geschäftsabschluss auf eine ausländische Währung, ist der steuerbare Reingewinn in Franken umzurechnen. Massgebend ist der durchschnittliche Devisenkurs (Verkauf) der Steuerperiode.[6]

---

1 Fassung gemäss G vom 10. Februar 2003 (OS 58, 100; ABl 2002, 247). In Kraft seit 1. Januar 2005 (OS 58, 186).
2 Eingefügt durch G vom 1. April 2019 (OS 74, 535; ABl 2018-09-28). In Kraft seit 1. Januar 2020.
3 Fassung gemäss G vom 1. April 2019 (OS 74, 535; ABl 2018-09-28). In Kraft seit 1. Januar 2020.
4 Fassung gemäss G vom 5. November 2007 (OS 63, 65; ABl 2007, 14). In Kraft seit 1. Januar 2008.
5 Fassung gemäss G vom 5. November 2007 (OS 63, 65; ABl 2007, 14). In Kraft seit 1. Januar 2008.
6 Eingefügt durch G vom 25. März 2024 (OS 79, 394; ABl 2022-10-07). In Kraft seit 1. Januar 2025.

³ Wird eine juristische Person aufgelöst oder verlegt sie ihren Sitz, die Verwaltung, einen Geschäftsbetrieb oder eine Betriebsstätte ins Ausland, werden die aus nicht versteuertem Gewinn gebildeten stillen Reserven zusammen mit dem Reingewinn des letzten Geschäftsjahrs besteuert.

III. Bemessung des Eigenkapitals

§ 85

¹ Das steuerbare Eigenkapital bemisst sich nach dem Stand am Ende der Steuerperiode.

² Lautet der Geschäftsabschluss auf eine ausländische Währung, ist das steuerbare Eigenkapital in Franken umzurechnen. Massgebend ist der Devisenkurs (Verkauf) am Ende der Steuerperiode.[1]

³ Bei über- oder unterjährigen Geschäftsabschlüssen bestimmt sich die Höhe der Kapitalsteuer nach der Dauer des Geschäftsjahrs.

IV. Tarife und Steuerfüsse

§ 86

Anwendbar sind die am Ende der Steuerperiode geltenden Tarife und Steuerfüsse.

---

[1] Eingefügt durch G vom 25. März 2024 (OS 79, 394; ABl 2022-10-07). In Kraft seit 1. Januar 2025.

Vierter Abschnitt: Quellensteuern für natürliche und juristische Personen

A. Natürliche Personen mit steuerrechtlichem Wohnsitz oder Aufenthalt im Kanton A91, E67

I. Der Quellensteuer unterworfene Personen

§ 87[1]

1 Arbeitnehmer ohne Niederlassungsbewilligung, die im Kanton steuerrechtlichen Wohnsitz oder Aufenthalt haben, unterliegen für ihr Einkommen aus unselbstständiger Erwerbstätigkeit einer Quellensteuer. Davon ausgenommen sind Einkommen, die der Besteuerung im vereinfachten Abrechnungsverfahren nach § 37a unterstehen.

2 Ehegatten, die in rechtlich und tatsächlich ungetrennter Ehe leben, unterliegen nicht der Quellensteuer, wenn einer der Ehegatten das Schweizer Bürgerrecht oder die Niederlassungsbewilligung besitzt.

II. Steuerbare Leistungen

§ 88

1 Die Quellensteuer wird von den Bruttoeinkünften berechnet.

2 Steuerbar sind:[2]

a. die Einkommen aus unselbstständiger Erwerbstätigkeit nach § 87 Abs. 1, die Nebeneinkünfte wie geldwerte Vorteile aus Mitarbeiterbeteiligungen sowie Naturalleistungen und Trinkgelder, nicht jedoch die vom Arbeitgeber getragenen Kosten der berufsorientierten Aus- und Weiterbildung nach § 17 Abs. 2,

b die Ersatzeinkünfte.

3 Naturalleistungen und Trinkgelder werden in der Regel nach den für die eidgenössische Alters- und Hinterlassenenversicherung geltenden Ansätzen bewertet.

III. Steuertarife

§ 89[3] **Grundlage** 1.

1 Der Quellensteuerabzug auf den steuerbaren Leistungen nach § 88 wird unter Anwendung der Quellensteuertarife vorgenommen.

2 Die Finanzdirektion setzt die Quellensteuertarife entsprechend den für die Einkommenssteuer geltenden Steuersätzen und den Steuerfüssen fest. Im ganzen Kanton gelten die gleichen Tarife.

3 Die Quellensteuertarife umfassen die Staats-, Personal- und Gemeindesteuern sowie die direkte Bundessteuer.

---

[1] Fassung gemäss G vom 17. August 2020 (OS 75, 598; ABl 2019-06-07). In Kraft seit 1. Januar 2021.
[2] Fassung gemäss G vom 17. August 2020 (OS 75, 598; ABl 2019-06-07). In Kraft seit 1. Januar 2021.
[3] Fassung gemäss G vom 17. August 2020 (OS 75, 598; ABl 2019-06-07). In Kraft seit 1. Januar 2021.

⁴ Der Anteil für die Gemeindesteuern berechnet sich nach dem gewogenen Mittel der Gemeindesteuern im Kanton.

§ 90[1] Ausgestaltung 2.

¹ Bei der Festsetzung der Steuertarife werden Pauschalen für Berufskosten (§ 26) und Versicherungsprämien (§ 31 Abs. 1 lit. d, f und g) sowie Abzüge für Familienlasten (§§ 34 und 35) berücksichtigt.

² Der Quellensteuerabzug für die in rechtlich und tatsächlich ungetrennter Ehe lebenden Ehegatten, die beide erwerbstätig sind, richtet sich nach den Quellensteuertarifen, die ihr Gesamteinkommen (§ 7 Abs. 1), die Pauschalen und Abzüge nach Abs. 1 sowie den Abzug bei Erwerbstätigkeit beider Ehegatten (§ 31 Abs. 2) berücksichtigen.

³ Die von der Eidgenössischen Steuerverwaltung (ESTV) gestützt auf Art. 33 Abs. 4 des Bundesgesetzes über die Harmonisierung der direkten Steuern der Kantone und Gemeinden[2] erlassenen Festlegungen zur Berücksichtigung von 13. Monatslöhnen, Gratifikationen, unregelmässigen Beschäftigungen, Stundenlöhnen, Teilzeit- oder Nebenerwerb und satzbestimmenden Elementen sowie die Regeln zu Tarifwechseln, rückwirkenden Gehaltsanpassungen und -korrekturen und zu Leistungen vor Beginn und nach Beendigung der Anstellung sind anwendbar.

§ 91[3] ...

IV. Pflichten des Schuldners der steuerbaren Leistung

§ 92

¹ Der Schuldner der steuerbaren Leistung ist verpflichtet,

a. bei Fälligkeit von Geldleistungen die geschuldete Steuer zurückzubehalten und bei anderen Leistungen (insbesondere Naturalleistungen und Trinkgeldern) die geschuldete Steuer vom Arbeitnehmer einzufordern;
b. dem Steuerpflichtigen eine Aufstellung oder eine Bestätigung über den Steuerabzug auszustellen;
c. die Steuern periodisch dem kantonalen Steueramt abzuliefern, mit ihm darüber abzurechnen und ihm zur Kontrolle der Steuererhebung Einblick in alle Unterlagen zu gewähren.

² Der Quellensteuerabzug ist auch dann vorzunehmen, wenn der Arbeitnehmer in einem anderen Kanton Wohnsitz oder Aufenthalt hat.[4]

³ Der Schuldner der steuerbaren Leistung haftet für die Entrichtung der Quellensteuer.

⁴ Er erhält eine Bezugsprovision von 1–2 Prozent des gesamten Quellensteuerbetrags. Die Finanzdirektion setzt die Bezugsprovision fest.[5]

---

[1] Fassung gemäss G vom 17. August 2020 (OS 75, 598; ABl 2019-06-07). In Kraft seit 1. Januar 2021.
[2] SR **642.14**
[3] Aufgehoben durch G vom 17. August 2020 (OS 75, 598; ABl 2019-06-07). In Kraft seit 1. Januar 2021.
[4] Fassung gemäss G vom 17. August 2020 (OS 75, 598; ABl 2019-06-07). In Kraft seit 1. Januar 2021.
[5] Fassung gemäss G vom 17. August 2020 (OS 75, 598; ABl 2019-06-07). In Kraft seit 1. Januar 2021.

V. Nachträgliche ordentliche Veranlagung A91, E67

§ 93[1] Obligatorische nachträgliche ordentliche Veranlagung 1.

1 Personen, die nach § 87 Abs. 1 der Quellensteuer unterliegen, werden nachträglich im ordentlichen Verfahren veranlagt, wenn

a. ihr Bruttoeinkommen in einem Steuerjahr den vom Eidgenössischen Finanzdepartement gestützt auf Art. 33a Abs. 2 des Bundesgesetzes über die Harmonisierung der direkten Steuern der Kantone und Gemeinden[2] festgelegten Betrag erreicht oder übersteigt oder

b. sie über Vermögen und Einkünfte verfügen, die nicht der Quellensteuer unterliegen.

2 Der nachträglichen ordentlichen Veranlagung unterliegt auch, wer mit einer Person nach Abs. 1 in rechtlich und tatsächlich ungetrennter Ehe lebt.

3 Personen mit Vermögen und Einkünften nach Abs. 1 lit. b müssen das Formular für die Steuererklärung bis am 31. März des auf das Steuerjahr folgenden Jahres beim Gemeindesteueramt verlangen.

4 Die nachträgliche ordentliche Veranlagung gilt bis zum Ende der Quellensteuerpflicht.

5 Die an der Quelle abgezogene Steuer wird zinslos angerechnet.

§ 93a[3] Nachträgliche ordentliche Veranlagung auf Antrag 2.

1 Personen, die nach § 87 Abs. 1 der Quellensteuer unterliegen und keine der Voraussetzungen nach § 93 Abs. 1 erfüllen, werden auf Antrag hin nachträglich im ordentlichen Verfahren veranlagt.

2 Der Antrag erstreckt sich auch auf den Ehegatten, der mit dem Antragsteller in rechtlich und tatsächlich ungetrennter Ehe lebt.

3 Der Antrag muss bis am 31. März des auf das Steuerjahr folgenden Jahres eingereicht werden. Für Personen, welche die Schweiz verlassen, endet die Frist für die Einreichung des Antrags im Zeitpunkt der Abmeldung.

4 Erfolgt keine nachträgliche ordentliche Veranlagung auf Antrag, so tritt die Quellensteuer an die Stelle der im ordentlichen Verfahren zu veranlagenden Bundes-, Staats- und Gemeindesteuern auf dem Erwerbseinkommen. Nachträglich werden keine zusätzlichen Abzüge gewährt.

5 § 93 Abs. 4 und 5 ist anwendbar.

---

[1] Fassung gemäss G vom 17. August 2020 (OS 75, 598; ABl 2019-06-07). In Kraft seit 1. Januar 2021.
[2] SR **642.14**
[3] Eingefügt durch G vom 17. August 2020 (OS 75, 598; ABl 2019-06-07). In Kraft seit 1. Januar 2021.

B. Natürliche Personen ohne steuerrechtlichen Wohnsitz oder Aufenthalt in der Schweiz sowie juristische Personen ohne Sitz oder tatsächliche Verwaltung in der Schweiz[1] A91, E67

I. Arbeitnehmer

§ 94[2]

¹ Im Ausland wohnhafte Grenzgänger, Wochenaufenthalter und Kurzaufenthalter unterliegen für ihr im Kanton erzieltes Einkommen aus unselbstständiger Erwerbstätigkeit der Quellensteuer nach §§ 88–90. Davon ausgenommen sind Einkommen, die der Besteuerung im vereinfachten Abrechnungsverfahren nach § 37a unterstehen.

² Ebenfalls der Quellensteuer nach §§ 88–90 unterliegen im Ausland wohnhafte Arbeitnehmer, die für Arbeit im internationalen Verkehr an Bord eines Schiffes oder eines Luftfahrzeuges oder bei einem Transport auf der Strasse Lohn oder andere Vergütungen von einem Arbeitgeber mit Sitz oder Betriebsstätte im Kanton erhalten; davon ausgenommen bleibt die Besteuerung der Seeleute für Arbeit an Bord eines Hochseeschiffes.

II. Künstler, Sportler und Referenten

§ 95[3]

¹ Im Ausland wohnhafte Künstler, wie Bühnen-, Film-, Rundfunk- oder Fernsehkünstler, Musiker und Artisten, sowie Sportler und Referenten sind für Einkünfte aus ihrer im Kanton ausgeübten persönlichen Tätigkeit und für weitere damit verbundene Entschädigungen steuerpflichtig. Dies gilt auch für Einkünfte und Entschädigungen, die nicht dem Künstler, Sportler oder Referenten selber, sondern einem Dritten zufliessen, der dessen Tätigkeit organisiert hat.

² Die Steuer beträgt 10 Prozent der steuerbaren Leistungen.

³ Als steuerbare Leistungen gelten die Bruttoeinkünfte, einschliesslich aller Zulagen und Nebenbezüge, nach Abzug der Gewinnungskosten. Diese betragen:

a. 50 Prozent der Bruttoeinkünfte bei Künstlern,
b. 20 Prozent der Bruttoeinkünfte bei Sportlern sowie Referenten.

⁴ Der mit der Organisation der Darbietung im Kanton beauftragte Veranstalter ist für die Steuer solidarisch haftbar.

⁵ Die Quellensteuer wird nicht erhoben, wenn die Bruttoeinkünfte den vom Eidgenössischen Finanzdepartement gestützt auf Art. 92 Abs. 5 des Bundesgesetzes über die direkte Bundessteuer[4] festgelegten Betrag nicht erreichen.

---

1 Fassung gemäss G vom 17. August 2020 (OS 75, 598; ABl 2019-06-07). In Kraft seit 1. Januar 2021.
2 Fassung gemäss G vom 17. August 2020 (OS 75, 598; ABl 2019-06-07). In Kraft seit 1. Januar 2021.
3 Fassung gemäss G vom 17. August 2020 (OS 75, 598; ABl 2019-06-07). In Kraft seit 1. Januar 2021.
4 SR **642.11**

III. Verwaltungsräte

§ 96

¹ Im Ausland wohnhafte Mitglieder der Verwaltung oder der Geschäftsführung von juristischen Personen mit Sitz oder tatsächlicher Verwaltung im Kanton sind für die ihnen ausgerichteten Tantiemen, Sitzungsgelder, festen Entschädigungen, Mitarbeiterbeteiligungen und ähnlichen Vergütungen steuerpflichtig. Dies gilt auch, wenn diese Vergütungen einem Dritten zufliessen.[1]

² Im Ausland wohnhafte Mitglieder der Verwaltung oder der Geschäftsführung ausländischer Unternehmen, welche im Kanton Betriebsstätten unterhalten, sind für die ihnen zulasten dieser Betriebsstätten ausgerichteten Tantiemen, Sitzungsgelder, festen Entschädigungen, Mitarbeiterbeteiligungen und ähnlichen Vergütungen steuerpflichtig.

³ Die Steuer beträgt 20 Prozent der Bruttoeinkünfte.

IV. Hypothekargläubiger

§ 97

¹ Im Ausland wohnhafte Gläubiger oder Nutzniesser von Forderungen, die durch Grund- oder Faustpfand auf Grundstücken im Kanton gesichert sind, sind für die ihnen ausgerichteten Zinsen steuerpflichtig.

² Als Gläubiger oder Nutzniesser gelten auch juristische Personen ohne Sitz oder tatsächliche Verwaltung in der Schweiz.

³ Die Steuer beträgt 14 Prozent der Bruttoeinkünfte.

V. Empfänger von Vorsorgeleistungen aus öffentlich-rechtlichem Arbeitsverhältnis

§ 98[2]

¹ Im Ausland wohnhafte Empfänger von Pensionen, Ruhegehältern oder anderen Vergütungen, die sie auf Grund eines früheren öffentlich-rechtlichen Arbeitsverhältnisses von einem Arbeitgeber oder einer Vorsorgeeinrichtung mit Sitz im Kanton erhalten, sind für diese Leistungen steuerpflichtig.

² Die Steuer beträgt 6 Prozent der Bruttoeinkünfte.

VI. Empfänger von privatrechtlichen Vorsorgeleistungen

§ 99

¹ Im Ausland wohnhafte Empfänger von Leistungen aus privatrechtlichen Einrichtungen der beruflichen Vorsorge oder aus anerkannten Formen der gebundenen Selbstvorsorge mit Sitz oder Betriebsstätte im Kanton sind hiefür steuerpflichtig.

² Die Steuer beträgt 6 Prozent der Bruttoeinkünfte.

---

[1] Fassung gemäss G vom 17. August 2020 (OS 75, 598; ABl 2019-06-07). In Kraft seit 1. Januar 2021.
[2] Fassung gemäss G vom 11. September 2000 (OS 56, 415). In Kraft seit 1. Januar 2001.

VII. Empfänger von Mitarbeiterbeteiligungen

§ 100[1]

[1] Personen, die im Zeitpunkt des Zuflusses von geldwerten Vorteilen aus gesperrten Mitarbeiteroptionen (§ 17*b* Abs. 3) im Ausland wohnhaft sind, werden für den geldwerten Vorteil anteilmässig nach § 17*d* steuerpflichtig.

[2] Die Steuer beträgt 20 Prozent des geldwerten Vorteils.

VIII. Direkte Bundessteuer

§ 101[2]

Der Steuerabzug gemäss §§ 95–100 erhöht sich um die entsprechenden Ansätze für die direkte Bundessteuer.

IX. Nachträgliche ordentliche Veranlagung auf Antrag

§ 101a[3]

[1] Personen, die nach § 94 der Quellensteuer unterliegen, können für jede Steuerperiode bis am 31. März des auf das Steuerjahr folgenden Jahres eine nachträgliche ordentliche Veranlagung beantragen, wenn

a. der überwiegende Teil ihrer weltweiten Einkünfte, einschliesslich der Einkünfte des Ehegatten, in der Schweiz steuerbar ist,
b. ihre Situation mit derjenigen einer in der Schweiz wohnhaften steuerpflichtigen Person vergleichbar ist oder
c. eine solche Veranlagung erforderlich ist, um Abzüge geltend zu machen, die in einem Doppelbesteuerungsabkommen vorgesehen sind.

[2] Die an der Quelle abgezogene Steuer wird zinslos angerechnet.

X. Nachträgliche ordentliche Veranlagung von Amtes wegen

§ 101b[4]

[1] Bei stossenden Verhältnissen, insbesondere betreffend die im Quellensteuersatz einberechneten Pauschalabzüge, kann das kantonale Steueramt von Amtes wegen eine nachträgliche ordentliche Veranlagung zugunsten oder zuungunsten des Steuerpflichtigen vornehmen.

[2] Die an der Quelle abgezogene Steuer wird zinslos angerechnet.

---

[1] Nummerierung gemäss G vom 17. August 2020 (OS 75, 598; ABl 2019-06-07). In Kraft seit 1. Januar 2021.
[2] Fassung gemäss G vom 17. August 2020 (OS 75, 598; ABl 2019-06-07). In Kraft seit 1. Januar 2021.
[3] Eingefügt durch G vom 17. August 2020 (OS 75, 598; ABl 2019-06-07). In Kraft seit 1. Januar 2021.
[4] Eingefügt durch G vom 17. August 2020 (OS 75, 598; ABl 2019-06-07). In Kraft seit 1. Januar 2021.

XI. Abgegoltene Steuer

§ 101c[1]

Erfolgt keine nachträgliche ordentliche Veranlagung nach §§ 101a und 101b, tritt die Quellensteuer an die Stelle der im ordentlichen Verfahren zu veranlagenden Steuern auf dem Erwerbseinkommen. Es werden keine zusätzlichen Abzüge gewährt.

XII. Pflichten des Schuldners der steuerbaren Leistung

§ 102

1 Der Schuldner der steuerbaren Leistung ist verpflichtet,
   a. bei Fälligkeit von Geldleistungen die geschuldete Steuer zurückzubehalten und bei anderen Leistungen (insbesondere Naturalleistungen und Trinkgeldern) die geschuldete Steuer vom Steuerpflichtigen einzufordern;
   b. dem Steuerpflichtigen eine Aufstellung oder eine Bestätigung über den Steuerabzug auszustellen;
   c. die Steuern periodisch dem Steueramt der Einschätzungsgemeinde gemäss § 109 abzuliefern, mit ihm darüber abzurechnen und ihm zur Kontrolle der Steuererhebung Einblick in alle Unterlagen zu gewähren;
   d.[2] die anteilmässigen Steuern auf im Ausland ausgeübten Mitarbeiteroptionen zu entrichten; der Arbeitgeber schuldet die anteilmässige Steuer auch dann, wenn der geldwerte Vorteil von einer ausländischen Konzerngesellschaft ausgerichtet wird.

2 Der Steuerabzug ist auch dann vorzunehmen, wenn der Gläubiger der steuerbaren Leistung in einem anderen Kanton steuerpflichtig ist.

3 Der Schuldner der steuerbaren Leistung haftet für die Entrichtung der Quellensteuer.

4 Er erhält eine Bezugsprovision von 1–2 Prozent des gesamten Quellensteuerbetrags. Die Finanzdirektion setzt die Bezugsprovision fest. Für Kapitalleistungen beträgt die Bezugsprovision 1 Prozent des gesamten Quellensteuerbetrags, jedoch höchstens Fr. 50 pro Kapitalleistung für die Quellensteuer von Bund, Kanton und Gemeinde.[3]

XIII. Verteilung der Steuer

§ 103[4]

1 Der Steuerbetrag, der sich gemäss §§ 95–99 ergibt, fällt zu zwei Fünfteln an den Kanton und zu drei Fünfteln an die politische Gemeinde.

2 Die Finanzdirektion regelt die Verteilung des Steuerbetrags gemäss § 100 an Kanton und Gemeinden.[5]

---

[1] Eingefügt durch G vom 17. August 2020 (OS 75, 598; ABl 2019-06-07). In Kraft seit 1. Januar 2021.
[2] Eingefügt durch G vom 17. September 2012 (OS 68, 48; ABl 2011, 3263). In Kraft seit 1. Januar 2013.
[3] Fassung gemäss G vom 17. August 2020 (OS 75, 598; ABl 2019-06-07). In Kraft seit 1. Januar 2021.
[4] Fassung gemäss G vom 17. September 2012 (OS 68, 48; ABl 2011, 3263). In Kraft seit 1. Januar 2013.
[5] Fassung gemäss G vom 17. August 2020 (OS 75, 598; ABl 2019-06-07). In Kraft seit 1. Januar 2021.

C. Örtliche Zuständigkeit[1] A91, E67

§ 104[2]

1 Der Schuldner der steuerbaren Leistung berechnet und erhebt die Quellensteuer wie folgt:

   a. für Arbeitnehmer nach § 87: nach dem Recht jenes Kantons, in dem der Arbeitnehmer bei Fälligkeit der steuerbaren Leistung seinen steuerrechtlichen Wohnsitz oder Aufenthalt hat,
   b. für Personen nach §§ 94 und 96–100: nach dem Recht jenes Kantons, in dem der Schuldner der steuerbaren Leistung bei Fälligkeit der steuerbaren Leistung seinen steuerrechtlichen Wohnsitz oder Aufenthalt oder seinen Sitz oder die Verwaltung hat; wird die steuerbare Leistung von einer Betriebsstätte in einem anderen Kanton oder von der Betriebsstätte eines Unternehmens ohne Sitz oder tatsächliche Verwaltung in der Schweiz ausgerichtet, richten sich die Berechnung und die Erhebung der Quellensteuer nach dem Recht des Kantons, in dem die Betriebsstätte liegt,
   c. für Personen nach § 95: nach dem Recht jenes Kantons, in dem der Künstler, Sportler oder Referent seine Tätigkeit ausübt.

2 Ist der Arbeitnehmer nach § 94 Wochenaufenthalter, gilt Abs. 1 lit. a sinngemäss.

3 Der Schuldner der steuerbaren Leistung überweist die Quellensteuer an den nach Abs. 1 und 2 anspruchsberechtigten Kanton.

4 Die Zuständigkeit für die nachträgliche ordentliche Veranlagung richtet sich nach Art. 38 Abs. 4 des Bundesgesetzes über die Harmonisierung der direkten Steuern der Kantone und Gemeinden.

§ 105[1] ...

---

[1] Fassung gemäss G vom 17. August 2020 (OS 75, 598; ABl 2019-06-07). In Kraft seit 1. Januar 2021.
[2] Fassung gemäss G vom 17. August 2020 (OS 75, 598; ABl 2019-06-07). In Kraft seit 1. Januar 2021.
[1] Aufgehoben durch G vom 17. August 2020 (OS 75, 598; ABl 2019-06-07). In Kraft seit 1. Januar 2021.

Fünfter Abschnitt: Verfahrensrecht

A. Steuerverwaltungsbehörden

I. Verwaltungsbehörden

§ 106

1 Die Durchführung des Gesetzes obliegt, soweit nicht besondere Behörden bezeichnet sind, im Kanton dem kantonalen Steueramt, in den Gemeinden dem Gemeindesteueramt.

2 Die Organisation des kantonalen Steueramtes, einschliesslich der Zuständigkeiten der Steuerkommissäre, Revisoren, juristischen Sekretäre und weiterer Mitarbeiter des kantonalen Steueramtes, wird durch den Regierungsrat, die Organisation des Gemeindesteueramtes durch die Gemeinde geregelt.

3 Der Gemeindevorstand[1] bestimmt, wer namens der Gemeinde Einsprache, Rekurs oder Beschwerde erheben kann.

II. Zuständigkeit zur Einschätzung

§ 107

1 Das kantonale Steueramt nimmt die Einschätzung vor.

2 Die Gemeindesteuerämter sind verpflichtet, bei der Einschätzung mitzuwirken. Die Finanzdirektion erlässt Weisungen, in welchen Fällen die Gemeindesteuerämter in Vertretung des kantonalen Steueramtes zur Einschätzung berechtigt und verpflichtet sind.

III. Einschätzungsgemeinde

§ 108[2] **Bei Besteuerung im ordentlichen Verfahren** 1.

1 Die Einschätzung erfolgt in der Gemeinde, in welcher der Steuerpflichtige am Ende der Steuerperiode oder der Steuerpflicht seinen steuerrechtlichen Wohnsitz oder Aufenthalt, seinen Sitz oder seine tatsächliche Verwaltung hat. Vorbehalten bleibt § 190 Abs. 2.

2 Für Steuerpflichtige mit steuerrechtlichem Wohnsitz oder Aufenthalt, Sitz oder tatsächlicher Verwaltung ausserhalb des Kantons erfolgt die Einschätzung in der Gemeinde, in der sich am Ende der Steuerperiode oder der Steuerpflicht die steuerbaren Werte oder deren Hauptteile befinden.

3 In Zweifelsfällen bezeichnet das kantonale Steueramt die Einschätzungsgemeinde.

§ 109 **Bei Quellensteuern** 2. E67

1 Bei den Steuern, die an der Quelle bezogen werden, ist Einschätzungsgemeinde die Gemeinde, in der

a. die im Kanton unbeschränkt steuerpflichtigen ausländischen Arbeitnehmer ihren steuerrechtlichen Wohnsitz oder Aufenthalt haben;

---

[1] Fassung gemäss Gemeindegesetz vom 20. April 2015 (OS 72, 183; ABl 2013-04-19). In Kraft seit 1. Januar 2018.
[2] Fassung gemäss G vom 19. Oktober 2015 (OS 71, 175; ABl 2015-01-09). In Kraft seit 1. Januar 2017.

b. die im Ausland wohnhaften Arbeitnehmer, Künstler, Sportler oder Referenten ihre Tätigkeit ausüben;
c. das Grundpfand liegt.

² In den übrigen Fällen ist Einschätzungsgemeinde die Gemeinde, in welcher der Schuldner der steuerbaren Leistung bei Fälligkeit Sitz oder Betriebsstätte hat.

³ In Zweifelsfällen bezeichnet das kantonale Steueramt die Einschätzungsgemeinde.

IV. Steuerregister und Datenaustausch

§ 109a[1] Kommunales Steuerregister 1.

¹ Das Gemeindesteueramt führt das kommunale Steuerregister. Dieses erfasst:

a. die Steuerpflichtigen, für welche die Gemeinde als Einschätzungsgemeinde zuständig ist;
b. die in der Gemeinde Steuerpflichtigen, für die eine andere zürcherische Gemeinde als Einschätzungsgemeinde zuständig ist.

² Das Gemeindesteueramt führt das Steuererklärungsverfahren und den Steuerbezug auf Grund des kommunalen Steuerregisters durch.

³ Die Einwohnerkontrollen der betreffenden Gemeinden sind für die Erteilung und die Kontrolle der Zugriffsberechtigungen sowie für die Ausübung der Zugriffe verantwortlich. Sie beschränken die Zahl der Zugriffsberechtigten.[2]

⁴ Die Einwohnerkontrollen der betreffenden Gemeinden schützen den Zugriff und sorgen für dessen Protokollierung. Sie unterziehen Infrastruktur und technische Massnahmen regelmässigen Risikoüberprüfungen.[3]

§ 109b[4] Kantonales Steuerregister 2.

¹ Das kantonale Steueramt führt das kantonale Steuerregister. Dieses erfasst alle im Kanton steuerpflichtigen Personen. Für die Erfassung dieser Personen stützt sich das kantonale Steueramt auf die kommunalen Steuerregister.

² Das kantonale Steuerregister dient dem kantonalen Steueramt als Grundlage für die Erfüllung seiner Aufgaben.

Kantonale Vorschriften 3.

§ 109c[5] Elektronische Verfahren und Datenaustausch[6] a)

¹ Die Finanzdirektion kann den Steuerpflichtigen und weiteren Verfahrensbeteiligten die elektronische Einreichung der Steuererklärung und anderer Eingaben ermöglichen. In diesem Fall ersetzt eine elektronische Bestätigung der Angaben die Unterzeichnung.

---

[1] Eingefügt durch G vom 25. April 2005 (OS 60, 319; ABl 2004, 810). In Kraft seit 1. Juli 2006.
[2] Eingefügt durch G über das Meldewesen und die Einwohnerregister vom 11. Mai 2015 (OS 70, 407; ABl 2014-10-31). In Kraft seit 1. Januar 2016.
[3] Eingefügt durch G über das Meldewesen und die Einwohnerregister vom 11. Mai 2015 (OS 70, 407; ABl 2014-10-31). In Kraft seit 1. Januar 2016.
[4] Eingefügt durch G vom 25. April 2005 (OS 60, 319; ABl 2004, 810). In Kraft seit 1. Juli 2006.
[5] Fassung gemäss G vom 25. März 2024 (OS 79, 394; ABl 2022-10-07). In Kraft seit 1. Januar 2025.
[6] Fassung gemäss G vom 25. März 2024 (OS 79, 394; ABl 2022-10-07). In Kraft seit 1. Januar 2025.

² Den Steuerpflichtigen und weiteren Verfahrensbeteiligten können Dokumente mit deren Einverständnis elektronisch zugestellt werden.

³ Die Finanzdirektion kann Vorschriften über elektronische Verfahren, Datenaufbewahrung, Datenbearbeitung und Datenaustausch erlassen, namentlich in Bezug auf:
  a. die elektronische Einreichung der Steuererklärung und anderer Eingaben durch die Steuerpflichtigen und weitere Verfahrensbeteiligte, einschliesslich der dabei zu verwendenden Applikationen,
  b. die elektronische Zustellung von Dokumenten an die Steuerpflichtigen und weitere Verfahrensbeteiligte, einschliesslich der dabei zu verwendenden Applikationen,
  c. die Datenaufbewahrung, die Datenbearbeitung und den Datenaustausch zwischen dem kantonalen Steueramt und den Gemeindesteuerämtern, einschliesslich der auszutauschenden Daten, der Schnittstellen, die von den Gemeindesteuerämtern für die Entgegennahme von Daten des kantonalen Steueramtes bereitzustellen sind, und der Schnittstellen, die von den Gemeindesteuerämtern bei der Lieferung von Daten an das kantonale Steueramt zu beachten sind,
  d. die Datenaufbewahrung und die Datenbearbeitung im Auftrag des kantonalen Steueramtes oder der Gemeindesteuerämter durch Dritte.

⁴ Der Kanton kann den Gemeindesteuerämtern Applikationen zum Vollzug des Steuergesetzes zur Verfügung stellen, und die Finanzdirektion kann deren gemeinsame Verwendung durch das kantonale Steueramt und die Gemeindesteuerämter vorschreiben. Der Kanton übernimmt die Kosten für die Entwicklung und Einführung der neuen Applikationen in den Gemeinden. Der Kanton und die Gemeinden tragen die Betriebs- und Nutzungskosten je zur Hälfte. Der Anteil jeder Gemeinde bemisst sich nach ihrer Einwohnerzahl. Die Gemeinden tragen ihre Personalkosten und die Kosten für die Abschreibung ihrer eigenen Systeme. Bei der Planung und Beschaffung solcher Applikationen berücksichtigt der Kanton die Interessen und Bedürfnisse der Gemeindesteuerämter.

⁵ Der Datenaustausch zwischen den Steuerbehörden kann in einem automatisierten Abrufverfahren oder im Rahmen einer vom kantonalen Steueramt und von den Gemeindesteuerämtern gemeinsam verwendeten Applikation erfolgen. Die Einwohnerdaten können entweder aus den kommunalen Einwohnerregistern oder aus der kantonalen Einwohnerdatenplattform bezogen und für die Erfüllung ihrer Aufgaben durch die Steuerämter des Kantons und der Gemeinden verwendet werden.

⁶ Hält ein Gemeindesteueramt diese Vorschriften nicht ein, kann der Kanton die ihm daraus entstehenden Mehrkosten der Gemeinde auferlegen. Die Finanzdirektion setzt der Gemeinde eine angemessene Frist für die Erfüllung ihrer Pflichten und macht sie auf die Kostenpflicht aufmerksam.

§ 109d[1] Elektronische Erfassung, Aufbewahrung und Vernichtung von Steuerakten b)

¹ Die Finanzdirektion kann Vorschriften erlassen über

a. die elektronische Erfassung und Aufbewahrung der Steuererklärungen sowie weiterer Steuerakten durch die Gemeindesteuerämter und das kantonale Steueramt,
b. die Vernichtung der Steuererklärungen und weiterer Steuerakten nach der elektronischen Erfassung,
c. die Weiterleitung der elektronisch erfassten Steuerdaten von den Gemeindesteuerämtern an das kantonale Steueramt.

² Für die Weiterleitung gelten § 109c Abs. 1 lit. c und Abs. 2 sinngemäss.

V. Aufsicht[2]

§ 110 Aufsichtsbehörde 1.

Die Verwaltungs- und Einschätzungsbehörden stehen unter der Aufsicht der Finanzdirektion.

§ 111 Aufsichtsbeschwerde 2.

¹ Gegen pflichtwidrige Amtsführung, Rechtsverweigerung oder Rechtsverzögerung durch Verwaltungs- und Einschätzungsbehörden kann innert 30 Tagen nach Entdeckung des Grundes Beschwerde bei der Finanzdirektion erhoben werden.

² Gegen den Entscheid der Finanzdirektion kann innert 30 Tagen nach Zustellung Beschwerde beim Regierungsrat erhoben werden.

³ Wird die Beschwerde durch die Finanzdirektion oder den Regierungsrat abgewiesen, können den Beschwerdeführern Kosten auferlegt werden.

B. Steuerrekursgericht[3]

I. Sitz

§ 112[4]

Der Kantonsrat bestimmt den Sitz des Steuerrekursgerichts (StRG).

---

[1] Fassung gemäss G vom 4. Juli 2011 (OS 66, 834; ABl 2010, 1940). In Kraft seit 1. Januar 2012.
[2] Fassung gemäss G vom 25. April 2005 (OS 60, 319; ABl 2004, 810). In Kraft seit 1. Juli 2006.
[3] Fassung gemäss G über die Unterstellung der Steuerrekurskommissionen und der Baurekurskommissionen unter das Verwaltungsgericht vom 13. Sept. 2010 (OS 65, 953; ABl 2010, 266). In Kraft seit 1. Januar 2011.
[4] Fassung gemäss G über die Unterstellung der Steuerrekurskommissionen und der Baurekurskommissionen unter das Verwaltungsgericht vom 13. Sept. 2010 (OS 65, 953; ABl 2010, 266). In Kraft seit 1. Januar 2011.

II. Zusammensetzung und Wahl

§ 113[1]

[1] Der Kantonsrat legt nach Anhörung des Verwaltungsgerichts die Zahl der Mitglieder und deren Beschäftigungsgrad sowie die Zahl der Ersatzmitglieder fest.

[2] Er wählt die Mitglieder und die Ersatzmitglieder. Für einen Drittel der Ersatzmitglieder steht dem Steuerrekursgericht ein Vorschlagsrecht zu.

[3] Als Mitglied oder Ersatzmitglied ist wählbar, wer im Kanton Zürich stimmberechtigt ist.

[4] Das Steuerrekursgericht wählt bei Beginn und auf Mitte einer Amtsperiode aus seinen Mitgliedern das Präsidium und das Vizepräsidium.

[5] Das Steuerrekursgericht kann den Beschäftigungsgrad einzelner Mitglieder des Steuerrekursgerichts mit deren Einverständnis im Rahmen der gesamten Stellenprozente verändern. Mit dem Ausscheiden eines betroffenen Mitglieds oder mit dem Ablauf der Amtsdauer erlischt die Veränderung.[2]

III. Unvereinbarkeit; Offenlegung von Interessenbindungen

§ 113a[3]

[1] Das Amt eines Mitglieds des Steuerrekursgerichts ist mit der berufsmässigen Vertretung Dritter vor dem Steuerrekursgericht und dem Verwaltungsgericht unvereinbar.

[2] Für die Offenlegung von Interessenbindungen gilt § 7 des Gesetzes über die Gerichts- und Behördenorganisation im Zivil- und Strafprozess vom 10. Mai 2010[4] sinngemäss.

IV. Besetzung

§ 114[5]

[1] Das Steuerrekursgericht trifft seinen Entscheid in Dreierbesetzung.

[2] Die voll- oder teilamtlichen Mitglieder entscheiden als Einzelrichter

a. über Rekurse, die offensichtlich unzulässig sind, durch Rückzug oder Anerkennung erledigt werden oder gegenstandslos geworden sind,
b. in Fällen, in denen der Streitwert Fr. 20 000 nicht übersteigt.

[3] In Fällen von grundsätzlicher Bedeutung kann die Sache einer Dreierbesetzung zum Entscheid unterbreitet werden.

[4] Als Streitwert gilt jener Steuerbetrag, der vom Streit betroffen ist. Soweit sich ein solcher nicht ziffernmässig ermitteln lässt, fällt das Geschäft in die Zuständigkeit einer Dreierbesetzung.

---

[1] Fassung gemäss G vom 17. April 2023 (OS 78, 218; ABl 2023-02-24). In Kraft seit 1. Juli 2023.
[2] Eingefügt durch G vom 30. November 2020 (OS 76, 198; ABl 2020-02-28). In Kraft seit 1. Juli 2021
[3] Eingefügt durch G über die Unterstellung der Steuerrekurskommissionen und der Baurekurskommissionen unter das Verwaltungsgericht vom 13. Sept. 2010 (OS 65, 953; ABl 2010, 266). In Kraft seit 1. Januar 2011.
[4] LS 211.1
[5] Fassung gemäss G über die Unterstellung der Steuerrekurskommissionen und der Baurekurskommissionen unter das Verwaltungsgericht vom 13. Sept. 2010 (OS 65, 953; ABl 2010, 266). In Kraft seit 1. Januar 2011.

V. Verfahren

§ 115[1]

Die Bestimmungen über die Verfahrensgrundsätze gelten sinngemäss auch für das Verfahren vor Steuerrekursgericht. Ergänzend gelten die Bestimmungen des Verwaltungsrechtspflegegesetzes vom 24. Mai 1959[2] über den Rekurs.

VI. Unabhängigkeit und Aufsicht

§ 116[3]

1 Das Steuerrekursgericht ist in seiner rechtsprechenden Tätigkeit unabhängig.

2 Es ist administrativ dem Verwaltungsgericht unterstellt.

VII. Juristisches und administratives Personal[4]

§ 117[5]

1 Das Verwaltungsgericht bestimmt nach Anhörung des Steuerrekursgerichts die Zahl der Stellen des juristischen und administrativen Personals.

2 Das Steuerrekursgericht stellt das Personal an.

VIII. Verordnungen[6]

§ 118[7]

Das Verwaltungsgericht regelt nach Anhörung des Steuerrekursgerichts durch Verordnung

a. die Organisation und den Geschäftsgang,
b. die Gebühren, Kosten und Entschädigungen.

IX. Geschäftsordnung

§ 118a[8]

1 Das Steuerrekursgericht erlässt eine Geschäftsordnung.

2 Die Geschäftsordnung bedarf der Genehmigung durch das Verwaltungsgericht.

---

[1] Fassung gemäss G über die Unterstellung der Steuerrekurskommissionen und der Baurekurskommissionen unter das Verwaltungsgericht vom 13. Sept. 2010 (OS 65, 953; ABl 2010, 266). In Kraft seit 1. Januar 2011.
[2] LS 175.2
[3] Fassung gemäss G über die Unterstellung der Steuerrekurskommissionen und der Baurekurskommissionen unter das Verwaltungsgericht vom 13. Sept. 2010 (OS 65, 953; ABl 2010, 266). In Kraft seit 1. Januar 2011.
[4] Fassung gemäss G über die Unterstellung der Steuerrekurskommissionen und der Baurekurskommissionen unter das Verwaltungsgericht vom 13. Sept. 2010 (OS 65, 953; ABl 2010, 266). In Kraft seit 1. Januar 2011.
[5] Fassung gemäss G über die Unterstellung der Steuerrekurskommissionen und der Baurekurskommissionen unter das Verwaltungsgericht vom 13. Sept. 2010 (OS 65, 953; ABl 2010, 266). In Kraft seit 1. Januar 2011.
[6] Fassung gemäss G über die Unterstellung der Steuerrekurskommissionen und der Baurekurskommissionen unter das Verwaltungsgericht vom 13. Sept. 2010 (OS 65, 953; ABl 2010, 266). In Kraft seit 1. Januar 2011.
[7] Fassung gemäss G über die Unterstellung der Steuerrekurskommissionen und der Baurekurskommissionen unter das Verwaltungsgericht vom 13. Sept. 2010 (OS 65, 953; ABl 2010, 266). In Kraft seit 1. Januar 2011.
[8] Eingefügt durch G über die Unterstellung der Steuerrekurskommissionen und der Baurekurskommissionen unter das Verwaltungsgericht vom 13. Sept. 2010 (OS 65, 953; ABl 2010, 266). In Kraft seit 1. Januar 2011.

C. Allgemeine Verfahrensgrundsätze VO StG 2–28

I. Amtspflichten

§ 119[1] Ausstand 1.

¹ Wer beim Vollzug dieses Gesetzes in einer Sache zu entscheiden oder an einer Verfügung oder Entscheidung in massgeblicher Stellung mitzuwirken hat, ist verpflichtet, in Ausstand zu treten, wenn er

   a. an der Sache ein persönliches Interesse hat;
   b.[2] mit einer Partei durch Ehe oder eingetragene Partnerschaft verbunden ist oder mit ihr in faktischer Lebensgemeinschaft lebt;
   b^{bis}. mit einer Partei in gerader Linie oder bis zum dritten Grad in der Seitenlinie verwandt oder verschwägert ist;[3]
   c. Vertreter einer Partei ist oder für eine Partei in der gleichen Sache tätig war;
   d. aus andern Gründen in der Sache befangen sein könnte.

² Der Ausstandsgrund kann von allen am Verfahren Beteiligten angerufen werden.

³ Ist der Ausstand streitig, entscheidet darüber die Amtsleitung des kantonalen Steueramtes, bei Mitgliedern einer Kollegialbehörde die Kollegialbehörde unter Ausschluss des betreffenden Mitglieds.

⁴ Der Entscheid kann nach den Vorschriften des Verwaltungsrechtspflegegesetzes vom 24. Mai 1959[4] mit Rekurs und Beschwerde angefochten werden.

§ 120 Amtsgeheimnis 2.

¹ Wer mit dem Vollzug dieses Gesetzes betraut ist oder dazu beigezogen wird, muss über Tatsachen, die ihm in Ausübung seines Amtes bekannt werden, und über die Verhandlungen in den Behörden Stillschweigen bewahren und Dritten den Einblick in amtliche Akten verweigern.

² Eine Auskunft, einschliesslich der Öffnung von Akten, ist zulässig, wenn hiefür eine ausdrückliche gesetzliche Grundlage im Recht des Bundes oder des Kantons gegeben ist. Fehlt eine solche Grundlage, ist eine Auskunft nur zulässig, soweit sie im öffentlichen Interesse geboten ist. Über entsprechende Begehren entscheidet die Finanzdirektion.

§ 121 Auskunftspflichten von Verwaltungsbehörden und Gerichten 3.

¹ Verwaltungsbehörden, Strafuntersuchungsbehörden und Gerichte haben ungeachtet einer allfälligen Geheimhaltungspflicht den Steuerbehörden auf Verlangen aus ihren Akten Auskunft zu erteilen; sie haben von sich aus den Steuerbehörden Mitteilung zu machen, wenn nach Wahrnehmungen in ihrer amtlichen Tätigkeit die Wahrscheinlichkeit einer unvollständigen Versteuerung besteht.

---

1 Fassung gemäss G über die Anpassung des kantonalen Verwaltungsverfahrensrechts vom 22. März 2010 (OS 65, 390; ABl 2009, 801). In Kraft seit 1. Juli 2010.
2 Fassung gemäss G über die Anpassung des kantonalen Rechts an das Partnerschaftsgesetz des Bundes vom 9. Juli 2007 (OS 62, 429; ABl 2006, 1703). In Kraft seit 1. Januar 2008.
3 Eingefügt durch G über die Anpassung des kantonalen Rechts an das Partnerschaftsgesetz des Bundes vom 9. Juli 2007 (OS 62, 429; ABl 2006, 1703). In Kraft seit 1. Januar 2008.
4 LS 175.2

² Diese Bestimmungen finden keine Anwendung auf die Notare in ihrer Tätigkeit als Urkundspersonen, die Behörden und das Personal der Kantonalbank sowie der Sparkassen und Banken von Gemeinden und die staatlichen Sparkassenkontrolleure.

§ 122[1] Steuerausweise 4.

¹ Die Gemeindesteuerämter stellen gegen Gebühr Ausweise über das steuerbare Einkommen und Vermögen, den steuerbaren Reingewinn und das steuerbare Kapital gemäss letzter rechtskräftiger Einschätzung oder aufgrund der letzten Steuererklärung aus. Ausnahmsweise können auch Ausweise über frühere Einschätzungen ausgestellt werden.

² Die Bestimmungen des Gesetzes über die Information und den Datenschutz[2] bleiben vorbehalten.[3]

³ Sind die Daten im Steuerregister gesperrt, kann ein Steuerausweis nur ausgestellt werden, wenn die gesuchstellende Person glaubhaft macht, dass die Sperrung sie in der Verfolgung eigener Rechte gegenüber dem Steuerpflichtigen behindert. Das Begehren ist dem Steuerpflichtigen zur Stellungnahme zu unterbreiten.

⁴ Der Entscheid des Gemeindesteueramtes kann von der gesuchstellenden Person und vom Steuerpflichtigen mit Rekurs an die Finanzdirektion weitergezogen werden. Der Entscheid der Finanzdirektion ist mit Beschwerde beim Verwaltungsgericht anfechtbar.

⁵ Der Steuerausweis wird erst ausgestellt, wenn über die Zulässigkeit der Ausstellung ein rechtskräftiger Entscheid vorliegt.

II. Verfahrensrechtliche Stellung der Ehegatten

§ 123

¹ Ehegatten, die in rechtlich und tatsächlich ungetrennter Ehe leben, üben die nach diesem Gesetz dem Steuerpflichtigen zukommenden Verfahrensrechte und Verfahrenspflichten gemeinsam aus.

² Sie unterschreiben die Steuererklärung gemeinsam.

³ Rechtsmittel und andere Eingaben gelten als rechtzeitig eingereicht, wenn ein Ehegatte innert Frist handelt.

⁴ Mitteilungen der Steuerbehörden an verheiratete Steuerpflichtige, die in rechtlich und tatsächlich ungetrennter Ehe leben, werden an die Ehegatten gemeinsam gerichtet. Zustellungen an Ehegatten, die in gerichtlich oder tatsächlich getrennter Ehe leben, erfolgen an jeden Ehegatten gesondert.

---

[1] Fassung gemäss G über die Anpassung des kantonalen Verwaltungsverfahrensrechts vom 22. März 2010 (OS 65, 390; ABl 2009, 801). In Kraft seit 1. Juli 2010.
[2] LS 170.4
[3] Fassung gemäss G über die Information und den Datenschutz vom 12. Februar 2007 (OS 62, 121; ABl 2005, 1283). In Kraft seit 1. Oktober 2008 (OS 63, 317).

III. Verfahrensrechte des Steuerpflichtigen

§ 124 Akteneinsicht 1.

¹ Steuerpflichtige sind berechtigt, in die von ihnen eingereichten oder von ihnen unterzeichneten Akten Einsicht zu nehmen. Gemeinsam einzuschätzenden Ehegatten steht ein gegenseitiges Akteneinsichtsrecht zu.

² Die übrigen Akten stehen dem Steuerpflichtigen zur Einsicht offen, sofern die Ermittlung des Sachverhalts abgeschlossen ist und soweit nicht öffentliche oder private Interessen entgegenstehen.

³ Wird einem Steuerpflichtigen die Einsichtnahme in ein Aktenstück verweigert, darf darauf zum Nachteil des Steuerpflichtigen nur abgestellt werden, wenn ihm die Behörde von dem für die Sache wesentlichen Inhalt mündlich oder schriftlich Kenntnis und ausserdem Gelegenheit gegeben hat, sich zu äussern und Gegenbeweismittel zu bezeichnen.

§ 125 Beweisabnahme 2.

Die vom Steuerpflichtigen angebotenen Beweise werden abgenommen, soweit sie geeignet sind, die für die Einschätzung erheblichen Tatsachen festzustellen.

§ 126 Mitteilung von Entscheiden 3.

¹ Entscheide werden den Beteiligten mit Begründung schriftlich mitgeteilt. Bei Einschätzungsentscheiden werden die Abweichungen von der Steuererklärung bekannt gegeben.[1]

² Ist die Einsprache, der Rekurs oder die Beschwerde zulässig, werden im Entscheid die Art des Rechtsmittels, die Behörde, bei welcher das Rechtsmittel einzureichen ist, und die Frist für die Ergreifung des Rechtsmittels angegeben.

³ Fehlen diese Angaben und ist ein Rechtsmittel nicht oder verspätet ergriffen worden, wird auf Begehren die Frist zur Ergreifung des Rechtsmittels wiederhergestellt.

⁴ Der Entscheid über eine der Steuererklärung entsprechende oder vom Steuerpflichtigen im Laufe des Einschätzungs- oder Einspracheverfahrens unterschriftlich anerkannte Einschätzung wird ihm durch die Schlussrechnung angezeigt.

§ 127 Vertragliche Vertretung 4.

¹ Der Steuerpflichtige kann sich vor den mit dem Vollzug dieses Gesetzes betrauten Behörden vertreten lassen, soweit seine persönliche Mitwirkung nicht notwendig ist.

² Hat der Steuerpflichtige einen Vertreter bestimmt, sind Verfügungen und Entscheide in der Regel dem Vertreter zuzustellen; doch ist auch die Zustellung an den Steuerpflichtigen gültig.

³ Mitteilungen der Gemeinden, wie Steuererklärung, provisorische und Schlussrechnung, können dem Steuerpflichtigen direkt zugestellt werden, auch wenn er einen Vertreter bestimmt hat.

---

[1] Fassung gemäss G vom 25. April 2005 (OS 60, 319; ABl 2004, 810). In Kraft seit 1. Juli 2006.

§ 128[1] **Notwendige Vertretung** 5.

¹ Die Steuerbehörden können von einem Steuerpflichtigen mit Wohnsitz oder Sitz im Ausland verlangen, dass er einen Vertreter oder einen Zustellungsbevollmächtigten in der Schweiz bezeichnet.

² Kommt der Steuerpflichtige dieser Aufforderung nicht nach oder ist eine direkte Zustellung aus anderen Gründen nicht möglich, gilt die Publikation im Amtsblatt oder die Aktenablage als Zustellung.

IV. Fristen   VO StG 12–15

§ 129

¹ Die gesetzlichen Fristen können nicht erstreckt werden.

² Die Verordnung regelt, inwieweit eine behördliche Frist erstreckt und eine abgelaufene Frist wiederhergestellt werden kann.

V. Verjährung

§ 130 **Veranlagungsverjährung** 1.

¹ Das Recht, eine Steuer zu veranlagen, verjährt fünf Jahre nach Ablauf der Steuerperiode. Vorbehalten bleibt die Erhebung von Nachsteuern und Bussen.

² Die Verjährung beginnt nicht oder steht still,

  a. während eines Einsprache, Rekurs-, Beschwerde- oder Revisionsverfahrens;
  b. solange die Steuerforderung sichergestellt oder gestundet ist;
  c. solange weder der Steuerpflichtige noch der Mithaftende in der Schweiz steuerrechtlichen Wohnsitz oder Aufenthalt haben.

³ Die Verjährung beginnt neu mit

  a. jeder auf Feststellung oder Geltendmachung der Steuerforderung gerichteten Amtshandlung, die einem Steuerpflichtigen oder Mithaftenden zur Kenntnis gebracht wird;
  b. jeder ausdrücklichen Anerkennung der Steuerforderung durch den Steuerpflichtigen oder den Mithaftenden;
  c. der Einreichung eines Erlassgesuchs;
  d. der Einleitung einer Strafverfolgung wegen vollendeter Steuerhinterziehung oder wegen Steuervergehens.

⁴ Das Recht, eine Steuer zu veranlagen, ist 15 Jahre nach Ablauf der Steuerperiode auf jeden Fall verjährt.

§ 131 **Bezugsverjährung** 2.

¹ Steuerforderungen verjähren fünf Jahre, nachdem die Einschätzung rechtskräftig geworden ist.

² Stillstand und Unterbrechung der Verjährung richten sich nach § 130 Abs. 2 und 3.

³ Die Verjährung tritt in jedem Fall zehn Jahre nach Ablauf des Jahres ein, in dem die Steuern rechtskräftig festgesetzt worden sind.

---

[1] Fassung gemäss G vom 17. August 2020 (OS 75, 598; ABl 2019-06-07). In Kraft seit 1. Januar 2021.

D. Einschätzung im ordentlichen Verfahren   VO StG 29–45

I. Verfahrenspflichten

§ 132 Aufgaben der Steuerbehörden 1.

¹ Die Steuerbehörden stellen zusammen mit dem Steuerpflichtigen die für eine vollständige und richtige Besteuerung massgebenden tatsächlichen und rechtlichen Verhältnisse fest.

² Sie können insbesondere Sachverständige beiziehen, Augenscheine durchführen, Geschäftsbücher und Belege an Ort und Stelle einsehen und, mit deren Einverständnis, Zeugen einvernehmen. Die sich daraus ergebenden Kosten können ganz oder teilweise dem Steuerpflichtigen oder jeder andern zur Auskunft verpflichteten Person auferlegt werden, die diese Kosten durch eine schuldhafte Verletzung von Verfahrenspflichten notwendig gemacht haben.

Pflichten des Steuerpflichtigen 2.

§ 133[1] Steuererklärung a)

¹ Die Steuerpflichtigen werden durch öffentliche Bekanntgabe, persönliche Mitteilung oder Zustellung des amtlichen Formulars aufgefordert, die Steuererklärung einzureichen. Auch Steuerpflichtige, die weder eine persönliche Mitteilung noch ein Formular erhalten haben, müssen die Steuererklärung einreichen.

² Die steuerpflichtige Person muss das amtliche Formular für die Steuererklärung wahrheitsgemäss und vollständig ausfüllen, persönlich unterzeichnen und samt den vorgeschriebenen Beilagen fristgemäss der zuständigen Behörde einreichen. Vorbehalten bleiben abweichende Vorschriften zur elektronischen Einreichung gemäss § 109c Abs. 1 und 3.

§ 134 Beilagen zur Steuererklärung b)

¹ Natürliche Personen müssen der Steuererklärung insbesondere beilegen:

a. Lohnausweise über alle Einkünfte aus unselbständiger Erwerbstätigkeit;
b. Ausweise über Bezüge als Mitglied der Verwaltung oder eines anderen Organs einer juristischen Person;
c. Verzeichnisse über sämtliche Wertschriften, Forderungen und Schulden;
d. Bescheinigungen über geleistete Beiträge an Einrichtungen der beruflichen Vorsorge und an die ihr gleichgestellten anderen Vorsorgeformen, sofern diese nicht mit dem Lohnausweis bescheinigt sind.

² Natürliche Personen mit Einkommen aus selbständiger Erwerbstätigkeit und juristische Personen müssen der Steuererklärung beilegen:[2]

a. die unterzeichneten Jahresrechnungen (Bilanzen, Erfolgsrechnungen) der Steuerperiode oder

---

[1] Fassung gemäss G vom 25. März 2024 (OS 79, 394; ABl 2022-10-07). In Kraft seit 1. Januar 2025.
[2] Fassung gemäss G vom 4. April 2016 (OS 71, 443; ABl 2015-05-15). In Kraft seit 1. Januar 2017.

b. bei vereinfachter Buchführung nach Art. 957 Abs. 2 OR[1]: Aufstellungen über Einnahmen und Ausgaben, über Vermögenslage sowie über Privatentnahmen und -einlagen der Steuerperiode. N 4

§ 135 Weitere Mitwirkungspflichten c)

1 Der Steuerpflichtige muss alles tun, um eine vollständige und richtige Einschätzung zu ermöglichen.

2 Er muss auf Verlangen der Steuerbehörde insbesondere mündlich oder schriftlich Auskunft erteilen und Geschäftsbücher, Belege und weitere Bescheinigungen sowie Urkunden über den Geschäftsverkehr vorlegen.

3 Natürliche Personen mit Einkommen aus selbstständiger Erwerbstätigkeit und juristische Personen müssen Urkunden und sonstige Belege, die mit ihrer Tätigkeit in Zusammenhang stehen, während zehn Jahren aufbewahren. Die Art und Weise der Führung und der Aufbewahrung richtet sich nach Art. 957–958f OR[2].[3] N 4

4 Die kollektiven Kapitalanlagen mit direktem Grundbesitz müssen für jede Steuerperiode eine Bescheinigung über alle Verhältnisse einreichen, die für die Besteuerung des Grundbesitzes und dessen Erträge massgeblich sind.[4]

§ 136 Bescheinigungspflicht Dritter 3.

1 Gegenüber dem Steuerpflichtigen sind zur Ausstellung schriftlicher Bescheinigungen verpflichtet:

a. Arbeitgeber über ihre Leistungen an Arbeitnehmer sowie über Art und Höhe der vom Lohn abgezogenen Beiträge an Einrichtungen der beruflichen Vorsorge;
b. juristische Personen über ihre Leistungen an Mitglieder der Verwaltung oder anderer Organe;
c. Gläubiger und Schuldner über Bestand, Höhe, Verzinsung und Sicherstellung von Forderungen;
d. Versicherer über den Rückkaufswert von Versicherungen und über die aus dem Versicherungsverhältnis ausbezahlten oder geschuldeten Leistungen;
e. Stiftungen über die Leistungen an Begünstigte;
f. Einrichtungen der beruflichen Vorsorge, Versicherungseinrichtungen und Bankstiftungen über Beiträge und Leistungen aufgrund von Vorsorgeverhältnissen;
g. Treuhänder, Vermögensverwalter, Pfandgläubiger, Beauftragte und andere Personen, die Vermögen des Steuerpflichtigen in Besitz oder in Verwaltung haben oder hatten, über dieses Vermögen und seine Erträgnisse;
h. Personen, die mit dem Steuerpflichtigen Geschäfte tätigen oder getätigt haben, über die beiderseitigen Ansprüche und Leistungen.

2 Reicht der Steuerpflichtige trotz Mahnung die nötigen Bescheinigungen nicht ein, kann sie die Steuerbehörde vom Dritten einfordern. Das gesetzlich geschützte Berufsgeheimnis bleibt vorbehalten.

---

[1] SR **220**
[2] SR **220**
[3] Fassung gemäss G vom 4. April 2016 (OS 71, 443; ABl 2015-05-15). In Kraft seit 1. Januar 2017.
[4] Eingefügt durch G vom 5. November 2007 (OS 63, 65; ABl 2007, 14). In Kraft seit 1. Januar 2008.

§ 137 Auskunftspflicht Dritter 4.

Gesellschafter, Miteigentümer und Gesamteigentümer müssen auf Verlangen den Steuerbehörden über ihr Rechtsverhältnis zum Steuerpflichtigen Auskunft erteilen, insbesondere über dessen Anteile, Ansprüche und Bezüge.

§ 137a[1] Meldepflicht bei Mitarbeiterbeteiligungen 5.

Arbeitgeber, die ihren Arbeitnehmern Mitarbeiterbeteiligungen einräumen, müssen dem kantonalen Steueramt eine Bescheinigung über alle für deren Einschätzung notwendigen Angaben einreichen. Die vom Bundesrat gestützt auf Art. 129 Abs. 1 Bst. d des Bundesgesetzes vom 14. Dezember 1990 über die direkte Bundessteuer[2] erlassenen Bestimmungen gelten sinngemäss.

II. Einschätzung

§ 138 Vorbereitung 1.

1 Das kantonale Steueramt prüft die Steuererklärung und nimmt die erforderlichen Untersuchungen vor.

2 Der Steuerpflichtige ist berechtigt, seine Steuererklärung vor dem kantonalen Steueramt mündlich zu vertreten.

§ 139 Durchführung 2.

1 Das kantonale Steueramt setzt die Steuerfaktoren und den Steuertarif fest. Steuerfaktoren sind das steuerbare Einkommen und Vermögen, der steuerbare Reingewinn und das steuerbare Kapital.

2 Hat der Steuerpflichtige trotz Mahnung seine Verfahrenspflichten nicht erfüllt oder können die Steuerfaktoren mangels zuverlässiger Unterlagen nicht einwandfrei ermittelt werden, nimmt das kantonale Steueramt die Einschätzung nach pflichtgemässem Ermessen vor. Es kann dabei Erfahrungszahlen, Vermögensentwicklung und Lebensaufwand des Steuerpflichtigen berücksichtigen.

III. Einsprache

§ 140 Frist und Voraussetzungen 1.

1 Gegen den Einschätzungsentscheid können der Steuerpflichtige und die Gemeinde innert 30 Tagen nach Zustellung beim kantonalen Steueramt schriftlich Einsprache erheben.

2 Eine Einschätzung nach pflichtgemässem Ermessen kann der Steuerpflichtige nur wegen offensichtlicher Unrichtigkeit anfechten. Die Einsprache ist zu begründen und muss allfällige Beweismittel nennen.

---

1 Eingefügt durch G vom 17. September 2012 (OS 68, 48; ABl 2011, 3263). In Kraft seit 1. Januar 2013.
2 SR **642.11**

§ 141 Einspracheverfahren 2.

¹ Im Einspracheverfahren hat das kantonale Steueramt die gleichen Befugnisse wie im Einschätzungsverfahren.

² Der Steuerpflichtige ist berechtigt, seine Einsprache vor dem kantonalen Steueramt mündlich zu vertreten.

³ Einem Rückzug der Einsprache wird keine Folge gegeben, wenn nach den Umständen anzunehmen ist, dass die Einschätzung unrichtig war, oder wenn die Gemeinde Anträge gestellt hat.

§ 142 Entscheid 3.

¹ Das kantonale Steueramt entscheidet gestützt auf die Untersuchung über die Einsprache. Es kann die Steuerfaktoren neu festsetzen und, nach Anhören des Steuerpflichtigen, die Einschätzung auch zu dessen Nachteil ändern.

² Das Einspracheverfahren ist kostenfrei. Die Kosten dieses Verfahrens können jedoch dem Steuerpflichtigen oder jeder andern zur Auskunft verpflichteten Person auferlegt werden, die diese Kosten durch eine schuldhafte Verletzung von Verfahrenspflichten notwendig gemacht haben.

E. Verfahren bei der Erhebung der Quellensteuer[1]   A91, E67

I. Verfahrenspflichten

§ 143 Auskunftspflicht[2] 1.

Der Steuerpflichtige und der Schuldner der steuerbaren Leistung müssen den zuständigen Steuerbehörden auf Verlangen über die für die Erhebung der Quellensteuer massgebenden Verhältnisse mündlich oder schriftlich Auskunft erteilen. Die §§ 132–137 gelten sinngemäss.

§ 143a[3] Notwendige Vertretung 2.

¹ Steuerpflichtige, die nach § 101a eine nachträgliche ordentliche Veranlagung beantragen, müssen die erforderlichen Unterlagen einreichen und eine Zustelladresse in der Schweiz bezeichnen.

² Wird keine Zustelladresse bezeichnet oder verliert die Zustelladresse während des Veranlagungsverfahrens ihre Gültigkeit, gewähren die Steuerbehörden eine angemessene Frist für die Bezeichnung einer gültigen Zustelladresse. Läuft diese Frist unbenutzt ab, tritt die Quellensteuer an die Stelle der im ordentlichen Verfahren auf dem Erwerbseinkommen zu veranlagenden Steuern.

³ Im Übrigen gilt § 128 sinngemäss.

---

[1] Fassung gemäss G vom 17. August 2020 (OS 75, 598; ABl 2019-06-07). In Kraft seit 1. Januar 2021.
[2] Eingefügt durch G vom 17. August 2020 (OS 75, 598; ABl 2019-06-07). In Kraft seit 1. Januar 2021.
[3] Eingefügt durch G vom 17. August 2020 (OS 75, 598; ABl 2019-06-07). In Kraft seit 1. Januar 2021.

II. Verfügung

§ 144[1]

¹ Der Steuerpflichtige kann vom kantonalen Steueramt bis am 31. März des auf die Fälligkeit der Leistung folgenden Steuerjahres eine Verfügung über Bestand und Umfang der Steuerpflicht verlangen, wenn er

a. mit dem Quellensteuerabzug gemäss Aufstellung oder Bestätigung nach §§ 92 Abs. 1 lit. b oder 102 Abs. 1 lit. b nicht einverstanden ist oder
b. die Aufstellung oder Bestätigung nach §§ 92 Abs. 1 lit. b oder 102 Abs. 1 lit. b vom Arbeitgeber nicht erhalten hat.

² Der Schuldner der steuerbaren Leistung kann vom kantonalen Steueramt bis am 31. März des auf die Fälligkeit der Leistung folgenden Steuerjahres eine Verfügung über Bestand und Umfang der Steuerpflicht verlangen.

³ Er bleibt bis zum rechtskräftigen Entscheid verpflichtet, die Quellensteuer zu erheben.

III. Nachforderung und Rückerstattung

§ 145

¹ Hat der Schuldner der steuerbaren Leistung den Steuerabzug nicht oder ungenügend vorgenommen, verpflichtet ihn das Gemeindesteueramt oder das kantonale Steueramt zur Nachzahlung. Der Rückgriff des Schuldners auf den Steuerpflichtigen bleibt vorbehalten.

² Hat der Schuldner der steuerbaren Leistung einen zu hohen Steuerabzug vorgenommen, muss er dem Steuerpflichtigen die Differenz zurückzahlen.

³ Der Steuerpflichtige kann vom Gemeindesteueramt oder vom kantonalen Steueramt zur Nachzahlung der von ihm geschuldeten Quellensteuer verpflichtet werden, wenn die ausbezahlte steuerbare Leistung nicht oder nicht vollständig um die Quellensteuer gekürzt wurde und ein Nachbezug beim Schuldner der steuerbaren Leistung nicht möglich ist.[2]

IV. Einsprache

§ 146

Gegen einen Entscheid über die Quellensteuer können der Steuerpflichtige, der Schuldner der steuerbaren Leistung und die Gemeinde Einsprache nach § 140 erheben.

---

[1] Fassung gemäss G vom 17. August 2020 (OS 75, 598; ABl 2019-06-07). In Kraft seit 1. Januar 2021.
[2] Eingefügt durch G vom 17. August 2020 (OS 75, 598; ABl 2019-06-07). In Kraft seit 1. Januar 2021.

F. Rekurs- und Beschwerdeverfahren

I. Rekursverfahren

§ 147 Frist und Voraussetzungen 1.

¹ Gegen den Einspracheentscheid des kantonalen Steueramtes können der Steuerpflichtige und die Gemeinde innert 30 Tagen nach Zustellung schriftlich Rekurs beim Steuerrekursgericht[1] erheben.

² Im Verfahren bei Erhebung der Quellensteuer steht das Rekursrecht auch dem Schuldner der steuerbaren Leistung zu.

³ Mit dem Rekurs können alle Mängel des angefochtenen Entscheids und des vorangegangenen Verfahrens gerügt werden.

⁴ Die Rekursschrift muss einen Antrag und eine Begründung enthalten. Genügt sie diesen Erfordernissen nicht, wird dem Rekurrenten eine kurze, nicht erstreckbare Nachfrist zur Behebung des Mangels angesetzt unter der Androhung, sonst auf den Rekurs nicht einzutreten. Die Beweismittel sollen der Rekursschrift beigelegt oder, soweit dies nicht möglich ist, genau bezeichnet werden.

§ 148 Verfahren 2.

¹ Die Rekursschrift ist, sofern sich der Rekurs nicht offensichtlich als unzulässig erweist, den Rekursgegnern zur Beantwortung zuzustellen. Dem Rekurrenten wird auf Verlangen ein Doppel der Rekursantwort zugestellt.

² Ausnahmsweise kann ein weiterer Schriftenwechsel oder eine mündliche Verhandlung angeordnet werden.

³ Dem Steuerrekursgericht[2] stehen dieselben Befugnisse zu wie den Steuerbehörden im Einschätzungsverfahren.

§ 149[3] Entscheid 3.

¹ Das Steuerrekursgericht entscheidet innert 60 Tagen seit Abschluss der Sachverhaltsermittlungen, der den Parteien angezeigt wird. Kann diese Frist nicht eingehalten werden, wird den Parteien unter Angabe der Gründe mitgeteilt, wann der Entscheid vorliegt.

² Das Steuerrekursgericht ist in seinem Entscheid nicht an die Anträge der Parteien gebunden. Es kann nach Anhörung des Steuerpflichtigen die Einschätzung auch zu dessen Ungunsten ändern. Es führt das Verfahren trotz Rückzug oder Anerkennung des Rekurses weiter, sofern Anhaltspunkte dafür vorliegen, dass der angefochtene Entscheid oder die übereinstimmenden Anträge dem Gesetz widersprechen, oder eine Gegenpartei einen abweichenden Antrag gestellt hat.

---

[1] Fassung gemäss G über die Unterstellung der Steuerrekurskommissionen und der Baurekurskommissionen unter das Verwaltungsgericht vom 13. Sept. 2010 (OS 65, 953; ABl 2010, 266). In Kraft seit 1. Januar 2011.
[2] Fassung gemäss G über die Unterstellung der Steuerrekurskommissionen und der Baurekurskommissionen unter das Verwaltungsgericht vom 13. Sept. 2010 (OS 65, 953; ABl 2010, 266). In Kraft seit 1. Januar 2011.
[3] Fassung gemäss G über die Unterstellung der Steuerrekurskommissionen und der Baurekurskommissionen unter das Verwaltungsgericht vom 13. Sept. 2010 (OS 65, 953; ABl 2010, 266). In Kraft seit 1. Januar 2011.

³ Ausnahmsweise kann es zur Wahrung des gesetzlichen Instanzenzugs die Sache zur Neubeurteilung an die Vorinstanz zurückweisen, namentlich wenn zu Unrecht noch kein materieller Entscheid getroffen wurde oder dieser an einem schwerwiegenden Verfahrensmangel leidet.

§ 150[1] **Mitteilung** 4.

Der Entscheid wird den Parteien schriftlich mitgeteilt. Er enthält die Besetzung des Steuerrekursgerichts, eine Begründung, das Dispositiv und eine Rechtsmittelbelehrung.

§ 150a[2] **Vereinfachtes Verfahren** 5.

¹ Bei offensichtlich unbegründeten und offensichtlich begründeten Rechtsmitteln kann bei Einstimmigkeit auf dem Zirkulationsweg entschieden werden.

² Bei offensichtlich unzulässigen, gegenstandslos gewordenen, offensichtlich unbegründeten und offensichtlich begründeten Rechtsmitteln kann das Steuerrekursgericht den Entscheid summarisch begründen.

³ Über Rekurse, die durch Rückzug oder Anerkennung erledigt werden oder gegenstandslos geworden sind, kann ohne Begründung entschieden werden, wenn den Verfahrensbeteiligten angezeigt wird, dass sie innert zehn Tagen seit der Mitteilung schriftlich eine Begründung verlangen können; die Rechtsmittelfrist beginnt mit Zustellung des begründeten Entscheids zu laufen.

§ 150b[3] **Gerichtsgebühr** 6.

¹ Das Steuerrekursgericht legt die Gerichtsgebühr nach seinem Zeitaufwand, nach der Schwierigkeit des Falls und nach dem Streitwert oder dem tatsächlichen Streitinteresse fest.

² Die Gerichtsgebühr beträgt in der Regel Fr. 500 bis Fr. 50 000.

§ 151[4] **Kostenauferlegung** 7.

¹ Die Kosten des Verfahrens vor dem Steuerrekursgericht werden der unterliegenden Partei auferlegt. Wird der Rekurs teilweise gutgeheissen, werden sie anteilsmässig aufgeteilt.

² Dem obsiegenden Rekurrenten werden die Kosten ganz oder teilweise auferlegt, wenn er bei pflichtgemässem Verhalten schon im Einschätzungs- oder Einspracheverfahren zu seinem Recht gekommen wäre oder wenn er die Untersuchung des Steuerrekursgerichts durch trölerisches Verhalten erschwert hat.

³ Wenn besondere Verhältnisse es rechtfertigen, kann von einer Kostenauflage abgesehen werden.

---

[1] Fassung gemäss G über die Unterstellung der Steuerrekurskommissionen und der Baurekurskommissionen unter das Verwaltungsgericht vom 13. Sept. 2010 (OS 65, 953; ABl 2010, 266). In Kraft seit 1. Januar 2011.
[2] Eingefügt durch G über die Unterstellung der Steuerrekurskommissionen und der Baurekurskommissionen unter das Verwaltungsgericht vom 13. Sept. 2010 (OS 65, 953; ABl 2010, 266). In Kraft seit 1. Januar 2011.
[3] Eingefügt durch G über die Unterstellung der Steuerrekurskommissionen und der Baurekurskommissionen unter das Verwaltungsgericht vom 13. Sept. 2010 (OS 65, 953; ABl 2010, 266). In Kraft seit 1. Januar 2011.
[4] Fassung gemäss G über die Unterstellung der Steuerrekurskommissionen und der Baurekurskommissionen unter das Verwaltungsgericht vom 13. Sept. 2010 (OS 65, 953; ABl 2010, 266). In Kraft seit 1. Januar 2011.

§ 152 Parteientschädigung 8.[1]

Für die Zusprechung einer Parteientschädigung gilt das Verwaltungsrechtspflegegesetz[2] sinngemäss.

II. Beschwerdeverfahren vor Verwaltungsgericht

§ 153

¹ Gegen den Entscheid des Steuerrekursgerichts können der Steuerpflichtige, das kantonale Steueramt und die Gemeinde innert 30 Tagen nach Zustellung Beschwerde beim Verwaltungsgericht erheben.[3]

² Im Verfahren bei Erhebung der Quellensteuer steht das Beschwerderecht auch dem Schuldner der steuerbaren Leistung zu.

³ Mit der Beschwerde können alle Rechtsverletzungen, einschliesslich Überschreitung oder Missbrauch des Ermessens, und die unrichtige oder unvollständige Feststellung des rechtserheblichen Sachverhalts geltend gemacht werden.

⁴ Im Übrigen gelten die Bestimmungen über das Rekursverfahren vor dem Steuerrekursgericht sinngemäss.[4]

III. Beschwerde an das Bundesgericht

§ 154

¹ Gegen den Entscheid des Verwaltungsgerichts können der Steuerpflichtige, das kantonale Steueramt, die Gemeinde und die Eidgenössische Steuerverwaltung Beschwerde beim Bundesgericht erheben.[5]

² Im Verfahren bei Erhebung der Quellensteuer steht das Beschwerderecht auch dem Schuldner der steuerbaren Leistung zu.

G. Änderung rechtskräftiger Entscheide

I. Revision

§ 155 Gründe 1.

¹ Ein rechtskräftiger Entscheid kann auf Antrag oder von Amtes wegen zugunsten des Steuerpflichtigen revidiert werden,

    a. wenn erhebliche Tatsachen oder entscheidende Beweismittel entdeckt werden;

---

[1] Fassung gemäss G über die Unterstellung der Steuerrekurskommissionen und der Baurekurskommissionen unter das Verwaltungsgericht vom 13. Sept. 2010 (OS 65, 953; ABl 2010, 266). In Kraft seit 1. Januar 2011.

[2] LS 175.2

[3] Fassung gemäss G über die Unterstellung der Steuerrekurskommissionen und der Baurekurskommissionen unter das Verwaltungsgericht vom 13. Sept. 2010 (OS 65, 953; ABl 2010, 266). In Kraft seit 1. Januar 2011.

[4] Fassung gemäss G über die Unterstellung der Steuerrekurskommissionen und der Baurekurskommissionen unter das Verwaltungsgericht vom 13. Sept. 2010 (OS 65, 953; ABl 2010, 266). In Kraft seit 1. Januar 2011.

[5] Fassung gemäss G über die Anpassung des kantonalen Verwaltungsverfahrensrechts vom 22. März 2010 (OS 65, 390; ABl 2009, 801). In Kraft seit 1. Juli 2010.

b. wenn die erkennende Behörde erhebliche Tatsachen oder entscheidende Beweismittel, die ihr bekannt waren oder bekannt sein mussten, ausser acht gelassen oder in anderer Weise wesentliche Verfahrensgrundsätze verletzt hat;
c. wenn ein Verbrechen oder ein Vergehen den Entscheid beeinflusst hat.

² Die Revision ist ausgeschlossen, wenn der Antragsteller als Revisionsgrund vorbringt, was er bei der ihm zumutbaren Sorgfalt schon im ordentlichen Verfahren hätte geltend machen können.

§ 156 Frist 2.

Das Revisionsbegehren muss innert 90 Tagen nach Entdeckung des Revisionsgrundes, spätestens aber innert zehn Jahren nach Mitteilung des Entscheids eingereicht werden.

§ 157 Revisionsbegehren 3.

¹ Das Revisionsbegehren ist schriftlich der Behörde einzureichen, die den Entscheid getroffen hat.

² Das Revisionsbegehren muss enthalten:
a. die genaue Bezeichnung der einzelnen Revisionsgründe;
b. einen Antrag, in welchem Umfang der frühere Entscheid aufzuheben und wie neu zu entscheiden sei.

³ Die Beweismittel für die Revisionsgründe sowie für die Behauptung, dass seit Entdeckung der Revisionsgründe noch nicht 90 Tage verflossen sind, sollen dem Revisionsbegehren beigelegt oder, sofern dies nicht möglich ist, genau bezeichnet werden.

§ 158 Verfahren und Entscheid 4.

¹ Das Revisionsbegehren ist, sofern es sich nicht offensichtlich als unzulässig erweist, den Beteiligten zur Vernehmlassung zuzustellen.

² Erachtet die Behörde das Revisionsbegehren als begründet, hebt sie den früheren Entscheid auf und fällt einen neuen Entscheid.

³ Gegen die Abweisung eines Revisionsbegehrens oder gegen den bei Zulassung der Revision neu gefällten Entscheid können die gleichen Rechtsmittel wie gegen den früheren Entscheid ergriffen werden.

⁴ Im Übrigen werden die Vorschriften über das Verfahren angewendet, in dem der frühere Entscheid ergangen ist. § 150 gilt sinngemäss.

II. Berichtigung von Rechnungsfehlern und Schreibversehen

§ 159

¹ Rechnungsfehler und Schreibversehen in rechtskräftigen Entscheiden können innert fünf Jahren nach Mitteilung auf Antrag oder von Amtes wegen von der Behörde, der sie unterlaufen sind, berichtigt werden.

² Gegen die Berichtigung oder ihre Ablehnung können die gleichen Rechtsmittel erhoben werden wie gegen den früheren Entscheid.

III. Nachsteuer

§ 160 Ordentliche Nachsteuer[1] 1.

¹ Ergibt sich aufgrund von Tatsachen oder Beweismitteln, die der Steuerbehörde nicht bekannt waren, dass eine Einschätzung zu Unrecht unterblieben oder eine rechtskräftige Einschätzung unvollständig ist, oder ist eine unterbliebene oder unvollständige Einschätzung auf ein Verbrechen oder ein Vergehen gegen die Steuerbehörde zurückzuführen, wird die nicht erhobene Steuer samt Zins als Nachsteuer eingefordert.

² Hat der Steuerpflichtige Einkommen, Vermögen, Reingewinn oder Eigenkapital in seiner Steuererklärung vollständig und genau angegeben und haben die Steuerbehörden die Bewertung anerkannt, kann keine Nachsteuer erhoben werden, selbst wenn die Bewertung ungenügend war.

§ 161 Verwirkung 2.

¹ Das Recht, ein Nachsteuerverfahren einzuleiten, erlischt zehn Jahre nach Ablauf der Steuerperiode, für die eine Einschätzung zu Unrecht unterblieben oder eine rechtskräftige Einschätzung unvollständig ist.

² Das Recht, die Nachsteuer festzusetzen, erlischt 15 Jahre nach Ablauf der Steuerperiode, auf die sie sich bezieht.

§ 162[2] Verfahren 3.

¹ Die Einleitung des Nachsteuerverfahrens wird dem Steuerpflichtigen unter Angabe des Grundes schriftlich mitgeteilt. Ist die Einleitung eines Strafverfahrens wegen Steuerhinterziehung möglich, wird er bei der Einleitung eines Nachsteuerverfahrens darauf hingewiesen.

² Mit der staatlichen wird gleichzeitig auch die kommunale Nachsteuer ermittelt.

³ Gegen den Einspracheentscheid des kantonalen Steueramtes kann Rekurs beim Verwaltungsgericht erhoben werden. Im Übrigen gelten die Bestimmungen über die Verfahrensgrundsätze, das Einschätzungs- und das Rekursverfahren sinngemäss.

§ 162a[3] Vereinfachte Nachbesteuerung von Erben 4.

¹ Alle Erben haben unabhängig voneinander Anspruch auf eine vereinfachte Nachbesteuerung der vom Erblasser hinterzogenen Bestandteile von Vermögen und Einkommen, wenn

a. die Hinterziehung keiner Steuerbehörde bekannt ist,
b. sie die Behörden bei der Feststellung der hinterzogenen Vermögens- und Einkommenselemente vorbehaltlos unterstützen und
c. sie sich ernstlich um die Bezahlung der geschuldeten Nachsteuer bemühen.

² Die Nachsteuer wird für die letzten drei vor dem Todesjahr abgelaufenen Steuerperioden nach den Vorschriften über die ordentliche Veranlagung berechnet und samt Zins nachgefordert.

---

[1] Fassung gemäss G vom 4. Juli 2011 (OS 66, 834; ABl 2010, 1940). In Kraft seit 1. Januar 2012.
[2] Fassung gemäss G über die Anpassung des kantonalen Verwaltungsverfahrensrechts vom 22. März 2010 (OS 65, 390; ABl 2009, 801). In Kraft seit 1. Juli 2010.
[3] Eingefügt durch G vom 4. Juli 2011 (OS 66, 834; ABl 2010, 1940). In Kraft seit 1. Januar 2012.

³ Die vereinfachte Nachbesteuerung ist ausgeschlossen, wenn die Erbschaft amtlich oder konkursamtlich liquidiert wird.

⁴ Auch der Willensvollstrecker oder der Erbschaftsverwalter kann um eine vereinfachte Nachbesteuerung ersuchen.

H. Inventar   VO StG 58–63

I. Inventarpflicht

§ 163

¹ Nach dem Tod eines Steuerpflichtigen wird innert zwei Wochen ein amtliches Inventar aufgenommen.

² Die Inventaraufnahme kann unterbleiben, wenn anzunehmen ist, dass kein Vermögen vorhanden ist.

II. Gegenstand

§ 164

¹ In das Inventar wird das am Todestag bestehende Vermögen des Erblassers, seines in ungetrennter Ehe lebenden Ehegatten und der unter seiner elterlichen Sorge stehenden minderjährigen Kinder aufgenommen.[1]

² Tatsachen, die für die Einschätzung von Bedeutung sind, werden festgestellt und im Inventar vorgemerkt.

III. Sicherung der Inventaraufnahme

§ 165

¹ Die Erben und die Personen, die das Nachlassvermögen verwalten oder verwahren, dürfen über dieses vor Aufnahme des Inventars nur mit Zustimmung der Inventarbehörde verfügen.

² Zur Sicherung des Inventars kann die Inventarbehörde die sofortige Siegelung vornehmen. Diese Massnahme kann auch das kantonale Steueramt ergreifen.

IV. Mitwirkungspflichten

§ 166

¹ Die Erben, die gesetzlichen Vertreter von Erben, die Erbschaftsverwalter und die Willensvollstrecker sind verpflichtet,
   a. über alle Verhältnisse, die für die Feststellung der Steuerfaktoren des Erblassers von Bedeutung sein können, wahrheitsgemäss Auskunft zu erteilen;
   b. alle Bücher, Urkunden, Ausweise und Aufzeichnungen, die über den Nachlass Aufschluss verschaffen können, vorzuweisen;
   c. alle Räumlichkeiten und Behältnisse zu öffnen, die dem Erblasser zur Verfügung gestanden haben.

---

[1] Fassung gemäss G vom 11. September 2000 (OS 56, 415). In Kraft seit 1. Januar 2001.

² Erben und gesetzliche Vertreter von Erben, die mit dem Erblasser in einem gemeinsamen Haushalt gelebt oder Vermögensgegenstände des Erblassers verwahrt oder verwaltet haben, müssen auch Einsicht in ihre Räume und Behältnisse gewähren.

³ Erhält ein Erbe, ein gesetzlicher Vertreter von Erben, ein Erbschaftsverwalter oder ein Willensvollstrecker nach Aufnahme des Inventars Kenntnis von Gegenständen des Nachlasses, die nicht im Inventar verzeichnet sind, muss er diese innert zehn Tagen der Inventarbehörde bekanntgeben.

⁴ Der Inventaraufnahme müssen mindestens ein handlungsfähiger Erbe und der gesetzliche Vertreter minderjähriger Erben oder Erben unter umfassender Beistandschaft beiwohnen.[1]

V. Auskunfts- und Bescheinigungspflicht

§ 167

¹ Dritte, die Vermögenswerte des Erblassers verwahrten oder verwalteten oder denen gegenüber der Erblasser geldwerte Rechte oder Ansprüche hatte, sind verpflichtet, den Erben zuhanden der Inventarbehörde auf Verlangen schriftlich alle damit zusammenhängenden Auskünfte zu erteilen.

² Stehen der Erfüllung dieser Auskunftspflicht wichtige Gründe entgegen, kann der Dritte die verlangten Angaben direkt der Inventarbehörde machen.

³ Im Übrigen gelten die §§ 136 und 137 sinngemäss.

VI. Mitteilung

§ 168

Dem Willensvollstrecker oder dem von den Erben bezeichneten Vertreter und dem kantonalen Steueramt wird eine Ausfertigung des Inventars zugestellt.

VII. Inventarbehörde

§ 169

¹ Die Inventaraufnahme erfolgt durch das Steueramt der Einschätzungsgemeinde. Hat jedoch der Erblasser im Todesjahr seinen Wohnsitz in eine andere zürcherische Gemeinde verlegt, ist das Steueramt dieser Gemeinde zuständig. Das kantonale Steueramt kann sich bei der Inventaraufnahme vertreten lassen.

² Ordnet die Kindes- und Erwachsenenschutzbehörde oder das Gericht eine Inventaraufnahme an, wird eine Ausfertigung des Inventars der Inventarbehörde zugestellt. Diese kann es übernehmen oder nötigenfalls ergänzen.[2]

---

[1] Fassung gemäss Einführungsgesetz zum Kindes- und Erwachsenenschutzrecht vom 25. Juni 2012 (OS 67, 443; ABl 2011, 2567). In Kraft seit 1. Januar 2013.
[2] Fassung gemäss Einführungsgesetz zum Kindes- und Erwachsenenschutzrecht vom 25. Juni 2012 (OS 67, 443; ABl 2011, 2567). In Kraft seit 1. Januar 2013.

I. Verfahren bei Steuerbefreiungen

I. Gesuch

§ 170

¹ Gesuche um Steuerbefreiung sind beim kantonalen Steueramt einzureichen.

² Das kantonale Steueramt stellt sie der Gemeinde zur Vernehmlassung zu.

II. Verfahren

§ 171

¹ Bei Abweisung eines Gesuchs um Steuerbefreiung können Kosten auferlegt werden.

² Im Übrigen gelten die Bestimmungen über die Verfahrensgrundsätze, das Einschätzungs-, das Rekurs- und Beschwerdeverfahren sinngemäss.

III. Verzeichnis der steuerbefreiten Institutionen

§ 171a[1]

Das kantonale Steueramt veröffentlicht ein Verzeichnis der wegen Verfolgung von öffentlichen oder gemeinnützigen Zwecken steuerbefreiten juristischen Personen (§ 61 lit. g). Die betroffene juristische Person kann ihren Eintrag durch schriftliche Mitteilung an das kantonale Steueramt sperren lassen.

Sechster Abschnitt: Steuerbezug und Steuererlass

A. Steuerbezug

I. Behörde   VO StG 46–48

§ 172

Die Quellensteuern auf dem Einkommen aus unselbständiger Erwerbstätigkeit von im Kanton steuerpflichtigen ausländischen Arbeitnehmern sowie die staatlichen und kommunalen Nachsteuern werden durch das kantonale Steueramt, alle übrigen Steuern durch das Gemeindesteueramt bezogen.

II. Periodische Steuern   VO StG 49–51

§ 173 Provisorische Rechnung und Schlussrechnung 1.

¹ In der Steuerperiode, bei vom Kalenderjahr abweichenden Steuerperioden im Kalenderjahr, in dem die Steuerperiode endet, wird eine provisorische Rechnung zugestellt. Vorbehalten bleibt § 181.

² Grundlage der provisorischen Rechnung sind die Steuerfaktoren der letzten Steuererklärung oder der letzten Einschätzung oder der mutmassliche Steuerbetrag für die laufende Steuerperiode.

³ Nach Vornahme der Einschätzung wird die Schlussrechnung zugestellt.

---

[1] Eingefügt durch G vom 4. Juli 2011 (OS 66, 834; ABl 2010, 1940). In Kraft seit 1. Januar 2012.

§ 174 Zinsen 2.

¹ In der Schlussrechnung werden in der Regel Zinsen berechnet:
   a. zu Gunsten des Steuerpflichtigen auf sämtlichen Zahlungen, die bis zur Schlussrechnung geleistet werden. Anstelle dieser Zinsen können auch Skonti gewährt werden;
   b. zu Lasten des Steuerpflichtigen ab einem Verfalltag in der Steuerperiode.

² Die Einzelheiten, einschliesslich des Verfalltags in der Steuerperiode, werden durch Verordnung festgelegt.

III. Nicht periodische Steuern   VO StG 53 f.

§ 175

¹ Die Fälligkeiten und Zahlungsfristen für nicht periodische Steuern werden durch Verordnung festgelegt.

² Für vorzeitige Zahlungen werden in der Regel Vergütungszinsen berechnet. Für verspätete Zahlungen werden Verzugszinsen erhoben.

³ Auf Steuerrückerstattungen werden Vergütungszinsen gewährt.

IV. Zuständigkeit des Regierungsrates

§ 176

Der Regierungsrat legt den Zinsfuss fest. Er bestimmt zudem, inwieweit auf Zinsen zu Gunsten wie zu Ungunsten des Steuerpflichtigen wegen Geringfügigkeit verzichtet werden kann.

V. Zahlungserleichterungen

§ 177

¹ Liegen besondere Verhältnisse vor, kann das Gemeindesteueramt fällige Beträge vorübergehend stunden oder Ratenzahlungen bewilligen.

² Zahlungserleichterungen werden widerrufen, wenn ihre Voraussetzungen wegfallen oder wenn die Bedingungen, an die sie geknüpft sind, nicht erfüllt werden.

VI. Einsprache und Rekurs

§ 178[1]

¹ Gegen die Schlussrechnung oder den Entscheid über eine Zahlungserleichterung kann beim Gemeindesteueramt Einsprache, gegen den Einspracheentscheid Rekurs beim kantonalen Steueramt erhoben werden. Gegen den Entscheid des kantonalen Steueramtes kann Beschwerde beim Verwaltungsgericht erhoben werden.

² Die Bestimmungen über das Einsprache-, Rekurs- und Beschwerdeverfahren bei Einschätzungen für die Staatssteuern gelten sinngemäss.

---

[1] Fassung gemäss G über die Anpassung des kantonalen Verwaltungsverfahrensrechts vom 22. März 2010 (OS 65, 390; ABl 2009, 801). In Kraft seit 1. Juli 2010.

VII. Steuerrückerstattungen

§ 179 An ungetrennt lebende Ehegatten 1.

¹ Bei Steuerrückerstattungen an Ehegatten, die in tatsächlich und rechtlich ungetrennter Ehe leben, gilt jeder Ehegatte als berechtigt, Zahlungen entgegenzunehmen.

² Steuerrückerstattungen können auch mit provisorischen Rechnungen oder mit Schlussrechnungen verrechnet werden.

§ 180 An geschiedene oder getrennt lebende Ehegatten 2.

¹ Wurden die Ehegatten geschieden oder haben sie sich tatsächlich oder rechtlich getrennt und sind in der Folge Steuerbeträge zurückzuerstatten, die noch aufgrund von provisorischen Rechnungen oder Schlussrechnungen zuhanden beider Ehegatten geleistet wurden, erfolgt die Rückerstattung je zur Hälfte an jeden der beiden Ehegatten.

² Solche Steuerrückerstattungen können auch verrechnet werden

a. entweder mit provisorischen Rechnungen oder mit Schlussrechnungen zuhanden beider Ehegatten

b. oder je zur Hälfte mit provisorischen Rechnungen oder mit Schlussrechnungen zuhanden jedes Ehegatten.

³ Im Übrigen bleibt vorbehalten, dass die Ehegatten von sich aus dem zuständigen Steueramt eine anderweitige Vereinbarung bekannt gegeben haben.

B. Steuersicherung

I. Sicherstellung

§ 181

¹ Hat der Steuerpflichtige keinen Wohnsitz in der Schweiz oder erscheint die Bezahlung der von ihm geschuldeten Steuer als gefährdet, kann das Gemeindesteueramt oder das kantonale Steueramt auch vor der rechtskräftigen Einschätzung die Sicherstellung des mutmasslich geschuldeten Steuerbetrags verlangen. Die Sicherstellungsverfügung gibt den sicherzustellenden Betrag an und ist sofort vollstreckbar. Sie hat im Betreibungsverfahren die gleichen Wirkungen wie ein vollstreckbares Gerichtsurteil.

² Die Sicherstellung muss in Geld, durch Hinterlegung sicherer, marktgängiger Wertschriften oder durch Bürgschaft geleistet werden.

³ Der Steuerpflichtige kann gegen die Sicherstellungsverfügung Rekurs beim Verwaltungsgericht erheben. Die Bestimmungen über das Rekursverfahren bei Einschätzungen für die Staatssteuern gelten sinngemäss.

⁴ Der Rekurs hemmt die Vollstreckung der Sicherstellungsverfügung nicht.

II. Arrest

§ 182

¹ Die Sicherstellungsverfügung gilt als Arrestbefehl nach Art. 274 des Bundesgesetzes über Schuldbetreibung und Konkurs[1]. Der Arrest wird durch das zuständige Betreibungsamt vollzogen.

² Die Einsprache gegen den Arrestbefehl nach Art. 278 des Bundesgesetzes über Schuldbetreibung und Konkurs[2] ist nicht zulässig.

C. Steuererlass

I. Voraussetzungen

§ 183

Steuerpflichtigen, deren Leistungsfähigkeit durch besondere Verhältnisse, wie aussergewöhnliche Belastung durch den Unterhalt der Familie, andauernde Arbeitslosigkeit oder Krankheit, Unglücksfälle, Verarmung, Erwerbsunfähigkeit oder andere Umstände beeinträchtigt ist, können Steuern ganz oder teilweise erlassen werden.

II. Erlassverfahren

§ 184 Entscheid der Gemeinde 1.

¹ Der Entscheid über den Steuererlass steht der Gemeinde zu.

² Der Gemeindevorstand[3] bezeichnet die zuständige Behörde.

³ Der Entscheid ist dem Steuerpflichtigen und, wenn Steuererlass gewährt wird, dem kantonalen Steueramt mitzuteilen.

§ 185[4] Rekurs 2.

¹ Gegen den Entscheid der Gemeinde können der Steuerpflichtige und das kantonale Steueramt innert 30 Tagen nach Zustellung Rekurs bei der Finanzdirektion erheben. Dem kantonalen Steueramt steht das Recht zur Rekurserhebung nur zu, sofern die erlassenen Steuern einen vom Regierungsrat zu bestimmenden Betrag übersteigen. Gegen den Entscheid der Finanzdirektion können der Steuerpflichtige und die Gemeinde innert 30 Tagen nach Zustellung Beschwerde beim Verwaltungsgericht erheben.

² Die Bestimmungen über das Rekurs- und Beschwerdeverfahren bei Einschätzungen für die Staatssteuern gelten sinngemäss.

§ 186[5] ...

---

[1] SR **281.1**
[2] SR **281.1**
[3] Fassung gemäss Gemeindegesetz vom 20. April 2015 (OS 72, 183; ABl 2013-04-19). In Kraft seit 1. Januar 2018.
[4] Fassung gemäss G über die Anpassung des kantonalen Verwaltungsverfahrensrechts vom 22. März 2010 (OS 65, 390; ABl 2009, 801). In Kraft seit 1. Juli 2010.
[5] Aufgehoben durch G über die Anpassung des kantonalen Verwaltungsverfahrensrechts vom 22. März 2010 (OS 65, 390; ABl 2009, 801). In Kraft seit 1. Juli 2010.

Zweiter Teil: Gemeindesteuern VO StG 64–74

Erster Abschnitt: Allgemeine Gemeindesteuern

A. Allgemeine Bestimmungen

I. Steuerpflicht

§ 187 Steuerarten 1.

¹ Die Gemeinden erheben als Gemeindesteuern jährlich:
   a. Einkommens- und Vermögenssteuern von natürlichen Personen;
   b. Gewinn- und Kapitalsteuern von juristischen Personen;
   c. Quellensteuern von bestimmten natürlichen Personen mit steuerrechtlichem Wohnsitz oder Aufenthalt im Kanton.

² Die politische Gemeinde erhebt zudem eine jährliche Personalsteuer sowie von bestimmten natürlichen und juristischen Personen ohne steuerrechtlichen Wohnsitz oder Aufenthalt in der Schweiz Quellensteuern.

§ 188 Steuerfuss 2.

Die Gemeinden setzen jedes Kalenderjahr den Steuerfuss in Prozenten der einfachen Staatssteuer fest.

Bestand und Umfang der Steuerpflicht 3.

§ 189 Im Allgemeinen a)

¹ Die Bestimmungen über die Steuerpflicht für die Staatssteuern gelten unter Vorbehalt der nachfolgenden Bestimmungen auch für die Gemeindesteuern.

² Die für die Staatssteuern getroffenen Entscheide über Bestand und Umfang der Steuerpflicht gelten auch für die Gemeindesteuern.

§ 190¹ Bei Verlegung des Wohnsitzes oder Sitzes b)

¹ Verlegt ein Steuerpflichtiger seinen steuerrechtlichen Wohnsitz oder seinen Sitz in eine andere zürcherische Gemeinde, kommt die Steuerhoheit für die laufende Steuerperiode der Zuzugsgemeinde zu.

² Kapitalleistungen gemäss § 37 sind in der Gemeinde steuerbar, in welcher der Steuerpflichtige im Zeitpunkt der Fälligkeit der Leistung seinen Wohnsitz hat.

§ 191 Bei Steuerpflicht in mehreren Gemeinden c)

¹ Ist eine Person in mehreren zürcherischen Gemeinden steuerpflichtig, wird zwischen den beteiligten Gemeinden eine Steuerausscheidung vorgenommen, wenn der auf eine Gemeinde, in welcher nur eine beschränkte Steuerpflicht besteht, entfallende Teil der einfachen Staatssteuer mindestens Fr. 2000 beträgt.

---

1 Fassung gemäss G vom 19. Oktober 2015 (OS 71, 175; ABl 2015-01-09). In Kraft seit 1. Januar 2017.

² Der Wohnsitz- oder Sitzgemeinde ist zum voraus ein Fünftel der einfachen Staatssteuer zuzuweisen. Die restlichen vier Fünftel sind auf die beteiligten Gemeinden im Verhältnis der auf diese Gemeinden entfallenden Anteile am Gesamteinkommen und an den Gesamtaktiven zu verlegen.

II. Verfahren

§ 192 Steuerhoheit 1.

¹ Ist die kommunale Steuerhoheit streitig, entscheidet das Steueramt der betreffenden Gemeinde über die Gemeindesteuerpflicht.

² Gegen diesen Entscheid kann Einsprache erhoben werden. Die Bestimmungen über das Einspracheverfahren bei Einschätzungen für die Staatssteuern gelten sinngemäss.

Steuerausscheidung 2.

§ 193 Anmeldung a)

Gemeinden, die erstmals eine Steuerausscheidung verlangen, haben ihren Anspruch gegenüber dem Steuerpflichtigen und der Einschätzungsgemeinde in der Steuerperiode oder der darauf folgenden Periode anzumelden. Später angemeldete Ansprüche sind verwirkt.

§ 194 Ermittlung der Grundlagen b)

¹ Das Steueramt der Einschätzungsgemeinde oder, auf sein Verlangen, das kantonale Steueramt ermittelt die Ausscheidungsgrundlagen gestützt auf die Einschätzung für die Staatssteuer und allfällige weitere Erhebungen.

² Die Bestimmungen über das Einschätzungsverfahren für die Staatssteuern gelten sinngemäss.

§ 195 Einsprache c)

Gegen die Festsetzung der Ausscheidungsgrundlagen können der Steuerpflichtige und die beteiligten Gemeinden Einsprache erheben. Die Bestimmungen über das Einspracheverfahren bei Einschätzungen für die Staatssteuern gelten sinngemäss.

§ 196 Rechtsmittel 3.

Für die Anfechtung des Einspracheentscheids über Bestand und Umfang der Gemeindesteuerpflicht gelten die Bestimmungen über das Rekurs- und Beschwerdeverfahren bei Einschätzungen für die Staatssteuern sinngemäss.

III. Steuerbezug und Steuererlass

§ 197 Im Allgemeinen 1.

¹ Die Bestimmungen über Steuerbezug und Steuererlass für die Staatssteuern werden entsprechend angewendet.

² Ein für die Staatssteuer bewilligter Steuererlass bewirkt einen entsprechenden Erlass der Gemeindesteuer.

§ 198 Im Ausscheidungsverfahren 2.

Bei Steuerausscheidungen besorgt das Steueramt der Einschätzungsgemeinde den Steuerbezug und rechnet mit dem Steuerpflichtigen und den beteiligten Gemeinden ab.

B. Besondere Bestimmungen

I. Personalsteuer

§ 199 Steuerpflicht 1.

¹ Die politischen Gemeinden erheben von den steuerpflichtigen natürlichen Personen, die in ihrem Gebiet steuerrechtlichen Wohnsitz oder Aufenthalt haben, eine Personalsteuer.

² Ehegatten schulden je die volle Personalsteuer.

³ Die Steuerpflicht beginnt mit dem Jahr, in welchem der Steuerpflichtige volljährig wird.[1]

§ 200 Steuersatz 2.

Die Personalsteuer beträgt Fr. 24.

II. Kirchensteuer

Steuerpflicht 1.

§ 201 Im Allgemeinen a)

¹ Die Kirchgemeinden der kantonalen kirchlichen Körperschaften können nach Massgabe dieses Gesetzes Steuern erheben.[2]

² Juristische Personen, welche konfessionelle Zwecke verfolgen, haben die Kirchensteuer nur der Kirchgemeinde dieser Konfession zu entrichten.

§ 202 Besteuerung konfessionell gemischter Ehen b)

¹ Gehören bei konfessionell gemischten Ehen beide Ehegatten der Konfession einer staatlich anerkannten Kirchgemeinde an, wird die Kirchensteuer je zur Hälfte erhoben.

² Gehört nur ein Ehegatte der Konfession einer staatlich anerkannten Kirchgemeinde an, wird die Kirchensteuer zur Hälfte erhoben.

§ 203[3] Besteuerung juristischer Personen durch mehrere Kirchgemeinden c)

¹ Bestehen im gleichen Gebiet Kirchgemeinden der kantonalen kirchlichen Körperschaften mit verschiedenen Konfessionen, erheben sie die Kirchensteuer von juristischen Personen anteilmässig, soweit diese nicht konfessionelle oder religiöse Zwecke verfolgen.

---

[1] Fassung gemäss Einführungsgesetz zum Kindes- und Erwachsenenschutzrecht vom 25. Juni 2012 (OS 67, 443; ABl 2011, 2567). In Kraft seit 1. Januar 2013.

[2] Fassung gemäss G vom 9. Juli 2007 (OS 62, 482; ABl 2007, 2127). In Kraft seit 1. Januar 2010.

[3] Fassung gemäss Kirchengesetz vom 9. Juli 2007 (OS 62, 482; ABl 2006, 573). In Kraft seit 1. Januar 2010 (OS 63, 152).

² Die Anteile berechnen sich nach der Zahl der steuerpflichtigen Personen, welche den einzelnen Kirchgemeinden angehören.[1]

³ Besteht zwischen Kirchgemeinden ein Zweckverband zur Vereinheitlichung des Steuerfusses, erfolgt die Ausscheidung nach dem gleichen Grundsatz im Gebiet des Zweckverbandes.

§ 204 Verfahren 2.

¹ Die zuständige Kirchenbehörde entscheidet über Bestand und Umfang der Kirchensteuerpflicht.

² Ihr Entscheid kann gemäss den Bestimmungen weitergezogen werden, die für Entscheide über Gemeindesteuern gelten.

Zweiter Abschnitt: Grundsteuern

A. Allgemeine Bestimmungen

I. Steuerarten

§ 205[2]

Die politischen Gemeinden erheben eine Grundstückgewinnsteuer.

II. Anwendung von Bestimmungen über die Staatssteuern

§ 206

Die Bestimmungen über die Staatssteuern gelten sinngemäss unter Vorbehalt der nachfolgenden Bestimmungen auch für die Grundsteuern.

III. Grundstücke

§ 207

¹ Als Grundstücke im Sinn der nachfolgenden Bestimmungen gelten:
a. die Liegenschaften;
b. die in das Grundbuch aufgenommenen selbständigen und dauernden Rechte;
c. die Bergwerke;
d. die Miteigentumsanteile an Grundstücken.

² Zugehör fällt ausser Betracht.

IV. Steuerpfandrecht an Grundstücken

§ 208

Für Grundsteuern steht den Gemeinden an den bezüglichen Grundstücken ein gesetzliches Pfandrecht zu.

---

[1] Fassung gemäss G vom 9. Juli 2007 (OS 62, 482; ABl 2007, 2127). In Kraft seit 1. Januar 2010.
[2] Fassung gemäss G vom 30. November 2003 (OS 59, 51; ABl 2003, 2122). In Kraft seit 1. Januar 2005 (OS 59, 52).

V. Einschätzungsverfahren

§ 209 Vorbereitung der Einschätzung 1.

¹ Die Vorbereitung der Einschätzung obliegt dem Gemeindesteueramt.

² Die Notariate und Grundbuchämter haben nach den Bestimmungen des Gesetzes und der Verordnung an der Vorbereitung und Durchführung der Einschätzung mitzuwirken und aus ihren Akten Auskunft zu erteilen.

§ 210 Entscheid 2.

¹ Die Einschätzung erfolgt durch den Gemeindevorstand[1] oder eine von ihm gewählte, unter dem Vorsitz eines seiner Mitglieder amtende Kommission.

² Die für die Einschätzung zuständige Behörde entscheidet auch über Steuerbefreiungen, Nachsteuern, Bussen sowie über Bestand und Umfang des gesetzlichen Pfandrechts für Grundsteuern.

§ 211 Einsprache 3.

Der Steuerpflichtige kann gegen den Entscheid der Gemeindebehörde Einsprache erheben. Die Bestimmungen über das Einspracheverfahren bei Einschätzungen für die Staatssteuern gelten sinngemäss.

VI. Rechtsmittel

§ 212 Rekurs 1.

Gegen den Einspracheentscheid kann der Steuerpflichtige Rekurs beim Steuerrekursgericht[2] erheben. Die Bestimmungen über das Rekursverfahren bei Einschätzungen für die Staatssteuern gelten sinngemäss. Vorbehalten bleibt § 252.

§ 213 Beschwerde an das Verwaltungsgericht 2.

Gegen den Entscheid des Steuerrekursgerichts[3] können der Steuerpflichtige und die Gemeinde Beschwerde beim Verwaltungsgericht erheben. Die Bestimmungen über das Beschwerdeverfahren vor Verwaltungsgericht bei Einschätzungen für die Staatssteuern gelten sinngemäss.

§ 214[4] Beschwerde an das Bundesgericht 3.

Das Recht, eine Beschwerde über einen Grundstückgewinnsteuerentscheid des Verwaltungsgerichts beim Bundesgericht zu erheben, steht dem Steuerpflichtigen, der Gemeinde, dem kantonalen Steueramt und der Eidgenössischen Steuerverwaltung zu.

---

[1] Fassung gemäss Gemeindegesetz vom 20. April 2015 (OS 72, 183; ABl 2013-04-19). In Kraft seit 1. Januar 2018.
[2] Fassung gemäss G über die Unterstellung der Steuerrekurskommissionen und der Baurekurskommissionen unter das Verwaltungsgericht vom 13. Sept. 2010 (OS 65, 953; ABl 2010, 266). In Kraft seit 1. Januar 2011.
[3] Fassung gemäss G über die Unterstellung der Steuerrekurskommissionen und der Baurekurskommissionen unter das Verwaltungsgericht vom 13. Sept. 2010 (OS 65, 953; ABl 2010, 266). In Kraft seit 1. Januar 2011.
[4] Fassung gemäss G über die Anpassung des kantonalen Verwaltungsverfahrensrechts vom 22. März 2010 (OS 65, 390; ABl 2009, 801). In Kraft seit 1. Juli 2010.

VII. Verjährung

§ 215

¹ Das Recht, Grundsteuern zu veranlagen, verjährt fünf Jahre nach Ablauf des Jahres, in dem die Handänderung stattfand. Vorbehalten bleibt die Erhebung von Nachsteuern und Bussen.[1]

² Im Übrigen gelten die §§ 130 und 131 sinngemäss.

B. Grundstückgewinnsteuer

I. Steuertatbestand

§ 216

¹ Die Grundstückgewinnsteuer wird erhoben von den Gewinnen, die sich bei Handänderungen an Grundstücken oder Anteilen von solchen ergeben.

² Handänderungen an Grundstücken sind gleichgestellt:
  a. Rechtsgeschäfte, die in Bezug auf die Verfügungsgewalt über ein Grundstück wirtschaftlich wie eine Handänderung wirken;
  b. die Belastung eines Grundstücks mit privatrechtlichen Dienstbarkeiten oder öffentlich-rechtlichen Eigentumsbeschränkungen, wenn diese die unbeschränkte Bewirtschaftung oder den Veräusserungswert des Grundstücks dauernd und wesentlich beeinträchtigen und dafür ein Entgelt entrichtet wird.

³ Die Grundstückgewinnsteuer wird aufgeschoben bei:
  a. Eigentumswechsel durch Erbgang (Erbfolge, Erbteilung, Vermächtnis), Erbvorbezug oder Schenkung;
  b.[2] Handänderungen unter Ehegatten im Zusammenhang mit dem Güterrecht, sowie zur Abgeltung ausserordentlicher Beiträge eines Ehegatten an den Unterhalt der Familie (Art. 165 ZGB[3]) und scheidungsrechtlicher Ansprüche, sofern beide Ehegatten einverstanden sind;
  c. Landumlegungen zwecks Güterzusammenlegung, Quartierplanung, Grenzbereinigung, Abrundung landwirtschaftlicher Heimwesen sowie bei Landumlegungen im Enteignungsverfahren oder angesichts drohender Enteignung;
  d.[4] Umstrukturierungen im Sinne der §§ 19 Abs. 1 sowie 67 Abs. 1 und 3. Vorbehalten bleibt eine nachträgliche Erhebung der Grundstückgewinnsteuer im Nachsteuerverfahren nach den §§ 160–162 in Verbindung mit § 206, wenn die Voraussetzungen gemäss §§ 19 Abs. 2 sowie 67 Abs. 2 und 4 erfüllt sind;
  e. und f.[5] ...
  g.[6] vollständiger oder teilweiser Veräusserung eines zum betriebsnotwendigen Anlagevermögen gehörenden Grundstücks, soweit der Erlös innert angemessener Frist zum Erwerb oder zur Verbesserung eines zum betriebsnotwendigen Anlagevermögens gehörenden Ersatzgrundstücks in der Schweiz verwendet wird;

---

[1] Fassung gemäss G vom 11. September 2000 (OS 56, 415). In Kraft seit 1. Januar 2001.
[2] Fassung gemäss G vom 11. September 2000 (OS 56, 415). In Kraft seit 1. Januar 2001.
[3] SR **210**
[4] Fassung gemäss G vom 27. Juni 2005 (OS 60, 349; ABl 2005, 233). In Kraft seit 1. Januar 2006.
[5] Aufgehoben durch G vom 27. Juni 2005 (OS 60, 349; ABl 2005, 233). In Kraft seit 1. Januar 2006.
[6] Fassung gemäss G vom 17. August 2020 (OS 75, 593; ABl 2019-05-31). In Kraft seit 1. Januar 2021.

h.[1] vollständiger oder teilweiser Veräusserung eines land- oder forstwirtschaftlichen Grundstücks, soweit der Erlös innert angemessener Frist zum Erwerb eines selbst bewirtschafteten Ersatzgrundstücks oder zur Verbesserung der eigenen, selbst bewirtschafteten land- oder forstwirtschaftlichen Grundstücke in der Schweiz verwendet wird;

i.[2] Veräusserung einer dauernd und ausschliesslich selbst genutzten Wohnliegenschaft (Einfamilienhaus oder Eigentumswohnung), soweit der Erlös innert angemessener Frist zum Erwerb oder zum Bau einer gleichgenutzten Ersatzliegenschaft in der Schweiz verwendet wird.

II. Steuersubjekt

§ 217

Steuerpflichtig ist der Veräusserer.

III. Steuerbefreiung

§ 218

Von der Grundstückgewinnsteuer befreit sind nur Gewinne bei Handänderungen an Grundstücken:

a. des Bundes und seiner Anstalten nach Massgabe des Bundesrechts;
b. des Kantons und seiner Anstalten, der zürcherischen Gemeinden und ihrer Anstalten sowie der Zweckverbände von Gemeinden im Sinn des Gemeinderechts, sofern die Grundstücke unmittelbar öffentlichen oder gemeinnützigen Zwecken oder Kultuszwecken gedient haben;
c.[3] von ausländischen Staaten im Rahmen von § 61 lit. j;
d.[4] der vom Bund konzessionierten Verkehrs- und Infrastrukturunternehmen gemäss § 61 lit. l, insoweit die Gewinne in einem Zeitraum anfielen, während dessen die Grundstücke eine notwendige Beziehung zur konzessionierten Tätigkeit hatten.

IV. Steuerobjekt

§ 219 Grundstückgewinn 1.

1 Grundstückgewinn ist der Betrag, um welchen der Erlös die Anlagekosten übersteigt.

2 Massgebend für die Berechnung des Gewinns und der Besitzesdauer ist die letzte Handänderung.

3 Bei Erwerb infolge Erbgangs (Erbfolge, Erbteilung, Vermächtnis), Erbvorbezugs oder Schenkung, infolge Begründung, Fortsetzung oder Aufhebung der ehelichen Gütergemeinschaft, infolge Scheidungsurteils oder gerichtlich genehmigter Scheidungskonvention oder infolge Umwandlung, Zusammenschlusses oder Aufteilung von Personenunternehmen oder juristischen Personen gemäss § 216 Abs. 3

---

[1] Fassung gemäss G vom 17. August 2020 (OS 75, 593; ABl 2019-05-31). In Kraft seit 1. Januar 2021.
[2] Fassung gemäss G vom 17. August 2020 (OS 75, 593; ABl 2019-05-31). In Kraft seit 1. Januar 2021.
[3] Fassung gemäss G über die anerkannten jüdischen Gemeinden vom 9. Juli 2007 (OS 62, 476; ABl 2006, 634). In Kraft seit 1. Januar 2008.
[4] Eingefügt durch G vom 28. Oktober 2013 (OS 69, 294; ABl 2012-10-12). In Kraft seit 1. Januar 2015.

ist auf die frühere, nicht auf solche Ursachen zurückzuführende Handänderung abzustellen.

⁴ Bei Erwerb infolge Landumlegungen zwecks Güterzusammenlegung, Quartierplanung, Grenzbereinigung, Abrundung landwirtschaftlicher Heimwesen sowie bei Landumlegungen im Enteignungsverfahren oder angesichts drohender Enteignung ist auf den Erwerb der bei dieser Handänderung tauschweise abgetretenen, bei Ersatzbeschaffungen gemäss § 216 Abs. 3 auf den Erwerb der bei dieser Handänderung veräusserten Grundstücke abzustellen.

⁵ Liegen die tauschweise abgetretenen oder die anlässlich der Ersatzbeschaffung veräusserten Grundstücke in einer andern Gemeinde, wird mit dieser Gemeinde keine Steuerausscheidung vorgenommen.

§ 220 Erwerbspreis 2.

¹ Als Erwerbspreis gilt der Kaufpreis mit Einschluss aller weiteren Leistungen des Erwerbers.

² Liegt die massgebende Handänderung mehr als zwanzig Jahre zurück, darf der Steuerpflichtige den Verkehrswert des Grundstücks vor zwanzig Jahren in Anrechnung bringen.

³ Hat der Steuerpflichtige das Grundstück im Zwangsverwertungsverfahren erworben und ist er dabei als Pfandgläubiger oder Pfandbürge zu Verlust gekommen, darf er als Erwerbspreis den Verkehrswert im Zeitpunkt des Erwerbs in Anrechnung bringen.

§ 221 Aufwendungen 3.

¹ Als Aufwendungen sind anrechenbar:
   a. Aufwendungen für Bauten, Umbauten, Meliorationen und andere dauernde Verbesserungen des Grundstücks, nach Abzug allfälliger Versicherungsleistungen und Beiträge von Bund, Kanton oder Gemeinde;
   b. Grundeigentümerbeiträge, wie Strassen-, Trottoir-, Dolen-, Werkleitungs- oder Perimeterbeiträge;
   c. übliche Mäklerprovisionen und Insertionskosten für Erwerb und Veräusserung;
   d. mit der Handänderung verbundene Abgaben;
   e. Baukreditzinsen bei Liegenschaften im Geschäftsvermögen;
   f.[1] der geleistete Mehrwertausgleich für Planungsvorteile.

² Natürliche und juristische Personen, welche mit Liegenschaften handeln, können weitere mit der Liegenschaft zusammenhängende Aufwendungen geltend machen, soweit sie auf deren Berücksichtigung bei der Einkommens- oder Gewinnsteuer ausdrücklich verzichtet haben.

³ Anrechenbar sind die in der massgebenden Besitzesdauer gemachten Aufwendungen.

§ 222 Erlös 4.

Als Erlös gilt der Kaufpreis mit Einschluss aller weiteren Leistungen des Erwerbers.

---

[1] Eingefügt durch Mehrwertausgleichsgesetz vom 28. Oktober 2019 (OS 75, 626; ABl 2018-02-16). In Kraft seit 1. Januar 2021.

§ 223 Gesamtveräusserung 5.

Werden zu verschiedenen Zeiten erworbene Grundstücke oder Anteile an solchen zusammen veräussert, ist der Gewinn je gesondert zu ermitteln. Der Grundtarif (§ 225 Abs. 1) bemisst sich jedoch nach dem gesamten Gewinn.

§ 224 Teilveräusserung 6.

¹ Bei parzellenweiser Veräusserung ist der Gesamterwerbspreis nach dem Wertverhältnis im Zeitpunkt des Erwerbs anteilmässig anzurechnen.

² Aufwendungen sind anrechenbar, soweit sie die veräusserte Parzelle betreffen; unausscheidbare Aufwendungen sind anteilmässig anrechenbar.

³ Verluste aus Teilveräusserungen können nach vollständiger Veräusserung des Grundstücks den Anlagekosten der mit Gewinn veräusserten Parzellen anteilmässig zugerechnet werden.

§ 224a[1] Anrechnung von Geschäftsverlusten 7.

¹ Schliesst das Geschäftsjahr, in dem ein Grundstückgewinn auf einem zum Geschäftsvermögen gehörenden Grundstück erzielt wurde, mit einem Verlust ab, der bei der Einkommens- oder Gewinnsteuer in der massgebenden Steuerperiode nicht verrechnet werden kann, so kann dieser vom steuerbaren Grundstückgewinn abgezogen werden.

² Ein Abzug gemäss Abs. 1 ist ausgeschlossen, soweit der Grundstückgewinn aufgrund der Anwendung von § 220 Abs. 2 nicht besteuert wird.

³ §§ 29 und 70 gelten sinngemäss.

⁴ Die Finanzdirektion kann zur Koordinierung der Veranlagung der Einkommens- und Gewinnsteuer und der Veranlagung der Grundstückgewinnsteuer Vorschriften erlassen.

V. Steuersätze

§ 225

¹ Die Grundstückgewinnsteuer beträgt:

10 %	für die ersten	Fr.	4 000
15 %	für die weiteren	Fr.	6 000
20 %	für die weiteren	Fr.	8 000
25 %	für die weiteren	Fr.	12 000
30 %	für die weiteren	Fr.	20 000
35 %	für die weiteren	Fr.	50 000
40 %	für die Gewinnteile über	Fr.	100 000

² Die gemäss Abs. 1 berechnete Grundstückgewinnsteuer erhöht sich bei einer anrechenbaren Besitzesdauer

von weniger als 1 Jahr um 50 Prozent,
von weniger als 2 Jahren um 25 Prozent.

---

1 Eingefügt durch G vom 23. Oktober 2017 (OS 73, 583; ABl 2015-01-09). In Kraft seit 1. Januar 2019.

³ Die gemäss Abs. 1 berechnete Grundstückgewinnsteuer ermässigt sich bei einer anrechenbaren Besitzesdauer von

vollen	5	Jahren	um	5%
vollen	6	Jahren	um	8%
vollen	7	Jahren	um	11%
vollen	8	Jahren	um	14%
vollen	9	Jahren	um	17%
vollen	10	Jahren	um	20%
vollen	11	Jahren	um	23%
vollen	12	Jahren	um	26%
vollen	13	Jahren	um	29%
vollen	14	Jahren	um	32%
vollen	15	Jahren	um	35%
vollen	16	Jahren	um	38%
vollen	17	Jahren	um	41%
vollen	18	Jahren	um	44%
vollen	19	Jahren	um	47%
vollen	20	Jahren und mehr	um	50%

⁴ Als anrechenbare Besitzdauer gilt bei Grundstücken der vom Bund konzessionierten Verkehrs- und Infrastrukturunternehmen der Zeitraum, während dessen die Grundstücke keine notwendige Beziehung zur konzessionierten Tätigkeit hatten.[1]

⁵ Grundstückgewinne unter Fr. 5000 werden nicht besteuert.

VI. Steuererklärung

§ 226

Der Steuerpflichtige hat dem Gemeindesteueramt innert 30 Tagen nach der Handänderung eine Steuererklärung einzureichen. Diese Frist ist erstreckbar.

§ 226a[2] ...

C. Handänderungssteuer

§§ 227 – 233[3] ...

---

[1] Eingefügt durch G vom 28. Oktober 2013 (OS 69, 294; ABl 2012-10-12). In Kraft seit 1. Januar 2015.
[2] Aufgehoben durch G vom 17. August 2020 (OS 75, 593; ABl 2019-05-31). In Kraft seit 1. Januar 2021.
[3] Aufgehoben durch G vom 30. November 2003 (OS 59, 51; ABl 2003, 2122). In Kraft seit 1. Januar 2005 (OS 59, 52).

Dritter Teil: Steuerstrafrecht VO StG 75 f.

A. Verletzung von Verfahrenspflichten und Steuerhinterziehung

I. Verletzung von Verfahrenspflichten

§ 234

Wer einer Pflicht, die ihm nach den Bestimmungen dieses Gesetzes oder nach einer aufgrund dieses Gesetzes getroffenen Anordnung obliegt, trotz Mahnung vorsätzlich oder fahrlässig nicht nachkommt, wird mit Busse bis zu Fr. 1000, in schweren Fällen oder im Wiederholungsfall bis zu Fr. 10 000 bestraft.

II. Steuerhinterziehung

§ 235[1] Vollendete Steuerhinterziehung 1.

1 Wer als Steuerpflichtiger vorsätzlich oder fahrlässig bewirkt, dass eine Einschätzung zu Unrecht unterbleibt oder dass eine rechtskräftige Einschätzung unvollständig ist,

wer als zum Steuerabzug an der Quelle Verpflichteter vorsätzlich oder fahrlässig einen Steuerabzug nicht oder nicht vollständig vornimmt,

wer als Steuerpflichtiger oder als zum Steuerabzug an der Quelle Verpflichteter vorsätzlich oder fahrlässig eine unrechtmässige Rückerstattung oder einen ungerechtfertigten Erlass erwirkt,

wird mit Busse bestraft.

2 Die Busse beträgt in der Regel das Einfache der hinterzogenen Steuer. Sie kann bei leichtem Verschulden bis auf einen Drittel ermässigt, bei schwerem Verschulden bis auf das Dreifache erhöht werden.

3 Zeigt die steuerpflichtige Person erstmals eine Steuerhinterziehung selbst an, wird von einer Strafverfolgung abgesehen (straflose Selbstanzeige), wenn

a. die Hinterziehung keiner Steuerbehörde bekannt ist,
b. sie die Behörden bei der Feststellung der hinterzogenen Vermögens- und Einkommenselemente vorbehaltlos unterstützt und
c. sie sich ernstlich um die Bezahlung der geschuldeten Nachsteuer bemüht.

4 Bei jeder weiteren Selbstanzeige wird die Busse unter den Voraussetzungen nach Abs. 3 auf einen Fünftel der hinterzogenen Steuer ermässigt.

§ 236 Versuchte Steuerhinterziehung 2.

1 Der Versuch einer Steuerhinterziehung ist strafbar.

2 Die Busse beträgt zwei Drittel der Busse, die bei vollendeter Steuerhinterziehung festzusetzen wäre.

§ 237 Anstiftung, Gehilfenschaft, Mitwirkung 3.

1 Wer vorsätzlich zu einer Steuerhinterziehung anstiftet oder Hilfe leistet,

---

[1] Fassung gemäss G vom 4. Juli 2011 (OS 66, 834; ABl 2010, 1940). In Kraft seit 1. Januar 2012.

wer vorsätzlich als Vertreter des Steuerpflichtigen eine Steuerhinterziehung bewirkt oder an einer solchen mitwirkt,

wird ohne Rücksicht auf die Strafbarkeit des Steuerpflichtigen mit Busse bestraft.

² Die Busse beträgt bis zu Fr. 10 000, in schweren Fällen oder im Wiederholungsfall bis zu Fr. 50 000.

³ Der mitwirkende Dritte haftet überdies für die Nachsteuer solidarisch bis zum Betrag der hinterzogenen Steuer.

⁴ Zeigt sich eine Person nach Abs. 1 erstmals selbst an, wird von einer Strafverfolgung abgesehen und die Solidarhaftung entfällt, wenn[1]

a. die Hinterziehung keiner Steuerbehörde bekannt ist und
b. sie die Behörden bei der Feststellung der hinterzogenen Vermögens- und Einkommenselemente vorbehaltlos unterstützt.

§ 238[2] Verheimlichung oder Beiseiteschaffung von Nachlasswerten im Inventarverfahren 4.

¹ Ohne Rücksicht auf die Strafbarkeit des Steuerpflichtigen wird mit Busse bestraft, wer

a. Nachlasswerte, zu deren Bekanntgabe er im Inventarverfahren verpflichtet ist, verheimlicht oder beiseiteschafft in der Absicht, sie der Inventaraufnahme zu entziehen,
b. zu einer solchen Handlung anstiftet oder dazu Hilfe leistet.

² Die Busse beträgt bis zu Fr. 10 000, in schweren Fällen oder im Wiederholungsfall bis zu Fr. 50 000.

³ Der Versuch einer Verheimlichung oder Beiseiteschaffung von Nachlasswerten ist strafbar.

⁴ Zeigt sich eine Person nach Abs. 1 oder 3 erstmals selbst an, wird von einer Strafverfolgung wegen Verheimlichung oder Beiseiteschaffung von Nachlasswerten im Inventarverfahren und wegen allfälliger anderer in diesem Zusammenhang begangener Straftaten abgesehen (straflose Selbstanzeige), wenn

a. die Widerhandlung keiner Steuerbehörde bekannt ist und
b. die Person die Behörden bei der Berichtigung des Inventars vorbehaltlos unterstützt.

§ 239[3] ...

§ 240 Steuerhinterziehung von Ehegatten 6.

¹ Der in rechtlich oder tatsächlich ungetrennter Ehe lebende Steuerpflichtige wird nur für die Hinterziehung seiner eigenen Steuerfaktoren gebüsst. Vorbehalten bleibt § 237.

² Das Unterzeichnen der Steuererklärung vermag für sich allein bezüglich der Faktoren des andern Ehegatten keine Mitwirkung im Sinn von § 237 Abs. 1 zu begründen.

---

[1] Eingefügt durch G vom 4. Juli 2011 (OS 66, 834; ABl 2010, 1940). In Kraft seit 1. Januar 2012.
[2] Fassung gemäss G vom 4. Juli 2011 (OS 66, 834; ABl 2010, 1940). In Kraft seit 1. Januar 2012.
[3] Aufgehoben durch G vom 5. November 2007 (OS 63, 65; ABl 2007, 14). In Kraft seit 1. Januar 2008.

III. Juristische Personen

§ 241 Allgemein[1] 1.

¹ Werden mit Wirkung für eine juristische Person Verfahrenspflichten verletzt, Steuern hinterzogen oder Steuern zu hinterziehen versucht, wird die juristische Person gebüsst.

² Werden im Geschäftsbereich einer juristischen Person Teilnahmehandlungen (Anstiftung, Gehilfenschaft, Mitwirkung) an Steuerhinterziehungen Dritter begangen, ist § 237 auf die juristische Person anwendbar.

³ Die Bestrafung der handelnden Organe oder Vertreter nach § 237 bleibt vorbehalten.

⁴ Bei Körperschaften und Anstalten des ausländischen Rechts und bei ausländischen Personengesamtheiten ohne juristische Persönlichkeit gelten die Abs. 1–3 sinngemäss.

§ 241a[2] Selbstanzeige 2.

¹ Zeigt eine steuerpflichtige juristische Person erstmals eine in ihrem Geschäftsbetrieb begangene Steuerhinterziehung selbst an, wird von einer Strafverfolgung abgesehen (straflose Selbstanzeige), wenn:

a. die Hinterziehung keiner Steuerbehörde bekannt ist,
b. sie die Behörden bei der Festsetzung der Nachsteuer vorbehaltlos unterstützt und
c. sie sich ernstlich um die Bezahlung der geschuldeten Nachsteuer bemüht.

² Die straflose Selbstanzeige kann auch eingereicht werden

a. nach einer Änderung der Firma oder einer Verlegung des Sitzes innerhalb der Schweiz,
b. nach einer Umwandlung nach den Art. 53–68 des Fusionsgesetzes vom 3. Oktober 2003 (FusG)[3] durch die neue juristische Person für die vor der Umwandlung begangenen Steuerhinterziehungen,
c. nach einer Absorption (Art. 3 Abs. 1 Bst. a FusG[4]) oder Abspaltung (Art. 29 Bst. b FusG[5]) durch die weiterbestehende juristische Person für die vor der Absorption oder Abspaltung begangenen Steuerhinterziehungen.

³ Die straflose Selbstanzeige muss von den Organen oder Vertretern der juristischen Person eingereicht werden. Von einer Strafverfolgung gegen diese Organe oder Vertreter wird abgesehen und ihre Solidarhaftung entfällt.

⁴ Zeigt ein ausgeschiedenes Organmitglied oder ein ausgeschiedener Vertreter der juristischen Person diese wegen Steuerhinterziehung erstmals an und ist die Steuerhinterziehung keiner Steuerbehörde bekannt, wird von einer Strafverfolgung der juristischen Person, sämtlicher aktueller und ausgeschiedener Mitglieder der Organe und sämtlicher aktueller und ausgeschiedener Vertreter abgesehen. Ihre Solidarhaftung entfällt.

---

[1] Eingefügt durch G vom 4. Juli 2011 (OS 66, 834; ABl 2010, 1940). In Kraft seit 1. Januar 2012.
[2] Eingefügt durch G vom 4. Juli 2011 (OS 66, 834; ABl 2010, 1940). In Kraft seit 1. Januar 2012.
[3] SR **221.301**
[4] SR **221.301**
[5] SR **221.301**

⁵ Bei jeder weiteren Selbstanzeige wird die Busse unter den Voraussetzungen nach Abs. 1 auf einen Fünftel der hinterzogenen Steuer ermässigt.

⁶ Nach Beendigung der Steuerpflicht einer juristischen Person in der Schweiz kann keine Selbstanzeige mehr eingereicht werden.

IV. Verjährung der Strafverfolgung

§ 242[1]

¹ Die Strafverfolgung wegen Verletzung von Verfahrenspflichten verjährt drei Jahre und diejenige wegen versuchter Steuerhinterziehung sechs Jahre nach dem rechtskräftigen Abschluss des Verfahrens, in dem die Verfahrenspflichten verletzt oder die Steuern zu hinterziehen versucht wurden.

² Die Strafverfolgung wegen vollendeter Steuerhinterziehung verjährt zehn Jahre nach Ablauf:

a. der Steuerperiode, für welche die steuerpflichtige Person nicht oder unvollständig veranlagt wurde oder der Steuerabzug an der Quelle nicht gesetzmässig erfolgte,

b. des Kalenderjahres, in dem eine unrechtmässige Rückerstattung oder ein ungerechtfertigter Erlass erwirkt wurde oder Nachlasswerte im Inventarverfahren verheimlicht oder beiseite geschafft wurden.

³ Die Verjährung tritt nicht mehr ein, wenn die zuständige Behörde gemäss § 243 vor Ablauf der Verjährungsfrist einen Strafbescheid erlassen hat.

V. Strafverfahren

Untersuchung und Strafbescheid der Steuerbehörden 1.

§ 243 Zuständigkeit a)

¹ Soweit Verletzungen von Verfahrenspflichten und Steuerhinterziehungen die Staats- und Gemeindesteuern sowie die Quellensteuern betreffen, werden sie durch das kantonale Steueramt geahndet.

² Bei Verletzungen von Verfahrenspflichten und Steuerhinterziehungen im Bereich der Grundsteuern obliegen die Einleitung des Strafverfahrens und die Untersuchung dem Gemeindesteueramt. Dieses stellt der für die Einschätzung der Grundsteuern zuständigen Gemeindebehörde Antrag.

§ 244 Eröffnung des Verfahrens b)

¹ Die Einleitung des Strafverfahrens wegen Steuerhinterziehung wird dem Angeschuldigten unter Angabe des Anfangsverdachts schriftlich eröffnet. Der Angeschuldigte wird auf sein Recht hingewiesen, die Aussage und seine Mitwirkung zu verweigern.[2]

² Die Einleitung des Strafverfahrens wegen Verletzung von Verfahrenspflichten kann direkt durch Erlass eines Strafbescheids erfolgen.

---

[1] Fassung gemäss G vom 4. April 2016 (OS 71, 443; ABl 2015-05-15). In Kraft seit 1. Januar 2017.
[2] Fassung gemäss G über die Anpassung des kantonalen Verwaltungsverfahrensrechts vom 22. März 2010 (OS 65, 390; ABl 2009, 801). In Kraft seit 1. Juli 2010.

§ 245 Verteidigung c)

¹ Der Angeschuldigte kann jederzeit einen Verteidiger beiziehen.

² Handelt es sich beim Gegenstand des Strafverfahrens nicht um einen Bagatellfall und bietet dieser in tatsächlicher oder rechtlicher Hinsicht Schwierigkeiten, denen der Angeschuldigte nicht gewachsen ist, wird diesem auf sein Begehren hin ein amtlicher Verteidiger bestellt, wenn er nicht über die Mittel zur Bezahlung eines Verteidigers verfügt.

³ Über das Begehren um Bestellung eines amtlichen Verteidigers entscheidet bis zum Eingang eines allfälligen Begehrens um gerichtliche Beurteilung die Finanzdirektion. Nach Eingang eines solchen Begehrens obliegt der Entscheid dem Verwaltungsgericht.[1]

§ 246 Dolmetscher d)

Kann der Angeschuldigte dem Strafverfahren wegen Steuerhinterziehung nicht folgen, weil er die deutsche Sprache nicht versteht, wird, soweit nötig, ein Dolmetscher beigezogen.

§ 247 Protokollierung e)

Über die wesentlichen Verhandlungen und die Verfügungen werden fortlaufend Protokolle geführt, welche über Inhalt, Ort und Zeit der Handlungen und die Namen der anwesenden Personen Auskunft geben.

§ 248 Untersuchung f)

¹ Das kantonale Steueramt oder das Gemeindesteueramt untersucht den Sachverhalt. Insbesondere können der Angeschuldigte befragt und Zeugen einvernommen werden.

² Beweismittel aus einem Nachsteuerverfahren dürfen in einem Strafverfahren wegen Steuerhinterziehung nur dann verwendet werden, wenn sie weder unter Androhung einer Einschätzung nach pflichtgemässem Ermessen im Sinne von § 139 Abs. 2 noch unter Androhung einer Busse wegen Verletzung von Verfahrenspflichten beschafft wurden.[2]

³ Der Angeschuldigte kann in die Akten Einsicht nehmen, sobald dies ohne Gefährdung des Untersuchungszwecks möglich ist. Im Übrigen gelten die im ordentlichen Einschätzungsverfahren anwendbaren Bestimmungen über die Verfahrensrechte des Steuerpflichtigen und die Mitwirkungspflichten von Drittpersonen und Amtsstellen sinngemäss.

§ 249 Zeugeneinvernahmen g)

¹ Für die Einvernahme von Zeugen gelten die Bestimmungen der Strafprozessordnung sinngemäss. Die Anordnung der Beugehaft sowie die Untersuchung des Geisteszustandes von Zeugen sind ausgeschlossen.

² Dem Angeschuldigten wird insbesondere Gelegenheit gegeben, den Zeugeneinvernahmen beizuwohnen und den Zeugen Ergänzungsfragen zu stellen.

³ Das Bankgeheimnis bleibt vorbehalten.

---

[1] Fassung gemäss G über die Anpassung des kantonalen Verwaltungsverfahrensrechts vom 22. März 2010 (OS 65, 390; ABl 2009, 801). In Kraft seit 1. Juli 2010.

[2] Eingefügt durch G über die Anpassung des kantonalen Verwaltungsverfahrensrechts vom 22. März 2010 (OS 65, 390; ABl 2009, 801). In Kraft seit 1. Juli 2010.

§ 250 Abschluss der Untersuchung h)

¹ Nach Abschluss der Untersuchung wird das Strafverfahren eingestellt oder ein Strafbescheid erlassen.

² Vor Erlass eines Strafbescheids wegen Steuerhinterziehung wird dem Angeschuldigten Gelegenheit zur Stellungnahme eingeräumt.

§ 251 Strafbescheid i)

¹ Der Strafbescheid wird schriftlich erlassen; er nennt den Angeschuldigten, die Tat, die massgebliche Strafbestimmung, die Beweismittel, die Strafe und weist auf das Recht auf Einspracheerhebung hin. Zudem werden Kosten berechnet.[1]

² Der Strafbescheid ist kurz zu begründen.

§ 251a[2] Einsprache j)

¹ Gegen den Strafbescheid können der Angeschuldigte und die Gemeinde innert 30 Tagen nach Zustellung beim kantonalen Steueramt schriftlich Einsprache erheben. Die Gemeinde kann auch gegen eine Einstellungsverfügung Einsprache erheben.

² Erhebt die Gemeinde Einsprache, muss diese einen Antrag und eine Begründung enthalten.

³ Im Bereich der Grundsteuern steht das Recht, Einsprache zu erheben, dem Angeschuldigten zu; die Einsprache ist beim Gemeindesteueramt einzureichen.

⁴ Im Einspracheentscheid wird auf das Recht auf gerichtliche Beurteilung hingewiesen. Über die Kosten wird neu entschieden. Im Übrigen gelten die Bestimmungen über Untersuchung und Strafbescheid (§§ 245–251) sinngemäss.

⁵ Wird innert Frist keine Einsprache erhoben oder wird diese zurückgezogen, entspricht der Strafbescheid oder die Einstellungsverfügung einem rechtskräftigen Urteil.

Gerichtliche Beurteilung durch das Verwaltungsgericht 2.

§ 252[3] Begehren um gerichtliche Beurteilung a)

¹ Der Angeschuldigte und die Gemeinde können innert 30 Tagen nach Zustellung des Einspracheentscheides beim kantonalen Steueramt schriftlich Beurteilung durch das Verwaltungsgericht verlangen.

² Im Bereich der Grundsteuern steht das Recht, Beurteilung durch das Verwaltungsgericht zu verlangen, dem Angeschuldigten zu; das Begehren ist beim Gemeindesteueramt einzureichen.

³ Stellt die Gemeinde ein Begehren um gerichtliche Beurteilung, muss dieses einen Antrag und eine Begründung enthalten.

---

[1] Fassung gemäss G über die Anpassung des kantonalen Verwaltungsverfahrensrechts vom 22. März 2010 (OS 65, 390; ABl 2009, 801). In Kraft seit 1. Juli 2010.
[2] Eingefügt durch G über die Anpassung des kantonalen Verwaltungsverfahrensrechts vom 22. März 2010 (OS 65, 390; ABl 2009, 801). In Kraft seit 1. Juli 2010.
[3] Fassung gemäss G über die Anpassung des kantonalen Verwaltungsverfahrensrechts vom 22. März 2010 (OS 65, 390; ABl 2009, 801). In Kraft seit 1. Juli 2010.

⁴ Ein Begehren um gerichtliche Beurteilung kann bis zur Urteilsverkündung zurückgezogen werden.

⁵ Wird innert Frist ein Begehren um gerichtliche Beurteilung nicht gestellt oder wird es zurückgezogen, entspricht der Einspracheentscheid einem rechtskräftigen Urteil.

§ 253 Überweisung der Akten und Anklage b)

¹ Das Begehren um gerichtliche Beurteilung wird mit den Akten unverzüglich an das Verwaltungsgericht überwiesen.

² Als Anklage gilt:[1]
   a. der Einspracheentscheid,
   b. das Begehren, wenn es von der Gemeinde gestellt und damit eine Bestrafung oder eine höhere Strafe beantragt wird.

§ 254 Vorbereitung der Hauptverhandlung c)

¹ Das Verwaltungsgericht orientiert die Parteien über den Eingang des Begehrens um gerichtliche Beurteilung.

² Das Verwaltungsgericht trifft von sich aus oder auf Antrag einer Partei die nötigen Vorkehren zur Ergänzung der Untersuchung.

§ 255 Hauptverhandlung d)

¹ Die Verhandlung ist mündlich und öffentlich. Zur Wahrung wesentlicher öffentlicher oder privater Interessen kann das Verwaltungsgericht von sich aus oder auf Antrag einer Partei die Öffentlichkeit von den Verhandlungen ganz oder teilweise ausschliessen.

² Soweit erforderlich führt das Verwaltungsgericht ein Beweisverfahren durch.

³ Das Verwaltungsgericht würdigt die Beweise frei. Es ist an einen Entscheid über die Nachsteuer nicht gebunden.

⁴ Die Urteilsverkündung ist öffentlich.

§ 256 Erscheinungspflicht des Angeschuldigten e)

¹ Der Angeschuldigte hat persönlich vor dem Verwaltungsgericht zu erscheinen. Das Verwaltungsgericht kann das persönliche Erscheinen aus wichtigen Gründen erlassen.[2]

² Bleibt der Angeschuldigte der Verhandlung fern, ohne dass ihm das persönliche Erscheinen erlassen worden ist, wird Rückzug seines Begehrens um gerichtliche Beurteilung angenommen.

³ War der Angeschuldigte unverschuldet verhindert, an der Hauptverhandlung teilzunehmen, kann er beim Verwaltungsgericht innert fünf Tagen seit Wegfall des Hindernisses erneut das Begehren um gerichtliche Beurteilung stellen.

---

[1] Fassung gemäss G über die Anpassung des kantonalen Verwaltungsverfahrensrechts vom 22. März 2010 (OS 65, 390; ABl 2009, 801). In Kraft seit 1. Juli 2010.
[2] Fassung gemäss G über die Anpassung des kantonalen Verwaltungsverfahrensrechts vom 22. März 2010 (OS 65, 390; ABl 2009, 801). In Kraft seit 1. Juli 2010.

§ 257 Verweisung auf das Rekursverfahren f)

Soweit die vorstehenden Bestimmungen nichts anderes vorschreiben, gelten die Bestimmungen über das Rekursverfahren bei Einschätzungen für die Staatssteuern sinngemäss.

§ 258[1] Beschwerde an das Bundesgericht 3.

Gegen den Entscheid des Verwaltungsgerichts können der Verurteilte, die Gemeinde, das kantonale Steueramt und die Eidgenössische Steuerverwaltung Beschwerde beim Bundesgericht erheben.

§ 259 Anfechtung der Kostenauflage 4.

Werden der Strafbescheid oder die Einstellungsverfügung nur hinsichtlich der Kostenauflage angefochten, kann Rekurs beim Verwaltungsgericht erhoben werden. Die Bestimmungen über das Rekursverfahren bei Einschätzungen für die Staatssteuern gelten sinngemäss.

VI. Bezug und Erlass von Bussen

§ 260

[1] Die in den Bereich der Grundsteuern fallenden Bussen werden durch das Gemeindesteueramt bezogen und kommen der betreffenden Gemeinde zu.

[2] Alle übrigen Bussen werden durch das kantonale Steueramt bezogen und fallen in die Staatskasse.

[3] Die Bestimmungen über den Steuerbezug und den Steuererlass für die Staatssteuern gelten sinngemäss.[2]

B. Steuervergehen

I. Steuerbetrug

§ 261

[1] Wer zum Zweck der Steuerhinterziehung im Sinn von §§ 235–237 gefälschte, verfälschte oder inhaltlich unwahre Urkunden wie Geschäftsbücher, Bilanzen, Erfolgsrechnungen oder Lohnausweise und andere Bescheinigungen Dritter zur Täuschung gebraucht, wird mit Freiheitsstrafe bis zu drei Jahren oder Geldstrafe bestraft. Eine bedingte Strafe kann mit Busse bis zu Fr. 10 000 verbunden werden.[3]

[2] Die Bestrafung wegen Steuerhinterziehung bleibt vorbehalten.

---

[1] Fassung gemäss G über die Anpassung des kantonalen Verwaltungsverfahrensrechts vom 22. März 2010 (OS 65, 390; ABl 2009, 801). In Kraft seit 1. Juli 2010.
[2] Fassung gemäss G über die Anpassung des kantonalen Verwaltungsverfahrensrechts vom 22. März 2010 (OS 65, 390; ABl 2009, 801). In Kraft seit 1. Juli 2010.
[3] Fassung gemäss G vom 4. April 2016 (OS 71, 443; ABl 2015-05-15). In Kraft seit 1. Januar 2017.

³ Liegt eine straflose Selbstanzeige nach den §§ 235 Abs. 3, 237 Abs. 4 oder 241a Abs. 1, 3 oder 4 vor, wird von einer Strafverfolgung wegen allen anderen Straftaten abgesehen, die zum Zweck dieser Steuerhinterziehung begangen wurden.[1]

II. Veruntreuung von Quellensteuern

§ 262

¹ Wer zum Steuerabzug an der Quelle verpflichtet ist und abgezogene Steuern zu seinem oder eines andern Nutzen verwendet, wird mit Freiheitsstrafe bis zu drei Jahren oder Geldstrafe bestraft. Eine bedingte Strafe kann mit Busse bis zu Fr. 10 000 verbunden werden.[2]

² Werden Quellensteuern im Geschäftsbereich einer juristischen Person, eines Personenunternehmens, einer Körperschaft oder Anstalt des öffentlichen Rechts veruntreut, ist Abs. 1 auf die Personen anwendbar, die für sie gehandelt haben oder hätten handeln sollen.

³ Zeigt eine Person erstmals eine Veruntreuung von Quellensteuern selbst an und sind die Voraussetzungen der straflosen Selbstanzeige nach §§ 235 Abs. 3, 237 Abs. 4 oder 241a Abs. 1, 3 oder 4 sinngemäss erfüllt, wird von einer Strafverfolgung wegen Veruntreuung von Quellensteuern und anderen Straftaten, die zum Zweck der Veruntreuung von Quellensteuern begangen wurden, abgesehen.[3]

III. Verfahren

§ 263

¹ Das Verfahren richtet sich nach der Strafprozessordnung.

² Letztinstanzliche Entscheide unterliegen der Beschwerde in Strafsachen an das Bundesgericht.[4]

IV. Verjährung der Strafverfolgung

§ 264[5]

¹ Die Strafverfolgung der Steuervergehen verjährt 15 Jahre, nachdem der Täter die letzte strafbare Handlung ausgeführt hat.

² Die Verjährung tritt nicht mehr ein, wenn vor Ablauf der Verjährungsfrist ein erstinstanzliches Urteil ergangen ist.

---

1 Eingefügt durch G vom 4. Juli 2011 (OS 66, 834; ABl 2010, 1940). In Kraft seit 1. Januar 2012.
2 Fassung gemäss G vom 4. April 2016 (OS 71, 443; ABl 2015-05-15). In Kraft seit 1. Januar 2017.
3 Eingefügt durch G vom 4. Juli 2011 (OS 66, 834; ABl 2010, 1940). In Kraft seit 1. Januar 2012.
4 Fassung gemäss G über die Anpassung des kantonalen Verwaltungsverfahrensrechts vom 22. März 2010 (OS 65, 390; ABl 2009, 801). In Kraft seit 1. Juli 2010.
5 Fassung gemäss G vom 4. April 2016 (OS 71, 443; ABl 2015-05-15). In Kraft seit 1. Januar 2017.

Vierter Teil: Schlussbestimmungen

I. Ausführungsbestimmungen

§ 265

Der Regierungsrat erlässt die zur Ausführung dieses Gesetzes erforderlichen Verordnungen.

II. Änderung oder Kündigung des Konkordates über den Ausschluss von Steuerabkommen

§ 266

Der Regierungsrat ist ermächtigt, mit Genehmigung des Kantonsrates Änderungen des Konkordates über den Ausschluss von Steuerabkommen vom 10. Dezember 1948[1] zuzustimmen oder dieses Konkordat zu kündigen.

III. Mitwirkung kantonaler Behörden

§ 267

Ist bei Bundessteuern sowie für Steueranrechnungen und für Steuerrückerstattungen im internationalen Verhältnis die Mitwirkung kantonaler Behörden vorgesehen, ist der Regierungsrat ermächtigt, die zuständigen Behörden zu bezeichnen und im Rahmen des Bundesrechts die erforderlichen Ausführungsbestimmungen zu erlassen.

IV. Übergangsbestimmungen

§ 268 Aufhebung bisherigen Rechts 1.

Mit dem Inkrafttreten dieses Gesetzes wird das Steuergesetz vom 8. Juli 1951 aufgehoben. Vorbehalten bleiben die nachstehenden Bestimmungen.

§ 269 Steuerjahre bis und mit 1999 2.

[1] Das neue Recht findet erstmals Anwendung auf die im Kalenderjahr 1999 zu Ende gehende Steuerperiode. Einschätzungen bis und mit Steuerjahr 1998 werden nach altem Recht vorgenommen. Vorbehalten bleiben die nachstehenden Bestimmungen.

[2] Die Beurteilung von Strafsteuertatbeständen, die vor Inkrafttreten dieses Gesetzes erfüllt wurden, erfolgt nach altem Recht, sofern nicht das neue Recht eine für den Steuerpflichtigen günstigere Lösung bringt.

[3] Die Ermittlung und Festsetzung der Nach- und Strafsteuern für die Steuerjahre bis und mit 1998 obliegen dem kantonalen Steueramt. Im Übrigen ist für das Verfahren und den Bezug das neue Recht, unter Einschluss von § 255 Abs. 3, anwendbar.

---

[1] LS 671.1

§ 270 Renten und Kapitalzahlungen aus Einrichtungen der beruflichen Vorsorge 3.

1 Renten und Kapitalzahlungen aus Einrichtungen der beruflichen Vorsorge, die vor dem 1. Januar 1987 zu laufen begannen oder fällig wurden oder die vor dem 1. Januar 2002 zu laufen beginnen oder fällig werden und auf einem Vorsorgeverhältnis beruhen, das am 31. Dezember 1985 bereits bestand, werden zu vier Fünfteln ihres Betrags besteuert, wenn sie teilweise, mindestens aber zu 20 Prozent aus eigenen Mitteln erworben worden sind.

2 Renten und Kapitalzahlungen aus Einrichtungen der beruflichen Vorsorge von Selbständigerwerbenden, die vor dem 1. Januar 1987 zu laufen begannen oder fällig wurden oder die vor dem 1. Januar 2002 zu laufen beginnen oder fällig werden und auf einem Vorsorgeverhältnis beruhen, das am 31. Dezember 1985 bereits bestand, werden zu vier Fünfteln besteuert.

§ 271 Renten aus obligatorischer Unfallversicherung 4.

Renten aufgrund des Bundesgesetzes über die Unfallversicherung für Nichtberufsunfälle[1], die vor dem 1. Januar 1986 eintraten, werden zu drei Fünfteln besteuert, wenn die Rente ausschliesslich aus eigenen Mitteln erworben worden ist; ist sie teilweise, mindestens aber zu 20 Prozent aus eigenen Mitteln erworben worden, wird sie zu vier Fünfteln besteuert.

§ 272 Beiträge an Einrichtungen der beruflichen Vorsorge für den Einkauf von Beitragsjahren 5.

Beiträge des Vorsorgenehmers an Einrichtungen der beruflichen Vorsorge für den Einkauf von Beitragsjahren sind nicht von den steuerbaren Einkünften abziehbar, wenn das Vorsorgeverhältnis am 31. Dezember 1985 bereits bestand und nach Gesetz, Statuten oder Reglement der Vorsorgeeinrichtung das reglementarische ordentliche Rücktrittsalter vor dem 1. Januar 2002 erreicht wird.

Wechsel der zeitlichen Bemessung für die natürlichen Personen 6.

§ 273 Grundsatz a)

Die Einkommens- und Vermögenssteuern für die Steuerperiode 1999 (Übergangsperiode) werden nur nach neuem Recht erhoben.

§ 274 Provisorische Rechnung b)

1 Im Kalenderjahr 1999 ist eine nach dem alten Steuergesetz in der Ende 1998 massgeblichen Fassung ausgefüllte Steuererklärung einzureichen.

2 Gestützt auf diese Steuererklärung, jedoch in Anwendung der neuen Sozialabzüge und Tarife gemäss §§ 34, 35 und 47 wird im Kalenderjahr 1999 eine provisorische Rechnung im Sinn von § 173 Abs. 1 zugestellt.

---

[1] SR **832.20**

§ 275 Ausserordentliche Einkünfte c)

¹ Ausserordentliche Einkünfte im Sinn von Abs. 2, die im Kalenderjahr 1998 oder in einem in diesem abgeschlossenen Geschäftsjahr erzielt wurden und nach altem Recht zusammen mit dem übrigen Einkommen im Steuerjahr 1999 zu besteuern gewesen wären, unterliegen in der Steuerperiode 1999 einer separaten Jahressteuer, soweit sie die mit ihrer Erzielung zusammenhängenden oder ausserordentlichen Aufwendungen sowie die verrechenbaren Verluste übersteigen.

² Als ausserordentliche Einkünfte gelten Kapitalabfindungen für wiederkehrende Leistungen, aperiodische Vermögenserträge wie Einkünfte aus der Veräusserung oder Rückzahlung von Obligationen mit überwiegender Einmalverzinsung und Substanzdividenden, Lotteriegewinne und realisierte stille Reserven wie Kapital- und Aufwertungsgewinne auf geschäftlichen Vermögenswerten, die Auflösung von Rückstellungen und die Unterlassung geschäftsmässig begründeter Abschreibungen und Rückstellungen.

³ Für den Satz der Jahressteuer ist auf das Gesamteinkommen abzustellen, das sich nach dem alten Steuergesetz in der Ende 1998 massgeblichen Fassung ergibt. Im Übrigen gelten jedoch die neuen Sozialabzüge und Tarife gemäss §§ 34 und 35.

Wechsel der zeitlichen Bemessung für die juristischen Personen 7. VO StG 77 f.

§ 276 Grundsatz a)

¹ Die Gewinn- und Kapitalsteuern für die im Kalenderjahr 1999 zu Ende gehende Steuerperiode (Übergangsperiode) werden nur nach neuem Recht erhoben.

² Soweit die Übergangsperiode in das Steuerjahr 1998 zurückreicht, werden die auf diesen Zeitraum entfallenden Steuern des Steuerjahres 1998 an die für den gleichen Zeitraum berechneten Steuern der Übergangsperiode angerechnet; ein Überschuss wird nicht zurückerstattet.

§ 277 Provisorische Rechnung b)

¹ Im Kalenderjahr 1999 ist eine nach dem alten Steuergesetz in der Ende 1998 massgeblichen Fassung ausgefüllte Steuererklärung einzureichen.

² Gestützt auf diese Steuererklärung, jedoch in Anwendung der §§ 71, 76 und 82, wird im Kalenderjahr 1999 eine provisorische Rechnung im Sinn von § 173 Abs. 1 zugestellt.

§ 278 Ausserordentliche Einkünfte c)

¹ Ausserordentliche Einkünfte im Sinn von Abs. 2, die in einem im Kalenderjahr 1998 abgeschlossenen Geschäftsjahr erzielt wurden und nach altem Recht zusammen mit dem übrigen Gewinn im Steuerjahr 1999 zu besteuern gewesen wären, unterliegen in der Steuerperiode 1999 einer separaten Jahressteuer, soweit sie die mit ihrer Erzielung zusammenhängenden oder ausserordentlichen Aufwendungen sowie die verrechenbaren Verluste übersteigen.

² Als ausserordentliche Einkünfte gelten realisierte stille Reserven wie Kapital- und Aufwertungsgewinne, die Auflösung von Rückstellungen und die Unterlassung geschäftsmässig begründeter Abschreibungen und Rückstellungen.

³ Für den Satz der Jahressteuer ist auf die Gesamtrendite abzustellen, die sich nach dem alten Steuergesetz in der Ende 1998 massgeblichen Fassung ergibt.

⁴ Im Übrigen gelten jedoch die §§ 71, 76 und 82.

§ 279¹ ...

§ 280 Einsprache- und Rechtsmittelverfahren 9.

¹ Am 1. Januar 1999 hängige Einspracheverfahren werden in jedem Fall durch das kantonale Steueramt erledigt.

² Die Rekurskommissionen übernehmen alle Geschäfte, die am 1. Januar 1999 vor der Finanzdirektion hängig sind und nach neuem Recht in die Zuständigkeit der Rekurskommissionen fallen, und führen sie weiter. Das weitere Verfahren richtet sich nach neuem Recht. Vorbehalten bleibt § 282.

³ Rekurs- und Beschwerdefälle, die am 1. Januar 1999 vor dem Verwaltungsgericht hängig sind, werden von diesem weitergeführt. Das Rekurs- oder Beschwerdeverfahren richtet sich nach altem Recht.

§ 281 Steuerbezug 10.

Das Verfahren und die Zuständigkeiten für den Steuerbezug, einschliesslich der Festsetzung der Steuertarife und der Sozialabzüge, in den Steuerjahren bis und mit 1998 richten sich vollumfänglich nach dem alten Recht.

§ 282² ...

§ 282a³ Kapitalversicherungen mit Einmalprämie 12.

Auszahlungen aus rückkaufsfähigen Kapitalversicherungen mit Einmalprämie werden nach § 20 Abs. 1 lit. a besteuert, wenn diese Versicherungen nach dem 31. Dezember 1998 abgeschlossen wurden. Auszahlungen aus solchen Versicherungen, die vor dem 1. Januar 1999 abgeschlossen wurden, bleiben in jedem Fall steuerfrei.

§ 282b⁴ Ausdehnung des Beteiligungsabzugs auf Kapital- und Aufwertungsgewinne 13.

¹ Kapital- und Aufwertungsgewinne auf Beteiligungen sowie die Erlöse aus dem Verkauf von dazugehörigen Bezugsrechten werden bei der Berechnung des Nettoertrags nach den §§ 72 Abs. 2 und 72a nicht berücksichtigt, wenn die betreffenden Beteiligungen schon vor dem 1. Januar 1997 im Besitz der Kapitalgesellschaft oder Genossenschaft waren und die erwähnten Gewinne vor dem 1. Januar 2007 erzielt werden. Sie werden ferner nicht berücksichtigt, soweit sie auf eine verdeckte Einlage in das Eigenkapital der Kapitalgesellschaft oder Genossenschaft zurückzuführen sind, welche zwischen dem 1. Januar 1997 und dem Beginn des im Kalenderjahr 2001 endenden Geschäftsjahres erfolgt ist, und vor dem 1. Januar 2007 erzielt werden.

---

1 Aufgehoben durch G vom 23. Oktober 2017 (OS 73, 583; ABl 2015-01-09). In Kraft seit 1. Januar 2019.
2 Aufgehoben durch G über die Anpassung des kantonalen Verwaltungsverfahrensrechts vom 22. März 2010 (OS 65, 390; ABl 2009, 801). In Kraft seit 1. Juli 2010.
3 Eingefügt durch G vom 11. September 2000 (OS 56, 415). In Kraft seit 1. Januar 2001.
4 Eingefügt durch G vom 11. September 2000 (OS 56, 415). In Kraft seit 1. Januar 2001.

² Für Beteiligungen, die vor dem 1. Januar 1997 im Besitz der Kapitalgesellschaft oder Genossenschaft waren, gelten die Gewinnsteuerwerte zu Beginn des Geschäftsjahres, das im Kalenderjahr 1997 endet, als Gestehungskosten.

³ Überträgt eine Kapitalgesellschaft oder Genossenschaft eine Beteiligung von mindestens 20 Prozent am Grund- oder Stammkapital anderer Gesellschaften, die vor dem 1. Januar 1997 in ihrem Besitz war, auf eine ausländische Konzerngesellschaft, wird die Differenz zwischen dem Verkehrs- und dem Gewinnsteuerwert der Beteiligung zum steuerbaren Reingewinn gerechnet. In diesem Fall gehören die betreffenden Beteiligungen weiterhin zum Bestand der vor dem 1. Januar 1997 gehaltenen Beteiligungen. Gleichzeitig ist die Kapitalgesellschaft oder Genossenschaft berechtigt, in der Höhe dieser Differenz eine unbesteuerte Reserve zu bilden. Diese Reserve ist steuerlich wirksam aufzulösen, wenn die übertragene Beteiligung an einen konzernfremden Dritten veräussert wird, die Gesellschaft, deren Beteiligungsrechte übertragen wurden, ihre Aktiven und Passiven im wesentlichen Umfang veräussert oder sie liquidiert wird. Die Kapitalgesellschaft oder Genossenschaft hat jeder Steuererklärung ein Verzeichnis der Beteiligungen beizulegen, für die eine solche unbesteuerte Reserve besteht. Am 31. Dezember 2006 wird die unbesteuerte Reserve steuerneutral aufgelöst.

⁴ Werden Beteiligungen gemäss § 72, die vor dem 1. Januar 1997 zu Gewinnsteuerwerten in eine nach den §§ 73 und 74 besteuerte Kapitalgesellschaft oder Genossenschaft gelangt sind, innert zehn Jahren veräussert oder aufgewertet, wird eine Jahressteuer von 6 Prozent des Kapital- oder Aufwertungsgewinnes erhoben. Auf diesem Gewinn werden keine Abzüge gewährt.

§ 283[1] ...

VI. Änderung bisherigen Rechts

§ 284

Das EG zum ZGB vom 2. April 1911[2] wird wie folgt geändert: ...[3]

VII. Inkrafttreten des neuen Gesetzes

§ 285

Dieses Gesetz untersteht der Volksabstimmung. Es tritt am 1. Januar 1999 in Kraft.

---

[1] Aufgehoben durch G vom 17. September 2012 (OS 68, 46; ABl 2011, 3254). In Kraft seit 1. Januar 2013.
[2] LS 230
[3] Text siehe OS 54, 264.

Übergangsbestimmung gemäss G über die Unterstellung der Steuerrekurskommissionen und der Baurekurskommissionen unter das Verwaltungsgericht vom 13. September 2010[1]

§ 1 Bisherige Mitglieder der Steuerrekurskommissionen

1 Die bisherigen Mitglieder der Steuerrekurskommissionen bleiben bis zum Ablauf der Amtsdauer nach bisherigem Recht im Amt.

2 Der Lohn und die übrigen Anstellungsbedingungen richten sich nach bisherigem Recht.

Übergangsbestimmung zur Änderung vom 4. Juli 2011[2]

Auf Erbgänge, die vor dem 1. Januar 2010 eröffnet wurden, sind die Bestimmungen über die Nachsteuer nach bisherigem Recht anwendbar.

Übergangsbestimmung zur Änderung vom 17. September 2012[3]

Ausgleich der kalten Progression

Der Ausgleich der kalten Progression gemäss geändertem § 48 erfolgt erstmals auf den Beginn der Steuerfussperiode, die auf das Inkrafttreten dieser Änderung folgt. Beim Ausgleich ist vom Stand des Landesindexes der Konsumentenpreise auszugehen, bis zu dem letztmals die kalte Progression ausgeglichen wurde.

Übergangsbestimmung zur Änderung vom 5. Mai 2014[4]

Höhere Beträge infolge Ausgleichs der kalten Progression in § 31 Abs. 1 lit. g und § 34 Abs. 1 lit. a im Zeitpunkt des Inkrafttretens der Änderung vom 5. Mai 2014 bleiben vorbehalten.

Übergangsbestimmung zur Änderung vom 23. Oktober 2017[5]

§ 224a ist auf Handänderungen anwendbar, die nach dem Inkrafttreten dieser Bestimmung vollzogen werden.

Übergangsbestimmungen zur Änderung vom 1. April 2019[6]

§ 1 Kapitalrückzahlungen für Gratisaktien

Die Ausgabe von Gratisaktien, Gratisnennwerterhöhungen und dergleichen werden bei der Kapitalrückzahlung als Einkommen besteuert, sofern die Ausgabe oder Erhöhung vor dem Inkrafttreten der Änderung vom 1. April 2019 stattgefunden hat. § 20 Abs. 2 in der Fassung gemäss Änderung vom 1. April 2019 bleibt vorbehalten.

---

[1] OS 65, 960
[2] OS 66, 834
[3] OS 68, 46
[4] OS 69, 403
[5] OS 73, 583
[6] OS 74, 535

§ 2 Sondersteuer

¹ Wurden juristische Personen nach §§ 73 oder 74 bisherigen Rechts besteuert, werden die bei Ende dieser Besteuerung bestehenden stillen Reserven einschliesslich des selbst geschaffenen Mehrwerts, soweit diese bisher nicht steuerbar gewesen wären, im Fall ihrer Realisation innert der nächsten fünf Jahre gesondert besteuert.

² Die Höhe der von der juristischen Person geltend gemachten stillen Reserven einschliesslich des selbst geschaffenen Mehrwerts wird vom kantonalen Steueramt mittels Entscheid festgesetzt.

³ Die Sondersteuer beträgt 0,5 Prozent der realisierten stillen Reserven.

⁴ Abschreibungen auf stillen Reserven einschliesslich des selbst geschaffenen Mehrwerts, die bei Ende der Besteuerung nach §§ 73 oder 74 bisherigen Rechts aufgedeckt wurden, werden in die Berechnung der Entlastungsbegrenzung nach § 65c einbezogen.

§ 3[1] Unterstützung besonders betroffener Gemeinden

¹ Der Kanton unterstützt die von der Änderung von § 71 besonders betroffenen politischen Gemeinden im Jahr des Inkrafttretens dieser Änderung und in den drei folgenden Jahren mit jährlich insgesamt 20 Millionen Franken.

² Als besonders betroffen gelten Gemeinden, deren Erträge aus Gewinn- und Kapitalsteuern mehr als 20 Prozent der gesamten Erträge aus Einkommens-, Vermögens-, Gewinn- und Kapitalsteuern ausmachen und die für das betreffende Jahr keine Steuerfusssenkung beschlossen haben.

³ Die Aufteilung der gesamten Unterstützungsleistung des Kantons auf die besonders betroffenen Gemeinden erfolgt im Verhältnis der Erträge aus den Gewinn- und Kapitalsteuern dieser Gemeinden.

⁴ Schulgemeinden haben gegenüber politischen Gemeinden nach dem Verhältnis des Steuerfusses der Schulgemeinde zum Gesamtsteuerfuss der Gemeinde Anspruch auf einen Anteil an der Unterstützungsleistung.

⁵ Massgebend für die Ermittlung der besonders betroffenen Gemeinden sind die durchschnittlichen Staatssteuererträge gemäss den Steuerabrechnungen (Jahresabrechnungen und Solländerungs- und Restanzenabrechnungen) der drei Jahre vor dem betreffenden Jahr. Für die Aufteilung der gesamten Unterstützungsleistung auf die besonders betroffenen Gemeinden werden die so ermittelten Erträge aus Gewinn- und Kapitalsteuern mit dem Steuerfuss im betreffenden Jahr multipliziert.

⁶ Der Kanton überweist die Unterstützungsleistung den besonders betroffenen Gemeinden per Ende November des betreffenden Jahres.

---

[1] Eingefügt durch G vom 1. April 2019 (OS 74, 535; ABl 2018-09-28). In Kraft seit 1. Januar 2021.

§ 4[1] Unterstützung der Landeskirchen

1 Der Kanton überweist der Evangelisch-reformierten Landeskirche des Kantons Zürich, der Römisch-katholischen Körperschaft des Kantons Zürich sowie der Christkatholischen Kirchgemeinde Zürich im Jahr des Inkrafttretens der Änderung von § 71 und in den folgenden vier Jahren jährlich per Ende November insgesamt 5 Millionen Franken.

2 Davon erhalten die Evangelisch-reformierte Landeskirche des Kantons Zürich und die Römisch-katholische Körperschaft des Kantons Zürich je Fr. 2 494 000 sowie die Christkatholische Kirchgemeinde Zürich Fr. 12 000.

Übergangsbestimmungen zur Änderung vom 17. April 2023[2]

Das aktuelle Präsidium und Vizepräsidium des Steuerrekursgerichts bleibt im Amt, bis die notwendigen Verordnungsänderungen vorgenommen und das neue Präsidium und Vizepräsidium gewählt worden ist.

> ☞ *Die Übergangsbestimmung zur Änderung vom 4.11.2024 wird durch das G vom 4.11.2024 (Schritt 2 der Steuervorlage 17) frühestens per 1.1.2026 wie folgt geändert (unter Voraussetzung der Annahme in der Volksabstimmung):*
>
> *Unterstützung besonders betroffener Gemeinden*
>
> *1 Der Kanton unterstützt die von der Änderung von § 71 besonders betroffenen politischen Gemeinden im Jahr des Inkrafttretens dieser Änderung und im darauf folgenden Jahr mit jährlich insgesamt 20 Millionen Franken.*
>
> *2 Als besonders betroffen gelten Gemeinden, deren Erträge aus Gewinn- und Kapitalsteuern mehr als 15 Prozent der gesamten Erträge aus Einkommens-, Vermögens-, Gewinn- und Kapitalsteuern ausmachen und die für das betreffende Jahr keine Steuerfusssenkung beschlossen haben.*
>
> *3 Die Aufteilung der gesamten Unterstützungsleistung des Kantons auf die besonders betroffenen Gemeinden erfolgt im Verhältnis der Erträge aus den Gewinn- und Kapitalsteuern dieser Gemeinden.*
>
> *4 Schulgemeinden haben gegenüber politischen Gemeinden nach dem Verhältnis des Steuerfusses der Schulgemeinde zum Gesamtsteuerfuss der Gemeinde Anspruch auf einen Anteil an der Unterstützungsleistung.*

---

[1] Eingefügt durch G vom 1. April 2019 (OS 74, 535; ABl 2018-09-28). In Kraft seit 1. Januar 2021.
[2] OS 78, 218

StV ZH

Verordnung zum Steuergesetz Kanton Zürich

II Verordnung zum Steuergesetz (StV)[1]
LS 631.11

vom 1. April 1998[2] (Stand am 1. Februar 2020)

---

[1] Fassung gemäss RRB vom 20. November 2019 (OS 75, 24; ABl 2019-11-29). In Kraft seit 1. Februar 2020.
[2] OS 54, 526.

Erster Teil: Staatssteuern

Erster Abschnitt: Besteuerung nach dem Aufwand

§ 1[1] ...

Zweiter Abschnitt: Verfahrensgrundsätze

A. Allgemeine Bestimmungen

§ 2 Fehlende Unterschrift 1.

Fehlt einer Eingabe eine gültige Unterschrift oder ist sie von einer Drittperson ohne Vollmacht eingereicht worden, wird dem Steuerpflichtigen Gelegenheit gegeben, den Mangel zu beheben.

§ 3 Fehlende Vertretung eines Steuerpflichtigen mit Wohnsitz oder Sitz im Ausland 2.

Unterlässt es ein Steuerpflichtiger mit Wohnsitz oder Sitz im Ausland auf Aufforderung hin, einen Vertreter in der Schweiz zu bezeichnen, kann die Zustellung durch öffentliche Bekanntmachung im kantonalen Amtsblatt ersetzt werden oder mit der gleichen Wirkung unterbleiben.

§ 4 Protokoll 3.

¹ Die Steuerbehörden erstellen über wesentliche Amtshandlungen, die aktenmässig keinen anderweitigen Niederschlag finden, ein kurzes Protokoll. Dieses ist unterschriftlich zu bestätigen, wenn Erklärungen des Steuerpflichtigen oder eines Dritten festgehalten werden.

² Eingaben und Kopien der ausgehenden Mitteilungen an den Steuerpflichtigen werden geordnet aufbewahrt.

§ 5 Notwendige Ankündigung von Rechtsnachteilen 4.

Bei Verfügungen treten die gesetzlich mit ihrer Nichtbeachtung verbundenen Rechtsnachteile, wie Einschätzung nach pflichtgemässem Ermessen, Auflage einer Busse wegen Verletzung von Verfahrenspflichten, nur ein:

a. wenn der Adressat zur Erfüllung der Aufforderung gemahnt worden ist;
b. wenn die Rechtsnachteile in der ersten Aufforderung und in der Mahnung ausdrücklich erwähnt worden sind.

B. Beweismittel

§ 6 Einvernahme von Zeugen 1.

¹ Zeugen werden zur Wahrheit ermahnt und auf die Straffolgen des falschen Zeugnisses aufmerksam gemacht.

---

[1] Aufgehoben durch RRB vom 20. November 2019 (OS 75, 24; ABl 2019-11-29). In Kraft seit 1. Februar 2020.

² Sie werden unter sinngemässer Anwendung der Bestimmungen der ZPO[1] einvernommen. Vorbehalten bleibt § 249 StG[2].[3]

³ Den Parteien ist Gelegenheit zu geben, der Zeugeneinvernahme beizuwohnen.

§ 7[4] Beizug von Sachverständigen 2.

Soweit die Steuerbehörden Sachverständige beiziehen, finden die Art. 183–188 ZPO[5] sinngemässe Anwendung. Für den Ausstand ist § 119 StG zu beachten.

C. Form und Zustellung von Verfügungen und Entscheiden

§ 8[6] Formelle Anforderungen 1.

Verfügungen und Entscheide bedürfen keiner Unterschrift. Sie können schriftlich oder elektronisch eröffnet werden.

§ 9 Zustellung 2.

¹ Die Zustellung gilt als vollzogen, wenn die Verfügung oder der Entscheid[7]

a. dem Adressaten tatsächlich ausgehändigt worden ist,
b. von einem zum Haushalt des Adressaten gehörenden erwachsenen Familienmitglied oder von einer Person mit Postvollmacht für den Adressaten entgegengenommen worden ist oder
c. in den Briefkasten oder das Postfach des Adressaten gelegt oder auf andere Weise in dessen Herrschaftsbereich gelangt ist.

² Wird die Zustellung einer eingeschriebenen Sendung vom Adressaten schuldhaft verhindert, gilt sie als am letzten Tag der von der Post angesetzten Abholungsfrist erfolgt.

³ Bei Adressänderungen des Steuerpflichtigen oder bevollmächtigten Vertreters während des Verfahrens sind Zustellungen an diese als erfolgt zu betrachten, wenn sie durch die Post an die zuletzt bekannte Adresse gemacht worden und nicht als unzustellbar zurückgekommen sind.

§ 10 Zustellung bei Vertretung 3.

Hat der Steuerpflichtige einen Vertreter bestimmt, sind Verfügungen und Entscheide in der Regel dem Vertreter zuzustellen; doch ist auch die Zustellung an den Steuerpflichtigen gültig. Kann aber infolge Zustellung an den Steuerpflichtigen eine Frist nicht eingehalten werden, bleibt deren Wiederherstellung nach § 15 vorbehalten.

---

[1] SR 272
[2] LS 631.1
[3] Fassung gemäss RRB vom 3. November 2010 (OS 65, 805; ABl 2010, 2429). In Kraft seit 1. Januar 2011.
[4] Fassung gemäss RRB vom 3. November 2010 (OS 65, 805; ABl 2010, 2429). In Kraft seit 1. Januar 2011.
[5] SR 272
[6] Fassung gemäss RRB vom 20. November 2019 (OS 75, 24; ABl 2019-11-29). In Kraft seit 1. Februar 2020.
[7] Fassung gemäss RRB vom 20. November 2019 (OS 75, 24; ABl 2019-11-29). In Kraft seit 1. Februar 2020.

§ 11 Öffentliche Bekanntmachung 4.

¹ Ist die Zustellung unmöglich, kann sie durch öffentliche Bekanntmachung im Amtsblatt ersetzt werden.

² Entscheide werden nur im Dispositiv veröffentlicht.

D. Fristen

§ 12 Berechnung einer Frist 1.

¹ Der Tag der Eröffnung einer Frist oder der Tag der Zustellung einer Verfügung oder eines Entscheides wird bei der Berechnung der Frist nicht mitgezählt.

² Ist der letzte Tag der Frist ein Samstag oder ein öffentlicher Ruhetag, endet sie am nächsten Werktag. Samstage und öffentliche Ruhetage im Laufe der Frist werden mitgezählt.

³ Die Frist gilt als eingehalten, wenn die Handlung innerhalb derselben vorgenommen wird. Schriftliche Eingaben müssen spätestens am letzten Tag der Frist an die Behörde gelangt oder der Post übergeben sein.

⁴ Trägt eine der Post übergebene Eingabe den Poststempel des auf den Ablauf der Frist folgenden Tages, ist die Frist verwirkt, sofern der Einsender nicht nachweist, dass er die Eingabe vor 24 Uhr des vorhergehenden Tages der Post übergeben hat.

§ 13[1] ...

§ 14 Eingaben an eine unrichtige Amtsstelle 3.

Eingaben an eine unzuständige Amtsstelle werden von Amtes wegen an die zuständige Behörde überwiesen. Für die Einhaltung der Fristen ist der Zeitpunkt der Einreichung bei der unzuständigen Behörde massgebend.

§ 15 Wiederherstellung einer Frist 4.

¹ Hat ein Steuerpflichtiger eine Frist für die Geltendmachung eines Rechtes versäumt, ist Wiederherstellung zu gewähren, wenn er nachweist, dass er oder sein Vertreter ohne Verschulden entweder von der Fristansetzung nicht rechtzeitig Kenntnis erhalten hat oder durch schwerwiegende Gründe an der Einhaltung der Frist verhindert worden ist. Als schwerwiegende Gründe gelten z. B. Krankheit, Todesfall in der Familie, Landesabwesenheit oder Militärdienst.

² Das Wiederherstellungsgesuch ist schriftlich und spätestens innert 30 Tagen nach Kenntnisnahme von der Fristansetzung oder nach Wegfall des Hindernisses einzureichen. Innert der gleichen Frist ist die versäumte Handlung vorzunehmen.

³ Über die Wiederherstellung entscheidet die Behörde, die in der Sache selbst zuständig ist.

---

[1] Aufgehoben durch RRB vom 2. Februar 2011 (OS 66, 329; ABl 2011, 392). In Kraft seit 1. Juni 2011.

E. Verfahrenskosten in Verwaltungsverfahren

§ 16 Aufsichtsbeschwerdeverfahren 1.

¹ Ist eine Aufsichtsbeschwerde offensichtlich unbegründet, werden die Kosten dem Beschwerdeführer auferlegt.

² Unterliegt der Beschwerdeführer im Beschwerdeverfahren vor dem Regierungsrat, werden ihm die Kosten auferlegt.

§ 17 Gutachten im Einschätzungsverfahren 2.

Ist es für die Beurteilung eines bestimmten Sachverhaltes, wie etwa für eine Bewertung, unerlässlich, dass ein Gutachten eines Sachverständigen eingeholt wird, und unterlässt es der Steuerpflichtige trotz Mahnung, ein solches Gutachten einzureichen, können ihm ausnahmsweise gestützt auf § 132 Abs. 2 Satz 2 StG die Kosten für einen Sachverständigen auferlegt werden.

§ 18 Einsprache gegen eine Einschätzung nach pflichtgemässem Ermessen 3.

Gestützt auf § 142 Abs. 2 Satz 2 StG werden insbesondere die Kosten des Einspracheverfahrens dem Steuerpflichtigen auferlegt, wenn sich die Einsprache gegen eine Einschätzung oder Schätzung nach pflichtgemässem Ermessen richtet, die wegen schuldhafter Verletzung von Verfahrenspflichten vorgenommen werden musste.

§ 19 Rekursverfahren betreffend Schlussrechnung, Zahlungserleichterung und Steuererlass 4.

In den Rekursverfahren gemäss §§ 178 Abs. 1 und 185 Abs. 1 StG können dem unterliegenden Rekurrenten die Kosten auferlegt werden.

§ 20 Schriftliche Auskünfte 5.

Übersteigen schriftliche Auskünfte an Steuerpflichtige das übliche Mass, können hiefür Kosten auferlegt werden.

Umfang der Kosten 6.

§ 21 Allgemein a)

¹ Können Kosten auferlegt werden, umfassen diese, vorbehältlich von Abs. 3, eine Staatsgebühr sowie die Barauslagen.

² Die Staatsgebühr beträgt, vorbehältlich von § 22, zwischen Fr. 100 und Fr. 3500. Sie richtet sich nach Umfang und Bedeutung des Verfahrens.

³ Soweit gestützt auf § 132 Abs. 2 Satz 2 StG Kosten auferlegt werden können, werden nur die Barauslagen berechnet.

§ 22 Staatsgebühr für Strafbescheide b)

¹ Für Strafbescheide beträgt die Staatsgebühr in der Regel bei Bussen

		bis	600	Fr.		100
von mehr als Fr.	600	bis	1 300	Fr.	100 bis	300
von mehr als Fr.	1 300	bis	7 000	Fr.	300 bis	700
von mehr als Fr.	7 000	bis	26 000	Fr.	700 bis	2 000
von mehr als Fr.	26 000	bis	70 000	Fr.	2 000 bis	3 500
von mehr als Fr.	70 000	bis	140 000	Fr.	3 500 bis	4 600
von mehr als Fr.	140 000	bis	350 000	Fr.	4 600 bis	8 000
von mehr als Fr.	350 000	bis	1 200 000	Fr.	8 000 bis	11 500
von mehr als Fr.	1 200 000			Fr.	11 500 bis	35 000

² In Fällen, die besonders umfangreich oder weitläufig sind, kann der Höchstansatz der Staatsgebühr bis auf das Doppelte erhöht werden.

§ 23 Verhältnis zwischen Staatsgebühr und Barauslagen 7.

Mit der Staatsgebühr werden auch die Ausfertigungskosten abgedeckt. Alle übrigen Kosten gelten als Barauslagen. Auf die Berechnung der Barauslagen kann jedoch wegen Geringfügigkeit verzichtet werden.

§ 24 Vorschuss 8.

¹ Wo Zweifel über die Erhältlichkeit einer Gebühr bestehen, kann ein angemessener Vorschuss verlangt werden.

² Für Barauslagen kann in jedem Fall ein ausreichender Kostenvorschuss verlangt werden.

§ 25 Kostenerlass wegen Bedürftigkeit 9.

Bedürftigen können auf Gesuch hin die Kosten erlassen werden, soweit sie diese nicht durch offensichtlich unbegründete Begehren verursacht haben.

§ 26 Kosten in Verfahren vor kommunalen Steuerbehörden 10.

¹ Die Gebühr für das Ausstellen von Steuerausweisen beträgt pro Ausweis und Steuerperiode zwischen Fr. 30 und Fr. 300.

² Im Übrigen gelten die vorstehenden Bestimmungen, einschliesslich derjenigen über die Höhe der Gebühren, sinngemäss auch in Verfahren vor kommunalen Steuerbehörden.

³ Die Gebühren fallen in die Kasse der politischen Gemeinde.

F. Meldepflichten

§ 27 Weisungen der Finanzdirektion 1.

Die Finanzdirektion ist befugt, allgemeine Weisungen über das Meldeverfahren der zur Auskunft und Anzeige verpflichteten Verwaltungsbehörden, Gerichte und Beamten zu erlassen.

§ 28 Meldungen über strafbare Handlungen 2.

Die Steuerbehörden melden strafbare Handlungen, die sie in Ausübung ihres Amtes feststellen, der Finanzdirektion. Vorbehalten bleiben die besonderen Zuständigkeiten bei der Ahndung von Steuerdelikten.

Dritter Abschnitt: Das Einschätzungsverfahren

A. Die Anlage der Register und Akten

§ 29 Staatssteuerregister 1.

¹ Das Gemeindesteueramt legt in jedem Kalenderjahr für alle Fälle, in denen die Gemeinde als Einschätzungsgemeinde in Betracht kommt, ein Staatssteuerregister über alle sicher oder mutmasslich steuerpflichtigen Personen an.

² In das Register werden eingetragen:[1]
   a. natürliche Personen, die am Ende der Steuerperiode in der Gemeinde steuerpflichtig sind oder im Zeitpunkt der Fälligkeit einer Kapitalleistung gemäss § 37 StG in der Gemeinde ihren Wohnsitz haben,
   b. juristische Personen, die am Ende der Steuerperiode in der Gemeinde steuerpflichtig sind.

§ 30 Taxationsregister 2.

Das kantonale Steueramt legt das Taxationsregister an.

§ 31 Informationsaustausch 3.

Die Gemeindesteuerämter haben dem kantonalen Steueramt die von diesem zu bestimmenden Informationen über die persönlichen und wirtschaftlichen Verhältnisse der Steuerpflichtigen zu liefern sowie alle Tatsachen, die eine Änderung der Steuerpflicht verursachen, wie Wegzug aus der Gemeinde, Tod des Steuerpflichtigen, Auflösung und Liquidation einer juristischen Person, Aufgabe der steuerbaren Werte, sofort nach amtlicher Feststellung zu melden.

B. Das Steuererklärungsverfahren

§ 32[2] Aufforderung zur Einreichung der Steuererklärung 1.

Das kantonale Steueramt veröffentlicht jährlich eine allgemeine Aufforderung zur Einreichung der Steuererklärung im kantonalen Amtsblatt.

Zustellung der Steuererklärungsformulare 2.

§ 33 Allgemeine Regel a)

¹ Die allgemeine Zustellung der Steuererklärungsformulare erfolgt jeweils spätestens bis Ende Januar an die steuerpflichtigen natürlichen und juristischen Personen für die im vergangenen Kalenderjahr abgeschlossene Steuerperiode.

---

[1] Fassung gemäss RRB vom 20. November 2019 (OS 75, 24; ABl 2019-11-29). In Kraft seit 1. Februar 2020.
[2] Fassung gemäss RRB vom 20. November 2019 (OS 75, 24; ABl 2019-11-29). In Kraft seit 1. Februar 2020.

² Ein weiteres Steuererklärungsformular wird zugestellt, wenn im laufenden Kalenderjahr die kantonale Steuerpflicht endet. Das Steuererklärungsformular bezieht sich diesfalls auf die laufende Steuerperiode bis zur Beendigung der kantonalen Steuerpflicht.

§ 34 Volljährigkeit[1] b)

Steuerpflichtigen natürlichen Personen wird erstmals bis Ende Januar des Kalenderjahres, in dem sie das 19. Altersjahr zurücklegen, ein Steuererklärungsformular für die vergangene Steuerperiode zugestellt. Vorbehalten bleibt § 52 Abs. 1 Satz 2 StG.

§ 35[2] Heirat c)

Zur Vornahme der gemeinsamen Einschätzung für die Steuerperiode, in der die Heirat erfolgte, wird den Ehegatten erstmals im folgenden Kalenderjahr ein gemeinsames Steuererklärungsformular zugestellt.

§ 36 Scheidung oder Trennung d)

Zur Vornahme der getrennten Einschätzungen für die Steuerperiode, in der eine Scheidung oder eine Trennung erfolgte, werden den Ehegatten im folgenden Kalenderjahr getrennte Steuererklärungen zugestellt.

§ 37 Tod eines Ehegatten e)

¹ Bei Tod eines Ehegatten wird dem überlebenden Ehegatten für sich und zuhanden der Erben ein Steuererklärungsformular für die laufende Steuerperiode zugestellt, wie wenn beide Ehegatten im Zeitpunkt des Todes des verstorbenen Ehegatten aus der Steuerpflicht ausgeschieden wären.

² Dem überlebenden Ehegatten wird zudem bis Ende Januar des folgenden Kalenderjahres ein Steuererklärungsformular zugestellt, wie wenn er im Zeitpunkt des Todes des verstorbenen Ehegattens neu in die Steuerpflicht eingetreten wäre.

§ 38 Fehlende Zustellung des Steuererklärungsformulars 3.

Wer kein Steuererklärungsformular erhält, hat ein solches zu verlangen.

§ 39 Fristerstreckung 4.

¹ Gesuche um Erstreckung der Frist zur Einreichung der Steuererklärung sind vor Ablauf der Frist dem zuständigen Steueramt einzureichen.[3]

² Bei Verweigerung der Fristerstreckung steht dem Steuerpflichtigen die Aufsichtsbeschwerde an die Finanzdirektion zu.

§ 40 Prüfung auf Vollständigkeit 5.

Die eingegangenen Steuererklärungen und Beilagen werden durch das Gemeindesteueramt auf ihre Vollständigkeit und formelle Richtigkeit geprüft.

---

[1] Fassung gemäss RRB vom 7. November 2012 (OS 67, 613; ABl 2012-11-16). In Kraft seit 1. Januar 2013.
[2] Fassung gemäss RRB vom 20. November 2019 (OS 75, 24; ABl 2019-11-29). In Kraft seit 1. Februar 2020.
[3] Fassung gemäss RRB vom 20. November 2019 (OS 75, 24; ABl 2019-11-29). In Kraft seit 1. Februar 2020.

§ 41 Mahnverfahren 6.

¹ Steuerpflichtige, welche die Steuererklärung nicht rechtzeitig eingereicht oder die vom Gemeindesteueramt zur Behebung formeller Mängel angesetzte Frist missachtet haben, werden vom Gemeindesteueramt unter Hinweis auf die Folgen der Unterlassung gemahnt, die Verfahrenspflichten innerhalb einer letzten Frist von zehn Tagen vollständig und richtig zu erfüllen.

² Die Mahnfrist ist nicht erstreckbar.

§ 42 Weiterleitung an das kantonale Steueramt 7.

¹ Die eingegangenen Steuererklärungen und Beilagen werden vom Gemeindesteueramt dem kantonalen Steueramt zugestellt.

² Beobachtungen über materiell unrichtige Steuererklärungen sind durch einen Vermerk oder in besonderen Berichten dem kantonalen Steueramt zu melden.

³ Ist die Steuererklärung trotz Mahnung nicht oder nicht mehr eingegangen, reicht das Gemeindesteueramt dem kantonalen Steueramt einen summarischen Einschätzungsantrag ein.

⁴ Vorbehalten bleibt § 43 Abs. 1.

§ 43 Einschätzungen durch das Gemeindesteueramt 8.

¹ Die Finanzdirektion erlässt Weisungen, in welchen Fällen das Gemeindesteueramt in Vertretung des kantonalen Steueramtes zur Einschätzung berechtigt und verpflichtet ist. Sie bestimmt zudem, innert welcher Frist diese Einschätzungen vorzunehmen sind. Vorbehalten bleibt § 45.

² Das kantonale Steueramt kann zur Mitwirkung des Gemeindesteueramtes weitere Weisungen erlassen. Es bestimmt auch in den Fällen, in denen die Einschätzung dem kantonalen Steueramt obliegt, den Termin für die Ablieferung der Steuererklärungen und Einschätzungsanträge.

C. Einschätzungsverfahren

§ 44 Einschätzungsvorschlag und -entscheid 1.

Bei Abweichungen von der Steuererklärung erstellt das kantonale oder kommunale Steueramt eine spezifizierte Aufstellung über steuerbares Einkommen und Vermögen oder Gewinn und Kapital. Es unterbreitet sie dem Steuerpflichtigen als Einschätzungsvorschlag oder eröffnet sie als Einschätzungsentscheid.

§ 45 Erledigung der Einsprachen 2.

Die Erledigung der Einsprachen obliegt in allen Fällen dem kantonalen Steueramt.

Vierter Abschnitt: Der Steuerbezug

A. Allgemeine Bestimmungen

§ 46 Zuständigkeiten 1.

Der Steuerbezug obliegt dem Steueramt der Einschätzungsgemeinde. Vorbehalten bleibt der Bezug der Quellensteuern auf dem Einkommen aus unselbständiger Erwerbstätigkeit von im Kanton steuerpflichtigen ausländischen Arbeitnehmern sowie der staatlichen und kommunalen Nachsteuern durch das kantonale Steueramt.

§ 47 Bezugsregister 2.

Das Gemeindesteueramt legt das Bezugsregister an.

§ 48 Rechnungsformulare 3.

¹ Das kantonale Steueramt erlässt Weisungen über die Durchführung des Steuerbezugs und setzt die Formulare für die Steuerrechnungen fest.

² Will ein Gemeindesteueramt eigene Formulare verwenden, bedarf es hiefür der Genehmigung des kantonalen Steueramtes.

B. Periodische Steuern

§ 49 Verfalltag 1.

¹ Als Verfalltag im Sinn von § 174 Abs. 1 lit. b StG gilt für die Staatssteuer:

   a. wenn die Steuerpflicht schon vor dem 1. Januar bestanden hat, der 30. September in der Steuerperiode, bei vom Kalenderjahr abweichenden Steuerperioden der 30. September im Kalenderjahr, in dem die Steuerperiode endet;
   b. bei Beginn der Steuerpflicht nach dem 31. Dezember des Vorjahres der 30. September gemäss lit. a, sofern bis zum 30. Juni eine provisorische Rechnung zugestellt wird; in den übrigen Fällen verschiebt sich der Verfalltag auf den 1. Januar des folgenden Kalenderjahres;
   c. bei Beendigung der Steuerpflicht vor dem 31. Dezember der 30. September gemäss lit. a.

² Bei Tod eines Ehegatten wird der Verfalltag so bestimmt, wie wenn die Steuerpflicht beider Ehegatten am Todestag enden und der überlebende Ehegatte am folgenden Tag neu in die Steuerpflicht eintreten würde.

§ 50 Bezug der provisorischen Rechnung in Raten 2.

¹ Der Bezug des in der provisorischen Rechnung ausgewiesenen Betrags erfolgt in drei Raten per 30. Juni, 30. September und 31. Dezember.

² Die Gemeinden können den in der provisorischen Rechnung ausgewiesenen Betrag auch in sieben Raten per 30. Juni, 31. Juli, 31. August, 30. September, 31. Oktober, 30. November und 31. Dezember beziehen.

³ ...[1]

---

[1] Aufgehoben durch RRB vom 20. November 2019 (OS 75, 24; ABl 2019-11-29). In Kraft seit 1. Februar 2020.

§ 51[1] Schlussrechnung mit Einschluss der Abrechnung über die Zinsen 3.

¹ Mit der Schlussrechnung wird auch über die Zinsen abgerechnet.

² Wird die Einschätzung in einem Rechtsmittelverfahren geändert, erfolgt eine neue Schlussrechnung, wobei auch die Zinsen neu berechnet werden.

³ Die Schlussrechnung ist innert 30 Tagen nach Zustellung zu begleichen. Bei verspäteten Zahlungen können in Anwendung von § 174 Abs. 1 StG Verzugszinsen erhoben werden.

⁴ Verzugszinsen sind auch geschuldet, wenn Rechtsmittel erhoben, Ratenzahlungen bewilligt oder Steuern gestundet worden sind.

§ 52[2] Nachsteuern 4.

Nachsteuern sind ab dem Verfalltag der jeweiligen Steuerperiode zu verzinsen. § 51 gilt sinngemäss.

C. Nicht periodische Steuern

§ 53 Fälligkeit und Zahlungsfrist 1.

¹ Vorbehältlich der besonderen Bestimmungen für die Grundsteuern werden nicht periodische Steuern (Kapitalleistungen aus Vorsorge gemäss § 37 StG, Liquidationsgewinne gemäss § 37b StG, ergänzende Vermögenssteuern gemäss § 41 StG) mit der Zustellung der definitiven, auf der Einschätzung beruhenden Steuerrechnung fällig.[3]

² Die Zahlungsfrist beträgt 30 Tage nach Eintritt der Fälligkeit. Allfällige Rechtsmittelverfahren hemmen die Zahlungsfrist nicht.

§ 54 Zinsen 2.

¹ Für verspätete Zahlungen werden Verzugszinsen erhoben.

² Auf Zahlungen vor Eintritt der Fälligkeit sowie auf Steuerrückerstattungen werden Vergütungszinsen berechnet.

³ Verzugszinsen sind auch geschuldet, wenn Rechtsmittel erhoben, Ratenzahlungen bewilligt oder Steuern gestundet worden sind.[4]

⁴ Nachsteuern sind ab dem Ende des massgebenden Kalenderjahres zu verzinsen.[5]

D. Abrechnung

§ 55 Aufteilung der Zahlungseingänge 1.

Zahlungen für Staats- und Gemeindesteuern werden anteilmässig auf Staat und Gemeinden verlegt.

---

[1] Fassung gemäss RRB vom 20. November 2019 (OS 75, 24; ABl 2019-11-29). In Kraft seit 1. Februar 2020.
[2] Fassung gemäss RRB vom 20. November 2019 (OS 75, 24; ABl 2019-11-29). In Kraft seit 1. Februar 2020.
[3] Fassung gemäss RRB vom 20. November 2019 (OS 75, 24; ABl 2019-11-29). In Kraft seit 1. Februar 2020.
[4] Eingefügt durch RRB vom 20. November 2019 (OS 75, 24; ABl 2019-11-29). In Kraft seit 1. Februar 2020.
[5] Eingefügt durch RRB vom 20. November 2019 (OS 75, 24; ABl 2019-11-29). In Kraft seit 1. Februar 2020.

§ 56 Vorschriften der Finanzdirektion 2.

¹ Die Finanzdirektion erlässt Vorschriften über die Abrechnung der Gemeindesteuerämter mit dem Kanton und die Ablieferung der Steuerbeträge.

² Bei verspäteter Ablieferung kann von der Gemeinde ein Verzugszins erhoben werden, dessen Höhe von der Finanzdirektion bestimmt wird.

§ 57 Ersatzvornahme durch das kantonale Steueramt 3.

Missachtet eine Gemeinde trotz Mahnung die Bezugsvorschriften, kann die Finanzdirektion rückständige Arbeiten auf Kosten der Gemeinde durch das kantonale Steueramt ausführen lassen.

E. Vereinfachtes Abrechnungsverfahren für kleine Arbeitsentgelte[1]

§ 57a[2] Verteilung der Steuern

Die Steuern, die von den AHV-Ausgleichskassen im vereinfachten Abrechnungsverfahren für kleine Arbeitsentgelte nach den Art. 2 und 3 des Bundesgesetzes vom 17. Juni 2005 gegen die Schwarzarbeit[3] bezogen und an das kantonale Steueramt abgeliefert werden, werden gemäss §§ 36 und 37 der Verordnung über die Quellensteuer für ausländische Arbeitnehmer (Quellensteuerverordnung I) vom 2. Februar 1994[4] auf Kanton und Gemeinden aufgeteilt.

Fünfter Abschnitt: Das Inventar

§ 58[5] Todesfallmeldung 1.

Das Zivilstandsamt meldet den Todesfall der Einwohnerkontrolle der Gemeinde. Diese informiert das Gemeindesteueramt über den Todesfall. Das Gemeindesteueramt informiert das kantonale Steueramt und, falls eine andere Gemeinde als Einschätzungsgemeinde in Betracht kommt, deren Steueramt über den Todesfall.

§ 59 Bewilligungspflicht für Verfügungen über das zu inventierende Vermögen 2.

Nach Bekanntwerden des Todesfalles teilt das Gemeindesteueramt als Inventarbehörde den Erben und dem Willensvollstrecker sofort mit, dass ohne ausdrückliche Bewilligung der Inventarbehörde keine Verfügung über das zu inventierende Vermögen getroffen werden darf.

§ 60 Siegelung 3.

Die Siegelung umfasst den Verschluss von Wohnungen, Geschäftsräumen oder Behältnissen und die Verfügungssperre über das zu inventierende Vermögen oder einzelne Bestandteile desselben mit Einschluss der Sperre von Guthaben, Depots und gemieteten Fächern.

---

[1] Eingefügt durch RRB vom 30. Juni 2010 (OS 65, 465; ABl 2010, 1481). In Kraft seit 1. August 2010.
[2] Eingefügt durch RRB vom 30. Juni 2010 (OS 65, 465; ABl 2010, 1481). In Kraft seit 1. August 2010.
[3] SR **822.41**
[4] LS 631.41
[5] Fassung gemäss RRB vom 20. November 2019 (OS 75, 24; ABl 2019-11-29). In Kraft seit 1. Februar 2020.

§ 61 Formulare 4.

Das kantonale Steueramt setzt die für die Todesfallmeldung und für die Inventaraufnahme erforderlichen Formulare fest.

§ 62 Frist für die Inventaraufnahme 5.

1 Das Inventar wird spätestens innert zwei Monaten nach der Inventaraufnahme ausgefertigt.

2 Das kantonale Steueramt kann ausnahmsweise die Frist zur Einreichung des Inventars erstrecken.

3 Mit dem Inventar sind dem kantonalen Steueramt alle zur Prüfung nötigen Belege einzureichen.

§ 63[1] Inventare der Kindes- und Erwachsenenschutzbehörden oder der Gerichte 6.

Stellt das kommunale oder kantonale Steueramt fest, dass ein durch die Kindes- und Erwachsenenschutzbehörde oder das Gericht angeordnetes Inventar unvollständig ist, macht es der Behörde oder dem Gericht Mitteilung.

Zweiter Teil: Gemeindesteuern

Erster Abschnitt: Allgemeine Gemeindesteuern

§ 64 Verweisung auf den ersten Teil 1.

Für die Erhebung der Gemeindesteuern sind die Vorschriften des ersten Teils dieser Verordnung sinngemäss anwendbar.

§ 65 Personalsteuer 2.

Von erwerbsunfähigen Personen ohne Einkommen und Vermögen wird keine Personalsteuer erhoben.

§ 66 Kirchensteuern 3.

Die Kirchensteuern werden in der Steuerrechnung gesondert ausgewiesen.

---

1 Fassung gemäss RRB vom 7. November 2012 (OS 67, 613; ABl 2012-11-16). In Kraft seit 1. Januar 2013.

Zweiter Abschnitt: Grundsteuern

§ 67 Melde- und Auskunftspflichten der Notariate und Grundbuchämter [1].

¹ Die Notariate und Grundbuchämter melden dem kantonalen Steueramt und den Gemeindesteuerämtern jede öffentliche Beurkundung eines auf die Übereignung einer Liegenschaft gerichteten Vertrages, jede Handänderung sowie jede Errichtung oder Aufhebung einer Dienstbarkeit oder Anmerkung einer öffentlich-rechtlichen Eigentumsbeschränkung, sofern sie gegen Entgelt von mehr als Fr. 2000 erfolgt.[1]

² Auf besonderes Verlangen ist auch hinsichtlich früherer Beurkundungen, Handänderungen und ihnen gleichgestellter Rechtsgeschäfte Auskunft zu erteilen.

³ Die Anzeigen erfolgen nach einem vom kantonalen Steueramt festzusetzenden Formular und sind unentgeltlich.

§ 68 Haftung des gesetzlichen Pfandrechts [2].

Das gesetzliche Pfandrecht für die Grundsteuern erstreckt sich auch auf die Zinsen gemäss §§ 71 und 72.

§ 69[2] Pflicht zur Information über das gesetzliche Grundpfandrecht [3].

¹ Die Notariate und Grundbuchämter machen die Parteien ausdrücklich auf das Bestehen und die Tragweite des gesetzlichen Grundpfandrechts für die Grundsteuern aufmerksam. Insbesondere erwähnen sie, dass das Grundstück des Erwerbers allenfalls für sämtliche Grundsteuern haftet

   a. aus früheren zivilrechtlichen Handänderungen, soweit die Eintragung des gesetzlichen Grundpfandrechts innerhalb von drei Jahren nach der Handänderung erfolgt;

   b. sowie aus früheren wirtschaftlichen Handänderungen, soweit die Eintragung des gesetzlichen Grundpfandrechts innerhalb von drei Jahren nach der Wahrnehmung der Handänderung durch die für die Einschätzung zuständige Steuerbehörde erfolgt und die Steuer im Zeitpunkt der Eintragung noch nicht verjährt ist.

² Die Notariate und Grundbuchämter machen den Erwerber ferner darauf aufmerksam, dass er mit amtlichem Formular beim Gemeindesteueramt Auskunft über die noch nicht veranlagten und noch nicht bezahlten Grundsteuern verlangen kann.

³ Die Tatsache, dass die Hinweise erfolgt sind, muss in der Urkunde festgehalten werden.

⁴ Die Notariate und Grundbuchämter übergeben dem Erwerber auf dessen Verlangen das amtliche Formular für Auskünfte. Die Gemeindesteuerämter sind dem Erwerber zur Auskunft verpflichtet.

⁵ Der Erwerber ist berechtigt, vom Veräusserer für den mutmasslichen Betrag der Grundstückgewinnsteuer Sicherstellung zu verlangen. Die Notare und Gemeindesteuerämter sind verpflichtet, eine Sicherstellung auf Verlangen entgegenzunehmen.[3]

---

[1] Fassung gemäss RRB vom 20. November 2019 (OS 75, 24; ABl 2019-11-29). In Kraft seit 1. Februar 2020.
[2] Fassung gemäss RRB vom 1. November 2000 (OS 56, 339). In Kraft seit 1. Januar 2001.
[3] Fassung gemäss RRB vom 20. November 2019 (OS 75, 24; ABl 2019-11-29). In Kraft seit 1. Februar 2020.

§ 70 Steuererklärungsformular für die Grundstückgewinnsteuer 4.

Die Notariate und Grundbuchämter übergeben bei einer Handänderung oder einem ihr gleichgestellten Rechtsgeschäft dem Steuerpflichtigen ein Steuererklärungsformular für die Grundstückgewinnsteuer.

§ 71 Verfalltag für die Grundstückgewinnsteuer 5.

¹ Die Grundstückgewinnsteuer verfällt am 90. Tag nach der zivilrechtlichen oder wirtschaftlichen Handänderung. Ab dem 91. Tag werden Zinsen erhoben.

² Im Übrigen gilt § 54 sinngemäss. Rückerstattungen aus Verlustverrechnungen gemäss § 224 Abs. 3 StG sind jedoch nicht zu verzinsen.

§ 72[1] ...

§ 73 Mitteilungspflicht der Grundsteuerbehörden 6.[2]

Die für die Einschätzung zuständige Behörde stellt dem kantonalen Steueramt von allen Entscheiden, einschliesslich der Einspracheentscheide und Strafbescheide, für jeden Steuerpflichtigen je eine Ausfertigung zu.

§ 74[3] ...

Dritter Teil: Steuerstrafrecht

§ 75 Bezug der Bussen 1.

¹ Die in den Bereich der Grundsteuern fallenden Bussen wegen Verletzung von Verfahrenspflichten und Steuerhinterziehung werden durch das Gemeindesteueramt bezogen und kommen der betreffenden Gemeinde zu.

² Alle übrigen Bussen wegen Verletzung von Verfahrenspflichten und Steuerhinterziehung werden durch das kantonale Steueramt bezogen und fallen in die Staatskasse.

³ Die Bussen sind innert 30 Tagen nach Zustellung des Strafbescheids zu entrichten. Das Ergreifen eines ordentlichen Rechtsmittels hemmt die Zahlungsfrist.[4]

⁴ Für verspätete Zahlungen werden Verzugszinsen erhoben. Auf vorzeitige Zahlungen sowie auf Rückerstattungen werden Vergütungszinsen berechnet.

§ 76 Strafanzeige wegen Steuervergehen 2.

¹ Ergibt sich für eine Steuerbehörde der begründete Verdacht, dass ein Steuervergehen begangen worden ist, überweist sie die sachdienlichen Unterlagen mit einer begründeten Anzeige an die Strafuntersuchungsbehörde.[5]

---

1 Aufgehoben durch RRB vom 30. Juni 2010 (OS 65, 465; ABl 2010, 1481). In Kraft seit 1. August 2010.
2 Fassung gemäss RRB vom 30. Juni 2010 (OS 65, 465; ABl 2010, 1481). In Kraft seit 1. August 2010.
3 Aufgehoben durch RRB vom 30. Juni 2010 (OS 65, 465; ABl 2010, 1481). In Kraft seit 1. August 2010.
4 Fassung gemäss RRB vom 30. Juni 2010 (OS 65, 465; ABl 2010, 1481). In Kraft seit 1. August 2010.
5 Fassung gemäss RRB vom 20. November 2019 (OS 75, 24; ABl 2019-11-29). In Kraft seit 1. Februar 2020.

² Bezieht sich die strafbare Handlung gleichzeitig auf Staats- und Gemeindesteuern, erstattet das kantonale Steueramt die Strafanzeige und vertritt die Geschädigten im Strafverfahren.

³ Bezieht sich die strafbare Handlung nur auf Gemeindesteuern, erstattet das Gemeindesteueramt die Strafanzeige und vertritt die Geschädigten im Strafverfahren.

Vierter Teil: Schlussbestimmungen

Erster Abschnitt: Wechsel der zeitlichen Bemessung

§ 77 und § 78[1] ...

Zweiter Abschnitt: Übergangsbestimmungen

§ 79 Übergangsrecht 1.

Die im Zeitpunkt des Inkrafttretens des neuen Rechts hängigen Verfahren werden verfahrensrechtlich nach den Bestimmungen des neuen Rechts fortgeführt, jedoch materiell nach den Bestimmungen des bisherigen Rechts erledigt. Im Übrigen gelten die Übergangsbestimmungen des Steuergesetzes sinngemäss.

§ 80 Inkrafttreten 2.

Die Verordnung tritt am 1. Januar 1999 in Kraft. Auf den gleichen Zeitpunkt wird die Vollziehungsverordnung zum Steuergesetz vom 26. November 1951 aufgehoben.

---

[1] Aufgehoben durch RRB vom 20. November 2019 (OS 75, 24; ABl 2019-11-29). In Kraft seit 1. Februar 2020.

ESchG ZH

Erbschafts- und Schenkungssteuergesetz Kanton Zürich

III Erbschafts- und Schenkungssteuergesetz (ESchG ZH)[1]
LS 632.1

vom 28. September 1986[2] (Stand am 1. Januar 2011)

---

[1] Fassung gemäss G über die Anpassung des kantonalen Rechts an das Partnerschaftsgesetz des Bundes vom 9. Juli 2007 (OS 62, 429; ABl 2006, 1703). In Kraft seit 1. Januar 2008.
[2] OS 49, 810. Inkrafttreten: 1. Januar 1987 (OS 49, 827).

1. Abschnitt: Steuerpflicht

A. Allgemeine Bestimmungen

I. Gegenstand des Gesetzes

§ 1

Der Kanton erhebt eine Erbschafts- und Schenkungssteuer.

II. Anwendungsbereich

§ 2

¹ Die Steuerpflicht besteht, wenn

a. der Erblasser seinen letzten Wohnsitz im Kanton hatte oder der Erbgang im Kanton eröffnet worden ist;
b. der Schenker im Zeitpunkt der Zuwendung seinen Wohnsitz im Kanton hat;
c. im Kanton gelegene Grundstücke oder Rechte an solchen übergehen.

² Im internationalen Verhältnis besteht die Steuerpflicht ferner, wenn im Kanton gelegenes bewegliches Vermögen übergeht, das nach Staatsvertrag dem Betriebsstätte- oder dem Belegenheitsstaat zur Besteuerung zugewiesen wird.

B. Objektive Steuerpflicht

I. Gegenstand der Steuer

§ 3 Erbschaftssteuer 1.

¹ Der Erbschaftssteuer unterliegen alle Vermögensübergänge (Erbanfälle und Zuwendungen) kraft gesetzlichen Erbrechts oder auf Grund einer Verfügung von Todes wegen.

² Zu den steuerbaren Vermögensübergängen gehören insbesondere solche auf Grund von Erbeinsetzung, Vermächtnis, Erbvertrag, Schenkung auf den Todesfall und Errichtung einer Stiftung auf den Todesfall.

³ Zuwendungen von Versicherungsbeträgen, die mit oder nach dem Tode des Erblassers fällig werden, unterliegen der Erbschaftssteuer, soweit sie nicht als Einkommen besteuert werden.

§ 4 Schenkungssteuer 2.

¹ Der Schenkungssteuer unterliegen Zuwendungen unter Lebenden, mit denen der Empfänger aus dem Vermögen eines andern ohne entsprechende Gegenleistung bereichert wird.

² Zu den steuerbaren Zuwendungen gehören insbesondere Vorempfänge in Anrechnung an die künftige Erbschaft, Schenkungen unter Lebenden an Erben oder Nichterben und die Errichtung einer Stiftung zu Lebzeiten.

³ Zuwendungen von Versicherungsbeträgen, die zu Lebzeiten des Schenkers fällig werden, sind der Schenkungssteuer unterworfen, soweit sie nicht als Einkommen besteuert werden.

§ 5 Leistungen des Arbeitgebers 3.

Leistungen des Arbeitgebers an den Arbeitnehmer oder dessen Erben, die ihren Grund im Dienstverhältnis haben, wie Pensionen, Renten, Kapitalabfindungen, Gratifikationen und Dienstaltersgeschenke, unterliegen nicht der Erbschafts- und Schenkungssteuer, soweit sie als Einkommen besteuert werden.

II. Inhalt des Vermögensübergangs

§ 6

Steuerbar sind alle übergehenden Vermögensrechte, wie die Rechte aus Eigentum, beschränkte dingliche Rechte, Forderungen, Nutzniessungen, Rechte auf Renten und andere periodische Leistungen.

III. Zeitpunkt der Entstehung des Steueranspruchs

§ 7

Der Steueranspruch entsteht bei Vermögensübergängen

a. auf den Todesfall im Zeitpunkt, in dem der Erbgang eröffnet wird;
b. aus Nacherbschaft im Zeitpunkt, in dem die Vorerbschaft endigt;
c. aus Schenkung im Zeitpunkt des Vollzugs der Schenkung;
d. mit aufschiebender Bedingung im Zeitpunkt des Eintritts der Bedingung.

C. Subjektive Steuerpflicht

I. Im Allgemeinen

§ 8

¹ Steuerpflichtig ist der Empfänger des übergehenden Vermögens (Erbe, Vermächtnisnehmer, Beschenkter, Berechtigter, Begünstigter).

² Bei Übergang von Nutzniessungen und periodischen Leistungen ist der Nutzniesser oder der Leistungsempfänger steuerpflichtig.

³ Bei Nacherbeneinsetzung sind sowohl der Vor- als auch der Nacherbe steuerpflichtig.

II. Eintritt und Haftung von Erben

§ 9

¹ In die Rechte und Pflichten eines verstorbenen Steuerpflichtigen treten seine Erben ein.

² Für die Steuerschuld eines verstorbenen Steuerpflichtigen haften seine Erben solidarisch bis zum Betrag ihres Erbteils.

D. Ausnahmen von der Steuerpflicht

I. Subjektive Steuerbefreiungen

§ 10[1,2] **Körperschaften und Anstalten mit besonderen Zwecken** 1.

¹ Von der Steuerpflicht sind befreit:

a. der Bund und seine Anstalten nach Massgabe des Bundesrechts;
b. der Kanton sowie seine Gebietskörperschaften und Anstalten;
c. die von der Verfassung[3] anerkannten kirchlichen Körperschaften sowie die von der Verfassung anerkannten jüdischen Gemeinden;
d. die Gemeinden sowie ihre Zweckverbände und Anstalten;
e.[4] Einrichtungen der beruflichen Vorsorge von Unternehmen mit Sitz oder Betriebsstätte in der Schweiz und von ihnen nahestehenden Unternehmen, die gestützt auf § 61 lit. e des Steuergesetzes vom 8. Juni 1997 (StG)[5] von der Steuerpflicht befreit sind;
f.[6] andere juristische Personen mit Sitz im Kanton, die gestützt auf § 61 lit. f–i StG von der Steuerpflicht im Kanton befreit sind.

² Ausserkantonale juristische Personen gemäss Abs. 1 lit. b–f sind steuerfrei, wenn Gegenrecht gehalten wird.

³ Der Regierungsrat kann Gegenrechtsvereinbarungen abschliessen.

§ 11[7] **Ehegatte, eingetragene Partnerin oder eingetragener Partner und Nachkommen** 2.

Der Ehegatte, der eingetragene Partner und die Nachkommen des Erblassers oder Schenkers sind von der Steuerpflicht befreit.

II. Objektive Steuerbefreiungen

§ 12

Steuerfrei sind:

a.[8] …
b.[9] …
c.[10] übliche Gelegenheitsgeschenke, die den Wert von je Fr. 5000 nicht übersteigen;
d. die Beherbergung von Verwandten im Haushalt des Schenkers.

---

[1] Fassung gemäss G über die anerkannten jüdischen Gemeinden vom 9. Juli 2007 (OS 62, 476; ABl 2006, 634). In Kraft seit 1. Januar 2008.
[2] Fassung gemäss Kirchengesetz vom 9. Juli 2007 (OS 62, 482; ABl 2006, 573). In Kraft seit 1. Januar 2010 (OS 63, 152).
[3] LS 101
[4] Fassung gemäss G über die Anpassung des kantonalen Verwaltungsverfahrensrechts vom 22. März 2010 (OS 65, 390; ABl 2009, 801). In Kraft seit 1. Juli 2010.
[5] LS 631.1
[6] Fassung gemäss G über die Anpassung des kantonalen Verwaltungsverfahrensrechts vom 22. März 2010 (OS 65, 390; ABl 2009, 801). In Kraft seit 1. Juli 2010.
[7] Fassung gemäss G über die Anpassung des kantonalen Rechts an das Partnerschaftsgesetz des Bundes vom 9. Juli 2007 (OS 62, 429; ABl 2006, 1703). In Kraft seit 1. Januar 2008.
[8] Aufgehoben durch G vom 23. August 1999 (OS 56, 48). In Kraft seit 1. Januar 2000 (OS 56, 57).
[9] Aufgehoben durch G vom 23. August 1999 (OS 56, 48). In Kraft seit 1. Januar 2000 (OS 56, 57).
[10] Fassung gemäss G vom 23. August 1999 (OS 56, 48). In Kraft seit 1. Januar 2000 (OS 56, 57).

2. Abschnitt: Steuerbemessung

A. Bewertung des Steuerobjekts

I. Grundsatz

§ 13

[1] Die Steuer wird vom Verkehrswert des übergegangenen Vermögens im Zeitpunkt der Entstehung des Steueranspruchs berechnet.

[2] Beim Übergang von noch nicht fälligen Versicherungen wird die Steuer vom Rückkaufswert der Versicherung im Zeitpunkt der Entstehung des Steueranspruchs berechnet.

II. Besondere Fälle

§ 14 Nutzniessungen und periodische Leistungen 1.

[1] Nutzniessungen und Ansprüche auf periodische Leistungen werden nach ihrem Kapitalwert bewertet. Der Kapitalwert einer Nutzniessung darf drei Viertel des Verkehrswertes der Vermögenssubstanz nicht übersteigen.

[2] Ist ein Anfall oder eine Zuwendung mit einer Nutzniessung oder einer Verpflichtung zu einer periodischen Leistung belastet, so wird der Kapitalwert der Belastung abgezogen.

[3] …[1]

§ 15 Land- und forstwirtschaftliche Grundstücke 2.

Land- und forstwirtschaftliche Grundstücke werden zum Ertragswert bewertet.

§ 16[2] Grundstücke, die einem Geschäftsbetrieb dienen 3.

…

III. Nachveranlagung

§ 17 Steuerpflicht 1.

[1] Wird ein Grundstück im Sinn von § 15 innert 20 Jahren ganz oder teilweise veräussert oder fallen innert dieser Frist die Voraussetzungen der Vorzugsbewertung dahin, so wird die Steuer nachträglich vom damaligen Verkehrswert, höchstens jedoch vom erzielten Erlös berechnet.[3]

[2] Steuerpflichtig ist der Veräusserer oder der Eigentümer des Grundstücks.

---

[1] Aufgehoben durch G vom 23. August 1999 (OS 56, 48). In Kraft seit 1. Januar 2000 (OS 56, 57).
[2] Aufgehoben durch G vom 23. August 1999 (OS 56, 48). In Kraft seit 1. Januar 2000 (OS 56, 57).
[3] Fassung gemäss G vom 23. August 1999 (OS 56, 48). In Kraft seit 1. Januar 2000 (OS 56, 57).

§ 18 Ausnahmen von der Steuerpflicht 2.

¹ Nicht als Veräusserungen gelten Handänderungen infolge

a. Erbvorbezug, Erbfolge oder Erbteilung;
b. Schenkung oder Vermächtnis, soweit die Gegenleistung den bisherigen Vorzugswert nicht übersteigt;
c. Güterzusammenlegung, Grenzbereinigung oder Rechtsgeschäften zur Abrundung landwirtschaftlicher Heimwesen.

² Bei vollständiger oder teilweiser Veräusserung von land- und forstwirtschaftlichen Grundstücken entfällt die Steuerpflicht anteilmässig bezogen auf den Verkehrswert im Zeitpunkt des Vermögensübergangs, soweit der Erlös innert angemessener Frist verwendet wird

a. zum Erwerb von ertragsmässig gleichwertigen Liegenschaften im Kanton;
b. zur Erstellung von ertragsmässig gleichwertigen Gebäuden im Kanton;
c. zur notwendigen Ausbesserung eines vom Veräusserer beim gleichen Vermögensübergang übernommenen Gebäudes des von ihm betriebenen landwirtschaftlichen Gewerbes.

B. Abzüge

I. Schulden und Kosten

§ 19

¹ Vor Festlegung der Anteile der Erben und Vermächtnisnehmer werden von der Erbschaft abgezogen:

a. die darauf lastenden Schulden des Erblassers;
b. die Erbgangsschulden;
c. die Grabunterhaltskosten und die Kosten der Testamentsvollstreckung.

² Vom Anteil der Erben oder Vermächtnisnehmer werden die Gerichts- und Anwaltskosten für Ungültigkeits-, Herabsetzungs- und Erbschaftsklagen abgezogen.

II. Aufwendungen des Steuerpflichtigen

§ 20

Hat ein Steuerpflichtiger zu Lebzeiten des Erblassers für den ihm zukommenden Anfall oder die Zuwendung Aufwendungen gemacht, so ist deren Wert bei Feststellung seines steuerpflichtigen Anteils in Abzug zu bringen.

C. Steuerberechnung

I. Steuerfreie Beträge

§ 21[1]

1 Von den steuerbaren Vermögensübergängen werden bei der Steuerberechnung abgezogen:
   a. Fr. 200 000 für den Elternteil des Erblassers oder Schenkers;
   b. Fr. 15 000 für den Bruder, die Schwester oder den Grosselternteil des Erblassers oder Schenkers;
   c. Fr. 15 000 für den Verlobten des Erblassers oder Schenkers;
   d.[2] Fr. 15 000 für das Stiefkind, das Kind des eingetragenen Partners, das Patenkind oder das Pflegekind des Erblassers oder Schenkers sowie für Hausangestellte mit mehr als zehn Dienstjahren, sofern kein Abzug im Sinne von lit. a–c erfolgt;
   e. Fr. 50 000 für die Lebenspartnerin oder den Lebenspartner, die oder der während mindestens fünf Jahren mit dem Erblasser oder Schenker im gleichen Haushalt zusammengelebt hat, sofern kein weiterer Abzug im Sinn von lit. a–d geltend gemacht wird.

2 Ausserdem werden abgezogen:
   a.[3] ...
   b.[4] Fr. 30 000 für alle übrigen erwerbsunfähigen oder beschränkt erwerbsfähigen unterstützungsbedürftigen Personen.

3 Mehrere Vermögensübergänge an den gleichen Empfänger durch den nämlichen Erblasser oder Schenker werden zusammengerechnet, und es wird der Steuerfreibetrag insgesamt nur einmal gewährt unter Anrechnung auf die erste oder die ersten Zuwendungen.

4 Ist ein Empfänger nur für einen Teil des Vermögensübergangs im Kanton steuerpflichtig, ist für die Festsetzung des steuerfreien Betrags die gesamte Zuwendung massgebend.

II. Steuersätze

§ 22 Grundtarif 1.

1 Die einfache Steuer beträgt:[5]

für die ersten steuerpflichtigen	Fr. 30 000	2%
für die folgenden steuerpflichtigen	Fr. 60 000	3%
für die folgenden steuerpflichtigen	Fr. 90 000	4%
für die folgenden steuerpflichtigen	Fr. 180 000	5%
für die folgenden steuerpflichtigen	Fr. 480 000	6%
für die folgenden steuerpflichtigen	Fr. 660 000	7%

---

[1] Fassung gemäss G vom 23. August 1999 (OS 56, 48). In Kraft seit 1. Januar 2000 (OS 56, 57).
[2] Fassung gemäss G über die Anpassung des kantonalen Rechts an das Partnerschaftsgesetz des Bundes vom 9. Juli 2007 (OS 62, 429; ABl 2006, 1703). In Kraft seit 1. Januar 2008.
[3] Aufgehoben durch G vom 23. August 1999 (OS 56, 48). In Kraft seit 1. Januar 2000 (OS 56, 57).
[4] Fassung gemäss G vom 23. August 1999 (OS 56, 48). In Kraft seit 1. Januar 2000 (OS 56, 57).
[5] Fassung gemäss G vom 23. August 1999 (OS 56, 48). In Kraft seit 1. Januar 2000 (OS 56, 57).

² Für steuerpflichtige Beträge über Fr. 1 500 000 beträgt die einfache Steuer sechs Prozent des Gesamtbetrages.[1]

³ Für Vermögensübergänge an ausserkantonale juristische Personen im Sinne von § 10 Abs. 1 lit. b–f, für die nicht Gegenrecht gehalten wird, wird eine Steuer von 12 % berechnet.[2, 3]

§ 23 Zuschläge 2.

¹ Von der nach § 22 Abs. 1 berechneten Steuer schulden:

a.[4] Eltern	den einfachen Betrag;
b. Grosseltern und Stiefkinder	den doppelten Betrag;
c. Geschwister	den dreifachen Betrag;
d. Stiefeltern	den vierfachen Betrag;
e. Onkel, Tanten und Nachkommen von Geschwistern	den fünffachen Betrag;
f. übrige erbberechtigte Personen und Nichtverwandte	den sechsfachen Betrag.

² Nacherben entrichten die Steuer nach dem Verwandtschaftsverhältnis zum ersten Erblasser.

³ Die Betragsfaktoren für Stiefverwandte nach Abs. 1 lit. b und d gelten sinngemäss für Partnerschaftsverwandte.[5]

§ 24 Berechnungsregeln 3.

¹ Bei mehreren Vermögensübergängen an den gleichen Empfänger durch den nämlichen Erblasser oder Schenker richtet sich der Steuersatz nach dem Gesamtbetrag.

² Ist ein Empfänger nur für einen Teil des Vermögensübergangs im Kanton steuerpflichtig, bestimmt sich die Steuer nach dem Steuersatz für die gesamte Zuwendung.

³ Wird vom Erblasser die Bezahlung der Steuer dem Nachlass überbunden oder wird sie vom Schenker selbst übernommen, erhöhen sich die für die Berechnung massgebenden Anfälle und Zuwendungen um die entsprechenden Steuerbeträge.

III. Adoptivverwandtschaft

§ 25

Die durch Adoption begründete Verwandtschaft ist der auf Abstammung beruhenden gleichgestellt.

---

[1] Fassung gemäss G vom 23. August 1999 (OS 56, 48). In Kraft seit 1. Januar 2000 (OS 56, 57).
[2] Fassung gemäss G über die anerkannten jüdischen Gemeinden vom 9. Juli 2007 (OS 62, 476; ABl 2006, 634). In Kraft seit 1. Januar 2008.
[3] Fassung gemäss Kirchengesetz vom 9. Juli 2007 (OS 62, 482; ABl 2006, 573). In Kraft seit 1. Januar 2010 (OS 63, 152).
[4] Fassung gemäss G vom 23. August 1999 (OS 56, 48). In Kraft seit 1. Januar 2000 (OS 56, 57).
[5] Eingefügt durch G über die Anpassung des kantonalen Rechts an das Partnerschaftsgesetz des Bundes vom 9. Juli 2007 (OS 62, 429; ABl 2006, 1703). In Kraft seit 1. Januar 2008.

IV. Ermässigung bei Unternehmensnachfolge

§ 25a[1] Grundsatz 1.

¹ Die nach den vorstehenden Bestimmungen berechnete Steuer ermässigt sich um 80 Prozent, soweit den Empfängern

  a. Geschäftsvermögen von Unternehmungen mit Sitz in der Schweiz zugewendet oder diesen bei der Erbteilung zugeschieden wird, das ganz oder vorwiegend der selbstständigen Erwerbstätigkeit der Empfänger dient;
  b. eine Beteiligung an einer Kapitalgesellschaft oder Genossenschaft mit Sitz in der Schweiz, die einen Geschäftsbetrieb führt, zugewendet oder diesen bei der Erbteilung zugeschieden wird und die Empfänger im Geschäftsbetrieb als Arbeitnehmer in leitender Funktion tätig sind.

² Nicht als Geschäftsvermögen im Sinn von Abs. 1 lit. a gelten land- und forstwirtschaftliche Grundstücke, die zum Ertragswert bewertet werden. Im Übrigen ist für die Beurteilung, ob Geschäftsvermögen vorliegt, auf das Einkommenssteuerrecht abzustellen.

³ Eine Beteiligung im Sinn von Abs. 1 lit. b liegt vor, wenn sie mindestens 51 Prozent des einbezahlten Grund-, Stamm- oder Einlagekapitals ausmacht oder die Beteiligten nach den Stimmrechtsverhältnissen über mindestens 51 Prozent des Kapitals bestimmen.

§ 25b[2] Nachveranlagung 2.

¹ Der Betrag, um den die Steuer ermässigt wurde, wird vollumfänglich nachveranlagt, wenn innert 10 Jahren

  a. die selbstständige Erwerbstätigkeit aufgegeben wird;
  b. die unselbstständige Erwerbstätigkeit im Sinn von § 25a Abs. 1 lit. b aufgegeben wird;
  c. die Beteiligung im Sinn von § 25a Abs. 3 sich auf weniger als 51 Prozent reduziert;
  d. der Sitz der Unternehmung, Kapitalgesellschaft oder Genossenschaft im Sinn von § 25a Abs. 1 lit. a und b an einen Ort ausserhalb der Schweiz verlegt wird.

² Der Betrag, um den die Steuer ermässigt wurde, wird anteilmässig nachveranlagt, wenn und soweit innert 10 Jahren

  a. zugewendetes oder zugeschiedenes Geschäftsvermögen, das die Ermässigung bewirkt hat, liquidiert oder einer Person, die für sich keine Ermässigung der Steuer beanspruchen kann, zu Lebzeiten zugewendet wird oder in das Privatvermögen überführt wird;
  b. die zugewendete oder zugeschiedene Beteiligung, welche die Ermässigung bewirkt hat, veräussert oder einer Person, die für sich keine Ermässigung der Steuer beanspruchen kann, zu Lebzeiten zugewendet wird oder infolge einer Substanzdividende unter den ursprünglichen Wert fällt.

---

[1] Eingefügt durch G vom 23. August 1999 (OS 56, 48). In Kraft seit 1. Januar 2000 (OS 56, 57).
[2] Eingefügt durch G vom 23. August 1999 (OS 56, 48). In Kraft seit 1. Januar 2000 (OS 56, 57).

3. Abschnitt: Verfahrensrecht

A. Steuerbehörden

I. Verwaltungsbehörden

§ 26

¹ Der Vollzug des Gesetzes obliegt, soweit nicht besondere Behörden bezeichnet sind, der Finanzdirektion.

² Die Gemeinden sind im Rahmen des Gesetzes zur Mitwirkung verpflichtet.

II. Veranlagung

§ 27

¹ Die Erbschafts- und Schenkungssteuern werden von der Finanzdirektion veranlagt.[1]

² ...[2]

B. Allgemeine Verfahrensgrundsätze

I. Amtsgeheimnis

§ 28

¹ Die mit dem Vollzug des Gesetzes betrauten Personen und amtlich bestellte Sachverständige sind verpflichtet, über die zu ihrer Kenntnis gelangten Verhältnisse der Steuerpflichtigen sowie über die Verhandlungen in den Behörden Stillschweigen zu bewahren und Dritten keine Einsicht in Steuerakten zu gewähren.

² Die Finanzdirektion ist befugt, Verwaltungsbehörden und Gerichten Steuerakten zu öffnen oder Mitglieder, Beamte und Angestellte der Steuerbehörden und amtlich bestellte Sachverständige zur Auskunft gegenüber Verwaltungsbehörden und Gerichten zu ermächtigen, soweit die Bekanntgabe im öffentlichen Interesse geboten ist.

³ Die Verletzung des Amtsgeheimnisses wird nach den Bestimmungen des Schweizerischen Strafgesetzbuches[3] bestraft.

II. Auskunfts- und Anzeigepflichten

§ 29 Von Verwaltungsbehörden und Gerichten 1.

¹ Verwaltungsbehörden, Gerichte und Beamte haben ungeachtet einer allfälligen Geheimhaltungspflicht den Steuerbehörden auf Verlangen aus ihren Akten Auskunft zu erteilen; sie haben von sich aus den Steuerbehörden Mitteilung zu machen, wenn nach Wahrnehmungen in ihrer amtlichen Tätigkeit Anhaltspunkte zu einer unvollständigen Versteuerung bestehen.

---

[1] Fassung gemäss G über die Anpassung des kantonalen Verwaltungsverfahrensrechts vom 22. März 2010 (OS 65, 390; ABl 2009, 801). In Kraft seit 1. Juli 2010.

[2] Aufgehoben durch G über die Anpassung des kantonalen Verwaltungsverfahrensrechts vom 22. März 2010 (OS 65, 390; ABl 2009, 801). In Kraft seit 1. Juli 2010.

[3] SR 311.

² Diese Auskunfts- und Anzeigepflichten bestehen nicht für die Notare in ihrer Tätigkeit als Urkundspersonen, die Behörden und Beamten der Kantonalbank sowie der Sparkassen und Banken von Gemeinden und die staatlichen Sparkassenkontrolleure.

§ 30 Von Grundbuchämtern 2.

Die Grundbuchämter teilen alle Handänderungen von Liegenschaften infolge Erbvorbezugs, Erbgangs (Erbfolge, Erbteilung, Vermächtnis) oder Schenkung und alle Handänderungen von Liegenschaften, welche im Erbschafts- und Schenkungssteuerverfahren bevorzugt bewertet worden sind, der Finanzdirektion von Amtes wegen mit.

III. Verfahrensrechte

§ 31 Akteneinsicht 1.

Der Steuerpflichtige und der Willensvollstrecker sind berechtigt, in die von ihnen eingereichten oder von ihnen unterzeichneten Akten Einsicht zu nehmen. Die übrigen Akten, die für die Veranlagung wesentlich sind, insbesondere die Inventarakten, stehen ihnen nach Ermittlung des Sachverhalts offen, soweit nicht öffentliche oder private Interessen die Geheimhaltung erfordern.

§ 32 Mitteilung der Veranlagungsverfügung 2.

¹ Die Veranlagungsverfügung wird dem Steuerpflichtigen schriftlich und mit Begründung mitgeteilt.

² Betrifft eine Verfügung gleichzeitig mehrere Steuerpflichtige, genügt die Zustellung an den Willensvollstrecker oder an die von den Steuerpflichtigen als Vertreter bezeichnete Person. Ist kein Willensvollstrecker ernannt und kein Vertreter bezeichnet worden, wird als zustellungsbevollmächtigt betrachtet, wer bei der Inventaraufnahme mitgewirkt oder die Steuererklärung für die Schenkung eingereicht hat. Erklärt ein Steuerpflichtiger, dass er von der Verfügung keine Kenntnis erhalten habe, so wird ihm auf sein Begehren nachträglich eine Ausfertigung der Verfügung zugestellt und die Einsprachefrist wiederhergestellt.

³ Die Vermächtnisnehmer und Versicherungsbegünstigten erhalten von der Verfügung durch einen sie betreffenden Auszug Kenntnis.

IV. Verfahrenspflichten

§ 33 Allgemeines 1.

¹ Die Steuerpflichtigen haben bei der Veranlagung mitzuwirken.

² Sie haben den Steuerbehörden schriftlich oder mündlich wahrheitsgetreu Auskunft zu geben, die für die richtige Veranlagung notwendigen Unterlagen beizubringen und alles zu tun, um eine gesetzmässige Veranlagung zu ermöglichen.

§ 34 Steuererklärung 2.

¹ Personen, die eine steuerbare Schenkung erhalten haben, sind verpflichtet, innert drei Monaten nach Vollzug der Schenkung unaufgefordert eine Steuererklärung einzureichen.

² Dieselbe Pflicht haben Personen, denen eine Steuerermässigung im Sinn von § 25*a* gewährt wurde, innert drei Monaten nach Eintritt der Voraussetzungen für eine Nachveranlagung im Sinn von § 25*b* zu erfüllen.[1]

³ Hat der Steuerpflichtige die Steuererklärung nicht oder verspätet eingereicht, kann ein Ausgleichszins erhoben werden.[2]

C. Inventarisation

I. Erbschaftssteuerinventar

§ 35 Im Allgemeinen 1.

¹ Hat ein Todesfall voraussichtlich eine Erbschaftssteuerpflicht zur Folge, nimmt die Inventarbehörde ein Inventar auf.

² In das Inventar aufgenommen werden der Nachlass und das Vermögen der durch den Erblasser in der Steuerpflicht vertretenen Personen sowie alle Tatsachen, die für die Veranlagung der Erbschaftssteuer von Bedeutung sind.

§ 36 In besondern Fällen 2.

Wird bereits nach andern öffentlich-rechtlichen Bestimmungen oder nach Massgabe des Zivilrechts ein Inventar aufgenommen, bildet dieses die Grundlage für die Erstellung des Erbschaftssteuerinventars.

II. Verweisung auf die Bestimmungen des Steuergesetzes

§ 37

Die Bestimmungen des Steuergesetzes[3] und der zugehörigen Ausführungsvorschriften[4] über das Inventar gelten sinngemäss.

4. Abschnitt: Veranlagungs- und Rechtsmittelverfahren

A. Veranlagung

I. Grundlagen

§ 38

¹ Das Erbschaftssteuerinventar oder die Steuererklärung des Beschenkten bilden Grundlage für die Berechnung der Erbschafts- und Schenkungssteuer.

² Die Finanzdirektion überprüft das Inventar und nimmt die sich daraus ergebenden Berichtigungen vor.[5]

---

[1] Eingefügt durch G vom 23. August 1999 (OS 56, 48). In Kraft seit 1. Januar 2000 (OS 56, 57).
[2] Fassung gemäss G vom 23. August 1999 (OS 56, 48). In Kraft seit 1. Januar 2000 (OS 56, 57).
[3] LS 631.1
[4] LS 631.11
[5] Fassung gemäss G über die Anpassung des kantonalen Verwaltungsverfahrensrechts vom 22. März 2010 (OS 65, 390; ABl 2009, 801). In Kraft seit 1. Juli 2010.

II. Veranlagung nach Ermessen

§ 39

Die Veranlagung wird nach pflichtgemässem Ermessen vorgenommen, soweit der Steuerpflichtige trotz Mahnung seine Verfahrenspflichten nicht erfüllt hat oder die für die Steuer massgebenden Sachverhalte mangels zuverlässiger Unterlagen nicht einwandfrei ermittelt werden können.

III. Verjährung

§ 40

¹ Das Recht, eine Steuer zu veranlagen, verjährt zehn Jahre nach Entstehung des Steuer- oder Nachveranlagungsanspruchs.

² Die Verjährungsfrist beginnt nicht oder steht still während der Dauer eines Prozesses, dessen Ausgang für die Steuerveranlagung wesentlich sein kann.

B. Einsprache

I. Verfahren

§ 41

¹ Gegen die Veranlagungsverfügung kann der Steuerpflichtige innert 30 Tagen nach Zustellung bei der Finanzdirektion schriftlich Einsprache erheben.

² Die Einspracheschrift muss einen Antrag und eine Begründung enthalten. Genügt sie diesen Erfordernissen nicht, wird dem Einsprecher eine kurze, nicht erstreckbare Nachfrist zur Behebung des Mangels angesetzt unter der Androhung, dass sonst auf die Einsprache nicht eingetreten wird. Die Beweismittel sollen der Einspracheschrift beigelegt oder, soweit dies nicht möglich ist, genau bezeichnet werden.

³ Ein nach pflichtgemässem Ermessen eingeschätzter Steuerpflichtiger hat im Einspracheverfahren die Unrichtigkeit der Einschätzung nachzuweisen.

⁴ Die Finanzdirektion entscheidet über die Einsprache. Sie ist nicht an die Anträge des Steuerpflichtigen gebunden und führt trotz Rückzugs einer Einsprache das Verfahren weiter, sofern Anhaltspunkte dafür vorliegen, dass die Veranlagung dem Gesetz nicht entspricht. Sie kann nach Anhörung des Steuerpflichtigen die Veranlagung zu seinen Ungunsten ändern.

II. Kosten

§ 42

Hat der Steuerpflichtige schuldhaft durch Verletzung von Verfahrenspflichten oder verspätete Geltendmachung von Verfahrensrechten ein Einspracheverfahren veranlasst, werden ihm die Kosten dieses Verfahrens auferlegt.

C. Rekurs- und Beschwerdeverfahren[1]

§ 43[2]

¹ Gegen den Einspracheentscheid kann der Steuerpflichtige Rekurs beim Steuerrekursgericht[3] erheben.

² Gegen den Rekursentscheid können der Steuerpflichtige und die Finanzdirektion Beschwerde beim Verwaltungsgericht erheben.

³ Die Bestimmungen des Steuergesetzes über das Rekurs- und Beschwerdeverfahren bei Einschätzungen für die Staatssteuer (§§ 147–153 StG[4]) gelten sinngemäss.

§ 44[5] ...

5. Abschnitt: Änderung rechtskräftiger Entscheide

A. Revision und Berichtigung

I. Revision

§ 45 Revisionsgründe 1.

¹ Ein rechtskräftiger Entscheid kann auf Antrag zu Gunsten des Steuerpflichtigen revidiert werden,

a. wenn durch Strafurteil festgestellt ist, dass der Entscheid durch ein Verbrechen oder Vergehen beeinflusst wurde;
b. wenn erhebliche Tatsachen oder Beweismittel entdeckt werden;
c. wenn die entscheidende Behörde erhebliche Tatsachen oder Beweismittel, die ihr bekannt waren oder hätten bekannt sein müssen, ausser Acht gelassen oder in anderer Weise wesentliche Verfahrensgrundsätze verletzt hat.

² Die Revision nach Abs. 1 lit. b und c ist ausgeschlossen, wenn der Steuerpflichtige das, was er als Revisionsgrund vorbringt, bei der ihm zumutbaren Sorgfalt schon im ordentlichen Verfahren hätte geltend machen können.

§ 46 Revisionsfrist 2.

Das Revisionsbegehren ist vom Steuerpflichtigen innert drei Monaten nach Entdeckung des Revisionsgrundes, spätestens aber innert zehn Jahren nach Zustellung des Entscheides zu stellen.

---

[1] Fassung gemäss G über die Anpassung des kantonalen Verwaltungsverfahrensrechts vom 22. März 2010 (OS 65, 390; ABl 2009, 801). In Kraft seit 1. Juli 2010.
[2] Fassung gemäss G über die Anpassung des kantonalen Verwaltungsverfahrensrechts vom 22. März 2010 (OS 65, 390; ABl 2009, 801). In Kraft seit 1. Juli 2010.
[3] Fassung gemäss G über die Unterstellung der Steuerrekurskommissionen und der Baurekurskommissionen unter das Verwaltungsgericht vom 13. Sept. 2010 (OS 65, 953; ABl 2010, 266). In Kraft seit 1. Januar 2011.
[4] LS 631.1
[5] Aufgehoben durch G über die Anpassung des kantonalen Verwaltungsverfahrensrechts vom 22. März 2010 (OS 65, 390; ABl 2009, 801). In Kraft seit 1. Juli 2010.

§ 47 Revisionsverfahren 3.

¹ Das Revisionsbegehren ist schriftlich der Behörde einzureichen, die den Entscheid getroffen hat.

² Das Revisionsbegehren muss enthalten:
   a. die genaue Bezeichnung der einzelnen Revisionsgründe;
   b. einen Antrag, in welchem Umfang der frühere Entscheid aufzuheben und wie neu zu entscheiden sei.

³ Die Beweismittel für die Revisionsgründe sowie für die Behauptung, dass seit Entdeckung der Revisionsgründe noch nicht drei Monate verflossen sind, sollen dem Revisionsbegehren beigelegt oder, soweit dies nicht möglich ist, genau bezeichnet werden.

§ 48 Entscheid 4.

Erachtet die Behörde das Revisionsbegehren als begründet, hebt sie ihren früheren Entscheid auf und entscheidet von neuem.

§ 49 Kosten 5.

Die Bestimmungen des Rekursverfahrens über die Verfahrenskosten gelten sinngemäss.

II. Berichtigung von Rechnungs- und Schreibfehlern

§ 50

Rechnungsfehler und Schreibversehen in rechtskräftigen Entscheiden können innert fünf Jahren seit der Eröffnung auf Antrag oder von Amtes wegen von der Behörde berichtigt werden, der sie unterlaufen sind.

III. Rechtsmittel

§ 51

Gegen den Entscheid über das Revisionsbegehren und gegen den neuen Entscheid sowie gegen die Berichtigung können die gleichen Rechtsmittel wie gegen den früheren Entscheid ergriffen werden.

B. Nachsteuer

I. Voraussetzungen und Verwirkung

§ 52

¹ Ergibt sich auf Grund von Tatsachen oder Beweismitteln, welche der Steuerbehörde nicht bekannt waren, dass eine rechtskräftige Veranlagung unvollständig oder zu Unrecht unterblieben ist, so wird die zu wenig veranlagte Steuer mit Einschluss des Zinses als Nachsteuer erhoben.

² Nachsteueransprüche verwirken zehn Jahre nach Ablauf des Kalenderjahres, in welchem der Steueranspruch entstanden ist.

II. Nachsteuerverfahren

§ 53

Die Finanzdirektion setzt die Nachsteuer fest. Die Bestimmungen über das Veranlagungsverfahren gelten sinngemäss.

III. Rechtsmittel

§ 54[1]

Gegen den Einspracheentscheid der Finanzdirektion kann Rekurs beim Verwaltungsgericht erhoben werden. § 162 Abs. 3 StG[2] gilt sinngemäss.

6. Abschnitt: Steuerbezug

I. Behörde

§ 55

[1] Die Steuern werden durch die Finanzdirektion bezogen.

[2] Die Bestimmungen des Steuergesetzes[3] über Steuerbezug und Steuererlass für die Staatssteuern gelten sinngemäss unter Vorbehalt der nachfolgenden Bestimmungen auch für die Erbschafts- und Schenkungssteuer.[4]

II. Zahlungspflicht

§ 56

[1] Die Steuer ist vom Steuerpflichtigen geschuldet.

[2] Beim Nutzniessungsverhältnis ist die Steuer des Eigentümers für das belastete Vermögen aus dem Nutzniessungsvermögen zu entrichten.

[3] Die Steuer auf dem Kapitalwert der Nutzniessung ist vom Nutzniesser aus dem Nutzniessungsvermögen zu entrichten.

III. Haftung

§ 57

[1] Für die Erbschaftssteuer haftet jeder Empfänger solidarisch im Umfang seiner Bereicherung.

[2] Der Nutzniesser haftet solidarisch für die Steuer des Eigentümers bis zur Höhe des Nutzniessungsvermögens, auch wenn er selbst nicht Steuersubjekt ist.

[3] Für die Schenkungssteuer haftet der Schenker solidarisch mit dem Steuerpflichtigen.

---

[1] Fassung gemäss G über die Anpassung des kantonalen Verwaltungsverfahrensrechts vom 22. März 2010 (OS 65, 390; ABl 2009, 801). In Kraft seit 1. Juli 2010.

[2] LS 631.1

[3] LS 631.1

[4] Fassung gemäss G über die Anpassung des kantonalen Verwaltungsverfahrensrechts vom 22. März 2010 (OS 65, 390; ABl 2009, 801). In Kraft seit 1. Juli 2010.

IV. Sicherstellung

§ 58

Besteht Gefahr, dass der Steueranspruch nicht mit Erfolg geltend gemacht werden kann, können die Inventarbehörde und die Finanzdirektion Erbschaftsgegenstände in der Höhe des mutmasslichen Steuerbetrags in Verwahrung nehmen oder sperren lassen, bis der Steuerpflichtige ausreichende Sicherheit geleistet hat.

V. Fälligkeit

§ 59

1 Steuerforderungen werden mit der Zustellung der Steuerverfügung fällig.

2 Für fällige Steuerforderungen besteht eine Zahlungsfrist von einem Monat.

VI. Vergütungs- und Verzugszinsen

§ 60

1 Für vorzeitig bezahlte Steuern können Vergütungszinsen ausgerichtet werden.

2 Für Steuern, die bis zum Ablauf der Zahlungsfrist nicht entrichtet werden, sind ohne Mahnung Verzugszinsen geschuldet. Die Zahlungsfrist wird durch Einreichung von Rechtsmitteln und von Stundungs- oder Erlassgesuchen nicht unterbrochen.

3 Die Finanzdirektion setzt die Zinssätze fest.

VII. Zahlungserleichterungen

§ 61[1]

1 Liegen besondere Verhältnisse vor, können fällige Steuerbeträge vorübergehend gestundet oder Ratenzahlungen bewilligt werden.

2 Gegen den Entscheid über eine Zahlungserleichterung kann Einsprache, gegen den Einspracheentscheid Rekurs bei der Finanzdirektion, gegen den Rekursentscheid Beschwerde beim Verwaltungsgericht erhoben werden. § 178 Abs. 2 StG[2] gilt sinngemäss.

VIII. Erlass

§ 62

Bedeutet die Bezahlung der Steuern für den Steuerschuldner infolge besonderer Verhältnisse eine grosse Härte, kann die Finanzdirektion die Steuerschuld ganz oder teilweise erlassen.

---

[1] Fassung gemäss G über die Anpassung des kantonalen Verwaltungsverfahrensrechts vom 22. März 2010 (OS 65, 390; ABl 2009, 801). In Kraft seit 1. Juli 2010.
[2] LS 631.1

IX. Bezugsverjährung

§ 63

¹ Rechtskräftig festgesetzte Steuern verjähren fünf Jahre nach Eintritt der Rechtskraft der Steuerverfügung.

² Die Verjährung ruht, solange rechtskräftig festgesetzte Steuern ganz oder teilweise gestundet sind oder der Steuerschuldner in der Schweiz nicht betrieben werden kann.

³ Die Verjährung tritt in jedem Fall spätestens zehn Jahre nach Ablauf des Jahres ein, in dem die Steuern rechtskräftig festgesetzt worden sind. Vorbehalten bleiben die Wirkungen des Verlustscheins.

X. Rekurs

§ 64

¹ Gegen Sicherstellungsverfügungen der Inventarbehörde oder der Finanzdirektion im Sinne von § 58 kann der Steuerpflichtige innert 30 Tagen nach Zustellung Rekurs beim Verwaltungsgericht erheben.[1]

² Gegen Entscheide über einen Steuererlass kann der Steuerpflichtige innert 30 Tagen nach Zustellung Rekurs bei der Finanzdirektion erheben. Der Rekursentscheid kann mit Beschwerde beim Verwaltungsgericht angefochten werden.[2]

³ Die Rekursschrift muss einen Antrag und eine Begründung enthalten. Genügt sie diesen Anforderungen nicht, wird dem Rekurrenten eine kurze, nicht erstreckbare Nachfrist zur Behebung des Mangels angesetzt unter der Androhung, dass sonst auf den Rekurs nicht eingetreten wird. Die Beweismittel sollen der Rekursschrift beigelegt oder, soweit dies nicht möglich ist, genau bezeichnet werden.

⁴ Der Rekurs hat keine aufschiebende Wirkung, soweit nicht die Rekursinstanz etwas anderes verfügt.

---

[1] Fassung gemäss G über die Anpassung des kantonalen Verwaltungsverfahrensrechts vom 22. März 2010 (OS 65, 390; ABl 2009, 801). In Kraft seit 1. Juli 2010.
[2] Fassung gemäss G über die Anpassung des kantonalen Verwaltungsverfahrensrechts vom 22. März 2010 (OS 65, 390; ABl 2009, 801). In Kraft seit 1. Juli 2010.

7. Abschnitt: Strafbestimmungen

A. Steuerwiderhandlung

I. Busse

§ 65

¹ Wer den Bestimmungen dieses Gesetzes über die Verfahrenspflichten schuldhaft zuwiderhandelt, wer dazu anstiftet oder dabei vorsätzlich Hilfe leistet, wird mit Busse von Fr. 10 bis Fr. 2000, in schweren Fällen und bei Rückfall mit Busse bis Fr. 10 000 bestraft.

² Wird die Widerhandlung durch Organe einer juristischen Person begangen, so haftet diese solidarisch für die verhängte Busse.

II. Verjährung

§ 66

¹ Das Recht, eine Strafverfolgung einzuleiten, erlischt ein Jahr nach rechtskräftigem Abschluss des Verfahrens, in dem die Verfahrenspflichten verletzt worden sind.

² Die Strafverfolgung wegen Verletzung von Verfahrenspflichten verjährt zwei Jahre nach Ablauf des Kalenderjahres, in dem sie eingeleitet worden ist. Die Verjährung wird durch jede Strafverfolgungshandlung unterbrochen. Sie beginnt mit jeder Unterbrechung von neuem, kann aber insgesamt höchstens um ihre ursprüngliche Dauer hinausgeschoben werden.

III. Verfahren

§ 67

¹ Die Busse wird durch die Finanzdirektion festgesetzt und bezogen.

² Die Bestimmungen des Steuergesetzes über das Strafverfahren und den Bezug von Bussen (§§ 243–260 StG[1]) gelten sinngemäss.[2]

³ ...[3]

---

[1] LS 631.1
[2] Fassung gemäss G über die Anpassung des kantonalen Verwaltungsverfahrensrechts vom 22. März 2010 (OS 65, 390; ABl 2009, 801). In Kraft seit 1. Juli 2010.
[3] Aufgehoben durch G über die Anpassung des kantonalen Verwaltungsverfahrensrechts vom 22. März 2010 (OS 65, 390; ABl 2009, 801). In Kraft seit 1. Juli 2010.

B. Steuerhinterziehung

I. Strafsteuer und Busse

§ 68

1 Wer als Steuerpflichtiger vorsätzlich oder fahrlässig bewirkt, dass er unvollständig eingeschätzt wird, hat eine Strafsteuer zu bezahlen, die ein Viertel bis das Dreifache, in der Regel das Einfache der hinterzogenen Steuer beträgt; bei Selbstanzeige wird die Strafsteuer auf ein Viertel der hinterzogenen Steuer ermässigt.

2 Wer zu einer Steuerhinterziehung anstiftet, vorsätzlich dazu Hilfe leistet oder als Vertreter des Steuerpflichtigen oder als Testamentsvollstrecker vorsätzlich eine Steuerhinterziehung bewirkt oder an einer solchen mitwirkt, wird ohne Rücksicht auf die Strafbarkeit des Steuerpflichtigen mit einer Busse bis zu Fr. 10 000, in schweren Fällen oder bei Rückfall bis zu Fr. 50 000 bestraft.

II. Hinterziehungsversuch

§ 69

Wer versucht, eine Steuerhinterziehung zu begehen, wird mit einer Busse bestraft, die zwei Drittel der Strafsteuer gemäss § 68 beträgt.

III. Verjährung

§ 70

Die Strafverfolgung wegen vollendeter Steuerhinterziehung verjährt nicht, solange die hinterzogene Steuer nicht verjährt ist, diejenige wegen versuchter Steuerhinterziehung zwei Jahre nach dem rechtskräftigen Abschluss des Verfahrens, in welchem die versuchte Steuerhinterziehung begangen wurde.

IV. Verfahren

§ 71

1 Strafsteuer und Bussen werden von der Finanzdirektion festgesetzt und bezogen.

2 Die Bestimmungen des Steuergesetzes über das Strafverfahren und den Bezug von Bussen (§§ 243–260 StG[1]) gelten sinngemäss.[2]

3 …[3]

---

[1] LS 631.1
[2] Fassung gemäss G über die Anpassung des kantonalen Verwaltungsverfahrensrechts vom 22. März 2010 (OS 65, 390; ABl 2009, 801). In Kraft seit 1. Juli 2010.
[3] Aufgehoben durch G über die Anpassung des kantonalen Verwaltungsverfahrensrechts vom 22. März 2010 (OS 65, 390; ABl 2009, 801). In Kraft seit 1. Juli 2010.

C. Juristische Personen und Erbenhaftung

I. Juristische Personen

§ 72

Werden mit Wirkung für eine juristische Person Verfahrenspflichten verletzt, Steuern hinterzogen oder Steuern zu hinterziehen versucht, so wird die juristische Person bestraft. Die handelnden Organe oder Vertreter können zudem nach § 65 Abs. 1 und § 68 Abs. 2 bestraft werden.

II. Erbenhaftung

§ 73

¹ Die Erben des Steuerpflichtigen, der eine Steuerwiderhandlung oder eine Steuerhinterziehung begangen hat, haften ohne Rücksicht auf eigenes Verschulden für die rechtskräftig festgesetzte Busse und Strafsteuer solidarisch bis zum Betrag ihres Anteils am Nachlass mit Einschluss der Vorempfänge.

² Ist das Steuerwiderhandlungs- oder Hinterziehungsverfahren beim Tode des Steuerpflichtigen noch nicht rechtskräftig abgeschlossen oder ist es erst nach dem Tode des Steuerpflichtigen eingeleitet worden, so entfällt die Haftung des Erben.

D. Steuerbetrug

I. Tatbestand

§ 74

¹ Wer zum Zweck der Steuerhinterziehung gefälschte, verfälschte oder inhaltlich unwahre Urkunden zur Täuschung gebraucht, wird unabhängig von der Festsetzung einer Strafsteuer mit Freiheitsstrafe bis zu drei Jahren oder Geldstrafe bestraft.[1]

² Wird der Steuerbetrug durch Organe einer juristischen Person begangen, so haftet diese solidarisch für die verhängte Busse.

II. Verfahren; Verjährung[2]

§ 75

¹ Das Verfahren richtet sich nach der Strafprozessordnung[3].[4]

² Die Strafverfolgung wegen Steuerbetrugs verjährt zehn Jahre nach Entstehung des Steueranspruchs gemäss § 7, auf den sie sich bezieht.

---

[1] Fassung gemäss G über die Anpassung an den geänderten allgemeinen Teil des Strafgesetzbuches und an das neue Jugendstrafgesetz vom 19. Juni 2006 (OS 61, 391; ABl 2005, 1483). In Kraft seit 1. Januar 2007.

[2] Fassung gemäss G über die Anpassung des kantonalen Verwaltungsverfahrensrechts vom 22. März 2010 (OS 65, 390; ABl 2009, 801). In Kraft seit 1. Juli 2010.

[3] LS 321

[4] Fassung gemäss G über die Anpassung des kantonalen Verwaltungsverfahrensrechts vom 22. März 2010 (OS 65, 390; ABl 2009, 801). In Kraft seit 1. Juli 2010.

III. Anzeigepflicht

§ 76

Besteht nach den Feststellungen einer Steuerbehörde der begründete Verdacht, dass ein Steuerbetrug begangen worden ist, so erstattet die Finanzdirektion Strafanzeige und vertritt den Staat im Strafverfahren.

8. Abschnitt: Schlussbestimmungen

I. Aufhebung bisherigen Rechts

§ 77

Das Gesetz über die Erbschafts- und Schenkungssteuer vom 26. April 1936 wird aufgehoben.

II. Übergangsbestimmungen

§ 78

[1] Für Steuerfälle, in denen der Steueranspruch vor Inkrafttreten dieses Gesetzes entstanden ist, gelten die Bestimmungen des bisherigen Rechts.

[2] Die Bestimmungen über das Verfahrensrecht, über das Veranlagungs- und Rechtsmittelverfahren, über die Änderung rechtskräftiger Entscheide sowie über den Steuerbezug finden mit Inkrafttreten dieses Gesetzes Anwendung, auch wenn der Todesfall vor dessen Inkrafttreten eingetreten ist oder die Schenkung vor diesem Zeitpunkt vollzogen wurde.

[3] Die Bestimmungen über die Rechtsmittelfristen finden erstmals Anwendung auf Fristen, die nach Inkrafttreten dieses Gesetzes zu laufen beginnen.

[4] Die Strafbestimmungen dieses Gesetzes sind anwendbar, wenn die Steuerwiderhandlung, die Steuerhinterziehung oder der Steuerbetrug nach Inkrafttreten begangen wurde, auch wenn der Todesfall vor Inkrafttreten eingetreten ist oder die Schenkung vor diesem Zeitpunkt vollzogen wurde.

III. Inkrafttreten

§ 79

Dieses Gesetz untersteht der Volksabstimmung. Der Regierungsrat bestimmt den Zeitpunkt des Inkrafttretens.

ESchV ZH

Verordnung zum Erbschafts- und Schenkungssteuergesetz Kanton Zürich

IV Verordnung zum Erbschafts- und Schenkungssteuergesetz (ESchV ZH)
LS 632.11

vom 12. November 1986[1] (Stand am 1. August 2010)

Der Regierungsrat beschliesst:

---

[1] OS 49, 828.

A. Steuerbehörden und Verfahrensgrundsätze

I. Vollzug

§ 1[1]

[1] Das kantonale Steueramt vollzieht das Erbschafts- und Schenkungssteuergesetz (ESchG) vom 28. September 1986[2], soweit nachfolgend nichts Abweichendes geregelt ist.

[2] Die Finanzdirektion entscheidet über Rekurse gemäss §§ 61 Abs. 2 und 64 Abs. 2 ESchG[3].

II. Verweisung

§ 2[4]

Es gelten sinngemäss:

a. § 119 des Steuergesetzes[5] über den Ausstand;
b. §§ 2–15, § 21 Abs. 1 und 2 sowie §§ 23–25 der Verordnung zum Steuergesetz[6].

B. Ausgleichs- und Nachsteuerzins

I. Grundsatz

§ 3

Ausgleichs- und Nachsteuerzinsen werden wie Steuern behandelt und im Veranlagungsverfahren festgesetzt.

II. Ausgleichszins

§ 4 Erhebung 1.

[1] Hat der Empfänger einer steuerbaren Schenkung die Steuererklärung für die Schenkungssteuer nicht oder verspätet eingereicht, wird ein Ausgleichszins erhoben, wenn die Steuererklärung bis 31. März des auf den Vollzug der Schenkung folgenden Kalenderjahres nicht eingereicht wird.[7]

[2] Absatz 1 gilt sinngemäss, wenn Personen, denen eine Steuerermässigung im Sinn von § 25a des Gesetzes[8] gewährt wurde, nach Eintritt der Voraussetzungen für eine Nachveranlagung nicht innert Frist eine Steuererklärung einreichen.[9]

---

[1] Fassung gemäss RRB vom 30. Juni 2010 (OS 65, 468; ABl 2010, 1481). In Kraft seit 1. August 2010.
[2] LS 632.1
[3] LS 632.1
[4] Fassung gemäss RRB vom 13. September 2000 (OS 56, 303). In Kraft seit 1. Oktober 2000.
[5] LS 631.1
[6] LS 631.11
[7] Fassung gemäss RRB vom 13. September 2000 (OS 56, 303). In Kraft seit 1. Oktober 2000.
[8] LS 632.1
[9] Eingefügt durch RRB vom 13. September 2000 (OS 56, 303). In Kraft seit 1. Oktober 2000.

§ 5[1] **Berechnung 2.**

Der Ausgleichszins wird ab 1. April des auf den Vollzug der Schenkung oder den Eintritt der Voraussetzungen für die Nachveranlagung folgenden Kalenderjahres bis zum Eingangsdatum der Steuererklärung oder bei unterlassener Einreichung bis zum Tag der Veranlagung berechnet.

III. Nachsteuerzins

§ 6

Der Nachsteuerzins wird ab dem Zeitpunkt des Eintritts der Rechtskraft der Veranlagung bis zum Zeitpunkt der Einleitung des Nachsteuerverfahrens berechnet. Bei Selbstanzeige wird der Nachsteuerzins nur bis zum Datum ihres Eingangs berechnet.

IV. Zinssätze

§ 7

¹ Die Zinssätze für Ausgleichs- und Nachsteuerzinsen werden durch die Finanzdirektion festgesetzt.

² Die Finanzdirektion bestimmt, inwieweit wegen Geringfügigkeit auf die Erhebung von Ausgleichs- und Nachsteuerzinsen verzichtet wird.

C. Steuerbezug

I. Vergütungszinsen

§ 8

¹ Vergütungszinsen auf Erbschafts- und Schenkungssteuervorauszahlungen werden im Umfang der veranlagten Steuer ausgerichtet.

² Die Vorauszahlung wird vom Tag der Steuerzahlung an bis zum Tag der Veranlagung zu den in den jeweiligen Zeiträumen gültigen Sätzen verzinst.

II. Steuerrückerstattungen

§ 9[2]

Die Steuerrückerstattungen infolge Herabsetzung des Steuerbetrags im Rechtsmittelverfahren werden vom Tag der Zahlung an, frühestens aber nach Ablauf der Zahlungsfrist, bis zum Tag der Steuerrückerstattung verzinst.

---

[1] Fassung gemäss RRB vom 13. September 2000 (OS 56, 303). In Kraft seit 1. Oktober 2000.
[2] Fassung gemäss RRB vom 30. Juni 2010 (OS 65, 468; ABl 2010, 1481). In Kraft seit 1. August 2010.

III. Zinssätze

§ 10[1]

Die Finanzdirektion setzt die Zinssätze für Vergütungs- und Verzugszinsen sowie für Zinsen auf Steuerrückerstattungen fest.

IV. Zahlungserleichterungen

§ 11

[1] Stundung und Ratenzahlungen sind nur zu bewilligen, wenn die Zahlung des Steuerbetrags für den Steuerpflichtigen eine Härte bedeutet und ausreichende Sicherheit durch Hinterlegen guter Wertpapiere, Grundpfandverschreibung oder Solidarbürgschaft geleistet wird.

[2] Auf Sicherstellung kann verzichtet werden, wenn das der Erbschafts- oder Schenkungssteuer unterliegende Vermögen seit dem Übergang auf den Steuerpflichtigen ohne sein Verschulden einen erheblichen Wertzerfall erfahren hat und der Steuerpflichtige nicht über genügend andere Mittel verfügt.

[3] Dem Empfänger einer periodischen Leistung, ausgenommen Nutzniessungsberechtigten, sind Ratenzahlungen zu bewilligen, wenn der Steuerpflichtige nicht über genügend andere Mittel für die Zahlung des Steuerbetrags verfügt.[2]

D. Schlussbestimmungen

I. Übergangsbestimmung

§ 12

[1] Die Bestimmungen dieser Verordnung finden nach ihrem Inkrafttreten auf sämtliche Erbschafts- und Schenkungssteuerverfahren Anwendung.

[2] Ausgleichszinsen werden frühestens ab 1. April 1989 berechnet.

[3] Nachsteuerzinsen werden nur bei den nach Inkrafttreten dieser Verordnung eingeleiteten Nachsteuerverfahren und frühestens ab 1. Januar 1987 erhoben.

II. Inkrafttreten

§ 13

Die Verordnung tritt am 1. Januar 1987 in Kraft.

---

[1] Fassung gemäss RRB vom 30. Juni 2010 (OS 65, 468; ABl 2010, 1481). In Kraft seit 1. August 2010.
[2] Fassung gemäss RRB vom 30. Juni 2010 (OS 65, 468; ABl 2010, 1481). In Kraft seit 1. August 2010.

Verwaltungsverordnungen

Verwaltungsverordnungen (VVO) der ESTV und der SSK

- ⇨ Suchlisten
- A Kreisschreiben ESTV
- B Rundschreiben / Mitteilungen ESTV
- C Merkblätter ESTV / Informationen / Erläuterungen EFD
- D Wegleitungen ESTV, SSK / Arbeitspapiere ESTV
- E Kreisschreiben SSK
- F Praxishinweise Kanton Zürich

☞ *Bitte beachten Sie, dass die Verwaltungsverordnungen in chronolgisch absteigender Form im Werk enthalten sind. Aus diesem Grund folgt z.B. auf A96 das Dokument A95, A94 etc. Zudem werden aufgrund der fortwährend steigenden Anzahl und des wachsenden Umfanges einzelne, selten gesuchte Dokumente nur noch im eBook vollständig abgedruckt. Im physischen Werk bleibt jedoch mindestens die Titelseite abgebildet.*

Liste nach Typ der Verwaltungsverordnung / Chronologie

A Kreisschreiben ESTV

KS ESTV Nr. 50a	05.12.2023	Bestechungsgelder an Amtsträger und Private	A96
KS ESTV Nr. 49	13.07.2020	Ausland-Ausland-Geschäfte	A95
KS ESTV Nr. 48	04.12.2019	Verwirkung des Anspruchs auf Rückerstattung der VSt	A94
KS ESTV Nr. 47	25.07.2019	Obligationen	A93
KS ESTV Nr. 46	24.07.2019	Konsortial-, Schuldscheindarlehen, Wechsel, Unterbeteiligungen	A92
KS ESTV Nr. 45	12.06.2019	Quellenbesteuerung des Erwerbseinkommens	A91
KS ESTV Nr. 44	24.07.2018	Aufwandbesteuerung	A90
KS ESTV Nr. 37a	04.05.2018	Mitarbeiterbeteiligungen; Arbeitgeberin	A89
KS ESTV Nr. 43	26.02.2018	Preise, Ehrengaben, Stipendien	A88
KS ESTV Nr. 42	30.11.2017	Berufsorientierte Aus- und Weiterbildung	A87
KS ESTV Nr. 41	18.09.2014	Freizügigkeit in der beruflichen Vorsorge	A86
KS ESTV Nr. 39	23.12.2013	Aktionärsoptionen	A84
KS ESTV Nr. 38	17.07.2013	Kapitalgewinnbesteuerung bei Landwirten *(Version: 29.9.2017)*	A83
KS ESTV Nr. 37	30.10.2020	Besteuerung von Mitarbeiterbeteiligungen	A82
KS ESTV Nr. 36	27.07.2012	Gewerbsmässiger Wertschriftenhandel	A81
KS ESTV Nr. 35	02.12.2011	Konzessionierte Verkehrs- und Infrastrukturunternehmen	A80
KS ESTV Nr. 34	22.11.2011	Kundenguthaben	A79
KS ESTV Nr. 33	04.02.2011	Stempelabgabe auf Versicherungsprämien	A78
KS ESTV Nr. 32a	20.01.2025	Sanierung	A77
KS ESTV Nr. 31	22.12.2010	Verpachtung	A76
KS ESTV Nr. 30	21.12.2010	Ehepaar- und Familienbesteuerung	A75
KS ESTV Nr. 29c	23.12.2022	Kapitaleinlageprinzip	A74
KS ESTV Nr. 28	03.11.2010	Liquidationsgewinne	A73
KS ESTV Nr. 27	17.12.2009	Beteiligungsabzug	A72
KS ESTV Nr. 26	16.12.2009	Selbständige Erwerbstätigkeit USR II *(Version: 6.2.2024)*	A71
KS ESTV Nr. 25	23.02.2018	Kollektive Kapitalanlagen; Anleger	A70
KS ESTV Nr. 24	20.11.2017	Kollektive Kapitalanlagen	A69
KS ESTV Nr. 23a	31.01.2020	Teilbesteuerung im GV	A68
KS ESTV Nr. 22a	31.01.2020	Teilbesteuerung im PV	A67
KS ESTV Nr. 21	01.04.2008	Ertragsgutschrift ausländischer Banken	A66
KS ESTV Nr. 18	17.07.2008	Vorsorgebeiträge und Säule 3a	A63
KS ESTV Nr. 17	03.10.2007	Wohneigentumsförderung BVG	A62
KS ESTV Nr. 15	03.10.2017	Obligationen und Derivate	A60
KS ESTV Nr. 14	06.11.2007	Indirekte Teilliquidation	A59
KS ESTV Nr. 13	01.01.2018	Securities Lending	A58
KS ESTV Nr. 12	10.03.2011	Umsatzabgabe	A57
KS ESTV Nr. 11	31.08.2005	Krankheits- und Unfallkosten	A56
KS ESTV Nr. 5a	01.02.2022	Umstrukturierungen	A50
KS ESTV Nr. 4	19.03.2004	Dienstleistungsgesellschaften	A49
KS ESTV Nr. 1	03.10.2002	Abgangsentschädigung	A48
KS ESTV Nr. 5	19.08.1999	Eigene Beteiligungsrechte	A42
KS ESTV Nr. 6a	10.10.2024	Verdecktes Eigenkapital	A38
KS ESTV Nr. 24	30.06.1995	Einmalprämienversicherung	A36
KS ESTV Nr. 19	07.03.1995	Auskunftspflicht	A34
KS ESTV Nr. 12	08.07.1994	Steuerbefreiung jP	A30

B Rundschreiben / Mitteilungen ESTV

M ESTV Nr. 22	09.12.2024	Eigene Aktien	B114
M ESTV Nr. 21	01.11.2024	Vermittlung im Konzern	B113
M ESTV Nr. 19	13.09.2022	Verjährungsfristen, Rückerstattung VSt	B112
M ESTV Nr. 17	19.07.2022	Sekundärberichtigung VSt	B111
M ESTV Nr. 12	24.05.2019	Prinzipalgesellschaften / Swiss Finance Branches ab 1.1.2020	B109
M ESTV Nr. 11	29.04.2019	Steuervorbescheide / Steuerrulings	B108
M ESTV Nr. 10	05.02.2019	Guthaben im Konzern VSt	B107
M ESTV Nr. 8	10.07.2018	Zeitgleiche Dividendenverbuchung in Konzernverhältnissen	B105
M ESTV Nr. 4	01.02.2017	Rückforderung von Verzugszinsen VSt	B104
RS ESTV	27.01.2025	Geldwerte Leistungen 2025	B86
RS ESTV	28.01.2025	Zinssätze Fremdwährungen 2025	B85
RS ESTV *(online)*	07.01.2025	Zinssätze DBST, Sicherheitseigenkapital / Abzüge Säule 3a 2025	B84
RS ESTV	22.08.2024	Berufskosten / Ausgleich kalte Progression 2025	B83
RS ESTV	10.07.2019	Eigenmietwertzuschlag DBST ab Steuerperiode 2018	B82
RS ESTV	24.01.2025	Quellenbesteuerung und DBA 2025	B81
RS ESTV	08.10.2024	Quellensteuertarife 2025	B80
RS ESTV	06.04.2020	Covid-19 Erwerbsausfall	B23
RS ESTV	25.01.2018	Massnahmen zur Bekämpfung der Schwarzarbeit	B21
RS ESTV	12.12.2008	Steuerbefreiung von internationalen Sportverbänden	B20
RS ESTV	28.04.2015	Atypische stille Beteiligungen	B17
RS ESTV	24.02.2010	Freigrenze für Zinsen von Kundenguthaben	B16

Nr.	Datum	Titel	#
RS ESTV	10.07.2018	Straflose Selbstanzeige	B15
RS ESTV	29.06.2015	Steuererlass DBST	B13
RS ESTV	18.07.2006	Indirekte Teilliquidation und Transponierung	B11
RS ESTV	24.03.2004	Parallelität des Instanzenzuges	B10

C Merkblätter ESTV / Informationen / Erläuterungen EFD

E EFD	22.12.2023	OECD/G20-Mindestbesteuerung in der Schweiz *(Stand: 1.1.2025)*	C104
E EFD	13.11.2019	Abzug auf Eigenfinanzierung	C103
E EFD	13.11.2019	Patentbox	C102
E EFD	09.03.2018	Liegenschaftskosten	C100
MB ESTV A	03.12.2019	Abschreibung auf Anlagevermögen	C78
MB ESTV N 1	2007	Naturalbezüge Selbstständigerwerbender *(Stand: 1.1.2022)*	C77
MB ESTV N 2	2007	Naturalbezüge Arbeitnehmender	C76
MB ESTV	01.01.2025	Ersatzeinkünfte	C75
MB ESTV	01.01.2025	Hypothekarzinsen	C74
MB ESTV	01.01.2025	Studenten, Lernende und Praktikanten	C73
MB ESTV	01.01.2025	Künstler, Sportler und Referenten	C72
MB ESTV	01.01.2025	Öffentlich-rechtliche Vorsorgeleistung	C71
MB ESTV	01.01.2025	Privatrechtliche Vorsorgeleistung	C70
MB ESTV	01.01.2025	Internationale Transporte	C69
MB ESTV	01.01.2025	Verwaltungsräte	C68
MB ESTV	11.2014	Einkünfte VSt in einfacher BH	C27
MB ESTV	11.2014	Einkünfte VSt in doppelter BH	C26
MB ESTV	21.10.2020	Anrechnung ausländischer Quellensteuern DA-M	C25
MB ESTV	06.2002	Investment-Clubs	C24
MB ESTV	30.06.2002	Meldeverfahren im Konzernverhältnis	C23
MB ESTV	02.2001	Dreieckstheorie und Leistungsempfänger VSt	C22
MB ESTV	03.2001	Qualified Intermediaries	C21
MB ESTV	04.1999	Geldmarktpapiere	C20
MB ESTV	30.04.1999	Gratisaktien	C17
MB ESTV	09.1993	Treuhandverhältnisse	C15
MB ESTV	05.1993	Treuhandkonto	C14
MB ESTV	12.11.1992	Präponderanzmethode	C12

D Wegleitungen / Arbeitspapiere ESTV, SSK, SIF

RL ESTV et al.	05.10.2021	Verhaltenskodex Steuern 2021	D15
Arbeitspapier ESTV	14.12.2021	Kryptowährungen	D13
WL ESTV, SSK	28.08.2008	Bewertung von Wertpapieren ohne Kurswert *(Version: 27.1.2023)*	D12
WL ESTV, SSK	01.2025	Neuer Lohnausweis	D11

E Kreisschreiben / Analysen / Empfehlungen SSK

KS SSK Nr. 35	26.08.2020	Quellensteuerpflichtige Personen, interkantonale Verhältnisse	E67
KS SSK Nr. 34	15.01.2020	Interkantonale Steuerausscheidung STAF	E66
KS SSK Nr. 33	06.09.2011	Konzessionierte Verkehrs- und Infrastrukturunternehmen	E65
KS SSK Nr. 32	01.07.2009	Teilbesteuerung interkantonal	E64
KS SSK Nr. 31a	10.02.2023	Interkantonale Repartition der StA	E63
KS SSK Nr. 30	22.08.2007	Trusts	E62
KS SSK Nr. 29	27.06.2007	Leasinggeschäfte mit Immobilien	E61
KS SSK Nr. 27	15.03.2007	Ausscheidungsverluste	E59
KS SSK Nr. 24	17.12.2003	Interkantonale Verlustverrechnung	E58
KS SSK Nr. 22	26.08.2020	Repartitionsfaktoren	E57
KS SSK Nr. 21	28.11.2001	Vorgehen bei Sonderfällen	E56
KS SSK Nr. 19	31.08.2001	Ersatzbeschaffung	E54
KS SSK Nr. 18	27.11.2001	Interkantonale Steuerausscheidung nP	E53
KS SSK Nr. 17	27.11.2001	Interkantonale Steuerausscheidung jP	E52
KS SSK Nr. 16	31.08.2001	Interkantonales Verhältnis im StHG	E51
KS SSK Nr. 15	31.08.2001	Vereinfachung und Koordination	E50
KS SSK Nr. 01	30.06.2010	Öffentlich-rechtliches Arbeitsverhältnis im Ausland	E40
Analyse SSK	26.04.2022	Telearbeit / Homeoffice im Unternehmen	E33
Analyse SSK	30.09.2021	Aufwandbesteuerung; ausländische Liegenschaften	E32
Analyse SSK	04.06.2020	F&E-Aufwand; zusätzlicher Abzug STAF	E31
Analyse SSK	05.02.2020	Neue Rechnungslegung; steuerrechtliche Analyse	E30
Empfehlung SSK	19.06.2024	Kapitalleistungen aus Leibrentenversicherungen	E20

MWST-Informationen ESTV, BAZG

Liste (MI, MBI, ZI) *(siehe S. 1002 f.)*	MI

F Praxishinweise Kanton Zürich

Praxishinweis ZH	03.06.2020	Sondersteuer bei Statuswechsel	F12
Praxishinweis ZH	24.05.2018	Statuswechsel §§ 73 und 74 StG ZH	F11

Suchlisten | Schweizer Steuergesetze 2025

Liste nach Alphabet

Abgangsentschädigung	KS ESTV Nr. 1	03.10.2002	**A48**
Abschreibung auf Anlagevermögen	MB ESTV A	05.2011	**C78**
Abzug auf Eigenfinanzierung	E EFD	13.11.2019	**C103**
Aktionärsoptionen	KS ESTV Nr. 39	23.12.2013	**A84**
Anrechnung ausländischer Quellensteuern DA-M	MB ESTV	21.10.2020	**C25**
Atypische stille Beteiligungen	RS ESTV	28.04.2015	**B17**
Aufwandbesteuerung	KS ESTV Nr. 44	24.07.2018	**A90**
Aufwandbesteuerung; ausserkantonale Liegenschaften	Analyse SSK	30.09.2021	**E32**
Auskunftspflicht	KS ESTV Nr. 19	07.03.1995	**A34**
Ausland-Ausland-Geschäfte	KS ESTV Nr. 49	13.07.2020	**A95**
Ausscheidungsverluste	KS SSK Nr. 27	15.03.2007	**E59**
Berufskosten / Ausgleich kalte Progression 2025	RS ESTV	22.08.2024	**B83**
Berufsorientierte Aus- und Weiterbildung	KS ESTV Nr. 42	30.11.2017	**A87**
Bestechungsgelder an Amtsträger und Private	KS ESTV Nr. 50a	05.12.2023	**A96**
Beteiligungsabzug	KS ESTV Nr. 27	17.12.2009	**A72**
Bewertung von Wertpapieren ohne Kurswert *(Version: 27.1.2023)*	WL ESTV, SSK	28.08.2008	**D12**
Covid-19 Erwerbsausfall	RS ESTV	06.04.2020	**B23**
Dienstleistungsgesellschaften	KS ESTV Nr. 4	19.03.2004	**A49**
Dreieckstheorie und Leistungsempfänger VSt	MB ESTV	02.2001	**C22**
Ehepaar- und Familienbesteuerung	KS ESTV Nr. 30	21.12.2010	**A75**
Eigene Aktien	M ESTV Nr. 22	09.12.2024	**B114**
Eigene Beteiligungsrechte	KS ESTV Nr. 5	19.08.1999	**A42**
Eigenmietwertzuschlag DBST ab Steuerperiode 2018	RS ESTV	10.07.2019	**B82**
Einkünfte VSt in doppelter BH	MB ESTV	11.2014	**C26**
Einkünfte VSt in einfacher BH	MB ESTV	11.2014	**C27**
Einmalprämienversicherung	KS ESTV Nr. 24	30.06.1995	**A36**
Ersatzbeschaffung	KS SSK Nr. 19	31.08.2001	**E54**
Ersatzeinkünfte	MB ESTV	01.01.2025	**C75**
Ertragsgutschrift ausländischer Banken	KS ESTV Nr. 21	01.04.2008	**A66**
Freigrenze für Zinsen von Kundenguthaben	RS ESTV	24.02.2010	**B16**
Freizügigkeit in der beruflichen Vorsorge	KS ESTV Nr. 41	18.09.2014	**A86**
F&E-Aufwand; zusätzlicher Abzug STAF	Analyse SSK	04.06.2020	**E31**
Geldmarktpapiere	MB ESTV	04.1999	**C20**
Geldwerte Leistungen 2025	RS ESTV	27.01.2025	**B86**
Gewerbsmässiger Wertschriftenhandel	KS ESTV Nr. 36	27.07.2012	**A81**
Gratisaktien	MB ESTV	30.04.1999	**C17**
Guthaben im Konzern VSt	M ESTV Nr. 10	05.02.2019	**B107**
Hypothekarzinsen	MB ESTV	01.01.2025	**C74**
Indirekte Teilliquidation	KS ESTV Nr. 14	06.11.2007	**A59**
Indirekte Teilliquidation und Transponierung – Anpassung	RS ESTV	18.07.2006	**B11**
Interkantonale Repartition der StA	KS SSK Nr. 31a	10.02.2023	**E63**
Interkantonale Steuerausscheidung jP	KS SSK Nr. 17	27.11.2001	**E52**
Interkantonale Steuerausscheidung nP	KS SSK Nr. 18	27.11.2001	**E53**
Interkantonale Steuerausscheidung STAF	KS SSK Nr. 34	15.01.2020	**E66**
Interkantonale Verlustverrechnung	KS SSK Nr. 24	17.12.2003	**E58**
Interkantonales Verhältnis im StHG	KS SSK Nr. 16	31.08.2001	**E51**
Internationale Transporte	MB ESTV	01.01.2025	**C69**
Investment-Clubs	MB ESTV	06.2002	**C24**
Kapitaleinlageprinzip	KS ESTV Nr. 29c	23.12.2022	**A74**
Kapitalgewinnbesteuerung bei Landwirten *(Version: 29.9.2017)*	KS ESTV Nr. 38	17.07.2013	**A83**
Kapitalleistungen aus Leibrentenversicherungen	Empfehlung SSK	19.06.2024	**E20**
Kollektive Kapitalanlagen	KS ESTV Nr. 24	20.11.2017	**A69**
Kollektive Kapitalanlagen; Anleger	KS ESTV Nr. 25	23.02.2018	**A70**
Konsortial-, Schuldscheindarlehen, Wechsel, Unterbeteiligungen	KS ESTV Nr. 46	24.07.2019	**A92**
Konzessionierte Verkehrs- und Infrastrukturunternehmen	KS ESTV Nr. 35	02.12.2011	**A80**
Konzessionierte Verkehrs- und Infrastrukturunternehmen KT	KS SSK Nr. 33	06.09.2011	**E65**
Krankheits- und Unfallkosten	KS ESTV Nr. 11	31.08.2005	**A56**
Kryptowährungen	Arbeitspapier ESTV	14.12.2021	**D13**
Kundenguthaben	KS ESTV Nr. 34	26.07.2011	**A79**
Künstler, Sportler und Referenten	MB ESTV	01.01.2025	**C72**
Leasinggeschäfte mit Immobilien	KS SSK Nr. 29	27.06.2007	**E61**
Liegenschaftskosten	E EFD	09.03.2018	**C100**
Liquidationsgewinne	KS ESTV Nr. 28	03.11.2010	**A73**

Titel	Nr.	Datum	#
Lohnausweis, Neuer	WL ESTV, SSK	01.2025	**D11**
Massnahmen zur Bekämpfung der Schwarzarbeit	RS ESTV	25.01.2018	**B21**
Meldeverfahren im Konzernverhältnis	MB ESTV	30.06.2002	**C23**
Mitarbeiterbeteiligungen	KS ESTV Nr. 37	30.10.2020	**A82**
Mitarbeiterbeteiligungen; Arbeitgeberin	KS ESTV Nr. 37a	04.05.2018	**A89**
MWST-Informationen ESTV, BAZG *(siehe S. 1002f.)*	MI, MBI, ZI		**MI**
Naturalbezüge Arbeitnehmender	MB ESTV N 2	2007	**C76**
Naturalbezüge Selbstständigerwerbender *(Stand: 1.1.2022)*	MB ESTV N 1	2007	**C77**
Neue Rechnungslegung; steuerrechtliche Analyse	Analyse SSK	05.02.2020	**E30**
Obligationen	KS ESTV Nr. 47	25.07.2019	**A93**
Obligationen und Derivate	KS ESTV Nr. 15	03.10.2017	**A60**
OECD/G20-Mindestbesteuerung in der Schweiz *(Stand: 1.1.2025)*	E EFD	22.12.2023	**C104**
Öffentlich-rechtliches Arbeitsverhältnis im Ausland	KS SSK Nr. 1	30.06.2010	**E40**
Öffentlich-rechtliche Vorsorgeleistung	MB ESTV	01.01.2025	**C71**
Parallelität des Instanzenzuges	RS ESTV	24.03.2004	**B10**
Patentbox	E EFD	13.11.2019	**C102**
Präponderanzmethode	MB ESTV	12.11.1992	**C12**
Preise, Ehrengaben, Stipendien	KS ESTV Nr. 43	26.02.2018	**A88**
Prinzipalgesellschaften/Swiss Finance Branches ab 1.1.2020	M ESTV Nr. 12	24.05.2019	**B109**
Privatrechtliche Vorsorgeleistung	MB ESTV	01.01.2025	**C70**
Qualified Intermediaries	MB ESTV	03.2001	**C21**
Quellenbesteuerung des Erwerbseinkommens	KS ESTV Nr. 45	12.06.2019	**A91**
Quellenbesteuerung und DBA 2025	RS ESTV	24.01.2025	**B81**
Quellensteuerpflichtige Personen, interkantonale Verhältnisse	KS SSK Nr. 35	26.08.2020	**E67**
Quellensteuertarife 2025	RS ESTV	08.10.2024	**B80**
Repartitionsfaktoren	KS SSK Nr. 22	26.08.2020	**E57**
Rückforderung von Verzugszinsen VSt	M ESTV Nr. 4	01.02.2017	**B104**
Sanierung	KS ESTV Nr. 32a	20.01.2025	**A77**
Securities Lending	KS ESTV Nr. 13	01.01.2018	**A58**
Sekundärberichtigung VSt	M ESTV Nr. 17	19.07.2022	**B111**
Selbständige Erwerbstätigkeit USR II *(Version: 6.2.2024)*	KS ESTV Nr. 26	16.12.2009	**A71**
Sondersteuer bei Statuswechsel	Praxishinweis ZH	03.06.2020	**F12**
Statuswechsel §§ 73 und 74 StG ZH	Praxishinweis ZH	24.05.2018	**F11**
Stempelabgabe auf Versicherungsprämien	KS ESTV Nr. 33	04.02.2011	**A78**
Steuerbefreiung jP	KS ESTV Nr. 12	08.07.1994	**A30**
Steuerbefreiung von internationalen Sportverbänden	RS ESTV	12.12.2008	**B20**
Steuererlass DBST	RS ESTV	29.06.2015	**B13**
Steuervorbescheide/Steuerrulings	M ESTV Nr. 11	29.04.2019	**B108**
Straflose Selbstanzeige	RS ESTV	10.07.2018	**B15**
Studenten, Lernende und Praktikanten	MB ESTV	01.01.2025	**C73**
Teilbesteuerung im GV	KS ESTV Nr. 23a	31.01.2020	**A68**
Teilbesteuerung im PV	KS ESTV Nr. 22a	31.01.2020	**A67**
Teilbesteuerung interkantonal	KS SSK Nr. 32	01.07.2009	**E64**
Telearbeit/Homeoffice im Unternehmen	Analyse SSK	26.04.2022	**E33**
Treuhandkonto	MB ESTV	05.1993	**C14**
Treuhandverhältnisse	MB ESTV	09.1993	**C15**
Trusts	KS SSK Nr. 30	22.08.2007	**E62**
Umsatzabgabe	KS ESTV Nr. 12	10.03.2011	**A57**
Umstrukturierungen	KS ESTV Nr. 5a	01.02.2022	**A50**
Verdecktes Eigenkapital	KS ESTV Nr. 6a	10.10.2024	**A38**
Vereinfachung und Koordination	KS SSK Nr. 15	31.08.2001	**E50**
Verhaltenskodex Steuern 2021	RL ESTV et al.	05.10.2021	**D15**
Verjährungsfristen, Rückerstattung VSt	M ESTV Nr. 19	13.09.2022	**B112**
Vermittlung im Konzern	M ESTV Nr. 21	01.11.2024	**B113**
Verpachtung	KS ESTV Nr. 31	22.12.2010	**A76**
Verwaltungsräte	MB ESTV	01.01.2025	**C68**
Verwirkung des Anspruchs auf Rückerstattung der VSt	KS ESTV Nr. 48	04.12.2019	**A94**
Vorgehen bei Sonderfällen	KS SSK Nr. 21	28.11.2001	**E56**
Vorsorgebeiträge und Säule 3a	KS ESTV Nr. 18	17.07.2008	**A63**
Wohneigentumsförderung BVG	KS ESTV Nr. 17	03.10.2007	**A62**
Zeitgleiche Dividendenverbuchung in Konzernverhältnissen	M ESTV Nr. 8	10.07.2018	**B105**
Zinssätze DBST, Sicherheitseigenkapital/Abzüge Säule 3a 2025	RS ESTV *(online)*	07.01.2025	**B84**
Zinssätze Fremdwährungen 2025	RS ESTV	28.01.2025	**B85**

A | KS
B | RS/M
C | MB/E
D | WL
E | KS SSK
F | KT ZH

Liste nach steuerrechtlichen Kategorien

Erwerbseinkommen / Abzüge

Abgangsentschädigung	KS ESTV Nr. 1	03.10.2002	**A48**
Aufwandbesteuerung	KS ESTV Nr. 44	24.07.2018	**A90**
Berufskosten / Ausgleich kalte Progression 2025	RS ESTV	22.08.2024	**B83**
Berufsorientierte Aus- und Weiterbildung	KS ESTV Nr. 42	30.11.2017	**A87**
Covid-19 Erwerbsausfall	RS ESTV	06.04.2020	**B23**
Ehepaar- und Familienbesteuerung	KS ESTV Nr. 30	21.12.2010	**A75**
Krankheits- und Unfallkosten	KS ESTV Nr. 11	31.08.2005	**A56**
Lohnausweis, Neuer	WL ESTV, SSK	01.2025	**D11**
Mitarbeiterbeteiligungen	KS ESTV Nr. 37	30.10.2020	**A82**
Naturalbezüge Arbeitnehmender *(Stand: 1.1.2022)*	MB ESTV N 2	2007	**C76**
Preise, Ehrengaben, Stipendien	KS ESTV Nr. 43	26.02.2018	**A88**
Quellenbesteuerung des Erwerbseinkommens	KS ESTV Nr. 45	12.06.2019	**A91**
Quellensteuertarife 2025	RS ESTV	08.10.2024	**B80**
Teilbesteuerung im PV	KS ESTV Nr. 22a	31.01.2020	**A68**
Zinssätze DBST, Sicherheitseigenkapital / Abzüge Säule 3a 2025	RS ESTV *(online)*	07.01.2025	**B84**

Vermögen / Ertrag

Aktionärsoptionen	KS ESTV Nr. 39	23.12.2013	**A84**
Bewertung von Wertpapieren ohne Kurswert *(Version: 27.1.2023)*	WL ESTV, SSK	28.08.2008	**D12**
Ertragsgutschrift ausländischer Banken	KS ESTV Nr. 21	01.04.2008	**A66**
Geldmarktpapiere	MB ESTV	04.1999	**C20**
Gewerbsmässiger Wertschriftenhandel	KS ESTV Nr. 36	27.07.2012	**A81**
Gratisaktien	MB ESTV	30.04.1999	**C17**
Kollektive Kapitalanlagen; Anleger	KS ESTV Nr. 25	23.02.2018	**A70**
Konsortial-, Schuldscheindarlehen, Wechsel, Unterbeteiligungen	KS ESTV Nr. 46	24.07.2019	**A92**
Kryptowährungen	Arbeitspapier ESTV	14.12.2021	**D13**
Kundenguthaben	KS ESTV Nr. 34	27.06.2011	**A79**
Freigrenze für Zinsen von Kundenguthaben	RS ESTV	24.02.2010	**B16**
Obligationen	KS ESTV Nr. 47	25.07.2019	**A93**
Obligationen und Derivate	KS ESTV Nr. 15	03.10.2017	**A60**
Securities Lending	KS ESTV Nr. 13	01.01.2018	**A58**
Stempelabgabe auf Versicherungsprämien	KS ESTV Nr. 33	04.02.2011	**A78**
Verwirkung des Anspruchs auf Rückerstattung der VSt	KS ESTV Nr. 48	04.12.2019	**A94**

Immobilien

Eigenmietwertzuschlag DBST ab Steuerperiode 2018	RS ESTV	10.07.2019	**B82**
Leasinggeschäfte mit Immobilien	KS SSK Nr. 29	27.06.2007	**E61**
Liegenschaftskosten	E EFD	09.03.2018	**C100**
Präponderanzmethode	MB ESTV	12.11.1992	**C12**
Repartitionsfaktoren	KS SSK Nr. 22	26.08.2020	**E57**

Versicherungen

Einmalprämienversicherung	KS ESTV Nr. 24	30.06.1995	**A36**
Kapitalleistungen aus Leibrentenversicherungen	Empfehlung SSK	19.06.2024	**E20**

Vorsorge

Freizügigkeit in der beruflichen Vorsorge	KS ESTV Nr. 41	18.09.2014	**A86**
Vorsorgebeiträge und Säule 3a	KS ESTV Nr. 18	17.07.2008	**A63**
Wohneigentumsförderung BVG	KS ESTV Nr. 17	03.10.2007	**A62**

Unternehmen – Allgemeines

Abschreibung auf Anlagevermögen	MB ESTV A	05.2011	**C78**
Bestechungsgelder an Amtsträger und Private	KS ESTV Nr. 50a	05.12.2023	**A96**
Beteiligungsabzug	KS ESTV Nr. 27	17.12.2009	**A72**
Einkünfte VSt in doppelter BH	MB ESTV	11.2014	**C26**
Einkünfte VSt in einfacher BH	MB ESTV	11.2014	**C27**
Geldwerte Leistungen 2025	RS ESTV	27.01.2025	**B86**
Kapitalgewinnbesteuerung bei Landwirten *(Version: 29.9.2017)*	KS ESTV Nr. 38	17.07.2013	**A83**
Kapitaleinlageprinzip	KS ESTV Nr. 29c	23.12.2022	**A74**
Konzessionierte Verkehrs- und Infrastrukturunternehmen	KS ESTV Nr. 35	02.12.2011	**A80**
Konzessionierte Verkehrs- und Infrastrukturunternehmen Kt	KS SSK Nr. 33	06.09.2011	**E65**
Massnahmen zur Bekämpfung der Schwarzarbeit	RS ESTV	25.01.2018	**B21**
Mitarbeiterbeteiligungen; Arbeitgeberin	KS ESTV Nr. 37a	04.05.2018	**A89**
Naturalbezüge Selbstständigerwerbender *(Stand: 1.1.2022)*	MB ESTV N 1	2007	**C77**
OECD / G20-Mindestbesteuerung in der Schweiz *(Stand: 1.1.2025)*	E EFD	22.12.2023	**C104**
Selbstständige Erwerbstätigkeit USR II *(Version: 6.2.2024)*	KS ESTV Nr. 26	16.12.2009	**A71**
Steuerbefreiung jP	KS ESTV Nr. 12	08.07.1994	**A30**
Steuerbefreiung von internationalen Sportverbänden	RS ESTV	12.12.2008	**B20**
Teilbesteuerung im GV	KS ESTV Nr. 23a	31.01.2020	**A68**
Umsatzabgabe	KS ESTV Nr. 12	10.03.2011	**A57**
Verdecktes Eigenkapital	KS ESTV Nr. 6a	10.10.2024	**A38**
Verpachtung	KS ESTV Nr. 31	22.12.2010	**A76**
Zinssätze Fremdwährungen 2025	RS ESTV	28.01.2025	**B85**

Titel	Nr.	Datum	#
Unternehmen – Strukturen			
Dreieckstheorie und Leistungsempfänger VSt	MB ESTV	02.2001	C22
Eigene Aktien	M ESTV Nr. 22	09.12.2024	B114
Eigene Beteiligungsrechte	KS ESTV Nr. 5	19.08.1999	A42
Guthaben im Konzern VSt	M ESTV Nr. 10	05.02.2019	B107
Indirekte Teilliquidation	KS ESTV Nr. 14	06.11.2007	A59
Indirekte Teilliquidation und Transponierung	RS ESTV	18.07.2006	B11
Liquidationsgewinne	KS ESTV Nr. 28	03.11.2010	A73
Meldeverfahren im Konzernverhältnis	MB ESTV	30.06.2002	C23
Rückforderung von Verzugszinsen VSt	M ESTV Nr. 4	01.02.2017	B104
Sanierung	KS ESTV Nr. 32a	20.01.2025	A77
Sekundärberichtigung VSt	M ESTV Nr. 17	19.07.2022	B111
Umstrukturierungen	KS ESTV Nr. 5a	01.02.2022	A50
Verjährungsfristen, Rückerstattung VSt	M ESTV Nr. 19	13.09.2022	B112
Vermittlung im Konzern	M ESTV Nr. 21	01.11.2024	B113
Zeitgleiche Dividendenverbuchung in Konzernverhältnissen	M ESTV Nr. 8	10.07.2018	B105
Spezialkonstrukte			
Abzug auf Eigenfinanzierung	E EFD	13.11.2019	C103
Atypische stille Beteiligungen	RS ESTV	28.04.2015	B17
Ausland-Ausland-Geschäfte	KS ESTV Nr. 49	13.07.2020	A95
Dienstleistungsgesellschaften	KS ESTV Nr. 4	19.03.2004	A49
Investment-Clubs	MB ESTV	06.2002	C24
Kollektive Kapitalanlagen	KS ESTV Nr. 24	20.11.2017	A69
F&E-Aufwand; zusätzlicher Abzug STAF	Analyse SSK	04.06.2020	E31
Patentbox	E EFD	13.11.2019	C102
Prinzipalgesellschaften / Swiss Finance Branches ab 1.1.2020	M ESTV Nr. 12	24.05.2019	B109
Sondersteuer bei Statuswechsel	Praxishinweis ZH	03.06.2020	F12
Statuswechsel §§ 73 und 74 StG ZH	Praxishinweis ZH	24.05.2018	F11
Treuhandkonto	MB ESTV	05.1993	C14
Treuhandverhältnisse	MB ESTV	09.1993	C15
Trusts	KS SSK Nr. 30	22.08.2007	E62
Interkantonales Steuerrecht			
Aufwandbesteuerung; ausserkantonale Liegenschaften	Analyse SSK	30.09.2021	E32
Ausscheidungsverluste	KS SSK Nr. 27	15.03.2007	E59
Ersatzbeschaffung	KS SSK Nr. 19	31.08.2001	E54
Interkantonale Repartition der StA	KS SSK Nr. 31a	10.02.2023	E63
Interkantonale Steuerausscheidung jP	KS SSK Nr. 17	27.11.2001	E52
Interkantonale Steuerausscheidung nP	KS SSK Nr. 18	27.11.2001	E53
Interkantonale Steuerausscheidung STAF	KS SSK Nr. 34	15.01.2020	E66
Interkantonale Verlustverrechnung	KS SSK Nr. 24	17.12.2003	E58
Interkantonales Verhältnis im StHG	KS SSK Nr. 16	31.08.2001	E51
Quellensteuerpflichtige Personen, interkantonale Verhältnisse	KS SSK Nr. 35	26.08.2020	E67
Teilbesteuerung interkantonal	KS SSK Nr. 32	01.07.2009	E64
Telearbeit / Homeoffice im Unternehmen	Analyse SSK	26.04.2022	E33
Vereinfachung und Koordination	KS SSK Nr. 15	31.08.2001	E50
Vorgehen bei Sonderfällen	KS SSK Nr. 21	28.11.2001	E56
Internationales Steuerrecht			
Anrechnung ausländischer Quellensteuern DA-M	MB ESTV	21.10.2020	C25
Ersatzeinkünfte	MB ESTV	01.01.2025	C75
Hypothekarzinsen	MB ESTV	01.01.2025	C74
Internationale Transporte	MB ESTV	01.01.2025	C69
Künstler, Sportler und Referenten	MB ESTV	01.01.2025	C72
Öffentlich-rechtliches Arbeitsverhältnis im Ausland	KS SSK Nr. 1	30.06.2010	E40
Öffentlich-rechtliche Vorsorgeleistung	MB ESTV	01.01.2025	C71
Pauschale Steueranrechnung	MB ESTV	05.2003	C25
Privatrechtliche Vorsorgeleistung	MB ESTV	01.01.2025	C70
Qualified Intermediaries	MB ESTV	03.2001	C21
Quellenbesteuerung und DBA 2025	RS ESTV	24.01.2025	B81
Studenten, Lernende und Praktikanten	MB ESTV	01.01.2025	C73
Verwaltungsräte	MB ESTV	01.01.2025	C68
MWST-Informationen ESTV, BAZG			
Liste (MI, MBI, ZI) *(siehe Seite 1002f.)*			MI
Verfahren			
Auskunftspflicht	KS ESTV Nr. 19	07.03.1995	A34
Neue Rechnungslegung; steuerrechtliche Analyse	Analyse SSK	05.02.2020	E30
Parallelität des Instanzenzuges	RS ESTV	24.03.2004	B10
Steuererlass DBST	RS ESTV	29.06.2015	B13
Steuervorbescheide / Steuerrulings	M ESTV Nr. 11	29.04.2019	B108
Straflose Selbstanzeige	RS ESTV	10.07.2018	B15
Verhaltenskodex Steuern 2021	RL ESTV et al.	05.10.2021	D15

A | KS
B | RS/M
C | MB/E
D | WL
E | KS SSK
F | KT ZH

Gesamtliste der gültigen Verwaltungsverordnungen (VVO) der ESTV HA DVS und SSK

Nicht mehr gültige VVO sind grau hinterlegt

Nr.	Datum	Titel (nicht mehr gültige VVO sind grau hinterlegt)	zit. im Text	bis	Index*/ Ausgabe
Kreisschreiben ESTV					
KS ESTV Nr. 50a	05.12.2023	Unzulässigkeit des steuerlichen Abzugs von Bestechungsgeldern (gültig ab 5.12.2023 bzw. 1.1.2022; ersetzt KS ESTV Nr. 50 vom 13.07.2020 – [A96])	Bestechungsgelder an Amtsträger und Private		A96
KS ESTV Nr. 50	13.07.2020	Unzulässigkeit des steuerlichen Abzugs von Bestechungsgeldern an Amtsträger (ersetzt KS ESTV Nr. 16 vom 13.07.2007 – [A61])	Bestechungsgelder an Amtsträger	04.12.2023 (31.12.2021)	A96 2023
KS ESTV Nr. 49	13.07.2020	Nachweis des geschäftsmässig begründeten Aufwandes bei Ausland-Ausland-Geschäften (ersetzt KS ESTV Nr. 9 vom 22.06.2005 – [A54])	Ausland-Ausland-Geschäfte		A95
KS ESTV Nr. 48	04.12.2019	Verwirkung des Anspruchs von natürlichen Personen auf Rückerstattung der Verrechnungssteuer gemäss Artikel 23 VStG in der Fassung vom 28.9.2018 (gültig ab 01.01.2019; ersetzt KS ESTV Nr. 40 vom 11.03.2014 – [A85])	Verwirkung des Anspruchs auf Rückerstattung der VSt		A94
KS ESTV Nr. 47	25.07.2019	Obligationen	Obligationen		A93
KS ESTV Nr. 46	24.07.2019	Steuerliche Behandlung von Konsortialdarlehen, Schuldscheindarlehen, Wechseln und Unterbeteiligungen	Konsortialdarlehen, Schuldscheindarlehen, Wechseln, etc.		A92
KS ESTV Nr. 45	12.06.2019	Quellenbesteuerung des Erwerbseinkommens von Arbeitnehmern (gültig ab 01.01.2021)	Quellenbesteuerung des Erwerbseinkommens		A91
KS ESTV Nr. 44	24.07.2018	Besteuerung nach dem Aufwand bei der direkten Bundessteuer (ersetzt KS ESTV Nr. 9 vom 03.12.1993 – [A27])	Aufwandbesteuerung		A90
KS ESTV Nr. 37a	04.05.2018	Steuerliche Behandlung von Mitarbeiterbeteiligungen bei der Arbeitgeberin	Mitarbeiterbeteiligungen; Arbeitgeberin		A89
KS ESTV Nr. 43	26.02.2018	Steuerliche Behandlung von Preisen, Ehrengaben, Auszeichnungen, Stipendien sowie Förderbeiträgen im Kultur-, Sport- und Wissenschaftsbereich (ersetzt KS ESTV Nr. 15 vom 08.04.1953 [A12] und KS ESTV Nr. 8 vom 25.02.1971)	Preise, Ehrengaben, Stipendien		A88
KS ESTV Nr. 42	30.11.2017	Steuerliche Behandlung der berufsorientierten Aus- und Weiterbildungskosten	Berufsorientierte Aus- und Weiterbildung		A87
KS ESTV Nr. 41	18.09.2014	Freizügigkeit in der beruflichen Alters-, Hinterlassenen- und Invalidenvorsorge	Freizügigkeit in der beruflichen Vorsorge		A86
KS ESTV Nr. 40	11.03.2014	Verwirkung des Anspruchs von natürlichen Personen auf Rückerstattung der Verrechnungssteuer gemäss Artikel 23 VStG (ersetzt durch KS ESTV Nr. 48 vom 04.12.2019 – A94)	Verwirkung des Anspruchs auf Rückerstattung der VSt	31.12.2018	A85 2019
KS ESTV Nr. 39	23.12.2013	Besteuerung von Aktionärsoptionen	Aktionärsoptionen		A84
KS ESTV Nr. 38	17.07.2013	Besteuerung von Kapitalgewinnen aufgrund einer Veräusserung von in der Bauzone gelegenen Grundstücken im Geschäftsvermögen von Landwirten (Stand am: 29.09.2017)	Kapitalgewinnbesteuerung bei Landwirten		A83

* Die nicht fett gedruckten 3-stelligen Indexzahlen verweisen auf Dokumente, die in diesem Werk nicht enthalten sind.

Gesamtliste der Verwaltungsverordnungen | **Suchlisten**

Nr.	Datum	Titel (nicht mehr gültige VVO sind grau hinterlegt)	zit. im Text	bis	Index*/ Ausgabe
KS ESTV Nr. 37	30.10.2020	Besteuerung von Mitarbeiterbeteiligungen – Anhang I: Übersicht über Mitarbeiterbeteiligungen – Anhang II: Beispiele – Anhang III: Musterbescheinigungen – Anhang IV: Fallbeispiele zur Quellenbesteuerung – Anhang V: Elektronische Musterbescheinigungen	Mitarbeiterbeteiligungen		A82
KS ESTV Nr. 36	27.07.2012	Gewerbsmässiger Wertschriftenhandel	Gewerbsmässiger Wertschriftenhandel		A81
KS ESTV Nr. 35	02.12.2011	Besteuerung konzessionierter Verkehrs- und Infrastrukturunternehmen	Konzessionierte Verkehrs- und Infrastrukturunternehmen		A80
KS ESTV Nr. 34	26.02.2011	Kundenguthaben	Kundenguthaben		A79
KS ESTV Nr. 33	04.02.2011	Stempelabgabe auf Versicherungsprämien	Stempelabgabe auf Versicherungsprämien		A78
KS ESTV Nr. 32a	20.01.2025	Sanierung von Kapitalgesellschaften und Genossenschaften *(gültig ab 20.01.2025)*	Sanierung		A77
KS ESTV Nr. 32	23.12.2010	Sanierung von Kapitalgesellschaften und Genossenschaften *(ersetzt durch KS ESTV Nr. 32a vom 20.01.2025)*			A77 2024
KS ESTV Nr. 31	22.12.2010	Landwirtschaftliche Betriebe; Aufschubstatbestand bei Verpachtung	Verpachtung		A76
KS ESTV Nr. 30	21.12.2010	Ehepaar- und Familienbesteuerung nach dem Bundesgesetz über die direkte Bundessteuer (DBG) (2. Auflage, gültig ab 1.1.2014) – Übersicht über die Familienkonstellationen – Tabelle zu den verschiedenen Familienkonstellationen	Ehepaar- und Familienbesteuerung		A75
KS ESTV Nr. 29c	23.12.2022	Kapitaleinlageprinzip *(gültig ab 01.01.2023; ersetzt Version vom 23.12.2019)* Anhang 1 - 5	Kapitaleinlageprinzip		A74
KS ESTV Nr. 29b	23.12.2019	Kapitaleinlageprinzip *(gültig ab 01.01.2020)* – Anhang I-II *(ersetzt durch KS ESTV Nr. 29c vom 23.12.2022)*		31.12.2022	A74 2022
KS ESTV Nr. 29a	09.09.2015	Kapitaleinlageprinzip neues Rechnungslegungsrecht *(gültig ab 01.01.2016)* – Anhang I-II *(ersetzt durch KS ESTV Nr. 29b vom 23.12.2019)*		31.12.2019	A74 2019
KS ESTV Nr. 29	09.12.2010	Kapitaleinlageprinzip (altes Rechnungslegungsrecht) – Anhang: Beispiele zur Transponierung)		31.12.2015	A74 2015
KS ESTV Nr. 28	03.11.2010	Besteuerung der Liquidationsgewinne bei definitiver Aufgabe der selbständigen Erwerbstätigkeit	Liquidationsgewinne		A73
KS ESTV Nr. 27	17.12.2009	Steuerermässigung auf Beteiligungserträgen von Kapitalgesellschaften und Genossenschaften	Beteiligungsabzug		A72
KS ESTV Nr. 26	16.12.2009 06.02.2024	Neuerungen bei der selbständigen Erwerbstätigkeit aufgrund der Unternehmenssteuerreform II *(Version vom 06.02.2024)*	Selbständige Erwerbstätigkeit USR II		A71

* Die nicht fett gedruckten 3-stelligen Indexzahlen verweisen auf Dokumente, die in diesem Werk nicht enthalten sind.

Nr.	Datum	Titel (nicht mehr gültige VVO sind grau hinterlegt)	zit. im Text	bis	Index*/Ausgabe
KS ESTV Nr. 25	23.02.2018	Besteuerung von kollektiven Kapitalanlagen und ihrer Anleger – Anhänge I-VIII *(ersetzt Version vom 05.03.2009)*	Kollektive Kapitalanlagen; Anleger		A70
KS ESTV Nr. 24	20.11.2017	Kollektive Kapitalanlagen als Gegenstand der Verrechnungssteuer und der Stempelabgaben – Anhänge I-VIII *(ersetzt Version vom 01.01.2009)*	Kollektive Kapitalanlagen		A69
KS ESTV Nr. 23a	31.01.2020	Teilbesteuerung der Einkünfte aus Beteiligungen im Geschäftsvermögen und zum Geschäftsvermögen erklärte Beteiligungen – Anhang: Beispiele *(ersetzt Version vom 17.12.2008)*	Teilbesteuerung im GV		A68
KS ESTV Nr. 23	17.12.2008	Teilbesteuerung der Einkünfte aus Beteiligungen im Geschäftsvermögen und zum Geschäftsvermögen erklärte Beteiligungen – Anhang: Beispiele *(ersetzt durch KS ESTV Nr. 23a vom 31.01.2020)*		31.12.2019	A68 2019
KS ESTV Nr. 22a	31.01.2020	Teilbesteuerung der Einkünfte aus Beteiligungen im Privatvermögen und Beschränkung des Schuldzinsenabzugs *(ersetzt Version vom 16.12.2008)*	Teilbesteuerung im PV		A67
KS ESTV Nr. 22	16.12.2008	Teilbesteuerung der Einkünfte aus Beteiligungen im Privatvermögen und Beschränkung des Schuldzinsenabzugs *(ersetzt durch KS ESTV Nr. 22a vom 31.01.2020)*		31.12.2019	A67 2019
KS ESTV Nr. 21	01.04.2008	Belege für die Rückerstattung der Verrechnungssteuer bei Ertragsgutschriften ausländischer Banken	Ertragsgutschrift ausländischer Banken		A66
KS ESTV Nr. 20	27.03.2008	Besteuerung von Trusts *(siehe KS SSK Nr. 30 vom 22.08.2007 – E62)*			–
KS ESTV Nr. 19	06.02.2008	Leasinggeschäfte mit gewerblichen oder industriellen Liegenschaften *(siehe KS SSK Nr. 29 vom 27.06.2007 – E61)*			–
KS ESTV Nr. 18	17.07.2008	Steuerliche Behandlung von Vorsorgebeiträgen und -leistungen der Säule 3a	Vorsorgebeiträge und Säule 3a		A63
KS ESTV Nr. 17	03.10.2007	Wohneigentumsförderung mit Mitteln der beruflichen Vorsorge	Wohneigentumsförderung BVG		A62
KS ESTV Nr. 16	13.07.2007	Unzulässigkeit des steuerlichen Abzugs von Bestechungsgeldern *(ersetzt durch KS ESTV Nr. 50 vom 13.07.2020 – A96)*			A61 2020
KS ESTV Nr. 15	03.10.2017	Obligationen und derivative Finanzinstrumente – Anhang I: Übersicht, Anhang II: Beispiele, Anhang III: Spezialfälle und Produkteentwicklungen, Anhang IV: Gutachten *(ersetzt Version vom 07.02.2007)*	Obligationen und Derivate		A60
KS ESTV Nr. 14	06.11.2007	Verkauf von Beteiligungsrechten aus dem Privat- in das Geschäftsvermögen eines Dritten; Indirekte Teilliquidation	Indirekte Teilliquidation		A59
KS ESTV Nr. 13	01.01.2018	Securities Lending- und Repo-Geschäft *(ersetzt Version vom 01.09.2006)*	Securities Lending		A58
KS ESTV Nr. 12	10.03.2011	Umsatzabgabe *(ersetzt Version vom 20.12.2005)*	Umsatzabgabe *(aktuelle Version)*		A57
KS ESTV Nr. 11	31.08.2005	Abzug von Krankheits- und Unfallkosten sowie behinderungsbedingten Kosten – Fragebogen für Ärzte und Ärztinnen *(nicht enthalten)*	Krankheits- und Unfallkosten		A56
KS ESTV Nr. 10	15.07.2005	Meldeverfahren bei schweizerischen Dividenden aus wesentlichen Beteiligungen ausländischer Gesellschaften basierend auf Artikel 15 Absatz 1 des Zinsbesteuerungsabkommens mit der EG (Ergänzung zu KS ESTV Nr. 6 vom 22.12.2004) *(siehe A51)*	Meldeverfahren [Art. 15 ZBstA] *(ab 1.1.2017: Art. 9 AIA EU)*	31.12.2022	A55 2022

* Die nicht fett gedruckten 3-stelligen Indexzahlen verweisen auf Dokumente, die in diesem Werk nicht enthalten sind.

Nr.	Datum	Titel (nicht mehr gültige VVO sind grau hinterlegt)	zit. im Text	bis	Index*/Ausgabe
KS ESTV Nr. 9	22.06.2005	Nachweis des geschäftsmässig begründeten Aufwandes bei Ausland-Ausland-Geschäften *(ersetzt durch KS ESTV Nr. 49 vom 13.07.2020 – A95)*			A54 2020
KS ESTV Nr. 8	21.06.2005	Gewerbsmässiger Wertschriftenhandel *(ersetzt durch KS ESTV Nr. 36 vom 27.07.2012 – A81)*		26.07.2012	A53 2012
KS ESTV Nr. 7	14.02.2005	Übertragung von Beteiligungsrechten vom Privat- ins Geschäftsvermögen (Entwurf) *(ersetzt durch KS ESTV Nr. 14 vom 06.11.2007 – A59)*		31.12.2000	–
KS ESTV Nr. 6	22.12.2004	Meldeverfahren bei schweizerischen Dividenden aus wesentlichen Beteiligungen ausländischer Gesellschaft	Meldeverfahren bei Dividenden an ausländische Gesellschaften	31.12.2022	A51 2022
KS ESTV Nr. 5a	01.02.2021	Umstrukturierungen – Anhang: Beispiele *(vollständig aktualisierte Version)*	Umstrukturierungen		**A50**
KS ESTV Nr. 5	01.06.2004	Umstrukturierungen – Anhang I Beispiele, Anhang II Gesetzestexte (nicht enthalten)		31.01.2021	A50 2021
KS ESTV Nr. 4	19.03.2004	Besteuerung von Dienstleistungsgesellschaften	Dienstleistungsgesellschaften		**A49**
KS ESTV Nr. 3	27.01.2003	Zinssätze für die Berechnung der geldwerten Leistungen – Merkblatt / Tabelle *(aktuell siehe B86)*		31.12.2018	–
KS ESTV Nr. 2	14.01.2003	Abzüge, Tarife und Zinssätze 2003 bei der direkten Bundessteuer – Verordnung		31.12.2018	–
KS ESTV Nr. 1	03.10.2002	Die Abgangsentschädigung resp. Kapitalabfindung des Arbeitgebers – Anhang Beispiele 1–6	Abgangsentschädigung		**A48**
KS ESTV Nr. 10	31.01.2002	Zinssätze für die Berechnung der geldwerten Leistungen – Merkblatt / Tabelle *(aktuell siehe B86)*			–
KS ESTV Nr. 8	18.12.2001	Internationale Steuerausscheidung von Principal-Gesellschaften *(Schliessung der Steuerpraxis per 31.12.2018, Abschaffung per 31.12.2019; siehe B109)*		31.12.2019	A47 2019
KS ESTV Nr. 7	17.12.2001	Zinssätze, Abzüge, Ansätze und Tarife 2002 bei der DBST – Verordnung		31.12.2017	–
KS ESTV Nr. 6	06.06.2001	Verordnung über die pauschale Steueranrechnung – Verordnung			–
KS ESTV Nr. 5	09.04.2001	Verordnung über die zeitliche Bemessung der direkten Bundessteuer bei natürlichen Personen		31.12.2010	A46 2010
KS ESTV Nr. 4	05.02.2001	Zinssätze für die Berechnung der geldwerten Leistungen – Merkblatt *(aktuell siehe B86)*			–
KS ESTV Nr. 3	22.12.2000	Die Begrenzung des Einkaufs für die berufliche Vorsorge nach dem Stabilisierungsprogramm 1998		31.12.2009	A45 2009
KS ESTV Nr. 2	15.12.2000	DBST der natürlichen Personen in den StP 2001/02 (Prae) und 2001 (Post) – Beilagen, Merkblätter, Verordnungen			–
KS ESTV Nr. 1	19.07.2000	Die Beschränkung des Schuldzinsenabzuges und die zum Geschäftsvermögen erklärten Beteiligungen *(ersetzt durch KS ESTV Nr. 22 vom 16.12.2008 – A67 und KS ESTV Nr. 23 vom 17.12.2008 – A68)*		31.12.2008	2008

* Die nicht fett gedruckten 3-stelligen Indexzahlen verweisen auf Dokumente, die in diesem Werk nicht enthalten sind.

Nr.	Datum	Titel (nicht mehr gültige VVO sind grau hinterlegt)	zit. im Text	bis	Index*/Ausgabe
KS ESTV Nr. 9	02.02.2000	Zinssätze für die Berechnung der geldwerten Leistungen – Merkblatt *(aktuell siehe B86)*			–
KS ESTV Nr. 8	21.01.2000	Zinssätze, Abzüge und Tarife 2000 bei der direkten Bundessteuer – Verordnung			–
KS ESTV Nr. 7	09.04.2001	Familienbesteuerung nach dem Bundesgesetz über die direkte Bundessteuer (DBG); Übertragung der gemeinsamen elterlichen Sorge auf unverheiratete Eltern und die gemeinsame Ausübung elterlicher Sorge durch getrennte oder geschiedene Eltern *(ersetzt durch KS ESTV Nr. 30 vom 21.12.2010 – A75)*		31.12.2010	A43 2010
KS ESTV Nr. 6	20.08.1999	Übergang von der zweijährigen Pränumerando- zur einjährigen Postnumerandobesteuerung bei natürlichen Personen; Änderungen des Artikels 218 DBG und der Artikel 7 bis 13 der Verordnung vom 16. September 1992 über die zeitliche Bemessung der direkten Bundessteuer bei natürlichen Personen		31.12.2010	–
KS ESTV Nr. 5	19.08.1999	Unternehmenssteuerreform 1997 – Neuregelung des Erwerbs eigener Beteiligungsrechte – Präzisierung vom 26.03.2002, Anhang 1 + 2	Eigene Beteiligungsrechte		A42
KS ESTV Nr. 4	12.04.1999	Obligationen und derivative Finanzinstrumente *(ersetzt durch KS ESTV Nr. 15 vom 07.02.2007 – A60)*		31.12.2006	–
KS ESTV Nr. 3	19.02.1999	Zinssätze, Abzüge und Tarife 1999 bei der direkten Bundessteuer – Verordnung			–
KS ESTV Nr. 2	18.02.1999	Zinssätze für die Berechnung der geldwerten Leistungen – Merkblatt			–
KS ESTV Nr. 1	18.09.1998	Direkte Bundessteuer der natürlichen Personen in den StP 1999/2000 (Prae) und 1999 (Post) – Verordnung			–
KS ESTV Nr. 10	10.07.1998	Übertragung von Beteiligungen auf ausländische Konzerngesellschaften		31.12.2017	A40 2017
KS ESTV Nr. 9	09.07.1998	Steuerermässigung auf Beteiligungserträgen von Kapitalgesellschaften und Genossenschaften *(ersetzt durch KS ESTV Nr. 27 vom 17.12.2009 – A72)*		31.12.2010	A39 2010
KS ESTV Nr. 6a	10.10.2024	Verdecktes Eigenkapital (Art. 65 DBG) bei Kapitalgesellschaften und Genossenschaften	Verdecktes Eigenkapital		A38
KS ESTV Nr. 6	06.06.1997	Verdecktes Eigenkapital (Art. 65 und 75 DBG) bei Kapitalgesellschaften und Genossenschaften *(ersetzt durch KS ESTV Nr. 6a vom 10.10.2024 – A38)*			A38 2024
KS ESTV Nr. 5	30.04.1997	Besteuerung von Mitarbeiteraktien und Mitarbeiteroptionen *(ersetzt durch KS ESTV Nr. 37 vom 14.12.2012 (Entwurf) – A82)*		31.12.2012	A37 2012
KS ESTV Nr. 31	12.07.1996	Anlagefonds mit direktem Grundbesitz *(ersetzt durch KS ESTV Nr. 24 vom 01.01.2009 – A69)*		31.12.2008	–
KS ESTV Nr. 28	29.01.1996	Der Bezug der direkten Bundessteuer – Verordnung			A365
KS ESTV Nr. 26	22.09.1995	Abzug von Berufskosten der unselbständigen Erwerbstätigkeit + Verordnung *(siehe aktuell B83)*			–
KS ESTV Nr. 25	27.07.1995	Auswirkungen der Aktienrechtsrevision vom 04.10.1991 für die DBST		31.12.2009	–
KS ESTV Nr. 24	30.06.1995	Kapitalversicherungen mit Einmalprämie	Einmalprämienversicherung		A36

Nr.	Datum	Titel (nicht mehr gültige VVO sind grau hinterlegt)	zit. im Text	bis	Index*/Ausgabe
KS ESTV Nr. 22	04.05.1995	Freizügigkeit in der beruflichen Alters-, Hinterlassenen- und Invalidenvorsorge *(ersetzt durch KS ESTV Nr. 41 vom 18.09.2014 – A86)*		17.09.2014	A35 *2014*
KS ESTV Nr. 21	07.04.1995	Das Nachsteuer- und das Steuerstrafrecht nach dem DBG		n.a.	–
KS ESTV Nr. 19	07.03.1995	Auskunfts-, Bescheinigungs- und Meldepflicht im DBG	Auskunftspflicht		**A34**
KS ESTV Nr. 17	15.12.1994	Steuerermässigung bei Liquidation von Immobiliengesellschaften		31.12.2010	–
KS ESTV Nr. 16	14.12.1994	Abzug von Krankheits-, Unfall- und Invaliditätskosten *(ersetzt durch KS ESTV Nr. 11 vom 31.08.2005 – A56)*		31.12.2004	–
KS ESTV Nr. 14	29.07.1994	Familienbesteuerung nach dem DBG – Übersicht *(ersetzt durch KS ESTV Nr. 30 vom 21.12.2010 – A75)*		31.12.2010	A32 *2010*
KS ESTV Nr. 13	28.07.1994	Abzug bei Erwerbstätigkeit beider Ehegatten *(ersetzt durch KS ESTV Nr. 30 vom 21.12.2010 – A75)*		31.12.2010	A31 *2010*
KS ESTV Nr. 12	08.07.1994	Steuerbefreiung juristischer Personen, die öffentliche oder gemeinnützige Zwecke oder Kultuszwecke verfolgen; Abzugsfähigkeit von Zuwendungen	Steuerbefreiung jP		**A30**
KS ESTV Nr. 11	08.06.1994	Besteuerung von Leistungen aus Militärversicherung			–
KS ESTV Nr. 10	06.05.1994	Erträge aus Luxemburger SICAV-Fonds *(ersetzt durch KS ESTV Nr. 25 vom 05.03.2009 – A70)*		31.12.2010	A28 *2010*
KS ESTV Nr. 9	03.12.1993	Verordnung über die Besteuerung nach dem Aufwand bei der DBST – Verordnung *(ersetzt durch KS ESTV Nr. 44 vom 30.07.2018 – A90; für Personen, die am 1.1.2016 bereits nach dem Aufwand besteuert wurden, gilt das alte Recht und das KS ESTV Nr. 9 bis zum 31.12.2020 weiterhin)*	Aufwandbesteuerung	31.12.2015	A27 *2018*
KS ESTV Nr. 7	26.04.1993	Zur zeitlichen Bemessung der direkten Bundessteuer bei nP – Verordnung *(veraltet; siehe VO vom 14. August 2012 über die zeitliche Bemessung der DBST)*		31.12.2013	A218 *2013*
KS ESTV Nr. 5	04.12.1992	Abzug der Kosten von Liegenschaften des Privatvermögens – Verordnung		31.12.2009	–
KS ESTV Nr. 4	26.11.1992	Zur Verordnung über die zeitliche Bemessung der DBST bei jP – Verordnung *(veraltet; siehe VO vom 14. August 2012 über die zeitliche Bemessung der DBST)*		31.12.2013	A216 *2013*
KS ESTV Nr. 3	25.11.1992 07.02.2024	Anzuwendende Prinzipien für die Land- und Forstwirtschaft aufgrund des DBG (Version vom 07.02.2024) – Merkblatt A 1993, Merkblatt B 1993			–
KS ESTV Nr. 2	12.11.1992	Einkommen aus selbständiger Erwerbstätigkeit nach Artikel 18 DBG Ausdehnung der Kapitalgewinnsteuerpflicht, Übergang zur Präponderanzmethode und deren Anwendung – Merkblatt *(siehe MB ESTV vom 12.11.1992 – C12)*			–
KS ESTV Nr. 2	23.11.1989	Besteuerung der zurückbehaltenen Erträge von Wertzuwachs-Anlagefonds *(ersetzt durch KS ESTV Nr. 24 vom 01.01.2009 – A69)*		31.12.2008	–
KS ESTV Nr. 6	26.05.1989	Neukonzeption der Arbeitsbeschaffungsreserven (ABR) – Gesetz/ Verordnung		31.12.2015	–

* Die nicht fett gedruckten 3-stelligen Indexzahlen verweisen auf Dokumente, die in diesem Werk nicht enthalten sind.

Nr.	Datum	Titel (nicht mehr gültige VVO sind grau hinterlegt)	zit. im Text	bis	Index*/Ausgabe
KS ESTV Nr. 6	03.02.1987	Einbringen von Beteiligungen in eine vom gleichen Aktionär beherrschte Gesellschaft *(ersetzt durch KS ESTV Nr. 29 vom 09.12.2010 – A74)*		31.12.2010	A20 2010
KS ESTV Nr. 11	17.12.1985	Wegleitung zur Anwendung der Artikel 42 und 96 (Zwischenveranlagung) des BdBSt – Wegleitung		31.12.2009	–
KS ESTV Nr. 8	06.05.1985	Liquidation und Löschung von Kapitalgesellschaften und Genossenschaften; Beendigung der Steuerpflicht		n.a.	A19 2024
KS ESTV Nr. 12	24.03.1983	Die Ermittlung des steuerbaren Reinertrages nach Artikel 49 BdBSt bei Genossenschaften		31.12.2009	–
KS ESTV Nr. 2	20.04.1982	Steuerliche Behandlung der Pflichtlager – Merkblatt *(ersetzt durch KS SSK Nr. 26 vom 22.06.2006)*		31.12.2006	–
KS ESTV Nr. 14	01.07.1981	Forderungsverzicht durch Aktionäre im Zusammenhang mit Sanierungen von AG		22.12.2010	A18 2010
KS ESTV Nr. 4	30.04.1980	Steuerliche Behandlung der Entschädigung nach Artikel 334 ZGB (Lidlohn)		–	–
KS ESTV Nr. 2	28.01.1980	Aufbewahrungs- und Aufzeichnungspflicht Selbständigerwerbender – Merkblatt *(siehe MB ESTV vom 01.1980 – C11)*		31.12.2012	–
KS ESTV Nr. 9	31.08.1979	Rückzahlung von Anteilen an einem inländischen Anlagefonds *(ersetzt durch KS ESTV Nr. 24 vom 01.01.2009 – A69)*		31.12.2008	–
KS ESTV Nr. 5	06.01.1977	Schweizerische Unternehmungen, die eine Tätigkeit in DBA Ländern ausüben		31.12.2009	A17 2009
KS ESTV Nr. 15	17.06.1976	Abschreibungen auf Gewerblichen Liegenschaften und Abgrenzung zwischen werterhaltenden und wertvermehrenden Aufwendungen für private Liegenschaften – Merkblatt *(siehe MB ESTV vom 28.05.1976 – C10)*		31.12.2009	–
KS ESTV Nr. 2	18.04.1972	Steuerliche Auswirkungen der Änderung von Währungsparitäten – Merkblatt *(veraltet; für offene Fälle siehe 2C_897/2008 und Analyse der SSK vom 15.02.2011)*		01.10.2009	–
KS ESTV Nr. 8	25.02.1971	Zuwendungen des Schweizerischen Nationalfonds zur Förderung der wissenschaftlichen Forschung *(ersetzt durch KS ESTV Nr. 43 vom 26.02.2018 – A88)*		25.02.2018	–
KS ESTV Nr. 4	24.09.1970	Verbuchung der verrechnungssteuerbelasteten Einkünfte durch juristische Personen, Kollektiv- und Kommanditgesellschaften *(Merkblätter weiterhin in Kraft; siehe MB ESTV 08.2006 – C26 und MB ESTV 10.2006 – C27)*		31.12.2012	–
KS ESTV Nr. 12	25.03.1969	Ermittlung des steuerbaren Mietertrages von Wohnliegenschaften – Richtlinie		31.12.2009	–
KS ESTV Nr. 2	27.05.1966	Abschreibungen auf Tankanlagen für Pflichtlager an flüssigen Treib- und Brennstoffen *(veraltet; siehe KS SSK Nr. 26 vom 22.06.2006)*		31.12.2013	–
KS ESTV Nr. 15	19.07.1962	Steuerliche Behandlung der Ersatzleistungen für Invalidität minderjähriger Kinder		31.12.2009	–
KS ESTV Nr. 24	01.06.1960	Besteuerung ausländischer Gesellschaften, die in der Schweiz Betriebsstätten unterhalten		31.12.2009	A14 2009

* Die nicht fett gedruckten 3-stelligen Indexzahlen verweisen auf Dokumente, die in diesem Werk nicht enthalten sind.

Nr.	Datum	Titel (nicht mehr gültige VVO sind grau hinterlegt)	zit. im Text	bis	Index*/ Ausgabe
KS ESTV Nr. 14	29.06.1959	Besteuerung von inländischen Gesellschaften, die ihre Geschäftstätigkeit zur Hauptsache im Ausland ausüben		31.12.2009	A13 2009
KS ESTV Nr. 10	21.07.1955	Abzugsfähige Einsätze beim Sport-Toto		31.12.2009	–
KS ESTV Nr. 15	08.04.1953	Steuerliche Behandlung von Preisen, Ehrengaben und Stipendien an Schriftsteller, Musiker, Maler, Bildhauer, Wissenschafter usw. *(ersetzt durch KS ESTV Nr. 43 vom 26.2.2018 – A88)*		25.02.2018	A12 2017
KS ESTV Nr. 24	07.10.1952	Akteneinsichtnahme durch Wehrsteuerpflichtige und deren Erben		31.12.2009	A11 2009

Rundschreiben / Mitteilungen ESTV

Nr.	Datum	Titel (nicht mehr gültige VVO sind grau hinterlegt)	zit. im Text	bis	Index*/ Ausgabe
M ESTV Nr. 22	09.12.2024	Eigene Aktien; Urteil 9C_135/2023 des Bundesgerichts vom 6. Juni 2024	Eigene Aktien		B114
M ESTV Nr. 21	01.11.2024	Praxispräzisierungen zur Umsatzabgabe bei Vermittlungstätigkeit innerhalb eines Konzernverhältnisses	Vermittlung im Konzern		B113
M ESTV Nr. 20	18.09.2024	Verrechnungssteuer: Deklaration der Reserven aus Kapitaleinlagen			–
M ESTV Nr. 19	13.09.2022	Anwendung der Verjährungsfristen bei der Rückerstattung der Verrechnungssteuer	Verjährungsfristen, Rückerstattung VSt		B112
M ESTV Nr. 18	16.08.2022	Neue QR-Rechnung löst bisherige Einzahlungsscheine ab			–
M ESTV Nr. 17	19.07.2022	Sekundärberichtigung – Praxis der ESTV im Bereich der Verrechnungssteuer	Sekundärberichtigung VSt		B111
M ESTV Nr. 16	30.08.2021	Liquidation von kollektiven Kapitalanlagen (Anlagefonds)			–
M ESTV Nr. 15	23.08.2021	Umsatzabgabe – Anerkannte Datenlieferanten			–
M ESTV Nr. 14	17.06.2021	Anträge auf Rückerstattung der ausländischen Quellensteuer an kollektive Kapitalanlagen korrekt einreichen			–
M ESTV Nr. 13	12.01.2021	Sachauslagen bei kollektiven Kapitalanlagen			B110 2024
M ESTV Nr. 12	24.05.2019	Bundespraxen für Prinzipalgesellschaften und Swiss Finance Branches ab 1. Januar 2020 *(ersetzt Mitteilung vom 15.11.2018 [B106])*	Prinzipalgesellschaften / Swiss Finance Branches ab 1.1.2020		B109
M ESTV Nr. 11	29.04.2019	Formelles Verfahren für Steuervorbescheide / Steuerrulings in den Bereichen direkte Bundessteuer, Verrechnungssteuer und Stempelabgaben	Steuervorbescheide / Steuerrulings		B108
M ESTV Nr. 10	05.02.2018	Verrechnungssteuer: Guthaben im Konzern (Präzisierung der Verwaltungspraxis)	Guthaben im Konzern VSt		B107
M ESTV Nr. 9	15.11.2018	Bundespraxen für Prinzipalgesellschaften und Swiss Finance Branches ab 1. Januar 2019 *(aktuelle Mitteilung siehe B109)*		31.12.2018 31.12.2019	B106 2019
M ESTV Nr. 8	10.07.2018	Zeitgleiche Dividendenverbuchung in Konzernverhältnissen	Zeitgleiche Dividendenverbuchung		B105
M ESTV Nr. 7	11.01.2018	Erinnerung – Meldeverfahren bei der Verrechnungssteuer bei Ausschüttungen innerhalb eines nationalen oder internationalen Konzerns. Rückforderung von Verzugszinsen		15.02.2018	–
M ESTV Nr. 6	31.07.2017	Ausländische Unternehmen: Änderung bei der Berechnung der Sicherheit			–

* Die nicht fett gedruckten 3-stelligen Indexzahlen verweisen auf Dokumente, die in diesem Werk nicht enthalten sind.

Suchlisten | Schweizer Steuergesetze 2025

Nr.	Datum	Titel (nicht mehr gültige VVO sind grau hinterlegt)	zit. im Text	bis	Index*/ Ausgabe
M ESTV Nr. 5	21.07.2017	Einanlegerfonds eines Schadensversicherers gilt als befreiter Anleger			–
M ESTV Nr. 4	01.02.2017	Rückforderung von Verzugszinsen beim Meldeverfahren bei der Verrechnungssteuer	Rückforderung von Verzugszinsen VSt		**B104**
M ESTV Nr. 3	28.10.2016	Meldeverfahren bei der Verrechnungssteuer bei Ausschüttungen innerhalb eines nationalen oder internationalen Konzerns; Rückforderung von Verzugszinsen (siehe B104)			*B103 2020*
M ESTV Nr. 2	15.07.2016	Neuerungen bei der Ausfertigung des Lohnausweises ab 1. Januar 2016: Deklaration des Anteils Aussendienst bei Mitarbeitenden mit Geschäftsfahrzeug – Beilage		31.12.2021	*B102 2021*
M ESTV Nr. 1	15.07.2016	Schnellere Praxisinformation der ESTV			–
RS ESTV	27.01.2025	Steuerlich anerkannte Zinssätze 2025 für Vorschüsse oder Darlehen in Schweizer Franken *(jährlich aktualisiert)*	Geldwerte Leistungen 2025		**B86**
RS ESTV	28.01.2025	Steuerlich anerkannte Zinssätze 2025 für Vorschüsse oder Darlehen in Fremdwährungen *(jährlich aktualisiert)*	Zinssätze Fremdwährungen 2025		**B85**
RS ESTV *(online)*	07.01.2025	Zinssätze im Bereich der direkten Bundessteuer für das Kalenderjahr 2025 / Kalkulatorischer Zinssatz Sicherheitseigenkapital 2025 / Höchstabzüge Säule 3a im Steuerjahr 2025	Zinssätze DBST, Sicherheitseigenkapital / Abzüge Säule 3a 2025		**B84**
RS ESTV	22.08.2024	Berufskostenpauschalen und Naturalbezüge 2025 / Ausgleich der Folgen der kalten Progression bei der direkten Bundessteuer für das Steuerjahr 2025 *(jährlich aktualisiert)*	Berufskosten / Ausgleich kalte Progression 2025		**B83**
RS ESTV	12.05.2015	Änderung der Verordnung des EFD über den Abzug von Berufskosten der unselbständigen Erwerbstätigkeit per 1. Januar 2016			–
RS ESTV	10.07.2019	Liste der Kantone mit unterschiedlichen Eigenmietwerten für die kantonalen Steuern und die direkte Bundessteuer ab Steuerperiode 2018 *(aktueller Stand)*	Eigenmietwertzuschlag DBST ab Steuerperiode 2018		**B82**
RS ESTV	24.01.2025	Merkblätter für die Quellenbesteuerung und Übersichten über die Doppelbesteuerungsabkommen *(siehe MB ESTV vom 01.01.2025 – C68–C75)* *(jährlich aktualisiert)* – diverse Merkblätter und DBA-Übersichten	Quellenbesteuerung und DBA 2025		**B81**
RS ESTV	08.10.2024	Quellensteuertarife 2025 *(jährlich aktualisiert)* Beilagen *(nicht enthalten)*: – VO vom 22. August 2024 über den Ausgleich der Folgen der kalten Progression für die natürlichen Personen bei der direkten Bundessteuer (AS 2024 479) – Grundlagen für die Berechnung der Quellensteuertarife des Bundes – Ausgabe 2025 – Erläuterungen zum Tarifcode C für Zweiverdienerehepaare – Ausgabe 2025 – Quellensteuertarife für die direkte Bundessteuer – Ausgabe 2025 – VO vom 22. August 2024 über die Quellensteuer bei der dBSt (AS 2024 478) – Tabelle über die Quellensteuer auf Kapitalleistungen aus Vorsorge – Ausgabe 2025	Quellensteuertarife 2024		**B80**
RS ESTV	29.10.2020	Merkblatt über die Quellenbesteuerung von Ersatzeinkünften *(siehe C75)*			–
RS ESTV	13.01.2020	Kalkulatorischer Zinssatz Sicherheitseigenkapital; Stand letzter Handelstag Kalenderjahr *(letztmals publiziert; aktueller Stand siehe online bzw. BB4)*			*BB0 2021*
RS ESTV	17.12.2020	Mutationen in der Abteilung Aufsicht Kantone per 1. Januar 2021 *(letztmals publiziert; aktueller Stand (02.08.2023) siehe online)*			–

Gesamtliste der Verwaltungsverordnungen | **Suchlisten**

Nr.	Datum	Titel (nicht mehr gültige VVO sind grau hinterlegt)	zit. im Text	bis	Index*/ Ausgabe
RS ESTV	12.08.2022	Erläuterungen zur Rückerstattung der Quellensteuer auf Kapitalleistungen aus Vorsorge an Empfängerinnen und Empfänger mit Wohnsitz in Italien			–
RS ESTV	11.02.2022	Liste der rückkaufsfähigen Kapitalversicherungen der Säule 3b, Stand 31. Dezember 2021 *(letztmals publiziert; aktueller Stand siehe online)*			B801
RS ESTV	10.02.2022	Liste der Anbieter von anerkannten Vorsorgeprodukten der gebundenen Selbstvorsorge (Säule 3a), Stand 31. Dezember 2021 *(letztmals publiziert; aktueller Stand siehe online)*			–
RS ESTV	06.04.2020	Steuerliche Behandlung von Leistungen gemäss der Verordnung über Massnahmen bei Erwerbsausfall im Zusammenhang mit dem Coronavirus	Covid-19 Erwerbsausfall		**B23**
RS ESTV	24.03.2020	Zahlungserleichterungen bei der direkten Bundessteuer als Massnahme wegen des Coronavirus *(gültig bis 31.12.2020)*			*B22 2021*
	29.03.2019	Drucksachen direkte Bundessteuer, pauschale Steueranrechnung und zusätzlicher Steuerrückbehalt USA *(letztmals publiziert)*			–
RS ESTV	25.01.2018	Bundesgesetz über Massnahmen zur Bekämpfung der Schwarzarbeit (BGSA)	Massnahmen zur Bekämpfung der Schwarzarbeit		**B21**
(RS ESTV)	28.04.2015	Atypische stille Beteiligungen (Stellungnahme der ESTV)	Atypische stille Beteiligungen		**B17**
RS ESTV	29.06.2015	Totalrevision der Verordnung des EFD über die Behandlung von Gesuchen um Erlass der direkten Bundessteuer / Aufhebung der Eidgenössischen Erlasskommission für die direkte Bundessteuer	Steuererlass DBST		**B13**
RS ESTV	29.01.2015	Präsidium der Eidgenössischen Erlasskommission für die direkte Bundessteuer			–
RS ESTV	01.10.2013	Prüfungsverfahren zur Qualifikation von rückkaufsfähigen Kapitalversicherungen (Säule 3b) gemäss Artikel 20 Absatz 1 Buchstabe a und Artikel 24 Buchstabe b des Bundesgesetzes vom 14. Dezember 1990 über die direkte Bundessteuer (DBG; SR 642.11) – Beilage: Anteilgebundene rückkaufsfähige Kapitalversicherungen mit Karenzfrist gemäss Besprechung zwischen der ESTV und dem SVV vom 28. Juni 2013			–
RS ESTV	21.06.2012	Ablieferung der direkten Bundessteuer			–
RS ESTV	13.06.2012	Quellensteuer: Fiskalausgleich mit der Republik Österreich – Zahlungsmodalitäten			–
RS ESTV	05.07.2010	Bundesgesetz über die steuerliche Entlastung von Familien mit Kindern *(siehe KS ESTV Nr. 30 – A75)*			–
RS ESTV	24.02.2010	Freigrenze für Zinsen von Kundenguthaben / Umsetzung der USR II	Freigrenze für Zinsen von Kundenguthaben		**B16**
RS ESTV	21.01.2010	Bundesgesetz über die Bahnreform 2 (RöVE)			–
RS ESTV	10.07.2018	Straflose Selbstanzeige *(ersetzt Version vom 05.01.2010)*	Straflose Selbstanzeige		**B15**

* Die nicht fett gedruckten 3-stelligen Indexzahlen verweisen auf Dokumente, die in diesem Werk nicht enthalten sind.

Suchlisten | Schweizer Steuergesetze 2025

Nr.	Datum	Titel (nicht mehr gültige VVO sind grau hinterlegt)	zit. im Text	bis	Index*/ Ausgabe
RS ESTV	17.06.2009	Erlass der direkten Bundessteuer; Erhöhung der Limite für die Zuständigkeit der Eidgenössischen Erlasskommission für die DBST (EEK) zur Behandlung der Erlassgesuche per 1. Juli 2009		31.12.2015	B14 2015
RS ESTV	09.02.2009	Quellensteuer auf Kapitalleistungen aus Vorsorge – DBA-UK – diverse Beilagen			–
RS ESTV	12.12.2008	Steuerbefreiung von internationalen Sportverbänden	Steuerbefreiung von internationalen Sportverbänden		**B20**
RS ESTV	10.11.2008	Parlamentarische Initiative der FDP-Fraktion – «Sofortiger Ausgleich der kalten Progression. Mehr Geld im Portemonnaie» (Palv 08.452) II			–
RS ESTV	20.10.2008	Parlamentarische Initiative der FDP-Fraktion – «Sofortiger Ausgleich der kalten Progression. Mehr Geld im Portemonnaie» (Palv 08.452) I			–
RS ESTV	31.07.2008	Erlass der direkten Bundessteuer; Verfahrensänderungen		31.12.2015	B13 2015
RS ESTV	08.07.2008	Quellensteuer – Änderung von Artikel 13a der Verordnung über die Quellensteuer bei der direkten Bundessteuer (QStV; SR 642.118.2) – diverse Beilagen			B12 2020
RS ESTV	04.09.2007	Vertrieb des neuen und des alten Lohnausweises			–
RS ESTV	01.05.2007	Prüfungsverfahren zur Qualifikation von rückkaufsfähigen privaten Kapitalversicherungen (Säule 3b)			–
RS ESTV	30.04.2007	Rückerstattung der Verrechnungssteuer bei getrennt lebenden Ehegatten			B811
RS ESTV	18.07.2006	BG über dringende Anpassungen bei der Unternehmensbesteuerung / Indirekte Teilliquidation und Transponierung	Indirekte Teilliquidation und Transponierung		**B11**
RS ESTV	07.12.2005	Reorganisation und Mutationen in der Abteilung Inspektorat und der Sektion Rückerstattung			–
RS ESTV	25.10.2005	Revision des Stiftungsrechts; Inkrafttreten			–
RS ESTV	16.12.2004	Revision des Stiftungsrechts (parlamentarische Initiative Schiesser)			–
RS ESTV	08.09.2004	Erbenholding und indirekte Teilliquidation; BGE vom 11. Juni 2004			–
RS ESTV	08.04.2004	Steuerpaket; Ausgleich der Folgen der kalten Progression			–
RS ESTV	24.03.2004	Parallelität des kantonalen Instanzenzuges in Staats- und in Bundessteuersachen, soweit es um durch das StHG geregelte Streitgegenstände geht; BGE vom 19. Dezember 2003 (2A.355/2003) – Kopie des Bundesgerichtsentscheides vom 19. Dezember 2003	Parallelität des Instanzenzuges		**B10**
RS ESTV	10.03.2004	Liste der Kantone mit unterschiedlichen Eigenmietwerten Steuerperiode 2002 und 2003 *(aktuell siehe B82)*			–
RS ESTV	20.01.2004	Informationsschreiben über die Reorganisation der Kreis- und Rundschreiben der HA (DVS)			–
RS ESTV		ältere Rundschreiben werden an dieser Stelle nicht mehr aufgelistet			–

* Die nicht fett gedruckten 3-stelligen Indexzahlen verweisen auf Dokumente, die in diesem Werk nicht enthalten sind.

Gesamtliste der Verwaltungsverordnungen | **Suchlisten**

Nr.	Datum	Titel (nicht mehr gültige VVO sind grau hinterlegt)	zit. im Text	bis	Index*/Ausgabe
Merkblätter ESTV / Informationen / Erläuterungen EFD**					
E EFD	22.12.2023 20.11.2024	Erläuterungen zur Verordnung über die Mindestbesteuerung grosser Unternehmensgruppen (Mindestbesteuerungsverordnung, MindStV)	OECD/G20-Mindestbesteuerung in der Schweiz *(Stand: 1.1.2025)*		C104
E EFD	13.11.2019	Erläuterungen zur Verordnung über den steuerlichen Abzug auf Eigenfinanzierung juristischer Personen	Abzug auf Eigenfinanzierung		C103
E EFD	13.11.2019	Erläuterungen zur Verordnung über die ermässigte Besteuerung von Gewinnen aus Patenten und vergleichbaren Rechten (Patentbox-Verordnung)	Patentbox		C102
E EFD	13.11.2019	Erläuterungen zur Verordnung über die Anrechnung ausländischer Quellensteuern *(siehe C25)*			C101 2020
E EFD	09.03.2018	Erläuterungen zur Totalrevision der Verordnung über den Abzug der Kosten von Liegenschaften des Privatvermögens bei der direkten Bundessteuer (Liegenschaftskostenverordnung)	Liegenschaftskosten		C100
MB ESTV A 1995	03.12.2019	Abschreibungen auf dem Anlagevermögen geschäftlicher Betriebe *(aktueller Stand)*	Abschreibung auf Anlagevermögen		C78
MB ESTV A 2001	03.12.2019	Abschreibungen auf dem Anlagevermögen land- und forstwirtschaftlicher Betriebe *(aktueller Stand)*			–
MB ESTV A 1995	03.12.2019	Abschreibungen auf dem Anlagevermögen der Elektrizitätswerke *(aktueller Stand)*			–
MB ESTV A 1995	03.12.2019	Abschreibungen auf Luftseilbahnen *(aktueller Stand)*			–
MB ESTV A 1995	03.12.2019	Abschreibungen auf Schiffen und Schifffahrtsanlagen *(aktueller Stand)*			–
MB ESTV N 1	2007	Bewertung der Naturalbezüge und der privaten Unkostenanteile von Geschäftsinhaberinnen und Geschäftsinhabern *(Stand am 1.1.2022)*	Naturalbezüge Selbstständigerwerbender		C77
MB ESTV N 2	2007	Bewertung von Verpflegung und Unterkunft von Unselbständigerwerbenden *(aktueller Stand)*	Verpflegung und Unterkunft Unselbstständigerwerbender		C76
MB ESTV NL 1	2007	Bewertung der Naturalbezüge und der privaten Unkostenanteile in der Land- und Forstwirtschaft *(Stand am 1.1.2022)*			–
MB ESTV	01.01.2025	Quellenbesteuerung von Ersatzeinkünften ⇒ Liste 01.01.2025 *(jährlich aktualisiert)*	Ersatzeinkünfte		C75
MB ESTV	01.01.2025	Quellenbesteuerung von Hypothekarzinsen an natürliche Personen ohne steuerrechtlichen Wohnsitz oder Aufenthalt in der Schweiz sowie an juristische Personen ohne Sitz oder tatsächliche Verwaltung in der Schweiz *(jährlich aktualisiert)*	Hypothekarzinsen		C74
MB ESTV	01.01.2025	Quellenbesteuerung der Erwerbseinkünfte von Studenten, Lernenden und Praktikanten ohne steuerrechtlichen Wohnsitz oder Aufenthalt in der Schweiz *(jährlich aktualisiert)*	Studenten, Lernende und Praktikanten		C73
MB ESTV	01.01.2025	Quellenbesteuerung von Künstlern, Sportlern und Referenten ohne steuerrechtlichen Wohnsitz oder Aufenthalt in der Schweiz *(jährlich aktualisiert)*	Künstler, Sportler und Referenten		C72

* Die nicht fett gedruckten 3-stelligen Indexzahlen verweisen auf Dokumente, die in diesem Werk nicht enthalten sind.

Nr.	Datum	Titel (nicht mehr gültige VVO sind grau hinterlegt)	zit. im Text	bis	Index*/ Ausgabe
MB ESTV	01.01.2025	Quellenbesteuerung öffentlich-rechtlicher Vorsorgeleistungen an Personen ohne steuerrechtlichen Wohnsitz oder Aufenthalt in der Schweiz ⇨ Liste 01.01.2025 (jährlich aktualisiert)	Öffentlich-rechtliche Vorsorgeleistung		C71
MB ESTV	01.01.2025	Quellenbesteuerung von privatrechtlichen Vorsorgeleistungen an Personen ohne steuerrechtlichen Wohnsitz oder Aufenthalt in der Schweiz ⇨ Liste 01.01.2025 (jährlich aktualisiert)	Privatrechtliche Vorsorgeleistung		C70
MB ESTV	01.01.2025	Quellenbesteuerung von Arbeitnehmern bei internationalen Transporten (jährlich aktualisiert)	Internationale Transporte		C69
MB ESTV	01.01.2025	Quellenbesteuerung von Entschädigungen an Verwaltungsräte und ihnen gleichgestellte Personen ohne steuerrechtlichen Wohnsitz oder Aufenthalt in der Schweiz (jährlich aktualisiert)	Verwaltungsräte		C68
MB ESTV	03.2011	Ausfüllen der Meldeformulare WEF (aktueller Stand)			–
MB ESTV	04.2011	Ausfüllen der Bescheinigung über Vorsorgebeiträge Formular 21 EDP (aktueller Stand)			–
MB ESTV	02.2023	Ausfüllen des Meldeformulars 565; Rentenmeldung 2. Säule / Säule 3a (aktueller Stand)			–
MB ESTV	02.2023	Ausfüllen des Meldeformulars 564; Rentenmeldung Säule 3b (aktueller Stand)			–
MB ESTV	02.2023	Ausfüllen des Meldeformulars 563; Kapitalleistungen 2. Säule / Säule 3a (aktueller Stand)			–
MB ESTV	02.2023	Ausfüllen des Meldeformulars 562; Kapitalleistungen Säule 3b (aktueller Stand)			–
MB ESTV	02.2024	Steuerentlastungen für deutsche Dividenden, Zinsen und Lizenzgebühren (aktueller Stand)			–
MB ESTV	01.2011	Verrechnungssteuer bei Vorsorge- und Versicherungsleistungen			C253
MB ESTV	11.2014	Rückerstattung der Verrechnungssteuer an Stockwerkeigentümergemeinschaften im Sinne von Art. 712a ff. des Schweiz. Zivilgesetzbuches (ZGB)			C291
MB ESTV	09.2006	Rückerstattung der Verrechnungssteuer an Gemeinschaftsunternehmen (Baukonsortien und dergleichen) im Sinne von Art. 55 Bst. a der Vollziehungsverordnung zum Bundesgesetz über die Verrechnungssteuer vom 19. Dezember 1966 (VStV)			C281
MB SECO	26.01.2015	Verrechnungssteuer (Einmalige Erinnerung; Mitteilung im shab.ch)			C28 2016
MB ESTV	11.2014	Verbuchung der verrechnungssteuerbelasteten Einkünfte bei einfacher Buchhaltung	Einkünfte VSt in einfacher BH		C27
MB ESTV	11.2014	Verbuchung der verrechnungssteuerbelasteten Einkünfte als Ertrag bei doppelter Buchhaltung	Einkünfte VSt in doppelter BH		C26
MB ESTV	2005	Quellenbesteuerung von Ersatzeinkünften für ausländische Arbeitnehmer (ersetzt durch MB ESTV vom 01.01.2016 – C75)		31.12.2015	–
MB ESTV	02.1998	Vorsorgeeinrichtungen, die Versicherer im Sinne des Bundesgesetzes vom 13. Oktober 1965 über die Verrechnungssteuer (VStG) sind			–
MB ESTV	01.01.2004	Inanspruchnahme von DBA durch schweizerische Anlagefonds – Staatenverzeichnis (ersetzt durch KS ESTV Nr. 24 vom 01.01.2009 – A69)		31.12.2008	–

Gesamtliste der Verwaltungsverordnungen | Suchlisten

Nr.	Datum	Titel (nicht mehr gültige VVO sind grau hinterlegt)	zit. im Text	bis	Index*/ Ausgabe
MB ESTV	2004	Mitwirkungspflichten im Verrechnungssteuer-Abschlagsrückerstattungsverfahren (Formular 21)			–
MB ESTV	21.10.2020	Anrechnung ausländischer Quellensteuern	Anrechnung ausländischer Quellensteuern DA-M		C25
MB ESTV	05.2003	Pauschale Steueranrechnung für ausländische Dividenden, Zinsen und Lizenzgebühren aus Vertragsstaaten (DA-M)		31.12.2019	C25 2020
MB ESTV	06.2002	Steuerliche Behandlung von inländischen Investment-Clubs *(aktueller Stand)*	Investment-Clubs		C24
MB ESTV	30.06.2002	Gesuch um Meldung statt Entrichtung der Verrechnungssteuer für Dividenden aus Beteiligungen im schweizerischen Konzernverhältnis (Art. 26a VStV) *(aktueller Stand)*	Meldeverfahren im Konzernverhältnis		C23
MB ESTV	02.2001	Bestimmung des Leistungsempfängers bei der Verrechnungssteuer	Dreieckstheorie und Leistungsempfänger VSt		C22
MB ESTV	03.2001	Zusätzlicher Steuerrückbehalt beim Bezug von amerikanischen Dividenden und Zinsen über schweizerische Zwischenstellen («Qualified Intermediaries») für Fälligkeiten ab 1.1.2001	Qualified Intermediaries		C21
MB ESTV	09.2000	Rückerstattung der Verrechnungssteuer im Zusammenhang mit Kapitalanlagen in Betreibungs- und Konkursverfahren und in anderen besonderen Fällen			C205
MB ESTV	01.2000	Behandlung von Konsortialdarlehen, Schuldscheindarlehen, Wechseln und Unterbeteiligungen *(ersetzt durch KS ESTV Nr. 46 vom 24.07.2019 – A92)*			C201 –
MB ESTV	04.1999	Geldmarktpapiere und Buchforderungen inländischer Schuldner	Geldmarktpapiere		C20
MB ESTV	04.1999	Kundenguthaben *(ersetzt durch KS ESTV Nr. 34 vom 26.07.2011 – A79)*		25.07.2011	C19 2011
MB ESTV	04.1999	Obligationen – Beilage: Schema «Mittelbeschaffung inländischer Schuldner» *(ersetzt durch KS ESTV Nr. 47 vom 25.07.2019 – A93)*		24.07.2019	C18 2019
MB ESTV	30.04.1999	Verrechnungssteuer auf Gratisaktien, Gratispartizipationsscheinen und Gratisliberierungen	Gratisaktien		C17
MB ESTV	12.1998	Repo-Geschäft *(ersetzt durch KS ESTV Nr. 13 vom 01.09.2006 – A58)*		31.12.2006	–
MB ESTV	03.04.1998	Bankenerklärung (Affidavit) *(ersetzt durch KS ESTV Nr. 24 vom 01.01.2009 – A69)*		31.12.2008	–
MB ESTV	16.01.1996	Aktionärs- oder Gratisoptionen *(ersetzt durch KS ESTV Nr. 39 vom 23.12.2013 – A84)*		22.12.2013	C16 2013
MB ESTV	09.1996	Steuerliche Behandlung von Anlagestiftungen *(ersetzt durch KS ESTV Nr. 24 vom 01.01.2009 – A69)*		31.12.2008	–
MB ESTV	09.1993	Treuhandverhältnisse *(aktueller Stand)*	Treuhandverhältnisse		C15
MB ESTV	05.1993	Treuhandkonto *(aktueller Stand)*	Treuhandkonto		C14
MB ESTV	01.04.1993	Emissionsabgabe auf Festgeldanlagen bei inländischen Banken		30.09.2016	C13 2016

* Die nicht fett gedruckten 3-stelligen Indexzahlen verweisen auf Dokumente, die in diesem Werk nicht enthalten sind.

Suchlisten | Schweizer Steuergesetze 2025

Nr.	Datum	Titel (nicht mehr gültige VVO sind grau hinterlegt)	zit. im Text	bis	Index*/ Ausgabe
MB ESTV	01.04.1993	Umsatzabgabe: Weisung für Fusionen, fusionsähnliche Tatbestände, Umwandlungen und Abspaltungen mit steuerbaren Urkunden *(ersetzt durch KS ESTV Nr. 5 vom 30.6.2004 – A50)*		30.06.2004	–
MB ESTV	04.1993	Umsatzabgabe auf Report- und Deportgeschäften			–
MB ESTV	12.11.1992	Einkommen aus selbständiger Erwerbstätigkeit nach Artikel 18 DBG Ausdehnung der Kapitalgewinnsteuerpflicht, Übergang zur Präponderanzmethode und deren Anwendung	Präponderanzmethode		**C12**
MB ESTV	22.09.1986	Anlage und Rückführung von Treuhandgeldern durch eine inländische Bank bei verbundenen Unternehmen im Ausland			–
MB ESTV	09.1986	Verrechnungssteuer auf Zinsen von Bankguthaben, deren Gläubiger Banken sind (Interbankguthaben)			–
MB ESTV	01.1982	Steuerliche Behandlung der Pflichtlager *(ersetzt durch KS SSK Nr. 26 vom 22.6.2006)*		22.06.2006	–
MB ESTV	01.1980	Aufbewahrungs- und Aufzeichnungspflicht Selbständigerwerbender *(ab 1.1.2013 gilt das neue Rechnungslegungsrecht auch für Selbständigerwerbende)*		31.12.2012	*C11 2013*
MB ESTV	28.05.1976	Abschreibungen auf gewerblichen Liegenschaften und Abgrenzung zwischen wertvermehrenden und werterhaltenden Aufwendungen für private Liegenschaften		31.12.2009	*C10 2009*
MB ESTV	18.04.1972	Steuerliche Auswirkungen der Änderung von Währungsparitäten *(veraltet, siehe 2C_897/2008 und Analyse der SSK vom 15.2.2011)*			–

Wegleitungen ESTV, SSK/ Arbeitspapiere ESTV**

Nr.	Datum	Titel (nicht mehr gültige VVO sind grau hinterlegt)	zit. im Text	bis	Index*/ Ausgabe
RL ESTV et al.	05.10.2021	Verhaltenskodex Steuern 2021 – Grundsätze und Verhaltensregeln zu einem respektvollen Umgang zwischen den steuerpflichtigen Personen, den Steuervertretungen und den Steuerverwaltungen	Verhaltenskodex Steuern 2021		**D15**
Anleitung SIF	01.11.2019	Anleitung zum Bundesgesetz zur Umsetzung von Empfehlungen des Global Forum über Transparenz und Informationsaustausch für Steuerzwecke *(aus Platzgründen entfernt)*			*D14 2022*
Arbeitspapier ESTV	14.12.2021	Kryptowährungen und Initial Coin / Token Offerings (ICO / ITO) als Gegenstand der Vermögens-, Einkommens- und Gewinnsteuer, der Verrechnungssteuer und der Stempelabgaben *(aktueller Stand)*	Kryptowährungen		**D13**
WL ESTV, SSK	28.08.2008 01.2023	Bewertung von Wertpapieren ohne Kurswert für die Vermögenssteuer *(aktualisierte Fassung vom 27.1.2023, gültig für Bewertungen ab 1.1.2021)*	Bewertung von Wertpapieren ohne Kurswert		**D12**
WL ESTV, SSK	01.2025	Wegleitung zum Ausfüllen des Lohnausweises bzw. der Rentenbescheinigung *(aktuelle Version, gültig ab 1.1.2025)*	Neuer Lohnausweis		**D11**
WL ESTV	15.07.2005	Aufhebung der schweizerischen Verrechnungssteuer auf Dividendenzahlungen zwischen verbundenen Kapitalgesellschaften im Verhältnis zwischen der Schweiz und den Mitgliedstaaten der Europäischen Union			D110 *D10 2020*
WL ESTV	2024	Steuererklärung natürliche Personen			–
WL ESTV	2024	Steuererklärung für die Besteuerung nach dem Aufwand			–

* Die nicht fett gedruckten 3-stelligen Indexzahlen verweisen auf Dokumente, die in diesem Werk nicht enthalten sind.

Nr.	Datum	Titel (nicht mehr gültige VVO sind grau hinterlegt)	zit. im Text	bis	Index*/ Ausgabe
WL ESTV	2024	Steuererklärung für Kapitalgesellschaften, Genossenschaften und ausländische Personengesamtheiten			–
WL ESTV	2024	Steuererklärung für Vereine, Stiftungen und übrige juristische Personen			–
WL ESTV	2024	Wegleitung zum Fragebogen 15 und 15a (mit kaufmännischer und vereinfachter Buchführung)			–
WL ESTV	2024	Wegleitung zum Fragebogen für Land- und Forstwirtschaft			–
WL ESTV	01.12.2014	Wegleitung zur EU-Zinsbesteuerung (Steuerrückbehalt und freiwillige Meldung)			–
WL ESTV	11.2009	Antrag auf Rückerstattung der Verrechnungssteuer in Erbfällen (Erläuterungen zum Formular S-167)			–
WL ESTV	05.2001	Wegleitung für die Stempelabgabe auf Versicherungsprämien (ersetzt durch KS ESTV Nr. 33 vom 04.02.2011 – A78)		03.02.2011	–
RL	1999	Kollektive Anlageinstrumente; Verrechnungssteuer/Ausländische QSt (ersetzt durch KS ESTV Nr. 24 vom 01.01.2009 – I69)		31.12.2008	–

Kreisschreiben / Analysen SSK**

Nr.	Datum	Titel (nicht mehr gültige VVO sind grau hinterlegt)	zit. im Text	bis	Index*/ Ausgabe
KS SSK Nr. 35	26.08.2020	Verfahren bei interkantonalen Verhältnissen von quellensteuerpflichtigen Personen (gültig ab 1.1.2021)	Quellensteuerpflichtige Personen, interkantonale Verhältnisse		E67
KS SSK Nr. 34	15.01.2020	Interkantonale Steuerausscheidung von Gesellschaften, welche die in der STAF vorgesehenen Abzüge beanspruchen	Interkantonale Steuerausscheidung STAF		E66
KS SSK Nr. 33	06.09.2011	Besteuerung der konzessionierten Verkehrs- und Infrastrukturunternehmen	Verkehrs- und Infrastrukturunternehmen		E65
KS SSK Nr. 32	01.07.2009	Milderung der wirtschaftlichen Doppelbelastung und ihre Auswirkungen auf die interkantonale Steuerausscheidung	Teilbesteuerung interkantonal		E64
KS SSK Nr. 31a	10.02.2023	Interkantonale Repartition der Anrechnung ausländischer Quellensteuern (ersetzt Version vom 2.6.2015, gültig ab 1.1.2020)	Interkantonale Repartition der StA		E63
KS SSK Nr. 31	02.06.2015	Interkantonale Repartition der Pauschalen Steueranrechnung (ersetzt Version vom 29.11.2012)		31.12.2019	–
KS SSK Nr. 30	22.08.2007	Besteuerung von Trusts	Trusts		E62
KS SSK Nr. 29	27.06.2007	Leasinggeschäfte mit gewerblichen oder industriellen Liegenschaften	Leasinggeschäfte mit Immobilien		E61
KS SSK Nr. 28	28.08.2008 01.2023	Wegleitung zur Bewertung von Wertpapieren ohne Kurswert für die Vermögenssteuer (aktualisierte Fassung vom 27.1.2023, gültig für Bewertungen ab 1.1.2021; siehe D12)			–
	24.05.2024	Kommentar 2024 zum Kreisschreiben 28 (jährlich aktualisiert)			–
KS SSK Nr. 27	15.03.2007	Die Vermeidung von Ausscheidungsverlusten	Ausscheidungsverluste		E59
KS SSK Nr. 26	22.06.2006	Steuerliche Bewertung von Pflichtlagern			–
KS SSK Nr. 25	18.12.2009	Muster-Spesenreglemente für Unternehmen und für Non-Profit-Organisationen (aktueller Stand)		12.12.2021	E581 2021

* Die nicht fett gedruckten 3-stelligen Indexzahlen verweisen auf Dokumente, die in diesem Werk nicht enthalten sind.
** Die Arbeitspapiere ESTV, Anleitungen SIF und Analysen SSK sind nur selektiv und temporär enthalten.

Nr.	Datum	Titel (nicht mehr gültige VVO sind grau hinterlegt)	zit. im Text	bis	Index*/Ausgabe
KS SSK Nr. 24	17.12.2003	Verrechnung von Vorjahresverlusten in der interkantonalen Steuerausscheidung	Interkantonale Verlustverrechnung		E58
KS SSK Nr. 23	21.11.2006	Steuerausscheidung von Versicherungsgesellschaften (inklusive Anhänge 1 – 5) *(aktueller Stand)*			–
KS SSK Nr. 22	26.08.2020	Regeln für die Bewertung der Grundstücke bei interkantonalen Steuerausscheidungen – ab Steuerperiode 2002 (Repartitionsfaktoren) *(Stand: 1.1.2020; ersetzt Version vom 21.11.2006)*	Repartitionsfaktoren		E57
KS SSK Nr. 21	28.11.2001	Vorgehen bei Sonderfällen mit Auswirkungen auf mehrere Steuerhoheiten	Vorgehen bei Sonderfällen		E56
KS SSK Nr. 20	17.09.2009	Interkantonale und interkommunale Steuerausscheidung bei Telekommunikationsunternehmungen (fix und mobil) mit eigener Netzinfrastruktur – gültig ab 1.1.2008 *(ersetzt KS SSK Nr. 20 vom 28.11.2001)*			–
KS SSK Nr. 19	31.08.2001	Ersatzbeschaffung mit nur teilweiser Reinvestition	Ersatzbeschaffung		E54
KS SSK Nr. 18	27.11.2001	Die interkantonale Ausscheidung bei Änderungen der Steuerpflicht während der Steuerperiode im System der einjährigen Postnumerandobesteuerung mit Gegenwartsbemessung (Natürliche Personen)	Interkantonale Steuerausscheidung nP		E53
KS SSK Nr. 17	27.11.2001	Die interkantonale Ausscheidung bei Änderungen der Steuerpflicht während der Steuerperiode im System der einjährigen Postnumerandobesteuerung mit Gegenwartsbemessung (Juristische Personen)	Interkantonale Steuerausscheidung jP		E52
KS SSK Nr. 16	31.08.2001	Verordnung des Bundesrates vom 9. März 2001 über die Anwendung des Steuerharmonisierungsgesetzes im interkantonalen Verhältnis	Interkantonales Verhältnis im StHG		E51
KS SSK Nr. 15	31.08.2001	Koordination und Vereinfachung der Veranlagungsverfahren für die direkten Steuern im interkantonalen Verhältnis	Vereinfachung und Koordination		E50
KS SSK Nr. 14	06.07.2001	Interkantonaler Wohnsitzwechsel von quellensteuerpflichtigen Personen, die nachträglich ordentlich veranlagt werden (Art. 90 Abs. 2 DBG, Art. 34 Abs. 2 StHG)			E413
KS SSK Nr. 13	06.07.2001	Regeln für die Bewertung der Grundstücke bei der interkantonalen Steuerausscheidung in der Steuerperiode 2001 / 2002 *(ersetzt durch KS SSK Nr. 22 – E57)*		2001/2002	–
KS SSK Nr. 12	21.03.2019	Steuerpflicht der Krankenkassen nach dem Krankenversicherungsgesetz – Anhang *(ersetzt Version vom 27.11.2013)*			E404
KS SSK Nr. 11	23.06.1999	Interkantonale Steuerausscheidung von Versicherungsgesellschaften *(ersetzt durch KS SSK Nr. 23)*		31.12.2002	–
KS SSK Nr. 10	11.03.1999	Interkantonale Steuerausscheidung «Die Post»			–
KS SSK Nr. 9	11.12.1998	Regeln für die Bewertung der Grundstücke bei der interkantonalen Steuerausscheidung in der Steuerperiode 1999 / 2000 *(ersetzt durch KS SSK Nr. 22)*		1999/2000	–
KS SSK Nr. 8	14.08.1998	Satzungen der Kommission für Erfahrungszahlen			–
KS SSK Nr. 7	24.06.1998	Interkantonale Steuerausscheidung Swisscom AG *(ersetzt durch KS SSK Nr. 20)*		31.12.2000	–
KS SSK Nr. 6	15.06.1995	Einkommenssteuerliche Folgen der Hofübergabe zum Ertragswert gemäss dem Bundesgesetz über das bäuerliche Bodenrecht			–
KS SSK Nr. 5	14.11.2018	Steuerausscheidung bei den Banken *(ersetzt Version vom 24.02.1995)*			–

Nr.	Datum	Titel (nicht mehr gültige VVO sind grau hinterlegt)	zit. im Text	bis	Index*/Ausgabe
KS SSK Nr. 4	07.06.1994	Besteuerung der Militärversicherungsleistungen			E402
KS SSK Nr. 3	18.03.1994	Interkantonale Steuerausscheidung bei Immobilien-Leasinggesellschaften			–
KS SSK Nr. 2	11.10.1986	Zweite Säule – Umschreibung der beruflichen Vorsorge			E401
KS SSK Nr. 1	30.06.2010	Besteuerung von natürlichen Personen im Ausland mit einem Arbeitsverhältnis zum Bund oder zu einer andern öffentlich-rechtlichen Körperschaft oder Anstalt des Inlandes (ersetzt Version vom 14.06.2000)	Öffentlich-rechtliches Arbeitsverhältnis		**E40**
Analyse SSK	26.04.2022	Analyse zu den Auswirkungen von Telearbeit auf die interkantonale Steuerausscheidung von Unternehmen – Vom Vorstand der SSK genehmigt am 2.2.2022	Telearbeit/Homeoffice im Unternehmen		**E33**
Analyse SSK	30.09.2021	Analyse zur Berücksichtigung von ausserkantonalen Liegenschaften bei der Besteuerung nach dem Aufwand – Vom Vorstand der SSK genehmigt am 25.8.2021	Aufwandbesteuerung; ausserkantonale Liegenschaften		**E32**
Analyse SSK	04.06.2020	Analyse zum zusätzlichen Abzug von Forschungs- und Entwicklungsaufwand nach den Art. 10a und Art. 25a Steuerharmonisierungsgesetz	F&E-Aufwand; zusätzlicher Abzug STAF		**E31**
Analyse SSK	28.06.2017	Analyse zum Urteil des Bundesgerichts vom 7. März 2017 (2C_306/2016) betreffend Ersatzbeschaffung von selbstgenutztem Wohneigentum			–
Analyse SSK	27.08.2020	Analyse zur steuerrechtlichen Qualifikation von Investitionen in umweltschonende Technologien wie Photovoltaikanlagen			–
Analyse SSK	05.02.2020	Analyse des Vorstandes SSK zum neuen Rechnungslegungsrecht – Beschluss des Vorstandes vom 12.2.2013; Aktualisierung vom 5.2.2020	Neue Rechnungslegung; steuerrechtliche Analyse		**E30**
Analyse SSK	29.11.2012	Analyse zum BGE Urteil v. 2. Dezember 2011 (2C_11/2011) – Besteuerung von landwirtschaftlich genutzten Grundstücke in der Bauzone			–
Analyse SSK	15.02.2011	Analyse zum Bundesgerichtsentscheid vom 1. Oktober 2009 (2C_897/2008) zur steuerlichen Behandlung der Differenzen aus der Umrechnung von der funktionalen Währung in die Darstellungswährung			–
Analyse SSK	03.11.2010	Analyse zu den Bundesgerichtsentscheiden vom 26. Januar 2010 und 4. Oktober 2010 und zum Verwaltungsgerichtsentscheid (NE) vom 2. Juni 2010; Ungleichbehandlung zwischen quellenbesteuerten und ordentlich besteuerten Personen in der Schweiz			–
Analyse SSK	03.11.2010	Analyse zum Bundesgerichtsentscheid vom 12. März 2010 (2C_658/2009) zur Abzugsberechtigung von Einkäufen bei nachfolgendem Kapitalbezug Steuerrechtliche Tragweite von Art. 79b Abs. 3 BVG			–
Empfehlung SSK	19.06.2024	Besteuerung von Kapitalleistungen aus Leibrentenversicherungen (Säule 3b)	Kapitalleistungen aus Leibrentenversicherungen		**E20**

* Die nicht fett gedruckten 3-stelligen Indexzahlen verweisen auf Dokumente, die in diesem Werk nicht enthalten sind.

Gesamtliste der MWST-Informationen der ESTV HA MWST und des BAZG

MWST-Infos ESTV (MI)

MWST-Info 02	01/2025*	Steuerpflicht	MI 02
MWST-Info 03	01/2025*	Gruppenbesteuerung	MI 03
MWST-Info 04	01/2025*	Steuerobjekt	MI 04
MWST-Info 05	01/2025	Subventionen und Spenden	MI 05
MWST-Info 06	01/2025*	Ort der Leistungserbringung	MI 06
MWST-Info 07	01/2025	Steuerbemessung und Steuersätze	MI 07
MWST-Info 08	01/2025*	Privatanteile	MI 08
MWST-Info 09	01/2025*	Vorsteuerabzug und Vorsteuerkorrekturen	MI 09
MWST-Info 10	01/2019	Nutzungsänderungen	MI 10
MWST-Info 11	01/2025*	Meldeverfahren	MI 11
MWST-Info 12	01/2025*	Saldosteuersätze	MI 12
MWST-Info 13	01/2025*	Pauschalsteuersätze	MI 13
MWST-Info 14	01/2025*	Bezugsteuer	MI 14
MWST-Info 15	01/2025*	Abrechnung und Steuerentrichtung	MI 15
MWST-Info 16	01/2024	Buchführung und Rechnungsstellung	MI 16
MWST-Info 17	01/2025	Leistungen an internationale Organisationen	MI 17
MWST-Info 18	01/2025*	Vergütungsverfahren	MI 18
MWST-Info 19	01/2024	Steuersatzänderung per 1. Januar 2024	MI 19
MWST-Info 20	10/2020	Zeitliche Wirkung von Praxisfestlegungen	MI 20
MWST-Info 21	01/2025*	Neue Steuerpflichtige	MI 21
MWST-Info 22	01/2025*	Ausländische Unternehmen	MI 22

*Im Zeitpunkt des Redaktionsschlusses sind Anpassungen per 1.1.2025 im Zusammenhang mit der Teilrevision des MWSTG teilweise erst als Praxisentwürfe vorhanden.

Zoll-Infos BAZG (ZI)

Zoll-Info 52.01	01/2022	MWST auf der Einfuhr von Gegenständen	ZI 01
Zoll-Info 52.02	01/2022	Werkvertragliche Lieferungen	ZI 02
Zoll-Info 52.03	01/2022	Einfuhr eines Gegenstands – Verkauf auf der Strasse etc.	ZI 03
Zoll-Info 52.04	01/2022	Einfuhr eines Gegenstands – Verkauf an einer Auktion	ZI 04
Zoll-Info 52.10	01/2022	Einfuhrsteuer – vorübergehenden Verwendung	ZI 10
Zoll-Info 52.13	01/2022	Mitteilung an ausländische Leistungserbringer	ZI 13
Zoll-Info 52.15	01/2024	Mehrwertsteuersätze	ZI 15
Zoll-Info 18.85	01/2022	Steuerbehandlung von inländischen Rückwaren	ZI 85
Zoll-Info 18.86	01/2022	Rückerstattung wegen Wiederausfuhr	ZI 86
Zoll-Info 52.21	01/2022	Software	ZI 21
Zoll-Info 52.22	01/2022	Einfuhr von Kunstwerken	ZI 22
Zoll-Info 52.23	01/2022	Heimtiere	ZI 23
Zoll-Info 52.24	01/2022	Umschliessungen und Gebinde	ZI 24
Zoll-Info 52.25	01/2022	Ort der Lieferung und Importeur bei Einfuhren	ZI 25

Übersicht MWST-Branchen-Infos ESTV (MBI)

MWST-Branchen-Info 01	01/2019	Urproduktion und nahe stehende Bereiche	**MBI 01**
MWST-Branchen-Info 02	01/2024	Gärtner und Floristen	**MBI 02**
MWST-Branchen-Info 03	01/2018	Druckerzeugnisse und elektronische Publikationen	**MBI 03**
MWST-Branchen-Info 04	01/2020	Baugewerbe	**MBI 04**
MWST-Branchen-Info 05	01/2025*	Motorfahrzeuggewerbe	**MBI 05**
MWST-Branchen-Info 06	03/2024	Detailhandel	**MBI 06**
MWST-Branchen-Info 07	01/2025*	Elektrizität und Erdgas in Leitungen	**MBI 07**
MWST-Branchen-Info 08	01/2025	Hotel- und Gastgewerbe	**MBI 08**
MWST-Branchen-Info 09	06/2024	Transportwesen	**MBI 09**
MWST-Branchen-Info 10	01/2025*	Transportunternehmungen des öff. Verkehrs	**MBI 10**
MWST-Branchen-Info 11	01/2025*	Luftverkehr	**MBI 11**
MWST-Branchen-Info 12	01/2025*	Reisebüros sowie Kur- und Verkehrsvereine	**MBI 12**
MWST-Branchen-Info 13	01/2025*	Telekommunikation und elektr. Dienstleistungen	**MBI 13**
MWST-Branchen-Info 14	01/2025*	Finanzbereich	**MBI 14**
MWST-Branchen-Info 15	04/2019	Vorsteuerpauschale für Banken	**MBI 15**
MWST-Branchen-Info 16	01/2022	Versicherungswesen	**MBI 16**
MWST-Branchen-Info 17	01/2025	Vermietung und Verkauf von Immobilien	**MBI 17**
MWST-Branchen-Info 18	01/2025	Rechtsanwälte und Notare	**MBI 18**
MWST-Branchen-Info 19	01/2025	Gemeinwesen	**MBI 19**
MWST-Branchen-Info 20	01/2025*	Bildung	**MBI 20**
MWST-Branchen-Info 21	01/2025*	Gesundheitswesen	**MBI 21**
MWST-Branchen-Info 22	01/2025	Hilfsorganisationen und karitative Einrichtungen	**MBI 22**
MWST-Branchen-Info 23	01/2025*	Kultur	**MBI 23**
MWST-Branchen-Info 24	01/2025*	Sport	**MBI 24**
MWST-Branchen-Info 25	01/2025*	Forschung und Entwicklung	**MBI 25**
MWST-Branchen-Info 26	01/2025*	Betreibungs- und Konkursämter	**MBI 26**
MWST-Branchen-Info 27	01/2025*	Elektronische Plattformen	**MBI 27**

Im Zeitpunkt des Redaktionsschlusses sind Anpassungen per 1.1.2025 im Zusammenhang mit der Teilrevision des MWSTG teilweise erst als Praxisentwürfe vorhanden.

Eine vollständige Sammlung der MWST-Publikationen finden Sie in den umfassenden Werken «Die Mehrwertsteuererlasse des Bundes Band I – Allgemeine Erlasse 2025» (MWST-Infos) und «Die Mehrwertsteuererlasse des Bundes Band II» (MWST-Branchen-Infos).

Scan to shop.

KS ESTV

Kreisschreiben ESTV

Kreisschreiben der Eidgenössischen Steuerverwaltung (ESTV)

Bestechungsgelder an Amtsträger und Private	A96
Ausland-Ausland-Geschäfte	A95
Verwirkung Anspruch auf Rückerstattung VSt	A94
Obligationen	A93
Konsortial-, Schuldscheindarlehen, Wechsel, etc.	A92
Quellenbesteuerung des Erwerbseinkommens	A91
Aufwandbesteuerung	A90
Mitarbeiterbeteiligungen; Arbeitgeberin	A89
Preise, Ehrengaben, Stipendien	A88
Berufsorientierte Aus- und Weiterbildung	A87
Freizügigkeit in der beruflichen Vorsorge	A86
Aktionärsoptionen	A84
Kapitalgewinnbesteuerung bei Landwirten	A83
Besteuerung von Mitarbeiterbeteiligungen	A82
Gewerbsmässiger Wertschriftenhandel	A81
Verkehrs- und Infrastrukturunternehmen	A80
Kundenguthaben	A79
Stempelabgabe auf Versicherungsprämien	A78
Sanierung	A77
Verpachtung	A76
Ehepaar- und Familienbesteuerung	A75
Kapitaleinlageprinzip	A74
Liquidationsgewinne	A73
Beteiligungsabzug	A72
Selbständige Erwerbstätigkeit USR II	A71
Kollektive Kapitalanlagen; Anleger	A70
Kollektive Kapitalanlagen	A69
Teilbesteuerung im GV	A68
Teilbesteuerung im PV	A67
Ertragsgutschrift ausländischer Banken	A66
Vorsorgebeiträge und Säule 3a	A63
Wohneigentumsförderung BVG	A62
Obligationen und Derivate	A60
Indirekte Teilliquidation	A59
Securities Lending	A58
Umsatzabgabe	A57
Krankheits- und Unfallkosten	A56
Umstrukturierungen	A50
Dienstleistungsgesellschaften	A49
Abgangsentschädigung	A48
Eigene Beteiligungsrechte	A42
Verdecktes Eigenkapital	A38
Einmalprämienversicherung	A36
Auskunftspflicht	A34
Steuerbefreiung jP	A30

A | KS

Bestechungsgelder an Amtsträger und Private

Quelle: Eidg. Steuerverwaltung ESTV/HA Direkte Bundessteuer, Verrechnungssteuer, Stempelabgaben

Direkte Bundessteuer

Bern, 05. Dezember 2023

Kreisschreiben Nr. 50a

Unzulässigkeit des steuerlichen Abzugs von Bestechungsgeldern

Inhaltsverzeichnis

1	Einleitung	2
2	Strafrechtliche Aspekte	2
2.1	Gesetzliche Grundlage	2
2.2	Nicht gebührender Vorteil	3
2.3	Begriff des Amtsträgers und des Privaten	3
2.4	Strafrechtliche Verantwortlichkeit	4
3	Steuerrechtliche Aspekte	4
3.1	Nichtabzugsfähigkeit von Bestechungsgeldern	4
3.2	Prüfungshandlungen	4
3.3	Anzeige der Straftaten an die Strafbehörden	5
4	Inkrafttreten	5

1 Einleitung

Seit dem 1. Januar 2001 werden Bestechungsgelder im Sinne des schweizerischen Strafrechts an schweizerische oder fremde Amtsträger bei der Einkommenssteuer (Art. 27 Abs. 3 Bundesgesetz vom 14. Dezember 1990 über die direkte Bundessteuer [DBG; SR 642.11] sowie Art. 10 Abs. 1bis Bundesgesetz vom 14. Dezember 1990 über die Harmonisierung der direkten Steuern der Kantone und Gemeinden [StHG; SR 642.14]) respektive der Gewinnsteuer (Art. 59 Abs. 2 DBG sowie Art. 25 Abs. 1bis StHG) nicht mehr als geschäftsmässig begründete Aufwendungen zugelassen. Bestechungszahlungen an Private werden in diesen Bestimmungen nicht erwähnt.

Mit dem Bundesgesetz vom 19. Juni 2020 über die steuerliche Behandlung finanzieller Sanktionen (AS 2020 5121), in Kraft seit dem 1. Januar 2022, wurden die entsprechenden Bestimmungen insoweit angepasst, als neu Bestechungszahlungen im Sinne des schweizerischen Strafrechts sowohl an Amtsträger als auch an Private nicht mehr abzugsfähig sind. Diese neue Regelung führt zu einer Harmonisierung des Steuerrechts mit dem Strafrecht.

Der Begriff «Bestechungsgelder» ist durch das Schweizer Strafrecht definiert; es ist deswegen angebracht, kurz die diesbezüglich relevanten Normen des Schweizerischen Strafgesetzbuches vom 21. Dezember 1937 (StGB; SR 311.0) darzulegen.

2 Strafrechtliche Aspekte

2.1 Gesetzliche Grundlage

Die Artikel 322ter–322^{novies} StGB[1] stellen unter Strafe:

Das Angebot, das Versprechen oder die Gewährung eines nicht gebührenden Vorteils an ein Mitglied einer richterlichen oder anderen Behörde, an einen Beamten[2], einen amtlich bestellten Sachverständigen, Übersetzer oder Dolmetscher, Schiedsrichter, an einen Angehörigen der Armee, an einen Arbeitnehmer, einen Gesellschafter, einen Beauftragten oder an eine andere Hilfsperson eines Dritten im privaten Sektor, zu dessen Gunsten oder zu Gunsten eines Dritten,

- im Zusammenhang mit dessen (amtlicher, dienstlicher oder geschäftlicher) Tätigkeit für eine pflichtwidrige oder eine im Ermessen stehende Handlung oder Unterlassung (man spricht diesbezüglich von eigentlicher **Bestechung**)

oder

- im Hinblick auf die Amtsführung (man spricht diesbezüglich von **Vorteilsgewährung** zur «Klimapflege» für die Beeinflussung zukünftiger Amtshandlungen).

Bestraft werden können sowohl der Vorteilsgeber als auch der Vorteilsnehmer. Der Tatbestand der Vorteilsgewährung richtet sich ausschliesslich an schweizerische Amtsträger. Demgegenüber kann der Tatbestand der Bestechung sowohl einen (schweizerischen oder ausländischen, d.h. für einen fremden Staat oder eine internationale Organisation tätigen) Amtsträger als auch Private betreffen[3].

---

[1] AS 2000 1121, AS 2006 2371 sowie AS 2016 1287

[2] Aus Gründen der Lesbarkeit werden im vorliegenden Kreisschreiben ausschliesslich die männlichen Formen verwendet. Die weiblichen Formen sind jeweils selbstverständlich mitgemeint.

[3] Für einige konkrete Beispiele sei auf die Broschüre des Schweizer Staatssekretariats für Wirtschaft «Korruption vermeiden» verwiesen, https://www.seco.admin.ch/seco/de/home/Publikationen_Dienstleistungen/Publikationen_und_Formulare/Aussenwirtschafts/broschueren/korruption_vermeiden.html

2.2 Nicht gebührender Vorteil

Dieser Vorteil kann in verschiedenster Form auftreten. Gemäss herrschender Lehre gelten als Vorteile sämtliche unentgeltlichen Zuwendungen materieller oder immaterieller Art. Jede objektiv messbare, rechtliche, wirtschaftliche oder auch persönliche Besserstellung des Empfängers gilt als Vorteil. Die Unentgeltlichkeit der Zuwendungen kann durch den Abschluss von Scheingeschäften verschleiert werden.

Ein materieller Vorteil liegt typischerweise in der Zuwendung von Bargeld. Daneben fallen Sach- und Nutzzuwendungen wie z.B. die Zuwendung wertvoller Gegenstände, die Überlassung eines Fahrzeugs, die Gewährung von Firmenrabatten oder das Spendieren einer Reise ebenso unter den materiellen Vorteilsbegriff, wie der Verzicht auf Forderungen (wie z.B. der Schuldenerlass oder eine negative Schuldanerkennung).

Als immaterielle Vorteile gelten persönliche Besserstellungen wie gesellschaftliche und berufliche Vorteile (z.B. Wahlunterstützung, Beförderung oder Verleihung eines Titels).

«Nicht gebührend» ist ein Vorteil, zu dessen Annahme der Amtsträger respektive der Private nicht berechtigt ist. Demgegenüber stellen beispielsweise Zuwendungen, deren Annahme dienstrechtlich erlaubt, vertraglich vom Dritten gemäss den Artikeln 322^{octies}–322^{novies} StGB genehmigt, oder die geringfügig und sozial üblich sind, keine «nicht gebührenden» Vorteile dar (vgl. Art. 322^{decies} Abs. 1 StGB). Lokale Bräuche stellen hingegen keinen Rechtfertigungsgrund für die Gewährung eines Vorteils dar, es sei denn, ein bestimmtes Verhalten werde durch das lokale Recht explizit für zulässig erklärt.

Zur Bestimmung, was dienstrechtlich erlaubt ist, besteht für die Bundesverwaltung ein Verhaltenskodex[4]. Er basiert auf Artikel 21 Absatz 3 des Bundespersonalgesetzes vom 24. März 2000 (BPG; SR 172.220.1) i.V.m. Artikel 93 und 93a der Bundespersonalverordnung vom 3. Juli 2001 (BPV; SR 172.220.111.3). Für Angestellte anderer Staaten und internationaler Organisationen können deren Reglemente anwendbar sein und bestimmen, ob eine Zuwendung zulässig ist oder nicht. Für die Angestellten der kantonalen Verwaltungen ist die jeweilige kantonale Gesetzgebung massgebend.

2.3 Begriff des Amtsträgers und des Privaten

Der Vorteil muss sich auf das Verhalten eines Amtsträgers oder eines Privaten richten.

Unter «Amtsträger» fallen alle in den Artikeln 322ter–$322^{septies}$ StGB genannten Personen. Mitglieder einer richterlichen oder anderen Behörde sind Personen, die der Judikative, Legislative oder der Exekutive angehören und die nicht in einem Abhängigkeitsverhältnis zum Gemeinwesen stehen. Als Beamte gelten die Beamten und Angestellten einer öffentlichen Verwaltung und der Rechtspflege sowie die Personen, die provisorisch ein Amt bekleiden oder provisorisch bei einer öffentlichen Verwaltung oder der Rechtspflege angestellt sind oder vorübergehend amtliche Funktionen ausüben (vgl. Art. 110 Abs. 3 StGB). Erfasst werden damit sowohl die institutionellen als auch die funktionalen Beamten. Erstere sind die Beamten im öffentlich-rechtlichen Sinne sowie Angestellte im öffentlichen Dienst. Bei Letzteren ist die Funktion der Verrichtungen entscheidend. Bestehen diese in der Erfüllung öffentlicher Aufgaben, so sind die Tätigkeiten amtlich und die sie verrichtenden Personen Beamte im Sinne des Strafrechts. Davon sind auch Angestellte staatlich beherrschter und kontrollierter Unternehmen erfasst. Weiter sind auch amtlich bestellte Sachverständige, Übersetzer und Dolmetscher, Schiedsrichter sowie Angehörige der Armee Amtsträger im Sinne den Bestimmungen. Privatpersonen, die öffentliche Aufgaben erfüllen, werden den Amtsträgern gleichgestellt (vgl. Art. 322^{decies} Abs. 2 StGB).

Der Begriff «fremde Amtsträger» nach Artikel $322^{septies}$ StGB ist gestützt auf das Übereinkommen vom 17. Dezember 1997 über die Bekämpfung der Bestechung ausländischer Amtsträger

---

[4] Verhaltenskodex Bundesverwaltung vom 15. August 2012, Ziff. 5: https://www.epa.admin.ch/dam/epa/de/dokumente/aktuell/medienservice/120_verhaltenskodex.pdf.download.pdf/120_verhaltenscodex_d.pdf

im internationalen Geschäftsverkehr (SR 0.311.21) auszulegen (vgl. Art. 1 Ziff. 4 Bst. a des Übereinkommens). Diese Definition deckt sich mit dem schweizerischen Amtsträgerbegriff und umfasst sowohl institutionelle als auch funktionelle Beamte und Behördenmitglieder sowie Organe staatlich beherrschter und kontrollierter Unternehmen.

Als «Privater» gelten alle in den Artikeln 322^{octies}–322^{novies} StGB genannten Personen, namentlich der Arbeitnehmer, der Gesellschafter, der Beauftragte oder eine andere Hilfsperson eines Dritten im privaten Sektor.

Der Vorteil kann dem Empfänger direkt vom Urheber der Bestechung oder indirekt über einen Dritten (bspw. Agenten) zufliessen. Ausserdem kann dieser Vorteil zugunsten des Amtsträgers respektive des Privaten oder eines Dritten gewährt werden. Im letzteren Fall braucht der Amtsträger respektive der Private selbst keinen Nutzen (auch keinen mittelbaren) aus der Vorteilszuwendung zu ziehen.

2.4 Strafrechtliche Verantwortlichkeit

Als Täter oder Teilnehmer einer Bestechung sind in erster Linie diejenigen natürlichen Personen strafbar, welche die Tat begangen oder einen Tatbeitrag geleistet haben (Art. 322ter–322^{novies} StGB).

Gemäss Artikel 102 Absatz 2 StGB können zudem Unternehmen i.s.v. Artikel 102 Absatz 4 StGB für die von den Artikeln 322ter, 322^{quinquies}, 322^{septies} und 322^{octies} StGB vorgesehenen Tatbestände (aktive Bestechung) unabhängig von der Strafbarkeit natürlicher Personen bestraft werden. Das Unternehmen ist dann strafbar, wenn ihm vorzuwerfen ist, dass es nicht alle erforderlichen und zumutbaren organisatorischen Vorkehren getroffen hat, um eine solche Straftat zu verhindern.

3 Steuerrechtliche Aspekte

3.1 Nichtabzugsfähigkeit von Bestechungsgeldern

Die Bestechungsgelder, die an schweizerische oder ausländische Amtsträger bzw. an Private entrichtet werden, stellen nicht geschäftsmässig begründeten Aufwand dar und können daher nicht vom Einkommen aus selbständiger Erwerbstätigkeit oder vom Gewinn einer juristischen Person in Abzug gebracht werden (vgl. Art. 27 Abs. 3 Bst. a und Art. 59 Abs. 2 Bst. a DBG).

3.2 Prüfungshandlungen

Es ist für die Steuerbehörde im konkreten Einzelfall nicht einfach herauszufinden, ob innerhalb des steuerlich geltend gemachten Aufwandes einer steuerpflichtigen Person solche Bestechungszahlungen enthalten sind, die das steuerbare Einkommen respektive den steuerbaren Gewinn unzulässig verkürzen. Da den Bestechungszahlungen keine belegbare Gegenleistung gegenübersteht, können Scheingeschäfte dokumentiert werden, um solche Zahlungen zu rechtfertigen. Die Bestechungszahlungen können dabei als Servicegebühren, *after sales tax*, Agentengebühren, Transportkosten, Umtriebsentschädigungen, Repräsentationsspesen, Werbekosten o.ä. bezeichnet werden.

Betreffend den Nachweis der geschäftsmässigen Begründung des verbuchten Aufwandes in sogenannten Ausland-Ausland-Geschäften, insbesondere des Aufwandes von mit schweizerischen oder ausländischen Behörden geschlossenen Verträgen, gilt zudem das Kreisschreiben der ESTV Nr. 49 vom 13. Juli 2020 über den Nachweis des geschäftsmässig begründeten Aufwandes bei Ausland-Ausland-Geschäften.

Das Handbuch der OECD[5] liefert Typologien und enthält detaillierte Indizien, anhand welcher Bestechungsvorgänge entdeckt werden können.

3.3 Anzeige der Straftaten an die Strafbehörden

Die steuerrechtlichen Bestimmungen, welche die Abzugsfähigkeit von Bestechungsgeldern ausschliessen, stellen keine genügenden Rechtsgrundlagen dar, um die Steuerbehörden dazu zu verpflichten, den Strafbehörden die Bestechungs- und Vorteilsgewährungsfälle anzuzeigen, von denen die Mitarbeitenden in Ausübung ihres Amtes Kenntnis erlangt haben.

Eine solche Anzeigepflicht besteht aber für das Bundespersonal seit dem 1. Januar 2011. Bundesangestellte i.S.v. Artikel 2 BPG sind verpflichtet, alle von Amtes wegen zu verfolgenden Verbrechen oder Vergehen, die sie bei ihrer amtlichen Tätigkeit festgestellt haben oder die ihnen gemeldet worden sind, den Strafverfolgungsbehörden, ihren Vorgesetzten oder der Eidgenössischen Finanzkontrolle (EFK) anzuzeigen (vgl. Art. 22a Abs. 1 BPG). Sämtliche Korruptionsstatbestände nach den Artikeln 322ter–322^{novies} StGB stellen Verbrechen bzw. Vergehen dar. Eine Anzeigepflicht besteht, wenn ein begründeter Verdacht auf solche Straftaten vorliegt. Davon ist jedenfalls auszugehen, wenn ein Aufwand mit der Begründung verweigert wird, es handle sich um eine Bestechungszahlung.

Für die Angestellten der kantonalen Steuerverwaltungen ist die jeweilige kantonale Gesetzgebung massgebend.

Soweit das kantonale Gesetz keine Anzeigepflicht vorsieht, ein Mitglied einer kantonalen Steuerbehörde aber dennoch eine Anzeige erstatten will, so ist dafür die schriftliche Einwilligung der vorgesetzten Behörde notwendig (Art. 320 Ziff. 2 StGB).

Eine Anzeige wegen Steuerbetrugs gemäss Artikel 188 Absatz 1 DBG bleibt vorbehalten. Die Steuerbehörden sind direkt aus dem DBG verpflichtet, bei Vorliegen eines Verdachts solche Anzeigen zu erstatten (Art. 188 Abs. 1 und 194 Abs. 2 DBG). Für die kommunalen und kantonalen Steuern ist das kantonale Recht massgebend.

4 Inkrafttreten

Das vorliegende Kreisschreiben tritt mit seiner Publikation in Kraft.

---

[5] «Handbuch ‚Bestechung und Korruption' für den Innen- und Außendienst der Steuerverwaltung» der Kommission für Steuerangelegenheiten der Direktion für finanzielle und unternehmerische Angelegenheiten der OECD: https://read.oecd-ilibrary.org/taxation/handbuch-bestechung-und-korruption-fur-den-innen-und-aussendienst-der-steuerverwaltung_9789264206564-de#page1

Ausland-Ausland-Geschäfte

Quelle: Eidg. Steuerverwaltung ESTV/HA Direkte Bundessteuer, Verrechnungssteuer, Stempelabgaben

Direkte Bundessteuer
Verrechnungssteuer

Bern, 13. Juli 2020

Kreisschreiben Nr. 49

Nachweis des geschäftsmässig begründeten Aufwandes bei Ausland-Ausland-Geschäften

1 Begründung des geschäftsmässig begründeten Aufwandes

1.1 Grundsätzliches

Gesellschaften sowie Betriebsstätten ausländischer Gesellschaften, die der direkten Bundessteuer und/oder der Verrechnungssteuer unterliegen, können seit dem 1. Januar 2009 auch für Ausland-Ausland-Geschäfte keine pauschalen Kostendeckungen mehr geltend machen. Der abziehbare Aufwand muss den gesetzlichen Bestimmungen entsprechen (vgl. Art. 27, 58 Abs. 1 und 59 des Bundesgesetzes vom 14. Dezember 1990 über die direkte Bundessteuer [DBG; SR 642.11]). Es gelten deshalb die üblichen Regeln für den Nachweis der geschäftsmässigen Begründung des verbuchten Aufwandes. Zu diesen Regeln zählen:

- Die Aufwendungen müssen begründet und belegt werden. Dies gilt auch bezüglich dem Erwerb und der Nutzung von immateriellen Werten wie Patente, Marken, Rechte und dergleichen.

- Die geltend gemachten Aufwendungen zu Gunsten von Gesellschaftern und diesen nahe stehenden Dritten müssen unter Berücksichtigung einer angemessenen Bandbreite dem Drittvergleich standhalten. Diesbezüglich sei auf die Verpflichtung der Schweiz zur Anwendung des „dealing at arm's length"-Grundsatzes gemäss den geltenden Verrechnungspreisrichtlinien der OECD[1] hingewiesen. Nach bundesgerichtlicher Rechtsprechung sind auch Personen den Gesellschaftern nahe stehend, zu denen wirtschaftliche oder persönliche Verbindungen bestehen, welche nach den gesamten Umständen als eigentlicher Grund der zu besteuernden ungewöhnlichen Leistung betrachtet werden müssen. Insbesondere gelten auch Dritte als Nahestehende, welche eine schweizerische Gesellschaft im Einverständnis der Gesellschafter zur Abwicklung von Geschäften benutzen.

In dieser Hinsicht unterscheiden sich Gesellschaften mit sog. Ausland-Ausland-Geschäften nicht von Gesellschaften mit Schweizer Ansässigkeit und vollständiger oder teilweiser

---

[1] «OECD-Verrechnungspreisleitlinien für multinationale Unternehmen und Steuerverwaltungen 2017»: https://read.oecd-ilibrary.org/taxation/oecd-verrechnungspreisleitlinien-fur-multinationale-unternehmen-und-steuerverwaltungen-2017_9789264304529-de#page1

Geschäftstätigkeit im Inland. Geschäftsmässig nicht begründete Aufwendungen sind wie bei allen in der Schweiz ansässigen Gesellschaften unter dem Aspekt verdeckter Vorteilszuwendungen zu betrachten, und es sind die erforderlichen Deklarationen zwecks Erhebung der Verrechnungssteuer spontan und innert der gesetzlichen Frist vorzunehmen (vgl. Art. 4 Abs. 1 Bst. b Bundesgesetz vom 13. Oktober 1965 über die Verrechnungssteuer [VStG; SR 642.21] und Art. 19 Verordnung vom 19. Dezember 1966 über die Verrechnungssteuer [VStV; SR 642.211]).

1.2 Bestechungszahlungen und Bussen

Zahlungen von Bussen und von Bestechungsgeldern im Sinne des schweizerischen Strafrechts an schweizerische oder fremde Amtsträger (vgl. Art. 322ter–322^{septies} Schweizerisches Strafgesetzbuches vom 21. Dezember 1937 [StGB; SR 311.0]) stellen nie geschäftsmässig begründeten Aufwand dar (vgl. Art. 27 Abs. 1 und 3 bzw. Art. 58 Abs. 1 Bst. b und Art. 59 Abs. 2 DBG). Betreffend die Definitionen von Bestechungsgeldern und Amtsträgern wird auf das Kreisschreiben der ESTV Nr. 50 vom 13. Juli 2020 verwiesen. Jenes Kreisschreiben weist auch auf die Pflicht hin, einen Verdacht auf Bestechungshandlungen bei den Strafverfolgungsbehörden anzuzeigen. Eine solche Anzeigepflicht besteht für das Bundespersonal gemäss Artikel 22a Absatz 1 des Bundespersonalgesetzes vom 24. März 2000 (BPG; SR 172.220.1). Für die Angestellten der kantonalen Steuerverwaltungen ist die jeweilige kantonale Gesetzgebung massgebend.

Das Handbuch der OECD[2] liefert Typologien und enthält detaillierte Indizien, anhand welcher Bestechungsvorgänge entdeckt werden können.

2 Überprüfung

Nach den allgemeinen Regeln über die Beweislastverteilung haben die Steuerpflichtigen den Nachweis der geschäftsmässigen Begründetheit der Aufwandpositionen zu erbringen, da diese Positionen die Steuerlast aufheben oder mindern. Ist eine Buchhaltung allerdings formell richtig, so wird nach der Rechtsprechung vermutet, dass sie auch inhaltlich richtig sei. Bestehen Zweifel an der formellen Richtigkeit der Geschäftsbücher, so entfällt die natürliche Vermutung der materiellen Richtigkeit. Auch bei formell richtiger Buchhaltung können Zweifel der Steuerbehörde genügen, so dass diese Vermutung nicht greift. Fliessen Zahlungen ins Ausland, so trifft die steuerpflichtige Unternehmung nach der Rechtsprechung zudem eine erhöhte Mitwirkungspflicht.[3]

Deshalb sind bei Zahlungen ins Ausland an den Nachweis der geschäftsmässigen Begründetheit entsprechend höhere Anforderungen zu stellen. Dazu gehört insbesondere die Nennung der wahren Begünstigten der Zahlungen oder Leistungen. Aufwendungen zu Gunsten von Gesellschaften in Steueroasen und Zahlungen auf Bankkonti und dergleichen ohne Offenlegung der wahren Leistungsempfänger können nicht als geschäftsmässig begründet anerkannt werden. Allerdings sind dabei Zahlungen an Empfänger mit Domizil in Staaten, mit denen die Schweiz den automatischen Informationsaustausch (AIA) abgeschlossen hat, sowie die Informationen aus dem AIA entsprechend zu würdigen.[4]

Die Schweizer Steuerbehörden haben bei Geschäften mit ausländischen Vertragspartnern grundsätzlich die Möglichkeit, die für Gegenkontrollen nötigen Informationen auf dem Weg der

---

[2] «Handbuch ‚Bestechung und Korruption' für den Innen- und Außendienst der Steuerverwaltung» der Kommission für Steuerangelegenheiten der Direktion für finanzielle und unternehmerische Angelegenheiten der OECD: https://read.oecd-ilibrary.org/taxation/handbuch-bestechung-und-korruption-fur-den-innen-und-aussendienst-der-steuerverwaltung_9789264206564-de#page1

[3] zum Ganzen: Urteil BGer 2C_1113/2018 E. 2.2.2 (Mitwirkungspflicht) und E. 2.2.3 (erhöhte Mitwirkungspflicht)

[4] Liste der AIA-Partnerstaaten: https://www.sif.admin.ch/sif/de/home/multilateral/steuer_informationsaust/automatischer-informationsaustausch/automatischer-informationsaustausch1.html

Amtshilfe zu beschaffen. Da die Amtshilfe aber an Voraussetzungen gebunden ist (z.B.Vertragsstaat, Subsidiaritätsprinzip), können Gegenkontrollen bei den ausländischen Leistungsempfängern unter Umständen nicht möglich oder Amtshilfeersuchen ergebnislos sein. Deshalb gelten auch hier die Grundsätze zur erhöhten Mitwirkungspflicht. Kommt das steuerpflichtige Unternehmen dieser erhöhten Mitwirkungspflicht nicht nach, sind die Aufwendungen in diesem Umfang steuerlich nicht anzuerkennen. Nötigenfalls legen die Steuerbehörden die Steuerfaktoren nach pflichtgemässem Ermessen fest.

3   Steuervorbescheide (sog. Steuerrulings)

Für pauschale Kostendeckungen können keine Steuervorbescheide abgegeben werden.

Die Möglichkeit, in gewissen Fällen Steuervorbescheide[5] zu erhalten, ändert an diesem Grundsatz nichts.

4   Inkrafttreten

Das vorliegende Kreisschreiben tritt mit seiner Publikation in Kraft. Gleichzeitig wird das Kreisschreiben Nr. 9 der ESTV vom 22. Juni 2005 aufgehoben.

---

[5] Mitteilung der ESTV Nr. 11 vom 29. April 2019 (011-DVS-2019-d)

Verwirkung des Anspruchs auf Rückerstattung der VSt

Quelle: Eidg. Steuerverwaltung ESTV/HA Direkte Bundessteuer, Verrechnungssteuer, Stempelabgaben

Verrechnungssteuer

Bern, 4. Dezember 2019

Kreisschreiben Nr. 48

Verwirkung des Anspruchs von natürlichen Personen auf Rückerstattung der Verrechnungssteuer gemäss Artikel 23 VStG in der Fassung vom 28. September 2018

Inhaltsverzeichnis

1 Allgemeines 2
2 Gesetzliche Bestimmungen 2
3 Voraussetzungen der Rückerstattung 2
3.1 Deklarationspflicht nach Artikel 23 VStG 2
3.1.1 Grundsatz 2
3.1.2 Ausnahme 3
3.2 Überprüfungs- und Auskunftspflichten 3
3.3 Hinweis zum Untergang des Rückerstattungsanspruchs infolge Zeitablaufs gemäss Artikel 32 VStG 4
4 Veranlagung nach pflichtgemässem Ermessen 4
5 Meldeverfahren 4
6 Übergangsregelung 4
7 Inkrafttreten...5

1 Allgemeines

Am 28. September 2018 verabschiedeten die Eidgenössischen Räte eine Änderung des Bundesgesetzes vom 13. Oktober 1965 über die Verrechnungssteuer (VStG; SR 642.21), insbesondere betreffend Artikel 23. Diese Änderung des VStG trat rückwirkend auf den 1. Januar 2019 in Kraft.

Die in Artikel 23 Absatz 1 VStG erwähnte Deklarationspflicht als Voraussetzung für die Rückerstattung der Verrechnungssteuer bleibt unverändert bestehen. Diese Deklarationspflicht ergibt sich aus Artikel 124 Absatz 2 und Artikel 125 Absätze 1 und 2 des Bundesgesetzes vom 14. Dezember 1990 über die direkte Bundessteuer (DBG; SR 642.11).

Der neu eingefügte Absatz 2 von Artikel 23 VStG hält fest, unter welchen Voraussetzungen die Verwirkung des Anspruchs auf Rückerstattung der Verrechnungssteuer nicht eintritt, obwohl die antragstellende Person (steuerpflichtige Person) die steuerbaren Einkünfte gemäss Artikel 23 Absatz 1 VStG nicht deklariert hatte.

Parallel zu dieser Änderung hat der Gesetzgeber in Artikel 70d VStG eine Übergangsbestimmung eingeführt.

2 Gesetzliche Bestimmungen

Die am 1. Januar 2019 in Kraft getretenen Artikel 23 und 70d VStG über die Verwirkung des Anspruchs auf Rückerstattung der Verrrechnungssteuer lauten wie folgt:

Artikel 23
[1] Wer mit der Verrechnungssteuer belastete Einkünfte oder Vermögen, woraus solche Einkünfte fliessen, entgegen gesetzlicher Vorschrift der zuständigen Steuerbehörde nicht angibt, verwirkt den Anspruch auf Rückerstattung der von diesen Einkünften abgezogenen Verrechnungssteuer.

[2] Die Verwirkung tritt nicht ein, wenn die Einkünfte oder Vermögen in der Steuererklärung fahrlässig nicht angegeben wurden und in einem noch nicht rechtskräftig abgeschlossenen Veranlagungs-, Revisions- oder Nachsteuerverfahren:

  a. nachträglich angegeben werden; oder
  b. von der Steuerbehörde aus eigener Feststellung zu den Einkünften oder Vermögen hinzugerechnet werden.

Artikel 70d
Artikel 23 Absatz 2 gilt für Ansprüche, die seit dem 1. Januar 2014 entstanden sind, sofern über den Anspruch auf Rückerstattung der Verrechnungssteuer noch nicht rechtskräftig entschieden worden ist.

3 Voraussetzungen der Rückerstattung

3.1 Deklarationspflicht nach Artikel 23 VStG

3.1.1 Grundsatz

Deklariert die steuerpflichtige Person die mit der Verrechnungssteuer belasteten Einkünfte sowie das Vermögen, woraus solche Einkünfte fliessen, mit der Steuererklärung, welche für die Steuerperiode der Fälligkeit der steuerbaren Leistung bei der zuständigen Steuerbehörde einzureichen ist, so ist die Deklarationspflicht erfüllt (vgl. Art. 23 Abs. 1 VStG). Sofern die weiteren

Voraussetzungen gemäss Artikel 21 ff. VStG erfüllt sind, besteht ein Anspruch auf die Rückerstattung der Verrechnungssteuer.

3.1.2 Ausnahme

Gemäss Änderung des VStG vom 28. September 2018 gilt die Deklarationspflicht auch dann als erfüllt, wenn die der Verrechnungssteuer unterliegenden Einkünfte zwar nicht in der Steuererklärung (vgl. Ziff. 3.1.1), sondern nachträglich in einem noch nicht rechtskräftig abgeschlossenen Veranlagungs-, Revisions- oder Nachsteuerverfahren durch die steuerpflichtige Person deklariert oder von der zuständigen Steuerbehörde aus eigener Feststellung zu den Einkünften oder zum Vermögen hinzugerechnet werden (Art. 23 Abs. 2 VStG). Voraussetzung dafür ist, dass die Deklaration der Steuerfaktoren lediglich fahrlässig unterlassen worden ist (vgl. Ziff. 3.1.2.1 hiernach).

Die Rückerstattung der Verrechnungssteuer wird auch in diesen Fällen nur gewährt, wenn die übrigen Voraussetzungen gemäss Artikel 21 ff. VStG allesamt erfüllt sind.

3.1.2.1 Begriff der Fahrlässigkeit

Gemäss den Artikeln 124 – 126 DBG muss die steuerpflichtige Person alles tun, um eine vollständige und richtige Veranlagung zu ermöglichen. Dies gilt auch, wenn sie eine Drittperson mit der Erstellung der Steuererklärung beauftragt.

Fahrlässig handelt, wer die Folge seines Verhaltens aus pflichtwidriger Unvorsichtigkeit nicht bedenkt oder darauf nicht Rücksicht nimmt. Pflichtwidrig ist die Unvorsichtigkeit, wenn jemand die Vorsicht nicht beachtet, zu der er nach den Umständen und nach seinen persönlichen Verhältnissen verpflichtet ist. Unter persönlichen Verhältnissen versteht man etwa die Ausbildung, die intellektuellen Fähigkeiten sowie die berufliche Erfahrung.

3.1.2.2 Nicht rechtskräftig abgeschlossenes Veranlagungs-, Revisions- oder Nachsteuerverfahren

Die nachträgliche Deklaration oder Aufrechnung der verrechnungssteuerbelasteten Einkünfte muss in einem noch nicht rechtskräftig abgeschlossenen Veranlagungs-, Revisions- oder Nachsteuerverfahren erfolgen. Diese steuerbaren Einkünfte müssen nicht zwingend Anlass für die Korrektur der steuerbaren Faktoren sein. Auch im Rahmen einer straflosen Selbstanzeige (Art. 175 Abs. 3 DBG) bleibt der Rückerstattungsanspruch bei solchen nachdeklarierten Einkünften bestehen, sofern deren ursprüngliche Deklaration fahrlässig unterlassen worden ist.

3.2 Überprüfungs- und Auskunftspflichten

Ergibt sich aus den Akten der zuständigen Steuerbehörde, dass die mit der Verrechnungssteuer belasteten Einkünfte oder Vermögen fahrlässig nicht deklariert wurden, so gewährt die Steuerbehörde ohne weitere Überprüfung die Rückerstattung.

Andernfalls muss die steuerpflichtige Person darlegen oder zumindest glaubhaft machen, dass sie die Deklaration fahrlässig unterlassen hatte (vgl. Ziff. 3.1.2.1 hiervor). Dies ergibt sich aus der Pflicht gemäss Artikel 48 VStG, der zuständigen Behörde über alle Tatsachen, welche für den Rückerstattungsanspruch von Bedeutung sein könnten, nach bestem Wissen und Gewissen Auskunft zu erteilen.

Erachtet die Steuerbehörde nach Prüfung der Auskünfte die Unterlassung der Deklaration als fahrlässig, gewährt sie die Rückerstattung der Verrechnungssteuer.

3.3 Hinweis zum Untergang des Rückerstattungsanspruchs infolge Zeitablaufs gemäss Artikel 32 VStG

Artikel 32 VStG wurde in der vorliegenden Revision nicht geändert und findet damit unverändert Anwendung. Dies gilt auch im Rahmen der Anwendung der Übergangsbestimmung in Artikel 70*d* VStG (vgl. Ziff. 6 hiernach).

Wenn innerhalb von drei Kalenderjahren nach Fälligkeit der steuerbaren Leistung kein Rückerstattungsantrag eingereicht wurde, erlischt bereits deshalb der Rückerstattungsanspruch (Art. 32 Abs. 1 VStG). Vorbehalten bleibt eine neue Frist von 60 Tagen für das Einreichen eines Rückerstattungsantrags, wenn die Verrechnungssteuer erst auf Grund einer Beanstandung der Eidgenössischen Steuerverwaltung entrichtet und überwälzt wird (Art. 32 Abs. 2 VStG). Der Anspruch auf Rückerstattung der Verrechnungssteuer richtet sich auch hier nach den Voraussetzungen der Artikel 21 ff. VStG.

4 Veranlagung nach pflichtgemässem Ermessen

Kommt die steuerpflichtige Person ihren Verfahrenspflichten nicht nach, indem sie keine Steuererklärung einreicht oder indem sie ihre Einkünfte nur teilweise deklariert, nimmt die Veranlagungsbehörde die Veranlagung nach pflichtgemässem Ermessen im Sinne von Artikel 130 DBG vor. Auch bei einer solchen Veranlagung kann Artikel 23 Absatz 2 VStG zur Anwendung kommen. Die Berücksichtigung von mit der Verrechnungssteuer belasteten Einkünften durch die zuständige Steuerbehörde, respektive das Einreichen einer das bewegliche Vermögen und dessen Erträge ausweisenden Steuererklärung als Beweismittel im Einspracheverfahren (Art. 132 Abs. 3 DBG), schliesst somit eine Rückerstattung der Verrechnungssteuer nicht aus, sofern auf die Einsprache einzutreten ist und die Voraussetzungen von Ziffer 3 oben erfüllt sind.

5 Meldeverfahren

Die Anwendung des Meldeverfahrens bei Leistungen an inländische natürliche Personen (vgl. Art. 20 VStG und Art. 24 ff. der Verordnung vom 19. Dezember 1966 über die die Verrechnungssteuer, VStV; SR 642.211) entbindet den Leistungsempfänger nicht von der Pflicht, die Leistung ordnungsgemäss nach Artikel 124 - 126 DBG zu deklarieren (vgl. Ziff. 3.1.1).

Das Meldeverfahren ist nicht ausgeschlossen, wenn der Anspruch auf Rückerstattung der Verrechnungssteuer als Folge von Art. 23 Abs. 2 VStG nicht verwirkt ist und die übrigen Voraussetzungen für die Anwendung des Meldeverfahrens erfüllt sind.

Unerheblich ist, ob die steuerpflichtige Person eine Nachdeklaration vornimmt oder die Steuerbehörde aus eigener Feststellung die Aufrechnung durchführt.

6 Übergangsregelung

Gemäss der Übergangsbestimmung zur Änderung des VStG vom 28. September 2018 gilt Artikel 23 Absatz 2 VStG für Rückerstattungsansprüche, die seit dem 1. Januar 2014 entstanden sind, sofern darüber nicht rechtskräftig entschieden worden ist (vgl. Art. 70*d* VStG). Der Rückerstattungsanspruch entsteht gleichzeitig mit der Steuerforderung (vgl. Art. 21 i.V.m. Art. 12 VStG). Diese entsteht gemäss Artikel 12 VStG mit der Fälligkeit der steuerbaren Leistung. Artikel 23 Absatz 2 VStG betrifft somit der Verrechnungssteuer unterliegende Einkünfte, die nach dem 31. Dezember 2013 fällig geworden sind.

Hingegen gilt für alle Einkünfte mit Fälligkeiten bis zum 31. Dezember 2013, über deren Rückerstattungsanspruch nicht rechtskräftig entschieden worden ist, Artikel 23 VStG in der Fassung vom 13. Oktober 1965 (nachfolgend altes Recht).

7 Inkrafttreten

Dieses Kreisschreiben tritt gleichzeitig mit dem Inkrafttreten des geänderten Artikels 23 VStG und des Artikels 70*d* VStG rückwirkend auf den 1. Januar 2019 in Kraft.

Das Kreisschreiben Nr. 40 der Eidgenössischen Steuerverwaltung über die Verwirkung des Anspruchs von natürlichen Personen auf Rückerstattung der Verrechnungssteuer gemäss Artikel 23 VStG vom 11. März 2014 gilt weiterhin für die Fälle, die unter das alte Recht fallen (vgl. Ziff. 6 hiervor).

Obligationen

Quelle: Eidg. Steuerverwaltung ESTV/HA Direkte Bundessteuer, Verrechnungssteuer, Stempelabgaben

Verrechnungssteuer

Bern, 25. Juli 2019

Kreisschreiben Nr. 47

Obligationen

Inhaltsverzeichnis

1	Obligationenbegriff	2
1.1	Anleihensobligationen	2
1.2	Kassenobligationen	2
1.3	Individuelle Schuldverhältnisse	2
2	Inländerbegriff	2
3	Beginn der Steuerpflicht	2
3.1	Anleihensobligationen	2
3.2	Kassenobligationen	3
3.3	Individuelle Schuldverhältnisse	3
4	Anmeldepflicht	3
5	Erhebung der Verrechnungssteuer	3
6	Abrechnungsverfahren für die Verrechnungssteuer	3
7	Geldmarktpapiere und Buchforderungen	4
8	Geltung des Kreisschreibens	4

1 Obligationenbegriff

Was unter einer Obligation zu verstehen ist, wurde für die Stempelabgaben und die Verrechnungssteuer gesetzlich geregelt (vgl. Art. 4 Abs. 3 des Bundesgesetzes vom 27. Juni 1973 über die Stempelabgaben [StG]; SR 641.10 und Art. 15 der Vollziehungsverordnung vom 19. Dezember 1966 über die Verrechnungssteuer [VStV]; SR 642.211). Dieser Obligationenbegriff geht weiter als derjenige des Wertpapierrechts (vgl. Art. 965 ff. des Bundesgesetzes vom 30. März 1911 betreffend die Ergänzung des Schweizerischen Zivilgesetzbuches [Fünfter Teil: Obligationenrecht]; OR, SR 220) und auch darüber hinaus, was im Handel und im Bankgeschäft unter einer Obligation verstanden wird. Obligationen sind demnach schriftliche, auf feste Beträge lautende Schuldanerkennungen, die zwecks kollektiver Beschaffung von Fremdkapital, kollektiver Anlagegewährung oder Konsolidierung von Verbindlichkeiten in einer Mehrzahl von Exemplaren ausgegeben werden.

1.1 Anleihensobligationen

Die Titel werden in einer Mehrzahl von Exemplaren zu identischen Bedingungen ausgegeben. Bei der Anleihe handelt es sich um ein einheitliches, in sich geschlossenes Kreditgeschäft.

1.2 Kassenobligationen

Die Titel werden in einer Mehrzahl von Exemplaren fortlaufend und zu variablen Bedingungen ausgegeben.

1.3 Individuelle Schuldverhältnisse

Unter individuellen Schuldverhältnissen sind der Abschluss von Einzeldarlehen und die Emission von Privatplatzierungen gegen Ausgabe von Schuldanerkennungen zu verstehen. Diese Finanzierungsformen charakterisieren sich dadurch, dass ein inländischer Kreditnehmer mit einem einzelnen in- oder ausländischem Kreditgeber (i.d.R. handelt es sich um Banken oder institutionelle Investoren) einen Darlehensvertrag abschliesst (Einzeldarlehen); bei den Privatplatzierungen (auch Club-Deals genannt) werden solche Darlehen in der Form von Wertpapieren zu identischen Bedingungen verbrieft und als Titel, Notes, Kassascheine, Schuldscheine, Zertifikate usw. bei einem kleinen Investorenkreis platziert. Die Qualifikation der individuellen Schuldverhältnisse als Einzeldarlehen, Anleihen oder Kassenobligationen hängt einerseits von der Ausgestaltung des Kreditvertrages und andererseits von der Emissionstätigkeit des Schuldners ab.

2 Inländerbegriff

Inländer ist, wer im Inland Wohnsitz, dauernden Aufenthalt, statutarischen oder gesetzlichen Sitz hat oder als Unternehmen im inländischen Handelsregister eingetragen ist (vgl. Art. 4 Abs. 1 StG und Art. 9 Abs. 1 des Bundesgesetzes vom 13. Oktober 1965 über die Verrechnungssteuer [VStG]; SR 642.21).

3 Beginn der Steuerpflicht

3.1 Anleihensobligationen

Eine Anleihe im Sinne des Stempel- und Verrechnungssteuergesetzes liegt vor, wenn ein inländischer Schuldner bei mehr als zehn Gläubigern gegen Ausgabe von Schuldanerkennungen Geld zu identischen Bedingungen aufnimmt. Die gesamte Kreditsumme muss dabei mindestens 500'000 Franken betragen.

3.2 Kassenobligationen

Kassenobligationen im Sinne des Stempel- und Verrechnungssteuergesetzes sind gegeben, wenn ein inländischer Schuldner (Nichtbank) bei mehr als 20 Gläubigern gegen Ausgabe von Schuldanerkennungen fortlaufend Geld zu variablen Bedingungen aufnimmt. Die gesamte Kreditsumme muss mindestens 500'000 Franken betragen.

Werden Kassenobligationen von einer Bank im Sinne des Bundesgesetzes vom 8. November 1934 über die Banken und Sparkassen (Bankengesetz BankG; SR 952) emittiert, so beginnt die Steuerpflicht ohne Rücksicht auf die Anzahl der Gläubiger mit der Aufnahme der Geschäftstätigkeit.

Bei der Ermittlung der Anzahl Gläubiger für Anleihens- und Kassenobligationen sind die in- und ausländischen Banken im Sinne der an ihrem Sitz geltenden Bankengesetzgebung nicht mitzuzählen.

3.3 Individuelle Schuldverhältnisse

Einzeldarlehen ohne Verbriefung gelten nicht als Privatplatzierung. Eine Refinanzierung solcher Darlehen durch Abtretung von Teilforderungen wird erst dann als kollektive Kapitalbeschaffung qualifiziert, wenn die in Ziffer 3.1 hiervor genannte Richtzahl überschritten wird (vgl. Ziff.1.4 des Kreisschreibens Nr. 46 "Steuerliche Behandlung von Konsortialdarlehen, Schuldscheindarlehen, Wechseln und Unterbeteiligungen" vom 24.07.2019).

Im Bereich der Privatplatzierungen, bei welchen schriftliche Schuldanerkennungen ausgegeben werden, gilt der Grundsatz "Anzahl der emittierten Schuldanerkennungen pro Privatplatzierung = Anzahl der Gläubiger".

Demnach ist eine Privatplatzierung als Anleihe gemäss Ziffer 3.1 hiervor zu qualifizieren, wenn für diese mehr als zehn Schuldanerkennungen ausgegeben werden.

Kassenobligationen gemäss Ziffer 3.2 hiervor sind gegeben, sobald das Total der Gläubiger aller Privatplatzierungen und Einzeldarlehen die Zahl von 20 übersteigt.

4 Anmeldepflicht

Sollten die vorstehenden Bedingungen auf Ihre Institution zutreffen, bitten wir Sie um schriftliche Anmeldung bei unserer Verwaltung.

5 Erhebung der Verrechnungssteuer

Gegenstand der Verrechnungssteuer auf dem Ertrag beweglichen Kapitalvermögens sind die Zinsen, Renten, Gewinnanteile und sonstigen Erträge der von einem Inländer ausgegebenen Obligationen (Art. 4 Abs. 1 lit. a VStG).

Steuerpflichtig ist der inländische Emittent der Titel (Art. 10 Abs. 1 VStG).

6 Abrechnungsverfahren für die Verrechnungssteuer

Die Steuer auf dem Ertrag von Anleihensobligationen ist mit dem amtlichen Formular innert 30 Tagen nach Fälligkeit des Ertrages (Zinstermin) zu deklarieren und zu entrichten (Art. 18 VStV).

Die Steuer auf dem Ertrag von Kassenobligationen ist mit dem amtlichen Formular wie folgt zu deklarieren und zu entrichten (Art. 19 Abs. 1 und 2 VStV):

- in einem annäherungsweise ermittelten Betrag innert 30 Tagen nach Ablauf des Geschäftsvierteljahres für die in diesem Zeitraum fällig gewordene Erträge (Zinsen);
- im genau ermittelten Betrag innert 30 Tagen nach Ablauf des letzten Geschäftsvierteljahres für die im ganzen Geschäftsjahr fällig gewordenen Erträge (Zinsen), abzüglich der für die ersten drei Quartale abgelieferten Steuern.

7   Geldmarktpapiere und Buchforderungen

Bezüglich der Geldmarktpapiere und Buchforderungen wird auf das Merkblatt der ESTV betreffend Geldmarktpapiere und Buchforderungen inländischer Schuldner vom 2. Oktober 2015 (S-02.130.1) verwiesen.

8   Geltung des Kreisschreibens

Das vorliegende Kreisschreiben tritt mit seiner Publikation in Kraft und ersetzt das Merkblatt S-02.122.1 der Eidgenössischen Steuerverwaltung vom 1. Mai 1999.

Steuerliche Behandlung von Konsortialdarlehen, Schuldscheindarlehen, Wechseln und Unterbeteiligungen

Quelle: Eidg. Steuerverwaltung ESTV/HA Direkte Bundessteuer, Verrechnungssteuer, Stempelabgaben

Verrechnungssteuer
Stempelabgaben

Bern, 24. Juli 2019

Kreisschreiben Nr. 46

Steuerliche Behandlung von Konsortialdarlehen, Schuldscheindarlehen, Wechseln und Unterbeteiligungen

Inhaltsverzeichnis

1	Allgemeines	2
1.1	Grundsatz	2
1.2	Kollektive Kapitalbeschaffung	2
1.2.1	Begriff	2
1.2.2	Anleihensobligationen	2
1.2.3	Kassenobligationen	2
1.3	Geldmarktpapiere	2
1.4	Unterbeteiligungen an Forderungen	3
2	Umsatzabgabe	3
2.1	Gesetzliche Grundlage	3
2.1.1	Unterbeteiligungen	3
2.1.2	Abgabesätze und Berechnungsgrundlage	3
2.1.3	Fiduziarische Festgeld-Anlagen	3
3	Verrechnungssteuer	3
3.1	Gesetzliche Grundlage	3
3.1.1	Konsortial- oder Schuldscheindarlehen, Wechsel und Unterbeteiligungen als Obligationen	4
3.1.2	Unterbeteiligungen als Kundenguthaben	4
3.1.3	Verneinung von Kundenguthaben	4
4	Entlastung von Quellensteuern; Steuerrückbehalt	4
5	Geltung des Kreisschreibens	4

1 Allgemeines

1.1 Grundsatz

Dienen Konsortialdarlehen, Schuldscheindarlehen, Wechsel, Buchforderungen und Unterbeteiligungen der kollektiven Kapitalbeschaffung bzw. der Konsolidierung von Schuldverhältnissen, so sind sie für die Stempelabgaben und die Verrechnungssteuer wie Anleihens- und Kassenobligationen oder Geldmarktpapiere zu behandeln.

1.2 Kollektive Kapitalbeschaffung

1.2.1 Begriff

Kollektive Kapitalbeschaffung liegt vor, wenn ein Schuldner schriftliche, auf feste Beträge lautende Schuldanerkennungen in einer Mehrzahl von Exemplaren ausgibt, die zur Unterbringung im Publikum bestimmt sind, und die dem Gläubiger zum Nachweis, zur Geltendmachung oder zur Übertragung der Forderung dienen. Äussere Aufmachung, Bezeichnung, Mantel und Couponbogen, Laufzeit oder verschiedene Nennwerte sind unerheblich.

1.2.2 Anleihensobligationen

Anleihensobligationen liegen vor, wenn ein Schuldner zu identischen Bedingungen bei mehr als zehn Gläubigern Kapital aufnimmt, die sich auf das gleiche Kreditverhältnis beziehen. Die gesamte Kreditsumme muss dabei mindestens 500'000 Franken betragen.

1.2.3 Kassenobligationen

1.2.3.1 Schuldner ist inländische Bank

Werden Kassenobligationen von einer Bank im Sinne des Bundesgesetzes vom 8. November 1934 über die Banken und Sparkassen (Bankengesetz BankG; SR 952.0) emittiert, so beginnt die Steuerpflicht ohne Rücksicht auf die Anzahl der Gläubiger mit der Aufnahme der Geschäftstätigkeit.

1.2.3.2 Schuldner ist nicht inländische Bank

Kassenobligationen im Sinne des Bundesgesetzes vom 27. Juni 1973 über die Stempelabgaben (StG; SR 641.10) und des Bundesgesetzes vom 13. Oktober 1965 über die Verrechnungssteuer (VStG; SR 642.21) liegen vor, wenn ein inländischer Schuldner (Nichtbank) bei mehr als 20 Gläubigern gegen Ausgabe von Schuldanerkennungen fortlaufend Geld zu variablen Bedingungen aufnimmt. Die gesamte Kreditsumme muss dabei mindestens 500'000 Franken betragen.

Bei der Ermittlung der Anzahl Gläubiger sind die in- und ausländischen Banken im Sinne der an ihrem Sitz geltenden Bankengesetzgebung nicht mitzuzählen

1.3 Geldmarktpapiere

Weisen Obligationen eine vertragliche Laufzeit von nicht mehr als zwölf Monaten auf, sind sie hinsichtlich der Stempelabgaben den Geldmarktpapieren zuzuordnen. Die Laufzeit berechnet sich von der Begründung der Schuldverhältnisse bis zur Fälligkeit (und nicht nach der jeweiligen Restlaufzeit).

1.4 Unterbeteiligungen an Forderungen

Wird ein Darlehen durch Abtretung von Teilforderungen refinanziert, so begründet der Zedent Obligationen oder ihnen gleichgestellte Urkunden (vgl. Ziffer 1.2.1 hiervor), sobald die Anzahl der Teilforderungen einen Stand erreicht, der beim Schuldner der Forderung selbst die Steuerpflicht auslösen würde.

Eine Unterbeteiligung liegt vor, wenn der (in- oder ausländische) Inhaber einer Darlehensforderung Teile daran einem oder mehreren Investoren abgibt. Wie die Unterbeteiligung zustande kommt, ist ohne Bedeutung. Ebenfalls unerheblich ist, ob sie bereits bei der ursprünglichen Investition oder erst später begründet wird.

Zu beachten ist, dass eine Notifikation an den Schuldner das Vorliegen einer Unterbeteiligung nicht aufhebt.

2 Umsatzabgabe

2.1 Gesetzliche Grundlage

Gemäss Artikel 13 Absatz 2 Buchstabe a Ziffer 1 StG unterliegen Obligationen der Umsatzabgabe.

2.1.1 Unterbeteiligungen

Bei den steuerbaren Unterbeteiligungen ist zu beachten, dass sie immer dem Schuldner gemäss Kreditvertrag zugerechnet werden. Somit werden die durch einen Inländer ausgegebenen Ausweise über Unterbeteiligungen eines ausländischen Schuldners zum Satz für ausländische Urkunden versteuert. Dagegen unterliegen die durch einen Ausländer begründeten Unterbeteiligungen dem Satz für inländische Urkunden, wenn der Schuldner Inländer ist.

2.1.2 Abgabesätze und Berechnungsgrundlage

Die Abgabe wird auf dem Entgelt berechnet und beträgt gemäss Artikel 16 StG:

a. 1,5 ‰ für ausgegebene Urkunden mit inländischem Schuldner
b. 3.0 ‰ für ausgegebene Urkunden mit ausländischem Schuldner

Besteht das Entgelt nicht in einer Geldsumme, so ist der Verkehrswert der vereinbarten Gegenleistung massgebend. Fremdwährungen sind gemäss Artikel 28 StG in Schweizerfranken umzurechnen.

2.1.3 Fiduziarische Festgeld-Anlagen

Hinsichtlich der Umsatzabgabe ergeben sich beim "Pooling" von Treuhandgeldern keine steuerbaren Unterbeteiligungen.

3 Verrechnungssteuer

3.1 Gesetzliche Grundlage

Gegenstand der Verrechnungssteuer auf dem Ertrag beweglichen Kapitalvermögens sind die Zinsen, Renten, Gewinnanteile und sonstigen Erträge u.a. der von einem Inländer ausgegebenen Obligationen sowie der Kundenguthaben bei inländischen Banken und Sparkassen (vgl. Art. 4 Abs. 1 Bst. a und d VStG).

3.1.1 Konsortial- oder Schuldscheindarlehen, Wechsel und Unterbeteiligungen als Obligationen

Dienen Konsortial- oder Schuldscheindarlehen, Unterbeteiligungen, Wechsel und dgl. der kollektiven Kapitalbeschaffung im Sinne der Ziffern 1.2 bis 1.4 hiervor, so unterliegen die Zinsen dieser Obligationen bzw. ihnen gleichgestellten Urkunden der Verrechnungssteuer, wenn der Schuldner der Forderung Inländer ist.

3.1.2 Unterbeteiligungen als Kundenguthaben

Die Zinsen von Unterbeteiligungen an einer Darlehensforderung gegen einen in- oder ausländischen Schuldner können auch als solche von Kundenguthaben der Verrechnungssteuer unterliegen. Dies ist der Fall, wenn die Teilforderungen abgebende Bank Schuldnerin der Unterbeteiligten ist.

3.1.3 Verneinung von Kundenguthaben

Gibt eine Bank Unterbeteiligungen durch Abtretung von Teilforderungen ab, so begründet diese Abtretung unter den folgenden Voraussetzungen keine Kundenguthaben:

- Es muss eine Zession gemäss Artikel 164 ff. des Bundesgesetzes vom 30. März 1911 betreffend die Ergänzung des Schweizerischen Zivilgesetzbuches (Fünfter Teil: Obligationenrecht [OR; SR 220]) vorliegen (weder Regress noch Garantie oder Bürgschaft und dgl.). Dies bedingt, dass unter den Vertragsparteien zu Originalbedingungen abgerechnet wird (Zinssatz, Laufzeit, Währung). Die marktkonforme Veränderung des Kaufpreises ist dagegen zulässig.
- Die Zession von Teilforderungen ist auf Verlangen wie folgt nachzuweisen:
  - Es müssen Schriftstücke aus der Zeit der Zession vorliegen, die den Inhalt der mit dem Schuldner (oder dem Vormann des Zedenten) und mit den Unterbeteiligten abgeschlossenen Rechtsgeschäfte belegen.
  - Der Zedent hat die vorgenommenen Zessionen in ein besonderes Verzeichnis aufzunehmen.

4 Entlastung von Quellensteuern; Steuerrückbehalt

Bei Unterbeteiligungen, die nach Massgabe von Ziffer 3.1.3 hiervor nicht Kundenguthaben sind, steht der Anspruch auf Entlastung der Erträge von ausländischen Quellensteuern den Unterbeteiligten zu.

Die inländische Bank hat zulasten der Unterbeteiligten die zusätzlichen Steuerrückbehalte zu entrichten.

5 Geltung des Kreisschreibens

Das vorliegende Kreisschreiben tritt mit seiner Publikation in Kraft und ersetzt das Merkblatt S-02.128 der Eidgenössischen Steuerverwaltung vom 1. Mai 1999.

Quellenbesteuerung des Erwerbseinkommens von Arbeitnehmern

Quelle: Eidg. Steuerverwaltung ESTV/HA Direkte Bundessteuer, Verrechnungssteuer, Stempelabgaben

Direkte Bundessteuer

Bern, 12. Juni 2019

Kreisschreiben Nr. 45

Quellenbesteuerung des Erwerbseinkommens von Arbeitnehmern

Inhaltsverzeichnis

1 Allgemeines und Gegenstand des Kreisschreibens 4
2 Begriffe 5
2.1 **Arbeitnehmer** 5
2.2 **Schuldner der steuerbaren Leistung** 5
2.2.1 Grundsatz 5
2.2.2 Beim Personalverleih 6
2.2.3 Bei einer faktischen Arbeitgeberschaft 6
2.3 **Ansässigkeit** 7
3 Quellenbesteuerte Arbeitnehmer 9
3.1 **Grundsätze** 9
3.1.1 Arbeitnehmer mit Ansässigkeit in der Schweiz 9
3.1.2 Arbeitnehmer mit Ansässigkeit im Ausland 9
3.2 **Steuerbare Leistungen** 9
3.2.1 Der Quellensteuer unterliegende Einkünfte aus Arbeitsverhältnis 9
3.2.2 In der Schweiz beschränkt der Quellensteuer unterliegende Einkünfte aus Arbeitsverhältnis 10
3.2.3 Vom Arbeitgeber übernommene Leistungsverpflichtungen des Arbeitnehmers 11
3.2.4 Entschädigung für Berufskosten 12
3.2.5 Spesenzahlungen 13
3.2.6 Geschäftsfahrzeuge 13
3.2.7 Naturalleistungen 13
3.2.8 Abgangsentschädigungen 13
3.2.9 Beim Personalverleih bzw. bei einer faktischen Arbeitgeberschaft 13

4	Grundsätze zur Tarifanwendung	15
4.1	Allgemeines	15
4.2	Einverdiener- und Zweiverdienertarif bei Verheirateten (Tarifcodes B und C bzw. M und N)	15
4.3	Tarif für Alleinerziehende (Tarifcodes H bzw. P)	16
4.4	Vereinfachtes Abrechnungsverfahren (Tarifcode E)	16
4.5	Tarif für Grenzgänger aus Italien (Tarifcode F)	16
4.6	Tarife für Grenzgänger aus Deutschland (Tarifcodes L, M, N und P)	16
4.7	Gewährung von Kinderabzügen	17
4.8	Kirchensteuerpflicht	18
4.9	Härtefallregelung	18

5	Abgrenzungen	19
5.1	Künstler, Sportler und Referenten	19
5.2	Mitarbeiterbeteiligungen	19
5.3	Verwaltungsratsentschädigungen	19

6	Berechnung der Quellensteuer nach dem Monatsmodell	21
6.1	Vorbemerkungen	21
6.2	Grundsätze	21
6.3	Satzbestimmendes Einkommen beim 13. Monatslohn	21
6.4	Satzbestimmendes Einkommen bei einer oder mehreren Teilzeit-Erwerbstätigkeiten	22
6.5	Erwerbstätigkeiten im Stunden- oder im Tageslohn	25
6.6	Quellensteuerberechnung bei untermonatigen Ein- und Austritten	27
6.7	Ausscheidung von im Ausland geleisteten Arbeitstagen	30
6.8	Quellensteuerberechnung bei Leistungen vor Antritt des Arbeitsverhältnisses	31
6.9	Quellensteuerberechnung bei Leistungen bei bzw. nach Beendigung des Arbeitsverhältnisses	32
6.10	Ersatzeinkünfte, die an den Arbeitgeber ausbezahlt werden	34
6.11	Ersatzeinkünfte, die nicht über den Arbeitgeber ausbezahlt werden	34
6.12	Kapitalabfindungen für wiederkehrende Leistungen (exkl. Ersatzeinkünfte)	34

7	Berechnung der Quellensteuer nach dem Jahresmodell	36
7.1	Vorbemerkungen	36
7.2	Grundsätze	36
7.3	Ermittlung des satzbestimmenden Jahreseinkommens	37
7.3.1	Allgemeines und Grundsatz zur Berechnung der Quellensteuer	37
7.3.2	Satzbestimmendes Einkommen bei einer oder mehreren Teilzeit-Erwerbstätigkeiten	40
7.3.3	Erwerbstätigkeiten im Stunden- oder Tageslohn	43
7.3.4	Quellensteuerberechnung bei unterjährigen Ein- und Austritten	43
7.4	Änderung der persönlichen Verhältnisse während des Kalenderjahres	44
7.5	Sonderfälle	49
7.5.1	Ausscheidung von im Ausland geleisteten Arbeitstagen	49
7.5.2	Quellensteuerberechnung bei Leistungen vor Antritt des Arbeitsverhältnisses	51
7.5.3	Quellensteuerberechnung bei Leistungen bei bzw. nach Beendigung des Arbeitsverhältnisses	51
7.5.4	Ersatzeinkünfte, die an den Arbeitgeber ausbezahlt werden	53
7.5.5	Ersatzeinkünfte, die nicht über den Arbeitgeber ausbezahlt werden	53
7.5.6	Kapitalleistungen für wiederkehrende Leistungen (exkl. Ersatzeinkünfte)	54

8	Kantonswechsel	55
8.1	Allgemeines	55
8.2	Wechsel von einem Kanton mit Jahresmodell zu einem Kanton mit Monatsmodell	55
8.3	Wechsel von einem Kanton mit Monatsmodell zu einem Kanton mit Jahresmodell	55
8.4	Wechsel von einem Kanton mit Jahresmodell zu einem anderen Kanton mit Jahresmodell	56
8.5	Wechsel von einem Kanton mit Monatsmodell zu einem anderen Kanton mit Monatsmodell	57
9	Pflichten des Schuldners der steuerbaren Leistung	58
9.1	Allgemeines	58
9.2	Anmeldung und Mutationen quellensteuerpflichtiger Arbeitnehmer	58
9.3	Quellensteuerabrechnung und Quellensteuerablieferung	59
9.3.1	Quellensteuerabrechnung bei Kantonen mit Monatsmodell	59
9.3.2	Quellensteuerablieferung bei Kantonen mit Monatsmodell	60
9.3.3	Quellensteuerabrechnung bei Kantonen mit Jahresmodell	60
9.3.4	Quellensteuerablieferung bei Kantonen mit Jahresmodell	60
9.4	Abrechnungskorrekturen	60
9.5	Anspruchsberechtigter Kanton	61
9.6	Verletzung von Verfahrenspflichten	62
10	Rechte und Pflichten des quellensteuerpflichtigen Arbeitnehmers	63
10.1	Rechte des quellensteuerpflichtigen Arbeitnehmers	63
10.2	Pflichten der quellensteuerpflichtigen Arbeitnehmer	63
11	Nachträgliche ordentliche Veranlagung und Neuberechnung der Quellensteuer	64
11.1	Allgemeine Grundsätze bei der nachträglichen ordentlichen Veranlagung	64
11.2	Obligatorische nachträgliche ordentliche Veranlagung bei Ansässigkeit in der Schweiz	64
11.3	Nachträgliche ordentliche Veranlagung auf Antrag bei Ansässigkeit in der Schweiz	65
11.4	Nachträgliche ordentliche Veranlagung auf Antrag bei Ansässigkeit im Ausland	66
11.5	Nachträgliche ordentliche Veranlagung von Amtes wegen bei Ansässigkeit im Ausland	67
11.6	Neuberechnung der Quellensteuer	67
12	Wechsel zwischen Quellenbesteuerung und ordentlicher Veranlagung	68
12.1	Wechsel von der Quellenbesteuerung zur ordentlichen Veranlagung	68
12.2	Wechsel von der ordentlichen Veranlagung zur Quellenbesteuerung	68
13	Inkrafttreten, Aufhebungen und Übergangsrecht	69

Bitte beachten Sie, dass der Inhalt dieses Kreisschreibens aus Platzgründen nicht abgedruckt ist. Das Dokument ist jedoch in seiner Gesamtheit im eBook dieses Werkes enthalten.

Aufwandbesteuerung

Quelle: Eidg. Steuerverwaltung ESTV/HA Direkte Bundessteuer, Verrechnungssteuer, Stempelabgaben

Direkte Bundessteuer

Bern, 24. Juli 2018

Kreisschreiben Nr. 44

Besteuerung nach dem Aufwand bei der direkten Bundessteuer

Inhaltsverzeichnis

1	Allgemeines	2
2	Subjektive Voraussetzungen für die Aufwandbesteuerung	2
2.1	Rechtsgrundlage	2
2.2	Kein Schweizer Bürgerrecht	2
2.3	Zuzug in die Schweiz ohne Erwerbstätigkeit	2
2.4	Erfüllung der Voraussetzungen durch beide Ehegatten	3
2.5	Beginn des Rechts auf Aufwandbesteuerung	3
3	Objektive Voraussetzungen für die Aufwandbesteuerung	3
3.1	Rechtsgrundlage	3
3.2	Weltweiter Aufwand	4
3.3	Mindestwerte und Kontrollrechnung	4
3.3.1	Artikel 14 Absatz 3 Buchstabe a DBG	5
3.3.2	Artikel 14 Absatz 3 Buchstabe b DBG	5
3.3.3	Artikel 14 Absatz 3 Buchstabe c DBG	5
3.3.4	Artikel 14 Absatz 3 Buchstabe d DBG (Kontrollrechnung)	5
4	Sozialabzüge, anwendbarer Tarif, Satzbestimmung	6
5	Verfahren bei der Aufwandbesteuerung	7
5.1	Ordentliche Aufwandbesteuerung	7
5.2	Modifizierte Aufwandbesteuerung	7
6	Verschiedenes	8
7	Inkrafttreten und Übergangsregelung	8

1 Allgemeines

Am 29. Juni 2011 unterbreitete der Bundesrat dem Parlament die Botschaft über die Besteuerung nach dem Aufwand (nachfolgend: Botschaft; BBl *2011* 6021, abrufbar unter folgendem Link: https://www.admin.ch/opc/de/federal-gazette/2011/6021.pdf).

Am 28. September 2012 verabschiedeten die Eidgenössischen Räte das Bundesgesetz über die Besteuerung nach dem Aufwand (BBl *2012* 8251) mit den entsprechenden Änderungen des Bundesgesetzes vom 14. Dezember 1990 über die direkte Bundessteuer (DBG; SR 642.11) sowie des Bundesgesetzes vom 14. Dezember 1990 über die Harmonisierung der direkten Steuern der Kantone und Gemeinden (StHG; SR 642.14). Die Referendumsfrist lief am 17. Januar 2013 unbenutzt ab. Die Änderung des DBG ist per 1. Januar 2016 in Kraft getreten.

Neben den obgenannten Gesetzesbestimmungen bedingte diese Gesetzesänderung auch den Ersatz der bisherigen Verordnung vom 15. März 1993 durch die neue Verordnung vom 20. Februar 2013 über die Besteuerung nach dem Aufwand bei der direkten Bundessteuer (VO Aufwandbesteuerung; SR 642.123), die am 1. Januar 2016 in Kraft trat.

2 Subjektive Voraussetzungen für die Aufwandbesteuerung

2.1 Rechtsgrundlage

Nach Artikel 14 Absatz 1 DBG in der Fassung vom 28. September 2012 haben natürliche Personen das Recht, anstelle der Einkommenssteuer eine Steuer nach dem Aufwand zu entrichten, wenn sie:

a. nicht das Schweizer Bürgerrecht haben;
b. erstmals oder nach mindestens zehnjähriger Unterbrechung unbeschränkt steuerpflichtig sind; und
c. in der Schweiz keine Erwerbstätigkeit ausüben.

Ehegatten, die in rechtlich und tatsächlich ungetrennter Ehe leben, müssen beide die Voraussetzungen nach Artikel 14 Absatz 1 DBG erfüllen (vgl. Art. 14 Abs. 2 DBG).

Nach Artikel 205*d* DBG gilt für natürliche Personen, die am 1. Januar 2016 nach dem Aufwand besteuert wurden, während fünf Jahren, das heisst bis am 31. Dezember 2020, weiterhin das alte Recht, mithin Artikel 14 DBG in der Fassung vom 14. Dezember 1990. Ab 1. Januar 2021 ist der Artikel 14 DBG in der Fassung vom 28. September 2012 ausnahmslos gültig.

2.2 Kein Schweizer Bürgerrecht

Nur ausländische Staatsangehörige können die Aufwandbesteuerung beantragen.

Schweizerische Staatsangehörige, die ein weiteres Bürgerrecht besitzen, gelten nicht als Ausländer und erfüllen die Voraussetzungen für eine Aufwandbesteuerung somit nicht.

Das Recht auf Aufwandbesteuerung erlischt, wenn die steuerpflichtige Person das Schweizer Bürgerrecht erwirbt. In diesem Fall ist für die ganze Steuerperiode, in der die Einbürgerung erfolgt, die ordentliche Einkommenssteuer zu entrichten.

Ehegatten, die in rechtlich und tatsächlich ungetrennter Ehe leben, können die Aufwandbesteuerung nicht beanspruchen, wenn einer von ihnen das Schweizer Bürgerrecht besitzt (siehe dazu Botschaft S. 6034 zu Art. 14 Abs. 2 DBG).

2.3 Zuzug in die Schweiz ohne Erwerbstätigkeit

Ausländische Staatsangehörige, die erstmals oder nach mindestens zehnjähriger Landesabwesenheit in der Schweiz steuerrechtlichen Wohnsitz oder Aufenthalt nach Artikel 3 DBG nehmen, können anstelle der Einkommenssteuer eine Steuer nach dem Aufwand entrichten, wenn sie hier keine Erwerbstätigkeit ausüben.

Wer früher nach dem Aufwand besteuert wurde und nach einer Landesabwesenheit wieder in die Schweiz zurückkehrt, kann ungeachtet der 10-Jahresfrist wieder nach dem Aufwand besteuert werden.

Eine die Besteuerung nach dem Aufwand ausschliessende Erwerbstätigkeit in der Schweiz liegt vor, wenn eine Person hier einem irgendwie gearteten Haupt- oder Nebenberuf nachgeht und daraus im In- oder Ausland Einkünfte erzielt. Dies trifft insbesondere auf Künstler, Wissenschaftler, Erfinder, Sportler und Verwaltungsräte zu, die in der Schweiz *persönlich* zu Erwerbszwecken tätig sind. In diesen Fällen besteht kein Anspruch auf die Besteuerung nach dem Aufwand; vielmehr ist die ordentliche Steuer vom Einkommen zu entrichten.

Diplomaten, Konsularbeamte und Beamte internationaler Organisationen mit einstigem Wohnsitz oder Aufenthalt in der Schweiz, die nach ihrer Pensionierung in der Schweiz bleiben, können keine Besteuerung nach dem Aufwand beanspruchen. Es liegt keine erstmalige Steuerpflicht, beziehungsweise keine Steuerpflicht nach mindestens zehnjähriger Unterbrechung gemäss Artikel 14 Absatz 1 Buchstabe b DBG vor, selbst wenn das bislang resultierende Erwerbseinkommen aufgrund völkerrechtlicher Verträge von der direkten Bundessteuer befreit war.

2.4 Erfüllung der Voraussetzungen durch beide Ehegatten

Ehegatten, die in rechtlich und tatsächlich ungetrennter Ehe leben, müssen beide die Voraussetzungen nach Artikel 14 Absatz 1 DBG erfüllen.

Hat einer der beiden in rechtlich und tatsächlich ungetrennter Ehe lebenden Ehegatten das Schweizer Bürgerrecht oder erwirbt dieses, übt einer der beiden Ehegatten eine Erwerbstätigkeit in der Schweiz aus oder nimmt eine Erwerbstätigkeit in der Schweiz auf, so hat dies den Verlust des Rechts auf Aufwandbesteuerung für beide Ehegatten zur Folge. In diesem Fall ist für die ganze Steuerperiode die ordentliche Steuer vom Einkommen zu entrichten.

2.5 Beginn des Rechts auf Aufwandbesteuerung

Das Recht auf die Besteuerung nach dem Aufwand entsteht – sofern die obgenannten Voraussetzungen dafür erfüllt sind – bei Beginn der Steuerpflicht. Das gilt sowohl für Personen, die in der Schweiz Wohnsitz begründen, als auch für solche, die hier Aufenthalt nehmen (vgl. Art. 8 DBG). Die der Steuerperiode vorangehende Aufenthaltsdauer zählt bei der Berechnung dieser Frist mit. Auch wird ein Aufenthalt an verschiedenen Orten zusammengerechnet, und ein vorübergehendes Verlassen des Landes wird nicht als Unterbrechung des Aufenthalts gewertet (vgl. Art. 3 Abs. 3 DBG).

Wer nach einer Besteuerung nach dem Aufwand auf diese Besteuerungsart verzichtet und ordentlich besteuert wird, kann in der Regel nicht wieder nach dem Aufwand besteuert werden.

3 Objektive Voraussetzungen für die Aufwandbesteuerung

3.1 Rechtsgrundlage

Die Steuer nach dem Aufwand wird gemäss Artikel 14 Absatz 3 DBG nach den jährlichen, in der Bemessungsperiode im In- und Ausland entstandenen Lebenshaltungskosten der steuerpflichtigen Person und der von ihr unterhaltenen Personen, mindestens aber nach dem höchsten der folgenden Beträge bemessen:

a. 400 000 Franken;
b. für steuerpflichtige Personen mit eigenem Haushalt: dem Siebenfachen des jährlichen Mietzinses oder des Mietwerts nach Artikel 21 Absatz 1 Buchstabe b DBG;

c. für die übrigen steuerpflichtigen Personen: dem Dreifachen des jährlichen Pensionspreises für Unterkunft und Verpflegung am Ort des Aufenthalts nach Artikel 3 DBG;
d. der Summe der Bruttoerträge:
   1. der Einkünfte aus dem in der Schweiz gelegenen unbeweglichen Vermögen,
   2. der Einkünfte aus der in der Schweiz gelegenen Fahrnis,
   3. der Einkünfte aus dem in der Schweiz angelegten beweglichen Kapitalvermögen, einschliesslich der grundpfändlich gesicherten Forderungen,
   4. der Einkünfte aus den in der Schweiz verwerteten Urheberrechten, Patenten und ähnlichen Rechten,
   5. der Ruhegehälter, Renten und Pensionen, die aus schweizerischen Quellen fliessen,
   6. der Einkünfte, für die die steuerpflichtige Person aufgrund eines von der Schweiz abgeschlossenen Abkommens zur Vermeidung der Doppelbesteuerung gänzlich oder teilweise Entlastung von ausländischen Steuern beansprucht.

3.2 Weltweiter Aufwand

Die Steuer nach dem Aufwand wird nach den jährlichen, in der Bemessungsperiode im In- und Ausland entstandenen Lebenshaltungskosten der steuerpflichtigen Person und der von ihr unterhaltenen, im In- und Ausland lebenden Personen berechnet (Prinzip des weltweiten Aufwands). Die ausserordentlichen und nichtperiodischen Kosten, wie zum Beispiel die Schenkung eines bedeutenden Teils des Vermögens der steuerpflichtigen Person, gelten in der Regel nicht als Unterhaltskosten der steuerpflichtigen Person oder derer Familie.

Unter die Lebenshaltungskosten der steuerpflichtigen Person fallen insbesondere (siehe dazu Botschaft S. 6035 zu Art. 14 Abs. 3 DBG):

- die Kosten für Verpflegung und Bekleidung,
- die Kosten für Unterkunft inkl. Heizung, Reinigung, Gartenunterhalt usw.,
- die Steuern und Sozialversicherungsabgaben,
- die gesamten Aufwendungen (Geld- und Naturalleistungen) für Personal im Dienste der steuerpflichtigen Person,
- Unterhaltsbeiträge,
- die Ausgaben für Bildung inkl. Schulkosten der Kinder im Ausland, Freizeit, Sport usw.,
- die Ausgaben für Reisen, Ferien, sportliche Aktivitäten und andere Unterhaltung, Kuren usw.,
- die Kosten für die Haltung aufwändiger Haustiere (Reitpferde usw.),
- die Unterhalts- und Betriebskosten von Automobilen, Motorbooten, Jachten, Flugzeugen usw.

Ebenfalls zum steuerbaren Aufwand sind die Lebenshaltungskosten zu rechnen, die der Ehegatte der steuerpflichtigen Person und die Kinder unter elterlicher Sorge aus eigenen Mitteln bestreiten (vgl. Art. 9 DBG).

Der so ermittelte weltweite Aufwand entspricht dem Betrag, der nach dem ordentlichen Tarif besteuert wird, wenn er nicht niedriger ist als einer der in Artikel 14 Absatz 3 Buchstaben a-d DBG genannten Beträge.

Für jede Steuerperiode ist der steuerbare Betrag zu ermitteln. Vom steuerbaren Betrag (Kosten der Lebenshaltung oder Mehrfaches des Mietzinses bzw. Mietwerts oder Pensionspreises) können keine Abzüge gemacht werden. Der auf diese Weise ermittelte Betrag gilt unter dem Vorbehalt, dass die Kontrollrechnung, wie sie in der folgenden Ziffer dargestellt wird, nicht zu einem höheren Steuerbetrag führt, als Bemessungsgrundlage.

3.3 Mindestwerte und Kontrollrechnung

Als Bemessungsgrundlage ist der höchste der Beträge nach den Buchstaben a-d von Artikel 14 Absatz 3 DBG heranzuziehen, wenn dieser Betrag höher ist als der nach Ziffer 3.2 hiervor ermittelte weltweite Aufwand.

3.3.1 Artikel 14 Absatz 3 Buchstabe a DBG

Der weltweite Aufwand nach Ziffer 3.2 hiervor ist mindestens auf 400 000 Franken festzulegen. Nach Artikel 14 Absatz 6 DBG passt das Eidgenössische Finanzdepartement diesen Betrag jeweils an den Landesindex der Konsumentenpreise an.

3.3.2 Artikel 14 Absatz 3 Buchstabe b DBG

Die Summe dieser tatsächlichen jährlichen Aufwendungen beträgt für steuerpflichtige Personen mit eigenem Haushalt mindestens das Siebenfache des Mietzinses oder des Mietwerts. Dabei ist zu beachten:

Als jährlicher Mietzins gilt die wirkliche, für ein volles Jahr bezahlte Miete ohne Heizungskosten. Steht die gemietete Wohnung oder das gemietete Haus im Eigentum einer der steuerpflichtigen Person nahestehenden natürlichen oder juristischen Person, so ist der Betrag in Anrechnung zu bringen, den ein unabhängiger Dritter bezahlen müsste. Hat die steuerpflichtige Person in der Schweiz mehrere Liegenschaften zu ihrer Verfügung, so ist dieser Berechnung der höchste Mietzins bzw. Mietwert zugrunde zu legen. Zur Festsetzung des Lebensaufwandes sind auch die Mietzinsen bzw. die Mietwerte der übrigen Liegenschaften zu berücksichtigen.

3.3.3 Artikel 14 Absatz 3 Buchstabe c DBG

Für die übrigen steuerpflichtigen Personen ohne eigenen Haushalt beträgt die Summe der tatsächlichen jährlichen Lebenshaltungskosten mindestens das Dreifache des jährlichen Pensionspreises für Unterkunft und Verpflegung. Als jährlicher Pensionspreis gelten die Gesamtausgaben für die entsprechende Unterkunft und Verpflegung in Hotels, Pensionen und dergleichen, einschliesslich Ausgaben für Getränke, Heizung, Bedienung usw.

3.3.4 Artikel 14 Absatz 3 Buchstabe d DBG (Kontrollrechnung)

Herangezogen wird die Summe der Bruttoerträge

Aus <u>schweizerischen Quellen</u>:

- der Einkünfte aus dem in der Schweiz gelegenen unbeweglichen Vermögen;
- der Einkünfte aus der in der Schweiz gelegenen Fahrnis;
- der Einkünfte aus dem in der Schweiz angelegten beweglichen Kapitalvermögen, einschliesslich der grundpfändlich gesicherten Forderungen;
- der Einkünfte aus den in der Schweiz verwerteten Urheberrechten, Patenten und ähnlichen Rechten;
- der Ruhegehälter, Renten und Pensionen, die aus schweizerischen Quellen fliessen.

Als Einkünfte aus in der Schweiz angelegtem beweglichem Kapitalvermögen gelten diejenigen Einkünfte der nach dem Aufwand besteuerten steuerpflichtigen Person, bei denen sich die Quelle des Einkommens in der Schweiz befindet. Als aus schweizerischer Quelle stammende Einkünfte gelten dabei:

- Forderungspapiere, bei denen der Schuldner seinen Wohnsitz oder Sitz in der Schweiz hat;
- Beteiligungsrechte, bei denen die entsprechende Kapitalgesellschaft oder Genossenschaft ihren Sitz in der Schweiz hat.

Der Ort, an welchem die jeweiligen Forderungspapiere oder Beteiligungsrechte verwahrt werden oder die entsprechende Währung sind in diesem Zusammenhang nicht entscheidend.

Aus ausländischen Quellen: Es sind die Einkünfte, für die die steuerpflichtige Person aufgrund eines von der Schweiz abgeschlossenen Abkommens zur Vermeidung der Doppelbesteuerung gänzlich oder teilweise Entlastung von ausländischen Steuern beansprucht, heranzuziehen.

Dazu ist Folgendes anzumerken:

Für den Einbezug ausländischer Einkünfte genügt es, dass dafür irgendwelche Steuern des Quellenstaates (sowohl solche, die an der Quelle, als auch jene, die im ordentlichen Verfahren erhoben werden) kraft Abkommens gänzlich oder teilweise entfallen. Dies trifft auch dann zu, wenn der ausländische Staat gestützt auf ein mit der Schweiz abgeschlossenes Abkommen bei beschränkter Steuerpflicht beispielsweise auf die Besteuerung eines Ruhegehalts im Veranlagungsverfahren verzichtet.

Als Einkünfte, für die die steuerpflichtige Person kraft eines Doppelbesteuerungsabkommens gänzliche oder teilweise Befreiung, Anrechnung oder Rückerstattung von ausländischen Steuern beanspruchen kann, kommen neben Dividenden, Zinsen und Lizenzgebühren auch Erwerbseinkünfte, Pensionen und Renten aus allen Staaten in Betracht, mit denen die Schweiz ein Doppelbesteuerungsabkommen abgeschlossen hat. Unter dem Bruttobetrag dieser Einkünfte ist der um den nicht rückforderbaren Teil der ausländischen Steuer gekürzte Ertrag zu verstehen. Spezielle Regelungen gelten unter den Doppelbesteuerungsabkommen mit Belgien, Deutschland, Frankreich, Italien, Norwegen, Kanada, Österreich und den USA.

Als Lizenzgebühren (Royalties) gelten Vergütungen jeder Art, die für die Benutzung oder für das Recht auf Benutzung von Urheberrechten an literarischen, künstlerischen oder wissenschaftlichen Werken (einschliesslich kinematographischer Filme sowie Filme oder Aufzeichnungen für Radio und Fernsehen), von Patenten, Marken, Mustern oder Modellen, Plänen, Formeln oder Verfahren und für die Benutzung oder das Recht auf Benutzung gewerblicher, kaufmännischer oder wissenschaftlicher Ausrüstungen oder für die Verbreitung gewerblicher, kaufmännischer oder wissenschaftlicher Erkenntnisse gezahlt werden.

Nach Artikel 1 VO Aufwandbesteuerung in der Fassung vom 20. Februar 2013 sind bei der Steuerberechnung nach Artikel 14 Absatz 3 Buchstabe d DBG nur folgende Kosten abziehbar:

- die Unterhaltskosten gemäss der Verordnung vom 24. August 1992 über den Abzug der Kosten von Liegenschaften bei der direkten Bundessteuer (Liegenschaftskostenverordnung; SR 642.116);

- die Kosten für die gewöhnliche Verwaltung von beweglichem Vermögen, soweit die daraus fliessenden Einkünfte besteuert werden.

Alle anderen Aufwendungen, insbesondere für Schuldzinsen, Renten und dauernde Lasten, können nicht in Abzug gebracht werden.

4 Sozialabzüge, anwendbarer Tarif, Satzbestimmung

Gemäss Artikel 14 Absatz 4 DBG wird die Steuer nach dem ordentlichen Steuertarif berechnet (vgl. Art. 36 DBG). Die Ermässigung nach Artikel 36 Absatz 2bis zweiter Satz DBG kommt nicht zur Anwendung.

Sozialabzüge (vgl. Art. 35 DBG) sind bei der Besteuerung nach dem Aufwand gemäss Artikel 2 VO Aufwandbesteuerung in der Fassung vom 20. Februar 2013 nicht zulässig.

Das nicht unter Artikel 14 Absatz 3 Buchstabe d DBG fallende Einkommen der steuerpflichtigen Person wird in Abweichung von Artikel 7 Absatz 1 DBG bei der Festsetzung des Steuersatzes nicht berücksichtigt.

5 Verfahren bei der Aufwandbesteuerung

5.1 Ordentliche Aufwandbesteuerung

Die steuerpflichtige Person, die Anspruch auf die Besteuerung nach dem Aufwand erhebt, hat die dafür vorgesehene besondere Steuererklärung einzureichen sowie den Nachweis zu erbringen, dass sie die Voraussetzungen erfüllt.

Die Veranlagungsbehörde hat sich bei der Besteuerung nach dem Aufwand vor jeder Veranlagung davon zu überzeugen, dass die steuerpflichtige Person die Voraussetzungen dafür erfüllt und in diesem Zusammenhang die von ihr verlangten Angaben und Nachweise erbracht hat. Die steuerpflichtige Person muss der zuständigen Steuerbehörde unaufgefordert und umgehend alle Unterlagen zustellen, die sich auf den Anspruch oder die Voraussetzungen für die Anwendung der Aufwandbesteuerung auswirken können.

Ansprüche auf Verrechnung oder Rückerstattung der Verrechnungssteuer richten sich nach den Bestimmungen der Verordnung vom 19. Dezember 1966 über die Verrechnungssteuer (Verrechnungssteuerverordnung, VStV; SR 642.211).

Steuerpflichtige Personen, welche die Steuer nach dem Aufwand entrichten, können von der Schweiz abgeschlossene Doppelbesteuerungsabkommen und insbesondere die darin vorgesehenen Entlastungen von ausländischen Quellensteuern beanspruchen. Zu diesem Zweck haben sie mit der Steuererklärung zu erklären, ob und allenfalls in welchem Umfang sie Abkommensvorteile geltend gemacht haben oder geltend machen wollen. Die steuerpflichtige Person darf nur für solche Einkünfte in den Genuss der Abkommensvorteile kommen, die während der Zeit ihrer unbeschränkten Steuerpflicht in der Schweiz fällig geworden sind. Ferner gelten besondere Voraussetzungen unter den Abkommen mit Belgien, Deutschland, Italien, Norwegen, Kanada, Österreich und den USA.

Ein Doppelbesteuerungsabkommen wird auch dann in Anspruch genommen, wenn dazu keine amtliche Bescheinigung bzw. kein besonderer Antrag, sondern nur – wie vielfach bei Bezug von Lizenzgebühren, Pensionen und Ruhegehältern, die ungekürzt zufliessen – die Angabe einer schweizerischen Adresse an den ausländischen Schuldner notwendig ist. Entscheidend ist nicht die Frage, ob die begünstigte Person sich um die Erlangung von Abkommensvorteilen bemüht hat, sondern lediglich die Tatsache, dass sie kraft eines Doppelbesteuerungsabkommens von ausländischen Steuern entlastet worden ist. Verzichtet eine steuerpflichtige Person nachträglich auf Abkommensvorteile, die ihr bereits zugekommen sind, so hat sie eine im Ausland nicht abgezogene Quellensteuer spontan nachzuentrichten. Die Bestimmungen des Bundesratsbeschlusses vom 14. Dezember 1962 betreffend Massnahmen gegen die ungerechtfertigte Inanspruchnahme von Doppelbesteuerungsabkommen des Bundes (SR 672.202) bleiben vorbehalten.

5.2 Modifizierte Aufwandbesteuerung

Unter den Doppelbesteuerungsabkommen mit Belgien, Deutschland, Italien, Norwegen, Kanada, Österreich und den USA können in der Schweiz ansässige natürliche Personen die Abkommensvorteile nur beanspruchen, wenn sie für alle nach schweizerischem Recht steuerbaren Einkünfte aus diesen Vertragsstaaten den direkten Steuern des Bundes, der Kantone und der Gemeinden unterliegen. Im Ergebnis muss daher eine der Aufwandbesteuerung unterworfene natürliche Person, die aufgrund der erwähnten Doppelbesteuerungsabkommen eine Entlastung von den Steuern dieser Vertragsstaaten beansprucht, bezüglich aller aus diesen Staaten stammenden Einkünften so behandelt werden, wie wenn sie ordentlich besteuert würde (= sog. modifizierte Aufwandbesteuerung; vgl. Art. 14 Abs. 5 DBG). In die Bemessungsgrundlage sind daher neben den in Artikel 14 Absatz 3 DBG Buchstabe d bezeichneten Einkünften auch alle anderen aus diesen betreffenden Vertragsstaaten stammenden Einkünfte einzuschliessen, soweit sie nach dem internen schweizerischen Recht steuerbar und nicht aufgrund der anwendbaren Doppelbesteuerungsabkommen von den schweizerischen Steuern befreit sind. Die Steuern auf allen aus diesen Vertragsstaaten stammenden Einkünften sind zusammen mit jenen auf den Einkünften gemäss Artikel 14 Absatz 3 Buchstabe d DBG zum Satz für das gesamte Einkommen zu erheben. Das heisst, dass für die Satzbestimmung z. B. auch Schuldzinsen in Abzug gebracht werden können, obschon sie die Bemessungsgrundlage nicht vermindern. Verzichtet die steuerpflichtige Person auf die ordnungsgemässe Angabe der Gesamtfaktoren, so wird die modifizierte Besteuerung nach dem Aufwand zum Maximalsatz vorgenommen.

Personen, die anstelle der ordentlichen Einkommenssteuern eine Steuer nach dem Aufwand entrichten, haben grundsätzlich keinen Anspruch auf die pauschale Anrechnung der im Ausland verbleibenden Sockelsteuern (vgl. Art. 4 Abs. 1 der Verordnung vom 22. August 1967 über die pauschale Steueranrechnung; SR 672.201). Eine Ausnahme von diesem Grundsatz besteht wiederum unter den sieben obgenannten Doppelbesteuerungsabkommen. Nach Artikel 4 Absatz 3 der Verordnung über die pauschale Steueranrechnung können natürliche Personen, die von einer Aufwandbesteuerung profitieren, aber auf allen Einkünften aus diesen Vertragsstaaten die vollen Steuern zum Satz des Gesamteinkommens entrichten, für die aus diesen Staaten stammenden Erträgen die pauschale Steueranrechnung beanspruchen. Allerdings sind die betreffenden Bruttobeträge einschliesslich der nicht rückforderbaren ausländischen Quellensteuern zu deklarieren.

Verzichtet die steuerpflichtige Person trotz modifizierter Besteuerung nach dem Aufwand von vornherein auf jegliche Steueranrechnung, darf sie die Bruttobeträge der Einkünfte aus den genannten sieben Staaten, abzüglich der im Ausland verbleibenden Sockelsteuern deklarieren (vgl. Art. 2 Abs. 3 der Verordnung über die pauschale Steueranrechnung).

Bei modifizierter Pauschalbesteuerung im Sinne von Artikel 14 Absatz 5 DBG hat die steuerpflichtige Person Anspruch auf pauschale Anrechnung der nicht rückforderbaren Kapitalertragssteuern für Einkünfte aus den sieben obgenannten Staaten. Da jedoch dieser Anspruch aufgrund von Artikel 4 Absatz 3 der Verordnung über die pauschale Steueranrechnung unter Umständen zu kürzen oder sogar völlig zu verweigern ist, drängt sich folgendes Vorgehen auf: Zu eröffnen nach Artikel 131 DBG ist stets das höchste aufgrund von Artikel 14 Absatz 3 und 5 DBG resultierende Veranlagungsergebnis.

6 Verschiedenes

Amtliche Steuerbescheinigungen werden auf Wunsch der steuerpflichtigen Person unter allfälliger Berücksichtigung des anwendbaren Doppelbesteuerungsabkommens abgegeben.

Hat die steuerpflichtige Person falsche Angaben gemacht, so ist gegen sie gleich wie bei der ordentlichen Einkommenssteuer ein Verfahren wegen vollendeter oder versuchter Steuerhinterziehung einzuleiten. Die steuerpflichtige Person kann ferner wegen Verletzung von Ordnungsvorschriften bestraft werden.

7 Inkrafttreten und Übergangsregelung

Das vorliegende Kreisschreiben ersetzt das bisherige Kreisschreiben Nr. 9 der ESTV vom 3. Dezember 1993 und ist auf alle Veranlagungen der direkten Bundessteuer ab der Steuerperiode 2016 – vorbehältlich der nachfolgend beschriebenen Übergangsfrist – anzuwenden.

Für am 1. Januar 2016 bereits nach dem Aufwand besteuerte steuerpflichtige Personen gelten gemäss Artikel 205d DBG bis 31. Dezember 2020 das alte Recht und das alte Kreisschreiben Nr. 9 der ESTV vom 3. Dezember 1993 weiter. Ab 1. Januar 2021 gilt auch für diese Kategorie der steuerpflichtigen Personen ausnahmslos das neue Recht, welches für alle anderen steuerpflichtigen Personen seit 1. Januar 2016 anwendbar ist.

Mitarbeiterbeteiligungen; Arbeitgeberin

Quelle: Eidg. Steuerverwaltung ESTV/HA Direkte Bundessteuer, Verrechnungssteuer, Stempelabgaben

Direkte Bundessteuer

Bern, 4. Mai 2018

Betreffend die Besteuerung von Mitarbeiterbeteiligungen siehe A82.

Kreisschreiben Nr. 37A

Steuerliche Behandlung von Mitarbeiterbeteiligungen bei der Arbeitgeberin

Inhaltsverzeichnis

1	Gegenstand des Kreisschreibens	3
2	Allgemeine Grundsätze	3
2.1	Ermittlung des Verkehrswerts von Mitarbeiteraktien	3
2.2	Steuerrechtliche Gewinnermittlung	3
3	Mitarbeiteraktien	4
3.1	Beteiligung der Mitarbeitenden am Eigenkapital der Arbeitgeberin	4
3.1.1	Beschaffung der Aktien am Markt oder direkt von Aktionären	4
3.1.2	Schaffung der Aktien mittels Kapitalerhöhung	4
3.1.3	Rückgabe der Mitarbeiteraktien	4
3.2	Beteiligung der Mitarbeitenden am Eigenkapital einer Konzerngesellschaft der Arbeitgeberin	5
3.2.1	Allgemeines	5
3.2.2	Beschaffung der Aktien am Markt oder direkt von Aktionären	5
3.2.3	Schaffung der Aktien mittels Kapitalerhöhung	6
3.2.4	Rückgabe der Mitarbeiteraktien	6
4	Mitarbeiteroptionen	7
4.1	Optionen zum Bezug von Aktien der Arbeitgeberin	7
4.1.1	Beschaffung der Optionen am Markt	7
4.1.2	Schreiben der Optionen durch die Arbeitgeberin	7
4.2	Optionen zum Bezug von Aktien einer Konzerngesellschaft der Arbeitgeberin	7
5	Besteuerung von Anwartschaften auf Mitarbeiteraktien / unechte Mitarbeiterbeteiligungen	7
5.1	Allgemeines	7

5.2	Belastung am Ende der Vestingperiode mit dem Verkehrswert im Zeitpunkt der Abgabe	8
5.3	Laufende anteilsmässige Belastung mit dem Verkehrswert im Zeitpunkt der Zuteilung der Anrechte	8
6	Inkrafttreten	8
7	Beispiele zur steuerlichen Behandlung von Mitarbeiterbeteiligungen bei der Arbeitgeberin	9

1 Gegenstand des Kreisschreibens

Im Kreisschreiben Nr. 37 der Eidgenössischen Steuerverwaltung (ESTV) vom 22. Juli 2013 über die Besteuerung von Mitarbeiterbeteiligungen (nachfolgend als KS 37 abgekürzt) wurden verschiedene Begriffe im Zusammenhang mit Mitarbeiterbeteiligungen definiert und ein Überblick über die steuerlichen Auswirkungen der damals neuen Bestimmungen[1] zur Besteuerung von Mitarbeiterbeteiligungen bei den Mitarbeitenden gegeben. Der dort behandelte geldwerte Vorteil, welcher den Mitarbeitenden durch die Abgabe von Mitarbeiterbeteiligungen zukommt, bildet bei der Arbeitgeberin Teil ihres Personalaufwandes, sofern und soweit dieser tatsächlich verbucht wurde. Für Einzelheiten und die Definition der verschiedenen Begriffe wird auf die Ausführungen im erwähnten Kreisschreiben verwiesen, welche vorliegend in analoger Weise zur Anwendung gelangen.

Das vorliegende Kreisschreiben soll als Ergänzung zum KS 37 einen Überblick über die Grundzüge der geltenden Praxis der steuerlichen Behandlung von Mitarbeiterbeteiligungen auf der Stufe der Arbeitgeberin verschaffen. In Bezug auf das Vorgehen zur Beschaffung der Beteiligungsrechte wie auch zur Gestaltung der Rechtsbeziehungen zwischen den einzelnen an der Erstellung und Umsetzung eines Mitarbeiterbeteiligungsplans Beteiligten bestehen diverse Möglichkeiten. Die nachfolgenden Ausführungen und Beispiele stellen allgemeine Grundsätze für häufig anzutreffende Sachverhaltskonstellationen dar.

2 Allgemeine Grundsätze

2.1 Ermittlung des Verkehrswerts von Mitarbeiteraktien

Bei börsenkotierten Mitarbeiteraktien gilt als Verkehrswert grundsätzlich der Börsenschlusskurs am Tage des Rechtserwerbs (vgl. KS 37, Ziffer 3.2.1). Bei nicht an einer Börse kotierten Mitarbeiteraktien gilt als massgeblicher Wert grundsätzlich der nach einer für die entsprechende Arbeitgeberin tauglichen und anerkannten Methode ermittelte Formelwert. Die einmal gewählte Berechnungsmethode muss für den entsprechenden Mitarbeiterbeteiligungsplan zwingend beibehalten werden. Ist für nicht börsenkotierte Aktien ausnahmsweise ein Verkehrswert verfügbar, ist grundsätzlich dieser anwendbar (vgl. KS 37, Ziffer 3.2.2). Im Einzelfall kann auf Antrag der Arbeitgeberin trotzdem auf den Formelwert abgestellt werden, sofern die Arbeitgeberin ein unbeschränktes Kaufrecht hat, die Mitarbeiteraktien zum identisch berechneten Formelwert zurückzukaufen.

Gesperrte Mitarbeiteraktien weisen gegenüber frei verfügbaren Aktien einen Minderwert auf, dem durch einen Diskont Rechnung getragen wird. Bei gesperrten Mitarbeiteraktien ist deshalb für die Ermittlung des steuerbaren Einkommens die positive Differenz zwischen dem reduzierten Verkehrswert und dem tieferen Erwerbspreis massgebend (vgl. KS 37, Ziffer 3.3).

2.2 Steuerrechtliche Gewinnermittlung

Die steuerrechtliche Gewinnermittlung richtet sich nach der handelsrechtskonformen Erfolgsrechnung (vgl. Art. 58 Abs. 1 Bst. a des Bundesgesetzes vom 14. Dezember 1990 über die direkte Bundessteuer; DBG; SR 642.11), sofern keine steuerrechtlichen Korrekturvorschriften vom handelsrechtlichen Gewinnausweis zu beachten sind (sog. Massgeblichkeitsprinzip). Handelsrechtlich nicht verbuchte Aufwendungen können steuerrechtlich nicht geltend gemacht werden.

Konzerninterne Weiterbelastungen richten sich nach den Verhältnissen im konkreten Einzelfall (Anwendung des Drittvergleichs). Folglich hat der zwischen Konzerngesellschaften vereinbarte Preis (vgl. Beispiele 3 bis 7) in jedem Fall dem Drittpreis zu entsprechen.

---

[1] Bundesgesetz vom 17. Dezember 2010 über die Besteuerung von Mitarbeiterbeteiligungen in Kraft seit 1. Januar 2013 (AS 2011 3259)

3 Mitarbeiteraktien

3.1 Beteiligung der Mitarbeitenden am Eigenkapital der Arbeitgeberin

3.1.1 Beschaffung der Aktien am Markt oder direkt von Aktionären

Die Arbeitgeberin erwirbt eigene Aktien entweder am Markt oder direkt von Aktionären und verkauft sie zu einem Vorzugspreis (Abgabepreis) an die Mitarbeitenden.

Bei den eigenen Aktien handelt es sich sowohl zivil- als auch steuerrechtlich um einen effektiv vorhandenen Vermögenswert. Somit können nicht realisierte Wertverluste zwischen den Anschaffungskosten und dem Verkehrswert von der steuerpflichtigen Person (Arbeitgeberin) in der Steuerbilanz gewinnsteuerwirksam geltend gemacht werden, auch wenn diese unter dem neuen Rechnungslegungsrecht handelsrechtlich nicht mehr verbucht werden.

Die Differenz zwischen dem Erwerbspreis (Anschaffungskosten) und dem Verkehrswert im Zeitpunkt der Abgabe an die Mitarbeitenden stellt einen geschäftsmässig begründeten Aufwand bzw. steuerbaren Ertrag dar, und zwar unabhängig von der handelsrechtlichen Verbuchung. Die Differenz zwischen dem Verkehrswert im Zeitpunkt der Abgabe und dem tieferen Vorzugspreis (Abgabepreis) stellt einen geschäftsmässig begründeten Aufwand dar (vgl. Beispiel 1).

3.1.2 Schaffung der Aktien mittels Kapitalerhöhung

Die Arbeitgeberin schafft die Aktien, welche an die Mitarbeitenden abgegeben werden sollen, mittels ordentlicher, genehmigter oder bedingter Kapitalerhöhung (vgl. Art. 650, 651f. und 653ff. des Bundesgesetzes vom 30. März 1911 betreffend die Ergänzung des Schweizerischen Zivilgesetzbuches [Fünfter Teil: Obligationenrecht]; SR 220 OR). In der Praxis wird in der Regel die bedingte Kapitalerhöhung gewählt.

Gemäss Obligationenrecht ist bei einer bedingten Kapitalerhöhung eine Liberierung aus Gesellschaftsmitteln ebenso unzulässig wie eine Liberierung durch Sacheinlage (vgl. Art. 653 OR)[2].

Die Arbeitgeberin verbucht das Arbeitsentgelt für die bereits geleistete Arbeit als geschäftsmässig begründeten Aufwand zu Gunsten Verbindlichkeiten Mitarbeitende. Die Liberierung der Mitarbeiteraktien erfolgt anschliessend zu Lasten dieser Verbindlichkeiten. Die Beträge der Liberierung werden dem Aktienkapital oder der gesetzlichen Kapitalreserve gutgeschrieben. Mit dieser Gutschrift werden, vermindert um die Emissionskosten, Reserven aus Kapitaleinlagen begründet (vgl. Beispiel 2).

Spätestens im Zeitpunkt der Liberierung muss eine durchsetzbare Forderung des Mitarbeitenden gegenüber der Arbeitgeberin bestehen; künftige Arbeitsleistungen reichen nicht aus.

3.1.3 Rückgabe der Mitarbeiteraktien

Muss ein Mitarbeitender aufgrund einer reglementarischen oder einer vertraglichen Verpflichtung Mitarbeiteraktien an seine Arbeitgeberin zurückgeben und ist der Rücknahmepreis in diesem Zeitpunkt höher als der Verkehrswert der Aktien, kann die Arbeitgeberin einen entsprechenden geschäftsmässig begründeten Aufwand geltend machen. Fällt der Rücknahmepreis tiefer aus als der aktuelle Verkehrswert, erzielt sie im Zeitpunkt der Verbuchung dieser Differenz einen steuerbaren Ertrag.

---

[2] Vgl. auch Schweizer Handbuch der Wirtschaftsprüfung, Ausgabe 2014, S. 270

3.2 Beteiligung der Mitarbeitenden am Eigenkapital einer Konzerngesellschaft der Arbeitgeberin

3.2.1 Allgemeines

Im Konzernverhältnis beziehen sich die Mitarbeiterbeteiligungsmodelle häufig auf Aktien einer an der Börse kotierten Konzerngesellschaft (nahestehende Gesellschaft) der eigentlichen (d.h. zivilrechtlichen) Arbeitgeberin. Die Mitarbeitenden der Arbeitgeberin erhalten aufgrund von Ansprüchen aus Mitarbeiterbeteiligungsplänen Beteiligungen am Eigenkapital einer Konzerngesellschaft der Arbeitgeberin.

In den allermeisten Fällen liefert die Konzerngesellschaft die Aktien direkt an die Mitarbeitenden der Arbeitgeberin. Für die Übernahme dieser Verpflichtung und der Lieferung der Aktien wird sie von der Arbeitgeberin entschädigt. Diese zwischen der Konzerngesellschaft und der Arbeitgeberin festgelegte Entschädigung (vereinbarter Preis) muss dem Drittpreis entsprechen. In der Regel entspricht dieser Preis dem aktuellen Aktienkurs im Zeitpunkt der Lieferung.

Zwischen dem vereinbarten Preis und dem Verkehrswert im Zeitpunkt der Abgabe an die Mitarbeitenden können sich steuerlich unbeachtliche Wertdifferenzen ergeben, wenn zwischen dem Abschluss der Vereinbarung der Konzerngesellschaft mit der Arbeitgeberin bis zur Abgabe der Aktien an die Mitarbeitenden ein zeitlicher Abstand besteht.

Beschafft die Konzerngesellschaft die Aktien mittels Kapitalerhöhung, zählt die von der Arbeitgeberin im Rahmen der Entschädigung entrichtete Optionsprämie nicht zu den Reserven aus Kapitaleinlagen. Keine Optionen stellen Low Exercise Price Options (LEPO) dar, bei welchen es sich um im Voraus finanzierte Termingeschäfte handelt[3].

Bei Liberierung durch die Arbeitgeberin werden erst bei definitiver Abgabe der Aktien an die Mitarbeitenden Reserven aus Kapitaleinlagen begründet.

Für die Beschaffung der Aktien hat die Konzerngesellschaft die nachfolgend aufgeführten Möglichkeiten.

3.2.2 Beschaffung der Aktien am Markt oder direkt von Aktionären

Beschafft die Konzerngesellschaft die Aktien für einen Mitarbeiterbeteiligungsplan am Markt oder direkt von Aktionären und entspricht der vereinbarte Preis für die Abgabe an die Arbeitgeberin einem tieferen oder höheren Wert, erzielt die Konzerngesellschaft in der Differenz zwischen dem Erwerbspreis (Anschaffungskosten) und dem vereinbarten Preis einen geschäftsmässig begründeten Aufwand bzw. einen steuerbaren Ertrag.

Die Zahlung der Arbeitgeberin an die Konzerngesellschaft stellt in der Differenz zwischen dem vereinbarten Preis und dem Abgabepreis an die Mitarbeitenden bei der Arbeitgeberin einen geschäftsmässig begründeten Aufwand dar. Aus einer allfälligen Differenz zwischen dem Verkehrswert der Aktien im Zeitpunkt der Abgabe an die Mitarbeitenden und dem zwischen der Konzerngesellschaft und der Arbeitgeberin vereinbarten Preis realisiert die Arbeitgeberin weder einen geschäftsmässig begründeten Aufwand noch einen steuerbaren Ertrag (vgl. Beispiel 3).

---

[3] Vgl. Kreisschreiben Nr. 15 der ESTV vom 03.10.2017 über Obligationen und derivative Finanzinstrumente als Gegenstand der direkten Bundessteuer, der Verrechnungssteuer sowie der Stempelabgaben, Ziff. 2.2.3

3.2.3 Schaffung der Aktien mittels Kapitalerhöhung

Ordentliche Kapitalerhöhung

Schafft die Konzerngesellschaft die Aktien für einen Mitarbeiterbeteiligungsplan mittels einer ordentlichen Kapitalerhöhung, so wird der Betrag, den die Arbeitgeberin der Konzerngesellschaft für die Liberierung bezahlt, dem Aktienkapital oder der gesetzlichen Kapitalreserve gutgeschrieben.

Die Zahlung der Arbeitgeberin an die Konzerngesellschaft stellt in der Differenz zwischen dem vereinbarten Preis für die Liberierung und dem Abgabepreis an die Mitarbeitenden bei der Arbeitgeberin geschäftsmässig begründeten Aufwand dar. Aus einer allfälligen Differenz zwischen dem Verkehrswert der Aktien im Zeitpunkt der Abgabe an die Mitarbeitenden und jenem Wert, den sie der Konzerngesellschaft für die Liberierung bezahlt hat, realisiert die Arbeitgeberin weder einen geschäftsmässig begründeten Aufwand noch einen steuerbaren Ertrag (vgl. Beispiel 4).

Bedingte Kapitalerhöhung

Die Konzerngesellschaft kann die Aktien für einen Mitarbeiterbeteiligungsplan auch mittels einer bedingten Kapitalerhöhung schaffen. Die Generalversammlung kann eine bedingte Kapitalerhöhung beschliessen, indem sie in den Statuten den Gläubigern von neuen Anleihens- oder ähnlichen Obligationen gegenüber der Gesellschaft oder ihren Konzerngesellschaften sowie den Mitarbeitenden Rechte auf den Bezug neuer Aktien (Wandel- oder Optionsrechte) einräumt. Die Rechte auf den Bezug der Aktien werden somit den Mitarbeitenden der Arbeitgeberin und nicht der Arbeitgeberin selbst eingeräumt.

Ab einer gewissen Grössenordnung ist es nicht mehr möglich, dass die Mitarbeitenden die mittels bedingter Kapitalerhöhung bei der Konzerngesellschaft geschaffenen Aktien individuell liberieren. In der Praxis kommt es deshalb vor, dass die Arbeitgeberin die Aktien liberiert und diese anschliessend im Rahmen des Mitarbeiterbeteiligungsplans an ihre Mitarbeitenden abgibt.

Die Zahlung der Arbeitgeberin an die Konzerngesellschaft stellt in der Differenz zwischen dem vereinbarten Preis für die Liberierung und dem Abgabepreis an die Mitarbeitenden bei der Arbeitgeberin einen geschäftsmässig begründeten Aufwand dar. Aus einer allfälligen Differenz zwischen dem Verkehrswert der Aktien im Zeitpunkt der Abgabe an die Mitarbeitenden und dem zwischen Konzerngesellschaft und Arbeitgeberin vereinbarten Preis realisiert die Arbeitgeberin weder einen geschäftsmässig begründeten Aufwand noch einen steuerbaren Ertrag (vgl. Beispiel 5).

3.2.4 Rückgabe der Mitarbeiteraktien

Muss ein Mitarbeitender aufgrund einer reglementarischen oder vertraglichen Verpflichtung Mitarbeiteraktien an seine Arbeitgeberin zurückgeben, und ist der Rücknahmepreis in diesem Zeitpunkt höher als der Verkehrswert der Aktien, kann die Arbeitgeberin einen entsprechenden geschäftsmässig begründeten Aufwand geltend machen. Fällt der Rücknahmepreis tiefer aus als der aktuelle Verkehrswert, erzielt sie im Zeitpunkt der Verbuchung dieser Differenz einen steuerbaren Ertrag. Muss ein Mitarbeitender aufgrund einer reglementarischen oder vertraglichen Verpflichtung Mitarbeiteraktien direkt an die Konzerngesellschaft zurückgeben, ist der Aufwand bzw. Ertrag ebenfalls der Arbeitgeberin zuzurechnen.

4 Mitarbeiteroptionen

4.1 Optionen zum Bezug von Aktien der Arbeitgeberin

4.1.1 Beschaffung der Optionen am Markt

Die Arbeitgeberin erwirbt die Optionen zum Bezug von eigenen Aktien am Markt und verkauft die Optionen zu einem Vorzugspreis an die Mitarbeitenden. Die negative Differenz zwischen dem Vorzugspreis und dem Erwerbspreis stellt bei der Arbeitgeberin einen geschäftsmässig begründeten Aufwand dar.

4.1.2 Schreiben der Optionen durch die Arbeitgeberin

Die Arbeitgeberin schreibt selber Call-Optionen für den Bezug von eigenen Aktien und gibt die Optionen den Mitarbeitenden ab.

Im Zuge der Absicherung können jedoch Kosten anfallen, welche einen geschäftsmässig begründeten Aufwand darstellen. Im Umfang der Verpflichtung können Rückstellungen gebildet werden, welche im Zeitpunkt der Ausübung der Option aufzulösen sind.

4.2 Optionen zum Bezug von Aktien einer Konzerngesellschaft der Arbeitgeberin

Die Arbeitgeberin oder die Konzerngesellschaft gibt im Rahmen eines Mitarbeiterbeteiligungsplans den Mitarbeitenden Optionen für den Bezug von Aktien einer Konzerngesellschaft ab. Die Arbeitgeberin zahlt i.d.R. gemäss Vertrag eine Optionsprämie an die Konzerngesellschaft. Diese Optionsprämie stellt bei der Arbeitgeberin geschäftsmässig begründeten Aufwand dar. Bei der Konzerngesellschaft muss eine Rückstellung verbucht werden. Der Konzerngesellschaft steht es in der Folge frei, diese Rückstellung bei Verfall bzw. Ausübung der Optionen gesamthaft oder aber verteilt über die Laufzeit der Optionen erfolgswirksam aufzulösen.

Keine Optionen stellen LEPOs dar, bei welchen es sich um im Voraus finanzierte Termingeschäfte handelt[4].

5 Besteuerung von Anwartschaften auf Mitarbeiteraktien / unechte Mitarbeiterbeteiligungen

5.1 Allgemeines

Die Arbeitgeberin kann ihren Mitarbeitenden Anrechte auf den späteren Bezug von eigenen oder von Aktien einer Konzerngesellschaft gewähren. Diese Anrechte bilden einen Teil der Entschädigung der Mitarbeitenden für deren Arbeitstätigkeit und unterliegen bis zum Ablauf der Vestingperiode an die an das Arbeitsverhältnis geknüpften Verfallsklauseln. Bis zur vereinbarten Auslieferung der Aktien an die berechtigten Mitarbeitenden im Zeitpunkt des Ablaufs der Vestingperiode liegt somit eine Anwartschaft vor.

Für ihre Verpflichtung, den Mitarbeitenden Aktien oder einen bestimmten Wert in bar auszuzahlen, kann die Arbeitgeberin Rückstellungen bilden. Dabei steht es der Arbeitgeberin frei, den gesamten geschätzten Aufwand im Zeitpunkt der Zuteilung der Anrechte oder aber verteilt über die Vestingperiode erfolgswirksam zu verbuchen.

---

[4] Vgl. Kreisschreiben Nr. 15 der ESTV vom 03.10.2017 über Obligationen und derivative Finanzinstrumente als Gegenstand der direkten Bundessteuer, der Verrechnungssteuer sowie der Stempelabgaben, Ziff. 2.2.3

Zwischen der Arbeitgeberin und der Konzerngesellschaft wird in der Regel vereinbart, dass die Konzerngesellschaft die Aktien im Zeitpunkt des Ablaufs der Vestingperiode unentgeltlich an die Mitarbeitenden der Arbeitgeberin ausliefert. Die Konzerngesellschaft übernimmt damit teilweise die Aufgabe, die Mitarbeitenden der Arbeitgeberin für ihre Tätigkeiten zu entschädigen. Dafür erhält die Konzerngesellschaft von der Arbeitgeberin eine Entschädigung. Die Konzerngesellschaft kann ihre Lieferverpflichtung der Aktien an die Mitarbeitenden mittels einer bedingten Kapitalerhöhung absichern.

In der Praxis sind insbesondere zwei Verfahren zur Entschädigung der Konzerngesellschaft anzutreffen:
- Die Arbeitgeberin wird am Ende der Vestingperiode mit dem Verkehrswert im Zeitpunkt der Abgabe der Aktien an die Mitarbeitenden belastet (Kursveränderungsrisiko während der Vestingperiode liegt bei der Arbeitgeberin).
- Die Arbeitgeberin wird laufend, anteilsmässig mit dem Verkehrswert im Zeitpunkt der Zuteilung der Anrechte belastet (Kursveränderungsrisiko während der Vestingperiode liegt bei der Konzerngesellschaft).

5.2 Belastung am Ende der Vestingperiode mit dem Verkehrswert im Zeitpunkt der Abgabe

Die Arbeitgeberin hat im Rahmen eines Mitarbeiterbeteiligungsplans ihrer Verpflichtung gegenüber den Mitarbeitenden während der Vestingperiode mit der Bildung von Rückstellungen Rechnung zu tragen. Die Rückstellungen haben den jeweiligen Verkehrswert der Anrechte per Ende des Geschäftsjahres abzubilden und sind folglich jährlich neu zu berechnen und entsprechend anzupassen.

Der Betrag, den die Arbeitgeberin der Konzerngesellschaft für die Liberierung bezahlt, wird dem Aktienkapital bzw. der gesetzlichen Kapitalreserve der Konzerngesellschaft gutgeschrieben. Reserven aus Kapitaleinlagen werden erst bei definitiver Abgabe der Aktien an die Mitarbeitenden begründet (vgl. Beispiel 6, bildet nur das Vesting ab).

5.3 Laufende anteilsmässige Belastung mit dem Verkehrswert im Zeitpunkt der Zuteilung der Anrechte

Die Arbeitgeberin hat ihrer Verpflichtung gegenüber den Mitarbeitenden während der Vestingperiode mit der Bildung von Rückstellungen Rechnung zu tragen. Die Rückstellungen entsprechen insgesamt dem Verkehrswert der Anrechte bei ihrer Zuteilung und sind verteilt über die gesamte Laufzeit der Verpflichtung gleichmässig zu bilden. Im Umfang der jeweiligen Rückstellung leistet die Arbeitgeberin eine Zahlung für die Aktien an die Konzerngesellschaft.

Der Betrag, den die Arbeitgeberin der Konzerngesellschaft bezahlt, wird bei der Konzerngesellschaft einem Rückstellungskonto gutgeschrieben. Die Gutschrift auf dem Aktienkapital bzw. der gesetzlichen Kapitalreserve und damit die Begründung von Reserven aus Kapitaleinlagen erfolgt erst bei definitiver Abgabe der Aktien an die Mitarbeitenden (vgl. Beispiel 7, bildet nur das Vesting ab).

6 Inkrafttreten

Dieses Kreisschreiben tritt mit seiner Publikation in Kraft.

7 Beispiele zur steuerlichen Behandlung[5] von Mitarbeiterbeteiligungen bei der Arbeitgeberin[6]

Beispiel 1: Beteiligung der Mitarbeitenden am Eigenkapital der Arbeitgeberin
Beschaffung der Aktien am Markt oder direkt von Aktionären (Ziffer 3.1.1)

Sachverhalt			1	2	3
Anschaffungskosten:			1'000	1'300	900
Nominalwert:			100	100	100
Verkehrswert bei Abgabe an Mitarbeitende:			1'000	1'000	1'000
Abgabepreis an Mitarbeitende (Barleistung):			200	200	200
Arbeitsentgelt:			800	800	800

Beschaffung der Aktien am Markt			1	2	3	
Eig. Aktien[7]	an	Fl. Mittel	1'000	1'300	900	Anschaffungskosten

Abgabe der Aktien			1	2	3	
Fl. Mittel	an	Eig. Aktien	200	200	200	Abgabepreis
geschäftsmässig begründeter Aufwand	an	Eig. Aktien		300		Differenz zwischen Anschaffungskosten und Verkehrswert bei Abgabe
Eig. Aktien	an	Ertrag			100	
geschäftsmässig begründeter Aufwand	an	Eig. Aktien	800	800	800	Differenz zwischen Verkehrswert bei Abgabe und Abgabepreis (Arbeitsentgelt für bereits geleistete Arbeit)

---

[5] Die dargestellten Buchungssätze sind beispielhaft und sind nicht Voraussetzung für die geschäftsmässige Begründetheit der Aufwendungen. Es gilt das Massgeblichkeitsprinzip.

[6] Hält eine Gesellschaft eigene Kapitalanteile indirekt über Tochtergesellschaften im Konzern, obliegt die Bildung der Reserven für eigene Aktien derjenigen Gesellschaft, welche die Mehrheitsbeteiligung an diesen Tochtergesellschaften hält. Dies wird in den Beispielen nicht abgebildet.

[7] Der Bestand eigener Kapitalanteile wird im Eigenkapital als separater Minusposten ausgewiesen. Dieser Minusposten kann als «eigene Kapitalanteile» oder abgestimmt auf die Rechtsform und Kategorie (Art. 959 Abs. 7 OR, beispielsweise «eigene Aktien») bezeichnet werden.

Beispiel 2: Beteiligung der Mitarbeitenden am Eigenkapital der Arbeitgeberin
Schaffung der Aktien mittels ordentlicher / genehmigter / bedingter Kapitalerhöhung (Ziffer 3.1.2)

Sachverhalt

Nominalwert:	100
Verkehrswert bei Abgabe an Mitarbeitende:	1'000
Abgabepreis an Mitarbeitende (Barleistung):	200
Arbeitsentgelt:	800

Arbeitsleistung

geschäftsmässig begründeter Aufwand	an	Verbindlichkeiten Mitarbeitende	800	Arbeitsentgelt für bereits geleistete Arbeit

Abgabe der Aktien

Fl. Mittel	an	Verbindlichkeiten Mitarbeiter	200	Abgabepreis
Verbindlichkeiten Mitarbeitende	an	Abwicklungskonto	1'000	Verkehrswert bei Abgabe
Abwicklungskonto	an	AK	100	Nominalwert
Abwicklungskonto	an	KER[8]	900	Differenz zwischen Verkehrswert bei Abgabe und Nominalwert

---

[8] Reserven aus Kapitaleinlagen

Beispiel 3: Beteiligung der Mitarbeitenden am Eigenkapital einer Konzerngesellschaft
Beschaffung der Aktien am Markt oder direkt von Aktionären (Ziffer 3.2.2)

Sachverhalt

	1	2	
Anschaffungskosten Konzerngesellschaft:	1'000	1'300	
Nominalwert:	100	100	
Vereinbarter Preis zwischen Konzerngesellschaft und Arbeitgeberin:	1'000	1'000	Wertdifferenzen zwischen dem vereinbarten Preis und dem Verkehrswert im Zeitpunkt der Abgabe an die Mitarbeitenden können sich ergeben, wenn zwischen dem Abschluss der Vereinbarung der Konzerngesellschaft mit der Arbeitgeberin bis zur Abgabe der Aktien an die Mitarbeitenden ein zeitlicher Abstand besteht.
Verkehrswert bei Abgabe an Mitarbeitende:	1'000	1'100	
Abgabepreis an Mitarbeitende (Barleistung):	200	200	
Arbeitsentgelt:	800	800	

Konzerngesellschaft:

Beschaffung der Aktien am Markt / Lieferung der Aktien

			1	2	
Eig. Aktien	an	Fl. Mittel	1'000	1'300	Anschaffungskosten
Fl. Mittel	an	Eig. Aktien	1'000	1'000	Vereinbarter Preis
geschäftsmässig begründeter Aufwand	an	Eig. Aktien		300	Differenz zwischen Anschaffungskosten und vereinbartem Preis

Arbeitgeberin:

Lieferung der Aktien

			1	2	
Aktien Konzerngesellschaft	an	Fl. Mittel	1'000	1'000	Vereinbarter Preis

Abgabe der Aktien

			1	2	
geschäftsmässig begründeter Aufwand	an	Verbindlichkeiten Mitarbeitende	800	800	Arbeitsentgelt für bereits geleistete Arbeit (entspricht Differenz zwischen vereinbartem Preis und Abgabepreis)
Fl. Mittel	an	Verbindlichkeiten Mitarbeitende	200	200	Abgabepreis
Verbindlichkeiten Mitarbeitende	an	Aktien Konzerngesellschaft	1'000	1'000	Vereinbarter Preis

Beispiel 4: Beteiligung der Mitarbeitenden am Eigenkapital einer Konzerngesellschaft
Schaffung der Aktien mittels ordentlicher Kapitalerhöhung (Ziffer 3.2.3)

Sachverhalt			1	2	
Nominalwert:			100	100	
Vereinbarter Preis zwischen Konzerngesellschaft und Arbeitgeberin (Ausgabepreis):			1'000	1'000	Wertdifferenzen zwischen dem vereinbarten Preis und dem Verkehrswert im Zeitpunkt der Abgabe an die Mitarbeitenden können sich ergeben, wenn zwischen dem Abschluss der Vereinbarung der Konzerngesellschaft mit der Arbeitgeberin bis zur Abgabe der Aktien an die Mitarbeitenden ein zeitlicher Abstand besteht.
Verkehrswert bei Abgabe an Mitarbeitende:			1'000	1'100	
Abgabepreis an Mitarbeitende (Barleistung):			200	200	
Arbeitsentgelt:			800	800	
Konzerngeberin:					
Lieferung der Aktien			1	2	
Fl. Mittel	an	AK	100	100	Nominalwert
Fl. Mittel	an	übrige Kapitalreserven	900	900	Differenz zwischen Ausgabepreis und Nominalwert
Abgabe der Aktien					
übrige Kapitalreserven	an	KER	900	900	Reserven aus Kapitaleinlagen
Arbeitgeberin:					
Lieferung der Aktien			1	2	
Aktien Konzerngesellschaft	an	Fl. Mittel	1'000	1'000	Vereinbarter Preis (Ausgabepreis)
Abgabe der Aktien			1	2	
geschäftsmässig begründeter Aufwand	an	Verbindlichkeiten Mitarbeitende	800	800	Arbeitsentgelt für bereits geleistete Arbeit (entspricht Differenz zwischen Ausgabepreis und Abgabepreis)
Fl. Mittel	an	Verbindlichkeiten Mitarbeitende	200	200	Abgabepreis
Verbindlichkeiten Mitarbeitende	an	Aktien Konzerngesellschaft	1'000	1'000	Vereinbarter Preis

Beispiel 5: Beteiligung der Mitarbeitenden am Eigenkapital einer Konzerngesellschaft Schaffung der Aktien mittels bedingter Kapitalerhöhung (Ziffer 3.2.3)

Sachverhalt		1	2	
Nominalwert:		100	100	
Vereinbarter Preis zwischen Konzerngesellschaft und Arbeitgeberin (Ausgabepreis):		1'000	1'000	Wertdifferenzen zwischen dem vereinbarten Preis und dem Verkehrswert im Zeitpunkt der Abgabe an die Mitarbeitenden können sich ergeben, wenn zwischen dem Abschluss der Vereinbarung der Konzerngesellschaft mit der Arbeitgeberin bis zur Abgabe der Aktien an die Mitarbeitenden ein zeitlicher Abstand besteht.
Verkehrswert bei Abgabe an Mitarbeitende:		1'000	1'100	
Abgabepreis an Mitarbeitende (Barleistung):		200	200	
Arbeitsentgelt:		800	800	

Konzerngesellschaft:

Lieferung der Aktien			1	2	
Fl. Mittel	an	AK	100	100	Nominalwert
Fl. Mittel	an	übrige Kapitalreserven	900	900	Differenz zwischen Ausgabepreis und Nominalwert

Abgabe der Aktien			1	2	
übrige Kapitalreserven	an	KER	900	900	Reserven aus Kapitaleinlagen

Arbeitgeberin:

Abwicklung Abgabe der Aktien			1	2	
geschäftsmässig begründeter Aufwand	an	Verbindlichkeiten Mitarbeitende	800	800	Arbeitsentgelt für bereits geleistete Arbeit (entspricht Differenz zwischen Ausgabepreis und Abgabepreis)
Abwicklungskonto	an	Fl. Mittel	1'000	1'000	Vereinbarter Preis (Ausgabepreis)
Fl. Mittel	an	Abwicklungskonto	200	200	Abgabepreis
Verbindlichkeiten Mitarbeitende	an	Abwicklungskonto	800	800	Differenz zwischen Ausgabepreis und Abgabepreis

Beispiel 6: Anwartschaft: Modell 1: Belastung am Ende der Vestingperiode mit dem Verkehrswert im Zeitpunkt der Abgabe
Beteiligung der Mitarbeitenden am Eigenkapital einer Konzerngesellschaft
Schaffung der Aktien mittels bedingter Kapitalerhöhung (Ziffer 5.2)

Sachverhalt	1	2
Nominalwert:	100	100
Vereinbarter Preis zwischen Konzerngesellschaft und Arbeitgeberin entspricht dem Verkehrswert im Zeitpunkt der Abgabe[9]:	1'500	700
Verkehrswert bei Zuteilung der Anrechte:	1'000	1'000
Verkehrswert Ende Jahr 1:	1'000	1'000
Verkehrswert Ende Jahr 2:	1'250	1'000
Verkehrswert bei Abgabe (Jahr 3):	1'500	700
Abgabepreis an Mitarbeitende (Barleistung):	0	0
Vestingperiode:	3 Jahre	3 Jahre

---

[9] Kursveränderungsrisiko liegt während der Vestingperiode bei der Arbeitgeberin

Konzerngesellschaft:

Vestingperiode / Lieferung der Aktien

			1	2	
Fl. Mittel	an	AK	100	100	Jahr 3: Nominalwert
Fl. Mittel	an	KER	1'400	600	Jahr 3: Differenz zwischen Verkehrswert bei Abgabe und Nominalwert

Arbeitgeberin:

Vestingperiode / Abwicklung Abgabe der Aktien

			1	2	
geschäftsmässig begründeter Aufwand	an	Rückstellungen	333	333	Jahr 1: 1/3 des Verkehrswerts bei Zuteilung der Anrechte
geschäftsmässig begründeter Aufwand	an	Rückstellungen	500	333	Jahr 2: 2/3 des Verkehrswerts Ende Jahr 2 abzüglich Rückstellung des Jahres 1
geschäftsmässig begründeter Aufwand	an	Rückstellungen	667	34	Jahr 3: Verkehrswert Ende Jahr 3 abzüglich Total Rückstellungen
Rückstellungen	an	Fl. Mittel	1'500	700	Jahr 3: Vereinbarter Preis

Beispiel 7: Anwartschaft: Modell 2: Laufende anteilsmässige Belastung mit dem Verkehrswert im Zeitpunkt der Zuteilung der Anrechte Beteiligung der Mitarbeitenden am Eigenkapital einer Konzerngesellschaft Schaffung der Aktien mittels bedingter Kapitalerhöhung (Ziffer 5.3)

Sachverhalt	1	2
Nominalwert:	100	100
Vereinbarter Preis zwischen Konzerngesellschaft und Arbeitgeberin entspricht dem Verkehrswert im Zeitpunkt der Zuteilung der Anrechte[10]:	1'000	1'000
Verkehrswert bei Zuteilung der Anrechte:	1'000	1'000
Verkehrswert Ende Jahr 1:	1'000	1'000
Verkehrswert Ende Jahr 2:	1'250	1'000
Verkehrswert bei Abgabe (Jahr 3):	1'500	700
Abgabepreis an Mitarbeitende (Barleistung):	0	0
Vestingperiode:	3 Jahre	3 Jahre

[10] Kursveränderungsrisiko liegt während der Vestingperiode bei der Konzerngesellschaft

Konzerngesellschaft:

Vestingperiode / Lieferung der Aktien

			1	2	
Fl. Mittel	an	Rückstellungen[11]	333	333	Jahr 1: 1/3 des Verkehrswerts bei Zuteilung der Anrechte
Fl. Mittel	an	Rückstellungen	333	333	Jahr 2: 2/3 des Verkehrswerts bei Zuteilung der Anrechte abzüglich Vorauszahlung des Jahres 1
Fl. Mittel	an	Rückstellungen	333	333	Jahr 3: Verkehrswert bei Zuteilung der Anrechte abzüglich Vorauszahlungen der Jahre 1 und 2
Rückstellungen	an	AK	100	100	Jahr 3: Nominalwert
Rückstellungen	an	KER	900	900	Jahr 3: Reserven aus Kapitaleinlagen

Arbeitgeberin:

Vestingperiode / Abwicklung Abgabe der Aktien

			1	2	
geschäftsmässig begründeter Aufwand	an	Rückstellungen	333	333	Jahr 1: 1/3 des Verkehrswerts bei Zuteilung der Anrechte
Rückstellungen	an	Fl. Mittel	333	333	
geschäftsmässig begründeter Aufwand	an	Rückstellungen	333	333	Jahr 2: 1/3 des Verkehrswerts bei Zuteilung der Anrechte
Rückstellungen	an	Fl. Mittel	333	333	
geschäftsmässig begründeter Aufwand	an	Rückstellungen	333	333	Jahr 3: 1/3 des Verkehrswerts bei Zuteilung der Anrechte
Rückstellungen	an	Fl. Mittel	333	333	

[11] bzw. Bruttoverbuchung: Fl. Mittel an Ertrag / Aufwand an Rückstellungen

Preise, Ehrengaben, Stipendien

Quelle: Eidg. Steuerverwaltung ESTV/HA Direkte Bundessteuer, Verrechnungssteuer, Stempelabgaben

Direkte Bundessteuer

Bern, 26. Februar 2018

Kreisschreiben Nr. 43

Steuerliche Behandlung von Preisen, Ehrengaben, Auszeichnungen, Stipendien sowie Förderbeiträgen im Kultur-, Sport- und Wissenschaftsbereich

Inhaltsverzeichnis

1 Gegenstand des Kreisschreibens 2
2 Rechtliche Grundlagen 2
3 Abgrenzungskriterien 2
4 Steuerbare Leistungen 3
5 Inkrafttreten 4
Anhang: Fallbeispiele 5

1 Gegenstand des Kreisschreibens

Bei Preisen, Ehrengaben, Auszeichnungen, Stipendien sowie Förderbeiträgen im Kultur-, Sport- und Wissenschaftsbereich kann es sich sowohl um von der direkten Bundessteuer befreite Schenkungen oder steuerfreie Unterstützungsleistungen als auch um steuerbare Einkünfte handeln.

Dieses Kreisschreiben klärt die jeweilige steuerliche Behandlung derartiger Leistungen und stützt sich neben den gesetzlichen Grundlagen auch auf die aktuelle Rechtsprechung des Bundesgerichts. Die Abgrenzung steuerfreier Unterstützungsleistungen von steuerbaren Einkünften erfolgt im Einzelfall mit Hilfe nachstehend aufgeführter Kriterien.

2 Rechtliche Grundlagen

Das Bundesgesetz vom 14. Dezember 1990 über die direkte Bundessteuer (DBG; SR 642.11) enthält keine ausdrücklichen Vorschriften über die steuerliche Behandlung von Preisen, Ehrengaben, Auszeichnungen, Stipendien oder Förderbeiträgen. Nach dem Grundsatz der Gesamtreineinkommensbesteuerung (vgl. Urteil 2A.425/2001 des Bundesgerichts vom 12. November 2002 E. 3.1) unterliegen nach Artikel 16 Absatz 1 DBG alle wiederkehrenden und einmaligen Einkünfte der Einkommenssteuer. Davon ausgenommen sind unter anderem Schenkungen und Unterstützungen aus öffentlichen oder privaten Mitteln (vgl. Art. 24 Bst. a und d DBG). Die Auslegung der in Artikel 24 DBG aufgelisteten Ausnahmetatbestände erfolgt restriktiv (vgl. BGE 137 II 328 E. 5.1 und BGE 131 II 1 E. 3.3).

Auf Grund sämtlicher Umstände des Einzelfalls ist vorab zu prüfen, ob es sich bei einer Leistung um eine Schenkung oder um eine Unterstützung aus öffentlichen oder privaten Mitteln handelt. Für diese Prüfung sind Reglemente oder Statuten der preisverleihenden oder der beitragsgewährenden privaten oder öffentlichen Institutionen beizuziehen. Zudem ist die finanzielle Situation der empfangenden Person zu analysieren.

Eine *Schenkung* liegt vor, wenn die schenkende Person der beschenkten Person ein Vermögen oder einen Vermögensteil zuwendet, ohne von der beschenkten Person eine Gegenleistung zu verlangen. Der Vermögensanfall infolge Schenkung ist ausdrücklich von der direkten Bundessteuer befreit (vgl. Art. 24 Bst. a DBG), kann aber der jeweiligen kantonalen Schenkungssteuer unterliegen.

Eine *Unterstützung aus öffentlichen oder privaten Mitteln* liegt vor, wenn es sich um eine unentgeltliche Leistung mit Unterstützungsabsicht an eine bedürftige Person handelt (vgl. BGE 137 II 328 E. 4.3 und Urteil 2C_78/2014 des Bundesgerichts vom 26. Mai 2014 E. 3.1). Unterstützungen aus öffentlichen oder privaten Mitteln sind steuerfrei (vgl. Art. 24 Bst. d DBG).

Stiftungen sind aufgrund von Artikel 129 Absatz 1 Buchstabe a DBG dazu verpflichtet, für jede Steuerperiode den Veranlagungsbehörden eine Bescheinigung über die ihren Begünstigten erbrachten Leistungen einzureichen.

3 Abgrenzungskriterien

Preise, Ehrengaben und Auszeichnungen gelten dann als Schenkungen, wenn die empfangende Person nicht verpflichtet wird, eine Gegenleistung zu erbringen, beziehungsweise der für eine Arbeit oder ein Werk verliehene Preis keine Entlöhnung im Nachhinein darstellt (vgl. Urteil 2C_715/2007 des Bundesgerichts vom 28. April 2008 E. 2.3.4).

Bei Stipendien und Förderbeiträgen kann nur dann von einer steuerfreien Unterstützung aus öffentlichen oder privaten Mitteln ausgegangen werden, wenn die nachfolgenden Kriterien *kumulativ* erfüllt sind (vgl. BGE 137 II 328 E. 4.3 S. 332 und Urteil 2C_78/2014 des Bundesgerichts vom 26. Mai 2014 E. 3.1):

1. Die empfangende Person ist bedürftig (Bedürftigkeit);

2. die privat- oder öffentlich-rechtliche Institution leistet die Beiträge mit Unterstützungsabsicht (Unterstützung);

3. die Leistung erfolgt unentgeltlich, d. h. die empfangende Person muss dafür keine Gegenleistung erbringen (Unentgeltlichkeit).

Ob eine empfangende Person bedürftig ist (Kriterium 1), hängt von ihrer finanziellen Situation ab. Das Vorliegen einer Bedürftigkeit ist dann anzunehmen, wenn die Höhe des Einkommens unter dem nach den Artikeln 9 und 11 des Bundesgesetzes vom 6. Oktober 2006 über die Ergänzungsleistungen zur Alters-, Hinterlassenen- und Invalidenversicherung (ELG; SR 831.30) berechneten Existenzminimum liegt (vgl. BGE 137 II 328 E. 5.2 und Beispiel 1 im Anhang). Die Anwendung von Artikel 24 Buchstabe d DBG sollte auf diejenigen Fälle beschränkt werden, in denen eine Bedürftigkeit nachgewiesen ist (vgl. BGE 137 II 328 E. 5.2). Daraus folgt, dass Unterstützungsleistungen nur insoweit nicht steuerbar sind, als sie bloss den lebensnotwendigen Bedarf decken, während das darüber liegende Einkommen lückenlos steuerlich zu erfassen ist (vgl. BGE 137 II 328 E. 5.3 und Variante des Beispiels 1 im Anhang).

Eine Unterstützung aus öffentlichen oder privaten Mitteln setzt eine Unterstützungsabsicht (Kriterium 2) voraus, wobei diese gegeben ist, wenn die private oder öffentliche Institution die Unterstützung ausrichtet, um einer bedürftigen Person dabei zu helfen, ihren (minimalen) Lebensunterhalt zu bestreiten.

Eine Leistung erfolgt dann unentgeltlich (Kriterium 3), wenn die empfangende Person dafür keine Gegenleistung erbringen muss. Der wirtschaftliche Wert sowie die Art der Gegenleistung sind dabei unerheblich (vgl. Urteil 2C_904/2012 des Bundesgerichts vom 12. Februar 2013 E. 4.2.6 und Beispiel 2 im Anhang). Auch bei einer Studie oder einer Forschungsarbeit kann es sich fallweise um eine Gegenleistung handeln (vgl. Urteil 2C_715/2007 des Bundesgerichts vom 28. April 2008 E. 2.3.4, Urteil 2C_78/2014 des Bundesgerichts vom 26. Mai 2014 E. 3.1 sowie Beispiele 3 und 4 im Anhang). Eine Leistung, welche eine Art Entlöhnung im Nachhinein darstellt, ist nicht unentgeltlich (vgl. Urteil 2C_715/2007 des Bundesgerichts vom 28. April 2008 E. 2.3.4 und Urteil 2C_78/2014 des Bundesgerichts vom 26. Mai 2014 E. 3.1).

Wenn alle drei obengenannten Kriterien kumulativ erfüllt sind, handelt es sich bei der fraglichen Leistung um eine steuerfreie Unterstützungsleistung. Ist mindestens eines der Kriterien nicht erfüllt, ist die fragliche Leistung steuerbar nach Artikel 16 Absatz 1 DBG, sofern es sich nicht um eine Schenkung handelt.

4 Steuerbare Leistungen

Handelt es sich bei einer Leistung nicht um eine steuerfreie Unterstützungsleistung oder eine Schenkung, so ist grundsätzlich der gesamte Betrag als Einkommen im Sinne von Artikel 16 Absatz 1 DBG steuerbar (vgl. Urteil 2C_715/2007 des Bundesgerichts vom 28. April 2008 E. 2.4). Leistungen in Form von Geld sind zum Nominalwert zu besteuern.

Leistungen in Form von Naturalgaben (z. B. Auto, Tiere u. dgl.) werden nach ihrem Marktwert (Verkehrswert) bemessen (vgl. Art. 16 Abs. 2 DBG).

Die Leistungen sind in dem Jahr zu versteuern, in welchem sie der empfangenden Person zugeflossen sind. Sie gelten in dem Zeitpunkt als zugeflossen und erzielt, in dem die begünstigte Person einen festen Rechtsanspruch darauf erworben hat. Von den Bruttoeinkünften können die üblichen Abzüge (insbesondere für Gewinnungskosten) vorgenommen werden (vgl. Urteil 2C_715/2007 des Bundesgerichts vom 28. April 2008 E. 2.4).

5 Inkrafttreten

Das vorliegende Kreisschreiben tritt mit seiner Publikation in Kraft. Es ersetzt das Kreisschreiben Nr. 15 der ESTV vom 8. April 1953 über die steuerliche Behandlung von Preisen, Ehrengaben und Stipendien an Schriftsteller, Musiker, Maler, Bildhauer, Wissenschaftler usw. und das Kreisschreiben Nr. 8 der ESTV vom 25. Februar 1971 über die Zuwendungen des Schweizerischen Nationalfonds zur Förderung der wissenschaftlichen Forschung.

Anhang: Beispiele

Beispiel 1: Besteuerung eines Stipendiums

Sachverhalt: Der Student A erhält für sein Studium ein Stipendium des Kantons B in der Höhe von monatlich CHF 1'500.– ohne dafür eine Gegenleistung erbringen zu müssen. Er stammt aus bescheidenen wirtschaftlichen Verhältnissen und verfügt selbst weder über Einkommen noch Vermögen.

Sachverhalt Variante: Der Kanton B gewährt dem Studenten A ein Stipendium in der Höhe von monatlich CHF 3'000.–.

Frage: Wie ist das Stipendium durch den Studenten A zu versteuern?

Lösung: Beim vorliegenden Stipendium handelt es sich um eine unentgeltliche Zuwendung mit Unterstützungsabsicht. Das Vorliegen einer Bedürftigkeit ist dann anzunehmen, wenn die Höhe des Einkommens unter dem nach den Artikeln 9 und 11 ELG berechneten Existenzminimum liegt (vgl. Ziff. 3 des Kreisschreibens, Ausführungen zur Bedürftigkeit). Unter der Annahme, dass das Existenzminimum beim Studenten A bei monatlich CHF 2'200.– liegt, ist er auf das gesamte Stipendium angewiesen, um seine Lebenshaltungskosten zu bestreiten. Das Stipendium übersteigt den lebensnotwendigen Bedarf nicht und ist deshalb gemäss Artikel 24 Buchstabe d DBG eine von der direkten Bundessteuer befreite Unterstützung aus öffentlichen Mitteln.

Lösung Variante: In diesem Fall übersteigt das Stipendium den lebensnotwendigen Bedarf des Studenten A. Deshalb ist das über dem Existenzminimum (siehe vorangehende Lösung) liegende Einkommen von monatlich CHF 800.– lückenlos steuerlich zu erfassen (vgl. Ziff. 3 des Kreisschreibens, Ausführungen zur Bedürftigkeit).

Beispiel 2: Besteuerung eines Förderbeitrages im Sportbereich

Sachverhalt: Die junge Nachwuchsathletin B erhält von der Stiftung X im Jahr 2018 einen Förderbeitrag von CHF 5'000.– für die nächsten vier Jahre. Die Höhe des Beitrags hängt zu zwei Dritteln vom finanziellen Bedarf der Athletin und zu einem Drittel von anderen Bedingungen ab, wie beispielsweise der Verpflichtung, sich persönlich für die Stiftung X zu engagieren. Die Zusammenarbeit zwischen der Athletin und der Stiftung ist in einer schriftlichen Vereinbarung geregelt.

Frage: Wie ist der Förderbeitrag durch die Nachwuchsathletin B zu versteuern?

Lösung: Der Förderbeitrag der Stiftung X stellt steuerbares Einkommen im Sinne von Artikel 16 Absatz 1 DBG dar. Dies deshalb, weil die Leistung nur teilweise von den finanziellen Bedürfnissen der Nachwuchsathletin B abhängt und die Stiftung X von ihr dafür eine Gegenleistung gemäss Vereinbarung über die Zusammenarbeit verlangt (vgl. Ziff. 3 des Kreisschreibens, Ausführungen zur Unentgeltlichkeit).

Beispiel 3: Besteuerung eines Förderbeitrages im Wissenschaftsbereich

Sachverhalt: Der Doktorand C forscht zu 50 Prozent an der Universität Zürich. Die Universität bezahlt ihm dafür ein monatliches Gehalt von CHF 1'960.–, finanziert von der Stiftung Y.

Frage: Wie ist das ausgerichtete Gehalt durch den Doktoranden C zu versteuern?

Lösung: Das von der Universität Zürich ausgerichtete Gehalt stellt beim Doktoranden C gemäss Artikel 17 Absatz 1 DBG steuerbares Einkommen aus unselbständiger Erwerbstätigkeit dar.

Beispiel 4: Besteuerung eines Förderbeitrages im Wissenschaftsbereich

Sachverhalt: Die Forscherin D erhält von der Stiftung Z ein Stipendium für ihre wissenschaftliche Weiterbildung im Ausland in der Höhe von CHF 42'000.–. Sie muss das Stipendium gemäss den von der Stiftung Z festgelegten Bedingungen nutzen und ihr regelmässig Bericht über den Fortschritt ihrer Arbeit erstatten.

Frage: Wie ist das Stipendium durch die Forscherin D zu versteuern?

Lösung: Beim Stipendium der Stiftung Z handelt es sich um steuerbares Einkommen im Sinne von Artikel 16 Absatz 1 DBG. Das Bundesgericht qualifiziert die im Reglement vorgesehene regelmässige Berichterstattung über den Fortschritt der Forschungsarbeit an die Stiftung Z als Gegenleistung (vgl. Ziff. 3 des Kreisschreibens, Ausführungen zur Unentgeltlichkeit).

Berufsorientierte Aus- und Weiterbildung

Quelle: Eidg. Steuerverwaltung ESTV/HA Direkte Bundessteuer, Verrechnungssteuer, Stempelabgaben

Direkte Bundessteuer
Bern, 30. November 2017

Kreisschreiben Nr. 42

Steuerliche Behandlung der berufsorientierten Aus- und Weiterbildungskosten

Inhaltsverzeichnis

1 Gesetzliche Grundlage sowie Gegenstand des Kreisschreibens 2
2 Bildungssystem in der Schweiz 2
3 Schematischer Überblick über die Abzugsfähigkeit (Grundzüge) 4
4 Steuerliche Behandlung der berufsorientierten Aus- und Weiterbildungskosten 5
4.1 Allgemeines 5
4.2 Allgemeiner Abzug 6
4.3 Obergrenze des Abzuges 7
4.4 Berufsorientierte Aus- und Weiterbildung nach Abschluss auf Sekundarstufe II 7
4.5 Keine berufsorientierte Aus- und Weiterbildung 8
4.5.1 Beratungsleistungen, Berufs-, Studien- und Karriereberatung, Coaching, Training ... 8
4.5.2 Anlässe im Bereich Unterhaltung, Erlebnis, Geselligkeit, Sport und Hobby 8
4.6 **Abzugsmöglichkeiten für Arbeitgeber und selbständig Erwerbstätige** 8
4.7 **Vom Arbeitgeber bezahlte berufsorientierte Aus- und Weiterbildungskosten** ... 9
4.7.1 Vom Arbeitgeber an den Arbeitnehmer oder direkt an das Bildungsinstitut geleistete Zahlungen an die berufsorientierte Aus- und Weiterbildung 9
4.7.2 Rückzahlung von ursprünglich vom Arbeitgeber getragenen berufsorientierten Aus- und Weiterbildungskosten durch den Arbeitnehmer 9
4.7.3 Vergütung von ursprünglich vom Arbeitnehmer getragenen berufsorientierten Aus- und Weiterbildungskosten durch den Arbeitgeber 10
4.8 **Leistungen des neuen Arbeitgebers bei Stellenantritt für bereits geleistete berufsorientierte Aus- und Weiterbildungskosten** 11
4.9 **Zahlungen des Staatssekretariats für Bildung, Forschung und Innovation (SBFI) im Zusammenhang mit der Subjektfinanzierung von vorbereitenden Kursen auf eidgenössische Prüfungen** 12
5 Quellensteuerpflichtige Personen 12

1 Gesetzliche Grundlage sowie Gegenstand des Kreisschreibens

Mit dem Bundesgesetz vom 27. September 2013 über die steuerliche Behandlung der berufsorientierten Aus- und Weiterbildungskosten wurde die steuerliche Abzugsfähigkeit der Kosten für die Aus- und Weiterbildung neu geregelt (vgl. Amtliche Sammlung des Bundesrechts [AS] Jahrgang 2014, Seite 1105 ff. sowie Bundesblatt [BBl] Jahrgang 2011, Seite 2607 ff.). Gestützt darauf sind alle berufsorientierten Aus- und Weiterbildungskosten nach dem ersten Abschluss auf der Sekundarstufe II abzugsfähig. Liegt kein erster Abschluss auf der Sekundarstufe II vor, sind alle berufsorientierten Aus- und Weiterbildungskosten ab dem vollendeten 20. Lebensjahr abzugsfähig, sofern es sich dabei nicht um die Ausbildungskosten bis und mit dem ersten Abschluss auf der Sekundarstufe II handelt.

Der Abzug gemäss Artikel 33 Absatz 1 Buchstabe j des Bundesgesetzes vom 14. Dezember 1990 über die direkte Bundessteuer (DBG, SR 642.11) ist auf höchstens 12 000 Franken pro Person und Steuerperiode beschränkt.

Nicht abzugsfähig sind Kosten für Aus- und Weiterbildungen, die nicht berufsorientiert sind (Liebhaberei, Hobby).

Der Bundesrat setzte das Bundesgesetz über die steuerliche Behandlung der berufsorientierten Aus- und Weiterbildungskosten per 1. Januar 2016 in Kraft (vgl. AS 2014 1107). Damit gelten neu die Artikel 17 Absatz 1bis, Artikel 27 Absatz 2 Buchstabe e, Artikel 33 Absatz 1 Buchstabe j und Artikel 59 Absatz 1 Buchstabe e DBG. Der Artikel 26 Absatz 1 Buchstabe c DBG wurde geändert, und die Artikel 26 Absatz 1 Buchstabe d, Artikel 34 Buchstabe b DBG und Artikel 8 der Berufskostenverordnung wurden aufgehoben.

Das vorliegende Kreisschreiben legt die neue gesetzliche Regelung dar und regelt gewisse Einzelfragen.

Mit dem vorliegenden Kreisschreiben wird gleichzeitig die Ziffer 3 des Kreisschreibens Nr. 26 der Eidgenössischen Steuerverwaltung vom 22. September 1995 betreffend den Abzug von Berufskosten der unselbständigen Erwerbstätigkeit hinfällig.

2 Bildungssystem in der Schweiz

Der neue Abzug orientiert sich am schweizerischen Bildungssystem und übernimmt insbesondere dessen Begrifflichkeit. Das Bildungssystem in der Schweiz umfasst grundsätzlich die folgenden Stufen bzw. Bereiche (vgl. dazu die Ausführungen des Schweizer Medieninstituts für Bildung und Kultur im Auftrag des Staatssekretariats für Bildung, Forschung und Innovation und der Schweizerischen Konferenz der kantonalen Erziehungsdirektoren):

– Primarstufe: Die Primarstufe – inklusive zwei Jahre Kindergarten oder die ersten beiden Jahre einer Eingangsstufe – umfasst acht Jahre. Die Kantone mit ihren Gemeinden sind zuständig für die Organisation und Finanzierung der Primarstufe. Träger der Schulen sind die Gemeinden. Der Schulbesuch ist für alle Kinder obligatorisch und kostenlos. Beim Eintritt in die Primarstufe sind die Kinder in der Regel zwischen vier und fünf Jahre alt.

– Sekundarstufe I: Die Sekundarstufe I folgt auf die Primarstufe und dauert in der Regel drei Jahre (neuntes bis elftes Schuljahr). Die Sekundarstufe I vermittelt eine grundlegende Allgemeinbildung und bereitet auf die berufliche Grundbildung oder auf den Übertritt an allgemeinbildende Schulen der Sekundarstufe II vor. Die Kantone mit ihren Gemeinden sind zuständig für die Organisation und Finanzierung der Sekundarstufe I. Die Gemeinden, teilweise auch die Kantone, sind Träger dieser Schulen. Der Schulbesuch ist obligatorisch und kostenlos. Die Schülerinnen und Schüler der Sekundarstufe I sind in der Regel zwischen 12 und 15 Jahre alt.

– Sekundarstufe II: Nach der obligatorischen Schule treten die Jugendlichen in die Sekundarstufe II über. Unterteilen lässt sich die Sekundarstufe II in allgemeinbildende und in berufsbildende

Ausbildungsgänge. Allgemeinbildende Ausbildungsgänge bieten die gymnasialen Maturitätsschulen (Gymnasien) und Fachmittelschulen (FMS) an. Die berufliche Grundbildung kann in Lehrbetrieben mit ergänzendem Unterricht in den Berufsfachschulen und überbetrieblichen Kursen oder in einem schulischen Vollzeitangebot wie Lehrwerkstätten oder beruflichen Vollzeitschulen absolviert werden. Es können folgende Ausbildungsgänge der beruflichen Grundbildung unterschieden werden: Zweijährige berufliche Grundbildung mit einem eidgenössischen Berufsattest (früher: Anlehre), drei- oder vierjährige berufliche Grundbildung mit eidgenössischem Fähigkeitszeugnis, Berufsmaturitätsbildung ergänzend zur drei- oder vierjährigen beruflichen Grundbildung. In der nachfolgenden Grafik wird die berufliche Grundbildung zusammenfassend als „Berufliche Grundausbildung" bezeichnet.

– Tertiärstufe: Die Tertiärstufe umfasst Ausbildungen im Rahmen der höheren Berufsbildung und im Rahmen der Hochschulen: Die höhere Berufsbildung umfasst die eidgenössischen Berufsprüfungen, eidgenössische höhere Fachprüfungen sowie die höheren Fachschulen (HF). Zu den Hochschulen zählen die universitären Hochschulen (kantonale universitäre Hochschulen sowie Eidgenössische Technische Hochschulen [ETH]), die Fachhochschulen (FH), einschliesslich Kunst- und Musikhochschulen, sowie die Pädagogischen Hochschulen (PH).

Graphischer Überblick über das schweizerische Bildungswesen (vgl. auch Schweizer Medieninstitut für Bildung und Kultur; http://bildungssystem.educa.ch/de):

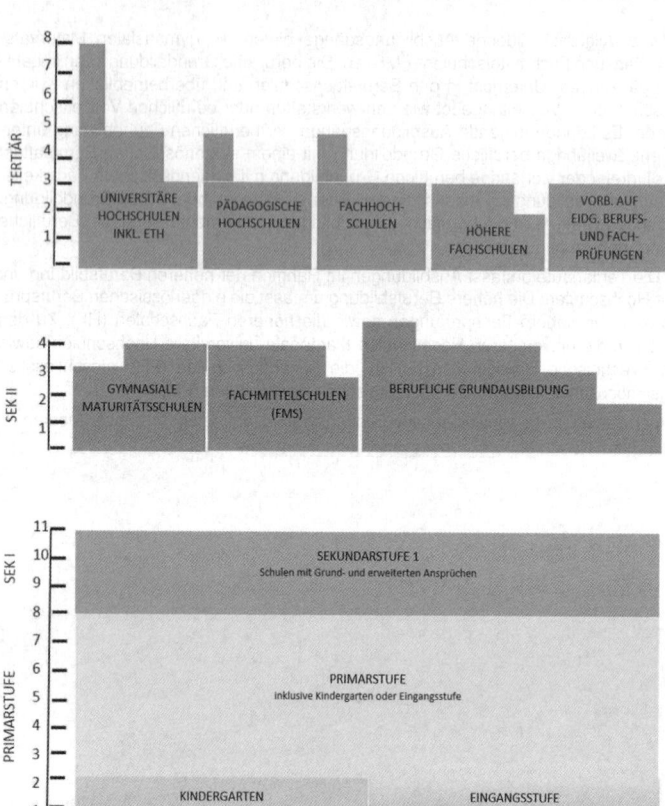

3 Schematischer Überblick über die Abzugsfähigkeit (Grundzüge)

	Abzugsfähig gemäss Artikel 33 Absatz 1 Buchstabe j DBG				
	bis 31. Dezember 2015	ab 1. Januar 2016			
		über 20 Jahre alt, mit erstem Sek II-Abschluss	über 20 Jahre alt, ohne ersten Sek II-Abschluss	unter 20 Jahre alt, mit erstem Sek II-Abschluss	unter 20 Jahre alt, ohne ersten Sek II-Abschluss
Ausbildung bis und mit erstem Abschluss auf	Nein		Nein		Nein

der Sekundarstufe II		▓			▓
Ausbildung für weiteren Abschluss auf Sekundarstufe II	Nein	Ja	▓	Ja	▓
Ausbildung ab Tertiärstufe	Nein	Ja	▓	Ja	▓
Weiterbildung (z.B. zur besseren Berufsausübung, zur Anpassung an neue Anforderungen)	Ja	Ja	Ja	Ja	Nein
Umschulung in eine höhere berufliche Stellung oder in einen neuen Beruf	Nein	Ja	Ja, ausser Ausbildungskosten bis zum ersten Sek II-Abschluss	Ja	Nein
Wiedereinstieg	Ja	Ja	Ja, ausser Ausbildungskosten bis zum ersten Sek II-Abschluss	Ja	Nein
Liebhaberei, Hobby	Nein	Nein	Nein	Nein	Nein

grau = nicht mögliche Sachverhaltskonstellation

4 Steuerliche Behandlung der berufsorientierten Aus- und Weiterbildungskosten

4.1 Allgemeines

Artikel 33 Absatz 1 Buchstabe j DBG trat am 1. Januar 2016 in Kraft und lautet folgendermassen:

> „Von den Einkünften werden abgezogen:
>
> j. die Kosten der berufsorientierten Aus- und Weiterbildung, einschliesslich der Umschulungskosten, bis zum Gesamtbetrag von 12 000 Franken, sofern:
>
> 1. ein erster Abschluss auf der Sekundarstufe II vorliegt, oder
>
> 2. das 20. Lebensjahr vollendet ist und es sich nicht um die
>
> Ausbildungskosten bis zum ersten Abschluss auf der Sekundarstufe II handelt."

Nach dem Wortlaut dieser Bestimmung kann bei Vorliegen eines Abschlusses auf der Sekundarstufe II ein allgemeiner Abzug für alle berufsorientierten Aus- und Weiterbildungskosten geltend gemacht werden. Dieser umfasst die Kosten für die Weiterbildung im bisherigen Beruf, für die Umschulung, für den Wiedereinstieg und für den Berufsaufstieg.

Ab dem vollendeten 20. Lebensjahr können steuerpflichtige Personen auch ohne einen Abschluss auf der Sekundarstufe II ihre anfallenden berufsorientierten Aus- und Weiterbildungskosten abziehen, sofern diese nicht im Hinblick auf den ersten Abschluss auf der Sekundarstufe II aufgewendet werden.

Mit dieser schematischen Abgrenzung, die dem Wortlaut von Artikel 33 Absatz 1 Buchstabe j DBG zugrunde liegt, können sämtliche berufsorientierten Aus- und Weiterbildungskosten von Bildungsaktivitäten sowohl auf der Sekundarstufe II (nach dem ersten Abschluss auf derselben) und der Tertiärstufe als auch ausserhalb des formalen Bildungssystems in Abzug gebracht werden. Unter formaler Bildung wird gemeinhin die institutionalisierte, kontinuierliche Aus- und Weiterbildung in den staatlichen Bildungsinstitutionen (wie Schule, Universität, Institutionen der Berufsbildung) verstanden. Sie ist ein strukturierter, hierarchisch gegliederter Prozess und gekennzeichnet durch klare Lernziele, Lehrpläne, Lernsettings und Zertifizierungen.

Der Abzug ist bei Altersrentnerinnen und Altersrentnern nur möglich, falls diese eine aktuelle oder zukünftige Erwerbstätigkeit glaubhaft machen.

Die Kosten bis und mit dem ersten Abschluss auf der Sekundarstufe II gelten als Lebenshaltungskosten und sind nicht abzugsfähig. Ebenso sind sämtliche berufsorientierten Aus- und Weiterbildungskosten, die vor Vollendung des 20. Lebensjahres anfallen, nicht abzugsfähig, sofern kein Abschluss auf Sekundarstufe II vorliegt.

Beispiele:

- *Der ungelernte, über 20jährige Automechaniker kann zwar sämtliche Kosten für Kurse, die dem Erwerb vertiefter Kenntnisse bei der Reparatur von bestimmten Automarken dienen, bis zum Höchstbetrag von 12 000 Franken pro Steuerperiode von seinen steuerbaren Einkünften in Abzug bringen. Sollte er sich aber im Alter von 30 Jahren entscheiden, den Lehrabschluss nachzuholen, wird er die dadurch verursachten Kosten steuerlich nicht geltend machen können.*

- *Eine Studentin finanziert sich ihr Studium an der Universität mit einer Teilzeitstelle. Sie kommt persönlich für die Semestergebühren auf und kauft die für das Studium notwendigen Bücher. Zusätzlich wird sie für den Lebensunterhalt von ihren Eltern mit einem monatlichen Beitrag unterstützt. Die Auslagen für das Studium (z.B. Semestergebühren, Bücherkosten) kann die Studentin im Rahmen ihres Einkommens bis zum festgelegten Höchstbetrag steuerlich als Aus- und Weiterbildungskosten in Abzug bringen. Die Eltern ihrerseits können keinen Aus- und Weiterbildungskostenabzug für ihre Tochter geltend machen. Allenfalls steht ihnen der Kinder- oder der Unterstützungsabzug für ihre Tochter zu.*

- *Tritt eine Person mit 16 Jahren eine kaufmännische Lehre bei einer international tätigen Bank an, die in der Regel drei Jahre dauert, kann sie die Kosten für einen einmonatigen Sprachaufenthalt in England, welchen sie in den Sommerferien am Ende des zweiten Lehrjahres absolviert, steuerlich nicht zum Abzug bringen. Wenn sie allerdings denselben Sprachkurs nach dem Lehrabschluss besucht, sind die Kosten – sofern sie berufsorientiert sind – steuerlich abzugsfähig, auch wenn sie das 20. Lebensjahr noch nicht vollendet hat.*

4.2 Allgemeiner Abzug

Der Abzug für die Aus- und Weiterbildungskosten gemäss Artikel 33 Absatz 1 Buchstabe j DBG stellt einen allgemeinen Abzug dar, mit dem den tatsächlichen Aufwendungen der steuerpflichtigen Person bis zu einem Gesamtbetrag von höchstens 12 000 Franken Rechnung getragen wird. Der Abzug ist kein Pauschalabzug. Bei Ehegatten, die in rechtlich und tatsächlich ungetrennter Ehe leben, und bei Personen, die in einer eingetragenen Partnerschaft leben, steht dieser Abzug jedem Ehegatten, jeder eingetragenen Partnerin und jedem eingetragenen Partner zu. Aufgrund dieser gesetzlichen Konzeption ist für dessen Geltendmachung kein Zusammenhang mit Erwerbseinkünften erforderlich. Dies bedeutet, dass der Abzug auch dann geltend gemacht werden kann, wenn in der entsprechenden Steuerperiode kein Erwerbseinkommen erzielt wurde. Es ist zudem darauf hinzuweisen, dass die Verordnung des Eidgenössischen Finanzdepartements vom 10. Februar 1993 über den Abzug der Berufskosten unselbstständig Erwerbstätiger bei der direkten Bundessteuer (SR 642.118.1; Berufskostenverordnung) daher keine direkte Anwendung findet. Auch bei einer unterjährigen Steuerpflicht können effektive Aufwendungen bis zum maximal zulässigen Betrag von 12 000 Franken in Abzug gebracht werden. Für die Berechnung des satzbestimmenden Einkommens sind die effektiven Aufwendungen nicht umzurechnen.

Die steuerpflichtige Person kann allerdings nur diejenigen Kosten abziehen, die sie selbst für ihre berufsorientierte Aus- oder Weiterbildung leisten muss.

4.3 Obergrenze des Abzuges

Der zulässige Abzug ist auf einen Gesamtbetrag von höchstens 12 000 Franken pro Steuerperiode begrenzt (vgl. Art. 33 Abs. 1 Bst. j DBG).

Der jeweilige Maximalbetrag kann von jeder steuerpflichtigen Person pro Steuerperiode für ihre selbst getragenen Aus- und Weiterbildungskosten geltend gemacht werden. Der genannte Maximalabzug steht somit sowohl jedem Ehegatten als auch jedem eingetragenen Partner, resp. jeder eingetragenen Partnerin einzeln zu. Die Begrenzung der abzugsfähigen Kosten bezieht sich dabei nicht auf die Kosten des einzelnen Lehrganges, sondern auf die während der Steuerperiode gesamthaft für die Aus- und Weiterbildung verwendeten Mittel.

Allfällige weitere direkt oder indirekt mit diesem Abzug zusammenhängende Kosten – etwa für Fahrten zwischen dem Wohn- respektive Arbeitsort an den Ort der Weiterbildung – können ausschliesslich im Rahmen des jährlich zulässigen Gesamtbetrags geltend gemacht werden, sofern es sich um notwendige Kosten handelt. Nicht notwendige Kosten sind der privaten Lebenshaltung zuzuordnen und berechtigen nicht zum Abzug. Allenfalls muss eine anteilsmässige Aufteilung der geltend gemachten Kosten vorgenommen werden.

4.4 Berufsorientierte Aus- und Weiterbildung nach Abschluss auf Sekundarstufe II

Berufsorientierte Aus- und Weiterbildung beinhaltet, durch organisiertes Lernen bestehende berufliche Qualifikationen zu erneuern, zu vertiefen und zu erweitern oder neue berufliche Qualifikationen zu erwerben, um damit die berufliche Flexibilität zu unterstützen. Dabei ist es unerheblich, ob die berufsorientierte Aus- und Weiterbildung zu einer selbstständigen oder unselbstständigen Erwerbstätigkeit führt. Es spielt auch keine Rolle, ob die berufsorientierte Aus- oder Weiterbildung im direkten Zusammenhang mit der Erzielung des gegenwärtigen Erwerbseinkommens steht. Jedoch verlangt das Kriterium der Berufsorientierung eine gewisse Qualität der Wissensvermittlung und der methodischen Vorgehensweise, um als berufsorientiert im Sinne der direkten Bundessteuer zu gelten.

Um die anfallenden Kosten als berufsorientierte Aus- und Weiterbildungskosten steuerlich in Abzug bringen zu können, ist es nicht erforderlich, den Abschluss des entsprechenden Bildungslehrganges auch tatsächlich zu erwerben. Sind die Voraussetzungen der Berufsorientierung erfüllt, genügt es, dass der steuerpflichtigen Person Kosten anfallen.

Als berufsorientierte Aus- und Weiterbildungen gelten dabei insbesondere Kurse, Seminare, Kongresse und andere Veranstaltungen wissenschaftlicher oder bildender Art, die entweder einen direkten Bezug zur aktuellen Berufsausübung haben oder im Hinblick auf eine beabsichtigte zukünftige Berufsausübung besucht werden.

4.5 Keine berufsorientierte Aus- und Weiterbildung

Damit eine Aus- und Weiterbildung einen berufsorientierten Charakter hat, muss ihr in erster Linie verfolgtes Ziel die Vermittlung von beruflichem Wissen im Sinne von Ziffer 4.4 hiervor sein. Berufsorientierte Aus- und Weiterbildungen sind deshalb von denjenigen Bildungsveranstaltungen abzugrenzen, deren primäres Ziel nicht die berufliche Wissensvermittlung ist.

4.5.1 Beratungsleistungen, Berufs-, Studien- und Karriereberatung, Coaching, Training

Im Gegensatz zur berufsorientierten Aus- und Weiterbildung erschöpft sich die Beratungsleistung nicht in der Vermittlung von Wissen. Vielmehr liegt das in erster Linie verfolgte Ziel in der Lösung eines konkreten Problems. Oft beinhaltet eine Beratungsleistung sowohl Elemente der Schulung als auch Elemente der Beratung. Die Beurteilung, ob eine solche Dienstleistung als Bildungsleistung oder als Beratung zu qualifizieren ist, wird aufgrund des abgeschlossenen Vertrags vorgenommen. Überwiegt der Beratungscharakter, sind die angefallenen Kosten gesamthaft nicht als eine berufsorientierte Aus- und Weiterbildung im Sinne von Artikel 33 Absatz 1 Buchstabe j DBG zu qualifizieren.

Eine Beratungsleistung, die keine berufsorientierte Aus- und Weiterbildung darstellt, liegt insbesondere dann vor, wenn das vertragliche Verhältnis individuell auf den Auftraggeber zugeschnitten ist, auf einer vorgängigen Analyse der entsprechenden Situation beim Auftraggeber beruht und darin besteht, konkrete Problemlösungsvorschläge auszuarbeiten sowie eventuell umzusetzen.

Deshalb stellen Berufs-, Studien- und Karriereberatungen, Coaching und Training grundsätzlich keine berufsorientierten Aus- und Weiterbildungen dar.

4.5.2 Anlässe im Bereich Unterhaltung, Erlebnis, Geselligkeit, Sport und Hobby

Anlässe im Bereich Unterhaltung, Vergnügung, Freizeitbeschäftigung, Geselligkeit, Entspannung, gemeinsame Ausübung einer Tätigkeit, sportliche Betätigung usw. stellen selbst dann keine berufsorientierten Aus- und Weiterbildungen im Sinne von Artikel 33 Absatz 1 Buchstabe j DBG dar, wenn sie noch ein (untergeordnetes) Bildungselement enthalten. Als Beispiele können genannt werden:

Kurse, Vorträge, Referate, Seminare, Symposien, Kongresse, Workshops und andere Veranstaltungen mit überwiegendem Hobbycharakter wie Handarbeitskurse, Garten- und Handwerkskurse, Astrologie, Feng-Shui, Weinseminare, Riverrafting, Aktivferien (Malferien, Reitferien, Wanderwochen usw.), geführte Berg-, Ski- oder Biketouren, Aktivitäten zur Förderung des Teamgeistes, Fallschirmsprünge oder Tauchgänge, Sportkurse (Tennis, Karate, Reiten, Tauchen etc.), Schnupperflüge, Gymnastik, Aerobic, Pump, (Nordic-)Walking, Yogakurse, Bodybuilding, Krafttraining usw., aber auch Fahrstunden, Erste Hilfe Kurse, Nothilfekurse sowie Reanimationskurse, usw.; Sportkurse, die nicht in erster Linie der Bildung, sondern der Fitness, dem Training, der sportlichen Ertüchtigung / Sportanimation oder der Gesundheit dienen; Instruktionen, die überwiegend der Freizeitbeschäftigung dienen, usw.

4.6 Abzugsmöglichkeiten für Arbeitgeber und selbständig Erwerbstätige

Arbeitgeber können nach Artikel 27 Absatz 2 Buchstabe e DBG bzw. Artikel 59 Absatz 1 Buchstabe e DBG die von ihnen getragenen Kosten der berufsorientierten Aus- und Weiterbildung für das eigene Personal steuerlich zum Abzug bringen. Arbeitgeber, die Kosten der betriebsinternen Aus- und Weiterbildung für ihr eigenes Personal tragen, können diese nach den ordentlichen Bestimmungen steuerlich ebenfalls geltend machen. Gleiches gilt grundsätzlich auch für Leistungen des neuen Arbeitgebers bei Stellenantritt für Kosten von bereits abgeschlossenen berufsorientierten Aus- und Weiterbildungen der steuerpflichtigen Person. Qualifizieren Kosten einer Aus- und Weiterbildung bei der steuerpflichtigen natürlichen Person nicht als Kosten der berufsorientierten Aus- und Weiterbildung, können sie beim Arbeitgeber dennoch geschäftsmässig begründeten Aufwand darstellen. Die Qualifikation als geldwerte Leistung an Nahestehende bleibt vorbehalten.

Arbeitgeber, die Kosten der berufsorientierten Aus- und Weiterbildung für ihr eigenes Personal tragen, haben – falls die Rechnung auf den Arbeitnehmer lautet – die übernommenen Kosten im Lohnausweis in Ziffer 13.3 zu bescheinigen. Lautet die Rechnung auf den Arbeitgeber, müssen die übernommenen Kosten im Lohnausweis nicht bescheinigt werden. Arbeitgeber, die betriebsinterne Aus- und Weiterbildungen für ihr eigenes Personal durchführen und finanzieren, müssen die diesbezüglich entstandenen Kosten im Lohnausweis ebenfalls nicht bescheinigen.

Selbständig erwerbstätige steuerpflichtige Personen können auch ihre eigenen berufsorientierten Aus- und Weiterbildungskosten – sofern diese geschäftsmässig begründeten Aufwand darstellen – im Jahr des Aufwands nach Artikel 27 Absatz 1 DBG steuerlich zum Abzug bringen.

Die selbständig erwerbstätige steuerpflichtige Person verfügt zudem über die Möglichkeit, die von ihr zusätzlich getragenen Kosten der berufsorientierten Aus- und Weiterbildung nach Artikel 33 Absatz 1 Buchstabe j DBG zum Abzug zu bringen.

4.7 Vom Arbeitgeber bezahlte berufsorientierte Aus- und Weiterbildungskosten

Grundsätzlich stellen geldwerte Vorteile, welche vom Arbeitgeber an den Arbeitnehmer fliessen, gemäss Artikel 17 Absatz 1 DBG steuerbares Einkommen dar:

> „Steuerbar sind alle Einkünfte aus privatrechtlichem oder öffentlich-rechtlichem Arbeitsverhältnis mit Einschluss der Nebeneinkünfte wie Entschädigungen für Sonderleistungen, Provisionen, Zulagen, Dienstalters- und Jubiläumsgeschenke, Gratifikationen, Trinkgelder, Tantiemen, geldwerte Vorteile aus Mitarbeiterbeteiligungen und andere geldwerte Vorteile."

Eine Ausnahme besteht nur für die vom Arbeitgeber bezahlten Kosten der berufsorientierten Aus- und Weiterbildung, die aufgrund der Gesetzesbestimmung in Artikel 17 Absatz 1bis DBG beim Arbeitnehmer keine steuerbaren Einkünfte darstellen:

> „Die vom Arbeitgeber getragenen Kosten der berufsorientierten Aus- und Weiterbildung einschliesslich Umschulungskosten, stellen unabhängig von deren Höhe keinen anderen geldwerten Vorteil im Sinne von Absatz 1 dar."

4.7.1 Vom Arbeitgeber an den Arbeitnehmer oder direkt an das Bildungsinstitut geleistete Zahlungen an die berufsorientierte Aus- und Weiterbildung

Ist der Zusammenhang mit einer berufsorientierten Aus- und Weiterbildung des Arbeitnehmers klar erstellt und belegt, qualifizieren solche Leistungen des Arbeitgebers nach Artikel 17 Absatz 1bis DBG nicht als steuerbares Einkommen. Dies gilt unabhängig davon, ob die Leistung des Arbeitgebers an den Arbeitnehmer oder an das Bildungsinstitut erfolgt.

Lautet dabei die Rechnung auf den Arbeitnehmer, bescheinigt der Arbeitgeber diese Vergütung im Lohnausweis in Ziffer 13.3 (vgl. Ziff. 4.6).

4.7.2 Rückzahlung von ursprünglich vom Arbeitgeber getragenen berufsorientierten Aus- und Weiterbildungskosten durch den Arbeitnehmer

Muss der Arbeitnehmer die vom Arbeitgeber zunächst übernommenen berufsorientierten Aus- und Weiterbildungskosten (ganz oder teilweise) an diesen zurückbezahlen (z.B. aufgrund einer Rückzahlungsklausel in der Ausbildungsvereinbarung bei vorzeitigem Stellenwechsel), kann er dafür im Zeitpunkt der Rückzahlung den Abzug gemäss Artikel 33 Absatz 1 Buchstabe j DBG geltend machen. Wenn der Arbeitgeber die berufsorientierten Aus- und Weiterbildungskosten über mehrere Kalenderjahre übernommen hat, kann der Arbeitnehmer im Jahr der Rückzahlung einen Abzug gemäss Artikel 33 Absatz 1 Buchstabe j DBG bis höchstens 12 000 Franken pro Kalenderjahr, in dem die entsprechenden Kosten angefallen sind, geltend machen.

4.7.3 Vergütung von ursprünglich vom Arbeitnehmer getragenen berufsorientierten Aus- und Weiterbildungskosten durch den Arbeitgeber

Der Arbeitnehmer kann gemäss Artikel 33 Absatz 1 Buchstabe j DBG die selbst getragenen berufsorientierten Aus- und Weiterbildungskosten im Zeitpunkt der Zahlung geltend machen.

Werden die vom Arbeitnehmer bereits in Abzug gebrachten berufsorientierten Aus- und Weiterbildungskosten in einer späteren Steuerperiode vom Arbeitgeber (teilweise) vergütet, hat der Arbeitnehmer die Kosten im entsprechenden Umfang letztlich nicht getragen. Aufgrund von Artikel 17 Absatz 1bis DBG i.V.m. Artikel 33 Absatz 1 Buchstabe j DBG sind dem Arbeitnehmer deshalb die von ihm in der Vorperiode bzw. den Vorperioden in Abzug gebrachten berufsorientierten Aus- und Weiterbildungskosten, die ihm der Arbeitgeber nun nachträglich entschädigt hat, im Jahr der Rückvergütung als steuerbares Einkommen im Sinne von Artikel 16 Absatz 1 DBG aufzurechnen. (Beispiel 1). Berufsorientierte Aus- und Weiterbildungskosten, welche aufgrund der Obergrenze von maximal 12 000 Franken in der Vorperiode bzw. den Vorperioden nicht in Abzug gebracht werden konnten, können berücksichtigt werden (Beispiel 2).

Wird dem Arbeitnehmer weniger als die von ihm in der Vorperiode bzw. den Vorperioden in Abzug gebrachten berufsorientierten Aus- und Weiterbildungskosten vergütet, so fliesst ihm lediglich in der Höhe der Rückvergütung steuerbares Einkommen zu (Beispiel 3).

Der Arbeitgeber hat die Rückvergütungen im Lohnausweis in Ziffer 13.3 als Beiträge des Arbeitgebers für die berufsorientierte Aus- und Weiterbildung zu bescheinigen.

Beispiele:

Beispiel 1	N1	N2	N3	N4
ARBEITNEHMER/IN				
Angefallene Kosten	12'000	10'000	8'000	
Abzug	12'000	10'000	8'000	30'000 * steuerbar Art. 16 Abs. 1 DBG
ARBEITGEBER/IN				Zahlung 30'000

* CHF 30'000 sind als steuerbares Einkommen im Sinne von Artikel 16 Absatz 1 DBG aufzurechnen, da die berufsorientierten Aus- und Weiterbildungskosten in diesem Umfang nicht (mehr) selbst getragen sind.

Beispiel 2	N1	N2	N3	N4
ARBEITNEHMER/IN				
Angefallene Kosten	20'000	10'000	8'000	
Abzug	12'000 (8'000)	10'000	8'000	19'000 * (27'000 - 8'000) steuerbar Art. 16 Abs. 1 DBG
ARBEITGEBER/IN				Zahlung 27'000

* CHF 19'000 (nicht mehr selbst getragene Kosten von CHF 27'000 abzüglich noch nicht geltend gemachte selbst getragene Kosten von CHF 8'000) sind als steuerbares Einkommen im Sinne von Artikel 16 Absatz 1 DBG aufzurechnen, da die berufsorientierten Aus- und Weiterbildungskosten in diesem Umfang nicht (mehr) selbst getragen sind.

Beispiel 3	N1	N2	N3	N4
ARBEITNEHMER/IN				
Angefallene Kosten	12'000	10'000	8'000	
Abzug	12'000	10'000	8'000	20'000 * steuerbar Art. 16 Abs. 1 DBG
ARBEITGEBER/IN				Zahlung 20'000

* CHF 20'000 (insgesamt selbst getragene Kosten von CHF 30'000 abzüglich weiterhin selbst getragene Kosten von CHF 10'000) sind als steuerbares Einkommen im Sinne von Artikel 16 Absatz 1 DBG aufzurechnen, da die berufsorientierten Aus- und Weiterbildungskosten in diesem Umfang nicht (mehr) selbst getragen sind.

4.8 Leistungen des neuen Arbeitgebers bei Stellenantritt für bereits geleistete berufsorientierte Aus- und Weiterbildungskosten

Entschädigungen des neuen Arbeitgebers für Kosten von bereits abgeschlossenen berufsorientierten Aus- und Weiterbildungen stellen grundsätzlich steuerbare Einkünfte gemäss Artikel 17 Absatz 1 DBG dar. Dies gilt unabhängig davon, ob der neue Arbeitgeber vom Arbeitnehmer direkt geleistete Kosten entschädigt oder allfällige aufgrund eines Ausbildungsvertrags bestehende Rückzahlungsverpflichtungen des Arbeitnehmers ausgleicht. Für Entschädigungen des neuen Arbeitgebers für Kosten von noch andauernden berufsorientierten Aus- und Weiterbildungen gelten die Ausführungen gemäss Ziffer 4.7.3 sinngemäss.

4.9 Zahlungen des Staatssekretariats für Bildung, Forschung und Innovation (SBFI) im Zusammenhang mit der Subjektfinanzierung von vorbereitenden Kursen auf eidgenössische Prüfungen

Der Bund kann nach dem 1. Januar 2018 an Absolventinnen und Absolventen von Kursen, die auf eidgenössische Berufsprüfungen oder eidgenössische höhere Fachprüfungen vorbereiten, Beiträge leisten, sofern dafür die entsprechenden Voraussetzungen erfüllt sind. Entsprechende Zahlungen des SBFI stellen für den Kursteilnehmer steuerbares Einkommen gemäss Artikel 16 Absatz 1 DBG dar. Das SBFI meldet den kantonalen Steuerbehörden die Höhe der gewährten Beiträge.

5 Quellensteuerpflichtige Personen

Quellensteuerpflichtige Personen können den Abzug für berufsorientierte Aus- und Weiterbildungskosten im Rahmen einer nachträglichen Korrektur geltend machen, sofern die Voraussetzungen dafür erfüllt sind. Der Korrekturantrag ist jeweils bis am 31. März des Folgejahres bei der zuständigen kantonalen Steuerbehörde einzureichen (vgl. Art. 137 DBG).

Freizügigkeit in der beruflichen Vorsorge

Quelle: Eidg. Steuerverwaltung ESTV/HA Direkte Bundessteuer, Verrechnungssteuer, Stempelabgaben

Direkte Bundessteuer

Bern, 18. September 2014

Kreisschreiben Nr. 41

Freizügigkeit in der beruflichen Alters-, Hinterlassenen- und Invalidenvorsorge

Inhaltsverzeichnis

1.	Allgemeines und Inkrafttreten	1
2.	Freizügigkeit	2
2.1.	*Zweck und Inhalt*	*2*
2.2.	*Steuerliche Auswirkungen*	*3*
2.2.1.	Bei Übertrag der Austrittsleistung auf eine neue Vorsorgeeinrichtung oder auf eine Freizügigkeitseinrichtung	3
2.2.2	Einkauf von Beitragsjahren in die Vorsorgeeinrichtung bei bestehenden Freizügigkeitspolicen und -konti	3
2.2.3	Einkauf von Beitragsjahren nach Wiederaufnahme einer Erwerbstätigkeit im Rentenalter	3
2.2.4	Bei Auszahlung des Vorsorgeguthabens	4
2.2.5	Auszahlung und Einkauf innert 12 Monaten	5
2.2.6	Aufnahme einer selbständigen Erwerbstätigkeit und Investitionen in den eigenen Betrieb	5
2.2.7	Unzulässige Auszahlung des Vorsorgeguthabens	5

1. Allgemeines und Inkrafttreten

Im vorliegenden Kreisschreiben werden steuerliche Fragen im Zusammenhang mit dem Bundesgesetz vom 17. Dezember 1993 über die Freizügigkeit in der beruflichen Alters-, Hinterlassenen- und Invalidenvorsorge (Freizügigkeitsgesetz, [FZG]; SR 831.42) und der entsprechenden Ausführungsverordnung (Verordnung vom 3. Oktober 1994 über die Freizügigkeit in der beruflichen Alters-, Hinterlassenen- und Invalidenvorsorge [Freizügigkeitsverordnung FZV; SR 831.425]) erläutert. Die Ausführungen zu Ehegatten gelten in analoger Weise jeweils auch für Partner oder Partnerinnen einer eingetragener Partnerschaft (Art. 22d FZG).

Verschiedene Gesetzesänderungen sowie die Rechtsprechung haben eine Überarbeitung des Kreisschreibens Nr. 22 der Eidgenössischen Steuerverwaltung (ESTV) vom 4. Mai 1995 nötig gemacht. Das vorliegende Kreisschreiben ersetzt somit das Kreisschreiben Nr. 22 der ESTV vom 4. Mai 1995 über die Freizügigkeit in der beruflichen Alters-, Hinterlassenen- und Invalidenvorsorge und tritt mit seiner Publikation in Kraft.

2. Freizügigkeit

2.1. Zweck und Inhalt

Das Freizügigkeitsgesetz regelt im Rahmen der beruflichen Vorsorge die Ansprüche der versicherten Person im Freizügigkeitsfall. Der Freizügigkeitsfall tritt ein, wenn die versicherte Person die Vorsorgeeinrichtung verlässt, bevor ein Vorsorgefall eingetreten ist (Art. 2 Abs. 1 FZG). In diesem Fall hat die versicherte Person Anspruch auf eine Austrittsleistung. Die Freizügigkeitsverordnung regelt insbesondere den Erhalt des Vorsorgeschutzes, wenn die versicherte Person aus der bisherigen Vorsorgeeinrichtung austritt und nicht unmittelbar in eine neue eintritt. Der Vorsorgeschutz wird im Freizügigkeitsfall durch eine Freizügigkeitspolice oder durch ein Freizügigkeitskonto erhalten, wobei die versicherte Person die Austrittsleistung maximal an zwei Freizügigkeitseinrichtungen übertragen lassen darf (Art. 12 Abs. 1 FZV).

Grundsätzlich gilt somit, dass die Austrittsleistung (Freizügigkeitsleistung) von der bisherigen Vorsorgeeinrichtung an die Vorsorgeeinrichtung des neuen Arbeitgebers übertragen werden muss. Die Übertragung der Austrittsleistung auf eine Freizügigkeitspolice oder auf ein Freizügigkeitskonto ist nur dann zulässig, wenn die versicherte Person keiner neuen Vorsorgeeinrichtung beitritt. Wird in der neuen Vorsorgeeinrichtung nicht die gesamte mitgebrachte Austrittsleistung zum Einkauf der versicherten Person in die vollen reglementarischen Leistungen benötigt, kann die Differenz ebenfalls auf eine Freizügigkeitseinrichtung übertragen werden (vgl. dazu nachstehende Ziff. 2.2.1).

Sieht die Vorsorgeeinrichtung die Möglichkeit einer vorzeitigen Pensionierung vor, tritt der Vorsorgefall nicht erst mit dem Erreichen des reglementarischen Schlussalters (z.B. Alter 64 für Frauen bzw. Alter 65 für Männer) ein, sondern grundsätzlich bereits im Zeitpunkt, in dem das Arbeitsverhältnis aufgelöst wird; vorausgesetzt, die Kündigung des Arbeitsvertrages erfolgt in einem Alter, in dem bereits ein reglementarischer Anspruch auf Altersleistungen besteht. Bei einer reglementarischen, vorzeitigen Pensionierung liegt daher kein Freizügigkeitsfall vor, weshalb das Alterskapital nicht auf eine Freizügigkeitsform übertragen werden darf. Vielmehr wird diesfalls die Altersleistung fällig und ist auszurichten (vgl. dazu nachstehende Ziff. 2.2.4). Verlässt die versicherte Person die Vorsorgeeinrichtung zwischen dem frühestmöglichen und dem ordentlichen reglementarischen Rentenalter und führt sie die Erwerbstätigkeit weiter oder ist als arbeitslos gemeldet, liegt hingegen ein Freizügigkeitsfall vor und die versicherte Person hat die Möglichkeit, eine Austrittsleistung zu verlangen (Art. 2 Abs. 1bis FZG).

Bei Barauszahlung der Austrittsleistung durch die Vorsorgeeinrichtung bzw. Freizügigkeitseinrichtung wird der Vorsorgeschutz aufgehoben. Daher kann der Barauszahlungsbetrag später nicht mehr auf ein (neues oder bestehendes) Freizügigkeitskonto oder eine Freizügigkeitspolice eingebracht werden, es sei denn, es besteht eine Rückzahlungsverpflichtung gemäss Artikel 30d des Bundesgesetzes vom 25. Juni 1982 über die berufliche Alters-, Hinterlassenen- und Invalidenvorsorge (BVG; SR 831.40) und der Verordnung vom 3. Oktober 1994 über die Wohneigentumsförderung mit Mitteln der beruflichen Vorsorge (WEFV; SR 831.411).

2.2. Steuerliche Auswirkungen

2.2.1. *Übertrag der Austrittsleistung auf eine neue Vorsorgeeinrichtung oder auf eine Freizügigkeitseinrichtung*

Wird die Austrittsleistung auf die Vorsorgeeinrichtung des neuen Arbeitgebers, auf eine Freizügigkeitspolice oder ein Freizügigkeitskonto übertragen, handelt es sich dabei aus Sicht des Vorsorgenehmers um steuerneutrale Vorgänge. Das Vorsorgeguthaben bleibt in diesen Fällen nach wie vor in der zweiten Säule gebunden und der Verfügung des Vorsorgenehmers entzogen, weshalb folgerichtig auch eine Besteuerung unterbleibt.

2.2.2 *Einkauf von Beitragsjahren in die Vorsorgeeinrichtung bei bestehenden Freizügigkeitspolicen und -konten*

Hat eine versicherte Person Freizügigkeitsguthaben, die sie nicht nach den Artikeln 3 und 4 Absatz 2bis FZG in die Vorsorgeeinrichtung übertragen musste, reduziert sich der Höchstbetrag der Einkaufssumme um diesen Betrag (Art. 60a Abs. 3 der Verordnung vom 18. April 1984 über die berufliche Alters-, Hinterlassenen- und Invalidenvorsorge [BVV 2; SR 831.441.1]). Die steuerpflichtige Person hat auf Verlangen der Steuerbehörde über allfällig bestehende Freizügigkeitsguthaben Auskunft zu erteilen.

In diesem Zusammenhang ist darauf hinzuweisen, dass ein Einkauf ausschliesslich bei einer Vorsorgeeinrichtung möglich ist, da diese ihre Leistungen in einem Vorsorgeplan festhält (Art. 9 Abs. 2 FZG; Art 79b Abs. 1 BVG). Bei einem Freizügigkeitskonto oder einer Freizügigkeitspolice wird kein Vorsorgeplan berechnet. Das Freizügigkeitskonto oder die Freizügigkeitspolice dient lediglich der Erhaltung des Vorsorgeschutzes (Art. 10 FZV). Systembedingt ergibt sich daher weder bei einem Freizügigkeitskonto noch bei einer Freizügigkeitspolice ein Einkaufsbedarf, weshalb ein faktischer Einkauf in eine Freizügigkeitseinrichtung steuerrechtlich nicht geltend gemacht werden kann.

2.2.3 *Einkauf von Beitragsjahren nach Wiederaufnahme einer Erwerbstätigkeit im Rentenalter*

Ein Einkauf in die vollen reglementarischen Leistungen einer frühpensionierten Person, die wieder erwerbstätig ist, wird nur unter der Voraussetzung möglich, dass das Altersguthaben, über welches diese versicherte Person im Zeitpunkt des frühzeitigen Altersrücktritts verfügte, bei der Berechnung des notwendigen Einkaufsbetrages angerechnet wird. Die Hinzurechnungspflicht ergibt sich sowohl aus dem Grundsatz der Angemessenheit der Vorsorge als auch daraus, dass im Falle einer Frühpensionierung mit Weiterarbeit faktisch ein Freizügigkeitsfall vorliegt und daher die Altersleistung materiell wie eine Freizügigkeitsleistung zu behandeln ist (vgl. Mitteilung des Bundesamtes für Sozialversicherungen über die berufliche Vorsorge Nr. 97 vom 15. Februar 2007, Rz 568). Nur der so berechnete Einkauf kann vom steuerbaren Einkommen in Abzug gebracht werden.

Für die Berücksichtigung eines fiktiven Einkaufs nach Artikel 37b Absatz 1 des Bundesgesetzes vom 14. Dezember 1990 über die direkte Bundessteuer (DBG; SR 642.11) wird auf das Kreisschreiben Nr. 28 der ESTV vom 3. November 2010 über die Besteuerung der Liquidationsgewinne bei definitiver Aufgabe der selbständigen Erwerbstätigkeit, Ziffer 5.5, verwiesen.

2.2.4 Auszahlung des Vorsorgeguthabens

Kommt es zur Auszahlung des Vorsorgeguthabens, sei dies im Vorsorgefall (Alter, Tod oder Invalidität), oder im Fall der Barauszahlung gemäss Artikel 5 FZG oder Artikel 30a BVG, wird die entsprechende Leistung gemäss Artikel 22 Absatz 2 DBG besteuert. Gemäss Artikel 16 FZV kann die Altersleistung vom Freizügigkeitskonto oder von der Freizügigkeitspolice frühestens fünf Jahre vor Erreichen des Rentenalters nach Artikel 13 Absatz 1 BVG ordentlich (d.h. voraussetzungslos) ausbezahlt werden. Das Freizügigkeitsguthaben darf ferner, unabhängig von einer Erwerbstätigkeit, bis fünf Jahre nach dem ordentlichen AHV-Rentenalter stehen gelassen werden.

Das ausbezahlte Vorsorgeguthaben wird entweder im Rahmen der gesonderten Besteuerung einer vollen Jahressteuer gemäss Artikel 38 DBG unterstellt oder – bei ausländischem Wohnsitz des Empfängers – im Rahmen der Besteuerung an der Quelle gemäss Artikel 95f. DBG erfasst.

Die Jahressteuer wird für die Zwecke der direkten Bundessteuer zu einem Fünftel des anwendbaren Tarifs berechnet und für das Steuerjahr festgesetzt, in welchem die entsprechende Kapitalleistung zugeflossen ist, d.h. ausbezahlt oder gutgeschrieben wurde (Art. 38 DBG).

Die Besteuerung an der Quelle erfolgt aufgrund der entsprechenden Bestimmungen der Verordnung des EFD vom 19. Oktober 1993 über die Quellensteuer bei der direkten Bundessteuer (Quellensteuerverordnung [QStV; SR 642.118.2]). Gemäss Artikel 11 QStV wird die Kapitalleistung des im Ausland ansässigen Empfängers ungeachtet staatsvertraglicher Regelung stets der Quellensteuer unterstellt; der bezahlte Quellensteuerbetrag wird jedoch unter gewissen Bedingungen wieder zurückerstattet (so etwa dann, wenn gemäss Doppelbesteuerungsabkommen das Besteuerungsrecht beim Ansässigkeitsstaat liegt und der Empfänger der seinerzeitigen Leistung belegen kann, dass die zuständige ausländische Steuerbehörde von der Kapitalleistung Kenntnis hat; massgebend ist in jedem Fall das zum Zeitpunkt der Fälligkeit der Leistung geltende Doppelbesteuerungsabkommen). In Ziffer 3 des Anhangs zur QStV sind die massgebenden Quellensteuersätze festgelegt, welche in die kantonalen Quellensteuertarife integriert sind.

Sowohl im Rahmen der ordentlichen Besteuerung wie bei der Besteuerung an der Quelle ist die Vorschrift von Artikel 204 DBG anwendbar. Demnach werden Renten, die bis und mit dem 31. Dezember 2001 zu laufen begannen oder fällig wurden und auf einem Vorsorgeverhältnis beruhen, welches am 31. Dezember 1986 bereits bestand, im Regelfall nur im Umfang von 80 Prozent zur Besteuerung herangezogen.

Dabei ist zu beachten, dass ein Bezug "in Tranchen" (Teilkapitalbezug) steuerlich unbeachtlich ist. Tritt ein entsprechender Vorsorgefall oder Barauszahlungstatbestand (mit Barauszahlungsbegehren) ein, wird steuerlich stets über das ganze Vorsorgeguthaben abgerechnet. Ausnahmen, in welchen nur der ausgerichtete (Teil-)Betrag zur Besteuerung kommt, sind ausschliesslich im Rahmen des Vorbezugs für die Wohneigentumsförderung sowie bei Anwendbarkeit von Artikel 25f FZG bei definitivem Verlassen der Schweiz (vgl. dazu auch Rundschreiben Quellensteuer der ESTV vom 18. November 2009) möglich.

Die dreijährige Sperrfrist gemäss Artikel 79b Absatz 3 BVG aufgrund eines Einkaufs in die vorherige Vorsorgeeinrichtung ist auch nach der Übertragung der Austrittsleistung an die neue Vorsorgeeinrichtung oder allenfalls die Freizügigkeitseinrichtung zu beachten (vgl. dazu auch Mitteilung des Bundesamtes für Sozialversicherungen über die berufliche Vorsorge Nr. 97, Rz 568).

2.2.5 Auszahlung und Einkauf innert 12 Monaten

In Analogie zu Artikel 24 Buchstabe c DBG sind Kapitalleistungen aus Vorsorge steuerfrei, wenn diese innert 12 Monaten seit Bezug zum Einkauf in eine Vorsorgeeinrichtung verwendet werden. Im Gegenzug ist der Einkauf bis zur Höhe des Kapitalbezugs nicht vom steuerbaren Einkommen abziehbar.

2.2.6 Aufnahme einer selbständigen Erwerbstätigkeit und Investitionen in den eigenen Betrieb

Gemäss Artikel 5 Absatz 1 Buchstabe b FZG kann bei Aufnahme einer selbständigen Erwerbstätigkeit die Barauszahlung der Austrittsleistung verlangt werden. In diesem Falle muss das Vorsorgeverhältnis beendet werden und die gesamte Austrittsleitung unterliegt grundsätzlich der Besteuerung. Wird allerdings nur ein Teil der Austrittsleistung für die Aufnahme der selbständigen Erwerbstätigkeit benötigt und der restliche Teil der Austrittsleistung auf eine Freizügigkeitspolice oder ein Freizügigkeitskonto überwiesen, so unterliegt nur der bar ausbezahlte (Teil-)Betrag der Besteuerung.

Selbständig erwerbstätige Personen dürfen zudem während der Ausübung der selbständigen Erwerbstätigkeit für Investitionen im Unternehmen einen einmaligen, vorzeitigen Bezug von Vorsorgegeldern aus der zweiten Säule tätigen (vgl. BGE 134 V 170 sowie Mitteilung des Bundesamtes für Sozialversicherungen über die berufliche Vorsorge Nr. 106, Rz 643). Voraussetzung für den Bezug zugunsten betrieblicher Investitionen ist gemäss bundesgerichtlicher Rechtsprechung, dass die selbständig erwerbstätige Person den Vorsorgevertrag kündigt und die vertragliche Beziehung mit der Vorsorgeeinrichtung dadurch beendet. Ein Teilbezug ist nicht zulässig (vgl. BGE 135 V 418 sowie Mitteilung des Bundesamtes für Sozialversicherungen über die berufliche Vorsorge Nr. 116 vom 28. Januar 2010, Rz 725).

Die dreijährige Sperrfrist gemäss Artikel 79b Absatz 3 BVG ist in den beiden oben genannten Fällen ebenfalls anwendbar.

2.2.7 Unzulässige Auszahlung des Vorsorgeguthabens

Wird die Austrittsleistung der versicherten Person bar ausgerichtet, obwohl der Barauszahlungsgrund von Anfang an nicht gegeben war, oder wird die Barauszahlung nicht zweckentsprechend verwendet, ist die Barauszahlung als unzulässig zu betrachten. In solchen Fällen ist der steuerpflichtigen Person die Möglichkeit einzuräumen, die Vorsorgeeinrichtung um Rückabwicklung der Zahlung zu ersuchen oder die zweckentfremdet verwendete Barauszahlung wieder ihrem ursprünglichen Zweck zuzuführen. Erfolgt keine Rückabwicklung der unzulässigen Auszahlung oder wird diese nicht wieder ihrem Zweck (gemäss Auszahlungsgrund) zugeführt, wird die Kapitalleistung zusammen mit dem übrigen Einkommen ordentlich besteuert (vgl. Urteil des Bundesgerichts 2C_156/2010 vom 7. Juni 2011).

Aktionärsoptionen

Quelle: Eidg. Steuerverwaltung ESTV/HA Direkte Bundessteuer, Verrechnungssteuer, Stempelabgaben

Direkte Bundessteuer
Verrechnungssteuer
Stempelabgaben

Bern, 23. Dezember 2013

Kreisschreiben Nr. 39

Besteuerung von Aktionärsoptionen

1. Einleitung

Als Aktionärsoptionen gelten in diesem Kreisschreiben ausschliesslich Call- oder Putoptionen, welche eine Aktiengesellschaft (nachfolgend AG oder Emittentin) ihren Aktionären unentgeltlich oder zu einem unter dem Verkehrswert liegenden Preis abgibt. Bei Call- oder Putoptionen auf eigene Aktien wird zudem unterschieden, ob diese im Zusammenhang mit einer Kapitalerhöhung oder -herabsetzung emittiert werden oder nicht. Ist der den Aktionärsoptionen zugrunde liegende Basiswert nicht an einer Börse kotiert, ist der Sachverhalt und die Verkehrswertberechnung der Aktionärsoption der Eidg. Steuerverwaltung (ESTV), Abteilung Externe Prüfung, zur Genehmigung vorzulegen.

Die vorliegenden Regeln gelten für die Abgabe von Optionen einer Gesellschaft an die Aktionäre in ihrer Aktionärseigenschaft. Werden Optionen nicht wegen des Beteiligungsverhältnisses, sondern auf Grund des Arbeitsverhältnisses an Mitarbeitende der Gesellschaft oder einer ihrer Gruppengesellschaften abgegeben, gelangen die Regeln über Mitarbeiteroptionen zur Anwendung (vgl. Kreisschreiben Nr. 37 der ESTV vom 22.07.2013 über die Besteuerung von Mitarbeiterbeteiligungen).

Die Regelungen des vorliegenden Kreisschreibens gelten in analoger Weise auch für andere Kapitalgesellschaften und deren Beteiligte.

2. Steuerliche Qualifikation

2.1. Grundsätze

Direkte Bundessteuer, Verrechnungssteuer und Stempelabgaben

Call- und Putoptionen verfügen stets über einen Verkehrswert, sofern sie bei der Zuteilung bewertbar sind. Gibt eine Emittentin solche Optionen ihren Aktionären unentgeltlich oder zu einem unter dem Verkehrswert liegenden Preis ab, erbringt sie grundsätzlich in der Differenz zwischen dem jeweiligen Verkehrswert und dem Ausgabepreis eine geldwerte Leistung. Diese wird im Zeitpunkt der Zuteilung realisiert und ist vom inländischen Leistungsempfänger (natürliche Person) als Vermögensertrag zu versteuern. Sind die Voraussetzungen erfüllt, gelangt die Teilbesteuerung gemäss Artikel 18b des Bundesgesetzes vom 14. Dezember 1990 über die direkte Bundessteuer (DBG) oder Artikel 20 Absatz 1bis DBG zur Anwendung.

Im Umfang der geldwerten Leistung wird gleichzeitig der steuerbare Ertrag der Emittentin erhöht, vorbehältlich der Bildung einer geschäftsmässig begründeten Rückstellung (vgl. Art. 58 Abs. 1 Bst. b DBG; Art. 4 Abs. 1 Bst. b des Bundesgesetzes vom 13. Oktober 1965 über die Verrechnungssteuer [VStG] i.V.m. Art. 20 Abs. 1 der Vollziehungsverordnung vom 19. Dezember 1966 zum VStG [Verrechnungssteuerverordnung [VStV]). Eine Ausnahme zu diesem Grundsatz stellen Aktionärs-Calloptionen dar, welche dem Bezugsrecht des Aktionärs gemäss Artikel 652 b des Bundesgesetzes vom 30. März 1911 betreffend die Ergänzung des Schweizerischen Zivilgesetzbuches (Fünfter Teil: Obligationenrecht [OR]) entsprechen sowie Aktionärs-Putoptionen, welche im Zusammenhang mit einer Kapitalherabsetzung stehen (vgl. Ziff. 2.2.1. und Ziff. 2.2.3. hienach).

Aufwendungen der Emittentin im Zusammenhang mit der Ausgabe sowie der Ausübung oder dem Verfall der Optionen stellen geschäftsmässig begründeten Aufwand dar (vgl. Art. 59 Abs. 1 DBG).

Hält der inländische Begünstigte die Optionen im Geschäftsvermögen, so stellen entsprechende Wertberichtigungen sowohl während der Laufzeit als auch bei Verfall der Optionen geschäftsmässig begründeten Aufwand dar (vgl. Art. 29 und Art. 59 DBG). Befinden sich die Optionen im Zeitpunkt der Ausübung im Geschäftsvermögen, so entsprechen die Gestehungskosten der neuen Beteiligungsrechte dem Betrag des allfälligen Optionspreises, der geldwerten Leistung aus der Zuteilung der Optionen sowie dem Ausübungspreis.

Liegt der Ausgabepreis einer Aktionärsoption über dem Verkehrswert, stellt die Differenz zwischen dem Ausgabepreis und dem Verkehrswert bei der inländischen Emittentin einen steuerbaren Zuschuss dar, der gemäss Artikel 5 Absatz 2 Buchstabe a des Bundesgesetzes vom 27. Juni 1973 über die Stempelabgaben der Emissionsabgabe unterliegt.

Diese steuerliche Behandlung gilt unter Vorbehalt abweichender Regelungen gemäss Ziffer 2.2. hienach.

2.2. Einzelfälle
2.2.1. Ausgabe von Aktionärs-Calloptionen mit Kapitalerhöhung
2.2.1.1. Ausgangslage

Die AG gibt entweder im Hinblick auf eine Kapitalerhöhung oder gestützt auf einen Beschluss der Generalversammlung über die Erhöhung des Aktienkapitals Calloptionen aus. Diese Calloptionen werden den Aktionären im Umfang des ihnen jeweils zustehenden gesetzlichen Bezugsrechts (vgl. Art. 652 b OR) unentgeltlich oder zu einem unter dem Verkehrswert liegenden Preis abgegeben.

2.2.1.2. Steuerliche Würdigung

Die Ausgabe von Aktionärs-Calloptionen bleibt unter den nachstehenden kumulativen Voraussetzungen für die Belange der Verrechnungssteuer sowie der direkten Bundessteuer ohne Folgen:

a) Die Ausgabe von Aktionärs-Calloptionen steht im Zusammenhang mit einer durchzuführenden Kapitalerhöhung. Die Aktionärs-Calloptionen verkörpern das den Aktionären gesetzlich zustehende Bezugsrecht im Sinne von Artikel 652b OR. Sie geben jedem Aktionär im Umfang seiner bisherigen Beteiligung das Recht, Aktien von der Gesellschaft zu einem festgelegten Preis während eines bestimmten, in der Regel über die Geltungsdauer des herkömmlichen Bezugsrechts hinausgehenden Zeitraums zu erwerben.

b) Die Aktionärs-Calloptionen können nicht zu einem garantierten Preis an die Gesellschaft (inkl. Mutter-/Tochtergesellschaften etc.) verkauft werden; die Optionen enthalten ferner keinen Barabgeltungsanspruch. Ein in den Optionen enthaltener Barabgeltungsanspruch führt sowohl bei der Zuteilung als auch bei der Ausübung bei Inländern im Privatvermögen dann nicht zu Steuerfolgen, wenn der Anspruch auf Barabgeltung mittels Rückzahlung von Einlagen, Aufgeldern und Zuschüssen gemäss Artikel 5 Absatz 1bis VStG getilgt wird.

Sind alle vorstehenden Voraussetzungen erfüllt, so verkörpert die Zuteilung derartiger Calloptionen nichts anderes als das den Aktionären bereits handelsrechtlich zustehende Bezugsrecht (vgl. Art. 652 b OR). Die Zuteilung hat deshalb bei Inländern weder für das Privatvermögen noch für das Geschäftsvermögen steuerliche Folgen. Ist eine der oben genannten Voraussetzungen jedoch nicht erfüllt, so ergeben sich die gleichen steuerlichen Folgen wie unter Ziffer 2.1 hievor.

Liegt der Ausübungspreis zum Bezug der Aktien wesentlich (33 1/3 % oder mehr) unter dem aktuellen Verkehrswert, ist zu prüfen, ob eine Steuerumgehung vorliegt.

Soweit die neuen Aktien aus den allgemeinen Reserven (übrige Reserven) der Emittentin liberiert werden, liegt in diesem Umfang anteilsmässig eine der Verrechnungssteuer unterliegende Ausschüttung vor (Art. 4 Abs. 1 Bst. b VStG). Diese stellt einen steuerbaren Vermögensertrag zu Gunsten der inländischen Aktionäre dar, welche die Beteiligungen im Privatvermögen halten (Art. 20 Abs. 1 Bst. c DBG). Erfolgt die Liberierung durch Reserven aus Kapitaleinlagen, ist diese Ausschüttung von der Verrechnungssteuer ausgenommen (vgl. Art. 5 Abs. 1bis VStG). In diesem Fall liegt kein steuerbarer Vermögensertrag zu Gunsten des inländischen Aktionärs vor, welcher die Beteiligungen im Privatvermögen hält (vgl. Art. 20 Abs. 3 DBG). Für Aktionäre, welche die Beteiligungen im Geschäftsvermögen halten, hat die Ausübung dieser Optionen für die Einkommens- und die Gewinnsteuer keine Steuerfolgen, sofern die Einkommens- und Gewinnsteuerwerte unverändert bleiben.

Aktionärs-Calloptionen auf Vorratsaktien, welche zum Nominalwert liberiert wurden, verkörpern das dem Aktionär in der Vergangenheit entzogene Bezugsrecht gemäss Artikel 652b OR. Daher können sie ohne verrechnungs- und einkommenssteuerliche Folgen ausgegeben werden, sofern die Voraussetzungen gemäss oben genannten Bst. a) und b) erfüllt sind. Als Vorratsaktien werden in diesem Zusammenhang ausschliesslich Aktien bezeichnet, die noch nie ausgegeben wurden. Die Emissionsabgabe ist einerseits bei der Schaffung von Vorratsaktien auf dem jeweiligen Nennwert geschuldet sowie andererseits im Zeitpunkt der Platzierung auch auf einem allfälligen Mehrerlös (Agio) der aufgrund der Optionsrechte begebenen Vorratsaktien (Art. 5 Abs. 1 Bst. a StG).

Calloptionen, die im Hinblick auf eine Kapitalerhöhung ausgegeben, jedoch bei der Ausübung nicht durch neue Aktien (Kapitalerhöhung/Vorratsaktien) aus dem Primärmarkt, sondern durch Aktien aus dem Sekundärmarkt abgegolten werden, sind nach Ziffer 2.1. hievor zu beurteilen.

2.2.2. Ausgabe von Aktionärs-Calloptionen ohne Kapitalerhöhung
2.2.2.1. Ausgangslage

Die AG emittiert Calloptionen an ihre Aktionäre, wobei diese Ausgabe weder gestützt auf einen Beschluss der Generalversammlung über die Erhöhung des Aktienkapitals noch im Hinblick auf eine Kapitalerhöhung erfolgt.

2.2.2.2. Steuerliche Würdigung

Die Differenz zwischen dem jeweiligen Marktpreis der Optionen und deren Ausgabepreis stellt eine steuerbare geldwerte Leistung der Emittentin an ihre Aktionäre dar (vgl. Ziff. 2.1. hievor).

Die Ausübung dieser Optionen zieht weder auf der Ebene der Verrechnungssteuer noch für die Einkommens- und Gewinnsteuer Folgen nach sich.

2.2.3. Ausgabe von Aktionärs-Putoptionen mit Kapitalherabsetzung
2.2.3.1. Ausgangslage

Die AG gibt entweder im Hinblick auf eine Kapitalherabsetzung oder gestützt auf einen Beschluss über die Herabsetzung des Aktienkapitals Putoptionen aus. Diese Putoptionen werden den Aktionären unentgeltlich oder zu einem unter dem Verkehrswert liegenden Preis abgegeben. Die Ausübungsmodalitäten sind dabei so gestaltet, dass die Ausgabe der Putoptionen eine Massnahme zur Wahrung der Beteiligungsquote aller bisherigen Aktionäre darstellt.

2.2.3.2. Steuerliche Würdigung

Die unentgeltliche oder unterpreisliche Ausgabe von Putoptionen an die Aktionäre im Hinblick auf eine nachfolgende Kapitalherabsetzung zieht unter den nachstehenden, kumulativ zu erfüllenden Voraussetzungen weder für die Verrechnungssteuer noch für die direkte Bundessteuer Folgen nach sich:

a) Die Ausgabe der Putoptionen ist auf die nachfolgende Kapitalherabsetzung ausgerichtet und steht mit ihr in einem engen zeitlichen Zusammenhang, d.h. die Kapitalherabsetzung erfolgt anlässlich der nächsten ordentlichen Generalversammlung, spätestens aber innerhalb eines Jahres nach der Ausgabe der Putoptionen.

b) Die Ausgabe der Putoptionen kommt ausschliesslich den Aktionären der Emittentin zugute.

c) Die Putoptionen können nicht zu einem garantierten Preis an die Gesellschaft (inkl. Mutter-/Tochtergesellschaften etc.) verkauft werden; die Optionen enthalten ferner keinen Barabgeltungsanspruch. Ein in den Optionen enthaltener Barabgeltungsanspruch führt sowohl bei der Zuteilung als auch bei der Ausübung bei Inländern im Privatvermögen dann nicht zu Steuerfolgen, wenn der Anspruch auf Barabgeltung mittels Rückzahlung von Einlagen, Aufgeldern und Zuschüssen gemäss Artikel 5 Absatz 1bis VStG getilgt wird.

Sind alle diese Voraussetzungen erfüllt, so ist die geplante Rückkaufaktion als eine Massnahme zur Wahrung der Rechtsgleichheit zwischen den Aktionären einzustufen, da sie vorrangig dazu bestimmt ist, den Beteiligungsinhabern eine Entschädigung für den drohenden Substanzverlust zu gewährleisten bzw. die mit der Kapitalherabsetzung verbundene Reservenverwässerung abzugelten (vgl. auch Entscheid des Bundesgerichts vom 4. Mai 1999 publiziert in: Archiv für Schweizerisches Abgaberecht, Bd. 68, S. 739 ff.).

Ist eine der oben genannten Voraussetzungen nicht erfüllt, stellt die Differenz zwischen dem jeweiligen Marktpreis und dem Ausgabepreis der Putoption eine geldwerte Leistung der AG an ihre Aktionäre im Zeitpunkt der Zuteilung der Optionen dar. Es ergeben sich die gleichen steuerlichen Folgen wie gemäss Ziffer 2.1 hievor.

Liegt der Ausübungspreis zum Verkauf der Aktien wesentlich (33 1/3 % oder mehr) über dem aktuellen Verkehrswert, ist zu prüfen, ob eine Steuerumgehung vorliegt.

Werden die Putoptionen ausgeübt, liegt in der Differenz zwischen dem Ausübungspreis und dem einbezahlten Nominalwert eine der Verrechnungssteuer unterliegende Teilliquidation vor (vgl. Art. 4a VStG). Beim inländischen Aktionär unterliegt im Privatvermögen die Differenz zwischen dem Rückkaufspreis und dem einbezahlten Nennwert der Einkommensbesteuerung (vgl. Art. 20 Abs. 1 Bst. c DBG). Im Geschäftsvermögen bildet die Differenz zwischen dem Rückkaufspreis und dem steuerlich massgebenden Buchwert Bestandteil des steuerbaren Ertrags (vgl. Art. 18 Abs. 1 und 2 sowie Art. 58 Abs. 1 Bst. a DBG). Erfüllt der Aktionär die entsprechenden Voraussetzungen, kann er den Beteiligungsabzug gemäss Artikel 69 ff. DBG geltend machen.

Keine Verrechnungssteuer ist geschuldet, wenn basierend auf einem Generalversammlungsbeschluss, der Teilliquidationserlös aus dem Rückkauf der eigenen Aktien zwecks Kapitalreduktion den Reserven aus Kapitaleinlagen belastet wird. Folglich liegt beim inländischen Aktionär, welcher die Beteiligungen im Privatvermögen hält, kein steuerbarer Vermögensertrag vor (vgl. Art. 20 Abs. 3 DBG).

Werden im Hinblick auf eine Kapitalherabsetzung Putoptionen zugeteilt, jedoch nach deren Ausübung die zurückgekauften Aktien nicht für eine Kapitalherabsetzung verwendet, so ergeben sich für die Putoptionen die gleichen steuerlichen Folgen wie unter Ziffer 2.1 hievor.

2.2.4. Ausgabe von Aktionärs-Putoptionen ohne Kapitalherabsetzung
2.2.4.1. Ausgangslage

Die AG emittiert Putoptionen an ihre Aktionäre, wobei diese Ausgabe weder gestützt auf einen Beschluss über die Herabsetzung des Aktienkapitals noch im Hinblick auf eine Kapitalherabsetzung erfolgt.

2.2.4.2. Steuerliche Würdigung

Wenn die ausgebende Gesellschaft keine Kapitalherabsetzung beabsichtigt, führt die unentgeltliche oder unterpreisliche Ausgabe von Putoptionen an die Aktionäre zu denselben steuerlichen Folgen wie unter Ziffer 2.1 hievor.

Führt die Ausübung der Putoptionen in der Folge gleichwohl zum Rückkauf eigener Aktien durch die Gesellschaft, sind die steuerlichen Regeln im Zusammenhang mit dem Erwerb eigener Aktien zu beachten (vgl. für die direkte Bundessteuer und die Verrechnungssteuer das Kreisschreiben Nr. 5 der ESTV vom 19. August 1999). Die Differenz zwischen dem höheren Ausübungspreis und dem tieferen Verkehrswert stellt bei der rückkaufenden Gesellschaft geschäftsmässig begründeten Aufwand – und damit keine geldwerte Leistung – dar, da dieser überpreisliche Rückkauf nicht auf dem Beteiligungsrecht, sondern auf der Verpflichtung aus dem Optionsgeschäft beruht. Allfällig gebildete Rückstellungen sind erfolgswirksam aufzulösen. Im Rahmen der Teilliquidation (beispielsweise infolge Ablauf der 6-jährigen Haltefrist gemäss Art. 4a Abs. 2 VStG) unterliegen die Aktien bei inländischen Aktionären im Umfang der Differenz zwischen dem Verkehrswert der Aktien im Zeitpunkt der Ausübung der Putoption und dem Nennwert der Verrechnungssteuer sowie der Einkommens- oder Gewinnsteuer, sofern im Zeitpunkt des Rückkaufs der eigenen Aktien die Reserven für eigene Aktien nicht zulasten der Reserven aus Kapitaleinlagen gebildet worden sind. (vgl. Art. 4a Abs. 2 VStG; Art. 20 Abs. 1 Bst. c, Art. 18 Abs. 1 und 2 sowie Art. 58 Abs. 1 Bst. a DBG). Sind die entsprechenden Voraussetzungen erfüllt, gelangt die Teilbesteuerung gemäss Artikel 18b DBG oder Artikel 20 Absatz 1bis DBG zur Anwendung.

3. Überwälzung der Verrechnungssteuer

Die Überwälzung der Verrechnungssteuer auf steuerbaren Call- und Putoptionen ist gleich vorzunehmen wie in anderen Fällen des Verzichts einer Gesellschaft auf einen marktüblichen Verkaufspreis zu Gunsten ihrer Aktionäre. Im Falle einer Kapitalherabsetzung infolge Ausübung von Putoptionen ist die Verrechnungssteuer vom Rückzahlungsbetrag in Abzug zu bringen. Falls im Zeitpunkt der Zuteilung von steuerbaren Call- und Putoptionen die Verrechnungssteuer nicht auf den Leistungsempfänger überwälzt wird, ist eine Aufrechnung ins Hundert vorzunehmen.

4. Rückerstattung der Verrechnungssteuer

Als Grundvoraussetzung für die Rückerstattung der Verrechnungssteuer ist das uneingeschränkte Recht zur Nutzung den zur Kapitalherabsetzung angedienten Aktien massgebend (Art. 21 Abs. 1 Bst. a VStG). Die ESTV behält sich vor, die Rückerstattungsberechtigung auch unter dem Aspekt einer allfälligen Steuerumgehung im Sinne von Artikel 21 Absatz 2 VStG zu prüfen.

Von einer Steuerumgehung ist insbesondere dann auszugehen, wenn ein Rückerstattungsberechtigter gezielt Beteiligungsrechte von inländischen natürlichen Personen oder von im Ausland ansässigen (natürlichen oder juristischen) Personen erwirbt, um diese anschliessend an die zu einer Kapitalherabsetzung schreitende Gesellschaft zurückzugeben.

Werden Beteiligungsrechte zwecks echter Arbitrage und unter Wahrung der Anonymität der Börse erworben, liegt in der Regel keine Steuerumgehung vor.

5. Inkrafttreten

Das vorliegende Kreisschreiben tritt mit seiner Publikation in Kraft und ist für ab diesem Tag zugeteilte Aktionärsoptionen anwendbar. Es ersetzt das Merkblatt der ESTV betreffend Aktionärs- oder Gratisoptionen vom 16. Januar 1996.

Kapitalgewinnbesteuerung bei Landwirten

Quelle: Eidg. Steuerverwaltung ESTV/HA Direkte Bundessteuer, Verrechnungssteuer, Stempelabgaben

Direkte Bundessteuer

Bern, 17. Juli 2013 *(☞ Stand am 29.9.2017)*

Kreisschreiben Nr. 38[1]

Besteuerung von Kapitalgewinnen aufgrund einer Veräusserung von in der Bauzone gelegenen Grundstücken im Geschäftsvermögen von Landwirten

Inhaltsverzeichnis

1	Gegenstand des Kreisschreibens	3
2	Begriffe	3
2.1	Definition des land- und forstwirtschaftlichen Grundstücks	3
2.1.1	Definition des Grundstücks durch den Gesetzgeber	3
2.1.2	Definition des *land- und forstwirtschaftlichen Grundstücks* durch den Gesetzgeber	4
2.2	Definition des *land- und forstwirtschaftlichen Grundstücks* durch das Bundesgericht	4
2.3	Unterteilung der Liegenschaften im Anlagevermögen in *land- und forstwirtschaftliche* sowie in nicht *land- und forstwirtschaftliche* Grundstücke	5
2.4	Angemessener Umschwung	6
2.4.1	Definition des angemessenen Umschwungs gemäss Kommentar zum Bundesgesetz über das bäuerliche Bodenrecht	6
2.4.2	Feststellung des angemessenen Umschwungs	6
2.5	Zonengemischte Grundstücke	6

---

[1] Ergänzt mit Anhang 2 vom 29. September 2017 im Auftrag der Kommission für Wirtschaft und Abgaben des Ständerates (WAK-S) betreffend Kapitalgewinnbesteuerung Bauland

3		Besteuerung von Kapitalgewinnen aufgrund einer Veräusserung von in der Bauzone gelegenen Grundstücken im Geschäftsvermögen von Landwirten 7
3.1		Ausführungen zu steuerbaren Einkünften aus selbständiger Erwerbstätigkeit 7
3.1.1		Veräusserung 7
3.1.2		Einkünfte aus selbständiger Erwerbstätigkeit: Grundsatz 7
3.1.3		Sondernorm für *land- und forstwirtschaftliche Grundstücke* 7
3.2		Verkehrswert von Grundstücken: Grundsatz 8
3.2.1		Verkehrswert von Grundstücken unter bäuerlichem Bodenrecht ausserhalb der Bauzone 8
3.2.2		Verkehrswert von Grundstücken unter bäuerlichem Bodenrecht in der Bauzone 8
3.3		Zeitpunkt der Einzonung in die Bauzone 8
3.3.1		Einzonungszeitpunkt liegt in einer bereits definitiv veranlagten Steuerperiode 8
3.3.2		Einzonungszeitpunkt liegt in einem offenen Veranlagungsverfahren 8
3.4		Schematische Darstellung 9
3.5		Gewinnanspruch 10
3.6		Besondere Fälle 10
3.6.1		Aufschub wegen Verpachtung 10
3.6.1.1		Vor Einführung der Unternehmenssteuerreform II (UStR II; bis 31.12.2010) ... 10
3.6.1.2		Nach Einführung der UStR II (ab 1.01.2011) 10
3.6.2		Ersatzbeschaffung 11
4		Fazit aus dem Urteil des Bundesgerichts 2C_11/2011 11
5		Umsetzung des Urteils des Bundesgerichts 2C_11/2011 11
5.1		Anwendung auf alle offenen Veranlagungen betreffend die direkte Bundessteuer 11
5.2		Verhältnis zu den Kantons- und Gemeindesteuern 12
6		Inkrafttreten 12

Anhang 1: Fallbeispiele 13

Anhang 2 vom 29. September 2017 22

☞ *Bitte beachten Sie, dass der Inhalt dieses Kreisschreibens aus Platzgründen nicht abgedruckt ist. Das Dokument ist jedoch in seiner Gesamtheit im eBook dieses Werkes enthalten.*

Besteuerung von Mitarbeiterbeteiligungen

Quelle: Eidg. Steuerverwaltung ESTV/HA Direkte Bundessteuer, Verrechnungssteuer, Stempelabgaben

Direkte Bundessteuer

Bern, 30. Oktober 2020

Betreffend die steuerliche Behandlung von Mitarbeiterbeteiligungen bei der Arbeitgeberin siehe A89.

Kreisschreiben Nr. 37[1], Version vom 30. Oktober 2020

Besteuerung von Mitarbeiterbeteiligungen

Inhaltsverzeichnis

1	Allgemeines und Gegenstand des Kreisschreibens	3
2	**Begriffe**	3
2.1	*Mitarbeitende*	3
2.2	*Arbeitgeber*	3
2.3	*Mitarbeiterbeteiligungen*	4
2.3.1	Echte Mitarbeiterbeteiligungen	4
2.3.1.1	*Mitarbeiteraktien*	4
	2.3.1.1.1 Freie Mitarbeiteraktien	4
	2.3.1.1.2 Gesperrte Mitarbeiteraktien	4
2.3.1.2	*Mitarbeiteroptionen*	4
	2.3.1.2.1 Freie Mitarbeiteroptionen	4
	2.3.1.2.2 Börsenkotierte Mitarbeiteroptionen	5
	2.3.1.2.3 Gesperrte Mitarbeiteroptionen	5
2.3.1.3	*Anwartschaften auf Mitarbeiteraktien*	5
2.3.2	Unechte Mitarbeiterbeteiligungen	5
2.3.2.1	*Phantom Stocks*	5
2.3.2.2	*Stock Appreciation Rights*	5
2.3.2.3	*Co-Investments*	5
2.3.3	Künftige Entwicklungen	6
2.4	*Sperrfrist sowie Vesting / Vestingperiode*	6
2.5	*Realisation*	6
2.6	*Umrechnung von Fremdwährungen*	6
3	**Besteuerung von Mitarbeiteraktien (Art. 17b DBG)**	6
3.1	*Grundsatz*	6
3.2	*Verkehrswert*	7
3.2.1	Börsenkotierte Mitarbeiteraktien	7

---

[1] Angepasst an das Bundesgesetz über die formelle Bereinigung der zeitlichen Bemessung der direkten Steuern bei den natürlichen Personen vom 22. März 2013 (in Kraft seit 1. Januar 2014).

3.2.2	Nicht börsenkotierte Mitarbeiteraktien	7
3.3	***Ermittlung des steuerbaren Einkommens***	**8**
3.4	***Besondere Fälle***	**8**
3.4.1	Vorzeitiger Wegfall der Sperrfrist (Art. 11 MBV)	8
3.4.2	Rückgabe von Mitarbeiteraktien (Art. 12 MBV)	9
3.4.3	Veräusserung von im Privatvermögen gehaltenen Mitarbeiteraktien	10
3.4.4	Hinweise zu weiteren Sachverhalten	10
4	**Besteuerung von Mitarbeiteroptionen (Art. 17b DBG)**	**10**
4.1	***Freie börsenkotierte Mitarbeiteroptionen***	**10**
4.2	***Übrige Mitarbeiteroptionen***	**10**
5	**Besteuerung von Anwartschaften auf Mitarbeiteraktien**	**11**
6	**Besteuerung von unechten Mitarbeiterbeteiligungen (Art. 17c DBG)**	**11**
7	**Besteuerung von Mitarbeiterbeteiligungen im internationalen Verhältnis (Art. 7 bis 9 MBV)**	**11**
7.1	***Allgemeines***	**11**
7.2	***Quellenbesteuerung von Mitarbeiteraktien und freien börsenkotierten Mitarbeiteroptionen***	**12**
7.2.1	Allgemeines	12
7.2.2	Quellenbesteuerung	12
7.3	***Besteuerung von gesperrten oder nicht börsenkotierten Mitarbeiteroptionen, Anwartschaften auf Mitarbeiteraktien sowie unechten Mitarbeiterbeteiligungen im internationalen Verhältnis***	**14**
7.3.1	Allgemeines	14
7.3.2	„Import" von Mitarbeiterbeteiligungen (Art. 7 MBV)	14
7.3.2.1	*„Import" von Mitarbeiterbeteiligungen mit Ansässigkeitswechsel*	*14*
7.3.2.2	*„Import" von Mitarbeiterbeteiligungen ohne Ansässigkeitswechsel*	*14*
7.3.3	„Export" von Mitarbeiterbeteiligungen (Art. 8 MBV)	15
7.3.3.1	*„Export" von Mitarbeiterbeteiligungen mit Ansässigkeitswechsel*	*15*
7.3.3.2	*„Export" von Mitarbeiterbeteiligungen ohne Ansässigkeitswechsel*	*15*
7.3.4	Überblick zur Quellenbesteuerung von geldwerten Vorteilen aus Mitarbeiterbeteiligungen, die erst bei Realisierung steuerbar sind	16
8	**Mitwirkungs- und Bescheinigungspflichten**	**18**
8.1	***Arbeitgeber***	**18**
8.1.1	Allgemeines	18
8.1.2	Bescheinigungen bei Mitarbeiteraktien (Art. 4 MBV)	19
8.1.2.1	*Freigabe von Mitarbeiteraktien vor Ablauf der Sperrfrist (Art. 11 MBV)*	*19*
8.1.2.2	*Rückgabe von Mitarbeiteraktien (Art. 12 MBV)*	*19*
8.1.3	Bescheinigung über Mitarbeiteroptionen, Anwartschaften auf Mitarbeiteraktien und unechte Mitarbeiterbeteiligungen (Art. 5 und 6 MBV)	20
8.1.3.1	*Freie, börsenkotierte Mitarbeiteroptionen*	*20*
8.1.3.2	*Übrige Mitarbeiteroptionen, Anwartschaften auf Mitarbeiteraktien und unechte Mitarbeiterbeteiligungen*	*20*
8.1.4	Weitere Auskünfte (Art. 17 MBV)	20
8.2	***Steuerpflichtige***	**20**
9	**Vorbescheid zwischen dem Arbeitgeber und der Steuerbehörde (Ruling)**	**21**
9.1	***Allgemeines***	**21**
9.2	***Voraussetzungen***	**21**
9.3	***Zuständigkeit***	**21**
10	**Inkrafttreten, Aufhebungen und Übergangsrecht**	**21**

1 Allgemeines und Gegenstand des Kreisschreibens

Mit dem Bundesgesetz vom 17. Dezember 2010 über die Besteuerung von Mitarbeiterbeteiligungen (vgl. Sammlung der Eidg. Gesetze [AS] 2011 3259) wurden für die Besteuerung von Mitarbeiterbeteiligungen verschiedene Neuerungen eingeführt. In ihrer Gesamtheit zielen die neuen Bestimmungen darauf ab, die Rechtssicherheit wiederherzustellen und zwar insbesondere in Bezug auf den jeweiligen Besteuerungszeitpunkt und – in Anlehnung an den Kommentar zum OECD-Musterabkommen zur Vermeidung der Doppelbesteuerung auf dem Gebiete der Steuern vom Einkommen und vom Vermögen (nachfolgend OECD-Kommentar) – die Steuerbemessung bei internationalen Sachverhalten. In diesem Zusammenhang ist insbesondere Artikel 15 des OECD-Musterabkommens 2010 zur Vermeidung der Doppelbesteuerung auf dem Gebiete der Steuern vom Einkommen und vom Vermögen (nachfolgend OECD-MA) zu berücksichtigen.

Die in Artikel 129 Absatz 1 Buchstabe d des Bundesgesetzes vom 14. Dezember 1990 über die direkte Bundessteuer (DBG, SR 642.11) vorgesehenen neuen Bescheinigungs- und Meldepflichten werden in der Verordnung vom 27. Juni 2012 über die Bescheinigungspflichten bei Mitarbeiterbeteiligungen (Mitarbeiterbeteiligungsverordnung [MBV], SR 642.115.325.1) näher ausgeführt.

Die Botschaft (vgl. Bundesblatt [BBl] 2005 575) zum neuen Bundesgesetz datiert bereits vom 17. November 2004. Damit vermag der neue Erlass den in der Zwischenzeit eingetretenen Entwicklungen im Bereich der Mitarbeiterbeteiligungen nicht mehr in allen Punkten Rechnung zu tragen. Das vorliegende Kreisschreiben sowie die Anhänge I bis IV sollen einen Überblick über die steuerlichen Auswirkungen der neuen Bestimmungen verschaffen.

Die Änderungen des vorliegenden Kreisschreibens in seiner Version vom 30. Oktober 2020 sind in diesem Dokument mit einem Balken auf der linken Seite gekennzeichnet.

2 Begriffe

2.1 *Mitarbeitende*

Als Mitarbeitende im Sinne dieses Kreisschreibens gelten Arbeitnehmende, die im Dienste eines Arbeitgebers stehen (vgl. Art. 319 Abs. 1 des Bundesgesetzes betreffend die Ergänzung des Schweizerischen Zivilgesetzbuches [Fünfter Teil: Obligationenrecht; OR, SR 220] und Art. 17 DBG) sowie Mitglieder der Verwaltung oder der Geschäftsführung ungeachtet deren Wohnsitz respektive Ansässigkeit. Massgebend ist dabei, ob die Einkünfte aus dem zugrundeliegenden Rechtsverhältnis als Einkommen aus unselbständiger Erwerbstätigkeit gemäss Artikel 17 Absatz 1 DBG qualifizieren.

Ebenfalls als Mitarbeitende gelten künftige Angestellte, wenn der künftige Arbeitgeber ihnen mit Blick auf das bevorstehende Arbeitsverhältnis bereits Mitarbeiterbeteiligungen einräumt, bzw. ehemalige Mitarbeitende, denen der ehemalige Arbeitgeber während der Anstellungsdauer Mitarbeiterbeteiligungen eingeräumt hat.

Nicht als Mitarbeitende gelten Unternehmer (vgl. Art. 363 OR), Beauftragte, Mäkler oder Generalagenten im Sinne von Artikel 394 ff. OR sowie Aktionäre, die in keinem Arbeitsverhältnis zum Unternehmen stehen.

2.2 *Arbeitgeber*

Als Arbeitgeber im Sinne dieses Kreisschreibens gilt die Gesellschaft, eine Gruppengesellschaft oder Betriebsstätte, bei welcher der Mitarbeitende angestellt ist. Darunter fallen auch sogenannte faktische Arbeitgeber. Zu denken ist dabei etwa an Sachverhalte, bei welchen ein Mitarbeiter einer ausländischen Tochtergesellschaft zur Muttergesellschaft in die Schweiz entsandt wird, welche die Kosten für den Mitarbeitenden übernimmt. Diesfalls wird die schweizerische Muttergesellschaft zur faktischen Arbeitgeberin.

2.3 Mitarbeiterbeteiligungen

Ist das Beteiligungsrecht auf das ehemalige, das aktuelle oder das künftige Arbeitsverhältnis mit dem Arbeitgeber zurückzuführen, dann qualifiziert es entweder als echte oder unechte Mitarbeiterbeteiligung.

Wird die Beteiligung dem Mitarbeitenden nicht durch den Arbeitgeber, sondern durch eine natürliche Person (z.B. aus dem Eigenbestand eines Aktionärs) abgegeben, handelt es sich zwar nicht um eine Mitarbeiterbeteiligung nach Artikel 17a DBG im engeren Sinne. Es rechtfertigt sich aber, für die Bemessung des geldwerten Vorteils die Bestimmungen für Mitarbeiterbeteiligungen sinngemäss anzuwenden.

2.3.1 Echte Mitarbeiterbeteiligungen

Echte Mitarbeiterbeteiligungen beteiligen den Mitarbeitenden im Ergebnis am Eigenkapital des Arbeitgebers. Die Beteiligung kann dabei direkt mittels Einräumung von Beteiligungspapieren erfolgen oder indirekt mittels Einräumung von Optionen oder Anwartschaften zum Bezug von Beteiligungspapieren.

Häufigste Formen echter Mitarbeiterbeteiligungen sind Mitarbeiteraktien und Mitarbeiteroptionen.

2.3.1.1 Mitarbeiteraktien

Als Mitarbeiteraktien im Sinne dieses Kreisschreibens gelten Aktien des Arbeitgebers oder ihm nahestehender Gesellschaften (vgl. Art. 17a Abs. 1 Bst. a DBG und Art. 1 Abs. 2 Bst. a MBV), die dem Mitarbeitenden von seinem Arbeitgeber aufgrund seines Arbeitsverhältnisses in der Regel zu Vorzugsbedingungen übertragen werden.

Andere Beteiligungspapiere, die den Mitarbeitenden direkt am Gesellschaftskapital beteiligen – insbesondere Partizipationsscheine oder Genossenschaftsanteile – werden wie Mitarbeiteraktien behandelt. Nachfolgend wird der Einfachheit halber ausschliesslich von Mitarbeiteraktien gesprochen.

2.3.1.1.1 Freie Mitarbeiteraktien

Als freie Mitarbeiteraktien gelten Mitarbeiteraktien, über welche ein Mitarbeitender ohne Einschränkung verfügen kann.

2.3.1.1.2 Gesperrte Mitarbeiteraktien

Als gesperrte Mitarbeiteraktien gelten Mitarbeiteraktien mit einer in der Regel zeitlich befristeten Verfügungssperre (Sperrfrist), während welcher der Mitarbeitende diese Aktien weder veräussern, verpfänden noch anderweitig belasten darf. Der Rechtsgrund für die Sperrfrist ist regelmässig das Beteiligungsreglement bzw. der Kaufvertrag zwischen dem Arbeitgeber und dem Mitarbeitenden. Nicht als Sperrfristen gelten blosse Zeitfenster, während welchen der Mitarbeitende beispielsweise aus betriebsinternen oder börsenrechtlichen Gründen (sog. closed window period) die Aktien nicht veräussern darf.

2.3.1.2 Mitarbeiteroptionen

Eine Mitarbeiteroption ist das einem Mitarbeitenden aufgrund seines ehemaligen, aktuellen oder künftigen Arbeitsverhältnisses in der Regel zu Vorzugsbedingungen eingeräumte Recht, ein Beteiligungspapier des Arbeitgebers innerhalb eines definierten Zeitraums (Ausübungsfrist) zu einem bestimmten Preis (Ausübungspreis) zu erwerben, um sich am Gesellschaftskapital des Arbeitgebers zu beteiligen.

2.3.1.2.1 Freie Mitarbeiteroptionen

Freie Mitarbeiteroptionen können nach ihrer Abgabe ohne Einschränkung ausgeübt oder verkauft werden.

2.3.1.2.2 Börsenkotierte Mitarbeiteroptionen

Eine Mitarbeiteroption gilt im Sinne dieses Kreisschreibens als börsenkotiert, wenn sie an einer Börse notiert ist und einen liquiden Handel aufweist, wobei sich der Handel nicht nur auf Mitarbeitende beschränken darf.

2.3.1.2.3 Gesperrte Mitarbeiteroptionen

Gesperrte Mitarbeiteroptionen können nach ihrer Abgabe während einer bestimmten Zeit (Sperrfrist) weder veräussert noch ausgeübt werden.

2.3.1.3 Anwartschaften auf Mitarbeiteraktien

Anwartschaften auf Mitarbeiteraktien stellen dem Mitarbeitenden in Aussicht, in einem späteren Zeitpunkt eine bestimmte Anzahl Aktien entweder unentgeltlich oder zu Vorzugsbedingungen erwerben zu können. Die Übertragung der Aktien wird dabei in der Regel von Bedingungen abhängig gemacht, wie beispielsweise vom Bestehen eines Arbeitsverhältnisses. Mithin enthalten Anwartschaften auf Mitarbeiteraktien eine Entschädigung für künftige Leistungen, weshalb sie den echten Mitarbeiteroptionen gleichgestellt werden können (vgl. hierzu auch Ziff. 2.3.1 hievor). Restricted Stock Units (RSU) sind typische Anwendungsfälle solcher Anwartschaften.

2.3.2 Unechte Mitarbeiterbeteiligungen

Als unechte Mitarbeiterbeteiligungen gelten eigenkapital- bzw. aktienkursbezogene Anreizsysteme, welche dem Mitarbeitenden im Ergebnis keine Beteiligung am Eigenkapital des Arbeitgebers, sondern in der Regel nur eine Geldleistung in Aussicht stellen, welche sich an der Wertentwicklung des Basistitels bestimmt. Weil diese Instrumente dem Mitarbeitenden regelmässig keine weiteren Rechte wie Stimm- und Dividendenrechte einräumen, gelten die unechten Mitarbeiterbeteiligungen bis zu ihrer Realisation steuerlich als blosse Anwartschaften.

Als häufigste Formen unechter Mitarbeiterbeteiligungen gelten die sog. Phantom Stocks (synthetische Aktien) und die sog. Stock Appreciation Rights (synthetische Optionen) sowie Formen von Co-Investments.

2.3.2.1 Phantom Stocks

Die Phantomaktie (Phantom Stock) ist ein fiktives Beteiligungspapier, welches eine bestimmte Aktie wertmässig spiegelt und dessen Inhaber vermögensrechtlich einem Aktionär gleichstellt. Dementsprechend erhält der Inhaber in der Regel Zahlungen, welche betragsmässig den jeweiligen Dividendenausschüttungen entsprechen. Die Phantomaktie repräsentiert jedoch keine Beteiligung am Eigenkapital des Arbeitgebers und daher auch keine Mitgliedschaftsrechte, wie diese ein Beteiligungsinhaber besitzt.

2.3.2.2 Stock Appreciation Rights

Ein Stock Appreciation Right (SAR) berechtigt die Mitarbeitenden, den Wertzuwachs eines bestimmten Basistitels in einem zukünftigen Zeitpunkt vom Arbeitgeber in bar ausbezahlt zu erhalten. Im Unterschied zu den Phantomaktien erfolgen hier in der Regel keine Zahlungen, welche betragsmässig den jeweiligen Dividenden entsprechen. Die physische Lieferung von Aktien – und damit die Beteiligung am Eigenkapital des Arbeitgebers – entfallen.

2.3.2.3 Co-Investments

Co-Investments von Mitarbeitenden sind insbesondere anzutreffen im Rahmen von Private Equity-Strukturen. Dabei werden häufig Instrumente zugeteilt, welche den Mitarbeitenden in der Regel erst dann entschädigen, wenn der Arbeitgeber verkauft wird oder an die Börse gebracht werden kann. Solche Co-Investments gelten insbesondere dann als unechte Mitarbeiterbeteiligungen, wenn die Beteiligungstitel dem Mitarbeitenden keine umfassenden Eigentümerrechte (unbeschränktes Stimm- und Dividendenrecht, Recht auf Gewinn- und Liquidationsanteil) am Arbeitgeber einräumen.

2.3.3 Künftige Entwicklungen

Die Eidgenössische Steuerverwaltung (nachfolgend ESTV) kann neue Arten von Mitarbeiterbeteiligungen, welche ihr nach Inkrafttreten des vorliegenden Kreisschreibens unterbreitet werden, in Anwendung von Artikel 16 MBV in einem separaten Anhang auflisten und die entsprechende Liste publizieren.

2.4 *Sperrfrist sowie Vesting / Vestingperiode*

Unter einer Sperrfrist ist eine in der Regel zeitlich befristete Verfügungssperre auf vertraglicher Basis zu verstehen, während welcher der Mitarbeitende die betreffenden Mitarbeiterbeteiligungen insbesondere weder ausüben, veräussern, verpfänden noch anderweitig belasten darf.

Die Vestingperiode stellt die Zeitspanne dar, während welcher der Mitarbeitende eine Option verdienen bzw. „abverdienen" muss, insbesondere indem er gewisse berufliche Ziele erfüllt oder auch indem er seinen Arbeitsvertrag nicht vor Ablauf einer bestimmten Dauer kündigt. Das Ende dieser Zeitspanne wird als „Vesting" bezeichnet (vgl. Urteil des Bundesgerichts 2C_138/2010 vom 2. Juni 2010, Erw. 2.2) Dementsprechend gelten solche Mitarbeiterbeteiligungen bis zum Eintritt des Vesting lediglich als aufschiebend bedingt zugeteilt.

Das Vesting, also das Ende der Vestingperiode, wird in der Regel im jeweiligen Beteiligungsplan bzw. -vertrag festgehalten, ebenso wie die Gründe, welche zu einem vorzeitigen Vesting führen können. Läuft die Vestingperiode ab und werden sämtliche Vestingbedingungen erfüllt, führt dies zum Erwerb des Rechtsanspruchs an der entsprechenden Mitarbeiterbeteiligung. Der Besteuerungszeitpunkt richtet sich dabei nach Ziffer 3 ff. dieses Kreisschreibens.

2.5 *Realisation*

Wird in diesem Kreisschreiben von Realisation von Mitarbeiterbeteiligungen gesprochen, dann deckt dies insbesondere die Ausübung oder den Verkauf von Mitarbeiteroptionen ab, ebenso wie die Umwandlung von Anwartschaften in Aktien sowie den Bezug von Bargeld aus aktienkursbezogenen Bargeldanreizsystemen (vgl. Anhang I, Übersicht über Mitarbeiterbeteiligungen).

2.6 *Umrechnung von Fremdwährungen*

Lautet eine Mitarbeiterbeteiligung auf eine ausländische Währung, so sind die jeweils zu bescheinigenden Angaben in Schweizerfranken (nachfolgend Franken) umzurechnen. Der Umrechnung ist das Mittel der Geld- und Briefschlusskurse am Tage der Abgabe, dem Erwerb oder der Realisation des geldwerten Vorteils aus der Mitarbeiterbeteiligung zu Grunde zu legen. In begründeten Fällen und in Absprache mit der zuständigen Steuerbehörde kann von dieser Umrechnung abgewichen werden.

3 Besteuerung von Mitarbeiteraktien (Art. 17b DBG)

3.1 *Grundsatz*

Werden Mitarbeiteraktien unentgeltlich oder zu Vorzugsbedingungen abgegeben, stellt die positive Differenz zwischen dem Verkehrswert und dem Abgabepreis bei den Mitarbeitenden einen geldwerten Vorteil und damit Einkommen aus unselbständiger Erwerbstätigkeit dar (vgl. Art. 17 Abs. 1 DBG). Mitarbeiteraktien sind bei Abgabe, d.h. im Zeitpunkt des Rechtserwerbs zu besteuern.

3.2 Verkehrswert

3.2.1 Börsenkotierte Mitarbeiteraktien

Bei börsenkotierten Mitarbeiteraktien gilt als Verkehrswert grundsätzlich der Börsenschlusskurs am Tage des Rechtserwerbs.

Der Rechtserwerb von Mitarbeiteraktien erfolgt regelmässig in einem Zeitpunkt, in welchem der Mitarbeitende das Angebot des Arbeitgebers zum Bezug von Aktien annimmt. Insbesondere aus administrativen Gründen kann der Beteiligungsplan eine bestimmte Bezugsfrist vorsehen, während welcher der Mitarbeitende die Annahme der Offerte bestätigen muss. Liegen solche Bezugsfristen vor, gilt Folgendes:

- Bei Bezugsfristen von mehr als 60 Kalendertagen gilt als steuerlich massgebender Verkehrswert der Schlusskurs am Tage der Annahme der Offerte.

- Bei Bezugsfristen von bis zu 60 Kalendertagen gilt als steuerlich massgebender Verkehrswert der Schlusskurs des ersten Tages der Bezugsfrist. In begründeten Fällen und in Absprache mit der zuständigen Steuerbehörde kann von dieser Verkehrswertberechnung abgewichen werden.

3.2.2 Nicht börsenkotierte Mitarbeiteraktien

Bei nicht an einer Börse kotierten Mitarbeiteraktien fehlt es in der Regel an einem Verkehrswert. Daher gilt als massgeblicher Wert grundsätzlich der nach einer für den entsprechenden Arbeitgeber tauglichen und anerkannten Methode ermittelte Formelwert. Dabei kann die Berechnung des entsprechenden Werts im Zeitpunkt der Zuteilung den Regelungen gemäss dem Kreisschreiben Nr. 28 der Schweizerischen Steuerkonferenz von 28. August 2008 (Wegleitung zur Bewertung von Wertpapieren ohne Kurswert für die Vermögenssteuer) folgen. Die einmal gewählte Berechnungsmethode muss für den entsprechenden Mitarbeiterbeteiligungsplan zwingend beibehalten werden.

Wird der Formelwert nur einmal pro Jahr berechnet, gilt er nur dann als steuerlich massgebender Wert, wenn die Abgabe der Mitarbeiteraktien innert sechs Monaten nach dem betreffenden Bewertungsstichtag erfolgt. Andernfalls ist der Formelwert des kommenden Bewertungsstichtags angemessen zu berücksichtigen.

Ist für nicht börsenkotierte Aktien ausnahmsweise ein Verkehrswert verfügbar, ist grundsätzlich dieser anwendbar. Im Einzelfall kann auf entsprechenden Antrag des Arbeitgebers trotz Verfügbarkeit eines Verkehrswerts auf einen Formelwert abgestellt werden. Dies setzt voraus, dass der Arbeitgeber ein unbeschränktes Kaufrecht hat, die Mitarbeiteraktien zum identisch berechneten Formelwert zurück zu kaufen.

<u>Beispiel:</u>
A und B gründen die Newtec AG mit einem AK von 100'000 Franken (100 Aktien à nom. 1'000 Franken). Im Zuge einer Kapitalerhöhung zeichnet die Z Bank als Investorin weitere 100 Aktien à nom. 1'000 Franken zuzüglich eines Agios von 9'000 Franken pro Aktie. Damit beträgt der Verkehrswert 10'000 Franken pro Aktie.

Ein halbes Jahr später möchte die Newtec AG ihren Mitarbeiter C mittels einer unentgeltlichen Abgabe von 10 Aktien beteiligen. Bei einem Verkehrswert von 10'000 Franken pro Aktie würde dies bei C zu einem steuerbaren Einkommen von 100'000 Franken führen.

Weil sein übriger Lohn sehr bescheiden ist, wäre C nicht in der Lage, die durch die Mitarbeiterbeteiligung anfallenden Einkommenssteuern zu bezahlen. Aus diesem Grunde beantragt die Newtec AG bei der zuständigen Steuerbehörde, den Verkehrswert zu negieren und statt dessen zu Steuerzwecken inskünftig auf den Formelwert abzustellen. Dieses Vorgehen wird von den Steuerbehörden akzeptiert, wenn der Arbeitgeber ein unbeschränktes Kaufrecht hat, die Mitarbeiteraktien zum identisch berechneten Formelwert zurück zu kaufen.

3.3 Ermittlung des steuerbaren Einkommens

Der Besteuerung unterliegt die positive Differenz zwischen dem Verkehrswert der Mitarbeiteraktien und deren Abgabepreis.

Gesperrte Mitarbeiteraktien weisen gegenüber frei verfügbaren Aktien einen Minderwert auf. Artikel 17b Absatz 2 DBG trägt diesem Umstand mit einem Diskont von sechs Prozent pro Sperrjahr Rechnung, wobei maximal zehn Sperrjahre berücksichtigt werden können. Dies führt zur folgenden Diskontierungstabelle:

Sperrfrist	Einschlag	Reduzierter Verkehrswert
1 Jahr	5,660 %	94,340 %
2 Jahre	11,000 %	89,000 %
3 Jahre	16,038 %	83,962 %
4 Jahre	20,791 %	79,209 %
5 Jahre	25,274 %	74,726 %
6 Jahre	29,504 %	70,496 %
7 Jahre	33,494 %	66,506 %
8 Jahre	37,259 %	62,741 %
9 Jahre	40,810 %	59,190 %
10 Jahre	44,161 %	55,839 %

Angebrochene Sperrfristjahre werden pro rata temporis berücksichtigt (vgl. Art. 11 Abs. 3 und Art. 12 Abs. 2 MBV). Der reduzierte (prozentuale) Verkehrswert berechnet sich nach der Formel ($100 : 1.06^n$), wobei (n) der Anzahl am Bewertungsstichtag noch ausstehender Sperrjahre entspricht.

Die positive Differenz zwischen dem reduzierten Verkehrswert und dem tieferen Erwerbspreis stellt beim Mitarbeitenden steuerbares Einkommen aus unselbständiger Erwerbstätigkeit dar (Art. 17b Abs. 1 DBG).

3.4 Besondere Fälle

3.4.1 Vorzeitiger Wegfall der Sperrfrist (Art. 11 MBV)

Fällt die Sperrfrist vorzeitig weg, realisiert der Mitarbeitende in diesem Zeitpunkt einen im Arbeitsverhältnis begründeten geldwerten Vorteil, d.h. Einkommen aus unselbständiger Erwerbstätigkeit (Art. 17 Abs. 1 DBG). Der Grund für den vorzeitigen Wegfall der Sperrfrist ist ebenso wenig von Bedeutung wie die allfällige Tatsache, dass die Mitarbeiteraktie seinerzeit zu einem über dem steuerlich diskontierten Verkehrswert bezogen wurde.

Das steuerbare Einkommen entspricht der Differenz zwischen dem nicht diskontierten Verkehrswert der Aktie im Zeitpunkt des Wegfalls der Sperrfrist und dem entsprechend der verbleibenden Restsperrfrist diskontierten Wert. Angebrochene Restsperrfristjahre sind pro rata temporis zu berücksichtigen.

Beispiel:
Mitarbeiter A hat am 15. März 2010 eine für 10 Jahre gesperrte Mitarbeiter-

aktie unentgeltlich zugeteilt erhalten. Am 30. September 2013 geht Mitarbeiter A vorzeitig in Pension. Entsprechend dem Beteiligungsplan fällt bei diesem Ereignis eine noch bestehende Sperrfrist vorzeitig weg. Damit wird per 30. September 2013 die grundsätzlich noch bis zum 15. März 2020 gesperrte Mitarbeiteraktie sofort frei verfügbar. Anders ausgedrückt wird in diesem Zeitpunkt die noch für 6,46 Jahre (n) gesperrte Aktie in eine ungesperrte Aktie umgewandelt. Beträgt der (volle) Börsenkurs am 30. September 2013 beispielsweise Fr 1'500.00 pro Aktie (x), dann beträgt der – unter Berücksichtigung der noch ausstehenden 6,46 Sperrfristjahre – reduzierte Verkehrswert in Anwendung von Artikel 17b Absatz 2 DBG lediglich 68,632 Prozent ($100 : 1,06^{6,46}$) des vollen Verkehrswerts, d.h. 1'029.50 Franken. Diese Differenz zwischen dem vollen Verkehrswert (1'500) und dem reduzierten Verkehrswert (1'029.50) stellt das im Zeitpunkt des vorzeitigen Wegfalls der Sperrfrist zu bescheinigende steuerbare Erwerbseinkommen von 470.50 Franken dar. Mathematisch entspricht diese Berechnung der Formel ($x - x : 1,06^{n}$), bzw. ($1'500 - 1'500 : 1,06^{6,46}$).

	Datum	Sperrung bei Ausgabe	(Rest-) Sperrfrist	Verkehrswert	Einschlag	CHF
Wegfall Sperrfrist per	30.09.2013			1'500	-	1'500
Diskontierung per	30.09.2013	10 Jahre	6.46 Jahre	1'500	68.632%	1'029
steuerbares Erwerbseinkommen						471

3.4.2 Rückgabe von Mitarbeiteraktien (Art. 12 MBV)

Muss ein Mitarbeitender bei Beendigung des Arbeitsverhältnisses aufgrund einer reglementarischen bzw. vertraglichen Verpflichtung Mitarbeiteraktien an seinen Arbeitgeber zurückgeben, kann daraus entweder eine im Arbeitsverhältnis begründete Vermögenseinbusse oder steuerbares Einkommen resultieren. In der positiven Differenz zwischen dem Rücknahmepreis und dem (entsprechend der Restsperrfrist diskontierten) Verkehrs- resp. Formelwert realisiert der Mitarbeitende steuerbares Einkommen aus Erwerbstätigkeit und nicht etwa einen steuerfreien privaten Kapitalgewinn. Deshalb ist in diesen Fällen eine Bescheinigung sinngemäss mit den Angaben nach Artikel 11 Absatz 4 MBV zu erstellen. Das steuerbare Einkommen im Zeitpunkt der Rückgabe bemisst sich diesfalls nach der Differenz zwischen dem (entsprechend der Restsperrfrist diskontierten) Verkehrs- resp. Formelwert der zurückgegebenen Mitarbeiteraktien und dem höheren Rückgabepreis. Im Falle einer entschädigungslosen oder unter dem aktuellen Verkehrswert liegenden Rückgabe der Mitarbeiteraktien kann der Mitarbeitende die Vermögenseinbusse in der Steuerperiode der Rückgabe der Mitarbeiteraktien durch einen Gewinnungskostenabzug vom Einkommen geltend machen (vgl. Art. 12 Abs. 1 MBV).

<u>Beispiel:</u>
Mitarbeiter A hat am 15. März 2010 eine für 10 Jahre gesperrte Mitarbeiteraktie erworben. Am 30. September 2013 kündigt der Mitarbeiter A sein Arbeitsverhältnis. Entsprechend dem Beteiligungsplan hat er die Aktie zum ursprünglichen Erwerbspreis von 800 Franken zurückzugeben. Könnte Mitarbeiter A frei über die Mitarbeiteraktie verfügen, würde die noch für 6,46 Jahre (n) gesperrte Aktie in eine ungesperrte Aktie umgewandelt. Beträgt der (volle) Börsenkurs am 30. September 2013 beispielsweise 1'500 Franken pro Aktie (x), dann beträgt der – unter Berücksichtigung der noch ausstehenden 6,46 Sperrfristjahre – reduzierte Verkehrswert in Anwendung von Artikel 17b Absatz 2 DBG lediglich 68,632 Prozent ($100 : 1,06^{6,46}$) des vollen Verkehrswertes, d.h. 1'029 Franken. Da er die Mitarbeiteraktie zum

Preis von 800 Franken (y) zurückgeben hat, kann er in der Steuererklärung die Differenz von 229 Franken als Gewinnungskosten abziehen. Mathematisch entspricht diese Berechnung der Formel $(x : 1{,}06^{\,n} - y)$, bzw. $(1'500 : 1{,}06^{\,6{,}46} - 800)$.

	Datum	Sperrfrist	(Rest-) Sperrfrist	Verkehrswert	Rückgabepreis	Einschlag	Reduzierter Verkehrswert
Zuteilung	15.03.2010	10 Jahre					
Kündigung	30.09.2013	-	6.46 Jahre	1'500	800	68.637% (= 1'029)	1'029

Da der Rückgabepreis 800 Franken und der reduzierte Verkehrswert 1'029 Franken betragen, belaufen sich die steuerlich massgebenden Gewinnungskosten auf 229 Franken.

3.4.3 Veräusserung von im Privatvermögen gehaltenen Mitarbeiteraktien

Aus der Veräusserung von im Privatvermögen gehaltenen Mitarbeiteraktien resultiert für die Belange der direkten Steuern grundsätzlich ein steuerfreier privater Kapitalgewinn (vgl. Art. 16 Abs. 3 DBG) oder ein steuerlich unbeachtlicher Kapitalverlust. Der Umfang des steuerfreien Kapitalgewinns entspricht der Differenz zwischen dem Verkehrswert im Zeitpunkt der Abgabe und dem Verkehrswert im Zeitpunkt der Veräusserung bzw. der Differenz zwischen dem Formelwert im Zeitpunkt der Abgabe und dem nach der gleichen Bewertungsmethode ermittelten Formelwert im Zeitpunkt der Veräusserung. Ein allfälliger Mehrwert, der beispielsweise auf eine veränderte Bewertungsmethodik oder auf einen Wechsel von Formel- zum Verkehrswertprinzip zurückzuführen ist, ist in der Regel als Einkommen im Zeitpunkt der Veräusserung zu besteuern. Tritt das den Wechsel vom Formel- zum Verkehrswertprinzip auslösende Ereignis erst nach Ablauf einer fünfjährigen Haltedauer der jeweiligen Mitarbeiteraktien ein, realisiert der Mitarbeitende bei einer nachfolgenden Veräusserung der im Privatvermögen gehaltenen Mitarbeiteraktien einen steuerfreien Kapitalgewinn.

3.4.4 Hinweise zu weiteren Sachverhalten

Aktien, die im Zeitpunkt der Gründung einer Gesellschaft erworben werden, qualifizieren nicht als Mitarbeiterbeteiligungen im Sinne von Artikel 17a DBG. Erwirbt ein Mitarbeitender Beteiligungsrechte zu Konditionen, wie diese einer unabhängigen Drittperson gewährt werden, gelten diese Wertschriften nicht als Mitarbeiterbeteiligungen im Sinne von Artikel 17a DBG.

4 Besteuerung von Mitarbeiteroptionen (Art. 17b DBG)

4.1 *Freie börsenkotierte Mitarbeiteroptionen*

Freie börsenkotierte Mitarbeiteroptionen werden im Zeitpunkt der Abgabe besteuert. Werden solche Mitarbeiteroptionen unentgeltlich oder zu Vorzugsbedingungen abgegeben, stellt die positive Differenz zwischen dem Verkehrswert und dem Abgabepreis bei den Mitarbeitenden einen geldwerten Vorteil und damit Einkommen aus unselbständiger Erwerbstätigkeit dar (vgl. Art. 17b Abs. 1 DBG).

In Bezug auf den Verkehrswert der Mitarbeiteroptionen gelten die Bestimmungen gemäss Ziffer 3.2.1 dieses Kreisschreibens sinngemäss.

4.2 *Übrige Mitarbeiteroptionen*

Sämtliche Mitarbeiteroptionen, die nicht gemäss Ziffer 4.1 hievor bei Abgabe zu besteuern sind, werden im Zeitpunkt der Veräusserung oder der Ausübung besteuert (vgl. Art. 17b

Abs. 3 DBG). Steuerbar ist der gesamte Veräusserungserlös bzw. Ausübungsgewinn nach Abzug allfälliger Gestehungskosten.

5 Besteuerung von Anwartschaften auf Mitarbeiteraktien

Anwartschaften auf Mitarbeiteraktien werden im Zeitpunkt der Umwandlung in Mitarbeiteraktien besteuert. Die Besteuerung richtet sich in diesem Zeitpunkt nach den für die Mitarbeiteraktien geltenden Vorgaben (vgl. Ziff. 3 hievor).

6 Besteuerung von unechten Mitarbeiterbeteiligungen (Art. 17c DBG)

Geldwerte Vorteile aus der Einräumung von unechten Mitarbeiterbeteiligungen sind im Zeitpunkt ihres Zuflusses steuerbar. Als Erwerbseinkommen unterliegt der gesamte geldwerte Vorteil der Einkommenssteuer, d.h. aus unechten Mitarbeiterbeteiligungen kann diesfalls kein steuerfreier privater Kapitalgewinn resultieren.

7 Besteuerung von Mitarbeiterbeteiligungen im internationalen Verhältnis (Art. 7 bis 9 MBV)

7.1 *Allgemeines*

Die anteilsmässige Besteuerung, welche in den Artikeln 17d DBG sowie 7 und 8 MBV festgehalten wird, ist auf zwei Sachverhalte anwendbar. Der erste Sachverhalt betrifft Fälle, in welchen der Mitarbeitende aus dem Ausland in die Schweiz zuzieht (Zuzug; Art. 7 MBV). Der Zweite betrifft Mitarbeitende, die aus der Schweiz ins Ausland ziehen (Wegzug; Art. 8 MBV). Dabei werden die Mitarbeiterbeteiligungen jeweils in einem Land abgegeben und in einem anderen Land realisiert. Bei diesen Mitarbeiterbeteiligungen handelt es sich in der Regel um Mitarbeiteroptionen, Anwartschaften auf Mitarbeiteraktien oder um unechte Mitarbeiterbeteiligungen.

Aufgrund verschiedener Doppelbesteuerungsabkommen (DBA) kann die Schweiz in der Regel nicht den gesamten geldwerten Vorteil aus der Realisation besteuern. Die Besteuerung ist vielmehr aufgrund der Arbeitstage auf die Länder zu verteilen, in denen der Mitarbeitende seit der Zuteilung der Mitarbeiterbeteiligung bis zum Entstehen des Ausübungsrechts ansässig war (Art. 7 und 8 MBV). Keine Rolle spielt dabei, ob ein anderes Land den geldwerten Vorteil anteilsmässig besteuert oder nicht. Vielmehr ist entscheidend, welches Land das anteilige Besteuerungsrecht für das Einkommen aus der zugrundeliegenden Erwerbstätigkeit besitzt.

Artikel 7 wie auch Artikel 8 MBV schreiben dem Arbeitgeber vor, welche Angaben er in den Fällen der anteilsmässigen Besteuerung nach Artikel 17d DBG zu bescheinigen hat. Anzumerken ist, dass die Artikel 7 und 8 MBV auf Grund des ausdrücklichen Verweises in Artikel 9 MBV in analoger Weise auch auf weitere Sachverhalte anzuwenden sind, wie beispielsweise, wenn ein Mitarbeitender aus dem Ausland in die Schweiz zuzieht, für kurze Zeit hier ansässig ist und noch vor dem Vesting wieder wegzieht oder umgekehrt. Die örtliche Zuständigkeit der Besteuerung richtet sich nach den Artikeln 107 und 105 DBG. Die Bescheinigung bei Wegzug eines Mitarbeitenden ist der nach diesen Bestimmungen zuständigen kantonalen Behörde zuzustellen. Der Arbeitgeber hat in seiner Eigenschaft als Schuldner der steuerbaren Leistung die Quellensteuer jeweils bloss auf dem schweizerischen Anteil abzurechnen.

Als Arbeitstage im Sinne von Artikel 7 und 8 MBV gilt der Zeitraum, in welchem zwischen einem Mitarbeitenden und seinem Arbeitgeber ein Arbeitsvertragsverhältnis besteht. Die in diese Zeitspanne fallenden Ferien, Wochenenden, gesetzlichen Feiertage und sonstigen Abwesenheiten (Reisetage, Krankheit, Militärdienst, Mutterschaftsurlaub etc.) werden dabei nicht in Abzug gebracht.

Generell vorbehalten bleiben Bestimmungen in DBA oder weiteren Abkommen mit anderen Staaten, die das Besteuerungsrecht der Schweiz beschränken oder aufheben (so etwa Art. 15a DBA Deutschland über die Besteuerung von Grenzgängern).

7.2 Quellenbesteuerung von Mitarbeiteraktien und freien börsenkotierten Mitarbeiteroptionen

7.2.1 Allgemeines

Mitarbeiteraktien im Sinne von Artikel 1 Absatz 2 Buchstabe a MBV sind gemäss Artikel 17b Absatz 1 DBG immer im Zeitpunkt des Erwerbs als Einkommen aus unselbstständiger Erwerbstätigkeit steuerbar. Allfällige Sperrfristen werden mit einem Diskont von 6 Prozent pro Sperrjahr auf deren Verkehrswert berücksichtigt (vgl. auch Ziff. 3.3 hievor). Eine anteilsmässige Besteuerung ist ausgeschlossen, da Mitarbeiteraktien mit ihrer Abgabe erworben werden. Vorbehalten bleiben Fälle, in welchen die Mitarbeiteraktien als Entschädigung für eine im Ausland erbrachte Arbeitsleistung (Bonus) abgegeben werden.

Freie börsenkotierte Mitarbeiteroptionen im Sinne von Artikel 1 Absatz 2 Buchstabe b MBV sind ebenfalls gemäss Artikel 17b Absatz 1 DBG im Zeitpunkt des Erwerbs als Einkommen aus unselbständiger Erwerbstätigkeit zu besteuern.

7.2.2 Quellenbesteuerung

Im internationalen Verhältnis ist zu berücksichtigen, dass der Empfänger der Mitarbeiteraktien im Zeitpunkt des Erwerbs seine Ansässigkeit entweder in der Schweiz oder im Ausland haben kann. In beiden Fällen kann die Besteuerung an der Quelle erfolgen, sofern die Voraussetzungen der Artikel 83 respektive 91 oder 97 DBG erfüllt sind. Daraus ergeben sich folgende Möglichkeiten der Besteuerung:

Art der Erwerbstätigkeit im Besteuerungszeitpunkt	steuerrechtlicher Wohnsitz im Zeitpunkt der Besteuerung	
	Schweiz	Ausland[2]
Ausschliesslich Arbeitnehmer (AN)	Fälle von Art. 83 DBG: Einkünfte aus Mitarbeiteraktien sind zusammen mit dem übrigen Einkommen aus unselbstständiger Erwerbstätigkeit an der Quelle zu besteuern.	Fälle von Art. 91 oder 97 DBG: Einkünfte aus Mitarbeiteraktien sind zusammen mit dem übrigen Einkommen aus unselbstständiger Erwerbstätigkeit an der Quelle zu besteuern. Vorbehalten bleibt eine anteilsmässige Besteuerung von Mitarbeiterbeteiligungen, die als Bonus abgegeben werden (sinngemäss Art. 17d DBG)
Ausschliesslich Verwaltungsrat (VR)	Fälle von Art. 83 DBG: Einkünfte aus Mitarbeiteraktien sind zusammen mit dem übrigen Einkommen aus unselbstständiger Erwerbstätigkeit an der Quelle zu besteuern.	Fälle von Art. 93 DBG: Verwaltungsräte, die Mitarbeiteraktien erhalten, werden für diese Leistung an der Quelle besteuert werden.
Zugleich Arbeitnehmer (AN) und Verwaltungsrat (VR)	Fälle von Art. 83 DBG: Einkünfte aus Mitarbeiteraktien sind zusammen mit dem übrigen Einkommen aus unselbstständiger Erwerbstätigkeit an der Quelle zu besteuern.	Fälle von Art. 91 oder 97 sowie 93 DBG: In diesen Fällen ist vorgängig zu bestimmen, für welche Art der Erwerbstätigkeit (AN oder VR) die Mitarbeiteraktien ausgegeben werden. Die Besteuerung richtet sich anschliessend nach der Art der Erwerbstätigkeit. Vorbehalten bleibt eine anteilsmässige Besteuerung bei Mitarbeiterbeteiligungen, die als Bonus abgegeben werden (sinngemäss Art. 17d DBG).

---

[2] Massgebend, ob die Besteuerung nach internem Recht erfolgen kann, ist die Zuweisung der Besteuerungshoheit durch ein allfällig anwendbares DBA und weitere bilaterale Abkommen mit anderen Staaten. Im Falle eines Wegzugs aus der Schweiz ist somit eine Besteuerung durch die Schweiz dennoch nicht ausgeschlossen.

7.3 Besteuerung von gesperrten oder nicht börsenkotierten Mitarbeiteroptionen, Anwartschaften auf Mitarbeiteraktien sowie unechten Mitarbeiterbeteiligungen im internationalen Verhältnis

7.3.1 Allgemeines

Geldwerte Vorteile aus gesperrten oder nicht börsenkotierten Mitarbeiteroptionen, aus Anwartschaften auf Mitarbeiteraktien sowie aus unechten Mitarbeiterbeteiligungen werden im Zeitpunkt ihrer Realisation besteuert (vgl. auch Ziff. 4.2, Ziff. 5 und Ziff. 6 hievor).

7.3.2 „Import" von Mitarbeiterbeteiligungen (Art. 7 MBV)

Als „importierte" Mitarbeiterbeteiligungen gelten Mitarbeiteroptionen, Anwartschaften auf Mitarbeiteraktien oder unechte Mitarbeiterbeteiligungen, die der Mitarbeitende während einer Zeit erworben hat, in der er im Ausland ansässig war, und welche er nach seinem Zuzug in die Schweiz hier realisiert (vgl. Art. 7 Abs. 1 MBV).

„Importierte" Mitarbeiterbeteiligungen, die nach schweizerischem Recht im Zeitpunkt der Abgabe besteuert werden (vgl. Ziff. 2.3.1.1.1 und 2.3.1.1.2, sowie Ziff. 4.1 hievor), können in der Schweiz steuerfrei realisiert werden. Die Besteuerung von Erwerbseinkünften infolge vorzeitigen Wegfalls der Sperrfrist bleibt vorbehalten.

7.3.2.1 „Import" von Mitarbeiterbeteiligungen mit Ansässigkeitswechsel

Das Erwerbseinkommen von „importierten" Mitarbeiterbeteiligungen, die nach schweizerischem Recht im Zeitpunkt der Realisation besteuert werden, wird – unter Progressionsvorbehalt – nur anteilsmässig besteuert, sofern zwischen dem Zeitpunkt der Abgabe und der Realisation der Mitarbeiterbeteiligung ein Ansässigkeitswechsel erfolgt ist. Der in der Schweiz steuerbare geldwerte Vorteil berechnet sich dabei wie folgt (Art. 17d DBG):

$$\frac{\text{Gesamthaft erhaltener geldwerter Vorteil} \times \text{Anzahl Arbeitstage in der Schweiz innerhalb der Vestingperiode}}{\text{Anzahl Tage der Vestingperiode}}$$

Die Besteuerung kann dabei im ordentlichen Verfahren oder im Quellensteuerverfahren erfolgen und es sind die Bescheinigungen gemäss Artikel 7 MBV beizubringen.

Zur Veranschaulichung dienen die Fallbeispiele 1 und 3 im Anhang II dieses Kreisschreibens.

7.3.2.2 „Import" von Mitarbeiterbeteiligungen ohne Ansässigkeitswechsel

Das Erwerbseinkommen von „importierten" Mitarbeiterbeteiligungen, die nach schweizerischem Recht im Zeitpunkt der Realisation besteuert werden, wird – unter Progressionsvorbehalt – auch bei unveränderter Ansässigkeit im Ausland anteilsmässig besteuert, sofern sich der Mitarbeitende zwischen dem Zeitpunkt der Abgabe und Realisation einer Mitarbeiterbeteiligung bei einem Arbeitgeber mit Sitz in der Schweiz anstellen lässt. In diesen Fällen erfolgt die anteilsmässige Besteuerung nach dem Verhältnis der Arbeitsverträge (Arbeitstage) Schweiz / Ausland innerhalb der Vestingperiode (sinngemässe Anwendung von Art. 17d DBG). Die in diese Zeitspanne fallenden Ferien, Wochenenden, gesetzlichen Feiertage und sonstigen Abwesenheiten (Reisetage, Krankheiten, Militärdienst, Mutterschaftsurlaub etc.) sind für die Berechnung der massgebenden Arbeitstage unerheblich. Die Arbeitstage Schweiz sind um allfällige Drittstaattage zu kürzen. Die Berechnung ist wie folgt vorzunehmen:

$$\frac{\text{Gesamthaft erhaltener geldwerter Vorteil} \times \text{Anzahl Arbeitstage* in der Schweiz innerhalb der Vestingperiode}}{\text{Anzahl Tage der Vestingperiode}}$$

* allenfalls unter Berücksichtigung von Drittstaattagen

Da der Mitarbeitende in der Schweiz bloss beschränkt steuerpflichtig ist, hat die Besteuerung des geldwerten Vorteils aus Mitarbeiterbeteiligungen im Quellensteuerverfahren zu erfolgen. Die Vorschriften in den verschiedenen DBA oder weiteren Abkommen mit anderen Staaten, die das Besteuerungsrecht der Schweiz beschränken oder aufheben (so etwa in Art. 15a DBA Deutschland über die Besteuerung von Grenzgängern), sind zu beachten.

7.3.3 „Export" von Mitarbeiterbeteiligungen (Art. 8 MBV)

Als „exportierte" Mitarbeiterbeteiligungen gelten Mitarbeiteroptionen, Anwartschaften auf Mitarbeiteraktien oder unechten Mitarbeiterbeteiligungen, die der Mitarbeitende während einer Zeit zugeteilt erhalten hat, in der er in der Schweiz ansässig war, und die er nach seinem Wegzug ins Ausland dort realisiert (vgl. Art. 8 Abs. 1 MBV).

Der „Export" von Mitarbeiterbeteiligungen, die nach schweizerischem Recht im Zeitpunkt der Abgabe besteuert werden (vgl. Ziff. 2.3.1.1.1 und 2.3.1.1.2, sowie Ziff. 4.1 hievor), ist steuerlich unbeachtlich. Vorbehalten bleiben diejenigen Fälle, in welchen die Mitarbeiterbeteiligungen als Bonus für die in der Schweiz erbrachte Leistung ausgerichtet werden und dementsprechend der Quellensteuer unterliegen.

Die Besteuerung hat in jedem Fall über das Quellensteuerverfahren zu erfolgen und der Quellensteuerabrechnung sind die Bescheinigungen gemäss Artikel 8 MBV beizulegen.

7.3.3.1 „Export" von Mitarbeiterbeteiligungen mit Ansässigkeitswechsel

Der „Export" von Mitarbeiterbeteiligungen, welche nach schweizerischem Recht bei Realisation besteuert werden, zieht in diesem Zeitpunkt in der Schweiz Einkommenssteuerfolgen nach sich. Verlegt dabei der Mitarbeitende vor Realisation der Mitarbeiterbeteiligungen seinen Wohnsitz ins Ausland, hat die Quellenbesteuerung in Anwendung von Artikel 97a DBG zu erfolgen. Der in der Schweiz steuerbare geldwerte Vorteil berechnet sich dabei wie folgt (vgl. Art. 17d DBG):

$$\frac{\text{Gesamthaft erhaltener geldwerter Vorteil} \times \text{Anzahl Arbeitstage in der Schweiz innerhalb der Vestingperiode}}{\text{Anzahl Tage der Vestingperiode}}$$

Die Steuer (Anteil direkte Bundessteuer) beträgt 11,5 Prozent des in der Schweiz steuerbaren geldwerten Vorteils (Art. 97a Abs. 2 DBG).

Die anfallenden Steuern sind als Quellensteuer – diese wird auch als erweiterte Quellensteuer bezeichnet – durch den (ehemaligen) schweizerischen Arbeitgeber abzuführen. Diese Verpflichtung gilt insbesondere auch dann, wenn der geldwerte Vorteil von einer ausländischen Konzerngesellschaft ausgerichtet wird. Der Quellensteuerabrechnung ist die Bescheinigung über die Mitarbeiterbeteiligung beizulegen (vgl. Art. 10 MBV).

Die Besteuerung hat trotz Ansässigkeitswechsel nicht nach Artikel 97a DBG zu erfolgen, wenn der Mitarbeitende bei Realisation der Mitarbeiterbeteiligung weiterhin beim gleichen Leistungsschuldner angestellt bzw. als Verwaltungsrat tätig ist. In diesen Fällen hat die Quellenbesteuerung gemäss den Artikeln 91, 97 und 93 DBG zu erfolgen. Eine Ausscheidung gemäss Artikel 17d DBG hat dabei zu unterbleiben (vgl. Art. 13 Abs. 1 und Art. 14 Abs. 1 MBV). Vorbehalten bleiben die Bestimmungen in den Doppelbesteuerungsabkommen oder weiteren Abkommen mit anderen Staaten, die das Besteuerungsrecht der Schweiz beschränken oder aufheben (so etwa in Art. 15a DBA Deutschland über die Besteuerung von Grenzgängern).

7.3.3.2 „Export" von Mitarbeiterbeteiligungen ohne Ansässigkeitswechsel

Die Quellenbesteuerung hat nach den Artikeln 91, 97 und 93 DBG zu erfolgen, wenn der Mitarbeitende bereits bei Abgabe der Mitarbeiterbeteiligungen im Ausland ansässig war und zwischen dem Zeitpunkt der Abgabe und Realisation der Mitarbeiterbeteiligung kein Ansässigkeitswechsel stattgefunden hat.

Bestand das Arbeitsverhältnis während der ganzen Vestingperiode unverändert in der Schweiz, so sind einzig allfällige Drittstaattage (d.h. Arbeitstage ausserhalb der Schweiz) von der Besteuerung auszuscheiden. Dies trifft vor allem auf die Fälle zu, bei welchen der Steuerpflichtige nach Artikel 91 DBG quellensteuerpflichtig ist. Bei der Besteuerung nach Artikel 97 DBG sind in der Regel Drittstaattage nur für bestimmte Fallgruppen auszuscheiden (etwa Fälle im internationalen Transportgewerbe), währenddem die Quellenbesteuerung gemäss Artikel 93 DGB uneingeschränkt vorgenommen werden kann.

Hat der im Ausland ansässige Mitarbeitende innerhalb der Vestingperiode einen Arbeitgeberwechsel ins Ausland vollzogen bzw. sein Arbeitsverhältnis in der Schweiz beendet, so hat die Quellenbesteuerung gemäss den Artikeln 91 und 97 DBG anteilsmässig zu erfolgen. Dies gilt dementsprechend auch für Fälle, die nach Artikel 93 DBG quellensteuerpflichtig sind. Die Besteuerung ist dabei nach dem Verhältnis der Arbeitstage (Tage des Verwaltungsratsmandats) Schweiz / Ausland während der Vestingperiode anteilsmässig vorzunehmen (sinngemässe Anwendung von Art. 17d DBG). Die in diese Zeitspanne fallenden Ferien, Wochenenden, gesetzlichen Feiertage und sonstigen Abwesenheiten (Reisetage, Krankheiten, Militärdienst, Mutterschaftsurlaub etc.) sind für die Berechnung der massgebenden Arbeitstage unerheblich. Die Arbeitstage Schweiz sind allenfalls noch um allfällige Drittstaattage zu kürzen (vgl. voranstehender Absatz). Die Berechnung ist wie folgt vorzunehmen:

$$\frac{\text{Gesamthaft erhaltener geldwerter Vorteil} \times \text{Anzahl Arbeitstage* Schweiz innerhalb der Vestingperiode}}{\text{Anzahl Tage der Vestingperiode}}$$

* allenfalls unter Berücksichtigung von Drittstaattagen

Generell vorbehalten bleiben Bestimmungen in den DBA oder weiteren Abkommen mit anderen Staaten, die das Besteuerungsrecht der Schweiz beschränken oder aufheben (so etwa Art. 15a DBA Deutschland über die Besteuerung von Grenzgängern).

Zur Veranschaulichung dient das Fallbeispiel 5 im Anhang II dieses Kreisschreibens.

7.3.4 Überblick zur Quellenbesteuerung von geldwerten Vorteilen aus Mitarbeiterbeteiligungen, die erst bei Realisierung steuerbar sind

Im internationalen Verhältnis ist zu berücksichtigen, dass der Empfänger von Mitarbeiterbeteiligungen, welche im Zeitpunkt der Realisation steuerbar sind, dannzumal seine Ansässigkeit entweder in der Schweiz oder im Ausland haben kann. In beiden Fällen kann die Besteuerung an der Quelle erfolgen, sofern die Voraussetzungen der Artikel 83 bzw. Artikel 91, 97 oder 93 sowie des Artikel 97a DBG erfüllt sind. Daraus ergeben sich folgende Möglichkeiten zur Besteuerung:

Art der Erwerbstätigkeit im Besteuerungszeitpunkt	steuerrechtlicher Wohnsitz im Zeitpunkt der Besteuerung	
	Schweiz	Ausland[3]
Ausschliesslich Arbeitnehmer (AN)	Fälle von Art. 83 DBG: Einkünfte aus diesen Mitarbeiterbeteiligungen sind zusammen mit dem übrigen Einkommen aus unselbstständiger Erwerbstätigkeit an der Quelle zu besteuern. Eine anteilsmässige Besteuerung (Art. 17d DBG) kann nur dann erfolgen, wenn die steuerpflichtige Person nicht während der ganzen Zeitspanne für ihr Einkommen in der Schweiz steuerpflichtig war.	Fälle von Art. 91 und 97 DBG: Einkünfte aus diesen Mitarbeiterbeteiligungen sind zusammen mit dem übrigen Einkommen aus unselbstständiger Erwerbstätigkeit an der Quelle zu besteuern. Die Besteuerung erfolgt nach Art. 84 DBG, wobei eine anteilsmässige Besteuerung gemäss Art. 17d DBG ausgeschlossen ist (vgl. Art. 13 Abs. 1 MBV). Vorbehalten bleiben Bestimmungen aus DBA oder Abkommen mit anderen Staaten.
Ausschliesslich Verwaltungsrat (VR)	Fälle von Art. 83 DBG: Einkünfte aus diesen Mitarbeiterbeteiligungen sind zusammen mit dem übrigen Einkommen aus unselbstständiger Erwerbstätigkeit an der Quelle zu besteuern. Eine anteilsmässige Besteuerung (Art. 17d DBG) kann nur dann erfolgen, wenn die steuerpflichtige Person nicht während der ganzen Zeitspanne für ihr Einkommen in der Schweiz steuerpflichtig war.	Fälle von Art. 93 DBG: Einkünfte aus Mitarbeiterbeteiligungen sind zusammen mit den anderen Einkünften aus Verwaltungsratstätigkeit quellensteuerpflichtig, sofern die Abgabe der Mitarbeiterbeteiligung im Zusammenhang mit dem Verwaltungsratsmandat erfolgte. Die Besteuerung erfolgt nach Art. 93 DBG, wobei eine anteilsmässige Besteuerung gemäss Art. 17d DBG (Art. 14 Abs. 1 MBV) ausgeschlossen ist. Auch die Bestimmungen aus DBA oder Abkommen mit anderen Staaten weisen die Besteuerung dem Staat zu, in welchem der Leistungsschuldner seinen Sitz hat.

---

[3] Massgebend, ob die Besteuerung nach internem Recht erfolgen kann, ist die Zuweisung der Besteuerungshoheit durch ein allfällig anwendbares DBA und weitere bilaterale Abkommen mit anderen Staaten. Im Falle eines Wegzugs aus der Schweiz ist somit eine Besteuerung durch die Schweiz dennoch nicht ausgeschlossen.

Zugleich Arbeitnehmer (AN) und Verwaltungsrat (VR)	Fälle von Art. 83 DBG: Einkünfte aus diesen Mitarbeiterbeteiligungen sind zusammen mit dem übrigen Einkommen aus unselbstständiger Erwerbstätigkeit an der Quelle zu besteuern. Eine anteilsmässige Besteuerung (Art. 17d DBG) kann nur dann erfolgen, wenn die steuerpflichtige Person nicht während der ganzen Zeitspanne für ihr Einkommen in der Schweiz steuerpflichtig war.	Fälle von Art. 91, 97 oder 93 DBG: In diesen Fällen ist vorgängig zu bestimmen, für welche Art der Erwerbstätigkeit (AN oder VR) die Mitarbeiterbeteiligungen ausgegeben wurde. Die Besteuerung richtet sich anschliessend nach der Art der Erwerbstätigkeit, d.h. im Zusammenhang mit einem Arbeitsverhältnis nach Art. 91, 97 DBG bzw. in Zusammenhang mit einem Verwaltungsratsmandat nach Art. 93 DBG.
Weder Arbeitnehmer (AN) noch Verwaltungsrat (VR)	Fälle von Art. 83 DBG: Bei quellensteuerpflichtigen Personen, die im Zeitpunkt der Realisation einer Mitarbeiterbeteiligung weder Arbeitnehmer noch Verwaltungsrat des Leistungsschuldners sind, erfolgt die Besteuerung durch den seinerzeitigen Leistungsschuldner in Anwendung von Art. 83 DBG. Eine anteilsmässige Besteuerung (Art. 17d DBG) kann nur dann erfolgen, wenn die steuerpflichtige Person nicht während der ganzen Zeitspanne für ihr Einkommen in der Schweiz steuerpflichtig war.	Fälle von Art. 97a DBG: In diesen Fällen sind geldwerten Vorteile aus „exportierten" Mitarbeiterbeteiligungen gemäss Art. 97a DBG quellensteuerpflichtig, sofern der Wohnsitz vor Realisierung ins Ausland verlegt wurde. Eine anteilsmässige Besteuerung ist in Anwendung von Art. 17d DBG sicherzustellen. Massgebend sind die in der Vestingperiode der Schweiz zuzurechnenden „Arbeitstage" und dies im Vergleich zur gesamten Anzahl Tage während der Vestingperiode. Liegt kein entsprechender Ansässigkeitswechsel vor, erfolgt die Besteuerung gemäss Art. 91, 97 oder 93 DBG.

8 Mitwirkungs- und Bescheinigungspflichten

8.1 Arbeitgeber

8.1.1 Allgemeines

Der Arbeitgeber unterliegt ab dem 1. Januar 2013 im Zusammenhang mit Mitarbeiterbeteiligungen einer besonderen Bescheinigungspflicht nach Artikel 129 Absatz 1 Buchstabe d DBG. Einzelheiten hat der Bundesrat in der MBV geregelt. Danach hat der Arbeitgeber sowohl für jede Steuerperiode eine Bescheinigung auszustellen, in welcher er dem Mitarbeitenden Mitarbeiterbeteiligungen einräumt, als auch für jede Steuerperiode in welcher der Mitarbeitende Mitarbeiterbeteiligungen einkommenssteuerlich relevant realisiert (vgl. Ziff. 3 bis 6 hievor). Diese Verpflichtung gilt auch dann, wenn der Mitarbeiterbeteiligungsplan von einer ausländischen Konzerngesellschaft oder durch einen Dritten verwaltet wird.

Die Bescheinigung dient insbesondere dazu, die Berechnungsgrundlagen für die im Lohnausweis ausgewiesene geldwerte Leistung rechnerisch nachvollziehbar offen zu legen. Gemäss Artikel 129 Absatz 1 Buchstabe d DBG müssen Arbeitgeber den Veranlagungsbehörden für jede Steuerperiode eine Bescheinigung einreichen, in welcher sie ihren Angestellten Mitarbeiterbeteiligungen einräumen. Ferner hat der Arbeitgeber die Bescheinigung dem Mitarbeitenden als Beilage zum Lohnausweis abzugeben bzw. der Quellensteuerabrechnung beizulegen (vgl. Art. 10 MBV). Vorbehalten bleiben hiervon abweichende kantonale Regelungen. Eine direkte Zustellung an die kantonale Steuerbehörde des Wohnsitzkantons des Mitarbeitenden ist aber immer dann notwendig, wenn der geldwerte Vorteil aus Mitarbeiterbeteiligungen nach Beendigung des Arbeitsverhältnisses realisiert wird (vgl. Art. 15 MBV).

Die Arbeitgeber sind in der Gestaltung der Bescheinigung grundsätzlich frei, soweit diese die Minimalanforderungen gemäss der MBV erfüllt. Musterbescheinigungen finden sich im Anhang III dieses Kreisschreibens. Die ESTV und die kantonalen Steuerbehörden können zusätzlich zu den in der MBV vorgeschriebenen Angaben weitere Informationen von den Arbeitgebern verlangen, soweit dies für die vorschriftsgemässe Veranlagung notwendig ist (vgl. Art. 17 MBV).

Sofern ein Vorbescheid betreffend die Besteuerung der Mitarbeiterbeteiligungen vorliegt, sind auf der Bescheinigung die kantonale Amtsstelle, die den Vorbescheid getroffen hat und das Datum der Vereinbarung (Abschlussdatum) zu vermerken.

8.1.2 Bescheinigungen bei Mitarbeiteraktien (Art. 4 MBV)

Bei Mitarbeiteraktien muss die Bescheinigung für die Steuerperiode erstellt werden, in welcher der Mitarbeitende die Mitarbeiteraktien erwirbt. Sie muss die Angaben nach Artikel 4 MBV enthalten.

Wird bei nicht börsenkotierten Mitarbeiteraktien ein Verkehrswert ausgewiesen, dann muss auf der Bescheinigung vermerkt sein, aus welcher Transaktion sich dieser Verkehrswert ableitet. Wird demgegenüber ein Formelwert ausgewiesen, muss auf der Bescheinigung die angewandte Bewertungsformel angegeben werden.

Ausnahmsweise drängt sich bei Mitarbeiteraktien eine weitere Bescheinigung auf. Das ist namentlich dann der Fall, wenn sich während der Haltedauer der Aktien ein einkommenssteuerlich relevanter Sachverhalt ereignet. Solche Anwendungsfälle werden nachfolgend dargestellt.

8.1.2.1 Freigabe von Mitarbeiteraktien vor Ablauf der Sperrfrist (Art. 11 MBV)

Die Bescheinigung bei Freigabe von Mitarbeiteraktien vor Ablauf der Sperrfirst muss für die Steuerperiode erstellt werden, in welcher die Sperrfrist vorzeitig wegfällt. Sie muss die Angaben nach Artikel 11 MBV enthalten.

8.1.2.2 Rückgabe von Mitarbeiteraktien (Art. 12 MBV)

Bei der Rückgabe von Mitarbeiteraktien muss die Bescheinigung für diejenige Steuerperiode erstellt werden, in welcher der Mitarbeitende die Mitarbeiteraktien entweder überpreislich oder aber unentgeltlich/unterpreislich zurückzugeben hat. Die Bescheinigung muss die Angaben nach Artikel 12 MBV enthalten.

Im Falle einer unterpreislichen Rückgabe darf der Arbeitgeber den geldwerten Nachteil jedoch nicht im Sinne eines Minuslohnes in den Lohnausweis einfliessen lassen und mit anderen steuerbaren Erwerbseinkünften verrechnen. Vielmehr dient diese Bescheinigung dem

Mitarbeiter dafür, diesen geldwerten Nachteil in seiner Steuererklärung als Gewinnungskosten geltend zu machen.

8.1.3 Bescheinigung über Mitarbeiteroptionen, Anwartschaften auf Mitarbeiteraktien und unechte Mitarbeiterbeteiligungen (Art. 5 und 6 MBV)

8.1.3.1 Freie, börsenkotierte Mitarbeiteroptionen

Für freie, börsenkotierte Mitarbeiteroptionen, die im Zeitpunkt der Abgabe besteuert werden, genügt in der Regel eine einzige Bescheinigung. Sie erfolgt für die Steuerperiode, in welcher der Mitarbeitende die Mitarbeiteroptionen erwirbt und muss die Angaben nach Artikel 5 MBV enthalten.

Eine weitere Bescheinigung wäre nur dann angezeigt, wenn Mitarbeiteroptionen während ihrer Haltedauer inhaltlich zugunsten des Mitarbeitenden abgeändert würden, was beispielsweise bei einem Repricing der Fall ist.

8.1.3.2 Übrige Mitarbeiteroptionen, Anwartschaften auf Mitarbeiteraktien und unechte Mitarbeiterbeteiligungen

Für Mitarbeiteroptionen, Anwartschaften auf Mitarbeiteraktien und unechte Mitarbeiterbeteiligungen, die im Zeitpunkt der Realisation des geldwerten Vorteils besteuert werden, sind für die Belange der direkten Bundessteuer stets zwei Bescheinigungen erforderlich: Die Erste im Zeitpunkt der Abgabe der Mitarbeiterbeteiligung und die Zweite im Zeitpunkt der Realisation (vgl. Art. 5 Abs. 2 Bst. a und b MBV).

Im internationalen Verhältnis ist es unter Umständen möglich, dass diese Mitarbeiterbeteiligungsformen nur anteilsmässig besteuert werden. Sind die entsprechenden Voraussetzungen als Folge eines Zuzugs in die Schweiz (vgl. Ziff. 7.3.2.1) erfüllt, stellt der Arbeitgeber dem Mitarbeitenden im Zeitpunkt der Realisation des geldwerten Vorteils eine Bescheinigung aus, welche die Vorgaben von Artikel 7 MBV erfüllt. Dabei ist zu beachten, dass in den Lohnausweis stets die volle geldwerte Leistung einfliessen muss. Der auf das Ausland entfallende Anteil kann der Mitarbeitende erst in seiner Steuererklärung als „im Ausland steuerbare Einkünfte" in Abzug bringen.

Sind die entsprechenden Voraussetzungen als Folge eines Wegzugs aus der Schweiz (vgl. Ziff. 7.3.3.1) erfüllt, ist die Bescheinigung entsprechend den Vorgaben von Artikel 8 MBV der Quellensteuerabrechnung beizulegen. Eine eigenständige, isolierte Meldung der Realisation an die kantonale Steuerbehörde ist nicht notwendig.

8.1.4 Weitere Auskünfte (Art. 17 MBV)

Der Arbeitgeber ist verpflichtet, jederzeit weitere Angaben zu der abgegebenen Mitarbeiterbeteiligung zu machen. Für die Beurteilung eines Mitarbeiterbeteiligungsplans können Aktionärsbindungsverträge, Verträge mit Drittinvestoren oder mit kreditgebenden Banken u. dgl. von Bedeutung sein.

8.2 *Steuerpflichtige*

Die Steuerpflichtigen sind für die vollständige und richtige Deklaration von erhaltenen Mitarbeiterbeteiligungen in der Steuererklärung und für die Einreichung der Bescheinigung des Arbeitgebers verantwortlich.

Sämtliche echten und unechten Mitarbeiterbeteiligungen sind im Wertschriften- und Guthabenverzeichnis zu deklarieren. Diese Deklarationspflicht gilt insbesondere auch dann, wenn die Einkommensbesteuerung (noch) nicht aktuell bevorsteht.

9 Vorbescheid zwischen dem Arbeitgeber und der Steuerbehörde (Ruling)

9.1 Allgemeines

Die Einholung eines Vorbescheids bezweckt nicht nur die einheitliche Veranlagung der Mitarbeitenden, sondern auch die steuerlich korrekte Handhabung des Mitarbeiterbeteiligungsplanes durch den Arbeitgeber in interkantonalen und internationalen Beziehungen mit den Steuerbehörden. Im Ergebnis sollen sich die Mitarbeitenden, der Arbeitgeber und die Steuerbehörden auf die zugesicherten steuerlichen Konsequenzen verlassen können.

9.2 Voraussetzungen

Der zuständigen Steuerbehörde sind für die Einholung eines Vorbescheids sämtliche relevanten Plan- bzw. Vertragsunterlagen einzureichen. Aufgrund dieser Unterlagen ist unter genauem Verweis auf die massgebenden Unterlagen vom Arbeitgeber eine steuerliche Beurteilung vorzunehmen und ein entsprechender Antrag zu stellen.

Der Vorbescheid der Steuerbehörde bezieht sich einzig auf den im Antrag dargestellten Sachverhalt. Eine darüber hinaus gehende Prüfung des Beteiligungsplans durch die Steuerbehörde findet grundsätzlich nicht statt.

9.3 Zuständigkeit

Für einen Vorbescheid ist grundsätzlich die kantonale Steuerbehörde des Sitzkantons des Arbeitgebers zuständig. Ein Vorbescheid der kantonalen Steuerbehörde ist für andere Kantone nicht zwingend verbindlich. Sind Mitarbeitende mit Wohnsitz in mehreren Kantonen betroffen, empfiehlt sich zusätzlich, den Vorbescheid auch der ESTV einzureichen, welche gegebenenfalls ihr Einverständnis im Sinne einer allgemeinen Stellungnahme für die Zwecke der direkten Bundessteuer abgibt.

10 Inkrafttreten, Aufhebungen und Übergangsrecht

Dieses Kreisschreiben tritt auf den 1. Januar 2013 in Kraft. Gleichzeitig werden das Kreisschreiben Nr. 5 der ESTV vom 30. April 1997 über die Besteuerung von Mitarbeiteraktien und Mitarbeiteroptionen und das Rundschreiben vom 6. Mai 2003 der ESTV über die Besteuerung von Mitarbeiteroptionen mit Vesting-Klauseln aufgehoben.

Das vorliegende Kreisschreiben gilt für:

- sämtliche nach dem 1. Januar 2013 abgegebenen Mitarbeiterbeteiligungen;

- sämtliche vor dem 1. Januar 2013 abgegebenen Mitarbeiterbeteiligungen, bei denen auch nach bisherigem Recht der geldwerte Vorteil erst bei Realisation (nach dem 1. Januar 2013) der Einkommensbesteuerung unterliegt sowie

- sämtliche vor dem 1. Januar 2013 abgegebenen Mitarbeiterbeteiligungen, die nach bisherigem Recht im Zeitpunkt der Abgabe oder beim Rechtserwerb (Vesting) hätten besteuert werden müssen, aus irgendwelchen Gründen jedoch nicht besteuert wurden, sofern die Veranlagungsverjährung noch nicht eingetreten ist und kein Nachsteuergrund gemäss Artikel 151 DBG vorliegt.

Altrechtliche Vorbescheide (Rulings), die einem Arbeitgeber und ihren Mitarbeitenden für Mitarbeiteroptionen die Zuteilungs- oder Vestingbesteuerung zusicherten, behalten ihre Gültigkeit insoweit die Besteuerung (bei Zuteilung oder Vesting) bis und mit Steuerperiode 2012 erfolgte; d.h. ab der Steuerperiode 2013 ist bei Mitarbeiteroptionen keine derartige (altrechtliche) Zuteilungs- oder Vestingbesteuerung mehr zulässig.

Altrechtliche Vorbescheide (Rulings), die dem Inhalt dieses Kreisschreibens nicht entsprechen, entfalten ab der Steuerperiode 2013 keine Wirkung mehr.

Die Anpassungen in den Ziffern 3.2.2, 3.4.3 sowie die neue Ziffer 3.4.4 des Kreisschreibens in der Version vom 30. Oktober 2020 treten auf den 1. Januar 2021 in Kraft und entfalten ihre Wirkung ab diesem Zeitpunkt. Der zusätzliche Anhang V des vorliegenden Kreisschreibens findet ebenfalls ab dem 1. Januar 2021 Anwendung.

Anhang I: Übersicht über Mitarbeiterbeteiligungen

Anhang II: Beispiele

Anhang III: Musterbescheinigungen in Papierform

Anhang IV: Fallbeispiele zur Quellenbesteuerung

Anhang V: Elektronische Musterbescheinigungen

☞ *Die Anhänge sind an dieser Stelle nicht abgedruckt.*

Gewerbsmässiger Wertschriftenhandel

Quelle: Eidg. Steuerverwaltung ESTV/HA Direkte Bundessteuer, Verrechnungssteuer, Stempelabgaben

Direkte Bundessteuer

Bern, 27. Juli 2012

Kreisschreiben Nr. 36

Gewerbsmässiger Wertschriftenhandel

Inhaltsverzeichnis

1.	Gegenstand des Kreisschreibens	2
2.	Rechtliche Grundlagen	2
2.1	*Steuerbare Einkünfte – Steuerfreiheit der Kapitalgewinne auf Privatvermögen (Art. 16 Abs. 1 und 3 DBG)*	2
2.2	*Steuerbarkeit der Kapitalgewinne als Einkünfte aus selbständiger Erwerbstätigkeit (Art. 18 DBG)*	2
2.3	*Absicht des Gesetzgebers im Stabilisierungsprogramm 1998*	2
3.	Vorprüfung	3
4.	Die selbständige Erwerbstätigkeit mit Wertschriften (Gewerbsmässiger Wertschriftenhandel)	4
4.1	*Grundsatz: Übernahme der unter dem BdBSt entwickelten Praxis für das DBG (BGE vom 2. Dezember 1999)*	4
4.2	*Wertschriften*	4
4.3	*Abgrenzung der selbständigen Erwerbstätigkeit mit Wertschriften zur privaten Vermögensverwaltung*	4
4.3.1	*Allgemeine Kriterien*	4
4.3.2	*Besonderheiten für Wertschriftenportefeuilles*	5
4.4	*Bemessungsgrundlage*	6
5.	Beurteilungszeitpunkt	7
5.1	*Grundsatz*	7
5.2	*Schuldzinsen*	7
5.3	*Geerbte Wertschriften*	8
6.	Inkrafttreten	8

1. Gegenstand des Kreisschreibens

Dieses Kreisschreiben dient als Hilfsmittel zur Abgrenzung einer selbständigen Erwerbstätigkeit (Quasi-Wertschriftenhandel) von der privaten Vermögensverwaltung. Es stützt sich auf die Rechtsprechung des Bundesgerichtes bis zum 31. Dezember 2011 und betrifft ausschliesslich die Bewirtschaftung eines Wertschriftenportefeuilles (Ziff. 4).

Um den Steuerpflichtigen Rechtssicherheit zu gewährleisten, wurden Kriterien ausgearbeitet, anhand derer im Rahmen einer Vorprüfung gewerbsmässiger Wertschriftenhandel ausgeschlossen werden kann (Ziff. 3). Sind diese Kriterien nicht kumulativ erfüllt, liegt nicht zwingend gewerbsmässiger Wertschriftenhandel vor, sondern es ist aufgrund der Umstände des Einzelfalls nach der bundesgerichtlichen Rechtsprechung zu beurteilen, ob private Vermögensverwaltung oder selbständige Erwerbstätigkeit vorliegt (Ziff. 4).

2. Rechtliche Grundlagen

2.1 Steuerbare Einkünfte – Steuerfreiheit der Kapitalgewinne auf Privatvermögen (Art. 16 Abs. 1 und 3 DBG)

Gemäss Artikel 16 Absatz 1 des Bundesgesetzes vom 14. Dezember 1990[1] über die direkte Bundessteuer (DBG) sind „alle wiederkehrenden und einmaligen Einkünfte" steuerbar. Mit dieser Generalklausel hat der Gesetzgeber den Grundsatz der Gesamtreineinkommenssteuer festgehalten. Ausgenommen von der Einkommensbesteuerung sind Einkünfte nur, wenn dies eine ausdrückliche Gesetzesnorm anordnet. Als eine solche Ausnahme erweist sich die Bestimmung von Artikel 16 Absatz 3 DBG, wonach Kapitalgewinne aus der Veräusserung von Privatvermögen steuerfrei sind.

2.2 Steuerbarkeit der Kapitalgewinne als Einkünfte aus selbständiger Erwerbstätigkeit (Art. 18 DBG)

Artikel 18 Absatz 1 DBG hält fest, dass alle Einkünfte aus einem Handels-, Industrie-, Gewerbe-, Land- und Forstwirtschaftsbetrieb, aus einem freien Beruf sowie aus jeder anderen selbständigen Erwerbstätigkeit steuerbar sind. Zu den Einkünften aus selbständiger Erwerbstätigkeit gehören nach Artikel 18 Absatz 2 DBG auch alle Kapitalgewinne aus Veräusserung, Verwertung oder buchmässiger Aufwertung von Geschäftsvermögen.

2.3 Absicht des Gesetzgebers im Stabilisierungsprogramm 1998

Die Eidgenössischen Räte haben in den Beratungen des Bundesgesetzes über das Stabilisierungsprogramm 1998[2] versucht, den gewerbsmässigen Wertschriftenhandel im Gesetz explizit zu regeln. Dieses Vorhaben scheiterte jedoch auf Grund der Komplexität dieser Materie. Es wurde daher beschlossen, im Gesetz nichts zu regeln und es beim bisherigen Recht (Praxis und Rechtsprechung zum BdBSt) zu belassen. Somit stand der "Wille des Gesetzgebers" eindeutig fest.

Aus den Beratungen des Bundesgesetzes über das Stabilisierungsprogramm 1998 geht jedoch hervor, dass die Praxis zum gewerbsmässigen Wertschriftenhandel nicht ausgedehnt

---

[1] SR 642.11
[2] AS **1999** 2374

werden darf[3]. Eine "dynamische" private Vermögensverwaltung soll nach wie vor möglich sein[4]. Als stärkstes Indiz des gewerbsmässigen Wertschriftenhandels gilt der Einsatz fremder Mittel[5].

3. Vorprüfung

Ob in einem konkreten Einzelfall eine selbständige Erwerbstätigkeit, d.h. ein gewerbsmässiger Wertschriftenhandel vorliegt, ist auf Grund sämtlicher Umstände des jeweiligen Einzelfalls zu beurteilen.

Um der Mehrheit der Steuerpflichtigen eine angemessene Rechtssicherheit zu gewährleisten, wurden für die Rechtsanwendung **Kriterien** ausgearbeitet, anhand derer im Rahmen einer Vorprüfung **gewerbsmässiger Wertschriftenhandel ausgeschlossen** werden kann.

Die Steuerbehörden gehen **in jedem Fall** von einer privaten Vermögensverwaltung bzw. von steuerfreien privaten Kapitalgewinnen aus, wenn die nachfolgenden **Kriterien kumulativ erfüllt** sind.

1. Die Haltedauer der veräusserten Wertschriften beträgt mindestens 6 Monate.

2. Das Transaktionsvolumen (entspricht der Summe aller Kaufpreise und Verkaufserlöse) pro Kalenderjahr beträgt gesamthaft nicht mehr als das Fünffache des Wertschriften- und Guthabenbestands zu Beginn der Steuerperiode.

3. Das Erzielen von Kapitalgewinnen aus Wertschriftengeschäften bildet keine Notwendigkeit, um fehlende oder wegfallende Einkünfte zur Lebenshaltung zu ersetzen. Das ist regelmässig dann der Fall, wenn die realisierten Kapitalgewinne weniger als 50% des Reineinkommens in der Steuerperiode betragen.

4. Die Anlagen sind nicht fremdfinanziert *oder* die steuerbaren Vermögenserträge aus den Wertschriften (wie z.B. Zinsen, Dividenden, usw.) sind grösser als die anteiligen Schuldzinsen.

5. Der Kauf und Verkauf von Derivaten (insbesondere Optionen) beschränkt sich auf die Absicherung von eigenen Wertschriftenpositionen.

Sind diese Kriterien nicht kumulativ erfüllt, kann gewerbsmässiger Wertschriftenhandel nicht ausgeschlossen werden. Die entsprechende Beurteilung erfolgt hierbei auf Grund sämtlicher Umstände des konkreten Einzelfalls (vgl. Ziff. 4).

---

[3] Votum Villiger, Bundesrat, Amtliches Bulletin, Ständerat 10.3.1999, S. 140: "... Es sind im allgemeinen seltene Fälle, und dabei wird es bleiben. Das ist auch im Interesse des Fiskus, denn der Fiskus trägt bei der gewerbsmässigen Besteuerung auch ein Risiko, weil er dann nämlich auch Verluste zum Abzug zulassen muss; ..."

[4] Votum Villiger, Bundesrat, Amtliches Bulletin, Ständerat 3.3.1999, S. 47: "... Wir wollen keine Kapitalgewinnsteuer für alle Normalanleger und -sparer, oder wie immer Sie diese bezeichnen, auch wenn sie nach modernsten Methoden ein gutes Portefeuille bewirtschaften. Da will der Fiskus nicht "zuschlagen". Das wäre eine Kapitalgewinnsteuer durch die Hintertüre. ..."; vgl. auch BGE vom 3.7.1998, in: StE 1998, B 23.1 Nr. 39

[5] Votum Gemperli, Amtliches Bulletin, Ständerat 2.3.1999, S. 43: "... In der Regel kann man im Wertschriftenbereich die geschäftliche Tätigkeit bereits wegen der Beanspruchung von Fremdmitteln feststellen. ...".

4. Die selbständige Erwerbstätigkeit mit Wertschriften (Gewerbsmässiger Wertschriftenhandel)

4.1 Grundsatz: Übernahme der unter dem BdBSt entwickelten Praxis für das DBG (BGE vom 2. Dezember 1999)

Mit Entscheid vom 2. Dezember 1999 bestätigte das Bundesgericht, dass die bisherige Praxis zu Artikel 21 Absatz 1 Buchstabe a BdBSt grundsätzlich auch unter der Herrschaft des DBG gilt (ASA 69, 788). Danach erzielt die steuerpflichtige Person steuerbares Einkommen aus selbständiger Erwerbstätigkeit, wenn sie An- und Verkäufe von Vermögensgegenständen in einer Art tätigt, die über die schlichte Verwaltung von Privatvermögen hinausgeht. Erforderlich hierzu ist, dass sie eine Tätigkeit entfaltet, die in ihrer Gesamtheit auf Erwerb gerichtet ist, bzw. dass sie solche Geschäfte systematisch mit der Absicht der Gewinnerzielung betreibt. Für eine solche selbständige Erwerbstätigkeit wird nicht vorausgesetzt, dass die steuerpflichtige Person nach aussen sichtbar am wirtschaftlichen Verkehr teilnimmt oder die Tätigkeit in einem eigentlichen, organisierten Betrieb ausübt (ASA 73, 299).

4.2 Wertschriften

Wertschriften im Sinne dieses Kreisschreibens sind Wertpapiere sowie nicht verurkundete Rechte mit gleicher Funktion (Wertrechte). Zu den Wertschriften gehören einmal jene Wertpapiere im zivilrechtlichen Sinn, die entweder volle Mitgliedschaftsrechte (z.B. Aktien, Anteile von Genossenschaften) oder bloss beteiligungsrechtliche Vermögensrechte (z.B. Partizipationsscheine, Genussscheine, Anteile an kollektiven Kapitalanlagen) verkörpern sowie Forderungsrechte (Obligationen). Sodann umfassen die Wertschriften im Sinn dieses Kreisschreibens auch bloss buchmässig registrierte Mitgliedschafts- und Forderungsrechte. Schliesslich zählen zu den Wertschriften auch Futures und die Derivate, deren Wert von einem bestimmten Basiswert (Aktien, Obligationen, Devisen, Edelmetalle, Rohwaren, Indizes, usw.) abgeleitet wird. Zu den derivativen Finanzinstrumenten zählen insbesondere Optionen und Swaps.

4.3 Abgrenzung der selbständigen Erwerbstätigkeit mit Wertschriften zur privaten Vermögensverwaltung

4.3.1 Allgemeine Kriterien

Nach der **Rechtsprechung** werden Kapitalgewinne auf beweglichen Vermögenswerten, namentlich Wertschriften, als Einkommen aus selbständiger Erwerbstätigkeit qualifiziert, sofern die steuerpflichtige Person An- und Verkäufe von Vermögensgegenständen in einer Art tätigt, die über die schlichte Verwaltung von Privatvermögen hinausgeht (ASA 71, 627; 66, 224). Hingegen bleiben Kapitalgewinne aus der Veräusserung von beweglichen Vermögenswerten so lange steuerfrei, als sie im Rahmen der privaten Vermögensverwaltung oder in Ausnützung einer sich zufällig bietenden Gelegenheit erzielt werden.

Nach ständiger Rechtsprechung des Bundesgerichts ist immer auf Grund der **Gesamtheit der Umstände des Einzelfalls** zu beurteilen, ob private Vermögensverwaltung oder selbständige Erwerbstätigkeit vorliegt (ASA 71, 627; 69, 652 und 788, mit Hinweisen). Eine schematisierte Vorgehensweise führt „nur in denjenigen Fällen zu einem sachgerechten Ergebnis, bei denen die Verhältnisse klar und eindeutig sind. In den übrigen Fällen ist die Tätigkeit jeweils nach wie vor in ihrem gesamten Erscheinungsbild rechtlich zu beurteilen." (2C_868/2008).

Für die Beurteilung einer selbständigen Erwerbstätigkeit sind verschiedene Indizien in Betracht zu ziehen, von denen jedes zusammen mit anderen, im Einzelfall jedoch unter

Umständen auch bereits alleine zur Annahme einer selbständigen Erwerbstätigkeit ausreichen kann. Der Umstand, dass einzelne typische Elemente der selbständigen Erwerbstätigkeit im Einzelfall fehlen (z.b. die grosse Häufigkeit der Transaktionen oder der Einsatz fremder Mittel), kann durch andere Elemente kompensiert werden, die mit besonderer Intensität vorliegen (ASA 73, 299). Für die Beurteilung des „nebenberuflichen Beteiligungshandels" hat das Bundesgericht festgehalten, dass die allgemeinen Indizien nach wie vor vollumfänglich anzuwenden sind (2C_385/2011, E. 2.2).

4.3.2 Besonderheiten für Wertschriftenportefeuilles

Mit Entscheid vom 23. Oktober 2009 (2C.868/2008) hält das Bundesgericht an diesen Grundsätzen fest. Zusätzlich präzisiert es in diesem Entscheid die Praxis dahingehend, dass die Indizien des systematischen und planmässigen Vorgehens sowie des Einsatzes spezieller Fachkenntnisse nur noch untergeordnete Bedeutung hätten. Das Transaktionsvolumen und die Fremdfinanzierung treten hingegen in den Vordergrund. Diese Präzisierung ist auf die Bewirtschaftung von Portfolioanlagen zugeschnitten (2C_766/2010 und 2C_385/2011).

Sind bei der Bewirtschaftung eines Wertschriftenportefeuilles die Kriterien nach Ziffer 3 hievor nicht erfüllt, so ist gemäss Bundesgericht die Prüfung einer selbständigen Erwerbstätigkeit anhand der folgenden Gewichtung vorzunehmen:

Im Vordergrund stehende Kriterien:

- *Höhe des Transaktionsvolumens (Häufigkeit der Geschäfte und kurze Besitzdauer)*

    Eine kurze Besitzdauer deutet darauf hin, dass die steuerpflichtige Person nicht vorwiegend Anlagezwecke verfolgt, sondern vielmehr an einer raschen Erzielung eines Gewinns interessiert ist (ASA 69, 652 und 788; 63, 43; 59, 709). Unter Umständen kann schon eine einzige Transaktion dazu führen, dass eine selbständige Erwerbstätigkeit vorliegt (2A.23/2004; ASA 69, 652).

    Die Häufigkeit der Geschäfte und die Kürze der Besitzdauer der Wertschriften sind Indizien dafür, dass die steuerpflichtige Person keine zumindest mittelfristige Kapitalanlage anstrebt, sondern auf eine rasche Erzielung eines Kapitalgewinns angewiesen ist und auch in Kauf nimmt, dass bedeutende Verluste entstehen könnten (ASA 71, 627).

- *Einsatz erheblicher fremder Mittel zur Finanzierung der Geschäfte*

    Der Einsatz von erheblichen Fremdmitteln in der privaten Vermögensverwaltung ist eher atypisch. Normalerweise wird bei der gewöhnlichen Anlage von privatem Vermögen darauf geachtet, dass die Erträge den Aufwand übersteigen (ASA 69, 788). Ist aber eine Fremdfinanzierung vorhanden, trägt die steuerpflichtige Person ein erhöhtes Risiko, welches ein Indiz für eine selbständige Erwerbstätigkeit darstellt. Sofern die Schuldzinsen und Spesen nicht durch periodische Einkünfte gedeckt werden können, sondern mittels Veräusserungsgewinnen beglichen werden müssen, kann von einer privaten Vermögensverwaltung nicht mehr die Rede sein (ASA 69, 788).

    Der Umstand, dass die steuerpflichtige Person auf die Geltendmachung des Schuldzinsen- und Schuldenabzugs verzichtet, hat nicht automatisch zur Folge, dass die durch fremde Mittel finanzierten Wertschriften als Privatvermögen qualifiziert werden. Vielmehr ist im Einklang mit der einschlägigen Rechtsprechung auf Grund der Gesamtheit der Umstände des Einzelfalls zu beurteilen, ob die Wertschriften dem Privat- oder Geschäftsvermögen zuzuordnen sind.

- *Einsatz von Derivaten*

  Ein Handel mit Derivaten kann der Absicherung namentlich des Aktienvermögens dienen. Übersteigt der Einsatz von Derivaten aber die Absicherung von Risiken und wird im Verhältnis zum Gesamtvermögen ein grosses Volumen umgesetzt, so ist der Handel mit Derivaten als spekulativ zu qualifizieren, was auf gewerbsmässiges Vorgehen hindeutet.

Indizien von untergeordneter Bedeutung:

- *die systematische oder planmässige Art und Weise des Vorgehens*

  Die steuerpflichtige Person wird aktiv wertvermehrend tätig oder ist bemüht, die Entwicklung eines Marktes zur Gewinnerzielung auszunützen (ASA 69, 652 und 788; 67, 483). Für die Annahme einer selbständigen Erwerbstätigkeit mit Wertschriften ist nach der Rechtsprechung des Bundesgerichts weder erforderlich, dass die steuerpflichtige Person diese Tätigkeit in einem eigentlichen, organisierten Unternehmen ausübt (ASA 71, 627; 69, 788), noch dass sie nach aussen sichtbar am wirtschaftlichen Verkehr teilnimmt (ASA 69, 652; 67, 483; 66, 224).

  Die Wiederanlage der erzielten Gewinne in gleichartige Vermögensgegenstände kann als Teil eines planmässigen Vorgehens betrachtet werden. Die Tatsache, dass die erzielten Gewinne in gleichartige Vermögensgegenstände investiert werden, ist auch ein Indiz dafür, dass eine selbständige Erwerbstätigkeit mit Wertschriften vorliegt (ASA 69, 652 und 788; 67, 483; 66, 224).

- *der enge Zusammenhang der Geschäfte mit der beruflichen Tätigkeit der steuerpflichtigen Person sowie der Einsatz spezieller Fachkenntnisse*

  Der enge Zusammenhang der Geschäfte mit der beruflichen Tätigkeit der steuerpflichtigen Person kann auch ein Indiz dafür sein, dass diese nicht wie eine Privatperson handelt, sondern eben wie eine haupt- oder nebenberuflich selbständig erwerbende Person versucht, Gewinne zu erzielen (ASA 66, 224).

Diesen beiden Indizien ist durch den Entscheid des Bundesgerichts vom 23. Oktober 2009 (2C.868/2008) eine untergeordnete Bedeutung zugewiesen worden. Sie begründen für sich alleine keine selbständige Erwerbstätigkeit, dienen aber der Bestärkung, wenn eines der im Vordergrund stehenden Kriterien erfüllt ist.

Schliesslich ist es unerheblich, ob die steuerpflichtige Person Wertschriftengeschäfte selbst oder über einen bevollmächtigten Dritten (Bank, Treuhänder, usw.) abwickelt (ASA 71, 627; 69, 652 und 788; 67, 483; 66, 224). Das Verhalten dieser bevollmächtigten Personen, welche als Hilfspersonen gelten, wird der steuerpflichtigen Person zugerechnet. Dies wird damit begründet, dass sich der Erfolg (oder Misserfolg) der getätigten Geschäfte letztlich in der wirtschaftlichen Leistungsfähigkeit der (auftraggebenden) steuerpflichtigen Person einstellt (ASA 63, 43). Das Bundesgericht hat den Grundsatz, dass die Handlungen von bevollmächtigten Dritten der steuerpflichtigen Person zuzurechnen sind, in der neusten Rechtsprechung ausdrücklich bestätigt (2C_868/2008, E. 3.4).

4.4 Bemessungsgrundlage

Der Gewinn aus der Veräusserung von Wertschriften wird definiert als positive Differenz zwischen dem Veräusserungserlös und den Gestehungskosten der Wertschriften, abzüglich der Kosten der Veräusserung. Der Nachweis der Gestehungskosten obliegt dem Steuerpflichtigen.

Von den steuerbaren Einkünften aus selbständiger Erwerbstätigkeit werden gemäss Artikel 27 Absatz 1 DBG die geschäfts- oder berufsmässig begründeten Kosten abgezogen. Dazu gehören insbesondere die eingetretenen und verbuchten Verluste auf Geschäftsvermögen (Art. 27 Abs. 2 Bst. b DBG). Geschäftsverluste können grundsätzlich nur dann steuerlich anerkannt werden, wenn sie verbucht worden sind. Dies setzt voraus, dass der Steuerpflichtige Bücher führt. Ist der Steuerpflichtige handelsrechtlich nicht zur Führung einer kaufmännischen Buchhaltung verpflichtet, schliesst dies nicht aus, dass die erlittenen Verluste abgezogen werden können. Wertschriftenverluste, die im Zusammenhang mit einer selbständigen Erwerbstätigkeit entstanden sind, können grundsätzlich ungeachtet der Buchführungspflicht (im handelsrechtlichen Sinn) berücksichtigt werden (ASA 58, 666). Wenn eine kaufmännische Buchhaltung fehlt, muss der Steuerpflichtige Aufstellungen über Aktiven und Passiven, Einnahmen und Ausgaben sowie Privatentnahmen und Privateinlagen beibringen (vgl. Art. 125 Abs. 2 DBG). Die Anforderungen an diese Aufstellungen richten sich nach den Umständen des Einzelfalls, insbesondere nach der Art der Geschäftstätigkeit und deren Umfang. Erforderlich sind in jedem Fall geeignete Aufzeichnungen, die Gewähr für die vollständige und zuverlässige Erfassung des Geschäftseinkommens und -vermögens bieten sowie eine zumutbare Überprüfung durch die Steuerbehörden ermöglichen (StE 2004, B 23.9 Nr. 7).

5. Beurteilungszeitpunkt

5.1 Grundsatz

Die steuerpflichtige Person übt eine über die private Verwaltung hinausgehende selbständige Erwerbstätigkeit mit Wertschriften in derjenigen Steuerperiode aus, in welcher die von der Rechtsprechung aufgeführten Indizien erfüllt sind. Somit liegt Geschäftsvermögen vor.

Ordentlicher Anknüpfungspunkt für die Beurteilung der Frage, ob die steuerpflichtige Person eine auf Erwerb gerichtete Tätigkeit ausübt, ist das Vorliegen einer oder mehrerer Veräusserungen. Erst in diesem Zeitpunkt sind alle Umstände bekannt, die für die Beurteilung massgeblich sind.

Mit Blick auf die Unsicherheit und Volatilität der Wertschriftenmärkte ist es in der Praxis schwierig, im Voraus die Haltedauer von Wertschriften, den Zeitpunkt und die Anzahl der Transaktionen über eine längere Zeitdauer verbindlich festzulegen. Die Steuerbehörden sind daher nur in eindeutigen Fällen in der Lage, zur Frage der Gewerbsmässigkeit des Wertschriftenhandels verbindliche Rechtsauskünfte abzugeben.

5.2 Schuldzinsen

Nach Artikel 33 Absatz 1 Buchstabe a DBG sind die privaten Schuldzinsen nur bis zur Höhe des Bruttovermögensertrags und weiterer 50'000 Franken abziehbar. Hingegen werden die geschäftlichen Schuldzinsen unbeschränkt zum Abzug zugelassen. Werden Schuldzinsen durch die Veranlagungsbehörde aufgerechnet, bedeutet dies implizit, dass die fremdfinanzierten Wertschriften für die betreffende Steuerperiode dem Privatvermögen zugeordnet werden. Diese (implizite) Qualifikation kann angepasst werden, wenn sich der Sachverhalt verändert hat. Ob nach der Beendigung der Schuldzinsenaufrechnung ein realisierter Wertzuwachs als Einkommen aus selbständiger Erwerbstätigkeit zu erfassen ist, wird nach der Gesamtheit der Umstände im Zeitpunkt der Veräusserung beurteilt (vgl. Kreisschreiben Nr. 22 der ESTV vom 16. Dezember 2008).

Die Abgrenzung zwischen privaten und geschäftlichen Schuldzinsen erfolgt auf Grund der von der steuerpflichtigen Person nachgewiesenen Verwendung der fremden Mittel. Fehlt der Nachweis der Mittelverwendung, erfolgt die Abgrenzung nach dem Verhältnis der Aktiven (proportionale Aufteilung, vgl. Kreisschreiben Nr. 22 der ESTV vom 16. Dezember 2008).

5.3 Geerbte Wertschriften

Bei geerbten Wertschriften besteht die beim Erblasser geltende steuerliche Qualifikation (Privatvermögen oder Geschäftsvermögen) bei den Erben weiter (vgl. Kreisschreiben Nr. 22 der ESTV vom 16. Dezember 2008).

6. Inkrafttreten

Dieses Kreisschreiben gilt ab dem Datum seiner Publikation auf der Website der ESTV. Es ersetzt das Kreisschreiben Nr. 8 vom 21. Juni 2005.

Konzessionierte Verkehrs- und Infrastrukturunternehmen

Quelle: Eidg. Steuerverwaltung ESTV/HA Direkte Bundessteuer, Verrechnungssteuer, Stempelabgaben

Direkte Bundessteuer

Bern, 2. Dezember 2011

Kreisschreiben Nr. 35

Besteuerung konzessionierter Verkehrs- und Infrastrukturunternehmen

Inhaltsverzeichnis

Abkürzungsverzeichnis 3
Einleitung 4
1. Gegenstand des Kreisschreibens 4
2. Begriffe und steuerrechtliche Qualifikationen 4
2.1. *Konzessionierte Verkehrsunternehmen* 4
2.2. *Konzessionierte Infrastrukturunternehmen* 5
2.3. *Bundeskonzession* 5
2.4. *Abgeltungen* 5
2.5. *Betrieb mit nationaler Bedeutung* 6
2.6. *Personenfernverkehr* 6
2.7. *Autoverlad* 6
2.8. *Nebenbetriebe, Nebengeschäfte und Nebenerlöse* 7
2.8.1. Mit notwendiger Beziehung zur konzessionierten Tätigkeit 7
2.8.2. Ohne notwendige Beziehung zur konzessionierten Tätigkeit .. 7
2.9. *Liegenschaften* 8
2.9.1. Mit notwendiger Beziehung zur konzessionierten Tätigkeit 8
2.9.2. Ohne notwendige Beziehung zur konzessionierten Tätigkeit .. 8
2.10. *Spartenrechnung: Abgeltungen durch den Bund* 8
2.10.1. Basis für die Abgeltung 8
2.10.2. Basis für die Festlegung des steuerbaren Reingewinns 8

2.11.	**Spartenrechnung: Abgeltungen durch Kantone und Gemeinden**	**9**
2.11.1.	Basis für die Abgeltung	9
2.11.2.	Basis für die Festlegung des steuerbaren Reingewinns	9
3.	**Steuerpflicht**	**10**
3.1.	*Subjektive Steuerpflicht*	*10*
3.2.	*Objektive Steuerpflicht*	*10*
3.3.	*Umfang der Steuerbefreiung*	*10*
3.4.	*Eintritt in die Steuerpflicht*	*10*
3.5.	*Besteuerung von stillen Reserven*	*10*
4.	**Spezialfälle**	**11**
4.1.	*Spartenübergreifende Ausgleichsleistungen*	*11*
4.2.	*Verlustverrechnung*	*11*
5.	**Deklaration in der Steuererklärung**	**11**
5.1.	*Spartenrechnung*	*11*
5.2.	*Steuerbarer Gewinn*	*12*
6.	**Inkrafttreten**	**12**
Anhang I		**13**
Anhang II		**14**
Anhang III		**14**

☞ *Bitte beachten Sie, dass der Inhalt dieses Kreisschreibens aus Platzgründen nicht abgedruckt ist. Das Dokument ist jedoch in seiner Gesamtheit im eBook dieses Werkes enthalten.*

Kundenguthaben

Quelle: Eidg. Steuerverwaltung ESTV/HA Direkte Bundessteuer, Verrechnungssteuer, Stempelabgaben

Verrechnungssteuer

Bern, 26. Juli 2011

Kreisschreiben Nr. 34

Kundenguthaben

Einleitung
Die Eidgenössische Steuerverwaltung passt mit diesem Kreisschreiben im Sinne einer administrativen Vereinfachung die Richtlinien im Bereich Kundenguthaben an. Die Änderung trägt zudem auch der veränderten Marktsituation Rechnung.

1. Begriff der Kundenguthaben
Bei Kundenguthaben handelt es sich um Einlagen bei einer inländischen Bank oder Sparkasse begründeten Forderungen. Kundenguthaben können beispielsweise sein: Spar-, Einlage-, Depositen- und Kontokorrentguthaben, Festgelder, Callgelder, Lohnkonti, Aktionärsdarlehen usw.

2. Begriff der Bank oder Sparkasse
Als Bank oder Sparkasse gilt, wer sich **öffentlich zur Annahme verzinslicher Gelder empfiehlt** (Bank nach Bankengesetz) oder **fortgesetzt Gelder gegen Zins entgegennimmt** (Bank im Sinne von Art. 9 Abs. 2 des Bundesgesetzes vom 13. Oktober 1965 über die Verrechnungssteuer; VStG).

3. Inländerbegriff
Inländer ist, wer im Inland Wohnsitz, dauernden Aufenthalt, statutarischen oder gesetzlichen Sitz hat oder als Unternehmen im inländischen Handelsregister eingetragen ist (Art. 9 Abs. 1 VStG).

4. Beginn der Steuerpflicht
a) Bank oder Sparkasse im Sinne des Bankengesetzes
Bei Banken oder Sparkassen, die sich öffentlich zur Annahme verzinslicher Gelder empfehlen, beginnt die Steuerpflicht mit der **Aufnahme der Geschäftstätigkeit** und **ohne Rücksicht** auf die Zahl der Gläubiger. Bezüglich der Interbankguthaben verweisen wir auf das Merkblatt "Verrechnungssteuer auf Zinsen von Bankguthaben, deren Gläubiger Banken sind" vom 22. September 1986 (S-02.123).

b) Bank oder Sparkasse im Sinne des Verrechnungssteuergesetzes

Bei Banken oder Sparkassen, die fortgesetzt Gelder gegen Zins entgegennehmen, beginnt die Steuerpflicht, sobald der **Bestand an Gläubigern die Zahl 100** übersteigt und die gesamte Schuldsumme **mindestens 5'000'000 Franken** beträgt.

Bei der Ermittlung der Anzahl Gläubiger sind die in- und ausländischen Banken im Sinne der an ihrem Sitz geltenden Bankengesetzgebung **nicht** mitzuzählen.

Wer zur Bank oder Sparkasse im Sinne des Verrechnungssteuergesetzes wird, darf sich nach den Vorschriften des Bankengesetzes **nicht** als Bank bezeichnen.

5. Anmeldepflicht

Wer auf Grund der vorstehenden Bestimmungen abgabepflichtig wird, hat sich unaufgefordert bei der Eidg. Steuerverwaltung anzumelden (vgl. Art. 38 Abs. 1 VStG)

6. Steuererhebung

Gegenstand der Verrechnungssteuer auf dem Ertrag beweglichen Kapitalvermögens sind die Zinsen, Renten, Gewinnanteile und sonstigen Erträge der Kundenguthaben bei inländischen Banken und Sparkassen (Art. 4 Abs. 1 lit. d VStG).

Steuerpflichtig ist der inländische Schuldner der steuerbaren Leistung (Art. 10 Abs. 1 VStG).

7. Abrechnungsverfahren

Die Steuer auf dem Ertrag von **Kundenguthaben bei Banken und Sparkassen** ist mit dem amtlichen Formular wie folgt abzurechnen und zu entrichten (Art. 19 Abs. 1 und 2 der Vollziehungsverordnung vom 19. Dezember 1966 über die Verrechnungssteuer VStV):

- in einem annäherungsweise ermittelten Betrag innert 30 Tagen nach Ablauf des Geschäftsvierteljahres für die in diesem Zeitraum fällig gewordenen Erträge (Zinsen);
- im genau ermittelten Betrag innert 30 Tagen nach Ablauf des letzten Geschäftsvierteljahres für die im ganzen Geschäftsjahr fällig gewordenen Erträge (Zinsen), abzüglich der für die ersten drei Quartale abgelieferten Steuern.

8. Geldmarktpapiere und Buchforderungen

Bezüglich der **Geldmarktpapiere und Buchforderungen** verweisen wir auf das Merkblatt "Geldmarktpapiere und Buchforderungen inländischer Schuldner" (S-02.130.1).

9. Inkrafttreten

Das vorliegende Kreisschreiben Nr. 34 tritt mit dessen Publikation in Kraft und ersetzt das Merkblatt S-02.122.2 vom April 1999.

Stempelabgabe auf Versicherungsprämien

Quelle: Eidg. Steuerverwaltung ESTV/HA Direkte Bundessteuer, Verrechnungssteuer, Stempelabgaben

Stempelabgaben

Bern, 4. Februar 2011

Kreisschreiben Nr. 33

Stempelabgabe auf Versicherungsprämien

Inhaltsverzeichnis Seite

Abkürzungen 3
1. Allgemeines 4
1.1 Gesetzliche Grundlagen 4
1.1.1 Bundesgesetz über die Stempelabgaben 4
1.1.2 Verhältnis zum Fürstentum Liechtenstein 4
1.2 Gegenstand der Abgabe 4
1.3 Inländischer Bestand 4
1.3.1 Zeitpunkt der Prämienzahlung 4
1.3.2 Inländische Vertragsparteien 4
1.3.3 Erfüllungsort 4
1.3.4 Öffentlich-rechtliche Versicherer 5
1.4 Ausnahmen 5
1.5 Abgabepflicht 5
1.6 Entstehung und Fälligkeit der Abgabeforderung 5
1.6.1 Entstehung und Fälligkeit 5
1.6.2 Verzugszins 5
1.6.3 Verjährung 6
1.7 Abgabesätze und Berechnungsgrundlage 6
1.7.1 Abgabesätze 6
1.7.2 Barprämie 6
1.7.3 Deckungsbeitrag der Motorfahrzeughalter und Unfallverhütungsbeitrag 6
1.7.4 Andere zweckgebundene Abgaben 6
1.8 Aufrundung / Überwälzung / Stempelvermerk 6
1.8.1 Aufrundung 6
1.8.2 Überwälzung 6
1.8.3 Stempelvermerk 6
1.9 Kombinationen von steuerbaren und befreiten Versicherungsprämien 7
1.9.1 Abgabepflichtige und abgabebefreite Prämien 7
1.9.2 Beweispflichtige Tatsache 7
1.10 Buchführung 7

1.11	Umrechnung ausländischer Währungen	7
1.12	Rückerstattung nicht geschuldeter Abgaben	7
1.13	Internationale Missionen und Organisationen	7
1.14	Mitversicherung	7
1.15	Anmeldung	8
1.15.1	Inländischer Versicherer	8
1.15.2	Inländischer Versicherungsnehmer	8
2.	Personenversicherungen	9
2.1	Grundsatz für die Abgabepflicht auf Lebensversicherungsprämien	9
2.2	Begriffsbestimmungen	10
2.2.1	Rückkaufsfähige Lebensversicherung	10
2.2.2	Lebensversicherung mit periodischer Prämienzahlung	10
2.3	Kombination / Abgrenzung	10
2.3.1	Kombination von rückkaufsfähigen mit nicht rückkaufsfähigen Versicherungen	10
2.3.2	Abgrenzung von periodischen Prämienzahlungen gegenüber Einmalprämien	10
2.4	Spezialfälle Einmalprämien / Prämienänderungen	11
2.4.1	Spezialfälle Einmalprämien	11
2.4.2	Schichtenmodell	11
2.5	Umstellung von Säule 3a zu Säule 3b	12
3.	Sach- und Vermögensversicherungen	12
3.1	Transportversicherung	12
3.1.1	Transportversicherung für Güter	12
3.1.2	Abgrenzung	12
3.1.3	Abgabefreie Prämien	12
3.1.4	Abgabepflichtige Prämien	13
3.2	Technische Versicherungen	13
3.2.1	Abgrenzung	13
3.2.2	Abgabefreie Prämien	14
3.2.3	Abgabepflichtige Prämien	14
3.2.4	Konditions-, Differenz- und Schutzversicherungen (KDS)	14
3.3	Maschinenversicherung	14
3.4	Versicherung von Elementarschäden	14
3.5	Hagelversicherung	15
3.6	Viehversicherung	15
3.7	Kaskoversicherung von Luftfahrzeugen und Schiffen	15
3.8	Kreditversicherung	15
3.9	Kautions- und Garantieversicherungen	15
3.10	Betriebsunterbrechungs-/Ertragsausfallversicherung	15
3.11	Kombinierte Sach- und Vermögensversicherungen	15
4.	Internationale Versicherungsprogramme	16
4.1	Schematische Darstellung	16
4.2	Erläuterungen zur schematischen Darstellung	17
5.	Inkrafttreten und Auskunftsstelle	18

Abkürzungen

ATA	Allgemeine Technische Anlagen
ABVS	Allgemeine Bedingungen für die Versicherung von Gütertransporten auf der Strasse (Werkverkehr)
ABVT	Allgemeine Bedingungen für die Versicherung von Gütertransporten
ABVV	Allgemeine Bedingungen für die Versicherung von Valoren-Transporten
BU	Betriebsunterbrechung
BVV3	Verordnung vom 13. November 1985 über die steuerliche Abzugsberechtigung für Beiträge an anerkannte Vorsorgeformen (SR 831.461.3)
DIC	Difference in conditions
DIL	Difference in limits
CMR	Convention relative au contrat international de marchandises par route
ESTV	Eidgenössische Steuerverwaltung
FL	Fürstentum Liechtenstein
StG	Bundesgesetz vom 27. Juni 1973 über die Stempelabgaben (SR 641.10)
StV	Verordnung vom 3. Dezember 1973 zum Bundesgesetz über die Stempelabgaben (SR 641.101)
SVV	Schweizerischer Versicherungsverband
TPL	Third Party Liability

1. Allgemeines

1.1 Gesetzliche Grundlagen

1.1.1 Bundesgesetz über die Stempelabgaben

Die Grundlagen der Abgabe auf Versicherungsprämien sind die Artikel 21 bis 26 des Bundesgesetzes vom 27. Juni 1973 über die Stempelabgaben (StG; SR 641.10) und die Artikel 26 bis 28 der dazugehörenden Verordnung vom 3. Dezember 1973 (StV; SR 641.101).

1.1.2 Verhältnis zum Fürstentum Liechtenstein

Gemäss Vertrag zwischen der Schweiz und Liechtenstein über den Anschluss des Fürstentums Liechtenstein an das Schweizerische Zollgebiet vom 29. März 1923 (Zollanschlussvertrag; SR 0.631.112.514) ist das eidgenössische Stempelabgaberecht auch im Fürstentum Liechtenstein (FL) anwendbar. Versicherer mit einem schweizerischen und einem liechtensteinischen Versicherungsbestand haben in den vierteljährlichen Abrechnungen und in der Jahresabrechnung die Abgaben für jeden dieser Bestände getrennt auszuweisen. Versicherer, welche der Aufsicht des FL unterstehen (einschliesslich der liechtensteinischen Agenten ausländischer Versicherer), haben somit auf Prämien für Versicherungen, die zu ihrem liechtensteinischen (oder gegebenenfalls schweizerischen) Versicherungsbestand gehören, die Abgabe zu entrichten.

1.2 Gegenstand der Abgabe

Gegenstand der Abgabe sind die Prämienzahlungen für Versicherungen,

a) die zum inländischen Bestand eines der Aufsicht des Bundes unterstellten oder eines inländischen öffentlich-rechtlichen Versicherers gehören;

b) die ein inländischer Versicherungsnehmer mit einem nicht der Bundesaufsicht unterstellten ausländischen Versicherer abgeschlossen hat.

1.3 Inländischer Bestand

1.3.1 Zeitpunkt der Prämienzahlung

Die Erhebung der Stempelabgabe setzt voraus, dass eine Versicherung im Zeitpunkt der Prämienzahlung zum inländischen Bestand eines der Bundesaufsicht unterstellten Versicherers gehört.

1.3.2 Inländische Vertragsparteien

Zum inländischen Bestand gehört jeder Versicherungsvertrag, bei dem der Versicherungsnehmer als Vertragspartner des inländischen Versicherers im Inland (d.h. in der Schweiz oder im FL) Wohnsitz oder dauernden Aufenthalt bzw. gesetzlichen oder statutarischen Sitz hat (so genanntes Schweizergeschäft).

1.3.3 Erfüllungsort

Im Weiteren gehört eine Versicherung ungeachtet des Wohnsitzes/Aufenthalts bzw. Sitzes des Versicherungsnehmers, jedoch unter Vorbehalt von Artikel 22 Buchstabe a^{ter} StG, zum inländischen Bestand, wenn ein der Aufsicht des Bundes unterstellter Versicherer die Leistung aus dem Versicherungsvertrag im Inland zu erfüllen hat. Diese Regelung gilt auch für Fremdversicherungen.

1.3.4 Öffentlich-rechtliche Versicherer

Bei den inländischen öffentlich-rechtlichen Versicherern (beispielsweise kantonale Gebäudeversicherungen) gehören alle Versicherungen zum inländischen Bestand, da die Leistungspflicht des Versicherers zwingend in der Schweiz zu erfüllen ist.

1.4 Ausnahmen

Von der Abgabe ausgenommen sind die Prämienzahlungen für die

a) nichtrückkaufsfähige Lebensversicherung sowie die rückkaufsfähige Lebensversicherung mit periodischer Prämienzahlung;

a^{bis}) Lebensversicherung, soweit diese der beruflichen Vorsorge im Sinne des Bundesgesetzes vom 25. Juni 1982 über die berufliche Alters-, Hinterlassenen- und Invalidenvorsorge dient (SR 831.40);

a^{ter}) Lebensversicherung, welche von einem Versicherungsnehmer mit Wohnsitz im Ausland abgeschlossen wird;

b) Kranken- und Invaliditätsversicherung;

c) Unfallversicherung;

d) Transportversicherung für Güter;

e) Versicherung für Elementarschäden an Kulturland und Kulturen;

f) Arbeitslosenversicherung;

g) Hagelversicherung;

h) Viehversicherung;

i) Rückversicherung;

k) Kaskoversicherung für Luftfahrzeuge und Schiffe, die im Wesentlichen im Ausland der gewerbsmässigen Beförderung von Personen und Gütern dienen;

l) Feuer-, Diebstahl-, Glas-, Wasserschaden-, Kredit-, Maschinen- und Schmuckversicherung, sofern der Abgabepflichtige nachweist, dass sich die versicherte Sache im Ausland befindet.

1.5 Abgabepflicht

Abgabepflichtig ist der Versicherer. Ist die Versicherung mit einem ausländischen Versicherer abgeschlossen worden, so hat der inländische Versicherungsnehmer die Abgabe zu entrichten.

1.6 Entstehung und Fälligkeit der Abgabeforderung

1.6.1 Entstehung und Fälligkeit

Die Abgabeforderung entsteht mit der Zahlung der Prämie. Die Abgabe wird 30 Tage nach Ablauf des Vierteljahres fällig, in dem die Prämie bezahlt wurde. In der gleichen Frist ist die Abgabe unaufgefordert mit Formular 11 bzw. 12 der Eidgenössischen Steuerverwaltung (ESTV) zu deklarieren und zu entrichten.

1.6.2 Verzugszins

Auf Abgabebeträgen, die nach Ablauf des geregelten Fälligkeitstermins ausstehen, ist ohne Mahnung ein Verzugszins geschuldet. Der Zinssatz wird vom Eidgenössischen Finanzdepartement bestimmt (Art. 29 StG).

1.6.3 Verjährung

Die Abgabeforderung verjährt fünf Jahre nach Ablauf des Kalenderjahres, in dem sie entstanden ist (Art. 30 StG).

1.7 Abgabesätze und Berechnungsgrundlage

1.7.1 Abgabesätze

Die Abgabe wird auf der Barprämie berechnet und beträgt 5 Prozent; für die Lebensversicherung beträgt sie 2,5 Prozent.

1.7.2 Barprämie

Die Barprämie ist die Prämie, die der Versicherungsnehmer tatsächlich zu bezahlen hat. Sie kann sowohl bei der Gewährung von Rabatten als auch beim Erheben von Zuschlägen (z.B. für unterjährige Prämienzahlungen) von der Tarifprämie abweichen. Policen-, Sistierungs- und Mahngebühren sowie Porti gelten nicht als Bestandteil der Barprämie.

1.7.3 Deckungsbeitrag der Motorfahrzeughalter und Unfallverhütungsbeitrag

Der Deckungsbeitrag der Motorfahrzeughalter gemäss Strassenverkehrsgesetz vom 19. Dezember 1958 (SR 741.01) sowie der Unfallverhütungsbeitrag gemäss Bundesgesetz vom 25. Juni 1976 über einen Beitrag für die Unfallverhütung im Strassenverkehr (SR 741.81) zählen nicht zur Barprämie der Motorfahrzeughaftpflichtversicherung.

1.7.4 Andere zweckgebundene Abgaben

Enthält die Prämienrechnung aufgrund gesetzlicher Bestimmungen eines Kantons oder des Bundes Forderungen, die nicht als Prämienzahlung für eine Versicherung qualifizieren (z.B. Brandschutz-, Feuerschutz-, Brandverhütungsabgaben), so sind diese eindeutig zu bezeichnen und gesondert aufzuführen; andernfalls ist die Abgabe auf dem Gesamtbetrag geschuldet.

1.8 Aufrundung / Überwälzung / Stempelvermerk

1.8.1 Aufrundung

Aufrundungsbeträge, die sich aufgrund der kaufmännisch üblichen Auf- und Abrundung - insbesondere bei der Überwälzung der Stempelabgabe - ergeben, sind als Teil der geschuldeten Abgabe zu behandeln.

1.8.2 Überwälzung

Das StG enthält keine Vorschrift darüber, wer die geschuldete Abgabe zu tragen hat. Unter dem Titel «Abgabe auf Versicherungsprämien» oder dgl. darf jedoch dem Versicherungsnehmer nicht mehr als die geschuldete Abgabe belastet werden.

1.8.3 Stempelvermerk

Wird dem Versicherungsnehmer die Eidg. Stempelabgabe belastet, muss die Prämienrechnung mit dem Hinweis «inkl. Eidg. Stempelabgabe» oder dgl. versehen sein.

1.9 Kombinationen von steuerbaren und befreiten Versicherungsprämien

1.9.1 Abgabepflichtige und abgabebefreite Prämien

Bei Vorliegen von der Stempelabgabe unterliegenden und ausgenommenen Versicherungsprämien hat der Abgabepflichtige die steuerbaren und die befreiten Prämien in den Büchern gesondert auszuweisen. Dies gilt auch für Pauschalpolicen wie beispielsweise „All Risk"-Versicherungen und die Kombination einer Haftpflichtversicherung mit einer Versicherung von Sachen im Ausland oder die Kombination einer rückkaufsfähigen mit einer nicht rückkaufsfähigen Lebensversicherung. Wird die abgabefreie Prämie nicht gesondert ausgewiesen, unterliegt die gesamte Prämienzahlung der Stempelabgabe.

1.9.2 Beweispflichtige Tatsache

Die Prämienaufteilung ist eine Tatsache, für welche der Abgabepflichtige die Beweislast trägt.

1.10 Buchführung

Der Abgabepflichtige hat seine Bücher so einzurichten und zu führen, dass sich aus ihnen die für die Abgabepflicht und Abgabebemessung massgebenden Tatsachen ohne besonderen Aufwand zuverlässig ermitteln und nachweisen lassen.

1.11 Umrechnung ausländischer Währungen

Lautet der für die Abgabeberechnung massgebende Betrag auf eine ausländische Währung, so ist er auf den Zeitpunkt der Entstehung der Abgabeforderung in Schweizerfranken umzurechnen. Ist unter den Parteien kein bestimmter Umrechnungskurs vereinbart worden, so ist der Umrechnung das Mittel der Geld- und Briefkurse am letzten Werktage vor der Entstehung der Abgabeforderung zugrunde zu legen.

1.12 Rückerstattung nicht geschuldeter Abgaben

Ist eine nicht geschuldete Abgabe überwälzt worden, so wird die Rückerstattung nur gewährt, wenn feststeht, dass der von der Überwälzung Betroffene in den Genuss der Rückerstattung gebracht wird.

1.13 Internationale Missionen und Organisationen

Die Steuerprivilegien von internationalen Missionen und Organisationen und ihrem Personal sind wie folgt zu handhaben:

a) Der Versicherer hat die Stempelabgabe ungeachtet der staatsvertraglichen Regelungen an die ESTV abzuführen.

b) Die ESTV erstattet den entsprechenden Versicherungsnehmern auf Gesuch hin die Abgabe zurück.

1.14 Mitversicherung

Wird eine Versicherung von mehreren Versicherern gemeinschaftlich übernommen, hat jeder Versicherer die Abgabe für den auf ihn entfallenden Teil der Prämie zu entrichten. Sind an einem Mitversicherungsvertrag jedoch ausschliesslich der Aufsicht des Bundes unterstellte oder inländisch öffentlich rechtliche Versicherer beteiligt, hat der federführende Versicherer die gesamte Abgabe zu entrichten.

1.15 Anmeldung

1.15.1 Inländischer Versicherer

Die der Aufsicht des Bundes unterstellten sowie die inländischen öffentlich-rechtlichen Versicherer haben sich unaufgefordert bei der ESTV anzumelden, bevor sie ihre Geschäftstätigkeit aufnehmen.

1.15.2 Inländischer Versicherungsnehmer

Der inländische Versicherungsnehmer, der mit einem nicht der Bundesaufsicht unterstellten ausländischen Versicherer Verträge abschliesst, deren Prämien der Abgabe unterliegen, hat sich nach Vertragsabschluss unaufgefordert bei der ESTV anzumelden (Art. 26 Abs. 4 StV).

2. Personenversicherungen

2.1 Grundsatz für die Abgabepflicht auf Lebensversicherungsprämien

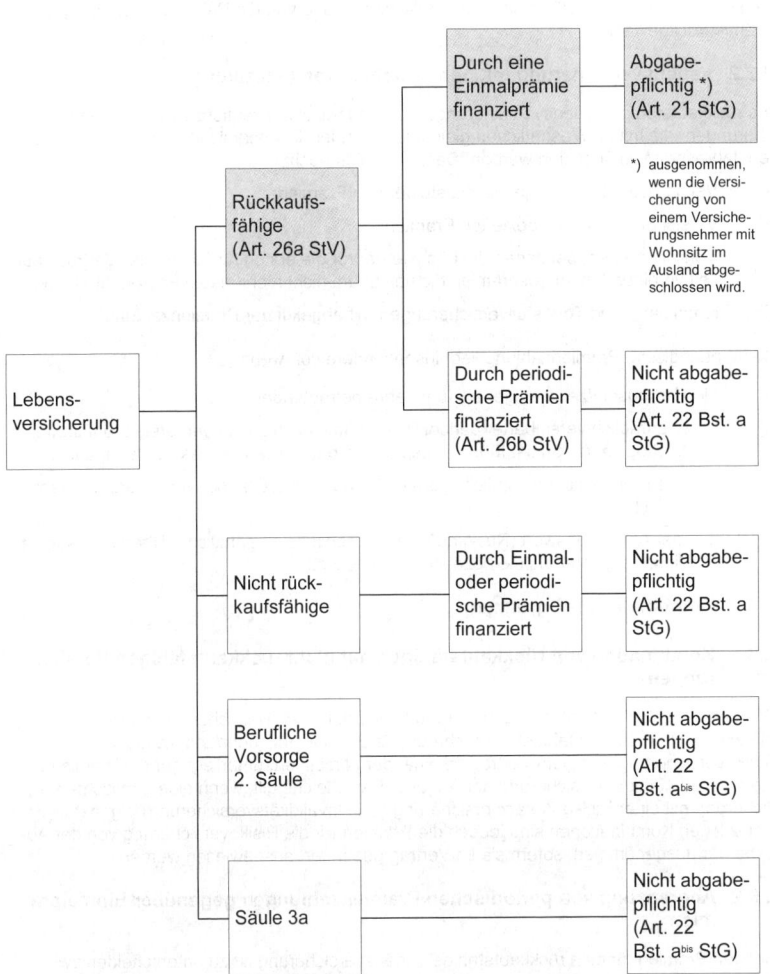

2.2 Begriffsbestimmungen

2.2.1 Rückkaufsfähige Lebensversicherung

Als rückkaufsfähige Lebensversicherungen gelten Lebensversicherungen, bei denen der Eintritt des versicherten Ereignisses gewiss ist. Darunter fallen insbesondere die gemischte Versicherung, die lebenslängliche Todesfallversicherung und die Rentenversicherung mit Prämienrückgewähr.

2.2.2 Lebensversicherung mit periodischer Prämienzahlung

Als rückkaufsfähige Lebensversicherungen mit periodischer Prämienzahlung gelten Versicherungen, die mit im Wesentlichen gleich hohen, über die gesamte Vertragslaufzeit verteilten Jahresprämien finanziert werden. Darunter fallen auch:

a) Versicherungen mit regelmässig steigenden Prämien;

b) Versicherungen mit indexierten Prämien;

c) Versicherungen, bei denen die höchste der für die ersten fünf Jahre der Vertragslaufzeit vereinbarten Jahresprämien die tiefste um nicht mehr als 20 Prozent übersteigt;

d) lebenslängliche Todesfallversicherungen mit abgekürzter Prämienzahlung.

Keine periodische Prämienzahlung liegt insbesondere vor, wenn:

a) die Vertragslaufzeit weniger als fünf Jahre beträgt, oder

b) trotz vertraglich vereinbarter periodischer Prämienzahlung in den ersten fünf Jahren der Vertragslaufzeit nicht fünf Jahresprämien bezahlt werden, es sei denn, dass:

   1. die Prämienzahlungspflicht wegen Tod oder Invalidität der versicherten Person erlischt, oder

   2. der Abfindungswert (Rückkaufswert einschliesslich sämtlicher Überschussbeteiligungen) tiefer als die bezahlten Prämien ist.

2.3 Kombination / Abgrenzung

2.3.1 Kombination von rückkaufsfähigen mit nicht rückkaufsfähigen Versicherungen

Werden eine rückkaufsfähige Versicherung (z.B. Erlebensfallversicherung mit Rückgewähr) mit einer nicht rückkaufsfähigen Versicherung (z.B. Todesfall- oder/und Invaliditäts-Risikoversicherung) in einem Vertrag miteinander kombiniert, unterliegt nur die Prämie für die rückkaufsfähige Versicherung der Abgabe. Das Gleiche gilt, wenn eine gemischte Versicherung mit einer Risiko-Zusatzversicherung (z.B. Invaliditätsversicherung) ergänzt wird. Bei solchen Kombinationen sind jedoch die Prämien für die Risikoversicherung von der Abgabe nur ausgenommen, sofern sie im Vertrag gesondert ausgewiesen werden.

2.3.2 Abgrenzung von periodischen Prämienzahlungen gegenüber Einmalprämien

Bei den Prämien für eine rückkaufsfähige Lebensversicherung ist zu unterscheiden zwischen den periodischen Prämien, welche im voraus vertraglich vereinbart und daher periodisch geschuldet sind, und den freiwilligen oder flexiblen Prämien, die vom Versicherer nicht gemahnt werden können (z.B. Zielsparprämien); bei letzteren handelt es sich um Einmalprämien im Sinne des StG.

Wird eine rückkaufsfähige Versicherung sowohl mit einer Einmalprämie (welche beispielsweise zu Vertragsbeginn entrichtet wird) als auch mit periodischen Prämien finanziert, sind letztere von der Stempelabgabe ausgenommen, wenn es sich dabei um eine periodische Prämienzahlung im Sinne von Artikel 26b Absatz 1 StV handelt.

Bei einer rückkaufsfähigen Versicherung mit einer Vertragsdauer von beispielsweise 10 Jahren werden die vereinbarten Jahresprämien stempelrechtlich nicht als «periodische Prämienzahlungen» betrachtet, wenn der Versicherungsvertrag bloss fünf Jahresprämien vorsieht. Eine «periodische Prämienzahlung» liegt gemäss Artikel 26b Absatz 1 StV vor, wenn die Versicherung mit im Wesentlichen gleich hohen, über die gesamte Vertragslaufzeit verteilten Jahresprämien finanziert wird. Eine Ausnahme für eine kürzere Prämienzahlungsdauer macht einzig die lebenslängliche Todesfallversicherung (Art. 26b Abs. 1 Bst. d StV).

2.4 Spezialfälle Einmalprämien / Prämienänderungen

2.4.1 Spezialfälle Einmalprämien

Wird nach Ablauf der Versicherung die Versicherungsleistung als Einmalprämie für die Finanzierung einer neuen Versicherung verwendet, ist darauf die Stempelabgabe geschuldet. Es ist dabei unbeachtlich, ob die Versicherungsleistung gutgeschrieben, verrechnet oder ausbezahlt wird.

Wird die Versicherung vor Ablauf «umgewandelt» und der Anrechnungswert in eine neue rückkaufsfähige Lebensversicherung eingebracht, unterliegt dieser Anrechnungswert insbesondere in den folgenden Fällen als Einmalprämie der Stempelabgabe:

- Veränderung der Risikoart
- Umwandlung der Kapitalversicherung in eine Rentenversicherung
- Umwandlung der Rentenversicherung in eine Kapitalversicherung
- Wechsel der versicherten Person

Die Vertragsverlängerung einer rückkaufsfähigen Lebensversicherung mit periodischer Prämienzahlung stellt aus stempelabgaberechtlicher Sicht keine abgabepflichtige Einmalprämie dar, wenn die bisherige Prämie mit einer entsprechend höheren Versicherungssumme oder die bisherige Versicherungssumme mit einer entsprechend tieferen Prämie weitergeführt wird.

Wird bei einer Vertragsverlängerung die rückkaufsfähige Lebensversicherung fortan prämienfrei weitergeführt, stellt dies eine wesentliche Vertragsänderung dar, welche als Umwandlung zu qualifizieren ist. Der hierbei als Inventareinlage verwendete Rückkaufswert gilt stempelabgaberechtlich als Einmalprämie.

Wird die Versicherung trotz vertraglich vereinbarter periodischer Prämienzahlung in den ersten fünf Jahren der Vertragslaufzeit durch Rückkauf aufgelöst oder in eine prämienfreie Versicherung umgewandelt, liegt abgaberechtlich eine Einmalprämie vor, es sei denn, dass der Abfindungswert (Rückkaufswert einschliesslich sämtlicher Überschussanteile) tiefer ist als die Summe der bezahlten Prämien.

2.4.2 Schichtenmodell

Bei Prämienänderungen von periodisch finanzierten rückkaufsfähigen Versicherungen können sich Sachverhalte ergeben, in welchen ein Teil oder die gesamte Prämie der Stempelabgabe unterliegt. Bezüglich der damit zusammenhängenden Abgrenzungsfragen wird auf das Dokument „Gesprächsergebnisse gemäss Besprechung zwischen der ESTV und dem Schweizerischen Versicherungsverband (SVV) betreffend Stempelabgabe auf Lebensversicherungsprämien vom 13. März 2008" verwiesen, welches von der ESTV am 30. April 2008 allen Lebensversicherungsgesellschaften zugestellt wurde.

2.5 Umstellung von Säule 3a zu Säule 3b

Sofern bei einer Vorsorgeversicherung (Säule 3a) die Voraussetzungen für einen Auszahlungsgrund gemäss Artikel 3 BVV 3 erfüllt sind, kann die Versicherung aufgelöst und in Form eines neuen, der freien Vorsorge (Säule 3b) unterstellten Versicherungsvertrages weitergeführt werden. Der Anrechnungswert aus der Vorsorgeversicherung (Säule 3a) wird dabei als Einmalprämie in die neue Versicherung (Säule 3b) eingebracht. Es handelt sich dabei um zwei verschiedene Versicherungsverträge. Auch wenn beide eine periodische Prämienzahlung (mit gleich hoher Jahresprämie) vorsehen, wird der Anrechnungswert für die neue Versicherung stempelabgaberechtlich als Einmalprämie qualifiziert.

3 Sach- und Vermögensversicherungen

Die folgenden Versicherungen erläutern wir Ihnen aus abgaberechtlicher Sicht näher:

3.1 Transportversicherung

3.1.1 Transportversicherung für Güter

Als Deckungsumfang der Transportversicherung für Güter gilt der Verlust und die Beschädigung während der Reise ab Domizil Absender bis Domizil Empfänger, soweit einzelne Risiken nicht ausdrücklich ausgeschlossen werden.

3.1.2 Abgrenzung

Die Abgrenzung zwischen den der Abgabe unterliegenden und befreiten Prämienzahlungen basiert im Wesentlichen auf dem mit dem SVV, Fachkommission Transport, erarbeiteten Rundschreiben S Tr 1/2007 vom 16. April 2007.

3.1.3 Abgabefreie Prämien

Die Prämienzahlungen folgender Versicherungen sind von der Abgabe ausgenommen:

- Warentransporte (Verlust und Beschädigung der Güter während des versicherten Transports) gemäss
- ABVT 2006, Ausgabe 01.2006, inklusive Klauseln 1 - 12 ABVT 2006
- ABVT 1988, Ausgabe 01.1999, inklusive Klauseln STV Nr. 1-23/1988-1991
- ABVS 2006 (Werkverkehr Inland), inklusive Klauseln Transportversicherung zu den ABVS 2006
- ABVS 1981 und Klauseln 1981/91, Nrn. 30, 32, 34, 38, 39, 41, 43, 44 und 45 und gleichwertige Deckung
- Valorentransporte gemäss ABVV 2006 und ABVV 1988
- Reiselager und Musterkollektionen mit Ausnahme von Ausstellungen und Messen in der Schweiz
- Reisegepäckversicherung mit Ausnahme der Reisegepäckverspätungsversicherung (Ersatz des Notbedarfs)
- Transportbedingte Aufenthalte, wenn sie mit einem beim gleichen Versicherer gedeckten Transport im Zusammenhang stehen
- Montageversicherungen, wenn sich die versicherte Sache im Ausland befindet
- Kaskoversicherungen

    für Schiffe, die im Wesentlichen (während mehr als 9 Monaten) im Ausland der gewerbsmässigen Beförderung von Personen und Gütern dienen

für Container, die im Wesentlichen (während mehr als 9 Monaten) im Ausland der Beförderung von Gütern dienen
- Versicherungen von Konditions- und Summendifferenzen, soweit sie sich ausschliesslich auf die Waren- und Valorenversicherung als Versicherung gegen Verlust und Beschädigung beziehen

3.1.4 Abgabepflichtige Prämien

Die Prämienzahlungen folgender Versicherungen unterliegen der Stempelabgabepflicht:
- Versicherungen im Rahmen der Frachtführerhaftpflicht CMR und Inland sowie bei Durchfrachtdokumenten
- Spediteurhaftpflichtversicherungen
- Kaskoversicherungen von

    Sportbooten

    Arbeitsschiffen wie Bagger usw., die ausschliesslich oder im Wesentlichen in der Schweiz arbeiten oder verkehren

    Bagger-, Güter- oder Personenschiffen, die ausschliesslich oder im Wesentlichen der gewerbsmässigen Beförderung in der Schweiz dienen

    Lagerschiffen, wenn sie in der Schweiz stationiert sind

    Rollmaterial (einschliesslich Lokomotiven)
- Versicherungen von Reiselagern und Musterkollektionen an Messen, Ausstellungen und in Schaufenstern in der Schweiz. Ausgenommen sind transportbedingte Aufenthalte während der Reise
- Montageversicherungen, wenn sich die versicherte Sache in der Schweiz befindet
- Versicherungen von Messen und Ausstellungen in der Schweiz
- Versicherungen von Schmuck, Ski und Musikinstrumenten, Foto-, Filmapparaten und dgl., bei denen das Gut nicht bloss anlässlich seines Transports versichert ist
- Transport-Betriebsunterbrechungs-Versicherungen
- Vertragsstrafen-Versicherungen
- Deckungserweiterungen wie Aufräumungs-, Beseitigungs-, Bergungs- und Mehrkosten
- Reisegepäckverspätungsversicherung (Ersatz des Notbedarfs)

3.2 Technische Versicherungen

3.2.1 Abgrenzung

Im Bereich der Technischen Versicherungen basiert die Abgrenzung zwischen den abgabepflichtigen und den abgabefreien Prämienzahlungen im Wesentlichen auf dem mit dem SVV, Fachkommission Technische Versicherungen, erarbeiteten Rundschreiben S Te 30 vom 4. September 2002.

3.2.2 Abgabefreie Prämien

Die Prämienzahlungen folgender Versicherungen sind von der Abgabe ausgenommen:

- Montageversicherungen, wenn sich die versicherte Sache im Ausland befindet
- Maschinen-, Bauwesen-, EDV-Anlagen- und ATA-Versicherungen, wenn sich die versicherte Sache im Ausland befindet

3.2.3 Abgabepflichtige Prämien

Die Prämienzahlungen folgender Versicherungen unterliegen der Stempelabgabe:

- Garantieversicherungen
- BU-Versicherungen
- Ertragsausfall-Versicherungen
- Konventionalstrafen- oder Pönalen-Versicherungen
- Haftpflichtversicherungen (TPL)
- Deckungserweiterungen wie:

    Reisekosten / Luftfrachten

    Kosten für Erd- / Bauarbeiten

    Aufräumungs-, Beseitigungs-, Bergungs- und Mehrkosten

    Kosten für Montageausrüstung

    Kosten für gefährdete bzw. in Obhut genommene Sachen

    Visits- und Extended Maintenance-Versicherung

    Revisions- und Reparatur-Versicherung

    Datenwiederherstellungskosten

3.2.4 Konditions-, Differenz- und Schutzversicherungen (KDS)

Bezüglich dieser Versicherungen gilt Folgendes:

Soweit sie Sachkomponenten enthalten – dies betrifft die Elemente K + D –, sind sie abgabebefreit, sofern sich die versicherte Sache im Ausland befindet. Die Schutzkomponente (S) stellt eine Vermögensversicherung dar und unterliegt demzufolge der Stempelabgabe.

3.3 Maschinenversicherung

Der Maschinenversicherung gleichgestellt sind:

- die Maschinenbruchversicherung
- die Montageversicherung
- die Bauwesenversicherung
- die Versicherung von elektronischen Datenverarbeitungsanlagen
- die Versicherung von allgemeinen technischen Anlagen

3.4 Versicherung von Elementarschäden

Die Prämienzahlungen für die Versicherung von Elementarschäden sind von der Abgabe befreit, wenn ausschliesslich Kulturland oder Kulturen Gegenstand der Versicherung sind. Deckt die Versicherung hingegen auch Elementarschäden an anderen Objekten (z.B. Wege, Zufahrtsstrassen, Brücken usw.), unterliegt der entsprechende Prämienanteil der Stempelabgabe.

3.5 Hagelversicherung

Unter der Hagelversicherung ist die Versicherung gegen den Schaden zu verstehen, der durch Hagelschlag an Bodenerzeugnissen angerichtet wird. Die Prämienzahlungen für die Versicherung von Glasfenstern, Dächern, Gewächshäusern usw. unterliegen der Stempelabgabe.

3.6 Viehversicherung

Die Prämienzahlungen für die Viehversicherung sind von der Abgabe ausgenommen, wenn die versicherten Tiere ausschliesslich landwirtschaftlich genutzt werden und Schäden infolge von Unfällen, Krankheiten sowie amtlicher Beanstandung des Fleisches geschlachteter Tiere gedeckt sind. Die Prämienzahlungen für die Versicherung des Viehs gegen Feuer, Diebstahl usw. unterliegen demgegenüber der Stempelabgabe. Gleiches gilt für die Prämienzahlungen für die Versicherung von Tieren, die zu anderen Zwecken gehalten werden (z.B. in zoologischen Gärten, zur Ausübung gewisser Sportarten usw.).

3.7 Kaskoversicherung von Luftfahrzeugen und Schiffen

Die Prämienzahlungen für die Kaskoversicherung von Luftfahrzeugen und Schiffen sind von der Abgabe ausgenommen, wenn diese Transportmittel im Wesentlichen im Ausland verkehren und eine Bewilligung der zuständigen Aufsichtsbehörde für die gewerbsmässige Beförderung von Personen und Gütern vorliegt. Bei Luftfahrzeugen muss zudem das Abfluggewicht 5'700 kg übersteigen. Die Ausnahmeregelung gilt nicht für Schiffe auf Grenzgewässern, die im Wesentlichen schweizerische Häfen anlaufen.

3.8 Kreditversicherung

Unter der Kreditversicherung versteht man die Deckung der Risiken, die mit der Gewährung von Krediten aller Art verbunden sind. Die Prämienzahlungen für die Kreditversicherung sind von der Stempelabgabe ausgenommen, wenn der Abgabepflichtige nachweist, dass der Schuldner der versicherten Forderung nicht Inländer im Sinne von Artikel 4 Absatz 1 StG ist.

3.9 Kautions- und Garantieversicherungen

Die Kautions- und Garantieversicherungen sind der Vermögensversicherung zuzuordnen und fallen somit nicht unter die Ausnahmebestimmung von Artikel 22 Buchstabe l StG.

3.10 Betriebsunterbrechungs-/Ertragsausfallversicherung

Die Betriebsunterbrechungs-/Ertragsausfallversicherung, welche die finanziellen Folgen einer durch ein versichertes Ereignis verursachten Beeinträchtigung der Betriebstätigkeit deckt, gilt als Vermögensversicherung; die entsprechenden Prämienzahlungen unterliegen daher der Stempelabgabe.

3.11 Kombinierte Sach- und Vermögensversicherungen

Bei kombinierten Sach- und Vermögensversicherungen ist eine Aufteilung der steuerbaren und der befreiten Prämien vorzunehmen. Wird die abgabefreie Prämie nicht gesondert ausgewiesen, unterliegt die gesamte Prämienzahlung der Stempelabgabe (vgl. Ziffer 1.9.1.).

4. Internationale Versicherungsprogramme

4.1 Schematische Darstellung

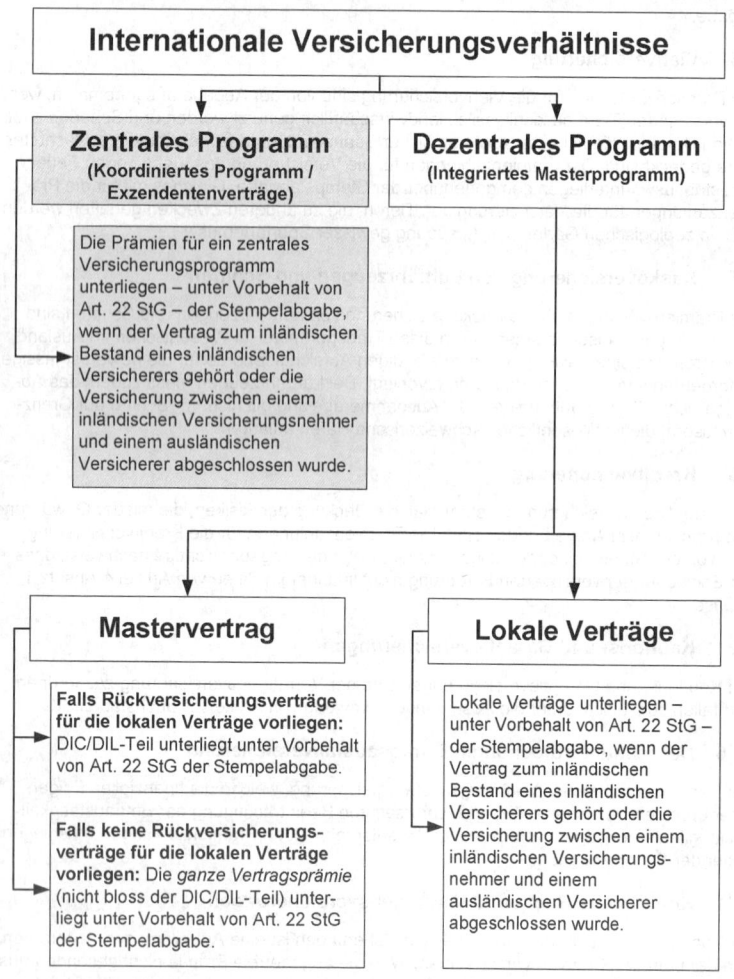

Für das Vorliegen einer Rückversicherung i.S.v. Art. 22 Bst. i StG – d.h. ein Vertrag zwischen dem Erst- und dem Rückversicherer betreffend die (teilweise) Übertragung eines erstversicherten Risikos – ist der «Master-Versicherer» beweispflichtig (Rückversicherungsvertrag, Rückversicherungsslip).

4.2 Erläuterungen zur schematischen Darstellung

Internationale Versicherungsverhältnisse: Bei einem internationalen Versicherungsverhältnis handelt es sich um ein Vertragswerk zwischen einem Versicherer (Annahme: Inländischer Versicherer gemäss Artikel 21 Buchstabe a StG; in diesem Zusammenhang wird auch vom „Master"-Versicherer gesprochen) und einem Versicherungsnehmer (Annahme: Schweizerische Muttergesellschaft mit ausländischen Tochtergesellschaften). Ein internationales Versicherungsprogramm wird entweder über ein *zentrales oder ein dezentrales Programm* abgewickelt.

Zentrales Programm: Das zentrale Programm charakterisiert sich dadurch, dass zwischen dem „Master"-Versicherer und der Schweizerischen Muttergesellschaft ein Gesamtvertrag abgeschlossen wird, welcher die ausländischen Tochtergesellschaften des inländischen Versicherungsnehmers miteinschliesst. Durch den Gesamtvertrag werden neben der Muttergesellschaft auch alle ausländischen Tochtergesellschaften mitversichert, es sind somit keine zusätzlichen lokalen Versicherungsverträge erforderlich. In der Praxis wird auf Grund von aufsichtsrechtlichen Verboten das zentrale Programm kaum angewandt.

Dezentrales Programm: Bei einem dezentralen Programm bestehen ein Mastervertrag sowie darauf basierende *lokale Erstversicherungsverträge*. Dabei schliesst der „Master"-Versicherer mit der Schweizerischen Muttergesellschaft einen Hauptvertrag ab (Mastervertrag). Zudem werden lokale, den jeweiligen örtlichen gesetzlichen Gegebenheiten entsprechende Versicherungsverträge gemäss dem sog. „good local standard" abgeschlossen (sog. lokale Verträge). Mit einer solchen Konstruktion kann den lokalen Besonderheiten – etwa den Steuergesetzgebungen – besser entsprochen werden als mit einem zentralen Programm.

Lokaler Vertrag: Ein lokaler Versicherer (meist eine Tochtergesellschaft oder eine „Netzwerk"-Gesellschaft des „Master"-Versicherers) schliesst mit der jeweils lokal ansässigen Tochtergesellschaft des Versicherungsnehmers einen Erstversicherungsvertrag ab, stellt die entsprechenden Prämienrechnungen aus und behandelt die lokal entstandenen Schäden. Die lokal ausgestellten Versicherungspolicen können zudem durch den „Master"-Versicherer rückversichert werden. Für das Vorliegen einer Rückversicherung i.S.v. Artikel 22 Buchstabe i StG – d.h. ein Vertrag zwischen einem Erst- und einem Rückversicherer betreffend die (teilweise) Übertragung eines erstversicherten Risikos – ist der Rückversicherer („Master"-Versicherer) nachweispflichtig (Rückversicherungsvertrag; Rückversicherungsslip).

Mastervertrag: Der Mastervertrag wird zwischen der Muttergesellschaft und dem „Master"-Versicherer abgeschlossen und regelt den weltweiten Versicherungsschutz des ganzen jeweiligen Konzerns. Dieser Erstversicherungsvertrag beinhaltet in Ergänzung zu den lokalen Policen eine zusätzliche Versicherungsdeckung etwa in Form einer Konditionsdifferenz-Deckung, Summendifferenz- oder Exzedenten-Deckung. Der Mastervertrag muss zu diesem Zweck über eine „vernünftige", d.h. nachvollziehbare Prämie verfügen, welche der „Master"-Versicherer auf Verlangen der ESTV offen zu legen hat. Zudem ist ein Verweis auf eine allfällige Rückversicherung erforderlich. Die ESTV verlangt in diesem Zusammenhang im Übrigen, dass im Mastervertrag die Erstversicherungs- und Rückversicherungsprämien separat ausgewiesen werden.

5. Inkrafttreten und Auskunftsstelle

Dieses Kreisschreiben tritt mit der Publikation in Kraft und ersetzt die Wegleitung der ESTV für die Stempelabgabe auf Versicherungsprämien vom 15. Mai 1974, die Neuauflagen vom 1. Januar 1983, 1. Januar 2000 und 1. Mai 2001.

Für Auskünfte kontaktieren Sie uns unter folgender Adresse:

Eidgenössische Steuerverwaltung
Hauptabteilung Direkte Bundessteuer, Verrechnungssteuer, Stempelabgaben
Abteilung Externe Prüfung
Eigerstrasse 65
3003 Bern

Internet: www.estv.admin.ch.

Sanierung

Quelle: Eidg. Steuerverwaltung ESTV/HA Direkte Bundessteuer, Verrechnungssteuer, Stempelabgaben

Direkte Bundessteuer
Verrechnungssteuer
Stempelabgaben

Bern, 20.01.2025

Kreisschreiben Nr. 32a

Sanierung von Kapitalgesellschaften und Genossenschaften

Inhaltsverzeichnis

1. Gegenstand des Kreisschreibens 3
2. Begriff der steuerlich anerkannten Sanierungsbedürftigkeit 3
2.1. *Direkte Bundessteuer* 3
2.2. *Verrechnungssteuer* 3
2.3 *Stempelabgaben* 3
3. Rechtliche Grundlagen 3
3.1. *Direkte Bundessteuer* 3
3.2. *Verrechnungssteuer* 5
3.3. *Emissionsabgabe* 5
3.3.1. Begründung / Erhöhung von Beteiligungsrechten bei Auffanggesellschaften 5
3.3.2. Freibetrag bei Sanierungen 6
3.3.3. Erlass der Abgabeforderung 7
3.3.4. Sanierung im Zuge der förmlichen Liquidation 8

4.	**Steuerliche Behandlung von Sanierungsmassnahmen** 8
4.1.	***Definitive Forderungsverzichte (ohne Besserungsscheine und ohne Sanierungsgenussscheine)*** 8
4.1.1.	Direkte Bundessteuer 8
4.1.1.1.	*Sanierungsbedürftige Gesellschaft* 8
4.1.1.2.	*Anteilsinhaber und unabhängige Dritte* 10
4.1.1.3.	*Leistende Schwester- oder Tochtergesellschaft* 11
4.1.2.	Verrechnungssteuer 12
4.1.3.	Emissionsabgabe 12
4.2.	***Forderungsverzichte gegen Ausgabe von Besserungs- oder Sanierungsgenussscheinen*** 13
4.2.1	Begriffliches 13
4.2.1.1.	*Besserungsschein* 13
4.2.1.2.	*Sanierungsgenussschein* 13
4.2.2.	Direkte Bundessteuer 13
4.2.2.1.	*Sanierungsbedürftige Gesellschaft* 13
4.2.2.2.	*Gläubiger* 13
4.2.3.	Verrechnungssteuer 14
4.2.4.	Emissionsabgabe 15
4.3.	***Sanierungsfusion*** 16
4.3.1.	Direkte Bundessteuer 16
4.3.1.1.	*Fusionierte Gesellschaften* 16
4.3.1.2.	*Anteilsinhaber* 17
4.3.2.	Verrechnungssteuer 18
4.3.3.	Emissionsabgabe 18
5.	**Inkrafttreten** 18

1. Gegenstand des Kreisschreibens

Das Kreisschreiben über die Sanierung von Kapitalgesellschaften und Genossenschaften (nachfolgend als Kreisschreiben bezeichnet) verschafft einen Überblick über die steuerlichen Auswirkungen verschiedener Sanierungsmassnahmen hinsichtlich direkter Bundessteuer, Verrechnungssteuer und Stempelabgaben.

Die vorliegende aktualisierte Version des Kreisschreibens berücksichtigt neben allgemeinen redaktionellen Änderungen insbesondere die Anpassungen des Kreisschreibens Nr. 5a der Eidgenössischen Steuerverwaltung (ESTV) vom 1. Februar 2022 zu den Umstrukturierungen sowie die seit der Publikation des Kreisschreibens Nr. 32 im Jahr 2010 ergangenen Praxisanpassungen der ESTV.

2. Begriff der steuerlich anerkannten Sanierungsbedürftigkeit

2.1. *Direkte Bundessteuer*

Eine Kapitalgesellschaft oder Genossenschaft ist sanierungsbedürftig, wenn eine echte Unterbilanz vorliegt, das heisst, wenn Verluste bestehen und die Kapitalgesellschaft oder Genossenschaft über keine offenen und/oder stillen Reserven verfügt, welche die ausgewiesenen Verluste abdecken. Es gilt eine betriebswirtschaftliche Betrachtungsweise.

2.2. *Verrechnungssteuer*

Eine Kapitalgesellschaft oder Genossenschaft ist sanierungsbedürftig, wenn sie eine Unterbilanz aufweist. Stille Reserven werden nur dann berücksichtigt, wenn sie von der steuerpflichtigen Person geltend gemacht und nachgewiesen werden.

2.3 *Stempelabgaben*

Eine Kapitalgesellschaft oder Genossenschaft ist sanierungsbedürftig, wenn sie eine Unterbilanz aufweist. Gewinnvorträge und Gewinnreserven sind mit den Verlusten zu verrechnen (vgl. Art. 674 des Obligationenrechts [OR]).

Für den Sanierungsfreibetrag nach Artikel 6 Absatz 1 Buchstabe k des Bundesgesetzes vom 27. Juni 1973 über die Stempelabgaben (StG) werden stille Reserven nicht berücksichtigt.

Für den Erlass nach Artikel 12 StG müssen stille Willkürreserven aufgelöst werden.

3. Rechtliche Grundlagen

3.1. *Direkte Bundessteuer*

Nach Artikel 67 Absatz 2 DBG können Leistungen zum Ausgleich einer Unterbilanz im Rahmen einer Sanierung mit noch nicht verrechneten Vorjahresverlusten ohne zeitliche Beschränkung verrechnet werden. Solche Verlustverrechnungen sind möglich, soweit die nachfolgend definierten, gesetzlich normierten Tatbestandselemente kumulativ erfüllt sind:

a) Sanierung

Als Sanierung gelten für die direkte Bundessteuer Zuflüsse (Leistungen), die zur Beseitigung oder Reduktion einer echten Unterbilanz getroffen werden.

Keine steuerlich relevante Sanierung liegt vor, wenn ein Verlustvortrag lediglich durch bilanzielle Massnahmen (z.B. Aufwertung von Liegenschaften und Beteiligungen, Auflösung nicht mehr benötigter Rückstellungen, Kapitalherabsetzung ohne gleichzeitige -erhöhung, Rangrücktritt) beseitigt oder reduziert wird.

b) Leistungen

Im Rahmen einer Sanierung erbringen Dritte und/oder Anteilsinhaber Leistungen. Dabei resultieren Sanierungserträge, welche wie folgt abgegrenzt werden:

- Forderungsverzichte und à-fonds-perdu-Leistungen durch Dritte oder Forderungsverzichte durch Anteilsinhaber, die Forderungsverzichten von Dritten gleichkommen, sind sogenannte echte Sanierungserträge und damit gewinnsteuerwirksam. Dabei gelten alle zu Lasten des echten Sanierungsertrags vorgenommenen Verlustausbuchungen, Abschreibungen und Rückstellungen als steuerlich erfolgt. Die Sanierungsleistungen können zeitlich unbeschränkt mit Verlusten verrechnet werden (Art. 67 Abs. 2 DBG). Für Aufwertungsgewinne gilt dagegen die zeitlich beschränkte Verlustverrechnung (Art. 67 Abs. 1 DBG).

- Werden Anteilsinhaber sanierungsbedürftiger Kapitalgesellschaften oder Genossenschaften durch Kapitalherabsetzungen betroffen oder erbringen sie à-fonds-perdu-Leistungen, entstehen erfolgsneutrale, sogenannte unechte Sanierungserträge. Die zu Lasten von unechtem Sanierungsertrag handelsrechtlich vorgenommenen Verlustausbuchungen sowie Abschreibungen und Rückstellungen gelten steuerlich als nicht erfolgt.

c) Kapitaleinlagen

Für Kapitaleinlagen gilt das Kapitaleinlageprinzip im Sinn von Artikel 20 Absatz 3 DBG, sofern die Einlagen, Aufgelder oder Zuschüsse direkt durch die Anteilsinhaber geleistet wurden.

Soweit Kapitaleinlagen direkt in das Eigenkapital der Gesellschaft eingelegt werden und nicht durch die Ausbuchung von handelsrechtlichen Verlustvorträgen vernichtet werden, gelten diese aufgrund der Massgeblichkeit der Handelsbilanz steuerrechtlich als Reserven aus Kapitaleinlagen (KER) bzw. Ausland-KER.

Forderungsverzichte und direkte Kapitaleinlagen der Anteilsinhaber, die im Zuge der Sanierung handelsrechtlich erfolgswirksam über die Erfolgsrechnung oder das Sanierungskonto gebucht werden, gelten nie als KER bzw. Ausland-KER.

Bei einer Vorteilszuwendung unter Schwestergesellschaften erhalten die Beteiligten aus wirtschaftlicher Sicht einen geldwerten Vorteil von der leistenden Gesellschaft, den sie in die begünstigte Gesellschaft einlegen. Unter dem Kapitaleinlageprinzip qualifizieren Vorteilszuwendungen unter Schwestergesellschaften jedoch nicht als Einlagen in die KER bzw. Ausland-KER, da sie nicht direkt durch die Anteilsinhaber geleistet werden und die übertragenen Mehrwerte in der übernehmenden Kapitalgesellschaft oder Genossenschaft nur als Aufwertung offengelegt werden können.

d) Unterbilanz

Als Voraussetzung der steuerlich anerkannten Sanierungsbedürftigkeit muss beim betroffenen Unternehmen für die direkte Bundessteuer eine echte Unterbilanz vorliegen. Eine solche ist gegeben, wenn Verluste bestehen und die Kapitalgesellschaft oder Genossenschaft über keine offenen und/oder stillen Reserven verfügt, über welche die ausgewiesenen Verluste ausgebucht werden können.

e) Noch nicht verrechnete Vorjahresverluste

Mit echten Sanierungserträgen sind vorab die ältesten noch nicht verrechneten Vorjahresverluste zu verrechnen.

Soweit die noch nicht verrechneten Vorjahresverluste sowie die Verluste der Sanierungsperiode die nach der Vornahme von Abschreibungen, Rückstellungen und Wertberichtigungen verbleibenden echten Sanierungserträge übersteigen, können sie im Rahmen der verbleibenden Zeitspanne gemäss Artikel 67 Absatz 1 DBG vorgetragen und verrechnet werden. Eine Verlustnovation, das heisst ein Neubeginn der Verlustverrechnungsperiode nach Artikel 67 Absatz 1 DBG auf den Sanierungszeitpunkt, findet nicht statt.

3.2. Verrechnungssteuer

Nach Artikel 5 Absatz 1 Buchstabe a VStG sind Reserven und Gewinne einer Kapitalgesellschaft gemäss Artikel 49 Absatz 1 Buchstabe a DBG oder Genossenschaft, die bei einer Umstrukturierung nach Artikel 61 DBG in die Reserven der aufnehmenden oder umgewandelten inländischen Kapitalgesellschaft oder Genossenschaft übergehen, von der Verrechnungssteuer ausgenommen, sofern das übertragene Verrechnungssteuersubstrat erhalten bleibt. Im Sanierungsfall (z.B. Schwesterfusion) ist somit stets zu prüfen, ob dieser Ausnahmeartikel greift.

Wenn Verrechnungssteuersubstrat verloren geht, ist auf den untergehenden Reserven, die nicht als KER bzw. Ausland-KER qualifizieren, die Verrechnungssteuer geschuldet.

3.3. Emissionsabgabe

Nach Artikel 6 Absatz 1 Buchstaben j und k StG sind die Begründung von Beteiligungsrechten (Auffanggesellschaft) bei der Übernahme von Betrieben oder Teilbetrieben von inländischen Kapitalgesellschaften oder Genossenschaften mit Kapitalverlust im Sinn von Artikel 725a OR sowie offene und stille Sanierungen von Kapitalgesellschaften oder Genossenschaften bis zu einem Gesamtbetrag von zehn Millionen Franken (Freibetrag) von der Emissionsabgabe ausgenommen.

Wenn der Sanierungsfreibetrag von zehn Millionen Franken vollständig beansprucht wurde, so kann der Erlass nach Artikel 12 StG beantragt werden.

3.3.1. Begründung / Erhöhung von Beteiligungsrechten bei Auffanggesellschaften

Nach Artikel 6 Absatz 1 Buchstabe j StG ist eine Begründung oder Erhöhung von Beteiligungsrechten, die zur Übernahme eines Betriebes oder Teilbetriebes von einer Kapitalgesellschaft oder Genossenschaft führt, von der Emissionsabgabe ausgenommen, soweit die nachstehenden Tatbestandselemente kumulativ erfüllt sind:

a) Kapitalverlust

Die abtretende Aktiengesellschaft, Kommanditaktiengesellschaft, Gesellschaft mit beschränkter Haftung oder Genossenschaft muss einen Kapitalverlust im Sinn von Artikel 725a OR aufweisen, das heisst gemäss letzter Jahresbilanz ist die Hälfte des Kapitals und der gesetzlichen Kapital- und Gewinnreserven nicht mehr gedeckt.

Den Nachweis, dass der Betrieb oder Teilbetrieb von einer Kapitalgesellschaft oder Genossenschaft mit Kapitalverlust im Sinn von Artikel 725a OR stammt, hat die übernehmende Kapitalgesellschaft oder Genossenschaft zu erbringen.

b) Betrieb oder Teilbetrieb

Für die Beurteilung, ob ein Betrieb oder Teilbetrieb vorliegt, gelten die Kriterien gemäss Artikel 61 Absatz 1 Buchstabe b DBG beziehungsweise Kreisschreiben der ESTV Nr. 5a vom 1. Februar 2022, Ziffern 4.3.2.5. bis 4.3.2.8.

Nicht abgabebefreit ist derjenige Teil des neu geschaffenen nominellen Kapitals der übernehmenden Gesellschaft, der das minimal erforderliche Eigenkapital nach dem Kreisschreiben der ESTV Nr. 6a vom 10. Oktober 2024 «Verdecktes Eigenkapital bei Kapitalgesellschaften und Genossenschaften» übersteigt, sofern die Merkmale der Abgabeumgehung erfüllt sind.

3.3.2. Freibetrag bei Sanierungen

Nach Artikel 6 Absatz 1 Buchstabe k StG ist eine offene oder stille Sanierung von der Emissionsabgabe ausgenommen, soweit die nachstehenden Tatbestandselemente kumulativ erfüllt sind:

a) Sanierung

Es muss eine offene oder stille Sanierung vorliegen.

Als offene Sanierungen gelten Herabsetzungen des Grund- oder Stammkapitals einer Kapitalgesellschaft oder Genossenschaft mit anschliessender (in der Regel gleichzeitiger) Wiedererhöhung (oder Kapitalerhöhungen mit zeitgleicher Herabsetzung) bis maximal zur Höhe des ursprünglichen Kapitals.

Als stille Sanierungen gelten Zuschüsse im Sinn von Artikel 5 Absatz 2 Buchstabe a StG sowie Einlagen in das Agio, die zur Abdeckung von Verlusten führen.

b) Beseitigung bestehender Verluste

Bestehende Verluste müssen ganz oder teilweise beseitigt werden; die Verrechnung der Sanierungsleistungen mit den bestehenden Verlusten ist zwingend (vgl. Urteil des Bundesgerichts vom 7. September 2023, 9C_610/2022, Erwägung 3.4.1). Verluste des im Zeitpunkt der Sanierung laufenden Geschäftsjahres gelten als bestehende Verluste. Die Verrechnung der Verluste muss spätestens anlässlich der ordentlichen Generalversammlung beschlossen werden, welche die Jahresrechnung für die Periode genehmigt, in welcher die Sanierungsleistung erbracht wurde. Die Ausbuchung der Verluste ist spätestens im auf die Sanierung folgenden Geschäftsjahr vorzunehmen (vgl. Schweizer Handbuch der Wirtschaftsprüfung, Band «Buchführung und Rechnungslegung», 2023, Randziffer 572).

c) Leistungen der Anteilsinhaber von gesamthaft 10 Millionen Franken

Bei offenen oder stillen Sanierungen sind die Leistungen der Anteilsinhaber, welche den Betrag von gesamthaft 10 Millionen Franken nicht übersteigen, von der Emissionsabgabe ausgenommen.

Seit Inkrafttreten der Gesetzesänderung über die Stempelabgaben per 1. Januar 2009 steht der Freibetrag von 10 Millionen Franken jeder Gesellschaft zu, ungeachtet allfällig bis am 31. Dezember 2008 erbrachter offener und/oder stiller Sanierungsleistungen.

Im Rahmen dieses Freibetrags ist die Erfüllung der Kriterien für den Erlass der Emissionsabgabe (vgl. Ziff. 3.3.3.) unerheblich, wobei die Abgabeumgehung vorbehalten bleibt.

Der Freibetrag von 10 Millionen Franken ist einmalig, kann sich aber auf mehrere Sanierungen aufteilen.

Wenn der Freibetrag von 10 Millionen Franken überschritten wird, ist ein Erlass der Emissionsabgabe gemäss Artikel 12 StG auf den, den Freibetrag übersteigenden Sanierungsleistungen weiterhin möglich, sofern die Abgabepflichtige die entsprechenden Voraussetzungen erfüllt (vgl. Urteil des Bundesverwaltungsgerichts vom 29. November 2021, A-5073/2020, Erwägung 3.2.2). Das Gesuch um Erlass der Emissionsabgabe ist begründet, einen entsprechenden Antrag enthaltend und zusammen mit der Deklaration des abgabebelasteten Tatbestandes einzureichen.

3.3.3. Erlass der Abgabeforderung

Für die Gewährung des vollständigen oder teilweisen Erlasses der Emissionsabgabe muss eine offene oder stille Sanierung vorliegen und die Erhebung der Emissionsabgabe für die sanierungsbedürftige Gesellschaft eine offenbare Härte bedeuten (vgl. Art. 12 StG). Ein Härtefall im Sinne von Artikel 12 StG liegt nicht vor, wenn die Sanierungsbedürftigkeit der Gesellschaft auf völlig vorhersehbare oder leichtfertige Risiken ohne angemessene Eigenfinanzierung zurückzuführen ist.

Nach gegenwärtiger Rechtsprechung und Praxis der ESTV sind die Voraussetzungen für den Erlass erfüllt, wenn
- anlässlich der Sanierung die Sanierungsleistungen mit den Verlusten verrechnet werden (die Voraussetzungen für den Erlass der Emissionsabgabe müssen mindestens gleich streng sein wie für den Sanierungsfreibetrag; vgl. Urteil des Bundesverwaltungsgerichts vom 29. November 2021, A-5073/2020, Erwägung 3.2.2); eine gewöhnliche Kapitalerhöhung stellt keine Sanierungsmassnahme im Sinn von Artikel 12 StG dar; vorbehalten bleibt ein restlicher Freibetrag nach Artikel 6 Absatz 1 Buchstabe h StG; die Verrechnung der Verluste muss spätestens anlässlich der ordentlichen Generalversammlung beschlossen werden, welche die Jahresrechnung für die Periode genehmigt, in welcher die Sanierungsleistung erbracht wurde; die Ausbuchung der Verluste ist spätestens im auf die Sanierung folgenden Geschäftsjahr vorzunehmen (vgl. Schweizer Handbuch der Wirtschaftsprüfung, Band «Buchführung und Rechnungslegung», 2023, Randziffer 572);
- es sich um eine nachhaltige Sanierung handelt, das heisst, der verbleibende Verlust darf das Grundkapital nicht mehr übersteigen (keine Überschuldung);
- keine offenen Gewinnreserven oder stillen Willkürreserven mehr bestehen (vgl. Urteil des Bundesverwaltungsgerichts vom 12. Juni 2018, A-3735/2017, Erwägung 4.5); Kapitalreserven, auf welchen die Emissionsabgabe entrichtet wurde oder welche von der Emissionsabgabe wegen Umstrukturierung ausgenommen waren, werden wie nominelles Kapital behandelt und stehen dem Erlass der Emissionsabgabe nicht entgegen;

- die Gesellschaft vor der Sanierung mit genügend Eigenkapital ausgestattet war; dies ist nicht der Fall, wenn die Gesellschaft leichtfertig Risiken eingegangen ist und das erforderliche Eigenkapital erst im Verlustfall wieder auffüllt; in der Regel ist das erforderliche Mindestkapital nach den im Kreisschreiben der ESTV Nr. 6a vom 10. Oktober 2024 für die direkte Bundessteuer aufgeführten Ansätzen zu berechnen (Differenz zwischen 100 % und den maximal zulässigen fremden Mitteln); als Grundlage sind in der Regel die letzten drei Jahresrechnungen vor der Sanierung zu verwenden; wenn die Verlustsituation bereits früher entstanden ist, so ist das erforderliche Mindestkapital auf Grundlage der Eröffnungsbilanzen für die Geschäftsjahre, in welchen die Verluste angefallen sind, zu berechnen; der sich ergebende Mittelwert ist dem der Emissionsabgabe grundsätzlich unterworfenen Eigenkapital (Emissionsabgabe entrichtet oder befreit infolge Umstrukturierung) im betreffenden Zeitraum gegenüberzustellen; den Nachweis hat die abgabepflichtige Kapitalgesellschaft oder Genossenschaft zu erbringen; mit dieser Berechnung wird eine Gleichbehandlung erreicht: Gesellschaften, welche durch selbst erarbeitete Mittel finanziert wurden, sind nicht bessergestellt als Gesellschaften, welche mit der Emissionsabgabe belastetes Kapital erhalten haben;
- keine Übersanierung vorliegt (keine Bildung oder Erhalt von offenen und/oder stillen (Willkür)-Reserven; die Bildung einer Sanierungsreserve ist zulässig, sofern sie im zum Zeitpunkt der Sanierung laufenden Geschäftsjahr zur Ausbuchung von Verlusten verwendet wird (vgl. Urteil des Bundesverwaltungsgerichts vom 22. Februar 2010, A-801/2007, Erwägung 2.2.1.2);
- die ausgewiesenen Verluste, das heisst die Sanierungsbedürftigkeit, nicht auf die Vornahme von verdeckten Gewinnausschüttungen zurückzuführen sind;
- die Gesellschaft im Zeitpunkt der Sanierung nicht inaktiv, das heisst wirtschaftlich liquidiert war;
- die Gesellschaft ihre Tätigkeit nach der Sanierung weiterführt;
- die Gesellschaft sich nicht in Nachlassliquidation oder in Konkurs befindet.

Mit dem Einreichen eines Erlassgesuches anerkennt der Gesuchsteller die betreffende Emissionsabgabepflicht; der Erlass der Emissionsabgabe setzt das Bestehen der Steuerpflicht voraus.

3.3.4. Sanierung im Zuge der förmlichen Liquidation

Erfolgen Zuschüsse (wie Forderungsverzichte, Kapitaleinlagen) der Beteiligten im Zuge der förmlichen Liquidation der begünstigten Kapitalgesellschaft oder Genossenschaft nach der entsprechenden Publikation im Schweizerischen Handelsamtsblatt, sieht die ESTV von der Erhebung der Emissionsabgabe ab.

4. Steuerliche Behandlung von Sanierungsmassnahmen

4.1. *Definitive Forderungsverzichte (ohne Besserungsscheine und ohne Sanierungsgenussscheine)*

4.1.1. Direkte Bundessteuer

4.1.1.1. Sanierungsbedürftige Gesellschaft

a) Forderungsverzichte durch die Anteilsinhaber

Forderungsverzichte durch Anteilsinhaber, die im Zuge der Sanierung handelsrechtlich erfolgswirksam über die Erfolgsrechnung oder das Sanierungskonto gebucht werden, sind grundsätzlich gleich zu behandeln wie Forderungsverzichte Dritter. Der Gesellschaft erwächst dadurch ein erfolgswirksamer Vermögenszugang. Alle zulasten dieses echten Sanierungsertrags vorgenommenen Verlustausbuchungen, Abschreibungen und Rückstellungen gelten als steuerlich erfolgt.

Im Sinn einer Ausnahme gelten Verlustausbuchungen, Abschreibungen und Rückstellungen zulasten des durch Forderungsverzicht von Anteilsinhabern entstandenen Sanierungsertrags in den beiden folgenden Fällen als steuerlich nicht erfolgt, so dass sie im Rahmen der gesetzlichen Vorschriften steuerwirksam nachgeholt werden können:

- wenn und soweit Darlehen von Anteilsinhabern vor der Sanierung steuerlich als verdecktes Eigenkapital behandelt wurden;
- bei Darlehen von Anteilsinhabern, die erstmalig oder zusätzlich wegen schlechten Geschäftsganges gewährt wurden und unter den gleichen Umständen von unabhängigen Dritten nicht zugestanden worden wären.

Diese Praxis ist durch das Bundesgericht bestätigt worden (vgl. Urteil des Bundesgerichts vom 20. Oktober 2014, 2C_634/2012, Erwägung 5.1).

Forderungsverzichte durch Anteilsinhaber, die direkt in das Eigenkapital der Gesellschaft gebucht werden, sind aufgrund der handelsrechtlichen Verbuchung immer gewinnsteuerneutral. Solche Forderungsverzichte stellen Kapitaleinlagen dar. Soweit diese nicht durch die Ausbuchung von handelsrechtlichen Verlustvorträgen vernichtet werden, gelten sie steuerrechtlich als KER bzw. Ausland-KER.

b) Forderungsverzichte von Schwester- oder Tochtergesellschaften

Forderungsverzichte von Schwester- oder Tochtergesellschaften, die dem Drittvergleich standhalten und demzufolge geschäftsmässig begründet sind, werden bei der zu sanierenden Kapitalgesellschaft oder Genossenschaft als echte Sanierungserträge qualifiziert. Die Verlustverrechnungsperiode kann im Sinn von Artikel 67 Absatz 2 DBG ausgedehnt werden.

Halten die Forderungsverzichte von Schwester- oder Tochtergesellschaften einem Drittvergleich nicht stand, führt dies zu einem unechten Sanierungsertrag. Bei der zu sanierenden Kapitalgesellschaft oder Genossenschaft qualifizieren unter dem Kapitaleinlageprinzip solche Zuschüsse unter Schwestergesellschaften jedoch nicht als Einlagen in die KER, sondern als übrige Reserven, da die Einlagen nicht direkt durch die Anteilsinhaber geleistet werden. Solche Zuschüsse gelten steuerlich als nicht erfolgswirksam. Die zu Lasten des Sanierungsertrags vorgenommenen Verlustausbuchungen gelten steuerlich als nicht erfolgt.

c) Forderungsverzichte durch unabhängige Dritte

Forderungsverzichte durch unabhängige Dritte, stellen einen erfolgswirksamen Vorgang dar, der als echter Sanierungsertrag zu behandeln ist. Die zu Lasten des Sanierungsertrags vorgenommenen Verlustausbuchungen, Abschreibungen und Rückstellungen gelten als steuerrechtlich erfolgt. Die Verlustverrechnungsperiode kann im Sinn von Artikel 67 Absatz 2 DBG ausgedehnt werden.

4.1.1.2. Anteilsinhaber und unabhängige Dritte

a) Forderungsverzichte durch die Anteilsinhaber

Beteiligungsrechte im Privatvermögen

Forderungsverzichte, die echten Sanierungsertrag darstellen, sind einkommenssteuerrechtlich nicht abzugsfähige private Kapitalverluste.

Forderungsverzichte, die unechten Sanierungsertrag darstellen oder bei der Gesellschaft handelsrechtlich erfolgsneutral verbucht werden, sind steuerneutrale Kapitaleinlagen.

Beteiligungsrechte im Geschäftsvermögen natürlicher Personen

Forderungsverzichte, die echten Sanierungsertrag darstellen, können erfolgs- und steuerwirksam abgeschrieben werden.

Forderungsverzichte, die unechten Sanierungsertrag darstellen oder bei der Gesellschaft handelsrechtlich erfolgsneutral verbucht werden, stellen bei den Anteilsinhabern zu aktivierende Investitionen dar. Das steuerbare Einkommen vermindert sich nur im Umfang eines allfälligen Wertberichtigungsbedarfs auf der Beteiligung.

Beteiligungsrechte juristischer Personen

Forderungsverzichte, die echten Sanierungsertrag darstellen, können erfolgs- und steuerwirksam abgeschrieben werden. Die Gestehungskosten der Beteiligung an der sanierten Gesellschaft werden dadurch nicht erhöht.

Forderungsverzichte, die unechten Sanierungsertrag darstellen oder bei der Gesellschaft handelsrechtlich erfolgsneutral verbucht werden, stellen bei den Anteilsinhabern zu aktivierende Investitionen dar. Der steuerbare Gewinn vermindert sich nur im Umfang eines allfälligen Wertberichtigungsbedarfs auf der Beteiligung. Die Gestehungskosten der Beteiligung an der sanierten Gesellschaft erhöhen sich im Umfang der Kapitaleinlage. Allfällige Wertberichtigungen reduzieren die Gestehungskosten nicht. Wiedereingebrachte Abschreibungen (nach altem Rechnungslegungsrecht) und Wertberichtigungen sind voll steuerbar und berechtigen nicht zum Beteiligungsabzug (vgl. Art. 62 Abs. 4 DBG).

b) Forderungsverzichte von Schwestergesellschaften

Beteiligungsrechte im Privatvermögen

Sanierungsleistungen von Schwestergesellschaften, die dem Drittvergleich standhalten und demzufolge geschäftsmässig begründet sind, lösen auf Stufe des Anteilsinhabers keine Steuerfolgen aus.

Bei Sanierungsleistungen von Schwestergesellschaften, die dem Drittvergleich nicht standhalten, erhält der Anteilsinhaber einen geldwerten Vorteil aus der Beteiligung an der leistenden Schwestergesellschaft nach Artikel 20 Absatz 1 Buchstabe c DBG i. V. m. Artikel 20 Absatz 1bis DBG, wenn und soweit durch diese Sanierungsleistung übrige Reserven untergehen. Diesen geldwerten Vorteil legt der Anteilsinhaber in die sanierungsbedürftige Gesellschaft ein (Dreieckstheorie).

Beteiligungsrechte im Geschäftsvermögen natürlicher Personen

Bei Sanierungsleistungen, die dem Drittvergleich standhalten, findet die Dreieckstheorie keine Anwendung. Eine allfällige Wertberichtigung auf der Beteiligung an der leistenden Gesellschaft führt nicht zu einer Erhöhung der Einkommenssteuerwerte auf der Beteiligung an der sanierten Gesellschaft.

Bei Sanierungsleistungen von Schwestergesellschaften, die dem Drittvergleich nicht standhalten, ergeben sich auf Stufe des Anteilinhabers grundsätzlich keine Steuerfolgen. Möglicherweise kann ein Wertberichtigungsbedarf auf der Beteiligung an der leistenden Tochtergesellschaft bestehen. Wird eine solche Wertberichtigung vorgenommen, erhöht sich der Einkommenssteuerwert der Beteiligung an der empfangenden Gesellschaft im gleichen Ausmass. Die Umbuchung zwischen den Beteiligungen erfolgt nicht einkommenssteuerwirksam.

Beteiligungsrechte juristischer Personen

Bei Sanierungsleistungen, die dem Drittvergleich standhalten, findet die Dreieckstheorie keine Anwendung. Eine allfällige Wertberichtigung auf der Beteiligung an der leistenden Gesellschaft führt nicht zu einer Erhöhung der Gewinnsteuerwerte und Gestehungskosten auf der Beteiligung an der sanierten Gesellschaft.

Bei Sanierungsleistungen von Schwestergesellschaften, die dem Drittvergleich nicht standhalten, realisiert die Anteilsinhaberin (Muttergesellschaft) bei Anwendung des Buchwert- und Gestehungskostenprinzips keinen steuerbaren Beteiligungsertrag. Möglicherweise kann ein Wertberichtigungsbedarf (Desinvestition) auf der Beteiligung an der leistenden Tochtergesellschaft bestehen. Wird eine solche Wertberichtigung vorgenommen, erhöhen sich der Gewinnsteuerwert und die Gestehungskosten der Beteiligung an der empfangenden Gesellschaft im gleichen Ausmass. Die Summe der Gewinnsteuerwerte und der Gestehungskosten beider Beteiligungen bleibt jedoch unverändert und die Umbuchung zwischen den Beteiligungen erfolgt nicht gewinnsteuerwirksam.

c) Forderungsverzichte durch unabhängige Dritte

Forderungen im Privatvermögen

Forderungsverzichte von Personen, welche den Anteilsinhabern der zu sanierenden Kapitalgesellschaft oder Genossenschaft nicht nahestehen, stellen bei den verzichtenden Personen einkommenssteuerrechtlich nicht abzugsfähige private Kapitalverluste dar.

Forderungen im Geschäftsvermögen natürlicher Personen und Forderungen juristischer Personen

Forderungsverzichte von den Anteilsinhabern nicht nahestehenden Kapitalgesellschaften, Genossenschaften oder Personenunternehmen stellen bei diesen geschäftsmässig begründeten Aufwand dar.

4.1.1.3. Leistende Schwester- oder Tochtergesellschaft

Forderungsverzichte von Schwester- oder Tochtergesellschaften, die dem Drittvergleich standhalten, werden als geschäftsmässig begründeter Aufwand zum Abzug zugelassen.

Forderungsverzichte von Schwester- oder Tochtergesellschaften, die auf den Beziehungen zum Anteilsinhaber beruhen, sind nicht geschäftsmässig begründet und werden zum ausgewiesenen Gewinn hinzugerechnet.

4.1.2. Verrechnungssteuer

a) Forderungsverzichte durch die Anteilsinhaber

Zuschüsse, das heisst Leistungen der Anteilsinhaber ohne Gegenleistung der Kapitalgesellschaft oder Genossenschaft, sind grundsätzlich nicht Gegenstand der Verrechnungssteuer.

b) Forderungsverzichte durch Schwestergesellschaften

Leistende Gesellschaft

Leistungen von Schwestergesellschaften, die dem Drittvergleich standhalten, unterliegen nicht der Verrechnungssteuer.

Halten Leistungen von Schwestergesellschaften dem Drittvergleich nicht stand, unterliegen die Vorteilszuwendungen gemäss Artikel 4 Absatz 1 Buchstabe b VStG der Verrechnungssteuer. Weil die Sanierung einer notleidenden Gesellschaft in der Verantwortung des direkten Anteilsinhabers der sanierungsbedürftigen Gesellschaft liegt, qualifiziert dieser als Leistungsbegünstigter. Die Verrechnungssteuer ist daher auf den Inhaber der Beteiligungsrechte zu überwälzen.

Saniertes Unternehmen

Auf Stufe des sanierten Unternehmens wirken sich Zuschüsse durch Schwestergesellschaften bei der Verrechnungssteuer nicht aus.

c) Forderungsverzichte durch unabhängige Dritte

Zuschüsse (Forderungsverzichte) durch unabhängige Dritte sind nicht Gegenstand der Verrechnungssteuer.

4.1.3. Emissionsabgabe

a) Forderungsverzichte durch die Anteilsinhaber

Nach Artikel 5 Absatz 2 Buchstabe a StG werden Zuschüsse, welche die Anteilsinhaber ohne entsprechende Gegenleistung an die Kapitalgesellschaft oder Genossenschaft erbringen, ohne dass das im Handelsregister eingetragene Gesellschaftskapital oder der einbezahlte Betrag der Genossenschaftsanteile erhöht wird, der Begründung von Beteiligungsrechten im Sinn von Absatz 1 Buchstabe a desselben Gesetzesartikels gleichgestellt. Demgemäss unterliegen alle Zuschüsse der Emissionsabgabe – vorbehältlich des Freibetrags gemäss Artikel 6 Absatz 1 Buchstabe k StG. Falls die entsprechenden Voraussetzungen erfüllt sind, ist ferner der Erlass der Emissionsabgabe gemäss Artikel 12 StG möglich.

b) Forderungsverzichte durch Schwestergesellschaften

Gestützt auf die Rechtsprechung des Bundesverwaltungsgerichts (vgl. Urteil des Bundesverwaltungsgerichts vom 15. April 2009, A-1592/2006, Erwägung 4) unterliegen ausschliesslich Zuschüsse von direkten Inhabern von Beteiligungsrechten der Emissionsabgabe. Auf Forderungsverzichten von Schwestergesellschaften ist somit keine Emissionsabgabe geschuldet.

c) Forderungsverzichte durch unabhängige Dritte

Zuwendungen durch unabhängige Dritte sind nicht Gegenstand der Emissionsabgabe - vorbehältlich einer allfälligen Abgabeumgehung.

4.2. Forderungsverzichte gegen Ausgabe von Besserungs- oder Sanierungsgenussscheinen

4.2.1 Begriffliches

4.2.1.1. Besserungsschein

Ein Besserungsschein liegt vor, wenn die von der Schuld befreite Kapitalgesellschaft oder Genossenschaft dem Gläubiger das Recht einräumt, im Falle einer Verbesserung ihrer Vermögenslage auf seine Forderung zurückzukommen.

4.2.1.2. Sanierungsgenussschein

Ein Sanierungsgenussschein liegt vor, wenn der Gläubiger definitiv auf seine Forderung verzichtet und die Schuldnerin ihm verspricht, im Falle einer Verbesserung ihrer Vermögenslage, gestützt auf Beschlüsse der Generalversammlung, einen Teil des Gewinns auszuschütten.

4.2.2. Direkte Bundessteuer

4.2.2.1. Sanierungsbedürftige Gesellschaft

a) Besserungsscheine

Das Wiederaufleben sowie eine allfällige Verzinsung der ursprünglichen Schuld der Kapitalgesellschaft oder Genossenschaft gegenüber den Inhabern der Besserungsscheine stellen einen geschäftsmässig begründeten Aufwand dar, sofern der Forderungsverzicht als echter Sanierungsertrag behandelt wurde. Darüber hinausgehende Leistungen stellen keinen geschäftsmässig begründeten Aufwand dar. Allfällige im Rahmen des Forderungsverzichts gebildete KER sind im Umfang der wiederauflebenden Schuld auszubuchen.

b) Sanierungsgenussscheine

Leistungen aufgrund von Sanierungsgenussscheinen stellen keinen geschäftsmässig begründeten Aufwand dar, auch wenn der Forderungsverzicht als echter Sanierungsertrag behandelt wurde.

4.2.2.2. Gläubiger

a) Forderungen im Privatvermögen

Besserungsscheine

Forderungsverzichte gegen den Erhalt von Besserungsscheinen stellen einkommenssteuerrechtlich nicht abzugsfähige private Kapitalverluste dar.

Die Rückzahlung der ursprünglichen Schuld der Kapitalgesellschaft oder Genossenschaft an die Inhaber von Besserungsscheinen ist steuerfrei, sofern gleichzeitig allfällige im Rahmen des Forderungsverzichts gebildete KER in diesem Umfang ausgebucht werden. Allfällige Zinsen auf dem ursprünglichen Guthaben gegenüber der Kapitalgesellschaft oder Genossenschaft und darüber hinausgehende Leistungen stellen dagegen einen steuerbaren Vermögensertrag gemäss Artikel 20 Absatz 1 Buchstabe a bzw. Buchstabe c DBG dar.

Sanierungsgenussscheine

Forderungsverzichte gegen den Erhalt von Sanierungsgenussscheinen stellen einkommenssteuerrechtlich nicht abzugsfähige private Kapitalverluste dar.

Die Gläubiger erhalten an Stelle ihrer Forderung grundsätzlich ein Gewinnbeteiligungsrecht und realisieren aus späteren Ausschüttungen steuerbaren Vermögensertrag aus Beteiligung (Art. 20 Abs. 1 Bst. c DBG i.V.m Art. 20 Abs. 1bis DBG).

b) Forderungen im Geschäftsvermögen natürlicher Personen

Gehören die Forderungen, auf welche im Rahmen der Sanierung verzichtet wird, zum Geschäftsvermögen, können sie erfolgs- und steuerwirksam abgeschrieben werden.

Besserungsscheine

Bei Leistungen aus Besserungsscheinen realisieren die Gläubiger grundsätzlich steuerbaren Ertrag. Die Rückzahlung der ursprünglichen Forderung gegenüber der Kapitalgesellschaft oder Genossenschaft und die darauf entfallenden Zinsen an die Inhaber von Besserungsscheinen stellen einen steuerbaren Kapitalgewinn dar.

Sanierungsgenussscheine

Bei Leistungen aus Sanierungsgenussscheinen realisieren die Gläubiger steuerbaren Ertrag. Sofern natürliche Personen (Selbständigerwerbende) die Voraussetzungen von Artikel 18b Absatz 1 DBG erfüllen, ist eine Teilbesteuerung möglich.

c) Forderungen juristischer Personen

Gehören die Forderungen, auf welche im Rahmen der Sanierung verzichtet wird, juristischen Personen, können sie erfolgs- und steuerwirksam abgeschrieben werden.

Besserungsscheine

Bei Leistungen aus Besserungsscheinen realisieren die Gläubiger grundsätzlich steuerbaren Ertrag. Die Rückzahlung der ursprünglichen Forderung gegenüber der Kapitalgesellschaft oder Genossenschaft und die darauf entfallenden Zinsen an die Inhaber von Besserungsscheinen stellen einen steuerbaren Kapitalgewinn dar.

Sanierungsgenussscheine

Bei Leistungen aus Sanierungsgenussscheinen realisieren die Gläubiger grundsätzlich steuerbaren Beteiligungsertrag. Die Beteiligungserträge aus Sanierungsgenussscheinen unterliegen bei Kapitalgesellschaften ebenfalls dem Beteiligungsabzug, sofern die Voraussetzungen nach Artikel 69 DBG erfüllt sind (Kreisschreiben der ESTV Nr. 27 vom 17. Dezember 2009, Ziff. 2.3.2).

4.2.3. Verrechnungssteuer

a) Besserungsscheine

Leistungen der Kapitalgesellschaft oder Genossenschaft an die Inhaber von Besserungsscheinen stellen insoweit keinen steuerbaren Ertrag dar, als diese Leistungen eine Rückzahlung der wiederauflebenden Schuld (allenfalls inkl. Verzinsung) darstellen und gleichzeitig allfällige im Rahmen des Forderungsverzichts gebildete KER in diesem Umfang ausgebucht werden. Allenfalls darüber hinausgehende Vorteilszuwendungen unterliegen demgegenüber als geldwerte Leistungen im Sinne von Artikel 4 Absatz 1 Buchstabe b VStG und Artikel 20 Absatz 1 VStV der Verrechnungssteuer.

b) Sanierungsgenussscheine

Den Inhabern von Sanierungsgenussscheinen wird kein Recht eingeräumt, auf den anlässlich der Sanierung geleisteten Forderungsverzicht zurückzukommen. Sämtliche Leistungen, die auf diesem Genussschein beruhen, unterliegen gemäss Artikel 4 Absatz 1 Buchstabe b VStG und Artikel 20 Absatz 2 VStV der Verrechnungssteuer.

4.2.4. Emissionsabgabe

a) Besserungsscheine

Besserungsscheine berechtigen deren Inhaber, unter bestimmten Voraussetzungen auf die im Rahmen einer Sanierung geleisteten Forderungsverzichte zurückzukommen. Es liegen keine Urkunden über Ansprüche auf einen Anteil am Reingewinn oder am Liquidationsergebnis gemäss Artikel 5 Absatz 1 Buchstabe a Strich 4 StG vor. Demzufolge unterliegt die Ausgabe von Besserungsscheinen nicht der Emissionsabgabe.

Dies ändert nichts an den Folgen bei der Emissionsabgabe in Zusammenhang mit dem vorausgehenden Forderungsverzicht, das heisst Zuschuss im Sinn von Artikel 5 Absatz 2 Buchstabe a StG (vgl. Ziff. 4.1.3.). Demgemäss unterliegen alle Zuschüsse der Emissionsabgabe, vorbehältlich des Freibetrags gemäss Artikel 6 Absatz 1 Buchstabe k StG. Falls die entsprechenden Voraussetzungen erfüllt sind, ist ferner der Erlass der Emissionsabgabe gemäss Artikel 12 StG möglich.

b) Sanierungsgenussscheine

Bei der Ausgabe von Sanierungsgenussscheinen handelt es sich um eine Begründung von Beteiligungsrechten im Sinn von Artikel 5 Absatz 1 Buchstabe a Strich 4 StG, die der Emissionsabgabe unterliegt.

Die Emission von Sanierungsgenussscheinen ist als **unentgeltlich** zu bezeichnen, wenn sie nicht auf einer mit dem Forderungsverzicht verbundenen Verpflichtung der Gesellschaft beruht. Unter diesen Umständen qualifiziert der Forderungsverzicht als eigenständige Leistung, die rechtlich nicht als Gegenleistung für den Erhalt des Sanierungsgenussscheins bezeichnet werden kann. In diesem Fall beträgt die Emissionsabgabe, gestützt auf Artikel 9 Absatz 1 Buchstabe d StG, drei Franken je Titel.

Als **entgeltlich** erweist sich die Ausgabe von Sanierungsgenussscheinen, wenn darauf zu schliessen ist, dass die involvierten Parteien, das heisst Gläubiger und Schuldner, den Forderungsverzicht und die Emission der Genussscheine als Einheit betrachten. Darauf ist insbesondere zu schliessen, wenn die Anzahl ausgegebener Scheine sich am Umfang der geleisteten Forderungsverzichte orientiert.

Liegt eine **entgeltliche** Ausgabe von Genussscheinen vor, muss der Gesamtbetrag der geleisteten Forderungsverzichte als Zufluss im Sinn von Artikel 8 Absatz 1 Buchstabe a StG bezeichnet werden; die Emissionsabgabe ist folglich auf diesem Betrag zu berechnen; vorbehalten bleibt der Freibetrag gemäss Artikel 6 Absatz 1 Buchstabe k StG. Wenn der Freibetrag von 10 Millionen Franken überschritten wird, ist ein Erlass der Emissionsabgabe auf dem übersteigenden Betrag gemäss Artikel 12 StG weiterhin möglich, sofern die Abgabepflichtige die Voraussetzungen dazu erfüllt.

4.3. Sanierungsfusion

4.3.1. Direkte Bundessteuer

4.3.1.1. Fusionierte Gesellschaften

a) Absorption einer Tochtergesellschaft («Up-Stream Merger»)

Entsteht durch die Fusion ein Buchverlust (Differenz zwischen dem Aktivenüberschuss zu Buchwerten der übernommenen Gesellschaft und dem höheren Buchwert der untergegangenen Beteiligungsrechte), so kann dieser steuerlich nicht abgezogen werden (Art. 61 Abs. 5 DBG). Dies gilt nur für unechte Fusionsverluste, das heisst wenn die stillen Reserven und der Goodwill der übernommenen Gesellschaft den Buchverlust kompensieren. Echte Fusionsverluste dagegen haben ihre Ursache in einer Überbewertung der Anteile an der Tochtergesellschaft und können deshalb steuerlich geltend gemacht werden.

Wird eine sanierte Gesellschaft anschliessend absorbiert, müssen sich alle Wertberichtigungen der übernehmenden Gesellschaft, auch diejenigen auf den aktivierten Sanierungszuschüssen auch im Zeitpunkt der Fusion als geschäftsmässig begründet erweisen (Art. 62 Abs. 4 DBG).

Die übernehmende Muttergesellschaft kann die bei der Berechnung des steuerbaren Reingewinns noch nicht berücksichtigten Vorjahresverluste der übertragenen Tochtergesellschaft nach Artikel 67 Absatz 1 DBG grundsätzlich geltend machen.

Die noch nicht verrechneten Vorjahresverluste gehen mit dem Betrieb, auf welchen sie zurückzuführen sind, über. Deshalb ist eine Übernahme der Vorjahresverluste der Tochtergesellschaft durch die Muttergesellschaft auch möglich, wenn Letztere die Beteiligungsrechte an der Tochtergesellschaft vorgängig wertberichtigen musste, oder wenn ein echter Fusionsverlust (geschäftsmässig begründeter Aufwand) anfällt.

Eine Übernahme der Vorjahresverluste ist jedoch ausgeschlossen, wenn dynamisch betrachtet keine betriebswirtschaftlichen Gründe für eine Fusion gegeben sind (vgl. Urteile des Bundesgerichts 2C_351/2011 vom 4. Januar 2012, Erwägung 4.2; 2C_85/2012 vom 6. September 2012, Erwägung 2.4 und 2C_701/2012 vom 24. November 2012, Erwägung 3.2) oder eine Steuerumgehung vorliegt (vgl. beispielsweise Urteil des Bundesgerichts 2C_731/2019 vom 12. Mai 2020, Erwägung 4.2). Eine Steuerumgehung liegt insbesondere dann vor, wenn die übertragende Gesellschaft wirtschaftlich liquidiert oder in liquide Form gebracht worden ist.

b) Sanierungsfusion zwischen Schwestergesellschaften

Die übernehmende Schwestergesellschaft kann die bei der Berechnung des steuerbaren Reingewinns noch nicht berücksichtigte Vorjahresverluste der übertragenden Gesellschaft nach Artikel 67 Absatz 1 DBG grundsätzlich geltend machen (Übernahme der Vorjahresverluste). Gleiches gilt bei Personenunternehmen für Vorjahresverluste gemäss Artikel 31 Absatz 1 DBG.

Eine Übernahme der Vorjahresverluste ist jedoch ausgeschlossen, wenn dynamisch betrachtet keine betriebswirtschaftlichen Gründe für eine Fusion gegeben sind oder eine Steuerumgehung vorliegt. Eine Steuerumgehung liegt insbesondere dann vor, wenn die übertragende Gesellschaft wirtschaftlich liquidiert oder in liquide Form gebracht worden ist (vgl. dazu auch Kreisschreiben der ESTV Nr. 5a vom 1. Februar 2022, Ziff. 4.1.2.2.4).

4.3.1.2. Anteilsinhaber

a) Absorption einer Tochtergesellschaft («Up-Stream Merger»)

Beteiligungsrechte im Privatvermögen

Beim Anteilsinhaber ergeben sich keine Steuerfolgen.

Beteiligungsrechte im Geschäftsvermögen natürlicher und Beteiligungsrechte juristischer Personen

Beim Anteilsinhaber ergeben sich keine Steuerfolgen.

b) Sanierungsfusion zwischen Schwestergesellschaften

Beteiligungsrechte im Privatvermögen

Übernimmt eine Gesellschaft mit echter Unterbilanz durch Absorption die Aktiven und Passiven einer von den gleichen Anteilsinhabern (Privatpersonen) beherrschten Gesellschaft mit Reserven und Gewinnvortrag, so erlangen die Anteilsinhaber durch diese Sanierung nur dann einen geldwerten Vorteil nach Artikel 20 Absatz 1 Buchstabe c DBG allenfalls i.V.m. Artikel 20 Absatz 1bis DBG, wenn und soweit durch die Fusion übrige Reserven untergehen (Anwendung der reinen Dreieckstheorie). Gleiches gilt auch im umgekehrten Fall. Eine solche Fusion einer Gesellschaft mit echter Unterbilanz mit einer anderen Gesellschaft zulasten von deren übrigen Reserven lässt sich nur damit erklären, dass beide Gesellschaften in gleichem Masse von denselben Anteilsinhabern beherrscht waren, die durch die dadurch bewirkte Sanierung auch in gleichem Ausmass begünstigt wurden. Mit einer solchen Fusion geht auch eine Reduktion der latenten Ausschüttungssteuerlast auf Gewinnen und Reserven einher (ASA 70, 289 = StE 2001, B 24.4 Nr. 57). Bei Fusionen mit einer Schwestergesellschaft mit echter Unterbilanz kann die sog. modifizierte Dreieckstheorie (vorläufiger Verzicht auf eine Besteuerung bei den Anteilsinhabern) deshalb keine Anwendung finden. Gleiches gilt auch bei Vorteilszuwendungen an eine Schwestergesellschaft mit echter Unterbilanz. (vgl. dazu auch Kreisschreiben der ESTV Nr. 5a vom 1. Februar 2022, Ziff. 4.1.4.3.2).

Beteiligungsrechte im Geschäftsvermögen natürlicher Personen

Handelt es sich anlässlich der Sanierungsfusion unter Schwestergesellschaften beim Anteilsinhaber um ein Personenunternehmen, so realisieren die Anteilsinhaber bei Anwendung des Buchwertprinzips keinen steuerbaren Beteiligungsertrag. Die Einkommenssteuerwerte der Beteiligungen werden addiert und bleiben gesamthaft betrachtet unverändert.

Beteiligungsrechte juristischer Personen

Handelt es sich anlässlich der Sanierungsfusion unter Schwestergesellschaften beim Anteilsinhaber um eine juristische Person, so realisiert diese Person bei Anwendung des Buchwert- und Gestehungskostenprinzips keinen steuerbaren Beteiligungsertrag. Die Gestehungskosten und die Gewinnsteuerwerte der Beteiligungen werden addiert und bleiben gesamthaft betrachtet unverändert. Allfällige wiedereingebrachte Abschreibungen/Wertberichtigungen sind voll steuerbar.

4.3.2. Verrechnungssteuer

a) Absorption einer Tochtergesellschaft («Up-Stream Merger») oder einer Muttergesellschaft («Down-Stream Merger» oder «Reverse Merger»)

Bei Absorptionen von Tochtergesellschaften und Muttergesellschaften sind für die Verrechnungssteuer auch bei sanierungsbedürftigen Gesellschaften die allgemeinen Bestimmungen gemäss Ziffer 4.1.5.3 (Tochterabsorption), bzw. Ziffer 4.1.6.4 (Mutterabsorption) des Kreisschreibens Nr. 5a der ESTV vom 1. Februar 2022 zu berücksichtigen.

b) Sanierungsfusion zwischen Schwestergesellschaften

Übernimmt eine sanierungsbedürftige Gesellschaft ihre über Reserven verfügende Schwestergesellschaft (oder umgekehrt), gehen unter Umständen aufgrund der bei der sanierungsbedürftigen Gesellschaft bestehenden Verluste übrige Reserven unter (allfällige stille Reserven sind dabei zu berücksichtigen).

Die Verrechnungssteuer ist auf den untergehenden übrigen Reserven geschuldet und auf den Anteilsinhaber zu überwälzen.

4.3.3. Emissionsabgabe

a) Absorption einer Tochtergesellschaft («Up-Stream Merger»)

Erfolgt die Sanierung der Tochtergesellschaft im Hinblick auf die bevorstehende Absorption durch die Mutter, wird auf diesen Leistungen die Emissionsabgabe nicht erhoben. Die Leistung der Muttergesellschaft qualifiziert als Bilanzbereinigung im Zuge des Untergangs der Tochter.

Bei einer Tochterabsorption wird das Grundkapital der übernehmenden Muttergesellschaft in der Regel nicht erhöht. Eine allfällige der Verrechnungssteuer unterliegende Kapitalerhöhung der Muttergesellschaft bis zur Höhe des Grundkapitals der übertragenden Tochtergesellschaft ist nach Artikel 6 Absatz 1 Buchstabe a^{bis} StG von der Emissionsabgabe ausgenommen (vgl. dazu auch Kreisschreiben der ESTV Nr. 5a vom 1. Februar 2022, Ziff. 4.1.5.4).

b) Sanierungsfusion zwischen Schwestergesellschaften

Wenn die sanierungsbedürftige Gesellschaft die gesunde Schwestergesellschaft übernimmt, ergeben sich bei der Emissionsabgabe keine Folgen, weil es sich dabei um einen von der Abgabe ausgenommenen Sachverhalt im Sinn von Artikel 6 Absatz 1 Buchstabe a^{bis} StG handelt. Dies gilt auch für den umgekehrten Fall.

5. Inkrafttreten

Das vorliegende Kreisschreiben tritt mit seiner Publikation in Kraft und ersetzt das Kreisschreiben Nr. 32 vom 23. Dezember 2010.

Verpachtung

Quelle: Eidg. Steuerverwaltung ESTV/HA Direkte Bundessteuer, Verrechnungssteuer, Stempelabgaben

Direkte Bundessteuer

Bern, 22. Dezember 2010

Kreisschreiben Nr. 31

Landwirtschaftliche Betriebe - Aufschubstatbestand bei Verpachtung

1. Gegenstand des Kreisschreibens

Mit dem Bundesgesetz vom 23. März 2007 über die Verbesserung der steuerlichen Rahmenbedingungen für unternehmerische Tätigkeiten und Investitionen (Unternehmenssteuerreformgesetz II) wurden für die Besteuerung der selbständigen Erwerbstätigkeit verschiedene Neuerungen eingeführt. Per 1. Januar 2011 tritt der neue Artikel 18*a* (Aufschubstatbestände) des Bundesgesetzes vom 14. Dezember 1990 über die direkte Bundessteuer (DBG) in Kraft. Vorliegendes Kreisschreiben soll die Anwendung und Umsetzung des Artikels 18*a* Absatz 2 DBG (Verpachtung eines Geschäftsbetriebs) auf landwirtschaftliche Betriebe näher erläutern.

2. Bundesrechtliche Grundlagen (Auszug)

Bundesgesetz über die direkte Bundessteuer (DBG)

Art. 18a Aufschubstatbestände

[2] *Die Verpachtung eines Geschäftsbetriebes gilt nur auf Antrag der steuerpflichtigen Person als Überführung in das Privatvermögen.*

Bundesgesetz vom 4. Oktober 1985 über die landwirtschaftliche Pacht (LPG)

Art. 30 Bewilligungspflicht

[1] *Wer von einem landwirtschaftlichen Gewerbe einzelne Grundstücke oder Teile von einzelnen Grundstücken verpachtet (parzellenweise Verpachtung), bedarf einer Bewilligung.*

Art. 31 Bewilligungsgründe

¹ Der Verpächter muss die Bewilligung vor Pachtantritt bei der kantonalen Bewilligungsbehörde einholen.

² Die Bewilligung wird nur erteilt, wenn eine der folgenden Voraussetzungen erfüllt ist, nämlich:

(...)

ᵉ das Gewerbe nur vorübergehend parzellenweise verpachtet und später wieder als ganzes bewirtschaftet werden soll;

ᶠ der Verpächter das Gewerbe bisher selber bewirtschaftet hat, dazu jedoch aus persönlichen Gründen, wie schwere Krankheit oder vorgerücktes Alter, nur noch teilweise in der Lage ist;

Art. 42 Pachtzinsbewilligung für Gewerbe

¹ Der Pachtzins für Gewerbe bedarf der Bewilligung.

3. Allgemeines

3.1 Die Einkünfte aus selbständiger Erwerbstätigkeit

Nach Artikel 18 Absatz 1 DBG sind grundsätzlich alle Einkünfte aus einem Handels-, Industrie-, Gewerbe-, Land- und Forstwirtschaftsbetrieb, aus einem freien Beruf sowie aus jeder anderen selbständigen Erwerbstätigkeit steuerbar. Nach Artikel 18 Absatz 2 DBG zählen auch alle Kapitalgewinne aus Veräusserung, Verwertung oder buchmässiger Aufwertung von Geschäftsvermögen zu den Einkünften aus selbständiger Erwerbstätigkeit. Der Veräusserung gleichgestellt ist die Überführung von Geschäftsvermögen in das Privatvermögen oder in ausländische Betriebe oder Betriebsstätten. Als Geschäftsvermögen gelten alle Vermögenswerte, die ganz oder vorwiegend der selbständigen Erwerbstätigkeit dienen; Gleiches gilt für Beteiligungen von mindestens 20 Prozent am Grund- oder Stammkapital einer Kapitalgesellschaft oder Genossenschaft, sofern der Eigentümer sie im Zeitpunkt des Erwerbs zum Geschäftsvermögen erklärt. Artikel 18b DBG bleibt vorbehalten.

3.2 Die Präponderanzmethode

Es ist somit zwischen Vermögenswerten, welche ganz dem Privatvermögen und solchen, welche ganz dem Geschäftsvermögen zuzurechnen sind, sowie gemischt genutzten Vermögenswerten zu unterscheiden. Steuerrechtlich ist keine quotale Zuteilung eines gemischt genutzten Vermögenswertes auf Privat- und Geschäftsvermögen möglich. Aus diesem Grund wird auf die in Artikel 18 Absatz 2 DBG verankerte Präponderanzmethode abgestellt, nach welcher Vermögenswerte steuerrechtlich entweder ganz dem Geschäftsvermögen oder ganz dem Privatvermögen zuzuweisen sind. Danach gelten als Geschäftsvermögen alle Vermögenswerte, welche überwiegend der selbständigen Erwerbstätigkeit dienen. Gemischt genutzte Liegenschaften gelten dann als vorwiegend der selbständigen Erwerbstätigkeit dienend, wenn ihre geschäftliche Nutzung die private Nutzung überwiegt.

4. Die Prüfung des Aufschubs bei der Verpachtung eines landwirtschaftlichen Geschäftsbetriebes

4.1 Die Prüfung der Präponderanz

Geprüft werden nur landwirtschaftliche Betriebe, die nach dem 1. Januar.2011 verpachtet werden und zuvor im Geschäftsvermögen bilanziert wurden. Die Bilanzierung stellt lediglich ein Indiz für das Vorliegen von Geschäftsvermögen dar. Die Prüfung der Präponderanz eines landwirtschaftlichen Betriebes muss zeitlich vor der Verpachtung erfolgen und basiert auf den durchschnittlichen Betriebsergebnissen der letzten fünf Jahre oder auf den Ergebnissen seit der Neuausrichtung des Betriebes.

4.2 Die Prüfung der Art der Verpachtung

4.2.1 Der landwirtschaftliche Geschäftsbetrieb bleibt längerfristig bestehen

Für die Belange des Artikels 18a Absatz 2 DBG wird dann von einem landwirtschaftlichen Geschäftsbetrieb ausgegangen, wenn es sich:

a) um eine *Verpachtung eines landwirtschaftlichen Gewerbes* handelt, welches der in Artikel 42 Absatz 1 LPG vorgeschriebenen Bewilligung unterliegt. Ein landwirtschaftliches Gewerbe liegt vor, wenn es sich um ein Gewerbe im Sinne der Artikel 5 und 7 Absätze 1, 2, 3 und 5 des Bundesgesetzes vom 4. Oktober 1991 über das bäuerliche Bodenrecht (BGBB) handelt. Wurde einem solchen landwirtschaftlichen Gewerbe die Pachtzinsbewilligung gemäss Artikel 42 LPG erteilt und wurde der entsprechende Betrieb zu Recht im Geschäftsvermögen bilanziert, so kann der landwirtschaftliche Geschäftsbetrieb in diesem Fall auch mit der Verpachtung im Geschäftsvermögen verbleiben;

b) um eine *vorübergehende parzellenweise Verpachtung* gemäss Artikel 31 Absatz 2 Buchstabe e oder f LPG handelt und der entsprechende Betrieb zu Recht im Geschäftsvermögen bilanziert wurde. Der landwirtschaftliche Geschäftsbetrieb kann in diesem Fall auch mit der Verpachtung im Geschäftsvermögen verbleiben.

4.2.2 Der landwirtschaftliche Geschäftsbetrieb wird endgültig aufgeteilt

Wird ein landwirtschaftlicher Geschäftsbetrieb endgültig aufgeteilt, erfolgt die Beurteilung des Aufschubs parzellenweise wie folgt:

a) Wird die ganze Parzelle verpachtet und war diese Parzelle bisher zu Recht im Geschäftsvermögen bilanziert, so kann die Parzelle im Geschäftsvermögen verbleiben.

b) Wird von einer Parzelle nur ein Teil verpachtet, kann sie nur dann im Geschäftsvermögen verbleiben, wenn sie bereits vor der Verpachtung zu Recht im Geschäftsvermögen bilanziert wurde. Für Liegenschaften auf dem nicht verpachteten Parzellenteil können in diesem Fall keine pauschalen Abschreibungen mehr vorgenommen werden. Abschreibungen werden nur gewährt, wenn ein Bedürfnisnachweis erbracht wird.

c) Umfasst eine ganze Parzelle nur vermietete Wohnliegenschaften, so muss sie ins Privatvermögen überführt werden.

4.2.3 Das Prüfungsschema

Die Prüfung des Aufschubs bei der Verpachtung eines landwirtschaftlichen Betriebes erfolgt gemäss dem Überprüfungsschema (Flussdiagramm) im Anhang.

4.3 Die gesetzliche Vermutung bei der Verpachtung von Geschäftsbetrieben

Bei der Verpachtung eines Geschäftsbetriebes gilt nach Artikel 18a Absatz 2 DBG neu die gesetzliche Vermutung, dass die verpachteten Güter im Geschäftsvermögen des Verpächters bleiben. Dies gilt auch für Betriebe, deren bewegliches Vermögen an den Pächter verkauft wird. Die Verpachtung eines Geschäftsbetriebes wird nur noch aufgrund einer ausdrücklichen Erklärung der steuerpflichtigen Person als Überführung ins Privatvermögen betrachtet. Erfolgt keine solche Erklärung, so gilt der daraus fliessende Ertrag als Einkommen aus selbständiger Erwerbstätigkeit (vgl. Kreisschreiben Nr. 26 der Eidgenössischen Steuerverwaltung vom 16. Dezember 2009 „Neuerungen bei der selbständigen Erwerbstätigkeit aufgrund der Unternehmenssteuerreform II").

5. Inkrafttreten

Dieses Kreisschreiben tritt zusammen mit dem neuen Artikel 18a Absatz 2 DBG am 1. Januar 2011 in Kraft.

Schema zur Prüfung des Aufschubs bei der Verpachtung eines landwirtschaftlichen Geschäftbetriebes (Art. 18a Abs. 2 DBG)

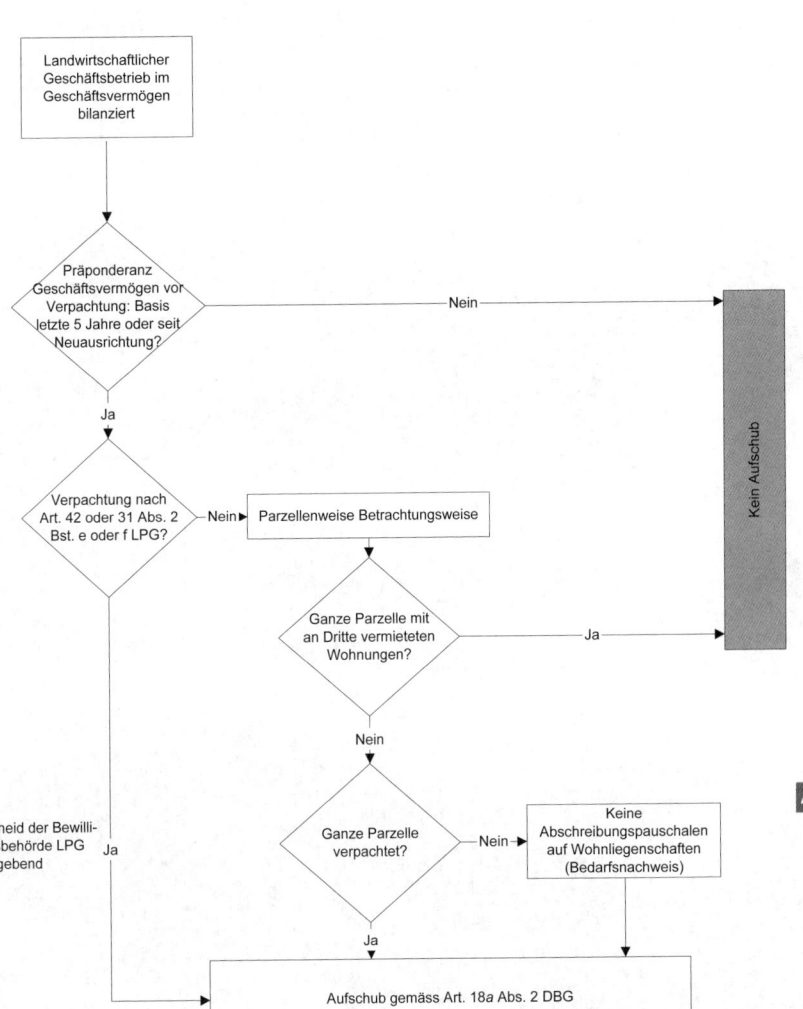

Ehepaar- und Familienbesteuerung

Quelle: Eidg. Steuerverwaltung ESTV/HA Direkte Bundessteuer, Verrechnungssteuer, Stempelabgaben

Direkte Bundessteuer

Bern, 21. Dezember 2010[1]

☞ *Stand am 1.1.2014.*

Kreisschreiben Nr. 30

Ehepaar- und Familienbesteuerung nach dem Bundesgesetz über die direkte Bundessteuer (DBG)

Inhaltsverzeichnis

1	Einheit der Familie / Zusammenveranlagung	5
1.1	Grundsatz	5
1.2	Beginn und Ende der Gemeinschaftsbesteuerung	5
1.3	Getrennte Veranlagung der Ehegatten bei faktischer Trennung	5
2	Internationale Verhältnisse	6
2.1	Ausländischer Wohnsitz eines Ehegatten	6
2.2	Beschränkte Steuerpflicht eines Ehegatten	7
3	Besteuerung der minderjährigen Kinder	7
4	Eingetragene Partnerinnen oder Partner	8
5	Steuernachfolge des überlebenden Ehegatten	9
6	Haftung und Mithaftung der Ehegatten und der Kinder für die Steuer	9
6.1	Grundsatz	9
6.2	Wegfall der Solidarhaftung	9
6.2.1	Zahlungsunfähigkeit	9
6.2.2	Rechtliche oder tatsächliche Trennung der Ehegatten	10
6.2.3	Tod eines Ehegatten	10
6.2.4	Anteilsmässige Haftung	10
6.2.5	Haftung für die Steuer auf dem Kindereinkommen	10
7	Abzug für Versicherungsprämien und Sparkapitalzinsen	11
8	Kinderdrittbetreuungskostenabzug	12
8.1	Allgemeines	12
8.2	Für welche Kinder können Kinderdrittbetreuungskosten abgezogen werden	12
8.3	Erwerbstätigkeit, Ausbildung, Erwerbsunfähigkeit	13
8.4	Anspruchsberechtigung	14
8.4.1	Allgemeines	14

---

[1] 2. Auflage. Siehe Ziffer 1 Einleitung

8.4.2	Verheiratete Paare mit Kindern	14
8.4.3	Unverheiratete Eltern (gemeinsamer Haushalt) mit gemeinsamen oder nicht gemeinsamen Kindern	14
8.4.4	Getrennte, geschiedene oder unverheiratete Eltern (zwei Haushalte) mit gemeinsamen Kindern	15
8.5	Abzugsfähige Kosten	15
8.6	Nachweispflicht	16
9	Zweiverdienerabzug	17
9.1	Voraussetzungen	17
9.2	Definition Erwerbseinkommen	17
9.3	Abzug bei Mitarbeit im Beruf oder Betrieb des Ehegatten	18
9.4	Berechnung des Abzuges	18
10	Kinderabzug	19
10.1	Grundsatz	19
10.2	Kinderabzug für minderjährige Kinder	20
10.3	Kinderabzug für volljährige Kinder in beruflicher oder schulischer Ausbildung	20
11	Unterstützungsabzug	21
12	Verheiratetenabzug	22
13	Tarife	22
13.1	Grundsatz	22
13.2	Grundtarif	23
13.3	Verheiratetentarif	23
13.4	Elterntarif	23
13.4.1	Allgemeines	23
13.4.2	Gewährung des Elterntarifs bei minderjährigen Kindern	24
13.4.3	Gewährung des Elterntarifs bei volljährigen Kindern in Ausbildung	25
13.4.4	Gewährung des Elterntarifs bei unterstützungsbedürftigen Personen	26
13.4.5	Stichtagsprinzip	26
13.4.6	Unterjährige Steuerpflicht	26
13.4.7	Teilweise Steuerpflicht	27
13.4.8	Besteuerung nach dem Aufwand	28
13.4.9	Quellensteuer für natürliche Personen	28
13.4.10	Pauschale Steueranrechnung	28
13.4.11	Kapitalleistungen nach Artikel 38 und fiktive Einkäufe nach Artikel 37b DBG	29
13.4.12	Übriger Liquidationsgewinn nach Artikel 37b DBG	30
14	Besteuerung der unverheiratet zusammenlebenden, geschiedenen oder getrennt lebenden Ehegatten und Eltern	30
14.1	Besteuerung der Unterhaltszahlungen an den geschiedenen, gerichtlich oder tatsächlich getrennt lebenden Ehegatten	30
14.1.1	Zivilrechtliche Aspekte	30
14.1.2	Steuerrechtliche Aspekte	30
14.2	Besteuerung der Unterhaltszahlungen für das Kind	31
14.2.1	Zivilrechtliche Aspekte	31
14.2.2	Steuerrechtliche Aspekte	32
14.3	Besteuerung der getrennten, geschiedenen oder unverheirateten Eltern (zwei Haushalte) mit gemeinsamem minderjährigem Kind, ohne gemeinsame elterliche Sorge, mit Unterhaltszahlungen	32
14.3.1	Unterhaltszahlungen	32
14.3.2	Abzüge	32
14.3.3	Tarife	33
14.4	Besteuerung der getrennten, geschiedenen oder unverheirateten Eltern (zwei Haushalte) mit gemeinsamem minderjährigem Kind, mit gemeinsamer elterlicher Sorge, mit oder ohne alternierender Obhut, keine Unterhaltszahlungen	33
14.4.1	Abzüge	33
14.4.2	Tarife	33

14.5	Besteuerung der getrennten, geschiedenen oder unverheirateten Eltern (zwei Haushalte) mit gemeinsamem minderjährigem Kind, mit gemeinsamer elterlicher Sorge, mit oder ohne alternierende Obhut, mit Unterhaltszahlungen	33
14.5.1	Unterhaltszahlungen	33
14.5.2	Abzüge	34
14.5.3	Tarife	34
14.6	Unverheiratete Eltern (gemeinsamer Haushalt), mit gemeinsamem minderjährigem Kind, ohne gemeinsame elterliche Sorge, keine Unterhaltszahlungen	34
14.6.1	Abzüge	34
14.7	Unverheiratete Eltern (gemeinsamer Haushalt), mit gemeinsamem minderjährigem Kind, ohne gemeinsame elterliche Sorge, mit Unterhaltszahlungen	34
14.7.1	Unterhaltszahlungen	34
14.7.2	Abzüge	35
14.7.3	Tarife	35
14.8	Unverheiratete Eltern (gemeinsamer Haushalt), mit gemeinsamem minderjährigem Kind, mit gemeinsamer elterlicher Sorge, keine Unterhaltszahlungen	35
14.8.1	Abzüge	35
14.8.2	Tarife	35
14.9	Unverheiratete Eltern (gemeinsamer Haushalt), mit gemeinsamem minderjährigem Kind, mit gemeinsamer elterlicher Sorge, mit Unterhaltszahlungen	35
14.9.1	Unterhaltszahlungen	35
14.9.2	Abzüge	35
14.9.3	Tarife	36
14.10	Besteuerung der getrennten, geschiedenen oder unverheirateten Eltern (zwei Haushalte) mit gemeinsamem volljährigem Kind in Ausbildung, Kind lebt bei einem Elternteil, mit Unterhaltszahlungen	36
14.10.1	Unterhaltsbeiträge	36
14.10.2	Abzüge	36
14.10.3	Tarife	36
14.11	Besteuerung der getrennten, geschiedenen oder unverheirateten Eltern (zwei Haushalte) mit gemeinsamem volljährigem Kind in Ausbildung, Kind lebt bei einem Elternteil, keine Unterhaltszahlungen	36
14.11.1	Abzüge	37
14.11.2	Tarife	38
14.12	Besteuerung der getrennten, geschiedenen oder unverheirateten Eltern (zwei Haushalte) mit gemeinsamem volljährigem Kind in Ausbildung, Kind lebt nicht bei einem Elternteil (Wohnsitz verlegt), mit Unterhaltszahlungen	38
14.12.1	Unterhaltsbeiträge	38
14.12.2	Abzüge	38
14.12.3	Tarife	38
14.13	Unverheiratete Eltern (gemeinsamer Haushalt), mit gemeinsamem volljährigem Kind in Ausbildung, Kind lebt bei den Eltern, mit Unterhaltszahlungen	38
14.13.1	Unterhaltszahlungen	38
14.13.2	Abzüge	38
14.13.3	Tarife	39
14.14	Unverheiratete Eltern (gemeinsamer Haushalt), mit gemeinsamem volljährigem Kind in Ausbildung, Kind lebt bei den Eltern, keine Unterhaltszahlungen	39
14.14.1	Abzüge	39
14.14.2	Tarife	39

14.15	Unverheiratete Eltern (gemeinsamer Haushalt), mit gemeinsamem volljährigem Kind in Ausbildung, mit Unterhaltszahlungen, Kind lebt nicht bei den Eltern (Wohnsitz verlegt)	39
14.15.1	Unterhaltszahlungen	39
14.15.2	Abzüge	39
14.15.3	Tarife	40
14.16	Unverheiratete Eltern (gemeinsamer Haushalt), mit nicht gemeinsamem minderjährigem oder volljährigem Kind	40
15	Verfahrensrechtliche Stellung der Ehegatten	40
15.1	Grundsatz	40
15.2	Steuererklärung	40
15.3	Rechtsmittel und andere Eingaben	41
15.4	Mitteilungen	41
15.5	Vertretung	41
15.6	Akteneinsichtsrecht	41
15.7	Verfahrensrechtliche Stellung des überlebenden Ehegatten	42
16	Steuerstrafrecht der Ehegatten	42
16.1	Verletzung von Verfahrenspflichten	42
16.2	Steuerhinterziehung der Ehegatten	42
17	Inkrafttreten	43

Einleitung

Das Kreisschreiben Nr. 30 zur Ehepaar- und Familienbesteuerung erfährt hiermit eine zweite Auflage. Es beinhaltet aufgrund des Bundesgesetzes über die formelle Bereinigung der zeitlichen Bemessung der direkten Steuern bei natürlichen Personen vom 22. März 2013 (AS 2013 2397) die Hinweise auf die ab dem 1. Januar 2014 geltenden Gesetzesartikel. Im Weiteren wurden die dem Ausgleich der Folgen der kalten Progression unterliegenden Abzüge der Verordnung über die kalte Progression vom 2. September 2013 (AS 2013 3027) angepasst. Die vorliegende 2. Auflage entspricht demnach dem gelten Recht per 1. Januar 2014.

1 Einheit der Familie / Zusammenveranlagung

1.1 Grundsatz

Der für die Ehepaarbesteuerung im DBG massgebende Artikel 9 sieht ausdrücklich die Gemeinschaftsbesteuerung vor. Die Familie wird als wirtschaftliche Gemeinschaft betrachtet und bildet somit auch in steuerlicher Hinsicht eine Einheit. Die Einkommen der rechtlich und tatsächlich ungetrennten Ehegatten werden unabhängig vom Güterstand zusammengerechnet. Zudem werden die Einkünfte der minderjährigen Kinder, die nicht aus einer Erwerbstätigkeit stammen, zum ehelichen Einkommen hinzugerechnet. Das Gesamteinkommen wird dabei zum Verheiratetentarif besteuert. Leben die Ehegatten mit Kindern oder unterstützungsbedürftigen Personen im gleichen Haushalt zusammen und bestreiten deren Unterhalt zur Hauptsache, kommt der Elterntarif zur Anwendung.

Im Gegensatz zu den Ehepaaren werden Konkubinatspaare stets individuell veranlagt. Ihre Einkommen werden nicht addiert, was angesichts des progressiven Steuertarifs zu beträchtlichen Unterschieden in der steuerlichen Belastung von Ehepaaren und gleichsituierten Konkubinatspaaren führen kann. Diese verfassungswidrige Ungleichbehandlung wurde durch die von den Eidg. Räten am 6. Oktober 2006 verabschiedeten Sofortmassnahmen im Bereich der Ehepaarbesteuerung wesentlich abgebaut (vgl. dazu die Ausführungen zum Zweiverdienerabzug unter Ziff. 9 und zum Verheiratetenabzug unter Ziff. 12).

1.2 Beginn und Ende der Gemeinschaftsbesteuerung

Die Gemeinschaftsbesteuerung wird durch die Heirat ausgelöst. Die Ehegatten unterliegen für die ganze Steuerperiode entsprechende Steuerperiode der Gemeinschaftsbesteuerung. Bei Tod eines Ehegatten endet die Ehe und somit auch die Gemeinschaftsbesteuerung. Der überlebende Ehegatte wird ab dem Todestag für den Rest der Steuerperiode separat zu dem für ihn anwendbaren Tarif veranlagt (Art. 42 Abs. 1 und 3 DBG).

Bei Scheidung sowie bei rechtlicher oder tatsächlicher Trennung werden die Ehegatten für die ganze Steuerperiode getrennt besteuert (Art. 42 Abs. 2 DBG).

1.3 Getrennte Veranlagung der Ehegatten bei faktischer Trennung

Eine gemeinsame Besteuerung erfolgt, wenn die Ehegatten in rechtlich und tatsächlich ungetrennter Ehe zusammenleben. Aus diesem Erfordernis folgt als Umkehrschluss, dass ein Ehepaar, welches zwar rechtlich noch in ungetrennter Ehe lebt, sich aber faktisch getrennt hat, nicht mehr zusammen, sondern getrennt zu veranlagen ist.

Eine faktische Trennung, die zu einer getrennten Besteuerung der Ehegatten führt, liegt vor, wenn folgende Voraussetzungen kumulativ erfüllt sind:

- Keine gemeinsame eheliche Wohnung (Art. 162 ZGB), Aufhebung des gemeinsamen Haushaltes (Art. 175 ZGB), Bestehen eines eigenen Wohnsitzes für jeden Ehegatten (Art. 23 ZGB).
- Keine Gemeinschaftlichkeit der Mittel für Wohnung und Unterhalt mehr vorhanden.
- Kein gemeinsames Auftreten des Ehepaares in der Öffentlichkeit mehr.
- Die Trennung muss von Dauer sein (mindestens ein Jahr) oder mit der Auflösung der Ehe enden.

Der Nachweis des Bestehens einer faktischen Trennung ist von den Ehegatten zu erbringen.

Nach der Rechtsprechung des Bundesgerichtes besteht auch beim Vorliegen zweier verschiedener Wohnsitze der beiden Ehegatten kein Anlass zu einer getrennten Veranlagung, solange diese an der Fortführung der ehelichen Gemeinschaft festhalten und diesen Willen auch zum Ausdruck bringen. Werden von beiden Seiten Mittel - über übliche Gelegenheitsgeschenke hinaus - für die gemeinsame Lebenshaltung eingesetzt (nicht in Betracht fallen richterlich oder freiwillig vereinbarte Alimentenleistungen), sind die Ehegatten trotz eigener Wohnung und gegebenenfalls auch eigenem zivilrechtlichem Wohnsitz zusammen zu veranlagen.

Haben die Ehegatten je einen eigenen zivilrechtlichen Wohnsitz, leben aber gleichwohl faktisch in ungetrennter Ehe, werden sie dort veranlagt, wo sich ihre überwiegenden persönlichen und wirtschaftlichen Interessen befinden (Art. 105 Abs. 1 DBG). Ist dieser Ort der Veranlagung ungewiss oder streitig, so wird er, wenn die Veranlagungsbehörden nur eines Kantons in Frage kommen, von der kantonalen Verwaltung für die direkte Bundessteuer bestimmt. Kommen die Veranlagungsbehörden mehrerer Kantone in Frage und können sich die Kantone nicht einigen, so wird der Veranlagungsort durch die ESTV bestimmt (Art. 108 DBG). Die Verfügung der ESTV unterliegt der Beschwerde an das Bundesverwaltungsgericht [Art. 31 ff. des Bundesgesetzes vom 17.7.2005 über das Bundesverwaltungsgericht (VGG)].

2 Internationale Verhältnisse

2.1 Ausländischer Wohnsitz eines Ehegatten

Leben Ehegatten in rechtlich und tatsächlich ungetrennter Ehe, hat jedoch nur ein Ehegatte seinen Wohnsitz in der Schweiz, während der andere im Ausland wohnt, so unterliegt nur der in der Schweiz wohnhafte Ehegatte der schweizerischen Steuerhoheit. Dabei ist er für sein gesamtes Einkommen zu besteuern. Da er in einer bestehenden Ehe lebt, wird er zum Verheiratetentarif oder, wenn er mit Kindern zusammenlebt, zum Elterntarif besteuert. Ihm steht zudem der Verheiratetenabzug zu.

Nach bisheriger, langjähriger Praxis des Bundesgerichtes sind bei Ehegatten, von welchen der eine im Inland, der andere im Ausland, jedoch in ungetrennter Ehe lebend, die Einkünfte des im Ausland wohnhaften Ehegatten zur Satzbestimmung des Einkommens des "inländischen" Ehegatten heranzuziehen (vgl. BGE 2C_523/2007 vom 5.2.2008). Artikel 7 Absatz 1 DBG hält fest, dass natürliche Personen, die nur für einen Teil ihres Einkommens in der Schweiz steuerpflichtig sind, die Steuer für die in der Schweiz steuerbaren Werte nach dem Steuersatz ihres gesamten Einkommens entrichten. Auch wenn also ein Ehepaar je eine eigene Wohnung und je eigenen Wohnsitz "über die Grenze" hat, darf die Veranlagungsbehörde bis zum Nachweis des Gegenteils durch den in der Schweiz wohnhaften Ehegatten davon ausgehen, es handle sich um eine faktisch ungetrennte Ehe. Das hat zur Folge, dass das Einkommen des im Ausland wohnhaften Ehegatten zur Satzbestimmung für die Besteuerung des Einkommens des "inländischen" Ehegatten berücksichtigt werden muss. Das zur Satzbestimmung herangezogene Einkommen des im Ausland wohnhaften Ehegatten darf ermessensweise festgesetzt werden, wenn der in der Schweiz wohnhafte Ehegatte keine Angaben dazu macht (BGE 2C_523/2007 vom 5.2.2008). Allfällige, diese Regel einschränkende Doppelbesteuerungsabkommen sind jedoch zu beachten.

Andererseits muss die Zusammenrechnung der Steuerfaktoren für die Satzbestimmung bei ausländischem Wohnsitz eines Ehegatten selbstverständlich immer dann entfallen, wenn die beiden Ehegatten in tatsächlich getrennter Ehe leben (Urteil des Bundesgerichtes vom 19.4.1991 i.S. M.B. gegen Steuerverwaltung des Kantons Tessin; ASA 62, 337).

2.2 Beschränkte Steuerpflicht eines Ehegatten

Unterliegt ein Ehegatte aufgrund wirtschaftlicher Zugehörigkeit gemäss Artikel 4 und 5 DBG in der Schweiz der Steuerpflicht, ist er für diese Teile des Einkommens selbständig steuerpflichtig. Auch bei beschränkter Steuerpflicht ist zur Satzbestimmung das eheliche Gesamteinkommen der in rechtlich und tatsächlich ungetrennter Ehe lebenden Personen heranzuziehen. Andererseits hat der beschränkt steuerpflichtige Ehegatte Anspruch auf den Verheiratetenabzug (vgl. dazu Ziff. 12) und den Verheiratetentarif oder - falls Kinder vorhanden sind - auf den Kinderabzug (vgl. dazu Ziff. 10.1) und den Elterntarif (vgl. dazu Ziff. 13.4.7).

3 Besteuerung der minderjährigen Kinder

Das DBG enthält keine Legaldefinition des Begriffes "Kind". Es lehnt sich hierfür an die Regelung des Schweiz. Zivilgesetzbuchs vom 10. Dezember 1907 (ZGB) an und geht deshalb von derselben Altersobergrenze aus, wie sie für die zivilrechtliche Mündigkeit eines Kindes massgebend ist. In der Regel ist auch im DBG das Bestehen eines Kindesverhältnisses nach Artikel 252 ff. ZGB Voraussetzung. Bei gemeinsam veranlagten Ehepaaren ist es ausreichend, wenn das Kindesverhältnis mit einem der Ehegatten besteht.

Das minderjährige Kind ist Steuersubjekt und hat damit die Voraussetzungen der subjektiven Steuerpflicht in der Schweiz selber zu erfüllen, es wird aber in seinen Rechten und Pflichten grundsätzlich durch den Inhaber der elterlichen Sorge vertreten. Gemäss Artikel 9 Absatz 2 DBG wird das Einkommen der unter elterlicher Sorge stehenden minderjährigen Kinder mit Ausnahme der Einkünfte aus Erwerbstätigkeit und der Erwerbsersatzeinkünfte dem Inhaber der elterlichen Sorge zugerechnet.

Sind die Eltern verheiratet und werden sie gemeinsam veranlagt, wird das Einkommen der minderjährigen Kinder zum ehelichen Gesamteinkommen hinzugerechnet. Die Zurechnung erfolgt auch bei Stiefkindern, d.h. wenn nur einer der Ehegatten Elternteil ist und über die elterliche Sorge verfügt. Hingegen erfolgt keine Steuersubstitution bei Pflegeeltern. Ein Pflegekind, das nicht unter Vormundschaft steht, wird von derjenigen Person vertreten, welche die elterliche Sorge innehat.

Werden die Eltern eines Kindes nicht gemeinsam veranlagt und übt nur ein Elternteil die elterliche Sorge aus, werden Einkommen und Vermögen des Kindes diesem Elternteil zugerechnet. Haben die getrennt lebenden Ehegatten die elterliche Sorge gemeinsam inne, ist auf die Obhut, d.h. die tatsächliche häusliche Gemeinschaft, abzustellen. Demjenigen Elternteil, der die Obhut innehält und Unterhaltsbeiträge für das Kind erhält, wird das Einkommen des Kindes zugeteilt. Werden keine Unterhaltsbeiträge für das Kind geltend gemacht, ist grundsätzlich davon auszugehen, dass sich das Kind in alternierender Obhut befindet, und beide Elternteile gleich viel an den Unterhalt des Kindes beisteuern. In diesem Fall wird das Einkommen des Kindes hälftig aufgeteilt und je den Eltern zugerechnet.

Für Einkünfte aus einer unselbständigen oder selbständigen Erwerbstätigkeit wird das Kind selbständig besteuert. Zum Erwerbseinkommen gehört ausser dem Arbeitseinkommen auch das an dessen Stelle tretende Ersatzeinkommen des Kindes, z.B. Taggelder aus Arbeitslosen-, Kranken-, Unfall und Invalidenversicherung, SUVA-Renten, Invalidenrenten, die das minderjährige Kind selbst als berechtigte Person erhält, sowie Ersatzleistungen für bleibende Nachteile, auch in der Form von Kapitalabfindungen. Solche Leistungen sind Ersatz für den künftigen, durch die Invalidität bedingten Ausfall an Arbeitseinkommen. Ersatzleistungen an noch nicht erwerbstätige oder noch nicht erwerbsfähige Kinder für durch Unfall oder Krankheit verursachte Nachteile sind also nicht dem Einkommen des Inhabers der elterlichen Sorge zuzurechnen, sondern vom Kind persönlich zu versteuern. Die AHV-Halbwaisenrente gemäss Artikel 25 des Bundesgesetzes vom 20. Dezember 1946 über Alters- und Hinterlassenenversicherung (AHVG) und die IV-Kinderrente gemäss Artikel 35 des Bundesgesetzes vom 19. Juni 1959 über die Invalidenversicherung (IVG) sind vom rentenberechtigten Elternteil und nicht vom Kind als Einkommen zu versteuern.

Kinder werden erstmals für die Steuerperiode, in der sie volljährig werden, vollumfänglich selbständig veranlagt. Minderjährige werden nur dann selbständig veranlagt, falls sie Erwerbseinkünfte erzielen oder nicht unter elterlicher Sorge stehen (Art. 5 der Verordnung über die zeitliche Bemessung der direkten Bundessteuer). Das bevormundete Kind wird somit selbständig veranlagt, jedoch in der Regel vom Vormund im Veranlagungsverfahren vertreten. Die Besteuerung erfolgt dabei am Sitz der Vormundschaftsbehörde, der gemäss Artikel 25 Absatz 2 ZGB Wohnsitz des bevormundeten Kindes ist.

4 Eingetragene Partnerinnen oder Partner

Mit dem Bundesgesetz vom 18. Juni 2004 über die eingetragene Partnerschaft gleichgeschlechtlicher Paare (PartG) werden seit dem 1. Januar 2007 auch bei der direkten Bundessteuer registrierte gleichgeschlechtliche Paare den Ehepaaren gleichgestellt. Obwohl die Ausführungen zu den Ehepaaren im vorliegenden Kreisschreiben grundsätzlich auch für die registrierten gleichgeschlechtlichen Paare gelten, wird im Interesse der besseren Lesbarkeit in der Regel nur die Bezeichnung "Ehegatten" bzw. "Ehepaar" verwendet.

Die Gleichstellung hat zur Folge, dass die Einkommen der in rechtlich und tatsächlich ungetrennter Ehe lebenden Partner zusammengerechnet werden und der Verheiratetentarif angewendet wird. Leben die eingetragenen Partner mit Kindern zusammen, kommt der Elterntarif zur Anwendung. Leben die Partner getrennt, werden sie separat besteuert, wenn die Voraussetzungen, wie sie für die faktische Trennung der Ehepaare gelten, erfüllt sind (vgl. dazu Ziff. 1.3).

Damit Unterhaltsleistungen von einem Partner an den anderen steuerlich analog solcher Leistungen unter Ehegatten behandelt werden, sieht Artikel 9 Absatz 1bis DBG neben einer allgemeinen Gleichstellung von Ehe und registrierter Partnerschaft zusätzlich eine explizite Gleichstellung in Bezug auf die Unterhaltsbeiträge während des Bestehens der registrierten Partnerschaft sowie der Unterhaltsbeiträge und der vermögensrechtlichen Auseinandersetzung bei Getrenntleben und Auflösung einer registrierten Partnerschaft vor.

Da die ehelichen Güterrechtsvorschriften nicht ohne weiteres auf die registrierten Partnerschaften angewendet werden können, ist bei der Steuernachfolge in Artikel 12 Absatz 3 DBG zudem festgehalten, dass die überlebenden eingetragenen Partnerinnen oder Partner in Analogie zu der Haftung bei Ehegatten mit ihrem Erbteil und dem ihnen auf Grund einer vermögensrechtlichen Regelung gemäss Artikel 25 Absatz 1 PartG zustehenden Betrag haften.

5 Steuernachfolge des überlebenden Ehegatten

Der Tod beendet nach Artikel 8 Absatz 2 DBG die Steuerpflicht der natürlichen Personen. Soweit die vom Erblasser geschuldeten Steuern noch nicht veranlagt oder beglichen wurden, treten die Erben in seine Rechte und Pflichten ein. Gemäss Artikel 12 Absatz 1 DBG haften die Erben - zu denen auch der überlebende Ehegatte zu zählen ist - solidarisch für die vom Erblasser geschuldeten Steuern bis zur Höhe ihrer Erbteile, mit Einschluss der Vorempfänge. Dabei ist als massgeblicher Vorempfang zu berücksichtigen, was gemäss Artikel 626 ZGB unter die gesetzliche Ausgleichungspflicht der Erben fällt. Der Einbezug der Vorempfänge ist zeitlich unbeschränkt möglich.

Für den überlebenden Ehegatten werden nach Artikel 12 Absatz 2 DBG als Haftungssubstrat auch güterrechtliche Ansprüche miteinbezogen. Zusätzlich zu seinem Erbteil haftet der überlebende Ehegatte noch mit dem Betrag, den er aufgrund ehelichen Güterrechtes vom Vorschlag oder Gesamtgut über den gesetzlichen Anteil nach schweizerischem Recht hinaus erhält. Gemäss dem ordentlichen Güterstand der Errungenschaftsbeteiligung (Art. 196 ff. ZGB) steht jedem Ehegatten oder seinen Erben von Gesetzes wegen die Hälfte des Vorschlages des anderen zu (Art. 215 ZGB). Durch Ehevertrag kann jedoch eine andere Beteiligung am Vorschlag vereinbart werden (Art. 216 ZGB). Analog verhält es sich beim Güterstand der Gütergemeinschaft (Art. 221 ff. und Art. 241 ZGB). Auf diese Möglichkeit, sowohl bei der Errungenschaftsbeteiligung wie bei der Gütergemeinschaft den überlebenden Ehegatten ehevertraglich über die gesetzlich vorgeschriebene Hälfte an der Errungenschaft bzw. am Gesamtgut hinaus zu beteiligen, nimmt Artikel 12 Absatz 2 DBG Bezug. Wird von dieser Möglichkeit Gebrauch gemacht, erweitert sich das Haftungssubstrat um die ehevertraglich über die "gesetzliche Hälfte" hinaus eingeräumte Begünstigung. Der Güterstand der Gütertrennung (Art. 247-251 ZGB) ist in diesem Zusammenhang ohne Bedeutung.

6 Haftung und Mithaftung der Ehegatten und der Kinder für die Steuer

6.1 Grundsatz

Ehegatten, die in rechtlich und tatsächlich ungetrennter Ehe leben, haften solidarisch für die Gesamtsteuer (Art. 13 Abs. 1 DBG). Die grundsätzlich solidarische Haftung der Ehegatten ist die Konsequenz des Prinzips der steuerlichen Einheit der Familie. Die Solidarhaftung erstreckt sich auf den gesamten Steuerbetrag des Ehepaars. Die Solidarhaftung ist an die Gemeinschaftsbesteuerung gekoppelt und beginnt mit der Steuerperiode, in welcher sich das Ehepaar verehelicht hat.

6.2 Wegfall der Solidarhaftung

6.2.1 Zahlungsunfähigkeit

Die eheliche Solidarhaftung entfällt, wenn einer der Ehegatten zahlungsunfähig wird (Art. 13 Abs. 1 DBG). Der Eintritt der Zahlungsunfähigkeit hat zur Folge, dass hinsichtlich aller noch geschuldeten Steuern jeder Ehegatte nur noch für seinen Anteil an der Gesamtsteuer haftet.

Die Beweislast für die Zahlungsunfähigkeit trägt jener Ehegatte, der sich darauf beruft, um der Solidarhaftung zu entgehen. Die Zahlungsunfähigkeit muss dann anerkannt werden, wenn schlüssige Merkmale nachgewiesen werden, die das dauernde Unvermögen des Schuldners belegen, seinen finanziellen Verpflichtungen nachzukommen, so z.b. die umfassende Überschuldung, das Bestehen von Verlustscheinen, die Eröffnung des Konkurses oder der Abschluss eines Nachlassvertrags mit Vermögensabtretung (zum Begriff der Zahlungsunfähigkeit vgl. sinngemäss die Praxis zu den Art. 83 OR und 897 ZGB; für die Auslegung von Art. 83 OR vgl. etwa Basler Kommentar, Obligationenrecht, Bd. 1, 4. Aufl., Basel 2007, S. 519 ff.; für die Auslegung von Art. 897 ZGB vgl. Basler Kommentar, Zivilgesetzbuch, Bd. 2, 3. Aufl., Basel 2007, S. 2003 ff.).

6.2.2 Rechtliche oder tatsächliche Trennung der Ehegatten

Sobald die Ehegatten rechtlich oder tatsächlich getrennt leben, entfällt jede Solidarhaftung. Dieser Ausschluss der Solidarhaftung gilt nicht nur für künftige, sondern auch für alle bestehenden Steuerforderungen, die während der Dauer des Zusammenlebens entstanden sind (Art. 13 Abs. 2 DBG).

6.2.3 Tod eines Ehegatten

Beim Tod eines Ehegatten wird der überlebende Ehegatte für den Rest der Steuerperiode separat zu dem für ihn anwendbaren Tarif veranlagt. Die Gemeinschaftsbesteuerung hört mit dem Todestag auf (Art. 42 Abs. 3 DBG). Da der Tod eines Ehegatten die eheliche Gemeinschaft beendet, entfällt in Analogie zu Artikel 13 Absatz 2 DBG auch mit dem Tod eines Ehegatten die Solidarhaftung für alle noch offenen Steuerschulden (so auch Peter Locher, Kommentar zum DBG, 1. Teil, Art. 12 Rz. 17, Basel 2001; Bernhard J. Greminger/Bettina Bärtschi, Bundesgesetz über die direkte Bundessteuer [DBG] Art. 13 Rz 10, 2. Aufl., Basel 2008). Für seinen Anteil an der Gesamtsteuer haftet der überlebende Ehegatte allein.

6.2.4 Anteilsmässige Haftung

Bei Zahlungsunfähigkeit eines Ehegatten haftet jeder Ehegatte nur für seinen Anteil an der Gesamtsteuer. Bei rechtskräftigen Veranlagungen wird der Anteil an der Gesamtsteuer aufgrund einer besonderen, mit den ordentlichen Rechtsmitteln selbständig anfechtbaren Haftungsverfügung festgestellt. Die Rechtskraft der zugrunde liegenden Veranlagung der Gesamtfaktoren bleibt davon unberührt.

Auch bei rechtlicher oder tatsächlicher Trennung der Ehe oder bei Tod des Ehegatten haftet jeder Ehegatte bzw. der überlebende Ehegatte nur für seinen Anteil an der Gesamtsteuer. Auch hier ist allenfalls eine separate Haftungsverfügung zu erlassen, in der die Anteile der Ehegatten festgelegt werden.

Der Anteil eines Ehegatten an der geschuldeten Steuer entspricht dem Betrag, der sich aufgrund des Verhältnisses seines eigenen steuerbaren Einkommens zum gesamten ehelichen steuerbaren Gesamteinkommen ergibt.

6.2.5 Haftung für die Steuer auf dem Kindereinkommen

Mit Ausnahme der Einkünfte aus eigener Erwerbstätigkeit, die das Kind selbständig zu versteuern hat und für das es auch alleine haftet, wird das Einkommen von minderjährigen Kindern dem Inhaber der elterlichen Sorge zugerechnet (Art. 9 Abs. 2 DBG). Bei verheirateten Eltern wird das Kindereinkommen dem ehelichen Gesamteinkommen hinzugerechnet. Für diesen Anteil an der Gesamtsteuer haften die Ehegatten solidarisch. Diese Solidarhaftung entfällt bei Zahlungsunfähigkeit eines Ehegatten nicht.

Bei rechtlich oder tatsächlich getrennter Ehe gilt es zu unterscheiden:

Die Solidarhaftung der Eltern für alle *noch offenen* Steuerschulden auf dem Kindereinkommen gilt weiter, da sich Artikel 13 Absatz 2 DBG nur auf die Solidarhaftung der Ehegatten, nicht aber auf das Solidarschuldverhältnis der Eltern als Steuersubstituten bezieht (so auch Peter Locher, Kommentar zum DBG, 1. Teil, Art. 13 Rz. 21, Basel 2001).

Für *künftige* Steuerschulden haftet hingegen nur derjenige Elternteil, dem die elterliche Sorge zusteht, da diesem das Einkommen des Kindes - mit Ausnahme des Erwerbseinkommens - zugerechnet wird. Haben die getrennt lebenden Ehegatten die Sorgerecht gemeinsam inne, ist auf die Obhut abzustellen. Demjenigen Elternteil, der die Obhut innehält und Unterhaltsbeiträge für das Kind erhält, wird das Einkommen des Kindes zugeteilt. Dieser hat somit auch die Steuerschulden, die auf das Kindereinkommen entfallen, zu entrichten. Werden keine Unterhaltsbeiträge für das Kind geltend gemacht, ist grundsätzlich davon auszugehen, dass sich das Kind in alternierender Obhut befindet und beide Elternteile gleich viel an den Unterhalt des Kindes beisteuern. In diesem Fall wird das Einkommen des Kindes hälftig aufgeteilt und je den Eltern zugerechnet. Beide Elternteile haften dabei solidarisch für die auf das Kindeseinkommen entfallende Steuerschuld (vgl. dazu auch Peter Locher, Kommentar zum DBG, 1. Teil, Art. 13 Rz. 23 f., Basel 2001).

Umgekehrt haften die Kinder, die unter elterlicher Sorge stehen, nach Artikel 13 Absatz 3 Buchstabe a DBG ebenfalls solidarisch mit den Eltern bis zum Betrag des auf sie entfallenden Anteils an der Gesamtsteuer.

7 Abzug für Versicherungsprämien und Sparkapitalzinsen

Nach Artikel 33 Absatz 1 Buchstabe g und 1bis DBG sind die Einlagen, Prämien und Beiträge für die Lebens-, die Kranken- und die nicht unter Artikel 33 Absatz 1 Buchstabe f DBG fallende Unfallversicherung sowie die Zinsen von Sparkapitalien bis zu einem bestimmten Gesamtbetrag zum Abzug zugelassen. Bei der Höhe des Abzugs wird zwischen Steuerpflichtigen, die in rechtlich und tatsächlich ungetrennter Ehe leben, und den übrigen Steuerpflichtigen unterschieden. Dem ungetrennten Ehepaar steht im Vergleich zu den übrigen Steuerpflichtigen - von rundungsbedingten Abweichungen abgesehen - die doppelte Abzugshöhe zu. Der Betrag bezieht sich auf das Ehepaar insgesamt und nicht auf den einzelnen Ehegatten.

Für Steuerpflichtige, die weder Beiträge an die berufliche Vorsorge noch solche an die gebundene Selbstvorsorge ausweisen, erhöhen sich nach Artikel 33 Absatz 1bis DBG die Abzugsansätze um die Hälfte. Entgegen dem Wortlaut ist für die hälftige Erhöhung der Ansätze nicht auch noch das Fehlen von AHV/IV-Beiträgen vorausgesetzt. Dies erhellt sich aus der Entstehungsgeschichte der Bestimmung. Der Gesetzgeber wollte verhindern, dass Steuerpflichtige, die keine Beiträge an die berufliche Vorsorge oder an die gebundene Vorsorge leisten bzw. leisten können, benachteiligt werden. Dies trifft insbesondere auf AHV-Rentner oder Nichterwerbstätige zu, die höheren Versicherungskosten oder einem höheren Vorsorgebedarf unterliegen als Steuerpflichtige mit Beiträgen an die Säule 2 und 3a.

Die Abzüge erhöhen sich zudem um einen bestimmten Betrag für jedes Kind und für jede unterstützungsbedürftige Person, für die ein Kinderabzug oder ein Unterstützungsabzug nach Artikel 35 Absatz 1 Buchstabe a bzw. b DBG geltend gemacht werden kann.

Bei Steuerpflichtigen mit minderjährigen oder volljährigen Kindern in Ausbildung ist der Versicherungs- und Sparzinsenabzug für das Kind grundsätzlich an den Kinderabzug gekoppelt. Wird kein Kinderabzug gewährt, kann der Versicherungs- und Sparzinsenabzug für das Kind mit dem Unterstützungsabzug gekoppelt werden. Dies bedeutet konkret Folgendes:

- Bei Eltern, die gemeinsam veranlagt werden, wird der Versicherungs- und Sparzinsenabzug für Kinder vom Gesamteinkommen der Ehegatten abgezogen.
- Bei nicht gemeinsam besteuerten Elternteilen kann für das minderjährige Kind in der Regel derjenige Elternteil den Versicherungs- und Sparzinsenabzug geltend machen, der mit dem Kind zusammen wohnt und die Unterhaltszahlungen für das Kind erhält. Haben die Eltern die elterliche Sorge gemeinsam inne und werden keine Unterhaltsbeiträge nach Artikel 33 Absatz 1 Buchstabe c DBG geltend gemacht, kann jeder Elternteil den halben Abzug beanspruchen.
- Beim volljährigen Kind in Ausbildung kann der Elternteil den Versicherungs- und Sparzinsenabzug geltend machen, der die Unterhaltszahlungen an das Kind leistet. Fliessen keine Unterhaltszahlungen an das Kind, kann der Elternteil, der mit dem Kind zusammen wohnt, den Abzug geltend machen.

Die konkrete Zuteilung des Versicherungs- und Sparzinsenabzuges für das Kind bei den verschiedenen Familienkonstellationen ist unter Ziffer 14 geregelt.

Werden Steuerpflichtigen in bescheidenen Verhältnissen Prämienverbilligungen gemäss Artikel 65 ff. des Bundesgesetzes vom 18. März 1994 über die Krankenversicherung (KVG) gewährt, sind diese Ermässigungen bei der Festsetzung des Versicherungs- und Sparzinsenabzuges als aufwandmindernd zu berücksichtigen. Dies hat zur Folge, dass nur die tatsächlich von der steuerpflichtigen Person getragenen Prämien, d.h. die eigenen sowie die für die von ihm unterhaltenen Personen, in Abzug gebracht werden können.

8 Kinderdrittbetreuungskostenabzug

8.1 Allgemeines

Seit dem Steuerjahr 2011 kann bei der direkten Bundessteuer ein Abzug für die Kosten der Kinderbetreuung durch Dritte geltend gemacht werden. Dies ist nun gemäss Artikel 33 Absatz 3 DBG zulässig, sofern bestimmte Bedingungen erfüllt sind. Nach konstanter bundesgerichtlicher und kantonaler Rechtsprechung sind die durch die Drittbetreuung der Kinder entstandenen Kosten nicht als steuerlich abzugsfähige Berufsauslagen zu qualifizieren, obwohl sie eng mit der Einkommenserzielung zusammenhängen können. Der Kinderdrittbetreuungskostenabzug ist daher in der Form eines anorganischen Abzuges ausgestaltet und auf einen Maximalbetrag pro Kind und Jahr beschränkt.

8.2 Für welche Kinder können Kinderdrittbetreuungskosten abgezogen werden

Als Kinder, für die ein Kinderdrittbetreuungskostenabzug beansprucht werden kann, gelten einerseits die leiblichen Kinder sowie die Adoptivkinder nach Artikel 264 ff. ZGB. Andererseits fallen bei Ehepaaren auch die nicht gemeinsamen Kinder, die sog. Stiefkinder, darunter, da gemäss Artikel 299 ZGB jeder Ehegatte dem andern in der Ausübung der elterlichen Sorge gegenüber dessen Kindern in angemessener Weise beizustehen und ihn zu vertreten hat, wenn es die Umstände erfordern.

Schliesslich sollen auch Pflegeeltern, die ein Kind bei sich aufgenommen haben, die ihnen infolge Erwerbstätigkeit, Ausbildung oder Erwerbsunfähigkeit entstandenen Kosten für die Drittbetreuung geltend machen können, sofern die Kinderdrittbetreuungskosten nicht durch das Pflegegeld gedeckt werden. Vorausgesetzt wird, dass das Pflegekind dauernd zur Pflege und Erziehung in die Hausgemeinschaft der Pflegeeltern aufgenommen wurde. Steuerpflichtigen, die fremde Kinder zur Tagespflege aufnehmen, wird für diese Kinder kein Kinderdrittbetreuungskostenabzug gewährt.

Den Abzug können nur jene Steuerpflichtigen geltend machen, die zusammen mit den drittbetreuten Kindern im gleichen Haushalt leben und für deren Unterhalt sorgen.

Der Abzug kann nur für Kinder beansprucht werden, die das 14. Altersjahr noch nicht vollendet haben. Der Abzug kann somit bis zum 14. Geburtstag des drittbetreuten Kindes beansprucht werden.

8.3 Erwerbstätigkeit, Ausbildung, Erwerbsunfähigkeit

Die Kinderdrittbetreuungskosten können von der steuerpflichtigen Person nur geltend gemacht werden, wenn die Eigenbetreuung der Kinder in direktem kausalem Zusammenhang mit der Erwerbstätigkeit, der Ausbildung oder der Erwerbsunfähigkeit mit gleichzeitiger Betreuungsunfähigkeit nicht wahrgenommen werden konnte.

Als Erwerbstätigkeit gilt jede selbständige wie auch jede unselbständige Tätigkeit im Sinne der Artikel 17 und 18 DBG. Arbeitslose Eltern, die beispielsweise auf Veranlassung eines regionalen Arbeitsvermittlungszentrums Kurse besuchen müssen oder die zu einem Vorstellungsgespräch aufgeboten wurden etc., können für diesen Zeitraum ebenfalls den Kinderdrittbetreuungskostenabzug beanspruchen. Solche Bemühungen zur Wiedereingliederung in die Arbeitswelt sind einer Erwerbstätigkeit gleichzusetzen.

Unter Ausbildung ist ein Lehrgang für eine berufliche Ausbildung wie beispielsweise eine Lehre oder ein Studium zu verstehen. Ebenfalls als Ausbildung wird die berufliche Weiterbildung, die mit dem erlernten oder gegenwärtig ausgeübten Beruf in Zusammenhang steht, sowie die im Hinblick auf einen Berufswechsel vorgenommene Umschulung anerkannt. Der Besuch eines Malunterrichtes oder eines Yogakurses beispielsweise gilt hingegen nicht als Ausbildung im engeren Sinne und ist daher als Freizeitgestaltung zu qualifizieren.

Die Definition der Erwerbsunfähigkeit richtet sich nach dem Bundesgesetz vom 6. Oktober 2002 über den Allgemeinen Teil des Sozialversicherungsrechts (ATSG). Als Erwerbsunfähigkeit gilt der durch Beeinträchtigung der körperlichen oder geistigen Gesundheit verursachte und nach zumutbarer Behandlung und Eingliederung verbleibende ganze oder teilweise Verlust der Erwerbsmöglichkeiten auf dem in Betracht kommenden ausgeglichenen Arbeitsmarkt. Für die Beurteilung des Vorliegens einer Erwerbsunfähigkeit sind ausschliesslich die Folgen der gesundheitlichen Beeinträchtigung zu berücksichtigen. Eine Erwerbsunfähigkeit liegt zudem nur vor, wenn sie aus objektiver Sicht nicht überwindbar ist (Art. 7 ATSG). Die voraussichtlich bleibende oder längere Zeit dauernde ganze oder teilweise Erwerbsunfähigkeit wird als Invalidität definiert (Art. 8 ATSG). Um den Kinderdrittbetreuungskostenabzug beanspruchen zu können, muss der Steuerpflichtige jedoch nicht nur erwerbsunfähig, sondern auf Grund seiner Beeinträchtigung auch nicht in der Lage sein, die Betreuung der Kinder selber wahrzunehmen.

Kinderdrittbetreuungskosten konnten früher allenfalls aufgrund des Invaliditätskostenabzuges (Art. 33 Abs. 1 Bst. h^{bis} DBG) geltend gemacht werden. Gemäss Kreisschreiben Nr. 11 der ESTV vom 31. August 2005 betreffend den Abzug von Krankheits- und Unfallkosten sowie von behinderungsbedingten Kosten sind die Kinderdrittbetreuungskosten bei einer

Behinderung abzugsfähig (Ziff. 4.3.2. KS). Voraussetzung für die uneingeschränkte Abzugsfähigkeit ist das Vorliegen einer ärztlichen Bescheinigung, in welcher attestiert wird, dass eine Person behinderungsbedingt Dritthilfe für die Kinderbetreuung bedarf. Nun können die Kosten für die Drittbetreuung der Kinder jedoch bis maximal 10'100 Franken aufgrund des Kinderdrittbetreuungskostenabzuges in Rechnung gebracht werden. Als behinderungsbedingte Kosten gemäss Artikel 33 Absatz 1 Buchstabe h^{bis} DBG können daher bei einer Behinderung der Eltern nur noch die Kinderdrittbetreuungskosten berücksichtigt werden, welche den Maximalbetrag des Kinderdrittbetreuungskostenabzuges übersteigen.

8.4 Anspruchsberechtigung

8.4.1 Allgemeines

Abzugsberechtigt sind steuerpflichtige Personen, die einerseits für den Unterhalt der Kinder sorgen und andererseits mit ihnen im gleichen Haushalt leben. Grundsätzlich sind damit die Eltern bzw. der alleinerziehende Elternteil gemeint. Lebt ein Kind jedoch nicht bei seinen Eltern, sondern beispielsweise bei einer verwandten Person (Tante, Onkel, Grossmutter etc.) oder einer Drittperson, welche an die Stelle der Eltern tritt und für das Kind sorgt (Pflegekind), soll diese den Abzug ebenfalls geltend machen können, wenn die übrigen Voraussetzungen erfüllt sind.

8.4.2 Verheiratete Paare mit Kindern

Ehepaare, die in rechtlich und tatsächlich ungetrennter Ehe leben, können die Kinderdrittbetreuungskosten geltend machen, wenn beide gleichzeitig einer Erwerbstätigkeit nachgehen bzw. in Ausbildung stehen oder erwerbsunfähig und zugleich betreuungsunfähig sind. Die nachgewiesenen Kosten für die Kinderdrittbetreuung werden bis zum Maximalbetrag von der gemeinsamen Bemessungsgrundlage abgezogen.

8.4.3 Unverheiratete Eltern (gemeinsamer Haushalt) mit gemeinsamen oder nicht gemeinsamen Kindern

Unverheirateten Eltern, die mit gemeinsamen Kindern zusammen in einem Haushalt leben (Konkubinat), können den Abzug geltend machen, wenn sie beide gleichzeitig einer Erwerbstätigkeit nachgehen bzw. in Ausbildung stehen oder erwerbsunfähig und zugleich betreuungsunfähig sind.

Halten die unverheirateten Eltern die elterliche Sorge gemeinsam inne, kann jeder Elternteil maximal 5'050 Franken der nachgewiesenen Kosten für die Kinderdrittbetreuung in Abzug bringen. Es besteht jedoch die Möglichkeit, dass die Eltern eine andere Aufteilung beantragen. Die beiden Elternteile haben sich diesfalls zu einigen. Es obliegt daher den Eltern, eine andere Aufteilung zu begründen und nachzuweisen. Betragen die geltend gemachten Kosten beider Elternteile zusammen mehr als den Maximalbetrag von 10'100 Franken, werden die Abzüge im Verhältnis der nachgewiesenen Kosten auf diesen Maximalbetrag gekürzt.

Beispiel: Kinderdrittbetreuungskosten

Elternteil 1	6'000
Elternteil 2	9'000
Total	15'000

Maximalbetrag   10'100

Veranlagung

Elternteil 1	10'100 x 6'000 / 15'000	**4'040**
Elternteil 2	10'100 x 9'000 / 15'000	**6'060**
Total insgesamt		**10'100**

Besteht keine gemeinsame elterliche Sorge über das gemeinsame Kind, ist zu unterscheiden, ob Unterhaltszahlungen für das Kind geltend gemacht werden oder nicht. Werden Unterhaltszahlungen geleistet, kommt die Regelung zum Tragen, die bei Eltern mit gemeinsamem Sorgerecht gilt. Werden keine Unterhaltszahlungen geltend gemacht, kann nur der Elternteil mit der elterlichen Sorge die von ihm nachgewiesenen Kosten der Kinderdrittbetreuung in Abzug bringen.

Bei Paaren mit nicht gemeinsamen Kindern kann der Abzug nur von dem Partner beansprucht werden, der Elternteil ist und die elterliche Sorge innehat.

8.4.4 Getrennte, geschiedene oder unverheiratete Eltern (zwei Haushalte) mit gemeinsamen Kindern

Bei getrennten, geschiedenen oder unverheirateten Eltern kann grundsätzlich derjenige Elternteil, welcher mit dem Kind zusammenlebt und einer Erwerbstätigkeit nachgeht, erwerbsunfähig und gleichzeitig betreuungsunfähig ist oder sich in Ausbildung befindet, die Kinderdrittbetreuungskosten in Abzug bringen. Dies ist in der Regel der Elternteil, der die elterliche Sorge (allein oder gemeinsam) innehält und die Unterhaltszahlungen für das Kind gemäss Artikel 23 Buchstabe f DBG erhält.

Befindet sich das Kind in alternierender Obhut, kann jeder Elternteil maximal 5'050 Franken der nachgewiesenen Kosten für die Kinderdrittbetreuung in Abzug bringen. Es besteht auch hier die Möglichkeit, dass die Eltern eine andere Aufteilung beantragen (es gelten für diesen Fall ebenfalls die Ausführungen unter Ziff. 8.4.3).

Jeder Elternteil kann nur jene Kosten geltend machen, die während der Dauer seiner Obhutspflicht für die Drittbetreuung entstanden sind.

8.5 Abzugsfähige Kosten

Der Abzug entspricht den nachgewiesenen Kosten für die Kinderbetreuung durch Dritte bis zum gesetzlichen Höchstbetrag. Es können nur diejenigen Kosten geltend gemacht werden, die ausschliesslich für die Betreuung der Kinder während der tatsächlichen Arbeits- oder

Ausbildungszeit oder der tatsächlichen Dauer der Erwerbsunfähigkeit mit gleichzeitiger Betreuungsunfähigkeit der steuerpflichtigen Person anfallen.

Abziehbar sind beispielsweise Taggelder für private und öffentliche Organisationen wie Kinderkrippen oder Kinderhorte. Als abziehbare Kinderdrittbetreuungskosten kommen auch Vergütungen an Personen, welche die Betreuung von Kindern haupt- oder nebenberuflich ausüben, wie etwa Tagesmütter oder Tagesfamilien, in Frage. Fallen im Rahmen der Drittbetreuung auch Kosten für die Verpflegung oder für anderen Unterhalt der Kinder an, so sind diese als Lebenshaltungskosten zu qualifizieren und können nicht in Abzug gebracht werden. Solche Kosten würden auch entstehen, wenn die Kinder nicht durch Dritte betreut würden.

Kosten für die Betreuung durch die Eltern selbst sind nicht abzugsfähig.

Wird eine Haushaltshilfe angestellt, die sich während der Erwerbstätigkeit der Eltern auch um die Kinder kümmert, kann nur dieser Teil der Kosten für die Haushaltshilfe als Kinderdrittbetreuungskosten in Abzug gebracht werden, da die übrigen Aufwendungen für die Haushaltsarbeiten nicht abzugsfähige Lebenshaltungskosten darstellen.

Schulgelder sind ebenfalls als nicht abzugsfähige Lebenshaltungskosten zu qualifizieren. Bei den Internatskosten gilt es daher zwischen den reinen Schulkosten und den Kosten zu unterscheiden, die für die Betreuung der Kinder in Internaten anfallen. Somit ist von den Internatskosten ein angemessener Anteil als Kinderdrittbetreuungskosten zu berücksichtigen, der bis zum Maximalbetrag des Abzuges geltend gemacht werden kann.

Drittbetreuungskosten, die ausserhalb der effektiven Arbeits- oder Ausbildungszeit der Eltern angefallen sind wie etwa durch Babysitting am Abend oder für Freizeitaktivitäten, können nicht in Abzug gebracht werden. Solche Kosten, die den Eltern infolge Freizeitgestaltung entstehen, sind als nichtabzugsfähige Lebenshaltungskosten zu qualifizieren.

8.6 Nachweispflicht

Der Nachweis, dass der Abzug der Drittbetreuungskosten berechtigt ist, obliegt der steuerpflichtigen Person. Sie hat der Steuererklärung grundsätzlich eine Aufstellung über die Kosten sowie über die betreuenden Personen oder Institutionen beizulegen. Von den geltend gemachten Kosten sind nur diejenigen zum Abzug zuzulassen, die nachgewiesen werden können. Als Mittel für den Nachweis eignen sich etwa Quittungen, Rechnungen oder Lohnausweise. Aber auch andere taugliche Belege sollten von den veranlagenden Behörden akzeptiert werden.

Zudem haben die Steuerpflichtigen jeweils den Grund für die Drittbetreuung der Kinder anzugeben. Für die veranlagende Behörde muss ersichtlich sein, ob die Beanspruchung des Kinderdrittbetreuungsabzuges tatsächlich gerechtfertigt ist. Den steuerpflichtigen Eltern obliegt somit die Pflicht aufzuführen, aus welchem der im Gesetz vorgesehenen Gründe (Erwerbstätigkeit, Erwerbsunfähigkeit, Ausbildung) sie die Betreuung der Kinder nicht selber wahrnehmen konnten. Neben den Kinderdrittbetreuungskosten hat der Steuerpflichtige zudem auch die Erwerbsunfähigkeit oder die Ausbildung unaufgefordert nachzuweisen, falls einer dieser Gründe geltend gemacht wird.

Kinderdrittbetreuungskosten sind als Aufwendungen im Privatbereich der steuerpflichtigen Person zu qualifizieren. Sie sind bei selbständiger Erwerbstätigkeit der Eltern somit auf das Privatkonto zu verbuchen, und nicht der Geschäftsbuchhaltung zu belasten. Auch bei den selbständig Erwerbstätigen sind die Kosten sowie die Empfänger separat auszuweisen und zu belegen.

9 Zweiverdienerabzug

9.1 Voraussetzungen

Gemäss dem am 1. Januar 2008 in Kraft getretenen Zweiverdienerabzug (Art. 33 Abs. 2 DBG) ist vom niedrigeren Erwerbseinkommen der beiden Ehegatten ein Abzug von 50 Prozent mit einem Mindestansatz von 8'100 Franken und einem Maximalbetrag von 13'400 Franken zuzulassen. Der Mindestansatz führt dazu, dass auch Ehepaare mit kleineren Zweiterwerbseinkommen im Vergleich zum bisherigen Recht trotz Neugestaltung des Zweiverdienerabzugs als Prozentabzug nicht zusätzlich belastet werden. Der Abzug ist an die folgenden Voraussetzungen geknüpft:

- die Ehegatten müssen in rechtlich und tatsächlich ungetrennter Ehe leben
- beide Ehegatten müssen ein Erwerbseinkommen erzielen.

Der Zweiverdienerabzug wird nicht nur bei unselbständiger Tätigkeit der Ehegatten, sondern auch bei erheblicher Mitarbeit eines Ehegatten im Beruf, Geschäft oder Gewerbe des anderen Ehegatten gewährt. Die Mitarbeit gilt dann als erheblich, wenn sie regelmässig und in beträchtlichem Masse erfolgt und einer Drittperson hierfür ein Lohn in mindestens der Höhe des Abzuges bezahlt werden müsste. Dies gilt für die Mitarbeit sowohl im Rahmen einer hauptberuflichen wie auch einer nebenberuflichen selbständigen Erwerbstätigkeit des Ehepartners.

Bei Mitarbeit im Rahmen einer unselbständigen (haupt- oder nebenberufliche) Erwerbstätigkeit des Ehegatten kann ein Abzug nur gewährt werden, wenn eine erhebliche oder regelmässige Mitarbeit bei der Tätigkeit des Ehepartners vertraglich vorgesehen ist.

Schliesslich ist der Abzug auch zu gewähren, wenn beide Ehegatten eine selbständige Erwerbstätigkeit ausüben.

9.2 Definition Erwerbseinkommen

Unter Erwerbseinkommen ist die Gesamtheit des Einkommens einer steuerpflichtigen Person aus selbständiger und unselbständiger, haupt- und nebenberuflicher Erwerbstätigkeit gemäss Steuererklärung zu verstehen.

Bei Einkommen aus unselbständiger Erwerbstätigkeit ist dies der Bruttolohn abzüglich der Gewinnungskosten sowie der Beiträge an die AHV/IV/EO/ALV, der Beiträge an die berufliche Vorsorge (2. Säule) und an die gebundene Selbstvorsorge (Säule 3a) sowie der Prämien für die NBU (Nicht-Berufs-Unfallversicherung).

Bei Einkommen aus selbständiger Erwerbstätigkeit entspricht das Erwerbseinkommen dem Saldo der Gewinn- und Verlustrechnung nach Abzug der Beiträge an die Säulen 2 und 3a und nach Vornahme allfälliger steuerlicher Berichtigungen.

Dem Erwerbseinkommen gleichgestellt sind Erwerbsausfallsentschädigungen bei vorübergehendem Unterbruch der Erwerbstätigkeit (Militär- bzw. Zivilschutzdienst, Mutterschaftsversicherung, Taggelder aus Arbeitslosen-, Kranken- und Unfallversicherungen). Andere Einkommen, wie insbesondere Renteneinkommen aus der Alters-, Hinterlassenen- und Invalidenversicherung (1. Säule), Rentenleistungen aus der beruflichen Vorsorge (2. Säule) und aus der gebundenen Selbstvorsorge (Säule 3a), Vermögensertrag oder Leibrenten, sind hingegen dem Erwerbseinkommen nicht gleichgestellt.

9.3 Abzug bei Mitarbeit im Beruf oder Betrieb des Ehegatten

Bei erheblicher Mitarbeit in der Erwerbstätigkeit des anderen Ehepartners wird im Sinne einer möglichst einfachen Handhabung des Abzuges jedem Ehegatten zu seinem allfälligen übrigen Erwerbseinkommen grundsätzlich die Hälfte des gemeinsamen Erwerbseinkommens zugerechnet. Von der hälftigen Zurechnung kann abgewichen werden, wenn glaubhaft gemacht werden kann, dass beispielsweise der Anteil des mitarbeitenden Ehegatten höher zu bewerten ist und der andere Ehegatte noch weiteres Erwerbseinkommen erzielt. Als Beispiel lässt sich hier die Ehefrau anführen, welche die laufenden Arbeiten eines kleinen gemeinsamen Landwirtschaftsbetriebes zur Hauptsache besorgt, während der Ehemann hauptberuflich als Angestellter tätig ist. Der Prozentabzug wird auf dem niedrigeren der beiden totalen Erwerbseinkommen berechnet.

Bei den gemeinsam selbständigerwerbenden Ehepaaren bildet das steuerrechtlich massgebende Einkommen aus selbständiger Erwerbstätigkeit (Einzelunternehmen eines Ehegatten oder Teilhaber eines Ehegatten an einem Personenunternehmen) Grundlage für die Berechnung. Davon ausgehend, dass die geschäfts- oder berufsmässig begründeten Kosten, die Sozialversicherungsabzüge und die hälftigen Beiträge an die berufliche Vorsorge (ordentliche Beiträge) bereits in der Erfolgsrechnung berücksichtigt wurden, kann nach Abzug der steuerlich abzugsfähigen Prämien für die gebundene Selbstvorsorge (Säule 3a) sowie den ordentlichen Beiträgen an die berufliche Vorsorge und Einkäufe das ermittelte Einkommen hälftig auf die Ehepartner aufgeteilt werden. Führt das Ehepaar gemeinsam oder mit Dritten ein Personenunternehmen, so richtet sich die Aufteilung nach der buchhalterischen Gewinnzuteilung an die Gesellschafter. Auch bei diesen Gewinnzuteilungen sind die Prämien für die gebundene Selbstvorsorge in Abzug zu bringen. Unter Berücksichtigung allfälliger weiterer Erwerbseinkünfte kann vom niedrigeren Einkommen ein Abzug von 50 Prozent dieses Einkommens, jedoch mindestens 8'100 Franken und höchstens 13'400 Franken geltend gemacht werden. Beträgt das für die Berechnung des Abzuges massgebende Zweiteinkommen weniger als 8'100 Franken, so gilt auch hier, dass nur die Höhe dieses Zweiteinkommens abgezogen werden kann. Wenn sich aus der Erwerbstätigkeit ein Verlust ergibt, kann kein Abzug gewährt werden.

9.4 Berechnung des Abzuges

Basis für die Berechnung des Abzugs ist das niedrigere Erwerbseinkommen der Ehegatten. Davon können 50 Prozent in Abzug gebracht werden.

Liegt das um die Gewinnungskosten, die Beiträge an die AHV/IV/EO/ALV und an die Säulen 2 und 3a sowie die Prämien für die NBU gekürzte niedrigere Erwerbseinkommen unter dem Minimalansatz von 8'100 Franken, so kann nur die Höhe dieses gekürzten Zweiteinkommens abgezogen werden. Beträgt das gekürzte Zweiteinkommen zwischen 8'100 Franken und 16'200 Franken, so gilt der Minimalansatz von 8'100 Franken. Für ein massgebendes Zweiteinkommen über 16'200 Franken kann die Hälfte dieses Einkommens abgezogen werden. Ab einem massgebenden Netto-Zweiteinkommen von 26'800 Franken ist der maximale Abzugsbetrag von 13'400 Franken erreicht. Eine zeitlich begrenzte oder teilzeitliche Erwerbstätigkeit führt zu keiner Kürzung des Abzuges.

10 Kinderabzug

10.1 Grundsatz

Für jedes minderjährige oder in der Ausbildung stehende Kind kann ein Kinderabzug (Art. 35 Abs. 1 Bst. a DBG) geltend gemacht werden. Vorausgesetzt wird - wie bei der Steuersubstitution - das Bestehen eines Kindesverhältnisses. Damit kann grundsätzlich für die leiblichen und adoptierten Kinder sowie bei gemeinsam veranlagten Ehegatten auch für das Stiefkind ein Abzug beansprucht werden. Pflegeeltern wird für ihre Pflegekinder hingegen kein Kinderabzug gewährt. Kommen die Pflegeeltern für den Unterhalt des Kindes auf, können sie, wenn die Voraussetzungen erfüllt sind, den Unterstützungsabzug geltend machen.

Für jedes Kind ist insgesamt nur ein ganzer Kinderabzug möglich. Neben dem Kindesverhältnis wird auch vorausgesetzt, dass die den Abzug beanspruchende Person für den Unterhalt des Kindes sorgt. Dies kann sowohl die tatsächliche Sorge für das leibliche Wohl des Kindes wie auch die finanzielle Unterstützung sein.

Bei gemeinsam veranlagten Eltern wird der Kinderabzug vom Gesamteinkommen in Abzug gebracht. Die Zuteilung des Kinderabzuges bei den verschiedenen Familienkonstellationen ist unter Ziffer 14 geregelt.

Es gilt das Stichtagsprinzip gemäss Artikel 35 Absatz 2 DBG, d.h. der Kinderabzug kann von den Ehegatten nur beansprucht werden, wenn am Ende der Steuerperiode oder der Steuerpflicht die Voraussetzung für die Gewährung des Kinderabzuges erfüllt sind.

Personen mit Kindern, die im Sinne von Artikel 4 und 5 DBG in der Schweiz beschränkt steuerpflichtig sind, wird der Kinderabzug anteilsmässig gewährt (Art. 35 Abs. 3 DBG). Dies triff auch auf unbeschränkt steuerpflichtige Personen mit nicht steuerbarem Auslandseinkommen im Sinne von Artikel 6 Absatz 1 DBG zu.

Die Höhe bemisst sich nach dem Verhältnis des in der Schweiz steuerbaren Reineinkommens[2] zum gesamten Reineinkommen.

---

[2] Zu den verschiedenen Begriffen des Einkommens ist auf die Systematik im DBG zu verweisen:
2. Teil, 2. Titel: Einkommenssteuer:
Steuerbare Einkünfte
gem. 1. Kapitel, Abschnitte 1 - 7 (Art. 16 - 23)

= *„Brutto-Einkommen"*
./. „Gewinnungskosten" gem. 3. Kapitel, Abschnitte 1 - 4 (Art. 25 - 32)

= *„Netto-Einkommen"*
./. Allgemeine Abzüge gem. Abschnitt 5 (Art. 33 - 33a)

= *Reineinkommen*
./. Sozialabzüge gem. 4. Kapitel (Art. 35)

= *Steuerbares Einkommen*

10.2 Kinderabzug für minderjährige Kinder

Eltern können für ihre minderjährigen Kinder den Kinderabzug geltend machen, wenn sie für deren Unterhalt sorgen. Dieses gesetzlich verlangte Erfordernis ist grundsätzlich erfüllt, wenn die Eltern bzw. der Elternteil die elterliche Sorge innehat. Die Voraussetzung "für den Unterhalt des Kindes sorgen" ist aber nicht zwingend an die elterliche Sorge geknüpft. Bei getrennt lebenden Eltern werden jedoch in der Regel die Unterhaltszahlungen für das Kind an den das Sorgerecht ausübenden Elternteil geleistet. Dieser kann den Kinderabzug geltend machen, während der leistende Elternteil die Unterhaltszahlungen voll absetzen kann.

Bei getrennt lebenden Eltern mit gemeinsamer elterlicher Sorge kann jeder Elternteil den halben Abzug beanspruchen, sofern keine Abzüge für Unterhaltsbeiträge an die Kinder nach Artikel 33 Absatz 1 Buchstabe c DBG geltend gemacht werden. Die letztgenannte Voraussetzung ist notwendig, damit beim Steuerpflichtigen nicht eine doppelte Entlastung für dieselbe Person (Kinderabzug und Abzug für Unterhaltsleistungen) stattfindet. Nicht massgebend für die hälftige Aufteilung des Kinderabzuges ist der Umfang der alternierenden Obhut.

Wird das minderjährige Kind im Verlauf der Steuerperiode volljährig und befindet es sich nicht in Ausbildung, kann der Abzug für das entsprechende Steuerjahr aufgrund des Stichtagsprinzips nicht mehr geltend gemacht werden.

10.3 Kinderabzug für volljährige Kinder in beruflicher oder schulischer Ausbildung

Gemäss Artikel 277 Absatz 2 ZGB sind die Eltern auch nach der Mündigkeit des Kindes verpflichtet, bis zum ordentliche Abschluss einer angemessenen Ausbildung für dessen Unterhalt aufzukommen, soweit dies nach den gesamten Umständen zugemutet werden kann. Der Kinderabzug kann daher auch für volljährige Kinder in Ausbildung beansprucht werden. Während der französische Gesetzestext bis anhin neben der beruflichen auch explizit die schulische Ausbildung vorsah, erwähnte der deutsche Gesetzestext nur die berufliche Ausbildung. Dieser gesetzgeberische Fehler wird mit der Ergänzung des deutschen Gesetzestextes durch den Begriff "schulische" beseitigt. Das Erfordernis, dass die steuerpflichtige Person für den Unterhalt des Kindes sorgt, ist erfüllt, wenn sie Beiträge mindestens in der Höhe des Sozialabzuges an das Kind ausrichtet. In Weiterführung der Praxis wird der Kinderabzug für ein volljähriges Kind in Ausbildung aber nur dann zugelassen, wenn dieses im massgebenden Zeitpunkt tatsächlich auf den Unterhaltsbeitrag angewiesen war. Erzielt das Kind ein Einkommen, das ihm den selbständigen Lebensunterhalt ermöglicht, so kann der Kinderabzug nicht mehr beansprucht werden. Der Kinderabzug wird beispielsweise nicht gewährt, wenn das Kind über ein umfangreiches Vermögen verfügt, dessen Vermögenserträge einen selbständigen Unterhalt des Kindes erlauben.

Unter Ausbildung ist ein Lehrgang für die berufliche Erstausbildung wie beispielsweise eine Lehre oder ein Studium zu verstehen. Diese endet, wenn das Kind das dazugehörende Abschlussdiplom erworben hat und in der Lage ist, eine angemessene berufliche Tätigkeit auszuüben.

Die Gewährung des Kinderabzuges bei einer Zweitausbildung ist möglich, wenn sachliche Gründe für die Aufnahme einer Zweitausbildung sprechen, um eine angemessene berufliche Tätigkeit ausüben zu können.

Bei einem Unterbruch der beruflichen Ausbildung kann der Kinderabzug weiterhin geltend gemachten werden, wenn der Unterbruch nur vorübergehend ist, z.B. um die Militär-, Zivil- oder Zivilschutzdienstpflicht zu erfüllen oder um für die Ausbildung notwendige Prüfungen vorzubereiten.

Auslandsaufenthalte, die nicht zur eigentlichen Berufsausbildung gehören und nur darauf ausgerichtet sind, die späteren Karrierechancen zu verbessern, gelten nicht als Erstausbildung. Auch hier gilt das Stichtagsprinzip. Fällt ein solcher Unterbruch auf einen Stichtag, kann der Kinderabzug nicht beansprucht werden. Hat das Kind die Ausbildung vor dem Stichtag abgeschlossen, wird der Kinderabzug ebenfalls für das entsprechende Steuerjahr nicht mehr gewährt.

Bei einer Weiterbildung des volljährigen Kindes wird der Kinderabzug nicht gewährt.

11 Unterstützungsabzug

Eine steuerpflichtige Person kann die Unterstützungsleistungen an eine erwerbsunfähige oder beschränkt erwerbsfähige Person in Abzug bringen, wenn die Leistungen mindestens in der Höhe des Unterstützungsabzuges erfolgen (Art. 35 Abs. 1 Bst. b DBG). Die Unterstützung muss nicht zwingend auf einer Rechtspflicht wie beispielsweise die Verwandtenunterstützung nach Artikel 328 ZGB beruhen, sie kann auch aufgrund einer vertraglichen Verpflichtung oder freiwillig erfolgen. Wird in einem Steuerjahr weniger als der festgelegte Abzug geleistet, entfällt dieser Sozialabzug.

Voraussetzung für die Gewährung des Abzugs ist, dass die unterstützte Person aus objektiven Gründen ihren Lebensunterhalt vorübergehend oder dauernd nicht selber bestreiten kann. Dies ist erfüllt, wenn es einer Person unabhängig von ihrem Willen nicht möglich oder nur beschränkt möglich ist, selber einer Erwerbstätigkeit nachzugehen. Der Abzug kann auch bei Personen gewährt werden, die an sich zwar erwerbsfähig sind, aufgrund ihrer Arbeitslosigkeit oder als alleinerziehende Eltern mit vorschulpflichtigen Kindern aber kein ausreichendes Erwerbseinkommen erzielen und daher unterstützungsbedürftig sind. Keine Unterstützungsbedürftigkeit liegt hingegen vor, wenn die unterstützte Person freiwillig bzw. ohne zwingenden Grund darauf verzichtet, ein genügendes Einkommen zu erzielen. Die Unterhaltsleistungen müssen zudem unentgeltlich sein bzw. ohne Gegenleistung erfolgen. Stehen den Unterhaltsleistungen wirtschaftlich messbare Leistungen des Leistungsempfängers gegenüber, wie etwa die Besorgung des Haushaltes, liegen keine Unterhaltsbeiträge im Sinne von Artikel 35 Absatz 1 Buchstabe b DBG vor.

Die Unterstützungsbedürftigkeit ist ebenfalls stets nach objektiven Gesichtspunkten festzulegen. Diese können jedoch nicht gesamtschweizerisch vereinheitlicht werden, da die Lebenshaltungskosten je nach Gegend unterschiedlich hoch sind.

Der Abzug ist nicht zulässig, wenn der gemeinsam veranlagte Ehegatte unterstützt wird. Der gegenseitigen ehelichen Unterstützung wird bereits durch den Verheiratetentarif (Art. 36 Abs. 2 DBG) sowie durch den Verheiratetenabzug (Art. 35 Abs. 1 Bst. c DBG) Rechnung getragen.

Der Unterstützungsabzug kann ebenfalls nicht für Kinder beansprucht werden, für die bereits ein Kinderabzug (Art. 35 Abs. 1 Bst. a DBG) gewährt wird. Dieses Kumulationsverbot von Kinderabzug und Unterstützungsabzug gilt aber nur für ein und dieselbe leistende Person. Bei getrennt lebenden Eltern besteht je nach Konstellation die Möglichkeit, dass für das gleiche Kind der Kinderabzug und der Unterstützungsabzug gewährt werden.

Bei getrennt lebenden Elternteilen, die ihre Kinder unterstützen, gilt es zwischen minderjährigen und volljährigen Kindern zu unterscheiden. Bei minderjährigen Kindern kann der leistende Elternteil die Unterhaltsbeiträge für das Kind (Art. 33 Abs. 1 Bst. c DBG) in Abzug bringen. Den Unterstützungsabzug kann er nicht zusätzlich auch noch beanspruchen. Dem anderen Elternteil, der die Unterhaltsleistungen für das Kind zu versteuern hat, wird der Kinderabzug gewährt. Bei Unterhaltsleistungen an volljährige Kinder in Ausbildung kann der leistende Elternteil die Unterhaltszahlungen nicht mehr in Abzug bringen, er erhält dafür grundsätzlich den Kinderabzug. Leisten beide Elternteile Unterhaltszahlungen, kann der Elternteil mit den höheren finanziellen Leistungen, d.h. in der Regel derjenige mit dem höheren Einkommen, den Kinderabzug geltend machen. Der andere Elternteil kann den Unterstützungsabzug geltend machen, sofern seine Leistungen mindestens in der Höhe des Abzuges erfolgen.

Wie bei allen Sozialabzügen sind für die Gewährung des Unterstützungsabzugs die Verhältnisse am Ende der Steuerperiode oder der Steuerpflicht massgebend (Stichtagsprinzip; Art. 35 Abs. 2 DBG). Bei teilweiser Steuerpflicht erfolgt eine anteilsmässige Gewährung des Unterstützungsabzugs (Art. 35 Abs. 3 DBG). Die Höhe bemisst sich nach dem Verhältnis des in der Schweiz steuerbaren Reineinkommens[3] zum gesamten Reineinkommen.

12 Verheiratetenabzug

Seit dem 1. Januar 2008 wird den Ehepaaren ein Verheiratetenabzug gewährt (Art. 35 Abs. 1 Bst. c DBG). Der Verheiratetenabzug ist als fixer Sozialabzug pro Ehepaar konzipiert und berücksichtigt schematisch den Zivilstand der Ehegatten, mit der Folge, dass die Steuerbelastung von Ehepaaren allgemein etwas gesenkt wird. In Verbindung mit dem erhöhten Zweiverdienerabzug wird die verfassungswidrige Mehrbelastung der Zweiverdienerehepaare gegenüber den wirtschaftlich gleichgestellten Zweiverdienerkonkubinatspaaren gemildert.

Es gilt das Stichtagsprinzip gemäss Artikel 35 Absatz 2 DBG, d.h. der Verheiratetenabzug kann von den Ehegatten nur beansprucht werden, wenn sie am Ende der Steuerperiode oder der Steuerpflicht in rechtlich und tatsächlich ungetrennter Ehe leben.

Ehegatten, die im Sinne von Artikel 4 und 5 DBG in der Schweiz beschränkt steuerpflichtig sind, wird der Verheiratetenabzug anteilsmässig gewährt (Art. 35 Abs. 3 DBG). Dies trifft auch auf unbeschränkt steuerpflichtige Personen mit nicht steuerbarem Auslandseinkommen im Sinne von Artikel 6 Absatz 1 DBG zu. Die Höhe bemisst sich nach dem Verhältnis des in der Schweiz steuerbaren Reineinkommens[4] zum gesamten Reineinkommen.

13 Tarife

13.1 Grundsatz

Dem Recht der direkten Bundessteuer liegen drei Tarife für die Besteuerung der natürlichen Personen zugrunde. Artikel 36 DBG sieht einen Grundtarif, einen Tarif für verheiratete Personen sowie einen Tarif für Personen vor, die mit Kindern zusammenleben. Die Tarife tragen der unterschiedlichen wirtschaftlichen Leistungsfähigkeit dieser drei Kategorien von Steuerpflichtigen Rechnung.

Der Grundtarif und der Verheiratetentarif gelten weiterhin für die ordentliche Veranlagung.

Für die Veranlagung von Kapitalleistungen aus Vorsorge wird in Artikel 38 DBG auf die Tarife gemäss Artikel 36 Absätze 1, 2 und 2bis erster Satz DBG (Grundtarif und Verheiratetentarif) verwiesen. Die Kapitalleistungen aus Vorsorge werden demnach einer besonderen Jahressteuer zu einem Fünftel der ordentlichen Tarife von Art. 36 Absatz 1, 2 und 2bis erster

---

[3] Zum Begriff "Reineinkommen" vgl. Fn 2.
[4] Zum Begriff "Reineinkommen" vgl. Fn 2.

Satz DBG besteuert. Der im Elterntarif enthaltene Abzug vom Steuerbetrag pro Kind gemäss Artikel 36 Absatz 2bis zweiter Satz DBG ist hingegen nicht anwendbar.

13.2 Grundtarif

Der Grundtarif (Art. 36 Abs. 1 DBG) als Auffangtarif gilt für alle steuerpflichtigen Personen, die nicht die Voraussetzungen der Spezialtarife von Absatz 2 und 2bis erfüllen. Darunter fallen namentlich die folgenden Kategorien von Steuerpflichtigen:

- Ledige oder verwitwete Alleinstehende
- Gerichtlich oder tatsächlich getrennt lebende oder geschiedene Personen, die nicht mit Kindern oder unterstützungsbedürftigen Personen im gleichen Haushalt leben
- Konkubinatspaare ohne Kinder
- Konkubinatspartner, die zwar mit ihrem Kind zusammenleben, jedoch nicht über die elterliche Sorge verfügen und den Unterhalt des Kindes nicht zur Hauptsache bestreiten.

13.3 Verheiratetentarif

Der Verheiratetentarif gemäss Artikel 36 Absatz 2 DBG kommt für sich allein nur noch für die in rechtlich und tatsächlich ungetrennter Ehe lebenden Steuerpflichtigen zur Anwendung, die nicht mit Kindern oder unterstützungsbedürftigen Personen zusammenleben, deren Unterhalt sie zur Hauptsache bestreiten.

Leben die Ehegatten getrennt, kommt je nach Konstellation der Grundtarif oder - wenn ein Ehegatte mit einem Kind zusammenlebt - der Elterntarif zur Anwendung.

13.4 Elterntarif

13.4.1 Allgemeines

Steuerpflichtige mit Kindern werden zum Elterntarif besteuert (Art. 36 Abs. 2bis DBG). Der Elterntarif ist der mildeste der drei Tarife. Er besteht aus dem Verheiratetentarif (Basis) und einem Abzug vom Steuerbetrag in der Höhe von maximal 251 Franken pro Kind oder unterstützungsbedürftige Person. Dieser Abzug im Elterntarif ist eine direkte Tarifmassnahme und kein Sozialabzug.

Für die Berechnung des Steuerbetrags nach dem Elterntarif werden die Kinderkosten in einem ersten Schritt durch die heute geltenden Kinderabzüge sowie durch den Kinderdrittbetreuungskostenabzug von der Bemessungsgrundlage berücksichtigt. In einem zweiten Schritt wird der Tarif für Verheiratete ohne Kinder (Verheiratetentarif) angewendet. Der aufgrund des Verheiratetentarifs berechnete Steuerbetrag wird in einem dritten Schritt zusätzlich um maximal 251 Franken pro Kind reduziert. Die Kombination Grundtarif und Abzug vom Steuerbetrag ist nicht möglich.

Für die Gewährung des Elterntarifs wird vorausgesetzt, dass die steuerpflichtige Person mit dem Kind oder der unterstützungsbedürftigen Person im gleichen Haushalt zusammenlebt und deren Unterhalt zur Hauptsache bestreitet. Beide Voraussetzungen sind zwingend. Der Elterntarif kann nicht auf verschiedene steuerpflichtige Personen aufgeteilt werden. Leben die Eltern in rechtlich oder tatsächlich getrennter Ehe, wird der Elterntarif stets nur einer Person zugewiesen. Die Übertragung der gemeinsamen elterlichen Sorge darf somit nicht dazu führen, dass der Elterntarif für die in ungetrennter Ehe lebenden Ehegatten sowie für verwitwete, getrennt lebende, geschiedene oder ledige Steuerpflichtige, die mit Kindern oder unterstützungsbedürftigen Personen im gleichen Haushalt leben, mehrfach angewendet wird.

Beim Zusammenleben wird auf den Wohnsitz abgestellt. Gemäss Artikel 25 Absatz 1 ZGB gilt der Wohnsitz der Eltern als Wohnsitz des Kindes unter elterlicher Sorge oder, wenn die Eltern keinen gemeinsamen Wohnsitz haben, der Wohnsitz des Elternteils, unter dessen Obhut das Kind steht. Sobald das Kind volljährig ist, kann es einen eigenen Wohnsitz begründen. Bei volljährigen Kindern in Ausbildung erhalten die Eltern den Elterntarif daher nur, wenn das Kind im gleichen Haushalt wohnt. Befindet sich die Ausbildungsstätte des Kindes an einem anderen Ort als am Wohnsitz der Eltern, kann der Elterntarif nur gewährt werden, wenn das Kind Wochenaufenthalter am Ausbildungsort ist, seinen Wohnsitz jedoch bei den Eltern beibehalten hat. Bei einer Berufslehre oder einem Studium dürfte dies in der Regel der Fall sein, da gemäss Art. 26 ZGB der Aufenthalt an einem Orte zum Zweck des Besuches einer Lehranstalt keinen Wohnsitz begründet. Hat das volljährige Kind seinen Wohnsitz jedoch verlegt, werden die Eltern - auch wenn sie das Kind unterstützen - zum Verheiratetentarif, –und wenn sie nicht verheiratet sind, zum Grundtarif besteuert.

Werden die Voraussetzungen des Elterntarifs nicht mehr erfüllt, beispielsweise beim Tod eines Kindes, bei Abschluss der Ausbildung oder etwa bei Wegfall der Unterstützungsbedürftigkeit, so werden die Eltern bzw. die erwachsenen Personen wieder zum Verheiratetentarif oder, wenn sie nicht verheiratet sind, zum Grundtarif besteuert.

13.4.2 Gewährung des Elterntarifs bei minderjährigen Kindern

Neben dem Zusammenleben wird für die Gewährung des Elterntarifs vorausgesetzt, dass die steuerpflichtige Person bzw. das Ehepaar den Unterhalt des Kindes oder der unterstützungsbedürftigen Person zur Hauptsache bestreitet. Bei minderjährigen Kindern von getrennt lebenden oder unverheiratet zusammenlebenden Eltern bedeutet zur Hauptsache, dass grundsätzlich derjenige Elternteil, der mehr als die Hälfte der Unterhaltskosten des Kindes übernimmt, den Elterntarif beanspruchen kann. Werden bei getrennt lebenden Eltern oder unverheirateten Eltern, die zusammenleben (Konkubinat), Unterhaltszahlungen für das minderjährige Kind geltend gemacht, ist davon auszugehen, dass dieser Elternteil mit den empfangenen und zu versteuernden Leistungen zusammen mit den eigenen Leistungen den Unterhalt des Kindes zur Hauptsache bestreitet und den Elterntarif erhält. Dies ist in der Regel der Elternteil, der die elterliche Sorge innehält. Der unterhaltsleistende Elternteil kann im Gegenzug die Unterhaltsleistungen von seinem Einkommen abziehen.

Bei der Zuweisung des Elterntarifs ist bei den einzelnen Familienkonstellationen Folgendes festzuhalten:

<u>Ehepaare mit minderjährigen Kindern</u>

Ehepaare in rechtlich und tatsächlich ungetrennter Ehe werden gemeinsam veranlagt und zum Elterntarif besteuert.

<u>Getrennt lebende Eltern mit minderjährigem Kind</u>

Bei getrennten, geschiedenen oder unverheirateten Eltern mit zwei Haushalten ist bei der Zuteilung des Elterntarifs zu unterscheiden, ob die elterliche Sorge gemeinsam ausgeübt wird oder nicht. Hält nur ein Elternteil die elterliche Sorge inne, ist davon auszugehen, dass dieser den Unterhalt des Kindes zur Hauptsache bestreitet und den Elterntarif erhält.

Bei gemeinsamer elterlicher Sorge wird der Elternteil, der die Unterhaltszahlungen erhält, zum Elterntarif besteuert. Werden keine Unterhaltszahlungen für das Kind geltend gemacht, ist zu unterscheiden, ob sich das Kind in alternierender Obhut befindet oder nicht. Besteht keine alternierende Obhut, wird der Elternteil, der mit dem Kind lebt zum Elterntarif besteuert. Bei alternierender Obhut wird davon ausgegangen, dass der Elternteil mit dem höheren Reineinkommen zur Hauptsache für den Unterhalt des Kindes sorgt und daher den Elterntarif erhält.

<u>Unverheiratet zusammenlebende Eltern mit minderjährigem Kind (Konkubinat)</u>

Bei unverheirateten Eltern, die zusammenleben, ist bei der Zuweisung des Elterntarifs zu unterscheiden, ob eine gemeinsame elterliche Sorge besteht und ob Unterhaltsleistungen für das Kind geltend gemacht werden.

Wird die elterliche Sorge nicht gemeinsam ausgeübt, erhält derjenige Elternteil, der die elterliche Sorge innehält und somit in der Regel auch Empfänger der Unterhaltszahlungen für das Kind ist, den Elterntarif. Werden keine Unterhaltszahlungen für das Kind geltend gemacht, wird ebenfalls dem Elternteil mit der elterlichen Sorge der Elterntarif gewährt.

Bei gemeinsamer Ausübung der elterlichen Sorge wird der Empfänger der Unterhaltsleistungen für das Kind zum Elterntarif besteuert. Werden keine Unterhaltsleistungen geltend gemacht, ist davon auszugehen, dass der Elternteil mit dem höheren Einkommen hauptsächlich für den Unterhalt des Kindes aufkommt und daher den Elterntarif erhält.

13.4.3 Gewährung des Elterntarifs bei volljährigen Kindern in Ausbildung

Der Elterntarif wird ebenfalls Steuerpflichtigen gewährt, die mit volljährigen Kindern in Ausbildung zusammenleben. Auch hier muss die Voraussetzung erfüllt sein, dass die Person, welche den Elterntarif beansprucht, hauptsächlich für den Unterhalt des Kindes aufkommt. Der Elterntarif wird in Analogie zum Kinderabzug daher nur gewährt, wenn das volljährige Kind in Ausbildung im massgebenden Zeitpunkt tatsächlich auf den Unterhaltsbeitrag der Eltern angewiesen ist. Erzielt das Kind ein Einkommen, das ihm einen selbständigen Lebensunterhalt ermöglicht, so kann der Elterntarif nicht mehr beansprucht werden. Verfügt das Kind beispielsweise über ein umfangreiches Vermögen, wird der Elterntarif nicht gewährt, wenn dadurch Vermögenserträge erzielt werden, die einen selbständigen Lebensunterhalt des Kindes erlauben. Unter Ausbildung ist wie beim Kinderabzug ein Lehrgang für die berufliche Erstausbildung zu verstehen. Es ist daher auf die Ausführungen über den Kinderabzug unter Ziffer 10.3 zu verweisen.

<u>Ehepaare mit volljährigem Kind in Ausbildung</u>

Ehepaare in rechtlich und tatsächlich ungetrennter Ehe werden gemeinsam veranlagt und zum Elterntarif besteuert.

<u>Getrennt lebende Eltern mit volljährigem Kind in Ausbildung</u>

Der Elterntarif wird demjenigen Elternteil gewährt, der mit dem Kind zusammenlebt. Es ist davon auszugehen, dass dieser Elternteil vorwiegend tatsächlich oder finanziell für den Unterhalt des Kindes sorgt, auch wenn der andere Elternteil Unterhaltszahlungen an das Kind gemäss Artikel 24 Buchstabe e DBG leistet. Dieser Elternteil wird zum Grundtarif besteuert, er kann aber im Gegenzug den Kinderabzug gemäss Artikel 35 Absatz 1 Buchstabe a DBG geltend machen.

Unverheiratet zusammenlebende Eltern mit volljährigem Kind in Ausbildung (Konkubinat)

Bei unverheirateten Eltern ist bei der Zuweisung des Elterntarifs auf die Unterhaltszahlungen an das Kind gemäss Artikel 24 Buchstabe e DBG abzustellen. Leistet nur ein Elternteil Unterhaltszahlungen, kann dieser den Elterntarif geltend machen. Leisten beide Elternteile Unterhaltszahlungen, ist davon auszugehen, dass der Elternteil mit den höheren finanziellen Leistungen, d.h. in der Regel derjenige mit dem höheren Einkommen, hauptsächlich für den Unterhalt des Kindes sorgt. Diesem wird der Elterntarif wie auch der Kinderabzug gewährt. Der andere Elternteil kann den Unterstützungsabzug gemäss Artikel 35 Absatz 1 Buchstabe b DBG geltend machen, sofern seine Leistungen mindestens in der Höhe des Abzuges erfolgen.

Erhält das Kind keine Unterhaltszahlungen gemäss Artikel 24 Buchstabe e DBG, wird der Elterntarif demjenigen Elternteil mit dem höheren Reineinkommen gewährt, da davon ausgegangen wird, dass er höhere finanzielle Beiträge an das Kind erbringt.

13.4.4 Gewährung des Elterntarifs bei unterstützungsbedürftigen Personen

Der Elterntarif wird ebenfalls gewährt, wenn eine steuerpflichtige Person mit einer unterstützungsbedürftigen Person zusammenlebt. Vorausgesetzt wird auch hier, dass die Person den Unterhalt der unterstützungsbedürftigen Person zur Hauptsache bestreitet. In Weiterführung der Praxis zum bisherigen Artikel 36 Absatz 2 DBG ist dieses Erfordernis erfüllt, wenn die Voraussetzungen des Unterstützungsabzugs (Art. 35 Abs. 1 Bst. b DBG) gegeben sind (vgl. dazu Ziff. 11).

13.4.5 Stichtagsprinzip

Artikel 36 DBG gibt keine Auskunft darüber, welcher Zeitpunkt für die Bestimmung des anzuwendenden Tarifs massgebend ist. Aufgrund des engen Zusammenhangs zwischen Steuertarifen und Sozialabzügen ist das für die Sozialabzüge geltende Stichtagsprinzip gemäss Artikel 35 Absatz 2 DBG anzuwenden. Die Voraussetzungen für die Anwendbarkeit des Elterntarifs müssen daher am Ende der Steuerperiode oder der Steuerpflicht erfüllt sein.

13.4.6 Unterjährige Steuerpflicht

Besteht die Steuerpflicht nur während eines Teils des Steuerjahres, wird der Abzug vom Steuerbetrag anteilsmässig gewährt: Es kommt als Basis der Verheiratetentarif zur Anwendung; der Steuerbetrag ermässigt sich jedoch nur um den anteilsmässigen Abzug von 251 Franken für jedes Kind und jede unterstützungsbedürftige Person. Die Höhe des Abzugs bemisst sich nach dem Verhältnis des steuerbaren Einkommens zum satzbestimmenden Einkommen.

Beispiel: Zuzug aus dem Ausland

Annahmen:

Familienstand	rechtlich und tatsächlich ungetrennte Ehe
Anzahl Kinder im gemeinsamen Haushalt	2
Eintritt in die Steuerpflicht	1. Juni
Steuerbares Einkommen in CHF	146'000
Satzbestimmendes Einkommen in CHF	250'000
Steuersatz in %	7,663

Steuerberechnung:

	CHF	Steuersatz in %	CHF
Steuer vor Abzug	146'000	7,663	11'188.00
./. Anteiliger Abzug vom Steuerbetrag	$\dfrac{(2 \times 251) \times 146'000}{250'000}$		- 293.15
Geschuldete Steuer			10'894.85

13.4.7 Teilweise Steuerpflicht

Bei beschränkter Steuerpflicht aufgrund wirtschaftlicher Zugehörigkeit nach den Artikeln 4 und 5 DBG wird der Abzug vom Steuerbetrag anteilsmässig gewährt.

Auch bei unbeschränkter Steuerpflicht aufgrund persönlicher Zugehörigkeit wird der Abzug vom Steuerbetrag nur anteilsmässig gewährt, soweit Auslandeinkünfte gemäss Artikel 6 Absatz 1 DBG oder aufgrund eines Doppelbesteuerungsabkommens von der Steuerpflicht auszunehmen sind.

Der Steuerbetrag ermässigt sich bei teilweiser Steuerpflicht somit nur um den anteilsmässigen Abzug von 251 Franken für jedes Kind und jede unterstützungsbedürftige Person. Die Höhe des Abzugs bemisst sich nach dem Verhältnis des in der Schweiz steuerbaren Einkommens zum höheren satzbestimmenden Einkommen.

Beispiel: Beschränkte Steuerpflicht aufgrund wirtschaftlicher Zugehörigkeit (Ferienhaus in der Schweiz; Art. 4 Abs. 1 Bst. c und 21 DBG)

Annahmen:

Familienstand	rechtlich und tatsächlich ungetrennte Ehe
Anzahl Kinder im gemeinsamen Haushalt	2
Steuerbares Einkommen in CHF	20'000
Satzbestimmendes Einkommen in CHF	250'000
Steuersatz in % (SP 2011)	7,663

Steuerberechnung:

	CHF	Steuersatz in %	CHF
Steuer vor Abzug	20'000	7,663	1'532.60
./. Anteiliger Abzug vom Steuerbetrag	$\frac{(2 \times 251) \times 20'000}{250'000}$		- 40.15
Geschuldete Steuer			1'492.45

Auch im Fall einer Kombination von teilweiser und unterjähriger Steuerpflicht ist der Abzug vom Steuerbetrag im Verhältnis des steuerbaren zum höheren satzbestimmenden Einkommen zu bemessen.

13.4.8 Besteuerung nach dem Aufwand

Nach Artikel 14 Absatz 3 DBG wird die Steuer für Personen, die nach dem Aufwand besteuert werden, nach dem ordentlichen Steuertarif berechnet. Bei der Besteuerung nach dem Aufwand werden persönliche Verhältnisse, die bei einer ordentlichen Veranlagung zu Abzügen berechtigen, nicht berücksichtigt. Dementsprechend hat der Gesetzgeber in Artikel 14 Absatz 3 DBG festgehalten, dass nur der Grundtarif (Art. 36 Abs. 1 DBG) oder der Verheiratetentarif (Art. 36 Abs. 2 DBG) zur Anwendung kommen. Bei der Besteuerung nach dem Aufwand gelangt somit der Elterntarif nicht zur Anwendung.

13.4.9 Quellensteuer für natürliche Personen

Bei der Festsetzung der Quellensteuertarife für natürliche Personen sind die Abzüge für Familienlasten zu berücksichtigen (Art. 86 Abs. 1 DBG). Dies gilt auch für den Elterntarif, welcher als Abzug vom Steuerbetrag in die jeweiligen Tarife eingerechnet wird.

13.4.10 Pauschale Steueranrechnung

Der Elterntarif hat Auswirkungen auf die Berechnung des Maximalbetrages bei der pauschalen Steueranrechnung. Der Steuersatz Bund gemäss Artikel 9 Absatz 1 der Verordnung vom 22. August 1967 über die pauschale Steueranrechnung (VO) ist nach dem Abzug von 251 Franken für jedes Kind und jede unterstützungsbedürftige Person zu berechnen (= tatsächlich erhobene Steuer nach dem Abzug im Verhältnis zum steuerbaren Einkommen Bund).

Beispiel:

Familienstand	rechtlich und tatsächlich ungetrennte Ehe
Anzahl Kinder im gemeinsamen Haushalt	2
Steuerbares Einkommen in CHF	100'000
Satzbestimmendes Einkommen in CHF	100'000
Steuersatz in % (SP 2014)	1,968

Steuerberechnung:

	CHF	Steuersatz in %	CHF
Steuer vor Abzug	100'000	1,968	1'968.00
./. Anteiliger Abzug vom Steuerbetrag	2 x 251		- 502.00
Geschuldete Steuer			1'466.00

Anwendbarer Steuersatz Bund nach Artikel 9 Absatz 1 VO:

$$\frac{1'466 \times 100}{100'000} = 1.466\%?$$

Wenn infolge des Elterntarifs keine direkte Bundessteuer mehr anfällt, wird die pauschale Steueranrechnung auf zwei Drittel der nicht rückforderbaren ausländischen Quellensteuern begrenzt. Für die Berechnung des Maximalbetrages sind nur die Einkommenssteuern Kanton / Gemeinde zu berücksichtigen, der Bundesanteil an der pauschalen Steueranrechnung entfällt (Art. 12 Abs. 1 und Art. 20 Abs. 2 VO).

Kantone, die nach Artikel 9 Absatz 2 VO für die Berechnung des Maximalbetrages einen eigenen Tarif anwenden, haben diesen dem Elterntarif gemäss DBG anzupassen.

13.4.11 Kapitalleistungen nach Artikel 38 und fiktive Einkäufe nach Artikel 37b DBG

Kapitalleistungen aus Vorsorge, Zahlungen bei Tod und für bleibende körperliche oder gesundheitliche Nachteile nach Artikel 38 sowie fiktive Einkäufe nach Artikel 37b DBG werden gesondert besteuert. Sie unterliegen einer vollen Jahressteuer. Die Steuer wird zu einem Fünftel der Tarife nach Artikel 36 Absätze 1, 2 und 2bis DBG berechnet. Bisher verwies Artikel 38 DBG auf den Grundtarif und den Verheiratetentarif, nicht jedoch auf den im Elterntarif ebenfalls vorgesehenen Verheiratetentarif. In der früheren Fassung dieses KS wurde darauf hingewiesen, dass es sich dabei um ein gesetzgeberisches Versehen handelt, weshalb die Kapitalleistungen aus Vorsorge von Alleinerziehenden dennoch zum Verheiratetentarif und nicht zum Grundtarif zu erfassen seien. Das Bundesgesetz über die formelle Bereinigung der zeitlichen Bemessung der direkten Steuern bei den natürlichen Personen beseitigt diesen Mangel. Kapitalleistungen aus Vorsorge von alleinerziehenden und verheirateten Personen mit Kindern werden zum Tarif nach Artikel 36 Absatz 2bis erster Satz DBG besteuert (Verheiratetentarif). Der im Elterntarif enthaltene Abzug vom Steuerbetrag pro Kind gemäss Artikel 36 Absatz 2bis zweiter Satz DBG ist hingegen nicht anwendbar.

13.4.12 Übriger Liquidationsgewinn nach Artikel 37b DBG

Wird die selbständige Erwerbstätigkeit nach dem vollendeten 55. Altersjahr oder wegen Unfähigkeit zur Weiterführung infolge Invalidität definitiv aufgegeben, so ist die Summe der in den letzten zwei Geschäftsjahren realisierten stillen Reserven getrennt vom übrigen Einkommen zu besteuern (Art. 37b DBG). Für die Bestimmung des auf dem übrigen Liquidationsgewinn (Art. 9 der Verordnung über die Besteuerung der Liquidationsgewinne bei definitiver Aufgabe der selbständigen Erwerbstätigkeit; LGBV; AS 2010, 717) anwendbaren Satzes ist ein Fünftel des übrigen Liquidationsgewinnes massgebend. Der Steuersatz beträgt jedoch mindestens 2 Prozent (Art. 37b Abs. 1 DBG und Art. 10 LGBV).

Der im Elterntarif vorgesehene Abzug vom Steuerbetrag kommt bei diesen gesondert zu besteuernden Einkünften nicht zur Anwendung.

14 Besteuerung der unverheiratet zusammenlebenden, geschiedenen oder getrennt lebenden Ehegatten und Eltern

14.1 Besteuerung der Unterhaltszahlungen an den geschiedenen, gerichtlich oder tatsächlich getrennt lebenden Ehegatten

14.1.1 Zivilrechtliche Aspekte

Gemäss Artikel 125 Absatz 1 ZGB besteht Anspruch auf einen angemessenen Beitrag als nachehelichen Unterhalt, soweit einem geschiedenen Ehegatten nicht zuzumuten ist, für den ihm gebührenden Unterhalt unter Einschluss einer angemessenen Altersvorsorge selbst aufzukommen. Der nacheheliche Unterhalt kann in Form einer Rente oder einer Kapitalabfindung erfolgen. Gemäss Wortlaut des Gesetzes ist grundsätzlich von einer Unterhaltsrente auszugehen. Sieht das Gericht die Voraussetzungen für einen nachehelichen Unterhaltsbeitrag als gegeben an, so setzt es nach Artikel 126 Absatz 1 ZGB eine Rente fest und bestimmt den Beginn der Beitragspflicht. Rechtfertigen es besondere Umstände, so kann anstelle einer Rente eine Abfindung festgesetzt werden (Art. 126 Abs. 2 ZGB).

Die Unterhaltspflicht von tatsächlich oder gerichtlich getrennt lebenden Ehegatten beurteilt sich nicht nach den scheidungsrechtlichen Bestimmungen über den nachehelichen Unterhalt. Anwendbar ist vielmehr Artikel 163 ff. ZGB (Unterhalt der Familie) und Artikel 176 ZGB (Regelung des Getrenntlebens). Die Ehegatten sorgen grundsätzlich gemeinsam, ein jeder nach seinen Kräften, für den gebührenden Unterhalt der Familie. Sie verständigen sich über den Beitrag, den jeder von ihnen leistet, namentlich durch Geldzahlungen, Besorgen des Haushaltes, Betreuen der Kinder oder durch Mithilfe im Beruf oder Gewerbe des andern (Art. 163 Abs. 1 und 2 ZGB). Bei gerichtlicher Trennung geht das Gericht bei der Festsetzung von Geldbeträgen des einen Ehegatten an den anderen (Art. 176 Abs. 1 Ziff. 1 ZGB) von einer bisherigen ausdrücklichen oder stillschweigend getroffenen Vereinbarungen der Ehegatten aus und passt sie den aktuellen Gegebenheiten an (zur Festsetzung der Unterhaltsbeiträge vgl. etwa Basler Kommentar, Zivilgesetzbuch, Bd. 1, 3. Auflage, Basel 2006, S. 1037 ff.).

14.1.2 Steuerrechtliche Aspekte

Leistet eine steuerpflichtige Person Unterhaltsbeiträge an seinen geschiedenen, gerichtlich oder tatsächlich getrennt lebenden Ehegatten, kann sie diese von seinem Einkommen in Abzug bringen (Art. 33 Abs. 1 Bst. c DBG). Der die Leistung empfangende Ehegatte hat diese zu versteuern (Art. 23 Bst. f DBG). Aus dem hier geltenden Korrespondenzprinzip ergibt sich, dass alle jene Leistungen für den Unterhalt, die beim empfangenden Ehegatten besteuert werden, beim leistenden Ehegatten in Abzug gebracht werden können.

Unterhaltsleistungen erfolgen in der Regel als wiederkehrende direkte Geldleistungen. Sie können jedoch auch in der Form von indirekten Zahlungen erbracht werden, wie etwa die Übernahme von Miet- oder Schuldzinsen, oder aus eigentlichen Naturalleistungen bestehen.

Unterhaltsleistungen in der Form von Geldleistungen an den getrennt lebenden oder geschiedenen Ehegatten können sowohl als Renten als auch als Kapitalabfindungen erfolgen. In Weiterführung der bisherigen Praxis, die auch vom Bundesgericht gestützt wird (Entscheid vom 29. Januar 1999, BGE 125 II 183), darf die Abzugsfähigkeit der periodischen Unterhaltsleistungen jedoch nicht auf die Unterhaltsleistungen in Form einer Kapitalleistung ausgedehnt werden. Infolgedessen kann der als Kapitalleistung gezahlte Betrag zum Unterhalt des geschiedenen Ehegatten nicht vom steuerbaren Einkommen des Schuldners abgezogen werden. Der Empfänger dieser Leistung muss sie im Gegenzug aber auch nicht als Einkommen deklarieren.

Leistungen eines Ehegatten zur Erfüllung güterrechtlicher Forderungen stellen keine Unterhaltsbeiträge dar. Diese Leistungen sind gemäss Artikel 24 Buchstabe a DBG beim empfangenden Ehegatten steuerfreie Einkünfte aus "güterrechtlicher Auseinandersetzung" mit der Folge, dass sie beim Leistenden auch nicht abziehbar sind. Handelt es sich bei den Leistungen um Leibrenten, sind diese gemäss Artikel 22 Absatz 3 DBG beim Empfänger zu 40 % zu versteuern. Andererseits kann der Leistungsschuldner gestützt auf Artikel 33 Absatz 1 Buchstabe b DBG ebenfalls 40 % der Rente in Abzug bringen.

Anzumerken ist, dass Leistungen in Erfüllung "anderer familienrechtlicher Unterhalts- oder Unterstützungspflichten" (so z.B. die Leistungen an Verwandte in auf- und absteigender Linie sowie Geschwister; Art. 328 ZGB) nicht abzugsfähig sind (Art. 33 Abs. 1 Bst. c DBG).

14.2 Besteuerung der Unterhaltszahlungen für das Kind

14.2.1 Zivilrechtliche Aspekte

Das ZGB sieht die Möglichkeit vor, einerseits die elterliche Sorge gemeinsam auf unverheiratete Eltern zu übertragen, andererseits aber die gemeinsame Ausübung der elterlichen Sorge auch nach der Trennung oder Scheidung der Eltern beizubehalten. Die gemeinsame elterliche Sorge trägt dem Umstand Rechnung, dass heutzutage vermehrt beide Eltern in gleicher Weise zur Übernahme der elterlichen Sorge und der Obhut bereit und in der Lage sind.

Artikel 298a Absatz 1 ZGB bestimmt, dass die Vormundschaftsbehörde auf gemeinsamen Antrag der unverheirateten Eltern hin diesen die elterliche Sorge überträgt, wenn folgende Bedingungen erfüllt sind: Die gemeinsame elterliche Sorge muss mit dem Kindeswohl vereinbar sein und die Eltern müssen der Vormundschaftsbehörde eine Vereinbarung zur Genehmigung unterbreiten, worin sie sich über ihre Anteile an der Betreuung des Kindes und über die Verteilung der Kosten für dessen Unterhalt verständigen.

Sind die Eltern verheiratet und leben sie in einem gemeinsamen Haushalt, dann üben sie die elterliche Sorge gemeinsam aus (Art. 297 Abs. 1 ZGB). Wird der gemeinsame Haushalt aufgehoben oder die Ehe getrennt, bleibt die gemeinsame elterliche Sorge bestehen; das Gericht kann jedoch in solchen Fällen die elterliche Sorge einem Ehegatten allein zuteilen (Art. 297 Abs. 2 ZGB). Bei einer Scheidung teilt das Gericht die elterliche Sorge grundsätzlich dem einen Elternteil zu und regelt den vom anderen Elternteil geschuldeten Unterhaltsbeitrag für das Kind. Gemäss Artikel 133 Absatz 3 ZGB kann das Gericht jedoch die elterliche

Sorge beiden Eltern auf deren gemeinsamen Antrag hin belassen. Die Bedingungen dafür sind die gleichen wie die in Artikel 298a Absatz 1 ZGB genannten.

14.2.2 Steuerrechtliche Aspekte

Die Unterhaltsbeiträge, die ein Elternteil für die unter seiner elterlichen Sorge stehenden Kinder erhält, sind vom Empfänger vollständig zu versteuern (Art. 23 Bst. f DBG). Andererseits können diese Unterhaltszahlungen vom leistenden Elternteil vollumfänglich in Abzug gebracht werden (Art. 33 Abs. 1 Bst. c DBG). Die Abzugsfähigkeit von Unterhaltsbeiträgen für minderjährige Kinder gilt indessen nur für familienrechtlich geschuldete Unterhaltsbeiträge, jedoch nicht für freiwillig erbrachte Alimente (BGE vom 31.5.19999 i.S. M., NStP 53, 106). Diese Unterhaltsbeiträge werden in der Regel amtlich oder gerichtlich festgesetzt, sie können aber auch vertraglich vereinbart werden. Damit die Unterhaltsbeiträge beim Empfänger aufgerechnet und beim leistenden in Abzug gebracht werden können, müssen sie effektiv bezahlt worden sein.

Unterhaltsleistungen an den Ehegatten für das minderjährige Kind oder direkt an das volljährige Kind erfolgen in der Regel ebenfalls als wiederkehrende direkte Geldleistungen. Sie können jedoch auch in der Form von indirekten Zahlungen erbracht werden, wie etwa die Übernahme von Schulkosten oder von Krankenkassenprämien. Auch Naturalleistungen sind möglich. Werden die Unterhaltsleistungen in Form einer Kapitalleistung ausgerichtet, gilt auch hier, dass diese nicht vom steuerbaren Einkommen des Schuldners abgezogen werden können. Der Empfänger dieser Leistung muss sie aber auch nicht als Einkommen deklarieren.

Unterhaltsbeiträge für das volljährige Kind in Ausbildung sind weder vom Kind selbst, noch vom Elternteil, bei dem das Kind lebt, zu versteuern. Das Kind erhält steuerfreie "Leistungen in Erfüllung familienrechtlicher Verpflichtungen" (Art. 24 Bst. e DBG). Der leistende Elternteil kann die Unterhaltsbeiträge auch nicht mehr von seinem Einkommen absetzen. Diese Leistungen werden zu ganz gewöhnlichen nicht abziehbaren "Aufwendungen für den Unterhalt des Steuerpflichtigen und seiner Familie" (Art. 34 Bst. a DBG).

14.3 Besteuerung der getrennten, geschiedenen oder unverheirateten Eltern (zwei Haushalte) mit gemeinsamem minderjährigem Kind, ohne gemeinsame elterliche Sorge, mit Unterhaltszahlungen

14.3.1 Unterhaltszahlungen
- Die Unterhaltsbeiträge für das Kind sind vom Empfänger zu versteuern. Der leistende Elternteil kann diese Alimentenleistungen in Abzug bringen.

14.3.2 Abzüge
- Der Elternteil, der mit dem Kind zusammen lebt und dessen Unterhalt zur Hauptsache bestreitet, d.h. in der Regel derjenige, welcher die Unterhaltszahlungen erhält, kann den Kinderabzug sowie den Versicherungs- und Sparzinsenabzug für das Kind geltend machen.
- Den Kinderdrittbetreuungskostenabzug kann derjenige Elternteil geltend machen, der mit dem Kind zusammenlebt. Befindet sich das Kind in alternierender Obhut, kann jeder Elternteil maximal 5'050 Franken der nachgewiesenen Kosten für die Kinderdrittbetreuung in Abzug bringen. Eine andere Aufteilung ist von den Eltern nachzuweisen. Betragen die geltend gemachten Kosten beider Elternteile aber zusammen mehr als den Maximalbe-

trag von 10'100 Franken, werden die Abzüge im Verhältnis der nachgewiesenen Kosten auf diesen Maximalbetrag gekürzt.

14.3.3 Tarife
- Der Elternteil mit der elterliche Sorge, der mit dem Kind zusammenlebt und dessen Unterhalt zur Hauptsache bestreitet, erhält den Elterntarif. Der Elternteil, der die Unterhaltszahlungen leistet, wird zum Grundtarif besteuert.

14.4 Besteuerung der getrennten, geschiedenen oder unverheirateten Eltern (zwei Haushalte) mit gemeinsamem minderjährigem Kind, mit gemeinsamer elterlicher Sorge, mit oder ohne alternierende Obhut, keine Unterhaltszahlungen

Wird kein Abzug für die Unterhaltsbeiträge für das Kind nach Artikel 33 Absatz 1 Buchstabe c DBG von einem Elternteil geltend gemacht, erfolgt die Besteuerung der Eltern folgendermassen:

14.4.1 Abzüge
- Jeder Elternteil kann je den halben Kinderabzug sowie den halben Versicherungs- und Sparzinsenabzug für das Kind geltend machen.
- Den Kinderdrittbetreuungskostenabzug kann derjenige Elternteil geltend machen, der mit dem Kind zusammenlebt. Befindet sich das Kind in alternierender Obhut, kann jeder Elternteil maximal 5'050 Franken der nachgewiesenen Kosten für die Kinderdrittbetreuung in Abzug bringen. Eine andere Aufteilung ist von den Eltern nachzuweisen. Betragen die geltend gemachten Kosten beider Elternteile aber zusammen mehr als den Maximalbetrag von 10'100 Franken, werden die Abzüge im Verhältnis der nachgewiesenen Kosten auf diesen Maximalbetrag gekürzt.

14.4.2 Tarife
- Befindet sich das Kind nicht in alternierender Obhut, erhält der Elternteil, der mit dem Kind zusammenlebt und zur Hauptsache für dessen Unterhalt aufkommt, den Elterntarif. Der andere Elternteil wird zum Grundtarif besteuert.
- Bei alternierender Obhut erhält derjenige Elternteil, der zur Hauptsache für den Unterhalt des Kindes aufkommt, den Elterntarif. Dabei ist davon auszugehen, dass dies derjenige mit dem höheren Einkommen ist. Der andere Elternteil wird zum Grundtarif besteuert.

14.5 Besteuerung der getrennten, geschiedenen oder unverheirateten Eltern (zwei Haushalte) mit gemeinsamem minderjährigem Kind, mit gemeinsamer elterlicher Sorge, mit oder ohne alternierende Obhut, mit Unterhaltszahlungen

Wird ein Abzug für die Unterhaltsbeiträge für das Kind nach Artikel 33 Absatz 1 Buchstabe c DBG von einem Elternteil geltend gemacht, erfolgt die Besteuerung der Eltern folgendermassen:

14.5.1 Unterhaltszahlungen
- Die Unterhaltsbeiträge für das Kind sind vom Empfänger zu versteuern. Der leistende Elternteil kann diese Alimentenleistungen in Abzug bringen.

14.5.2 Abzüge

- Der Elternteil, der die Unterhaltsleistungen erhält, kann den Kinderabzug sowie den Versicherungs- und Sparzinsenabzug für das Kind geltend machen.
- Den Kinderdrittbetreuungskostenabzug kann ebenfalls derjenige Elternteil geltend machen, der mit dem Kind zusammenlebt und die Unterhaltszahlungen erhält. Befindet sich das Kind in alternierender Obhut, kann jeder Elternteil max. 5'050 Franken der nachgewiesenen Kosten für die Kinderdrittbetreuung in Abzug bringen. Eine andere Aufteilung ist von den Eltern nachzuweisen. Betragen die geltend gemachten Kosten beider Elternteile aber zusammen mehr als den Maximalbetrag von 10'100 Franken, werden die Abzüge im Verhältnis der nachgewiesenen Kosten auf diesen Maximalbetrag gekürzt.

14.5.3 Tarife

- Der Elternteil, der die Unterhaltszahlungen erhält, wird zum Elterntarif besteuert.
- Der Elternteil, der die Unterhaltszahlungen leistet, erhält den Grundtarif besteuert.

14.6 Unverheiratete Eltern (gemeinsamer Haushalt), mit gemeinsamem minderjährigem Kind, ohne gemeinsame elterliche Sorge, keine Unterhaltszahlungen

Wird kein Abzug für die Unterhaltszahlungen für das Kind nach Artikel 33 Absatz 1 Buchstabe c DBG von einem Elternteil geltend gemacht, erfolgt die Besteuerung der Eltern folgendermassen:

14.6.1 Abzüge

- Der Elternteil, der die elterliche Sorge innehält, kann den Kinderabzug sowie den Versicherungs- und Sparzinsenabzug für das Kind geltend machen.
- Der Elternteil, der die elterliche Sorge innehält, kann die von ihm nachgewiesenen Kinderdrittbetreuungskosten in Abzug bringen. Dem anderen Elternteil wird der Abzug nicht gewährt.

14.6.2 Tarife

- Der Elternteil, der die elterliche Sorge innehält, erhält den Elterntarif. Der andere Elternteil wird zum Grundtarif besteuert.

Erzielt der Elternteil mit der elterlichen Sorge keine Einkünfte und übernimmt daher der andere Elternteil den Unterhalt des Kindes, können diesem aus Billigkeitsgründen die kinderrelevanten Abzüge und der Elterntarif gewährt werden.

14.7 Unverheiratete Eltern (gemeinsamer Haushalt), mit gemeinsamem minderjährigem Kind, ohne gemeinsame elterliche Sorge, mit Unterhaltszahlungen

Wird ein Abzug für die Unterhaltszahlungen für das Kind nach Artikel 33 Absatz 1 Buchstabe c DBG von einem Elternteil geltend gemacht, erfolgt die Besteuerung der Eltern folgendermassen:

14.7.1 Unterhaltszahlungen

- Die Unterhaltsbeiträge für das Kind sind vom Empfänger zu versteuern. Der leistende Elternteil kann diese Alimentenleistungen in Abzug bringen.

14.7.2 Abzüge
- Der Elternteil, der Unterhaltszahlungen erhält, kann den Kinderabzug sowie den Versicherungs- und Sparzinsenabzug für das Kind geltend machen.
- Jeder Elternteil kann maximal 5'050 Franken der nachgewiesenen Kosten für die Kinderdrittbetreuung in Abzug bringen. Eine andere Aufteilung ist von den Eltern nachzuweisen. Betragen die geltend gemachten Kosten beider Elternteile aber zusammen mehr als den Maximalbetrag von 10'100 Franken, werden die Abzüge im Verhältnis der nachgewiesenen Kosten auf diesen Maximalbetrag gekürzt.

14.7.3 Tarife
- Dem Elternteil, der Unterhaltszahlungen erhält, wird der Elterntarif gewährt.
- Der Elternteil, der die Unterhaltsbeiträge leistet, wird zum Grundtarif besteuert.

14.8 Unverheiratete Eltern (gemeinsamer Haushalt), mit gemeinsamem minderjährigem Kind, mit gemeinsamer elterlicher Sorge, keine Unterhaltszahlungen

Wird kein Abzug für die Unterhaltszahlungen für das Kind nach Artikel 33 Absatz 1 Buchstabe c DBG von einem Elternteil geltend gemacht, erfolgt die Besteuerung der Eltern folgendermassen:

14.8.1 Abzüge
- Jeder Elternteil kann je den halben Kinderabzug sowie den halben Versicherungs- und Sparzinsenabzug für das Kind geltend machen.
- Jeder Elternteil kann maximal 5'050 Franken der nachgewiesenen Kosten für die Kinderdrittbetreuung in Abzug bringen. Eine andere Aufteilung ist von den Eltern nachzuweisen. Betragen die geltend gemachten Kosten beider Elternteile aber zusammen mehr als den Maximalbetrag von 10'100 Franken, werden die Abzüge im Verhältnis der nachgewiesenen Kosten auf diesen Maximalbetrag gekürzt.

14.8.2 Tarife
- Der Elternteil, der zur Hauptsache für den Unterhalt des Kindes aufkommt, erhält den Elterntarif. Hierbei ist davon auszugehen das dies in der Regel derjenige Elternteil mit dem höheren Einkommen ist.
- Der andere Elternteil wird zum Grundtarif besteuert.

14.9 Unverheiratete Eltern (gemeinsamer Haushalt), mit gemeinsamem minderjährigem Kind, mit gemeinsamer elterlicher Sorge, mit Unterhaltszahlungen

Wird ein Abzug für die Unterhaltszahlungen für das Kind nach Artikel 33 Absatz 1 Buchstabe c DBG von einem Elternteil geltend gemacht, erfolgt die Besteuerung folgendermassen:

14.9.1 Unterhaltszahlungen
- Die Unterhaltsbeiträge für das Kind sind vom Empfänger zu versteuern. Der leistende Elternteil kann diese Alimentenleistungen in Abzug bringen.

14.9.2 Abzüge
- Der Elternteil, der die Unterhaltszahlungen erhält, kann den Kinderabzug sowie den Versicherungs- und Sparzinsenabzug für das Kind geltend machen.
- Jeder Elternteil kann maximal 5'050 Franken der nachgewiesenen Kosten für die Kinderdrittbetreuung in Abzug bringen. Eine andere Aufteilung ist von den Eltern nachzuweisen. Betragen die geltend gemachten Kosten beider Elternteile aber zusammen mehr als den Maximalbetrag von 10'100 Franken, werden die Abzüge im Verhältnis der nachgewiesenen Kosten auf diesen Maximalbetrag gekürzt.

14.9.3 Tarife
- Der Elternteil, der die Unterhaltsbeiträge erhält, kann den Elterntarif geltend machen.
- Der Elternteil, der die Unterhaltsbeiträge leistet, wird zum Grundtarif besteuert.

14.10 Besteuerung der getrennten, geschiedenen oder unverheirateten Eltern (zwei Haushalte) mit gemeinsamem volljährigem Kind in Ausbildung, Kind lebt bei einem Elternteil, mit Unterhaltszahlungen

Werden Unterhaltszahlungen gemäss Artikel 24 Buchstabe e DBG von einem Elternteil an das Kind geleistet, erfolgt die Besteuerung folgendermassen:

14.10.1 Unterhaltsbeiträge
- Die Unterhaltsbeiträge an das volljährige Kind in Ausbildung sind vom Kind nicht zu versteuern. Der leistende Elternteil kann die Unterhaltsbeiträge nicht von seinem Einkommen absetzen.

14.10.2 Abzüge
- Der Elternteil, der die Unterhaltszahlungen leistet, kann den Kinderabzug geltend machen. Leisten beide Elternteile Unterhaltszahlungen, kann der Elternteil mit den höheren finanziellen Leistungen, d.h. in der Regel derjenige mit dem höheren Einkommen, den Kinderabzug geltend machen. Der andere Elternteil kann den Unterstützungsabzug geltend machen, sofern seine Leistungen mindestens in der Höhe des Abzuges erfolgen.
- Der Elternteil, der den Kinderabzug geltend machen kann, erhält auch den Versicherungs- und Sparzinsenabzug für das Kind. Leisten beide Elternteile Unterhaltszahlungen und erfüllen die Voraussetzungen von Artikel 35 Absatz 1 Buchstabe a bzw. Buchstabe b DBG, können beide den Abzug geltend machen, sofern sie nachweisen können, dass sie auch entsprechende abzugsfähige Versicherungsprämien für das Kind geleistet haben. Wenn dieser Nachweis nur einem Elternteil gelingt, so kann nur dieser den Versicherungsabzug für das Kind geltend machen.

14.10.3 Tarife
- Der Elternteil, der mit dem Kind zusammenlebt, kann grundsätzlich den Elterntarif geltend machen. Es kann in der Regel davon ausgegangen werden, dass dieser Elternteil zur Hauptsache für den Unterhalt des Kindes aufkommt.
- Der Elternteil, der die Unterhaltsbeiträge leistet, wird zum Grundtarif besteuert.

14.11 Besteuerung der getrennten, geschiedenen oder unverheirateten Eltern (zwei Haushalte) mit gemeinsamem volljährigem Kind in Ausbildung, Kind lebt bei einem Elternteil, keine Unterhaltszahlungen

Werden keine Unterhaltszahlungen gemäss Artikel 24 Buchstabe e DBG von einem Elternteil an das Kind geleistet, erfolgt die Besteuerung folgendermassen:

14.11.1 Abzüge
- Der Elternteil, der mit dem Kind zusammenlebt, kann den Kinderabzug sowie den Versicherungs- und Sparzinsenabzug für das Kind geltend machen.

14.11.2 Tarife
- Der Elternteil, der mit dem Kind zusammenlebt und dessen Unterhalt zur Hauptsache bestreitet, kann den Elterntarif geltend machen.
- Der andere Elternteil wird zum Grundtarif besteuert.

14.12 Besteuerung der getrennten, geschiedenen oder unverheirateten Eltern (zwei Haushalte) mit gemeinsamem volljährigem Kind in Ausbildung, Kind lebt nicht bei einem Elternteil (Wohnsitz verlegt), mit Unterhaltszahlungen

Werden Unterhaltszahlungen gemäss Artikel 24 Buchstabe e DBG von einem oder von beiden Elternteilen an das Kind geleistet, erfolgt die Besteuerung folgendermassen:

14.12.1 Unterhaltsbeiträge
- Die Unterhaltsbeiträge an das volljährige Kind in Ausbildung sind vom Kind nicht zu versteuern. Der leistende Elternteil kann die Unterhaltsbeiträge nicht von seinem Einkommen absetzen.

14.12.2 Abzüge
- Der Elternteil, der die Unterhaltszahlungen leistet, kann den Kinderabzug geltend machen. Leisten beide Elternteile Unterhaltszahlungen, kann der Elternteil mit den höheren finanziellen Leistungen, d.h. in der Regel derjenige mit dem höheren Einkommen, den Kinderabzug geltend machen. Der andere Elternteil kann den Unterstützungsabzug geltend machen, sofern seine Leistungen mindestens in der Höhe des Abzuges erfolgen.
- Der Elternteil, der den Kinderabzug geltend machen kann, erhält auch den Versicherungs- und Sparzinsenabzug für das Kind. Leisten beide Elternteile Unterhaltszahlungen und erfüllen die Voraussetzungen von Artikel 35 Absatz 1 Buchstabe a bzw. Buchstabe b DBG, können beide den Abzug geltend machen, sofern sie nachweisen können, dass sie auch entsprechende abzugsfähige Versicherungsprämien für das Kind geleistet haben. Wenn dieser Nachweis nur einem Elternteil gelingt, so kann nur dieser den Versicherungsabzug für das Kind geltend machen.

14.12.3 Tarife
- Beide Elternteile werden zum Grundtarif besteuert.

14.13 Unverheiratete Eltern (gemeinsamer Haushalt), mit gemeinsamem volljährigem Kind in Ausbildung, Kind lebt bei den Eltern, mit Unterhaltszahlungen

Werden Unterhaltszahlungen gemäss Artikel 24 Buchstabe e DBG von einem Elternteil an das Kind geleistet, erfolgt die Besteuerung folgendermassen:

14.13.1 Unterhaltszahlungen
- Die Unterhaltsbeiträge an das volljährige Kind in Ausbildung sind vom Kind nicht zu versteuern. Der leistende Elternteil kann die Unterhaltsbeiträge nicht von seinem Einkommen absetzen.

14.13.2 Abzüge
- Der Elternteil, der die Unterhaltszahlungen leistet, kann den Kinderabzug geltend machen. Leisten beide Elternteile Unterhaltszahlungen, kann der Elternteil mit den höheren finanziellen Leistungen, d.h. in der Regel derjenige mit dem höheren Einkommen, den

Kinderabzug geltend machen. Der andere Elternteil kann den Unterstützungsabzug geltend machen, sofern seine Leistungen mindestens in der Höhe des Abzuges erfolgen.
- Der Elternteil, der den Kinderabzug geltend machen kann, erhält auch den Versicherungs- und Sparzinsenabzug für das Kind. Leisten beide Elternteile Unterhaltszahlungen und erfüllen die Voraussetzungen von Artikel 35 Absatz 1 Buchstabe a bzw. Buchstabe b DBG, können beide den Abzug geltend machen, sofern sie nachweisen können, dass sie auch entsprechende abzugsfähige Versicherungsprämien für das Kind geleistet haben. Wenn dieser Nachweis nur einem Elternteil gelingt, so kann nur dieser den Versicherungsabzug für das Kind geltend machen.

14.13.3 Tarife
- Der Elternteil, der den Kinderabzug geltend machen kann, erhält den Elterntarif.
- Der andere Elternteil wird zum Grundtarif besteuert.

14.14 Unverheiratete Eltern (gemeinsamer Haushalt), mit gemeinsamem volljährigem Kind in Ausbildung, Kind lebt bei den Eltern, keine Unterhaltszahlungen

Werden keine Unterhaltszahlungen gemäss Artikel 24 Buchstabe e DBG von einem Elternteil an das Kind geleistet, erfolgt die Besteuerung folgendermassen:

14.14.1 Abzüge
- Der Elternteil mit den höheren finanziellen Leistungen kann den Kinderabzug sowie den Versicherungs- und Sparzinsenabzug für das Kind geltend machen. Hierbei ist davon auszugehen, dass dies derjenige mit dem höheren Einkommen ist.

14.14.2 Tarife
- Der Elternteil mit den höheren finanziellen Leistungen, d.h. in der Regel derjenige mit dem höheren Einkommen, erhält den Elterntarif.
- Der andere Elternteil wird zum Grundtarif besteuert.

14.15 Unverheiratete Eltern (gemeinsamer Haushalt), mit gemeinsamem volljährigem Kind in Ausbildung, mit Unterhaltszahlungen, Kind lebt nicht bei den Eltern (Wohnsitz verlegt)

Werden Unterhaltszahlungen gemäss Artikel 24 Buchstabe e DBG von einem oder von beiden Elternteilen an das Kind geleistet, erfolgt die Besteuerung folgendermassen:

14.15.1 Unterhaltszahlungen
- Die Unterhaltsbeiträge an das volljährige Kind in Ausbildung sind vom Kind nicht zu versteuern. Der leistende Elternteil kann die Unterhaltsbeiträge nicht von seinem Einkommen absetzen.

14.15.2 Abzüge
- Der Elternteil, der die Unterhaltszahlungen leistet, kann den Kinderabzug geltend machen. Leisten beide Elternteile Unterhaltszahlungen, kann der Elternteil mit den höheren finanziellen Leistungen, d.h. in der Regel derjenige mit dem höheren Einkommen, den Kinderabzug geltend machen. Der andere Elternteil kann den Unterstützungsabzug geltend machen, sofern seine Leistungen mindestens in der Höhe des Abzuges erfolgen.
- Der Elternteil, der den Kinderabzug geltend machen kann, erhält auch den Versicherungs- und Sparzinsenabzug für das Kind. Leisten beide Elternteile Unterhaltszahlungen und erfüllen die Voraussetzungen von Artikel 35 Absatz 1 Buchstabe a bzw. Buchstabe b

DBG, können beide den Abzug geltend machen, sofern sie nachweisen können, dass sie auch entsprechende abzugsfähige Versicherungsprämien für das Kind geleistet haben. Wenn dieser Nachweis nur einem Elternteil gelingt, so kann nur dieser den Versicherungsabzug für das Kind geltend machen.

14.15.3 Tarife
- Beide Elternteile werden zum Grundtarif besteuert.

14.16 Unverheiratete Eltern (gemeinsamer Haushalt), mit nicht gemeinsamem minderjährigem oder volljährigem Kind

Für die getrennt lebenden Eltern des Kindes gelten je nach Konstellation die aus der Sicht des betreffenden Elternteils anzuwendenden Regeln wie sie unter den Ziffern 14.3, 14.4, 14.5, 14.10, 14.11 und 14.12 festgehalten sind. Die entsprechende Praxis kann dort entnommen werden.

15 Verfahrensrechtliche Stellung der Ehegatten

15.1 Grundsatz

Ehegatten, die in rechtlich und tatsächlich ungetrennter Ehe leben, werden zusammen veranlagt. Sie üben die ihnen im Gesetz zukommenden Verfahrensrechte und -pflichten gemeinsam aus (Art. 113 Abs. 1 DBG). Der Ehemann und die Ehefrau sind steuerrechtlich gleichgestellt. Beide sind Steuerpflichtige und ihnen stehen die gleichen Mitwirkungsrechte und -pflichten zu.

Obwohl die Ehegatten die Verfahrenshandlungen grundsätzlich gemeinsam vorzunehmen haben, wird das Erfordernis des konsequenten gemeinsamen Handelns relativiert. Rechtzeitige Handlungen nur eines Ehegatten wirken auch für den anderen Ehegatten, der innert Frist nicht handelt. Dieser Grundsatz wird für die Unterzeichnung der Steuererklärung sowie für das Einreichen von Rechtsmitteln und anderen Eingaben im Gesetz näher konkretisiert.

15.2 Steuererklärung

Gemäss Artikel 113 Absatz 2 DBG unterschreiben die Ehepartner die Steuererklärung gemeinsam. Fehlt die Unterschrift eines Ehegatten, wird nach erfolgloser Aufforderung das Bestehen einer vertraglichen Vertretung gemäss Artikel 32 ff. OR gesetzlich vermutet (Art. 113 Abs. 2 DBG). Der nicht unterzeichnende Ehegatte wird infolgedessen so gestellt, wie wenn er das Steuerformular selber ausgefüllt, unterschrieben und eingereicht hätte. Die gesetzliche Vermutung der vertraglichen Vertretung entbindet jedoch keinen der Ehegatten von der Deklarationspflicht.

Ist ein Ehegatte mit der von seinem Ehepartner ausgefüllten Steuererklärung nicht einverstanden und verweigert daher die Unterschrift, hat er innert Frist eine separate Steuererklärung einzureichen. Andernfalls werden ihm infolge der Vertretungsvermutung die in der Steuererklärung enthaltenen Angaben zugerechnet.

Die Regelung, dass die Ehegatten die Steuererklärung gemeinsam zu unterzeichnen haben, führt dazu, dass sich die Ehegatten im Veranlagungsverfahren gegenseitig über ihre eigenen Steuerfaktoren informieren.

Jeder Ehegatte hat in der Steuererklärung nur die ihm zuzurechnenden Einkommensfaktoren zu deklarieren. Dies folgt aus Artikel 180 DBG, wonach jeder Ehegatte nur für die Hinterziehung der eigenen Steuerfaktoren gebüsst werden kann.

15.3 Rechtsmittel und andere Eingaben

Rechtsmittel und andere Eingaben gelten als rechtzeitig eingereicht, wenn bloss einer der beiden Ehegatten innert Frist gehandelt hat (Art. 113 Abs. 3 DBG). Eine Aufforderung zur Doppelunterschrift ist hier im Gegensatz zur Steuererklärung nicht nötig. Das DBG geht somit im Falle der Unterzeichnung der betreffenden Eingabe durch einen Ehegatten allein stets von der stillschweigenden Ermächtigung zur Vertretung aus. Jeder Ehegatte kann im Rechtsmittelverfahren selbständig rechtswirksam vorgehen, was sich gleichzeitig zugunsten des untätig gebliebenen Ehepartners auswirkt. Diesem bleibt es unbenommen, gegen einen späteren Entscheid der zuständigen Instanz ein Rechtmittel einzulegen.

Da das Steuerverfahren unter dem Offizialprinzip steht, hat die Behörde alle rechtzeitigen Vorkehren der Steuerpflichtigen zu berücksichtigen. Das gilt auch dann, wenn beide Ehegatten unabhängig voneinander eine form- und fristgerechte Eingabe eingereicht haben (z.B. getrennte Einlegung von Rechtsmitteln mit unterschiedlichen Anträgen und abweichenden Begründungen). Bei sich widersprechenden Handlungen der Ehegatten haben die Behörden alle rechtzeitigen Vorkehren in ihre Erwägungen miteinzubeziehen und zu würdigen.

15.4 Mitteilungen

Sämtliche Mitteilungen der Behörden an verheiratete Steuerpflichtige, die in rechtlich und tatsächlich ungetrennter Ehe leben, sind gemäss Artikel 113 Absatz 4 DBG an diese gemeinsam zu richten, es sei denn, die Ehegatten hätten einen gemeinsamen Vertreter bestellt (Art. 117 Abs. 3 DBG).

Leben die Ehegatten hingegen in gerichtlich oder tatsächlich getrennter Ehe, bestimmt das Gesetz, dass die Zustellung an jeden Ehegatten gesondert zu erfolgen hat (Art. 117 Abs. 4 DBG).

15.5 Vertretung

Der verfahrensrechtlichen Gleichstellung der Ehegatten steht nicht entgegen, dass sie sich im Verkehr mit den Steuerbehörden vertreten lassen können. Die vertragliche Vertretung wird in Artikel 117 DBG geregelt.

15.6 Akteneinsichtsrecht

Die steuerliche Gleichberechtigung der Ehegatten wirkt sich auch auf die Akteneinsicht aus. Beide Steuerpflichtigen sind zur Einsicht in alle Steuerakten der Ehegemeinschaft berechtigt (Art. 114 Abs. 2 DBG). Wird einem Ehegatten die Einsichtnahme in ein Aktenstück aufgrund öffentlicher oder privater Interesse verweigert, so darf darauf zum Nachteil dieses Ehegatten nur abgestellt werden, wenn ihm die Behörde von dem für die Sache wesentlichen Inhalt mündlich oder schriftlich Kenntnis und ausserdem Gelegenheit gegeben hat, sich zu äussern und Gegenbeweismittel zu bezeichnen (Art. 114 Abs. 3 DBG). Auf Wunsch des Ehegatten, dem die Einsicht verweigert wurde, hat die Behörde die Verweigerung der Akteneinsicht durch eine Verfügung zu bestätigen, die durch Beschwerde angefochten werden kann (Art. 114 Abs. 4 DBG).

Ab dem Zeitpunkt der Trennung kann ein Ehegatte die Steuerakten des anderen Ehegatten nicht mehr einsehen, da diese getrennt veranlagt werden und es sich somit nicht mehr um gemeinsame Steuerakten im Sinne von Artikel 9 DBG in Verbindung mit Artikel 114 Absatz 1 DBG handelt.

15.7 Verfahrensrechtliche Stellung des überlebenden Ehegatten

Stirbt ein Partner eines gemeinsam veranlagten Ehepaares, kommt dem überlebenden Ehegatten eine besondere Rechtsstellung zu. Einerseits übt er die ihm als selbständig steuerpflichtige Person zustehenden Mitwirkungsrechte und -pflichten selbst aus. Andererseits tritt er als Erbe mit den übrigen Erben in die Rechte und Pflichten seines verstorbenen Ehegatten ein (Art. 12 Abs. 1 DBG) und übernimmt damit auch dessen Verfahrensrechte und -pflichten. Dies bedeutet namentlich, dass der überlebende Ehegatte nicht nur für die eigenen Steuerfaktoren, sondern nun für das gesamte eheliche Einkommen mitwirkungspflichtig wird. Dies wirkt sich auch auf das Ausmass seiner Verantwortlichkeit im Steuerstrafrecht aus (vgl. dazu auch Ziff. 16).

16 Steuerstrafrecht der Ehegatten

16.1 Verletzung von Verfahrenspflichten

Ehegatten machen sich wie die übrigen Steuerpflichten strafbar, wenn sie die ihnen auferlegten steuerlichen Verfahrenspflichten trotz Mahnung schuldhaft nicht nachkommen (Art. 174 DBG). Wegen Verletzung von Verfahrenspflichten macht sich jeder Ehegatte nur nach seinem persönlichen Verschulden strafbar. Die Ehegemeinschaft als solche kann nicht gebüsst werden. Haben beide Ehegatten pflichtwidrig die Mitwirkung verweigert (z.B. Steuererklärung nicht eingereicht) oder sich im Verfahren gemeinsam rechtswidrig verhalten, muss grundsätzlich gegen jeden Ehegatten separat eine Steuerbusse ausgesprochen werden, in welcher das individuelle Verschulden berücksichtigt wird. Wird aber gezielt die Auskunft oder Mitwirkung hinsichtlich der Einkommensbestandteile oder sonstiger steuerlich relevanter Umstände verweigert, die nur einen der beiden Ehegatten betreffen, ist auch nur dieser Ehegatte zu büssen.

16.2 Steuerhinterziehung der Ehegatten

Mit der Inkraftsetzung des Bundesgesetzes vom 20. Dezember 2006 über Änderungen des Nachsteuerverfahrens und des Strafverfahrens wegen Steuerhinterziehung auf dem Gebiet der direkten Steuern hat das Steuerstrafrecht der Ehegatten auf den 1. Januar 2008 eine Modifizierung erfahren. Aufgrund der bis anhin in Artikel 180 Absatz 2 DBG gesetzlich statuierten Schuldvermutung konnte die Steuerbehörde prinzipiell davon ausgehen, dass bei einer unvollständigen oder unrichtigen Deklaration derjenige Ehegatte den Tatbestand der Steuerhinterziehung erfüllte, dem die in Frage stehenden Steuerfaktoren zuzurechnen waren. Von einer auf dieser Tatzuordnung und Schuldvermutung beruhenden Strafe konnte sich der Ehegatte lediglich durch die Erbringung des Exkulpationsbeweises befreien. In Umkehr der strafrechtlichen Beweislast hatte nicht die Steuerbehörde dem Ehegatten das tatbestandsmässige, rechtswidrige und schuldhafte Verhalten nachzuweisen, sondern der Ehegatte hatte die Steuerbehörde von seiner Unschuld zu überzeugen.

Diese Schuldvermutung mit Exkulpationsbeweis stand nicht in Einklang mit der in Artikel 6 § 2 der Konvention vom 4. November 1950 zum Schutze der Menschenrechte und Grundfreiheiten (Europäische Menschenrechtskonvention; EMRK) verankerten Unschuldsvermutung, da die Beweislastverteilung offensichtlich in Widerspruch mit dem strafrechtlichen Grundsatz „in dubio pro reo" stand. Um die ehegattenspezifischen Strafbestimmungen des DBG und des StHG in Einklang mit der EMRK zu bringen, beschlossen die Eidg. Räte die Streichung der gesetzlich statuierten Schuldvermutung.

Gemäss Artikel 180 DBG kann jeder in rechtlich und tatsächlich ungetrennter Ehe lebende Ehegatte nur für die Hinterziehung seiner eigenen Steuerfaktoren gebüsst werden. Die solidarische Haftung des anderen Ehepartners für die Busse bleibt damit ausgeschlossen. Derjenige Ehegatte, der die Einkünfte seines Ehepartners nicht richtig deklariert, verletzt die eigenen Verfahrenspflichten nicht und kann daher nicht als Täter der Steuerhinterziehung bestraft werden.

Allerdings wurde der Vorbehalt von Artikel 177 DBG verankert, in welchem die Teilnahme an einer vollendeten oder versuchten Hinterziehung geregelt wird. Dies hat zur Folge, dass ein Ehegatte - wie jeder andere Steuerpflichtige - als Teilnehmer an einer Steuerhinterziehung seines Partners, d.h. wegen Anstiftung, Gehilfenschaft oder Mitwirkung, bestraft werden kann. Der Gesetzestext hebt zudem ausdrücklich hervor, dass die Unterzeichnung der gemeinsamen Steuererklärung für sich allein keine Teilnahme oder Mitwirkung an einer Hinterziehung der Steuerfaktoren des anderen Ehegatten darstellt.

17   Inkrafttreten

Das vorliegende Kreisschreiben gilt für die Steuerperiode 2011 und tritt per 1. Januar 2011 in Kraft. Es ersetzt

- das Kreisschreiben Nr. 7 vom 21. Januar 2000 betreffend Familienbesteuerung nach dem Bundesgesetz über die direkte Bundessteuer (DBG); Übertragung der gemeinsamen elterlichen Sorge auf unverheiratete Eltern und die gemeinsame Ausübung elterlichen Sorge durch getrennte oder geschiedene Eltern;
- das Kreisschreiben Nr. 14 vom 29. Juli 1994 betreffend Familienbesteuerung nach dem Bundesgesetz über die direkte Bundessteuer (DBG);
- das Kreisschreiben Nr. 13 vom 28. Juli 1994 betreffend Abzug bei Erwerbstätigkeit beider Ehegatten.

Beilagen:

1. Übersicht über die Familienkonstellationen
2. Tabelle zu den verschiedenen Familienkonstellationen

Beilage 1

Familienkonstellationen I: Minderjährige Kinder

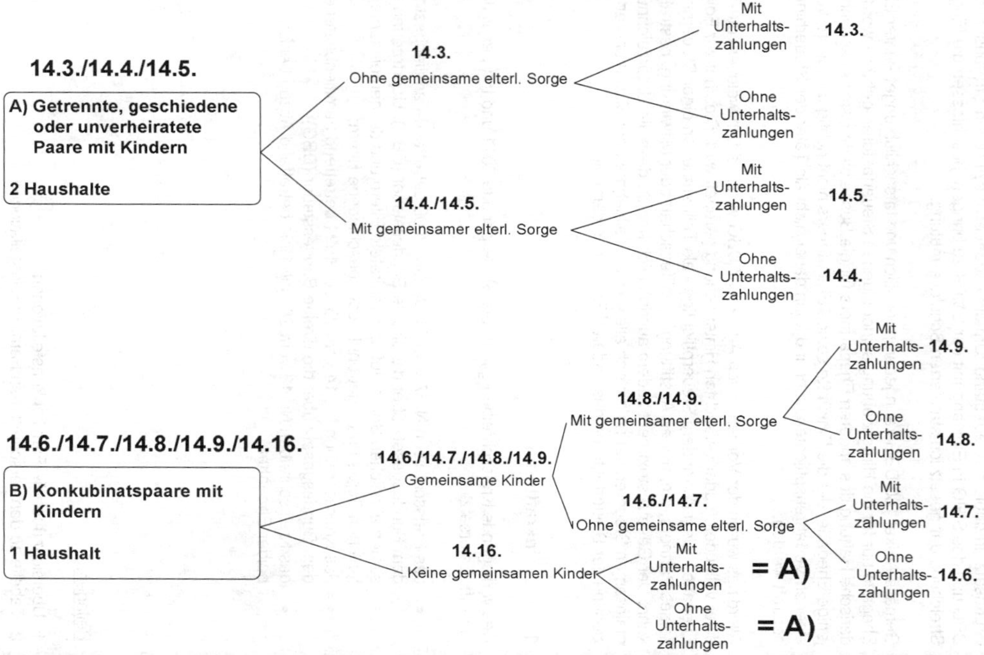

Familienkonstellationen II: Volljährige Kinder in 1. Ausbildung

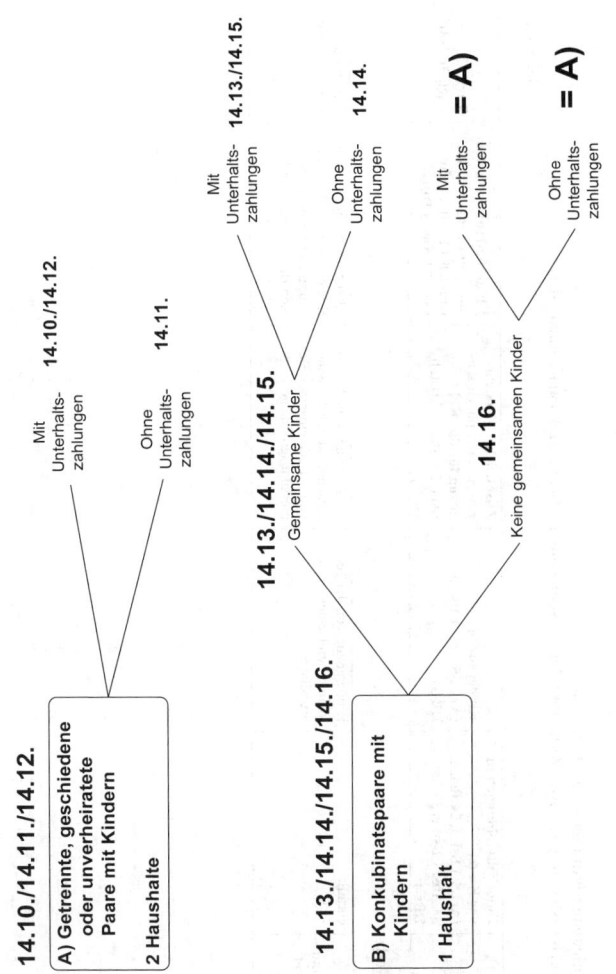

Beilage 2

Tabelle zu den verschiedenen Familienkonstellationen
Besteuerung der Unterhaltsleistungen sowie Zuteilung der verschiedenen Abzüge und Tarife nach DBG

Seite 1/13

Familienkonstellationen (Kapitel im KS)	Unterhaltszahlungen für das Kind (Art. 23 Bst. f, 24 Bst. e, 33 Abs. 1 Bst. c, 34 Bst. a DBG)	Kinderabzug (Art. 35 Abs. 1 Bst. a DBG)	Zusätzlicher Versicherungs- und Sparzinsenabzug für das Kind (Art. 33 Abs. 1bis Bst. b DBG)	Kinderbetreuungskostenabzug nur bis zum vollendeten 14. Altersjahr (Art. 33 Abs. 3 DBG)	Tarif (Art. 36 DBG)
Minderjähriges Kind					
Normalfall: Ehepaar in rechtlich und tatsächlich ungetrennter Ehe mit minderjährigem Kind	entfällt	Kinderabzug von der gemeinsamen Bemessungsgrundlage	Versicherungs- und Sparzinsenabzug für das Kind von der gemeinsamen Bemessungsgrundlage	Abzug der nachgewiesenen Kosten bis zum Maximalbetrag von der gemeinsamen Bemessungsgrundlage	Gemeinsame Veranlagung mit Elterntarif

Beilage 2

Tabelle zu den verschiedenen Familienkonstellationen
Besteuerung der Unterhaltsleistungen sowie Zuteilung der verschiedenen Abzüge und Tarife nach DBG

Seite 2/13

Familienkonstellationen (Kapitel im KS)	Unterhaltszahlungen für das Kind (Art. 23 Bst. f, 24 Bst. e, 33 Abs. 1 Bst. c, 34 Bst. a DBG)	Kinderabzug (Art. 35 Abs. 1 Bst. a DBG)	Zusätzlicher Versicherungs- und Sparzinsenabzug für das Kind (Art. 33 Abs. 1bis Bst. b DBG)	Kinderbetreuungskostenabzug nur bis zum vollendeten 14. Altersjahr (Art. 33 Abs. 3 DBG)	Tarif (Art. 36 DBG)
14.3. Getrennte, geschiedene oder unverheiratete Eltern (zwei Haushalte) mit minderjährigem Kind, ohne gemeinsame elterliche Sorge, mit Unterhaltszahlungen	• Unterhaltszahlungen, die ein Elternteil für die unter seiner elterlichen Sorge stehenden Kinder erhält, sind vom Empfänger vollständig zu versteuern. • Die Unterhaltszahlungen können vom leistenden Elternteil vollumfänglich in Abzug gebracht werden.	Der Elternteil, der die Unterhaltszahlungen erhält.	Der Elternteil, der die Unterhaltszahlungen erhält.	• Der Elternteil, der mit dem Kind zusammenlebt und für seinen Unterhalt sorgt. • Befindet sich das Kind in alternierender Obhut, kann jeder Elternteil max. CHF 5050 der nachgewiesenen Kosten für die Kinderfremdbetreuung in Abzug bringen. Eine andere Aufteilung ist von den Eltern nachzuweisen. Betragen die geltend gemachten Kosten beider Elternteile aber zusammen mehr als den Maximalbetrag von CHF 10'100, werden die Abzüge im Verhältnis der nachgewiesenen Kosten auf diesen Maximalbetrag gekürzt.[1]	• Der Elternteil, der mit dem Kind zusammenlebt und dessen Unterhalt zur Hauptsache bestreitet, erhält den Elterntarif. • Der andere Elternteil wird zum Grundtarif besteuert.

Beilage 2

Tabelle zu den verschiedenen Familienkonstellationen
Besteuerung der Unterhaltsleistungen sowie Zuteilung der verschiedenen Abzüge und Tarife nach DBG

Seite 3/13

Familienkonstellationen (Kapitel im KS)	Unterhaltszahlungen für das Kind (Art. 23 Bst. f, 24 Bst. e, 33 Abs. 1 Bst. c, 34 Bst. a DBG)	Kinderabzug (Art. 35 Abs. 1 Bst. a DBG)	Zusätzlicher Versicherungs- und Sparzinsenabzug für das Kind (Art. 33 Abs. 1bis Bst. b DBG)	Kinderbetreuungskostenabzug nur bis zum vollendeten 14. Altersjahr (Art. 33 Abs. 3 DBG)	Tarif (Art. 36 DBG)
14.4. Getrennte, geschiedene oder unverheiratete Eltern (zwei Haushalte) mit minderjährigem Kind, mit gemeinsamer elterlicher Sorge, keine Unterhaltszahlungen	entfällt	Jeder Elternteil erhält je den halben Kinderabzug.	Jeder Elternteil erhält je den halben Abzug für das Kind.	• Der Elternteil, der mit dem Kind zusammenlebt. • Befindet sich das Kind in alternierender Obhut, kann jeder Elternteil max. CHF 5050 der nachgewiesenen Kosten für die Kinderfremdbetreuung in Abzug bringen. Eine andere Aufteilung ist von den Eltern nachzuweisen. Betragen die geltend gemachten Kosten beider Elternteile aber zusammen mehr als den Maximalbetrag von CHF 10'100, werden die Abzüge im Verhältnis der nachgewiesenen Kosten auf diesen Maximalbetrag gekürzt.[1]	• Der Elternteil, der mit dem Kind zusammenlebt und zur Hauptsache für dessen Unterhalt aufkommt, erhält den Elterntarif. Der andere Elternteil wird zum Grundtarif besteuert. • Bei alternierender Obhut erhält derjenige Elternteil der zur Hauptsache für den Unterhalt des Kindes aufkommt, den Elterntarif, d.h. in der Regel derjenige mit dem höheren Reineinkommen. Der andere Elternteil wird zum Grundtarif besteuert.

Beilage 2

Tabelle zu den verschiedenen Familienkonstellationen
Besteuerung der Unterhaltsleistungen sowie Zuteilung der verschiedenen Abzüge und Tarife nach DBG

Seite 4/13

Familienkonstellationen (Kapitel im KS)	Unterhaltszahlungen für das Kind (Art. 23 Bst. f, 24 Bst. e, 33 Abs. 1 Bst. c, 34 Bst. a DBG)	Kinderabzug (Art. 35 Abs. 1 Bst. a DBG)	Zusätzlicher Versicherungs- und Sparzinsenabzug für das Kind (Art. 33 Abs. 1bis Bst. b DBG)	Kinderbetreuungskostenabzug nur bis zum vollendeten 14. Altersjahr (Art. 33 Abs. 3 DBG)	Tarif (Art. 36 DBG)
14.5. Getrennte, geschiedene oder unverheiratete Eltern (zwei Haushalte) mit minderjährigem Kind, mit gemeinsamer elterlicher Sorge, mit Unterhaltszahlungen	• Unterhaltszahlungen, die ein Elternteil für die unter seiner elterlichen Sorge stehenden Kinder erhält, sind vom Empfänger vollständig zu versteuern. • Die Unterhaltszahlungen können vom leistenden Elternteil vollumfänglich in Abzug gebracht werden.	Der Elternteil, der die Unterhaltszahlungen erhält.	Der Elternteil, der die Unterhaltszahlungen erhält.	• Der Elternteil, der die Unterhaltszahlungen erhält. • Befindet sich das Kind in alternierender Obhut, kann jeder Elternteil max. CHF 5'050 der nachgewiesenen Kosten für die Kinderfremdbetreuung in Abzug bringen. Eine andere Aufteilung ist von den Eltern nachzuweisen. Betragen die geltend gemachten Kosten beider Elternteile aber zusammen mehr als den Maximalbetrag von CHF 10'100, werden die Abzüge im Verhältnis der nachgewiesenen Kosten auf diesen Maximalbetrag gekürzt.[1]	• Der Elternteil, der die Unterhaltszahlungen erhält, wird zum Elterntarif besteuert. • Der Elternteil, der die Unterhaltszahlungen leistet, wird zum Grundtarif besteuert.
14.6. Konkubinat mit gemeinsamem minderjährigem Kind, ohne gemeinsame elterliche Sorge, keine Unterhaltszahlungen	entfällt	Der Elternteil, der die elterliche Sorge innehat.	Der Elternteil, der die elterliche Sorge innehat.	Der Elternteil, der die elterliche Sorge innehat, kann die von ihm nachgewiesenen Kosten in Abzug bringen.	• Der Elternteil, der die elterliche Sorge innehat, erhält den Elterntarif. • Der andere Elternteil wird zum Grundtarif besteuert.

Beilage 2

Tabelle zu den verschiedenen Familienkonstellationen
Besteuerung der Unterhaltsleistungen sowie Zuteilung der verschiedenen Abzüge und Tarife nach DBG

Seite 5/13

Familienkonstellationen (Kapitel im KS)	Unterhaltszahlungen für das Kind (Art. 23 Bst. f, 24 Bst. e, 33 Abs. 1 Bst. c, 34 Bst. a DBG)	Kinderabzug (Art. 35 Abs. 1 Bst. a DBG)	Zusätzlicher Versicherungs- und Sparzinsenabzug für das Kind (Art. 33 Abs. 1bis Bst. b DBG)	Kinderbetreuungskostenabzug nur bis zum vollendeten 14. Altersjahr (Art. 33 Abs. 3 DBG)	Tarif (Art. 36 DBG)
14.7. Konkubinat mit gemeinsamem minderjährigem Kind, ohne gemeinsame elterliche Sorge, mit Unterhaltszahlungen.	• Unterhaltszahlungen, die ein Elternteil für die unter seiner elterlichen Sorge stehenden Kinder erhält, sind vom Empfänger vollständig zu versteuern. • Die Unterhaltszahlungen können vom leistenden Elternteil vollumfänglich in Abzug gebracht werden.	Der Elternteil, der die Unterhaltszahlungen erhält.	Der Elternteil, der die Unterhaltszahlungen erhält.	Jeder Elternteil kann max. CHF 5'050 der nachgewiesenen Kosten für die Kinderfremdbetreuung in Abzug bringen. Eine andere Aufteilung ist von den Eltern nachzuweisen. Betragen die geltend gemachten Kosten beider Elternteile aber zusammen mehr als den Maximalbetrag von CHF 10'100, werden die Abzüge im Verhältnis der nachgewiesenen Kosten auf diesen Maximalbetrag gekürzt.[1)]	• Der Elternteil, der die Unterhaltszahlungen erhält, wird zum Elterntarif besteuert. • Der Elternteil, der die Unterhaltszahlungen leistet, wird zum Grundtarif besteuert.

Beilage 2

Tabelle zu den verschiedenen Familienkonstellationen
Besteuerung der Unterhaltsleistungen sowie Zuteilung der verschiedenen Abzüge und Tarife nach DBG

Seite 6/13

Familienkonstellationen (Kapitel im KS)	Unterhaltszahlungen für das Kind (Art. 23 Bst. f, 24 Bst. e, 33 Abs. 1 Bst. c, 34 Bst. a DBG)	Kinderabzug (Art. 35 Abs. 1 Bst. a DBG)	Zusätzlicher Versicherungs- und Sparzinsenabzug für das Kind (Art. 33 Abs. 1bis Bst. b DBG)	Kinderbetreuungskostenabzug nur bis zum vollendeten 14. Altersjahr (Art. 33 Abs. 3 DBG)	Tarif (Art. 36 DBG)
14.8. Konkubinat mit gemeinsamem minderjährigem Kind, mit gemeinsamer elterlicher Sorge, keine Unterhaltszahlungen	entfällt	Jeder Elternteil erhält je den halben Kinderabzug.	Jeder Elternteil erhält je den halben Versicherungsabzug für das Kind.	Jeder Elternteil kann max. CHF 5'050 der nachgewiesenen Kosten für die Kinderfremdbetreuung in Abzug bringen. Eine andere Aufteilung ist von den Eltern nachzuweisen. Betragen die geltend gemachten Kosten beider Elternteile aber zusammen mehr als den Maximalbetrag von CHF 10'100, werden die Abzüge im Verhältnis der nachgewiesenen Kosten auf diesen Maximalbetrag gekürzt.[1]	• Der Elternteil, der zur Hauptsache für den Unterhalt des Kindes aufkommt, erhält den Elterntarif, d.h. in der Regel derjenige mit dem höheren Einkommen. • Der andere Elternteil wird zum Grundtarif besteuert.

Beilage 2

Tabelle zu den verschiedenen Familienkonstellationen
Besteuerung der Unterhaltsleistungen sowie Zuteilung der verschiedenen Abzüge und Tarife nach DBG

Seite 7/13

Familienkonstellationen (Kapitel im KS)	Unterhaltszahlungen für das Kind (Art. 23 Bst. f, 24 Bst. e, 33 Abs. 1 Bst. c, 34 Bst. a DBG)	Kinderabzug (Art. 35 Abs. 1 Bst. a DBG)	Zusätzlicher Versicherungs- und Sparzinsenabzug für das Kind (Art. 33 Abs. 1bis Bst. b DBG)	Kinderbetreuungskostenabzug nur bis zum vollendeten 14. Altersjahr (Art. 33 Abs. 3 DBG)	Tarif (Art. 36 DBG)
14.9. Konkubinat mit gemeinsamem minderjährigem Kind, mit gemeinsamer elterlicher Sorge, mit Unterhaltszahlungen	• Unterhaltszahlungen, die ein Elternteil für die unter seiner elterlichen Sorge stehenden Kinder erhält, sind vom Empfänger vollständig zu versteuern. • Die Unterhaltszahlungen können vom leistenden Elternteil vollumfänglich in Abzug gebracht werden.	Der Elternteil, der die Unterhaltszahlungen erhält.	Der Elternteil, der die Unterhaltszahlungen erhält.	Jeder Elternteil kann max. CHF 5'050 der nachgewiesenen Kosten für die Kinderfremdbetreuung in Abzug bringen. Eine andere Aufteilung ist von den Eltern nachzuweisen. Betragen die geltend gemachten Kosten beider Elternteile aber zusammen mehr als den Maximalbetrag von CHF 10'100, werden die Abzüge im Verhältnis der nachgewiesenen Kosten auf diesen Maximalbetrag gekürzt. $^{1)}$	• Der Elternteil, der die Unterhaltszahlungen erhält, wird zum Elterntarif besteuert. • Der Elternteil, der die Unterhaltszahlungen leistet, wird zum Grundtarif besteuert.

Beilage 2

Tabelle zu den verschiedenen Familienkonstellationen
Besteuerung der Unterhaltsleistungen sowie Zuteilung der verschiedenen Abzüge und Tarife nach DBG

Seite 8/13

Familienkonstellationen (Kapitel im KS)	Unterhaltszahlungen für das Kind (Art. 23 Bst. f, 24 Bst. e, 33 Abs. 1 Bst. c, 34 Bst. a DBG)	Kinderabzug (Art. 35 Abs. 1 Bst. a DBG)	Zusätzlicher Versicherungs- und Sparzinsenabzug für das Kind (Art. 33 Abs. 1bis Bst. b DBG)	Kinderbetreuungskostenabzug nur bis zum vollendeten 14. Altersjahr (Art. 33 Abs. 3 DBG)	Tarif (Art. 36 DBG)
Volljähriges Kind		**Voraussetzung:** Der Abzug wird nur gewährt, wenn das Kind kein Einkommen erzielt, das einen selbständigen Lebensunterhalt ermöglicht.	**Voraussetzung:** Der Abzug wird nur gewährt, wenn das Kind kein Einkommen erzielt, das einen selbständigen Lebensunterhalt ermöglicht.		**Voraussetzung:** Der Elterntarif wird nur gewährt, wenn das Kind kein Einkommen erzielt, das einen selbständigen Lebensunterhalt ermöglicht und Wohnsitz bei den Eltern hat.
Normalfall: Verheiratete Eltern leben zusammen. Volljähriges Kind in Erstausbildung.	entfällt	Kinderabzug von der gemeinsamen Bemessungsgrundlage.	Versicherungsabzug für das Kind von der gemeinsamen Bemessungsgrundlage.	entfällt	Gemeinsame Veranlagung mit Elterntarif
14.10. Getrennte, geschiedene oder unverheiratete Eltern (2 Haushalte) mit volljährigem Kind in Erstausbildung, mit Unterhaltszahlungen. Kind hat Wohnsitz bei einem Elternteil.	• Die Unterhaltszahlungen an das volljährige Kind sind bei diesem steuerfrei. • Die Unterhaltszahlungen können vom leistenden Elternteil nicht mehr in Abzug gebracht werden.	• Der Unterhaltszahlungen leistende Elternteil kann den Kinderabzug geltend machen. • Leisten beide Elternteile Unterhaltszahlungen, kann der Elternteil mit dem höheren Einkommen den Kinderabzug geltend machen. Der andere Elternteil kann den Unterstützungsabzug geltend machen, sofern seine Leistungen mindestens in der Höhe des Abzuges erfolgen.	• Der Elternteil, der den Kinderabzug geltend machen kann. • Leisten beide Elternteile Unterhaltszahlungen und erfüllen die Voraussetzungen von Art. 35 Abs. 1 Bst. a bzw. Bst. b DBG, können beide den Abzug geltend machen.	entfällt	• Der Elternteil, bei dem das Kind lebt und dessen Hauptsache bestreitet, erhält den Elterntarif. • Der Unterhaltszahlungen leistende Elternteil wird zum Grundtarif besteuert.

Beilage 2

Tabelle zu den verschiedenen Familienkonstellationen
Besteuerung der Unterhaltsleistungen sowie Zuteilung der verschiedenen Abzüge und Tarife nach DBG

Seite 9/13

Familienkonstellationen (Kapitel im KS)	Unterhaltszahlungen für das Kind (Art. 23 Bst. f, 24 Bst. e, 33 Abs. 1 Bst. c, 34 Bst. a DBG)	Kinderabzug (Art. 35 Abs. 1 Bst. a DBG)	Zusätzlicher Versicherungs- und Sparzinsenabzug für das Kind (Art. 33 Abs. 1bis Bst. b DBG)	Kinderbetreuungskostenabzug nur bis zum vollendeten 14. Altersjahr (Art. 33 Abs. 3 DBG)	Tarif (Art. 36 DBG)
14.11. Getrennte, geschiedene oder unverheiratete Eltern (2 Haushalte) mit volljährigem Kind in Erstausbildung, keine Unterhaltszahlungen. Kind hat Wohnsitz bei einem Elternteil.	entfällt	Der Elternteil, bei dem das Kind lebt.	Der Elternteil, bei dem das Kind lebt.	entfällt	• Der Elternteil, bei dem das Kind lebt und dessen Unterhalt zur Hauptsache bestreitet, erhält den Elterntarif. • Der andere Elternteil wird zum Grundtarif besteuert.
14.12. Getrennte, geschiedene oder unverheiratete Eltern (2 Haushalte) mit volljährigem Kind in Erstausbildung, mit Unterhaltszahlungen. Kind hat eigenen Wohnsitz.	• Die Unterhaltszahlungen an das volljährige Kind sind bei diesem steuerfrei. • Die Unterhaltszahlungen können vom leistenden Elternteil nicht mehr in Abzug gebracht werden.	• Der Unterhaltszahlungen leistende Elternteil kann den Kinderabzug geltend machen. • Leisten beide Elternteile Unterhaltszahlungen, kann der Elternteil mit dem höheren Einkommen den Kinderabzug geltend machen. Der andere Elternteil kann den Unterstützungsabzug geltend machen, sofern seine Leistungen mindestens in der Höhe des Abzuges erfolgen.	• Der Elternteil, der den Kinderabzug geltend machen kann. • Leisten beide Elternteile Unterhaltszahlungen und erfüllen die Voraussetzungen von Art. 35 Abs. 1 Bst. a bzw. Bst. b DBG, können beide den Abzug geltend machen.	entfällt	Beide Elternteile werden zum Grundtarif besteuert.

Beilage 2

Tabelle zu den verschiedenen Familienkonstellationen
Besteuerung der Unterhaltsleistungen sowie Zuteilung der verschiedenen Abzüge und Tarife nach DBG

Seite 10/13

Familienkonstellationen (Kapitel im KS)	Unterhaltszahlungen für das Kind (Art. 23 Bst. f, 24 Bst. e, 33 Abs. 1 Bst. c, 34 Bst. a DBG)	Kinderabzug (Art. 35 Abs. 1 Bst. a DBG)	Zusätzlicher Versicherungs- und Sparzinsenabzug für das Kind (Art. 33 Abs. 1bis Bst. b DBG)	Kinderbetreuungskostenabzug nur bis zum vollendeten 14. Altersjahr (Art. 33 Abs. 3 DBG)	Tarif (Art. 36 DBG)
14.13. Konkubinat mit gemeinsamem volljährigem Kind in Erstausbildung, mit Unterhaltszahlungen. Kind hat Wohnsitz bei den Eltern.	• Die Unterhaltszahlungen an das volljährige Kind sind bei diesem steuerfrei. • Die Unterhaltszahlungen können vom leistenden Elternteil nicht mehr in Abzug gebracht werden.	• Der Unterhaltszahlungen leistende Elternteil kann den Kinderabzug geltend machen. • Leisten beide Elternteile Unterhaltszahlungen, kann der Elternteil mit dem höheren Einkommen den Kinderabzug geltend machen. Der andere Elternteil kann den Unterstützungsabzug geltend machen, sofern seine Leistungen mindestens in der Höhe des Abzuges erfolgen.	• Der Elternteil, der den Kinderabzug geltend machen kann. • Leisten beide Elternteile Unterhaltszahlungen und erfüllen die Voraussetzungen von Art. 35 Abs. 1 Bst. a bzw. Bst. b DBG, können beide den Abzug geltend machen.	entfällt	• Der Elternteil, der den Kinderabzug geltend machen kann, erhält den Elterntarif. • Der andere Elternteil wird zum Grundtarif besteuert.
14.14. Konkubinat mit gemeinsamem volljährigem Kind in Erstausbildung, keine Unterhaltszahlungen. Kind hat Wohnsitz bei den Eltern.	entfällt	Der Elternteil mit den höheren finanziellen Leistungen, d.h. in der Regel derjenige mit dem höheren Einkommen.	Der Elternteil mit den höheren finanziellen Leistungen, d.h. in der Regel derjenige mit dem höheren Einkommen.	entfällt	• Der Elternteil mit den höheren finanziellen Leistungen, d.h. in der Regel derjenige mit dem höheren Einkommen, erhält den Elterntarif. • Der andere Elternteil wird zum Grundtarif besteuert.

Beilage 2

Tabelle zu den verschiedenen Familienkonstellationen
Besteuerung der Unterhaltsleistungen sowie Zuteilung der verschiedenen Abzüge und Tarife nach DBG

Familienkonstellationen (Kapitel im KS)	Unterhaltszahlungen für das Kind (Art. 23 Bst. f, 24 Bst. e, 33 Abs. 1 Bst. c, 34 Bst. a DBG)	Kinderabzug (Art. 35 Abs. 1 Bst. a DBG)	Zusätzlicher Versicherungs- und Sparzinsenabzug für das Kind (Art. 33 Abs. 1bis Bst. b DBG)	Kinderbetreuungskostenabzug nur bis zum vollendeten 14. Altersjahr (Art. 33 Abs. 3 DBG)	Tarif (Art. 36 DBG)
14.15. Konkubinat mit gemeinsamem volljährigem Kind in Erstausbildung, mit Unterhaltszahlungen. Kind hat eigenen Wohnsitz.	• Die Unterhaltszahlungen an das volljährige Kind sind bei diesem steuerfrei. • Die Unterhaltszahlungen können vom leistenden Elternteil nicht mehr in Abzug gebracht werden.	• Der Unterhaltszahlungen leistende Elternteil kann den Kinderabzug geltend machen. • Leisten beide Elternteile Unterhaltszahlungen, kann der Elternteil mit dem höheren Einkommen den Kinderabzug geltend machen. Der andere Elternteil kann den Unterstützungsabzug geltend machen, sofern seine Leistungen mindestens in der Höhe des Abzuges erfolgen.	• Der Elternteil, der den Kinderabzug geltend machen kann. • Leisten beide Elternteile Unterhaltszahlungen und erfüllen die Voraussetzungen von Art. 35 Abs. 1 Bst. a bzw. Bst. b DBG, können beide den Abzug geltend machen.	entfällt	Beide Elternteile werden zum Grundtarif besteuert.
14.16. Konkubinat ohne gemeinsames Kind	Für die getrennt lebenden Elternteile gelten je nach Konstellation die Regeln der Fälle 14.3. – 14.5. und 14.10.–14.12.				

Seite 11/13

Beilage 2

Tabelle zu den verschiedenen Familienkonstellationen
Besteuerung der Unterhaltsleistungen sowie Zuteilung der verschiedenen Abzüge und Tarife nach DBG

Seite 12/13

Familienkonstellationen (Kapitel im KS)	Unterhaltszahlungen für das Kind (Art. 23 Bst. f, 24 Bst. e, 33 Abs. 1 Bst. c, 34 Bst. a DBG)	Kinderabzug (Art. 35 Abs. 1 Bst. a DBG)	Zusätzlicher Versicherungs- und Sparzinsenabzug für das Kind (Art. 33 Abs. 1bis Bst. b DBG)	Kinderbetreuungskostenabzug nur bis zum vollendeten 14. Altersjahr (Art. 33 Abs. 3 DBG)	Tarif (Art. 36 DBG)
13.4.5. Kindesgeburt, Stichtag?	Ab Geburt bis zur Volljährigkeit	31.12. bzw. Ende der Steuerpflicht	31.12. bzw. Ende der Steuerpflicht	Ab Geburt bis zum vollendeten 14. Altersjahr	31.12. bzw. Ende der Steuerpflicht
13.4.6. Eltern sind nur einen Teil des Jahres in der Schweiz steuerpflichtig	Pro rata temporis	Pro rata temporis	Pro rata temporis	Pro rata temporis	Anteilige Reduktion des Steuerbetrags im Verhältnis des steuerbaren Einkommens zum höheren satzbestimmenden Einkommen (unter Vorbehalt anders lautender DBA)
13.4.7. Beide Elternteile sind nur beschränkt steuerpflichtig	Ausscheidung aufgrund Nettoeinkommen[2] (unter Vorbehalt anders lautender DBA)	Ausscheidung aufgrund Reineinkommen[2] (unter Vorbehalt anders lautender DBA)	Ausscheidung aufgrund Nettoeinkommen[2] (unter Vorbehalt anders lautender DBA)	Ausscheidung aufgrund Nettoeinkommen[2] (unter Vorbehalt anders lautender DBA)	Anteilige Reduktion des Steuerbetrags im Verhältnis des in der Schweiz steuerbaren Einkommens zum höheren satzbestimmenden Einkommen (unter Vorbehalt anders lautender DBA)

Beilage 2

Tabelle zu den verschiedenen Familienkonstellationen
Besteuerung der Unterhaltsleistungen sowie Zuteilung der verschiedenen Abzüge und Tarife nach DBG

Seite 13/13

[1] Beispiel: Kinderdrittbetreuungskosten

[2] Systematik im DBG

2. Teil, 2. Titel: Einkommenssteuer:

    Steuerbare Einkünfte
    gem. 1. Kapitel, Abschnitte 1 - 7

= „*Brutto-Einkommen*"
./. „Gewinnungskosten" gem. 3. Kapitel, Abschnitte 1 - 4

= „*Netto-Einkommen*"
./. Allgemeine Abzüge gem. Abschnitt 5

= *Reineinkommen*
./. Sozialabzüge gem. 4. Kapitel

= *Steuerbares Einkommen*

Elternteil 1	6'000	
Elternteil 2	9'000	
Total	15'000	
Maximalbetrag	10'100	

Veranlagung

Elternteil 1	$\dfrac{10'100 \times 6'000}{15'000}$	**4'040**
Elternteil 2	$\dfrac{10'100 \times 9'000}{15'000}$	**6'060**
Total insgesamt		**10'100**

Kapitaleinlageprinzip

Quelle: Eidg. Steuerverwaltung ESTV/HA Direkte Bundessteuer, Verrechnungssteuer, Stempelabgaben

Direkte Bundessteuer
Verrechnungssteuer
Stempelabgaben

Bern, 23.12.2022

Kreisschreiben Nr. 29c

Kapitaleinlageprinzip

Inhaltsverzeichnis

1.	Gegenstand des Kreisschreibens	4
2.	Kapitaleinlagen	5
2.1.	*Grundsätze*	*5*
2.2.	*Spezialfälle*	*5*
2.2.1.	Vorteilszuwendungen unter Schwestergesellschaften	5
2.2.2.	Liberierung neuer Beteiligungsrechte durch Tochtergesellschaften	5
2.2.3.	Kapitaleinlagen aus Sanierungen	6
3.	Reserven	7
3.1.	*Reserven aus Kapitaleinlagen*	*7*
3.2.	*Übrige Reserven*	*7*
4.	Ausschüttungen / Rückzahlungen allgemein	8
4.1.	*Grundsätze*	*8*
4.2.	*Spezialfälle*	*11*
4.2.1.	Gratisaktien und Gratisnennwerterhöhungen	11
4.2.2.	Direkte Teilliquidation	11
4.2.3.	Rückkauf eigener Beteiligungsrechte	11
4.2.4.	Indirekte Teilliquidation	11
4.2.5.	Transponierung	11

5.	Ausschüttungen und Teilliquidationen von an einer schweizerischen Börse kotierten Kapitalgesellschaften oder Genossenschaften	13
5.1.	*Ausschüttungsregel*	*13*
5.1.1.	Handelsrechtlich ausschüttungsfähige übrige Reserven	13
5.1.2.	Regelverletzung	13
5.1.3.	Ausland-KER nach Artikel 5 Absatz 1^{quater} Buchstaben a und b VStG	13
5.1.4.	Ausnahmen	14
5.1.5.	Gratisaktien und Gratisnennwerterhöhungen	14
5.2.	*Teilliquidationsregel*	*14*
5.2.1.	Regelverletzung	14
6.	**Umstrukturierungen allgemein**	**15**
6.1.	*Übertragung eines Betriebes oder Teilbetriebes einer Personenunternehmung auf eine juristische Person*	*15*
6.2.	*Zusammenschluss (Fusion)*	*15*
6.2.1.	Echte und unechte Fusion unabhängiger Gesellschaften	15
6.2.2.	Echte und unechte Fusion verbundener Gesellschaften	16
6.2.3.	Absorption einer Tochtergesellschaft („Up-Stream Merger")	16
6.2.4.	Absorption der Muttergesellschaft („Reverse Merger")	16
6.2.5.	Fusionsähnlicher Zusammenschluss („Quasifusion")	17
6.3.	*Umwandlung*	*17*
6.3.1.	Umwandlung einer Kapitalgesellschaft oder Genossenschaft in eine andere Kapitalgesellschaft oder Genossenschaft	17
6.3.2.	Umwandlung einer Kapitalgesellschaft oder Genossenschaft in einen Verein, in eine Stiftung oder eine übrige juristische Person	18
6.3.3.	Umwandlung eines Vereins, einer Stiftung oder einer übrigen juristischen Person in eine Kapitalgesellschaft oder Genossenschaft	18
6.3.4.	Umwandlung eines Instituts des öffentlichen Rechts in eine Kapitalgesellschaft oder in eine Genossenschaft	18
6.3.5.	Umwandlung einer Kapitalgesellschaft oder Genossenschaft in eine Personenunternehmung	19
6.4.	*Spaltung*	*19*
6.5.	*Ausgliederung*	*20*
6.6.	*Übertragung zwischen inländischen Konzerngesellschaften*	*20*

7.	**Umstrukturierungen von an einer schweizerischen Börse kotierten Kapitalgesellschaften oder Genossenschaften**	21
7.1.	*Zusammenschluss (Fusion)*	*21*
7.1.1.	Echte und unechte Fusion unabhängiger Gesellschaften	21
7.1.2.	Echte und unechte Fusion verbundener Gesellschaften	21
7.1.3.	Absorption einer Tochtergesellschaft („Up-Stream Merger")	21
7.1.4.	Absorption der Muttergesellschaft („Reverse Merger")	21
7.1.5.	Fusionsähnlicher Zusammenschluss („Quasifusion")	21
7.2.	*Umwandlung*	*22*
7.2.1.	Umwandlung einer Kapitalgesellschaft oder Genossenschaft in eine andere Kapitalgesellschaft oder Genossenschaft	22
7.2.2.	Umwandlung einer Kapitalgesellschaft oder Genossenschaft in einen Verein, in eine Stiftung oder eine übrige juristische Person	22
7.2.3.	Umwandlung eines Vereins, einer Stiftung oder einer übrigen juristischen Person in eine Kapitalgesellschaft oder Genossenschaft	22
7.2.4.	Umwandlung eines Instituts des öffentlichen Rechts in eine Kapitalgesellschaft oder in eine Genossenschaft	22
7.2.5.	Umwandlung einer Kapitalgesellschaft oder Genossenschaft in eine Personenunternehmung	22
7.3.	*Spaltung*	*23*
7.4.	*Ausgliederung*	*23*
7.5.	*Übertragung zwischen inländischen Konzerngesellschaften*	*23*
8.	**Zuzug einer juristischen Person aus dem Ausland**	24
9.	**Ausweis im Jahresabschluss und Meldung von Veränderungen**	25
9.1.	*Ausweis im Jahresabschluss*	*25*
9.2.	*Deklaration für die direkte Bundessteuer*	*25*
9.3.	*Meldung für die Verrechnungssteuer*	*25*
10.	**Inkrafttreten**	27
Anhang 1: Beispiele zur Transponierung		**28**
Anhang 2: Alternativer Ausweis eigener Beteiligungsrechte		**30**
Anhang 3: Fallbeispiele einer in der Schweiz kotierten Kapitalgesellschaft		**32**
Anhang 4: Beispiel Rückzahlung und Wiedereinzahlung von KER innerhalb des gleichen Kapitalbands		**34**
Anhang 5: Beispiel Änderung Aktienkapital in eine für die Geschäftstätigkeit wesentliche ausländische Währung		**37**

1. Gegenstand des Kreisschreibens

Mit dem Bundesgesetz vom 23. März 2007 über die Verbesserung der steuerlichen Rahmenbedingungen für unternehmerische Tätigkeiten und Investitionen (Unternehmenssteuerreformgesetz II) wurden in Artikel 20 Absatz 3 und Artikel 125 Absatz 3 des Bundesgesetzes vom 14. Dezember 1990 über die direkte Bundessteuer (DBG; SR 642.11) und in Artikel 5 Absatz 1bis des Bundesgesetzes vom 13. Oktober 1965 über die Verrechnungssteuer (VStG; SR 642.21) die Rückzahlung von Einlagen, Aufgeldern und Zuschüssen (Reserven aus Kapitaleinlagen) von Inhabern der Beteiligungsrechte neu geregelt. Demnach wird die Rückzahlung von Reserven aus Kapitaleinlagen an die Inhaber von Beteiligungsrechten der Rückzahlung von Grund- oder Stammkapital gleichgestellt (Kapitaleinlageprinzip).

Mit Inkrafttreten des Bundesgesetzes über die Steuerreform und die AHV-Finanzierung (STAF) per 1. Januar 2020 wurden die steuerfreie Rückzahlung sowie die Verwendung von Reserven aus Kapitaleinlagen bei einer direkten Teilliquidation von in der Schweiz kotierten juristischen Personen eingeschränkt.

Zudem hat das Parlament am 19. Juni 2020 das Bundesgesetz vom 30. März 1911 betreffend die Ergänzung des Schweizerischen Zivilgesetzbuches über das Obligationenrecht (Fünfter Teil: Obligationenrecht, OR; SR 220) verabschiedet. Die neuen gesetzlichen Bestimmungen im OR zum Kapitalband und zur Denominierung des Aktienkapitals sowie die neuen steuerrechtlichen Bestimmungen haben Auswirkungen auf das Kapitaleinlageprinzip.

Neu wurden damit einhergehend folgende Gesetzesbestimmungen in DBG und VStG aufgenommen:

DBG

Art. 20
[...]

^{8} Absatz 3 gilt für Einlagen und Aufgelder, die während eines Kapitalbands nach den Artikeln 653s ff. des Obligationenrechts (OR) geleistet werden, nur soweit sie die Rückzahlungen von Reserven im Rahmen dieses Kapitalbands übersteigen.

VStG

Art. 5
[...]

^{1septies} Absatz 1bis gilt für Einlagen und Aufgelder, die während eines Kapitalbands nach den Artikeln 653s ff. des OR geleistet werden, nur soweit sie die Rückzahlungen von Reserven im Rahmen dieses Kapitalbands übersteigen.

2. Kapitaleinlagen

2.1. Grundsätze

Einlagen, Aufgelder und Zuschüsse (gegebenenfalls nach Abzug der Ausgabekosten), welche direkt von den Inhabern der Beteiligungsrechte geleistet wurden und in der Handelsbilanz der empfangenden Kapitalgesellschaft oder Genossenschaft verbucht und offen ausgewiesen sind (offene Kapitaleinlagen) gelten als Reserven aus Kapitaleinlagen (KER) im Sinne von Artikel 20 Absatz 3 DBG und Artikel 5 Absatz 1bis VStG.

Offene Kapitaleinlagen aus dem Ausland im Sinne von Artikel 20 Absatz 5 Buchstaben a und b DBG und Artikel 5 Absatz 1^{quater} Buchstaben a und b VStG gelten als Reserven aus Kapitaleinlagen aus dem Ausland (Ausland-KER). Die gesonderten Konti für KER gemäss Artikel 5 Absatz 1bis VStG und für Ausland-KER gemäss Artikel 5 Absatz 1^{quinquies} VStG sind in einer oder mehreren gesonderten Positionen unter den gesetzlichen oder freien Kapitalreserven auszuweisen.

Bei Kapitalgesellschaften mit einem Nominalkapital in Schweizer Franken nach Artikel 621 Absatz 1 OR sind für Kapitaleinlagen in fremder Währung sowohl die Einlagen als auch die Rückzahlungen (im Zeitpunkt der jeweiligen Fälligkeit) von Reserven aus Kapitaleinlagen zum Tageskurs in Schweizer Franken umzurechnen.

Bei Kapitalgesellschaften mit einem Nominalkapital in einer für die Geschäftstätigkeit wesentlichen ausländischen Währung im Sinne von Artikel 621 Absatz 2 OR sind für Kapitaleinlagen in einer anderen als der wesentlichen ausländischen Währung sowohl die Einlagen als auch die Rückzahlungen (im Zeitpunkt der jeweiligen Fälligkeit) zum Tageskurs in die wesentliche ausländische Währung (= Währung des nominellen Kapitals gemäss Handelsregistereintrag) umzurechnen. Die Reserven aus Kapitaleinlagen werden dabei nur in der wesentlichen ausländischen Währung anerkannt und bestätigt.

Für Kapitalgesellschaften und Genossenschaften, die der Verrechnungssteuer gemäss Artikel 9 Absatz 1 VStG unterliegen, ist die steuerliche Beurteilung der Kapitaleinlagen durch die Verrechnungssteuer auch für die direkten Steuern massgeblich.

2.2. Spezialfälle

2.2.1. Vorteilszuwendungen unter Schwestergesellschaften

Bei einer Vorteilszuwendung unter Schwestergesellschaften erhalten die Beteiligten aus wirtschaftlicher Sicht einen geldwerten Vorteil von der leistenden Gesellschaft, den sie in die begünstigte Gesellschaft einlegen. Unter dem Kapitaleinlageprinzip qualifizieren Vorteilszuwendungen unter Schwestergesellschaften jedoch nicht als Einlagen in die KER bzw. Ausland-KER, da sie nicht direkt durch die Inhaber der Beteiligungsrechte geleistet werden und die übertragenen Mehrwerte in der übernehmenden Kapitalgesellschaft oder Genossenschaft nur als Aufwertung offengelegt werden können.

2.2.2. Liberierung neuer Beteiligungsrechte durch Tochtergesellschaften

Bei der Liberierung von Beteiligungsrechten durch Tochtergesellschaften kann das bei späterer Drittplatzierung durch die Muttergesellschaft realisierte Aufgeld (Agio) den KER gutgeschrieben werden.

2.2.3. Kapitaleinlagen aus Sanierungen

Soweit Kapitaleinlagen nicht durch die Ausbuchung von handelsrechtlichen Verlustvorträgen vernichtet werden und direkt offen in das Eigenkapital der Gesellschaft eingelegt werden, gelten diese aufgrund der Massgeblichkeit der Handelsbilanz steuerrechtlich als KER bzw. Ausland-KER. Forderungsverzichte und direkte Kapitaleinlagen der Beteiligungsinhaber, die im Zuge der Sanierung erfolgswirksam gebucht werden, gelten nie als KER bzw. Ausland-KER.

3. Reserven

3.1. Reserven aus Kapitaleinlagen

Offene Kapitaleinlagen der Beteiligungsinhaber können steuerneutral den KER bzw. Ausland-KER gutgeschrieben werden und deren Rückzahlungen sind der Rückzahlung von einbezahltem Grund- oder Stammkapital gleichgestellt. Verluste, die den KER bzw. den Ausland-KER belastet wurden, vermindern diese definitiv. Dies gilt auch für offene Kapitaleinlagen von Inhabern der Beteiligungsrechte, die:

- nach dem 31. Dezember 1996 und vor dem Inkrafttreten der Artikel 20 Absatz 3 DBG und Artikel 5 Absatz 1bis VStG am 1. Januar 2011 oder
- nach dem 24. Februar 2008 und vor dem Inkrafttreten der Artikel 20 Absatz 5 Buchstaben a und b DBG und Artikel 5 Absatz 1^{quater} Buchstaben a und b VStG am 1. Januar 2020

geleistet wurden (vgl. Ziff. 9.1. hiernach).

Soweit die Einlagen und Aufgelder, die während eines Kapitalbands nach den Artikeln 653s ff. OR geleistet werden, die Rückzahlungen von Reserven im Rahmen dieses Kapitalbands übersteigen, werden diese den KER bzw. Ausland-KER gutgeschrieben (Nettobetrachtung gemäss Artikel 20 Absatz 8 DBG bzw. Artikel 5 Absatz 1^{septies} VStG). Zusätzlich gutgeschrieben werden die innerhalb des gleichen Kapitalbands zurückbezahlten KER bzw. Ausland-KER sowie die nicht über eine zweite Handelslinie zurückbezahlten übrigen Reserven, welche durch die Anteilsinhaber wieder einbezahlt wurden (Beispiel 4 im Anhang).

3.2. Übrige Reserven

Die laufenden und thesaurierten Gewinne, verdeckte Kapitaleinlagen sowie offene Kapitaleinlagen, welche nicht direkt von den Beteiligungsinhabern stammen, gelten steuerlich als übrige Reserven. Gleiches gilt für offene Kapitaleinlagen, die in der Handelsbilanz nicht gesondert ausgewiesen wurden. Eine Umqualifikation von übrigen Reserven in KER bzw. Ausland-KER ist unzulässig und wird steuerlich nicht anerkannt.

4. Ausschüttungen / Rückzahlungen allgemein

4.1. Grundsätze

Die Aufteilung der Ausschüttungen der Kapitalgesellschaft oder Genossenschaft in Rückzahlung aus KER bzw. Ausland-KER und Ausschüttungen aus übrigen Reserven erfolgt unter Berücksichtigung der handelsrechtlichen Bestimmungen (Art. 671 – 675a OR) nach freiem Ermessen der ausschüttenden Kapitalgesellschaft oder Genossenschaft aufgrund der Verbuchung und Qualifikation der Reserven in der Handelsbilanz der ausschüttenden Gesellschaft (quellenmässige Betrachtungsweise).

Für Kapitalgesellschaften und Genossenschaften, die der Verrechnungssteuer gemäss Artikel 9 Absatz 1 VStG unterliegen, ist die steuerliche Beurteilung der Ausschüttungen durch die Verrechnungssteuer auch für die direkten Steuern massgeblich.

Ausschüttungen von Kapitalgesellschaften oder Genossenschaften sind in dem Umfang steuerbar, als sie auf die Ausschüttung von übrigen Reserven entfallen. Für die Berechnung des steuerbaren Teils der Ausschüttung wird die gesamte Ausschüttung um den Anteil gekürzt, welcher gemäss Gewinnverwendungsbeschluss der Generalversammlung den KER bzw. Ausland-KER belastet wird.

Der so ermittelte steuerbare Teil der Ausschüttung gilt für sämtliche ausschüttungsberechtigten Anteile.

Beispiel:

Gewinnvortrag	100	
Jahresgewinn	1700	
Auflösung Kapitalreserven	**300**	(KER bzw. Ausland-KER)
Auflösung Gewinnreserven	100	(übrige Reserven)
Total zur Verfügung der Generalversammlung	2200	
Dividende	**2000**	
Vortrag auf neue Rechnung	200	
Total Ausschüttung	2000	100%
./. Anteil KER bzw. Ausland-KER	- 300	15%
Anteil übrige Reserven	1700	85%

Die Rückzahlungen von KER bzw. Ausland-KER sind gemäss Artikel 5 Absatz 1bis VStG und Artikel 3 Absatz 1 der Verordnung vom 19. Dezember 1966 über die Verrechnungssteuer (VStV; SR 642.211) in der Abrechnung gesondert auszuweisen und über einen nur diesem Zweck dienenden Coupon auszurichten.

Liegen keine detaillierten Angaben über die Aufteilung der Ausschüttung vor, wird sie steuerlich vorab als Ausschüttung von übrigen Reserven qualifiziert.

Rückzahlungen aus KER bzw. Ausland-KER einer Kapitalgesellschaft oder Genossenschaft unterliegen weder der Einkommenssteuer (Art. 20 Abs. 3 DBG) noch der Verrechnungssteuer (Art. 5 Abs. 1bis VStG).

Ausschüttungen aus übrigen Reserven einer Kapitalgesellschaft oder Genossenschaft sind nach Artikel 20 Absatz 1 Buchstabe c DBG oder Artikel 20 Absatz 1bis DBG steuerbar und unterliegen nach Artikel 4 Absatz 1 Buchstabe b VStG der Verrechnungssteuer.

Verdeckte Gewinnausschüttungen qualifizieren als Ausschüttungen aus übrigen Reserven und sind nach Artikel 20 Absatz 1 Buchstabe c oder 20 Absatz 1bis DBG steuerbar und unterliegen nach Artikel 4 Absatz 1 Buchstabe b VStG der Verrechnungssteuer.

Die gesetzlichen Bestimmungen im DBG über Rückzahlungen von KER gelten für in- und ausländische Gesellschaften. Ohne gesonderten Ausweis der KER in der Handelsbilanz oder einem auf andere Art erbrachten Nachweis über das Vorliegen und die Rückzahlung von qualifizierenden Kapitaleinlagen durch die in der Schweiz ansässigen Beteiligungsinhaber unterliegen Ausschüttungen von ausländischen Kapitalgesellschaften oder Genossenschaften der direkten Bundessteuer (Einkommenssteuer) nach Artikel 20 Absatz 1 Buchstabe c oder 20 Absatz 1bis DBG.

Stehen Ausschüttungen aus Kapitalgesellschaften und Genossenschaften nicht sämtlichen Ausschüttungsberechtigten gleichermassen zu, so darf die Rückzahlung von KER bzw. Ausland-KER gemessen an der gesamten Ausschüttung für jeden Berechtigten höchstens dem proportionalen Anteil der KER bzw. Ausland-KER an den gesamten Reserven der Kapitalgesellschaft oder Genossenschaft entsprechen. Gleiches gilt innerhalb von verschiedenen Anteilsklassen, sofern die Statuten verschiedene Anteilsklassen (Vorzugsaktien) mit Vorrechten auf Rückzahlung von KER bzw. Ausland-KER vorsehen.

Einlagen in die Reserven aus Kapitaleinlagen, die während eines Kapitalbands nach den Artikeln 653s ff. OR geleistet werden, können aufgrund der Nettobetrachtung erst nach Beendigung des Kapitalbands als KER oder Ausland-KER bestätigt und ohne Einkommenssteuer- (Art. 20 Abs. 3 DBG) oder Verrechnungssteuerfolgen (Art. 5 Abs. 1bis VStG) zurückbezahlt werden.

4.2. Spezialfälle

4.2.1. Gratisaktien und Gratisnennwerterhöhungen

Soweit Gratisaktien oder Gratisnennwerterhöhungen zu Lasten von übrigen Reserven liberiert werden, unterliegen sie der direkten Bundessteuer (Einkommenssteuer) nach Artikel 20 Absatz 1 Buchstabe c oder 20 Absatz 1bis DBG und der Verrechnungssteuer nach Artikel 4 Absatz 1 Buchstabe b VStG.

Soweit die Liberierung zu Lasten der KER bzw. Ausland-KER erfolgt, unterliegen Gratisaktien oder Gratisnennwerterhöhungen weder der Einkommenssteuer (Art. 20 Abs. 3 DBG) noch der Verrechnungssteuer (Art. 5 Abs. 1bis VStG). Der steuerbare Anteil der Liberierung ist nach den in Ziffer 4.1. festgehaltenen Grundsätzen zu berechnen.

4.2.2. Direkte Teilliquidation

Der steuerbare Anteil des Liquidationserlöses ist nach den in Ziffer 4.1. festgehaltenen Grundsätzen zu berechnen.

4.2.3. Rückkauf eigener Beteiligungsrechte

Werden Beteiligungsrechte, deren Rückkauf bereits zu einer sofortigen oder aufgeschobenen Besteuerung als Teilliquidation geführt hat, wieder ausgegeben, so qualifiziert der Teil des Veräusserungserlöses, der über dem Nennwert liegt und soweit er den übrigen Reserven belastet werden kann, als KER (vgl. Kreisschreiben Nr. 5a der ESTV vom 1.2.2022, Ziffer 6).

Der nach Artikel 959a Absatz 2 Ziffer 3 Buchstabe e OR notwendige Ausweis der eigenen Beteiligungsrechte kann als Minusposten unter den gesetzlichen oder freien Kapitalreserven erfolgen, wobei nur der Ausweis gegen KER bzw. Ausland-KER bewirkt, dass bei einer Vernichtung der Beteiligungsrechte oder bei einem Fristenablauf gemäss Artikel 4a VStG sich weder Einkommens- noch Verrechnungssteuerfolgen ergeben. Zurückgekaufte eigene Beteiligungsrechte, die innerhalb der Fristen gemäss Artikel 4a VStG weiterveräussert werden, verändern den Minusposten für eigene Beteiligungsrechte, nicht aber den Bestand der KER bzw. Ausland-KER. Werden eigene Beteiligungsrechte nicht innerhalb der Frist nach Artikel 4a VStG weiterveräussert, erfolgt die Besteuerung aufgrund des Ausweises der eigenen Beteiligungsrechte als Minusposten im Zeitpunkt des Erwerbs unter den Gewinn- oder den gesetzlichen oder freien Kapitalreserven.

4.2.4. Indirekte Teilliquidation

Die Besteuerung des Vermögensertrags aus einer indirekten Teilliquidation nach Artikel 20a Absatz 1 Buchstabe a DBG richtet sich nach der Verbuchung der Ausschüttung in der Kapitalgesellschaft oder Genossenschaft, deren Beteiligungsrechte verkauft worden sind. Der steuerbare Anteil ist nach den in Ziffer 4.1. festgehaltenen Grundsätzen zu berechnen.

4.2.5. Transponierung

In Artikel 20a Absatz 1 Buchstabe b DBG werden die Steuerfolgen der Übertragung von Grund- oder Stammkapital einer Kapitalgesellschaft oder Genossenschaft aus dem Privatins Geschäftsvermögen einer Personenunternehmung oder juristischen Person, an welcher der Veräusserer oder Einbringer nach der Übertragung zu mindestens 50 Prozent am Kapital beteiligt ist, geregelt. Gleiches gilt sinngemäss auch, wenn mehrere Beteiligte die Übertragung gemeinsam vornehmen, d.h. eine gemeinsame Willensbildung vorliegt. Eine solche ist bei der Annahme eines öffentlichen Kaufangebots gemäss Artikel 125 ff. des Bundesgesetzes vom 19. Juni 2015 über die Finanzmarktinfrastrukturen und das Marktverhalten im Effekten- und Derivatehandel (Finanzmarktinfrastrukturgesetz, FinfraG; SR 958.1) nicht gegeben. Wirtschaftlich stellt eine solche Übertragung keine Veräusserung, sondern eine Vermögensumschichtung dar. Dieser als Transponierung bezeichnete Tatbestand führt dazu, dass der den Nennwert zuzüglich den anteiligen KER bzw. Ausland-KER übersteigende Erlös als Ertrag aus beweglichem Vermögen qualifiziert.

Wird die Beteiligung zu einem Wert übertragen, welcher den Nennwert zuzüglich der anteiligen KER bzw. Ausland-KER übersteigt, und wird dieser Mehrwert dem Nominalkapital und/oder den Reserven der übernehmenden Kapitalgesellschaft oder Genossenschaft gutgeschrieben, ergeben sich je nach der Verbuchung unterschiedliche Steuerfolgen:

- Wird der Mehrwert dem Nominalkapital und/oder den KER bzw. Ausland-KER gutgeschrieben, ist beim Einleger die Zunahme des Nominalkapitals und der KER bzw. Ausland-KER als Ertrag aus beweglichem Vermögen nach Artikel 20a Absatz 1 Buchstabe b DBG in Verbindung mit Artikel 20 Absatz 3 DBG steuerbar. Betreffend die Berechnung des steuerbaren Ertrages siehe Beispiele im Anhang dieses Kreisschreibens.

- Wird der Mehrwert den übrigen Reserven gutgeschrieben, bleibt die latente Ausschüttungslast erhalten und die Übertragung ist steuerneutral.

Für sämtliche Beteiligungsübertragungen vor dem 1. Januar 1997 qualifiziert der Ausweis des gesamten über dem Nennwert liegenden Mehrwertes als übrige Reserve.

Für Beteiligungsübertragungen nach dem 31. Dezember 1996 bis zum 31. Dezember 2010 gelten die gleichen Grundsätze wie für Übertragungen nach dem 31. Dezember 2010. Somit qualifiziert der Ausweis des gesamten über dem Nennwert zuzüglich der KER im Zeitpunkt der Übertragung liegenden Mehrwertes als übrige Reserve.

Für Erlöse aus Beteiligungsübertragungen zwischen dem 31. Dezember 2006 und dem 31. Dezember 2019, die nicht als Ertrag aus beweglichem Vermögen gemäss während diesem Zeitraum geltenden Artikel 20a Absatz 1 Buchstabe b DBG qualifizieren, kann der gesamte über dem Nennwert liegende Mehrwert den KER bzw. Ausland-KER gutgeschrieben werden.

5. Ausschüttungen und Teilliquidationen von an einer schweizerischen Börse kotierten Kapitalgesellschaften oder Genossenschaften

Die Ausschüttungs- und Teilliquidationsregel gemäss STAF geht mit Wirkung für die Publikumsgesellschaften den in Ziff. 4.1. und Ziff. 4.2. hiervor definierten Grundsätzen vor.

5.1. Ausschüttungsregel

Gemäss Artikel 20 Absatz 4 DBG und Artikel 5 Absatz 1ter VStG sind Publikumsgesellschaften nicht mehr frei, wie sie die Aufteilung der Ausschüttungen in Rückzahlung aus KER und Ausschüttungen aus übrigen Reserven vornehmen. Zwingend sind mindestens im gleichen Umfang wie KER auch übrige steuerbare Reserven auszuschütten. Dies jedoch nur solange und soweit noch übrige Reserven vorhanden sind.

5.1.1. Handelsrechtlich ausschüttungsfähige übrige Reserven

Die handelsrechtlich ausschüttungsfähigen übrigen Reserven bestimmen sich nach dem Bestand des in der ordentlichen Jahresbilanz der ausschüttenden Gesellschaft ausgewiesenen Eigenkapitals vor der Ausschüttung unter Abzug des Aktien-, Genossenschafts- oder Stammkapitals, der KER und Ausland-KER und des maximal möglichen Umfanges der gesetzlichen Reserven gemäss OR (vgl. Art. 671 – 675a, 804 sowie 860 OR).

5.1.2. Regelverletzung

Wird die Ausschüttungsregel nicht eingehalten, ist mit Wirkung für die Einkommens- und Verrechnungssteuer die halbe Differenz zwischen der Rückzahlung von KER und den übrigen Reserven steuerbar, höchstens jedoch bis zu den vorhandenen, handelsrechtlich ausschüttungsfähigen übrigen Reserven. Soweit handelsrechtlich ausgeschüttete KER aufgrund der Regelverletzung den übrigen Reserven belastet werden müssen, sind diese in der Handelsbilanz mit dem entsprechenden Betrag dem gesonderten Konto für KER zuzuweisen.

Damit wird erreicht, dass sämtliche KER steuerfrei zurückbezahlt werden können. Es stellt sich einzig eine Verschiebung der steuerfreien Rückzahlungen von KER auf der Zeitachse ein.

5.1.3. Ausland-KER nach Artikel 5 Absatz 1^{quater} Buchstaben a und b VStG

Als Ausland-KER nach Artikel 5 Absatz 1^{quater} Buchstaben a und b VStG gelten offen durch die Beteiligungsinhaber geleistete Kapitaleinlagen, die:

- bei fusionsähnlichen Zusammenschlüssen durch Einbringen von Beteiligungs- und Mitgliedschaftsrechten einer ausländischen Kapitalgesellschaft oder Genossenschaft in eine inländische Kapitalgesellschaft oder Genossenschaft oder durch grenzüberschreitende Übertragung auf eine inländische Tochtergesellschaft nach dem 24. Februar 2008 entstanden sind;
- im Zeitpunkt einer grenzüberschreitenden Fusion oder Umstrukturierung nach dem 24. Februar 2008 bereits in einer ausländischen Kapitalgesellschaft oder Genossenschaft vorhanden waren und die Kapitaleinlagen gemäss den allgemeinen Grundsätzen nach dem 31. Dezember 1996 geleistet wurden.

5.1.4. *Ausnahmen*

Die Ausschüttungsregel (vgl. Ziff. 5.1. hiervor) gilt aufgrund der Artikel 20 Absatz 5 Buchstaben a - c DBG und Artikel 5 Absatz 1^{quater} Buchstaben a – d VStG nicht für Rückzahlungen von Ausland-KER. Publikumsgesellschaften können Ausland-KER nach den allgemeinen Grundsätzen zurückzahlen (vgl. Ziff. 4.1.hiervor).

Zudem findet die Ausschüttungsregel mit Wirkung für die Verrechnungssteuer keine Anwendung bei Rückzahlungen von KER an juristische Personen, die zu mindestens 10 Prozent am Grund- oder Stammkapital an der leistenden Gesellschaft beteiligt sind sowie bei Liquidation oder Verlegung der tatsächlichen Verwaltung der Kapitalgesellschaft oder Genossenschaft ins Ausland.

5.1.5. *Gratisaktien und Gratisnennwerterhöhungen*

Soweit Gratisaktien oder Gratisnennwerterhöhungen zu Lasten von übrigen Reserven oder der Ausland-KER liberiert werden, gelten die allgemeinen Grundsätze (vgl. Ziff. 4.2.1. hiervor). Soweit die Liberierung zu Lasten der KER erfolgt findet die Ausschüttungsregel (vgl. Ziff. 5.1. hiervor) und allenfalls die Besteuerung gemäss Regelverletzung (vgl. Ziff. 5.1.2. hiervor) Anwendung.

5.2. *Teilliquidationsregel*

Aufgrund von Artikel 20 Absatz 7 DBG und Artikel 4a Absatz 4 VStG haben Publikumsgesellschaften beim Erwerb eigener Beteiligungsrechte zur direkten Teilliquidation oder nach Ablauf der Haltefristen nach Artikel 4a Absätze 2 und 3 VStG mindestens die Hälfte des Liquidationsüberschusses den KER oder den Ausland-KER zu belasten, höchstens jedoch im Umfang des Totals der KER und der Ausland-KER.

5.2.1. *Regelverletzung*

Wird die Teilliquidationsregel nicht eingehalten, werden die KER und in zweiter Linie die Ausland-KER so vermindert, dass mindestens die Hälfte der Rückzahlung aus KER und/oder Ausland-KER erfolgt. Die Einkommens- und Verrechnungssteuern sind auf dem Teil, der auf KER oder Ausland-KER fällt, nicht geschuldet. Die Kapitalgesellschaft oder Genossenschaft erhöht die übrigen Reserven um den nicht der Verrechnungssteuer unterliegenden Betrag.

6. Umstrukturierungen allgemein

6.1. Übertragung eines Betriebes oder Teilbetriebes einer Personenunternehmung auf eine juristische Person

Der handelsrechtliche Aktivenüberschuss der übertragenen Vermögenswerte (Buchwertübernahme) kann in der Handelsbilanz der übernehmenden Kapitalgesellschaft oder Genossenschaft steuerneutral als KER ausgewiesen werden, soweit er das Grund- oder Stammkapital übersteigt.

Werden infolge Sperrfristverletzung die übertragenen stillen Reserven nach Artikel 19 Absatz 2 DBG im Nachsteuerverfahren besteuert, kann in der Handelsbilanz der übernehmenden Kapitalgesellschaft oder Genossenschaft keine KER ausgewiesen werden.

6.2. Zusammenschluss (Fusion)

6.2.1. Echte und unechte Fusion unabhängiger Gesellschaften

a) Direkte Bundessteuer (Einkommenssteuer)

Das Fusionsagio stellt nur in dem Umfang eine ausweisbare KER bzw. Ausland-KER dar, als es aus einbezahltem Grund- oder Stammkapital oder bestehenden KER bzw. Ausland-KER der übernommenen Gesellschaft stammt.

Bei einer Fusion erzielen beteiligte Privatpersonen in dem Umfange Vermögensertrag, als ihnen höherer Nennwert, Ausgleichszahlungen oder andere geldwerte Vorteile zu Lasten der übrigen Reserven zufliessen.

Nennwertgewinne und -verluste sowie Gewinne und Verluste von KER bzw. Ausland-KER können miteinander und gegenseitig verrechnet werden.

b) Verrechnungssteuer

Reserven, die bei einer Umstrukturierung in die übrigen Reserven einer inländischen Kapitalgesellschaft oder Genossenschaft übergehen, sind nach Artikel 5 Absatz 1 Buchstabe a VStG von der Verrechnungssteuer ausgenommen. Dabei wird vorausgesetzt, dass das übertragene Verrechnungssteuersubstrat erhalten bleibt.

Die bei einer Fusion den Inhabern der Beteiligungsrechte oder diesen nahestehenden Dritten zukommenden Ausgleichszahlungen, Gratisaktien, Gratisnennwerterhöhungen und sonstigen Erträge unterliegen nach Artikel 4 Absatz 1 Buchstabe b VStG der Verrechnungssteuer, sofern sie zu Lasten der übrigen Reserven einer inländischen Kapitalgesellschaft oder Genossenschaft erfolgen.

Nennwertgewinne und -verluste sowie Gewinne und Verluste von KER bzw. Ausland-KER können miteinander und gegenseitig verrechnet werden.

6.2.2. Echte und unechte Fusion verbundener Gesellschaften

Siehe Ausführungen unter Ziffer 6.2.1. hiervor unter Beachtung folgender Besonderheiten:

a) Direkte Bundessteuer (Einkommenssteuer)

Übernimmt eine Gesellschaft mit echter Unterbilanz durch Absorption die Aktiven und Passiven einer von den gleichen Gesellschaftern (Privatpersonen) beherrschten Gesellschaft mit Reserven und Gewinnvortrag, erlangen die Gesellschafter durch diese Sanierung nur dann einen geldwerten Vorteil gemäss Artikel 20 Absatz 1 Buchstabe c oder 20 Absatz 1bis DBG, wenn und soweit durch die Fusion übrige Reserven untergehen.

Gleiches gilt für Vorteilszuwendungen an eine Schwestergesellschaft mit echter Unterbilanz.

b) Verrechnungssteuer

Übernimmt eine Kapitalgesellschaft oder Genossenschaft mit echter Unterbilanz eine über Reserven verfügende Kapitalgesellschaft oder Genossenschaft oder umgekehrt, erlangen die Anteilsinhaber eine geldwerte Leistung im Umfang der untergehenden übrigen Reserven.

6.2.3. Absorption einer Tochtergesellschaft („Up-Stream Merger")

a) Direkte Bundessteuer (Gewinnsteuer)

Entsteht durch die Übernahme von Aktiven und Passiven der übertragenden Gesellschaft ein Buchgewinn, so ist dieser Gewinn Bestandteil des steuerbaren Reingewinns. In der aufnehmenden Gesellschaft ist dieser Gewinn aus Fusion den übrigen Reserven zuzurechnen (Art. 61 Abs. 5 DBG).

b) Verrechnungssteuer

Analog zur direkten Bundessteuer qualifiziert der ausgewiesene Buchgewinn als übrige Reserve.

6.2.4. Absorption der Muttergesellschaft („Reverse Merger")

a) Direkte Bundessteuer (Gewinnsteuer)

Bei einer Absorption der Muttergesellschaft erzielen beteiligte Privatpersonen in dem Umfang Beteiligungsertrag, als ihnen höherer Nennwert, Ausgleichszahlungen oder andere geldwerte Vorteile zufliessen. Verfügt die übernehmende Tochtergesellschaft über höhere KER, bzw. Ausland-KER, werden diese nach der Absorption der Muttergesellschaft auf die Höhe der bei der Muttergesellschaft vorhandenen KER bzw. Ausland-KER reduziert. Nennwertgewinne und der Zuwachs an KER bzw. Ausland-KER können mit entsprechenden Verlusten bzw. Abnahmen verrechnet werden.

Ein allfälliges Fusionsagio stellt nur in dem Umfang eine ausweisbare KER bzw. Ausland-KER dar, soweit es dem liberierten Grund- oder Stammkapital und den bestehenden KER bzw. Ausland-KER der übernommenen Muttergesellschaft entspricht, und soweit das liberierte Grund- oder Stammkapital und die bestehenden KER bzw. Ausland-KER der Muttergesellschaft das bereits bestehende liberierte Grund- oder Stammkapital und die KER bzw. Ausland-KER der Tochtergesellschaft übersteigen.

b) Verrechnungssteuer

Bei einer Absorption der Muttergesellschaft den Inhabern der Beteiligungsrechte zukommende höhere Nennwerte, Ausgleichszahlungen oder andere geldwerte Vorteile unterliegen nach Artikel 4 Absatz 1 Buchstabe b VStG grundsätzlich der Verrechnungssteuer. Verfügt die übernehmende Tochtergesellschaft über höhere KER bzw. Ausland-KER, werden diese nach der Absorption der Muttergesellschaft auf die Höhe der bei der Muttergesellschaft vorhandenen KER bzw. Ausland-KER reduziert. Nennwertgewinne und der Zuwachs an KER bzw. Ausland-KER können mit entsprechenden Verlusten/Abnahmen verrechnet werden.

Ein allfälliges Fusionsagio stellt nur in dem Umfang eine ausweisbare KER bzw. Ausland-KER dar, soweit es dem liberierten Grund- oder Stammkapital und den bestehenden KER bzw. Ausland-KER der übernommenen Muttergesellschaft entspricht, und soweit das liberierte Grund- oder Stammkapital und die bestehenden KER bzw. Ausland-KER der Muttergesellschaft das bereits bestehende liberierte Grund- oder Stammkapital und die KER bzw. Ausland-KER der Tochtergesellschaft übersteigen.

6.2.5. *Fusionsähnlicher Zusammenschluss („Quasifusion")*

a) Direkte Bundessteuer

Werden im Rahmen einer Quasifusion Beteiligungsrechte in eine Kapitalgesellschaft oder Genossenschaft eingebracht, qualifiziert die gesamte Sacheinlage als offene Kapitaleinlage. Der die Erhöhung des Grund- oder Stammkapitals übersteigende Teil dieser offenen Kapitaleinlage kann in der Handelsbilanz als KER bzw. Ausland-KER ausgewiesen werden. Dabei ist aber die Regelung der Transponierung in Artikel 20a Absatz 1 Buchstabe b DBG zu beachten (vgl. Ziff. 4.2.5. hiervor).

b) Verrechnungssteuer

Mit Ausnahme der Transponierung ergeben sich die gleichen Steuerfolgen wie bei der direkten Bundessteuer. Erfolgt die Einbringung einer Beteiligung an einer inländischen Kapitalgesellschaft oder Genossenschaft durch einen Aktionär mit Sitz/Wohnsitz im Ausland ist der Vorgang unter dem Aspekt von Artikel 21 Absatz 2 VStG (Steuerumgehung) zu prüfen.

6.3. Umwandlung

6.3.1. *Umwandlung einer Kapitalgesellschaft oder Genossenschaft in eine andere Kapitalgesellschaft oder Genossenschaft*

a) Direkte Bundessteuer (Einkommenssteuer)

Bei einer Umwandlung erzielen beteiligte Privatpersonen in dem Umfang Vermögensertrag, als ihnen höherer Nennwert, Ausgleichszahlungen oder andere geldwerte Vorteile zu Lasten der übrigen Reserven der umgewandelten Gesellschaft oder Genossenschaft zufliessen.

b) Verrechnungssteuer

Die bei einer Umwandlung den Inhabern der Beteiligungsrechte oder diesen nahestehenden Dritten zukommenden Ausgleichszahlungen, Gratisaktien, Gratisnennwerterhöhungen und sonstigen Erträge unterliegen nach Artikel 4 Absatz 1 Buchstabe b VStG der Verrechnungssteuer, sofern sie zu Lasten der übrigen Reserven einer inländischen Kapitalgesellschaft oder Genossenschaft erfolgen.

6.3.2. Umwandlung einer Kapitalgesellschaft oder Genossenschaft in einen Verein, in eine Stiftung oder eine übrige juristische Person

a) Direkte Bundessteuer (Einkommenssteuer)

Die Umwandlung kommt steuerlich einer Liquidation gleich. Der Liquidationsüberschuss (Verkehrswert des Aktivenüberschusses abzüglich des Nennwertes und der KER bzw. Ausland-KER) unterliegt bei den bisher beteiligten natürlichen Personen der Einkommenssteuer.

b) Verrechnungssteuer

Die Umwandlung einer Kapitalgesellschaft oder Genossenschaft in einen Verein, in eine Stiftung oder in eine übrige juristische Person kommt steuerlich einer Liquidation gleich. Auf dem Liquidationsüberschuss (Verkehrswert des Aktivenüberschusses abzüglich des Nennwertes und der KER bzw. Ausland-KER) ist die Verrechnungssteuer geschuldet.

6.3.3. Umwandlung eines Vereins, einer Stiftung oder einer übrigen juristischen Person in eine Kapitalgesellschaft oder Genossenschaft

a) Direkte Bundessteuer (Einkommenssteuer)

Bei einer Umwandlung eines Vereins, einer Stiftung oder einer übrigen juristischen Person in eine Kapitalgesellschaft oder Genossenschaft erzielen Privatpersonen, die dadurch in den Besitz von Beteiligungsrechten an der neuen Kapitalgesellschaft oder Genossenschaft kommen, im Umfang der Differenz zwischen Verkehrswert und Ausgabepreis der Beteiligungsrechte steuerbares Einkommen (Art. 16 Abs. 1 DBG).

b) Verrechnungssteuer

Die bei einer Umwandlung eines Vereins, einer Stiftung oder einer übrigen juristischen Person in eine Kapitalgesellschaft oder Genossenschaft ausgegebenen Beteiligungsrechte unterliegen nicht der Verrechnungssteuer, da sie zu Lasten des Aktivenüberschusses einer nicht verrechnungssteuerpflichtigen juristischen Person (Verein, Stiftung oder übrige juristische Person) begründet werden.

Bei einer direkten Umwandlung eines im Handelsregister eingetragenen Vereins in eine Kapitalgesellschaft oder in eine Genossenschaft durch Rechtsformwechsel und bei einer Umwandlung mittels Vermögensübertragung können keine KER gebildet werden.

Bei einer indirekten Umwandlung durch Sacheinlagegründung kann der ausgewiesene Aktivenüberschuss der Vermögenswerte gemäss Handelsbilanz der Kapitalgesellschaft oder Genossenschaft steuerneutral als KER ausgewiesen werden, soweit er das Grund- oder Stammkapital übersteigt.

6.3.4. Umwandlung eines Instituts des öffentlichen Rechts in eine Kapitalgesellschaft oder in eine Genossenschaft

a) Direkte Bundessteuer (Einkommenssteuer) nicht betroffen

Bei einer direkten Umwandlung eines Instituts des öffentlichen Rechts in eine Kapitalgesellschaft oder in eine Genossenschaft durch Rechtsformwechsel können keine KER gebildet werden.

Bei einer indirekten Umwandlung durch Sacheinlagegründung kann der ausgewiesene Aktivenüberschuss der Vermögenswerte in der Handelsbilanz der Kapitalgesellschaft oder Genossenschaft steuerneutral als KER ausgewiesen werden, soweit er das Grund- oder Stammkapital übersteigt.

b) Verrechnungssteuer

Die bei einer Umwandlung eines Instituts des öffentlichen Rechts in eine Kapitalgesellschaft oder Genossenschaft ausgegebenen Beteiligungsrechte unterliegen nicht der Verrechnungssteuer, da sie zu Lasten des Aktivenüberschusses einer nicht verrechnungssteuerpflichtigen Körperschaft begründet werden.

6.3.5. Umwandlung einer Kapitalgesellschaft oder Genossenschaft in eine Personenunternehmung

a) Direkte Bundessteuer (Einkommenssteuer)

Bei der Umwandlung findet eine Liquidation der Kapitalgesellschaft oder Genossenschaft statt. Der Liquidationsüberschuss (Verkehrswert des Aktivenüberschusses abzüglich des Nennwertes und der KER bzw. Ausland-KER) unterliegt bei den bisher beteiligten natürlichen Personen der Einkommenssteuer.

b) Verrechnungssteuer

Die Umwandlung einer Kapitalgesellschaft oder Genossenschaft in eine Personenunternehmung kommt steuerlich einer Liquidation gleich. Auf dem Liquidationsüberschuss (Verkehrswert des Aktivenüberschusses abzüglich des Nennwertes und der KER bzw. Ausland-KER) ist die Verrechnungssteuer geschuldet.

6.4. Spaltung

a) Direkte Bundessteuer (Einkommenssteuer)

Die bei einer Spaltung den Inhabern der gesellschaftlichen Beteiligungsrechte an der übernehmenden Gesellschaft zukommenden Gratisaktien und Gratisnennwerterhöhungen unterliegen nach Artikel 20 Absatz 1 Buchstabe c DBG der Einkommenssteuer, soweit sie nicht zu Lasten des Nennwertes der Beteiligungsrechte oder von KER bzw. Ausland-KER der übertragenden Gesellschaft erfolgen.

Erfolgt die Spaltung nicht gewinnsteuerneutral, liegt eine Vorteilszuwendung unter Schwestergesellschaften (vgl. Ziff. 2.2.1. hiervor) vor.

b) Verrechnungssteuer

Die bei einer Spaltung den Inhabern der Beteiligungsrechte an der übernehmenden Gesellschaft zukommenden Gratisaktien und Gratisnennwerterhöhungen unterliegen nach Artikel 4 Absatz 1 Buchstabe b VStG der Verrechnungssteuer, soweit sie nicht zu Lasten des Nennwertes der Beteiligungsrechte oder der KER bzw. Ausland-KER der übertragenden Gesellschaft erfolgen.

Erfolgt eine Abspaltung auf eine sanierungsbedürftige Schwestergesellschaft, erlangen die Anteilsinhaber eine geldwerte Leistung im Umfang der untergehenden übrigen Reserven. Erfolgt die Spaltung nicht gewinnsteuerneutral, liegt eine Vorteilszuwendung unter Schwestergesellschaften vor (vgl. Ziff. 2.2.1. hiervor).

6.5. Ausgliederung

a) Direkte Bundessteuer (Einkommenssteuer)

Nicht betroffen.

b) Direkte Bundessteuer (Gewinnsteuer)

Der übertragene und ausgewiesene Aktivenüberschuss der Vermögenswerte kann in der Handelsbilanz der übernehmenden Kapitalgesellschaft oder Genossenschaft steuerneutral als KER, bei Übertragungen aus dem Ausland nach Artikel 5 Absatz 1^{quater} Buchstaben a und b VStG als Ausland-KER ausgewiesen und/oder für die Liberierung von Grund- oder Stammkapital verwendet werden.

Werden infolge Sperrfristverletzung die übertragenen stillen Reserven nach Artikel 61 Absatz 2 DBG im Nachsteuerverfahren besteuert, kann in der Handelsbilanz der übernehmenden Kapitalgesellschaft oder Genossenschaft keine KER ausgewiesen werden.

c) Verrechnungssteuer

Der übertragene und ausgewiesene Aktivenüberschuss der Vermögenswerte kann in der Handelsbilanz der übernehmenden Kapitalgesellschaft oder Genossenschaft als KER bzw. Ausland-KER ausgewiesen und/oder für die Liberierung von Grund- oder Stammkapital verwendet werden.

6.6. Übertragung zwischen inländischen Konzerngesellschaften

a) Direkte Bundessteuer (Einkommenssteuer)

Nicht betroffen.

b) Direkte Bundessteuer (Gewinnsteuer)

Erfolgt die steuerneutrale Übertragung zu Lasten der offenen Reserven einer Tochtergesellschaft an die Muttergesellschaft, stellt der erhaltene Aktivenüberschuss einen Beteiligungsertrag dar. Falls der Aktivenüberschuss nicht über die Erfolgsrechnung, sondern direkt über die Reserven verbucht wird, qualifiziert der Zugang als übrige Reserve.

Erfolgt eine steuerneutrale Übertragung zu Lasten der Reserven der übertragenden Gesellschaft, verbucht die übernehmende Schwestergesellschaft den erhaltenen Aktivenüberschuss spiegelbildlich zu Gunsten ihrer Reserven. Dies gilt sowohl für übrige Reserven als auch für KER bzw. Ausland-KER.

c) Verrechnungssteuer

Erfolgt die steuerneutrale Übertragung zu Lasten der offenen Reserven einer Tochtergesellschaft an die Muttergesellschaft und wird der erhaltene Aktivenüberschuss nicht über die Erfolgsrechnung, sondern direkt über die Reserven verbucht, qualifiziert der Zugang als übrige Reserve.

Erfolgt eine steuerneutrale Übertragung zu Lasten der Reserven der übertragenden Gesellschaft, verbucht die übernehmende Schwestergesellschaft den erhaltenen Aktivenüberschuss spiegelbildlich zu Gunsten ihrer Reserven. Dies gilt sowohl für übrige Reserven als auch für KER bzw. Ausland-KER.

7. Umstrukturierungen von an einer schweizerischen Börse kotierten Kapitalgesellschaften oder Genossenschaften

7.1. Zusammenschluss (Fusion)

7.1.1. Echte und unechte Fusion unabhängiger Gesellschaften

a) Direkte Bundessteuer (Einkommenssteuer)

Das Fusionsagio stellt nur in dem Umfang eine ausweisbare KER bzw. Ausland-KER dar, als es aus bestehenden KER bzw. Ausland-KER der übernommenen Gesellschaft stammt. Stammt das Grund- oder Stammkapital aus KER, gelten die Bestimmungen zu Ziff. 5.1.5 hiervor.

Bei einer Fusion erzielen beteiligte Privatpersonen in dem Umfang steuerbaren Vermögensertrag, als ihnen höherer Nennwert, Ausgleichszahlungen oder andere geldwerte Vorteile zu Lasten der übrigen Reserven zufliessen.

Nennwertgewinne und -verluste sowie Gewinne und Verluste von KER bzw. Ausland-KER können miteinander und gegenseitig verrechnet werden.

b) Verrechnungssteuer

Reserven, die bei einer Umstrukturierung in die übrigen Reserven einer inländischen Kapitalgesellschaft oder Genossenschaft übergehen, sind nach Artikel 5 Absatz 1 Buchstabe a VStG von der Verrechnungssteuer ausgenommen. Dabei wird vorausgesetzt, dass das übertragene Verrechnungssteuersubstrat erhalten bleibt.

Die bei einer Fusion den Inhabern der Beteiligungsrechte oder diesen nahestehenden Dritten zukommenden Ausgleichszahlungen, Gratisaktien, Gratisnennwerterhöhungen und sonstigen Erträge unterliegen nach Artikel 4 Absatz 1 Buchstabe b VStG der Verrechnungssteuer, sofern sie zu Lasten der übrigen Reserven einer inländischen Kapitalgesellschaft oder Genossenschaft erfolgen. Stammt das Grund- oder Stammkapital aus KER, gelten die Bestimmungen zu Ziff. 5.1.5 hiervor.

Nennwertgewinne und -verluste sowie Gewinne und Verluste von KER bzw. Ausland-KER können miteinander und gegenseitig verrechnet werden.

7.1.2. Echte und unechte Fusion verbundener Gesellschaften

Analog Ausführungen unter Ziffer 6.2.2. hiervor.

7.1.3. Absorption einer Tochtergesellschaft („Up-Stream Merger")

Analog Ausführungen unter Ziffer 6.2.3. hiervor.

7.1.4. Absorption der Muttergesellschaft („Reverse Merger")

Analog Ausführungen unter Ziffer 6.2.4. hiervor.

7.1.5. Fusionsähnlicher Zusammenschluss („Quasifusion")

Analog Ausführungen unter Ziffer 6.2.5. hiervor.

7.2. Umwandlung

7.2.1. Umwandlung einer Kapitalgesellschaft oder Genossenschaft in eine andere Kapitalgesellschaft oder Genossenschaft

a) Direkte Bundessteuer (Einkommenssteuer)

Bei einer Umwandlung erzielen beteiligte Privatpersonen in dem Umfang Beteiligungsertrag, als ihnen höherer Nennwert, Ausgleichszahlungen oder andere geldwerte Vorteile zu Lasten der übrigen Reserven der umgewandelten Gesellschaft oder Genossenschaft zufliessen. Stammt das Grund- oder Stammkapital aus KER, gelten die Bestimmungen zu Ziff. 5.1.5. hiervor.

b) Verrechnungssteuer

Die bei einer Umwandlung den Inhabern der Beteiligungsrechte oder diesen nahestehenden Dritten zukommenden Ausgleichszahlungen, Gratisaktien, Gratisnennwerterhöhungen und sonstigen Erträge unterliegen nach Artikel 4 Absatz 1 Buchstabe b VStG der Verrechnungssteuer, sofern sie zu Lasten der übrigen Reserven einer inländischen Kapitalgesellschaft oder Genossenschaft erfolgen. Stammt das Grund- oder Stammkapital aus KER, gelten die Bestimmungen zu Ziff. 5.1.5. hiervor.

7.2.2. Umwandlung einer Kapitalgesellschaft oder Genossenschaft in einen Verein, in eine Stiftung oder eine übrige juristische Person

Analog Ausführungen unter Ziffer 6.3.2. hiervor.

7.2.3. Umwandlung eines Vereins, einer Stiftung oder einer übrigen juristischen Person in eine Kapitalgesellschaft oder Genossenschaft

Analog Ausführungen unter Ziffer 6.3.3. hiervor.

7.2.4. Umwandlung eines Instituts des öffentlichen Rechts in eine Kapitalgesellschaft oder in eine Genossenschaft

Analog Ausführungen unter Ziffer 6.3.4. hiervor.

7.2.5. Umwandlung einer Kapitalgesellschaft oder Genossenschaft in eine Personenunternehmung

Analog Ausführungen unter Ziffer 6.3.5. hiervor.

7.3. Spaltung

a) Direkte Bundessteuer (Einkommenssteuer)

Die bei einer Spaltung den Inhabern der gesellschaftlichen Beteiligungsrechte an der übernehmenden Gesellschaft zukommenden Gratisaktien und Gratisnennwerterhöhungen unterliegen nach Artikel 20 Absatz 1 Buchstabe c DBG der Einkommenssteuer, soweit sie nicht zu Lasten des Nennwerts der Beteiligungsrechte oder der Ausland-KER der übertragenden Gesellschaft erfolgen. Für Gratisaktien und Gratisnennwerterhöhungen aus KER gelten die Bestimmungen gemäss Ziff. 5.1.5. hiervor.

Erfolgt die Spaltung nicht gewinnsteuerneutral, liegt eine Vorteilszuwendung unter Schwestergesellschaften (vgl. Ziff. 2.2.1. hiervor) vor.

b) Verrechnungssteuer

Die bei einer Spaltung den Inhabern der Beteiligungsrechte an der übernehmenden Gesellschaft zukommenden Gratisaktien und Gratisnennwerterhöhungen unterliegen nach Artikel 4 Absatz 1 Buchstabe b VStG der Verrechnungssteuer, soweit sie nicht zu Lasten des Nennwertes der Beteiligungsrechte oder der Ausland-KER der übertragenden Gesellschaft erfolgen. Für Gratisaktien und Gratisnennwerterhöhungen aus KER gelten die Bestimmungen gemäss Ziff. 5.1.5. hiervor.

Erfolgt eine Abspaltung auf eine sanierungsbedürftige Schwestergesellschaft, erlangen die Anteilsinhaber eine geldwerte Leistung im Umfang der untergehenden übrigen Reserven. Erfolgt die Spaltung nicht gewinnsteuerneutral, liegt eine Vorteilszuwendung unter Schwestergesellschaften vor (vgl. Ziff. 2.2.1. hiervor).

7.4. Ausgliederung

Analog Ausführungen unter Ziffer 6.5. hiervor.

7.5. Übertragung zwischen inländischen Konzerngesellschaften

Analog Ausführungen unter Ziffer 6.6. hiervor.

8. Zuzug einer juristischen Person aus dem Ausland

Verlegt eine juristische Person ihren Sitz oder die tatsächliche Verwaltung vom Ausland in die Schweiz, ändert sich die Qualifikation der übrigen Reserven auch unter dem Kapitaleinlageprinzip nicht. Die Aufteilung der offenen Kapitaleinlagen in KER und Ausland-KER erfolgt gemäss den Grundsätzen nach Ziff. 2.1. hiervor.

Werden dagegen im Rahmen einer grenzüberschreitenden Quasifusion (Immigrations-Quasifusion) Beteiligungsrechte an einer ausländischen Kapitalgesellschaft oder Genossenschaft in eine inländische Kapitalgesellschaft oder Genossenschaft eingebracht, qualifiziert die gesamte Sacheinlage als offene Kapitaleinlage. Der die Erhöhung des Grund- oder Stammkapitals übersteigende Teil dieser offenen Kapitaleinlage kann, wenn die Kapitaleinlage in der Zeit zwischen dem 31. Dezember 1996 und dem 24. Februar 2008 erfolgte, in der Handelsbilanz als KER und bei Einlagen nach dem 24. Februar 2008 als Ausland-KER ausgewiesen werden. Dabei ist aber für die in der Schweiz ansässigen Inhaber der Beteiligungsrechte die Regelung der Transponierung in Artikel 20a Absatz 1 Buchstabe b DBG zu beachten (vgl. Ziff. 4.2.5. hiervor).

9. Ausweis im Jahresabschluss und Meldung von Veränderungen

9.1. Ausweis im Jahresabschluss

KER, die nach dem 31. Dezember 1996 geleistet worden sind, werden nach Artikel 5 Absatz 1bis VStG nur dann wie die Rückzahlung von Grund- oder Stammkapital behandelt, wenn sie in der Handelsbilanz in einer oder mehreren gesonderten Positionen in den gesetzlichen oder freien Kapitalreserven ausgewiesen werden und die Kapitalgesellschaft oder Genossenschaft der ESTV jede Veränderung auf diesen Positionen meldet. Gleiches gilt für Ausland-KER, für welche aufgrund von Artikel 5 Absatz 1^{quinquies} VStG ebenfalls gesonderte Positionen zu führen sind.

Offene Kapitaleinlagen, die von Inhabern der Beteiligungsrechte nach dem 31. Dezember 1996 geleistet und der ESTV bisher nicht gemeldet wurden, können in der handelsrechtlichen Bilanz auf den gesonderten Positionen (Ziff. 2.1. hiervor) ausgewiesen werden, sofern die Nachmeldung der Kapitaleinlagen erfolgt ist und eine Zustimmung der ESTV vorliegt. Verluste, die solchen KER bzw. Ausland-KER belastet wurden, vermindern diese definitiv.

Ändert eine Kapitalgesellschaft auf den Beginn eines Geschäftsjahres ihr Aktien- oder Stammkapital in eine für die Geschäftstätigkeit wesentliche ausländische Währung nach Artikel 621 Absatz 2 OR, so ist der Bestand der von der ESTV bestätigten KER bzw. Ausland-KER ebenfalls zum Kurs nach Artikel 621 Absatz 3 OR umzurechnen. Der so errechnete Bestand an KER bzw. Ausland-KER in der für die Buchführung und Rechnungslegung massgeblichen ausländischen Währung ist im ordentlichen Verfahren zu melden (Ziff. 9.3 Bst. a hiernach). Die Kapitalgesellschaft weist die so berechneten KER bzw. Ausland-KER in ihrer Handelsbilanz als gesetzliche oder freie Kapitalreserven aus. Wertdifferenzen der KER bzw. Ausland-KER werden gewinnsteuerunwirksam handelsrechtlich dem Gewinn-/Verlustvortrag oder den freien Gewinnreserven belastet bzw. gutgeschrieben (vgl. Beispiel 5 im Anhang).

9.2. Deklaration für die direkte Bundessteuer

Kapitalgesellschaften und Genossenschaften haben nach Artikel 125 Absatz 3 DBG den Bestand der Reserven aus Aufgeldern und Zuschüssen im Sinne von Artikel 20 Absätze 3 - 7 DBG am Ende der Steuerperiode oder der Steuerpflicht in der Steuererklärung gesondert auszuweisen.

9.3. Meldung für die Verrechnungssteuer

a) Ordentliches Verfahren

Der Geschäftsbericht oder die unterzeichnete Abschrift der Jahresrechnung ist unter Berücksichtigung des unter Ziffer 9.1. hiervor erläuterten gesonderten Ausweises von KER bzw. Ausland-KER der ESTV unaufgefordert innert 30 Tagen nach Genehmigung der Jahresrechnung einzureichen.

Gleiches gilt für das Formular 170, sofern im betreffenden Geschäftsjahr nur Einlagen in die KER bzw. Ausland-KER erfolgten.

Erfolgen Rückzahlungen von KER bzw. Ausland-KER, sind diese innert 30 Tagen nach der Generalversammlung oder spätestens 30 Tage nach der Rückzahlung mittels Formular 170 unaufgefordert zu melden. Allenfalls erfolgte Einlagen des laufenden Geschäftsjahres sind mit dem gleichen Formular zu melden.

Einlagen in die Reserven aus Kapitaleinlagen, die während eines Kapitalbands nach den Artikeln 653s ff. OR geleistet werden, sind aufgrund der Nettobetrachtung erst nach Beendigung des Kapitalbands als KER oder Ausland-KER mittels Formular 170 zu melden.

Ändert eine Kapitalgesellschaft auf den Beginn eines Geschäftsjahres ihr Aktien- oder Stammkapital in eine für die Geschäftstätigkeit wesentliche ausländische Währung, so ist für den Währungswechsel innert 30 Tagen nach Publikation des Währungswechsels im Schweizerischen Handelsamtsblatt ein separates Formular 170 inklusive Zusatzblatt mit der Währungsumrechnung sowie einer Kopie der öffentlichen Urkunde einzureichen.

Erfahren die KER bzw. Ausland-KER in einem Geschäftsjahr keine Veränderungen, entfällt die Einreichung des Formulars 170. Der Geschäftsbericht oder die unterzeichnete Jahresrechnung ist jedoch jedes Jahr einzureichen.

Das Formular 170 steht auf der Homepage der ESTV zum Download zur Verfügung (www.estv.admin.ch).

b) Nachmeldung von KER

KER vergangener Geschäftsjahre, welche durch Einlagen, Aufgelder oder Zuschüsse seit dem 1. Januar 1997 geäufnet und bisher nicht gemeldet wurden, können der ESTV, Hauptabteilung DVS, nachgemeldet werden.

Für sämtliche Geschäftsjahre ab der ersten gemeldeten Einlage sind die Jahresrechnungen lückenlos einzureichen und das handelsrechtlich massgebende Eigenkapital detailliert nachzuweisen. Sämtliche Einlagen sind zudem durch sachdienliche Unterlagen (Sacheinlageverträge, Beschlüsse usw.) zu belegen. Aus den eingereichten Belegen müssen alle Angaben zum Verständnis der getroffenen Buchungen vorliegen.

Zusätzlich ist ein vollständig ausgefülltes und unterzeichnetes Formular 170 zur Nachmeldung der Bestände der gesonderten Konti bei der Hauptabteilung DVS einzureichen.

c) Nachmeldung von Ausland-KER

Ausland-KER vergangener Geschäftsjahre, welche nach dem 24. Februar 2008 geäufnet und bisher nicht als solche gemeldet wurden, können der ESTV, Hauptabteilung DVS, nachgemeldet werden.

Erfolgt die Nachmeldung zusammen mit einer Nachmeldung der KER gemäss Buchstabe b hiervor sind die gleichen Nachweise zu erbringen.

Erfolgt die Nachmeldung zwecks Aufteilung bereits durch die ESTV bestätigter KER in KER und Ausland-KER sind sachdienliche Unterlagen (Sacheinlageverträge, Bilanzen usw.) einzureichen, die die Einlagen aus dem Ausland belegen. Wurden in der Zeit nach dem 24. Februar 2008 KER zurückbezahlt, vermindern diese zuerst den Bestand an KER und erst in zweiter Linie den Bestand an Ausland-KER.

Zusätzlich ist ein vollständig ausgefülltes und unterzeichnetes Formular 170 zur Nachmeldung der Bestände der gesonderten Konti bei der Hauptabteilung DVS einzureichen.

Da die Aufteilung in KER und Ausland-KER mit Blick auf die Verrechnungs- und Einkommenssteuern nur für Rückzahlungen aus an schweizerischen Börsen kotierten Gesellschaften relevant ist, wird empfohlen, die Nachmeldung von Ausland-KER nur für diese Gesellschaften vorzunehmen. Beabsichtigt eine bisher nicht kotierte Gesellschaft einen Börsengang, kann die Aufteilung in KER und Ausland-KER mittels Nachmeldung zu jedem späteren Zeitpunkt erfolgen.

d) Rückmeldung der ESTV

Die gemeldeten KER bzw. Ausland-KER werden durch die ESTV überprüft. Die ESTV teilt anschliessend die zulässigen Bestände an KER und Ausland-KER der einreichenden Gesellschaft oder deren Vertretung mit.

10. Inkrafttreten

Dieses Kreisschreiben tritt per 1. Januar 2023 in Kraft und ersetzt die bisherigen Kreisschreiben Nr. 29, 29a und 29b.

Anhang 1: Beispiele zur Transponierung

1. Einbringung in eine vollständig beherrschte Gesellschaft

A ist zu 100% an der A AG sowie der H AG beteiligt. Er bringt die Beteiligung an der A AG zum Verkehrswert in die H AG ein. Die Agioeinlage von 1000 weist die H AG nach der Einlage als KER aus. Die Gesellschaften weisen vor der Übertragung folgende Werte auf:

	Nominalkapital	KER	übrige Reserven	Verkehrswert
A AG	100	200	500	1000
H AG	100	50	150	400

Zunahme KER H AG aus Einlage Beteiligung	1000
./. Nominalkapital und KER A AG vor Einbringung	–300
steuerbarer Ertrag aus Transponierung	700

A hat einen steuerbaren Ertrag aus Transponierung gemäss Artikel 20a Absatz 1 Buchstabe b DBG von **700** zu versteuern.

2. Einbringung in eine mehrheitlich beherrschte Gesellschaft

A ist zu 90% an der A AG beteiligt. Er bringt die Beteiligung an der A AG zum Verkehrswert von 900 in die H AG ein. Vor der Einbringung war A bereits zu 20% an der H AG beteiligt. Durch die Einlage wird das Aktienkapital der H AG auf 400 erhöht. Der Rest von 600 wird als Agioeinlage eingebucht, welche als KER ausgewiesen wird. Die Gesellschaften weisen vor der Übertragung folgende Werte auf:

	Nominalkapital	KER	übrige Reserven	Verkehrswert
A AG	100	200	500	1000
H AG	100	50	150	400

Zunahme Nominalkapital und KER H AG	900
./. Nominalkapital und KER A AG vor Einbringung	–270
steuerbarer Ertrag aus Transponierung	630

A hat einen steuerbaren Ertrag aus Transponierung gemäss Artikel 20a Absatz 1 Buchstabe b DBG von **630** zu versteuern.

3. Einbringung in eine nicht beherrschte Gesellschaft

A ist zu 30% an der A AG beteiligt. Er bringt die Beteiligung an der A AG zum Verkehrswert von 300 in die H AG ein. Durch die Einlage wird das Aktienkapital der H AG auf 175 erhöht. Der Rest von 225 wird als Agioeinlage eingebucht, welche als KER ausgewiesen wird. Die Gesellschaften weisen vor der Übertragung folgende Werte auf:

	Nominalkapital	KER	übrige Reserven	Verkehrswert
A AG	100	200	500	1000
H AG	100	50	150	400

Zunahme Nominalkapital und KER H AG	300
./. Nominalkapital und KER A AG vor Einbringung	–90
Ertrag aus Transponierung	**210**

Bei A können die **210** nicht als steuerbarer Ertrag aus Transponierung gemäss Artikel 20a Absatz 1 Buchstabe b DBG besteuert werden, da er die H AG durch seine Beteiligung von 42,9% am Grundkapital nicht beherrscht.

Anhang 2: Alternativer Ausweis eigener Beteiligungsrechte

Nur der Ausweis der eigenen Beteiligungsrechte als Minusposten unter den gesetzlichen oder freien Kapitalreserven bewirkt, dass sich bei Vernichtung von eigenen Beteiligungsrechten oder bei Fristablauf gemäss Artikel 4a VStG weder Einkommens- noch Verrechnungssteuerfolgen ergeben. Die Mindestgliederung des Obligationenrechtes nach Artikel 959a Absatz 2 Ziffer 3 Buchstabe e OR verlangt demgegenüber einen Ausweis der eigenen Beteiligungsrechte als Minusposten am Schluss des Eigenkapitals.

Sofern die nachstehenden Voraussetzungen kumulativ erfüllt sind, ist ein Ausweis eigener Beteiligungsrechte auf mehreren Positionen möglich:

- Es liegen steuerlich anerkannte KER gemäss Artikel 5 Absatz 1bis VStG oder Ausland-KER gemäss Artikel 5 Absatz 1^{quater} Buchstaben a und b VStG vor, welche verbucht sind und unter den gesetzlichen oder freien Kapitalreserven ausgewiesen werden;
- im Zeitpunkt des Erwerbs der eigenen Beteiligungsrechte lagen auch tatsächlich Reserven aus Kapitaleinlagen vor, die betragsmässig mindestens dem Total der eigenen Beteiligungsrechte zur Verrechnung mit KER oder Ausland-KER entsprechen.

Folgender beispielhafter Ausweis beachtet die handelsrechtlichen Vorschriften und genügt den steuerlichen Anforderungen:

Aktienkapital		20
Gesetzliche Kapitalreserven		
- KER	20	
- Ausland-KER	8	
- Übrige Kapitalreserven	60	88
Freie Kapitalreserven		
- KER	10	
- Ausland-KER	2	
- Übrige Kapitalreserven	100	112
Gesetzliche Gewinnreserven		30
Freie Gewinnreserven / kummulierte Verluste		50
Eigene Beteiligungsrechte		
- Gegen KER	-30	
- Gegen Ausland-KER	-10	
- Übrige	-10	-50
Total Eigenkapital		**250**

Erklärungen

- Das Total der zwei Konti für KER und Ausland-KER wird in der Gliederung nach neuem Rechnungslegungsrecht unter den Positionen „Gesetzliche Kapitalreserven" und/oder „Freie Kapitalreserven" ausgewiesen. Im Beispiel beträgt der Totalbestand an KER 30 und Ausland-KER 10.
- Eigene Beteiligungsrechte, deren steuerliche Behandlung nach Artikel 5 Absatz 1bis bzw. Artikel 5 Absatz 1^{quater} VStG erfolgen soll, sind in der Handelsbilanz auf zwei gesonderten Positionen unter „Eigene Beteiligungsrechte" auszuweisen. Im Beispiel wird der gesamte Betrag der KER (40) den eigenen Beteiligungsrechten zugewiesen.

Mit diesem Ausweis ist einerseits die Verbindung zwischen KER nach Artikel 5 Absatz 1bis bzw. Artikel 5 Absatz 1^{quater} VStG und eigenen Beteiligungsrechten, deren steuerliche Behandlung nach Artikel 5 Absatz 1bis bzw. Artikel 4a Absatz 4 VStG erfolgen soll, klar dargestellt und sind andererseits die Gliederungsbestimmungen des Obligationenrechts eingehalten.

Zudem wird die Kenngrösse „Hälfte der Summe aus Aktienkapital, nicht an die Aktionäre zurückzahlbarer gesetzlicher Kapitalreserven und gesetzlicher Gewinnreserven" welche zur Bestimmung eines Kapitalverlustes nach Artikel 725a Absatz 1 OR verwendet wird, nicht verändert.

Der Ausweis von eigenen Beteiligungsrechten, welche zur steuerlichen Verrechnung mit KER berechtigen, hat einen hohen qualitativen Stellenwert. Ein solcher Ausweis ist nur zulässig, wenn nachgewiesen werden kann, dass die damit verbundenen steuerlichen Bedingungen, insbesondere auch das Vorhandensein von entsprechenden KER bereits im Zeitpunkt des Erwerbs der eigenen Beteiligungsrechte (was insbesondere auch bei unterjähriger Bildung von KER relevant ist), uneingeschränkt erfüllt sind. Andernfalls liegt ein Gesetzesverstoss vor.

Anhang 3: Fallbeispiele einer in der Schweiz kotierten Kapitalgesellschaft

1. Fallbeispiel

Die X AG hat ihr Domizil in der Schweiz. Sie ist an der SIX Swiss Exchange kotiert. Im Frühjahr 2021 beschliesst die Gesellschaft eine Dividende von 6% aufgrund des Jahresergebnisses 2020. Die Dividende von 60 wird zu Lasten der KER ausgeschüttet. Die ausländische Y AG hält 20% am Grundkapital der X AG. Das Eigenkapital der Gesellschaft zeigt vor Korrektur folgendes Bild:

Handelsbilanz / Eigenkapital	Bestand	Ausschüttung	Bestand
Aktienkapital	1000		1000
Kapitalreserven			
- KER bestätigt	800	-60	740
- übrige	400		400
Gewinnreserven	4000		4000
Gewinn/Gewinnvortrag	800		800
Total Eigenkapital	7000		6940

Steuerfolgen:
Verletzung der Rückzahlungsregel, jedoch nicht in Bezug auf KER-Rückzahlung an die Y AG von 12 (gemäss Art. 5 Abs. 1^{quater} Bst. c VStG). Steuerbare Ausschüttung von 24 (gemäss Art. 5 Abs. 1ter VStG; Art. 20 Abs. 4 DBG). Das Eigenkapital der Gesellschaft zeigt nach Korrektur folgendes Bild:

Handelsbilanz / Eigenkapital	Bestand	Ausschüttung	Bestand	Korrekturen	Bestand
Aktienkapital	1000		1000		1000
Kapitalreserven					
- KER bestätigt	800	-60	740	24	764
- übrige	400		400		400
Gewinnreserven	4000		4000	-24	3976
Gewinn/Gewinnvortrag	800		800		800
Total Eigenkapital	7000		6940		6940

2. Fallbeispiel

Gleicher Sachverhalt wie 1. Fallbeispiel. Die bestätigten KER der X AG qualifizieren als Ausland-KER.

Steuerfolgen:
Keine Verletzung der Rückzahlungsregel; Die Rückzahlung von 60 bleibt steuerfrei (gemäss Art. 5 Abs. 1^{quater} Bst. a und b VStG; Art. 20 Abs. 5 Bst. a und b DBG).

3. Fallbeispiel

Die X AG hat ihr Domizil in der Schweiz. Sie ist an der SIX Swiss Exchange kotiert. Im Frühjahr 2021 beschliesst die Gesellschaft einen Aktienrückkauf mit der Absicht der Kapitalherabsetzung (direkte Teilliquidation) von 2% des Aktienkapitals, welche zu Lasten der übrigen Reserven und dem anteiligen Nominalwert verbucht werden soll. Die zu vernichtenden Aktien werden für insgesamt 340 über die zweite Handelslinie angedient. Die geplante Kapitalherabsetzung würde folgendes Bild ergeben:

Handelsbilanz / Eigenkapital	Bestand	Ausschüttung	Bestand
Aktienkapital	1000	-20	980
Kapitalreserven			
- KER bestätigt	800		800
- übrige	400		400
Gewinnreserven	4000	-320	3680
Gewinn/Gewinnvortrag	800		800
Total Eigenkapital	7000		6660

Steuerfolgen:
Verletzung der Teilliquidationsregel. Die Teilliquidation ist im Umfang von 160 nicht steuerbar; die KER werden entsprechend korrigiert (gemäss Art. 4a Abs. 4 VStG; Art. 20 Abs. 7 DBG). Aufgrund von Artikel 4a Absatz 4 VStG entsteht beim Erwerb der eigenen Beteiligungsrechte keine Steuerforderung im Umfang des Anteils, der gegen KER zu verrechnen ist.

Das Eigenkapital der Gesellschaft zeigt nach der Kapitalherabsetzung und der steuerlichen Korrektur folgendes Bild:

Handelsbilanz / Eigenkapital	Bestand	Ausschüttung	Bestand	Korrekturen	Bestand
Aktienkapital	1000	-20	980		980
Kapitalreserven					
- KER bestätigt	800		800	**-160**	640
- übrige	400		400		400
Gewinnreserven	4000	-320	3680	**160**	3840
Gewinn/Gewinnvortrag	800		800		800
Total Eigenkapital	7000		6660		6660

Da die Teilliquidationsregel (vgl. Art. 4a Abs. 4 VStG; Art. 20 Abs. 7 DBG) keine Ausnahmen kennt, ändern sich die Steuerfolgen bei einer direkten Teilliquidation auch dann nicht, wenn die KER an eine juristische Person, welche zu mindestens 10% am Grund- oder Stammkapital der leistenden Gesellschaft beteiligt ist, zurückbezahlt werden oder die Rückzahlung aus bestätigten Ausland-KER stammt.

Anhang 4: Beispiel Rückzahlung und Wiedereinzahlung von KER innerhalb des gleichen Kapitalbands

1. Eine an einer schweizerischen Börse kotierte Gesellschaft zeigt folgende Eigenkapitalbewegungen innerhalb ihres Kapitalbands über zwei Jahre (wobei sämtliche Rückkäufe über eine zweite Handelslinie erfolgen):

	Bestand	Jahr N+1 Erhöhung	Herabsetzung	Bestand	Jahr N+2 Herabsetzung	Bestand	Bereinigung	Bestand bereinigt
Aktienkapital	20'000.00	2'000.00	-1'000.00	21'000.00	-1'000.00	20'000.00		20'000.00
Gesetzliche Reserven								
- Reserven aus Kapitaleinlagen (KER)	40'000.00		-5'750.00	34'250.00	-5'650.00	28'600.00	13'400.00	42'000.00
- übrige Kapitalreserven	160'000.00	24'800.00		184'800.00		184'800.00	-13'400.00	171'400.00
Gesetzliche Gewinnreserven	30'000.00			30'000.00		30'000.00		30'000.00
Freiwillige Gewinnreserven / Verluste	50'000.00		-5'750.00	44'250.00	-5'650.00	38'600.00		38'600.00
Total Eigenkapital	300'000.00	26'800.00	-12'500.00	314'300.00	-12'300.00	302'000.00	-	302'000.00

Total Einlagen in die Reseven durch die Aktionäre	24'800.00	
Total Rückzahlungen von Reserven an die Aktionäre	-22'800.00	
Nettoerhöhung KER aus Kapitalband gemäss Artikel 20 Absatz 8 DBG bzw. Artikel 5 Absatz 1^{septies} VStG	2'000.00	2'000.00
Zusätzliche Gutschrift gemäss Ziffer 3.1. des KS 29c		
Total Rückzahlungen KER innerhalb des Kapitalbands an die Aktionäte	11'400.00	
Total Rückzahlungen übrige Reserven innerhalb des Kapitalbands an die Aktionäre, welche nicht über die zweite Handelslinie erfolgen	-	
Total zusätzliche Gutschrift	11'400.00	11'400.00
Total KER		13'400.00

<u>Erklärungen:</u>

Während der Dauer des Kapitalbands werden die Kapitaleinlagen und -rückzahlungen miteinander verrechnet (Nettobetrachtung). Nur soweit die Einlagen die Rückzahlungen während der Dauer des Kapitalbands übersteigen, können steuerlich Reserven aus Kapitaleinlagen gebildet werden. Aufgrund Artikel 20 Absatz 8 DBG bzw. Artikel 5 Absatz 1^{septies} VStG werden die KER gemäss Beispiel somit um 2'000 erhöht.

Soweit jedoch innerhalb des Kapitalbands KER bzw. Ausland-KER zurück- und durch die Anteilsinhaber wieder einbezahlt werden, können auch diese Einlagen zusätzlich den KER zugerechnet werden, da Artikel 20 Absatz 8 DBG bzw. Artikel 5 Absatz 1^{septies} VStG mit Blick auf Teilliquidationen über die zweite Handelslinie von Publikumsgesellschaften eingeführt wurden (BBl 2017, 646f.) und die neuen gesetzlichen Bestimmungen nicht vollständig mit den zwischenzeitlich aufgrund STAF eingeführten gesetzlichen Bestimmungen abgestimmt sind. Die Änderungen gemäss STAF verpflichten kotierte Kapitalgesellschaften dazu, bei Teilliquidationen, solange noch KER bzw. Ausland-KER vorhanden sind, 50% der Rückzahlungen von Reserven zu Lasten der KER bzw. Ausland-KER auszurichten (Art. 20 Abs. 7 DBG bzw. Art. 4a Abs. 4 VStG).

Werden solche Rückzahlungen während eines Kapitalbands durch die Anteilsinhaber wieder einbezahlt, kommt es zu einer Überkompensation, da die neuen Bestimmungen aufgrund der Aktienrechtsrevision bei der Bildung und nicht bei der Rückzahlung von KER bzw. Ausland-KER ansetzen. Durch diese Praxis wird eine Überkompensation, wie im Beispiel ersichtlich, vermieden und der Sinn und Zweck der neu eingeführten gesetzlichen Bestimmungen gewahrt.

Im Ergebnis werden die gemäss Beispiel zurück- und wiedereinbezahlten KER von 11'400 (5'750 Jahr N+1 und 5'650 Jahr N+2) zusätzlich den KER zugerechnet und durch die ESTV am Ende des Kapitalbands bestätigt. Am Ende des Kapitalbands kann eine entsprechende Umbuchung von übrigen Reserven in KER bzw. Ausland-KER vorgenommen werden.

2. Eine an einer schweizerischen Börse kotierte Gesellschaft zeigt folgende Eigenkapitalbewegungen innerhalb ihres Kapitalbands über zwei Jahre (wobei sämtliche Rückkäufe über eine zweite Handelslinie erfolgen):

	Bestand	Jahr N+1 Erhöhung	Jahr N+1 Herabsetzung	Bestand	Jahr N+2 Herabsetzung	Bestand	Bereinigung	Bestand bereinigt
Aktienkapital	20'000.00	2'000.00	-1'000.00	21'000.00	-1'000.00	20'000.00		20'000.00
Gesetzliche Reserven								
- Reserven aus Kapitaleinlagen (KER)	-			-		-	2'000.00	2'000.00
- übrige Kapitalreserven	200'000.00	24'800.00		224'800.00		224'800.00	-2'000.00	222'800.00
Gesetzliche Gewinnreserven	30'000.00			30'000.00		30'000.00		30'000.00
Freiwillige Gewinnreserven / Verluste	50'000.00		-11'500.00	38'500.00	-11'300.00	27'200.00		27'200.00
Total Eigenkapital	300'000.00	26'800.00	-12'500.00	314'300.00	-12'300.00	302'000.00	-	302'000.00

Total Einlagen in die Reserven durch die Aktionäre	24'800.00
Total Rückzahlungen von Reserven an die Aktionäre	-22'800.00
Nettoerhöhung KER aus Kapitalband gemäss Artikel 20 Absatz 8 DBG bzw. Artikel 5 Absatz 1^{septies} VStG	2'000.00

2'000.00

Zusätzliche Gutschrift gemäss Ziffer 3.1. des KS 29c

Total Rückzahlungen KER innerhalb des Kapitalbands an die Aktionäre	-
Total Rückzahlungen übrige Reserven innerhalb des Kapitalbands an die Aktionäre, welche nicht über die zweite Handelslinie erfolgen	-
Total zusätzliche Gutschrift	-

Total KER   2'000.00

Erklärungen:

Während der Dauer des Kapitalbands werden die Kapitaleinlagen und -rückzahlungen miteinander verrechnet (Nettobetrachtung). Nur soweit die Einlagen die Rückzahlungen während der Dauer des Kapitalbands übersteigen, können steuerlich Reserven aus Kapitaleinlagen gebildet werden. Aufgrund Artikel 20 Absatz 8 DBG bzw. Artikel 5 Absatz 1^{septies} VStG werden die KER gemäss Beispiel somit um 2'000 erhöht.

Da während des Kapitalbands keine KER an die Aktionäre der börsenkotierten Gesellschaft zurückbezahlt und durch diese wieder einbezahlt werden, kann keine zusätzliche Gutschrift erfolgen.

3. Eine nicht börsenkotierte Gesellschaft zeigt folgende Eigenkapitalbewegungen innerhalb ihres Kapitalbands über zwei Jahre aufgrund von Kapitalerhöhungen und -herabsetzungen:

	Bestand	Jahr N+1 Erhöhung	Jahr N+1 Herabsetzung	Bestand	Jahr N+2 Herabsetzung	Bestand	Bereinigung	Bestand bereinigt
Aktienkapital	20'000.00	2'000.00	-1'000.00	21'000.00	-1'000.00	20'000.00		20'000.00
Gesetzliche Reserven								
- Reserven aus Kapitaleinlagen (KER)	40'000.00		-11'500.00	28'500.00		28'500.00	24'800.00	53'300.00
- übrige Kapitalreserven	160'000.00	24'800.00		184'800.00		184'800.00	-24'800.00	160'000.00
Gesetzliche Gewinnreserven	30'000.00			30'000.00		30'000.00		30'000.00
Freiwillige Gewinnreserven / Verluste	50'000.00			50'000.00	-11'300.00	38'700.00		38'700.00
Total Eigenkapital	300'000.00	26'800.00	-12'500.00	314'300.00	-12'300.00	302'000.00	-	302'000.00

Total Einlagen in die Reseven durch die Aktionäre	24'800.00	
Total Rückzahlungen von Reserven an die Aktionäre	-22'800.00	
Nettoerhöhung KER aus Kapitalband gemäss Artikel 20 Absatz 8 DBG bzw. Artikel 5 Absatz 1^{septies} VStG	**2'000.00**	**2'000.00**
Zusätzliche Gutschrift gemäss Ziffer 3.1. des KS 29c		
Total Rückzahlungen KER innerhalb des Kapitalbands an die Aktionäte	11'500.00	
Total Rückzahlungen übriger Reserven innerhalb des Kapitalbands an die Aktionäre, welche nicht über die zweite Handelslinie erfolgen	11'300.00	
Total zusätzliche Gutschrift	**22'800.00**	**22'800.00**
Total KER		

Erklärungen:

Während der Dauer des Kapitalbands werden die Kapitaleinlagen und -rückzahlungen miteinander verrechnet. Nur soweit die Einlagen die Rückzahlungen während der Dauer des Kapitalbands übersteigen, können steuerlich Reserven aus Kapitaleinlagen gebildet werden. Aufgrund von Artikel 20 Absatz 8 DBG bzw. Artikel 5 Absatz 1^{septies} VStG werden die KER gemäss Beispiel somit um 2'000 erhöht.

Da während des Kapitalbands KER in der Höhe von 11'500 an die Aktionäre zurückbezahlt und durch diese wieder einbezahlt werden, können auch sie zusätzlich gutgeschrieben werden. Als nicht börsenkotierte Gesellschaft erfolgt die Rückzahlung der 11'300 übrigen Reserven nicht über eine zweite Handelslinie. Auch diese wiedereinbezahlten Reserven können, da steuerlich abgerechnet, zusätzlich gutgeschrieben werden.

Am Ende des Kapitalbands kann eine entsprechende Umbuchung von übrigen Reserven in KER bzw. Ausland-KER im Umfang von 24'800 vorgenommen werden.

Anhang 5: Beispiel Änderung Aktienkapital in eine für die Geschäftstätigkeit wesentliche ausländische Währung

Eine Kapitalgesellschaft mit bisheriger Buchführung in funktionaler Währung USD zeigt am Stichtag der Umstellung des Aktienkapitals in USD (1. Januar 2023) folgende Bestände an Reserven aus Kapitaleinlagen:

Datum	Einzlg.	Rückzlg.	Bestand	Kurs	Einzlg.	Rückzlg.	Bestand
	Werte funktionale Währung USD				Bestätigte KER in CHF		
01.07.1998	200'000		200'000	1.45	290'000		290'000
01.07.2019		70'000	130'000	0.99		69'300	220'700
01.01.2023			245'222	0.90			

Erklärungen:

Die Kapitaleinlage am 1. Juli 1998 wurde der Gesellschaft in Schweizer Franken bestätigt, da Reserven aus Kapitaleinlagen steuerlich gleich behandelt werden wie Grund- und Stammkapital. Die Umrechnung erfolgte dabei gemäss Praxis zum historischen Kurs. Die Rückzahlung am 1. Juli 2019 erfolgte zum damaligen Transaktionskurs von 0.99. Die Kapitalgesellschaft weist somit in ihren Büchern in funktionaler Währung KER im Umfang von USD 130'000 aus. Demgegenüber stehen bestätigte KER von CHF 220'700.

Da die Kapitalgesellschaft ihr Aktienkapital auf den Beginn des Geschäftsjahrs 2023 in USD ändert, ist der Bestand der von der ESTV bestätigten KER zum Kurs nach Artikel 621 Absatz 3 OR (hier 0.90) umzurechnen. Der so errechnete Bestand an KER von USD 245'222 ist der ESTV zu melden und wird durch diese als neuer Bestand in USD bestätigt und geführt. Die Kapitalgesellschaft weist die KER von USD 245'222 in ihrer Handelsbilanz als gesetzliche oder freie Kapitalreserven aus. In der Folge wird die gewinnsteuerunwirksame Wertdifferenz von vorliegend USD 115'522 handelsrechtlich in USD dem Gewinnvortrag oder den freien Gewinnreserven belastet. Ergibt sich jedoch ein Umrechnungsverlust, ist dieser handelsrechtlich dem Verlustvortrag oder den freien Gewinnreserven gutzuschreiben.

Liquidationsgewinne

Quelle: Eidg. Steuerverwaltung ESTV/HA Direkte Bundessteuer, Verrechnungssteuer, Stempelabgaben

Direkte Bundessteuer

Bern, 3. November 2010

Kreisschreiben Nr. 28

Besteuerung der Liquidationsgewinne bei definitiver Aufgabe der selbständigen Erwerbstätigkeit

Inhaltsverzeichnis

1.	Gegenstand des Kreisschreibens	2
2.	Beendigung der selbständigen Erwerbstätigkeit	3
2.1.	*Grundsatz*	*3*
2.2.	*Beendigung infolge Invalidität*	*3*
2.3.	*Übertragung einer Personenunternehmung auf eine juristische Person*	*3*
2.4.	*Aufschubtatbestände*	*4*
2.4.1.	*Verhältnis zu Artikel 18a Absatz 1 DBG*	*4*
2.4.2.	*Verhältnis zu Artikel 18a Absatz 2 DBG*	*4*
2.4.3.	*Verhältnis zu Artikel 18a Absatz 3 DBG*	*4*
3.	Liquidation	4
4.	Einkauf in eine Vorsorgeeinrichtung	5
5.	Fiktiver Einkauf	5
5.1.	*Grundsatz*	*5*
5.2.	*Anrechenbare Beitragsjahre*	*5*
5.3.	*Massgebendes Einkommen*	*5*
5.4.	*Besteuerung des fiktiven Einkaufs*	*5*
5.5.	*Spätere Einkäufe*	*5*
6.	Erbgang	6
6.1.	*Grundsatz*	*6*
6.2.	*Liquidation durch die Erben oder die Vermächtnisnehmer*	*6*
6.2.1.	*Einzelunternehmung*	*6*

6.2.2. Personengesellschaft 6
6.3. **Fortführung der selbständigen Erwerbstätigkeit durch die Erben oder die Vermächtnisnehmer** 6
7. **Inkrafttreten** 6

Anhang I: Verordnung über die Besteuerung der Liquidationsgewinne bei definitiver Aufgabe der selbständigen Erwerbstätigkeit (LGBV)

Anhang II: Erläuterungen zur LGBV

Anhang III: Übersicht über die Folgen beim Tod einer an einer Personengesellschaft beteiligten Person und dessen Folgen bezüglich Artikel 37b DBG

1. Gegenstand des Kreisschreibens

Das Bundesgesetz vom 23. März 2007 über die Verbesserung der steuerlichen Rahmenbedingungen für unternehmerische Tätigkeiten und Investitionen (Unternehmenssteuerreformgesetz II) führte für die Besteuerung der Liquidationsgewinne bei definitiver Aufgabe der selbständigen Erwerbstätigkeit verschiedene Neuerungen ein. Diese Neuerungen sind in Artikel 37b des Bundesgesetzes vom 14. Dezember 1990 über die direkte Bundessteuer (DBG)[1] wie folgt normiert:

Art. 37b Liquidationsgewinne

[1] Wird die selbständige Erwerbstätigkeit nach dem vollendeten 55. Altersjahr oder wegen Unfähigkeit zur Weiterführung infolge Invalidität definitiv aufgegeben, so ist die Summe der in den letzten zwei Geschäftsjahren realisierten stillen Reserven getrennt vom übrigen Einkommen zu besteuern. Einkaufsbeiträge gemäss Artikel 33 Absatz 1 Buchstabe d sind abziehbar. Werden keine solchen Einkäufe vorgenommen, so wird die Steuer auf dem Betrag der realisierten stillen Reserven, für den der Steuerpflichtige die Zulässigkeit eines Einkaufs gemäss Artikel 33 Absatz 1 Buchstabe d nachweist, zu einem Fünftel der Tarife nach Artikel 36 berechnet. Für die Bestimmung des auf den Restbetrag der realisierten stillen Reserven anwendbaren Satzes ist ein Fünftel dieses Restbetrages massgebend, es wird aber in jedem Fall eine Steuer zu einem Satz von mindestens 2 Prozent erhoben.

[2] Absatz 1 gilt auch für den überlebenden Ehegatten, die anderen Erben und die Vermächtnisnehmer, sofern sie das übernommene Unternehmen nicht fortführen; die steuerliche Abrechnung erfolgt spätestens fünf Kalenderjahre nach Ablauf des Todesjahres des Erblassers.

Die Ausführungsbestimmungen zu dieser Regelung sind in der Verordnung über die Besteuerung der Liquidationsgewinne bei definitiver Aufgabe der selbständigen Erwerbstätigkeit (LGBV; Anhang I) festgehalten.

---

[1] SR 642.11

2. Beendigung der selbständigen Erwerbstätigkeit

2.1. Grundsatz

Der Liquidationsgewinn aus der Aufgabe der selbständigen Erwerbstätigkeit wird gemäss Artikel 37b DBG und LGBV besteuert, wenn die steuerpflichtige Person das 55. Altersjahr erreicht hat oder infolge Invalidität unfähig geworden ist, ihre selbständige Erwerbstätigkeit weiter auszuüben. Dies betrifft sowohl Einzelunternehmen als auch Beteiligungen an Personengesellschaften.

Die Besteuerung gemäss Artikel 37b DBG kommt nach dem Wortlaut des Gesetzes nur dann zur Anwendung, wenn die selbständige Erwerbstätigkeit definitiv aufgegeben wird. Eine geringfügige selbständige Erwerbstätigkeit ohne feste Einrichtungen und ohne Personal soll jedoch auch nach der Anwendung von Artikel 37b DBG möglich sein, sofern das mutmassliche jährliche Nettoeinkommen aus dieser Tätigkeit inskünftig nicht höher als der Betrag (Eintrittsschwelle) nach Artikel 2 Absatz 1 des Bundesgesetzes vom 25. Juni 1982 über die berufliche Alters-, Hinterlassenen- und Invalidenvorsorge (BVG)[2] ist.

Wurde einmal ein Liquidationsgewinn nach Artikel 37b DBG besteuert, so ist bei einer späteren Aufnahme einer selbständigen Erwerbstätigkeit Artikel 37b DBG für den Liquidationsgewinn aus dieser Tätigkeit nicht mehr anwendbar.

2.2. Beendigung infolge Invalidität

Eine Invalidität liegt vor, wenn wegen einer voraussichtlich bleibenden oder während längerer Zeit dauernden ganzen oder teilweisen Erwerbsunfähigkeit Leistungen gemäss dem Bundesgesetz vom 19. Juni 1959 über die Invalidenversicherung (IVG)[3] ausgerichtet werden. Unter den Begriff „Leistungen" fallen mithin nicht nur Renten, sondern auch andere Leistungen der IV, wie beispielsweise solche für eine notwendige Umschulung.

Wird als Grund für die Aufgabe der selbständigen Erwerbstätigkeit eine Invalidität geltend gemacht, so muss diese kausal zur Aufgabe der selbständigen Tätigkeit führen. Die zuständige Steuerverwaltung hat dies im Einzelfall zu prüfen. In unklaren Fällen, in denen erst in einem gerichtlichen Verfahren geklärt werden muss, ob überhaupt eine Invalidität vorliegt, ist mit der Veranlagung zuzuwarten, bis der definitive Entscheid vorliegt.

2.3. Übertragung einer Personenunternehmung auf eine juristische Person

Die gleichzeitige oder nachträgliche Aufnahme einer unselbständigen Erwerbstätigkeit steht der privilegierten Besteuerung des Liquidationsgewinnes nicht im Wege. Dies gilt auch für den Fall, dass der selbständig Erwerbende seinen Betrieb, den er bisher in der Rechtsform einer Personenunternehmung geführt hat, auf eine juristische Person überträgt und in der Folge in ein Anstellungsverhältnis mit dieser juristischen Person eintritt. Soweit die Übertragung nicht steuerneutral erfolgt (Art. 19 Abs. 1 Bst. b DBG) sowie für Vermögenswerte, die dabei ins Privatvermögen überführt werden, sind die realisierten stillen Reserven nach Artikel 37b DBG zu besteuern. Vorbehalten bleibt die Wahl des Steueraufschubes gemäss Artikel 18a Absatz 1 DBG sowie die Verpachtung nach Artikel 18a Absatz 2 DBG.

Erfolgt innerhalb von 5 Jahren nach einer steuerneutralen Übertragung des Betriebes eines selbständig Erwerbenden auf eine juristische Person eine Veräusserung zu einem Preis, der über dem übertragenen steuerlichen Eigenkapital liegt (Sperrfristverletzung, Art. 19 Abs. 2 DBG), so ist bei der Abrechnung über die stillen Reserven im Nachsteuerverfahren die Besteuerung nach Artikel 37b DBG vorzunehmen, sofern die Übertragung nach dem Inkrafttreten von Artikel 37b DBG erfolgte und die Voraussetzungen zur Anwendung dieses Artikels im Zeitpunkt der Übertragung erfüllt waren. Einkäufe in die Vorsorge, die seit der Übertra-

---

[2] SR 831.40
[3] SR 831.20

gung geleistet wurden, sind bei der Berechnung des fiktiven Einkaufes als Altersguthaben aus beruflicher Vorsorge in Abzug zu bringen (Art. 6 Abs. 6 LGBV).

2.4. Aufschubtatbestände

2.4.1. Verhältnis zu Artikel 18a Absatz 1 DBG

Wird eine Liegenschaft aus dem Geschäftsvermögen in das Privatvermögen überführt, so darf nach Artikel 18a Absatz 1 DBG auf Antrag hin im Zeitpunkt der Überführung nur die Differenz zwischen den Anlagekosten und dem massgebenden Einkommenssteuerwert (wieder eingebrachte Abschreibungen) besteuert werden. Die Besteuerung des Wertzuwachsgewinnes als Einkommen aus selbständiger Erwerbstätigkeit wird bis zur Veräusserung der Liegenschaft aufgeschoben. Diese, im Zeitpunkt der Veräusserung realisierten übrigen stillen Reserven, unterliegen zusammen mit dem übrigen Einkommen in jenem Zeitpunkt als Einkommen aus selbständiger Erwerbstätigkeit der ordentlichen Besteuerung.

Verlangt die steuerpflichtige Person im Rahmen der definitiven Aufgabe der selbständigen Erwerbstätigkeit einen Besteuerungsaufschub nach Artikel 18a Absatz 1 DBG, findet Artikel 37b DBG nur auf die wieder eingebrachten Abschreibungen Anwendung. Finden jedoch sowohl die Überführung einer Liegenschaft als auch deren Veräusserung innerhalb der „Liquidationsperiode" (Liquidationsjahr und Vorjahr) statt, so werden diese beiden Vorgänge als Liquidationshandlungen betrachtet und alle stillen Reserven, das heisst die wieder eingebrachten Abschreibungen und der Wertzuwachsgewinn, bilden Teil des Liquidationsgewinnes, auf welchen Artikel 37b DBG Anwendung findet.

2.4.2. Verhältnis zu Artikel 18a Absatz 2 DBG

Verzichtet die steuerpflichtige Person im Zeitpunkt einer Verpachtung nach Artikel 18a Absatz 2 DBG auf eine Überführung ins Privatvermögen, so verbleibt der Geschäftsbetrieb im Geschäftsvermögen. Bei der Überführung ins Privatvermögen kann die Besteuerung nach Artikel 37b DBG geltend gemacht werden, sofern die Voraussetzungen zur Anwendung von Artikel 37b DBG im Zeitpunkt der Überführung erfüllt sind.

2.4.3. Verhältnis zu Artikel 18a Absatz 3 DBG

Beantragen der oder die den Betrieb übernehmenden Erben oder Vermächtnisnehmer den Steueraufschub nach Artikel 18a Absatz 3 DBG, so werden keine stillen Reserven realisiert, weshalb Artikel 37b DBG nicht zur Anwendung kommt. Geben der oder die den Betrieb übernehmenden Erben oder Vermächtnisnehmer zu einen späteren Zeitpunkt die selbständige Erwerbstätigkeit auf, so können sie die Besteuerung nach Artikel 37b DBG geltend machen, sofern sie selber die Voraussetzungen dafür erfüllen.

3. Liquidation

Nach Artikel 37b DBG bemisst sich der Liquidationsgewinn aus der Summe der in den letzten zwei Geschäftsjahren realisierten stillen Reserven (zur Berechnung vgl. Art. 9 LGBV). Als Liquidationsjahr wird dasjenige Geschäftsjahr bezeichnet, in dem die letzte Liquidationshandlung vorgenommen wird. Der Zeitpunkt des Abschlusses der Liquidation ist – wie dies nach geltendem Recht bereits der Fall ist – im Einzelfall zu klären. In der Regel ist eine Liquidation abgeschlossen, wenn die letzte Inkassohandlung eingeleitet ist. Da es sich dabei manchmal um marginale Beträge handeln kann, sollen jedoch auch andere Umstände das Ende der Liquidation darstellen können, so zum Beispiel wenn die Erwerbs- und Verkaufstätigkeiten eingestellt und/oder die Arbeitsverträge mit den Angestellten aufgelöst werden.

Mit dem Inkrafttreten der LGBV am 1. Januar 2011 gilt bei der Aufgabe der selbständigen Erwerbstätigkeit im Jahr 2011 das Jahr 2010 als Vorjahr. Ist die Veranlagung des Vorjahres bereits in Rechtskraft erwachsen, so wird sie bei der Anwendung von Artikel 37b DBG nach Artikel 147 ff. DBG revidiert.

4. Einkauf in eine Vorsorgeeinrichtung

Beim Einkauf in eine Vorsorgeeinrichtung im Liquidationsjahr und im Vorjahr (Art. 4 LGBV) wird der einbezahlte Betrag bei der Berechnung des steuerbaren Einkommens der Steuerperiode in erster Linie vom übrigen, nicht gesondert besteuerten Einkommen in Abzug gebracht. Kann dabei nicht der gesamte Einkaufbetrag angerechnet werden, so reduziert dieser Überhang den Liquidationsgewinn.

5. Fiktiver Einkauf

5.1. Grundsatz

Der selbständig Erwerbende kann unabhängig davon, ob er einer beruflichen Vorsorgeeinrichtung angeschlossen ist oder nicht, einen Antrag auf Besteuerung eines fiktiven Einkaufs stellen. Ist der selbständig Erwerbende einer Einrichtung der beruflichen Vorsorge angeschlossen, verzichtet er aber ganz oder teilweise auf einen tatsächlichen Einkauf von Beitragsjahren, so kann er die Besteuerung eines fiktiven Einkaufs nach Abzug des allfällig vorgenommenen tatsächlichen Einkaufes geltend machen. Eine höhere tatsächliche Deckungslücke des konkreten Vorsorgeplanes bleibt in diesem Fall für die Berechnung des fiktiven Einkaufs unbeachtlich.

Die Besteuerung eines fiktiven Einkaufs kann geltend gemacht werden, solange nach dem BVG ein Einkauf möglich ist.

5.2. Anrechenbare Beitragsjahre

Massgebend ist die Anzahl Jahre vom vollendeten 25. Altersjahr bis zum Alter im Liquidationsjahr, höchstens jedoch bis zum ordentlichen AHV-Rentenalter. Die Jahre ab dem 25. Altersjahr bis und mit dem Liquidationsjahr werden stets vollumfänglich berücksichtigt, unabhängig davon, ob die selbständig erwerbende Person während der ganzen Zeit einer Erwerbstätigkeit nachgegangen ist oder nicht. Bei der Berechnung wird auf die Differenz zwischen dem 25. Altersjahr und dem Alter, in welchem die Erwerbstätigkeit aufgegeben wurde, abgestellt. Das angefangene Altersjahr wird hinzugezählt.

5.3. Massgebendes Einkommen

Massgebendes Einkommen für die Berechnung des fiktiven Einkaufs ist das arithmetische Mittel der AHV-pflichtigen Erwerbseinkünfte aus selbstständiger Erwerbstätigkeit der letzten fünf Geschäftsjahre vor dem Liquidationsjahr. Die im Vorjahr realisierten stillen Reserven werden dabei in Abzug gebracht. Weist die steuerpflichtige Person nach, dass sie bis zum Liquidationsjahr weniger als fünf Jahre selbständig erwerbend war, so wird das Einkommen gestützt auf die tatsächliche Anzahl Jahre der selbständigen Erwerbstätigkeit berechnet (Art. 6 Abs. 4 LGBV).

5.4. Besteuerung des fiktiven Einkaufs

Der Betrag des fiktiven Einkaufs ist als Teil des Liquidationsgewinns nach dem Tarif von Artikel 38 Absatz 1 DBG zu besteuern. Es erfolgt keine Zusammenrechnung mit Kapitalleistungen aus Vorsorge, die in der gleichen Periode anfallen.

5.5. Spätere Einkäufe

Der geltend gemachte fiktive Einkauf wird steuerrechtlich an einen späteren Einkauf in eine Vorsorgeeinrichtung angerechnet (Art. 7 LGBV, steuerrechtliche Reduktion der Deckungslücke).

6. Erbgang

6.1. Grundsatz

Im Todesfall geht die selbständige Erwerbstätigkeit des Erblassers durch Universalsukzession auf die Erben über. Jeder der Erben oder der Vermächtnisnehmer kann frei entscheiden, ob er die bisherige selbständige Erwerbstätigkeit weiterführen will. Wenn direkt im Anschluss an den Erbgang die Liquidation vorgenommen wird, können die Erben oder die Vermächtnisnehmer, welche die selbständige Erwerbstätigkeit nicht weiterführen, an Stelle des Erblassers die Besteuerung nach Artikel 37b DBG geltend machen, sofern der Erblasser im Zeitpunkt seines Ablebens die Voraussetzungen gemäss Artikel 1 Absatz 1 LGBV erfüllt hat.

Weder bei der Liquidation durch die Erben oder die Vermächtnisnehmer noch bei der gesetzlichen Überführung in das Privatvermögen können Einkäufe von Beitragsjahren für den Erblasser oder die Besteuerung eines fiktiven Einkaufs geltend gemacht werden.

6.2. Liquidation durch die Erben oder die Vermächtnisnehmer

6.2.1. Einzelunternehmung

Die Erben und Vermächtnisnehmer, welche die Einzelunternehmung nicht weiterführen, übernehmen den Anspruch des Erblassers auf die privilegierte Besteuerung des Liquidationsgewinns nur dann, wenn dieser im Zeitpunkt seines Ablebens die Voraussetzungen gemäss Artikel 1 Absatz 1 LGBV erfüllt hat.

Führen sie die Tätigkeit nicht weiter und beenden sie die Liquidation nicht, so findet am Ende des fünften Kalenderjahres nach dem Todesjahr des Erblassers eine gesetzlich vorgeschriebene Überführung des Vermögenswerte in das Privatvermögen statt. In diesem Zeitpunkt sind die entsprechenden stillen Reserven nach Artikel 37b DBG unter Ausschluss der Besteuerung als fiktiven Einkauf zu besteuern, wenn der Erblasser im Zeitpunkt seines Ablebens die Voraussetzungen gemäss Artikel 1 Absatz 1 LGBV erfüllt hat.

6.2.2. Personengesellschaft

Bei den Personengesellschaften richtet sich die steuerliche Behandlung nach der Aufstellung in Anhang III.

6.3. Fortführung der selbständigen Erwerbstätigkeit durch die Erben oder die Vermächtnisnehmer

Sobald die Erben oder die Vermächtnisnehmer dauernd oder vorübergehend Handlungen vornehmen, welche über die Erfüllung der im Erbfall bestandenen Verpflichtungen gemäss Artikel 571 Absatz 2 ZGB hinausgehen, so führen sie die selbständige Erwerbstätigkeit weiter und die Liquidationsgewinnbesteuerung gemäss Artikel 37b DBG kann nicht mehr an Stelle des Erblassers geltend gemacht werden. Der Anspruch geht mit der ersten entsprechenden Handlung unter. Die blosse Erfüllung von im Zeitpunkt des Erbgangs bestehenden Verpflichtungen gilt nicht als Fortführung der selbständigen Tätigkeit (Art. 11 Abs. 3 LGBV).

Führen ein oder mehrere Erben oder Vermächtnisnehmer die selbständige Erwerbstätigkeit fort oder übernehmen sie die Anteile an einer Personengesellschaft, so können die übrigen Erben, welche die selbständige Erwerbstätigkeit nicht fortführen, auf ihren Anteil die Besteuerung nach Artikel 37b DBG geltend machen, sofern der Erblasser im Zeitpunkt des Todes die Voraussetzungen gemäss Artikel 1 Absatz 1 LGBV erfüllt hat. Sie müssen diesen Anspruch im Anschluss an den Erbgang geltend machen.

Die Anwendung von Artikel 18a Absatz 3 DBG bleibt vorbehalten.

7. Inkrafttreten

Dieses Kreisschreiben tritt zusammen mit den Artikeln 18a und 37b DBG sowie der LGBV per 1. Januar 2011 in Kraft.

Anhang II

Stabstelle Gesetzgebung, im Januar 2010

Verordnung über die Besteuerung der Liquidationsgewinne bei definitiver Aufgabe der selbständigen Erwerbstätigkeit (Art. 37*b* DBG)

Erläuterungen

☞ *Der Text der LGBV selbst ist an anderer Stelle in der Gesetzessammlung enthalten (siehe VO DBG M).*

* *Bitte beachten Sie, dass die Erläuterungen an dieser Stelle aus Platzgründen nicht abgedruckt sind. Diese sind jedoch in ihrer Gesamtheit im eBook dieses Werkes enthalten.*

# Beteiligungsabzug

Quelle: Eidg. Steuerverwaltung ESTV/HA Direkte Bundessteuer, Verrechnungssteuer, Stempelabgaben

Direkte Bundessteuer

Bern, 17. Dezember 2009

Kreisschreiben Nr. 27

Steuerermässigung auf Beteiligungserträgen von Kapitalgesellschaften und Genossenschaften

Inhaltsverzeichnis

1. Gegenstand des Kreisschreibens 2
2. Der Beteiligungsabzug 2
2.1. *Grundsatz* 2
2.2. *Subjektive Voraussetzungen* 3
2.3. *Objektive Voraussetzungen* 3
2.3.1. Steuerhoheit 3
2.3.2. Beteiligungen 3
2.3.3. Erforderliches Ausmass der Beteiligung 4
2.4. *Beteiligungserträge* 4
2.4.1. Ausschüttungen 4
2.4.2. Kapitalgewinne 5
2.5. *Gestehungskosten von Beteiligungen* 5
2.5.1. Ermittlung 5
2.5.2. Abschreibungen 6
2.6. *Nettoertrag aus Beteiligungen* 7
2.6.1. Zusammensetzung des Nettoertrages aus Beteiligungen 7
2.6.2. Finanzierungsaufwand 7
2.6.3. Verwaltungsaufwand 7
2.6.4. Abschreibung im Zusammenhang mit dem Beteiligungsertrag 8
2.7. *Gesamter Reingewinn* 8
3. Inkrafttreten 8

Anhang: Beispiele 1 - 6

1. Gegenstand des Kreisschreibens

Mit dem Bundesgesetz vom 23. März 2007 über die Verbesserung der steuerlichen Rahmenbedingungen für unternehmerische Tätigkeiten und Investitionen (Unternehmenssteuerreformgesetz II) wurde in den Artikeln 62 Absatz 4, 69 und 70 Absatz 4 Buchstabe b des Bundesgesetzes vom 14. Dezember 1990 über die direkte Bundessteuer (DBG) die Steuerermässigung auf Beteiligungserträgen von Kapitalgesellschaften und Genossenschaften wie folgt geändert (Änderungen hervorgehoben):

Art. 62 Abs. 4

⁴ Wertberichtigungen und Abschreibungen auf den Gestehungskosten von Beteiligungen, <u>welche die Voraussetzungen nach Artikel 70 Absatz 4 Buchstabe b erfüllen</u>, werden dem steuerbaren Gewinn zugerechnet, soweit sie nicht mehr begründet sind.

Art. 69 Ermässigung

Die Gewinnsteuer einer Kapitalgesellschaft oder Genossenschaft ermässigt sich im Verhältnis des Nettoertrages aus den Beteiligungsrechten zum gesamten Reingewinn, wenn die Gesellschaft oder Genossenschaft:

a. zu mindestens <u>10 Prozent</u> am Grund- oder Stammkapital einer anderen Gesellschaft beteiligt ist;

b. zu mindestens <u>10 Prozent am Gewinn und an den Reserven</u> einer anderen Gesellschaft beteiligt ist; oder

c. Beteiligungsrechte im Verkehrswert von mindestens <u>einer Million</u> Franken hält.

Art. 70 Abs. 4 Bst. b

⁴ Kapitalgewinne werden bei der Berechnung der Ermässigung nur berücksichtigt:

b. wenn die veräusserte Beteiligung mindestens <u>10 Prozent</u> des Grund- oder Stammkapitals einer anderen Gesellschaft betrug oder einen Anspruch auf mindestens <u>10 Prozent des Gewinns und der Reserven</u> einer anderen Gesellschaft begründete und während mindestens eines Jahres im Besitz der veräussernden Kapitalgesellschaft oder Genossenschaft war; <u>fällt die Beteiligungsquote infolge Teilveräusserung unter 10 Prozent, so kann die Ermässigung für jeden folgenden Veräusserungsgewinn nur beansprucht werden, wenn die Beteiligungsrechte am Ende des Steuerjahres vor dem Verkauf einen Verkehrswert von mindestens einer Million Franken hatten</u>.

Das vorliegende Kreisschreiben hält die bestehende Praxis zu den Artikeln 69 und 70 DBG und die Praxis zu den Neuerungen nach der Unternehmenssteuerreform II fest.

2. Der Beteiligungsabzug

2.1. Grundsatz

Für Gewinne, die von in- und ausländischen Kapitalgesellschaften und Genossenschaften an in der Schweiz steuerpflichtige Kapitalgesellschaften und Genossenschaften ausgeschüttet werden, besteht eine Steuerermässigung nach den Artikel 69 und 70 DBG (sog. Beteiligungsabzug), sofern die nachstehenden subjektiven und objektiven Voraussetzungen erfüllt sind. Der Nettoertrag aus Beteiligungen wird durch diese Steuerermässigung wie bisher indirekt freigestellt.

Nach Artikel 70 Absatz 1 DBG werden bei der Berechnung der Steuerermässigung auch Kapitalgewinne auf qualifizierten Beteiligungen berücksichtigt, soweit der Veräusserungserlös die Gestehungskosten übersteigt (Art. 70 Abs. 4 Bst. a DBG).

2.2. Subjektive Voraussetzungen

Der Beteiligungsabzug steht Kapitalgesellschaften und Genossenschaften des schweizerischen Rechts und ausländischen juristischen Personen zu, die den schweizerischen Kapitalgesellschaften und Genossenschaften gleichzustellen sind.

Ausländische Personengesamtheiten ohne juristische Persönlichkeit können den Beteiligungsabzug (Art. 69 und 70 DBG) nicht geltend machen (Endbegünstigte; keine Vermeidung einer Dreifachbelastung nötig). Ausländischen Personengesellschaften steht die Teilbesteuerung der Einkünfte aus Beteiligungsrechten des Geschäftsvermögens nach Artikel 18b DBG zu (KS Nr. 23 vom 17. Dezember 2008).

2.3. Objektive Voraussetzungen

2.3.1. Steuerhoheit

Die Erfüllung der nachstehenden Voraussetzungen obliegt dem Unternehmensteil (Sitz oder Betriebsstätte), der der schweizerischen Steuerhoheit unterstellt ist, für die ihm zurechenbaren Werte.

2.3.2. Beteiligungen

Beteiligungen sind Anteile am Grund- oder Stammkapital von Kapitalgesellschaften und Genossenschaften sowie Anteile am Gewinn und an den Reserven von Kapitalgesellschaften oder Genossenschaften.

Als Beteiligungen im Sinne der objektiven Voraussetzungen gemäss Artikel 69 DBG gelten insbesondere:

- Aktien;
- Stammeinlagen;
- Genossenschaftsanteile;
- Partizipationsscheine gemäss Artikel 656a OR;
- Genussscheine;
- Anteile am Kapital einer SICAF.

Keine Beteiligungen bestehen insbesondere bei:

- Obligationen;
- Darlehen und Vorschüssen;
- hybriden Finanzierungsinstrumenten;
- anderen Guthaben eines an der Kapitalgesellschaft Beteiligten oder eines Genossenschafters;
- Anteilen an kollektiven Kapitalanlagen und diesen gleichzustellenden Körperschaften, z.B. Anteile am Kapital einer SICAV.

Die Qualifikation von ausländischen Beteiligungen erfolgt in sinngemässer Anwendung von Artikel 49 Absatz 3 DBG. Die Gründerrechte an einer liechtensteinischen Anstalt mit ungeteiltem Kapital stellen keine Beteiligungsrechte im Sinne der Artikel 69 und 70 DBG dar.

2.3.3. Erforderliches Ausmass der Beteiligung

Auf Ausschüttungen wird die Steuerermässigung gewährt, wenn die Beteiligung mindestens 10 Prozent am Grund- oder Stammkapital der anderen Gesellschaft ausmacht oder 10 Prozent am Gewinn und an den Reserven begründet oder einen Verkehrswert von mindestens einer Million Franken aufweist.

Kapitalgewinne gelten dagegen nur dann als Beteiligungsertrag, wenn die veräusserte Beteiligung mindestens 10 Prozent des Grund- oder Stammkapitals einer anderen Gesellschaft betrug oder einen Anspruch auf mindestens 10 Prozent des Gewinns und der Reserven einer anderen Gesellschaft begründete und während mindestens eines Jahres im Besitz der veräussernden Kapitalgesellschaft oder Genossenschaft war (Art. 70 Abs. 4 Bst. b DBG).

Fällt die Beteiligungsquote infolge einer Teilveräusserung unter 10 Prozent, so kann die Ermässigung für jeden folgenden Veräusserungsgewinn beansprucht werden, wenn die Beteiligungsrechte am Ende des Steuerjahres vor dem Verkauf einen Verkehrswert von mindestens einer Million Franken hatten und zuvor eine Beteiligung von mindestens 10 Prozent am Grund- oder Stammkapital oder von mindestens 10 Prozent am Gewinn und an den Reserven veräussert worden ist. Diese Regelung gilt nur für Beteiligungen, die durch Teilveräusserung nach dem 31. Dezember 2010, welche zum Beteiligungsabzug auf dem Veräusserungsgewinn qualifiziert, unter 10 Prozent gefallen sind.

Die Quote von nennwertlosen Beteiligungen berechnet sich i.d.R. aufgrund der anteiligen Ausschüttungen. Im Veräusserungsfall wird die Quote aufgrund der Statuten ermittelt.

Die Stimmrechte, welche durch die gehaltene Beteiligung verliehen werden, stellen kein relevantes Kriterium zur Erlangung der Steuerermässigung dar.

Das erforderliche Ausmass der Beteiligung muss bei Anfall des Beteiligungsertrages oder am Ende der Steuerperiode erfüllt sein. Wird beim Verkauf einer Beteiligung der Bezug des Beteiligungsertrags der Verkäufergesellschaft vorbehalten, wird bei der Berechnung des prozentualen Umfangs der Beteiligung auf die Verhältnisse im Zeitpunkt des Verkaufs abgestellt.

2.4. Beteiligungserträge

2.4.1. Ausschüttungen

Artikel 70 DBG enthält zwar keine positive Aufzählung der Beteiligungserträge, zählt jedoch in Absatz 2 jene Erträge und Gewinne auf, die keine Beteiligungserträge darstellen und damit bei der Berechnung der Steuerermässigung ausser Betracht fallen. Aufgrund des Gesetzeswortlautes und in Anlehnung an die bisherige Praxis zählen zu den Beteiligungserträgen insbesondere:

- Ordentliche Gewinnausschüttungen wie Dividenden, Gewinnanteile auf Stammeinlagen, Zinsen auf Genossenschaftsanteilen;
- ausserordentliche Gewinnausschüttungen, z.B. Anteile am Ergebnis einer Teil- oder Totalliquidation (Liquidationsüberschüsse und Fusionsgewinne);

- Ausschüttungen auf Partizipationsscheinen;
- Ausschüttungen auf Genussscheinen;
- alle übrigen offenen Gewinnausschüttungen;
- verdeckte Gewinnausschüttungen (wie z.b. Zinsen, Entschädigungen für materielle und immaterielle Wirtschaftsgüter sowie für Dienstleistungen, die sich im Lichte des Drittvergleichs nicht rechtfertigen lassen), sofern die leistende Kapitalgesellschaft oder Genossenschaft eine entsprechende Gewinnaufrechnung erfahren hat. Stammt die verdeckte Gewinnausschüttung aus einer ausländischen Kapitalgesellschaft oder Genossenschaft, wird der Beteiligungsabzug nur gewährt, wenn die zuständige schweizerische Steuerbehörde zur Einsicht gelangt, dass sie anstelle der ausländischen Steuerbehörde ebenfalls eine Aufrechnung vorgenommen hätte oder, wenn eine Verständigungslösung kraft eines Doppelbesteuerungsabkommens vorliegt;
- Kapitalrückzahlungen.

Keine Beteiligungserträge sind insbesondere:

- Erträge, die bei der leistenden in- oder ausländischen Kapitalgesellschaft oder Genossenschaft geschäftsmässig begründeten Aufwand darstellen (Art. 70 Abs. 2 Bst. b DBG);
- Liquidationsüberschüsse und Fusionsgewinne, soweit sie auf Wertberichtigungen entfallen oder nach Artikel 62 Absatz 4 DBG hätten aufgerechnet werden müssen;
- Kompensations- oder Ersatzzahlungen aus dem "Securities Lending";
- Gratisaktien.

2.4.2. Kapitalgewinne

Kapitalgewinne aus der Veräusserung von Beteiligungen (inklusive Erlöse aus dazugehörigen Bezugsrechten) werden bei der Berechnung der Steuerermässigung unter folgenden Voraussetzungen berücksichtigt (Art. 70 Abs. 1 DBG):

- Kapitalgewinne gelten nur in dem Umfang als Beteiligungsertrag, in dem der Veräusserungserlös die Gestehungskosten übersteigt; die Differenz zwischen den Gestehungskosten und dem Gewinnsteuerwert (i.d.R. wieder eingebrachte Abschreibungen) bleibt somit voll steuerbar (Art. 70 Abs. 4 Bst. a DBG; siehe Beispiel Nr. 1 im Anhang).
- Die veräusserte Beteiligung muss mindestens 10 Prozent des Grund- oder Stammkapitals der anderen Gesellschaft ausmachen oder einen Anspruch auf mindestens 10 Prozent des Gewinns und der Reserven einer anderen Gesellschaft begründen (Art. 70 Abs. 4 Bst. b DBG). Mehrere Verkäufe im gleichen Geschäftsjahr können dabei zusammengerechnet werden.
- Die veräusserte Beteiligung muss während mindestens zwölf Monaten im Besitz der Kapitalgesellschaft oder Genossenschaft gewesen sein (Art. 70 Abs. 4 Bst. b DBG).
- Artikel 70 Absatz 5 DBG bleibt vorbehalten.

Aufwertungsgewinne, auch die Aktivierung von Gratisaktien, gelten nicht als Beteiligungsertrag (Art. 70 Abs. 2 Bst. c DBG).

2.5. Gestehungskosten von Beteiligungen

2.5.1. Ermittlung

Kapitalgewinne auf Beteiligungen werden bei der Berechnung der Ermässigung nur berücksichtigt, soweit der Veräusserungserlös die Gestehungskosten übersteigt (Art. 70 Abs. 4 Bst. a DBG). Die Gestehungskosten von Beteiligungen sind daher von zentraler Bedeutung. Dabei ist zu beachten, dass für Beteiligungen, die vor dem 1. Januar 1997 im Besitz der Kapitalgesellschaft oder Genossenschaft waren, die Gewinnsteuerwerte (Buchwert zuzüglich als Gewinn versteuerte stille Reserven) zu Beginn des Geschäftsjahres, das im Kalenderjahr 1997 endet, als Gestehungskosten gelten (Art. 207a Abs. 2 DBG). Für jede Beteiligung sind daher ab dem Geschäftsjahr 1997 folgende Werte einzeln aufzulisten und nachzuführen (Beilage zur Steuererklärung):

- Buchwert;
- als Gewinn versteuerte stille Reserve;
- Erwerbsdatum und Erwerbspreis (nur für Beteiligungen, die nach dem 31. Dezember 1996 erworben wurden);
- Erhöhung der Gestehungskosten durch Investitionen nach dem 31. Dezember 1996 (offene Kapitaleinlagen gemäss Art. 60 Bst. a DBG, als Gewinn versteuerte verdeckte Kapitaleinlagen, offene und verdeckte Sanierungszuschüsse, siehe Beispiel Nr. 2 im Anhang);
- Erhöhung der Gestehungskosten durch steuerwirksame Aufwertungen bei Sanierungen gemäss Artikel 670 OR;
- Verminderung der Gestehungskosten durch Desinvestitionen nach dem 31.12.1996 (Abschreibungen im Zusammenhang mit Ausschüttungen Art. 70 Abs. 3 DBG; siehe Beispiel Nr. 3 im Anhang).

Der Gewinnsteuerwert und die Gestehungskosten können pro Beteiligung durchschnittlich oder für jede Erhöhung (Zukauf oder Kapitalerhöhung) einzeln ermittelt werden. Wird der Bestand einer Beteiligung für jede Erhöhung einzeln nachgeführt, steht es der Steuerpflichtigen frei, nach welcher Umschlagsmethode sich im Veräusserungsfall der Kapitalgewinn und der Beteiligungsertrag bemessen (FIFO, LIFO, HIFO).

2.5.2. Abschreibungen

Wertberichtigungen sowie Abschreibungen auf Beteiligungen nach Artikel 70 Absatz 4 Buchstabe b DBG werden dem steuerbaren Gewinn zugerechnet, soweit sie nicht mehr begründet sind (Art. 62 Abs. 4 DBG). Dies trifft zu, soweit eine nachhaltige Werterholung der Beteiligung eingetreten ist. Dabei wird die bisherige Praxis zur Überprüfung von Rückstellungen analog angewendet. Zur Überprüfung, ob eine nachhaltige Werterholung der Beteiligung eingetreten ist, können beispielsweise folgende Indizien herangezogen werden:

- Der Börsenkurs der Beteiligungsrechte;
- die bei Zukäufen oder Verkäufen der Beteiligungsrechte bezahlten Preise;
- das ausgewiesene, anteilige Eigenkapital der Gesellschaft oder Genossenschaft, deren Beteiligungsrechte Gegenstand der Wertberichtigung sind;
- die kapitalisierten, regelmässig zufliessenden Ausschüttungen. Der Kapitalisierungszinssatz richtet sich nach der Wegleitung zur Bewertung von Wertpapieren ohne Kurswert für die Vermögenssteuer;
- die Bewertung der Beteiligung aufgrund der Praktikermethode (arith. Mittel aus Ertrags- und Substanzwert).

Für Beteiligungen, die vor dem 1. Januar 1997 im Besitz der Kapitalgesellschaft oder Genossenschaft waren, gelten die Gewinnsteuerwerte zu Beginn des Geschäftsjahres, das im Kalenderjahr 1997 endet, als Gestehungskosten (Art. 207a Abs. 2 DBG). Demnach reduzieren Abschreibungen, die vor dem im Kalenderjahr 1997 endenden Geschäftsjahr vorgenommen wurden, die originären Gestehungskosten. Für solche Abschreibungen ist Artikel 62 Absatz 4 DBG nicht anwendbar. Wertberichtigungen, die bisher in Form von Rückstellungen vorgenommen wurden, werden dagegen dem steuerbaren Reingewinn zugerechnet, soweit sie nicht mehr begründet sind (Art. 63 Abs. 2 DBG).

Artikel 62 Absatz 4 DBG ist auch anwendbar, wenn die Beteiligungsquote infolge einer Teilveräusserung unter 10 Prozent sinkt und die Beteiligungsrechte am Ende des Steuerjahres vor der Werterholung einen Verkehrswert von mindestens einer Million Franken hatten.

2.6. Nettoertrag aus Beteiligungen

2.6.1. Zusammensetzung des Nettoertrages aus Beteiligungen

Der Nettoertrag aus Beteiligungen entspricht der Summe der einzelnen positiven, d.h. pro Beteiligung ermittelten Netto-Erträge. Beteiligungen, die ein negatives Ergebnis aufweisen, fallen für die Berechnung der Ermässigung ausser Betracht; die anteiligen Aufwandüberhänge gehen in diesem Fall zu Lasten der steuerwirksamen Inlandfaktoren (siehe Beispiel Nr. 4 im Anhang).

2.6.2. Finanzierungsaufwand

Von den einzelnen Bruttoerträgen aus Beteiligungen ist zunächst der darauf entfallende Finanzierungsaufwand der Steuerperiode in Abzug zu bringen. Als Finanzierungsaufwand gelten Schuldzinsen (einschliesslich Zinsen auf Schulden ohne Gläubigernachweis, jedoch ohne übersetzte Zinsen oder Zinsen auf verdecktem Eigenkapital) sowie sonstige Aufwendungen, deren unmittelbare Ursache im steuerlich relevanten Fremdkapital oder auch in faktischen mittel- oder langfristigen Verbindlichkeiten anderer Art liegt. Demgegenüber stellen die von der Steuerpflichtigen nicht beanspruchten Skonto-Offerten der Lieferanten oder die von ihren Kunden beanspruchten Skonti keinen Finanzierungsaufwand im Sinne von Artikel 70 Absatz 1 zweiter Satz DBG dar. Solche Aufwendungen oder Erlösminderungen finden i.d.R ihren Niederschlag direkt und ausschliesslich im betrieblichen Bruttogewinn. Im Mietaufwand sowie in Leasingraten enthaltener Finanzierungsaufwand bleibt ebenfalls unberücksichtigt.

Ist der gesamte Finanzierungsaufwand ermittelt, erfolgt dessen Umlage grundsätzlich nach Massgabe der Gewinnsteuerwerte (steuerlich massgebende Buchwerte) der ertragbringenden Beteiligungen einerseits und der gesamten Aktiven andererseits. Die Gewinnsteuerwerte bemessen sich i.d.R. nach dem Stand am Ende der Steuerperiode. Für Beteiligungen, die während des Geschäftsjahres veräussert wurden, ist der anteilige Finanzierungsaufwand i.d.R. ebenfalls mit einer vollen Jahresquote, bezogen auf den Gewinnsteuerwert im Zeitpunkt der Veräusserung, zu berücksichtigen (siehe Beispiele Nr. 5 und 6 im Anhang).

2.6.3. Verwaltungsaufwand

Die Erträge der einzelnen Beteiligungen sind grundsätzlich um einen pauschalen Beitrag von 5 Prozent zur Deckung des Verwaltungsaufwandes zu kürzen (Art. 70 Abs. 1 DBG). Es handelt sich dabei um eine Pauschale, die stets vom Bruttoertrag (allerdings nach Abzug von Abschreibungen im Zusammenhang mit Beteiligungserträgen gem. Art. 70 Abs. 3 DBG, siehe Ziff. 2.6.4 hienach, sowie nicht rückforderbarer ausländischer Kapitalertragssteuern und anderer direkt zurechenbarer Aufwendungen) zu berechnen ist (siehe Beispiel Nr. 5 im Anhang). Der Nachweis des effektiven tieferen oder höheren Verwaltungsaufwandes bleibt vorbehalten. Kann die tatsächliche Verursachung nicht nachgewiesen werden, wird der gesamte Verwaltungsaufwand - gleich wie der Finanzierungsaufwand - aufgrund der Gewinnsteuerwerte quotenmässig umgelegt (siehe Beispiel Nr. 6 im Anhang).

2.6.4. Abschreibung im Zusammenhang mit dem Beteiligungsertrag

Wurde in einem bestimmten Geschäftsjahr Beteiligungsertrag erzielt und ergibt sich am Ende desselben Geschäftsjahres die Notwendigkeit, eine Abschreibung auf der betreffenden Beteiligung vorzunehmen, so ist davon auszugehen, dass der Abschreibungsbedarf bei Verzicht auf Gewinnausschüttung entsprechend geringer oder völlig ausgefallen wäre. Bei der Ermittlung des Nettoertrages aus Beteiligung ist daher ein allfälliger Abschreibungsbedarf mit der Gewinnausschüttung zu verrechnen (Art. 70 Abs. 3 DBG). Der steuerpflichtigen Person bleibt es indes unbenommen, den Nachweis zu erbringen, dass der Abschreibungsbedarf nicht in Kausalzusammenhang mit der Gewinnausschüttung steht.

Im Umfang der Verrechnung der Abschreibung mit Beteiligungsertrag liegt eine Desinvestition vor, welche die Gestehungskosten der Beteiligung reduziert (Vermögensumschichtung). Solche Abschreibungen können daher weder Gegenstand einer Aufrechnung gemäss Artikel 62 Absatz 3 DBG noch einer Aufwertung gemäss Artikel 62 Absatz 4 DBG sein.

2.7. Gesamter Reingewinn

Als gesamter Reingewinn im Sinne von Artikel 69 DBG gilt der steuerbare Reingewinn.

3. Inkrafttreten

Dieses Kreisschreiben tritt zusammen mit den Änderungen der Artikel 62 Absatz 4, 69 und 70 Absatz 4 Buchstabe b per 1. Januar 2011 in Kraft und gilt für Erträge aus Beteiligungsrechten, die nach dem 31. Dezember 2010 fällig werden. Es ersetzt das Kreisschreiben Nr. 9 vom 9. Juli 1998.

Anhang zum Kreisschreiben Nr. 27 vom 17. Dezember 2009

Beispiele 1 - 6

Nr. 1: Wieder eingebrachte Abschreibung (Ziff. 2.4.2.)

Angaben über die Beteiligung

Datum	Ereignis	Betrag
1.2.2011	Kauf	100
31.12.2011	Abschreibung	- 20
31.12.2011	Gewinnsteuerwert	80
1.7.2012	Verkauf	120

Berechnung des Beteiligungsertrages

Kapitalgewinn		Beteiligungsertrag	
Veräusserungserlös	120	Veräusserungserlös	120
./. Gewinnsteuerwert	- 80	./. Gestehungskosten	- 100
Kapitalgewinn	40	Beteiligungsertrag	20

Nr. 2: Investition durch Sanierungszuschuss (Ziff. 2.5.1.)

Angaben über die Beteiligung

Datum	Ereignis	Betrag
1.2.2011	Kauf	100
31.12.2012	Abschreibung	- 10
31.12.2012	Gewinnsteuerwert	90
31.12.2013	Sanierungszuschuss	30
1.7.2020	Verkauf	150

Berechnung des Beteiligungsertrages

Kapitalgewinn		Beteiligungsertrag	
Veräusserungserlös	150	Veräusserungserlös	150
./. Gewinnsteuerwert	- 90	./. Gestehungskosten	- 130
Kapitalgewinn	60	Beteiligungsertrag	20

Nr. 3: Desinvestition durch Abschreibung aufgrund einer Substanzdividende (Ziff. 2.5.1.)

Angaben über die Beteiligung

Datum	Ereignis	Betrag
1.2.2011	Kauf	100
31.12.2016	Abschreibung aufgrund einer Substanzdividende [1]	- 30
31.12.2016	Gewinnsteuerwert	70
1.7.2020	Verkauf	150

[1] Diese Abschreibung ist steuerlich unwirksam, weil sie den Beteiligungsertrag und die Gestehungskosten kürzt (Art. 70 Abs. 3 DBG).

Berechnung des Beteiligungsertrages

Kapitalgewinn		Beteiligungsertrag	
Veräusserungserlös	150	Veräusserungserlös	150
./. Gewinnsteuerwert	- 70	./. Gestehungskosten	- 70
Kapitalgewinn	80	Beteiligungsertrag	80

Nr. 4: Verluste aus Beteiligungen (Ziff. 2.6.1.)

Angaben über die Erfolgsbestandteile und Berechnung des Nettoertrages aus Beteiligungen

Erfolgsbestandteile	Steuerbarer Reingewinn	Nettoertrag aus Beteiligungen
Nettoertrag Betrieb	1'200	
Nettoertrag Beteiligung A	400	400
Verlust Beteiligung B	- 600	-
Total	**1'000**	**400**

Die Steuerermässigung beträgt somit 40 Prozent (400 : 1'000 x 100 = 40%),

Nr. 5: Berechnung des Nettoertrages aus Beteiligungen / Umlage des Finanzierungsaufwandes (Ziff. 2.6.2.) und pauschale Berechnung des Verwaltungsaufwandes (Ziff. 2.6.3.)

Die X AG ist eine gemischte Holding. Für die aktuelle Steuerperiode (1.1.- 31.12.) liegt folgender steuerlich bereinigter Jahresabschluss vor:

Steuerbilanz der X AG per 31.12.

Aktiven	Betrag	Passiven	Betrag
Umlaufvermögen	3'000	Fremdkapital	10'000
Betriebliches Anlagevermögen	9'000	Aktienkapital	2'000
Beteiligung A [1]	1'000	Reserven	7'000
Beteiligung B [1]	3'000	**Jahresgewinn**	**1'000**
Beteiligung C [1]	4'000		
Total	**20'000**	**Total**	**20'000**

1) 100%-ige Beteiligungen.

Erfolgsrechnung der X AG 1.1. - 31.12.

Aufwand	Betrag	Ertrag	Betrag
Finanzierungskosten	600	Bruttogewinn Betrieb	2'600
Verwaltungsaufwand	800	Beteiligungserträge:	
Abschreibungen Betrieb	1'000	- Beteiligung A	0
Abschr. Beteiligungen:		- Beteiligung B	300
- Beteiligung A	500	- Beteiligung C	700
- Beteiligung B [1]	100	- Kapitalgewinn Bet. D [2]	400
Jahresgewinn	**1'000**		
Total	**4'000**	**Total**	**4'000**

1) Steht im Zusammenhang mit der Gewinnausschüttung;
2) 100%-ige Beteiligung; am 31.3. vor Dividendenfälligkeit verkauft; Gewinnsteuerwert: 2'000; Verkaufserlös: 2'400; Gestehungskosten: 2'200.

Gewinnsteuerwerte (steuerlich massgebende Buchwerte) in % des Gewinnsteuerwertes der Gesamtaktiven nach dem Stand am Ende der Steuerperiode:

Aktiven	Betrag	%
Gesamtaktiven	**20'000**	**100**
Beteiligung A	1'000	5
Beteiligung B	3'000	15
Beteiligung C	4'000	20
Beteiligung D [1]	2'000	10
Total Anteil Beteiligungen	**10'000**	**50**

1) Gewinnsteuerwert im Zeitpunkt der Veräusserung.

Nettoertrag aus Beteiligungen

Bez.	Bruttoertrag	Abschreibungen [2]	Finanzierungsaufwand	Verwaltungsaufwand [7]	Nettoertrag aus Beteiligungen
A	0	0	[- 30] [3]	0	- [8]
B	300	- 100	- 90 [4]	- 10	100
C	700	0	- 120 [5]	- 35	545
D	200 [1]	0	- 60 [6]	- 10	130
Total	1'200	- 100	- 270	- 55	775

1) Verkaufserlös von 2'400 ./. Gestehungskosten von 2'200;
2) Nur wenn im Zusammenhang mit der Gewinnausschüttung (Art. 70 Abs. 3 DBG);
3) 5% von 600, kürzt jedoch den Beteiligungsertrag nicht (Verlust);
4) 15% von 600;   5) 20% von 600;   6) 10% von 600;
7) Jeweils 5% vom Bruttoertrag nach Abzug von Abschreibungen gem. Art. 70 Abs. 3 DBG und direkt zurechenbarer Aufwendungen wie nicht rückforderbare ausländische Kapitalertragssteuern;
8) Voll steuerwirksamer Nettoverlust von 530 (Abschreibung: 500; Finanzierungsaufwand: 30); keine Verrechnung mit Nettoertrag aus anderen Beteiligungen.

Nr. 6: Berechnung des Nettoertrages aus Beteiligungen / Umlage des Finanzierungsaufwandes (Ziff. 2.6.2.) und Berechnung des Verwaltungsaufwandes bei Nachweis des effektiven Aufwandes (Ziff. 2.6.3.)

Die X AG ist eine gemischte Holding. Für die aktuelle Steuerperiode (1.1.-31.12.) liegt folgender steuerlich bereinigter Jahresabschluss vor:

Steuerbilanz der X AG per 31.12.

Aktiven	Betrag	Passiven	Betrag
Umlaufvermögen	7'000	Fremdkapital	10'000
Betriebliches Anlagevermögen	5'000	Aktienkapital	1'000
Beteiligung A [1]	1'000	Reserven	5'000
Beteiligung B [1]	3'000	**Jahresgewinn**	**4'000**
Beteiligung C [1]	4'000		
Total	**20'000**	**Total**	**20'000**

1) 100%-ige Beteiligungen.

Erfolgsrechnung der X AG 1.1. - 31.12.

Aufwand	Betrag	Ertrag	Betrag
Finanzierungskosten	600	Bruttogewinn Betrieb	2'000
Verwaltungsaufwand	400	Beteiligungserträge:	
Abschreibungen Betrieb	700	- Beteiligung A	0
Abschr. Beteiligungen:		- Beteiligung B	300
- Beteiligung A	200	- Beteiligung C	700
- Beteiligung B [1]	100	- Kapitalgewinn Bet. D [2]	3'000
Jahresgewinn	4'000		
Total	6'000	Total	6'000

1) Steht im Zusammenhang mit der Gewinnausschüttung;

2) 100%-ige Beteiligung; am 31.3. vor Dividendenfälligkeit verkauft; Gewinnsteuerwert: 2'000; Verkaufserlös: 5'000; Gestehungskosten: 2'000.

Die Gewinnsteuerwerte verteilen sich gleich wie im Beispiel Nr. 8:

Beteiligung A: 5%;   Beteiligung B: 15%   Beteiligung C: 20%;   Beteiligung D: 10%.

Nettoertrag aus Beteiligungen

Bez.	Bruttoertrag	Abschreibungen [1]	Subtotal	Verwaltungsaufwand pauschal	Verwaltungsaufwand effektiv [10]
A	0	0	0	0 [2]	[- 20] [6]
B	300	- 100	200	- 10 [3]	- 60 [7]
C	700	0	700	- 35 [4]	- 80 [8]
D	3'000	0	3'000	- 150 [5]	- 40 [9]
Total	4'000	- 100	3'900	- 195	- 180

1) Nur wenn im Zusammenhang mit der Gewinnausschüttung (Art. 70 Abs. 3 DBG);

2) 5% von 0;   3) 5% von 200;   4) 5% von 700;   5) 5% von 3'000;

6) 5% von 400, kürzt jedoch den Beteiligungsertrag nicht (Verlust);   7) 15% von 400;

8) 20% von 400;   9) 10% von 400.

10) Ohne Nachweis der tatsächlichen Verursachung wird der Verwaltungsaufwand des Gesamtunternehmens aufgrund der Gewinnsteuerwerte quotenmässig umgelegt.

Selbständige Erwerbstätigkeit USR II

Quelle: Eidg. Steuerverwaltung ESTV/HA Direkte Bundessteuer, Verrechnungssteuer, Stempelabgaben

Direkte Bundessteuer

Bern, 16. Dezember 2009

Kreisschreiben Nr. 26; Version vom 6. Februar 2024

Neuerungen bei der selbständigen Erwerbstätigkeit aufgrund der Unternehmenssteuerreform II

Inhaltsverzeichnis

1. Gegenstand des Kreisschreibens 2
2. Aufschubstatbestände 3
2.1. Überführung einer Liegenschaft des Anlagevermögens aus dem Geschäftsvermögen in das Privatvermögen 3
2.2. Verpachtung eines Geschäftsbetriebes 4
2.3. Aufschub der Besteuerung bei Erbteilung 4
3. Ersatzbeschaffung von Gegenständen des betriebsnotwendigen Anlagevermögens 5
4. Besteuerung der Liquidationsgewinne bei Aufgabe der selbständigen Erwerbstätigkeit 5
5. Inkrafttreten 5

1. Gegenstand des Kreisschreibens

Mit dem Bundesgesetz vom 23. März 2007 über die Verbesserung der steuerlichen Rahmenbedingungen für unternehmerische Tätigkeiten und Investitionen (Unternehmenssteuerreformgesetz II) wurden für die Besteuerung der selbständigen Erwerbstätigkeit verschiedene Neuerungen eingeführt. Diese Neuerungen sind in den folgenden Artikeln im Bundesgesetz vom 14. Dezember 1990 über die direkte Bundessteuer (DBG) festgehalten.

Das vorliegende Kreisschreiben wurde mit Version vom 6. Februar 2024 formell nachgeführt. Die entsprechenden Anpassungen sind in diesem Dokument mit einem Balken auf der linken Seite gekennzeichnet. Materielle Änderungen wurden keine vorgenommen.

Art. 18a   Aufschubstatbestände

¹ Wird eine Liegenschaft des Anlagevermögens aus dem Geschäftsvermögen in das Privatvermögen überführt, so kann die steuerpflichtige Person verlangen, dass im Zeitpunkt der Überführung nur die Differenz zwischen den Anlagekosten und dem massgebenden Einkommenssteuerwert besteuert wird. In diesem Fall gelten die Anlagekosten als neuer massgebender Einkommenssteuerwert, und die Besteuerung der übrigen stillen Reserven als Einkommen aus selbständiger Erwerbstätigkeit wird bis zur Veräusserung der Liegenschaft aufgeschoben.

² Die Verpachtung eines Geschäftsbetriebs gilt nur auf Antrag der steuerpflichtigen Person als Überführung in das Privatvermögen.

³ Wird bei einer Erbteilung der Geschäftsbetrieb nicht von allen Erben weitergeführt, so wird die Besteuerung der stillen Reserven auf Gesuch der den Betrieb übernehmenden Erben bis zur späteren Realisierung aufgeschoben, soweit diese Erben die bisherigen für die Einkommenssteuer massgebenden Werte übernehmen.

Art. 30   Ersatzbeschaffungen

¹ Werden Gegenstände des betriebsnotwendigen Anlagevermögens ersetzt, so können die stillen Reserven auf die als Ersatz erworbenen Anlagegüter übertragen werden, wenn diese ebenfalls betriebsnotwendig sind und sich in der Schweiz befinden. Vorbehalten bleibt die Besteuerung beim Ersatz von Liegenschaften durch Gegenstände des beweglichen Vermögens.

Art. 37b   Liquidationsgewinne

¹ Wird die selbständige Erwerbstätigkeit nach dem vollendeten 55. Altersjahr oder wegen Unfähigkeit zur Weiterführung infolge Invalidität definitiv aufgegeben, so ist die Summe der in den letzten zwei Geschäftsjahren realisierten stillen Reserven getrennt vom übrigen Einkommen zu besteuern. Einkaufbeiträge gemäss Artikel 33 Absatz 1 Bundstabe d sind abziehbar. Werden keine solchen Einkäufe vorgenommen, so wird die Steuer auf dem Betrag der realisierten stillen Reserven, für den der Steuerpflichtige die Zulässigkeit eines Einkaufs gemäss Artikel 33 Absatz 1 Buchstabe d nachweist, zu einem Fünftel der Tarife nach Artikel 36 berechnet. Für die Bestimmung des auf den Restbetrag der realisierten stillen Reserven anwendbaren Satzes ist ein Fünftel dieses Restbetrages massgebend, es wird aber in jedem Fall eine Steuer zu einem Satz von mindestens 2 Prozent erhoben.

² Absatz 1 gilt auch für den überlebenden Ehegatten, die anderen Erben und die Vermächtnisnehmer, sofern sie das übernommene Unternehmen nicht fortführen; die steuerliche Abrechnung erfolgt spätestens fünf Kalenderjahre nach Ablauf des Todesjahres des Erblassers.

2. Aufschubstatbestände

2.1. Überführung einer Liegenschaft des Anlagevermögens aus dem Geschäftsvermögen in das Privatvermögen

Als Liegenschaft gelten Grundstücke im Sinne von Artikel 655 ZGB. Der Aufschub ist ausschliesslich für jene Liegenschaften möglich, die der selbständig Erwerbende in seinem Anlagevermögen hält, nicht hingegen für Liegenschaften des Umlaufvermögens (gewerbsmässiger Liegenschaftenhandel). Dient eine Liegenschaft mehrheitlich der selbständigen Erwerbstätigkeit des Steuerpflichtigen, so verbleibt sie im Geschäftsvermögen.

Der Aufschub wird nur auf Antrag der steuerpflichtigen Person gewährt und kann nur für den Wertzuwachsgewinn geltend gemacht werden. Bei einem Aufschub wird die Differenz zwischen dem Einkommenssteuerwert und den Anlagekosten, d.h. im Wesentlichen die wieder eingebrachten Abschreibungen, sofort besteuert. Die Liegenschaft gilt daraufhin für Einkommenssteuerzwecke vollständig als ins Privatvermögen überführt. Als Konsequenz daraus sind Abschreibungen oder Aufwertungen nicht steuerwirksam. Die laufenden Liegenschaftserträge stellen deshalb kein Einkommen aus selbständiger Erwerbstätigkeit dar.

Dient eine ins Privatvermögen überführte Liegenschaft, für die ein Besteuerungsaufschub nach Artikel 18a Absatz 1 DBG verlangt wurde, später wieder ganz oder vorwiegend der selbständigen Erwerbstätigkeit, gilt sie erneut als Geschäftsvermögen (Art. 18 Abs. 2 DBG). Der Einkommenssteuerwert einer solchen Liegenschaft bemisst sich im Zeitpunkt der Überführung ins Geschäftsvermögen nach Artikel 18a Absatz 1 DBG zuzüglich der wertvermehrenden Investitionen während der privaten Nutzung.

Die Besteuerung des Wertzuwachsgewinnes wird bis zur Veräusserung der Liegenschaft aufgeschoben. Eine vorzeitige Beendigung des Aufschubs ist ausgeschlossen. Als Veräusserung gilt jede entgeltliche oder unentgeltliche Handänderung mit Ausnahme des Erbganges. Die Zuweisung einer Liegenschaft im Rahmen der Erbteilung gilt als Veräusserung (vgl. Ziffer 2.3 hienach). Der Wegzug des Eigentümers oder der Eigentümerin einer Liegenschaft ins Ausland gilt nicht als Veräusserung. In einem solchen Fall kann jedoch eine Sicherstellung nach Artikel 169 DBG erfolgen. Bei einer unterpreislichen Veräusserung an einen Nahestehenden ist auf dem Verkehrswert der Liegenschaft abzurechnen.

Erfolgt ein Aufschub, so ist die Differenz zwischen dem Verkaufserlös bzw. dem Verkehrswert einerseits und dem massgebenden Einkommenssteuerwert (Anlagekosten im Zeitpunkt des Steueraufschubs) zuzüglich der wertvermehrenden Investitionen seit der Überführung anderseits abzüglich der mit der Veräusserung zusammenhängenden Kosten steuerbar. Diese Differenz wird der AHV-Behörde gemeldet. Ist der Verkehrswert der Liegenschaft im Zeitpunkt der Veräusserung unter den Einkommenssteuerwert gesunken, so kann dieser Verlust in derselben Steuerperiode vom übrigen Einkommen in Abzug gebracht werden. Darüber hinaus kann ein Verlustvortrag nur dann geltend gemacht werden, wenn eine selbständige Erwerbstätigkeit ausgeübt wird. Noch nicht verrechnete Vorjahresverluste aus einer früheren selbständigen Tätigkeit können nicht mehr verrechnet werden.

Im Verhältnis zur Besteuerung des Liquidationsgewinnes gemäss Artikel 37b DBG sind folgende Fälle zu unterscheiden:

- Die Überführung der Liegenschaft vom Geschäfts- ins Privatvermögen fand vor der definitiven Aufgabe der selbständigen Erwerbstätigkeit statt. Auf Antrag der steuerpflichtigen Person ist die Besteuerung aufgeschoben worden. Nun wird die Liegenschaft im Rahmen der Aufgabe der selbständigen Tätigkeit veräussert. In diesem Falle erfolgt die Besteuerung nach Artikel 18a Absatz 1 DBG. Die Regelung von Artikel 37b DBG findet keine Anwendung.

- Im Rahmen der definitiven Aufgabe der selbständigen Erwerbstätigkeit verlangt die steuerpflichtige Person für die Liegenschaft einen Besteuerungsaufschub nach Artikel 18a Absatz 1 DBG. In diesem Fall findet Artikel 37b DBG nur auf die Differenz zwischen dem Einkommenssteuerwert und den Anlagekosten, d.h. im Wesentlichen auf die wieder eingebrachten Abschreibungen, Anwendung.

Bestehende Reverslösungen, welche die Qualifikation einer Liegenschaft als Geschäftsvermögen zum Gegenstand haben, gelten weiterhin. Artikel 18a Absatz 1 DBG ist für solche Fälle nur auf Antrag anwendbar. Nach dem 31. Dezember 2010 bleibt für neue Reverslösungen dieser Art kein Raum mehr.

2.2. Verpachtung eines Geschäftsbetriebes

Bei der Verpachtung eines Geschäftsbetriebes gilt die gesetzliche Vermutung, dass die verpachteten Güter im Geschäftsvermögen des Verpächters bleiben. Dies gilt auch für Betriebe, deren bewegliches Vermögen an den Pächter verkauft wird. Eine Verpachtung liegt dann vor, wenn neben der Liegenschaft und den Geschäftseinrichtungen auch die Geschäftsbeziehungen überlassen werden.[1] Die Verpachtung eines Geschäftsbetriebes wird nur noch aufgrund einer ausdrücklichen Erklärung der steuerpflichtigen Person als Überführung ins Privatvermögen betrachtet (Art. 18a Abs. 2 DBG). Erfolgt keine solche Erklärung, so gilt der daraus fliessende Ertrag als Einkommen aus selbständiger Tätigkeit. Dieses Einkommen wird der AHV-Behörde gemeldet.

Erklärt die steuerpflichtige Person bei der Begründung oder während der Laufzeit der Verpachtung die Überführung des Geschäftsbetriebes ins Privatvermögen, so kann, soweit im Einzelfall die Voraussetzungen erfüllt sind, der Aufschub nach Artikel 18a Absatz 1 DBG oder die Besteuerung nach Artikel 37b DBG geltend gemacht werden. Vorbehalten bleiben Fälle, in denen die betreffenden Güter auch nach deren Verpachtung noch geschäftlichen Zwecken dienen und gemäss ihrer technisch-wirtschaftlichen Funktion nach wie vor Geschäftsvermögen darstellen. In diesen Fällen kann trotz Erklärung der steuerpflichtigen Person keine Überführung ins Privatvermögen erfolgen, da die Voraussetzungen für eine Privatentnahme nicht erfüllt sind[2].

Bestehende Reverslösungen, welche Verpachtung eines Geschäftsbetriebes zum Gegenstand haben, fallen unter Artikel 18a Absatz 2 DBG.

2.3. Aufschub der Besteuerung bei Erbteilung

Beim Tod eines selbständig Erwerbenden geht der Geschäftsbetrieb infolge Universalsukzession mit Aktiven und Passiven auf die Erbengemeinschaft über. Dieser Übergang löst keine Einkommenssteuerfolgen aus. Führen einzelne Erben oder Vermächtnisnehmer den Geschäftsbetrieb nicht weiter und treten daher ihre Anteile an die weiterführenden Erben ab, so realisieren die abtretenden Erben oder Vermächtnisnehmer einen steuerbaren Liquidationsgewinn. In diesem Fall können die weiterführenden Erben oder Vermächtnisnehmer den Erwerbspreis aktivieren oder in einer Steuerbilanz geltend machen.

Nach Artikel 18a Absatz 3 DBG kann die Besteuerung der stillen Reserven auf Gesuch der den Betrieb übernehmenden Erben bis zur späteren Realisierung aufgeschoben werden, soweit diese Erben die bisherigen, für die Einkommenssteuer massgebenden Werte übernehmen. Die Erben, welche den Geschäftsbetrieb weiterführen, übernehmen damit die latente Liquidationssteuerlast auf dem Geschäftsvermögen. Wird der Geschäftsbetrieb von den

---

[1] BGE 103 II 253
[2] Urteil des Bundesgerichts 2C_255/2019 vom 9. März 2020

weiterführenden Erben veräussert oder liquidiert, steht ihnen, soweit im Einzelfall die Voraussetzungen für sie selber erfüllt sind, der Aufschub nach Artikel 18a Absatz 1 DBG oder die Besteuerung nach Artikel 37b DBG offen.

Führt keiner der Erben oder Vermächtnisnehmer den Betrieb weiter, so können sie anstelle des Erblassers die Liquidationsgewinnbesteuerung nach Artikel 37b DBG geltend machen.

3. Ersatzbeschaffung von Gegenständen des betriebsnotwendigen Anlagevermögens

Bei der bisherigen Ersatzbeschaffung von betriebsnotwendigem Anlagevermögen eines Geschäftsbetriebes war die Übertragung der stillen Reserven beschränkt auf ein Ersatzobjekt mit gleicher Funktion. Neu wird nur noch verlangt, dass es sich bei der Ersatzbeschaffung wiederum um einen Gegenstand des betriebsnotwendigen Anlagevermögens handelt und sich dieses Gut in der Schweiz befindet. Das Erfordernis der gleichen Funktion wird fallengelassen. Die Ersatzbeschaffung muss in der Regel innerhalb von 2 Jahren seit der Veräusserung des Wirtschaftsguts erfolgen, ansonsten wird über die stillen Reserven abgerechnet. Bei der Ersatzbeschaffung von Liegenschaften durch Gegenstände des beweglichen Vermögens ist kein Steueraufschub möglich.

4. Besteuerung der Liquidationsgewinne bei Aufgabe der selbständigen Erwerbstätigkeit

Die Besteuerung der Liquidationsgewinne bei Aufgabe der selbständigen Erwerbstätigkeit nach Artikel 37b DBG ist in der Verordnung über die Besteuerung der Liquidationsgewinne bei definitiver Aufgabe der selbständigen Erwerbstätigkeit geregelt.

5. Inkrafttreten

Dieses Kreisschreiben tritt zusammen mit den Artikeln 18a, 30 Absatz 1 und 37b DBG sowie der Verordnung über die Besteuerung der Liquidationsgewinne bei definitiver Aufgabe der selbständigen Erwerbstätigkeit am 1. Januar 2011 in Kraft.

Kollektive Kapitalanlagen; Anleger

Quelle: Eidg. Steuerverwaltung ESTV/HA Direkte Bundessteuer, Verrechnungssteuer, Stempelabgaben

Direkte Bundessteuer

Bern, 23. Februar 2018

Kreisschreiben Nr. 25

Besteuerung kollektiver Kapitalanlagen und ihrer Anleger

Inhaltsverzeichnis

1	**Einleitung**	2
2	**Aufsichtsrechtliche Aspekte kollektiver Kapitalanlagen**	2
3	**Grundsätze der Besteuerung kollektiver Kapitalanlagen**	3
3.1	Steuerliche Grundlagen auf Ebene der kollektiven Kapitalanlage	3
3.2	Besteuerung kollektiver Kapitalanlagen ohne direkten Grundbesitz	3
3.3	Besteuerung kollektiver Kapitalanlagen mit direktem Grundbesitz	4
3.3.1	Begriff	4
3.3.2	Besteuerung	4
3.3.3	Ermittlung des steuerbaren Gewinns	4
3.3.4	Deklarationspflicht	5
4	**Besteuerung auf Ebene der Anleger**	6
4.1	Allgemeines	6
4.2	Bei Anlagen im Privatvermögen	6
4.3	Bei Anlagen im Geschäftsvermögen	7
4.4	Rückerstattung der Verrechnungssteuer	7
4.5	Bescheinigungspflicht	8
5	**Spezialfragen**	8
5.1	Gewerbsmässiger Wertschriftenhandel	8
5.2	Kommanditgesellschaft für kollektive Kapitalanlagen (KmGK)	8
5.3	Umstrukturierungen	9
5.3.1	Ebene der Kollektiven Kapitalanlage	9
5.3.2	Ebene der Anleger	9
5.4	Beteiligungsabzug und Teilbesteuerung	10
5.5	Sitzverlegung oder Expatriierung von kollektiven Kapitalanlagen	10
5.6	Einanlegerfonds	10
6	**Inkrafttreten**	10
7	**Anhänge**	11
Anhang I	Begriffsbestimmungen / Abkürzungen	11
Anhang II	Kollektive Kapitalanlagen mit direktem Grundbesitz / Spartenrechnung	13
Anhang III	Grafische Übersicht über die Formen der kollektiven Kapitalanlagen (KKA)	15
Anhang IV	Gleichstellung ausländischer kollektiver Kapitalanlagen	16

Anhang V Entscheidungsbaum 18
Anhang VI 19
Anhang VII 19
Anhang VIII 19

1 Einleitung

Mit Inkrafttreten des Bundesgesetzes über die kollektiven Kapitalanlagen (KAG)[1] und der Verordnung über die kollektiven Kapitalanlagen (KKV)[2] per 1. Januar 2007 mussten u.a. die gesetzlichen Bestimmungen im Bundesgesetz über die direkte Bundessteuer (DBG)[3] angepasst werden. Zweck des KAG ist der Schutz von Anlegerinnen und Anlegern sowie die Transparenz und Funktionsfähigkeit des Marktes für kollektive Kapitalanlagen zu gewährleisten (vgl. Art. 1 KAG).

Dem KAG unterstellt sind grundsätzlich vier Formen kollektiver Kapitalanlagen. Darunter fallen Anlagefonds auf vertraglicher Basis, solche auf gesellschaftlicher Grundlage als juristische Personen (SICAV oder SICAF) oder als Personengesellschaften in Form von Kommanditgesellschaften für kollektive Kapitalanlagen (KmGK). Ausschliesslicher Zweck dieser Anlageformen ist die kollektive Kapitalanlage. Ausgenommen von der Unterstellungspflicht sind bspw. Einrichtungen und Hilfseinrichtungen der beruflichen Vorsorge, einschliesslich Anlagestiftungen.

Die bis zum Inkrafttreten des KAG geltenden Bestimmungen des DBG wurden in materieller Hinsicht beibehalten. Der Gesetzgeber hat betreffend kollektiven Kapitalanlagen mit direktem Grundbesitz eine neue Bestimmung erlassen. Diese Anlageform wird von der Steuerpflicht befreit, wenn sich daran ausschliesslich steuerbefreite Pensions-, Sozialversicherungs- oder Ausgleichskassen beteiligen (vgl. Art. 56 Bst. j DBG).

In der vorliegenden Version wurde das KS Nr. 25 strukturell angepasst und inhaltlich erweitert. Zum einen um die bestehende Praxis bei kollektiven Kapitalanlagen mit direktem Grundbesitz betreffend die steuerliche Behandlung von Einkäufen in laufende Nettoerträge bzw. Rückzahlungen an Anlegerinnen und Anleger auf den neusten Stand zu bringen, zum anderen um die konsequente Durchsetzung der Massgeblichkeit für Jahresrechnungen nach Artikel 957ff. des Bundesgesetzes betreffend die Ergänzung des Schweizerischen Zivilgesetzbuches [Fünfter Teil: Obligationenrecht] (OR)[4] und die Massgeblichkeit der Jahresrechnung nach KAG sicherzustellen. Das vorliegende KS regelt die Besteuerung auf Stufe der kollektiven Kapitalanlage und auf Stufe der Anlegerinnen und Anleger.

2 Aufsichtsrechtliche Aspekte kollektiver Kapitalanlagen

Gemäss Artikel 7 Absatz 1 KAG gelten für aufsichtsrechtliche Zwecke als kollektive Kapitalanlagen Vermögen, die von Anlegerinnen und Anlegern zur gemeinschaftlichen Vermögensanlage aufgebracht und für deren Rechnung verwaltet werden. Die Anlagebedürfnisse der Anlegerinnen und Anleger werden in gleichmässiger Weise befriedigt. Das KAG folgt der sogenannten „Treuhandlösung", wonach die Fondsleitungen, die SICAV bzw. die KmGK das Fondsvermögen quasi-treuhänderisch für Rechnung ihrer Anlegerinnen und Anleger verwalten. Dabei sind – ausserhalb des Einanlegerfonds (vgl. Ziffer 5.6 hiernach) – mindestens

---

[1] SR 951.31
[2] SR 951.311
[3] SR 642.11
[4] SR 220

zwei voneinander unabhängige Anlegerinnen und Anleger erforderlich, damit die Kollektivität gegeben ist (vgl. Art. 5 Abs. 1 KKV).

Diese aufsichtsrechtlichen Vorgaben finden auch für direktsteuerliche Zwecke in analoger Weise Anwendung.

3 Grundsätze der Besteuerung kollektiver Kapitalanlagen

3.1 Steuerliche Grundlagen auf Ebene der kollektiven Kapitalanlage

Das Steuerrecht folgt mit Bezug auf den vertraglichen Anlagefonds, die SICAV und die KmGK grundsätzlich der Treuhandlösung (transparente Betrachtung). Dies bedeutet, dass die kollektiven Kapitalanlagen für die Zwecke der Einkommens- und Gewinnsteuer keine Steuersubjekte darstellen. Erträge und Vermögen transparenter kollektiver Kapitalanlagen werden den Anlegerinnen und Anlegern anteilsmässig zugerechnet. Mit den Änderungen des DBG wurden diese Besteuerungsregeln nicht nur – wie bisher – für vertragliche Anlagefonds anwendbar, sondern neu auch für die inländische SICAV und die KmGK (vgl. Art. 10 Abs. 2 DBG).

Die SICAF gemäss Artikel 110 ff. KAG dagegen sind nicht transparente kollektive Kapitalanlagen und stellen als juristische Personen eigene Steuersubjekte dar. Sie werden nach Artikel 49 Absatz 2 DBG wie Kapitalgesellschaften besteuert.

Ebenfalls ausgenommen vom Prinzip der transparenten Besteuerung sind kollektive Kapitalanlagen mit direktem Grundbesitz. Diese werden nach Artikel 10 Absatz 2 DBG in Verbindung mit Artikel 49 Absatz 2 DBG besteuert. Nachfolgend wird unterschieden zwischen kollektiven Kapitalanlagen ohne und solchen mit direktem Grundbesitz (vgl. Ziff. 3.2 und 3.3).

Ausländische kollektive Kapitalanlagen sind steuerlich den schweizerischen kollektiven Kapitalanlagen gleichzustellen (vgl. Gleichstellungsregeln im Anhang IV).

3.2 Besteuerung kollektiver Kapitalanlagen ohne direkten Grundbesitz

Vertragliche Anlagefonds, SICAV und KmGK ohne direkten Grundbesitz sind grundsätzlich keine Steuersubjekte. Aufgrund der transparenten Betrachtungsweise erfolgt keine Gewinnbesteuerung auf Ebene der kollektiven Kapitalanlage. Die Erträge werden den Anlegerinnen und Anlegern ihren Anteilen entsprechend zugerechnet. Diese Betrachtungsweise gilt für Ausschüttungsfonds, Thesaurierungsfonds und gemischte Fonds gleichermassen.

Die SICAF nach Artikel 110 KAG hingegen werden nach Artikel 49 Absatz 2 DBG wie Kapitalgesellschaften besteuert. Somit unterliegt der Reingewinn gemäss Artikel 58 DBG zum Satz von 8,5% der Gewinnsteuer (vgl. Art. 68 DBG). Erzielt die SICAF qualifizierende Beteiligungserträge, so ist der Beteiligungsabzug gemäss Artikel 69 ff. DBG anwendbar.

Betreffend die steuerlichen Gewinnermittlungs- und Verbuchungsvorschriften für inländische kollektive Kapitalanlagen wird auf das KS Nr. 24 der Eidgenössischen Steuerverwaltung (ESTV) über kollektive Kapitalanlagen als Gegenstand der Verrechnungssteuer und der Stempelabgaben, vom 20. November 2017 (nachfolgend KS Nr. 24), Ziffer 2.6 verwiesen. Bezüglich Anforderungen an das Reporting von ausländischen kollektiven Kapitalanlagen wird auf KS Nr. 24 Ziffer 3.5 verwiesen.

3.3 Besteuerung kollektiver Kapitalanlagen mit direktem Grundbesitz

3.3.1 Begriff

Nach Artikel 58 KAG sind Immobilienfonds offene kollektive Kapitalanlagen, die ihre Mittel in Immobilienwerten anlegen. Bei der KmGK kann insbesondere in Bau-, Immobilien- und Infrastrukturprojekte investiert werden (vgl. Art. 103 Abs. 2 KAG i.V.m. Art. 121 Abs. 1 KKV).

Die offenen kollektiven Kapitalanlagen mit direktem Grundbesitz haben grundsätzlich mindestens zehn Grundstücke auszuweisen. Dabei gelten Siedlungen, die nach den gleichen baulichen Grundsätzen erstellt worden sind, sowie aneinander grenzende Parzellen als ein einziges Grundstück (vgl. Art. 87 KKV, vorbehältlich Art. 67 Abs. 4 und 5 KKV oder Art. 10 Abs. 5 Bst. f KAG).

3.3.2 Besteuerung

Direkten Grundbesitz können die vertraglichen Anlagefonds, die SICAV, die KmGK und auch die SICAF haben. Artikel 49 Absatz 2 DBG stellt die vertraglichen Anlagefonds, die SICAV und die KmGK mit direktem Grundbesitz den übrigen juristischen Personen gleich. Investmentgesellschaften mit festem Kapital (SICAF) werden wie Kapitalgesellschaften besteuert.

Vertragliche Anlagefonds, SICAV und KmGK mit direktem Grundbesitz in der Schweiz unterliegen für den Ertrag und Gewinn aus direktem Grundbesitz der Gewinnsteuer (Art. 66 Abs. 3 DBG) und werden zum Satz von 4,25 % (vgl. Art. 72 DBG) besteuert. Diese steuerliche Behandlung gilt für Ausschüttungsfonds, Thesaurierungsfonds und gemischte Fonds gleichermassen. Für SICAF gilt ein Satz von 8,5 % (vgl. Art. 68 DBG).

Erträge, die nicht aus direktem Grundbesitz stammen (z.B. Zinsen auf kurzfristigen festverzinslichen Effekten oder auf kurzfristig verfügbaren Mitteln; vgl. Art. 60 KAG), sind von der Gewinnsteuer der kollektiven Kapitalanlagen ausgenommen und sind durch die Anlegerinnen und Anleger zu versteuern (vgl. Art. 20 Abs. 1 Bst. e DBG). Bei der SICAF unterliegen demgegenüber sämtliche Erträge der Gewinnsteuer. Ausschüttungen unterliegen gemäss Artikel 20 Absatz 1 Buchstabe c DBG beim Anleger der Einkommensteuer.

Für die Veranlagung kollektiver Kapitalanlagen mit direktem Grundbesitz in der Schweiz ist der Kanton zuständig, in dem sich der Sitz der Fondsleitung, der SICAV oder der KmGK am Ende der Steuerperiode befindet (vgl. Art. 105 Abs. 3 DBG).

3.3.3 Ermittlung des steuerbaren Gewinns

Kollektive Kapitalanlagen mit direktem Grundbesitz nach Artikel 58 KAG werden gemäss Artikel 49 Absatz 2 DBG den übrigen juristischen Personen gleichgestellt und als solche besteuert. Somit sind für die Gewinnermittlung die Artikel 58 – 67 DBG massgebend.

Der steuerbare Reingewinn berechnet sich gemäss Artikel 58 Absatz 1 Buchstabe a DBG basierend auf der handelsrechtliche Erfolgsrechnung nach OR. Dem Grundsatz der Massgeblichkeit folgend, stellen die Steuerbehörden bei der Gewinnermittlung auf die Jahresrechnung gemäss Artikel 958 Absatz 2 OR ab. In Bezug auf die Buchführung gelten die allgemeinen Vorschriften des OR, insbesondere Artikel 957a ff. Die bisherige Praxis bezüglich der Einkäufe in laufende Nettoerträge aus Immobilien bzw. Rücknahme von Anteilen der Anlegerinnen und Anleger wird beibehalten. Einkäufe werden wie bisher als Ertragspositionen besteuert und folglich dem Ertrag aus direktem Grundbesitz gleichgestellt. Rückzahlungen an die Anlegerinnen und Anleger können als Aufwandposition geltend gemacht werden.

Für die Ermittlung des steuerbaren Gewinns von kollektiven Kapitalanlagen mit direktem Grundbesitz sind folgende Grundsätze zu beachten:

- Erträge und Gewinne aus direktem Grundbesitz bilden Bestandteil des steuerbaren Gewinns.
- Einkäufe in laufende Nettoerträge gelten als Erträge aus direktem Grundbesitz.
- Rückzahlungen (Kündigung des Kollektivanlagevertrages bzw. Rückgabe der SICAV-Anteile) können als geschäftsmässig begründeter Aufwand geltend gemacht werden.
- Aktivzinsen auf Bankguthaben und anderen Forderungen sowie übrige Erträge sind nicht Bestandteil des Ertrages aus direktem Grundbesitz.
- Die auf den direkten Grundbesitz entfallenden Erträge und Aufwendungen (inkl. direkte Steuern) sind grundsätzlich aufgrund der Erfolgsrechnung über den Direktbesitz objektmässig zuzurechnen.
- Aufwendungen, die nicht objektmässig zugerechnet werden können, sind im Verhältnis des Verkehrswertes des direkten Grundbesitzes zum Verkehrswert der Gesamtaktiven gemäss der konsolidierten Vermögensrechnung (vgl. Art. 90 KAG) aufzuteilen.

Wie bei allen anderen juristischen Personen sind Rückstellungen, Abschreibungen und Wertberichtigungen pro Liegenschaft separat zu buchen.

Die kollektive Kapitalanlage hat das Wahlrecht zwischen der Einreichung einer Jahresrechnung nach KAG oder nach OR. Die eingereichte Jahresrechnung ist für Steuerzwecke massgeblich. Wird eine Jahresrechnung nach KAG eingereicht, sind somit auch nicht realisierte Kapitalgewinne bzw. -verluste steuerlich zu erfassen.

Bei einem Wechsel von der Jahresrechnung nach KAG zu einer solchen nach OR ist folgendes zu beachten:

- Wurden die nicht realisierten Kapitalgewinne auf den Liegenschaften bislang besteuert, kann die Wertdifferenz bei Einreichung einer Jahresrechnung nach OR als versteuerte stille Reserven geltend gemacht werden.
Für steuerliche Zwecke ist bei Abschreibungen auf die Gewinnsteuerwerte abzustellen. Sollte trotz der steuerlichen Abschreibung der verbleibende Gewinnsteuerwert höher sein als der Verkehrswert in diesem Zeitpunkt, muss zwingend auf den tieferen Verkehrswert wertberichtigt bzw. abgeschrieben werden.
- Wurden die nicht realisierten Kapitalgewinne bisher nicht besteuert, muss sichergestellt werden, dass bei einer Überleitung zu einer Jahresrechnung nach OR die Wertdifferenz zwischen den bisher für die Gewinnsteuer massgeblichen Werten und den neuen Buchwerten gemäss Jahresrechnung nach OR steuerlich erfasst wird.

Bei einem Wechsel von der Jahresrechnung nach OR zu einer solchen nach KAG findet eine steuersystematische Realisierung mit entsprechender Besteuerung der Wertveränderungen statt.

Erfolgt die Buchführung nicht nach dem Standard in welchem die Jahresrechnung (KAG oder OR) präsentiert wird, muss eine nachvollziehbare Überleitung vorliegen, welche zusammen mit der Steuererklärung einzureichen ist. Es ist nicht Voraussetzung, dass die nach OR erstellte Jahresrechnung durch eine Revisionsstelle geprüft wird.

Zur Ermittlung des steuerbaren Reingewinns einer kollektiven Kapitalanlage mit direktem Grundbesitz ist eine Spartenrechnung zu erstellen (vgl. Beispiel im Anhang II).

3.3.4 Deklarationspflicht

Die Fondsleitung ist verpflichtet, der Veranlagungsbehörde für jede Steuerperiode eine Bescheinigung über alle Verhältnisse einzureichen, die für die Besteuerung des direkten Grundbesitzes und dessen Erträge massgeblich sind (vgl. Art. 129 Abs. 3 DBG).

4 Besteuerung auf Ebene der Anleger

4.1 Allgemeines

Ein vertraglicher Anlagefonds, eine SICAV oder KmGK, welche in ihren Basisdokumenten (beispielsweise im Fondsvertrag) eine Ausschüttungsvorschrift von mindestens 70% des jährlichen Nettoertrags, inklusive vorgetragener Erträge aus früheren Rechnungsjahren, vorsehen, gilt steuerlich als ausschüttende kollektive Kapitalanlage. Demgegenüber gelten kollektive Kapitalanlagen als thesaurierend, wenn in den Basisdokumenten keine Ausschüttungsvorschrift des jährlichen Nettoertrages vorgesehen ist. Als gemischte kollektive Kapitalanlagen gelten vertragliche Anlagefonds, SICAV und KmGK, wenn die jährliche Festsetzung der Ausschüttungs- bzw. Thesaurierungsquote im Ermessen der Funktionsträger der kollektiven Kapitalanlage liegt.

Verzichtet eine ausschüttende kollektive Kapitalanlage aufgrund einer in den Basisdokumenten vorgesehenen Geringfügigkeitsvorschrift (vgl. KS Nr. 24 Ziff. 2.1.2) auf die Ausschüttung, wird sie deswegen nicht zu einer thesaurierenden kollektiven Kapitalanlage. Der Ertrag ist in solchen Fällen dem Gewinnvortrag gutzuschreiben und darf während des nächsten Geschäftsjahres nicht verändert werden. Der Gewinnvortrag unterliegt im künftigen Ausschüttungszeitpunkt der Besteuerung auf der Stufe der Anlegerinnen und Anleger. Einkommenssteuerlich ist zu unterscheiden, ob die Anteile an der kollektiven Kapitalanlage im Privat- oder im Geschäftsvermögen des Anlegers gehalten werden.

Die Erträge aus in- oder ausländischen Grundstücken von in- oder ausländischen kollektiven Kapitalanlagen mit direktem Grundbesitz werden auf Stufe der Anlegerinnen und Anleger freigestellt. Freigestellte Erträge sind für die Satzbestimmung nicht zu berücksichtigen. Nicht freigestellt werden die Erträge aus demjenigen Teil des Fondsvermögens, welcher zur Sicherstellung von Verbindlichkeiten in kurzfristigen festverzinslichen Effekten oder anderen kurzfristig verfügbaren Mitteln angelegt wird (vgl. Art. 20 Abs. 1 Bst. e DBG). Diese Freistellungsregel gilt nicht für Anlegerinnen und Anleger von SICAF mit Direktbesitz.

4.2 Bei Anlagen im Privatvermögen

Die Anlegerinnen und Anleger haben nach Artikel 20 Absatz 1 Buchstabe e DBG sämtliche Erträge aus Anteilen an kollektiven Kapitalanlagen zu versteuern, soweit sie nicht Erträge aus deren direktem Grundbesitz vereinnahmen. Unter sämtlichen Erträgen sind die ausgeschütteten oder thesaurierten (wiederangelegten) Erträge zu verstehen, soweit sie steuerlich Vermögenserträgen wie Zinsen, Dividenden u. dgl. entsprechen sowie laufende Erträge und Gewinnvorträge, die im Rahmen einer Zusammenlegung oder Vereinigung von kollektiven Kapitalanlagen untergehen und folglich einer späteren Besteuerung entzogen werden. Ausschüttungen sind im Zeitpunkt der Fälligkeit steuerbar. Thesaurierte Erträge werden im Zeitpunkt der Gutschrift besteuert, d.h. bei Übertrag auf das Konto der zur Wiederanlage zurückbehaltenen Erträge. Enthalten ausgeschüttete oder thesaurierte Erträge Kapitalgewinne, sind diese nach Artikel 16 Absatz 3 DBG steuerfrei, sofern sie in der Jahresrechnung separat ausgewiesen oder über einen separaten Coupon ausgeschüttet werden. Die steuerlich massgebenden Erträge werden in der Kursliste HB der ESTV publiziert.

Nicht unter Artikel 20 Absatz 1 Buchstabe e DBG fallen die Einkünfte, welche die Anlegerinnen und Anleger aus Beteiligungen an einer SICAF realisieren, da diese als Kapitalgesellschaft besteuert wird. Die Anleger resp. Aktionäre einer SICAF versteuern die entsprechenden Einkünfte nach Artikel 20 Absatz 1 Buchstabe c DBG.

Bei Verkauf bzw. Rückgabe von im Privatvermögen gehaltenen Anteilen von vertraglichen Anlagefonds, SICAV und KmGK qualifiziert die Differenz zwischen Erwerbspreis und Verkaufserlös als steuerfreier Kapitalgewinn nach Artikel 16 Absatz 3 DBG oder als steuerlich nicht abzugsfähiger Kapitalverlust.

Die Liquidation eines vertraglichen Anlagefonds, einer SICAV oder einer KmGK hat den Regeln in Artikel 96 KAG zu folgen. Artikel 97 Absatz 2 KAG räumt den Anlegerinnen und Anlegern einen Anspruch auf den verhältnismässigen Anteil des Liquidationserlöses ein. Die Rückzahlung der Kapitaleinzahlungen und dieerzielten Kapitalgewinne sind für die Anlegerinnen und Anleger im Privatvermögen steuerfrei. Der Einkommenssteuer unterliegen die mit dem Liquidationsergebnis anteilsmässig verteilten Vermögenserträge, die nicht bereits versteuert wurden. Wird eine kollektive Kapitalanlage mit direktem Grundbesitz aufgelöst, unterliegen die den Anlegerinnen und Anlegern ausgeschütteten Erträge nicht der Einkommenssteuer, soweit diese aus direktem Grundbesitz stammen.

Bei der Liquidation einer SICAF unterliegt der Liquidationsüberschuss (Differenz zwischen Rückgabepreis und dem anteiligen Nennwert) gemäss Artikel 20 Absatz 1 Buchstabe c DBG der Einkommenssteuer.

Bei ausländischen kollektiven Kapitalanlagen richtet sich das Liquidationsverfahren grundsätzlich nach den Regeln der Aufsichtsbehörde am Domizil der kollektiven Kapitalanlage. Die vollständige bzw. quasi-vollständige Rücknahme der ausstehenden Anteile durch eine kollektive Kapitalanlage oder ein Teilvermögen gilt für die Zwecke der schweizerischen Einkommenssteuer aber stets als (faktische) Liquidation, selbst dann, wenn die ausländische Aufsichtsbehörde die Wiederbegebung der Anteile zulassen sollte und aus deren Sicht keine formelle Liquidation vorliegt.

Bei faktischen Liquidationen von ausländischen kollektiven Kapitalanlagen und Teilvermögen treten deshalb die gleichen Steuerfolgen ein wie bei der formellen Liquidation.

4.3 Bei Anlagen im Geschäftsvermögen

Die Bestimmung von Artikel 20 Absatz 1 Buchstabe e DBG findet auch Anwendung auf natürliche Personen, die ihre Anteile an kollektiven Kapitalanlagen im Geschäftsvermögen halten. Erträge und Kapitalgewinne aus direktem Grundbesitz, die aus kollektiven Kapitalanlagen mit direktem Grundbesitz stammen, unterliegen nicht der Einkommensbesteuerung. Diese Regelung gilt analog auch für juristische Personen.

Bei Verkauf bzw. Rückgabe von im Geschäftsvermögen gehaltenen Anteilen qualifiziert die Differenz zwischen dem tieferen steuerlich massgebenden Einkommens- bzw. Gewinnsteuerwert und dem höheren Verkaufserlös als steuerbarer Kapitalgewinn nach Artikel 18 Absatz 2 bzw. Artikel 58 DBG. Ein Kapitalverlust ist steuerlich nach Artikel 27 Absatz 2 Buchstabe b bzw. Artikel 58 DBG abzugsfähig.

Wird eine kollektive Kapitalanlage liquidiert, unterliegt bei Anlagen im Geschäftsvermögen die positive Differenz zwischen dem Liquidationserlös und dem steuerlich massgebenden Buchwert (Einkommens- bzw. Gewinnsteuerwert) der Einkommens- oder der Gewinnsteuer. Allfällige negative Differenzen stellen im Geschäftsvermögen abzugsfähigen Kapitalverlust dar.

4.4 Rückerstattung der Verrechnungssteuer

Gemäss Artikel 4 Absatz 1 Buchstabe c des Bundesgesetzes über die Verrechnungssteuer (VStG)[5] unterliegen die Zinsen, Gewinnanteile und sonstigen Erträge des von einem Inländer oder von einem Ausländer in Verbindung mit einem Inländer ausgegebenen Anteile an einer kollektiven Kapitalanlage gemäss KAG der Verrechnungssteuer.

Anlegerinnen und Anleger haben Anspruch auf Rückerstattung der Verrechnungssteuer, wenn sie bei Fälligkeit der steuerbaren Leistung rückerstattungsberechtigt sind.

---

[5] SR 642.21

Die Wiederanlage der Erträge von thesaurierenden kollektiven Kapitalanlagen gilt direktsteuerlich als Realisation, weshalb es sich empfiehlt, diesen Vorgang erfolgswirksam zu verbuchen. Werden die Erträge nicht verbucht, verwirkt der Anleger seinen Anspruch auf Rückerstattung der Verrechnungssteuer (vgl. Art. 25 Abs. 1 VStG). Dementsprechend empfiehlt sich folgende Verbuchung bei einem Ertrag einer kollektiven Kapitalanlage:

Ertrag von beispielsweise CHF 100

- Kollektive Kapitalanlage   an   Wertschriftenertrag   CHF 65
- Verrechnungssteuer   an   Wertschriftenertrag   CHF 35

Anlegerinnen und Anleger von ausländischen vertraglichen (und damit transparenten) kollektiven Kapitalanlagen können die Verrechnungssteuer auf Erträgen aus schweizerischen Titeln im Fondsvermögen zurückverlangen, sofern sie im Zeitpunkt der Fälligkeit dieser Erträge rückerstattungsberechtigt sind.

4.5 Bescheinigungspflicht

Die kollektiven Kapitalanlagen haben den Anlegerinnen und Anlegern alle Verhältnisse zu bescheinigen, die für die Besteuerung der Erträge massgeblich sind. Zudem haben sie ihre Jahresberichte bzw. Jahresrechnungen bei der ESTV einzureichen.

Die thesaurierten Vermögenserträge unterliegen aufgrund der Treuhandlösung auf Stufe der Anlegerinnen und Anleger der Einkommenssteuer. Die thesaurierenden kollektiven Kapitalanlagen haben daher den Anlegerinnen und Anlegern für die direkten Steuern die thesaurierten Erträge jährlich zu bescheinigen. Davon ausgenommen sind die wiederangelegten Kapitalgewinne, sofern sie in der Jahresrechnung separat ausgewiesen werden. Mit der Meldung des thesaurierten Ertrages pro Anteil an die ESTV zu Handen der Kursliste HB und der Bereitstellung der entsprechenden Berechnungsgrundlagen ist die Bescheinigungspflicht der Kapitalanlage erfüllt.

Gestützt auf Artikel 129 Absatz 3 DBG haben die kollektiven Kapitalanlagen den Veranlagungsbehörden über die Aufteilung der Ausschüttung und der Reserven in die beiden Kategorien „Ertrag aus direktem Grundbesitz" und „übriger Ertrag" Auskunft zu geben. Eine Aufteilung der Ausschüttung auf gesonderte Coupons ist – mit Ausnahme für über gesonderten Coupon ausgerichtete Kapitalgewinne und Kapitaleinzahlungen (vgl. Art. 5 Abs. 1 Bst. b VStG u. Art. 28 Abs. 3 VStV) – nicht nötig.

Die ESTV ermittelt die steuerbaren Werte der Anteile kollektiver Kapitalanlagen aufgrund der Meldungen der kollektiven Kapitalanlagen mit direktem Grundbesitz und publiziert diese in der Kursliste HB.

5 Spezialfragen

5.1 Gewerbsmässiger Wertschriftenhandel

Entscheidend für die Qualifikation als Einkommen aus kollektiver Kapitalanlage ist letztlich, dass die Fondsleitung oder die Organe der SICAV und KmGK selbständig handeln und die Anlegerinnen und Anleger kein Weisungsrecht ihnen gegenüber haben. Diesfalls werden die häufigen Wertschriftentransaktionen der kollektiven Kapitalanlagen den Anlegerinnen und Anlegern steuerlich nicht als gewerbsmässiger Wertschriftenhandel zugerechnet.

5.2 Kommanditgesellschaft für kollektive Kapitalanlagen (KmGK)

Die KmGK ist eine Personengesellschaft, deren ausschliesslicher Zweck die kollektive Kapitalanlage ist (Art. 98 Abs. 1 KAG). Der Komplementär kann nur eine Aktiengesellschaft mit Sitz in der Schweiz sein und darf sich wegen des Konkurrenzverbotes nur an einer KmGK als Komplementär beteiligen (vgl. Art. 104 KAG). Die KmGK tätigt zur Hauptsache Anlagen in Risikokapital, weshalb ihre Anleger (Kommanditäre) im Sinne von Artikel 10 Absatz 3 KAG besonders qualifiziert sein müssen. Die KmGK ist somit vor allem ein Anlagevehikel für Banken, Effektenhändler, Versicherungseinrichtungen, öffentlich-rechtliche Körperschaften und Vorsorgeeinrichtungen mit professioneller Tresorerie sowie für vermögende Privatpersonen, die über Finanzanlagen von mindestens CHF 5'000'000.-- verfügen (vgl. Art. 6 Abs. 1 KKV).

Die KmGK bzw. deren geschäftsführenden Personen haben für die steuerliche Gleichstellung ihrer Gesellschafter mit Anlegerinnen und Anlegern vertraglicher Anlagefonds oder SICAV die Einhaltung der Voraussetzungen gemäss KAG nachzuweisen (vgl. Art. 129 Abs. 1 Bst. c DBG oder Art. 129 Abs. 3 DBG bei direktem Grundbesitz).

Obwohl das KAG die Immobilienfonds den offenen kollektiven Kapitalanlagen vorbehält, können die KmGK ihre Mittel zur Verfolgung eines Bau- oder Immobilienprojektes auch in Liegenschaften anlegen. In einem solchen Fall sind sie als Steuersubjekt zu behandeln.

5.3 Umstrukturierungen

5.3.1 Ebene der Kollektiven Kapitalanlage

Gemäss Artikel 95 KAG sind folgende Umstrukturierungen von offenen kollektiven Kapitalanlagen zulässig:

- die Vereinigung durch Übertragung der Vermögenswerte und Verbindlichkeiten (Art. 95 Abs. 1 Bst. a KAG);
- die Umwandlung in eine andere Rechtsform einer kollektiven Kapitalanlage (Art. 95 Abs. 1 Bst. b KAG);
- für die SICAV: die Vermögensübertragung nach den Artikeln 69-77 FusG[6] (Art. 95 Abs. 1 Bst. c KAG).

Die Umstrukturierungen gemäss Artikel 95 Absatz 1 KAG sind auf Stufe der kollektiven Kapitalanlage steuerneutral. Mit Bezug auf Umstrukturierungen gemäss Artikel 95 Absatz 1 Buchstaben a und b KAG ist Artikel 61 DBG sinngemäss anwendbar. Bei Vermögensübertragungen gemäss Artikel 95 Absatz 1 Buchstabe c KAG sind Artikel 61 Absätze 3 und 4 DBG dagegen nicht anwendbar.

Bei der Übernahme von Vermögenswerten durch eine kollektive Kapitalanlage von einer Kapitalgesellschaft oder Genossenschaft kommt Artikel 61 DBG nicht zur Anwendung. Daher realisiert die übertragende Kapitalgesellschaft oder Genossenschaft die entsprechenden stillen Reserven.

Auf Umstrukturierungen von oder mit ausländischen kollektiven Kapitalanlagen sind die Bestimmungen von Artikel 61 DBG ebenfalls sinngemäss anwendbar.

---

[6] SR 221.301

5.3.2 Ebene der Anleger

Da ein Umtauschverhältnis zu Verkehrswerten zu bestimmen ist, ergeben sich für die Anlegerinnen und Anleger durch den Umtausch ihrer Anteile an sich keine Folgen bei den direkten Steuern. Für Anteile im Geschäftsvermögen gilt dies nur, soweit die bisherigen Einkommens- bzw. Gewinnsteuerwerte unverändert weitergeführt werden. Bei der Vermögensübertragung einer SICAV gilt dies sinngemäss.

Sacheinlagen bzw. die Einbringung von Immobilien in eine kollektive Kapitalanlage sind nur zu Verkehrswerten möglich. Artikel 61 DBG ist nicht anwendbar.

Übernimmt eine kollektive Kapitalanlage Vermögenswerte von einer Kapitalgesellschaft oder Genossenschaft, deren Beteiligungsrechte sie selber hält, gelten die übertragenen übrigen und stillen Reserven nach dem Grundsatz der Transparenz als an die Inhaber der Anteile an der kollektiven Kapitalanlage ausgeschüttet.

5.4 Beteiligungsabzug und Teilbesteuerung

Kapitalgesellschaften oder Genossenschaften, die Anteile an einem vertraglichen Anlagefonds, an einer SICAV oder an einer KmGK halten, können die Ermässigung nach Artikel 69 ff. DBG nicht beanspruchen.

Natürliche Personen können für ihr Einkommen aus einer kollektiven Kapitalanlage die Besteuerung nach Artikel 18b und 20 Absatz 1bis DBG nicht geltend machen.

5.5 Sitzverlegung oder Expatriierung von kollektiven Kapitalanlagen

Die Sitzverlegung hat im Unterschied zur Verrechnungssteuer keine direktsteuerlichen Folgen, da diese nicht als Liquidation zu betrachten ist. Aufgrund der Treuhandlösung verbleibt das „Treugut" nämlich weiterhin im Privat- oder Geschäftsvermögen der Anlegerinnen und Anleger.

Zwecks Rückforderung der Verrechnungssteuer müssen Anlegerinnen und Anleger, welche die Anteile im Privatvermögen halten, den Liquidationserlös (Nettoertrag inkl. eines allfälligen Gewinnvortrages) deklarieren, können ihn jedoch mittels Deklaration eines entsprechenden Minusertrags wieder neutralisieren.

Handelt es sich bei den Anlegern um juristische Personen, Geschäftsbetriebe und dergleichen und befinden sich die Anteile im Geschäftsvermögen, muss die Verrechnungssteuer aufgrund der Verbuchungsvorschriften nach Artikel 25 VStG verbucht werden.

5.6 Einanlegerfonds

Einanlegerfonds sind für direktsteuerliche Zwecke zulässig, wenn der Anleger ausschliesslich eine öffentlich-rechtliche Körperschaft, eine Vorsorgeeinrichtung mit professioneller Tresorerie oder eine beaufsichtigte Versicherungseinrichtung ist (Art. 7 Abs. 3 KAG i.V.m. Art. 10 Abs. 3 KAG und Art. 5 Abs. 4 KKV).

In allen anderen Fällen sind für die steuerliche Anerkennung einer kollektiven Kapitalanlage mindestens zwei voneinander unabhängige Anlegerinnen und Anleger erforderlich (vgl. Ziff. 2 hiervor).

6 Inkrafttreten

Das vorliegende Kreisschreiben tritt mit seiner Publikation in Kraft und ersetzt das Kreisschreiben Nr. 25 vom 5. März 2009.

7 Anhänge

Anhang I   Begriffsbestimmungen / Abkürzungen

Begriffsbestimmungen:

Anlagefonds: Vertragliche kollektive Kapitalanlage.

Anlegerinnen und Anleger: Natürliche oder juristische Personen, Kollektiv- und Kommanditgesellschaften, die Anteile an kollektiven Kapitalanlagen halten (Art. 10 Abs. 1 KAG).

Anteile: Forderungen gegen die Fondsleitung auf Beteiligung an Vermögen und Ertrag des Anlagefonds oder Beteiligungen an der Gesellschaft (vgl. Art. 11 KAG).

Ausschüttungsfonds: Offene oder geschlossene kollektive Kapitalanlagen, welche in den Basisdokumenten eine Ausschüttungsvorschrift von mindestens 70% des jährlichen Nettoertrags inklusive vorgetragener Erträge aus früheren Rechnungsjahren vorsehen.

Kollektive Kapitalanlage: Vermögen, das von Anlegerinnen oder Anlegern zur gemeinschaftlichen Kapitalanlage aufgebracht und für deren Rechnung verwaltet wird (vgl. Art. 7 Abs. 1 KAG).

Offene kollektive Kapitalanlagen: Vertraglicher Anlagefonds und Investmentgesellschaft mit variablem Kapital (SICAV). Diese kollektiven Kapitalanlagen können als Effektenfonds, Immobilienfonds oder übrige Fonds für traditionelle oder alternative Anlagen ausgestaltet werden. Ihre Anlegerinnen und Anleger haben zu Lasten des Kollektivvermögens unmittelbar oder mittelbar einen Rechtsanspruch auf Rückgabe ihrer Anteile zum Nettoinventarwert (vgl. Art. 8 KAG).

Geschlossene kollektive Kapitalanlagen: Kommanditgesellschaft für kollektive Kapitalanlagen (KmGK) und die Investmentgesellschaft mit fixem Kapital (SICAF). Ihre Anlegerinnen und Anleger haben zu Lasten des Kollektivvermögens weder unmittelbar noch mittelbar einen Rechtsanspruch auf Rückgabe ihrer Anteile zum Nettoinventarvermögen (vgl. Art. 9 KAG).

Effektenfonds: Offene kollektive Kapitalanlagen, die ihre Mittel in Effekten anlegen (vgl. Art. 53 KAG).

Gemischte kollektive Kapitalanlagen: Vertraglicher Anlagefonds, SICAV oder KmGK, bei welchen die jährliche Festsetzung der Ausschüttungs- bzw. Thesaurierungsquote im Ermessen der Funktionsträger der kollektiven Kapitalanlage liegt.

Immobilienfonds: Offene kollektive Kapitalanlagen, die ihre Mittel in Immobilienwerten anlegen (vgl. Art. 58 KAG).

Übrige Fonds für traditionelle und für alternative Anlagen: Offene kollektive Kapitalanlagen, die weder Effekten- noch Immobilienfonds sind. Es sind u.a. zugleich Anlagen in Effekten, Immobilien, Edelmetalle, Rechte oder in andere kollektive Kapitalanlagen möglich (vgl. Art. 68 – 71 KAG).

Thesaurierungs- oder Wertzuwachsfonds: Offene oder geschlossene kollektive Kapitalanlagen, welche in den Basisdokumenten keine Ausschüttungsvorschrift des jährlichen Nettoertrags vorsehen.

Transparenzprinzip: Vermögenserträge und Kapitalgewinne werden für die Belange der direkten Steuern nicht auf Stufe der kollektiven Kapitalanlagen besteuert, sondern auf Stufe der Anlegerinnen und Anleger (Ausnahme: schweizerische und ausländische kollektive Kapitalanlagen mit direktem Grundbesitz für die Erträge daraus sowie SICAF).

Treuhandlösung: Das bei den kollektiven Kapitalanlagen angelegte Vermögen wird für die Belange der direkten Steuern den Anlegerinnen und Anlegern zugerechnet.

Abkürzungen:

Abs.	Absatz
akK	ausländische kollektive Kapitalanlage
Art.	Artikel
Bst.	Buchstabe(n)
bzw.	beziehungsweise
DBG	Bundesgesetz vom 14. Dezember 1990 über die direkte Bundessteuer (SR 642.11)
d.h.	das heisst
ESTV	Eidgenössische Steuerverwaltung
FINMA	Eidgenössische Finanzmarktaufsicht
FusG	Bundesgesetz vom 3. Oktober 2003 über Fusion, Spaltung, Umwandlung und Vermögensübertragung (SR 221.301)
inkl.	inklusive
KAG	Bundesgesetz vom 23. Juni 2006 über die kollektiven Kapitalanlagen (SR 951.31)
KmGK	Kommanditgesellschaft für kollektive Kapitalanlagen
KKV	Verordnung vom 22. November 2006 über die kollektiven Kapitalanlagen (SR 951.311)
KS	Kreisschreiben
LP	Limited Partnership
NAV	Net Asset Value (Nettoanlagevermögen) einer kollektiven Kapitalanlage
Nr.	Nummer
OR	Bundesgesetz vom 30. März 1911 betreffend die Ergänzung des Schweizerischen Zivilgesetzbuches [Fünfter Teil: Obligationenrecht] (SR 220)
resp.	respektive
SICAF	Société d'investissement à capital fixe; Investmentgesellschaft mit fixem Kapital
SICAV	Société d'investissement à capital variable; Investmentgesellschaft mit variablem Kapital
UA	Umsatzabgabe
vgl.	vergleiche
VStG	Bundesgesetz vom 13. Oktober 1965 über die Verrechnungssteuer (SR 642.21)
VStV	Vollziehungsverordnung vom 19. Dezember 1966 zum Bundesgesetz über die Verrechnungssteuer (SR 642.211)
z.B.	zum Beispiel
Ziff.	Ziffer

Anhang II Kollektive Kapitalanlagen mit direktem Grundbesitz / Spartenrechnung

Beispiel:
Gesamtaktiven: 90% direkter Grundbesitz, 10% Übriges Vermögen

Erfolg	Berechnung	Grundbesitz Betrag (1'000)	Übriger Betrag (1'000)	Total
Ertrag				
Mietzinseinnahmen	objektmässig	4'000	-	4'000
Kapital- und Aufwertungsgewinne	objektmässig nach Abzug der direkten Kosten	1'000	-	1'000
Einkäufe	objektmässig	1'000		1'000
Aktivzinsen			500	500
Total Ertrag		**6'000**	**500**	**6'500**

Aufwand				
Passivzinsen	Zinsen quotenmässige Aufteilung *)	300	33	333
Unterhalt und Reparaturen	objektmässig	450		450
Übrige Liegenschaftskosten	objektmässig	400		400
Immo.-Verwaltungskosten	objektmässig	250		250
Rückzahlungen	objektmässig	150		150
Allgemeine Unkosten	sofern der Aufwand gesamthaft der Erfolgsrechnung belastet wird: quotenmässige Aufteilung *)	10	1	11
Schätzungs- und Revisionskosten	sofern der Aufwand gesamthaft der Erfolgsrechnung belastet wird: quotenmässige Aufteilung *)	20	2	22
Zuweisung an Amortisationsfonds	objektmässig; nur im Rahmen der steuerlich zulässigen Abschreibungen abziehbar	500		500
Zuweisung an Unterhaltsfonds	zulässig sind nur objektmässig zugeordnete Rückstellungen für künftige Grossreparaturen	0		0
Entschädigungen an Fondsleitung und Depotbank	sofern der Aufwand gesamthaft der Erfolgsrechnung belastet wird: quotenmässige Aufteilung *)	54	6	60
Aufwand vor Steuern		**2'134**	**42**	**2'176**
Gewinn vor Steuern		3'866	458	4'324
Kapitalsteuer (Staat)	Annahme; Bemessungsgrundlage: Reinvermögen nach den Bestimmungen für nat. Personen am Ende der Steuerperiode	-176		
Gewinn vor Gewinnsteuer	= 115%, da die Gewinnsteuer abziehbar ist	3'690		
Gewinnsteuer (Staat/Bund)	Annahme: Steuersatz Staat und Bund 15%	-481		
Steuerbarer Gewinn	= 100%	**3'209**		

*) Für die quotenmässige Aufteilung der indirekten Aufwendungen wird auf das Verhältnis des Verkehrswertes des direkten Grundbesitzes zum Verkehrswert der

Gesamtaktiven gemäss der konsolidierten Vermögensrechnung (vgl. Art. 90 KAG) abgestellt.

Steuerbare Einkünfte aus Anteilen an kollektiven Kapitalanlagen mit **direktem Grundbesitz**:

Einkünfte aus Anteilen von kollektiven Kapitalanlagen mit direktem Grundbesitz sind steuerbar, soweit die Gesamterträge der kollektiven Kapitalanlage die Erträge aus direktem Grundbesitz übersteigen. Die Ausschüttungen und die Reserven sind daher aufgrund ihrer Herkunft in folgende zwei Kategorien aufzuteilen:

a) Versteuerter Vermögensertrag inklusive Kapital- und Aufwertungsgewinne aus direktem Grundbesitz.
b) Vermögensertrag aus indirektem Grundbesitz, übrigem Vermögen sowie Ertrag aus der Auflösung von vor dem 1. Januar 1995 gebildeten Rückstellungen auf direktem Grundbesitz (i.d.R. Unterhalts- und Amortisationsfonds).

Gebühren, welche die der Verrechnungssteuer unterliegenden Erträge betreffen, dürfen diesen belastet werden. Die Belastung darf jeweils höchstens 1.5% (Betriebsaufwandquote = Total Expense Ratio / TER_{REF}) des Gesamtfondvermögens dieser Anlagen betragen. Liegt der Totalbetrag der Gebühren unter der Grenze von 1.5%, so ist nur der geringere Betrag abzugsfähig.

Anhang III Grafische Übersicht über die Formen der kollektiven Kapitalanlagen (KKA)

Formen kollektiver Kapitalanlagen (KKA) und ihre Besteuerung

	Offene KKA		Geschlossene KKA	
	Vertragliche Anlagefonds	SICAV	KmGK	SICAF
KKA ohne direkten Grundbesitz (vgl. KS Nr. 25, Ziffer 3.2)	• Transparente Betrachtung, kein eigenes Steuersubjekt • Besteuerung nach Artikel 10 Absatz 2 DBG	• Transparente Betrachtung, eigenes Steuersubjekt • Besteuerung nach Artikel 10 Absatz 2 DBG	• Transparente Betrachtung, kein eigenes Steuersubjekt • Besteuerung nach Artikel 10 Absatz 2 DBG	• Keine transparente Betrachtung, eigenes Steuersubjekt • Besteuerung nach Artikel 49 Absatz 2 DBG wie eine Kapitalgesellschaft d.h. Besteuerung des Reingewinns nach Artikel 58 ff. DBG zum Satz von 8.5% (Art. 68 DBG)
KKA mit direktem Grundbesitz (vgl. KS Nr. 25, Ziffer 3.3)	• Keine transparente Betrachtung, eigenes Steuersubjekt • Den übrigen juristischen Personen gleichgestellt • Besteuerung nach Artikel 49 Absatz 2 in Verbindung mit Artikel 66 Absatz 3 DBG für den Ertrag aus direktem Grundbesitz zum Satz von 4.25% (Art. 72 DBG)	• Keine transparente Betrachtung, eigenes Steuersubjekt • Den übrigen juristischen Personen gleichgestellt • Besteuerung nach Artikel 49 Absatz 2 in Verbindung mit Artikel 66 Absatz 3 DBG für den Ertrag aus direktem Grundbesitz zum Satz von 4.25% (Art. 72 DBG)	• Keine transparente Betrachtung, eigenes Steuersubjekt • Den übrigen juristischen Personen gleichgestellt • Besteuerung nach Artikel 49 Absatz 2 in Verbindung mit Artikel 66 Absatz 3 DBG für den Ertrag aus direktem Grundbesitz zum Satz von 4.25% (Art. 72 DBG)	

Anhang IV Gleichstellung ausländischer kollektiver Kapitalanlagen

Gleichstellungsregeln:

Ausländische kollektive Kapitalanlagen sind aufgrund folgender Gleichstellungsregeln steuerlich schweizerischen kollektiven Kapitalanlagen gleichzustellen:

1. Anlageformen, welche in der Schweiz zum Vertrieb zugelassen sind; oder
2. Anlageformen, welche im Ausland einer anerkannten Aufsicht über kollektive Kapitalanlagen unterstehen; oder
3. vertraglich oder gesellschaftsrechtlich ausgestaltete offene Anlageformen,
   a. deren Zweck die kollektive Kapitalanlage ist; und
   b. die ihren Sitz im Ausland haben; und
   c. deren Anlegerinnen und Anleger gegenüber der Anlageform oder einer ihr nahe stehenden Gesellschaft einen Rechtsanspruch auf Rückzahlung ihrer Anteile zum NAV haben; oder
4. vertraglich oder gesellschaftsrechtlich ausgestaltete geschlossene Anlageformen,
   a. deren Zweck die kollektive Kapitalanlage ist; und
   b. die ihren Sitz im Ausland haben.

Siehe auch den Entscheidungsbaum in Anhang V.

Erläuterungen zu den Gleichstellungsregeln:

Zu Ziffer 1: Liegt eine Vertriebsbewilligung der FINMA für eine ausländische kollektive Kapitalanlage vor, wird sie für direktsteuerliche Zwecke der entsprechenden schweizerischen kollektiven Kapitalanlage gleichgestellt.

Zu Ziffer 2: Die Liste in Anhang VI des KS Nr. 24 umfasst diejenigen Länder, deren Aufsicht über kollektive Kapitalanlagen von der ESTV akzeptiert wird. Sie ist nicht abschliessend und wird laufend ergänzt.

Ausländische, beaufsichtigte Einanlegerfonds, die nicht einem Einanlegerfonds nach Artikel 5 KKV entsprechen, sind für direktsteuerliche Zwecke von dieser Gleichstellungsregel ausgenommen.

Zu Ziffer 3: Handelt es sich bei dieser Anlageform um eine juristische Person mit Rückgaberecht der Anteile (vgl. Art. 119 Abs. 1 Bst. b KAG), ist diese aufgrund von Artikel 49 Absatz 3 DBG einer SICAV gleichzustellen, da sie rechtlich diesem Fondstyp gleicht. Handelt es sich dagegen um eine Gesellschaft, die wegen des fehlenden Rückgaberechts als geschlossene kollektive Kapitalanlage zu qualifizieren ist, ist sie einer SICAF gleichzustellen.

Der Rechtsanspruch der Anlegerinnen und Anleger auf Rückzahlung ihrer Anteile zum NAV ist aber erfüllt, sofern mindestens ein einmaliges Rückgaberecht pro Jahr vorgesehen ist. Eine Lockup-Periode von maximal fünf Jahren ändert nichts an der Erfüllung dieses Kriteriums.

Zu Ziffer 4: Entspricht eine geschlossene kollektive Kapitalanlage (LP, GmbH & Co KG) einer KmGK, sind die Gesellschafter als Anlegerinnen und Anleger zu qualifizieren, mit der Folge, dass sie hier Einkünfte aus beweglichem Vermögen realisieren.

Zu Ziffern 3 und 4: Das Vorliegen folgender Hilfskriterien weist daraufhin, dass es sich um eine kollektive Kapitalanlage handelt:
- Beschränkte Laufzeit der Anlageform;
- Vorhandensein eines Offering Memorandums;
- keine oder sehr eingeschränkte Mitbestimmungsrechte der Anlegerinnen und des Anlegers;
- Reporting / Berichterstattung erfolgt auf gleiche Weise wie bei beaufsichtigten, kollektiven Kapitalanlagen;
- die Anlageform verfügt über die typischen Funktionsträger wie Investment Manager, Depotbank etc.

Anhang V Entscheidungsbaum

Entspricht dem Anhang VI des KS Nr. 24 vom 20. November 2017

Anhang VI

Musterreporting inländische Dachfonds (MS Excel 2013)
Musterreporting inländische Dachfonds (MS Excel 2007)

Entspricht dem Anhang VII des KS Nr. 24 vom 20. November 2017

Anhang VII

Musterreporting ausländische Dachfonds (MS Excel 2013)
Musterreporting ausländische Dachfonds (MS Excel 2017)

Entspricht dem Anhang VIII des KS Nr. 24 vom 20. November 2017

Anhang VIII

Musterreporting für Einzelfonds (MS Excel 2013)

Entspricht dem Anhang des KS Nr. 24 vom 20. November 2017

Kollektive Kapitalanlagen

Quelle: Eidg. Steuerverwaltung ESTV/HA Direkte Bundessteuer, Verrechnungssteuer, Stempelabgaben

Verrechnungssteuer
Stempelabgaben

Bern, 20. November 2017

Kreisschreiben Nr. 24

Kollektive Kapitalanlagen als Gegenstand der Verrechnungssteuer und der Stempelabgaben

Inhaltsverzeichnis

1	Einleitung / Geltungsbereich	5
2	**Inländische kollektive Kapitalanlagen**	5
2.1	Vertragliche kollektive Kapitalanlage, Investmentgesellschaft mit variablem Kapital und Kommanditgesellschaft für kollektive Kapitalanlagen (KmGK)	5
2.1.1	Begriffsbestimmungen	5
2.1.1.1	Basisdokumente	5
2.1.1.2	Steuerpflichtige Person für Verrechnungssteuerzwecke	5
2.1.1.3	Anteile	5
2.1.1.4	Coupon	5
2.1.2	Allgemeines	6
2.1.3	Pflichten bei der Gründung (Lancierung)	6
2.1.4	Weitere verfahrensrechtliche Pflichten	6
2.1.5	Pflichten/Aufgaben im Falle der Auflösung von FCP, SICAV und KmGK	6
2.1.6	Umstrukturierungen	7
2.1.6.1	Sitzverlegung von Fondsleitung und/oder Depotbank ins Ausland sowie die Expatriierung von vertraglichen kollektiven Kapitalanlagen ins Ausland	7
2.1.6.2	Repatriierung eines FCP, einer SICAV oder einer KmGK aus dem Ausland	8
2.1.6.3	Vereinigung von Anteilsklassen eines FCP oder einer SICAV	8
2.1.6.4	Vereinigung von Teilvermögen eines FCP oder einer SICAV	8
2.1.6.5	Vereinigung von FCP oder SICAV	8
2.1.6.6	Andere grundlegende Reorganisationen	9
2.1.7	Revisionen	9
2.1.8	Stempelabgaben	9
2.1.8.1	Emissionsabgabe	9
2.1.8.2	Umsatzabgabe	9
2.1.8.2.1	Primärmarkt	9
2.1.8.2.2	Sekundärmarkt	9
2.1.8.2.3	Befreite Anleger	9
2.1.9	Verrechnungssteuer auf dem Ertrag aus FCP, SICAV und KmGK	9
2.1.9.1	Grundsatz	9
2.1.9.2	Verfahrensvorschriften	10
2.1.9.3	Sonderbestimmungen für ausschüttende FCP, SICAV und KmGK	10

2.1.9.4	Sonderbestimmungen für thesaurierende FCP, SICAV und KmGK	10
2.1.9.5	Sonderbestimmungen für gemischte FCP, SICAV und KmGK	11
2.2	Domizilerklärung (Affidavit)	11
2.2.1	Grundsatz	11
2.2.2	Voraussetzungen	11
2.2.3	Unzulässigkeit	12
2.2.4	Verfahrensvorschriften	13
2.3	Deklaration der Verrechnungssteuer	13
2.3.1	Ausschüttende FCP, SICAV und KmGK ohne Affidavit-Verfahren	13
2.3.2	Ausschüttende FCP, SICAV und KmGK mit Affidavit-Verfahren	14
2.3.3	Thesaurierende FCP, SICAV und KmGK ohne Affidavit-Verfahren	14
2.3.4	Thesaurierende FCP, SICAV und KmGK mit Affidavit-Verfahren	14
2.4	Meldeverfahren	15
2.4.1	Grundsatz	15
2.4.2	Voraussetzungen	15
2.4.3	Verfahrensvorschriften	15
2.5	Verrechnungssteuerrückerstattung bei Erträgen aus Anlagen von FCP, SICAV und KmGK	16
2.5.1	Allgemeines	16
2.5.2	Meldeverfahren bei qualifizierenden Anlagen von FCP, SICAV und KmGK	16
2.5.3	Voraussetzungen	16
2.5.4	Verfahrensvorschriften	17
2.6	Steuerliche Gewinnermittlungs-/Verbuchungsvorschriften	17
2.6.1	Grundsätze	17
2.6.2	Erträge besonderer Art	17
2.6.3	Corporate Actions	17
2.6.4	Obligationen mit ausschliesslicher (Zero-Bonds) oder überwiegender Einmalverzinsung	18
2.6.5	Derivative Finanzinstrumente	18
2.7	Lending Fees und Ausgleichszahlungen bei Securities Lending und Repogeschäften	19
2.8	Ertrag aus Anteilen von kollektiven Kapitalanlagen	19
2.8.1	Grundsatz	19
2.8.2	Sondervorschriften für inländische Dachfonds-Strukturen	19
2.8.3	Verbuchungsregeln bei negativem Nettoerlös auf Stufe Dachfonds	20
2.8.4	Verrechnungsmöglichkeit von Gebühren auf Dachfondsebene mit den indirekten Erträgen aus Zielfonds	21
2.8.5	De-Minimis-Regel für Zielfonds	21
2.9	Aufwände besonderer Art	22
2.9.1	Performance-Kommission	22
2.9.2	Abzugsfähige Gebühren	22
2.9.3	Fee Waiver (Erstattung von Gebühren)	22
2.9.4	Verbuchung und Verrechnung von Verlusten	22
2.9.5	Negativzinsen	23
2.10	Verbuchung von ausländischen Quellensteuern	23
2.11	Behandlung von ausländischen Quellensteuern	23
2.11.1	Allgemeines	23
2.11.2	Rückforderung von ausländischen Quellensteuern	23
2.11.3	Direkte Entlastung von ausländischen Quellensteuern	24
2.11.4	Rückerstattung des zusätzlichen Steuerrückbehalts auf amerikanischen Dividenden und Zinsen FCP, SICAV und KmGK	24
2.11.5	Saldoverwendung des Kontos „Ausländische Quellensteuer"	25
2.12	Sonderbestimmungen für FCP, SICAV und KmGK mit Immobilienbesitz	25
2.13	Geschlossene kollektive Kapitalanlagen gemäss KAG: Investmentgesellschaften mit festem Kapital (SICAF)	25
2.13.1	Allgemeines	25
2.13.2	Pflichten bei der Gründung (Lancierung)	25
2.13.3	Weitere verfahrensrechtliche Pflichten	26

2.13.4	Pflichten/Aufgaben im Falle der Auflösung einer SICAF	26
2.13.5	Umstrukturierungen	26
2.13.6	Stempelabgaben	26
2.13.6.1	Emissionsabgabe	26
2.13.6.2	Umsatzabgabe	26
2.13.6.2.1	Primärmarkt	26
2.13.6.2.2	Sekundärmarkt	26
2.13.6.2.3	Effektenhändler	26
2.13.7	Verrechnungssteuer	26
2.13.8	Steuerliche Gewinnermittlungs-/Verbuchungsvorschriften	26
2.13.9	Rückforderung von ausländischen Quellensteuern	27
2.14	Rückerstattung des zusätzlichen Steuerrückbehalts auf amerikanischen Dividenden und Zinsen SICAF	27
2.15	Einanlegerfonds	27
2.16	Inländische strukturierte Produkte gemäss Artikel 5 KAG	27
3	**Ausländische kollektive Kapitalanlagen**	**27**
3.1	Begriffsbestimmungen	27
3.1.1	Kollektive Kapitalanlagen	27
3.1.1.1	Erläuterungen zu Ziffer 2	28
3.1.1.2	Erläuterungen zu Ziffer 3	28
3.1.1.3	Erläuterungen zu Ziffer 3 und 4	28
3.1.2	Ausgabe von Anteilen an einer kollektiven Kapitalanlage gemäss KAG durch einen Ausländer in Verbindung mit einem Inländer (Artikel 4 Absatz 1 Bst. c VStG)	28
3.2	Stempelabgaben	29
3.2.1	Emissionsabgabe	29
3.2.2	Umsatzabgabe	29
3.2.2.1	Primärmarkt	29
3.2.2.2	Sekundärmarkt	29
3.2.2.3	Befreite Anleger	29
3.2.3	Besondere Transaktionen	29
3.2.3.1	Vereinigung von Anteilklassen innerhalb einer ausländischen kollektiven Kapitalanlage	29
3.2.3.2	Vereinigung von Teilvermögen einer ausländischen kollektiven Kapitalanlage	30
3.2.3.3	Vereinigung von ausländischen kollektiven Kapitalanlagen	30
3.2.3.4	Switch von Teilvermögen innerhalb einer ausländischen kollektiven Kapitalanlage	30
3.2.3.5	Switch von Anteilklassen innerhalb eines Teilvermögens einer ausländischen kollektiven Kapitalanlage	30
3.2.3.6	Vermittlungsbegriff der Umsatzabgabe im Asset Management-Bereich	30
3.3	Verrechnungssteuer	30
3.4	Ausländische strukturierte Produkte	30
3.5	Anforderungen an das Reporting von ausländischen kollektiven Kapitalanlagen für Schweizer Einkommenssteuerzwecke	30
3.5.1	Grundsatz	30
3.5.2	Spezialvorschriften für sogenannte Fund-of-Funds-Strukturen	34

Bitte beachten Sie, dass der Inhalt dieses Kreisschreibens aus Platzgründen nicht abgedruckt ist. Das Dokument ist jedoch in seiner Gesamtheit im eBook dieses Werkes enthalten.

Teilbesteuerung im GV

Quelle: Eidg. Steuerverwaltung ESTV/HA Direkte Bundessteuer, Verrechnungssteuer, Stempelabgaben

Direkte Bundessteuer

Bern, 31. Januar 2020

Kreisschreiben Nr. 23a

Teilbesteuerung der Einkünfte aus Beteiligungen im Geschäftsvermögen und zum Geschäftsvermögen erklärte Beteiligungen

Inhaltsverzeichnis

1.	Gegenstand des Kreisschreibens	3
2.	Teilbesteuerung der Einkünfte aus Beteiligungsrechten im Geschäftsvermögen	3
2.1.	*Subjektive Voraussetzungen*	*3*
2.2.	*Objektive Voraussetzungen*	*3*
2.2.1.	Beteiligungsrechte	3
2.2.2.	Erforderliches Ausmass	4
2.2.3.	Haltedauer	5
2.2.4.	Einkünfte aus Beteiligungsrechten	5
2.2.4.1	*Ausschüttungen*	*5*
2.2.4.2	*Veräusserungsgewinne*	*5*
2.3.	*Netto-Ergebnis aus Beteiligungsrechten*	*6*
2.3.1.	Grundsatz	6
2.3.2.	Finanzierungsaufwand	6
2.3.3.	Verwaltungsaufwand	7
2.3.4.	Abschreibungen und Bildung von Rückstellungen	7
2.4.	*Steuerfolgen*	*7*
2.4.1.	Besteuerung des Spartenergebnisses aus Beteiligungsrechten	7
	Spartengewinn	*7*
	Spartenverlust	*7*
2.4.2.	Durch das Teilbesteuerungsverfahren bedingte steuersystematische Realisationstatbestände	8

3.	Beteiligungsrechte im gewillkürten Geschäftsvermögen	8
3.1.	*Grundsatz*	*8*
3.2.	*Erklärung von Beteiligungsrechten zum gewillkürten Geschäftsvermögen*	*8*
3.3.	*Überführung von Beteiligungsrechten vom gewillkürten Geschäfts- ins Privatvermögen*	*9*
3.4.	*Besteuerung von Beteiligungsrechten im gewillkürten Geschäftsvermögen*	*9*
4.	Inkrafttreten	9

Anhang: Beispiele 1 - 5

1. Gegenstand des Kreisschreibens

Mit dem Bundesgesetz vom 23. März 2007 über die Verbesserung der steuerlichen Rahmenbedingungen für unternehmerische Tätigkeiten und Investitionen (Unternehmenssteuerreformgesetz II) wurde in Artikel 18b des Bundesgesetzes vom 14. Dezember 1990 über die direkte Bundessteuer (DBG) die Teilbesteuerung der Einkünfte aus Beteiligungsrechten des Geschäftsvermögens normiert.

Bereits im Bundesgesetz vom 19. März 1999 über das Stabilisierungsprogramm 1998 war Artikel 18 Absatz 2 DBG wie folgt ergänzt worden:

² ...Als Geschäftsvermögen gelten alle Vermögenswerte, die ganz oder vorwiegend der selbständigen Erwerbstätigkeit dienen; Gleiches gilt für Beteiligungen von mindestens 20 Prozent am Grund- oder Stammkapital einer Kapitalgesellschaft oder Genossenschaft, sofern der Eigentümer sie im Zeitpunkt des Erwerbs zum Geschäftsvermögen erklärt.

Mit dem Bundesgesetz vom 28. September 2018 über die Steuerreform und AHV-Finanzierung wurde der Umfang der Teilbesteuerung der Einkünfte aus Beteiligungsrechten des Geschäftsvermögens auf 70 Prozent angehoben:

¹ Dividenden, Gewinnanteile, Liquidationsüberschüsse und geldwerte Vorteile aus Aktien, Anteilen an Gesellschaften mit beschränkter Haftung, Genossenschaftsanteilen und Partizipationsscheinen sowie Gewinne aus der Veräusserung solcher Beteiligungsrechte sind nach Abzug des zurechenbaren Aufwandes im Umfang von 70 Prozent steuerbar, wenn diese Beteiligungsrechte mindestens 10 Prozent des Grund- oder Stammkapitals einer Kapitalgesellschaft oder Genossenschaft darstellen.

² Die Teilbesteuerung auf Veräusserungsgewinnen wird nur gewährt, wenn die veräusserten Beteiligungsrechte mindestens ein Jahr im Eigentum der steuerpflichtigen Person oder des Personenunternehmens waren.

2. Teilbesteuerung der Einkünfte aus Beteiligungsrechten im Geschäftsvermögen

2.1. Subjektive Voraussetzungen

Die Teilbesteuerung der Einkünfte aus Beteiligungsrechten im Geschäftsvermögen steht natürlichen Personen zu, welche in der Schweiz auf Grund persönlicher (Art. 3 DBG) oder wirtschaftlicher Zugehörigkeit (Art. 4 und 11 i.V.m. Art. 7 DBG) steuerpflichtig sind.

Die steuerpflichtige Person (Inhaberin einer Einzelunternehmung oder Teilhaberin an einer Personengesellschaft oder Personen mit Beteiligungsrechten im gewillkürten Geschäftsvermögen) hat für die ihr zurechenbaren Werte die nachfolgenden Voraussetzungen zu erfüllen.

2.2. Objektive Voraussetzungen

2.2.1. Beteiligungsrechte

Beteiligungsrechte sind Anteile am Grund- oder Stammkapital von Kapitalgesellschaften und Genossenschaften. Als Beteiligungsrechte im Sinn der objektiven Voraussetzungen gemäss Artikel 18b DBG gelten insbesondere:

- Aktien;
- Stammanteile an Gesellschaften mit beschränkter Haftung;
- Genossenschaftsanteile;
- Partizipationsscheine;
- Anteile am Kapital einer SICAF.

Keine Beteiligungsrechte bestehen insbesondere bei:

- Genussscheinen und Bezugsrechten;
- Obligationen;
- Darlehen und Vorschüssen;
- hybriden Finanzierungsinstrumenten;
- anderen Guthaben eines an einer Kapitalgesellschaft Beteiligten oder eines Genossenschafters;
- Anteile an kollektiven Kapitalanlagen und diesen gleichzustellenden Körperschaften, z.B. Anteile am Kapital einer SICAV.

Die Qualifikation von ausländischen Beteiligungsrechten erfolgt in sinngemässer Anwendung von Artikel 49 Absatz 3 DBG. Die Gründerrechte an einer liechtensteinischen Anstalt mit ungeteiltem Kapital stellen keine Beteiligungsrechte im Sinn des Artikels 18b DBG dar.

2.2.2. Erforderliches Ausmass

Für die Teilbesteuerung kommen nur Beteiligungsrechte in Betracht, die mindestens 10 Prozent am Grund- oder Stammkapital einer Kapitalgesellschaft oder Genossenschaft ausmachen (Eigentum oder Nutzniessung).

Die sich im Besitz von Ehepartnern, eingetragener Partnerinnen und Partnern und Kindern unter elterlicher Sorge, die zusammen veranlagt werden, befindenden Beteiligungsrechte werden zusammengerechnet.

Hält eine steuerpflichtige Person Beteiligungen am Grund- oder Stammkapital einer Kapitalgesellschaft oder Genossenschaft sowohl im Privat- als auch im Geschäftsvermögen, werden diese für die Ermittlung der erforderlichen Quote zusammengerechnet. Die Erträge aus diesen Beteiligungen werden jedoch nicht zusammengerechnet.

Beteiligungsrechte der gleichen Gesellschaft, die indirekt über eine juristische Person oder eine kollektive Kapitalanlage gehalten werden, können dagegen nicht zusammengerechnet werden.

Ausländische Handelsgesellschaften und andere ausländische Personengesamtheiten ohne juristische Persönlichkeit, die nach Artikel 11 DBG besteuert werden, müssen die Mindestquote von 10 % des Grund- oder Stammkapitals einer Kapitalgesellschaft oder Genossenschaft selber erreichen.

Bei den Personengesellschaften erfolgt eine anteilsmässige Zuteilung der Beteiligungsrechte an die Beteiligten.

Die erforderliche Quote muss im Zeitpunkt der Realisation der Einkünfte aus den Beteiligungsrechten erfüllt sein. Bei Dividenden ist dies der Zeitpunkt der Fälligkeit. Beim Veräusserungserlös ist dies in der Regel der Zeitpunkt des Verpflichtungsgeschäfts, sofern die Erfüllung nicht von vornherein unsicher ist. Wird beim Verkauf einer Beteiligung der Bezug des Beteiligungsertrags dem Verkäufer vorbehalten, wird bei der Berechnung des prozentualen Umfangs der Beteiligung auf die Verhältnisse im Zeitpunkt des Verkaufs abgestellt.

2.2.3. Haltedauer

Für die Teilbesteuerung auf Veräusserungsgewinnen muss das veräusserte Beteiligungsrecht bis zum Veräusserungszeitpunkt während mindestens zwölf Monaten im Eigentum der steuerpflichtigen Person oder des Personenunternehmens gewesen sein.

2.2.4. Einkünfte aus Beteiligungsrechten

2.2.4.1 Ausschüttungen

Für die Teilbesteuerung qualifizieren insbesondere folgende Einkünfte aus Beteiligungsrechten:

- Ordentliche Gewinnausschüttungen wie z.B. Dividenden, Gewinnanteile auf Stammeinlagen, Zinsen auf Genossenschaftsanteilen;
- ausserordentliche Gewinnausschüttungen wie z.B. Anteile am Ergebnis einer Teil- oder Totalliquidation;
- Ausschüttungen auf Partizipationsscheinen;
- Ausschüttungen auf Genussscheinen, sofern die Beteiligungsquote mit Beteiligungsrechten der gleichen Gesellschaft erreicht wird;
- alle übrigen offenen Gewinnausschüttungen;
- verdeckte Gewinnausschüttungen (wie z.B. Zinsen, Entschädigungen für materielle und immaterielle Wirtschaftsgüter sowie für Dienstleistungen, die sich im Licht des Drittvergleichs nicht rechtfertigen lassen), sofern die leistende Kapitalgesellschaft oder Genossenschaft eine entsprechende Gewinnaufrechnung erfahren hat. Stammt die verdeckte Gewinnausschüttung aus einer ausländischen Kapitalgesellschaft oder Genossenschaft, wird die Teilbesteuerung nur gewährt, wenn die zuständige schweizerische Steuerbehörde zur Einsicht gelangt, dass sie anstelle der ausländischen Steuerbehörde ebenfalls eine Aufrechnung vorgenommen hätte oder wenn eine Verständigungslösung kraft eines Doppelbesteuerungsabkommens vorliegt.

Keine Einkünfte aus Beteiligungsrechten sind insbesondere:

- Erträge, die bei der leistenden in- oder ausländischen Kapitalgesellschaft oder Genossenschaft geschäftsmässig begründeten Aufwand darstellen;
- Ausgleichszahlungen aus dem "Securities Lending".

2.2.4.2 Veräusserungsgewinne

Für die Teilbesteuerung qualifizieren auch Veräusserungsgewinne auf Beteiligungsrechten, sofern sie mindestens ein Jahr im Eigentum der steuerpflichtigen Person oder des Personenunternehmens waren. Als Veräusserungsgewinne gelten:

- Gewinne aus der Veräusserung (Differenz zwischen dem Veräusserungserlös und dem tieferen Einkommenssteuerwert) von Beteiligungsrechten die mindestens 10 Prozent des Grund- oder Stammkapitals einer Kapitalgesellschaft oder Genossenschaft verkörpern sowie dazugehöriger Bezugsrechte. Mehrere Verkäufe im gleichen Geschäftsjahr können dabei zusammengerechnet werden;
- Überführungsgewinne (Differenz zwischen dem Verkehrswert und dem tieferen Einkommenssteuerwert einer Beteiligung) bei einer Überführung von Beteiligungsrechten von mindestens 10 Prozent des Grund- oder Stammkapitals einer Kapitalgesellschaft oder Genossenschaft vom Geschäfts- ins Privatvermögen;

- buchmässige Aufwertungen (inkl. Verbuchung von Gratisaktien);
- Auflösung von Rückstellungen (Wertberichtigungen) auf Beteiligungen.

Der Einkommenssteuerwert kann pro Beteiligungsrecht durchschnittlich oder für jeden Zu- oder Abgang einzeln ermittelt werden. Wird der Bestand einer Beteiligung für jeden Zu- oder Abgang einzeln nachgeführt, steht es der steuerpflichtigen Person frei, nach welcher Umschlagsmethode sich im Veräusserungsfall der Einkommenssteuerwert bemisst (FIFO, LIFO, HIFO). Die einmal gewählte Methode muss jedoch beibehalten werden.

2.3. Netto-Ergebnis aus Beteiligungsrechten

2.3.1. Grundsatz

Das Netto-Ergebnis aus Beteiligungsrechten im Geschäftsvermögen ist nach kaufmännischen Kriterien zu ermitteln.[1] Zur Ermittlung des Netto-Ergebnisses aus qualifizierenden Beteiligungsrechten ist eine Spartenrechnung zu führen. In dieser Rechnung sind alle qualifizierenden Beteiligungsrechte, d.h. auch ertragslose, zu berücksichtigen.

In die Spartenrechnung fallen sämtliche Einkünfte gemäss Ziffer 2.2.4. aus qualifizierenden Beteiligungsrechten. Zur Ermittlung des Netto-Ergebnisses sind von diesen Einkünften sämtliche den qualifizierenden Beteiligungsrechten zurechenbaren Aufwendungen in Abzug zu bringen.

Als zurechenbare Aufwendungen gelten:
- der Finanzierungsaufwand;
- der Verwaltungsaufwand;
- Abschreibungen;
- Bildung von Rückstellungen (Wertberichtigungen);
- Veräusserungsverluste (Differenz zwischen dem Veräusserungserlös und dem höheren Einkommenssteuerwert);
- Verluste aus der Überführung vom Geschäfts- ins Privatvermögen (Differenz zwischen dem Verkehrs- und dem höheren Einkommenssteuerwert).

2.3.2. Finanzierungsaufwand

Von den Einkünften aus Beteiligungsrechten ist zunächst der darauf entfallende Finanzierungsaufwand derselben Steuerperiode in Abzug zu bringen. Als Finanzierungsaufwand gelten Schuldzinsen sowie sonstige Aufwendungen, deren unmittelbare Ursache im steuerlich relevanten Fremdkapital oder auch in faktischen mittel- oder langfristigen Verbindlichkeiten anderer Art liegt. Demgegenüber stellen die von der steuerpflichtigen Person nicht beanspruchten Skonto-Offerten der Lieferanten oder die von ihren Kunden beanspruchten Skonti keinen Finanzierungsaufwand dar. Solche Aufwendungen oder Erlösminderungen finden in aller Regel ihren Niederschlag direkt und ausschliesslich im betrieblichen Bruttogewinn. Im Mietaufwand sowie in Leasingraten enthaltener Finanzierungsaufwand bleibt ebenfalls unberücksichtigt.

---

[1] Botschaft zum Bundesgesetz über die Verbesserung der steuerlichen Rahmenbedingungen für unternehmerische Tätigkeiten und Investitionen (Unternehmenssteuerreformgesetz II) vom 22. Juni 2005, BBl **2005** 4797 ff., Ziff. 2.4.

Die Abgrenzung zwischen privaten und geschäftlichen Schuldzinsen erfolgt aufgrund der vom Steuerpflichtigen nachgewiesenen Verwendung der fremden Mittel. Bei selbständiger Erwerbstätigkeit wird auf den Geschäftsabschluss abgestellt. Fehlt der Nachweis der Mittelverwendung, erfolgt die Abgrenzung zwischen privaten und geschäftlichen Schuldzinsen nach dem Verhältnis der Aktiven (proportionale Aufteilung nach Verkehrswerten).

Bei den geschäftlichen Schuldzinsen ist der auf die qualifizierenden Beteiligungsrechte des Geschäftsvermögens entfallende Finanzierungsaufwand proportional nach Massgabe der Einkommenssteuerwerte der qualifizierenden Beteiligungsrechte zu den gesamten Aktiven des Geschäftsvermögens zu ermitteln. Die Einkommenssteuerwerte bemessen sich in der Regel nach dem Stand am Ende der Steuerperiode. Für Beteiligungsrechte, die während des Geschäftsjahres veräussert wurden, ist der anteilige Finanzierungsaufwand bezogen auf den Einkommenssteuerwert im Zeitpunkt der Veräusserung zu berücksichtigen.

2.3.3. Verwaltungsaufwand

Die Einkünfte der Beteiligungsrechte sind grundsätzlich um einen pauschalen Betrag von 5 Prozent zur Deckung des Verwaltungsaufwandes zu kürzen. Es handelt sich dabei um eine Pauschale, die stets vom Spartenergebnis vor Abzug der Schuldzinsen und des Verwaltungsaufwandes zu berechnen ist. Der Nachweis eines effektiv tieferen oder höheren Verwaltungsaufwandes bleibt vorbehalten.

2.3.4. Abschreibungen und Bildung von Rückstellungen

Es sind alle geschäftsmässig begründeten Abschreibungen und Rückstellungsbildungen (Wertberichtigungen) sämtlicher qualifizierenden Beteiligungsrechte zu berücksichtigen.

2.4. Steuerfolgen

2.4.1. Besteuerung des Spartenergebnisses aus Beteiligungsrechten

Spartengewinn

Der Spartengewinn wird zu 70 Prozent besteuert (siehe Beispiel Nr. 1 im Anhang).

Spartenverlust

Bei einem Spartenverlust muss differenziert werden[2]:

- Soweit der Spartenverlust auf den Abzug des Finanzierungs- und des Verwaltungsaufwandes zurückzuführen ist, verbleibt er vollumfänglich steuerlich abzugsfähig.
- Soweit der Spartenverlust auf den Abzug von Abschreibungen oder Rückstellungen (Wertberichtigungen) oder auf realisierte Kapitalverluste auf qualifizierenden Beteiligungsrechten zurückzuführen ist, kann er steuerlich nur zu 70 % berücksichtigt werden.

Bei der Aufteilung des Spartenverlustes werden von den Bruttoeinkünften vorab die Abschreibungen, Rückstellungen (Wertberichtigungen) oder Kapitalverluste auf den qualifizierenden Beteiligungsrechten in Abzug gebracht (siehe Beispiele Nr. 2 und 3 im Anhang).

---

[2] Botschaft zum Bundesgesetz über die Verbesserung der steuerlichen Rahmenbedingungen für unternehmerische Tätigkeiten und Investitionen (Unternehmenssteuerreformgesetz II) vom 22. Juni 2005, BBl **2005** 4799.

2.4.2. Durch das Teilbesteuerungsverfahren bedingte steuersystematische Realisationstatbestände

Eine steuersystematische Realisation liegt vor, wenn bisher latent steuerbelastete Kapitalgewinne ganz oder teilweise steuerfrei werden. Darunter fällt mit der Regelung von Artikel 18b DBG auch die Übertragung von einzelnen Vermögenswerten auf eine Kapitalgesellschaft oder Genossenschaft, an denen Teilhaber der übertragenden Personenunternehmung qualifizierende Beteiligungsrechte halten.

Die Übertragung von einzelnen Aktiven aus dem Geschäftsvermögen auf eine Kapitalgesellschaft oder Genossenschaft, deren Beteiligungsrechte sich im Geschäftsvermögen befinden, führt zur Besteuerung von 30 % der übertragenen stillen Reserven. Diese Kapitaleinlage führt zur Erhöhung des Einkommenssteuerwertes der Beteiligungsrechte. Diese Erhöhung entspricht dem Einkommenssteuerwert des übertragenen Aktivums. Damit wird die spätere Besteuerung zu 70 % der nunmehr auf die Beteiligungsrechte entfallenden stillen Reserve sichergestellt. Die übernehmende Kapitalgesellschaft oder Genossenschaft kann eine entsprechende versteuerte stille Reserve geltend machen (siehe Beispiel Nr. 4 im Anhang).

Auch die Übertragung eines Betriebes oder eines Teilbetriebes auf eine juristische Person, deren Beteiligungsrechte sich im Geschäftsvermögen einer übertragenden natürlichen Person oder eines Personenunternehmens befinden, führt nach Inkrafttreten von Artikel 18b DBG grundsätzlich zu einer steuersystematischen Realisation. Ein solcher Vorgang stellt jedoch eine Umstrukturierung dar, bei der die übertragenen stillen Reserven nach Artikel 19 Absatz 1 Buchstabe b DBG nicht besteuert werden, sofern die Sperrfrist nach Artikel 19 Absatz 2 DBG eingehalten wird.

3. Beteiligungsrechte im gewillkürten Geschäftsvermögen

3.1. Grundsatz

Natürliche Personen können Beteiligungsrechte von mindestens 20 Prozent am Grund- oder Stammkapital einer Kapitalgesellschaft oder Genossenschaft im Zeitpunkt des Erwerbs zum Geschäftsvermögen erklären (Art. 18 Abs. 2 DBG). Zinsen, die auf solche Beteiligungsrechte entfallen, unterliegen nicht der Beschränkung gemäss Artikel 33 Absatz 1 Buchstabe a DBG.

Als Erwerb im Sinne des Gesetzes gelten entgeltliche und teilentgeltliche Eigentumsübertragungen. Nur ein solcher Erwerb kann eine Fremdfinanzierung erfordern und demzufolge Schuldzinsen bewirken. Der Einkommenssteuerwert von Beteiligungsrechten im gewillkürten Geschäftsvermögen entspricht im Zeitpunkt des Erwerbs dem Kaufpreis.

3.2. Erklärung von Beteiligungsrechten zum gewillkürten Geschäftsvermögen

Die Erklärung von Beteiligungsrechten zum Geschäftsvermögen ist nur im Zeitpunkt des Erwerbs möglich. Der Käufer hat die Erklärung der Beteiligungsrechte zum Geschäftsvermögen der Veranlagungsbehörde zusammen mit der ersten Steuererklärung nach dem Beteiligungserwerb abzugeben.

Bestehende Beteiligungsrechte im Privatvermögen können nicht zum gewillkürten Geschäftsvermögen erklärt werden. Bei Zukäufen gleicher Beteiligungsrechte können nur die zusätzlich erworbenen zum Geschäftsvermögen erklärt werden, sofern diese für sich allein mindestens 20 Prozent des Grund- oder Stammkapitals einer Kapitalgesellschaft oder Genossenschaft verkörpern oder die bisherigen Beteiligungsrechte bereits zum Geschäftsvermögen gehören.

Durch Erbschaft - im Umfang der Erbquote - oder Schenkung übertragene Beteiligungsrechte behalten ihre Qualifikation als Privat- oder Geschäftsvermögen (Steuernachfolge; Art. 12 Abs. 1 DBG). Die bei Erbteilung zusätzlich erworbenen Beteiligungsrechte können dagegen zum Geschäftsvermögen erklärt werden, sofern ihr Umfang mindestens 20 Prozent am Grund- oder Stammkapital beträgt (siehe Beispiel Nr. 5 im Anhang).

Sinkt die Beteiligungsquote an zum Geschäftsvermögen erklärten Beteiligungsrechten durch einen Teilverkauf unter 20 Prozent, kann die Qualifikation der verbleibenden Beteiligungsrechte als Geschäftsvermögen beibehalten werden. Beteiligungsrechte im gewillkürten Geschäftsvermögen, die durch Erbgang auf eine Erbengemeinschaft in ideelle Beteiligungsquoten von unter 20 Prozent zerfallen, gelten weiterhin als Geschäftsvermögen. Werden solche Beteiligungsrechte im Rahmen der Erbteilung veräussert, unterliegen allfällige Kapitalgewinne der Einkommenssteuer.

Artikel 18 Absatz 2 DBG visiert diejenigen Fälle an, in denen der Kauf von Beteiligungsrechten vom Erwerber durch Aufnahme von Darlehen finanziert wird. Beteiligungsrechte, die aus der Umwandlung einer Personenunternehmung in eine juristische Person hervorgehen, können daher nicht zum Geschäftsvermögen erklärt werden.

3.3. Überführung von Beteiligungsrechten vom gewillkürten Geschäfts- ins Privatvermögen

Die Überführung von Beteiligungsrechten vom gewillkürten Geschäfts- ins Privatvermögen ist jederzeit möglich. Für Beteiligungsrechte, die nur teilweise zum gewillkürten Geschäftsvermögen gehören, ist die Umschlagsmethode zur Bestimmung, welche Beteiligungsrechte im Fall von Teilveräusserungen zuerst veräussert werden (FIFO, LIFO, HIFO), frei wählbar.

3.4. Besteuerung von Beteiligungsrechten im gewillkürten Geschäftsvermögen

Die Einkünfte auf Beteiligungsrechten im gewillkürten Geschäftsvermögen zählen steuerrechtlich zu den Einkünften aus selbständiger Erwerbstätigkeit (Art. 18 Abs. 1 und 2 DBG).

Die Teilbesteuerung richtet sich danach, ob die Voraussetzungen von Artikel 18b DBG erfüllt sind (vgl. Ziff. 2.).

Wertverminderungen auf Beteiligungsrechten im gewillkürten Geschäftsvermögen können bei der Ermittlung des steuerbaren Einkommens in Abzug gebracht werden (Art. 27 Abs. 2 Bst. a und b DBG). Sind die Wertverminderungen nicht definitiv, können sie nur im Sinne einer Rückstellung geltend gemacht werden. (Art. 29 Abs. 1 Bst. c DBG). Eine solche Rückstellung wird dem steuerbaren Einkommen zugerechnet, soweit sie nicht mehr begründet ist (Art. 29 Abs. 2 DBG).

4. Inkrafttreten

Dieses Kreisschreiben tritt zusammen mit Artikel 18b Absatz 1 DBG in der Fassung vom 28. September 2018 per 1. Januar 2020 in Kraft und gilt für Einkünfte aus Beteiligungsrechten, die nach dem 31. Dezember 2019 fällig werden.

Anhang zum Kreisschreiben Nr. 23a vom 31. Januar 2020

Beispiel Nr. 1: Spartenrechnung - Spartengewinn

Einzelunternehmung X

Betriebliche Aktiven	2'750	Fremdkapital	2'500
Beteiligung X AG (100 %)	**1'000**	Kapital	1'500
Beteiligung Y AG (5 %)	250		
Total Aktiven	4'000	Total Passiven	4'000

Erfolgsrechnung	Aufwand	Ertrag	Sparte Beteiligungen
Betrieblicher Ertrag		2'000	
Beteiligungsertrag:			
- Dividenden[1]		110	100
- Gewinne aus Veräusserungen			
- Überführungsgewinne			
- Buchmässige Aufwertungen			
- Auflösung Rückstellungen			
Übriger Ertrag		80	
Betrieblicher Aufwand	1'600		
Finanzierungsaufwand	100		
Direkter Beteiligungsaufwand:			
./. Abschreibungen			
./. Bildung Rückstellungen			
./. Veräusserungs- / Überführungsverluste			
übriger Aufwand	250		
Erfolg (Gewinn/Verlust)	**240**		
Total	2'190	2'190	100
Umlage Finanzierungs- und Verwaltungsaufwand			
./. Finanzierungsaufwand	100*(1000/4000)		- 25
./. Verwaltungsaufwand	5 % von 100		- 5
Spartenerfolg (Gewinn/Verlust)			**70**

Erfolgsaufteilung	Erfolg
Gesamterfolg	240
./. Beteiligungserfolg	- 70
Betriebserfolg (Gewinn/Verlust)	**170**
+ Beteiligungsgewinn	**49**
./. Beteiligungsverlust 70 %	0
./. Finanzierungs- und Verwaltungsaufwandüberschuss 100 %	0
Steuerbarer Erfolg (Gewinn/Verlust)	**219**

[1] 100 von X AG; 10 von Y AG

Beispiel Nr. 2: **Spartenrechnung - Spartenverlust**

Einzelunternehmung X

Betriebliche Aktiven	2'750	Fremdkapital	2'500
Beteiligung X AG (100 %)	**1'000**	Kapital	1'500
Beteiligung Y AG (5 %)	250		
Total Aktiven	4'000	Total Passiven	4'000

Erfolgsrechnung	Aufwand	Ertrag	Sparte Beteiligungen
Betrieblicher Ertrag		2'000	
Beteiligungsertrag:			
- Dividenden[1]		120	90
- Gewinne aus Veräusserungen			
- Überführungsgewinne			
- Buchmässige Aufwertungen			
- Auflösung Rückstellungen			
Übriger Ertrag		80	
Betrieblicher Aufwand	1'600		
Finanzierungsaufwand	100		
Direkter Beteiligungsaufwand:			
./. Abschreibungen[2]	70		- 70
./. Bildung Rückstellungen			
./. Veräusserungs- / Überführungsverluste			
übriger Aufwand	250		
Erfolg (Gewinn/Verlust)	**180**		
Total	**2'200**	**2'200**	**20**
Umlage Finanzierungs- und Verwaltungsaufwand			
./. Finanzierungsaufwand	100*(1000/4000)		- 25
./. Verwaltungsaufwand	5 % von 20		- 1
Spartenerfolg (Gewinn/Verlust)			**- 6**

Erfolgsaufteilung	Erfolg
Gesamterfolg	180
./. Beteiligungserfolg	6
Betriebserfolg (Gewinn/Verlust)	**186**
+ Beteiligungsgewinn	**0**
./. Beteiligungsverlust 70 %	**0**
./. Finanzierungs- und Verwaltungs-aufwandüberschuss 100 %	**- 6**
Steuerbarer Erfolg (Gewinn/Verlust)	**180**

[1] 90 von X AG; 30 von Y AG   [2] 70 auf X AG

Bei der Aufteilung des Spartenverlustes wird von den Bruttoeinkünften von 90 vorab die Abschreibung von 70 auf der Beteiligung X AG in Abzug gebracht. Vom verbleibenden Ertrag werden der Finanzierungsaufwand von 25 und der anteilige Verwaltungsaufwand von 1 abgezogen. Der so ausgewiesene Spartenverlust ist vollumfänglich abzugsfähig.

Beispiel Nr. 3: **Spartenrechnung - Spartenverlust**

Einzelunternehmung X

Betriebliche Aktiven	2'750	Fremdkapital	2'500
Beteiligung X AG (100 %)	**1'000**	Kapital	1'500
Beteiligung Y AG (5 %)	250		
Total Aktiven	4'000	Total Passiven	4'000

Erfolgsrechnung	Aufwand	Ertrag	Sparte Beteiligungen
Betrieblicher Ertrag		2'000	
Beteiligungsertrag:			
- *Dividenden*[1]		120	
- *Gewinne aus Veräusserungen*			
- *Überführungsgewinne*			
- *Buchmässige Aufwertungen*			
- *Auflösung Rückstellungen*			
Übriger Ertrag		80	
Betrieblicher Aufwand	1'600		
Finanzierungsaufwand	100		
Direkter Beteiligungsaufwand:			
./. *Abschreibungen*[2]	70		- 70
./. *Bildung Rückstellungen*			
./. *Veräusserungs- / Überführungsverluste*			
übriger Aufwand	250		
Erfolg (Gewinn/Verlust)	**180**		
Total	**2'200**	**2'200**	**- 70**
Umlage Finanzierungs- und Verwaltungsaufwand			
./. Finanzierungsaufwand	100*(1000/4000)		- 25
./. Verwaltungsaufwand	5 % von 0		0
Spartenerfolg *(Gewinn/Verlust)*			**- 95**

Erfolgsaufteilung	Erfolg
Gesamterfolg	180
./. Beteiligungserfolg	95
Betriebserfolg (Gewinn/Verlust)	**275**
+ Beteiligungsgewinn	*0*
./. Beteiligungsverlust 70 %	- 49
./. Finanzierungs- und Verwaltungs-aufwandüberschuss 100 %	- 25
Steuerbarer Erfolg (Gewinn/Verlust)	**201**

[1] 0 von X AG; 120 von Y AG   [2] 70 auf X AG

Der Spartenverlust von 95 stammt aus einer Abschreibung von 70 und den Finanzierungskosten von 25. Es sind deshalb nur 74 abziehbar (70 % von 70 und 100 % von 25).

Beispiel Nr. 4: Übertragung einzelner Aktiven aus dem Geschäftsvermögen auf eine Kapitalgesellschaft

Einzelunternehmer X hält im Geschäftsvermögen neben den flüssigen Mitteln und den betrieblichen Aktiven sämtliche Beteiligungsrechte an der X AG sowie eine Liegenschaft. Mittels Sacheinlage überträgt er die Liegenschaft zum Einkommenssteuerwert auf die X AG.

Bilanz der Einzelunternehmung X **vor** der Übertragung der Liegenschaft:

Einzelunternehmung X			
Flüssige Mittel	500	Fremdkapital	2'500
Betriebliche Aktiven[1]	1'500	Kapital	1'000
Beteiligung X AG[1]	1'000		
Liegenschaft[2]	500		
Total Aktiven	3'500	Total Passiven	3'500

[1] Stille Reserven: 0
[2] Stille Reserven: 800

Die Übertragung der Liegenschaft von der Einzelunternehmung X auf die X AG führt zur Besteuerung von 240. Dies entspricht 30 % der übertragenen stillen Reserven auf der Liegenschaft. Der Einkommenssteuerwert der Beteiligungsrechte X wird um den Einkommenssteuerwert der übertragenen Liegenschaft von 500 erhöht. Die übernehmende X AG kann in der Steuerbilanz eine besteuerte stille Reserve von 240 geltend machen.

Bilanz der Einzelunternehmung X **nach** der Übertragung der Liegenschaft:

Einzelunternehmung X			
Flüssige Mittel	500	Fremdkapital	2'500
Betriebliche Aktiven[1]	1'500	Kapital	1'000
Beteiligung X AG[2]	1'500		
Total Aktiven	3'500	Total Passiven	3'500

[1] Stille Reserven: 0
[2] Stille Reserven: 800

Steuerbilanz der X AG **nach** der Übertragung der Liegenschaft:

X AG			
Flüssige Mittel	400	Fremdkapital	500
Betriebliche Aktiven	1'100	Kapital	1'500
Liegenschaft[1]	740	Versteuerte stille Reserve auf Liegenschaft	240
Total Aktiven	2'240	Total Passiven	2'240

[1] Unversteuerte stille Reserven: 560

Ein Jahr nach der Übertragung der Liegenschaft verkauft der Einzelunternehmer X die Beteiligung an der X AG zum Verkehrswert von 2'300.

Gemäss Artikel 18b DBG wird der Veräusserungsgewinn von 800 (Differenz zwischen dem Verkaufspreis und dem Einkommenssteuerwert) nach Abzug der zurechenbaren Aufwendungen zu 70 % besteuert.

Gesamthaft werden bei der Übertragung der Liegenschaft und dem späteren Verkauf der Beteiligungsrechte 800 besteuert. Dies entspricht den stillen Reserven auf der Liegenschaft vor der Übertragung von der Einzelunternehmung X auf die X AG. Ohne die Besteuerung von 30 % der übertragenen stillen Reserven auf der Liegenschaft bei der Übertragung würde der bisher latent steuerbelastete Kapitalgewinn von 800 zu 30 % steuerfrei.

Beispiel Nr. 5: *Gewillkürtes Geschäftsvermögen - Erwerb bei Erbteilung*

Annahme: *Erblasser X hielt 100 % Beteiligung X AG im Privatvermögen.*

Beteiligung X AG	Nennwert	Verkehrswert
	200'000	4'000'000

Erben	Erbquoten	Nennwert	Verkehrswert
A	25 %	50'000	1'000'000
B	25 %	50'000	1'000'000
C	25 %	50'000	1'000'000
D	25 %	50'000	1'000'000

A erwirbt im Rahmen der Erbteilung von B, C und D drei 25-%ige Beteiligungen an der X AG zum Verkehrswert und erklärt diese im Zeitpunkt des Erwerbs jeweils vollumfänglich zum Geschäftsvermögen.

Privatvermögen		Geschäftsvermögen	
25 %	Nennwertprinzip	75 %	Buchwertprinzip
1'000'000	50'000	3'000'000	3'000'000

Die Beteiligung verbleibt im Umfang der Erbquote von 25 % im Privatvermögen und unterliegt weiterhin dem Nennwert- bzw. Kapitaleinlageprinzip. Der Erwerb der zusätzlichen Beteiligung von 75 % im Rahmen der Erbteilung berechtigt dagegen, die Beteiligung in diesem Umfang zum Geschäftsvermögen zu erklären. Im vorliegenden Beispiel wird von dieser Wahlmöglichkeit Gebrauch gemacht. Dies führt zu einem Wechsel vom Nennwert- bzw. Kapitaleinlageprinzip zum Buchwertprinzip. Die Veranlagungsbehörde hat deshalb zu prüfen, ob die Merkmale der indirekten Teilliquidation erfüllt sind.

Dem Steuerpflichtigen steht es jedoch frei, nur einen einzelnen "Zukauf" - beispielsweise den Erwerb der 25-%igen Beteiligung von seinem Miterben B - und nur in einem Umfang von mindestens 20 % zum Geschäftsvermögen zu erklären.

Teilbesteuerung im PV

Quelle: Eidg. Steuerverwaltung ESTV/HA Direkte Bundessteuer, Verrechnungssteuer, Stempelabgaben

Direkte Bundessteuer

Bern, 31. Januar 2020

Kreisschreiben Nr. 22a

Teilbesteuerung der Einkünfte aus Beteiligungen im Privatvermögen und Beschränkung des Schuldzinsenabzugs

Inhaltsverzeichnis

1. Gegenstand des Kreisschreibens 2
2. Teilbesteuerung der Einkünfte aus Beteiligungen des Privatvermögens 2
2.1. *Subjektive Voraussetzungen* 2
2.2. *Objektive Voraussetzungen* 2
2.2.1. Beteiligungsrechte 2
2.2.2. Erforderliches Ausmass der Beteiligung 3
2.2.3. Einkünfte aus Beteiligungen 3
2.3. *Umqualifikation von Einkünften aus Beteiligungen in Erwerbseinkommen* 4
3. Beschränkung des Schuldzinsenabzugs 4
3.1. *Berechnung des maximal zulässigen Schuldzinsenabzugs* 4
3.2. *Abgrenzung zwischen privaten und geschäftlichen Schuldzinsen* 5
3.3. *Kosten ohne Schuldzinsencharakter* 5
4. Inkrafttreten 6

Anhang: Beispiele 1 - 4

1. Gegenstand des Kreisschreibens

Mit dem Bundesgesetz vom 23. März 2007 über die Verbesserung der steuerlichen Rahmenbedingungen für unternehmerische Tätigkeiten und Investitionen (Unternehmenssteuerreformgesetz II) wurde in Artikel 20 Absatz 1bis des Bundesgesetzes vom 14. Dezember 1990 über die direkte Bundessteuer (DBG) die Teilbesteuerung der Einkünfte aus Beteiligungsrechten des Privatvermögens festgelegt.

Mit dem Bundesgesetz vom 28. September 2018 über die Steuerreform und AHV-Finanzierung wurde der Umfang der Teilbesteuerung der Einkünfte aus Beteiligungen des Privatvermögens auf 70 Prozent angehoben:

^{1bis} Dividenden, Gewinnanteile, Liquidationsüberschüsse und geldwerte Vorteile aus Aktien, Anteilen an Gesellschaften mit beschränkter Haftung, Genossenschaftsanteilen und Partizipationsscheinen (einschliesslich Gratisaktien, Gratisnennwerterhöhungen u. dgl.) sind im Umfang von 70 Prozent steuerbar, wenn diese Beteiligungsrechte mindestens 10 Prozent des Grund- oder Stammkapitals einer Kapitalgesellschaft oder Genossenschaft darstellen.

Private Schuldzinsen sind nach Artikel 33 Absatz 1 Buchstabe a DBG im Umfang des Ertrages aus beweglichem und unbeweglichem Vermögen (Art. 20 und 21 DBG) und weiterer 50'000 Franken abziehbar. Zinsen auf Geschäftsschulden sind weiterhin vollumfänglich abziehbar (Art. 27 Abs. 2 Bst. d DBG).

2. Teilbesteuerung der Einkünfte aus Beteiligungen des Privatvermögens

2.1. Subjektive Voraussetzungen

Die Teilbesteuerung der Einkünfte aus Beteiligungsrechten im Privatvermögen steht natürlichen Personen zu, welche in der Schweiz auf Grund persönlicher (Art. 3 DBG) oder wirtschaftlicher Zugehörigkeit (Art. 4 i.V.m. Art. 7 DBG) steuerpflichtig sind.

2.2. Objektive Voraussetzungen

2.2.1. Beteiligungsrechte

Beteiligungsrechte sind Anteile am Grund- oder Stammkapital von Kapitalgesellschaften und Genossenschaften. Als Beteiligungsrechte im Sinn der objektiven Voraussetzungen gemäss Artikel 20 Absatz 1bis DBG gelten insbesondere:

- Aktien;
- Stammanteile an Gesellschaften mit beschränkter Haftung;
- Genossenschaftsanteile;
- Partizipationsscheine;
- Anteile am Kapital einer SICAF.

Keine Beteiligungsrechte bestehen insbesondere bei:

- Genussscheinen;
- Obligationen;
- Darlehen und Vorschüssen;
- hybriden Finanzierungsinstrumenten;
- anderen Guthaben eines an einer Kapitalgesellschaft Beteiligten oder eines Genossenschafters;
- Anteilen an kollektiven Kapitalanlagen und diesen gleichzustellenden Körperschaften, z.B. Anteile am Kapital einer SICAV.

Die Qualifikation von ausländischen Beteiligungsrechten erfolgt in sinngemässer Anwendung von Artikel 49 Absatz 3 DBG. Die Gründerrechte an einer liechtensteinischen Anstalt mit ungeteiltem Kapital stellen keine Beteiligungsrechte im Sinn des Artikels 20 Absatz 1bis DBG dar.

2.2.2. Erforderliches Ausmass der Beteiligung

Für die Teilbesteuerung kommen nur Beteiligungsrechte in Betracht, die mindestens 10 Prozent am Grund- oder Stammkapital einer Kapitalgesellschaft oder Genossenschaft ausmachen (Eigentum oder Nutzniessung).

Die sich im Besitz von Ehegatten, eingetragener Partnerinnen und Partnern sowie Kindern unter elterlicher Sorge, die zusammen veranlagt werden, befindenden Beteiligungsrechte werden zusammengerechnet.

Hält eine steuerpflichtige Person Beteiligungen am Grund- oder Stammkapital einer Kapitalgesellschaft oder Genossenschaft sowohl im Privat- als auch im Geschäftsvermögen, werden diese für die Ermittlung der erforderlichen Quote zusammengerechnet. Die Erträge aus diesen Beteiligungen werden jedoch nicht zusammengerechnet.

Beteiligungsrechte der gleichen Gesellschaft, die indirekt über eine juristische Person oder eine kollektive Kapitalanlage gehalten werden, können dagegen nicht zusammengerechnet werden.

Für Erbengemeinschaften erfolgt keine Zusammenrechnung der Beteiligungsrechte.

Die erforderliche Quote muss im Zeitpunkt der Realisation der Einkünfte aus der Beteiligung erfüllt sein. Bei Dividenden ist dies der Zeitpunkt der Fälligkeit. Wird beim Verkauf einer Beteiligung der Bezug des Beteiligungsertrags dem Verkäufer vorbehalten, wird bei der Berechnung des prozentualen Umfangs der Beteiligung auf die Verhältnisse im Zeitpunkt des Verkaufs abgestellt.

2.2.3. Einkünfte aus Beteiligungen

Für die Teilbesteuerung qualifizieren insbesondere folgende Einkünfte aus Beteiligungsrechten:

- Ordentliche Gewinnausschüttungen wie z.B. Dividenden, Gewinnanteile auf Stammeinlagen, Zinsen auf Genossenschaftsanteilen;
- ausserordentliche Gewinnausschüttungen wie z.B. Anteile am Ergebnis einer direkten oder indirekten Teil- oder Totalliquidation (Art. 20 Abs. 1 Bst. c und 20a Abs. 1 Bst. a DBG), Vermögenserträge aus Transponierung (Art. 20a Abs. 1 Bst. b DBG);
- Ausschüttungen auf Partizipationsscheinen;
- Ausschüttungen auf Genussscheinen, sofern die Beteiligungsquote mit Beteiligungsrechten der gleichen Gesellschaft erreicht wird;
- Gratisaktien und Gratisnennwerterhöhungen;
- alle übrigen offenen Gewinnausschüttungen;
- verdeckte Gewinnausschüttungen an die Inhaber von Beteiligungen (wie Zinsen, Entschädigungen für materielle und immaterielle Wirtschaftsgüter sowie für Dienstleistungen, die sich im Licht des Drittvergleichs nicht rechtfertigen lassen), sofern die leistende Kapitalgesellschaft oder Genossenschaft eine entsprechende Gewinnaufrechnung erfahren hat. Stammt die verdeckte Gewinnausschüttung aus einer ausländischen Kapitalgesellschaft oder Genossenschaft, wird die Teilbesteuerung gewährt, wenn die zuständige schweizerische Steuerbehörde zur Einsicht gelangt, dass sie anstelle der ausländischen

Steuerbehörde ebenfalls eine Aufrechnung vorgenommen hätte oder wenn eine Verständigungslösung kraft eines Doppelbesteuerungsabkommens vorliegt.

Keine Einkünfte aus Beteiligungsrechten sind insbesondere:

- Erträge, die bei der leistenden in- oder ausländischen Kapitalgesellschaft oder Genossenschaft geschäftsmässig begründeten Aufwand darstellen;
- Kompensations- oder Ersatzzahlungen aus dem "Securities Lending".

2.3. Umqualifikation von Einkünften aus Beteiligungen in Erwerbseinkommen

Erfolgt durch die Sozialversicherungsbehörden eine Umqualifikation von Beteiligungsertrag in Erwerbseinkommen, kann für die direkte Bundessteuer nur dann eine Umqualifikation vorgenommen werden, wenn sowohl die Veranlagung des Beteiligungsinhabers als auch die der Kapitalgesellschaft im offenen Verfahren korrigiert werden können.

3. Beschränkung des Schuldzinsenabzugs

3.1. Berechnung des maximal zulässigen Schuldzinsenabzugs

Bei der Festsetzung des steuerbaren Einkommens entspricht der maximal zulässige Schuldzinsenabzug den steuerbaren Erträgen aus Privatvermögen zuzüglich eines Grundbetrages von 50'000 Franken. Dieser Grundbetrag gilt sowohl für verheiratete Personen, die in rechtlich und tatsächlich ungetrennter Ehe leben, eingetragene Partnerinnen oder Partner und Kinder unter elterlicher Sorge gesamthaft (Art. 9 DBG) als auch für die übrigen Steuerpflichtigen.

Schuldzinsen können auch ohne Erträge aus beweglichem oder unbeweglichem Vermögen bis zum Betrag von 50'000 Franken in Abzug gebracht werden.

Die Erträge aus beweglichem Vermögen (Art. 20 DBG) bemessen sich brutto, d.h. im Umfang der gesamten steuerbaren Einkünfte vor Abzug der darauf entfallenden Gewinnungskosten und Schuldzinsen. Vermögensverwaltungskosten und die weder rückforderbaren noch anrechenbaren ausländischen Quellensteuern (Art. 32 Abs. 1 DBG) kürzen den Umfang des maximal zulässigen Schuldzinsenabzuges daher nicht. Der Nachweis des Bruttoertrages obliegt dem Steuerpflichtigen. Einkünfte aus Beteiligungen des Privatvermögens, die unter Artikel 20 Absatz 1bis DBG (Teilbesteuerung) fallen, werden nur zu 70% in die Bemessung einbezogen. Verluste aus der Veräusserung von Obligationen mit überwiegender Einmalverzinsung (Art. 20 Abs. 1 Bst. b DBG) kürzen den Bruttoertrag aus beweglichem Vermögen nur im Ausmass der Verrechnung mit Gewinnen aus anderen Obligationen mit überwiegender Einmalverzinsung (Kreisschreiben der ESTV Nr. 15 vom 7. Februar 2007, Ziff. 3.2).

Auch die Erträge aus unbeweglichem Vermögen (Art. 21 DBG) bemessen sich brutto, d.h. im Umfang der gesamten steuerbaren Einkünfte vor Abzug der darauf entfallenden Gewinnungskosten und Schuldzinsen. Liegenschaftsunterhaltskosten und diesen gleichgestellte Aufwendungen (Art. 32 Abs. 2 - 4 DBG) kürzen den Umfang des maximal zulässigen Schuldzinsenabzuges daher nicht. Im Mietzins enthaltene Zahlungen für Nebenkosten sind für die Berechnung des Bruttoertrages in Abzug zu bringen.

Die Beschränkung des Abzuges privater Schuldzinsen gilt bei teilweiser Steuerpflicht sowohl bei der Festsetzung des steuerbaren wie des satzbestimmenden Einkommens. Dabei fallen für die Festsetzung des satzbestimmenden (weltweiten) Einkommens (Art. 7 Abs. 1 DBG) auch die Erträge aus Grundstücken im Ausland in die Berechnung des maximal zulässigen

Schuldzinsenabzuges. Für die internationale Steuerausscheidung (Art. 6 DBG) werden die so ermittelten maximal zulässigen (weltweiten) Schuldzinsen proportional nach Lage der Aktiven verteilt.

Aperiodische Vermögenserträge fallen im gesamten Umfang des steuerbaren Ertrags im Fälligkeitsjahr in die Berechnung des maximal zulässigen Schuldzinsenabzugs. Eine Verteilung von steuerbaren Erträgen aus Kapitalversicherungen mit Einmalprämie (Art. 20 Abs. 1 Bst. a DBG) oder Obligationen mit überwiegender Einmalverzinsung (Art. 20 Abs. 1 Bst. b DBG) auf die Laufzeit ist demnach unzulässig.

3.2. Abgrenzung zwischen privaten und geschäftlichen Schuldzinsen

Die Abgrenzung zwischen privaten und geschäftlichen Schuldzinsen erfolgt aufgrund der vom Steuerpflichtigen nachgewiesenen Verwendung der fremden Mittel. Fehlt der Nachweis der Mittelverwendung, erfolgt die Abgrenzung zwischen privaten und geschäftlichen Schuldzinsen nach dem Verhältnis der Aktiven (proportionale Aufteilung nach Verkehrswerten; siehe Beispiel Nr. 4 im Anhang).

Bei selbständiger Erwerbstätigkeit wird auf den Geschäftsabschluss abgestellt. Als Geschäftsschulden verbuchte Verbindlichkeiten, die für private Zwecke verwendet wurden, sind jedoch dem Privatvermögen zuzuordnen.

Schulden und Schuldzinsen auf Beteiligungen, die zum Geschäftsvermögen erklärt wurden (Art. 18 Abs. 2 DBG), sind anhand der Kaufpreisfinanzierung nachzuweisen.

3.3. Kosten ohne Schuldzinsencharakter

Leasingraten für privat genutzte Güter enthalten keine abzugfähigen Zinsanteile (ASA 61, 250 und 62, 683).

Baurechtszinsen für selbstgenutztes Wohneigentum gelten als nicht abzugsfähige Lebenshaltungskosten (Art. 34 Bst. a DBG; BGE vom 29.3.1999, in StE 1999, B 25.6 Nr. 34). Dem Umstand, dass ein Haus im Baurecht errichtet wurde, ist bei der Bemessung des Eigenmietwertes Rechnung zu tragen (StE 1999, B 25.3 Nr. 20).

Baukreditzinsen gehören bis zur Bezugsbereitschaft der Liegenschaft zu den wertvermehrenden Aufwendungen oder Anlagekosten und sind nicht abziehbar (Art. 34 Bst. d DBG; ASA 60, 191 und 65, 750).

Bei fremdfinanzierten Kapitalversicherungen mit Einmalprämie, die der Vorsorge dienen (Art. 20 Abs. 1 Bst. a DBG), gilt nach wie vor der Vorbehalt der Steuerumgehung (vgl. Zusammenstellung in: Züger, Marina, Steuerliche Missbräuche nach Inkrafttreten der 1. BVG-Revision, in: ASA 75 (2006/07) S. 542, Fussnote 150; Kreisschreiben der ESTV Nr. 24 vom 30.6.1995 der Steuerperiode 1995/96, Ziff. II.5). Liegt eine Steuerumgehung vor, stellen diese Zinsen nicht abzugsfähige Anlagekosten dar (Art. 34 Bst. d DBG).

Zinsen für Darlehen, die eine Kapitalgesellschaft einer an ihrem Kapital massgeblich beteiligten oder ihr sonstwie nahestehenden natürlichen Person zu Bedingungen gewährt, die erheblich von den im Geschäftsverkehr unter Dritten üblichen Bedingungen abweichen, sind insoweit nicht abzugsfähig, als die Zinsen das übliche Mass übersteigen (Art. 33 Abs. 1 Bst. a DBG). Darunter fallen verdeckte Kapitaleinlagen durch übersetzte Zinssätze sowie Zinsen auf Darlehen, soweit diese Darlehen steuerlich als verdeckte Gewinnausschüttungen erfasst wurden.

4. Inkrafttreten

Dieses Kreisschreiben tritt zusammen mit Artikel 20 Absatz 1bis DBG in der Fassung vom 28. September 2018 per 1. Januar 2020 in Kraft und findet Anwendung ab Steuerperiode 2020. Für Sachverhalte bis 31. Dezember 2019 ist nach wie vor das Kreisschreiben Nr. 22 vom 16. Dezember 2008 anwendbar.

Anhang zum Kreisschreiben Nr. 22a vom 31. Januar 2020

Beispiele 1 - 4

Nr. 1: Negative Liegenschaftsrechnung

Liegenschaftsrechnung		Maximaler Schuldzinsenabzug	
Mietertrag [1]	110'000		
Akontozahlungen für Nebenkosten	- 20'000		
Liegenschaftsbruttoertrag	90'000	Liegenschaftsbruttoertrag	90'000
./. Unterhaltskosten [2]	- 100'000		
./. Schuldzinsen	- 60'000	Grundbetrag	50'000
Nettoertrag (Verlust)	- 70'000	Maximaler Abzug	140'000

[1] inkl. Akontozahlungen für Nebenkosten
[2] inkl. abzugsfähige Kosten für Gebäudeisolation und Erneuerung der Heizanlage

Die negative Liegenschaftsrechnung beschränkt den Abzug der effektiv angefallenen Schuldzinsen von 60'000 nicht.

Nr. 2: Schuldzinsenabzug bei teilweiser Steuerpflicht / Erträge aus Grundstücken im Ausland (alle Zahlen in 1'000)

Gesamt-, Ausland- und Inlandfaktoren gemäss Selbstdeklaration

Aktiven / Einkünfte	Gesamt	Ausland	Schweiz
Liegenschaften (VW)	20'000 = 100%	10'000 = 50%	10'000 = 50%
Erwerbseinkommen	900	-	900
Liegenschaftsertrag	800	500	300
Total Einkünfte	1'700	500	1'200
./. Liegenschaftsunterhalt	- 200	- 100	- 100
./. Schuldzinsen (proportional verteilt) [1]	- 1'100	- 550	- 550
Reineinkommen	400	- 150	550

[1] Total **angefallene** Schuldzinsen, verteilt nach Lage der Aktiven

Legende: VW = Verkehrswert

Satzbestimmendes Einkommen, Auslandeinkommen und steuerbares Einkommen gemäss Veranlagung

Einkünfte	Satzbestimmendes Einkommen (Gesamt)	Auslandeinkommen	Steuerbares Einkommen (Schweiz)
Erwerbseinkommen	900	-	900
Liegenschaftsertrag	800	500	300
Total Einkünfte	1'700	500	1'200
./. Liegenschaftsunterhalt	- 200	- 100	- 100
./. Schuldzinsen (proportional verteilt) [1]	- 850	- 425	- 425
Reineinkommen	650	- 25	675

[1] vor Berechnung des max. zulässigen Schuldzinsenabzuges total abzugsfähige Schuldzinsen (Liegenschaftsertrag von 800 + Grundbetrag von 50), verteilt nach Lage der Aktiven

Nr. 3: Obligationen mit überwiegender Einmalverzinsung

Annahmen: - Obligation mit Einmalverzinsung
 - keine übrigen Vermögenswerte

Anlagewert (Jahr 2001)	2'000'000
Laufzeit	10 Jahre
Rückzahlungswert (Jahr 2010)	3'000'000
Fremdfinanzierung	1'200'000
Zinsaufwand pro Jahr	70'000
Maximaler Schuldzinsenabzug in den Jahren 2001-2009 [1]	50'000
Maximaler Schuldzinsenabzug im Jahr 2010 [2]	1'050'000

[1] Grundbetrag von 50'000
[2] Einmalverzinsung von 1'000'000 + Grundbetrag von 50'000

Nr. 4: Abgrenzung zwischen privaten und geschäftlichen Schuldzinsen

Annahmen: - Natürliche Person mit Beteiligung im gewillkürten Geschäftsvermögen
 - Total Schuldzinsen: 400'000
 - Nachweis der Verwendung der fremden Mittel fehlt

Vermögenswerte	Verkehrswerte	%	Schuldzinsen
Beteiligung (Geschäftsvermögen)	8'000'000	80	320'000
Wertschriften (Privatvermögen)	500'000		
Grundstück (Privatvermögen)	1'500'000		
Total Privatvermögen	2'000'000	20	80'000

Ertragsgutschrift ausländischer Banken

Quelle: Eidg. Steuerverwaltung ESTV/HA Direkte Bundessteuer, Verrechnungssteuer, Stempelabgaben

Verrechnungssteuer

Bern, 1. April 2008

Kreisschreiben Nr. 21

Belege für die Rückerstattung der Verrechnungssteuer bei Ertragsgutschriften ausländischer Banken

Inhaltsverzeichnis

1 Ausgangslage 2
2 Begriffe 2
   2.1 Custody-Account 2
   2.2 Cross-Ex-Compensation oder Market Claims 2
   2.3 Short Verkauf (short-sale) 2
   2.4 Cum / ex-Transaktion 3
3 Massnahmen zur Vermeidung der Rückerstattung nicht abgelieferter Verrechnungssteuer 3
   3.1 Short Positionen bei inländischen Banken oder Depotstellen 3
   3.2 Short Positionen bei ausländischen Banken oder Depotstellen 3
4 Tax-Voucher-System 3
5 Kontrollrechnungen 3
   5.1 Schweizer Banken und Depotstellen 4
      5.1.1 Kontrollrechnung 4
      5.1.2 Bestätigung gegenüber dem ausländischen Custody-Kunden 4
   5.2 Ausländische Banken und Depotstellen 4
      5.2.1 Custody-Kunden 4
      5.2.2 Endkunden (Kunden die eine Rückerstattung beantragen) 4
6 Abgabe des Tax-Voucher 4
7 Ablieferung des Verrechnungssteuerersatzes 5
8 Gültigkeit 5
9 Anhang 1: Textvorgabe Tax-Voucher 6
10 Anhang 2: Textvorgabe Bestätigungen unter Banken / Depotstellen 7

1 Ausgangslage

Im Rahmen der gegenwärtigen Praxis in der Abwicklung von Wertschriftentransaktionen sind Fälle denkbar, bei denen aufgrund eines sog. Short-Verkaufs (vgl. Ziff. 2.3) vor der Ertragsfälligkeit zusätzliche, zur Rückerstattung der Verrechnungssteuer geeignete Ertragsabrechnungen (auch Abzugsbescheinigungen genannt) ausgestellt werden, ohne dass diese Verrechnungssteuer an die Eidgenössische Steuerverwaltung (ESTV) abgeliefert wird. Diese Problematik betrifft hauptsächlich Dividendenzahlungen. Die ESTV behält sich jedoch ausdrücklich vor, das Tax-Voucher-System (vgl. Ziff. 4), je nach Marktentwicklung, jederzeit auch generell auf Zinsen von Obligationen auszudehnen oder in Einzelfällen erhöhte Anforderungen an den Nachweis für die Rückerstattungsberechtigung zu stellen.

Vor diesem Hintergrund ist sicherzustellen, dass gesamthaft nicht mehr Verrechnungssteuer auf für die Rückerstattung verwendbaren Belegen (z.B. Couponabrechnung) ausgewiesen wird als an die ESTV abgeliefert wurde.

Bei Schweizer Banken und Schweizer Depotstellen (Clearing Organisationen) geschieht dies durch die seit längerem geltende Praxis auf Dividendenersatzzahlungen (sog. manufactured dividends), wonach bei Short-Positionen ein zusätzlicher Abzug von 35 Prozent analog zur Verrechnungssteuer abzuliefern ist.

Um auch ausländische Banken und Depotstellen einzubinden, wird für die Rückerstattung der Verrechnungssteuer mit Bezug auf ausländische Banken und Depotstellen ein Tax-Voucher-System eingeführt. Damit wird sichergestellt, dass auch bei möglichen Short-Verkäufen um den Ex-Tag im ausländischen Bankensystem keine unzulässigen Verrechnungssteuerrückforderungen unter Inanspruchnahme der Doppelbesteuerungsabkommen (DBA) oder gemäss dem internen Recht möglich sind, denen nicht eine Ablieferung der Verrechnungssteuer bzw. eines Verrechnungssteuerersatzes gegenübersteht.

2 Begriffe

2.1 Custody-Account

Beim Custody-Account handelt es sich um ein Account, welches vom Accountholder selber bewirtschaftet wird, d.h. Käufe/Verkäufe werden nicht über die depotführende Bank abgewickelt, sondern direkt getätigt und resultieren in Ein-/Auslieferungen der depotführenden Bank. In diesem Account können sowohl Eigenbestände und/oder Kundenbestände des Accountholders liegen. Die Erstellung der Dividendenabrechnungen für Kunden des Accountholders findet durch den Accountholder selbst statt.

2.2 Cross-Ex-Compensation oder Market Claims

Wird eine Aktie cum Dividende verkauft, so steht diese Dividende auch dann allein dem Käufer der Aktien zu, wenn die Lieferung nach dem Ex-Tag erfolgt.

Liegt bei einer Wertschriftentransaktion das trade-date vor dem Ex-Tag, das Settlement jedoch am oder nach dem Ex-Tag und ist das Geschäft am Ex-Tag noch nicht verbucht, wird die Dividende (65 Prozent, netto nach Abzug Verrechnungssteuer) systemmässig dem Verkäufer gutgeschrieben. Da die Dividende jedoch dem Käufer gehört, wird in einem nächsten Schritt dem Verkäufer die zu Unrecht gutgeschriebene Dividende (65 Prozent) wieder belastet und dem Käufer gutgeschrieben. Dieser Vorgang wird als Cross-Ex-Compensation oder Market Claim bezeichnet.

2.3 Short-Verkauf (short-sale)

Ein short-sale liegt vor, wenn der Verkäufer bei Abschluss des Verpflichtungsgeschäfts nicht über die Titel verfügt. Die zu liefernden Titel werden vor dem Settlement beschafft.

2.4 Cum / ex-Transaktion

Liegt bei einem Short Verkauf der trade date vor dem Ex-Tag, das Settlement jedoch am oder nach dem Ex-Tag, muss der Verkäufer dem Käufer eine *Dividendenersatzzahlung* leisten (manufactured dividend). Gegenüber dem Käufer wird auch in diesem Fall eine Dividendengutschrift in Höhe von 65 Prozent vorgenommen und auf der Ertragsabrechnung bzw. Abzugsbescheinigung ein Verrechnungssteuerabzug von 35 Prozent ausgewiesen.

Ohne zusätzliche Massnahmen befinden sich nach solchen cross / ex-Transaktionen aus Short-Verkäufen somit Belege über mehr Verrechnungssteuer im Umlauf als effektiv von der ausschüttenden Gesellschaft abgeliefert worden ist.

3 Massnahmen zur Vermeidung der Rückerstattung nicht abgelieferter Verrechnungssteuer

3.1 Short Positionen bei inländischen Banken oder Depotstellen

Wird durch eine Schweizer Bank oder inländische Depotstelle infolge eines Short-Verkaufs (eigene oder Kunden-Verkäufe) eine manufactured dividend ins System eingeführt, besteht für die Bank oder Depotstelle die Verpflichtung, diese nicht von der ausschüttenden Gesellschaft stammende manufactured dividend zu 100 Prozent zu belasten, in einem der Verrechnungssteuer gleich kommenden Umfang von 35 Prozent zu kürzen und den entsprechenden Betrag an die ESTV abzuliefern.

3.2 Short Positionen bei ausländischen Banken oder Depotstellen

Da durch die ESTV nicht bewirkt werden kann, dass ausländische Stellen auf manufactured dividends einen der Verrechnungssteuer entsprechenden Abzug vornehmen, wird zur Vermeidung ungerechtfertigter Steuerrückforderungen das nachfolgend beschriebene Tax-Voucher-System eingeführt.

4 Tax-Voucher-System

Unter dem neuen System ist das Vorliegen eines Tax-Voucher Voraussetzung für die Rückerstattung der Verrechnungssteuer.

Wenn eine Ertragsabrechnung (Abzugsbescheinigung) und/oder ein Steuerverzeichnis von einer ausländischen Bank oder Depotstelle ausgestellt wird, ist dem Rückerstattungsantrag ein Tax-Voucher beizulegen.

Der Tax-Voucher alleine begründet keinen Rückerstattungsanspruch.

Ein Tax-Voucher ist die Bestätigung der ausländischen Bank an ihren Kunden, dass die Ertragsabrechnungen, welche unter Ausweis der Verrechnungssteuer ausgestellt wurden und damit zur Rückerstattung der Verrechnungssteuer geeignet sind, ausnahmslos um die Verrechnungssteuer oder einen Verrechnungssteuerersatz gekürzt und die entsprechenden Beträge an die ESTV abgeliefert wurden. Den ausländischen Banken ist es damit verwehrt, einen Tax-Voucher zu erstellen, wenn sie manufactured dividends in das System einführen, die nicht durch eine Erhebung und Ablieferung eines Verrechnungssteuerersatzes begleitet werden.

Da für jede Ertragsfälligkeit nachträgliche Korrekturen (insbesondere Cross-Ex-Compensations / Market Claims) erfolgen und diese in die Bestätigung mit einzubeziehen sind, kann ein Tax-Voucher erst nachträglich und nicht bereits mit der Couponabrechnung an die Kunden abgegeben werden.

5 Kontrollrechnungen

Um die Bestätigung in Form eines Tax-Voucher abzugeben, muss jede ausländische Bank mittels einer Kontrollrechnung prüfen, ob die Summe der an Kunden abgegebenen, zur

Rückerstattung der Verrechnungssteuer geeigneten Ertragsabrechnungen bzw. Abzugsbescheinigungen (inklusive Eigenbestände) mit demjenigen Betrag übereinstimmt, welcher ihr von ihrer Depotstelle bestätigt wurde. Ausgleichszahlungen im Rahmen von Securities Lending und Repotransaktionen, welche mit einem Verrechnungssteuerersatz gekürzt wurden, sind in die Kontrollrechnung wie Originalzahlungen einzubeziehen.

5.1 Schweizer Banken und Depotstellen

5.1.1 Kontrollrechnung

Schweizer Banken und Depotstellen führen bereits heute für jede Ertragsgutschrift, welche unter Abzug der Verrechnungssteuer oder eines Verrechnungssteuerersatzes erfolgt, eine Kontrollrechnung pro Depot durch.

Ausgangspunkt für diese Kontrollrechnung bilden die auf dem jeweiligen Depot, dem jeweiligen Valor sowie der einzelnen Fälligkeit gutgeschriebenen Erträge. Von diesen Erträgen sind nachträgliche Korrekturen, insbesondere Cross-Ex-Compensations (vgl. Ziff. 2.2 Abs. 2), in Abzug zu bringen bzw. hinzuzurechnen. Dabei sind Korrekturen bis und mit 60 Kalendertagen nach dem Ex-Tag zu berücksichtigen.

Ergibt diese Kontrollrechnung ein negatives Ergebnis, so liegt ein Short-Bestand auf diesem Depot vor und es gelangt die unter Ziffer 3.1. beschriebene Praxis zur Anwendung.

5.1.2 Bestätigung gegenüber dem ausländischen Custody-Kunden

Die inländische Depotstelle muss den ausländischen Custody-Kunden das Ergebnis der Kontrollrechnung in standardisierter Form bestätigen. Soweit das Ergebnis einen Short-Bestand ausweist, muss dem ausländischen Custody-Kunden eine Bestätigung abgegeben werden, wonach keine Tax-Vouchers ausgestellt werden dürfen, sofern nicht die Lösung nach Ziffer 7 gewählt wird.

5.2 Ausländische Banken und Depotstellen

5.2.1 Custody-Kunden

Soweit die ausländische Bank Custody-Kunden hat, muss auf deren Depots ebenfalls eine Kontrollrechnung (wie Ziffer 5.1.1) durchgeführt werden.

Das Ergebnis dieser Kontrollrechnung ist dem Kunden – analog der Bestätigung gemäss Ziffer 5.1.2 – in standardisierter Form mitzuteilen.

5.2.2 Endkunden (Kunden, die eine Rückerstattung beantragen)

Im Rahmen einer Kontrollrechnung sind sämtliche Ertragsgutschriften und übrigen Dokumente gegenüber Kunden, welche zur Rückerstattung der Verrechnungssteuer geeignet sind, zu ermitteln.

6 Abgabe des Tax-Voucher

Der Tax-Voucher umfasst keine Ertragszahlen, sondern lediglich eine Bestätigung, dass bei der ausstellenden Bank keine Ertragsabrechnungen ausgestellt wurden, welche die von der Depotstelle mitgeteilte Anzahl Gutschriften übersteigen.

Um diese Bestätigung abgeben zu können, muss die ausländische Bank sämtliche von ihr erstellten Ertragsgutschriften (Ziffer 5.2.2) und an andere Banken erteilten Bescheinigungen (Ziffer 5.2.1) in einer Kontrollrechnung den Mitteilungen ihrer Depotstelle bzw. ihren Depotstellen gegenüberstellen.

Unter Vorbehalt der Lösung gemäss Ziffer 7 darf ein Tax-Voucher nur ausgestellt werden, wenn der Gesamtbetrag der zu erstellenden Dividendengutschriften nicht grösser ist als der

Gesamtbetrag der von den vorgelagerten Depotstellen erhaltenen und bescheinigten Dividenden.

7 Ablieferung eines Verrechnungssteuerersatzes

Abweichend vom Grundsatz gemäss Ziffer 6 kann ein Tax-Voucher ausgestellt werden, wenn die ausländische Bank auf dem Fehlbestand (d.h. auf den manufactured dividends) einen der Verrechnungssteuer entsprechenden Betrag (Verrechnungssteuerersatz) an die ESTV abliefert. Die Ablieferung ist nach Titel und Ertragsfälligkeit zu gliedern und gegenüber der ESTV mit Formular 102M zu deklarieren.

8 Gültigkeit

Diese Vorschriften finden auf die ab dem 01.04.2008 fälligen Dividendenzahlungen Anwendung. Im Rückerstattungsverfahren sind Tax-Voucher somit für sämtliche Erträge erforderlich, welche nach dem 31.03.2008 fällig werden.

9 Anhang 1: Textvorgabe Tax-Voucher

Dividendentermin TT.MM.JJJJ

Valor-Nr./ISIN 1'234'567

Titel Muster AG

Hiermit bestätigen wir,

- dass durch unser Institut Ertragsabrechnungen oder sonstige Dokumente, welche zur Rückerstattung der schweizerischen Verrechnungssteuer geeignet sind oder sein könnten, grundsätzlich (vgl. betr. Ausnahmen Punkt 2) lediglich in Höhe der uns von anderen vorgelagerten Banken/Depotstellen bestätigten Gutschriften erstellt werden; und
- dass unser Institut im Falle, dass die Anzahl der ausgestellten Ertragsabrechnungen und/oder sonstigen Dokumente, welche zur Rückerstattung der schweizerischen Verrechnungssteuer geeignet sind oder sein könnten, die uns von anderen vorgelagerten Banken/Depotstellen bestätigten Betrag übersteigt, im Umfang dieser Differenz einen der Verrechnungssteuer entsprechenden Betrag (Verrechnungssteuerersatz) an die Eidgenössische Steuerverwaltung, Bern, Schweiz, abgeliefert hat.

Diese Bestätigung ist

- bei maschineller Erstellung mit den Namen der verantwortlichen Personen zu versehen;
- bei individueller Erstellung mit den Namen der verantwortlichen Personen zu versehen und von diesen zu unterzeichnen.

10 Anhang 2: Textvorgabe Bestätigungen unter Banken / Depotstellen

Titel Muster AG

Valor/ISIN 1'234'567

Dividendentermin 14.03.2008

Hiermit bestätigen wir Ihnen, dass Sie von unserem Institut auf dem Depot Nr. XXXXX für den oben genannten Valor und Dividendentermin Gutschriften für insgesamt

4'500 Titel à CHF 3.50 abzüglich 35% Verrechnungssteuer

erhalten haben.

Diese Bestätigung umfasst alle nachträglichen Belastungen und Gutschriften aus Lieferung von Aktien cum Dividende vom 14.3.2008 bis und mit ....

Diese Bestätigung benötigen Sie als Grundlage zur Abgabe von Tax-Voucher. Aufgrund der geltenden Praxis der Eidgenössischen Steuerverwaltung dürfen Sie einen Tax-Voucher an Ihre Kunden nur abgeben, wenn die Ihrerseits erstellten Ertragsabrechnungen bzw. Abzugsbescheinigungen, welche zur Rückerstattung der Verrechnungssteuer geeignet sind, und/oder Bestätigungen gegenüber anderen Banken dem Betrag dieser Bestätigung entsprechen. Übersteigen diese Abrechnungen/Bestätigungen den Ihnen von anderen Banken/Depotstellen bestätigten Betrag, so ist im Umfang dieser Differenz ein der Verrechnungssteuer entsprechender Betrag (Verrechnungssteuerersatz) an die Eidgenössische Steuerverwaltung, Bern, Schweiz abzuliefern. Andernfalls dürfen keine Tax-Vouchers erstellt werden.

Vorsorgebeiträge und Säule 3a

Quelle: Eidg. Steuerverwaltung ESTV/HA Direkte Bundessteuer, Verrechnungssteuer, Stempelabgaben

Direkte Bundessteuer
Verrechnungssteuer

Bern, 17. Juli 2008

Kreisschreiben Nr. 18

Steuerliche Behandlung von Vorsorgebeiträgen und -leistungen der Säule 3a

Inhaltsverzeichnis

1. Rechtliche Grundlagen 2
2. Prüfung der Vertragsmodelle 2
3. Kreis der Vorsorgenehmer 2
4. Begünstigte Personen... 3
5. Abzugsberechtigung für Beiträge.. 3
5.1. Allgemeines 3
5.2. Vielzahl von Vorsorge-Konten oder Vorsorge-Policen 4
5.3. Oberer Grenzbetrag 4
5.4. Abzug für Steuerpflichtige, die einer Einrichtung der beruflichen Vorsorge (2. Säule) angehören..... 4
5.5. Abzug für Steuerpflichtige, die keiner Einrichtung der beruflichen Vorsorge (2. Säule) angehören... 4
5.6. Sonderfälle... 5
  a) Mitarbeit im Beruf oder im Betrieb des Ehegatten... 5
  b) Selbständigerwerbender mit der 2. Säule unterliegendem Nebenverdienst............................. 5
  c) IV-Bezüger... 6
  d) Steuerpflichtige, die der Quellensteuer unterliegen.. 6
  e) Einzahlung in die Säule 3a bei Beendigung der Erwerbstätigkeit... 6
  f) Unselbständig Erwerbstätige, die das AHV-Rentenalter überschritten haben......................... 6
  g) Berechnung des Abzuges beim Übergang von einer unselbständigen zu einer selbständigen Erwerbstätigkeit oder umgekehrt.. 6

6. Ausrichtung und Besteuerung der Leistungen.. 7
6.1. Grundsätze 7
6.2. Vorzeitige Ausrichtung.. 7
  a) Allgemeines 7
  b) Vorbezug im Rahmen der Wohneigentumsförderung (WEF) 8
  c) Barauszahlung infolge Aufnahme einer selbständigen Erwerbstätigkeit oder bei Wechsel der selbständigen Erwerbstätigkeit... 8
6.3. Einkauf von Beitragsjahren der beruflichen Vorsorge mit Mitteln der Säule 3a......................... 9
6.4. Kann ein in der beruflichen Vorsorge getätigter WEF-Vorbezug mit Mitteln der gebundenen Selbstvorsorge zurückbezahlt werden? 9

7. Reinvestition der Altersleistung aus einer 2. Säule in eine Vorsorgeform der Säule 3a 9

8. Bescheinigungspflicht.. 9

9. Folgen unzulässiger Einzahlungen 10
9.1. Für den Vorsorgenehmer 10
9.2. Für Versicherungseinrichtungen und Bankstiftungen... 10

10. Anlage in Wertschriften; Verrechnungssteuer-Rückforderung 10
11. Inkrafttreten / Aufhebung bisheriger Kreisschreiben und Rundschreiben / Empfehlung an die Kantone 11

1. Rechtliche Grundlagen

Gestützt auf Artikel 82 des Bundesgesetzes über die berufliche Alters-, Hinterlassenen- und Invalidenvorsorge (BVG; SR 831.40) können Arbeitnehmer und Selbständigerwerbende Beiträge für weitere, ausschliesslich und unwiderruflich der beruflichen Vorsorge dienende, anerkannte Vorsorgeformen abziehen. Diese Vorsorgeformen werden als dritte Säule oder präziser als Säule 3a bezeichnet. Als anerkannte Vorsorgeformen gelten die gebundene Vorsorgeversicherung bei Versicherungseinrichtungen sowie die gebundene Vorsorgevereinbarung mit Bankstiftungen (Art. 1 Abs. 1 der Verordnung über die steuerliche Abzugsberechtigung für Beiträge an anerkannte Vorsorgeformen [BVV 3; SR 831.461.3]).

2. Prüfung der Vertragsmodelle

Vertragsmodelle für anerkannte Vorsorgeformen sind von den Vorsorgeträgern vor Abschluss entsprechender Vorsorgeverträge der Eidgenössischen Steuerverwaltung (ESTV), Hauptabteilung Direkte Bundessteuer, Verrechnungssteuer, Stempelabgaben, Abteilung Recht, Eigerstrasse 65, 3003 Bern, einzureichen. Diese prüft aufgrund der eingereichten Unterlagen (<u>Bankstiftung</u>: SHAB-Auszug, Stiftungsurkunde, Reglement und Vorsorgevereinbarung im Doppel; <u>Versicherungsgesellschaft:</u> Produktebeschrieb, evtl. Tarifeingabe an BPV, Allgemeine und evtl. Besondere Versicherungsbedingungen und Musterpolice im Doppel) und unter Berücksichtigung der Belange der Verrechnungssteuer, ob Form und Inhalt den gesetzlichen Vorschriften entsprechen (Art. 1 Abs. 4 BVV 3). Da die gebundene Selbstvorsorge im Sinne von Artikel 82 BVG den Berechtigten nur Anwartschaften vermittelt, haben sich die entsprechenden Vorsorgeverträge von den übrigen Versicherungs- und Sparverträgen deutlich zu unterscheiden.

Die Bezeichnungen "gebundene Vorsorgeversicherung" und "gebundene Vorsorgevereinbarung" dürfen nur für Vertragsmodelle verwendet werden, die von der ESTV genehmigt worden sind. Bei Fehlen dieser Genehmigung ist der Abzug für die entsprechenden Vorsorgebeiträge zu verweigern.

3. Kreis der Vorsorgenehmer

Vorsorgeverträge für anerkannte Formen der gebundenen Selbstvorsorge können nur von Personen abgeschlossen werden, die ein der AHV/IV-Pflicht unterliegendes Erwerbs- oder Erwerbsersatzeinkommen erzielen. Auch Grenzgänger mit Wohnsitz im Ausland, die für einen Arbeitgeber in der Schweiz arbeiten, können eine Säule 3a bilden; dabei ist unwesentlich, ob sie ihre Vorsorgebeiträge in der Schweiz zum Abzug bringen können oder nicht.

Weist der Vorsorgenehmer nach, dass er erwerbstätig ist, kann er bis höchstens fünf Jahre nach Erreichen des ordentlichen AHV-Rentenalters die eingebrachten Beiträge zum Abzug bringen. Den Nachweis der Erwerbstätigkeit hat der Vorsorgenehmer jährlich zu erbringen (vgl. Mitteilung über die berufliche Vorsorge Nr. 103 des Bundesamt für Sozialversicherungen). Ab Vollendung des 69. Altersjahrs (Frauen) bzw. 70. Altersjahrs (Männer) besteht keine Abzugsberechtigung mehr, auch wenn weiterhin ein AHV/IV-pflichtiges Einkommen erzielt wird.

4. Begünstigte Personen

Im Erlebensfall ist der Vorsorgenehmer die begünstigte Person. Nach dessen Ableben ist Begünstigter der überlebende Ehegatte oder der/die eingetragene Partner/in. Bei Nichtvorhandensein eines Ehegatten oder eines Partners / einer Partnerin gelten als Begünstigte die direkten Nachkommen sowie die natürlichen Personen, die von der verstorbenen Person in erheblichem Masse unterstützt worden sind, oder die Person, die mit dieser in den letzten fünf Jahren bis zu ihrem Tod ununterbrochen eine Lebensgemeinschaft geführt hat oder die für den Unterhalt eines oder mehrerer gemeinsamer Kinder aufkommen muss. Die Reihenfolge dieser begünstigten Personen kann vom Vorsorgenehmer geändert und die Ansprüche können näher bezeichnet werden. Erst wenn solche Personen nicht vorhanden sind, sind die Eltern, die Geschwister und die übrigen Erben als Begünstigte vorgesehen, wobei auch hier die Reihenfolge festgelegt und Ansprüche näher bezeichnet werden können (vgl. Art. 2 BVV 3).

5. Abzugsberechtigung für Beiträge

5.1. Allgemeines

Arbeitnehmer und Selbständigerwerbende können nach Artikel 33 Absatz 1 Buchstabe e des Bundesgesetzes vom 14. Dezember 1990 über die direkte Bundessteuer (DBG; SR 642.11) in Verbindung mit Artikel 7 BVV 3 ihre Beiträge an anerkannte Vorsorgeformen in begrenztem Umfang steuerlich zum Abzug bringen. Diese Beiträge gelten auch bei den Selbständigerwerbenden stets als Kosten der privaten Lebenshaltung und dürfen deshalb der Erfolgsrechnung nicht belastet werden. Der Umfang der Abzugsberechtigung entspricht zugleich der Höhe der zulässigen Beiträge an diese Vorsorgeformen; die Leistung höherer als der steuerlich abzugsberechtigten Beiträge ist nicht möglich. Überschiessende Beiträge stellen freies Sparen dar. Die Erträge aus solchen Vermögenswerten unterliegen der ordentlichen Besteuerung (vgl. dazu auch Ziffer 9.1. unten).

Die Begrenzung nach Artikel 7 BVV 3 umfasst auch allfällige Beiträge an eine ergänzende Risiko-Vorsorgeversicherung oder Zuschläge für unterjährige Ratenzahlungen (Art. 1 Abs. 3 Satz 2 BVV 3).

Jeglicher Abzug setzt die Erwerbstätigkeit des Steuerpflichtigen voraus. Bei vorübergehendem Unterbruch der Erwerbstätigkeit (Militärdienst, Arbeitslosigkeit, Krankheit usw.) bleibt die Abzugsberechtigung erhalten. Bei Aufgabe der Erwerbstätigkeit entfällt die Möglichkeit der Beitragsleistungen, selbst wenn das für die Ausrichtung von Altersleistungen vorgesehene Terminalter noch nicht erreicht ist (z.B. bei vorzeitiger Pensionierung, bei Aufgabe der Erwerbstätigkeit infolge Mutterschaft, 100%-iger Invalidität und fehlender Resterwerbsfähigkeit).

Erbringt eine Vorsorgeversicherung eine Leistung aus einer Prämienbefreiung, so stellt diese beim Vorsorgenehmer kein Einkommen dar, da der Vorsorgenehmer gar nicht über die entsprechenden Mittel verfügen kann. Solche Beiträge kann der Vorsorgenehmer sodann auch nicht steuerlich zum Abzug bringen.

5.2. Vielzahl von Vorsorge-Konten oder Vorsorge-Policen

Ein Vorsorgenehmer kann mit mehreren Bankstiftungen oder Versicherungsgesellschaften jeweils mehrere Vorsorgeverträge abschliessen. Für jedes Vorsorgekonto bzw. für jede Vorsorgepolice muss ein separater Vorsorgevertrag vorliegen. Die Gesamtsumme der Einzahlungen pro Jahr darf den Maximalbetrag von Artikel 7 Absatz 1 BVV 3 nicht übersteigen (vgl. Ziffer 5.3. nachfolgend).

5.3. Oberer Grenzbetrag

Nach Artikel 7 Absatz 1 BVV 3 sind Beiträge an anerkannte Vorsorgeformen bis jährlich 8 Prozent (Bst. a) bzw. 40 Prozent (Bst. b) des oberen Grenzbetrages nach Artikel 8 Absatz 1 BVG abziehbar. Unter dem oberen Grenzbetrag ist jener Betrag zu verstehen, bis zu dem der Jahreslohn eines Arbeitnehmers der obligatorischen Versicherung in der 2. Säule (BVG-Obligatorium) unterliegt. Gestützt auf Artikel 9 BVG kann der Bundesrat die Anpassung dieses Grenzbetrages an die Altersrenten der AHV und die allgemeine Lohnentwicklung vornehmen. Die periodischen Anpassungen des Grenzbetrages sowie der abzugsfähigen Maximalbeträge nach Artikel 7 Absatz 1 BVV 3 veröffentlicht die ESTV mittels Rundschreiben.

5.4. Abzug für Steuerpflichtige, die einer Einrichtung der beruflichen Vorsorge (2. Säule) angehören

In der 2. Säule versicherte Arbeitnehmer und Selbständigerwerbende können gemäss Artikel 7 Absatz 1 Buchstabe a BVV 3 ihre im betreffenden Jahr tatsächlich geleisteten Beiträge an anerkannte Vorsorgeformen bis 8 Prozent des oberen Grenzbetrages abziehen. Dieser Abzug kann von allen in Frage kommenden erwerbstätigen Steuerpflichtigen beansprucht werden, unabhängig davon, ob sie in der 2. Säule obligatorisch oder freiwillig versichert sind. Nach Artikel 7 Absatz 2 BVV 3 können Ehegatten oder eingetragene Partnerinnen oder Partner, die beide einer Erwerbstätigkeit nachgehen, den Abzug je für sich geltend machen. Dabei ist es unerlässlich, dass der entsprechende Vorsorgevertrag auf ihn als Vorsorgenehmer lautet. Der höchstzulässige Abzug richtet sich für jeden Ehegatten oder Partner/in einzeln danach, ob er/sie in der beruflichen Vorsorge versichert ist oder nicht. Voraussetzung für die Geltendmachung eines Abzuges ist das Ausweisen eines AHV/IV-pflichtigen Erwerbseinkommens des entsprechenden Ehegatten oder Partners/in in der Steuererklärung.

5.5. Abzug für Steuerpflichtige, die keiner Einrichtung der beruflichen Vorsorge (2. Säule) angehören

Nicht in der 2. Säule versicherte Arbeitnehmer und Selbständigerwerbende können nach Artikel 7 Absatz 1 Buchstabe b BVV 3 ihre im betreffenden Jahr tatsächlich geleisteten Beiträge an anerkannte Vorsorgeformen bis 20 Prozent des Erwerbseinkommens, jedoch höchstens bis 40 Prozent des oberen Grenzbetrages abziehen.

Jeglicher Abzug setzt die Erwerbstätigkeit des Steuerpflichtigen voraus. Kein Abzug kommt deshalb in Betracht, wenn sich aus der Erwerbstätigkeit ein Verlust ergibt. Bei vorübergehendem Unterbruch der Erwerbstätigkeit (Militärdienst, Mutterschaft, Arbeitslosigkeit, Krankheit usw.) bleibt die Abzugsberechtigung erhalten, sofern im entsprechenden Jahr für Erwerbseinkommen und/oder Erwerbsersatzeinkommen AHV/IV-Beiträge geleistet worden sind.

Unter Erwerbseinkommen ist die Gesamtheit des Einkommens eines Steuerpflichtigen aus selbständiger und unselbständiger, haupt- und nebenberuflicher Erwerbstätigkeit gemäss Steuererklärung zu verstehen. Bei Einkommen aus unselbständiger Erwerbstätigkeit ist dies der Bruttolohn nach Abzug der AHV/IV/EO/ALV-Beiträge, bei Einkommen aus selbständiger Erwerbstätigkeit der Saldo der Gewinn- und Verlustrechnung nach Vornahme allfälliger steuerlicher Berichtigungen (auch hier nach Abzug der persönlichen Beiträge an die AHV/IV/EO, aber ohne Abzug irgendwelcher Beiträge an anerkannte Vorsorgeformen). Das Erwerbseinkommen umfasst auch allfällige realisierte Wertzuwachsgewinne auf dem Geschäftsvermögen. Ein Abzug für Vorsorgebeiträge, welcher mangels genügenden Erwerbseinkommens steuerlich nicht geltend gemacht wurde, kann nicht in späteren Jahren nachgeholt werden.

Auch bei Selbständigerwerbenden, die ihr Geschäftsjahr per Ende des Kalenderjahres abschliessen, gilt, dass Beiträge an die Säule 3a bis Ende des Kalenderjahres geleistet werden müssen, wenn sie im entsprechenden Steuerjahr zum Abzug gebracht werden wollen. Zu einem späteren Zeitpunkt können keine zusätzlichen und rückwirkenden Beiträge mehr geleistet werden.

5.6. Sonderfälle

a) Mitarbeit im Beruf oder im Betrieb des Ehegatten

Bei Mitarbeit im Beruf oder im Betrieb des Ehegatten wird vermutet, diese halte sich im Rahmen der ehelichen Beistandspflicht, weshalb die Bildung einer Säule 3a für den mithelfenden Ehegatten nicht zulässig ist. Möchten die Ehegatten auch für den mithelfenden Ehepartner einen Abzug nach Artikel 7 BVV 3 beanspruchen, obliegt es ihnen, das Vorliegen eines den Rahmen der ehelichen Beistandspflicht übersteigenden Arbeitsverhältnisses darzutun. Auf dem entsprechenden Einkommen des mithelfenden Ehegatten müssen auf dessen Namen AHV/IV-Beiträge abgerechnet werden.

b) Selbständigerwerbender mit der 2. Säule unterliegendem Nebenverdienst

Ein Selbständigerwerbender, der einer unselbständigen Nebenerwerbstätigkeit nachgeht und für dieses Erwerbseinkommen einer 2. Säule angeschlossen ist, kann lediglich einen Abzug nach Artikel 7 Absatz 1 Buchstabe a BVV 3 geltend machen (vgl. Bundesgerichtsentscheid vom 15. Juni 1990 i.S. T. A. publiziert in: ASA 60 S. 321). Gestützt auf Artikel 1 Absatz 1 der Verordnung über die berufliche Alters-, Hinterlassenen- und Invalidenvorsorge (BVV 2; SR 831.441.1) besteht jedoch die Möglichkeit, dass sich ein hauptberuflich selbständig Erwerbender für seine Nebenerwerbstätigkeit von der obligatorischen Versicherung im Rahmen der 2. Säule freistellen lässt. Nach erfolgter Freistellung gehört er nicht mehr einer beruflichen Vorsorgeeinrichtung an und kann den Säule 3a-Abzug nach Artikel 7 Absatz 1 Buchstabe b BVV 3 geltend machen.

c) IV-Bezüger

Vorsorgenehmer, die zwar eine Invalidenrente der eidgenössischen Invalidenversicherung beziehen, jedoch im Rahmen der Resterwerbsfähigkeit ein der AHV/IV-Pflicht unterliegendes Erwerbseinkommen erzielen, können eine Säule 3a bilden.

d) Steuerpflichtige, die der Quellensteuer unterliegen

Bei der Tarifberechnung der Quellensteuer werden individuelle Abzüge wie z.B. Einzahlungen in die Säule 3a nicht berücksichtigt. Hat ein an der Quelle Steuerpflichtiger solche Einzahlungen geleistet, kann er von der Veranlagungsbehörde bis Ende März des Folgejahres eine Verfügung über Bestand und Umfang der Steuerpflicht verlangen (Art. 137 Abs. 1 DBG). Die Einzahlungen in die gebundene Vorsorge Säule 3a sind unter Anfechtung dieser Verfügung geltend zu machen (vgl. Art. 2 Bst. e der Quellensteuerverordnung [QStV; SR 642.118.2]).

e) Einzahlung in die Säule 3a bei Beendigung der Erwerbstätigkeit

Im Jahr, in dem die Erwerbstätigkeit beendet wird, kann der volle Beitrag geleistet werden gemäss Art. 7 Abs. 4 BVV 3. Nach diesem Zeitpunkt dürfen Bankstiftungen und Versicherungseinrichtungen keine Vorsorgebeiträge mehr entgegennehmen.

f) Unselbständig Erwerbstätige, die das AHV-Rentenalter überschritten haben

Leistet der Vorsorgenehmer keine Beiträge mehr in eine Vorsorgeeinrichtung, weil er das ordentliche AHV-Rentenalter bereits überschritten hat und Rentenbezüger ist (passive Zugehörigkeit), ist er aber weiterhin unselbständig erwerbstätig, kann er bis fünf Jahre nach Erreichen des ordentlichen AHV-Rentenalters bis 20 Prozent des Erwerbseinkommens, jedoch höchstens 40 Prozent des oberen Grenzbetrages nach Artikel 8 Absatz 1 BVG in die Säule 3a einzahlen.

Ist der Vorsorgenehmer jedoch noch aktiv bei einer Vorsorgeeinrichtung versichert (selbst wenn keine Beiträge mehr geleistet werden), kann er bis höchstens fünf Jahre nach Erreichen des AHV-Rentenalters jährlich bis 8 Prozent des oberen Grenzbetrages nach Artikel 8 Absatz 1 BVG in die Säule 3a einzahlen.

g) Berechnung des Abzuges beim Übergang von einer unselbständigen zu einer selbständigen Erwerbstätigkeit oder umgekehrt

Während der Zeitspanne der unselbständigen Erwerbstätigkeit mit Anschluss an eine Pensionskasse kann die steuerpflichtige Person – ein entsprechendes Erwerbseinkommen vorausgesetzt – maximal den in Artikel 7 Absatz 1 Buchstabe a BVV 3 vorgesehenen Maximalbetrag einbezahlen. Für die Zeitspanne der Selbständigkeit ohne Anschluss an eine Pensionskasse kann die steuerpflichtige Person bis zu 20% ihres selbständigen Erwerbseinkommens einbezahlen, vorausgesetzt sie schliesst die Buchhaltung per Ende des Jahres ab. Für das betroffene Jahr kann insgesamt (inkl. allfällige Einzahlung in die kleine Säule 3a) nicht mehr als der in Artikel 7 Absatz 1 Buchstabe b BVV 3 vorgesehene Maximalbetrag (40% des oberen Grenzbetrages nach Art. 8 Abs. 1 BVG) einbezahlt werden. Gleich verhält es sich beim Anschluss an eine Vorsorgeeinrichtung infolge Aufnahme einer unselbständigen Erwerbstätigkeit während des Jahres.

6. Ausrichtung und Besteuerung der Leistungen

6.1. Grundsätze

Die gebundene Selbstvorsorge dient ausschliesslich und unwiderruflich der Vorsorge und vermittelt nur Anwartschaften. Altersleistungen aus der Säule 3a dürfen deshalb frühestens fünf Jahre vor Erreichen des AHV-Rentenalters ausgerichtet werden (Art. 3 Abs. 1 BVV 3). Vereinbarungen, die ein Vertragsende nach Erreichen des 69. (Frauen) bzw. 70. (Männer) Altersjahres vorsehen, sind unzulässig. Ebenso ist der Abschluss eines neuen Vorsorgevertrages nach diesem Termin ausgeschlossen. Spätestens fünf Jahre nach Erreichen des AHV-Alters fällt der anwartschaftliche Charakter dahin. Es muss eine Auszahlung erfolgen, welche zu besteuern ist. Beendet der Vorsorgenehmer seine Erwerbstätigkeit nach dem ordentlichen AHV-Rentenalter, aber vor dem 69. (Frauen) bzw. 70 (Männer) Altersjahr, so muss die Auflösung von sämtlichen noch bestehenden Säule 3a-Konti, bzw. –Policen im Zeitpunkt der Beendigung der Erwerbstätigkeit erfolgen, was die Steuerbarkeit all dieser Leistungen auslöst.

Kapitalleistungen aus anerkannten Formen der gebundenen Selbstvorsorge werden gemäss Artikel 22 Absatz 1 in Verbindung mit Artikel 38 DBG gesondert besteuert. Sie unterliegen einer vollen Jahressteuer, die zu einem Fünftel der Tarife nach Artikel 36 DBG berechnet wird. Bei Auflösung des Vorsorgeverhältnisses entsteht die Verrechnungssteuerforderung, welche durch Entrichtung oder Meldung erfüllt werden kann (vgl. Art. 7, 11, 12 und 19 des Bundesgesetzes vom 13. Oktober 1965 über die Verrechnungssteuer [VStG; SR 642.21]). Die Erträge der Guthaben unterliegen fortan der Verrechnungssteuer nach Artikel 4 Absatz 1 Buchstabe d VStG.

6.2. Vorzeitige Ausrichtung

a) Allgemeines

Die vorzeitige Ausrichtung von Leistungen ist nur in den in Artikel 3 Absatz 2 und 3 BVV 3 vorgesehenen Ausnahmefällen möglich. Dies gilt auch für Zinsen, Gewinnanteile und dergleichen, die erst zusammen mit den eigentlichen Vorsorgeleistungen ausbezahlt und auch nicht mit geschuldeten Beiträgen verrechnet werden dürfen. Die gesamte Leistung unterliegt der Besteuerung nach Artikel 22 Absatz 1 in Verbindung mit Artikel 38 DBG. Es spielt keine Rolle, ob Beiträge teilweise von der Versicherungseinrichtung infolge einer Prämienbefreiung geleistet worden sind. Der Vorsorgenehmer hat die Gesamtleistung zu versteuern.

Gemäss Artikel 3 Absatz 2 Buchstabe b BVV 3 besteht die Möglichkeit der vorzeitigen Ausrichtung der Altersleistung unter Einbringung des Guthabens in eine andere anerkannte Vorsorgeform. Dieses Vorgehen setzt die vollständige Auflösung des entsprechenden Vorsorgekontos bzw. der entsprechenden Versicherungspolice und den Abschluss einer neuen gebundenen Vorsorgeversicherung bzw. einer neuen gebundenen Vorsorgevereinbarung voraus (z.B. bei einer anderen Bank oder bei einer anderen Versicherungsgesellschaft). In solchen Übertragungsfällen ist keine Steuerbescheinigung auszustellen. Ein Splitting bestehender Vorsorgeguthaben ist nicht möglich. Der Steuerpflichtige kann nicht durch eine teilweise Übertragung vorhandener Altersguthaben der gebundenen Selbstvorsorge neue Vorsorgekonten oder Vorsorgeversicherungen (Säule 3a) bilden.

Verlangt ein Vorsorgenehmer innerhalb der fünf Jahre vor Erreichen des AHV-Rentenalters, dass ihm sein Vorsorgekapital ausbezahlt wird, beendet er damit den Aufbau seiner Vorsorge, auch wenn er nur eine Teilauszahlung verlangt. Mit dem ersten Bezug verfügt der Vorsorgenehmer über seinen Vorsorgeanspruch, wodurch der anwartschaftliche Charakter des Vorsorgeguthabens insgesamt dahinfällt. Bereits im Zeitpunkt des ersten Bezugs (Teilbezüge stellen lediglich eine Zahlungsmodalität dar) realisiert er das gesamte auf dem betroffenen Konto/der betroffenen Police angesammelte Vorsorgekapital inklusive Zinsen. Dies hat zur Folge, dass das gesamte auf diesem Konto/dieser Police vorhandene Vorsorgekapital einkommenssteuerlich erfasst wird. Beim ersten Teilbezug ist daher das Vorsorgekonto/die Vorsorgepolice zu saldieren; das nicht bezogene Kapital ist auf ein frei verfügbares Konto zu übertragen. Die Versicherungsleistung unterliegt grundsätzlich gemäss Artikel 7 VStG der Verrechnungssteuer (Ausnahmen vgl. Art. 8 VStG). Die entsprechende Steuerpflicht kann entweder durch Entrichtung der Steuer oder durch Meldung der steuerbaren Leistung erfüllt werden (Art. 11 Abs. 1 VStG). Bei Meldung ist die Bruttoleistung inkl. Zinsen anzugeben.

b) Vorbezug im Rahmen der Wohneigentumsförderung (WEF)

Gemäss Artikel 3 Absatz 3 BVV 3 kann die Altersleistung aus der gebundenen Selbstvorsorge ferner für den Erwerb und die Erstellung von Wohneigentum zum Eigenbedarf, als Beteiligung an Wohneigentum zum Eigenbedarf sowie für die Amortisation von Hypothekardarlehen ausgerichtet werden. Ein Vorbezug kann alle fünf Jahre geltend gemacht werden. Eine Rückzahlung, wie sie beim Vorbezug in der zweiten Säule vorgesehen ist, ist dagegen in der Säule 3a nicht möglich. Im Übrigen kann der Versicherte den Anspruch auf Vorsorgeleistungen oder einen Betrag bis zur Höhe seiner Freizügigkeitsleistung verpfänden, wobei die Artikel 8 - 10 der Verordnung über die Wohneigentumsförderung mit Mitteln der beruflichen Vorsorge (WEFV: SR 831.411) sinngemäss gelten (vgl. Art. 4 Abs. 2 BVV 3). Die Begriffe "Wohneigentum", „Beteiligungen" und "Eigenbedarf" richten sich nach den Artikeln 2–4 WEFV. Bei solchen Vorbezügen unterliegt im Zeitpunkt der Auszahlung stets nur der ausgerichtete Teilbezug der Besteuerung nach Artikel 22 Absatz 1 in Verbindung mit Artikel 38 DBG. Damit beide Ehegatten Vorsorgeguthaben aus ihrer Säule 3a zur Amortisation der Hypothek oder zum Erwerb von Wohneigentum beziehen können, müssen beide Eigentümer (Mit- oder Gesamteigentümer) sein.

Eine Ausrichtung unter dem Titel „Wohneigentumsförderung" ist nur bis zu dem in Artikel 3 Absatz 1 BVV 3 festgelegten Alter möglich. Überschreitet der Versicherte dieses Alter, kann er nur die gesamte Leistung aus dem fraglichen Vorsorgeverhältnis – zu welchem Zweck auch immer – beziehen. Die Auflösung des Vorsorgeverhältnisses hat sodann die Besteuerung der entsprechenden Leistung als Ganzes zur Folge.

c) Barauszahlung infolge Aufnahme einer selbständigen Erwerbstätigkeit oder bei Wechsel der selbständigen Erwerbstätigkeit

Die Barauszahlung von Vorsorgeguthaben der gebundenen Selbstvorsorge infolge Aufnahme einer selbständigen Erwerbstätigkeit oder bei Aufgabe der bisherigen und Aufnahme einer andersartigen selbständigen Erwerbstätigkeit (vgl. Art. 3 Abs. 2 Bst. c und d BVV 3) ist nur innerhalb eines Jahres seit der Aufnahme derselben möglich. Zudem muss bei Auflösung des Vorsorgeverhältnisses das gesamte Vorsorgeguthaben bezogen werden; ein Teilbezug ist nicht zulässig.

6.3. Einkauf von Beitragsjahren der beruflichen Vorsorge mit Mitteln der Säule 3a

Die vorzeitige Ausrichtung der Altersleistung aus der Säule 3a ist bei Auflösung des Vorsorgeverhältnisses zulässig, wenn der Vorsorgenehmer die ausgerichtete Leistung für den Einkauf in eine steuerbefreite Vorsorgeeinrichtung der beruflichen Vorsorge verwendet (vgl. Art. 3 Abs. 2 Bst. b BVV 3). Die Überweisung des Vorsorgeguthabens muss direkt vom Säule-3a-Vorsorgeträger an die Vorsorgeeinrichtung der 2. Säule erfolgen. Eine Übertragung ist steuerneutral. Das transferierte Guthaben gelangt im Zeitpunkt der Überweisung nicht zur Besteuerung; eine Meldung über Kapitalleistungen an die ESTV hat daher nicht zu erfolgen. Andererseits kann der so eingebrachte Einkaufsbetrag steuerlich nicht zum Abzug gebracht werden, weshalb eine Bescheinigung über Einkaufsbeiträge zu unterbleiben hat.

6.4. Kann ein in der beruflichen Vorsorge getätigter WEF-Vorbezug mit Mitteln der gebundenen Selbstvorsorge zurückbezahlt werden?

Die in der BVV 3 normierten vorzeitigen Ausrichtungsgründe lassen eine solche steuerneutrale Übertragung nicht zu. Die Rückzahlung eines WEF-Vorbezuges stellt zudem nie einen Einkauf im Sinne von Artikel 3 Absatz 2 Buchstabe b BVV 3 dar. Vorsorgerechtlich können bereits für die Vorsorge gebundene Mittel nicht zur Behebung einer durch einen WEF-Vorbezug entstandenen Lücke verwendet werden. Der in das Wohneigentum investierte Betrag muss aus Mitteln, die noch nicht zu Vorsorgezwecken gebunden sind, an die Vorsorgeeinrichtung zurückbezahlt werden. Aufgrund der Zweckgebundenheit der Mittel in der Säule 3a ist eine vorzeitige Ausrichtung im Sinne einer Direktüberweisung in die 2. Säule zur Rückzahlung eines WEF-Vorbezuges nicht zulässig.

7. Reinvestition der Altersleistung aus einer 2. Säule in eine Vorsorgeform der Säule 3a

Die Leistung aus einer Vorsorgeeinrichtung (2. Säule) oder aus einer Freizügigkeitseinrichtung kann nicht in die Säule 3a übertragen werden. Dies würde einem Einkauf von fehlenden Beitragsjahren gleichkommen, den es im Bereich der Säule 3a nicht gibt. Die aus der beruflichen Vorsorge ausgerichtete Vorsorgeleistung ist im ganzen Umfang zu besteuern und die an die Säule 3a geleisteten Beiträge können nur bis zum Maximalbetrag vom Einkommen in Abzug gebracht werden. Darüber hinausgehende Einmalprämien oder das gleichzeitige Bezahlen von Beiträgen für mehrere Jahre können nicht akzeptiert werden.

8. Bescheinigungspflicht

Versicherungseinrichtungen und Bankstiftungen haben gemäss Artikel 8 BVV 3 und Artikel 129 Absatz 1 Buchstabe b DBG dem Vorsorgenehmer die erbrachten Beiträge und Leistungen zu bescheinigen. Die ausgerichteten Leistungen sind gemäss VStG vom Vorsorgeträger der Eidgenössischen Steuerverwaltung (ESTV) Direkte Bundessteuer, Verrechnungssteuer, Stempelabgaben, Abteilung Erhebung, Eigerstrasse 65, 3003 Bern, zu melden. Die entsprechenden Formulare 563 "Meldung über Kapitalleistungen" und 565 "Rentenmeldung" können bei der Eidgenössischen Steuerverwaltung (ESTV) Direkte Bundessteuer, Verrechnungssteuer, Stempelabgaben, Abteilung Erhebung, Eigerstrasse 65, 3003 Bern, oder im Internet bestellt werden.

Wurden durch die Versicherungseinrichtung Leistungen infolge einer Prämienbefreiung erbracht, so ist in der Rubrik „Bemerkungen" ein Hinweis anzubringen und der entsprechende Betrag zu nennen. Ebenfalls unter „Bemerkungen" sind die vom Vorsorgeträger auf Veranlassung der Steuerbehörden vorgenommenen Rückzahlungen von zuviel einbezahlten Beiträgen und Einlagen anzugeben (Datum der Rückzahlung und Betrag).

9. Folgen unzulässiger Einzahlungen

9.1. Für den Vorsorgenehmer

Auf Vorsorgekonten und in Vorsorgeversicherungen können nicht höhere Beiträge einbezahlt werden, als ein Abzug gemäss Artikel 7 Absatz 1 BVV 3 zulässig ist. Bei der Beschränkung des höchstzulässigen Einzahlungsbetrages geht es auch um eine Beschränkung der Steuerbefreiung bezüglich der Einkommens-, Vermögens- und der Verrechnungssteuer. Die einbezahlten Beträge sind von der Vermögenssteuer ausgenommen und die Erträge daraus unterliegen nicht der Verrechnungssteuer. Sind überhöhte Einzahlungen vorgenommen worden, fordert die Veranlagungsbehörde den Steuerpflichtigen auf, sich die zu viel einbezahlten Beträge vom Vorsorgeträger zurückerstatten zu lassen. Die Vorsorgeeinrichtungen bezahlen nur den nominellen Überschussbetrag zurück, der auf diesem Betrag aufgelaufene Zins wird nicht zurückerstattet. Für die Veranlagung wird der nicht zum Abzug zugelassene Betrag dem Einkommen sowie bei Rückerstattungspflicht dem Vermögen des Steuerpflichtigen zugerechnet. Steuerpflichtige, welche die Rückerstattung nicht veranlassen, unterliegen dem Risiko eines Nach- und Strafsteuerverfahrens, da in den Folgejahren die Erträge aus den überhöhten Beiträgen beim Einkommen sowie die überhöhten Beiträge im Vermögen nicht deklariert sind.

Bei Säule-3a-Versicherungspolicen kann jedoch nur der Sparteil an der Gesamtprämie zurückerstattet werden. Die Prämie für eine Risikoversicherung kann nicht mehr zurückbezahlt werden, da das Risiko zum Zeitpunkt der Besteuerung vom Versicherer bereits gedeckt wurde und die Prämie daher geschuldet ist. Übersteigt der Prämienanteil für eine Risikoversicherung den höchstzulässigen Abzug gemäss Artikel 7 BVV 3 muss eine sofortige Anpassung der Risikoversicherung verlangt werden.

9.2. Für Versicherungseinrichtungen und Bankstiftungen

Bankstiftungen, die unter dem Titel der gebundenen Selbstvorsorge höhere Beiträge als diejenigen, die der Abzugsberechtigung entsprechen, entgegennehmen (vgl. vorne unter Ziffer 5.1.), verlieren den Anspruch auf Steuerbefreiung (Art. 6 BVV 3), weil die einbezahlten Beiträge in diesem Fall nicht ausschliesslich der Vorsorge im Sinne der BVV 3 dienen.

10. Anlage in Wertschriften; Verrechnungssteuer-Rückforderung

Sofern zugunsten der Vorsorgenehmer individuelle Wertschriftendepots eröffnet worden sind, hat die Bankstiftung Anspruch auf Rückerstattung der auf den Kapitalerträgen abgezogenen Verrechnungssteuer. Sie hat den Antrag auf Rückerstattung der Verrechnungssteuer bei der Eidgenössischen Steuerverwaltung (ESTV), Hauptabteilung Direkte Bundessteuer, Verrechnungssteuer, Stempelabgabe, Abteilung Rückerstattung, Eigerstrasse 65,

3003 Bern, einzureichen. Dem Antrag ist ein Verzeichnis beizulegen, das die Namen und Adressen dieser Einleger sowie den Betrag ihrer Anlagen und der auf sie entfallenden Bruttoerträge angibt. Im jährlichen Depotauszug ist darauf hinzuweisen, dass dem Vorsorgenehmer kein Anspruch auf Rückerstattung der Verrechnungssteuer zusteht (vgl. Art. 53 der Vollziehungsverordnung vom 19. Dezember 1966 zum Bundesgesetz über die Verrechnungssteuern [Verrechnungssteuerverordnung VStV; SR 642.211]).

11. Inkrafttreten / Aufhebung bisheriger Kreisschreiben und Rundschreiben / Empfehlung an die Kantone

Das vorliegende Kreisschreiben tritt per sofort in Kraft. Es ersetzt die bisherigen Kreisschreiben Nr. 2 vom 31. Januar 1986 und Nr. 1 vom 22. November 1989 der ESTV. Ebenfalls aufgehoben ist Ziffer V. des Kreisschreibens Nr. 1 vom 14. Juli 1988. Aufgehoben sind:

- das Rundschreiben an die Aufsichtsbehörden des Bundes und der Kantone über Bankstiftungen und Versicherungseinrichtungen betreffend die Begrenzung der Höhe der Beitragszahlungen vom 28. April 1987,
- das Rundschreiben an die Versicherungseinrichtungen und Bankstiftungen über die Steuerbescheinigung der Beiträge an die Säule 3a vom 26. Oktober 1987,
- das Rundschreiben an die kantonalen Steuerverwaltungen über die Bescheinigung der Beiträge für anerkannte Formen der gebundenen Selbstvorsorge (Säule 3a) vom 26. Januar 1988,
- das Rundschreiben an die Versicherungseinrichtungen und Bankstiftungen über Beiträge an anerkannte Vorsorgeformen (Säule 3a) vom 9. Juni 1988,
- das Rundschreiben an die Bankstiftungen betreffend die gebundene Selbstvorsorge (Säule 3a) vom 24. Januar 1991,
- das Rundschreiben an die Bankstiftungen und Lebensversicherungsgesellschaften über die gebundene Selbstvorsorge (Säule 3a); Neuerungen per 1. Januar 1995 vom 23. November 1994 sowie
- die Rundschreiben an die Bankstiftungen und Lebensversicherungsgesellschaften betreffend die Verordnung über die steuerliche Abzugsberechtigung für Beiträge an anerkannte Vorsorgeformen (BVV 3); Säule 3a vom 14. November 1996, 15. Januar 2001 und 10. Mai 2001.

Der Vorstand der Schweizerischen Steuerkonferenz (SSK) hat das vorliegende Kreisschreiben genehmigt und empfiehlt den Kantonen, die darin festgehaltenen Regelungen in analoger Weise auch für die direkten Steuern der Kantone und Gemeinden zu übernehmen.

Die vorliegende Version des Kreisschreibens Nr. 18 ersetzt diejenige vom 4. Oktober 2007.

Wohneigentumsförderung BVG

Quelle: Eidg. Steuerverwaltung ESTV/HA Direkte Bundessteuer, Verrechnungssteuer, Stempelabgaben

Direkte Bundessteuer

Bern, 3. Oktober 2007

Kreisschreiben Nr. 17[1]

Wohneigentumsförderung mit Mitteln der beruflichen Vorsorge

Inhaltsverzeichnis

I. Allgemeines 2

II. Wohneigentumsförderung mit Mitteln der 2. Säule 2

   1. Zweck und Inhalt 2

   2. Steuerliche Auswirkungen des Vorbezuges 3
      2.1. Besteuerung des Vorbezuges 3
      2.2. Rückzahlung des Vorbezuges 3
         a) Rückerstattung der bezahlten Steuern 4
         b) Ausgleich des durch einen WEF-Vorbezug entstandenen Zinsausfalls ... 4
         c) Keine WEF-Rückzahlung mit Mitteln, die bereits für die Vorsorge gebunden sind... 4
      2.3. Einkauf von Beitragsjahren 6
         a) nach einem WEF-Vorbezug 6
         b) nach einer Scheidung 6
      2.4. Zusatzversicherung 6

   3. **Verkauf des mit einem WEF-Vorbezug finanzierten Eigenheims** 7
      3.1. Kauf eines neuen Eigenheims innerhalb von zwei Jahren 7
      3.2. Kauf eines neuen Eigenheims nach Ablauf von zwei Jahren oder Verzicht auf Neukauf 7

   4. **Steuerliche Auswirkungen der Verpfändung von Vorsorgeguthaben** 8
      4.1. Verpfändung als solche 8
      4.2. Pfandverwertung 8

   5. **Pflichten der Vorsorgeeinrichtungen** 8
      5.1. Gegenüber dem Vorsorgenehmer 8

---

[1] Angepasst an das Bundesgesetz über die formelle Bereinigung der zeitlichen Bemessung der direkten Steuern bei den natürlichen Personen vom 22. März 2013 (in Kraft seit 1. Januar 2014).

5.2. Gegenüber der ESTV 8

6. **Aufgaben der ESTV** 9

III. Wohneigentumsförderung mit Mitteln der gebundenen Selbstvorsorge (Säule 3a) 9

IV. Inkrafttreten und Empfehlung an die Kantone 9

I. Allgemeines

Die Bestimmungen über die Wohneigentumsförderung mit Mitteln der beruflichen Vorsorge sind in den Artikeln 30a bis 30g des Bundesgesetzes über die berufliche Alters-, Hinterlassenen- und Invalidenvorsorge (BVG; SR 831.40) sowie in den Artikeln 331d und 331e des Obligationenrechts (OR; SR 220) zu finden. In der Verordnung über die Wohneigentumsförderung mit Mitteln der beruflichen Vorsorge hat der Bundesrat die Ausführungsbestimmungen erlassen (WEFV; SR 831.411).

Gegenstand dieses Kreisschreibens sind die Erläuterungen der steuerlichen Auswirkungen.

II. Wohneigentumsförderung mit Mitteln der 2. Säule

1. Zweck und Inhalt

(Vgl. zur ganzen Ziffer 1 die Art. 1-5 WEFV)

Personen, welche über Mittel in der beruflichen Vorsorge verfügen, haben die Möglichkeit, diese für Wohneigentum zum eigenen Bedarf geltend zu machen. Als Eigenbedarf gilt die Nutzung durch die versicherte Person an ihrem Wohnsitz oder an ihrem gewöhnlichen Aufenthalt (d.h. selbstbewohntes Wohneigentum). Diese Voraussetzungen müssen auch bei Wohnsitz im Ausland vorliegen. Die Wohneigentumsförderung stellt den Versicherten zwei Möglichkeiten zur Verfügung: Den Vorbezug des Vorsorgeguthabens einerseits und die Verpfändung dieses Guthabens oder des Anspruches auf die künftigen Vorsorgeleistungen andererseits. Die Vorsorgegelder können eingesetzt werden für Wohneigentum, ferner für Beteiligungen an Wohneigentum wie z.B. Kauf von Anteilscheinen an einer Wohnbaugenossenschaft sowie zur Amortisation von bereits bestehenden Hypothekarschulden. Der Bezug von Mitteln der beruflichen Vorsorge ist auf ein einziges Objekt beschränkt. Die Finanzierung eines Zweitwohnsitzes oder eines Ferienhauses ist nicht zulässig. Voraussetzung für den Bezug ist die Selbstnutzung des Objekts, wobei der Begriff Wohnung nach dem Wohnbau- und Eigentumsförderungsgesetz (WEG; SR 843) als „Räume, die für die dauernde Unterkunft von Personen geeignet und bestimmt sind", definiert wird.

Massgeblich für den Vorbezug ist der individuelle Freizügigkeitsanspruch der versicherten Person. Betragsmässig bestehen jedoch Einschränkungen: Es kann stets nur die Summe der Freizügigkeitsleistung beansprucht werden, wie sie im Zeitpunkt des Gesuches besteht (relative Begrenzung). Sodann können Vorsorgenehmer, die über 50 Jahre alt sind, gesamthaft höchstens den Betrag der Freizügigkeitsleistung im Alter 50 oder die hälftige Freizügigkeitsleistung vorbeziehen (absolute Begrenzung). Die gleiche Beschränkung gilt auch für die Verpfändung des Vorsorgeguthabens.

Das entsprechende Gesuch für den Vorbezug kann bis drei Jahre vor Entstehung des Anspruchs auf Altersleistungen (vgl. Art. 13 BVG) bei der Vorsorgeeinrichtung geltend gemacht werden (Art. 30c Abs. 1 BVG). Es handelt sich bei dieser Bestimmung um relativ zwingendes Recht, d.h. die Vorsorgeeinrichtungen können diese Frist in ihren Reglementen reduzieren oder sogar ganz aufheben. Dies jedoch nur unter der Bedingung, dass sie jederzeit Sicherheit dafür bieten, den von ihnen übernommenen Verpflichtungen nach Artikel 65 Absatz 1 BVG nachkommen zu können.[2] Weitere Einschränkungen für den Vorbezug bestehen darin, dass pro Bezug mindestens 20'000 Franken beansprucht werden müssen und ein Vorbezug nur alle fünf Jahre geltend gemacht werden kann. Dieser Mindestbetrag gilt nicht für den Erwerb von Anteilscheinen an Wohnbaugenossenschaften und von ähnlichen Beteiligungen sowie für Ansprüche gegenüber Freizügigkeitseinrichtungen.

Jeder Vorbezug, nicht aber die Verpfändung von Guthaben, hat eine Kürzung des künftigen Leistungsanspruches zur Folge. Zur Möglichkeit des Abschlusses einer Zusatzversicherung siehe Ziffer 2.4.

2. Steuerliche Auswirkungen des Vorbezuges

2.1. Besteuerung des Vorbezuges

Das gesamte vorbezogene Vorsorgeguthaben kommt im Zeitpunkt des Vorbezuges als Kapitalleistung aus Vorsorge zur Besteuerung, entweder im Rahmen der ordentlichen Besteuerung mit einer vollen Jahressteuer gemäss Artikel 38 des Bundesgesetzes über die direkte Bundessteuer (DBG; SR 642.11) oder bei ausländischem Wohnsitz des Empfängers (Grenzgänger) im Rahmen der Besteuerung an der Quelle gemäss Artikel 96 DBG. Die Jahressteuer wird zu einem Fünftel der Tarife nach Artikel 36 DBG berechnet und für das Steuerjahr festgesetzt, in welchem die entsprechende Kapitalleistung zugeflossen ist, d.h. von der Vorsorgeeinrichtung effektiv ausbezahlt wird (Art. 38 Abs. 1bis und 2 DBG).

Die Besteuerung an der Quelle erfolgt aufgrund der entsprechenden Bestimmungen der Quellensteuerverordnung (QStV; SR 642.118.2). Gemäss Artikel 11 dieser Verordnung wird die vorbezogene Vorsorgeleistung ungeachtet staatsvertraglicher Regelung stets der Quellensteuer unterstellt. Besteht ein Doppelbesteuerungsabkommen mit dem entsprechenden Wohnsitzstaat des Empfängers, steht die Besteuerungskompetenz in der Regel dem Wohnsitzstaat zu. Der Quellensteuerabzug ist in diesen Fällen nicht definitiv und wird unter gewissen Bedingungen wieder zurückerstattet (wenn der Nachweis erbracht wird, dass die zuständige ausländische Steuerbehörde von der Kapitalleistung Kenntnis hat). In Ziffer 3 des Anhanges zur Quellensteuerverordnung sind die massgebenden Quellensteuersätze festgelegt, welche in die kantonalen Quellensteuertarife integriert sind.

---

[2] Vgl. BGE 2A.509/2003 vom 18. Mai 2004, Erw. 4.2.1 / Mitteilung über die berufliche Vorsorge Nr. 78, Ziffer 465

2.2. Rückzahlung des Vorbezuges

a) Rückerstattung der bezahlten Steuern

Falls die Rückzahlung des Vorbezuges aus den im Gesetz genannten Gründen zwingend oder fakultativ (Art. 30*d* Abs. 1 und 2, Art. 79*b* Abs. 3 BVG) erfolgt ist, gibt sie dem Vorsorgenehmer Anspruch auf zinslose Rückerstattung der seinerzeit an Bund, Kanton und Gemeinde bezahlten Steuern. Folgerichtig ist der Abzug des wieder einbezahlten Vorbezuges vom steuerbaren Einkommen ausgeschlossen. Das Recht auf Rückerstattung erlischt nach Ablauf von drei Jahren seit der Wiedereinzahlung des Vorbezuges (Art. 83*a* Abs. 2 und 3 BVG).

Für die Rückerstattung der Steuern ist ein schriftliches Gesuch an diejenige Steuerbehörde zu richten, die seinerzeit den Steuerbetrag erhoben hat. Dem Gesuch ist je eine Bescheinigung beizulegen über:

- die Rückzahlung, wobei die Vorsorgeeinrichtung hiefür das offizielle Formular der ESTV (Formular WEF) zu verwenden hat (Art. 7 Abs. 3 WEFV); die ESTV stellt dem Steuerpflichtigen eine Kopie dieser Bescheinigung für die Rückforderung zu;
- das im Wohneigentum investierte Vorsorgekapital (gestützt auf einen Registerauszug der ESTV);
- den an Bund, Kanton und Gemeinde entrichteten Steuerbetrag (Art. 14 Abs. 3 WEFV).

Bei mehreren Vorbezügen erfolgt die Rückerstattung der bezahlten Steuern in der gleichen zeitlichen Reihenfolge, wie zuvor die Vorbezüge stattgefunden haben. Eine Wiedereinzahlung führt somit bei mehreren Vorbezügen zur Tilgung des früheren vor dem späteren Vorbezug und dementsprechend auch zur Rückerstattung der auf diesem früheren Vorbezug bezahlten Steuern. Bei teilweiser Rückzahlung des vorbezogenen Betrages wird der Steuerbetrag im Verhältnis zum Vorbezug zurückerstattet.[3]

Eine ausländische Steuer, die gegebenenfalls zu bezahlen war (vgl. Ziff. 2.1), kann gestützt auf die Massnahmen der Wohneigentumsförderung mit Mitteln der 2. Säule, die internes Recht darstellen, nicht in der Schweiz zurückverlangt werden.

b) Ausgleich des durch einen WEF-Vorbezug entstandenen Zinsausfalls

Die Rückzahlung eines WEF-Vorbezuges umfasst immer nur den seinerzeit bezogenen Betrag, ohne den durch die Kapitalreduktion entstandenen Zinsausfall. Die durch den Zinsausfall entstandene Lücke kann nach erfolgter WEF-Rückzahlung mittels Einkauf von Beitragsjahren geschlossen werden. Dafür muss das Reglement der Vorsorgeeinrichtung einen Einkauf von Beitragsjahren auch nach dem Zeitpunkt des Eintritts in dieselbe vorsehen.

---

[3] Vgl. Anwendungsfall A.3.2.1 des Loseblattwerks Vorsorge und Steuern der Schweizerischen Steuerkonferenz, Cosmos Verlag, Stand: Frühling 2006

c) Keine WEF-Rückzahlung mit Mitteln, die bereits für die Vorsorge gebunden sind

Eine Rückzahlung des Vorbezuges für Wohneigentumsförderung ist nicht möglich mit Mitteln, die bereits für die Vorsorge gebunden sind wie z.b. der anlässlich einer Scheidung erhaltene Anteil an der Austrittsleistung, frei werdendes Vorsorgeguthaben bei einer Reduktion des Beschäftigungsgrades oder bereits bestehende Freizügigkeitsguthaben. Der für das Wohneigentum investierte Betrag muss aus Mitteln, die noch nicht zu Vorsorgezwecken gebunden sind, zurückbezahlt werden. Aufgrund der Zweckgebundenheit der Mittel in der Säule 3a ist eine vorzeitige Ausrichtung im Sinne einer Direktüberweisung in die 2. Säule zum Zweck der Rückzahlung eines WEF-Vorbezuges nicht möglich.

2.3. Einkauf von Beitragsjahren

a) nach einem WEF-Vorbezug

Seit dem 1. Januar 2006 dürfen freiwillige Einkäufe in die berufliche Vorsorge erst wieder vorgenommen werden, wenn allfällig früher getätigte Vorbezüge für die Wohneigentumsförderung zurückbezahlt sind (Art. 79b Abs. 3 Satz 2 BVG).

Wurden Einkäufe getätigt, so dürfen die daraus resultierenden Leistungen innerhalb der nächsten drei Jahre nicht in Kapitalform aus der Vorsorge zurückgezogen werden (Art. 79b Abs. 3 Satz 1 BVG). Um einen Kapitalbezug handelt es sich auch bei einem Vorbezug für das Wohneigentum.

Gemäss Artikel 30d Absatz 3 Buchstabe a BVG ist eine WEF-Rückzahlung bis drei Jahre vor Entstehung des Anspruchs auf Altersleistungen zulässig. Es handelt sich hierbei um eine relativ zwingende Bestimmung, welche die Vorsorgeeinrichtungen zu Gunsten der versicherten Personen verkürzen oder ganz aufheben können. Dies unter der Bedingung, dass sie bezüglich Erfüllung ihrer nach Artikel 65 Absatz 1 BVG übernommenen Pflichten jederzeit Sicherheit bieten.[4] Personen, die gestützt auf eine solche reglementarische Bestimmung ihren WEF-Vorbezug nicht mehr zurückzahlen können, sollen nach Artikel 60d der Verordnung über die berufliche Alters-, Hinterlassenen- und Invalidenvorsorge (BVV 2; SR 831.441.1) trotzdem noch die Möglichkeit haben, Lücken in ihrer Vorsorge zu schliessen. Reglementarisch vorgesehene freiwillige Einkäufe sind im Umfang der übrigen Vorsorgelücken möglich. In diesen Fällen gilt die Beschränkung des Einkaufs nach Artikel 79b Absatz 3 Satz 1 BVG.

b) nach einer Scheidung

Das Scheidungsrecht gibt jedem Ehegatten einen Anspruch an der Hälfte der vom anderen Ehegatten während der Ehe erworbenen Austrittsleistung aus Einrichtungen der beruflichen Vorsorge. Ist während der Ehe ein Vorbezug zum Erwerb von Wohneigentum erfolgt, ist dieser Betrag in die Auseinandersetzung miteinzubeziehen. Die Vorsorgeeinrichtung hat nach der Ehescheidung dem verpflichteten Ehegatten die Möglichkeit zu geben, sich im Rahmen der übertragenen Austrittsleistung wieder einkaufen zu können (vgl. Art. 79b Abs. 4 BVG in Verbindung mit Artikel 22c des Bundesgesetzes über die Freizügigkeit in der beruflichen Alters-, Hinterlassenen- und Invalidenvorsorge [FZG; SR 831.42]). Die Bestimmungen über die Scheidung sind gemäss Artikel 22d FZG bei gerichtlicher Auflösung einer eingetragenen Partnerschaft sinngemäss anwendbar.

2.4. Zusatzversicherung

Die nach einem Vorbezug entstandene Verminderung der Risikodeckung bei Tod und Invalidität kann mit einer Zusatzversicherung ausgeglichen werden, welche die Vorsorgeeinrichtung selber anbietet oder vermittelt (Art. 30c Abs. 4 BVG). Eine solche Zusatzversicherung kann bei einer Versicherungsgesellschaft als gebundene Selbstvorsorge (Säule 3a) oder im Rahmen der freien Vorsorge (Säule 3b) abgeschlossen werden. Aus steuerlicher Sicht handelt es sich aber bei der Zusatzversicherung immer, d.h. auch bei Abschluss mit der Vorsorgeeinrichtung selber, um <u>individuelle</u> Vorsorge. Die steuerliche Abzugsfähigkeit für die ent-

---

[4] Vgl. BGE 2A.509/2003 vom 18. Mai 2004, Erw. 5.1

sprechenden Prämien richten sich nach den jeweiligen Vorsorgeformen (Art. 33 Abs. 1 Bst. e bzw. Bst. g DBG).

3. Verkauf des mit einem WEF-Vorbezug finanzierten Eigenheims

3.1. Kauf eines neuen Eigenheims innerhalb von zwei Jahren

Verkauft eine versicherte Person ihr Wohneigentum und kauft sie in den zwei darauf folgenden Jahren mit dem Erlös wieder ein Eigenheim, so kann der dem Vorbezug entsprechende Verkaufserlös vorübergehend auf ein Freizügigkeitskonto überwiesen werden, auf welchem Zinsen generiert werden. Dieses Geld kann innerhalb von zwei Jahren in neues Wohneigentum investiert werden (Art. 30d Abs. 4 BVG). Die Überweisung auf ein Freizügigkeitskonto („Wartekonto") zeitigt keine steuerlichen Wirkungen, da keine Rückzahlung des Vorbezugs erfolgt. Diese Lösung verhindert die Rückerstattung der bezogenen Steuer bei der Überweisung auf ein Freizügigkeitskonto gefolgt von einer neuen Besteuerung beim erneuten Kauf von Wohneigentum. Bei Reinvestition in ein Eigenheim verlassen jedoch die Zinsen, welche noch nie besteuert wurden, den Vorsorgebereich, indem sie vom Freizügigkeitskonto auf das Wohneigentum übertragen werden. Diese Zinsen unterliegen als Vorsorgekapital der Besteuerung nach Artikel 38 DBG, da es sich um eine Vorsorgeleistung gemäss Artikel 83a BVG handelt. Die Freizügigkeitseinrichtung hat in diesem Fall den Steuerbehörden einen Vorbezug für Wohneigentum im Umfang der Zinsen zu melden. Eine Meldung darüber muss seitens der Freizügigkeitseinrichtung auch an die Pensionskasse erfolgen (Art. 12 WEFV). Aus praktischen Gründen sind die auf dem Freizügigkeitskonto angefallenen Zinsen den Steuerbehörden nicht zu melden, solange sie den Betrag von Fr. 5'000.-- nicht übersteigen.

Tritt ein Vorsorgefall ein (Tod, Invalidität), obwohl der Verkaufserlös noch bei der Freizügigkeitseinrichtung „parkiert" ist, werden die Vorsorgeleistungen fällig und die versicherte Person kann den Vorbezug nicht mehr zurückbezahlen (vgl. Art. 30d Abs. 3 Bst. b BVG), es sei denn - im Todesfall - würde keine Vorsorgeleistung fällig (Art. 30d Abs. 1 Bst. c BVG). Der Umfang der angefallenen Zinsen (falls über Fr. 5'000.--) muss der ESTV gemeldet werden, da darüber steuerlich noch abzurechnen ist.

3.2. Kauf eines neuen Eigenheims nach Ablauf von zwei Jahren oder Verzicht auf Neukauf

Verzichtet die versicherte Person auf den Kauf eines neuen Eigenheims oder tätigt den Kauf erst nach Ablauf von zwei Jahren, muss der Vorbezug in die Pensionskasse zurückbezahlt werden. Die Freizügigkeitseinrichtung muss der Pensionskasse den Vorbezug inklusive der darauf anfallenden Zinsen überweisen, worauf die Pensionskasse die Rückzahlung des Vorbezuges (ohne Zinsen) mittels offiziellen Formulars bestätigen muss. In diesem Fall unterliegen die Zinsen keiner Besteuerung, da sie den Vorsorgekreis nicht verlassen.

4. Steuerliche Auswirkungen der Verpfändung von Vorsorgeguthaben

4.1. Verpfändung als solche

Aus der Verpfändung als solcher entstehen keine unmittelbaren steuerlichen Folgen, weil dabei nicht über das Vorsorgeguthaben oder Teile davon verfügt wird. Die Verpfändung dient lediglich als Sicherheitsleistung und gibt der versicherten Person die Möglichkeit, mit ihren Gläubigern ein höheres Darlehen, den Verzicht bzw. den Aufschub der Amortisation und/oder einen günstigeren Zinssatz zu vereinbaren.

4.2. Pfandverwertung

Führt die Verpfändung hingegen zu einer Pfandverwertung, ergeben sich die gleichen steuerlichen Folgen wie beim Vorbezug: Der Erlös aus der Pfandverwertung wird besteuert, wobei hierfür die gleichen Regeln wie bei der Besteuerung des Vorbezuges gelten. Folgerichtig sind nach einer Pfandverwertung dieselben Möglichkeiten einer Rückzahlung und daran anknüpfend der Rückerstattung der bezahlten Steuern wie beim Vorbezug gegeben (vgl. Ziff. 2.3.).

5. Pflichten der Vorsorgeeinrichtungen

5.1. Gegenüber dem Vorsorgenehmer

Die Vorsorgeeinrichtung hat dem Vorsorgenehmer die Rückzahlung des Vorbezuges auf dem von der Eidg. Steuerverwaltung (ESTV) herausgegebenen Formular WEF zu bescheinigen (Art. 7 Abs. 3 WEFV). Diese Meldung erfolgt in der Regel in Form eines Briefes unter Beilage einer Kopie der WEF-Meldung an die ESTV.

5.2. Gegenüber der ESTV

Die Vorsorgeeinrichtung hat den Vorbezug wie auch die Pfandverwertung sowie die Rückzahlung unaufgefordert innerhalb von 30 Tagen auf dem offiziellen WEF-Formular der Eidgenössischen Steuerverwaltung ESTV, Hauptabteilung Direkte Bundessteuer, Verrechnungssteuer, Stempelabgaben, Abteilung Erhebung, Eigerstrasse 65, 3003 Bern zu melden (Art. 13 Abs. 1 WEFV). Die Meldung hat auch dann zu erfolgen, wenn die Quellensteuer bereits abgezogen wurde. Die entsprechenden Formulare können direkt bei der Eidgenössischen Steuerverwaltung ESTV, Hauptabteilung Direkte Bundessteuer, Verrechnungssteuer, Stempelabgabe, Abteilung Erhebung, Eigerstrasse 65, 3003 Bern oder im Internet bestellt werden.

In der Meldung ist der Bruttobetrag anzugeben. Diese Meldung ersetzt jene, welche von der Vorsorgeeinrichtung gestützt auf das Verrechnungssteuergesetz (Verrechnungssteuer auf Versicherungsleistungen) zu erstatten gewesen wäre. Die im Verrechnungssteuergesetz vorgesehene Möglichkeit des Einspruchs gegen die Meldung wird im Falle eines Vorbezuges hinfällig.

6. Aufgaben der ESTV

Die ESTV Hauptabteilung Direkte Bundessteuer, Verrechnungssteuer, Stempelabgaben (Abteilung Erhebung) führt über sämtliche ihr von den Vorsorgeeinrichtungen gemeldeten Vorbezüge, Pfandverwertungen sowie Rückzahlungen Buch, d.h. sie unterhält für alle diese Transaktionen ein Register. Nachdem die Vorsorgeeinrichtung der ESTV die Rückzahlung des WEF-Vorbezuges auf dem WEF-Formular gemeldet hat, sendet die ESTV dem Steuerpflichtigen unaufgefordert (und nicht nur auf schriftliches Ersuchen wie in Art. 13 Abs. 3 WEFV festgehalten) einen Register-(Konto)auszug sowie eine Kopie der WEF-Meldung zu und weist sie auf die für die Steuerrückerstattung zuständige Behörde hin.

III. Wohneigentumsförderung mit Mitteln der gebundenen Selbstvorsorge (Säule 3a)

Die Altersleistung aus der gebundenen Selbstvorsorge kann wie bei der zweiten Säule für den Erwerb und die Erstellung von Wohneigentum zum Eigenbedarf, Beteiligung am Wohneigentum zum Eigenbedarf sowie für die Amortisation von Hypothekardarlehen ausgerichtet werden. Eine Rückzahlung, wie sie beim Vorbezug in der zweiten Säule vorgesehen ist, ist dagegen in der Säule 3a nicht möglich. Im Übrigen kann die versicherte Person den Anspruch auf Vorsorgeleistungen oder einen Betrag bis zur Höhe ihres Sparguthabens verpfänden, wobei die Artikel 8 - 10 WEFV sinngemäss gelten (vgl. Art. 4 Abs. 2 der Verordnung über die steuerliche Abzugsberechtigung für Beiträge an anerkannte Vorsorgeformen [BVV3; SR 831.461.3]). Die Begriffe "Wohneigentum", „Beteiligungen" und "Eigenbedarf" richten sich nach den Artikeln 2 - 4 WEFV.

IV. Inkrafttreten und Empfehlung an die Kantone

Das vorliegende Kreisschreiben gilt ab sofort und ersetzt das Kreisschreiben Nr. 23 vom 5. Mai 1995.

Der Vorstand der Schweizerischen Steuerkonferenz (SSK) hat das vorliegende Kreisschreiben genehmigt und empfiehlt den Kantonen, die darin festgehaltenen Regelungen in analoger Weise auch für die direkten Steuern der Kantone und Gemeinden zu übernehmen.

Obligationen und Derivate

Quelle: Eidg. Steuerverwaltung ESTV/HA Direkte Bundessteuer, Verrechnungssteuer, Stempelabgaben

Direkte Bundessteuer
Verrechnungssteuer
Stempelabgaben

Bern, 3. Oktober 2017

Kreisschreiben Nr. 15

Obligationen und derivative Finanzinstrumente als Gegenstand der direkten Bundessteuer, der Verrechnungssteuer sowie der Stempelabgaben

Inhaltsverzeichnis   Seite

1	**Einleitung**	2
2	**Begriffe**	3
2.1	Obligationen *(vgl. Übersicht in Anhang I)*	3
2.1.1	Gewöhnliche Obligationen	3
2.1.2	Diskont- und globalverzinsliche Obligationen	3
2.1.3	Geldmarktpapiere	4
2.1.4	Obligationen mit überwiegender Einmalverzinsung	4
2.2	Derivative Finanzinstrumente *(vgl. Übersicht in Anhang I)*	4
2.2.1	Allgemeines	4
2.2.2	Termingeschäfte (Futures)	4
2.2.3	Optionen	5
2.3	Kombinierte Produkte *(vgl. Übersicht in Anhang I)*	5
2.3.1	Kapitalgarantierte Derivate und nicht klassische Options- und Wandelanleihen	5
2.3.2	Klassische Options- und Wandelanleihen	6
2.3.3	Produkte mit Geld- oder Titellieferung (Reverse Convertibles)	6
2.3.3.1	Reverse Convertibles ohne Kapitalschutz	6
2.3.3.2	Reverse Convertibles mit Kapitalschutz	6
3	**Grundsätze der Besteuerung**	7
3.1	Obligationen und gemischte Diskontpapiere ohne überwiegende Einmalverzinsung	7
3.2	Obligationen und Diskontpapiere mit überwiegender oder ausschliesslicher Einmalverzinsung	8
3.3	Derivative Finanzinstrumente	8
3.4	Kapitalgarantierte Derivate und nicht klassische Options- und Wandelanleihen	9
3.4.1	Transparente Produkte	10
3.4.2	Nicht transparente Produkte	11
3.5	Klassische Options- und Wandelanleihen	11
3.6	Produkte mit Geld- oder Titellieferungen (Reverse Convertibles)	12
3.7	Negativzinsen	12

4	**Kennzeichnung der Obligationen in der Kursliste der ESTV Mitwirkungs- und Auskunftspflicht der Banken bezüglich der analytischen Ermittlung des steuerbaren Ertrags** **13**
4.1	Kennzeichnung der Obligationen sowie der kombinierten Produkte mit überwiegender Einmalverzinsung 13
4.2	Separate Kennzeichnung der Instrumente, die der modifizierten Differenzbesteuerung unterliegen 13
4.3	Nicht an Schweizer Börsen kotierte Papiere 13
5	**Spezialfälle und Produkteentwicklungen** **13**
6	**Inkrafttreten** **14**

1 Einleitung

Im Kreisschreiben Nr. 4 vom 12. April 1999 (KS 4) und den Anhängen I, II, und III hat die Eidg. Steuerverwaltung (ESTV) erstmals in Zusammenarbeit mit der Kommission für Steuern und Finanzfragen der Schweiz. Bankiervereinigung (SBVg) und mit Zustimmung der Konferenz staatlicher Steuerbeamter (Vorgängerorganisation der heutigen Schweiz. Steuerkonferenz SSK) die verschiedenen Arten von Obligationen, die herkömmlichen derivativen Finanzinstrumente, die bekannten Kombinationen von Obligationen und derivativen Finanzinstrumenten sowie Spezialfälle mitsamt ihrer steuerlichen Behandlung im Rahmen des Privatvermögens unter dem Aspekt der direkten Bundessteuer, der Verrechnungssteuer sowie der Stempelabgaben in umfassender Weise dargestellt. Das KS 4 konkretisierte die steuerlichen Bestimmungen im Bereich des beweglichen privaten Kapitalvermögens und hatte insbesondere zum Ziel, sachgerechte Grundlagen zu schaffen, um auch bei nicht trennbaren kombinierten Produkten dem schweizerischen Steuersystem entsprechend zwischen steuerbaren Erträgen aus Kapitalanlagen (Art. 20 Abs. 1 Bst. a und b des Bundesgesetzes vom 14. Dezember 1990 über die direkte Bundessteuer [DBG]) und steuerfreien Kapitalgewinnen aus Termingeschäften und Optionen (Art. 16 Abs. 3 DBG) unterscheiden zu können. Als wesentliche Neuerung gegenüber der früheren Praxis führte die ESTV deshalb zu diesem Zweck die Unterscheidung in sog. transparente und nicht transparente Produkte ein. Dass die im KS 4 vorgesehene Transparentmachung von nicht trennbaren kombinierten Produkten für Steuerzwecke grundsätzlich *bundesrechtskonform* ist, wurde sowohl vom Verwaltungsgericht des Kantons Zürich mit Entscheid vom 24. August 2005 (SB.2004.00077) als auch vom Bundesgericht mit Urteil vom 8. Februar 2006 (2A.438/2005 und 2P.181/2005) bestätigt.

Im Unterschied zu heute stand zum Zeitpunkt der Publikation des KS 4 weder der Bond-FloorPricing-Service der SIX Financial Information AG (hienach BFP-Service) als Hilfsmittel zur Verfügung, noch war der Swap-Satz als Behelf zur veröbjektivierten Bestimmung der marktkonformen Verzinsung des Anlageteils von kombinierten Produkten bei den Marktteilnehmern bereits allgemein anerkannt. Diese Hilfsmittel ermöglichen es heute grundsätzlich, alle gängigen, nicht trennbaren kombinierten Produkte auch ohne entsprechende Angaben der Emittenten nachträglich transparent zu machen. Von dieser Möglichkeit haben die Steuerpflichtigen in der Schweiz, wie auch die Emittenten und Vertriebskanäle, in den vergangenen Jahren regen Gebrauch gemacht und somit von der unter den gegebenen Umständen für sie vorteilhaften steuerlichen Trennung von Anlage- und Options-/Wandelgeschäft profitiert.

Das Kreisschreiben Nr. 15 der ESTV in der Version vom 7. Februar 2007 (KS 15, Nachfolge-Kreisschreiben des KS 4) erläuterte deshalb insbesondere die aktuelle Praxis im Bereich der *nachträglichen* Herstellung der Transparenz von nicht trennbaren kombinierten Produkten, dessen Ausführungen im KS 4 überholt waren. Das vorliegende Kreisschreiben trägt der seit der Publikation des KS 15 erfolgten Gesetzesänderung im Bereich der Stempelabgaben (Abschaffung der Emissionsabgabe auf Fremdkapital) Rechnung. Neben weiteren Aktualisierungen und Präzisierungen gibt es den seinerzeitigen Inhalt der KS 4 und 15 wieder, die zur Rechtssicherheit bei der steuerlichen Behandlung von strukturierten Finanzinstrumenten beitrugen. Ergänzender Bestandteil des vorliegenden Kreisschreibens bildet nach wie vor auch das Gutachten der Kommission für Steuern und Finanzfragen der SBVg vom November 2006 (vgl. Anhang IV), welches dazu dient, den Nachweis zu erbringen, dass der BFP-Service inkl. dessen Grundlagen geeignet sind, die diesen Hilfsmitteln zugedachte Aufgabe zu erfüllen.

2 Begriffe

2.1 Obligationen *(vgl. Übersicht in Anhang I)*

2.1.1 Gewöhnliche Obligationen

Was unter einer Obligation zu verstehen ist, wurde für die Verrechnungssteuer und die Stempelabgaben gesetzlich geregelt (Art. 4 Abs. 3 bis 5 des Bundesgesetzes vom 27. Juni 1973 über die Stempelabgaben [StG]; Art. 15 der Verordnung vom 19. Dezember 1966 über die Verrechnungssteuer [VStV]). Die direkte Bundessteuer hat diesen steuerrechtlichen Obligationenbegriff übernommen, der weiter geht als derjenige des Wertpapierrechts (Art. 965 ff. des Obligationenrechts vom 30. März 1911 [OR]) und auch darüber hinaus, was im Handel und im Bankgeschäft unter einer Obligation verstanden wird. Obligationen sind demnach schriftliche, auf feste Beträge lautende Schuldanerkennungen, die zwecks kollektiver Beschaffung von Fremdkapital, kollektiver Anlagegewährung oder Konsolidierung von Verbindlichkeiten in einer Mehrzahl von Exemplaren zu gleichartigen Bedingungen ausgegeben werden und dem Gläubiger zum Nachweis, zur Geltendmachung oder zur Übertragung der Forderung dienen.

Die Ausgabe und die Rückzahlung erfolgt in der Regel zu pari. Der Obligationär hat Anspruch auf eine Entschädigung für das hingegebene Kapital, welche periodisch ausbezahlt wird.

Unter einer periodischen Verzinsung sind die vom Schuldner im Zeitpunkt der Emission garantierten Geldflüsse zu verstehen. Zur rechnerischen Bestimmung, ob der Anlageteil überwiegend einmalverzinslich ist oder nicht, können nur die garantierten Geldflüsse herangezogen werden, und zwar zum jeweiligen Zeitpunkt, in welchem der Investor seinen Rechtsanspruch durchsetzen kann. Dabei ist die Summe der Barwerte der garantierten Zahlungen während der Laufzeit der Einmalentschädigung gegenüberzustellen.

2.1.2 Diskont- und globalverzinsliche Obligationen

Diskontobligationen werden mit Einschlag, d.h. unter pari, emittiert (Emissionsdisagio), und die Rückzahlung erfolgt zum Nennwert. Globalverzinsliche Obligationen werden demgegenüber zum Nennwert emittiert und die Rückzahlung erfolgt über pari (Rückzahlungsagio). In beiden Fällen kann zwischen reinen und gemischten Diskont- oder globalverzinslichen Obligationen unterschieden werden. Reine Diskontobligationen und globalverzinsliche Obligationen, auch Zerobonds genannt, gewähren dem Investor keine periodischen Zinsvergütungen. Vielmehr wird das gesamte Nutzungsentgelt ausschliesslich als Einmalentschädigung bei Rückzahlung der Obligation vergütet. Bei gemischten Diskont- und globalverzinslichen Obligationen erhält der Investor neben der Einmalentschädigung bei Rückzahlung der Obligation zusätzlich periodische Zinsvergütungen, die naturgemäss unter dem Zinssatz für ausschliesslich periodisch verzinste Anlagen liegen.

2.1.3 Geldmarktpapiere

Geldmarktpapiere sind Obligationen mit einer festen Laufzeit von nicht mehr als zwölf Monaten (Art. 4 Abs. 5 StG). Unter diese Kategorie fallen u.a. auch die sog. Geldmarktbuchforderungen des Bundes, der Kantone und der Gemeinden, die Treasury Bills und die Bankers Acceptances.

2.1.4 Obligationen mit überwiegender Einmalverzinsung

Eine überwiegende Einmalverzinsung der Obligation ist gegeben, wenn der überwiegende Teil des gesamten Nutzungsentgeltes im Emissionszeitpunkt bzw. aufgrund der Emissionsbedingungen auf dem Emissionsdisagio oder dem Rückzahlungsagio beruht.

Reine Zerobonds sowie in der Regel Geldmarktpapiere sind ausschliesslich einmalverzinslich ausgestaltet und fallen damit ohne weitere Abklärungen unter diese Kategorie von Obligationen.

Erfolgt die Entschädigung sowohl in Form von periodischen Zinsen als auch in Form einer Einmalentschädigung, ist finanzmathematisch zu analysieren, ob die Einmalverzinsung oder die periodische Verzinsung überwiegt. Massgebend sind die Verhältnisse im Zeitpunkt der Emission. Es sind dabei folgende Faktoren zu berücksichtigen: Emissionspreis, periodisches, gleichbleibendes Nutzungsentgelt, Rückzahlungswert und Laufzeit. Details zur Berechnungsmethode finden sich im Anhang II (siehe Beispiele Nrn. 1 und 2).

Von den auf Diskontbasis emittierten Zerobonds und den gemischten Diskontobligationen mit überwiegender Einmalverzinsung zu unterscheiden sind Anleihen mit grundsätzlich periodischer Verzinsung, die jedoch aufgrund des markttechnischen Zinsumfeldes bei Emission keine oder sogar eine negative Rendite und folglich weder einen Coupon > 0 % noch einen Diskont aufweisen. Solche Anleihen qualifizieren steuerlich nicht als Titel mit überwiegender oder ausschliesslicher Einmalverzinsung.

2.2 Derivative Finanzinstrumente *(vgl. Übersicht in Anhang I)*

2.2.1 Allgemeines

Derivative Finanzinstrumente sind dadurch charakterisiert, dass ihr Wert abhängig ist von demjenigen eines anderen Produktes (Basiswert). Als Basiswerte kommen Aktien, Obligationen, Edelmetalle, Währungen, Zinssätze, Aktienindizes etc. in Betracht. Derivative Finanzinstrumente dienen der Absicherung und Übertragung von Risiken, der Spekulation sowie der Herstellung eines Fristen- oder Währungsausgleiches für Forderungen und Verpflichtungen. Zu den herkömmlichen Derivaten zählen insbesondere Termingeschäfte (Futures) und Optionen.

2.2.2 Termingeschäfte (Futures)

Ein Termingeschäft ist ein Vertrag zwischen zwei Parteien. Er beinhaltet die wechselseitige Verpflichtung, eine festgelegte Menge eines bestimmten Gutes (Basiswert) zu einem vereinbarten Preis (Terminpreis) in einem festgelegten Zeitpunkt in der Zukunft zu übernehmen (Terminkäufer) oder zu liefern (Terminverkäufer).

Mit Futures sind an Börsen gehandelte Termingeschäfte gemeint, die hinsichtlich Menge des Basiswertes und Verfalltag standardisiert sind. Over the counter (OTC)-Termingeschäfte (auch Forwards genannt) sind Kontrakte, die nicht an der Börse gehandelt werden.

Beim Abschluss eines Future-Kontrakts fallen im Gegensatz zu einem Options-Kontrakt keine Kosten in Form von Prämien an. Sowohl Käufer wie Verkäufer tragen die gleichen

Rechte und Pflichten (symmetrische Risikostruktur). Die Vertragsparteien müssen daher eine Vorschusszahlung leisten, die als Sicherheitshinterlage dient. Diese Vorschusszahlung wird dem Margin Account gutgeschrieben und als Initial Margin bezeichnet. Sie beträgt nur einen Bruchteil des Kontraktwertes (i.d.R. fünf bis zwanzig Prozent) und kann je nach Volatilität des Basiswertes nach oben oder unten korrigiert werden.

2.2.3 Optionen

Ein Optionsgeschäft ist ein bedingtes Termingeschäft und somit ebenfalls ein Vertrag zwischen zwei Parteien. Der Käufer einer Option erwirbt gegen Bezahlung des Optionspreises (Prämie) das Recht, nicht aber die Verpflichtung, eine festgelegte Menge eines bestimmten Gutes (Basiswert) an bzw. bis zu einem festgelegten Zeitpunkt (Verfalltermin) zu einem vereinbarten Preis (Ausübungspreis) zu kaufen (Call-Option) oder zu verkaufen (Put-Option).

Die Einzelheiten der Optionsverträge werden entweder zwischen den Parteien individuell vereinbart (OTC-Optionen) oder sie sind standardisiert (Traded Options). Erstere sind nicht an einer Börse kotiert und nur erschwert übertragbar. Als Warrants (oder Optionsscheine) werden in Wertpapiere verbriefte Optionen bezeichnet.

Optionen amerikanischen Stils können grundsätzlich jederzeit während der Laufzeit der Optionen ausgeübt werden; dies im Gegensatz zu Optionen europäischen Stils, welche nur bei Verfall der Option ausgeübt werden können. Wird die Option ausgeübt und kommt es zu einer Lieferung von z.B. Wertschriften, liegt ein gewöhnlicher Kauf oder Verkauf eines Sachwertes vor. Bei der Ausübung von Optionen, die sich auf abstrakte Basiswerte beziehen (z.B. einen Aktienindex), kommt es nicht zu einer Lieferung eines Gutes, sondern zu einer Geldleistung (cash-settlement), was am zugrunde liegenden Sachverhalt aber nichts ändert.

Eine spezielle Art von Call-Optionen stellen die von der Eurex Zürich AG emittierten sog. Low Exercise Price Options (LEPO) auf Namenaktien und alle Eurex-Titel mit einer Laufzeit von bis zu zwölf Monaten dar. Beim Erwerb dieser Optionen entrichtet der Investor anstelle der üblichen Optionsprämien annähernd den Wert der zugrunde liegenden Wertschriften, um im Verfallzeitpunkt die Basiswerte zu beziehen. LEPO können deshalb auch als atypische, weil im Voraus finanzierte Termingeschäfte bezeichnet werden. Diese spezielle Art von Optionen ist hier lediglich der Vollständigkeit halber aufgeführt. LEPO sind nicht gemeint, wenn hier im weiteren von Optionen die Rede ist (vgl. hingegen für die steuerliche Behandlung von LEPO Anhang III Ziffer 4).

2.3 Kombinierte Produkte *(vgl. Übersicht in Anhang I)*

2.3.1 Kapitalgarantierte Derivate und nicht klassische Options- und Wandelanleihen

Kapitalgarantierte Derivate und Options- und Wandelanleihen bestehen aus einer Kombination von verschiedenen Finanzinstrumenten, in der Regel einer Obligation mit einer Option oder einem Wandelrecht. Sowohl Option wie Wandelrecht ermöglichen es dem Investor, an der Entwicklung eines oder mehrerer Basiswerte zu partizipieren. Die Obligation garantiert ihm die Rückzahlung des ganzen oder eines wesentlichen Teiles seiner Investition.

Zu den kapitalgarantierten Derivaten zählen beispielsweise die sog. CPU(N) (Capital Protected Unit/Note. Die Laufzeit der Obligation beträgt hier – im Unterschied zu den Options- und Wandelanleihen – in der Regel bloss ein bis zwei Jahre.

Kombinierte Produkte in der Form von Obligation und Option, die in zwei separat handelbaren Papieren ausgegeben werden, weisen drei Valorennummern auf: Eine Valorennummer steht für das kombinierte Produkt (cum), eine Valorennummer für die Obligation ohne Optionsschein (ex) und eine dritte für den Optionsschein. Kapitalgarantierte Derivate können aber auch in einem einzigen Papier zusammengefasst sein, so dass die verschiedenen Komponenten nicht separat handelbar sind (sog. nicht trennbare kombinierte Produkte).

Im Unterschied zu den kapitalgarantierten Derivaten und den Optionsanleihen ist das Wandelrecht bei den Wandelanleihen untrennbar mit der Obligation verbunden und kann deshalb nicht separat gehandelt werden. Durch die Ausübung des Wandelrechtes geht das Schuldverhältnis aus der Obligation unter und der Obligationär wird zum Inhaber eines Beteiligungsrechts.

2.3.2 Klassische Options- und Wandelanleihen

Sog. *klassische* Optionsanleihen und *klassische* Wandelanleihen liegen nur dann vor, wenn das Options- und Wandelrecht auf den Bezug von neu geschaffenen Beteiligungsrechten der die Anleihe emittierenden *schweizerischen* Gesellschaft oder eines mit dieser verbundenen in- oder ausländischen Unternehmens lautet. Klassische Optionsanleihen (cum Option) und klassische Wandelanleihen müssen zu pari oder mit einem Agio emittiert und jeweils zu pari zurückbezahlt werden. Ist eine der genannten Voraussetzungen nicht erfüllt, entfällt die Qualifikation des Finanzinstruments als *klassische* Options- oder Wandelanleihe und es liegt aus steuerlicher Sicht eine nicht klassische Anleihe vor.

2.3.3 Produkte mit Geld- oder Titellieferung (Reverse Convertibles)

2.3.3.1 *Reverse Convertibles ohne Kapitalschutz*

Auch bei den Reverse Convertibles handelt es sich um eine Kombination aus Obligation und Option. Im Fall des Reverse Convertible ohne Kapitalschutz erwirbt der Anleger vorab eine Obligation. Er tritt sodann gleichzeitig als Verkäufer/Schreiber einer Put-Option auf und – falls er noch an einem allfälligen Anstieg des Basiswertes partizipiert – als Käufer einer Call-Option. Aufgrund der an den Emittenten verkauften Put-Option kann der Anleger gegebenenfalls verpflichtet sein, bei Fälligkeit der Obligation den Basiswert (in der Regel eine Aktie) zum Ausübungspreis (in der Regel in der Höhe des Nominalwertes der Obligation) zu übernehmen. Dies wird dann der Fall sein, wenn der Basiswert am Verfalltag unter dem Ausübungspreis liegt. Liegt hingegen der Preis des Basiswertes am Verfalltag über dem Ausübungspreis, wird der Emittent seine Put-Option nicht ausüben. Der Anleger erhält den Nominalwert seiner Obligation zurückbezahlt, übt gegebenenfalls seine Call-Option aus und erhält so zusätzlich die darin verbriefte (anteilmässige) Beteiligung am Anstieg des Basiswertes in bar ausbezahlt.

Die garantierten Zahlungen des Emittenten an den Anleger während der Laufzeit des Produkts bestehen einerseits aus einer marktüblichen Verzinsung der Obligation und andererseits aus der vom Emittenten geschuldeten Put-Optionsprämie (gegebenenfalls verrechnet mit der vom Investor geschuldeten Prämie für die Call-Option), welche – für Optionsprämien an sich unüblich – ebenfalls über die Laufzeit verteilt zur Auszahlung gelangen kann.

2.3.3.2 *Reverse Convertibles mit Kapitalschutz*

Reverse Convertibles mit Kapitalschutz unterscheiden sich von denjenigen ohne Kapitalschutz dadurch, dass ergänzend zur Obligationenanlage und zu den genannten Optionsgeschäften ein weiteres Optionsgeschäft hinzukommt, indem nicht nur der Investor gegenüber dem Emittenten als Verkäufer einer Put-Option auftritt, sondern auch der Emittent dem Investor eine Put-Option verkauft. Nachdem der Emittent mittels Ausübung seiner Put-Option dem Investor bei Verfall den im Kurs gefallenen Basiswert zum (in der Regel) Preis des investierten Betrages der Obligation geliefert hat, wird der Investor seinerseits die erworbene Put-Option ausüben und dem Emittenten den erhaltenen Basiswert gegen Forderung des vereinbarten (vergleichsweise tieferen) Ausübungspreises (= Kapitalschutz) zurück verkaufen können. Letzteres wird dann der Fall sein, wenn der Preis des Basiswertes am Verfalltag auch unter diesem Ausübungspreis liegt.

Der Kapitalschutz bei diesen Reverse Convertibles stellt kein Rückzahlungsversprechen im Sinne einer Obligation dar. Er ist vielmehr – im Unterschied zum kapitalgarantierten Derivat – auf die im Produkt enthaltene (zusätzliche) Option zurückzuführen. Die vom Emittenten und Investor gegenseitig zu bezahlenden Optionsprämien werden im Normalfall wiederum miteinander verrechnet, was sich in – im Vergleich zum Reverse Convertible ohne Kapitalschutz – geringeren garantierten Zahlungen an den Investor niederschlägt.

3 Grundsätze der Besteuerung

3.1 Obligationen und gemischte Diskontpapiere ohne überwiegende Einmalverzinsung

Direkte Bundessteuer

Zinsen in periodischer Form oder in der Form von Einmalentschädigungen auf Obligationen (Emissionsdisagio oder Rückzahlungsagio als Differenz zwischen Ausgabe- und Rückzahlungswert) stellen gemäss Artikel 20 Absatz 1 Buchstabe a DBG steuerbaren Vermögensertrag dar. Zinsen in periodischer Form werden nach dem allgemeinen Fälligkeitsprinzip, Einmalentschädigungen im Zeitpunkt der Rückzahlung besteuert.

Nicht unter die steuerbaren Erträgnisse im Sinne von Artikel 20 Absatz 1 Buchstabe a DBG fallen die sog. Marchzinsen. Sie sind Bestandteil des vom Käufer an den Verkäufer der Obligation bezahlten Kaufpreises. Unter Marchzinsen sind laufende, noch nicht fällige Zinsen zu verstehen, wie sie für die Zeit vom Fälligkeitsdatum des letzten eingelösten Coupons bis zum Verkauf der betreffenden Obligation auflaufen.

Verrechnungssteuer

Gegenstand der Verrechnungssteuer sind sämtliche Erträge der von einem Inländer ausgegebenen Obligationen, soweit sie vom Schuldner geleistet werden, gleichgültig ob in Form von periodischen Zinszahlungen oder als Einmalentschädigungen (Art. 4 Abs. 1 Bst. a des Bundesgesetzes vom 13. Oktober 1965 über die Verrechnungssteuer [VStG]). Die Steuerforderung entsteht im Zeitpunkt, in dem die steuerbare Leistung fällig wird (Art. 12 Abs. 1 VStG).

Nach feststehender Praxis sind Anleihen ausländischer Konzerngesellschaften mit Garantie einer verbundenen schweizerischen Konzernobergesellschaft dann als inländische Anleihen zu qualifizieren, wenn der Anleihensbetrag direkt oder indirekt an die schweizerische Gesellschaft zurückfliesst. In diesem Fall unterliegen die Erträge solcher Anleihen der Verrechnungssteuer (vgl. auch das Rundschreiben der SBVg Nr. 6746 vom 29. Juni 1993).

Der Mittelrückfluss ins Inland ist steuerlich zulässig, wenn die von der ausländischen Konzerngesellschaft (Emittentin) an die inländische Konzerngesellschaft weitergeleiteten Mittel per Bilanzstichtag den Umfang des Eigenkapitals der ausländischen Konzerngesellschaft nicht übersteigen (Art. 14*a* Abs. 3 VStV).

Stempelabgaben

Der Handel mit in- und ausländischen Obligationen unterliegt – vorbehältlich der Ausnahmen gemäss Artikel 14 und 19 StG – der Umsatzabgabe (Art. 13 ff. StG).

3.2 Obligationen und Diskontpapiere mit überwiegender oder ausschliesslicher Einmalverzinsung

Direkte Bundessteuer

Allfällige periodische Zinsen stellen steuerbaren Vermögensertrag dar (Art. 20 Abs. 1 Bst. a DBG).

Des Weiteren gelangen gemäss Artikel 20 Absatz 1 Buchstabe b DBG sämtliche tatsächlichen Einkünfte bei Veräusserung oder Rückzahlung der Obligation zur Besteuerung (sog. *reine Differenzbesteuerung*). Massgeblich ist die Differenz zwischen Anschaffungsbetrag und Verkaufs- bzw. Rückzahlungsbetrag, in beiden Fällen zum jeweiligen Tageskurs in Schweizerfranken umgerechnet. Steuerlich wirksam werden damit insbesondere die vom Käufer an den Verkäufer bezahlten aufgelaufenen Zinsen sowie die sich aus allfälligen Veränderungen des allgemeinen Zinsniveaus oder aus Schwankungen der Wechselkurse ergebenden Einflüsse auf den jeweiligen Wert der Papiere (siehe Beispiel Nr. 3 in Anhang II). Die bei Käufen und Verkäufen anfallenden Bankspesen sind dabei als Gewinnungskosten zu würdigen und damit ertragsmindernd zu berücksichtigen, soweit sie auf die steuerbare Kapitalanlage entfallen. Im Hinblick auf die Besteuerung sind die Kauf- und Verkaufsbelege solcher Titel vom Steuerpflichtigen aufzubewahren.

Die steuerliche Behandlung von allfälligen negativen Differenzen zwischen Anschaffungs- und Veräusserungs- oder Rückzahlungsbeträgen ist gesetzlich nicht geregelt. Diese Situation tritt insbesondere bei Anlagen in fremder Währung auf, wenn sich der Wechselkurs der Fremdwährung während der Laufzeit gegenüber dem Schweizerfranken verschlechtert. Sie kann auch bei einem Anstieg des allgemeinen Zinsniveaus für vergleichbare Anlagen eintreten. Da es den Grundsätzen unseres Steuersystems widersprechen würde, wenn Verluste aus (überwiegend) einmalverzinslichen Anlagen generell unberücksichtigt blieben, akzeptiert die ESTV seit Inkrafttreten der Bestimmung von Artikel 20 Absatz 1 Buchstabe b DBG eine Verrechnung der realisierten Verluste und Gewinne (zuzüglich deren periodischen Erträge) aus anderen in- und ausländischen Obligationen mit überwiegender Einmalverzinsung. Die Berücksichtigung solcher Verluste bleibt indessen innerhalb einer Bemessungsperiode auf Anwendungsfälle von Artikel 20 Absatz 1 Buchstabe b DBG beschränkt; eine Verrechnung mit anderen Erträgen oder Einkommensteilen ist ausgeschlossen.

Verrechnungssteuer und Stempelabgaben

In Bezug auf die Verrechnungssteuer sowie die Umsatzabgabe kann auf das unter Ziffer 3.1. Gesagte verwiesen werden. Zu beachten gilt, dass die Verrechnungssteuer auch bei überwiegend einmalverzinslichen Papieren auf dem Originaldiskont erhoben wird.

3.3 Derivative Finanzinstrumente

Direkte Bundessteuer

Gewinne aus Termingeschäften sind steuerlich gleich zu behandeln wie solche aus Kassageschäften und stellen deshalb Kapitalgewinne dar (BGE 110 Ia 1 ff.). Kapitalgewinne aus Termingeschäften (Futures und Optionen) sind im Privatvermögen steuerfrei (Art. 16 Abs. 3 DBG), sofern sie nicht durch das Gesetz ausdrücklich erfasst werden. Entsprechende Verluste im Privatvermögen sind steuerlich unbeachtlich. Dies gilt grundsätzlich auch für strukturierte Produkte wie beispielsweise Mini-Futures, es sei denn, der Grad der Vorausfinanzierung übersteige die zulässige Grenze von 25 % des Kontraktwerts oder es handle sich beim Basiswert nicht um kapitalgewinnfähige Basiswerte wie beispielsweise Obligationen.

Optionsprämien sind grundsätzlich einkommenssteuerlich nicht relevant. Dies gilt auch für Optionsprämien, die ein Verkäufer/Schreiber von Optionen im Rahmen eines kombinierten Produktes erhält.

Verrechnungssteuer

Gewinne aus dem Handel mit Termingeschäften und Optionen unterliegen nicht der Verrechnungssteuer (Umkehrschluss aus Art. 4 Abs. 1 VStG).

Stempelabgaben

Optionen und Futures sind keine steuerbaren Urkunden im Sinne des Stempelgesetzes. Emission und Handel unterliegen demnach weder der Emissionsabgabe noch der Umsatzabgabe. Die Umsatzabgabe ist lediglich dann geschuldet, wenn die Erfüllung (Future) oder Ausübung (Option) zu einer Lieferung (Eigentumsübertragung) von steuerbaren Urkunden führt (Art. 15 Abs. 2 StG).

3.4 Kapitalgarantierte Derivate und nicht klassische Options- und Wandelanleihen

Für die Besteuerung von kombinierten Produkten, und damit auch von kapitalgarantierten Derivaten sowie von nicht klassischen Options- und Wandelanleihen, ist massgebend, ob es sich um ein sog. *transparentes* oder um ein *nicht transparentes* Produkt handelt.

Als transparent gilt ein Produkt, wenn alternativ

a) bei Emission die dem Instrument zugrundeliegenden Komponenten (Obligation und derivative Finanzinstrumente) trennbar sind und tatsächlich separat gehandelt werden (vgl. Ziffer 2.3.1. hievor);

b) der Emittent des Produkts die verschiedenen Komponenten im „Termsheet" wertmässig mittels finanzmathematischer Berechnung separat darstellt und die Überprüfung dieser Berechnung durch die ESTV die Richtigkeit dieser Darstellung ergeben hat; oder

c) die verschiedenen Komponenten des Produkts von der ESTV nachträglich analytisch nachvollzogen und in ihrem Wert berechnet werden können.

Zu a. hievor: Für Instrumente, bei denen die einzelnen Komponenten separat handelbar sind und ein Handel effektiv stattfindet, ist als Emissionspreis der Obligation der erste Schlusskurs ex-Option massgebend und zu bestimmen, ob eine überwiegende Einmalverzinsung vorliegt oder nicht. Bei überwiegend einmalverzinslichen Papieren ist für die Ermittlung des steuerbaren Ertrages bei Handänderungen in der Regel auf die Kurse ex-Option abzustellen.

Zu b. hievor: In diesem Fall sind im „Termsheet" des Emittenten die Werte der Anlage- und der Optionskomponenten sowie der für die Berechnung herangezogene (marktkonforme) Zinssatz ausgewiesen. Die Überprüfung der Berechnung durch die ESTV muss die Richtigkeit der dargestellten Werte ergeben (vgl. die nachstehenden Ausführungen zu Bst. c). Im Gegensatz zu Buchstabe c hienach gilt ein Produkt auch dann als transparent, wenn die emittierende Gesellschaft über eine Bonität verfügt, die schlechter ist als ein Single-A-Rating; dies unter der Voraussetzung, dass der schuldnerspezifische Risikozuschlag zweifelsfrei feststeht.

Zu c. hievor: Für Instrumente, bei denen die einzelnen Komponenten nicht separat handelbar sind oder, die zwar separat gehandelt werden können, bei denen jedoch tatsächlich keine Trennung der einzelnen Komponenten im Markt stattfindet, erfolgt die Separierung der einzelnen Komponenten des Produktes mit Hilfe der sog. *analytischen Methode*. Diese Methode ist im BFP-Service technisch umgesetzt (vgl. Anhang IV). Ziel dieser finanzmathematischen oder *analytischen Berechnungsmethode ist es*, den Wert der im kombinierten Produkt enthaltenen Obligation und Option(en) zu ermitteln. Sie besteht im Wesentlichen darin, dass der garantierte Rückzahlungsbetrag der im Produkt enthaltenen Obligation zu dem vom Emittenten berücksichtigten und vergleichbaren Anlagen (Laufzeit, Währung, Bonität) entsprechenden und damit marktkonformen Zinssatz diskontiert wird. Aus Gründen der Verwaltungsökonomie sowie der Rechtssicherheit und Rechtsgleichheit wird dafür der jeweilige mittlere Swapsatz (Zinssatz für risikofreie Anlagen) der entsprechenden Währung und Laufzeit im Zeitpunkt der Emission als objektive Vergleichsbasis für die Frage der Verzinsung der im Produkt enthaltenen Obligation herangezogen.

Alle Produkte mit gängigen Strukturen (insbes. kapitalgarantierte Derivate, Options- und Wandelanleihen, Reverse Convertibles) werden mit Hilfe der analytischen Methode von Veranlagungsbehörden oder Banken und anderen Vertriebskanälen auch ohne die entsprechenden Angaben des Emittenten nachträglich transparent gemacht, wenn folgende Voraussetzungen erfüllt sind:

1. Die emittierende Gesellschaft muss mindestens ein Single-A-Rating aufweisen, weil der jeweilige mittlere Swapsatz als standardisierter und objektiver Massstab für eine marktkonforme Verzinsung des Anlageteils gilt. Aus verwaltungsökonomischen Gründen ist es ausgeschlossen, die Berechnungen einzelfallweise unter Berücksichtigung von individuellen Bonitäts- bzw. Risikozuschlägen vorzunehmen.

2. Das fragliche Produkt muss entweder an einer handelsüblichen Börse kotiert sein, oder es muss zumindest von einem Market Maker ein liquider Handel gewährleistet werden, damit die Eckdaten des Gesamtproduktes (wie Emissionspreis, Nennwert bzw. Rückzahlungspreis, Laufzeit und allfällige periodische Zinsen) zweifelsfrei feststehen.

Sind die hiervor umschriebenen Voraussetzungen hinsichtlich Transparenz nicht erfüllt, liegt in steuerlicher Hinsicht ein nicht transparentes Produkt vor. Dabei ist auch zu beachten, dass nur das auf der marktkonformen Verzinsung beruhende theoretische Emissionsdisagio für eine Qualifikation als transparent bewertbar ist. Weitere Entschädigungen, denen steuerbarer Ertragscharakter zukommt (z.B. ein garantierter Inflationsausgleich), können demgegenüber dem jeweiligen Investor bei Handänderungen während der Laufzeit nicht anteilsmässig zugerechnet werden. Solche Produkte gelten deshalb als nicht transparent.

3.4.1 Transparente Produkte

Direkte Bundessteuer und Verrechnungssteuer

Bei den transparenten Instrumenten ist steuerlich zwischen Anlage- und Optionsgeschäft zu unterscheiden. Die mit der Option erzielten Gewinne und Verluste stellen im Privatvermögen steuerlich nicht zu berücksichtigende Kapitalgewinne und Kapitalverluste dar (Art. 16 Abs. 3 DBG). Der Obligationenteil des transparenten kapitalgarantierten Derivates wird beim Investor nach den für Obligationen und Diskontpapiere geltenden Regeln besteuert (vgl. Ziffern 3.1. oder 3.2. hievor). Es ist also auch hier wesentlich, ob eine überwiegende Einmalverzinsung gegeben ist. Der Einkommens- und gegebenenfalls der Verrechnungssteuer unterliegen die periodischen Zinsen sowie die (überwiegende oder nicht überwiegende) einmalverzinsliche Komponente (Art. 20 Abs. 1 Bst. a und b DBG; Art. 4 Abs. 1 Bst. a VStG). Der garantierte Rückzahlungsbetrag gilt als Nennwert der Obligation.

Bei *überwiegend einmalverzinslichen* Papieren, bei denen kein separater Handel der einzelnen Komponenten stattfindet, müssen in der Folge auch die Einkünfte aus der Veräusserung oder Rückzahlung der Obligationen bei Handänderungen analytisch ermittelt werden, da die jeweiligen Kurse sich nicht nur auf den Obligationenteil beziehen, sondern auch den Wert der Option beinhalten. Weil zudem das Zinsniveau nicht konstant bleibt, muss die rechnerische Ermittlung der Anschaffungs- und Veräusserungswerte zusätzlich modifiziert werden. Hierbei wird der Originalzinssatz für die jeweilige Emission vierteljährlich der Entwicklung auf dem Geld- und Kapitalmarkt unter Bezugnahme auf den 5-jährigen Swapsatz der fraglichen Währung angepasst. Diese sog. *modifizierte Differenzbesteuerung* gemäss Artikel 20 Absatz 1 Buchstabe b DBG wird technisch im BFP-Service der SIX Financial Information AG umgesetzt (vgl. Anhang IV). Dies ergibt die einkommenssteuerlich relevante Differenz zwischen dem Wert der Obligation im Zeitpunkt der Veräusserung und jenem im Zeitpunkt des Erwerbs oder zwischen dem Rückzahlungsbetrag und dem Wert der Obligation bei Erwerb. Zu beachten gilt, dass die Verrechnungssteuer auch bei überwiegend einmalverzinslichen Papieren ausschliesslich auf dem Originaldiskont erhoben wird (siehe Beispiel Nr. 4 in Anhang II). Ausführungen zu den Mitwirkungs- und Auskunftspflichten der Banken in diesem Zusammenhang finden sich unter Ziffer 4.2. hienach.

Stempelabgaben

In Bezug auf die Umsatzabgabe kann auf das unter Ziffer 3.1. Gesagte verwiesen werden.

3.4.2 Nicht transparente Produkte

Direkte Bundessteuer und Verrechnungssteuer

Liegt ein nicht transparentes Instrument vor, stellt die Option oder das Wandelrecht die variable Komponente eines Ertrags aus dem Anlagekapital dar. Alles, was der Investor bei Verfall von Coupons, auf Grund eines Options- oder Wandelrechts sowie bei Auflösung des Schuldverhältnisses über das ursprünglich investierte Kapital hinaus erhält, unterliegt der Einkommenssteuer und – soweit das Produkt von einem Inländer emittiert wurde – der Verrechnungssteuer (Art. 20 Abs. 1 Bst. a oder b DBG, Art. 4 Abs. 1 Bst. a VStG).

Nicht transparente Instrumente sind in der Regel Anwendungsfälle von Artikel 20 Absatz 1 Buchstabe b DBG; steuerbar im Falle von Handänderungen ist stets die Differenz zwischen Kauf- und Verkaufspreis (bzw. Rückzahlungswert) des Gesamtinstruments (*reine Differenzbesteuerung*).

Stempelabgaben

Der Handel mit in- und ausländischen, nicht transparenten Instrumenten unterliegt wie bei gewöhnlichen Obligationen der Umsatzabgabe.

3.5 Klassische Options- und Wandelanleihen

Direkte Bundessteuer und Verrechnungssteuer

Auch die klassischen Options- und Wandelanleihen sind – wie unter Ziffer 2.3.1. und 2.3.2. hievor ausgeführt – zusammengesetzte, kapitalgarantierte Finanzinstrumente. Klassische Options- und Wandelanleihen, die von einem Inländer emittiert werden, geniessen aber eine andere steuerliche Behandlung, jedenfalls solange angenommen werden kann, dass die vom Emittenten üblicherweise erzielte Zinsersparnis seinen steuerbaren Gewinn entsprechend erhöht: Die Differenz zwischen dem Wert der Obligation ex-Option im Emissionszeitpunkt und dem garantierten Rückzahlungsbetrag wird weder von der direkten Bundessteuer noch von der Verrechnungssteuer erfasst. Es erfolgt auch keine Besteuerung bei Handänderungen nach Artikel 20 Absatz 1 Buchstabe b DBG. Die periodischen Zinsen sind indessen steuerbar (Art. 20 Abs. 1 Bst. a DBG; Art. 4 Abs. 1 Bst. a VStG).

Stempelabgaben

Für die Umsatzabgabe gilt das bezüglich Obligationen unter Ziffer 3.1. hievor Gesagte.

3.6 Produkte mit Geld- oder Titellieferungen (Reverse Convertibles)

Direkte Bundessteuer und Verrechnungssteuer

Produkte mit Geld- oder Titellieferung (Reverse Convertibles) sind regelmässig transparente Produkte (vgl. Ziffern 3.4. und 3.4.1. hievor; siehe auch Beispiel Nr. 5 in Anhang II). Steuerlich ist deshalb zwischen Anlage- und Optionsgeschäft zu unterscheiden.

Einkommens- und gegebenenfalls verrechnungssteuerlich relevant sind die auf dem Obligationenteil erzielten Zinsen, wie sie für eine vergleichbare Anlage mit der vergleichbaren Laufzeit, Währung etc. (Marktkonformität) vom Emittenten des Produkts zu bezahlen wären (Art. 20 Abs. 1 Bst. a resp. b DBG; Art. 4 Abs. 1 Bst. a VStG). Die vom Emittenten dem Investor bezahlten Optionsprämien sind von einer Besteuerung auszunehmen (siehe Ziffer 3.3. hievor). Erfolgt die Verzinsung ausschliesslich oder überwiegend in Form einer Einmalentschädigung, wird der Obligationenteil nach den für transparente Instrumente geltenden Regeln bei jeder Handänderung besteuert (modifizierte Differenzbesteuerung gemäss Art. 20 Abs. 1 Bst. b DBG; siehe Ziffer 3.4.1. hievor).

Nennwert der in diesen Produkten verpackten Obligation ist in der Regel der investierte Betrag für das Gesamtprodukt, bei auf Diskontbasis emittierten Reverse Convertibles der Kassakurs des Basiswertes (Spot). Soweit ein Reverse Convertible einen Kapitalschutz enthält, stellt dieser nicht den Nominalwert der (eigentlichen) Obligation dar; der Kapitalschutz ist vielmehr das Ergebnis der Produktekonstruktion in Form einer (weiteren) Option (vgl. Ziffer 2.3.3.2. hievor).

Stempelabgaben

Für die Umsatzabgabe gilt das bezüglich Obligationen unter Ziffer 3.1. hievor Gesagte.

3.7 Negativzinsen

Der untechnische Begriff „Negativzins" wird für die Kommission oder Prämie verwendet, die der Anleger für die Sicherheit seiner Anlage zu akzeptieren bereit ist. Der in Prozenten ausgedrückte negative Zins entspricht demnach einer negativen Rentabilität. Die Hinnahme einer negativen Rentabilität stellt eine Prämie dar. Diese Prämie kann im Bereich des Privatvermögens grundsätzlich nicht als Aufwand vom Einkommen in Abzug gebracht werden, bzw. nicht mit Aktivzinsen oder anderen Einkommensbestandteilen verrechnet werden, sondern qualifiziert steuerlich als Kapitalverlust. Als Schuldzinsen gemäss Artikel 33 Absatz 1 Buchstabe a DBG sind nur diejenigen Zinsen abzugsfähig, die ein Schuldner dem Gläubiger vergütet, was bei Negativzinsen nicht gegeben ist.

Negativzinsen auf *Guthaben* im Privatvermögen (verursacht durch die negative Verzinsung von Einlagen bei der Schweizerischen Nationalbank) können jedoch gestützt auf Artikel 32 Absatz 1 DBG als Gewinnungskosten zum Abzug gebracht werden. Unter den erwähnten Guthaben im Privatvermögen sind Einlagen bei Banken oder Sparkassen zu verstehen (Spar-, Einlage-, Depositen- und Kontokorrentguthaben, Lohnkonten sowie Festgelder und Callgelder). Bei diesen Guthaben ist der Ausweis von Negativzinsen ohne Weiteres möglich, da Höhe, Periode und somit der Betrag des Negativzinses zweifelsfrei feststehen. Dies ist im Falle von handelbaren *Forderungspapieren* (irrelevant, ob IUP oder nicht IUP) nicht möglich, da die Kursbildung dieser Titel von verschiedenen Einflussfaktoren bestimmt wird und die genaue Zuordnung des Anteils der zu belastenden Negativzinsen für die individuelle Haltedauer nicht möglich ist.

4 Kennzeichnung der Obligationen in der Kursliste der ESTV Mitwirkungs- und Auskunftspflicht der Banken bezüglich der analytischen Ermittlung des steuerbaren Ertrags

4.1 Kennzeichnung der Obligationen sowie der kombinierten Produkte mit überwiegender Einmalverzinsung

Die ESTV (Team Wertschriften und Finanzderivate) wird wie bisher alle in- und ausländischen an Schweizer Börsen kotierten Obligationen sowie die transparenten kombinierten Produkte, die sich als ausschliesslich oder überwiegend einmalverzinslich erweisen, in der Kursliste mit der Bezeichnung IUP (= intérêt unique prédominant) kennzeichnen. Sie gibt damit bekannt, dass diese Papiere nach Artikel 20 Absatz 1 Buchstabe b DBG zu besteuern sind (grundsätzlich reine Differenzbesteuerung; vorbehältlich Ziffer 4.2. hienach).

4.2 Separate Kennzeichnung der Instrumente, die der modifizierten Differenzbesteuerung unterliegen

Für Instrumente, die der modifizierten Differenzbesteuerung basierend auf Artikel 20 Absatz 1 Buchstabe b DBG unterliegen, wird die Kursliste – neben der Bezeichnung IUP – noch zusätzlich den analytisch berechneten Emissionspreis der Obligation und die massgebliche Originalrendite aufführen. Die Banken haben die bei Erwerb, Handänderungen und Rückzahlung massgeblichen Werte in den Börsenabrechnungen zu bescheinigen, nämlich die im BFP-Service der SIX Financial Information AG publizierten Tageskurse der Anlageteile (Bondfloor) der in Frage stehenden Produkte (vgl. Ziffer 3.4.1. hievor).

4.3 Nicht an Schweizer Börsen kotierte Papiere

Bei getrennt gehandelten, kapitalgarantierten Derivaten und nicht klassischen Optionsanleihen mit (überwiegender) Einmalverzinsung, die nicht an Schweizer Börsen gehandelt werden, ist, falls eruierbar, primär der erste Schlusskurs ex-Option an der ausländischen Börse massgebend. Andernfalls ist die Transparenz des Produktes nach den Ausführungen von Ziffer 3.4. hievor herzustellen unter entsprechender Mitteilung an die ESTV, welche die Aufnahme des Produktes in ihr Berechnungssystem veranlasst und die Werte im Fall von überwiegend einmalverzinslichen Anlagekomponenten an die SIX Financial Information AG zur Erfassung im BFP-Service weiterleitet.

5 Spezialfälle und Produkteentwicklungen

Die ESTV informiert auf Ersuchen mittels schriftlicher Auskünfte die kantonalen Steuerverwaltungen, Steuerpflichtige oder sonstige Interessenten im Sinne einer Stellungnahme für die direkte Bundessteuer über die steuerliche Behandlung von Spezialfällen und neuen Produkten. Produkteinnovationen sind im Anhang III zu diesem Kreisschreiben zusammengefasst. Der Anhang III wird laufend fortgeführt.

6 Inkrafttreten

Dieses Kreisschreiben tritt mit seiner Publikation in Kraft und hat Gültigkeit für Ertragsfälligkeiten ab 1. Januar 2018. Es ersetzt das Kreisschreiben Nr. 15 vom 7. Februar 2007.

Anhang I: Übersicht über die verschiedenen Arten von Obligationen, die herkömmlichen derivativen Finanzinstrumente und die im Kreisschreiben behandelten kombinierten Produkte

Anhang II: Beispiele

Anhang III: Spezialfälle und Produkteentwicklungen

Anhang IV: Gutachten der Kommission für Steuern und Finanzfragen der Schweizerischen Bankiervereinigung vom November 2006

Anhang I zum Kreisschreiben Nr. 15

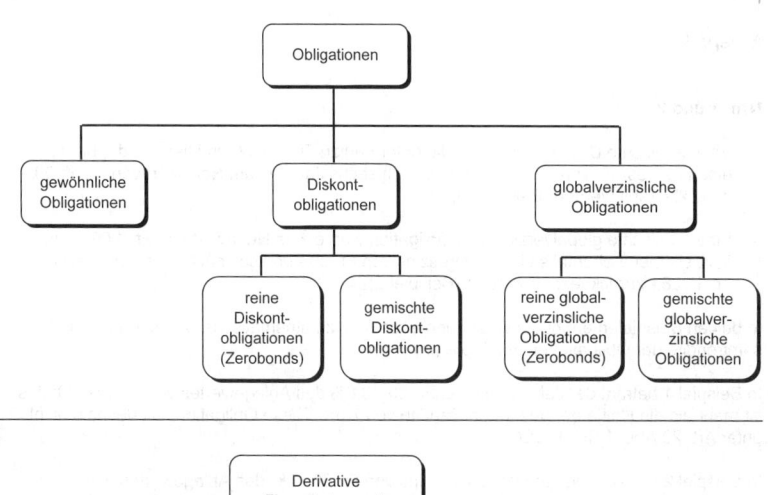

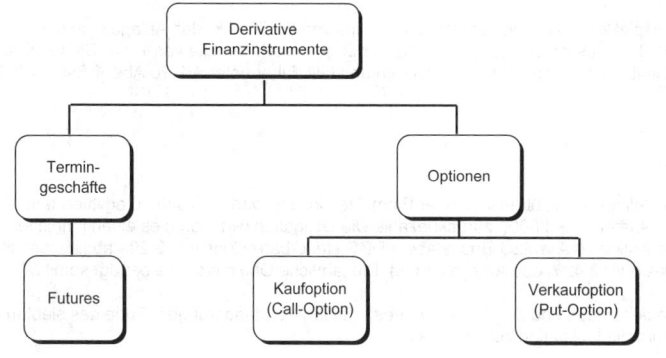

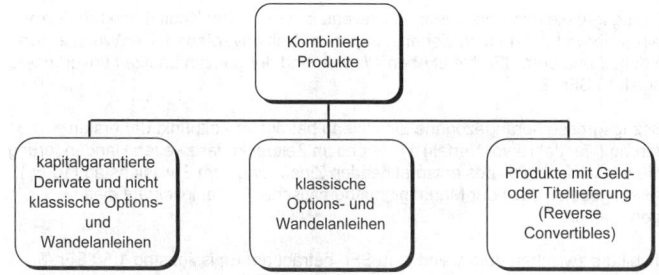

Anhang II zum Kreisschreiben Nr. 15

Beispiele

Nrn. 1 und 2

- Eine gemischte Diskontobligation, die unter pari zu Fr. 788.80 emittiert wurde, bietet einen Jahreszins von Fr. 30.- und soll nach sechs Jahren zum Nennwert von Fr. 1'000.- zurückbezahlt werden (Beispiel 1);
- Eine gemischte globalverzinsliche Obligation wurde zum Nennwert von Fr. 1'000.- emittiert; sie bietet ebenfalls einen Jahreszins von Fr. 30.- und soll nach sechs Jahren zu Fr. 1'326.- zurückbezahlt werden (Beispiel 2).

In beiden Beispielen ergibt die vorzunehmende finanzmathematische Berechnung eine Gesamtrendite der Obligationen von 7,5% pro Jahr.

In Beispiel 1 beträgt der Jahreszins von Fr. 30.- 3,8% des Anlagewertes von Fr. 788.80; das ist mehr als die Hälfte der gesamten Rendite von 7,5%. Diese Obligation fällt deshalb nicht unter Art. 20 Abs. 1 Bst. b DBG.

In Beispiel 2 beträgt dagegen der Jahreszins von Fr. 30.- 3% des Anlagewertes von Fr. 1'000.-; das ist weniger als die Hälfte der gesamten Rendite von 7,5%. Diese Obligation ist damit überwiegend einmalverzinslich und fällt daher unter Art. 20 Abs. 1 Bst. b DBG.

Nr. 3

Eine Obligation mit überwiegender Einmalverzinsung wird zu $ 826.40 emittiert und sieben Jahre später zu $ 1'000.- zurückbezahlt. Die Obligation wirft überdies einen jährlichen, gemäss Artikel 20 Absatz 1 Buchstabe a DBG steuerbaren Zins von $ 20.- ab (2% des Nennwertes oder 2.42% des Anlagewertes). Die jährliche Originalrendite beträgt somit 5%.

Ende des dritten und des fünften Jahres erfolgen Handänderungen; Ende des siebten Jahres wird die Obligation zurückbezahlt.

<u>Annahmen:</u>

a) Das als Bezugsgrösse herangezogene Zinsniveau im Geld- oder Kapitalmarkt für $-Anleihen bleibt während der ganzen siebenjährigen Laufzeit unverändert. Der Wechselkurs zwischen dem $ und dem SFr. bleibt ebenfalls während der ganzen Laufzeit unverändert und beträgt 1.50 SFr./$.

b) Das als Bezugsgrösse herangezogene Zinsniveau beträgt im Zeitpunkt der ersten Handänderung (vier Jahre vor Verfall) 115% und im Zeitpunkt der zweiten Handänderung (zwei Jahre vor Verfall) 80% des entsprechenden Zinsniveaus am Emissionstag (100%). Es wird vorausgesetzt, dass der Markt mit mathematischer Genauigkeit auf diese Änderungen reagiert.

c) Der Wechselkurs zwischen dem $ und dem SFr. beträgt am Emissionstag 1.50 SFr./$, drei Jahre später 1.60 SFr./$, fünf Jahre später 1.45 SFr./$ und sieben Jahre später (bei Verfall) wiederum 1.50 SFr./$.

d) Es treten kumulativ die unter Bst. b und c erwähnten Veränderungen ein.

Steuerbare Einkünfte (bzw. zu berücksichtigende Verluste gemäss Art. 20 Abs. 1 Bst. b DBG; vgl. Ziffer 3.2. des Kreisschreibens) liegen wie folgt vor:

- beim ersten Investor (vier Jahre vor Verfall):
  a) ($ 893.60 x 1.50) - ($ 826.40 x 1.50) = Sfr. 100.80
  b) ($ 869.30 x 1.50) - ($ 826.40 x 1.50) = Sfr. 64.35
  c) ($ 893.60 x 1.60) - ($ 826.40 x 1.50) = Sfr. 190.15
  d) ($ 869.30 x 1.60) - ($ 826.40 x 1.50) = Sfr. 151.30

- beim zweiten Investor (zwei Jahre vor Verfall):
  a) ($ 944.20 x 1.50) - ($ 893.60 x 1.50) = Sfr. 75.90
  b) ($ 962.30 x 1.50) - ($ 869.30 x 1.50) = Sfr. 139.50
  c) ($ 944.20 x 1.45) - ($ 893.60 x 1.60) = – Sfr. 60.60
  d) ($ 962.30 x 1.45) - ($ 869.30 x 1.60) = Sfr. 4.45

- bei dritten Investor (bei Rückzahlung):
  a) ($ 1'000.- x 1.50) - ($ 944.20 x 1.50) = Sfr. 83.70
  b) ($ 1'000.- x 1.50) - ($ 962.30 x 1.50) = Sfr. 56.55
  c) ($ 1'000.- x 1.50) - ($ 944.20 x 1.45) = Sfr. 130.90
  d) ($ 1'000.- x 1.50) - ($ 962.30 x 1.45) = Sfr. 104.65

Nr. 4

Eine IUP-Obligation mit integrierter Option bzw. integriertem Wandelrecht weist aufgrund ihrer fünfjährigen Laufzeit, der jährlichen Zinsfälligkeit von Fr. 20.- (2% des Nennwertes von Fr. 1'000.-) und der jährlichen marktkonformen Originalrendite von 6% einen faktischen Emissionspreis für die blosse Obligation von Fr. 831.50 auf. Im Zeitpunkt der Emission beträgt das als Bezugsgrösse herangezogene Zinsniveau im Geld- und Kapitalmarkt 5.75%.

Im Zeitpunkt der ersten Handänderung, 2 Jahre und 8 Monate oder 973 Tage nach der Emission, stellt man fest, dass die Bezugsgrösse "Zinsniveau" von 5.75% auf 6.325% (+ 10%) gestiegen ist, was eine Veränderung der Originalrendite für die Restlaufzeit von 6% auf 6.6% (+ 10%) bewirkt.

Im Zeitpunkt der zweiten Handänderung, drei Jahre und 9 1/2 Monate oder 1'384 Tage nach der Emission, stellt man fest, dass die Bezugsgrösse "Zinsniveau" von 5.75% auf 5.37625% (- 6.5%) gefallen ist, was eine Veränderung der Originalrendite für die Restlaufzeit von 6% auf 5.61% bewirkt.

Aufgrund der analytischen Methode sind die bezahlten Preise für IUP-Obligationen mit integrierter Option bzw. integriertem Wandelrecht nicht massgebend. Der steuerlich massgebende Wert im Zeitpunkt der einzelnen Handänderungen entspricht dem Barwert der blossen Obligation, wie er jeweils aufgrund der den Marktverhältnissen angepassten Originalrendite für die Restlaufzeit resultiert:

- erste Handänderung (2 Jahre und 4 Monate oder 852 Tage vor Verfall):
  (Fr. 1'000.- + Fr. 20.-) : 1.066 = Fr. 956.85
  (Fr. 956.85 + Fr. 20.-) : 1.066 = Fr. 916.35
  (Fr. 916.35 + Fr. 20.-) : $1.066^{(122:365)}$ = Fr. 916.55 (innerer Wert der Obligation nach 2 Jahren und 8 Monaten)

- zweite Handänderung (1 Jahr und 2 1/2 Monate oder 441 Tage vor Verfall) :
(Fr. 1'000.- + Fr. 20.-) : 1.0561 = Fr. 965.80
(Fr. 965.80 + Fr. 20.-) : 1.0561$^{(76:365)}$ = Fr. 974.65 (innerer Wert der Obligation nach 3 Jahren und 9 ½ Monaten)

Steuerbare Einkünfte im Sinne von Art. 20 Abs. 1 Bst. b DBG fallen damit wie folgt an:

- Fr. 916.55 ./. Fr. 831.50 = Fr. 85.05 beim ersten Investor;
- Fr. 974.65 ./. Fr. 916.55 = Fr. 58.10 beim zweiten Investor;
- Fr. 1'000.- ./. Fr. 974.65 = Fr. 25.35 beim dritten und letzten Investor.

Die Verrechnungssteuer wird bei Fälligkeit, d.h. am Ende der fünfjährigen Laufzeit, nicht nur auf dem fünften Coupon von Fr. 20.-- erhoben, sondern auch auf dem Originaldiskont von Fr. 168.50.

Nr. 5

Das kombinierte Produkt mit dem Namen REVEXUS mit einer Laufzeit von drei Jahren wird zu Fr. 10'000.- emittiert. Basiswert des Produktes bilden 31 CSG Namenaktien; der Ausübungspreis wird mit Fr. 322.58 pro Aktie festgelegt. Der Emittent leistet dem Investor jährliche Zahlungen von Fr. 800.-: Bereits bei Emission bezeichnet er einen Anteil davon im Betrag von Fr. 225.- (2,25% pro Fr. 10'000.-) als Zinskomponente, den Anteil von Fr. 575.- (5,75% pro Fr. 10'000.-) als Optionsprämie. Die Rückzahlung der Anlage von Fr. 10'000.- hängt vom Schlussfixierungskurs der CSG Namenaktien bei Verfall ab: Liegt die Schlussfixierung höher als Fr. 322.58 (Ausübungspreis), wird pro Revexus Fr. 10'000.- zurückbezahlt; liegt die Schlussfixierung gleich oder tiefer als Fr. 322.58, erfolgt die physische Lieferung von 31 CSG Namenaktien.

Der Emittent hat im folgenden Fall sein Produkt transparent ausgestaltet und die Überprüfung vorab des Zinssatzes auf der Obligation durch die ESTV ergibt, dass es sich dabei um eine mit Bezug auf Währung, Laufzeit etc. marktkonforme Verzinsung handelt. Die vorliegend im kombinierten Produkt enthaltene Obligation wird zu pari emittiert und weist eine ausschliesslich periodische Verzinsung auf. Der Zinsanteil von Fr. 225.- pro Jahr unterliegt der direkten Bundessteuer und gegebenenfalls der Verrechnungssteuer. Dass der Emittent dem Investor bei Verfall nicht den Nominalwert der Obligation zurückbezahlen muss, sondern seine Schuldverpflichtung mittels physischer Lieferung von 31 CSG Namenaktien erfüllen kann, ist darauf zurückzuführen, dass der Emittent sich mit Revexus vom Investoren eine Put-Option verkaufen liess. Für diese hat er dem Investor einerseits eine Optionsprämie zu bezahlen; andererseits versetzt ihn die Option in die Lage, diese bei Verfall von Revexus auszuüben und damit bei Fälligkeit der Obligation seine Schuldverpflichtung dadurch zu erfüllen, dass er dem Investor die CSG Namenaktien zum vereinbarten Ausübungspreis von Fr. 322.58 pro Aktie liefert (31 Aktien pro Revexus à Fr. 322.58/Aktie = Fr. 10'000.-) und diesen mit dem Guthaben des Investors aus der Obligation verrechnet. Die Optionsprämie, die der Investor in jährlichen Zahlungen vergütet erhält, ist der Teil des spekulativen Geschäftes dieser Anlage, und ist für den privaten Anleger steuerlich nicht beachtlich.

Anhang III zum Kreisschreiben Nr. 15, Stand 3. Oktober 2017

Spezialfälle und Produkteentwicklungen

1 Index- und Basketzertifikate auf Aktien

a) Klassische Index- und Basketzertifikate

Die Index- und Basketzertifikate entsprechen wirtschaftlich einer Investition in die jeweiligen Aktienmärkte (Indexzertifikate) bzw. in speziell zusammengesetzte Aktienkörbe (Basketzertifikate). Sie ermöglichen dem Anleger nach dem Grundsatz der Risikoverteilung eine diversifizierte Anlage im Vermögensbereich Aktien, weshalb ihnen mindestens fünf verschiedene Aktientitel zugrunde liegen müssen, andernfalls ist das Vorliegen eines LEPO zu prüfen (vgl. Ziffer 4 hienach). Dabei bleibt die Zusammensetzung bei klassischen Zertifikaten während der gesamten Laufzeit unverändert. Die Ausgabe erfolgt ohne Nennwert. Der Investor bezahlt den Index- oder Basketstand im Emissionszeitpunkt und erhält bei Verfall des Zertifikates wiederum den aktuellen Index- oder Basketstand ausbezahlt. Mit dem Kauf eines Aktienzertifikates erwirbt der Anleger somit das Recht, an der Wertentwicklung des betreffenden Indexes oder Baskets direkt teilzunehmen. Die Investoren gehen damit die gleichen Chancen und Risiken ein wie bei direkten Investitionen in die den Zertifikaten zugrunde liegenden Aktien. Bei gewissen Zertifikaten verspricht der Emittent dem Anleger neben der vom Verlauf des Indexes oder Baskets abhängigen Rückzahlung eine zusätzliche Leistung. Dabei handelt es sich um Ausgleichszahlungen (in periodischer Form oder als Einmalentschädigung) als (teilweisen) Ersatz für die dem Investor im Vergleich mit einer direkten Aktieninvestition entgehenden Dividenden.

Auch bei der jüngeren Generation von Index- und Basketzertifikaten entwickelt sich der Kurs des Zertifikates exakt mit dem Kurs des Basisinstrumentes (z.B. dem Swiss Market Index), allerdings in der entgegengesetzten Richtung: Fällt der Basiswert, gewinnt das Zertifikat; steigt der Basiswert, fällt der Kurs des Zertifikates. Der Investor spekuliert auf ein Sinken des Basiswertes. Die Chancen und Risiken des Investors sind indessen die gleichen wie bei Zertifikaten, deren Kursverlauf vollumfänglich dem Kursverlauf der Bezugsgrösse entspricht (Spekulation auf ein Ansteigen des Basiswertes). Steuerlich sind die beiden Fälle deshalb gleich zu behandeln.

Eine wirtschaftliche Betrachtung müsste bei Aktienzertifikaten zu einer Qualifikation als (Direkt-) Investition in Aktien führen mit entsprechender steuerlicher Behandlung. Im Sinne einer Ausnahmeregelung werden klassische Index- und Basketzertifikate auf Aktien aber steuerlich als eine eigene Kategorie von Finanzinstrumenten behandelt: Die mit den Zertifikaten erzielten Gewinne und Verluste, die auf den Basiswerten beruhen, gelten (wie bei den übrigen derivativen Finanzinstrumenten) steuerlich als Kapitalgewinne oder Kapitalverluste (Art. 16 Abs. 3 DBG). Allfällige Ausgleichszahlungen stellen steuerbaren Vermögensertrag gemäss Artikel 20 Absatz 1 Buchstabe a DBG dar, dies ungeachtet dessen, ob es sich bei den Ausschüttungen der zugrundeliegenden Aktien um normale Dividenden, Nennwertrückzahlungen oder Rückzahlungen von Reserven aus Kapitaleinlagen handelt. Bei periodischen Zahlungen werden sie nach dem allgemeinen Fälligkeitsprinzip erfasst. Bei Ausgleichszahlungen in Form eines Diskonts bei der Emission oder eines Agios bei der Rückzahlung erfolgt die Besteuerung immer im Zeitpunkt der Rückzahlung. Bei Zertifikaten ohne feste Laufzeit erfolgt die Besteuerung bei Wiederanlage der Erträge, somit i.d.R. jährlich. Bei Zertifikaten auf Performance-Indizes oder -baskets (Total Return) entspricht die Dividendenrendite des Basiswertes dem steuerbaren Vermögensertrag und gilt steuerlich am 31.12. als Wiederanlage.

Die gleiche steuerliche Behandlung gilt bei Einhaltung der gleichen Bedingungen auch für Index- und Basketzertifikate auf Edelmetalle und Rohstoffe.

Die Zertifikate stellen weder steuerbare Urkunden im Sinne des Stempelabgaberechts dar, noch bilden deren Erträge Gegenstand der Verrechnungssteuer.

b) Dynamische Index- und Basketzertifikate auf Aktien

Auch die dynamischen Index- und Basketzertifikate haben in wirtschaftlicher Hinsicht eine Investition in Aktienmärkte oder Aktienkörbe zum Gegenstand. Im Unterschied zu den „klassischen" werden die den „dynamischen" Zertifikaten zugrunde liegenden Werte *aktiv* bewirtschaftet, indem die Zusammensetzung des bei Emission definierten Indexes oder Baskets während der Laufzeit der Papiere geändert werden kann.

Solche Zertifikate sind einkommenssteuerlich als Instrumente der kollektiven Kapitalanlage zu behandeln. Mit Bezug auf die verrechnungssteuerliche und stempelabgaberechtliche Behandlung wird auf Ziffer 3 hienach verwiesen.

Werden indessen die folgenden Bedingungen kumulativ eingehalten und werden dynamische Index- und Basketzertifikate damit (lediglich) *passiv* bewirtschaftet, geniessen sie die gleiche steuerliche Beurteilung wie klassische Zertifikate (vgl. Ziffer 1 Buchstabe a hievor):

1. Die im Index oder Basket enthaltenen Aktien werden während der Laufzeit des Zertifikates nach genau definierten und im voraus festgelegten **objektiven** Kriterien (wie z.B. Marktkapitalisierung, Liquidität, P/E-Ratio usw.) selektioniert und bewirtschaftet.

2. Diese Kriterien sind in den Index- oder Basketspezifikationen festzuhalten und bleiben während der Laufzeit des Zertifikates unverändert.

c) Index- und Basketzertifikate auf Aktien ohne feste Laufzeit (open end)

Im Unterschied zu den klassischen und dynamischen Index- und Basketzertifikaten auf Aktien ist die Laufzeit dieser Zertifikate unbefristet. Solche Zertifikate werden nur dann als Termingeschäfte im Sinne des Kreisschreibens Nr. 15, Ziffer 2.2.2., qualifiziert, wenn sie dem Investor ein jährliches Kündigungsrecht einräumen. Sind die übrigen Kriterien der klassischen oder der dynamischen Index- und Basketzertifikate erfüllt, richtet sich die steuerliche Behandlung nach Ziffer 1 Buchstabe a) oder b) hievor.

2 Index- und Basketzertifikate auf Obligationen oder Geldmarktpapiere (Bond-Zertifikate)

Mit Bond-Zertifikaten engagieren sich Investoren in Obligationenmärkten. Die Referenztitel bleiben während der Laufzeit der Zertifikate in der Regel unverändert. Der Ausgabepreis der Zertifikate entspricht dem Gegenwert der im Index oder Basket enthaltenen Bonds. Bei Verfall dieser Zertifikate hat der Anleger, nach Abzug der Transaktionskosten, Anspruch auf Rückzahlung

a) des aktuellen Verkaufspreises der den Zertifikaten als Basiswert zugrunde gelegten Obligationen oder Geldmarktpapiere (inkl. allfällige in den Basiswert reinvestierte Zinsen resp. die in diesem Zeitpunkt aufgelaufenen Zinsen), sowie

b) der während der Laufzeit der Zertifikate auf diesen Obligationen oder Geldmarktpapieren ausbezahlten Zinsen.

Der Zertifikatsinhaber trägt die gleichen Risiken und Chancen eines steigenden allgemeinen Zinsniveaus und/oder sinkender Wechselkurse wie ein gewöhnlicher Obligationär. Die Tatsache, dass sich Bond-Zertifikate auf Obligationen oder Geldmarktpapiere beziehen, impliziert für den Investor, dass er damit in gleicher Weise einen Anspruch auf Rückzahlung seiner Investition erhält, wie wenn er direkt in das Underlying investiert hätte. Bondzertifikate qualifizieren damit selber als Obligationen und unterliegen der entsprechenden Besteuerung (vgl. Kreisschreiben Nr. 15, Ziffern 3.1. ff.). Für die Zwecke der Stempelabgaben ist nicht die Laufzeit des Basiswertes, sondern diejenige des Zertifikats entscheidend.

3 Index- und Basketzertifikate auf ausschüttende oder thesaurierende kollektive Kapitalanlagen

Den Basiswert dieser Zertifikate bilden eine oder mehrere kollektive Kapitalanlagen gemäss Kollektivanlagegesetz vom 23. Juni 2006 (KAG). Der Ausgabe- und Rückgabepreis der Zertifikate entspricht dem Reinvermögenswert (Net Asset Value) der Basiswerte. Im Unterschied zu den klassischen Basketzertifikaten erfolgt die (aktive) Bewirtschaftung der Basiswerte in diesen Fällen durch die Fondsleitungen der jeweiligen kollektiven Kapitalanlagen nach den Bestimmungen des Fondsreglements und dem Ermessensspielraum der Fondsleitungen.

Der Investor partizipiert damit wirtschaftlich wie ein Anteilsinhaber im vollen Umfang an der Entwicklung der im Zertifikat gebündelten kollektiven Kapitalanlagen. In der Folge richtet sich die steuerliche Behandlung von Index- und Basketzertifikaten auf kollektive Kapitalanlagen nach den Regeln, die für Instrumente der kollektiven Kapitalanlagen gelten.

Konkret bedeutet dies, dass sowohl die Ausschüttungen als auch die thesaurierten Gewinne der kollektiven Kapitalanlagen beim Zertifikatsinhaber alljährlich der direkten Bundessteuer unterliegen (Art. 20 Abs. 1 Bst. e DBG), es sei denn, die Ausschüttungen oder thesaurierten Gewinne stammen aus Kapitalgewinnen der kollektiven Kapitalanlagen. Als Kapitalgewinne sind sie dann steuerfrei (Art. 16 Abs. 3 DBG), wenn sie im Falle der Ausschüttung mittels separater Coupons erfolgen und wenn die Fondsbuchhaltung in beiden Fällen eine klare Unterscheidung zwischen (steuerfreien) Kapitalgewinnen und (steuerbaren) Vermögenserträgen zulässt. Gewinne aus dem Verkauf von Zertifikaten gelten steuerlich ebenfalls als Kapitalgewinne. Bei Verfall oder Kündigung der Zertifikate durch die Emittentin unterliegt das Liquidationsbetreffnis in dem Umfang der direkten Bundessteuer, als dieses die Auszahlung von noch nicht besteuerten Vermögenserträgen umfasst.

Das KAG zählt die Formen der kollektiven Kapitalanlagen abschliessend auf (vgl. Art. 7 bis 9 KAG). Diese Aufzählung umfasst die strukturierten Produkte grundsätzlich nicht. Da Artikel 4 Absatz 1 Buchstabe c VStG explizit Bezug auf das KAG nimmt, besteht für die Erhebung der Verrechnungssteuer auf Erträgen der von einem Inländer ausgegebenen Index- und Basketzertifikate auf kollektive Kapitalanlagen in der Regel keine Rechtsgrundlage. Vorbehalten bleiben Fälle von Steuerumgehungen.

Die gleiche Ausgangslage besteht im Bereich der Stempelabgaben. Der revidierte Artikel 13 Absatz 2 Buchstabe a StG nimmt ebenfalls direkt Bezug auf das KAG, was zur Folge hat, dass die von einem Inländer ausgegebenen Index- und Basketzertifikate auf kollektive Kapitalanlagen keine steuerbaren Urkunden im Sinne des Stempelabgabenrechts darstellen.

Demgegenüber qualifizieren die von einem Ausländer ausgegebenen Basketzertifikate auf kollektiven Kapitalanlagen als steuerbare Urkunden, weshalb sowohl Primär- als auch Sekundärmarkttransaktionen gestützt auf Artikel 119 KAG und Artikel 13 Absatz 2 Buchstabe b StG Gegenstand der Umsatzabgabe sind.

Sofern der in- oder ausländische Emittent oder Vertreiber solcher Index- und Basketzertifikate der ESTV alljährlich die aggregierten Vermögenserträge und Kapitalgewinne bzw. – verluste mitteilt und die entsprechenden Jahresrechnungen einreicht, damit die ESTV die Unterscheidung zwischen Vermögenserträgen und Kapitalgewinnen überprüfen und die Betreffnisse in der Kursliste publizieren kann, unterliegen einzig die Vermögenserträge der direkten Bundessteuer. Andernfalls erfolgt eine Veranlagung nach Ermessen.

Dies bedeutet, dass der Veranlagung eine marktgerechte Rendite (unter Berücksichtigung der Anlageklassen, in welche das Zertifikatsvermögen angelegt ist) auf dem Nettoanlagevermögen (NAV, Net Asset Value) per Abschlussdatum zugrunde gelegt wird.

4 Low Exercise Price Options (LEPO) und Mini-Futures auf Aktien, Edelmetalle und Rohstoffe

a) Low Exercise Price Options (LEPO)

LEPO sind Call-Optionen auf Aktien mit Ausübungspreis sehr nahe bei null. Sie werden deshalb auch als atypische, weil im Voraus finanzierte Termingeschäfte aufgefasst (vgl. Kreisschreiben Nr. 15, Ziffer 2.2.3.). Gemäss Praxis der ESTV liegt ein LEPO dann vor, wenn der Basiswert im Emissionszeitpunkt zu mindestens 50 Prozent im Voraus finanziert wird, d.h. wenn im Zeitpunkt der Emission des LEPO der Ausübungspreis weniger als 50 % des Werts des Basiswerts beträgt. LEPO werden auf Diskontbasis emittiert und sehen während ihrer Laufzeit keine Zahlungen an den Investor vor. Bei Verfall der LEPO kommt es in der Regel zur physischen Lieferung des Basiswertes.

Aus verwaltungs- und verfahrensökonomischen Gründen werden die Zinskomponenten von LEPO mit *Laufzeiten von nicht mehr als zwölf Monaten* auf Zusehen hin steuerfrei belassen. Bei *überjährigen* Laufzeiten werden hingegen die Zinskomponenten im Zeitpunkt der Rückzahlung bzw. Ausübung als steuerbarer Vermögensertrag gemäss Artikel 20 Absatz 1 Buchstabe a DBG erfasst. Mangels gesetzlicher Grundlage wird keine Verrechnungssteuer erhoben und fällt bei der Ausgabe der LEPO auch keine Emissionsabgabe an. Jedoch unterliegen überjährige LEPO auf Aktien im Sekundärmarkt der Umsatzabgabe, da sie als „Unterbeteiligungen" an Aktien im Sinne von Artikel 13 Absatz 2 Buchstabe c StG qualifizieren.

Den LEPO steuerlich gleichgestellt werden Aktienzertifikate auf weniger als fünf Aktien.

b) Mini-Futures auf Aktien, Edelmetalle und Rohstoffe

Grundsätzlich ermöglichen Mini-Futures eine volle Partizipation an der Kursentwicklung des Basiswerts, wobei sowohl auf steigende (Mini Long) als auch auf fallende Kurse (Mini Short) gesetzt werden kann. Da sie keinen Volatilitätseinflüssen unterliegen, wird die Performance des Basiswerts zudem linear abgebildet. Mini-Futures weisen in der Regel eine unbegrenzte Laufzeit (open end) auf, sind aber mit einer Sicherheitsbarriere (Stop-Loss-Level) ausgestattet, welche garantiert, dass der maximale Verlust stets auf das investierte Kapital beschränkt bleibt (keine Nachschusspflicht). Wird nämlich die Sicherheitsbarriere eines Mini-Futures erreicht, so wird die Position automatisch aufgelöst und der Restwert an die Investoren rückvergütet. Ein wichtiges Merkmal von Futures-Kontrakten ist der grösstenteils fremdfinanzierte (Termin-) Kauf des jeweiligen Basiswerts. Beim Erwerb des Mini-Futures wird von den Anlegern regelmässig nur ein geringer Teil des Kaufpreises aus eigenen Mitteln aufgebracht, der überwiegende Teil der Investition wird kreditfinanziert. Dadurch entsteht ein Hebel (Leverage), der eine überproportionale Partizipation an der Entwicklung des Basiswerts zur Folge hat. So kann beispielsweise mit einem Mini-Future, welcher im Zeitpunkt der Emission einen Hebel von 5 aufweist, bei einem Kursanstieg des Basiswerts von 1 % eine Wertsteigerung von 5 % erzielt werden. Weil der Hebel in beide Richtungen wirkt, kann es bei fallenden Kursen entsprechend aber auch zu einem überproportionalen Wertverlust kommen.

In steuerlicher Hinsicht ist grundsätzlich dann von einem echten Future-Kontrakt und somit von einem Termingeschäft im Sinne des Kreisschreibens Nr. 15, Ziffer 2.2.2. auszugehen, wenn der Hebel im Zeitpunkt der Emission mindestens 4 beträgt. Ein späteres Unterschreiten dieses Hebels aufgrund der Kursentwicklung des Basiswerts ist steuerlich nicht relevant. Liegt hingegen kein echtes Termingeschäft vor, insbesondere weil der Hebel im Zeitpunkt der Emission weniger als 4 beträgt, hängt die Besteuerung des Finanzinstruments entscheidend von der Kontraktlaufzeit ab: Aus verwaltungs- und verfahrensökonomischen Gründen werden die Zinskomponenten bei *Laufzeiten von nicht mehr als zwölf Monaten* auf Zusehen hin steuerfrei belassen. Bei *überjährigen und unbegrenzten* Laufzeiten werden hingegen die Zinskomponenten bei Verfall bzw. bei Erreichen der Sicherheitsbarriere (vorzeitiges Auflösen der Position) als steuerbarer Vermögensertrag gemäss Artikel 20 Absatz 1 Buchstabe a DBG erfasst. Die Höhe der steuerbaren Zinskomponente wird basierend auf einem marktgerechten Zinssatz ermittelt. Darunter ist die LIBOR- bzw. Swaprate in der entsprechenden Währung und für die entsprechende Laufzeit zu verstehen.

Mangels gesetzlicher Grundlage wird keine Verrechnungssteuer erhoben. Jedoch unterliegen überjährige (Mini-) Futures auf Aktien (im Gegensatz zu solchen auf Rohstoffe), die nicht als echte Termingeschäfte qualifizieren, im Sekundärmarkt der Umsatzabgabe, da sie als „Unterbeteiligungen" auf Aktien im Sinne von Artikel 13 Absatz 2 Buchstabe c StG gelten.

c) Termingeschäfte mit Zinsen als Basiswert

Unterjährige Laufzeit: Bei Produkten ohne garantierte Zahlungen und mit Laufzeiten von nicht mehr als zwölf Monaten gelten die erzielten Gewinne und Verluste (wie bei den übrigen derivativen Finanzinstrumenten) – auf Zusehen hin – als steuerfrei. Bei Vorausfinanzierungsgraden, die höher als 25% sind, wird die Zinskomponente besteuert. Als Bemessungsgrundlage gilt der Emissionspreis. Die steuerbare Zinskomponente wird aufgrund der Währung und Laufzeit des Produktes mittels entsprechender Libor-Rate ermittelt, gegebenenfalls unter Berücksichtigung eines schuldnerspezifischen Risikozuschlags.

Überjährige Laufzeit: Bei Produkten mit Laufzeiten von mehr als zwölf Monaten unterliegt die Zinskomponente unabhängig vom Vorausfinanzierungsgrad der Besteuerung. Als Bemessungsgrundlage gilt der Emissionspreis. Die steuerbare Zinskomponente wird aufgrund der Währung und Laufzeit des Produktes mittels entsprechender Swap-Rate ermittelt, gegebenenfalls unter Berücksichtigung eines schuldnerspezifischen Risikozuschlags. Sekundärmarkttransaktionen unterliegen grundsätzlich der Umsatzabgabe (Art. 13 Abs. 2 Bst. c StG).

5 Spezialfälle im Bereich der Reverse Convertibles

a) Reverse Convertibles auf Aktien, Edelmetalle und Rohstoffe ohne garantierte Zahlungen und mit Laufzeiten von nicht mehr als zwölf Monaten

Im Unterschied zu den im Kreisschreiben Nr. 15 genannten Reverse Convertibles (RC) enthalten die unter der Bezeichnung Discount Certificate (nachfolgend Diskont-Zertifikat) etc. emittierten Produkte keine garantierten Zahlungen seitens des Emittenten und haben Laufzeiten von nicht mehr als zwölf Monaten. Aufgrund einer wirtschaftlichen Betrachtungsweise steht bei diesen RC aus der Sicht des Investors nicht die Kapitalanlage, sondern der Kauf des Basiswertes (Aktie, Index) im Vordergrund. Als atypische, nämlich im Voraus finanzierte Termingeschäfte sind sie damit mit den bis anhin steuerfrei belassenen LEPO vergleichbar. Entsprechend erfolgt die Emission auf Diskontbasis. Die Differenz zwischen aktuellem Verkehrswert des Basiswertes und Emissionspreis des fraglichen Produkts umfasst eine (steuerfreie) Zinskomponente für die Vorausfinanzierung des Basiswertes sowie eine Optionsprämie für das Schreiben einer Call-Option. Die vom Investor dem Emittenten verkaufte Call-Option sichert dem Emittenten das Recht, dem Investor den zu liefernden Basiswert gegebenenfalls zum Ausübungspreis wiederum abnehmen zu können. Anstelle der physischen Lieferung des Basiswertes kann auch ein Barausgleich vorgesehen werden (Cash-Settlement).

Die mit Diskont-Zertifikaten ohne garantierte Zahlungen und mit Laufzeiten von nicht mehr als zwölf Monaten erzielten Gewinne und Verluste gelten (wie bei den übrigen derivativen Finanzinstrumenten) – auf Zusehen hin – als steuerfrei.

Nichts ändert sich an der steuerlichen Behandlung dieser RC, wenn sie – zurückzuführen auf weitere Optionsstrategien – z.B. zusätzlich:

- den Investor bis zu einem bestimmten Punkt (Cap) doppelt vom Kursanstieg des dem Produkt zugrunde liegenden Basiswertes profitieren lassen (sog. „Bull-Call-Spread");
- dem Investor für den Fall einer negativen Kursentwicklung innerhalb einer gewissen Spanne eine Rückzahlungsgarantie einräumen (bedingter Kapitalschutz), allenfalls unterhalb der Verlustschwelle immer eine bessere Rendite als der entsprechende Basiswert versprechen (beschränkter Kapitalschutz).

Diese Reverse Convertibles stellen weder steuerbare Urkunden im Sinne des Stempelabgabenrechts dar noch sind deren Erträge Gegenstand der Verrechnungssteuer.

b) Überjährige Reverse Convertibles mit bedingtem Kapitalschutz (Barrier Reverse Convertibles)

Die im Markt anzutreffenden, als Certificate Plus bezeichnete Produkte mit mehr als einjähriger Laufzeit kombinieren grundsätzlich wie beim gewöhnlichen RC Anlage- und Optionsgeschäft. Diese RC-Varianten werden aber mit sog. „Down-and-In-Puts" (exotische Option) emittiert: Darunter sind Put-Optionen zu verstehen, die erst bei Erreichen oder Unterschreiten eines bestimmten Aktienkurses („Kick-In Level") aktiviert werden. Der Einsatz einer Down-and-In- Put-Option mit einem „Kick-In Level" von beispielsweise 70 Prozent des Ausübungspreises anstelle einer herkömmlichen Put-Option ändert den Rückzahlungsmodus des Produkts: Notiert die Aktie bei Verfall unter dem Ausübungspreis, wird der Titel nur dann geliefert, wenn der Kurs während der Laufzeit mindestens einmal den „Kick-In Level" erreicht oder unterschritten hat. Der Anleger wählt damit eine defensivere Strategie als bei einem herkömmlichen RC, indem er einen bedingten Kapitalschutz erhält. Angeboten werden zudem RC, bei denen der Anleger auch an einer Aufwärtsbewegung der Aktie partizipieren kann, indem zusätzliche Optionskontrakte (Call-Optionen) abgeschlossen werden. Werden die Barrieren (unter Berücksichtigung der Volatilität des Basiswertes) zu tief angesetzt, resultiert ein faktischer Kapitalschutz und entfällt die Möglichkeit zur Aufteilung der Entschädigung in eine Zinskomponente und Optionsprämie.

c) Überjährige Reverse Convertibles mit bedingtem Kapitalschutz, bedingten ansteigenden Coupons und vorzeitiger Rückzahlungsmöglichkeit

Auch die unter den Bezeichnungen wie Step-up-, Autocall-, Callable Return-, Callable Yield- oder Express-Zertifikate emittierten Produkte kombinieren wie die gewöhnlichen RC Anlage- und Optionsgeschäfte. Anstelle von herkömmlichen Put-Optionen kommen auch bei dieser Kategorie exotische Optionen (Down-and-In-Puts) zum Einsatz. Die Step-up-Produkte charakterisieren sich neben einem bedingten Kapitalschutz (Schutzpuffer, der zum Teil deutlich unter dem Kurs des Basiswertes bei Emission liegt) durch jährlich ansteigende Coupons sowie durch zusätzliche Call-Optionen, die dem Emittenten das Recht einräumen, die Produkte vorzeitig zurückzukaufen. Die spezifische Kombination von Anlage- und Optionsgeschäften führt zu folgender Funktionsweise: Als Basiswert für die Optionskontrakte dient meistens ein Aktienindex (bzw. mehrere Aktienindizes), wobei der Indexstand bei Emission als Startniveau definiert wird. Der Emittent legt dann für die gesamte Laufzeit i.d.R. jährliche Beobachtungs- oder Bewertungszeitpunkte fest und bestimmt die Höhe des Coupons. Liegt der Basiswert am ersten Beobachtungstag auf oder über dem Startniveau, wird das Produkt sofort zurückbezahlt und der Anleger erhält sein ursprünglich investiertes Kapital und den im Voraus festgelegten Coupon ausbezahlt. Liegt hingegen der Basiswert unter dem Startniveau, läuft das Produkt bis zum nächsten Beobachtungszeitpunkt weiter. Sollte jetzt der Basiswert am oder über dem Startniveau notieren, erhält der Anleger das eingesetzte Kapital zuzüglich des doppelten Coupons zurückbezahlt. Ist dies erneut nicht der Fall, läuft das Zertifikat wiederum bis zum nächsten Beobachtungszeitpunkt, usw. – unter Umständen bis zum Endverfall. Üblicherweise haben Step-up-Produkte eine Laufzeit von vier bis fünf Jahren. Tritt der Fall ein, dass der Basiswert auch am letzten Beobachtungstag das Startniveau nicht erreicht, führt dies zur Aktivierung des bedingten Kapitalschutzes. Wird bei Verfall die Schutzbarriere des Basiswerts unterschritten, realisiert der Anleger den Wertverlust des Basiswerts. Bei mehreren Basiswerten bemisst sich die Rückzahlung nach dem Basiswert, der die schlechteste Performance aufweist (sog. „Rainbow-Option").

Nebst der klassischen Form gibt es noch weitere Varianten von Step-up-Produkten. Beispielsweise defensivere Strategien, bei denen der Basiswert am jeweiligen Beobachtungstag nicht sein Startniveau, sondern bloss einen – zum Beispiel um 20 Prozent – darunter liegenden Wert erreichen muss.

Im Unterschied zu den herkömmlichen RC mit im Voraus festgelegten, garantierten und periodisch ausgerichteten Coupons werden bei der RC-Variante nach Buchstabe b) in aller Regel keine garantierten Coupons ausbezahlt. Dies führt dazu, dass der Anlageteil als Obligation mit ausschliesslicher Einmalverzinsung qualifiziert wird. Bei der RC-Variante nach Buchstabe c) gelten die von Jahr zu Jahr ansteigenden bedingten Coupons steuerlich als Kapitalgewinne. Auch hier liegen folglich Obligationen mit ausschliesslicher Einmalverzinsung vor. Da Anlage und Optionsteil nicht getrennt handelbar sind, unterliegen die RC-Varianten gemäss Buchstaben b) und c) der modifizierten Differenzbesteuerung.

Die besonderen RC-Varianten gemäss Buchstaben b) und c) hievor werden verrechnungssteuerlich und stempelabgaberechtlich gleich behandelt wie die gewöhnlichen RC (vgl.

Kreisschreiben Nr. 15, Ziffer 2.3.3. i.V.m. Ziffer 3.6.). Die Steuerfolgen bleiben deshalb immer dieselben, weil RC zu den transparenten kombinierten Finanzinstrumenten gehören und sich die Höhe der steuerlich relevanten, marktkonformen Verzinsung der Obligation durch den Einsatz von exotischen und/oder zusätzlichen Optionen nicht verändert. Für die Bestimmung der marktkonformen Verzinsung bei Produkten mit vorzeitiger Rückzahlungsmöglichkeit ist stets die maximal mögliche Laufzeit entscheidend.

6 Spezialfälle im Bereich der kapitalgarantierten Derivate

Strukturierte Produkte mit Kapitalschutz bestehen aus einer festverzinslichen Anlage (Obligation, Geldmarktpapier) und einer (oder mehreren) Option(en). Der garantierte Rückzahlungsbetrag entspricht dem Nennwert des Anlageteils, wobei die garantierte Rückzahlung auch unter dem investierten Betrag liegen kann (vgl. Kreisschreiben Nr. 15, Ziffer 2.3.1.).

a) Obligationen mit bedingten Coupons

Kapitalgeschützte Produkte können vorsehen, dass ausschliesslich oder teilweise von der Wertentwicklung eines Basiswertes (Aktien) abhängige jährliche Zahlungen an den Investor erfolgen. So können beispielsweise die jährlichen Zahlungen an den Investor von der Entwicklung des vom Emittenten zusammengestellten Aktienbaskets abhängen und sich innerhalb einer Bandbreite zwischen null Prozent und einem gegen oben fixierten Prozentsatz bewegen. Denkbar ist auch, dass der Emittent eine bestimmte Mindestverzinsung des Kapitals garantiert und darüber erst bei Verfall der Obligation auf der Grundlage der effektiv erfolgten, basiswertbezogenen jährlichen Zahlungen abgerechnet wird. Nach einer weiteren Variante werden in den ersten zwei Jahren der Laufzeit jährliche Zahlungen noch garantiert; in den Folgejahren hängen die periodischen Zahlungen aber wiederum von der Entwicklung eines Basiswertes ab. Schliesslich kommt es auch vor, dass der Emittent eine jährliche Mindestverzinsung des Kapitals während der ganzen Laufzeit garantiert; darüber hinausgehende weitere Entschädigungen hängen wiederum von der Entwicklung eines Basiswertes ab.

Die beschriebenen Produktemechanismen sind das Resultat einer Kombination von gemischter Diskontobligation, gemischter globalverzinslicher Obligation oder Zerobond und Option(en). Die sog. bedingten Coupons ergeben sich aus der (bzw. den) vom Investor erworbenen Call-Option(en). Aus ihr (bzw. ihnen) resultierende Zahlungen stellen im Privatvermögen steuerfreie Kapitalgewinne dar. Die im Voraus garantierten, fixen Zahlungen qualifizieren dagegen als steuerbarer Vermögensertrag. Zur rechnerischen Bestimmung, ob der Anlageteil überwiegend einmalverzinslich ist oder nicht, können nur die garantierten Geldflüsse herangezogen werden, und zwar zum jeweiligen Zeitpunkt, in welchem der Investor seinen Rechtsanspruch durchsetzen kann. Dabei ist die Summe der Barwerte der garantierten Zahlungen während der Laufzeit der Einmalentschädigung gegenüberzustellen. Auch kapitalgeschützte strukturierte Produkte, die in Kombination mit entsprechender Optionsgestaltung zu sog. bedingten Couponzahlungen führen, gelten im Sinne des Kreisschreibens Nr. 15 als transparent und es finden die entsprechenden Regeln gemäss Ziffer 3.4. Anwendung.

b) Obligationen in Kombination mit exotischen Optionen

Kapitalgeschützte Produkte können auch mit sog. exotischen Optionen kombiniert sein. Im Gegensatz zu gewöhnlichen Call- und Put-Optionen („Plain-Vanilla Options") gelten für exotische Optionen zusätzliche Bedingungen und Vereinbarungen. Aufgrund ihrer besonderen Ausgestaltung kann der Kursverlauf markant von demjenigen gewöhnlicher Optionen abweichen.

Als Beispiele können die sog. *„Barrier Options"* und *„Digital"* oder *„Binary Options"* genannt werden: Bei ersteren werden Kaufs- und Verkaufsrechte erst aktiviert, wenn der Kurs des Basiswertes innerhalb eines bestimmten Zeitraums eine festgelegte Grenze („Barrier") erreicht (sog. „Knock-in" oder „Kick-in" Barrier Options). Bei „Knock-out" oder „Kick-out" Barrier Options erlöschen hingegen die Kaufs- und Verkaufsrechte, wenn der Kurs des Basiswertes innerhalb dieses Zeitraums die festgelegte Grenze erreicht. „Double-Barrier Options" haben einen oberen und einen unteren Grenzpunkt und können als „Knock-in" und als „Knock-out" Barrier Options vorkommen. *Digital oder Binary Options* können als Formen der sog. „Payout Optionen" genannt werden. Payout Optionen geben Anspruch auf einen im Voraus fixierten, festen Betrag. Bei einer Digital oder Binary Option erfolgt die Auszahlung, wenn der Kurs des Basiswertes während eines bestimmten Zeitraums einmal („One-Touch Digital Option") oder genau am Verfalltag („All-or-Nothing Option") einen festgelegten Wert erreicht. Die Auszahlung des Betrags erfolgt bei der One-Touch Digital Option entweder sofort bei Erreichen der „Barrier" oder erst am Verfalltag („Lock-in Option"). Bei einer „Lock-out Option" kommt der fixierte Betrag nur zur Auszahlung, wenn der Kurs des Basiswertes während eines bestimmten Zeitraums eine gesetzte „Barrier" nicht erreicht.

Auch kapitalgeschützte strukturierte Produkte, die mit exotischen Optionen untrennbar kombiniert sind, gelten im Sinne des Kreisschreibens Nr. 15 als transparent. Sämtliche Zahlungen, die aus der Optionenanlage resultieren, sind im Privatvermögen steuerlich unbeachtlich. Und es finden auch für diese Produkte die Regeln gemäss Ziffer 3.4. des Kreisschreibens Nr. 15 Anwendung.

7 Obligationen mit "Money back" Optionen

Optionsanleihen, bei denen die Option nicht nur auf den Bezug des Basiswertes lautet, sondern alternativ den Anspruch auf eine Geldsumme gibt, werden grundsätzlich steuerlich wie Anleihen ohne alternativen Baranspruch behandelt. Wird allerdings der Geldanspruch geltend gemacht, stellt dieser im Zeitpunkt der Ausübung vollumfänglich steuerbaren Zinsertrag gemäss Artikel 20 Absatz 1 Buchstabe a DBG dar und unterliegt im Falle eines inländischen Schuldners der Verrechnungssteuer gemäss Artikel 4 Absatz 1 Buchstabe a VStG.

8 Wandelanleihen mit Put-Option zwecks vorzeitiger Rückzahlung

Die Put-Option räumt dem Gläubiger das unwiderrufliche Recht ein, an einem bestimmten Stichtag – u.U. mehrere Jahre vor dem Ablauf der Originallaufzeit – die vorzeitige Rückzahlung zu einem über dem Emissionspreis liegenden Wert zu verlangen. Solche Wandelanleihen gelten immer als nicht-klassisch (vgl. Ziffer 2.3.2. des Kreisschreibens Nr. 15).

Entgegen den in der 1. Auflage dieses Anhangs III gemachten Ausführungen, ist die Put-Option bei der Frage, ob es sich um eine einmalverzinsliche Anleihe handelt oder nicht, irrelevant. Dies deshalb, weil im System einer transparenten Besteuerung nur die Eckwerte der Bondkomponente steuerlich massgebend sind. Es finden deshalb auch für diese Wandelanleihen die Regeln gemäss den Ziffern 3.4., 3.4.1. sowie 3.4.2. des Kreisschreibens Nr. 15 Anwendung.

9 Strukturierte Kredit- und Schadenderivate

Im Bereich der Kredit- und Schadenderivate kann ebenfalls zwischen strukturierten (kombinierten) und nicht strukturierten (reinen) Produkten unterschieden werden. Basiswert der Kreditderivate bilden eine oder mehrere Kreditrisiken. Kreditderivate sind Finanzinstrumente, die sich je nach Ausgestaltung zur Übertragung eines Ausfallrisikos, eines Rating- oder des gesamten Spreadrisikos eignen. Basiswert der Schadenderivate bilden Naturkatastrophen oder durch sie verursachte Schäden (Erdbeben, Hagel, Wirbelstürme usw.). Mit Schadenderivaten werden solche Risiken übertragen. Für die reinen Kreditderivate (Credit Default Swap, Total Return Swap, Spread-Optionen und Spread-Forwards) und die reinen Schadenderivate kann auf Ziffer 2.2. des Kreisschreibens Nr. 15 verwiesen werden.

Die strukturierten Kredit- und Schadenderivate kombinieren eine Obligation mit einem Termingeschäft (Credit/Insurance-Default-Swap). Solche Produkte, bekannt unter der Bezeichnung „Credit Linked Notes" bzw. „Insurance Linked Securities", charakterisieren sich dadurch, dass der Emittent (= Sicherungskäufer) ein genau bezeichnetes Kredit- oder Schadensrisiko (= Basiswert) gegen Entschädigung (= Risikoprämie) auf den Anleger (= Sicherungsverkäufer) überträgt und sich gleichzeitig durch Verkauf einer Obligation mit gleicher Laufzeit für den Kreditausfall bzw. den Schadenseintritt absichert. Solange kein Kreditausfall bzw. Schaden eintritt, hat der Anleger Anspruch auf Verzinsung und Rückzahlung seiner Obligation. Kommt es hingegen zum definierten Kreditausfall oder Schadenseintritt, ist der Sicherungskäufer berechtigt, den entsprechenden finanziellen Schaden auf den Sicherungsverkäufer zu überwälzen.

Kredit- und Schadenderivate weisen dieselbe Struktur auf wie RC ohne Kapitalschutz (vgl. Ziffer 2.3.3.1. des Kreisschreibens Nr. 15). Indessen erfahren nur die Schadenderivate dieselbe steuerliche Behandlung (vgl. 3.6. des Kreisschreibens Nr. 15). Bei strukturierten Kreditderivaten ist die Risikoprämie mit dem Bonitätsrisiko des übertragenen Kreditrisikos gleichzusetzen, welches sich in einer höheren Verzinsung niederschlägt. Dies hat zur Folge, dass sämtliche Entschädigungen im Bereich von Credit Linked Notes steuerbaren Obligationenertrag darstellen (vgl. Ziffer 3.1. und 3.2. des Kreisschreibens Nr. 15).

10 Aufstockungen von inländischen und ausländischen Anleihensobligationen

Per 1. Januar 2001 wurde Artikel 14 Absatz 2 VStV ersatzlos aufgehoben. Diese Bestimmung besagte, dass die Verrechnungssteuer auf Vorausvergütungen, die u.a. bei der Ausgabe von Obligationen abgezogen werden und verteilt auf jedes volle Jahr der vertraglichen Mindestlaufzeit nicht mehr als ein halbes Prozent des Nennwertes ausmachen, nicht erhoben wird. Die Streichung dieser Bestimmung erwies sich für Anleihensaufstockungen als problematisch. Bei Anleihensaufstockungen werden die Eckwerte der Grundanleihe (Zinssatz der jährlichen Couponzahlungen, Laufzeit der Anleihe, Rückzahlungsbetrag und Stückelung) übernommen. Dieses Vorgehen entspricht internationaler Usanz, und so geben alle Informationssysteme wie Bloomberg, Reuters, etc. auch im Falle von aufgestockten Anleihen ausschliesslich über die Eckdaten der Grundanleihe Auskunft. Im Rückzahlungszeitpunkt kann in der Folge zwischen der zu pari ausgegebenen Grundanleihe und der unter pari emittierten Aufstockungstranche nicht mehr unterschieden werden. Damit kann die Verrechnungssteuer im Rückzahlungszeitpunkt nicht auf den Gläubiger überwälzt werden, womit beim Emittenten eine Aufrechnung ins Hundert erfolgt.

Bei Aufstockungen mit Emissionsdisagi, die mehr betrugen als ein halbes Prozent des Nennwertes pro Jahr der verbleibenden Laufzeit, war ein Emittent bereits vor Aufhebung von Artikel 14 Absatz 2 VStV gezwungen, die mangels Überwälzung ins Hundert aufgerechnete Verrechnungssteuer zu tragen (seltene Fälle). Solange Artikel 14 Absatz 2 VStV in Kraft war, bestand für die Anleihensemittenten zumindest die Möglichkeit, eine mangels Überwälzung ins Hundert aufgerechnete Verrechnungssteuerbelastung zu vermeiden, indem nur solche Anleihen aufgestockt wurden, die in den Anwendungsbereich von Artikel 14 Absatz 2 VStV fielen. Je nach steuerlicher Situation im Ausland scheinen demgegenüber ausländische Emittenten Aufstockungstranchen mit beträchtlichen Emissionsdisagi geradezu systematisch zu emittieren. Damit ist die direktsteuerliche Erfassung dieser Vermögenserträge offensichtlich gefährdet.

Die ESTV hat deshalb rückwirkend auf den 1. Januar 2001 für den Bereich der Aufstockungen folgende Praxis festgelegt:

- Werden inländische Anleihen, die zu oder über pari emittiert und zu pari zurückbezahlt werden, aufgestockt und beträgt das Emissionsdisagio der Aufstockungstranche nicht mehr als ein halbes Prozent pro Jahr der Restlaufzeit (sog. Toleranzgrenze), wird auf die Erhebung der Verrechnungssteuer verzichtet. Diese Praxis gilt in analoger Weise für die direkte Bundessteuer. Bei der Ermittlung der Toleranzgrenze werden nicht nur ganze, sondern auch angebrochene Jahre berücksichtigt, und zwar taggenau. In allen anderen Fällen qualifiziert das gewogene Mittel der Emissionsdisagi von Erstemission und Aufstockung(en) bei Rückzahlung der Anleihe sowohl verrechnungssteuerrechtlich wie auch einkommenssteuerrechtlich als relevanter Ertrag, welcher in der Kursliste der ESTV publiziert wird.

- Für ausländische Anleihen gilt: Aufstockungen von Anleihen, die zu oder über pari emittiert und zu pari zurückbezahlt werden und deren Emissionsdisagi nicht mehr als ein halbes Prozent pro Jahr der Restlaufzeit betragen, profitieren in gleicher Weise von der Steuerfreiheit dieser Emissionsdisagi wie die inländischen Aufstockungen.

Grundanleihen, die vor dem 1. Januar 2001 emittiert wurden und in den Anwendungsbereich von Artikel 14 Absatz 2 VStV fielen, werden im Rahmen dieser ab 1. Januar 2001 geltenden Regelung wie zu pari emittierte Anleihen behandelt. Aufstockungen solcher Grundanleihen kommen deshalb ebenfalls in den Genuss der rückwirkend vorzunehmenden Praxisfestlegung.

☞ *Das Gutachten «Bond Floor Pricing» ist nicht enthalten.*

Indirekte Teilliquidation

Quelle: Eidg. Steuerverwaltung ESTV/HA Direkte Bundessteuer, Verrechnungssteuer, Stempelabgaben

Direkte Bundessteuer

Bern, 6. November 2007

Kreisschreiben Nr. 14

Verkauf von Beteiligungsrechten aus dem Privat- in das Geschäftsvermögen eines Dritten („indirekte Teilliquidation")

1. Einleitung

Mit dem Bundesgesetz über dringende Anpassungen bei der Unternehmensbesteuerung vom 23. Juni 2006 wurden in Artikel 20a des Bundesgesetzes vom 14. Dezember 1990 über die direkte Bundessteuer (DBG) besondere Fälle des steuerbaren Vermögensertrages aus Beteiligungen gesetzlich normiert. In Absatz 1 Buchstabe a wird der Tatbestand der indirekten Teilliquidation gesetzlich geregelt. Das vorliegende Kreisschreiben dient der Auslegung von Artikel 20a Absatz 1 Buchstabe a DBG. Es ist eine Anleitung zur Abgrenzung zwischen steuerfreiem privatem Kapitalgewinn und steuerbarem Vermögensertrag aus Beteiligungsverkäufen an Dritte.

2. Systematik

Nach Artikel 20a Absatz 1 Buchstabe a DBG fällt aus dem Verkauf von Beteiligungsrechten steuerbarer Ertrag aus beweglichem Vermögen an, soweit die folgenden, gesetzlich normierten Tatbestandselemente kumulativ erfüllt sind.

3. Tatbestandselemente

3.1. Verkauf

Die Übertragung erfolgt durch Verkauf.

3.2. Qualifizierende Beteiligung

Der Verkauf umfasst eine Beteiligung von mindestens 20 % am Grund- oder Stammkapital einer Kapitalgesellschaft oder Genossenschaft („Zielgesellschaft").

3.3. Systemwechsel

Der Verkauf erfolgt aus dem Privat- in das Geschäftsvermögen einer anderen natürlichen oder juristischen Person (Wechsel vom Nennwert- ins Buchwertprinzip).

3.4. Ausschüttungsfrist

Innerhalb von 5 Jahren nach dem Verkauf erfolgen Ausschüttungen (vgl. Ziff. 3.5 und 4.5).

3.5. Ausschüttung

Bei den Ausschüttungen handelt es sich um Substanzentnahmen.

3.6. Handelsrechtlich ausschüttungsfähige Reserven / nichtbetriebsnotwendige Substanz

Die ausgeschüttete Substanz war im Zeitpunkt des Verkaufes bereits vorhanden, handelsrechtlich ausschüttungsfähig und nichtbetriebsnotwendig.

3.7. Mitwirkung

Der Verkäufer weiss oder muss wissen, dass der Gesellschaft zwecks Finanzierung des Kaufpreises Mittel entnommen und nicht wieder zugeführt werden (Art. 20a Abs. 2 DBG).

4. Abgrenzungsfragen

4.1. Verkauf

Mit dem Erfordernis des Verkaufes wird eine entgeltliche Übertragung vorausgesetzt. Der Tausch als Kombination von entgeltlichen Rechtsgeschäften ist ebenfalls erfasst. Werden Aktien von Mitarbeitern auf Grund einer mit deren Erwerb im Zusammenhang stehenden, zwingenden Regelung veräussert, so stellt dies keinen Verkauf im Sinne von Artikel 20a Absatz 1 Buchstabe a DBG dar.

4.2. Qualifizierende Beteiligung

Nur der Verkauf einer Beteiligung von mindestens 20 % am Grund- oder Stammkapital einer Kapitalgesellschaft oder Genossenschaft fällt in den Anwendungsbereich von Artikel 20a DBG. Massgebend sind nur Verkäufe durch in der Schweiz unbeschränkt steuerpflichtige natürliche Personen, welche beim ersten Verkauf mindestens 20 % dieser Beteiligungsrechte im Privatvermögen halten. Werden die Beteiligungsrechte zeitlich gestaffelt verkauft, so fallen alle Verkäufe unter Artikel 20a Absatz 1 Buchstabe a DBG, sobald innerhalb von 5 Jahren ab dem ersten Verkauf insgesamt mindestens 20 % veräussert worden sind.

Die qualifizierende Beteiligungsquote kann auch mit dem Verkauf durch mehrere, in der Schweiz unbeschränkt steuerpflichtige, natürliche Personen erreicht werden, welche die Beteiligungsrechte im Privatvermögen halten (gemeinsamer Verkauf). Ein gemeinsamer Verkauf erfordert eine gemeinsame Willensbildung. Eine solche ist bei der Annahme eines öffentlichen Übernahmeangebots (Art. 22 - 33 BEHG[1]) nicht gegeben. Wenn die Verkäufer gleichzeitig an den Erwerber veräussern, fallen die Verkäufe unter Artikel 20a Absatz 1 Buchstabe a DBG, wenn alle veräusserten Beteiligungsrechte dieser Personen zusammen mindestens 20 % am Grund- oder Stammkapital der Zielgesellschaft ausmachen. Erfolgt ein gemeinsamer Verkauf durch mehrere Verkäufer zeitlich gestaffelt, so stellt jeder einzelne dieser Verkäufe einen nach Artikel 20a Absatz 1 Buchstabe a DBG qualifizierenden Verkauf dar, sobald insgesamt innerhalb von 5 Jahren mindestens 20 % am Grund- oder Stammkapital der Zielgesellschaft veräussert worden sind. Gilt ein Verkauf infolgedessen als qualifizierender Verkauf, so bleibt diese Qualifikation bestehen.

---

[1] Bundesgesetz vom 24. März 1995 über die Börsen und den Effektenhandel (Börsengesetz; BEHG)

4.3. Systemwechsel

Durch den Verkauf werden die Beteiligungsrechte aus dem Privatvermögen des Verkäufers in das Geschäftsvermögen einer natürlichen oder einer juristischen Person mit Wohnsitz oder Sitz im In- oder Ausland überführt. Erklärt die Käuferin die Beteiligungsrechte im Zeitpunkt des Erwerbs zu gewillkürtem Geschäftsvermögen nach Artikel 18 Absatz 2 DBG, so liegt ebenfalls ein Systemwechsel vor.

4.4. Ausschüttungsfrist

Die Ausschüttungsfrist von 5 Jahren beginnt im Zeitpunkt des Verkaufs, der nach den allgemeinen Grundsätzen über den Zufluss von Einkommen bestimmt wird. Massgeblich ist somit in der Regel der Zeitpunkt des Verpflichtungsgeschäfts, sofern die Erfüllung nicht von vornherein als unsicher betrachtet werden muss (BGE 2P.323/2003 vom 7. Mai 2005 = StE 2005 A 24.21 Nr. 16). Im Falle von gestaffelten Verkäufen von insgesamt 20 % innerhalb von 5 Jahren (vgl. Ziffer 4.2) beginnt für jeden Verkauf ein eigener Fristenlauf.

4.5. Ausschüttung

Ausschüttungen nach Artikel 20a Absatz 1 Buchstabe a DBG sind nicht nur Dividenden aufgrund eines formellen Beschlusses der Generalversammlung, sondern auch verdeckte Gewinnausschüttungen sowie andere geldwerte Vorteile zu Gunsten der Käuferin oder deren Aktionäre. Solche geldwerten Vorteile können unter anderem erfolgen durch

- Naturaldividenden,
- nicht dem Drittvergleich entsprechende Darlehen der Zielgesellschaft oder unter deren einheitlichen Leitung stehender Gesellschaften an die Käuferin, deren Rückzahlung gefährdet erscheint und die bei der darlehensgebenden Gesellschaft eine Vermögenseinbusse bewirken,
- Sicherheiten der Zielgesellschaft oder unter deren einheitlichen Leitung stehender Gesellschaften für Darlehen Dritter an die Käuferin, deren Beanspruchung wahrscheinlich erscheint, und die bei der sicherheitstellenden Gesellschaft eine Vermögenseinbusse bewirken.

Auch Umstrukturierungen können allenfalls zu solchen geldwerten Vorteilen führen.

4.6. Handelsrechtlich ausschüttungsfähige Reserven / nichtbetriebsnotwendige Substanz

4.6.1. Grundsatz

Grundlage für die Anwendung von Artikel 20a Absatz 1 Buchstabe a DBG ist der handelsrechtskonforme Einzelabschluss der Zielgesellschaft zu dem Zeitpunkt, in welchem die Ausschüttungsfrist zu laufen beginnt (Ziff. 3.4 und 4.4).

Die Beurteilung der handelsrechtlich ausschüttungsfähigen Reserven sowie der nichtbetriebsnotwendigen Substanz erfolgt unter der Optik der unveränderten Weiterführung der betrieblichen Tätigkeit durch den Verkäufer. Künftige Veränderungen sind unbeachtlich.

Dividenden aus den ab dem Verkaufsjahr ausschüttungsfähigen ordentlichen Jahresgewinnen der Zielgesellschaft stellen keine Ausschüttung von Substanz im Sinne von Artikel 20a Absatz 1 Buchstabe a DBG dar („ordentliche Dividenden"). Dies gilt auch für die Ausschüttung von Reserven aus solchen Gewinnen, soweit diese nicht durch ab dem Verkauf erlittene Verluste kompensiert sind. Darüber hinausgehende Ausschüttungen sind qualifizierende Substanzausschüttungen.

4.6.2. Handelsrechtlich ausschüttungsfähige Reserven

Die handelsrechtlich ausschüttungsfähigen Reserven bestimmen sich nach dem Bestand des in der letzten, vor dem jeweiligen Verkaufszeitpunkt liegenden, handelsrechtskonformen Bilanz der Zielgesellschaft ausgewiesenen Eigenkapitals unter Abzug des Aktien- oder Stammkapitals sowie des maximal möglichen Umfanges der gesetzlichen Reserven gemäss Bundesgesetz vom 30. März 1911 über das Obligationenrecht (Art. 671, 671a, 671b; 805; 860 OR) respektive gemäss analogen Bestimmungen im ausländischen Recht.

4.6.3. Nichtbetriebsnotwendige Substanz

Die Beurteilung, ob nichtbetriebsnotwendige Substanz vorliegt, erfolgt auf den Stichtag des jeweiligen qualifizierenden Beteiligungsverkaufes nach betriebswirtschaftlichen Kriterien. Sie bezieht sich auf die Zielgesellschaft sowie alle weiteren Gesellschaften, welche im Sinne von Artikel 61 Absatz 3 DBG unter deren einheitlicher Leitung stehen. Die Prüfung bei den unter einheitlicher Leitung der Zielgesellschaft stehenden Gesellschaften erfolgt je einzeln und nach denselben Kriterien wie für die Zielgesellschaft.

Vermutungsweise wird davon ausgegangen, dass eine Ausschüttung, welche die seit dem Verkaufszeitpunkt erwirtschafteten Gewinne der Gesellschaft übersteigt, als nichtbetriebsnotwendige Substanz gilt.

4.6.4. Bewertung der nichtbetriebsnotwendigen Substanz

Die Bewertung der nichtbetriebsnotwendigen Substanz, welche im Zeitpunkt des Verkaufs bereits vorhanden war, hat nach anerkannten Bewertungsgrundsätzen zu erfolgen. Dabei sind die zuordenbaren Passiven abzuziehen und die latenten Steuern auf den stillen Reserven zu berücksichtigen. Diese Bewertung ist erst dann vorzunehmen, wenn innerhalb der Ausschüttungsfrist (Ziff. 4.4) eine Ausschüttung (Ziff. 4.5) erfolgt.

4.7. Mitwirkung

Das Kriterium der Mitwirkung kann nur im Zusammenhang mit einer Ausschüttung (vgl. Ziff. 3.5 und 4.5) beurteilt werden. Damit kann ohne konkrete Ausschüttung insbesondere nicht ausgeschlossen werden, dass dieses Kriterium erfüllt ist.

Der Wortlaut von Artikel 20a Absatz 2 DBG entspricht der Formulierung in verschiedenen Bundesgerichtsentscheiden zum bisherigen Recht (StE 2002, B 24.4 Nr. 63; ASA 60, 537 Erw. 6b; ASA 59, 717 Erw. 5b). In diesem Punkt kann die Bundesgerichtspraxis herangezogen werden. Eine Mitwirkung gemäss Artikel 20a Absatz 2 DBG liegt vor, wenn der Verkäufer weiss oder wissen muss, dass der Zielgesellschaft im Zeitpunkt der Veräusserung bereits bestehende, nichtbetriebsnotwendige und ausschüttungsfähige Mittel entzogen werden und diese dem Verkäufer in Form des Kaufpreises zufliessen. Ein solcher Entzug liegt dann vor, wenn die Käuferin den Kaufpreis aus einer Mittelentnahme (offene oder verdeckte Gewinnausschüttung) aus der Zielgesellschaft entrichtet, oder wenn sie die ursprüngliche Eigen- oder Fremdfinanzierung des Kaufpreises durch eine solche Mittelentnahme refinanziert.

Ob die Zielgesellschaft bei der Veräusserung der Beteiligungsrechte durch ein Zusammenwirken von Verkäufer und Käufer teilweise liquidiert und dem Verkäufer dadurch eine geldwerte Leistung ausgerichtet wird, ist nach objektiven Kriterien und aufgrund der gesamten für die Finanzierung massgebenden Umständen zu entscheiden (StE 2002, B 24.4 Nr. 63; A-

SA 60, 537 Erw. 6b; 59, 717, Erw. 5d). Das Zusammenwirken zwischen Verkäufer und Käufergesellschaft kann aktiv erfolgen, z.b. durch:

- Gewährung eines Darlehens des Verkäufers an die Käuferin;
- Verrechnung einer Schuld des Verkäufers gegenüber der Zielgesellschaft mit dem Kaufpreis;
- Sicherheitsleistungen der Zielgesellschaft für Darlehen Dritter an die Käuferin im Zeitpunkt des Verkaufs;
- Hinterlegung der veräusserten Beteiligungsrechte durch den Verkäufer als Sicherheit für eine Fremdfinanzierung des Kaufpreises;
- Verpflichtung des Verkäufers, Aktiven der Zielgesellschaft in flüssige Form zu bringen;
- Einräumung der Verfügungsgewalt über die Aktiven der Zielgesellschaft an den Käufer vor Bezahlung des Kaufpreises.

Die Mitwirkung kann indessen auch passiv erfolgen, namentlich dann, wenn davon ausgegangen werden muss, dass der Verkäufer von der bevorstehenden Substanzentnahme weiss oder wissen muss. Dies ist zum Beispiel der Fall, wenn:

- die Beteiligungsrechte an eine Käuferin veräussert werden, die über ungenügende finanzielle Mittel verfügt, um den Kaufpreis aus eigener Kraft bzw. aus künftigen ordentlichen Dividenden der Zielgesellschaft zu begleichen (ASA 59, 717 Erw. 7; BGE 2A.648/2005);
- der Verkäufer um die Absicht der Käuferin weiss, mit der Zielgesellschaft zu fusionieren.

Sofern der Verkäufer in seiner Eigenschaft als Beteiligter von einer beabsichtigten Fusion zwischen der Zielgesellschaft und der Käuferin wusste, liegt durch den Verkauf ebenfalls eine Mitwirkung bei der Substanzentnahme vor. Gemäss Bundesgericht spielt der Umstand, dass der Verkäufer keine Kenntnis von der Fusion hatte, allerdings dann keine Rolle für die Beurteilung der Mitwirkung, sofern der Verkäufer damit rechnen musste, dass die mit seiner Mitwirkung der verkauften Gesellschaft entzogenen Mittel dieser nicht wieder zugeführt würden (ASA 66, 146, Erw. 5c, bb).

Die Mitwirkung kann auch bei einer finanzstarken Käufergesellschaft erfüllt sein. Der Hinweis der Verkaufspartei auf die starke Finanzkraft der Käuferin bzw. des Konzerns, dem die Käufergesellschaft angehört, vermag nicht zu belegen, er habe nicht mit dem Gebrauch dieser Mittel für den Erwerb der Aktien rechnen können (ASA 66, 146 Erw. 5c, bb).

5. Steuerfolgen und Verfahren

5.1. Besteuerung

5.1.1. Umfang

Soweit Ausschüttungen im Sinne von Ziffer 3.5 und 4.5 erfolgen, wird der Verkaufserlös bei der Verkaufspartei (teilweise) als steuerbarer Vermögensertrag erfasst. Dabei bildet die kleinste der folgenden Grössen (nach Massgabe der veräusserten Beteiligungsquote) den steuerbaren Vermögensertrag:

- Verkaufserlös: Dazu gehört der gesamte Verkaufserlös mit den unter suspensiven oder resolutiven Bedingungen vereinbarten Beträgen. Der Nominalwert der veräusserten Beteiligungsrechte reduziert den Verkaufserlös nicht;
- Ausschüttungsbetrag (gemäss Ziff. 3.5 und 4.5);
- Handelsrechtlich ausschüttungsfähige Reserven (gemäss Ziff. 3.6 und 4.6.2);
- Nichtbetriebsnotwendige Substanz (gemäss Ziff. 3.6, 4.6.3 und 4.6.4).

5.1.2. Periodengerechte Zuordnung

Der steuerbare Vermögensertrag wird nach dem Realisationsprinzip derjenigen Steuerperiode zugerechnet, in welcher der qualifizierende Verkauf stattgefunden hat. Werden die Beteiligungsrechte gestaffelt verkauft (Ziff. 4.2), so wird der steuerbare Vermögensertrag im Verhältnis der betreffenden Verkaufserlöse auf die entsprechenden Steuerjahre aufgeteilt. Ist die von einem solchen Vermögensertrag betroffene Steuerperiode bereits rechtskräftig veranlagt, so wird die Steuer im Nachsteuerverfahren nach Artikel 151 ff. DBG erhoben.

5.2. Rechtsverbindliche Auskünfte

Für rechtsverbindliche Auskünfte gelten die allgemeinen Grundsätze des Verwaltungsrechts. Sie können deshalb nur durch die für den Verkäufer zuständige Veranlagungsbehörde erteilt werden. Für die Beurteilung, ob eine indirekte Teilliquidation vorliegt, gelten die folgenden Präzisierungen:

Erfolgt eine Anfrage vor dem Verkauf, so kann sich eine Auskunft nur auf diesen Zeitpunkt und auf die folgenden Punkte beziehen:

- Das Vorliegen der folgenden objektiven Tatbestandselemente: Verkauf, Systemwechsel, Fristenlauf, handelsrechtlich ausschüttungsfähige Reserven;
- Das Vorliegen einer qualifizierenden Beteiligung, allenfalls unter dem Vorbehalt weiterer Verkäufe in den folgenden 5 Jahren;
- Sachverhalte, die unter dem Aspekt der Ausschüttung zu prüfen sind, und die sich gleichzeitig mit oder kurz nach dem Verkauf verwirklichen sollen.

Das Vorliegen einer indirekten Teilliquidation kann zu diesem Zeitpunkt nur dann ausgeschlossen werden, wenn entweder eines der objektiven Tatbestandselemente nicht erfüllt oder offensichtlich keine nichtbetriebsnotwendige Substanz vorhanden ist.

Beinhaltet eine Anfrage eine vollständige Beschreibung eines Vorganges, der eine Ausschüttung darstellen könnte (vgl. Ziff. 3.5. und 4.5.), so äussert sich die Auskunft auch über das Vorliegen einer Ausschüttung. Wird dieser konkret geplante Vorgang als Ausschüttung qualifiziert, so nimmt die Auskunft auch Stellung zum Umfang der nicht betriebsnotwendigen Substanz (Ziff. 3.6. und 4.6.), zu deren Bewertung (Ziff. 4.6.4.) und zur Mitwirkung (Ziff. 3.7. und 4.7.).

6. Geltungsbereich / Inkrafttreten

Dieses Kreisschreiben gilt für Verkäufe von qualifizierenden Beteiligungen gemäss Artikel 20a Absatz 1 Buchstabe a DBG durch in der Schweiz unbeschränkt steuerpflichtige natürliche Personen aus deren Privatvermögen. Es ist hingegen nicht anwendbar für den Bereich der Verrechnungssteuer.

Dieses Kreisschreiben tritt am 1. Januar 2007 in Kraft, es ist gemäss Artikel 205b DBG anwendbar für alle nicht rechtskräftigen Veranlagungen von Erträgen, welche im Steuerjahr 2001 und später realisiert wurden. Der Erlass der Rückwirkungsbestimmung erfolgte unter dem System der Gegenwartsbemessung, weshalb als Steuerjahr 2001 das Kalenderjahr 2001 zu verstehen ist.

Die Praxis der ESTV gemäss Entwurf Kreisschreiben Nr. 7 vom 14. Februar 2005 gilt für alle Aktienverkäufe, welche bis und mit dem Steuerjahr 2000 vorgenommen worden sind.

Soweit nach der bisherigen Rechtsprechung und Praxis für Verkäufe bis und mit 31. Dezember 2006 ein Vermögensertrag aus indirekter Teilliquidation besteuert und infolge eines Verkäuferdarlehens ein sogenannter Revers über einen Aufschub der Besteuerung gewährt wurde, ist für die vom Revers erfassten Kaufpreisanteile das neue Recht anwendbar, soweit die entsprechenden Veranlagungen noch nicht rechtskräftig sind.

Securities Lending

Quelle: Eidg. Steuerverwaltung ESTV/HA Direkte Bundessteuer, Verrechnungssteuer, Stempelabgaben

Direkte Bundessteuer
Verrechnungssteuer
Stempelabgaben

Bern, 1. Januar 2018

Kreisschreiben Nr. 13

Securities Lending and Borrowing-Geschäft sowie Repo-Geschäft als Gegenstand der Verrechnungssteuer, ausländischer Quellensteuern, der Stempelabgaben und der direkten Bundessteuer

Inhaltsverzeichnis	Seite
1 Ausgangslage	2
2 Begriffe	2
2.1 Originalzahlung, Ausgleichszahlung	2
2.2 Lending Fee	2
2.3 Weiterveräusserung	3
2.4 Reihengeschäfte	3
2.4.1 „Principal"-Struktur	3
2.4.2 „Agent"-Struktur	3
2.5 Long Borrowing	3
3 Securities Lending mit Schweizer Wertschriften	3
3.1 Borger im Inland	3
3.1.1 Weiterveräusserung	3
3.1.2 Reihengeschäfte	4
3.1.3 Long Borrowing	5
3.2 Borger im Ausland	5
3.2.1 Weiterveräusserung	5
3.2.2 Reihengeschäfte	5
3.2.3 Long Borrowing	6
3.3 Bescheinigung der Ausgleichszahlung	6
4 Securities Lending mit ausländischen Wertschriften / ausländische Quellensteuern	6
4.1 Weiterveräusserung	6
4.2 Reihengeschäft	6
4.3 Long Borrowing	7
5 Einkommens- und Gewinnsteuer	7
5.1 Lending Fee	7
5.2 Originaldividenden und -zinsen bzw. Ausgleichszahlungen	7
6 Umsatzabgabe	8
7 Verrechnungssteuer auf Zinsen von Cash-Collaterals und Repo-Geschäften	8
8 Gültigkeit	8
9 Anhang: Übersicht Einkommens- und Gewinnsteuer	9

1 Ausgangslage

Aufgrund der Entwicklungen im Bereich des Securities Lending and Borrowing (SLB) hat die Eidgenössische Steuerverwaltung (ESTV) die ursprünglich im Kreisschreiben Nr. 13 vom 1. September 2006 publizierten und von einer gemischten Arbeitsgruppe aus Vertretern der ESTV und der Schweizerischen Bankiervereinigung erarbeiteten Regelungen einer Prüfung unterzogen.

Dabei wurde festgestellt, dass die im Kreisschreiben vom 1. September 2006 enthaltene Bestimmung, wonach einem ausländischen Borger im Falle eines Long Borrowing die Rückerstattungsberechtigung der Verrechnungssteuer zugesprochen wird, auch Anlass zu einem Marktverhalten gab, welches von der gemischten Arbeitsgruppe nicht beabsichtigt war. Die fragliche Regelung war ursprünglich als pragmatischer Lösungsansatz für die Problemstellung eines versehentlich überhöhten Wertschriftenbestandes im Zeitpunkt der Ertragsfälligkeit („Überborgung") vorgesehen gewesen. Durch das gezielte Verleihen von Schweizer Wertschriften an ausländische Borger über den Dividenden- bzw. Zinstermin wurden sogenannte „Treaty Shopping"-Tatbestände verwirklicht. Um diesen Entwicklungen entgegenzutreten, sind die Regeln betreffend die Rückerstattung der Verrechnungssteuer im Zusammenhang mit dem Verleih von Schweizer Wertschriften an im Ausland ansässige Borger im vorliegenden Kreisschreiben grundlegend überarbeitet worden.

Die in diesem Kreisschreiben für das Securities Lending aufgestellten Regeln gelten sinngemäss auch für Repo-Geschäfte (Repurchase Agreements).

Bei anderen Geschäften mit vergleichbarem wirtschaftlichem Gehalt (bestimmte Swap-Geschäfte, Collateral in Form von Wertschriften etc.), bei denen es ebenfalls zu einer Weiterleitung von Ertragszahlungen kommt, gelangen für die Frage der Rückerstattung der Verrechnungssteuer die allgemeinen Vorschriften betreffend Nutzungsberechtigung zur Anwendung. Eine Pflicht zur Erhebung einer Verrechnungssteuer auf Ausgleichszahlungen ist jedoch nur bei SLB- und Repo-Geschäften im Sinne der Ziff. 8.2. und 8.3 des Kreisschreibens Nr. 12[1] gegeben.

2 Begriffe

2.1 Originalzahlung, Ausgleichszahlung

Unter Originalzahlung wird die echte, auf einem Anleihensschuld- oder Beteiligungsverhältnis beruhende Zins- bzw. Dividendenzahlung nach Abzug der Verrechnungssteuer bzw. der ausländischen Quellensteuer verstanden.

Bei SLB-Geschäften werden Wertschriften zivilrechtlich von einer Partei auf eine andere übertragen, wobei im Regelfall die während der Dauer solcher Transaktionen beim formalen Eigentümer (Borger) anfallenden Erträge aufgrund einer vertraglichen Vereinbarung der anderen Partei (Lender) vergütet werden. Diese Vergütung wird in diesem Kreisschreiben generell als „Ausgleichszahlung" bezeichnet, unabhängig davon, ob es sich um die Weiterleitung einer echten Ertragszahlung (wie z.B. beim Long Borrowing), um die Weiterleitung einer Ertragsersatzzahlung (wie oft beim Reihengeschäft) oder um eine vom Borger selbst finanzierte Zahlung handelt (im Falle der Weiterveräusserung). Die von den Parteien gewählte Bezeichnung ist für steuerliche Zwecke unerheblich.

2.2 Lending Fee

Als Lending Fee wird die Vergütung bezeichnet, die der Borger dem Lender für das Überlassen der Titel bezahlt. Sie beinhaltet in diesem Zusammenhang keine Ertragsersatzkomponenten.

---

[1] Kreisschreiben ESTV Nr. 12 vom 10. März 2011 (Umsatzabgabe; 1-012-S-2011)

2.3 Weiterveräusserung

In Fällen der Weiterveräusserung werden die Titel vom Borger an einen Dritten veräussert oder in Erfüllung einer Lieferverpflichtung aus einer vorgängig erfolgten Veräusserung geliefert. Dieser Dritte hat mit dem SLB-Geschäft nichts zu tun. Seine Stellung ist davon unberührt.

2.4 Reihengeschäfte

2.4.1 „Principal"-Struktur

Bei der „Principal"-Struktur werden zwei (oder mehrere) SLB-Geschäfte aneinandergereiht. Der Borger des ersten Geschäfts wird zum Lender des zweiten Geschäfts. Rechtlich bestehen unabhängige SLB-Verträge, auf die jeweils die in diesem Kreisschreiben dargelegten Grundsätze zur Anwendung kommen.

2.4.2 „Agent"-Struktur

Bei der „Agent"-Struktur wird ein SLB-Geschäft durch einen Stellvertreter zwischen dem Lender und dem Borger vermittelt.

a) *Direkte Stellvertretung*
Wird das Geschäft zwischen Lender und Borger im Sinne einer direkten Stellvertretung (Offenlegung der Vertragsparteien) vermittelt, kommen die in diesem Kreisschreiben dargelegten Grundsätze direkt auf den Borger und den Lender zur Anwendung.

b) *Indirekte Stellvertretung*
Handelt eine Person mit Sitz oder Wohnsitz im Inland bei der Vermittlung in eigenem Namen, jedoch auf Rechnung und Gefahr eines Dritten, so sind auf sie die Bestimmungen für die „Principal"-Struktur anwendbar, d.h. sie gilt gegenüber dem Lender als Borger und gegenüber dem Borger als Lender.

2.5 Long Borrowing

Beim Long Borrowing werden die ausgeliehenen Titel vom Borger nicht weitergegeben.

3 Securities Lending mit Schweizer Wertschriften

3.1 Borger im Inland

3.1.1 Weiterveräusserung

Bei der Weiterveräusserung borgt eine Person mit Sitz oder Wohnsitz im Inland von einer in- oder ausländischen Gegenpartei Wertschriften, deren Erträge der Verrechnungssteuer unterliegen. Nutzt die betreffende Person mit Sitz oder Wohnsitz im Inland diese Wertschriften zur Erfüllung einer Lieferverpflichtung oder veräussert sie die Wertschriften anschliessend weiter, hat sie auf der an den Lender zu leistenden Ausgleichszahlung die Verrechnungssteuer, berechnet auf dem Bruttoertrag (Originalzahlung plus Verrechnungssteuer bzw. ausländische Quellensteuer), zu erheben.

Der Lender hat gestützt auf die anwendbare Rechtsgrundlage (vgl. Bundesgesetz über die Verrechnungssteuer vom 13. Oktober 1965 [VStG; SR 642.21] oder allfällig anwendbares Doppelbesteuerungsabkommen [nachfolgend DBA]) Anspruch auf Rückerstattung der auf der Ausgleichszahlung erhobenen Verrechnungssteuer. Der Umfang der Rückerstattung zugunsten eines im Ausland ansässigen Lenders wird in Anwendung des jeweiligen DBA unter Berücksichtigung der Natur der Originalzahlung berechnet.

Zum Nachweis des Rückerstattungsanspruchs hat der Lender der für die Rückerstattung zuständigen Behörde eine Bescheinigung nach Ziffer 3.3. vorzulegen.

3.1.2 Reihengeschäfte

Borgt eine Person mit Sitz oder Wohnsitz im Inland (B) von einer in- oder ausländischen Gegenpartei (A) Wertschriften, deren Erträge der Verrechnungssteuer unterliegen und verleiht sie diese weiter (an C), hat sie (B) auf der an den Lender (A) zu leistenden Ausgleichszahlung (AZ II) die Verrechnungssteuer, berechnet auf dem Bruttoertrag (Originalzahlung plus Verrechnungssteuer bzw. ausländische Quellensteuer), zu erheben, unabhängig von der Höhe der Ausgleichszahlung, die sie selbst vereinnahmt (AZ I).

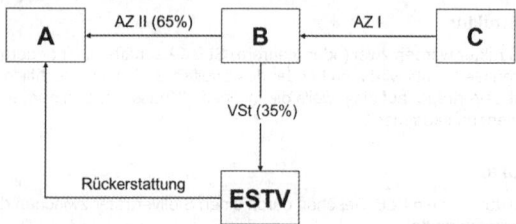

Stammt die der Person mit Sitz oder Wohnsitz im Inland (B) gegenüber gemachte Ausgleichszahlung von einer Schweizer Gegenpartei (C) und ist auf dieser Zahlung die Verrechnungssteuer erhoben worden, ist die Anerkennung einer Pflicht zur Ablieferung der Verrechnungssteuer auf der Ausgleichszahlung (AZ II) an den Lender (A, berechnet auf dem Bruttoertrag [Originalzahlung plus Verrechnungssteuer bzw. ausländische Quellensteuer]) Voraussetzung für den Anspruch des Borgers auf Rückerstattung der auf der vorangehenden Ausgleichszahlung (AZ I) erhobenen Verrechnungssteuer. Der Borger (B) ist berechtigt, die geschuldete Verrechnungssteuer auf der Ausgleichszahlung (AZ II) mit dem Anspruch auf Rückerstattung der auf der vorangehenden Ausgleichszahlung (AZ I) erhobenen Verrechnungssteuer zu verrechnen.

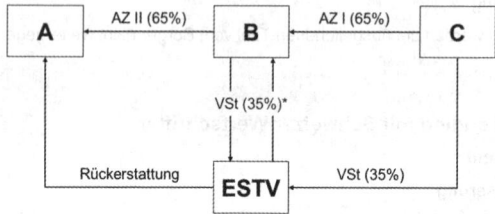

* Verrechnung des Rückerstattungsanspruchs mit der Pflicht zur Ablieferung der VSt auf AZ II

Der ursprüngliche Lender (A) hat Anspruch auf Rückerstattung der auf der (durch ihn vereinnahmten) Ausgleichszahlung erhobenen Verrechnungssteuer im Rahmen des VStG bzw. allfällig anwendbaren DBA. Der Umfang der Rückerstattung zugunsten eines im Ausland ansässigen Lenders wird in Anwendung des jeweiligen DBA unter Berücksichtigung der Natur der Originalzahlung berechnet.

Zum Nachweis des Rückerstattungsanspruchs hat der Lender der für die Rückerstattung zuständigen Behörde eine Bescheinigung nach Ziffer 3.3. vorzulegen. Vereinnahmt der Lender die Ausgleichszahlung nicht unmittelbar von einer zur Ablieferung der Verrechnungssteuer verpflichteten Gegenpartei, hat er den Nachweis zu erbringen, dass ihm eine der Verrechnungssteuer unterliegende Ausgleichszahlung weitergeleitet wurde.

3.1.3 Long Borrowing

Borgt eine Person mit Sitz oder Wohnsitz im Inland von einer in- oder ausländischen Gegenpartei Wertschriften, deren Erträge der Verrechnungssteuer unterliegen, hat sie auf der an die Gegenpartei (Lender) zu leistenden Ausgleichszahlung die Verrechnungssteuer, berechnet auf dem Bruttoertrag (Originalzahlung plus Verrechnungssteuer bzw. ausländische Quellensteuer), zu erheben.

Die Anerkennung der Pflicht zur Ablieferung der Verrechnungssteuer auf der Ausgleichszahlung ist Voraussetzung für den Anspruch des Borgers auf Rückerstattung der auf der Originalzahlung erhobenen Verrechnungssteuer. Der Borger ist berechtigt, die geschuldete Verrechnungssteuer auf der Ausgleichszahlung mit dem Anspruch auf Rückerstattung der auf der Originalzahlung erhobenen Verrechnungssteuer zu verrechnen.

Der Lender hat gestützt auf die anwendbare Rechtsgrundlage (VStG oder DBA) Anspruch auf Rückerstattung der auf der Ausgleichszahlung erhobenen Verrechnungssteuer. Der Umfang der Rückerstattung zugunsten eines im Ausland ansässigen Lenders wird in Anwendung des jeweiligen DBA unter Berücksichtigung der Natur der Originalzahlung berechnet.

Zum Nachweis des Rückerstattungsanspruchs hat der Lender der für die Rückerstattung zuständigen Behörde eine Bescheinigung nach Ziffer 3.3. vorzulegen.

3.2 Borger im Ausland

3.2.1 Weiterveräusserung

Bei der Weiterveräusserung borgt eine im Ausland ansässige Person von einer in- oder ausländischen Gegenpartei Wertschriften, deren Erträge der Verrechnungssteuer unterliegen. Dienen diese Wertschriften der Erfüllung einer Lieferverpflichtung oder werden sie anschliessend weiterveräussert, haben weder der Borger noch der Lender Anspruch auf Rückerstattung der auf der Originalzahlung erhobenen Verrechnungssteuer. Die Person, welcher die Wertschriften in Erfüllung einer Lieferverpflichtung oder infolge Veräusserung übertragen wurden, kann gestützt auf die anwendbare Rechtsgrundlage (VStG oder DBA) den Anspruch auf Rückerstattung der auf der Originalzahlung erhobenen Verrechnungssteuer geltend machen.

3.2.2 Reihengeschäfte

Borgt eine im Ausland ansässige Person von einer in- oder ausländischen Gegenpartei Wertschriften, deren Erträge der Verrechnungssteuer unterliegen, und verleiht sie diese an eine ebenfalls im Ausland ansässige Gegenpartei weiter, sind folgende Konstellationen zu unterscheiden:

a) *Long Borrowing*
   Sofern der letzte Borger in der Transaktionskette die geborgten Wertschriften nicht weitergibt, steht der Anspruch auf Rückerstattung der auf der Originalzahlung erhobenen Verrechnungssteuer grundsätzlich dem ursprünglichen Lender im Rahmen des VStG bzw. allfällig anwendbaren DBA zu.
   Zur Geltendmachung des Rückerstattungsanspruchs hat der ursprüngliche Lender den Nachweis zu erbringen, dass ihm eine der Verrechnungssteuer unterliegende Originalzahlung weitergeleitet wurde.

b) *Weiterveräusserung*
   Sofern der letzte Borger in der Transaktionskette die geborgten Wertschriften zur Erfüllung einer Lieferverpflichtung verwendet oder veräussert, kann keine der in der Transaktionskette involvierten Parteien einen Anspruch auf Rückerstattung der auf der Originalzahlung erhobenen Verrechnungssteuer geltend machen. Der Anspruch auf Rückerstattung der auf der Originalzahlung erhobenen Verrechnungssteuer steht grundsätzlich der Person zu, welcher die Wertschriften vom letzten Borger in Erfüllung einer Lieferverpflichtung oder infolge Veräusserung übertragen wurden.

3.2.3 Long Borrowing

Borgt eine im Ausland ansässige Person von einer in- oder ausländischen Gegenpartei Wertschriften, deren Erträge der Verrechnungssteuer unterliegen, hat der Borger keinen Anspruch auf Rückerstattung der auf der Originalzahlung erhobenen Verrechnungssteuer.

Der Lender hat gestützt auf die anwendbare Rechtsgrundlage (VStG oder DBA) grundsätzlich Anspruch auf Rückerstattung der auf der Originalzahlung erhobenen Verrechnungssteuer.

Zur Geltendmachung des Rückerstattungsanspruchs hat der Lender den Nachweis zu erbringen, dass ihm vom Borger eine der Verrechnungssteuer unterliegende Originalzahlung weitergeleitet wurde.

3.3 Bescheinigung der Ausgleichszahlung

Der inländische Borger hat im Sinne von Artikel 3 der Verordnung über die Verrechnungssteuer vom 19. Dezember 1966 (VStV; SR 642.211) die Ausgleichszahlung zu bescheinigen. Aus der Bescheinigung muss ferner hervorgehen:

- dass es sich um eine Ausgleichszahlung handelt;
- auf welche Originalzahlung sich die Ausgleichszahlung bezieht;
- der Betrag der erhobenen Verrechnungssteuer.

4 Securities Lending mit ausländischen Wertschriften / ausländische Quellensteuern

4.1 Weiterveräusserung

Borgt eine Person mit Sitz oder Wohnsitz im Inland von einer in- oder ausländischen Gegenpartei Wertschriften zur Erfüllung einer Lieferverpflichtung oder veräussert sie die Wertschriften anschliessend, kann die Höhe der an den Lender zu leistenden Ausgleichszahlung von den beteiligten Parteien frei vereinbart werden. Die Zahlung muss aber so bescheinigt werden, dass daraus hervorgeht:

- dass es sich um eine Ausgleichszahlung handelt;
- auf welche Originalzahlung sich die Ausgleichszahlung bezieht.

Auf der Bescheinigung der Ausgleichszahlung darf keine ausländische Quellensteuer ausgewiesen werden.

4.2 Reihengeschäft

Borgt eine Person mit Sitz oder Wohnsitz im Inland (B) von einer in- oder ausländischen Gegenpartei Wertschriften und verleiht diese weiter (an C), kann die Höhe der an den Lender (A) zu leistenden Ausgleichszahlung (AZ II) von den beteiligten Parteien (A und B) frei vereinbart werden.

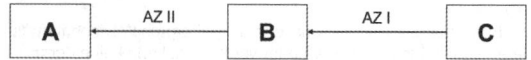

Die Zahlung muss aber so bescheinigt werden, dass daraus hervorgeht:

- dass es sich um eine Ausgleichszahlung handelt;
- auf welche Originalzahlung sich die Ausgleichszahlung bezieht.

Auf der Bescheinigung der Ausgleichszahlung darf keine ausländische Quellensteuer ausgewiesen werden.

Ist der im Ausland ansässige Empfänger der weiterverliehenen Wertschriften (C) aufgrund seines internen Rechts verpflichtet, auf der von ihm (an B) geleisteten Ausgleichszahlung (AZ I) eine Quellensteuer zu erheben, gelten für die Rückforderung/Entlastung dieser Quellensteuer durch B die unter Ziffer 4.3. für das Long Borrowing gemachten Ausführungen.

4.3 Long Borrowing

Borgt eine Person mit Sitz oder Wohnsitz im Inland von einer in- oder ausländischen Gegenpartei ausländische Wertschriften und fällt während der Dauer des Geschäfts ein an der Quelle besteuerter Ertrag auf diesen Wertschriften an, ist für die Zuweisung von allfälligen Entlastungsansprüchen die im Quellenstaat gültige Praxis massgebend.

Die Höhe der an die Gegenpartei (Lender) zu leistenden Ausgleichszahlung kann von den beteiligten Parteien frei vereinbart werden. Die Zahlung muss aber so bescheinigt werden, dass daraus hervorgeht:

- dass es sich um eine Ausgleichszahlung handelt;
- auf welche Originalzahlung sich die Ausgleichszahlung bezieht.

Auf der Bescheinigung der Ausgleichszahlung darf keine ausländische Quellensteuer ausgewiesen werden.

5 Einkommens- und Gewinnsteuer

5.1 Lending Fee

Privatvermögen

Die von einem inländischen Lender vereinnahmte Lending Fee stellt steuerbares Einkommen dar (vgl. Art. 23 Bst. d DBG).

Bei der Abzugsfähigkeit der bezahlten Lending Fee wird wie folgt differenziert:

- *Long Borrowing und Reihengeschäft*
  Bei der vom inländischen Borger bezahlten Lending Fee handelt es sich um notwendigen Aufwand zur Erzielung von steuerbaren Einkünften (Gewinnungskosten). Sie ist deshalb abzugsfähig.
- *Weiterveräusserung*
  Die vom inländischen Borger bezahlte Lending Fee ist bei diesem nicht abzugsfähig, da sie nicht Gewinnungskosten darstellt.

Geschäftsvermögen

Die von einem inländischen Lender vereinnahmte Lending Fee stellt bei diesem steuerbares Einkommen bzw. steuerbaren Ertrag dar (vgl. Art. 18 Abs. 1 bzw. Art. 58 Abs. 1 DBG).

Die vom inländischen Borger bezahlte Lending Fee stellt bei diesem geschäftsmässig begründeten Aufwand dar (vgl. Art. 27 Abs. 1 bzw. Art. 58 Abs. 1 DBG).

5.2 Originaldividenden und -zinsen bzw. Ausgleichszahlungen

Privatvermögen

Originaldividenden und -zinsen stellen beim Borger bzw. beim Dritten steuerbares Einkommen dar (vgl. Art. 20 Abs. 1 Bst. a und c DBG).

Die Ausgleichszahlung wird beim Lender ebenfalls als Einkommen besteuert (vgl. Art. 20 Abs. 1 Bst. d DBG).

Bei der Abzugsfähigkeit der bezahlten Ausgleichszahlung wird wie folgt differenziert:

- *Long Borrowing und Reihengeschäft*
  Bei der vom inländischen Borger bezahlten Ausgleichszahlung handelt es sich um abzugsfähige Gewinnungskosten.

- *Weiterveräusserung*
  Die vom inländischen Borger bezahlte Ausgleichszahlung ist bei diesem nicht abzugsfähig, da sie nicht Gewinnungskosten darstellt.

Geschäftsvermögen

Originaldividenden und -zinsen stellen beim Borger bzw. beim Dritten steuerbares Einkommen bzw. steuerbaren Ertrag dar (vgl. Art. 18 Abs. 1 bzw. Art. 58 Abs. 1 DBG).

Der Beteiligungsabzug steht dem Borger zu, sofern er der zivilrechtliche Eigentümer ist und ihm die Originaldividende zufliesst. Demgegenüber stellt die Ausgleichszahlung beim Lender ordentlich steuerbaren Ertrag dar. Der Beteiligungsertrag gemäss Artikel 69 ff. DBG kann nicht geltend gemacht werden[2].

Die Ausgleichszahlung wird beim Lender ebenfalls als steuerbares Einkommen bzw. steuerbarer Ertrag besteuert (vgl. Art. 18 Abs. 1 bzw. Art. 58 Abs. 1 DBG). Die vom Borger bezahlte Ausgleichszahlung stellt bei diesem geschäftsmässig begründeten Aufwand dar (vgl. Art. 27 Abs. 1 bzw. Art. 58 Abs. 1 DBG).

Finden SLB-Transaktionen über den Dividenden- bzw. Zinstermin statt, ist der Prüfung des Vorliegens einer Steuerumgehung besondere Beachtung zu schenken.

6 Umsatzabgabe

Da es sich beim Securities Lending and Borrowing lediglich um eine Titelleihe handelt, entfällt mangels Entgelt die Abgabepflicht. Dies gilt auch beim Repo-Geschäft, bei welchem es sich in erster Linie um ein Finanzierungsgeschäft handelt[3].

7 Verrechnungssteuer auf Zinsen von Cash-Collaterals und Repo-Geschäften

Zinsen auf Cash-Collaterals und Repo-Zinsen, welche von einer Bank im Sinne von Artikel 9 Absatz 2 VStG bezahlt werden, unterliegen grundsätzlich der Verrechnungssteuer. Davon ausgenommen sind Zinszahlungen von Guthaben, welche in- und ausländische Banken oder Broker für eigene Rechnung bei der inländischen Bank begründet haben. Diese Zinsempfänger müssen der Banken- oder Börsenaufsicht des Heimatlandes unterstehen.

8 Gültigkeit

Dieses Kreisschreiben tritt per 1. Januar 2018 in Kraft und ersetzt das Kreisschreiben Nr. 13 vom 1. September 2006. Es findet auch auf in diesem Zeitpunkt bereits laufende SLB- sowie Repo-Geschäfte für Ertragsfälligkeiten ab 1. Januar 2018 Anwendung.

---

[2] Kreisschreiben ESTV Nr. 27 vom 17. Dezember 2009 (Steuerermässigung auf Beteiligungserträgen von Kapitalgesellschaften und Genossenschaften; 1-027-D-2009)

[3] Kreisschreiben ESTV Nr. 12 vom 10. März 2011 (Umsatzabgabe; 1-1012-S-2011)

9 Anhang: Übersicht Einkommens- und Gewinnsteuer

		Long Borrowing / Reihengeschäft		Weiterveräusserung		
		① Der Borger hat die Titel nicht veräussert. Empfänger der Originaldividende ist der letzte Borger ② Der Borger vergütet dem Lender eine Ausgleichszahlung		① Der Borger hat die Titel veräussert, somit ist der Dritte Empfänger der Original-Dividende ② Der Borger vergütet dem Lender eine Ausgleichszahlung		
		Lender	**Borger**	**Lender**	**Borger**	**Dritter**
kommens- uer (vatvermögen)	① Dividende		Steuerbarer Vermögensertrag			Steuerbarer Vermögensertrag
	② Ausgleichszahlung	Steuerbarer Vermögensertrag	Abzugsfähige Gewinnungskosten	Steuerbarer Vermögensertrag	Nicht abzugsfähig	
	Lending Fee	Steuerbarer Vermögensertrag	Abzugsfähige Gewinnungskosten	Steuerbarer Vermögensertrag	Nicht abzugsfähig	
kommens- uer schäfts- mögen)	① Dividende		Steuerbarer Wertschriftenertrag			Steuerbarer Wertschriftenertrag
	② Ausgleichszahlung	Steuerbarer Ertrag	Geschäftsmässig begründeter Aufwand	Steuerbarer Ertrag	Geschäftsmässig begründeter Aufwand	
	Lending Fee	Steuerbarer Ertrag	Geschäftsmässig begründeter Aufwand	Steuerbarer Ertrag	Geschäftsmässig begründeter Aufwand	
winnsteuer	① Dividende		Steuerbarer Beteiligungsertrag Beteiligungsabzug *			Steuerbarer Beteiligungsertrag Beteiligungsabzug*
	② Ausgleichszahlung	Steuerbarer Ertrag Ohne Beteiligungsabzug	Geschäftsmässig begründeter Aufwand	Steuerbarer Ertrag Ohne Beteiligungsabzug	Geschäftsmässig begründeter Aufwand	
	Lending Fee	Steuerbarer Ertrag	Geschäftsmässig begründeter Aufwand	Steuerbarer Ertrag	Geschäftsmässig begründeter Aufwand	

* Der Beteiligungsabzug kann nur vom Empfänger der Originaldividende beansprucht werden.

Umsatzabgabe

Quelle: Eidg. Steuerverwaltung ESTV/HA Direkte Bundessteuer, Verrechnungssteuer, Stempelabgaben

Stempelabgaben

Bern, 10. März 2011

Kreisschreiben Nr. 12

Umsatzabgabe

Inhaltsverzeichnis   Seite

1 EINLEITUNG 3
 1.1 ZEITLICHER GELTUNGSBEREICH 3
 1.2 GELTUNG DES STEMPELSTEUERRECHTS IM FÜRSTENTUM LIECHTENSTEIN 3
 1.3 PRÄZISIERUNGEN GEGENÜBER DEN FRÜHEREN KREISSCHREIBEN 3
2 BESTEUERUNGSGRUNDSÄTZE 3
 2.1 ABGABEPFLICHTIGE EFFEKTENHÄNDLER 3
 2.2 ABGABEOBJEKT (ART. 13 ABS. 1 STG) 4
  2.2.1 Eigentumsübertragung 5
  2.2.2 Entgeltlichkeit 5
  2.2.3 Steuerbare Urkunden (Art. 13 Abs. 2 StG) 5
 2.3 ABGABESATZ UND BERECHNUNGSGRUNDLAGE (ART. 16 STG) 6
 2.4 ÜBERWÄLZUNG 6
 2.5 ENTSTEHUNG DER ABGABEFORDERUNG (ART. 15 STG) 6
 2.6 BEGRIFFSERLÄUTERUNGEN 6
  2.6.1 Obligationen (Art. 4 Abs. 3 und 4 StG) 6
  2.6.2 Kollektive Mittelbeschaffung 7
  2.6.3 Geldmarktpapiere (Art. 4 Abs. 5 StG) 8
  2.6.4 Inländer bzw. Ausländer (Art. 4 Abs. 1 StG) 8
  2.6.5 In- und ausländische Urkunden 8
  2.6.6 Ausländische Bank (Art. 19 StG) 8
  2.6.7 Ausländischer Börsenagent (Art. 19 StG) 9
 2.7 AUSNAHMEN (ART. 14 STG) 9
  2.7.1 Befreite Anleger (Art. 17a StG) 10

3 ERLÄUTERUNGEN VERFAHRENSRECHTLICHER ART 13

- 3.1 ANMELDUNG ALS ABGABEPFLICHTIGER (ART. 34 ABS. 1 STG) 13
  - 3.1.1 Registrierung als Effektenhändler (Art. 20 StV) 13
  - 3.1.2 Beginn der Abgabepflicht (Art. 18 StV) 13
- 3.2 ERHEBUNGSVERFAHREN (ART. 17 STG) 13
  - 3.2.1 Abrechnung unter Effektenhändlern (Art. 23 StV) 14
  - 3.2.2 Delegation der Abgabepflicht 14
  - 3.2.3 Internationale Organisationen 15
- 3.3 ABGABEABRECHNUNG (ART. 24 STV) 15
  - 3.3.1 Verzugszins (Art. 29 StG) 15
- 3.4 UMSATZREGISTER (ART. 21 STV) 15
  - 3.4.1 Registerführung 16
- 3.5 ENTLASSUNG AUS DER ABGABEPFLICHT (ART. 25 STV) 17

4 HANDELSBESTAND 17

- 4.1 ABGRENZUNG DES HANDELSBESTANDES 18
- 4.2 ABGABEFREIHEIT DES HANDELSBESTANDES 18
- 4.3 ÜBERTRÄGE: HANDELSBESTAND – ANDERE BESTÄNDE ODER UMGEKEHRT 18

5 EMISSIONEN (PRIMÄRMARKT) 19

- 5.1 DIE EINZELNEN EMISSIONSGESCHÄFTE 19
  - 5.1.1 Emissionen inländischer Schuldner 19
  - 5.1.2 Emissionen ausländischer Schuldner 19

6 BÖRSE (SEKUNDÄRMARKT) 20

- 6.1 BESONDERHEITEN 20
  - 6.1.1 Geschäfte mit ausländischen Banken und Börsenagenten (Art. 19 StG) 20
  - 6.1.2 Handelsbestand 21
  - 6.1.3 Handel mit ausländischen Obligationen 21
  - 6.1.4 Obligationen «EUROFIMA» 21
  - 6.1.5 Geldmarktpapiere 21
- 6.2 FESTSTELLUNG DER ABGABEPFLICHT IM SEKUNDÄRMARKT 21
  - 6.2.1 Eigengeschäfte 22
  - 6.2.2 Vermittlungsgeschäfte 23

7 DEN OBLIGATIONEN UND GELDMARKTPAPIEREN GLEICHGESTELLTE URKUNDEN 25

- 7.1 GELDMARKTPAPIERE 26
- 7.2 UNTERBETEILIGUNGEN AN FORDERUNGEN 26

8 BESONDERE GESCHÄFTE 27

- 8.1 BEDINGTE GESCHÄFTE SOWIE TERMIN- UND ZEITGESCHÄFTE 27
  - 8.1.1 Allgemeiner Begriff 27
  - 8.1.2 Optionen (Warrants) / Futures / Derivative Produkte 27
  - 8.1.3 Prämiengeschäfte 28
  - 8.1.4 Termingeschäfte / Report und Deport / Pensionsgeschäfte / 28
    «buy/sell back» - Geschäfte beim «REPO» 28
- 8.2 SECURITIES LENDING AND BORROWING 28
- 8.3 REPO-GESCHÄFTE (REPURCHASE-AGREEMENT) 28
- 8.4 KRAFTLOSERKLÄRUNG VON BETEILIGUNGSPAPIEREN (SQUEEZE OUT) 29
- 8.5 TAUSCHGESCHÄFTE 29
  - 8.5.1 Fusionen / Spaltungen / Umwandlungen / Ersatzbeschaffung 29

8.6	WANDLUNGEN	30
8.7	AKTIENPLATZIERUNG (GOING-PUBLIC)	31
8.8	RÜCKKÄUFE EIGENER OBLIGATIONEN, VON BETEILIGUNGSPAPIEREN UND ANTEILEN AN KOLLEKTIVEN KAPITALANLAGEN	31
8.9	GRATISAKTIEN, STOCKDIVIDENDEN, NATURALDIVIDENDEN	31
8.10	RE-INVESTMENT DER AUSSCHÜTTUNGEN VON KOLLEKTIVEN KAPITALANLAGEN	31
9	**VERSCHIEDENES**	**31**
9.1	TREUHANDGESCHÄFTE	31
9.2	LIEFERUNG GEGEN ZAHLUNG	32
9.3	STORNI	32
9.3.1	Echte Storni (Korrekturen)	32
9.3.2	Unechte Storni	32

Abkürzungen

Abs.	Absatz
Art.	Artikel
Bst.	Buchstabe
BEHG	Bundesgesetz über die Börsen und den Effektenhandel (SR 954.1)
BVG	Bundesgesetz über die berufliche Alters-, Hinterlassenen- und Invalidenvorsorge (SR 831.40)
DBG	Bundesgesetz über die direkten Bundessteuern (SR 642.11)
ESTV	Eidgenössische Steuerverwaltung
EU	Europäische Union
FINMA	Eidgenössische Finanzmarktaufsicht (FINMA)
FusG	Bundesgesetz über Fusion, Spaltung, Umwandlung und Vermögensübertragung (SR 221.301)
GmbH	Gesellschaft mit beschränkter Haftung
IPO	Initial Public Offering
KAG	Bundesgesetz über die kollektiven Kapitalanlagen (SR 951.31)
KS	Kreisschreiben
OR	Obligationenrecht (SR 220)
SBVg	Schweizerische Bankiervereinigung
SICAV	Société d'investissement à capital variable
StG	Bundesgesetz über die Stempelabgaben (SR 641.10)
StV	Verordnung zum Bundesgesetz über die Stempelabgaben (SR 641.101)
UNO	Vereinte Nationen
ZGB	Zivilgesetzbuch (SR 210)

1 Einleitung

1.1 Zeitlicher Geltungsbereich

Die vorliegende Version des Kreisschreibens Nr. 12 ersetzt die Ausgabe vom 20. Dezember 2005 und tritt mit ihrer Publikation in Kraft. Es erhebt keinen Anspruch auf Vollständigkeit, sondern soll gewisse Punkte erläutern, die in der Praxis Schwierigkeiten bereiten könnten.

1

Diese Ausgabe des Kreisschreibens zur Umsatzabgabe beinhaltet die notwendigen redaktionellen und materiellen Anpassungen aufgrund der Inkraftsetzung des KAG vom 1. Januar 2007, von Änderungen des StG für ausländische Mitglieder einer inländischen Börse (Remote members) vom 1. Juli 2010 sowie von Änderungen der StV für Guthaben im Konzern vom 1. August 2010. Die Anpassungen resp. Änderungen sind in diesem Dokument auf der linken Seite mit einem Balken gekennzeichnet.

2

1.2 Geltung des Stempelsteuerrechts im Fürstentum Liechtenstein

3

Gemäss Zollanschlussvertrag vom 29. März 1923 ist das eidgenössische Stempelsteuerrecht auch im Fürstentum Liechtenstein anwendbar. Die liechtensteinischen Effektenhändler sind den schweizerischen Effektenhändlern gleichgestellt. Somit sind z.B. liechtensteinische kollektive Kapitalanlagen stempelsteuerlich den schweizerischen gleichgesetzt.

1.3 Präzisierungen gegenüber den früheren Kreisschreiben

4

Nebst den vorerwähnten Änderungen erfolgten zudem die folgenden, zusätzlichen Anpassungen:

- Klassifizierung der steuerbaren Urkunden (Ziffer 10)
- indirekte Transaktionen (Ziffer 42)
- Umschreibung der Ersatzbeschaffung (Ziffer 103)

2 Besteuerungsgrundsätze

2.1 Abgabepflichtige Effektenhändler

5

Das BEHG kennt - wie das StG - den Begriff des Effektenhändlers. Der vom Aufsichtsrecht verwendete Begriff deckt sich jedoch nicht mit demjenigen des Umsatzabgaberechts Effektenhändler, die von der ESTV der Umsatzabgabepflicht unterstellt werden, sind daher nicht zwangsläufig Effektenhändler im Sinne des BEHG.

Effektenhändler im Sinne von Artikel 13 Absatz 3 StG sind:

a) die Banken im Sinne des Bankengesetzes vom 8. November 1934 sowie die Schweizerische Nationalbank;

b) die nicht unter Buchstabe a fallenden inländischen natürlichen und juristischen Personen und Personengesellschaften, inländischen Anstalten und Zweigniederlassungen ausländischer Unternehmen, deren Tätigkeit ausschliesslich oder zu einem wesentlichen Teil darin besteht:

1) für Dritte den Handel mit steuerbaren Urkunden zu betreiben (*Händler*) oder

2) als Anlageberater oder Vermögensverwalter Kauf und Verkauf von steuerbaren Urkunden zu vermitteln (*Vermittler*).

Den Effektenhändlern gleichgestellt sind:

d) die nicht unter die Buchstaben a und b fallenden inländischen Aktiengesellschaften, Kommanditaktiengesellschaften, GmbH und Genossenschaften sowie inländische Einrichtungen der beruflichen Vorsorge und der gebundenen Vorsorge, deren Aktiven nach Massgabe der letzten Bilanz zu mehr als 10 Millionen Franken (Buchwert) aus steuerbaren Urkunden bestehen. Nur die Aktivseite der Bilanz ist massgebend. Die Passiven (Rückstellungen etc.) werden nicht berücksichtigt.

f) der Bund, die Kantone und die politischen Gemeinden samt ihren Anstalten, sofern sie in ihrer Rechnung für mehr als 10 Millionen Franken steuerbare Urkunden nach Artikel 13 Absatz 2 StG ausweisen, sowie die inländischen Einrichtungen der Sozialversicherung.

Als inländische Einrichtungen der beruflichen Vorsorge und der gebundenen Vorsorge gelten (Art. 13 Abs. 4 StG):

a) Vorsorgeeinrichtungen (Stiftungen, Genossenschaften oder Einrichtungen des öffentlichen Rechts) die den obligatorischen Teil der beruflichen Altersvorsorge gemäss BVG versichern. Dazu zählen auch die Einrichtungen die den überobligatorischen Bereich abdecken;

b) Freizügigkeitsstiftungen der beruflichen Alters-, Hinterlassenen- und Invalidenvorsorge;

c) Bankstiftungen, die im Rahmen der Säule 3a Gelder zur Altersvorsorge entgegennehmen;

d) Anlagestiftungen, die sich der Anlage von Vermögen der vorerwähnten Einrichtungen widmen.

Als inländische Einrichtungen der Sozialversicherung gelten:

die Ausgleichsfonds der AHV und Arbeitslosenversicherung *(Art. 13 Abs. 5 StG).*

2.2 Abgabeobjekt (Art. 13 Abs. 1 StG) 6

Gegenstand der Abgabe ist die entgeltliche Übertragung von Eigentum an steuerbaren Urkunden, sofern eine der Vertragsparteien oder einer der Vermittler Effektenhändler ist.

2.2.1 Eigentumsübertragung 7

Steuerbar ist das auf Eigentumsübertragung gerichtete Geschäft.

Mangels Eigentumsübertragung ist somit abgabefrei z.B.

- die Verpfändung oder Hinterlegung von steuerbaren Urkunden (echtes Lombardgeschäft);
- die Titelleihe (Securities Lending and Borrowing);
- die Übergabe von Treugut zwecks blosser Verwaltung und dessen Aushändigung an den Treugeber;
- das standardisierte Repo-Geschäft (vgl. Ziffer 97).

2.2.2 Entgeltlichkeit 8

Die Abgabe ist geschuldet, wenn die Übertragung des Eigentums an einer steuerbaren Urkunde in irgendeiner Form gegen Entgelt erfolgt. Das Entgelt kann aus Geld, Forderungen, Wertpapieren, Edelmetallen, Sachwerten oder einer anderen Form bestehen. Besteht es nicht in einer Geldsumme, so ist der Verkehrswert der vereinbarten Gegenleistung massgebend (für unentgeltliche Geschäfte vgl. Ziffer 111).

2.2.3 Steuerbare Urkunden (Art. 13 Abs. 2 StG) 9

Steuerbar sind:

a) die von einem Inländer ausgegebenen
 - Beteiligungsrechte, Partizipationsscheine, Genussscheine;
 - Obligationen;
 - Anteile an kollektiven Kapitalanlagen.

b) die von einem Ausländer ausgegebenen Urkunden, die in ihrer wirtschaftlichen Funktion den unter Buchstabe a) bezeichneten Titeln gleichstehen.

c) die Ausweise über Unterbeteiligungen an Urkunden der in Buchstaben a) und b) bezeichneten Titel.

Werden steuerbare Urkunden physisch nicht ausgestellt oder umgesetzt, so treten an ihre Stelle die der Feststellung der Rechtsvorgänge dienenden Geschäftsbücher oder sonstigen Urkunden (Art. 1 Abs. 2 StG), wie z.B.

 - nicht ausgestellte, sondern nur eingebuchte Kassenobligationen;
 - Aktienregister von Familiengesellschaften;
 - Schuldbuchforderungen;
 - nur eingebuchte Anteile von kollektiven Kapitalanlagen.

Entscheidet sich ein Effektenhändler, auf die Valorendaten eines von der ESTV anerkannten 10 Datenlieferanten abzustellen, ist im Sinne einer einheitlichen Umsetzung des StG Folgendes zu beachten:

- Der inländische Effektenhändler kann sich einmal pro Kalenderjahr entscheiden, ob er

- sich auf die Daten von einem anerkannten Datenlieferanten beziehen will oder nicht.
- Die gewählte Methode ist für mindestens ein Jahr beizubehalten.
- Bei der Wahl des Bezugs der Daten von einem anerkannten Datenlieferanten muss sich der inländische Effektenhändler konsequent an diese Klassifizierung halten.

Hat ein inländischer Effektenhändler für die Stempelabgaben auf die Valorendaten eines anerkannten Datenlieferanten abgestellt, nimmt die ESTV bei der Aufdeckung einer unrichtigen Klassifizierung auf Zusehen hin keine nachträglichen Korrekturen der Umsatzabgabe vor. Die ESTV wird grundsätzlich, einerseits weder rückwirkende Umsatzabgabebelastungen, noch andererseits entsprechende Vergütungen vornehmen.

Der inländische Effektenhändler, der sich nicht für die Verwendung der Klassifizierung durch einen anerkannten Datenlieferanten entschieden hat, ist nach wie vor vollumfänglich selber für die korrekte Klassifizierung verantwortlich (vgl. Mitteilung der ESTV betreffend Umsatzabgabe vom 10. Oktober 2007 über die Klassifizierung von steuerbaren Urkunden).

2.3 Abgabesatz und Berechnungsgrundlage (Art. 16 StG) 11

Die Abgabe wird auf dem Entgelt berechnet und beträgt:

1,5 o/oo für eine **inländische Urkunde** (bzw. 0,75 o/oo je Vertragspartei);
3,0 o/oo für eine **ausländische Urkunde** (bzw. 1,5 o/oo je Vertragspartei).

2.4 Überwälzung 12

Das StG enthält keine Vorschrift darüber, wer die geschuldete Abgabe zu tragen hat. Unter dem Titel «Umsatzabgabe» darf jedoch den Kontrahenten nicht mehr als die geschuldete Abgabe belastet werden.

2.5 Entstehung der Abgabeforderung (Art. 15 StG) 13

Die Abgabeforderung entsteht in der Regel mit dem Abschluss des Geschäftes. Bei bedingten oder ein Wahlrecht einräumenden Geschäften (Options- und Prämien-Geschäfte) entsteht die Abgabeforderung im Zeitpunkt der Erfüllung.

2.6 Begriffserläuterungen

2.6.1 Obligationen (Art. 4 Abs. 3 und 4 StG) 14

Als Obligationen gelten schriftliche, auf feste Beträge lautende Schuldanerkennungen, die zum Zweck der kollektiven Beschaffung von Fremdkapital, der kollektiven Anlagegewährung oder Konsolidierung von Verbindlichkeiten in einer Mehrzahl von Exemplaren ausgegeben werden:

- Anleihensobligationen (mit Einschluss von Partialen von Anleihen, für welche ein Grundpfandrecht gemäss Art. 875 ZGB besteht);
- Rententitel;
- Pfandbriefe;
- Kassenobligationen, Kassen- und Depositenscheine und
- Schuldbuchforderungen

ferner in einer Mehrzahl ausgegebene und der kollektiven Kapitalbeschaffung dienende
- Wechsel, wechselähnliche Schuldverschreibungen, andere Diskontpapiere und Ausweise über Unterbeteiligungen an solchen Urkunden, sofern sie zur Unterbringung im Publikum bestimmt sind;
- Ausweise über Unterbeteiligungen an Darlehensforderungen einschliesslich Schuldscheindarlehen sowie Buchforderungen (vgl. Ziffern 84-86).

Guthaben zwischen Konzerngesellschaften gelten mit Wirkung ab dem 1. August 2010 weder als Obligationen noch als
Geldmarktpapiere sofern eine inländische Konzerngesellschaft keine Obligationen einer zum Konzern gehörenden ausländischen Gesellschaft garantiert (Art. 16a StV).

2.6.2 Kollektive Mittelbeschaffung 15

Kollektive Mittelbeschaffung liegt vor,

(= **Anleihensobligationen**)
- wenn ein Schuldner bei mehr als 10 Gläubigern gegen Ausgabe von Schuldanerkennungen zu identischen Bedingungen Geld aufnimmt. Die gesamte Kreditsumme muss mindestens 500'000 Franken betragen.

(= **Kassenobligationen**)
- wenn eine Bank im Sinne des Bankengesetzes fortlaufend Schuldanerkennungen zu variablen Bedingungen, ohne Rücksicht auf die Anzahl der Gläubiger, ausgibt;
- wenn ein inländischer Schuldner, welcher nicht Bank gemäss Bankengesetz ist, bei mehr als 20 Gläubigern fortlaufend gegen Ausgabe von Schuldanerkennungen Geld zu gleichartigen Bedingungen aufnimmt. Die gesamte Kreditsumme muss mindestens 500'000 Franken betragen.

Bei der Ermittlung der Anzahl Gläubiger für Anleihens- und Kassenobligationen sind die in- und ausländischen Banken im Sinne der an ihrem Sitz geltenden Bankengesetzgebung nicht mitzuzählen.

Die Kriterien für Obligationen gelten auch für Konsortialdarlehen und Unterbeteiligungen an Darlehen sowie Buchforderungen, aber auch für Wechsel, wechselähnliche Schuldverschreibungen und andere Diskontpapiere. Sie alle sind steuerbar, sobald sie die für

Obligationen geltenden Erfordernisse erfüllen. Die äussere Aufmachung, Bezeichnung, Mantel und Couponsbogen, Laufzeit sowie verschiedene Nennwerte sind unerheblich.

2.6.3 Geldmarktpapiere (Art. 4 Abs. 5 StG)

Weisen die Obligationen und die ihnen gleichgestellten Schuldverhältnisse eine vertragliche Laufzeit von nicht mehr als 12 Monaten (360/365 Tage resp. nächster Werktag) auf, sind sie hinsichtlich der Stempelabgaben den Geldmarktpapieren zuzuordnen (vgl. Ziffer 76).

2.6.4 Inländer bzw. Ausländer (Art. 4 Abs. 1 StG)

Inländer ist, wer im Inland (d.h. in der Schweiz oder im Fürstentum Liechtenstein) Wohnsitz, dauernden Aufenthalt, statutarischen oder gesetzlichen Sitz hat oder als Unternehmen im Handelsregister eingetragen ist.

Als Ausländer gilt dementsprechend, wer die Bedingungen eines Inländers nicht erfüllt.

2.6.5 In- und ausländische Urkunden

Als inländische Urkunden gelten Titel, deren Schuldner Inländer sind (bei Ausweisen über Unterbeteiligungen an Darlehensforderungen und Wechseln deren Emittenten).
Sofern miteinander verbundene inländische und ausländische Urkunden nur als Einheit gehandelt werden können, gelten sie ebenfalls als inländische Urkunden (Art. 22 Abs. 4 StV).

Als inländische Urkunden gelten ebenso im Ausland kotierte Titel inländischer Gesellschaften.

Für Obligationen EUROFIMA siehe Ziffer 75.

Als ausländische Urkunden gelten dementsprechend Titel, welche die Bedingungen für inländische Urkunden nicht erfüllen.

2.6.6 Ausländische Bank (Art. 19 StG)

Als ausländische Banken werden **anerkannt**:

- Zentral- und Notenbanken sowie Institute mit gleichartiger Funktion;
- Die Bank für internationalen Zahlungsausgleich (BIZ);
- Staatliche oder interstaatliche Währungsfonds;
- Entwicklungsbanken;
- Institute, die der geltenden Bankengesetzgebung des Domizillandes vollumfänglich unterstellt sind, sofern sie in diesem Land eine wirkliche Banktätigkeit als Hauptzweck

ausüben, und zwar mit eigenem Personal, eigenen Büroräumlichkeiten, Kommunikationsmitteln und Entscheidungsbefugnissen;

- Institute in Ländern ohne Bankengesetzgebung, sofern sie nachweisbar im Domizilland eine wirkliche Banktätigkeit ausüben und alle im letzten Absatz hiervor erwähnten Bedingungen erfüllen.

Als ausländische Banken werden *nicht anerkannt*: 20

- Domizilgesellschaften (Briefkastenfirmen) ohne eigene Infrastruktur und dies selbst dann, wenn eine Banklizenz vorhanden ist;
- Finanz-, Holding- und Vermögensverwaltungsgesellschaften;
- Privatpersonen (Ausnahme: anerkannte Privatbanquiers);
- Bankholdinggesellschaften ohne effektive Banktätigkeit.

2.6.7 Ausländischer Börsenagent (Art. 19 StG)

Als ausländische Börsenagenten (Broker) werden *anerkannt*: 21

- Die an einer ausländischen Börse zugelassenen und tätigen Wertpapierhändler;
- Natürliche und juristische Personen und Personengesellschaften, welche (ohne einen Sitz an einer Börse zu haben) dieselbe Tätigkeit wie ein Börsenagent (z.B. Market Maker) ausüben, sofern sie das Wertschriftengeschäft mit eigenem Personal, eigenen Kommunikationsmitteln und anderen notwendigen Einrichtungen selbständig und in eigener Kompetenz betreiben;
- Die über die Ausgabe ausländischer Fondsanteile/-aktien etc. abrechnende ausländische Vertragspartei, welche in ihrer Funktion einer inländischen Fondsleitung gleichgestellt werden kann.

Als ausländische Börsenagenten (Broker) werden insbesondere *nicht anerkannt*: 22

- Finanz-, Beteiligungs-, Holding- und Vermögensverwaltungsgesellschaften;
- Domizilgesellschaften («Briefkastenfirmen»), die weder eigenes Personal noch eigene Geschäftslokale besitzen und folglich selbst keinerlei Geschäftstätigkeit ausüben können. Solche Gesellschaften können sich nicht darauf berufen, ihre Muttergesellschaft besitze den Status eines ausländischen Brokers.

2.7 Ausnahmen (Art. 14 StG)

Der Umsatzabgabe unterliegen nicht:

- Die Ausgabe inländischer Aktien, Stammanteile von GmbH und von Genossenschaften, 23 Partizipationsscheine, Genussscheine, Anteile von kollektiven Kapitalanlagen, Obligationen und Geldmarktpapiere, einschliesslich der Festübernahme durch eine Bank oder Beteiligungsgesellschaft und der Zuteilung bei einer nachfolgenden Emission;

- Die Sacheinlage von Urkunden zur Liberierung in- oder ausländischer Aktien, Stammeinlagen von GmbH, Genossenschaftsanteilen, Partizipationsscheinen und Anteilen von kollektiven Kapitalanlagen (abgabepflichtig ist die Sacheinlage in eine Anlagestiftung); **24**
- Der Handel mit Bezugsrechten, Anrechten und Optionen; **25**
- Die Rückgabe von Urkunden zur Tilgung; **26**
- Die Ausgabe von Obligationen ausländischer Schuldner sowie von Beteiligungsrechten an ausländischen Gesellschaften; **27**
- Die Ausgabe und der Handel mit in- und ausländischen Geldmarktpapieren; **28**
- Die Vermittlung oder der Kauf und Verkauf von ausländischen Obligationen, soweit der Käufer oder Verkäufer eine ausländische Vertragspartei ist (d.h. die Abgabe entfällt nur für die ausländische Vertragspartei); **29**
- Die mit einer Umstrukturierung, insbesondere einer Fusion, Spaltung oder Umwandlung verbundene Übertragung steuerbarer Urkunden von der übernommenen, spaltenden oder umwandelnden Unternehmung auf die aufnehmende oder umgewandelte Unternehmung; **30**
- Der Erwerb oder die Veräusserung von steuerbaren Urkunden im Rahmen von Umstrukturierungen nach den Artikeln 61 Absatz 3 und 64 Absatz 1bis DGB. Eine Verletzung der Sperrfrist gemäss DBG löst keine Umsatzabgabe aus. **31**
- Bei der Übertragung von Beteiligungen von mindestens 20% am Grund- oder Stammkapital anderer Gesellschaften auf eine in- oder ausländische Konzerngesellschaft. Jede einzelne Transaktion muss 20% und mehr des nominellen Aktienkapitals beinhalten. **32**
- Geschäfte für den Handelsbestand eines gewerbsmässigen Effektenhändlers gemäss Artikel 13 Absatz 3 Buchstabe a und b Ziffer 1 StG: dieser ist von dem auf ihn selbst entfallenden Teil der Abgabe befreit, soweit er Titel aus seinem Handelsbestand (vgl. Ziffer 60) veräussert oder zur Äufnung dieses Bestandes erwirbt. **33**

2.7.1 Befreite Anleger (Art. 17a StG)

Von der Umsatzabgabe befreite Anleger (Art. 17a Abs. 1 StG)

1. Inländische kollektive Kapitalanlagen nach Artikel 7 KAG **34**

   Diese kollektiven Kapitalanlagen haben eine Bewilligung der FINMA. Eine Liste ist abrufbar auf:

   www.finma.ch

   Anteile an internen Sondervermögen sind keine steuerbaren Urkunden. Sie bilden kein Gegenstand der Umsatzabgabe. Interne Sondervermögen sind nicht Effektenhändler, qualifizieren jedoch auch nicht als befreite Anleger im Sinne von Artikel 17a StG. Massgeblich für die Erhebung der Umsatzabgabe ist die umsatzabgaberechtliche Qualifikation der Anleger.

2. Ausländische kollektive Kapitalanlagen nach Artikel 119 KAG **35**

   Als ausländische kollektive Kapitalanlage gelten:

a) Anlageformen, welche in der Schweiz zum Vertrieb zugelassen sind; *oder*
b) Anlageformen, welche im Ausland einer Aufsicht über kollektive Kapitalanlagen unter stehen; *oder*
c) vertraglich oder gesellschaftsrechtlich ausgestaltete offene Anlageformen,
   - deren Zweck die kollektive Kapitalanlage ist; *und*
   - die ihren Sitz im Ausland haben; *und*
   - deren Anleger gegenüber der Anlageform oder einer ihr nahe stehenden Gesellschaft einen Rechtsanspruch auf Rückzahlung ihrer Anteile zum Nettoinventarwert haben; *oder*
d) vertragliche oder gesellschaftsrechtlich ausgestaltete geschlossene Anlageformen,
   - deren Zweck die kollektive Kapitalanlage ist; *und*
   - die ihren Sitz im Ausland haben.

Für weitere detaillierte Erläuterungen vgl. Kreisschreiben Nr. 24 der ESTV vom 1. Januar 2009 betreffend kollektive Kapitalanlagen als Gegenstand der Verrechnungssteuer und der Stempelabgaben, insbesondere der Entscheidungsbaum in Anhang VI.

3. Ausländische Staaten 36

Als abgabebefreite Anleger gelten die Mitgliedstaaten der UNO sowie anerkannte Staaten ohne UNO-Mitgliedschaft wie der Vatikan und Taiwan. Dazu sind auch staatliche Institutionen zu zählen, die ausschliesslich das Staatsvermögen verwalten. Steuerbar bleiben Geschäfte für die rechtlich selbständigen Anstalten, Einrichtungen und Regiebetriebe dieser Länder.

Nicht befreit sind: Abhängige Gebiete mit grosser Autonomie wie Jersey, Cayman, Labuan oder Hongkong; ebenso wenig Teilstaaten und Provinzen wie die deutschen Bundesländer, die kanadischen Provinzen oder die US-Gliedstaaten.

4. Ausländische Zentralbanken 37

Als solche sind abgabefrei, sofern folgende Voraussetzungen erfüllt sind:

a) Der statutarische Zweck muss die Wahrnehmung von geld- und währungspolitischen Aufgaben des entsprechenden Staates sein;
b) Nebst der europäischen Zentralbank sind auch die einzelnen Zentralbanken der EU-Mitglieder befreit, sofern Buchstabe a zutrifft. Dies ist nicht nur für die EU anwendbar.

5. Ausländische Einrichtungen der Sozialversicherung 38

Hier sind diejenigen Einrichtungen dazuzuzählen, denen gleiche Aufgaben zukommen wie den inländischen Einrichtungen der Sozialversicherungen. Sie müssen zudem einer der schweizerischen vergleichbaren Aufsicht unterstehen. Lediglich Gemeinnützigkeit oder Wohltätigkeit reichen nicht aus.

6. Ausländische Einrichtungen der beruflichen Vorsorge 39

Dazu zählen Einrichtungen der Alters-, Hinterlassenen- und Invalidenvorsorge, deren Mittel dauernd und ausschliesslich der beruflichen Vorsorge gewidmet sind. Auch sie müssen einer der schweizerischen vergleichbaren Aufsicht unterstehen.

7. Ausländische Lebensversicherer   40

Das Geschäft muss nachweislich für den Lebensversicherungsbereich abgeschlossen sein.

8. Ausländische Gesellschaften   41

Damit für die als Gegenpartei auftretende Gesellschaft als von der Abgabe befreit betrachtet werden kann, müssen folgende Bedingungen erfüllt sein:
- Das Domizil der Gesellschaft muss im Ausland sein
- Die Aktien dieser Gesellschaft müssen an einer anerkannten Börse kotiert sein (lediglich gehandelt genügt nicht)
- Wenn die Aktien der Gegenpartei nicht selbst an einer anerkannten Börse kotiert sind, sie jedoch einem ausländischen Konzern zugeordnet werden können und deren Aktien wiederum an einer anerkannten Börse kotiert sind.

Geschäfte mit einer ausländischen konsolidierten Konzerngesellschaft werden dann als abgabefrei anerkannt, wenn aus dem Geschäftsbericht des Konzerns hervorgeht, dass diese Gesellschaft im Konzern, deren Aktien kotiert sind, konsolidiert wird.

ACHTUNG: Es entfällt nur die halbe Abgabe für die ausländische Gesellschaft. Es ist nicht das ganze Geschäft von der Abgabe befreit.

9. Indirekte Transaktionen („Dreiecksgeschäfte")   42

Indirekte Transaktionen sind Geschäfte für einen der vorerwähnten abgabebefreiten Anleger, die nicht direkt, sondern über eine weitere ausländische Stelle (z. B. Vermögensverwalter im Ausland) abgerechnet werden.

Macht die ausländische Vertragspartei (z. B. Vermögensverwalter) des Effektenhändlers geltend, sie handle für Rechnung eines abgabebefreiten Anlegers, so ist sie verpflichtet, die Angaben genügend (Name/Firma/Branche/Domizil) offen zu legen. Nur diejenigen Transaktionen können abgabefrei behandelt werden,

- die gemäss Abrechnung der ausländischen Vertragspartei die Angaben des Anlegers genügend erwähnen, oder
- die gemäss Abrechnung der ausländischen Vertragspartei mit einer Referenzbezeichnung (Konto-Nr. oder Chiffre des Anlegers) versehen sind. Die ausländische Vertragspartei stellt in solchen Fällen dem Effektenhändler zuhanden der Kontrollorgane der ESTV ein Verzeichnis zur Verfügung, das über die Referenz genügende Auskunft über den Anleger geben muss. Dieses Verzeichnis muss von der Revisionsstelle der ausländischen Vertragspartei unterzeichnet sein.

Generelle Bestätigungen, wonach die ausländische Vertragspartei ausschliesslich für abgabebefreite Anleger handle, können nicht akzeptiert werden.

Anerkannte Börsen 43

Die Liste der anerkannten Börsen wird von der FINMA laufend nachgeführt, ist auf deren Internetseite abrufbar (www.finma.ch).

Die Nachweispflicht des Effektenhändlers 44

Der Effektenhändler muss jederzeit mit aussagekräftigen Dokumenten nachweisen können, dass für die unter Ziffer 34 bis 42 erwähnten Kundenkategorien berechtigterweise abgabefrei abgerechnet wurde.

3 Erläuterungen verfahrensrechtlicher Art

3.1 Anmeldung als Abgabepflichtiger (Art. 34 Abs. 1 StG) 45

Wer aufgrund des StG abgabepflichtig wird, hat sich vor Beginn der Abgabepflicht unaufgefordert bei der ESTV anzumelden. Nach Beginn der Abgabepflicht eintretende Änderungen an den zu meldenden Tatsachen, insbesondere die Errichtung von Zweigniederlassungen, sind unaufgefordert der ESTV zu melden.

3.1.1 Registrierung als Effektenhändler (Art. 20 StV) 46

Die ESTV registriert den Effektenhändler und gibt die ihm zugeteilte Nummer bekannt. Diese Nummer entspricht der Dossiernummer. Sie ist vom Steuerpflichtigen gegenüber der ESTV in allen Abrechnungen und Korrespondenzen aufzuführen.

3.1.2 Beginn der Abgabepflicht (Art. 18 StV) 47

Die Abgabepflicht des Effektenhändlers beginnt:

a) In der Regel mit der Aufnahme der Geschäftstätigkeit;

b) Bei Aktiengesellschaften, Kommanditaktiengesellschaften, GmbH, Genossenschaften, der öffentlichen Hand sowie inländischen Einrichtungen der beruflichen Vorsorge und der gebundenen Vorsorge mit mehr als 10 Millionen Franken steuerbaren Urkunden in den Aktiven der Bilanz: Sechs Monate nach Ablauf des Geschäftsjahres, in dem die eben genannte Voraussetzung eingetreten ist. Nachweisbar treuhänderisch verwaltete Urkunden sind nicht Aktiven im Sinne dieser Bestimmung, sofern sie in der Bilanz gesondert ausgewiesen werden.

3.2 Erhebungsverfahren (Art. 17 StG)

Abgabepflichtig ist der Effektenhändler (für abgabefreie Geschäfte vgl. Ziffer 23-42). 48

Er schuldet (je) eine halbe Abgabe:
- wenn er vermittelt: für jede Vertragspartei, die sich ihm gegenüber weder als registrierter Effektenhändler noch von der Abgabe befreiter Anleger ausweist;
- wenn er Vertragspartei ist: für sich und für die Gegenpartei, die sich ihm gegenüber weder als registrierter Effektenhändler noch von der Abgabe befreiter Anleger ausweist.

Die Form des Ausweises des abgabebefreiten Anlegers ist nicht vorgeschrieben. Das Kundendossier beim Effektenhändler soll die erforderlichen Angaben enthalten. Mangels genügender Angaben oder für Zweifelsfälle ist dem Effektenhändler empfohlen, sich ein Frage-/ Antwortformular von einer Aufsichts- oder Amtsstelle bestätigen zu lassen. 49

Der Effektenhändler gilt als Vermittler: 50
- wenn er im Auftrag eines Kunden steuerbare Urkunden erwirbt oder veräussert und mit diesem zu Originalkonditionen abrechnet;
- wenn er für eigene Rechnung erworbene Titel am Tage ihres Erwerbs (zu gleichen oder veränderten Konditionen) weiterveräussert;
- wenn er, ohne als Käufer oder Verkäufer von Titeln aufzutreten, lediglich Gelegenheit zum Geschäftsabschluss nachweist.

3.2.1 Abrechnung unter Effektenhändlern (Art. 23 StV) 51

Die inländischen Banken, die Schweizerische Nationalbank und die Pfandbriefzentralen gelten ohne besondere Erklärung als Effektenhändler.

Die gewerbsmässigen Effektenhändler (Art. 13 Abs. 3 Bst. b Ziff. 1 StG) haben sich sowohl bei inländischen Banken als auch unter sich selbst mittels von der ESTV bezogenen Effektenhändlererklärungen auszuweisen.

Über die abgegebenen Erklärungen ist ein besonderes Verzeichnis anzulegen (mit Namen und Adressen der Empfänger sowie Datum der Ausstellung) und zur Verfügung der ESTV zu halten.

Der Abgabepflichtige hat die ihm abgegebenen Erklärungen geordnet nach den Effektenhändler-Nummern aufzubewahren.

3.2.2 Delegation der Abgabepflicht 52

Folgende Effektenhändler können ihre Abgabepflicht an inländische Banken oder Händler delegieren:
- Anlageberater oder Vermögensverwalter;
- juristische Personen sowie inländische Einrichtungen der beruflichen Vorsorge und der gebundenen Vorsorge, deren Bilanzaktiven zu mehr als 10 Mio. Franken aus steuerbaren Urkunden bestehen;

- der Bund, die Kantone und die politischen Gemeinden;
- die inländischen Einrichtungen der Sozialversicherung.

Weist sich jedoch ein solcher als Effektenhändler aus, hat er seine Steuerpflicht selbst zu erfüllen und ein eigenes Umsatzregister zu führen. Darin sind sämtliche steuerbaren Geschäfte einzutragen.

Weist er sich nicht aus, so wird ihn die inländische Bank oder der Händler als Kunden behandeln, d.h. die Abgaben auf den mit ihm abgeschlossenen Geschäften der ESTV entrichten. In diesem Fall sind nur die mit anderen Gegenparteien (z.B. im Ausland domizilierte Banken etc.) getätigten Transaktionen im Umsatzregister einzutragen und zu versteuern.

3.2.3 Internationale Organisationen 53

Von der Umsatzabgabe befreite internationale Organisationen können wie Effektenhändler behandelt werden, sofern sie sich mittels der entsprechenden Ermächtigung der ESTV ausweisen.

Die Steuerbefreiung muss sich auf einen Bundesbeschluss abstützen. Die internationalen Organisationen müssen die Abgabebefreiung bei der ESTV beantragen.

3.3 Abgabeabrechnung (Art. 24 StV) 54

Der Abgabepflichtige hat die Abgabe aufgrund der Abrechnung nach amtlichem Formular (Form. 9) innert 30 Tagen nach Ablauf des Geschäftsvierteljahres für die in diesem Zeitraum abgeschlossenen oder erfüllten Geschäfte unaufgefordert der ESTV zu entrichten.

Um unverhältnismässige Umtriebe zu vermeiden, gestattet die ESTV auf Gesuch hin jährliche Abrechnung (die Limite liegt zurzeit bei Fr. 5'000.- Umsatzabgabe pro Jahr).

Das Formular ist auch dann einzureichen, wenn keine Abgabe geschuldet ist.

3.3.1 Verzugszins (Art. 29 StG) 55

Auf Abgabebeträgen, die nach Ablauf der gesetzlichen Fälligkeitstermine ausstehen, ist ohne Mahnung ein Verzugszins geschuldet.

3.4 Umsatzregister (Art. 21 StV) 56

Der Effektenhändler hat ein Umsatzregister zu führen.

Das Register ist wie folgt der Reihe nach in Spalten zu gliedern:

1) Datum des Geschäftsabschlusses
2) Art des Geschäftes
   In dieser Spalte ist das Geschäft, sofern es sich nicht um einen einfachen Kauf oder Verkauf handelt, nach seiner Art zu bezeichnen.
3) Anzahl oder Nennwert der Titel
4) Bezeichnung der Titel (inkl. ISIN- oder Valoren-Nummer)
5) Titelkurs, Währung sowie (bei Fremdwährungen) Umrechnungskurs
6) Name, Domizil und Effektenhändlernummer des Verkäufers und des Käufers. Das Domizil ist ausnahmslos anzugeben, wenn keine Abgabe geschuldet ist.
   Bei den abgabebefreiten Anlegern gemäss Artikel 17a StG (vgl. Ziffer 34-41) ist zusätzlich deren Name aufzuführen. Ist eine Vertragspartei eine Bank oder ein Börsenagent, so kann auf die Angabe der Effektenhändlernummer verzichtet werden.
7) Entgelt in Schweizerfranken, aufgeteilt in
   a) abgabebelastete Umsätze
      - inländische Titel
      - ausländische Titel
   b) nicht abgabebelastete Umsätze.

Jede Abweichung in der Form und im Inhalt bedarf der schriftlichen Zustimmung der ESTV.

3.4.1 Registerführung 57

Jedes der Umsatzabgabe unterliegende Geschäft ist innert drei Tagen nach seinem Abschluss bzw. nach Eingang der Abrechnung im Register einzutragen. Zu beachten ist jedoch, dass abgabebefreite Sekundärmarktgeschäfte mit ausländischen Obligationen, Geschäfte mit den von der Abgabe befreiten Anlegern sowie Transaktionen im Rahmen von Umstrukturierungen im Register eingetragen werden müssen (Art. 21 Abs. 3 StV).

Die ESTV akzeptiert aber auch das Führen von einem Register mit ausschliesslich den von der Umsatzabgabe erfassten Geschäften sowie ein zweites Register, in welchem alle Geschäfte mit steuerbaren Urkunden, die der Umsatzabgabe nicht unterliegen, aufgelistet sind.

Als **Entgelt** darf im Register eingetragen werden:

a) entweder der in der Abrechnung enthaltene Kurswert der gehandelten Urkunden, einschliesslich der Vergütung für laufende Zinsen oder für noch nicht abgetrennte Coupons,
   oder
b) der Endbetrag der Abrechnung.

Die Art des Eintrages darf nur auf Beginn eines Geschäftsjahres gewechselt werden.

Ein Entgelt in ausländischer Währung ist in Schweizerfranken umzurechnen. Wurde unter den Parteien kein bestimmter **Umrechnungskurs** vereinbart (d.h. Abrechnung in fremder Währung), muss der Devisenmittelkurs des letzten Werktages vor der Entstehung der Abgabeforderung angewendet werden. Zulässig sind auch der Mittelkurs oder der Geld- bzw. Briefkurs des Abschlusstages.

Das Entgelt für die abgabebelasteten Umsätze ist Seite für Seite und auf Ende jedes Quartals zusammenzuzählen. Das Führen getrennter Register («Börse Inland», «Börse Ausland» usw.) ist ohne besondere Bewilligung erlaubt. Pro Quartal ist ein Zusammenzug zu erstellen. Die Registerseiten sind fortlaufend zu nummerieren und geheftet oder in Büchern zusammengefasst während fünf Jahren nach Ablauf des Kalenderjahres, in dem die letzte Eintragung erfolgt ist, aufzubewahren. Eine papierlose Datenablage muss jederzeit auf Papier zur Einsicht zur Verfügung gestellt werden können.

Effektenhändler, welche die Erfüllung ihrer Abgabepflicht an inländische Banken delegieren, können vom Eintrag dieser Transaktionen absehen (vgl. Ziffer 52).

3.5 Entlassung aus der Abgabepflicht (Art. 25 StV) 58

Wer seine Geschäftstätigkeit aufgeben will oder die gesetzlichen Eigenschaften als Effektenhändler nicht mehr als erfüllt erachtet, hat dies unverzüglich der ESTV anzuzeigen. Die ESTV entscheidet aufgrund der Anzeige oder von Amtes wegen, ob und ab welchem Zeitpunkt die Abgabepflicht aufhört und die Streichung als registrierter Effektenhändler wirksam wird.

Der Betroffene hat auf das Datum seiner Entlassung als registrierter Effektenhändler alle von ihm abgegebenen Effektenhändler-Erklärungen zu widerrufen und dies der ESTV unter Beilage des Effektenhändler-Verzeichnisses zu melden.
Innert 30 Tagen nach der Entlassung sind der ESTV die Schlussabrechnung einzureichen und die geschuldeten Abgaben zu überweisen.

Macht eine Gesellschaft oder Genossenschaft glaubhaft, dass sie die Unterstellungskriterien bald wieder erfüllen wird, kann sie auf ihr Ersuchen hin freiwillig als Effektenhändler registriert bleiben.

4 Handelsbestand

Gewerbsmässige Effektenhändler können einen Handelsbestand im Sinne von 59
Artikel 14 Absatz 3 StG halten:

a) ohne besonderen Nachweis:
die Banken im Sinne des Bundesgesetzes vom 8. November 1934 über die Banken und Sparkassen sowie die Schweizerische Nationalbank;

b) mit Nachweispflicht:
die Effektenhändler, die für Dritte den Handel mit steuerbaren Urkunden betreiben (*Händler* im Sinne von Art. 13 Abs. 3 Bst. b Ziff. 1 StG).

Händler, welche die Befreiung ihres Handelsbestandes beanspruchen wollen, müssen die ESTV darum ersuchen. In ihrem Gesuch haben sie den Nachweis zu erbringen, dass sie den Handel mit steuerbaren Urkunden gewerbsmässig mit einem grösseren Personenkreis betreiben, indem sie regelmässig Geld- und Briefkurse stellen.

Effektenhändler, die lediglich Kauf- oder Verkaufsaufträge ihrer Kundschaft an die Händler weiterleiten (z.B. Vermögensverwalter), können die Befreiung eines Handelsbestandes ebenso wenig beanspruchen wie solche, die vorwiegend für eigene Rechnung Abschlüsse tätigen.

4.1 Abgrenzung des Handelsbestandes 60

Handelsbestand im Sinne von Artikel 14 Absatz 3 StG ist die Gesamtheit der liberierten Titel, welche der gewerbsmässige Effektenhändler mit der Absicht der Weiterveräusserung für eigene Rechnung erworben hat. Solche Titel können für das «Securities Lending» und das «Repo-Geschäft» verwendet werden.

Nicht zum Handelsbestand gehören demnach steuerbare Urkunden, die

a) vom Effektenhändler gestützt auf Artikel 665 OR zu den Anschaffungskosten in die Bilanz eingestellt werden;
b) zu den dauernden Beteiligungen im Sinne von Artikel 25 Ziffer 1.8 der Bankenverordnung vom 17. Mai 1972 gehören;
c) nicht jederzeit und frei verfügbar sind, insbesondere weil sie
   - als Garantie oder als Pfanddeckung dienen (Lombard, Underlying, Stillhalter);
   - vom Effektenhändler für fremde Rechnung gehalten werden;
   - einen kommerziellen Kredit verkörpern.

4.2 Abgabefreiheit des Handelsbestandes 61

Der gewerbsmässige Effekten*händler* ist von dem auf ihn selbst entfallenden Teil der Abgaben befreit, soweit er Titel aus seinem Handelsbestand veräussert oder zur Äufnung dieses Bestandes erwirbt.

4.3 Überträge: Handelsbestand – andere Bestände oder umgekehrt 62

Der Effektenhändler schuldet für sich eine halbe Abgabe, wenn er steuerfrei erworbene Titel vom Handelsbestand in einen anderen Bestand überführt; diese Abgabe ist indessen nur geschuldet für Titel, die auch bei der direkten Zuweisung in einen anderen Bestand der Abgabe unterliegen; ebenso, wenn er Titel aus einem anderen Bestand in den Handelsbestand überführt. Das massgebende Entgelt ergibt sich aus dem Kurs am Tage des Übertrages.

5 Emissionen (Primärmarkt)

DER EMISSIONSVORGANG IST BEENDET 63

a) bei inländischen Beteiligungsrechten:
mit dem Ablauf der Zahlungsfrist für den Ersterwerber;

b) bei in- und ausländischen Obligationen, Fondsanteilen sowie ausländischen Beteiligungsrechten:
mit dem Ablauf des Liberierungstages.

Findet ein Geschäftsabschluss oder die Bezahlung (Valuta) der Titel nach Beendigung des Emissionsvorganges statt, liegt ein der Umsatzabgabe unterliegendes Geschäft des Sekundärhandels vor.

PRIMÄR-/SEKUNDÄRPLATZIERUNGEN (IPO) 64

Stammen die zu platzierenden Beteiligungsrechte nicht nur aus einer Kapitalerhöhung, sondern auch aus bisherigen Beständen, so unterliegt jeglicher Handel, inklusive die die neu emittierten Beteiligungsrechte, vor und nach dem Valutadatum der Umsatzabgabe (vgl. Ziffer 109).

Vorbehalten sind Fälle, bei denen klar zwischen Primär- und Sekundärstücken unterschieden werden kann.

5.1 Die einzelnen Emissionsgeschäfte

5.1.1 Emissionen inländischer Schuldner 65

Die Ausgabe von Urkunden inländischer Schuldner unterliegt der Emissionsabgabe (vgl. Art. 5 und 5a StG); sie ist somit ausnahmslos umsatzabgabefrei. Die Ausgabe von Anteilen inländischer kollektiver Kapitalanlagen ist von der Abgabe befreit.

5.1.2 Emissionen ausländischer Schuldner 66

a) *Obligationen in Schweizerfranken und in fremder Währung sowie Beteiligungs- und Geldmarktpapiere*

Die Ausgabe solcher Urkunden ausländischer Emittenten ist von der Umsatzabgabe befreit (vgl. jedoch Ziffer 67).

b) *Kollektive Kapitalanlagen* 67

Die Ausgabe von Anteilen an ausländischen kollektiven Kapitalanlagen (alle Währungen) sowie von **Aktien, Zertifikaten, Bescheinigungen etc.**, die in ihrer wirtschaftlichen Funktion den kollektiven Kapitalanlagen gleichgestellt sind, unterliegen der Umsatzabgabe (Art. 13 Abs. 2 Bst. b StG).

c) Umbrella Funds **68**

Beim Umbrella Fund handelt es sich um eine kollektive Kapitalanlage, die in ein oder auch mehrere Segmente (Subfonds) unterteilt ist. Im Rahmen der SICAV und anderer Gesellschaften mit mehreren Teilvermögen ist der Umtausch von einem Teilvermögen in ein anderes (z.B. Dollar-Aktien-Serie gegen Euro-Aktien-Serie) der Umsatzabgabe unterliegend.

Die Rückgabe des Anteils eines Teilvermögens entspricht einer abgabefreien Tilgung; demgegenüber ist der Erwerb eines neuen Anteils eines anderen Teilvermögens abgabepflichtig. Beim Tausch innerhalb desselben Teilvermögens (Serie Ausschüttung gegen Serie Kapitalisierung) ist lediglich der Aufpreis abgabepflichtig. Mit Aufpreis ist eine zusätzliche Investition des Anlegers im Rahmen des Tausches in die neue Anteilklasse gemeint.

d) Feststellung der Abgabepflicht bei der Ausgabe von Anteilen an ausländischen kollektiven Kapitalanlagen **69**

Für den Kunden ist nach den Grundsätzen über die Börsengeschäfte (vgl. Ziffer 77-81) die Abgabe zu deklarieren.

Die kollektive Kapitalanlage selbst (im Sinne von Art. 17a StG) sowie die über die Ausgabe von Anteilen abrechnende ausländische Vertragspartei (z.B. Fund Management Company) sind von der Abgabe ebenso befreit wie die ausländischen Banken und Börsenagenten im Sinne von Artikel 19 StG.

6 Börse (Sekundärmarkt)

Transaktionen in steuerbaren Urkunden (vgl. Ziffer 9) nach Abschluss des Emissionsvorganges (vgl. Ziffer 63) unterliegen ausschliesslich der Umsatzabgabe. **70**

6.1 Besonderheiten

6.1.1 Geschäfte mit ausländischen Banken und Börsenagenten (Art. 19 StG)

Artikel 19 Absatz 1 StG **71**
Ist beim Abschluss eines Geschäftes eine ausländische Bank oder ein ausländischer Börsenagent Vertragspartei, so entfällt die diese Partei betreffende halbe Abgabe. Das Gleiche gilt für Titel, die von einer als Gegenpartei auftretenden Börse bei der Ausübung von standardisierten Derivaten übernommen oder geliefert werden.

Die zentrale Gegenpartei (Central Counter Party CCP) bei ausländischen Börsen ist einem ausländischen Broker gleichgestellt. Es ist jedoch unabdingbar, dass sich die Mitglieder der ausländischen Börse ausschliesslich aus Banken und Börsenagenten zusammensetzen. **72**

6.1.2 Handelsbestand 73

Der gewerbsmässige Effektenhändler ist bei Käufen und Verkäufen für den Handelsbestand von dem auf ihn selbst entfallenden Teil der Abgabe befreit. Es ist jedoch zu beachten, dass Nichtbanken einer besonderen Bewilligung zur Führung eines Handelsbestandes bedürfen, die nicht rückwirkend gewährt wird (vgl. Ziffer 59)

6.1.3 Handel mit ausländischen Obligationen 74

Für die im Ausland domizilierte Vertragspartei ist im Geschäft mit ausländischen Obligationen aller Währungen keine Abgabe geschuldet (Art. 14 Abs. 1 Bst. h StG). Dabei ist es unerheblich, ob es sich um Banken, Börsenagenten, andere juristische oder natürliche Personen handelt.

6.1.4 Obligationen «EUROFIMA» 75

Da die EUROFIMA in Basel domiziliert ist, gelten die von ihr ausgegebenen Obligationen als inländische Urkunden, für welche die beim Sekundärhandel anfallende Umsatzabgabe zum Satz von 1,5 o/oo (0.75 o/oo je Vertragspartei) zu berechnen ist.

Die im Ausland ausgegebenen Anleihen der EUROFIMA werden nach Massgabe von Artikel 1 Ziffer 3 des Zusatz-Protokolls zur Vereinbarung betreffend die Gründung der EUROFIMA für die Verrechnungssteuer wie Anleihen ausländischer Schuldner behandelt.

Für die Obligationen der EUROFIMA, deren Zinsen nicht der Verrechnungssteuer unterliegen, ist Artikel 14 Absatz 1 Buchstabe h StG anwendbar (vgl. Ziffer 74).

6.1.5 Geldmarktpapiere 76

Der Handel mit in- und ausländischen Geldmarktpapieren ist ungeachtet der Währung von der Umsatzabgabe ausgenommen (vgl. Ziffer 16).

6.2 Feststellung der Abgabepflicht im Sekundärmarkt 77

Jeder am Abschluss beteiligte Effektenhändler hat aus seiner Sicht in erster Linie festzustellen:
- welche seiner Gegenparteien sich ihm gegenüber als registrierte Effektenhändler oder als abgabebefreite Anleger ausweisen;
- ob er selbst als Vertragspartei oder blosser Vermittler auftritt;
- ob er als gewerbsmässiger Händler für seinen Handelsbestand erwirbt oder veräussert;

- im Falle von Vermittlung, Kauf oder Verkauf ausländischer Obligationen: das Domizil seiner Vertragspartei (Inland oder Ausland).

Falls es sich um ein steuerbares Geschäft handelt, schuldet der Effektenhändler je eine halbe Abgabe,

- wenn er vermittelt: für jede Vertragspartei, die sich ihm gegenüber nicht als registrierter inländischer Effektenhändler oder als abgabebefreiter Anleger ausweist; 78

- wenn er Vertragspartei ist: für sich selbst (Ausnahme Handelsbestand) und für die Gegenpartei, die sich nicht als registrierter inländischer Effektenhändler oder als abgabebefreiter Anleger ausweist. 79

6.2.1 Eigengeschäfte 80

Der Effektenhändler hat in seinem Umsatzregister folgende Abgaben zu deklarieren:

	inländischen Urkunden	ausländischen Obligationen (alle Währungen)	ausländischen Anteile von kollektiven Kapitalanlagen und Aktien
a) in einem Geschäft für **eigene Bestände** (ohne Handelsbestand)	½	½	½
b) in einem Geschäft für den **eigenen Handelsbestand**	0	0	0

und mit folgenden Gegenparteien

inländischen Effektenhändlern	0	0	0
ausländischen Banken und Börsenagenten	0	0	0
inländischen Kunden	½	½	½
inländischen kollektiven Kapitalanlagen	0	0	0
ausländischen Kunden	½	0	½
ausländischen befreiten Anlegern	0	0	0

6.2.2 Vermittlungsgeschäfte

81

Der Effektenhändler hat in seinem Umsatzregister folgende Abgaben zu deklarieren:

bei Vermittlung von	inländischen Urkunden	ausländischen Obligationen (alle Währungen)	ausländischen Anteilen von kollektiven Kapitalanlagen und Aktien

a) zwischen

inländischem Effektenhändler	0	0	0

und

anderem inländischen Effektenhändler	0	0	0
ausländischer Bank / ausländischem Börsenagent	0	0	0
inländischem Kunden	½	½	½
inländischer kollektiver Kapitalanlage	0	0	0
ausländischem Kunden	½	0	½
ausländischem befreiten Anleger	0	0	0

b) zwischen

ausländischer Bank / ausländischem Börsenagent	0	0	0

und

anderer ausländischer Bank / anderem ausländischen Börsenagent	0	0	0
inländischem Kunden	½	½	½
inländischer kollektiver Kapitalanlage	0	0	0
ausländischem Kunden	½	0	½
ausländischem befreiten Anleger	0	0	0

bei Vermittlung von	inländischen Urkunden	ausländischen Obligationen (alle Währungen)	ausländischen Anteilen von kollektiven Kapitalanlagen und Aktien

c) zwischen

inländischem Kunden	½	½	½

und

anderem inländischen Kunden	½	½	½
inländischer kollektiver Kapitalanlage	0	0	0
ausländischem Kunden	½	0	½
ausländischem befreiten Anleger	0	0	0

d) zwischen

ausländischem Kunden	½	0	½

und

anderem ausländischen Kunden	½	0	½
ausländischem befreiten Anleger	0	0	0

Die in den Randziffern 80 und 81 dargestellten Transaktionen umfassen den grössten Teil der möglichen Transaktionen. Hier schliessen sich jedoch mögliche spezielle Geschäfte nicht aus. Sie müssen unter Umständen, weil sie nicht zugeordnet werden können, separat beurteilt werden.

Beispiel einer Vermittlung von inländischen Urkunden über mehrere registrierte Effektenhändler zwischen zwei Kunden:

82

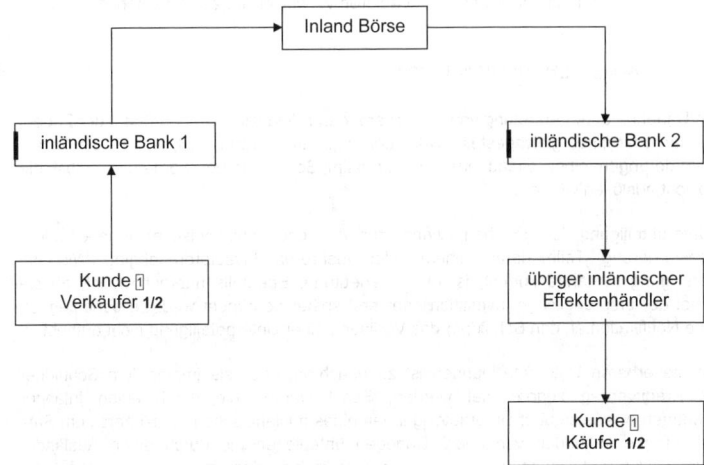

Hier schuldet

- die inländische Bank 1: 1/2 Abgabe für den Kunden (Verkäufer) [i]
- die inländische Bank 2: 0 Abgabe, weil Vermittlerin zwischen inländischer Bank 1 und einem übrigen Effektenhändler
- der übrige Effektenhändler: 1/2 Abgabe für den Kunden (Käufer) [i].

Bei mehreren vermittelnden Effektenhändlern hat der erste und der letzte in der Kette je für die von ihm vertretene Vertragspartei oder für sich selbst die Abgabe zu entrichten.

[i] bei abgabebefreiten Anlegern entfällt diese halbe Abgabe

Bei **Übertrag vom Handelsbestand** auf einen anderen Bestand und vice-versa: 1/2 Abgabe (vgl. Ziffer 62).

83

7 Den Obligationen und Geldmarktpapieren gleichgestellte Urkunden

Dienen Konsortialdarlehen, Schuldscheindarlehen, Wechsel, Buchforderungen und Unterbeteiligungen der kollektiven Kapitalbeschaffung bzw. der Konsolidierung von Schuldverhältnissen, so sind sie für die Stempelabgaben wie Anleihen- und Kassenobligationen oder Geldmarktpapiere zu behandeln (vgl. Ziffer 15).

84

7.1 Geldmarktpapiere 85

Hinsichtlich der Besteuerung von Geldmarktpapieren verweisen wir auf die Ziffern 16 und 76.

7.2 Unterbeteiligungen an Forderungen 86

Wird ein Darlehen durch Abtretung von Teilforderungen refinanziert, so begründet der Zedent Obligationen oder ihnen gleichgestellte Urkunden (vgl. Ziffern 15 und 16), sobald die Anzahl der Teilforderungen einen Stand erreicht, der beim Schuldner der Forderung selbst die Steuerpflicht auslösen würde.

Eine Unterbeteiligung ist gegeben, wenn der (in- oder ausländische) Inhaber einer Darlehensforderung Teile daran einem oder mehreren Investoren abgibt. Wie die Unterbeteiligung zustande kommt, ist ohne Bedeutung. Ebenfalls unerheblich ist, ob sie bereits bei der ursprünglichen Investition oder erst später begründet wird. Zu beachten ist, dass eine Notifikation an den Schuldner das Vorliegen einer Unterbeteiligung nicht aufhebt.

Bei den steuerbaren Unterbeteiligungen ist zu beachten, dass sie immer dem Schuldner gemäss Kreditvertrag zugerechnet werden. Somit werden die durch einen Inländer ausgegebenen Ausweise über Unterbeteiligungen eines ausländischen Schuldners zum Satz für ausländische Urkunden versteuert. Dagegen unterliegen die durch einen Ausländer begründeten Unterbeteiligungen dem Satz für inländische Urkunden, wenn der Schuldner Inländer ist.

Hinsichtlich der Umsatzabgabe ergeben sich beim „Pooling" von Treuhandgeldern keine steuerbaren Unterbeteiligungen.

8 Besondere Geschäfte

8.1 Bedingte Geschäfte sowie Termin- und Zeitgeschäfte

87

8.1.1 Allgemeiner Begriff

Ist die Erfüllung eines stempelsteuerlich relevanten Geschäftsvorganges beim Abschluss eines Geschäftes an gewisse Bedingungen geknüpft oder mit einem Wahlrecht verbunden, entsteht eine eventuelle Abgabeforderung erst im Zeitpunkt der Erfüllung.

8.1.2 Optionen (Warrants) / Futures / Derivative Produkte

88

Im Allgemeinen ist die Ausgabe von und der Handel mit reinen Derivaten umsatzabgabefrei. Bei strukturierten Produkten muss abgeklärt werden, ob es sich um steuerbare Urkunden handelt. Richtlinien zur Beurteilung sind im Kreisschreiben Nr. 15 der ESTV vom 7. Februar 2007 betreffend Obligationen und derivative Finanzinstrumente als Gegenstand der direkten Bundessteuer, der Verrechnungssteuer sowie der Stempelabgaben (KS 15) enthalten. Als weiteres Hilfsmittel dient auch das Schema in Anhang 1 des KS 15, welches am gleichen Ort wie dieses Kreisschreiben im Internet publiziert ist oder die Klassifizierung eines anerkannten Datenlieferanten gemäss Ziffer 10.

Der Sekundärhandel mit inländischen, aktiv bewirtschafteten Index- und Basketzertifikaten auf Aktien sowie Index- und Basketzertifikaten auf kollektiven Kapitalanlagen gemäss Ziffer 1 und Ziffer 3 des Anhanges III zum Kreisschreiben Nr. 15 vom 7. Februar 2007 ist nicht Gegenstand der Umsatzabgabe.

89

Die Ausübung der Option kann die Umsatzabgabepflicht auslösen, wenn steuerbare Urkunden bezogen werden. Zur Beurteilung, ob der Vorgang abgabepflichtig ist, sind folgende Kriterien zu berücksichtigen:

90

a) Erwerb einer aus Emission stammenden Urkunde:

91

Die Optionsausübung ist einer Primärmarkt-Transaktion gleichgestellt; die Umsatzabgabe ist nur geschuldet, wenn die erworbenen steuerbaren Urkunden bei ihrer Ausgabe der Abgabepflicht unterliegen.

b) Erwerb einer aus dem Sekundärmarkt stammenden Urkunde:

92

Die Optionsausübung ist einer Börsentransaktion gleichgestellt. Die Abgabe berechnet sich vom Ausübungspreis (insbesondere auch bei den Reverse Convertibles; vgl. Ziffer 106). Wurde kein solcher festgelegt, so gilt der Marktwert der bezogenen Urkunden im Zeitpunkt der Ausübung. Bei der Ausübung von besonderen Optionen (z.B. Low Exercise Price Option / Zero-Strikeprice-Option) berechnet sich die Umsatzabgabe auf dem Marktwert der bezogenen Urkunden im Zeitpunkt der Ausübung.

c) Werden gegenüber einer als Gegenpartei auftretenden Börse standardisierte Derivate auf in- oder ausländische Titel ausgeübt, so entfällt die diese Partei betreffende halbe Abgabe

93

(Art. 19 Abs. 1 StG).

Beispiel: Der Effektenhändler, der bei der Eurex (Terminbörse) Optionen ausübt, schuldet für die Eurex keine Abgabe. Dagegen schuldet er für den Kunden, als die andere Vertragspartei, die Abgabe nach den in diesem Kreisschreiben beschriebenen Grundsätzen.

8.1.3 Prämiengeschäfte 94

Prämiengeschäfte sind beim Geschäftsabschluss nicht steuerbar. Die Umsatzabgabe ist nur geschuldet, wenn die Urkunden bezogen (Kauf) oder geliefert (Verkauf) werden; sie wird auf dem vereinbarten Entgelt berechnet.

8.1.4 Termingeschäfte / Report und Deport / Pensionsgeschäfte / «buy/sell back» - Geschäfte beim «REPO» 95

Die Abgabeforderung entsteht mit dem Abschluss des Geschäftes (Art. 15 Abs. 1 StG). Bei einem Termingeschäft (Kauf/Verkauf in Liq.) ist die Umsatzabgabe somit am Abschlusstag und nicht bei der Liquidation zu deklarieren.

Der Effektenhändler gilt als Vermittler, wenn er Urkunden gleichentags comptant und auf Termin handelt; es ist unerheblich, ob das Comptant- und Termingeschäft mit verschiedenen oder den gleichen Vertragsparteien abgeschlossen wird.

Das «buy/sell-back» Geschäft beim Repurchase-Agreement wird umsatzabgaberechtlich dem Kasse/Termingeschäft gleichgestellt.

8.2 Securities Lending and Borrowing 96

Da es sich beim Securities Lending oder Borrowing lediglich um eine Titelleihe handelt, entfällt mangels Entgelt die Abgabepflicht.

8.3 REPO-Geschäfte (Repurchase-Agreement) 97

Beim REPO-Geschäft handelt es sich in erster Linie um ein Finanzierungsgeschäft. Aus Sicht der Umsatzabgabe ergibt sich, dass der dem Wertschriftenübereigner und Darlehensschuldner ("Cash Taker") zu überweisende Betrag als Erfüllung des vereinbarten Darlehensvertrages zu betrachten ist und nicht als Entgelt für die dem Darlehensgeber ("Cash Provider") als Sicherheit zu übertragenden Wertschriften. Die Umsatzabgabe entfällt somit.

Diese Beurteilung gilt nur für das standardisierte REPO- und Reverse REPO-Geschäft; nicht jedoch für das «buy/sell-back»-Geschäft.

8.4 Kraftloserklärung von Beteiligungspapieren (Squeeze out) 98

Die Belastung durch die Umsatzabgabe richtet sich grundsätzlich nach der ursprünglichen Übernahmeofferte.

8.5 Tauschgeschäfte 99

Regel

Stempelrechtlich ist der Tausch in das Kaufs- und Verkaufsgeschäft aufzuteilen. Beide Geschäfte unterliegen der Abgabepflicht. Beim reinen Tausch gilt der Verkehrswert der getauschten Urkunden als Entgelt (Art. 16 Abs. 2 StG).

Die Stellung des Effektenhändlers im Tauschgeschäft

a) Der Effektenhändler handelt auf *eigene Rechnung:* 100
   Als Vertragspartei hat er die allfälligen Abgaben zu entrichten;

b) Der Effektenhändler handelt im Auftrag eines Kunden: 101
   - Sofern die Tauschofferte dem Kunden ein Wahlrecht einräumt, ist der Effektenhändler Vermittler und muss die allfälligen Abgaben entrichten.
   - Entfällt das Wahlrecht des Kunden aufgrund eines Tausches, so liegt keine kausale Mitwirkung des Effektenhändlers vor und es ist keine Abgabe geschuldet.
   Ein von der Abgabe befreiter Tausch liegt nur dann vor, wenn der Kunde keinerlei Möglichkeit hat durch Verkauf, Rückgabe etc. den Umtausch zu vermeiden.

8.5.1 Fusionen / Spaltungen / Umwandlungen / Ersatzbeschaffung 102

Im Rahmen von Umstrukturierungen (Fusionen, Spaltungen, Umwandlungen etc.) entfällt die Umsatzabgabe. Wenn jedoch keine gewinnsteuerneutrale Spaltung (fehlendes Betriebserfordernis) vorliegt, ist die Abgabe geschuldet

Im Rahmen von Ersatzbeschaffungen dient der Verweis auf das DBG im Artikel 14 103
Absatz 1 Buchstabe j StG nur dazu festzustellen, ob es sich um eine Ersatzbeschaffung handelt oder nicht. Im Anschluss daran gelten die Regelungen gemäss StG.
Somit gelten für die Berechnungsgrundlage der Abgabe einerseits der vertragliche Veräusserungspreis sowie andererseits der vertragliche Investitionsbetrag. Die Höhe des Abgabesatzes richtet sich nach den Merkmalen der in- oder ausländischen steuerbaren Urkunden.
Wird der Verkaufserlös nicht vollständig verwendet, wie wenn etwa keine Reinvestition erfolgt, anstelle einer Reinvestition eine Rückstellung gebildet wird, oder eine den Veräusserungspreis übersteigende Ersatzbeschaffung vorliegt, unterliegt die Differenz zwischen dem Verkaufserlös und der Ersatzbeschaffung der Umsatzabgabe.

Die Ersatzbeschaffung muss in der Regel innerhalb von drei Jahren erfolgen. Das Datum des Kaufgeschäftes kann vor dem Verkaufsgeschäft liegen. Die Frist läuft ab dem jeweiligen Datum des ersten Vertragsabschlusses. Auch hier entscheidet das DBG, ob die Transaktionen schliesslich als eine Ersatzbeschaffung betrachtet werden.
Umsatzabgabefreie Tatbestände können nur bis max. zur Inkraftsetzung des FusG zurück, d.h. 1. Juli 2004, geltend gemacht werden.
Eine Gründung oder Kapitalerhöhung wird als Ersatzbeschaffung betrachtet. Von der Abgabe ausgenommen ist das Geschäft als Ganzes (auch die Gegenpartei). Sofern die Gegenpartei selbst Effektenhändlerin ist und eine Abgabebefreiung geltend macht, muss sie nachweisen können, dass sie ein Geschäft mit einer Gegenpartei tätigte, welche eine Ersatzbeschaffung vornimmt. Solange kein Nachweis einer Ersatzbeschaffung vorliegt, ist die Abgabe geschuldet und fristgerecht abzuliefern. Liegt der Nachweis vor, erfolgt eine Rückvergütung oder Verrechnung mit abzuliefernden Abgaben (keine Verzinsung).

Für detailliertere Ausführungen verweisen wir auf das Kreisschreiben Nr. 5 vom 1. Juni 2004 „Umstrukturierungen".

8.6 Wandlungen 104

Bei der Wandlung von Wandelobligationen und -notes in Beteiligungspapiere (Aktien, PS usw.) ist zu unterscheiden zwischen:

    a) der Rückgabe der Obligationen bzw. Notes
    b) dem Erwerb der Beteiligungspapiere und
    c) dem evtl. Verkauf der bezogenen Urkunden.

Zu a) Die Rückgabe der Obligation an den Schuldner ist abgabefrei, wenn sie zwecks Tilgung erfolgt (Art. 14 Abs. 1 Bst. e StG);   **105**

Zu b) Der Erwerb der Beteiligungspapiere (Aktien, PS usw.) aus Emission ist von der Umsatzabgabe befreit (Art. 14 Abs. 1 Bst. a + f StG). Demgegenüber unterliegt der Bezug der Beteiligungspapiere der Umsatzabgabe, wenn diese nicht aus Emission stammen.   **106**
Die Zuteilung beziehungsweise der Bezug von steuerbaren Urkunden aus strukturierten Finanzprodukten (z.B. Reverse Convertibles) unterliegt der Abgabe, wobei der «strike-price» beziehungsweise das «cap-niveau» die Höhe des Entgeltes ergibt (vereinbarter Preis anlässlich der Emission).

Zu c) Der allfällige Verkauf der aus Konversion bezogenen Urkunden ist wie ein Börsenverkauf zu behandeln.   **107**

Der Effektenhändler ist *Vermittler*, wenn er auf eigene Rechnung die aus Konversion stammenden Urkunden am gleichen Tag veräussert. Er hat somit für sich selbst keine Abgabe zu entrichten.   **108**

8.7 Aktienplatzierung («going-public») 109

Die Platzierung inländischer Aktien im Rahmen eines IPO unterliegt für die bereits begebenen Titel der Umsatzabgabe. Die neu ausgegebenen Titel werden mit der Emissionsabgabe belastet.

Im Gegensatz dazu unterliegt die Platzierung ausländischer Aktien im Rahmen eines IPO bei der Zuteilung an die Kunden in der Regel der Umsatzabgabe, da die Unterscheidung zwischen neu ausgegebenen und bereits vorhandenen Titeln meistens nicht möglich ist (vgl. Ziffer 64).

8.8 Rückkäufe eigener Obligationen, von Beteiligungspapieren und Anteilen an kollektiven Kapitalanlagen 110

Sofern der Rückkauf zum *Zweck der Tilgung* erfolgt und die Abrechnung entsprechend lautet, ist das Geschäft abgabefrei. Dem Kunden muss eine Rücknahmeabrechnung erstellt werden.

8.9 Gratisaktien, Stockdividenden, Naturaldividenden 111

Mangels Entgelt sind folgende Umsätze abgabefrei:
- die Zuteilung von Gratisaktien;
- Stockdividenden - wenn jedoch zwischen Aktien oder Barentschädigung gewählt werden kann und die Aktien nicht aus Emission stammen, liegt eine steuerbare Transaktion vor;
- Naturaldividenden.

8.10 Re-Investment der Ausschüttungen von kollektiven Kapitalanlagen 112

Der Umsatzabgabe unterliegen lediglich die Wiederanlagen in ausländische kollektive Kapitalanlagen (vgl. Ziffer 66-68).

9 Verschiedenes

9.1 Treuhandgeschäfte

a) Die Übertragung von steuerbaren Urkunden vom Treugeber auf den Treuhänder zwecks blosser Verwaltung ist mangels Entgelt und Eigentumsübertrag abgabefrei. Die Übertragung der Urkunden vom Treuhänder auf den Treugeber bei Auflösung der Verwaltung stellt ebenfalls kein steuerbares Umsatzgeschäft dar. 113

b) Erwirbt der Treuhänder in seiner Eigenschaft als Effektenhändler im Rahmen einer fiduziarischen Verwaltung von Dritten Urkunden im eigenen Namen auf Rechnung des 114

Treugebers, so ist er als Vermittler zu betrachten, der die Abgaben deklarieren muss. Das gleiche gilt bei einer Veräusserung auf Rechnung des Treugebers.

9.2 Lieferung gegen Zahlung 115

Eine Umsatzabgabe ist vom Effektenhändler nur geschuldet, wenn er am Geschäftsabschluss kausal mitgewirkt hat, sei es als Vermittler oder als Vertragspartei.

9.3 Storni

9.3.1 Echte Storni (Korrekturen) 116

Aufgrund von Abrechnungs- oder Übermittlungsfehlern notwendige Storni unterliegen keiner zusätzlichen Abgabe.

9.3.2 Unechte Storni 117

Die Entstehung der Abgabeforderung ist in Artikel 15 StG geregelt; demnach entsteht die Abgabeforderung in der Regel mit dem Abschluss des steuerbaren Geschäftes. Dies gilt sowohl für das Kassa- als auch für das Termingeschäft. Ist das Geschäft abgeschlossen, so ist die Umsatzabgabe geschuldet, und die allfällige Rückgängigmachung des Geschäfts führt nicht etwa zum Wegfall der Abgabe, sondern lässt erneut eine Abgabeforderung entstehen.

Krankheits- und Unfallkosten

Quelle: Eidg. Steuerverwaltung ESTV/HA Direkte Bundessteuer, Verrechnungssteuer, Stempelabgaben

Direkte Bundessteuer

Bern, 31. August 2005

Kreisschreiben Nr. 11

Abzug von Krankheits- und Unfallkosten sowie von behinderungsbedingten Kosten

Inhaltsverzeichnis

1. **Ausgangslage** 3
2. **Gesetzliche Grundlagen** 3
3. **Krankheits- und Unfallkosten** 3
   3.1 Begriff 3
   3.2 Kategorien 4
      3.2.1 Kosten für Zahnbehandlungen 4
      3.2.2 Kosten für Heilmassnahmen 4
      3.2.3 Kosten für Kuraufenthalte 4
      3.2.4 Kosten für Alternativmedizin 5
      3.2.5 Kosten für Medikamente und Heilmittel 5
      3.2.6 Pflegekosten 5
      3.2.7 Pflegekosten in Alters- und Pflegeheimen 5
      3.2.8 Kosten für Fortpflanzungshilfen 5
      3.2.9 Transportkosten 6
      3.2.10 Kosten für Diäten 6
4. **Behinderungsbedingte Kosten** 6
   4.1 Behinderte Person 6
   4.2 Begriff 7
   4.3 Kategorien 7
      4.3.1 Assistenzkosten 7
      4.3.2 Kosten für Haushaltshilfen und Kinderbetreuung 8
      4.3.3 Kosten für den Aufenthalt in Tagesstrukturen 8
      4.3.4 Kosten für Heim- und Entlastungsaufenthalte 8
      4.3.5 Kosten für heilpädagogische Therapien und
             Sozialrehabilitationsmassnahmen 8
      4.3.6 Transport- und Fahrzeugkosten 8
      4.3.7 Kosten für Blindenführhunde 9
      4.3.8 Kosten für Hilfsmittel, Pflegeartikel und Kleider 9
      4.3.9 Wohnkosten 9
      4.3.10 Kosten für Privatschulen 10
   4.4 Pauschalen 10

5. **Abzugsfähige Kosten** 10
  5.1 Selbst getragene Kosten / Anrechenbarkeit von Leistungen Dritter 10
  5.2 Kosten der unterhaltenen Person 11
    5.2.1 Minderjährige oder in Ausbildung stehende Kinder 11
    5.2.2 Übrige unterstützte Personen 11
  5.3 Selbstbehalt 11
6. **Nachweis** 11
7. **Geltungsbereich** 12

Anhang: Fragebogen für Ärzte

1. Ausgangslage

Bis Ende 2004 konnten Krankheits-, Unfall- und Invaliditätskosten des Steuerpflichtigen[1] und der von ihm unterhaltenen Personen abgezogen werden, soweit der Steuerpflichtige die Kosten selber trug und diese 5 % der um die Aufwendungen (Art. 26 – 33 des Bundesgesetzes vom 14. Dezember 1990 über die direkte Bundessteuer[2] [DBG]) verminderten steuerbaren Einkünfte überstiegen (Art. 33 Abs. 1 Bst. h DBG in der Fassung bis 31. Dezember 2004). Mit der Verabschiedung des Bundesgesetzes vom 13. Dezember 2002 über die Beseitigung von Benachteiligungen von Menschen mit Behinderungen[3] (Behindertengleichstellungsgesetz, BehiG) sind steuerliche Erleichterungen für behinderte Menschen eingeführt worden, was zu einer Änderung der entsprechenden Bestimmungen im DBG geführt hat. Diese hat der Bundesrat per 1. Januar 2005 in Kraft gesetzt.

2. Gesetzliche Grundlagen

Art. 33 Abs. 1 Bst. h und h^{bis} DBG haben neu folgenden Wortlaut:

[1] *Von den Einkünften werden abgezogen:*

h *die Krankheits- und Unfallkosten des Steuerpflichtigen und der von ihm unterhaltenen Personen, soweit der Steuerpflichtige die Kosten selber trägt und diese 5 Prozent der um die Aufwendungen (Art. 26 – 33) verminderten steuerbaren Einkünfte übersteigen;*

h^{bis} *die behinderungsbedingten Kosten des Steuerpflichtigen oder der von ihm unterhaltenen Personen mit Behinderungen im Sinne des Behindertengleichstellungsgesetzes vom 13. Dezember 2002, soweit der Steuerpflichtige die Kosten selber trägt.*

Art. 2 Abs. 1 BehiG umschreibt eine behinderte Person wie folgt:

[1] *In diesem Gesetz bedeutet Mensch mit Behinderungen (Behinderte, Behinderter) eine Person, der es eine voraussichtlich dauernde körperliche, geistige oder psychische Beeinträchtigung erschwert oder verunmöglicht, alltägliche Verrichtungen vorzunehmen, soziale Kontakte zu pflegen, sich fortzubewegen, sich aus- und fortzubilden oder eine Erwerbstätigkeit auszuüben.*

Im Gegensatz zu den Krankheits- und Unfallkosten ist bei den behinderungsbedingten Kosten *kein Selbstbehalt* zu berücksichtigen.

3. Krankheits- und Unfallkosten

3.1 Begriff

Zu den Krankheits- und Unfallkosten werden die Ausgaben für medizinische Behandlungen,

---

[1] Zur besseren Lesbarkeit des Kreisschreibens wird auf eine geschlechtsneutrale Formulierung verzichtet. Selbstverständlich sind aber jeweils sowohl weibliche als auch männliche Personen gemeint resp. angesprochen.
[2] SR **642.11**
[3] SR **151.3**

d.h. die Kosten für Massnahmen zur Erhaltung und Wiederherstellung der körperlichen oder psychischen Gesundheit, insbesondere die Kosten für ärztliche Behandlungen, Spitalaufenthalte, Medikamente, Impfungen, medizinische Apparate, Brillen und Kontaktlinsen, Therapien, Drogenentzugsmassnahmen etc. gerechnet.

Nicht als Krankheits- und Unfallkosten, sondern als nicht abzugsfähige Lebenshaltungskosten gelten Aufwendungen, welche

- den Rahmen üblicher und notwendiger Massnahmen übersteigen (vgl. BGE 2A.318/2004 vom 7. Juni 2004);

- nur mittelbar oder indirekt mit einer Krankheit oder einer Heilung bzw. einer Pflege in Zusammenhang stehen (z.B. Transportkosten zum Arzt, Besucherkosten, Ersatz von Bodenbelägen für Asthmatiker);

- der Prävention dienen (z.B. Abonnement für Fitness-Center);

- zum Zwecke der Selbsterfahrung, Selbstverwirklichung oder Persönlichkeitsreifung (z.B. Psychoanalysen) oder der Erhaltung oder Steigerung der körperlichen Schönheit und des körperlichen Wohlbefindens (z.B. Schönheits- oder Verjüngungsbehandlungen, Schlankheitskuren oder -operationen, sofern sie nicht ärztlich verordnet sind) getätigt werden.

Keine Krankheitskosten stellen weiter die Krankenkassenprämien dar. Sie können nur im Rahmen des Abzuges nach Art. 212 Abs. 1 DBG berücksichtigt werden.

3.2 Kategorien

3.2.1 Kosten für Zahnbehandlungen

Zahnbehandlungskosten sind den Krankheitskosten gleichgestellt, sofern es sich um Kosten zur Behebung von Zahnkrankheiten, Kosten für Zahnkorrekturen, für kieferorthopädische Eingriffe oder für Dentalhygiene handelt. Nicht abzugsfähig sind hingegen Kosten, die durch Behandlungen rein kosmetischer Art (z.B. Bleichen) verursacht werden.

3.2.2 Kosten für Heilmassnahmen

Die Kosten besonderer Heilmassnahmen wie Massagen, Bestrahlungen, Heilbäder, Kuraufenthalte, Physiotherapie, Ergotherapie, Logopädie, Psychotherapie etc. gelten als abzugsfähig, sofern sie ärztlich verordnet sind und von diplomierten Personen durchgeführt werden.

3.2.3 Kosten für Kuraufenthalte

Die Kosten für ärztlich verordnete Kur- und Erholungsaufenthalte gelten als Krankheitskosten, soweit die Auslagen die im eigenen Haushalt eingesparten Lebenshaltungskosten, d.h. jedenfalls mindestens die eingesparten Verpflegungskosten, übersteigen (Ansätze gemäss Merkblatt N2/2001 der ESTV [Naturalbezüge von Arbeitnehmenden], derzeit CHF 20.-- pro Tag für eine erwachsene Person). Nicht als Krankheitskosten anerkannt werden die Transportkosten (vgl. Ziff. 3.2.9) sowie eigentliche Luxusausgaben im Bereich der Hotellerie.

3.2.4 Kosten für Alternativmedizin

Das Bedürfnis nach naturheilärztlicher Behandlung nimmt in unserer Gesellschaft stetig zu. Die Alternativmedizin wird auch von der Schulmedizin immer häufiger als Komplementärmedizin anerkannt. Diesem Trend haben sich auch die Krankenkassen nicht verschlossen und bieten im Bereich der Zusatzversicherung Versicherungen für naturheilärztliche Leistungen an. Unter Berücksichtigung des Spannungsfeldes zwischen Schulmedizin und naturheilärztlichen Behandlungsmethoden darf die (schul-)ärztliche Verordnung nicht mehr als notwendiges Kriterium für die Anerkennung als abzugsfähige Krankheitskosten herangezogen werden.

Die Kosten für naturheilärztliche Behandlungen gelten deshalb als abzugsfähig, wenn die Behandlung von einem anerkannten Naturheilpraktiker verordnet wird.

3.2.5 Kosten für Medikamente und Heilmittel

Die Kosten für Medikamente und Heilmittel werden nur zum Abzug zugelassen, wenn sie von einem Arzt oder einem anerkannten Naturheilpraktiker verordnet sind (vgl. VGer TG V64 vom 17. März 2004).

3.2.6 Pflegekosten

Abzugsfähig sind die Kosten für die krankheits- oder unfallbedingte ambulante Pflege zu Hause. Unwesentlich ist dabei, wer diese Pflegeleistungen erbringt (Krankenschwester, Spitexorganisationen, private Pflegekräfte etc.). Kein Abzug kann jedoch gemacht werden für unentgeltlich erbrachte Pflegeleistungen.

Werden die Dienste einer ambulanten Pflege, die auch den Haushalt besorgt, in Anspruch genommen, so sind diese Kosten angemessen in Pflege- und nichtabziehbare Lebenshaltungskosten aufzuteilen.

3.2.7 Pflegekosten in Alters- und Pflegeheimen

Altersgebrechen gelten erst ab einem bestimmten Grad als Behinderung (vgl. Ziff. 4.1 d). Da davon ausgegangen wird, dass Bewohner von Altersheimen, für welche ein Pflege- und Betreuungsaufwand von weniger als 60 Minuten pro Tag anfällt, ohne medizinische Indikation im Heim wohnen, stellen in diesem Fall die Heimkosten grundsätzlich Lebenshaltungskosten dar und sind nicht abzugsfähig. Separat in Rechnung gestellte Pflegekosten sind jedoch als Krankheitskosten abziehbar. Zu Pflegeheimkosten bei Behinderung vgl. Ziff. 4.3.4.

3.2.8 Kosten für Fortpflanzungshilfen

Sowohl die Kosten für Hormonbehandlungen, als auch diejenigen, welche aufgrund von homologer künstlicher Insemination oder In-vitro-Fertilisation anfallen, werden als abzugsfähige Krankheitskosten anerkannt. Die Abzugsfähigkeit besteht auch, wenn der Eingriff und damit die Kosten beim "gesunden" Ehepartner anfallen (vgl. VGer ZH vom 4. Juli 2001 [Zürcher Steuerpraxis ZStP 2001, 288 ff.], VRK SG vom 26. Februar 2004 [St. Galler Steuerentscheide SGE 2004 Nr. 3]).

3.2.9 Transportkosten

Transportkosten zum Arzt, zu Therapien etc. stehen mit der Behandlung einer Krankheit bzw. eines Unfalls in der Regel nur indirekt in Zusammenhang. Sie sind deshalb grundsätzlich nicht als Krankheits- bzw. Unfallkosten abzugsfähig. Ausnahmsweise sind medizinisch notwendige Transport-, Rettungs- und Bergungskosten abzugsfähig, sofern aus gesundheitlichen Gründen weder die Benützung des öffentlichen Verkehrsmittels noch des privaten Motorfahrzeugs möglich oder zumutbar ist (z.B. Transport mit dem Krankenwagen, der Rega etc.).

3.2.10 Kosten für Diäten

Die Mehrkosten einer ärztlich angeordneten, lebensnotwendigen Diät (z.B. bei Zöliakie, Diabetes) können abgezogen werden. Gleiches gilt für die Mehrkosten von Spezialnahrung (Aufbau- und Sonderkost, Ergänzungsnahrung etc.), die auf ärztliche Anordnung hin eingenommen werden muss.

Anstelle des Abzugs der effektiven Kosten kann bei andauernden, lebensnotwendigen Diäten eine Pauschale von CHF 2'500.-- geltend gemacht werden. An Diabetes erkrankte Personen können jedoch nur die effektiven Mehrkosten zum Abzug bringen.

4. Behinderungsbedingte Kosten

4.1 Behinderte Person

Ein Mensch mit Behinderung ist eine Person, der es eine *voraussichtlich dauernde körperliche, geistige oder psychische Beeinträchtigung* erschwert oder verunmöglicht, alltägliche Verrichtungen vorzunehmen, soziale Kontakte zu pflegen, sich fortzubewegen, sich aus- und fortzubilden oder eine Erwerbstätigkeit auszuüben. Die Beeinträchtigung ist *dauernd*, wenn sie bereits während mindestens eines Jahres die Ausübung der genannten Tätigkeiten verunmöglicht oder erschwert hat oder voraussichtlich während mindestens eines Jahres verunmöglichen oder erschweren wird. Die Einschränkung der alltäglichen Verrichtungen, des sozialen Lebens, der Aus- und Weiterbildung oder der Erwerbstätigkeit muss ihre Ursache in der körperlichen, geistigen oder psychischen Beeinträchtigung haben *(kausaler Zusammenhang)*.

Als behinderte Personen gelten in jedem Fall:

a) Bezüger von Leistungen gemäss dem Bundesgesetz über die Invalidenversicherung (IVG) vom 19. Juni 1959[4];

b) Bezüger von Hilflosenentschädigungen im Sinne von Artikel 43bis des Bundesgesetzes über die Alters- und Hinterlassenenversicherung (AHVG) vom 20. Dezember 1946[5], von Art. 26 des Bundesgesetzes über die Unfallversicherung (UVG) vom 20. März 1981[6] und von Art. 20 des Bundesgesetzes über die Militärversicherung (MVG) vom 19. Juni 1992[7];

---

[4] SR **831.20**
[5] SR **831.10**
[6] SR **832.20**
[7] SR **833.10**

c) Bezüger von Hilfsmitteln im Sinne von Artikel 43ter AHVG, von Art. 11 UVG und von Art. 21 MVG;

d) Heimbewohner und Spitex-Patienten, für die ein Pflege- und Betreuungsaufwand von mindestens 60 Minuten pro Tag anfällt[8].

Bei Personen, welche keiner der vorangehenden Personengruppen zugeordnet werden können, ist in geeigneter Weise (z.B. mit Hilfe eines Fragebogens; Muster in der Beilage) zu ermitteln, ob eine Behinderung vorliegt.

Eine leichte Beeinträchtigung, deren Auswirkungen – wie etwa bei einer Seh- oder Hörschwäche – durch ein Hilfsmittel einfach behoben werden können (Brille oder Hörgerät), gilt nicht als Behinderung. Dasselbe gilt, wenn die Beeinträchtigung einzig darin besteht, dass die betroffene Person eine Diät einhalten muss (z.B. bei Zöliakie; vgl. Ziff. 3.2.10).

4.2 Begriff

Als behinderungsbedingt gelten die notwendigen Kosten, die als Folge einer Behinderung gemäss Ziffer 4.1 entstehen (*kausaler Zusammenhang*) und weder Lebenshaltungs- noch Luxusausgaben darstellen. Zu den *Lebenshaltungskosten* sind die Aufwendungen zu zählen, die zur Befriedigung der persönlichen Bedürfnisse dienen. Darunter fallen die üblichen Kosten für Nahrung, Kleidung, Unterkunft, Gesundheitspflege, Freizeit und Vergnügen. Aufwendungen, die den Rahmen üblicher und notwendiger Massnahmen übersteigen, nur aus Gründen der persönlichen Annehmlichkeit anfallen oder besonders kostspielig sind (*Luxusausgaben* wie die Anschaffung eines Renn-Rollstuhls oder der Einbau eines Schwimmbads), können nicht zum Abzug gebracht werden.

Krankheits- und Unfallkosten im Sinne von Ziffer 3 können auch von einer behinderten Person nur insoweit abgezogen werden, als sie den in Art. 33 Abs. 1 Bst. h DBG geregelten Selbstbehalt übersteigen. Hat hingegen die medizinische Behandlung ihre Ursache in der Behinderung der behandelten Person (kausaler Zusammenhang), können die damit zusammenhängenden Kosten als behinderungsbedingt vollumfänglich zum Abzug gebracht werden (z.B. Physiotherapie bei einer gelähmten Person).

4.3 Kategorien

Als behinderungsbedingte Kosten gelten insbesondere:

4.3.1 Assistenzkosten

Abzugsfähig sind die Kosten der behinderungsbedingt notwendigen, ambulanten Pflege (Behandlungs- und Grundpflege), Betreuung und Begleitung, die im Zusammenhang mit der Vornahme alltäglicher Verrichtungen, der Pflege angemessener sozialer Kontakte, der Fortbewegung und der Aus- und Weiterbildung anfallen, sowie die Kosten behinderungsbedingt

---

[8] Diese zeitliche Limite wird nach einer Erhebung von CURAVIVA zum Beispiel beim Pflegeklassifikationssystem BESA (= BewohnerInnen-Einstufungs- und Abrechnungssystem) bei einer Einstufung ab 22 Punkten erreicht. Beim Pflegeklassifikationssystem RAI/RUG (= Resident Assessment Instrument) fallen alle Gruppen mit Ausnahme der Gruppen PA1, PA2, BA1, BA2 und IA1 darunter.

notwendiger Überwachung. Unwesentlich ist dabei, wer diese Assistenzleistungen erbringt (Spitexorganisationen, private Pflegekräfte, Assistenten, Entlastungsdienste etc.).

Kein Abzug kann aber für unentgeltlich erbrachte Assistenzleistungen gemacht werden.

Die Kosten der Dienste von Gebärdendolmetschern für Gehörlose und Taubblindendolmetschern für Taubblinde sind ebenfalls zum Abzug zugelassen.

4.3.2 Kosten für Haushaltshilfen und Kinderbetreuung

Kosten der aufgrund einer Behinderung notwendigen Hilfe im Haushalt und bei der Kinderbetreuung sind abzugsfähig. Voraussetzung für die uneingeschränkte Abzugsfähigkeit ist das Vorliegen einer ärztlichen Bescheinigung (z.B. gemäss Fragebogen in der Beilage), worin attestiert wird, welche Haushaltstätigkeiten als Folge der Behinderung nicht mehr ohne Hilfe ausgeübt werden können resp. ob eine Person behinderungsbedingt Dritthilfe für die Kinderbetreuung bedarf.

4.3.3 Kosten für den Aufenthalt in Tagesstrukturen

Als behinderungsbedingte Kosten gelten die Aufenthaltskosten in speziellen Tagesstrukturen für behinderte Menschen (Beschäftigungsstätten, Tageszentren etc.). Nicht zum Abzug zugelassen sind die Kosten der üblichen Verpflegung. Falls die nicht abzugsfähigen Verpflegungskosten nicht separat ausgewiesen sind, können sie nach den Ansätzen gemäss Merkblatt N2 der ESTV (Naturalbezüge von Arbeitnehmenden) berechnet werden.

4.3.4 Kosten für Heim- und Entlastungsaufenthalte

Die Kosten, Taxen und Gebühren für den Aufenthalt in einem Wohnheim für Behinderte oder in einem Alters- und Pflegeheim sind abzugsfähig. Gleiches gilt für Kosten von Entlastungsaufenthalten in solchen Heimen oder in speziellen Ferienheimen für Behinderte. Diese Kosten sind aber um denjenigen Betrag zu kürzen, der für Lebenshaltungskosten im eigenen Haushalt hätte aufgewendet werden müssen. Die Lebenshaltungskosten berechnen sich dabei entweder nach den Richtlinien über die Berechnung des Existenzminimums gemäss Art. 93 SchKG oder nach entsprechenden kantonalen Richtlinien (vgl. VGer LU vom 3. Januar 2005). Nicht abgezogen werden können die Kosten des Aufenthalts in einem Altersheim, wenn der Heimaufenthalt nicht aufgrund einer Behinderung erfolgt (vgl. Ziffer 3.2.7).

4.3.5 Kosten für heilpädagogische Therapien und Sozialrehabilitationsmassnahmen

Die Kosten anerkannter heilpädagogischer Therapien (z.B. heilpädagogisches Reiten, Musiktherapie) und von Sozialrehabilitationsmassnahmen für Seh- und Hörbehinderte durch speziell ausgebildetes Personal (z.B. Erlernen der Blindenschrift, Low Vision-Training für Sehbehinderte, Ableseunterricht für Hörbehinderte) sind abzugsfähig. Bestehen Zweifel über die Zweckmässigkeit der Massnahme, kann eine ärztliche Bestätigung verlangt werden.

4.3.6 Transport- und Fahrzeugkosten

Durch die Behinderung verursachte Kosten für den Transport zum Arzt, zu Therapien, zu Tagesstätten etc. können abgezogen werden. Zum Abzug zugelassen sind dabei die Kosten des öffentlichen Verkehrsmittels oder eines Behindertenfahrdienstes. Ist deren Benützung nicht möglich oder nicht zumutbar, können die Kosten eines privaten Motorfahrzeugs (Kilometerentschädigung) abgezogen werden.

Kosten für übrige Transporte (insbesondere für Freizeitfahrten) sind in der Regel nicht als behinderungsbedingte Kosten abzugsfähig. Ein Abzug ist ausnahmsweise dann zulässig, wenn die behinderte Person glaubhaft machen kann, dass sie ohne ihre Behinderung ausschliesslich das öffentliche Verkehrsmittel benützt hätte, dies nun aber behinderungsbedingt nicht tun kann. In diesem Fall sind die im Vergleich zur Benützung des öffentlichen Verkehrsmittels entstehenden Mehrkosten der Benützung eines Motorfahrzeugs abzugsfähig (vgl. StRK ZH vom 18. Juni 2003 [Zürcher Steuerpraxis ZStP 2004, 213 f.]).

Mehrkosten für Taxifahrten sind nur abzugsfähig, wenn mit ärztlicher Bescheinigung belegt ist, dass die Benützung des öffentlichen Verkehrsmittels, eines Behindertenfahrdienstes oder eines privaten Motorfahrzeuges nicht möglich oder zumutbar ist.

Fahrten zum Arbeitsplatz sind als Gewinnungskosten und nicht als behinderungsbedingte Kosten abzugsfähig (vgl. StRK ZH vom 18. Juni 2003 [Zürcher Steuerpraxis ZStP 2004, 214]).

Abzugsfähig sind auch die Kosten einer behinderungsbedingten Abänderung eines (einzigen) Fahrzeugs oder von speziellem Zubehör (z.B. Rampen für den Verlad von Rollstühlen).

4.3.7 Kosten für Blindenführhunde

Die mit der Anschaffung und Haltung eines Blindenführhundes anfallenden Kosten sind zum Abzug zugelassen. Nicht abzugsfähig sind jedoch die Kosten, die im Zusammenhang mit der Anschaffung und Haltung von anderen Hunden und Haustieren anfallen.

4.3.8 Kosten für Hilfsmittel, Pflegeartikel und Kleider

Als behinderungsbedingte Kosten gelten Anschaffungs- oder Mietauslagen für Hilfsmittel, Geräte und Pflegeartikel (z.B. Windeln, Stoma-Artikel etc.) aller Art, die es der behinderten Person erlauben, die Folgen ihrer Behinderung zu minimieren. Darunter fallen auch die Kosten, die im Zusammenhang mit dem Gebrauchstraining (z. B. Einführung in den Gebrauch eines Lese- und Schreibgeräts für Blinde), der Reparatur und dem Unterhalt solcher Hilfsmittel und Geräte entstehen. Auch die Kosten einer behinderungsbedingt notwendigen Installation von Alarmanlagen und Notrufsystemen sind abzugsfähig.

Abzugsfähig sind auch die Mehrkosten, die im Zusammenhang mit der Anfertigung von speziellen Kleidern oder Schuhen entstehen. Ebenso sind die Mehrkosten zum Abzug zugelassen, die durch vermehrten Kleiderverschleiss entstehen, weil die behinderte Person wegen ihrer Behinderung im Vergleich zu einer nicht behinderten Person ihre Kleider in rascherer Abfolge ersetzen muss (z.B. Paraplegiker im Rollstuhl; vgl. StRK ZH vom 18. Juni 2003 [Zürcher Steuerpraxis ZStP 2004, 221 f.]).

4.3.9 Wohnkosten

Die Kosten des infolge einer Behinderung notwendigen Umbaus, der behinderungsbedingten

Anpassung oder des behinderungsbedingten Unterhalts einer Wohnung oder eines Eigenheims (z.B. Einbau eines Treppenlifts, einer Rollstuhlrampe, eines Behinderten-WC etc.) können zum Abzug gebracht werden. Werterhaltende Kosten des Wohneigentümers hingegen sind als ordentlicher Liegenschaftsunterhalt abzuziehen.

4.3.10 Kosten für Privatschulen

Mehrkosten, die durch den Besuch einer Privatschule entstehen, sind in der Regel nicht zum Abzug zugelassen. Sie gelten nur dann als behinderungsbedingte Kosten, wenn mittels Bericht des kantonalen schulpsychologischen Dienstes nachgewiesen wird, dass es sich beim Besuch einer Privatschule um die einzig mögliche und notwendige Massnahme für eine angemessene schulische Ausbildung des behinderten Kindes handelt.

4.4 Pauschalen

Anstelle des Abzugs der effektiven selbst getragenen Kosten können behinderte Personen einen jährlichen Pauschalabzug in folgender Höhe geltend machen:

- Bezüger einer Hilflosenentschädigung leichten Grades: CHF 2'500.--
- Bezüger einer Hilflosenentschädigung mittleren Grades: CHF 5'000.--
- Bezüger einer Hilflosenentschädigung schweren Grades: CHF 7'500.--

Einen jährlichen Pauschalabzug von CHF 2'500.-- können im Weiteren unabhängig vom Bezug einer Hilflosenentschädigung folgende behinderte Personen geltend machen:

- Gehörlose,
- Nierenkranke, die sich einer Dialyse unterziehen müssen,

5. Abzugsfähige Kosten

5.1 Selbst getragene Kosten / Anrechenbarkeit von Leistungen Dritter

Abzugsfähig sind nur diejenigen Kosten, die vom Steuerpflichtigen selbst getragen werden. Als solche gelten diejenigen Kosten, die der steuerpflichtigen Person nach Abzug aller Leistungen öffentlicher, beruflicher oder privater Versicherungen und Institutionen (AHV, IV, SUVA, Militärversicherung, Krankenkasse, Haftpflicht- und private Unfallversicherung, Hilfswerke und Stiftungen etc.) zur Zahlung verbleiben. Jährliche *Ergänzungsleistungen* aufgrund von Art. 3a des Bundesgesetzes über Ergänzungsleistungen zur Alters-, Hinterlassenen- und Invalidenversicherung (ELG) vom 19. März 1965[9] sind nicht anzurechnen. Anzurechnen hingegen sind diejenigen Ergänzungsleistungen, welche zur Vergütung von Krankheits- und Behinderungskosten gemäss Art. 3d ELG ausgerichtet werden. Gleiches gilt für *Hilflosenentschädigungen*: diese werden zweckgebunden für die Abgeltung von Assistenz- und Transportkosten ausgerichtet und sind bei diesen Kosten anzurechnen.

Kapitalleistungen für künftige invaliditäts- und behinderungsbedingte Kosten sind anzurechnen, soweit sie nicht der Einkommenssteuer unterliegen. Ein Abzug für behinderungsbedingte Kosten entfällt daher solange, bis die steuerpflichtige Person den Nachweis erbringt, dass

---

[9] SR 831.30

die tatsächlich entstandenen behinderungsbedingten Kosten die Höhe dieser ausgerichteten Kapitalleistung übersteigen.

Genugtuungsleistungen tragen der persönlichen und nicht der materiellen Beeinträchtigung Rechnung. Sie können daher nicht an die behinderungsbedingten Kosten angerechnet werden. Den Genugtuungsleistungen gleichzustellen sind Integritätsentschädigungen (vgl. Art. 24 Bst. g DBG).

5.2 Kosten der unterhaltenen Person

5.2.1 Minderjährige oder in Ausbildung stehende Kinder

Abgezogen werden können die behinderungsbedingten Kosten von minderjährigen oder in der beruflichen Ausbildung stehenden Kindern, für deren Unterhalt der Steuerpflichtige sorgt. Diese Kosten können zusätzlich zum Kinderabzug gemäss Art. 213 Abs. 1 Bst. a DBG effektiv oder in Form eines Pauschalabzugs gemäss Ziffer 4.4 geltend gemacht werden.

Keine unterhaltenen Personen im Sinne von Art. 33 Abs. 1 Bst. h^{bis} DBG sind Kinder, für welche der Steuerpflichtige Unterhaltsbeiträge gestützt auf Art. 33 Abs. 1 Bst. c DBG zum Abzug bringt.

5.2.2 Übrige unterstützte Personen

Abgezogen werden können auch die Kosten von weiteren von der steuerpflichtigen Person unterhaltenen Personen. Als unterhaltene Person gilt jede unterstützungsbedürftige Person, für deren Lebensunterhalt (inkl. krankheits- und behinderungsbedingte Kosten) der Steuerpflichtige tatsächlich und mindestens im Umfang des Abzugs gemäss Art. 213 Abs. 1 Bst. b DBG aufkommt. Behinderungsbedingte Kosten von unterhaltenen Personen sind jedoch nur in dem Umfang abzugsfähig, in dem sie den Unterstützungsabzug gemäss Art. 213 Abs. 1 Bst. b DBG übersteigen. Es können nur die effektiven Kosten zum Abzug gebracht werden.

Keine unterhaltenen Personen im Sinne von Art. 33 Abs. 1 Bst. h^{bis} DBG sind geschiedene oder getrennt lebende Ehegatten, für welche der Steuerpflichtige Unterhaltsbeiträge gestützt auf Art. 33 Abs. 1 Bst. c DBG zum Abzug bringt.

5.3 Selbstbehalt

Krankheits- und Unfallkosten können nur abgezogen werden, sofern diese einen *Selbstbehalt von 5 %* der um die Aufwendungen (Art. 26 – 33 DBG) verminderten steuerbaren Einkünfte übersteigen. Im Gegensatz dazu ist bei den behinderungsbedingten Kosten *kein* Selbstbehalt zu berücksichtigen.

6. Nachweis

Die vom Steuerpflichtigen für sich oder für eine von ihm unterhaltene Person geltend gemachten krankheits-, unfall- und behinderungsbedingten Kosten sind durch ärztliche Bescheinigungen, Rechnungen, Versicherungsbelege etc. nachzuweisen (vgl. BGer vom 24. Februar 2005 [2A.84/2005]). Da den Steuerbehörden die Überprüfung der Verhältnisse bei unterhaltenen Personen im Ausland nicht möglich ist, sind an den Nachweis der Behinderung, der Unterstützungsbedürftigkeit sowie der erfolgten Zahlung ins Ausland hohe Anforderungen zu stellen (vgl. BGer vom 27. Oktober 2004 [2A.609/2003]).

Durch Ausfüllen eines ärztlichen Fragebogens (vgl. Muster in der Beilage) können sich Hinweise auf die Art einer Behinderung und damit auch auf die mit der Behinderung zusammenhängenden Kosten ergeben. Dieser Fragebogen kann bei Geltendmachung von behinderungsbedingten Kosten von einem Arzt oder einer Ärztin ausgefüllt und der Steuererklärung beigelegt werden.

7. Geltungsbereich

Dieses Kreisschreiben ersetzt das Kreisschreiben Nr. 16 vom 14. Dezember 1994 betreffend Abzug von Krankheits-, Unfall- und Invaliditätskosten und gilt ab dem Steuerjahr 2005.

Anhang: Fragebogen für Ärzte

☞ *Der Anhang ist nicht enthalten.*

Umstrukturierungen

Quelle: Eidg. Steuerverwaltung ESTV/HA Direkte Bundessteuer, Verrechnungssteuer, Stempelabgaben

Direkte Bundessteuer
Verrechnungssteuer
Stempelabgaben

Bern, 1. Februar 2022

Kreisschreiben Nr. 5a

Umstrukturierungen

Inhaltsübersicht

Seite

1. Einleitung 11
2. Rechtliche Grundlagen 12
   - 2.1 Zivilrecht 12
   - 2.2 Direkte Bundessteuer 12
   - 2.3 Verrechnungssteuer 15
   - 2.4 Stempelabgaben 16
   - 2.5 Mehrwertsteuer 17
3. Umstrukturierungen von Personenunternehmungen 19
   - 3.1 Übertragung von Vermögenswerten auf eine andere Personenunternehmung ... 19
   - 3.2 Übertragung eines Betriebes oder Teilbetriebes auf eine juristische Person 21
   - 3.3 Austausch von Beteiligungsrechten im Geschäftsvermögen bei Umstrukturierungen ... 28
4. Umstrukturierungen von juristischen Personen 29
   - 4.1 Zusammenschluss 29
   - 4.2 Umwandlung 51
   - 4.3 Spaltung 62
   - 4.4 Übertragung auf Tochtergesellschaft (Ausgliederung) 72
   - 4.5 Übertragung zwischen inländischen Konzerngesellschaften 81
   - 4.6 Austausch von Beteiligungsrechten im Vermögen juristischer Personen bei Umstrukturierungen ... 89
   - 4.7 Ersatzbeschaffung von Beteiligungen 91
5. Inkrafttreten 93

Inhaltsverzeichnis

Seite

1. *Einleitung* 11
2. *Rechtliche Grundlagen* 12
2.1 **Zivilrecht** 12
2.2 **Direkte Bundessteuer** 12
2.2.1 Einkommenssteuer: Einkünfte aus selbständiger Erwerbstätigkeit 12
2.2.2 Gewinnsteuer 14
2.2.3 Einkommenssteuer: Einkünfte aus Beteiligungen im Privatvermögen 15
2.3 **Verrechnungssteuer** 15
2.4 **Stempelabgaben** 16
2.4.1 Emissionsabgabe 16
2.4.2 Umsatzabgabe 16
2.5 **Mehrwertsteuer** 17
Meldeverfahren bei Fusion, Spaltung, Umwandlung und Vermögensübertragung 17

3. *Umstrukturierungen von Personenunternehmungen* 19
3.1 **Übertragung von Vermögenswerten auf eine andere Personenunternehmung** 19
3.1.1 Tatbestände 19
3.1.2 Direkte Bundessteuer (Einkommenssteuer: Einkünfte aus selbständiger Erwerbstätigkeit) 19
3.1.2.1 Grundsatz 19
3.1.2.2 Ausgleichszahlungen 20
3.1.2.3 Vorjahresverluste 20
3.1.3 Umsatzabgabe 20
3.1.4 Nicht betroffene Steuern 20
3.2 **Übertragung eines Betriebes oder Teilbetriebes auf eine juristische Person** 21
3.2.1 Tatbestände 21
3.2.2 Direkte Bundessteuer (Einkommenssteuer: Einkünfte aus selbständiger Erwerbstätigkeit) 21
3.2.2.1 Grundsatz 21
3.2.2.2 Fortbestand der Steuerpflicht in der Schweiz 23
3.2.2.3 Betrieb und Teilbetrieb 23
3.2.2.4 Veräusserungssperrfrist 24
3.2.3 Direkte Bundessteuer (Gewinnsteuer) 25
3.2.3.1 Rückwirkende Übertragung 25
3.2.3.2 Verletzung der Veräusserungssperrfrist 25
3.2.3.3 Vorjahresverluste 26

3.2.4	Direkte Bundessteuer (Einkommenssteuer: Einkünfte aus Beteiligungen im Privatvermögen)	26
3.2.5	Verrechnungssteuer	26
3.2.6	Emissionsabgabe	26
3.2.7	Umsatzabgabe	26
3.3	**Austausch von Beteiligungsrechten im Geschäftsvermögen bei Umstrukturierungen**	**28**
3.3.1	Tatbestand	28
3.3.2	Direkte Bundessteuer (Einkommenssteuer: Einkünfte aus selbständiger Erwerbstätigkeit)	28
3.3.3	Umsatzabgabe	28
3.3.4	Nicht betroffene Steuern	28
4.	***Umstrukturierungen von juristischen Personen***	**29**
4.1	**Zusammenschluss**	**29**
4.1.1	Übersicht	29
4.1.1.1	Tatbestände	29
4.1.1.2	Echte Fusion	30
4.1.1.3	Unechte Fusion	30
4.1.1.4	Abgrenzung Fusion – Quasifusion – Transponierung – indirekte Teil-, oder Totalliquidation	30
4.1.2	Zusammenschluss mit Verschmelzung (Fusion) im Allgemeinen	31
4.1.2.1	Tatbestände und Definitionen	31
4.1.2.1.1	Übertragung	31
4.1.2.1.2	Absorption	31
4.1.2.1.3	Kombination	31
4.1.2.1.4	Vermögensübertragung	31
4.1.2.1.5	Tausch der Anteils- und Mitgliedschaftsrechte oder Abfindung	31
4.1.2.1.6	Fusion im steuerlichen Sinn	31
4.1.2.1.7	Gesellschaft	32
4.1.2.2	Direkte Bundessteuer (Gewinnsteuer)	32
4.1.2.2.1	Grundsatz	32
4.1.2.2.2	Fortbestand der Steuerpflicht in der Schweiz	32
4.1.2.2.3	Rückwirkende Fusion	32
4.1.2.2.4	Vorjahresverluste	33
4.1.2.2.5	Verwendung eigener Beteiligungsrechte	33
4.1.2.3	Direkte Bundessteuer (Einkommenssteuer: Einkünfte aus Beteiligungen im Privatvermögen)	33
4.1.2.3.1	Grundsatz	33
4.1.2.3.2	Austausch der Beteiligungsrechte, Nennwerterhöhungen und Reserven aus Kapitaleinlagen (KER)	33
4.1.2.3.3	Ausgleichszahlungen und Abgeltungen für Sonderrechte	34
4.1.2.3.4	Rückkauf von Genussscheinen	34
4.1.2.3.5	Abfindungen	34
4.1.2.3.6	Barfusionen	34
4.1.2.3.7	Verwendung eigener Beteiligungsrechte	34

4.1.2.3.8	Squeeze-Out-Abfindungen	35
4.1.2.3.9	Absorption einer inländischen Gesellschaft durch eine ausländische Gesellschaft	35
4.1.2.4	Verrechnungssteuer	36
4.1.2.4.1	Fusionen von inländischen Kapitalgesellschaften und Genossenschaften	36
4.1.2.4.2	Fusionen mit einer ausländischen Gesellschaft	36
4.1.2.5	Emissionsabgabe	37
4.1.2.6	Umsatzabgabe	37
4.1.3	Echte und unechte Fusion unabhängiger Gesellschaften (Parallelgesellschaften)	38
4.1.3.1	Tatbestand	38
4.1.3.2	Direkte Bundessteuer (Gewinnsteuer)	39
4.1.3.2.1	Grundsatz	39
4.1.3.2.2	Fusionsagio und -disagio	39
4.1.3.3	Direkte Bundessteuer (Einkommenssteuer: Einkünfte aus Beteiligungen im Privatvermögen)	39
4.1.3.4	Verrechnungssteuer	40
4.1.3.5	Emissionsabgabe	40
4.1.3.6	Umsatzabgabe	40
4.1.4	Echte und unechte Fusion verbundener Gesellschaften (Schwestergesellschaften)	40
4.1.4.1	Tatbestand	40
4.1.4.2	Direkte Bundessteuer (Gewinnsteuer)	41
4.1.4.3	Direkte Bundessteuer (Einkommenssteuer: Einkünfte aus Beteiligungen im Privatvermögen)	41
4.1.4.3.1	Grundsatz	41
4.1.4.3.2	Fusionen mit Gesellschaften mit echter Unterbilanz	41
4.1.4.4	Verrechnungssteuer	41
4.1.4.4.1	Grundsatz	41
4.1.4.4.2	Fusionen mit Kapitalgesellschaften und Genossenschaften mit echter Unterbilanz	41
4.1.4.5	Emissionsabgabe	41
4.1.4.6	Umsatzabgabe	42
4.1.5	Absorption einer Tochtergesellschaft (Tochterabsorption; „Up-Stream Merger")	42
4.1.5.1	Tatbestand	42
4.1.5.2	Direkte Bundessteuer (Gewinnsteuer)	43
4.1.5.2.1	Grundsatz	43
4.1.5.2.2	Fusionsgewinne und -verluste	43
4.1.5.2.3	Aktivierung eines unechten Fusionsverlustes als Goodwill	43
4.1.5.2.4	Echter Fusionsverlust oder Wertberichtigung auf der untergehenden Beteiligung und Übernahme von Verlustvorträgen der absorbierten Tochtergesellschaft	43
4.1.5.2.5	Wertberichtigungen und Abschreibungen auf Beteiligungen an der absorbierten Gesellschaft	44

4.1.5.3	Verrechnungssteuer	44
4.1.5.4	Emissionsabgabe	44
4.1.5.5	Umsatzabgabe	44
4.1.5.6	Nicht betroffene Steuer	44
4.1.6	Absorption der Muttergesellschaft (Mutterabsorption; „Down-Stream Merger" oder „Reverse Merger")	45
4.1.6.1	Tatbestand	45
4.1.6.2	Direkte Bundessteuer (Gewinnsteuer)	45
4.1.6.3	Direkte Bundessteuer (Einkommenssteuer: Einkünfte aus Beteiligungen im Privatvermögen)	46
4.1.6.4	Verrechnungssteuer	46
4.1.6.5	Emissionsabgabe	47
4.1.6.6	Umsatzabgabe	47
4.1.7	Zusammenschluss ohne Verschmelzung; fusionsähnlicher Zusammenschluss; Quasifusion	48
4.1.7.1	Tatbestand	48
4.1.7.2	Direkte Bundessteuer (Gewinnsteuer)	49
4.1.7.2.1	Grundsatz	49
4.1.7.2.2	Verwendung eigener Beteiligungsrechte	49
4.1.7.3	Direkte Bundessteuer (Einkommenssteuer: Einkünfte aus Beteiligungen im Privatvermögen)	49
4.1.7.3.1	Grundsatz	49
4.1.7.3.2	Quasifusion mit zeitnaher Absorption	49
4.1.7.4	Verrechnungssteuer	50
4.1.7.5	Emissionsabgabe	50
4.1.7.6	Umsatzabgabe	50
4.2	**Umwandlung**	**51**
4.2.1	Umwandlung einer juristischen Person in eine andere juristische Person im Allgemeinen	51
4.2.1.1	Tatbestände	51
4.2.1.2	Direkte Bundessteuer (Gewinnsteuer)	51
4.2.1.2.1	Grundsatz	51
4.2.1.2.2	Fortbestand der Steuerpflicht in der Schweiz	51
4.2.1.2.3	Rückwirkende Umwandlung	51
4.2.1.2.4	Vorjahresverluste	52
4.2.1.3	Direkte Bundessteuer (Einkommenssteuer: Einkünfte aus Beteiligungen im Privatvermögen)	52
4.2.1.4	Verrechnungssteuer	52
4.2.1.5	Emissionsabgabe	52
4.2.1.6	Umsatzabgabe	53
4.2.2	Umwandlung einer Kapitalgesellschaft oder Genossenschaft in eine andere Kapitalgesellschaft oder Genossenschaft	53
4.2.2.1	Tatbestand	53
4.2.2.2	Direkte Bundessteuer (Gewinnsteuer)	53
4.2.2.2.1	Grundsatz	53
4.2.2.2.2	Fortbestand der Steuerpflicht in der Schweiz	53

4.2.2.3	Direkte Bundessteuer (Einkommenssteuer: Einkünfte aus Beteiligungen im Privatvermögen)	54
4.2.2.3.1	Grundsatz	54
4.2.2.3.2	Sitzverlegung ins Ausland	54
4.2.2.4	Verrechnungssteuer	54
4.2.2.4.1	Grundsatz	54
4.2.2.4.2	Sitzverlegung ins Ausland	55
4.2.2.5	Emissionsabgabe	55
4.2.2.6	Umsatzabgabe	55
4.2.3	Umwandlung einer Kapitalgesellschaft oder Genossenschaft in einen Verein, in eine Stiftung oder in eine übrige juristische Person	55
4.2.3.1	Tatbestand	55
4.2.3.2	Direkte Bundessteuer (Gewinnsteuer)	55
4.2.3.3	Direkte Bundessteuer (Einkommenssteuer: Einkünfte aus Beteiligungen im Privatvermögen)	55
4.2.3.4	Verrechnungssteuer	56
4.2.3.5	Umsatzabgabe	56
4.2.3.6	Nicht betroffene Steuer	56
4.2.4	Umwandlung eines Vereins, einer Stiftung oder einer übrigen juristischen Person in eine Kapitalgesellschaft oder Genossenschaft	56
4.2.4.1	Tatbestand	56
4.2.4.2	Direkte Bundessteuer (Gewinnsteuer)	56
4.2.4.3	Direkte Bundessteuer (Einkommenssteuer: Einkünfte aus Beteiligungen im Privatvermögen)	56
4.2.4.4	Verrechnungssteuer	57
4.2.4.5	Emissionsabgabe	57
4.2.4.6	Umsatzabgabe	57
4.2.5	Umwandlung eines Instituts des öffentlichen Rechts in eine Kapitalgesellschaft oder in eine Genossenschaft	57
4.2.5.1	Tatbestand	57
4.2.5.2	Direkte Bundessteuer (Gewinnsteuer)	58
4.2.5.2.1	Massgeblichkeit der Handelsbilanz	58
4.2.5.2.2	Vorjahresverluste	58
4.2.5.3	Verrechnungssteuer	58
4.2.5.4	Emissionsabgabe	59
4.2.5.5	Umsatzabgabe	59
4.2.5.6	Nicht betroffene Steuer	59
4.2.6	Umwandlung einer Kapitalgesellschaft oder Genossenschaft in eine Personenunternehmung	59
4.2.6.1	Tatbestand	59
4.2.6.2	Direkte Bundessteuer (Einkommenssteuer: Einkünfte aus selbständiger Erwerbstätigkeit)	59
4.2.6.2.1	Übernahme der bisher für die Gewinnsteuer massgeblichen Werte	59
4.2.6.2.2	Vorjahresverluste	60
4.2.6.3	Direkte Bundessteuer (Gewinnsteuer)	60
4.2.6.3.1	Grundsatz	60

4.2.6.3.2	Fortbestand der Steuerpflicht in der Schweiz	60
4.2.6.3.3	Umwandlung einer Kapitalgesellschaft oder Genossenschaft in die Betriebsstätte einer Personenunternehmung	60
4.2.6.3.4	Rückwirkende Umwandlung	61
4.2.6.4	Direkte Bundessteuer (Einkommenssteuer: Einkünfte aus Beteiligungen im Privatvermögen)	61
4.2.6.5	Verrechnungssteuer	61
4.2.6.6	Umsatzabgabe	61
4.2.6.7	Nicht betroffene Steuer	61
4.3	**Spaltung**	**62**
4.3.1	Tatbestände	62
4.3.2	Direkte Bundessteuer (Gewinnsteuer)	63
4.3.2.1	Grundsatz	63
4.3.2.2	Rückwirkende Spaltung	64
4.3.2.3	Veräusserungssperrfrist	64
4.3.2.4	Abgrenzung zwischen Spaltung und Verkauf	64
4.3.2.5	Betrieb und Teilbetrieb	64
4.3.2.6	Vermögensverwaltungs- und Holdinggesellschaften	65
4.3.2.7	Finanz- und Immaterialgüterverwertungsgesellschaften	65
4.3.2.8	Immobiliengesellschaften	66
4.3.2.9	Wertberichtigungen und Abschreibungen auf übertragenen Beteiligungen	66
4.3.2.10	Gestehungskosten einer durch Spaltung übertragenen Beteiligung	66
4.3.2.11	Steuerfolgen für eine beteiligte juristische Person (Muttergesellschaft) bei einer symmetrischen Spaltung (modifizierte Dreieckstheorie)	66
4.3.2.12	Gewinnsteuerfolgen bei Nichterfüllung des Betriebserfordernisses	67
4.3.2.13	Übernahme von Vorjahresverlusten	68
4.3.2.14	Übernahme des selbst geschaffenen Mehrwerts	68
4.3.2.15	Abspaltung zwecks Sanierung der übernehmenden Gesellschaft	68
4.3.3	Direkte Bundessteuer (Einkommenssteuer: Einkünfte aus Beteiligungen im Privatvermögen)	68
4.3.3.1	Veräusserungssperrfrist	68
4.3.3.2	Gratisaktien und Gratisnennwerterhöhungen	68
4.3.3.3	Steuerfolgen einer nicht gewinnsteuerneutralen Spaltung	69
4.3.4	Verrechnungssteuer	69
4.3.4.1	Grundsatz	69
4.3.4.2	Gratisaktien und Gratisnennwerterhöhungen	70
4.3.4.3	Abspaltung zwecks Sanierung der übernehmenden Gesellschaft	70
4.3.5	Emissionsabgabe	70
4.3.6	Umsatzabgabe	71
4.4	**Übertragung auf Tochtergesellschaft (Ausgliederung)**	**72**
4.4.1	Ausgliederung von Betrieben, Teilbetrieben sowie von Gegenständen des betrieblichen Anlagevermögens	72
4.4.1.1	Tatbestand	72
4.4.1.1.1	Tochterausgliederung und Fusionsausgliederung	72

4.4.1.1.2	Übertragung	73
4.4.1.2	Direkte Bundessteuer (Gewinnsteuer)	73
4.4.1.2.1	Grundsatz	73
4.4.1.2.2	Fortbestand der Steuerpflicht in der Schweiz	73
4.4.1.2.3	Inländische Tochtergesellschaft	74
4.4.1.2.4	Übertragung	74
4.4.1.2.5	Betrieb und Teilbetrieb	74
4.4.1.2.6	Gegenstände des betrieblichen Anlagevermögens	74
4.4.1.2.7	Gewinnsteuerwert und Gestehungskosten der Beteiligung an der übernehmenden Tochtergesellschaft	74
4.4.1.2.8	Veräusserungssperrfrist	75
4.4.1.2.9	Vorjahresverluste	76
4.4.1.2.10	Übernahme des selbst geschaffenen Mehrwerts	76
4.4.1.3	Verrechnungssteuer	76
4.4.1.4	Emissionsabgabe	76
4.4.1.5	Umsatzabgabe	77
4.4.1.6	Nicht betroffene Steuern	77
4.4.2	Ausgliederung von Beteiligungen	78
4.4.2.1	Tatbestand	78
4.4.2.2	Direkte Bundessteuer (Gewinnsteuer)	78
4.4.2.2.1	Grundsatz	78
4.4.2.2.2	Gewinnsteuerwert und Gestehungskosten der Beteiligung an der übernehmenden Tochtergesellschaft	78
4.4.2.2.3	Veräusserungssperrfrist	78
4.4.2.2.4	Übertragung auf eine ausländische Tochtergesellschaft	78
4.4.2.2.5	Durch den Beteiligungsabzug bedingte Realisationstatbestände	79
4.4.2.3	Verrechnungssteuer	79
4.4.2.4	Emissionsabgabe	79
4.4.2.5	Umsatzabgabe	80
4.4.2.6	Nicht betroffene Steuern	80
4.5	**Übertragung zwischen inländischen Konzerngesellschaften**	**81**
4.5.1	Tatbestand	81
4.5.2	Direkte Bundessteuer (Gewinnsteuer)	81
4.5.2.1	Grundsatz	81
4.5.2.2	Fortbestand der Steuerpflicht in der Schweiz	82
4.5.2.3	Inländische Konzerngesellschaften	82
4.5.2.4	Übertragung	83
4.5.2.5	Direkt und indirekt gehaltene Beteiligungen	83
4.5.2.6	Übertragung einer Beteiligung auf eine ausländische Konzerngesellschaft	83
4.5.2.7	Wertberichtigungen und Abschreibungen auf übertragenen Beteiligungen	83
4.5.2.8	Gestehungskosten einer übertragenen Beteiligung	84
4.5.2.9	Betrieb und Teilbetrieb	84
4.5.2.10	Gegenstände des betrieblichen Anlagevermögens	84

4.5.2.11	Vorjahresverluste	84
4.5.2.12	Übernahme des selbst geschaffenen Mehrwerts	84
4.5.2.13	Übertragung zwecks Sanierung der übernehmenden Gesellschaft	84
4.5.2.14	Übertragung auf die Muttergesellschaft	85
4.5.2.15	Übertragung zwischen Schwestergesellschaften	85
4.5.2.16	Steuerfolgen für eine beteiligte juristische Person (Muttergesellschaft) bei einer Übertragung auf eine Schwestergesellschaft (modifizierte Dreieckstheorie)	85
4.5.2.17	Veräusserungssperrfrist	85
4.5.3	Verrechnungssteuer	87
4.5.3.1	Grundsatz	87
4.5.3.2	Übertragung auf eine Schwestergesellschaft mit echter Unterbilanz	87
4.5.3.3	Veräusserungssperrfrist	87
4.5.4	Emissionsabgabe	87
4.5.5	Umsatzabgabe	87
4.5.6	Nicht betroffene Steuer	88
4.6	**Austausch von Beteiligungsrechten im Vermögen juristischer Personen bei Umstrukturierungen**	**89**
4.6.1	Tatbestand	89
4.6.2	Direkte Bundessteuer (Gewinnsteuer)	89
4.6.2.1	Grundsatz	89
4.6.2.2	Durch den Beteiligungsabzug bedingte Realisationstatbestände	89
4.6.2.3	Übernahme der bisherigen Gewinnsteuerwerte bei Quasifusionen	89
4.6.2.4	Gestehungskosten bei Unternehmenszusammenschlüssen	90
4.6.2.5	Ausgleichszahlungen bei Unternehmenszusammenschlüssen	90
4.6.2.6	Abfindungen bei Barfusionen	90
4.6.2.7	Grenzüberschreitender Beteiligungsaustausch	90
4.6.3	Verrechnungssteuer	90
4.6.4	Emissionsabgabe	90
4.6.5	Umsatzabgabe	90
4.7	**Ersatzbeschaffung von Beteiligungen**	**91**
4.7.1	Tatbestand	91
4.7.2	Direkte Bundessteuer (Einkommenssteuer: Einkünfte aus selbständiger Erwerbstätigkeit)	91
4.7.3	Direkte Bundessteuer (Gewinnsteuer)	91
4.7.3.1	Grundsatz	91
4.7.3.2	Veräussernde Gesellschaft	91
4.7.3.3	Veräusserte Beteiligung	91
4.7.3.4	Ersatzobjekt	92
4.7.3.5	Ersatz innert angemessener Frist	92
4.7.3.6	Verbuchung	92
4.7.3.7	Nicht reinvestierter Teil des Veräusserungserlöses	92
4.7.3.8	Gewinnsteuerwert	92
4.7.3.9	Gestehungskosten	92

4.7.3.10	Wiedereingebrachte Abschreibungen und Wertberichtigungen	92
4.7.4	Umsatzabgabe	92
4.7.5	Nicht betroffene Steuern	93
5.	*Inkrafttreten*	*93*

Anhang: Beispiele 1 – 27

1. Einleitung

Das Bundesgesetz vom 3. Oktober 2003 über Fusion, Spaltung, Umwandlung und Vermögensübertragung (Fusionsgesetz; FusG; SR 221.301) regelt die zivilrechtlichen Möglichkeiten und Erfordernisse sowie die steuerrechtlichen Folgen von Umstrukturierungen auf der Unternehmensebene (Einkünfte aus selbständiger Erwerbstätigkeit, Gewinnsteuer, Verrechnungssteuer und Stempelabgaben).

Nicht alle zivilrechtlichen Vorgänge gemäss FusG sind steuerneutral. Andererseits können auch zivilrechtliche Vorgänge, die nicht im FusG geregelt sind, steuerneutral sein. Die Bedingungen für steuerneutrale Umstrukturierungstatbestände und die Steuerfolgen, wenn die Bedingungen nicht oder nur teilweise eingehalten werden, sind in den betreffenden Steuergesetzen geregelt.

Die Steuerfolgen für die Inhaber von Beteiligungsrechten von Kapitalgesellschaften und Genossenschaften im Privatvermögen wurden mit dem FusG nicht neu geregelt. Aus Gründen der Vollständigkeit werden jedoch im vorliegenden Kreisschreiben auch die Steuerfolgen für diesen Personenkreis aufgezeigt.

Im vorliegenden Kreisschreiben werden die Steuerfolgen des Bundes (Direkte Bundessteuer, Verrechnungssteuer und Stempelabgaben) zu Umstrukturierungstatbeständen auf der Unternehmensebene und für die Anteilsinhaber wiedergegeben. Wie die Gesetzesbestimmungen sind auch die nachfolgenden Ausführungen und Beispiele nicht abschliessend zu verstehen.

Das aktualisierte Kreisschreiben Nr. 5a zu den Umstrukturierungen beinhaltet neben allgemeinen redaktionellen Änderungen die gesetzlichen Anpassungen (insbesondere Bundesgesetz vom 23. März 2007 über die Verbesserung der steuerlichen Rahmenbedingungen für unternehmerische Tätigkeiten und Investitionen [Unternehmenssteuerreformgesetz II][1], in Kraft getreten am 1. Januar 2009, sowie Bundesgesetz vom 28. September 2018 über die Steuerreform und die AHV-Finanzierung [STAF][2], in Kraft getreten am 1. Januar 2020) sowie die seit der Publikation des Kreisschreibens Nr. 5 ergangenen relevanten Urteile des Bundesgerichts und Praxisanpassungen der Eidgenössischen Steuerverwaltung (ESTV). Zudem wird im vorliegenden Kreisschreiben nicht mehr zwischen Alt- und Neu-Beteiligung unterschieden.

---

[1] AS 2008 2893
[2] AS 2019 2395

2. Rechtliche Grundlagen

2.1 Zivilrecht

Im FusG ist die Fusion für alle Gesellschaftsformen des Obligationenrechts sowie für Vereine und Stiftungen gesetzlich geregelt. Die Umwandlung der Rechtsform ist generell zugelassen, soweit die Strukturen der verschiedenen Rechtsformen vereinbar sind. Zusätzlich regelt das FusG die Spaltung von Unternehmen und die Übertragung eines Unternehmens oder eines Teils davon durch das Instrument der Vermögensübertragung.

Die Regelungen der Fusion und der Spaltung erfassen sowohl Vorgänge unter Gesellschaften derselben Rechtsform (z.B. die Fusion von zwei Aktiengesellschaften) wie auch unter Gesellschaften mit unterschiedlichen Rechtsformen (z.B. die Fusion einer Kollektivgesellschaft mit einer Aktiengesellschaft). Das FusG erstreckt sich ausserdem auf grenzüberschreitende Vorgänge, d.h. auf solche, an denen Gesellschaften mit Sitz in verschiedenen Staaten beteiligt sind. Erfasst werden ebenfalls Fusionen und Umwandlungen, die der Überführung von Instituten des öffentlichen Rechts in Gesellschaften des Privatrechts dienen (z.B. die Umwandlung einer Kantonalbank in eine Aktiengesellschaft).

2.2 Direkte Bundessteuer

2.2.1 Einkommenssteuer: Einkünfte aus selbständiger Erwerbstätigkeit

Artikel 18 Absatz 2 des Bundesgesetzes vom 14. Dezember 1990 über die direkte Bundessteuer (DBG; SR 642.11) umschreibt die Realisationstatbestände für stille Reserven von Personenunternehmungen (Kapitalgewinne auf Geschäftsvermögen). Solche Kapitalgewinne gehören zu den Einkünften aus selbständiger Erwerbstätigkeit.

Kapitalgewinne auf Geschäftsvermögen werden realisiert durch:

- echte Realisation (z.B. Veräusserung);
- buchmässige Realisation (z.B. Aufwertung);
- steuersystematische Realisation.

Eine steuersystematische Realisation liegt vor, wenn bisher latent steuerbelastete Kapitalgewinne steuerfrei oder von der Steuerpflicht ausgenommen werden. Darunter fallen:

- die Überführung von Geschäftsvermögen in das Privatvermögen (Privatentnahme; Steuerfreiheit der privaten Kapitalgewinne; Art. 16 Abs. 3 DBG)[3];
- die Überführung von Geschäftsvermögen in ausländische Betriebe oder Betriebsstätten (keine Erstreckung der Steuerpflicht auf ausländische Geschäftsbetriebe und Betriebsstätten; Art. 6 Abs. 1 DBG).

---

[3] Botschaft zum FusG, BBl **2000** 4507, Ziff. 2.2.7

Artikel 19 DBG und die diesbezüglichen Ausführungen und Beispiele im vorliegenden Kreisschreiben regeln im Sinne von nicht abschliessend aufgezählten Ausnahmen die Steuerneutralität bei Umstrukturierungen. Steuerneutralität ist grundsätzlich dann gegeben, wenn keine Liquidation oder Veräusserung vorliegt (subjektive Verknüpfung der stillen Reserven), die stillen Reserven weiterhin dem Betrieb dienen (objektive Verknüpfung der stillen Reserven) und das Besteuerungsrecht der stillen Reserven in der Schweiz erhalten bleibt (fiskalische Verknüpfung der stillen Reserven).[4]

Die fiskalische Verknüpfung liegt nur dann vor, wenn bei der internationalen Steuerausscheidung sichergestellt ist, dass die übertragenen stillen Reserven weiterhin uneingeschränkt der Schweiz zugewiesen werden. Das ist nach Artikel 6 Absatz 3 DBG bei der Anwendung der objektmässigen (direkten) Methode gewährleistet.

Der Begriff der Umstrukturierung ist im Steuerrecht ergebnisorientiert, d.h. aufgrund einer wirtschaftlichen Betrachtungsweise auszulegen. Er ist nicht auf Umstrukturierungen nach FusG beschränkt. So bedingt zum Beispiel die Umwandlung eines Einzelunternehmens in eine Kapitalgesellschaft zivilrechtlich eine Liquidation (Löschung) des Einzelunternehmens und die Übertragung der Aktiven und Passiven auf eine Kapitalgesellschaft. Obwohl damit grundsätzlich der Tatbestand einer echten Realisation gegeben wäre, qualifiziert sich dieser Vorgang unter bestimmten Bedingungen als steuerneutrale Umstrukturierung.

Werden im Rahmen einer Umstrukturierung stille Reserven – auf einzelnen Aktiven oder gesamthaft – nicht vollständig steuerneutral übertragen, indem die massgeblichen Einkommenssteuerwerte im Rahmen der Umstrukturierung auf einen Wert unter dem Verkehrswert erhöht werden, wird die Differenz zwischen den Einkommenssteuerwerten vor und nach der Umstrukturierung mit der Einkommenssteuer erfasst. Die übertragenen stillen Reserven werden nicht besteuert. Vorbehalten bleiben die für die Teilbesteuerung qualifizierenden Tatbestände bei Beteiligungen im Geschäftsvermögen (vgl. Art. 18b DBG). Solche Einkünfte und Gewinne aus der Veräusserung von Beteiligungsrechten sind nach Abzug des zurechenbaren Aufwands im Umfang von 70 Prozent steuerbar, wenn die Beteiligungsrechte mindestens 10 Prozent des Grund- oder Stammkapitals einer Kapitalgesellschaft oder Genossenschaft ausmachen. Die Teilbesteuerung des Veräusserungsgewinns bedingt eine Haltedauer der veräusserten Beteiligungsrechte von mindestens einem Jahr.

---

[4] Auszug aus der Botschaft zum FusG; BBl **2000** 4368, Ziff. 1.3.9.2, Leitlinien für die Revision des Steuerrechts: " Mit der Verabschiedung des DBG und des StHG wurde versucht, die Steuerneutralität bestimmter Umstrukturierungen gesetzlich zu regeln. Mit der Schaffung der Artikel 19 und 61 DBG ging es dem Gesetzgeber vor allem um eine Fortführung der bisher gehandhabten Praxis. Die starren Formulierungen im DBG und im StHG geben die Voraussetzungen zur steuerneutralen Umstrukturierung allerdings nur ungenügend zu erkennen, indem die Voraussetzungen für den Verzicht auf die Besteuerung stiller Reserven für die Tatbestände der Fusion, Umwandlung und Teilung formal umschrieben worden sind. Auch lassen die Umstrukturierungsvorschriften des DBG und des StHG den unzutreffenden Eindruck aufkommen, dass das harmonisierte Bundessteuerrecht auf einen rein formalen Begriff der Realisation stiller Reserven abstelle wiewohl diese Vorschriften den Verzicht auf die Erfassung stiller Reserven nur für den Fall regeln, dass das Vorliegen eines Realisationstatbestandes auf Grund der allgemeinen Gewinnermittlungsbestimmungen zu bejahen ist."

2.2.2 Gewinnsteuer

Artikel 58 Absatz 1 DBG umschreibt die Realisationstatbestände für stille Reserven von juristischen Personen. Solche Kapitalgewinne sind Bestandteil des steuerbaren Reingewinnes.

Juristische Personen realisieren Kapitalgewinne durch:

- echte Realisation (z.B. Veräusserung);
- buchmässige Realisation (z.B. Aufwertung);
- steuersystematische Realisation.

Eine steuersystematische Realisation liegt vor, wenn bisher latent steuerbelastete Kapitalgewinne (faktisch) steuerfrei oder von der Steuerpflicht ausgenommen werden. Darunter fallen:

- die Übertragung von Vermögenswerten auf Tochtergesellschaften (Beteiligungsabzug auf Kapitalgewinnen auf Beteiligungen; Art. 69/70 DBG);
- die Beendigung der Steuerpflicht in der Schweiz gemäss Artikel 61b Absatz 2 DBG.

Artikel 61 DBG und die diesbezüglichen Ausführungen und Beispiele im vorliegenden Kreisschreiben regeln im Sinne von nicht abschliessend aufgezählten Ausnahmen die Steuerneutralität bei Umstrukturierungen. Steuerneutralität ist grundsätzlich dann gegeben, wenn keine Liquidation oder Veräusserung vorliegt (subjektive Verknüpfung der stillen Reserven), die stillen Reserven weiterhin dem Betrieb dienen (objektive Verknüpfung der stillen Reserven) und das Besteuerungsrecht der stillen Reserven in der Schweiz erhalten bleibt (fiskalische Verknüpfung der stillen Reserven).[5]

Die fiskalische Verknüpfung liegt nur dann vor, wenn bei der internationalen Steuerausscheidung sichergestellt ist, dass die übertragenen stillen Reserven weiterhin uneingeschränkt der Schweiz zugewiesen werden. Das ist nach Artikel 52 Absatz 3 DBG bei der Anwendung der objektmässigen (direkten) Methode gewährleistet.

Der Begriff der Umstrukturierung ist auch im Gewinnsteuerrecht ergebnisorientiert, d.h. aufgrund einer wirtschaftlichen Betrachtungsweise auszulegen. Er ist nicht auf Umstrukturierungen nach FusG beschränkt.

Werden im Rahmen einer Umstrukturierung stille Reserven auf einzelnen Aktiven nicht vollständig steuerneutral übertragen, indem die massgeblichen Gewinnsteuerwerte auf einen Wert unter dem Verkehrswert erhöht werden, wird die Differenz zwischen den Gewinnsteuerwerten vor und nach der Umstrukturierung grundsätzlich bei der übertragenden Gesellschaft mit der Gewinnsteuer erfasst. Die übertragenen stillen Reserven werden nicht besteuert.

Artikel 64 Absatz 1bis DBG regelt im Sinne einer Ausnahme den Steueraufschub bei der Ersatzbeschaffung von Beteiligungen.

---

[5] BBl **2000** 4368; vgl. Fussnote 8

2.2.3 Einkommenssteuer: Einkünfte aus Beteiligungen im Privatvermögen

Nach Artikel 20 Absatz 1 Buchstabe c DBG gelten als steuerbare Erträge aus beweglichem Vermögen insbesondere Dividenden, Gewinnanteile, Liquidationsüberschüsse und geldwerte Vorteile aus Beteiligungen aller Art (einschliesslich Gratisaktien, Gratisnennwerterhöhungen u. dgl.). Steuerbar sind in diesem Sinne nicht nur die ordentlichen und ausserordentlichen Dividenden, sondern auch alle wiederkehrenden und einmaligen Ausschüttungen aus dem Gewinn oder den übrigen Reserven, wie Barleistungen oder Nennwerterhöhungen bei Fusionen, Hingabe von Geschäftsaktiven und Anteile am Erlös einer Teil- oder Totalliquidation (ASA 60, 537; 59, 717, mit Verweis auf vorangegangene Judikatur). Für die Bemessung dieser Einkünfte gilt unter dem DBG das Nennwertprinzip (ASA 72, 218 = StE 2002 B 24.4 Nr. 63; ASA 70, 289 = StE 2001 B 24.4 Nr. 57) erweitert um das Kapitaleinlageprinzip (Art. 20 Abs. 3-7 DBG). Gemäss Artikel 20 Absatz 1bis DBG sind die nach Artikel 20 Absatz 1 Buchstabe c DBG steuerbaren Erträge aus beweglichem Vermögen zu 70 Prozent steuerbar, wenn die Beteiligungsrechte mindestens 10 Prozent am Grund- und Stammkapital einer Kapitalgesellschaft oder Genossenschaft darstellen.

Artikel 20 Absatz 1 Buchstabe c DBG ist eine Steuernorm mit wirtschaftlichen Anknüpfungspunkten. Die Steuerbehörden sind deshalb nicht strikte an die zivilrechtliche Gestaltung gebunden, sondern haben den Sachverhalt rechtlich entsprechend seinem wirtschaftlichen Gehalt zu würdigen (ASA 72, 218 = StE 2002 B 24.4 Nr. 63; ASA 54, 211).

Kapitalgewinne bilden nur dann steuerbares Einkommen, wenn sie aus einer selbständigen Erwerbstätigkeit stammen (Art. 18 Abs. 1 DBG) oder auf Geschäftsvermögen entfallen (Art. 18 Abs. 2 DBG). Kapitalgewinne aus der Veräusserung von Privatvermögen sind dagegen steuerfrei (Art. 16 Abs. 3 DBG).

2.3 Verrechnungssteuer

Die bei einer Umstrukturierung den Inhabern der Beteiligungsrechte oder diesen nahestehenden Dritten zukommenden Ausgleichszahlungen, Gratisaktien, Gratisnennwerterhöhungen und sonstigen Erträge unterliegen nach Artikel 4 Absatz 1 Buchstabe b des Bundesgesetzes vom 13. Oktober 1965 über die Verrechnungssteuer (VStG; SR 642.21) der Verrechnungssteuer, sofern sie zu Lasten der übrigen Reserven einer inländischen Kapitalgesellschaft oder Genossenschaft erfolgen.

Die Verlegung des Sitzes einer Kapitalgesellschaft oder Genossenschaft ins Ausland wird einer Liquidation gleichgestellt (Art. 4 Abs. 2 VStG).

Artikel 5 Absatz 1 Buchstabe a VStG regelt im Sinne einer Ausnahme, dass (übrige) Reserven und Gewinne einer Kapitalgesellschaft oder Genossenschaft, die bei einer Umstrukturierung nach Artikel 61 DBG in die Reserven einer aufnehmenden oder umgewandelten inländischen Kapitalgesellschaft oder Genossenschaft übergehen, von der Verrechnungssteuer ausgenommen sind. Dabei wird vorausgesetzt, dass das übertragene Verrechnungssteuersubstrat erhalten bleibt, jedoch nicht, dass die für die direkte Bundessteuer massgeblichen Werte übernommen werden.

2.4 Stempelabgaben

2.4.1 Emissionsabgabe

Gemäss Artikel 6 Absatz 1 Buchstabe a^{bis} des Bundesgesetzes vom 27. Juni 1973 über die Stempelabgaben (StG; SR 641.10) sind von der Emissionsabgabe ausgenommen Beteiligungsrechte, die in Durchführung von Beschlüssen über Fusionen oder diesen wirtschaftlich gleichkommenden Zusammenschlüssen, Umwandlungen und Spaltungen von Aktiengesellschaften, Kommanditaktiengesellschaften, Gesellschaften mit beschränkter Haftung oder Genossenschaften begründet oder erhöht werden.

Der Tatbestand von Artikel 6 Absatz 1 Buchstabe a^{bis} StG setzt nicht voraus, dass die für die direkte Bundessteuer massgeblichen Werte übernommen werden.

Artikel 9 Absatz 1 Buchstabe e StG bestimmt, dass die Emissionsabgabe bei der Begründung oder Erhöhung von Beteiligungsrechten im Rahmen von Fusionen, Spaltungen oder Umwandlungen von andern Rechtsträgern als Kapitalgesellschaften und Genossenschaften auf ein Prozent des Nennwerts beschränkt wird. Die Reduktion der Bemessungsgrundlage für die Emissionsabgabe bei Fusionen, Spaltungen oder Umwandlungen wird jedoch nur dann gewährt, wenn der bisherige Rechtsträger während mindestens fünf Jahren bestand. Im Weiteren wird über den Mehrwert nachträglich abgerechnet, soweit während den der Umstrukturierung nachfolgenden fünf Jahren die Beteiligungsrechte veräussert werden.

2.4.2 Umsatzabgabe

Bei einer Umstrukturierung ist die Umsatzabgabe nur dann betroffen, wenn kumulativ:

- steuerbare Urkunden übertragen werden;
- die Übertragung entgeltlich erfolgt;
- eine übertragende oder übernehmende Person oder einer der Vermittler Effektenhändler ist (Art. 13 Abs. 3 StG).

Zu den Effektenhändlern gehören auch inländische Kapitalgesellschaften und Genossenschaften, deren Aktiven nach Massgabe der letzten Bilanz zu mehr als 10 Millionen Franken aus steuerbaren Urkunden nach Artikel 13 Absatz 2 StG bestehen (Art. 13 Abs. 3 Bst. d StG).

Nach Artikel 14 Absatz 1 Buchstabe b StG ist die Sacheinlage von Urkunden zur Liberierung in- oder ausländischer Aktien, Stammanteilen von Gesellschaften mit beschränkter Haftung, Genossenschaftsanteilen, Beteiligungsscheinen von Genossenschaftsbanken, Partizipationsscheinen und Anteilen von kollektiven Kapitalanlagen nach KAG von der Umsatzabgabe ausgenommen.

Die im Rahmen einer Umstrukturierung, der Übertragung von Betrieben oder Teilbetrieben auf eine inländische Konzerngesellschaft nach Artikel 61 Absatz 3 DBG sowie bei der Übertragung von Beteiligungen von mindestens 20 Prozent am Grund- oder Stammkapital einer anderen Gesellschaft auf eine in- oder ausländische Konzerngesellschaft erfolgte Übertragung steuerbarer Urkunden ist ebenfalls von der Umsatzabgabe ausgenommen (Art. 14 Abs. 1 Bst. i und j StG).

Die im DBG vorgesehenen Veräusserungssperrfristen (Art. 19 Abs. 2, Art. 61 Abs. 2 und 4 DBG) finden bei der Umsatzabgabe mangels klarer gesetzlicher Grundlage keine Anwendung.

Die Veräusserung von steuerbaren Urkunden im Rahmen der Ersatzbeschaffung einer Beteiligung, die mindestens 10 Prozent am Grund- oder Stammkapital oder mindestens 10 Prozent des Gewinns und der Reserven der anderen Gesellschaft ausmacht (Artikel 64 Absatz 1bis DBG) ist ebenfalls von der Umsatzabgabe ausgenommen (Art. 14 Abs. 1 Bst. j StG).

Der Tatbestand von Artikel 14 Absatz 1 Buchstaben i und j StG setzt nicht voraus, dass die für die direkte Bundessteuer massgeblichen Werte übernommen werden.

2.5 Mehrwertsteuer

Meldeverfahren bei Fusion, Spaltung, Umwandlung und Vermögensübertragung

Artikel 38 Absatz 1 des Bundesgesetzes vom 12. Juni 2009 über die Mehrwertsteuer (MWSTG; SR 641.20) regelt die Vorgehensweise bei Umstrukturierungen nach den Artikeln 19 oder 61 DBG sowie bei entgeltlicher oder unentgeltlicher Übertragung eines Gesamt- oder Teilvermögens von einer steuerpflichtigen auf eine andere steuerpflichtige Person, auch wenn die Übernehmende erst durch Übernahme des Vermögens steuerpflichtig wird, im Rahmen einer Gründung, einer Liquidation, einer Umstrukturierung, einer Geschäftsveräusserung oder eines im Fusionsgesetz geregelten Rechtsgeschäfts.

Übersteigt in den soeben erwähnten Konstellationen die auf dem Veräusserungspreis zum gesetzlichen Satz berechnete Mehrwertsteuer den Betrag von CHF 10'000 oder erfolgt die Veräusserung an eine eng verbundene Person (vgl. Art. 3 Bst. h MWSTG), muss die steuerpflichtige Person das Meldeverfahren anwenden und ihre Abrechnungs- und Steuerentrichtungspflicht durch Meldung erfüllen. Diese Meldung ist im Rahmen der ordentlichen Mehrwertsteuer-Abrechnung und unter gleichzeitiger Verwendung des Formulars Nr. 764 vorzunehmen.

Eine freiwillige Anwendung des Meldeverfahrens ist in den in Artikel 104 der Mehrwertsteuerverordnung vom 27. November 2009 (MWSTV; SR 641.201) geregelten Fällen möglich.

Bei Anwendung des Meldeverfahrens übernimmt der Erwerber für die an ihn übertragenen Vermögenswerte die Bemessungsgrundlage und den zum Vorsteuerabzug berechtigenden Verwendungsgrad des Verkäufers (vgl. Art. 38 Abs. 4 MWSTG). Verwendet der Erwerber die übernommenen Vermögenswerte in einem geringeren Umfang für steuerbare Zwecke als der Verkäufer, fällt bei ihm eine Eigenverbrauchsbesteuerung an. Im umgekehrten Fall kann der Erwerber eine Einlageentsteuerung geltend machen. Ausgangspunkt für die Prüfung, ob solche Nutzungsänderungen vorliegen, bildet Artikel 105 MWSTV. Danach gilt die Vermutung, dass der Veräusserer die übertragenen Vermögenswerte vollumfänglich für steuerbare Zwecke verwendet hat. Macht der Erwerber einen anderen Verwendungsgrad geltend, muss er diesen nachweisen.

Die Hauptabteilung Mehrwertsteuer der ESTV hat Ausführungen zum Meldeverfahren in der MWST-Info Nr. 11 (610.545-11)[6] publiziert. Darin finden sich neben den Ausführungen betreffend die obligatorische sowie freiwillige Anwendung des Meldeverfahrens auch ein Muster des im Internet abrufbaren Formulars Nr. 764 sowie weitere im Zusammenhang mit dem Meldeverfahren zu beachtende Bereiche (wie Steuernachfolge [Art. 16 MWSTG], Mithaftung [Art. 15 Abs. 1 Bst. d MWSTG], Eigenverbrauch und Einlageentsteuerung).

---

[6] Diese Publikation ist im Internet unter https://www.gate.estv.admin.ch/mwst-webpublikationen/public/pages/search/search.xhtml?winid=217636 abrufbar oder kann als Drucksache beim Bundesamt für Bauten und Logistik BBL, Verkauf Bundespublikationen, 3003 Bern, bestellt werden.

3. Umstrukturierungen von Personenunternehmungen

3.1 Übertragung von Vermögenswerten auf eine andere Personenunternehmung

3.1.1 Tatbestände

Unter die Übertragung von Vermögenswerten auf eine andere Personenunternehmung fallen insbesondere folgende Umstrukturierungstatbestände im steuerlichen Sinn:

- Zusammenschluss mit einer anderen Personenunternehmung;
- Errichtung einer neuen Personengesellschaft („Spaltung");
- Umwandlung in eine andere Personenunternehmung.

Die Übertragung kann zivilrechtlich auf folgende Weise erfolgen:

- Verkauf;
- Kapitaleinlage bei Errichtung einer Kollektiv- oder Kommanditgesellschaft;
- Austritt eines Gesellschafters aus einer Personengesellschaft und Gründung einer neuen Personenunternehmung;
- Fusion (nur für Kollektiv- und Kommanditgesellschaften; Art. 3-22 FusG);
- Umwandlung (nur für Kollektiv- und Kommanditgesellschaften; Art. 53-68 FusG);
- Vermögensübertragung (Art. 69-77 FusG).

Im Handelsregister eingetragene Gesellschaften und Einzelunternehmen können ihr Vermögen oder Teile davon mittels Vermögensübertragung (Art. 69-77 FusG) auf andere Rechtsträger des Privatrechts übertragen, wobei die Übertragung - wie bei der Spaltung und der echten Fusion - in einem Akt (uno actu) mit Aktiven und Passiven erfolgt; die Gesamtheit der im Übertragungsvertrag beschriebenen Vermögenswerte wird übertragen, ohne dass die für die Einzelübertragung dieser Werte geltenden Formvorschriften eingehalten werden müssen. Eine Fusion, bei der die Übertragung des Vermögens durch Vermögensübertragung erfolgt, bedingt eine anschliessende Liquidation der übertragenden Gesellschaft.

3.1.2 Direkte Bundessteuer *(Einkommenssteuer: Einkünfte aus selbständiger Erwerbstätigkeit)*

3.1.2.1 Grundsatz

Die Übertragung von Vermögenswerten auf eine andere Personenunternehmung ist nach Artikel 19 Absatz 1 Buchstabe a DBG steuerneutral, soweit kumulativ:

- die Steuerpflicht in der Schweiz fortbesteht;
- die bisher für die Einkommenssteuer massgeblichen Werte übernommen werden.

Die Übertragung von Vermögenswerten auf eine unabhängige Personenunternehmung, d.h. auf eine Personenunternehmung, an der die übertragenden Personen nach der Übertragung nicht beteiligt sind, stellt dagegen einen Realisationstatbestand dar.

Bei den für die Einkommenssteuer massgeblichen Werten handelt es sich um die Einkommenssteuerwerte, d.h. die Buchwerte gemäss Handelsbilanz zuzüglich allfälliger versteuerter stiller Reserven.

Eine Restriktion ergibt sich aus dem steuersystematischen Realisationstatbestand der Überführung von Geschäftsvermögen in das Privatvermögen (Art. 18 Abs. 2 DBG). Eine solche steuerbare Privatentnahme liegt vor, soweit Vermögenswerte der übertragenden oder der übernehmenden Personenunternehmung nicht mehr ganz oder vorwiegend der selbständigen Erwerbstätigkeit dienen (Präponderanzmethode).

Die Übertragung von Geschäftsvermögen auf eine nichtkaufmännische Personengesellschaft (Art. 553, 595 OR; keine selbständige Erwerbstätigkeit) stellt eine Überführung von Geschäftsvermögen ins Privatvermögen dar (Art. 18 Abs. 2 DBG). Die übertragenen stillen Reserven unterliegen der Einkommenssteuer.

Eine Personenunternehmung kann auch einzelne Vermögenswerte steuerneutral auf eine andere Personenunternehmung übertragen, sofern die übertragende Personenunternehmung an der übernehmenden Personenunternehmung beteiligt ist (Art. 19 Abs. 1 Bst. a DBG; **Beispiel Nr. 1 im Anhang**).

3.1.2.2 *Ausgleichszahlungen*

Ausgleichszahlungen bei Fusionen von Personenunternehmungen stellen - gleich wie Einkäufe neuer Gesellschafter in die stillen Reserven einer Personenunternehmung - bei den Empfängern steuerbare Einkünfte aus selbständiger Erwerbstätigkeit dar. Der leistende Gesellschafter kann die Zahlungen in seiner Steuerbilanz als versteuerte stille Reserven geltend machen und entsprechend der Zuordnung zu den entsprechenden Aktiven steuerwirksam abschreiben. Handelt es sich um eine Zahlung für Goodwill, kann dieser in der Steuerbilanz als eigenständiger Vermögenswert bilanziert und ebenfalls steuerwirksam abgeschrieben werden.

3.1.2.3 *Vorjahresverluste*

Bei der Übertragung von Betrieben oder Teilbetrieben auf eine andere Personenunternehmung können noch nicht verrechnete Vorjahresverluste nicht auf andere Personen übertragen werden.

3.1.3 *Umsatzabgabe*

Die Umsatzabgabe ist nur dann betroffen, wenn die übertragende oder die übernehmende Personenunternehmung Effektenhändler ist (Art. 13 Abs. 3 StG) und wenn steuerbare Urkunden entgeltlich übertragen werden.

Die Umsatzabgabe ist nicht geschuldet, soweit eine steuerneutrale Umstrukturierung vorliegt (Art. 14 Abs. 1 Bst. i StG i.V.m. Art. 19 DBG). Darunter fallen auch steuerbare Urkunden, welche zusammen mit anteiligen Verbindlichkeiten gegenüber Dritten übertragen werden.

3.1.4 *Nicht betroffene Steuern*

- Direkte Bundessteuer (Einkommenssteuer: Einkünfte aus Beteiligungen im Privatvermögen);
- Verrechnungssteuer;
- Emissionsabgabe.

3.2 Übertragung eines Betriebes oder Teilbetriebes auf eine juristische Person

3.2.1 Tatbestände

Unter die Übertragung eines Betriebes oder Teilbetriebes auf eine juristische Person fallen insbesondere folgende Umstrukturierungstatbestände im steuerlichen Sinn:

- Zusammenschluss mit einer juristischen Person;
- Umwandlung einer Personenunternehmung in eine Kapitalgesellschaft oder Genossenschaft;
- Umwandlung der schweizerischen Betriebsstätte einer ausländischen Personengesellschaft in eine Kapitalgesellschaft.

Die Übertragung kann zivilrechtlich auf folgende Weise erfolgen:

- Sacheinlage;
- Verkauf;
- Fusion (nur für Kollektiv- und Kommanditgesellschaften; Art. 3-22 FusG);
- Umwandlung (nur für Kollektiv- und Kommanditgesellschaften; Art. 53-68 FusG);
- Vermögensübertragung (Art. 69-77 FusG).

Der häufigste Umstrukturierungstatbestand, bei dem ein Betrieb oder Teilbetrieb von einer Personenunternehmung auf eine juristische Person übertragen wird, ist die Umwandlung einer Personenunternehmung in eine Kapitalgesellschaft. Dieser Tatbestand ist im Zivilrecht (FusG) nur für Handelsgesellschaften (Kollektiv- und Kommanditgesellschaften) vorgesehen. Die Umwandlung eines Einzelunternehmens in eine Kapitalgesellschaft erfolgt zivilrechtlich entweder durch Sacheinlage in eine neugegründete Kapitalgesellschaft oder durch die im FusG geregelte Vermögensübertragung (allenfalls kombiniert mit einem Verkauf) auf eine bereits bestehende Kapitalgesellschaft (Art. 69-77 FusG).

3.2.2 Direkte Bundessteuer (Einkommenssteuer: Einkünfte aus selbständiger Erwerbstätigkeit)

3.2.2.1 Grundsatz

Die Übertragung von Geschäftsvermögen auf eine juristische Person, deren Beteiligungsrechte sich im Privatvermögen befinden, ist nach Artikel 19 Absätze 1 und 2 DBG steuerneutral, soweit kumulativ folgende Erfordernisse erfüllt sind:

- die Steuerpflicht besteht in der Schweiz fort;
- die bisher für die Einkommenssteuer massgeblichen Werte werden übernommen;
- das übertragene Geschäftsvermögen stellt einen Betrieb oder Teilbetrieb dar;
- während den der Umwandlung nachfolgenden fünf Jahren werden die Beteiligungs- oder Mitgliedschaftsrechte an der übernehmenden Gesellschaft nicht veräussert.

Umwandlung einer Personenunternehmung in eine Kapitalgesellschaft oder Genossenschaft[7]:

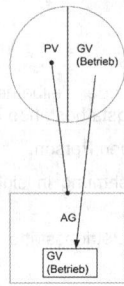

Eine Restriktion ergibt sich aus dem steuersystematischen Realisationstatbestand der Überführung von Geschäftsvermögen in das Privatvermögen (Art. 18 Abs. 2 DBG). Eine solche steuerbare Privatentnahme liegt vor, soweit bei der übertragenden Personenunternehmung Vermögenswerte zurückbleiben und diese nicht mehr ganz oder vorwiegend der selbständigen Erwerbstätigkeit dienen (Präponderanzmethode). Keine Privatentnahme liegt vor, wenn die zurückbleibenden Vermögenswerte ganz oder vorwiegend der selbständigen Erwerbstätigkeit dienen. Diese Vermögenswerte müssen jedoch keinen Betrieb darstellen (Urteil BGer 2C_733/2016 vom 5.9.2017, E. 3.2.4).

Wird ein Betrieb einer Personenunternehmung auf eine Kapitalgesellschaft übertragen, deren Beteiligungsrechte zum Geschäftsvermögen der übertragenden Personenunternehmung gehören und bleibt keine selbständige Erwerbstätigkeit zurück, liegt eine Privatentnahme der Beteiligungsrechte an der übernehmenden Kapitalgesellschaft vor. Eine Erklärung als gewillkürtes Geschäftsvermögen (Art. 18 Abs. 2 DBG) ist mangels Erwerb nicht möglich.

Die Übertragung eines Betriebes oder eines Teilbetriebes auf eine juristische Person, deren Beteiligungsrechte sich im Geschäftsvermögen einer übertragenden natürlichen Person oder einer Personenunternehmung befinden, führt bei der Übertragung auf eine qualifizierende Beteiligung gemäss Artikel 18b DBG grundsätzlich zu einer steuersystematischen Realisation im Umfang von 30 Prozent der übertragenen stillen Reserven (vgl. Kreisschreiben der ESTV Nr. 23a vom 31.01.2020, Ziff. 2.4.2). Ein solcher Vorgang stellt jedoch eine Umstrukturierung dar, bei der die übertragenen stillen Reserven nach Artikel 19 Absatz 1 Buchstabe b DBG nicht besteuert werden, sofern die Sperrfrist nach Artikel 19 Absatz 2 DBG eingehalten wird.

Die übertragenen unversteuerten stillen Reserven werden im Nachsteuerverfahren besteuert, soweit während den der Umstrukturierung nachfolgenden fünf Jahren Beteiligungs- oder Mitgliedschaftsrechte zu einem Preis verkauft werden, der über dem steuerlichen Eigenkapital im Zeitpunkt der Übertragung liegt (Art. 19 Abs. 2 DBG).

---

[7] H.-J. Neuhaus / M. Neuhaus / P. Riedweg; Kammer-Seminar vom 19.9.2003 zum FusG

3.2.2.2 Fortbestand der Steuerpflicht in der Schweiz

Das Erfordernis des Fortbestandes der Steuerpflicht in der Schweiz bezieht sich auf die übernehmende juristische Person und nicht auf die übertragende natürliche Person. Erfolgt die Übertragung auf eine schweizerische Betriebsstätte einer ausländischen juristischen Person, so kann vom Fortbestand der Steuerpflicht in der Schweiz jedoch nur dann ausgegangen werden, wenn bei der internationalen Steuerausscheidung sichergestellt ist, dass die übertragenen stillen Reserven weiterhin uneingeschränkt der Schweiz zugewiesen werden. Dies ist nach dem DBG durch die Anwendung der objektmässigen (direkten) Ausscheidungsmethode gewährleistet.

Bei einem Wegfall der Steuerpflicht der übertragenden natürlichen Person in Folge der Umwandlung einer schweizerischen Betriebsstätte einer ausländischen Personenunternehmung in eine Kapitalgesellschaft oder Genossenschaft gilt jedoch die Sperrfrist nach Artikel 19 Absatz 2 DBG.

Bei einem Wegfall der Steuerpflicht der übertragenden natürlichen Person kann während der Veräusserungssperrfrist für die latente Einkommenssteuer Sicherstellung verlangt werden (Art. 169 DBG).

Die Steuerbehörden können von einem Steuerpflichtigen mit Wohnsitz oder Sitz im Ausland verlangen, dass er einen Vertreter in der Schweiz bezeichnet (Art. 126a DBG).

3.2.2.3 Betrieb und Teilbetrieb

Nach geltender Praxis wird unter den Begriffen „Betrieb" und „Teilbetrieb" Folgendes verstanden (vgl. dazu Ziff. 4.3.2.5):

- Betrieb: Organisatorisch-technischer Komplex von Vermögenswerten, welcher für die unternehmerische Leistungserstellung eine relativ unabhängige, organische Einheit darstellt.
- Teilbetrieb: Kleinster für sich lebensfähiger Organismus eines Unternehmens.

Ein Betrieb oder Teilbetrieb liegt dann vor, wenn kumulativ folgende Erfordernisse erfüllt sind:

- die Unternehmung erbringt Leistungen auf dem Markt oder an verbundene Unternehmen;
- die Unternehmung verfügt über Personal;
- der Personalaufwand steht in einem sachgerechten Verhältnis zum Ertrag.

Einem Betrieb können auch nichtbetriebsnotwendige Aktiven mitgegeben werden (z.B. liquide Mittel und Immobilien), sofern der Betrieb nicht von untergeordneter Bedeutung ist, nicht nur zum Zwecke einer steuerneutralen Umwandlung geschaffen wurde und weitergeführt wird (allgemeiner Vorbehalt der Steuerumgehung).

Der Begriff des Betriebs ist enger definiert als jener der selbständigen Erwerbstätigkeit. Nicht bei jeder Ausübung einer selbständigen Erwerbstätigkeit gemäss Artikel 18 Absatz 1 DBG liegt entsprechend auch ein Betrieb vor. Damit die blosse gewerbsmässige Verwaltung eigener Immobilien ausnahmsweise als Betrieb qualifiziert werden kann, wird eine professionelle Immobilienbewirtschaftung vorausgesetzt (vgl. BGE 142 II 283, E. 3.4.1). Eine professionelle Immobilienbewirtschaftung stellt dann einen Betrieb dar, wenn kumulativ folgende Erfordernisse erfüllt sind:

- es erfolgt ein Marktauftritt oder es werden Betriebsliegenschaften an Konzerngesellschaften vermietet;
- die Unternehmung beschäftigt oder beauftragt mindestens eine Person für die Verwaltung der Immobilien (eine Vollzeitstelle für rein administrative Arbeiten);
- die Mieterträge betragen mindestens das 20-fache des marktüblichen Personalaufwandes für die Immobilienverwaltung[8].

Das Halten und Verwalten von Wertschriften, die lediglich der Anlage von eigenem Vermögen dienen, stellt auch bei einem grossen Vermögen nie einen Betrieb dar.

3.2.2.4 Veräusserungssperrfrist

Die übertragenen stillen Reserven unterliegen der Einkommenssteuer, soweit Beteiligungs- oder Mitgliedschaftsrechte an der übernehmenden juristischen Person innert fünf Jahren nach der Übertragung zu einem über dem übertragenen steuerlichen Eigenkapital liegenden Preis (Kapital der juristischen Person) veräussert werden (Art. 19 Abs. 2 DBG; **Beispiel Nr. 2 im Anhang**). Schon der Verkauf eines einzigen Beteiligungs- oder Mitgliedschaftsrechtes stellt eine Verletzung der Veräusserungssperrfrist dar und führt zu einer anteiligen Nachbesteuerung der übertragenen stillen Reserven. Ob bereits im Umwandlungszeitpunkt eine Veräusserungsabsicht bestanden hat oder ob erst nach der Umwandlung eingetretene Umstände zu der Veräusserung der Beteiligungsrechte geführt haben, ist steuerlich nicht erheblich. Die Veräusserungssperrfrist ist verobjektiviert.

Die Veräusserungssperrfrist beginnt am Tag der Eigentumsübertragung. Bei der Umwandlung einer Personenunternehmung in eine juristische Person beginnt die Veräusserungssperrfrist mit der Anmeldung beim Handelsregisteramt, sofern und soweit für die zivilrechtlich massgebende Abwicklung ein Eintrag im Handelsregister nötig ist. Eine rückwirkende Umwandlung ist für den Beginn der Veräusserungssperrfrist wirkungslos. Die Veräusserungssperrfrist endet fünf Jahre nach der Anmeldung beim Handelsregister oder, falls kein Handelsregistereintrag nötig ist, nach der Eigentumsübertragung.

Der Übergang des Eigentums an den Beteiligungs- oder Mitgliedschaftsrechten an der übernehmenden juristischen Person durch Erbgang oder Schenkung sowie der Verkauf zu einem Preis, der das anteilige übertragene Eigenkapital (Kapital der juristischen Person) nicht übersteigt, stellt keine Sperrfristverletzung dar. In einem solchen Fall geht die Veräusserungssperrfrist auf die Erwerber der Beteiligungs- oder Mitgliedschaftsrechte über. Wird dagegen zu einem über dem anteiligen übertragenen Eigenkapital liegenden Preis veräussert, wird stets über die gesamten übertragenen stillen Reserven anteilig abgerechnet.

Beim übertragenen steuerlichen Eigenkapital handelt es sich in der Regel um den Teil des Kapitals der übertragenden Personenunternehmung, der in Aktienkapital umgewandelt bzw.

---

[8] Bundesrat Villiger; Ständerat 21.3.2001; Amtliches Bulletin, S. 166

als Reserven aus Kapitaleinlagen (KER, Kreisschreiben der ESTV Nr. 29b vom 23.12.2019, Ziff. 2.1) ausgewiesen wird. Theoretisch ist jedoch auch eine Umwandlung in übrige offene Reserven (Kreisschreiben der ESTV Nr. 29b vom 23.12.2019, Ziff. 3.2) möglich.

Die Einbringung der Beteiligungs- oder Mitgliedschaftsrechte an der übernehmenden juristischen Person in eine andere, von der gleichen natürlichen Person beherrschte andere juristische Person (Transponierung), stellt keine Sperrfristverletzung dar. Die Veräusserungssperrfrist erstreckt sich in einem solchen Fall sowohl auf die eingebrachten Beteiligungs- oder Mitgliedschaftsrechte als auch auf die Beteiligungsrechte der natürlichen Person an der übernehmenden Gesellschaft.

Bei einer Sperrfristverletzung erfolgt die Besteuerung im Nachsteuerverfahren (Art. 151-153 DBG). Grundlage der Besteuerung sind die übertragenen unversteuerten stillen Reserven. Die Besteuerung erfolgt immer nur anteilsmässig entsprechend der Quote der veräusserten Beteiligungsrechte. Dies ist auch dann der Fall, wenn mehr als 50 Prozent der Beteiligungs- oder Mitgliedschaftsrechte veräussert werden.

Eine Veränderung der Beteiligungsverhältnisse durch eine Kapitalerhöhung sowie eine steuerneutrale Umstrukturierung der übernehmenden juristischen Person stellen keine Sperrfristverletzungen dar, soweit der übertragenden natürlichen Person keine Leistungen zufliessen.

Werden bei einer Kapitalerhöhung Bezugsrechte veräussert, liegt eine Sperrfristverletzung vor. Die zu besteuernde Quote der übertragenen unversteuerten stillen Reserven entspricht dem Verhältnis des Verkaufserlöses für die Bezugsrechte zu den offenen und stillen Reserven im Zeitpunkt der Kapitalerhöhung.

3.2.3 *Direkte Bundessteuer (Gewinnsteuer)*

3.2.3.1 *Rückwirkende Übertragung*

Bei der Umwandlung einer Personenunternehmung in eine juristische Person beginnt deren Steuerpflicht grundsätzlich mit dem Eintrag im Handelsregister.

Eine rückwirkende Umwandlung wird steuerlich nur dann anerkannt, wenn die Anmeldung zusammen mit den Gründungsakten innerhalb von sechs Monaten nach dem Stichtag der Übernahmebilanz beim Handelsregister eingetroffen ist und die Anmeldung ohne irgendwelche Weiterungen zum Eintrag geführt hat. Erfolgt die Übertragung auf eine bereits bestehende juristische Person, ohne dass ein Eintrag im Handelsregister notwendig ist, muss die Eigentumsübertragung innerhalb von sechs Monaten nach dem vereinbarten Stichtag vollzogen werden.

Wird die rückwirkende Übertragung akzeptiert, beginnen die Steuerpflicht, die Steuerperiode und die Bemessungsperiode mit dem vereinbarten Übernahmestichtag. Entsprechend endet die selbständige Erwerbstätigkeit in diesem Zeitpunkt. Andernfalls wird auf den Handelsregistereintrag abgestellt. Dies bedingt die Erstellung eines Abschlusses auf diesen Zeitpunkt.

3.2.3.2 *Verletzung der Veräusserungssperrfrist*

Eine Abrechnung über die stillen Reserven im Nachsteuerverfahren (Art. 151-153 DBG) führt zu höheren Gewinnsteuerwerten (Art. 19 Abs. 2 DBG). Die übernehmende juristische Person kann die Auflösung solcher versteuerter stillen Reserven durch höhere Abschreibungen geltend machen, soweit diese geschäftsmässig begründet sind. Ist die übernehmende juristische

Person bereits rechtskräftig veranlagt, kann ihr das Revisionsverfahren (Art. 147-149 DBG) gewährt werden. Soweit die stillen Reserven nicht lokalisiert werden können, liegt Goodwill vor, der steuerwirksam abgeschrieben werden kann.

Falls die Mehrwerte in der Handelsbilanz ausgewiesen werden (Anpassung der Handelsbilanz an die Steuerbilanz), sind diese den offenen Reserven gutzuschreiben. Steuerlich stellen diese Reserven übrige Reserven (Kreisschreiben der ESTV Nr. 29b vom 23.12.2019, Ziff. 3.2) dar.

3.2.3.3 Vorjahresverluste

Bei einer Übertragung nach Artikel 19 Absatz 1 Buchstabe b DBG werden noch nicht verrechnete Vorjahresverluste der übertragenden Personenunternehmung auf die übernehmende juristische Person übertragen und können in der Regel bei der Festsetzung des steuerbaren Reingewinnes in Abzug gebracht werden (Art. 67 Abs. 1 DBG; **Beispiel Nr. 3 im Anhang**).

3.2.4 Direkte Bundessteuer *(Einkommenssteuer: Einkünfte aus Beteiligungen im Privatvermögen)*

Wird bei der Übertragung auf eine Kapitalgesellschaft oder Genossenschaft, deren Beteiligungsrechte sich im Privatvermögen befinden, ein Betrieb oder Teilbetrieb zu einem über dem Verkehrswert liegenden Preis gegen Gutschrift oder Anteile am Grund- oder Stammkapital der übernehmenden Kapitalgesellschaft oder Genossenschaft eingebracht, so erzielt die übertragende natürliche Person in diesem Umfang Vermögensertrag.

3.2.5 Verrechnungssteuer

Die Ausführungen zur direkten Bundessteuer (Ziff. 3.2.4) gelten auch für die Verrechnungssteuer.

3.2.6 Emissionsabgabe

Nach Artikel 9 Absatz 1 Buchstabe e StG beträgt die Emissionsabgabe bei der Begründung von Beteiligungsrechten im Rahmen einer Umwandlung einer Personenunternehmung in eine Kapitalgesellschaft oder Genossenschaft, vorbehältlich des Freibetrages nach Artikel 6 Absatz 1 Buchstabe h StG, 1 Prozent des Nennwerts. Die übertragenen offenen und stillen Reserven sind von der Steuer ausgenommen. Die Reduktion der Bemessungsgrundlage für die Emissionsabgabe bei Fusionen, Spaltungen oder Umwandlungen wird jedoch nur dann gewährt, wenn der bisherige Rechtsträger während mindestens fünf Jahren bestand. Im Weiteren ist über den Mehrwert nachträglich anteilsmässig abzurechnen, soweit während den Umstrukturierung nachfolgenden fünf Jahren Beteiligungsrechte veräussert werden.

Der Übergang des Eigentums an den Beteiligungsrechten durch Erbgang, Schenkung oder andere unentgeltliche Rechtsgeschäfte, einschliesslich steuerneutraler Umstrukturierungen, stellt keine Sperrfristverletzung dar. Dies gilt auch für entgeltliche Übertragungen, sofern der Preis das übertragene Eigenkapital nicht übersteigt.

3.2.7 Umsatzabgabe

Die Umsatzabgabe ist nur dann betroffen, wenn die übertragende Personenunternehmung oder die übernehmende juristische Person Effektenhändler ist (Art. 13 Abs. 3 StG) und zusammen mit dem Betrieb steuerbare Urkunden entgeltlich übertragen werden.

Bei der Übertragung eines Betriebes oder Teilbetriebes auf eine juristische Person ist die Umsatzabgabe nicht geschuldet, soweit eine steuerneutrale Umstrukturierung vorliegt (Art. 14 Abs. 1 Bst. i StG i.V.m. Art. 19 DBG). Darunter fallen auch steuerbare Urkunden, welche zusammen mit anteiligen Verbindlichkeiten gegenüber Dritten übertragen werden.

3.3 Austausch von Beteiligungsrechten im Geschäftsvermögen bei Umstrukturierungen

3.3.1 Tatbestand

Bei der Umstrukturierung von juristischen Personen, insbesondere bei Fusionen, Spaltungen oder Umwandlungen sowie bei fusionsähnlichen Zusammenschlüssen von Kapitalgesellschaften oder Genossenschaften kann es zu einem Austausch von Beteiligungsrechten im Geschäftsvermögen natürlicher Personen kommen.

3.3.2 Direkte Bundessteuer *(Einkommenssteuer: Einkünfte aus selbständiger Erwerbstätigkeit)*

Der Austausch von Beteiligungs- oder Mitgliedschaftsrechten an Kapitalgesellschaften oder Genossenschaften bei Umstrukturierungen im Sinne von Artikel 61 Absatz 1 DBG oder bei fusionsähnlichen Zusammenschlüssen ist mit Bezug auf eine beteiligte Personenunternehmung nach Artikel 19 Absatz 1 Buchstabe c DBG steuerneutral, soweit kumulativ:

- die Steuerpflicht in der Schweiz fortbesteht;
- die bisher für die Einkommenssteuer massgeblichen Werte übernommen werden.

Die Steuerneutralität gilt auch dann, wenn Beteiligungsrechte gegen Beteiligungsrechte an einer ausländischen Kapitalgesellschaft oder Genossenschaft ausgetauscht werden (grenzüberschreitender Beteiligungsaustausch).

Ausgleichszahlungen für ausgetauschte Beteiligungsrechte im Geschäftsvermögen gehören zu den Einkünften aus selbständiger Erwerbstätigkeit (Art. 18 Abs. 1 DBG).

3.3.3 Umsatzabgabe

Die mit einer Umstrukturierung, insbesondere einer Fusion, Spaltung, Umwandlung oder fusionsähnlichem Zusammenschluss verbundene Übertragung steuerbarer Urkunden ist von der Umsatzabgabe ausgenommen (Art. 14 Abs. 1 Bst. i StG). Soweit eine solche Umstrukturierung umsatzabgabepflichtige Personenunternehmungen betrifft, gilt dies auch für die Übertragung von Urkunden im Geschäftsvermögen.

3.3.4 Nicht betroffene Steuern

- Direkte Bundessteuer (Gewinnsteuer);
- Direkte Bundessteuer (Einkommenssteuer: Einkünfte aus Beteiligungen im Privatvermögen);
- Verrechnungssteuer;
- Emissionsabgabe.

4. Umstrukturierungen von juristischen Personen

4.1 Zusammenschluss

4.1.1 Übersicht

4.1.1.1 Tatbestände

Ein Unternehmenszusammenschluss kann durch eine Verschmelzung zweier Kapitalgesellschaften oder Genossenschaften (echte oder unechte Fusion) oder durch eine beteiligungsrechtliche Übernahme einer anderen Kapitalgesellschaft oder Genossenschaft ohne Verschmelzung erfolgen (fusionsähnlicher Zusammenschluss; Quasifusion).

Übersicht[9]

---

[9] In Anlehnung an: REICH MARKUS, Grundriss der Steuerfolgen von Unternehmensumstrukturierungen, Basel/Genf/München 2000, S. 183

4.1.1.2 Echte Fusion

Bei einer echten Fusion findet die Übertragung der Aktiven und Passiven zivilrechtlich durch Universalsukzession statt und die übertragende Gesellschaft wird ohne Liquidation aufgelöst.

4.1.1.3 Unechte Fusion

Bei einer unechten Fusion findet die Vermögensübertragung zivilrechtlich durch Singularsukzession oder partieller Universalsukzession (Vermögensübertragung; Art. 69-77 FusG) statt. In beiden Fällen muss die übertragende Gesellschaft durch Liquidation aufgelöst werden.

4.1.1.4 Abgrenzung Fusion – Quasifusion – Transponierung – indirekte Teil-, oder Totalliquidation

Bei einer Fusion ist die Übertragung der Aktiven und Passiven auf die übernehmende Gesellschaft und die Auflösung der übertragenden Gesellschaft (Verschmelzung) fester Bestandteil des Übernahmeangebots an die Anteilsinhaber der übertragenden Gesellschaft. Auch eine ausschliessliche Barabfindung ist möglich (Art. 8 Abs. 2 i.V.m. Art. 18 Abs. 5 FusG). Barabfindungen sind einem Liquidationserlös gleichzustellen.

Eine Quasifusion führt zu keiner Verschmelzung, sondern lediglich zu einer stimmrechtsmässigen Beherrschung der übernommenen Gesellschaft. Sie bedingt eine Kapitalerhöhung der übernehmenden Gesellschaft unter Ausschluss der Bezugsrechte der bisherigen Anteilsinhaber und einen Aktientausch der Anteilsinhaber der übernommenen Gesellschaft. Nennwerterhöhungen, der die Erhöhung des Grund- oder Stammkapitals übersteigende Teil der offenen Kapitaleinlage, welcher in der Handelsbilanz als KER bzw. Reserven aus Kapitaleinlagen aus dem Ausland (Ausland-KER, Kreisschreiben der ESTV Nr. 29b vom 23.12.2019, Ziff. 2.1) ausgewiesen sowie Ausgleichszahlungen stellen in diesem Fall für den Anteilsinhaber, welcher seine Beteiligungsrechte im Privatvermögen hält, Veräusserungserlös dar, weshalb eine Besteuerung entfällt (privater Kapitalgewinn; Art. 16 Abs. 3 DBG).

Eine Quasifusion mit zeitnaher Absorption wird jedoch einer Fusion gleichgestellt. Barleistungen und Nennwerterhöhungen stellen in diesem Fall Vermögensertrag dar und unterliegen der Einkommenssteuer.

Eine Quasifusion stellt eine Transponierung dar, wenn die nach Artikel 20a Absatz 1 Buchstabe b DBG geltenden Voraussetzungen erfüllt sind. Liegt eine Transponierung vor, stellt der Erlös aus der Übertragung der Beteiligung, abzüglich des Nennwerts und der KER bzw. Ausland-KER der übertragenen Beteiligung steuerbaren Ertrag aus beweglichem Vermögen dar.

Bei einem Kauf – nicht aber bei einer Quasifusion – ist Folgendes zu beachten: Macht die übernehmende Gesellschaft ein Kaufangebot, ohne dass darin eine Verschmelzungsabsicht offengelegt wird, kann eine indirekte Teilliquidation im Sinne von Artikel 20a Absatz 1 Buchstabe a DBG oder eine indirekte Totalliquidation (Steuerumgehung; Art. 20 Abs. 1 Bst. c DBG) vorliegen.

Die zivilrechtliche Abwicklung ist für die steuerliche Würdigung nicht massgebend. Entscheidend sind die Ausgangslage und das Endresultat der Transaktion. Echte und unechte Fusionen haben deshalb die gleichen Steuerfolgen.

4.1.2.1.7 Gesellschaft

In den nachfolgenden Ausführungen wird vereinfacht meist nur noch der Begriff „Gesellschaft" verwendet. Die Ausführungen gelten jedoch sinngemäss auch für Genossenschaften, Vereine, Stiftungen und übrige juristische Personen.

4.1.2.2 Direkte Bundessteuer (Gewinnsteuer)

4.1.2.2.1 Grundsatz

Bei einer Fusion können die unversteuerten stillen Reserven steuerneutral auf die übernehmende Gesellschaft übertragen werden, soweit kumulativ:
- die Steuerpflicht in der Schweiz fortbesteht (Art. 61 Abs. 1 DBG);
- die bisher für die Gewinnsteuer massgeblichen Werte übernommen werden (Art. 61 Abs. 1 DBG).

Weitere Bedingungen für eine steuerneutrale Übertragung der unversteuerten stillen Reserven bei einem Unternehmenszusammenschluss sind im DBG nicht enthalten.

4.1.2.2.2 Fortbestand der Steuerpflicht in der Schweiz

Das Erfordernis des Fortbestandes der Steuerpflicht in der Schweiz bezieht sich auf die übernehmende Gesellschaft. Dieses Erfordernis kann auch bei der Absorption durch eine ausländische Gesellschaft (Art. 163b des Bundesgesetzes vom 18. Dezember 1987 über das Internationale Privatrecht [IPRG]; SR 291) erfüllt sein, soweit die übertragenen Aktiven und Passiven einer schweizerischen Betriebsstätte der übernehmenden ausländischen juristischen Person zuzurechnen sind (Wechsel von der unbeschränkten zur beschränkten Steuerpflicht; Art. 50-52 DBG). Vom Fortbestand der Steuerpflicht in der Schweiz kann jedoch nur dann ausgegangen werden, wenn bei der internationalen Steuerausscheidung sichergestellt ist, dass die übertragenen stillen Reserven weiterhin uneingeschränkt der Schweiz zugewiesen werden. Dies ist nach dem DBG durch die Anwendung der objektmässigen (direkten) Ausscheidungsmethode gewährleistet.

4.1.2.2.3 Rückwirkende Fusion

Bei einer Fusion endet die Steuerpflicht der übertragenden Gesellschaft grundsätzlich mit der Löschung im Handelsregister. Die Steuerpflicht einer aus einer Kombination hervorgehenden Gesellschaft beginnt grundsätzlich mit dem Eintrag ins Handelsregister.

Eine rückwirkende Fusion wird steuerlich nur dann anerkannt, wenn die Anmeldung zusammen mit dem Fusionsbeschluss innerhalb von sechs Monaten nach dem Stichtag der Übernahmebilanz beim Handelsregister eingetroffen ist und die Anmeldung ohne irgendwelche Weiterungen zum Eintrag geführt hat.

Wird die rückwirkende Fusion akzeptiert, beginnen die Steuerpflicht, die Steuerperiode und die Bemessungsperiode einer aus einer Kombination hervorgehenden Gesellschaft mit dem ver-

4.1.2 Zusammenschluss mit Verschmelzung (Fusion) im Allgemeinen

4.1.2.1 Tatbestände und Definitionen

4.1.2.1.1 Übertragung

Die Übertragung der Aktiven und Passiven kann zivilrechtlich auf folgende Weise erfolgen:
- Absorption (Art. 3 Abs. 1 Bst. a FusG; echte Fusion);
- Kombination (Art. 3 Abs. 1 Bst. b FusG; echte Fusion);
- Vermögensübertragung (Art. 69-77 FusG; unechte Fusion);
- Liquidation (unechte Fusion).

4.1.2.1.2 Absorption

Bei der Absorptionsfusion werden eine oder mehrere Gesellschaften aufgelöst, wobei deren Vermögen auf eine bestehende Gesellschaft übergehen.

4.1.2.1.3 Kombination

Bei der Kombinationsfusion werden zwei oder mehrere Gesellschaften aufgelöst, wobei deren Vermögen auf eine neu zu gründende Gesellschaft übergehen.

4.1.2.1.4 Vermögensübertragung

Im Handelsregister eingetragene Gesellschaften und im Handelsregister eingetragene Einzelunternehmen können ihr Vermögen oder Teile davon auf andere Rechtsträger des Privatrechts übertragen, wobei die Übertragung - wie bei der Spaltung und der echten Fusion - in einem Akt (uno actu) mit Aktiven und Passiven erfolgt; die Gesamtheit der im Übertragungsvertrag beschriebenen Vermögenswerte wird übertragen, ohne dass die für die Einzelübertragung dieser Werte geltenden Formvorschriften eingehalten werden müssen. Eine Fusion, bei der die Übertragung des Vermögens durch Vermögensübertragung erfolgt, bedingt eine anschliessende Liquidation der übertragenden Gesellschaft.

4.1.2.1.5 Tausch der Anteils- und Mitgliedschaftsrechte oder Abfindung

Die Anteilsinhaber der übertragenden Gesellschaft haben Anspruch auf Anteils- oder Mitgliedschaftsrechte an der übernehmenden Gesellschaft (Art. 7 FusG). Im Fusionsvertrag kann jedoch vorgesehen werden, dass die Anteilsinhaber zwischen Anteils- oder Mitgliedschaftsrechten und einer Abfindung wählen können (Barfusion; Art. 8 FusG).

4.1.2.1.6 Fusion im steuerlichen Sinn

Unter einer Fusion nach Artikel 61 Absatz 1 DBG versteht man einen Zusammenschluss mit Verschmelzung (echte und unechte Fusion), d.h. einen Zusammenschluss durch die Übertragung sämtlicher Aktiven und Passiven einer oder mehrerer anderen Gesellschaften auf eine andere Gesellschaft mit anschliessender oder gleichzeitiger Auflösung der übertragenden juristischen Person(en).

einbarten Übernahmestichtag. Entsprechend endet die Steuerpflicht der übertragenden Gesellschaft(en) in diesem Zeitpunkt. Andernfalls wird für die Festsetzung des steuerbaren Gewinnes auf den Handelsregistereintrag abgestellt. Dies bedingt die Erstellung eines Abschlusses auf diesen Zeitpunkt.

4.1.2.2.4 Vorjahresverluste

Die übernehmende Gesellschaft kann die bei der Berechnung des steuerbaren Reingewinnes noch nicht berücksichtigten Vorjahresverluste der übertragenden Gesellschaft nach Artikel 67 Absatz 1 DBG geltend machen (Übernahme der Vorjahresverluste). Eine Übernahme der Vorjahresverluste ist jedoch ausgeschlossen, wenn dynamisch betrachtet keine betriebswirtschaftlichen Gründe für eine Fusion gegeben sind (vgl. Urteil BGer 2C_351/2011 vom 4.1.2012, E. 4.2, Urteil BGer 2C_85/2012 vom 6.9.2012 und BGer 2C_701/2012 vom 24.11.2012) oder eine Steuerumgehung vorliegt (vgl. beispielsweise Urteil BGer 2C_731/2019 vom 12.5.2020). Eine Steuerumgehung liegt insbesondere dann vor, wenn die übertragende Gesellschaft wirtschaftlich liquidiert oder in liquide Form gebracht worden ist (Mantelhandel; Art. 5 Abs. 2 Bst. b StG).

4.1.2.2.5 Verwendung eigener Beteiligungsrechte

Verwendet die übernehmende Gesellschaft für die Abfindung der Anteilsinhaber der untergehenden Gesellschaft eigene Beteiligungsrechte, deren Rückkauf nicht zu einer Besteuerung geführt hat, fällt bei der übernehmenden Gesellschaft unabhängig von der handelsrechtlichen Verbuchung in der Höhe der Differenz zwischen dem Gewinnsteuerwert und dem Verkehrswert der eigenen Beteiligungsrechte ein steuerbarer Gewinn oder ein geschäftsmässig begründeter Aufwand an.

4.1.2.3 Direkte Bundessteuer (Einkommenssteuer: Einkünfte aus Beteiligungen im Privatvermögen)

4.1.2.3.1 Grundsatz

Bei einer Fusion erzielen beteiligte Privatpersonen in dem Umfang Vermögensertrag, als ihnen höherer Nennwert, Ausgleichszahlungen oder andere geldwerte Vorteile zu Lasten der übrigen Reserven (Kreisschreiben der ESTV Nr. 29b vom 23.12.2019, Ziff. 3.2) zufliessen.

4.1.2.3.2 Austausch der Beteiligungsrechte, Nennwerterhöhungen und Reserven aus Kapitaleinlagen (KER)

Die Übertragung der Anteile an der übernehmenden Gesellschaft an die Anteilsinhaber der übertragenden Gesellschaft ist steuerfrei. Steuerfolgen ergeben sich jedoch dann, wenn die Anteilsrechte der übernehmenden Gesellschaft einen höheren Nennwert aufweisen als die Anteile an der übertragenden Gesellschaft (Gratisnennwerterhöhungen; Art. 20 Abs. 1 Bst. c DBG). Dies gilt auch für Gratisnennwerterhöhungen von ausländischen Kapitalgesellschaften.

Nennwertgewinne und -verluste sowie Gewinne und Verluste von KER bzw. Ausland-KER können miteinander und gegenseitig verrechnet werden.

Für an einer schweizerischen Börse kotierte Kapitalgesellschaften oder Genossenschaften sind die besonderen Bestimmungen für Gratisaktien und Gratisnennwerterhöhungen zu beachten (Kreisschreiben der ESTV Nr. 29b vom 23.12.2019, Ziff. 5.1.5).

4.1.2.3.3 Ausgleichszahlungen und Abgeltungen für Sonderrechte

Ausgleichszahlungen, die bei einer Fusion ausgerichtet werden (Art. 7 Abs. 2 FusG), stellen steuerbaren Kapitalertrag aus Beteiligungen dar (Art. 20 Abs. 1 Bst. c DBG), soweit sie die übrigen Reserven vermindern. Sie sind steuerbar, ungeachtet ob sie von der übernehmenden oder von der übertragenden Gesellschaft stammen. Das Bundesgericht hat diese Auslegung mehrfach bestätigt (ASA 25, 242; ASA 59, 719).

Ausgleichszahlungen sind bei einer echten oder unechten Fusion nur insoweit steuerbar, als ihnen keine Nennwertverluste und Abnahmen von KER bzw. Ausland-KER gegenüberstehen (Verrechenbarkeit aufgrund des Herkunftsprinzips; **Beispiel Nr. 4 im Anhang**).

Werden die Ausgleichszahlungen von anderen Anteilsinhabern geleistet, liegt eine steuerfreie Teilveräusserung vor (Art. 16 Abs. 3 DBG).

Abgeltungen für Sonderrechte (Art. 7 Abs. 5 FusG) werden wie Ausgleichszahlungen behandelt.

4.1.2.3.4 Rückkauf von Genussscheinen

Der Rückkauf von Genussscheinen (Art. 7 Abs. 6 FusG) stellt eine direkte Teilliquidation dar (vgl. Kreisschreiben der ESTV Nr. 5 vom 19.8.1999, Ziff. 2.1).

4.1.2.3.5 Abfindungen

Optionale Abfindungen (Art. 8 Abs. 1 FusG) sind einem Liquidationserlös gleichzustellen. Soweit ein solcher den Nennwert sowie die steuerfrei rückzahlbaren KER der hingegebenen Anteile übersteigt, liegt ein steuerbarer Liquidationsüberschuss vor (Art. 20 Abs. 1 Bst. c i.V.m. Art. 20 Abs. 3 – 7 DBG).

4.1.2.3.6 Barfusionen

Eine Barfusion liegt vor, wenn gänzlich auf die Gewährung von Anteils- und Mitgliedschaftsrechten verzichtet und ausschliesslich eine Abfindung vorgesehen wird (Art. 8 Abs. 2 i.V.m. Art. 18 Abs. 5 FusG). Nach Artikel 18 Absatz 5 FusG braucht es dafür eine Zustimmung von mindestens 90 Prozent der stimmberechtigten Anteilsinhaberinnen und Anteilsinhaber der übertragenden Gesellschaft.

Barfusionen führen zu den gleichen Einkommenssteuerfolgen wie eine Liquidation der übertragenden Gesellschaft. Soweit die Abfindung den Nennwert sowie die steuerfrei rückzahlbaren KER der hingegebenen Aktien übersteigt, liegt ein steuerbarer Liquidationsüberschuss vor (Art. 20 Abs. 1 Bst. c i.V.m. Art. 20 Abs. 3 – 7 DBG).

4.1.2.3.7 Verwendung eigener Beteiligungsrechte

Verwendet die übernehmende Gesellschaft für den Austausch der Titel eigene Beteiligungsrechte, deren Rückkauf nicht zu einer Besteuerung geführt hat, wird der Verkehrswert dieser eigenen Aktien im Zeitpunkt der Fusion abzüglich deren Nennwert und KER bzw. Ausland-KER wie eine Barabfindung behandelt. Wenn nur ein Teil der ausgetauschten Beteiligungsrechte aus dem Eigenbestand der übernehmenden Gesellschaft stammt, wird der entsprechende Vermögensertrag proportional zum Nennwert der abgegebenen Beteiligungsrechte an der übernehmenden Gesellschaft aufgeteilt (**Beispiel Nr. 5 im Anhang**).

4.1.2.3.8 Squeeze-Out-Abfindungen

Nach Artikel 137 Absatz 1 des Bundesgesetzes vom 19. Juni 2015 über die Finanzmarktinfrastrukturen und das Marktverhalten im Effekten- und Derivatehandel (Finanzmarktinfrastrukturgesetz, FinfraG; SR 958.1) kann der Anbieter, der nach Ablauf der Angebotsfrist über mehr als 98 Prozent der Stimmrechte der Zielgesellschaft verfügt, innerhalb einer Frist von drei Monaten vom Gericht die Kraftloserklärung der restlichen Beteiligungspapiere verlangen (Squeeze-Out-Verfahren). Zu diesem Zweck muss der Anbieter Klage gegen die Gesellschaft erheben. Die restlichen Aktionäre, welche noch Aktien besitzen, können dem Verfahren beitreten. Die Gesellschaft gibt diese Beteiligungspapiere erneut aus und übergibt sie dem Anbieter gegen Entrichtung des Angebotspreises oder Erfüllung des Austauschangebotes zugunsten der Eigentümer der für kraftlos erklärten Beteiligungsrechte (Art. 137 Abs. 2 FinfraG).

Nach dem FusG erfolgt das Squeeze-Out-Verfahren nach den Bestimmungen über die Barfusion (Art. 8 Abs. 2 i.V.m. Art. 18 Abs. 5 FusG). Dabei genügt die Zustimmung von mindestens 90 Prozent der stimmberechtigten Anteilsinhaberinnen und Anteilsinhaber der übertragenden Gesellschaft (Art. 18 Abs. 5 FusG). Eine Neuausgabe der Aktien ist nach dem FusG nicht zwingend.

Bei einer Fusion sind Squeeze-Out-Abfindungen (Barleistungen) einem Liquidationserlös gleichzustellen, sofern die Barleistung aus der durch Fusion zu übernehmenden Gesellschaft stammt. Soweit ein solcher den Nennwert sowie die steuerfrei rückzahlbaren KER der hingegebenen Aktien übersteigt, liegt ein steuerbarer Liquidationsüberschuss vor (Art. 20 Abs. 1 Bst. c i.V.m. Art. 20 Abs. 3-7 DBG).

Soweit die Squeeze-Out-Abfindung indirekt von anderen Anteilsinhabern der übernehmenden Gesellschaft geleistet wird, liegt kein Liquidations-, sondern ein Veräusserungserlös vor (privater Kapitalgewinn nach Art. 16 Abs. 3 DBG).

4.1.2.3.9 Absorption einer inländischen Gesellschaft durch eine ausländische Gesellschaft

Nach Artikel 163b IPRG kann eine ausländische Gesellschaft eine schweizerische Gesellschaft übernehmen (Emigrationsfusion).

Für die direkte Bundessteuer (Einkommenssteuer) stellt ein solcher Vorgang grundsätzlich keine Realisation des Liquidationsüberschusses dar.

Erhalten die inländischen Anteilsinhaber der übertragenden Gesellschaft dagegen Gratisnennwerterhöhungen, Barleistungen oder diesen gleichzustellende Naturalleistungen, stellen diese geldwerten Vorteile steuerbare Erträge aus beweglichem Vermögen dar.

4.1.2.4 Verrechnungssteuer

4.1.2.4.1 Fusionen von inländischen Kapitalgesellschaften und Genossenschaften

Die bei einer Fusion den Inhabern der Beteiligungsrechte oder diesen nahestehenden Dritten zukommenden Ausgleichszahlungen, Gratisaktien, Gratisnennwerterhöhungen und sonstigen Erträge unterliegen nach Artikel 4 Absatz 1 Buchstabe b VStG der Verrechnungssteuer, sofern sie zu Lasten der übrigen Reserven einer inländischen Kapitalgesellschaft oder Genossenschaft erfolgen.

Artikel 5 Absatz 1 Buchstabe a VStG regelt im Sinne einer Ausnahme, dass Reserven und Gewinne einer Kapitalgesellschaft oder Genossenschaft, die bei einer Umstrukturierung nach Artikel 61 DBG in die Reserven einer aufnehmenden oder umgewandelten inländischen Kapitalgesellschaft oder Genossenschaft übergehen, von der Verrechnungssteuer ausgenommen sind. Dabei wird vorausgesetzt, dass das übertragene Verrechnungssteuersubstrat erhalten bleibt.

Nennwertgewinne und -verluste sowie Gewinne und Verluste von KER bzw. Ausland-KER können miteinander und gegenseitig verrechnet werden.

Für an einer schweizerischen Börse kotierte Kapitalgesellschaften oder Genossenschaften sind die besonderen Bestimmungen für Gratisaktien und Gratisnennwerterhöhungen zu beachten (Kreisschreiben der ESTV Nr. 29b vom 23.12.2019, Ziff. 5.1.5).

Die Ausführungen zur direkten Bundessteuer (Einkünfte aus beweglichem Privatvermögen) gelten auch für die Verrechnungssteuer, sofern es sich um die Übernahme der Aktiven und Passiven einer inländischen Kapitalgesellschaft oder Genossenschaft im Rahmen einer Fusion handelt.

Nicht anwendbar sind dagegen die gesetzlichen Bestimmungen der direkten Bundessteuer zur Transponierung und zur indirekten Teilliquidation sowie die Praxis zur Totalliquidation. Solche Tatbestände sind bei einer Veräusserung einer Beteiligung an einer ausländisch beherrschten inländischen Gesellschaft jedoch unter dem Aspekt der Steuerumgehung zu prüfen (Art. 21 Abs. 2 VStG).

4.1.2.4.2 Fusionen mit einer ausländischen Gesellschaft

Immigrationsfusionen
Gemäss Artikel 163a IPRG kann eine schweizerische Gesellschaft eine ausländische Gesellschaft übernehmen. Eine solche Fusion ist der Verlegung des Sitzes in die Schweiz gleichgestellt und unterliegt nicht der Verrechnungssteuer.

Das Fusionsagio stellt dabei nur in dem Umfang Grund- oder Stammkapital oder KER bzw. Ausland-KER dar, als es aus liberiertem Grund- oder Stammkapital oder KER bzw. Ausland-KER der übernommenen Gesellschaft stammt (Kreisschreiben der ESTV Nr. 29b vom 23.12.2019, Ziff. 8).

Emigrationsfusionen
Gemäss Artikel 163b IPRG kann eine ausländische Gesellschaft eine schweizerische Gesellschaft übernehmen. Eine solche Fusion ist der Verlegung des Sitzes ins Ausland und damit einer Liquidation gleichzustellen (Art. 4 Abs. 2 VStG). Auf dem Liquidationserlös ist die Verrechnungssteuer geschuldet. Leistungsempfänger und somit rückerstattungsberechtigt sind die Anteilsinhaber bzw. Genossenschafter der absorbierten schweizerischen Kapitalgesellschaft oder Genossenschaft.

Sofern das Meldeverfahren keine Anwendung findet (Art. 24 Abs. 1 Bst. d der Verordnung vom 19. Dezember 1966 über die Verrechnungssteuer [Verrechnungssteuerverordnung, VStV; SR 642.211]), haben die inländischen Anteilsinhaber oder Genossenschafter den Liquidationsüberschuss im Wertschriftenverzeichnis in der Kolonne „Erträge mit Verrechnungssteuer" zu deklarieren, um die Rückerstattung geltend zu machen.

Die Rückerstattung der Verrechnungssteuer an ausländische Anteilsinhaber richtet sich nach den Regelungen in den entsprechenden Doppelbesteuerungsabkommen.

4.1.2.5 Emissionsabgabe

Beteiligungsrechte, die in Durchführung von Beschlüssen über Fusionen begründet oder erhöht werden, sind von der Emissionsabgabe ausgenommen (Art. 6 Abs. 1 Bst. a^{bis} StG).

Nicht abgabebefreit sind (vorbehältlich Art. 6 Abs. 1 Bst. d StG):

a) Eine Kapitalerhöhung der übernehmenden Gesellschaft, die das nominelle Kapital der übertragenden Gesellschaft übersteigt, sofern die Merkmale der Abgabeumgehung erfüllt sind.
b) Eine zusätzliche Kapitalerhöhung der übernehmenden Gesellschaft.
c) Eine Kapitalerhöhung der übertragenden Gesellschaft im Hinblick auf eine Fusion.

Verwendet die übernehmende Gesellschaft für den Austausch der Titel eigene Beteiligungsrechte, deren Rückkauf bereits steuerlich abgerechnet worden ist, löst dies keine Emissionsabgabe aus, weil das förmliche Kapital durch den Rückkauf und die anschliessende Wiederausgabe nicht berührt ist (Kreisschreiben der ESTV Nr. 5 vom 19.8.1999, Ziff. 6).

4.1.2.6 Umsatzabgabe

Die mit einer Fusion verbundene Übertragung steuerbarer Urkunden ist von der Umsatzabgabe ausgenommen (Art. 14 Abs. 1 Bst. i StG i.V.m. Art. 61 DBG). Darunter fallen auch steuerbare Urkunden, welche zusammen mit anteiligen Verbindlichkeiten gegenüber Dritten übertragen werden.

4.1.3 Echte und unechte Fusion unabhängiger Gesellschaften (Parallelgesellschaften)

4.1.3.1 Tatbestand

Bei der Fusion unabhängiger Gesellschaften übernimmt eine Gesellschaft die Aktiven und Passiven einer anderen Gesellschaft, an der andere Personen beteiligt sind.

Übersichten[10]

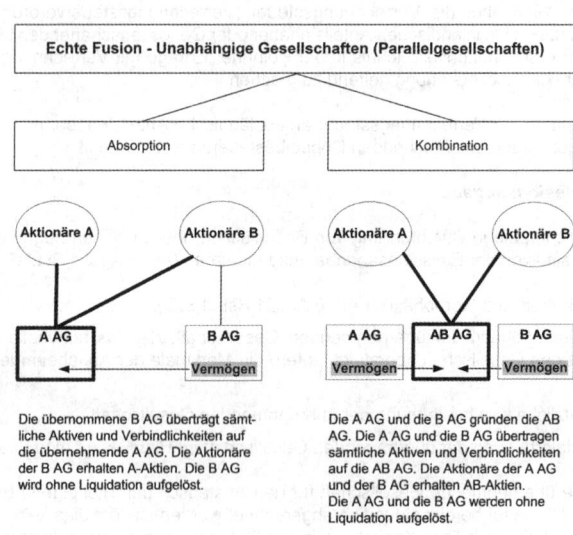

Die übernommene B AG überträgt sämtliche Aktiven und Verbindlichkeiten auf die übernehmende A AG. Die Aktionäre der B AG erhalten A-Aktien. Die B AG wird ohne Liquidation aufgelöst.

Die A AG und die B AG gründen die AB AG. Die A AG und die B AG übertragen sämtliche Aktiven und Verbindlichkeiten auf die AB AG. Die Aktionäre der A AG und der B AG erhalten AB-Aktien. Die A AG und die B AG werden ohne Liquidation aufgelöst.

---

[10] REICH, a.a.O., S. 184 und 187

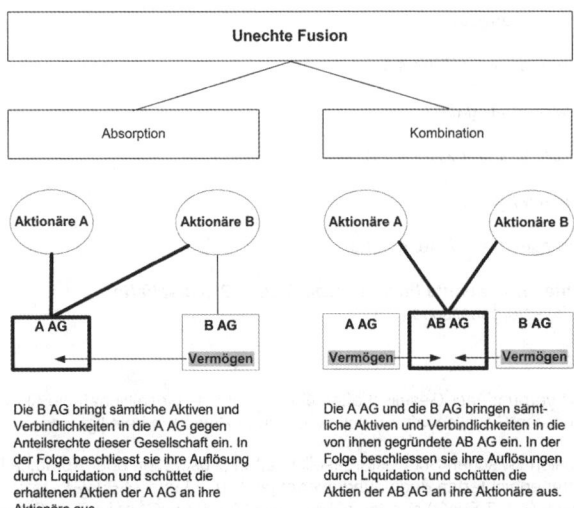

Die B AG bringt sämtliche Aktiven und Verbindlichkeiten in die A AG gegen Anteilsrechte dieser Gesellschaft ein. In der Folge beschliesst sie ihre Auflösung durch Liquidation und schüttet die erhaltenen Aktien der A AG an ihre Aktionäre aus.

Die A AG und die B AG bringen sämtliche Aktiven und Verbindlichkeiten in die von ihnen gegründete AB AG ein. In der Folge beschliessen sie ihre Auflösungen durch Liquidation und schütten die Aktien der AB AG an ihre Aktionäre aus.

4.1.3.2 Direkte Bundessteuer (Gewinnsteuer)

4.1.3.2.1 Grundsatz

Siehe Ausführungen unter Ziffer 4.1.2.2.

Es ist jedoch folgende Besonderheit zu beachten:

4.1.3.2.2 Fusionsagio und -disagio

Entsteht durch die Übernahme der Aktiven und Passiven der übertragenden Gesellschaft, an der die übernehmende Gesellschaft bisher nicht beteiligt war, ein Buchgewinn (Differenz Aktivenüberschuss zum tieferen Nennwert der neu ausgegebenen Beteiligungsrechte) liegt eine erfolgsneutrale Kapitaleinlage vor (Fusionsagio; Aufgeld; Art. 60 Bst. a DBG). Ein Buchverlust (Fusionsdisagio) ist ebenfalls gewinnsteuerneutral (Übertragung unversteuerter stiller Reserven auf die übernehmende Gesellschaft).

4.1.3.3 Direkte Bundessteuer (Einkommenssteuer: Einkünfte aus Beteiligungen im Privatvermögen)

Siehe Ausführungen unter Ziffer 4.1.2.3.

4.1.3.4 Verrechnungssteuer

Siehe Ausführungen unter Ziffer 4.1.2.4.

4.1.3.5 Emissionsabgabe

Siehe Ausführungen unter Ziffer 4.1.2.5.

4.1.3.6 Umsatzabgabe

Siehe Ausführungen unter Ziffer 4.1.2.6.

4.1.4 Echte und unechte Fusion verbundener Gesellschaften (Schwestergesellschaften)

4.1.4.1 Tatbestand

Bei der Fusion verbundener Gesellschaften übernimmt eine Gesellschaft die Aktiven und Passiven einer anderen Gesellschaft, an der die gleichen Personen beteiligt sind.

Eine echte Fusion zwischen Schwestergesellschaften (Absorption oder Kombination) kann zivilrechtlich unter erleichterten Bedingungen erfolgen (Art. 23 und 24 FusG). Dazu kommt, dass ein Aktientausch (Art. 7 FusG) oder eine Abfindung (Art. 8 FusG) bei reinen Schwestergesellschaften (100-%ige Identität der Anteilsinhaber) nicht erforderlich ist.

Übersicht zur echten Fusion verbundener Gesellschaften (Schwestergesellschaften)[11]

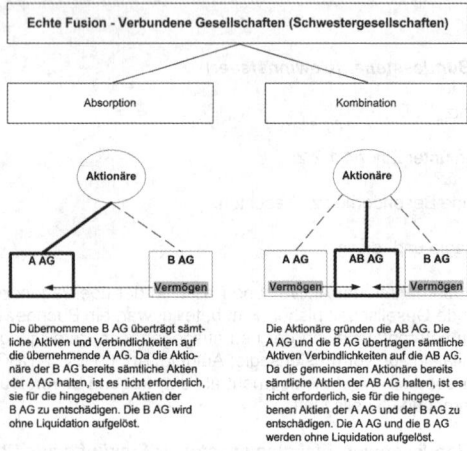

---

[11] REICH, a.a.O., S. 185

4.1.4.2 Direkte Bundessteuer (Gewinnsteuer)

Siehe Ausführungen unter Ziffer 4.1.2.2.

4.1.4.3 Direkte Bundessteuer (Einkommenssteuer: Einkünfte aus Beteiligungen im Privatvermögen)

4.1.4.3.1 Grundsatz

Siehe Ausführungen unter Ziffer 4.1.2.3.

Es ist jedoch folgende Besonderheit zu beachten:

4.1.4.3.2 Fusionen mit Gesellschaften mit echter Unterbilanz

Übernimmt eine Gesellschaft mit echter Unterbilanz durch Absorption die Aktiven und Passiven einer von den gleichen Anteilsinhabern (Privatpersonen) beherrschten Gesellschaft mit Reserven und Gewinnvortrag, erlangen die Anteilsinhaber durch diese Sanierung einen geldwerten Vorteil gemäss Artikel 20 Absatz 1 Buchstabe c oder Artikel 20 Absatz 1 Buchstabe c i.V.m. Artikel 20 Absatz 1bis DBG, wenn und soweit durch die Fusion übrige Reserven untergehen (Anwendung der reinen Dreieckstheorie). Gleiches gilt auch im umgekehrten Fall. Eine solche Fusion einer Gesellschaft mit echter Unterbilanz mit einer anderen Gesellschaft zulasten von deren übrigen Reserven lässt sich nur damit erklären, dass beide Gesellschaften in gleichem Masse von denselben Anteilsinhabern beherrscht waren, die durch die dadurch bewirkte Sanierung auch in gleichem Ausmass begünstigt wurden. Mit einer solchen Fusion geht auch eine Reduktion der latenten Ausschüttungssteuerlast auf Gewinnen und Reserven einher (ASA 70, 289 = StE 2001, B 24.4 Nr. 57). Bei Fusionen mit einer Schwestergesellschaft mit echter Unterbilanz kann die sog. modifizierte Dreieckstheorie (vorläufiger Verzicht auf eine Besteuerung bei den Anteilsinhabern) deshalb keine Anwendung finden.

Gleiches gilt auch bei Vorteilszuwendungen an eine Schwestergesellschaft mit echter Unterbilanz.

4.1.4.4 Verrechnungssteuer

4.1.4.4.1 Grundsatz

Siehe Ausführungen unter Ziffer 4.1.2.4.

Es ist jedoch folgende Besonderheit zu beachten:

4.1.4.4.2 Fusionen mit Kapitalgesellschaften und Genossenschaften mit echter Unterbilanz

Übernimmt eine Kapitalgesellschaft oder Genossenschaft mit echter Unterbilanz eine über Reserven verfügende Kapitalgesellschaft oder Genossenschaft oder umgekehrt, erlangen die Anteilsinhaber eine geldwerte Leistung im Umfang der untergehenden übrigen Reserven.

4.1.4.5 Emissionsabgabe

Siehe Ausführungen unter Ziffer 4.1.2.5.

4.1.4.6 Umsatzabgabe

Siehe Ausführungen unter Ziffer 4.1.2.6.

4.1.5 Absorption einer Tochtergesellschaft *(Tochterabsorption; „Up-Stream Merger")*

4.1.5.1 Tatbestand

Bei der Tochterabsorption übernimmt eine bestehende Gesellschaft sämtliche Aktiven und Passiven einer anderen Gesellschaft an der die übernehmende Gesellschaft bisher beteiligt war. Die Tochtergesellschaft wird aufgelöst. Ein Aktientausch (Art. 7 FusG) oder eine Abfindung (Art. 8 FusG) entfällt und die Absorption kann zivilrechtlich unter erleichterten Bedingungen erfolgen (Art. 23 und 24 FusG).

Übersicht[12]

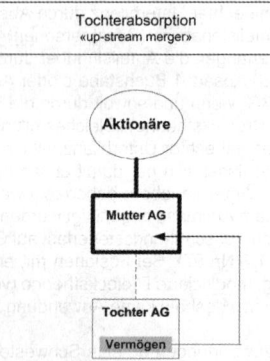

Die übernommene Tochter AG überträgt sämtliche Aktiven und Verbindlichkeiten auf die übernehmende Mutter AG. Da die Mutter AG bereits sämtliche Aktien der Tocher AG hält, erübrigt sich eine Entschädigung. Im Beteiligungskonto ist die Beteiligung an der Tochter AG auszubuchen. An deren Stelle tritt der übernommene Aktivenüberschuss. Allfällige Differenzen stellen Übernahmegewinne oder -verluste dar.

---

[12] REICH, a.a.O., S. 186

4.1.5.2 Direkte Bundessteuer (Gewinnsteuer)

4.1.5.2.1 Grundsatz

Siehe Ausführungen unter Ziffer 4.1.2.2.

Es ist jedoch zusätzlich Folgendes zu beachten:

4.1.5.2.2 Fusionsgewinne und -verluste

Entsteht durch die Übernahme der Aktiven und Passiven der übertragenden Gesellschaft ein Buchgewinn (Differenz anteiliger Aktivenüberschuss zum tieferen Buchwert der Beteiligung an der übertragenden Gesellschaft), so ist dieser Bestandteil des steuerbaren Reingewinns (Art. 61 Abs. 5 DBG), wobei der Beteiligungsabzug gewährt wird (Kreisschreiben der ESTV Nr. 27 vom 17.12.2009, Ziff. 2.4.1). In der aufnehmenden Gesellschaft ist dieser Gewinn aus Fusion den übrigen Reserven zuzurechnen.

Entsteht durch die Fusion ein Buchverlust (Differenz zwischen dem Aktivenüberschuss zu Buchwerten der übernommenen Gesellschaft und dem höheren Buchwert der untergegangenen Beteiligungsrechte), so kann dieser steuerlich nicht abgezogen werden (Art. 61 Abs. 5 DBG). Dies gilt nur für unechte Fusionsverluste, d.h. wenn die stillen Reserven und der Goodwill der übernommenen Gesellschaft den Buchverlust kompensieren. Echte Fusionsverluste dagegen haben ihre Ursache in einer Überbewertung der Anteile an der Tochtergesellschaft und können deshalb steuerlich geltend gemacht werden.

4.1.5.2.3 Aktivierung eines unechten Fusionsverlustes als Goodwill

Ein unechter Fusionsverlust kann handelsrechtlich als Goodwill aktiviert werden (vgl. Schweizer Handbuch der Wirtschaftsprüfung [HWP], Band Buchführung und Rechnungslegung, Ausgabe 2014, S. 309). Diese Aktivierung erfolgt steuerneutral. Der Gewinnsteuerwert des Goodwills beträgt „Null" (Negativreserve im Umfang des Goodwills). Bei der Festsetzung des steuerbaren Reingewinnes werden die Abschreibungen auf dem Goodwill zum ausgewiesenen Reingewinn hinzugerechnet.

4.1.5.2.4 Echter Fusionsverlust oder Wertberichtigung auf der untergehenden Beteiligung und Übernahme von Verlustvorträgen der absorbierten Tochtergesellschaft

Die übernehmende Gesellschaft kann die bei der Berechnung des steuerbaren Reingewinns noch nicht berücksichtigten Vorjahresverluste der übertragenden Tochtergesellschaft nach Artikel 67 Absatz 1 DBG grundsätzlich geltend machen.

Die noch nicht verrechneten Vorjahresverluste gehen mit dem Betrieb, auf welchen sie zurückzuführen sind, mit. Deshalb ist eine Übernahme der Vorjahresverluste auch dann möglich, wenn die Beteiligungsrechte an der übertragenden Tochtergesellschaft vorgängig wertberichtigt werden mussten, oder wenn ein echter Fusionsverlust anfällt.

Eine Übernahme der Vorjahresverluste der absorbierten Tochtergesellschaft ist jedoch ausgeschlossen, wenn:

- sich die absorbierte Gesellschaft in einem liquidationsreifen Zustand befindet (im Sinne einer fehlenden wirtschaftlichen Kontinuität), oder
- dynamisch betrachtet keine betriebswirtschaftlichen Gründe für eine Fusion vorliegen (vgl. Ziff. 4.1.2.2.4).

4.1.5.2.5 Wertberichtigungen und Abschreibungen auf Beteiligungen an der absorbierten Gesellschaft

Wertberichtigungen sowie Abschreibungen (nach altem Rechnungslegungsrecht) auf Beteiligungen von mindestens 10 Prozent werden dem steuerbaren Gewinn zugerechnet, soweit sie nicht mehr begründet sind (Art. 62 Abs. 4 DBG). Dies trifft zu, soweit eine nachhaltige Werterholung der Beteiligung eingetreten ist. Durch die Absorption gehen die Beteiligungsrechte an der Tochtergesellschaft unter. Bei der Veranlagung zur letzten Steuerperiode vor der Fusion ist deshalb zu prüfen, inwieweit allfällige Wertberichtigungen oder Abschreibungen auf der Beteiligung an der übertragenden Tochtergesellschaft noch geschäftsmässig begründet sind (Kreisschreiben der ESTV Nr. 27 vom 17.12.2009, Ziff. 2.5.2).

4.1.5.3 *Verrechnungssteuer*

4.1.5.3.1 Grundsatz

Siehe Ausführungen unter Ziffer 4.1.2.4.

4.1.5.3.2 Verrechnungssteuerlicher Fusionsverlust

Resultiert bei der Absorption der Tochtergesellschaft durch die Muttergesellschaft ein verrechnungssteuerlicher Fusionsverlust (Buchwert der Beteiligung Tochtergesellschaft abzüglich Grund- oder Stammkapital und KER, bzw. Ausland-KER Tochtergesellschaft), unterliegt dieser gemäss Artikel 5 Absatz 1 Buchstabe a VStG e contrario der Verrechnungssteuer.

4.1.5.4 *Emissionsabgabe*

Eine allfällige – der Verrechnungssteuer unterliegende – Kapitalerhöhung der Muttergesellschaft bis zur Höhe des Kapitals der übertragenden Tochtergesellschaft ist nach Artikel 6 Absatz 1 Buchstabe a^{bis} StG von der Emissionsabgabe ausgenommen.

4.1.5.5 *Umsatzabgabe*

Siehe Ausführungen unter Ziffer 4.1.2.6.

4.1.5.6 *Nicht betroffene Steuer*

- Direkte Bundessteuer (Einkommenssteuer: Einkünfte aus Beteiligungen im Privatvermögen).

4.1.6 Absorption der Muttergesellschaft (Mutterabsorption; „Down-Stream Merger" oder „Reverse Merger")

4.1.6.1 Tatbestand

Bei der Mutterabsorption übernimmt die Tochtergesellschaft sämtliche Aktiven und Passiven der Muttergesellschaft. Die Tochtergesellschaft gelangt dadurch in den Besitz ihrer eigenen Beteiligungsrechte, die sie an die Aktionäre der Muttergesellschaft weiterleitet. Mit der Fusion wird die Muttergesellschaft aufgelöst und im Handelsregister gelöscht (Art. 3 Abs. 2 FusG).

Übersicht[13]

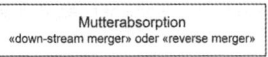

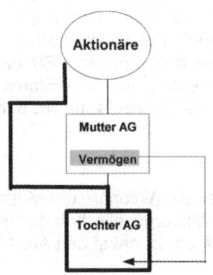

Die Mutter AG überträgt sämtliche Aktiven und Verbindlichkeiten auf die Tochter AG, welche auf diese Weise in den Besitz aller eigenen Aktien kommt. Die Tochter AG tauscht die eigenen Aktien gegen die Aktien der Mutter AG, welche nach deren Auflösung vernichtet werden.

4.1.6.2 Direkte Bundessteuer (Gewinnsteuer)

Siehe Ausführungen unter den Ziffern 4.1.2.2 und 4.1.3.2.

Bei einer Mutterabsorption werden sämtliche Aktiven und Passiven der Muttergesellschaft auf die Tochtergesellschaft übertragen. Eine Mutterabsorption stellt für die Gewinnsteuer grundsätzlich eine Kapitaleinlage der Anteilseigner der Muttergesellschaft in die übernehmende Tochtergesellschaft dar (Art. 60 Bst. a DBG). Die Differenz zwischen den übertragenen Aktiven (ohne die Beteiligungsrechte an der Tochtergesellschaft) und Passiven stellt ein steuerneutrales Fusionsagio oder -disagio dar (**Beispiel Nr. 6 im Anhang**).

---

[13] REICH, a.a.O., S. 186

4.1.6.3 Direkte Bundessteuer (Einkommenssteuer: Einkünfte aus Beteiligungen im Privatvermögen)

Bei einer Mutterabsorption erhalten die Aktionäre der Muttergesellschaft anstelle der untergehenden Beteiligungsrechte an der Muttergesellschaft die Beteiligungsrechte an der Tochtergesellschaft. Für die Einkommenssteuer sind deshalb die unter Ziffer 4.1.2.3 festgehaltenen Ausführungen zu beachten. Dabei erzielen beteiligte Privatpersonen in dem Umfang Vermögensertrag, als ihnen höherer Nennwert, Ausgleichszahlungen oder andere geldwerte Vorteile zufliessen. Verfügt die übernehmende Tochtergesellschaft über höhere KER bzw. Ausland-KER, werden diese nach der Absorption der Muttergesellschaft auf die Höhe der bei der Muttergesellschaft vorhandenen KER bzw. Ausland-KER reduziert. Nennwertgewinne und der Zuwachs an KER bzw. Ausland-KER können mit entsprechenden Verlusten bzw. Abnahmen verrechnet werden.

Ein allfälliges Fusionsagio stellt nur in dem Umfang eine ausweisbare KER bzw. Ausland-KER dar, soweit es dem liberierten Grund- oder Stammkapital und den bestehenden KER bzw. Ausland-KER der übernommenen Muttergesellschaft entspricht, und soweit das liberierte Grund- oder Stammkapital und die bestehenden KER bzw. Ausland-KER der Muttergesellschaft das bereits bestehende liberierte Grund- oder Stammkapital und die KER bzw. Ausland-KER der Tochtergesellschaft übersteigen (**Beispiel Nr. 6 im Anhang**).

4.1.6.4 Verrechnungssteuer

Bei einer Mutterabsorption erhalten die Aktionäre der Muttergesellschaft anstelle der untergehenden Beteiligungsrechte an der Muttergesellschaft die Beteiligungsrechte an der Tochtergesellschaft. Für die Verrechnungssteuer ist nebst den Ausführungen gemäss Ziffer 4.1.2.4 Folgendes zu beachten:

- Die bei einer Absorption der Muttergesellschaft den Inhabern der Beteiligungsrechte zukommenden höheren Nennwerte, Ausgleichszahlungen oder andere geldwerte Vorteile unterliegen nach Artikel 4 Absatz 1 Buchstabe b VStG grundsätzlich der Verrechnungssteuer. Verfügt die übernehmende Tochtergesellschaft über höhere KER bzw. Ausland-KER, werden diese nach der Absorption der Muttergesellschaft auf die Höhe der bei der Muttergesellschaft vorhandenen KER bzw. Ausland-KER reduziert. Nennwertgewinne und der Zuwachs an KER bzw. Ausland-KER können mit entsprechenden Verlusten bzw. Abnahmen verrechnet werden.

- Ein allfälliges Fusionsagio stellt nur in dem Umfang eine ausweisbare KER bzw. Ausland-KER dar, soweit es dem liberierten Grund- oder Stammkapital und den bestehenden KER bzw. Ausland-KER der übernommenen Muttergesellschaft entspricht, und soweit das liberierte Grund- oder Stammkapital und die bestehenden KER bzw. Ausland-KER der Muttergesellschaft das bereits bestehende liberierte Grund- oder Stammkapital und die KER bzw. Ausland-KER der Tochtergesellschaft übersteigen (**Beispiel Nr. 6 im Anhang**).

- Ein allfälliges Fusionsdisagio unterliegt bei der übernehmenden Tochtergesellschaft der Verrechnungssteuer.

4.1.6.5 *Emissionsabgabe*

Eine Kapitalerhöhung der Tochtergesellschaft bis zur Höhe des Kapitals der übertragenden Muttergesellschaft ist nach Artikel 6 Absatz 1 Buchstabe a^{bis} StG von der Emissionsabgabe ausgenommen, wobei zu beachten ist, dass allfällige Nennwertgewinne der Verrechnungssteuer unterliegen.

4.1.6.6 *Umsatzabgabe*

Siehe Ausführungen unter Ziffer 4.1.2.6.

4.1.7 Zusammenschluss ohne Verschmelzung; fusionsähnlicher Zusammenschluss; Quasifusion

4.1.7.1 Tatbestand

Bei der Quasifusion erfolgt keine rechtliche Verschmelzung zweier oder mehrerer Gesellschaften, sondern lediglich eine enge wirtschaftliche und beteiligungsrechtliche Verflechtung der zusammengeschlossenen Gesellschaften.

Die Quasifusion ist im Zivilrecht nicht geregelt.

Eine Quasifusion liegt für alle in diesem Kreisschreiben behandelten Steuern dann vor, wenn die übernehmende Gesellschaft nach der Übernahme mindestens 50 Prozent der Stimmrechte an der übernommenen Gesellschaft hält und den Anteilsinhabern an der übernommenen Gesellschaft höchstens 50 Prozent des effektiven Wertes der übernommenen Beteiligungsrechte gutgeschrieben oder ausbezahlt wird. Eine Quasifusion bedingt zudem eine Kapitalerhöhung der übernehmenden Gesellschaft (Urteil BGer 2C_976/2014 vom 10.6.2015).

Eine Quasifusion kann den wirtschaftlichen Effekt einer Absorption oder einer Kombination haben.

Übersicht[14]

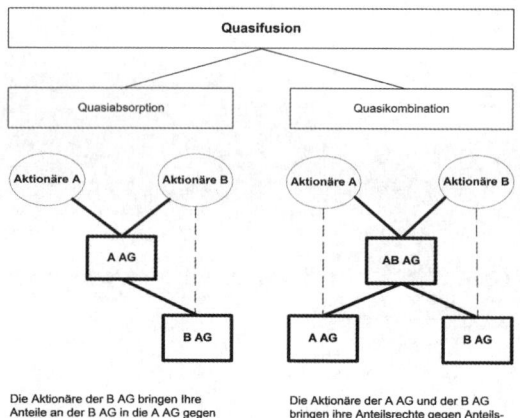

Die Aktionäre der B AG bringen ihre Anteile an der B AG in die A AG gegen Anteilsrechte der A AG ein, welche danach die B AG beherrscht.

Die Aktionäre der A AG und der B AG bringen ihre Anteilsrechte gegen Anteilsrechte der AB AG in diese Gesellschaft ein.

---

[14] REICH, a.a.O., S. 188

4.1.7.2 Direkte Bundessteuer (Gewinnsteuer)

4.1.7.2.1 Grundsatz

Bei einer Quasifusion findet keine rechtliche Verschmelzung statt. Für die übernehmende und die übernommene Gesellschaft ist eine Quasifusion grundsätzlich steuerneutral. Hingegen können sich für Kapitalgesellschaften oder Genossenschaften, die im Rahmen einer Quasifusion Beteiligungsrechte an der übernommenen Gesellschaft übertragen, Gewinnsteuerfolgen (Aufwertungen) ergeben (vgl. Ziff. 4.6).

4.1.7.2.2 Verwendung eigener Beteiligungsrechte

Verwendet die übernehmende Gesellschaft für den Austausch der Titel eigene Beteiligungsrechte, deren Rückkauf nicht zu einer Besteuerung geführt hat, fällt bei der übernehmenden Gesellschaft unabhängig von der handelsrechtlichen Verbuchung in der Höhe der Differenz zwischen dem Gewinnsteuerwert und dem Verkehrswert der eigenen Beteiligungsrechte ein steuerbarer Gewinn oder ein geschäftsmässig begründeter Aufwand an.

4.1.7.3 Direkte Bundessteuer (Einkommenssteuer: Einkünfte aus Beteiligungen im Privatvermögen)

4.1.7.3.1 Grundsatz

Bei einer Quasifusion bleibt das Ausschüttungssubstrat bei der übernommenen Gesellschaft erhalten, da sie nicht aufgelöst wird. Nennwerterhöhungen und Ausgleichszahlungen stellen in diesem Fall für den Aktionär Veräusserungserlös dar, weshalb eine Besteuerung entfällt. Die Regelung der Transponierung (Art. 20a Abs. 1 Bst. b DBG) ist aber zu beachten (Kreisschreiben der ESTV Nr. 29b vom 23.12.2019, Ziff. 6.2.5).

4.1.7.3.2 Quasifusion mit zeitnaher Absorption

Das Bundesgericht hat am 9. November 2001 entschieden, dass unabhängig vom Vorliegen einer Steuerumgehung, einer Transponierung oder einer indirekten Teilliquidation ein im Rahmen einer Quasifusion mit anschliessender Absorption erzielter privater Nennwertzuwachs zum steuerbaren Vermögensertrag werden kann (**Beispiel Nr. 7 im Anhang**). Dies trifft dann zu, wenn die beiden Umstrukturierungsphasen es ermöglichen, wirtschaftlich das gleiche Ergebnis zu erzielen wie bei einer Fusion mit rechtlichem Zusammenschluss, unter Verschmelzung der Vermögensmassen der beteiligten Gesellschaften. Wenn die beiden Phasen sich in kurzem Zeitabstand folgen, so liegt es je nachdem nahe, dass der fusionsähnliche Zusammenschluss lediglich die Vorstufe der rechtlichen Verschmelzung darstellt, nur im Hinblick auf sie erfolgt und daher nur unter Einbezug der nachfolgenden Absorption beurteilt werden kann. In einem solchen Fall sind die gleichen Besteuerungsgrundsätze anzuwenden wie bei einer Fusion (ASA 72, 413 = StE 2002, B 24.4 Nr. 66). Diese Auslegung des Bundesgerichts gilt auch für Ausgleichszahlungen.

Eine zeitnahe Absorption, Liquidation und dieser gleichkommende Vorgänge führen bei den an der übernommenen Gesellschaft beteiligten Privatpersonen zu den gleichen Steuerfolgen wie eine direkte Absorption. Zeitnah ist eine Absorption dann, wenn die Absorption innert fünf Jahren nach dem Übernahmeangebot erfolgt.

4.1.7.4 Verrechnungssteuer

Die Ausführungen zur direkten Bundessteuer (Einkünfte aus beweglichem Privatvermögen, mit Ausnahme der Regelung der Transponierung) gelten auch für die Verrechnungssteuer, sofern es sich um die Übernahme einer Kapitalgesellschaft oder Genossenschaft durch Quasifusion handelt.

4.1.7.5 Emissionsabgabe

Beteiligungsrechte, die in Durchführung von Beschlüssen über Fusionen oder diesen wirtschaftlich gleichkommenden Zusammenschlüssen (Quasifusionen) begründet oder erhöht werden, sind von der Emissionsabgabe ausgenommen (Art. 6 Abs. 1 Bst. a^{bis} StG).

Nicht abgabebefreit ist eine Kapitalerhöhung der übernehmenden Gesellschaft, die das nominelle Kapital der übernommenen Gesellschaft übersteigt, sofern die Merkmale der Abgabeumgehung erfüllt sind.

Werden ausländische Beteiligungen mit geringem nominellem Kapital und hohem Agio von im Ausland wohnhaften natürlichen Personen oder von in- oder ausländischen Aktiengesellschaften, Gesellschaften mit beschränkter Haftung oder Genossenschaften eingebracht, ist eine Kapitalerhöhung im Umfang von in der Regel 30 Prozent des Verkehrswertes der übertragenen Beteiligung(en) zulässig.

Bei einer zeitnahen Veräusserung der übernommenen Beteiligung(en) durch die übernehmende Gesellschaft – unabhängig davon, ob diese Veräusserung als Umstrukturierung im Sinne von Artikel 6 Absatz 1 Buchstabe a^{bis} StG qualifiziert – ist der Sachverhalt auf eine mögliche Abgabeumgehung hin zu überprüfen.

4.1.7.6 Umsatzabgabe

Die mit einer Quasifusion verbundene Übertragung steuerbarer Urkunden ist von der Umsatzabgabe ausgenommen (Art. 14 Abs. 1 Bst. i StG). Dabei erfolgt die Beurteilung für die übernehmende Gesellschaft basierend auf einer Gesamtbetrachtung.

4.2 *Umwandlung*

4.2.1 *Umwandlung einer juristischen Person in eine andere juristische Person im Allgemeinen*

4.2.1.1 *Tatbestände*

Eine juristische Person kann ihre Rechtsform nach dem FusG direkt in eine andere Rechtsform einer juristischen Person ändern (Art. 53 FusG). Dieser Rechtsformwechsel (direkte Umwandlung) ist jedoch nicht für alle Rechtsformen möglich (Art. 54 FusG). Für Umwandlungen, die nicht direkt möglich sind oder aus anderen Gründen nicht als Rechtsformwechsel ausgestaltet werden, bestehen unter anderem folgende zivilrechtliche Gestaltungsmöglichkeiten:

- Vermögensübertragung (Art. 69-77 FusG);
- Liquidation und Sacheinlagegründung.

Das zivilrechtliche Vorgehen ist für die steuerliche Würdigung - wie bei allen Umstrukturierungstatbeständen - nicht massgebend.

4.2.1.2 *Direkte Bundessteuer (Gewinnsteuer)*

4.2.1.2.1 Grundsatz

Die Umwandlung einer juristischen Person in eine andere juristische Person ist für die Gewinnsteuer steuerneutral, soweit kumulativ:

- die Steuerpflicht in der Schweiz fortbesteht;
- die bisher für die Gewinnsteuer massgebenden Werte übernommen werden (Art. 61 Abs. 1 DBG).

Weitere Bedingungen für eine gewinnsteuerneutrale Umwandlung einer juristischen Person in eine andere juristische Person sind im DBG nicht enthalten.

4.2.1.2.2 Fortbestand der Steuerpflicht in der Schweiz

Das Erfordernis des Fortbestandes der Steuerpflicht in der Schweiz bezieht sich auf die umgewandelte juristische Person.

4.2.1.2.3 Rückwirkende Umwandlung

Bei der Umwandlung einer juristischen Person in eine andere juristische Person wird die Steuerpflicht grundsätzlich nicht unterbrochen. Eine Beendigung und ein Neubeginn der Steuerpflicht tritt jedoch dann ein, wenn die Umwandlung zu einem Tarifwechsel führt. In einem solchen Fall wird grundsätzlich auf den Zeitpunkt des Eintrags im Handelsregister abgestellt.

Eine rückwirkende Umwandlung, die zu einem Tarifwechsel führt, wird steuerlich nur dann anerkannt, wenn die Anmeldung zusammen mit dem Umwandlungsbeschluss innerhalb von sechs Monaten nach dem Stichtag der Umwandlungsbilanz beim Handelsregister eingetroffen ist und die Anmeldung ohne irgendwelche Weiterungen zum Eintrag geführt hat.

Wird eine rückwirkende Umwandlung, die zu einem Tarifwechsel führt, akzeptiert, werden die Steuerpflicht, die Steuerperiode und die Bemessungsperiode am Umwandlungsstichtag unterbrochen. Andernfalls wird für die Festsetzung des steuerbaren Gewinnes auf den Handelsregistereintrag abgestellt. Dies bedingt die Erstellung eines Abschlusses auf diesen Zeitpunkt.

4.2.1.2.4 Vorjahresverluste

Bei der Umwandlung einer steuerpflichtigen juristischen Person in eine andere juristische Person können die bei der Berechnung des steuerbaren Reingewinnes noch nicht berücksichtigten Vorjahresverluste weiterhin nach Artikel 67 Absatz 1 DBG geltend gemacht werden.

4.2.1.3 Direkte Bundessteuer (Einkommenssteuer: Einkünfte aus Beteiligungen im Privatvermögen)

Bei einer Umwandlung einer juristischen Person in eine andere juristische Person ist die Einkommenssteuer nur dann betroffen, wenn sich die juristische Person in eine Kapitalgesellschaft oder Genossenschaft umwandelt. Dabei erzielen beteiligte Privatpersonen in dem Umfang Vermögensertrag, als ihnen Gratisaktien, höherer Nennwert, Ausgleichszahlungen oder andere geldwerte Vorteile zu Lasten der übrigen Reserven der umgewandelten Kapitalgesellschaft oder Genossenschaft zufliessen.

Für an einer schweizerischen Börse kotierte Kapitalgesellschaften oder Genossenschaften sind die besonderen Bestimmungen für Gratisaktien und Gratisnennwerterhöhungen zu beachten (Kreisschreiben der ESTV Nr. 29b vom 23.12.2019, Ziff. 5.1.5).

4.2.1.4 Verrechnungssteuer

Artikel 5 Absatz 1 Buchstabe a VStG regelt im Sinne einer Ausnahme, dass Reserven und Gewinne einer Kapitalgesellschaft oder Genossenschaft, die bei einer Umstrukturierung nach Artikel 61 DBG in die Reserven einer aufnehmenden oder umgewandelten inländischen Kapitalgesellschaft oder Genossenschaft übergehen, von der Verrechnungssteuer ausgenommen sind. Dabei wird vorausgesetzt, dass das übertragene Verrechnungssteuersubstrat erhalten bleibt.

Die bei einer Umwandlung einer Kapitalgesellschaft oder Genossenschaft in eine andere Kapitalgesellschaft oder Genossenschaft den Inhabern der Beteiligungsrechte oder diesen nahestehenden Dritten zukommenden Ausgleichszahlungen, Gratisaktien, Gratisnennwerterhöhungen und sonstigen Erträge unterliegen nach Artikel 4 Absatz 1 Buchstabe b VStG der Verrechnungssteuer, sofern sie zu Lasten der übrigen Reserven einer inländischen Kapitalgesellschaft oder Genossenschaft erfolgen.

Für an einer schweizerischen Börse kotierte Kapitalgesellschaften oder Genossenschaften sind die besonderen Bestimmungen für Gratisaktien und Gratisnennwerterhöhungen zu beachten (Kreisschreiben der ESTV Nr. 29b vom 23.12.2019, Ziff. 5.1.5).

4.2.1.5 Emissionsabgabe

Bei einer Umwandlung durch den Wechsel der Rechtsform (Rechtsformwechsel; direkte Umwandlung) werden keine neuen Beteiligungsrechte begründet oder erhöht. Die Emissionsabgabe ist somit nicht betroffen.

Die mit einer „indirekten Umwandlung" einer Kapitalgesellschaft oder Genossenschaft (Liquidation und Sacheinlagegründung oder Vermögensübertragung) verbundene Begründung oder Erhöhung von Beteiligungsrechten ist nach Artikel 6 Absatz 1 Buchstabe a^{bis} StG von der Emissionsabgabe ausgenommen, soweit sie das bisherige Grund- oder Stammkapital nicht übersteigt.

Nach Artikel 9 Absatz 1 Buchstabe e StG ist die Emissionsabgabe bei der Begründung oder Erhöhung von Beteiligungsrechten im Rahmen einer Umwandlung eines Vereins, einer Stiftung oder eines Unternehmens des öffentlichen Rechts in eine Kapitalgesellschaft oder Genossenschaft, vorbehältlich des Freibetrages nach Artikel 6 Absatz 1 Buchstabe h StG, auf ein Prozent des Nennwerts beschränkt. Die übertragenen offenen und stillen Reserven sind von der Steuer ausgenommen. Diese Reduktion der Bemessungsgrundlage für die Emissionsabgabe wird jedoch nur dann gewährt, wenn der bisherige Rechtsträger während mindestens fünf Jahren bestand. Im Weiteren ist über den Mehrwert nachträglich anteilsmässig abzurechnen, soweit während den der Umwandlung nachfolgenden fünf Jahren Beteiligungsrechte veräussert werden.

4.2.1.6 Umsatzabgabe

Bei einer Umwandlung durch den Wechsel der Rechtsform (Rechtsformwechsel; direkte Umwandlung) werden keine Vermögenswerte übertragen. Die Umsatzabgabe ist somit nicht betroffen.

Die mit einer übertragenden Umwandlung (Liquidation und Sacheinlagegründung oder Vermögensübertragung) verbundene entgeltliche Übertragung steuerbarer Urkunden ist von der Umsatzabgabe ausgenommen (Art. 14 Abs. 1 Bst. i StG).

4.2.2 Umwandlung einer Kapitalgesellschaft oder Genossenschaft in eine andere Kapitalgesellschaft oder Genossenschaft

4.2.2.1 Tatbestand

Die Umwandlung einer Kapitalgesellschaft oder Genossenschaft in eine andere Kapitalgesellschaft oder Genossenschaft kann zivilrechtlich direkt erfolgen (Art. 53 und 54 FusG). Ein solcher Rechtsformwechsel erfordert keine Neugründung einer Gesellschaft und somit auch keine Übertragung der Aktiven und Passiven. Trotz der Änderung der Rechtsform behält die Gesellschaft ihre Identität und ihre Rechtspersönlichkeit.

4.2.2.2 Direkte Bundessteuer (Gewinnsteuer)

4.2.2.2.1 Grundsatz

Für die Gewinnsteuer führt die Umwandlung einer Kapitalgesellschaft oder Genossenschaft in eine andere Kapitalgesellschaft oder Genossenschaft zu keinem Tarifwechsel und somit zu keiner Unterbrechung der Steuerperiode. Die Erstellung und Einreichung eines Zwischenabschlusses ist deshalb nicht erforderlich.

4.2.2.2.2 Fortbestand der Steuerpflicht in der Schweiz

Das Erfordernis des Fortbestandes der Steuerpflicht in der Schweiz bezieht sich auf die umgewandelte Kapitalgesellschaft oder Genossenschaft. Dieses Erfordernis kann auch bei einer Sitzverlegung ins Ausland („Umwandlung" in eine ausländische Gesellschaft; Art. 163 IPRG) erfüllt sein, soweit die übertragenen Aktiven und Passiven einer schweizerischen Betriebsstätte der ausländischen juristischen Person zuzurechnen sind (Wechsel von der unbeschränkten zur beschränkten Steuerpflicht; Art. 50-52 DBG). Vom Fortbestand der Steuerpflicht in der Schweiz kann jedoch nur dann ausgegangen werden, wenn bei der internationalen Steuerausscheidung sichergestellt ist, dass die übertragenen stillen Reserven weiterhin uneingeschränkt der Schweiz zugewiesen werden. Dies ist nach dem DBG durch die Anwendung der objektmässigen (direkten) Ausscheidungsmethode gewährleistet.

Bei der Verlegung des Sitzes oder der Verwaltung ins Ausland ist die Einreichung eines Zwischenabschlusses erforderlich (Art. 79 Abs. 3 DBG). Sofern die Sitzverlegung keinen Tarifwechsel zur Folge hat, wird die Steuerpflicht jedoch nicht unterbrochen.

4.2.2.3 Direkte Bundessteuer (Einkommenssteuer: Einkünfte aus Beteiligungen im Privatvermögen)

4.2.2.3.1 Grundsatz

Siehe Ausführungen unter Ziffer 4.2.1.3.

Bei einer Umwandlung einer Kapitalgesellschaft oder Genossenschaft in eine andere Kapitalgesellschaft oder Genossenschaft erzielen beteiligte Privatpersonen in dem Umfang Vermögensertrag, als ihnen höherer Nennwert, Ausgleichszahlungen oder andere geldwerte Vorteile zu Lasten der übrigen Reserven der umgewandelten Kapitalgesellschaft oder Genossenschaft zufliessen.

Für an einer schweizerischen Börse kotierte Kapitalgesellschaften oder Genossenschaften sind die besonderen Bestimmungen für Gratisaktien und Gratisnennwerterhöhungen zu beachten (Kreisschreiben der ESTV Nr. 29b vom 23.12.2019, Ziff. 5.1.5).

4.2.2.3.2 Sitzverlegung ins Ausland

Nach Artikel 163 IPRG kann sich eine schweizerische Gesellschaft ohne Liquidation und Neugründung dem ausländischen Recht unterstellen („Umwandlung" in eine ausländische Gesellschaft).

Für die direkte Bundessteuer ergeben sich die gleichen Steuerfolgen wie bei der Absorption einer inländischen Gesellschaft durch eine ausländische Gesellschaft (vgl. Ziff. 4.1.2.3.9).

4.2.2.4 Verrechnungssteuer

4.2.2.4.1 Grundsatz

Siehe Ausführungen unter Ziffer 4.2.1.4.

Die Ausführungen zur direkten Bundessteuer (Einkünfte aus beweglichem Privatvermögen) gelten auch für die Verrechnungssteuer, sofern es sich um die Umwandlung einer inländischen Kapitalgesellschaft oder Genossenschaft in eine andere inländische Kapitalgesellschaft oder Genossenschaft handelt. Die bei einer Umwandlung den Inhabern der Beteiligungsrechte oder diesen nahestehenden Dritten zukommenden Ausgleichszahlungen, Gratisaktien, Gratisnennwerterhöhungen und sonstigen Erträge unterliegen nach Artikel 4 Absatz 1 Buchstabe b VStG der Verrechnungssteuer, sofern sie zu Lasten der übrigen Reserven einer inländischen Kapitalgesellschaft oder Genossenschaft erfolgen.

Für an einer schweizerischen Börse kotierte Kapitalgesellschaften oder Genossenschaften sind die besonderen Bestimmungen für Gratisaktien und Gratisnennwerterhöhungen zu beachten (Kreisschreiben der ESTV Nr. 29b vom 23.12.2019, Ziff. 5.1.5).

4.2.2.4.2 Sitzverlegung ins Ausland

Nach Artikel 163 IPRG kann sich eine schweizerische Gesellschaft ohne Liquidation und Neugründung dem ausländischen Recht unterstellen („Umwandlung" in eine ausländische Gesellschaft). Die Verlegung des Sitzes einer Kapitalgesellschaft oder Genossenschaft ins Ausland kommt für die Verrechnungssteuer einer Liquidation gleich (Art. 4 Abs. 2 VStG). Auf dem Liquidationsüberschuss ist die Verrechnungssteuer geschuldet. Leistungsempfänger und somit rückerstattungsberechtigt sind die Anteilsinhaber bzw. Genossenschafter der umgewandelten schweizerischen Kapitalgesellschaft oder Genossenschaft.

Für die Verrechnungssteuer ergeben sich somit die gleichen Steuerfolgen wie bei der Fusion einer inländischen Kapitalgesellschaft oder Genossenschaft mit einer ausländischen Gesellschaft (vgl. Ziff. 4.1.2.4.2).

4.2.2.5 *Emissionsabgabe*

Siehe Ausführungen unter Ziffer 4.2.1.5.

4.2.2.6 *Umsatzabgabe*

Siehe Ausführungen unter Ziffer 4.2.1.6.

4.2.3 *Umwandlung einer Kapitalgesellschaft oder Genossenschaft in einen Verein, in eine Stiftung oder in eine übrige juristische Person*

4.2.3.1 Tatbestand

Nur die Umwandlung einer Genossenschaft ohne Anteilskapital in einen Verein ist zivilrechtlich durch einen Rechtsformwechsel möglich (Art. 54 Abs. 4 FusG). Alle übrigen Kapitalgesellschaften oder Genossenschaften können nur indirekt, d.h. übertragend, in einen Verein, eine Stiftung oder in eine übrige juristische Person umgewandelt werden.

4.2.3.2 *Direkte Bundessteuer (Gewinnsteuer)*

Die Umwandlung einer Kapitalgesellschaft oder Genossenschaft in einen Verein, eine Stiftung oder eine übrige juristische Person ist mit einem Tarifwechsel verbunden (von 8,5% [Art. 68 DBG] zu 4,25% [Art. 71 DBG]). Dieser Tarifwechsel führt zu keiner gewinnsteuerlichen Abrechnung über die stillen Reserven. Infolge des Tarifwechsels erfolgt jedoch eine Beendigung und ein Neubeginn der Steuerpflicht. Deshalb ist die Erstellung und Einreichung eines Abschlusses erforderlich (Art. 79 Abs. 3 DBG).

4.2.3.3 *Direkte Bundessteuer (Einkommenssteuer: Einkünfte aus Beteiligungen im Privatvermögen)*

Bei der Umwandlung einer Kapitalgesellschaft oder Genossenschaft in einen Verein, in eine Stiftung oder in eine übrige juristische Person fällt die latente Steuerlast auf den Ausschüttungen an die Anteilsinhaber oder Genossenschafter weg. Gleich wie bei der Umwandlung einer

Kapitalgesellschaft oder Genossenschaft in eine Personenunternehmung unterliegt der Liquidationsüberschuss (Verkehrswert des Aktivenüberschusses abzüglich des Nennwertes und der KER bzw. Ausland-KER) bei den bisherigen beteiligten natürlichen Personen der Einkommenssteuer (Art. 20 Abs. 1 Bst. c DBG; vgl. Ziff. 4.2.6.4).

4.2.3.4 Verrechnungssteuer

Die Umwandlung einer Kapitalgesellschaft oder Genossenschaft in einen Verein, in eine Stiftung oder in eine übrige juristische Person kommt steuerlich einer Liquidation gleich. Auf den Liquidationsüberschuss (Verkehrswert des Aktivenüberschusses abzüglich des Nennwertes und der KER bzw. Ausland-KER) ist die Verrechnungssteuer geschuldet.

4.2.3.5 Umsatzabgabe

Siehe Ausführungen unter Ziffer 4.2.1.6.

4.2.3.6 Nicht betroffene Steuer

- Emissionsabgabe.

4.2.4 Umwandlung eines Vereins, einer Stiftung oder einer übrigen juristischen Person in eine Kapitalgesellschaft oder Genossenschaft

4.2.4.1 Tatbestand

Nur die Umwandlung eines im Handelsregister eingetragenen Vereins ist zivilrechtlich durch einen Rechtsformwechsel möglich (Art. 54 Abs. 5 FusG). Alle übrigen Vereine, Stiftungen oder übrigen juristische Personen können nur indirekt, d.h. übertragend, in eine Kapitalgesellschaft oder Genossenschaft umgewandelt werden.

4.2.4.2 Direkte Bundessteuer (Gewinnsteuer)

Die Umwandlung eines Vereins, einer Stiftung oder einer übrigen juristischen Person in eine Kapitalgesellschaft oder Genossenschaft ist mit einem Tarifwechsel verbunden (von 4,25% [Art. 71 DBG] zu 8,5% [Art. 68 DBG]). Dieser Tarifwechsel führt zu keiner gewinnsteuerlichen Abrechnung über die stillen Reserven. Infolge des Tarifwechsels erfolgt jedoch eine Beendigung und ein Neubeginn der Steuerpflicht. Deshalb ist die Erstellung und Einreichung eines Abschlusses erforderlich (Art. 79 Abs. 3 DBG).

4.2.4.3 Direkte Bundessteuer (Einkommenssteuer: Einkünfte aus Beteiligungen im Privatvermögen)

Bei einer Umwandlung eines Vereins, einer Stiftung oder einer übrigen juristischen Person in eine Kapitalgesellschaft oder Genossenschaft erzielen Privatpersonen, die durch die Umwandlung in den Besitz von Beteiligungsrechten an der neuen Kapitalgesellschaft oder Genossenschaft kommen, im Umfang der Differenz zwischen Verkehrswert und Ausgabepreis der Beteiligungsrechte steuerbares Einkommen (Art. 16 Abs. 1 DBG).

4.2.4.4 Verrechnungssteuer

Die bei einer Umwandlung eines Vereins, einer Stiftung oder einer übrigen juristischen Person in eine Kapitalgesellschaft oder Genossenschaft ausgegebenen Beteiligungsrechte unterliegen nicht der Verrechnungssteuer, da sie zu Lasten des Aktivenüberschusses einer nicht verrechnungssteuerpflichtigen juristischen Person (Verein, Stiftung oder übrige juristische Person) begründet werden.

Bei einer direkten Umwandlung eines im Handelsregister eingetragenen Vereins in eine Kapitalgesellschaft oder in eine Genossenschaft durch Rechtsformwechsel und bei einer Umwandlung mittels Vermögensübertragung können keine KER gebildet werden.

Bei einer indirekten Umwandlung durch Sacheinlagegründung kann der ausgewiesene Aktivenüberschuss der Vermögenswerte gemäss Handelsbilanz der Kapitalgesellschaft oder Genossenschaft steuerneutral als KER ausgewiesen werden, soweit er das Grund- oder Stammkapital übersteigt.

4.2.4.5 Emissionsabgabe

Nach Artikel 9 Absatz 1 Buchstabe e StG ist die Emissionsabgabe bei der Begründung oder Erhöhung von Beteiligungsrechten im Rahmen einer Umwandlung eines Vereins oder einer Stiftung in eine Kapitalgesellschaft oder Genossenschaft, vorbehältlich des Freibetrages nach Artikel 6 Absatz 1 Buchstabe h StG, auf ein Prozent des Nennwerts beschränkt. Die übertragenen offenen und stillen Reserven sind von der Steuer ausgenommen. Diese Reduktion der Bemessungsgrundlage für die Emissionsabgabe wird jedoch nur dann gewährt, wenn der bisherige Rechtsträger während mindestens fünf Jahren bestand. Im Weiteren ist über den Mehrwert nachträglich anteilsmässig abzurechnen, soweit während der der Umwandlung nachfolgenden fünf Jahren Beteiligungsrechte veräussert werden.

4.2.4.6 Umsatzabgabe

Siehe Ausführungen unter Ziffer 4.2.1.6.

4.2.5 Umwandlung eines Instituts des öffentlichen Rechts in eine Kapitalgesellschaft oder in eine Genossenschaft

4.2.5.1 Tatbestand

Als Institute des öffentlichen Rechts, die eine direkte Umwandlung (Rechtsformwechsel) vornehmen können (Art. 99-101 FusG), gelten die im Handelsregister eingetragenen, organisatorisch verselbständigten Einrichtungen des öffentlichen Rechts des Bundes, der Kantone und der Gemeinden, unabhängig, ob sie als juristische Person ausgestaltet sind oder nicht (Art. 2 Bst. d FusG).

4.2.5.2 Direkte Bundessteuer (Gewinnsteuer)

4.2.5.2.1 Massgeblichkeit der Handelsbilanz

Die Umwandlung eines Instituts des öffentlichen Rechts in eine Kapitalgesellschaft oder in eine Genossenschaft, deren Anteile veräussert werden (Privatisierung), hat im Allgemeinen Auswirkungen auf die Steuerpflicht (siehe Art. 49 und 56 DBG). Gemäss dem Massgeblichkeitsprinzip erfolgt die Besteuerung von Unternehmen gestützt auf die Handelsbilanz. Soweit das bisherige steuerbefreite Institut des öffentlichen Rechts die im Zeitpunkt der Umwandlung bestehenden stillen Reserven nicht in seiner Handelsbilanz aufdeckt, kann es dies in einer ergänzenden Steuerbilanz zu Beginn der Steuerpflicht vornehmen (Art. 61a DBG; **Beispiel Nr. 8 im Anhang**).

Die Umwandlung eines Instituts des öffentlichen Rechts in eine Kapitalgesellschaft oder Genossenschaft kann auch indirekt durch eine Sacheinlagegründung erfolgen. Dabei können die Vermögenswerte zum Verkehrswert eingebracht werden (Art. 634 ff. OR). Der Goodwill gilt als derivativ und kann in der Eröffnungsbilanz gemäss Handelsrecht ebenfalls aktiviert werden. Aufgrund von Artikel 61a DBG kann auch bei dieser zivilrechtlichen Vorgehensweise eine von der Handelsbilanz abweichende Steuerbilanz geltend gemacht werden, falls einzelne Vermögenswerte unter dem Verkehrswert in die handelsrechtliche Eingangsbilanz aufgenommen werden und das bisherige Institut des öffentlichen Rechts steuerbefreit ist.

Die Steuerpflicht einer aus einer Umwandlung eines steuerbefreiten Instituts des öffentlichen Rechts in eine nicht steuerbefreite Kapitalgesellschaft oder Genossenschaft beginnt mit dem Eintrag ins Handelsregister. Die Steuerperiode beginnt jedoch mit dem vereinbarten Umwandlungs- oder Übernahmestichtag.

4.2.5.2.2 Vorjahresverluste

Verluste, die vor Beginn der Steuerpflicht angefallen sind, können steuerlich nicht in Abzug gebracht werden.

4.2.5.3 Verrechnungssteuer

Die bei einer Umwandlung eines Instituts des öffentlichen Rechts in eine Kapitalgesellschaft oder Genossenschaft ausgegebenen Beteiligungsrechte unterliegen nicht der Verrechnungssteuer, da sie zu Lasten des Aktivenüberschusses einer nicht verrechnungssteuerpflichtigen Körperschaft begründet werden.

Bei einer direkten Umwandlung eines Instituts des öffentlichen Rechts in eine Kapitalgesellschaft oder in eine Genossenschaft durch Rechtsformwechsel können keine KER gebildet werden.

Bei einer indirekten Umwandlung durch Sacheinlagegründung kann der ausgewiesene Aktivenüberschuss der Vermögenswerte gemäss Handelsbilanz der Kapitalgesellschaft oder Genossenschaft steuerneutral als KER ausgewiesen werden, soweit er das Grund- oder Stammkapital übersteigt.

4.2.5.4 Emissionsabgabe

Nach Artikel 9 Absatz 1 Buchstabe e StG ist die Emissionsabgabe bei der Begründung oder Erhöhung von Beteiligungsrechten im Rahmen einer Umwandlung eines Unternehmens des öffentlichen Rechts in eine Kapitalgesellschaft oder Genossenschaft, vorbehältlich des Freibetrages nach Artikel 6 Absatz 1 Buchstabe h StG, auf ein Prozent des Nennwerts beschränkt. Die übertragenen offenen und stillen Reserven sind von der Steuer ausgenommen. Diese Reduktion der Bemessungsgrundlage für die Emissionsabgabe wird jedoch nur dann gewährt, wenn der bisherige Rechtsträger während mindestens fünf Jahren bestand. Im Weiteren ist über den Mehrwert nachträglich anteilsmässig abzurechnen, soweit während den der Umwandlung nachfolgenden fünf Jahren Beteiligungsrechte veräussert werden.

4.2.5.5 Umsatzabgabe

Siehe Ausführungen unter Ziffer 4.2.1.6.

4.2.5.6 Nicht betroffene Steuer

- Direkte Bundessteuer (Einkommenssteuer: Einkünfte aus Beteiligungen im Privatvermögen).

4.2.6 Umwandlung einer Kapitalgesellschaft oder Genossenschaft in eine Personenunternehmung

4.2.6.1 Tatbestand

Kapitalgesellschaften und Genossenschaften können sich nach dem FusG nicht direkt in eine Personenunternehmung umwandeln (Art. 54 FusG). Eine solche Umwandlung bedingt zivilrechtlich die Errichtung eines neuen Rechtsträgers und grundsätzlich die Liquidation des bisherigen Rechtsträgers. Es findet zivilrechtlich somit eine Übertragung von Aktiven und Passiven statt.

Werden zivilrechtlich Aktiven und Passiven eines (Teil)betriebs einer Kapitalgesellschaft oder Genossenschaft auf eine bestehende oder neu entstehende Personenunternehmung übertragen, gilt dies als Teilumwandlung.

4.2.6.2 Direkte Bundessteuer (Einkommenssteuer: Einkünfte aus selbständiger Erwerbstätigkeit)

4.2.6.2.1 Übernahme der bisher für die Gewinnsteuer massgeblichen Werte

Die bisherigen Gewinnsteuerwerte werden zu den für die Einkommenssteuer massgeblichen Werten übernommen. Die latente Steuer auf den unversteuerten stillen Reserven wechselt somit von der Gewinnsteuer zur Einkommenssteuer (**Beispiel Nr. 9 im Anhang**).

4.2.6.2.2 Vorjahresverluste

Bei der Umwandlung oder Teilumwandlung einer Kapitalgesellschaft oder Genossenschaft in eine Personenunternehmung liegt Steuerneutralität auf der Unternehmensebene vor (bisher Gewinnsteuer; neu Einkommen aus selbständiger Erwerbstätigkeit). Die an der übernehmenden Personenunternehmung beteiligten natürlichen Personen können somit allfällige, steuerlich noch nicht berücksichtigte Vorjahresverluste der übertragenden juristischen Personen oder des übertragenen Betriebs bei der Festsetzung des steuerbaren Einkommens in Abzug bringen (Art. 31 DBG; **Beispiel Nr. 9 im Anhang**).

4.2.6.3 Direkte Bundessteuer (Gewinnsteuer)

4.2.6.3.1 Grundsatz

Die Umwandlung einer Kapitalgesellschaft oder Genossenschaft in eine Personenunternehmung ist für die Gewinnsteuer neutral, soweit kumulativ:

- die Steuerpflicht in der Schweiz fortbesteht;
- die bisher für die Gewinnsteuer massgebenden Werte übernommen werden (**Beispiel Nr. 9 im Anhang**).

4.2.6.3.2 Fortbestand der Steuerpflicht in der Schweiz

Der Fortbestand der Steuerpflicht kann sich bei der Umwandlung oder Teilumwandlung einer Kapitalgesellschaft oder Genossenschaft in eine Personenunternehmung nicht auf die untergehende juristische Person beziehen. Vielmehr findet ein Übergang der stillen Reserven auf eine natürliche Person statt. Der Fortbestand der Steuerpflicht bezieht sich somit auf die Steuerpflicht der Anteilsinhaber und die Fortführung des Betriebes durch eine Personenunternehmung in der Schweiz.

4.2.6.3.3 Umwandlung einer Kapitalgesellschaft oder Genossenschaft in die Betriebsstätte einer Personenunternehmung

Eine Kapitalgesellschaft oder Genossenschaft, deren Beteiligungsrechte von einer Personenunternehmung gehalten werden, kann durch Liquidation oder Teilumwandlung in eine Betriebsstätte einer Personenunternehmung „umgewandelt" werden.

Betriebsstätten von ausländischen Personenunternehmungen unterliegen der Gewinnsteuer (Art. 11 DBG). Die „Umwandlung" einer Kapitalgesellschaft oder Genossenschaft in die Betriebsstätte einer ausländischen Personenunternehmung kann deshalb für die Gewinnsteuer neutral erfolgen, soweit die stillen Reserven der schweizerischen Betriebsstätte verhaftet bleiben. Vom Fortbestand der Steuerpflicht in der Schweiz kann jedoch nur dann ausgegangen werden, wenn bei der internationalen Steuerausscheidung sichergestellt ist, dass die übertragenen stillen Reserven weiterhin uneingeschränkt der Schweiz zugewiesen werden. Dies ist nach dem DBG durch die Anwendung der objektmässigen (direkten) Ausscheidungsmethode gewährleistet.

4.2.6.3.4 Rückwirkende Umwandlung

Bei der Umwandlung einer Kapitalgesellschaft oder Genossenschaft in eine Personenunternehmung wird die Steuerpflicht grundsätzlich mit dem Eintrag im Handelsregister beendet.

Eine rückwirkende Umwandlung wird steuerlich nur dann anerkannt, wenn die Anmeldung zusammen mit den Gründungsakten innerhalb von sechs Monaten nach dem Stichtag der Übernahmebilanz beim Handelsregister eingetroffen ist und die Anmeldung ohne irgendwelche Weiterungen zum Eintrag geführt hat.

Wird die rückwirkende Umwandlung akzeptiert, endet die Steuerpflicht auf den vereinbarten Übernahmestichtag. Entsprechend beginnt die selbständige Erwerbstätigkeit in diesem Zeitpunkt. Andernfalls wird auf den Handelsregistereintrag abgestellt. Dies bedingt die Erstellung eines Abschlusses auf diesen Zeitpunkt.

Eine rückwirkende Teilumwandlung wird steuerlich anerkannt, wenn der Beschluss der Organe der Kapitalgesellschaft oder Genossenschaft zur Übertragung eines Betriebs auf eine Personenunternehmung innerhalb von sechs Monaten nach dem Stichtag erfolgt.

4.2.6.4 *Direkte Bundessteuer (Einkommenssteuer: Einkünfte aus Beteiligungen im Privatvermögen)*

Bei der Umwandlung einer Kapitalgesellschaft oder Genossenschaft in eine Personenunternehmung findet eine Liquidation oder Teilliquidation der Kapitalgesellschaft oder Genossenschaft statt. Eine spätere Erfassung der offenen und stillen Reserven (Liquidationsüberschuss) bei den Anteilinhabern oder Genossenschaftern ist nicht möglich. Der Liquidationsüberschuss (Verkehrswert des Aktivenüberschusses abzüglich des Nennwertes und der KER bzw. Ausland-KER) unterliegt bei den bisher beteiligten natürlichen Personen der Einkommenssteuer (Art. 20 Abs. 1 Bst. c DBG; **Beispiel Nr. 9 im Anhang**).

4.2.6.5 *Verrechnungssteuer*

Bei der Umwandlung oder Teilumwandlung einer Kapitalgesellschaft oder Genossenschaft in eine Personenunternehmung unterliegt der Liquidationsüberschuss (Verkehrswert des Aktivenüberschusses abzüglich des Nennwertes und der KER bzw. Ausland-KER) der Verrechnungssteuer (Art. 4 Abs. 1 Bst. b VStG; **Beispiel Nr. 9 im Anhang**).

4.2.6.6 *Umsatzabgabe*

Siehe Ausführungen unter Ziffer 4.2.1.6.

4.2.6.7 *Nicht betroffene Steuer*

- Emissionsabgabe.

4.3 Spaltung

4.3.1 Tatbestände

Mittels Spaltung überträgt eine Gesellschaft (übertragende Gesellschaft) Teile ihres Vermögens auf eine andere Gesellschaft (übernehmende Gesellschaft). Die Anteils- und Mitgliedschaftsrechte der Anteilsinhaber der übertragenden Gesellschaft werden gewahrt, indem die Anteilsinhaber der übertragenden Gesellschaft Anteils- oder Mitgliedschaftsrechte an der oder an den übernehmenden Gesellschaft(en) erhalten oder diese bereits halten. Es handelt sich dabei um eine Art Gegenstück zur Fusion. Dabei wird eine Gesellschaft in zwei oder mehrere Parallel- oder Schwestergesellschaften aufgeteilt. Die Aufteilung in Schwestergesellschaften wird als symmetrische Spaltung und die Aufteilung in Parallelgesellschaften als asymmetrische Spaltung bezeichnet. Bei einer symmetrischen Spaltung bleiben die Beteiligungsverhältnisse an den aus der Spaltung hervorgehenden oder verbleibenden Gesellschaften gleich wie an der gespaltenen Gesellschaft. Bei einer asymmetrischen Spaltung werden den Anteilsinhabern Beteiligungsrechte zugewiesen, die vom Verhältnis ihrer bisherigen Beteiligung abweichen.

Im Weiteren wird unterschieden, ob aus einer Gesellschaft zwei neue Gesellschaften entstehen und die übertragende Gesellschaft untergeht (Aufspaltung) oder ob eine Gesellschaft Vermögenswerte auf eine andere bestehende oder neue Gesellschaft überträgt (Abspaltung).

Übersicht[15]

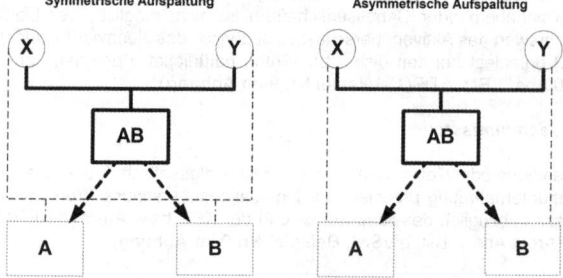

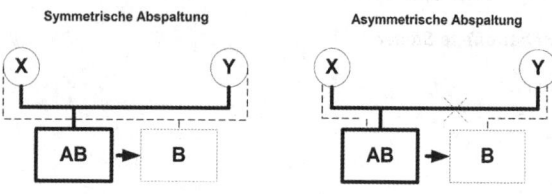

---

[15] H.-J. Neuhaus / M. Neuhaus / P. Riedweg; Kammer-Seminar vom 19.9.2003 zum FusG

Nach dem FusG kann eine Spaltung im steuerrechtlichen Sinne zivilrechtlich abgewickelt werden durch:

- Aufspaltung (Art. 29 Bst. a FusG);
- Abspaltung (Art. 29 Bst. b FusG);
- Vermögensübertragung (Art. 69-77 FusG) auf eine neugegründete oder eine bestehende Schwestergesellschaft.

Eine Spaltung kann zivilrechtlich auch ohne Inanspruchnahme des FusG bewirkt werden durch:

- Sacheinlage- oder Sachübernahmegründung einer Tochtergesellschaft mit anschliessender Übertragung der neuen Beteiligungsrechte auf die Aktionäre – bei einem «Spin-off» geschieht dies ohne, bei einem «Split-off» mit Kapitalherabsetzung der übertragenden Gesellschaft;
- Übertragung von Aktiven und Verbindlichkeiten des abzuspaltenden Komplexes auf die Aktionäre (Naturaldividende), die ihrerseits die Nachfolgegesellschaft(en) gründen und deren Aktien durch Sacheinlage der erhaltenen Wirtschaftsgüter liberieren;
- Zeichnung der Aktien der Nachfolgegesellschaft durch die Aktionäre der bisherigen Gesellschaft, welche die abzuspaltenden Aktiven und Verbindlichkeiten zur Liberierung der Aktien der Nachfolgegesellschaft überträgt.

4.3.2 *Direkte Bundessteuer* (Gewinnsteuer)

4.3.2.1 *Grundsatz*

Nach Artikel 61 Absatz 1 Buchstabe b DBG werden die stillen Reserven einer juristischen Person im Fall einer Spaltung nicht besteuert, soweit kumulativ:

- die Steuerpflicht in der Schweiz fortbesteht;
- die bisher für die Gewinnsteuer massgeblichen Werte übernommen werden;
- ein oder mehrere Betriebe oder Teilbetriebe übertragen werden;
- die nach der Spaltung bestehenden juristischen Personen einen Betrieb oder Teilbetrieb weiterführen.

Eine unveränderte Weiterführung sowohl des durch Spaltung übertragenen als auch des zurückbleibenden Geschäftsbetriebes ist nicht erforderlich.

Für die Gewinnsteuer spielt es keine Rolle, wie der Effekt einer Spaltung zivilrechtlich bewirkt wird. Steuerlich liegt ein sog. "Entnahmetatbestand" vor. Dies bedeutet, dass – wenn im Gesetz nicht ausdrücklich Steuerneutralität vorgesehen ist (Art. 61 Abs. 1 Bst. b DBG) – die Entnahme als Realisation der stillen Reserven besteuert wird (Art. 58 Abs. 1 Bst. c DBG).

Ebenfalls unbeachtlich ist, ob eine Auf- oder Abspaltung erfolgt.

Für grenzüberschreitende Spaltungen (Art. 163d IPRG) gelten die gleichen Grundsätze wie bei grenzüberschreitenden Fusionen (vgl. Ziff. 4.1.2.2.2).

4.3.2.2 Rückwirkende Spaltung

Bei einer Aufspaltung endet die Steuerpflicht der Gesellschaft grundsätzlich mit der Löschung im Handelsregister. Die Steuerpflicht einer aus einer Auf- oder Abspaltung hervorgehenden Gesellschaft beginnt grundsätzlich mit dem Eintrag ins Handelsregister.

Eine rückwirkende Spaltung wird steuerlich nur dann anerkannt, wenn die Anmeldung zusammen mit dem Spaltungsbeschluss innerhalb von sechs Monaten nach dem Stichtag der letzten Bilanz beim Handelsregister eingetroffen ist und die Anmeldung ohne irgendwelche Weiterungen zum Eintrag geführt hat. Erfolgt die Spaltung auf eine bereits bestehende juristische Person, ohne dass ein Eintrag im Handelsregister notwendig ist, muss die Spaltung innerhalb von sechs Monaten nach dem vereinbarten Stichtag vollzogen werden.

Wird die rückwirkende Spaltung akzeptiert, beginnen die Steuerpflicht, die Steuerperiode und die Bemessungsperiode einer aus einer Spaltung hervorgehenden Gesellschaft mit dem vereinbarten Spaltungsstichtag. Entsprechend endet die Steuerpflicht einer aufgespaltenen Gesellschaft in diesem Zeitpunkt. Andernfalls wird für die Festsetzung des steuerbaren Gewinnes auf den Handelsregistereintrag abgestellt. Dies bedingt die Erstellung eines Abschlusses auf diesen Zeitpunkt.

4.3.2.3 Veräusserungssperrfrist

Es besteht keine Veräusserungssperrfrist für die aus einer Spaltung hervorgehenden oder verbleibenden Beteiligungsrechte.

4.3.2.4 Abgrenzung zwischen Spaltung und Verkauf

Die Steuerneutralität der Spaltung bedingt, dass mit dem Betrieb auch ein angemessenes Eigenkapital (Aktienkapital und/oder offene Reserven) übertragen wird.

Der Verkauf eines Betriebes an eine Schwestergesellschaft kann nicht als gewinnsteuerneutrale Spaltung qualifiziert werden (**Beispiel Nr. 12 im Anhang**). Jedoch ist eine entgeltliche Vermögensübertragung im Konzern steuerneutral möglich, wenn sie zwischen inländischen Konzerngesellschaften erfolgt (Art. 61 Abs. 3 DBG; vgl. Ziff. 4.5; **Beispiel Nr. 21 im Anhang**).

4.3.2.5 Betrieb und Teilbetrieb

Nach geltender Praxis wird unter den Begriffen „Betrieb" und „Teilbetrieb" Folgendes verstanden:

- Betrieb: Organisatorisch-technischer Komplex von Vermögenswerten, welcher für die unternehmerische Leistungserstellung eine relativ unabhängige, organische Einheit darstellt.
- Teilbetrieb: Kleinster für sich lebensfähiger Organismus eines Unternehmens.

Ein Betrieb oder Teilbetrieb liegt dann vor, wenn kumulativ folgende Erfordernisse erfüllt sind:

- die Unternehmung erbringt Leistungen auf dem Markt oder an verbundene Unternehmen;
- die Unternehmung verfügt über Personal;
- der Personalaufwand steht in einem sachgerechten Verhältnis zum Ertrag.

Einem Betrieb können auch nichtbetriebsnotwendige Aktiven mitgegeben werden (z.B. liquide Mittel und Immobilien), sofern der Betrieb nicht nur von untergeordneter Bedeutung ist, nicht nur zum Zwecke einer steuerneutralen Spaltung geschaffen wurde und weitergeführt wird (allgemeiner Vorbehalt der Steuerumgehung).

4.3.2.6 Vermögensverwaltungs- und Holdinggesellschaften

Das Halten und Verwalten von Wertschriften, die lediglich der Anlage von eigenem Vermögen dienen, stellt auch bei einem grossen Vermögen nie einen Betrieb dar.

Das Betriebserfordernis kann bei einer Spaltung einer Holdinggesellschaft entweder auf der Stufe Holdinggesellschaft (sogenannter Holdingbetrieb) oder auf der Stufe der aktiven Gesellschaft, an welcher die Holdinggesellschaft beteiligt ist (sogenannter operativer Betrieb), erfüllt werden.

Ein sogenannter Holdingbetrieb liegt vor, wenn kumulativ folgende Erfordernisse erfüllt sind:

- Bei den Beteiligungen handelt es sich wertmässig überwiegend um Beteiligungen an aktiven Gesellschaften;
- die Beteiligungen machen mehrheitlich mindestens 20 Prozent des Grund- oder Stammkapitals der anderen Gesellschaften aus oder ermöglichen auf andere Weise eine massgebende Kontrolle (z.B. durch einen Aktionärsbindungsvertrag);
- die nach der Spaltung bestehenden Holdinggesellschaften nehmen tatsächlich eine Holdingfunktion mit eigenem Personal oder über beauftragte Personen wahr (Koordination der Geschäftstätigkeit mehrerer Tochtergesellschaften; strategische Führung);
- die nach der Spaltung bestehenden Holdinggesellschaften bestehen weiter.

Ein sogenannter operativer Betrieb liegt vor, wenn die Beteiligungsquote mehr als 50 Prozent der Stimmen an einer aktiven Gesellschaft beträgt. In Anwendung des Transparenzprinzips erfüllt eine einzige derartige Beteiligung das Betriebserfordernis durch den von der aktiven Gesellschaft geführten Betrieb (Urteil BGer 2C_34/2018 vom 11.3.2019; **Beispiel Nr. 11 im Anhang**).

Das Transparenzprinzip, welches eine Beteiligungsquote von mehr als 50 Prozent der Stimmen auf jeder Stufe bedingt, wird sowohl auf Gesellschaften mit einem Holdingbetrieb als auch auf Gesellschaften mit einem operativen Betrieb angewandt.

4.3.2.7 Finanz- und Immaterialgüterverwertungsgesellschaften

Finanz- und Immaterialgüterverwertungsgesellschaften führen dann einen Betrieb, wenn kumulativ:

- ein Marktauftritt erfolgt oder Dienstleistungen an Konzerngesellschaften erbracht werden;
- die Unternehmung tatsächlich mindestens eine Person für ihre Dienstleistungen beschäftigt oder beauftragt (eine Vollzeitstelle).

4.3.2.8 Immobiliengesellschaften

Das Halten und Verwalten eigener Immobilien stellt dann einen Betrieb dar, wenn kumulativ folgende Erfordernisse erfüllt sind:

- es erfolgt ein Marktauftritt oder es werden Betriebsliegenschaften an Konzerngesellschaften vermietet;
- die Unternehmung beschäftigt oder beauftragt mindestens eine Person für die Verwaltung der Immobilien (eine Vollzeitstelle für rein administrative Arbeiten);
- die Mieterträge betragen mindestens das 20-fache des marktüblichen Personalaufwandes für die Immobilienverwaltung[16].

Eine Spaltung von Immobiliengesellschaften ist nur dann steuerneutral möglich, soweit die Grundvoraussetzungen einer steuerneutralen Umstrukturierung erfüllt sind und

- die übertragenen Immobilien einen Betrieb verkörpern
- und die nach der Spaltung bestehenden Immobiliengesellschaften einen Betrieb oder Teilbetrieb weiterführen.

4.3.2.9 Wertberichtigungen und Abschreibungen auf übertragenen Beteiligungen

Wertberichtigungen sowie Abschreibungen (nach altem Rechnungslegungsrecht) auf Beteiligungen von mindestens 10 Prozent werden dem steuerbaren Gewinn zugerechnet, soweit sie nicht mehr begründet sind (Art. 62 Abs. 4 DBG). Dies trifft zu, soweit eine nachhaltige Werterholung der Beteiligung eingetreten ist. Bei der Veranlagung einer Gesellschaft, die eine Beteiligung zum Gewinnsteuerwert auf eine inländische Konzerngesellschaft durch Spaltung übertragen hat, ist deshalb zu prüfen, inwieweit allfällige Wertberichtigungen oder Abschreibungen auf dieser Beteiligung noch geschäftsmässig begründet sind. Artikel 62 Absatz 4 DBG ist auch anwendbar, wenn die Beteiligungsquote infolge einer Teilveräusserung unter 10 Prozent sinkt und die Beteiligungsrechte am Ende des Steuerjahres vor der Werterholung einen Verkehrswert von mindestens einer Million Franken hatten (Kreisschreiben der ESTV Nr. 27 vom 17.12.2009, Ziff. 2.5.2).

4.3.2.10 Gestehungskosten einer durch Spaltung übertragenen Beteiligung

Erfolgen im Rahmen einer Auf- oder Abspaltung Beteiligungsübertragungen (Art. 61 Abs. 1 Bst. b DBG), bedingt dies eine Fortführung der Gewinnsteuerwerte und der Gestehungskosten der übertragenen Beteiligungen bei der erwerbenden Gesellschaft (Kreisschreiben der ESTV Nr. 27 vom 17.12.2009, Ziff. 2.5.1). In diesem Fall bleibt die Haltedauer der übertragenen Beteiligungen unverändert.

4.3.2.11 Steuerfolgen für eine beteiligte juristische Person (Muttergesellschaft) bei einer symmetrischen Spaltung (modifizierte Dreieckstheorie)

Aus der Sicht der Anteilsinhaber liegt bei einer symmetrischen Spaltung eine steuerneutrale Vermögensumschichtung vor. Ein Austausch von Beteiligungsrechten findet nicht statt. Aufgrund des Massgeblichkeitsprinzips der Handelsbilanz kommt für die steuerliche Gewinner-

---

[16] Bundesrat Villiger, Ständerat 21.3.2001; Amtliches Bulletin, S. 166

mittlung zwingend die modifizierte Dreieckstheorie zur Anwendung. Die Summe der Gewinnsteuerwerte und der Gestehungskosten der Beteiligungen bleibt unverändert. Allenfalls ergibt sich aufgrund der Vorteilszuwendung für die Beteiligung an der entreicherten Gesellschaft ein Wertberichtigungsbedarf. Ein solcher müsste durch eine Aufwertung der Beteiligung an der begünstigten Gesellschaft kompensiert werden (Umbuchung: Beteiligung „übernehmende Gesellschaft" an Beteiligung „übertragende Gesellschaft"). Für die Muttergesellschaft ergeben sich somit die gleichen Steuerfolgen, wie bei einer Vorteilszuwendung zwischen verbundenen Unternehmen (Tochtergesellschaften; **Beispiel Nr. 10 im Anhang**).

4.3.2.12 Gewinnsteuerfolgen bei Nichterfüllung des Betriebserfordernisses

Da bei Spaltungen keine Veräusserungssperrfrist zu beachten ist, kommt dem Betriebserfordernis eine zentrale Bedeutung zu. Zudem werden Teilbetriebe den eigentlichen Betrieben gleichgestellt. Im Folgenden wird deshalb nur noch der Begriff „Betrieb" verwendet.

Wenn nur einzelne Aktiven – beispielsweise Liegenschaften – auf eine Schwestergesellschaft übertragen werden, sind die Voraussetzungen einer steuerneutralen Spaltung (Betriebserfordernis) nicht erfüllt. Die übertragenen stillen Reserven unterliegen auch dann der Gewinnsteuer, wenn die übernehmende Gesellschaft bereits einen Betrieb führt oder verschiedene Gesellschaften einzelne Aktiven durch Abspaltung zu einem neuen Betrieb zusammenführen.

Damit die Besteuerung bei einem umgekehrten Vorgang – der Abspaltung eines Betriebes und dem Verbleib einzelner, nur noch der Vermögensanlage dienenden Aktiven – sichergestellt ist, gilt das Betriebserfordernis nicht nur für die übertragenen Vermögenswerte, sondern auch für die übertragende Gesellschaft. Erfüllt die übertragende Gesellschaft das Betriebserfordernis nach der Spaltung nicht mehr, wird die Gewinnsteuer auf den verbleibenden stillen Reserven der übertragenden Gesellschaft erhoben. Dadurch wird sichergestellt, dass ungeachtet der gewählten zivilrechtlichen Gestaltung immer die gleichen steuerlichen Folgen eintreten.

Bei einer Spaltung können sich somit – vorbehältlich einer Vermögensübertragung nach Artikel 61 Absatz 3 DBG - folgende Gewinnsteuerfolgen ergeben:

- Die Übertragung erfolgt durch einen Verkauf: *Besteuerung der übertragenen, unversteuerten stillen Reserven bei der übertragenden Gesellschaft. Die übernehmende Gesellschaft kann eine entsprechende, als Gewinn versteuerte stille Reserve geltend machen.*

- Die übertragenen Vermögenswerte stellen keinen Betrieb dar: *Besteuerung der übertragenen, unversteuerten stillen Reserven bei der übertragenden Gesellschaft. Die übernehmende Gesellschaft kann eine entsprechende, als Gewinn versteuerte stille Reserve geltend machen (**Beispiele Nr. 13 und 14 im Anhang**).*

- Das Betriebserfordernis ist für die übertragende Gesellschaft nach der Übertragung nicht mehr erfüllt: *Besteuerung der verbleibenden, unversteuerten stillen Reserven bei der übertragenden Gesellschaft. Die übertragende Gesellschaft kann eine entsprechende, als Gewinn versteuerte stille Reserve geltend machen (**Beispiel Nr. 15 im Anhang**).*

4.3.2.13 Übernahme von Vorjahresverlusten

Bei einer Spaltung müssen die bei der Berechnung des steuerbaren Reingewinnes noch nicht berücksichtigten Vorjahresverluste, die auf den übertragenen Betrieb oder Teilbetrieb entfallen, auf die übernehmende Gesellschaft übertragen werden. Sie können nach Artikel 67 Absatz 1 DBG geltend gemacht werden. Eine Übertragung der Vorjahresverluste ist jedoch ausgeschlossen, wenn eine Steuerumgehung vorliegt. Eine solche kann insbesondere dann vorliegen, wenn der übertragene Betrieb kurz nach der Spaltung eingestellt wird.

4.3.2.14 Übernahme des selbst geschaffenen Mehrwerts

Der Gewinnsteuerwert des selbst geschaffenen Mehrwerts gemäss Artikel 61a Absatz 1 DBG ist im Zeitpunkt der Spaltung zwingend auf die verbleibenden und übertragenen Betriebe oder Teilbetriebe aufzuteilen (Übernahme der bisher für die Gewinnsteuer massgeblichen Werte). Dabei ist die bei Beginn der Steuerpflicht gewählte Bewertungsmethode zur Berechnung der Mehrwerte der einzelnen Betriebe oder Teilbetriebe anzuwenden[17].

4.3.2.15 Abspaltung zwecks Sanierung der übernehmenden Gesellschaft

Erfolgt eine Abspaltung zwecks Sanierung der übernehmenden Gesellschaft, ist zu prüfen, ob die latente Gewinnsteuer auf den übertragenen stillen Reserven untergeht und ob eine Steuerumgehung vorliegt. Ein solches Vorgehen führt wie eine gewöhnliche Vorteilszuwendung zwischen verbundenen Unternehmen zu einer Besteuerung der übertragenen, unversteuerten stillen Reserven bei der übertragenden Gesellschaft. Die übernehmende Gesellschaft kann eine entsprechende, als Gewinn versteuerte stille Reserve geltend machen.

4.3.3 Direkte Bundessteuer *(Einkommenssteuer: Einkünfte aus Beteiligungen im Privatvermögen)*

4.3.3.1 Veräusserungssperrfrist

Eine gewinnsteuerneutrale Spaltung stellt für die beteiligten natürlichen Personen eine steuerneutrale Vermögensumschichtung dar, die an keine Veräusserungssperrfrist gebunden ist. Die Steuerneutralität für die gespaltenen Gesellschaften zieht auch die Steuerneutralität bei den beteiligten natürlichen Personen, d.h. bei den Beteiligungsinhabern dieser Gesellschaften, nach sich (Urteil BGer 2C_34/2018 vom 11.3.2019).

4.3.3.2 Gratisaktien und Gratisnennwerterhöhungen

Die bei einer Spaltung den Inhabern der gesellschaftlichen Beteiligungsrechte an der übernehmenden Gesellschaft zukommenden Gratisaktien und Gratisnennwerterhöhungen unterliegen nach Artikel 20 Absatz 1 Buchstabe c DBG der Einkommenssteuer, soweit sie nicht zu Lasten des Nennwertes der Beteiligungsrechte oder von KER bzw. Ausland-KER der übertragenden Gesellschaft erfolgen.

Für an einer schweizerischen Börse kotierte Kapitalgesellschaften oder Genossenschaften sind die besonderen Bestimmungen für Gratisaktien und Gratisnennwerterhöhungen zu beachten (Kreisschreiben der ESTV Nr. 29b vom 23.12.2019, Ziff. 5.1.5).

---

[17] Botschaft zum/zur SV17, BBl **2018** 2584

4.3.3.3 Steuerfolgen einer nicht gewinnsteuerneutralen Spaltung

Eine nicht gewinnsteuerneutrale Spaltung stellt für den Anteilsinhaber grundsätzlich einen steuerbaren Entnahmetatbestand dar. Aufgrund der Dreieckstheorie werden grundsätzlich folgende Erträge aus Beteiligungen realisiert (Art. 20 Abs. 1 Bst. c DBG):

- Erfolgt die Übertragung des Betriebes durch einen unterpreislichen Verkauf, liegt eine Vorteilszuwendung zwischen verbundenen Unternehmen (Schwestergesellschaften) im Umfang der übertragenen stillen Reserven an eine verbundene Unternehmung vor (**Beispiel Nr. 12 im Anhang**).
- Stellen die durch Spaltung übertragenen Vermögenswerte keinen Betrieb dar, realisiert der Anteilsinhaber grundsätzlich die mit den Vermögenswerten übertragenen offenen übrigen und stillen Reserven (**Beispiele Nr. 13 und 14 im Anhang**).
- Ist das Betriebserfordernis für die übertragende Gesellschaft nach der Spaltung nicht mehr erfüllt, realisiert der Anteilsinhaber grundsätzlich die offenen stillen Reserven derjenigen Gesellschaft, die das Betriebserfordernis nicht mehr erfüllt (Gleichbehandlung mit dem umgekehrten Vorgang aufgrund der wirtschaftlichen Betrachtungsweise; **Beispiel Nr. 15 im Anhang**).

In allen drei Fällen liegt eine Vorteilszuwendung an eine verbundene Unternehmung (Schwestergesellschaft) vor.

Bei einer Vorteilszuwendung an eine Schwestergesellschaft erhält der Anteilsinhaber (Privatperson) grundsätzlich einen geldwerten Vorteil aus der Beteiligung an der entreicherten Gesellschaft (Art. 20 Abs. 1 Bst. c DBG), den er in die begünstigte Gesellschaft einlegt (Dreieckstheorie). Um eine Mehrfachbelastung bei ihm zu vermeiden, kann er jedoch vor Umsetzung der Transaktion die sogenannte «modifizierte Dreieckstheorie» beantragen. Danach entfällt beim Anteilsinhaber die Besteuerung einer Ausschüttung, sofern er die Beteiligungsrechte an der begünstigten Gesellschaft nicht innert 5 Jahren veräussert. Im Falle einer nicht steuerneutralen Spaltung wegen fehlendem Betriebserfordernis bezieht sich die Frist auf die Beteiligungsrechte an der Gesellschaft, die keinen Betrieb weiterführt. Um eine Besteuerung bei der Verletzung dieser Frist im Nachsteuerverfahren sicherzustellen, wird vom Anteilsinhaber die Abgabe eines entsprechenden Revers verlangt. Es handelt sich bei dieser Praxis um eine „Billigkeitslösung", die zum Ziel hat, eine im Ergebnis zweifache Besteuerung des Vermögensertrages beim Anteilsinhaber zu vermeiden. Nicht anwendbar ist die modifizierte Dreieckstheorie bei einer Abspaltung zwecks Sanierung (vgl. dazu Ziff. 4.1.4.3.2).

Für grenzüberschreitende Spaltungen (Art. 163d IPRG) gelten die gleichen Grundsätze wie bei grenzüberschreitenden Fusionen (vgl. Ziff. 4.1.2.3.9).

4.3.4 Verrechnungssteuer

4.3.4.1 Grundsatz

Artikel 5 Absatz 1 Buchstabe a VStG regelt im Sinne einer Ausnahme, dass Reserven und Gewinne einer Kapitalgesellschaft oder Genossenschaft, die bei einer Umstrukturierung nach Artikel 61 DBG in die Reserven einer aufnehmenden oder umgewandelten inländischen Kapitalgesellschaft oder Genossenschaft übergehen, von der Verrechnungssteuer ausgenommen sind. Dabei wird vorausgesetzt, dass das übertragene Verrechnungssteuersubstrat erhalten bleibt.

Sind die Voraussetzungen für eine steuerneutrale Spaltung nach Artikel 61 Absatz 1 Buchstabe b DBG nicht erfüllt (fehlendes Betriebserfordernis), liegt eine Vorteilszuwendung an eine Schwestergesellschaft vor, die der Verrechnungssteuer unterliegt. Aufgrund der zur Anwendung gelangenden Direktbegünstigungstheorie ist die übernehmende Gesellschaft Empfängerin der Leistung und somit rückerstattungsberechtigt. Die Verzinsung des Verrechnungssteuerbetrages richtet sich nach Artikel 16 VStG.

4.3.4.2 Gratisaktien und Gratisnennwerterhöhungen

Die bei einer Spaltung den Inhabern der Beteiligungsrechte an der übernehmenden Gesellschaft zukommenden Gratisaktien und Gratisnennwerterhöhungen unterliegen nach Artikel 4 Absatz 1 Buchstabe b VStG der Verrechnungssteuer, soweit sie nicht zu Lasten des Nennwertes der Beteiligungsrechte oder der KER bzw. Ausland-KER der übertragenden Gesellschaft erfolgen.

Für an einer schweizerischen Börse kotierte Kapitalgesellschaften oder Genossenschaften sind die besonderen Bestimmungen für Gratisaktien und Gratisnennwerterhöhungen zu beachten (Kreisschreiben der ESTV Nr. 29b vom 23.12.2019, Ziff. 5.1.5).

4.3.4.3 Abspaltung zwecks Sanierung der übernehmenden Gesellschaft

Erfolgt eine Abspaltung auf eine sanierungsbedürftige Schwestergesellschaft zwecks Sanierung der übernehmenden Gesellschaft, so erlangen die Anteilinhaber eine geldwerte Leistung im Umfang der untergehenden übrigen Reserven.

4.3.5 Emissionsabgabe

Beteiligungsrechte, die in Durchführung von Beschlüssen über Spaltungen begründet oder erhöht werden, sind von der Emissionsabgabe ausgenommen (Art. 6 Abs. 1 Bst. a^{bis} StG).

Eine abgabebefreite Spaltung setzt – gleich wie bei der Gewinnsteuer – voraus, dass ein oder mehrere Betriebe übertragen werden und dass die nach der Spaltung bestehenden Kapitalgesellschaften oder Genossenschaften einen Betrieb oder Teilbetrieb weiterführen. Eine Veräusserungssperrfrist für die Beteiligungsrechte an den nach der Spaltung bestehenden Kapitalgesellschaften oder Genossenschaften besteht nicht.

Nicht abgabebefreit ist derjenige Teil des neu geschaffenen nominellen Kapitals der übernehmenden Gesellschaft(en), das das minimal erforderliche Eigenkapital nach dem Kreisschreiben der ESTV Nr. 6 vom 6. Juni 1997 betreffend verdecktes Eigenkapital (Art. 65 DBG) bei Kapitalgesellschaften und Genossenschaften übersteigt, sofern die Merkmale der Abgabeumgehung erfüllt sind.

Liegt keine gewinnsteuerneutrale Spaltung vor, gilt für die Emissionsabgabe grundsätzlich die zivilrechtliche Betrachtungsweise.

4.3.6 Umsatzabgabe

Die mit einer Spaltung verbundene Übertragung steuerbarer Urkunden ist von der Umsatzabgabe ausgenommen (Art. 14 Abs. 1 Bst. i StG).

Die mit einer Spaltung verbundene Übertragung steuerbarer Urkunden unterliegt jedoch dann der Umsatzabgabe, wenn keine gewinnsteuerneutrale Spaltung vorliegt (fehlendes Betriebserfordernis). Die in diesen Fällen geschuldete Umsatzabgabe wird gemäss Artikel 16 StG auf dem Entgelt berechnet. Die Berechnung des massgebenden Entgelts erfolgt dabei folgendermassen:

a) Wenn nur steuerbare Urkunden übernommen bzw. eingebracht werden, auf den gesamten Gutschriften an die Sacheinleger und den übernommenen Drittverpflichtungen;

b) Wenn nicht nur steuerbare Urkunden, sondern auch andere Aktiven übernommen werden, auf den anteiligen Gutschriften und Drittverpflichtungen.

Im Fall b) ist es somit notwendig,

1. den Anteil der steuerbaren Urkunden an den Gesamtaktiven zu Buchwerten zu bestimmen,
2. den entsprechenden Anteil vom Total der Gutschriften an Sacheinleger und übernommenen Drittverpflichtungen zu ermitteln und
3. die Umsatzabgabe vom erhaltenen Wert, der als massgebendes Entgelt zu betrachten ist, zu berechnen.

c) Werden in- und ausländische steuerbare Urkunden übertragen, so ist das massgebende Entgelt aufgrund der Buchwerte proportional aufzuteilen.

4.4 Übertragung auf Tochtergesellschaft (Ausgliederung)

4.4.1 Ausgliederung von Betrieben, Teilbetrieben sowie von Gegenständen des betrieblichen Anlagevermögens

4.4.1.1 Tatbestand

Bei der Ausgliederung überträgt eine Gesellschaft Vermögenswerte auf eine Gesellschaft, an der sie sich beteiligt oder bereits beteiligt ist. Die Ausgliederung von Vermögenswerten ist im FusG nicht geregelt.

4.4.1.1.1 Tochterausgliederung und Fusionsausgliederung

Bei einer Tochterausgliederung werden Vermögenswerte auf eine neue oder eine bereits bestehende Gesellschaft ausgegliedert, an der ausschliesslich die übertragende Gesellschaft beteiligt ist. Die Ausgliederung von Vermögenswerten auf eine Gesellschaft, an der sich eine oder mehrere andere Gesellschaften beteiligen (Fusionsausgliederung; „Joint Venture"), hat die gleichen Steuerfolgen wie eine Tochterausgliederung.

Die Übertragung von Vermögenswerten auf eine Enkelgesellschaft ist eine zweifache Tochterausgliederung (**Beispiel Nr. 16 im Anhang**).

Übersicht[18]

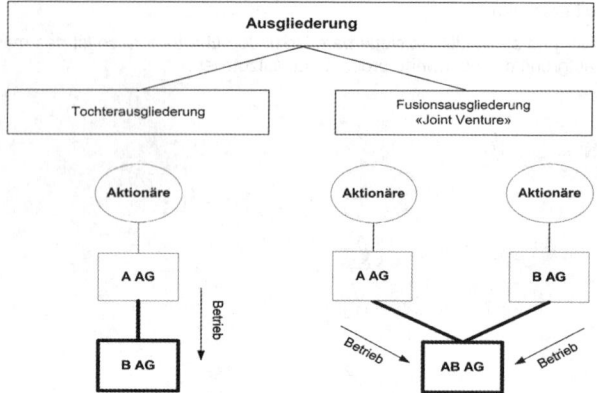

---

[18] REICH, a.a.O., S. 193

4.4.1.1.2 Übertragung

Die Übertragung kann zivilrechtlich auf folgende Weise erfolgen:

- Sacheinlage;
- Verkauf;
- Vermögensübertragung (Art. 69-77 FusG).

4.4.1.2 *Direkte Bundessteuer (Gewinnsteuer)*

4.4.1.2.1 Grundsatz

Verdeckte Kapitaleinlagen führen grundsätzlich zu einer Besteuerung der auf eine Tochtergesellschaft übertragenen stillen Reserven und zu einer entsprechenden Erhöhung des Gewinnsteuerwertes und der Gestehungskosten der Beteiligung (Art. 58 Abs. 1 Bst. c DBG; Kreisschreiben der ESTV Nr. 27 vom 17.12.2009, Ziff. 2.5.1).

Die Übertragung von Vermögenswerten auf eine Tochtergesellschaft ist im Sinne einer Ausnahme steuerneutral, soweit kumulativ:

- die Steuerpflicht in der Schweiz fortbesteht (Art. 61 Abs. 1 DBG);
- die bisher für die Gewinnsteuer massgeblichen Werte übernommen werden (Art. 61 Abs. 1 DBG);
- es sich bei den übertragenen Vermögenswerten um Betriebe, Teilbetriebe oder Gegenstände des betrieblichen Anlagevermögens handelt (Art. 61 Abs. 1 Bst. d DBG);
- es sich bei der übernehmenden Gesellschaft um eine inländische Tochtergesellschaft handelt (Art. 61 Abs. 1 Bst. d DBG);
- während den der Ausgliederung nachfolgenden fünf Jahren die übertragenen Vermögenswerte oder die Beteiligung an der übernehmenden Tochtergesellschaft nicht veräussert werden (Art. 61 Abs. 2 DBG).

Der übertragene und ausgewiesene Aktivenüberschuss der Vermögenswerte kann in der Handelsbilanz der übernehmenden Kapitalgesellschaft oder Genossenschaft steuerneutral als KER, bei Übertragungen aus dem Ausland nach Artikel 5 Absatz 1^{quater} Buchstaben a und b VStG als Ausland-KER ausgewiesen und/oder für die Liberierung von Grund- oder Stammkapital verwendet werden.

4.4.1.2.2 Fortbestand der Steuerpflicht in der Schweiz

Das Erfordernis des Fortbestandes der Steuerpflicht in der Schweiz bezieht sich auf die übernehmende Tochtergesellschaft und nicht auf die übertragende Muttergesellschaft.

Ein Wegfall der Steuerpflicht der übertragenden Muttergesellschaft kann sich bei der Verlegung ihres Sitzes oder ihrer tatsächlichen Verwaltung ins Ausland ergeben. Auch in einem solchen Fall gilt die Sperrfrist nach Artikel 61 Absatz 2 DBG.

Bei einem Wegfall der Steuerpflicht der übertragenden Muttergesellschaft kann während der Veräusserungssperrfrist für die latente Gewinnsteuer Sicherstellung verlangt werden (Art. 169 DBG).

Die Steuerbehörden können von einer Gesellschaft mit Sitz im Ausland verlangen, dass sie einen Vertreter in der Schweiz bezeichnet (Art. 126a DBG).

4.4.1.2.3 Inländische Tochtergesellschaft

Als inländische Tochtergesellschaft gilt eine Kapitalgesellschaft oder Genossenschaft mit Sitz oder tatsächlicher Verwaltung in der Schweiz (Art. 50 DBG), an der die übertragende Kapitalgesellschaft oder Genossenschaft zu mindestens 20 Prozent am Grund- oder Stammkapital beteiligt ist. Eine steuerneutrale Ausgliederung kann jedoch auch auf eine schweizerische Betriebsstätte (Art. 51 Abs. 1 Bst. b DBG) einer ausländischen Tochtergesellschaft erfolgen. Vom Fortbestand der Steuerpflicht in der Schweiz kann jedoch nur dann ausgegangen werden, wenn bei der internationalen Steuerausscheidung sichergestellt ist, dass die übertragenen stillen Reserven weiterhin uneingeschränkt der Schweiz zugewiesen werden. Dies ist nach dem DBG durch die Anwendung der objektmässigen (direkten) Ausscheidungsmethode gewährleistet.

4.4.1.2.4 Übertragung

Die Übertragung kann im Gegensatz zur Spaltung (vgl. Ziff. 4.3) auch durch einen blossen Verkauf erfolgen.

4.4.1.2.5 Betrieb und Teilbetrieb

Es gelten die gleichen Abgrenzungsregeln wie für die Spaltung (vgl. Ziff. 4.3). Im Unterschied zur Spaltung ist es nicht erforderlich, dass nach der Ausgliederung bei der übertragenden Gesellschaft (Muttergesellschaft) ein Betrieb verbleibt.

4.4.1.2.6 Gegenstände des betrieblichen Anlagevermögens

Gegenstände des betrieblichen Anlagevermögens sind solche, die dem Betrieb unmittelbar oder mittelbar dienen. Umlaufvermögen und finanzielles Anlagevermögen bilden nicht Gegenstand des betrieblichen Anlagevermögens (für Beteiligungen vgl. Ziff. 4.3.2.6 und 4.4.2).

Die Beurteilung der übertragenen Vermögenswerte ist aus der Sicht der übernehmenden Gesellschaft vorzunehmen. Es ist somit erforderlich, dass die übernehmende inländische Tochtergesellschaft nach der Übertragung einen Betrieb weiterführt.

4.4.1.2.7 Gewinnsteuerwert und Gestehungskosten der Beteiligung an der übernehmenden Tochtergesellschaft

Die Ausgliederung von Betrieben, Teilbetrieben und Gegenständen des betrieblichen Anlagevermögens auf eine inländische Tochtergesellschaft bewirkt eine Erhöhung des Gewinnsteuerwertes und der Gestehungskosten der Beteiligung an der übernehmenden Tochtergesellschaft im Umfang des unentgeltlich übertragenen Aktivenüberschusses ohne Berücksichtigung der übertragenen stillen Reserven (Kreisschreiben der ESTV Nr. 27 vom 17.12.2009, Ziff. 2.5.1).

4.4.1.2.8 Veräusserungssperrfrist

Die übertragenen stillen Reserven unterliegen der Gewinnsteuer, soweit die übernehmende Tochtergesellschaft die übertragenen Vermögenswerte oder die übertragende Muttergesellschaft Beteiligungs- oder Mitgliedschaftsrechte an der übernehmenden Tochtergesellschaft innert fünf Jahren nach der Übertragung veräussert (Art. 61 Abs. 2 DBG; **Beispiel Nr. 17 im Anhang**). Ob bereits im Ausgliederungszeitpunkt eine Veräusserungsabsicht bestanden hat oder ob erst nach der Ausgliederung eingetretene Umstände zu der Veräusserung geführt haben, ist steuerlich nicht relevant. Die Veräusserungssperrfrist ist verobjektiviert.

Die Veräusserungssperrfrist beginnt am Tag der Eigentumsübertragung. Bei einer Ausgliederung von Vermögenswerten beginnt die Veräusserungssperrfrist mit der Anmeldung beim Handelsregisteramt, sofern und soweit für die zivilrechtlich massgebende Abwicklung ein Eintrag im Handelsregister nötig ist. Eine rückwirkende Ausgliederung ist für den Beginn der Veräusserungssperrfrist wirkungslos. Die Veräusserungssperrfrist endet fünf Jahre nach der Anmeldung beim Handelsregister oder, falls kein Handelsregistereintrag nötig ist, nach der Eigentumsübertragung.

Eine Ersatzbeschaffung der übertragenen Vermögenswerte (Art. 64 DBG) durch die Tochtergesellschaft oder eine nachfolgende steuerneutrale Umstrukturierung der Tochtergesellschaft (Art. 61 DBG) stellt keine Sperrfristverletzung dar. Die Veräusserungssperrfrist erstreckt sich in einem solchen Fall auf die Ersatzgüter bzw. auf die bei der Muttergesellschaft ausgetauschten Beteiligungsrechte.

Eine quotale Veränderung der Beteiligungsverhältnisse durch eine Kapitalerhöhung der Tochtergesellschaft stellt keine Sperrfristverletzung dar, soweit der übertragenden Muttergesellschaft keine Leistungen zufliessen.

Veräussert die Muttergesellschaft bei einer Kapitalerhöhung der Tochtergesellschaft Bezugsrechte, liegt eine Sperrfristverletzung vor. Die zu besteuernde Quote der übertragenen unversteuerten stillen Reserven entspricht dem Verhältnis des Verkaufserlöses für die Bezugsrechte zum Verkehrswert der bisherigen Beteiligungsrechte im Zeitpunkt der Kapitalerhöhung.

Bei einer Sperrfristverletzung erfolgt die Besteuerung im Nachsteuerverfahren (Art. 151-153 DBG). Grundlage der Besteuerung sind die übertragenen unversteuerten stillen Reserven. Die Besteuerung erfolgt immer nur anteilsmässig entsprechend der Quote der veräusserten Beteiligungsrechte bzw. entsprechend der Veräusserung der übertragenen Vermögenswerte. Dies ist auch dann der Fall, wenn mehr als 50 Prozent der Beteiligungsrechte an der übernehmenden Tochtergesellschaft veräussert werden.

Eine Abrechnung über die stillen Reserven im Nachsteuerverfahren (Art. 151-153 DBG) führt zu höheren Gewinnsteuerwerten bei der Tochtergesellschaft (Art. 61 Abs. 2 DBG). Sie kann die Auflösung solcher versteuerter stillen Reserven durch höhere Abschreibungen geltend machen, soweit diese geschäftsmässig begründet sind. Ist sie bereits rechtskräftig veranlagt, kann ihr das Revisionsverfahren (Art. 147-149 DBG) gewährt werden. Soweit die stillen Reserven nicht lokalisiert werden können, liegt Goodwill vor, der steuerwirksam abgeschrieben werden kann.

Werden infolge Sperrfristverletzung die übertragenen stillen Reserven nach Artikel 61 Absatz 2 DBG im Nachsteuerverfahren besteuert, kann in der Handelsbilanz der übernehmenden Kapitalgesellschaft oder Genossenschaft keine KER ausgewiesen werden.

4.4.1.2.9 Vorjahresverluste

Bei der Ausgliederung müssen die bei der Berechnung des steuerbaren Reingewinnes noch nicht berücksichtigten Vorjahresverluste, die auf den übertragenen Betrieb oder Teilbetrieb entfallen, auf die übernehmende Gesellschaft übertragen werden. Sie können nach Artikel 67 Absatz 1 DBG geltend gemacht werden. Eine Übertragung der Vorjahresverluste ist jedoch ausgeschlossen, wenn eine Steuerumgehung vorliegt. Eine solche ist insbesondere dann anzunehmen, wenn der übertragene Betrieb kurz nach der Ausgliederung eingestellt wird.

4.4.1.2.10 Übernahme des selbst geschaffenen Mehrwerts

Der Gewinnsteuerwert des selbst geschaffenen Mehrwerts gemäss Artikel 61a Absatz 1 DBG ist im Zeitpunkt der Ausgliederung zwingend auf die verbleibenden und ausgegliederten Betriebe oder Teilbetriebe aufzuteilen (Übernahme der bisher für die Gewinnsteuer massgeblichen Werte). Dabei ist die bei Beginn der Steuerpflicht gewählte Bewertungsmethode zur Berechnung der Mehrwerte der einzelnen Betriebe oder Teilbetriebe anzuwenden.

4.4.1.3 Verrechnungssteuer

Der übertragene und ausgewiesene Aktivenüberschuss der Vermögenswerte kann in der Handelsbilanz der übernehmenden Kapitalgesellschaft oder Genossenschaft als KER bzw. Ausland-KER ausgewiesen und/oder für die Liberierung von Grund- oder Stammkapital verwendet werden.

4.4.1.4 Emissionsabgabe

Nach Artikel 6 Absatz 1 Buchstabe a^{bis} StG sind von der Emissionsabgabe ausgenommen:

Beteiligungsrechte, die in Durchführung von Beschlüssen über Fusionen oder diesen wirtschaftlich gleichkommenden Zusammenschlüssen, Umwandlungen und Spaltungen von Aktiengesellschaften, Kommanditaktiengesellschaften, Gesellschaften mit beschränkter Haftung oder Genossenschaften begründet oder erhöht werden.

Die Ausgliederung von Betrieben oder Teilbetrieben sowie von Gegenständen des betrieblichen Anlagevermögens auf eine Tochtergesellschaft (Art. 61 Abs. 1 Bst. d DBG) gilt als Umstrukturierung.

Die für die Gewinnsteuer geltenden Voraussetzungen für eine steuerneutrale Ausgliederung gelten auch für die Emissionsabgabe. Sie gelten auch dann, wenn ausländische Kapitalgesellschaften oder Genossenschaften Betriebe, Teilbetriebe oder Gegenstände des betrieblichen Anlagevermögens auf eine schweizerische Kapitalgesellschaft oder Genossenschaft ausgliedern.

Nicht abgabebefreit ist derjenige Teil des neu geschaffenen nominellen Kapitals der übernehmenden Gesellschaft(en), der das minimal erforderliche Eigenkapital nach dem Kreisschreiben der ESTV Nr. 6 vom 6. Juni 1997 betreffend verdecktes Eigenkapital (Art. 65 DBG) bei Kapitalgesellschaften und Genossenschaften übersteigt, sofern die Merkmale der Abgabeumgehung erfüllt sind.

Das StG sieht keine Veräusserungssperrfrist vor. Hingegen ist der Sachverhalt bei einer zeitnahen Veräusserung der übernommenen Vermögenswerte durch die Tochtergesellschaft – unabhängig davon, ob diese Veräusserung als Umstrukturierung im Sinne von Artikel 6 Absatz 1 Buchstabe a^{bis} StG qualifiziert – auf eine mögliche Abgabeumgehung hin zu überprüfen.

4.4.1.5 Umsatzabgabe

Die Umsatzabgabe ist bei der Ausgliederung von Betrieben oder Teilbetrieben nur dann betroffen, wenn die übertragende oder die übernehmende Gesellschaft Effektenhändler ist (Art. 13 Abs. 3 StG) und zusammen mit dem Betrieb steuerbare Urkunden (Art. 13 Abs. 2 StG) übertragen werden.

Nach Artikel 14 Absatz 1 Buchstabe b StG ist die Sacheinlage von Urkunden zur Liberierung in- oder ausländischer Aktien, Stammanteile von Gesellschaften mit beschränkter Haftung, Genossenschaftsanteile, Beteiligungsscheine von Genossenschaftsbanken, Partizipationsscheine und Anteile von kollektiven Kapitalanlagen nach KAG von der Umsatzabgabe ausgenommen.

Die mit einer Umstrukturierung, insbesondere einer Fusion, Spaltung oder Umwandlung verbundene Übertragung steuerbarer Urkunden ist ebenfalls von der Umsatzabgabe ausgenommen (Art. 14 Abs. 1 Bst. i StG). Die entgeltliche Ausgliederung von Betrieben oder Teilbetrieben sowie von Gegenständen des betrieblichen Anlagevermögens auf eine Tochtergesellschaft (Art. 61 Abs. 1 Bst. d DBG) gilt als Umstrukturierung.

4.4.1.6 Nicht betroffene Steuern

- Direkte Bundessteuer (Einkommenssteuer: Einkünfte aus Beteiligungen im Privatvermögen).

4.4.2 Ausgliederung von Beteiligungen

4.4.2.1 Tatbestand

Bei einer Ausgliederung einer Beteiligung überträgt eine Kapitalgesellschaft oder Genossenschaft eine Beteiligung an einer anderen Gesellschaft auf eine in- oder ausländische Tochtergesellschaft. Als Tochtergesellschaft gilt eine Kapitalgesellschaft oder Genossenschaft an der die übertragende Gesellschaft zu mindestens 10 Prozent am Grund- oder Stammkapital oder zu mindestens 10 Prozent am Gewinn und den Reserven beteiligt ist.

Auch der Verkauf einer Beteiligung zum Gewinnsteuerwert gilt als Ausgliederung.

4.4.2.2 Direkte Bundessteuer (Gewinnsteuer)

4.4.2.2.1 Grundsatz

Die Ausgliederung einer Beteiligung auf eine Tochtergesellschaft stellt ein Austausch von Beteiligungsrechten dar und führt grundsätzlich nicht zu einer Realisation (Austauschtatbestand, ohne dass die latente Steuerlast auf den stillen Reserven bei der übertragenden Gesellschaft eine Veränderung erfährt; **Beispiele Nr. 18 und 19 im Anhang**). Der Umstrukturierungstatbestand von Artikel 61 Absatz 1 Buchstabe d DBG muss deshalb nicht angerufen werden.

4.4.2.2.2 Gewinnsteuerwert und Gestehungskosten der Beteiligung an der übernehmenden Tochtergesellschaft

Die Übertragung einer Beteiligung, die mindestens 10 Prozent am Grund- oder Stammkapital einer anderen Gesellschaft oder Genossenschaft beträgt oder die einen Anspruch auf mindestens 10 Prozent des Gewinns und der Reserven einer anderen Gesellschaft begründet (Art. 70 Abs. 4 Bst. b DBG), auf eine in- oder ausländische Tochtergesellschaft (Sub-Holding) kann steuerneutral zum Gewinnsteuerwert erfolgen. Die Beteiligung an der Sub-Holding übernimmt den Gewinnsteuerwert und die Gestehungskosten sowie die Haltedauer der bisher direkt gehaltenen Beteiligung. Der Gewinnsteuerwert sowie die Haltedauer der übertragenen Beteiligung wird von der aufnehmenden Gesellschaft weitergeführt. Die Gestehungskosten der übertragenen Beteiligung entsprechen dem Gewinnsteuerwert.

4.4.2.2.3 Veräusserungssperrfrist

Die Übertragung von stillen Reserven auf Beteiligungen auf eine Tochtergesellschaft stellt grundsätzlich einen steuerneutralen Vorgang (Austauschtatbestand) dar, wobei aus der Sicht der einbringenden Gesellschaft weiterhin die gleiche latente Steuerlast auf den stillen Reserven besteht (Kapitalgewinn mit den gleichen Folgen in Bezug auf den Beteiligungsabzug). Es liegt keine steuerliche Gewinnrealisation nach Artikel 58 Absatz 1 Buchstabe c DBG vor und es besteht deshalb auch keine Veräusserungssperrfrist.

4.4.2.2.4 Übertragung auf eine ausländische Tochtergesellschaft

Im Gegensatz zu der Ausgliederung von Betrieben, Teilbetrieben sowie von Gegenständen des betrieblichen Anlagevermögens (Art. 61 Abs. 1 Bst. d DBG) ist eine steuerneutrale Ausgliederung von Beteiligungen nicht auf die Übertragung auf eine inländische Tochtergesellschaft beschränkt.

4.4.2.2.5 Durch den Beteiligungsabzug bedingte Realisationstatbestände

Eine Abrechnung über die auf eine Tochtergesellschaft übertragenen stillen Reserven auf Beteiligungsrechten findet dann statt, wenn

- die übertragenen Beteiligungsrechte weniger als 10 Prozent und die Beteiligung an der übernehmenden Gesellschaft mindestens 10 Prozent am Grund- oder Stammkapital ausmacht oder einen Anspruch auf mindestens 10 Prozent des Gewinns und der Reserven der anderen Gesellschaft begründen (steuersystematische Realisation infolge Statuswechsel für den Beteiligungsabzug auf dem latenten Kapitalgewinn; faktischer Wegfall der Steuerpflicht), oder
- wenn die übertragenen Beteiligungsrechte bei der übernehmenden Gesellschaft über dem bisherigen Gewinnsteuerwert bilanziert werden (Umwandlung eines latenten Kapitalgewinnes auf einer Beteiligung in latenten „Ausschüttungsertrag"; Schaffung von Ausschüttungssubstrat).

Beide Vorgänge führen zu einer Erhöhung des steuerbaren Reingewinnes der übertragenden Gesellschaft (Muttergesellschaft) und zu einer versteuerten stillen Reserve auf der Beteiligung an der übernehmenden Tochtergesellschaft in der Steuerbilanz der Muttergesellschaft. In beiden Fällen liegt eine indirekte Aufwertung einer Beteiligung und nicht Beteiligungsertrag vor (Art. 70 Abs. 2 Bst. c DBG).

Werden die übertragenen Beteiligungsrechte in einer ausländischen Tochtergesellschaft über dem bisherigen Gewinnsteuerwert bilanziert, wird die indirekte Aufwertung in der Muttergesellschaft steuerlich erst bei einer allfälligen Rückübertragung der Beteiligungsrechte ins Inland erfasst.

4.4.2.3 Verrechnungssteuer

Der übertragene und ausgewiesene Aktivenüberschuss aus den übertragenen Beteiligungsrechten kann in der Handelsbilanz der übernehmenden Kapitalgesellschaft oder Genossenschaft als KER bzw. Ausland-KER ausgewiesen und/oder für die Liberierung von Grund- oder Stammkapital verwendet werden.

Die Grundsätze zur Quasifusion mit zeitnaher Absorption gemäss Ziffer 4.1.7.3.2 werden bei Ausgliederungen von Beteiligungen mit zeitnaher Absorption, Liquidation und diesen gleichkommenden Vorgängen analog angewandt.

4.4.2.4 Emissionsabgabe

Nach Artikel 6 Absatz 1 Buchstabe a^{bis} StG sind von der Emissionsabgabe ausgenommen:

Beteiligungsrechte, die in Durchführung von Beschlüssen über Fusionen oder diesen wirtschaftlich gleichkommenden Zusammenschlüssen, Umwandlungen und Spaltungen von Aktiengesellschaften, Kommanditaktiengesellschaften, Gesellschaften mit beschränkter Haftung oder Genossenschaften begründet oder erhöht werden.

Die Ausgliederung von Beteiligungen von mindestens 10 Prozent am Grund- oder Stammkapital anderer Kapitalgesellschaften oder Genossenschaften oder von Beteiligungen, die einen Anspruch auf mindestens 10 Prozent des Reingewinns und der Reserven einer anderen Gesellschaft begründen, auf eine Tochtergesellschaft gilt ebenfalls als steuerneutrale Umstrukturierung im Sinne von Artikel 6 Absatz 1 Buchstabe a^{bis} StG.

Nicht abgabebefreit ist derjenige Teil des neu geschaffenen nominellen Kapitals der übernehmenden Gesellschaft(en), der das minimal erforderliche Eigenkapital nach dem Kreisschreiben der ESTV Nr. 6 vom 6. Juni 1997 betreffend verdecktes Eigenkapital (Art. 65 DBG) bei Kapitalgesellschaften und Genossenschaften übersteigt, sofern die Merkmale der Abgabeumgehung erfüllt sind.

Das StG sieht keine Veräusserungssperrfrist vor. Hingegen ist der Sachverhalt bei einer zeitnahen Veräusserung der übernommenen Beteiligung(en) durch die Tochtergesellschaft – unabhängig davon, ob diese Veräusserung als Umstrukturierung im Sinne von Artikel 6 Absatz 1 Buchstabe a^{bis} StG qualifiziert – auf eine mögliche Abgabeumgehung hin zu überprüfen.

4.4.2.5 Umsatzabgabe

Nach Artikel 14 Absatz 1 Buchstabe b StG ist die Sacheinlage von Urkunden zur Liberierung in- oder ausländischer Aktien, Stammanteile von Gesellschaften mit beschränkter Haftung, Genossenschaftsanteile, Beteiligungsscheine von Genossenschaftsbanken, Partizipationsscheine und Anteile von kollektiven Kapitalanlagen nach KAG von der Umsatzabgabe ausgenommen.

Der Erwerb oder die Veräusserung von steuerbaren Urkunden im Rahmen von Übertragungen von Beteiligungen von mindestens 10 Prozent am Grund- oder Stammkapital anderer Gesellschaften oder von Beteiligungen, die einen Anspruch auf mindestens 10 Prozent des Gewinns oder der Reserven einer anderen Gesellschaft begründen, auf eine in- oder ausländische Tochtergesellschaft ist von der Umsatzabgabe ausgenommen (Art. 14 Abs. 1 Bst. i StG).

4.4.2.6 Nicht betroffene Steuern

- Direkte Bundessteuer (Einkommenssteuer: Einkünfte aus Beteiligungen im Privatvermögen).

4.5 Übertragung zwischen inländischen Konzerngesellschaften

4.5.1 Tatbestand

Bei der Übertragung zwischen inländischen Konzerngesellschaften überträgt eine inländische Gesellschaft Vermögenswerte auf eine andere inländische Gesellschaft, an der sie nicht beteiligt ist. Eine andere Gesellschaft (Muttergesellschaft) kontrolliert jedoch die übertragende und die übernehmende Gesellschaft (Konzern; Art. 963 OR).

Eine Übertragung zwischen inländischen Konzerngesellschaften liegt auch dann vor, wenn eine Gesellschaft (Tochtergesellschaft) Vermögenswerte auf eine andere Gesellschaft überträgt, welche die übertragende Gesellschaft durch Stimmenmehrheit oder auf andere Weise kontrolliert (Muttergesellschaft oder Grossmuttergesellschaft; **Beispiel Nr. 20 im Anhang**).

Die Übertragung kann zivilrechtlich auf folgende Weise erfolgen:
- Verkauf an Schwester- oder Muttergesellschaft;
- Vermögensübertragung auf Schwester- oder Muttergesellschaft (Art. 69-77 FusG);
- Abspaltung auf Schwestergesellschaft (Art. 29 Bst. b FusG);
- Naturaldividende an Muttergesellschaft;
- Naturaldividende an Muttergesellschaft und Sacheinlage in Schwestergesellschaft.

Die zivilrechtliche Abwicklung ist für die steuerliche Würdigung nicht massgebend. Entscheidend sind die Ausgangslage und das Endresultat der Transaktion.

4.5.2 Direkte Bundessteuer *(Gewinnsteuer)*

4.5.2.1 Grundsatz

Die Übertragung von Vermögenswerten auf eine verbundene Unternehmung (Mutter- oder Schwestergesellschaft) zu den unter den Verkehrswerten liegenden Gewinnsteuerwerten stellt für die übertragende Gesellschaft eine verdeckte Gewinnausschüttung dar (Entnahmetatbestand). Die übertragenen stillen Reserven sind bei der übertragenden Gesellschaft zum ausgewiesenen Gewinn hinzuzurechnen (Art. 58 Abs. 1 Bst. c DBG). Die übernehmende Gesellschaft kann entsprechend als Gewinn versteuerte stille Reserven geltend machen (Kapitaleinlage; Art. 60 Bst. a DBG).

Zwischen inländischen Kapitalgesellschaften und Genossenschaften („inländische Konzerngesellschaften"), welche nach dem Gesamtbild der tatsächlichen Verhältnisse durch Stimmenmehrheit oder auf andere Weise (Art. 963 OR) unter Kontrolle einer Kapitalgesellschaft oder Genossenschaft stehen, können im Sinne einer Ausnahme folgende Vermögenswerte zu den bisher für die Gewinnsteuer massgebenden Werten steuerneutral übertragen werden (Art. 61 Abs. 3 DBG):

- direkt und indirekt gehaltene Beteiligungen von mindestens 20 Prozent am Grund- oder Stammkapital einer anderen Kapitalgesellschaft oder Genossenschaft;
- Betriebe oder Teilbetriebe;
- sowie Gegenstände des betrieblichen Anlagevermögens.

Die Übertragung von Vermögenswerten auf eine Tochtergesellschaft hat andere Steuerfolgen, da es sich dabei um einen Austauschtatbestand handelt (Art. 61 Abs. 1 Bst. d und Art. 61 Abs. 2 DBG; vgl. Ziff. 4.4).

Werden während den nachfolgenden fünf Jahren die übertragenen Vermögenswerte veräussert oder wird die Kontrolle aufgegeben, so werden die übertragenen stillen Reserven bei der übertragenden Gesellschaft im Nachsteuerverfahren (Art. 151-153 DBG) besteuert. Die übernehmende Gesellschaft kann entsprechende, als Gewinn versteuerte stille Reserven geltend machen. Die im Zeitpunkt der Sperrfristverletzung inländischen Konzerngesellschaften haften für die Nachsteuer solidarisch (Art. 61 Abs. 4 DBG).

4.5.2.2 *Fortbestand der Steuerpflicht in der Schweiz*

Bei einer Übertragung zwischen inländischen Konzerngesellschaften gilt das allgemeine Erfordernis des Fortbestandes der Steuerpflicht in der Schweiz (Art. 58 Abs. 1 Bst. c DBG).

Dieses Erfordernis bezieht sich auf die übernehmende und nicht auf die übertragende Konzerngesellschaft.

Erfolgt die Übertragung auf eine schweizerische Betriebsstätte einer ausländischen Konzerngesellschaft, so kann vom Fortbestand der Steuerpflicht in der Schweiz nur dann ausgegangen werden, wenn bei der internationalen Steuerausscheidung sichergestellt ist, dass die übertragenen stillen Reserven weiterhin uneingeschränkt der Schweiz zugewiesen werden. Dies ist nach dem DBG durch die Anwendung der objektmässigen (direkten) Ausscheidungsmethode gewährleistet.

Ein Wegfall der Steuerpflicht der übertragenden Konzerngesellschaft ergibt sich bei der Verlegung ihres Sitzes oder ihrer tatsächlichen Verwaltung ins Ausland.

Bei einem Wegfall der Steuerpflicht der übertragenden Konzerngesellschaft kann während der Veräusserungssperrfrist für die latente Gewinnsteuer Sicherstellung verlangt werden (Art. 169 DBG).

Die Steuerbehörden können von einer Gesellschaft mit Sitz im Ausland verlangen, dass sie einen Vertreter in der Schweiz bezeichnet (Art. 126a DBG).

4.5.2.3 *Inländische Konzerngesellschaften*

Als inländische Konzerngesellschaften im Sinne von Artikel 61 Absatz 3 DBG gelten Gesellschaften mit Sitz oder tatsächlicher Verwaltung in der Schweiz, die direkt oder indirekt von einer in- oder ausländischen Kapitalgesellschaft oder Genossenschaft („Muttergesellschaft") kontrolliert werden (**Beispiel Nr. 20 im Anhang**). Eine Kontrolle wird angenommen, wenn die Muttergesellschaft über die Mehrheit der Stimmrechte verfügt oder die Gesellschaften auf andere Weise kontrolliert (Art. 963 OR). Eine steuerneutrale Übertragung kann jedoch auch auf eine schweizerische Betriebsstätte (Art. 51 Abs. 1 Bst. b DBG) einer ausländischen Konzerngesellschaft erfolgen. In diesem Fall haftet ebenfalls die Betriebsstätte für die Nachsteuer solidarisch (Art. 61 Abs. 4 DBG).

Auch eine schweizerische Betriebsstätte einer ausländischen Konzerngesellschaft kann steuerneutral auf eine inländische Konzerngesellschaft übertragen werden.

Bei einer inländischen Konzerngesellschaft kann es sich auch um die inländische Mutter- oder Grossmuttergesellschaft handeln (**Beispiel Nr. 20 im Anhang**).

4.5.2.4 Übertragung

Die Übertragung kann im Gegensatz zur Spaltung (vgl. Ziff. 4.3) auch durch einen reinen Verkauf erfolgen (**Beispiel Nr. 21 im Anhang**).

4.5.2.5 Direkt und indirekt gehaltene Beteiligungen

Direkt oder indirekt gehaltene Beteiligungen von mindestens 20 Prozent am Grund- oder Stammkapital einer anderen Gesellschaft können nach Artikel 61 Absatz 3 DBG steuerneutral auf andere inländische Konzerngesellschaften übertragen werden.

Zwischen inländischen Konzerngesellschaften können auch Beteiligungen von weniger als 20 Prozent am Grund- oder Stammkapital einer anderen Kapitalgesellschaft oder Genossenschaft steuerneutral übertragen werden, sofern unter Kontrolle einer Kapitalgesellschaft oder Genossenschaft eine direkte oder indirekte Beteiligung von mindestens 20 Prozent am Grund- oder Stammkapital dieser Gesellschaft besteht (Art. 61 Abs. 3 DBG; **Beispiel Nr. 22 im Anhang**).

4.5.2.6 Übertragung einer Beteiligung auf eine ausländische Konzerngesellschaft

Die Übertragung einer Beteiligung auf eine ausländische Konzerngesellschaft kann steuerneutral erfolgen, sofern die übernehmende ausländische Konzerngesellschaft ihrerseits von einer anderen inländischen Konzerngesellschaft kontrolliert wird und die übertragene stille Reserve indirekt in der Schweiz erhalten bleibt (Verdoppelungseffekt der stillen Reserven; **Beispiel Nr. 23 im Anhang**). Eine solche grenzüberschreitende Beteiligungsumstrukturierung ist gleich zu behandeln, wie wenn eine schweizerische Konzerngesellschaft eine Beteiligung auf eine andere schweizerische Konzerngesellschaft überträgt und diese ihrerseits die übernommene Beteiligung auf eine ausländische Tochtergesellschaft ausgliedert (vgl. Ziff. 4.4.2.2.4).

Wird eine Beteiligung auf eine ausländische Konzerngesellschaft übertragen, die nicht von einer inländischen Konzerngesellschaft kontrolliert wird, wird die latente Steuerlast in der Schweiz aufgehoben. Eine steuerneutrale Übertragung ist deshalb nicht möglich. Die stille Reserve auf der übertragenen Beteiligung wird als Kapitalgewinn realisiert. Sofern die Bedingungen nach den Artikeln 69 und 70 DBG erfüllt sind, liegt Beteiligungsertrag vor, der zum Beteiligungsabzug berechtigt.

4.5.2.7 Wertberichtigungen und Abschreibungen auf übertragenen Beteiligungen

Wertberichtigungen sowie Abschreibungen (nach altem Rechnungslegungsrecht) auf Beteiligungen von mindestens 10 Prozent werden dem steuerbaren Gewinn zugerechnet, soweit sie nicht mehr begründet sind (Art. 62 Abs. 4 DBG). Dies trifft zu, soweit eine nachhaltige Werterholung der Beteiligung eingetreten ist. Bei der Veranlagung einer Gesellschaft, die eine Beteiligung zum Gewinnsteuerwert auf eine inländische Konzerngesellschaft überträgt, ist deshalb zu prüfen – gleich wie bei einer Übertragung durch Spaltung (vgl. Ziff. 4.3) – inwieweit allfällige Wertberichtigungen oder Abschreibungen auf dieser Beteiligung noch geschäftsmässig begründet sind (Kreisschreiben der ESTV Nr. 27 vom 17.12.2009, Ziff. 2.5.2).

4.5.2.8 Gestehungskosten einer übertragenen Beteiligung

Werden Beteiligungen steuerneutral auf eine inländische Konzerngesellschaft übertragen, bedingt dies – gleich wie bei einer Übertragung durch Spaltung (vgl. Ziff. 4.3) - eine Fortführung der Gewinnsteuerwerte, der Gestehungskosten und der Haltedauer der übertragenen Beteiligungen bei der erwerbenden Gesellschaft (Kreisschreiben der ESTV Nr. 27 vom 17.12.2009, Ziff. 2.5.1).

4.5.2.9 Betrieb und Teilbetrieb

Es gelten die gleichen Abgrenzungsregeln wie für die Spaltung (vgl. Ziff. 4.3). Im Unterschied zur Spaltung ist es jedoch nicht erforderlich, dass nach der Übertragung bei der übertragenden inländischen Konzerngesellschaft ein Betrieb verbleibt.

4.5.2.10 Gegenstände des betrieblichen Anlagevermögens

Gegenstände des betrieblichen Anlagevermögens sind solche, die dem Betrieb unmittelbar oder mittelbar dienen. Umlaufvermögen und finanzielles Anlagevermögen bilden nicht Gegenstand des betrieblichen Anlagevermögens.

Die Beurteilung der übertragenen Vermögenswerte ist aus der Sicht der übernehmenden Gesellschaft vorzunehmen. Es ist somit erforderlich, dass die übernehmende inländische Gesellschaft nach der Übertragung einen Betrieb weiterführt.

4.5.2.11 Vorjahresverluste

Bei einer Übertragung von Betrieben oder Teilbetrieben müssen die bei der Berechnung des steuerbaren Reingewinnes noch nicht berücksichtigten Vorjahresverluste, die auf den übertragenen Betrieb oder Teilbetrieb entfallen, auf die übernehmende Gesellschaft übertragen werden und können nach Artikel 67 Absatz 1 DBG geltend gemacht werden. Eine Übertragung der Vorjahresverluste ist jedoch ausgeschlossen, wenn dynamisch betrachtet keine betriebswirtschaftlichen Gründe für eine Übertragung gegeben sind.

4.5.2.12 Übernahme des selbst geschaffenen Mehrwerts

Der Gewinnsteuerwert des selbst geschaffenen Mehrwerts gemäss Artikel 61a Absatz 1 DBG ist im Zeitpunkt der Übertragung zwingend auf die verbleibenden und übertragenen Betriebe oder Teilbetriebe aufzuteilen (Übernahme der bisher für die Gewinnsteuer massgeblichen Werte). Dabei ist die bei Beginn der Steuerpflicht gewählte Bewertungsmethode zur Berechnung der Mehrwerte der einzelnen Betriebe oder Teilbetriebe anzuwenden.

4.5.2.13 Übertragung zwecks Sanierung der übernehmenden Gesellschaft

Erfolgt eine Übertragung zwischen inländischen Konzerngesellschaften zwecks Sanierung der übernehmenden Gesellschaft ist zu prüfen, ob die latente Gewinnsteuer auf den übertragenen stillen Reserven untergeht und ob eine Steuerumgehung vorliegt. Ein solches Vorgehen führt wie eine gewöhnliche Vorteilszuwendung zwischen verbundenen Unternehmen zu einer Besteuerung der übertragenen, unversteuerten stillen Reserven bei der übertragenden Gesellschaft. Die übernehmende Gesellschaft kann eine entsprechende, als Gewinn versteuerte stille Reserve geltend machen.

4.5.2.14 Übertragung auf die Muttergesellschaft

Erfolgt die steuerneutrale Übertragung zu Lasten der offenen Reserven einer Tochtergesellschaft an die Muttergesellschaft, stellt der erhaltene Aktivenüberschuss einen Beteiligungsertrag dar. Falls der Aktivenüberschuss nicht über die Erfolgsrechnung, sondern direkt über die Reserven verbucht wird, qualifiziert der Zugang als übrige Reserve.

Ergibt sich durch die Übertragung von Vermögenswerten ein Wertberichtigungsbedarf der Muttergesellschaft auf der Beteiligung an der übertragenden Tochtergesellschaft, so liegt in diesem Umfang eine steuerneutrale Desinvestition vor. Die Bildung einer solchen Wertberichtigung auf der Beteiligung an der übertragenden Tochtergesellschaft kann deshalb nicht geltend gemacht werden. Die Gestehungskosten auf dieser Beteiligung werden aber im Umfang der Wertberichtigung reduziert (**Beispiele Nr. 20 und 24 im Anhang**).

4.5.2.15 Übertragung zwischen Schwestergesellschaften

Verbuchung bei der übertragenden und der übernehmenden Gesellschaft:

Erfolgt eine steuerneutrale Übertragung zu Lasten der Reserven der übertragenden Gesellschaft, verbucht die übernehmende Schwestergesellschaft den erhaltenen Aktivenüberschuss spiegelbildlich zu Gunsten ihrer Reserven. Dies gilt sowohl für übrige Reserven als auch für KER bzw. Ausland-KER.

4.5.2.16 Steuerfolgen für eine beteiligte juristische Person (Muttergesellschaft) bei einer Übertragung auf eine Schwestergesellschaft (modifizierte Dreieckstheorie)

Gleich wie bei einer symmetrischen Spaltung (vgl. Ziff. 4.3.2.11 und **Beispiel Nr. 10 im Anhang**) liegt aus der Sicht der Muttergesellschaft bei einer Vermögensübertragung zwischen inländischen Schwestergesellschaften eine steuerneutrale Vermögensumschichtung vor. Ein Austausch von Beteiligungsrechten findet nicht statt (vgl. Ziff. 4.6). Aufgrund des Massgeblichkeitsprinzips der Handelsbilanz kommt für die steuerliche Gewinnermittlung zwingend die modifizierte Dreieckstheorie zur Anwendung. Die Summe der Gewinnsteuerwerte und der Gestehungskosten der Beteiligungen bleibt unverändert. Allenfalls ergibt sich aufgrund der Vorteilszuwendung für die Beteiligung an der entreicherten Gesellschaft ein Wertberichtigungsbedarf. Ein solcher müsste durch eine Aufwertung der Beteiligung an der begünstigten Gesellschaft kompensiert werden (Umbuchung: Beteiligung „übernehmende Gesellschaft" an Beteiligung „übertragende Gesellschaft"; **Beispiele Nr. 10 und 20 im Anhang**). Für die Muttergesellschaft ergeben sich somit die gleichen Steuerfolgen, wie bei einer Vorteilszuwendung zwischen verbundenen Unternehmen (Tochtergesellschaften).

4.5.2.17 Veräusserungssperrfrist

Die übertragenen stillen Reserven unterliegen der Gewinnsteuer, soweit die übernehmende inländische Konzerngesellschaft innert fünf Jahren nach der Übertragung die übertragenen Vermögenswerte veräussert (Art. 61 Abs. 4 DBG) oder sofern die Kontrolle aufgegeben wird (**Beispiel Nr. 25 im Anhang**).

Bei einer Sperrfristverletzung erfolgt die Besteuerung im Nachsteuerverfahren (Art. 151-153 DBG). Grundlage der Besteuerung sind die übertragenen unversteuerten stillen Reserven.

Die im Zeitpunkt der Sperrfristverletzung bestehenden inländischen Konzerngesellschaften haften für die Nachsteuer solidarisch (Art. 61 Abs. 4 DBG).

Ob bereits im Zeitpunkt der Übertragung eine Veräusserungsabsicht bestanden hat oder ob erst nach der Übertragung eingetretene Umstände zu der Veräusserung geführt haben, ist steuerlich nicht relevant. Die Veräusserungssperrfrist ist verobjektiviert.

Die Veräusserungssperrfrist beginnt am Tag der Eigentumsübertragung. Bei einer Übertragung beginnt die Veräusserungssperrfrist mit der Anmeldung beim Handelsregisteramt, sofern und soweit für die zivilrechtlich massgebende Abwicklung ein Eintrag im Handelsregister nötig ist. Eine rückwirkende Vermögensübertragung ist für den Beginn der Veräusserungssperrfrist wirkungslos. Die Veräusserungssperrfrist endet fünf Jahre nach der Anmeldung beim Handelsregister oder, falls kein Handelsregistereintrag nötig ist, nach der Eigentumsübertragung.

Eine Ersatzbeschaffung der übertragenen Vermögenswerte (Art. 64 DBG) durch die übernehmende inländische Konzerngesellschaft oder eine nachfolgende steuerneutrale Umstrukturierung der übertragenden oder übernehmenden inländischen Konzerngesellschaft (Art. 61 DBG) stellt keine Sperrfristverletzung dar. Die Veräusserungssperrfrist erstreckt sich in einem solchen Fall auf die Ersatzgüter bzw. auf die bei der Muttergesellschaft ausgetauschten Beteiligungsrechte.

Bei einer Teilveräusserung der übertragenen Vermögenswerte erfolgt die Besteuerung anteilsmässig. Bei der Aufgabe der Kontrolle erfolgt immer eine vollständige Besteuerung der gesamten übertragenen stillen Reserven.

Eine Sperrfristverletzung durch die Aufgabe der Kontrolle liegt vor, wenn die Muttergesellschaft die Stimmenmehrheit an der übertragenden oder der übernehmenden inländischen Konzerngesellschaft verliert und die Gesellschaften nicht auf andere Weise weiterhin kontrolliert.

Die übertragende und die übernehmende inländische Konzerngesellschaft haben während der Veräusserungssperrfrist jedes Jahr nachzuweisen, dass

- die übernehmende inländische Konzerngesellschaft die übertragenen Vermögenswerte nicht weiterveräussert hat;
- die in- oder ausländische Muttergesellschaft die Kontrolle der übertragenden und der übernehmenden inländischen Konzerngesellschaft nicht aufgegeben hat.

Eine Abrechnung über die stillen Reserven im Nachsteuerverfahren (Art. 151-153 DBG) führt zu höheren Gewinnsteuerwerten bei der übernehmenden Konzerngesellschaft (Art. 61 Abs. 4 DBG). Sie kann die Auflösung solcher versteuerter stillen Reserven durch höhere Abschreibungen geltend machen, soweit diese geschäftsmässig begründet sind. Ist sie bereits rechtskräftig veranlagt, kann ihr das Revisionsverfahren (Art. 147-149 DBG) gewährt werden. Soweit die stillen Reserven nicht lokalisiert werden können, liegt Goodwill vor, der steuerwirksam abgeschrieben werden kann.

4.5.3 Verrechnungssteuer

4.5.3.1 Grundsatz

Artikel 5 Absatz 1 Buchstabe a VStG regelt im Sinne einer Ausnahme, dass Reserven und Gewinne einer Kapitalgesellschaft oder Genossenschaft, die bei einer Umstrukturierung nach Artikel 61 DBG in die Reserven einer aufnehmenden oder umgewandelten inländischen Kapitalgesellschaft oder Genossenschaft übergehen, von der Verrechnungssteuer ausgenommen sind. Dabei wird vorausgesetzt, dass das übertragene Verrechnungssteuersubstrat erhalten bleibt.

Die Übertragung von Beteiligungen, Betrieben, Teilbetrieben sowie von Gegenständen des betrieblichen Anlagevermögens auf eine inländische Konzerngesellschaft (Art. 61 Abs. 3 DBG) fällt auch unter diese Ausnahme. Das Steuersubstrat der Verrechnungssteuer wird durch solche Vorgänge nicht geschmälert, soweit die übertragenen offenen und stillen Reserven bei einer späteren Ausschüttung an die Aktionäre weiterhin der Steuer unterliegen (**Beispiel Nr. 23 im Anhang**).

4.5.3.2 Übertragung auf eine Schwestergesellschaft mit echter Unterbilanz

Erfolgt eine Übertragung auf eine Schwestergesellschaft mit echter Unterbilanz, so erlangt die Muttergesellschaft eine geldwerte Leistung im Umfang der untergehenden übrigen Reserven.

4.5.3.3 Veräusserungssperrfrist

Bei Verletzung der im DBG vorgesehenen Veräusserungssperrfrist (Art. 61 Abs. 4 DBG) ist die Verrechnungssteuer geschuldet. Die Verzinsung des Verrechnungssteuerbetrages richtet sich nach Artikel 16 VStG.

4.5.4 Emissionsabgabe

Beteiligungsrechte, die im Zusammenhang mit einer Übertragung von Beteiligungen, Betrieben, Teilbetrieben sowie von Gegenständen des betrieblichen Anlagevermögens auf eine inländische Konzerngesellschaft begründet oder erhöht werden, sind im Sinne von Artikel 6 Absatz 1 Buchstabe a^{bis} StG von der Emissionsabgabe ausgenommen.

Das StG sieht keine Veräusserungssperrfrist vor. Hingegen ist der Sachverhalt bei einer zeitnahen Veräusserung der übernommenen Vermögenswerte durch die übernehmende Konzerngesellschaft – unabhängig davon, ob diese Veräusserung als Umstrukturierung im Sinne von Artikel 6 Absatz 1 Buchstabe a^{bis} StG qualifiziert – auf eine mögliche Abgabeumgehung hin zu überprüfen.

4.5.5 Umsatzabgabe

Der Erwerb oder die Veräusserung von steuerbaren Urkunden im Rahmen von Umstrukturierungen nach den Artikeln 61 Absatz 3 und 64 Absatz 1 DBG sowie bei der Übertragung von Beteiligungen von mindestens 20 Prozent am Grund- oder Stammkapital anderer Gesellschaften auf eine in- oder ausländische Konzerngesellschaft sind von der Umsatzabgabe ausgenommen (Art. 14 Abs. 1 Bst. j StG).

Zwischen inländischen Konzerngesellschaften können auch Beteiligungen von weniger als 20 Prozent am Grund- oder Stammkapital einer anderen Kapitalgesellschaft oder Genossenschaft steuerneutral übertragen werden, sofern unter Kontrolle einer Kapitalgesellschaft oder Genossenschaft eine direkte oder indirekte Beteiligung von mindestens 20 Prozent am Grund- oder Stammkapital dieser Gesellschaft besteht (Art. 14 Abs. 1 Bst. j 1. Halbsatz StG i.V.m. Art. 61 Abs. 3 DBG; vgl. Ziffer 4.5.2.5; **Beispiel Nr. 22 im Anhang**).

4.5.6 *Nicht betroffene Steuer*

- Direkte Bundessteuer (Einkommenssteuer: Einkünfte aus Beteiligungen im Privatvermögen).

4.6 Austausch von Beteiligungsrechten im Vermögen juristischer Personen bei Umstrukturierungen

4.6.1 Tatbestand

Bei der Umstrukturierung von juristischen Personen, insbesondere bei Fusionen, Spaltungen oder Umwandlungen sowie bei fusionsähnlichen Zusammenschlüssen von Gesellschaften kann es zu einem Austausch von Beteiligungsrechten im Vermögen juristischer Personen (Anteilsinhaber) kommen.

4.6.2 Direkte Bundessteuer *(Gewinnsteuer)*

4.6.2.1 Grundsatz

Der Austausch von Beteiligungs- oder Mitgliedschaftsrechten an Gesellschaften bei Umstrukturierungen im Sinne von Artikel 61 Absatz 1 DBG oder bei fusionsähnlichen Zusammenschlüssen ist für eine beteiligte Kapitalgesellschaft oder Genossenschaft steuerneutral (Art. 61 Abs. 1 Bst. c DBG), soweit kumulativ:

- die Steuerpflicht in der Schweiz fortbesteht (Art. 61 Abs. 1 DBG);
- die bisher für die Gewinnsteuer massgeblichen Werte übernommen werden (Art. 61 Abs. 1 DBG).

4.6.2.2 Durch den Beteiligungsabzug bedingte Realisationstatbestände

Diese Bedingungen sind für die übertragende Gesellschaft dann nicht erfüllt, wenn

- die übertragenen Beteiligungsrechte weniger als 10 Prozent und die erhaltenen Beteiligungsrechte mindestens 10 Prozent am Grund- oder Stammkapital der übernehmenden Gesellschaft verkörpern oder einen Anspruch auf mindestens 10 Prozent des Gewinns und der Reserven der anderen Gesellschaft begründen (steuersystematische Realisation infolge Statuswechsel für den Beteiligungsabzug auf dem latenten Kapitalgewinn; faktischer Wegfall der Steuerpflicht), oder
- die übertragenen Beteiligungsrechte bei der übernehmenden Gesellschaft über dem bisherigen Gewinnsteuerwert bilanziert werden (Umwandlung eines latenten Kapitalgewinnes auf einer Beteiligung in latenten „Ausschüttungsertrag"; Schaffung von Ausschüttungssubstrat).

Beide Vorgänge führen zu einer Erhöhung des steuerbaren Reingewinnes der Muttergesellschaft (tauschende Gesellschaft) und zu einer versteuerten stillen Reserve bei ihrer Beteiligung an der übernehmenden Tochtergesellschaft. In beiden Fällen liegt eine indirekte Aufwertung einer Beteiligung und nicht Beteiligungsertrag vor (Art. 70 Abs. 2 Bst. c DBG). Die Haltedauer der betroffenen Beteiligungen bleibt dabei unverändert.

4.6.2.3 Übernahme der bisherigen Gewinnsteuerwerte bei Quasifusionen

Die Fortführung der bisherigen Gewinnsteuerwerte der ausgetauschten Beteiligungsrechte bezieht sich nicht nur auf die tauschende Gesellschaft, sondern auch auf die Gesellschaft, welche die Beteiligungsrechte übernimmt.

Bei Publikumsgesellschaften sind die bisherigen Gewinnsteuerwerte der übertragenen Beteiligungsrechte der übernehmenden Gesellschaft nicht bekannt. Zudem befinden sich nicht alle übertragenen Beteiligungsrechte im Vermögen von Kapitalgesellschaften oder Genossenschaften. Die übernehmende Gesellschaft kann deshalb die übernommenen Beteiligungsrechte ersatzweise höchstens zum Aktivenüberschuss zu Gewinnsteuerwerten („Equity") der Gesellschaft bilanzieren, deren Beteiligungsrechte übernommen wurden (Zielgesellschaft).

4.6.2.4   Gestehungskosten bei Unternehmenszusammenschlüssen

Unternehmenszusammenschlüsse (Fusionen und fusionsähnliche Zusammenschlüsse) stellen für die beteiligte Unternehmung eine steuerneutrale Vermögensumschichtung dar. Der Gewinnsteuerwert, die Gestehungskosten und die Haltedauer der übertragenen Beteiligungen, bleiben grundsätzlich unverändert (Kreisschreiben der ESTV Nr. 27 vom 17.12.2009, Ziff. 2.5.1).

4.6.2.5   Ausgleichszahlungen bei Unternehmenszusammenschlüssen

Ausgleichszahlungen bei Unternehmenszusammenschlüssen (Fusionen und fusionsähnliche Zusammenschlüsse) gelten als Beteiligungsertrag und berechtigen zum Beteiligungsabzug, sofern die subjektiven und objektiven Voraussetzungen erfüllt sind (Kreisschreiben der ESTV Nr. 27 vom 17.12.2009).

4.6.2.6   Abfindungen bei Barfusionen

Abfindungen bei Barfusionen (Art. 8 Abs. 2 i.V.m. Art. 18 Abs. 5 FusG) gelten als Beteiligungsertrag (Liquidationserlös), soweit der Erlös die Gestehungskosten übersteigt, und berechtigen zum Beteiligungsabzug, sofern die subjektiven und objektiven Voraussetzungen erfüllt sind.

4.6.2.7   Grenzüberschreitender Beteiligungsaustausch

Die Steuerneutralität gilt auch dann, wenn Beteiligungsrechte gegen Beteiligungsrechte an einer ausländischen Gesellschaft ausgetauscht werden (grenzüberschreitender Beteiligungsaustausch). Für die Übertragung von Beteiligungen von mindestens 20 Prozent am Grund- oder Stammkapital einer anderen Gesellschaft oder Genossenschaft auf eine ausländische Konzerngesellschaft gelten die Ausführungen unter Ziffer 4.5.2.

4.6.3   Verrechnungssteuer

Die tauschenden juristischen Personen (Aktionäre) können die auf Nennwertzuwachs, Ausgleichszahlungen oder Barleistungen erhobene Verrechnungssteuer zurückfordern.

4.6.4   Emissionsabgabe

Die Emissionsabgabe ist auf der Stufe der übernehmenden Kapitalgesellschaften und Genossenschaften (Emittent) betroffen (vgl. Ziff. 4.1.2.5).

4.6.5   Umsatzabgabe

Die mit einer Umstrukturierung, insbesondere einer Fusion, Spaltung oder Umwandlung verbundene Übertragung steuerbarer Urkunden ist von der Umsatzabgabe ausgenommen (Art. 14 Abs. 1 Bst. i StG). Dies gilt auch für den Austausch von Beteiligungsrechten im Vermögen juristischer Personen bei Umstrukturierungen.

4.7 Ersatzbeschaffung von Beteiligungen

4.7.1 Tatbestand

Eine Ersatzbeschaffung auf Beteiligungen liegt vor, wenn ein bei der Veräusserung einer Beteiligung erzielter Kapitalgewinn durch eine Abschreibung auf einer neu erworbenen Beteiligung (Ersatzobjekt) oder eine Rückstellung für einen solchen Ersatz kompensiert wird. Durch diese Massnahme werden die stillen Reserven auf das Ersatzobjekt übertragen.

4.7.2 Direkte Bundessteuer (Einkommenssteuer: Einkünfte aus selbständiger Erwerbstätigkeit)

Eine Ersatzbeschaffung einer Beteiligung im Geschäftsvermögen einer natürlichen Person ist nur dann möglich, wenn es sich bei der Beteiligung und dem Ersatzobjekt um betriebsnotwendiges Anlagevermögen handelt (Art. 30 DBG).

4.7.3 Direkte Bundessteuer (Gewinnsteuer)

4.7.3.1 Grundsatz

Beim Ersatz von Beteiligungen können die stillen Reserven auf eine neue Beteiligung übertragen werden, sofern die veräusserte Beteiligung mindestens 10 Prozent des Grund- oder Stammkapitals der anderen Gesellschaft ausmacht oder einen Anspruch auf mindestens 10 Prozent des Gewinns und der Reserven einer anderen Gesellschaft begründen und als solche während mindestens eines Jahres im Besitze der Kapitalgesellschaft oder Genossenschaft war (Art. 64 Abs. 1bis DBG).

Findet die Ersatzbeschaffung nicht im gleichen Geschäftsjahr statt, so kann im Umfang der stillen Reserven eine Rückstellung gebildet werden. Diese Rückstellung ist innert angemessener Frist zur Abschreibung auf dem Ersatzobjekt zu verwenden oder zugunsten der Erfolgsrechnung aufzulösen (Art. 64 Abs. 2 DBG). Die Gewährung des Beteiligungsabzuges (Art. 69 und 70 DBG) richtet sich nach den Verhältnissen im Zeitpunkt der Veräusserung der Beteiligung.

4.7.3.2 Veräussernde Gesellschaft

Im Gegensatz zur Ersatzbeschaffung von Gegenständen des betriebsnotwendigen Anlagevermögens ist es nicht erforderlich, dass die veräussernde Gesellschaft einen Betrieb führt. Bei der Ersatzbeschaffung von Beteiligungen handelt es sich um einen Steueraufschub aufgrund eines Reinvestitionstatbestandes.

4.7.3.3 Veräusserte Beteiligung

Die veräusserte Beteiligung muss mindestens 10 Prozent des Grund- oder Stammkapitals der anderen Gesellschaft ausmachen oder einen Anspruch auf mindestens 10 Prozent des Gewinns und der Reserven der anderen Gesellschaft begründen und als solche während mindestens eines Jahres im Besitze der Kapitalgesellschaft oder Genossenschaft gewesen sein. Es kann sich dabei um eine Beteiligung an einer in- oder ausländischen Kapitalgesellschaft oder Genossenschaft handeln. Die Betriebsnotwendigkeit ist keine Voraussetzung für den Steueraufschub durch Ersatzbeschaffung.

4.7.3.4 Ersatzobjekt

Das Ersatzobjekt kann eine Beteiligung an einer in- oder ausländischen Kapitalgesellschaft oder Genossenschaft sein. Eine Mindestbeteiligungsquote ist nicht erforderlich.

4.7.3.5 *Ersatz innert angemessener Frist*

Als angemessene Frist zur Verwendung oder Auflösung einer Rückstellung für Ersatzbeschaffung gelten in der Regel drei Jahre. Die Frist beginnt im Zeitpunkt der Erfüllung des Veräusserungsvertrages zu laufen.

Eine Ersatzbeschaffung von Beteiligungen kann auch vorgezogen werden. Die Frist beträgt dabei in der Regel ebenfalls drei Jahre.

4.7.3.6 *Verbuchung*

Bei der Ersatzbeschaffung auf Beteiligungen gilt das Massgeblichkeitsprinzip. D.h. die Ersatzbeschaffung muss im Sinne einer Wiederbeschaffungsreserve (Art. 960a Abs. 4 OR) als direkte Abschreibung oder Rückstellung verbucht werden.

4.7.3.7 *Nicht reinvestierter Teil des Veräusserungserlöses*

Wird der Veräusserungserlös für eine Beteiligung nur teilweise reinvestiert, kann für den nicht reinvestierten Teil des Kapitalgewinnes keine Ersatzbeschaffung geltend gemacht werden (**Beispiel Nr. 26 im Anhang**).

4.7.3.8 *Gewinnsteuerwert*

Der Gewinnsteuerwert des Ersatzobjekts entspricht seinem um die steuerlich zulässige Ersatzbeschaffung (Abschreibung) herabgesetzten Erwerbspreis (**Beispiele Nr. 26 und 27 im Anhang**).

4.7.3.9 *Gestehungskosten*

Die Gestehungskosten entsprechen dem um die steuerlich zulässige Ersatzbeschaffung (Abschreibung) herabgesetzten Erwerbspreis für das Ersatzobjekt (= Gewinnsteuerwert; **Beispiele Nr. 26 und 27 im Anhang**).

4.7.3.10 *Wiedereingebrachte Abschreibungen und Wertberichtigungen*

Wiedereingebrachte Abschreibungen (nach altem Rechnungslegungsrecht) und Wertberichtigungen auf der veräusserten Beteiligung (Art. 62 Abs. 4 DBG) berechtigen nicht zur Ersatzbeschaffung (**Beispiel Nr. 27 im Anhang**).

4.7.4 Umsatzabgabe

Die Veräusserung von steuerbaren Urkunden im Rahmen der Ersatzbeschaffung einer Beteiligung, die mindestens 10 Prozent am Grund- oder Stammkapital oder mindestens 10 Prozent des Gewinns und der Reserven der anderen Gesellschaft ausmacht sowie der Erwerb von steuerbaren Urkunden nach Artikel 64 Absatz 1bis DBG sind von der Umsatzabgabe ausgenommen (Art. 14 Abs. 1 Bst. j StG), soweit der Veräusserungserlös für den Erwerb einer neuen Beteiligung verwendet wird.

Der nicht für Ersatzbeschaffung verwendete Verkaufserlös (keine vollständige Reinvestition oder Rückstellungsbildung) sowie eine den Veräusserungspreis übersteigende Ersatzbeschaffung unterliegen der Umsatzabgabe.

4.7.5 Nicht betroffene Steuern

- Direkte Bundessteuer (Einkommenssteuer: Einkünfte aus Beteiligungen im Privatvermögen);
- Verrechnungssteuer;
- Emissionsabgabe.

5. Inkrafttreten

Das vorliegende Kreisschreiben tritt mit seiner Publikation in Kraft.

Anhang zum Kreisschreiben Nr. 5a vom 1. Februar 2022

Beispiele 1 – 27 (wenn keine anderen Angaben: Zahlen in tausend CHF)

Inhaltsverzeichnis Seite

Nr. 1: Übertragung von Vermögenswerten auf eine andere Personenunternehmung (Ziff. 3.1) 3

Nr. 2: Umwandlung einer Personenunternehmung in eine Kapitalgesellschaft; Sperrfristverletzung (Ziff. 3.2) 4

Nr. 3: Umwandlung einer Personenunternehmung in eine Kapitalgesellschaft; Vorjahresverluste (Ziff. 3.2) 9

Nr. 4: Fusion: Verrechnung von Ausgleichszahlungen mit Nennwertverlusten (Ziff. 4.1.2) 11

Nr. 5: Fusion: Verwendung eigener Beteiligungsrechte (Ziff. 4.1.2) 14

Nr. 6: Absorption der Muttergesellschaft (Ziff. 4.1.6) 19

Nr. 7: Quasifusion mit zeitnaher Absorption (Ziff. 4.1.7) 21

Nr. 8: Umwandlung eines Instituts des öffentlichen Rechts in eine Kapitalgesellschaft oder in eine Genossenschaft; Rechtskleidwechsel (Ziff. 4.2.5) 22

Nr. 9: Umwandlung einer Kapitalgesellschaft in eine Personenunternehmung; Vorjahresverluste (Ziff. 4.2.6) 24

Nr. 10: Steuerfolgen einer symmetrischen Spaltung für eine beteiligte juristische Person; Muttergesellschaft (Ziff. 4.3.2) 26

Nr. 11: Steuerfolgen einer symmetrischen Abspaltung einer Holdinggesellschaft (Ziff. 4.3.2.6) 29

Nr. 12 Verkauf eines Betriebes zum Gewinnsteuerwert an die Schwestergesellschaft (Ziff. 4.3.2) 34

Nr. 13: Abspaltung einer Aktiengesellschaft; übertragene Vermögenswerte erfüllen das Betriebserfordernis nicht (Ziff. 4.3) 36

Nr. 14: Aufspaltung einer Aktiengesellschaft; übertragene Vermögenswerte erfüllen das Betriebserfordernis nicht (Ziff. 4.3) 38

Nr. 15: Abspaltung einer Aktiengesellschaft; übertragende Gesellschaft erfüllt das Betriebserfordernis nach der Spaltung nicht mehr (Ziff. 4.3) 41

Nr. 16: Übertragung eines Gegenstandes des betrieblichen Anlagevermögens auf eine inländische Enkelgesellschaft (Ziff. 4.4.1) 44

Nr. 17: Ausgliederung von Gegenständen des betrieblichen Anlagevermögens (Ziff. 4.4.1) 47

Nr. 18: Ausgliederung von Beteiligungen (Ziff. 4.4.2) 50

Nr. 19: Verkauf einer Beteiligung an die Tochtergesellschaft (Ziff. 4.4.2) 54

Nr. 20: Übertragung eines Gegenstandes des betrieblichen Anlagevermögens auf die inländische Grossmuttergesellschaft (Ziff. 4.5) 57

Nr. 21: Übertragung eines Gegenstandes des betrieblichen Anlagevermögens auf eine inländische Schwestergesellschaft (Ziff. 4.5) 60

Nr. 22: Übertragung einer indirekt gehaltenen Beteiligung auf die inländische Muttergesellschaft (Ziff. 4.5) 62

Nr. 23: Übertragung einer Beteiligung auf eine ausländische Konzerngesellschaft (Ziff. 4.5) 64

Nr. 24: Übertragung einer Beteiligung auf die Muttergesellschaft (Ziff. 4.5) 67

Nr. 25: Veräusserungssperrfrist bei der Übertragung eines Betriebes auf eine andere inländische Konzerngesellschaft (Ziff. 4.5) 74

Nr. 26: Teilweise vorgenommene Ersatzbeschaffung einer Beteiligung (Ziff. 4.7) 77

Nr. 27: Vollständige Ersatzbeschaffung einer Beteiligung (Ziff. 4.7) 79

Nr. 1: Übertragung von Vermögenswerten auf eine andere Personenunternehmung (Ziff. 3.1)

A ist Eigentümer eines Hotelbetriebes (Einzelunternehmen).

B ist Eigentümer einer Bauspenglerei (Einzelunternehmen). Zu seinem Geschäftsvermögen gehört auch ein Grundstück (Bauland).

A und B wollen gemeinsam den Hotelbetrieb von A weiterführen und auf dem Grundstück von B ein Sportzentrum errichten.

A und B gründen die Kollektivgesellschaft A&B an der sie mit je 50 Prozent beteiligt sind. A bringt den Hotelbetrieb (sämtliche Aktiven und Passiven seines Einzelunternehmens) zu den bisher für die Einkommenssteuer massgeblichen Werten ein. Das Einzelunternehmen A wird im Handelsregister gelöscht.

B bringt zu Lasten des Eigenkapitals seines Einzelunternehmens das Bauland zum bisherigen Einkommenssteuerwert ein und führt den Betrieb der Bauspenglerei als Einzelunternehmen weiter.

Eröffnungsbilanz der Kollektivgesellschaft A&B (Handelsbilanz)

Hotelgebäude [1]	6'000	Fremdkapital	5'000
Mobiliar und Vorräte [2]	1'000	Kapital A	2'000
Bauland [3]	2'000	Kapital B	2'000
Total Aktiven	9'000	Total Passiven	9'000

1) unversteuerte stille Reserve: 1'000
2) unversteuerte stille Reserve: 500
3) unversteuerte stille Reserve: 1'500

Direkte Bundessteuer *(Einkommenssteuer: Einkünfte aus selbständiger Erwerbstätigkeit)*

Die Vermögensübertragung ist sowohl für A wie für B steuerneutral.

- Die übertragenen und die zurückbleibenden Vermögenswerte gehören weiterhin zum Geschäftsvermögen der beiden Gesellschafter.
- Die Steuerpflicht besteht weiter.
- Die bisher für die Einkommenssteuer massgeblichen Werte wurden übernommen.

Nicht betroffene Steuern

- Direkte Bundessteuer (Gewinnsteuer);
- Direkte Bundessteuer (Einkommenssteuer: Einkünfte aus Beteiligungen im Privatvermögen);
- Verrechnungssteuer;
- Emissionsabgabe;
- Umsatzabgabe.

Nr. 2: Umwandlung einer Personenunternehmung in eine Kapitalgesellschaft; Sperrfristverletzung (Ziff. 3.2)

Das Einzelunternehmen A. Müller soll durch Sacheinlagegründung in eine GmbH umgewandelt werden.

Schlussbilanz des Einzelunternehmens A. Müller (Handelsbilanz)

Aktiven [1]	1'000	Fremdkapital	600
		Eigenkapital	400
Total Aktiven	1'000	Total Passiven	1'000

1) unversteuerte stille Reserven: 500

Eröffnungsbilanz der A. Müller GmbH (Handelsbilanz)

Aktiven [1]	1'000	Fremdkapital	600
		Kreditor A. Müller	200
		Stammkapital [2]	100
		Reserven aus Kapitaleinlagen (KER) [2]	100
Total Aktiven	1'000	Total Passiven	1'000

1) unversteuerte stille Reserven: 500   2) übertragenes steuerliches Eigenkapital

A. Müller ist faktisch alleiniger Anteilsinhaber der A. Müller GmbH. Drei Jahre nach der Umwandlung verkauft A. Müller 60 Prozent seiner Stammeinlage

Varianten:

a) zum Preis von 660 an einen Dritten;
b) zum Preis von 340 an einen Dritten;
c) zum Preis von 120 an seinen Sohn;
d) zum Preis von 130 an seinen Sohn.

Direkte Bundessteuer *(Einkommenssteuer: Einkünfte aus selbständiger Erwerbstätigkeit)*

Steuerfolgen bei A. Müller

a) Verkauf zum Preis von 660 an einen Dritten

Im Nachsteuerverfahren der Einkommenssteuer unterliegende Einkünfte aus selbständiger Erwerbstätigkeit:

Übertragene unversteuerte stille Reserven	500
Veräusserte Beteiligungsquote in Prozent	60%
Steuerbares Einkommen aus selbständiger Erwerbstätigkeit	300

Zusammensetzung des Verkaufserlöses:

Steuerbares Einkommen aus selbständiger Erwerbstätigkeit*	300
Verkaufserlös für Stammkapital	60
Verkaufserlös für KER	60
Privater steuerfreier Kapitalgewinn	240
Total Verkaufserlös	660

*Besteuerung nach Artikel 37b DBG, sofern die Voraussetzungen im Zeitpunkt der Übertragung erfüllt waren (Kreisschreiben der ESTV Nr. 28 vom 3.11.2010, Ziff. 2.3).

b) Verkauf zum Preis von 340 an einen Dritten

Im Nachsteuerverfahren der Einkommenssteuer unterliegende Einkünfte aus selbständiger Erwerbstätigkeit:

Übertragene unversteuerte stille Reserven	500
Veräusserte Beteiligungsquote in Prozent	60%
Steuerbares Einkommen aus selbständiger Erwerbstätigkeit	300

Zusammensetzung des Verkaufserlöses:

Steuerbares Einkommen aus selbständiger Erwerbstätigkeit*	300
Verkaufserlös für Stammkapital	60
Verkaufserlös für KER	60
Privater nicht abzugsfähiger Kapitalverlust	- 80
Total Verkaufserlös	340

*Besteuerung nach Artikel 37b DBG, sofern die Voraussetzungen im Zeitpunkt der Übertragung erfüllt waren (Kreisschreiben der ESTV Nr. 28 vom 3.11.2010, Ziff. 2.3).

c) Verkauf zum Preis von 120 an den Sohn

Der Verkauf zum anteiligen übertragenen steuerlichen Eigenkapital liegenden Preis stellt keine Sperrfristverletzung dar. Die Veräusserungssperrfrist geht auf den Sohn über.

d) Verkauf zum Preis von 130 an den Sohn

Jeder Verkauf zu einem über dem anteiligen übertragenen steuerlichen Eigenkapital liegenden Preis stellt eine Sperrfristverletzung dar. Über sämtliche übertragenen stillen Reserven ist anteilig abzurechnen.

Im Nachsteuerverfahren der Einkommenssteuer unterliegende Einkünfte aus selbständiger Erwerbstätigkeit:

Übertragene unversteuerte stille Reserven	500
Veräusserte Beteiligungsquote in Prozent	60%
Steuerbares Einkommen aus selbständiger Erwerbstätigkeit	300

Zusammensetzung des Verkaufserlöses:

Steuerbares Einkommen aus selbständiger Erwerbstätigkeit*	300
Verkaufserlös für Stammkapital	60
Verkaufserlös für KER	60
Privater nicht abzugsfähiger Kapitalverlust	- 290
Total Verkaufserlös	130

*Besteuerung nach Artikel 37b DBG, sofern die Voraussetzungen im Zeitpunkt der Übertragung erfüllt waren (Kreisschreiben der ESTV Nr. 28 vom 3.11.2010, Ziff. 2.3).

Direkte Bundessteuer *(Gewinnsteuer)*

Verletzung der Veräusserungssperrfrist

Eine Abrechnung über die stillen Reserven im Nachsteuerverfahren (Art. 151-153 DBG) führt zu höheren Gewinnsteuerwerten (Art. 19 Abs. 2 DBG). Die übernehmende juristische Person kann die Auflösung solcher versteuerter stillen Reserven durch höhere Abschreibungen geltend machen, soweit diese geschäftsmässig begründet sind. Ist die steuerpflichtige juristische Person bereits rechtskräftig veranlagt, kann ihr das Revisionsverfahren (Art. 147-149 DBG) gewährt werden. Soweit die stillen Reserven nicht lokalisiert werden können, liegt Goodwill vor, der steuerwirksam abgeschrieben werden kann.

Falls die Mehrwerte in der Handelsbilanz ausgewiesen werden (Anpassung der Handelsbilanz an die Steuerbilanz), sind diese den offenen Reserven gutzuschreiben.

Eröffnungsbilanz der A. Müller GmbH (Steuerbilanz)

Aktiven [1]	1'000	Fremdkapital	600
		Kreditor A. Müller	200
		Stammkapital	100
		KER	100
Goodwill [2]	**300**	**Versteuerte stille Reserven**	**300**
Total Aktiven	1'300	Total Passiven	1'300

1) unversteuerte stille Reserven: 500 − 300 = 200
2) Soweit die stillen Reserven nicht lokalisiert werden können, liegt Goodwill vor, der steuerwirksam abgeschrieben werden kann.

Emissionsabgabe

Nach Artikel 9 Absatz 1 Buchstabe e StG ist die Emissionsabgabe bei der Begründung oder Erhöhung von Beteiligungsrechten im Rahmen einer Umwandlung einer Personenunternehmung in eine Kapitalgesellschaft oder Genossenschaft auf ein Prozent des Nennwerts beschränkt. Diese Reduktion der Bemessungsgrundlage für die Emissionsabgabe wird jedoch nur dann gewährt, wenn der bisherige Rechtsträger während mindestens fünf Jahren bestand. Im Weiteren ist über den Mehrwert nachträglich anteilsmässig abzurechnen, soweit während den der Umwandlung nachfolgenden fünf Jahren Beteiligungsrechte veräussert werden und der Verkehrswert den Freibetrag (Art. 6 Abs. 1 Bst. h StG) übersteigt.

Berechnung Sperrfristverletzung gemäss Beispiel a):

Stammkapital	100
60% der übertragenen offenen Reserven von 100	60
60% der übertragenen stillen Reserven von 500	300
	460

Nach Abzug des Freibetrags von 1'000 ist keine Emissionsabgabe geschuldet.

Der Übergang des Eigentums an den Beteiligungsrechten durch Erbgang, Schenkung oder andere unentgeltliche Rechtsgeschäfte, einschliesslich steuerneutraler Umstrukturierungen, stellt keine Sperrfristverletzung dar. Dies gilt auch für entgeltliche Übertragungen, sofern der Preis das übertragene Eigenkapital nicht übersteigt.

Nicht betroffene Steuern

- Direkte Bundessteuer (Einkommenssteuer: Einkünfte aus Beteiligungen im Privatvermögen);
- Verrechnungssteuer;
- Umsatzabgabe.

Nr. 3: Umwandlung einer Personenunternehmung in eine Kapitalgesellschaft; Vorjahresverluste (Ziff. 3.2)

A und B sind zu je 50% an der Kollektivgesellschaft A&B beteiligt. Die Kollektivgesellschaft A&B soll in eine Aktiengesellschaft umgewandelt werden.

Schlussbilanz der Kollektivgesellschaft A&B (Handelsbilanz)

Aktiven [1)	700	Fremdkapital	600
		Kapital A [2)	50
		Kapital B [2)	50
Total Aktiven	700	Total Passiven	700

1) unversteuerte stille Reserven: 500

2) Gewinn und Verlust werden zwischen A und B hälftig aufgeteilt. Im letzten Geschäftsjahr hat die KG A&B einen Verlust von 300 erlitten. A hat seinen Verlustanteil mit Erwerbseinkommen seiner Frau verrechnet. B hat seinen Verlustanteil von 150 noch nicht verrechnen können.

Direkte Bundessteuer (Einkommenssteuer: Einkünfte aus selbständiger Erwerbstätigkeit)

Sofern die Veräusserungssperrfrist (Art. 19 Abs. 2 DBG) nicht verletzt wird, kann die Umwandlung steuerneutral erfolgen.

Direkte Bundessteuer (Gewinnsteuer)

Bei einer Übertragung nach Artikel 19 Absatz 1 Buchstabe b DBG werden noch nicht verrechnete Vorjahresverluste der übertragenden Personenunternehmung auf die übernehmende juristische Person übertragen und können bei der Festsetzung des steuerbaren Reingewinnes in Abzug gebracht (Art. 67 Abs. 1 DBG).

Eröffnungsbilanz der A&B AG (Handelsbilanz)

Aktiven [1)	700	Fremdkapital	600
		Aktienkapital	100
Total Aktiven	700	Total Passiven	700

1) unversteuerte stille Reserven: 500

Es besteht ein noch nicht verrechneter Vorjahresverlust von 150.

Emissionsabgabe

Nach Artikel 9 Absatz 1 Buchstabe e StG ist die Emissionsabgabe bei der Begründung oder Erhöhung von Beteiligungsrechten im Rahmen einer Umwandlung einer Personenunternehmung in eine Kapitalgesellschaft oder Genossenschaft auf ein Prozent des Nennwerts beschränkt. Diese Reduktion der Bemessungsgrundlage für die Emissionsabgabe wird jedoch nur dann gewährt, wenn der bisherige Rechtsträger während mindestens fünf Jahren bestand. Im Weiteren ist über den Mehrwert nachträglich anteilsmässig abzurechnen, soweit während den der Umwandlung nachfolgenden fünf Jahren Beteiligungsrechte veräussert werden und der Verkehrswert den Freibetrag (Art. 6 Abs. 1 Bst. h StG) übersteigt.

Nicht betroffene Steuern

- Direkte Bundessteuer (Einkommenssteuer: Einkünfte aus Beteiligungen im Privatvermögen);
- Verrechnungssteuer;
- Umsatzabgabe.

Nr. 4: Fusion: Verrechnung von Ausgleichszahlungen mit Nennwertverlusten (Ziff. 4.1.2)

Die Beteiligungsrechte an der A AG und der B AG, welche nicht an der Börse kotiert sind, werden durch die voneinander unabhängigen Aktionärsgruppen A und B im Privatvermögen gehalten. Die A AG und die B AG – beide mit Bilanzstichtag am 31. Dezember – werden am 30. Mai 2020 (Handelsregistereintrag) rückwirkend per 1. Januar 2020 durch Kombinationsfusion in die AB AG überführt.

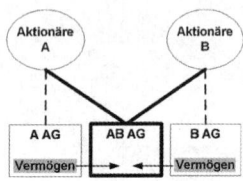

Das Aktienkapital der A AG besteht aus 1'000 Aktien zum Nennwert von 100, zudem bestehen KER von 200'000. Das Aktienkapital der B AG besteht aus 1'000 Aktien zum Nennwert von je 110, zudem bestehen KER von 300'000. Das neue Kapital der AB AG soll aus 2'000 Aktien im Nennwert von je 100 und KER von 495'000 bestehen. Die Bewertung ergibt das Umtauschverhältnis von 1:1, das heisst für 1 A-Aktie sowie für 1 B-Aktie wird je 1 Aktie AB ausgegeben. Die Aktionäre erhalten für die A-Aktien 1'000 AB-Aktien sowie pro neue Aktie 20 in bar, und für die B-Aktien ebenfalls 1'000 AB-Aktien.

Direkte Bundessteuer *(Gewinnsteuer)*

Der Zusammenschluss hat weder für die A AG noch für die B AG Steuerfolgen, da

- die Steuerpflicht in der Schweiz fortbesteht und
- die für die Gewinnsteuer massgeblichen Wert übernommen werden.

Bei einer Fusion endet die Steuerpflicht der übertragenden Gesellschaft grundsätzlich mit der Löschung im Handelsregister. Die Steuerpflicht einer aus einer Kombination hervorgehenden Gesellschaft beginnt grundsätzlich mit dem Eintrag ins Handelsregister.

Wird die rückwirkende Fusion akzeptiert (Anmeldung der Fusion innerhalb von 6 Monaten nach dem vereinbarten Übernahmestichtag), werden die bisherigen Ergebnisse 2020 der A AG und der B AG unmittelbar der AB AG zugerechnet. Entsprechend endet die Steuerpflicht der übertragenden Gesellschaften A AG und B AG auf den Stichtag der Rückwirkung.

Direkte Bundessteuer *(Einkommenssteuer: Einkünfte aus Beteiligungen im Privatvermögen)*

Die Aktionäre erhalten für die A-Aktien eine Ausgleichsleistung von 20 je Aktie. Diese Zahlung ist als Vermögensertrag steuerbar, ungeachtet der Tatsache, ob sie von der A AG oder von der AB AG stammt (ASA 25, 242; ASA 59, 719).

Andererseits erleiden die Aktionäre durch die Hingabe der B-Aktien einen Nennwertverlust von 10 je B-Aktie. Die Ausgleichszahlungen können indessen mit Nennwert- bzw. KER-Verlusten verrechnet werden.

Aus der Sicht der AB AG ergibt sich folgendes Bild:

Aktienkapital der A AG	100'000
Aktienkapital der B AG	110'000
Total untergehendes Aktienkapital	210'000
Total neu geschaffenes Aktienkapital der AB AG	- 200'000
Aktienkapitalherabsetzung	10'000
KER A AG	200'000
KER B AG	300'000
Total untergehende KER	500'000
Total neu geschaffene KER	- 495'000
Abnahme KER	5'000
Zahlung an A-Aktionäre	20'000
./. Aktienkapitalherabsetzung	- 10'000
./. Abnahme KER	- 5'000
Steuerbare Ausgleichszahlung	5'000

Bei den A-Aktionären unterliegen somit 5'000 der Einkommenssteuer.

Verrechnungssteuer

Die Ausgleichszahlungen unterliegen der Verrechnungssteuer (Art. 4 Abs. 1 Bst. b VStG). Bei Fusionen werden Nennwerterhöhungen und Ausgleichszahlungen auch für die Verrechnungssteuer mit Nennwertverlusten und Abnahmen von KER verrechnet.

Gleich wie für die direkte Bundessteuer unterliegen somit 5'000 der Verrechnungssteuer.

Die übertragenen Reserven sind gemäss der Ausnahme von Artikel 5 Absatz 1 Buchstabe a VStG von der Verrechnungssteuer ausgenommen, soweit sie infolge der Fusion in die Reserven der übernehmenden Gesellschaft übergehen. Als Voraussetzung muss das Verrechnungssteuersubstrat erhalten bleiben.

Emissionsabgabe

Die neuen Beteiligungsrechte an der AB AG werden in Durchführung der Fusionsbeschlüsse begründet und ausgegeben. Sie sind deshalb von der Emissionsabgabe ausgenommen (Art. 6 Abs. 1 Bst. a^{bis} StG). Die Ausnahme umfasst ebenfalls ein allfälliges Agio und die übertragenen stillen Reserven.

Umsatzabgabe

Die mit der Fusion verbundene Übertragung steuerbarer Urkunden ist von der Umsatzabgabe ausgenommen (Art. 14 Abs. 1 Bst. i StG). Darunter fallen auch steuerbare Urkunden, welche zusammen mit anteiligen Verbindlichkeiten gegenüber Dritten übertragen werden.

Nr. 5: Fusion: Verwendung eigener Beteiligungsrechte (Ziff. 4.1.2)

Die Beteiligungsrechte an der A AG und der B AG, welche nicht an der Börse kotiert sind, werden durch die voneinander unabhängigen Aktionärsgruppen A und B im Privatvermögen gehalten. Die übernommene B AG überträgt sämtliche Aktiven und Verbindlichkeiten auf die übernehmende A AG. Die Aktionäre der B AG erhalten A-Aktien. Die B AG wird ohne Liquidation aufgelöst. Die übernehmende A AG wird anschliessend umfirmiert in AB AG.

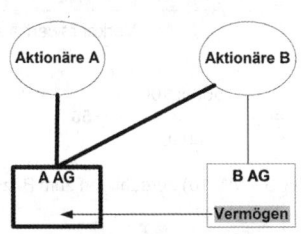

Bilanz der A AG vor der Fusion

Aktiven [1]	2'000	Fremdkapital	1'000
		Aktienkapital [2]	100
		KER	200
		übrige Reserven	800
		eigene Aktien [3]	-100
Total Aktiven	2'000	Total Passiven	2'000

1) keine stillen Reserven
2) 100 à nominal 1; VW pro Aktie = 10
3) 10 à nominal 1

Bilanz der B AG vor der Fusion

Aktiven [1]	1'000	Fremdkapital	500
		Aktienkapital [2]	100
		KER	100
		übrige Reserven	300
Total Aktiven	1'000	Total Passiven	1'000

1) keine stillen Reserven
2) 100 à nominal 1; VW pro Aktie = 5

Austauschverhältnis

$$\frac{\text{Verkehrswert A AG}}{\text{Aktienkapital A AG}} = \frac{\text{Verkehrswert B AG}}{\text{Zusatzkapital A AG}}$$

$$\textbf{Zusatzkapital A AG} = \frac{\text{Verkehrswert B AG} \times \text{Aktienkapital A AG}}{\text{Verkehrswert A AG}}$$

$$\textbf{Zusatzkapital A AG} = \frac{500 \times 100}{1'000} = \textbf{50}$$

2 B-Aktien à nominal 1 (2 x VW 5 = VW 10) berechtigen zum Bezug 1 A-Aktie à nominal 1 (VW 10).

Variante A: Fusion ohne Verwendung der eigenen Aktien

Die A AG erhöht ihr Kapital um 50 (50 x VW 10 = VW 500) und belässt die eigenen Aktien in ihrem Bestand (10 x VW 10 = VW 100).

Die Bilanz der AB AG präsentiert sich nach der Fusion wie folgt:

Bilanz der AB AG

Aktiven [1]	3'000	Fremdkapital	1'500
		Aktienkapital [2]	150
		KER	350
		übrige Reserven	1'100
		eigene Aktien	-100
Total Aktiven	3'000	Total Passiven	3'000

1) keine stillen Reserven   2) 150 à nominal 1; VW pro Aktie = 10

Direkte Bundessteuer (Gewinnsteuer)

Der Zusammenschluss hat weder für die A AG noch für die B AG Steuerfolgen, da (Annahme):
- die Steuerpflicht in der Schweiz fortbesteht und
- die für die Gewinnsteuer massgeblichen Werte übernommen werden.

Direkte Bundessteuer (Einkommenssteuer: Einkünfte aus Beteiligungen im Privatvermögen)

Weder die A- noch die B-Aktionäre erhalten höheren Nennwert, Ausgleichszahlungen oder andere geldwerte Vorteile zu Lasten der übrigen Reserven der übernehmenden oder der übertragenden Gesellschaft. Die Fusion ist deshalb für die Aktionäre steuerneutral.

Die Aktionäre der B AG erleiden durch den Tausch ihrer B-Aktien gegen A-Aktien einen Nennwertverlust von 0,5 je B-Aktie. Der gesamte Nennwertverlust beträgt 50. Nach der Variante A kann dieser Nennwertverlust durch Erhöhung der KER kompensiert werden.

Verrechnungssteuer

Weder die A- noch die B-Aktionäre oder diesen nahestehende Personen erhalten Ausgleichszahlungen, Gratisaktien, Gratisnennwerterhöhungen oder sonstige Erträge zu Lasten der übrigen Reserven einer inländischen Gesellschaft. Die Fusion ist deshalb für die Aktionäre steuerneutral.

Die übertragenen Reserven sind gemäss der Ausnahme von Artikel 5 Absatz 1 Buchstabe a VStG von der Verrechnungssteuer ausgenommen, soweit sie infolge der Fusion in die Reserven der übernehmenden Gesellschaft übergehen. Als Voraussetzung muss das Verrechnungssteuersubstrat erhalten bleiben.

Emissionsabgabe

Die neuen Beteiligungsrechte an der AB AG werden in Durchführung der Fusionsbeschlüsse begründet und ausgegeben. Sie sind deshalb von der Emissionsabgabe ausgenommen (Art. 6 Abs. 1 Bst a[bis] StG).

Umsatzabgabe

Die mit der Fusion verbundene Übertragung steuerbarer Urkunden ist von der Umsatzabgabe ausgenommen (Art. 14 Abs. 1 Bst. i StG). Darunter fallen auch steuerbare Urkunden, welche zusammen mit anteiligen Verbindlichkeiten gegenüber Dritten übertragen werden.

Variante B: Fusion mit Verwendung der eigenen Aktien

Die A AG erhöht ihr Kapital nur um 40 (40 x VW 10 = VW 400) und verwendet für den Aktientausch zusätzlich sämtliche eigenen A-Aktien (10 x VW 10 = VW 100). Der Nennwertverlust von 50 wird den KER zugeschlagen.

Die Bilanz der AB AG präsentiert sich nach der Fusion wie folgt:

Bilanz der AB AG

Aktiven [1]	3'000	Fremdkapital	1'500
		Aktienkapital [2]	140
		KER	350
		übrige Reserven	1'010
Total Aktiven	3'000	Total Passiven	3'000

1) keine stillen Reserven 2) 140 à nominal 1; VW pro Aktie = 10

Direkte Bundessteuer *(Gewinnsteuer)*

Verwendet die übernehmende Gesellschaft für die Abfindung der Anteilsinhaber der untergehenden Gesellschaft eigene Beteiligungsrechte, deren Rückkauf nicht zu einer Besteuerung geführt hat, fällt bei der übernehmenden Gesellschaft in der Höhe der Differenz zwischen dem Gewinnsteuerwert und dem Verkehrswert der eigenen Beteiligungsrechte ein steuerbarer Gewinn oder ein geschäftsmässig begründeter Aufwand an.

Der Gewinnsteuerwert der für den Aktientausch verwendeten eigenen Beteiligungsrechte der A AG entspricht dem Verkehrswert. Es ergeben sich somit keine Gewinnkorrekturen.

Direkte Bundessteuer *(Einkommenssteuer: Einkünfte aus Beteiligungen im Privatvermögen)*

Die übernehmende A AG verwendet für den Austausch der Titel eigene Beteiligungsrechte, deren Rückkauf nicht zu einer Besteuerung geführt hat. Der Verkehrswert dieser eigenen Aktien im Zeitpunkt der Fusion von 100 abzüglich deren Nennwert von 10 wird wie eine Barabfindung behandelt, da diese zu Lasten der übrigen Reserven erfolgt. Da nur ein Teil der ausgetauschten Beteiligungsrechte aus dem Eigenbestand der übernehmenden Gesellschaft stammt, wird der entsprechende Vermögensertrag von 90 (Verminderung übrige Reserven) proportional zum Nennwert der abgegebenen Beteiligungsrechte an der übernehmenden Gesellschaft aufgeteilt.

Die Aktionäre der B AG erleiden durch den Tausch ihrer B-Aktien gegen A-Aktien einen Nennwertverlust von 0,5 je B-Aktie. Der gesamte Nennwertverlust beträgt 50. Dieser Nennwertverlust kann unter Berücksichtigung der Veränderung der KER mit dem Vermögensertrag aus dem Erhalt der A-Aktien, der aus dem Eigenbestand der A AG stammt, verrechnet werden.

Das Total der Reserven hat sich wie folgt verändert:

Verwendung von A-Aktien aus dem Eigenbestand: VW 100 ./. Nennwert von 10 =	90
./. Nennwertverlust der B-Aktionäre =	- 50
+ Erhöhung KER (Erhöhung im Umfang des Nennwertverlusts) =	50
Abnahme der übrigen Reserven (Teilliquidationsüberschuss)	90

Der steuerbare Vermögensertrag für die B-Aktionäre berechnet sich wie folgt:

Abnahme der übrigen Reserven (Teilliquidationsüberschuss)	90
dividiert durch die Anzahl der abgegebenen A-Aktien	: 50
Anteiliger steuerbarer Liquidationsüberschuss pro erhaltene A-Aktie	1.80

Im Übrigen wie Variante A.

Verrechnungssteuer

Die Verwendung eigener Beteiligungsrechte für den Aktientausch bei Fusionen unterliegt gleich wie bei der direkten Bundessteuer der Verrechnungssteuer (Art. 4 Abs. 1 Bst. b VStG). Bei Fusionen werden solche geldwerte Leistungen auch für die Verrechnungssteuer mit Nennwertverlusten verrechnet.

Gleich wie bei der direkten Bundessteuer unterliegen somit 90 der Verrechnungssteuer. Leistungsbegünstigte sind die B-Aktionäre.

Im Übrigen wie Variante A.

Emissionsabgabe

Wie Variante A.

Umsatzabgabe

Wie Variante A.

Nr. 6: Absorption der Muttergesellschaft (Ziff. 4.1.6)

Die T AG übernimmt am 30. Mai 2020 rückwirkend per 1. Januar 2020 fusionsweise sämtliche Aktiven und Passiven der M AG, welche 100% der Aktien der T AG hält. Die Eintragung im Handelsregister erfolgt am 12. Juni 2020. Die Aktionäre halten die Beteiligungsrechte an der M AG im Privatvermögen. Die T AG erhält durch die Fusion ihre eigenen Beteiligungsrechte und leitet diese an die Aktionäre der M AG weiter. Mit der Fusion wird die übertragende M AG aufgelöst und im Handelsregister gelöscht (Art. 3 Abs. 2 FusG).

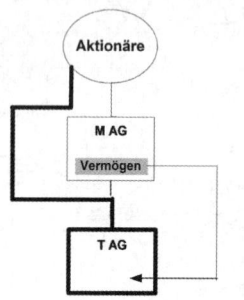

Schlussbilanz der M AG

Aktiven	1'000	Fremdkapital	900
Beteiligung T AG [1]	500	AK	200
		KER	300
		übrige Reserven	100
Total Aktiven	1'500	Total Passiven	1'500

1) Gestehungskosten 500; unversteuerte stille Reserven: 600

Schlussbilanz der T AG

Aktiven [1]	1'800	Fremdkapital	1'200
		AK	300
		KER	100
		übrige Reserven	200
Total Aktiven	1'800	Total Passiven	1'800

1) unversteuerte stille Reserven: 500

Eröffnungsbilanz T AG nach Fusion

Aktiven [1]	2'800	Fremdkapital	2'100
		AK	300
		KER	100
		übrige Reserven	200
		KER aus Fusionsagio	100
Total Aktiven	2'800	Total Passiven	2'800

1) unversteuerte stille Reserven: 500

Direkte Bundessteuer (Gewinnsteuer)

Die Voraussetzungen eines steuerneutralen Zusammenschlusses sind erfüllt (Art. 61 Abs. 1 Bst. d DBG).

Die Steuerpflicht der M AG endet grundsätzlich am 12. Juni 2020 (Datum des Handelsregistereintrages).

Da die Anmeldung beim Handelsregister und der Fusionsbeschluss innert 6 Monaten ab dem Bilanzstichtag erfolgen, wird die rückwirkende Fusion steuerlich anerkannt. Der Gewinn der M AG wird somit für die ganze Steuerperiode 2020 der T AG zugerechnet.

Aus der Mutterabsorption resultiert ein Fusionsagio von 100 (steuerneutrale Kapitaleinlage; Art. 60 Bst. a DBG).

Direkte Bundessteuer (Einkommenssteuer: Einkünfte aus Beteiligungen im Privatvermögen)

Bei einer Mutterabsorption erhalten die Aktionäre der Muttergesellschaft anstelle der untergehenden Beteiligungsrechte an der Muttergesellschaft die Beteiligungsrechte an der Tochtergesellschaft. Im vorliegenden Fall erfolgt eine Nennwerterhöhung von 200 auf 300. Die Aktionäre erhalten für die untergehenden Aktien der M AG mit Nennwert 200 solche der T AG mit einem Nennwert von 300. Die KER andererseits vermindern sich um 200. Da das Aktienkapital und die KER der M AG vor Fusion insgesamt 500 das ausgewiesene Aktienkapital und die KER der T AG von insgesamt 400 um 100 übersteigen, kann die fusionierte Gesellschaft das Fusionsagio von 100 zusätzlich als KER ausweisen. Die Summe von Aktienkapital und KER vor und nach der Fusion bleibt gleich. Somit realisieren die Aktionäre keinen Vermögensertrag gemäss Artikel 20 Absatz 1 Buchstabe c DBG.

Verrechnungssteuer

Höhere Nennwerte, Ausgleichszahlungen oder andere geldwerte Vorteile unterliegen nach Artikel 4 Absatz 1 Buchstabe b VStG der Verrechnungssteuer. Da die Summe von Aktienkapital und KER vor und nach der Fusion gleich bleibt und die Reserven der übernehmenden T AG erhalten bleiben (kein Fusionsdisagio), wird keine Verrechnungssteuer erhoben.

Emissionsabgabe

Die ohne Kapitalerhöhung erfolgte Absorption der Muttergesellschaft ist nach Artikel 6 Absatz 1 Buchstabe a^{bis} StG von der Emissionsabgabe ausgenommen.

Umsatzabgabe

Die mit einer Fusion verbundene Übertragung steuerbarer Urkunden ist von der Umsatzabgabe ausgenommen (Art. 14 Abs.1 Bst. i StG).

Nr. 7: Quasifusion mit zeitnaher Absorption (Ziff. 4.1.7)

Die GROSS AG, eine Publikumsgesellschaft, übernimmt die KLEIN AG, ebenfalls eine Publikumsgesellschaft. Dazu erhöht die GROSS AG ihr Aktienkapital von 20'000 auf 25'000 unter Ausschluss der Bezugsrechte ihrer Aktionäre und bietet die neuen Aktien den Aktionären der KLEIN AG zum Tausch an (Quasifusion). Ein Jahr später übernimmt die GROSS AG sämtliche Aktiven und Passiven der KLEIN AG durch Absorption.

Das Aktienkapital der KLEIN AG beträgt 1'000. Beide Publikumsgesellschaften verfügen nicht über KER.

Direkte Bundessteuer (Gewinnsteuer)

Ein allfälliger Fusionsverlust (Gewinnsteuerwert der Beteiligung an der KLEIN AG ./. Aktivenüberschuss der KLEIN AG zu Gewinnsteuerwerten) ist unecht und deshalb nicht gewinnsteuerwirksam. Die Einbuchung der Beteiligung an der KLEIN AG nach der Equity-Methode (vgl. Ziff. 4.6.2.3 im Kreisschreiben) würde dazu führen, dass weder ein Fusionsgewinn noch ein Fusionsverlust resultiert.

Direkte Bundessteuer (Einkommenssteuer: Einkünfte aus Beteiligungen im Privatvermögen)

Wegen der zeitnahen Absorption unterliegt der Nennwertgewinn von insgesamt 4'000 als Vermögensertrag der Aktionäre der KLEIN AG der direkten Bundessteuer. Gegebenenfalls erfolgt die Besteuerung im Nachsteuerverfahren (Art. 151-153 DBG).

Verrechnungssteuer

Der Nennwertgewinn von 4'000 unterliegt ebenfalls der Verrechnungssteuer. Leistungsempfänger sind die Aktionäre der KLEIN AG. Falls die Verrechnungssteuer nicht überwälzt werden kann, ist der Nennwertgewinn ins Hundert aufzurechnen (Nennwertgewinn: 65%).

Emissionsabgabe

Beteiligungsrechte, die in Durchführung von Beschlüssen über Fusionen oder diesen wirtschaftlich gleichkommenden Zusammenschlüssen (Quasifusionen) begründet oder erhöht werden, sind von der Emissionsabgabe ausgenommen (Art. 6 Abs. 1 Bst. a[bis] StG). Die Merkmale der Abgabeumgehung sind im vorliegenden Fall nicht erfüllt.

Umsatzabgabe

Die mit einer Fusion oder Quasifusion verbundene Übertragung steuerbarer Urkunden ist von der Umsatzabgabe ausgenommen (Art. 14 Abs. 1 Bst. i StG).

Nr. 8: Umwandlung eines Instituts des öffentlichen Rechts in eine Kapitalgesellschaft oder in eine Genossenschaft; Rechtsformwechsel (Ziff. 4.2.5)

Schlussbilanz einer Kantonalbank vor der Umwandlung in eine AG

Flüssige Mittel	15'000	kfr. Fremdkapital	20'000
Kundenausleihungen	60'000	Kundengelder	60'000
Handelsbestände	10'000	Rückstellungen und sonstige Passiven [3]	10'000
Beteiligungen [1]	10'000	Reserve für allgemeine Bankrisiken [4]	4'000
Liegenschaften [2]	5'000	Dotationskapital	2'000
		Reserven	4'000
Total Aktiven	100'000	Total Passiven	100'000

1) Verkehrswert: 20'000; Gestehungskosten: 10'000
2) Verkehrswert: 10'000
3) davon nach FINMA als eigene Mittel angerechnet: 5'000
4) nach BankV z.L. der Erfolgsrechnung gebildete, frei verfügbare eigene Mittel

Der innere Wert des Unternehmens beträgt 40'000.

Direkte Bundessteuer *(Gewinnsteuer)*

Es liegt ein Rechtsformwechsel einer Unternehmung mit eigener Rechtspersönlichkeit und keine Sacheinlagegründung vor. Zivilrechtlich gilt im vorliegenden Fall der Zwang zur Bilanzkontinuität (Art. 26 Abs. 2 Bst. g BankV). Eine Offenlegung der stillen Reserven inkl. dem originären Goodwill nur in einer Steuerbilanz erfolgt nach Artikel 61a DBG. Die Werte müssen allerdings im zivilrechtlichen Verfahren offengelegt und bestätigt werden (Art. 100 Abs. 2 FusG).

Steuerbilanz der Kantonalbank-AG

Flüssige Mittel	15'000	kfr. Fremdkapital	20'000
Kundenausleihungen	60'000	Kundengelder	60'000
Handelsbestände	10'000	Rückstellungen und sonstige Passiven	5'000
Beteiligungen [1]	20'000	Aktienkapital	2'000
Liegenschaften	10'000	offene Reserven	4'000
Goodwill	10'000	Reserve für allgemeine Bankrisiken [2]	4'000
		Reserve auf Rückstellungen	5'000
		Reserve auf Beteiligungen	10'000
		Reserve auf Liegenschaften	5'000
		Reserve auf Goodwill	10'000
Total Aktiven	125'000	Total Passiven	125'000

1) Gestehungskosten: 20'000
2) galt steuerlich schon bisher als Eigenkapital

Emissionsabgabe

Nach Artikel 9 Absatz 1 Buchstabe e StG ist die Emissionsabgabe bei der Begründung oder Erhöhung von Beteiligungsrechten im Rahmen einer Umwandlung eines Unternehmens des öffentlichen Rechts in eine Kapitalgesellschaft oder Genossenschaft auf ein Prozent des Nennwerts beschränkt. Diese Reduktion der Bemessungsgrundlage für die Emissionsabgabe wird jedoch nur dann gewährt, wenn der bisherige Rechtsträger während mindestens fünf Jahren bestand. Im Weiteren ist über den Mehrwert nachträglich anteilsmässig abzurechnen, soweit während den der Umwandlung nachfolgenden fünf Jahren Beteiligungsrechte veräussert werden.

Der Nennwert der im Zuge der Umwandlung begründeten Beteiligungsrechte beträgt 2'000. Von diesem Betrag kann der noch nicht beanspruchte Freibetrag (Art. 6 Abs. 1 Bst. h StG) in Abzug gebracht werden.

Umsatzabgabe

Bei einer Umwandlung durch den Wechsel der Rechtsform (Rechtsformwechsel; direkte Umwandlung) werden keine Vermögenswerte übertragen. Die Umsatzabgabe ist somit nicht betroffen.

Nicht betroffene Steuern

- Direkte Bundessteuer (Einkommenssteuer: Einkünfte aus Beteiligungen im Privatvermögen);
- Verrechnungssteuer.

Nr. 9: Umwandlung einer Kapitalgesellschaft in eine Personenunternehmung; Vorjahresverluste (Ziff. 4.2.6)

A und B sind zu je 50% an der A&B AG beteiligt. Die A&B AG soll in eine Kollektivgesellschaft umgewandelt werden.

Schlussbilanz der A&B AG vor Umwandlung

Aktiven [1]	900	Fremdkapital	600
		Aktienkapital	100
		KER	100
Verlustvortrag [2]	100	übrige Reserven	200
Total Aktiven	1'000	Total Passiven	1'000

1) unversteuerte stille Reserven: 600
2) aus Vorjahr; noch nicht verrechnet

Direkte Bundessteuer *(Einkommenssteuer: Einkünfte aus selbständiger Erwerbstätigkeit)*

Die bisherigen Gewinnsteuerwerte werden zu den für die Einkommenssteuer massgeblichen Werten. Die latente Steuer auf den unversteuerten stillen Reserven wechselt somit von der Gewinnsteuer zur Einkommenssteuer.

Die an der übernehmenden Personenunternehmung beteiligten natürlichen Personen können somit allfällige, steuerlich noch nicht berücksichtigte Vorjahresverluste der übertragenden juristischen Personen bei der Festsetzung des steuerbaren Einkommens in Abzug bringen (Art. 31 DBG).

Eröffnungsbilanz der Kollektivgesellschaft A&B (Handelsbilanz)

Aktiven [1][2]	900	Fremdkapital	600
		Kapitalkonto A	150
		Kapitalkonto B	150
Total Aktiven	900	Total Passiven	900

1) unversteuerte stille Reserven auf Unternehmensebene: 600
2) noch nicht verrechneter Vorjahresverlust: 100

Latente Einkommenssteuer
(Einkommen aus selbst. Erwerbstätigkeit; Art. 18 Abs. 2 DBG):

Unversteuerte stille Reserven	600
./. Verlustvortrag	- 100
Der Einkommenssteuer latent unterliegend	500

Direkte Bundessteuer *(Gewinnsteuer)*

Die Umwandlung einer juristischen Person in eine Personenunternehmung ist für die Gewinnsteuer neutral, soweit die Steuerpflicht in der Schweiz fortbesteht und die bisher für die Gewinnsteuer massgebenden Werte übernommen werden.

Direkte Bundessteuer *(Einkommenssteuer: Einkünfte aus Beteiligungen im Privatvermögen)*

Bei der Umwandlung einer Kapitalgesellschaft oder Genossenschaft in eine Personenunternehmung findet eine Liquidation der Kapitalgesellschaft oder Genossenschaft statt. Eine spätere Erfassung der offenen und stillen Reserven (Liquidationsüberschuss) bei den Anteilsinhabern oder Genossenschaftern ist nicht möglich. Der Liquidationsüberschuss unterliegt deshalb der Einkommenssteuer (Art. 20 Abs. 1 Bst. c i.V.m. Art. 20 Abs. 1bis DBG).

Steuerbarer Liquidationsüberschuss
(Art. 20 Abs. 1 Bst. c i.V.m. Art. 20 Abs. 1bis DBG):

Stille Reserven: 600 + offene übrige Reserven: 200 ./. VV 100   700 *

* der Teilbesteuerung unterliegend

Verrechnungssteuer

Der Liquidationsüberschuss von 700 unterliegt der Verrechnungssteuer (Art. 4 Abs. 1 Bst. b VStG).

Umsatzabgabe

Die mit einer direkten oder indirekten Umwandlung (Liquidation und Sacheinlagegründung oder Vermögensübertragung) verbundene Übertragung steuerbarer Urkunden ist von der Umsatzabgabe ausgenommen (Art. 14 Abs. 1 Bst. i StG).

Nicht betroffene Steuer

- Emissionsabgabe.

Nr. 10: Steuerfolgen einer symmetrischen Spaltung für eine beteiligte juristische Person; Muttergesellschaft (Ziff. 4.3.2)

Die AB-Holding AG ist Alleinaktionärin der A AG und der B AG. Die A AG und ihre Schwestergesellschaft, die B AG, sind Produktionsgesellschaften. Die A AG führt die Betriebe I und II. Der Verkehrswert des Betriebes II beträgt 500, der Buchwert (= Gewinnsteuerwert) 300.

Die A AG überträgt den Betrieb II durch Abspaltung (Art. 29 Bst. b FusG) zum Buchwert (Aktivenüberschuss zu Gewinnsteuerwerten) und zu Lasten ihrer Reserven auf die B AG.

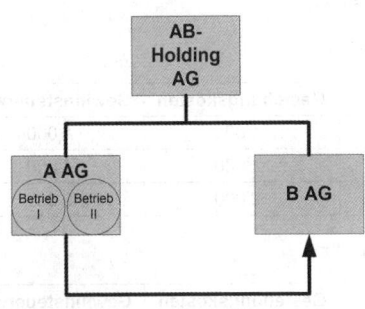

Übertragung Betrieb II
zum BW von 300 zu Lasten
der Reserven

VW: 500

Bilanz der AB-Holding vor der Spaltung

Beteiligung A AG [1]	1'000	Fremdkapital	800
Beteiligung B AG [2]	1'000	Aktienkapital	200
		Reserven	1'000
Total Aktiven	2'000	Total Passiven	2'000

1) Gewinnsteuerwert: 1'000; Gestehungskosten: 1'000; Verkehrswert: 1'500
2) Gewinnsteuerwert: 1'000; Gestehungskosten: 1'000; Verkehrswert: 1'500

Direkte Bundessteuer *(Gewinnsteuer)*

A AG und B AG

Im vorliegenden Fall sind die Voraussetzungen für eine steuerneutrale Spaltung gemäss Artikel 61 Absatz 1 Buchstabe b DBG erfüllt. Die Spaltung kann deshalb für die Gewinnsteuer neutral erfolgen. Eine Veräusserungssperrfrist besteht bei einer Spaltung nicht.

AB-Holding AG

Für die AB-Holding gelangt zwingend die modifizierte Dreieckstheorie zur Anwendung (vgl. Ziff. 4.3.2.11 im Kreisschreiben).

Beteiligungen vor der Spaltung

Beteiligung	Gestehungskosten	Gewinnsteuerwert	Verkehrswert
Beteiligung A AG	1'000	1'000	1'500
Beteiligung B AG	1'000	1'000	1'500
Total	2'000	2'000	3'000

Beteiligungen nach der Spaltung

Beteiligung	Gestehungskosten	Gewinnsteuerwert	Verkehrswert
Beteiligung A AG	1'000	1'000	1'000
Übertrag auf Beteiligung B AG	0	0	500
Beteiligung B AG bisher	1'000	1'000	1'500
Total	2'000	2'000	3'000

Falls die AB-Holding AG die Beteiligung an der A AG entsprechend dem anteiligen Wertverlust von rund einem Drittel wertberichtigt (z.B. auf 660), wird diese Wertberichtigung durch Beteiligungsertrag kompensiert. Der Gewinnsteuerwert und die Gestehungskosten der Beteiligung B AG belaufen sich dann auf 1'340.

Beteiligung	Gestehungskosten	Gewinnsteuerwert	Verkehrswert
Beteiligung A AG	660	660	1'000
Übertrag auf Beteiligung B AG	340	340	500
Beteiligung B AG bisher	1'000	1'000	1'500
Total	2'000	2'000	3'000

Verrechnungssteuer

Reserven, die bei einer Spaltung in die Reserven der aufnehmenden Gesellschaft übergehen, sind von der Verrechnungssteuer ausgenommen (Art. 5 Abs. 1 Bst. a VStG).

Emissionsabgabe

Da die Vermögenswerte vorliegend nicht durch den direkten Inhaber der Beteiligungsrechte eingebracht werden, ist die Emissionsabgabe nicht betroffen.

Umsatzabgabe

Die Umsatzabgabe ist nur dann betroffen, wenn die übertragende oder die übernehmende Gesellschaft Effektenhändler ist (Art. 13 Abs. 3 StG) und zusammen mit dem Betrieb steuerbare Urkunden übertragen werden (Art. 13 Abs. 2 StG).

In diesem Fall wäre die Umsatzabgabe nicht geschuldet, da eine steuerneutrale Umstrukturierung vorliegt (Art. 14 Abs. 1 Bst. i StG i.V.m. Art. 61 DBG).

Nicht betroffene Steuer

- Direkte Bundessteuer (Einkommenssteuer: Einkünfte aus Beteiligungen im Privatvermögen).

Nr. 11: Steuerfolgen einer symmetrischen Abspaltung einer Holdinggesellschaft (Ziff. 4.3.2.6)

X ist Alleinaktionär der X Holding AG. Die X Holding AG ihrerseits ist Alleinaktionärin der A AG. Weiter ist die X Holding AG zu 20 Prozent an den Produktionsgesellschaften B AG und der C AG beteiligt. Die A AG hat einen Verkehrswert von 500, der Buchwert (= Gewinnsteuerwert) in der X Holding AG beträgt 300.

Variante A

Nach Abspaltung der Beteiligung A AG auf die Y Holding AG verkauft X diese Gesellschaft zum Verkehrswert von 500 an einen Dritten. Die Y Holding AG besteht nach dem Verkauf unverändert weiter.

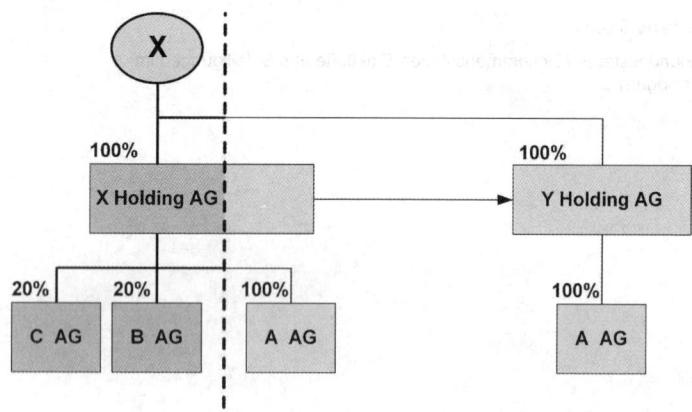

Direkte Bundessteuer (Gewinnsteuer)

X Holding AG und Y Holding AG

Im vorliegenden Fall sind die Voraussetzungen für eine steuerneutrale Spaltung gemäss Artikel 61 Absatz 1 Buchstabe b DBG erfüllt. In der X Holding AG verbleibt ein «Holdingbetrieb», da weiterhin zwei qualifizierende Beteiligungen gehalten werden. In der Y Holding AG liegt ein «operativer Betrieb» vor, da die Beteiligungsquote an der aktiven A AG mit operativem Betrieb mehr als 50 Prozent der Stimmen beträgt (Anwendung des Transparenzprinzips; vgl. Urteil des Bundesgerichts 2C_34/2018 vom 11. März 2019).

Die Spaltung kann deshalb für die Gewinnsteuer neutral erfolgen. Eine Veräusserungssperrfrist besteht nicht.

Direkte Bundessteuer (Einkommenssteuer: Einkünfte aus Beteiligungen im Privatvermögen)

X realisiert durch den Verkauf der Y Holding AG einen steuerfreien Kapitalgewinn gemäss Artikel 16 Absatz 3 DBG.

Verrechnungssteuer

Es liegt eine steuerneutrale Umstrukturierung nach Artikel 61 DBG vor. Artikel 5 Absatz 1 Buchstabe a VStG findet deshalb Anwendung.

Emissionsabgabe

Da die Vermögenswerte vorliegend nicht durch den Inhaber der Beteiligungsrechte eingebracht werden, ist die Emissionsabgabe nicht betroffen.

Umsatzabgabe

Die Umsatzabgabe ist nur dann betroffen, wenn die übertragende oder die übernehmende Gesellschaft Effektenhändlerin ist (Art. 13 Abs. 3 StG) und zusammen mit dem Betrieb steuerbare Urkunden (Art. 13 Abs. 2 StG) veräussert werden.

Im vorliegenden Fall wäre die Umsatzabgabe auf dem anteiligen Verkaufspreis für die steuerbaren Urkunden nicht geschuldet, da eine steuerneutrale Umstrukturierung vorliegt (Art. 14 Abs. 1 Bst. i StG i.V.m. Art. 61 DBG).

Variante B

Die X Holding AG schüttet die Beteiligung an der A AG an X aus. Dieser verkauft die Beteiligungsrechte zum Verkehrswert von 500 an einen Dritten.

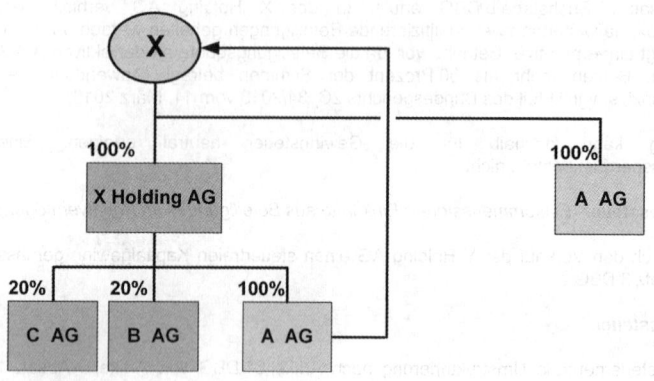

Direkte Bundessteuer (Gewinnsteuer)

X Holding AG

In diesem Fall liegt keine Spaltung gemäss Artikel 61 Absatz 1 Buchstabe b DBG vor. Die X Holding AG richtet eine steuerbare Naturaldividende an X aus (Portfolioausschüttung). Sie realisiert einen steuerbaren Kapitalgewinn im Umfang von 200, der zum Beteiligungsabzug berechtigt, sofern die entsprechenden Bedingungen erfüllt sind.

Direkte Bundessteuer (Einkommenssteuer: Einkünfte aus Beteiligungen im Privatvermögen)

Aus der Naturaldividende realisiert X im Umfang von 500 einen steuerbaren Vermögensertrag gemäss Artikel 20 Absatz 1 Buchstabe c DBG. Dieser Vermögensertrag unterliegt der Teilbesteuerung nach Artikel 20 Absatz 1bis DBG. Beim Weiterverkauf der A AG an einen Dritten durch X realisiert dieser einen steuerfreien Kapitalgewinn gemäss Artikel 16 Absatz 3 DBG oder einen steuerlich unbeachtlichen privaten Kapitalverlust.

Verrechnungssteuer

Die Naturaldividende von 500 unterliegt nach Artikel 4 Absatz 1 Buchstabe b VStG der Verrechnungssteuer.

Nicht betroffene Steuern

- Emissionsabgabe
- Umsatzabgabe

Variante C

Die X Holding AG absorbiert die A AG und spaltet diese direkt im Anschluss auf eine „neue" A AG ab. X verkauft die Beteiligungsrechte zum Verkehrswert an einen Dritten.

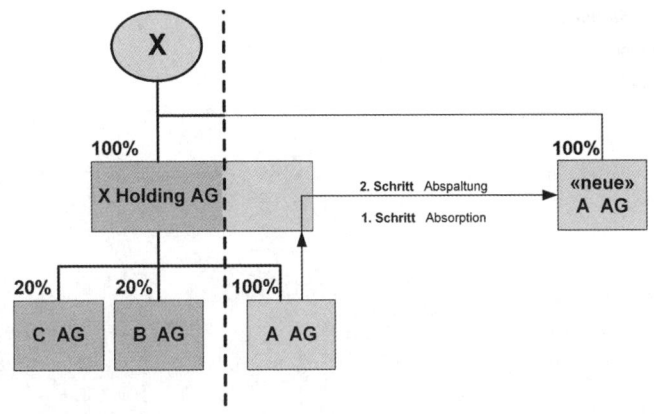

Direkte Bundessteuer *(Gewinnsteuer)*

X Holding AG

Die beiden Schritte (Absorption und Abspaltung) qualifizieren nicht als Umstrukturierung gemäss Artikel 61 DBG, da sie zeitnah erfolgen und die X Holding AG nur die durch die A AG erhaltenen Aktiven und Passiven weitergibt. Die X Holding AG richtet deshalb eine steuerbare Naturaldividende an X aus (Portfolioausschüttung). Dabei realisiert die X Holding AG einen Gewinn im Umfang von 200, der zum Beteiligungsabzug berechtigt, sofern die entsprechenden Bedingungen erfüllt sind.

Wird die X Holding AG durch eine Kapitalgesellschaft oder Genossenschaft gehalten, kann die Übertragung gemäss Artikel 61 Absatz 3 DBG steuerneutral erfolgen (Vermögensübertragung im Konzern). Es ist eine Veräusserungssperrfrist von fünf Jahren zu beachten.

Direkte Bundessteuer *(Einkommenssteuer: Einkünfte aus Beteiligungen im Privatvermögen)*

Aufgrund der Absorption und der anschliessenden Spaltung fällt eine Besteuerungsstufe weg. Deshalb realisiert X im Umfang von 500 einen steuerbaren Vermögensertrag gemäss Artikel 20 Absatz 1 Buchstabe c DBG. Dieser Vermögensertrag unterliegt der Teilbesteuerung nach Artikel 20 Absatz 1bis DBG. Beim Weiterverkauf der A AG an einen Dritten durch X realisiert dieser einen steuerfreien Kapitalgewinn gemäss Artikel 16 Absatz 3 DBG oder einen steuerlich unbeachtlichen privaten Kapitalverlust.

Verrechnungssteuer

Gleiche Betrachtungsweise wie bei der direkten Bundessteuer. Die Naturaldividende von 500 unterliegt nach Artikel 4 Absatz 1 Buchstabe b VStG der Verrechnungssteuer.

Nicht betroffene Steuern
- Emissionsabgabe
- Umsatzabgabe

Nr. 12 Verkauf eines Betriebes zum Gewinnsteuerwert an die Schwestergesellschaft (Ziff. 4.3.2)

H. Meister ist Alleinaktionär der A AG und der B AG. Er hält die Beteiligungsrechte an den beiden Gesellschaften im Privatvermögen. Die A AG und ihre Schwestergesellschaft, die B AG, sind Produktionsgesellschaften. Die A AG führt die Betriebe I und II. Der Verkehrswert des Betriebes II beträgt 500, der Buchwert (= Gewinnsteuerwert) 300.

Der Betrieb II wird zum Buchwert (= Aktivenüberschuss zu Gewinnsteuerwerten) an die B AG verkauft.

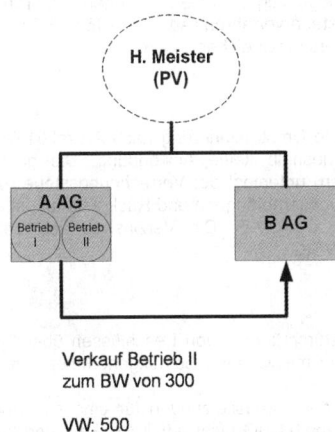

Verkauf Betrieb II
zum BW von 300

VW: 500

Direkte Bundessteuer *(Gewinnsteuer)*

A AG

Im vorliegenden Fall sind die Voraussetzungen für eine steuerneutrale Unternehmensteilung gemäss Artikel 61 Absatz 1 Buchstabe b DBG nicht erfüllt (Übertragung durch Verkauf). Auch eine Vermögensübertragung im Konzern (Art. 61 Abs. 3 DBG) ist nicht möglich, da die A AG und die B AG nicht von der gleichen Kapitalgesellschaft oder Genossenschaft kontrolliert werden. Die übertragende A AG erbringt ihrer Schwestergesellschaft somit eine verdeckte Vorteilszuwendung von 200 die zum ausgewiesenen Reingewinn hinzuzurechnen ist (Art. 58 Abs. 1 Bst. c DBG).

Die Übertragung des Betriebes II auf die B AG könnte dann steuerneutral abgewickelt werden, wenn sie zu Lasten des Eigenkapitals der A AG erfolgen würde.

B AG

Die übernehmende und begünstigte B AG kann auf dem erworbenen Betrieb II eine als Gewinn versteuerte stille Reserve von 200 geltend machen.

Direkte Bundessteuer (Einkommenssteuer: Einkünfte aus Beteiligungen im Privatvermögen)

H. Meister

H. Meister erhält grundsätzlich einen geldwerten Vorteil von der A AG aus der Übertragung der stillen Reserven auf dem Betrieb II von 200 (Art. 20 Abs. 1 Bst. c i.V.m. Art. 20 Abs. 1bis DBG), den er in die B AG einlegt (Dreieckstheorie). Um eine Mehrfachbelastung bei ihm zu vermeiden, kann er jedoch die sogenannte «modifizierte Dreieckstheorie» beantragen. Danach entfällt beim Aktionär die Besteuerung einer Ausschüttung, sofern die Beteiligungsrechte an der begünstigten B AG nicht innert 5 Jahren veräussert werden. Damit eine Besteuerung im Nachsteuerverfahren (Art. 151 – 153 DBG) möglich ist, hat der Aktionär einen entsprechenden Revers einzureichen.

Verrechnungssteuer

Es liegt keine steuerneutrale Umstrukturierung nach Artikel 61 DBG vor. Artikel 5 Absatz 1 Buchstabe a VStG findet deshalb keine Anwendung. Die geldwerte Leistung von 200 (übertragene stille Reserven) unterliegt der Verrechnungssteuer (Art. 4 Abs. 1 Bst. b VStG; Art. 20 Abs. 1 VStV). Leistungsempfängerin und Rückerstattungsberechtigte ist aufgrund der Direktbegünstigungstheorie die B AG. Die Verzinsung des Verrechnungssteuerbetrages richtet sich nach Artikel 16 VStG.

Emissionsabgabe

Beteiligungsrechte, die in Durchführung von Beschlüssen über Spaltungen begründet oder erhöht werden, sind von der Emissionsabgabe ausgenommen (Art. 6 Abs. 1 Bst. a[bis] StG).

Im vorliegenden Fall sind die Voraussetzungen für eine steuerneutrale Spaltung gemäss Artikel 61 Absatz 1 Buchstabe b DBG nicht erfüllt (Verkauf und keine Spaltung). Da keine gewinnsteuerneutrale Aufspaltung vorliegt, gilt für die Emissionsabgabe die zivilrechtliche Betrachtungsweise. Da die Vermögenswerte nicht durch den Inhaber der Beteiligungsrechte eingebracht werden, ist die Emissionsabgabe nicht betroffen.

Umsatzabgabe

Die Umsatzabgabe ist nur dann betroffen, wenn die übertragende oder die übernehmende Gesellschaft Effektenhändlerin ist (Art. 13 Abs. 3 StG) und zusammen mit dem Betrieb steuerbare Urkunden (Art. 13 Abs. 2 StG) veräussert werden.

In diesem Fall wäre die Umsatzabgabe auf dem anteiligen Verkaufspreis für die steuerbaren Urkunden geschuldet, da keine steuerneutrale Umstrukturierung vorliegt (Art. 14 Abs. 1 Bst. i StG i.V.m. Art. 61 DBG).

Nr. 13: Abspaltung einer Aktiengesellschaft; übertragene Vermögenswerte erfüllen das Betriebserfordernis nicht (Ziff. 4.3)

H. Spalter ist Alleinaktionär der SPALTER AG. Die SPALTER AG soll in zwei Aktiengesellschaften aufgeteilt werden. Dabei werden die Immobilien auf die neue IMMO-SPALT AG abgespalten (Art. 29 Bst. b FusG). Die Hälfte des ausgewiesenen Eigenkapitals der SPALTER AG wird auf die neue IMMO-SPALT AG übertragen, wobei die ausgewiesenen KER in der SPALTER AG verbleiben.

Ein Jahr nach der Spaltung verkauft H. Spalter seine 100-prozentige Beteiligung an der IMMO-SPALT AG zu einem Preis von 9'000.

Schlussbilanz der SPALTER AG vor Spaltung

Produktionsbetrieb [1]	10'000	Fremdkapital Produktionsbetrieb	5'000
Immobilien [2]	10'000	Fremdkapital Immobilien	5'000
		Aktienkapital	1'000
		KER	2'000
		übrige offene Reserven	7'000
Total Aktiven	20'000	Total Passiven	20'000

1) unversteuerte stille Reserven: 2'000
2) unversteuerte stille Reserven: 3'000;
 die Verwaltung der Immobilien stellt keinen Betrieb dar.

Direkte Bundessteuer (Gewinnsteuer)

SPALTER AG

Im vorliegenden Fall sind die Voraussetzungen für eine steuerneutrale Unternehmensteilung gemäss Artikel 61 Absatz 1 Buchstabe b DBG nicht erfüllt, da die übertragenen Vermögenswerte das Betriebserfordernis nicht erfüllen. Die übertragende SPALTER AG erbringt ihrer Schwestergesellschaft, der IMMO-SPALT AG, somit eine verdeckte Vorteilszuwendung von 3'000, die zu ihrem ausgewiesenen Reingewinn hinzuzurechnen ist (Art. 58 Abs. 1 Bst. c DBG).

IMMO-SPALT AG

Die übernehmende und begünstigte IMMO-SPALT AG kann entsprechende, als Gewinn versteuerte stille Reserven von 3'000 geltend machen.

Steuerbilanz der IMMO-SPALT AG nach der Spaltung

Immobilien	13'000	Fremdkapital Immobilien	5'000
		Aktienkapital	500
		übrige offene Reserven	4'500
		Versteuerte stille Reserven	3'000
Total Aktiven	13'000	Total Passiven	13'000

Direkte Bundessteuer (Einkommenssteuer: Einkünfte aus Beteiligungen im Privatvermögen)

H. Spalter

Die Voraussetzungen für eine steuerneutrale Spaltung (Art. 61 Abs. 1 Bst. b DBG) sind im vorliegenden Fall nicht erfüllt. Es liegt somit für H. Spalter als Anteilsinhaber keine steuerneutrale Vermögensumschichtung vor. Die Abspaltung der Immobilien ist als gewöhnliche Vorteilszuwendung zwischen verbundenen Unternehmen zu qualifizieren.

H. Spalter erhält aus der Übertragung der offenen und stillen Reserven (4'500 und 3'000 = 7'500) grundsätzlich einen geldwerten Vorteil aus seiner Beteiligung an der SPALTER AG (Art. 20 Abs. 1 Bst. c i.V.m. Art. 20 Abs. 1bis DBG), den er in die IMMO-SPALT AG einlegt (Dreieckstheorie). Um eine Mehrfachbelastung bei ihm zu vermeiden, kann er jedoch die sogenannte «modifizierte Dreieckstheorie» beantragen. Danach entfällt beim Aktionär die Besteuerung einer Ausschüttung, sofern die Beteiligungsrechte an der begünstigten B AG nicht innert 5 Jahren veräussert werden. Damit eine Besteuerung im Nachsteuerverfahren (Art. 151 – 153 DBG) möglich ist, hat der Aktionär einen entsprechenden Revers einzureichen.

Im vorliegenden Fall verkauft H. Spalter seine Beteiligung an der IMMO-SPALT AG innert 5 Jahren nach der Spaltung zum Preis von 9'000. Dieser Verkauf löst die Besteuerung der übertragenen offenen und stillen Reserven (4'500 + 3'000 = 7'500) beim Aktionär (Einkünfte aus Beteiligungen) aus. Die Besteuerung erfolgt gestützt auf einen Revers im Nachsteuerverfahren (Art. 151-153 DBG). Der restliche Teil des Verkaufserlöses (1'500) stellt einerseits einen steuerfreien privaten Kapitalgewinn (1'000) und anderseits Erlös für das übertragene Aktienkapital (500) dar.

Verrechnungssteuer

Es liegt keine steuerneutrale Umstrukturierung nach Artikel 61 DBG vor. Artikel 5 Absatz 1 Buchstabe a VStG findet deshalb keine Anwendung. Die geldwerte Leistung von 7'500 (die übertragenen offenen und stillen Reserven) unterliegt der Verrechnungssteuer (Art. 4 Abs. 1 Bst. b VStG; Art. 20 Abs. 1 VStV). Leistungsempfängerin und Rückerstattungsberechtigte ist aufgrund der Direktbegünstigungstheorie die IMMO-SPALT AG. Die Verzinsung des Verrechnungssteuerbetrages richtet sich nach Artikel 16 VStG.

Emissionsabgabe

Beteiligungsrechte, die in Durchführung von Beschlüssen über Spaltungen begründet oder erhöht werden, sind von der Emissionsabgabe ausgenommen (Art. 6 Abs. 1 Bst. a^{bis} StG).

Da keine gewinnsteuerneutrale Spaltung vorliegt, gilt für die Emissionsabgabe die zivilrechtliche Betrachtungsweise. Da die Vermögenswerte nicht durch den Inhaber der Beteiligungsrechte eingebracht werden, ist die Emissionsabgabe nicht betroffen.

Nicht betroffene Steuer

- Umsatzabgabe.

Nr. 14: Aufspaltung einer Aktiengesellschaft; übertragene Vermögenswerte erfüllen das Betriebserfordernis nicht (Ziff. 4.3)

H. Spalter ist Alleinaktionär der SPALTER AG. Die SPALTER AG soll in zwei neue Aktiengesellschaften aufgeteilt werden. Die Unternehmensteilung erfolgt durch Aufspaltung (Art. 29 Bst. a FusG). Der Produktionsbetrieb wird auf die neue PRODO AG übertragen. Die Immobilien werden auf die IMMO-SPALT AG übertragen. Die beiden neuen Gesellschaften übernehmen je die Hälfte der ausgewiesenen Eigenkapitalanteile der aufgelösten SPALTER AG.

Ein Jahr nach der Spaltung verkauft H. Spalter seine 100-prozentige Beteiligung an der IMMO-SPALT AG zu einem Preis von 9'000.

Schlussbilanz der SPALTER AG vor Spaltung

Produktionsbetrieb [1]	10'000	Fremdkapital Produktionsbetrieb	5'000
Immobilien [2]	10'000	Fremdkapital Immobilien	5'000
		Aktienkapital	1'000
		KER	2'000
		übrige offene Reserven	7'000
Total Aktiven	20'000	Total Passiven	20'000

1) unversteuerte stille Reserven: 2'000

2) unversteuerte stille Reserven: 3'000;
die Verwaltung der Immobilien stellt keinen Betrieb dar

Direkte Bundessteuer (Gewinnsteuer)

SPALTER AG

Im vorliegenden Fall sind die Voraussetzungen für eine steuerneutrale Unternehmensteilung gemäss Artikel 61 Absatz 1 Buchstabe b DBG nur teilweise erfüllt, da die auf eine der übernehmenden Gesellschaften (IMMO-SPALT AG) übertragenen Vermögenswerte das Betriebserfordernis nicht erfüllen. Die übertragende SPALTER AG realisiert einen Liquidationsgewinn im Umfang der auf die übernehmende IMMO-SPALT AG übertragenen stillen Reserven von 3'000 (Art. 58 Abs. 1 Bst. c DBG).

IMMO-SPALT AG

Die übernehmende und begünstigte IMMO-SPALT AG kann entsprechende, als Gewinn versteuerte stille Reserven von 3'000 geltend machen.

Steuerbilanz der IMMO-SPALT AG nach der Spaltung

Immobilien	13'000	Fremdkapital Immobilien	5'000
		Aktienkapital	500
		KER	1'000
		übrige offene Reserven	3'500
		Versteuerte stille Reserven	3'000
Total Aktiven	13'000	Total Passiven	13'000

PRODO AG

Für die PRODO AG ergeben sich keine Gewinnsteuerfolgen.

Direkte Bundessteuer (Einkommenssteuer: Einkünfte aus Beteiligungen im Privatvermögen)

H. Spalter

Die Voraussetzungen für eine steuerneutrale Spaltung (Art. 61 Abs. 1 Bst. b DBG) sind im vorliegenden Fall nur teilweise erfüllt, da die auf eine der übernehmenden Gesellschaften (IMMO-SPALT AG) übertragenen Vermögenswerte das Betriebserfordernis nicht erfüllen. Für diesen Teil der Spaltung liegt für H. Spalter als Anteilsinhaber keine steuerneutrale Vermögensumschichtung vor.

H. Spalter erhält aus der Aufspaltung aufgrund der Dreieckstheorie die übrigen offenen und stillen Reserven der SPALTER AG (3'500 und 3'000 = 6'500) und legt diese anschliessend in die IMMO-SPALT AG. H. Spalter realisiert somit einen Teilliquidationsüberschuss aus seiner Beteiligung an der SPALTER AG (Art. 20 Abs. 1 Bst. c i.V.m. Art. 20 Abs. 1bis DBG). Um eine Mehrfachbelastung bei ihm zu vermeiden, kann er jedoch die sogenannte «modifizierte Dreieckstheorie» beantragen. Danach entfällt beim Aktionär die Besteuerung einer Ausschüttung, sofern die Beteiligungsrechte an der Gesellschaft, die keinen Betrieb weiterführt (IMMO-SPALT AG) nicht innert 5 Jahren veräussert werden. Damit eine Besteuerung im Nachsteuerverfahren (Art. 151 – 153 DBG) möglich ist, hat der Aktionär einen entsprechenden Revers einzureichen.

Im vorliegenden Fall verkauft H. Spalter seine Beteiligung an der IMMO-SPALT AG innert 5 Jahren nach der Spaltung zum Preis von 9'000. Dieser Verkauf löst nachträglich die Besteuerung der auf die IMMO-SPALT AG übertragenen übrigen offenen und stillen Reserven (anteiliger Liquidationsüberschuss; 3'500 + 3'000 = 6'500) aus. Die Besteuerung erfolgt gestützt auf einen Revers im Nachsteuerverfahren (Art. 151 – 153 DBG). Der restliche Teil des Verkaufserlöses (2'500) stellt einerseits einen steuerfreien privaten Kapitalgewinn (1'000) und andererseits Erlös für das Aktienkapital (500) und KER (1'000) dar.

Verrechnungssteuer

Im vorliegenden Fall sind die Voraussetzungen für eine steuerneutrale Unternehmensteilung gemäss Artikel 61 Absatz 1 Buchstabe b DBG nur teilweise erfüllt, da die auf eine der übernehmenden Gesellschaften (IMMO-SPALT AG) übertragenen Vermögenswerte das Betriebserfordernis nicht erfüllen. Artikel 5 Absatz 1 Buchstabe a VStG findet deshalb ebenfalls nur teilweise Anwendung. Die geldwerte Leistung von 6'500 (die auf die Gesellschaft, welche das Betriebserfordernis nicht erfüllt, übertragenen übrigen offenen und stillen Reserven) unterliegt der Verrechnungssteuer (Art. 4 Abs. 1 Bst. b VStG; Art. 20 Abs. 1 VStV). Leistungsempfängerin und Rückerstattungsberechtigte ist aufgrund der Direktbegünstigungstheorie die IMMO-SPALT AG. Die Verzinsung des Verrechnungssteuerbetrages richtet sich nach Artikel 16 VStG.

Emissionsabgabe

Beteiligungsrechte, die in Durchführung von Beschlüssen über Spaltungen begründet oder erhöht werden, sind von der Emissionsabgabe ausgenommen (Art. 6 Abs. 1 Bst. a^{bis} StG).

Da keine gewinnsteuerneutrale Aufspaltung vorliegt, gilt für die Emissionsabgabe die zivilrechtliche Betrachtungsweise. Da die Vermögenswerte nicht durch den Inhaber der Beteiligungsrechte eingebracht werden, ist die Emissionsabgabe nicht betroffen.

Nicht betroffene Steuer

- Umsatzabgabe.

Nr. 15: Abspaltung einer Aktiengesellschaft; übertragende Gesellschaft erfüllt das Betriebserfordernis nach der Spaltung nicht mehr (Ziff. 4.3)

H. Spalter ist Alleinaktionär der SPALTER AG. Die SPALTER AG soll in zwei Aktiengesellschaften aufgeteilt werden. Dabei wird der Produktionsbetrieb auf die neue PRODO AG abgespalten (Art. 29 Bst. b FusG). Die Hälfte der ausgewiesenen Eigenkapitalanteile der SPALTER AG wird auf die neue PRODO AG übertragen.

Ein Jahr nach der Spaltung verkauft H. Spalter seine 100-prozentige Beteiligung an der SPALTER AG zu einem Preis von 9'000.

Schlussbilanz der SPALTER AG vor Spaltung

Produktionsbetrieb [1]	10'000	Fremdkapital Produktionsbetrieb	5'000
Immobilien [2]	10'000	Fremdkapital Immobilien	5'000
		Aktienkapital	1'000
		KER	2'000
		übrige offene Reserven	7'000
Total Aktiven	20'000	Total Passiven	20'000

1) unversteuerte stille Reserven: 2'000

2) unversteuerte stille Reserven: 3'000;
die Verwaltung der Immobilien stellt keinen Betrieb dar

Direkte Bundessteuer (Gewinnsteuer)

SPALTER AG

Im vorliegenden Fall sind die Voraussetzungen für eine steuerneutrale Unternehmensteilung gemäss Artikel 61 Absatz 1 Buchstabe b DBG nur teilweise erfüllt, da die übertragende Gesellschaft (SPALTER AG) das Betriebserfordernis nach der Abspaltung des Betriebes nicht mehr erfüllt. Die übertragende SPALTER AG realisiert aufgrund der wirtschaftlichen (ergebnisorientierten) Betrachtungsweise einen Liquidationsgewinn im Umfang der bei ihr verbleibenden stillen Reserven von 3'000 (Umkehrschluss aus Art. 61 Abs. 1 Bst. b i.V.m. Art. 58 Abs. 1 Bst. c DBG).

Steuerbilanz der SPALTER AG nach der Spaltung

Immobilien	13'000	Fremdkapital Immobilien	5'000
		Aktienkapital	500
		KER	1'000
		übrige offene Reserven	3'500
		Versteuerte stille Reserven	3'000
Total Aktiven	13'000	Total Passiven	13'000

PRODO AG

Für die PRODO AG ergeben sich keine Gewinnsteuerfolgen.

Direkte Bundessteuer (Einkommenssteuer: Einkünfte aus Beteiligungen im Privatvermögen)

H. Spalter

Die Voraussetzungen für eine steuerneutrale Spaltung (Art. 61 Abs. 1 Bst. b DBG) sind im vorliegenden Fall nur teilweise erfüllt, da die übertragende Gesellschaft (SPALTER AG) das Betriebserfordernis nach der Spaltung nicht mehr erfüllt. Für diesen Teil der Spaltung liegt für H. Spalter als Anteilsinhaber keine steuerneutrale Vermögensumschichtung vor.

H. Spalter erhält aus der Abspaltung aufgrund der wirtschaftlichen (ergebnisorientierten) Auslegung von Spaltungsvorgängen die übrigen offenen und stillen Reserven der SPALTER AG (3'500 und 3'000 = 6'500) und legt diese anschliessend wieder in die SPALTER AG (mit der neuen Funktion als Vermögensverwaltungsgesellschaft) ein. H. Spalter realisiert somit einen Teilliquidationsüberschuss aus seiner Beteiligung an der SPALTER AG (Art. 20 Abs. 1 Bst. c i.V.m. Art. 20 Abs. 1bis DBG). Um eine Mehrfachbelastung bei ihm zu vermeiden, kann er jedoch die sogenannte «modifizierte Dreieckstheorie» beantragen. Danach entfällt beim Aktionär die Besteuerung einer Ausschüttung, sofern die Beteiligungsrechte an der Gesellschaft, die keinen Betrieb weiterführt (SPALTER AG), nicht innert 5 Jahren veräussert werden. Damit eine Besteuerung im Nachsteuerverfahren (Art. 151 – 153 DBG) möglich ist, hat der Aktionär einen entsprechenden Revers einzureichen.

Im vorliegenden Fall verkauft H. Spalter seine Beteiligung an der SPALTER AG innert 5 Jahren nach der Spaltung zum Preis von 9'000. Dieser Verkauf löst die Besteuerung der verbleibenden übrigen offenen und stillen Reserven (reinvestierter Liquidationsüberschuss; 3'500 + 3'000 = 6'500) aus. Die Besteuerung erfolgt gestützt auf einen Revers im Nachsteuerverfahren (Art. 151 – 153 DBG). Der restliche Teil des Verkaufserlöses (2'500) stellt einerseits einen steuerfreien privaten Kapitalgewinn (1'000) und andererseits Erlös für das Aktienkapital (500) und die KER (1'000) dar.

Verrechnungssteuer

Es liegt keine steuerneutrale Umstrukturierung nach Artikel 61 DBG vor. Artikel 5 Absatz 1 Buchstabe a VStG findet deshalb keine Anwendung. Die Verrechnungssteuer stellt jedoch - im Unterschied zur direkten Bundessteuer - auf den zivilrechtlichen Vorgang (Abspaltung des Betriebes) ab. Die geldwerte Leistung von 5'500 (die auf die PRODO AG übertragenen übrigen offenen und stillen Reserven) unterliegt der Verrechnungssteuer (Art. 4 Abs. 1 Bst. b VStG; Art. 20 Abs. 1 VStV). Leistungsempfängerin und Rückerstattungsberechtigte ist aufgrund der Direktbegünstigungstheorie die PRODO AG. Die Verzinsung des Verrechnungssteuerbetrages richtet sich nach Artikel 16 VStG.

Emissionsabgabe

Beteiligungsrechte, die in Durchführung von Beschlüssen über Spaltungen begründet oder erhöht werden, sind von der Emissionsabgabe ausgenommen (Art. 6 Abs. 1 Bst. a^{bis} StG).

Da keine gewinnsteuerneutrale Spaltung vorliegt, gilt für die Emissionsabgabe die zivilrechtliche Betrachtungsweise. Da die Vermögenswerte nicht durch den Inhaber der Beteiligungsrechte eingebracht werden, ist die Emissionsabgabe nicht betroffen.

Nicht betroffene Steuer
- Umsatzabgabe.

Nr. 16: Übertragung eines Gegenstandes des betrieblichen Anlagevermögens auf eine inländische Enkelgesellschaft (Ziff. 4.4.1)

Die MUTTER AG (Stammhaus mit Produktion) verkauft ein Patent zum Buchwert (= Gewinnsteuerwert) von 100 an ihre Enkelgesellschaft, die ENKELIN AG, deren Beteiligungsrechte von der TOCHTER AG gehalten werden. Der Verkehrswert des Patentes beträgt 300. Das Patent bildet Gegenstand des betrieblichen Anlagevermögens der ENKELIN AG.

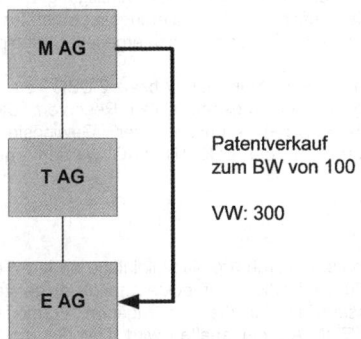

Die Bilanzen der MUTTER AG und der TOCHTER AG präsentieren sich vor der Transaktion wie folgt:

Bilanz der MUTTER AG

Patent X [1]	100	Fremdkapital	600
Beteiligung TOCHTER AG [2]	200	Aktienkapital	100
Übrige Aktiven	700	übrige offene Reserven	300
Total Aktiven	1'000	Total Passiven	1'000

1) unversteuerte stille Reserven: 200
2) Gewinnsteuerwert und Gestehungskosten: 200

Bilanz der TOCHTER AG

Beteiligung ENKELIN AG [1]	300	Fremdkapital	300
Übrige Aktiven	500	Aktienkapital	200
		übrige offene Reserven	300
Total Aktiven	800	Total Passiven	800

1) Gewinnsteuerwert und Gestehungskosten: 300

Direkte Bundessteuer (Gewinnsteuer)

MUTTER AG

Verdeckte Kapitaleinlagen durch die Übertragung von Gegenständen des betrieblichen Anlagevermögens zum Gewinnsteuerwert auf eine inländische Tochtergesellschaft sind steuerneutral, sofern die fünfjährige Veräusserungssperrfrist für die übertragenen Vermögenswerte und die Beteiligungsrechte an der Tochtergesellschaft eingehalten wird.

Der Gewinnsteuerwert und die Gestehungskosten der Beteiligung an der TOCHTER AG bleiben unverändert, sofern die fünfjährige Veräusserungssperrfrist für die übertragenen Vermögenswerte und die Beteiligungsrechte an der Tochtergesellschaft eingehalten wird.

Eine Sperrfristverletzung führt nach Artikel 61 Absatz 2 DBG zu einer – allenfalls anteilsmässigen – Besteuerung der übertragenen stillen Reserven. Die Steuer wird im Nachsteuerverfahren (Art. 151-153 DBG) erhoben. Der Gewinnsteuerwert und die Gestehungskosten der Beteiligung an der TOCHTER AG werden entsprechend erhöht (Investition).

TOCHTER AG

Die TOCHTER AG leitet die erhaltene verdeckte Kapitaleinlage an ihre Tochtergesellschaft, die ENKELIN AG, weiter. Auch für sie ist diese verdeckte Kapitaleinlage steuerneutral, sofern die fünfjährige Veräusserungssperrfrist für die übertragenen Vermögenswerte und die Beteiligungsrechte an der ENKELIN AG eingehalten wird. Der Gewinnsteuerwert und die Gestehungskosten der Beteiligung an der ENKELIN AG werden erhöht, wenn die fünfjährige Veräusserungssperrfrist für die übertragenen Vermögenswerte und die Beteiligungsrechte an der Tochtergesellschaft nicht eingehalten wird.

Im Falle einer Sperrfristverletzung kann die TOCHTER AG im Umfang der Nachbesteuerung bei der MUTTER AG eine versteuerte stille Reserve auf ihrer Beteiligung an der ENKELIN AG geltend machen. Der Gewinnsteuerwert und die Gestehungskosten der Beteiligung an der ENKELIN AG werden entsprechend erhöht (Investition). Die versteuerte stille Reserve kann nicht als KER ausgewiesen werden, da die MUTTER AG eine verdeckte Kapitaleinlage geleistet hat.

ENKELIN AG

Der Gewinnsteuerwert des erworbenen Patentes entspricht dem Buchwert (= Erwerbspreis) von 100.

Im Falle einer Sperrfristverletzung kann die ENKELIN AG im Umfang der Nachbesteuerung bei der MUTTER AG eine versteuerte stille Reserve auf dem erworbenen Patent geltend machen. Die verdeckt eingelegten 200 können nicht als KER ausgewiesen werden.

Emissionsabgabe

Da die Vermögenswerte vorliegend nicht durch den Inhaber der Beteiligungsrechte eingebracht werden, ist die Emissionsabgabe nicht betroffen.

Nicht betroffene Steuern

- Direkte Bundessteuer (Einkommenssteuer: Einkünfte aus Beteiligungen im Privatvermögen);
- Verrechnungssteuer;
- Umsatzabgabe.

Nr. 17: Ausgliederung von Gegenständen des betrieblichen Anlagevermögens (Ziff. 4.4.1)

Die A AG gründet eine Tochtergesellschaft (B AG) und überträgt ihre Patente zum Buchwert von 400 auf die neue Gesellschaft B AG (Sacheinlage: 200; Verkauf: 200). Die B AG ist eine Patentverwertungsgesellschaft mit eigenem Personal und Marktauftritt. Die Patente bilden Gegenstand des betrieblichen Anlagevermögens der B AG.

Ausgangslage

A AG			
Finanzanlagen	100	Fremdkapital	500
Betrieb	500	Aktienkapital	200
Patente [1]	400	übrige Reserven	300
Total Aktiven	1'000	Total Passiven	1'000

1) stille Reserven 600

Die B AG wird wie folgt finanziert:
- AK 100
- KER 100
- Fremdkapital A AG 100
- Fremdkapital Dritte 100

Die A AG verwendet 100 des Verkaufserlöses zur Rückzahlung von Fremdkapital.

Zielstruktur

A AG			
Finanzanlagen	100	Fremdkapital	400
Betrieb	500	Aktienkapital	200
Beteiligung B AG [1]	200	übrige Reserven	300
Debitor B AG	100		
Total Aktiven	900	Total Passiven	900

100%

B AG			
Patente [2]	400	Fremdkapital	100
		Kreditor A AG	100
		Aktienkapital	100
		KER	100
Total Aktiven	400	Total Passiven	400

1) Gestehungskosten 200
2) stille Reserven 600

Variante A

Zwei Jahre nach der Gründung der B AG verkauft die A AG 60% ihrer Beteiligung an der B AG zum Preis von 500 und macht auf dem Kapitalgewinn den Beteiligungsabzug geltend.

Direkte Bundessteuer *(Gewinnsteuer)*

Der Verkauf der 60%-igen Beteiligung an der B AG führt nach Artikel 61 Absatz 2 DBG bei der A AG zu einer anteilsmässigen Besteuerung der übertragenen stillen Reserven. Die Steuer wird im Nachsteuerverfahren (Art. 151-153 DBG) erhoben.

Die A AG weist in ihrem Abschluss (Verkaufsjahr) folgenden Kapitalgewinn aus:

Verkaufserlös für 60%-ige Beteiligung an B AG	500
./. Buchwert für 60%-ige Beteiligung an B AG	- 120
Realisierter Kapitalgewinn	380

Für die A AG ergeben sich folgende Gewinnsteuerfolgen im Nachsteuerverfahren:
60% der übertragenen stillen Reserven von 600   360

In der Steuerbilanz der B AG kann eine entsprechende versteuerte stille Reserve geltend gemacht werden.

B AG			
Patente [1]	760	Fremdkapital	100
		Kreditor A AG	100
		Aktienkapital	100
		KER	100
		Verst. st. Reserve	360
Total Aktiven	760	Total Passiven	760

1) Unversteuerte stille Reserven 240

Für die A AG ergeben sich folgende Gewinnsteuerfolgen im ordentlichen Veranlagungsverfahren:

Verkaufserlös für 60%-ige Beteiligung an B AG	500
./. Berichtigter Gewinnsteuerwert für 60%ige Beteiligung an B AG (60% von 800 oder anteiliger Buchwert von 120 zuzüglich anteilige besteuerte stille Reserven von 360)	- 480
Realisierter Kapitalgewinn mit Beteiligungsabzug	20

Emissionsabgabe

Die Ausgliederung von Betrieben oder Teilbetrieben sowie von Gegenständen des betrieblichen Anlagevermögens auf eine Tochtergesellschaft (Art. 61 Abs. 1 Bst. d DBG) gilt als Umstrukturierung und ist von der Emissionsabgabe ausgenommen (Art. 6 Abs. 1 Bst. a^{bis} StG).

Bei einer zeitnahen Veräusserung der erhaltenen Vermögenswerte durch die Tochtergesellschaft – unabhängig davon, ob diese Veräusserung als Umstrukturierung im Sinne von Art. 6 Abs. 1 Bst. a^{bis} StG qualifiziert – ist der Sachverhalt auf eine mögliche Abgabeumgehung hin zu überprüfen.

Nicht betroffene Steuern

- Direkte Bundessteuer (Einkommenssteuer: Einkünfte aus Beteiligungen im Privatvermögen);
- Verrechnungssteuer;
- Umsatzabgabe.

Variante B

Ein Jahr nach der Gründung erhöht die B AG ihr Kapital unter Ausschluss der Bezugsrechte der A AG von 100 auf 200. Die neuen Aktien werden von der Y AG durch Sacheinlage von Patenten im Wert von 700 liberiert. Die B AG aktiviert diese Sacheinlage zum bisherigen Buchwert bei der Y AG von 500, indem sie neben dem Aktienkapital die KER um 400 erhöht.

Direkte Bundessteuer (Gewinnsteuer)

Die A AG veräussert in diesem Fall keine Beteiligungsrechte an der durch Ausgliederung gegründeten B AG. Auch die Aufgabe der Kontrolle über die B AG führt nicht zu einer nachträglichen Abrechnung über die übertragenen stillen Reserven auf den Patenten.

Sowohl für die Y AG wie für die A AG liegt eine steuerneutrale Ausgliederung vor.

Emissionsabgabe

Die Ausgliederung von Betrieben oder Teilbetrieben sowie von Gegenständen des betrieblichen Anlagevermögens auf eine Tochtergesellschaft (Art. 61 Abs. 1 Bst. d DBG) gilt als Umstrukturierung und ist von der Emissionsabgabe ausgenommen (Art. 6 Abs. 1 Bst. a^{bis} StG).

Nicht betroffene Steuern

- Direkte Bundessteuer (Einkommenssteuer: Einkünfte aus Beteiligungen im Privatvermögen);
- Verrechnungssteuer;
- Umsatzabgabe.

Nr. 18: Ausgliederung von Beteiligungen (Ziff. 4.4.2)

Die A AG überträgt ihre 30-prozentige Beteiligung an der X AG zum Buchwert von 100 an ihre Tochtergesellschaft, die B AG.

Ausgangslage

A AG			
Finanzanlagen	400	Fremdkapital	300
Beteiligung B AG	500	Aktienkapital	100
Beteiligung X AG (30%)	100	übrige Reserven	600
Total Aktiven	1'000	Total Passiven	1'000

100%

B AG			
Beteiligungen	900	Fremdkapital	400
		Aktienkapital	200
		übrige Reserven	300
Total Aktiven	900	Total Passiven	900

Variante A

Die Beteiligung der A AG an der X AG wird zum Buchwert von 100 (= Gewinnsteuerwert und Gestehungskosten) als Sacheinlage auf die B AG (Sitz in der Schweiz) übertragen. Ihr Verkehrswert beträgt 400.

Die Beteiligung der A AG an der B AG (Sitz in der Schweiz) hat Gestehungskosten von 700. Ihr Buchwert entspricht dem Gewinnsteuerwert und dem Verkehrswert.

Die Zielstruktur sieht zivilrechtlich wie folgt aus:

Zielstruktur

A AG			
Finanzanlagen	400	Fremdkapital	300
Beteiligung B AG	*600*	Aktienkapital	100
		übrige Reserven	600
Total Aktiven	1'000	Total Passiven	1'000

100%

B AG			
Beteiligungen	900	Fremdkapital	400
Beteiligung X AG	*100*	Aktienkapital	200
		übrige Reserven	300
		KER (Einl. X AG)	100
Total Aktiven	1'000	Total Passiven	1'000

Direkte Bundessteuer *(Gewinnsteuer)*

Die Beteiligung der A AG an der B AG übernimmt den Gewinnsteuerwert und die Gestehungskosten der bisher direkt gehaltenen Beteiligung an der X AG. Der Verkehrswert der Beteiligung der A AG an der B AG beträgt neu 900. Allerdings besteht jetzt der Wertberichtigungsbedarf auf der Beteiligung an der B AG nicht mehr. Die frühere Abschreibung/Wertberichtigung von 200 gilt deshalb als wiedereingebracht und ist gemäss Artikel 62 Absatz 4 DBG Bestandteil des steuerbaren Reingewinnes (ohne Beteiligungsabzug). Der Buchwert der Beteiligung der A AG an der B AG beträgt nach der Ausgliederung 600. Der Gewinnsteuerwert und die Gestehungskosten betragen 800.

Beteiligungen der A AG vor der Beteiligungsübertragung

Beteiligung	Gestehungskosten	Gewinnsteuerwert	Verkehrswert
Beteiligung B AG	700	500	500
Beteiligung X AG	100	100	400
Total	800	600	900

Beteiligung der A AG an der B AG nach der Beteiligungsübertragung (**vor Aufrechnung** nach Art. 62 Abs. 4 DBG).

Beteiligung	Gestehungskosten	Gewinnsteuerwert	Verkehrswert
Beteiligung B AG	800	600	900
Total	800	600	900

Durch die Übertragung der Beteiligung an der X AG auf die B AG entsteht ein Anwendungsfall von Artikel 62 Absatz 4 DBG. Die seinerzeitige Abschreibung/Wertberichtigung auf der Beteiligung an der B AG von 200 gilt als wiedereingebracht und ist gemäss Artikel 62 Absatz 4 DBG Bestandteil des steuerbaren Reingewinnes der A AG (ohne Beteiligungsabzug). Die A AG hält nach der Ausgliederung nur noch die Beteiligung an der B AG. Der Gewinnsteuerwert und die Gestehungskosten dieser Beteiligung betragen nach der Aufrechnung der wiedereingebrachten Abschreibung/Wertberichtigung 800.

Beteiligung der A AG an der B AG nach der Beteiligungsübertragung (**nach Aufrechnung** gemäss Art. 62 Abs. 4 DBG).

Beteiligung	Gestehungskosten	Gewinnsteuerwert	Verkehrswert
Beteiligung B AG	800	800	900
Total	800	800	900

Emissionsabgabe

Die Ausgliederung einer Beteiligung von mindestens 10 Prozent am Grund- oder Stammkapital einer anderen Kapitalgesellschaft oder Genossenschaft oder eines begründeten Anspruchs auf mindestens 10 Prozent des Gewinns und der Reserven einer anderen Gesellschaft auf eine Tochtergesellschaft gilt als steuerneutrale Umstrukturierung und ist von der Emissionsabgabe ausgenommen (Art. 6 Abs. 1 Bst. a^{bis} StG).

Umsatzabgabe

Die Ausgliederung von Beteiligungen von mindestens 10 Prozent am Grund- oder Stammkapital anderer Gesellschaften auf eine in- oder ausländische Tochtergesellschaft ist von der Umsatzabgabe ausgenommen (Art. 14 Abs. 1 Bst. i StG).

Nicht betroffene Steuern

- Direkte Bundessteuer (Einkommenssteuer: Einkünfte aus Beteiligungen im Privatvermögen);
- Verrechnungssteuer.

Variante B

Die Beteiligung der A AG an der X AG wird zum Buchwert von 100 (= Gewinnsteuerwert und Verkehrswert) als Sacheinlage auf die B AG (Sitz in der Schweiz) übertragen. Ihre Gestehungskosten belaufen sich auf 300.

Die Beteiligung der A AG an der B AG (Sitz in der Schweiz) hat Gestehungskosten von 500 (= Gewinnsteuerwert). Ihr Verkehrswert beträgt 700.

Die Zielstruktur sieht zivilrechtlich wie folgt aus:

Zielstruktur

A AG			
Finanzanlagen	400	Fremdkapital	300
Beteiligung B AG	*600*	Aktienkapital	100
		übrige Reserven	600
Total Aktiven	1'000	Total Passiven	1'000

100%

B AG			
Beteiligungen	900	Fremdkapital	400
Beteiligung X AG	*100*	Aktienkapital	200
		Reserven	300
		KER (Einl. X AG)	100
Total Aktiven	1'000	Total Passiven	1'000

Direkte Bundessteuer (Gewinnsteuer)

Die Beteiligung der A AG an der B AG übernimmt den Gewinnsteuerwert und die Gestehungskosten der bisher direkt gehaltenen Beteiligung an der X AG. Der Verkehrswert der Beteiligung der A AG an der B AG beträgt neu 800. Dadurch gilt die seinerzeitige Abschreibung/Wertberichtigung von 200 auf der Beteiligung an der X AG als wiedereingebracht und ist gemäss Artikel 62 Absatz 4 DBG Bestandteil des steuerbaren Reingewinnes (ohne Beteiligungsabzug). Der Buchwert der Beteiligung der A AG an der B AG beträgt nach der Ausgliederung 600. Der Gewinnsteuerwert und die Gestehungskosten betragen 800.

Die B AG hält nach der Ausgliederung neu eine Beteiligung an der X AG. Der Buchwert, der Gewinnsteuerwert, die Gestehungskosten sowie der Verkehrswert dieser Beteiligung betragen 100.

Beteiligungen der A AG vor der Beteiligungsübertragung

Beteiligung	Gestehungskosten	Gewinnsteuerwert	Verkehrswert
Beteiligung B AG	500	500	700
Beteiligung X AG	300	100	100
Total	800	600	800

Beteiligung der A AG an der B AG nach der Beteiligungsübertragung (**vor Aufrechnung** nach Art. 62 Abs. 4 DBG).

Beteiligung	Gestehungskosten	Gewinnsteuerwert	Verkehrswert
Beteiligung B AG	800	600	800
Total	800	600	800

Durch die Übertragung der Beteiligung an der X AG auf die B AG entsteht ein Anwendungsfall von Artikel 62 Absatz 4 DBG. Die seinerzeitige Abschreibung/Wertberichtigung auf der Beteiligung an der X AG von 200 gilt als wiedereingebracht und ist gemäss Artikel 62 Absatz 4 DBG Bestandteil des steuerbaren Reingewinnes der A AG (ohne Beteiligungsabzug). Die A AG hält nach der Ausgliederung nur noch die Beteiligung an der B AG. Der Gewinnsteuerwert und die Gestehungskosten dieser Beteiligung betragen nach der Aufrechnung der wiedereingebrachten Abschreibung/Wertberichtigung 800.

Beteiligung der A AG an der B AG nach der Beteiligungsübertragung (**nach Aufrechnung** gemäss Art. 62 Abs. 4 DBG).

Beteiligung	Gestehungskosten	Gewinnsteuerwert	Verkehrswert
Beteiligung B AG	800	800	800
Total	800	800	800

Übrige Steuern

Für die übrigen in diesem Kreisschreiben behandelten Steuern des Bundes ergeben sich die gleichen Folgen wie nach der Variante A.

Nr. 19: Verkauf einer Beteiligung an die Tochtergesellschaft (Ziff. 4.4.2)

Die MUTTER AG verkauft ihre Beteiligung an der X AG zum Buchwert (=Gewinnsteuerwert) von 200 an ihre Tochtergesellschaft, die TOCHTER AG.

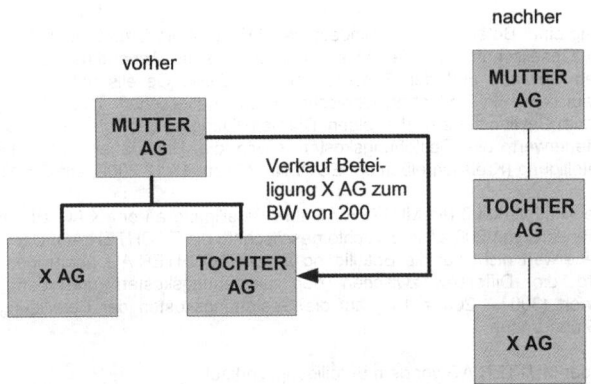

Die Bilanz der MUTTER AG präsentiert sich vor dem Verkauf wie folgt:

Bilanz der MUTTER AG

Beteiligung X AG [1]	200	Fremdkapital	600
Beteiligung TOCHTER AG [2]	100	Aktienkapital	100
Übrige Aktiven	700	übrige Reserven	300
Total Aktiven	1'000	Total Passiven	1'000

1) Beteiligung; Gewinnsteuerwert: 200; Gestehungskosten: 300; Verkehrswert: 200
2) Beteiligung; Gewinnsteuerwert und Gestehungskosten: 100; Verkehrswert: 300

Direkte Bundessteuer (Gewinnsteuer)

MUTTER AG

Da keine stillen Reserven auf der X-Beteiligung vorhanden sind, stellt sich die Realisationsfrage nicht. Es ist aber das Gestehungskostenproblem zu lösen.

Die Übertragung einer Beteiligung von mindestens 10 Prozent am Grund- oder Stammkapital einer anderen Gesellschaft oder Genossenschaft oder eines Anspruchs auf mindestens 10 Prozent des Gewinns und der Reserven einer anderen Gesellschaft (Art. 70 Abs. 4 Bst. b DBG) auf eine in- oder ausländische Tochtergesellschaft (Sub-Holding) kann steuerneutral zum Gewinnsteuerwert erfolgen. Die Beteiligung an der Sub-Holding übernimmt den Gewinnsteuerwert, die Gestehungskosten sowie die Haltedauer der bisher direkt gehaltenen Beteiligung (Kreisschreiben der ESTV Nr. 27 vom 17.12.2009, Ziff. 2.5.1).

Im vorliegenden Fall verkauft die MUTTER AG ihre Beteiligung an der X AG zum Buchwert (= Gewinnsteuerwert) von 200 an ihre Tochtergesellschaft, die TOCHTER AG. Deshalb kann der Gewinnsteuerwert nicht auf die Beteiligung an der TOCHTER AG übertragen werden. Hingegen wird die Differenz zwischen den Gestehungskosten und dem tieferen Gewinnsteuerwert (300 ./. 200 = 100) auf die Gestehungskosten der Beteiligung an der TOCHTER AG übertragen.

Beteiligungen der MUTTER AG vor dem Beteiligungsverkauf

Beteiligung	Gestehungskosten	Gewinnsteuerwert	Verkehrswert
Beteiligung X AG	300	200	200
Beteiligung TOCHTER AG	100	100	300
Total	400	300	500

Beteiligung der MUTTER AG an der TOCHTER AG nach dem Beteiligungsverkauf (**vor Aufrechnung** nach Art. 62 Abs. 4 DBG).

Beteiligung	Gestehungskosten	Gewinnsteuerwert	Verkehrswert
Beteiligung TOCHTER AG	200	100	300
Total	200	100	300

Durch die Übertragung der Beteiligung an der X AG auf die TOCHTER AG entsteht somit ein Anwendungsfall von Artikel 62 Absatz 4 DBG. Die seinerzeitige Abschreibung/Wertberichtigung auf der Beteiligung an der X AG gilt als wiedereingebracht und ist Bestandteil des steuerbaren Reingewinnes der MUTTER AG (ohne Beteiligungsabzug). Die MUTTER AG hält nach der Ausgliederung nur noch die Beteiligung an der TOCHTER AG. Der Gewinnsteuerwert und die Gestehungskosten dieser Beteiligung betragen nach der Aufrechnung der wiedereingebrachten Abschreibung/Wertberichtigung 200.

Mittels Verkauf unter den Gestehungskosten und Besteuerung der wiedereingebrachten Abschreibung/Wertberichtigung tritt – gleich wie bei einer Ausgliederung – ein Verdoppelungseffekt ein.

Beteiligung der MUTTER AG an der TOCHTER AG nach dem Beteiligungsverkauf (**nach Aufrechnung** gemäss Art. 62 Abs. 4 DBG).

Beteiligung	Gestehungskosten	Gewinnsteuerwert	Verkehrswert
Beteiligung TOCHTER AG (bisher)	100	100	200
Beteiligung TOCHTER AG (Übertrag)	100	100	100
Total	200	200	300

Mit dieser Lösung wird sichergestellt, dass die wiedereingebrachte Abschreibung/Wertberichtigung bei derjenigen Gesellschaft zur Besteuerung gelangt, bei der sie seinerzeit auch den Gewinn reduziert hat.

TOCHTER AG

Bei der erwerbenden Gesellschaft (Sub-Holding) entsprechen der Gewinnsteuerwert und die Gestehungskosten der erworbenen Beteiligung dem abgeschriebenen Wert (bisheriger Gewinnsteuerwert = Verkehrswert).

Emissionsabgabe

Die Ausgliederung einer Beteiligung von mindestens 10 Prozent am Grund- oder Stammkapital einer anderen Kapitalgesellschaft oder Genossenschaft auf eine Tochtergesellschaft gilt als Umstrukturierung und ist von der Emissionsabgabe ausgenommen (Art. 6 Abs. 1 Bst. a[bis] StG).

Umsatzabgabe

Die Ausgliederung von Beteiligungen von mindestens 10 Prozent am Grund- oder Stammkapital anderer Gesellschaften auf eine in- oder ausländische Tochtergesellschaft ist von der Umsatzabgabe ausgenommen (Art. 14 Abs. 1 Bst. i StG).

Nicht betroffene Steuern

- Direkte Bundessteuer (Einkommenssteuer: Einkünfte aus Beteiligungen im Privatvermögen);
- Verrechnungssteuer.

Nr. 20: Übertragung eines Gegenstandes des betrieblichen Anlagevermögens auf die inländische Grossmuttergesellschaft (Ziff. 4.5)

Die TOCHTER AG verkauft einen Gegenstand des betrieblichen Anlagevermögens zum Buchwert (= Gewinnsteuerwert) von 100 an ihre Grossmuttergesellschaft, die GROSSMUTTER AG. Der Verkehrswert beträgt 300. Der Gegenstand bildet Bestandteil des betrieblichen Anlagevermögens der GROSSMUTTER AG. Die Muttergesellschaft der TOCHTER AG, die MUTTER AG, weist einen Vorjahresverlust von 150 aus, der bei der Berechnung des steuerbaren Reingewinnes noch nicht berücksichtigt werden konnte. Der ausgewiesene Verlust der MUTTER AG im Geschäftsjahr des Verkaufs beträgt 50.

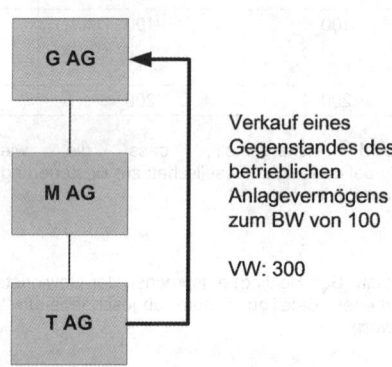

Verkauf eines Gegenstandes des betrieblichen Anlagevermögens zum BW von 100

VW: 300

Variante A

Die Bilanz der MUTTER AG präsentiert sich vor dem Verkauf wie folgt:

Bilanz der MUTTER AG

Beteiligung TOCHTER AG [1]	300	Fremdkapital	300
Übrige Aktiven	500	Aktienkapital	200
Verlustvortrag	150	übrige Reserven	450
Total Aktiven	950	Total Passiven	950

[1] Gewinnsteuerwert, Gestehungskosten und Verkehrswert: 300

Direkte Bundessteuer (Gewinnsteuer)

TOCHTER AG

Da es sich beim verkauften Gegenstand um betriebliches Anlagevermögen der übernehmenden Gesellschaft handelt, liegt eine steuerneutrale Vermögensübertragung im Konzern vor (Art. 61 Abs. 3 DBG).

MUTTER AG

Durch die Vorteilszuwendung der TOCHTER AG an die GROSSMUTTER AG hat die MUTTER AG einen Wertberichtigungsbedarf von 200 auf ihrer Beteiligung an der TOCHTER AG. Die Wertberichtigung auf der Beteiligung an der TOCHTER AG ist auf eine steuerneutrale Desinvestition zurückzuführen, weshalb die Wertberichtigung steuerlich nicht geltend gemacht werden kann. Die Gestehungskosten der Beteiligung an der TOCHTER AG werden aber um 200 reduziert. Der Verlustvortrag der MUTTER AG bleibt in der Höhe von 150 bestehen.

Die MUTTER AG hat eine verobjektivierte fünfjährige Veräusserungssperrfrist betreffend die Beteiligung an der TOCHTER AG einzuhalten (Art. 61 Abs. 4 DBG).

GROSSMUTTER AG

Die GROSSMUTTER AG nimmt den Gegenstand zu den Anschaffungskosten von 100 (= Gewinnsteuerwert) in die Bilanz auf.

Falls sich ein Wertberichtigungsbedarf auf der Beteiligung an der MUTTER AG ergeben würde, wäre dieser auf eine steuerneutrale Desinvestition zurückzuführen. Die handelsrechtlich vorzunehmende Wertberichtigung könnte deshalb steuerlich nicht geltend gemacht werden. Die Gestehungskosten der Beteiligung an der MUTTER AG würden aber herabgesetzt. (vgl. Steuerfolgen bei der MUTTER AG).

Die GROSSMUTTER AG hat eine verobjektivierte fünfjährige Veräusserungssperrfrist betreffend den übertragenen Gegenstand und der Beteiligung an der MUTTER AG einzuhalten (Art. 61 Abs. 4 DBG).

Verrechnungssteuer

Die Übertragung von Gegenständen des betrieblichen Anlagevermögens auf eine inländische Konzerngesellschaft ist von der Verrechnungssteuer ausgenommen (Art. 5 Abs. 1 Bst. a VStG). Die fünfjährige Veräusserungssperrfrist gilt auch für die Verrechnungssteuer (Verweis in Art. 5 Abs. 1 Bst. a VStG auf Art. 61 DBG).

Nicht betroffene Steuern

- Direkte Bundessteuer (Einkommenssteuer: Einkünfte aus Beteiligungen im Privatvermögen);
- Emissionsabgabe;
- Umsatzabgabe.

Variante B

Die Bilanz der MUTTER AG präsentiert sich vor der Transaktion wie folgt:

Bilanz der MUTTER AG

Beteiligung TOCHTER AG [1]	100	Fremdkapital	200
Übrige Aktiven	500	Aktienkapital	200
Verlustvortrag	150	übrige Reserven	350
Total Aktiven	750	Total Passiven	750

1) Gewinnsteuerwert und Gestehungskosten: 100; Verkehrswert: 500

Direkte Bundessteuer (Gewinnsteuer)

TOCHTER AG

Da es sich beim verkauften Gegenstand um betriebliches Anlagevermögen der übernehmenden Gesellschaft handelt, liegt eine steuerneutrale Vermögensübertragung im Konzern vor (Art. 61 Abs. 3 DBG).

MUTTER AG

Im Unterschied zur Variante A sind hier 400 stille Reserven auf der Beteiligung an der TOCHTER AG zu verzeichnen, so dass sich kein handelsrechtlicher Wertberichtigungsbedarf ergibt. Die Transaktion bleibt deshalb ohne Steuerfolgen auf der Ebene der MUTTER AG. Der Verlustvortrag wird nicht konsumiert.

Die MUTTER AG hat eine verobjektivierte fünfjährige Veräusserungssperrfrist betreffend die Beteiligung an der TOCHTER AG einzuhalten (Art. 61 Abs. 4 DBG).

GROSSMUTTER AG

Wie Variante A.

Übrige Steuern

Für die übrigen in diesem Kreisschreiben behandelten Steuern des Bundes ergeben sich die gleichen Folgen wie nach der Variante A.

Nr. 21: Übertragung eines Gegenstandes des betrieblichen Anlagevermögens auf eine inländische Schwestergesellschaft (Ziff. 4.5)

Die A AG verkauft ein Patent an ihre Schwestergesellschaft B AG zum Buchwert (= Gewinnsteuerwert) von 100. Der Verkehrswert des Patentes beträgt 400. Das Patent bildet Gegenstand des betrieblichen Anlagevermögens der B AG. Alleinaktionärin der beiden Gesellschaften ist die AB-Holding AG.

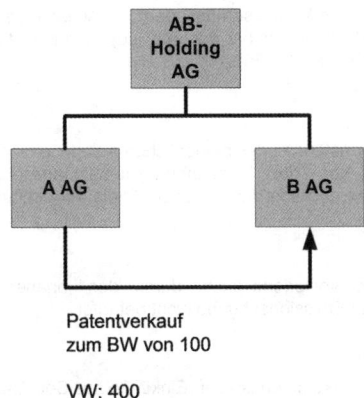

Patentverkauf
zum BW von 100

VW: 400

Direkte Bundessteuer *(Gewinnsteuer)*

A AG

Im vorliegenden Fall sind die Voraussetzungen für eine steuerneutrale Spaltung gemäss Artikel 61 Absatz 1 Buchstabe b DBG nicht erfüllt (Nichterfüllung des Betriebserfordernisses und Übertragung durch Verkauf). Da es sich beim übertragenen Patent um betriebliches Anlagevermögen der übernehmenden Gesellschaft handelt, liegt jedoch eine steuerneutrale Vermögensübertragung im Konzern vor (Art. 61 Abs. 3 DBG).

B AG

Die B AG nimmt das Patent zu den Anschaffungskosten von 100 (=Gewinnsteuerwert) in die Bilanz auf.

Die B AG hat eine verobjektivierte fünfjährige Veräusserungssperrfrist betreffend das erhaltende Patent einzuhalten (Art. 61 Abs. 4 DBG).

AB-Holding AG

Für die AB Holding AG gilt aufgrund des Massgeblichkeitsprinzips zwingend die Anwendung der modifizierten Dreieckstheorie.

Sie hat eine verobjektivierte fünfjährige Veräusserungssperrfrist betreffend die Beteiligungen an der A AG und der B AG einzuhalten (Art. 61 Abs. 4 DBG).

Verletzt die AB Holding AG die Veräusserungssperrfrist (Aufgabe der Kontrolle über die A AG oder B AG), ergeben sich für sie selbst dadurch jedoch keine Steuerfolgen (Folgen einer Sperrfristverletzung: vgl. Beispiel Nr. 25).

Verrechnungssteuer

Die Übertragung von Gegenständen des betrieblichen Anlagevermögens auf eine inländische Konzerngesellschaft ist von der Verrechnungssteuer ausgenommen (Art. 5 Abs. 1 Bst. a VStG). Die Veräusserungssperrfrist gilt auch für die Verrechnungssteuer.

Emissionsabgabe

Da die Vermögenswerte vorliegend nicht durch den Inhaber der Beteiligungsrechte eingebracht werden, ist die Emissionsabgabe nicht betroffen.

Nicht betroffene Steuern

- Direkte Bundessteuer (Einkommenssteuer: Einkünfte aus Beteiligungen im Privatvermögen);
- Umsatzabgabe.

Nr. 22: Übertragung einer indirekt gehaltenen Beteiligung auf die inländische Muttergesellschaft (Ziff. 4.5)

Die D AG und die E AG halten je 5% der Beteiligungsrechte an der X AG. Die D AG und die E AG stehen unter Kontrolle der A AG, einer schweizerischen Gesellschaft. Die A AG hält ihrerseits 90% der Beteiligungsrechte an der X AG.

Die D AG und die E AG verkaufen ihre je 5%igen Beteiligungen an der X AG an die A AG zum Gewinnsteuerwert von je 500. Der Verkehrswert dieser Beteiligungen beträgt je 2'000.

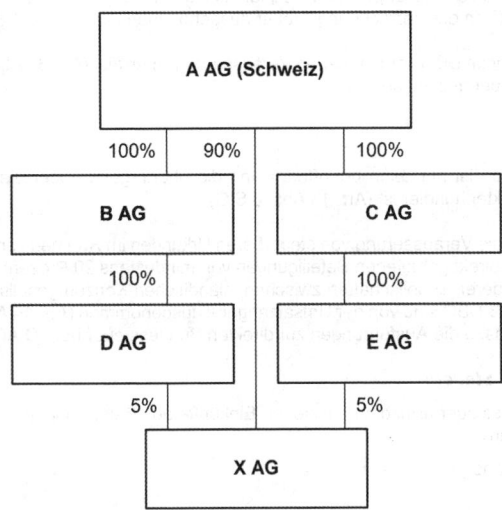

Direkte Bundessteuer (Gewinnsteuer)

D AG und E AG

Die übertragenden Gesellschaften (D AG und E AG) stehen unter Kontrolle der A AG. Auch die übernehmende A AG ist eine inländische Gesellschaft. Es handelt sich somit um Konzerngesellschaften im Sinne von Artikel 61 Absatz 3 DBG.

Zwischen inländischen Konzerngesellschaften können auch Beteiligungen von weniger als 20 Prozent am Grund- oder Stammkapital einer anderen Kapitalgesellschaft oder Genossenschaft steuerneutral übertragen werden, sofern eine direkte oder indirekte Beteiligung von mindestens 20 Prozent am Grund- oder Stammkapital an dieser Gesellschaft besteht (Art. 61 Abs. 3 DBG).

Die A AG ist direkt und indirekt zu 100% an der X AG beteiligt. Die D AG und die E AG können deshalb ihre Beteiligungen von je 5% an der X AG steuerneutral zu den Gewinnsteuerwerten an die A AG verkaufen.

A AG

Die A AG hat eine verobjektivierte fünfjährige Veräusserungssperrfrist betreffend die erhaltenen Beteiligungsrechte an der X AG einzuhalten. Im Weiteren muss die Kontrolle über die übertragenden D AG und E AG durch die A AG während fünf Jahren bestehen bleiben (Art. 61 Abs. 4 DBG).

Verrechnungssteuer

Die Übertragung von Beteiligungen auf eine inländische Konzerngesellschaft i.S. von Artikel 61 Absatz 3 DBG ist von der Verrechnungssteuer ausgenommen (Art. 5 Abs. 1 Bst. a VStG).

Bei Verletzung der im DBG vorgesehenen Veräusserungssperrfrist (Art. 61 Abs. 4 DBG) ist die Verrechnungssteuer geschuldet.

Umsatzabgabe

Die Umsatzabgabe ist nur dann betroffen, wenn die übertragende oder die übernehmende Gesellschaft Effektenhändler ist (Art. 13 Abs. 3 StG).

Der Erwerb oder die Veräusserung von steuerbaren Urkunden im Rahmen von Übertragungen von direkt oder indirekt gehaltenen Beteiligungen von mindestens 20 Prozent am Grund- oder Stammkapital anderer Gesellschaften zwischen inländischen Konzerngesellschaften gemäss Artikel 61 Absatz 3 DBG sind von der Umsatzabgabe ausgenommen (Art. 14 Abs. 1 Bst. j StG, 1. Halbsatz; vgl. dazu die Ausführungen zur direkten Bundessteuer betr. D AG und E AG).

Nicht betroffene Steuern

- Direkte Bundessteuer (Einkommenssteuer: Einkünfte aus Beteiligungen im Privatvermögen);
- Emissionsabgabe.

Nr. 23: Übertragung einer Beteiligung auf eine ausländische Konzerngesellschaft (Ziff. 4.5)

Innerhalb eines britischen Konzerns verkauft die Kapitalgesellschaft CH-2 im Jahr 2020 ihre 100%ige Beteiligung an einer I-AG an die ausländische Konzerngesellschaft NL-AG zum Buchwert von 70. Die Gestehungskosten betragen ebenfalls 70. Der Verkehrswert beträgt 100.

Variante 1: Die NL-AG ist eine 100%ige Tochtergesellschaft der CH-2 AG.

Variante 2: Die NL-AG ist eine 100%ige Tochtergesellschaft der CH-1 AG.

Variante 3: Die NL-AG ist eine 100%ige Tochtergesellschaft der CH-3 AG.

Variante 4: Die NL-AG ist eine 100%ige Tochtergesellschaft der GB-AG.

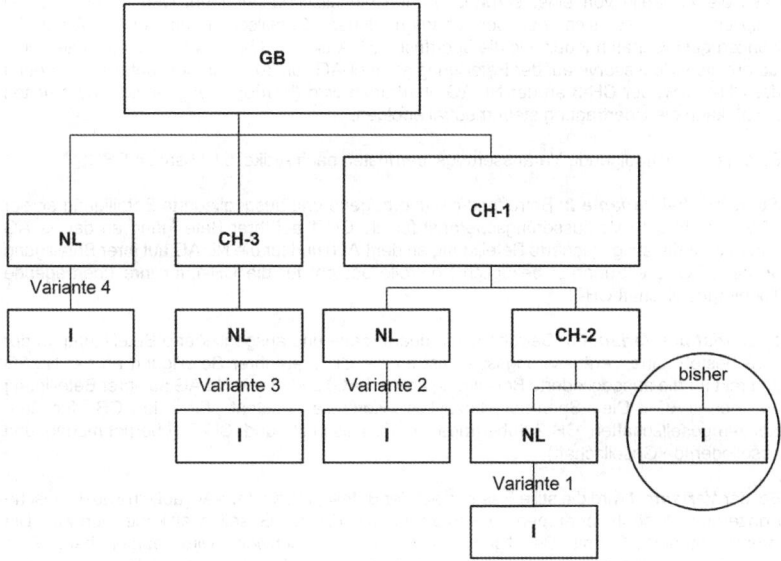

Direkte Bundessteuer *(Gewinnsteuer)*

Bei der **Variante 1** findet eine Übertragung einer Beteiligung auf eine ausländische Tochtergesellschaft statt (steuerneutraler Austauschtatbestand). Eine Veräusserungssperrfrist besteht bei dieser reinen Beteiligungsausgliederung nicht.

Bei den **Varianten 2 und 3** findet eine Übertragung einer Beteiligung auf eine ausländische Konzerngesellschaft statt, die ihrerseits von einer schweizerischen Konzerngesellschaft kontrolliert wird (CH-1 bzw. CH-3).

Direkt oder indirekt gehaltene Beteiligungen von mindestens 20 Prozent am Grund- oder Stammkapital einer anderen Gesellschaft können nach Artikel 61 Absatz 3 DBG steuerneutral auf andere inländische Konzerngesellschaften übertragen werden. Dabei ist nicht erforderlich, dass die Kontrolle von einer schweizerischen Gesellschaft ausgeübt wird. Erforderlich ist lediglich, dass es sich bei der übernehmenden Gesellschaft um eine inländische Konzerngesellschaft handelt und die Sperrfrist nach Artikel 61 Absatz 4 DBG eingehalten wird. Sofern die stille Reserve auf der Beteiligung an der I-AG von 30 vollständig auf die Beteiligung der CH-1 bzw. der CH-3 an der NL-AG übertragen wird (Verdoppelungseffekt) und erhalten bleibt, kann die Übertragung steuerneutral erfolgen.

Es ergeben sich folgende Veräusserungssperrfristen nach Artikel 61 Absatz 4 DBG:

Sperrfrist bei Variante 2: Betreffend die übertragene und ausgegliederte Beteiligung an der I AG besteht eine Veräusserungssperrfrist für die CH-1 auf ihrer Beteiligung an der NL AG (indirekt für die ausgegliederte Beteiligung an der I AG) und für die NL AG auf ihrer Beteiligung an der I AG. Die Sperrfrist bezüglich Kontrolle besteht für die CH-1 für ihre übertragende Tochtergesellschaft CH-2.

Sperrfrist bei Variante 3: Betreffend die übertragene und ausgegliederte Beteiligung an der I AG besteht eine Veräusserungssperrfrist für die CH-3 auf ihrer Beteiligung an der NL AG (indirekt für die ausgegliederte Beteiligung an der I AG) und für die NL AG auf ihrer Beteiligung an der I AG. Die Sperrfrist bezüglich Kontrolle besteht für die GB für ihre Konzerngesellschaften CH-2 (übertragende Gesellschaft) und CH-3 (übernehmende und ausgliedernde Gesellschaft).

Bei der **Variante 4** wird die stille Reserve auf der Beteiligung an der I-AG auf eine ausländische Konzerngesellschaft übertragen, die von einer ausländischen Gesellschaft kontrolliert wird. Die latente Steuerlast (mit Beteiligungsabzug) in der Schweiz wird aufgehoben. Eine steuerneutrale Übertragung ist deshalb nicht möglich. Die stille Reserve auf der übertragenen Beteiligung wird als Kapitalgewinn realisiert (Beteiligungsertrag nach Art. 70 Abs. 4 DBG).

Verrechnungssteuer

Die Übertragung von Beteiligungen auf eine inländische Konzerngesellschaft ist von der Verrechnungssteuer ausgenommen, sofern die Reserven und Gewinne als Verrechnungssteuersubstrat erhalten bleiben (Art. 5 Abs. 1 Bst. a VStG i.V.m. Art. 61 Abs. 3 DBG).

Bei der **Variante 1** handelt es sich um eine Ausgliederung einer Beteiligung auf eine ausländische Tochtergesellschaft. Dieser Vorgang unterliegt nicht der Verrechnungssteuer.

Bei den **Varianten 2, 3 und 4** ist die Verrechnungssteuer geschuldet. Leistungsempfängerin und Rückerstattungsberechtigte ist aufgrund der Direktbegünstigungstheorie die NL-AG.

Umsatzabgabe

Die Umsatzabgabe ist nur dann betroffen, wenn die übertragende oder die übernehmende Gesellschaft Effektenhändler ist (Art. 13 Abs. 3 StG).

Variante 1: Die Ausgliederung von Beteiligungen von mindestens 10 Prozent am Grund- oder Stammkapital anderer Gesellschaften auf eine in- oder ausländische Tochtergesellschaft ist von der Umsatzabgabe ausgenommen (Art. 14 Abs. 1 Bst. i StG).

Varianten 2, 3 und 4: Die Übertragung von Beteiligungen von mindestens 20 Prozent am Grund- oder Stammkapital anderer Gesellschaften auf eine ausländische Konzerngesellschaft ist von der Umsatzabgabe ausgenommen (Art. 14 Abs. 1 Bst. j StG).

Nicht betroffene Steuern

- Direkte Bundessteuer (Einkommenssteuer: Einkünfte aus Beteiligungen im Privatvermögen);
- Emissionsabgabe.

Nr. 24: Übertragung einer Beteiligung auf die Muttergesellschaft (Ziff. 4.5)

Variante A: Übertragung durch Ausschüttung

Die TOCHTER AG überträgt ihre 100%ige Beteiligung an der X AG als Naturaldividende zum Buchwert (= Gewinnsteuerwert) von 100 auf ihre Muttergesellschaft, die MUTTER AG. Ihre Gestehungskosten betragen 300.

Der Verkehrswert der Beteiligung an der X AG beträgt 700.

Aufgrund der Übertragung der Beteiligung an der X AG muss die MUTTER AG ihre Beteiligung an der TOCHTER AG um 100 wertberichtigen.

Die MUTTER AG hat noch nicht verrechnete Vorjahresverluste von 600.

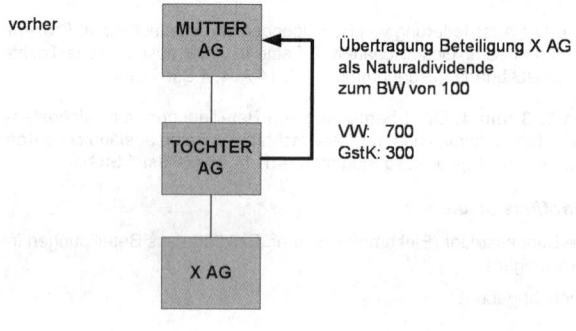

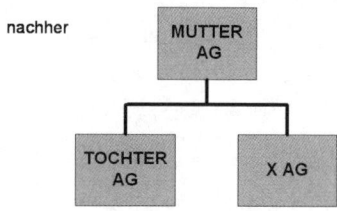

Direkte Bundessteuer (Gewinnsteuer)

TOCHTER AG

Die Übertragung einer Beteiligung auf die Muttergesellschaft stellt einen Entnahmetatbestand dar. Eine solche Beteiligungsübertragung führt grundsätzlich zu einer Realisation der stillen Reserven. Die Gewährung des Beteiligungsabzuges richtet sich nach den Artikeln 69 und 70 DBG.

Die Übertragung einer Beteiligung auf die Muttergesellschaft stellt keine Ab- oder Aufspaltung nach Artikel 61 Absatz 1 Buchstabe b DBG (Abspaltung) dar. Eine Auf- oder Abspaltung liegt nur dann vor, wenn eine Gesellschaft in zwei Parallel- oder Schwestergesellschaften aufgeteilt wird.

Hingegen sind die Bedingungen für eine steuerneutrale Vermögensübertragung im Konzern erfüllt (Art. 61 Abs. 3 DBG).

Die TOCHTER AG hat ihre Beteiligung an der X AG um 200 abgeschrieben/wertberichtigt (Gestehungskosten: 300 ./. Gewinnsteuerwert: 100). Diese Abschreibung/Wertberichtigung ist offensichtlich nicht mehr begründet (Verkehrswert: 700) und muss zum ausgewiesenen Reingewinn hinzugerechnet werden (Art. 62 Abs. 4 DBG).

Die MUTTER AG hat eine veobjektivierte fünfjährige Veräusserungssperrfrist betreffend die Beteiligung an der X AG und die Beteiligung an der TOCHTER AG einzuhalten.

Eine Verletzung der Veräusserungssperrfrist hat für die TOCHTER AG folgende Konsequenzen:

Die TOCHTER AG erbringt eine verdeckte Gewinnausschüttung an die MUTTER AG im Betrag von 600 (Verkehrswert: 700 ./. verbuchte Naturaldividende: 100), die zum ausgewiesenen Reingewinn hinzuzurechnen ist (Art. 58 Abs. 1 Bst. b DBG). Da die wiedereingebrachte Abschreibung/Wertberichtigung auf der Beteiligung an der X AG von 200 bereits erfasst wurde, beträgt die Aufrechnung im Nachsteuerverfahren (Art. 151-153 DBG) noch 400. Für den noch aufzurechnenden Teil der verdeckten Gewinnausschüttung von 400 (Verkehrswert: 700 ./. Gestehungskosten: 300 = Wertzuwachs) kann der Beteiligungsabzug beansprucht werden.

MUTTER AG

Die MUTTER AG verbucht einen Beteiligungsertrag (Naturaldividende) von 100, der zum Beteiligungsabzug berechtigt. Dieser Beteiligungsertrag ist um die wiedereingebrachte und auf die MUTTER AG übertragene Abschreibung/Wertberichtigung von 200 (versteuerte stille Reserve auf der Beteiligung an der X AG) auf 300 zu erhöhen. Die Gestehungskosten und der Gewinnsteuerwert der Beteiligung der MUTTER AG an der X AG betragen ebenfalls 300. Die Haltedauer der übertragenen Beteiligung an der X AG wird übernommen.

Dem Beteiligungsertrag von 300 steht ein Wertberichtigungsbedarf auf der Beteiligung an der TOCHTER AG von 100 gegenüber, der auf eine Substanzdividende zurückzuführen ist. Die Wertberichtigung von 100 ist deshalb mit dem Beteiligungsertrag von 300 zu verrechnen (Art. 70 Abs. 3 DBG). Die Gestehungskosten der Beteiligung an der TOCHTER AG werden ebenfalls um 100 reduziert (Desinvestition).

Die noch nicht verrechneten Vorjahresverluste von 600 reduzieren sich um den nach der Verrechnung mit der Beteiligungsabschreibung verbleibenden Beteiligungsertrag von 200 auf 400 (Annahme: keine anderen Nettoerträge).

Die MUTTER AG hat eine verobjektivierte fünfjährige Veräusserungssperrfrist betreffend die Beteiligung an der X AG und der Beteiligung an der TOCHTER AG einzuhalten.

Eine Verletzung der Veräusserungssperrfrist hat für die MUTTER AG folgende Konsequenzen:

Im Nachsteuerverfahren (Art. 151-153 DBG) werden die übertragenen unversteuerten stillen Reserven besteuert. Die MUTTER AG erzielt einen zusätzlichen Ertrag im Umfang dieser stillen Reserven auf der Beteiligung an der X AG von 400. Da diese verdeckte Gewinnausschüttung bei der TOCHTER AG besteuert wird, stellt der zusätzliche Ertrag bei der MUTTER AG Beteiligungsertrag dar, der zum Beteiligungsabzug berechtigt. Im vorliegenden Fall wird der Beteiligungsertrag jedoch vorab mit den noch nicht verrechneten Vorjahresverlusten verrechnet.

Die Gestehungskosten der Beteiligung an der TOCHTER AG bleiben unverändert, da sie bereits im Zeitpunkt der Beteiligungsübertragung um 100 reduziert wurden (Desinvestition).

Der Gewinnsteuerwert und die Gestehungskosten der Beteiligung an der X AG erhöhen sich von 300 um die nachbesteuerten stillen Reserven von 400 auf 700.

Verrechnungssteuer

Die Übertragung einer Beteiligung auf eine inländische Konzerngesellschaft ist von der Verrechnungssteuer ausgenommen (Art. 5 Abs. 1 Bst. a VStG).

Bei Verletzung der im DBG vorgesehenen Veräusserungssperrfrist (Art. 61 Abs. 4 DBG) ist die Verrechnungssteuer geschuldet.

Umsatzabgabe

Die Umsatzabgabe ist nur dann betroffen, wenn die übertragende oder die übernehmende Gesellschaft Effektenhändler ist (Art. 13 Abs. 3 StG) und steuerbare Urkunden veräussert werden (Art. 13 Abs. 2 StG).

Im vorliegenden Fall wird die Beteiligung unentgeltlich übertragen. Es ist deshalb mangels Entgeld keine Umsatzabgabe geschuldet.

Nicht betroffene Steuern

- Direkte Bundessteuer (Einkommenssteuer: Einkünfte aus Beteiligungen im Privatvermögen);
- Emissionsabgabe.

Variante B: Übertragung durch Verkauf

Die TOCHTER AG verkauft ihre 100%ige Beteiligung an der X AG zum Buchwert und Gestehungskosten (= Gewinnsteuerwert) von 300 an ihre Muttergesellschaft, die MUTTER AG.

Der Verkehrswert der Beteiligung an der X AG beträgt 700.

Aufgrund der Übertragung der Beteiligung an der X AG muss die MUTTER AG ihre Beteiligung an der TOCHTER AG um 200 wertberichtigen.

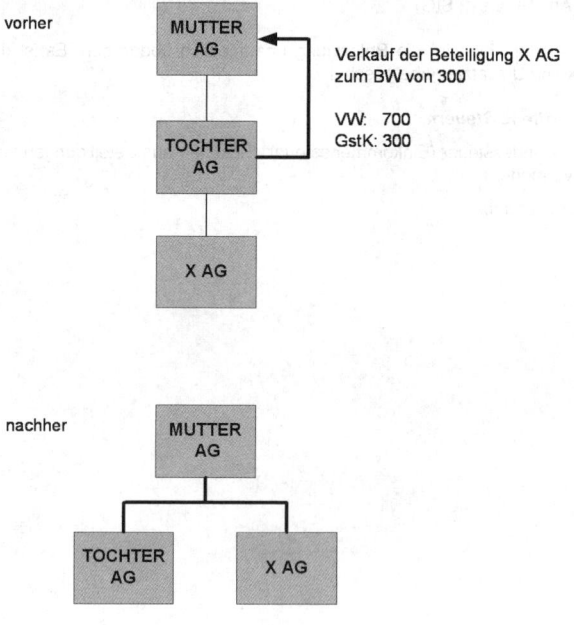

Direkte Bundessteuer *(Gewinnsteuer)*

TOCHTER AG

Die Übertragung einer Beteiligung auf die Muttergesellschaft stellt einen Entnahmetatbestand dar. Eine solche Beteiligungsübertragung führt grundsätzlich zu einer Realisation der stillen Reserven. Die Gewährung des Beteiligungsabzuges richtet sich nach den Artikeln 69 und 70 DBG.

Der Verkauf einer Beteiligung an die Muttergesellschaft stellt keine Ab- oder Aufspaltung nach Artikel 61 Absatz 1 Buchstabe b DBG (Abspaltung) dar. Hingegen sind die Bedingungen für eine steuerneutrale Vermögensübertragung im Konzern erfüllt (Art. 61 Abs. 3 DBG).

Die MUTTER AG hat eine verobjektivierte fünfjährige Veräusserungssperrfrist betreffend die Beteiligung an der X AG und die Beteiligung an der TOCHTER AG einzuhalten.

Eine Verletzung der Veräusserungssperrfrist hat für die TOCHTER AG folgende Konsequenzen:

Die TOCHTER AG erbringt eine verdeckte Gewinnausschüttung an die MUTTER AG im Betrag von 400 (Verkehrswert: 700 ./. Verkaufspreis: 300), die zum ausgewiesenen Reingewinn hinzuzurechnen ist (Art. 58 Abs. 1 Bst. b DBG). Die Aufrechnung erfolgt im Nachsteuerverfahren (Art. 151-153 DBG). Für die verdeckte Gewinnausschüttung von 400 (Verkehrswert: 700 ./. Gestehungskosten: 300 = Wertzuwachs) kann der Beteiligungsabzug beansprucht werden.

MUTTER AG

Die MUTTER AG aktiviert den Kaufpreis für die Beteiligung an der X AG. Die Gestehungskosten und der Gewinnsteuerwert der Beteiligung der MUTTER AG an der X AG betragen 300. Die Haltedauer der verkauften Beteiligung an der X AG wird übernommen.

Der unterpreisliche Verkauf der Beteiligung an der X AG führt zu einem Wertberichtigungsbedarf auf der Beteiligung an der übertragenden TOCHTER AG von 200. Die Wertberichtigung ist auf eine steuerneutrale Desinvestition der MUTTER AG zurückzuführen (steuerneutrale verdeckte Substanzdividende; Art. 61 Abs. 3 DBG) und kann bei der Festsetzung des steuerbaren Reingewinnes deshalb nicht in Abzug gebracht werden. Die Gestehungskosten der Beteiligung an der TOCHTER AG reduzieren sich jedoch um 200.

Die MUTTER AG hat eine verobjektivierte fünfjährige Veräusserungssperrfrist betreffend die Beteiligung an der X AG und der Beteiligung an der TOCHTER AG einzuhalten.

Eine Verletzung der Veräusserungssperrfrist hat für die MUTTER AG folgende Konsequenzen:

Im Nachsteuerverfahren (Art. 151-153 DBG) werden die übertragenen unversteuerten stillen Reserven besteuert. Die MUTTER AG erzielt einen zusätzlichen Ertrag im Umfang dieser stillen Reserven auf der Beteiligung an der X AG von 400. Da diese verdeckte Gewinnausschüttung bei der TOCHTER AG besteuert wird, stellt der zusätzliche Ertrag bei der MUTTER AG Beteiligungsertrag dar, der zum Beteiligungsabzug berechtigt.

Die Gestehungskosten der Beteiligung an der TOCHTER AG bleiben unverändert, da sie bereits im Zeitpunkt der Beteiligungsübertragung um 200 reduziert wurden (Desinvestition).

Der Gewinnsteuerwert und die Gestehungskosten der Beteiligung sowie die Gestehungskosten an der X AG erhöhen sich von 300 um die nachbesteuerten stillen Reserven von 400 auf 700.

Verrechnungssteuer

Wie Variante A.

Umsatzabgabe

Die Umsatzabgabe ist nur dann betroffen, wenn die übertragende oder die übernehmende Gesellschaft Effektenhändler ist (Art. 13 Abs. 3 StG) und steuerbare Urkunden übertragen werden (Art. 13 Abs. 2 StG).

Die Übertragung von Beteiligungen von mindestens 20 Prozent am Grund- oder Stammkapital anderer Gesellschaften auf eine inländische Konzerngesellschaft ist von der Umsatzabgabe ausgenommen (Art. 14 Abs. 1 Bst. j StG).

Nicht betroffene Steuern

- Direkte Bundessteuer (Einkommenssteuer: Einkünfte aus Beteiligungen im Privatvermögen);
- Emissionsabgabe.

Nr. 25: Veräusserungssperrfrist bei der Übertragung eines Betriebes auf eine andere inländische Konzerngesellschaft (Ziff. 4.5)

Die A AG und die B AG sind 100%ige Tochtergesellschaften der AB Holding AG.

Die A AG verkauft den Betrieb I für 200 (= Aktivenüberschuss zu Gewinnsteuerwerten) an die B AG.

Ausgangslage

AB Holding AG (Kanton A)			
Beteiligung A	100	Aktienkapital	200
Beteiligung B	100		

100% | 100%

A AG (Kanton B)			
Betrieb I [1)]	200	FK	50
Finanz-		AK	100
Anlagen	200	Reserven	250

B AG (Kanton C)			
Betrieb II	400	FK	300
Patente	600	AK	200
		Reserven	500

1) Gewinnsteuerwert: 200; unversteuerte stille Reserven: 100

Varianten

a) 3 Jahre später verkauft die B AG den Betrieb I für 350 an Dritte.

b) 3 Jahre später verkauft die AB Holding AG 40% ihrer Beteiligung an der B AG für 400 an Dritte.

c) 3 Jahre später verkauft die AB Holding AG 60% ihrer Beteiligung an der B AG für 600 an Dritte.

d) 3 Jahre später verkauft die AB Holding AG die Beteiligung an der A AG für 450 an Dritte.

Direkte Bundessteuer (Gewinnsteuer)

Im vorliegenden Fall sind die Voraussetzungen für eine steuerneutrale Spaltung nach Artikel 61 Absatz 1 Buchstabe b DBG, für welche keine Veräusserungssperrfrist gilt, nicht erfüllt (Nichterfüllung des Betriebserfordernisses, da bei der A AG kein Betrieb verbleibt und Übertragung durch Verkauf). Da aber ein Betrieb zwischen inländischen Gesellschaften unter der Kontrolle einer anderen Gesellschaft übertragen wird, liegt jedoch eine steuerneutrale Vermögensübertragung im Konzern vor (Art. 61 Abs. 3 DBG).

A AG

a) Es liegt eine Sperrfristverletzung nach Artikel 61 Absatz 4 DBG vor (Weiterveräusserung der übertragenen Vermögenswerte). Die übertragenen stillen Reserven von 100 unterliegen der Gewinnsteuer im Nachsteuerverfahren.

b) Die B AG steht nach dem Verkauf von 40% ihrer Beteiligungsrechte immer noch unter der Kontrolle der AB Holding AG. Es liegt keine Sperrfristverletzung vor.

c) Bei einem Verkauf von 60% der Beteiligungsrechte an der B AG wird die Kontrolle aufgegeben. Es liegt eine Sperrfristverletzung nach Artikel 61 Absatz 4 DBG vor. Die übertragenen stillen Reserven von 100 unterliegen der Gewinnsteuer im Nachsteuerverfahren. Eine anteilsmässige Besteuerung der stillen Reserven ist nicht möglich. Bei der Aufgabe der Kontrolle erfolgt immer eine vollständige Besteuerung der gesamten übertragenen stillen Reserven (vgl. Ziff. 4.5.2.17 im Kreisschreiben).

d) Auch bei einem Verkauf der Beteiligung der AB Holding AG an der übertragenden Gesellschaft (A AG) liegt eine Aufgabe der Kontrolle vor und damit eine Sperrfristverletzung vor. Die übertragenen stillen Reserven von 100 unterliegen der Gewinnsteuer im Nachsteuerverfahren.

B AG

Die B AG hat eine veobjektivierte fünfjährige Veräusserungssperrfrist betreffend den erworbenen Betrieb I einzuhalten (Art. 61 Abs. 4 DBG).

a) Die B AG hat die Veräusserungssperrfrist verletzt. Sie kann auf dem Betrieb I eine versteuerte stille Reserve von 100 geltend machen. Demzufolge unterliegt der Kapitalgewinn von 150 nur im Umfang von 50 der Gewinnsteuer.

b) Es liegt keine Sperrfristverletzung vor. Für die B AG ergeben sich keine Steuerfolgen.

c) Die B AG kann auf dem Betrieb I eine versteuerte stille Reserve von 100 geltend machen.

d) Die B AG kann auf dem Betrieb I eine versteuerte stille Reserve von 100 geltend machen.

AB-Holding AG

Für die AB Holding AG gilt aufgrund des Massgeblichkeitsprinzips zwingend die Anwendung der modifizierten Dreieckstheorie.

Sie hat eine verobjektivierte fünfjährige Veräusserungssperrfrist betreffend die Beteiligungen an der A AG und der B AG einzuhalten (Art. 61 Abs. 4 DBG).

Nach den **Varianten c) und d)** verletzt die AB Holding AG die Veräusserungssperrfrist (Aufgabe der Kontrolle). Für die AB Holding AG selbst ergeben sich dadurch – wie nach der **Variante b)** – die ordentlichen Steuerfolgen aus der Veräusserung von Beteiligungen (keine nachträgliche Anwendung der Dreieckstheorie).

Verrechnungssteuer

Die Übertragung von Betrieben auf eine inländische Konzerngesellschaft ist von der Verrechnungssteuer ausgenommen (Art. 5 Abs. 1 Bst. a VStG).

Bei Verletzung der im DBG vorgesehenen Veräusserungssperrfrist (Art. 61 Abs. 4 DBG) ist die Verrechnungssteuer geschuldet. Leistungsbegünstigt ist die übernehmende Gesellschaft. Die Verzinsung des Verrechnungssteuerbetrages richtet sich nach Artikel 16 VStG.

Emissionsabgabe

Da die Vermögenswerte vorliegend nicht durch den Inhaber der Beteiligungsrechte eingebracht werden, ist die Emissionsabgabe nicht betroffen.

Umsatzabgabe

Die Umsatzabgabe ist nur dann betroffen, wenn die übertragende oder die übernehmende Gesellschaft Effektenhändler ist (Art. 13 Abs. 3 StG) und zusammen mit dem Betrieb steuerbare Urkunden veräussert werden (Art. 13 Abs. 2 StG).

Beteiligungsübertragungen nach Artikel 61 Absatz 3 DBG sind von der Umsatzabgabe ausgenommen (Art. 14 Abs. 1 Bst. j StG).

Die im DBG vorgesehene Veräusserungssperrfrist (Art. 61 Abs. 2 und 4 DBG) findet bei der Umsatzabgabe mangels klarer gesetzlicher Grundlage keine Anwendung.

Nicht betroffene Steuer

- Direkte Bundessteuer (Einkommenssteuer: Einkünfte aus Beteiligungen im Privatvermögen).

Nr. 26: Teilweise vorgenommene Ersatzbeschaffung einer Beteiligung (Ziff. 4.7)

Die X HOLDING verkauft ihre Beteiligung an der B AG zum Preis von 1'000 und erwirbt eine 50%ige Beteiligung an der C AG.

Ausgangslage

X HOLDING AG

Finanzanlagen	200	Fremdkapital	200
Beteiligung A AG	300	Aktienkapital	200
Beteiligung B AG [1]	**100**	übrige Reserven	200
Total Aktiven	600	Total Passiven	600

1) Gestehungskosten und Gewinnsteuerwert: 100

Der Preis für die 50%-ige Beteiligung an der C AG beträgt 800.

Nach der Ersatzbeschaffung ergeben sich folgende Werte:

	Bisherige Beteiligung B	Ersatzbeteiligung C
Gestehungskosten	100	
Gewinnsteuerwert	100	
Verkaufserlös	1'000	
Kapitalgewinn	900	
Kaufpreis		800

Die Handels- und die Steuerbilanz der X Holding sieht nach der Ersatzbeschaffung wie folgt aus:

Bilanz der X HOLDING AG nach der Ersatzbeschaffung

Finanzanlagen	200	Fremdkapital	200
Neue Finanzanlagen	**200**	Aktienkapital	200
Beteiligung A AG	300	Reserven	200
Beteiligung C AG [1]	**100**	**Kapitalgewinn auf Beteiligung B**	**200**
Total Aktiven	800	Total Passiven	800

1) Gestehungskosten: 100; unversteuerte stille Reserve: 700 (Kaufpreis 800 ./. Sofortabschreibung 700)

Direkte Bundessteuer *(Gewinnsteuer)*

Nicht reinvestierter Teil des Kapitalgewinnes

Der Gewinnsteuer mit Beteiligungsabzug (Art. 69 und 70 DBG) unterliegen die frei gewordenen, nicht mehr reinvestierten Mittel von 200.

Umsatzabgabe

Die Veräusserung von steuerbaren Urkunden im Rahmen der Ersatzbeschaffung einer Beteiligung von mindestens 20 Prozent am Grund- oder Stammkapital an einer anderen Gesellschaft nach Artikel 64 Absatz 1bis DBG ist von der Umsatzabgabe ausgenommen (Art. 14 Abs. 1 Bst. j StG), soweit der Veräusserungserlös für den Erwerb einer neuen Beteiligung verwendet wird.

Im vorliegenden Fall können die frei gewordenen, nicht mehr reinvestierten Mittel von 200 von der Umsatzabgabe nicht ausgenommen werden.

Nicht betroffene Steuern

- Direkte Bundessteuer (Einkommenssteuer: Einkünfte aus Beteiligungen im Privatvermögen);
- Verrechnungssteuer;
- Emissionsabgabe.

Nr. 27: Vollständige Ersatzbeschaffung einer Beteiligung (Ziff. 4.7)

Die X HOLDING verkauft ihre Beteiligung an der B AG zum Preis von 1'000 und erwirbt eine 50%ige Beteiligung an der C AG.

Ausgangslage

X HOLDING AG

Finanzanlagen	200	Fremdkapital	200
Beteiligung A AG	300	Aktienkapital	200
Beteiligung B AG	**100**	übrige Reserven	200
Total Aktiven	600	Total Passiven	600

Die Gestehungskosten der B AG belaufen sich auf 500. Der Gewinnsteuerwert entspricht dem Buchwert.

Der Preis für die 50%ige Beteiligung an der C AG beträgt 2'000. Der Kaufpreis wird durch den Verkaufserlös für die Beteiligung an der B AG von 1'000 und ein Bankdarlehen von 1'000 finanziert.

Nach der Ersatzbeschaffung ergeben sich folgende Werte:

	Bisherige Beteiligung B	Ersatzbeteiligung C
Gestehungskosten	500	
Gewinnsteuerwert	100	
Verkaufserlös	1'000	
Kapitalgewinn	900	
Kaufpreis		2'000

Handelsbilanz der X HOLDING AG nach der Ersatzbeschaffung

Finanzanlagen	200	**Fremdkapital**	**1'200**
Beteiligung A AG	300	Aktienkapital	200
Beteiligung C AG [1]	**1'100**	Reserven	200
Total Aktiven	1'600	Total Passiven	1'600

1) stille Reserve: 900 (Kaufpreis 2'000 ./. Sofortabschreibung 900)

Direkte Bundessteuer *(Gewinnsteuer)*

Nicht mehr begründete Wertberichtigungen/wiedereingebrachte Abschreibungen

Der Kapitalgewinn ist im Umfang von 400 nach Artikel 62 Absatz 4 DBG voll steuerbar (Gestehungskosten von 500 abzüglich Gewinnsteuerwert von 100 = nicht mehr begründete Wertberichtigung/wiedereingebrachte Abschreibung). Eine Ersatzbeschaffung ist auf diesem Teil des Kapitalgewinnes nicht möglich.

Steuerbilanz der X HOLDING AG nach der Ersatzbeschaffung

Finanzanlagen	200	**Fremdkapital**	**1'200**
Beteiligung A AG	300	Aktienkapital	200
Beteiligung C AG [1)]	**1'500**	Reserven	200
		Versteuerte stille Reserve auf Beteiligung C	**400**
Total Aktiven	2'000	Total Passiven	2'000

1) unversteuerte stille Reserve: 500 (Kaufpreis 2'000 ./. Sofortabschreibung 500)

Umsatzabgabe

Die Veräusserung von steuerbaren Urkunden im Rahmen der Ersatzbeschaffung einer Beteiligung von mindestens 20 Prozent am Grund- oder Stammkapital an einer anderen Gesellschaft nach Artikel 64 Absatz 1bis DBG ist von der Umsatzabgabe ausgenommen (Art. 14 Abs. 1 Bst. j StG).

Übersteigt der Erwerbspreis für das Ersatzobjekt den Veräusserungserlös, so unterliegt das zusätzliche Entgelt (1'000) der Umsatzabgabe.

Nicht betroffene Steuern

- Direkte Bundessteuer (Einkommenssteuer: Einkünfte aus Beteiligungen im Privatvermögen);
- Verrechnungssteuer;
- Emissionsabgabe.

Dienstleistungsgesellschaften

Quelle: Eidg. Steuerverwaltung ESTV/HA Direkte Bundessteuer, Verrechnungssteuer, Stempelabgaben

Direkte Bundessteuer
Verrechnungssteuer

Bern, 19. März 2004
Gat

> An die kantonalen
> Steuerverwaltungen

Kreisschreiben Nr. 4

Besteuerung von Dienstleistungsgesellschaften

Das vorliegende Kreisschreiben ersetzt das Rundschreiben vom 17. September 1997 und will in Erinnerung rufen, dass der Direktor der Eidgenössischen Steuerverwaltung den kantonalen Verwaltungen mit Schreiben vom 4. März 1997 mitgeteilt hat, die Verrechnungspreisgrundsätze der OECD für multinationale Unternehmen und Steuerverwaltungen[1] seien zu berücksichtigen.

Die Bestimmung der steuerbaren Gewinnmarge von Dienstleistungsgesellschaften ist gestützt auf den Grundsatz des Drittvergleichs ("at arm's length") vorzunehmen, d.h. für jeden Einzelfall auf der Grundlage vergleichbarer Leistungen zwischen unabhängigen Dritten unter Bezugnahme auf die Bandbreite der angemessenen Margen.

Das Prinzip "at arm's length" ist auch anzuwenden bei der Wahl der Methode für die Bestimmung der Gewinnmarge. Dementsprechend erweist sich die "cost plus"-Methode für Finanzdienstleistungen und Mangement-Funktionen nicht oder nur in seltenen Ausnahmefällen als adäquat.

Ist eine Gesellschaft der Auffassung, die auf sie angewandte, aktuelle Gewinnmarge sei zu hoch angesetzt, hat sie gestützt auf eine entsprechende Dokumentation den Nachweis zu erbringen, dass die Beibehaltung der erwähnten Marge den oben umschriebenen Grundsätzen widerspricht. Trifft dies ausnahmsweise zu, wären die kantonalen Verwaltungen berechtigt, der Gesellschaft eine tiefere Marge einzuräumen.

---

[1] OECD, Originaltitel in französischer und englischer Sprache: "Principes applicables en matière de prix de transfert à l'attention des entreprises multinationales et des administrations fiscales"

Abgangsentschädigung

Quelle: Eidg. Steuerverwaltung ESTV/HA Direkte Bundessteuer, Verrechnungssteuer, Stempelabgaben

Direkte Bundessteuer   **Steuerperiode 2003**

Bern, 3. Oktober 2002

An die kantonalen Verwaltungen
für die direkte Bundessteuer

Kreisschreiben Nr. 1[1]

Die Abgangsentschädigung resp. Kapitalabfindung des Arbeitgebers

1. Ausgangslage

Wurden Abgangsentschädigungen früher gemäss Artikel 339b OR vor allem älteren, langjährigen Mitarbeitern entrichtet, um ihnen eine minimale Altersvorsorge zu gewährleisten, werden diese heute insbesondere an Führungskräfte mit einer bereits guten Altersvorsorge bezahlt. Oft sind diese Personen dem Unternehmen nur für kurze Zeit vorgestanden.

Die vom Arbeitgeber bei vorzeitiger Beendigung des Arbeitsverhältnisses ausgerichteten Abgangsentschädigungen können verschiedene Gründe haben (z.B. „Schmerzensgeld" für die Entlassung, Treueprämie für langjährige Dienstverhältnisse, „Risikoprämie" für die persönliche Sicherheit und berufliche Zukunft, Entgelt für erbrachte Arbeitsleistungen, Vorruhestandsregelungen, d.h. Ausgleich allfällig entstehender Lücken oder langfristiger Einbussen in der beruflichen Vorsorge usw.). Oft handelt es sich um pauschale Abfindungssummen, deren Zweckbestimmung unklar ist. Es gilt daher für die Veranlagungsbehörden, den wahren Charakter der Abgangsentschädigung genauer zu erörtern und festzustellen, wann eine Abgangsentschädigung Vorsorgecharakter hat und wann sie Ersatzeinkommen darstellt.

2. Gesetzliche Grundlagen für die Besteuerung

Die Einkünfte aus privatrechtlichen oder öffentlichrechtlichen Arbeitsverhältnissen mit Einschluss der Nebeneinkünfte sind gemäss Artikel 17 Absatz 1 DBG steuerbar.

Steuerbar sind gemäss Artikel 17 Absatz 2 DBG auch Kapitalabfindungen aus einer mit dem Arbeitsverhältnis verbundenen Vorsorgeeinrichtung oder gleichartige Kapitalabfindungen des

---

[1] Angepasst an das Bundesgesetz über die formelle Bereinigung der zeitlichen Bemessung der direkten Steuern bei den natürlichen Personen vom 22. März 2013 (in Kraft seit 1. Januar 2014).

Arbeitgebers. Solche Kapitalabfindungen werden nach Artikel 38 DBG besteuert.

Die Kapitalzahlungen, die bei Stellenwechsel vom Arbeitgeber oder von Einrichtungen der beruflichen Vorsorge ausgerichtet werden, sind gemäss Artikel 24 Buchstabe c DBG steuerfrei, "wenn sie der Empfänger innert Jahresfrist zum Einkauf in eine Einrichtung der beruflichen Vorsorge oder zum Erwerb einer Freizügigkeitspolice verwendet".

3. Kapitalabfindungen und ihre Abgrenzungen

3.1 Kapitalabfindungen aus einer mit dem Arbeitsverhältnis verbundenen Vorsorgeeinrichtung (Art. 17 Abs. 2 DBG)

Hier handelt es sich um Kapitalleistungen aus Einrichtungen der beruflichen Vorsorge (2. Säule), die dem Arbeitnehmer im Vorsorgefall oder bei vorzeitiger Auflösung des Vorsorgeverhältnisses ausgerichtet werden.

3.2 Gleichartige Kapitalabfindungen des Arbeitgebers (Abgangsentschädigungen mit Vorsorgecharakter; Art. 17 Abs. 2 DBG)

Als gleichartige Kapitalabfindungen im Sinne von Artikel 17 Absatz 2 DBG sind Abgangsentschädigungen des Arbeitgebers zu verstehen, die unter gewissen Voraussetzungen bei vorzeitiger Auflösung des Arbeitsverhältnisses ausgerichtet werden. Es sind also Kapitalabfindungen, die grundsätzlich bei gleicher Gelegenheit erfolgen wie Freizügigkeitsleistungen einer Vorsorgeeinrichtung.

Abgangsentschädigungen haben Vorsorgecharakter, wenn sie ausschliesslich und unwiderruflich dazu dienen, die mit den Risiken Alter, Invalidität und Tod verbundenen finanziellen Folgen zu mildern. Dazu gehören beispielsweise freiwillig geleistete Entschädigungen des Arbeitgebers an den Arbeitnehmer, um die durch den vorzeitigen Austritt entstandenen Lücken in dessen beruflicher Vorsorge zu schliessen. Bei deren Berechnung sind die vorsorgerechtlichen Grundsätze zu beachten. Die Entschädigung muss analog der BVG-Leistungen objektiv dazu dienen, im Vorsorgefall (Alter, Tod, Invalidität) dem Empfänger die Fortsetzung seiner gewohnten Lebenshaltung in angemessener Weise sicherzustellen.

Diese Würdigung stellt auf eine zukunftsgerichtete Sicht der Dinge im Zeitpunkt der Anspruchsbegründung bzw. der Leistungserbringung ab. Es ist daher eine vorausschauende Beurteilung vorzunehmen.

Gleichartige Kapitalabfindungen des Arbeitgebers im Sinne von Artikel 17 Absatz 2 DBG können steuerlich als Vorsorgeleistung betrachtet werden, wenn nachfolgende Voraussetzungen kumulativ erfüllt sind:

a) die steuerpflichtige Person verlässt das Unternehmen ab dem vollendeten 55. Altersjahr;

b) die (Haupt-) Erwerbstätigkeit wird definitiv aufgegeben oder muss aufgegeben werden;

c) durch den Austritt aus dem Unternehmen und dessen Vorsorgeeinrichtung entsteht eine Vorsorgelücke. Diese ist durch die Vorsorgeeinrichtung zu berechnen. Dabei dürfen nur künftige Vorsorgelücken im Umfang der ordentlichen Arbeitgeber- und Arbeitnehmerbeiträge zwischen dem Austritt aus der Vorsorgeeinrichtung bis zum Erreichen des ordentlichen Terminalters aufgrund des bisher versicherten Verdienstes berücksichtigt werden. Ein im Zeitpunkt des Austrittes bereits bestehender Einkaufsbedarf kann nicht in die Berechnung einbezogen werden.

Bei den Abgangsentschädigungen des Arbeitgebers ist daher jeweils zu ermitteln, welcher Teil davon zur Deckung der Vorsorgelücke nötig ist, die durch das vorzeitige Ausscheiden aus dem Unternehmen verursacht wurde (Beispiel 3 im Anhang).

3.3 Kapitalabfindung des Arbeitgebers, welche direkt in die Vorsorgeeinrichtung seines Betriebes einbezahlt wird

In der Praxis kommt es vor, dass der Arbeitgeber eine Kapitalabfindung (d.h. eine Einlage) zugunsten des Arbeitnehmers direkt in die Vorsorgeeinrichtung seines Betriebes einbezahlt, um damit - unter anderem - bestehende und allenfalls künftige Vorsorgelücken des ausscheidenden Arbeitnehmers schliessen zu können. Auch eine so verwendete Kapitalabfindung ist als Lohnbestandteil im Lohnausweis aufzuführen.

Eine solche Direkteinzahlung in die Vorsorgeeinrichtung ist nur zulässig, wenn

- ein Arbeitsverhältnis noch besteht;
- das Vorsorgereglement einen solchen Einkauf vorsieht;
- eine entsprechende Vorsorgelücke im Zeitpunkt des Austritts aus der Firma bereits bestanden hat;
- infolge des Austritts aus dem Unternehmen und dessen Vorsorgeeinrichtung eine Vorsorgelücke entsteht (vgl. Ziff. 3.2 Bst. c hievor)

Vom Arbeitgeber nach Gutdünken erbrachte Einlagen gehören grundsätzlich zum massgebenden Lohn. Dasselbe gilt für reglementarisch vorgesehene Sonderzuwendungen, mit denen einzelne Arbeitnehmer individuell begünstigt werden.

Sofern der Arbeitgeber Arbeitnehmer-Einlagen für den Einkauf in die Vorsorgeeinrichtung übernimmt, sind solche Einlagen als Bestandteil des massgebenden Bruttolohns im Lohnausweis (separat) aufzuführen. Damit der Arbeitnehmer den Einkauf steuerlich geltend machen kann, muss die geleistete Einkaufssumme im Lohnausweis separat (Rubrik „Versicherungsbeiträge") ausgewiesen werden (Beispiel 4 im Anhang).

3.4 Kapitalabfindungen, die vom Arbeitgeber oder vom Empfänger (Arbeitnehmer) direkt auf ein Freizügigkeitskonto oder auf eine Freizügigkeitspolice einbezahlt werden

Die Übertragung der Kapitalabfindung des Arbeitgebers auf ein Freizügigkeitskonto oder eine Freizügigkeitspolice ist gemäss Bundesgesetz über die Freizügigkeit in der beruflichen Alters-, Hinterlassenen- und Invalidenvorsorge (FZG, SR 831.42) nicht zulässig; diese Freizügigkeitsformen sind gemäss Artikel 4 FZG den Austritts- resp. Freizügigkeitsleistungen aus Vorsorgeeinrichtungen vorbehalten. Wird eine Kapitalabfindung des Arbeitgebers oder auch eine Freizügigkeitsleistung dem ausscheidenden Arbeitnehmer bar ausbezahlt, kann diese innert Jahresfrist nicht mehr auf ein Freizügigkeitskonto oder eine Freizügigkeitspolice eingebracht werden; dies entgegen der Bestimmung von Artikel 24 Buchstabe c DBG (vgl. auch Kapitel II, Ziff. 1 Abs. 4 des Kreisschreibens Nr. 22 der Eidg. Steuerverwaltung betr. die Freizügigkeit vom 4.5.1995). Diese Bestimmung im DBG (vgl. übrigens auch Art. 7 Abs. 4 Bst. e StHG) ist infolge der geänderten Bestimmungen im Vorsorgerecht inzwischen überholt.

Wird eine Kapitalabfindung des Arbeitgebers trotzdem auf ein Freizügigkeitskonto oder auf eine Freizügigkeitspolice übertragen, kann die zuständige Steuerbehörde gegenüber der steuerpflichtigen Person die Rückabwicklung der Transaktion verlangen oder den Durchgriff auf das Freizügigkeitskonto resp. die Freizügigkeitspolice vornehmen (Beispiel 5 im Anhang). Auch wenn keine Rückabwicklung erfolgt, ist die Kapitalabfindung zusammen mit dem übrigen Einkommen zu besteuern. Der Anspruch auf dieses Freizügigkeitsguthaben stellt einen Bestandteil des steuerbaren Vermögens des Arbeitnehmers dar.

3.5 Übrige Kapitalabfindungen des Arbeitgebers (Abgangsentschädigungen mit Ersatzeinkommenscharakter oder als Entschädigung für die Aufgabe einer Tätigkeit; Art. 23 Bst. a und c DBG)

Es sind Kapitalabfindungen, die keinen Vorsorgecharakter haben. Dies trifft insbesondere zu, wenn

a) der Arbeitgeber eine Kapitalabfindung ausrichtet, obschon die Person weiterhin in der Vorsorgeeinrichtung versichert bleibt und der Arbeitgeber sich verpflichtet hat, die bis zum Rücktrittsalter geschuldeten Arbeitgeber- und Arbeitnehmerbeiträge zu bezahlen, sodass keine Vorsorgelücke entsteht;

b) die Entschädigung den Charakter eines „Schmerzensgeldes" für die Entlassung, einer Risikoprämie für die persönliche Sicherheit und berufliche Zukunft oder einer Treueprämie für ein langjähriges Dienstverhältnis hat;

c) die Entschädigung für das Ausbleiben künftiger Lohnzahlungen für einen bestimmten Zeitraum vorgesehen ist;

d) die Kapitalabfindung mit einer offenen Zweckformulierung zur Auszahlung kommt und keine Vorsorgelücke ausgewiesen ist.

(Beispiele 1 und 2 im Anhang)

4. Auflage an den Arbeitgeber; Verfahren

Der Arbeitgeber hat bei der Ausrichtung der Abgangsentschädigung dem Pflichtigen zu bescheinigen, wie sich diese Kapitalabfindung zusammensetzt und für welche(n) Zweck(e) sie bestimmt ist.

Der Arbeitgeber ist verpflichtet, dem Arbeitnehmer zuhanden der Veranlagungsbehörde die erforderlichen Auskünfte zu erteilen und Angaben zu machen, die eine korrekte Aufschlüsselung der Abgangsentschädigung ermöglichen. Die Beweispflicht liegt beim Arbeitnehmer.

Die Berechnung des Anteils, welcher Vorsorgecharakter hat und zur Deckung der Vorsorgelücke nötig ist, die durch das vorzeitige Ausscheiden aus dem Unternehmen verursacht wurde, ist durch die Vorsorgeeinrichtung zu bestätigen. Indessen sind Vorsorgelücken, welche bereits vor dem Austritt bestanden haben, nicht in die Berechnung der künftigen Vorsorgelücke einzubeziehen.

5. Besteuerung der Leistungen

Kapitalabfindungen aus einer mit dem Arbeitsverhältnis verbundenen Vorsorgeeinrichtung (Ziff. 3.1) werden gemäss Artikel 17 Absatz 2 und Artikel 38 DBG besteuert.

Gleichartige Kapitalabfindungen (Abgangsentschädigungen mit Vorsorgecharakter; vgl. Ziff. 3.2) werden gemäss Artikel 17 Absatz 2 und Artikel 38 DBG besteuert.

Übrige Kapitalabfindungen des Arbeitgebers (Abgangsentschädigung mit Ersatzeinkommenscharakter oder als Entschädigung für die Aufgabe der Erwerbstätigkeit; vgl. Ziff. 3.5) sind gemäss Artikel 23 Buchstaben a und c oder Artikel 17 Absatz 1 DBG zusammen mit dem übrigen Einkommen gemäss Artikel 36 DBG, gegebenenfalls in Verbindung mit Artikel 37 DBG steuerbar.

Der Hauptabteilungschef

Samuel Tanner

Anhang:
Beispiele 1 - 6

Beispiel 1

Ausgangslage

Das Arbeitsverhältnis eines 45-jährigen Mitgliedes der Geschäftsleitung wird im gegenseitigen Einvernehmen aufgelöst. Die Arbeitgeberin richtet eine Kapitalabfindung in der Höhe des dreifachen Jahresgehaltes im Betrage von CHF 600'000.-- aus, welche in der Vereinbarung als Überbrückung bis zum Antritt einer neuen Stelle und als Ausgleich für allfällige künftige Lohneinbussen bezeichnet wird.

Nach 9 Monaten tritt die steuerpflichtige Person eine neue, fast gleichwertige Stelle an.

Besteuerung

Die Kapitalabfindung von CHF 600'000.-- ist zusammen mit dem übrigen Einkommen zu besteuern. Sie stellt eine Kapitalabfindung im Sinne von Artikel 23 Buchstabe c DBG dar. Der periodisierte Rentensatz nach Artikel 37 gelangt nicht zur Anwendung.

Beispiel 2

Ausgangslage

Das Arbeitsverhältnis eines 58-jährigen Mitgliedes der Geschäftsleitung wird im gegenseitigen Einvernehmen aufgelöst. Die Arbeitgeberin richtet eine Kapitalabfindung in der Höhe des dreifachen Jahresgehaltes im Betrage von CHF 600'000.-- aus, welche in der Vereinbarung als Überbrückung bis zum Erreichen des Pensionierungsalters bezeichnet wird. Die steuerpflichtige Person bleibt weiterhin in der Vorsorgeeinrichtung der Arbeitgeberin versichert und die Arbeitgeberin übernimmt bis zum reglementarischen vorzeitigen Rücktrittsalter von 61 Jahren die Arbeitnehmer- und Arbeitgeberbeiträge Säule 2. Das Reglement der Vorsorgeeinrichtung lässt eine solche Regelung zu. Die Erwerbstätigkeit wird - mit Ausnahme einer gelegentlichen Beratungstätigkeit auf Honorarbasis - definitiv aufgegeben.

Besteuerung

Die Kapitalabfindung von CHF 600'000.-- ist zusammen mit dem übrigen Einkommen zu besteuern. Es handelt sich um eine Überbrückungsleistung im Sinne von Artikel 23 Buchstabe a DBG. Für die Satzbestimmung ist gemäss Artikel 37 DBG auf die Höhe eines Jahresgehaltes von CHF 200'000.-- abzustellen (periodisierter Rentensatz).

Da durch den Austritt aus der Firma und der damit verbundenen Aufgabe der Erwerbstätigkeit keine Vorsorgelücke gemäss Reglement entsteht, ist die Kapitalabfindung als Überbrückungsleistung mit dem übrigen Einkommen zu besteuern.

Beispiel 3

Ausgangslage

Das Arbeitsverhältnis eines 58-jährigen Mitgliedes der Geschäftsleitung wird infolge Umstrukturierung aufgelöst. Die Arbeitgeberin richtet eine Kapitalabfindung in der Höhe des dreifachen Jahresgehaltes im Betrage von CHF 600'000.-- aus. Das Vorsorgeverhältnis wird aufgelöst und das Freizügigkeitsguthaben auf ein Freizügigkeitskonto überwiesen. Die Erwerbstätigkeit wird definitiv aufgegeben.

Das ordentliche Rücktrittsalter liegt gemäss Vorsorgereglement der bisherigen Arbeitgeberin für Männer bei 65 Jahren. Der 58-Jährige hätte somit noch 7 Jahre, seine Vorsorge weiter äufnen zu können. Die Vorsorgeeinrichtung bescheinigt ihm, dass durch den vorzeitigen Austritt für die verbleibenden 7 Jahre auf der Basis der zuletzt versicherten Lohnsumme eine Vorsorgelücke in der Höhe von CHF 280'000.-- entsteht.

Besteuerung

Die gesamte Kapitalabfindung von CHF 600'000.-- ist wie folgt aufzuteilen:

- CHF 280'000.-- stellen eine "gleichartige Kapitalabfindung des Arbeitgebers" im Sinne von Artikel 17 Absatz 2 DBG dar. Dieser Betrag ist mit einer Jahressteuer zu 1/5 des Tarifes gemäss Artikel 38 DBG zu versteuern;

- CHF 320'000.-- stellen eine Überbrückungsleistung im Sinne von Artikel 23 Buchstabe a DBG dar. Die Besteuerung erfolgt zusammen mit dem übrigen Einkommen. Für die Satzbestimmung wird der Betrag auf 7 Jahre verteilt (Ersatzeinkommen bis zum Erreichen des ordentlichen Pensionierungsalters).

Beispiel 4

Ausgangslage

Das Arbeitsverhältnis eines 58-jährigen Mitgliedes der Geschäftsleitung wird infolge Umstrukturierung aufgelöst. Gemäss Berechnungen der Vorsorgeeinrichtung besteht im Zeitpunkt der Auflösung des Arbeitsverhältnisses eine Vorsorgelücke infolge fehlender früherer Beitragsjahre von CHF 320'000.--. Durch den vorzeitigen Austritt entsteht für die verbleibenden 7 Jahre bis zur ordentlichen Pensionierung auf der Basis der zuletzt versicherten Lohnsumme eine zusätzliche künftige Vorsorgelücke in der Höhe von CHF 280'000.--.

Die Arbeitgeberin erklärt sich bereit, die bestehende und die künftige Vorsorgelücke vor Beendigung des Arbeitsverhältnisses durch eine individuelle Überweisung auf das Vorsorgekonto des Austretenden in der Höhe von CHF 600'000.-- zu schliessen. Die Erwerbstätigkeit wird definitiv aufgegeben.

Besteuerung

Es erfolgt keine Besteuerung im Zeitpunkt der Einzahlung der Kapitalabfindung auf das Vorsorgekonto des Arbeitnehmers. Die Leistung stellt eine angemessene Deckung der bestehenden und künftigen Vorsorgelücke dar. Die Überweisung erfolgt vor Beendigung des Arbeitsverhältnisses. Die Einkaufssumme ist im Lohnausweis als massgebender Lohn auszuweisen und als Einkauf in die Vorsorgeeinrichtung zu bescheinigen.

Beispiel 5

Ausgangslage

Das Arbeitsverhältnis eines 58-jährigen Mitgliedes der Geschäftsleitung wird infolge Umstrukturierung aufgelöst. Das Vorsorgeverhältnis wird aufgelöst und das Freizügigkeitsguthaben auf ein Freizügigkeitskonto überwiesen. Die Erwerbstätigkeit wird definitiv aufgegeben.

Die Arbeitgeberin richtet nach Beendigung des Arbeitsverhältnisses eine Kapitalabfindung im Betrage von CHF 300'000.-- aus, welche zwecks Deckung der künftigen Vorsorgelücke als Folge der vorzeitigen Aufgabe der Erwerbstätigkeit direkt auf das Freizügigkeitskonto überwiesen wird. Die Vorsorgelücke wurde durch die Vorsorgeeinrichtung der Arbeitgeberin auf der Basis der bisherigen versicherten Besoldung berechnet und ist unbestritten.

Besteuerung

Einzahlungen nach Beendigung des Arbeitsverhältnisses auf ein Freizügigkeitskonto sind vorsorgerechtlich nicht zulässig. Es ist eine Rückabwicklung der Überweisung zu verlangen.

Die Kapitalabfindung stellt indessen eine "gleichartige Kapitalabfindung des Arbeitgebers" im Sinne von Artikel 17 Absatz 2 DBG dar. Der Betrag von CHF 300'000.-- ist mit einer Jahressteuer zu 1/5 des Tarifes gemäss Artikel 38 DBG zu versteuern.

Beispiel 6

Ausgangslage

Gleiche Ausgangslage wie in Beispiel 5.

Zwei Jahre nach der Erwerbsaufgabe erhält der nunmehr 60-Jährige nochmals die Gelegenheit, eine leitende Stellung zu einem vergleichbaren Salär anzutreten. Die Vorsorgeeinrichtung der neuen Arbeitgeberin berechnet unter Berücksichtigung des vorhandenen Freizügigkeitskontos aus der früheren Erwerbstätigkeit auf den Zeitpunkt des Eintrittes eine Beitragslücke von CHF 100'000.--. Die ordentliche Pensionierung nach Reglement erfolgt im Alter von 65 Jahren. Der Arbeitnehmer kauft die fehlenden Beitragsjahre von CHF 100'000.-- ein.

Besteuerung

Obwohl die Kapitalabfindung beim Verlust der früheren Stelle als "gleichartige Kapitalabfindung des Arbeitgebers" im Sinne von Artikel 17 Absatz 2 DBG qualifiziert und besteuert wurde, kann der Einkauf steuerlich in Abzug gebracht werden. Eine Revision der rechtskräftigen Jahressteuer auf der Kapitalleistung von CHF 300'000.-- kann mangels gesetzlicher Grundlage nicht erfolgen.

Sofern der Wiedereintritt innert Jahresfrist seit dem Verlust der früheren Stelle erfolgt, wird derjenige Anteil an der Kapitalleistung, der als Einkauf in die neue Vorsorgeeinrichtung verwendet wird, gemäss Artikel 24 Buchstabe c DGB nicht besteuert. Konsequenterweise kann der Einkauf nicht vom Einkommen abgezogen werden. Der verbleibende Teil der Kapitalabfindung wird als Überbrückungsleistung zusammen mit dem übrigen Einkommen besteuert.

Eigene Beteiligungsrechte

Quelle: Eidg. Steuerverwaltung ESTV/HA Direkte Bundessteuer, Verrechnungssteuer, Stempelabgaben

Direkte Bundessteuer **Steuerperiode 1999/2000**
Verrechnungssteuer

Bern, 19. August 1999

An die kantonalen Verwaltungen
für die direkte Bundessteuer und die
kantonalen Verrechnungssteuerämter

Kreisschreiben Nr. 5

Unternehmenssteuerreform 1997 - Neuregelung des Erwerbs eigener Beteiligungsrechte

Inhaltsverzeichnis *Seite*

1.	Einleitung	2
2.	Erhebung der Verrechnungssteuer auf dem Erwerb eigener Beteiligungsrechte	2
2.1	Gegenstand der Verrechnungssteuer	2
2.2	Erwerb eigener Beteiligungsrechte im Zusammenhang mit einer Wandel- oder Optionsanleihe oder einem Mitarbeiterbeteiligungsplan	3
2.3	Definition „Erwerb durch die Gesellschaft"	4
2.4	Steuersubjekt	4
2.5	Entstehung, Fälligkeit und Verjährung der Verrechnungssteuerforderung	4
2.6	Berechnung der Verrechnungssteuer	4
3.	Rückerstattung der Verrechnungssteuer im Zusammenhang mit dem Erwerb eigener Beteiligungsrechte	5
3.1	Allgemeines	5
3.2	Recht zur Nutzung	5
3.3	Deklarationspflicht	5
3.4	Inländischer Sitz/Wohnsitz, Geltendmachung des Rückerstattungsanspruchs, zuständige Behörde, Untergang des Anspruchs infolge Zeitablaufs	6
3.5	Steuerumgehung	6
3.6	Praktische Auswirkungen im Bereich der Rückerstattung	6
4.	Erhebung der direkten Bundessteuer	6
4.1	Steuerliche Folgen des Erwerbs eigener Beteiligungsrechte bei der Kapitalgesellschaft oder Genossenschaft	6
4.2	Steuerliche Folgen des Erwerbs eigener Beteiligungsrechte, welche aus dem Privatvermögen des Veräusserers stammen, beim Veräusserer	7
4.3	Steuerliche Folgen des Erwerbs eigener Beteiligungsrechte, welche aus dem Geschäftsvermögen des Veräusserers stammen, beim Veräusserer	8
5.	Geldwerte Leistungen/Verdeckte Gewinnausschüttungen	9
5.1	Verrechnungssteuer	9
5.2	Direkte Bundessteuer	9
6.	Wiederbegebung von steuerlich abgerechneten Beteiligungsrechten	9
7.	Übergangsrechtliche Fragen	10
8.	Verhältnis des vorliegenden Kreisschreibens zum Kreisschreiben Nr. 25 vom 27. Juli 1995 der direkten Bundessteuer	10

1. Einleitung

Am 1. Juli 1992 trat das revidierte Aktienrecht in Kraft. Nach Art. 659 Abs. 1 OR kann eine Aktiengesellschaft im Umfang von zehn Prozent eigene Aktien erwerben. Voraussetzung hierfür ist, dass genügend frei verwendbares Eigenkapital in der Höhe der dafür nötigen Mittel vorhanden ist. Werden im Zusammenhang mit einer Übertragungsbeschränkung Namenaktien erworben, so beträgt die Höchstgrenze 20 Prozent. Die über zehn Prozent des Aktienkapitals hinaus erworbenen eigenen Aktien sind innert zwei Jahren zu veräussern oder durch Kapitalherabsetzung zu vernichten (Art. 659 Abs. 2 OR).

Die Gesellschaft hat für die eigenen Aktien einen dem Anschaffungswert entsprechenden Betrag gesondert als Reserve auszuweisen (Art. 659a Abs. 2 OR) und Angaben über Erwerb, Veräusserung und Anzahl der von ihr gehaltenen eigenen Aktien in den Anhang aufzunehmen (Art. 663b Ziff. 10 OR).

Mit dem Bundesgesetz über die Reform der Unternehmensbesteuerung 1997 vom 10. Oktober 1997[1] wurde die steuerliche Behandlung des Erwerbs eigener Beteiligungsrechte (Aktien, Anteile, Partizipationsscheine und Genussscheine) auf Gesetzesstufe geregelt. Die massgeblichen neuen Bestimmungen sind Art. 4a, 12 Abs. 1bis und 70a des Bundesgesetzes vom 13. Oktober 1965 über die Verrechnungssteuer[2] (VStG), Art. 20 Abs. 1 Bst. c des Bundesgesetzes vom 14. Dezember 1990 über die direkten Bundessteuern[3] (DBG) sowie Art. 7 Abs. 1bis des Bundesgesetzes vom 14. Dezember 1990 über die Harmonisierung der direkten Steuern der Kantone und Gemeinden[4] (StHG). Diese Bestimmungen wurden vom Bundesrat auf den 1. Januar 1998 in Kraft gesetzt. Die Bestimmung von Art. 4a VStG, auf welche der geänderte Art. 20 Abs. 1 Bst. c DBG explizit Bezug nimmt, enthält die Grundsätze zur Besteuerung des Erwerbs eigener Beteiligungsrechte.

2. Erhebung der Verrechnungssteuer auf dem Erwerb eigener Beteiligungsrechte

2.1 Gegenstand der Verrechnungssteuer

Art. 4a VStG umschreibt in Ergänzung von Art. 4 VStG den Gegenstand der Verrechnungssteuer. Sein Abs. 1 definiert den der Verrechnungssteuer unterliegenden Kapitalertrag ausdrücklich als die Differenz zwischen dem Erwerbspreis der eigenen Beteiligungsrechte und deren einbezahlten Nennwert. Dieser Ertragsbegriff gilt für alle in Art. 4a VStG umschriebenen Tatbestände. Art. 4a Abs. 1 VStG zählt als Beteiligungsrechte "Aktien, Anteile, Partizipationsscheine und Genussscheine" auf. Da seit der am 1. Juli 1992 in Kraft getretenen Revision des OR (vgl. Art. 656a und 657 OR) nur noch Partizipationsscheine einen Nennwert aufweisen und Genussscheine ohnehin kein herabsetzungsfähiges Kapital darstellen (vgl. Wortlaut von Art. 4a Abs. 1 VStG), bezieht sich die Erwähnung von Genussscheinen in diesem Zusammenhang nur auf vor dem 1. Juli 1992 geschaffene Genussscheine mit Nennwert, die nach der Aktienrechtsrevision als Partizipationsscheine zu qualifizieren sind. Beim Rückkauf von Genussscheinen ohne Nennwert ist gestützt auf Art. 4 Abs. 1 Bst. b VStG und Art. 20 Abs. 2 der Vollziehungsverordnung zum VStG vom 19. Dezember 1966[5] (VStV) der gesamte Veräusserungserlös sofort steuerbar.

Art. 4a VStG regelt die Teilliquidation für zwei Grundtatbestände. Gemäss seinem Abs. 1 ist jeder Erwerb eigener Beteiligungsrechte erstens im Zusammenhang mit einer Kapitalherabsetzung und zweitens über den Rahmen von Art. 659 OR hinaus unmittelbar und ausnahmslos als Teilliquidation zu qualifizieren, welche die Verrechnungssteuer auslöst. Art. 4a Abs. 2 VStG

---

[1] AS **1998** 669
[2] SR **642.21**
[3] SR **642.11**
[4] SR **642.14**
[5] SR **642.211**

bestätigt den Grundsatz, dass jeder Erwerb eigener Beteiligungsrechte eine Teilliquidation darstellt. Er statuiert aber gestützt auf die durch die Aktienrechtsrevision 1991 eingeführte beschränkte Erlaubnis des Erwerbs eigener Beteiligungsrechte von Art. 659 OR die Fiktion, dass die Teilliquidation erst eintritt, wenn die eigenen Beteiligungsrechte, deren Erwerb nach Art. 659 OR handelsrechtlich zulässig ist, länger als sechs Jahre ab Erwerbsdatum gehalten werden. Daraus folgt:

- Der Erwerb eigener Beteiligungsrechte im Sinn von Art. 659 Abs. 1 OR führt im Zusammenhang mit einer Kapitalherabsetzung im Zeitpunkt des Rückkaufs immer zur Besteuerung gemäss Art. 4a Abs. 1 VStG. Findet keine Kapitalherabsetzung statt, unterliegt der Erwerb der ersten zehn Prozent der Regelung von Art. 4a Abs. 2 VStG. In diesem Umfang findet eine Besteuerung erst nach Ablauf der Sechsjahresfrist statt. Was die zehn-Prozent-Limite übersteigt, löst demgegenüber unverzüglich, d.h. im Zeitpunkt des Rückkaufs, die Steuerfolgen einer Teilliquidation aus.

- Der Erwerb eigener Beteiligungsrechte im Sinn von Art. 659 Abs. 2 OR (vinkulierte Namenaktien) führt im Zusammenhang mit einer Kapitalherabsetzung im Zeitpunkt des Rückkaufs immer zur Besteuerung gemäss Art. 4a Abs. 1 VStG. Findet keine Kapitalherabsetzung statt, unterliegt der Erwerb der ersten zehn Prozent der Regelung von Art. 4a Abs. 2 VStG. In diesem Umfang findet eine Besteuerung erst nach Ablauf der Sechsjahresfrist statt. Für den Erwerb weiterer vinkulierter Namenaktien ist zu unterscheiden: Die zweiten zehn Prozent gelangen erst nach Ablauf der zweijährigen Frist gemäss Art. 659 Abs. 2 OR zur Besteuerung, während bei jedem Erwerb, der 20 Prozent übersteigt, unverzüglich, d.h. im Zeitpunkt des Rückkaufs, gestützt auf Art. 4a Abs. 1 VStG die Verrechnungssteuer geschuldet ist.

Der Erwerb eigener Beteiligungsrechte im Hinblick auf eine Kapitalherabsetzung und das Überschreiten des Rahmens von Art. 659 OR löst immer die Verrechnungssteuerfolgen - auch während des Geschäftsjahres - unverzüglich aus; die betroffene Gesellschaft oder Genossenschaft ist gehalten, diese Fälle unverzüglich zu deklarieren und abzurechnen.

Für die Berechnung der Sechsjahresfrist (bzw. der Zweijahresfrist im Zusammenhang mit vinkulierten Namenaktien) stützt Art. 4a Abs. 2 VStG auf den Zeitpunkt des Erwerbs der eigenen Beteiligungsrechte ab. Ab diesem Datum beginnt die Frist zu laufen und endet sechs Jahre später.

Für die Berechnung der Einhaltung der Limiten von Art. 659 OR gilt das Prinzip "first in first out".

2.2 Erwerb eigener Beteiligungsrechte im Zusammenhang mit einer Wandel- oder Optionsanleihe oder einem Mitarbeiterbeteiligungsplan

Art. 4a Abs. 3 VStG hat einzig Auswirkungen auf die Berechnung der Sechsjahresfrist von Art. 4a Abs. 2 VStG, indem er einen Fristenstillstand statuiert. Abgesehen von dieser verfahrensrechtlichen Spezialbehandlung richtet sich die Besteuerung des Erwerbs eigener Beteiligungsrechte aufgrund einer Verpflichtung aus Wandel- und Optionsanleihen sowie Mitarbeiterbeteiligungsplänen nach Art. 4a Abs. 1 und 2 VStG. Aus dem Wortlaut von Art. 4a Abs. 3 VStG folgt, dass zwischen einer Wandel- oder Optionsanleihe oder einem Mitarbeiterbeteiligungsplan und dem Erwerb eigener Beteiligungsrechte ein ursprünglicher kausaler Zusammenhang bestehen muss, damit die Gesellschaft oder Genossenschaft in den Genuss des Stillstands der Weiterveräusserungsfrist kommt. Der Erwerb der eigenen Beteiligungsrechte muss von Anfang an den Verpflichtungen aus Anleihe/Mitarbeiterbeteiligungsplan verhaftet sein; eine nachträgliche Umqualifizierung (zur Erstreckung der Sechsjahresfrist) ist nicht möglich. Dieser notwendige Zusammenhang ist von der Gesellschaft oder Genossenschaft nachzuweisen.

2.3 Definition "Erwerb durch die Gesellschaft"

Ein Erwerb eigener Beteiligungsrechte findet zunächst immer statt, wenn die Gesellschaft oder Genossenschaft, um deren Beteiligungsrechte es geht, Vertragspartei, d.h. Käuferin, ist. Ein Erwerb eigener Beteiligungsrechte im Sinne von Art. 4a VStG liegt auch vor, wenn eine Tochtergesellschaft Aktien ihrer Muttergesellschaft kauft (Art. 659b OR). Als Tochtergesellschaft gilt auch jede untergeordnete Gesellschaft innerhalb einer ununterbrochenen vertikalen Beherrschungskette (vgl. Kreisschreiben Nr. 10 vom 10. Juli 1998, Ziff. 3.2). Im übrigen werden Konstellationen im Bereich verbundener sowie nahestehender Unternehmen im Einzelfall unter dem Aspekt einer Steuerumgehung untersucht.

2.4 Steuersubjekt

Verrechnungssteuerpflichtig ist die Gesellschaft oder Genossenschaft, welche die eigenen Beteiligungsrechte erwirbt; sie ist Schuldnerin der steuerbaren Leistung in Form des (Teil-) Liquidationsüberschusses (Art. 10 Abs. 1 in Verbindung mit Art. 4a Abs. 1 VStG).

2.5 Entstehung, Fälligkeit und Verjährung der Verrechnungssteuerforderung

Die Verrechnungssteuerforderung aufgrund eines Tatbestandes von Art. 4a Abs. 1 VStG entsteht gemäss der allgemeinen Regelung von Art. 12 Abs. 1 VStG im Zeitpunkt der Fälligkeit der steuerbaren Leistung. Für den Tatbestand von Art. 4a Abs. 2 VStG bestimmt der neue Art. 12 Abs. 1bis VStG als Entstehungszeitpunkt der Verrechnungssteuerforderung den Ablauf der Sechsjahresfrist; für die Fristberechnung ist der gesetzliche Friststillstand bei Anleihen und Mitarbeiterbeteiligungsplänen gemäss Art. 4a Abs. 3 VStG einzubeziehen (Wandel- und Optionsanleihe: Bis zum Erlöschen der betreffenden Verpflichtung; Mitarbeiterbeteiligungsplan: Längstens sechs Jahre). Die Verrechnungssteuerforderung aufgrund des Erwerbs eigener Beteiligungsrechte wird gemäss Art. 16 Abs. 1 Bst. c VStG 30 Tage nach ihrer Entstehung (Art. 12 Abs. 1 und 1bis VStG) fällig und verjährt fünf Jahre nach Ablauf des Kalenderjahres, in dem sie entstanden ist (Art. 17 Abs. 1 VStG).

2.6 Berechnung der Verrechnungssteuer

Im Bereich der Verrechnungssteuer gilt das Nennwertprinzip. Als Bemessungsgrundlage dient ausschliesslich die steuerbare Leistung; d.h. beim Erwerb eigener Beteiligungsrechte die Differenz zwischen dem Erwerbspreis und dem einbezahlten Nennwert (Art. 4a Abs. 1 VStG; vgl. auch Ziff. 5.).

Gemäss Art. 14 Abs. 1 VStG ist die steuerbare Leistung bei der Auszahlung, Überweisung, Gutschrift oder Verrechnung ohne Rücksicht auf die Person des Gläubigers um den Steuerbetrag zu kürzen; die Verrechnungssteuer ist also zwingend auf den Gläubiger der steuerbaren Leistung zu überwälzen.

Die Regelung des Erwerbs eigener Beteiligungsrechte bricht in den Fällen nach Art. 4a Abs. 2 VStG mit diesem System, indem die Bezahlung des Erwerbspreises im Zeitpunkt des Erwerbs der eigenen Beteiligungsrechte erfolgt und dem Veräusserer in diesem Zeitpunkt die Leistung bereits erbracht wird, die Steuerforderung und dadurch die Überwälzungspflicht aber erst später - nach Ablauf der Sechsjahresfrist - entsteht. Zudem stellt sich die Überwälzungsproblematik in allen Fällen, in welchen der Veräusserer der Beteiligungsrechte entweder oder nicht mehr feststeht (insbesondere beim anonymen Erwerb eigener Beteiligungsrechte an der Börse). In allen Fällen, in denen der Nachweis der Überwälzung von der steuerpflichtigen Gesellschaft oder Genossenschaft nicht erbracht wird, wird der an den Veräusserer der Beteiligungsrechte geflossene Betrag als Nettoleistung qualifiziert, die entsprechend "ins Hundert" aufgerechnet wird. Die Verrechnungssteuer stellt in diesem Fall eine zusätzliche Gewinnausschüttung dar, die den Reserven zu belasten ist.

3. Rückerstattung der Verrechnungssteuer im Zusammenhang mit dem Erwerb eigener Beteiligungsrechte

3.1 Allgemeines

Die natürlichen Personen haben die Rückerstattung der Verrechnungssteuer beim gemäss Art. 30 Abs. 1 VStG zuständigen Kanton zu beantragen. Sie haben Anspruch auf Rückerstattung der Verrechnungssteuer, wenn sie bei Fälligkeit der steuerbaren Leistung im Inland Wohnsitz haben oder zufolge qualifizierten Aufenthaltes im Inland unbeschränkt steuerpflichtig sind (Art. 22 VStG), wenn sie bei Fälligkeit der steuerbaren Leistung das Recht zur Nutzung des den steuerbaren Ertrag abwerfenden Vermögenswertes besitzen (Art. 21 Abs. 1 Bst. a VStG) und wenn sie die mit der Verrechnungssteuer belasteten Einkünfte und die Vermögenswerte, welche diese Einkünfte abwerfen, in ihrer Steuererklärung ordnungsgemäss und fristgerecht als Einkommen bzw. als Vermögen deklarieren (Art. 23 VStG). Juristische Personen sowie Handelsgesellschaften ohne juristische Persönlichkeit haben demgegenüber die Rückerstattung bei der Eidg. Steuerverwaltung zu beantragen (Art. 30 Abs. 2 VStG). Sie haben Anspruch auf Rückerstattung der Verrechnungssteuer, wenn sie bei Fälligkeit der steuerbaren Leistung ihren Sitz im Inland haben (Art. 24 Abs. 2 VStG), in diesem Zeitpunkt auch das Recht zur Nutzung des den steuerbaren Ertrag abwerfenden Vermögenswertes besitzen (Art. 21 Abs. 1 Bst. a VStG) und wenn sie die mit der Verrechnungssteuer erfassten Einkünfte ordnungsgemäss als Ertrag verbuchen (Art. 25 Abs. 1 VStG).

Um ungerechtfertigte Rückerstattungen zu vermeiden, sind die Antragsteller zur Einreichung von Abzugsbescheinigungen im Sinn von Art. 14 Abs. 2 VStG und Art. 3 VStV zu verhalten.

3.2 Recht zur Nutzung

Erwirbt die Gesellschaft oder Genossenschaft eigene Beteiligungsrechte zwecks Kapitalherabsetzung oder überschreitet sie die Limiten von Art. 659 OR (mit unmittelbaren Verrechnungssteuerfolgen), steht das Recht zur Nutzung dem Veräusserer der Beteiligungsrechte zu, welcher den entsprechenden Erlös auch als Liquidationsdividende zur Besteuerung bringen muss.

Liegt ein steuerbarer Liquidationsfall infolge Ablaufs der Sechsjahresfrist vor, ist das Recht zur Nutzung ebenfalls dem Veräusserer der Beteiligungsrechte zuzuweisen. Dieser hat mit der Veräusserung der Beteiligungsrechte einen Erlös vereinnahmt, welcher nach Ablauf der Sechsjahresfrist zum Liquidationsüberschuss wird, womit der Veräusserer der Beteiligungsrechte den "letzten" Nutzen aus den Beteiligungsrechten bezogen hat bzw. die Gesellschaft oder Genossenschaft den Liquidationsüberschuss in Form des Kaufpreises an ihn abgeführt hat.

3.3 Deklarationspflicht

Gemäss Art. 23 VStG verwirkt den Anspruch auf Rückerstattung, wer mit der Verrechnungssteuer belastete Einkünfte entgegen gesetzlicher Vorschrift der zuständigen Steuerbehörde nicht deklariert. Für Inhaber von Beteiligungsrechte, welche diese aus dem Privatvermögen verkauft haben, gilt als Fälligkeit der steuerbaren Leistung, welche den Zeitpunkt der ordnungsgemässen Deklaration nach bisheriger Rechtsprechung bestimmt, die Entstehung der Steuerforderung nach Art. 12 Abs. 1 und 1bis VStG. Handelte es sich um Beteiligungsrechte aus dem Geschäftsvermögen einer natürlichen Person, kann die Rückerstattung der Verrechnungssteuer gewährt werden, sofern der Veräusserer der Beteiligungsrechte den beim Verkauf erzielten Erlös in der Erfolgsrechnung nachweislich korrekt verbucht hatte. Diese Regelung gilt ebenfalls bei der Anwendung von Art. 25 VStG ("Verbuchungsklausel" für juristische Personen, Handelsgesellschaften ohne juristische Persönlichkeit und ausländische Unternehmen mit inländischer Betriebstätte).

3.4 Inländischer Sitz/Wohnsitz, Geltendmachung des Rückerstattungsanspruchs, zuständige Behörde, Untergang des Rückerstattungsanspruchs infolge Zeitablaufs

Sowohl die Rückerstattungsberechtigung gemäss Art. 22 und 24 VStG (inländischer Wohnsitz/Sitz), die Geltendmachung des Anspruchs gemäss Art. 29 VStG und die zuständigen Behörden gemäss Art. 30 VStG richten sich nach den Verhältnissen des Verkäufers der Beteiligungsrechte zum Zeitpunkt der Entstehung der Steuerforderung (Fälligkeit) nach Art. 12 Abs. 1 und 1bis VStG. Die Verwirkungsfrist gemäss Art. 32 VStG beginnt ebenfalls mit der Entstehung der Steuerforderung zu laufen.

3.5 Steuerumgehung

Art. 21 Abs. 2 VStG, wonach die Rückerstattung in allen Fällen unzulässig ist, in denen sie zu einer Steuerumgehung führen würde, gilt auch für den Erwerb eigener Beteiligungsrechte. Von einer Steuerumgehung wäre insbesondere auszugehen, wenn eine inländische juristische Person gezielt Beteiligungsrechte von inländischen natürlichen Personen oder von im Ausland ansässigen (natürlichen oder juristischen) Personen aufkaufen sollte, um diese anschliessend an die zu einer Kapitalherabsetzung schreitende Gesellschaft oder Genossenschaft zurückzugeben.

3.6 Praktische Auswirkungen im Bereich der Rückerstattung

Kann die Verrechnungssteuer bei Entstehung der Steuerforderung auf den Veräusserer der Beteiligungsrechte überwälzt werden, ergeben sich keine besonderen Probleme: Der Veräusserer erhält mit der Abzugsbescheinigung von der Gesellschaft oder Genossenschaft die für die Geltendmachung seiner Ansprüche und für eine ordnungsgemässe Deklaration notwendigen Angaben.

Kann die Gesellschaft oder Genossenschaft die Überwälzung nicht mehr vornehmen und wird der Liquidationsüberschuss "ins Hundert" aufgerechnet, können sich folgende Situationen ergeben:

a. Der Veräusserer der Beteiligungsrechte ist nicht bekannt, weil sich die Gesellschaft z.B. an der Börse eigene Aktien beschafft hat. In diesem Fall kann die Verrechnungssteuer nicht zurückgefordert werden und wird letztlich zu einer definitiven Steuerbelastung.

b. Der Veräusserer der Beteiligungsrechte ist nach deren Verkauf und vor der Entstehung der Verrechnungssteuerforderung ins Ausland gezogen: Die Verrechnungssteuer kann nur gestützt auf ein Doppelbesteuerungsabkommen (DBA) zurückgefordert werden. Massgebend ist der steuerliche Wohnsitz des Verkäufers der Beteiligungsrechte bei Entstehung der Verrechnungssteuerforderung; zuständige Behörde ist die Eidg. Steuerverwaltung.

c. Der Veräusserer der Beteiligungsrechte ist nach deren Verkauf und vor der Entstehung der Verrechnungssteuerforderung verstorben: Die Erben können die Verrechnungssteuer zurückfordern, wenn sie die Voraussetzungen für die Rückerstattung bei Entstehung der Verrechnungssteuerforderung erfüllen.

4. Erhebung der direkten Bundessteuer

4.1 Steuerliche Folgen des Erwerbs eigener Beteiligungsrechte bei der Kapitalgesellschaft oder Genossenschaft

Der Erwerb eigener Beteiligungsrechte und der Ausweis einer speziellen Reserve nach Art. 659a Abs. 2 OR berühren die Erfolgsrechnung handelsrechtlich nicht. Steuerrechtlich sind dagegen folgende Fälle auseinanderzuhalten:

a. Erfolgte der Erwerb eigener Beteiligungsrechte zum damaligen Verkehrswert und werden diese Beteiligungsrechte innerhalb von sechs Jahren zum jetzigen Verkehrswert weiterverkauft, so sind die seit dem Erwerb erzielten Wertzuwachsgewinne steuerbar und allfällig erlittenen Wertverluste absetzbar; entspricht der Weiterveräusserungspreis dem seinerzeitigen Erwerbspreis (Verkehrswerte), ergeben sich keine steuerlichen Konsequenzen.

b. Erfolgte der Erwerb eigener Beteiligungsrechte zum damaligen Verkehrswert und werden diese Beteiligungsrechte innert sechs Jahren unter dem jetzigen Verkehrswert wiederveräussert, so liegt im Zeitpunkt der Wiederveräusserung eine verdeckte Gewinnausschüttung vor; die bei der Gesellschaft vorgenommenen Rückstellungen sowie ein allfälliger Wertzuwachsgewinn sind aufzurechnen (vgl. auch Ziff. 5.).

c. Wurde der Erwerb eigener Beteiligungsrechte ohne förmliche Kapitalherabsetzung als Teilliquidation erfasst (mit der entsprechenden Besteuerung des Liquidationsüberschusses bei den veräussernden Aktionären), so ist in der Steuerbilanz der Gesellschaft der Rückzahlung des Aktienkapitals und der Ausschüttung der Reserven Rechnung zu tragen, indem die eigenen Beteiligungsrechte zu Lasten des steuerlich massgeblichen Kapitals vollständig ausgebucht werden.

d. Erfolgt der Erwerb eigener Beteiligungsrechte zur Bereitstellung von Mitarbeiterbeteiligungen, so kann die Differenz zwischen dem Erwerbspreis und dem von den Mitarbeitern geforderten Preis vom Arbeitgeber als geschäftsmässig begründeter Aufwand geltend gemacht werden (vgl. Kreisschreiben Nr. 5 vom 30.4.1997 betreffend die Besteuerung von Mitarbeiteraktien und Mitarbeiteroptionen, Steuerperiode 1997/98).

e. Sinkt der Wert der eigenen Beteiligungsrechte nach dem Erwerb unter den Gewinnsteuerwert, so ist der Wertverminderung nicht durch Vornahme einer definitiven Abschreibung, sondern durch Bildung einer entsprechenden Rückstellung Rechnung zu tragen.

4.2 Steuerliche Folgen des Erwerbs eigener Beteiligungsrechte, welche aus dem Privatvermögen des Veräusserers stammen, beim Veräusserer

a. Beim Erwerb eigener Beteiligungsrechte durch die Gesellschaft im Zusammenhang mit einer Kapitalherabsetzung sowie über den Rahmen von Art. 659 OR hinaus (Art. 4a Abs. 1 VStG)

Erwirbt eine Gesellschaft oder Genossenschaft eigene Beteiligungsrechte gestützt auf einen Beschluss über die Herabsetzung ihres Kapitals oder im Hinblick auf eine Herabsetzung ihres Kapitals, stellt der Erlös aus dem Verkauf der Beteiligungsrechte beim Veräusserer einen steuerbaren Kapitalertrag in Form einer Liquidationsdividende dar mit der Folge, dass die Differenz zwischen dem Verkaufspreis und dem Nennwert dem Einkommen des laufenden Jahres zugerechnet wird.

Dieselben Steuerfolgen treten ein, wenn eine Gesellschaft oder Genossenschaft mehr als zehn Prozent (bzw. 20 Prozent bei vinkulierten Namenaktien) eigene Beteiligungsrechte erwirbt. Soweit die Prozentlimiten von Art. 659 OR überschritten werden, liegt steuerlich eine Teilliquidation vor mit der Folge, dass der den Nennwert übersteigende Anteil am Kaufpreis beim Veräusserer einen Kapitalertrag in Form eines Liquidationsüberschusses darstellt, der als im Zeitpunkt der Entstehung der entsprechenden Verrechnungssteuerforderung realisiert gilt (Art. 20 Abs. 1 Bst. c DBG; vgl. Ziff. 2.5.).

b. Beim Erwerb eigener Beteiligungsrechte durch die Gesellschaft im Rahmen von Art. 659 OR (Art. 4a Abs. 2 VStG)

Veräussert die rückkaufende Gesellschaft oder Genossenschaft die Beteiligungsrechte innerhalb der Sechsjahresfrist von Art. 4a Abs. 2 VStG (bzw. Zweijahresfrist für vinkulierte Namenaktien), erzielt der Veräusserer im Zeitpunkt des Verkaufs der Beteiligungsrechte - unter Vorbehalt einer Steuerumgehung - einen privaten steuerfreien Kapitalgewinn (Art. 16 Abs. 3

DBG). Von einer Steuerumgehung würde insbesondere dann ausgegangen, wenn auf die Veräusserung ein erneuter Erwerb durch die Gesellschaft folgen würde.

Veräussert die rückkaufende Gesellschaft oder Genossenschaft die Beteiligungsrechte nicht innerhalb der Sechsjahresfrist von Art. 4a Abs. 2 VStG (bzw. Zweijahresfrist für vinkulierte Namenaktien), so realisiert der Steuerpflichtige gemäss Art. 20 Abs. 1 Bst. c DBG in dem Jahr, in welchem die Verrechnungssteuerforderung entsteht, einen steuerbaren Vermögensertrag in Form einer Liquidationsdividende (Differenz zwischen dem Verkaufspreis und dem Nennwert).

Folgende zwei Sonderfälle sind zu erwähnen:

- Ist der Veräusserer der Beteiligungsrechte im Zeitpunkt der Realisation des Liquidationsüberschusses nicht mehr in der Schweiz steuerpflichtig, weil er seinen Wohnsitz im Ausland hat, so wird der Liquidationsüberschuss von der direkten Bundessteuer nicht erfasst, während die Rückerstattung der Verrechnungssteuer allenfalls gestützt auf ein Doppelbesteuerungsabkommen geltend gemacht werden kann (vgl. Ziff. 3.6.b).

- Ist der Veräusserer der Beteiligungsrechte vor der Realisation des Liquidationsüberschusses verstorben, haben die Erben Anspruch auf Rückerstattung der Verrechnungssteuer, sofern bei ihnen eine Besteuerung erfolgt (vgl. Ziff. 3.6.c.).

4.3 Steuerliche Folgen des Erwerbs eigener Beteiligungsrechte, welche aus dem Geschäftsvermögen des Veräusserers stammen, beim Veräusserer

a. Beim Erwerb eigener Beteiligungsrechte durch die Gesellschaft im Zusammenhang mit einer Kapitalherabsetzung sowie über den Rahmen von Art. 659 OR hinaus (Art. 4a Abs. 1 VStG)

In diesen Fällen stellt der Erlös aus dem Verkauf der Beteiligungsrechte beim Veräusserer einen steuerbaren Kapitalertrag in Form einer Liquidationsdividende (Teilliquidation) dar mit der Folge, dass die Differenz zwischen dem Verkaufspreis und dem Gewinn- bzw. Einkommensteuerwert einen Beteiligungsertrag darstellt.

b. Beim Erwerb eigener Beteiligungsrechte durch die Gesellschaft im Rahmen von Art. 659 OR (Art. 4a Abs. 2 VStG)

Die von der Gesellschaft zurückgekauften Beteiligungsrechte stammen aus dem Geschäftsvermögen des Veräusserers. Dieser erzielt somit unmittelbar durch den Verkauf einen steuerbaren Kapitalgewinn (Art. 18 Abs. 2 und Art. 58 DBG), der aus der Differenz zwischen dem Verkaufspreis und dem Gewinn- bzw. Einkommensteuerwert der betreffenden Beteiligungsrechte besteht. Dieser Kapitalgewinn bildet Bestandteil des Gewinnes des laufenden Jahres. Diese Qualifikation wird auch nicht geändert, wenn die rückkaufende Gesellschaft oder Genossenschaft die Beteiligungsrechte nicht innerhalb der Sechsjahresfrist von Art. 4a Abs. 2 VStG (bzw. Zweijahresfrist für vinkulierte Namenaktien) veräussert.

c. Einbezug des Beteiligungsabzuges

Die Gewährung des Beteiligungsabzuges richtet sich nach den Verhältnissen im Zeitpunkt des Verkaufs der betreffenden Beteiligungsrechte. Mangels einer Art. 20 Abs. 1 Bst. c DBG analogen Bestimmung für den Bereich des Geschäftsvermögens können im Zeitpunkt einer allfälligen Teilliquidation nach Ablauf der Sechsjahresfrist weder eine Revision noch ein nachträglicher Beteiligungsabzug gewährt werden.

5. Geldwerte Leistungen/Verdeckte Gewinnausschüttungen

5.1 Verrechnungssteuer

Bei einem Erwerb eigener Beteiligungsrechte durch eine Gesellschaft oder Genossenschaft zu einem überhöhten Preis stellt die Differenz zwischen dem Kaufpreis und dem tatsächlichen Verkehrswert in jedem Fall sofort eine geldwerte Leistung dar, welche der Verrechnungssteuer unterliegt. Im Rahmen des tatsächlichen Verkehrswertes unterliegt der Erwerb der eigenen Beteiligungsrechte der Regelung von Art. 4a VStG.
Verkauft eine Gesellschaft eigene Beteiligungsrechte an einen Aktionär oder einen nahestehenden Dritten zu einem untersetzten Preis, so stellt die Differenz zwischen dem tatsächlichen Verkehrswert und dem Verkaufspreis ebenfalls sofort eine der Verrechnungssteuer unterliegende geldwerte Leistung dar.

5.2 Direkte Bundessteuer

Erfolgt der Erwerb eigener Beteiligungsrechte durch eine Gesellschaft zu einem überhöhten Preis, so ist die Differenz zwischen dem Kaufpreis und dem tatsächlichen Verkehrswert beim Veräusserer als verdeckte Gewinnausschüttung zu erfassen und bei der Gesellschaft in der Steuerbilanz als "Negativreserve" ("non-valeurs") zu berücksichtigen. Verkauft eine Gesellschaft eigene Beteiligungsrechte an einen Aktionär zu einem untersetzten Preis, so ist die Differenz zwischen dem tatsächlichen Verkehrswert und dem Verkaufspreis beim Aktionär als Kapitalertrag zu erfassen und bei der veräussernden Gesellschaft als steuerbarer Gewinn hinzuzurechnen.

Die allfällig der Erfolgsrechnung gutgeschriebenen Dividenden auf eigenen Aktien bilden Bestandteil des steuerbaren Gewinns. Sind die Voraussetzungen nach Art. 69 DBG erfüllt, kann der Beteiligungsabzug gewährt werden.

6. Wiederbegebung von steuerlich abgerechneten Beteiligungsrechten

Verkauft eine Gesellschaft eigene Beteiligungsrechte, deren Rückkauf bereits zu einer sofortigen (Art. 4a Abs. 1 VStG) oder einer aufgeschobenen (Art. 4a Abs. 2 VStG) Besteuerung als Teilliquidation geführt hatte, mindestens zum Nominalwert, löst dies keine Steuerfolgen aus. Wurde nach Ablauf von sechs Jahren auf Teilliquidation erkannt, so ist in der Steuerbilanz der Gesellschaft der Rückzahlung des Kapitals und der Ausschüttung von Reserven Rechnung zu tragen, indem die eigenen Aktien zu Lasten der gemäss Art. 659a Abs. 2 OR ausgewiesenen Spezialreserve vollständig ausgebucht werden. Das bei der erneuten Begebung dieser Beteiligungsrechte allenfalls über den Nennwert erzielte Entgelt ist bei der Gesellschaft als offene Kapitaleinlage (Agio) zu betrachten.
Kommt es später zu einem weiteren Liquidationstatbestand, unterliegen diese wiederbegebenen Beteiligungsrechte der gesetzlich vorgesehenen Besteuerung.

Der Vollständigkeit halber ist festzuhalten, dass der Wiederverkauf von steuerlich abgerechneten, zivilrechtlich aber nicht amortisierten Beteiligungsrechten durch die Gesellschaft keine Emissionsabgabe auslöst, weil das förmliche Kapital durch den Rückkauf und den anschliessenden Wiederverkauf der Beteiligungsrechte nicht berührt wird. Veräussert die Gesellschaft die Beteiligungsrechte zu einem Preis, der über dem Verkehrswert liegt, handelt es sich dagegen um einen Zuschuss, der gemäss Art. 5 Abs. 2 Bst. a des Bundesgesetzes vom 27. Juni 1973 über die Stempelabgaben[6] (StG) der Emissionsabgabe unterliegt. Schliesslich ist jede Transaktion umsatzabgaberechtlich zu qualifizieren, sobald zumindest der Käufer oder der Veräusserer der betreffenden Beteiligungsrechte inländischer Effektenhändler ist.

---

[6] SR **641.10**

7. Übergangsrechtliche Fragen

Gemäss Art. 70a VStG sind die neuen Art. 4a und 12 Abs. 1bis VStG auch auf Tatbestände anwendbar, welche vor ihrem Inkrafttreten (1. Januar 1998) eingetreten sind, es sei denn, die Steuerforderung sei verjährt oder bereits rechtskräftig festgesetzt. Erwarb eine Gesellschaft eigene Beteiligungsrechte vor dem 1. Januar 1998 im Rahmen von Art. 659 OR, gilt die Frist von sechs Jahren ab Erwerbsdatum dieser Beteiligungsrechte. Erwarb eine Gesellschaft eigene Beteiligungsrechte über den Rahmen von Art. 659 OR hinaus, wird auf demjenigen Anteil eigener Beteiligungsrechte, welcher den Rahmen von Art. 659 OR übersteigt, per 1. Januar 1998 als angenommenes Erwerbsdatum als Teilliquidation abgerechnet. Zu den mit der Rückwirkung zusammenhängenden Fragen verweisen wir auf den Anhang A zu diesem Kreisschreiben.

8. Verhältnis des vorliegenden Kreisschreibens zum Kreisschreiben Nr. 25 vom 27. Juli 1995 der direkten Bundessteuer

Das vorliegende Kreisschreiben ersetzt Ziff. 2 des Kreisschreibens Nr. 25 vom 27. Juli 1995.

Der Hauptabteilungschef

Samuel Tanner

Anhänge:

A Schematische Darstellung der Rückwirkungsproblematik von Art. 70a VStG im Zusammenhang mit Art. 4a VStG
B Form. 103 / 110

ANHANG A: Schematische Darstellung der Lösung der Rückwirkungsproblematik von Art. 70a VStG im Zusammenhang mit Art. 4a VStG

1a. Erwerb eigener Beteiligungsrechte im Rahmen von OR 659 vor dem 1.1.1998

| Erwerb eigener Beteiligungsrechte im Rahmen von OR 659 | Unternehmenssteuerreform | Lösung: Bei diesen Fällen gilt die Frist von sechs Jahren ab Erwerbsdatum der eigenen Beteiligungsrechte; nach Ablauf dieser Frist Abrechnung als Teilliquidation. |

| 1996 | 1997 | 1998 | 1999 | 2000 | 2001 | 2002 | 2003 |

1b. Erwerb eigener Beteiligungsrechte über dem Rahmen von OR 659 vor dem 1.1.1998

| Erwerb eigener Beteiligungsrechte über den Rahmen von OR 659 hinaus | Unternehmenssteuerreform | Lösung: Bei diesen Fällen gilt die Frist von sechs Jahren ab Erwerbsdatum der eigenen Beteiligungsrechte für den Anteil, der den Rahmen von OR 659 nicht übersteigt; nach Ablauf dieser Frist Abrechnung als Teilliquidation. Eigene Bestände, soweit sie den Rahmen von OR 659 sprengen, werden per 1.1.1998 als angenommenes Erwerbsdatum als Teilliquidation sofort abgerechnet. |

| 1996 | 1997 | 1998 | 1999 | 2000 | 2001 | 2002 | 2003 |

2a. Erwerb eigener Beteiligungsrechte im Rahmen von OR 659 ab dem 1.1.1998

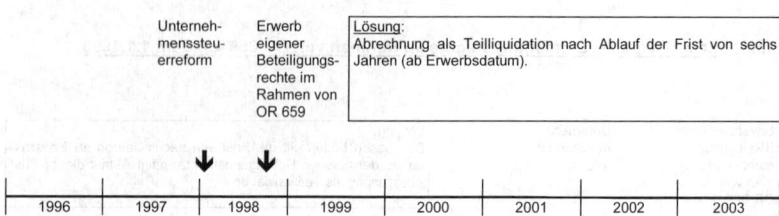

2b. Erwerb eigener Beteiligungsrechte über dem Rahmen von OR 659 ab dem 1.1.1998

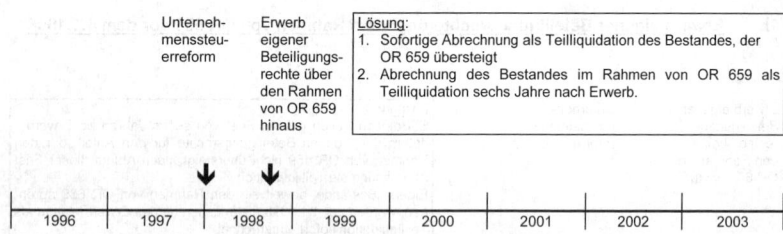

Berechnung der 6-Jahresfrist:

Fristbeginn: Ab Erwerbsdatum

Fristablauf: Sechs Jahre nach Erwerbsdatum und nicht am Bilanzstichtag. Die Gesellschaften haben der ESTV nachzuweisen, dass die Frist von sechs Jahren nicht überschritten wurde.

An die Abonnenten der Kreisschreiben unserer Hauptabteilung

Bern, 26. März 2002

Präzisierung von Ziffer 2.2 des Kreisschreibens Nr. 5 vom 19. August 1999 der Eidg. Steuerverwaltung „Unternehmenssteuerreform 1997 - Neuregelung des Erwerbs eigener Beteiligungsrechte"

Die Ziffer 2.2 des Kreisschreibens Nr. 5 vom 19. August 1999 behandelt den *Fristenstillstand im Zusammenhang mit Wandel- und Optionsanleihen sowie Mitarbeiterbeteiligungsplänen* gemäss Artikel 4a Absatz 3 des Bundesgesetzes vom 13. Oktober 1965 über die Verrechnungssteuer (VStG).

Insbesondere im Bereich der Banken zeigte sich, dass die Durchführung der erwähnten Ziffer 2.2 in der Praxis Schwierigkeiten bereitet. Deshalb hat unsere Verwaltung im Jahre 2000 im Gespräch mit der Schweizerischen Bankiervereinigung die beiliegende *Präzisierung* ausgearbeitet.

Für die Anpassung an die erwähnte Präzisierung hat unsere Verwaltung den Banken eine viermonatige Frist bis 31. März 2001 eingeräumt.

Da die Schwierigkeiten auch Unternehmen betreffen können, die nicht im Bankensektor tätig sind, wollen wir diese ebenfalls informieren.

Um eine Gleichbehandlung zu gewährleisten, räumen wir den übrigen Unternehmen ebenfalls eine <u>*Frist von vier Monaten, d.h. bis zum 31. Juli 2002*</u> ein, um die mit der erwähnten *Präzisierung verbundenen Massnahmen zu treffen*.

Mit freundlichen Grüssen

SEKTION ALLGEMEINE DIENSTE
Der Chef

A. Jan

<u>Beilage erwähnt</u>

Präzisierung von Ziffer 2.2 des Kreisschreibens Nr. 5 der Eidg. Steuerverwaltung „Unternehmenssteuerreform 1997 - Neuregelung des Erwerbs eigener Beteiligungsrechte" vom 19. August 1999

Im Kreisschreiben Nr. 5 der Eidg. Steuerverwaltung (nachfolgend ESTV) „Unternehmenssteuerreform 1997 - Neuregelung des Erwerbs eigener Beteiligungsrechte" vom 19. August 1999 wird unter Ziff. 2.2 u.a. folgendes festgehalten:

Aus dem Wortlaut von Art. 4a Abs. 3 VStG folgt, dass zwischen einer Wandel- oder Optionsanleihe oder einem Mitarbeiterbeteiligungsplan und dem Erwerb eigener Beteiligungsrechte ein ursprünglicher kausaler Zusammenhang bestehen muss, damit die Gesellschaft oder Genossenschaft in den Genuss des Stillstands der Weiterveräusserungsfrist kommt. Der Erwerb der eigenen Beteiligungsrechte muss von Anfang an den Verpflichtungen aus Anleihe/Mitarbeiterbeteiligungsplan verhaftet sein; eine nachträgliche Umqualifizierung (zur Erstreckung der Sechsjahresfrist) ist nicht möglich. Dieser notwendige Zusammenhang ist von der Gesellschaft oder Genossenschaft nachzuweisen.

Die Voraussetzung des „ursprünglich kausalen Zusammenhangs" wird von der ESTV wie folgt ausgelegt:

1. Ein ursprünglich kausaler Zusammenhang besteht immer, wenn die zurückkaufende Gesellschaft oder Genossenschaft eigene Beteiligungsrechte zurückkauft zur Erfüllung von Verpflichtungen aus einer Wandel- oder Optionsanleihe oder einem Mitarbeiterbeteiligungsplan, wenn diese Verpflichtungen im Zeitpunkt des Rückkaufs der eigenen Beteiligungsrechte bereits bestehen. Diese eigenen Titel sind auf einem <u>separaten Konto</u> pro Wandel- oder Optionsanleihe oder pro Mitarbeiterbeteiligungsplan zu buchen.

2. Ein ursprünglich kausaler Zusammenhang wird von der ESTV auch angenommen, wenn eine Gesellschaft oder Genossenschaft eigene Beteiligungsrechte zurückkauft im Hinblick auf mögliche zukünftige Emissionen von Wandel- oder Optionsanleihen. Für die Gewährung des Fristenstillstandes müssen die folgenden Voraussetzungen erfüllt sein:

   a. Die im Hinblick auf zukünftige Wandel- oder Optionsanleihen zurückgekauften Beteiligungsrechte werden auf einem <u>vom Handelsbestand separaten Sammelkonto</u> verbucht, wobei für jede Transaktion die Anzahl der Titel sowie das Datum des Rückkaufes zu erfassen sind.

   b. Auf diesem Konto dürfen keine anderen Umsätze getätigt werden als der <u>Ankauf</u> von eigenen Beteiligungsrechten im Hinblick auf die zukünftige Emission von Wandel- oder Optionsanleihen sowie die Ausbuchung von Überbeständen über den Handelsbestand.

Ab dem Zeitpunkt des jeweiligen Rückkaufs der eigenen Beteiligungsrechte beginnt die Sechsjahresfrist von Art. 4a Abs. 2 VStG zu laufen. Wird vor deren Ablauf durch die Gesellschaft oder Genossenschaft eine Wandel- oder Optionsanleihe emittiert, können die hierfür zurückgekauften Beteiligungsrechte <u>en bloc</u> vom Sammelkonto auf ein separates Konto pro Wandel- oder Optionsanleihe (Einzelkonto) umgebucht werden. Sofern diese Umbuchung <u>spätestens im Zeitpunkt der Liberierung der Anleihe</u> vorgenommen wird, kommen die entsprechenden Beteiligungsrechte in den Genuss des Fristenstillstandes von Art. 4a Abs. 3 VStG: Die Wiederveräusserungsfrist von Art. 4a Abs. 2 VStG steht somit für diese Beteiligungsrechte <u>ab dem Zeitpunkt der Umbuchung</u> solange still, bis die Verpflichtungen aus der entsprechenden Wandel- oder Optionsanleihe erloschen sind. Werden die auf dem separaten Konto angehäuften eigenen Beteiligungsrechte nicht für die Erfüllung der Verpflichtungen aus dieser Wandel- oder Optionsanleihe genutzt, beginnt ab Wegfall dieser Verpflichtungen die Sechsjahresfrist von Art. 4a Abs. 2 VStG <u>weiterzulaufen.</u> Sofern sich nach Ablauf dieser Frist - welche sich nach dem Rückkaufsdatum der eigenen Beteiligungsrechte berechnet unter Berücksichtigung des Fristenstillstandes gemäss Art. 4a Abs. 3 VStG - noch eigene Beteiligungsrechte im Besitz der

Gesellschaft oder Genossenschaft befinden, treten die Folgen einer Teilliquidation im Sinne von Art. 4a Abs. 1 VStG ein.

Eine mehrfache Widmung derselben eigenen Beteiligungsrechte für Verpflichtungen aus einer Wandel- oder Optionsanleihe ist im übrigen ausgeschlossen. Aus diesem Grund dürfen nach Ablauf der Verpflichtungen aus einer Wandel- oder Optionsanleihe überschüssige Beteiligungsrechte nicht auf das Sammelkonto zurückübertragen, sondern einzig über den Handelsbestand ausgebucht werden.

Auf dem Einzelkonto während dem Fristenstillstand vorgenommene Umsätze sind nur im Rahmen des sog. Delta-Hedging möglich. Sofern nach Ablauf der Verpflichtung aus der entsprechenden Anleihe ein Überschuss verbleibt, übernimmt dieser den <u>Fristigkeitsstatus</u> der en bloc vom Sammelkonto auf das Einzelkonto überführten eigenen Beteiligungsrechte, wobei das FIFO-Prinzip angewandt wird. Folgendes Beispiel verdeutlicht dies:

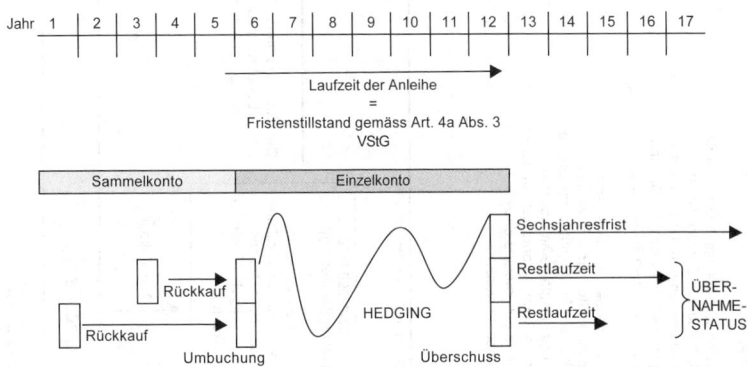

3. Kein ursprünglich kausaler Zusammenhang im Sinne von Art. 4a Abs. 3 VStG liegt vor, wenn eine Gesellschaft oder Genossenschaft ohne die Voraussetzungen der vorliegenden Ziff. 2 eigene Beteiligungsrechte zurückgekauft hat und diese Beteiligungsrechte der Erfüllung von Verpflichtungen einer erst nach dem Rückkauf emittierten Wandel- oder Optionsanleihe widmen will. Eine solche Umqualifizierung ist steuerlich nicht zulässig. Dasselbe gilt, wenn eine Gesellschaft oder Genossenschaft zurückgekaufte eigene Beteiligungsrechte einer nach dem Rückkauf begründeten Verpflichtung aus einem Mitarbeiterbeteiligungsplan widmen will.

Die Rückkäufe eigener Beteiligungsrechte folgen der ordentlichen umsatzabgaberechtlichen Regelung; die Einzelkonti pro Wandel- oder Optionsanleihe qualifizieren als Anlagebestand. Die Umbuchung von Titeln vom Sammelkonto auf ein Einzelkonto stellt bei gewerbsmässigen Effektenhändlern folglich eine steuerbare Übertragung im Sinne von Art. 25a Abs. 5 der Verordnung vom 3. Dezember 1973 zum Bundesgesetz vom 27. Juni 1973 über die Stempelabgaben dar.

Die vorliegende Regelung wird von der ESTV ab 1. Juli 2000 angewandt. Die Gesellschaften haben bis zum 31. März 2001 Zeit, bereits zurückgekaufte eigene Beteiligungsrechte, welche den Verpflichtungen einer zukünftigen Wandel- oder Optionsanleihe dienen sollen, vom Handelsbestand auf das entsprechende Sammelkonto zu buchen.

<u>Beilage:</u>
- Schematische Darstellung

Gemäss Ziffer 3:

Es liegt nie ein ursprünglich kausaler Zusammenhang im Hinblick auf eine zukünfte Wandel- oder Optionsanleihe vor.
Die eigenen Beteiligungsrechte können nicht der Verpflichtung aus einer Wandel- oder Optionsanleihe gewidmet werden und kommen somit nie in den Genuss des Fristenstillstandes von Art. 4a Abs. 3 VStG

Gemäss Ziffer 2:

Potentielles Widmungssubstrat. Der ursprünglich kausale Zusammenhang wird angenommen und der Fristenstillstand gemäss Art. 4a Abs. 3 VStG tritt ein, wenn die eigenen Beteiligungsrechte

- beim Rückkauf auf dem separaten Sammelkonto verbucht werden
- spätestens im Zeitpunkt der Liberierung einer Anleihe en bloc von diesem Sammelkonto auf ein dieser Anleihe gewidmetes Einzelkonto umgebucht werden.

Gemäss Ziffer 1:

Der ursprünglich kausale Zusammenhang liegt vor.
Die auf Einzelkonten verbuchten eigenen Beteiligungsrechte kommen in den Genuss des Fristenstillstandes von Art. 4a Abs. 3 VStG.

Depot 1: Handelsbestand

→ Verkauf
← Kauf

Ausbuchung von Überbeständen ↓

Depot 2: Voraussichtlich zweckbestimmter Bestand

Eigene Beteiligungsrechte, welche im Hinblick auf zukünftige Wandel- oder Optionsanleihen zurückgekauft werden (= Sammelkonto).

← Nur Zukauf

Ausbuchung von Überbeständen ↓

Definitive Widmung: En bloc-Überführung auf ein Einzelkonto pro Anleihe

Depot 3: Definitiv zweckbestimmter Bestand

Eigene Beteiligungsrechte zur Erfüllung von Verpflichtungen aus begebenen Wandel- oder Optionsanleihen (Einzelkonti).

← Kauf und Verkauf nur im Rahmen von Delta-Hedging

BÖRSE

Umsatzabgaberechtlich: **Handelsbestand**

Umsatzabgaberechtlich: **Handelsbestand**

Umsatzabgaberechtlich: **Anlagebestand**

Verdecktes Eigenkapital

Quelle: Eidg. Steuerverwaltung ESTV/HA Direkte Bundessteuer, Verrechnungssteuer, Stempelabgaben

Direkte Bundessteuer
Verrechnungssteuer

Bern, 10. Oktober 2024

Kreisschreiben Nr. 6a

Verdecktes Eigenkapital (Art. 65 DBG) bei Kapitalgesellschaften und Genossenschaften

1. Einleitung

Zwischen den Beteiligten einer Gesellschaft und der Gesellschaft selber können sowohl vertragsrechtliche als auch beteiligungsrechtliche Beziehungen bestehen. Das Zivilrecht wie auch das Steuerrecht gehen dabei von der Annahme aus, dass juristische Personen selbständige Rechtssubjekte darstellen. Dies führt zu einer steuerlichen Doppelbelastung von Gesellschaft und Anteilsinhaber, indem Gewinne bei der Gesellschaft als Ertrag und im Zeitpunkt der Ausschüttung beim Anteilsinhaber als Einkommen besteuert werden. Gewährt ein Anteilsinhaber der Gesellschaft ein Darlehen, stellen für ihn die daraus fliessenden Zinsen, gleich wie Dividendenausschüttungen, steuerbares Einkommen dar. Für die Gesellschaft indes qualifizieren die Darlehenszinsen grundsätzlich als geschäftsmässig begründeter Aufwand, die Dividenden dagegen als Gewinnverwendungen, die nicht abzugsfähig sind. Geschäftsmässig nicht begründete Aufwendungen sind bei der Gesellschaft aufzurechnen. Die Regeln über das verdeckte Eigenkapital dienen somit der steuerlichen Abgrenzung von Fremd- und Eigenkapital.

Das Kreisschreiben Nr. 6 der Eidgenössischen Steuerverwaltung (ESTV) vom 6. Juni 1997 zum verdeckten Eigenkapital bei Kapitalgesellschaften und Genossenschaften erfährt hiermit eine Aktualisierung. Die Ausführungen zur Kapitalsteuer wurden aufgrund des Bundesgesetzes vom 10. Oktober 1997 über die Reform der Unternehmensbesteuerung 1997 (AS 1998 669) entfernt. Zudem wurde das vorliegende Kreisschreiben mit der Rechtsprechung des Bundesgerichts ergänzt (vgl. Ziff. 2 hiernach). Im Weiteren wurde in der vorliegenden Aktualisierung ausdrücklich festgehalten, dass dieses Kreisschreiben auch für die Verrechnungssteuer gilt (vgl. Ziff. 3.2 hiernach).

2. Ermittlung des verdeckten Eigenkapitals zur Berechnung der aufzurechnenden Schuldzinsen

Für die Ermittlung des verdeckten Eigenkapitals von Kapitalgesellschaften und Genossenschaften ist grundsätzlich vom Verkehrswert der Aktiven auszugehen. Sofern keine höheren Verkehrswerte nachgewiesen sind, geht die Veranlagungsbehörde von den Buchwerten, bzw. Gewinnsteuerwerten aus. Massgebend sind die Verkehrswerte am Ende der Steuerperiode. Grossen Verkehrswert- oder Bestandesveränderungen innerhalb der Steuerperiode kann angemessen Rechnung getragen werden. Das verdeckte Eigenkapital ist nach Massgabe der Werte in Funktionalwährung zu ermitteln (vgl. auch Urteil des Bundesgerichts 2C_560/2014 und 2C_561/2014 vom 30.9.2015, E. 3.4.1).

Vom Verkehrswert sind in der Regel die folgenden Ansätze als Höchstbetrag der von der Gesellschaft aus eigener Kraft erhältlichen fremden Mittel zu betrachten:

Flüssige Mittel	100 %
Forderungen aus Lieferungen und Leistungen	85 %
Übrige kurzfristige Forderungen	85 %
Vorräte und nicht fakturierte Dienstleistungen	85 %
Aktive Rechnungsabgrenzungen	85 %
In- und ausländische Obligationen in Schweizer Franken	90 %
Ausländische Obligationen in Fremdwährung	80 %
Kotierte in- und ausländische Aktien	60 %
Übrige Aktien und GmbH-Anteile	50 %
Darlehen	85 %
Beteiligungen	70 %
Mobile Sachanlagen	50 %
Fabrikliegenschaften	70 %
Villen, Eigentumswohnungen, Ferienhäuser und Bauland	70 %
Übrige Liegenschaften	80 %
Andere immaterielle Anlagen	70 %

Für Finanzgesellschaften beträgt das maximal zulässige Fremdkapital in der Regel 6/7 der Bilanzsumme.

Soweit die ausgewiesenen Schulden das zulässige Fremdkapital übersteigen, ist verdecktes Eigenkapital anzunehmen. Wesentlich ist, dass nur derjenige Teil als verdeckt gilt, der direkt oder indirekt von Anteilsinhabern oder diesen nahestehenden Personen stammt. Wird das Fremdkapital von unabhängigen Dritten – ohne Sicherstellung durch den Anteilsinhaber oder diesem nahestehenden Personen – zur Verfügung gestellt, liegt kein verdecktes Eigenkapital vor.

Der Nachweis, dass die konkrete Finanzierung dem Drittvergleich standhält, bleibt vorbehalten.

3. Steuerliche Behandlung

3.1. Ermittlung der Aufrechnung für die Gewinnsteuer

Nach Artikel 65 des Bundesgesetzes vom 14. Dezember 1990 über die direkte Bundessteuer (DBG; SR 642.11) gehören zum steuerbaren Gewinn der Kapitalgesellschaften und Genossenschaften auch die Schuldzinsen, die auf jenen Teil des Fremdkapitals entfallen, dem wirtschaftlich die Bedeutung von Eigenkapital zukommt. Die auf das verdeckte Eigenkapital entfallenden Schuldzinsen sind daher dem ausgewiesenen Reingewinn hinzuzurechnen und gemäss Artikel 57 ff. DBG zu besteuern.

Werden Darlehen von Beteiligten oder diesen Nahestehenden zu einem Zinssatz zur Verfügung gestellt, der unter dem marktüblichen Zinsniveau liegt, wird vom gesamten Darlehenszins soviel als abzugsfähiger Aufwand anerkannt, als gemäss Rundschreiben der ESTV betreffend steuerlich anerkannte Zinssätze für Vorschüsse oder Darlehen in Schweizer Franken resp. in Fremdwährungen für die Berechnung der geldwerten Leistungen für das anerkannte Fremdkapital zulässig wäre. Nur der verbleibende Rest wird aufgerechnet.

3.2. Ermittlung der Aufrechnung für die Verrechnungssteuer

Die auf das verdeckte Eigenkapital entfallenden Schuldzinsen gemäss Ziffer 3.1 oben unterliegen als geldwerte Leistung gemäss Artikel 4 Absatz 1 Buchstabe b des Bundesgesetzes vom 13. Oktober 1965 über die Verrechnungssteuer (VStG; SR 642.21) in Verbindung mit Artikel 20 Absatz 1 der Verordnung vom 19. Dezember 1966 über die Verrechnungssteuer (VStV; SR 642.211) der Verrechnungssteuer.

3.3. Rückzahlung von verdecktem Eigenkapital

Die Rückzahlung von Fremdkapital, welches steuerlich als verdecktes Eigenkapital qualifiziert, stellt keine geldwerte Leistung der Kapitalgesellschaft oder Genossenschaft an ihren Anteilsinhaber oder diesen nahestehenden Personen dar und unterliegt daher weder der Verrechnungssteuer noch der Einkommenssteuer (Privatvermögen).

4. Inkrafttreten

Das vorliegende Kreisschreiben tritt mit seiner Publikation in Kraft und ersetzt das Kreisschreiben Nr. 6 vom 6. Juni 1997.

Einmalprämienversicherung

Quelle: Eidg. Steuerverwaltung ESTV/HA Direkte Bundessteuer

Direkte Bundessteuer **Steuerperiode 1995/96**

Bern, 30. Juni 1995

An die kantonalen Verwaltungen
für die direkte Bundessteuer

Kreisschreiben Nr. 24[1]

Kapitalversicherungen mit Einmalprämie

I. Allgemeines

Artikel 20 Absatz 1 Buchstabe a DBG ist vom Parlament, nach bewegter Vorgeschichte (vgl. dazu die entsprechende bundesrätliche Botschaft vom 1.3.1993, BBl 1993 I 1196) und nach langen Beratungen am 7. Oktober 1994 mit folgender Fassung verabschiedet worden:

Artikel 20 Absatz 1 Buchstabe a

1 Steuerbar sind die Erträge aus beweglichem Vermögen, insbesondere:

a. Zinsen aus Guthaben, einschliesslich ausbezahlter Erträge aus rückkaufsfähigen Kapitalversicherungen mit Einmalprämie im Erlebensfall oder bei Rückkauf, ausser wenn diese Kapitalversicherungen der Vorsorge dienen. Als der Vorsorge dienend gilt die Auszahlung der Versicherungsleistung ab dem vollendeten 60. Altersjahr des Versicherten aufgrund eines mindestens fünfjährigen Vertragsverhältnisses. In diesem Fall ist die Leistung steuerfrei.

Für Kapitalversicherungen, die vor dem 1. Januar 1994 abgeschlossen wurden, hat das Parlament mit Artikel 205a noch folgende Übergangsbestimmung gutgeheissen:

Art. 205a Altrechtliche Kapitalversicherungen mit Einmalprämie

Bei Kapitalversicherungen gemäss Artikel 20 Absatz 1 Buchstabe a, die vor dem 1. Januar 1994 abgeschlossen wurden, bleiben die Erträge steuerfrei, sofern bei Auszahlung das Vertragsverhältnis mindestens fünf Jahre gedauert oder der Versicherte das 60. Altersjahr vollendet hat.

---

1 Angepasst an das Bundesgesetz über die formelle Bereinigung der zeitlichen Bemessung der direkten Steuern bei den natürlichen Personen.vom 22. März 2013 (in Kraft seit 1. Januar 2014).

Beide Bestimmungen sind mit dem Bundesgesetz über die direkte Bundessteuer am 1. Januar 1995 in Kraft getreten.

Gegenstand dieses Kreisschreibens bildet die Erläuterung der beiden Gesetzesbestimmungen.

II. Artikel 20 Absatz 1 Buchstabe a

1. Rückkaufsfähige Kapitalversicherung

Kapitalversicherungen sind Lebensversicherungen mit einmaliger Leistung im Versicherungsfall. Dazu gehören die Todesfallversicherungen, die Erlebensfallversicherungen, die gemischten Versicherungen und die Versicherungen auf festen Termin. Eine Kapitalversicherung ist rückkaufsfähig, sofern sie kapitalbildend ist. Das ist der Fall, wenn der Eintritt des versicherten Ereignisses gewiss ist (Art. 90 Abs. 2 des Bundesgesetzes über den Versicherungsvertrag, VVG vom 02.04.1908; SR 221.229.1). Die gängigste unter den rückkaufsfähigen Kapitalversicherungen ist die klassische gemischte Versicherung.

Die Steuerbehörden können indessen für die steuerliche Beurteilung nicht allein auf die zivilrechtliche Qualifikation des VVG abstellen. Kapitalversicherungen, die von der Versicherungsaufsichtsbehörde als "rückkaufsfähige Lebensversicherung" zugelassen sind, erfüllen nicht automatisch die Voraussetzungen für eine steuerliche Privilegierung.

Bei rückkaufsfähigen Kapitalversicherungen, welche durch eine Einmalprämie finanziert werden, fehlt das typische Versicherungssparen, wurde doch der eigentliche Sparprozess schon vor der Bezahlung der Einmalprämie abgeschlossen. Im Vordergrund steht nicht der Versicherungsschutz, sondern vielmehr die Vermögensanlage. Die Erträge aus rückkaufsfähigen Kapitalversicherungen mit Einmalprämien sind im Erlebensfall sowie bei Rückkauf grundsätzlich steuerbar, soweit die Kapitalversicherung nicht der Vorsorge dient (Art. 20 Abs. 1 Bst. a DBG).

Nach den Bestimmungen von Artikel 20 Absatz 1 Buchstabe a DBG sind im Bereich der freien Selbstvorsorge (Säule 3b) künftig zwei Kategorien von Kapitalversicherungen mit Einmalprämien auseinanderzuhalten:

a) rückkaufsfähige Kapitalversicherungen mit Einmalprämie, die der Vorsorge dienen und deren Erträge bei der Auszahlung steuerfrei sind;

b) andere rückkaufsfähige Kapitalversicherungen mit Einmalprämie, die nicht der Vorsorge dienen und deren Erträge deshalb bei der Auszahlung besteuert werden.

1. a) Rückkaufsfähige Kapitalversicherungen mit Einmalprämie, die der Vorsorge dienen

Aufgrund von Artikel 111 Absatz 1 der Bundesverfassung ist die Selbstvorsorge in das Dreisäulenkonzept unserer Alters-, Hinterbliebenen- und Invalidenvorsorge eingebunden. Die Funktion der Selbstvorsorge besteht darin, die Leistungen der ersten beiden Säulen sinnvoll zu ergänzen. Eine steuerliche Privilegierung der rückkaufsfähigen Kapitalversicherung ist somit gestützt auf Artikel 34quater Absatz 6 der Bundesverfassung nur im Rahmen der Vorsorge gemäss Artikel 34quater Absatz 1 BV zulässig. Mit Artikel 20 Absatz 1 Buchstabe a DBG wollte der Gesetzgeber einzig jene Kapitalversicherungen steuerlich privilegieren, die als derart verstandene Vorsorge ausgestaltet sind. Dies setzt voraus, dass die Auszahlung der Versicherungsleistung nach dem vollendeten 60. Altersjahr des Versicherten erfolgt und das Vertragsverhältnis mindestens fünf Jahre gedauert hat. Sind diese Bedingungen (kumulativ) erfüllt, ist eine Auszahlung der Versicherungsleistung im Erlebensfall oder bei Rückkauf stets steuerfrei.

Um im weiteren die Kapitalversicherung mit Einmalprämie von einer Vermögensanlage abzugrenzen, muss die Kapitalversicherung einen angemessenen Versicherungsschutz für den Erlebensfall sowie für den Fall des vorherigen Ablebens des Versicherten garantieren. Die Höhe dieses Versicherungsschutzes darf nicht beliebig niedrig angesetzt werden.

1. b) Kapitalversicherungen mit Einmalprämie, die nicht der Vorsorge dienen

Als rückkaufsfähige Kapitalversicherungen, finanziert mit Einmalprämie, werden auf dem Markt unter anderem angeboten:

- ### Erlebensfallversicherungen mit Rückgewähr

Die versicherte Summe (Alterskapital) wird einzig ausbezahlt, wenn der Versicherte einen zum voraus bestimmten Zeitpunkt erlebt. Bei seinem vorherigen Tod werden die bis zum Todestag bezahlten (Einmal-) Prämien zurückerstattet; eine Versicherungsleistung (Todesfallsumme) wird dagegen nicht garantiert. Der Versicherer trägt somit kein Todesfallrisiko (vgl. Ziff. 1.a Abs. 2).

Hinzu kommt, dass gewisse Versicherungsgesellschaften bei vorherigem Ableben des Versicherten nicht bloss die Einmalprämie zurückerstatten, sondern zusätzlich noch allfällige Überschussanteile ausbezahlen. Hier handelt es sich nicht mehr um eine echte Versicherungsleistung.

- ### Versicherungen auf festen Termin (terme fixe)

Der Versicherer verpflichtet sich, die Versicherungssumme an einem bestimmten Termin zu bezahlen, gleichgültig, ob die versicherte Person noch lebt oder nicht. Da beim Todesfall der versicherten Person keine Leistung fällig wird und die Prämie für die gesamte Vertragsdauer vorausbezahlt ist, hat der Versicherer kein Todesfallrisiko zu tragen (anders als bei der Finanzierung mit periodischer Prämie; vgl. auch Ziff. 1.a Abs. 2).

- Versicherungen ohne feste Vertragsdauer (sog. Open end-Versicherungen)

  Der Versicherungsvertrag dieser rückkaufsfähigen Kapitalversicherung sieht bei Ablauf, d.h. bei Erreichen des Terminalters, die Möglichkeit einer wiederholten Vertragsverlängerung vor. Nach Eintritt der ersten Fälligkeit handelt es sich grundsätzlich um ein Stehenlassen bzw. um eine jährliche Reinvestition des verfügbaren Alterskapitals. Andererseits könnte man darin auch einen Neuabschluss (mit einem neuen Vertragsablauf) erblicken.

Diese und ähnliche Kapitalversicherungen laufen auf verkappte Anlagegeschäfte hinaus, denn im Vordergrund steht nicht der Versicherungsschutz, sondern vielmehr die Vermögensanlage. Solche Kapitalversicherungen mit Einmalprämie werden entsprechend dem allgemeinen Grundsatz von Artikel 20 Absatz 1 Buchstabe a DBG bei der Auszahlung der Erträge besteuert; die Leistungen aus solchen Versicherungen können somit nicht als steuerfreie Versicherungsleistungen im Sinne von Artikel 24 lit. b DBG betrachtet werden.

2. Versicherte Person

Der Gesetzgeber wollte mit Artikel 20 Absatz 1 Buchstabe a DBG die Selbstvorsorge steuerlich privilegieren. Daraus folgt, dass der Versicherungsnehmer zugleich versicherte Person sein muss. Ebenso hat die versicherte Person Versicherungsnehmer zu sein.

Eine Versicherung auf zwei Leben ist einzig bei Ehegatten zulässig, soweit diese gemeinsam veranlagt werden. Diesfalls muss nur eine der versicherten Personen Versicherungsnehmer sein. Die Voraussetzung, wonach eine Auszahlung nicht vor Vollendung des 60. Altersjahres erfolgen darf, ist dabei von beiden Ehegatten zu erfüllen.

3. Einmalprämie

Hinsichtlich der Finanzierung einer Lebensversicherung ist zu unterscheiden zwischen periodischer Prämienzahlung (i.d.R. Jahresprämien) und der Bezahlung einer Einmalprämie. Eine solche Einmalprämie liegt jedoch nicht nur dann vor, wenn sie einmalig beim Abschluss der Versicherung bezahlt wird. Als Einmalprämien sind auch solche Einlagen zu betrachten, die während der Vertragsdauer geleistet werden und nicht eindeutig periodischen, planmässigen Prämien entsprechen. Solche Einmalprämien sind vor allem bei flexiblen Versicherungsprodukten anzutreffen.

Die Abgrenzung kann in der Praxis wie folgt vorgenommen werden: Wenn der Versicherungsvertrag nicht von Anfang an über die ganze Vertragsdauer auf eine periodische, planmässige Prämienzahlung ausgelegt ist, ist eine Kapitalversicherung mit Einmalprämie anzunehmen. Das bedeutet, dass in solchen Fällen die steuerliche Freistellung der entsprechenden Erträge stets an die Bedingungen von Artikel 20 Absatz 1 Buchstabe a DBG geknüpft ist.

4. Besteuerung der Erträge

Die Erträge aus rückkaufsfähigen Kapitalversicherungen mit Einmalprämie, die steuerlich nicht privilegiert sind, werden im Erlebensfall oder bei Rückkauf zusammen mit dem übrigen Einkommen besteuert. Als Vermögensertrag erfasst wird in diesen Fällen die Differenz zwischen der vom Versicherungsnehmer einbezahlten Einmalprämie und der ausbezahlten Versicherungsleistung (inkl. der

Überschussanteile). Eine Besteuerung zum Rentensatz gemäss Artikel 37 DBG oder gar eine getrennte Besteuerung als Kapitalleistung aus Vorsorge nach Artikel 38 DBG ist nicht möglich. Die ausgerichteten Überschussanteile sind im Zeitpunkt ihrer Realisierung als steuerbares Einkommen zu erfassen.

5. Steuerumgehung

Die Regeln, wie sie für die Annahme einer Steuerumgehung bei Kapitalversicherungen mit Einmalprämie vom Bundesgericht entwickelt worden sind - namentlich im Zusammenhang mit einer darlehensweisen Finanzierung der Einmalprämie - gelten auch unter dem Recht des DBG.

Danach ist die Fremdfinanzierung insbesondere dann als ein absonderliches Vorgehen zum Zweck der Steuerumgehung zu betrachten, wenn die Vermögens- und Einkommensverhältnisse der steuerpflichtigen Person die Fremdfinanzierung der Kapitalversicherung mit Einmalprämie nicht erlauben und daher die Versicherungspolice vielfach faktisch die einzige Garantie für den aufgenommenen Kredit darstellt. Unter solchen Umständen ist das Darlehen steuerlich nicht zu anerkennen und dementsprechend der Abzug der geltend gemachten Schuldzinsen zu verweigern (vgl. z.B. BGE in ASA 44, 360; 50, 624; 55, 129).

III. Artikel 205a DBG

Im Hinblick auf den Auslegungsstreit um die frühere Fassung von Artikel 20 Absatz 1 Buchstabe a DBG und die damit verbundene Unsicherheit für die Steuerpflichtigen hat der Gesetzgeber mit der Bestimmung von Artikel 205a DBG eine grosszügige Uebergangsregelung geschaffen: Danach genügt bei Versicherungsverhältnissen, die vor dem 1. Januar 1994 abgeschlossen wurden, für die steuerliche Freistellung der Erträge schon eine der sonst kumulativ erforderlichen Voraussetzungen, nämlich entweder die minimale fünfjährige Vertragsdauer <u>oder</u> das vollendete 60. Altersjahr des Versicherten.

IV. Aufhebung früherer Kreisschreiben

Das Kreisschreiben der Eidg. Steuerverwaltung vom 21. Juni 1982 betreffend Kapitalversicherungen mit Einmalprämie (wiedergegeben in ASA 51, 85) wird aufgehoben.

V. Auskunftsstelle

Fragen zur steuerlichen Behandlung von Lebensversicherungsprodukten sind an die Eidg. Steuerverwaltung (Sektion Meldewesen, Eigerstrasse 65, 3003 Bern, Tel. 031/322 71 55 /71 15) zu richten.

Der Hauptabteilungschef

Samuel Tanner

Auskunftspflicht

Quelle: Eidg. Steuerverwaltung ESTV/HA Direkte Bundessteuer

```
Direkte Bundessteuer           Steuerperiode 1995/96

                                    Bern, 7. März 1995

                               An die kantonalen Verwaltungen
                               für die direkte Bundessteuer
```

Kreisschreiben Nr. 19

Auskunfts-, Bescheinigungs- und Meldepflicht im DBG

Einleitung

Im Bundesgesetz über die direkte Bundessteuer (DBG) vom 14. Dezember 1990 sind in mehreren Artikeln die Auskunfts-, Bescheinigungs- und Meldepflichten niedergelegt. Diese dienen dem Vollzug des Gesetzes. Teilweise ergeben sich entsprechende Pflichten auch aus der Gesetzgebung zur beruflichen Vorsorge.

Das vorliegende Kreisschreiben soll einen Überblick über diese Pflichten vermitteln, um die Anwendung und den Vollzug der gesetzlichen Vorschriften in der Praxis zu erleichtern.

A. Auskunftspflicht

1. Auskunftspflicht unter Steuerbehörden im Rahmen der Amtshilfe (Art. 111 DBG)

Gemäss Artikel 111 Absatz 1 DBG unterstützen sich die mit dem Vollzug des DBG betrauten Behörden gegenseitig bei der Erfüllung ihrer Aufgaben. Sie erteilen den Steuerbehörden des Bundes, der Kantone, Bezirke, Kreise und Gemeinden die notwendigen Auskünfte kostenlos und gewähren ihnen auf Verlangen Einsicht in die amtlichen Akten (vgl. Richtlinien für das interkantonale Meldewesen, erlassen von der Konferenz staatlicher Steuerbeamter vom 1.10.1992 in ASA 62, 542 ff.).

2. Auskunftspflicht anderer Behörden im Rahmen der Amtshilfe (Art. 112 DBG)

a) Die Behörden des Bundes, der Kantone, Bezirke, Kreise und Gemeinden sind gehalten, den mit dem Vollzug des DBG betrauten Behörden auf deren Ersuchen hin kostenlos alle erforderlichen Auskünfte zu erteilen. Zur Auskunft verpflichtete Behörden sind nicht nur sämtliche Verwaltungsbehörden (z.b. Grundbuch- und Handelsregisterämter, AHV-Behörden, Einwohnerkontrollen und Fremdenpolizeibehörden, Zentralverwaltung des Bundes, Alkoholverwaltung etc.), sondern auch sämtliche Gerichtsbehörden. Die gleiche Pflicht zur Amtshilfe haben gemäss Artikel 112 Absatz 2 DBG die Organe von Körperschaften und Anstalten, soweit sie Aufgaben der öffentlichen Verwaltung wahrnehmen (z.b. PTT, SBB, Nationalfonds etc.). Gemäss Artikel 112 Absatz 3 DBG sind von dieser Auskunfts- und Mitteilungspflicht ausgenommen die Organe der PTT-Betriebe und der öffentlichen Kreditinstitute für Tatsachen, die einer besonderen gesetzlichen Geheimhaltung unterstehen.

Datenschutzaspekte dürfen die Tatsachenermittlung der Steuerbehörden beim Vollzug des Steuergesetzes nicht beeinträchtigen, ausser der Steuerpflichtige habe einer Behörde aufgrund eines besonderen Vertrauensverhältnisses Tatsachen offenbart, deren Weiterleitung an die Steuerbehörden durch das öffentliche Interesse nicht hinreichend begründet erscheint (Verwaltungspraxis der Bundesbehörden 1984 Nr. 26). Daten der Volkszählung dürfen z.b. für steuerliche Zwecke nur verwendet werden, soweit sie keine Rückschlüsse auf bestimmte Personen zulassen (Art. 3a BG über die eidg. Volkszählung vom 3.2.1860; Art. 23 ff. der Verordnung über die Eidg. Volkszählung 1990 vom 26.10.1988).

b) Zur Auskunft verpflichtet sind auch die Behörden der Militärversicherung. Gemäss Artikel 22 DBG sind alle Einkünfte aus Vorsorge steuerbar. Auch die Leistungen aus Militärversicherung (Art. 8 MVG) fallen grundsätzlich mit einigen wenigen Ausnahmen (wie Invaliden- und Hinterlassenenrenten, die vor dem 1.1.1994 zu laufen begannen; sowie Integritätsschadenrenten und Genugtuungsleistungen etc.) darunter (vgl. dazu Kreisschreiben Nr. 11, Besteuerung von Leistungen aus Militärversicherung vom 8.6.1994).

c) Die Amtshilfe der AHV-Behörden ist mit den Artikeln 112 und 203 DBG neu geregelt. Durch Artikel 203 DBG ist das AHV-Gesetz insoweit ergänzt worden, als die Schweigepflicht der AHV-Behörden nicht mehr gilt gegenüber Behörden, die mit dem Vollzug der Steuergesetze betraut sind und die um Auskünfte für die Anwendung dieser Gesetze ersuchen (AHVG Art. 50bis).

Die Auskünfte müssen sich nicht nur auf den Einzelfall beschränken, sondern es ist auch z.b. die Aushändigung von Listen denkbar. Das ergibt sich aus der Wendung "alle erforderlichen Auskünfte", wobei sich "erforderlich" auf den Vollzug dieses Gesetzes bezieht. Also sind den Steuerbehörden alle zum Vollzug des DBG erforderlichen Auskünfte zu erteilen (vgl. dazu auch die französischen und italienischen Texte). Daraus ergibt sich keine Beschränkung auf den Einzelfall. Eine besondere Begründung für die Auskunfterteilung an die Steuerbehörden ist weder im AHV-Gesetz noch im Gesetz über die direkte Bundessteuer (DBG) vorgesehen.

d) Von sämtlichen Verwaltungsbehörden und ihnen gleichgestellten Anstalten und Körperschaften kann ferner auch die Aushändigung von Listen aller im betreffenden Amt oder Betrieb beschäftigten Personen verlangt werden.

3. Auskunftspflicht bzw. Mitwirkungspflicht des Steuerpflichtigen (Art. 126 Abs. 2 und Abs. 3 DBG)

a) Der Steuerpflichtige ist nicht nur gehalten, der Veranlagungsbehörde eine vollständige Steuererklärung einzureichen (Art. 124 Abs. 2 DBG); er hat ausserdem auf Verlangen der Veranlagungsbehörde mündlich oder schriftlich Auskunft zu erteilen (Art. 126 Abs. 2 DBG) und Bescheinigungen vorzulegen. Die Veranlagungsbehörde kann - wenn die Bescheinigung nicht eingereicht wird - diese vom Dritten selbst einfordern (Art. 127 Abs. 2 DBG).

Die Auskunftspflicht bezieht sich selbstverständlich nur auf steuerrechtlich relevante Sachverhalte (z.B. Lohnausweis etc.). Tatsachen können nicht nur dann als steuerlich relevant gelten, wenn sie direkt und unmittelbar das Recht auf die Bezahlung einer Geldsumme im Rahmen eines Rechtsgeschäftes verkörpern. Sie sind auch dann steuerlich relevant, wenn sie zur steuerrechtlichen Qualifizierung eines Sachverhaltes notwendig sind.

b) In eigener Sache gibt es kein Berufsgeheimnis. Das bedeutet aber nicht, dass die nach Gesetz (Art. 321 Strafgesetzbuch oder Art. 47 Bankengesetz) zur Geheimhaltung Verpflichteten (z.B. Arzt, Anwalt oder Bank) zur Auskunft über Tatsachen verhalten werden können, die sie geheimzuhalten haben.

Es sind die beiden Rechtsgüter, d.h. das Interesse des Staates an einer gerechten Besteuerung mit dem Recht und der Pflicht dieser Berufsgruppen auf Geheimhaltung, im Einzelfall gegeneinander abzuwägen. Ein allfälliger Eingriff zur steuerlichen Feststellung der wirtschaftlichen Verhältnisse des Geheimnisträgers hat dabei stets verhältnismässig und zumutbar zu sein.

Der Name des Klienten und das Bestehen eines Mandatverhältnisses sind bei einem Rechtsanwalt nicht unter allen Umständen geheimhaltungspflichtige Tatsachen. Die Einreichung einer schriftlichen Aufstellung mit Rechnungsbetrag, Rechnungsdatum und Initialen des Klienten an die Steuerbehörde bildet in der Regel keine Geheimnisoffenbarung (Aufsichtskommission des Kantons Zürich über Rechtsanwälte in SJZ 1980, 76. Jg., S. 247). Der Anwalt, der sich weigert, selbst dies bekannt zu geben, kann zwar nicht wegen Verletzung der Auskunftspflicht gemäss Artikel 174 Absatz 1 Buchstabe b DBG gebüsst werden. Er muss jedoch die Folgen dieser Verweigerung auf sich nehmen und sich eine ermessensweise Höhereinschätzung seines steuerbaren Einkommens gefallen lassen.

Die gerichtliche und rechtsberatende Tätigkeit gehören zur Anwaltstätigkeit im engeren Sinne, die unter dem Schutz des Anwaltsgeheimnisses steht. Unter die Geheimhaltungspflicht fällt jedoch nicht, was den Kanzleibetrieb des Anwalts betrifft (berufliche Aufwendungen für Miete, Löhne, Versicherungen, Materialkosten, Reisespesen usw.). Ebenso entfällt die Geheimhaltungspflicht für Tätigkeiten ausserhalb der Advokatur, so die Zugehörigkeit zum Verwaltungsrat oder zur Kontrollstelle einer AG oder die Betätigung als Vermögensverwalter.

c) Bei der Erfüllung der Auskunftspflicht kann sich der Steuerpflichtige nicht auf das Bankgeheimnis berufen. Er hat die verlangten Bankbescheinigungen (u.a. Vollständigkeitsbescheinigungen) zu beschaffen und vorzulegen (Bernische Verwaltungsrechtsprechung 1986, S. 433). Über die Auskunftspflicht der Banken hat die schweizerische Bankiervereinigung mit Zirkular vom 11. Oktober 1988 eine Darstellung herausgegeben (vgl. Rechtsbuch der schweiz. Bundessteuern Bd. 7, II A d 164; vgl. auch Bescheinigungspflicht Dritter, S. 5, letzter Absatz).

d) Der Datenschutz darf den Vollzug des Steuergesetzes - mithin eine gesetzmässige Besteuerung - nicht beeinträchtigen. Das Recht der Persönlichkeit auf informationelle Selbstbestimmung kann nicht schrankenlos sein. Im Konflikt Individuum - Gesellschaft hat der Einzelne Einschränkungen seiner Rechte im überwiegenden Allgemeininteresse hinzunehmen.

e) Über die verfahrensrechtliche Stellung der Ehegatten gibt Artikel 113 DBG Auskunft. Gemäss Absatz 1 dieser Bestimmung üben die in rechtlich und tatsächlich ungetrennter Ehe lebenden Ehegatten die ihnen nach DBG zukommenden Verfahrenspflichten gemeinsam aus. Mit der Beseitigung der Steuersubstitution erhält die Ehefrau somit sämtliche Verfahrensrechte und Verfahrenspflichten (vgl. Kreisschreiben Nr. 14, Steuerperiode 1995/96, vom 29.7.1994).

4. Die Auskunftspflicht Dritter (Art. 128 DBG)

Die Auskunftserteilung Dritter an die Steuerbehörden ist im Gesetz eng umschrieben. Es besteht somit diesbezüglich keine generelle Auskunftspflicht von Drittpersonen. Diese Auskunftspflicht dient vor allem dazu, den Steuerverwaltungen die Kontrolle bzw. Ergänzung nicht vollständiger Steuererklärungen zu erleichtern.

Als auskunftspflichtige Personen werden vom Gesetz folgende Personen aufgeführt:

- Gesellschafter
- Miteigentümer
- Gesamteigentümer

Die Auskunftspflicht Dritter nach Artikel 128 DBG besteht direkt gegenüber den Steuerbehörden. Voraussetzung für diese Auskunftspflicht ist das Vorliegen eines Rechtsverhältnisses zum Steuerpflichtigen. Angaben gesellschaftsrechtlicher und vermögensrechtlicher Art sind auf Verlangen insbesondere zu machen über:

- Anteile, Ansprüche und Bezüge.

5. Die Auskunftspflicht des Steuerpflichtigen und des Schuldners bei der Quellensteuer (Art. 136 DBG)

Gemäss Artikel 136 DBG haben sowohl der Steuerpflichtige als auch der Schuldner der steuerbaren Leistung (Arbeitgeber, Versicherer etc.) den Veranlagungsbehörden auf Verlangen über die für die Erhebung der Quellensteuer massgebenden Verhältnisse mündlich oder schriftlich Auskunft zu erteilen. Dabei gelten die Artikel 123-129 (Pflichten des Steuerpflichtigen, Bescheinigungspflicht Dritter, Auskunftspflicht Dritter und Meldepflicht Dritter) sinngemäss.

B. Bescheinigungspflicht

1. Bescheinigungspflicht der Steuerbehörden

a) Bei Löschung einer juristischen Person im Handelsregister (Art. 171 DBG)

Eine juristische Person darf im Handelsregister erst dann gelöscht werden, wenn die kantonale Verwaltung für die direkte Bundessteuer dem Handelsregisteramt angezeigt hat, dass die geschuldete Steuer bezahlt oder sichergestellt ist.

b) Bei Eintrag ins Grundbuch, wenn der Veräusserer (natürliche oder juristische Person) ausschliesslich aufgrund von Grundbesitz in der Schweiz steuerpflichtig ist (Art. 172 DBG).

Auch diese Bescheinigungspflicht dient der Steuersicherung. Veräussert eine in der Schweiz ausschliesslich wegen Grundbesitzes (Art. 4 Abs. 1 Bst. c und Art. 51 Abs. 1 Bst. c DBG) steuerpflichtige natürliche oder juristische Person ein in der Schweiz gelegenes Grundstück, so darf der Erwerber im Grundbuch nur mit schriftlicher Zustimmung der kantonalen Verwaltung für die direkte Bundessteuer als Eigentümer eingetragen werden.

2. Bescheinigungspflicht Dritter (Art. 127 DBG)

Diese Pflicht beinhaltet eine von einem Dritten stammende schriftliche Auskunft an den Steuerpflichtigen. Reicht der Pflichtige trotz Mahnung die nötige Bescheinigung nicht ein, so kann sie die Veranlagungsbehörde direkt vom Dritten einfordern, wobei das gesetzlich geschützte Berufsgeheimnis vorbehalten bleibt. Jede Bescheinigung ist zu unterzeichnen, wobei im Briefkopf die genaue Adresse des Unterzeichnenden bzw. seiner Firma angegeben sein muss, ansonsten der Urheber unbekannt bleibt und die Steuerbehörde nicht davon ausgehen kann, dass die Bescheinigung tatsächlich vom Dritten ausgestellt wurde. Bezüglich der Unterzeichnung werden jedoch gewisse Ausnahmen zugelassen, wenn die Umstände es rechtfertigen. Über EDV-Anlagen erstellte Bescheinigungen (z.B. Lohnausweise) bedürfen keiner Unterschrift mehr. Diese Ausnahme ist bei Massengeschäften berechtigt, sofern der Aussteller trotz fehlender eigenhändiger Unterschrift eindeutig als Urheber der Bescheinigung und ihres Inhalts erkennbar und nachweisbar ist (vgl. Erläuterungen zum dreisprachigen Lohnausweisformular der ESTV, Ausgabe 1991, Randziffer 5, S. 2).

Gemäss Artikel 127 DBG sind zur Ausstellung schriftlicher Bescheinigungen gegenüber dem Steuerpflichtigen verpflichtet:

a) Arbeitgeber über die Leistungen an Arbeitnehmer (z.B. Lohnausweis),

b) Gläubiger und Schuldner über Bestand, Höhe, Verzinsung und Sicherstellung von Forderungen,

c) Versicherer über den Rückkaufswert von Versicherungen und über die aus dem Versicherungsverhältnis ausbezahlten oder geschuldeten Leistungen, soweit nicht eine Meldepflicht nach Verrechnungssteuergesetz besteht,

d) Treuhänder, Vermögensverwalter, Pfandgläubiger, Beauftragte und andere Personen, die Vermögen des Steuerpflichtigen in Besitz oder in Verwaltung haben oder hatten, über dieses Vermögen und seine Erträgnisse,

e) Personen, die mit dem Steuerpflichtigen Geschäfte tätigen oder getätigt haben, über die beiderseitigen Ansprüche und Leistungen.

Nach Artikel 81 Absatz 3 BVG und Artikel 8 BVV 3 haben ferner Arbeitgeber, Vorsorgeeinrichtungen und Bankstiftungen dem Steuerpflichtigen die im Rahmen der beruflichen Vorsorge sowie der gebundenen Selbstvorsorge erbrachten Beiträge zu bescheinigen.

Mit Rundschreiben der Eidg. Steuerverwaltung vom 11. Februar 1993 ist das Formular 13b "Vollständigkeitsbescheinigung" für Banken und professionelle Vermögensverwalter eingeführt worden. Die Steuerbehörde hat nicht nur das Recht, sondern auch die Pflicht, vom Steuerpflichtigen unter gewissen Umständen eine Vollständigkeitsbescheinigung zu verlangen (BGE vom 7.7.1994, wird publiziert). Die im erwähnten Rundschreiben und Bundesgerichtsentscheid angestellten rechtlichen Überlegungen gelten auch unter dem Regime des DBG.

Die Vollständigkeitsbescheinigung als subsidiäres Zwangsmittel bezweckt, dass die betreffende Bank sämtliche Rechtsgeschäfte mit dem Steuerpflichtigen während eines bestimmten Zeitraumes lückenlos auflistet (vgl. Zirkular Nr. 6743 der Schweizerischen Bankiervereinigung an die Mitglieder vom 19.5.1993 betreffend die Vollständigkeitsbescheinigungen der Banken in Rechtsbuch der schweizerischen Bundessteuern, Bd. 7, II A d 218). Die Steuerbehörden sind aber nicht berechtigt, die Vollständigkeitsbescheinigung direkt von der betreffenden Bank einzufordern (vgl. Ziff. 7 des Rundschreibens vom 11.2.1993).

3. Die Bescheinigungspflicht des Schuldners der steuerbaren Leistung bei der Quellensteuer (Art. 100 Abs. 1 Bst. b und c DBG)

Gemäss Artikel 100 Absatz 1 Buchstabe b hat der Schuldner der steuerbaren Leistung dem Steuerpflichtigen eine Aufstellung oder eine Bestätigung über den Quellensteuerabzug auszustellen. Ferner hat er gemäss Buchstaben c periodisch die Quellensteuer abzuliefern und mit der zuständigen Steuerbehörde abzurechnen und ihr zur Kontrolle der Steuererhebung auch Einblick in alle Unterlagen zu gewähren.

C. Meldepflicht

1. Die Meldepflicht der Behörden (Art. 122 DBG)

Die zuständigen Behörden der Kantone und Gemeinden übermitteln den mit dem Vollzug der direkten Bundessteuer betrauten Behörden die nötigen Angaben aus den Kontrollregistern, soweit sie für die Besteuerung von Bedeutung sind. Das sind etwa Auszüge aus dem Einwohnerregister, aus Grundbüchern etc.

2. Die Meldepflicht Dritter (Art. 129 DBG)

Die Meldepflicht gemäss Artikel 129 DBG versteht sich als eine spezielle Bescheinigungspflicht ohne amtliche Aufforderung direkt zuhanden der Veranlagungsbehörden. Dieser Meldepflicht zuhanden der Veranlagungsbehörden unterliegen folgende Personen und Rechtsgemeinschaften:

- juristische Personen
- Stiftungen
- Einrichtungen der beruflichen Vorsorge und der gebundenen Selbstvorsorge
- einfache Gesellschaften und Personengesellschaften

Diese juristischen Personen und Rechtsgemeinschaften haben für jede Steuerperiode den Veranlagungsbehörden spontan Bescheinigungen über die in Artikel 129 DBG erwähnten Leistungen einzureichen. Die einfache Gesellschaft und die Personengesellschaft können ihre Meldepflicht entsprechend der bisherigen Praxis beibehalten. Jedem Steuerpflichtigen ist jedoch ein Doppel dieser Bescheinigung (bzw. Meldung) zuzustellen.

Ausgenommen von dieser Meldepflicht gegenüber den Veranlagungsbehörden sind Einrichtungen der beruflichen Vorsorge und der gebundenen Selbstvorsorge, soweit die ausgerichteten Leistungen gemäss Verrechnungssteuergesetz bereits der Eidg. Steuerverwaltung gemeldet wurden.

Die Anlagefonds, welche über direkten Grundbesitz verfügen, müssen für jede Steuerperiode eine Bescheinigung über alle Verhältnisse einreichen, die für die Besteuerung des direkten Grundbesitzes und dessen Erträge massgeblich sind (Art. 129 Abs. 3 DBG). Diese Angaben dienen einerseits der Besteuerung der Anlagefonds selbst (Art. 49 Abs. 2 DBG), anderseits dienen sie auch der Besteuerung der Anteilsinhaber, soweit die Erträge die Einkünfte aus direktem Grundbesitz übersteigen (Art. 20 Bst. e DBG).

D. Die Mitwirkungs-, Auskunfts- und Bescheinigungspflicht der Erben, des gesetzlichen Erbenvertreters etc. im Inventarverfahren (Art. 157 ff. DBG)

Die Artikel 156-158 DBG handeln von den Verfahrenspflichten der Erben und Dritter (wie gesetzlicher Vertreter von Erben, Erbschaftsverwalter und Willensvollstrecker) bei Errichtung des Inventars über den Nachlass eines verstorbenen Steuer-pflichtigen (vgl. auch Verordnung über die Errichtung des Nachlassinventars für die direkte Bundessteuer vom 16.11.1994).

Die Auskunftspflicht der Erben ergibt sich aus der Steuernachfolge gemäss Artikel 12 DBG. Die Erben haben im Inventarverfahren über alle für die Feststellung der Steuerfaktoren des Erblassers massgebenden Verhältnisse der Inventarbehörde Aufschluss zu erteilen (Art. 157 Abs. 1 Bst. a DBG) und alle für die Feststellung des Vermögensstandes des Erblassers relevanten Beweismittel vorzuweisen (Art. 157 Abs. 1 Bst. b DBG). Eine Besonderheit des Inventarverfahrens ist es, dass die Erben auf Verlangen der Inventarbehörde sämtliche Räumlichkeiten und Behältnisse des Erblassers zu öffnen (Art. 157 Abs. 1 Bst. c DBG) und unter Umständen sogar Einsicht in ihre eigenen Räume und Behältnisse zu gewähren haben (Art. 157 Abs. 2). Erhält ein Erbe, ein gesetzlicher Vertreter von Erben, ein Erbschaftsverwalter oder ein Willensvollstrecker nach Aufnahme des Inventars Kenntnis von Gegenständen des Nachlasses, die nicht im Inventar verzeichnet sind, hat er diese innert 10 Tagen der Inventarbehörde zu melden (Art. 157 Abs. 3).

Die Auskunfts- und Bescheinigungspflicht Dritter im Inventarverfahren ist in Artikel 158 DBG geregelt. Personen, die Vermögenswerte des Erblassers verwahrt oder verwaltet haben oder die ihm etwas schulden, sind verpflichtet, jedem Erben zuhanden der Inventarbehörde alle damit zusammenhängenden Auskünfte auf Verlangen schriftlich zu erteilen (z.B. über Bestand und Höhe dieses Vermögens oder dieser Ansprüche; bzw. über Veränderungen, welche diese Vermögenswerte bis zum Ableben des Steuerpflichtigen erfahren haben; Art. 158 Abs. 1 DBG).

Mit der Bestimmung von Artikel 158 Absatz 2 DBG wird dem Dritten die Möglichkeit geboten, seinen Verpflichtungen im Inventarverfahren durch unmittelbare Auskunft an die Inventarbehörde Genüge zu leisten. Auch im Inventarverfahren kann gegebenenfalls von einer Bank, welche Werte des Erblassers in Verwahrung oder Verwaltung hat, eine Vollständigkeitsbescheinigung verlangt werden.

E. Bescheinigungs-, Auskunfts- und Meldepflicht gegenüber der Eidgenössischen Steuerverwaltung (ESTV)

- Die Amtshilfe der andern Behörden (Verwaltungs- und Gerichtsbehörden) erstreckt sich gemäss Artikel 112 DBG nach dem Gesetzeswortlaut ausdrücklich auf alle mit dem Vollzug des DBG betrauten Steuerbehörden (d.h. Veranlagungsbehörde, Kantonale Verwaltung für die direkte Bundessteuer und Eidgenössische Steuerverwaltung).

- Die Bescheinigungspflicht Dritter (Art. 127 DBG), die Auskunftspflicht Dritter (Art. 128 DBG), die Auskunftspflicht des Steuerpflichtigen (Art. 126. Abs. 2 DBG) und die Meldepflicht Dritter (Art. 129 DBG) sind gemäss Artikel 103 Absatz 1 Buchstabe c DBG ebenfalls gegenüber der Eidg. Steuerverwaltung zu erfüllen, sofern die ESTV im Einzelfall Untersuchungsmassnahmen selber durchführt.

F. Verhältnis zum Steuergeheimnis (Art. 110 DBG)

Die Geheimhaltungspflicht, auch Steuergeheimnis genannt, gilt als qualifiziertes Amtsgeheimnis (ASA 31, 147). Der Geheimhaltungspflicht bzw. Schweigepflicht unterliegen alle Mitglieder von Gerichtsbehörden und Steuerbeamten des Bundes, der Kantone und Gemeinden, die mit dem Vollzug der direkten Bundessteuer betraut sind.

Die Geheimhaltungspflicht erstreckt sich auf alle Daten, ohne dass diese ausdrücklich als geheim erklärt worden sind. Die Geheimhaltungspflicht bei der direkten Bundessteuer ist streng zu handhaben und gilt gegenüber allen andern nicht steuerlichen Verwaltungsbehörden und auch gegenüber Gerichten und Privatpersonen. Die Durchbrechung des Steuergeheimnisses bedarf gemäss Artikel 110 Absatz 2 DBG stets einer gesetzlichen Grundlage im Bundesrecht (Rechtfertigung). Es sei beispielsweise auf folgende Ausnahmen hingewiesen:

- gegenüber den AHV-Organen: Artikel 9 Absatz 4 und 93 AHVG, Artikel 23 und 27 AHVV

- gegenüber den mit der Festsetzung des Militärpflichtersatzes betrauten Behörden: Artikel 24 MPG, Artikel 30 MPV

- gegenüber den Bewilligungsbehörden über den Erwerb von Grundstücken durch Personen im Ausland: Artikel 24 BewG; Artikel 19 Absatz 1 Buchstabe c und Absatz 2 BewV (Ausführlich dazu: E. Känzig/U.R. Behnisch, Die direkte Bundessteuer, 2. Aufl., 3. Teil, 1992, S. 22 ff.).

Diese obgenannte Geheimhaltungspflicht und die entsprechenden bundesrechtlichen Rechtfertigungsgründe gelten nur im Rahmen des Bundesgesetzes über die direkte Bundessteuer und seiner Anwendung. Für die kantonalen Steuergesetze gelten andere Bestimmungen, wobei die Rechtfertigungsgründe zum Teil in den kantonalen Prozessrechten aufgeführt sind (z.B. Auskünfte an den Richter über die Einkommens- und Vermögensverhältnisse des Täters bei

Baubussen, bei Bussen im Bereich des Strassenverkehrs und bei Bussen aufgrund des Strafgesetzbuches).

G. Strafbestimmungen (Art. 174 DBG)

Wer gegen eine der vorgenannten Verfahrenspflichten - trotz Mahnung - vorsätzlich oder fahrlässig verstösst, d.h. insbesondere

a) die Steuererklärung oder die dazu verlangten Beilagen nicht einreicht,

b) eine Bescheinigungs-, Auskunfts- oder Meldepflicht nicht erfüllt,

c) Pflichten verletzt, die ihm als Erben oder Dritten im Inventarverfahren obliegen,

wird mit Busse bestraft (Art. 174 Abs. 1 DBG). Die Busse beträgt bis zu 1'000 Franken, in schweren Fällen oder bei Rückfall bis zu 10'000 Franken (Art. 174 Abs. 2 DBG).

Geht das Verhalten einer zur Auskunft, Bescheinigung oder Meldung verpflichteten Person über die blosse Verweigerung der Auskunfts-, Bescheinigungs- oder Meldepflicht hinaus, um dem Steuerpflichtigen bei einer Hinterziehung zu helfen, kann Teilnahme, insbesondere Gehilfenschaft an einer Steuerhinterziehung allenfalls sogar an einem Steuerbetrug vorliegen.

Der Hauptabteilungschef

Samuel Tanner
(Stv. Direktor)

Steuerbefreiung jP

Quelle: Eidg. Steuerverwaltung ESTV/HA Direkte Bundessteuer

Direkte Bundessteuer	Steuerperiode 1995/96

Bern, 8. Juli 1994

An die kantonalen Verwaltungen
für die direkte Bundessteuer

Kreisschreiben Nr. 12

Steuerbefreiung juristischer Personen, die öffentliche oder gemeinnützige Zwecke (Art. 56 Bst. g DBG) oder Kultuszwecke (Art. 56 Bst. h DBG) verfolgen; Abzugsfähigkeit von Zuwendungen (Art. 33 Abs. 1 Bst. i und Art. 59 Bst. c DBG)

I. Allgemeines

Die leitenden Prinzipien zur Steuerbefreiung, insbesondere zur Gemeinnützigkeit, hat das Bundesgericht in langjähriger Praxis zu Artikel 16 Ziffer 3 BdBSt entwickelt (vgl. BGE in ASA Bd. 19, S. 328; 57, S. 506; 59, S. 464). Diese Rechtsprechung findet - mit Ausnahme der ausdrücklich vorgenommenen Änderungen - grundsätzlich auch Anwendung auf das neue Recht.

II. Steuerbefreiung nach Artikel 56 Buchstabe g DBG (Verfolgung öffentlicher oder gemeinnütziger Zwecke)

1. Gesuch

Gemäss Artikel 56 Buchstabe g DBG sind juristische Personen, die öffentliche oder gemeinnützige Zwecke verfolgen, für den Gewinn und das Kapital, die ausschliesslich und unwiderruflich diesen Zwecken gewidmet sind, von der Steuerpflicht befreit. Die juristische Person, die eine Steuerbefreiung beansprucht, hat ein entsprechendes Gesuch einzureichen. Es ist dabei stets Sache der juristischen Person, die sich auf die Steuerbefreiung beruft, darzulegen, dass die Voraussetzungen, die der Gesetzgeber für die Gewährung der Steuerbefreiung verlangt, gegeben sind (BGE 92 I 253 ff.).

2. Allgemeine Voraussetzungen

Um von der Steuerpflicht befreit zu werden, müssen vorerst die folgenden Voraussetzungen kumulativ erfüllt sein:

a) Juristische Person

Es muss sich um juristische Personen handeln, wobei Stiftungen und Vereine naturgemäss im Vordergrund stehen. Aktiengesellschaften, die selbst einen gemeinnützigen Zweck verfolgen, haben statutarisch auf die Ausschüttung von Dividenden und Tantiemen zu verzichten.

b) Ausschliesslichkeit der Mittelverwendung

Die steuerbefreite Aktivität muss ausschliesslich auf die öffentliche Aufgabe oder das Wohl Dritter ausgerichtet sein. Die Zielsetzung der juristischen Person darf nicht mit Erwerbszwecken oder sonst eigenen Interessen der juristischen Person oder ihren Mitgliedern bzw. Gesellschaftern verknüpft sein. Verfolgt eine juristische Person neben ausschliesslich gemeinnützigen Zwecken auch andere Zwecke, kann unter Umständen eine teilweise Steuerbefreiung in Frage kommen (vgl. Ziff. 5).

c) Unwiderruflichkeit der Zweckbindung

Die der steuerbefreiten Zwecksetzung gewidmeten Mittel müssen unwiderruflich, das heisst für immer steuerbefreiten Zwecken verhaftet sein. Ein Rückfall an den oder die Stifter bzw. Gründer soll für immer ausgeschlossen sein. Bei Auflösung der betreffenden juristischen Person hat das Vermögen deshalb an eine andere steuerbefreite Körperschaft mit ähnlicher Zwecksetzung zu fallen, was durch eine entsprechende unabänderliche Bestimmung im Gründungsstatut festzuhalten ist.

d) Tatsächliche Tätigkeit

Zu den obgenannten Voraussetzungen muss auch die tatsächliche Verwirklichung der vorgegebenen Zwecksetzung kommen. Die blosse statutarische Proklamation einer steuerbefreiten Tätigkeit genügt nicht. Stiftungen, deren Hauptzweck die blosse Kapitalansammlung darstellt, indem sie aus Erträgen Rücklagen bilden, die in keinem vernünftigen Verhältnis mehr zu allfällig zukünftigen Aufgaben stehen (Thesaurus-Stiftungen) haben auch nach neuem Recht keinen Anspruch auf Steuerbefreiung.

3. Voraussetzungen bei juristischen Personen mit gemeinnütziger Zwecksetzung

a) Allgemeininteresse

Die Verfolgung des Allgemeininteresses ist grundlegend für eine Steuerbefreiung wegen Gemeinnützigkeit. So kann das Gemeinwohl gefördert werden durch Tätigkeiten in karitativen, humanitären, gesundheitsfördernden, ökologischen, erzieherischen, wissenschaftlichen und kulturellen Bereichen. Als das Gemeinwohl fördernd erscheinen beispielsweise die soziale Fürsorge, Kunst und Wissenschaft, Unterricht, die Förderung der Menschenrechte, Heimat-, Natur- und Tierschutz sowie die Entwicklungshilfe.

Ob eine bestimmte Tätigkeit im Interesse der Allgemeinheit liegt, beurteilt sich nach der jeweils massgebenden Volksauffassung. Wichtige Erkenntnisquellen bilden dazu die rechtsethischen Prinzipien, wie sie in der Bundesverfassung und in den schweizerischen Gesetzen und Präjudizien zum Ausdruck kommen. Nach Auffassung des Gesetzgebers ist das Allgemeininteresse unter dem DBG nicht mehr nur auf eine Tätigkeit in der Schweiz begrenzt, sondern es kann auch die weltweite Aktivität einer schweizerischen juristischen Person von der Steuerpflicht befreit werden, soweit deren Tätigkeit im Allgemeininteresse liegt und uneigennützig erfolgt. Die Zweckverwirklichung ist insbesondere in jenen Fällen, in denen die Tätigkeit ausserhalb der Schweiz entfaltet wird, mit geeigneten Unterlagen (Tätigkeitsberichte, Jahresrechnungen etc.) nachzuweisen.

Ein Allgemeininteresse wird regelmässig nur dann angenommen, wenn der Kreis der Destinatäre, denen die Förderung bzw. Unterstützung zukommt, grundsätzlich offen ist. Ein allzu enger Destinatärkreis (z.B. Begrenzung auf den Kreis einer Familie, die Mitglieder eines Vereins oder die Angehörigen eines bestimmten Berufes) schliesst eine Steuerbefreiung wegen Gemeinnützigkeit aus.

b) Uneigennützigkeit

Der Begriff der Gemeinnützigkeit umfasst neben dem objektiven Element des Allgemeininteresses auch das subjektive Element der Uneigennützigkeit, d.h. des altruistischen Handelns. Gemeinnützigkeit im steuerrechtlichen Sinne liegt jeweils nur vor, wenn die Tätigkeit nicht nur darauf angelegt ist, das Interesse der Allgemeinheit zu fördern, sondern wenn ihr auch der Gemeinsinn zugrunde liegt. Der Begriff der "ausschliesslichen Gemeinnützigkeit" setzt daher voraus, dass die Tätigkeit der juristischen Person einerseits im Interesse der Allgemeinheit liegt und andererseits auch uneigennützig ist, d.h. dass für den im Allgemeininteresse liegenden Zweck von Körperschaftsmitgliedern oder Dritten - unter Hintansetzung der eigenen Interessen - Opfer erbracht werden (BGE in ASA Bd. 19, S. 328 und Bd. 59, S. 468).

Zur Gewährung der Steuerfreiheit muss deshalb stets verlangt werden, dass keine eigenen Interessen verfolgt werden. Selbsthilfeeinrichtungen und Vereinigungen zur Pflege von Freizeitaktivitäten fehlt diese uneigennützige (altruistische) Zwecksetzung.

- Fehlen von Erwerbs- oder Selbsthilfezwecken

Voraussetzung für eine vollständige oder teilweise Steuerbefreiung wegen Gemeinnützigkeit ist weiter das Fehlen von Erwerbs- oder Selbsthilfezwecken.

Erwerbszwecke liegen vor, wenn eine juristische Person im wirtschaftlichen Konkurrenzkampf oder in wirtschaftlicher Monopolstellung mit dem Zweck der Gewinnerzielung Kapital und Arbeit einsetzt und dabei für ihre Leistungen insgesamt ein Entgelt fordert, wie es im Wirtschaftsleben üblicherweise bezahlt wird.

Nicht jede Erwerbstätigkeit führt indessen zu einer Verweigerung der Steuerbefreiung. Wo eine Erwerbstätigkeit besteht, darf sie allerdings nicht den eigentlichen Zweck der Institution bilden. Sie darf höchstens ein Mittel zum Zweck sein und auch nicht die einzige wirtschaftliche Grundlage der juristischen Person darstellen (BGE in ASA Bd. 19, S. 328). Unter Umständen ist eine wirtschaftliche Betätigung sogar unumgängliche Voraussetzung zur Erreichung des im Allgemeininteresse liegenden Zweckes. Ein Erziehungsheim erfordert beispielsweise einen Landwirtschaftsbetrieb und eine Lehrwerkstätte. Hält sich eine solche wirtschaftliche Betätigung in einem untergeordneten Rahmen zur altruistischen Tätigkeit, so schliesst sie eine Steuerbefreiung nicht aus.

c) Unternehmerische Zwecke und Holdingstiftungen (Unterordnung unter gemeinnützigen Zweck)

Das Gesetz hält ausdrücklich fest, dass unternehmerische Zwecke grundsätzlich nicht gemeinnützig sind. Reine Kapitalanlagen - auch wenn es sich um über 50 % liegende Beteiligungen an Unternehmen handelt - stehen der Steuerbefreiung nicht mehr entgegen, wenn damit keine Einflussnahme auf die Unternehmungsführung möglich ist. Das ist beispielsweise dann der Fall, wenn die Stimmrechte bei einem andern Rechtsträger liegen. Es darf somit über die Kapitalbeteiligung kein Einfluss auf die Geschäftstätigkeit der betreffenden Unternehmung ausgeübt werden. Das verlangt unter anderem eine klare organisatorische und personelle Trennung (d.h. Unabhängigkeit) von Stiftungsrat und Verwaltungsrat, wobei die Anwesenheit einer Verbindungsperson zugelassen wird.

Weiter wird vom Gesetz verlangt, dass bei wesentlichen Beteiligungen die Unternehmenserhaltung dem gemeinnützigen Zweck untergeordnet sein muss. Das setzt voraus, dass die Stiftung regelmässig mit ins Gewicht fallenden Zuwendungen der von ihr gehaltenen Unternehmung alimentiert wird und mit diesen Mitteln auch tatsächlich eine entsprechende altruistische im Allgemeininteresse liegende, d.h. gemeinnützige Tätigkeit ausgeübt wird.

4. Voraussetzungen bei juristischen Personen mit öffentlicher Zwecksetzung

In Artikel 56 Buchstabe g DBG sind die "öffentlichen Zwecke" neben den gemeinnützigen Zwecken aufgeführt. Schon daraus ergibt sich, dass es sich bei den öffentlichen Zwecken nur um eine begrenzte Kategorie von Aufgaben handeln kann, die - im Gegensatz zur Gemeinnützigkeit - eng an die Staatsaufgaben anzulehnen sind und grundsätzlich kein Opferbringen verlangen. Derartige Aufgaben können neben dem Gemeinwesen gelegentlich auch privatrechtlichen oder gemischtwirtschaftlichen juristischen Personen übertragen werden.

Dabei ist zu beachten, dass juristische Personen, die in erster Linie Erwerbs- oder Selbsthilfezwecke verfolgen, die Steuerbefreiung wegen der Verfolgung "öffentlicher Zwecke" grundsätzlich nicht gewährt werden kann, auch wenn sie zugleich öffentlichen Zwecken dienen.

Vorbehalten bleibt eine Steuerbefreiung (auch eine teil-weise), wenn eine solche juristische Person durch öffentlichrechtlichen Akt (z.B. Gesetz) mit der Erfüllung einer öffentlichen Aufgabe betraut wurde, bzw. das Gemeinwesen zumindest ein ausdrückliches Interesse an der betreffenden juristischen Person ausgedrückt hat, eine gewisse Aufsicht des Gemeinwesens vorgesehen ist und darüberhinaus die "ausschliessliche und unwiderrufliche" (dauernde) Widmung des Eigenkapitals für den öffentlichen Zweck in den Statuten stipuliert wird. Das heisst, dass die Eigenmittel der juristischen Person (mit Ausnahme des selbst aufgebrachten Aktienkapitals/Nominalwert) im Falle einer Auflösung der betreffenden juristischen Person stets an die öffentliche Hand oder eine steuerbefreite Institution mit gleicher oder ähnlicher Zwecksetzung zu fallen haben und keine (zumindest keine übermässigen) Dividenden ausgeschüttet werden.

Gemischtwirtschaftliche Unternehmen sind unter den gleichen obgenannten Voraussetzungen insoweit wegen der Verfolgung "öffentlicher Zwecke" teilweise steuerbefreit, als öffentliche Rechtsträger an ihnen beteiligt sind.

Keine öffentlichrechtlichen Akte im obgenannten Sinne sind Erlasse über Subventionierung oder die Erteilung einer Konzession. Die Erteilung einer Konzession bedeutet nicht die Übertragung einer öffentlichen Aufgabe, sondern lediglich die Bewilligung, eine vom Gemeinwesen überwachte Tätigkeit auszuüben (Neue Steuerpraxis 1992, S. 27).

Bei juristischen Personen ohne Erwerbs- oder Selbsthilfe-zwecke ist einzig notwendig, dass sie tatsächlich eine umfassende Tätigkeit zugunsten eines öffentlichen Zwecks (d.h. zugunsten einer eigentlichen Aufgabe des Gemeinwesens) ausüben und ihre finanziellen Mittel "ausschliesslich und unwiderruflich" ihrem statutarischen und tatsächlichen Zweck gewidmet sind und im Falle einer Liquidation der öffentlichen Hand oder einer steuerbefreiten Institution mit gleicher oder ähnlicher Zwecksetzung anheimfallen. Öffentlich sind dabei alle Zwecke eines Gemeinwesens, die in dessen ordentlichen Aufgabenkreis fallen. Gleichgültig ist, ob diese Aufgaben dem Gemeinwesen durch Gesetz ausdrücklich übertragen wurden oder nach allgemeiner Volksauffassung als Angelegenheiten des Gemeinwesens betrachtet werden (ASA Bd. 11, S. 346 und Bd. 56, S. 188).

Der Begriff des öffentlichen Zwecks ist restriktiv auszulegen und muss zumindest durch eine Stellungnahme des interessierten Gemeinwesens belegt sein, soll er nicht zu einem uferlosen Steuerbefreiungstatbestand verkommen. So verfolgt beispielsweise eine politische Partei primär keine öffentlichen Zwecke im Sinne dieses Gesetzes, sondern in erster Linie die Interessen ihrer Mitglieder und kann deshalb nicht befreit werden (D. Yersin; Le statut fiscal des partis politiques, ASA Bd. 58, S. 97 ff. und 107). Das gleiche gilt weitgehend auch für Vereinigungen mit ideeller Zwecksetzung aller Art und Sportvereine.

5. Teilweise Steuerbefreiung

Die Mittel der steuerbefreiten juristischen Person müssen ausschliesslich und unwiderruflich (vgl. oben II.2.) der Verfolgung des steuerbefreiten gemeinnützigen oder öffentlichen Zweckes gewidmet sein. Ist dies nur zum Teil möglich, kann allenfalls eine teilweise Steuerbefreiung in Betracht gezogen werden. Dabei hat aber auch in diesem Falle die steuerbefreite Tätigkeit ins Gewicht zu fallen. Voraussetzung ist ferner, dass die Mittel, für welche die Steuerbefreiung verlangt wird, rechnungsmässig klar vom übrigen Vermögen und Einkommen ausgeschieden sind. Juristische Personen, die neben öffentlichen auch Erwerbs- oder Selbsthilfezwecke verfolgen, sind - sofern eine teilweise Steuerbefreiung überhaupt in Frage kommt (vgl. oben Ziff. 4) - ebenfalls nur insoweit befreit, als ihre Mittel ausschliesslich und unwiderruflich öffentlichen Zwecken gewidmet sind.

III. Steuerbefreiung nach Artikel 56 Buchstabe h DBG (Verfolgung von Kultuszwecken)

1. Allgemeines

Die Kirchgemeinden sind nach Artikel 56 Buchstabe c DBG steuerbefreit.

Das DBG unterscheidet zwischen Kultuszwecken und Gemeinnützigkeit, indem die Kultuszwecke im Gegensatz zum alten Recht (BdBSt) in Artikel 56 Buchstabe h DBG selbständig aufgeführt sind. Der Kultuszweck ist somit nach neuem Recht ein selbständiger Befreiungsgrund, wobei jedoch die diesbezüglichen Mittel ausschliesslich und unwiderruflich diesem Zweck gewidmet sein müssen. Der Begriff "Kultuszwecke" entspricht dabei sinngemäss dem früheren Begriff in Artikel 16 Ziffer 3 BdBSt.

2. Eigentliche Kultuskörperschaften

Eine juristische Person (z.B. Verein) verfolgt dann steuerprivilegierte Kultuszwecke, wenn sie gesamtschweizerisch ein gemeinsames Glaubensbekenntnis, gleichgültig welcher Konfession oder Religion, in Lehre und Gottesdienst pflegt und fördert. Gesamtschweizerisch bedeutet in diesem Zusammenhang, dass nur solche juristischen Personen für die Steuerbefreiung wegen Kultuszwecken in Frage kommen, die sich einem Glaubensbekenntnis verschrieben haben, das gesamtschweizerisch von Bedeutung ist.

Auch die Herausgabe von Schriften hat Kultuscharakter, sofern sie auf die Glaubenserneuerung bzw. Glaubensförderung abzielen und nicht Erwerbszwecken dienen. Die Verfolgung von Erwerbszwecken - im Gegensatz zur blossen Vermögensverwaltung - ist Kultusorganisationen unter dem Aspekt der Steuerbefreiung nicht gestattet. Sie hat die Aufhebung der Steuerbefreiung zur Folge. So ist etwa der Betrieb eines Reisebüros durch eine Kultusgemeinschaft zum Besuch der biblischen Stätten mit der Steuerbefreiung nicht vereinbar.

3. Kultusähnliche Körperschaften

Juristische Personen, die nicht Kultuszwecke, sondern bestimmte wirtschaftliche, weltanschauliche, philosophische oder ideelle Aufgaben auf religiöser Grundlage erfüllen, geniessen keine Steuerfreiheit gemäss Artikel 56 Buchstabe h DBG.

4. Gemischte Zweckverfolgung

Die gemischte Zwecksetzung (teilweise gemeinnützige und teilweise Kultuszwecke) steht einer Steuerbefreiung an sich nicht entgegen. Im Hinblick auf die Abzugsfähigkeit von Zuwendungen ist jedoch bei gemischter Zwecksetzung für jeden dieser Zwecke regelmässig ein separater Rechtsträger zu schaffen.

IV. Abzugsfähigkeit von Zuwendungen

Die steuerliche Abzugsfähigkeit der Zuwendungen an juristische Personen, die wegen Verfolgung öffentlicher oder ausschliesslich gemeinnütziger Zwecke steuerbefreit sind, ist in den Artikeln 33 Absatz 1 Buchstabe i (für natürliche Personen) und 59 Buchstabe c DBG (für juristische Personen) geregelt. Zuwendungen an juristische Personen, die wegen Verfolgung von Kultuszwecken steuerbefreit sind, können steuerlich nicht in Abzug gebracht werden.

Aus dem Umstand allein, dass eine juristische Person von der Steuerpflicht befreit ist, kann daher kein Schluss mehr auf die Abzugsfähigkeit der Zuwendungen an diese juristische Person gezogen werden. Es muss dargetan werden, dass die Steuerbefreiung in ausschliesslich gemeinnütziger oder öffentlicher Zwecksetzung und nicht in Kultuszwecken ihren Grund hat.

1. Zuwendungen für öffentliche oder ausschliesslich gemeinnützige Zwecke

a) Zuwendungen von natürlichen Personen (Art. 33 Abs. 1 Bst. i DBG)

Alle natürlichen Personen können freiwillige Geldleistungen an juristische Personen mit Sitz in der Schweiz, die wegen der Verfolgung öffentlicher oder ausschliesslich gemeinnütziger Zwecke von der Steuerpflicht befreit sind (Art. 56 Bst. g DBG) in Abzug bringen. Dabei hat die Zuwendung im Steuerjahr mindestens 100 Franken zu erreichen und darf 10 % der um die Aufwendungen (Art. 26-33 DBG) verminderten steuerbaren Einkünfte nicht übersteigen. Statutarische Mitgliederbeiträge oder sonstige Zahlungen, auf die die juristische Person einen Anspruch hat, sind keine Zuwendungen in diesem Sinne.

b) Zuwendungen von juristischen Personen (Art. 59 Bst. c DBG)

In Abweichung zum bisherigen Recht (Art. 49 Abs. 2 BdBSt) ist nach dem neuen Recht die Abzugsfähigkeit von Zuwendungen an steuerbefreite juristische Personen mit Sitz in der Schweiz, die öffentliche oder ausschliesslich gemeinnützige Zwecke verfolgen, auf 10 % des Reingewinnes (vor Abzug dieser Zuwendungen) beschränkt worden. Die gemäss Artikel 59 Buchstabe c DBG zugelassenen Zuwendungen werden als geschäftsmässig begründeter Aufwand betrachtet.

2. Zuwendungen an eine juristische Person, die teilweise gemeinnützige bzw. öffentliche und teilweise Kultuszwecke bzw. nicht steuerbefreite Zwecke verfolgt

Für die einzelnen Zwecke müssen in der Regel getrennte Rechtsträger geschaffen oder dann ausnahmsweise mindestens klar getrennte Rechnungen mit eigenem Einzahlungskonto geführt werden. Der Spender, der den Abzug seiner Zuwendung an eine solche juristische Person geltend machen will, hat zu beweisen, dass die Zuwendung unmissverständlich auf das Konto des gemeinnützigen Teils geleistet wurde. Erbringt er diesen Beweis, so ist die Zuwendung im Umfang der gesetzlichen Regelung zum Abzug zuzulassen. Wird dieser Beweis nicht oder nicht genügend erbracht, so ist die Zuwendung nicht zum Abzug zuzulassen.

Der Hauptabteilungschef

S. Tanner
(Vizedirektor)

RS/M ESTV

Rundschreiben / Mitteilungen ESTV

Rundschreiben / Mitteilungen der Eidgenössischen Steuerverwaltung (ESTV)

Eigene Aktien	B114	Eigenmietwertzuschlag DBST ab 2018	B82
Vermittlung im Konzern	B113	Quellenbesteuerung und DBA 2025	B81
Verjährungsfristen, Rückerstattung VSt	B112	Quellensteuertarife 2025	B80
Sekundärberichtigung VSt	B111	Covid-19 Erwerbsausfall	B23
Prinzipalgesellschaften / Swiss Finance Branches	B109	Bekämpfung der Schwarzarbeit	B21
Steuervorbescheide / Steuerrulings	B108	Steuerbefreiung von internat. Sportverbänden	B20
Guthaben im Konzern VSt	B107	Atypische stille Beteiligungen	B17
Zeitgleiche Dividendenverbuchung	B105	Freigrenze für Zinsen von Kundenguthaben	B16
Rückforderung von Verzugszinsen VSt	B104	Straflose Selbstanzeige	B15
Geldwerte Leistungen 2025	B86	Steuererlass DBST	B13
Zinssätze Fremdwährungen 2025	B85	Indirekte Teilliquidation & Transponierung	B11
Zinssätze DBST u. a. / Abzüge Säule 3a 2025	B84	Parallelität des Instanzenzuges	B10
Berufskosten / Ausgleich kalte Progression 2025	B83		

Eigene Aktien

Quelle: Eidg. Steuerverwaltung ESTV

Mitteilung-022-DVS-2024-d vom 09.12.2024

Eigene Aktien; Urteil 9C_135/2023 des Bundesgerichts vom 6. Juni 2024

Mit Urteil 9C_135/2023 vom 6. Juni 2024 hat das Bundesgericht (BGer) entschieden, dass für die Zwecke der Gewinnsteuer der Rückkauf eigener Aktien als Kapitalherabsetzungsvorgang gilt. Die zurückgekauften eigenen Aktien stellen in diesem Sinne keinen effektiven Vermögenswert dar. Entsprechend ist die Wiederbegebung von zuvor von der Gesellschaft zurückgekauften eigenen Aktien als steuerfreier Kapitaleinlagevorgang zu sehen.

Gestützt auf die Rechtsprechung des BGer hält die ESTV nach Absprache mit der Arbeitsgruppe Unternehmenssteuern der Schweizerischen Steuerkonferenz Folgendes fest:

Gewinnsteuer

Zurückkaufende Gesellschaft

Die aus der Wiederbegebung von zuvor zurückgekauften eigenen Kapitalanteilen entstehenden Mehr- oder Mindererlöse sind grundsätzlich direkt dem Eigenkapital gutzuschreiben respektive zu belasten.

Wird der Mehr- oder Mindererlös infolge einer Wiederbegebung handelsrechtlich erfolgswirksam verbucht, ist der ausgewiesene Gewinn oder Verlust der Gesellschaft für Gewinnsteuerzwecke zu korrigieren. Ein aus der Wiederbegebung von eigenen Kapitalanteilen realisierter Mehrerlös qualifiziert gestützt auf Artikel 60 Buchstabe a DBG als gewinnsteuerunwirksamer Kapitalzuwachs und das handelsrechtlich ausgewiesene Ergebnis der Gesellschaft ist in diesem Fall steuerlich zu korrigieren. Ein erfolgswirksam verbuchter Mindererlös zwischen Anschaffungskosten und Wiederbegebungspreis der eigenen Kapitalanteile ist als Umkehrschluss aus Artikel 60 Buchstabe a DBG bzw. im Sinne von Artikel 58 Absatz 1 Buchstabe b DBG als geschäftsmässig nicht begründeter Aufwand aufzurechnen.

Während der Haltedauer auftretende Wertdifferenzen auf eigenen Kapitalanteilen sind sowohl handelsrechtlich als auch steuerlich unbeachtlich.

Veräussernde Gesellschaft

Gemäss Rechtsprechung des BGer ist gewinnsteuerlich der Rückkauf eigener Kapitalanteile bei der zurückkaufenden Gesellschaft als Teilliquidation anzusehen. Bei der veräussernden Gesellschaft stellt ein solcher Ertrag eine Ausschüttung im Sinne von Ziffer 2.4.1. des Kreisschreibens Nr. 27 der ESTV vom 17. Dezember 2009 über die Steuerermässigung auf Beteiligungserträgen von Kapitalgesellschaften und Genossenschaften dar. Soweit die Voraussetzungen erfüllt sind, wird der Beteiligungsabzug gewährt.

Kapitalanteile der Muttergesellschaft bei Tochtergesellschaften

Aufgrund des oben genannten Urteils des BGer ergeben sich sowohl bei der erwerbenden als auch bei der veräussernden Gesellschaft keine Änderungen bei der steuerlichen Behandlung von Kapitalanteilen der Muttergesellschaft, die durch Tochtergesellschaften erworben, gehalten oder veräussert werden.

Einkommenssteuer

Auf die steuerliche Behandlung von eigenen Beteiligungsrechten, die im Privatvermögen gehalten wurden, hat das Urteil 9C_135/2023 des BGer vom 6. Juni 2024 keine Auswirkungen.

Werden solche Beteiligungsrechte aus dem Geschäftsvermögen veräussert, stellt dieser Ertrag eine Ausschüttung im Sinne von Ziffer 2.2.4.1. des Kreisschreibens Nr. 23a der ESTV vom 31. Januar 2020 über die Teilbesteuerung der Einkünfte aus Beteiligungen im Geschäftsvermögen und zum Geschäftsvermögen erklärte Beteiligungen dar. Soweit die Voraussetzungen erfüllt sind, wird die Teilbesteuerung gewährt.

Verrechnungssteuer und Stempelabgaben

Die Verrechnungssteuer und die Stempelabgaben sind vom Urteil 9C_135/2023 des BGer vom 6. Juni 2024 nicht betroffen.

Aktualisierung Publikationen der ESTV

Publikationen der ESTV, welche die gewinnsteuerliche Behandlung von eigenen Kapitalanteilen aktuell noch auf Grund der bisherigen Verwaltungspraxis anders regeln, werden diesbezüglich in der nächsten Zeit aktualisiert.

Vermittlung im Konzern

Quelle: Eidg. Steuerverwaltung ESTV

Mitteilung-021-S-2024-d vom 01.11.2024

Praxispräzisierungen zur Umsatzabgabe bei Vermittlungstätigkeit innerhalb eines Konzernverhältnisses

Die in jüngerer Zeit ergangene Rechtsprechung im Bereich der Umsatzabgabe bei der Vermittlung im Konzernverhältnis hat die Eidgenössische Steuerverwaltung (ESTV) dazu bewogen, Präzisierungen in ihrer Verwaltungspraxis betreffend Artikel 13 Absatz 1 sowie Artikel 13 Absatz 3 Buchstabe b Ziffer 2 des Bundesgesetzes vom 27. Juni 1973 über die Stempelabgaben (StG; SR 641.10) vorzunehmen.

Die Vermittlung von steuerbaren Urkunden innerhalb eines Konzerns stellt eine Dienstleistung einer Konzerngesellschaft (Management-Gesellschaft) zu Gunsten von anderen Konzerngesellschaften dar, weshalb sie nicht als gewerbsmässig im Sinne der oben erwähnten Gesetzesbestimmung qualifiziert. Da die Gewerbsmässigkeit eine zwingende Voraussetzung für das Vorliegen der Vermittlung im Sinne von Artikel 13 Absatz 3 Buchstabe b Ziffer 2 StG ist, liegt bei ausschliesslich konzerninterner Vermittlungstätigkeit somit keine der Umsatzabgabe unterliegende Geschäftstätigkeit vor. Dies trifft auf Management-Gesellschaften zu, welche vertraglich Dienstleistungen ausschliesslich innerhalb ihres Konzerns erbringen.

Von dieser Praxispräzisierung nicht betroffen ist beispielsweise die Vermittlungstätigkeit ausserhalb des Konzernverhältnisses sowie die Vermittlung von steuerbaren Urkunden für nicht dem entsprechenden Konzern angehörende Personen (bspw. Kunden).

Die Vermittlung gemäss Artikel 13 Absatz 1 StG durch eine inländische Holdinggesellschaft unterliegt nur dann der Umsatzabgabe, wenn eine Nachweismäklerei oder eine Vermittlungsmäklerei vorliegt. Weder eine Nachweis- noch eine Vermittlungsmäklerei in diesem Sinne liegen insbesondere vor,

- wenn die Holdinggesellschaft (oder eine andere Konzerngesellschaft) eine unabhängige Investmentbank mit einer Transaktion (Kauf oder Verkauf einer Beteiligung) beauftragt und diese dafür entschädigt; oder
- wenn die Verhandlungsführung durch eine Person ausgeübt wird, welche nicht zur inländischen Holdinggesellschaft gemäss Artikel 13 Absatz 3 StG gehört.

Entsprechende Sachverhalte können der ESTV einzelfallweise vorab zur Stellungnahme unterbreitet werden (Steuervorbescheid).

Diese beiden Praxispräzisierungen werden ab sofort angewandt und finden auf allen aktuell bei der ESTV hängigen offenen Sachverhalten Anwendung. Eine rückwirkende Anwendung dieser Praxispräzisierungen ist ausgeschlossen.

Verjährungsfristen, Rückerstattung VSt

Quelle: Eidg. Steuerverwaltung ESTV

Mitteilung-019-V-2022-d vom 13.09.2022

Anwendung der Verjährungsfristen bei der Rückerstattung der Verrechnungssteuer

Verjährungsfristen für den Anspruch auf Rückerstattung der Verrechnungssteuer bei formloser Ablehnung (ohne Erlass eines formellen Entscheids) von Rückerstattungsanträgen durch die ESTV.

Wer Rückerstattung der Verrechnungssteuer beansprucht, hat sie bei der zuständigen Behörde schriftlich zu beantragen (Art. 29 Abs. 1 des Bundesgesetzes vom 13. Oktober 1965 über die Verrechnungssteuer [VStG, SR 642.21]). Gemäss Art. 29 Abs. 2 VStG kann der Antrag frühestens nach Ablauf des Kalenderjahres gestellt werden, in dem die steuerbare Leistung fällig wird[1]. Im internationalen Verhältnis kann der Antrag auf Rückerstattung in der Regel ab Fälligkeit der steuerbaren Leistung gestellt werden.

Gemäss Art. 32 Abs. 1 VStG und Art. 27 Abs. 1 des Bundesgesetzes vom 18. Juni 2022 über die Durchführung von internationalen Abkommen im Steuerbereich (StADG; SR 672.2) erlischt der Anspruch auf Rückerstattung, wenn der Antrag nicht innert drei Jahren nach Ablauf des Kalenderjahres, in dem die steuerbare Leistung fällig geworden ist, gestellt wird. Es handelt sich dabei um eine Verwirkungsfrist, die grundsätzlich weder unterbrochen noch verlängert werden kann. Die Anwendungsfälle von Art. 32 Abs. 2 VStG bzw. Art. 27 Abs. 2 StADG bleiben vorbehalten.

Das VStG und das StADG enthalten keine Bestimmungen über die Verjährung des Rückerstattungsanspruchs. Diesbezüglich gilt analog zu Art. 17 Abs. 1 VStG eine relative Verjährungsfrist von 5 Jahren. Diese Verjährungsfrist beginnt mit der Entstehung des Rückerstattungsanspruchs zu laufen.

In sinngemässer Anwendung von Art. 17 Abs. 3 VStG wird die Verjährung durch jede Handlung des Rückerstattungsberechtigten unterbrochen, die auf die Geltendmachung des Rückerstattungsanspruchs gerichtet ist. So wird die Verjährungsfrist beispielsweise durch die Einreichung des Rückerstattungsantrags unterbrochen, wodurch am Tag nach der Einreichung eine neue Verjährungsfrist von 5 Jahren zu laufen beginnt. Dasselbe gilt für die spätere Einreichung von eingeforderten Auskünften und/oder Unterlagen im Zusammenhang mit dem eingereichten Rückerstattungsantrag, da es sich hierbei ebenfalls um eine Handlung des Rückerstattungsberechtigten handelt, die auf die Geltendmachung seines Rückerstattungsanspruchs abzielt. Da der Rückerstattungsanspruch jedoch immer nur vom Rückerstattungsberechtigten geltend gemacht werden kann, sind Handlungen der ESTV, wie die formlose Abweisung (ohne Erlass eines formellen Entscheids) eines Rückerstattungsantrags oder das Einfordern von Auskünften und Unterlagen, in diesem Zusammenhang nicht relevant und unterbrechen die Verjährungsfrist nicht.

---

[1] Die Anwendungsfälle von Art. 29 Abs. 3 VStG in Bezug auf die Rückerstattung an in der Schweiz ansässige Personen bleiben vorbehalten.

Diese Mitteilung gilt ab sofort. Anderslautende Zusicherungen der ESTV in Einzelfällen sind unter dem Aspekt des verfassungsmässig garantierten Prinzips von Treu und Glauben zu würdigen. Es obliegt dem Rückerstattungsberechtigten, den Beweis dafür zu erbringen.

Sekundärberichtigung VSt

Quelle: Eidg. Steuerverwaltung ESTV

Mitteilung-017-V-2022-d vom 19.07.2022

Sekundärberichtigung – Praxis der ESTV im Bereich der Verrechnungssteuer

Auswirkungen des Inkrafttretens des Bundesgesetzes über die Durchführung von internationalen Abkommen im Steuerbereich (StADG)[1] auf die Praxis der Eidgenössischen Steuerverwaltung (ESTV) im Bereich der Verrechnungssteuer (VSt) bei Vorliegen einer Sekundärberichtigung

Per 1. Januar 2022 ist das StADG in Kraft getreten. Wie bereits in der Botschaft zum StADG vom 4. November 2020 (BBl 2020 9219) angekündigt, führt dies auch zu Anpassungen der bisherigen Praxis der ESTV zur Verrechnungssteuer bei internationalen Gewinnberichtigungen im Rahmen von Verständigungslösungen.

Einerseits bestätigt der neue Artikel 18 Absatz 4 StADG die langjährige Praxis der ESTV, welche vorsieht, dass die Verrechnungssteuer nicht zu erheben ist, wenn eine Sekundärberichtigung in Übereinstimmung mit dem Ergebnis eines Verständigungsverfahrens vorgenommen wird. Andererseits ist es mit Inkrafttreten des StADG in klaren Fällen neu möglich, eine innerstaatliche Korrektur der bisherigen Besteuerung vorzunehmen, ohne hierfür ein (zwischenstaatliches) Verständigungsverfahren durchführen zu müssen. Zu diesem Zweck muss eine sogenannte innerstaatliche Übereinkunft auf der Grundlage von Artikel 16 StADG zwischen der zuständigen Steuerbehörde und dem Staatssekretariat für internationale Finanzfragen (SIF) abgeschlossen werden. Ausgangspunkt für eine solche Übereinkunft ist stets das Gesuch der steuerpflichtigen Person um Einleitung eines Verständigungsverfahrens gemäss Artikel 5 StADG. Kommen die zuständige Steuerbehörde und das SIF bei der Prüfung des Gesuchs zweifelsfrei überein, dass eine Korrektur in der Schweiz zu erfolgen hat, können sie eine innerstaatliche Übereinkunft abschliessen und der betroffenen steuerpflichtigen Person zur Zustimmung unterbreiten. Damit erübrigt sich das zwischenstaatliche Verständigungsverfahren. Da die innerstaatliche Übereinkunft einer (zwischenstaatlichen) Verständigungsvereinbarung gleichgestellt ist, unterliegen Sekundärberichtigungen, welche aufgrund einer innerstaatlichen Übereinkunft vorgenommen werden, basierend auf Artikel 18 Absatz 4 StADG ebenfalls nicht der Verrechnungssteuer.

Der Antrag zur Einleitung eines Verständigungsverfahrens ist von der steuerpflichtigen Person nach wie vor beim SIF zu stellen.

---

[1] SR 672.2 – Bundesgesetz vom 18. Juni 2021 über die Durchführung von internationalen Abkommen im Steuerbereich (StADG)

Prinzipalgesellschaften / Swiss Finance Branches ab 1.1.2020

Quelle: Eidg. Steuerverwaltung ESTV

Mitteilung-012-DVS-2019-d vom 24. Mai 2019

Bundespraxen für Prinzipalgesellschaften und Swiss Finance Branches ab 1. Januar 2020

Im Zuge der Umsetzung der STAF wird die Eidgenössische Steuerverwaltung die Bundespraxen für Prinzipalgesellschaften und Swiss Finance Branches ab 1. Januar 2020 nicht mehr auf Unternehmen anwenden.

In der Volksabstimmung vom 19. Mai 2019 wurde das Bundesgesetz über die Steuerreform und die AHV-Finanzierung (STAF) angenommen. Als Folge werden unter anderem die gesetzlichen Regelungen für kantonale Statusgesellschaften aufgehoben. Der Bundesrat hat am 28. September 2018 angekündigt, dass die STAF am 1. Januar 2020 in Kraft treten soll. Er hat dies noch formell zu beschliessen.

Wie bereits kommuniziert, werden in diesem Zusammenhang auch auf Praxisstufe die Regelungen für Prinzipalgesellschaften und Swiss Finance Branches (Bundespraxen) gänzlich abgeschafft.

Anders als die Abschaffung der Regelungen für kantonale Statusgesellschaften bedarf die Abschaffung dieser Bundespraxen keiner gesetzlichen Anpassung.

Die Bundespraxen zur internationalen Steuerausscheidung bei Prinzipalgesellschaften und zu den Swiss Finance Branches können somit ab dem 1. Januar 2020 von Steuerpflichtigen nicht mehr angewandt werden.

Steuervorbescheide / Steuerrulings

Quelle: Eidg. Steuerverwaltung ESTV

Mitteilung-011-DVS-2019-d vom 29. April 2019

Formelles Verfahren für Steuervorbescheide / Steuerrulings in den Bereichen direkte Bundessteuer, Verrechnungssteuer und Stempelabgaben

1. Ausgangslage

Im Jahre 2003 haben die Schweizerische Steuerkonferenz, die Eidgenössische Steuerverwaltung (ESTV) sowie die damalige Treuhand-Kammer (heute EXPERTsuisse) zusammen mit der Wissenschaft den Verhaltenskodex für Steuerbehörden, Steuerzahler und Steuerberater (nachfolgend Verhaltenskodex; publiziert im Schweizer Treuhänder 2003, S. 1113 ff.) erarbeitet. Mit der vorliegenden Mitteilung präzisiert die ESTV diesen Verhaltenskodex. Im Zweifelsfall geht die vorliegende Mitteilung dem Verhaltenskodex vor. Die vorliegende Mitteilung bezieht sich auf die direkte Bundessteuer, die Verrechnungssteuer sowie die Stempelabgaben.

2. Definition und Wirkungen eines Steuerrulings / Abgrenzungen

Ein Steuervorbescheid (nachfolgend auch als Steuerruling bezeichnet) ist eine verbindliche Auskunft der Steuerbehörde zur steuerlichen Behandlung eines geplanten, konkreten und steuerlich relevanten Sachverhaltes auf entsprechende Anfrage einer steuerpflichtigen Person. Das Steuerruling zielt auf eine gesetzmässige Veranlagung ab und hat keinen Verfügungscharakter.

Steuerrulings bilden einen Anwendungsfall des allgemeinen Vertrauensschutzes. Dabei handelt es sich um vorgängige Auskünfte der Steuerverwaltung, die zwar nicht Verfügungscharakter aufweisen, aber nach den allgemein anerkannten Grundsätzen von Treu und Glauben (Art. 9 BV) Rechtsfolgen gegenüber den Behörden auslösen können (statt vieler Urteil des Bundesgerichts 2C_664/2013 vom 28. April 2014 E. 4.2). Steuerrulings können sowohl Einzelsachverhalte (bspw. Steuerfolgen einer Umstrukturierung) wie auch Dauersachverhalte (bspw. steuerliche Qualifikation eines Mitarbeiterbeteiligungsplanes) betreffen. Sie können von der steuerpflichtigen Person oder von einem entsprechend bevollmächtigten Vertreter beantragt werden.

Damit aus einem Steuerruling nach Treu und Glauben Vertrauensschutz in Auskünfte der Steuerbehörden abgeleitet werden kann, müssen folgende Voraussetzungen erfüllt sein (vgl. etwa BGE 141 I 161 E 3.1):

- Die Auskunft der Steuerbehörde muss sich auf eine konkrete, die steuerpflichtige Person berührende Angelegenheit beziehen;
- die Steuerbehörde, welche die Auskunft erteilt hat, muss dafür zuständig sein oder die steuerpflichtige Person durfte sie auszureichenden Gründen als zuständig betrachtet haben;
- die steuerpflichtige Person hat die Unrichtigkeit der Auskunft nicht ohne weiteres erkennen können;
- die steuerpflichtige Person hat im Vertrauen hierauf nicht ohne Nachteil rückgängig zu machende Dispositionen getroffen;
- die Rechtslage zur Zeit der Verwirklichung noch die gleiche ist wie im Zeitpunkt der Auskunftserteilung und
- der Schutz des Vertrauens in die unrichtige Auskunft ist höher zu gewichten als das Interesse an der richtigen Rechtsanwendung (vgl. insb. auch Urteil des Bundesgerichts 2C_377/2017 vom 4. Oktober 2017 E 3.2).

Sind diese Voraussetzungen allesamt erfüllt, entfaltet das Steuerruling selbst dann Bindungswirkung, wenn die Antwort der Steuerbehörde nicht richtig ist und damit für einen Sachverhalt Steuerfolgen bestätigt werden, die der Verwaltungspraxis widersprechen.

Eine allgemeine (schriftliche oder mündliche) Auskunft einer Steuerbehörde ist hingegen kein Steuerruling. Ebensowenig entfaltet ein Steuerabkommen die Wirkungen eines Steuerrulings. Als Steuerabkommen gilt eine Einigung zwischen der steuerpflichtigen Person und einer Steuerbehörde, die auf einen konkreten Sachverhalt eine Regelung zur Anwendung bringt, welche hinsichtlich Bestand, Umfang oder Art der Erfüllung der Steuerpflicht von den gesetzlichen Bestimmungen abweicht (vgl. Urteil des Bundesgerichts 2C_296/2009 vom 11. Februar 2010 E. 3.1 m.w.H.).

3. Zuständigkeiten der ESTV

3.1 Direkte Bundessteuer

Die direkte Bundessteuer wird von den Kantonen unter Aufsicht des Bundes veranlagt und bezogen (vgl. Art. 2 des Bundesgesetzes vom 14. Dezember 1990 über die direkte Bundessteuer [DBG; SR 642.11]). Die Aufsicht des Bundes über die Steuererhebung wird vom Eidgenössischen Finanzdepartement ausgeübt (vgl. Art. 102 Abs. 1 DBG). Die ESTV sorgt für die einheitliche Anwendung dieses Gesetzes (vgl. Art. 102 Abs. 2 DBG).

Zuständig für die Erteilung eines Steuerrulings im Bereich der direkten Bundessteuer sind somit die in der Sache zuständigen kantonalen Veranlagungsbehörden (KSTV). Die ESTV gibt in diesem Bereich gutachterlich im Sinne einer Stellungnahme für die direkte Bundessteuer Auskunft (vgl. etwa Kreisschreiben Nr. 37 der ESTV über die Besteuerung von Mitarbeiterbeteiligungen vom 22. Juli 2013; Ziff. 9.3).

In Spezialfällen (etwa betreffend die Genehmigung von Produkten der Säule 3a) ist die ESTV kraft gesetzlicher Normierung zuständig für das Erteilen eines Steuerrulings (vgl. Art. 1 Abs. 4 der Verordnung vom 13. November 1985 über die steuerliche Abzugsberechtigung für Beiträge an anerkannte Vorsorgeformen [BVV3; SR 831.461.3]).

3.2 Verrechnungssteuer und Stempelabgaben

Die ESTV erlässt gemäss Artikel 34 Absatz 1 des Bundesgesetzes vom 13. Oktober 1965 über die Verrechnungssteuer (VStG; SR 642.21) für die Erhebung und Rückerstattung der Verrechnungssteuer alle Weisungen, Verfügungen und Entscheide, die nicht ausdrücklich einer anderen Behörde vorbehalten sind. Daraus leitet sich auch die Zuständigkeit der ESTV ab, entsprechende Steuerrulings zu genehmigen.

Für die den KSTV übertragene Rückerstattung der Verrechnungssteuer an natürliche Personen im Inland sorgt die ESTV für die gleichmässige Handhabung der Bundesvorschriften (vgl. Art. 34 Abs. 2 VStG). In diesem Bereich ist die Zuständigkeitsregelung für den Abschluss eines Steuerrulings zwischen kantonalen Veranlagungsbehörden und der ESTV gleich geregelt wie bei der direkten Bundessteuer (vgl. Ziff. 3.1 hiervor).

In Anwendung von Artikel 31 des Bundesgesetzes vom 27. Juni 1973 über die Stempelabgaben (StG; SR 641.10) erlässt die ESTV auch für den Bereich der Stempelabgaben alle Weisungen, Verfügungen und Entscheide, die nicht ausdrücklich einer anderen Behörde vorbehalten sind. Somit ergibt sich auch hier die Zuständigkeit der ESTV, entsprechende Steuerrulings zu genehmigen.

4. Anforderungen an Form und Inhalt eines Steuerrulings

Ein Steuerruling muss in Bezug auf die Form und den Inhalt die nachfolgenden Punkte erfüllen:
- Die Einreichung des Steuerrulings an die ESTV erfolgt stets in schriftlicher Form.
- Es stellt den rechtserheblichen Sachverhalt in kurzer und auf das Wesentliche beschränkter Form klar und vollständig dar.
- Die involvierten natürlichen und juristischen Personen sind zu nennen und eindeutig zu bezeichnen.
- Es enthält eine eigene rechtliche Würdigung in Bezug auf den rechtserheblichen Sachverhalt.
- Es enthält einen oder mehrere eindeutig formulierte steuerliche Anträge.
- Es enthält die erforderlichen, erklärenden Beilagen.
- Es ist in einer schweizerischen Amtssprache abzufassen. Allfällige Übersetzungen gehen auf Kosten der steuerpflichtigen Person. Beilagen können, in Absprache mit der ESTV, auch in der Originalsprache (insbes. Englisch) belassen werden.
- Steuerrulings von Rechtsvertretern haben unaufgefordert die entsprechenden schriftlichen Vollmachten zu enthalten.

Die ESTV behält sich vor, Steuerrulings, die diesen Anforderungen nicht genügen, ohne weitere Prüfung zwecks Verbesserung an die steuerpflichtige Person, resp. ihren Rechtsvertreter zurückzuweisen.

5. Kontaktadresse

Die Steuerrulings sind unter Einhaltung der formellen und materiellen Voraussetzungen an folgende Kontaktadressen einzusenden:

Postalisch:

Eidgenössische Steuerverwaltung
Hauptabteilung Direkte Bundessteuer, Verrechnungssteuer, Stempelabgaben
Ruling DVS
Eigerstrasse 65
3003 Bern

Elektronisch:
ruling.dvs@estv.admin.ch

6. Wirkungen und Widerruf eines Steuerrulings

Sind sämtliche formellen und materiellen Voraussetzungen an ein Steuerruling erfüllt und entspricht der Antrag den einschlägigen gesetzlichen Vorgaben, wird das Steuerruling durch die zuständige Abteilung innerhalb der ESTV genehmigt. Diese Genehmigung erfolgt ebenfalls schriftlich, entweder mit einer entsprechenden Unterzeichnung des Rulingantrages oder mittels separatem Schreiben. Die Genehmigung durch die zuständigen Steuerbehörden kann entweder vorbehaltslos oder unter Vorbehalten erfolgen.

Die Beurteilung von Steuerrulings durch die ESTV erfolgt in der Regel kostenlos. Die ESTV behält sich im Einzelfall jedoch vor, bei zeitlich übermässig umfangreichen Überprüfungs- und Korrekturarbeiten eine Gebühr nach Massgabe der Verordnung des Bundesrates vom 21. Mai 2014 über Gebühren für Verfügungen und Dienstleistungen der Eidgenössischen Steuerverwaltung (Gebührenverordnung ESTV, GebV-ESTV; SR 642.31) in Rechnung zu stellen.

Mit seiner Genehmigung kann das Steuerruling Vertrauensschutz begründen (vgl. dazu Ziff. 2 hiervor).

Rechtliche Wirkungen im Sinne des Vertrauensschutzes kann ein Steuerruling nur für den darin festgehaltenen Sachverhalt entfalten. Ändert sich beispielsweise ein relevantes Sachverhaltsmerkmal, fällt es im Nachhinein weg oder wird das Steuerruling nicht so wie dargestellt umgesetzt, fällt der Vertrauensschutz ohne weiteres dahin. In solchen Fällen muss das Steuerruling denn auch nicht durch die ESTV gekündigt werden.

Steuerrulings, die einen Dauersachverhalt zum Inhalt haben, geniessen so lange Vertrauensschutz, bis sie von der zuständigen Steuerbehörde generell-abstrakt oder im Einzelfall widerrufen werden. Die ESTV kann die Genehmigung des Steuerrulings an eine zeitliche Befristung knüpfen. Die ESTV widerruft die von ihr gewährten Steuerrulings in den Bereichen Verrechnungssteuer und Stempelabgaben selber. In den Bereichen der direkten Bundessteuer sowie Rückerstattung der Verrechnungssteuer an natürliche inländische Personen weist die ESTV als Aufsichtsbehörde des Bundes die zuständige kantonale Steuerbehörde schriftlich an, das von dieser gewährte Steuerruling zu widerrufen und teilt dies der steuerpflichtigen Person mit. Unterbleibt dieser Widerruf, behält sich die ESTV das Recht vor, bei der kantonalen Steuerbehörde die Eröffnung der entsprechenden Veranlagung zu beantragen (vgl. Art. 103 Abs. 1 Bst. d DBG).

Ein Widerruf eines Steuerrulings erfolgt in schriftlicher Form und mit Wirkung für die Zukunft. Im Einzelfall kann die ESTV der steuerpflichtigen Person eine angemessene Übergangsfrist einräumen, bis zu deren Ablauf das Steuerruling nach wie vor eine Vertrauensgrundlage darstellt. Damit ermöglicht die ESTV der steuerpflichtigen Person, ihre Strukturen oder getroffenen Dispositionen an die infolge des Widerrufs geänderte Rechtslage anzupassen.

Der Vertrauensschutz in ein Steuerruling fällt ohne weiteres (d.h. ohne Kündigung der zuständigen Steuerbehörde) dahin, wenn sich die einschlägigen rechtlichen Vorschriften ändern, eine Rechtsprechung zu einer Anpassung der Verwaltungspraxis führt oder die durch die ESTV bei der Genehmigung des Steuerrulings festgelegte zeitliche Befristung abgelaufen ist. In diesen Fällen ist daher weder eine Kündigung noch ein Widerruf der betroffenen Steuerrulings durch die Steuerbehörde erforderlich.

7. Hinweise zum spontanen internationalen Informationsaustausch von Steuerrulings gemäss Amtshilfeübereinkommen (SIA)

Seit dem 1. Januar 2018 tauscht die Schweiz gestützt auf das Übereinkommen vom 25. Januar 1988 über die gegenseitige Amtshilfe in Steuersachen (geändert durch das Protokoll vom 27. Mai 2010, SR 0.652.1; genannt MAC) spontan, d.h. ohne vorgehende Aufforderung, Informationen über Steuervorbescheide mit anderen Vertragsstaaten aus. Dabei werden lediglich Eckwerte eines Steuervorbescheids (etwa Angaben zur steuerpflichtigen Gesellschaft, Laufzeit des Steuerrulings, Zusammenfassung des Inhalts des Steuerrulings etc.), die sog. Rulingmeldungen (Templates) ausgetauscht. Vom Austausch betroffen sind Steuervorbescheide ab dem Jahr 2010, welche am 1. Januar 2018 oder später Bestand haben. Die ESTV gewährt den steuerpflichtigen Gesellschaften im Vorfeld eines Austausches das rechtliche Gehör, wie dies auch bei der Amtshilfe auf Ersuchen der Fall ist. Das Schweizer SIA-Verfahren wird vom „Global Forum on Transparency and Exchange of Information for Tax Purposes" der OECD anlässlich des regelmässigen „Peer Review" einer Überprüfung und Bewertung unterzogen.

Der Empfängerstaat einer Rulingmeldung hat die Möglichkeit, das vollständige Steuerruling mittels eines Informationsaustauschs durch die Steueramtshilfe auf Ersuchen zu erfragen. Der spontane Informationsaustausch erfolgt auf reziproker Basis, die Schweiz erhält entsprechend seit 2017 Rulingmeldungen von anderen Vertragsstaaten. Diese werden interessierten kantonalen Steuerverwaltungen durch die ESTV zur Verfügung gestellt. Die ESTV hat zwecks Durchführung des spontanen Informationsaustauschs eine digitale Plattform entwickelt, welche eine elektronische Erfassung der Rulingmeldungen erlaubt und den steuerpflichtigen Gesellschaften sowie den kantonalen Steuerverwaltungen gleichermassen zur Verfügung steht.

8. Zeitliche Geltung der Mitteilung

Die vorliegende Mitteilung gilt ab dem Zeitpunkt ihrer Veröffentlichung auf der Homepage der ESTV.

Guthaben im Konzern VSt

Quelle: Eidg. Steuerverwaltung ESTV

Mitteilung-010-DVS-2019-d vom 5. Februar 2019

Verrechnungssteuer: Guthaben im Konzern

Präzisierung der Verwaltungspraxis bezüglich Mittelrückführung bei inländisch garantierten Auslandsanleihen gemäss Artikel 14a Absatz 3 der Verordnung vom 19. Dezember 1966 über die Verrechnungssteuer (VStV; SR 642.211)

Mit Wirkung ab dem 1. April 2017 wurde Artikel 14a VStV angepasst. Seither ist unter Einhaltung bestimmter Voraussetzungen bei inländisch garantierten Auslandsanleihen eine Mittelrückführung in die Schweiz zulässig, ohne dass damit für die Zwecke der Verrechnungssteuer die ausländische Emission einer Anleihe der inländischen Garantin zugerechnet wird.

Die bisherige Verwaltungspraxis wird wie folgt präzisiert: Zwischen Konzerngesellschaften bestehende Guthaben gelten für die Zwecke der Verrechnungssteuer auch dann weder als Obligation noch als Kundenguthaben (unabhängig von ihrer Laufzeit, ihrer Währung und ihrem Zinssatz), wenn bei inländisch garantierten Auslandsemissionen der Umfang des Mittelrückflusses an inländische Konzerngesellschaften (i.d.R. an die Garantin) die Summe der kumulierten Eigenkapitale sämtlicher ausländischer Gesellschaften des Konzerns (gemäss Art. 14a Abs. 2 VStV) nicht übersteigt (sog. Eigenkapitalvariante). Liegt kein 100-prozentiges Beteiligungsverhältnis vor, wird das Eigenkapital der ausländischen Konzerngesellschaft nur im Rahmen der jeweiligen Beteiligungsquote berücksichtigt.

Dieser Mittelrückfluss an die inländische Konzerngesellschaft kann entweder
- direkt durch die ausländische Emittentin vorgenommen werden oder aber,
- indem die ausländische Emittentin die entsprechenden Mittel zunächst ausländischen Konzerngesellschaften weiterleitet, welche ihrerseits anschliessend diese Mittel im Umfang von höchstens dem kumulierten Eigenkapital der ausländischen Konzerngesellschaften an inländische Konzerngesellschaften weiterleitet.

Zudem liegt kein schädlicher Mittelrückfluss vor, wenn die Summe der Mittel, welche im Rahmen von inländisch garantierten Auslandsemissionen in die Schweiz weitergeleitet werden, nicht grösser ist als die Summe der durch inländische Konzerngesellschaften an ausländische Konzerngesellschaften gewährten Darlehen (sog. Verrechnungsvariante). Die Verrechnungsvariante und die Eigenkapitalvariante können miteinander kombiniert werden.

Will eine Gesellschaft von der Eigenkapital- und/oder der Verrechnungsvariante Gebrauch machen, hat sie einen Antrag im Rahmen eines Steuervorabbescheids (Ruling) der Eidgenössischen Steuerverwaltung (ESTV) zur Genehmigung zu unterbreiten. Im Steuervorabbescheid sind auch die Anforderungen an das Revisionskonzept der gewählten Variante festzulegen. Ein einmal gewähltes Vorgehen ist beizubehalten (Grundsatz der Stetigkeit).

Die vorliegende Praxisänderung tritt mit ihrer Publikation auf der Homepage der ESTV in Kraft.

Zeitgleiche Dividendenverbuchung in Konzernverhältnissen

Quelle: Eidg. Steuerverwaltung ESTV

Mitteilung-008-DVS-2018-d vom 10. Juli 2018

Zeitgleiche Dividendenverbuchung in Konzernverhältnissen

Das Schweizer Handbuch der Wirtschaftsprüfung erlaubt, dass eine inländische Muttergesellschaft den Beteiligungsertrag ihrer Tochtergesellschaft (d.h. deren im Geschäftsjahr n+1 beschlossene Dividende) bereits im Geschäftsjahr, in welchem die Tochtergesellschaft diesen erwirtschaftet hat, transitorisch als Ertrag verbucht. Falls die Muttergesellschaft die definitive erfolgswirksame Verbuchung dieses Ertrags im Zeitpunkt der Ausschüttung der Dividende vornimmt, stellt dies eine ordnungsgemässe Verbuchung für die Zwecke der Rückerstattung der Verrechnungssteuer sowie für die Durchführung des Meldeverfahrens dar.

Im Konzernverhältnis kann die Muttergesellschaft in ihrer Buchhaltung unter Einhaltung gewisser Voraussetzungen[1] den ihr zustehenden Beteiligungsertrag ihrer Tochtergesellschaft bereits in demjenigen Geschäftsjahr ausweisen, in dem ihn die Tochtergesellschaft erwirtschaftet und nicht erst im Zeitpunkt der Ausschüttung der Dividende. Mit anderen Worten kann die Muttergesellschaft damit bereits in ihrem Geschäftsjahr n den ihr zustehenden Beteiligungsertrag aus dem Geschäftsjahr n ihrer Tochtergesellschaft verbuchen. Man spricht in diesem Zusammenhang von einer zeitgleichen oder phasenkongruenten Dividendenverbuchung.

Korrekterweise verbucht die Muttergesellschaft in ihrer Buchhaltung im Geschäftsjahr n den Beteiligungsertrag transitorisch (Buchung: Transitorische Aktiven an Beteiligungsertrag) und macht ihn bei Eröffnung der Buchhaltung des Geschäftsjahres n+1 mittels Rückbuchung (Buchung: Beteiligungsertrag an Transitorische Aktiven) wieder rückgängig. Für die Wahrung des Anspruchs auf Rückerstattung der Verrechnungssteuer respektive auf Durchführung des Meldeverfahrens hat die definitive, erfolgswirksame Verbuchung dieses Beteiligungsertrages im Zeitpunkt der Fälligkeit der steuerbaren Leistung (d.h. der Ausschüttung der Dividende im Jahre n+1) zu erfolgen (Aktivkonto [Bank] an Beteiligungsertrag).

Mit diesem Vorgehen erfüllt die Muttergesellschaft die Anforderungen an eine ordnungsgemässe Verbuchung dieses Ertrags gemäss Artikel 25 Absatz 1 des Bundesgesetzes vom 13. Oktober 1965 über die Verrechnungssteuer (Verrechnungssteuergesetz, VStG; SR 642.21). Gleiches gilt auch für den Anspruch auf Durchführung des Meldeverfahrens gemäss Artikel 26a der Verordnung vom 19. Dezember 1966 über die Verrechnungssteuer (Verrechnungssteuerverordnung, VStV; SR 642.211).

---

[1] Zu den Voraussetzungen im Einzelnen, vgl. Schweizer Handbuch der Wirtschaftsprüfung, Band „Buchführung und Rechnungslegung", Zürich 2014, S. 180 f.

Rückforderung von Verzugszinsen

Quelle: Eidg. Steuerverwaltung ESTV

Mitteilung-004-DVS-2017-d vom 01.02.2017

Rückforderung von Verzugszinsen beim Meldeverfahren bei der Verrechnungssteuer

Die eidgenössischen Räte haben in der Herbstsession die Bestimmungen im Bundesgesetz über die Verrechnungssteuer (VStG) betreffend das Meldeverfahren angepasst. Die Bestimmungen treten auf den 15. Februar 2017 in Kraft. Diese Mitteilung bestimmt die anwendbaren Fälle und beschreibt das Vorgehen, um die neuen gesetzlichen Anforderungen zu erfüllen.

Das Eidgenössische Parlament hat am 30. September 2016 die Änderung und Einführung einiger Bestimmungen des Bundesgesetzes über die Verrechnungssteuer (VStG) für das Meldeverfahren beschlossen. Dies geht zurück auf die Parlamentarische Initiative Gasche in Bezug auf das Meldeverfahren (13.479).

Der Bundesrat hat beschlossen, das Inkrafttreten dieser neuen Bestimmungen auf den 15. Februar 2017 zu setzen.

In Anwendung dieser neuen Bestimmungen werden bereits in Rechnung gestellte Verzugszinsforderungen, welche noch nicht bezahlt wurden, annulliert. Bereits bezahlte Verzugszinsrechnungen werden zurückerstattet.

In Sinne einer raschen Erledigung der Fälle hat die Eidgenössische Steuerverwaltung ein vereinfachtes Verfahren für die Rückzahlung der nach den neuen Bestimmungen (vgl. Art. 70c VStG) nicht mehr geschuldeten Verzugszinsen vorgesehen.

Rückzahlung bereits bezahlter Verzugszinsrechnungen

Gesellschaften, welche die Verzugszinsrechnungen bereits bezahlt haben, jedoch nach den neuen Bestimmungen berechtigt gewesen wären, das Meldeverfahren anzuwenden, müssen der ESTV einen Antrag auf Rückzahlung stellen, wenn sie die Rückzahlung der bezahlten Verzugszinse wünschen.

Die Rückzahlung bereits bezahlter Verzugszinsrechnungen ist auch auf Sachverhalte anwendbar, die vor Inkrafttreten der Änderungen des VStG eingetreten sind, es sei denn, die Steuerforderung oder die Verzugszinsforderung sei verjährt oder bereits vor dem 1. Januar 2011 rechtskräftig festgesetzt worden (vgl. Art. 70c Abs. 1 VStG).

Für den Antrag auf Rückzahlung schaltet die ESTV am 15. Februar 2017 auf der Homepage ein Formular auf (Formular 1 RVZ). Für die Rückforderung des Verzugszinses ist ausschliesslich dieses Formular zu verwenden. Werden zusätzliche Informationen benötigt, ist eine Beilage mitzuliefern.

Der Antrag muss <u>innerhalb eines Jahres</u> ab Inkrafttreten der neuen Bestimmungen eingereicht werden. Es erfolgt keine Rückzahlung von Verzugszinsen von Amtes wegen.

Um zu vermeiden, dass auf Sockelsteuern oder auf Meldeverfahren, welche die materiellen Bestimmungen nicht erfüllen, bezahlte Verzugszinsen zurückbezahlt werden, erfolgt eine systematische Überprüfung der Fälle.

Stornierung der in Rechnung gestellten, nicht bezahlten Verzugszinsrechnungen

Die ESTV wird diese Abrechnungen von Amtes wegen stornieren. Sobald die Stornierung erfolgt ist, wird den Gesellschaften eine schriftliche Bestätigung zugestellt.

Sistierte Einspracheverfahren bei der ESTV

Bei hängigen und sistierten Einspracheverfahren, für welche bereits entrichtete Verzugszinsen zurückgefordert werden, wird empfohlen, bei der ESTV ein Gesuch einzureichen.

Hängige Rechtsfälle (Bundesverwaltungsgericht / Bundesgericht

Für Fälle, die vor dem Bundesverwaltungsgericht oder dem Bundesgericht hängig sind, wird aus Gründen der Fristwahrung gemäss Artikel 70c Absatz 3 VStG ebenfalls empfohlen, ein Gesuch einzureichen. Einen Entscheid über die allfällige Rückzahlung von Verzugszinsen wird die ESTV erst nach Eintritt der Rechtskraft des entsprechenden Urteils des Bundesverwaltungsgerichts resp. des Bundesgerichts fällen können.

Erstmalige Meldungen für den Zeitraum vom 1.Januar 2012 bis zum Inkrafttreten der neuen gesetzlichen Bestimmungen

Diese Fälle werden nach den neuen gesetzlichen Bestimmungen analysiert und behandelt. Die Einreichung dieser Fälle hat mit den amtlichen Formularen (Formulare: 102/103/110 und Formulare 106/108) zu erfolgen. In Anwendung von Artikel 17 VStG, beträgt die Verjährungsfrist 5 Jahre.

Strafbestimmungen

Die Nichteinhaltung der Bestimmungen des Gesetzes (insbesondere Art. 20 Abs. 3 VStG) im Rahmen des Meldeverfahrens, ist eine strafbare Handlung gemäss Artikel 64 VStG. Eine strafrechtliche Verfolgung gemäss Artikel 61 ff. VStG bleibt vorbehalten.

Besondere Bestimmungen

Gemäss den neuen gesetzlichen Bestimmungen (Art. 70c Abs. 2 VStG) wird auf den Rückerstattungen kein Vergütungszins gewährt.
Der Nachweis, dass der Antrag innerhalb der Frist zugestellt wurde, obliegt der steuerpflichtigen Gesellschaft (Art. 8 ZGB).

Kontakt

Zonen 1 – 4

(Bern deutsch, Basel-Landschaft, Basel-Stadt, Freiburg deutsch, Glarus, Graubünden deutsch, Schwyz, Solothurn, St. Gallen, Thurgau, Uri, Wallis deutsch):
+41 58 465 60 82 - er01.dvs@estv.admin.ch

Zonen 5 – 8

(Aargau, Appenzell Innerrhoden, Appenzell Ausserrhoden, Luzern, Nidwalden, Obwalden, Schaffhausen, Zug, Zürich):
+41 58 465 60 83 - er02.dvs@estv.admin.ch

Zonen 9 – 12

(Bern französisch, Freiburg französisch, Genf, Graubünden italienisch, Jura, Neuenburg, Tessin, Waadt, Wallis französisch):
+41 58 465 60 84 - er03.dvs@estv.admin.ch

Gesetzliche Bestimmungen

Bundesgesetz über die Verrechnungssteuer (Änderung vom 30. September 2016)
D: https://www.admin.ch/opc/de/federal-gazette/2016/7629.pdf

Geldwerte Leistungen 2025

Quelle: Eidg. Steuerverwaltung ESTV/HA Direkte Bundessteuer, Verrechnungssteuer, Stempelabgaben

Direkte Bundessteuer
Verrechnungssteuer

Bern, 27. Januar 2025
WAS/Bii

Rundschreiben

Steuerlich anerkannte Zinssätze 2025 für Vorschüsse oder Darlehen in Schweizer Franken

Die Gewährung unverzinslicher oder ungenügend verzinster Vorschüsse oder Darlehen an Beteiligte oder an ihnen nahestehende Dritte stellt eine geldwerte Leistung dar. Dasselbe gilt für übersetzte Zinsen, die auf Grund von Verpflichtungen gegenüber Beteiligten oder ihnen nahestehenden Dritten vergütet werden. Solche geldwerte Leistungen unterliegen gemäss Artikel 4 Absatz 1 Buchstabe b des Bundesgesetzes vom 13. Oktober 1965 über die Verrechnungssteuer (VStG) und Artikel 20 Absatz 1 der Vollziehungsverordnung vom 19. Dezember 1966 zum VStG (VStV) der Verrechnungssteuer von 35 %. Die geldwerten Leistungen sind mittels Formular 102 unaufgefordert innert 30 Tagen nach ihrer Fälligkeit zu deklarieren. Innert der gleichen Frist ist auch die geschuldete Verrechnungssteuer zu entrichten. Die gleichen Kriterien gelten auch bei der direkten Bundessteuer für die Berechnung der geldwerten Leistungen von Kapitalgesellschaften und von Genossenschaften (vgl. Art. 58 Abs. 1 Bst. b des Bundesgesetzes vom 14. Dezember 1990 über die direkte Bundessteuer [DBG]).

Für die Bemessung einer angemessenen Verzinsung von Vorschüssen oder Darlehen in Schweizer Franken an Beteiligte oder ihnen nahestehende Dritte oder von Beteiligten oder ihnen nahestehenden Dritten stellt die Eidgenössische Steuerverwaltung (ESTV), Hauptabteilung Direkte Bundessteuer, Verrechnungssteuer, Stempelabgaben seit dem **1. Januar 2025** auf die folgenden Zinssätze ab:

		Zinssatz mindestens:
1	**Für Vorschüsse an Beteiligte oder nahe stehende Dritte** (in CHF)	
1.1	aus Eigenkapital finanziert und wenn kein Fremdkapital verzinst werden muss	1 %
1.2	aus Fremdkapital finanziert	Selbstkosten zuzügl. ¼ – ½ % [1]
	mindestens	1 %

---

[1] – bis und mit CHF 10 Mio. ½ %
– über CHF 10 Mio. ¼ %

2 Für Vorschüsse von Beteiligten oder nahe stehenden Dritten (in CHF)

	Zinssatz höchstens:	
	Wohnbau und Landwirtschaft	Industrie und Gewerbe

2.1 Liegenschaftskredite:

	Wohnbau und Landwirtschaft	Industrie und Gewerbe
– bis zu einem Kredit in der Höhe der ersten Hypothek, d.h. 2/3 des Verkehrswertes der Liegenschaft	1 ¼ %	1 ¾ %
– Rest	2 %[2]	2 ½ %[2]

wobei folgende Höchstsätze für die Fremdfinanzierung gelten:
- Bauland, Villen, Eigentumswohnungen, Ferienhäuser und Fabrikliegenschaften bis 70 % vom Verkehrswert
- Übrige Liegenschaften bis 80 % vom Verkehrswert

2.2 Betriebskredite:

a) bis CHF 1 Mio.
– bei Handels- und Fabrikationsunternehmen	3 ½ %[2]
– bei Holding- und Vermögensverwaltungsgesellschaften	3 %[2]

b) ab CHF 1 Mio.
– bei Handels- und Fabrikationsunternehmen	1 ¾ %[2]
– bei Holding- und Vermögensverwaltungsgesellschaften	1 ½ %[2]

Für die Berechnung der Limiten sind die Kredite sämtlicher Beteiligten und nahestehender Personen zusammen zu zählen.

Diese Zinssätze gelten als „safe haven". Der Nachweis höherer Zinssätze im Drittvergleich bleibt vorbehalten.

3. Für die Bewertung von Unternehmen

Was die Kapitalisierungssätze für die Bewertung von Unternehmen anbelangt, so wird auf Randziffer 10 des Kreisschreibens Nr. 28 der Schweizerischen Steuerkonferenz SSK «Wegleitung zur Bewertung von Wertpapieren ohne Kurswert für die Vermögenssteuer» sowie den aktuellen Kommentar dazu verwiesen.

Für ergänzende Auskünfte:

- Bruno Marai, Tel. 058 462 10 98, E-Mail: bruno.marai@estv.admin.ch
- Thibaut Urbain, Tel. 058 481 09 23, E-Mail: thibaut.urbain@estv.admin.ch
- Daniel Bieri, Tel. 058 464 90 90, E-Mail: daniel.bieri@estv.admin.ch

---

[2] Bei der Berechnung der steuerlich höchstzulässigen Zinsen ist auch ein allfällig bestehendes verdecktes Eigenkapital zu beachten. Es wird hierzu auf das Kreisschreiben Nr. 6a der direkten Bundessteuer vom 10. Oktober 2024 betreffend verdecktes Eigenkapital (Art. 65 DBG) bei Kapitalgesellschaften und Genossenschaften verwiesen, welches auch für die Belange der Verrechnungssteuer und Stempelabgaben massgebend ist.

Zinssätze Fremdwährungen 2025

Quelle: Eidg. Steuerverwaltung ESTV/HA Direkte Bundessteuer, Verrechnungssteuer, Stempelabgaben

Direkte Bundessteuer
Verrechnungssteuer

Bern, 28. Januar 2025
WAS/Bii

Rundschreiben

Steuerlich anerkannte Zinssätze 2025 für Vorschüsse oder Darlehen in Fremdwährungen

Die Gewährung unverzinslicher oder ungenügend verzinster Vorschüsse oder Darlehen an Beteiligte oder an ihnen nahestehende Dritte stellt eine geldwerte Leistung dar. Dasselbe gilt für übersetzte Zinsen, die auf Grund von Verpflichtungen gegenüber Beteiligten oder ihnen nahestehenden Dritten vergütet werden. Solche geldwerten Leistungen unterliegen gemäss Artikel 4 Absatz 1 Buchstabe b des Bundesgesetzes vom 13. Oktober 1965 über die Verrechnungssteuer (VStG) und Artikel 20 Absatz 1 der Vollziehungsverordnung vom 19. Dezember 1966 zum VStG (VStV) der Verrechnungssteuer von 35 %. Die geldwerten Leistungen sind mittels Formular 102 unaufgefordert innert 30 Tagen nach ihrer Fälligkeit zu deklarieren. Innert der gleichen Frist ist auch die geschuldete Verrechnungssteuer zu entrichten. Die gleichen Kriterien gelten auch bei der direkten Bundessteuer für die Berechnung der geldwerten Leistungen von Kapitalgesellschaften und von Genossenschaften (vgl. Art. 58 Abs. 1 Bst. b des Bundesgesetzes vom 14. Dezember 1990 über die direkte Bundessteuer [DBG]).

Für die Bemessung einer angemessenen Verzinsung von Vorschüssen oder Darlehen in fremden Währungen an Beteiligte oder ihnen nahestehende Dritte oder von Beteiligten oder ihnen nahestehenden Dritten stellt die Eidgenössische Steuerverwaltung (ESTV), Hauptabteilung Direkte Bundessteuer, Verrechnungssteuer, Stempelabgaben seit dem **1. Januar 2025** auf die auf der letzten Seite dieses Rundschreibens publizierten Zinssätze (Richtwerte) ab. Diese basieren einerseits auf den 5-jährigen SWAP-Sätzen und andererseits auf der Rendite von langfristigen Anlagen wie Industrieobligationen.

Die Zinssätze gemäss Tabelle sind folgendermassen anwendbar:

1 Für Vorschüsse oder Darlehen an Beteiligte oder nahestehende Dritte

Liegt der Zinssatz der fremden Währung unter dem Zinssatz gemäss dem Rundschreiben der ESTV betreffend steuerlich anerkannte Zinssätze 2025 für Vorschüsse oder Darlehen in Schweizer Franken vom 27. Januar 2025, so ist mindestens der entsprechende Zinssatz für Schweizer Franken zu berücksichtigen.

Diese Zinssätze sind für Vorschüsse oder Darlehen an Beteiligte oder ihnen nahestehende Dritte gültig, sofern sie aus Eigenkapital finanziert sind.

Ist die Kapitalgesellschaft oder Genossenschaft verzinsliche Verpflichtungen eingegangen, sind Vorschüsse oder Darlehen an Beteiligte oder ihnen nahestehende Dritte im Umfang der verzinslichen Verpflichtungen zu den Fremdkapitalzinssätzen inkl. allfällige Gebühren (Selbstkosten) zuzüglich eines Zuschlags von ½ %, mindestens aber zu den im vorliegenden Rundschreiben angegebenen Zinssätzen, zu verzinsen.

2 Für Vorschüsse oder Darlehen von Beteiligten oder nahe stehenden Dritten

Im Sinne einer „safe haven"-Lösung gelten die nachfolgenden Zinssätze auch für verzinsliche Verpflichtungen in fremden Währungen. Analog dem Rundschreiben der ESTV betreffend steuerlich anerkannte Zinssätze 2025 für Vorschüsse oder Darlehen in Schweizer Franken vom 27. Januar 2025 kann für Betriebskredite (Ziffer 2.2) der gleiche Spread (bis Gegenwert CHF 1 Mio. 2.50 % resp. 2.00 %; ab Gegenwert CHF 1 Mio. 0.75 % resp. 0.50 %) berücksichtigt werden.

Es ist jedoch möglich, höhere Zinsen aufgrund des Drittvergleichs geltend zu machen.

In jedem Fall ist der geschäftsmässig begründete Nachweis zu erbringen, weshalb keine Verpflichtung in tiefer verzinsliche Schweizer Franken eingegangen wurde.

Bei der Berechnung der steuerlich höchstzulässigen Zinsen ist auch ein allfällig bestehendes verdecktes Eigenkapital zu beachten. Es wird hierzu auf das Kreisschreiben Nr. 6a der direkten Bundessteuer vom 10. Oktober 2024 betreffend verdecktes Eigenkapital (Art. 65 DBG) bei Kapitalgesellschaften und Genossenschaften verwiesen, welches auch für die Belange der Verrechnungssteuer und Stempelabgaben massgebend ist.

3 Für die Bewertung von Unternehmen

Was die Kapitalisierungssätze für die Bewertung von Unternehmen anbelangt, so wird auf Randziffer 60 des Kreisschreibens Nr. 28 der Schweizerischen Steuerkonferenz SSK «Wegleitung zur Bewertung von Wertpapieren ohne Kurswert für die Vermögenssteuer» sowie den aktuellen Kommentar dazu verwiesen.

Land	Währung	2020	2021	2022	2023	2024	2025
Europäische Union	EUR	0.50	0.25	0.50	3.00	2.50	2.50
USA	USD	2.25	1.25	2.00	3.75	4.25	4.25
Australien	AUD	1.50	1.00	1.50	4.25	4.25	4.50
Brasilien	BRL	6.00	5.75	11.25	12.75	10.25	15.50
China	CNY	3.75	3.75	3.75	3.00	3.00	2.00
Dänemark	DKK	0.75	0.50	0.50	3.25	3.00	3.00
Grossbritannien	GBP	1.50	1.00	1.25	5.25	3.75	4.50
Hongkong	HKD	2.50	1.50	1.50	4.25	3.00	3.50
Indien	INR	7.50	6.25	6.25	7.00	7.00	7.50
Israel	ILS	n.a.	n.a.	1.25	3.25	3.75	4.50
Japan	JPY	0.50	0.50	0.50	0.50	0.50	1.25
Kanada	CAD	2.50	1.50	2.50	3.75	3.50	3.25
Malaysia	MYR	4.00	3.00	3.50	3.75	3.75	4.00
Neuseeland	NZD	1.50	1.00	2.25	4.75	4.50	4.25
Norwegen	NOK	2.50	1.50	1.50	3.50	3.50	4.50
Polen	PLN	2.50	1.50	1.50	7.00	4.75	5.50
Rumänien	RON	n.a.	n.a.	4.50	n.a.	n.a.	n.a.
Russland	RUB	8.00	6.50	8.00	n.a.	n.a.	n.a.
Schweden	SEK	0.75	0.75	1.00	3.25	2.75	2.75
Singapur	SGD	2.25	1.25	1.50	4.00	3.00	3.25
Südafrikanische Rep.	ZAR	7.75	5.75	6.50	8.75	8.25	8.25
Südkorea	KRW	2.00	2.00	2.00	3.25	3.00	3.00
Thailand	THB	2.00	1.50	1.50	3.00	2.75	2.50
Tschechische Republik	CZK	2.50	1.50	3.00	5.50	4.00	4.25
Ungarn	HUF	1.50	2.00	3.50	11.00	5.50	7.25
Vereinigte Arabische Emirate	AED	2.75	2.00	2.50	4.00	4.25	5.00

Legende:
n.a.: not available (nicht verfügbar)

Abteilung Externe Prüfung

Regula Walser Hofstetter
Abteilungsleiterin

Zinssätze DBST, Sicherheitseigenkapital / Abzüge Säule 3a 2025

Quelle: Eidg. Steuerverwaltung ESTV/HA Direkte Bundessteuer, Verrechnungssteuer, Stempelabgaben

Direkte Bundessteuer

Stand am 7.1.2025 (www.estv.admin.ch)

Ersatz für die bisherigen Rundschreiben B84 und B80 (deren Inhalte sind neu nur noch online abrufbar)

Zinssätze im Bereich der direkten Bundessteuer DBST für das Kalenderjahr 2025 / Kalkulatorischer Zinssatz Sicherheitseigenkapital 2025 / Höchstabzüge Säule 3a im Steuerjahr 2025

Zinsen direkte Bundessteuer

	2025	2024	2023	2022	2021	2020
Vergütungszins in %	0,75	1,25	0,0	0,0	0,0	0,0
Verzugs-/Rückerstattungszins in %	4,5	4,75	4,0	4,0	3,0	3,0

Bis 31.12.2021 wurden die Zinssätze im Anhang zur Verordnung des EFD über Fälligkeit und Verzinsung der direkten Bundessteuer (SR 642.124; *VO DBG J*) festgelegt.

Seit 1.1.2022 gelten für die direkte Bundessteuer die Zinssätze gemäss Anhang zur Verordnung des EFD über die Verzugs- und die Vergütungszinssätze auf Abgaben und Steuern (SR 631.014; *VO DBG P*).

Kalkulatorischer Zinssatz Eigenkapital

Der kalkulatorische Zinssatz auf dem Sicherheitseigenkapital entspricht gemäss Artikel 25a^{bis} Absatz 4 erster Satz StHG der Rendite von zehnjährigen Bundesobligationen am letzten Handelstag des dem Beginn der Steuerperiode vorangegangen Kalenderjahres (vgl. Art. 3 Abs. 1 der Verordnung vom 13. November 2019 über den steuerlichen Abzug auf Eigenfinanzierung juristischer Personen; SR 642.142.2; *VO StHG C*). Bei negativer Rendite beträgt der Zinssatz 0 Prozent.

	2025	2024	2023	2022	2021
Kalkulatorischer Zinssatz Eigenkapital in %	0,317	0,656	1,565	0,0	0,0

Höchstabzüge Säule 3a

Der Steuerabzug im Rahmen der gebundenen Selbstvorsorge (Säule 3a) beträgt **in Franken**:

	2025	2024	2023	2022	2021	2020
Für Steuerpflichtige **mit** 2. Säule	7'258	7'056	7'056	6'883	6'883	6'826
Für Steuerpflichtige **ohne** 2. Säule	36'288	35'280	35'280	34'416	34'416	34'128

Die Höchstabzüge bilden zugleich die massgeblichen Einzahlungslimiten. Aufrundungen bei der Einzahlung sind nicht zulässig.

Berufskosten / Ausgleich kalte Progression 2025

Quelle: Eidg. Steuerverwaltung ESTV/HA Direkte Bundessteuer, Verrechnungssteuer, Stempelabgaben

Direkte Bundessteuer

Bern, 22. August 2024

Rundschreiben

Berufskostenpauschalen und Naturalbezüge 2025 / Ausgleich der Folgen der kalten Progression bei der direkten Bundessteuer für das Steuerjahr 2025

1 Berufskostenpauschalen und Naturalbezüge im Steuerjahr 2025

1.1 Pauschalabzüge für Berufskosten

Der Maximalabzug der Fahrkosten von bisher CHF 3'200 wird aufgrund des Ausgleichs der kalten Progression (vgl. Ziffer 2 unten) für das Steuerjahr 2025 auf **CHF 3'300** erhöht.

Die übrigen Pauschalabzüge für Berufskosten erfahren für das Steuerjahr 2025 **keine Änderungen** gegenüber dem Vorjahr. Die vom Eidgenössischen Finanzdepartement (EFD) am 6. März 2015 erlassene Änderung des Anhangs zur Verordnung vom 10. Februar 1993 über den Abzug von Berufskosten der unselbständigen Erwerbstätigkeit bei der direkten Bundessteuer gilt weiterhin.

1.2 Ansätze für die Bewertung von Naturalbezügen

Bei den Ansätzen für die Bewertung von Naturalbezügen ergeben sich **keine Anpassungen**. Damit gelten für das Steuerjahr 2025 weiterhin die Merkblätter N1/2007 für Selbstständigerwerbende, N2/2007 für Arbeitnehmende und NL1/2007 für die Land- und Forstwirtschaft (vgl. Beilagen zum Rundschreiben der ESTV vom 5. Oktober 2006 über den Ausgleich der Folgen der kalten Progression im Praenumerando-System / Anpassung der Berufskostenpauschalen und Naturalbezüge ab 1. Januar 2007).

2 Ausgleich der Folgen der kalten Progression für das Steuerjahr 2025

Der Ausgleich der Folgen der kalten Progression erfolgt jährlich aufgrund des Standes des Landesindexes der Konsumentenpreise (LIK) am 30. Juni vor Beginn der Steuerperiode. Bei einem negativen Teuerungsverlauf ist ein Ausgleich ausgeschlossen (Art. 39 Abs. 2 des Bundesgesetzes vom 14. Dezember 1990 über die direkte Bundessteuer; SR 642.11; DBG).

Die Folgen der kalten Progression wurden letztmals für das Steuerjahr 2024 angeglichen (massgebender Indexstand vom 30. Juni 2023: 168.1 Punkte, Basis Dezember 1982 = 100). Am 30. Juni 2024 betrug der massgebende Index 170.3 Punkte, was gegenüber dem Indexstand per 30. Juni 2023 einer **Erhöhung von 1.31 Prozent** entspricht.

Das EFD hat am 22. August 2024 die Verordnung vom 1. September 2023 über den Ausgleich der Folgen der kalten Progression für die natürlichen Personen bei der direkten Bundessteuer (Verordnung über die kalte Progression; SR 642.119.2) mit den neuen Tarifen und Abzügen angepasst, welche auf den 1. Januar 2025 in Kraft tritt. Die Tarife zur Berechnung der direkten Bundessteuer sind aus der beiliegenden Tabelle ersichtlich (Tarif 2025). Die Abzüge bei der direkten Bundessteuer für das Steuerjahr 2025 (vgl. nachstehende Tabelle) sind überdies auf der Homepage der Eidgenössischen Steuerverwaltung (ESTV) publiziert.

Abzug und Rechtsgrundlage		Steuerjahr	
Besteuerung nach dem Aufwand (Art. 14 DBG), steuerfreie Grenzbeträge (Art. 24 DBG), allgemeine Abzüge (Art. 33 DBG), Sozialabzüge (Art. 35 DBG), Tarif (Art. 36 DBG)		**2024 (CHF)**	**2025 (CHF)**
Besteuerung nach dem Aufwand (Art. 14 Abs. 3 Bst. a DBG)		429'100	434'700
Feuerwehrsold (Art. 24 Bst. f^{bis} DBG)		5'300	5'300
Gewinnspiele (Art. 24 Bst. i^{bis} DBG)		1'056'600	1'070'400
Gewinnspiele (Art. 24 Bst. j DBG)		1'100	1'100
Höchstabzüge für Versicherungsprämien und Sparkapitalzinsen (Art. 33 Abs. 1 Bst. g sowie Art. 33 Abs. 1bis DBG)			
- für verheiratete Personen in rechtlich und tatsächlich ungetrennter Ehe			
- mit Beiträgen an die Säulen 2 und 3a		3'600	3'700
- ohne Beiträge an die Säulen 2 und 3a		5'400	5'550
- für die übrigen Steuerpflichtigen			
- mit Beiträgen an die Säulen 2 und 3a		1'800	1'800
- ohne Beiträge an die Säulen 2 und 3a		2'700	2'700
- für jedes Kind		700	700
- für jede unterstützungsbedürftige Person		700	700
Mitgliederbeiträge und Zuwendungen an politische Parteien (Art. 33 Abs. 1 Bst. i DBG)		10'400	10'600
Kosten für die berufsorientierte Aus- und Weiterbildung (Art. 33 Abs. 1 Bst. j DBG)		12'900	13'000
Zweiverdienerabzug (Art. 33 Abs. 2 DBG)	Min.	8'500	8'600
	Max.	13'900	14'100
Kinderdrittbetreuungsabzug (Art. 33 Abs. 3 DBG)	Max.	25'500	25'800
Einsatzkosten Geldspiele (Art. 33 Abs. 4 DBG)	Max.	5'300	5'400
Einsatzkosten Online-Geldspiele (Art. 33 Abs. 4 DBG)	Max.	26'400	26'800
Kinderabzug (Art. 35 Abs. 1 Bst. a DBG)		6'700	6'800
Unterstützungsabzug (Art. 35 Abs. 1 Bst. b DBG)		6'700	6'800
Verheiratetenabzug (Art. 35 Abs. 1 Bst. c DBG)		2'800	2'800
Abzug vom Steuerbetrag pro Kind (Art. 36 Abs. 2bis DBG)		259	263

Abteilung Aufsicht Kantone
Fachdienste

Roland Pulfer
Chef

Eigenmietwertzuschlag DBST

Quelle: Eidg. Steuerverwaltung ESTV/HA Direkte Bundessteuer, Verrechnungssteuer, Stempelabgaben

Direkte Bundessteuer

Bern, 10. Juli 2019

An die kantonalen Verwaltungen
für die direkte Bundessteuer

Rundschreiben

Liste der Kantone mit unterschiedlichen Eigenmietwerten für die kantonalen Steuern und die direkte Bundessteuer ab Steuerperiode 2018

Bekanntlich sind in einigen Kantonen die Mietwerte für die direkte Bundessteuer abweichend von denjenigen bei der Staatssteuer festzusetzen. Diese unterschiedlichen Bemessungen erfolgen im Hinblick auf eine richtige und einheitliche Veranlagung der direkten Bundessteuer (vgl. Art. 102 Abs. 2 des Bundesgesetzes vom 14. Dezember 1990 über die direkte Bundessteuer; DBG, SR 642.11).

Da steuerpflichtige Personen Liegenschaften ausserhalb des Wohnsitzkantons besitzen können, senden wir Ihnen eine Liste der für die direkte Bundessteuer abweichenden Mietwertbemessungen ab Steuerperiode 2018. Damit haben Sie als Wohnsitz- oder Aufenthaltskanton die Möglichkeit, den für die direkte Bundessteuer korrekten Mietwert für ausserkantonale Liegenschaften einzusetzen.

Das vorliegende Rundschreiben gilt ab der Steuerperiode 2018 und ersetzt das Rundschreiben in der Version vom 21. Februar 2008.

Abteilung Aufsicht Kantone
Fachdienste

D. Emch

Daniel Emch
Chef

Beilage erwähnt

Liste der Kantone mit unterschiedlichen Eigenmietwerten für die kantonalen Steuern und die direkte Bundessteuer ab Steuerperiode 2018

Liste des cantons dont la détermination de la valeur locative est différente pour l'impôt cantonal et l'impôt fédéral direct à partir de la période fiscale 2018

Kanton Aargau

Auf dem für die kantonalen Steuern gültigen Mietwert von Einfamilienhäusern und Eigentumswohnungen erfolgt für die direkte Bundessteuer ein Zuschlag von 16.7%.

Kanton Appenzell Innerrhoden

Der Abzug von der Eigenmietwert-Basis für die am Wohnsitz selbstbenutzte Liegenschaft von kantonal 30 % beträgt bei der direkten Bundessteuer lediglich 20%.

Kanton Bern

Zur Berechnung des Eigenmietwerts dient der sogenannte Protokollmietwert, welcher sich zurzeit noch auf die Bemessungsperiode 1993 – 1996 bezieht. Um den gesetzlich vorgeschriebenen Aktualitätsbezug sicherzustellen hat der Kanton Bern bereits 1991 den sogenannten Mietwertfaktor eingeführt. Seit 1997 wird der Mietwertfaktor pro Gemeinde festgelegt. Der mit dem Mietwertfaktor multiplizierte Protokollmietwert ergibt den für die Einkommenssteuer massgeblichen Eigenmietwert.

Zur Berechnung des Eigenmietwerts für die Kantons- und Gemeindesteuern gelangt ein rund 14,5% tieferer Mietwertfaktor zur Anwendung als zur Berechnung des Eigenmietwerts für die direkte Bundessteuer. Der Mietwertfaktor wird pro Gemeinde und/oder Gemeindeteil separat festgelegt. Auskunft über die einzelnen Werte gibt die Steuerbehörde der Gemeinde der gelegenen Sache oder die Steuerverwaltung des Kantons Bern, Abteilung Amtliche Bewertung, Postfach, 3001 Bern, Telefon: +41 31 633 66 44, E-Mail: *amtliche.bewertung@fin.be.ch*.

Kanton Basel-Landschaft

Auf dem für die kantonalen Steuern gültigen Mietwert von Einfamilienhäusern und Eigentumswohnungen erfolgt für die direkte Bundessteuer ein Zuschlag von 20%.

Kanton Basel-Stadt

Für die Steuerperioden 2018 und 2019 beträgt der Eigenmietwert 3.25% bei der kantonalen Einkommenssteuer und 4% bei der direkten Bundessteuer. Auf dem für die kantonalen Steuern gültigen Mietwert von Einfamilienhäusern und Eigentumswohnungen erfolgt somit für die direkte Bundessteuer ein Zuschlag von 23%.

Canton de Genève

La valeur locative déterminante pour l'impôt fédéral direct est fixée au travers d'un questionnaire dont le résultat est ensuite indexé annuellement sur la base d'un indice cantonal.

En matière d'impôt cantonal et communal, la valeur locative indexée est diminuée d'un abattement de 4% par année d'occupation continue par le même propriétaire ou usufruitier jusqu'à concurrence de 40%. Cette valeur (après abattement) est utilisée dans le cadre de la répartition intercantonale. Le pourcentage de l'abattement ne figurant pas dans la répartition fiscale, l'autorité fiscale compétente pour la taxation de l'impôt fédéral direct peut, le cas échéant, contacter l'administration fiscale genevoise pour connaître la valeur locative applicable en IFD (tél. 022 327 58 89).

Kanton Glarus

Der festgelegte Marktmietwert für die am Wohnsitz selbstbewohnte Liegenschaft wird für die direkte Bundessteuer mit dem Faktor 0.7 multipliziert. Bei den kantonalen Steuern beträgt der Faktor 0.6.

Kanton Graubünden

Der Abzug von der Eigenmietwert-Basis für selbstgenutzte Liegenschaften von kantonal 30% beträgt bei der direkten Bundessteuer lediglich 20%.

Canton du Jura

La baisse linéaire de 5% des valeurs locatives cantonales n'est pas appliquée en matière d'impôt fédéral direct.

Kanton Nidwalden

Der Abzug von der Eigenmietwert-Basis für die am Wohnsitz selbstgenutzten Liegenschaften von 30% beträgt bei der direkten Bundessteuer lediglich 25%.

Kanton Obwalden

Die Eigenmietwerte für die direkte Bundessteuer betragen 4.3% des kantonalen Steuerwerts. Für die kantonalen Steuern betragen die Eigenmietwerte 3.8% des kantonalen Steuerwerts.

Kanton Schaffhausen

Die für die kantonalen Steuern massgebenden Eigenmietwerte werden für die direkte Bundessteuer mit dem Faktor 1.08 multipliziert.

Kanton Solothurn

Für Einfamilienhäuser und Eigentumswohnungen mit einem Katasterwert bis Fr. 240'000 erfolgt für die direkte Bundessteuer ein Zuschlag von 25% auf dem kantonalen Mietwert.

Für Liegenschaften überdurchschnittlicher Bauart mit einem Katasterwert über Fr. 240'000 erfolgen Einzelbewertungen und ein Zuschlag für die direkte Bundessteuer entfällt.

Kanton Schwyz

Auf dem für die kantonalen Steuern gültigen Mietwert von Einfamilienhäusern und Eigentumswohnungen erfolgt für die direkte Bundessteuer ein Zuschlag von 5%.

Kanton Thurgau

Der Abzug von der Eigenmietwert-Basis für das am Wohnsitz selbstgenutzte Wohneigentum beträgt bei der direkten Bundessteuer 20%. Bei den kantonalen Steuern beträgt dieser Abzug 40%.

Canton de Vaud

En matière d'impôt fédéral direct, la valeur locative imposable correspond à 90% de la valeur locative indexée (base 2000). Pour l'impôt cantonal et communal, elle correspond à 65% de la valeur locative indexée.

Bern/Berne, 10. Juli 2019

Quellenbesteuerung und DBA 2025

Quelle: Eidg. Steuerverwaltung ESTV/HA Direkte Bundessteuer, Verrechnungssteuer, Stempelabgaben

Direkte Bundessteuer

Bern, 24. Januar 2025

An die kantonalen Verwaltungen
für die direkte Bundessteuer

Rundschreiben

Merkblätter für die Quellenbesteuerung und Übersichten über die Doppelbesteuerungsabkommen

Mit Rundschreiben vom 5. Februar 2024 haben wir Sie letztmals über Änderungen in den verschiedenen Merkblättern für die Quellenbesteuerung und Übersichten über die Doppelbesteuerungsabkommen (DBA) informiert.

Eine in Kraft getretene Änderung des Doppelbesteuerungsabkommens mit Kuwait führt mit Wirkung ab dem 1. Januar 2025 zu Änderungen in Bezug auf die privatrechtlichen Vorsorgeleistungen als auch auf die Ersatzeinkünfte. Neu unterliegen auch Renten der Quellensteuer. Eine Rückerstattung der Quellensteuer ist sowohl bei Renten als auch bei Kapitalleistungen der 2. Säulen aus privatrechtlicher Vorsorge nur noch dann möglich, sofern ein Besteuerungsnachweis von Kuwait vorgelegt wird. Ebenfalls eine Änderung hat das Merkblatt «Quellenbesteuerung von Ersatzeinkünften» erfahren. Präzisiert wurden hier die Ausführungen zum Grenzgängerabkommen vom 23. Dezember 2020 mit Italien unter Ziff. 2.3.3., 3.2. und 4.2. Die ESTV hat ihre Merkblätter und Übersichten entsprechend ergänzt.

Folgende Dokumente werden veröffentlicht (Stand jeweils 1.1.2025):

Quellenbesteuerung von	Merkblatt (separat)	DBA-Übersicht (separat)	Merkblatt und DBA-Übersicht
Arbeitnehmern bei internationalen Transporten (Art. 91 Abs. 2 DBG)		X	
Künstlern, Sportlern und Referenten (Art. 92 DBG)	X	X	
Verwaltungsräten (Art. 93 DBG)	X		
Hypothekarzinsen (Art. 94 DBG)	X		
öffentlich-rechtlichen Vorsorgeleistungen (Art. 95 DBG)	X	X	
privatrechtlichen Vorsorgeleistungen (Art. 96 DBG)	X	X	
Ersatzeinkünften	X	X	
Studenten, Lehrlinge und Praktikanten			X

Der «Antrag auf Rückerstattung der Quellensteuer auf Leistungen von Vorsorgeeinrichtungen mit Sitz in der Schweiz», Stand 1. Januar 2024 bleibt weiterhin gültig.

Die nächste Publikation der Merkblätter und DBA-Übersichten erfolgt voraussichtlich im Januar 2026.

Abteilung Aufsicht Kantone
Fachdienste

Roland Pulfer
Leiter

Beilagen:
- Merkblätter für die Quellenbesteuerung und Übersichten über die DBA (Stand: 1.1.2025)

  ☞ siehe C68–C75

Quellensteuertarife 2025

Quelle: Eidg. Steuerverwaltung ESTV/HA Direkte Bundessteuer, Verrechnungssteuer, Stempelabgaben

Direkte Bundessteuer

Bern, 08. Oktober 2024

> An die kantonalen Verwaltungen
> für die direkte Bundessteuer

Rundschreiben

Quellensteuertarife 2025

1. Quellensteuertarife 2025 für der Quellensteuer unterworfene Arbeitnehmende

Der Ausgleich der Folgen der kalten Progression erfolgt jährlich aufgrund des Stands des Landesindex der Konsumentenpreise (LIK) am 30. Juni vor Beginn der Steuerperiode. Bei einem negativen Teuerungsverlauf ist ein Ausgleich ausgeschlossen (vgl. Art. 39 Abs. 2 des Bundesgesetzes vom 14. Dezember 1990 über die direkte Bundessteuer; DBG).

Die Folgen der kalten Progression wurden letztmals für das Steuerjahr 2024 angeglichen (massgebender Indexstand vom 30. Juni 2023: 168.1 Punkte, Basis Dezember 1982 = 100). Am 30. Juni 2024 betrug der massgebende Index 170.3 Punkte, was gegenüber dem Indexstand per 30. Juni 2023 einer Erhöhung von 1.31 Prozent entspricht.

Demzufolge hat das Eidgenössische Finanzdepartement (EFD) am 22. August 2024 die Verordnung über die Folgen der kalten Progression (VKP) mit den neuen Tarifen und Abzügen erlassen, mit Inkrafttreten auf den 1. Januar 2025 (AS **2024** 479; Beilage 1).

Die seit dem Jahr 2024 gültigen Quellensteuertarife für die direkte Bundessteuer (vgl. Rundschreiben der Eidgenössischen Steuerverwaltung [ESTV] vom 16. Oktober 2023) müssen ebenfalls angepasst werden. Zur Berechnung der Quellensteuertarife wurden sämtliche Parameter neu evaluiert und festgelegt.

Abzüge 2025 gegenüber den Werten von 2024 aufgrund des Ausgleichs der Folgen kalten Progression (Werte jeweils pro Jahr):

- Zweiverdienerabzug: **neu min. CHF 8'600 / max. CHF 14'100** (bisher: min. CHF 8'500 / max. CHF 13'900);
- Versicherungsprämien für Verheiratete: **neu CHF 3'700** (bisher: CHF 3'600);
- Kinderabzug: **neu CHF 6'800** (bisher: CHF 6'700);
- Abzug vom Steuerbetrag pro Kind: **neu CHF 263** (bisher: CHF 259).

Ergänzend dazu hat die ESTV im Einvernehmen mit der Arbeitsgruppe Quellensteuer der Schweizerischen Steuerkonferenz und gestützt auf die Haushaltsbudgeterhebung des Bundesamts für Statistik (BFS) einen weiteren Abzug angepasst (**Abzug 2025** gegenüber dem Wert von 2024 [Wert in CHF pro Jahr]):

- Medianwert der effektiven Lohneinkünfte: **neu CHF 5'775 pro Monat bzw. CHF 69'300 pro Jahr** (bisher: CHF 5'725 pro Monat bzw. CHF 68'700 pro Jahr)[1]

Eine Übersicht über sämtliche Grundlagen für die Berechnung der Quellensteuertarife des Bundes für das Steuerjahr 2025 findet sich in der Beilage 2. Die Erläuterungen zur Berechnung des Tarifcodes C für das Steuerjahr 2025 sind in der Beilage 3 aufgeführt.

Aufgrund des Umfangs der Quellensteuertarife wird auf einen physischen Versand als Beilage zu diesem Rundschreiben verzichtet. Die Tarife werden jedoch als Anhang zu diesem Rundschreiben auf der Internetseite des Bundes aufgeschaltet (Beilage 4; https://www.estv.admin.ch/estv/de/home/direkte-bundessteuer/fachinformationen-dbst/rundschreiben.html). Zusätzlich wurden die Tarife bereits am 4. September 2024 den Leiterinnen und Leitern der Abteilung Quellensteuer der kantonalen Steuerverwaltungen in elektronischer Form (Excel-Format) zugestellt.

2. Tarife für die Quellenbesteuerung von Kapitalleistungen aus Vorsorge

Aufgrund der Teuerung erfolgt auch bei Kapitalleistungen aus Vorsorge ein Ausgleich der Folgen der kalten Progression für das Steuerjahr 2025. Die in Ziffer 3 des Anhangs zur Quellensteuerverordnung neu festgehaltenen Tarife wurden am 22. August 2024 durch das EFD erlassen und treten am 1. Januar 2025 in Kraft (AS **2024** 478; vgl. Beilagen 5 und 6).

3. Tarif für die Quellenbesteuerung von Ersatzeinkünften, die nicht über die Arbeitgeber an die quellensteuerpflichtigen Personen ausbezahlt werden

Mit dem Ausgleich der Folgen der kalten Progression für das Steuerjahr 2025 musste auch der Tarif G neu berechnet werden. Dieser neue Tarif wurde in der Ziffer 2 des Anhangs zur Quellensteuerverordnung am 22. August 2024 durch das EFD erlassen und tritt am 1. Januar 2025 in Kraft (AS **2024** 478; Beilage 5). Weitere Informationen zur Anwendung des Tarifcodes G finden sich im Kreisschreiben Nr. 45 der ESTV vom 12. Juni 2019 über die Quellenbesteuerung des Erwerbseinkommens von Arbeitnehmern sowie im Merkblatt der ESTV über die Quellenbesteuerung von Ersatzeinkünften (veröffentlicht mit Rundschreiben der ESTV vom 5. Februar 2024).

Abteilung Aufsicht Kantone
Fachdienste

Roland Pulfer
Chef

Beilagen: ☞ *siehe Gesamtliste*

---

[1] Quelle: Durchschnittlicher Wert der Haushaltsbudgeterhebung der Jahre 2018 – 2021 (revidiertes Gewichtungsmodell 20) des BFS. Der festgelegte Wert von CHF 5'775 pro Monat bzw. CHF 69'300 pro Jahr lehnt sich an den durchschnittlichen Medianwert der Verteilung des unselbständigen Arbeitseinkommens pro Person (Männer und Frauen) von CHF 5'756 an. Die Kantone sind bei der Festlegung des satzbestimmenden Einkommens des anderen Ehegatten für den Tarifcode C aufgrund der von der Verfassung garantierten Autonomie zur Tariffestlegung frei.

Covid-19 Erwerbsausfall

Quelle: Eidg. Steuerverwaltung ESTV/HA Direkte Bundessteuer, Verrechnungssteuer, Stempelabgaben

Direkte Bundessteuer

Bern, 6. April 2020

> An die kantonalen Verwaltungen
> für die direkte Bundessteuer

Rundschreiben

Steuerliche Behandlung von Leistungen gemäss der Verordnung über Massnahmen bei Erwerbsausfall im Zusammenhang mit dem Coronavirus

1   Ausgangslage

Der Bundesrat hat am 20. März 2020 die Verordnung über Massnahmen bei Erwerbsausfall im Zusammenhang mit dem Coronavirus (COVID-19-Verordnung Erwerbsausfall, SR 830.31, vgl. Beilage, nachfolgend als Verordnung bezeichnet) rückwirkend auf den 17. März 2020 in Kraft gesetzt. Die in der Verordnung getroffenen Massnahmen sehen unter anderem die Leistung von Entschädigungen vor. Diese Entschädigungen sollen helfen, die wirtschaftlichen Folgen der weiteren Verbreitung des Coronavirus für die betroffenen Selbstständigerwerbenden und Arbeitnehmenden abzufedern.

Die Bestimmungen des Bundesgesetzes vom 6. Oktober 2000 über den allgemeinen Teil des Sozialversicherungsrechts (ATSG; SR 830.1) sind grundsätzlich auf die Entschädigungen gemäss dieser Verordnung anwendbar (vgl. Art. 1 der Verordnung). Die Taggelder werden durch die AHV-Ausgleichskasse, die vor dem Entschädigungsanspruch für den Bezug der AHV-Beiträge zuständig war, ausgerichtet (vgl. Art. 8 Abs. 3 der Verordnung). In Artikel 9 der Verordnung ist festgehalten, dass auf diesen Entschädigungen die Sozialversicherungsbeiträge zu bezahlen sind. Die Entschädigung wird als Taggeld ausgerichtet (vgl. Art. 4 Abs. 1 der Verordnung). Artikel 8 Absatz 1 der Verordnung hält ausserdem fest, dass die Entschädigung an die anspruchsberechtigte Person ausbezahlt wird.

Die Verordnung enthält keine Bestimmungen zur steuerlichen Behandlung solcher Entschädigungen, weshalb die Bestimmungen des Bundesgesetzes vom 14. Dezember 1990 über die direkte Bundessteuer (DBG; SR 642.11) und der damit verbundenen Verordnungen Anwendung finden. Nachfolgend wird daher auf die entsprechenden Grundsätze verwiesen.

2 Steuerliche Qualifikation der Taggelder

Die Taggelder, die gemäss der Verordnung ausgerichtet werden (nachfolgend als Taggelder bezeichnet), sind – unter Berücksichtigung der verschiedenen Anspruchsberechtigten – im Sinne von:

- Artikel 23 Buchstabe a DBG, und
- Artikel 84 Absatz 2 DBG in Verbindung mit Artikel 3 Absatz 1 der Verordnung des EFD vom 19. Oktober 1993 über die Quellensteuer bei der direkten Bundessteuer (QStV; SR 642.118.2)

als steuerbare Einkünfte bzw. Leistungen zu qualifizieren

3 Verfahren für die Besteuerung der Taggelder

3.1 Allgemeines

Je nach anspruchsberechtigter Person sind Taggelder entweder im ordentlichen Veranlagungsverfahren oder aber im Quellensteuerverfahren zu besteuern.

Auf den Leistungsabrechnungen werden die AHV-Ausgleichskassen zusätzliche Hinweise anbringen, dass:

- die Taggelder der Einkommenssteuer unterstehen,
- die ausgerichteten Leistungen den kantonalen Steuerbehörden gemeldet werden und
- die anspruchsberechtigten Personen (Steuerpflichtige) die Leistungsabrechnungen für Steuerzwecke aufzubewahren haben.

Die AHV-Ausgleichskassen werden den kantonalen Steuerbehörden 30 Tage nach Ablauf der Gültigkeit der Verordnung (vgl. Art. 11 Abs. 2 der Verordnung), spätestens jedoch am 31. Januar des auf die Fälligkeit der Taggeldleistung folgenden Kalenderjahres, eine Liste mit allen Empfängern von ausgerichteten Taggeldern übermitteln, aus welcher mindestens folgende Angaben ersichtlich sind:

- Sozialversicherungsnummer (AHVN13)
- Name und Vorname des Leistungsempfängers
- Adresse
- Land, Postleitzahl und Ort
- Zeitraum des Bezugs der Taggelder
- Höhe der Bruttoentschädigung
- Höhe der Nettoentschädigung
- Höhe des Quellensteuerabzugs (sofern anwendbar)

Die vorstehende Meldung erfolgt in Absprache mit dem Bundesamt für Sozialversicherungen (BSV), ersetzt die schriftliche Bescheinigung über die erbrachten Leistungen an die Empfänger der Taggelder (vgl. Art. 127 Abs. 1 Bst. c DBG) und soll zudem die einzelfallweise Amtshilfe auf Ersuchen im Sinne des Artikels 112 Absätze 1 und 2 DBG vermeiden.

3.2 Besteuerung im ordentlichen Veranlagungsverfahren

Im ordentlichen Veranlagungsverfahren sind die Taggelder in der Ziffer 3.4 (Von Ausgleichskassen direkt ausbezahlte Kinder- und Familienzulagen oder Erwerbsausfallentschädigungen) der Steuererklärung für natürliche Personen für die direkte Bundessteuer (Formular 2) zu deklarieren. Die Besteuerung folgt den üblichen Regeln des ordentlichen Veranlagungsverfahrens.

3.3 Besteuerung im Quellensteuerverfahren

<u>Im Allgemeinen:</u>

Die Taggelder können auch an Personen ausgerichtet werden, die für ihr Einkommen aus unselbstständiger Erwerbstätigkeit der Besteuerung an der Quelle unterliegen (vgl. Art. 83 bzw. Art. 91 DBG). Da es sich dabei um ein Ersatzeinkommen handelt, ist jedoch darauf abzustellen, wie das Erwerbseinkommen der begünstigten Personen besteuert worden wäre, hätten sie ihre Arbeitsleistung weiter erbracht.

Im Sinne von Artikel 3 Absatz 2 Buchstabe c QStV sind diese Leistungen grundsätzlich mit den progressiven Tarifen gemäss Artikel 1 Absatz 1 QStV an der Quelle zu besteuern.

<u>Im Speziellen:</u>

Um dem Anliegen des Bundesrats und dem Sinne der Verordnung um rasche Unterstützung der von Lohnausfällen betroffenen Personen in pragmatischer Weise nachzukommen sowie den administrativen Aufwand zu minimieren, wurde mit dem BSV folgendes Vorgehen festgelegt:

1. Bezüger von Taggeldern im Sinne der Verordnung müssen beim Antrag auf Leistungen angeben, ob ihr Erwerbseinkommen bis zum Bezug der Taggelder an der Quelle besteuert wurde;

2. Wird die Frage gemäss Ziffer 1 hiervor durch die Bezüger der Taggelder mit «Ja» beantwortet, wenden die AHV-Ausgleichskassen im Sinne einer Ausnahme den Tarifcode D (vgl. Art. 1 Abs. 1 Bst. d Ziff. 2 QStV) an. Dies gilt auch für Grenzgänger aus Deutschland, für die der Tarifcode O (vgl. Art. 1 Abs. 1 Bst. k QStV; beschränkt auf maximal 4,5 Prozent) anwendbar wäre.

3. Den AHV-Ausgleichskassen steht als Schuldner der steuerbaren Leistung nach Artikel 88 bzw. Artikel 100 DBG die Bezugsprovision gemäss Artikel 13 Absatz 1 QStV zu.

Die Eidgenössische Steuerverwaltung empfiehlt, die Bestimmung von Artikel 13 Absatz 2 QStV (Kürzung oder Streichung der Bezugsprovision bei Verletzung der Verfahrenspflichten) zurückhaltend anzuwenden.

4 Folgen für quellensteuerpflichtige Personen bei Korrekturanträgen

Sowohl bei Personen mit Wohnsitz in der Schweiz als auch bei Personen mit Wohnsitz im Ausland tritt die Quellensteuer im Grundsatz an die Stelle der im ordentlichen Verfahren vom Erwerbseinkommen zu veranlagenden direkten Bundessteuer (vgl. Art. 87 und 99 DBG). Dies schliesst jedoch nicht aus, dass für beide Personenkategorien eine Korrektur der Quellensteuer und/oder eine nachträgliche ordentliche Veranlagung durchgeführt wird. Die zuständige kantonale Steuerbehörde entscheidet darüber, welches Verfahren für eine Korrektur durchgeführt wird. Für die unten aufgeführten Sachverhalte (nicht abschliessende Aufzählung) ergeben sich folgende Grundsätze:

4.1 Kein Antrag auf Korrektur der Quellensteuer oder nachträgliche ordentliche Veranlagung

Der Quellensteuerabzug wird definitiv unter Vorbehalt von Ziffer 4.6 hiernach.

4.2 Antrag auf Anwendung des korrekten Tarifcodes ohne weitergehenden Antrag auf Korrektur der Quellensteuer (insb. Grenzgänger aus Deutschland)

Zuviel erhobene Quellensteuern sind auf Antrag der steuerpflichtigen Person durch die kantonale Steuerbehörde zurückzuerstatten.

Insbesondere bei Grenzgängern aus Deutschland, für welche aufgrund der Quellenbesteuerung mittels Tarifcode D zu viele Steuern erhoben wurden (vgl. auch Ziffer 3.3 hiervor), wird den kantonalen Steuerbehörden empfohlen, die Rückerstattung gestützt auf die verfügbaren Daten bzw. Akten möglichst rasch durchzuführen. Auf das Einverlangen eines ausländischen Steuerbescheids ist in diesen Fällen zu verzichten. Für das Einreichen des Antrags gilt die Frist von Artikel 168 Absatz 3 DBG sinngemäss.

4.3 Antrag auf Korrektur der Quellensteuer:

Der Antrag auf Korrektur der Quellensteuer (sog. Tarifkorrektur) muss gemäss Artikel 137 DBG bis Ende März des auf die Fälligkeit der Leistung folgenden Kalenderjahres bei der Veranlagungsbehörde eingereicht werden (vgl. Art. 137 DBG). Die Veranlagungsbehörde wird in diesem Fall sämtliche an der Quelle besteuerten Einkünfte addieren und unter Berücksichtigung allfälliger zusätzlicher Abzüge eine Neuberechnung der Quellensteuer mit dem massgebenden Tarifcode gemäss Artikel 1 Absatz 1 QStV vornehmen. Die Anwendung des Tarifcodes D hat den Charakter einer blossen Steuersicherung.

Ergibt sich aus dieser Neuberechnung, dass die quellensteuerpflichtige Person noch eine Schuld gegenüber der Veranlagungsbehörde hat, so verpflichtet die Veranlagungsbehörde die quellensteuerpflichtige Person zur Nachzahlung des Differenzbetrags (vgl. Art. 138 Abs. 1 DBG sinngemäss).

Hat die Veranlagungsbehörde aufgrund der Neuberechnung der Quellensteuer der quellensteuerpflichtigen Person eine Rückerstattung vorzunehmen, so erstattet sie den Differenzbetrag direkt der quellensteuerpflichtigen Person (vgl. Art. 16 QStV).

4.4 Nachträgliche ordentliche Veranlagung auf Antrag

Verlangt eine quellensteuerpflichtige Person eine nachträgliche ordentliche Veranlagung (bspw. zur Geltendmachung der Gleichbehandlung von Personen mit Wohnsitz in der Schweiz oder infolge Quasi-Ansässigkeit), so wird die an der Quelle abgezogene Steuer zinslos angerechnet (vgl. Art. 90 Abs. 2 DBG sinngemäss). Der Antrag auf eine nachträgliche ordentliche Veranlagung muss gemäss Artikel 137 DBG bis Ende März des auf die Fälligkeit der Leistung folgenden Kalenderjahres bei der Veranlagungsbehörde eingereicht werden.

4.5 Obligatorische nachträgliche ordentliche Veranlagung

Quellensteuerpflichtige Personen, welche die Bedingungen von Artikel 90 Absatz 2 DBG bzw. von Artikel 4 QStV erfüllen, werden nachträglich ordentlich veranlagt. Die an der Quelle abgezogene Steuer wird zinslos angerechnet (vgl. Art. 90 Abs. 2 DBG letzter Satz).

4.6 Korrekturen von Amtes wegen

Eine Neuberechnung der Quellensteuer kann auch durch die zuständige kantonale Steuerbehörde von Amtes wegen durchgeführt werden.

Die Steuerbehörde wird in diesem Fall sämtliche an der Quelle besteuerten Einkünfte addieren und eine Neuberechnung der Quellensteuer mit dem massgebenden Tarifcode gemäss Artikel 1 Absatz 1 QStV vornehmen. Die Anwendung des Tarifcodes D hat den Charakter einer blossen Steuersicherung.

Ergibt sich aus dieser Neuberechnung, dass die quellensteuerpflichtige Person noch eine Schuld gegenüber der Veranlagungsbehörde hat, so verpflichtet die Veranlagungsbehörde die quellensteuerpflichtige Person zur Nachzahlung des Differenzbetrags (vgl. Art. 138 Abs. 1 DBG sinngemäss).

Hat die Veranlagungsbehörde aufgrund der Neuberechnung der Quellensteuer der quellensteuerpflichtigen Person eine Rückerstattung vorzunehmen, so erstattet sie den Differenzbetrag direkt der quellensteuerpflichtigen Person (vgl. Art. 16 QStV).

Abteilung Aufsicht Kantone

Ralph Theiler
Chef

Beilage:
- COVID-19-Verordnung Erwerbsausfall

Massnahmen zur Bekämpfung der Schwarzarbeit

Quelle: Eidg. Steuerverwaltung ESTV/HA Direkte Bundessteuer, Verrechnungssteuer, Stempelabgaben

Direkte Bundessteuer

Bern, 25. Januar 2018

An die kantonalen Verwaltungen
für die direkte Bundessteuer

Rundschreiben

Bundesgesetz über Massnahmen zur Bekämpfung der Schwarzarbeit (BGSA)

1 Informationen zum revidierten BGSA

1.1 Ausgangslage

Die vom Parlament verabschiedete Änderung des Bundesgesetzes vom 17. Juni 2005 über Massnahmen zur Bekämpfung der Schwarzarbeit (BGSA; SR 822.41) wird gemäss Beschluss des Bundesrats auf den 1. Januar 2018 in Kraft gesetzt (vgl. Beilage 1; AS 2017 5521).

Mit dem revidierten BGSA (revBGSA) werden unter anderem der Geltungsbereich des vereinfachten Abrechnungsverfahrens (vAv) neu definiert (Art. 2 revBGSA) sowie die gegenseitige Informationspflichten (Art. 10 revBGSA) und Pflichten im Bereich des Meldeverfahrens zwischen den betroffenen Behörden (Art. 11 revBGSA) präzisiert.

1.2 Neue gesetzliche Bestimmungen mit Auswirkungen auf das Steuerrecht

<u>Artikel 2 revBGSA:</u>

In Artikel 2 Absatz 2 revBGSA ist festgehalten, dass das vAv inskünftig für Kapitalgesellschaften und Genossenschaften (Bst. a) sowie bei Mitarbeit des Ehegatten oder der Ehegattin sowie der Kinder im eigenen Betrieb (Bst. b) nicht mehr anwendbar ist.

Die übrigen Voraussetzungen zum Geltungsbereich des vAv (Abs. 1) bleiben in materieller Hinsicht unverändert.

Artikel 10 revBGSA:

Im überarbeiteten Artikel 10 revBGSA wurden die Informationspflichten zwischen den Behörden ausgeweitet.

Erhebt die zuständige Steuerbehörde von einem Arbeitgeber gestützt auf Artikel 3a der Verordnung des EFD vom 19. Oktober 1993 über die Quellensteuer bei der direkten Bundessteuer (QStV; SR 642.118.2) in Verbindung mit Artikel 174 des Bundesgesetzes vom 14. Dezember 1990 über die direkte Bundessteuer (DGB; SR 642.11) eine Busse, so ist das kantonale Kontrollorgan über die in Rechtskraft erwachsenen Entscheide und Urteile zu informieren, sofern dieses an der Sachverhaltsabklärung mitgewirkt hat (Art. 10 Bst. b revBGSA).

Artikel 11 revBGSA:

Mit Rundschreiben vom 7. Februar 2014 haben wir die kantonalen Steuerbehörden bereits ausführlich über die Rückmeldepflicht gegenüber den kantonalen Kontrollorganen informiert.

Artikel 11 Absätze 1 und 2 revBGSA bleiben in materieller Hinsicht unverändert.

Der neue Artikel 11 Absatz 3 revBGSA statuiert neu eine gegenseitige Informationspflicht zwischen dem kantonalen Kontrollorgan und den zuständigen Behörden über den Fortgang der Verfahren.

1.3 Konkrete Auswirkungen der Revision auf die Steuerbehörden

Verantwortlich für die Durchführung des vAv sind die AHV-Ausgleichskassen (Art. 3 BGSA). Das Bundesamt für Sozialversicherungen (BSV) hat entsprechend den Änderungen in Artikel 2 revBGSA das Musteranmeldeformular für das vAv und die Wegleitung über den Bezug der Beiträge in der AHV, IV und EO (WBB) angepasst (vgl. Beilagen 2 und 3).

Anlässlich der Abrechnung für das Beitragsjahr 2017 klärt die Ausgleichskasse die Rechtsnatur der Arbeitgebenden ab und fordert sie auf, mitzuteilen, ob sich unter den Arbeitnehmenden mitarbeitende Ehegatten oder Kinder befinden. Kapitalgesellschaften, Genossenschaften und Arbeitgebende, welche ihre Ehegatten oder Kinder beschäftigen, werden ab 1. Januar 2018 vom vAv ausgeschlossen. Die Ausgleichskasse wird den Arbeitgebenden den Ausschluss unverzüglich schriftlich mitteilen. Sie informiert zudem die zuständige Steuerbehörde über den Ausschluss.

Im Gegenzug informieren die Steuerbehörden die AHV-Ausgleichskassen, wenn diese einen Sachverhalt feststellen, der zum Ausschluss aus dem vAv führt.

1.4 Übergangsbestimmung

Nicht betroffen von der Anpassung des Geltungsbereichs ist die Abrechnung von Leistungen, welche auf einer Tätigkeit im Steuerjahr 2017 beruhen und entsprechend den Vorschriften der AHV erst im 1. Quartal 2018 mit den AHV-Ausgleichskassen abgerechnet werden müssen.

2 Weitere Informationen zum BGSA: Verzugszinsen

In der Vergangenheit haben einige kantonale Steuerverwaltungen den Ausgleichskassen, welche die Steuern im Zusammenhang mit dem vAv einkassieren, wegen einer „verspäteten" Überweisung der Quellensteuern Verzugszinsen in Rechnung gestellt. Betreffend die im vAv abgerechneten Beträge sind die Ausgleichskassen in rechtlicher Hinsicht Bezugsstellen und damit keine Schuldner der steuerbaren Leistung. Ausserdem steht die erwähnte Praxis im Widerspruch zum Inkassoprozess bei den Ausgleichskassen. Den kantonalen Steuerverwaltungen wird nach Rücksprache mit der Arbeitsgruppe Quellensteuern der Schweizerischen Steuerkonferenz empfohlen, von der Erhebung von Verzugszinsen gegenüber den Ausgleichskassen abzusehen.

Abteilung Aufsicht Kantone
Fachdienste

D. Emch

Daniel Emch
Chef

Beilagen:
- Änderung vom 17. März 2017 des Bundesgesetzes über Massnahmen zur Bekämpfung der Schwarzarbeit; Beilage 1
- Auszug aus der Wegleitung des BSV über den Bezug der Beiträge in der AHV, IV und EO (WBB), gültig ab 1. Januar 2018 (Rz 2107.1, Seite 63); Beilage 2
- Musteranmeldeformular des BSV für das vAv (WBB, Anhang 2, Seite 206); Beilage 3

Steuerbefreiung von internationalen Sportverbänden

Quelle: Eidg. Steuerverwaltung ESTV/HA Direkte Bundessteuer, Verrechnungssteuer, Stempelabgaben

Direkte Bundessteuer

Bern, 12. Dezember 2008

An die kantonalen Verwaltungen
für die direkte Bundessteuer

Rundschreiben

Steuerbefreiung von internationalen Sportverbänden

Internationale Sportverbände sind für die direkte Bundessteuer grundsätzlich steuerpflichtig. Gestützt auf eine extensive Auslegung von Artikel 56 Buchstabe g des Bundesgesetzes vom 14. Dezember 1990 über die direkte Bundessteuer (DBG) haben verschiedene kantonale Steuerbehörden die internationalen Sportverbände mehrheitlich von der direkten Bundessteuer befreit. Auf Ersuchen einzelner Kantone hat der Bundesrat am 5. Dezember 2008 beschlossen, diese während vielen Jahren entwickelte Praxis der Kantone gutzuheissen.

Mit gleichem Beschluss hat der Bundesrat die Eidg. Steuerverwaltung (ESTV) beauftragt, den Kantonen mitzuteilen, dass Artikel 56 Buchstabe g DBG für diese internationalen Sportverbände gesamtschweizerisch gleichermassen anzuwenden ist.

Diesem Auftrag kommt die ESTV mit dem vorliegenden Rundschreiben nach und teilt Ihnen mit, dass bei der Steuerbefreiung internationaler Sportverbände gemäss Artikel 56 Buchstabe g DBG die nachfolgenden Grundsätze anzuwenden sind:

1. Die in der Schweiz domizilierten und dem Internationalen Olympischen Komitee (IOC) angeschlossenen internationalen Sportverbände sowie deren in der Schweiz domizilierten internationalen Unterverbände (Konföderationen) sind von der direkten Bundessteuer befreit. Nicht als Unterverbände gelten die jeweiligen nationalen und regionalen Unterverbände, wie etwa die schweizerischen Sportverbände. Diese sind somit nicht steuerbefreit.

2. Die Steuerbefreiung ist auf die direkte Bundessteuer beschränkt. Die übrigen Steuern und Abgaben des Bundes (Mehrwertsteuer usw.) sind davon nicht betroffen.

3. Einzig die internationalen Sportverbände als solche sind von der direkten Bundessteuer befreit. Nicht befreit sind hingegen die natürlichen Personen in deren Umfeld, wie Mitarbeitende, Personen in Gremien, Funktionäre usw.

Wir bitten die kantonalen Steuerverwaltungen, diesen Bundesratsbeschluss anzuwenden und stehen für Rückfragen gerne zu Verfügung.

Abteilung Recht

Marc Bugnon
Chef

Atypische stille Beteiligungen

Quelle: Eidg. Steuerverwaltung ESTV/HA Direkte Bundessteuer, Verrechnungssteuer, Stempelabgaben

P.P. CH-3003 Bern, ESTV, DVS

An die VorsteherInnen der
kantonalen Steuerverwaltungen,
die EXPERTsuisse
und an interessierte Kreise

Ansprechperson	Marc Bugnon
Unser Zeichen	BUG/KUP/ROI - 2411
Telefon	058 462 72 01
Fax	058 462 64 50
Adresse	Eigerstrasse 65
	3003 Bern
E-Mail	marc.bugnon@estv.admin.ch
Internet	www.estv.admin.ch
Ihr Zeichen	
Ihre Nachricht vom	

Bern, 28. April 2015

Atypische stille Beteiligung: Stellungnahme der ESTV

Sehr geehrte Damen und Herren

Das Bundesgericht hat sich in seinem Urteil 2C_333/2007 zur Rückerstattung der Verrechnungssteuer an eine inländische Betriebsstätte einer ausländischen Unternehmung gemäss Artikel 24 Absatz 3 des Bundesgesetzes vom 13. Oktober 1965 über die Verrechnungssteuer (Verrechnungssteuergesetz [VStG], SR 642.21) geäussert. Dabei hat das Bundesgericht die Verwaltungspraxis bestätigt. Dieser Entscheid des Bundesgerichts zeitigt auch für die steuerliche Beurteilung einer atypischen stillen Beteiligung – sowohl betreffend Verrechnungssteuer als auch für die Belange der direkten Steuern – Auswirkungen. Aus diesen Gründen möchte die Eidg. Steuerverwaltung (ESTV) in Absprache mit der Arbeitsgruppe Unternehmenssteuern der Schweiz. Steuerkonferenz (SSK) nachfolgend einige Grundsätze zur steuerlichen Behandlung einer atypischen stillen Beteiligung in Erinnerung rufen:

1. Die atypische stille Beteiligung nach deutschem Recht

Eine stille Gesellschaft kann grundsätzlich in der Form einer typischen oder atypischen stillen Gesellschaft bestehen. Beide Formen sind dadurch gekennzeichnet, dass sich eine natürliche oder juristische Person derart am Handelsgewerbe einer Unternehmung beteiligt, dass ihre Einlage gegen einen Anteil am Gewinn in das Vermögen der Unternehmung des Handelsgeschäftes übergeht. Die stille Gesellschaft ist somit in erster Linie gekennzeichnet durch ein Schuldverhältnis zwischen dem still Beteiligten und dem Handelsgewerbe, an welchem er sich beteiligt. Das Handelsgeschäft selbst wird oft in der Rechtsform einer Kapitalgesellschaft betrieben, es kommt aber auch die Rechtsform eines Einzelkaufmanns oder jene einer Personengesellschaft in Betracht.

Die stille Gesellschaft stellt eine reine Innengesellschaft dar. Nach aussen wird die Geschäftstätigkeit allein vom Inhaber des Handelsgeschäftes geführt. Die abgeschlossenen Rechtsgeschäfte verpflichten und berechtigen allein den Inhaber des Handelsgeschäfts. Der stille Gesellschafter haftet nicht für die Verbindlichkeiten des Unternehmens. Die stille Beteiligung ist entweder typisch (ohne Verlustbeteiligung) oder atypisch (mit Verlustbeteiligung).

Der typisch still Beteiligte ist lediglich prozentual am Gewinn der Unternehmung beteiligt. Eine Beteiligung an den stillen Reserven, am Unternehmenswert und am Verlust ist nicht vorgesehen. Der typisch still Beteiligte hat keinen Einfluss auf die Geschäftsführung und haftet auch nicht für die Verbindlichkeiten des Unternehmens.

Der atypisch still Beteiligte ist prozentual am Gewinn oder Verlust, an den stillen Reserven und am Geschäftswert der Unternehmung beteiligt; zudem wird seine Einlage verzinst. Die Verlustbeteiligung ist jedoch auf die Höhe der Einlage des atypisch still Beteiligten beschränkt. Der atypisch still Beteiligte hat Kontroll- und Informationsrechte und je nach Gesellschaftsvertrag kann er in festgelegtem Rahmen in der Geschäftsführung mitbestimmen. Aufgrund der weitgehenden rechtlichen Gestaltungsfreiheit des deutschen Gesellschaftsrechts ist es möglich, die atypisch stille Gesellschaft an die individuellen Bedürfnisse der Gesellschafter anzupassen. Grundlage ist dabei ein Gesellschaftsvertrag, durch den sich der Inhaber des Handelsgeschäfts und der stille Gesellschafter verpflichten, die Erreichung des gemeinsamen Zwecks zu fördern.

2. Direkte Bundessteuer

2.1. Gewinnsteuer

Die Annahme einer Betriebsstätte des deutschen atypisch still Beteiligten in der Schweiz war eine reine Fiktion (keine feste Geschäftseinrichtung etc.). Nicht zuletzt auf Grund der Argumentation des Bundesgerichts im eingangs erwähnten Urteil wurde diese Betriebsstättenfiktion aufgegeben.

Die ESTV erblickt im vorliegenden Rechtsverhältnis aufgrund der aktuellen Rechtsprechung des Bundesgerichts einen Darlehensvertrag. Somit begründet der atypisch still Beteiligte in der Schweiz keine Betriebsstätte mehr, sondern wird für diese Einkünfte in seinem jeweiligen Ansässigkeitsstaat steuerpflichtig. Da die Rechtsfigur der atypischen stillen Beteiligung eine deutsche Eigenart darstellt, werden diese Einkünfte somit in den allermeisten Fällen in Deutschland zur Besteuerung kommen.

Soweit kein verdecktes Eigenkapital vorliegt, anerkennt die ESTV die nach den jährlich publizierten Rundschreiben „Steuerlich anerkannte Zinssätze für Vorschüsse oder Darlehen in Schweizer Franken oder Fremdwährungen" berechneten Zinsen als geschäftsmässig begründeter Aufwand. Soweit die Vergütungen an den atypisch still Beteiligten Zinsen auf verdecktem Eigenkapital oder übersetzte Zinsen darstellen, werden diese bei der – die Vergütung zahlenden – Gesellschaft nicht zum Abzug zugelassen.

Muss sich der atypisch still Beteiligte am Verlust beteiligen, so erfolgt dies in Form eines Forderungsverzichts. Dieser ist grundsätzlich gleich zu behandeln wie Forderungsverzichte Dritter. Der Gesellschaft erwächst ein erfolgswirksamer Vermögenszugang. Kein erfolgswirksamer Vermögenszugang liegt dann vor, wenn und soweit das deutsche atypische Gesellschafterdarlehen steuerlich als verdecktes Eigenkapital behandelt wurde bzw. wird.

2.2. Einkommenssteuer

Bei Personengesellschaften erblickt die ESTV im vorliegenden Rechtsverhältnis ebenfalls einen Darlehensvertrag. Sie anerkennt dabei die nach den jährlich publizierten Rundschreiben "Steuerlich anerkannte Zinssätze für Vorschüsse oder Darlehen in Schweizer Franken oder Fremdwährungen" berechneten Zinsen als geschäftsmässig begründeten Aufwand. Soweit die Vergütungen an den atypisch still Beteiligten übersetzte Zinsen darstellen, werden diese bei der – die Vergütung zahlenden – Gesellschaft nicht zum Abzug zugelassen (gemäss Art. 18 Abs. 3 des Bundesgesetzes vom 14. Dezember 1990 über die direkte Bundessteuer [DBG, SR 642.11] i.V.m. Art. 58 Abs. 1 Bst. b letztes Lemma DBG). Die Unterkapitalisierungsnormen gelten nicht für Personengesellschaften. Eine Korrektur ist nur mittels Transferpreisen möglich.

Überschiessende Zinszahlungen unterliegen (nach wie vor) als Gewinnvorwegnahme der Gewinn- respektive der Einkommenssteuer. Beim Forderungsverzicht gelten unter Vorbehalt des verdeckten Eigenkapitals die gleichen Ausführungen wie bei der Gewinnsteuer.

3. Verrechnungssteuer

3.1. Erhebung

Für die Belange der Erhebung der Verrechnungssteuer wurde auf Grund des oben erwähnten Urteils des Bundesgerichts die Steuerumgehungsfiktion aufgegeben.

Eine der Verrechnungssteuer unterliegende geldwerte Leistung liegt somit nur noch im Umfang der übersetzten/übermässigen Zinszahlung respektive dem verdeckten Eigenkapital einer steuerbaren Leistung der Gesellschaft an den atypisch still Beteiligten (in seiner Eigenschaft als Beteiligungsinhaber oder nahestehender Dritter) vor und nicht mehr – wie in der Vergangenheit – im Umfang sämtlicher Zinszahlungen der Gesellschaft.

3.2. Rückerstattung

Da – wie unter Ziffer 2.1. hievor bereits erwähnt – die atypisch still Beteiligten in den allermeisten Fällen in Deutschland ansässig sind, erfolgt die Rückerstattung der Verrechnungssteuer gestützt auf das eingangs erwähnte Urteil des Bundesgerichts ausschliesslich nach dem Abkommen zwischen der Schweizerischen Eidgenossenschaft und der Bundesrepublik Deutschland zur Vermeidung der Doppelbesteuerung auf dem Gebiete der Steuern vom Einkommen und vom Vermögen vom 11. August 1971 (DBA-D, SR 0.672.913.62). Die Rückerstattung der Verrechnungssteuer erfolgt grundsätzlich wieder unabhängig von der direktsteuerlichen Behandlung der Erträge aus der atypischen stillen Beteiligung. In diesem Zusammenhang ist darauf hinzuweisen, dass der atypisch still Beteiligte durch seine Beteiligung in der Schweiz keine Betriebsstätte begründet. Mithin fällt eine Rückerstattung der Verrechnungssteuer gestützt auf Artikel 24 Absatz 3 VStG ausser Betracht.

Die Rückerstattung der Verrechnungssteuer erfolgt auf dem normalen Weg über das Doppelbesteuerungsabkommen mit Deutschland (Art. 10 DBA-D, Dividendenartikel); entsprechend den dortigen Sätzen. D.h. falls der deutsche, atypisch still Beteiligte eine Gesellschaft ist und während eines ununterbrochenen Zeitraums von mindestens 12 Monaten unmittelbar über mindestens 10 Prozent des Kapitals der die Dividenden ausschüttenden Gesellschaft verfügt, so findet Artikel 10 Absatz 3 DBA-D Anwendung (Sockel von 0 Prozent bzw. volle Rückerstattung). Bei nicht qualifizierten Beteiligungen oder wenn der atypisch still Beteiligte eine natürliche Person ist, erfolgt die Rückerstattung mit 15 Prozent Sockelbelastung (Art. 10 Abs. 2 Bst. c DBA-D). Die Erträge aus atypischer stiller Beteiligung sind auf dem Formular 85 aufzuführen, welches zwingend die Ansässigkeitsbescheinigung des deutschen Fiskus enthalten muss.

4. Geltung / Information

Die aktuelle Verwaltungspraxis gründet in einem Urteil des Bundesgerichts und wurde deshalb korrekterweise bereits per sofort angewendet. Die ESTV anerkennt nach einer anderslautenden Praxis abgeschlossene Rulings noch maximal bis und mit Steuerperiode 2016. Somit ist spätestens ab dem 1. Januar 2017 keine Besteuerung aufgrund einer anderslautenden Praxis mehr zulässig.

Der Inhalt des vorliegenden Schreibens wird ferner auch interessierten Kreisen auf deren Nachfrage hin mitgeteilt, dies insbesondere Steuerpflichtigen und ihren Vertretern, welche die ESTV betreffend die Regelung der atypischen stillen Beteiligung kontaktiert haben.

Für Rückfragen und allfällige weitere Informationen steht Ihnen die Abteilung Rückerstattung der ESTV unter der Telefonnummer 058 465 60 91 zur Verfügung.

Mit freundlichen Grüssen

Marc Bugnon
Hauptabteilungschef

Freigrenze für Zinsen von Kundenguthaben

Quelle: Eidg. Steuerverwaltung ESTV/HA Direkte Bundessteuer, Verrechnungssteuer, Stempelabgaben

Direkte Bundessteuer
Verrechnungssteuer

Bern, 24. Februar 2010

An die kantonalen Verwaltungen
für die direkte Bundessteuer

An die zentralen Verrechnungs-
steuerbehörden der Kantone

Rundschreiben

Freigrenze für Zinsen von Kundenguthaben / Umsetzung der Unternehmens-
steuerreform II

1. Gesetzliche Grundlagen

Mit dem Bundesgesetz vom 23. März 2007 über die Verbesserung der steuerlichen Rahmenbedingungen für unternehmerische Tätigkeiten und Investitionen (Unternehmenssteuerreformgesetz II) wurde auch das Bundesgesetz vom 13. Oktober 1965 über die Verrechnungssteuer (VStG) geändert. Das bestehende Sparheftprivileg wurde aufgehoben. Dafür werden die Zinsen von allen Kundenguthaben von der Verrechnungssteuer ausgenommen, wenn der Zinsbetrag für ein Kalenderjahr 200 Franken nicht übersteigt. Das VStG wurde wie folgt angepasst:

Art. 5 Abs. 1 Bst. c Ausnahmen

¹Von der Steuer sind ausgenommen

c. Die Zinsen von Kundenguthaben, wenn der Zinsbetrag für ein Kalenderjahr 200
Franken nicht übersteigt;

Der Schweizerische Bundesrat hat mit Änderung vom 24. Juni 2009 die Vollziehungsverordnung zum Bundesgesetz über die Verrechnungssteuer vom 19. Dezember 1966 (VStV) wie folgt angepasst:

Art. 16 Kundenguthaben

Die Freigrenze nach Artikel 5 Absatz 1 Buchstabe c des Gesetzes gilt für Zinsbeträge, die für
das Kundenguthaben einmal pro Kalenderjahr vergütet werden.

Art. 54 Abs. 1 und 2

¹ Ein Sparverein oder eine Betriebssparkasse im Sinne von Artikel 9 Absatz 2 des Gesetzes hat Anspruch auf Rückerstattung der Verrechnungssteuer für Rechnung des Einlegers, wenn dessen Anteil am Bruttoertrag 200 Franken im Kalenderjahr nicht übersteigt. Der Antrag ist bei der Eidgenössischen Steuerverwaltung einzureichen.

² Übersteigt dieser Anteil 200 Franken, so muss der Verein oder die Kasse den Einleger darauf hinweisen, dass dieser die Rückerstattung der Verrechnungssteuer selbst zu beantragen hat und sie nur aufgrund einer Bescheinigung nach Artikel 3 Absatz 2 zurückerhält. Auf Verlangen des Einlegers muss der Verein oder die Kasse die Bescheinigung ausstellen.

2. Ausdehnung des Freibetrags auf alle Kundenguthaben

Der neue Wortlaut von Artikel 5 Absatz 1 Buchstabe c VStG verzichtet auf die Einschränkung „von auf den Namen lautenden Spar-, Einlage- oder Depositenheften und Spareinlagen" und hält den Begriff „Kundenguthaben" fest. Dementsprechend gilt die Ausnahmeregelung bis zu einem Zinsbetrag von Franken 200 für ein Kalenderjahr für alle Arten von Kundenguthaben, die gemäss Artikel 4 Absatz 1 Buchstabe d VStG eigentlich der Verrechnungssteuer unterliegen würden. Die Freigrenze gilt nicht für Obligationen und diesen gleichgestellten Wertpapieren im Sinne von Artikel 4 Absatz 1 Buchstabe a VStG.

Der Begriff des Kundenguthabens ist im Merkblatt Kundenguthaben der Eidgenössischen Steuerverwaltung S-02.122.2 wie folgt beschrieben: Kundenguthaben sind durch Einlagen bei einer inländischen Bank oder Sparkasse begründete Forderungen. Kundenguthaben können beispielsweise sein: Spar-, Einlage-, Depositen- und Kontokorrentguthaben, Festgelder, Callgelder, Lohnkonti, Aktionärsdarlehen usw. Dazu gehören auch Kundenkonti bei der Schweizerischen Post. Nicht unter den Begriff des Kundenguthabens werden Kassenobligationen und überjährige Termingeldkonten subsumiert. Gleiches gilt für Geldmarktpapiere und Buchforderungen, welche steuerrechtlich als Obligationen gelten (siehe dazu Merkblatt Obligationen S-02.122.1 und Merkblatt Geldmarktpapiere und Buchforderungen inländischer Schuldner S-02.130.1 der Eidgenössischen Steuerverwaltung).

3. Begrenzung auf Kundenguthaben, die nur einmal jährlich abgeschlossen werden

Von der Freigrenze können nur diejenigen Kundenguthaben profitieren, welche einmal pro Kalenderjahr abgeschlossen werden und deren Zins nur einmal vergütet wird. Für andere Periodizitäten ist die Beanspruchung der Freigrenze ausgeschlossen, selbst wenn tatsächlich nur ein Habenzins pro Jahr anfällt. Bei Kontokorrentkonti kann die Freigrenze auch dann beansprucht werden, wenn etwa vierteljährliche Sollzinsbelastungen als Akontozahlung behandelt werden und kein Habenzins ausgewiesen wird, da in diesem Fall kein unterjähriger Abschluss vorgenommen wird. Der massgebende Abschluss mit Verrechnungssteuerabzug und Bescheinigung erfolgt nur einmal jährlich (per Ende Jahr oder bei definitiver Auflösung des Kundenguthabens). Bei Abschluss können die Soll- und Habenzinsen weiterhin gegenseitig verrechnet werden. Die Verrechnungssteuer fällt nur an, wenn die Differenz zu Gunsten des Kunden die Freigrenze von 200 Franken übersteigt.

Bei der Einhaltung der Voraussetzung, dass es sich nicht um überjährige Guthaben handelt und der Zins nur einmal pro Jahr vergütet wird, fallen auch Festgelder unter die Freigrenze; eine Prolongation ist aber ausgeschlossen. Die Freigrenze ist nur dann anwendbar, wenn nach definitivem Abschluss ein neues Konto eröffnet wird. Für das Übergangsjahr 2010 ist für die Festlegung, ob die Freigrenze überschritten wird, auf die Höhe der im Jahr 2010 erfolgten Gutschrift abzustellen. Dabei ist unerheblich, ob ein Teil davon das Jahr 2009 betrifft.

4. Anpassung der Bestimmungen für Sparvereine und Betriebssparkassen

Artikel 54 VStV wurde zu Gunsten von Sparvereinen und Betriebssparkassen erlassen. Diese gelten gemäss Artikel 9 Absatz 2 VStG nicht als Banken oder Sparkassen im Sinne des VStG, sofern diese ihre Gelder ausschliesslich in Werten anlegen, deren Ertrag der Verrechnungssteuer unterliegt. Der Verein kann die Verrechnungssteuer gesamthaft bei der Eidgenössischen Steuerverwaltung geltend machen, wenn der den Einlegern vergütete Zins 200 Franken nicht übersteigt. Diese Limite wurde der neuen Freigrenze von Zinsen auf Kundenguthaben angepasst. Der Artikel wurde redaktionell überarbeitet.

5. Auswirkungen auf die direkten Bundessteuern

Zinsen, welche unter die Freigrenze von Artikel 5 Absatz 1 Buchstabe c VStG fallen, gelten als steuerbare Erträge im Sinne von Artikel 20 Absatz 1 Buchstabe a des Bundesgesetzes über die direkte Bundessteuer vom 14. Dezember 1990 (DBG). Die Zinsen sind im Wertschriftenverzeichnis in der Spalte „der Verrechnungssteuer **nicht** unterliegend" zu deklarieren.

6. Inkrafttreten

Die neue Freigrenze für Kundenguthaben ist am 1. Januar 2010 in Kraft getreten und gilt für Zinsen, die nach dem 31. Dezember 2009 fällig werden.

Abteilung Aufsicht Kantone

André Binggeli
Teamchef

Straflose Selbstanzeige

Quelle: Eidg. Steuerverwaltung ESTV/HA Direkte Bundessteuer, Verrechnungssteuer, Stempelabgaben

Direkte Bundessteuer

Bern, 10. Juli 2018
DB-112 / 112a / LAE

An die kantonalen Verwaltungen
für die direkte Bundessteuer

Rundschreiben

Straflose Selbstanzeige

1 Ausgangslage

Das Bundesgesetz vom 20. März 2008 über die Vereinfachung der Nachbesteuerung in Erbfällen und die Einführung der straflosen Selbstanzeige (AS 2008, 4453) ist am 1. Januar 2010 in Kraft getreten.

Zur Vermeidung, dass eine sich selbst anzeigende Person die Straflosigkeit der Selbstanzeige mehr als einmal in Anspruch nehmen kann, führt die Eidgenössische Steuerverwaltung (ESTV) ein zentrales schweizweites Verzeichnis.

2 Vorgehen

Gestützt auf die Artikel 102 und 103 des Bundesgesetzes vom 14. Dezember 1990 über die direkte Bundessteuer (DBG) werden die kantonalen Verwaltungen für die direkte Bundessteuer (KSTV) aufgefordert, folgendermassen vorzugehen:

a) Die steuerpflichtige Person, welche bisher unversteuertes, steuerbares Einkommen resp. unversteuerten steuerbaren Gewinn oder Vermögen resp. Kapital anzeigt und dafür Straflosigkeit geltend macht, hat schriftlich zu bestätigen, dass sie die Anwendung dieser Bestimmungen erstmals verlangt.

b) Nach Abschluss des Verfahrens übermittelt die KSTV der ESTV die folgenden **Angaben und Beilagen**:

Angaben

Name / Firma, Vorname, AHV-Nummer / UID-Nummer, meldende KSTV, Datum der Straflosigkeitsverfügung (diese Verfügung kann separat oder als Teil der Nachsteuerverfügung ergehen).

Die erforderlichen Angaben sind der ESTV **elektronisch** (E-Mail oder Memory Stick) mindestens alle vier Monate (Meldeperiode) wie folgt in einer **Excel-Liste** zu übermitteln. Dabei sind diese Spalten ausnahmslos einzuhalten und es sind keine weiteren Spalten einzufügen:

Name / Firma	Vorname	AHV - NR. / UID	Kanton	Referenz KSTV	Zustelldatum Straflosigkeitsverfügung mit Zustellnachweis
Muster	Hans	123.4567.8910.11	BE	Hans Meier	01.05.2018
Muster	Fritz	123.4567.8910.12	BE	Hans Meier	01.05.2018
Muster	Anna	123.4567.8910.13	BE	Hans Meier	01.05.2018
Muster	Berta	123.4567.8910.14	BE	Hans Meier	01.05.2018
Muster	Christa	123.4567.8910.15	BE	Hans Meier	01.05.2018

Das bis anhin verwendete Meldeformular darf nicht mehr weiter verwendet werden. Die Meldungen sind ausschliesslich auf einer Excel Liste mit der oben vorgegebenen Struktur elektronisch zu erfassen.

Beilagen

Kopien der Straflosigkeitsverfügungen mit Zustellnachweis. Diese Verfügungen können separat oder als Teil der Nachsteuerverfügung ergehen.

Die Beilagen sind der ESTV zusammen mit der Excel-Liste entweder in Papierform oder als PDF-Dateien zuzustellen. Die beigelegten Verfügungen müssen mit der Excel-Liste genau übereinstimmen.

Zustellung

Die Liste für die aktuelle Meldeperiode ist in elektronischer Form zusammen mit den Beilagen auf dem Postweg (Excel-Liste auf Memory-Stick) oder per E-Mail an die folgende **Adresse** zu senden:

Eidgenössische Steuerverwaltung
Abteilung Strafsachen und Untersuchungen (ASU)
Eigerstrasse 65
3003 Bern

Tel +41 58 463 01 81

asu.dvs@estv.admin.ch

3 *Datensicherheit*

Falls der Versand elektronisch erfolgt, muss die Mail zwingend mittels X.509-Zertifikat **verschlüsselt** werden. Sollte dies technisch nicht möglich sein, sind die einzelnen Dateien zu verschlüsseln. Als Mindestanforderung gilt eine AES256-Verschlüsselung und ein Passwort, bestehend aus mindestens 12 Zeichen, davon mindestens einem Buchstaben in Grossschreibung, einem Buchstaben in Kleinschreibung, einem Sonderzeichen und einer Zahl. Das Passwort ist der ASU mit separater Post zu übermitteln. Bei Fragen betreffend der Verschlüsselung wenden sich die KSTV über die oben erwähnten Kontakte an die ASU.

4 Überprüfung der Erstmaligkeit

Über die oben genannten Kontakte der ASU können sich die KSTV zudem zwecks Kontrolle der Erstmaligkeit einer Selbstanzeige erkundigen.

5 Aktenaufbewahrung durch die KSTV

Die durch die steuerpflichtige Person im Rahmen des Verfahrens einer straflosen Selbstanzeige eingereichten Unterlagen sind durch die zuständige KSTV aufzubewahren.

6 Geltung

Dieses Rundschreiben ersetzt das Rundschreiben 2-069-D-2010-d vom 5. Januar 2010.

Es gilt ab seiner Publikation auf der Homepage der ESTV und ist anwendbar für alle ab diesem Zeitpunkt der ESTV zu erstattenden Meldungen.

Abteilung Strafsachen und Untersuchungen

Emanuel Lauber
Chef

Steuererlass DBST

Quelle: Eidg. Steuerverwaltung ESTV/HA Direkte Bundessteuer, Verrechnungssteuer, Stempelabgaben

Direkte Bundessteuer

Bern, 29. Juni 2015
DB-102-167 / KUP / Bk

An die kantonalen Verwaltungen
für die direkte Bundessteuer

Rundschreiben

Totalrevision der Verordnung des EFD über die Behandlung von Gesuchen um Erlass der direkten Bundessteuer / Aufhebung der Eidgenössischen Erlasskommission für die direkte Bundessteuer

1 Ausgangslage

Die Kantone erhalten mit dem Inkrafttreten des Bundesgesetzes vom 20. Juni 2014 über eine Neuregelung des Steuererlasses (Steuererlassgesetz; AS *2015* 9) ab 1. Januar 2016 die Kompetenz zur Beurteilung aller Erlassgesuche, welche die direkte Bundessteuer betreffen. Die Eidgenössische Erlasskommission für die direkte Bundessteuer (EEK), die nach heutigem Recht Gesuche um Erlass der direkten Bundessteuer im Umfang von mindestens 25 000 Franken pro Jahr beurteilt, wird auf diesen Zeitpunkt hin aufgehoben (vgl. den mit dem Inkrafttreten des Steuererlassgesetzes gestrichenen Art. 102 Abs. 4 des Bundesgesetzes vom 14. Dezember 1990 über die direkte Bundessteuer [DBG; SR 642.11]).

2 Revision der Steuererlassverordnung des EFD

Im Hinblick auf das Inkrafttreten der neuen Gesetzesbestimmungen zum Steuererlass wurde auch die Steuererlassverordnung des Eidgenössischen Finanzdepartements (EFD) vom 19. Dezember 1994 (SR 642.121) totalrevidiert.

Die revidierte Verordnung umschreibt die in den neuen Gesetzesbestimmungen vorgegebenen Voraussetzungen für den Steuererlass, die Gründe für dessen Ablehnung und das Erlassverfahren näher. In der neuen Verordnung nicht mehr enthalten sind unter anderem Bestimmungen, welche im Rahmen des Steuererlassgesetzes neu auf Gesetzesstufe geregelt werden.

Die neue Verordnung tritt gleichzeitig mit dem Steuererlassgesetz auf den 1. Januar 2016 in Kraft.

Abteilung Recht DVS

Markus Küpfer
Chef

Sie finden die Verordnung unter:
https://www.admin.ch/opc/de/official-compilation/2015/1895.pdf

# Indirekte Teilliquidation und Transponierung

Quelle: Eidg. Steuerverwaltung ESTV/HA Direkte Bundessteuer, Verrechnungssteuer, Stempelabgaben

Direkte Bundessteuer

Bern, 18. Juli 2006
DB-020.1.c Ne/BUG

An die kantonalen Verwaltungen
für die direkte Bundessteuer

Rundschreiben

**Bundesgesetz über dringende Anpassungen bei der Unternehmensbesteuerung /
Indirekte Teilliquidation und Transponierung**

Die eidg. Räte haben am 23. Juni 2006 das Bundesgesetz über dringende Anpassungen bei der Unternehmensbesteuerung verabschiedet. Dieses regelt im DBG und im StHG die Tatbestände der indirekten Teilliquidation und der Transponierung. Die Referendumsfrist läuft bis am 12. Oktober 2006.

Die vorgesehenen gesetzlichen Regelungen sollen – vorbehältlich eines Referendums – auf den 1. Januar 2007 in Kraft treten.

Das revidierte Gesetz sieht für die direkte Bundessteuer in Artikel 205b DBG eine Rückwirkung des in Artikel 20a Buchstabe a DBG geregelten Tatbestandes der indirekten Teilliquidation für noch nicht rechtskräftige Veranlagungen ab Steuerperiode 2001 vor. Im StHG ist keine entsprechende Bestimmung enthalten.

Die für die direkte Bundessteuer vorgesehene Rückwirkung erlaubt keine Vorwirkung der neuen gesetzlichen Regelung. Folglich haben sich die Veranlagungen, die noch im Jahr 2006 getroffen werden, nach heute geltendem Recht und dazugehöriger Praxis zu richten.

Für Sachverhalte, die sich vor dem 1. Januar 2001 zugetragen haben, ist keine Rückwirkung vorgesehen. Sie sind auch nach dem 31. Dezember 2006 nach heute geltendem Recht und dazugehöriger Praxis zu beurteilen.

Im Anhang finden sie die neuen durch die Bundesversammlung beschlossenen Bestimmungen.

Abteilung Recht

Marc Bugnon
Der Chef

Beilage:
Bundesgesetz vom 23. Juni 2006 über dringende Anpassungen bei der Unternehmensbesteuerung

Parallelität des Instanzenzuges

Quelle: Eidg. Steuerverwaltung ESTV/HA Direkte Bundessteuer, Verrechnungssteuer, Stempelabgaben

Direkte Bundessteuer
Verrechnungssteuer

Bern, 24. März 2004
DB-145 CAE/Gra/BUG

An die kantonalen
Steuerverwaltungen

Rundschreiben

Parallelität des kantonalen Instanzenzuges in Staats- und in Bundessteuersachen, soweit es um durch das StHG geregelte Streitgegenstände geht; BGE vom 19. Dezember 2003 (2A.355/2003)

In einem Entscheid vom 10. Juni 2002 (interne Sammlung Nr. 882; BGE 128 II 311), hielt das Bundesgericht fest, dass diejenigen Kantone, die eine „weitere verwaltungsunabhängige kantonale Instanz" (Art. 50 StHG) für die Staatssteuer vorsehen, auch für Bundessteuersachen die Überprüfung durch eine zweite Gerichtsinstanz (Art. 145 DBG) zulassen müssen (siehe unser Rundschreiben vom 14. Februar 2003).

Am 19. Dezember 2003 kam unser oberstes Gericht auf die Frage zurück und beschloss Nichteintreten auf eine Verwaltungsgerichtsbeschwerde, welche die Steuerverwaltung des Kantons Jura gegen einen Entscheid der kantonalen Rekurskommission beim Bundesgericht erhoben hatte. Das Bundesgericht befand, dass sowohl für die Staatssteuer als auch für die direkte Bundessteuer derselbe Instanzenzug offenzustehen habe, soweit es sich um die in Art. 73 Abs. 1 StHG genannten Gegenstände handelt, und soweit es um Steuern aus Jahren nach Ablauf der achtjährigen Anpassungsfrist von Art. 72 Abs. 1 StHG geht, welche mit Inkrafttreten des StHG am 1. Januar 1993 zu laufen begann.

Auszug aus der Begründung:

Das Bundesgericht legt Art. 145 DBG (in Verbindung mit Art. 50 StHG) dahingehend aus, dass ein Kanton, der für Streitigkeiten bezüglich der Staatssteuer eine zweite Gerichtsinstanz vorsieht, auch bezüglich der direkten Bundessteuer eine doppelte gerichtliche Überprüfung ermöglichen muss, damit die Ziele der Steuerharmonisierung durchgesetzt werden können. Diese Auslegung, die auf den Willen des Bundesgesetzgebers zurückgeht, bedeutet keine Verletzung der kantonalen Verfahrensautonomie. Den Kantonen bleibt es weiterhin unbenommen, für den Bereich des harmonisierten Rechts in beiden Fällen lediglich eine einzige Gerichtsinstanz vorzusehen, sei dies eine Rekurskommission oder ein Verwaltungs- oder Kantonsgericht.

Das Bundesgericht hebt hervor, dass es nicht ihm sondern dem Kanton zustehe, die zuständige Instanz zu bestimmen. Diesbezüglich sei die kantonale Verfahrensautonomie zu beachten, da die bundesrechtlichen Vorschriften (Art. 145 DBG und Art. 50 StHG) sich darauf beschränken, eine Parallelität des Rechtsweges vorzuschreiben, es den Kantonen jedoch anheim stellen, ob sie nur einen einfachen oder einen doppelten Instanzenzug zur Verfügung stellen wollen.

Das Bundesgericht weist auch darauf hin, dass die Beibehaltung von verschiedenen Beschwerdeverfahren auf kantonaler Ebene das Risiko beinhalte, dass die kantonalen Behörden bezüglich der direkten Bundessteuer und der kantonalen Steuern unterschiedlich urteilen. Ein ebensolches Risiko besteht - unter dem Vorbehalt, dass nicht das Ergebnis eines Verfahrens aufgehoben und demjenigen des zweiten Verfahrens angepasst wird – dort, wo das Bundesgericht die gleiche Streitfrage zweimal zu beurteilen hat, zuerst als Beschwerde gegen den Entscheid bezüglich der direkten Bundessteuer und sodann eventuell gegen den Entscheid der zweiten kantonalen Instanz bezüglich der kantonalen Steuern. Es besteht auch die Gefahr von Widersprüchen zwischen dem Entscheid der einen oder andern kantonalen Instanz und dem Bundesgericht. Dieser Widerspruch kann dadurch hervorgerufen werden, dass diese Behörden eine unterschiedliche Beurteilungskompetenz bezüglich Sachverhaltsfeststellung sowie eine grössere oder kleinere Prüfungsbefugnis im rechtlichen Bereich haben können. Es ist somit möglich, dass das kantonale Gericht und das Bundesgericht die gleiche rechtliche Frage aufgrund von verschiedenen Sachverhaltsfeststellungen zu prüfen hätten.

Art. 98a Abs. 3 OG bestimmt, dass vor einer letzten kantonalen Instanz die Beschwerdelegitimation und die Beschwerdegründe mindestens im gleichen Umfang wie für die Verwaltungsgerichtsbeschwerde an das Bundesgericht zu gewährleisten sind. Diese Bestimmung untersagt es dem kantonalen Gesetzgeber jedoch nicht, Verfahrensregeln und gerichtliche Prüfungsbefugnis in einem Umfang festzulegen, der über die Minimalbestimmungen des Art. 98a OG hinausgeht.

Auch andere Inkongruenzen können sich ergeben. So ist zum Beispiel die Frage der reformatio in peius vel melius für die Staatssteuern nicht immer geregelt. Im Bereich der direkten Bundessteuer ist die reformatio in peius hingegen aufgrund ausdrücklicher Gesetzesvorschrift zulässig (gemäss Art. 143 DBG für das Verfahren vor der Rekurskommission und gemäss dem Verweis in Art. 145 Abs. 2 DBG auch für die weitere kantonale Instanz, gemäss Art. 114 OG auch im Verwaltungsgerichtsverfahren vor Bundesgericht).

Das Bundesgericht zweifelt auch daran, ob es in den Fällen des doppelten Instanzenzugs zulässig sei, Streitigkeiten über die Staats- und die direkten Bundessteuern verschiedenen erstinstanzlichen Gerichten zuzuweisen, insbesondere wenn diese ihre Rechtsprechung untereinander nicht koordinieren. Wie dem auch sei, die zweite Instanz muss jedenfalls für beide Steuern dieselbe sein. In den Fällen eines einfachen Instanzenzugs muss hingegen dieselbe Gerichtsbehörde sowohl Streitigkeiten bezüglich Staatssteuer als auch bezüglich der direkten Bundessteuer behandeln.

Der erwähnte Entscheid dürfte deshalb einen direkten Einfluss auf verschiedene hängige Fälle (aus den Kantonen Bern, Wallis, Thurgau, St. Gallen, Obwalden, Basel-Stadt, Basel-Land, Jura und Zürich) sowie auf künftige Fälle haben.

In bezug auf die direkte Bundessteuer sind folgende Schlüsse aus dem Entscheid zu ziehen:

a) Dort wo die Kantone nur eine einzige Rekursinstanz kennen, muss diese sowohl zuständig sein für Rekurse betreffend die kantonalen Steuern als auch betreffend die direkte Bundessteuer.

b) In den Kantonen, die eine zweite Gerichtsinstanz kennen, muss diese auch Streitigkeiten betreffend die direkte Bundessteuer entscheiden, wenn sie zuständig ist für Streitigkeiten betreffend die kantonalen Steuern. Überdies muss die obere Gerichtsinstanz für beide Steuern dieselbe sein.

c) In den Kantonen mit doppeltem Instanzenzug ist es dringend empfohlen, dass dieselbe erste Instanz sowohl Streitigkeiten betreffend die kantonalen Steuern als auch Streitigkeiten betreffend die direkte Bundessteuer entscheidet.

Es ist daher wichtig, dass die betroffenen Kantone so bald als möglich die notwendigen Massnahmen treffen und gegebenenfalls ihre Vollzugsverordnungen zum DBG anpassen. Die Verfahrensanpassungen müssen sofort in Kraft treten und sollten in allen Bundessteuerfällen wirksam werden, die nach dem genannten Entscheid noch hängig sind, unabhängig von der Steuerperiode, die betroffen ist.

Was die Rückerstattung der Verrechnungssteuer durch die Kantone betrifft, bleibt es bei der bisherigen Ordnung, nach welcher der Entscheid der kantonalen Rekurskommission in allen Kantonen direkt ans Bundesgericht weitergezogen werden kann (Art. 54 und 56 des Bundesgesetzes vom 13. Oktober 1965 über die Verrechnungssteuer).

ABTEILUNG RECHT
Der Chef

Marc Bugnon

Beilage:
Kopie des Bundesgerichtsentscheids vom 19. Dezember 2003 (franz. Fassung)

MB ESTV/E EFD

Merkblätter ESTV/ Informationen/Erläuterungen EFD

Merkblätter der Eidgenössischen Steuerverwaltung (ESTV)/ Informationen und Erläuterungen des Eidgenössischen Finanzdepartements (EFD)

OECD/G20-Mindestbesteuerung in der Schweiz	C104	Verwaltungsräte	C68
Abzug auf Eigenfinanzierung	C103	Einkünfte VSt in einfacher BH	C27
Patentbox	C102	Einkünfte VSt in doppelter BH	C26
Liegenschaftskosten	C100	Anrechnung ausländischer Quellensteuern	C25
Abschreibung auf Anlagevermögen	C78	Investment-Clubs	C24
Naturalbezüge Selbstständigerwerbender	C77	Meldeverfahren im Konzernverhältnis	C23
Naturalbezüge Arbeitnehmender	C76	Dreieckstheorie und Leistungsempfänger VSt	C22
Ersatzeinkünfte	C75	Qualified Intermediaries	C21
Hypothekarzinsen	C74	Geldmarktpapiere	C20
Studenten, Lernende und Praktikanten	C73	Gratisaktien	C17
Künstler, Sportler und Referenten	C72	Treuhandverhältnisse	C15
Öffentlich-rechtliche Vorsorgeleistung	C71	Treuhandkonto	C14
Privatrechtliche Vorsorgeleistung	C70	Präponderanzmethode	C12
Internationale Transporte	C69		

Merkblätter ESTV /
Informationen / Erläuterungen EHD

Merkblätter der Eidgenössischen Steuerverwaltung (ESTV) /
Informationen und Erläuterungen des Eidgenössischen
Ehevertragsregisters (EHD)

OECD / G20-Mindestbesteuerung in der Schweiz

Quelle: Eidgenössisches Finanzdepartement EFD

Bern, 22. Dezember 2023   ☞ *Mit Ergänzung vom 20.11.2024.*

Erläuterungen

Erläuterungen zur Verordnung über die Mindestbesteuerung grosser Unternehmensgruppen (Mindestbesteuerungsverordnung, MindStV)

Übersicht

Mit der Zustimmung von Volk und Ständen im Juni 2023 wurde die verfassungsrechtliche Grundlage geschaffen, die OECD/G20-Mindestbesteuerung von grossen, international tätigen Unternehmensgruppen auch in der Schweiz umzusetzen. Der Bundesrat macht von seiner Kompetenz Gebrauch und führt das Regelwerk in Bezug auf die nationale (schweizerische) Ergänzungssteuer mittels temporärer Verordnung wie geplant per 1.1.2024 ein. Innerhalb von sechs Jahren wird er dem Parlament die Gesetzgebung vorlegen.

Die vorliegende Verordnung stützt sich auf die verfassungsrechtlichen Vorgaben und regelt die noch nicht auf Verfassungsebene definierten Punkte abschliessend. Die Kantone müssen ihre Steuergesetze nicht anpassen.

Die Mindestbesteuerung wird in Form einer nationalen (schweizerischen) Ergänzungssteuer umgesetzt, mit der die Schweiz auf ihrem Gebiet die Mindestbesteuerung von international tätigen Unternehmensgruppen mit einem Umsatz von mehr als 750 Mio. Euro sicherstellt. Dabei handelt es sich um eine Bundessteuer, die von den Kantonen veranlagt und bezogen wird. Kernelement in der Verordnung ist der Verweis auf das internationale Regelwerk, das damit Teil des nationalen Rechts wird. Damit werden Abweichungen zwischen dem schweizerischen Regelwerk und demjenigen der OECD/G20 vermieden. Soweit das Regelwerk einen Spielraum belässt, soll dieser im volkswirtschaftlichen Interesse der Schweiz genutzt werden. Schliesslich soll die Verordnung den administrativen Aufwand minimieren. Dies wird insbes. durch einen sog. One-Stop-Shop erreicht, bei dem lediglich eine Einheit innerhalb der Gruppe in einem Kanton steuerpflichtig wird.

Im Interesse der internationalen Akzeptanz des schweizerischen Regelwerks sind weitere Dokumente der OECD/G20 bei der Auslegung zu berücksichtigen. Das Verfahrensrecht und das Strafrecht orientieren sich weitgehend an der direkten Bundessteuer.

Das EFD wird die internationalen Entwicklungen hinsichtlich der OECD/G20-Mindestbesteuerung weiterhin verfolgen und dem Bundesrat zu gegebener Zeit einen Vorschlag zum weiteren Vorgehen auch betreffend die internationale Ergänzungssteuer (sog. IIR und UTPR) machen.

Erläuternder Bericht

1 Ausgangslage

1.1 OECD/G20-Projekt

Das Projekt der OECD[1] und der G20-Staaten[2], das auf Grundlage der neuen Verfassungsbestimmung[3] umgesetzt werden kann, gliedert sich in zwei Säulen[4]:

- Mit der Säule 1 sollen die geltenden internationalen Bestimmungen über die steuerliche Zuteilung von Gewinnen grosser Unternehmensgruppen angepasst werden werden. Für die nationale Umsetzung ist ein völkerrechtlicher Vertrag die Voraussetzung. Dieser liegt im Entwurf vor[5] und soll auf Stufe OECD/G20 nunmehr finalisiert werden. Danach werden die Staaten entscheiden, ob sie diesen Vertrag unterzeichnen und ratifizieren wollen.

- Mit der Säule 2 soll eine Mindestbesteuerung für grosse, international tätige Unternehmensgruppen eingeführt werden. Diese greift für Unternehmensgruppen mit einem Jahresumsatz von mindestens 750 Millionen Euro und sieht einen Mindeststeuersatz von 15 Prozent auf der Basis einer international vereinheitlichten Bemessungsgrundlage vor. Dabei muss der Mindeststeuersatz jeweils pro Staat erreicht werden. Ausgenommen von der Mindestbesteuerung sind Einkommen aus dem internationalen Seeverkehr. Auf Stufe OECD/G20 sind die Arbeiten zur Mindestbesteuerung weit fortgeschritten, aber noch nicht abgeschlossen. Zentrales Element sind die sog. GloBE-Mustervorschriften vom 20. Dezember 2021.[6] Diese werden in einem Kommentar der OECD/G20[7] erläutert. Hinzu kommen Illustrationsbeispiele.[8] Im Dezember 2022 wurde der erste Teil des sog. Implementation Framework-Pakets veröffentlicht (Leitlinien zu den GloBE Safe Harbours and penalty relief[9]). 2023 wurden bisher die administrativen Leitlinien Februar

---

[1] Organisation für wirtschaftliche Zusammenarbeit und Entwicklung.
[2] Gruppe der zwanzig wichtigsten Industrie- und Schwellenländer.
[3] BBl 2022 1701
[4] S. auch Ziff. 1.1. der Botschaft des Bundesrates zum Bundesbeschluss über eine besondere Besteuerung grosser Unternehmensgruppen (Umsetzung des OECD/G20-Projekts zur Besteuerung der digitalen Wirtschaft), BBl **2022** 1700, zit.: Botschaft zum Bundesbeschluss.
[5] https://www.oecd.org/tax/beps/multilateral-convention-to-implement-amount-a-of-pillar-one.htm
[6] https://www.oecd-ilibrary.org/docserver/782bac33-en.pdf?expires=1678957076&id=id&accname=guest&checksum=00DA0A5F8E185A2D6897019969F2E738
[7] https://www.oecd.org/tax/beps/tax-challenges-arising-from-the-digitalisation-of-the-economy-global-anti-base-erosion-model-rules-pillar-two-commentary.pdf
[8] https://www.oecd.org/tax/beps/tax-challenges-arising-from-the-digitalisation-of-the-economy-global-anti-erosion-model-rules-pillar-two-examples.pdf
[9] https://www.oecd.org/tax/beps/safe-harbours-and-penalty-relief-global-anti-base-erosion-rules-pillar-two.pdf

2023[10] (administrative Leitlinien Februar 2023) sowie Juli 2023[11] (administrative Leitlinien Juli 2023) publiziert. Hinzu kommen eine Leitlinie zum sog. GloBE Information Return (GIR)[12] und ein Konsultationsdokument zur Rechtssicherheit[13]. Das Implementation Framework-Paket soll eine möglichst koordinierte Umsetzung der Mindeststeuer sicherstellen. Die Leitlinien sollen in einer überarbeiteten Version des Kommentars aufgenommen werden, was noch ausstehend ist.

- In den administrativen Leitlinien Februar 2023 werden u.a. nationale sog. CFC-Regeln (Controlled Foreign Company Rules)[14] thematisiert. Diese können parallel zur Mindestbesteuerung weiterbestehen. Das Regelwerk der OECD/G20 gibt vor, wie die unterschiedlichen Mindestbesteuerungssysteme miteinander zu koordinieren sind. Für die internationale Ergänzungssteuer sind CFC-Steuern und GILTI demnach der ausländischen Tochtergesellschaft hinzuzurechnen und somit (zumindest teilweise) bei der Berechnung der Mindestbesteuerung zu berücksichtigen (Art. 4.3.2 Bst. c GloBE-Mustervorschriften). Damit reduziert sich der Betrag der Mindeststeuer, wenn vorab eine CFC resp. GILTI gegenüber der ausländischen Geschäftseinheit erhoben wurde. Da die GILTI ein weltweites Blending vorsieht, enthalten die administrativen Leitlinien Februar 2023 Regelungen, in welchen Staaten welcher Anteil der GILTI zuzuteilen ist. Betr. nationale Ergänzungssteuer s. Ziff. 3.2.

- Die Leitlinie zu den GloBE Safe Harbours und penalty relief sieht Vereinfachungen für betroffene Unternehmen vor, um den administrativen Aufwand zu begrenzen und die Rechtssicherheit zu erhöhen. Zudem ist in der Implementierungsphase eine Strafmilderung möglich.

- Die Leitlinie zum GIR führt detailliert aus, wie der GIR aufgebaut sein soll und welche Datenpunkte ein betroffenes Unternehmen an die zuständige Steuerbehörde melden muss. Im Zusammenhang mit der Rechtssicherheit umschreibt die Leitlinie, wie potentielle Steuerstreitigkeiten, die in der Anwendung der Mindestbesteuerungsregeln entstehen können, vermieden und beigelegt werden könnten.

---

[10] https://www.oecd.org/tax/beps/agreed-administrative-guidance-for-the-pillar-two-globe-rules.pdf

[11] https://www.oecd.org/tax/beps/administrative-guidance-global-anti-base-erosion-rules-pillar-two-july-2023.pdf

[12] https://web-archive.oecd.org/2022-12-20/648355-public-consultation-document-pillar-two-globe-information-return.pdf

[13] https://web-archive.oecd.org/2022-12-20/648356-public-consultation-document-pillar-two-tax-certainty-for-the-globe-rules.pdf

[14] Mit diesen CFC-Regeln werden bei einem zu tiefen Gewinnsteuersatz die Gewinne von ausländischen Tochtergesellschaften bei der Muttergesellschaft besteuert. Typischerweise finden CFC-Regeln nur auf gewisse Arten von Zahlungen Anwendung (insb. auf Zins- oder Lizenzzahlungen). Massgebend ist zumeist der Gewinnsteuersatz im Staat der Muttergesellschaft. Mit den CFC-Regeln vergleichbar ist die sog. GILTI *(Global Intangible Low-Taxed Income)*-Regelung der USA. Gemäss den administrativen Leitlinien Februar 2023 soll GILTI wie eine CFC-Regelung behandelt werden. Die USA haben im Dezember eine Leitlinie erlassen, wie die nationalen und internationalen Ergänzungssteuern im Rahmen von GILTI behandelt werden. Aus dieser Leitlinie geht u.a. hervor, dass nationale Ergänzungssteuern grundsätzlich als sog. «foreign tax credits» bei der Berechnung der GILTI-Steuern berücksichtigt werden können.

Es verbleiben indes offene Fragen, die namentlich die Zusammenarbeit der Staaten sowie zusätzliche Erläuterungen zu den Mindestbesteuerungsregeln betreffen. Entsprechend laufen bei der OECD die technischen Arbeiten weiter. Es ist damit zu rechnen, dass das OECD/G20 Inclusive Framework on BEPS weitere administrative Leitlinien erlassen wird, welche die koordinierte Umsetzung der GloBE-Regeln erleichtern sollen. Im Zusammenhang mit dem GIR ist derzeit auf Stufe OECD die völkerrechtliche Grundlage für den internationalen Austausch der GIR-Datenpunkte in Erarbeitung. Zudem sind Arbeiten zu geeigneten Prüfmechanismen im Gang, mittels denen sichergestellt werden soll, ob die Regeln zur Umsetzung der Mindeststeuer in einem Land international anerkannt werden. Schliesslich sind Arbeiten in Bezug auf Streitpräventions- und -beilegungsmechanismen auf Stufe OECD ausstehend.

Im Zusammenhang mit der internationalen Umsetzung der GloBE-Mustervorschriften zeichnet sich ab, dass diverse Staaten deren Überführung ins nationale Recht bereits per 2024 vorsehen. Für die EU-Mitgliedstaaten ist die Umsetzung der Mindestbesteuerung in der Richtlinie (EU) 2022/2523 des Rates[15] festgelegt. Diese sieht eine Umsetzung der Bestimmungen durch die EU-Mitgliedstaaten in deren nationales Recht per 31.12.2023 vor. Ausgenommen sind Mitgliedstaaten, in denen höchstens zwölf oberste Muttergesellschaften von unter die Richtlinie fallenden Gruppen gelegen sind. Diese können die Einführung um sechs Jahre verschieben. Nach aktuellem Kenntnisstand berufen sich Estland, Lettland, Litauen, Malta und die Slowakei auf diese Ausnahmeregel. In den meisten EU-Mitgliedstaaten, namentlich auch in Deutschland, Frankreich, Italien und Österreich sowie in den Niederlanden und Irland sind die Gesetzgebungsprojekten entweder weit fortgeschritten oder bereits abgeschlossen und von einem Inkrafttreten per 2024 ist derzeit daher auszugehen In einzelnen EU-Mitgliedstaaten wird es hingegen zu Verspätungen kommen (voraussichtlich Griechenland, Polen, Spanien, Portugal und Zypern). Es ist denkbar, dass in diesen EU-Staaten eine rückwirkende Einführung erfolgen wird. Ausserhalb der EU sehen bspw. das Vereinigte Königreich, Australien, Kanada, Japan und Südkorea ebenfalls eine Umsetzung der Mustervorschriften der OECD/G20 per 2024 vor. Im Vereinigten Königreich und in Südkorea ist der Gesetzgebungsprozess bereits abgeschlossen und die Mindestbesteuerung soll per 31.12.2023 in Kraft treten. Singapur und Hongkong liessen indes verlauten, dass sie erst im Jahr 2025 Mindestbesteuerungsregeln einführen wollen. Die USA haben eine eigene Regelung zur Mindestbesteuerung (GILTI) und planen nach wie vor keine Übernahme der OECD/G20-Vorgaben.

1.2 Nationale Umsetzung

Ende 2022 hat das Parlament den Bundesbeschluss über eine besondere Besteuerung grosser Unternehmensgruppen verabschiedet. Im Juni 2023 haben Volk und Stände dieser Verfassungsänderung zugestimmt. Diese bildet die Rechtsgrundlage für die na-

---

[15] RICHTLINIE (EU) 2022/2523 DES RATES vom 14. Dezember 2022 zur Gewährleistung einer globalen Mindestbesteuerung für multinationale Unternehmensgruppen und große inländische Gruppen in der Union

tionale Umsetzung beider Säulen des OECD/G20-Projekts. Eine Übergangsbestimmung ermächtigt den Bundesrat, die Mindestbesteuerung vorübergehend auf dem Verordnungsweg zu regeln. Die Übergangsbestimmung enthält rechtlich verbindliche Eckwerte für die vorübergehende Verordnung des Bundesrates. Letztere soll sodann durch ein Bundesgesetz abgelöst werden. Die entsprechende Vorlage soll dem Parlament spätestens 6 Jahre nach Inkrafttreten der Verordnung vorliegen. Im Rahmen dieser Gesetzgebung sollen die Erfahrungen mit der Mindestbesteuerung berücksichtigt werden.

Die Übergangsbestimmung in der Bundesverfassung (BV) sieht zur Umsetzung der Mindestbesteuerung eine sog. Ergänzungssteuer vor.[16] Mittels einer nationalen Ergänzungssteuer kann die Schweiz auf ihrem Gebiet die Mindestbesteuerung der betroffenen Unternehmensgruppen und Geschäftseinheiten sicherstellen (sog. Qualified Domestic Minimum Top-Up Tax [QDMTT], schweizerische Ergänzungssteuer). Ferner kann sie von den internationalen Besteuerungsrechten Gebrauch machen, wenn ausländische Geschäftseinheiten einer in der Schweiz tätigen Unternehmensgruppe die Mindestbesteuerung nicht erreichen (sog. Income Inclusion Rule [IIR] und UTPR, internationale Ergänzungssteuer). Die Verfassungsbestimmung ist eine Kann-Bestimmung. Der entsprechende Bundesbeschluss tritt zwar am 1. Januar 2024 automatisch in Kraft. Weil es sich aber um eine Kann-Bestimmung handelt, bleibt es dem Bundesrat überlassen, ob und gegebenenfalls wann sowie in welchen Teilen er die Mindestbesteuerung mittels Inkraftsetzung der Verordnung einführt. Setzt er sie in Kraft, muss er dem Parlament innert sechs Jahren ein Gesetz vorlegen, mit dem die Verordnung abgelöst wird.

Bei der Ergänzungssteuer handelt es sich gemäss Verfassung um eine direkte Bundessteuer. Sie wird von den Kantonen vollzogen. Mit dieser föderalistisch geprägten Umsetzung besteht weiterhin ein Anreiz für die Kantone, wettbewerbsfähige Steuerbelastungen anzubieten. Gleichzeitig werden die zusätzlichen Steuereinnahmen der Kantone im Nationalen Finanzausgleich (NFA) berücksichtigt.

Der Bund erhält gemäss Übergangsbestimmung 25 Prozent der Mehreinnahmen. Er hat seinen Anteil aus dem Rohertrag der Ergänzungssteuer, nach Abzug seiner Mehrausgaben für den Finanz- und Lastenausgleich, für die verstärkte Förderung der Standortattraktivität der Schweiz zu verwenden (Art. 197 Ziff. 15 Abs. 8 Übergangsbestimmungen zu Art. 129a Bundesverfassung). Welche Standortmassnahmen mit den Bundesmitteln finanziert werden sollen, steht derzeit noch nicht fest.

---

[16] S. dazu Ziff. 4 der Botschaft zum Bundesbeschluss.

2   Vorverfahren, insbesondere Vernehmlassungsverfahren

Der Bundesrat hat zu dieser Verordnung zwei Vernehmlassungen zu unterschiedlichen Themen durchgeführt.[17] Die Würdigung erfolgt unter Ziffer 3 und 4. Zudem hat das Eidgenössische Finanzdepartement (EFD) die parlamentarischen Kommissionen konsultiert.

Ergebnis der ersten Vernehmlassung vom August bis November 2022

Schwerpunkte des ersten Teils der Verordnung waren die Anwendbarkeit der Mustervorschriften der OECD/G20 und die Konkretisierung der Zurechnung der Ergänzungssteuer zu den Geschäftseinheiten.

Es herrscht ein breiter Konsens darüber, dass die Vorschriften der Mindestbesteuerung auf Basis der Mustervorschriften der OECD/G20 umzusetzen sind, um eine internationale Akzeptanz sicherzustellen. Die überwiegende Mehrheit der Vernehmlassungsteilnehmenden unterstützt den vorgeschlagenen Weg, die Mustervorschriften mittels eines direkten Verweises für anwendbar zu erklären.

Die Zurechnung der schweizerischen Ergänzungssteuer auf die Geschäftseinheiten (und damit auch die Kantone) anhand des Verursacherprinzips wird ebenfalls mehrheitlich unterstützt. In der Umsetzung für Betriebsstätten gibt es unterschiedliche Meinungen, wobei sich alle Vernehmlassungsteilnehmenden einig sind, dass die Regelungen praktikabel sein müssen.

Ein grosser Teil der Vernehmlassungsteilnehmenden fordert, im Interesse der Standortattraktivität den weiteren internationalen Entwicklungen im Bereich der Mindestbesteuerung – insbesondere in den USA sowie der EU – bei der finalen Ausgestaltung der Vorlage angemessen Rechnung zu tragen und diese auch für den Zeitpunkt des Inkrafttretens zu berücksichtigen. Zweifel werden hinsichtlich der Notwendigkeit zur Einführung der UTPR angebracht (s. hierzu das Ergebnis der zweiten Vernehmlassung).

Viele Vernehmlassungsteilnehmende regen an sicherzustellen, dass die Zurechnung und Erhebung der Ergänzungssteuern zu keinen Verrechnungssteuerfolgen führen darf.

Ergebnis der zweiten Vernehmlassung vom Mai bis September 2023

Schwerpunkt des zweiten Teils der Verordnung waren das Verfahren zur Erhebung der Ergänzungssteuer und die Regelung des Steuerstrafrechts.

Die Vernehmlassungsteilnehmenden stimmten den Vorschlägen zu den Verfahrensvorschriften grundsätzlich zu. Es gab jedoch zahlreiche Präzisierungs- und Änderungsvorschläge, mehrheitlich waren sie technischer Natur.

---

[17]   Die Stellungnahmen können unter https://www.fedlex.admin.ch/filestore/fedlex.data.admin.ch/eli/dl/proj/2022/14/cons_1/doc_6/de/pdf-a/fedlex-data-admin-ch-eli-dl-proj-2022-14-cons_1-doc_6-de-pdf-a.pdf und https://www.fedlex.admin.ch/filestore/fedlex.data.admin.ch/eli/dl/proj/2023/13/cons_1/doc_6/de/pdf-a/fedlex-data-admin-ch-eli-dl-proj-2023-13-cons_1-doc_6-de-pdf-a.pdf abgerufen werden.

Eine Mehrheit der Kantone fordert, dass für die Steuerpflicht die Verhältnisse am Ende des Geschäftsjahres massgebend sind und dass ein einheitlicher Fälligkeitstermin festgelegt wird. Zudem stellen die Kantone Ergänzungs- und Änderungsanträge zum zentralen Informationssystem, zum Rechtsmittelverfahren, zum Abrechnungsverfahren zwischen den Kantonen und zur Entschädigung der kantonalen Verwaltungen für die Ergänzungssteuer.

Die SVP und mehrere Wirtschaftsverbände und Organisationen fordern, dass die Mindestbesteuerungsregeln in der Schweiz so spät als möglich eingeführt werden. Die internationalen Entwicklungen seien durch den Bundesrat laufend zu verfolgen. Sollten sich Verzögerungen ergeben, insbesondere mit Blick auf die EU, sei der Inkraftsetzungszeitpunkt in der Schweiz nochmals konkret zu prüfen. Namentlich Economiesuisse, SwissHoldings, SwissBanking und die Vereinigung der Schweizer Privatbanken melden Bedenken betreffend eine Inkraftsetzung bereits per 2024 an, zumal in zahlreichen Staaten unklar sei, ob und wann diese die Mindestbesteuerung einführen. Aus Wirtschaftskreisen wird ebenfalls gefordert, den Inkrafttretenszeitpunkt der UTPR nicht bereits Ende 2023 zu fällen. Andere Wirtschaftsverbände wie das Groupement des Entreprises Multinationales (GEM) und der Versicherungsverband sowie Travail.Suisse und der Städteverband haben sich zugunsten eines gleichzeitigen Inkrafttretens wie in den EU-Mitgliedsstaaten geäussert, ebenso die Kantone Genf und Graubünden. Die FDP zeigt sich namentlich in Bezug auf das Einführungsjahr für die sogenannte UTPR zurückhaltend. Andere Parteien und Kantone sowie die Konferenz der kantonalen Finanzdirektorinnen und -direktoren haben sich in der Vernehmlassung nicht explizit zum Inkrafttreten geäussert.

Im Weiteren fordern FDP, SVP und eine Mehrheit der Wirtschaftsverbände und Organisationen den Verzicht auf einen «Swiss-Finish». Die Einfachheit der Umsetzung müsse im Fokus stehen und die von der OECD gewährten Spielräume seien zu nutzen.

Konsultation der parlamentarischen Kommissionen

Das EFD hat im August 2023 die Kommissionen für Wirtschaft und Abgaben beider Räte zur Verordnung konsultiert. Beide Kommissionen verzichteten auf Empfehlungen.

Jedoch haben beide Kommissionen für Wirtschaft und Abgaben dem Bundesrat mit Schreiben vom 15. November sowie 7. Dezember 2023 empfohlen, die Verschiebung der Inkraftsetzung der Mindeststeuer in der Schweiz um vorerst ein Jahr zu prüfen.

3 Grundzüge der Vorlage

3.1 Leitlinien für die Verordnung

Nebst den verfassungsrechtlichen Vorgaben hat sich der Bundesrat für die Verordnung an folgenden Leitlinien orientiert:

- **Internationale Kompatibilität - kein swiss-finish:** Das schweizerische Regelwerk soll international akzeptiert sein, um Unternehmensgruppen mit Geschäftseinheiten in der Schweiz möglichst viel Rechtssicherheit zu bieten. Dafür muss die Verordnung mit dem Regelwerk der OECD/G20 übereinstimmen. Der Bundesrat erklärt zu diesem Zwecke die GloBE-Mustervorschriften mittels eines Verweises für anwendbar. Im Rahmen der Auslegung sind sämtliche weiteren Dokumente der OECD/G20 zu berücksichtigen. Das Regelwerk der OECD/G20 wird so in das schweizerische Recht integriert.

Für die Schweiz ist der sog. QDMTT Safe Harbour von zentraler Bedeutung für die Rechtssicherheit und führt zu administrativen Erleichterungen. Mit dessen Anwendung sinkt das Risiko, dass ausländische Staaten das Erreichen der Mindestbesteuerung in der Schweiz hinterfragen. Es wird bei Vorliegen des Safe Harbours davon ausgegangen, dass das schweizerische Regelwerk den internationalen Vorgaben genügt. Er führt zudem zu einer administrativen Erleichterung für die betroffenen Unternehmensgruppen, da sie die IIR im Ausland für die inländischen Geschäftseinheiten nicht berechnen müssen. Die Schweiz erfüllt nach Auffassung des Bundesrates die Voraussetzungen für den Safe Harbour und soll sich nach Ansicht des Bundesrates der angekündigten Prüfung durch die OECD/G20 unterziehen.

Es ist damit zu rechnen, dass eine Vielzahl der Staaten, die eine QDMTT einführen, auch den QDMTT Safe Harbour anwenden werden. Deutschland[18], Österreich[19] oder Kanada[20] haben in ihren Gesetzesentwürfen oder dazugehörigen Materialien explizit erwähnt, dass sie den QDMTT Safe Harbour einführen. Zudem ist in der EU-Richtlinie die Anwendung dieses Safe Harbour vorgesehen, sofern ein EU-Mitgliedstaat eine nationale Ergänzungssteuer einführt.

- **Volkswirtschaftliche Interessen der Schweiz wahren**: Dort, wo es das Regelwerk der OECD/G20 explizit zulässt oder vorsieht, sollen Spielräume und Wahlrechte im Interesse des Standortes konsequent genutzt werden. So soll beispielsweise der sog. Substanzabzug[21] auch in der Schweiz Anwendung finden. Weiter soll die schweizerische Ergänzungssteuer auf Grundlage eines nationalen Rechnungslegungsstandards ermittelt werden können. Weitere Anwendungsfälle dieser Leitlinie können dem Kapitel 3 entnommen werden.

- **Administrative Hürden vermeiden**: Das OECD/G20-Regelwerk ist komplex. Die föderale Umsetzung in der Schweiz, bei der die Kantone für die Veranlagung

---

[18] Vgl. S. 277 des deutschen Referentenentwurfs zur Einführung der OECD-Mindeststeuer: Referentenentwurf Mindestbesteuerungsrichtlinie-Umsetzungsgesetz – MinBestRL-UmsG (bundesfinanzministerium.de)

[19] Vgl. S. 95 des erläuternden Berichts zum österreichischen Gesetzgebungsentwurf zur Einführung der OECD-Mindestbesteuerung: Materialien_0001_E31B918B_EDCD_4539_B01F_A73E5EE53081.pdf (bka.gv.at)

[20] Vgl. S. 87 des kanadischen Gesetzgebungsentwurfs zur Einführung der OECD-Mindeststeuer: ita-lir-0823-l-4-eng.pdf (canada.ca)

[21] Der Substanzabzug ist ein Abzug von 5 Prozent auf den materiellen Vermögenswerten und den Lohnkosten. Gemäss einer Übergangsregelung (Art. 9.2 der GloBE-Mustervorschriften) wird die Höhe des Abzugs in den ersten Jahren nach Inkrafttreten der Regelung schrittweise von 10 Prozent (Lohnkosten) sowie von 8 Prozent (materielle Vermögenswerte) auf je 5 Prozent gesenkt. Er kann von der Unternehmensgruppe in jedem Staat geltend gemacht werden. Gewinne aus gewissen substanzstarken Aktivitäten, die umfangreiche Anlagen oder Personal, z.B. für Produktion oder Forschung, bedingen, können daher weiterhin zu einem Steuersatz unter 15 Prozent besteuert werden.

und den Bezug zuständig sind, erhöht die Komplexität zusätzlich. Der administrative Aufwand für Unternehmensgruppen und kantonale Steuerverwaltungen soll aber innerhalb dieses Rahmens so tief wie möglich gehalten werden. Entsprechend sieht der Bundesrat bspw. einen sog. One-Stop-Shop vor. Für die Ermittlung der Ergänzungssteuer sind die Ergebnisse aller Geschäftseinheiten einer Unternehmensgruppe in der Schweiz zu aggregieren. Pro Unternehmensgruppe soll indes grundsätzlich lediglich eine Geschäftseinheit steuerpflichtig werden. Dies bringt auch aus Sicht der Unternehmensgruppe eine wesentliche administrative Erleichterung.

3.2 Inhalte der Verordnung

Der detaillierte Inhalt kann Ziffer 3 entnommen werden; vorliegend soll ein Überblick zu den wesentlichen Elementen gegeben werden.

- **Anwendbarkeit der Mustervorschriften**: Die GloBE-Mustervorschriften werden mittels eines Verweises für anwendbar erklärt. Damit werden Abweichungen zwischen dem schweizerischen Regelwerk und demjenigen der OECD/G20 verhindert. Im Rahmen der Auslegung sind sämtliche weiteren Dokumente der OECD/G20 zu berücksichtigen.

- **QDMTT Safe Harbour**: Die schweizerische Ergänzungssteuer gilt als QDMTT. Sie basiert auf den GloBE-Mustervorschriften der OECD/G20. Eine QDMTT muss gemäss OECD/G20 drei zusätzliche Voraussetzungen erfüllen, damit ein Land auch den QDMTT Safe Harbour geltend machen kann. Die Schweiz erfüllt diese Voraussetzungen (administrative Leitlinien Juli 2023, Kap. 5.1, Ziff. 1-51):

  - *Rechnungslegungsstandard*: Die OECD/G20 stellen es den Staaten frei, für die QDMTT unter bestimmten Voraussetzungen einen lokalen Rechnungslegungsstandard vorzusehen. Die Schweiz macht von diesem Recht Gebrauch. Für die schweizerische Ergänzungssteuer ist demnach der revidierte Swiss GAAP FER-Abschluss die Basis. Swiss GAAP FER ist für die Zwecke der Mindestbesteuerung ein anerkannter Rechnungslegungsstandard. Verfügen nicht alle Geschäftseinheiten in der Schweiz über einen solchen, ist der Rechnungslegungsstandard der obersten Muttergesellschaft anzuwenden. Diese Regelung stützt sich auch auf Eingaben seitens der Wirtschaft im Rahmen der Vernehmlassung.

  - *Konsistenzstandard*: Dieser Standard ist aufgrund der Anwendbarkeit der GloBE-Mustervorschriften erfüllt. Auch erfüllt die Schweiz insbesondere die zwingend vorgeschriebene Abweichung von den GloBE-Mustervorschriften betr. CFC/GILTI. Während solche Steuern in Bezug auf die IIR und die UTPR vorgehen (s. Ziff. 1), muss es für die QDMTT genau umgekehrt geregelt sein. Entsprechend dürfen die ausländischen CFC- resp. GILTI-Steuern bei der Berechnung der QDMTT nicht berücksichtigt werden.

  - *Verwaltungsstandard*: Dieser Standard soll mittels Prüfmechanismen das Einhalten der OECD/G20-Vorgaben durch das nationale Regelwerk sowie deren korrekte Anwendung im Einzelfall sicherstellen. Der sog. Peer-Review-Prozess (betrifft das Regelwerk) und der sog. Monitoring-Prozess (betrifft die Anwendung im Einzelfall) sind seitens OECD/G20 noch in Erarbeitung. Die Schweiz erfüllt diese Anforderungen indes, da sie sich beiden Prozessen unterziehen wird.

- **Zurechnung zu den Geschäftseinheiten und Verteilung des Kantonsanteils**: Die Übergangsbestimmung in der Verfassung gibt bereits die Aufteilung der Einnahmen aus der Mindestbesteuerung vor: Sie fliessen zu 75 Prozent den Kantonen zu. Diese berücksichtigen die Gemeinden angemessen. An der schweizerischen Ergänzungssteuer partizipieren diejenigen Kantone, in denen Geschäftseinheiten die Unterbesteuerung mitverursacht haben. Kantone, in denen die Geschäftseinheiten bereits über der Mindestbesteuerung liegen, bleiben grundsätzlich unberücksichtigt. Die Aufteilung des Kantonsanteils erfolgt proportional nach Massgabe der Unterbesteuerung.

  Die Konkretisierung dieser Aufteilung erfolgt in der Verordnung. Basis dafür bildet der für den konsolidierten Abschluss erstellte Einzelabschluss der Geschäftseinheiten nach Massgabe der OECD/G20-Vorgaben. Bei ausserkantonalen Geschäftsbetrieben, Betriebsstätten und Liegenschaften richtet sich die Verteilung der Einnahmen nach der bundesgerichtlichen Rechtsprechung zur Vermeidung der interkantonalen Doppelbesteuerung. Diese Vereinfachung ist nötig, weil Betriebsstätten inländischer Geschäftseinheiten keinen Einzelabschluss erstellen müssen. Da sie auch gemäss GloBE-Mustervorschriften nicht als Geschäftseinheiten gelten, müssen sie auch diesbezüglich keinen Einzelabschluss erstellen. Aus der Zuhilfenahme des bestehenden Schlüssels ergibt sich eine Vereinfachung. Es ist aber möglich, dass damit im Einzelfall auch Kantone an den Einnahmen partizipieren, deren Geschäftsbetriebe, Betriebsstätten oder Liegenschaften über der Mindestbesteuerung liegen. Zudem sind unterschiedliche Ergebnisse möglich, je nachdem ob im Kanton eine selbständige juristische Person oder eine blosse Betriebsstätte besteht.

- **Subjektive Steuerpflicht für die Ergänzungssteuer in der Schweiz**: Es wird der One-Stop-Shop eingeführt (s. Ziff. 3.2 sowie 4). Steuerpflichtig ist die oberste inländische Geschäftseinheit in ihrem Ansässigkeitskanton. Fehlt eine solche oberste inländische Geschäftseinheit, ist die wirtschaftlich bedeutendste inländische Geschäftseinheit steuerpflichtig (zu den Kriterien s. Ziff. 4).

- **Deklarations- und Veranlagungsverfahren**: Das Verfahren lehnt sich an das Verfahren aus dem Bundesgesetz vom 14. Dezember 1990[22] über die direkte Bundessteuer (DBG) an. Die entsprechenden Artikel des DBG sind sinngemäss anwendbar. Namentlich sollen die kantonalen Steuerbehörden die Steuerfaktoren von Amtes wegen ermitteln und die Steuer mittels Verfügung festsetzen. Den steuerpflichtigen Geschäftseinheiten obliegen umfassende Mitwirkungspflichten, namentlich in Form der Einreichung einer Selbstdeklaration.

  Soweit nötig, sind von der direkten Bundessteuer abweichende oder ergänzende Bestimmungen in der Verordnung vorgesehen. So bspw. die Portalpflicht: Die

---

[22] SR **642.11**

steuerpflichtigen Geschäftseinheiten müssen das Veranlagungsverfahren über ein elektronisches Portal durchlaufen. Die kantonalen Steuerbehörden können ebenfalls auf elektronischem Wege kommunizieren und verfügen.

Die Kantone, die über nicht ergänzungssteuerpflichtige Geschäftseinheiten einer betroffenen Unternehmensgruppe verfügen, haben ein Informationsinteresse. Sie sollen Einsicht in die Deklaration und die Veranlagung im Portal erhalten. Zudem ist Artikel 111 DBG sinngemäss anwendbar. Demnach leisten die Kantone einander Amtshilfe. Der One-Stop-Shop gibt den anderen Kantonen deren Anteil am Ergänzungssteuersteuerbetrag bekannt und rechnet ihn ab.

- **Rechtsmittelverfahren**: Der One-Stop-Shop verfügt die Ergänzungssteuer. Das erste Rechtsmittel dagegen ist wie bei der direkten Bundessteuer die Einsprache beim verfügenden Kanton. Danach weicht der Instanzenzug bei der Ergänzungssteuer von jenem der direkten Bundessteuer ab: Es ist direkt die Beschwerde an das Bundesverwaltungsgericht und danach gegebenenfalls an das Bundesgericht vorgesehen. Damit soll eine möglichst einheitliche Rechtsanwendung erreicht werden.

- **Strafrechtliche Bestimmungen**: Auch das Strafrecht lehnt sich materiell an die Regelung des DBG an. So sind die Straftaten (Verletzung von Verfahrenspflichten, Steuerhinterziehung und Steuerbetrug) analog vorgesehen. Auch das angedrohte Strafmass entspricht jenem des DBG.

  Das Regelwerk der OECD/G20 sieht eine Straferleichterung in den ersten Jahren nach dem Inkrafttreten der Mindestbesteuerung vor (s. dazu oben Ziff. 3). Diese Regelung ist für die Staaten verpflichtend zu übernehmen, wenn sie die Mindestbesteuerung umsetzen. Entsprechend entfällt die strafrechtliche Sanktion in den ersten drei Jahren im Falle der Fahrlässigkeit.

- **Informationsaustausch**: Die Eidgenössische Steuerverwaltung (ESTV) erhält Zugriff auf die im Portal ersichtlichen Deklarationen und Veranlagungen. Diese Informationen werden u.a. für die Aufsicht verwendet. Zudem erhalten auch die anderen Kantone mit nicht steuerpflichtigen Geschäftseinheiten einer betroffenen Unternehmensgruppe Zugang. Der Zugang der interessierten Kantone zum GIR wird zu einem späteren Zeitpunkt geregelt (Ziff. 3.2).

Einige Regelungen können erst zu einem späteren Zeitpunkt festgelegt werden: Die völkerrechtliche Grundlage für den internationalen Austausch des GIR ist derzeit auf Stufe OECD/G20 noch in Erarbeitung. Zudem ist damit zu rechnen, dass das OECD/G20 Inclusive Framework on BEPS noch weitere administrative Leitlinien erlassen wird. Bei Publikation der vorerwähnten Dokumente wird zu evaluieren sein, inwieweit Anpassungen der Verordnung erforderlich werden.

3.3 Inkrafttreten

Die schweizerische Ergänzungssteuer (QDMTT) tritt per 1. Januar 2024 in Kraft. Die internationale Ergänzungssteuer (IIR, UTPR) soll zu einem späteren Zeitpunkt eingeführt werden, wobei aus heutiger Sicht der 1. Januar 2025 wahrscheinlich erscheint.

4 Erläuterungen zu einzelnen Artikeln

Art. 1

Artikel 1 stützt sich auf Artikel 197 Ziffer 15 Absatz 1 BV. Er regelt den Geltungsbereich der Verordnung (IIR, UTPR, schweizerische Ergänzungssteuer). Bei einer Unterbesteuerung in der Schweiz kommt die schweizerische Ergänzungssteuer zum Tragen (*Bst. a*), bei einer Unterbesteuerung in einem anderen Steuerhoheitsgebiet die internationale Ergänzungssteuer (*Bst. b*). Die Steuer bemisst sich auf den Gewinnen der Geschäftseinheiten. Für die Bestimmung der Gewinne sind die GloBE-Mustervorschriften massgebend.

In der Vernehmlassungsvorlage hat der Bundesrat vorgesehen, dass sich die Zugehörigkeit nach dem schweizerischen Gewinnsteuerrecht richtet. Es kann nicht ausgeschlossen werden, dass die Definition gemäss GloBE-Mustervorschriften davon abweicht. Deshalb und auch mit Blick auf einzelne Vernehmlassungseingaben richtet sich die Zugehörigkeit nunmehr nach den GloBE-Mustervorschriften. Da diese mittels Generalverweis in Artikel 2 Absatz 1 anwendbar sind, muss dies in Artikel 1 nicht explizit festgehalten werden.

Art. 2

Abs. 1

Die GloBE-Mustervorschriften der OECD/G20 sind in vielen Bereichen (bspw. bezüglich der Bemessungsgrundlage) sehr detailliert und konkret verfasst. Entsprechend wenig Entscheidungsspielraum verbleibt in diesen Bereichen, wenn das schweizerische Regelwerk international kompatibel sein soll. *Absatz 1* macht von der Kompetenz gemäss Artikel 197 Ziffer 15 Absatz 4 zweiter Satz BV Gebrauch, die GloBE-Mustervorschriften als anwendbar zu erklären. Aus rechtsstaatlichen Gründen handelt es sich um einen statischen Verweis. Sollten die GloBE-Mustervorschriften revidiert werden, was in absehbarer Zeit nicht geplant ist, müsste auch die Verordnung angepasst werden. Ein dynamischer Verweis wäre verfassungsrechtlich problematisch und ist in der Übergangsbestimmung der BV nicht vorgesehen. Auf entsprechende Forderungen in der Vernehmlassung nach einem dynamischen Verweis kann nicht eingegangen werden.

Mit dem direkten statischen Verweis werden die GloBE-Mustervorschriften in das nationale Recht überführt. Soweit die GloBE-Mustervorschriften die internationale Ergänzungssteuer betreffen, sind sie direkt als solche anzuwenden. Soweit sie die schweizerische Ergänzungssteuer betreffen, sind sie "*sinngemäss*" anzuwenden, weil die GloBE-Mustervorschriften nur die Erhebung der *internationalen* Ergänzungssteuer regeln (vgl. dazu z.B. den Wortlaut von Art. 9).

Der Verweis auf die GloBE-Mustervorschriften ist umfassend zu verstehen. So sind auch sämtliche Ausnahmen und Erleichterungen abgedeckt.

Die GloBE-Mustervorschriften sind auch in Deutsch und in Französisch verfügbar.[23] Im Zweifelsfalle hat die englische Fassung Vorrang. Entsprechend soll sich der Verweis lediglich auf diese Fassung beziehen.

Im Vergleich zur Vernehmlassungsvorlage hat der Bundesrat die Formulierung von Absatz 1 angepasst. Die Anwendbarkeit der GloBE-Mustervorschriften steht nicht mehr unter Vorbehalt der Verordnung. Damit ist klargestellt, dass die GloBE-Mustervorschriften Vorrang geniessen. Ein Anwendungsfall davon kann den Erläuterungen zu Artikel 14 entnommen werden.

Abs. 2

Artikel 9.3 der GloBE-Mustervorschriften nimmt, Unternehmensgruppen unter bestimmten Voraussetzungen während einer Übergangsphase von maximal 5 Jahren von der Anwendung der UTPR aus. *Absatz 2* Buchstabe a schliesst Artikel 9.3.5 der GloBE-Mustervorschriften aus. Die Schweiz übt damit ein Wahlrecht aus und verzichtet darauf, für den in 9.3.5 geschilderten Fall die UTPR trotzdem zu erheben. Da in einem solchen Fall auch kein anderer Staat auf das Steuersubstrat zugreifen kann, ist der administrativen Erleichterung aufgrund des Wegfalls der UTPR Vorrang zu geben.

Absatz 2 Buchstabe b gilt einzig für die schweizerische Ergänzungssteuer. Mit dem Ausschluss von Artikel 4.3.2 Buchstaben a und c–e der GloBE-Mustervorschriften für die Anwendung der schweizerischen Ergänzungssteuer wird u.a. die Berücksichtigung der CFC resp. GILTI Steuern für die schweizerische Ergänzungssteuer ausgeschlossen.

Artikel 6.4 der GloBE-Mustervorschriften regelt die Höhe und die Erhebung der internationalen Ergänzungssteuer nach der IIR und der UTPR bei Joint Ventures. Die Schweiz sieht für die Erhebung der schweizerischen Ergänzungssteuer von den Regeln zur Erhebung der IIR abweichende Regelungen vor (*Art. 4*).

Abs. 3

Um die internationale Kompatibilität sicherzustellen, sind die GloBE-Mustervorschriften gemäss *Absatz 3* nach Massgabe des Kommentars und der zugehörigen Regelwerke (bspw. Implementation Framework, Ziff. 1) auszulegen. Damit sind auch weitere seitens OECD/G20 publizierte Dokumente (s. Ziff. 1.1) bei der Auslegung und der Anwendung der GloBE-Mustervorschriften zu berücksichtigen. Diese Dokumente enthalten eine Vielzahl von Präzisierungen, die ein Staat beachten soll, wenn er die Mindestbesteuerung umsetzt. In der Regel handelt es sich um die Präzisierung von Grundsätzen, die bereits in den GloBE-Mustervorschriften enthalten sind. Beispiele:

- *GloBE Safe Harbours*: Um den administrativen Aufwand zu begrenzen und die Rechtssicherheit zu erhöhen, sieht die OECD/G20 sog. GloBE Safe Harbours vor (s. auch Ziff. 1.1). Diese GloBE Safe Harbours sollen von allen Staaten akzeptiert

---

[23] https://www.oecd.org/tax/beps/tax-challenges-arising-from-the-digitalisation-of-the-economy-global-anti-base-erosion-model-rules-pillar-two.htm

werden, die die Mindestbesteuerung national umsetzen. Sie gelten damit auch für die Ergänzungssteuer in der Schweiz. GloBE Safe Harbours sind der Transitional CbCR Safe Harbour, der QDMTT Safe Harbour und der Transitional UTPR Safe Harbour (vgl. nachfolgende Ausführungen).

- *Transitional CbCR Safe Harbour:* Der vorübergehende Country-by-Country-Reporting (CbCR) Safe Harbour gilt für Geschäftsjahre, die vor dem 30. Juni 2028 enden. In diesen Steuerjahren können Unternehmensgruppen das Erreichen der Mindestbesteuerung in einem Staat, mittels einer vereinfachten Methode gestützt auf CbCR-Daten, auch wie folgt nachweisen:

  - Die Unternehmensgruppe erzielt weniger als 10 Mio. Euro Umsatz und weniger als 1 Mio. Euro Gewinn in einer Jurisdiktion («Bagatellgrenze»)
  - Der Gewinn pro Staat wird mindestens durch den Substanzabzug[24] gedeckt («Substanzregel») oder
  - Die Steuerbelastung beträgt je nach Steuerjahr mindestens 15 Prozent (ab 2025: 16 Prozent; ab 2026; 17 Prozent; «ETR-Regel»).

  Die Ergänzungssteuer beträgt bei Erfüllen der Vorgaben Null. Die Unternehmensgruppen können wählen, ob sie den vorübergehenden CbCR Safe Harbour anwenden wollen. Sobald sie sich einmal dagegen entschieden haben oder die Voraussetzungen nicht erfüllen, kann der vorübergehende CbCR Safe Harbour in den folgenden Jahren nicht mehr angewendet werden.

  Zudem ist angedacht, einen permanenten GloBE Safe Harbour zu erarbeiten. Er würde eine ähnliche Stossrichtung aufweisen wie der vorübergehende CbCR Safe Harbour.

- *QDMTT Safe Harbour:* Eine QDMTT muss gemäss OECD/G20 die drei in Ziffer 3.2 dargestellten zusätzlichen Voraussetzungen erfüllen, damit ein Land auch den QDMTT Safe Harbour geltend machen kann (administrative Leitlinien Juli 2023, Kap. 5.1, Ziff. 1-51). Das Schweizer Regelwerk erfüllt diese Voraussetzungen.

- *Massgebende Steuern bei der nationalen Ergänzungssteuer:* Gemäss den Regeln für die IIR und die UTPR werden Steuern, die bei einer inländischer Geschäftseinheit für eine Betriebsstätte im Ausland erhoben werden, der ausländischen Betriebsstätte zugeteilt (Art. 4.3.2 Bst. a der GloBE-Mustervorschriften). Bei der nationalen Ergänzungssteuer gilt indes Folgendes: Die administrativen Leitlinien Februar 2023 sehen vor, dass inländische Steuern einer Geschäftseinheit für ihre ausländische Betriebsstätte nicht als massgebende Steuern für Zwecke der nationalen Ergänzungssteuer qualifizieren (Ziffer 118.28). Dies gilt auch im umge-

---

[24] Der Substanzabzug ist ein Abzug von 5 Prozent auf den materiellen Vermögenswerten und den Lohnkosten. Gemäss einer Übergangsregelung (Art. 9.2 der GloBE-Mustervorschriften) wird die Höhe des Abzugs in den ersten Jahren nach Inkrafttreten der Regelung schrittweise von 10 Prozent (Lohnkosten) sowie von 8 Prozent (materielle Vermögenswerte) auf je 5 Prozent gesenkt. Er kann von der Unternehmensgruppe in jedem Staat geltend gemacht werden. Gewinne aus gewissen substanzstarken Aktivitäten, die umfangreiche Anlagen oder Personal, z.B. für Produktion oder Forschung, bedingen, können daher weiterhin zu einem Steuersatz unter 15 Prozent besteuert werden.

kehrten Fall. So werden ausländische Steuern einer ausländischen Geschäftseinheit für eine inländische Betriebsstätte bei der Ermittlung der nationalen Ergänzungssteuer nicht berücksichtigt (Ziff. 118.30).

- *Ausnahme UTPR:* Der optionale Artikel 9.3.5 der GloBE-Mustervorschriften gibt Staaten die Möglichkeit, die UTPR bei bestimmten Unternehmensgruppen, die gestützt auf Artikel 9.3 in der Anfangsphase ihrer internationalen Tätigkeit von der UTPR befreit sind, dennoch zu erheben (s. Abs. 2). Aufgrund von Vernehmlassungseingaben macht der Bundesrat von dieser Möglichkeit Gebrauch. Darüber hinaus setzt der Bundesrat die UTPR per 2024 noch nicht in Kraft (Art. 40 Abs. 2).

- *Transitional UTPR Safe Harbour:* Der vorübergehende UTPR Safe Harbour knüpft an den nominalen Steuersatz im Staat der obersten Geschäftseinheit an. Beträgt dieser Steuersatz mindestens 20 Prozent, so kann gegenüber sämtlichen Geschäftseinheiten, welche in der Jurisdiktion der obersten Geschäftseinheit zugehörig sind, während dem Übergangszeitraum keine UTPR erhoben werden. Der Übergangszeitraum dieses Safe Harbours beschränkt sich auf Geschäftsjahre, die maximal 12 Monate dauern, vor dem 31. Dezember 2025 beginnen und spätestens vor dem 31. Dezember 2026 enden (administrative Leitlinien Juli 2023, Kap. 5.2, Ziff. 1-7).

- *Ausgestaltung der nationalen Ergänzungssteuer:* Die administrativen Leitlinien Februar 2023 und Juli 2023 sehen für die Ausgestaltung der nationalen Ergänzungssteuer gewisse Wahlrechte vor, die ein Staat bei der Umsetzung ausüben kann. Unter anderem ist es möglich, die schweizerische Ergänzungssteuer in gewissen Punkten zu vereinfachen, insbesondere:

  - Anwendung der lokalen Rechnungslegungsstandardregel (administrative Leitlinien Februar 2023, Ziff. 118.14/118.15 & administrative Leitlinien Juli 2023 Kap. 5.1, Ziff. 15 ff.): Aufgrund von Vernehmlassungseingaben sieht Artikel 9 Absätze 2 und 3 nun vor, dass Unternehmensgruppen die schweizerische Ergänzungssteuer unter bestimmten Voraussetzungen nach dem anerkannten lokalen Rechnungslegungsstandard, Swiss GAAP FER, berechnen müssen.

  - Ausschluss des Substanzabzugs (administrative Leitlinien Februar 2023, Ziff. 118.36/118.37 sowie administrative Leitlinien Juli 2023, Kap. 5.1, Ziff. 35): Der Bundesrat macht davon keinen Gebrauch. Der Substanzabzug kann zu einer vorteilhafteren Besteuerung für die betroffenen Unternehmensgruppen führen. Nach Ansicht des Bundesrats ist ein Verzicht auf den Substanzabzug nicht im Interesse des Standorts, weil er materielle Vermögenswerte und Lohnkosten betrifft und damit Substanz in der Schweiz sichert. Der Substanzabzug wurde in den Schätzungen der ESTV zu den Einnahmen aus der schweizerischen Ergänzungssteuer berücksichtigt.[25] Gemäss EU-Richtlinie

---

[25] Siehe auch Ausführungen in Ziff. 6.7.3 der Botschaft zum Bundesbeschluss. sowie detailliert Fn. 14, S. 40 des erläuternden Berichts vom 11. März 2022 zur Vernehmlassungsvorlage.

zur Umsetzung der Mindestbesteuerung (vom 14. Dezember 2022) wird davon ausgegangen, dass im Falle der Einführung einer nationalen Ergänzungssteuer der Substanzabzug in den EU-Mitgliedstaaten ebenfalls gewährt wird.

- Abzugsfähigkeit von Geldstrafen und Bussen (Ziff. 118.20): Der Bundesrat schlägt vor, Geldstrafen und Bussen bis 50 000 Euro zum Abzug zuzulassen. Damit gilt dieselbe Regelung wie für die IIR und die UTPR. Höhere Bussen sind vollumfänglich nicht abzugsfähig. Es wird darauf verzichtet, die Höhe der abzugsfähigen Bussen bei der schweizerischen Ergänzungssteuer herabzusetzen. Damit ist sichergestellt, dass die Bemessungsgrundlagen für die nationale und die internationale Ergänzungssteuer identisch sind.

- Die OECD/G20 lassen zu, dass die Staaten bei der QDMTT auf das sog. länderweise Blending verzichten (administrative Leitlinien Juli 2023, Kap. 4, Ziff. 9-11). Damit müssten nicht alle Geschäftseinheiten in der Schweiz aggregiert die Mindestbesteuerung erreichen, sondern jede einzeln für sich. Da diese Regelung zu einer Überbesteuerung führen kann, verzichtet der Bundesrat auf dieses Wahlrecht.

Es ist mit weiteren Dokumenten der OECD/G20 zu rechnen, so wurden letztmals im Dezember 2023 solche publiziert. Zukünftige Dokumente können je nach Inhalt auch eine Änderung der MindStV notwendig machen.

Abs. 4

Die GloBE-Mustervorschriften enthalten an 35 Stellen den Hinweis «insert name of implementing jurisdiction». Für die Umsetzung in der Schweiz sind GloBE-Mustervorschriften an diesen Stellen mit «Switzerland» bzw. «Schweiz» zu vervollständigen. So kommt zum Beispiel die IIR zur Anwendung, wenn die oberste Muttergesellschaft einer Unternehmensgruppe in der Schweiz steuerlich zugehörig ist (Art. 2.1.1 der GloBE-Mustervorschriften).

Art. 3

Abs. 1

Der Begriff "Geschäftseinheit" wird im schweizerischen Steuerrecht heute nicht verwendet. Deshalb soll mit einer Legaldefinition klargestellt werden, dass es um die Constituent Entities im Sinne der GloBE-Mustervorschriften geht. Demzufolge sind Betriebsstätten einer Geschäftseinheit in einem anderen Land als Geschäftseinheiten zu behandeln, während Betriebsstätten im gleichen Land keine separaten Geschäftseinheiten sind.

Abs. 2

Die steuerliche Zugehörigkeit einer Geschäftseinheit für die Zwecke der Ergänzungssteuer bestimmt sich im internationalen Verhältnis (Art. 1) über den Verweis auf die

GloBE-Mustervorschriften. Im interkantonalen Verhältnis bestimmt sich die steuerliche Zugehörigkeit hingegen sinngemäss nach den Artikeln 105 Absatz 3 und 106 DBG betreffend die örtliche Zuständigkeit für die Erhebung der direkten Bundessteuer. Für juristische Personen bedeutet dies, dass der Sitz oder die tatsächliche Verwaltung massgebend sind. Bei den übrigen Geschäftseinheiten kommt Artikel 106 DBG zur Anwendung. Im Gegensatz zu den diesbezüglichen Bestimmungen des DBG wird, damit die Übereinstimmung mit den GloBE-Mustervorschriften erreicht werden kann, auf die Verhältnisse zu Beginn des Geschäftsjahres, des Fiscal Year gemäss Artikel 10.1 der GloBE-Mustervorschriften, also jenes der obersten Geschäftseinheit abgestellt. Diese zeitliche Abweichung führt dazu, dass die örtliche Zuständigkeit (Art. 16) für die beiden Steuern auseinanderfällt, wenn während der Steuerperiode ein Kantonswechsel erfolgt, da für die direkte Bundessteuer auf das Ende der Steuerperiode abzustellen ist (s. Art. 105 Abs. 3 DBG).

Art. 4

Die GloBE-Mustervorschriften regeln die Höhe und die Erhebung der internationalen Ergänzungssteuer nach der IIR und der UTPR bei Joint Ventures (Art. 6.4). Sie lassen indes offen, wie die nationale Ergänzungssteuer für Joint Ventures nach Artikel 10.1 der GloBE-Mustervorschriften zu berechnen und zu erheben ist. Die administrativen Leitlinien Februar 2023 Ziffer 118.10 geben den Staaten ein Wahlrecht, die nationale Ergänzungssteuer auf Geschäftseinheiten zu beschränken, deren Beteiligungsrechte zu 100 Prozent von einer obersten Geschäftseinheit oder einer in Teileigentum stehenden Muttergesellschaft gehalten werden. Die Schweiz verzichtet auf diese Einschränkung und unterstellt insbesondere auch Joint Ventures der schweizerischen Ergänzungssteuer.

Artikel 4 hält daher fest, dass Joint Ventures und deren Geschäftseinheiten für die schweizerische Ergänzungssteuer als separate Unternehmensgruppe gelten. Voraussetzung dafür ist, dass zumindest eine/r der Beteiligungsinhaberinnen oder -inhaber in den Anwendungsbereich der GloBE-Mindestbesteuerung fällt. Die schweizerische Ergänzungssteuer wird somit zu 100% für die separate Unternehmensgruppe erhoben. Dadurch kann die schweizerische Ergänzungssteuer höher ausfallen, als wenn das Steuersubstrat mit der internationalen Ergänzungssteuer abgeschöpft würde.

Weiter wurde Artikel 4 um Minderheitsbeteiligungen gemäss Artikel 5.6 der GloBE-Mustervorschriften ergänzt. Der Hintergrund sind die administrativen Leitlinien Februar 2023 Ziffer 118.10. Demnach sind auch Minderheitsbeteiligungen der nationalen Ergänzungssteuer zu unterstellen, wenn auf die erwähnte Einschränkung verzichtet wird.

Art. 5

Dieser Artikel stützt sich auf Artikel 197 Ziffer 15 Absatz 3 Buchstabe c BV.

Abs. 1 und 2

Die subjektive Steuerpflicht basiert auf dem One-Stop-Shop (s. Ziff. 3.1). Demnach ist grundsätzlich eine Geschäftseinheit pro Unternehmensgruppe für die Ergänzungssteuer in der Schweiz steuerpflichtig.

- Die **oberste inländische Geschäftseinheit** (*Abs. 1*): Bei der IIR wird aufgrund der GloBE-Mustervorschriften die oberste Muttergesellschaft oder eine Zwischengesellschaft besteuert (Art. 2.1-2.3) Diese Geschäftseinheit ist beim One-Stop-Shop für alle Arten der Ergänzungssteuer steuerpflichtig.

- Subsidiär die *wirtschaftlich bedeutendste Geschäftseinheit*: Es sind zwei Konstellationen zu unterscheiden:

  - *Keine oberste inländische Geschäftseinheit oder Zwischengesellschaft in der Schweiz (Abs. 2)*: In einem solchen Fall soll die wirtschaftlich bedeutendste Geschäftseinheit für die schweizerische Ergänzungssteuer und die UTPR steuerpflichtig sein. Dies ist die Geschäftseinheit mit der höchsten durchschnittlichen Bilanzsumme der letzten drei Jahresrechnungen gemäss Artikel 125 Absatz 2 Buchstabe a DBG[26]. Ausgeklammert werden dabei die Beteiligungen. Soweit eine Befreiung von der direkten Bundessteuer besteht, gilt dies sinngemäss. Dieses Kriterium hat der Bundesrat aufgrund von Rückmeldungen in der Vernehmlassung angepasst. In der Vernehmlassungsvorlage hatte er vorgeschlagen, an den Reingewinn anzuknüpfen. Da beide Kriterien Informationen zur wirtschaftlichen Bedeutung geben, soll dem primär von kantonaler Seite geäusserten Änderungswunsch Rechnung getragen werden. Zudem sieht die Verordnung neu vor, dass diese Steuerpflicht drei Jahre Bestand haben soll. Auch damit trägt der Bundesrat Rückmeldungen aus der Vernehmlassung Rechnung. Damit wird verhindert, dass die Steuerpflicht von Jahr zu Jahr wechseln kann, was zu unnötigem administrativem Aufwand führen kann. Soweit sich die Ergänzungssteuerpflicht nach Absatz 1 definiert, ist diese Dreijahresfrist nicht anwendbar.

  - *Mehrere Zwischengesellschaften in der Schweiz (Abs. 3)*: Soweit mehrere Zwischengesellschaften für die internationale Ergänzungssteuer nach der IIR subjektiv steuerpflichtig werden, knüpft die Steuerpflicht für die schweizerische Ergänzungssteuer und die internationale Ergänzungssteuer nach der UTPR ebenfalls an die wirtschaftliche Bedeutung dieser Zwischengesellschaften an. Demnach wird die wirtschaftlich bedeutendste dieser Geschäftseinheiten für alle drei Arten von Ergänzungssteuern steuerpflichtig. Die Steuerpflicht für die internationale Ergänzungssteuer nach der IIR bleibt bei den anderen Zwischengesellschaften bestehen.

Abs. 4

Absatz 4 regelt die subjektive Steuerpflicht bei Joint Ventures und bei in Minderheitseigentum stehenden Geschäftseinheiten. Diese Regelung ist nötig, weil Joint Ventures

---

[26] SR **642.11**

und in Minderheitseigentum stehende Geschäftseinheiten gemäss Artikel 4 als separate Unternehmensgruppen besteuert werden. Demnach ist die oberste inländische Geschäftseinheit für die schweizerische Ergänzungssteuer steuerpflichtig. Hält ein ausländisches Joint Venture oder eine in Minderheitseigentum stehende Geschäftseinheit mehrere Geschäftseinheiten in der Schweiz, so gelangen die in Absätzen 2 und 3 festgehaltenen Kriterien sinngemäss zur Anwendung. In Bezug auf die internationale Ergänzungssteuer nach der IIR und der UTPR gelangt Artikel 4 nicht zur Anwendung. Entsprechend richtet sich hier die subjektive Steuerpflicht nach den Absätzen 1–3.

Abs. 5

Absatz 5 regelt die Frage, welche Geschäftseinheit einer Unternehmensgruppe die ergänzungssteuerpflichtige Geschäftseinheit ist, sofern diese Frage streitig ist. Dabei geht es nicht um den Bestand der Ergänzungssteuerpflicht der Unternehmensgruppe in der Schweiz resp. darum, ob eine Unternehmensgruppe den Regeln der Mindestbesteuerung unterliegt, sondern einzig um die Frage, *welche* Geschäftseinheit einer betroffenen Unternehmensgruppe die ergänzungssteuerpflichtige Geschäftseinheit ist. Des Weiteren betrifft das Verfahren nur streitige Fälle. Nicht davon erfasst sind somit Fälle, in denen die steuerpflichtige Geschäftseinheit nur ungewiss ist (siehe Abs. 6). Soweit alle Geschäftseinheiten der Unternehmensgruppe in der Schweiz im selben Kanton steuerlich zugehörig sind, verfügt die kantonale Verwaltung für die Ergänzungssteuer (Bst. a). Diese Verfügung unterliegt den gleichen Rechtsmitteln wie die Veranlagungsverfügung (s. Erläuterungen zu Art. 24). Wenn die Geschäftseinheiten in verschiedenen Kantonen steuerlich zugehörig sind, verfügt die ESTV und die Verfügung unterliegt den Rechtsmitteln gemäss der allgemeinen Bundesrechtspflege (Bst. b). Sie ist somit direkt mittels Beschwerde an das Bundesverwaltungsgericht anzufechten (Art. 31, Art. 32 e contrario und Art. 33 lit. d des Bundesgesetzes vom 17. Juni 2005[27] über das Bundesverwaltungsgericht (VGG), Art. 5 des Bundesgesetzes vom 20. Dezember 1968[28] über das Verwaltungsverfahren (VwVG). Gegen den Entscheid des Bundesverwaltungsgerichts steht die Möglichkeit einer Beschwerde an das Bundesgericht offen.

Abs. 6

Absatz 6 regelt die Frage, wer einen Antrag auf Feststellung der steuerpflichtigen Geschäftseinheit gemäss Absatz 5 stellen kann. Neben einer betroffenen Geschäftseinheit sind auch die Veranlagungsbehörde für die Ergänzungssteuer und die kantonale Verwaltung für die Ergänzungssteuer legitimiert. Unter betroffener Geschäftseinheit ist eine Geschäftseinheit zu verstehen, für welche streitig (und nicht bloss ungewiss) ist, ob sie eine steuerpflichtige Geschäftseinheit ist. Die steuerlich der Schweiz zugehörigen Geschäftseinheiten der Unternehmensgruppe müssen für dieses Verfahren eine gemeinsame Vertretung in der Schweiz bezeichnen.

---

[27] SR **173.32**
[28] SR **172.021**

Abs. 6

Absatz 6 entspricht materiell Artikel 108 Absatz 3 DBG.

Art. 6

Die OECD/G20 überlassen es den Mitgliedsstaaten, die Haftung zu regeln (s. dazu die administrativen Leitlinien Februar 2023, Rz. 118.5, 118.9 ff.). Aufgrund des One-Stop-Shops wird grundsätzlich lediglich eine Geschäftseinheit in der Schweiz steuerpflichtig. Diese hat die gesamte Ergänzungssteuer zu entrichten, die sich für sämtliche der Schweiz zugehörigen Geschäftseinheiten errechnet. Um das Inkassorisiko zu minimieren, hat der Bundesrat in der Vernehmlassung eine Solidarhaftung sämtlicher Geschäftseinheiten einer Unternehmensgruppe in der Schweiz vorgeschlagen. Dies wurde als überschiessend kritisiert. Entsprechend sieht der Bundesrat nunmehr vor, dass die Solidarhaftung lediglich die sich aus dem One-Stop-Shop ergebenden zusätzlichen Ausfallrisiken kompensiert. Dies ist dadurch gewährleistet, dass die Geschäftseinheiten im Umfang der ihnen zugerechneten Ergänzungssteuer (Art. 12) solidarisch haften. Geschäftseinheiten, welchen keine Ergänzungssteuer zugerechnet wurde, trifft daher keine Haftung.

Art. 7

Artikel 197 Ziffer 15 Absatz 3 Buchstabe b BV delegiert den Entscheid zur Berücksichtigung der Ergänzungssteuer bei der Gewinnsteuer an den Bundesrat.

Die Ergänzungssteuer kann bei den Gewinnsteuern von Bund und Kantonen nicht als Aufwand geltend gemacht werden. Bei der schweizerischen Ergänzungssteuer würde ansonsten die Unterbesteuerung erhöht. Bei der internationalen Ergänzungssteuer nach der IIR und der UTPR erachtet es der Bundesrat mit Blick auf die internationale Akzeptanz des schweizerischen Regelwerks nicht als angezeigt, einen Abzug zu gewähren.

Art. 8

Vorbemerkung: Die Verordnung des Bundesrates bezieht sich an verschiedenen Stellen auf den Mindestumsatz gemäss OECD/G20 (Art. 8, Art. 10). Der Bundesrat hat die diesbezügliche Formulierung mit Blick auf Vernehmlassungseingaben sprachlich präzisiert.

Abs. 1

Absatz 1 bestimmt, ab welchem Umsatz eine Unternehmensgruppe in den Anwendungsbereich der Mindestbesteuerung fällt. Entscheidend ist, ob der Konzernabschluss der obersten Muttergesellschaft einen jährlichen Umsatz im Sinne der Artikel 1.1.1-1.1.2 und 6.1 der GloBE-Mustervorschriften von 750 Millionen Euro erreicht, d.h. dass der Konzernabschluss in mindestens zwei der vier Geschäftsjahre, die dem untersuchten Geschäftsjahr unmittelbar vorangegangen sind, einen jährlichen Umsatzerlös von mindestens 750 Millionen Euro ausgewiesen hat.

Abs. 2

Die Ansässigkeitsstaaten der obersten Muttergesellschaften können für ihre Unternehmensgruppen die Mindestbesteuerung bereits ab einer tieferen Umsatzschwelle als die 750 Millionen Euro für anwendbar erklären. Technisch wird die IIR in diesem Fall ab der tieferen Umsatzgrenze für die ganze Unternehmensgruppe, also auch für Schweizer Geschäftseinheiten dieser Gruppen, anwendbar erklärt. Für die UTPR können die Staaten gemäss den GloBE-Mustervorschriften keine tiefere Umsatzschwelle anwenden.

Eine solche tiefere Umsatzgrenze soll die Schweiz auch bei der schweizerischen Ergänzungssteuer für inländische Geschäftseinheiten dieser Unternehmensgruppe anwenden. In Übereinstimmung mit den grundsätzlichen Überlegungen zur Einführung der Mindestbesteuerung können auch hier die zusätzlichen Steuereinnahmen der Schweiz zufliessen und die hier ansässigen Unternehmen vor zusätzlichen Steuerverfahren im Ausland geschützt werden.

Bei Abs. 2 handelt sich um einen Anwendungsfall von Artikel 197 Ziffer 15 Absatz 4 BV.

Abs. 3

Der Klarheit halber soll festgehalten werden, dass die schweizerische Ergänzungssteuer nicht davon abhängt, in welchem Land die oberste Muttergesellschaft der Unternehmensgruppe steuerlich zugehörig ist. Dies bedeutet auch, dass die schweizerische Ergänzungssteuer unabhängig davon erhoben wird, ob dieses Land die Mindestbesteuerung einführt.

Abs. 4

Gemäss den administrativen Leitlinien Juli 2023 kann bei Unternehmensgruppen während der Anfangsphase ihrer internationalen Tätigkeit im Sinne von Artikel 9.3.1–9.3.5 der GloBE-Mustervorschriften die QDMTT erhoben werden (Option 1), die QDMTT in Abhängigkeit der Anwendbarkeit einer ausländischen IIR erhoben werden (Option 2) oder die QDMTT nicht erhoben werden (Option 3).

Absatz 4 sieht vor, dass die schweizerische Ergänzungssteuer in diesen Fällen nur erhoben wird, wenn die betreffenden Gewinne einer ausländischen Ergänzungssteuer nach der IIR unterliegen (Option 2). Diese Ausgestaltung entspricht einerseits der Zielsetzung des Verfassungsgebers, dass die so oder anders anfallenden Steuern der Schweiz zufliessen sollen. Andererseits bleibt bei dieser Ausgestaltung der QDMTT Safe Harbour sowohl für die Schweiz als auch für die einzelnen Unternehmensgruppen anwendbar.

Art. 9

Artikel 9 stützt sich auf Artikel 197 Ziffer 15 Absatz 1 BV.

Abs. 1

Die schweizerische Ergänzungssteuer wird analog zu den Bestimmungen der GloBE-Mustervorschriften berechnet. Damit ist sichergestellt, dass die Mindestbesteuerung in der Schweiz erreicht wird. Dabei sind die Sonderregelungen wie z.B. Ziffer 7.4 der GloBE-Mustervorschriften ebenfalls anzuwenden.

Die Formel zur Berechnung der Ergänzungssteuer in den GloBE-Mustervorschriften (Art. 5.2.3) sieht einen Abzug der nationalen Ergänzungssteuer im jeweiligen Steuerhoheitsgebiet vor. Lediglich die Differenz muss dann als Ergänzungssteuer nach der IIR oder der UTPR abgeliefert werden. Da die schweizerische Ergänzungssteuer die nationale Ergänzungssteuer in dieser Formel darstellt, darf sie in der Berechnung nicht abgezogen werden. Diese Präzisierung der GloBE-Mustervorschriften gilt auch für alle übrigen Bestimmungen, die auf Artikel 5.2.3 verweisen.

Soweit die GloBE-Mustervorschriften keine Ergänzungssteuer vorsehen, beträgt auch die schweizerische Ergänzungssteuer null. Dies ist bspw. aufgrund der de minimis exclusion gemäss Artikel 5.5 der GloBE-Mustervorschriften der Fall. Allerdings wird die schweizerische Ergänzungssteuer mit Blick auf die internationale Akzeptanz des schweizerischen Regelwerks nicht von einer möglichen Ergänzungssteuer im Ausland abhängig gemacht.

Abs. 2 und 3

Gemäss den administrativen Leitlinien Juli 2023 gilt der QDMTT Rechnungslegungsstandard (QDMTT Accounting Standard) als einer von drei kumulativ zu erfüllenden Standards zur Anwendung des QDMTT Safe Harbours (vgl. Ziff. 3.2). Dieser Standard kann u.a. mittels Aufnahme der lokalen Rechnungslegungsstandardregel in die QDMTT Vorschriften des betreffenden Landes erfüllt werden. Damit kann für die Berechnung der nationalen Ergänzungssteuer vom Rechnungslegungsstandard, den die oberste Muttergesellschaft für die Erstellung der konsolidierten Jahresrechnung verwendet (Art. 3.1.2 der GloBE-Mustervorschriften), abgewichen werden. Stattdessen kann die Berechnung der nationalen Ergänzungssteuer auf Basis einer nach dem entsprechenden anerkannten lokalen Rechnungslegungsstandard erstellten Jahresrechnung (bzw. Abschluss) erfolgen.

Gemäss den administrativen Leitlinien Juli 2023 kann die nationale Ergänzungssteuer nur dann gestützt auf den anerkannten lokalen Rechnungslegungsstandard berechnet werden, wenn alle Geschäftseinheiten des betreffenden Landes über einen Abschluss nach diesem Rechnungslegungsstandard verfügen und entweder: (i) alle Geschäftseinheiten gemäss Gesellschafts- oder Steuerrecht des betreffenden Landes verpflichtet sind, solche Abschlüsse zu erstellen, oder (ii) die entsprechenden Abschlüsse einer Prüfung durch eine externe Revisionsstelle unterliegen. Sofern nicht alle Geschäftseinheiten diese Voraussetzungen erfüllen oder das Geschäftsjahr solcher Abschlüsse vom Geschäftsjahr des konsolidierten Abschlusses der Unternehmensgruppe abweicht, wird die nationale Ergänzungssteuer gemäss den Bestimmungen in Artikel 3.1.2 und 3.1.3 der OECD-Mustervorschriften berechnet.

Mit Absatz 2 und 3 wird die lokale Rechnungslegungsstandardregel in die Schweizer Vorschriften über die nationale Ergänzungssteuer aufgenommen. Demnach wird die nationale Ergänzungssteuer auf der Grundlage der Jahresrechnungen nach Swiss GAAP FER berechnet, sofern alle Schweizer Geschäftseinheiten über eine Jahresrechnung nach diesem Rechnungslegungsstandard verfügen und alle einer Prüfung durch eine externe Revisionsstelle unterliegen. Damit übernimmt die Schweiz den zweiten Teil (Absatz (ii)) der Regel zum lokalen Rechnungslegungsstandard. Auf die Einführung des ersten Teils (Absatz (i)), welcher ein Bezug auf den Rechnungslegungsstandard gemäss Gesellschafts- oder Steuerrecht enthält, wird bewusst verzichtet, da das Schweizer Recht keinen bestimmten anerkannten Rechnungslegungsstandard vorschreibt.

Bei der Umsetzung der OECD-Mindestbesteuerung planen gemäss den dem EFD vorliegenden Informationen insbesondere folgende Länder, die Local Financial Accounting Standard Rule ebenfalls umzusetzen: Italien, Irland, Luxemburg, Österreich und die Niederlande.

Art. 10

Die internationale Ergänzungssteuer in Form einer IIR oder UTPR wird auf den Gewinnen von Geschäftseinheiten, die nicht der Schweiz steuerlich zugehörig sind, bemessen. In diesem Fall muss die Umsatzschwelle von 750 Millionen Euro nach den GloBE-Mustervorschriften respektiert werden.

Absatz 2 regelt die Konstellationen, in denen gemäss den GloBE-Mustervorschriften eine IIR in der Schweiz angewendet wird.

Absatz 3 hält fest, unter welchen Voraussetzungen in der Schweiz eine UTPR angewendet wird.

Gegenüber der ersten Vernehmlassungsvorlage wurde diesbezüglich eine Anpassung vorgenommen. Artikel 9.3.5 der GloBE-Mustervorschriften ist gestützt auf Artikel 2 Absatz 2 Buchstabe a nicht anwendbar. Damit wird die UTPR, wenn die entsprechenden Voraussetzungen erfüllt sind, in der Anfangsphase der internationalen Tätigkeit einer Unternehmensgruppe nicht angewandt.

Art. 11

Für die Berechnung der internationalen Ergänzungssteuer sind die einschlägigen GloBE-Mustervorschriften direkt anzuwenden. Dabei sind die Sonderregelungen wie z.B. Ziffer 7.4 der GloBE-Mustervorschriften betreffend die Berechnung des effektiven Steuersatzes für Investmentgesellschaften ebenfalls anzuwenden.

Art. 12

Die IIR wird gemäss Artikel 2.1 der GloBE-Mustervorschriften grundsätzlich bei der obersten Gruppengesellschaft in der Schweiz erhoben. Dies kann die oberste Muttergesellschaft oder eine Zwischengesellschaft der Unternehmensgruppe sein. Eine Zurechnung dieser Ergänzungssteuer an andere in- oder ausländische Geschäftseinheiten ist nicht vorgesehen.

Artikel 12 regelt die Zurechnung der schweizerischen Ergänzungssteuer (*Abs. 1 bis 3*) und der UTPR (*Abs. 4*) zu den Geschäftseinheiten in der Schweiz. Die Zurechnung zu den Geschäftseinheiten bildet die Basis für die Verteilung der Roheinnahmen aus der Ergänzungssteuer an die Kantone (Art. 13).

Diese Zurechnung bestimmt, welche Geschäftseinheit welchen Anteil an der Ergänzungssteuer zu tragen hat. Soweit eine Geschäftseinheit eine nicht ihr zugerechnete Ergänzungssteuer übernimmt, muss diejenige Geschäftseinheit, der die Steuer zugerechnet wird, diese erstatten. Für die Zwecke der Verrechnungssteuer und der Stempelabgabe liegt keine geldwerte Leistung oder verdeckte Kapitaleinlage vor. Wird auf eine solche Erstattung verzichtet, kann bei der entlasteten Geschäftseinheit eine geldwerte Leistung oder eine verdeckte Kapitaleinlage vorliegen.

Die Zurechnung ergibt sich aus Artikel 197 Ziffer 15 Absatz 2 Buchstabe i und j BV. Vorliegend wird sie betreffend schweizerische Ergänzungssteuer und UTPR präzisiert.

Im Folgenden wird die Zurechnung zu den Geschäftseinheiten anhand einer Unternehmensgruppe grafisch dargestellt.

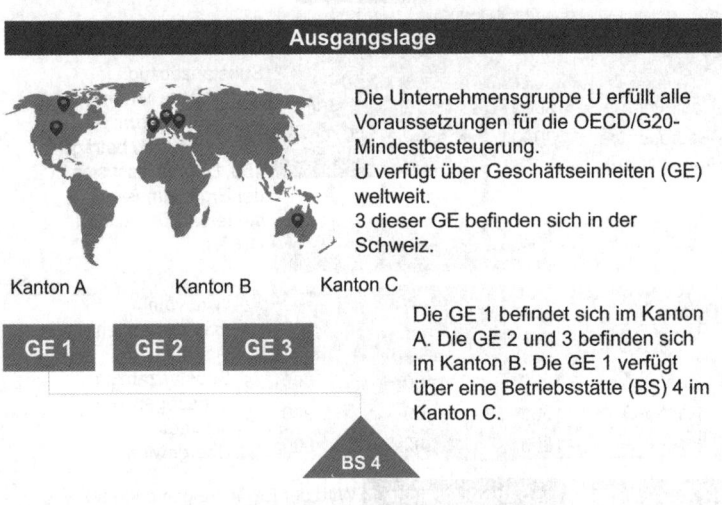

Schritt 1: Ermittlung der schweizerischen Ergänzungssteuer

Die schweizerische Ergänzungssteuer ermittelt sich wie folgt:

Ermittlung Gesamtbetrag schweizerische Ergänzungssteuer

	Massgebender Gewinn		Massgebende Steuern
GE 1 Kanton A	1000	12.5%	125
GE 2 Kanton B	1000	10%	100
GE 3 Kanton B	1000	18%	180

		Effektiver Steuersatz	
IST-Besteuerung	3000	13.5%	405

Für die Schweiz sind die Ergebnisse zu aggregieren (inkl. BS 4). Dies ergibt die «IST»-Besteuerung für die Schweiz (405). Daraus lässt sich der effektive Steuersatz für die Schweiz berechnen (13.5%).

	Massgebender Gewinn		Steuern
IST-Besteuerung	3000	13.5%	405
15%-Besteuerung vor Substanzabzug	3000	15%	450
Ergänzungssteuersatz		1.5%	

Die von der OECD/G20 vor Substanzabzug angestrebte Mindestbesteuerung zum Satze von 15% beträgt 450. Daraus lässt sich der Ergänzungssteuersatz berechnen (1.5%).

	Massgebender Gewinn	Substanzabzug	Übergewinn
GE 1 Kanton A	1000	400	600
GE 2 Kanton B	1000	800	200
GE 3 Kanton B	1000	200	800

Wird vom massgebenden Gewinn der Substanzabzug abgezogen, ergibt dies den Übergewinn.

Übergewinn	Ergänzungssteuersatz	Schweizerische Ergänzungssteuer
1600	1.5%	24

Wird der Ergänzungssteuersatz auf den Übergewinn angewendet, ergibt sich daraus der Betrag der Ergänzungssteuer für die Schweiz.

Schritt 2: Zurechnung

Die Zurechnung zu den Geschäftseinheiten wird in den Absätzen 1 und 2 geregelt, der Spezialfall der Zurechnung zu einer Betriebsstätte in Absatz 3. Die Verteilung der Roheinnahmen auf die Kantone ist in Artikel 13 geregelt.

Abs. 1

Verfügt eine Unternehmensgruppe über mehrere Geschäftseinheiten, wird die schweizerische Ergänzungssteuer den inländischen Geschäftseinheiten im Verhältnis des Ausmasses zugerechnet, in dem sie die Unterbesteuerung mitverursacht haben. Geschäftseinheiten, die über der Mindestbesteuerung liegen, wird kein Anteil zugerechnet. Die Verteilung an die Geschäftseinheiten erfolgt proportional nach Massgabe der Unterbesteuerung. Basis bilden die Ergänzungssteuerbeträge, welche sich auf Basis der Einzelabschlüsse der Geschäftseinheiten ergeben würden. Der Gesamtbetrag der schweizerischen Ergänzungssteuer wird den Geschäftseinheiten im Verhältnis dieser Ergänzungssteuerbeträge zugerechnet. Dies bedeutet insbesondere, dass auf eine Geschäftseinheit, deren Ergänzungssteuerbetrag anhand des Einzelabschlusses Null beträgt, keine Zurechnung erfolgt.

Der Ergänzungssteuerbetrag wird für jede Geschäftseinheit auf der Basis der den GloBE-Mustervorschriften entsprechenden Einzelabschlüsse der einzelnen Geschäftseinheiten ermittelt. Als Einzelabschlüsse gelten auch die sogenannten Reporting-Packages, welche für den konsolidierten Abschluss erstellt werden. Der massgebende Gewinn, die massgebenden Steuern sowie der Gewinnüberschuss werden anhand dieser Einzelabschlüsse berechnet. Bei der Berechnung wird auch der *carve-out* entsprechend den GloBE-Mustervorschriften berücksichtigt. Damit erhalten Geschäftseinheiten mit einem tieferen Substanzabzug trotz höherem kantonalen Besteuerungsniveau potenziell einen höheren Anteil an der schweizerischen Ergänzungssteuer.

Die Zurechnung der schweizerischen Ergänzungssteuer sieht wie folgt aus:

Zurechnung Betrag schweizerische Ergänzungssteuer auf GE				
	Ergänzungssteuersatz pro GE	Übergewinn	*	Schweizerische Ergänzungssteuer pro GE
schweizerische Ergänzungssteuer				24
GE 1 Kanton A	2.5%	600	15	14.4
GE 2 Kanton B	5%	200	10	9.6
GE 3 Kanton B				0

Grundlage für die Zurechnung an die Geschäftseinheit bilden die Ergänzungssteuerbeträge* aufgrund der Einzelabschlüsse der Geschäftseinheiten. Der Betrag der schweizerischen Ergänzungssteuer wird in deren Verhältnis den betreffenden Geschäftseinheiten zugerechnet.

Abs. 2

Dieser *Absatz 2* regelt die Zurechnung der schweizerischen Ergänzungssteuer für den Fall, dass auf der Grundlage der Hilfsrechnung in den Absatz 1 kein Schlüssel gefunden wird. Dies kann namentlich dann der Fall sein, wenn

- in einem Tiefsteuerkanton mit hohen Gewinnen viel Substanz zu finden ist und damit ein hoher Substanzabzug geltend gemacht werden kann und
- in einem Hochsteuerkanton mit tiefen Gewinnen keine Substanz zu finden ist.

In einem solchen Fall ist denkbar, dass erst aufgrund des sog. länderweisen Blendings – also der Aggregierung der Ergebnisse der beiden in der Schweiz steuerlich zugehörigen Geschäftseinheiten – eine Ergänzungssteuer resultiert. Diese Lücke in Bezug auf die Verteilung der Einnahmen unter den Kantonen soll vorliegend geschlossen werden. Dabei bleibt die Verteilung der Einnahmen an jene Kantone, in denen die zu tiefe Steuerbelastung vorliegt, unberücksichtigt, da beide die Mindestbesteuerung für sich genommen erfüllen würden, also aufgrund der Einzelabschlüsse ein Ergänzungssteuerbetrag von Null resultiert.

Abs. 3

Absatz 3 regelt die Zurechnung der Ergänzungssteuer an ausserkantonale Betriebsstätten, Liegenschaften und Geschäftsbetriebe (Steuerobjekte) von inländischen Geschäftseinheiten. Diese gelten nicht als Geschäftseinheiten im Sinne der GloBE-Mustervorschriften. Es ist ein vereinfachter Schlüssel für die Zurechnung nötig, weil Betriebsstätten und Liegenschaften inländischer Geschäftseinheiten keinen Einzelabschluss gemäss den Vorgaben der GloBE-Mustervorschriften erstellen müssen. Gestützt auf die Eingaben in der Vernehmlassung wurde präzisiert, dass diese Zurechnung ausschliesslich für die schweizerische Ergänzungssteuer erfolgt. Absatz 3 stützt sich auf Artikel 197 Ziffer 15 Absatz 4 BV.

Für die Unternehmensgruppe ergibt sich in Bezug auf die Betriebsstätte Folgendes:

Berechnung Betrag schweizerische Ergänzungssteuer für Kanton C mit BS 4

	Massgebender Gewinn	Massgebende Steuern	Übergewinn	Schweizerische Ergänzungssteuer
GE 1 Kanton A	1000	125	600	14.4
				10.1

	Gewinn	Steuern		
BS 4 Kanton C	330	60		4.3

Für den vorliegenden Sachverhalt wird angenommen, dass der Gewinn von Geschäftseinheit 1 (GE 1) gemäss schweizerischem Steuerrecht 1100 beträgt (abweichend vom massgebenden Gewinn). Für die Ausscheidung dieses Gewinns nach den bundesrechtlichen Grundsätzen betreffend das Verbot der Doppelbesteuerung wird ein Schlüssel von 70 Prozent (Kanton A) und 30 Prozent (Kanton C) angenommen. Mit diesen Annahmen besteuert der Kanton C einen Gewinn gemäss schweizerischem Steuerrecht von 330. Die darauf geschuldete schweizerische Gewinnsteuer beträgt gemäss einer Annahme 60.

Der Schlüssel 70:30 wird auch für die Aufteilung der schweizerischen Ergänzungssteuer zwischen den Kantonen A und C angewendet.

Daraus ist ersichtlich, dass der Betriebsstätte trotz Steuerbelastung über 15 Prozent (konkret 18%) ein Anteil an der schweizerischen Ergänzungssteuer zugerechnet wird.

Abs. 4

Absatz 4 regelt die Zurechnung der UTPR an die Geschäftseinheiten in der Schweiz. Diese Ergänzungssteuer resultiert aus einer Unterbesteuerung im Ausland. Die Zurechnung erfolgt anhand der materiellen Vermögenswerte und der Zahl der Beschäftigten, wie dies die GloBE-Mustervorschriften für die Zuteilung dieser Ergänzungssteuern an die Steuerhoheitsgebiete vorsehen.

Art. 13

Artikel 13 regelt die Aufteilung der Roheinnahmen aus der Ergänzungssteuer auf die verschiedenen Staatsebenen.

Abs. 1

Absatz 1 regelt die Verteilung der Roheinnahmen aus der schweizerischen Ergänzungssteuer aus gewinnsteuerbefreiten Tätigkeiten von Geschäftseinheiten von Bund, Kantonen und Gemeinden. Im Regelfall dürften solche Institutionen nicht unter die Mindestbesteuerung fallen (Art. 1.5.1 i.V.m. Art. 10.1 der GloBE-Mustervorschriften). Dies ist einerseits dann der Fall, wenn sie über keine physische Präsenz im Ausland verfügen. Andererseits ist dies grundsätzlich der Fall, wenn sie öffentliche Aufgaben wahrnehmen und keine kommerziellen Aktivitäten ausüben. In allen anderen Fällen muss die Institution eine schweizerische Ergänzungssteuer entrichten, wenn sie die Umsatzschwelle erreicht und die Mindestbesteuerung unterschreitet, auch wenn sie nach Artikel 56 DBG bzw. Artikel 23 StHG steuerbefreit sein sollte. Der Rohertrag bezüglich dieser Geschäftseinheiten soll vollständig der jeweiligen Staatsebene zukommen. Absatz 1 setzt Artikel 197 Ziffer 15 Absatz 6 letzter Satz BV mit einer Präzisierung um.

Abs. 2

Bei der internationalen Ergänzungssteuer nach der IIR steht der Kantonsanteil dem Kanton zu, in dem die Geschäftseinheit, bei welcher die betreffende Ergänzungssteuer erhoben wird, gemäss Artikel 3 Absatz 2 steuerlich zugehörig ist. Da Beteiligungen in der Regel dem Hauptsitz zuzuordnen sind, wird bei der IIR auf eine Aufteilung zwischen Hauptsitz und Betriebsstätte verzichtet.

Die Zurechnung der Ergänzungssteuer zu den Geschäftseinheiten (s. Art. 12) stellt auch die Grundlage für die Verteilung des Kantonsanteils dar. Dieser steht den jeweiligen Kantonen zu, in denen die Geschäftseinheiten steuerlich zugehörig sind (Art. 3 Abs. 2), denen die schweizerische Ergänzungssteuer zugerechnet wird. Dasselbe gilt bei Geschäftsbetrieben, Betriebsstätten und Liegenschaften inländischer Geschäftseinheiten.

Absatz 2 folgt der Vorgabe von Artikel 197 Ziffer 15 Absatz 6 erster Satz BV.

Bei der Verteilung der Roheinnahmen aus der Ergänzungssteuer für die Unternehmensgruppe ist die Entschädigung für den veranlagenden Kanton gemäss Artikel 39 zu berücksichtigen. Unter der Annahme, Kanton A sei veranlagender Kanton, sieht diese wie folgt aus:

Verteilung Betrag schweizerische Ergänzungssteuer auf Bund und Kantone						
	GE 1	GE 2	GE 3	BS 4	2%-Entschädigung	Total
Kanton A	7.6				0.48	8.08
Kanton B		7.2			-0.33	6.87
Kanton C				3.2	-0.15	3.05
Total Kantone						**18**
Total Bund	2.5	2.4		1.1		**6**
Gesamttotal						**24**

Art. 14

Vorbemerkung zum Verfahrensrecht: Gestützt auf Artikel 197 Ziffer 15 Absatz 3 Buchstabe c BV regelt der Bundesrat das Verfahren und die Rechtsmittel. Von dieser Kompetenz macht er vorliegend Gebrauch.

Der Aufbau und die Systematik des Verfahrensrechts orientieren sich am DBG. Aufgrund des Verweises in Artikel 14 sind die Bestimmungen des DBG sinngemäss anwendbar, soweit die Verordnung nichts anderes festhält. Illustrativ sei der Verweis auf das DBG am Beispiel der Aufsicht erläutert: Die ESTV übt gemäss Übergangsbestimmung der BV die Aufsicht über die Kantone aus. In der vorliegenden Verordnung sind keine Bestimmungen zu diesem Titel enthalten. Entsprechend richtet sich die Organisation und die Aufsicht nach den Artikeln 102–104 sowie 104b DBG. Demnach sorgt die ESTV für die einheitliche Anwendung der Verordnung und erlässt Vorschriften für die richtige und einheitliche Veranlagung und den Bezug der Ergänzungssteuer. Sie ist das zuständige Aufsichtsorgan, das Einsicht in Einzelfälle hat, materielle Kontrollen durchführt und verlangen kann, dass ihr Veranlagungen eröffnet werden.

Soweit die GloBE-Mustervorschriften für das Verfahren eigene Regelungen enthalten, gehen diese dem Verweis auf die Bestimmungen des DBG vor. Dies ist z.B. hinsichtlich einer Revision der Veranlagung teilweise der Fall. Die GloBE-Mustervorschriften sehen häufig vor, die Korrekturen in der laufenden Periode vorzunehmen und die Veranlagung für die vergangene Periode bestehen zu lassen.

Im Folgenden werden die Verordnungsbestimmungen kommentiert. Soweit das DBG sinngemäss Anwendung findet, ist dies nicht separat erwähnt.

Artikel 107 und 136–139 DBG regeln das Verfahren bei der Quellensteuer und kommen bei der Ergänzungssteuer nicht zur Anwendung.

Art. 15

Mit *Artikel 15* wird die Organisation, welche in den Kantonen für die Leitung und Überwachung des Vollzugs und der einheitlichen Anwendung der direkten Bundessteuer zuständig ist, auch für die Leitung und Überwachung des Vollzugs und der einheitlichen Anwendung der Ergänzungssteuer zuständig. Die Kantone sind frei, eine andere Zuständigkeit innerhalb des Kantons vorzusehen. Wird in der vorliegenden Verordnung auf das DBG verwiesen, so ist unter kantonale Verwaltung für die direkte Bundessteuer für die vorliegende Verordnung die kantonale Verwaltung für die Ergänzungssteuer zu verstehen. Für den Vollzug der Ergänzungssteuer ist die Veranlagungsbehörde für die Ergänzungssteuer zuständig. Soweit der Kanton nicht eine einzige andere Behörde bestimmt, ist dies die Veranlagungsbehörde für die direkte Bundessteuer für juristische Personen.

Art. 16

Artikel 16 regelt die örtliche Zuständigkeit. Das Prinzip des One-Stop-Shops erfordert eine eigenständige Regelung, weshalb die Artikel 105–108 DBG für die Ergänzungssteuer nicht anwendbar sind (Abs. 1).

Absatz 2 legt den zuständigen Kanton fest. Zuständig ist der Kanton, in dem die steuerpflichtige Geschäftseinheit einer Unternehmensgruppe zu Beginn des Geschäftsjahres nach Artikel 10.1 der GloBE-Mustervorschriften steuerlich zugehörig ist. Die steuerliche Zugehörigkeit bestimmt sich nach Artikel 3 Absatz 2.

Absätze 3-5 übernehmen sinngemäss den Regelungsgehalt von Artikel 108 DBG und stimmen materiell mit diesem überein. Deswegen kann hier grundsätzlich analog auf die entsprechende Praxis und Rechtsprechung abgestellt werden. Da es sich dabei um Kompetenzkonflikte zwischen verschiedenen Kantonen handelt, verfügt die ESTV. Die ergänzungssteuerpflichtige Geschäftseinheit muss für dieses Verfahren ein Zustellungsdomizil in der Schweiz bezeichnen. Artikel 16 regelt Fälle, in denen umstritten ist, welcher Kanton veranlagt, während Artikel 5 Absatz 4 Sachverhalte regelt, bei denen umstritten ist, welche Geschäftseinheit der Unternehmensgruppe die ergänzungssteuerpflichtige Geschäftseinheit ist (d.h. den One-Stop-Shop darstellt). Wie Verfügungen der ESTV gestützt auf Artikel 108 Absatz 1 DBG unterliegt auch diese Verfügung der ESTV gestützt auf Artikel 16 Absatz 4 der Beschwerde nach den allgemeinen Bestimmungen über die Bundesrechtspflege. Die Verfügung ist somit direkt mittels Beschwerde an das Bundesverwaltungsgericht anzufechten (Art. 31, Art. 32 e contrario und Art. 33 lit. d VGG, Art. 5 VwVG). Gegen den Entscheid des Bundesverwaltungsgerichts steht die Möglichkeit einer Beschwerde an das Bundesgericht offen.

Art. 17

Vorbemerkungen zum Informationssystem

Die kantonalen Veranlagungsbehörden werden die Ergänzungssteuer veranlagen und beziehen. Die Kantone brauchen dafür insbesondere ein neues Informationssystem. Da von der Ergänzungssteuer alle Kantone betroffen sind, ist vorgesehen, dass ein von den Kantonen gemeinsam betriebenes Informationssystem bereitgestellt wird. Das Informationssystem soll im Auftrag der Kantone von der Schweizerischen Steuerkonferenz (SSK) betrieben werden.

Das Bundesgesetz über elektronische Verfahren im Steuerbereich (20.051)[29] enthält im DBG und StHG eine Bestimmung, wonach die Kantone elektronische Verfahren vorsehen müssen. Dabei sind die Authentizität und Integrität der übermittelten Daten nach kantonalem Recht sicherzustellen. Bei der elektronischen Einreichung von Eingaben, deren Unterzeichnung gesetzlich vorgeschrieben ist, ist anstelle der Unterzeichnung die Möglichkeit einer elektronischen Bestätigung der Angaben durch die steuerpflichtige Person vorzusehen (Art. 104*a* DBG und Art. 38*a* StHG). Diese Bestimmungen treten am 1. Januar 2024 in Kraft. Aufgrund von Artikel 14 gelten diese Bestimmungen sinngemäss für das hier vorgesehene Informationssystem Ergänzungssteuer.

Der Zugang zum Informationssystem erfolgt über ein vom Bund zur Verfügung gestelltes Portal. Aktuell ist dafür das ePortal des Eidgenössischen Finanzdepartementes vorgesehen. Da die Bezeichnung des Portals ändern kann, wird darauf verzichtet, das Portal in der Verordnung zu benennen.

---

[29] AS 2021 673

Artikel 17 Absätze 1-3: Damit wird die rechtliche Grundlage zum Betrieb eines Informationssystems Ergänzungssteuer durch die Kantone geschaffen. Analog zu Artikel 112a DBG können besonders schützenswerte Personendaten über verwaltungs- und strafrechtliche Verfolgungen oder Sanktionen bearbeitet werden. Dabei kann es um die Verletzung von Mitwirkungspflichten gehen oder um die Prüfung, ob Bussen/Sanktionen mit Strafcharakter als Aufwand geltend gemacht worden sind, die nicht oder nur beschränkt abziehbar sind.

Der Bund richtet ein Portal für den Zugang zum Informationssystem ein.

Absätze 4 und 5: Das Informationssystem dient den in *Absatz 4* aufgeführten, nicht abschliessend genannten Zwecken:

- *Buchstabe a*: Das zentrale Ergänzungssteuerverzeichnis erfüllt eine ähnliche Funktion wie die kantonalen Steuerregister. Da die Informationen zu den ergänzungssteuerpflichtigen Geschäftseinheiten aufgrund von deren Anmeldungen bereits im System enthalten sind, macht es Sinn, ein zentrales Verzeichnis zu führen, aus dem alle in der Schweiz steuerpflichtigen Geschäftseinheiten ersichtlich sind.

- Das zentrale Ergänzungssteuerverzeichnis enthält namentlich Angaben zur Firma, zum Sitz und zur Unternehmens-Identifikationsnummer (UID) der ergänzungssteuerpflichtigen Geschäftseinheit. Diese ist verantwortlich für die entsprechende Meldung im System (Art. 19).

- *Buchstabe b*: Die steuerpflichtige Geschäftseinheit hat die für die Erhebung der Ergänzungssteuer notwendigen Informationen mitsamt den Beilagen elektronisch einzureichen. Die Veranlagung erfolgt mittels des Informationssystems. Es steht den Kantonen frei, die Veranlagungsverfügung direkt aus dem System elektronisch zuzustellen oder über eine Schnittstelle in das kantonale System zu übernehmen und die Veranlagungsverfügung aus diesem zu versenden. Dies kann auch postalisch geschehen. Sowohl den ergänzungssteuerpflichtigen Geschäftseinheiten wie auch den Veranlagungsbehörden wird damit ein modernes und einheitliches Werkzeug zur Verfügung gestellt, mit dem sie ihre Pflichten bzw. Aufgaben einfach und effizient erfüllen können.

  Nicht Teil des gemeinsamen Informationssystems sind die Rechnungsstellung, der Bezug der Ergänzungssteuer sowie deren Abrechnung unter den Kantonen und mit dem Bund. Auch Nachsteuer- und Rechtsmittelverfahren erfolgen nicht im gemeinsamen Informationssystem. Diese Bereiche sind somit durch die Kantone sicherzustellen. Auch die Verfahren der ESTV gemäss Artikel 5 Absatz 4 Buchstabe b und Artikel 16 Absatz 3 dieser Verordnung erfolgen ausserhalb des gemeinsamen Informationssystems.

- *Buchstabe d*: Das System dient auch dem Austausch von Informationen zwischen den steuerpflichtigen Geschäftseinheiten und den Veranlagungsbehörden. Gedacht wird hier beispielsweise an Rückfragen zur Steuererklärung.

Absatz 5 führt auf, welche Daten der Geschäftseinheiten das Informationssystem enthält. Die Aufführung ist nicht abschliessend; so sind beispielsweise auch die inländischen Geschäftseinheiten enthalten.

Die Ergänzungssteuer wird wie die direkte Bundessteuer im gemischten Veranlagungsverfahren erhoben. Die ergänzungssteuerpflichtigen Geschäftseinheiten reichen somit ihre Steuererklärungen samt Beilagen via das Portal ein. Auch die darauffolgenden Veranlagungen und Entscheide der zuständigen kantonalen Behörde werden im System enthalten sein (Bst. a und b).

Die kantonale Behörde für die Ergänzungssteuer des veranlagenden Kantons wird zuständig sein für die Verteilung des Steuerertrags auf die übrigen Kantone und die ESTV (Bst. c).

Absatz 6 führt auf, welche Daten im zentralen Ergänzungssteuerverzeichnis enthalten sein werden. Die Aufführung ist nicht abschliessend.

Absatz 7: Es handelt sich um eine analoge Bestimmung, wie sie auch im Bundesgesetz vom 16. Juni 2017[30] über den internationalen automatischen Austausch länderbezogener Berichte multinationaler Konzerne (ALBAG) in Artikel 17 enthalten ist.

Art. 18

Mit dieser Bestimmung wird geregelt, wer in welchem Umfang Zugriff zum Informationssystem Ergänzungssteuer hat.

Absätze 1 Die Veranlagungsbehörde und die kantonale Verwaltung für die Ergänzungssteuer können ihre im System enthaltenen, in Artikel 17 Absatz 5 aufgeführten Daten bearbeiten.

Nach Absatz 2 Buchstabe a haben die kantonalen Steuerverwaltungen Einsicht in das zentrale Ergänzungssteuerverzeichnis, d.h. sie können die Daten lesen, aber nicht bearbeiten. Nach Absatz 2 Buchstabe b haben die kantonalen Steuerverwaltungen zudem Einsicht in die Daten von Geschäftseinheiten einer Unternehmensgruppe, sofern Geschäftseinheiten oder Steuerobjekte dieser Unternehmensgruppe steuerlich dem Kanton zugehörig sind.

Absatz 3: Absatz 3 sieht neu vor, dass die Kantone, die Daten, von denen sie aufgrund der Erhebung der Ergänzungssteuer Kenntnis erhalten, für ihre Aufgaben im Bereich der direkten Bundessteuer verwenden dürfen. Dies ist aufgrund des engen Konnexes zwischen Ergänzungssteuer und direkter Bundessteuer sinnvoll. Es handelt sich bei beiden Steuern um die Gewinnsteuer.

Der Bezug der Ergänzungssteuer erfolgt nicht mit dem Informationssystem Ergänzungssteuer, sondern mit den bestehenden kantonalen Systemen. Der Bezug ist kantonal sehr unterschiedlich geregelt. Es wäre sehr aufwändig, ein einheitliches Bezugssystem für die Ergänzungssteuer zu schaffen. Vor allem ist dies aber nicht notwendig. Steht die geschuldete Ergänzungssteuer einmal fest, gibt es keinen Grund, für deren Bezug nicht auf das jeweilige kantonale System abzustellen.

Absatz 4 hält zur Transparenz fest, dass die Kantone berechtigt sind, Statistiken zur Ergänzungssteuer zu erstellen und zu publizieren.

Absatz 5: Der Zugriff der ESTV auf das Informationssystem schliesst den Zugriff auf das zentrale Ergänzungssteuerverzeichnis ein. Die ESTV hat in ihrer Aufsichtstätigkeit die gleichen Aufgaben und Kompetenzen wie bei der direkten Bundessteuer (s. Erläuterungen zu Art. 14). Neu wird analog zu Absatz 3 festgehalten, dass auch die

---

[30] SR **654.1**

ESTV die Daten, von denen sie aufgrund der Erhebung der Ergänzungssteuer Kenntnis erhält, für die Aufgaben im Bereich der direkten Bundessteuer verwenden darf. Der Transparenz halber wird festgehalten, dass die ESTV gesamtschweizerische Statistiken zur Ergänzungssteuer erstellen kann. An solchen Statistiken dürfte grosses Interesse bestehen

Absatz 6: Diese Bestimmung entspricht Absatz 5 der Vernehmlassungsvorlage.

Art. 19

Absätze 1 und 3: Absatz 1 wurde redaktionell angepasst. Die Erhebung der Ergänzungssteuer erfolgt im sogenannten gemischten Veranlagungsverfahren (s. Ziff. 3.1). Die An- und Abmeldung als steuerpflichtige Person ist Teil der Pflichten, die sich aus diesem Verfahren ergeben.

Absatz 2: Die steuerpflichtigen Geschäftseinheiten sind verpflichtet, ihre Eingaben nach Artikel 17 Absatz 5 via das Portal des Bundes vorzunehmen. Andere Formen der Eingabe wie bspw. per E-Mail oder schriftlich in Papierform werden nicht akzeptiert. Die Eingaben gelten mit der elektronischen Bestätigung der Angaben als rechtsgültig eingereicht. Die Bestätigung der Angaben der steuerpflichtigen Geschäftseinheit erfolgt elektronisch (Art. 104*a* DBG, Art. 38*a* StHG in der Fassung ab 1.1.2024).[31]

Art. 20

Die Vorgaben für die Steuererklärung entsprechen weitgehend Artikel 124 DBG. Abweichend von der direkten Bundessteuer besteht bei der Ergänzungssteuer eine Portalpflicht (Art. 19). Die GloBE-Mustervorschriften halten die Fristigkeiten für die Zwecke des GIR fest. Die Steuererklärung für die schweizerische und die internationale Ergänzungssteuer ist gleich wie der GIR erstmals 18 Monate und danach jeweils 15 Monate nach Ablauf des Geschäftsjahres nach Artikel 10.1 der GloBE-Mustervorschriften einzureichen. Anders als im DBG wird im Falle einer verspäteten Einreichung lediglich eine kurze Nachfrist gesetzt. Diese Aufforderung kann von der veranlagenden Behörde als Mahnung im Sinne von Artikel 29 ausgestaltet werden.

Das Regelwerk der OECD/G20 sieht eine Reihe von Wahlrechten zu Gunsten der betroffenen Unternehmensgruppe vor. Diese Wahlrechte sind von der steuerpflichtigen Geschäftseinheit bei der Abgabe der Ergänzungssteuererklärung zu berücksichtigen. Vor diesem Hintergrund wurde Artikel 21 der Vernehmlassungsvorlage gestrichen.

Art. 21

Soweit die steuerpflichtige Geschäftseinheit einer Auflage nicht nachkommt, kann es beim One-Stop-Shop sinnvoll sein, dass die Veranlagungsbehörde direkt Rückfragen an weitere Geschäftseinheiten einer Unternehmensgruppe – auch mit Sitz in einem anderen Kanton – richten kann. Die entsprechende Auskunftspflicht ist in *Artikel 21* statuiert. Gegenüber der Vernehmlassungsvorlage wurde ergänzt, dass zunächst die

---

[31] AS 2021 673

ergänzungssteuerpflichtige Geschäftseinheit um die Information ersucht wird. Die übrigen Mitwirkungs- und Auskunftspflichten des DBG bleiben sinngemäss anwendbar.

Art. 22

Mit dem One-Stop-Shop ist eine Geschäftseinheit pro Unternehmensgruppe in der Schweiz steuerpflichtig. Es ist jedoch denkbar, dass pro Unternehmensgruppe mehrere Arten von Ergänzungssteuern anfallen (bspw. internationale Ergänzungssteuer nach der IIR und schweizerische Ergänzungssteuer). Da viele Staaten ebenfalls eine nationale Ergänzungssteuer einführen dürften, wird eine IIR- oder UTPR-Veranlagung oftmals auf null lauten. Dank des One-Stop-Shops wird pro Unternehmensgruppe grundsätzlich nur eine Geschäftseinheit steuerpflichtig. Es ist jedoch auch möglich, dass mehrere Geschäftseinheiten in mehreren Kantonen steuerpflichtig werden (Art. 5 Abs. 2). Da in solchen Situationen mehrere Kantone pro Gruppe veranlagen, ist eine einheitliche Regelung mit separaten Veranlagungsverfügungen zielführend. Unterschiedliche Ergebnisse je nach subjektiver Steuerpflicht wären auch gegenüber dem Ausland schwieriger zu erklären.

Art. 23

Gemäss den administrativen Leitlinien Juli 2023 ist der Umrechnungskurs für Steuerbeträge, die sich aufgrund der GloBE-Mustervorschriften anhand einer Jahresrechnung berechnen, welche von der Währung der Steuererhebung abweicht, festzulegen. *Artikel 23* sieht eine Umrechnung in Analogie zum Kurs gemäss Artikel 80 Absatz 1bis DBG vor.

Vorbemerkung zur Einsprache und zum Rechtsmittelverfahren: Die Bestimmungen stützen sich auf Artikel 197 Ziffer 15 Absätze 1 und 3 Bst. c BV. Das Einspracheverfahren richtet sich nach dem DBG; das Beschwerdeverfahren ist mit Blick auf den Instanzenzug abweichend geregelt. Da es sich um eine Bundessteuer ohne parallele Kompetenz der Kantone handelt, erachtet es der Bundesrat als zielführend, kantonale Gerichtsinstanzen auszuschliessen. Das Bundesverwaltungsgericht soll bei der Ergänzungssteuer erste Beschwerdeinstanz sein. Auch wenn dieser Instanzenzug von jenem der direkten Bundessteuer abweicht und auch von einzelnen Vernehmlassungsteilnehmenden kritisch gesehen wurde, sprechen verschiedene Gründe für diese Regelung. Mit dieser Beschwerdeinstanz kann eine einheitliche Rechtsanwendung gewährleistet werden. Es handelt sich um eine neue Steuerart, für welche es sich auch aufgrund der in Anbetracht des One-Stop-Shops nicht übermässig zahlreichen Steuerpflichtigen anbietet, Erfahrungen zu konzentrieren.

Die redaktionellen Anpassungen gegenüber der Vernehmlassungsvorlage dienen vorwiegend dem Zweck, eine bessere Übereinstimmung mit dem Verfahren des DBG herzustellen. So wurde aufgrund von Vernehmlassungseingaben eine klare Unterscheidung zwischen der Veranlagungsbehörde und der kantonalen Verwaltung für die Ergänzungssteuer umgesetzt. Weiter wurde das Einspracherecht auf die ergänzungssteuerpflichtige Geschäftseinheit beschränkt. Zur vollständigen Umsetzung des One-Stop-Shops wird das Beschwerderecht einerseits lediglich der ergänzungssteuerpflichtigen Geschäftseinheit und andererseits lediglich der kantonalen Verwaltung für die Ergänzungssteuer des veranlagenden Kantons gewährt. Zudem verfügt auch die ESTV über ein Beschwerderecht.

Art. 24

Die ergänzungssteuerpflichtige Geschäftseinheit kann gegen die Veranlagungsverfügung innert 30 Tagen nach Zustellung bei der Veranlagungsbehörde schriftlich Einsprache erheben, da Artikel 132 Absatz 1 DBG über den Verweis von Artikel 14 sinngemäss anwendbar ist.

Dabei besteht das Einspracherecht nicht nur gegen Veranlagungsverfügungen, sondern auch gegen andere, auf die vorliegende Verordnung gestützte Verfügungen der zuständigen kantonalen Behörde (s. insbes. Art. 5 Abs. 4 Bst. a).

Richtet sich die Einsprache der ergänzungssteuerpflichtigen Geschäftseinheit gegen eine einlässlich begründete Veranlagungsverfügung, so kann sie mit Zustimmung der Einsprecherin, der kantonalen Verwaltung für die Ergänzungssteuer und der ESTV als Beschwerde an das Bundesverwaltungsgericht weitergeleitet werden.

Art. 25

Dieser Instanzenzug ist ein Anwendungsfall von Artikel 33 Buchstabe i des Bundesgesetzes vom 17. Juni 2005[32] über das Bundesverwaltungsgericht (VGG). Das VGG erklärt das Bundesgesetz vom 20. Dezember 1968[33] über das Verwaltungsverfahren (VwVG) für anwendbar, soweit das VGG nichts anderes bestimmt (Art. 37). Dieser Verweis ist vorliegend anwendbar. Entsprechend richten sich bspw. Fristen und dgl. – sofern nicht in der vorliegenden Verordnung anders geregelt – auch beim Beschwerdeverfahren zur Ergänzungssteuer nach den Vorgaben des VwVG.

Die Verfügungen der ESTV unterliegen der Beschwerde nach den allgemeinen Bestimmungen über die Bundesrechtspflege (s. Erläuterungen zu Art. 5 und 16).

Abs. 1

Da die Beschwerde an das Bundesverwaltungsgericht zu richten ist, sind die Artikel 140-146 DBG nicht anwendbar.

Abs. 2

Absatz 2 regelt das Beschwerderecht der ergänzungssteuerpflichtigen Geschäftseinheit. Die Geschäftseinheiten, welche nicht ergänzungssteuerpflichtige Geschäftseinheiten sind, haben entsprechend der Konzeption des One-Stop-Shops kein Beschwerderecht. Das Beschwerderecht besteht nicht nur gegen Einspracheentscheide betreffend Veranlagungsverfügungen, sondern auch gegen Einspracheentscheide betreffend andere, auf die vorliegende Verordnung gestützte Verfügungen der zuständigen kantonalen Behörde (s. insbes. Art. 5 Abs. 4 Bst. a).

---

[32] SR **173.32**
[33] SR **172.021**

Abs. 3

Die kantonale Verwaltung für die Ergänzungssteuer des veranlagenden Kantons und die ESTV können gegen jede Veranlagungsverfügung und jeden Einspracheentscheid der Veranlagungsbehörde Beschwerde beim Bundesverwaltungsgericht erheben. Dieses Beschwerderecht entspricht unter Berücksichtigung des abweichenden Instanzenzugs jenem im DBG (s. Art. 141 DBG).

Das Beschwerderecht besteht nicht nur gegen Veranlagungsverfügungen und Einspracheentscheide betreffend Veranlagungsverfügungen, sondern auch gegen andere, auf die vorliegende Verordnung gestützte Verfügungen und Einspracheentscheide der zuständigen kantonalen Behörde (s. insbes. Art. 5 Abs. 4 Bst. a).

Die kantonalen Verwaltungen anderer Kantone haben in Umsetzung der Konzeption des One-Stop-Shop kein Beschwerderecht.

Abs. 4

Die Fristen entsprechen jenen für analoge Beschwerden bei der direkten Bundessteuer.

Abs. 5

In *Absatz 5* wurde aufgrund von Vernehmlassungseingaben klargestellt, dass sich die Revision bundesverwaltungsgerichtlicher Urteile nach dem Bundesverwaltungsgerichtsgesetz richtet. Dabei verweist Artikel 45 VGG sinngemäss auf die Artikel 121–128 des Bundesgesetzes vom 17. Juni 2005[34] über das Bundesgericht (BGG).

Abs. 6

Gegen den Entscheid des Bundesverwaltungsgerichts ist eine Beschwerde an das Bundesgericht möglich.

Sowohl vor Bundesverwaltungsgericht wie auch vor Bundesgericht wird die ESTV analog der Praxis zur direkten Bundessteuer in grundsätzlich sämtlichen Fällen zur Vernehmlassung eingeladen (s. Art. 57 Abs. 1 VwVG und Art. 102 Abs. 1 BGG).

Art. 26

Die genannten Artikel 154 – 159 DBG sind vom Globalverweis in Artikel 14 erfasst. Vorliegend ist mit Blick auf die Ergänzungssteuer eine Aufnahme in ein Inventar unnötig, weshalb die entsprechenden Artikel ausgenommen werden.

Art. 27

Die Fälligkeit der Ergänzungssteuer soll abweichend von der direkten Bundessteuer geregelt werden. Im Zeitpunkt der Abgabe der Steuererklärung ist ersichtlich, welchen Betrag die steuerpflichtigen Geschäftseinheiten ermittelt haben. Damit besteht

---

[34] SR **173.110**

zu diesem Zeitpunkt eine Grundlage für die Fälligkeit und den provisorischen Bezug der Steuer. Dies bedeutet, dass der Zeitpunkt der Fälligkeit vom Geschäftsjahr der Unternehmensgruppe abhängig ist. Dies wurde in der Vernehmlassung seitens der Kantone kritisiert, von Seiten der Wirtschaft hingegen befürwortet. Aufgrund der vorstehenden Überlegungen wurde die Vernehmlassungsvariante beibehalten.

Art. 28

Die genannten Artikel 167 -167g DBG sind vom Globalverweis in Artikel 14 erfasst. Die Ergänzungssteuer in der Schweiz soll Besteuerungsrechte anderer Staaten ausschliessen. Entsprechend wäre ein Erlass nicht zielführend.

Vorbemerkungen zum Steuerstrafrecht: Die Bestimmungen zum Strafrecht stützen sich auf Artikel 197 Ziffer 15 Absätze 1 und 3 Buchstabe d BV. Dieser sieht vor, dass «die Strafbestimmungen nach Massgabe des übrigen Steuerstrafrechts» auszugestalten sind. Die Ergänzungssteuer wird wie die direkte Bundessteuer im gemischten Veranlagungsverfahren erhoben. Es ist daher zielführend, die im DBG vorgesehenen Straftatbestände der Verletzung von Verfahrenspflichten, der Steuerhinterziehung sowie des Steuerbetruges zu übernehmen. Auch hinsichtlich des Strafmasses wurde an die Bestimmungen des DBG angeknüpft. Die Vorschriften des DBG finden sinngemäss Anwendung, wenn auf diese verwiesen wird. Die Verfolgung der Tatbestände erfolgt in eigenständigen Verfahren, unabhängig von der direkten Bundessteuer. Gegenüber der Vernehmlassungsvorlage wurden redaktionelle Anpassungen vorgenommen.

Art. 29

Artikel 29 stellt die Missachtung von Mitwirkungs- und Verfahrenspflichten unter Strafe. Die Verfahrenspflichten treffen grundsätzlich die steuerpflichtige Geschäftseinheit. Allerdings können auch anderen Geschäftseinheiten Verfahrenspflichten auferlegt werden (bspw. Auskunftspflicht gem. Art. 21). Schliesslich können auch Dritten Verfahrenspflichten auferlegt werden. Eine Busse wird gegenüber derjenigen Geschäftseinheit oder dem Dritten ausgefällt, der die Verfahrenspflicht obliegt.

Art. 30

Der Straftatbestand ist der Steuerhinterziehung des DBG nachgebildet. Lediglich die steuerpflichtige Geschäftseinheit kann ihre Ergänzungssteuern hinterziehen. Wer für eine andere Person Steuern hinterzieht, ist unter den Bestimmungen der Teilnahmehandlungen (Art. 31) zu beurteilen. Der Tatbestand umfasst sowohl die fahrlässige als auch die vorsätzliche Begehung. Die Busse wird gegenüber der steuerpflichtigen Geschäftseinheit ausgefällt und knüpft hinsichtlich der Höhe an den hinterzogenen Steuerbetrag an. Die Wirkungen einer Selbstanzeige werden mittels eines Verweises auf das DBG geregelt.

Art. 31

Die Teilnahmehandlungen und deren Sanktionierung entsprechen materiell denjenigen des DBG (*Abs. 1 und 2*). Die Teilnehmenden haften solidarisch für die hinterzogenen Steuern *(Abs. 1)*. Den Teilnehmenden steht dabei die Möglichkeit der Selbstanzeige offen. Bei einer wirksamen Selbstanzeige wird von einer Strafverfolgung abgesehen und die Solidarhaftung entfällt. Dies wird mittels Verweises auf das DBG sichergestellt (*Abs. 3*). Soweit die Teilnahmehandlungen im Geschäftsbereich einer juristischen Person begangen werden, sind die Bestimmungen auf diese anwendbar (*Abs. 4*). Dies kann zum Beispiel bei einer – nicht steuerpflichtigen – Geschäftseinheit der Fall sein.

Art. 32

Die Verfahren werden von den Behörden der Ergänzungssteuer analog zum DBG geführt. Dies wird durch Verweise auf das DBG sichergestellt. Insbesondere bleibt bei der Steuerhinterziehung die Strafgerichtsbarkeit ausgeschlossen. Die Verletzung von Verfahrenspflichten und die Steuerhinterziehung werden von der zuständigen kantonalen Behörde beurteilt. Diese wendet dabei die Verfahrensgrundsätze dieser Verordnung an. Gegen eine Bussenverfügung ist Einsprache und sodann Beschwerde ans Bundesverwaltungsgericht und das Bundesgericht vorgesehen (*Art. 24 und 25*).

Art. 33

Der Straftatbestand des Steuerbetrugs ist materiell den Regelungen des DBG nachgebildet.

Art. 34

Das Verfahren entspricht aufgrund des Verweises demjenigen bei der direkten Bundessteuer.

Art. 35

Die Verjährung der Strafverfolgung entspricht der diesbezüglichen Regelung des DBG.

Art. 36

Sowohl bei der fortgesetzten Hinterziehung grosser Steuerbeträge als auch beim Steuerbetrug sollen die besonderen Untersuchungsmassnahmen der ESTV sinngemäss anwendbar sein.

Art. 37

Die Regelung zur Abrechnung und Ablieferung des Rohertrages der Ergänzungssteuer entspricht materiell derjenigen der direkten Bundessteuer (Art. 196 DBG). Dieser Rohertrag beinhaltet Steuerbeträge, Bussen sowie Zinsen. Grundsätzlich bedingt die Ablieferung auch bei der direkten Bundessteuer eine zugehörige Abrechnung. Für die Ergänzungssteuer werden die beiden Schritte separat geregelt.

Die Abrechnung ist im Folgemonat der in einem Monat in Rechnung gestellten oder eingegangenen Ergänzungssteuerbeträge vorzunehmen. Mitzuteilen sind der Rohertrag der Ergänzungssteuer und der Anteil des Bundes. Die Abrechnung ist als Meldung der Beträge zu verstehen und nicht als Überweisung. Die Verbuchung des Bundesanteils kann Anpassungen in der Finanzhaushaltverordnung vom 5. April 2006[35] nach sich ziehen. Die diesbezügliche Analyse läuft derzeit. Die Einzelheiten zur Verbuchung der Erträge des Bundes werden auf Praxisstufe konkretisiert werden.

Die Ablieferung – i.S. der Überweisung – des Anteils des Bundes am Rohertrag der Ergänzungssteuer erfolgt analog zu Artikel 196 Absatz 2 DBG. Demnach sind die Beträge im Folgemonat für den in einem Monat eingegangenen Rohertrag der Ergänzungssteuer abzuliefern.

Art. 38

Der Bundesrat hat im Rahmen der Vernehmlassung eine analoge Abrechnung und Ablieferung wie mit dem Bund vorgeschlagen. Gegen diese Regelung haben sich viele Kantone und die Konferenz der kantonalen Finanzdirektorinnen und -direktoren (FDK) ausgesprochen. Aus föderalistischen Überlegungen übernimmt der Bundesrat die Forderung der Kantone.

Unverändert erfolgt die Abrechnung grundsätzlich wie vom Bundesrat vorgeschlagen analog wie beim Bund. Die veranlagenden Kantone teilen den anderen Kantonen den Rohertrag der Ergänzungssteuer sowie deren gesamten kantonalen Anteil davon mit (*Abs. 1*). Die Basis für diese Mitteilung ist der Rohertrag der in Rechnung gestellten Ergänzungssteuern. Leisten ergänzungssteuerpflichtige Geschäftseinheiten Zahlungen, ohne dass diese in Rechnung gestellt wurden, so sind diese noch nicht abzurechnen.

Die Ablieferung – i.S. der Überweisung – des Ertrags aus der Ergänzungssteuer der einzelnen Kantone erfolgt hingegen auf Grundlage der definitiven Veranlagung respektive spätestens 2 Jahre nach Ablauf der Steuerperiode (*Abs. 2 und 3*). Hierbei ist die Entschädigung des One-Stop-Shops – anders als gegenüber dem Bund – vorab zu berücksichtigen. Die Fristigkeiten sind hier anders geregelt als beim Bund; hingegen sind auch an andere Kantone ausschliesslich Roherträge abzuliefern, welche beim veranlagenden Kanton eingegangen sind.

Schliesslich ist aufgrund des Vernehmlassungsergebnisses neu eine Bestimmung enthalten, wonach die beteiligten Kantone an das Bundesgericht gelangen können, wenn sie sich über die Verteilung nicht einigen können (*Abs. 4*). Diese Bestimmung entspricht inhaltlich Artikel 197 Absatz 2 DBG.

---

[35] SR **611.01**

Art. 39

Dieser Artikel stützt sich auf Artikel 197 Ziffer 15 Absatz 5 BV. Demnach kann der One-Stop-Shop-Kanton eine Entschädigung für seinen administrativen Aufwand in Bezug auf die Veranlagung einbehalten. Die Entschädigung pro Veranlagungsverfügung beträgt 2 Prozent des jeweiligen kantonalen Anteils am Rohertrag der schweizerischen Ergänzungssteuer und der UTPR insgesamt jedoch höchstens 100 000 Franken pro Fall. Dieser Höchstbetrag wurde aufgrund der Vernehmlassungseingaben der Mehrheit der Kantone angepasst.

Grund für diese Entschädigung ist die Konzeption des One-Stop-Shops. Hierbei übernimmt ein Kanton die Veranlagungstätigkeit für sämtliche Geschäftseinheiten einer Unternehmensgruppe in der Schweiz. Die Einnahmen daraus werden indes auf alle Kantone mit Geschäftseinheiten, die zur Unterbesteuerung beigetragen haben, verteilt. Der mit der Veranlagung zusammenhängende administrative Aufwand ist daher zu entschädigen. Für den Bund ist irrelevant, ob ein oder mehrere Kantone veranlagen. Entsprechend erwächst ihm aus dem One-Stop-Shop keine administrative Erleichterung. Er partizipiert daher nicht an der Entschädigung. Daran ändert auch die entsprechende Forderung von Kantonen und FDK in der Vernehmlassung nichts.

Art. 40

Dieser Artikel stützt sich auf Artikel 197 Ziffer 15 Absätze 1, 3 sowie 4 BV.

Die erstmalige Steuerpflicht im Jahr des Inkrafttretens soll gemäss *Absatz 1* gleich geregelt werden wie in der EU (Art. 56 der RL). Ergänzungssteuerpflichtig sind demnach Geschäftseinheiten, deren Geschäftsjahr nach Artikel 10.1 der GloBE-Mustervorschriften frühestens am Tag des Inkrafttretens der Verordnung beginnen. Hat ein Geschäftsjahr vorher angefangen, wird die Geschäftseinheit erst für das nachfolgende Geschäftsjahr ergänzungssteuerpflichtig.

Absatz 2 regelt die internationale Ergänzungssteuer. Der Bundesrat hat im Rahmen der Vernehmlassung das Inkrafttreten noch offengelassen. In einem ersten Schritt wird nur die schweizerische Ergänzungssteuer in Kraft treten. Die internationale Ergänzungssteuer nach der IIR und der UTPR soll später in Kraft treten.

Das Konzept für die subjektive Steuerpflicht nach Artikel 5 soll auch gelten, während die Bestimmungen über die internationale Ergänzungssteuer noch keine Anwendung finden. Mit der sofortigen Berücksichtigung der Steuerpflichten, die für eine Geschäftseinheit nach den Artikeln 2.1–2.3 der GloBE-Mustervorschriften für die internationale Ergänzungssteuer nach der Primärergänzungssteuerregelung (IIR) vorgesehen sind, wird sichergestellt, dass hinsichtlich der steuerpflichtigen Geschäftseinheit eine Kontinuität besteht, wenn die Bestimmungen über die internationale Ergänzungssteuer zu einem späteren Zeitpunkt in Anwendung finden.

Absatz 3 stützt sich auf Artikel 197 Ziffer 15 Absatz 3 Buchstaben c und d BV. Die OECD/G20 sieht in der Einführungsphase der Mindestbesteuerung eine Straferleichterung vor. Daher entfällt in dieser Einführungsphase die Strafbarkeit bei Fahrlässigkeit für die Verletzung der Verfahrenspflichten und die Steuerhinterziehung. Beim Steuerbetrug kommt die Erleichterung nicht zur Anwendung, da hier Fahrlässigkeit nicht unter Strafe gestellt ist. Einen unbefristeten Verzicht auf die Strafbarkeit bei fahrlässiger Begehung, wie er teilweise in den Vernehmlassungseingaben gefordert wurde, sehen die GloBE-Mustervorschriften nicht vor.

Art. 41

Die schweizerischen Doppelbesteuerungsabkommen (DBA) sehen für Dividenden, Zinsen und Lizenzeinkünfte eine Steueranrechnung vor. Unter einem DBA nicht rückforderbare ausländische Quellensteuern werden an die schweizerischen Einkommens- und Gewinnsteuern angerechnet. Die Anrechnung ist grundsätzlich möglich bis zum Betrag der Schweizer Steuern, welcher auf den entsprechenden Erträgen erhoben wird.

Der neu in Artikel 8 Absatz 2 eingefügte Satz sieht vor, dass Ergänzungssteuern bei der Berechnung dieses Maximalbetrags für die Anrechnung ausländischer Quellensteuern nicht berücksichtigt werden. Bei der schweizerischen Ergänzungssteuer erfolgt dies im Interesse der internationalen Akzeptanz des schweizerischen Regelwerks. Die internationalen Ergänzungssteuern werden auf den Gewinnen von ausländischen Geschäftseinheiten bemessen. Mithin wird diese nicht auf den fraglichen Erträgen erhoben, für welche die Steueranrechnung erfolgt. Gegenüber der Fassung in der ersten Vernehmlassung wurde ein redaktioneller Fehler im Text korrigiert.

5 Auswirkungen

5.1 Finanzielle Auswirkungen vor Verhaltensanpassungen

Die Verordnung stützt sich auf die Eckwerte in der Übergangsbestimmung der Bundesverfassung und bewirkt darüber hinaus grundsätzlich keine eigenen finanziellen Auswirkungen. In der Botschaft des Bundesrates wurden im ersten Jahr des Inkrafttretens Einnahmen aus der schweizerischen Ergänzungssteuer von rund 1 – 2,5 Milliarden Franken geschätzt. Davon entfallen 75 Prozent, d.h. rund 800 Millionen bis 2 Milliarden Franken, auf die Kantone und 25 Prozent, d.h. rund 250 bis 650 Millionen Franken, auf den Bund.

Das überwiesene Postulat 22.3893 fordert eine periodische Berichterstattung zum Einnahmepotenzial einer Ergänzungssteuer in den Kantonen sowie zu kantonalen Massnahmen im Zusammenhang mit der Umsetzung der OECD-Reform. Ein erster Bericht, basierend auf einer Umfrage in den Kantonen, wurde vom EFD im August 2023 publiziert. 13 Kantone (AG, AI, AR, BL, FR, GE, JU, LU, NE, NW, SZ, UR, ZG) quantifizieren die kurzfristigen Einnahmen aus einer schweizerischen Ergänzungssteuer. Summiert man deren Angaben, beläuft sich das kurzfristige Ergänzungssteuereinnahmepotenzial aus diesen 13 Kantonen einschliesslich des Bundesanteils auf etwa 530 Millionen Franken. 13 Kantone, darunter auch solche mit potenziell gewichtigen Einnahmen aus der Ergänzungssteuer, nennen hingegen keine Zahlen oder entnehmen ihre Angaben aus einer Studie von BSS aus dem Jahr 2022.

Die finanziellen Auswirkungen der Umsetzung der Mindestbesteuerung in der Schweiz lassen sich daher weiterhin nicht zuverlässig schätzen. Die Datenlage ist beschränkt und bestimmte Reformelemente lassen sich nicht quantifizieren. Aufgrund der hohen Unsicherheiten, der Studie von BSS[36], welche schweizweit zu ähnlichen Grössenordnungen und Spannweiten gelangt wie in der Botschaft prognostiziert, und der – wenngleich partiellen – Rückmeldungen der Kantone wurde auf eine Aktualisierung der Schätzung verzichtet, so dass die bisherige grobe Schätzung von 1 bis 2,5 Milliarden Franken weiterhin Bestand hat.

Darüber hinaus kann die Anwendung des vorübergehenden CbCR Safe Harbour (Ziff. 3) finanzielle Auswirkungen zeitigen, die dazu führen, dass das Aufkommen eher geschmälert werden dürfte. Wenn die OECD/G20-Steuerbelastung ohne vorübergehenden CbCR Safe Harbour unter 15 Prozent und mit vorübergehenden CbCR Safe Harbour mindestens 15 Prozent beträgt, hat dies Einfluss auf die Höhe der Einnahmen aus der schweizerischen Ergänzungssteuer. Diese würden tiefer als in der Botschaft geschätzt ausfallen, da ein Teil der Unternehmen mittels vorübergehenden CbCR Safe Harbour keine Ergänzungssteuer zahlen muss, obgleich die tatsächliche GloBE-Steuerbelastung unter 15% liegt. Wenngleich das Vorzeichen dieses Effekts bestimmt werden kann, ist jedoch keine Aussage bzgl. der quantitativen Bedeutung auf die tatsächlichen Ergänzungssteuereinnahmen möglich.

Würde die Schweiz auf die Einführung der QDMTT hingegen verzichten, würde ab 2024 Steuersubstrat aus der Schweiz in umsetzende Staaten abfliessen.

5.2 Finanzielle Auswirkungen mit Verhaltensanpassungen

Als steuerlich attraktives Land büsst die Schweiz infolge des OECD/G20-Projekts an Wettbewerbsfähigkeit gegenüber Hochsteuerländern ein. Gegenüber Staaten mit keiner oder tieferer Steuerbelastung als die Schweiz gewinnt sie hingegen an steuerlicher Attraktivität, sofern auch diese Staaten eine nationale Ergänzungssteuer einführen bzw. die Steuererhöhung über die IIR ausländischer Staaten bewirkt wird. In der Summe dürfte die Mindestbesteuerung tendenziell zu einer Schmälerung der steuerlichen Standortattraktivität der Schweiz führen. Diese Einbusse an Standortattraktivität akzentuiert sich, wenn es tief besteuernden Staaten gelingt, weiterhin ein attraktiveres Steuerbelastungsniveau als die Schweiz anzubieten. Da die Mindeststeuer im Jahr 2024 erst von einem Teil der Staaten umgesetzt wird, ist mit solchen Fallkonstellationen zu rechnen. Wenn hingegen namentlich die EU-Staaten, wie in der EU-Richtlinie vorgesehen, die UTPR per 2025 einführen, reduzieren sich diese negativen Auswirkungen auf den Standort, weil Tiefbesteuerungen damit weitgehend ausgeschlossen wären.

Anpassungsreaktionen der Unternehmen könnten sich mittel- bis langfristig auf die Einnahmen aus nahezu allen Steuern und auf die Einnahmen aus Sozialversicherungsbeiträgen negativ auswirken. Gesamtstaatlich sind jedoch auch nach Verhaltensanpassungen Mehreinnahmen wahrscheinlicher als Mindereinnahmen, sofern die meisten Staaten eine QDMTT und/oder eine IIR einführen oder eine relevante Anzahl von Staaten die UTPR einführen. In diesem Fall würde die Schweiz nur gegenüber hoch besteuernden Ländern an steuerlicher Wettbewerbsfähigkeit einbüssen.

Innerhalb der Schweiz sind Verhaltensanpassungen durch die Kantone möglich. Die Aufteilung der Einnahmen aus der Ergänzungssteuer zwischen Bund und Kantonen

---

[36] BSS, Studie zur OECD-Mindeststeuer, Basel, 22.07.2022, abrufbar unter: https://www.bss-basel.ch/files/berichte/BSS_OECD-Mindeststeuer.pdf

wurde im politischen Prozess intensiv debattiert. Der Bundesrat hatte in der Vernehmlassung vorgeschlagen, die Einnahmen aus der Ergänzungssteuer zu 100% bei den Kantonen zu belassen. Die letztendlich beschlossene Verteilung – der Bund erhält 25 % der Einnahmen aus der Ergänzungssteuer und den Kantonen werden 75 % zugesprochen – stellt einen Kompromiss dar, welchen Vertreterinnen und Vertreter von Bund, Kantonen und Gemeinden ausgehandelt haben und welcher im Parlament und in der Volksabstimmung vom 18. Juni 2023 eine Mehrheit fand.

Aufgrund der Partizipation des Bundes an den Einnahmen der Ergänzungssteuer besteht grundsätzlich für steuerlich attraktive Kantone ein Anreiz, die Ergänzungssteuer mittels Anpassung des kantonalen Steuertarifs zu unterlaufen. In einigen Kantonen wurden Tarifänderungen bereits beschlossen (GE, NE, SH). Dies hat die folgenden Konsequenzen:

- Gesamtstaatlich dürften die Aufkommenseffekte nicht besonders ins Gewicht fallen. Unterschiede könnten sich ergeben, da die Kantone bei einer rein kantonalen Lösung die Vorgaben der Mindestbesteuerung vermutlich nicht erfüllen: Einerseits unterscheidet sich die OECD/G20-Bemessungsgrundlage von der schweizerischen Bemessungsgrundlage. Weiter kumuliert das GloBE-Regelwerk sämtliche Ergebnisse innerhalb der Schweiz, also aus Sicht der jeweiligen Kantone auch ausserkantonale. Schliesslich dürfte das Separieren von betroffenen und nicht betroffenen Unternehmen schwierig sein. Es ist daher auch ein «Überschiessen» über die OECD-Mindeststeuerbelastung möglich.

- Jedoch ändert sich die Struktur der Einnahmen. Die Einnahmen aus der Ergänzungssteuer würden tiefer ausfallen, im Gegenzug dürften die Einnahmen aus den kantonalen Gewinnsteuern infolge der Tarifänderung steigen.

- Mit Blick auf die verschiedenen Staatsebenen dürften die Kantone insgesamt mehr Einnahmen generieren; die Einnahmen des Bundes wären daher tiefer als ohne Verhaltensanpassungen der Kantone.

- Bezüglich der Auswirkungen auf den Finanzausgleich ist festzuhalten, dass diese stärker ausfallen, wenn Kantone ihrerseits die Gewinnsteuerbelastung anpassen und der Ertrag der Ergänzungssteuer damit geringer ausfällt. Damit würde das Volumen des Ressourcenausgleichs zunehmen. Da der Bund 60 Prozent des Ressourcenausgleichs finanziert, würde er trotz geringeren Einnahmen aus der Ergänzungssteuer stärker belastet.

5.3 Volkswirtschaftliche Auswirkungen

Die volkswirtschaftlichen Auswirkungen der Mindestbesteuerung und deren Überführung in das nationale Recht wurden in der Botschaft des Bundesrates beschrieben.[37] Bezüglich des Effizienz- und Standortziels und des administrativen Aufwands ergeben sich durch die Mindestbesteuerung negative volkswirtschaftliche Auswirkungen, unabhängig davon, ob die Schweiz die Mindestbesteuerung gleichzeitig mit anderen Staaten wie der EU umsetzt oder nicht. Würde sie 2024 noch keine Ergänzungssteuer einführen, könnten ausländische umsetzende Staaten bei einem Teil der in der

---

[37] S. Botschaft zum Bundesbeschluss, Ziff. 4.1.2 und 6.7

Schweiz tätigen Unternehmensgruppen die Mindestbesteuerung durchsetzen; damit würde auch Steuersubstrat ins Ausland abfliessen. In der Summe begünstigt das OECD/G20-Projekt bezüglich des Steuerwettbewerbs tendenziell Länder mit insgesamt hoher Standortattraktivität bei gleichzeitig hoher Gewinnsteuerlast. Als steuerlich attraktives Land büsst die Schweiz infolge der Reform an Wettbewerbsfähigkeit gegenüber dieser Gruppe ein. Gegenüber Staaten mit keiner oder tieferer Steuerbelastung verbessert sich hingegen die Position der Schweiz, sofern die OECD/G20-Mindestbesteuerung von vielen Ländern umgesetzt oder sie durch umsetzende Staaten mittels IIR oder UTPR auch in nicht-umsetzenden Staaten durchgesetzt wird. In jedem Fall sorgt die Gewährung des Substanzabzugs dafür, dass der Wettbewerb um Realkapital tendenziell weniger stark beeinträchtigt wird als der Wettbewerb um mobile Unternehmensgewinne. Mit Hilfe des Substanzabzugs wird der Anreiz geschaffen, in steuerlich attraktiven Ländern möglichst viel Substanz anzusiedeln.

Grundsätzlich schränkt die OECD-Mindestbesteuerung den internationalen Steuerwettbewerb ein. Dies bedeutet jedoch nicht, dass Staaten in geringerem Masse im Wettbewerb um mobile Unternehmen stehen. Es ist stattdessen damit zu rechnen, dass sich die Intensität des Wettbewerbs tendenziell weg von den Steuern auf andere Standortfaktoren verlagert. Dazu gehören auch eine gut ausgebaute Infrastruktur und qualifiziertes Arbeitskräftepotenzial, es könnten aber auch Direktbeiträge an Unternehmen zukünftig an Bedeutung gewinnen. Diese können bspw. in Form von Subventionen resp. sog. erstattungsfähigen Steuergutschriften (Qualified refundable tax credits, QRTC) erfolgen.

Der Bund wird seinen Anteil an den Ergänzungssteuereinnahmen für höhere Zahlungen in den Finanzausgleich und für allgemeine Massnahmen zur Förderung des Standorts verwenden, die der Gesamtwirtschaft zugutekommen werden. Auch auf kantonaler Ebene ist mit Massnahmen zur Förderung des Standorts zu rechnen. Im Rahmen der Berichterstattung zum Postulat 22.3893 wurden die kantonalen Pläne bezüglich Massnahmen als Reaktion auf die Umsetzung der OECD-Mindeststeuer erfragt. Die Mehrheit der Kantone kann im jetzigen Stadium (noch) keine endgültige Antwort geben, sondern lediglich potenzielle Stossrichtungen skizzieren. Eine Minderheit der Kantone (AI, BE, GL, JU, OW, VS, ZH) plant derzeit weder Anpassungen im Bereich der Unternehmensbesteuerung noch andere steuerliche oder nicht-steuerliche Massnahmen zur Verwendung der Einnahmen aus der Ergänzungssteuer. Einige Kantone (AG, AR, GE, LU, NE, SH, VD) planen oder vollzogen bereits Anpassungen bei der Gewinn- und/oder Kapitalsteuer. (Mögliche) Anpassungen bei bestehenden steuerlichen Erleichterungen, die im Rahmen der STAF eingeführt wurden (Patentbox oder F&E-Abzug), werden von wenigen Kantonen erwähnt (LU, SG). Etwas mehr als die Hälfte der Kantone (AG, AR, BL, FR, GR, LU, NW, SG, TI, TG, UR, SZ, VD, ZG) prüft Direktbeiträge an Unternehmen. In einem Teil dieser Kantone wird wiederum die Einführung eines QRTC erwogen. Auch gibt es Unterschiede hinsichtlich des avisierten Fördergegenstands. Einige Kantone erwähnen in allgemeiner Form Massnahmen in Forschung und Entwicklung (F&E), andere wollen (auch) im Bereich der Nachhaltigkeit (z.B. in ESG-Massnahmen [GR, ZG] oder der erneuerbaren Energien [TG, VD]) fördern. Einige Kantone (AR, BL, LU, SZ, NW, ZG) denken darüber hinaus auch über Massnahmen bei natürlichen Personen nach (z.B. Ausbau der Kinderbetreuung oder auch steuerliche Entlastungen).

Bei der nationalen Umsetzung stand ein möglichst einfaches administratives Verfahren für die Unternehmen im Vordergrund. Die administrative Umsetzung achtet darauf, dass ein Kanton für die gesamte Unternehmensgruppe zuständig ist (One-Stop-Shop). Die Verteilung der Einnahmen aus der Ergänzungssteuer erfolgt im Hintergrund durch den veranlagenden Kanton und führt für die Unternehmensgruppe nicht zu zusätzlichem administrativem Aufwand. Mit der Portalpflicht geht ebenfalls eine administrative Erleichterung einher.

Es sind Fallkonstellationen möglich, in welchen der für die Veranlagung zuständige Kanton keine Einnahmen aus der Ergänzungssteuer erhalten wird. Um eine reibungslose Veranlagung zu gewährleisten, sieht die Vorlage vor, dem One-Stop-Shop eine Entschädigung für seine Veranlagungstätigkeit von maximal 100 000 Franken pro Veranlagung aus dem Kantonsanteil der Einnahmen aus der Ergänzungssteuer zu gewähren. Dadurch reduzieren sich die potenziellen Einnahmen aus der Ergänzungssteuer der übrigen Kantone mit Geschäftseinheiten einer Unternehmensgruppe um diesen Betrag.

Nichtsdestotrotz wird sich für die betroffenen Unternehmensgruppen der administrative Aufwand gegenüber dem Status quo spürbar erhöhen: Zudem ist der administrative Aufwand auch vom Verhalten anderer Staaten abhängig. Die administrative Komplexität dürfte insbesondere dann recht hoch ausfallen, wenn ein Teil der Staaten die Reform umsetzt, ein anderer Teil dagegen nicht, letzterer aber weiterhin an bestehenden CFC-Regeln festhält. Unabhängig von der Einführung der nationalen Ergänzungssteuer in der Schweiz, rührt ein Grossteil des zusätzlichen administrativen Aufwands der Unternehmensgruppen aus dem OECD/G20-Projekt an sich, da viele von ihnen Geschäftseinheiten in den umsetzenden Staaten haben.

Immerhin erhalten die betroffenen Unternehmensgruppen mit dem GIR ein standardisiertes Formular an die Hand, welches ihnen hilft, die erforderlichen Daten zusammenzustellen. Ferner reduzieren die GloBE Safe Harbours sowohl bei den Unternehmensgruppen als auch bei den Steuerbehörden den administrativen Aufwand.

5.4 Ressourcen

Die Umsetzung der OECD/G20-Mindestbesteuerung ist mit einem Mehraufwand bei den kantonalen Steuerverwaltungen und bei der Eidgenössischen Steuerverwaltung verbunden:

- Personal: Die Umsetzung, die Aufsicht, der internationale Austausch usw. führen zu zusätzlichem Personalaufwand auf beiden Staatsebenen.
- IT: Das ePortal der Kantone und die Applikation zum internationalen Austausch des Bundes führen ebenfalls zu erhöhtem Sachaufwand auf beiden Staatsebenen.

6 Rechtliche Aspekte

Die vorliegende Verordnung stützt sich auf Artikel 197 Ziffer 15 BV. Dieser wiederum bezieht sich auf Artikel 129*a* BV. Der Bundesrat nimmt die ihm verliehene Kompetenz wahr.

Ergänzung zu den Erläuterungen

Quelle: Eidgenössisches Finanzdepartement EFD

Bern, 20. November 2024

1. Ausgangslage

In der Abstimmung vom 18. Juni 2023 haben Volk und Stände dem Bundesbeschluss über eine besondere Besteuerung grosser, international tätiger Unternehmensgruppen (Bundesblatt [BBl] 2022 3216) zugestimmt.

Die Übergangsbestimmungen in der Bundesverfassung (vgl. Art. 197 Ziff. 15 der Bundesverfassung der Schweizerischen Eidgenossenschaft vom 18. April 1999 [BV], SR 101) ermächtigen den Bundesrat, die Mindestbesteuerung vorübergehend auf dem Verordnungsweg zu regeln. Weiter sehen sie zur Umsetzung der OECD[1]/G20[2]-Mindestbesteuerung eine sog. Ergänzungssteuer vor. Mittels einer nationalen Ergänzungssteuer kann die Schweiz die Mindestbesteuerung der sich auf ihrem Gebiet befindenden Geschäftseinheiten von betroffenen Unternehmensgruppen sicherstellen (sog. Qualified Domestic Minimum Top-Up Tax [QDMTT], schweizerische Ergänzungssteuer). Ferner kann sie von den internationalen Besteuerungsrechten Gebrauch machen, wenn eine in der Schweiz tätige Unternehmensgruppe die Mindestbesteuerung im Ausland nicht erreicht (sog. Income Inclusion Rule [IIR] und UTPR; internationale Ergänzungssteuern).

Der Bundesrat hat die Mindestbesteuerungsverordnung per 1. Januar 2024 in Kraft gesetzt und die schweizerische Ergänzungssteuer (QDMTT) eingeführt, um einen substanziellen Abfluss von Steuersubstrat ins Ausland zu verhindern und Rechtssicherheit für die Unternehmen in der Schweiz zu schaffen. Auf die Inkraftsetzung der internationalen Ergänzungssteuern (IIR und UTPR) hat er damals vorerst verzichtet, weil per 2024 noch kein Staat die UTPR eingeführt hat, mit welcher ausländische Staaten die Mindestbesteuerung von 15 Prozent auch bei ausländischen Tochtergesellschaften von Schweizer Unternehmensgruppen hätten durchsetzen können.

Die per 2025 geplante Einführung der UTPR durch die grosse Mehrheit der EU-Mitgliedstaaten und einige wenige weitere gewichtige Industriestaaten verändert die Ausgangslage gegenüber 2024 dahingehend, dass ab diesem Zeitpunkt auch die Schweizer IIR geeignet und notwendig erscheint, um einen substanziellen Abfluss von Steuersubstrat ins Ausland zu verhindern und Unternehmen vor zusätzlichen Steuerverfahren in Staaten zu schützen, die die UTPR anwenden.

Dies gilt grundsätzlich auch für die UTPR. Hingegen dürfte deren Aufkommenspotenzial wesentlich hinter demjenigen der IIR zurückbleiben. Gleichzeitig würden jedoch die mit der UTPR verbundenen Rechtsunsicherheiten und wirtschaftspolitischen Risiken übernommen. So wird die Vereinbarkeit der UTPR mit dem internationalen Recht kontrovers diskutiert und es hat sich insbesondere in den USA auch politischer Widerstand gegen die UTPR formiert. Aufgrund des Risiko-Ertrags-Verhältnisses der UTPR verzichtet der Bundesrat daher vorläufig auf das Inkraftsetzen der UTPR und setzt nur die IIR in Kraft.

Die internationale Ergänzungssteuer nach der IIR findet Anwendung auf Geschäftsjahre, welche ab dem 1. Januar 2025 beginnen. Die internationale Ergänzungssteuer nach der UTPR tritt zu einem späteren Zeitpunkt in Kraft.

2. Erläuterungen zu den Artikeln

...

Art. 40 Abs. 2

Die Bestimmungen über die internationale Ergänzungssteuer nach der IIR treten am 1. Januar 2025 in Kraft. Analog dem Inkrafttreten der Mindestbesteuerungsverordnung per 1. Januar 2024 finden sie auf Geschäftsjahre Anwendung, welche ab dem 1. Januar 2025 beginnen. Entspricht das Geschäfts- nicht dem Kalenderjahr, so findet die internationale Ergänzungssteuer erstmals Anwendung auf das Geschäftsjahr 2025/2026. Die internationale Ergänzungssteuer nach der UTPR soll später in Kraft treten.

---

[1] Organisation für wirtschaftliche Zusammenarbeit und Entwicklung
[2] Gruppe der zwanzig wichtigsten Industrie- und Schwellenländer

Abzug auf Eigenfinanzierung

Quelle: Eidgenössisches Finanzdepartement EFD

13. November 2019

Erläuterungen

Erläuterungen zur Verordnung über den steuerlichen Abzug auf Eigenfinanzierung juristischer Personen

Übersicht

Im Rahmen des Bundesgesetzes über die Steuerreform und die AHV-Finanzierung (STAF) wird ein Abzug auf Eigenfinanzierung eingeführt. Dazu soll der Bundesrat die erforderlichen Ausführungsbestimmungen erlassen. Diese betreffen namentlich die Höhe der Eigenkapitalunterlegungssätze, die Berechnung des Sicherheitseigenkapitals und des Zinses auf diesem Sicherheitseigenkapital.

Ausgangslage

Im geltenden Recht können die Fremdkapitalzinsen als Aufwand vom steuerbaren Reingewinn abgezogen werden. Der Abzug auf Eigenfinanzierung erweitert den Abzug für Finanzierungskosten, indem zusätzlich auch kalkulatorische Zinsen auf einem Teil des Eigenkapitals abgezogen werden können.

Gemäss der mit der STAF geschaffenen gesetzlichen Grundlage können diejenigen Kantone einen Abzug auf Eigenfinanzierung einführen, deren kumuliertes Steuermass von Kanton, Gemeinde und allfälligen Selbstverwaltungskörpern im Kantonshauptort über den gesamten Tarifverlauf mindestens 13.5 Prozent beträgt. Das entspricht einer effektiven Steuerbelastung auf Stufe Bund, Kantone und Gemeinden von 18.03 Prozent.

Der Abzug wird dabei nicht auf dem gesamten Eigenkapital, sondern auf dem sogenannten Sicherheitseigenkapital gewährt. Der kalkulatorische Zinssatz richtet sich nach der Rendite für zehnjährige Bundesobligationen. Soweit das Sicherheitseigenkapital auf Forderungen aller Art gegenüber Nahestehenden entfällt, kann ein dem Drittvergleich entsprechender Zinssatz geltend gemacht werden.

Inhalt der Verordnung

Die Verordnung enthält Ausführungsbestimmungen:

- zur Höhe der Eigenkapitalunterlegungssätze;
- zur Berechnung des Sicherheitseigenkapitals;
- zur Höhe des kalkulatorischen Zinssatzes;
- zur Aufteilung des Sicherheitseigenkapitals auf Forderungen aller Art gegenüber Nahestehenden und auf die übrigen Aktiven;
- zur Berechnung des kalkulatorischen Zinses auf dem Sicherheitseigenkapital.

1 Ausgangslage

Am 19. Mai 2019 wurde das Bundesgesetz über die Steuerreform und die AHV-Finanzierung (STAF) in einer Volksabstimmung angenommen. Im Rahmen dieser Vorlage wird ein Abzug auf Eigenfinanzierung eingeführt. Die entsprechenden Ausführungsbestimmungen werden an den Bundesrat delegiert. Mit der Verordnung über den steuerlichen Abzug auf Eigenfinanzierung juristischer Personen kommt der Bundesrat diesem gesetzlichen Auftrag nach.

Der Bundesrat hat beschlossen, die STAF per 1. Januar 2020 in Kraft zu setzen. Auf den gleichen Zeitpunkt hin werden auch die erforderlichen Ausführungsbestimmungen wirksam.

2 Gesetzliche Grundlage

Mit Artikel 25a^{bis} des Steuerharmonisierungsgesetzes (StHG)[1] kann ein Abzug auf Eigenfinanzierung auf Stufe Kanton eingeführt werden, wenn am Kantonshauptort das kumulierte Steuermass von Kanton, Gemeinde und allfälligen anderen Selbstverwaltungskörpern über den gesamten Tarifverlauf mindestens 13.5 Prozent beträgt. Dies entspricht einer effektiven Gewinnsteuerbelastung auf Stufe Bund, Kanton und Gemeinde von 18.03 Prozent. Erfüllt ein Kanton diese Voraussetzungen und führt die Massnahme ein, so steht es den in diesem Kanton steuerpflichtigen Gesellschaften frei, den Abzug auf Eigenfinanzierung geltend zu machen. Dabei können auch im Kanton wirtschaftlich zugehörige juristische Personen den Abzug geltend machen (z.B. Unternehmen mit Sitz im Ausland, aber Betriebsstätte im Kanton). Bei der direkten Bundessteuer wird kein Abzug auf Eigenfinanzierung gewährt.

Der Abzug wird nur auf jenem Betrag des Eigenkapitals gewährt, der eine angemessene durchschnittliche Eigenfinanzierung überschreitet. Zu diesem Zweck wird das Eigenkapital in zwei Komponenten aufgespalten, nämlich in das Kerneigenkapital und in das Sicherheitseigenkapital:

- Das Kerneigenkapital ist das Eigenkapital, welches ein Unternehmen für seine Geschäftstätigkeit langfristig benötigt. Die Berechnung des Kerneigenkapitals erfolgt auf der Basis der Durchschnittswerte der verschiedenen Aktiven zu Gewinnsteuerwerten.
- Jener Teil des Eigenkapitals, welcher den Betrag des Kerneigenkapitals gegebenenfalls übersteigt, gilt als Sicherheitseigenkapital. Auf dem Sicherheitseigenkapital wird ein kalkulatorischer Zinsabzug gewährt. Durch den Abzug begünstigt werden soll somit nur die aufgrund der Risiken der Aktiven als angemessen definierte überdurchschnittliche Eigenfinanzierung, d.h. das Sicherheitseigenkapital.

Die Begrenzung des Abzugs auf das Sicherheitseigenkapital fusst auf der Grundidee, dass eine steuerliche Gleichstellung von Eigen- und Fremdkapital nur, aber immerhin, insoweit erfolgen soll, als Eigen- und Fremdkapital effektiv austauschbare Finanzierungsquellen darstellen. Demzufolge eignet sich das betriebswirtschaftlich unabdingbare Kerneigenkapital eines Unternehmens nicht für den Abzug.

Als kalkulatorischen Zinssatz hat der Gesetzgeber die Rendite zehnjähriger Bundesobligationen bestimmt. Gegenwärtig ist diese Rendite negativ, so dass die Massnahme im Grundsatz keine Auswirkungen zeitigt. Eine Ausnahme hiervon kommt für Forderungen aller Art gegenüber Nahestehenden zum Tragen. Das Sicherheitseigenkapital, das auf diese Forderungen entfällt, soll mit einem dem Drittvergleich entsprechenden Zinssatz verzinst werden.

---

[1] SR 642.14

3 Inhalt der Verordnung

Die Verordnung enthält Ausführungsbestimmungen:

- zur Höhe der Eigenkapitalunterlegungssätze;
- zur Berechnung des Sicherheitseigenkapitals;
- zur Höhe des kalkulatorischen Zinssatzes;
- zur Aufteilung des Sicherheitseigenkapitals auf Forderungen aller Art gegenüber Nahestehenden und auf die übrigen Aktiven;
- zur Berechnung des kalkulatorischen Zinses auf dem Sicherheitseigenkapital.

4 Erläuterungen zu den einzelnen Bestimmungen

Artikel 1

Nach Artikel 25a[bis] Absatz 2 StHG wird das Sicherheitseigenkapital mittels Eigenkapitalunterlegungssätzen berechnet, die nach dem Risiko der Kategorie der Aktiven abgestuft sind. Diese Eigenkapitalunterlegungssätze werden in Artikel 1 definiert. Die Gliederung folgt dabei der Mindestgliederung der Aktiven gemäss Artikel 959*a* des Obligationenrechts[2].

Die Höhe der Eigenkapitalunterlegungssätze orientiert sich am bestehenden Kreisschreiben Nr. 6 der Eidgenössischen Steuerverwaltung (ESTV) zum verdeckten Eigenkapital[3]. Die darin enthaltenen Prozentsätze gelten als Höchstbetrag des von der Gesellschaft aus eigener Kraft erhältlichen *Fremdkapitals* auf den verschiedenen Aktiven. Vorliegend soll jedoch das *Kerneigenkapital* bestimmt werden. Deshalb sind die in der Verordnung über den steuerlichen Abzug auf Eigenfinanzierung juristischer Personen enthaltenen Prozentsätze in einem ersten Schritt umgekehrt zu denjenigen im Kreisschreiben Nr. 6 definiert. Das Kreisschreiben hat zum Ziel, eine Steuerplanungsmöglichkeit des Aktionariats bei der Finanzierung der Gesellschaft einzuschränken. Die Anforderungen an die Eigenkapitalunterlegung sind deshalb im Kreisschreiben nicht allzu streng definiert. Beim Abzug auf Eigenfinanzierung soll demgegenüber eine angemessene durchschnittliche Eigenfinanzierung (Kerneigenkapital) definiert werden. Aufgrund der unterschiedlichen Zielsetzungen rechtfertigt es sich, die im ersten Schritt ermittelten Prozentsätze in einem zweiten Schritt zu erhöhen. Die in der Verordnung grundsätzlich vorgesehenen 25 Prozentpunkte entsprechen dabei einem Erfahrungswert, der sich am oberen Rand einer risikogerechten Eigenkapitalanforderung bewegen dürfte.

> Beispiel:
>
> Im Kreisschreiben Nr. 6 wird für Forderungen aus Lieferungen und Leistungen ein maximaler Ansatz der von der Gesellschaft aus eigener Kraft erhältlichen fremden Mittel von 85 Prozent bestimmt.
>
> Umgekehrt muss somit gemäss diesem Kreisschreiben für Forderungen aus Lieferungen und Leistungen Eigenkapital im Umfang von 15 Prozent vorliegen. Aufgrund der unterschiedlichen Zielsetzung werden diese 15 Prozent um 25 Prozentpunkte erhöht.
>
> Der Eigenkapitalunterlegungssatz für Forderungen aus Lieferungen und Leistungen beträgt somit 40 Prozent (siehe dazu Ziffer 1.3 in Artikel 1).

---

[2] SR 220.
[3] ESTV, Kreisschreiben Nr. 6 vom 6. Juni 1997, Verdecktes Eigenkapital (Art. 65 und 75 DBG) bei Kapitalgesellschaften und Genossenschaften.

Artikel 25a^{bis} StHG definiert in Absatz 3 Aktiven, für die ein kalkulatorischer Zins ausgeschlossen ist. Diese gesetzliche Vorgabe wird in der Verordnung umgesetzt, indem die entsprechenden Aktiven mit 100 Prozent Kerneigenkapital unterlegt werden. In Artikel 1 werden deshalb Beteiligungen nach Artikel 28 Absatz 1 StHG, Aktiven nach Artikel 24a StHG sowie Forderungen aller Art gegenüber Nahestehenden, die in Zusammenhang mit einer Transaktion eine ungerechtfertigte Steuerersparnis bewirken, mit 100 Prozent Kerneigenkapital unterlegt.

Artikel 25a^{bis} Absatz 3 Buchstaben b und d StHG schliessen einen kalkulatorischen Zins überdies auf nicht betriebsnotwendigen Aktiven und auf nach Artikel 24c StHG aufgedeckten stillen Reserven einschliesslich des selbstgeschaffenen Mehrwerts sowie auf vergleichbaren unversteuert aufgedeckten stillen Reserven aus. Da diese Tatbestände mehrere Aktiven betreffen können, werden sie in der Tabelle separat unter den Ziffern 3 und 4 aufgeführt. Bei den in den Ziffern 1 und 2 enthaltenen Aktiven muss somit im Einzelfall geprüft werden, ob sie betriebsnotwendig sind oder ob unversteuert aufgedeckte stille Reserven ausgewiesen werden. Ist dies zu bejahen, werden die betreffenden Aktiven im entsprechenden Umfang immer mit 100 Prozent Kerneigenkapital unterlegt. Beispielsweise dürfte es sich bei den Wohnliegenschaften (Ziffer 2.3.2.1 in Artikel 1) in vielen Fällen, in denen die Gesellschaft nicht das Halten und Verwalten von Immobilien zum Zweck hat, um nicht betriebsnotwendige Aktiven handeln, die entsprechend mit 100 Prozent Kerneigenkapital zu unterlegen wären.

Der Begriff «Darlehen an Nahestehende» (Ziffer 2.1.5 in Artikel 1) umfasst Cash Pool Forderungen, kurzfristige Forderungen und langfristige Forderungen gegenüber Nahestehenden. Nicht unter diesen Begriff fallen Forderungen aus Lieferungen und Leistungen gegenüber Nahestehenden.

Bei den unversteuert aufgedeckten stillen Reserven muss zudem unterschieden werden, ob diese Teil des steuerbaren Eigenkapitals sind oder nicht. Soweit sie nicht Teil des steuerbaren Eigenkapitals sind, qualifizieren sie bereits aus diesem Grund nicht für den Eigenkapitalzinsabzug, da zu dessen Berechnung nicht das gesamte, sondern das steuerbare Eigenkapital herangezogen wird. In diesen Fällen müssen die unversteuert aufgedeckten stillen Reserven auch bei der Berechnung des Kerneigenkapitals unberücksichtigt bleiben und mit 0 Prozent unterlegt werden (Ziffer 4.2 in Artikel 1). Es erfolgt somit die gleiche Behandlung dieser Reserven auf Seite der Aktiven und auf Seite der Passiven.

<u>Artikel 2</u>

Absatz 1 definiert das Sicherheitseigenkapital. Dieses entspricht der positiven Differenz zwischen dem gesamten steuerlichen Eigenkapital und dem nach Absatz 2 berechneten Kerneigenkapital. Ist das Ergebnis 0 oder ergibt sich eine negative Differenz, liegt kein Sicherheitseigenkapital vor.

Absatz 2 definiert das Kerneigenkapital. Dieses ergibt sich aus der Multiplikation der durchschnittlichen Gewinnsteuerwerte der jeweiligen Aktiven mit den entsprechenden Eigenkapitalunterlegungssätzen gemäss Artikel 1. Die so erhaltenen Beträge werden sodann addiert und ergeben zusammen das Kerneigenkapital.

Absatz 3 präzisiert, dass zur Berechnung der durchschnittlichen Gewinnsteuerwerte der Aktiven deren Gewinnsteuerwerte zu Beginn und am Ende der Steuerperiode herangezogen werden.

Absatz 4: Der Gewinn aus Geschäftsbetrieben, Betriebsstätten oder Grundstücken im Ausland oder in einem anderen Kanton unterliegt nicht der Gewinnsteuer des den Zinsabzug anwendenden Kantons. Spiegelbildlich dazu soll das mit diesen Aktiven im Zusammenhang stehende Sicherheitseigenkapital auch nicht für den Zinsabzug qualifizieren. Deshalb werden gemäss Absatz 4, die ausländischen und/oder ausserkantonalen Aktiven ins Verhältnis zu den gesamten Aktiven gesetzt. Dabei werden die Aktiven mit den zu den Eigenkapitalunterlegungssätzen gemäss Artikel 1 umgekehrten Prozentsätzen gewichtet. Unter den Begriff „Grundstücke" können dabei sämtliche unter Ziffer 2.3.2 der in Artikel 1 aufgeführten Aktiven fallen.

Artikel 3

Absatz 1: In Artikel 25a^{bis} Absatz 4 StHG ist definiert, dass der kalkulatorische Zinssatz der Rendite zehnjähriger Bundesobligationen entspricht. Aus Praktikabilitätsgründen wird in Absatz 1 präzisiert, dass die Rendite am letzten Handelstag des dem Beginn der Steuerperiode vorangegangenen Kalenderjahres massgebend ist. Sollte diese Rendite negativ sein, beträgt der kalkulatorische Zinssatz 0 Prozent.

Absatz 2 sieht vor, dass der gemäss Absatz 1 definierte kalkulatorische Zinssatz jährlich von der ESTV publiziert wird.

Artikel 4

Gemäss Artikel 25a^{bis} Absatz 4 StHG kann auf dem Anteil des Sicherheitseigenkapitals, der auf Forderungen aller Art gegenüber Nahestehenden entfällt, ein dem Drittvergleich entsprechender Zinssatz geltend gemacht werden. Auf dem übrigen Sicherheitseigenkapital wird der gemäss Artikel 3 definierte kalkulatorische Zinssatz angewendet. Verfügt eine Gesellschaft über Forderungen aller Art gegenüber Nahestehenden, muss deshalb das Sicherheitseigenkapital auf diese Forderungen und die übrigen Aktiven verteilt werden. Dazu werden gemäss Artikel 4 die Forderungen gegenüber Nahestehenden ins Verhältnis zu den Aktiven nach Anwendung von Artikel 2 Absatz 4 gesetzt.

Da bei der Berechnung des Kerneigenkapitals eine Gewichtung mit den Eigenkapitalunterlegungssätzen vorgenommen wird, soll diese Gewichtung auch bei der Aufteilung des Sicherheitsgeigenkapitals angewendet werden. Daher bestimmt der letzte Satz von Artikel 4, dass die Aktiven mit den zu den Eigenkapitalunterlegungssätzen gemäss Artikel 1 umgekehrten Prozentsätzen gewichtet werden, um das Verhältnis zu berechnen.

Das folgende Beispiel veranschaulicht die Vorgehensweise; es wird davon ausgegangen, dass alle Aktiven betriebsnotwendig sind:

Berechnung Abzug auf Eigenfinanzierung

	Durchschnitt	Eigenkapital Unterlegung Satz %	Kern-Eigenkapital	Eigenkapital Unterlegung Inverser Satz %	Sicherheits-Eigenkapital	Anteil %
Bilanz						
Flüssige Mittel (betriebsnotwendig)	200'000	0	0	100	200'000	2.6187
Darlehen Tochtergesellschaft	3'050'000	15	457'500	85	2'592'500	33.9444
Warenlager	2'200'000	40	880'000	60	1'320'000	17.2831
Immobilien	7'000'000	55	3'850'000	45	3'150'000	41.2439
Mobiliar	1'500'000	75	1'125'000	25	375'000	4.9100
Beteiligungen	8'000'000	100	8'000'000	0	0	0.0000
Total Aktiven	21'950'000		14'312'500		7'637'500	
Fremdkapital	6'400'000				6'400'000	
Eigenkapital	**15'550'000**					
Total Passiven	21'950'000					
Total massgebliches Kapital			14'312'500		1'237'500	
Rendite zehnjähriger Bundesobligationen					1.00	
Zinssatz gemäss Drittvergleich					2.50	
Sicherheitseigenkapital: Anteil übrige Aktiven					817'439	66.0556
Sicherheitseigenkapital: Anteil Forderungen Nahestehende					420'061	33.9444
					1'237'500	100.0000
kalk. Zinsabzug auf übrigen Aktiven					8'174	
kalk. Zinsabzug auf Forderungen Nahestehende					10'502	
Total kalk. Zinsabzug auf Eigenfinanzierung					**18'676**	

Artikel 5

Absatz 1 regelt, dass sich die Höhe des Zinsabzugs aus der Multiplikation des gemäss Artikel 2 berechneten Sicherheitseigenkapitals mit dem Zinssatz nach Artikel 3 ergibt.

Absatz 2 hält in Abweichung von Absatz 1 fest, dass sich die Höhe des Zinsabzugs bei Forderungen aller Art gegenüber Nahestehenden aus dem gemäss Artikel 4 berechneten Sicherheitseigenkapital multipliziert mit dem Zinssatz ergibt, der dem Drittvergleich entspricht. Massgebend ist somit derjenige Zinssatz, den ein unabhängiger Dritter für die entsprechende Forderung verlangen würde. Da es sich bei der Anwendung dieses Zinssatzes um eine steuermindernde Tatsache handelt, muss die Gesellschaft den Nachweis über die Höhe des anwendbaren Zinssatzes erbringen.

5 Umsetzung

Der Abzug auf Eigenfinanzierung ist fakultativ für die Kantone. Ein Kanton, der die gesetzlichen Vorgaben betreffend die Mindestgewinnsteuerbelastung erfüllt, kann die Massnahme einführen. Dementsprechend obliegt auch die Umsetzung den kantonalen Steuerbehörden. Auf Stufe Bund ist kein Abzug auf Eigenfinanzierung vorgesehen. Führt ein Kanton die Massnahme ein, so können die im Kanton steuerpflichtigen Gesellschaften den Abzug auf Eigenfinanzierung geltend machen.

Die Massnahme führt zu einem erhöhten administrativen Aufwand sowohl auf Stufe der Veranlagungsbehörden als auch auf Stufe der steuerpflichtigen Personen.

6 Finanzielle und volkswirtschaftliche Auswirkungen

Die nachfolgenden Ausführungen beziehen sich auf Gesetz und Verordnung.

Der Abzug auf Eigenfinanzierung senkt den effektiven Durchschnittsgewinnsteuersatz. Er wirkt im Hinblick auf den Standortentscheid einer Gesellschaft analog einer allgemeinen Gewinnsteuersenkung. Darüber hinaus senkt der Abzug auf Eigenfinanzierung die effektive marginale Steuerbelastung für Gesellschaften, die über Sicherheitseigenkapital verfügen, bereits in der Schweiz ansässig sind und neue Investitionen mittels Eigenkapital finanzieren. Dadurch steigt die Investitionstätigkeit bei den betroffenen Gesellschaften.

Bei bisher privilegiert besteuerten Unternehmen dämpft die Massnahme den Anstieg der Steuerbelastung infolge der aufgehobenen Steuerstatus bzw. Bundespraxen.

Die Massnahme beschränkt sich auf Kantone, die eine statutarische Mindestbesteuerung von 13.5 Prozent aufweisen, was unter Einschluss der direkten Bundessteuer einer effektiven Steuerbelastung von 18.03 Prozent entspricht. Mit dem Abzug auf Eigenfinanzierung nach Art. 25a^{bis} StHG und unter Berücksichtigung der Entlastungsbegrenzung nach Art. 25*b* StHG kann die angestrebte effektive Steuerbelastung somit im günstigsten Fall von 18.03 Prozent auf 10.89 Prozent reduziert werden.

Die statutarische Mindestbesteuerung von 13.5 Prozent erfüllt derzeit nur der Kanton Zürich, der den Abzug auf Eigenfinanzierung auf den 1. Januar 2020 einführen wird. Er hat die Auswirkungen dieses Abzugs geschätzt und geht in einer dynamischen Betrachtung davon aus, dass dessen Einführung gegenüber einem Verzicht auf die Massnahme zu Mehreinnahmen für Kanton und Gemeinden führen wird.

Der Bund profitiert von der Massnahme durch den geringeren abzugsfähigen Steueraufwand auf Kantons- und Gemeindeebene und wenn durch die Massnahme die Abwanderung von Steuersubtrats ins Ausland vermieden werden kann.

7 Personelle Auswirkungen

Die Verordnung zeitigt keine personellen Auswirkungen.

8 Inkrafttreten

Die Verordnung über den steuerlichen Abzug auf Eigenfinanzierung juristischer Personen tritt zusammen mit der STAF am 1. Januar 2020 in Kraft.

Patentbox

Quelle: Eidgenössisches Finanzdepartement EFD

13. November 2019

Erläuterungen

Erläuterungen zur Verordnung über die ermässigte Besteuerung von Gewinnen aus Patenten und vergleichbaren Rechten (Patentbox-Verordnung)

Die nachfolgenden Ausführungen stammen aus dem erläuternden Bericht zur Vernehmlassung zur Steuervorlage 17[1]. Sie wurden aufgrund des Ergebnisses des Vernehmlassungsverfahrens entsprechend angepasst. Für die übrigen Ausführungen, namentlich zur gesetzlichen Grundlage und zu den Auswirkungen, sei auf jenen Bericht verwiesen.

Art. 1 Beginn und Ende

Absatz 1: Theoretisch könnte die ermässigte Besteuerung entweder mit der Anmeldung oder mit der Erteilung des Patents oder vergleichbaren Rechts[2] gewährt werden. Im Zeitpunkt der Anmeldung ist jedoch ungewiss, ob die angemeldete Erfindung tatsächlich patentiert wird. Deshalb wird für die ermässigte Besteuerung auf die Steuerperiode abgestellt, in der das Patent erteilt wird. Dabei kann die ermässigte Besteuerung für die gesamte Steuerperiode, in der das Patent erteilt wird, beansprucht werden.

Ebenfalls möglich ist, dass eine steuerpflichtige Person die Patentbox zu einem späteren Zeitpunkt als im Jahr der Erteilung des Patents geltend macht. Dies ist namentlich im Zeitpunkt der Inkraftsetzung bedeutsam.

Absatz 2 Die ermässigte Besteuerung knüpft an ein bestehendes Patent an. Deshalb ist es folgerichtig, dass die ermässigte Besteuerung am Ende der Steuerperiode endet, in der das zugrundliegende Patent erlischt. Ebenfalls möglich ist, dass eine steuerpflichtige Person vor Ende des Patentschutzes auf die Anwendung der Patentbox verzichtet. Da beim Eintritt in die Patentbox (erstmalige ermässigte Besteuerung) eine Hinzurechnung des Forschungs- und Entwicklungsaufwandes (F&E-Aufwand) gemäss Artikel 24*b* Absatz 3 StHG stattfindet und in diesem Umfang eine versteuerte stille Reserve gebildet wird, zieht der Austritt aus der Patentbox keine besonderen Steuerfolgen nach sich. Soweit die versteuerte stille Reserve nicht in der Patentbox abgeschrieben werden konnte, kann sie auch nach dem Austritt weiter abgeschrieben werden. Damit wird sichergestellt, dass es nicht zu einer Überbesteuerung kommt.

Absatz 3: Wird ein erteiltes Patent erfolgreich angefochten, erlischt der Patentschutz ex tunc. Steuerlich stellt sich die Frage, ob diesfalls ein Nachsteuerverfahren eingeleitet und die ermässigte Besteuerung der vergangenen Steuerperioden rückgängig gemacht werden müssten. Das würde sich zuungunsten der steuerpflichtigen Person auswirken. Gleichzeitig würde aber auch die Hinzurechnung des F&E-Aufwandes gemäss Artikel 24*b* Absatz 3 StHG rückgängig gemacht. Der administrative Aufwand für diese Rückabwicklung wäre beträchtlich. Zudem soll namentlich bei Produkten, die ein Patent enthalten, durch den Abzug von sechs Prozent der zugewiesenen Kosten (vgl. Artikel 24*b* Absatz 2 StHG) sichergestellt werden, dass nur Einkünfte ermässigt besteuert werden, die auf Innovationen beruhen. Aus diesen Gründen besagt Absatz 3, dass eine erfolgreiche Anfechtung des Patents keine Auswirkungen auf vergangene Steuerperioden hat. Das bedeutet, dass diesfalls kein Nachsteuerverfahren durchgeführt wird. Für die gesamte laufende und die nachfolgenden Steuerperioden wird keine ermässigte Besteuerung mehr gewährt.

Art. 2 Berechnungsgrundsatz

Dieser Artikel beschreibt zusammenfassend die Berechnung des ermässigt zu besteuernden Gewinns. Die Elemente dieser Berechnung werden anschliessend in den Artikeln 3 bis 5 ausführlich beschrieben.

---

[1] Abrufbar unter: https://www.admin.ch/ch/d/gg/pc/ind2017.html#EFD
[2] Nachfolgend wird vereinfacht nur von „Patenten" gesprochen; die vergleichbaren Rechte sind jeweils mitgemeint.

Das nachfolgende Beispiel zeigt, wie die Berechnung des ermässigt zu besteuernden Gewinns erfolgt. Bei den darin enthaltenen Zahlen (inkl. Nexusquotienten) handelt es sich um beispielhafte Annahmen, die die Funktionsweise der Regelung illustrieren sollen.[3] Da die ermässigte Besteuerung in diesem Beispiel pro Patent berechnet wird, ist bei den Produkten jeweils der Wert Null eingetragen.

Beispiel 1: Gewinn aus Patenten	steuerbarer Reingewinn	Box				steuerbarer Reingewinn
Total steuerbarer Reingewinn	900	900				
Gewinn- und Kapitalsteuern		100				
Finanzerfolg	-10	-10				10
Liegenschaftserfolg	0	0				0
Beteiligungserfolg	0	0				0
übriger nicht auf Patent fallender Erfolg	-90	-90				90
	800	900				100
			Patent A	Patent B	Patent C	
Reingewinn je **Patent**		900	600	200	100	
Reingewinn je Produkt		0	0	0	0	
6% der zugewiesenen Kosten je Produkt		0	0	0	0	0
Markenentgelt		0	0	0	0	0
Gewinn Box vor Gewichtung Nexus		900	600	200	100	
Nexusquotient			80.00%	60.00%	20.00%	
ermässigt besteuerter Gewinn Box		620	480	120	20	280
Gewinn- und Kapitalsteuern						-100
Verlustvortrag Box Folgeperiode						0
Total Ermässigung Box 90%		**558**				62
Total steuerbarer Gewinn						**342**
VO Art. 2						
VO Art. 3 Abs. 3 Bst. a - e						
VO Art. 3 Abs. 1						
VO Art. 5						

Art. 3   Berechnung bei in Produkten enthaltenen Patenten und vergleichbaren Rechten

Gemäss Artikel 24b Absatz 2 des Steuerharmonisierungsgesetzes (StHG)[4] wird für die Berechnung des Reingewinns, der auf Patente entfällt, die in Produkten enthalten sind, die sogenannte „Residualmethode" angewendet. Nach dieser Methode dient der gesamte steuerbare Reingewinn des Unternehmens als Ausgangspunkt; anschliessend werden all jene Teile des Gewinns aus der Patentbox herausgerechnet, die nichts mit Patenten zu tun haben.

Absatz 1: Unternehmen, die eine detaillierte Produkterechnung führen, können direkt auf der Ebene der Produkte einsteigen. Die Verteilung der Gewinne auf die einzelnen Produkte ist notwendig, da der Nexusquotient gemäss Artikel 5 nicht für alle Produkte derselbe ist. Der Gewinn pro Produkt wird sodann vermindert um sechs Prozent der dem Produkt zugewiesenen Kosten. Als Kosten gelten die Vollkosten des Produkts, bestehend aus den Material-, den Produktions- und den Verwaltungskosten. Dieser Schritt soll sicherstellen, dass der Gewinn aus Routinefunktionen und der Gewinn, der nicht aufgrund wirtschaftlich verwertbarer

---

[3] Bei diesem und auch bei den nachfolgenden Beispielen wird der Steueraufwand zum steuerbaren Reingewinn in der Patentbox dazugezählt und am Ende der Berechnungen wieder als Steueraufwand abgezogen. Diese Vorgehensweise führt jeweils zu einer höheren Ermässigung der Gewinne in der Patentbox.
[4] SR 642.14

Innovation realisiert wurde, ordentlich besteuert werden. Aus Praktikabilitätsgründen wird dafür auf die Kosten als Hilfsgrösse abgestellt. Soweit hernach in diesen Produkten noch ein Markenentgelt enthalten ist, muss dieses gemäss OECD-Standard[5] ebenfalls aus der Patentbox herausgerechnet werden. Alle herausgerechneten Teile des Gewinns werden ordentlich besteuert.

Absatz 2: Die nach Absatz 1 berechneten Gewinne werden anschliessend mit dem entsprechenden Nexusquotienten multipliziert (siehe Artikel 5).

Absätze 3 und 4: Falls der Gewinn pro Produkt nicht bekannt ist, wird vom gesamten Reingewinn des Unternehmens ausgegangen. Anschliessend werden der Finanzerfolg, der Liegenschaftserfolg, der Beteiligungserfolg und der übrige Erfolg, der nicht auf Produkte entfällt, die ein Patent enthalten oder für welche die steuerpflichtige Person die Patentbox nicht beantragt, herausgerechnet. Der verbleibende Gewinn ist anteilsmässig auf die einzelnen Produkte zu verteilen. Anschliessend gelangen die Absätze 1 und 2 zur Anwendung.

Art. 4 Berechnung nach Produktfamilien

Absatz 1 ermöglicht es aus Praktikabilitätsgründen auch, dass die Residualmethode auf Produktfamilien angewendet wird und entsprechend auch die Dokumentation nach den Artikeln 8 und 9 nach Produktfamilien erfolgt. Die Berechnung nach Produktfamilien ist im OECD-Standard zur Patentbox als Ausnahme geregelt. Die Anforderungen sind dementsprechend hoch. Die in einer Produktfamilie zusammengefassten Produkte dürfen nur geringe Abweichungen voneinander aufweisen und es müssen ihnen dieselben Patente zugrunde liegen. Das ist beispielsweise bei Medikamenten gegeben, die in verschiedenen Dosierungen angeboten werden.

Wird die produktfamilienbasierte Berechnung gewählt, ist sie über die gesamte Laufzeit der Patente anzuwenden. Das bedeutet, dass sich namentlich auch die Hinzurechnung des F&E-Aufwandes gemäss Artikel 24b Absatz 3 StHG auf die Produktfamilie bezieht.

Art. 5 Nexusquotient

Absatz 1: Diese Bestimmung konkretisiert den modifizierten Nexusansatz, wie er von der OECD definiert wurde. Der modifizierte Nexusansatz soll sicherstellen, dass eine ermässigte Besteuerung nur gewährt wird, wenn im betreffenden Unternehmen genügend Substanz vorhanden ist. Für die Ermittlung dieser Substanz wird auf die F&E abgestellt, die dem entsprechenden Patent zugrunde liegt. Als qualifizierender F&E-Aufwand gilt derjenige, den die steuerpflichtige Person selbst, Konzerngesellschaften im Inland oder Dritte im In- und Ausland durchgeführt haben. Dieser F&E-Aufwand ist im Zähler und Nenner des Nexusquotienten enthalten und entspricht den Faktoren a und b der Formel in Absatz 1. Als nicht qualifizierender Aufwand gilt F&E-Aufwand, den Konzerngesellschaften, Geschäftsbetriebe oder Betriebsstätten im Ausland durchführen, sowie Aufwand für den Erwerb von Patenten. Dieser Aufwand ist nur im Nenner des Nexusquotienten enthalten und entspricht den Faktoren c und d der Formel in Absatz 1.

Zusätzlich kann die steuerpflichtige Person im Einklang mit dem OECD-Standard einen so genannten *Uplift* im Umfang von 30 Prozent des qualifizierenden Aufwands geltend machen. Der Nexusquotient kann aber nicht höher als 100 Prozent sein, so dass im Umfang dieses *Uplifts* tatsächlich F&E-Aufwand nach den Faktoren c und d angefallen sein muss.

---

[5] OECD, Aktion 5, Link: siehe Fussnote 3 des erläuternden Berichts zur SV17.

In *Absatz 2* wird geregelt, dass der zu berücksichtigende F&E-Aufwand jeweils demjenigen aus der laufenden und den zehn vorangegangenen Steuerperioden entspricht. Diese Zeitspanne entspricht auch der handelsrechtlichen Aufbewahrungspflicht der Geschäftsbücher nach Artikel 958*f* OR. Es steht der steuerpflichtigen Person frei, darüber hinaus weiter zurückliegenden F&E-Aufwand zur Berechnung des Nexusquotienten geltend zu machen.

Absatz 3 regelt, dass zur Berechnung des Nexusquotienten in den darauffolgenden Steuerperioden der in der Patentbox anfallende F&E-Aufwand jeweils mit dem bereits vorhandenen kumuliert wird. F&E-Aufwand, der mehr als zwanzig Steuerperioden zurückliegt, wird wieder herausgerechnet. Der Grund dafür ist, dass auch der Patentschutz nach zwanzig Jahren entfällt. Der bei der erstmaligen ermässigten Besteuerung geltend gemachte F&E-Aufwand gilt für die Anwendung der zwanzig Steuerperioden gesamthaft als in der Steuerperiode angefallen, in der die erstmalige ermässigte Besteuerung erfolgte.

Absatz 4: Entsprechend dem OECD-Standard werden Zins-, Miet- und Liegenschaftsaufwendungen bei der Berechnung des Nexusquotienten nicht berücksichtigt.

Art. 6   Verluste

Absatz 1: Bei der Berechnung des qualifizierenden Reingewinns aus Patenten können Verluste auf drei verschiedenen Stufen entstehen. Dabei ist zu unterscheiden, ob es sich um echte oder aber um rechnerische Verluste aufgrund der Anwendung der Residualmethode handelt.

Die folgenden vier Beispiele illustrieren diese Thematik. Die Beispiele 2a und 2b verdeutlichen den Grundsatz, dass die Patentbox jeweils über alle Patente und/oder Produkte, für die eine ermässigte Besteuerung beantragt wurde, zusammen angewendet wird. Das zeigt sich im Zusammenhang mit Verlusten darin, dass für die Berechnung in Beispiel 2a auch Produkt B berücksichtigt wird, obwohl bei diesem Produkt ein echter Verlust resultiert. Erst wenn ein echter Verlust über alle Produkte hinweg resultiert (Beispiel 2b), erfolgt keine ermässigte Besteuerung.

Beispiel 2a: Gewinn und Verluste aus Produkten

	steuerbarer Reingewinn	Box				steuerbarer Reingewinn
Total steuerbarer Reingewinn	**900**	900				
Gewinn- und Kapitalsteuern		100				
Finanzerfolg	-10	-10				10
Liegenschaftserfolg	-20	-20				20
Beteiligungserfolg	-70	-70				70
übriger nicht auf Patent fallender Erfolg	-100	-100				100
	700	800				200
			Produkt A	Produkt B	Produkt C	
Reingewinn je Patent		0	0	0	0	
Reingewinn je **Produkt**		800	900	-200	100	
6% der zugewiesenen Kosten je Produkt		-170	-120	-25	-25	170
Markenentgelt		-220	-200	0	-20	220
Gewinn Box vor Gewichtung Nexus		410	580	-225	55	
Nexusquotient			80.00%	60.00%	20.00%	
ermässigt besteuerter Gewinn Box		340	464	-135	11	70
Gewinn- und Kapitalsteuern						-100
Verlustvortrag Box Folgeperiode						0
Total Ermässigung Box 90%		**306**				34
Total steuerbarer Gewinn						**594**
VO Art. 2						
VO Art. 3 Abs. 3 Bst. a - e						
VO Art. 3 Abs. 1						
VO Art. 5						

Beispiel 2b: Gesamtverlust Box

	steuerbarer Reingewinn	Box				steuerbarer Reingewinn
Total steuerbarer Reingewinn	**900**	900				
Gewinn- und Kapitalsteuern		100				
Finanzerfolg	-10	-10				10
Liegenschaftserfolg	-20	-20				20
Beteiligungserfolg	-1000	-1000				1000
übriger nicht auf Patent fallender Erfolg	-100	-100				100
	-230	-130				1130
			Produkt A	Produkt B	Produkt C	
Reingewinn je **Patent**		0	0	0	0	
Reingewinn je **Produkt**		0	0	0	0	
6% der zugewiesenen Kosten je Produkt		0	0	0	0	0
Markenentgelt		0	0	0	0	0
Gewinn Box vor Gewichtung Nexus		0	0	0	0	
Nexusquotient			80.00%	60.00%	20.00%	
ermässigt besteuerter Gewinn Box		0	0	0	0	0
Gewinn- und Kapitalsteuern						-100
Verlustvortrag Box Folgeperiode						-130
Total Ermässigung Box 90%		**0**				0
Total steuerbarer Gewinn						**900**
VO Art. 2						
VO Art. 3 Abs. 3 Bst. a - e						
VO Art. 3 Abs. 1						
VO Art. 5						
VO Art. 6 Abs. 2						

Beispiel 3: Verlust Box aufgrund Markenentgeld

	steuerbarer Reingewinn	Box				steuerbarer Reingewinn
Total steuerbarer Reingewinn	**900**	900				
Gewinn- und Kapitalsteuern		100				
Finanzerfolg	-10	-10				10
Liegenschaftserfolg	-20	-20				20
Beteiligungserfolg	-70	-70				70
übriger nicht auf Patent fallender Erfolg	-100	-100				100
	700	800				200
			Produkt A	Produkt B	Produkt C	
Reingewinn je Patent		0	0	0	0	
Reingewinn je **Produkt**		800	900	-200	100	
6% der zugewiesenen Kosten je Produkt		-170	-120	-25	-25	170
Markenentgelt		-820	-800	0	-20	820
Gewinn Box vor Gewichtung Nexus		-190	-20	-225	55	
Nexusquotient			20.00%	60.00%	20.00%	
ermässigt besteuerter Gewinn Box		-128	-4	-135	11	-62
Gewinn- und Kapitalsteuern						-100
Verlustvortrag Box Folgeperiode						0
Total Ermässigung Box 90%		**0**				**-128**
Total steuerbarer Gewinn						**900**
VO Art. 2						
VO Art. 3 Abs. 3 Bst. a - e						
VO Art. 3 Abs. 1						
VO Art. 5						

Beispiel 4: Verlust Box Anwendung Nexusquotient

	steuerbarer Reingewinn	Box				steuerbarer Reingewinn
Total steuerbarer Reingewinn	**900**	900				
Gewinn- und Kapitalsteuern		100				
Finanzerfolg	-10	-10				10
Liegenschaftserfolg	-20	-20				20
Beteiligungserfolg	-70	-70				70
übriger nicht auf Patent fallender Erfolg	-100	-100				100
	700	800				200
			Produkt A	Produkt B	Produkt C	
Reingewinn je Patent		0	0	0	0	
Reingewinn je **Produkt**		800	900	-200	100	
6% der zugewiesenen Kosten je Produkt		-170	-120	-25	-25	170
Markenentgelt		-220	-200	0	-20	220
Gewinn Box vor Gewichtung Nexus		410	580	-225	55	
Nexusquotient			20.00%	60.00%	20.00%	
ermässigt besteuerter Gewinn Box		-8	116	-135	11	418
Gewinn- und Kapitalsteuern						-100
Verlustvortrag Box Folgeperiode						0
Total Ermässigung Box 90%		**0**				**-8**
Total steuerbarer Gewinn						**900**
VO Art. 2						
VO Art. 3 Abs. 3 Bst. a - e						
VO Art. 3 Abs. 1						
VO Art. 5						

In den Beispielen 2b, 3 und 4 führt ein Verlust über alle Produkte hinweg dazu, dass in der laufenden Steuerperiode keine ermässigte Besteuerung erfolgt.

Ein echter Verlust in der Patentbox ist jedoch nur im Beispiel 2b gegeben. Eine Gewichtung dieses Verlusts mit dem Nexusquotienten und eine anschliessende Reduktion dieses Verlusts aufgrund der Ermässigung von höchstens 90 Prozent würden dazu führen, dass ein

Reingewinn versteuert werden müsste, der höher ist als der vor Anwendung der Patentbox ausgewiesene steuerbare Reingewinn. Eine solche Besteuerung würde im Widerspruch zur Besteuerung nach Massgabe der wirtschaftlichen Leistungsfähigkeit stehen. Deshalb wird dieser echte Verlust vom übrigen Gewinn abgezogen. Damit es nicht zu einer übermässigen Entlastung kommt, regelt *Absatz 2*, dass in den Folgejahren zuerst Gewinne in der Patentbox in der Höhe dieses Verlusts erzielt werden müssen, bevor eine ermässigte Besteuerung angewendet wird.

Bei den anderen Verlusten (Beispiele 3 und 4) handelt es sich um rein rechnerische Verluste durch die Anwendung der Residualmethode. Diese Verluste führen ebenfalls dazu, dass in der laufenden Steuerperiode kein Gewinn mehr in der Patentbox verbleibt, der ermässigt besteuert werden könnte. Eine Aufrechnung in späteren Jahren ist jedoch nicht notwendig, da es bei den rein rechnerischen Verlusten nicht zu einer übermässigen Entlastung kommt.

Art. 7   Hinzurechnung des bereits berücksichtigten Forschungs- und Entwicklungsaufwands

Dieser Artikel konkretisiert Artikel 24*b* Absatz 3 StHG. Nach *Absatz 1* soll bei der Hinzurechnung des F&E-Aufwands in zeitlicher Hinsicht grundsätzlich derselbe F&E-Aufwand berücksichtigt werden wie bei der Berechnung des Nexusquotienten. Materiell wird nur der F&E-Aufwand berücksichtigt, der tatsächlich auch steuerwirksam geltend gemacht wurde. Da gewisse F&E-Aufwendungen nicht den einzelnen Patenten oder Produkten zugeordnet werden können, findet eine anteilsmässige Verteilung dieser Aufwendungen statt.

Parallel zur Berechnung des Nexusquotienten soll nach *Absatz 2* auch bei der Hinzurechnung der Zins-, Miet- und Liegenschaftsaufwand unberücksichtigt bleiben.

Art. 8   Zuordnung des Aufwands zu einzelnen Rechten, Produkten oder Produktfamilien

Die in *Absatz 1* festgelegten Dokumentationspflichten der steuerpflichtigen Person dienen dazu, den Nexusquotienten richtig berechnen zu können. Sie sind Teil des von der OECD definierten Standards für Patentboxen. Die Dokumentation der steuerpflichtigen Person soll dabei grundsätzlich auf die einzelnen Patente Bezug nehmen. Gemäss dem letzten Satz von Absatz 1 muss die steuerpflichtige Person diese Dokumentation nicht der Steuererklärung beilegen. Allerdings kann die Steuerbehörde diese Dokumentation bei Bedarf einfordern.

Absatz 2 ermöglicht eine Aufteilung des F&E-Aufwands und des dazugehörigen Reingewinns auf die einzelnen Produkte. Eine solche Aufteilung kann nur gemacht werden, wenn die detailliertere Aufteilung auf die einzelnen Patente nicht sachgerecht wäre. Das ist der Fall, wenn eine solche Aufteilung aufgrund der komplexen Tätigkeit der steuerpflichtigen Person unrealistisch wäre oder zu willkürlichen Ergebnissen führen würde.

Art. 9   Berechnung des Nexusquotienten bei fehlender Zuordnung

Dieser Artikel regelt den Fall, dass eine steuerpflichtige Person den F&E-Aufwand nicht auf die einzelnen Patente, Produkte oder Produktfamilien verteilen kann. Diesfalls wird der gesamte F&E-Aufwand der steuerpflichtigen Person der laufenden und der vier vorangegangenen Steuerperioden in die Berechnung des Nexusquotienten einbezogen *(Absatz 1)*. Sobald die steuerpflichtige Person die Patentbox in Anspruch nimmt, gelten für sie auch die in Artikel 8 beschriebenen Dokumentationspflichten. Deshalb wird in den darauffolgenden Steuerperioden jeweils der effektive F&E-Aufwand pro Patent, Produkt oder Produktfamilie in die Berechnung des Nexusquotienten einbezogen *(Absatz 2)*. Diese pauschale Ermittlung des Nexusquotienten ist Teil des internationalen Standards der OECD.

Art. 10 Inkrafttreten

Dieser Artikel regelt das Inkrafttreten der Verordnung. Die Verordnung tritt zusammen mit den Artikeln 24*a* und 24*b* StHG am 1. Januar 2020 in Kraft.

Liegenschaftskosten

Quelle: Eidgenössisches Finanzdepartement EFD

9. März 2018

Erläuterungen

Erläuterungen zur Totalrevision der Verordnung über den Abzug der Kosten von Liegenschaften des Privatvermögens bei der direkten Bundessteuer (Liegenschaftskostenverordnung)

1. Ausgangslage

Mit der Einführung des Bundesgesetzes vom 14. Dezember 1990 über die direkte Bundessteuer (DBG; SR 642.11) und des Bundesgesetzes vom 14. Dezember 1990 über die Harmonisierung der direkten Steuern der Kantone und der Gemeinden (StHG; SR 642.14) per 1. Januar 1995 resp. 1. Januar 1993 sind im Privatvermögen energiesparende und umweltschonende Investitionskosten in ein bestehendes Gebäude den abzugsfähigen Unterhaltskosten gleichgestellt worden (Art. 32 Abs. 2 zweiter Satz DBG und Art. 9 Abs. 3 Bst. a StHG). Im StHG wurde die Bestimmung bloss als Kann-Vorschrift ausgestaltet. Wird die steuerliche Förderung im kantonalen Recht verankert, so sind die bundesrechtlichen Vorgaben massgebend. Die genannten Regelungen sind seither unangetastet geblieben, ohne dass im Bereich des Energiesparens und des Umweltschutzes zusätzliche steuerliche Massnahmen Aufnahme fanden.

Insofern kommen die steuerlichen Beschlüsse des Bundesgesetzgebers zum ersten Massnahmenpaket für die Umsetzung der Energiestrategie 2050 einer Zäsur gleich. Die am 30. September 2016 verabschiedete Vorlage enthält zusätzliche Steuererleichterungen im Gebäudebereich (BBl 2016 7683). So sind zugunsten energiepolitischer Ziele die nachstehend genannten Massnahmen ins DBG und ins StHG aufgenommen worden:

1. Abzugsfähigkeit der Rückbaukosten für den Ersatzneubau (Art. 32 Abs. 2 dritter Satz DBG und Art. 9 Abs. 3 Bst. a StHG);

2. Übertragsmöglichkeit der Investitionskosten, die dem Energiesparen und dem Umweltschutz dienen, einschliesslich der Rückbaukosten auf die zwei nachfolgenden Steuerperioden, solange die Aufwendungen im Jahr, in denen sie angefallen sind, steuerlich nicht vollständig berücksichtigt werden können (Art. 32 Abs. 2bis DBG und Art. 9 Abs. 3bis StHG).

Nachdem ein Komitee unter der Führung der Schweizerischen Volkspartei erfolgreich das Referendum gegen das Massnahmenpaket ergriffen hatte, wurde am 21. Mai 2017 ein Urnengang notwendig. Der Schweizer Souverän stimmte der Vorlage mit 58,2 Prozent der Stimmen zu.

Die vom Parlament beschlossenen zusätzlichen Steuererleichterungen im Gebäudebereich sind auslegungsbedürftig. So hat der Bundesgesetzgeber neue Begriffe eingeführt, die das geltende Steuerrecht so nicht kennt. Zu erwähnen sind namentlich die «Rückbaukosten» und die «Ersatzneubauten». Die neuen Normen sind auf tieferer Stufe zu konkretisieren und veranlagungstauglich auszugestalten. Hierzu drängt sich bei der direkten Bundessteuer eine Totalrevision der Liegenschaftskostenverordnung des Bundesrates auf.

2. Erläuterungen zu den Artikeln

Art. 1 Dem Energiesparen und dem Umweltschutz dienende Investitionen

Artikel 1 entspricht den Artikeln 5–7 bisherigen Rechts.

Abs. 1

Die begriffliche Auslegung dieser Investitionen erfährt gegenüber dem geltenden Recht keine materielle Änderung.

Abs. 2

Die steuerliche Behandlung von Subventionen der öffentlichen Hand erfährt gegenüber dem geltenden Recht keine materielle Änderung.

Abs. 3

Das erwähnte Departement hat eine Namensänderung erfahren. Seit 1998 trägt es die Bezeichnung Eidgenössisches Departement für Umwelt, Verkehr, Energie und Kommunikation UVEK. Entsprechend wird in diesem Artikel eine Aktualisierung des Namens vorgenommen. Die interdepartementale Zusammenarbeit unter der Federführung des Eidgenössischen Finanzdepartements EFD bei der Bezeichnung der Massnahmen zur rationellen Energieverwendung und zur Nutzung erneuerbarer Energien wird hervorgehoben. Ansonsten ergeben sich keine Änderungen im Vergleich zum geltenden Recht.

Art. 2 Rückbaukosten im Hinblick auf den Ersatzneubau

Abs. 1

Für die Begriffsauslegung werden jene Aktivitäten subsumiert, die unter den Titel der abzugsfähigen Rückbaukosten fallen. Diese setzen sich aus vier Hauptkomponenten zusammen:
- den Kosten der Demontage: Darunter fallen insbesondere die Lüftungs-, Heizungsinstallationen sowie Sanitär- und Elektroanlagen;
- den Kosten des Abbruchs: Diese entsprechen im Wesentlichem den eigentlichen Abbruchkosten des vorbestehenden Gebäudes;
- den Kosten des Abtransports: Diese umfassen die aus dem Rückbau resultierende örtliche Verschiebung des Bauabfalls;
- den Kosten der Entsorgung: Darunter fällt die auf den Rückbau zurückzuführende Beseitigung des Bauabfalls.

Orientierung für die Auflistung der zum Abzug berechtigenden Kosten schafft der Baukostenplan (BKP SN 506 500 / Ausgabe 2017).[1] Es handelt sich dabei um einen Anlagekontenplan, der eine systematische Zuweisung sämtlicher Baukosten vornimmt, die bei der Erstellung einer Baute anfallen.

Abs. 2

Zur Klarstellung werden beispielhaft Auslagen aufgelistet, die nicht zu den Rückbaukosten gehören. Dazu zählen die Kosten von Altlastensanierungen des Bodens. Sanierungsbedürftig ist ein belasteter Standort dann, wenn der Baugrund durch Altlasten verseucht ist oder anderswie zu schädlichen Einwirkungen führt oder wenn die konkrete Gefahr besteht, dass solche Einwirkungen entstehen. Zu den weiteren nicht zum Abzug berechtigenden Kosten zählen Geländeverschiebungen, Rodungen, Planierungsarbeiten und über den Rückbau hinausgehende Aushubarbeiten im Hinblick auf den Ersatzneubau.

Abs. 3

Die steuerpflichtige Person muss die zum Abzug berechtigenden Kosten in einer separaten Abrechnung einreichen. Dies ist Inhalt der Deklarationspflicht und Bestandteil der Mitwirkungspflichten der steuerpflichtigen Person. Die Gliederung dieser Abrechnung folgt den in Absatz 1 genannten vier Hauptkomponenten. Die Veranlagungsbehörden können in der Folge gestützt auf eine entsprechende Abrechnung prüfen, ob die geltend gemachten Kosten abziehbarem Unterhalt nach Absatz 1 entsprechen oder den nicht abziehbaren Anlagekosten zuzuordnen sind.

Abs. 4

Die Abzugsfähigkeit der Rückbaukosten soll im Sinne einer konsequenten subjektbezogenen Betrachtungsweise untrennbar mit der Erstellung des Ersatzneubaus verbunden bleiben. Die Rückbaukosten können nur dann von der steuerpflichtigen Person geltend gemacht werden, wenn sie selber auch den Ersatzneubau realisiert.

---

[1] Die Norm SN 506 500 ist dem Fachbereich Bauwesen zugeordnet, dessen Träger der Schweizerische Ingenieur- und Architektenverein (SIA) ist. Die genannt Norm ist verfügbar unter:
https://webshop.crb.ch/de/node/papierform-baukostenplan-26?node_id=26

Art. 3   Ersatzneubau

Beim Ersatzneubau handelt es sich um ein neu erstelltes Gebäude, das auf dem gleichen Grundstück wie das vorbestehende Gebäude errichtet worden ist. Demgegenüber handelt es sich beim Neubau um ein erstmalig erstelltes Gebäude «auf der grünen Wiese». Eine zentrale Grundvoraussetzung für die Geltendmachung der Rückbaukosten ist die Sicherstellung der gleichartigen Nutzung des Ersatzneubaus im Vergleich zum vorbestehenden Gebäude. Gleichartige Nutzung wird unter folgenden Prämissen erfüllt:

Nutzung vorbestehendes Gebäude	Nutzung Ersatzneubau
Beheiztes oder klimatisiertes Wohngebäude	Beheiztes oder klimatisiertes Wohngebäude. Die Integration eines gewerblich genutzten Liegenschaftsteils ist ebenfalls zulässig.
Gemischt genutztes Gebäude (Anteil Wohnen und Anteil Gewerbe)	Gemischt genutztes Gebäude (Anteil Wohnen und Anteil Gewerbe). Ein ausschliesslich beheiztes oder klimatisiertes Wohngebäude ist ebenfalls zulässig.

Keine gleichartige Nutzung liegt vor, wenn ein vorbestehendes, unbeheiztes Gebäude (beispielsweise ein Stall, eine Scheune oder ein Autounterstand), durch ein beheiztes oder klimatisiertes Wohngebäude ersetzt wird. Entsprechende Rückbaukosten berechtigen somit nicht zum Abzug. Das gilt auch für ein früher gewerblich genutztes Gebäude (beispielsweise ein Lagerraum), auf dessen Grundstück neu ein ausschliesslich beheiztes oder klimatisiertes Wohngebäude errichtet wird. Auch bei diesem Beispiel fehlt die gleichartige Nutzung.

Der zeitliche Verlauf zwischen Rückbau und Neuerrichtung ist einzugrenzen. Analog zur Ersatzbeschaffung von selbstgenutztem Wohneigentum (Art. 12 Abs. 3 Bst. e StHG) drängt sich eine Norm auf, wonach der Ersatzneubau nach dem erfolgten Rückbau innert angemessener Frist zu erstellen ist. In der Veranlagungspraxis zur Ersatzbeschaffung hat sich unter «angemessener Frist» eine Zeitspanne von zwei Jahren durchgesetzt.

Grundsätzlich kann festgehalten werden, dass zwischen dem steuerrechtlichen Begriff des «Ersatzneubaus» und dem im Raumplanungsrecht *ausserhalb der Bauzone* verwendeten Begriff der «Ersatzbaute» eine recht hohe Übereinstimmung hinsichtlich des Abbruchs und Wiederaufbaus am selben Ort, der zeitlichen Frist für die Neuerrichtung und der gleichartigen Nutzung besteht. Dies im Gegensatz zum äusseren Erscheinungsbild, das raumplanungsrechtlich bestmöglich zu wahren ist, und zum Volumen, das nur vergrössert werden darf, wenn dies für eine zeitgemässe Wohnnutzung oder für die verbesserte Einbettung in die Landschaft erforderlich ist.

Art. 4   Auf die beiden nachfolgenden Steuerperioden übertragbare Kosten

Abs. 1

Die Gesetzesbestimmung (Art. 32 Abs. 2bis DBG) sieht eine maximal mögliche Verteilung der abzugsberechtigten Kosten auf drei Jahre vor. Die Übertragsmöglichkeit beschränkt sich auf die energiesparenden und umweltschonenden Investitionskosten sowie die Rückbaukosten, die im Hinblick auf einen Ersatzneubau anfallen, sofern diese im Jahr, in welchem sie getätigt worden sind, steuerlich nicht vollständig berücksichtigt werden konnten. Der übrige Liegenschaftsunterhalt berechtigt nicht zum Übertrag. Entsprechende Kosten können nur im Jahr, in dem sie angefallen sind, geltend gemacht werden.

Abs. 2

Verbleiben übertragbare Aufwendungen aus der ersten Steuerperiode, so können diese in der nachfolgenden Steuerperiode geltend gemacht werden. Verbleiben in der zweiten Steuerperiode weitere übertragbare Kosten, so sind diese in der nachfolgenden dritten Steuerperiode geltend zu machen. Ein weiterer Übertrag ist ausgeschlossen.

Abs. 3

Mit dem Instrument der Verlustverrechnung wird das Prinzip der Periodizität insofern gelockert, als Verluste vorgetragen und mit Einkünften der nachfolgenden Bemessungsperioden verrechnet werden können. Dies gilt vom Grundsatz her neu auch für die vom Parlament beschlossene Übertragsmöglichkeit auf die beiden nachfolgenden Steuerperioden von energiesparenden und umweltschonenden Investitionskosten sowie von Rückbaukosten im Hinblick auf den Ersatzneubau. Dabei sind jene übertragbaren Kosten in erster Instanz zu berücksichtigen, die zuerst verfallen.

Der konkrete veranlagungstechnische Ablauf im Zusammenspiel mit mehreren übertragbaren Kosten lässt sich für das Steuerjahr 2020 anhand des nachfolgenden Beispiels wie folgt abbilden:

Ziffer	Beschrieb / Bezeichnung	Betrag	Übertragbarkeit ja / nein	Ende Ablauf der Übertragbarkeit
1.1	unselbständiges Erwerbseinkommen	70'000		
2.1	Einkünfte aus selbständiger Tätigkeit	-5'000	ja	2027
6.1	Eigenmietwert Eigenheim	15'000		
6.7	Liegenschaftskosten: Energiesparmassnahmen	-45'000	ja	2022
	Liegenschaftskosten: übrige	-50'000	nein	
7	**Total Einkünfte**	**-15'000**		
10	Berufsauslagen	-9'000	nein	
11	Schuldzinsen	-6'000	nein	
13.2	Beiträge Säule 3a	-2'500	nein	
14	Versicherungsabzug	-4'000	nein	
15.6	Verlustvortrag aus dem Jahr 2014	-3'000	ja	2021
	Reineinkommen	**-39'500**		

Zuerst sind immer die Verluste aus der Steuerperiode mit dem Reineinkommen aus der betreffenden Steuerperiode zu verrechnen. Nur Verlustvorträge aus den Vorjahren werden nach der Reihenfolge des Ablaufs verrechnet.

Da vorliegend ein negatives Reineinkommen resultiert, sind die Abzüge in der Reihenfolge des Ablaufs der Übertragbarkeit zu berücksichtigen. Zuerst sind die nicht auf das Folgejahr übertragbaren Abzüge geltend zu machen, anschliessend die übertragbaren Abzüge. Für diese ergibt sich von der Reihenfolge her folgender Ablauf:

Ziffer	Beschrieb / Bezeichnung	Betrag	Übertragbarkeit ja / nein	Ende Ablauf der Übertragbarkeit
1.1	unselbständiges Erwerbseinkommen	70'000		
2.1	Einkünfte aus selbständiger Tätigkeit	-5'000		
6.1	Eigenmietwert Eigenheim	15'000		
6.7	Liegenschaftskosten, übrige	-50'000	nein	
10	Berufsauslagen	-9'000	nein	
11	Schuldzinsen	-6'000	nein	
13.2	Beiträge Säule 3a	-2'500	nein	
14	Versicherungsabzug	-4'000	nein	
	Reineinkommen vor Berücksichtigung der übertragbaren Abzüge	**8'500**		
15.6	Verlustvortrag aus dem Jahr 2014	-3'000	ja	2021
6.7	Liegenschaftskosten, Energiesparmassnahmen	-45'000	ja	2022
	Reineinkommen	**-39'500**		

Gemäss Beispiel kann der Verlustvortrag aus dem Steuerjahr 2014 (Ende Ablauf der Übertragbarkeit: 2021) in der Höhe von 3000 Franken vollständig berücksichtigt werden, womit ein Zwischentotal von 5 500 Franken resultiert. Von den Energiesparmassnahmen in der

Höhe von 45 000 Franken können 10 500 Franken berücksichtigt werden. Somit werden von den 2020 getätigten Energiesparmassnahmen 39 500 Franken auf das nächstfolgende Steuerjahr vorgetragen (Ende Ablauf der Übertragbarkeit: 2022). Das ergibt ein Total von übertragbaren Kosten in der Höhe von 39 500 Franken für das nächste Steuerjahr.

Abs. 4

Die übertragbaren Aufwendungen sind im Rahmen der tatsächlichen Kosten geltend zu machen. Das hat zur Folge, dass auch die übrigen Liegenschaftskosten effektiv zu deklarieren sind. Der Pauschalabzug für die betroffene Liegenschaft entfällt somit in der entsprechenden Steuerperiode. Will die steuerpflichtige Person in der Steuerperiode, in welcher der Übertrag anfällt, den Pauschalabzug geltend machen, verlieren die übertragbaren Kosten, die nur effektiv deklariert werden können, ihre Abzugsberechtigung.

Abs. 5

Erfolgt nach Vornahme des Ersatzneubaus ein Wohnsitzwechsel innerhalb der Schweiz oder eine Eigentumsübertragung der Liegenschaft, so bleiben die übertragbaren Kosten innerhalb der maximal zulässigen Zeitspanne von drei Jahren (vgl. Ausführungen zu Art. 4 Abs. 1) abzugsfähig. Nebst dem Verkauf gibt es weitere Formen des subjektbezogenen Eigentumsübertragung wie etwa eine Schenkung oder ein Erbvorbezug. Auch in diesen Fällen verbleibt die Abzugsfähigkeit von noch nicht verrechneten Kosten beim bisherigen Eigentümer.

Dies gilt auch im Falle eines Wegzugs ins Ausland, wenn aufgrund des Verbleibs der Liegenschaft im Eigenbesitz eine beschränkte Steuerpflicht in der Schweiz bestehen bleibt.

Mit dem Tod des bisherigen Eigentümers gehen dessen Rechte und Pflichten aus dem Steuerrechtsverhältnis an seine Erben über (Art. 12 Abs. 1 DBG). Bei einer Mehrzahl von Erben haften diese solidarisch. Auch der überlebende Ehegatte haftet zusammen mit den übrigen Erben solidarisch für den Anteil des Erblassers an der Gesamtsteuer. Beim überlebenden Ehegatten werden zusätzlich zu seinem Erbteil auch die über den gesetzlichen Anteil hinausgehenden güterrechtlichen Ansprüche mitberücksichtigt (Art. 12 Abs. 2 DBG). Dies betrifft den ordentlichen Güterstand der Errungenschaftsbeteiligung und den Güterstand der Gütergemeinschaft. Die Steuernachfolge hat zur Folge, dass noch nicht verrechnete Kosten auf den überlebenden Ehegatten und die übrigen Erben übertragbar sind.

Art. 5   Pauschalabzug

Abs. 1

Der Pauschalabzug, der anstelle der tatsächlichen Kosten geltend gemacht werden kann, umfasst im geltenden Recht die im Artikel 32 Absatz 2 erster und zweiter Satz DBG aufgeführten Kosten. Neu werden auch die Rückbaukosten im Hinblick auf den Ersatzneubau in den Pauschalabzug aufgenommen.

Ausgeschlossen vom Pauschalabzug bleiben wie im geltenden Recht einzig die Kosten denkmalpflegerischer Arbeiten. Hierzu können nur die tatsächlichen Kosten geltend gemacht werden.

Abs. 2

Die Ausgestaltung der Höhe des Pauschalabzugs bleibt gegenüber dem geltenden Recht unverändert. In begrifflicher Hinsicht wird klargestellt, dass es sich beim Brutto-Mietwert um den Brutto-Eigenmietwert nach Artikel 21 Absatz 2 DBG handelt.

Abs. 3

Der Ausschluss des Pauschalabzugs bei Liegenschaften, welche von Dritten vorwiegend geschäftlich genutzt werden, entspricht geltendem Recht.

Abs. 4

Wie im geltenden Recht kann die steuerpflichtige Person in jeder Steuerperiode wählen, ob die in Absatz 1 genannten Kosten tatsächlich oder pauschal abgezogen werden sollen. Eine Kombination von beidem ist ausgeschlossen.

Erfolgt hingegen ein Übertrag der Kosten nach Artikel 4 Absatz 1 auf die nachfolgende Steuerperiode, so kann nicht gleichzeitig ein Pauschalabzug nach Absatz 1 geltend gemacht werden (vgl. hierzu auch die Erläuterungen zu Art. 4 Abs. 4).

Art. 6   Aufhebung eines anderen Erlasses

Dieser Artikel hält fest, dass die Liegenschaftskostenverordnung vom 24. August 1992 aufgehoben und durch die vorliegende totalrevidierte Verordnung ersetzt wird.

Art. 7   Inkrafttreten

Die totalrevidierte Verordnung wird auf den 1. Januar 2020 in Kraft gesetzt.

Abschreibung auf Anlagevermögen

Quelle: Eidg. Steuerverwaltung ESTV

Direkte Bundessteuer

Abschreibungen[1] auf dem Anlagevermögen geschäftlicher Betriebe[2]

Rechtsgrundlagen
Art. 27 Abs. 2 Bst. a, 28 und 62 des Bundesgesetzes über die direkte Bundessteuer (DBG)

1. Normalsätze in Prozenten des Buchwertes[3]

Wohnhäuser von Immobiliengesellschaften und Personalwohnhäuser
- auf Gebäuden allein[4] .... 2 %
- auf Gebäude und Land zusammen[5] .... 1,5 %

Geschäftshäuser, Büro- und Bankgebäude, Warenhäuser, Kinogebäude
- auf Gebäuden allein[4] .... 4 %
- auf Gebäude und Land zusammen[5] .... 3 %

Gebäude des Gastwirtschaftsgewerbes und der Hotellerie
- auf Gebäuden allein[4] .... 6 %
- auf Gebäude und Land zusammen[5] .... 4 %

Fabrikgebäude, Lagergebäude und gewerbliche Bauten (speziell Werkstatt- und Silogebäude)
- auf Gebäuden allein[4] .... 8 %
- auf Gebäude und Land zusammen[5] .... 7 %

Wird ein Gebäude für verschiedene geschäftliche Zwecke benötigt (z.B. Werkstatt und Büro), so sind die einzelnen Sätze angemessen zu berücksichtigen.

Hochregallager und ähnliche Einrichtungen .... 15 %

Fahrnisbauten auf fremdem Grund und Boden .... 20 %

Geleiseanschlüsse .... 20 %

Wasserleitungen zu industriellen Zwecken............................... 20 %

Tanks (inkl. Zisternenwaggons), Container............................... 20 %

Geschäftsmobiliar, Werkstatt- und Lagereinrichtungen mit Mobiliarcharakter.. 25 %

Transportmittel aller Art ohne Motorfahrzeuge, insbesondere Anhänger .... 30 %

Apparate und Maschinen zu Produktionszwecken.................. 30 %

---

1 Dieses Merkblatt gilt ausschliesslich für Abschreibungen gemäss Art. 960a Abs. 3 OR.
2 Für Land- und Forstwirtschaftsbetriebe, Elektrizitätswerke, Luftseilbahnen und Schifffahrtsunternehmungen bestehen besondere Merkblätter, erhältlich beim Bundesamt für Bauten und Logistik BBL, Fellerstrasse 21, 3003 Bern
Telefon: 031 325 50 50 / Fax: 031 325 50 58 / E-Mail: verkauf.zivil@bbl.admin.ch
Internet: www.bbl.admin.ch
3 Für Abschreibungen auf dem **Anschaffungswert** sind die genannten Sätze um die Hälfte zu reduzieren.
4 Der höhere Abschreibungssatz für Gebäude allein kann nur angewendet werden, wenn der restliche Buchwert bzw. die Gestehungskosten der Gebäude separat aktiviert sind. Auf dem Wert des Landes werden grundsätzlich keine Abschreibungen gewährt.
5 Dieser Satz ist anzuwenden, wenn Gebäude und Land zusammen in einer einzigen Bilanzposition erscheinen.
In diesem Fall ist die Abschreibung nur bis auf den Wert des Landes zulässig.

Motorfahrzeuge aller Art	40 %
Maschinen, die vorwiegend im Schichtbetrieb eingesetzt sind, oder die unter besonderen Bedingungen arbeiten, wie z.B. schwere Steinbearbeitungsmaschinen, Strassenbaumaschinen	40 %
Maschinen, die in erhöhtem Masse schädigenden chemischen Einflüssen ausgesetzt sind	40 %
Büromaschinen	40 %
Datenverarbeitungsanlagen (Hardware und Software)	40 %
Immaterielle Werte, die der Erwerbstätigkeit dienen, wie Patent-, Firmen-, Verlags-, Konzessions-, Lizenz- und andere Nutzungsrechte; Goodwill	40 %
Automatische Steuerungssysteme	40 %
Sicherheitseinrichtungen, elektronische Mess- und Prüfgeräte	40 %
Werkzeuge, Werkgeschirr, Maschinenwerkzeuge, Geräte, Gebinde, Gerüstmaterial, Paletten usw.	45 %
Hotel- und Gastwirtschaftsgeschirr sowie Hotel- und Gastwirtschaftswäsche	45 %

2. Sonderfälle

Investitionen für energiesparende Einrichtungen

Wärmeisolierungen, Anlagen zur Umstellung des Heizungssystems, zur Nutz-barmachung der Sonnenenergie und dgl. können im ersten und im zweiten Jahr bis zu 50% vom Buchwert und in den darauffolgenden Jahren zu den für die betreffenden Anlagen üblichen Sätzen (Ziffer 1) abgeschrieben werden.

Umweltschutzanlagen

Gewässer- und Lärmschutzanlagen sowie Abluftreinigungsanlagen können im ersten und im zweiten Jahr bis zu 50% vom Buchwert und in den darauffolgenden Jahren zu den für die betreffenden Anlagen üblichen Sätzen (Ziffer 1) abgeschrieben werden.

3. Nachholung unterlassener Abschreibungen

Die Nachholung unterlassener Abschreibungen ist nur in Fällen zulässig, in denen das steuerpflichtige Unternehmen in früheren Jahren wegen schlechten Geschäftsganges keine genügenden Abschreibungen vornehmen konnte. Wer Abschreibungen nachzuholen begehrt, ist verpflichtet, deren Begründetheit nachzuweisen.

4. Besondere kantonale Abschreibungsverfahren

Unter besonderen kantonalen Abschreibungsverfahren sind vom ordentlichen Abschreibungsverfahren abweichende Abschreibungsmethoden zu verstehen, die nach dem kantonalen Steuerrecht oder nach der kantonalen Steuerpraxis unter bestimmten Voraussetzungen regelmässig und planmässig zur An-wendung gelangen, wobei es sich um wiederholte oder einmalige Abschrei-bungen auf dem gleichen Objekt handeln kann (z.B. Sofortabschreibung, Einmalerledigungsverfahren). Besondere Abschreibungsverfahren dieser Art können auch für die direkte Bundessteuer angewendet werden, sofern sie über längere Zeit zum gleichen Ergebnis führen.

5. Abschreibungen auf aufgewerteten Aktiven

Abschreibungen auf Aktiven, die zum Ausgleich von Verlusten höher bewertet wurden, können nur vorgenommen werden, wenn die Aufwertungen handelsrechtlich zulässig waren und die Verluste im Zeitpunkt der Abschreibung verrechenbar gewesen wären.

Naturalbezüge Selbstständigerwerbender

Quelle: Eidg. Steuerverwaltung ESTV

Merkblatt N 1/2007
Naturalbezüge von Selbstständigerwerbenden

☞ Stand: 1.1.2022

Merkblatt
über die Bewertung der Naturalbezüge und der privaten Unkostenanteile von Geschäftsinhaberinnen und Geschäftsinhabern

Vorbemerkungen

a) Die in diesem Merkblatt enthaltenen Ansätze gelten **erstmals für die nach dem 30. Juni 2007 abgeschlossenen Geschäftsjahre**; für die Geschäftsjahre mit Abschlusstag 30. Juni 2007 oder früher ist noch das Merkblatt N 1/2001 massgebend.

b) Die hiernach angegebenen Pauschalbeträge stellen Durchschnittsansätze dar, von denen in ausgesprochenen Sonderfällen nach oben oder nach unten abgewichen werden kann.

1. Warenbezüge

Die Warenbezüge aus dem eigenen Betrieb sind mit dem Betrag anzurechnen, den die steuerpflichtige Person ausserhalb ihres Geschäftes dafür hätte bezahlen müssen. In den nachstehenden Branchen sind in der Regel wie folgt zu bewerten:

a) Bäckereien und Konditoreien

	Erwachsene	Kinder im Alter von ... Jahren* bis 6	über 6–13	über 13–18
	CHF	CHF	CHF	CHF
Im Jahr	3000.–	720.–	1500.–	2220.–
Im Monat	250.–	60.–	125.–	185.–

Für Betriebe mit **Tea-Room** erhöhen sich die Ansätze um 20 %; ausserdem sind für **Tabakwaren** pro rauchende Person normalerweise CHF 1500–2200 pro Jahr anzurechnen. Werden auch **Mahlzeiten** abgegeben, so sind in der Regel die Ansätze für Restaurants und Hotels anzuwenden (Buchstabe e hiernach).
Wenn in erheblichem Umfang auch **andere Lebensmittel** geführt werden, so sind die Ansätze für Lebensmittelgeschäfte (Buchstabe b hiernach) anzuwenden.

b) Lebensmittelgeschäfte

	Erwachsene	Kinder im Alter von ... Jahren* bis 6	über 6–13	über 13–18
	CHF	CHF	CHF	CHF
Im Jahr	5280.–	1320.–	2640.–	3960.–
Im Monat	440.–	110.–	220.–	330.–

Zuschlag für Tabakwaren: CHF 1500–2200 pro rauchende Person

Abzüge für nicht geführte Waren (im Jahr):
- Frische Gemüse ..... 300.– / 75.– / 150.– / 225.–
- Frische Früchte ..... 300.– / 75.– / 150.– / 225.–
- Fleisch- und Wurstwaren .... 500.– / 125.– / 250.– / 375.–

c) Milchhandlungen

	Erwachsene	Kinder im Alter von ... Jahren* bis 6	über 6–13	über 13–18
	CHF	CHF	CHF	CHF
Im Jahr	2460.–	600.–	1200.–	1800.–
Im Monat	205.–	50.–	100.–	150.–

Zuschläge für zusätzlich geführte Waren (im Jahr):
- Frische Gemüse ..... 300.– / 75.– / 150.– / 225.–
- Frische Früchte ..... 300.– / 75.– / 150.– / 225.–
- Wurstwaren .... 200.– / 50.– / 100.– / 150.–

Werden in ausgedehntem Masse Lebens- sowie Wasch- und Reinigungsmittel geführt, so sind die Ansätze für Lebensmittelgeschäfte (Buchstabe b hiervor) anzuwenden.
Für Käsereien und Sennereien **ohne Verkaufsladen** gelten in der Regel die Hälfte der vorstehenden Ansätze.

d) Metzgereien

	Erwachsene	Kinder im Alter von ... Jahren* über 3–6	über 6–13	über 13–18
	CHF	CHF	CHF	CHF
Im Jahr	2760.–	660.–	1380.–	2040.–
Im Monat	230.–	55.–	115.–	170.–

e) Restaurants und Hotels

	Erwachsene	Kinder im Alter von ... Jahren* bis 6	über 6–13	über 13–18
	CHF	CHF	CHF	CHF
Im Jahr	6480.–	1620.–	3240.–	4860.–
Im Monat	540.–	135.–	270.–	405.–

Die Ansätze umfassen nur den Wert der Warenbezüge. Die übrigen Naturalbezüge und die privaten Unkostenanteile (siehe insbesondere die Ziffern 2, 3 und 4 hiernach) sind gesondert zu bewerten.

Tabakwaren
In den Ansätzen ist der Bezug von **Tabakwaren** nicht inbegriffen; pro rauchende Person sind in der Regel CHF 1500–2200 im Jahr zusätzlich anzurechnen.

2. Mietwert der Wohnung

Der Mietwert der Wohnung im eigenen Hause ist von Fall zu Fall nach den ortsüblichen Mietzinsen für eine entsprechende Wohnung zu bestimmen. Dabei ist dort, wo einzelne Räume sowohl geschäftlichen als auch privaten Zwecken dienen, z.B. im Gastgewerbe, auch ein angemessener Anteil an diesen Gemeinschaftsräumen (Wohnräume, Küche, Bad, WC) mitzuberücksichtigen.

3. Privatanteil an den Kosten für Heizung, Beleuchtung, Reinigung, moderne Kommunikationsmittel usw.

Für Heizung, elektrischen Strom, Gas, Reinigungsmaterial, Wäschereinigung, Haushaltartikel, moderne Kommunikationsmittel, Radio und Fernsehen sind in der Regel folgende Beträge als Privatanteil an den Unkosten anzurechnen, sofern sämtliche den Privathaushalt betreffenden Ausgaben für diese Zwecke dem Betrieb belastet worden sind:

	Haushalt mit 1 Erwachsenen	Zuschlag pro weiteren Erwachsene/n	Zuschlag pro Kind
	CHF	CHF	CHF
Im Jahr	3540.–	900.–	600.–
Im Monat	295.–	75.–	50.–

4. Privatanteil an den Löhnen des Geschäftspersonals

Arbeiten Geschäftsangestellte zum Teil für die privaten Bedürfnisse der/des Geschäftsinhaberin/Geschäftsinhabers und ihrer/seiner Familie (Zubereitung der Verpflegung, Besorgung der privaten Räume und Wäsche usw.), so ist ein den Verhältnissen entsprechender Teil der Löhne als Privatanteil anzurechnen.

---

* Massgebend ist das Alter der Kinder zu Beginn jedes Geschäftsjahres.
Bei Familien mit mehr als 3 Kindern sind vom Totalwert der Kinderansätze abzuziehen: bei 4 Kindern 10 %, bei 5 Kindern 20 %, bei 6 und mehr Kindern 30 %.

5. Privatanteil an den Autokosten

Der Privatanteil an den Autokosten kann entweder effektiv oder pauschal ermittelt werden.

a) Effektive Ermittlung

Können die gesamten Betriebskosten des zum Teil privat genützten Fahrzeuges und die geschäftlich sowie privat zurückgelegten Kilometer anhand eines Bordbuches nachgewiesen werden, sind die effektiven Kosten proportional auf die geschäftlich und privat zurückgelegten Kilometer aufzuteilen.

b) Pauschale Ermittlung

Können die gesamten Betriebskosten des zum Teil privat genützten Fahrzeuges und die geschäftlich sowie privat zurückgelegten Kilometer anhand eines Bordbuches **nicht** nachgewiesen werden, ist pro Monat 0,9%** des Kaufpreises (exkl. MWST), mindestens aber CHF 150 zu deklarieren.

**Gültig ab 1. Januar 2022 (bis 31. Dezember 2021: 0,8 %)

6. Selbstkostenabzug für Naturallöhne der Arbeitnehmenden

Die dem Geschäftspersonal ausgerichteten Naturallöhne (Verpflegung, Unterkunft) sind dem Geschäft zu den **Selbstkosten** zu belasten, nicht zu den für die Arbeitnehmenden geltenden Pauschalansätzen.

Sind die Selbstkosten nicht bekannt und werden sie auch nicht auf Grund eines so genannten Haushaltkontos ermittelt, so können für die **Verpflegung** pro Person in der Regel folgende Beträge abgezogen werden:

	Tag/CHF	Monat/CHF	Jahr/CHF
Im Gastwirtschaftsgewerbe	16.–	480.–	5760.–
In andern Gewerben	17.–	510.–	6120.–

Für die **Unterkunft** (Miete, Heizung, Beleuchtung, Reinigung, Wäsche usw.) kommt im Allgemeinen kein besonderer Lohnabzug in Betracht, da diese Kosten in der Regel bereits unter den übrigen Geschäftsunkosten (Gebäudeunterhalt, Hypothekarzinsen, allgemeine Unkosten usw.) berücksichtigt sind.

Naturalbezüge Arbeitnehmender

Quelle: Eidg. Steuerverwaltung ESTV

KANTONALE STEUERN
DIREKTE BUNDESSTEUER

Merkblatt N 2/2007
Naturalbezüge von Arbeitnehmenden

Dieses Merkblatt **gilt erstmals für die Bewertung der Naturalbezüge des Jahres 2007 (Bemessungsjahr)**; es ersetzt das für die Naturalbezüge 2001 bis 2006 massgebende Merkblatt N 2/2001.

Merkblatt
über die Bewertung von Verpflegung und Unterkunft von Unselbstständigerwerbenden

Verpflegung und Unterkunft sind grundsätzlich mit dem Betrage zu bewerten, den der/die Arbeitnehmer/in anderswo unter gleichen Verhältnissen dafür hätte bezahlen müssen (Marktwert). Ab 2007 sind bis auf weiteres **pro Person** in der Regel die nachstehenden Ansätze anzuwenden:

	Erwachsene[1]			Kinder[2] bis 6jährig			über 6jährig bis 13jährig			über 13jährig bis 18jährig		
	Tag CHF	Monat CHF	Jahr CHF	Tag CHF	Monat CHF	Jahr CHF	Tag CHF	Monat CHF	Jahr CHF	Tag CHF	Monat CHF	Jahr CHF
Frühstück	3.50	105.–	1260.–	1.–	30.–	360.–	1.50	45.–	540.–	2.50	75.–	900.–
Mittagessen	10.–	300.–	3600.–	2.50	75.–	900.–	5.–	150.–	1800.–	7.50	225.–	2700.–
Abendessen	8.–	240.–	2880.–	2.–	60.–	720.–	4.–	120.–	1440.–	6.–	180.–	2160.–
Volle Verpflegung	**21.50**	**645.–**	**7740.–**	**5.50**	**165.–**	**1980.–**	**10.50**	**315.–**	**3780.–**	**16.–**	**480.–**	**5760.–**
Unterkunft (Zimmer)[3]	11.50	345.–	4140.–	3.–	90.–	1080.–	6.–	180.–	2160.–	9.–	270.–	3240.–
Volle Verpflegung und Unterkunft	**33.–**	**990.–**	**11880.–**	**8.50**	**255.–**	**3060.–**	**16.50**	**495.–**	**5940.–**	**25.–**	**750.–**	**9000.–**

Bekleidung: Kommt der/die Arbeitgeber/in weitgehend auch für Kleider, Leibwäsche und Schuhe sowie für deren Unterhalt und Reinigung auf, so sind hierfür zusätzlich CHF 80.– im Monat/CHF 960.– im Jahr anzurechnen.

Wohnung: Stellt der/die Arbeitgeber/in dem/der Arbeitnehmer/in nicht ein Zimmer, sondern eine Wohnung zur Verfügung, so ist anstelle obiger Unterkunftspauschalen der ortsübliche Mietzins einzusetzen bzw. der Betrag, um den die Wohnungsmiete gegenüber dem ortsüblichen Mietzins verbilligt wird. Weitere Leistungen der/des Arbeitgebenden sind pro Erwachsene/n wie folgt zu bewerten: Wohnungseinrichtung CHF 70.– im Monat/CHF 840.– im Jahr; Heizung und Beleuchtung CHF 60.– im Monat/CHF 720.– im Jahr; Reinigung von Bekleidung und Wohnung CHF 10.– im Monat/CHF 120.– im Jahr. Für Kinder gelten unabhängig vom Alter die halben Ansätze für Erwachsene.

[1] Für Direktorinnen und Direktoren sowie Gerantinnen und Geranten von Betrieben des Gastgewerbes sowie deren Angehörige gelten die Ansätze für Restaurants und Hotels; diese sind aus dem Merkblatt N 1/2007 ersichtlich, das unentgeltlich bei der kantonalen Steuerverwaltung bezogen werden kann.

[2] Massgebend ist das Alter der Kinder zu Beginn jedes Bemessungsjahres. Bei Familien mit mehr als 3 Kindern sind vom Totalwert der Kinderansätze abzuziehen: bei 4 Kindern 10%, bei 5 Kindern 20%, bei 6 und mehr Kindern 30%.

[3] Eine allfällige Mehrfachbelegung des Zimmers ist im Pauschalansatz berücksichtigt.

Ersatzeinkünfte

Quelle: Eidg. Steuerverwaltung ESTV

Gültig ab 1. Januar 2025
Neuerungen gegenüber dem Stand per 1.1.2024 sind unterstrichen und am Rand gekennzeichnet.

Merkblatt über die Quellenbesteuerung von Ersatzeinkünften

1. Natürliche Personen mit steuerrechtlichem Wohnsitz oder Aufenthalt in der Schweiz

1.1. Quellensteuerpflichtige Personen

An der Quelle besteuert werden alle in der Schweiz ansässigen ausländischen Arbeitnehmenden, welche weder die fremdenpolizeiliche Niederlassungsbewilligung (Ausweis C) besitzen noch mit einer Person in rechtlich und tatsächlich ungetrennter Ehe leben, die das Schweizer Bürgerrecht oder die Niederlassungsbewilligung besitzt.

1.2. An der Quelle besteuerte Ersatzeinkünfte

Der Besteuerung an der Quelle unterliegen die Ersatzeinkünfte (vgl. Art. 84 Abs. 2 Bst. b DBG bzw. Art. 3 QStV). Steuerbar sind somit insbesondere Taggelder (ALV, IV, KVG, UVG, UVG-Zusatz, VVG usw.), Ersatzleistungen haftpflichtiger Dritter, Teilrenten infolge Invalidität (Berufliche Vorsorge, IV, UVG, UVG-Zusatz usw.) und an deren Stelle tretende Kapitalleistungen.

Leistungen an teilweise bzw. endgültig nicht mehr erwerbstätige Personen mit Ansässigkeit in der Schweiz stellen keine Ersatzeinkünfte dar. Folgende Leistungen unterliegen deshalb nicht der Besteuerung an der Quelle:

- Renten der AHV (inkl. Renten aus Teilpensionierung);
- Ganze Invaliditätsrenten aus IV und aus beruflicher Vorsorge;
- Hilflosenentschädigungen aus AHV, IV, UVG;
- Invalidenrenten bei Vollinvalidität aus UVG und UVG-Zusatz und Integritätsentschädigungen aus UVG und UVG-Zusatz;
- Alters- und Hinterlassenenleistungen aus 2. und 3. Säule (inkl. Renten aus Teilpensionierung);
- ordentliche und ausserordentliche Ergänzungsleistungen zur AHV, IV;
- Freizügigkeitsleistungen (Barauszahlungen) aus 2. und 3. Säule.

Diese Leistungen werden, soweit sie steuerbar sind, im ordentlichen Verfahren besteuert.

2. Natürliche Personen ohne steuerrechtlichen Wohnsitz oder Aufenthalt in der Schweiz

2.1. Quellensteuerpflichtige Personen

An der Quelle besteuert werden auch alle natürlichen Personen mit Ansässigkeit im Ausland, die in der Schweiz eine unselbstständige Erwerbstätigkeit ausüben (vgl. Art. 91 DBG).

2.2. An der Quelle besteuerte Ersatzeinkünfte

Der Besteuerung an der Quelle unterliegen alle Ersatzeinkünfte (vgl. Art. 84 Abs. 2 Bst. b DBG bzw. Art. 3 QStV). Steuerbar sind somit insbesondere Taggelder (ALV, IV, KVG, UVG, UVG-Zusatz, VVG usw.), Ersatzleistungen haftpflichtiger Dritter, Teilrenten infolge Invalidität (Berufliche Vorsorge, IV, UVG, UVG-Zusatz, VVG usw.) und an deren Stelle tretende Kapitalleistungen.

2.3. Besteuerungsrecht im internationalen Verhältnis

2.3.1. Grundsatz nach internem Recht:

Ersatzeinkünfte sind in Anwendung des internen Rechts an der Quelle steuerpflichtig, wenn der Empfänger oder die Empfängerin in einem Staat ansässig ist, mit welchem die Schweiz kein Doppelbesteuerungsabkommen abgeschlossen hat.

Leistungen nach den Bestimmungen des AHV-Gesetzes (mit Ausnahme der Leistungen gemäss Artikel 18 Absatz 3 AHVG) sowie Ergänzungsleistungen nach dem EL-Gesetz unterliegen nicht der Besteuerung an der Quelle. Sie sind in der Regel im Ansässigkeitsstaat steuerbar.

2.3.2. Vorbehalt der Doppelbesteuerungsabkommen:

Die von der Schweiz abgeschlossenen Doppelbesteuerungsabkommen weisen das Besteuerungsrecht für Einkünfte aus unselbstständiger Erwerbstätigkeit und damit verbundenes Ersatzeinkommen grundsätzlich dem Arbeitsortsstaat zu (vgl. Art. 15 Abs. 1 des OECD-Musterabkommens zur Vermeidung der Doppelbesteuerung auf dem Gebiet der Steuern vom Einkommen und vom Vermögen, Ausgabe 2014; OECD-MA). Gemäss Kommentar der OECD zum Musterabkommen stellen Leistungen aus der Sozialversicherung, die nicht im Zusammenhang mit einer gegenwärtigen Erwerbstätigkeit stehen, keine Ersatzeinkünfte dar. Diese Leistungen sind daher im Ansässigkeitsstaat steuerpflichtig (vgl. Art. 18, Art. 19 Abs. 2 und Art. 21 OECD-MA), da sie einen dauerhaft wegfallenden Teil der Erwerbsfähigkeit kompensieren.

Folgende Rentenleistungen sind nach der zu diesem Merkblatt gehörenden Übersicht über die Doppelbesteuerungsabkommen (vgl. Merkblatt der Eidgenössischen Steuerverwaltung [ESTV] über die Quellenbesteuerung von Ersatzeinkünften [Invaliditätsleistungen an Empfänger mit Wohnsitz im Ausland]) zu besteuern::

- Invalidenrenten bei Teilinvalidität, Invalidenrentenauskäufe und Abfindungen nach UVG;
- Invalidenrenten bei Teilinvalidität und Invalidenrentenauskäufe nach UVG-Zusatz; und
- Invalidenrenten bei Teilinvalidität nach VVG.

Für Renten- und Kapitalleistungen aus 2. Säule und der Säule 3a sind das Merkblatt über die Quellenbesteuerung von Vorsorgeleistungen aus früherem öffentlich-rechtlichen Arbeitsverhältnis bzw. das Merkblatt über die Quellenbesteuerung von privatrechtlichen Vorsorgeleistungen und Leistungen aus anerkannten Formen der gebundenen Selbstvorsorge anwendbar.

2.3.3. Sonderregelungen für Grenzgänger:

Aufgrund von Abkommen zwischen der Schweiz und ihren Nachbarstaaten gelten für die Quellenbesteuerung von Ersatzeinkünften von Grenzgängern und Grenzgängerinnen folgende Besonderheiten:

	Besteuerungsrecht	
	Arbeitsortsstaat (Schweiz)	Ausländischer **Wohnsitzstaat**
Deutschland	X[1]	X[2]
Österreich	X	X[2]
Frankreich	X[3]	X[4]
Italien	X[5, 6]	X[2]
Liechtenstein	X[7]	X[7]

[1] Der Schweiz steht bei täglicher Heimkehr ein prozentual limitierter Quellensteuerabzug von maximal 4,5 % der Bruttoeinkünfte zu.
[2] Die in der Schweiz erhobene Steuer wird vom ausländischen Wohnsitzstaat angerechnet.
[3] Anwendbar in Kantonen, die nicht der Vereinbarung vom 11. April 1983 über die Besteuerung der Erwerbseinkünfte von Grenzgängern mit Frankreich (Sondervereinbarung mit Frankreich) unterstehen (vgl. auch Fussnote 4 hiernach).
[4] Anwendbar in den Kantonen BL, BS, BE, JU, NE, SO, VS und VD gemäss Sondervereinbarung mit Frankreich (Ausnahme: Steuerpflicht im Arbeitsortsstaat bei einem öffentlich-rechtlichen Arbeitsverhältnis).
[5] Ausschliessliche Besteuerung in der Schweiz für Grenzgänger, die in den Kantonen Graubünden, Tessin und Wallis arbeiten und von der Übergangsregelung in Artikel 9 des Abkommens vom 23. Dezember 2020 über die Besteuerung von Grenzgängern profitieren ("alte Grenzgänger").
[6] 80 % des normalerweise anwendbaren Quellensteuertarifs für Grenzgänger, die in den Kantonen Graubünden, Tessin und Wallis arbeiten und nicht in den Genuss der Übergangsregelung nach Artikel 9 des Abkommens vom 23. Dezember 2020 über die Besteuerung von Grenzgängern kommen ("neue Grenzgänger").
[7] Besteuerung im Arbeitsortsstaat nur bei Ausübung einer Tätigkeit bei einem öffentlich-rechtlichen Arbeitgebenden, ausgenommen Körperschaften, an denen sich beide Staaten beteiligen.

2.4. Ausscheidung von Drittstaattagen

Bei Personen mit Ansässigkeit im Ausland ist das Besteuerungsrecht der Schweiz hinsichtlich des Erwerbseinkommens auf die effektiv in der Schweiz erbrachten Arbeitstage beschränkt. Diese Aufteilung des Besteuerungsrechts gilt auch für die Quellenbesteuerung von Ersatzeinkünften (vgl. Ziffern 3.2.2, 6.7 und 7.5.1 des Kreisschreiben Nr. 45 der ESTV über die Quellenbesteuerung des Erwerbseinkommens von Arbeitnehmern vom 12. Juni 2019; KS Nr. 45 ESTV).

3. Berechnung des Quellensteuerabzugs

3.1. Berechnung durch den Arbeitgebenden

Auf Ersatzeinkünften (Taggelder), welche von der Versicherung an den Arbeitgebenden ausbezahlt werden, sind von der Versicherung keine Quellensteuern abzurechnen. Der Arbeitgebende nimmt den Quellensteuerabzug auf der von ihm geschuldeten Bruttoentschädigung an den Arbeitnehmenden vor und wendet darauf den massgebenden Tarifcode bzw. Steuersatz an (vgl. Ziffer 3.3).

3.2. Berechnung durch die Vorsorgeeinrichtung bzw. den Versicherer

Ersatzeinkünfte (Taggelder, Renten usw.), welche von einer Vorsorgeeinrichtung, Versicherung, Ausgleichskasse, Arbeitslosenkasse (Leistungserbringer) direkt an den Leistungsempfänger (Arbeitnehmende) ausbezahlt werden, sind durch den Leistungserbringer mit dem Tarifcode G, für Grenzgänger aus Deutschland mit dem Tarifcode Q bzw. für Grenzgänger aus Italien mit dem Tarifcode V an der Quelle zu besteuern (vgl. Art. 1 Abs. 1 Bst. g, m und r QStV).

Die Quellensteuer wird von den Bruttoeinkünften berechnet (vgl. Art. 84 Abs. 1 DBG).

Bei Arbeitslosentaggeldern ist für jedes Kind, für welches von der Arbeitslosenkasse Taggeldzuschläge für Familienzulagen ausbezahlt werden, beim satzbestimmenden Einkommen ein Pauschalabzug von Fr. 600 / Monat vorzunehmen. Dies gilt auch bei Zwischenverdienst, weiteren bekannten Erwerbs- oder Ersatzeinkünften sowie bei Leistungsminderungen infolge Warte- und/oder Einstelltagen.

Für die Ermittlung des satzbestimmenden Einkommens gilt Folgendes:

Leistungsart	Ermittlung satzbestimmendes Einkommen
Leistungen, die nach Massgabe des versicherten Verdienstes ausgerichtet werden: - Arbeitslosentaggeld	Grundsatz: Als satzbestimmendes Einkommen gilt das Arbeitslosentaggeld (inkl. Familienzulagen). Zwischenverdienst oder weitere bekannte Erwerbs- oder Ersatzeinkünfte: Als satzbestimmendes Einkommen gilt das Total des Arbeitslosentaggeldes (inkl. Familienzulagen) und dem Zwischenverdienst bzw. den weiteren bekannten Einkünften. Weitere Erwerbs- oder Ersatzeinkünfte, deren Höhe unbekannt ist: Als satzbestimmendes Einkommen gilt das maximal mögliche Taggeld pro Monat (Taggeld x 20–23 Tage). Bei untermonatigem Beginn oder Ende der Rahmenfrist: Als satzbestimmendes Einkommen gilt bei allen vorgenannten Konstellationen das maximal mögliche Taggeld pro Monat (Taggeld x 20–23 Tage). Der Steuersatz ergibt sich aus der Steuertabelle des zuständigen Kantons.
- Taggeld aus Invalidenversicherung - Unfalltaggeld - Krankentaggeld - Taggeld aus Erwerbsersatz - Rentenleistungen aus Unfallversicherung - Rentenleistungen aus Krankenversicherung - Rentenleistungen aus beruflicher Vorsorge (sofern basierend auf versichertem Verdienst definiert)	Der versicherte Verdienst ist für die Ermittlung des Steuersatzes auf einen Monat umzurechnen (in der Regel dividiert durch 12). Der Steuersatz ergibt sich aus der Steuertabelle des zuständigen Kantons.
Leistungen, falls deren Höhe abhängig von einer anderen Berechnungsgrundlage als dem versicherten Verdienst festgelegt wird:	Die Berechnungsgrundlage ist für die Ermittlung des Steuersatzes auf einen Monat umzurechnen.
- Insolvenzentschädigungen (AVIG)	Der vom Arbeitnehmenden eines insolventen Betriebs geforderte Lohn gilt als satzbestimmendes Einkommen (vertraglich vereinbarter Lohn inkl. Anteil 13. Monatslohn, Ferien und Überzeit). Betrifft die Lohnforderung nur einen Teil eines Monats, ist sie auf einen ganzen Monat umzurechnen.
- Rentenleistungen aus 1. Säule (nur IVG)	Für die Festlegung des satzbestimmenden Einkommens bei IV-Renten wird der maximale Rentenbetrag inkl. allfälligen Kinderrenten der für die versicherte Person anzuwendenden Skala durch den prozentualen Anteil einer ganzen IV-Rente dividiert und mit 100 multipliziert. Beispiel einer IV-Rente von 53%, Skala 20, 1 Kinderrente: Fr. 1086 + Fr. 435 = Fr. 1521 ÷ 53 x 100 = Fr. 2869
- Rentenleistungen aus beruflicher Vorsorge	Das Ergebnis aus [projiziertem Altersguthaben x Umwandlungssatz] ist für die Ermittlung des Steuersatzes auf einen Monat umzurechnen (in der Regel dividiert durch 12).
- Leistungen nach VVG (Schadenversicherungen)	Als satzbestimmendes Einkommen gilt das Einkommen, welches als Basis für die Berechnung der Rentenleistung herangezogen wird.
- Direktschaden für vorübergehenden Erwerbsausfall (Haftpflicht aus OR und Spezialgesetzen)	Als satzbestimmendes Einkommen gilt das Einkommen, welches als Basis für die Berechnung des auf ein Jahr umgerechneten Erwerbsausfalls (Bruttolohn) herangezogen wird (in der Regel dividiert durch 12).
- Weitere Leistungen	Basis für die Leistung ist in der Regel der Erwerbsausfall.
Leistungen, deren Höhe unabhängig von einer Berechnungsgrundlage festgelegt werden: - Familienzulagen - Weitere Leistungen	Als satzbestimmendes Einkommen gilt der für die Berechnung des Tarifcodes C zu Grunde gelegte Medianwert der effektiven Lohneinkünfte, welcher jährlich publiziert wird.

3.3. Tarifeinstufungen

Die Tarifeinstufungen bei an der Quelle besteuerten Ersatzeinkünften sind wie folgt vorzunehmen:

Rechtsgrundlage	Leistung	auszahlende Stelle	Tarif A, B, C, H, L, M, N, P, R, S, T, U	Tarif G, Q, V	Tarif D
1. AHVG	Rückvergütung AHV-Beiträge	Zentrale Ausgleichsstelle (betrifft nur Kanton Genf)			X
2. IVG	Taggeld	Arbeitgebende	X		
		bzw. Ausgleichskasse		X	
	IV-Rente mit einem %-Anteil einer ganzen IV-Rente	Ausgleichskasse		X	
3. AVIG	Arbeitslosentaggeld	Arbeitslosenkasse		X	
	Kurzarbeitsentschädigung	Arbeitgebende	X		
	Schlechtwetterentschädigung	Arbeitgebende	X		
	Insolvenzentschädigung	Arbeitslosenkasse		X	
4. UVG (Obligatorium und Abredeversicherung)	Taggeld	Arbeitgebende	X		
		bzw. Versicherer		X	
	Übergangstaggeld[1]	Versicherer		X	
	Übergangsentschädigung[2]	Versicherer		X	
	IV-Teilrente	Versicherer		X	
	IV-Rentenauskauf	Versicherer		X	
	Abfindung[3]	Versicherer		X	
5. UVG-Zusatz (UVG-Differenzdeckung)[4]	Taggeld	Arbeitgebende	X		
		bzw. Versicherer		X	
	IV-Teilrente	Versicherer		X	
	IV-Rentenauskauf	Versicherer		X	
6. KVG	Taggeld	Arbeitgebende	X		
		bzw. Versicherer		X[5]	
7. VVG (Schadenversicherungsleistung)[6]	Taggeld	Arbeitgebende	X		
		bzw. Versicherer		X	
	Rentenleistung	Versicherer		X	
8. BVG / OR / Vorsorgereglement / Freizügigkeitsverordnung (2. Säule)[4]	Taggeld	Arbeitgebende	X		
		bzw. Vorsorgeeinrichtung		X	
	IV-Teilrente	Vorsorgeeinrichtung		X[7]	
	IV-Kapitalleistung	Vorsorgeeinrichtung		X[7]	
9. BVV 3 (Säule 3a)[4]	IV-Teilrente	Vorsorgeeinrichtung		X[7]	
	IV-Kapitalleistung	Vorsorgeeinrichtung		X[7]	
10. EOG	Taggeld	Arbeitgebende	X		
		bzw. Ausgleichskasse		X	
11. OR und Spezialgesetze (Haftpflicht)	vorübergehender Schaden	Arbeitgebende	X		
		bzw. Versicherer		X	
12. FamZG / kantonale Zulagengesetze	Familienzulagen	Arbeitgebende	X		
		bzw. Ausgleichskasse		X	

[1] gemäss Art. 83 ff. VUV (SR 832.30)
[2] gemäss Art. 86 ff. VUV
[3] gemäss Art. 23 UVG (SR 832.20)
[4] Aufzählung nicht abschliessend; sofern Schadenversicherungsleistungen (vgl. BGE 104 II 44 ff., 119 II 361 ff.)
[5] Taggeldleistungen bis und mit Fr. 10.– werden nicht abgerechnet
[6] Aufzählung nicht abschliessend (vgl. BGE 104 II 44 ff., 119 II 361 ff.)
[7] sofern Ansässigkeit in der Schweiz; bei Ansässigkeit im Ausland sind die Quellensteuertarife für Vorsorgeleistungen anwendbar

4. Verfahren

4.1. Fälligkeit der Quellensteuer

Die Quellensteuer wird im Zeitpunkt der Auszahlung, der Gutschrift oder der Verrechnung der Ersatzeinkunft fällig.

4.2. Rechte und Pflichten der Vorsorgeeinrichtung bzw. des Versicherers

Die Vorsorgeeinrichtung bzw. der Versicherer gilt als Schuldner der steuerbaren Leistung, sofern die Leistung direkt an die versicherte Person ausgerichtet wird. Ihm obliegen folgende Pflichten:

– Meldung über Beginn und Ende der Leistungsperiode (bei Abrechnung mittels ELM: Ein- und Austritt der quellensteuerpflichtigen Personen) in den dafür vorgesehenen Feldern der Quellensteuerabrechnung

– Einreichung der Abrechnungen über die abgezogenen Quellensteuern bei der zuständigen Steuerbehörde gemäss Artikel 107 DBG (vgl. hierzu auch Ziffer 9.5 KS Nr. 45 ESTV)
  – bei Kantonen mit Monatsmodell: innert 30 Tagen nach Ablauf der vom Kanton festgelegten Abrechnungsperiode (monatlich, vierteljährlich, halbjährlich oder jährlich)
  – bei Kantonen mit Jahresmodell: monatlich innert 30 Tagen. Ergänzend dazu muss am Ende des Jahres bzw. am Ende des Anspruchs auf die Leistungen eine Neuberechnung des satzbestimmenden Einkommens erfolgen, sofern sich die Berechnungsgrundlage verändert hat (vgl. hierzu Ziffern 7.2 und 7.3.1 KS Nr. 45 ESTV sinngemäss).

– Ablieferung der Quellensteuer
  – bei Kantonen mit Monatsmodell: aufgrund der Rechnungsstellung des Kantons
  – bei Kantonen mit Jahresmodell: innert 30 Tagen seit Fälligkeit der Leistung

– Haftung in vollem Umfang für die Entrichtung der Quellensteuer

– Bestätigung über den Quellensteuerabzug

Als zuständige Steuerbehörde i. S. der vorstehenden Aufzählung gilt Folgendes: Zweigniederlassungen von Vorsorgeeinrichtungen und Versicherungen gelten dann als Betriebsstätte, wenn sie den Fall administrativ betreuen und eine eigene Betriebsstättenbuchhaltung führen. Für Grenzgänger, die in den Kantonen Tessin, Graubünden und Wallis arbeiten und dem Grenzgängerabkommen zwischen der Schweiz und Italien unterliegen, ist die Quellensteuer auf Ersatzeinkünften mit dem Kanton des vorherigen Arbeitgebers abzurechnen.

Die Schuldner der steuerbaren Leistung (Vorsorgeeinrichtungen, Versicherer) haben Anspruch auf eine Bezugsprovision, welche von der zuständigen Steuerbehörde festgelegt wird (vgl. Art. 88 Abs. 4 DBG resp. Art. 100 Abs. 3 DBG) und bei Verletzung der Verfahrenspflichten gekürzt oder gestrichen werden kann. Überdies können bei nicht fristgerechter Ablieferung von Quellensteuern Ausgleichs- bzw. Verzugszinsen erhoben werden.

Die Schuldner der steuerbaren Leistung können von der Veranlagungsbehörde bis am 31. März des auf die Fälligkeit der Leistung folgenden Steuerjahres eine Verfügung über Bestand und Umfang der Steuerpflicht verlangen (vgl. Art. 137 Abs. 2 DBG). Sie bleiben bis zum rechtskräftigen Entscheid verpflichtet, die Quellensteuer zu erheben (vgl. Art. 137 Abs. 3 DBG).

4.3. Rechte und Pflichten der quellensteuerpflichtigen Personen

Eine in der Schweiz ansässige Person kann bis am 31. März des auf die Fälligkeit der Leistung folgenden Steuerjahres bei der zuständigen Steuerbehörde eine Neuberechnung der Quellensteuer oder eine nachträgliche ordentliche Veranlagung verlangen, wenn sie mit dem vorgenommenen Quellensteuerabzug nicht einverstanden ist (vgl. Ziffer 11 KS Nr. 45 ESTV).

Eine im Ausland ansässige Person kann bis am 31. März des auf die Fälligkeit der Leistung folgenden Steuerjahres bei der zuständigen Steuerbehörde eine Neuberechnung der Quellensteuer verlangen, wenn Drittstaattage nicht ausgeschieden wurden (vgl. Ziffern 3.2.2, 6.7, 7.5.1 sinngemäss und Ziffer 11.6 KS Nr. 45 ESTV).

Bei einem Antrag auf Ausscheidung von Drittstaattagen (vgl. Ziff. 2.4. oben) hat die quellensteuerpflichtige Person im Kalendarium zum Nachweis der schweizerischen und ausländischen Arbeitstage für die letzten 12 Erwerbsmonate beizulegen. Das Kalendarium muss vom Arbeitgebenden und von der quellensteuerpflichtigen Person unterzeichnet werden.

4.4. Steuerhinterziehung / Veruntreuung von Quellensteuern

Die vorsätzliche oder fahrlässige Unterlassung der Quellensteuererhebung gilt als Steuerhinterziehung und kann mit einer Busse geahndet werden (vgl. Art. 175 DBG). Wer zum Quellensteuerabzug verpflichtet ist und abgezogene Quellensteuern zu seinem oder eines anderen Nutzen verwendet, erfüllt den Tatbestand der Veruntreuung von Quellensteuern und kann mit Freiheitsstrafe, Geldstrafe oder Busse bestraft werden (vgl. Art. 187 DBG).

Quellenbesteuerung von =
Ersatzeinkünften (Invaliditätsleistungen an Empfänger mit Wohnsitz im Ausland)
Übersicht über die Doppelbesteuerungsabkommen

Hinweis: In dieser Übersicht werden einzig Leistungen behandelt, die nach dem OECD-Musterabkommen als andere Leistungen (Art. 21 OECD-MA) zu qualifizieren sind.

Stand: 1. Januar 2025

Neuerungen gegenüber dem Stand per 1.1.2024 sind mit ● gekennzeichnet.

Ausländischer Wohnsitzstaat[2]	Rechtsgrundlagen[1]: UVG / UVG-Zusatz / VVG	
	Renten Quellensteuerabzug vornehmen ja/nein	**Kapitalleistungen** Rückforderungsmöglichkeit ja/nein
Ägypten	ja	nein
Albanien	nein	ja
Algerien	nein	ja
Argentinien	ja	nein
Armenien	nein	ja
Aserbaidschan	nein	ja
Äthiopien	ja	nein
Australien	ja[3]	nein
Bahrain	nein	ja
Bangladesch	nein	ja
Belarus	nein	ja
Belgien	nein	ja
Brasilien	ja für UVG	nein für UVG, sonst ja
Bulgarien	nein	ja
Chile	ja	nein
China	nein	ja
Chinesisches Taipeh (Taiwan)	nein	ja
Dänemark	nein	ja
Deutschland	nein	ja
Ecuador	nein	ja
Elfenbeinküste	nein	ja
Estland	nein	ja
Finnland	nein	ja
Frankreich	nein	ja
Georgien	nein	ja
Ghana	nein	ja
Griechenland	nein	ja
GB / Vereinigtes Königreich	nein	ja
Hongkong	nein	ja
Indien	nein	ja
Indonesien	ja	nein
Iran	nein	ja
Irland	nein	ja
Island	nein	ja
Israel	ja[3]	ja[3]
Italien	nein	ja
Jamaika	nein	ja
Japan	nein	ja
Kanada	ja (max. 15 %)	nein
Kasachstan	nein	ja
Katar	nein	ja
Kirgisistan	nein	ja
Kolumbien	nein	ja
Kosovo	nein	ja
Kroatien	nein	ja
● Kuwait (bis 31.12.2024)	nein	ja
● Kuwait (ab 1.1.2025)	ja[3]	ja
Lettland	nein	ja
Liechtenstein	nein	ja

Ausländischer Wohnsitzstaat[2]	Rechtsgrundlagen[1]: UVG / UVG-Zusatz / VVG	
	Renten Quellensteuerabzug vornehmen ja/nein	**Kapitalleistungen** Rückforderungsmöglichkeit ja/nein
Litauen	nein	ja
Luxemburg	nein	ja
Malaysia	ja	nein
Malta	nein	ja
Marokko	nein	ja
Mazedonien	nein	ja
Mexiko	ja	nein
Moldova	nein	ja
Mongolei	nein	ja
Montenegro	nein	ja
Neuseeland	ja	nein
Niederlande (bis 31.12.2020)	nein	ja
Niederlande (ab 1.1.2021)	ja für UVG (max. 15%)	nein für UVG, sonst ja
Norwegen	nein	ja
Oman	nein	ja
Österreich	nein	ja
Pakistan	ja	nein
Peru	ja	nein
Philippinen	ja	nein
Polen	nein	ja
Portugal	nein	ja
Rumänien	nein	ja
Russland	nein	ja
Sambia (bis 31.12.2019)	ja[3]	nein
Sambia (ab 1.1.2020)	nein	ja
Saudi-Arabien	nein	ja
Schweden	nein	ja
Serbien	nein	ja
Singapur	nein	ja
Slowakei	nein	ja
Slowenien	nein	ja
Spanien	nein	ja
Sri Lanka	nein	ja
Südafrika	nein	ja
Südkorea	nein	ja
Tadschikistan	nein	ja
Thailand	ja	nein
Trinidad und Tobago	ja	nein
Tschechische Republik	nein	ja
Tunesien	nein	ja
Türkei	nein	ja
Turkmenistan	nein	ja
Ukraine	nein	ja
Ungarn	nein	ja
Uruguay	nein	ja
Usbekistan	nein	ja
Venezuela	nein	ja
Vereinigte Arabische Emirate	ja	nein
Vereinigte Staaten (USA)	ja (max. 15%)	ja (nur jenen Teil, der 15% übersteigt)
Vietnam	ja	nein
Zypern	nein	ja

[1] Vgl. Tabelle in Ziffer 3.3. des Merkblattes über die Quellenbesteuerung von Ersatzeinkünften.
[2] Bei allen übrigen Ländern, die auf der obigen Liste nicht aufgeführt sind, gilt, dass bei Renten die Quellensteuer stets in Abzug zu bringen ist und dass bei Kapitalleistungen nie ein Rückforderungsanspruch besteht.
[3] Rückforderungsmöglichkeit, sofern durch Ansässigkeitsstaat besteuert (Besteuerungsnachweis verlangen).

Hypothekarzinsen

Quelle: Eidg. Steuerverwaltung ESTV

Gültig ab 1. Januar 2025
Keine Neuerungen gegenüber dem Stand per 1. Januar 2024.

Merkblatt über die Quellenbesteuerung von Hypothekarzinsen an natürliche Personen ohne steuerrechtlichen Wohnsitz oder Aufenthalt in der Schweiz sowie an juristische Personen ohne Sitz oder tatsächliche Verwaltung in der Schweiz

1. Steuerpflichtige Personen

Natürliche Personen und juristische Personen (z. B. Banken), welche die Kriterien für eine unbeschränkte Steuerpflicht in der Schweiz hinsichtlich der direkten Steuern nicht erfüllen und die als Gläubiger oder Nutzniesser Zinsen erhalten, die durch ein Grundstück in der Schweiz gesichert sind, unterliegen der Quellensteuer. Die Quellensteuerpflicht setzt voraus, dass der Zinsschuldner seinen steuerrechtlichen Wohnsitz oder Aufenthalt bzw. seinen Sitz, seine tatsächliche Verwaltung, Betriebsstätte oder feste Einrichtung in der Schweiz hat.

2. Steuerbare Leistungen

Steuerbar sind alle Leistungen, die durch ein Grundstück in der Schweiz grundpfandrechtlich oder durch die Verpfändung entsprechender Grundpfandtitel faustpfandrechtlich gesichert sind, jedoch nur insoweit, als sie nicht Kapitalrückzahlungen darstellen (d.h. vor allem Hypothekarzinsen).

Steuerbar sind auch Leistungen, die nicht der steuerpflichtigen Person selber, sondern einem Dritten zufliessen.

3. Steuerberechnung

Die Quellensteuer beträgt 3 Prozent der Bruttoleistungen (Anteil direkte Bundessteuer). Sie wird nicht erhoben, wenn die steuerbaren Leistungen weniger als CHF 300 im Steuerjahr betragen. Übernimmt der Zinsschuldner an Stelle der quellensteuerpflichtigen Person die Bezahlung der Quellensteuer, ist diese bei den Bruttoleistungen aufzurechnen.

4. Vorbehalt der Doppelbesteuerungsabkommen

Aus zahlreichen Doppelbesteuerungsabkommen ergeben sich Einschränkungen der Quellensteuer auf an Gläubiger im Ausland bezahlte Hypothekarzinszahlungen. Verschiedene Doppelbesteuerungsabkommen enthalten zudem Sonderregelungen (unter anderem für Zinszahlungen an Banken, Finanzinstitute, Vorsorgeeinrichtungen, Einrichtungen der Exportförderung oder von verbundenen Gesellschaften).

5. Vorbehalt des AIA-Abkommens mit der EU (SR 0.641.926.81)

Sind die Bedingungen gemäss Art. 9 Abs. 2 des AIA-Abkommens mit der EU erfüllt, entfällt die Quellenbesteuerung.

6. Verfahren

6.1 Der Zinsschuldner meldet als Schuldner der steuerbaren Leistung die quellensteuerpflichtige Person der zuständigen Steuerbehörde in seinem Wohnsitz- oder Aufenthaltskanton bzw. seinem Sitz- oder Betriebsstättenkanton. Die Meldung hat innert 8 Tagen seit Fälligkeit der steuerbaren Leistung zu erfolgen und folgende Angaben zu enthalten:
- Name und Vorname bzw. Firma und Sitz der quellensteuerpflichtigen Person
- Geburtsdatum bzw. Gründungsdatum
- 13-stellige AHV-Nr. bzw. UID-Nr. (falls bekannt)
- Vollständige Adresse der quellensteuerpflichtigen Person im Ausland

6.2 Die Quellensteuern sind im Zeitpunkt der Auszahlung, Überweisung, Gutschrift oder Verrechnung der Zinsen fällig. Der Schuldner der steuerbaren Leistung hat den Steuerbetrag gegenüber der steuerpflichtigen Person in Abzug zu bringen.

6.3 Der Schuldner der steuerbaren Leistung hat über die abgezogenen Quellensteuern abzurechnen, indem er das vollständig ausgefüllte Abrechnungsformular innert 30 Tagen nach Beginn des auf die Fälligkeit der Leistung folgenden Monats bei der zuständigen Steuerbehörde einreicht.

6.4 Bei Kantonen mit Jahresmodell (FR, GE, TI, VD und VS) hat der Schuldner der steuerbaren Leistung die Quellensteuer zusammen mit der Abrechnung an die zuständige Steuerbehörde zu überweisen.

Bei Kantonen mit Monatsmodell (übrige Kantone) hat die Überweisung der Quellensteuer erst nach der Rechnungsstellung durch die zuständige Steuerbehörde zu erfolgen.

Bei rechtzeitiger Abrechnung und Ablieferung der Quellensteuer hat der Schuldner der steuerbaren Leistung Anspruch auf eine Bezugsprovision von 1 bis 2 Prozent der abgelieferten Quellensteuer.

6.5 Der Zinsschuldner haftet für die korrekte Erhebung und Ablieferung der Quellensteuern.

6.6 Die vorsätzliche oder fahrlässige Unterlassung der Quellensteuererhebung gilt als Steuerhinterziehung.

7. Bescheinigung über den Steuerabzug

Der quellensteuerpflichtigen Person ist unaufgefordert eine Bescheinigung über die Höhe der in Abzug gebrachten Quellensteuern auszustellen.

8. Rechtsmittel

Ist die quellensteuerpflichtige Person oder der Schuldner der steuerbaren Leistung mit dem Quellensteuerabzug nicht einverstanden, oder hat die quellensteuerpflichtige Person keine Bescheinigung über den Steuerabzug erhalten, so können diese bis Ende März des auf die Fälligkeit der Leistung folgenden Steuerjahres eine anfechtbare Verfügung über Bestand und Umfang der Steuerpflicht bei der zuständigen kantonalen Steuerbehörde verlangen.

Studenten, Lernende und Praktikanten

Quelle: Eidg. Steuerverwaltung ESTV

Stand: 1. Januar 2025
Keine Neuerungen gegenüber dem Stand per 1. Januar 2024

Merkblatt und Übersicht über die Doppelbesteuerungsabkommen für die Quellenbesteuerung der Erwerbseinkünfte von Studenten, Lernenden und Praktikanten ohne steuerrechtlichen Wohnsitz oder Aufenthalt in der Schweiz

1. Vorbemerkung

Die meisten Doppelbesteuerungsabkommen bestimmen, dass Einkünfte der aus anderen Vertragsstaaten stammenden Studenten (S), Lernenden (L) und Praktikanten (P) (unter gewissen Abkommen nur S), **die ihnen für den Unterhalt oder für ihre Ausbildung** aus Quellen ausserhalb der Schweiz zufliessen, in der Schweiz nicht besteuert werden können.

Für die Erhebung der Quellensteuer ist diese Bestimmung ohne Bedeutung, können doch Einkünfte aus ausländischen Quellen keiner schweizerischen Quellensteuer unterworfen werden.

Einkünfte ausländischer S/L/P aus **Erwerbstätigkeit** in der Schweiz können – ungeachtet dessen, ob die Schweiz mit dem Herkunftsstaat ein Doppelbesteuerungsabkommen abgeschlossen hat oder nicht – grundsätzlich an der Quelle besteuert werden.

2. Besonderheiten

2.1 Die Abkommen mit **Algerien, Armenien, Bangladesch, Brasilien, Bulgarien, Ghana, Indien, Katar, Kroatien, Kuwait, Marokko, Mazedonien, der Mongolei, Montenegro, den Philippinen, Polen, Serbien, Slowenien, Thailand, der Tschechischen Republik und der Türkei** verlangen ausdrücklich eine Gleichbehandlung mit in der Schweiz ansässigen Personen.

2.2 Folgende Doppelbesteuerungsabkommen sehen aber gewisse Befreiungen vor, aufgrund derer die schweizerische Quellensteuer unter Umständen auf Antrag zurückerstattet werden muss:

Herkunftsstaaten: **Elfenbeinküste, Pakistan und Sri Lanka**

Steuerbefreiung für S/L/P während höchstens zwölf Monaten auf Vergütungen aus einer im direkten Zusammenhang mit dem Studium oder der Ausbildung stehenden unselbständigen Erwerbstätigkeit, sofern die Vergütung aus dieser Arbeit CHF 18 000 nicht übersteigt.

2.3 Herkunftsstaat: **Tunesien**

Steuerbefreiung für S/L/P während höchstens zwölf Monaten auf Vergütungen aus einer im direkten Zusammenhang mit dem Studium oder der Ausbildung stehenden unselbständigen Erwerbstätigkeit, sofern die Vergütung aus dieser Arbeit CHF 6000 nicht übersteigt.

Demzufolge ist, im Fall eines S/L/P aus einem der unter 2.2 oder 2.3 erwähnten Staaten, die erhobene Quellensteuer bis zu einer Dauer von maximal zwölf Monaten zurückzuerstatten (das Kalenderjahr wird für die Ermittlung der Dauer der Erwerbstätigkeit nicht berücksichtigt). Somit wird die Steuer immer zurückerstattet, sofern die Einkünfte aus einer Erwerbstätigkeit nicht CHF 18 000 (CHF 6000 für einen S/L/P aus Tunesien) und die Dauer der Erwerbstätigkeit nicht zwölf Monate übersteigen. Desgleichen für die ersten zwölf Monate, wenn die Erwerbstätigkeit zwölf Monate übersteigt. Wenn die Erwerbseinkünfte in den ersten zwölf Monaten CHF 18 000 (CHF 6000 für einen S/L/P aus Tunesien) übersteigen, so wird die Quellensteuer nicht zurückerstattet. Die Steuer ist ab dem 13. Monat der Erwerbstätigkeit in der Schweiz endgültig geschuldet.

2.4 Herkunftsstaaten: **Indonesien und Jamaika**

Steuerbefreiung für S/L/P für Einkünfte aus einer in einem direkten Zusammenhang mit dem Studium oder der Ausbildung stehenden unselbständigen Erwerbstätigkeit von höchstens zwölf Monaten Dauer, sofern die Vergütung aus dieser Arbeit CHF 18 000 nicht übersteigt.

2.5 Herkunftsstaaten: **Malaysia, Portugal sowie Trinidad und Tobago**

Steuerbefreiung für S/L/P für Einkünfte aus einer in einem direkten Zusammenhang mit dem Studium oder der Ausbildung stehenden unselbständigen Erwerbstätigkeit von höchstens zwölf Monaten Dauer, sofern die Vergütung aus dieser Arbeit CHF 12 000 nicht übersteigt.

Demzufolge ist, im Fall eines S/L/P aus einem der unter 2.4 oder 2.5 erwähnten Staaten, die erhobene Steuer endgültig geschuldet, wenn die Erwerbstätigkeit in der Schweiz länger als zwölf Monate dauert (das Kalenderjahr wird für die Ermittlung der Dauer der Tätigkeit nicht berücksichtigt) oder wenn die Einkünfte aus einer Erwerbstätigkeit für die Dauer von weniger oder gleich zwölf Monaten CHF 18 000 bzw. CHF 12 000 übersteigen. Eine Rückerstattung der Steuer kann somit nur in Betracht gezogen werden, wenn die Dauer der Erwerbstätigkeit zwölf Monate und gleichzeitig die Erwerbseinkünfte nicht CHF 18 000 bzw. CHF 12 000 übersteigen.

2.6 Herkunftsstaaten: **Irland und Schweden**

Steuerbefreiung für S/L/P (Irland) bzw. S (Schweden) für Einkünfte aus einer 100 Tage im Laufe eines Steuerjahrs nicht übersteigenden Erwerbstätigkeit, die im Zusammenhang mit der Ausbildung steht.

Dies bedeutet, dass die erhobene Steuer endgültig geschuldet ist, wenn die Erwerbstätigkeit in der Schweiz länger als 100 Tage in einem Steuerjahr dauert. Die Höhe der Entschädigung spielt in diesem Fall keine Rolle. Eine Rückerstattung der Steuer fällt nur in Betracht, wenn die Dauer der Erwerbstätigkeit 100 Tage nicht übersteigt.

3. Verfahren

3.1 Der Schuldner der steuerbaren Leistung meldet die quellensteuerpflichtige Person der zuständigen Steuerbehörde. Die Meldung hat innert acht Tagen seit Fälligkeit der steuerbaren Leistung zu erfolgen und folgende Angaben zu enthalten:

– Name und Vorname
– Geburtsdatum
– 13-stellige AHV-Nr. (falls bekannt)
– Vollständige Adresse im Ausland

3.2 Die Quellensteuer ist im Zeitpunkt der Auszahlung, Überweisung, Gutschrift oder Verrechnung der steuerbaren Leistung fällig. Sie ist durch den Schuldner der steuerbaren Leistung in Abzug zu bringen.

3.3 Der Schuldner der steuerbaren Leistung hat über die abgezogene Quellensteuer abzurechnen, indem er das vollständig ausgefüllte Abrechnungsformular innert 30 Tagen nach Beginn des auf die Fälligkeit der Leistung folgenden Monats bei der zuständigen Steuerbehörde einreicht.

3.4 Bei Kantonen mit Jahresmodell (FR, GE, TI, VD und VS) hat der Schuldner der steuerbaren Leistung die Quellensteuer zusammen mit der Abrechnung an zuständige Steuerbehörde zu überweisen.

Bei Kantonen mit Monatsmodell (übrige Kantone) hat die Überweisung der Quellensteuer erst nach der Rechnungsstellung durch die zuständige Steuerbehörde zu erfolgen.

Bei rechtzeitiger Abrechnung und Ablieferung der Quellensteuer hat der Schuldner der steuerbaren Leistung Anspruch auf eine Bezugsprovision von 1–2 Prozent der abgelieferten Quellensteuer.

3.5 Der Schuldner der steuerbaren Leistung haftet für die korrekte Erhebung und Ablieferung der Quellensteuer.

3.6 Die vorsätzliche oder fahrlässige Unterlassung der Quellensteuererhebung gilt als Steuerhinterziehung.

4. Bescheinigung über den Steuerabzug

Der quellensteuerpflichtigen Person ist unaufgefordert eine Bescheinigung über die Höhe der in Abzug gebrachten Quellensteuer auszustellen.

5. Rechtsmittel

Ist die quellensteuerpflichtige Person oder der Schuldner der steuerbaren Leistung mit dem Quellensteuerabzug nicht einverstanden, oder hat die quellensteuerpflichtige Person keine Bescheinigung über den Steuerabzug erhalten, so können diese bis Ende März des auf die Fälligkeit der Leistung folgenden Steuerjahres eine anfechtbare Verfügung über Bestand und Umfang der Steuerpflicht bei der zuständigen kantonalen Steuerbehörde verlangen.

Künstler, Sportler und Referenten

Quelle: Eidg. Steuerverwaltung ESTV

Gültig ab 1. Januar 2025
Neuerungen gegenüber dem Stand per 1.1.2024 sind unterstrichen und am Rand gekennzeichnet.

Merkblatt über die Quellenbesteuerung von Künstlern, Sportlern und Referenten ohne steuerrechtlichen Wohnsitz oder Aufenthalt in der Schweiz

1. Steuerpflichtige Personen

Der Quellensteuer unterliegen alle selbstständig oder unselbstständig erwerbstätigen Künstler, Sportler und Referenten **ohne steuerrechtlichen Wohnsitz oder Aufenthalt in der Schweiz**, die Einkünfte aus einer persönlichen Tätigkeit (öffentlicher Auftritt) in der Schweiz erzielen.

Steuerpflichtig sind somit:

- **Künstler (K)**, d.h. Personen, die unmittelbar oder mittelbar (über die Medien) in der Öffentlichkeit auftreten und dabei Darbietungen erbringen, die künstlerischen Charakter oder auch nur Unterhaltungscharakter besitzen (wie Bühnen-, Film-, Radio- oder Fernsehkünstler, Musiker, Artisten und Tanzgruppen etc.).
- **Sportler (S)**, d.h. Personen, die eine körperliche oder geistige Tätigkeit ausüben (an Leichtathletikmeetings, Tennis- und Fussballturnieren, Pferdesportanlässen, Motorsportveranstaltungen, Schachturnieren etc.).
- **Referenten (R)**, d.h. Personen, die einmalig oder mehrmals persönlich vor einem Publikum auftreten, verbunden mit einem Vortrag zu einem bestimmten Thema, wobei der Unterhaltungscharakter im Vordergrund steht (wie Gastredner, Talkmaster, etc.).

Voraussetzung für die Besteuerung als K/S/R ist ein **öffentlicher Auftritt** unmittelbar oder mittelbar (über die Medien) vor Publikum. Nicht als K/S/R gelten deshalb Personen, die an der Herstellung eines Films oder eines Theaterstücks beteiligt sind (Regisseure, Kameraleute, Tontechniker, Choreographen, Produzenten etc.) oder Hilfs- und Verwaltungspersonal (wie technisches Personal oder der Begleittross einer Popgruppe). Ebenfalls nicht als K/S/R betrachtet werden Personen, die in der Schweiz Kunstwerke schaffen oder ausstellen (wie Maler, Fotografen, Bildhauer, Komponisten etc.), sofern die Leistung nicht in der Öffentlichkeit dargeboten wird (z.B. Erstellung eines Bildes an einer Vernissage oder Messe).

Steuerpflichtig sind auch K/S/R, die in einem anderen Kanton eine Darbietung erbringen. Die Besteuerung richtet sich nach dem Recht des Auftrittskantons.

Beispiel 1: Ein Veranstalter mit Sitz im Kanton Bern, dessen Künstler im Kanton Luzern auftritt, erhebt die Quellensteuer gemäss dem Quellensteuertarif des Kantons Luzern und überweist diese an die Steuerbehörde des Kantons Luzern.

2. Abgrenzung zu Arbeitnehmern

Nicht unter die spezielle Bestimmung für K/S/R fallen unter anderem Personen, die zwar eine künstlerische, sportliche oder vortragende Leistung erbringen, aber im Rahmen eines Arbeitsverhältnisses während mindestens 30 Tagen in der Schweiz tätig sind. Diese Personen sind nach dem entsprechenden ordentlichen Quellensteuertarif besteuert.

Beispiel 2: Ein Pianist, der während anderthalb Monaten in einem Hotel auftritt und dafür vom Hotel eine monatliche Entschädigung erhält, wird zum ordentlichen Quellensteuertarif besteuert.

Die Dauer von mindestens 30 Tagen ist ungeachtet vorübergehender Unterbrechung zu berechnen. Eine vorübergehende Unterbrechung liegt in der Regel vor, wenn die Abwesenheit in der Schweiz weniger lang dauert als die vorherige Anwesenheit.

Beispiel 3: Ein Dirigent ist während drei Wochen beim Theaterorchester angestellt für eine Konzertreihe. Nach einem zweimonatigen Unterbruch (Aufenthalt im Wohnsitzstaat) ist der Dirigent erneut während zwei Wochen für das Theaterorchester tätig. Für beide Tätigkeiten unterliegt der Dirigent dem K/S/R-Tarif.

Ebenfalls als Arbeitnehmer gelten **Dozenten**, bei denen die Häufigkeit ihrer Auftritte und die reine Wissensvermittlung als Lehrpersonen auf ein festes Anstellungsverhältnis mit der Lehreinrichtung schliessen lassen. Bei Dozenten fehlt es regelmässig an Erfordernis des Unterhaltungscharakters, weshalb sie nicht als R gelten. Das regelmässig wiederkehrende Dozieren zu einem Thema und die feste Einbindung in den Lehrplan eines Schulungslehrgangs gelten als Abgrenzungskriterien. Dozenten werden zum ordentlichen Quellensteuertarif besteuert. Gehen Dozenten neben der Lehrtätigkeit noch einer anderen Erwerbstätigkeit nach, ist das satzbestimmende Einkommen wie folgt zu berechnen:

- Kann für die Lehrtätigkeit ein Arbeitspensum bestimmt werden (z.B. anhand der geleisteten Arbeitsstunden oder -tage), ist der Bruttolohn auf das effektive Gesamtpensum bzw. wenn der Dozent das Gesamtpensum nicht bekannt gibt, auf ein Gesamtpensum von 100 Prozent umzurechnen.
- Kann für die Lehrtätigkeit kein Arbeitspensum bestimmt werden (z.B. einmalige Entschädigung), ist der für die Berechnung des Tarifcodes C zu Grunde gelegte Medianwert als satzbestimmendes Einkommen heranzuziehen (derzeit CHF 5775 pro Monat [Stand 1. Januar 2025]). Liegt der effektive Bruttolohn in einem Monat über dem Medianwert, gilt der effektive Bruttolohn als satzbestimmendes Einkommen.

3. Steuerbare Leistungen

Steuerbar sind alle Bruttoeinkünfte aus einer in der Schweiz ausgeübten Tätigkeit einschliesslich sämtlicher Nebenbezüge und Zulagen (Pauschalspesen, Naturalleistungen, Vergütungen für Reise-, Verpflegungs- und Übernachtungskosten, Bezahlung der Quellensteuer etc.). Steuerbar sind auch Einkünfte und Entschädigungen, die nicht dem K/S/R selber, sondern einem Dritten (Veranstalter, Auftrag- oder Arbeitgeber, Agent etc.) in der Schweiz oder im Ausland zufliessen, der die Tätigkeit organisiert hat.

Naturalleistungen (freie Kost und Logis) sind nach den tatsächlichen Kosten anzurechnen, mindestens aber nach den Ansätzen für die AHV (vgl. Merkblatt N2/2007 der ESTV).

Von den Bruttoeinkünften können folgende Pauschalen als **Gewinnungskosten** abgezogen werden:

- 50 Prozent der Bruttoeinkünfte bei K
- 20 Prozent der Bruttoeinkünfte bei S und R

Ein Abzug der effektiven Gewinnungskosten ist nicht zulässig.

4. Steuerberechnung

Die Quellensteuer für K/S/R beträgt (Anteil direkte Bundessteuer):

- Bei Tageseinkünften bis CHF 200   0,8 %
- Bei Tageseinkünften von CHF 201 bis 1000   2,4 %
- Bei Tageseinkünften von CHF 1001 bis 3000   5,0 %
- Bei Tageseinkünften über CHF 3000   7,0 %

Als **Tageseinkünfte** gelten die steuerbaren Einkünfte (Bruttoeinkünfte abzüglich Gewinnungskosten), aufgeteilt auf die vertraglich geregelten Auftritts- und Probetage. Bei Gruppen von mehreren Personen werden die Tageseinkünfte vor der Steuerberechnung auf die Anzahl der tatsächlich auftretenden Personen aufgeteilt. Ist bei Gruppen (wie Orchestern, Tanzgruppen, Ensembles etc.) der Anteil des einzelnen Mitglieds an der Gesamtgage nicht bekannt oder schwer zu ermitteln, wird für dessen Bestimmung das durchschnittliche Tageseinkommen pro Kopf errechnet.

> **Beispiel 4:** Eine vierköpfige Musikgruppe erhält für 3 Auftrittstage eine Bruttogage von insgesamt CHF 15 000.
>
> **Nettogage:** CHF 15 000 – 50 % Gewinnungskosten = CHF 7500
>
> **Tageseinkünfte:** CHF 7500 ÷ 3 Auftrittstage = CHF 2500
>
> **Tageseinkünfte pro Person:** CHF 2500 ÷ 4 = CHF 625
>
> **Anwendbarer Steuersatz:** 2,4 %
>
> **Geschuldete Quellensteuer:** 2,4 % von CHF 7500 = CHF 180

Die Quellensteuer wird nicht erhoben, wenn die steuerbaren Bruttoeinkünfte weniger betragen als CHF 300 pro Veranstaltung.

5. Vorbehalt der Doppelbesteuerungsabkommen

Vorbehalten bleiben im Einzelfall abweichende Bestimmungen des von der Schweiz mit dem Wohnsitzstaat des K/S/R abgeschlossenen Doppelbesteuerungsabkommens (DBA). Die meisten schweizerischen DBA weisen das Besteuerungsrecht für Leistungen, die in unmittelbarem Zusammenhang mit dem öffentlichen Auftritt stehen, dem Auftrittsstaat zu. Verschiedene Abkommen sehen abweichende Regelungen vor (vgl. separate Übersicht über die Doppelbesteuerungsabkommen).

6. Verfahren

6.1 Als Schuldner der steuerbaren Leistung gilt, wer für die Organisation der Veranstaltung verantwortlich ist, an welcher der K/S/R auftritt. Der Schuldner der steuerbaren Leistung meldet die quellensteuerpflichtigen K/S/R innert acht Tagen seit Fälligkeit der steuerbaren Leistung der zuständigen Steuerbehörde (Auftrittsort). Die Meldung hat folgende Angaben zu enthalten:

- Name und Vorname des K/S/R
- Geburtsdatum des K/S/R
- Vollständige Adresse des K/S/R im Ausland

Bei Gruppen von mehreren Personen kann eine gesamtheitliche Meldung erfolgen. In diesem Fall ist der Name der Gruppe und die Anzahl der tatsächlich aufgetretenen Mitglieder sowie der Wohnsitz- oder Sitzstaat der Gruppe zu melden.

6.2 Die Quellensteuer ist im Zeitpunkt der Auszahlung, Überweisung, Gutschrift oder Verrechnung der steuerbaren Leistung fällig.

6.3 Der Schuldner der steuerbaren Leistung hat über die abgezogene Quellensteuer mit der zuständigen Steuerbehörde abzurechnen, indem er das vollständig ausgefüllte Abrechnungsformular innert 30 Tagen nach dem Ende der Veranstaltung bei der zuständigen Steuerbehörde einreicht.

6.4 Bei Kantonen mit Jahresmodell (FR, GE, TI, VD und VS) hat der Schuldner der steuerbaren Leistung die Quellensteuer zusammen mit der Abrechnung an die zuständige Steuerbehörde zu überweisen.

Bei Kantonen mit Monatsmodell (übrige Kantone) hat die Überweisung der Quellensteuer erst nach der Rechnungsstellung durch die zuständige Steuerbehörde zu erfolgen.

Bei rechtzeitiger Abrechnung und Ablieferung der Quellensteuer hat der Schuldner der steuerbaren Leistung Anspruch auf eine Bezugsprovision von 1 – 2 Prozent der abgelieferten Quellensteuer.

6.5 Der Schuldner der steuerbaren Leistung haftet in vollem Umfang für die korrekte Erhebung und Ablieferung der Quellensteuer. Bei Nichtablieferung durch den Schuldner der steuerbaren Leistung kann die Quellensteuer bei dem mit der Organisation der Darbietung in der Schweiz beauftragten, solidarisch haftenden Veranstalter eingefordert werden.

6.6 Die vorsätzliche oder fahrlässige Nichtablieferung der Quellensteuer erfüllt den Tatbestand der Steuerhinterziehung.

7. Bescheinigung über den Steuerabzug

Der Schuldner der steuerbaren Leistung hat dem K/S/R unaufgefordert eine Bescheinigung über die Höhe der in Abzug gebrachten Quellensteuern auszustellen.

8. Rechtsmittel

Ist der quellensteuerpflichtige K/S/R oder der Schuldner der steuerbaren Leistung mit dem Quellensteuerabzug nicht einverstanden oder hat der Steuerpflichtige keine Bescheinigung über den Steuerabzug erhalten, so können diese bis Ende März des auf die Fälligkeit der Leistung folgenden Steuerjahres eine anfechtbare Verfügung über Bestand und Umfang der Steuerpflicht bei der zuständigen Steuerbehörde verlangen.

Stand: 1. Januar 2025
Keine Neuerungen gegenüber dem Stand per 1.1.2024.

Quellenbesteuerung von
Künstlern, Sportlern und Referenten

Übersicht über die Doppelbesteuerungsabkommen

1. Schweizerische Doppelbesteuerungsabkommen

Gegenwärtig stehen Doppelbesteuerungsabkommen mit folgenden Staaten in Kraft, deren Bestimmungen für die Besteuerung der von Künstlern, Sportlern und Referenten aus Auftritten in der Schweiz erzielten Einkünfte relevant sind:

Ägypten
Albanien
Algerien
Argentinien[1]
Armenien
Aserbaidschan
Äthiopien
Australien
Bahrain
Bangladesch
Belarus
Belgien
Brasilien
Bulgarien
Chile
Chinesisches Taipeh (Taiwan)
China
Dänemark
Deutschland
Ecuador
Elfenbeinküste
Estland
Finnland
Frankreich
GB / Vereinigtes Königreich
Georgien
Ghana
Griechenland
Hongkong
Indien
Indonesien
Iran
Irland
Island
Israel
Italien
Jamaika
Japan
Kanada
Kasachstan
Katar
Kirgisistan
Kolumbien
Kosovo
Kroatien
Kuwait
Lettland
Liechtenstein
Litauen
Luxemburg
Malaysia
Malta
Marokko
Mazedonien
Mexiko
Moldova
Mongolei
Montenegro
Neuseeland
Niederlande
Norwegen
Oman
Österreich
Pakistan
Peru
Philippinen
Polen
Portugal
Rumänien
Russland
Sambia
Saudi-Arabien
Schweden
Serbien
Singapur
Slowakei
Slowenien
Spanien
Sri Lanka
Südafrika
Südkorea
Tadschikistan
Thailand
Trinidad und Tobago
Tschechische Republik
Tunesien
Türkei
Turkmenistan
Ukraine
Ungarn
USA
Usbekistan
Venezuela
Vereinigte Arabische Emirate
Vietnam
Zypern

2. Künstler (K) und Sportler (S)

2.1 Einkünfte, die an den K/S selbst gezahlt werden

Einkünfte, die ein K/S aus seinen Auftritten in der Schweiz bezieht, können hier an der Quelle besteuert werden, wenn

- der K/S in einem Staat ansässig ist, mit dem die Schweiz kein Doppelbesteuerungsabkommen abgeschlossen hat;
- der K/S in einem Staat ansässig ist, dessen Doppelbesteuerungsabkommen mit der Schweiz das Besteuerungsrecht dem Auftrittsstaat zuweist. Dies ist aufgrund der meisten Abkommen der Fall. Einschränkungen von diesem Grundsatz sieht einzig das Doppelbesteuerungsabkommen mit den **USA** vor. Nach diesem steht das Besteuerungsrecht für Einkünfte von K/S dem Auftrittsstaat zu, wenn die Bruttoeinnahmen aus dieser Tätigkeit (einschliesslich der ihm erstatteten oder für ihn übernommenen Kosten) für das betreffende Steuerjahr 10 000 US-Dollar oder den Gegenwert in Schweizerfranken übersteigt. Weil im Zeitpunkt, in dem ein K/S in einem Kanton auftritt, in der Regel nicht beurteilt werden kann, ob diese Betragslimite bis Jahresende mittels weiterer Auftritte in diesem Kanton oder in anderen Kantonen überschritten wird, empfiehlt es sich, die Quellensteuer einzubehalten. Sie ist gegebenenfalls auf Gesuch hin zurückzuerstatten, wenn der K/S nach Ablauf des Steuerjahres nachweist, dass die Voraussetzungen für eine Besteuerung in der Schweiz nicht erfüllt sind. Dabei ist zu berücksichtigen, dass sich ein Besteuerungsrecht der Schweiz im Fall von Jahreseinkommen unter 10 000 US-Dollar auch aus den allgemeinen Regeln für selbständige oder unselbständige Erwerbstätigkeit ergeben kann.

2.2 Einkünfte, die nicht an den K/S selbst, sondern an einen Dritten gezahlt werden

Fliessen Einkünfte für Auftritte eines K/S nicht diesem, sondern einem Dritten zu, besteht das gesamte Entgelt in der Regel aus zwei verschiedenen Komponenten, einerseits der Gegenleistung des K/S für seinen Auftritt in der Schweiz und anderseits dem Entgelt des Dritten für seine eigene Leistung (Organisation des Auftrittes, Vermittlung des K/S usw.). Bei diesen Leistungen des Dritten handelt es sich grundsätzlich nicht um künstlerische oder sportliche Tätigkeiten im Sinne der Künstler- und Sportlernorm eines Doppelbesteuerungsabkommens, sondern um Unternehmensgewinne oder um Einkünfte aus selbstständiger oder unselbständiger Erwerbstätigkeit.

Aufgrund der meisten schweizerischen Doppelbesteuerungsabkommen können solche einem Dritten zufliessende Einkünfte aus einer von einem K/S ausgeübten persönlichen Tätigkeit im Auftrittsstaat des K/S besteuert werden. Einzig die Abkommen mit **Irland, Marokko** und **Spanien** enthalten keine ausdrückliche derartige Bestimmung.

Die Abkommen mit **Albanien, Argentinien**[1]**, Armenien, Aserbaidschan, Australien, Bahrain, Bangladesch, Belarus, Brasilien, Bulgarien, Finnland, Georgien, Ghana, Hongkong, Israel, Jamaika, Kanada, Kasachstan, Katar, Kirgisistan, Kosovo, Kroatien, Kuwait, Liechtenstein, Luxemburg, Mazedonien, Mexiko, Moldova,** der **Mongolei,** den **Niederlanden, Oman, Österreich, Peru,** den **Philippinen, Polen, Rumänien, Russland, Sambia,** der **Slowakei, Südafrika, Tadschikistan, Tunesien, Turkmenistan,** der **Ukraine, Ungarn, Uruguay, Venezuela** und den **Vereinigten Arabischen Emiraten** sehen überdies vor, dass die Besteuerung der dem Dritten zufliessenden Einkünfte aus einer von einem K/S ausgeübten persönlichen Tätigkeit im Auftrittsstaat des K/S nicht anzuwenden ist, wenn dargetan wird, dass weder der K/S noch mit ihm verbundene Personen unmittelbar oder mittelbar an den Gewinnen des Dritten beteiligt sind.

Ungeachtet dieser unterschiedlichen Formulierungen in den einzelnen Doppelbesteuerungsabkommen gilt für die Quellenbesteuerung der im Zusammenhang mit dem Auftritt eines K/S in der Schweiz einem Dritten zufliessenden Gegenleistung folgendes:

a) Ist weder der K/S noch eine mit ihm verbundene Person unmittelbar oder mittelbar an den Gewinnen des Dritten beteiligt, ist die Quellensteuer gemäss Ziffer 2.1 hiervor auf den Teil der gesamten Gegenleistung zu erheben, der nachweislich (z.B. aufgrund eines vom Dritten vorzulegenden Vertrages mit dem K/S) an den K/S weitergeleitet wird. Die Besteuerung in der Schweiz des dem Dritten verbleibenden Anteils der gesamten Gegenleistung ist abhängig von der Ansässigkeit des Dritten. Sie richtet sie sich nach dem internen Recht der Schweiz.

b) Ist der K/S oder eine mit ihm verbundene Person unmittelbar oder mittelbar an den Gewinnen des Dritten beteiligt, rechtfertigt es sich, das Gesamtentgelt gemäss Ziffer 2.1 hiervor der Quellenbesteuerung zu unterwerfen, kann doch in diesem Falle davon ausgegangen werden, dass dem K/S, nach Massgabe seiner Beteiligung am Dritten, indirekt auch der auf die Leistung des Dritten entfallende Teil der Gesamtvergütung zukommt.

2.3 Sonderregelung für aus öffentlichen Mitteln unterstützte Auftritte

Gewisse Abkommen sehen vor, dass die oben dargestellten Besteuerungsregeln nicht anwendbar sind, wenn der Auftritt in der Schweiz in erheblichem Umfang aus öffentlichen Mitteln unterstützt wird. Nach den Abkommen mit **Deutschland**, der **Elfenbeinküste**, **GB/Vereinigtes Königreich** und **Marokko** gilt dies nur für K, wogegen die Abkommen mit **Albanien, Algerien, Argentinien**[1]**, Armenien, Aserbaidschan, Äthiopien, Australien, Bangladesh, China, Chinesisches Taipeh (Taiwan), Estland, Frankreich, Ghana, Hongkong, Iran, Indien, Indonesien, Israel, Jamaika, Kasachstan, Katar, Kirgisistan, Kolumbien, Kosovo, Kroatien, Lettland, Liechtenstein, Litauen, Malaysia, Malta, Mazedonien,** der **Mongolei, Montenegro,** den **Niederlanden, Oman, Österreich, Philippinen, Polen, Rumänien, Serbien, Singapur, Slowenien, Südkorea, Thailand,** der **Türkei, Turkmenistan,** der **Ukraine, Ungarn, Uruguay,** den **Vereinigten Arabischen Emiraten** und **Zypern** sowohl K als auch S einschliessen.

Die Abkommen mit **Algerien, Argentinien**[1]**, Armenien, Aserbaidschan, Äthiopien, Australien, Bahrain, Bangladesch, Belgien, Bulgarien, Brasilien, China, Chinesisches Taipeh (Taiwan), Deutschland, Frankreich, GB/Vereinigtes Königreich, Ghana, Hongkong, Iran, Indien, Indonesien, Israel, Jamaika, Katar, Kolumbien, Kosovo, Lettland, Liechtenstein, Malaysia, Malta, Marokko, Montenegro, Oman, Österreich,** den **Philippinen, Sambia, Saudi-Arabien, Serbien, Singapur, Südkorea, Thailand,** der **Tschechischen Republik, Türkei, Ungarn, Uruguay,** den **Vereinigten Arabischen Emiraten** und **Zypern** setzen einschränkend voraus, dass die öffentlichen Mittel aus dem Wohnsitzstaat des K bzw. des K/S stammen.

Hat ein K bzw. ein K/S seinen Wohnsitz in einem der hiervor aufgeführten Vertragsstaaten, richtet sich die Besteuerung der Einkünfte für aus öffentlichen Mitteln unterstützte Auftritte in der Schweiz nach den Bestimmungen des betreffenden Abkommens über die Besteuerung von Einkommen aus selbstständiger oder unselbstständiger Erwerbstätigkeit.

3. Referenten (R)

Ist der R in einem Staat ohne Doppelbesteuerungsabkommen mit der Schweiz ansässig, kann die ihm für seine diesbezügliche in der Schweiz ausgeübte Tätigkeit zukommende Gegenleistung nach internem Recht an der Quelle besteuert werden.

Für einen R, der in einem Staat ansässig ist, mit dem die Schweiz ein Doppelbesteuerungsabkommen abgeschlossen hat, richtet sich die Frage, ob seine Einkünfte in der Schweiz an der Quelle besteuert werden können, im Regelfall nach den abkommensrechtlichen Bestimmungen über die Besteuerung von Einkünften aus unselbstständiger oder selbstständiger Erwerbstätigkeit.

Liegt eine selbstständige Erwerbstätigkeit vor, können die Einkünfte nach den meisten Abkommen in der Schweiz als Arbeitsortstaat besteuert werden (sofern die Tätigkeit physisch in der Schweiz ausgeübt wird). Bei selbstständiger Erwerbstätigkeit setzt eine Besteuerung in der Schweiz nach den meisten Abkommen voraus, dass dem R hier regelmässig eine feste Einrichtung bzw. eine Betriebsstätte für die Ausübung seiner Referententätigkeit zur Verfügung steht.

Die Einkünfte eines R mit Wohnsitz in einem der folgenden Staaten aus Auftritten in der Schweiz können, selbst wenn ihm hier keine feste Einrichtung in der Schweiz zur Verfügung steht, hier an der Quelle besteuert werden, wenn:

– die Aufenthaltsdauer in der Schweiz insgesamt mehr als 120 Tage während eines Steuerjahres beträgt (Abkommen mit **Ägypten**);

– die Aufenthaltsdauer in der Schweiz insgesamt mehr als 183 Tage während eines Kalenderjahres (Abkommen mit **Algerien, Mongolei** und **Usbekistan**) bzw. während eines Steuerjahres (Abkommen mit **China, Hongkong, Katar, Pakistan, Südafrika, Südkorea, Tunesien** und **Vietnam**) bzw. innerhalb eines Zeitraums von zwölf Monaten (Abkommen mit **Aserbaidschan, Bangladesh, Brasilien, Chile, Chinesisches Taipeh (Taiwan), Estland, Indien, Kasachstan, Lettland, Litauen, Mexiko, Peru, Philippinen, Sambia, Saudi-Arabien** und der **Türkei**) beträgt;

– die Tätigkeitsdauer einschliesslich normaler Arbeitsunterbrüche in der Schweiz insgesamt mehr als 183 Tage während eines Kalenderjahres beträgt (Abkommen mit **Marokko**);

– die Aufenthaltsdauer in der Schweiz insgesamt mindestens neun Monate innerhalb eines Steuerjahres beträgt (Abkommen mit **Ghana**);

– die Aufenthaltsdauer in der Schweiz insgesamt mehr als 183 Tage innerhalb eines Zeitraums von zwölf Monaten (Abkommen mit **Elfenbeinküste, Indonesien, Sri Lanka** und **Thailand**) beträgt oder, bei kürzerer Aufenthaltsdauer, wenn die Vergütung von einer Person oder für eine Person gezahlt wird, die in der Schweiz ansässig ist oder einer schweizerischen Betriebsstätte der Person, die die Vergütung zahlt, belastet wird;

– die Aufenthaltsdauer in der Schweiz insgesamt mehr als 183 Tage während eines Steuerjahres beträgt oder bei kürzerer Aufenthaltsdauer, wenn die Tätigkeit im Auftrag oder für Rechnung einer in der Schweiz ansässigen Person ausgeübt wird oder die Vergütung einer schweizerischen Betriebsstätte der Person, in deren Auftrag oder für deren Rechnung die Tätigkeit ausgeübt wird, belastet wird (Abkommen mit **Malaysia**);

– die Aufenthaltsdauer in der Schweiz insgesamt mehr als 30 Tage während eines Kalenderjahres (Abkommen mit **Trinidad und Tobago**) bzw. innerhalb eines Zeitraums von zwölf Monaten (Abkommen mit **Jamaika**) beträgt oder, bei kürzerer Aufenthaltsdauer, wenn die Vergütung von einer Person oder für eine Person gezahlt wird, die in der Schweiz ansässig ist oder einer schweizerischen Betriebsstätte der Person, die die Vergütung zahlt, belastet wird;

– der Referent in Äthiopien ansässig ist;

– die Aufenthaltsdauer in der Schweiz mehr als 300 Tage während eines Zeitraums von zwölf Monaten beträgt (Abkommen mit **Singapur**).

Das Abkommen mit **Argentinien**[1] sieht keine minimale Aufenthaltsdauer vor. Die Schweiz darf aber eine Quellensteuer von höchstens 10 Prozent auf den Bruttoeinkünften erheben.

---

[1] Gilt rückwirkend ab 1. Januar 2015.

Öffentlich-rechtliche Vorsorgeleistung

Quelle: Eidg. Steuerverwaltung ESTV

Gültig ab 1. Januar 2025
Neuerungen gegenüber dem Stand per 1.1.2024 sind am Rand gekennzeichnet.

Merkblatt über die Quellenbesteuerung öffentlich-rechtlicher Vorsorgeleistungen an Personen ohne steuerrechtlichen Wohnsitz oder Aufenthalt in der Schweiz

1. Steuerpflichtige Personen

1.1 Der Quellensteuer unterliegen **Personen ohne steuerrechtlichen Wohnsitz oder Aufenthalt in der Schweiz**, die aufgrund eines Arbeitsverhältnisses mit einem öffentlich-rechtlichen Arbeitgeber Ruhegehälter, Pensionen, Alters-, Invaliden- oder Hinterbliebenenrenten, Kapitalleistungen oder andere Vergütungen von einem Arbeitgeber oder einer Vorsorgeeinrichtung mit Sitz in der Schweiz erhalten.

1.2 Bei **Kapitalleistungen** an Personen, die im Zeitpunkt der Auszahlung keinen steuerrechtlichen Wohnsitz oder Aufenthalt (mehr) in der Schweiz haben[1], ist die Quellensteuer immer, d.h. ungeachtet einer allfällig abweichenden staatsvertraglichen Regelung (vgl. Ziffer 4.1), vorzunehmen. Die Quellensteuer ist auch dann zu erheben, wenn die Kapitalleistung auf ein schweizerisches Konto überwiesen wird.

Personen, die keine schlüssigen Angaben über ihren Wohnsitz zum Zeitpunkt der Fälligkeit ihrer Kapitalleistung machen oder deren Wohnsitz nicht bekannt ist, unterliegen stets der Quellensteuer.

Steuerpflichtig sind auch Personen, die als Folge ihres ausserkantonalen oder ausländischen Wohnsitzes nie im Sitzkanton des Arbeitgebers oder der Vorsorgeeinrichtung Wohnsitz hatten.

1.3 Bei **Renten** an im Ausland wohnhafte Empfänger ist die Quellensteuer nur zu erheben, wenn keine abweichende staatsvertragliche Regelung besteht (vgl. Ziffer 4.2).

Kinderrenten sind vom anspruchsberechtigten Hauptrentenbezüger zu versteuern, selbst wenn sie direkt an das Kind oder Dritte ausbezahlt werden.

2. Steuerbare Leistungen

Steuerbar sind alle Vergütungen, wie z.B. Renten und Kapitalleistungen, die von einem Arbeitgeber oder einer Vorsorgeeinrichtung mit Sitz in der Schweiz aufgrund eines früheren Arbeitsverhältnisses mit einem Arbeitgeber mit öffentlich-rechtlicher Stellung (Bund, Kantone, Gemeinde und deren Anstalten oder andere Körperschaften oder Stiftungen mit öffentlich-rechtlichem Hintergrund) ausgerichtet werden.

Sogenannte «staatsnahe Betriebe», die im Auftrag des Gemeinwesens eine öffentliche Aufgabe wahrnehmen, gelten als öffentlich-rechtliche Arbeitgeber. Hinweise auf einen öffentlich-rechtlichen Arbeitgeber können im Einzelfall folgende sein:

- Öffentlicher Auftrag (festgehalten z.B. in einem Gesetz oder in der Satzung des Arbeitgebers);
- Entstehung durch Verwaltungsakt oder Gesetz;
- Hoheitliche Befugnisse;
- Überwiegende Finanzierung der Tätigkeit durch den Staat bzw. durch vom Staat vorgesehene Gebühren;
- Staatlich gesicherte (Monopol-)Stellung;
- Direkte oder indirekte Beherrschung durch den Staat.

3. Steuerberechnung

3.1 Kapitalleistungen

Die Quellensteuer wird auf dem Bruttobetrag der Kapitalleistung ermittelt und beträgt **für alleinstehende Personen** (Anteil direkte Bundessteuer):

– auf dem Betrag bis 25 000 Franken	0,00 %
– auf dem Betrag über 25 000 Franken bis 50 000 Franken	0,35 %
– auf dem Betrag über 50 000 Franken bis 75 000 Franken	0,55 %
– auf dem Betrag über 75 000 Franken bis 100 000 Franken	1,25 %
– auf dem Betrag über 100 000 Franken bis 125 000 Franken	1,60 %
– auf dem Betrag über 125 000 Franken bis 150 000 Franken	1,95 %
– auf dem Betrag über 150 000 Franken bis 750 000 Franken	2,60 %
– auf dem Betrag über 750 000 Franken	2,30 %

Die Quellensteuer wird auf dem Bruttobetrag der Kapitalleistung ermittelt und beträgt **für verheiratete Personen** (Anteil direkte Bundessteuer):

– auf dem Betrag bis 25 000 Franken	0,00 %
– auf dem Betrag über 25 000 Franken bis 50 000 Franken	0,15 %
– auf dem Betrag über 50 000 Franken bis 75 000 Franken	0,50 %
– auf dem Betrag über 75 000 Franken bis 100 000 Franken	0,80 %
– auf dem Betrag über 100 000 Franken bis 125 000 Franken	1,15 %
– auf dem Betrag über 125 000 Franken bis 150 000 Franken	1,75 %
– auf dem Betrag über 150 000 Franken bis 900 000 Franken	2,60 %
– auf dem Betrag über 900 000 Franken	2,30 %

Der Schuldner der steuerbaren Leistung hat die Quellensteuer auf jeder von ihm ausbezahlten Vorsorgeleistung einzeln zu berechnen und mit der zuständigen Steuerbehörde darüber abzurechnen (vgl. Ziffer 5.1).

3.2 Renten

Die Quellensteuer beträgt 1 Prozent der Bruttoleistungen (Anteil direkte Bundessteuer).

Die Quellensteuer wird nicht erhoben, wenn die jährliche Rente weniger als CHF 1000 beträgt. Die Abrechnung ist auch einzureichen, wenn dieser Betrag unterschritten wird.

---

[1] Massgebend ist das Abmeldedatum bei der bisherigen Wohnsitzgemeinde.

4. Vorbehalt der Doppelbesteuerungsabkommen

4.1 Allgemeines zu Kapitalleistungen

Kapitalleistungen unterliegen stets der Quellensteuer. Besteht zwischen der Schweiz und dem Staat, in dem der Empfänger der Kapitalleistung seinen Wohnsitz hat, kein Doppelbesteuerungsabkommen (DBA), ist der Quellensteuerabzug definitiv. Unterhält aber der Staat, in dem der Empfänger Wohnsitz hat, ein Doppelbesteuerungsabkommen mit der Schweiz, hängt die Frage, ob die Leistung in der Schweiz oder im anderen Vertragsstaat der Besteuerung unterliegt, vom betreffenden Abkommen ab. Wird das Besteuerungsrecht dem anderen Staat zugewiesen, ist der Quellensteuerabzug nicht definitiv und dem Empfänger der Kapitalleistung steht ein Rückforderungsanspruch zu (vgl. separate DBA-Übersicht).

Besteht ein solcher Rückforderungsanspruch, wird die gesamte in Abzug gebrachte Quellensteuer zinslos an den Empfänger der Vorsorgeleistung zurückerstattet, wenn er das vollständig ausgefüllte amtliche Rückerstattungsformular zusammen mit einer Bestätigung der zuständigen Steuerbehörde seines ausländischen Wohnsitzstaates, wonach diese

- von der Kapitalleistung Kenntnis hat,
- bescheinigt, dass der Empfänger der Kapitalleistung im Zeitpunkt deren Fälligkeit eine im Sinne des DBA mit der Schweiz dort ansässige Person ist und
- in den vorgesehenen Fällen bestätigt, dass die Leistung tatsächlich besteuert wird.

Der Rückerstattungsantrag ist innert drei Jahren seit der Auszahlung der Kapitalleistung bei der zuständigen Steuerbehörde einzureichen.

4.2 Allgemeines zu Renten

Renten unterliegen der Quellensteuer, sofern das Doppelbesteuerungsabkommen mit dem Wohnsitzstaat des Empfängers das Besteuerungsrecht nicht diesem Wohnsitzstaat zuweist. Die Quellensteuer ist ohne Einschränkung zu erheben, wenn die Schweiz mit dem ausländischen Wohnsitzstaat kein DBA abgeschlossen hat. Beim Vorliegen eines Doppelbesteuerungsabkommens zwischen der Schweiz und dem Staat, in dem der Rentenbezüger seinen Wohnsitz hat, ist die Quellensteuer zu erheben, sofern in der separaten DBA-Übersicht in der entsprechenden Kolonne ein «ja» steht. Lediglich in den Fällen, in denen in der separaten DBA-Übersicht in der entsprechenden Spalte ein «nein» steht, ist die Rentenleistung ungekürzt auszubezahlen. Die Vorsorgeeinrichtung muss sich in diesem Fall aber vergewissern, dass der Rentenempfänger seinen Wohnsitz im betreffenden Staat hat, und muss dies anhand der Lebens- bzw. Wohnsitzbestätigung periodisch nachprüfen.

Die Anwendbarkeit eines DBA ist vom Schuldner der steuerbaren Leistung auch dann abzuklären, wenn eine im Ausland wohnhafte Person ihren Wohnsitz in ein anderes Land verlegt.

4.3 Übersicht über die Doppelbesteuerungsabkommen

Der separaten DBA-Übersicht kann entnommen werden, in welchen Fällen bei Kapitalleistungen der steuerpflichtigen Person ein Rückforderungsanspruch offensteht bzw. in welchen Fällen bei Renten die Quellensteuer zu erheben ist (ja) und in welchen Fällen aufgrund eines Doppelbesteuerungsabkommens die Leistung ungekürzt auszubezahlen ist (nein).

5. Verfahren

5.1
Der Schuldner der steuerbaren Leistung meldet die quellensteuerpflichtige Person der zuständigen Steuerbehörde. Die Meldung hat innert acht Tagen seit Fälligkeit der steuerbaren Leistung zu erfolgen und folgende Angaben zur quellensteuerpflichtigen Person zu enthalten:

- Name und Vorname
- Geburtsdatum
- Nationalität(en)
- 13-stellige AHV-Nr.
- Vollständige Adresse im Ausland

Zuständig ist die Steuerbehörde des Kantons, in welchem sich der Sitz, die tatsächliche Verwaltung oder die Betriebsstätte des Schuldners der steuerbaren Leistung befindet. Zweigniederlassungen von Vorsorgeeinrichtungen gelten dann als Betriebsstätte, wenn sie den Vorsorgefall administrativ betreuen und eine eigene Betriebsstättenbuchhaltung führen.

5.2
Die Quellensteuern sind im Zeitpunkt der Auszahlung, Überweisung, Gutschrift oder Verrechnung der Vorsorgeleistung fällig. Der Schuldner der steuerbaren Leistung hat den Betrag von der Bruttoleistung in Abzug zu bringen.

5.3
Der Schuldner der steuerbaren Leistung hat über die abgezogenen Quellensteuern abzurechnen, indem er das vollständig ausgefüllte Abrechnungsformular innert 30 Tagen nach Beginn des auf die Fälligkeit der Leistung folgenden Monats bei der zuständigen Steuerbehörde einreicht.

5.4
Bei Kantonen mit Jahresmodell (FR, GE, TI, VD und VS) hat der Schuldner der steuerbaren Leistung die Quellensteuer zusammen mit der Abrechnung an die zuständige Steuerbehörde zu überweisen.

Bei Kantonen mit Monatsmodell (übrige Kantone) hat die Überweisung der Quellensteuer erst nach der Rechnungsstellung durch die zuständige Steuerbehörde zu erfolgen.

Bei rechtzeitiger Abrechnung und Ablieferung der Quellensteuer hat der Schuldner der steuerbaren Leistung Anspruch auf eine Bezugsprovision. Diese beträgt:

- bei Renten: 1–2 Prozent der abgelieferten Quellensteuer;
- bei Kapitalleistungen: 1 Prozent der abgelieferten Quellensteuer, jedoch maximal CHF 50 pro Kapitalleistung.

5.5
Der Schuldner der steuerbaren Leistung haftet für die korrekte Erhebung und Ablieferung der Quellensteuer. In Zweifelsfällen ist vor ungekürzter Auszahlung einer Kapitalleistung eine Bestätigung der Steuerbehörde am Wohnsitz der steuerpflichtigen Person zu verlangen, wonach die Kapitalleistung bereits im ordentlichen Verfahren besteuert worden ist. Im Todesfall eines Vorsorgenehmers ist abzuklären, ob sich unter den Erben auch Personen ohne Wohnsitz in der Schweiz befinden. Deren Anteil unterliegt der Quellensteuer.

5.6
Die vorsätzliche oder fahrlässige Unterlassung der Quellensteuererhebung gilt als Steuerhinterziehung.

6. Bescheinigung über den Steuerabzug

Der quellensteuerpflichtigen Person ist unaufgefordert eine Bescheinigung über die Höhe der in Abzug gebrachten Quellensteuern auszustellen.

7. Rechtsmittel

Ist die quellensteuerpflichtige Person oder der Schuldner der steuerbaren Leistung mit dem Quellensteuerabzug nicht einverstanden, oder hat die quellensteuerpflichtige Person keine Bescheinigung über den Steuerabzug erhalten, so können diese bis Ende März des auf die Fälligkeit der Leistung folgenden Steuerjahres eine anfechtbare Verfügung über Bestand und Umfang der Steuerpflicht bei der zuständigen kantonalen Steuerbehörde verlangen.

Stand: 1. Januar 2025
Keine Neuerungen gegenüber dem Stand per 1.1.2024.

Quellenbesteuerung von
Vorsorgeleistungen aus früherem öffentlich-rechtlichem Arbeitsverhältnis
Übersicht über die Doppelbesteuerungsabkommen

Ausländischer Wohnsitzstaat[1]

R = Quellensteuerabzug auf Renten vornehmen: ja/nein
K = Rückforderungsmöglichkeit der Quellensteuer auf Kapitalleistungen: ja/nein

Empfänger der **Rente** oder **Kapitalleistung** ist ein Staatsangehöriger

	der Schweiz		des andern Vertragsstaats		beider Vertragsstaaten		eines Drittstaats	
	R	K	R	K	R	K	R	K
Ägypten	ja	nein	nein	ja	nein	ja	ja	nein
Albanien	ja	nein	nein	ja	nein	ja	ja	nein
Algerien	ja	nein	nein	ja	nein	ja	ja	nein
Argentinien[2]	ja	nein	nein	ja	nein	ja	ja	nein
Armenien	ja	nein	nein	ja	nein	ja	ja	nein
Aserbaidschan	ja	nein	nein	ja	nein	ja	ja	nein
Australien	ja	nein	nein	ja	ja	nein	ja	nein
Äthiopien	ja	nein	ja	nein	ja	nein	ja	nein
Bahrain	ja	nein	nein	ja	nein	ja	ja	nein
Bangladesch	ja	nein	nein	ja	nein	ja	ja	nein
Belarus	ja	nein	nein	ja	nein	ja	ja	nein
Belgien	ja[6]	nein[6]	ja[6]	nein[6]	ja[6]	nein[6]	ja[6]	nein[6]
Brasilien	ja	nein	nein	ja	nein	ja	ja	nein
Bulgarien	ja	nein	nein	ja	nein	ja	ja	nein
Chile	ja (max. 15%)	nein	ja (max. 15%)	nein	ja (max. 15%)	nein	ja (max. 15%)	nein
Chinesisches Taipeh (Taiwan)	ja	nein	nein	ja	nein	ja	ja	nein
China	ja	nein	nein	ja	nein	ja	ja	nein
Dänemark	ja	nein	ja	nein	ja	nein	ja	nein
Deutschland	ja	nein	ja	nein	ja	nein	ja	nein
Ecuador	ja	nein	nein	ja	nein	ja	ja	nein
Elfenbeinküste	ja	nein	nein	ja	nein	ja	ja	nein
Estland	ja	nein	nein	ja	nein	ja	ja	nein
Finnland	ja	nein	nein	ja	nein	ja	ja	nein
Frankreich	ja	nein	nein	ja[3]	ja	nein	nein	ja[3]
GB/Vereinigtes Königreich	ja	nein	nein	ja	nein	ja	ja	nein
Georgien	ja	nein	nein	ja	nein	ja	ja	nein
Ghana	ja	nein	nein	ja	nein	ja	ja	nein
Griechenland	ja	nein	nein	ja	nein	ja	ja	nein
Honkong	ja	nein	ja	nein	ja	nein	ja	nein
Indien	ja	nein	ja	nein	ja	nein	ja	nein
Indonesien	ja	nein	nein	ja	nein	ja	ja	nein
Iran	ja	nein	nein	ja	nein	ja	ja	nein
Irland	ja	nein	nein	ja	ja	nein	nein	ja
Island	ja	nein	ja	nein	ja	nein	ja	nein
Israel	ja	nein	ja[3]	ja[3]	ja[3]	ja[3]	ja	nein
Italien	ja	nein	nein	ja[3]	ja	nein	nein	ja[3]
Jamaika	ja	nein	nein	ja	nein	ja	ja	nein
Japan	ja	nein	nein	ja	ja	nein	nein	ja
Kanada	ja	nein	ja	nein	ja	nein	ja	nein
Kasachstan	ja	nein	nein	ja	nein	ja	ja	nein
Katar	ja	nein	nein	ja	nein	ja	ja	nein
Kirgisistan	ja	nein	nein	ja	nein	ja	ja	nein
Kolumbien	ja	nein	nein	ja	nein	ja	ja	nein
Kosovo	ja	nein	nein	ja	nein	ja	ja	nein
Kroatien	ja	nein	nein	ja	nein	ja	ja	nein
Kuwait	ja	nein	nein	ja	nein	ja	ja	nein
Lettland	ja	nein	nein	ja	nein	ja	ja	nein
Liechtenstein[4]	ja	nein	ja	nein	ja	nein	ja	nein
Litauen	ja	nein	nein	ja	nein	ja	ja	nein

Ausländischer Wohnsitzstaat[1]

R = Quellensteuerabzug auf Renten vornehmen: ja/nein
K = Rückforderungsmöglichkeit der Quellensteuer auf Kapitalleistungen: ja/nein

Empfänger der **Rente** oder **Kapitalleistung** ist ein Staatsangehöriger

	der Schweiz		des andern Vertragsstaats		beider Vertragsstaaten		eines Drittstaats	
	R	K	R	K	R	K	R	K
Luxemburg	ja	nein	nein	ja	nein	ja	ja	nein
Malaysia	ja	nein	ja	nein	ja	nein	ja	nein
Malta	ja	nein	nein	ja	nein	ja	ja	nein
Marokko	ja	nein	nein	ja	nein	ja	ja	nein
Mazedonien	ja	nein	nein	ja	nein	ja	ja	nein
Mexiko	ja	nein	nein	ja	nein	ja	ja	nein
Moldova	ja	nein	nein	ja	nein	ja	ja	nein
Mongolei	ja	nein	nein	ja	nein	ja	ja	nein
Montenegro	ja	nein	nein	ja	nein	ja	ja	nein
Neuseeland	ja	nein	nein	ja	nein	ja	ja	nein
Niederlande	ja (max. 15 %)[6]	nein[6]	ja (max. 15 %)[6]	nein[6]	ja (max. 15 %)[6]	nein[6]	ja (max. 15 %)[6]	nein[6]
Norwegen	ja (max. 15 %)	ja (soweit 15 % übersteigend)	ja (max. 15 %)	ja (soweit 15 % übersteigend)	ja (max. 15 %)	ja (soweit 15 % übersteigend)	ja (max. 15 %)	ja (soweit 15 % übersteigend)
Oman	ja	nein	nein	ja	nein	ja	ja	nein
Österreich	ja	nein	ja	nein	ja	nein	ja	nein
Pakistan	ja	nein	nein	ja	nein	ja	ja	nein
Peru	ja	nein	nein	ja	nein	ja	ja	nein
Philippinen	ja	nein	ja[7]	ja[7]	ja[7]	ja[7]	ja	nein
Polen	ja	nein	nein	ja	nein	ja	ja	nein
Portugal	ja	nein	nein	ja	nein	ja	ja	nein
Rumänien	ja	nein	nein	ja	nein	ja	ja	nein
Russland	ja	nein	nein	ja	nein	ja	ja	nein
Sambia	ja	nein	ja	nein	ja	nein	ja	nein
Saudi-Arabien	ja	nein	ja	nein	ja	nein	ja	nein
Schweden	ja	nein	ja[5]	nein	ja	nein	ja[5]	nein
Serbien	ja	nein	nein	ja	nein	ja	ja	nein
Singapur	ja	nein	nein	ja	nein	ja	ja	nein
Slowakei	ja	nein	nein	ja	nein	ja	ja	nein
Slowenien	ja	nein	nein	ja	nein	ja	ja	nein
Spanien	ja	nein	nein	ja	ja	nein	ja	nein
Sri Lanka	ja	nein	nein	ja	nein	ja	ja	nein
Südafrika	ja	nein	ja	nein	ja	nein	ja	nein
Südkorea	ja	nein	nein	ja	nein	ja	nein	ja
Tadschikistan	ja	nein	nein	ja	nein	ja	ja	nein
Thailand	ja	nein	nein	ja	nein	ja	ja	nein
Trinidad und Tobago	ja	nein	ja	nein	ja	nein	ja	nein
Tschechische Republik	ja	nein	nein	ja	nein	ja	ja	nein
Tunesien	ja	nein	nein	ja	nein	ja	ja	nein
Türkei	ja	nein	ja	nein	ja	nein	ja	nein
Turkmenistan	ja	nein	nein	ja	nein	ja	ja	nein
Ukraine	ja	nein	nein	ja	nein	ja	ja	nein
Ungarn	ja	nein	ja	nein	ja	nein	ja	nein
Uruguay	ja	nein	nein	ja	nein	ja	ja	nein
Usbekistan	ja	nein	nein	ja	nein	ja	ja	nein
Venezuela	ja	nein	nein	ja	nein	ja	ja	nein
Vereinigte Arabische Emirate	ja	nein	nein	ja	nein	ja	ja	nein
Vereinigte Staaten (USA)	ja	nein	nein	ja	nein	ja	ja	nein
Vietnam	ja	nein	nein	ja	nein	ja	ja	nein
Zypern	ja	nein	nein	ja	nein	ja	ja	nein

[1] Bei allen übrigen Ländern, die auf der obigen Liste nicht aufgeführt sind, gilt, dass bei Renten die Quellensteuer stets in Abzug zu bringen ist und dass bei Kapitalleistungen nie ein Rückforderungsanspruch besteht.
[2] Gilt rückwirkend ab dem 1. Januar 2015.
[3] Rückforderungsmöglichkeit, sofern durch Ansässigkeitsstaat besteuert (Besteuerungsnachweis verlangen).
[4] Keine Quellensteuer für Renten bzw. Rückforderungsmöglichkeit für Kapitalleistungen aus früherem Arbeitsverhältnis bei öffentlich-rechtlichen Institutionen, an denen beide Staaten gemeinsam beteiligt sind.
[5] Keine Quellensteuern für Renten, die bereits vor dem 28. Februar 2011 liefen, sofern diese Renten an Personen gezahlt werden, die ihren Wohnsitz vor dem 28. Februar 2011 von der Schweiz nach Schweden verlegt haben.
[6] Eine Rückerstattung ist möglich, soweit Beiträge von Arbeitgeber und Arbeitnehmer nachweislich in der Schweiz nicht von den Steuerbemessungsgrundlagen abgezogen wurden. Eine Rückerstattung kann dem Ansässigkeitsstaat nach Art. 7 Abkommen über die gegenseitige Amtshilfe in Steuersachen mitgeteilt werden.
[7] Rückforderungsmöglichkeit sofern Ansässigkeit in den Philippinen durch eine Bescheinigung der philippinischen Behörden nachgewiesen wird.

Privatrechtliche Vorsorgeleistung

Quelle: Eidg. Steuerverwaltung ESTV

Gültig ab 1. Januar 2025
Neuerungen gegenüber dem Stand per 1.1.2024 sind am Rand gekennzeichnet.

Merkblatt über die Quellenbesteuerung von privatrechtlichen Vorsorgeleistungen an Personen ohne steuerrechtlichen Wohnsitz oder Aufenthalt in der Schweiz

1. Steuerpflichtige Personen

1.1 Der Quellensteuer unterliegen **Personen ohne steuerrechtlichen Wohnsitz oder Aufenthalt in der Schweiz**, die aufgrund eines früheren Arbeitsverhältnisses mit einem Arbeitgeber mit privatrechtlicher Stellung Leistungen von Einrichtungen der beruflichen Vorsorge (BVG) oder die Leistungen aus anerkannten Formen der gebundenen Selbstvorsorge (Säule 3a) mit Sitz in der Schweiz erhalten.

1.2 Bei **Kapitalleistungen** an Personen, die im Zeitpunkt der Auszahlung keinen steuerrechtlichen Wohnsitz oder Aufenthalt (mehr) in der Schweiz haben[1], ist die Quellensteuer immer, d.h. ungeachtet einer allfällig abweichenden staatsvertraglichen Regelung (vgl. Ziffer 4.1), vorzunehmen. Die Quellensteuer ist auch dann zu erheben, wenn die Kapitalleistung auf ein schweizerisches Konto überwiesen wird.

Personen, die keine schlüssigen Angaben über ihren Wohnsitz zum Zeitpunkt der Fälligkeit ihrer Kapitalleistung machen oder deren Wohnsitz nicht bekannt ist, unterliegen stets der Quellensteuer.

Steuerpflichtig sind auch Personen, die als Folge ihres ausserkantonalen oder ausländischen Wohnsitzes nie im Sitzkanton der Vorsorgeeinrichtung Wohnsitz hatten.

1.3 Bei **Renten** an im Ausland wohnhafte Empfänger ist die Quellensteuer nur zu erheben, wenn keine abweichende staatsvertragliche Regelung besteht (vgl. Ziffer 4.2).

Kinderrenten sind vom anspruchsberechtigten Hauptrentenbezüger zu versteuern, selbst wenn sie direkt an das Kind oder Dritte ausbezahlt werden.

2. Steuerbare Leistungen

Steuerbar sind alle Vergütungen, wie z.B. Renten und Kapitalleistungen, die von Vorsorgeeinrichtungen aufgrund eines früheren Arbeitsverhältnisses mit einem Arbeitgeber mit privatrechtlicher Stellung oder aus anerkannten Formen der gebundenen Selbstvorsorge mit Sitz in der Schweiz ausgerichtet werden.

In Frage kommen beispielsweise Vorsorgeleistungen von:
- Pensionskassen
- Sammelstiftungen
- Versicherungseinrichtungen
- Bankenstiftungen u.a.m.

die wegen Wohneigentumsförderung (WEF), Erreichen der Altersgrenze, Invalidität, Tod oder vorzeitiger Auflösung des Vorsorgeverhältnisses an eine Person ohne steuerrechtlichen Wohnsitz oder Aufenthalt in der Schweiz ausbezahlt werden.

3. Steuerberechnung

3.1 Kapitalleistungen

Die Quellensteuer wird auf dem Bruttobetrag der Kapitalleistung ermittelt und beträgt **für alleinstehende Personen** (Anteil direkte Bundessteuer):

– auf dem Betrag bis 25 000 Franken	0,00 %
– auf auf dem Betrag über 25 000 Franken bis 50 000 Franken	0,35 %
– auf dem Betrag über 50 000 Franken bis 75 000 Franken	0,55 %
– auf dem Betrag über 75 000 Franken bis 100 000 Franken	1,25 %
– auf dem Betrag über 100 000 Franken bis 125 000 Franken	1,60 %
– auf dem Betrag über 125 000 Franken bis 150 000 Franken	1,95 %
– auf dem Betrag über 150 000 Franken bis 750 000 Franken	2,60 %
– auf dem Betrag über 750 000 Franken	2,30 %

Die Quellensteuer wird auf dem Bruttobetrag der Kapitalleistung ermittelt und beträgt **für verheiratete Personen** (Anteil direkte Bundessteuer):

– auf dem Betrag bis 25 000 Franken	0,00 %
– dem Betrag über 25 000 Franken bis 50 000 Franken	0,15 %
– auf dem Betrag über 50 000 Franken bis 75 000 Franken	0,50 %
– auf dem Betrag über 75 000 Franken bis 100 000 Franken	0,80 %
– auf dem Betrag über 100 000 Franken bis 125 000 Franken	1,15 %
– auf dem Betrag über 125 000 Franken bis 150 000 Franken	1,75 %
– auf dem Betrag über 150 000 Franken bis 900 000 Franken	2,60 %
– auf dem Betrag über 900 000 Franken	2,30 %

Der Schuldner der steuerbaren Leistung hat die Quellensteuer auf jeder von ihm ausbezahlten Vorsorgeleistung einzeln zu berechnen und mit der zuständigen Steuerbehörde darüber abzurechnen (vgl. Ziffer 5.1).

3.2 Renten

Die Quellensteuer beträgt 1 Prozent der Bruttoleistungen (Anteil direkte Bundessteuer).

Die Quellensteuer wird nicht erhoben, wenn die jährliche Rente weniger als CHF 1000 beträgt. Die Abrechnung ist auch einzureichen, wenn dieser Betrag unterschritten wird.

---

[1] Massgebend ist das Abmeldedatum bei der bisherigen Wohnsitzgemeinde.

4. Vorbehalt der Doppelbesteuerungsabkommen

4.1 Allgemeines zu Kapitalleistungen

Kapitalleistungen unterliegen stets der Quellensteuer. Besteht zwischen der Schweiz und dem Staat, in dem der Empfänger der Kapitalleistung seinen Wohnsitz hat, kein Doppelbesteuerungsabkommen (DBA), ist der Quellensteuerabzug definitiv. Unterhält aber der Staat, in dem der Empfänger Wohnsitz hat, ein Doppelbesteuerungsabkommen mit der Schweiz, hängt die Frage, ob die Leistung in der Schweiz oder im anderen Vertragsstaat der Besteuerung unterliegt, vom entsprechenden Abkommen ab. Wird das Besteuerungsrecht dem anderen Staat zugewiesen, ist der Quellensteuerabzug nicht definitiv und dem Empfänger der Kapitalleistung steht ein Rückforderungsanspruch zu (vgl. separate DBA-Übersicht).

Besteht ein solcher Rückforderungsanspruch, wird die gesamte in Abzug gebrachte Quellensteuer zinslos an den Empfänger der Vorsorgeleistung zurückerstattet, wenn er das vollständig ausgefüllte amtliche Rückerstattungsformular zusammen mit einer Bestätigung der zuständigen Steuerbehörde seines ausländischen Wohnsitzstaates, wonach diese

- von der Kapitalleistung Kenntnis hat,
- bescheinigt, dass der Empfänger der Kapitalleistung im Zeitpunkt deren Fälligkeit eine im Sinne des DBA mit der Schweiz dort ansässige Person ist und
- in den vorgesehenen Fällen bestätigt, dass die Leistung tatsächlich besteuert wird.

Der Rückerstattungsantrag innert drei Jahren seit Auszahlung der Kapitalleistung bei der zuständigen Steuerbehörde einzureichen.

4.2 Allgemeines zu Renten

Renten unterliegen der Quellensteuer, sofern das Doppelbesteuerungsabkommen mit dem Wohnsitzstaat des Empfängers das Besteuerungsrecht nicht diesem Wohnsitzstaat zuweist. Die Quellensteuer ist ohne Einschränkung zu erheben, wenn die Schweiz mit dem ausländischen Wohnsitzstaat kein DBA abgeschlossen hat. Beim Vorliegen eines Doppelbesteuerungsabkommens zwischen der Schweiz und dem Staat, in dem der Rentenbezüger wohnt, ist die Quellensteuer zu erheben, sofern in der separaten DBA-Übersicht in der entsprechenden Kolonne ein «ja» steht. Lediglich in den Fällen, in denen in der separaten DBA-Übersicht in der entsprechenden Spalte ein «nein» steht, ist die Rentenleistung ungekürzt auszuzahlen. Die Vorsorgeeinrichtung muss sich in diesem Fall aber vergewissern, dass der Rentenempfänger seinen Wohnsitz im betreffenden Staat hat, und muss dies anhand der Lebensbzw. Wohnsitzbestätigung periodisch nachprüfen.

Die Anwendbarkeit eines DBA ist vom Schuldner der steuerbaren Leistung auch dann abzuklären, wenn eine im Ausland wohnhafte Person ihren Wohnsitz in ein anderes Land verlegt.

4.3 Übersicht über die Doppelbesteuerungsabkommen

Die Aufteilung zwischen Leistungen der 2. Säule und der Säule 3a ist zu beachten. Der separaten DBA-Übersicht kann entnommen werden, in welchen Fällen bei Kapitalleistungen dem Steuerpflichtigen ein Rückforderungsanspruch offensteht bzw. in welchen Fällen bei Renten die Quellensteuer zu erheben ist (ja) und in welchen Fällen aufgrund eines Doppelbesteuerungsabkommens die Leistung ungekürzt auszuzahlen ist (nein).

5. Verfahren

5.1 Der Schuldner der steuerbaren Leistung meldet die quellensteuerpflichtige Person der zuständigen Steuerbehörde. Die Meldung hat innert acht Tagen seit Fälligkeit der steuerbaren Leistung zu erfolgen und folgende Angaben zur quellensteuerpflichtigen Person zu enthalten:

- Name und Vorname
- Geburtsdatum
- Nationalität(en)
- 13-stellige AHV-Nr.
- Vollständige Adresse im Ausland

Zuständig ist die Steuerbehörde des Kantons, in welchem sich der Sitz, die tatsächliche Verwaltung oder die Betriebsstätte des Schuldners der steuerbaren Leistung befindet. Zweigniederlassungen von Vorsorgeeinrichtungen gelten dann als Betriebsstätte, wenn sie den Vorsorgefall administrativ betreuen und eine eigene Betriebsstättenbuchhaltung führen.

5.2 Die Quellensteuern sind im Zeitpunkt der Auszahlung, Überweisung, Gutschrift oder Verrechnung der Vorsorgeleistung fällig. Der Schuldner der steuerbaren Leistung hat den Betrag von der Bruttoleistung in Abzug zu bringen.

5.3 Der Schuldner der steuerbaren Leistung hat über die abgezogenen Quellensteuern abzurechnen, indem er das vollständig ausgefüllte Abrechnungsformular innert 30 Tagen nach Beginn des auf die Fälligkeit der Leistung folgenden Monats bei der zuständigen Steuerbehörde einreicht.

5.4 Bei Kantonen mit Jahresmodell (FR, GE, TI, VD und VS) hat der Schuldner der steuerbaren Leistung die Quellensteuer zusammen mit der Abrechnung an die die zuständige Steuerbehörde zu überweisen.

Bei Kantonen mit Monatsmodell (übrige Kantone) hat die Überweisung der Quellensteuer erst nach der Rechnungsstellung durch die zuständige Steuerbehörde zu erfolgen.

Bei rechtzeitiger Abrechnung und Ablieferung der Quellensteuer hat der Schuldner der steuerbaren Leistung Anspruch auf eine Bezugsprovision. Diese beträgt:

- bei Renten: 1–2 Prozent der abgelieferten Quellensteuer;
- bei Kapitalleistungen: 1 Prozent der abgelieferten Quellensteuer, jedoch maximal CHF 50 pro Kapitalleistung.

5.5 Der Schuldner der steuerbaren Leistung haftet für die korrekte Erhebung und Ablieferung der Quellensteuer. In Zweifelsfällen ist vor ungekürzter Auszahlung einer Kapitalleistung eine Bestätigung der Steuerbehörde am Wohnsitz der steuerpflichtigen Person zu verlangen, dass die Kapitalleistung bereits im ordentlichen Verfahren besteuert worden ist. Im Todesfall eines Vorsorgenehmers ist abzuklären, ob sich unter den Erben auch Personen ohne Wohnsitz in der Schweiz befinden. Deren Anteil unterliegt der Quellensteuer.

5.6 Die vorsätzliche oder fahrlässige Unterlassung der Quellensteuererhebung gilt als Steuerhinterziehung.

6. Bescheinigung über den Steuerabzug

Der quellensteuerpflichtigen Person ist unaufgefordert eine Bescheinigung über die Höhe der in Abzug gebrachten Quellensteuern auszustellen.

7. Rechtsmittel

Ist die quellensteuerpflichtige Person oder der Schuldner der steuerbaren Leistung mit dem Quellensteuerabzug nicht einverstanden, oder hat die quellensteuerpflichtige Person keine Bescheinigung über den Steuerabzug erhalten, so können diese bis Ende März des auf die Fälligkeit der Leistung folgenden Steuerjahres eine anfechtbare Verfügung über Bestand und Umfang der Steuerpflicht bei der zuständigen kantonalen Steuerbehörde verlangen.

Stand: 1. Januar 2025
Neuerungen gegenüber dem Stand per 1.1.2024 sind mit ● gekennzeichnet.

Quellenbesteuerung von **privatrechtlichen Vorsorgeleistungen und Leistungen aus anerkannten Formen der gebundenen Selbstvorsorge**

Übersicht über die Doppelbesteuerungsabkommen

Ausländischer Wohnsitzstaat [1]	Privatrechtliche Vorsorgeleistungen (Säule 2)		Leistungen aus anerkannten Formen der gebundenen Selbstvorsorge (Säule 3a)	
	Renten Quellensteuerabzug vornehmen ja/nein	Kapitalleistungen Rückforderungsmöglichkeit ja/nein	Renten Quellensteuerabzug vornehmen ja/nein	Kapitalleistungen Rückforderungsmöglichkeit ja/nein
Ägypten	nein	ja	ja	nein
Albanien	nein	ja	nein	ja
Algerien	nein	ja	nein	ja
Argentinien [2]	nein	ja	nein	nein
Armenien	nein	ja	nein	ja
Aserbaidschan	nein	ja	nein	ja
Äthiopien	ja	nein	ja	nein
Australien	ja [3]	nein	ja [3]	nein
Bahrain	ja [3]	ja [3]	nein	ja
Bangladesch	nein	ja	nein	ja
Belarus	nein	ja	nein	ja
Belgien	ja [6]	nein [6]	nein	ja
Brasilien	ja	nein	ja	nein
● Bulgarien	ja [3]	ja [3]	nein	ja
Chile	ja (max. 15%)	nein	ja	nein
China	ja [3]	ja [3]	nein	ja
Chinesisches Taipeh (Taiwan)	ja	nein	nein	ja
Dänemark	ja [4]	nein	ja [4]	nein
Deutschland	nein	ja	nein	ja
Ecuador	nein	ja	nein	ja
Elfenbeinküste	nein	ja	nein	ja
Estland	nein	ja	nein	ja
Finnland	nein	ja	nein	ja
Frankreich	nein	ja [3]	nein	ja [3]
GB/Vereinigtes Königreich	nein	nein	nein	nein
Georgien	nein	ja	nein	ja
Ghana	nein	ja	nein	ja
Griechenland	nein	ja	nein	ja
Hongkong	ja	nein	ja	nein
Indien	nein	ja	nein	ja
Indonesien	nein	ja	ja	nein
Iran	nein	ja	nein	ja
Irland	nein	ja	nein	ja
Island	ja	nein	ja	nein
Israel	ja [3]	ja [3]	ja [3]	ja [3]
Italien	nein	ja [3]	nein	ja [3]
Jamaika	nein	ja	nein	ja
Japan	nein	ja	nein	ja
Kanada	ja (max. 15%)	nein	ja (max. 15%)	nein
Kasachstan	nein	ja	nein	ja
Katar	ja	nein	ja	nein
Kirgisistan	nein	ja	nein	ja
Kolumbien	nein	ja	nein	ja
Kosovo	ja [3]	ja [3]	nein	ja
Kroatien	nein	ja	nein	ja
● Kuwait (bis 31.12.2024)	nein	ja	nein	ja
● Kuwait (ab 1.1.2025)	ja [3]	ja [3]	ja [3]	ja
Lettland	nein	ja	nein	ja
Liechtenstein	nein	ja	nein	ja

Ausländischer Wohnsitzstaat[1]	Privatrechtliche Vorsorgeleistungen (Säule 2)		Leistungen aus anerkannten Formen der gebundenen Selbstvorsorge (Säule 3a)	
	Renten Quellensteuerabzug vornehmen ja/nein	**Kapitalleistungen** Rückforderungsmöglichkeit ja/nein	**Renten** Quellensteuerabzug vornehmen ja/nein	**Kapitalleistungen** Rückforderungsmöglichkeit ja/nein
Litauen	nein	ja	nein	ja
Luxemburg	nein	ja	nein	ja
Malaysia	nein	ja	ja	nein
Malta	nein	ja	nein	ja
Marokko	nein	ja	nein	ja
Mazedonien	nein	ja	nein	ja
Mexiko	nein	ja	ja	nein
Moldova	nein	ja	nein	ja
Mongolei	nein	ja	nein	ja
Montenegro	nein	ja	nein	ja
Neuseeland	nein	ja	ja	nein
Niederlande	ja (max. 15 %)[6]	nein [6]	ja (max. 15 %)	nein
Norwegen	ja (max. 15 %)	ja (soweit 15 % übersteigend)	nein	ja
Oman	ja	nein	nein	ja
Österreich	nein	ja	nein	ja
Pakistan	ja[3]	ja[3]	ja	nein
Peru	ja[3]	ja[3]	ja	nein
Philippinen	ja[7]	ja[7]	ja	nein
Polen	nein	ja	nein	ja
Portugal	nein	ja	nein	ja
Rumänien	nein	ja	nein	ja
Russland	nein	ja	nein	ja
Sambia (bis 31.12.2019)	ja[3]	nein	ja[3]	nein
Sambia (ab 1.1.2020)	ja	nein	nein	ja
Saudi-Arabien	ja	nein	nein	ja
Schweden	ja[5]	nein	ja[5]	nein
Serbien	nein	ja	nein	ja
Singapur	nein	ja	ja	nein
Slowakei	nein	ja	nein	ja
Slowenien	nein	ja	nein	ja
Spanien	nein	ja	nein	ja
Sri Lanka	nein	ja	nein	ja
Südafrika	ja	nein	ja	nein
Südkorea	nein	ja	nein	ja
Tadschikistan	nein	ja	nein	ja
Thailand	nein	ja	ja	nein
Trinidad und Tobago	nein	nein	nein	nein
Tschechische Republik	nein	ja	nein	ja
Tunesien	nein	ja	nein	ja
Türkei	nein	ja	nein	ja
Turkmenistan	nein	ja	nein	ja
Ukraine	nein	ja	nein	ja
Ungarn	ja	nein	ja	nein
Uruguay	ja[3]	ja[3]	ja[3]	ja[3]
Usbekistan	nein	ja	nein	ja
Venezuela	nein	ja	nein	ja
Vereinigte Arabische Emirate	ja	nein	ja	nein
Vereinigte Staaten (USA)	nein	ja	nein	ja
Vietnam	nein	ja	nein	ja
Zypern	ja[3]	ja[3]	nein	ja

[1] Bei allen übrigen Ländern, die auf der obigen Liste nicht aufgeführt sind, gilt, dass bei Renten die Quellensteuer stets in Abzug zu bringen ist und dass bei Kapitalleistungen nie ein Rückforderungsanspruch besteht.

[2] Gilt rückwirkend ab dem 1. Januar 2015.

[3] Rückforderungsmöglichkeit, sofern durch Ansässigkeitsstaat besteuert (Besteuerungsnachweis verlangen).

[4] Keine Quellensteuern für Renten, die bereits vor dem 21. August 2009 liefen, sofern diese Renten an Personen gezahlt werden, die ihren Wohnsitz vor dem 21. August 2009 von der Schweiz nach Dänemark verlegt haben.

[5] Keine Quellensteuern für Renten, die bereits vor dem 28. Februar 2011 liefen, sofern diese Renten an Personen gezahlt werden, die ihren Wohnsitz vor dem 28. Februar 2011 von der Schweiz nach Schweden verlegt haben.

[6] Eine Rückerstattung ist möglich, soweit Beiträge von Arbeitgeber und Arbeitnehmer nachweislich in der Schweiz nicht von den Steuerbemessungsgrundlagen abgezogen wurden. Eine Rückerstattung kann dem Ansässigkeitsstaat nach Art. 7 Abkommen über die gegenseitige Amtshilfe in Steuersachen mitgeteilt werden.

[7] Rückforderungsmöglichkeit sofern Ansässigkeit in den Philippinen durch eine Bescheinigung der philippinischen Behörden nachgewiesen.

Internationale Transporte

Quelle: Eidg. Steuerverwaltung ESTV

**Quellenbesteuerung von
Arbeitnehmern bei internationalen Transporten
Übersicht über die Doppelbesteuerungsabkommen**

Stand: 1. Januar 2025
Keine Neuerungen gegenüber dem Stand per 1.1.2024.

Der Quellensteuerabzug ist vorzunehmen:
a Immer für den gesamten Lohn;
b Für den gesamten Lohn. Wenn der Einsatz jedoch ausschliesslich innerhalb eines einzigen ausländischen Staates erfolgt, ist kein Quellensteuerabzug vorzunehmen;
c Für den gesamten Lohn. Wenn der Einsatz jedoch ausschliesslich innerhalb des Wohnsitzstaates des Arbeitnehmers erfolgt, ist kein Quellensteuerabzug vorzunehmen;
d Quellensteuerabzug für den Teil des Lohnes der für innerhalb der Schweiz ausgeübte Arbeit bezahlt wird;
e Kein Quellensteuerabzug.

Ausländischer Wohnsitzstaat[1]	Besatzungen von Seeschiff[2]	Flugzeug	Binnenschiff[3]	Strassenfahrzeug
Ägypten	c	c	c	d
Albanien	c	c	c	d
Algerien	c	c	c	d
Argentinien	c	c	c	d
Armenien	c	c	c	c
Aserbaidschan	c	c	c	d
Äthiopien	c	c	c	d
Australien	c	c	c	d
Bahrain	c	c	c	d
Bangladesch	c	c	c	d
Belarus	c	c	c	c
Belgien	c	c	a	d
Brasilien	e	e	e	d
Bulgarien	c	c	a	c
Chile	c	c	c	d
China	c	c	c	d
Chinesisch Taipeh (Taiwan)	c	c	c	d
Dänemark	c	c[4]	c	d
Deutschland	b	b	a	d
Ecuador	c	c	c	d
Elfenbeinküste	c	c	c	d
Estland	c	c	c	d
Finnland	c	c	c	d
Frankreich[5]	c	c	a	d
Georgien	c	c	c	d
Ghana	c	c	c	d
Griechenland	c[6]	c	c[6]	d
Hongkong	c	c	c	d
Indien	c	c	c	d
Indonesien	c	c	c	d
Iran	c	c	c	d
Irland	c	c	c	d
Island	c	c	c	d
Israel	c	c	c	d
Italien	c	c	a	d
Jamaika	c	c	c	d
Japan	c	c	c	d
Kanada	b	b	b	d
Kasachstan	c	c	c	d
Katar	c	c	c	d
Kirgisistan	c	c	c	c
Kolumbien	c	c	c	d
Kosovo	c	c	c	d
Kroatien	c	c	a	d
Kuwait	c	c	c	d

Ausländischer Wohnsitzstaat[1]	Besatzungen von Seeschiff[2]	Flugzeug	Binnenschiff[3]	Strassenfahrzeug
Lettland	c	c	c	d
Liechtenstein[7]	c	c	c	d
Litauen	c	c	c	d
Luxemburg	c	c	a	d
Malaysia	c	c	c	d
Malta	c	c	c	d
Marokko	c	c	c	d
Mazedonien	c	c	c	c
Mexiko	c	c	c	d
Moldawien	c	c	c	d
Mongolei	c	c	c	c
Montenegro	c	c	c	c
Neuseeland	c	c	c	d
Niederlande	c	c	a	d
Norwegen	c[6]	c[4]	c[6]	d
Oman	c	c	c	d
Österreich	b	b	a	d
Pakistan	c	c	c	d
Peru	c	c	c	d
Philippinen	c	c	c	d
Polen	c	c	a	d
Portugal	c	c	c	d
Rumänien[5]	c	c	c	c
Russland	c	c	c	d
Sambia	c	c	c	d
Saudi-Arabien	c	c	c	d
Schweden	b	b	d	d
Serbien	c	c	c	c
Singapur	c	c	c	d
Slowakei[5]	c	c	c	c
Slowenien	c	c	c	d
Spanien	c	c	c	d
Sri Lanka	c	c	c	d
Südafrika	c	c	c	d
Südkorea	e	e	e	d
Tadschikistan	c	c	c	d
Thailand	c	c	c	d
Trinidad und Tobago	b	b	b	d
Tschechische Republik	c	c	c	d
Tunesien	c	c	c	d
Türkei	c	c	c	c
Turkmenistan	c	c	c	d
Ukraine	c	c	c	c
Ungarn	c	c	c	d
Uruguay	c	c	c	d
Usbekistan	c	c	c	c
Venezuela	c	c	c	d
Vereinigte Arabische Emirate	c	c	c	d
Vereinigtes Königreich	c	c	a	d
Vereinigte Staaten (USA)	e	e	e	d
Vietnam	c	c	c	d
Zypern	c	c	c	d

[1] Bei Personen, die in einem nicht in der Liste enthaltenen Staat wohnen, ist die Quellensteuer unter Vorbehalt von Fussnote 2 unten immer abzuziehen.
[2] Kein Quellensteuerabzug für Besatzungsmitglieder von in der Schweiz registrierten Seeschiffen. Als Seeschiffe gelten Schiffe, die auf den Meeren verkehren.
[3] Als Binnenschiffe gelten Schiffe, die nicht auf den Meeren (d.h. auf Seen, Flüssen, Kanälen, etc.) verkehren.
[4] Für SAS-Besatzungen Buchstabe e.
[5] Für Besatzungen von Eisenbahnen ist Buchstabe c anwendbar.
[6] Falls das Schiff im Wohnsitzstaat des Besatzungsmitglieds registriert ist, ist kein Quellensteuerabzug vorzunehmen.
[7] Für Grenzgänger ist kein Quellensteuerabzug vorzunehmen.

Verwaltungsräte

Quelle: Eidg. Steuerverwaltung ESTV

Gültig ab 1. Januar 2025
Keine Neuerungen gegenüber dem Stand per 1. Januar 2024.

Merkblatt über die Quellenbesteuerung von Entschädigungen an Verwaltungsräte und ihnen gleichgestellte Personen ohne steuerrechtlichen Wohnsitz oder Aufenthalt in der Schweiz

1. Steuerpflichtige Personen

Personen ohne steuerrechtlichen Wohnsitz oder Aufenthalt in der Schweiz, die als Mitglieder der Verwaltung oder der Geschäftsführung von juristischen Personen mit Sitz oder tatsächlicher Verwaltung in der Schweiz tätig sind, unterliegen für die aus dieser Tätigkeit erhaltenen Vergütungen der Quellensteuer. Das Gleiche gilt für Mitglieder der Verwaltung oder Geschäftsführung von ausländischen Unternehmungen mit einer Betriebsstätte in der Schweiz, sofern die steuerbaren Leistungen zu Lasten der in der Schweiz unterhaltenen Betriebsstätte ausgerichtet werden.

Unter Mitgliedern der Verwaltung oder der Geschäftsführung sind jene Personen zu verstehen, welche strategische Leitungs- oder Aufsichtsfunktionen ausüben, ohne sich mit der laufenden operativen Geschäftsleitung zu befassen. Darunter fallen insbesondere:

- Verwaltungsräte einer AG
- Mitglieder der Verwaltung einer Kommandit-AG oder Genossenschaft
- Angehörige der Direktion von juristischen Personen (Vereine, Stiftungen)
- Geschäftsführer einer GmbH

Für operative Tätigkeiten erfolgt die Besteuerung nach dem ordentlichen Quellensteuertarif. Bezieht eine Person eine Vergütung sowohl für strategische als auch für operative Aufgaben, so ist der Bruttolohn entsprechend dem Verhältnis der Aufgaben aufzuteilen.

2. Steuerbare Leistungen

Steuerbar sind alle Einkünfte, insbesondere Tantiemen, Sitzungsgelder, festen Entschädigungen, Einkünfte aus Mitarbeiterbeteiligungen und ähnlichen Vergütungen, die der steuerpflichtigen Person in ihrer Eigenschaft als Mitglied der Verwaltung oder der Geschäftsführung der Unternehmung ausgerichtet werden. Das Gleiche gilt, wenn die Vergütungen nicht der steuerpflichtigen Person direkt, sondern einem Dritten zufliessen. Von der Besteuerung ausgenommen sind einzig die anhand von Belegen nachweisbaren Reise- und Übernachtungsspesen.

3. Steuerberechnung

Die Quellensteuer beträgt 5 Prozent der Bruttoleistungen (Anteil direkte Bundessteuer). Sie wird nicht erhoben, wenn die von einem Schuldner der steuerbaren Leistung ausgerichteten steuerbaren Bruttoeinkünfte in einem Steuerjahr weniger als CHF 300 betragen.

4. Vorbehalt der Doppelbesteuerungsabkommen

Gemäss den von der Schweiz abgeschlossenen Doppelbesteuerungsabkommen können Entschädigungen an Mitglieder der Verwaltung in der Schweiz nur besteuert werden, wenn die Gesellschaft als solche in der Schweiz ansässig ist, d.h. hier nicht nur eine Betriebsstätte hat.

5. Verfahren

5.1 Die Unternehmung als Schuldner der steuerbaren Leistung meldet die quellensteuerpflichtige Person innert acht Tagen seit Fälligkeit der steuerbaren Leistung der zuständigen Steuerbehörde. Die Meldung hat folgende Angaben zur quellensteuerpflichtigen Person zu enthalten:

- Name und Vorname
- Geburtsdatum
- 13-stellige AHV-Nr. (falls bekannt)
- Vollständige Adresse im Ausland

5.2 Die Quellensteuer ist im Zeitpunkt der Auszahlung, Überweisung, Gutschrift oder Verrechnung der steuerbaren Leistung fällig. Der Schuldner der steuerbaren Leistung hat den Steuerbetrag gegenüber der steuerpflichtigen Person in Abzug zu bringen.

5.3 Der Schuldner der steuerbaren Leistung hat über die abgezogenen Quellensteuern abzurechnen, indem er das vollständig ausgefüllte Abrechnungsformular innert 30 Tagen nach Beginn des auf die Fälligkeit der Leistung folgenden Monats bei der zuständigen Steuerbehörde einreicht.

5.4 Bei Kantonen mit Jahresmodell (FR, GE, TI, VD und VS) hat der Schuldner der steuerbaren Leistung die Quellensteuer zusammen mit der Abrechnung an zuständige Steuerbehörde zu überweisen.

Bei Kantonen mit Monatsmodell (übrige Kantone) hat die Überweisung der Quellensteuer erst nach der Rechnungsstellung durch die zuständige Steuerbehörde zu erfolgen.

Bei rechtzeitiger Abrechnung und Ablieferung der Quellensteuer hat der Schuldner der steuerbaren Leistung Anspruch auf eine Bezugsprovision von 1 bis 2 Prozent der abgelieferten Quellensteuer.

5.5 Der Schuldner der steuerbaren Leistung haftet für die korrekte Erhebung und Ablieferung der Quellensteuer.

5.6 Die vorsätzliche oder fahrlässige Unterlassung der Quellensteuererhebung gilt als Steuerhinterziehung.

6. Bescheinigung über den Steuerabzug

Der quellensteuerpflichtigen Person ist unaufgefordert eine Bescheinigung über die Höhe der in Abzug gebrachten Quellensteuer auszustellen.

7. Rechtsmittel

Ist die quellensteuerpflichtige Person oder der Schuldner der steuerbaren Leistung mit dem Quellensteuerabzug nicht einverstanden, oder hat die quellensteuerpflichtige Person keine Bescheinigung über den Steuerabzug erhalten, so können diese bis Ende März des auf die Fälligkeit der Leistung folgenden Steuerjahres eine anfechtbare Verfügung über Bestand und Umfang der Steuerpflicht bei der zuständigen Steuerbehörde verlangen.

Verbuchungsklausel
(einfache Buchhaltung)

Merkblatt

Einkünfte VSt bei einfacher BH

Quelle: Eidg. Steuerverwaltung ESTV/HA Direkte Bundessteuer, Verrechnungssteuer, Stempelabgaben

Verbuchung der verrechnungssteuerbelasteten Einkünfte bei einfacher Buchhaltung

Wenn eine Handelsgesellschaft oder Genossenschaft, ein Verein oder eine Stiftung die mit der Verrechnungssteuer (VSt) belasteten Einkünfte (Zinsen, Dividenden, Lotteriegewinne usw.) nicht ordnungsgemäss als Ertrag verbucht, so verwirkt sie den Anspruch auf Rückerstattung der von diesen Einkünften abgezogenen Verrechnungssteuer (Art. 25, Abs. 1 des Verrechnungssteuergesetzes vom 13. Oktober 1965; VStG). Diese sogenannte Verbuchungsklausel gilt auch für andere beim Bund Rückforderungsberechtigte, wie öffentlich-rechtliche Körperschaften, Versicherungskassen usw. Das vorliegende Merkblatt umschreibt, **wie** in **einfachen Verhältnissen** zu verfahren ist oder bei **einfacher Buchhaltung** die Einkünfte **zu verbuchen** sind, **damit der Anspruch auf Rückerstattung der Verrechnungssteuer gewahrt wird** (werden die Bücher nach dem System der doppelten Buchhaltung geführt, so ist gemäss Merkblatt S-02.104 zu verfahren).

1 In **einfachen Verhältnissen**, beispielsweise bei einem Verein mit einem oder zwei Bankguthaben (Spar- oder Depositenkonto, Kontokorrentguthaben), genügt es für die Wahrung des Anspruchs auf Rückerstattung der von den Zinsen abgezogenen Verrechnungssteuer, wenn in der **Jahresrechnung** der **Stand des Bankguthabens** am Ende des Rechnungsjahres aufgeführt ist. Es empfiehlt sich, den **Betrag des Rückerstattungsanspruchs** (35 % des gutgeschriebenen oder ausbezahlten Bruttozinses) **als Guthaben** gegenüber der Eidg. Steuerverwaltung (ESTV) auszuweisen.

2 Wird eine **einfache Buchhaltung** geführt, so ist dafür zu sorgen, dass die mit der Verrechnungssteuer belasteten Einkünfte und die zurückerstatteten Verrechnungssteuern **in der Kassen- oder Verwaltungsrechnung laufend als Einnahme** verbucht werden. Der **Rückerstattungsanspruch** sollte in der **auf Ende des Rechnungsjahres zu erstellenden Vermögensrechnung** aufgeführt werden.

3 Es empfiehlt sich, namentlich wenn die verrechnungssteuerbelasteten Einkünfte zahlenmässig einen **gewissen Umfang** annehmen (Zinsen mehrerer Sparhefte, Erträge von Obligationen usw.), für diese **Einkünfte** und für die **einzelnen Steuerabzüge auf einem Kontrollblatt je besondere Kolonnen** zu führen, die laufend nachgetragen werden (vgl. Muster eines Kontrollblattes und das Verbuchungsbeispiel Ziffer 5). Ein solches Vorgehen erleichtert das Erstellen der ordnungsgemässen Vermögensrechnung und bietet Gewähr, dass die Einkünfte korrekt verbucht werden. Das sorgfältig geführte Kontrollblatt schützt aber namentlich auch davor, dass – beispielsweise beim Wechsel des Kassiers – vergessen wird, die Rückerstattung der Verrechnungssteuer innert der gesetzlichen Frist geltend zu machen (nach Art. 32, Abs. 1 VStG erlischt der Rückerstattungsanspruch, wenn der Rückerstattungsantrag nicht innert drei Jahren nach Ablauf des Kalenderjahres, in dem der verrechnungssteuerbelastete Ertrag fällig geworden ist, der Eidg. Steuerverwaltung eingereicht wird).

Im Kontrollblatt werden die Einkünfte zweckmässigerweise (in einer entsprechenden Kolonne) mit dem **Bruttobetrag** eingetragen (vgl. Verbuchungsbeispiel Ziffer 5).

4 Es ist zu beachten, dass der Anspruch auf Steuerrückerstattung **nicht** gewahrt bleibt, wenn die verrechnungssteuerbelasteten Einkünfte oder die zurückerstattete Steuer nur und erst in der **Steuererklärung** angegeben werden.

5 **Verbuchungsbeispiel** (siehe Rückseite).

Beispiel eines Kontrollblattes (Ziffer 5)

Eintragungen	Kasse, Post, Bank		ESTV Verrechnungssteuer	Zinsen oder Wertschriftenertrag
	Einnahmen Fr.	Ausgaben Fr.	Fr.	Fr.
2013				
31. 3. Einlösung Obligationencoupons: Bruttoertrag 35% Verrechnungssteuer Nettoauszahlung oder -gutschrift	650		350	1'000
15. 5. Einlösung Dividendencoupons: Bruttoertrag 35% Verrechnungssteuer Nettoauszahlung oder -gutschrift	780		420	1'200
20. 9. Empfang von Gratisaktien: Nominalwert 35% Verrechnungssteuer (der emittierenden Gesellschaft vergütet)*		910	910	2'600
31.12. Zins auf Namensparkonto: Gutschrift (bis Fr. 200.- verrechnungssteuerfrei)	45		-	45
31.12. Gesamter Rückerstattungsanspruch			1'680	
2014				
31. 3. Giro der ESTV	1'680			

* Anmerkung

Dem Beispiel liegt die Annahme zugrunde, die emittierende Gesellschaft habe den **Nominalwert** der Gratisaktien als **Bruttoleistung** behandelt und demzufolge den Aktionären die Verrechnungssteuer mit 35 % vom Nominalwert belastet.

Wird der **Nominalwert** der Gratisaktien als **Nettoleistung** betrachtet, so hat die emittierende Gesellschaft die Verrechnungssteuer von der entsprechenden Bruttoleistung zu entrichten; der Empfang der Gratisaktien ist wie folgt einzutragen:

Eintragungen	Einnahmen Fr.	Ausgaben Fr.	ESTV Fr.	Zinsen Fr.
20. 9. Empfang von Gratisaktien: Nominalwert — Fr. 2'600 Massgebende Bruttoleistung — Fr. 4'000 35 % Verrechnungssteuer			1'400	4'000

Einkünfte VSt bei doppelter BH

Quelle: Eidg. Steuerverwaltung ESTV/HA Direkte Bundessteuer, Verrechnungssteuer, Stempelabgaben

Verbuchungsklausel
(doppelte Buchhaltung)

Merkblatt

Verbuchung der verrechnungssteuerbelasteten Einkünfte als Ertrag bei doppelter Buchhaltung

Wenn eine Aktiengesellschaft, Gesellschaft mit beschränkter Haftung, Genossenschaft, Kollektiv- oder Kommanditgesellschaft die mit der Verrechnungssteuer (VSt) belasteten Einkünfte (Zinsen, Dividenden, Lotteriegewinne usw.) nicht ordnungsgemäss als Ertrag verbucht, so verwirkt sie den Anspruch auf Rückerstattung der von diesen Einkünften abgezogenen Verrechnungssteuer (Art. 25, Abs. 1 des Verrechnungssteuergesetzes vom 13. Oktober 1965; VStG). Diese sogenannte Verbuchungsklausel gilt auch für andere beim Bund Rückforderungsberechtigte, wie öffentlich - rechtliche Körperschaften, Vereine, Stiftungen, Anlagefonds, Privatbankiers, Versicherungskassen, ausländische Unternehmen mit inländischer Betriebsstätte usw. Das vorliegende Merkblatt umschreibt, **wie die Einkünfte zu verbuchen sind, damit der Anspruch auf Rückerstattung der Verrechnungssteuer gewahrt wird** (werden die Bücher **nicht** nach dem System der doppelten Buchhaltung geführt, so ist gemäss Merkblatt S-02.105 zu verfahren).

1 Die verrechnungssteuerbelasteten Einkünfte sind **im Fälligkeitsjahr** einem **Zinsenkonto oder Wertschriftenertragskonto** gutzuschreiben, das über die Gewinn- und Verlustrechnung abgeschlossen wird (Spezialfälle vgl. Ziffer 3 hiernach).

2 Die Einkünfte sollten laufend dem Ertragskonto mit dem **Bruttobetrag (vor Abzug der Verrechnungssteuer) gutgeschrieben werden.** Die abgezogene Steuer ist einem Debitorenkonto, das auf den Namen der «Eidg. Steuerverwaltung» lautet oder als «VSt-Rückerstattung» bezeichnet wird, zu belasten; dem andererseits die zurückerhaltenen Verrechnungssteuerbeträge (auch die Abschlagsrückerstattungen) bei Erhalt gutzuschreiben sind; der Saldo dieses Kontos entspricht am Jahresende dem Rückerstattungsanspruch, der im nachfolgenden Jahre gegenüber der Eidg. Steuerverwaltung (ESTV) noch geltend gemacht werden kann (vgl. das Verbuchungsbeispiel Ziffer 4).

Werden die Einkünfte im Ertragskonto lediglich **netto** verbucht, **was nicht zu empfehlen** ist, so ist es zweckmässig, den **Betrag der abgezogenen VSt,** soweit diese beim Rechnungsabschluss noch nicht zurückerstattet (und demzufolge noch nicht als Ertrag verbucht) worden ist, beim Jahresabschluss einerseits einem **Debitorenkonto** (ESTV) zu belasten oder zumindest **transitorisch zu aktivieren** und andererseits **der Ertragsrechnung gutzuschreiben.** Wird dies unterlassen, so ist die Verrechnungssteuer **auf alle Fälle im Zeitpunkt der Rückerstattung** der Ertragsrechnung gutzuschreiben.

Die **blosse Angabe** der zurückerhaltenen VSt-Beträge **in der Steuererklärung** genügt den Anforderungen von Art. 25, Abs. 1 VStG nicht.

3 **Besonderheiten:**

3.1 Die Ausgabe von **Gratisaktien,** die Gratisnennwerterhöhung von Aktien u. dgl. unterliegen der VSt nach Art. 4, Abs. 1, lit. b VStG. Bei der Gesellschaft oder Genossenschaft, die Gratisaktien u. dgl. empfängt, hängt die Erhebung der direkten Bundessteuer hiefür gemäss Bundesgerichtspraxis davon ab, wie sie ihre Wertschriften verbucht, ob zum Verkehrswert (diesfalls Steuerpflicht für die Erhöhung des Gesamtwertes mit entsprechender Verbuchung als Ertrag im Zeitpunkt des Empfanges der Gratisaktien) oder zum Anschaffungswert (diesfalls Steuerpflicht erst bei einer späteren Aufwertung oder Veräusserung der Gratisaktien). Im Lichte dieser Praxis kann die Rückerstattung der VSt nicht davon abhängig gemacht werden, dass in jedem Falle die Gratisaktien als Ertrag verbucht sein müssen.

Gesellschaften, die ihre Wertschriften zum **Anschaffungswert** verbuchen, haben die Pflicht zur ordnungsgemässen Verbuchung erfüllt, wenn die Titelvermehrung im Wertschrifteninventar offenkundig gemacht ist. Das gilt auch für die Privatbankiers. Die **überwälzte und zurückerstattete VSt** muss aber als Ertrag verbucht werden (vgl. Ziffer 2).

Vereine, Stiftungen und sonstige juristische Personen, die wie natürliche Personen besteuert werden, sind unter Umständen für die empfangenen Gratisaktien **einkommenssteuerpflichtig.** Das ist der Fall bei der direkten Bundessteuer und bei einer ganzen Reihe kantonaler Steuergesetze. In solchen Verhältnissen sind die empfangenen Gratisaktien usw. zum Nennwert (wie Aktiendividenden) als Ertrag zu verbuchen, damit der Rückerstattungsanspruch gewahrt bleibt; das Verbuchungsbeispiel (Ziffer 4, Buchung vom 20.9.) gilt hier nicht.

3.2 Bestimmte steuerbare geldwerte Leistungen stellen beim Empfänger weder Aufwand noch Ertrag dar (**zinsloses Darlehen;** Differenz Übernahmepreis − Verkehrswert bei **Übernahme von Aktiven** zu einem unter dem Verkehrswert liegenden Preis). In solchen Fällen wäre eine Verbuchung der «Leistung» als Ertrag handelsrechtlich nicht ordnungsgemäss; sie kann daher auch verrechnungssteuerlich nicht gefordert werden und ist demzufolge nicht Voraussetzung des Rückerstattungsanspruchs.

4 **Verbuchungsbeispiel** (siehe Rückseite).

Verbuchungsbeispiel (Ziffer 4)

Buchungsvorgänge		Kasse, Post, Bank		ESTV Verrechnungs- steuer		Zinsen oder Wertschriften- ertrag	
		Soll Fr.	Haben Fr.	Soll Fr.	Haben Fr.	Soll Fr.	Haben Fr.
2013							
31. 3. Einlösung Obligationencoupons: Bruttoertrag 35 % Verrechnungssteuer	Fr. 10 000.– Fr. 3 500.–			3 500.–			10 000.–
Nettoauszahlung oder -gutschrift	Fr. 6 500.–	6 500.–					
15. 5. Einlösung Dividendencoupons: Bruttoertrag 35 % Verrechnungssteuer	Fr. 12 000.– Fr. 4 200.–			4 200.–			12 000.–
Nettoauszahlung oder -gutschrift	Fr. 7 800.–	7 800.–					
20. 9. Empfang von Gratisaktien: Nominalwert 35 % Verrechnungssteuer (der emittierenden Gesellschaft vergütet oder gutgeschrieben) *	Fr. 19 500.–		6 825.–	6 825.–			
31.12. Zinsen auf Bankkontokorrentguthaben: Bruttoertrag 35 % Verrechnungssteuer	Fr. 1 800.– Fr. 630.–			630.–			1 800.–
Nettogutschrift	Fr. 1 170.–	1 170.–					
31.12. Zins auf Namensparkonto: Gutschrift (bis Fr. 200.– verrechnungs- steuerfrei)	Fr. 45.–	45.–					45.–
31.12. Saldo (Rückerstattungsanspruch)					15 155.–		
				15 155.–	15 155.–		
2014							
1. 1. Saldovortrag 31. 3. Giro der ESTV			15 155.–	15 155.–	15 155.–		

* Anmerkung

Dem Beispiel liegt die Annahme zugrunde, die emittierende Gesellschaft habe den **Nominalwert** der Gratisaktien als **Bruttoleistung** behandelt und demzufolge den Aktionären die Verrechnungssteuer mit 35 % vom Nominalwert belastet.

Wird der **Nominalwert** der Gratisaktien als **Nettoleistung** betrachtet, so hat die emittierende Gesellschaft die Verrechnungssteuer von der entsprechenden Bruttoleistung zu entrichten; der Empfang der Gratisaktien ist wie folgt zu verbuchen:

20. 9. Empfang von Gratisaktien: Nominalwert	Fr. 19 500.–						
Massgebende Bruttoleistung	Fr. 30 000.–						
35 % Verrechnungssteuer				10 500.–			10 500.–

Anrechnung ausländischer Quellensteuern

Quelle: Eidg. Steuerverwaltung ESTV

DA-M
Doppelbesteuerung

Merkblatt über die Anrechnung ausländischer Quellensteuern

1. Was bezweckt die Anrechnung ausländischer Quellensteuern?

Zahlreiche Staaten erheben **Quellensteuern** auf Kapitalerträgen. Unterliegen diese zudem im Wohnsitzstaat des Empfängers einer Steuerpflicht, was üblicherweise der Fall ist, kann es zu einer internationalen Doppelbesteuerung kommen. Die von der Schweiz abgeschlossenen Doppelbesteuerungsabkommen beseitigen die Doppelbesteuerung von **Dividenden, Zinsen, Lizenzgebühren** (und in einzelnen Fällen auch von **Dienstleistungserträgen** und **Renten**) dadurch, dass die in der Schweiz wohnhaften Empfänger, zum Ausgleich der von diesen Staaten erhobenen und nicht zu erstattenden Steuern, eine Entlastung von den schweizerischen Steuern verlangen können.[1]

Die Entlastung erfolgt durch Anrechnung der ausländischen Quellensteuern gemäss der Verordnung des Bundesrates vom 22. August 1967 über die Anrechnung ausländischer Quellensteuern (VStA).[2] Eine Teilrevision dieser Verordnung trat am 1. Januar 2020 in Kraft. Die in den in der dazugehörigen **Verordnung 1** des EFD vom 4. Dezember 2019 (Inkrafttreten am 1. Februar 2020) über die Anrechnung ausländischer Quellensteuern[3] **aufgelisteten Vertragsstaaten** im Laufe eines Jahres tatsächlich erhobenen Steuern, die diese Staaten nach dem Abkommen nicht zurückerstatten müssen, werden unter gewissen Voraussetzungen von den Schweizer dem inländischen Einkommensempfänger ganz oder teilweise angerechnet.

(Im Anhang zu diesem Merkblatt befindet sich ein Berechnungsbeispiel zur Anrechnung der ausländischen Quellensteuer. Dabei wird auch die Verteilung des Anrechnungsbetrags zwischen Bund und Kantonen gemäss Art. 20 VStA aufgezeigt.)

2. Für welche Erträge kann die Anrechnung der ausländischen Quellensteuern verlangt werden?

Die Anrechnung der ausländischen Quellensteuern kann für diejenigen **Dividenden, Zinsen, Lizenzgebühren, Dienstleistungserträge und Renten** verlangt werden, die in den **Vertragsstaaten**, aus denen sie stammen, **tatsächlich einer Steuer** zu den im anwendbaren Doppelbesteuerungsabkommen festgesetzten Sätzen (siehe Verordnung 1) **unterliegen** und im Doppelbesteuerungsabkommen für diese Erträge eine Entlastung von den schweizerischen Steuern durch Anrechnung der ausländischen Steuer vorgesehen ist.

3. Wer hat Anspruch auf die Anrechnung ausländischer Quellensteuern?

Anspruch auf die Anrechnung ausländischer Quellensteuern haben alle **natürlichen** und **juristischen Personen**, die im Sinne der Doppelbesteuerungsabkommen mit den in der Verordnung 1 erwähnten Vertragsstaaten in der Schweiz ansässig sind und hier für die ausländischen Erträge den schweizerischen Einkommens- und Gewinnsteuern unterliegen.

Fliessen die Erträge an eine **Kollektiv- oder Kommanditgesellschaft**, so steht der Anspruch auf Anrechnung ausländischer Quellensteuern der Gesellschaft zu.

Auch eine **schweizerische Betriebsstätte** eines ausländischen Unternehmens kann für Erträge aus einem Drittstaat, die mit nicht rückforderbaren Quellensteuern belastet sind, die Anrechnung dieser Steuern beanspruchen, wenn Doppelbesteuerungsabkommen einerseits zwischen der Schweiz und dem Ansässigkeitsstaat des Unternehmens und andererseits zwischen unter den beiden Staaten und dem Drittstaat, aus dem die Erträge stammen, bestehen.

Wer die Anrechnung ausländischer Quellensteuern verlangt, hat die im Antrag aufgeführten ausländischen Erträge mit der Bruttobetrag (also ohne Abzug der im Quellenstaat erhobenen Steuer) zu versteuern. Besondere Vorschriften (Art. 3 Abs. 2 VStA) gelten für die zur Führung kaufmännischer Bücher verpflichteten Unternehmen.

4. In welchen Fällen ist die Anrechnung ausländischer Quellensteuern ausgeschlossen?

Ist eine der in den vorstehenden Ziffern 2 und 3 erwähnten Voraussetzungen nicht erfüllt, so kann die Anrechnung ausländischer Quellensteuern nicht beansprucht werden. Die Anrechnung ausländischer Quellensteuern ist insbesondere ausgeschlossen:

a. für Erträge, die **im Quellenstaat keiner Steuer unterliegen** oder für welche eine allfällige Quellensteuer voll zurückgefordert werden kann;

b. für Erträge, die **in der Schweiz keiner Einkommens- oder Gewinnsteuer unterliegen**, sei es,
   - dass der Empfänger generell von der Entrichtung schweizerischer Einkommensteuern befreit ist,
   - dass der Empfänger tatsächlich keine schweizerischen Einkommensteuern entrichtet, weil sein Einkommen die steuerbaren Mindestbeträge nicht erreicht, oder
   - dass die Erträge nach internem Recht nicht besteuert werden (z.B. Dividenden aus Tochtergesellschaften, für die ein Beteiligungsabzug gewährt wird).

c. für natürliche Personen, die in der Schweiz nach dem Aufwand besteuert werden und die Steuer nicht alle Einkünfte aus dem Quellenstaat zum Satze für das Gesamteinkommen umfasst (vgl. Art. 14 Abs. 5 DBG bzw. Art. 6 Abs. 7 StHG);

d. für Steuerpflichtige, die das Doppelbesteuerungsabkommen missbräuchlich in Anspruch nehmen oder die Voraussetzungen für die Beanspruchung eines Vorteils des Doppelbesteuerungsabkommens nicht erfüllen. Eine Ausnahme besteht gemäss schweizerisch-deutschem Doppelbesteuerungsabkommen für Fälle, wo die Entlastung der deutschen Quellensteuer von gewissen Personen und Gesellschaften nicht beansprucht werden kann und trotzdem eine Anrechnung ausländischer Quellensteuern gewährt wird.[4]

e. für **Bagatellfälle**, in denen die nicht rückforderbaren ausländischen Steuern den Betrag von 100 Franken nicht übersteigen.

Steuerpflichtige, die die Anrechnung ausländischer Quellensteuern aus einem der vorgenannten Gründe nicht beanspruchen können oder sie nicht beantragen, können verlangen, dass die in den Vertragsstaaten in Übereinstimmung mit dem anwendbaren Doppelbesteuerungsabkommen erhobenen Steuern vom Bruttobetrag der Erträge abgezogen werden (Nettobesteuerung).

5. Anrechenbare ausländische Quellensteuern – Grundsatz

Sofern die ausländischen Quellensteuern nicht höher als der **Maximalbetrag** oder die insgesamt geschuldete Einkommens- oder Gewinnsteuer sind, werden sie vollständig angerechnet.

Die Aufgabe des **Maximalbetrages** ist es, sicherzustellen, dass eine in der Schweiz ansässige steuerpflichtige Person, die quellensteuerbelastete Einkünfte aus dem Ausland bezieht, nicht einen höheren Betrag an die in der Schweiz geschuldeten Einkommens- oder Gewinnsteuern anrechnen kann, als schweizerische Steuern auf den entsprechenden Einkünften geschuldet sind. Die vom Bund, den Kantonen, den Gemeinden und den Kirchgemeinden (nur für juristische Personen) erhobenen Steuern gelten gemeinsam als die «schweizerische Steuer». Es kommt demnach zu keiner Kürzungen der Steueranrechnung bei in der Schweiz ansässigen Person, die nicht bei allen sie betreffenden Steuerhoheiten innerhalb der Schweiz der vollen Besteuerung unterliegen. In diesen Fällen begrenzt aber allenfalls der **herabgesetzte Maximalbetrag** (siehe Ziffer 7 hienach) die Möglichkeit der Anrechnung.

6. Wie wird der Betrag der Anrechnung ausländischer Quellensteuern ermittelt?

Der Betrag der Anrechnung ausländischer Quellensteuern entspricht, mit der nachstehenden Einschränkung, der Summe der ausländischen Quellensteuern, die in den Vertragsstaaten im Laufe eines Kalenderjahres (Fälligkeitsjahr) von den Dividenden, Zinsen, Lizenzgebühren, Dienstleistungserträgen und Renten in Übereinstimmung mit dem anwendbaren Doppelbesteuerungsabkommen erhoben worden sind und gemäss Doppelbesteuerungsabkommen nicht zurückgefordert werden können. Sind die schweizerischen Steuern, die auf den Vertragsstaaten besteuerten Erträge entfallen, jedoch niedriger, so wird nur der niedrigere Betrag (**Maximalbetrag**, siehe Ziffer 7 hienach) vergütet.

7. Wie wird der Maximalbetrag berechnet?

Die nachfolgenden Ausführungen beziehen sich auf Erträge, die nach dem 31. Dezember 2019 fällig werden.

a) Berechnung für natürliche Personen

Der Berechnung des Maximalbetrages werden die Steuersätze zugrunde gelegt, die bei der Berechnung der für das Fälligkeitsjahr geschuldeten Einkommenssteuern angewendet werden. Dabei wird der Maximalbetrag für die Steuern des Bundes einerseits sowie der Kantone und Gemeinden andererseits gesondert berechnet. Er darf jedoch nicht höher sein als die Summe der schweizerischen Einkommenssteuern im Fälligkeitsjahr. Zuschläge für Kirchensteuern werden nicht berücksichtigt. Die Kantone können für die Berechnung des Maximalbetrages eigene Tarife vorsehen.

Die im gleichen Jahr angefallenen Schuldzinsen, die anderen Aufwendungen und die steuerwirksamen Abzüge, die mit der Erzielung der Erträge direkt oder indirekt zusammenhängen, sind anteilsmässig von den deklarierten Bruttoerträgen in Abzug zu bringen (siehe nachfolgende Erläuterungen in Bst. c).

Bei Erträgen im Geschäftsvermögen wird der Maximalbetrag berechnet wie für juristische Personen, jedoch ohne Berücksichtigung der Kirchensteuern.

b) Berechnung für juristische Personen

Für die Berechnung des Maximalbetrages sind die einzelnen Steuern des Bundes, der Kantone, der Gemeinden und der Kirchgemeinden massgebend, die auf dem Gewinn des Fälligkeitsjahres berechnet werden. Dabei wird der Maximalbetrag für die Steuern des Bundes einerseits sowie der Kantone, Gemeinden und Kirchgemeinden andererseits gesondert berechnet.

Der auf die ausländischen Erträge entfallende Teilbetrag der Gewinnsteuer wird nach dem Verhältnis der verbuchten Erträge zum gesamten Reingewinn derselben Steuerperiode ermittelt, nach Abzug der darauf entfallenden Schuldzinsen, der anderen Aufwendungen und der steuerwirksamen Abzüge (siehe nachfolgende Erläuterungen in Bst. c). Der Maximalbetrag entspricht der Summe der auf diese Weise errechneten Teilbeträge der Gewinnsteuern für Bund, Kanton, Gemeinde und Kirchgemeinde. Die Summe der Teilbeträge kann jedoch nicht höher sein als die tatsächlich geschuldeten Steuern.

c) Berücksichtigung von Schuldzinsen, anderen Aufwendungen und steuerwirksamen Abzügen

Da die schweizerischen Steuern auf dem Nettoeinkommen (natürliche Personen) resp. dem Nettogewinn (juristische Personen) erhoben werden, werden die ausländischen Erträge für die Berechnung des Maximalbetrages um die auf diese Erträge entfallenden Schuldzinsen, anderen Aufwendungen und steuerwirksamen Abzüge gekürzt.

Es wird angenommen, dass die Schuldzinsen und anderen Aufwendungen bei Lizenzgebühren, die nicht nach Art. 8a und 24b StHG besteuert werden, und bei Dienstleistungserträgen 50 Prozent und die anderen Aufwendungen bei Dividenden und Zinsen 5 Prozent der Bruttoeinnahmen ausmachen; der Nachweis, dass die tatsächlichen Aufwendungen wesentlich höher oder niedriger sind, bleibt vorbehalten.

8. Wie gelangt man in den Genuss der Anrechnung ausländischer Quellensteuern?

Der Antrag ist gemäss den Vorgaben der Steuerbehörde des Kantons, in dem die antragstellende Person am Ende der Steuerperiode, in der die Erträge fällig wurden, ansässig war, einzureichen. Die Erträge, die einer ermässigten Besteuerung unterliegen, sind dabei besonders zu bezeichnen. Für jedes Jahr ist ein separater Antrag zu stellen.

a. Die Anrechnung ausländischer Quellensteuern wird nur auf Antrag gewährt.
   - für **Dividenden** und **Zinsen**: mit dem Ergänzungsblatt Anrechnung ausländischer Quellensteuern zum Wertschriftenverzeichnis: Formular DA-1 für natürliche Personen; Formular DA-2 für Aktiengesellschaften, Kommandit-AG, GmbH, Genossenschaften, Kollektiv- und Kommanditgesellschaften, schweizerische Betriebsstätten ausländischer Gesellschaften sowie Vereine und Stiftungen;
   - für **Lizenzgebühren**: mit dem Formular DA-3 für alle Antragsteller.

Anträge auf Anrechnung ausländischer Quellensteuern können frühestens nach Ablauf der Steuerperiode, in der die ausländischen Erträge fällig geworden sind, gestellt werden. Der Anspruch auf Anrechnung ausländischer Quellensteuern erlischt, wenn der Antrag **nicht innert drei Jahren nach Ablauf der Steuerperiode, in der die Erträge fällig geworden sind,** gestellt wird.

b. Im Antrag sind die Kapitalanlagen und die in einer Steuerperiode fällig gewordenen Erträge, auf denen **in den Vertragsstaaten tatsächlich eine begrenzte Steuer erhoben worden ist, die nicht zurückgefordert werden kann,** vollständig und getrennt anzugeben. Die Erträge sind nach Quellenstaaten zu ordnen; ferner sind die Bruttoertrag und der Betrag der nicht rückforderbaren ausländischen Steuer einzusetzen. Erträge, für die keine Anrechnung ausländischer Quellensteuer beansprucht werden kann (siehe Ziffer 4 hievor), sind nicht im Ergänzungsblatt, sondern im ordentlichen Wertschriftenverzeichnis aufzuführen.

c. Die Erträge des Geschäftsvermögens, die im selben Geschäftsjahr fällig wurden, sind in einem Antrag zusammenzufassen.

d. Nachdem die zuständige Amtsstelle den Antrag nach den gleichen Regeln, die bei Anträgen auf Rückerstattung der Verrechnungssteuer anwendbar sind, geprüft hat, fällt sie einen Entscheid, den sie begründet, sofern dem Antrag nicht voll entsprochen wird. Der festgesetzte Betrag der Anrechnung der ausländischen Quellensteuern steht unter dem Vorbehalt einer nachträglichen Prüfung und Korrektur durch die Eidgenössische Steuerverwaltung.

Dem Antragsteller stehen die gleichen Rechtsmittel zur Verfügung wie gegen Entscheide über die Rückerstattung der Verrechnungssteuer.

9. Wie wird der Betrag der angerechneten ausländischen Quellensteuer vergütet?

Der Betrag der angerechneten ausländischen Quellensteuer wird, je nach der kantonalen Regelung, entweder an die schweizerischen Steuern angerechnet oder in bar vergütet.

10. Auskünfte, Formulare, Gesetzestexte

Weitere Auskünfte über die Anrechnung ausländischer Quellensteuer erteilen die kantonalen Steuerverwaltungen und die Eidgenössische Steuerverwaltung, 3003 Bern. Die Antragsformulare für die Anrechnung ausländischer Quellensteuern (siehe Ziffer 8a hievor) können bei den kantonalen Steuerverwaltungen bezogen werden.

Die Doppelbesteuerungsabkommen mit den in der Verordnung 1 genannten Staaten, eine Übersicht über die Auswirkungen des Abkommens sowie die Formulare zur Entlastung von oder Rückforderung der ausländischen Quellensteuern können via Internet: www.estv.admin.ch → Internationales Steuerrecht → Länder eingesehen oder bezogen werden.

Folgende Unterlagen können direkt im Internet eingesehen werden:
- Verordnung über die Anrechnung ausländischer Quellensteuer vom 22. August 1967, Stand 1. Januar 2020
  www.admin.ch/ch/d/sr/c672_201.html
- Verordnung 1 des EFD über die Anrechnung ausländischer Quellensteuer vom 4. Dezember 2019, **mit Anhang** (Liste der Vertragsstaaten)
  www.admin.ch/ch/d/sr/c672_201_1.html
- Verordnung 2 des EFD über die Anrechnung ausländischer Quellensteuer vom 12. Februar 1973
  www.admin.ch/ch/d/sr/c672_201_3.html
- Doppelbesteuerungsabkommen
  www.admin.ch/ch/d/sr/0.67.html

---

[1] Eine andere Regelung enthält einzig noch das Abkommen vom 30. September 1954 zwischen der Schweizerischen Eidgenossenschaft und dem Vereinigten Königreich von Grossbritannien und Nordirland zur Vermeidung der Doppelbesteuerung auf dem Gebiete der Steuern vom Einkommen, welches noch für 10 Staaten (Antigua and Barbuda, Barbados, Belize, Dominica, Gambia, Grenada, Malawi, St. Kitts and Nevis, Saint Lucia, Saint Vincent and the Grenadines) und 3 Territorien (Anguil-la, BVI, Montserrat) anwendbar ist, nicht jedoch für Grossbritannien.

[2] SR 672.201

[3] SR 672.201.1

[4] vgl. Verordnung 2 des EFD vom 12. Februar 1973 über die pauschale Steueranrechnung (SR 672.201.3)

Anhang – Anwendungsbeispiel natürliche Personen (inkl. Aufteilung zwischen Bund und Kanton)

Sachverhalt

K (natürliche Person) ist in der Schweiz unbeschränkt steuerpflichtig und besitzt 1000 Stammaktien einer niederländischen Kapitalgesellschaft. Im Jahr X erhält er eine Bruttodividende von CHF 2410.00. Die Aktien haben per 31.12.X einen Steuerwert von CHF 79 300.00. Gemäss DBA mit den Niederlanden beträgt die nicht rückforderbare niederländische Steuer auf Dividenden 15 %. Die Schweizer Einkommenssteuersätze für das Jahr X betragen 5 % (Bund), 5 % (Kanton) und 8 % (Gemeinde). K bezahlt im Jahr X Schuldzinsen in der Höhe von CHF 15 000.00 und hat per 31.12.X Gesamtaktiven von CHF 860 000.00. Ausserdem bezahlt K im Jahr X Vermögensverwaltungskosten in Höhe von CHF 1600 und der Gesamtertrag der Wertschriften beläuft sich auf CHF 15 500.

Lösung

Berechnung der Residualsteuer

Die nicht rückforderbare niederländische Quellensteuer beträgt 15 % von CHF 2410.00. Die Residualsteuer ist demnach CHF 361.50.

Berechnung des Maximalbetrags

Bruttoertrag der Dividende	CHF	2410.00
./. Schuldzinsenanteil*	CHF	1383.15
./. Vermögensverwaltungskostenanteil**	CHF	248.75
= Nettoertrag	CHF	778.10
Steuerbelastung in der Schweiz (18 % von CHF 778.10)	CHF	140.10

Der Maximalbetrag gemäss Art. 9 und Art. 11 VStA beträgt somit CHF 140.10.

* Abzug der Schuldzinsen vom Bruttoertrag, da in der Schweiz das Nettoeinkommen besteuert wird. Die Schuldzinsen werden entsprechend dem Verhältnis Steuerwert der Aktien der niederländischen Kapitalgesellschaft zu den Gesamtaktiven aufgeteilt.
(15 000 × 79 300 ÷ 860 000 = 1383.15)

** Abzug der Vermögensverwaltungskosten vom Bruttoertrag, da in der Schweiz das Nettoeinkommen besteuert wird. Die Vermögensverwaltungskosten werden entsprechend dem Verhältnis Ertrag der ausländischen Wertpapiere zum gesamten Wertschriftenertrag aufgeteilt
(1600 × 2410 ÷ 15 500 = 248.75)

Anrechnungsbetrag und Verteilung des Anrechnungsbetrags zwischen Bund und Kanton (inkl. Gemeinde) effektiv gemäss Steuersätzen

- Beim Nettoertrag von K von CHF 778.10 ergibt sich gemäss den anwendbaren Steuersätzen von Bund (5 %) und Kanton (inkl. Gemeinde) (13 %) ein Steuerbetrag vor der Steueranrechnung CHF 140.10. Davon erhebt der Bund vor der Steuerrechnung CHF 39.00, der Kanton (inkl. Gemeinde) CHF 101.10.
- Der Anteil des Bundessteuersatzes am gesamten Steuersatz beträgt 27,8 %, derjenige vom Kanton (inkl. Gemeinde) 72,2 %. Dieses Verhältnis ist jedoch noch um den Kantonsanteil an der direkten Bundessteuer (21,2 %) zu korrigieren. In diesem Verhältnis ist danach die anrechenbare Residualsteuer zwischen Bund und Kanton (inkl. Gemeinde) aufzuteilen.
- Die Residualsteuer von CHF 361.50 wird somit zu 21,88 % bei der Steuer vom Bund und zu 78,12 % bei der Steuer vom Kanton (inkl. Gemeinde) angerechnet.
- Da der Maximalbetrag sowohl beim Bund wie auch beim Kanton (inkl. Gemeinde) kleiner ist als die Residualsteuer beträgt der Anrechnungsbetrag CHF 140.10 Der Kanton kann vom Anrechnungsbetrag CHF 30.75 dem Bund belasten.

(Nachfolgend ist diese Aufteilung noch in tabellarischer Form dargestellt.)

	Total	Bund	Kanton
Ausgangslage Maximalbetrag (effektive Verteilung nach Steuersatz)	778.10 × 5 % + 778.10 × 13 % = CHF 140.10	(≈ 27,8 %) CHF 39.00	(≈ 72,2 %) CHF 101.10
a) Maximalbetrag abzgl. Kantonsanteil 8.25 (39.00 × 21,2 %)	= CHF 140.10	CHF 30.75	CHF 109.35
b) Sockelsteuer (prozentuale Aufteilung entsprechend Maximalbetrag unter a))	2410 × 15 % = CHF 361.50	(≈ 21,88 %) CHF 79.13	(≈ 78,12 %) CHF 282.37
Anrechnungsbetrag = kleinerer Betrag aus a) und b)	**CHF 140.10**	**CHF 30.75**	**CHF 109.35**

Investment-Clubs

Quelle: Eidg. Steuerverwaltung ESTV/HA Direkte Bundessteuer, Verrechnungssteuer, Stempelabgaben

Investment-Clubs
Merkblatt
über die steuerliche Behandlung von inländischen Investment-Clubs

1. Im Allgemeinen werden Investment-Clubs durch Sparer gebildet, welche sich zusammenschliessen, um gemeinsam mit verhältnismässig bescheidenen Mitteln Wertpapiere nach eigener Wahl zu erwerben. Die Mitglieder solcher Clubs verpflichten sich in der Regel, periodisch einen vereinbarten Betrag in die gemeinsame Kasse zu bezahlen. Diese Mittel werden laufend in Wertpapiere angelegt. Daher sind die Investment-Clubs meistens einfach organisierte Gebilde mit einem relativ kleinen gemeinschaftlichen Vermögen. Sie verzichten auf eine öffentliche Werbung und geben auch keine Anteilscheine aus. Gemäss den Bestimmungen des Bundesgesetzes über die Anlagefonds (AFG) vom 18. März 1994 sind sie nicht zu den Anlagefonds zu zählen.

2. Haben sich **nicht mehr als zwanzig Personen** vertragsmässig miteinander als Investment-Club verbunden, um gemeinsam Anlagen in Wertpapieren zu tätigen und zu verwalten, so kann ihnen die Eidgenössische Steuerverwaltung (ESTV) aufgrund von Art. 60 Abs. 1 der Vollziehungsverordnung vom 19. Dezember 1966 zum Bundesgesetz über die Verrechnungssteuer (VStV) unter den von ihr festzulegenden Bedingungen und Auflagen gestatten, die Rückerstattung der Verrechnungssteuer, die vom Ertrag der Wertpapiere abgezogen wurde, durch gemeinsamen Antrag beim Bund geltend zu machen (Details s. Ziffer 5).

3. Bei einer Anzahl von zwanzig Personen kann noch angenommen werden, dass unter den Mitgliedern enge persönliche Beziehungen bestehen. Ferner kann davon ausgegangen werden, dass jedes Mitglied etwas zum Erreichen des angestrebten Zweckes beiträgt (gemeinsame Verwaltung) und dass sich die Mitgliedertätigkeit nicht nur darauf beschränkt, die monatlichen Kapitaleinzahlungen zu leisten, die Ausschüttungen entgegenzunehmen, die Jahresversammlungen zu besuchen oder ein Vorstandsmandat anzunehmen.

4. Bei den direkten Steuern kann ein Investment-Club nicht als Steuersubjekt gelten. Somit haben die Mitglieder in ihren persönlichen Steuererklärungen ihren Anteil am Clubvermögen und dessen Ertrag (unabhängig von einer allfälligen Ausschüttung) zu deklarieren.

5. **Hinsichtlich der Rückforderung der Verrechnungssteuer, des zusätzlichen Steuerrückbehaltes USA oder der ausländischen Quellensteuern ist Folgendes zu beachten:**

    5.1. **Grundregel:**

    Dem Club steht als einfache Gesellschaft grundsätzlich kein Anspruch auf Rückerstattung der vorerwähnten Steuern zu. Diese Ansprüche sind primär von den einzelnen Mitgliedern persönlich, gemäss ihrem Anteil am gemeinschaftlichen Vermögen und an dessen Ertrag, bei der für sie zuständigen Verrechnungssteuerbehörde geltend zu machen. Zu diesem Zweck hat der Clubkassier jedem Mitglied jährlich eine Bescheinigung mit folgenden Angaben auszuhändigen: Name und Wohnadresse des Beteiligten; seinen Anteil am Vermögen und effektiv realisierten Ertrag (unabhängig von einer allfälligen Ausschüttung); anteilmässige Belastung der Verrechnungssteuer und des zusätzlichen Steuerrückbehaltes USA mit den in den Rückerstattungsanträgen anzugebenden Bruttoerträgen. Auf der Bescheinigung ist zudem zu vermerken, dass sie als Beleg dem Rückerstattungsantrag beizulegen ist.

5.2. **Vereinfachtes Verfahren:**

Die Eidgenössische Steuerverwaltung (ESTV) kann auf Grund von Art. 60, Abs. 1 der Vollziehungsverordnung vom 19. Dezember 1966 zum Bundesgesetz über die Verrechnungssteuer (VStV) den Mitgliedern mit Wohnsitz in der Schweiz unter den nachstehenden Bedingungen gestatten, die Rückforderung der Verrechnungsteuer durch gemeinsamen Antrag (Form 25), lautend auf den Namen des Investment-Clubs, beim Bund geltend zu machen:

a) Der Club muss sich verpflichten, der ESTV jedem jährlich einzureichenden Rückerstattungsantrag unaufgefordert die entsprechende Jahresrechnung mit einem Wertschriftenverzeichnis (inkl. allfällige ausl. Valoren) sowie eine Mitgliederliste, mit folgenden Angaben beizulegen:
- Name und Wohnadresse,
- Kantonsinitialen,
- Anteil am Vermögen und effektiv realisierten Ertrag pro Mitglied (unabhängig von einer allfälligen Ausschüttung).

b) Der Club hat der ESTV das Recht zur Überprüfung der Clubbuchhaltung einzuräumen.

c) Wird die Verrechnungssteuer aufgrund des vereinfachten Verfahrens vom Club gesamthaft zurückgefordert, sind die Clubmitglieder zur Vermeidung von doppelten Rückerstattungen darauf hinzuweisen, dass sie ihre Anteile am Ertrag im Wertschriftenverzeichnis in der Kolonne verrechnungssteuerfreie Erträge zu deklarieren haben.

Die gemäss Buchstabe a) gemeldeten Verhältnisse werden den zuständigen kantonalen Steuerbehörden bekanntgegeben, damit diese die Deklarationen der beteiligten Mitglieder für die direkten Steuern überprüfen können.

Das vereinfachte Verfahren kann auch für die Rückerstattung des zusätzlichen Steuerrückbehaltes USA sowie der Quellensteuern aus Deutschland, Frankreich, Niederlande, Österreich, und Schweden angewendet werden, soweit diese Steuern gemäss den von der Schweiz mit diesen Staaten abgeschlossenen Doppelbesteuerungsabkommen rückstattbar sind. Der Anspruch erstreckt sich selbstverständlich nur auf den Anteil der Mitglieder mit Wohnsitz in der Schweiz. Die Rückerstattungsanträge und die Belege müssen der ESTV und nicht den kantonalen Steuerämtern zur Weiterleitung an die ausländischen Fiskalbehörden eingereicht werden.

Die übrigen Staaten, mit denen die Schweiz ein Doppelbesteuerungsabkommen abgeschlossen hat, lehnen dieses vereinfachte Verfahren ab. Für die in diesen Staaten erhobenen Quellensteuern hat jeder Gesellschafter das Recht, einen persönlichen Antrag auf Rückerstattung der auf seinem Ertragsanteil erhobenen Steuer bei der für ihn zuständigen Steuerbehörde einzureichen.

6. Pauschale Steueranrechnung

Ein Investment-Club hat grundsätzlich kein Anrecht auf pauschale Steueranrechnung. Daran ändert nichts, dass der Club gemäss den vorerwähnten Abmachungen als Antragsteller für die Rückforderung gewisser ausländischer Quellensteuern auftreten kann.

Hingegen hat das einzelne Clubmitglied die Möglichkeit, seinen Anteil an den begrenzten ausländischen Quellensteuern auf Dividenden und Zinsen mit Formular DA-1 bei der für ihn zuständigen kantonalen Steuerbehörde zu beantragen. Es ist jedoch zu beachten, dass die nicht rückforderbaren Steuern für das einzelne Club-Mitglied aus Club- sowie privatem Besitz insgesamt mindestens Fr. 50.— betragen müssen.

Meldeverfahren im Konzernverhältnis

Quelle: Eidg. Steuerverwaltung ESTV/HA Direkte Bundessteuer, Verrechnungssteuer, Stempelabgaben

Merkblatt
Gesuch um Meldung statt Entrichtung der Verrechnungssteuer für Dividenden aus Beteiligungen im schweizerischen Konzernverhältnis (Art. 26a VStV)

Januar 2001 (Stand 30. Juni 2002)

Auf der Ausschüttung von Bardividenden im schweizerischen Konzernverhältnis, die nach dem 31. Dezember 2000 fällig werden, muss unter gewissen Voraussetzungen die Verrechnungssteuer nicht mehr entrichtet werden. Anstelle der Entrichtung kann die Steuerpflicht durch Meldung der Bardividende an die Eidg. Steuerverwaltung (ESTV) erfüllt werden. Das neue Meldeverfahren ist in Artikel 26a der Vollziehungsverordnung vom 19. Dezember 1966 / 22. November 2000 zum Bundesgesetz über die Verrechnungssteuer (VStV) geregelt.

1. Schweizerische Muttergesellschaft: Das neue Meldeverfahren kommt nur zur Anwendung, wenn feststeht, dass die inländische Muttergesellschaft, auf welche die Verrechnungssteuer zu überwälzen wäre, nach dem Bundesgesetz vom 13. Oktober 1965 über die Verrechnungssteuer (VStG) oder nach der VStV einen Anspruch auf Rückerstattung dieser Steuer hätte. Die Muttergesellschaft muss ihren statutarischen Sitz im Inland haben. Sie muss demnach infolge persönlicher Zugehörigkeit in der Schweiz unbeschränkt steuerpflichtig sein. Weiter verlangt Artikel 26a VStV, dass die schweizerische Muttergesellschaft eine juristische Person in der Rechtsform einer Kapitalgesellschaft (Aktiengesellschaft, Kommanditaktiengesellschaft, Gesellschaft mit beschränkter Haftung) oder einer Genossenschaft sein muss. Stiftungen kommen als Muttergesellschaften nicht in Betracht. Im Unterschied zu Artikel 24 VStV schliesst Artikel 26a VStV das neue Meldeverfahren für natürliche Personen und Personengesellschaften aus.

2. Beteiligungsquote: Die Muttergesellschaft muss zu mindestens 20 % am Grund- oder Stammkapital der Tochtergesellschaft unmittelbar, d.h. ohne Einflussnahme über zwischengeschaltete Gesellschaften, beteiligt sein. Zum Grund- oder Stammkapital gehört bei Aktiengesellschaften sowohl das Aktien- als auch das Partizipationskapital. Als Beteiligungen gelten ausserdem Aktien von Kommanditaktiengesellschaften und GmbH-Stammanteile.

3. Bardividenden: Die Verrechnungssteuerpflicht kann nur bei Ausschüttungen von Bardividenden, die anlässlich einer ordentlichen oder ausserordentlichen Generalversammlung beschlossen wurden, durch Meldung erfüllt werden. Unerheblich ist, ob die Dividende durch Auszahlung, Überweisung, Gutschrift oder Verrechnung erfolgt. Das Meldeverfahren ist ebenfalls für in bar ausgerichtete Liquidationsdividenden anwendbar. Ein Kapitalherabsetzungsverfahren oder die Ausrichtung von geldwerten Leistungen, Interims- und Naturaldividenden, sowie Gratisaktien fällt nicht unter den Anwendungsbereich von Artikel 26a VStV.

4. Verfahren: Das Meldeverfahren im Konzern nimmt seinen Anfang mit der Anweisung der Muttergesellschaft an die Tochtergesellschaft, ihr die an der Generalversammlung beschlossene Bardividende ungekürzt auszurichten. Die Muttergesellschaft (Empfängerin der Bardividende) unterzeichnet als erste das amtliche Gesuchformular 106 (zu beziehen unter www.estv.admin.ch oder telefonisch unter der Nummer 031 322 72 70). Danach übergibt die Muttergesellschaft das Formular der Tochtergesellschaft (Schuldnerin der Bardividende). Diese füllt den sie betreffenden unteren Abschnitt aus und reicht das Formular 106 zusammen mit dem von ihr ausgefüllten Formular 103 (AG) bzw. 110 (GmbH) für Beschlüsse ordentlicher Generalversammlungen, resp. 102 für Beschlüsse ausserordentlicher Generalversammlungen, oder Formular 7 für Genossenschaften der ESTV innert 30 Tagen nach Dividendenfälligkeit ein. Vereinnahmt die Leistungsempfängerin erstmals eine Dividende von mindestens brutto CHF 50'000.-, hat sie den Verkäufer, von dem sie die Beteiligung erworben hat, zu nennen und die entsprechenden Belege (z.B. Kopie des Kaufvertrages) beizulegen. Die ESTV überprüft das Gesuch, entscheidet und informiert die steuerpflichtige Gesellschaft nur, wenn das Gesuch abgelehnt wurde. Wird dem Gesuch stattgegeben, steht der Entscheid der ESTV jedoch unter dem Vorbehalt einer späteren Nachprüfung. Im Falle einer Ablehnung des Gesuches werden bei der steuerpflichtigen Gesellschaft die Verrechnungssteuer und ein allfälliger Verzugszins erhoben.

5. Nichtbenützung des Meldeverfahrens: Gesellschaften, welche das Verfahren der Meldung statt Entrichtung der Verrechnungssteuer gemäss Artikel 26a nicht anwenden oder die Voraussetzungen nicht erfüllen, können mit Formular 21 Abschlagsrückerstattungen beantragen (Art. 65 VStV). Falls die Fälligkeiten der mit der Verrechnungssteuer belasteten Erträge vorwiegend in einem Quartal des Kalender- oder Geschäftsjahres eintreten, wird dies bei der Bemessung der Abschlagsrückerstattungen berücksichtigt (Art. 65a Abs. 2 VStV). Wer beispielsweise ausschliesslich Dividenden aus Beteiligungen im ersten Quartal vereinnahmt, dem werden die auf das Ende der ersten drei Vierteljahre vorgesehenen Teilzahlungen von je einem Viertel bereits Ende des ersten Quartals als Gesamtanspruch (drei Viertel) ausbezahlt. Demgegenüber erhält keine Abschlagszahlungen, wer Dividenden aus Beteiligungen erzielt, welche vorwiegend im letzten Quartal fällig werden und die Verrechnungssteuer durch die steuerpflichtigen Gesellschaften erst im nächsten Jahr entrichtet werden.

Dreieckstheorie und Leistungsempfänger

Quelle: Eidg. Steuerverwaltung ESTV/HA Direkte Bundessteuer, Verrechnungssteuer, Stempelabgaben

Merkblatt zur Bestimmung des Leistungsempfängers bei der Verrechnungssteuer
(Februar 2001)

I. Grundsatz: Bei der Verrechnungssteuer gilt die sog. Direktbegünstigungstheorie

Entsprechend gilt die Person als leistungsbegünstigt, die nach aussen in den Genuss der steuerbaren Leistung gelangt ist. Die Verrechnungssteuer ist auf diese Person zu überwälzen (vgl. Art. 14 Abs. 1 VStG) und die Voraussetzungen für die Rückerstattung der Verrechnungssteuer (vgl. Art. 21 ff. VStG oder allfällige Doppelbesteuerungsabkommen) müssen durch diese Person erfüllt sein.

II. Ausnahmen (Anwendung der sog. Dreieckstheorie)

1. Geldwerte Leistungen zwischen verbundenen, vom gleichen Aktionärskreis beherrschten Gesellschaften

a) Sanierung einer nahestehenden Gesellschaft

Leistet eine Gesellschaft einen Beitrag zur Sanierung einer Schwester- oder nahestehenden Gesellschaft, gilt die Dreieckstheorie, denn die Sanierung einer notleidenden Gesellschaft ist Sache des Aktionärs. Für die Emissionsabgabe ist zu beachten, dass die sanierte Gesellschaft einen Zuschuss nach Art. 5 Abs. 2 Bst. a StG erhält, wobei aber die Frage des Erlasses nach Art. 12 StG zu prüfen ist.

b) Sanierungsfusion

Übernimmt eine sanierungsbedürftige Gesellschaft eine über Reserven verfügende Gesellschaft mittels Fusion, so gilt für die Verrechnungssteuer die Dreieckstheorie. Die Emissionsabgabe wird nicht erhoben, da eine nach Art. 6 Abs. 1 Bst. a^{bis} StG befreite Fusion im Sinne von Art. 748 - 750 OR vorliegt.

2. Geldwerte Leistungen zu Gunsten von nahestehenden Personen ausserhalb des Kreises verbundener Gesellschaften

a) Leistungen an eine nahestehende natürliche Person

Beruht die erbrachte geldwerte Leistung ausschliesslich auf familiären oder freundschaftlichen Beziehungen zwischen dem Aktionär der leistenden Gesellschaft und der nach aussen als Leistungsempfängerin erkennbaren Person, gilt die Dreieckstheorie. Die leistende Gesellschaft ist in diesen Fällen lediglich vorgeschobenes «Schenkungsinstrument» des Aktionärs, weshalb dieser als Leistungsbegünstigter zu betrachten ist.

b) Leistungen an eine nahestehende, nicht vom gleichen Aktionärskreis beherrschte juristische Person

Beruht die Leistung an eine juristische Person als nach aussen erkennbare Empfängerin ausschliesslich auf familiären oder freundschaftlichen Beziehungen zwischen den Inhabern der Beteiligungsrechte der beiden Gesellschaften, gilt bei der Verrechnungssteuer ebenfalls die Dreieckstheorie. Auch hier benützt der Aktionär der leistenden Gesellschaft seine Unternehmung nur als Instrument für die Vornahme einer Schenkung. Auf Seite der empfangenden juristischen Person ist die Leistung als Zuschuss im Sinne von Art. 5 Abs. 2 Bst. a StG zu qualifizieren.

III. Inkrafttreten der Ausnahmen

Diese Regelung gilt für alle geldwerten Leistungen, die ab dem 1. Januar 2001 erfolgen.

Qualified Intermediaries

Quelle: Eidg. Steuerverwaltung ESTV/HA Direkte Bundessteuer, Verrechnungssteuer, Stempelabgaben

Merkblatt

Zusätzlicher Steuerrückbehalt beim Bezug von amerikanischen Dividenden und Zinsen über schweizerische Zwischenstellen („Qualified Intermediaries") für Fälligkeiten ab 1.1.2001

März 2001

Die neuen US-Quellensteuervorschriften, welche ab 1.1.2001 anwendbar sind, haben auch die schweizerischen Behörden veranlasst, entsprechende Anpassungen vorzunehmen. Insbesondere im Bereich des zusätzlichen Steuerrückbehalts sind per 1.1.2001 Änderungen in Kraft getreten, welche in der am 1. November 2000 geänderten Verordnung vom 15. Juni 1998 (VO DBAUS 96) zum Doppelbesteuerungsabkommen zwischen der Schweiz und den Vereinigten Staaten von Amerika vom 2. Oktober 1996 (DBAUS 96) ihre gesetzliche Grundlage haben. Nachstehend informieren wir Sie auszugsweise über die wichtigsten Änderungen:

1. **Sachlicher Geltungsbereich des zusätzlichen Steuerrückbehalts (Art. 11 VO DBAUS 96):**

    1.1. Wer in der Schweiz als „Qualified Intermediary" für **fremde Rechnung** von amerikanischen Gesellschaften oder deren Zahlstellen amerikanische Dividenden zu 85 oder 95 Prozent ihres Bruttobetrages entgegennimmt, muss von dem zwecks unmittelbarer Zahlung oder Gutschrift an nutzungsberechtigte Empfängerinnen oder Empfänger, **die in der Schweiz ansässig sind**, oder zwecks Vergütung in deren Auftrag an eine im Ausland ansässige Person empfangenen Betrag 15 Prozent (bei Entgegennahme von 85 Prozent des Bruttobetrages) oder 25 Prozent (bei Entgegennahme von 95 Prozent des Bruttobetrages) der Bruttodividende zurückbehalten (Art. 11 Abs. 1 VO DBAUS 96).

    1.2. Wer in der Schweiz als „Qualified Intermediary" für **fremde Rechnung** von amerikanischen Schuldnern oder deren Zahlstellen amerikanische Zinsen, die **aufgrund des Abkommens** von dem nach dem internen Recht der Vereinigten Staaten zu erhebenden Steuerabzug an der Quelle ausgenommen sind, zum vollen Bruttobetrag entgegennimmt, muss von dem zwecks unmittelbarer Zahlung oder Gutschrift an nutzungsberechtigte Empfängerinnen oder Empfänger, **die in der Schweiz ansässig sind**, oder zwecks Vergütung in deren Auftrag an eine im Ausland ansässige Person empfangenen Betrag 30 Prozent des Bruttozinses zurückbehalten (Art. 11 Abs. 2 VO DBAUS 96).

    1.3. Der zusätzliche Steuerrückbehalt **ist nicht zu erheben** auf amerikanischen Dividenden und Zinsen, die für Rechnung von Personen empfangen werden, welche **nach Art. 56 DBG von der Steuerpflicht befreit** (siehe Ziffer 5.2.3 dieses Merkblatts) oder unmittelbar der SIS SegaIntersettle oder einer anderen von der Eidgenössischen Steuerverwaltung anerkannten Clearingstelle angeschlossen sind (Art. 11 Abs. 4 VO DBAUS 96).

    1.4. Der zusätzliche Steuerrückbehalt ist ebenfalls **nicht zu erheben** auf amerikanischen Dividenden und Zinsen, die für Rechnung von **in der Schweiz ansässigen Personen** empfangen werden, welche als **„US-Person"** gelten und Ihre Identität durch Ausfüllen des **Formulars W-9** gegenüber dem „Qualified Intermediary" offengelegt haben.

2. **Abrechnung des zusätzlichen Steuerrückbehalts (Art. 12 VO DBAUS 96)**

    2.1. Die zum zusätzlichen Steuerrückbehalt verpflichtete Person muss der Empfängerin oder dem Empfänger des gekürzten Dividenden- oder Zinsbetreffnisses eine datierte Abrechnung ausstellen, die folgende Angaben enthält:

    a) die Namen der ausstellenden Person und der Empfängerin oder des Empfängers der Abrechnung;

b) den Namen der dividendenzahlenden Gesellschaft oder des Schuldners der Forderung, für die das Zinsbetreffnis entgegengenommen wurde;
c) bei Dividenden Zahl und Art der Aktien, bei Zinsen Art und Höhe der Forderung;
d) das Fälligkeitsdatum und den Bruttobetrag der Dividenden und Zinsen;
e) den Betrag des Steuerrückbehalts in Schweizerfranken, unter Umrechnung zum Kurs, welcher der Vergütung der Dividende oder des Zinses zugrunde gelegt wird; erfolgt die Vergütung an die Empfängerin oder den Empfänger in US-Dollar, so ist für die Umrechnung des Steuerrückbehalts das Mittel des Geld- und Briefkurses am letzten Werktag vor dem Eingang der amerikanischen Dividende oder des amerikanischen Zinses massgebend;
f) den Vermerk, dass die Abrechnung der Geltendmachung von Verrechnungs- und Rückforderungsansprüchen dient.

2.2. Duplikate der Abrechnung sind als solche zu bezeichnen.

4. Rückerstattung oder Verrechnung des zusätzlichen Steuerrückbehalts (Art. 14 VO DBAUS 96)

3.1. Die Person, deren Einkünfte aus amerikanischen Dividenden oder Zinsen durch den zusätzlichen Steuerrückbehalt gekürzt worden sind, kann dessen Rückerstattung oder Verrechnung in Schweizerfranken verlangen, sofern sie

a) im Zeitpunkt der Fälligkeit des besteuerten Ertrages das Recht zur Nutzung der den besteuerten Ertrag abwerfenden amerikanischen Kapitalanlagen besass;
b) im Zeitpunkt der Fälligkeit des besteuerten Ertrages nach Art. 4 des Abkommens (DBAUS 96) in der Schweiz als ansässig gilt;
c) nachweist, dass sie nach Art. 22 des Abkommens (DBAUS 96) abkommensberechtigt ist.

3.2. Keinen Rückerstattungs- oder Verrechnungsanspruch im Sinne des Abkommens (DBAUS 96) und der dazugehörigen Verordnung (VO DBAUS 96) haben:

a) die internationalen Organisationen, die einen Sitz in der Schweiz haben;
b) die Beamtinnen und Beamten internationaler Organisationen und die Angehörigen diplomatischer und konsularischer Vertretungen von Drittstaaten, die sich in der Schweiz aufhalten, aber hier keine Vermögens- oder Einkommenssteuern auf ihren amerikanischen Aktien und Obligationen oder deren Ertrag entrichten müssen.

3.3. Den Rückerstattungs- oder Verrechnungsanspruch verwirkt, wer:

a) die um den zusätzlichen Steuerrückbehalt gekürzten amerikanischen Dividenden oder Zinsen oder Vermögen, aus denen solche Kapitalerträge fliessen, entgegen gesetzlicher Vorschrift der zuständigen Steuerbehörde nicht angibt (natürliche Personen);
b) die um den zusätzlichen Steuerrückbehalt gekürzten amerikanischen Dividenden oder Zinsen nicht ordnungsgemäss als Ertrag verbucht (juristische Personen, Handelsgesellschaften ohne juristische Persönlichkeit und ausländische Unternehmen mit inländischer Betriebstätte).

3.4. Auf zurückerstatteten oder verrechneten Beträgen wird kein Zins ausgerichtet.

4. Geltendmachung des zusätzlichen Steuerrückbehalts (Art. 15 VO DBAUS 96)

4.1. Die zur Rückforderung oder Verrechnung des zusätzlichen Steuerrückbehalts berechtigte Person muss ihren Anspruch auf besonderem Formular und unter Beilage der Originalabrechnungen geltend machen:

a) bei der Stelle, die zur Entgegennahme ihrer Begehren um Verrechnung oder Rückerstattung der Verrechnungssteuer auf schweizerischen Kapitalerträgen zuständig ist;
b) im gleichen Zeitpunkt, in dem sie einen Anspruch auf Verrechnung oder Rückerstattung der Verrechnungssteuer auf schweizerischen Kapitalerträgen geltend machen kann, die im gleichen Jahr wie die vom zusätzlichen Steuerrückbehalt betroffenen amerikanischen Dividenden und Zinsen fällig geworden sind.

5. Handhabung in der Praxis

5.1. Steuererhebung

5.1.1. Formulare

Für die Ablieferung der Steuerbeträge, welche Ertragsgutschriften ab dem 1.1.2001 betreffen, hat die Eidgenössische Steuerverwaltung ein neues Formular 182 erarbeitet, welches ca. Mitte März 2001 zur Verfügung steht und ab diesem Zeitpunkt bei unserer Verwaltung bezogen werden kann. Für die Ertragsfälligkeiten ab 1.1.2001 ist **zwingend** dieses neue Formular zu verwenden. Die bisher von der Eidgenössischen Steuerverwaltung abgegebenen Formulare 182 sind nur noch für Ertragsfälligkeiten bis und mit 31.12.2000 zu verwenden.

5.1.2. Ertragsfälligkeiten bis und mit 31.12.2000

Für Ertragsfälligkeiten bis und mit 31.12.2000 ist der zusätzliche Steuerrückbehalt durch die ablieferungspflichtigen Zwischenstellen nach bisher geltender Praxis unter Anzeige auf dem bisherigen Formular 182 (vgl. Ziffer 5.1.1.) an die Eidgenössische Steuerverwaltung abzuliefern.

5.1.3. Ertragsfälligkeiten ab 1.1.2001

Das Ablieferungsprozedere für Ertragsfälligkeiten ab 1.1.2001 erfährt grundlegende Änderungen. Anstelle der bisher üblichen, monatlichen Ablieferungspraxis ist der Steuerrückbehalt neu kalendervierteljährlich zu deklarieren. Der zur Ablieferung verpflichtete „Qualified Intermediary" hat den Steuerbetrag somit bis 30 Tage nach Ende des Quartals, in dem die Gutschrift erfolgt ist, in Schweizerfranken unter gleichzeitiger Anzeige auf dem neuen Formular 182 (vgl. Ziffer 5.1.1.) an die Eidgenössische Steuerverwaltung auf das Konto 30-4120-3 abzuführen.

Übersteigt der voraussichtliche jährliche Ablieferungsbetrag indessen Fr. 5'000 nicht, so genügt die jährliche Deklaration des zusätzlichen Steuerrückbehalts. Auch hier hat der zur Ablieferung verpflichtete „Qualified Intermediary" den Steuerbetrag bis 30 Tage nach Ende des Kalenderjahres, in dem die Gutschrift erfolgt ist, in Schweizerfranken unter gleichzeitiger Anzeige auf Formular 182 (vgl. Ziffer 5.1.1.) an die Eidgenössische Steuerverwaltung abzuführen.

Entsteht dem ablieferungspflichtigen „Qualified Intermediary" aufgrund fehlender Ertragsgutschriften an in der Schweiz ansässige Personen keine Ablieferungspflicht, so hat er dies am Jahresende mittels Formular 182 (vgl. Ziffer 5.1.1.) mit der Bemerkung „Keine ablieferungspflichtigen Erträge" der Eidgenössischen Steuerverwaltung anzuzeigen.

5.1.4. Verzugszins

Auf Steuerbeträgen, die nach Ablauf der Fälligkeitstermine gemäss Ziffer 5.1.3. ausstehen, ist ohne Mahnung ein Verzugszins geschuldet. Der Zinssatz ist identisch mit demjenigen für die Verrechnungssteuer (Art. 11 Abs. 6 VO DBAUS 96).

5.2. Steuerrückerstattung

5.2.1. Natürliche Personen

Die natürlichen Personen haben die Rückerstattung des zusätzlichen Steuerrückbehalts unter Berücksichtigung der Ziffern 3 und 4 dieses Merkblatts bei der für Sie zuständigen Stelle (vgl. Ziffer 4.1.a)) mittels besonderem Formular zu beantragen.

5.2.2. Juristische Personen

Rückerstattungsansprüche von juristischen Personen sind vorbehältlich der nachstehenden Ziffer 5.2.3. mittels Formular 822 (für Ertragsfälligkeiten bis und mit 31.12.2000) oder Formular 826 (für Ertragsfälligkeiten ab 1.1.2001) unter Berücksichtigung der Ziffern 3 und 4 dieses Merkblatts bei der Eidgenössischen Steuerverwaltung, 3003 Bern, geltend zu machen.

5.2.3. Von der Steuerpflicht gemäss Art. 56 DBG sind befreit:

a) der Bund und seine Anstalten;

b) die Kantone und ihre Anstalten;

c) die Gemeinden, die Kirchgemeinden und die anderen Gebietskörperschaften der Kantone sowie ihre Anstalten;

d) konzessionierte Verkehrsunternehmen, die von verkehrspolitischer Bedeutung sind und im Steuerjahr keinen Reingewinn erzielt oder im Steuerjahr und den zwei vorangegangenen Jahren keine Dividenden oder ähnlichen Gewinnanteile ausgerichtet haben;

e) Einrichtungen der beruflichen Vorsorge von Unternehmen mit Wohnsitz, Sitz oder Betriebstätte in der Schweiz und von ihnen nahestehenden Unternehmen, sofern die Mittel der Einrichtung dauernd und ausschliesslich der Personalvorsorge dienen;

f) inländische Sozialversicherungs- und Ausgleichskassen, insbesondere Arbeitslosen-, Krankenversicherungs-, Alters-, Invaliden- und Hinterlassenenversicherungskassen, mit Ausnahme der konzessionierten Versicherungsgesellschaften;

g) juristische Personen, die öffentliche oder gemeinnützige Zwecke verfolgen, für den Gewinn, der ausschliesslich und unwiderruflich diesen Zwecken gewidmet ist. Unternehmerische Zwecke sind grundsätzlich nicht gemeinnützig. Der Erwerb und die Verwaltung von wesentlichen Kapitalbeteiligungen an Unternehmen gelten als gemeinnützig, wenn das Interesse an der Unternehmenserhaltung dem gemeinnützigen Zweck untergeordnet ist und keine geschäftsleitenden Tätigkeiten ausgeübt werden;

h) juristische Personen, die gesamtschweizerisch Kultuszwecke verfolgen, für den Gewinn, der ausschliesslich und unwiderruflich diesen Zwecken gewidmet ist;

i) die ausländischen Staaten für ihre inländischen, ausschliesslich dem unmittelbaren Gebrauch der diplomatischen und konsularischen Vertretungen bestimmten Liegenschaften, unter Vorbehalt des Gegenrechts.

Solche Personen haben für Fälligkeiten ab 1.1.2001 um die Befreiung vom zusätzlichen Steuerrückbehalt für amerikanischen Dividenden und Zinsen bei der den Ertrag auszahlenden Stelle unter Nachweis der Steuerbefreiung nach Art. 56 DBG nachzusuchen.

Sollte nach Art. 56 DBG steuerbefreiten Personen der zusätzliche Steuerrückbehalt zu Unrecht in Abzug gebracht worden sein, ist die Korrektur der Abrechnung bei der den Ertrag auszahlenden Stelle unter entsprechendem Nachweis der Steuerbefreiung zu verlangen. Zu Unrecht in Abzug gebrachter zusätzlicher Steuerrückbehalt wird von der Eidgenössischen Steuerverwaltung grundsätzlich **nicht direkt an die nach Art. 56 DBG steuerbefreite Person** zurückerstattet.

6. Anwendbares Recht

6.1. Die Ausführungen in diesem Merkblatt gelten vorbehältlich der übrigen, nicht explizit wiedergegebenen Bestimmungen der am 1. November 2000 geänderten Verordnung vom 15. Juni 1998 zum DBAUS 96.

6.2. Der zweite und der dritte Abschnitt des VStG sind sinngemäss anwendbar, ausgenommen die Artikel 23, 24 Absätze 3 und 4, 25, 27 und 28.

Geldmarktpapiere

Quelle: Eidg. Steuerverwaltung ESTV/HA Direkte Bundessteuer, Verrechnungssteuer, Stempelabgaben

Merkblatt Geldmarktpapiere und Buchforderungen inländischer Schuldner

vom April 1999

1. Begriff der Geldmarktpapiere und der Buchforderungen

Was unter Geldmarktpapieren und Buchforderungen zu verstehen ist, wurde für die Stempelabgaben und die Verrechnungssteuer gesetzlich geregelt (Art. 4 Abs. 4 lit. c und Abs. 5 des Bundesgesetzes vom 27. Juni 1973 über die Stempelabgaben StG und Art. 15 der Vollziehungsverordnung vom 19. Dezember 1966 über die Verrechnungssteuer VStV).

a) Geldmarktpapiere

Geldmarktpapiere sind Wertpapiere mit einer **festen Laufzeit von nicht mehr als zwölf Monaten**. Sie gelten unabhängig ihrer Bezeichnung als **Obligationen**. Dazu zählen inländische Wechsel, Treasury bills, Banker's acceptances, Commercial papers, Certificates of deposit usw.

b) Buchforderungen

Bei Buchforderungen handelt es sich, im Gegensatz zu den Geldmarktpapieren, nicht um Wertpapiere, sondern um Forderungen, die in einem Register eingetragen sind. Buchforderungen sind **Schuldverpflichtungen** mit einer **festen Laufzeit von nicht mehr als zwölf Monaten**. Sie sind den Obligationen gleichgestellt. Dazu zählen insbesondere die Geldmarktbuchforderungen.

2. Inländerbegriff

Inländer ist, wer im Inland Wohnsitz, dauernden Aufenthalt, statutarischen oder gesetzlichen Sitz hat oder als Unternehmen im inländischen Handelsregister eingetragen ist (Art. 4 Abs. 1 StG und Art. 9 Abs. 1 des Bundesgesetzes vom 13. Oktober 1965 über die Verrechnungssteuer VStG).

3. Beginn der Steuerpflicht

a) Serienmässige Ausgabe

Die Steuerpflicht richtet sich nach den Kriterien über die Anleihensobligationen. Eine Anleihe im Sinne des Stempel- und Verrechnungssteuergesetzes liegt vor, wenn ein inländischer Schuldner **bei mehr als 10 Gläubigern** gegen Ausgabe von Schuldanerkennungen oder Begründung von Buchforderungen Geld zu identischen Bedingungen aufnimmt. Die gesamte Kreditsumme muss **mindestens 500'000 Franken** betragen.

b) fortlaufende Ausgabe

Die Steuerpflicht richtet sich nach den Kriterien über die Kassenobligationen. Kassenobligationen im Sinne des Stempel- und Verrechnungssteuergesetzes sind gegeben, wenn ein inländischer Schuldner (Nichtbank) **bei mehr als 20 Gläubigern** gegen Ausgabe von Schuldanerkennungen oder Begründung von Buchforderungen fortlaufend Geld zu gleichartigen Bedingungen aufnimmt. Die gesamte Kreditsumme muss **mindestens 500'000 Franken** betragen.

Werden Geldmarktpapiere oder Buchforderungen von einer **Bank** im Sinne des **Bankengesetzes** emittiert, so beginnt die Steuerpflicht ohne Rücksicht auf die Anzahl der Gläubiger mit der Aufnahme der Geschäftstätigkeit.

Bei der Ermittlung der Anzahl Gläubiger für Geldmarktpapiere und Buchforderungen sind die in- und ausländischen Banken im Sinne der an ihrem Sitz geltenden Bankengesetzgebung **nicht** mitzuzählen.

4. Anmeldepflicht

Sollten die vorstehenden Bedingungen auf Ihre Institution zutreffen, bitten wir Sie um schriftliche Anmeldung bei unserer Verwaltung.

5. Steuererhebung

a) Emissionsabgabe

Gegenstand der Abgabe ist die Ausgabe von Geldmarktpapieren und Buchforderungen durch einen Inländer (Art. 5a Abs. 1 StG).

Die Abgabe wird vom Nominalwert berechnet und beträgt **0,6 Promille**, berechnet für jeden Tag der Laufzeit je zu 1/360 dieses Abgabesatzes (Art. 9a lit. c StG).

Abgabepflichtig ist der inländische Emittent der Geldmarktpapiere und Buchforderungen (Art. 10 Abs. 3 StG).

b) Verrechnungssteuer

Gegenstand der Verrechnungssteuer auf dem Ertrag beweglichen Kapitalvermögens sind die Zinsen, Renten, Gewinnanteile und sonstigen Erträge der von einem Inländer ausgegebenen Obligationen, und zwar sowohl in Form von periodischen als auch von einmaligen Entschädigungen (Art. 4 Abs. 1 lit. a VStG).

Steuerpflichtig ist der inländische Emittent der Geldmarktpapiere und Buchforderungen (Art. 10 Abs. 1 VStG).

6. Abrechnungsverfahren

a) Emissionsabgabe

Bei der **serienmässigen** Ausgabe von Geldmarktpapieren und Buchforderungen ist die Abgabe nach den Regeln über die Anleihensobligationen innert 30 Tagen nach der Liberierung mit dem amtlichen Formular anzumelden und für die gesamte Laufzeit zu entrichten (Art. 17a Abs. 1 und Art. 17b Abs. 2 und 5 StV).

Für **fortlaufend** emittierte Geldmarktpapiere und Buchforderungen ist die Abgabe nach den Bestimmungen über die Kassenobligationen mit dem amtlichen Formular für die gesamte Laufzeit wie folgt anzumelden und zu entrichten (Art. 17a Abs. 1 und Art. 17b Abs. 3 und 5 StV):

- in einem annäherungsweise ermittelten Betrag innert 30 Tagen nach Ablauf des Geschäftsvierteljahres für die in diesem Zeitraum ausgegebenen Titel und Buchforderungen;
- im genau ermittelten Betrag innert 30 Tagen nach Ablauf des letzten Geschäftsvierteljahres für die im ganzen Geschäftsjahr ausgegebenen Titel und Buchforderungen, abzüglich der für die ersten drei Quartale abgelieferten Abgaben.

b) Verrechnungssteuer

Die Steuer auf dem Ertrag von **serienmässig** ausgegebenen Titeln und Buchforderungen ist mit dem amtlichen Formular innert 30 Tagen nach Fälligkeit des Ertrages (Zinstermin) abzurechnen und zu entrichten (Art. 18 VStV).

Die Steuer auf dem Ertrag von **fortlaufend** ausgegebenen Titeln und Buchforderungen ist mit dem amtlichen Formular wie folgt abzurechnen und zu entrichten (Art. 19 Abs. 1 und 2 VStV):

- in einem annäherungsweise ermittelten Betrag innert 30 Tagen nach Ablauf des Geschäftsvierteljahres für die in diesem Zeitraum fällig gewordenen Erträge (Zinsen);
- im genau ermittelten Betrag innert 30 Tagen nach Ablauf des letzten Geschäftsvierteljahres für die im ganzen Geschäftsjahr fällig gewordenen Erträge (Zinsen), abzüglich der für die ersten drei Quartale abgelieferten Steuern.

7. Geldmarktbuchforderungen

Bezüglich der Emissionsabgabe verweisen wir auf Ziff. 6 a) hievor. Für die Verrechnungssteuer gilt das nachstehende Verfahren:

Registerführung

Für jede Emission von Geldmarktbuchforderungen wird beim federführenden Institut resp. bei den Clearing-Stellen ein Hauptregister geführt. Die an der Emission für eigene Rechnung oder für Rechnung von Kunden partizipierende Institute (Teilnehmer) haben ein Unterregister zu führen, dessen Bestand jederzeit mit demjenigen des Hauptregisters übereinstimmen muss. Uebertragungen innerhalb des Kundenkreises der Teilnehmer haben nur eine entsprechende Aenderung in seinem Unterregister zur Folge, Uebertragungen zwischen den Teilnehmern bedingen zusätzlich die Meldung an das Hauptregister. Für weitere Informationen verweisen wir auf die durch die federführenden Institute und Clearing-Stellen erlassenen Richtlinien.

Rückzahlung

Bei Verfall werden die Geldmarktbuchforderungen den Teilnehmern entsprechend ihrem Bestand im Hauptregister zurückbezahlt.

Die Rückzahlung erfolgt durch das federführende Institut und zwar an inländische Banken ohne Abzug der Verrechnungssteuer, an ausländische Banken nur dann ohne Abzug der Steuer, wenn diese dem federführenden Institut ausdrücklich bestätigt haben, dass sie die Geldmarktbuchforderungen für eigene Rechnung halten. Bei Rückzahlungen an Nichtbanken hat das federführende Institut die Steuer immer abzuziehen und abzuliefern. Für die Abgrenzung zwischen Banken und Nichtbanken gelten die Bestimmungen des Merkblattes "Verrechnungssteuer auf Zinsen von Bankguthaben, deren Gläubiger Banken sind" vom 22. September 1986 (S-02.123).

Abrechnung

Die Verrechnungssteuer ist durch alle Banken, die **serienmässig** ausgegebene Geldmarktbuchforderungen für Kunden halten, mit dem amtlichen Formular innert 30 Tagen nach Fälligkeit des Ertrages (Zinstermin) abzurechnen und zu entrichten (Art. 18 VStV).

Die Verrechnungssteuer auf dem Ertrag von **fortlaufend** ausgegebenen Geldmarktbuchforderungen ist mit dem amtlichen Formular wie folgt abzurechnen und zu entrichten (Art. 19 Abs. 1 und 2 VStV):

- in einem annäherungsweise ermittelten Betrag innert 30 Tagen nach Ablauf des Geschäftsvierteljahres für die in diesem Zeitraum fällig gewordenen Erträge (Zinsen);
- im genau ermittelten Betrag innert 30 Tagen nach Ablauf des letzten Geschäftsvierteljahres für die im ganzen Geschäftsjahr fällig gewordenen Erträge (Zinsen), abzüglich der für die ersten drei Quartale abgelieferten Steuern.

8. Inkrafttreten

Das vorliegende Merkblatt S-02.130.1 gilt ab 1. Mai 1999 und ersetzt das Merkblatt S-02.130 vom September 1994.

Für weitere Auskünfte stehen wir Ihnen gerne zur Verfügung:

Tel.   031 / 323 08 58
Fax   031 / 323 70 80

Gratisaktien

Quelle: Eidg. Steuerverwaltung ESTV/HA Direkte Bundessteuer, Verrechnungssteuer, Stempelabgaben

Merkblatt
Verrechnungssteuer auf Gratisaktien, Gratispartizipationsscheinen und Gratisliberierungen
vom 30. April 1999

1. Gratisaktien, Gratispartizipationsscheine und Gratisliberierungen

Gratisaktien, Gratispartizipationsscheine und Gratisliberierungen liegen in dem Ausmasse vor, als Nennwerte von Aktien und Partizipationsscheinen aus Mitteln der Gesellschaft liberiert werden. Dies kann erfolgen durch:

- die Ausgabe neuer Titel
- die Erhöhung des Nennwertes der bisherigen Titel
- die Beseitigung des nach einem Mantelhandel noch bestehenden Verlustvortrages aus den jährlichen Reingewinnen der Gesellschaft

Gratisaktien und Gratispartizipationsscheine gelten mit dem entsprechenden Beschluss der Generalversammlung der Gesellschaft als ausgegeben. Sie können vom Zeitpunkt des Beschlusses an bis zur Zuteilung der Titel in Form von Bezugsrechten gehandelt werden. Gratisaktien und Gratispartizipationsscheine sind Gegenstand der Emissionsabgabe.

2. Erhebung der Verrechnungssteuer

Gratisaktien und Gratispartizipationsscheine sind ein nach Art. 4 Abs. 1 Bst. b des Bundesgesetzes vom 13. Oktober 1965 über die Verrechnungssteuer (VStG) in Verbindung mit Art. 20 der dazugehörigen Verordnung vom 19. Dezember 1966 (VStV) steuerbarer Ertrag, den die Inhaber der gesellschaftlichen Beteiligungsrechte oder ihnen nahestehende Dritte erzielen, und ihre Ausgabe unterliegt der Verrechnungssteuer. In Änderung der Praxis der Eidg. Steuerverwaltung entsteht die Verrechnungssteuerforderung mit der Einräumung des Anspruchs auf die Gratisaktien und Gratispartizipationsscheine, mithin im Zeitpunkt des Generalversammlungsbeschlusses (Art. 12 Abs. 1 VStG) und im Fall des Mantelhandels dann, wenn der Verlustvortrag durch Geschäftsgewinne vermindert wird für den entsprechenden Betrag. Die Steuer ist auf die Leistungsempfänger zu überwälzen (Art. 14 Abs. 1 VStG) und der Eidg. Steuerverwaltung innert 30 Tagen zu entrichten (Art. 16 Abs. 1 Bst. c VStG).

Weil die Gratisaktie bzw. der Gratispartizipationsschein nicht unmittelbar um die Verrechnungssteuer gekürzt werden kann, muss die Gesellschaft ihrer Pflicht zur Steuerüberwälzung auf anderem Weg genügen. Es bestehen grundsätzlich zwei Möglichkeiten: Entweder zieht die Gesellschaft die Verrechnungssteuer bei den Bezugsberechtigten ein (35 % der jeweiligen Nennwerte der gratis erhaltenen Beteiligungsrechte). Oder der Nennwert der Gratisaktie bzw. des Gratispartizipationsscheines wird als Nettoausschüttung behandelt, der um nur 65 % der Bruttoausschüttung beträgt, demzufolge die Verrechnungssteuer auf dem auf 100 % umgerechneten Bruttobetrag zu berechnen und zu entrichten ist. Entsprechend erhält der Aktionär im Zeitpunkt des Generalversammlungsbeschlusses zusätzlich zum Titel einen dem Verrechnungssteuerbetrag entsprechenden Zusatzertrag, den er als Einkommen aus Aktien zu versteuern hat.

Werden Partizipationsscheine, die vor dem 1. Juli 1992 (Inkrafttreten der Aktienrechtsrevision vom 4. Oktober 1991) gratis ausgegeben wurden, von der Gesellschaft zwecks Vernichtung zurückgekauft oder zwecks Umwandlung in Aktien zurückgenommen, unterliegt der gesamte Rückzahlungs- oder Anrechnungsbetrag der Verrechnungssteuer. Kann die Gesellschaft indessen nachweisen, dass sie die Verrechnungssteuer auf dem Nennwert der Gratispartizipationsscheine bei der Ausgabe der Titel entrichtet hat, bildet die Rückzahlung des Nennwertes nicht Bestandteil des steuerbaren Ertrages (Art. 20 Abs. 2 VStV).

3. Meldung statt Steuerentrichtung

Bei der Ausgabe von Gratisaktien oder Gratispartizipationsscheinen kann der Gesellschaft auf Gesuch hin gestattet werden, ihre Steuerpflicht durch Meldung der steuerbaren Leistung zu erfüllen (Art. 20 VStG in Verbindung mit Art. 24 Abs. 1 Bst. b VStV). Das Meldeverfahren ist nur zulässig, wenn feststeht, dass die Personen, auf die die Steuer zu überwälzen wäre (Leistungsempfänger), nach Gesetz oder Verordnung Anspruch auf Rückerstattung dieser Steuer hätten, und wenn ihre Zahl zwanzig nicht übersteigt (Art. 24 Abs. 2 VStV).

Das Gesuch ist bei der Eidg. Steuerverwaltung, Eigerstrasse 65, 3003 Bern, mit amtlichem Formular 105 "Verrechnungssteuer auf geldwerten Leistungen" einzureichen. Dabei ist für jeden Begünstigten ein "Meldedoppel zu Formular 105" beizulegen. Die Formulare können bei der Eidg. Steuerverwaltung telefonisch bestellt werden (031/322 72 70).

Im Gesuch sind anzugeben (Art. 25 Abs. 1 VStV):
- Die Namen der Leistungsempfänger und der Ort ihres Wohnsitzes oder Aufenthaltes im Zeitpunkt der Fälligkeit der Leistung;
- Art, Bruttobetrag und Fälligkeit der einem jeden Leistungsempfänger zustehenden Leistung.

Der Entscheid der Eidg. Steuerverwaltung wird dem Gesuchsteller schriftlich eröffnet (Art. 25 Abs. 2 VStV). Die Bewilligung des Meldeverfahrens entbindet die Gesellschaft bei noch nicht fällig gewordenen Leistungen nicht von der Pflicht, sich vor der Meldung zu vergewissern, ob der Leistungsempfänger auch noch bei Fälligkeit der Leistung im Inland Wohnsitz oder dauernden Aufenthalt hatte (Art. 25 Abs. 3 VStV).

4. Rückforderung der Verrechnungssteuer

Zur Rückforderung der auf den Gratisaktien und Gratispartizipationsscheinen angefallenen Verrechnungssteuer ist berechtigt, wer **im Zeitpunkt des Kapitalerhöhungsbeschlusses** Eigentümer der Beteiligungsrechte war. Dies gilt nach der bundesgerichtlichen Rechtsprechung auch für den Fall eines Nutzniessungsverhältnisses. Wer Gratisaktien oder Gratispartizipationsscheine aufgrund von vorgängig erworbenen Bezugsrechten bezogen hat, ist nicht zur Rückforderung der Verrechnungssteuer berechtigt; er hat durch den Bezug auch kein steuerbares Einkommen realisiert. Richtigerweise ist diesem Umstand bei der Festsetzung des Kaufbzw. Verkaufspreises beim Handel mit Bezugsrechten Rechnung zu tragen. Zur Rückforderung der auf Gratisliberierungen angefallenen Verrechnungssteuer im Falle des Mantelhandels ist berechtigt, wer im Zeitpunkt der Verminderung des Verlustvortrages durch Geschäftsgewinne Aktionär war.

5. Gültigkeit des Merkblattes

Das vorliegende Merkblatt S-027.289.1 gilt ab sofort und ersetzt das Merkblatt S-027.289 vom November 1974 (Neudruck vom September 1985).

Treuhandverhältnisse

Quelle: Eidg. Steuerverwaltung ESTV/HA Direkte Bundessteuer, Verrechnungssteuer, Stempelabgaben

Treuhand

Merkblatt: Treuhandverhältnisse

(Oktober 1967; Nachdruck 1993)

In Handel und Wirtschaft sind heute Treuhandverhältnisse häufig anzutreffen. Ueber die **Treuhandkonti bei Banken** hat die Abteilung Stempelabgaben und Verrechnungssteuer am 31. Mai 1965 ein Merkblatt (S-02.101) herausgegeben, das die Anforderungen umschreibt, die an den Nachweis der Treuhand gestellt werden. Andere Treuhandverhältnisse werden steuerrechtlich anerkannt, wenn die folgenden Bedingungen erfüllt sind:

A. Allgemeines

1. Treuhandvertrag

Es müssen **schriftliche** Abmachungen zwischen Treugeber und Treuhänder aus der Zeit der Begründung der Treuhand vorliegen. Der Treuhandvertrag hat den Namen und die genaue Adresse des Treugebers zu enthalten; die Nennung nur eines Beauftragten des Treugebers (z.B. eine Bank, eine liechtensteinische Anstalt) genügt nicht.

2. Bezeichnung des Treugutes

Das Treugut muss im Vertrag genau umschrieben sein, gegebenenfalls durch Angabe der einzelnen Bestandteile (Bezeichnung der Wertschriften mit Nummern usw.). Für jede Vermehrung ist ein neuer Vertrag oder mindestens ein Vertragszusatz zu erstellen. Aenderungen in der Zusammensetzung des Treugutes (Vermögensumschichtungen, Verkäufe, Rückzahlungen, Neuanlagen usw.) müssen belegt werden können.

3. Risiken und Kosten

Dem Treuhänder dürfen aus der Anlage, der Verwaltung und der Veräusserung des Treugutes keine Risiken erwachsen; alle daherigen Kosten und andern Lasten (Abschreibungen, Verluste usw.) sind ausschliesslich vom Treugeber zu tragen. Das muss im Treuhandvertrag ausdrücklich festgehalten sein.

4. Entschädigung

Der Treuhänder soll vom Treugeber eine Entschädigung (Treuhandkommission) erhalten, die den für derartige Dienstleistungen handelsüblichen Ansätzen entspricht. Erfahrungsgemäss richtet sie sich nach dem Umfang der vom Treuhänder zu leistenden Dienste. Der Satz der Kommission und die Berechnungsgrundlage können daher verschieden sein, je nach Art, Bedeutung und Standort des Treugutes. Die Bedingungen der Treuhandentschädigung sind im Vertrag genau festzuhalten.

5. Bilanzen

Aus den der Steuerverwaltung einzureichenden Bilanzen des Treuhänders soll klar ersichtlich sein, dass er Vermögenswerte treuhänderisch besitzt; die Treuhandkonti sind unter den Aktiven und den Passiven, oder "unter dem Strich", als solche aufzuführen.

6. Buchhaltung

Ueber das Treugut sowie die Ansprüche und Verpflichtungen des Treugebers sind in der Buchhaltung des Treuhänders besondere Konti zu eröffnen und zu führen, die der Steuerbehörde jederzeit genauen Aufschluss über die Zusammensetzung und die Veränderung des Treugutes und die wechselseitigen Verpflichtungen der Beteiligten geben.

Hinweise:

7. Verrechnungssteuer

Der Treuhänder hat keinen Anspruch auf Rückforderung der von den Erträgen des Treugutes abgezogenen Verrechnungssteuer (Art. 61 der Vollziehungsverordnung zum Bundesgesetz über die Verrechnungssteuer vom 19. Dezember 1966).

8. Ausländische Quellensteuern (Doppelbesteuerungsabkommen)

Fliessen Treuguterträge aus Anlagen in Ländern, mit denen die Schweiz ein Doppelbesteuerungsabkommen abgeschlossen hat, so kann der Treuhänder die in den Abkommen vorgesehene Quellensteuerentlastung nicht beanspruchen.

B. Wertschriften, Beteiligungen oder Guthaben als Treugut

Besteht das Treugut aus Wertschriften, Beteiligungen oder Forderungen (eine Forderung kann nicht Treugut sein, wenn Treugeber und Darlehensschuldner identisch sind), so müssen neben den allgemeinen (Abschnitt A) noch die folgenden besonderen Bedingungen erfüllt sein:

9. Auskünfte

Es müssen vorgelegt werden können:

a) die Kaufsabrechnungen (Börsenabrechnungen), die Liberierungsabrechnungen usw.;

b) für ausländische, nicht kotierte Wertschriften und Beteiligungen:
  - die Gründungsurkunde der ausländischen Gesellschaft oder ähnliche Schriftstücke, welche die Eintragung in ein öffentliches Register belegen;
  - die letzte vor dem Kauf oder vor der Zeichnung einer Kapitalerhöhung abgeschlossene Jahresrechnung (Geschäftsbericht) der Gesellschaft sowie alle Unterlagen, die eine Bewertung der treuhänderisch erworbenen Beteiligungen ermöglichen.

Die Vorlagepflicht gemäss lit. b gilt auch in bezug auf Anlagen bei Gesellschaften, die, wie beispielsweise die italienischen Kommanditgesellschaften (Società in accomandita semplice, S.a.s.), nach dem zutreffenden Landesrecht nicht verpflichtet sind, den Steuerbehörden ihre Bilanzen und Gewinn- und Verlustrechnungen vorzulegen.

10. Entschädigung

Bei der Festsetzung der dem Treuhänder zustehenden Entschädigung sind die unter Abschnitt A, Ziffer 4 erwähnten allgemeinen Grundsätze zu beachten.
Die Kommission ist jährlich zu berechnen

a) bei Forderungen auf dem Nominalbetrag,

b) bei Wertschriften und Beteiligungen auf dem Börsenwert oder, wenn sie nicht kotiert sind, auf dem Verkehrswert.

Die Treuhandkommission soll dem Treuhänder erlauben, alle seine Auslagen (Verwaltungsratshonorar, Bürospesen, Domizilgebühr usw.) zu decken, und ihm zudem für seine Dienstleistungen einen **Nettoertrag** sichern, der **mindestens** beträgt:

2 o/oo auf den ersten	Fr. 10'000'000.—	(oder Bruchteilen) des Treugutes,
1,5 o/oo auf den zweiten	Fr. 10'000'000.—	(oder Bruchteilen) und
1 o/oo auf den	Fr. 20'000'000.—	übersteigenden Werten.

C. Liegenschaften als Treugut

(Die nachfolgenden Darlegungen gelten nicht für Liegenschafts-Anlagefonds; vgl. Art. 31, Abs. 2, lit. a des Anlagefonds-Gesetzes.)

11. Liegenschaftseigentümer ist zivilrechtlich der im Grundbuch Eingetragene, selbst dann, wenn er nur als Treuhänder handelt. Der Treugeber hat kein dingliches Recht, sondern nur eine (obligationenrechtliche) Forderung gegenüber dem Treuhänder. Nach derzeitiger Praxis und bis auf weiteres wird steuerlich anerkannt, dass eine schweizerische juristische Person, die im Grundbuch als Eigentümerin eingetragen ist, das Eigentum auch nur treuhänderisch innehaben kann. Die Eidg. Steuerverwaltung behält sich indessen eine Praxisänderung vor, falls sie Missbräuche feststellen sollte.

Neben den allgemeinen (Abschnitt A) müssen noch die folgenden besonderen Bedingungen erfüllt sein:

12. Hypothekarische Belastung

Die Grundpfandschulden dürfen 50 % des Liegenschaftswertes (Verkehrswert) nicht übersteigen.

13. Auskünfte

Es müssen vorgelegt werden können:

- die Kaufverträge (Originale oder beglaubigte Abschrift);
- die bereinigten Grundbuchauszüge;
- die Versicherungspolicen (Feuer-, Schaden-, Haftpflichtversicherung);
- die mit dem An- und Verkauf der Liegenschaft zusammenhängenden Steuerrechnungen und -quittungen;
- eine Aufstellung der auf das Grundstück errichteten Grundpfänder, mit Angabe des Ranges, der Bedingungen und der Schuldsumme;
- die zwischen Käufer und Verkäufer gegebenenfalls abgeschlossenen Zusatzverträge oder anderen den Kaufvertrag ergänzenden Vereinbarungen (insbesondere wenn der Verkäufer und der Aktionär der schweizerischen Gesellschaft nicht identisch sind);
- für Liegenschaften in Italien: die von der "Direzione Generale delle Tasse e delle Imposte Indirette sugli Affari" ausgestellten "avvisi di accertamento di valore" sowie die Angabe des endgültig festgesetzten Wertes.

14. Entschädigung

Die jährliche Treuhandkommission berechnet sich unter Beachtung der Grundsätze von Abschnitt A, Ziffer 4 auf dem Verkehrswert der Liegenschaft. Sie soll dem Treuhänder erlauben, alle seine Auslagen (Verwaltungsratshonorar, Bürospesen, Domizilgebühr usw.) zu decken, und ihm zudem für seine Dienstleistungen einen **Nettoertrag** sichern, der **mindestens** beträgt:

2 o/oo auf den ersten	Fr. 10'000'000.—	(oder Bruchteilen) des Treugutes,
1,5 o/oo auf den zweiten	Fr. 10'000'000.—	(oder Bruchteilen) und
1 o/oo auf den	Fr. 20'000'000.—	übersteigenden Werten.

D. Treugüter anderer Art

15. Treuhandverhältnisse, die sich auf Handelsgeschäfte, auf immaterielle Güter (Rechte an geistigem Eigentum) oder auf andere vertragliche Rechte beziehen, werden von der Eidgenössischen Steuerverwaltung nicht generell, sondern nur von Fall zu Fall und unter den von ihr festgelegten Bedingungen und Auflagen anerkannt und sind ihr vor Abschluss des Rechtsgeschäftes zu unterbreiten. Steuerlich **nicht anerkannt** werden angebliche Treuhandverhältnisse dann,

wenn ihnen keine ernsthaften wirtschaftlichen Motive zu Grunde liegen;

wenn der "Treuhänder" gleichzeitig als Käufer und Verkäufer für Rechnung des "Treugebers" handelt;

wenn der "Treuhänder" die versprochenen Dienste, weil er selber sie nicht leisten kann, durch den "Treugeber" besorgen lässt, z.B. weil der "Treuhänder" nicht über die Kenntnisse, das Personal, die technischen und andern Einrichtungen verfügt, um die ihm nach dem "Treuhandverhältnis" obliegenden Dienste zu erbringen.

Treuhandkonto

Quelle: Eidg. Steuerverwaltung ESTV/HA Direkte Bundessteuer, Verrechnungssteuer, Stempelabgaben

Treuhand

Merkblatt: "Treuhandkonto"

(vom 31. Mai 1965; Auflage 1993)

1. Schaltet sich bei Darlehen eine Bank als Treuhänderin des Gläubigers ein, so wird grundsätzlich die Bank aus der treuhänderischen "Entgegennahme" von Geldern nicht verrechnungssteuerpflichtig; denn der Treugeber begründet nicht ein (echtes) Kundenguthaben. Das gilt allerdings nur dann, wenn nach dem wahren Inhalt des Geschäftes eine Treuhandschaft vorliegt und wenn sie auf ernsthaften wirtschaftlichen Gründen beruht. So kann beispielsweise von Treuhand keine Rede sein und wird ihr die **steuerliche Anerkennung** versagt, wo der angebliche Treugeber und der Darlehensschuldner identisch sind.

2. Nach ständiger Praxis werden an den **Nachweis** einer Treuhandschaft die folgenden Anforderungen gestellt:

   a) Es müssen schriftliche und unterzeichnete Abmachungen zwischen Treugeber und Bank aus der Zeit der Begründung der Treuhandschaft vorliegen. Der Treuhandvertrag hat sowohl den Treugeber als auch den Darlehensnehmer zu nennen (Personalien, Adresse), wobei die Angabe eines blossen Beauftragten (z.B. einer Dritt-Bank) nicht genügt.

   b) Nach den getroffenen Abmachungen muss jedes Risiko der Bank aus dem treuhänderisch besorgten Geschäft ausgeschlossen sein, so dass dieses ausschliesslich auf Rechnung und Gefahr des Treugebers geht; das setzt voraus, dass der Inhalt des Treuhandvertrages insbesondere bezüglich Valuta, Zinssatz, Laufzeit, Kündigung und Rückzahlungsbedingungen mit den entsprechenden Klauseln des Darlehensvertrages übereinstimmt.

   c) Die vom Darlehensnehmer geleisteten Zinsen sind vollständig, gegebenenfalls gekürzt um die von ihm geschuldeten und zu überwälzenden Quellensteuern, dem Treugeber gutzuschreiben; die Treuhandkommission der Bank und die ihr zustehende Entschädigung für Spesen u.dgl. dürfen nicht in Form eines Zinsschnittes bezogen werden, sondern sind gesondert zu verbuchen.

3. Im Interesse einer reibungslosen **Kontrolle** sind gemäss den Regeln der ordnungsgemässen **Buchführung** die "Treuhand-Konti" gesondert zu führen; insbesondere sind die entgegengenommenen und weitervergüteten Darlehenszinsen nicht im ordentlichen Zinsenkonto als Kreditoren- und Debitorenzinsen zu verbuchen. Es versteht sich, dass die schriftlichen **Unterlagen** des Treuhandgeschäftes unseren Inspektoren auf Verlangen **vorzulegen** sind. Wird der Treugeber oder Darlehensnehmer in den Dokumenten oder Büchern durch einen Decknamen oder eine Nummer u.dgl. gekennzeichnet, so sind auf besonderes Verlangen die Personalien zu offenbaren.

Präponderanzmethode

Quelle: Eidg. Steuerverwaltung ESTV/HA Direkte Bundessteuer

Direkte Bundessteuer Bern, 12. November 1992

MERKBLATT

Einkommen aus selbständiger Erwerbstätigkeit nach Artikel 18 DBG

Ausdehnung der Kapitalgewinnsteuerpflicht, Übergang zur Präponderanzmethode und deren Anwendung

1. Ausdehnung der Kapitalgewinnsteuerpflicht auf nicht buchführungspflichtige Selbständigerwerbende

Kapitalgewinne auf Geschäftsvermögen nicht buchführungspflichtiger Selbständigerwerbender (Handwerksbetriebe, Freierwerbende usw.) unterliegen ab 1. Januar 1995 neu der Einkommenssteuerpflicht. Dabei stellt sich die Frage, wie die bestehenden stillen Reserven zu behandeln sind.

Der steuerbare Kapitalgewinn besteht im Unterschiedsbetrag zwischen dem Einkommenssteuerwert (steuerlich massgebender Buchwert) und dem höheren Veräusserungserlös oder dem Verkehrswert des Vermögensgegenstandes im Zeitpunkt der Realisation (Veräusserung, Verwertung, buchmässige Aufwertung und Privatentnahme). Dieser Betrag wird auch als steuerlich massgebende stille Reserve bezeichnet. Er umfasst sowohl den Wertzuwachs als auch die wiedereingebrachten Abschreibungen.

Die nach Inkrafttreten des DBG realisierten Kapitalgewinne auf Geschäftsvermögen sind vollumfänglich steuerbar. In die Bemessung des steuerbaren Einkommens fallen demnach auch jene realisierten stillen Reserven, die vor Inkrafttreten des DBG entstanden sind.

Aufwertungen, die vor Inkrafttreten des DBG vorgenommen wurden, müssen in einer nach kaufmännischer Art geführten Buchhaltung (Art. 957 ff. OR) verbucht worden sein, um steuerlich anerkannt zu werden. Es gilt somit das Massgeblichkeitsprinzip der Handelsbilanz für die Steuerbilanz.

Für die erstmalige ordentliche Ermittlung des Einkommens aus selbständiger Erwerbstätigkeit nach dem Bestimmungen des DBG ist das durchschnittliche Einkommen der in den Jahren 1993 und 1994 abgeschlossenen Geschäftsjahre massgebend. Die in diesen Geschäftsjahren erzielten Kapitalgewinne auf Geschäftsvermögen sind daher steuerbar. Bei Aufhören der Steuerpflicht oder bei Vornahme einer Zwischenveranlagung nach Artikel 96 BdBSt in der Steuerperiode 1993/94 sind dagegen noch die Bestimmungen des BdBSt anzuwenden (Art. 43 Abs. 1 i.V.m. Art. 21 Abs. 1 Bst. d und f BdBSt).

2. Übergang von der Wertzerlegungs- zur Präponderanzmethode für gemischt genutzte Vermögenswerte

Dieser Übergang hat zur Folge, dass zu Beginn der Bemessungsperiode für die Steuerperiode 1995/96 Gewissheit darüber bestehen muss, ob gemischt genutzte Vermögenswerte, insbesondere Liegenschaften, als Geschäftsvermögen oder als Privatvermögen gelten. Zudem stellt sich die Frage, wie die an diesem Stichtag vorhandenen stillen Reserven

- auf dem geschäftlichen Teil von Liegenschaften, die nach DBG ganz als Privatvermögen gelten,
- auf dem privaten Teil von Liegenschaften, die nach DBG ganz als Geschäftsvermögen gelten,

zu behandeln sind.

2.1 Allgemeines zur Abgrenzung Geschäfts-/Privatvermögen

Die Abgrenzung zwischen Privat- und Geschäftsvermögen erfolgt nach Inkrafttreten des DBG grundsätzlich nach den gleichen Kriterien, wie sie in der Praxis und Rechtsprechung zum BdBSt entwickelt wurden. Gemischt genutzte Liegenschaften, für die bisher die Wertzerlegungsmethode Anwendung fand (Merkblatt der ESTV vom 23.7.1969), werden hingegen neu in ihrer Gesamtheit dem Geschäftsvermögen oder Privatvermögen zugeordnet. Sie gelten dann als vorwiegend der selbständigen Erwerbstätigkeit dienend, wenn ihre geschäftliche Nutzung die private Nutzung überwiegt. Für diesen

Vergleich sind i.d.R. alle auf den geschäftlich genutzten Liegenschaftsteil entfallenden Erträge ins Verhältnis zum gesamten Liegenschaftsertrag zu setzen. Allenfalls können andere für die Abgrenzung geeignete Kriterien herangezogen werden (z.B. Fläche, Rauminhalt, Gewährung von Abschreibungen in Grenzfällen). Beträgt der Anteil der geschäftlichen Nutzung mehr als 50 Prozent, liegt eine vorwiegend geschäftliche Nutzung vor.

Der gesamte Liegenschaftsertrag setzt sich aus den auf die gesamte Liegenschaft entfallenden Einkünften gemäss Artikel 21 DBG unter Einbezug des Eigenmietwertes für den geschäftlich genutzten Liegenschaftsteil zusammen. Der Eigenmietwert für den am Wohnsitz selbstbewohnten Liegenschaftsteil ist für diese Berechnung ohne Einschlag wegen tatsächlicher Unternutzung (Art. 21 Abs. 2 DBG) festzusetzen.

Die auf den geschäftlich genutzten Liegenschaftsteil entfallenden Erträge setzen sich aus dem Eigenmietwert und allen übrigen Einkünften nach Artikel 21 DBG für den geschäftlich genutzten Teil zusammen. Die Festsetzung des Eigenmietwertes für den geschäftlich genutzten Liegenschaftsteil hat zum Marktwert zu erfolgen (Art. 21 Abs. 2 i.V.m. Art. 16 Abs. 2 DBG). Ein Einschlag wegen tatsächlicher Unternutzung entfällt.

2.2 Gemischt genutzte Liegenschaften, die nach DBG als Geschäftsvermögen gelten

Liegenschaften, die vorwiegend der selbständigen Erwerbstätigkeit dienen, werden nach Inkrafttreten des DBG vollumfänglich dem Geschäftsvermögen zugeordnet. Kapitalgewinne aus Veräusserung, Verwertung oder buchmässiger Aufwertung solcher Liegenschaften werden nicht mehr in einen privaten (steuerfreien) und einen geschäftlichen (steuerbaren) Teil zerlegt, sondern in ihrer Gesamtheit der Einkommenssteuer unterworfen. In die Bemessung dieser Kapitalgewinne fallen demnach auch die auf dem privaten Liegenschaftsteil vor dem Wechsel zum DBG entstandenen stillen Reserven.

Eine buchmässige Aussonderung privat genutzter Liegenschaftsteile vor Inkrafttreten des DBG wird steuerlich nur dann anerkannt, wenn auch eine grundbuchrechtliche Verselbständigung erfolgte.

Als Einkommenssteuerwert vorwiegend geschäftlich genutzter Liegenschaften gilt nach Inkrafttreten des DBG der um den Anlagewert (Gestehungskosten) des privat genutzten Teils erhöhte bisherige Einkommenssteuerwert des geschäftlich genutzten Teils. War die Liegenschaft bisher in ihrer Gesamtheit in der Buchhaltung enthalten, entspricht dieser Wert dem bisherigen Buchwert. Allfällige buchmässige Aufwertungen auf dem privat genutzten Liegenschaftsteil vor Inkrafttreten des DBG bleiben für den Einkommenssteuerwert unbeachtlich, weil die nach altem Recht zur Anwendung gelangende Wertzerlegungsmethode den privaten Bereich einkommenssteuerunwirksam liess.

2.3 Gemischt genutzte Liegenschaften, die nach DBG als Privatvermögen gelten

Liegenschaften, die vorwiegend privat genutzt werden, sind nach Inkrafttreten des DBG vollumfänglich dem Privatvermögen zuzurechnen. Der systembedingte Wechsel der bisher dem Geschäftsvermögen zugerechneten Liegenschaftsteile in das Privatvermögen stellt mangels einer gesetzlichen Grundlage keinen Realisationstatbestand dar und erfolgt einkommenssteuerneutral.

3. Erläuterungen zur Anwendung der Präponderanzmethode

3.1 Zuordnung gemischt genutzter Liegenschaften zum Geschäfts- oder Privatvermögen

Für die Zuordnung sind die Verhältnisse in der Bemessungsperiode massgebend. Dabei ist gemäss Ziffer 2.1 dieses Merkblattes vorzugehen.

3.2 Auswirkungen der steuerlichen Zuordnung gemischt genutzter Liegenschaften auf die Ermittlung des Reineinkommens

Zur Ermittlung des Reineinkommens werden für gemischt genutzte Liegenschaften die Aufwendungen und Kosten - je nach Zuordnung der Liegenschaft zum Geschäfts- oder Privatvermögen - entweder ausschliesslich nach den Artikeln 27 - 29 DBG oder ausschliesslich nach Artikel 32 DBG abgezogen.

Der Ertrag aus **vorwiegend der selbständigen Erwerbstätigkeit dienenden Liegenschaften** fällt - unter Einbezug der Erträge aus dem privat genutzten Teil - in die Berechnung des Einkommens aus selbständiger Erwerbstätigkeit. Davon können für die gesamte Liegenschaft die geschäfts- oder berufsmässig begründeten Kosten nach den Artikeln 27 - 29 DBG und die aus der Finanzierung der Liegenschaft anfallenden Schuldzinsen nach Artikel 33 Absatz 1 Buchstabe a DBG abgezogen werden. Der Abzug für den Liegenschaftsunterhalt erfolgt zu den tatsächlichen Kosten. Der Pauschalabzug nach Artikel 32 Absatz 4 DBG ist ausgeschlossen.

Beispiel: Vorwiegend geschäftlich genutzte Liegenschaft

	Fr.	Fr.	Fr.
Einkommenssteuerwert der Liegenschaft			1 250 000
Abschreibungssatz: 3 %			
Hypothekardarlehen zu 8 %			250 000
Betriebserfolg (ohne Liegenschaftsrechnung, aber nach Belastung eines Mietwertes von Fr. 36 000.-- für den geschäftlich genutzten Liegenschaftsteil)			100 000
Geschäftliche Liegenschaftsrechnung:			
Mietwert für geschäftliche Nutzung		36 000	
Mietwert für private Nutzung		24 000	
Liegenschaftsbruttoertrag		60 000	
Effektive Unterhalts- und Betriebskosten	9 000		
Privatanteil Betriebskosten (Heizkosten, Strom, Reinigung usw.)	- 3 000		
	6 000	- 6 000	
Hypothekarzinsen		- 20 000	
Abschreibung (3 % vom Einkommenssteuerwert)		- 37 500	
Saldo der Liegenschaftsrechnung		- 3 500	- 3 500
Reineinkommen aus selbständiger Erwerbstätigkeit			96 500

Der Ertrag aus **vorwiegend privat genutzten Liegenschaften** fällt - unter Einbezug des Eigenmietwertes vom geschäftlich genutzten Teil - in die Berechnung des Einkommens aus privatem, unbeweglichen Vermögen. Davon können die Kosten nach Artikel 32 DBG und die aus der Finanzierung der Liegenschaft anfallenden Schuldzinsen nach Artikel 33 Absatz 1 Buchstabe a DBG abgezogen werden. Der Abzug von Abschreibungen und Rückstellungen auf dem geschäftlich genutzten Teil ist ausgeschlossen. Vom Einkommen aus selbständiger Erwerbstätigkeit wird demgegenüber der in der privaten Liegenschaftsrechnung enthaltene Eigenmietwert für den geschäftlich genutzten Teil in Abzug gebracht. Diese Abgrenzung ist im Hinblick auf die Berechnung allfälliger Verlustüberschüsse (Art. 31 DBG) und die Meldung des AHV-pflichtigen Einkommens von Bedeutung.

Beispiel: Vorwiegend privat genutzte Liegenschaft

	Fr.	Fr.
Alter des Gebäudes: 15 Jahre		
Hypothekardarlehen zu 8 %		250 000
Betriebserfolg (ohne Liegenschaftsrechnung, aber nach Belastung eines Mietwertes von Fr. 20 000.-- für den geschäftlich genutzten Liegenschaftsteil)		100 000
Private Liegenschaftsrechnung:		
Mietwert für private Nutzung	40 000	
Mietwert für geschäftliche Nutzung	20 000	
Liegenschaftsbruttoertrag	60 000	
Pauschale Unterhaltskosten (20 % des Liegenschaftsertrages)	- 12 000	
Hypothekarzinsen	- 20 000	
Einkommen aus privater Liegenschaft	28 000	28 000

3.3 Wechsel in der steuerlichen Zuordnung gemischt genutzter Liegenschaften

Gemäss Artikel 18 Absatz 2 DBG ist die Überführung von Geschäftsvermögen in das Privatvermögen der Veräusserung gleichgestellt. Die Differenz zwischen dem Einkommenssteuerwert und dem höheren Verkehrswert der gesamten Liegenschaft unterliegt dabei als Kapitalgewinn der Einkommenssteuer.

Eine Überführung vom Geschäfts- ins Privatvermögen liegt auch dann vor, wenn die überwiegende Nutzung der Liegenschaft vom geschäftlichen zum privaten Teil wechselt und sich diese Änderung als dauerhaft (i.d.R. 2 Jahre) erweist. Dabei ist grundsätzlich auf die tatsächlichen Verhältnisse abzustellen. Bezeichnet der Steuerpflichtige eine gemischt genutzte Liegenschaft in Grenzfällen weiterhin als Geschäftsvermögen (Art. 125 Abs. 2 DBG), so ist er damit zu behaften. Der Kapitalgewinn wird in diesem Fall erst bei der Veräusserung der Liegenschaft oder bei der Aufgabe der selbständigen Erwerbstätigkeit erzielt und der Einkommenssteuer unterworfen. Das Verbleiben der Liegenschaft im Geschäftsvermögen und die damit verbundenen steuerlichen Folgen sind in einer schriftlichen Erklärung festzuhalten (Beilage).

Wechselt die überwiegende Nutzung der Liegenschaft vom privaten zum geschäftlichen Teil, liegt eine vom Steuerpflichtigen zu deklarierende Privateinlage vor (Art. 125 Abs. 2 DBG). Als Einkommenssteuerwert gilt dabei der Buchwert (Massgeblichkeitsprinzip), höchstens aber der Verkehrswert im Zeitpunkt des Übergangs vom Privat- ins Geschäftsvermögen.

Erklärung zur steuerlichen Zuordnung einer gemischt genutzten Liegenschaft

(Beilage zur Steuererklärung gemäss Art. 125 Abs. 2 DBG)

```
Name:        ..............................
Vorname:     ..............................
Adresse:     ..............................
Wohnort:     ..............................
AHV-Nr.:     ..............................
```

erklärt hiermit folgendes:

1. Die Liegenschaft

```
Strasse/Nr.:    ..............................
Gemeinde:       ..............................
Grundbuch-Nr.:  ..............................
```

   ist nur **vorübergehend vorwiegend privat genutzt**. Sie gilt weiterhin als Geschäftsvermögen nach Artikel 18 Absatz 2 DBG.

2. Gemäss Artikel 125 Absatz 2 DBG bin ich verpflichtet, einen späteren definitiven Wechsel zur vorwiegend privaten Nutzung als Privatentnahme zu verbuchen oder in einer Beilage zur Steuererklärung unaufgefordert zu melden.

3. Ich habe zur Kenntnis genommen, dass gemäss Artikel 18 Absatz 2 DBG ein Kapitalgewinn aus Veräusserung, Verwertung oder buchmässiger Aufwertung der oben aufgeführten Liegenschaft der Einkommenssteuer unterliegt. Der Veräusserung gleichgestellt ist die Überführung ins Privatvermögen (definitiver Wechsel zur vorwiegend privaten Nutzung; Geschäftsaufgabe). Der Kapitalgewinn bemisst sich im Unterschiedsbetrag zwischen dem Einkommenssteuerwert und dem Veräusserungserlös oder dem Verkehrswert im Zeitpunkt der Realisation.

```
Ort und Datum:   ..............................

Unterschrift:    ..............................
```

Beilage: *Erklärung zur steuerlichen Zuordnung einer gemischt genutzten Liegenschaft*

WL ESTV

Wegleitungen ESTV, SSK / Arbeitspapiere ESTV

Wegleitungen der Eidgenössischen Steuerverwaltung (ESTV) und der Schweizerischen Steuerkonferenz (SSK) und Arbeitspapiere der ESTV

Verhaltenskodex Steuern 2021		D15 Bewertung von Wertpapieren ohne Kurswert	D12
Kryptowährungen		D13 Neuer Lohnausweis	D11

WL ESTV

Wegleitungen ESTV, SSK / Arbeits-
papiere ESTV

Wegleitungen der eidgenössischen Steuerverwaltung (ESTV) und der
schweizerischen Steuerkonferenz (SSK) und Arbeitspapiere der ESTV

Verhaltenskodex Steuern 2021

Quelle: Eidg. Steuerverwaltung ESTV, Schweizerische Steuerkonferenz SSK, Expert Suisse, IFF-HSG

5. Oktober 2021

Grundsätze und Verhaltensregeln zu einem respektvollen Umgang zwischen den steuerpflichtigen Personen, den Steuervertretungen und den Steuerverwaltungen.

Präambel

Die schweizerische Steuerrechtspraxis ist geprägt von einem respektvollen Umgang zwischen den steuerpflichtigen Personen, den Steuervertretungen und den Steuerverwaltungen. Zu diesem respektvollen Umgang gehören ein offener und sachbezogener Austausch zwischen den beteiligten Parteien.

Deshalb halten die Eidg. Steuerverwaltung (ESTV), die Schweizerische Steuerkonferenz (SSK) sowie EXPERTsuisse zusammen mit dem IFF-HSG als Wissenschaftspartner Grundsätze und Verhaltensregeln schriftlich in Form eines Verhaltenskodex fest. Der Verhaltenskodex soll eine effiziente Anwendung der gesetzlichen Vorgaben ermöglichen und das historisch gewachsene Vertrauensverhältnis zwischen steuerpflichtigen Personen, Steuervertretungen und Steuerverwaltungen nachhaltig stärken. Der «Verhaltenskodex Steuern» richtet sich im Sinne von Empfehlungen an professionell im Steuerbereich tätige Personen, insbesondere Mitarbeitende der Steuerverwaltungen, Steuervertretungen und Unternehmen. Je mehr Parteien sich zur Anwendung bekennen, desto effektiver ist dessen Wirksamkeit. Die gesetzlichen Vorgaben gehen dem Verhaltenskodex in jedem Fall vor.

I. Geltungsbereich

Der Verhaltenskodex richtet sich an professionell im Steuerbereich tätige Personen, insbesondere Mitarbeitende der Steuerverwaltungen, Steuervertretungen und Unternehmen.

2. Allgemeine Leitlinien

- Menschen und Sachfragen voneinander getrennt behandeln
- In Diskussionen und Verfahren keinen übertriebenen Formalismus zeigen
- Unvoreingenommenheit im Urteil und im Handeln wahren
- Gewährleisten, dass ein Dialog geführt werden kann

3. Verhalten in den einzelnen Verfahrensschritten

3.1 Allgemeine Verhaltensgrundsätze

- Das Verhalten ist von gegenseitigem Respekt, Vertrauen und Fairness geprägt
  - *Respektvoller Umgang und natürliches Vertrauen zwischen den Parteien. Damit weder ein überhebliches, noch ein unnötig freund- oder feindseliges Auftreten an den Tag legen*
  - *Offenlegung der verfolgten Interessen, keine «hidden agenda»; vollständige, offene, sachliche und transparente Information*
  - *Beidseitige seriöse Vorbereitung und von Sach- und Fachkompetenz geprägte Diskussion über sowohl den Sachverhalt als auch die Auslegung und Anwendung von Gesetzesnormen*
  - *Keine unnötige Beanspruchung von Ressourcen der Steuerverwaltungen und der steuerpflichtigen Personen bzw. Steuervertretung (Verhältnismässigkeit und Effizienz, Aktenauflagen/Besprechungen nur sofern erforderlich)*
  - *Kein «Antwort-Shopping» bei mehreren Mitarbeitenden derselben Verwaltung*
  - *Offenlegung der bereits involvierten Behörden (Regulatoren, kantonale oder Bundessteuerbehörden) im In- und Ausland*
  - *Keine öffentliche Kritik an Mitarbeitenden von Steuerverwaltungen*
  - *Keine Stellungnahme seitens der Steuerverwaltung oder Steuervertretung zur Qualifikation/Kompetenz von Mitarbeitenden der Steuerverwaltung bzw. Steuervertretung gegenüber der steuerpflichtigen Person oder Dritten (Neutralität)*

- Die andere Partei nicht unter ungebührenden Druck setzen und keine Drohungen aussprechen, insbesondere:
  - *Keine unrealistischen Zeitvorgaben, sehr kurze Fristen nur in begründeten Einzelfällen*
  - *Organisatorische Zuständigkeiten respektieren*
  - *Keine Drohung mit Demarchen verwaltungsintern (Vorgesetzte, Geschäftsleitung, Departementsvorstand) oder verwaltungsextern (Aufsichtsbehörde, Parlament, Lobbying)*
  - *Keine Druckversuche mit wirtschaftlichen Konsequenzen (Weg- bzw. Umzug, Entlassungen usw.)*
  - *Keine Drohung mit trölerischer Prozessführung durch die steuerpflichtige Person bzw. Steuervertretung*
  - *Keine Drohung mit dem Ergreifen von Rechtsmitteln*

- Transparenz der Verwaltungspraxis sicherstellen
  - *Systematische Publikation der allgemeingültigen Verwaltungspraxis*
  - *Sich an Verwaltungspraxis halten*
  - *Rechtzeitige Ankündigung und Publikation von Praxisänderungen, sofern sich diese nicht aus einschlägigen Gerichtsentscheiden ergeben*
  - *Keine Konzessionen an eine steuerpflichtige Person, die gegenüber der Steuervertretung der steuerpflichtigen Person nicht auch eingeräumt würden und umgekehrt (Transparenz und Gleichbehandlung)*

- Fristen
  - *Behördlich angesetzte Fristen werden grundsätzlich einmalig ohne Begründungspflicht erstreckt. Keine systematischen Gesuche um Fristerstreckung*

- Dokumente, mit deren Eröffnung eine gesetzliche Frist ausgelöst wird, sind – soweit möglich und beeinflussbar – zu Zeiten zu versenden, die im Einzelfall für die steuerpflichtige Person bzw. Steuervertretung nicht zu wesentlichen Nachteilen führen. Dies gilt nicht für den Massenversand
- Bemühen um eine zügige Bearbeitung der Dossiers seitens der Steuerverwaltung und der steuerpflichtigen Personen bzw. Steuervertretung (bspw. Nachreichung von Unterlagen)

* Digitalisierung
  - Nutzung der vorhandenen Möglichkeiten zur digitalen Abwicklung der Verfahrensschritte

3.2 Steuererklärung im gemischten Verfahren

* Vollständige, wahrheitsgemässe Deklaration (inkl. obligatorische Belege)
* Möglichst frühzeitiges Einreichen der Steuererklärung
* Nur die Übermittlung von relevanten Belegen einfordern
* Einfacher, transparenter Steuererklärungsprozess
* Akzeptanz von individuellen Beilagen, sofern die veranlagungsrelevanten Angaben nicht in den offiziellen Steuererklärungsformularen deklariert werden können

3.3 Veranlagung im gemischten Verfahren

* Den steuerpflichtigen Personen bzw. Steuervertretungen angemessene Fristen bei der Anforderung von Dokumenten einräumen
* Rasche und vollständige Lieferung von eingeforderten Unterlagen
* Vollständige, wahrheitsgemässe Informationen
* Transparente, einfache Darlegung des Veranlagungsergebnisses
* Möglichst rasche Veranlagung

3.4 Steuervorbescheid (Steuerruling)

* Aktuelles und praktisches Interesse an Steuervorbescheid für einen konkreten Sachverhalt, d.h. keine Anfrage für rein hypothetische (d.h. nicht konkret geplante) oder bereits realisierte Einzelsachverhalte
* Vollständige, prägnante und auf die Fragen des vorliegenden Falles beschränkte Darstellung: alle Aspekte aufzeigen, die bei der steuerlichen Beurteilung zu berücksichtigen sind; die entscheidrelevanten Aspekte sind im Steuervorbescheid selbst und nicht nur in den Beilagen zu erwähnen
* Die Sachverhaltsermittlung und -darstellung ist Aufgabe der steuerpflichtigen Person bzw. der Steuervertretung (keine Delegation an Steuerverwaltung)
* Aufzeigen der massgeblichen (zivil- und steuerrechtlichen) Rechtsgrundlagen und rechtliche Würdigung des dargestellten Sachverhalts durch die steuerpflichtige Person oder Steuervertretung
* Möglichst frühzeitige Mitteilung, falls Kündigung des Steuervorbescheides durch Steuerverwaltung in Erwägung gezogen wird
* Nach bestem Wissen offenlegen, ob in anderen Steuerhoheiten bereits Steuervorbescheide vorliegen (inkl. Inhalt), Folgevorbescheide geplant sind oder ein gleicher Antrag unterbreitet worden ist
* Für das Verfahren vor der Eidgenössischen Steuerverwaltung findet die jeweils gültige Mitteilung für Steuervorbescheide/Steuerrulings Anwendung (siehe Mitteilung-011-DVS-2019-d vom 29. April 2019 – Formelles Verfahren für Steuervorbescheide/Steuerrulings in den Bereichen direkte Bundessteuer, Verrechnungssteuer und Stempelabgaben). Für den Bereich der MWST findet Art. 69 MWSTG Anwendung

3.5 Steuerprüfung

* Gegenseitige Kooperationsbereitschaft und wahrheitsgetreue Information
* Sauber aufgearbeitete Dokumentation einreichen / zur Verfügung stellen
* Falls notwendig zusätzliche Informationen zur Verfügung stellen bzw. für Fragen zur Verfügung stehen
* Möglichkeit zu den einzelnen Punkten bereits mündlich Stellung zu nehmen
* Keine unverhältnismässigen Informationsanfragen

3.6 Steuerzahlung (direkte Steuern)

- Möglichkeit einräumen, die von der Steuerverwaltung berechneten Akontozahlungen anpassen zu können, damit die Vorauszahlungen die wirtschaftliche Situation der steuerpflichtigen Person realistisch widerspiegeln
- Soweit gesetzlich zulässig, der steuerpflichtigen Person die Möglichkeit geben, einen Abzahlungsplan zu beantragen

3.7 Rechtsmittelverfahren

- Ergreifung eines Rechtsmittels hat keinen Einfluss auf das Verhalten der Steuerverwaltung im Umgang mit der steuerpflichtigen Person bei der Beurteilung von anderen Sachverhalten
- Rechtsschriften sind prägnant und konzis zu verfassen

Trägerschaft und Unterstützer siehe www.iff.unisg.ch/projects/verhaltenskodex

Kryptowährungen

Quelle: Eidgenössische Steuerverwaltung ESTV

Direkte Bundessteuer
Verrechnungssteuer
Stempelabgaben

Bern, 14. Dezember 2021

Arbeitspapier

Kryptowährungen und Initial Coin/Token Offerings (ICOs/ITOs) als Gegenstand der Vermögens-, Einkommens- und Gewinnsteuer, der Verrechnungssteuer und der Stempelabgaben

Inhaltsverzeichnis

1	**Einleitung**	3
2	**Zahlungs-Token**	4
2.1	**Vorbemerkungen**	4
2.2	**Steuerliche Behandlung**	4
2.2.1	Vermögenssteuer	4
2.2.2	Einkommenssteuer	4
2.2.3	Verrechnungssteuer	5
2.2.4	Stempelabgaben	6
3	**Anlage-Token**	6
3.1	**Vorbemerkungen**	6
3.2	**Steuerliche Behandlung von Fremdkapital-Token**	7
3.2.1	Gewinnsteuer	7
3.2.2	Verrechnungssteuer	7
3.2.3	Stempelabgaben	7
3.2.4	Vermögenssteuer	7
3.2.5	Einkommenssteuer	7
3.2.6	Verrechnungssteuer	8
3.2.7	Stempelabgaben	8
3.3	**Steuerliche Behandlung von Anlage-Token mit vertraglicher Grundlage**	8
3.3.1	Gewinnsteuer	9
3.3.2	Verrechnungssteuer	9
3.3.3	Stempelabgaben	10
3.3.4	Vermögenssteuer	10
3.3.5	Einkommenssteuer	10
3.3.6	Verrechnungssteuer	11
3.3.7	Stempelabgaben	11

3.4	**Steuerliche Behandlung von Anlage-Token mit Beteiligungsrechten**	**11**
3.4.1	Gewinnsteuer	12
3.4.2	Verrechnungssteuer	12
3.4.3	Stempelabgaben	12
3.4.4	Vermögenssteuer	12
3.4.5	Einkommenssteuer	12
3.4.6	Verrechnungssteuer	13
3.4.7	Stempelabgaben	13
4	**Nutzungs-Token**	**13**
4.1	**Vorbemerkungen**	**13**
4.2	**Steuerliche Behandlung von Nutzungs-Token**	**14**
4.2.1	Gewinnsteuer	14
4.2.2	Verrechnungssteuer	15
4.2.3	Stempelabgaben	15
4.2.4	Vermögenssteuer	15
4.2.5	Einkommenssteuer	15
4.2.6	Verrechnungssteuer	16
4.2.7	Stempelabgaben	16

1 Einleitung

Das Aufkommen und die Verbreitung von digitalen Zahlungsmitteln in der Form von Kryptowährungen – wie beispielsweise Bitcoin und zahlreiche Emissionen von Coins/Token im Rahmen von ICOs/ITOs/TGEs[1] – haben in jüngster Vergangenheit diverse Fragen zur steuerlichen Behandlung dieser Wertrechte aufgeworfen. Das vorliegende, aktualisierte Arbeitspapier legt die bisher von der Eidgenössischen Steuerverwaltung (ESTV) auf der Grundlage der bestehenden steuerrechtlichen Bestimmungen entwickelte Praxis dar. In Anlehnung an die FINMA-Wegleitung verwendet das aktualisierte Arbeitspapier neu die deutschen Begriffe Zahlungs-Token (vorher Payment-Token), Anlage-Token (vorher Asset-Token) und Nutzungs-Token (vorher Utility-Token). Zudem werden die Eigenkapital- und Partizipationstoken im Kapital 3.3 neu unter dem Begriff der Anlage-Token mit vertraglicher Grundlage zusammengefasst, da Funktionsweise und steuerliche Behandlung identisch sind. Das überarbeitete Arbeitspapier, welches die aktuelle Steuerpraxis basierend auf den der ESTV bis Ende Dezember 2020 unterbreiteten Sachverhalten und Transaktionen wiedergibt, enthält neu auch Ausführungen zur steuerlichen Behandlung von Anlage-Token mit Beteiligungsrechten. Ausserdem äussert sich das aktualisierte Arbeitspapier erstmals zur Frage, ob Anlagetoken mit vertraglicher Grundlage als Mitarbeiterbeteiligungen im Sinne von Artikel 17a des Bundesgesetzes vom 14. Dezember 1990 über die direkte Bundessteuer (DBG; SR 642.11) qualifizieren. Die Praxisfestlegungen der ESTV und der kantonalen Steuerbehörden werden sich weiterentwickeln und neuen Konstellationen im Bereich der ICOs/ITOs Rechnung tragen müssen. Falls erforderlich, erfolgt auch eine entsprechende Mitteilung der ESTV. Die in diesem Arbeitspapier verwendete Kategorisierung der Coins/Token orientiert sich an den drei Basiskategorien der Wegleitung der FINMA für Unterstellungsfragen betreffend Initial Coin Offerings (ICO) vom 16. Februar 2018. In der Praxis können auch Mischformen von Coins/Token (sogenannte hybride Token) auftreten.

Die Ausführungen im vorliegenden Arbeitspapier gliedern sich in zwei Teile. In einem ersten Teil wird die steuerliche Behandlung der Kryptowährungen in der Form von reinen digitalen Zahlungsmitteln (nachfolgend Zahlungs-Token) dargelegt, die von Investoren im Privatvermögen gehalten werden. Der zweite Teil befasst sich einerseits mit den Steuerfolgen der im Rahmen von ICOs/ITOs ausgegebenen Coins/Token mit geldwerten Rechten gegenüber einer Gegenpartei (nachfolgend Anlage-Token) und andererseits mit der Ausgabe von Nutzungs-Token. Der zweite Teil beleuchtet sowohl die Ebene des Investors (Privatvermögen oder ggf. unselbständige Erwerbstätigkeit) als auch diejenige des Emittenten. Auf Wunsch von kantonalen Steuerverwaltungen äussert sich das vorliegende Arbeitspapier auch zu Belangen der ausschliesslich kantonalen Vermögenssteuer.

Eine Leistung gilt im Zeitpunkt des Zuflusses (Vereinnahmung einer Leistung oder des Erwerbs eines festen Rechtsanspruchs auf eine Leistung) als realisiert.

Die steuerliche Gewinnermittlung richtet sich nach der handelsrechtskonformen Erfolgsrechnung (vgl. Art. 58 Abs. 1 DBG), sofern keine steuerrechtlichen Korrekturvorschriften vom handelsrechtlichen Gewinnausweis zu beachten sind (sog. Massgeblichkeitsprinzip). Handelsrechtlich nicht verbuchte Aufwendungen können steuerrechtlich nicht geltend gemacht werden.

Das vorliegende Arbeitspapier ersetzt dessen Ursprungsversion vom 27. August 2019.

Fragen können an folgende E-Mail-Adresse gestellt werden: krypto@estv.admin.ch

---

[1] ICO (Initial Coin Offering), ITO (Initial Token Offering) oder auch TGE (Token Generating Event) ist eine weitgehend unregulierte Methode des Crowdfundings, die von Firmen verwendet wird, deren Geschäftsmodell auf Kryptowährungen beziehungsweise Token basiert.

2 Zahlungs-Token

2.1 Vorbemerkungen

Zahlungs-Token (auch Payment-Token genannt) sind digitale Wertrechte, die in Abhängigkeit ihrer Verbreitung und Infrastruktur zum Einsatz als Zahlungsmittel geeignet sind. Der Emittent hat gegenüber dem Investor keine Verpflichtung zur Leistung einer bestimmten Zahlung oder Erbringung einer Dienstleistung.

2.2 Steuerliche Behandlung

2.2.1 Vermögenssteuer

Bei Zahlungs-Token in der Form von reinen digitalen Zahlungsmitteln handelt es sich um einen bewertbaren, beweglichen (handelbaren) und immateriellen Vermögenswert, der steuerrechtlich unter das bewegliche Kapitalvermögen zu subsumieren ist. Zahlungs-Token unterliegen folglich der kantonal geregelten Vermögenssteuer[2] und sind am Ende der Steuerperiode zum Verkehrswert[3] zu deklarieren. Ist kein aktueller Bewertungskurs ermittelbar, ist der Zahlungs-Token zum ursprünglichen Kaufpreis, umgerechnet in Schweizer Franken, zu deklarieren.

2.2.2 Einkommenssteuer

Das blosse Halten von über Kryptobörsen erworbenen Zahlungs-Token in der Form von reinen digitalen Zahlungsmitteln generiert in aller Regel keine Einkünfte oder Erträge, die der Einkommenssteuer und der Verrechnungssteuer unterliegen[4].

Werden einer Arbeitnehmerin bzw. einem Arbeitnehmer Lohnzahlungen oder Gehaltsnebenleistungen in Form von Zahlungs-Token ausgerichtet, handelt es sich um steuerbares Erwerbseinkommen[5], welches auf dem Lohnausweis (Ziffer 1 oder Ziffer 3) auszuweisen ist. Als Betrag aufzuführen ist der Wert im Zeitpunkt des Zuflusses (Vereinnahmung einer Leistung oder des Erwerbs eines festen Rechtsanspruchs auf eine Leistung), umgerechnet in Schweizer Franken.

Das Kaufen und Verkaufen von Zahlungs-Token ist steuerlich den Transaktionen mit herkömmlichen Zahlungsmitteln (Währungen) gleichzustellen. Die aus solchen Transaktionen resultierenden Gewinne und Verluste stellen bei natürlichen Personen im Privatvermögen grundsätzlich steuerfreie Kapitalgewinne oder nicht abzugsfähige Kapitalverluste dar[6]. Je nach Art, Umfang und Finanzierung der Transaktionen liegt keine private Vermögensverwaltung, sondern selbständige Erwerbstätigkeit vor. Im zweiten Fall gelten die Kapitalgewinne aus der Veräusserung von Zahlungs-Token als gewerbsmässig und unterliegen der Einkommenssteuer[7]. Verluste sind steuerlich abzugsfähig, wenn sie verbucht worden sind.

---

[2] Art. 13 Abs. 1 und Art. 14 Abs. 1 des Bundesgesetzes vom 14. Dezember 1990 über die Harmonisierung der direkten Steuern der Kantone und Gemeinden (StHG; SR 642.14)

[3] Die ESTV publiziert die Steuerwerte der verbreitetsten Kryptowährungen in der Kursliste. Für diejenigen Kryptowährungen, für die die ESTV keine Steuerwerte publiziert, kann der Marktwert einer der führenden Handelsplattformen verwendet werden

https://www.ictax.admin.ch/extern/de.html#/ratelist/2021

[4] Art. 16 Abs. 1 DBG e contrario und Art. 4 Abs. 1 des Bundesgesetzes vom 13. Oktober 1965 über die Verrechnungssteuer (VStG; SR642.21) e contrario

[5] Art. 17 Abs. 1 DBG

[6] Art. 16 Abs. 3 DBG und Art. 4 Abs. 1 VStG e contrario

[7] Art. 18 Abs. 2 DBG / analoge Anwendung der Kriterien gemäss Kreisschreiben Nr. 36 der ESTV betreffend den gewerbsmässigen Wertschriftenhandel vom 27. Juli 2012 [KS Nr. 36]

Beim Schürfen oder Mining von Zahlungs-Token (sogenannte **Proof of Work-Methode**) werden im weitesten Sinne Zahlungsmittel geschöpft. Der Arbeitsaufwand des Schürfens wird i.d.R. mit Zahlungs-Token entschädigt. Solche Token werden demzufolge nicht über eine Kryptobörse erworben, sondern stellen die Entschädigung für das Schürfen dar. Bei dieser Entschädigung handelt es sich um steuerbares Einkommen[8]. Sofern die allgemeinen Kriterien einer selbständigen Erwerbstätigkeit erfüllt sind, gelten solche Entschädigungen steuerlich als Einkommen aus selbständiger Erwerbstätigkeit[9].

Gleich wie beim Mining (**Proof of Work-Methode**) können auch beim Staking (**Proof of Stake-Methode**) neue Token geschaffen werden. Staking bedeutet, dass Token für einen bestimmten Zeitraum zu Sicherungszwecken in einer Proof of Stake-Blockchain aufbewahrt (gesperrt) werden. Für diesen Vorgang erhalten die Validatoren, welche ihre Token zur Verfügung stellen, eine Entschädigung. In der Praxis treten die Validatoren häufig in Form von Staking-Pools auf. Für die den Validatoren zur Verfügung gestellten Token, wird den einzelnen Investoren eine Entschädigung aus dem Staking-Pool ausgerichtet. Diese Entschädigung qualifiziert grundsätzlich als Ertrag aus beweglichem Vermögen (Art. 20 Abs.1 DBG). Als Betrag aufzuführen ist der Wert im Zeitpunkt des Zuflusses (Vereinnahmung einer Leistung oder des Erwerbs eines festen Rechtsanspruchs auf eine Leistung), umgerechnet in Schweizer Franken. Wird das Staking nicht über einen Staking-Pool betrieben, ist zu prüfen, ob bei der natürlichen Person, die als Validator fungiert, eine selbständige Erwerbstätigkeit vorliegt. Liegt eine solche vor, so sind diese Entschädigungen als Einkommen aus selbständiger Erwerbstätigkeit (Art. 18 Abs. 1 DBG) steuerbar.

Der Begriff „Airdrop" stammt aus dem Englischen und bedeutet so viel wie „Abwurf aus der Luft". Es geht dabei letztendlich darum, dass bestimmte Tokens gratis zugeteilt werden. Dabei erhält ein Inhaber einer Kryptowährung weitere Einheiten der Kryptowährung ohne eigenes Zutun. Er muss also nicht für die durch einen Airdrop erhaltene Kryptowährung bezahlen. Die Airdrops unterliegen im Zeitpunkt ihrer Zuteilung im Umfang ihres Verkehrswerts als Ertrag aus beweglichem Vermögen der Einkommenssteuer.

Von den Erträgen des beweglichen Vermögens können die Kosten, die mit der Erzielung des Einkommens in unmittelbarem Zusammenhang stehen und im Rahmen der Bewirtschaftung der Vermögensobjekte erforderlich sind, abgezogen werden (Art. 32 Abs. 1 DBG). Nicht abzugsfähig sind hingegen Transaktionskosten, die in direktem Zusammenhang mit dem Erwerb, der Umschichtung oder dem Verkauf der Vermögensobjekte stehen.

2.2.3 Verrechnungssteuer

Zahlungs-Token in der Form von reinen digitalen Zahlungsmitteln sind keine Steuerobjekte gemäss Art. 4 Abs. 1 VStG. Die Zahlungen sind daher keine der Verrechnungssteuer unterliegenden Erträge wie Zinsen auf Obligationen, Dividenden, Ausschüttungen kollektiver Kapitalanlagen und Zinsen auf Kundenguthaben[10]. Sie stellen auch keine Gewinne aus Geldspielen, Lotterien und Geschicklichkeitsspielen zur Verkaufsförderung dar[11]. Die Zahlungen unterliegen folglich nicht der Verrechnungssteuer.

---

[8] Art. 16 Abs. 1 DBG
[9] Art. 18 Abs. 1 DBG
[10] Art. 4 Abs. 1 VStG e contrario
[11] Art. 6 VStG e contrario

2.2.4 Stempelabgaben

Zahlungs-Token in der Form von reinen digitalen Zahlungsmitteln qualifizieren nicht als steuerbare Urkunden i.S. des Stempelgesetzes und sind infolgedessen weder Gegenstand der Emissionsabgabe[12] noch der Umsatzabgabe[13].

3 Anlage-Token

3.1 Vorbemerkungen

Im Gegensatz zu den Zahlungs-Token, verkörpern im Rahmen eines ICOs oder ITOs ausgegebene Anlage-Token geldwerte Rechte gegenüber der Gegenpartei bzw. des Emittenten. Die Rechte bestehen aus einer festen Entschädigung oder aus einer bestimmten, im Voraus festgelegten Partizipation des Investors an einem Referenzwert (beispielsweise einer Erfolgsgrösse) des Unternehmens des Emittenten. Die steuerrechtliche Einordnung eines Anlage-Token hängt massgeblich davon ab, wie das zivilrechtliche Rechtsverhältnis zwischen Investor und Emittent ausgestaltet ist. Sämtliche vertraglichen Verpflichtungen des Emittenten gegenüber dem Investor sind steuerlich zu beurteilen und für die einzelnen Steuerarten separat zu würdigen.

Die im Markt bislang in Erscheinung getretenen Token mit geldwerten Rechten lassen sich in die folgenden drei Kategorien einteilen:

1. Fremdkapital-Token: Diese Token beinhalten die rechtliche oder faktische Verpflichtung des Emittenten zur Rückzahlung des ganzen oder eines wesentlichen Teils der Investition sowie gegebenenfalls zur Leistung einer Zinszahlung.

2. Anlage-Token mit vertraglicher Grundlage[14]: Diese Token sehen keine Verpflichtung des Emittenten zur Rückzahlung der Investition vor. Das Anrecht des Investors bezieht sich auf einen verhältnismässigen Anteil an einer bestimmten Grösse des Emittenten (beispielsweise EBIT, Lizenzertrag oder Umsatz) oder auf eine Geldleistung, welche sich an einem bestimmten Verhältnis zum Gewinn und/oder Liquidationsergebnis bemisst.

3. Anlage-Token mit Beteiligungsrechten[15] : Diese Token stellen Beteiligungsrechte (beispielsweise Aktien und Partizipationsscheine) dar. Der anteilsmässige Anspruch auf Gewinn ist statutarisch geregelt.

Nachfolgend wird die steuerliche Behandlung der drei Token-Kategorien für die Ebenen Emittent und Investor (Privatvermögen) dargestellt. Für die Ebene des Emittenten wird die Annahme getroffen, dass es sich um eine Aktiengesellschaft mit steuerlicher Ansässigkeit in der Schweiz handelt.

---

[12] Art. 1 Abs. 1 Bst. a. des Bundesgesetzes vom 27. Juni 1973 über die Stempelabgaben (StG; SR 641.10) e contrario

[13] Art. 1 Abs. 1 Bst. b. StG e contrario

[14] Unter diesem neuen Begriff werden die bisher verwendeten Begriffe «Eigenkapital»- und «Partizipationstoken» zusammengefasst (vgl. Arbeitspapier Version 1 vom 27. August 2019)

[15] Dieser Begriff umfasst nicht nur Aktien, sondern auch Partizipationsscheine mit **und** ohne Mitgliedschaftsrechte. Im Bericht des Eidgenössischen Finanzdepartementes EFD vom 19. Juni 2020 zu einem allfälligen Anpassungsbedarf des Steuerrechts an Entwicklungen der Technik verteilter elektronischer Register (DLT/Blockchain) wurde noch der Begriff der «Anlage-Token mit Mitgliedschaftsrechten» verwendet, welcher sich für die Partizipationsscheine als zu eng erwies.

3.2 Steuerliche Behandlung von Fremdkapital-Token

Fremdkapital-Token werden im Rahmen einer kollektiven Mittelbeschaffung vom Emittenten ausgegeben. Sie lauten i.d.R. auf feste Beträge und gewähren Anspruch auf Rückzahlung der gesamten oder eines wesentlichen Teils der Investition und gegebenenfalls auf eine Zinszahlung. Sie dienen dem Gläubiger zum Nachweis, zur Geltendmachung oder zur Übertragung der Forderung.

Fremdkapital-Token sind steuerlich als Forderungspapiere (Obligationen) zu qualifizieren.

Steuerliche Behandlung Ebene Emittent

3.2.1 Gewinnsteuer

Die entgegengenommenen Mittel aus der kollektiven Mittelbeschaffung stellen keinen steuerbaren Ertrag dar und werden in der Bilanz als Fremdkapital ausgewiesen. Allfällige Zinszahlungen an die Investoren sind grundsätzlich geschäftsmässig begründeter Aufwand und somit steuerlich abzugsfähig[16].

3.2.2 Verrechnungssteuer

Zinsen in periodischer Form oder in der Form von Einmalentschädigungen auf Obligationen[17] unterliegen der Verrechnungssteuer[18].

3.2.3 Stempelabgaben

Die Ausgabe von Obligationen[19] ist von der Umsatzabgabe ausgenommen[20]. Der Handel mit Obligationen unterliegt demgegenüber grundsätzlich der Umsatzabgabe[21].

Steuerliche Behandlung Ebene Investor

3.2.4 Vermögenssteuer

Bei Fremdkapital-Token handelt es sich um bewegliches Kapitalvermögen, das Gegenstand der kantonalen Vermögenssteuer[22] ist. Das Vermögen ist am Ende der Steuerperiode zum Verkehrswert zu deklarieren. Ist kein aktueller Bewertungskurs ermittelbar, ist der Fremdkapital-Token, umgerechnet zum ursprünglichen Kaufpreis in Schweizer Franken zu deklarieren.

3.2.5 Einkommenssteuer

Im Zeitpunkt der Ausgabe der Fremdkapital-Token liegt eine einkommensneutrale Vermögensumschichtung vor. Zinsen in periodischer Form oder in der Form von Einmalentschädigungen

---

[16] Art. 58 Abs. 1 DBG und Art. 24 Abs. 1 StHG

[17] Art. 4 Abs. 1 Bst. a VStG i. V. m. Art. 15 Abs. 1 der Verordnung vom 19. Dezember 1966 über die Verrechnungssteuer (VStV; SR 642.211) sowie Kreisschreiben ESTV Nr. 47 der ESTV betreffend Obligationen vom 25. Juli 2019 (KS Nr. 47)

[18] Art. 4 Abs. 1 Bst. a VStG i. V. m. Art. 18f. VStV

[19] Art. 4 Abs. 3 StG

[20] Art. 14 Abs. 1 Bst. a StG

[21] Art. 13 Abs. 2 Bst. a Ziff. 1 StG

[22] Art. 13 Abs. 1 und Art. 14 Abs. 1 StHG

(Emissionsdisagio und/oder Rückzahlungsagio als Differenz zwischen Ausgabe- und Rückzahlungswert) auf Obligationen unterliegen im Zeitpunkt der Realisation der Einkommenssteuer[23].

Werden einer Arbeitnehmerin bzw. einem Arbeitnehmer Lohnzahlungen oder Gehaltsnebenleistungen in Form von Fremdkapital-Token ausgerichtet, handelt es sich um steuerbares Erwerbseinkommen[24], welches auf dem Lohnausweis (Ziffer 1 oder Ziffer 3) auszuweisen ist. Als Betrag aufzuführen ist der Verkehrswert im Zeitpunkt des Zuflusses (Vereinnahmung einer Leistung oder des Erwerbs eines festen Rechtsanspruchs auf eine Leistung), umgerechnet in Schweizer Franken.

Das Kaufen und Verkaufen von Fremdkapital-Token ist steuerlich den Transaktionen mit herkömmlichen Wertschriften gleichzustellen. Die aus solchen Transaktionen resultierenden Gewinne und Verluste stellen bei natürlichen Personen im Privatvermögen grundsätzlich steuerfreie Kapitalgewinne oder nicht abzugsfähige Kapitalverluste dar[25]. Je nach Art, Umfang und Finanzierung der Transaktionen liegt keine private Vermögensverwaltung, sondern selbständige Erwerbstätigkeit vor. Im zweiten Fall gelten die Kapitalgewinne aus der Veräusserung von Fremdkapital-Token als gewerbsmässig und unterliegen der Einkommenssteuer[26]. Verluste sind grundsätzlich steuerlich abzugsfähig, wenn sie verbucht worden sind.

3.2.6 Verrechnungssteuer

Zinsen in periodischer Form oder in der Form von Einmalentschädigungen auf Obligationen[27] unterliegen der Verrechnungssteuer[28].

3.2.7 Stempelabgaben

Der Handel mit Obligationen[29] unterliegt grundsätzlich der Umsatzabgabe[30], vorliegend zum Satz für inländische Urkunden.

3.3 Steuerliche Behandlung von Anlage-Token mit vertraglicher Grundlage

Anlage-Token mit vertraglicher Grundlage werden im Rahmen einer kollektiven Mittelbeschaffung vom Emittenten ausgegeben, ohne dass dabei (digitale) Beteiligungsrechte in der Form von Aktien, Partizipations- oder Genussscheinen begründet oder Obligationen oder Anteile an kollektiven Kapitalanlagen ausgegeben werden. Das Rechtsverhältnis zwischen dem Emittenten und dem Investor ist ein Vertragsverhältnis, das keinen Rückzahlungsanspruch der Investition vorsieht. Der Investor hat Anrecht auf eine Geldleistung, welche sich auf einen verhältnismässigen Anteil an einer bestimmten Grösse des Emittenten (beispielsweise EBIT, Lizenzertrag oder Umsatz) bezieht oder an einem bestimmten Verhältnis zum Gewinn bemisst. Der Anspruch des Investors auf eine jährliche Zahlung besteht unabhängig davon, ob der Emittent den Aktionären eine Dividende ausschüttet und hängt weder von den aktienrechtlichen Vorschriften über die gesetzlichen Reserven noch von einem Beschluss der Generalversammlung ab.

---

[23] Art. 20 Abs. 1 Bst. a oder b DBG, Art. 7 Abs. 1 StHG
[24] Art. 17 Abs. 1 DBG
[25] Art. 16 Abs. 3 DBG
[26] Art. 18 Abs. 2 DBG / sinngemässe Anwendung der Kriterien gemäss KS Nr. 36
[27] Art. 4 Abs. 1 Bst. a VStG i. V. m. Art. 15 Abs. 1 VStV / KS Nr. 47
[28] Art. 4 Abs. 1 Bst. a VStG
[29] Art. 4 Abs. 3 StG
[30] Art. 13 Abs. 2 Bst. a Ziff. 1 StG

Anlage-Token mit vertraglicher Grundlage gelten steuerlich als derivative Finanzinstrumente eigener Art (sui generis).

Steuerliche Behandlung Ebene Emittent

3.3.1 Gewinnsteuer

Wie unter Ziffer 3.3. hiervor ausgeführt, handelt es sich bei der Entgegennahme von Mitteln aus der kollektiven Mittelbeschaffung im Rahmen der Ausgabe von Anlage-Token mit vertraglicher Grundlage weder um Fremdkapital noch um Eigenkapital. Die zugeflossenen Mittel qualifizieren als steuerbarer Ertrag und sind im Zeitpunkt der Emission in der Erfolgsrechnung als Ertrag auszuweisen. Eine vertragliche Verpflichtung zur Umsetzung eines bestimmten Projekts rechtfertigt die aufwandswirksame Buchung einer Rückstellung. Die entsprechenden Verpflichtungen sind mittels Whitepaper oder sonstigen Verträgen und Businessplänen nachzuweisen. Nicht nachgewiesene Verpflichtungen gelten nicht als geschäftsmässig begründete Aufwendungen (Rückstellung). Die nicht mehr benötigten Rückstellungen sind nach der Go-Live-Phase erfolgswirksam aufzulösen.

Zahlungen aufgrund des Anrechts der Investoren auf eine Geldleistung, welche sich auf einen verhältnismässigen Anteil an einer bestimmten Grösse des Emittenten (beispielsweise EBIT, Lizenzertrag oder Umsatz) bezieht oder an einem bestimmten Verhältnis zum Gewinn bemisst, sind grundsätzlich als geschäftsmässig begründeter Aufwand, und somit steuerlich abzugsfähiger Aufwand[31], zu qualifizieren. Dies bedingt jedoch, dass nachgewiesen werden kann, wer die Leistungsempfänger im Zeitpunkt der Ertragsfälligkeit sind. Wird ferner einer oder werden beide unter Ziff. 3.3.2 hiernach erwähnten Schwellenwerte überschritten, bleibt eine Umqualifikation der entsprechenden Zahlungen als verdeckte Gewinnausschüttung vorbehalten.

Alternativ zur oben beschriebenen Verbuchung wird im konkreten Einzelfall und beim Vorliegen von Anlage-Token mit vertraglicher Grundlage auch die nachfolgend beschriebene Verbuchungsart steuerlich akzeptiert.[32] Die Verbuchung der im Rahmen des ICO vereinnahmten Mittel erfolgt in einem ersten Schritt im Konto «Vorauszahlungen ohne Rückerstattungsverpflichtung». Die laufenden Projektentwicklungskosten werden in einem Betriebsaufwandkonto erfasst. Anschliessend werden die Projektentwicklungskosten mit der Buchung «Selbst erarbeite Aktiven *an* Aktivierte Eigenleistung (Erfolgsrechnung)» aktiviert; dies, sofern die Aktivierungsvoraussetzungen erfüllt sind. Sind die Aktivierungsvoraussetzungen nicht erfüllt, erfolgt direkt eine Sollbuchung über das Konto «Vorauszahlungen ohne Rückerstattungsverpflichtung». In einem zweiten Schritt wird der Saldo des Kontos «selbst erarbeitete Aktiven» mit dem Saldo des Kontos «Vorauszahlung ohne Rückerstattungsverpflichtung» verrechnet. Betreffend die geschäftsmässige Begründetheit des Kontos «Vorauszahlungen ohne Rückerstattungsverpflichtung» werden analoge Voraussetzungen wie an den Nachweis einer Rückstellung gestellt.

3.3.2 Verrechnungssteuer

Erträge aus Anlage-Token mit vertraglicher Grundlage sind keine Steuerobjekte gemäss Art. 4 Abs. 1 VStG. Die Zahlungen sind daher keine der Verrechnungssteuer unterliegenden Erträge wie Zinsen auf Obligationen, Dividenden, Ausschüttungen kollektiver Kapitalanlagen und Zinsen auf Kundenguthaben[33]. Sie stellen auch keine Gewinne aus Geldspielen, Lotterien und Geschicklichkeitsspielen zur Verkaufsförderung dar[34].

---

[31] Art. 58 Abs. 1 DBG und Art. 25 StHG
[32] Expertsuisse: Ausgewählte Fragen und Antworten zum neuen Rechnungslegungsrecht (mit letzter Änderung vom 30.04.2019), neue Frage 10.3 "Verbuchung von ICOs mit Herausgabe von Asset Token"
[33] Art. 4 Abs. 1 VStG e contrario
[34] Art. 6 VStG e contrario

Die ESTV behält sich vor, die Verrechnungssteuer zu erheben, sofern zumindest einer der zwei nachfolgenden Schwellenwerte nicht eingehalten wird:

1. Die Aktionäre und ihnen nahestehende Personen dürfen im Zeitpunkt der jeweiligen Ertragsfälligkeiten gesamthaft maximal 50% der ausgegebenen Token halten. Mit dieser Einschränkung wird sichergestellt, dass der überwiegende Anteil der Gewinne nicht verrechnungssteuerfrei an Token-Halter fliesst, die gleichzeitig Aktionäre sind.

2. Die definierte Gewinnbeteiligungsquote muss im Ergebnis dazu führen, dass die Zahlungen an die Token-Halter 50% des EBIT nicht übersteigen. Mit dieser Einschränkung wird sichergestellt, dass das unternehmerische Risiko der Eigenkapitalgeber nach Zuweisung der Gewinnbeteiligungsquote an die Token-Halter noch angemessen entschädigt wird.

Die Prüfung des Vorliegens einer allfälligen Steuerumgehung bleibt vorbehalten.

3.3.3 Stempelabgaben

Die Ausgabe von Anlage-Token mit vertraglicher Grundlage unterliegt nicht der Emissionsabgabe, da keine Beteiligungsrechte gemäss Art. 5 Abs. 1 StG ausgegeben werden. Soweit dem von Beteiligungsinhabern entrichteten Kaufpreis für die Anlage-Token mit vertraglicher Grundlage eine entsprechende Gegenleistung entgegensteht, liegt auch kein Zuschuss vor[35].

Steuerliche Behandlung Ebene Investor

3.3.4 Vermögenssteuer

Bei Anlage-Token mit vertraglicher Grundlage handelt es sich um bewegliches Kapitalvermögen, das Gegenstand der kantonalen Vermögenssteuer[36] ist. Das Vermögen ist am Ende der Steuerperiode zum Verkehrswert zu deklarieren[37]. Die im Rahmen des Gründungsprozesses abgegebenen Token, sind im Minimum analog der während der Pre-Sale-Phasen ausgegebenen Token an unabhängige Dritte zu bewerten. Ist kein aktueller Bewertungskurs ermittelbar, ist der Anlage-Token mit vertraglicher Grundlage, umgerechnet zum ursprünglichen Kaufpreis in Schweizer Franken zu deklarieren.

3.3.5 Einkommenssteuer

Im Zeitpunkt der Ausgabe der Anlage-Token mit vertraglicher Grundlage liegt eine einkommensneutrale Vermögensumschichtung vor. Zahlungen qualifizieren vollumfänglich als Erträge aus beweglichem Kapitalvermögen und unterliegen der Einkommenssteuer. Den Investoren steht kein Recht auf eine steuerneutrale Rückzahlung im Umfang des ursprünglich investierten Betrags zu, da im Liquidationsfall vertraglich keine Rückzahlungsverpflichtung des Emittenten besteht. Entsprechende Verluste stellen steuerlich nicht abzugsfähige Kapitalverluste dar.

Werden einer Arbeitnehmerin bzw. einem Arbeitnehmer Lohnzahlungen oder Gehaltsnebenleistungen in Form von Anlage-Token mit vertraglicher Grundlage ausgerichtet, handelt es sich um steuerbares Erwerbseinkommen[38], welches auf dem Lohnausweis (Ziffer 1 oder Ziffer 3) auszuweisen ist. Als Betrag aufzuführen ist der Wert im Zeitpunkt des Zuflusses (Vereinnahmung einer Leistung oder des Erwerbs eines festen Rechtsanspruchs auf eine Leistung), umgerechnet in Schweizer Franken.

---

[35] Art. 5 Abs. 2 Bst. a StG e contrario
[36] Art. 13 Abs. 1 und Art. 14 Abs. 1 StHG
[37] Art. 14 Abs. 1 StHG
[38] Art. 17 Abs. 1 DBG

Bei einer echten Mitarbeiterbeteiligung beteiligt sich der Mitarbeitende im Ergebnis am Eigenkapital des Arbeitgebers[39]. Da der Leistungsaustausch bei Anlage-Token mit vertraglicher Grundlage auf einem Vertragsverhältnis basiert, stellen diese Token keine Beteiligungsrechte im eigentlichen Sinne dar. Deshalb qualifizieren an Mitarbeitende abgegebene Anlage-Token mit vertraglicher Grundlage nicht als echte Mitarbeiterbeteiligungen gemäss Artikel 17b Absatz 1 DBG.

Zudem ist ein Anlage-Token mit vertraglicher Grundlage auch keine unechte Mitarbeiterbeteiligung, d.h. eine Anwartschaft auf eine blosse Bargeldabfindung im Sinne von Artikel 17a Abs. 2 DBG.

Die unentgeltliche Abgabe von Anlage-Token mit vertraglicher Grundlage an Mitarbeitende stellt im Umfang der Differenz zum Marktwert einen übrigen geldwerten Vorteil im Sinne von Art. 17 Abs. 1 DBG dar.

Das Kaufen und Verkaufen von Anlage-Token mit vertraglicher Grundlage ist steuerlich den Transaktionen mit herkömmlichen Wertschriften gleichzustellen. Die aus solchen Transaktionen resultierenden Gewinne und Verluste stellen bei natürlichen Personen im Privatvermögen grundsätzlich steuerfreie Kapitalgewinne oder nicht abzugsfähige Kapitalverluste dar[40]. Je nach Art, Umfang und Finanzierung der Transaktionen liegt keine private Vermögensverwaltung, sondern selbständige Erwerbstätigkeit vor. Im zweiten Fall gelten die Kapitalgewinne aus der Veräusserung von Anlage-Token mit vertraglicher Grundlage als gewerbsmässig und unterliegen der Einkommenssteuer[41]. Verluste sind grundsätzlich steuerlich abzugsfähig, wenn sie verbucht worden sind.

3.3.6 Verrechnungssteuer

Anlage-Token mit vertraglicher Grundlage sind keine Steuerobjekte gemäss Art. 4 Abs. 1 VStG. Die Zahlungen sind daher keine der Verrechnungssteuer unterliegenden Erträge wie Zinsen auf Obligationen, Dividenden, Ausschüttungen kollektiver Kapitalanlagen und Zinsen auf Kundenguthaben[42]. Sie stellen auch keine Gewinne aus Geldspielen, Lotterien und Geschicklichkeitsspielen zur Verkaufsförderung dar[43]. Die Zahlungen unterliegen folglich nicht der Verrechnungssteuer.

3.3.7 Stempelabgaben

Sofern Anlage-Token mit vertraglicher Grundlage keinen Bezug auf steuerbare Urkunden im Sinne des Stempelsteuergesetzes nehmen, unterliegen Sekundärmarkttransaktionen mit diesen Token nicht der Umsatzabgabe.

3.4 Steuerliche Behandlung von Anlage-Token mit Beteiligungsrechten

Im Rahmen einer Mittelbeschaffung können Emittenten Aktien bzw. andere Beteiligungspapiere[44] in der Form von Anlage-Token mit Beteiligungsrechten ausgeben[45]. Das Rechtsverhältnis zwischen dem Emittenten und dem Investor ist gesellschaftsrechtlicher Natur. Die Ansprüche des Investors sind statutarisch geregelt.

---

[39] Kreisschreiben Nr. 37 der ESTV vom 30. Oktober 2020 betreffend Besteuerung von Mitarbeiterbeteiligungen, Ziff. 2.3.1 (KS Nr. 37)
[40] Art. 16 Abs. 3 DBG
[41] Art. 18 Abs. 2 DBG / sinngemässe Anwendung der Kriterien gemäss KS Nr. 36
[42] Art. 4 Abs. 1 VStG e contrario
[43] Art. 6 VStG e contrario
[44] Art. 622 Abs. 1 und 1bis des Bundesgesetzes betreffend die Ergänzung des Schweizerischen Zivilgesetzbuches (Fünfter Teil: Obligationenrecht; OR)
[45] Vgl. insbesondere die neu geschaffene Möglichkeit der Herausgabe von Aktien als Registerwertrechte gestützt auf Art. 622 Abs. 1 i. V. m Art. 973d OR

3.4.1 Gewinnsteuer

Durch die Entgegennahme von Mitteln im Rahmen der Ausgabe von Anlage-Token mit Beteiligungsrechten entsteht kein steuerbarer Gewinn soweit es sich dabei um Kapitaleinlagen[46] einschliesslich Aufgelder und Leistungen à-fonds-perdu handelt[47].

3.4.2 Verrechnungssteuer

Erträge aus Anlage-Token mit Beteiligungsrechten sind Steuerobjekte der Verrechnungssteuer. Die entsprechenden Zahlungen unterliegen als Dividenden der Verrechnungssteuer[48].

3.4.3 Stempelabgaben

Die Ausgabe von Anlage-Token mit Beteiligungsrechten unterliegt der Emissionsabgabe, da Beteiligungsrechte gemäss Art. 5 Abs. 1 Bst. a StG ausgegeben werden[49]. Soweit dem von Beteiligungsinhabern entrichteten Kaufpreis für die Anlage-Token mit Beteiligungsrechten keine entsprechende Gegenleistung entgegensteht, liegt ein Zuschuss vor[50].

Steuerliche Behandlung Ebene Investor

3.4.4 Vermögenssteuer

Bei Anlage-Token mit Beteiligungsrechten handelt es sich um bewegliches Kapitalvermögen, das Gegenstand der kantonalen Vermögenssteuer[51] ist. Das Vermögen ist am Ende der Steuerperiode zum Verkehrswert zu bewerten. Ist kein aktueller Bewertungskurs ermittelbar, ist der Anlage-Token zum umgerechneten ursprünglichen Kaufpreis in Schweizer Franken zu deklarieren.

3.4.5 Einkommenssteuer

Im Zeitpunkt der Ausgabe der Anlage-Token mit Beteiligungsrechten liegt eine einkommensneutrale Vermögensumschichtung vor. Dividendenausschüttungen qualifizieren als Erträge aus beweglichem Kapitalvermögen und unterliegen der Einkommenssteuer[52][53].

Werden den Arbeitnehmenden Lohnzahlungen oder Gehaltsnebenleistungen in Form von Anlage-Token mit Beteiligungsrechten ausgerichtet, handelt es sich um echte Mitarbeiterbeteiligungen. Diese stellen steuerbares Erwerbseinkommen dar[54], welches auf dem Lohnausweis (Ziffer 1 oder Ziffer 3) auszuweisen ist. Als Betrag aufzuführen ist der Wert im Zeitpunkt des Zuflusses (Vereinnahmung einer Leistung oder des Erwerbs eines festen Rechtsanspruchs auf eine Leistung), umgerechnet in Schweizer Franken[55].

---

[46] Kreisschreiben Nr. 29b der ESTV vom 23.12.2019 betreffend Kapitaleinlageprinzip (KS Nr. 29b)
[47] Art. 60 Bst. a DBG
[48] Art. 4 Abs. 1 Bst. b VStG
[49] Art. 5 Abs. 1 Bst. a StG
[50] Art. 5 Abs. 2 Bst. a StG
[51] Art. 13 Abs. 1 und Art. 14 Abs. 1 StHG
[52] Art. 20 Abs. 1 Bst. c DBG, Art. 7 Abs. 1 StHG
[53] Kreisschreiben Nr. 22a der ESTV vom 31. Januar 2020 betreffend die Teilbesteuerung der Einkünfte im Privatvermögen (KS Nr. 22a)
[54] Art. 17b DBG
[55] Vgl. KS 37, Ziff. 6

Das Kaufen und Verkaufen von Anlage-Token mit Beteiligungsrechten ist steuerlich den Transaktionen mit herkömmlichen Wertschriften gleichgestellt. Die aus solchen Transaktionen resultierenden Gewinne und Verluste stellen bei natürlichen Personen im Privatvermögen grundsätzlich steuerfreie Kapitalgewinne oder nicht abzugsfähige Kapitalverluste dar[56]. Je nach Art, Umfang und Finanzierung der Transaktionen liegt keine private Vermögensverwaltung, sondern selbständige Erwerbstätigkeit vor. Im zweiten Fall gelten die Kapitalgewinne aus der Veräusserung von - Anlage-Token mit Beteiligungsrechten als gewerbsmässig und unterliegen der Einkommenssteuer[57]. Verluste sind steuerlich abzugsfähig, wenn sie verbucht worden sind.

3.4.6 Verrechnungssteuer

Erträge aus Anlage-Token mit Beteiligungsrechten sind Steuerobjekte der Verrechnungssteuer. Die entsprechende Ausschüttung unterliegt als Ertrag aus beweglichem Vermögen (Dividende) der Verrechnungssteuer[58].

3.4.7 Stempelabgaben

Die entgeltliche Übertragung von Anlage-Token mit Beteiligungsrechten unterliegt der Umsatzabgabe, sofern Rechtsverhältnisse gemäss Artikel 13 Absatz 2 Buchstabe a Ziffer 2 StG übergehen.

4 Nutzungs-Token

4.1 Vorbemerkungen

Im Gegensatz zu den Anlage-Token verkörpern im Rahmen eines ICOs oder ITOs ausgegebene Nutzungs-Token (auch Utility-Token genannt) keine geldwerten Rechte in Form einer festen Entschädigung oder einer bestimmten Partizipation am Unternehmenserfolg des Emittenten. Nutzungs-Token gewähren dem Investor das Recht, digitale Dienstleistungen zu nutzen, die zumeist auf einer (dezentralen) Plattform bereitgestellt werden. Solche Dienstleistungen werden i.d.R. mithilfe einer Blockchain-Infrastruktur erbracht, wobei der Anspruch des Investors auf Zugang zur digitalen Nutzung mittels Token auf die spezifische Plattform und Dienstleistung beschränkt ist. Die vom Emittenten vereinnahmten Mittel sind zweckgebunden und folglich zwingend für die Entwicklung der Dienstleistungen einzusetzen. Die Hingabe der Mittel und die damit verbundene Ausgabe der Token räumen dem Investor das Recht auf ein Tätigwerden des Emittenten i.S. der vertraglichen Vereinbarung ein. Ohne den Nutzungs-Token ist der Zugang zur vertraglich zugesicherten Dienstleistung nicht möglich.

Die steuerrechtliche Einordnung eines Nutzungs-Token hängt massgeblich davon ab, wie das zivilrechtliche Rechtsverhältnis zwischen Investor und Emittent ausgestaltet ist. Sämtliche vertraglichen Verpflichtungen des Emittenten gegenüber dem Investor sind steuerlich zu beurteilen und für die einzelnen Steuerarten separat zu würdigen.

In der Praxis werden Nutzungs-Token meist von Stiftungen ausgegeben. Da in solchen Konstellationen die Steuerfolgen auf Stufe der Investoren mehrheitlich wegfallen, werden nachfolgend auf die Steuerfolgen bei der Ausgabe durch eine Aktiengesellschaft beschrieben. Die steuerliche

---

[56] Art. 16 Abs. 3 DBG
[57] Art. 18 Abs. 2 DBG / Anwendung der Kriterien gemäss KS Nr. 36
[58] Art. 4 Abs. 1 Bst. b VStG

Behandlung der Nutzungs-Token für die Ebenen Emittent und Investor (Privatvermögen) dargestellt. Für die Ebene des Emittenten wird die Annahme getroffen, dass es sich um eine Aktiengesellschaft mit Ansässigkeit in der Schweiz handelt. Weiter wird davon ausgegangen, dass sich der Emittent lediglich dazu verpflichtet, die vereinnahmten Mittel für die Entwicklung der digitalen Dienstleistung einzusetzen und den Investoren den Zugang zur bzw. die Nutzung der Dienstleistung zu ermöglichen. Darüber hinaus bestehen in der Regel keine weiteren Verpflichtungen des Emittenten gegenüber den Investoren.

4.2 Steuerliche Behandlung von Nutzungs-Token

Nutzungs-Token werden im Rahmen einer kollektiven Mittelbeschaffung vom Emittenten ausgegeben, ohne dass dabei (digitale) Beteiligungsrechte in der Form von Aktien, Partizipations- oder Genussscheinen begründet oder Obligationen oder Anteile an kollektiven Kapitalanlagen ausgegeben werden. Das Rechtsverhältnis zwischen dem Emittenten und dem Investor ist ein Vertragsverhältnis, das keinen Rückzahlungsanspruch auf die Investition vorsieht. Der Investor hat lediglich das Recht, eine digitale Dienstleistung zu nutzen, die vom Emittenten entwickelt und bereitgestellt wird.

Nutzungs-Token sind grundsätzlich als Auftragsverhältnis[59] zwischen dem Emittenten und dem Investor einzustufen. Der Auftrag besteht darin, dass der Emittent i.S. der vertraglichen Vereinbarung zwischen ihm und den Investoren tätig werden muss.

Steuerliche Behandlung Ebene Emittent

4.2.1 Gewinnsteuer

Wie unter Ziffer 4.2. hiervor ausgeführt, handelt es sich bei der Entgegennahme von Mitteln aus der kollektiven Mittelbeschaffung im Rahmen der Ausgabe von Nutzungs-Token weder um Fremdkapital noch um Eigenkapital. Die zugeflossenen Mittel qualifizieren als steuerbarer Ertrag und sind im Zeitpunkt der Emission in der Erfolgsrechnung als Ertrag auszuweisen. Eine vertragliche Verpflichtung zur Umsetzung eines bestimmten Projekts rechtfertigt die aufwandswirksame Buchung einer Rückstellung. Die entsprechenden Verpflichtungen sind mittels Whitepaper oder sonstigen Verträgen und Businessplänen nachzuweisen. Die nicht mehr benötigten Rückstellungen sind nach der Go-Live-Phase erfolgswirksam aufzulösen.

Alternativ zur oben beschriebenen steuerlichen Behandlung resp. Verbuchung kann im konkreten Einzelfall und beim Vorliegen von Nutzungs-Token auch die nachfolgend beschriebene Verbuchungsart steuerlich akzeptiert werden.[60] Die zugeflossenen Mittel werden als Verbindlichkeit, respektive Vorauszahlung ohne Rückerstattungsanspruch passiviert. Der Grund für die Passivierung der zugeflossenen Mittel liegt darin, dass im Zeitpunkt des Zahlungseinganges noch keine Realisation erfolgt ist. Diese erfolgt beim Vorliegen eines Auftragsverhältnisses erst im Zeitpunkt des eigentlichen Tätigwerdens.

Am Ende der jeweiligen Steuerperiode wird, im Umfang der aufgelaufenen Kosten inkl. eines allfälligen Gewinnzuschlages, das Konto Vorauszahlung ohne Rückerstattungsanspruch mit der Buchung (Vorauszahlung ohne Rückerstattungsanspruch an Ertrag) anteilig aufgelöst. Dieser Gewinnzuschlag ist unabhängig der gewählten Verbuchungsart auszuweisen.

---

[59] Art. 394 ff. OR

[60] Expertsuisse: Ausgewählte Fragen und Antworten zum neuen Rechnungslegungsrecht (mit letzter Änderung vom 30.04.2019), ergänzte Frage 10.2 "Verbuchung von ICOs mit Herausgabe von Utility Token"

4.2.2 Verrechnungssteuer

Ansprüche aus vertraglichen Auftragsverhältnissen sind keine Steuerobjekte gemäss Art. 4 Abs. 1 VStG. Das Recht, die digitalen Dienstleistungen zu nutzen, stellt daher keinen der Verrechnungssteuer unterliegenden Ertrag dar[61]. Es stellt auch keinen Gewinn aus Geldspielen, Lotterien und Geschicklichkeitsspielen zur Verkaufsförderung dar[62].

4.2.3 Stempelabgaben

Die Ausgabe von Nutzungs-Token unterliegt nicht der Emissionsabgabe, da keine Beteiligungsrechte gemäss Art. 5 Abs. 1 StG ausgegeben werden. Soweit dem von Beteiligungsinhabern entrichteten Kaufpreis für die Nutzungs-Token eine entsprechende Gegenleistung entgegensteht, liegt auch kein Zuschuss vor[63]. Nutzungs-Token sind keine steuerbaren Urkunden i.S. des Stempelgesetzes. Ausgabe und Handel unterliegen folglich nicht der Umsatzabgabe[64]

Steuerliche Behandlung Ebene Investor

4.2.4 Vermögenssteuer

Nutzungs-Token sind i.d.R. handelbar und weisen folglich einen Marktwert auf. Nutzungs-Token qualifizieren als bewegliches Kapitalvermögen, das Gegenstand der kantonal geregelten Vermögenssteuer ist[65] und am Ende der Steuerperiode zum Verkehrswert bewertet wird. Ist kein aktueller Bewertungskurs ermittelbar, ist der Nutzungs-Token zum umgerechneten ursprünglichen Kaufpreis in Schweizer Franken zu deklarieren.

4.2.5 Einkommenssteuer

Im Zeitpunkt der Ausgabe der Nutzungs-Token liegt eine einkommensneutrale Vermögensumschichtung vor. Mangels Zahlungen des Emittenten an die Investoren unterbleiben Einkommenssteuerfolgen[66]. Den Investoren steht kein Recht auf eine steuerneutrale Rückzahlung im Umfang des ursprünglich investierten Betrags zu, da im Liquidationsfall vertraglich keine Rückzahlungsverpflichtung des Emittenten besteht. Entsprechende Verluste stellen steuerlich nicht abzugsfähige Kapitalverluste dar.

Werden einer Arbeitnehmerin bzw. einem Arbeitnehmer Lohnzahlungen oder Gehaltsnebenleistungen in Form von Nutzungs-Token ausgerichtet, handelt es sich um steuerbares Erwerbseinkommen[67], welches auf dem Lohnausweis (Ziffer 1 oder Ziffer 3) auszuweisen ist. Als Betrag aufzuführen ist der Wert im Zeitpunkt des Zuflusses (Vereinnahmung einer Leistung oder des Erwerbs eines festen Rechtsanspruchs auf eine Leistung), umgerechnet in Schweizer Franken.

Bei einer echten Mitarbeiterbeteiligung beteiligt sich der Mitarbeitende im Ergebnis am Eigenkapital des Arbeitgebers[68]. Da der Leistungsaustausch bei Nutzungstoken auf einem Auftragsverhältnis basiert, stellen diese Token keine Beteiligungsrechte im eigentlichen Sinne dar. Deshalb qualifizieren an Mitarbeitende abgegebene Nutzungs-Token nicht als echte Mitarbeiterbeteiligungen gemäss Artikel 17b Absatz 1 DBG.

---

[61] Art. 4 Abs. 1 a VStG contrario
[62] Art. 6 VStG e contrario
[63] Art. 5 Abs. 2 Bst. a StG e contrario
[64] Art. 13 Abs. 1 und 2 StG e contrario
[65] Art. 13 Abs. 1 und Art. 14 Abs. 1 StHG
[66] Art. 20 Abs. 1 Bst. a DBG
[67] Art. 17 Abs. 1 DBG
[68] KS 37, Ziff. 2.3.1

Zudem ist ein Nutzungs-Token auch keine unechte Mitarbeiterbeteiligung, d.h. eine Anwartschaft auf eine blosse Bargeldabfindung im Sinne von Artikel 17a Abs. 2 DBG.

Die unentgeltliche Abgabe von Nutzungs-Token an Mitarbeitende stellt vielmehr im Umfang des Marktwerts des jeweiligen Nutzungs-Tokens einen übrigen geldwerten Vorteil im Sinne von Art. 17 Abs. 1 DBG dar.

Das Kaufen und Verkaufen von Nutzungs-Token ist steuerlich den Transaktionen mit herkömmlichen Wertschriften gleichzustellen. Die aus solchen Transaktionen resultierenden Gewinne und Verluste stellen bei natürlichen Personen im Privatvermögen grundsätzlich steuerfreie Kapitalgewinne oder nicht abzugsfähige Kapitalverluste dar[69]. Je nach Art, Umfang und Finanzierung der Transaktionen liegt keine private Vermögensverwaltung, sondern selbständige Erwerbstätigkeit vor. Im zweiten Fall gelten die Kapitalgewinne aus der Veräusserung von Nutzungs-Token als gewerbsmässig und unterliegen der Einkommenssteuer[70]. Verluste sind steuerlich abzugsfähig, wenn sie verbucht worden sind.

4.2.6 Verrechnungssteuer

Vertragliche Auftragsverhältnisse sind keine Steuerobjekte gemäss Art. 4 Abs. 1 VStG. Das Recht, die digitalen Dienstleistungen zu nutzen, stellt daher keinen der Verrechnungssteuer unterliegenden Ertrag dar[71]. Es stellt auch keinen Gewinn aus Geldspielen, Lotterien und Geschicklichkeitsspielen zur Verkaufsförderung dar[72].

4.2.7 Stempelabgaben

Nutzungs-Token sind keine steuerbaren Urkunden i.S. des Stempelgesetzes. Ausgabe und Handel unterliegen folglich nicht der Umsatzabgabe[73].

---

[69] Art. 16 Abs. 3 DBG
[70] Art. 18 Abs. 2 DBG / sinngemässe Anwendung der Kriterien gemäss KS Nr. 36
[71] Art. 4 Abs. 1 a VStG contrario
[72] Art. 6 VStG e contrario
[73] Art. 13 Abs. 1 und 2 StG e contrario

Bewertung Wertpapiere ohne Kurswert

Quelle: Schweizerische Steuerkonferenz SSK

**Wegleitung
zur Bewertung von Wertpapieren ohne Kurswert
für die Vermögenssteuer**

Kreisschreiben Nr. 28 vom 28. August 2008

☞ *Aktualisierte Fassung vom 27.1.2023, gültig ab 1.1.2021.*

Inhaltsverzeichnis

- A. Allgemeines 3
- B. Unternehmensbewertung 4
    - 1. Ertragswert des Unternehmens 4
    - 2. Substanzwert des Unternehmens 5
        - 2.1. Umlaufvermögen 5
        - 2.2. Anlagevermögen 6
        - 2.3. Passiven 7
        - 2.4. Latente Steuern 7
    - 3. Aktiengesellschaften 7
        - 3.1. Neugegründete Gesellschaften 7
        - 3.2. Handels-, Industrie- und Dienstleistungsgesellschaften 7
        - 3.3. Domizil- und gemischte Gesellschaften 8
        - 3.4. Reine Holding-, Vermögensverwaltungs- und Finanzierungsgesellschaften .. 8
        - 3.5. Immobilien-Gesellschaften 9
        - 3.6. In Liquidation stehende Gesellschaften 9
    - 4. Gesellschaften mit beschränkter Haftung (GmbH) 10
    - 5. Genossenschaften 10
- C. Bewertung der Wertpapiere 10
    - 1. Quotaler Unternehmungswert 10
    - 2. Genussscheine 10
    - 3. Partizipationsscheine 11
    - 4. Ausländische Wertpapiere und Beteiligungen 11
    - 5. Pauschalabzug für vermögensrechtliche Beschränkungen 12
    - 6. Genossenschaftsanteile 12
    - 7. Anteile an kollektiven Kapitalanlagen 13
    - 8. Festverzinsliche Wertpapiere 13
- D. Anwendbarkeit 13
- E. Anhang 14

A. Allgemeines

1

¹ Diese Wegleitung bezweckt im Rahmen der Vermögenssteuer eine in der Schweiz einheitliche Bewertung von inländischen und ausländischen Wertpapieren, die an keiner Börse gehandelt werden. Sie dient der Steuerharmonisierung zwischen den Kantonen.

² Im System der einjährigen Gegenwartsbemessung bemisst sich das Vermögen nach dem Stand am Ende der Steuerperiode oder der Steuerpflicht (Art. 66 Abs. 1 StHG). Für die natürlichen Personen gilt das Kalenderjahr als Steuerperiode (Art. 63 Abs. 2 StHG) und für die juristischen Personen das Geschäftsjahr (Art. 31 Abs. 2 StHG).

³ Das Vermögen wird grundsätzlich zum Verkehrswert bewertet (Art. 14 Abs. 1 StHG). Als Verkehrswert gilt der Preis, der für einen Vermögensgegenstand unter normalen Verhältnissen erzielt werden kann.

⁴ Für die Vermögenssteuer der Steuerperiode (n) ist grundsätzlich der Verkehrswert des Wertpapiers per 31. Dezember (n) massgebend.

2

¹ Bei kotierten Wertpapieren gilt als Verkehrswert der Schlusskurs des letzten Börsentages der entsprechenden Steuerperiode. Die Kurse von in der Schweiz kotierten Wertpapieren per Stichtag 31. Dezember werden jährlich in der Kursliste der Eidg. Steuerverwaltung publiziert.

² Bei nichtkotierten Wertpapieren, die regelmässig ausserbörslich gehandelt werden, gilt als Verkehrswert der letzte verfügbare Kurs der entsprechenden Steuerperiode. In der Regel werden diese Kurse per Stichtag 31. Dezember jährlich in der Kursliste der Eidg. Steuerverwaltung publiziert.

³ Bei nichtkotierten Wertpapieren von Gesellschaften, deren Kapital sich aus verschiedenen Titelkategorien zusammensetzt, wovon eine oder mehrere haupt- oder ausserbörslich gehandelt werden, gilt als Verkehrswert der von der gehandelten Titelkategorie abgeleitete Kurs.

⁴ Bei nichtkotierten Wertpapieren, für die keine Kursnotierungen bekannt sind, entspricht der Verkehrswert dem inneren Wert. Er wird nach den Bewertungsregeln der vorliegenden Wegleitung in der Regel als Fortführungswert berechnet. Privatrechtliche Verträge wie beispielsweise Aktionärbindungsverträge, welche die Übertragbarkeit der Wertpapiere beeinträchtigen, sind für die Bewertung unbeachtlich.

⁵ Hat für Titel gemäss Absatz 4 eine massgebliche Handänderung unter unabhängigen Dritten stattgefunden, dann gilt als Verkehrswert grundsätzlich der entsprechende Kaufpreis. Ein Verkehrswert wird auch durch Preise begründet, welche von Investoren anlässlich von Finanzierungsrunden bzw. Kapitalerhöhungen bezahlt wurden. Während der Aufbauphase einer Gesellschaft bleiben diese Investorenpreise jedoch unberücksichtigt. Von diesen Grundsätzen kann unter Berücksichtigung aller Faktoren in begründeten Einzelfällen abgewichen werden. Der festgelegte Wert wird solange berücksichtigt, als sich die wirtschaftliche Lage der Gesellschaft nicht wesentlich verändert hat.[1]

3

Die Berechnung des Verkehrswerts von nichtkotierten Wertpapieren erfolgt in der Regel durch den Sitzkanton der zu bewertenden Gesellschaft.

4

Die Berechnung des Verkehrswerts von nichtkotierten Wertpapieren per Ende Steuerperiode (n) verlangt in der Regel die Jahresrechnung (n) der zu bewertenden Gesellschaft. Im Zeitpunkt der Veranlagung der natürlichen Person ist die notwendige Jahresrechnung der zu bewertenden Gesellschaft meistens noch ausstehend. Um das Veranlagungsverfahren nicht zu verzögern, kann auf den Verkehrswert für die Steuerperiode (n-1) abgestellt werden, sofern die Gesellschaft im Geschäftsjahr (n) keine wesentlichen Veränderungen erfahren hat.

5

Die Wegleitung ist anzuwenden, wenn alle für die Bewertung notwendigen Einzelheiten bekannt sind. Wenn die bewertende Behörde über die Verhältnisse einer Gesellschaft auf Grund der ihr zur Verfügung stehenden Unterlagen (Jahresrechnung, Einschätzungsakten usw.) nicht genügend orientiert ist,

---

[1] Anpassung gemäss Beschluss der SSK vom 14. April 2020 im Zusammenhang mit der Motion 17.3261 "Wettbewerbsfähige steuerliche Behandlung von Start-ups inklusive von deren Mitarbeiterbeteiligungen".

empfiehlt es sich, die Bewertung mit der Geschäftsleitung, einem Mitglied des Verwaltungsrates oder einer beauftragten Person zu besprechen.

6   Bei der Bewertung ist die tatsächlich ausgeübte Tätigkeit einer Gesellschaft massgebend.

B. Unternehmensbewertung

1. Ertragswert des Unternehmens

7   ^{1} Grundlage für die Bestimmung des Ertragswertes sind die Jahresrechnungen. Für die Berechnung des Ertragswertes stehen die folgenden zwei Modelle zur Verfügung:

Modell 1: Grundlage bilden die Jahresrechnungen (n) und (n-1);

Modell 2: Grundlage bilden die Jahresrechnungen (n), (n-1) und (n-2).

^{2} Jeder Kanton bestimmt eines der beiden Modelle als kantonalen Standard.

^{3} Die zu bewertende Gesellschaft hat das Recht, bei dem für die Bewertung zuständigen Kanton das andere Modell zu wählen. An das gewählte Modell bleibt die Gesellschaft für die nächsten fünf Bewertungsjahre gebunden.

8   ^{1} Als Ertragswert ist der kapitalisierte ausgewiesene Reingewinn der massgebenden Geschäftsjahre heranzuziehen. Dieser Reingewinn wird vermehrt oder vermindert um die nachstehenden Aufrechnungen oder Abzüge (RZ 9).

^{2} Beim Modell 1 wird der Reingewinn des letzten Geschäftsjahres doppelt gewichtet. Beim Modell 2 wird der Reingewinn aller drei Geschäftsjahre einfach gewichtet.

^{3} Ausserordentliche, am Stichtag bereits vorhersehbare zukünftige Verhältnisse (z. B. Umstrukturierungen mit nachhaltigen Folgen für den Ertragswert) können bei der Ermittlung des Ertragswertes angemessen berücksichtigt werden.

9   ^{1} Aufzurechnen sind:
   a. Die der Erfolgsrechnung belasteten, steuerlich nicht anerkannten Aufwendungen (z.B. Aufwendungen für die Herstellung, Anschaffung oder Wertvermehrung von Gegenständen des Anlagevermögens, zusätzliche Abschreibungen und Rückstellungen für Wiederbeschaffungszwecke (Art. 669 Abs. 2 OR), Einlagen in die Reserven sowie offene und verdeckte Gewinnausschüttungen);
   b. Die der Erfolgsrechnung nicht gutgeschriebenen Erträge (z.B. Gewinnvorwegnahmen);
   c. Einmalige und ausserordentliche Aufwendungen (z.B. ausserordentliche Abschreibungen für Kapitalverluste, Bildung von Rückstellungen für ausserordentliche Risiken);
   d. Vorauszahlungen und andere ausserordentliche Zuwendungen an Personalvorsorgeeinrichtungen sowie ausserordentliche Zuwendungen an gemeinnützige Institutionen.

^{2} Abzuziehen sind:
   a. Einmalige und ausserordentliche Erträge (z.B. Kapitalgewinne, Auflösung von Reserven sowie Auflösungen von Rückstellungen im Rahmen der bisher in der Bewertung korrigierten, nicht anerkannten Aufwendungen);
   b. Zuwendungen an steuerbefreite Personalvorsorgeeinrichtungen, sofern sie als Kosten der jeweils in Frage stehenden Geschäftsjahre zu betrachten sind.

10 ^{1} Der Kapitalisierungssatz setzt sich aus dem risikolosen Zinssatz und der für nicht börsenkotierte Unternehmen geltenden Risikoprämie zusammen, erhöht um einen Prozentsatz zwecks Berücksichtigung der Illiquidität. Der massgebende Kapitalisierungssatz berechnet sich aus dem Durchschnitt der unge-

rundeten Sätze der letzten drei Jahre, aufgerundet auf das nächste Viertelprozent, und gilt für das nachfolgende Steuerjahr. [2]

[2] *Der risikolose Zinssatz entspricht dem Durchschnitt der Sätze für Anlagen und Kredite, welche durch die Nationalbank publiziert werden.*

1. Bestimmung des Satzes für Anlagen
   a. *Zero-Coupon-Zinssatz für eine 20-jährige Anlage (aufgrund der Preise von Bundesobligationen berechnet);* [3]
   b. *Falls (a) negativ ist, Satz auf Spareinlagen;* [4]
   c. *Falls (a) und (b) negativ sind, Satz auf Kontokorrent;*
   d. *Falls (a) – (c) negativ sind, Satz auf Bargeld (0%)*
2. Bestimmung des Satzes für Kredite:
   25. Quantil des Satzes für Festhypotheken mit einer Laufzeit von 15 Jahren. [5]

[3] *Die Risikoprämie berechnet sich aus der jährlich ermittelten Risikoprämie von kotierten Unternehmen unter Berücksichtigung des relativen Risikos der nicht kotierten Unternehmen, abgeleitet aus der Analyse der vergangenen Jahre.* [6]

[4] *Zwecks Berücksichtigung der Illiquidität, wird die Summe der beiden ungerundeten Prozentsätze "risikoloser Zinssatz" und "Risikoprämie" um 17.65% erhöht.*

[5] *Der massgebende Kapitalisierungssatz wird jährlich in der Kursliste der ESTV publiziert.* [7]

☞ *Gemäss Kursliste ESTV vom 1.2.2023 (online) wurde der ordentliche Kapitalisierungssatz per 31.12.2022 auf 8,5 % festgesetzt (der Kapitalisierungssatz per 31.12.2021 hat 9,5 % betragen).*

2. Substanzwert des Unternehmens

11 [1] Grundlage für die Bestimmung des Substanzwertes ist die Jahresrechnung (n).

[2] Schliesst die zu bewertende Gesellschaft das Geschäftsjahr nicht per Ende Kalenderjahr ab und erfolgt zwischen der Jahresrechnung (n) und dem 31.12. (n) eine Ausschüttung, dann ist sie vom Substanzwert abzuziehen.

12 Aktiven und Passiven sind vollständig zu erfassen.

13 Für die Bewertung wird nur das einbezahlte Kapital berücksichtigt.

14 Die Passiven sind zu unterteilen in Fremd- und Eigenkapital. Als Eigenkapital gelten auch Arbeitsbeschaffungs-, Aufwertungs- und Wiederbeschaffungsreserven sowie Ersatzbeschaffungsrückstellungen, versteuerte stille Reserven sowie Reserven unter Kreditoren.

2.1. Umlaufvermögen

15 Flüssige Mittel wie Kassenbestände, Post- und Bankguthaben sind zum Nennwert einzustellen. Gleiches gilt für Forderungen aus Lieferungen und Leistungen. Zweifelhaften Forderungen und allgemeinen Kreditrisiken kann im Rahmen von RZ 30 Rechnung getragen werden.

16 [1] Kotierte Wertpapiere sind zu den Schlusskursen des letzten Börsentages und Wertpapiere, die regelmässig ausserbörslich gehandelt werden, zu den letzten verfügbaren Kursen der entsprechenden Steuerperiode einzustellen.

---

[2] Gemäss Gutachten zur Überprüfung des Kapitalisierungszinssatzes KS 28 der Universität Zürich vom 25. September 2019 wird der Kapitalisierungssatz für Modell 1 und 2 (RZ 7) gesondert berechnet. Zur Bewahrung der beiden Modelle wird der Kapitalisierungssatz jeweils auf dem Mittelwert der beiden ermittelten Sätze bestimmt.
[3] https://data.snb.ch/de/topics/ziredev#!/cube/rendoblid
[4] https://data.snb.ch/de/topics/ziredev#!/cube/zikrepro
[5] https://data.snb.ch/de/topics/ziredev#!/cube/zikrepro
[6] Gutachten zur Überprüfung des Kapitalisierungssatzes KS 28 der Universität Zürich vom 25. September 2019
[7] Änderungen gemäss Beschluss der SSK vom 16.10.2020 (gestützt auf die Zustimmung der FDK vom 25.9.2020) für Bewertungen mit Bilanzstichtagen ab 1. Januar 2021.

[2] Für ausländische Wertpapiere gilt RZ 59 sinngemäss.

17 [1] Nichtkotierte Wertpapiere sind nach der vorliegenden Wegleitung, jedoch mindestens zum Buchwert zu bewerten; in begründeten Fällen kann von dieser Regel abgewichen werden.

[2] Für entsprechende ausländische Wertpapiere gilt RZ 60 sinngemäss.

18 Waren und Vorräte sind zum Gewinnsteuerwert einzustellen (Buchwert zuzüglich nicht zugelassene Wertberichtigungen; die für die direkte Bundessteuer anerkannte Reserve wird nicht aufgerechnet).

2.2. Anlagevermögen

2.2.1. Sachanlagen

19 [1] Betriebliche unüberbaute und überbaute Grundstücke sind zur amtlichen Schatzung einzustellen, jedoch mindestens zum Buchwert.

[2] Gebäude, die auf fremden Boden erstellt wurden, werden zu dem nach Absatz 1 ermittelten Wert eingesetzt. Dabei ist der Dauer des Baurechtsvertrages und der Heimfallenschädigung durch eine Wertberichtigung Rechnung zu tragen.

[3] Entspricht die amtliche Schatzung dem Verkehrswert, beträgt der Abzug für latente Steuern 15%.

20 [1] Betriebsfremde unüberbaute und überbaute Grundstücke sind zum Verkehrswert, wenn dieser nicht bekannt ist zur amtlichen Schatzung oder zum kapitalisierten Ertragswert (siehe auch RZ 44), jedoch mindestens zum Buchwert einzustellen.

[2] Falls Grundstücke zum Verkehrswert oder zum Ertragswert bewertet werden oder die amtliche Schatzung dem Verkehrswert entspricht, beträgt der Abzug für latente Steuern 15 % (vgl. RZ 31).

[3] Gebäude, die auf fremden Boden erstellt wurden, werden zum ermittelten Verkehrswert gemäss vorerwähnten Bewertungsregeln eingesetzt. Dabei ist der Dauer des Baurechtsvertrages und der Heimfallenschädigung durch eine Wertberichtigung Rechnung zu tragen.

21 Bewegliches Vermögen wie Maschinen, Betriebs- und Geschäftseinrichtungen sind zu den Anschaffungs- oder zu den Herstellungskosten, unter Abzug der für die direkte Bundessteuer zulässigen Abschreibungen einzustellen, jedoch mindestens zum Buchwert.

2.2.2. Finanzanlagen

22 Darlehen und andere Forderungen sind zum Nennwert einzustellen.

23 [1] Kotierte Wertpapiere und Beteiligungen sind zu den Schlusskursen des letzten Börsentages der entsprechenden Steuerperiode einzustellen. Für Wertpapiere und Beteiligungen, die regelmässig ausserbörslich gehandelt werden, gelten die letzten verfügbaren Kurse für die entsprechende Steuerperiode.

[2] Für ausländische Wertpapiere und Beteiligungen gilt RZ 59 sinngemäss.

24 [1] Nichtkotierte Wertpapiere und Beteiligungen sind nach der vorliegenden Wegleitung, jedoch mindestens zum Buchwert zu bewerten. In begründeten Fällen kann von dieser Regel abgewichen werden.

[2] Für entsprechende ausländische Wertpapiere und Beteiligungen gilt sinngemäss RZ 60.

25 [1] Eigene Titel sind bei der Bestimmung des Substanzwertes der Unternehmung zum Einstandswert (in der Regel der Buchwert) einzusetzen, wenn sie sich nur vorübergehend im Eigentum der Gesellschaft befinden. Die bilanzierte Reserve in der Höhe des Anschaffungswertes der eigenen Titel ist in den Substanzwert einzubeziehen.

[2] Andernfalls sind sie ausser Acht zu lassen, und die Quotenzahl ist entsprechend zu reduzieren; d.h. die Bilanzpositionen aus dieser Transaktion sind entsprechend zu neutralisieren.

2.2.3. Immaterielle Anlagen und Rechte des Anlagevermögens

26 Besondere Fabrikationsverfahren, Lizenzen, Marken, Patente, Rezepte, Urheberrechte, Verlagsrechte usw. sind höchstens zu den Anschaffungs- oder Herstellungskosten unter Abzug der notwendigen Abschreibungen zu berücksichtigen. Dabei ist in erster Linie der Nutzwert massgebend. Die Nutzungsdauer ist nach wirtschaftlichen Kriterien zu beurteilen.

27 [1] Baurechts-, Miet- und Pachtverträge sind nicht zu berücksichtigen. Baurechte, die bei Einräumung des Baurechts mit Einmalrente des Baurechtsnehmers bezahlt wurden, sind zum Anschaffungswert nach Abzug der notwendigen Abschreibungen in Anrechnung zu bringen.

[2] Übrige Nutzungsrechte des privaten und des öffentlichen Rechts sind sinngemäss wie Baurechte zu behandeln.

2.3. Passiven

28 Schulden aus Lieferungen und Leistungen sowie Darlehen sind zum Nennwert einzustellen.

29 Rückstellungen (einschliesslich Steuerrückstellungen), die zur Deckung von am Bilanzstichtag bestehenden oder erkennbaren Risiken gebildet wurden, sind anzuerkennen, soweit sie geschäftsmässig begründet sind.

30 Wertberichtigungen, insbesondere Delkredere, die zur Deckung von am Bilanzstichtag bekannten Aufwendungen und Verlusten gebildet wurden, sind anzuerkennen soweit sie für die direkte Bundessteuer zugelassen sind.

2.4. Latente Steuern

31 [1] Die latenten Steuern werden in der Regel durch einen Abzug von 15 % auf den für die Bewertung angerechneten unversteuerten stillen Reserven berücksichtigt. Als latente Steuern gelten Steuern, die auf den in der Substanzwertberechnung berücksichtigten, aber nicht als Ertrag besteuerten stillen Reserven bei deren Realisierung zu bezahlen sind.

[2] Für betriebliche und betriebsfremde unüberbaute und überbaute Grundstücke kann der Abzug nur gewährt werden, wenn sie für die Bewertung zum Verkehrswert oder zum Ertragswert eingesetzt wurden.

[3] Keine latenten Steuern werden auf Beteiligungen berechnet, welche für einen Beteiligungsabzug qualifizieren (Art. 28 Abs. 1 beziehungsweise 1bis StHG).

3. Aktiengesellschaften

3.1. Neugegründete Gesellschaften

32 [1] Handels-, Industrie- und Dienstleistungsgesellschaften sind in der Regel für das Gründungsjahr und die Zeit der Aufbauphase nach dem Substanzwert zu bewerten. Sobald repräsentative Geschäftsergebnisse vorliegen, sind die Bewertungsregeln gemäss RZ 34 ff. anzuwenden.

[2] Bei Gesellschaften, die rechtlich zwar neu gegründet wurden, jedoch aus einer Einzelfirma oder einer Personengesellschaft hervorgegangen sind und nur die Rechtsform geändert haben, sind die Bewertungsregeln nach RZ 34 ff. sinngemäss anzuwenden. Allfällige Apportmehrwerte sind zu berücksichtigen.

33 Neugegründete reine Holding-, Vermögensverwaltungs- und Finanzierungsgesellschaften sowie Immobilien-Gesellschaften werden nach RZ 38 bzw. 42 bewertet.

3.2. Handels-, Industrie- und Dienstleistungsgesellschaften

34 Der Unternehmenswert ergibt sich aus der zweimaligen Gewichtung des Ertragswertes und der einmaligen Gewichtung des Substanzwertes zu Fortführungswerten (vgl. Beispiele Nr. 1 und 2).

Die Grundformel lautet: $$U = \frac{2E + S}{3}$$

U = Unternehmenswert
E = Ertragswert
S = Substanzwert

35 Der Ertragswert der Steuerperiode (n) berechnet sich wie folgt:

a. Modell 1:
$$E(n) = \frac{2R^1 + R^2}{3} \times \frac{100}{K}$$

R1 = korrigiertes Rechnungsergebnis der Steuerperiode (n)
R2 = korrigiertes Rechnungsergebnis der Steuerperiode (n-1)
K = Kapitalisierungssatz (vgl. RZ 10 bzw. 60)

b. Modell 2:
$$E(n) = \frac{R^1 + R^2 + R^3}{3} \times \frac{100}{K}$$

R1 = korrigiertes Rechnungsergebnis der Steuerperiode (n)
R2 = korrigiertes Rechnungsergebnis der Steuerperiode (n-1)
R3 = korrigiertes Rechnungsergebnis der Steuerperiode (n-2)
K = Kapitalisierungssatz (vgl. RZ 10 bzw. 60)

36 ~~Als Mindestwert gilt der Substanzwert zu Fortführungswerten (vgl. Beispiel Nr. 3)~~[2]. Die RZ 36 wird auf Beschluss des Vorstands der Schweizerischen Steuerkonferenz vom 25. / 26. März 2009 nicht umgesetzt.[8]

3.3. Domizil- und gemischte Gesellschaften

37 Gesellschaften, die in der Schweiz eine Verwaltungstätigkeit, aber keine Geschäftstätigkeit ausüben, werden wie Handels-, Industrie- und Dienstleistungsgesellschaften (RZ 34 – 36) bewertet.[9]

3.4. Reine Holding-, Vermögensverwaltungs- und Finanzierungsgesellschaften

38 Als Unternehmenswert gilt der Substanzwert (vgl. Beispiele Nr. 4 und 5).

39 Die von der Gesellschaft gehaltenen Wertpapiere und Beteiligungen werden gemäss RZ 23 und 24 bewertet.

40 [1] Ein Abzug für latente Steuern ist nur insoweit vorzunehmen, als von der Gesellschaft kantonale Gewinnsteuern erhoben werden.

[2] Geniesst die Gesellschaft keine Steuerermässigung, so beträgt der Abzug gemäss RZ 31 15 %.

41 [1] Hat eine Gesellschaft eine Konzernrechnung erstellt, die von der Revisionsstelle geprüft und von der Generalversammlung genehmigt wurde, so wird der Unternehmenswert gemäss RZ 34 ff. aufgrund der Konzernrechnung ermittelt. Dabei gelten die sich aus den RZ 9 bis 30 ergebenden Korrekturen (bei Obergesellschaft und Beteiligungen) sinngemäss.

---

[8] ~~Diese Regelung tritt per 1. Januar 2011 in Kraft.~~
[9] Die Rz 37 wird aufgrund des Inkrafttretens des Bundesgesetzes über die Steuerreform und die AHV-Finanzierung per 1. Januar 2020 gelöscht.

² Für die Bewertung sind von der Gesellschaft, deren Aktien zu bewerten sind, der Geschäftsbericht, bestehend aus Jahresbericht, Jahresrechnung und Konzernrechnung (Bilanz, Erfolgsrechnung und Anhang) sowie der Bericht der Konzernrechnungsprüfer einzureichen.

³ Die Gesellschaft, deren Aktien zu bewerten sind, kann die Bewertung aufgrund der Konzernrechnung ablehnen und verlangen, dass die Bewertung auf der Basis des Abschlusses der Obergesellschaft und der Einzelbewertungen der Beteiligungen vorgenommen wird.

⁴ Die Steuerverwaltung kann in von ihr zu begründenden Fällen die Bewertung aufgrund der Konzernrechnung ablehnen und die Unternehmensbewertung gestützt auf die Einzelbewertungen vornehmen. Dies gilt insbesondere bei wesentlichen nichtbetriebsnotwendigen Vermögensteilen in Vermögensverwaltungs- und Finanzierungsgesellschaften sowie Immobiliengesellschaften, die nach RZ 38 bzw. RZ 42 bewertet werden.

⁵ Der Abzug für latente Steuern von 15 % wird auf den für die Bewertung angerechneten unversteuerten stillen Reserven berücksichtigt. Auf den stillen Reserven ist ein Abzug nur insoweit vorzunehmen, als von der betreffenden Gesellschaft kantonale Gewinnsteuern erhoben werden (vgl. Beispiel Nr. 6).

3.5. Immobilien-Gesellschaften

42 Als Unternehmenswert gilt der Substanzwert (vgl. Beispiel Nr. 7).

43 ¹ Unüberbaute und überbaute Grundstücke von Immobilien-Gesellschaften werden zum Verkehrswert bewertet; wenn dieser nicht bekannt ist zur amtlichen Schatzung oder zum kapitalisierten Ertragswert, jedoch mindestens zum Buchwert. Falls Grundstücke zum Verkehrswert oder zum Ertragswert bewertet werden oder die amtliche Schatzung dem Verkehrswert entspricht, beträgt der Abzug für latente Steuern 15 % (vgl. RZ 31).

² Gebäude, die auf fremdem Boden erstellt wurden, werden zum ermittelten Verkehrswert gemäss vorerwähnten Bewertungsregeln eingesetzt. Dabei ist der Dauer des Baurechtsvertrages und der Heimfallentschädigung durch eine Wertberichtigung Rechnung zu tragen.

44 Als Kapitalisierungssatz für Mietzinserträge gilt - vorbehältlich kantonaler Regelungen - der um 1 Prozentpunkt erhöhte Zinssatz für Althypotheken im 1. Rang am Ende der für die Bewertung massgebenden Steuerperiode.

45 Unüberbaute und überbaute Grundstücke einer Immobiliengesellschaft, die von ihrer Schwester- oder Muttergesellschaft für eigene Zwecke betrieblich genutzt werden, sind gemäss RZ 19 zu bewerten.

46 ¹ Sind die Miet- und Pachtzinseinnahmen in erheblichem Umfang vom Gewerbe des Mieters gewinn- oder umsatzabhängig, so gilt als Unternehmenswert der Durchschnitt zwischen dem einfachen Ertragswert und dem zweifachen Substanzwert.

² Für die Ermittlung des Ertragswerts wird der gemäss RZ 10 ermittelte Kapitalisierungssatz um 30 % reduziert (vermindertes Unternehmensrisiko) und dieser reduzierte Satz auf ein halbes Prozent aufgerundet (vgl. Beispiel Nr. 8).

3.6. In Liquidation stehende Gesellschaften

47 Eine Gesellschaft steht im Sinne dieser Bewertungsvorschriften in Liquidation, wenn sie am Bewertungsstichtag den statutarischen Gesellschaftszweck nicht mehr verfolgt, sondern - mit oder ohne Eintrag im Handelsregister - die Verwertung der Aktiven und die Erfüllung der Verbindlichkeiten anstrebt.

48 Der Wert von in Liquidation stehenden Gesellschaften richtet sich nach dem mutmasslichen Liquidationsergebnis; die Aktiven sind zu Liquidationswerten (Veräusserungswerte, die bei der Auflösung der Gesellschaft erzielt werden), die echten Passiven, einschliesslich anfallender Liquidationssteuern und Liquidationskosten der Gesellschaft, zum Nennwert einzusetzen.

4. Gesellschaften mit beschränkter Haftung (GmbH)

49 Gesellschaften mit beschränkter Haftung (GmbH) werden nach den gleichen Grundsätzen wie Aktiengesellschaften bewertet.

5. Genossenschaften

50 Genossenschaften werden, unter Vorbehalt von RZ 51, nicht bewertet. Für die Bewertung der Anteile gilt RZ 65.

51 Erwerbsgenossenschaften werden nach den gleichen Grundsätzen wie Aktiengesellschaften bewertet. Als Erwerbsgenossenschaften gelten Genossenschaften, die Anspruch auf einen Anteil am Liquidationsergebnis gemäss Art. 913 Abs. 2 OR verleihen.

C. Bewertung der Wertpapiere

1. Quotaler Unternehmungswert

52 [1] Bei Unternehmen mit nur einer Titelkategorie entspricht der Steuerwert eines Titels dem Unternehmenswert (U), dividiert durch die Anzahl Titel.

[2] Bei Unternehmen mit Titeln verschiedener Kategorien oder nicht voll einbezahltem Kapital wird ein quotaler Unternehmenswert errechnet, indem der Unternehmenswert (U) durch 1 % des einbezahlten Kapitals dividiert wird. Der einbezahlte Nennwert des Titels, multipliziert mit dem prozentualen quotalen Unternehmenswert, ergibt den Steuerwert.

53 Bei gleichzeitigem Bestehen von Stamm- und Vorzugstitel bemisst sich deren quotaler Unternehmenswert nach dem in den Statuten umschriebenen Anspruch am Bilanzgewinn (Ertragswert) bzw. am Liquidationsergebnis (Substanzwert) (vgl. Beispiel Nr. 9).

2. Genussscheine

54 [1] Genussscheine die nur Anspruch auf einen Anteil am Bilanzgewinn verleihen oder deren Vermögensrechte im Umfang oder auf kurze Zeit begrenzt sind, werden ausschliesslich auf Grund der Ausschüttungen bewertet.

[2] Massgebend sind die Ausschüttungen der Jahre, die für die Ermittlung des Ertragswertes der Unternehmung herangezogen werden (vgl. RZ 7):

Modell 1: Jahresrechnungen (n) und (n-1);
Modell 2: Jahresrechnungen (n), (n-1) und (n-2).

[3] Bei der Berechnung des Ertragswertes der Genussscheine ist der Kapitalisierungssatz gemäss RZ 10 um 1 Prozent-Punkt zu erhöhen. Von diesem kapitalisierten Ertragswert ist ein Abzug von 10 % vorzunehmen.

[4] In allen Fällen, in denen Genussscheine ausgegeben wurden, ist für die Bewertung der Beteiligungsrechte von einem um die Ausschüttung auf Genussscheinen verminderten Gewinn auszugehen (vgl. Beispiel Nr. 10).

55 [1] Genussscheine, die sowohl Anspruch auf einen Anteil am Bilanzgewinn als auch auf einen Anteil am Liquidationsergebnis verleihen und deren Rechte weder zeitlich noch quantitativ begrenzt sind, werden nach dem quotalen Unternehmenswert bewertet, wobei der Substanzwert und der Ertragswert aufgrund des in den Statuten umschriebenen Anspruchs am Liquidationsergebnis bzw. am Bilanzgewinn festgelegt werden; die den Unternehmenstypen entsprechenden Bewertungsregeln sind sinngemäss anwendbar.

² Vom quotalen Unternehmenswert ist stets ein Abzug von 10 % vorzunehmen. Der so ermittelte Wert bildet die Ausgangslage zur Beurteilung, ob der Pauschalabzug gemäss RZ 61 ff. gewährt werden kann (vgl. Beispiele Nr. 11 und 12).

56 Genussscheine, die nur gemeinsam mit anderen Titeln übertragen werden können, sind zusammen mit den anderen Titeln zu bewerten.

3. Partizipationsscheine

57 ¹ Der Steuerwert von Partizipationsscheinen wird nach den gleichen Grundsätzen wie derjenige von Aktien ermittelt.

² Vom quotalen Unternehmenswert ist stets ein Abzug von 10 % vorzunehmen. Der so ermittelte Wert bildet die Ausgangslage zur Beurteilung, ob der Pauschalabzug gemäss RZ 61 ff. gewährt werden kann.

58 Hat eine Gesellschaft Partizipationsscheine ausgegeben, so gilt als Wert der Partizipationsscheine derjenige Teil des Unternehmenswertes, der dem Verhältnis des Nennwertes zur Summe von Grund- und Partizipationsscheinkapital entspricht.

4. Ausländische Wertpapiere und Beteiligungen

59 ¹ Kotierte ausländische Wertpapiere sind zu den Schlusskursen des letzten Börsentages und Wertpapiere, die regelmässig ausserbörslich gehandelt werden, zu den letzten verfügbaren Kursen der entsprechenden Steuerperiode einzustellen.

² Zur Umrechnung in Schweizer Franken ist der Devisenkurs am Ende der Steuerperiode massgebend. Die Devisenkurse per Stichtag 31. Dezember werden jeweils in der Kursliste der Eidg. Steuerverwaltung publiziert.

60 *¹ Nichtkotierte ausländische Wertpapiere und Beteiligungen sind nach der vorliegenden Wegleitung zu bewerten.*

² Der Kapitalisierungssatz setzt sich aus dem risikolosen Zinssatz und der für nicht börsenkotierte Unternehmen geltenden Risikoprämie zusammen und wird erhöht um einen Prozentsatz zur Berücksichtigung der Illiquidität. Der massgebende Kapitalisierungssatz berechnet sich aus dem Durchschnitt der ungerundeten Sätze der letzten drei Jahre, aufgerundet auf das nächste Viertelprozent, und gilt für das nachfolgende Steuerjahr.

³ Der risikolose Zinssatz berechnet sich aus dem 5-Jahres-Swapsatz der entsprechenden Währung, erhöht um die Differenz zwischen dem 5-Jahres-Swapsatz in CHF und dem ermittelten risikolosen Zinssatz gemäss Randziffer 10 Absatz 2 dieser Wegleitung.

⁴ Die Risikoprämie entspricht dem Wert gemäss Randziffer 10 Absatz 3 dieser Wegleitung

⁵ Zwecks Berücksichtigung der Illiquidität, wird die Summe der beiden ungerundeten Prozentsätze „risikoloser Zinssatz" und „Risikoprämie" um 17.65% erhöht.

⁶ Zur Umrechnung in Schweizer Franken ist der Devisenkurs am Ende der Steuerperiode massgebend. Die Devisenkurse per Stichtag 31. Dezember sind in der Kursliste der Eidg. Steuerverwaltung publiziert.[10]

---

[10] Änderungen gemäss Beschluss der SSK vom 16.10.2020 (gestützt auf die Zustimmung der FDK vom 25.9.2020) für Bewertungen mit Bilanzstichtagen ab 1. Januar 2021.

5. Pauschalabzug für vermögensrechtliche Beschränkungen

61 ¹ Dem beschränkten Einfluss des Inhabers einer Minderheitsbeteiligung auf die Geschäftsleitung und auf die Beschlüsse der Generalversammlung sowie der eingeschränkten Übertragbarkeit von Gesellschaftsanteilen wird pauschal Rechnung getragen.

² Privatrechtliche Verträge wie beispielsweise Aktionärbindungsverträge, welche die Übertragbarkeit der Wertpapiere beeinträchtigen, sind steuerlich unbeachtlich.

³ Wird der Verkehrswert nach RZ 2 Abs. 4 berechnet, kann der Titelinhaber - unter Vorbehalt nachfolgender Randziffern - einen Pauschalabzug von 30 % geltend machen.

62 ¹ Der Pauschalabzug wird in der Regel für alle Beteiligungen bis und mit 50 % des Gesellschaftskapitals gewährt. Massgebend sind die Beteiligungsverhältnisse am Ende der Steuerperiode.

² Hat eine Gesellschaft Stimmrechtstitel ausgegeben oder in ihren Statuten Stimmrechtsbeschränkungen vorgesehen, so wird die vorerwähnte Quote von 50 % nicht auf das Gesellschaftskapital sondern auf die Gesamtzahl aller Stimmrechte bezogen.

³ Sobald der Inhaber einer Minderheitsbeteiligung über einen beherrschenden Einfluss verfügt (Mitverwaltungsrechte, Zusammenrechnung von Titeln, Vetorecht bei GmbH usw.), wird der Pauschalabzug nicht gewährt.

63 ¹ Erhält der Steuerpflichtige eine angemessene Dividende, so wird der Abzug nicht gewährt.

² Eine Dividende ist dann angemessen, wenn die im Verhältnis zum Verkehrswert errechnete Rendite mindestens dem um 1 Prozent-Punkt erhöhten risikolosen Zinssatz gemäss Berechnung nach Randziffer 10 Absatz 2 entspricht (RZ 60 Abs. 3 für ausländische Unternehmen).

³ Für die Berechnung der Rendite zum Bewertungsstichtag (n) wird auf den Durchschnitt der in den Kalenderjahren (n) und (n-1) bezahlten Dividenden abgestellt (vgl. Beispiel Nr. 13).[11]

64 Der Pauschalabzug wird nicht gewährt auf Titeln
a. deren Verkehrswert nicht nach einer Formel gemäss RZ 34, RZ 38, oder RZ 42 berechnet wird;
b. von neu gegründeten Gesellschaften, die gemäss RZ 32 und nicht nach RZ 34 ff. bewertet wurden;
c. von in Liquidation stehenden Gesellschaften (RZ 48);
d. von Genossenschaften (RZ 51, RZ 65 und RZ 66);
e. die mit einem Sonderrecht zur ausschliesslichen Nutzung bestimmter Teile eines sich im Besitz einer Immobiliengesellschaft befindlichen Gebäudes ausgestattet sind (Mieter-Aktionär).

6. Genossenschaftsanteile

65 ¹ Der Steuerwert von Anteilen an Genossenschaften wird wie folgt ermittelt:
a. Bei Genossenschaften, deren Statuten bestimmen, dass ausscheidende Genossenschafter Anspruch auf das Genossenschaftsvermögen gemäss Art. 864 OR (Rückzahlung zum Nennwert) haben: höchstens zum Nennwert.
b. Bei gleichen Voraussetzungen aber einer Verzinsung der Anteilscheine, die den landesüblichen Zinsfuss für langfristige Darlehen ohne besondere Sicherheiten (Art. 859 Abs. 3 OR) übersteigt: nach dem einfachen Mittel zwischen dem Nennwert und den kapitalisierten Ausschüttungen (Durchschnitt der zwei vor dem massgebenden Bewertungsstichtag vorgenommenen Ausschüttungen, wobei diejenige des zweiten Jahres doppelt zu gewichten ist).

² Als Grundlage für die Kapitalisierung der Ausschüttungen gilt der um 1 Prozent-Punkt erhöhte Swapsatz* gemäss RZ 10 Abs. 2 bzw. RZ 60 Abs. 3.

---

[11] Änderungen gemäss Beschluss der SSK vom 16.10.2020 (gestützt auf die Zustimmung der FDK vom 25.9.2020) für Bewertungen mit Bilanzstichtagen ab 1. Januar 2021.

* ☞ Gemäss geänderter Berechnung des Kapitalisierungssatzes (Rz 10) kommt der risikolose Zinssatz zur Anwendung.

66 Liegt der quotale Unternehmenswert einer Erwerbsgenossenschaft über dem Nennwert und bestimmen die Statuten der Genossenschaft, dass ausscheidende Genossenschafter Anspruch auf das Genossenschaftsvermögen gemäss Art. 864 OR (Rückzahlung zum Nennwert) haben, so wird der Steuerwert der Anteile nach dem einfachen Mittel zwischen dem Nennwert und dem quotalen Unternehmungswert ermittelt.

7. Anteile an kollektiven Kapitalanlagen

67 [1] Der Steuerwert der Anteile an kollektiven Kapitalanlagen bemisst sich wie folgt:

a. Bei nichtkotierten Anteilen, die regelmässig ausserbörslich gehandelt werden, gilt als Verkehrswert der letzte verfügbare Kurs der entsprechenden Steuerperiode.

b. Bei nichtkotierten Anteilen, für die keine ausserbörslichen Kursnotierungen bekannt sind, nach dem Durchschnitt der Rücknahmepreise im letzten Monat der entsprechenden Steuerperiode oder - wenn keine vorhanden sind - nach dem Inventarwert (Net Asset Value) am Ende der Steuerperiode.

[2] Die Steuerwerte der wesentlichsten nichtkotierten Anteile von Anlagefonds werden per Stichtag 31. Dezember jährlich in der Kursliste der Eidg. Steuerverwaltung publiziert.

[3] Zur Umrechnung von nicht publizierten Anteilen von Anlagefonds fremder Währung in Schweizer Franken ist der Devisenkurs am Ende der Steuerperiode massgebend. Die Devisenkurse per 31. Dezember sind in der Kursliste der Eidg. Steuerverwaltung publiziert.

8. Festverzinsliche Wertpapiere

68 [1] Bei nichtkotierten, festverzinslichen Wertpapieren, die regelmässig ausserbörslich gehandelt werden, gilt als Verkehrswert der letzte verfügbare Kurs der entsprechenden Steuerperiode.

[2] Bei nichtkotierten festverzinslichen Wertpapieren, für die keine ausserbörslichen Kursnotierungen bekannt sind, nach dem am Ende der Steuerperiode geltenden marktüblichen Zinssatz, unter Berücksichtigung der Restlaufzeit, der Bonität des Schuldners sowie der erschwerten Verkäuflichkeit.

[3] Zur Umrechnung festverzinslicher Wertpapiere fremder Währung in Schweizer Franken ist der Devisenkurs am Ende der Steuerperiode massgebend. Die Devisenkurse per 31. Dezember sind in der Kursliste der Eidg. Steuerverwaltung publiziert.

D. Anwendbarkeit

69 [1] Dieses Kreisschreiben gilt für Bewertungen mit Bilanzstichtagen ab 1. Januar 2008. Es ersetzt das Kreisschreiben Nr. 28 vom 21. August 2006.

[2] ~~Die Regelung gemäss Randziffer 36 gilt erst für Bewertungen mit Bilanzstichtagen ab 1. Januar 2011.~~ Die RZ 36 wird auf Beschluss des Vorstands der Schweizerischen Steuerkonferenz vom 25. / 26. März 2009 nicht umgesetzt.

E. Anhang

Ermittlung des Kapitalisierungssatzes nach RZ 10

Beispiel für Steuerperiode 2007

Zinssatz für risikolose Anlagen:			
	- Quartal 1/2007	2,71%	
	- Quartal 2/2007	2,75%	
	- Quartal 3/2007	3,40%	
	- Quartal 4/2007	3,20%	3,02%

Durchschnitt aufgerundet auf ½ %	3,50%
Risikoprämie	7,00%
Massgebender Kapitalisierungssatz	10,50%

Berechnungsbeispiele

In den nachfolgenden Beispielen wird der Kapitalisierungssatz von 10,50% verwendet.

Beispiele (Übersicht)

Beispiel Nr. 1	(Mittelwertberechnung)	S. 11
Beispiel Nr. 2	(Mittelwertbewertung mit gegenseitigen Beteiligungen)	S. 14
Beispiel Nr. 3	(Mittelwertbewertung bei Verlusten)	S. 21
Beispiel Nr. 4	(Reine Substanzbewertung)	S. 24
Beispiel Nr. 5	(Reine Substanzbewertung mit gegenseitigen Beteiligungen)	S. 25
Beispiel Nr. 6	(Konzernrechnung)	S. 32
Beispiel Nr. 7	(Immobiliengesellschaft)	S. 36
Beispiel Nr. 8	(Immobiliengesellschaft mit gewinn- / umsatzabhängigen Erträgen)	S. 37
Beispiel Nr. 9	(Mittelwertbewertung bei Stamm- und Vorzugstiteln)	S. 40
Beispiel Nr. 10	(Genussscheine mit Anspruch auf Bilanzgewinn)	S. 44
Beispiel Nr. 11	(Genussscheine mit Anspruch auf Bilanzgewinn)	S. 48
Beispiel Nr. 12	(Genussscheine mit Anspruch auf Bilanz- und Liquidationsgewinn)	S. 52
Beispiel Nr. 13	(Pauschalabzug)	S. 53

Beispiel Nr. 1 (RZ 34)

Bewertung der Titel von Handels-, Industrie- und Dienstleistungsgesellschaften.

Eine Industriegesellschaft mit einem Aktienkapital von Fr. 1'500'000 (1'500 Aktien von je Fr. 1'000 nom.) weist Fr. 8'900'000 offene Reserven inkl. Vortrag und Fr. 2'400'000 versteuerte stille Reserven (davon Fr. 400'000 auf Fabrikliegenschaft) aus. Sie ist im Besitz einer Fabrikliegenschaft (Buchwert: Fr. 1'500'000, amtl. Schatzung: Fr. 3'800'000 [= VW]) und zweier Wohnliegenschaften (Buchwert 1. Liegenschaft: Fr. 500'000, amtl. Schatzung: Fr. 2'000'000 [< VW], Buchwert 2. Liegenschaft: Fr. 200'000, keine amtl. Schatzung vorhanden, Nettomietzinseinnahmen: Fr. 127'500). Das Jahresergebnis beträgt im ersten Bemessungsjahr Fr. 1'840'000 (Gewinnkorrektur: Fr. 190'000 Aufrechnungen), im zweiten Bemessungsjahr Fr. 2'980'000 (Gewinnkorrekturen: Fr. 200'000 Aufrechnungen und Fr. 1'000'000 Veräusserungsgewinn einer Liegenschaft).

Modell 2: Das Jahresergebnis des ältesten Bemessungsjahres beträgt Fr. 1'700'000 (keine Gewinnkorrektur).

Modell 1

Ertragswert	CHF	CHF	CHF
Jahresergebnis 1. Bemessungsjahr =	1'840'000		
Gewinnkorrekturen	190'000	2'030'000	
Jahresergebnis 2. Bemessungsjahr =	2'980'000		
Gewinnkorrekturen	-800'000	2'180'000	
2. Jahr doppelt		2'180'000	
		6'390'000	
Massgebendes Ergebnis = Durchschnitt (:3)		2'130'000	
kapitalisiert mit 10,5%			20'285'714
doppelt			20'285'714
Substanzwert			
Aktienkapital	1'500'000		
Verlustvortrag	--	1'500'000	
offene Reserven inkl. Vortrag		8'900'000	
stille Reserven:			
Fabrikliegenschaft			
- amtl. Schatzung (= Verkehrswert)	3'800'000		
- Buchwert	-1'500'000	2'300'000 *	
1. Wohnliegenschaft			
- amtl. Schatzung (< Verkehrswert)	2'000'000		
- Buchwert	-500'000	1'500'000	
2. Wohnliegenschaft			
- Mietzinse	127'500		
kapitalisiert mit 8,5% (= Verkehrswert)	1'500'000		
- Buchwert	-200'000	1'300'000 *	
Berücksichtigung der latenten Steuern:			
massgebende stille Reserven	3'600'000 *		
davon versteuert auf Fabrikliegenschaft	-400'000		
minus 15% latente Steuern auf	3'200'000	-480'000	
übrige versteuerte stille Reserven		2'000'000	17'020'000
Total (2x Ertragswert / 1x Substanzwert)			57'591'428
Durchschnitt (:3)			19'197'143
dividiert durch Anzahl Aktien (: 1'500)			12'798
Steuerwert brutto abgerundet auf			**12'700**

	Modell 2		
Ertragswert	CHF	CHF	CHF
Jahresergebnis 1. Bemessungsjahr =	1'700'000		
Gewinnkorrekturen	--	1'700'000	
Jahresergebnis 2. Bemessungsjahr =	1'840'000		
Gewinnkorrekturen	190'000	2'030'000	
Jahresergebnis 3. Bemessungsjahr =	2'980'000		
Gewinnkorrekturen	-800'000	2'180'000	
		5'910'000	
Massgebendes Ergebnis = Durchschnitt (:3)		1'970'000	
kapitalisiert mit 10,5%			18'761'905
doppelt			18'761'905
Substanzwert			
Aktienkapital	1'500'000		
Verlustvortrag	--	1'500'000	
offene Reserven inkl. Vortrag		8'900'000	
stille Reserven:			
Fabrikliegenschaft			
- amtl. Schatzung (= Verkehrswert)	3'800'000		
- Buchwert	-1'500'000	2'300'000 *	
1. Wohnliegenschaft			
- amtl. Schatzung (< Verkehrswert)	2'000'000		
- Buchwert	-500'000	1'500'000	
2. Wohnliegenschaft			
- Mietzinse	127'500		
kapitalisiert mit 8,5% (= Verkehrswert)	1'500'000		
- Buchwert	-200'000	1'300'000 *	
Berücksichtigung der latenten Steuern:			
massgebende stille Reserven	3'600'000 *		
davon versteuert auf Fabrikliegenschaft	400'000		
minus 15% latente Steuern auf	3'200'000	-480'000	
übrige versteuerte stille Reserven		2'000'000	17'020'000
Total (2x Ertragswert / 1x Substanzwert)			54'543'810
Durchschnitt (:3)			18'181'270
dividiert durch Anzahl Aktien (: 1'500)			12'121
Steuerwert brutto abgerundet auf			**12'100**

Beispiel Nr. 2 (RZ 34)

Bewertung der Titel von Handels-, Industrie- und Dienstleistungsgesellschaften bei wechsel- oder gegenseitiger Beteiligung.

Im vorliegenden Beispiel handelt es sich um zwei unabhängige Gesellschaften A und B, wobei A Aktien von B und B Aktien von A hält.

Die Gesellschaft A mit einem Aktienkapital von Fr. 2'000'000 (20'000 Aktien von je Fr. 100 nom.) weist Fr. 6'000'0000 offene Reserven inkl. Vortrag und Fr. 3'000'0000 versteuerte Rückstellungen aus. Sie ist im Besitz einer Fabrikliegenschaft (Buchwert: Fr. 2'500'000, amtl. Schatzung: Fr. 4'200'000 [= VW]) sowie verschiedener Beteiligungen* (Buchwert: Fr. 3'250'000, Verkehrswert ohne Beteiligung B: Fr. 4'250'0000), wovon eine von 33 % an der Gesellschaft B (Buchwert dieser Beteiligung: Fr. 1'200'000, erhaltene Dividenden: Fr. 120'000 im ersten Bemessungsjahr, Fr. 150'000 im zweiten Bemessungsjahr). Das Jahresergebnis beträgt im ersten Bemessungsjahr Fr. 1'400'000 (keine Gewinnkorrektur), im zweiten Bemessungsjahr Fr. 1'200'0000 (keine Gewinnkorrektur).

*Mit Ausnahme der gegenseitigen Beteiligung: ohne Beteiligungsabzug

Modell 2: Das Jahresergebnis des ältesten Bemessungsjahres beträgt Fr. 1'100'000 (keine Gewinnkorrektur); erhaltene Dividenden: Fr. 0.

Die Gesellschaft B mit einem Aktienkapital von Fr. 300'000 (3'000 Aktien von je Fr. 100 nom.) weist Fr. 3'100'000 offene Reserven inkl. Vortrag und Fr. 4'400'000 versteuerte Rückstellungen aus. Sie ist im Besitz einer Fabrikliegenschaft (Buchwert: Fr. 3'600'000, amtl. Schatzung: Fr. 4'250'000 [= VW]) sowie verschiedener Beteiligungen* (Buchwert: Fr. 5'250'000, Verkehrswert ohne Beteiligung A: Fr. 2'600'000), wovon eine von 20 % an der Gesellschaft A (Buchwert dieser Beteiligung: Fr. 3'850'000, erhaltene Dividenden: Fr. 160'000 im ersten Bemessungsjahr, Fr. 120'000 im zweiten Bemessungsjahr). Das Jahresergebnis beträgt im ersten Bemessungsjahr Fr. 950'000 (keine Gewinnkorrektur), im zweiten Bemessungsjahr Fr. 1'200'000 (keine Gewinnkorrektur).

*Mit Ausnahme der gegenseitigen Beteiligung: ohne Beteiligungsabzug

Modell 2: Das Jahresergebnis des ältesten Bemessungsjahres beträgt Fr. 800'000 (keine Gewinnkorrektur); erhaltene Dividenden in diesem Bemessungsjahr: 100'000

Bei gegenseitigen Beteiligungen ist die Bewertung nach der Methode von Michael Towbin (vgl. „Die Schweizerische Aktiengesellschaft", November 1951, Seite 78 ff.), gemäss nachstehender Berechnungsformel vorzunehmen:

	Modell 1		
Ertragswert der Gesellschaft A	CHF	CHF	CHF
Jahresergebnis 1. Bemessungsjahr =	1'400'000		
minus erhaltene Dividende der Beteiligung B	-120'000	1'280'000	
Jahresergebnis 2. Bemessungsjahr =	1'200'000		
minus erhaltene Dividende der Beteiligung B	-150'000	1'050'000	
2. Jahr doppelt		1'050'000	
		3'380'000	
Massgebendes Ergebnis = Durchschnitt (:3)		1'126'667	
kapitalisiert mit 10,5%			10'730'159
doppelt			10'730'159
Doppelter Ertragswert der Gesellschaft A ohne Ertrag der gegenseitigen Beteiligung B			**21'460'318**
Ertragswert der Gesellschaft B			
Jahresergebnis 1. Bemessungsjahr =	950'000		
minus erhaltene Dividende der Beteiligung A	-160'000	790'000	
Jahresergebnis 2. Bemessungsjahr =	1'200'000		
minus erhaltene Dividende der Beteiligung A	-120'000	1'080'000	
2. Jahr doppelt		1'080'000	
		2'950'000	
Massgebendes Ergebnis = Durchschnitt (:3)		983'333	
kapitalisiert mit 10,5%			9'365'079
doppelt			9'365'079
Doppelter Ertragswert der Gesellschaft B ohne Ertrag der gegenseitigen Beteiligung A			**18'730'158**

Substanzwert der Gesellschaft A	CHF	CHF	CHF
Aktienkapital		2'000'000	
Verlustvortrag		--	2'000'000
offene Reserven inkl. Vortrag			6'000'000
versteuerte Rückstellungen			3'000'000
stille Reserven			
Fabrikliegenschaft			
- amtl. Schatzung (= Verkehrswert)		4'200'000	
- Buchwert		-2'500'000	1'700'000
Beteiligungen			
- Verkehrswert (übrige Bet.: kein Beteiligungsabzug)		4'250'000	
- Buchwert	3'250'000		
minus Buchwert der Beteiligung B	-1'200'000	2'050'000	2'200'000
Berücksichtigung der latenten Steuern:			
massgebende stille Reserven		3'900'000 *	
davon versteuert		--	
minus 15% latente Steuern auf		3'900'000	-585'000
Substanzwert der Gesellschaft A			
ohne Buchwert der gegenseitigen Beteiligung B	**-1'200'000**		**13'115'000**

Substanzwert der Gesellschaft B	CHF	CHF	CHF
Aktienkapital		300'000	
Verlustvortrag		--	300'000
offene Reserven inkl. Vortrag			3'100'000
versteuerte Rückstellungen			4'400'000
stille Reserven			
Fabrikliegenschaft			
- amtl. Schatzung (= Verkehrswert)		4'250'000	
- Buchwert		-3'600'000	650'000
Beteiligungen			
- Verkehrswert (übrige Bet.: kein Beteiligungsabzug)		2'600'000	
- Buchwert	5'250'000		
minus Buchwert der Beteiligung A	-3'850'000	1'400'000	1'200'000
Berücksichtigung der latenten Steuern:			
massgebende stille Reserven		1'850'000 *	
davon versteuert		--	
minus 15% latente Steuern auf		1'850'000	-277'500
Substanzwert der Gesellschaft B			
ohne Buchwert der gegenseitigen Beteiligung A	**-3'850'000**		**5'522'500**

Abschlussdatum der letzten Bilanz		31. Dezember	31. Dezember
Beteiligung an der anderen Gesellschaft in Prozenten (:100)		① 0,333	② 0,200
Übertrag des **doppelten Ertragswertes ohne Ertrag** (Dividenden usw.) der gegenseitigen Beteiligung		21'460'317	18'730'159
Übertrag des **Substanzwertes ohne Buchwert** der gegenseitigen Beteiligung		13'115'000	5'522'500
Total		34'575'317	24'252'659
Durchschnitt (:3)		② 11'525'106	8'084'220
Übertrag des prozentualen Anteils der Gesellschaft **B** an der Gesellschaft **A** nach der Formel: ② 0,200 x ② 11'525'106		-2'305'021	2'305'021
Total			③ 10'389'241
"Verschachtelung" nach der Formel: ③ 10'389'241 x {① 0.333 x (1- ② 0.200)} / 1- (① 0.333 x ② 0.200)		2'965'174	-2'965'174
Total		12'185'259	7'424'067
Anzahl Aktien A x 1- ② 0,200		762	
Anzahl Aktien B x 1- ① 0,333			3'710
Steuerwert brutto abgerundet auf		**760**	**3'710**

Modell 2			
Ertragswert der Gesellschaft A	CHF	CHF	CHF
Jahresergebnis 1. Bemessungsjahr =	1'100'000		
minus erhaltene Dividende der Beteiligung B	-	1'100'000	
Jahresergebnis 2. Bemessungsjahr =	1'400'000		
minus erhaltene Dividende der Beteiligung B	-120'000	1'280'000	
Jahresergebnis 3. Bemessungsjahr =	1'200'000		
minus erhaltene Dividende der Beteiligung B	-150'000	1'050'000	
		3'430'000	
Massgebendes Ergebnis = Durchschnitt (:3)		1'143'333	
kapitalisiert mit 10,5%			10'888'889
doppelt			10'888'889
Doppelter Ertragswert der Gesellschaft A ohne Ertrag der gegenseitigen Beteiligung B			**21'777'778**

Ertragswert der Gesellschaft B	CHF	CHF	CHF
Jahresergebnis 1. Bemessungsjahr =	800'000		
minus erhaltene Dividende der Beteiligung A	-100'000	700'000	
Jahresergebnis 2. Bemessungsjahr =	950'000		
minus erhaltene Dividende der Beteiligung A	-160'000	790'000	
Jahresergebnis 3. Bemessungsjahr =	1'200'000		
minus erhaltene Dividende der Beteiligung A	-120'000	1'080'000	
		2'570'000	
Massgebendes Ergebnis = Durchschnitt (:3)		856'667	
kapitalisiert mit 10,5%			8'158'730
doppelt			8'158'730
Doppelter Ertragswert der Gesellschaft B ohne Ertrag der gegenseitigen Beteiligung A			**16'317'460**

Substanzwert der Gesellschaft A	CHF	CHF	CHF
Aktienkapital		2'000'000	
Verlustvortrag		–	2'000'000
offene Reserven inkl. Vortrag			6'000'000
versteuerte Rückstellungen			3'000'000
stille Reserven:			
Fabrikliegenschaft			
- amtl. Schatzung (= Verkehrswert)		4'200'000	
- Buchwert		-2'500'000	1'700'000
Beteiligungen			
- Verkehrswert (übrige Bet.: kein Beteiligungsabzug)		4'250'000	
- Buchwert	3'250'000		
minus Buchwert der Beteiligung B	-1'200'000	2'050'000	2'200'000
Berücksichtigung der latenten Steuern:			
massgebende stille Reserven		3'900'000 *	
davon versteuert		–	
minus 15% latente Steuern auf		3'900'000	-585'000
Substanzwert der Gesellschaft A ohne Buchwert der gegenseitigen Beteiligung B	**-1'200'000**		**13'115'000**

Substanzwert der Gesellschaft B	CHF	CHF	CHF
Aktienkapital		300'000	
Verlustvortrag		–	300'000
offene Reserven inkl. Vortrag			3'100'000
versteuerte Rückstellungen			4'400'000
stille Reserven:			
Fabrikliegenschaft			
- amtl. Schatzung (= Verkehrswert)		4'250'000	
- Buchwert		-3'600'000	650'000
Beteiligungen			
- Verkehrswert (übrige Bet.: kein Beteiligungsabzug)		2'600'000	
- Buchwert	5'250'000		
minus Buchwert der Beteiligung B	-3'850'000	1'400'000	1'200'000
Berücksichtigung der latenten Steuern:			
massgebende stille Reserven		1'850'000 *	
davon versteuert		–	
minus 15% latente Steuern auf		1'850'000	-277'500
Substanzwert der Gesellschaft A ohne Buchwert der gegenseitigen Beteiligung B	**-3'850'000**		**5'522'500**

	A	B
Abschlussdatum der letzten Bilanz	31. Dezember	31. Dezember
Beteiligung an der anderen Gesellschaft in Prozenten (:100)	◉ 0,333	① 0,333
Übertrag des **doppelten Ertragswertes ohne Ertrag** (Dividenden usw.) der gegenseitigen Beteiligung	21'777'778	16'317'460
Übertrag des Substanzwertes ohne Buchwert der gegenseitigen Beteiligung	13'115'000	5'522'500
Total	34'892'778	21'839'960
Durchschnitt (:3)	① 11'630'926	7'279'987
Übertrag des prozentualen Anteils der Gesellschaft **B** an der Gesellschaft **A** nach der Formel: ① 0,200 x ① 11'630'926	-2'326'185	2'326'185
Total		⊕ 9'606'172
"Verschachtelung" nach der Formel: ⊕ 9'606'172 x {◉ 0,333 x (1 - ① 0,200)} / 1 - {(◉ 0,333 x ① 0,200) }	2'741'680	-2'741'680
Total	12'046'421	6'864'492
Anzahl Aktien A x 1 - ① 0,200	752	
Anzahl Aktien B x 1 - ◉ 0,333		3430
Steuerwert brutto abgerundet auf	**750**	**3'430**

Beispiel Nr. 3 (RZ 36)

Bewertung der Titel von Handels-, Industrie- und Dienstleistungsgesellschaften mit negativem Jahresergebnis.

Eine Handelsgesellschaft mit einem Aktienkapital von Fr. 500'000 (500 Aktien von je Fr. 1'000 nom.) weist Fr. 1'850'000 offene Reserven inkl. Vortrag und Fr. 200'000 versteuerte stille Reserven (davon Fr. 150'000 auf Wohnliegenschaft) aus. Sie ist im Besitz einer Fabrikliegenschaft (Buchwert: Fr. 500'000, amtliche Schatzung: Fr. 2'200'000 [= VW]) und einer Wohnliegenschaft (Buchwert: Fr. 400'000, amtliche Schatzung: Fr. 1'200'000 [< VW]). Das Jahresergebnis beträgt im ersten Bemessungsjahr Fr. 180'000 (Gewinnkorrektur: Fr. –120'000 Auflösung), der Verlust im zweiten Bemessungsjahr Fr. –95'000 (keine Gewinnkorrektur).

Modell 2: Das Jahresergebnis des ältesten Bemessungsjahres beträgt Fr. 110'000 (Gewinnkorrektur: Fr. -12'000 Auflösung).

	Modell 1		
Ertragswert	CHF	CHF	CHF
Jahresergebnis 1. Bemessungsjahr =	180'000		
Gewinnkorrekturen	-120'000	60'000	
Jahresergebnis 2. Bemessungsjahr =	-95'000		
Gewinnkorrekturen	0	-95'000	
2. Jahr doppelt		-95'000	
		-130'000	
Durchschnitt (:3)		-43'333	
kapitalisiert mit 10,5%			0
doppelt			0
Substanzwert	CHF	CHF	CHF
Aktienkapital	500'000		
Verlustvortrag	0	500'000	
offene Reserven inkl. Vortrag		1'850'000	
stille Reserven:			
Fabrikliegenschaft			
- amtl. Schatzung (= Verkehrswert)	2'200'000		
- Buchwert	-500'000	1'700'000 *	
Wohnliegenschaft			
- amtl. Schatzung (< Verkehrswert)	1'200'000		
- Buchwert	-400'000	800'000 **	
** inkl. CHF 150'000 versteuerte stille Reserven			
Berücksichtigung der latenten Steuern:			
massgebende stille Reserven	1'700'000 *		
davon versteuert	0		
minus 15% latente Steuern auf	1'700'000	-255'000	
übrige versteuerte stille Reserven		50'000	4'645'000
Total (2x _Ertragswert / 1x Substanzwert)			4'645'000
Durchschnitt (:3)			1'548'333
Unternehmenswert: ~~als Mindestwert gilt der Substanzwert~~			**1'548'333**
dividiert durch Anzahl Aktien (:500)			3'097
Steuerwert brutto abgerundet auf			**3'000**

Jahresergebnis 1. Bemessungsjahr =	110'000		
Gewinnkorrekturen	-12'000	98'000	
Jahresergebnis 2. Bemessungsjahr =	180'000		
Gewinnkorrekturen	-120'000	60'000	
Jahresergebnis 3. Bemessungsjahr =	-95'000		
Gewinnkorrekturen	0	-95'000	
		63'000	
Durchschnitt (:3)		21'000	
kapitalisiert mit 10,5%			200'000
doppelt			200'000

Substanzwert	CHF	CHF	CHF
Aktienkapital	500'000		
Verlustvortrag	0	500'000	
offene Reserven inkl. Vortrag		1'850'000	
stille Reserven:			
Fabrikliegenschaft			
- amtl. Schatzung (= Verkehrswert)	2'200'000		
- Buchwert	-500'000	1'700'000 *	
Wohnliegenschaft			
- amtl. Schatzung (< Verkehrswert)	1'200'000		
- Buchwert	-400'000	800'000 **	
** inkl. CHF 150'000 versteuerte stille Reserven			
Berücksichtigung der latenten Steuern:			
massgebende stille Reserven	1'700'000 *		
davon versteuert	0		
minus 15% latente Steuern auf	1'700'000	-255'000	
übrige versteuerte stille Reserven		50'000	4'645'000
Total (2x Ertragswert / 1x Substanzwert)			5'045'000
Durchschnitt (:3)			1'681'667
Unternehmenswert: as Mindestwert gilt der Substanzwert			**1'681'667**
dividiert durch Anzahl Aktien (:500)			3'363
Steuerwert brutto abgerundet auf			**3'300**

Beispiel Nr. 4 (RZ 38)

Bewertung der Titel von reinen Holdings-, Vermögensverwaltungs-, Beteiligungs- und Finanzierungsgesellschaften.

Eine reine Holdinggesellschaft mit einem Aktienkapital von Fr. 4'200'000 (4'200 Aktien von je Fr. 1'000 nom.) weist Fr. 12'000'000 offene Reserven inkl. Vortrag und Fr. 1'250'000 versteuerte Rückstellungen aus. Sie ist im Besitz verschiedener Beteiligungen (Buchwert: Fr. 12'100'000, Verkehrswert: Fr. 27'500'000) sowie eines Wertschriften-Portefeuilles (Buchwert: Fr. 3'500'000, Verkehrswert: Fr. 10'400'000).

Substanzwert	CHF	CHF
Aktienkapital	4'200'000	
Verlustvortrag	0	4'200'000
offene Reserven inkl. Vortrag		12'000'000
versteuerte Rückstellungen		1'250'000
stille Reserven:		
Beteiligungen		
- Verkehrswert	27'500'000	
- Buchwert	-12'100'000	15'400'000
Wertschriften		
- Verkehrswert	10'400'000	
- Buchwert	-3'500'000	6'900'000
** inkl. CHF 150'000 versteuerte stille Reserven		
Berücksichtigung der latenten Steuern:		
massgebende stille Reserven	0	
davon versteuert	0	
minus 15% latente Steuern auf	0	0
übrige versteuerte stille Reserven		0
Total Substanzwert		39'750'000
dividiert durch Anzahl Aktien (:4'200)		9'464
Steuerwert brutto abgerundet auf		**9'400**

Beispiel Nr. 5 (RZ 38)

Bewertung der Titel von reinen Holding-, Vermögensverwaltungs-, Beteiligungs- und Finanzierungsgesellschaften bei wechsel- oder gegenseitiger Beteiligung.

Im vorliegenden Beispiel handelt es sich um zwei unabhängige Gesellschafen A und B, wobei A Aktien von B und B Aktien von A hält.

Die Gesellschaft A (reine Holdinggesellschaft) mit einem Aktienkapital von Fr. 4'000'000 (4'000 Aktien von je Fr. 1'000 nom.) weist Fr. 8'000'000 offene Reserven inkl. Vortrag und Fr. 1'500'000 versteuerte Rückstellungen aus. Sie ist im Besitz verschiedener Beteiligungen (Buchwert: Fr. 5'600'000, Verkehrswert ohne Beteiligung B: Fr. 12'500'000), wovon eine von 25 % an der Gesellschaft B (Buchwert dieser Beteiligung: Fr. 1'500'000) sowie eines Wertschriften-Portefeuilles (Buchwert: Fr. 3'800'000, Verkehrswert: Fr. 6'400'000).

Die Gesellschaft B (Industriegesellschaft) mit einem Aktienkapital von Fr. 500'000 (500 Aktien von je Fr. 1'000 nom.) weist Fr. 4'500'000 offene Reserven inkl. Vortrag und Fr. 2'250'000 versteuerte Rückstellungen aus. Sie ist im Besitz einer Fabrikliegenschaft (Buchwert: Fr. 2'400'000, amtl. Schatzung: Fr. 4'500'000 [= VW]) sowie verschiedener Beteiligungen* (Buchwert: Fr. 4'500'000, Verkehrswert ohne Beteiligung A: Fr. 3'200'000), wovon eine von 15 % an der Gesellschaft A (Buchwert dieser Beteiligung: Fr. 3'500'000, erhaltene Dividenden: Fr. 300'000 im ersten Bemessungsjahr, Fr. 360'000 im zweiten Bemessungsjahr. Das Jahresergebnis beträgt im ersten Bemessungsjahr Fr. 1'650'000 (keine Gewinnkorrektur), im zweiten Bemessungsjahr Fr. 1'500'000 (keine Gewinnkorrektur).

*für Beteiligungsabzug

Modell 2: Das Jahresergebnis des ältesten Bemessungsjahres beträgt Fr. 1'500'000 (keine Gewinnkorrektur); erhaltene Dividenden: Fr. 0.

Bei gegenseitigen Beteiligungen ist die Bewertung nach der Methode von Michael Towbin (vgl. „Die Schweizerische Aktiengesellschaft", November 1951, Seite 78 & ff.), gemäss nachstehender Berechnungsformel vorzunehmen:

Modell 1			
Substanzwert der Gesellschaft A	CHF	CHF	CHF
Aktienkapital		4'000'000	
Verlustvortrag		--	4'000'000
offene Reserven inkl. Vortrag			8'000'000
versteuerte Rückstellungen			1'500'000
stille Reserven:			
Beteiligungen			
- Verkehrswert		12'500'000	
- Buchwert	-5'600'000		
minus Buchwert der Beteiligung B	1'500'000	-4'100'000	8'400'000
Wertschriften			
- Verkehrswert		6'400'000	
- Buchwert		-3'800'000	2'600'000
Berücksichtigung der latenten Steuern:			
massgebende stille Reserven		0	
davon versteuert		0	
minus 15% latente Steuern auf		0	0
Substanzwert der Gesellschaft A ohne Buchwert der gegenseitigen Beteiligung B	-1'500'000		**23'000'000**

Ertragswert der Gesellschaft B	CHF	CHF	CHF
Jahresergebnis 1. Bemessungsjahr =	1'650'000		
minus erhaltene Dividende der Beteiligung A	-300'000	1'350'000	
Jahresergebnis 2. Bemessungsjahr =	1'500'000		
minus erhaltene Dividende der Beteiligung A	-360'000	1'140'000	
2. Jahr doppelt		1'140'000	
		3'630'000	
Massgebendes Ergebnis = Durchschnitt (:3)		1'210'000	
kapitalisiert mit 10,5%			11'523'810
doppelt			11'523'810
Doppelter Ertragswert der Gesellschaft B ohne Ertrag der gegenseitigen Beteiligung A			**23'047'620**

Substanzwert der Gesellschaft B	CHF	CHF	CHF
Aktienkapital		500'000	
Verlustvortrag		--	500'000
offene Reserven inkl. Vortrag			4'500'000
versteuerte Rückstellungen			2'250'000
stille Reserven:			
Fabrikliegenschaft			
- amtl. Schatzung (= Verkehrswert)		4'500'000	
- Buchwert		-2'400'000	2'100'000 *
Beteiligungen			
- Verkehrswert (für Beteiligungsabzug)		3'200'000	
- Buchwert	4'500'000		
minus Buchwert der Beteiligung A	-3'500'000	1'000'000	2'200'000
Berücksichtigung der latenten Steuern:			
massgebende stille Reserven		2'100'000	
davon versteuert		0	
minus 15% latente Steuern auf		2'100'000	-315'000
Substanzwert der Gesellschaft B ohne Buchwert der gegenseitigen Beteiligung A	**-3'500'000**		**7'735'000**

	Gesellschaft A	Gesellschaft B
Abschlussdatum der letzten Bilanz	31. Dezember	31. Dezember
Beteiligung an der anderen Gesellschaft in Prozenten (:100)	① 0.250	② 0.150
Übertrag des **doppelten Ertragswertes ohne Ertrag** (Dividenden usw.) der gegenseitigen Beteiligung versteuerte Rückstellungen	–	23'047'619
Übertrag des **Substanzwertes ohne Buchwert** der gegenseitigen Beteiligung	③ 23'000'000	7'735'000
Total		30'782'619
Durchschnitt (:3)	–	10'260'873
Übertrag des prozentualen Anteils der Gesellschaft **B** an der Gesellschaft A nach der Formel: ② 0,150 x ③ 23'000'000	-3'450'000	3'450'000
Total		④ 13'710'873
"Verschachtelung" nach der Formel: $$④\ 13'710'873 \times \frac{①\ 0.250 \times (1 - ②\ 0.150)}{\{1 - (①\ 0.250 \times ②\ 0.150)\}}$$	3'027'076	-3'027'076
Total	22'577'076	10'683'797
Anzahl Aktien A x 1 ② 0.150	6'640	
Anzahl Aktien B x 1 ① 0.250		28'490
Steuerwert brutto abgerundet auf	**6'600**	**28'400**

Modell 2

Substanzwert der Gesellschaft A	CHF	CHF	CHF
Aktienkapital		4'000'000	
Verlustvortrag		--	4'000'000
offene Reserven inkl. Vortrag			8'000'000
versteuerte Rückstellungen			1'500'000
stille Reserven:			
Beteiligungen			
- Verkehrswert		12'500'000	
- Buchwert	5'600'000		
minus Buchwert der Beteiligung B	-1'500'000	4'100'000	8'400'000
Wertschriften			
- Verkehrswert		6'400'000	
- Buchwert		-3'800'000	2'600'000
Berücksichtigung der latenten Steuern:			
massgebende stille Reserven		0	
davon versteuert		0	
minus 15% latente Steuern auf		0	--
Substanzwert der Gesellschaft A ohne Buchwert der gegenseitigen Beteiligung B		**-1'500'000**	**23'000'000**

Ertragswert der Gesellschaft B	CHF	CHF	CHF
Jahresergebnis 1. Bemessungsjahr =	1'500'000		
minus erhaltene Dividende der Beteiligung A	--	1'500'000	
Jahresergebnis 2. Bemessungsjahr =	1'650'000		
minus erhaltene Dividende der Beteiligung A	-300'000	1'350'000	
Jahresergebnis 3. Bemessungsjahr =	1'500'000		
minus erhaltene Dividende der Beteiligung A	-360'000	1'140'000	
		3'990'000	
Massgebendes Ergebnis = Durchschnitt (:3)		1'330'000	
kapitalisiert mit 10,5%			12'666'667
doppelt			12'666'667
Doppelter Ertragswert der Gesellschaft B ohne Ertrag der gegenseitigen Beteiligung A			**25'333'334**

Substanzwert der Gesellschaft B	CHF	CHF	CHF
Aktienkapital		500'000	
Verlustvortrag		–	500'000
offene Reserven inkl. Vortrag			4'500'000
versteuerte Rückstellungen			2'250'000
stille Reserven: Fabrikliegenschaft			
- amtl. Schatzung (= Verkehrswert)		4'500'000	
- Buchwert		-2'400'000	2'100'000 *
Beteiligungen			
- Verkehrswert (für Beteiligungsabzug)		3'200'000	
- Buchwert	4'500'000		
minus Buchwert der Beteiligung A	-3'500'000	-1'000'000	2'200'000
Berücksichtigung der latenten Steuern:			
massgebende stille Reserven		2'100'000 *	
davon versteuert		0	
minus 15% latente Steuern auf		2'100'000	-315'000
Substanzwert der Gesellschaft B ohne Buchwert der gegenseitigen Beteiligung A	-3'500'000		**7'735'000**

		Gesellschaft A	Gesellschaft B
Abschlussdatum der letzten Bilanz		31. Dezember	31. Dezember
Beteiligung an der anderen Gesellschaft in Prozenten (:100)		① 0.250	② 0.150
Übertrag des **doppelten Ertragswertes ohne Ertrag** (Dividenden usw.) der gegenseitigen Beteiligung versteuerte Rückstellungen		–	25'333'333
Übertrag des **Substanzwertes ohne Buchwert** der gegenseitigen Beteiligung		③ 23'000'000	7'735'000
Total			33'068'333
Durchschnitt (:3)		–	11'022'778
Übertrag des prozentualen Anteils der Gesellschaft **B** an der Gesellschaft A nach der Formel: ② 0,150 x ③ 23'000'000		-3'450'000	3'450'000
Total			④ 14'472'778
"Verschachtelung" nach der Formel: ④ 14'472'778 x { ① 0.250 x (1- ② 0.150) } / {1 - (① 0.250 x ② 0.150) }		3'195'289	-3'195'289
Total		22'745'289	11'277'489
Anzahl Aktien A x 1 ② 0.150		6'690	
Anzahl Aktien B x 1 ① 0.250			30'073
Steuerwert brutto abgerundet auf		**6'600**	**30'000**

Beispiel Nr. 6 (RZ 41)

Bewertung der Titel einer Gesellschaft, die eine Konzernrechnung erstellt hat.

Eine Holding-Gesellschaft mit einem Aktienkapital von Fr. 20'000'000 (20'000 Aktien von je Fr. 1'000 nom.) hat eine Konzernrechnung gemäss Art. 663e OR erstellt; sie weist Fr. 132'500'000 Konsolidierungsreserven aus und ist im Besitz eines Wertschriften-Portefeuilles (Buchwert: Fr. 15'500'000, Verkehrswert: Fr. 34'750'000). Die Tochtergesellschaften sind im Besitz von 5 Fabrikliegenschaften (Buchwert: Fr. 16'500'000, amtl. Schatzung: Fr. 56'400'000 [= VW]) und 7 Wohnliegenschaften (Buchwert von 4 Objekten: Fr. 3'200'000, amtl. Schatzung: Fr. 15'600'000 [< VW], Buchwert der 3 anderen Objekte: Fr. 4'200'000, Nettomietzinseinnahmen: Fr. 1'211'250) und weisen Fr. 27'500'000 versteuerte stille Reserven (davon Fr. 15'600'000 auf Fabrikliegenschaften) und Fr. 16'500'000 versteuerte Rückstellungen aus. Das konsolidierte Jahresergebnis beträgt im ersten Bemessungsjahr Fr. 32'560'000 (Gewinnkorrekturen Tochtergesellschaften: Fr. 3'560'000 Aufrechnungen), im zweiten Bemessungsjahr Fr. 33'540'000 (Gewinnkorrekturen Tochtergesellschaften: Fr. 4'565'625 Aufrechnungen).

Modell 2: Das Jahresergebnis des ältesten Bemessungsjahres beträgt Fr. 33'410'000 (Gewinnkorrekturen Tochtergesellschaften: Fr. 3'610'890 Aufrechnungen).

Modell 1			
Ertragswert	CHF	CHF	CHF
konsolidiertes Jahresergebnis			
1. Bemessungsjahr =	32'560'000		
Gewinnkorrekturen (Tochtergesellschaften)	3'560'000	36'120'000	
konsolidiertes Jahresergebnis			
2. Bemessungsjahr =	33'540'000		
Gewinnkorrekturen (Tochtergesellschaften)	4'565'625	38'105'625	
2. Jahr doppelt		38'105'625	
		112'331'250	
Massgebendes Ergebnis = Durchschnitt (:3)		37'443'750	
kapitalisiert mit 10.5%			356'607'143
doppelt			356'607'143

Substanzwert	CHF	CHF	CHF
Aktienkapital	20'000'000		
Verlustvortrag	–	20'000'000	
Konsolidierungsreserven		132'500'000	
versteuerte Rückstellungen (Tochtergesellschaften)		16'500'000	
stille Reserven:			
Fabrikliegenschaften (Tochtergesellschaften)			
- amtl. Schatzungen (= Verkehrswert)	56'400'000		
- Buchwert	-16'500'000	39'900'000 *	
*inkl. CHF 15'600'000 versteuerte stille Reserven			
Wertschriften			
- Verkehrswert	34'750'000		
- Buchwert	-15'500'000	19'250'000	
Wohnliegenschaften (Tochtergesellschaften)			
- amtl. Schatzung (< Verkehrswert)	15'600'000		
- Buchwert	-3'200'000	12'400'000	
Wohnliegenschaften (Tochtergesellschaften)			
- Mietzinse	1'211'250		
kapitalisiert mit 8.5% (= Verkehrswert)	14'250'000		
- Buchwert	-4'200'000	10'050'000 *	
Berücksichtigung der latenten Steuern:			
massgebende stille Reserven	49'950'000 *		
davon versteuert auf Fabrikliegenschaft	-15'600'000		
minus 15% latente Steuern auf	34'350'000	-5'152'500	
übrige versteuerte stille Reserven		11'900'000	257'347'500
Total (2x Ertragswert / 1x Substanzwert)			970'561'786
Durchschnitt (:3)			323'520'595
dividiert durch Anzahl Aktien (: 20'000)			16'176
Steuerwert brutto abgerundet auf			**16'100**

	Modell 2		
Ertragswert	CHF	CHF	CHF
konsolidiertes Jahresergebnis			
1. Bemessungsjahr =	33'410'000		
Gewinnkorrekturen (Tochtergesellschaften)	3'610'890	37'020'890	
konsolidiertes Jahresergebnis			
2. Bemessungsjahr =	32'560'000		
Gewinnkorrekturen (Tochtergesellschaften)	3'560'000	36'120'000	
konsolidiertes Jahresergebnis			
3. Bemessungsjahr =	33'540'000		
Gewinnkorrekturen (Tochtergesellschaften)	4'565'625	38'105'625	
		111'246'515	
Massgebendes Ergebnis = Durchschnitt (:3)		37'082'172	
kapitalisiert mit 10.5%			353'163'540
doppelt			353'163'540

Substanzwert			
Aktienkapital	20'000'000		
Verlustvortrag	-	20'000'000	
Konsolidierungsreserven		132'500'000	
versteuerte Rückstellungen (Tochtergesellschaften)		16'500'000	
stille Reserven:			
Fabrikliegenschaften (Tochtergesellschaften)			
- amtl. Schatzung (= Verkehrswert)	56'400'000		
- Buchwert	16'500'000	39'900'000 *	
*inkl. Fr. 15'600'000 versteuerte stille Reserven			
Wertschriften			
- Verkehrswert	34'750'000		
- Buchwert	15'500'000	19'250'000	
Wohnliegenschaften (Tochtergesellschaften)			
- amtl. Schatzung (< Verkehrswert)	15'600'000		
- Buchwert	3'200'000	12'400'000	
Wohnliegenschaften (Tochtergesellschaften)			
- Mietzinse	1'211'250		
kapitalisiert mit 8,5% (= Verkehrswert)	14'250'000		
- Buchwert	4'200'000	10'050'000 *	
Berücksichtigung der latenten Steuern:			
massgebende stille Reserven	49'950'000 *		
davon versteuert auf Fabrikliegenschaft	15'600'000		
minus 15% latente Steuern auf	34'350'000	-5'152'500	
übrige versteuerte stille Reserven		11'900'000	257'347'500
Total (2x Ertragswert / 1x Substanzwert)			963'674'579
Durchschnitt (:3)			321'224'860
dividiert durch Anzahl Aktien (: 20'000)			16'061
Steuerwert brutto abgerundet auf			**16'000**

Beispiel Nr. 7 (RZ 42)

Bewertung der Titel von Immobilien-Gesellschaften

Eine Immobilien-Gesellschaft mit einem Aktienkapital von Fr. 2'000'000 (2'000 Aktien von je Fr. 1'000 nom.) weist Fr. 12'500'000 offene Reserven inkl. Vortrag und Fr. 250'000 versteuerte Rückstellungen aus. Sie ist im Besitz verschiedener Wohnliegenschaften (Buchwert von 4 Objekten: Fr. 3'150'000, amtl. Schatzung: Fr. 9'500'000 [< VW], Buchwert der anderen Objekte: Fr. 37'500'000, Nettomietzinseinnahmen: Fr. 6'859'500) sowie eines Wertschriften-Portefeuilles (Buchwert: Fr. 2'500'000, Verkehrswert: Fr. 6'400'000).

Substanzwert		Fr.	Fr.
Aktienkapital		2'000'000	
Verlustvortrag		-	2'000'000
offene Reserven inkl. Vortrag			12'500'000
versteuerte Rückstellungen			250'000
stille Reserven:			
Wohnliegenschaften			
- amtl. Schatzung (< Verkehrswert)		9'500'000	
- Buchwert		3'150'000	6'350'000
Wohnliegenschaften			
- Mietzinse		6'859'500	
kapitalisiert mit 8,5% (= Verkehrswert)		80'700'000	
- Buchwert		37'500'000	43'200'000 *
Wertschriften			
- Verkehrswert		6'400'000	
- Buchwert		2'500'000	3'900'000 *
Berücksichtigung der latenten Steuern:			
massgebende stille Reserven		47'100'000 *	
davon versteuert		0	
minus 15% latente Steuern auf		47'100'000	-7'065'000
übrige versteuerte stille Reserven			0
Total Substanzwert			61'135'000
dividiert durch Anzahl Aktien (: 2'000)			30'568
Steuerwert brutto abgerundet auf			**30'500**

Beispiel Nr. 8 (RZ 46)

Bewertung der Titel von Immobilien-Gesellschaften, deren Miet- und Pachtzinseinnahmen in erheblichem Umfang vom Gewerbe des Mieters gewinn- oder umsatzabhängig sind.

Eine Immobilien-Gesellschaft mit einem Aktienkapital von Fr. 1'500'000 (1'500 Aktien von je Fr. 1'000 nom.) weist Fr. 5'400'000 offene Reserven inkl. Vortrag und Fr. 850'000 versteuerte Rückstellungen aus. Sie ist im Besitz zweier Liegenschaften (Buchwert 1. Liegenschaft deren Miet- und Pachtzinseinnahmen vom Gewerbe des Mieters umsatzabhängig sind: Fr. 2'600'000, amtl. Schatzung: Fr. 9'800'000 [< VW], Buchwert 2. Liegenschaft: Fr. 620'000, Nettomietzinseinnahmen: Fr. 102'000) sowie eines Wertschriften-Portefeuilles (Buchwert: Fr. 375'000, Verkehrswert: Fr. 650'000). Das Jahresergebnis beträgt im ersten Bemessungsjahr Fr. 845'000 (keine Gewinnkorrekturen), im zweiten Bemessungsjahr Fr. 725'000 (keine Gewinnkorrekturen).

Modell 1			
Ertragswert	CHF	CHF	CHF
Jahresergebnis 1. Bemessungsjahr =	845'000		
Gewinnkorrekturen	–	845'000	
Jahresergebnis 2. Bemessungsjahr =	725'000		
Gewinnkorrekturen	–	725'000	
2. Jahr doppelt		725'000	
		2'295'000	
Massgebendes Ergebnis = Durchschnitt (:3)		765'000	
kapitalisiert mit 7.5% (10.5%-3.15%*)=7.35% aufgerundet auf ein halbes Prozent)			10'200'000
*)30% v. 10.5%			
Substanzwert			
Aktienkapital	1'500'000		
Verlustvortrag	0	1'500'000	
offene Reserven inkl. Vortrag		5'400'000	
versteuerte Rückstellungen		850'000	
stille Reserven:			
1. Liegenschaft			
- amtl. Schatzung (< Verkehrswert)	9'800'000		
- Buchwert	-2'600'000	7'200'000	
2. Liegenschaft			
- Mietzinse:	102'000		
kapitalisiert mit 8.5%	1'200'000		
- Buchwert	-620'000	580'000 *	
Wertschriften:			
- Verkehrswert	650'000		
- Buchwert	-375'000	275'000 *	
Berücksichtigung der latenten Steuern:			
massgebende stille Reserven	855'000 *		
davon versteuert	0		
minus 15% latente Steuern auf	855'000	-128'250	
übrige versteuerte stille Reserven		0	15'676'750
Substanzwert doppelt			15'676'750
Total (1x Ertragswert / 2x Substanzwert)			41'553'500
Durchschnitt (:3)			13'851'167
dividiert durch Anzahl Aktien (:1'500)			**9'234**
Steuerwert brutto abgerundet auf			**9'200**

Modell 2

Ertragswert	CHF	CHF	CHF
Jahresergebnis 1. Bemessungsjahr =	650'000		
Gewinnkorrekturen	–	650'000	
Jahresergebnis 2. Bemessungsjahr =	845'000		
Gewinnkorrekturen	–	845'000	
Jahresergebnis 3. Bemessungsjahr =	725'000		
Gewinnkorrekturen	–	725'000	
		2'220'000	
Massgebendes Ergebnis = Durchschnitt (:3)		740'000	
kapitalisiert mit 7.5% (10.5%-3.15%[*]=7.35% aufgerundet auf ein halbes Prozent)			9'866'667
[*] 30% v. 10.5% = 3.15%			

Substanzwert

Aktienkapital	1'500'000		
Verlustvortrag	0	1'500'000	
offene Reserven inkl. Vortrag		5'400'000	
versteuerte Rückstellungen		850'000	
stille Reserven:			
1. Liegenschaft			
- amtl. Schatzung (< Verkehrswert)	9'800'000		
- Buchwert	-2'600'000	7'200'000	
2. Liegenschaft			
- Mietzinse:	102'000		
kapitalisiert mit 8.5%	1'200'000		
- Buchwert	-620'000	580'000 *	
Wertschriften:			
- Verkehrswert	650'000		
- Buchwert	-375'000	275'000 *	
Berücksichtigung der latenten Steuern:			
massgebende stille Reserven	855'000 *		
davon versteuert	0		
minus 15% latente Steuern auf	855'000	-128'250	
übrige versteuerte stille Reserven		0	15'676'750
Substanzwert doppelt			15'676'750
Total (1x Ertragswert / 2x Substanzwert)			41'220'167
Durchschnitt (:3)			13'740'056
dividiert durch Anzahl Aktien (:1'500)			9'160
Steuerwert brutto abgerundet auf			9'100

Beispiel Nr. 9 (RZ 53)

Bewertung der Titel von Handels-, Industrie- und Dienstleistungsgesellschaften bei gleichzeitigem Bestehen von Stamm- und Vorzugsaktien.

Eine Industriegesellschaft mit einem Aktienkapital von Fr. 100'000 (100 Stammaktien von je Fr. 500 nom. und 100 Vorzugsaktien von je Fr. 500 nom.) weist Fr. 1'380'000 offene Reserven inkl. Vortrag (nach Gewinnverteilung) aus. Das Jahresergebnis beträgt im ersten Bemessungsjahr Fr. 78'000 (Gesamtausschüttung: Fr. 60'000), im zweiten Bemessungsjahr Fr. 96'000 (Gesamtausschüttung: Fr. 80'000). Die Vorzugsaktien verleihen Anspruch auf 60 % der Gesamtausschüttung sowie 70 % des Liquidationsergebnisses.

Modell 2: Das Jahresergebnis des ältesten Bemessungsjahres beträgt Fr. 82'000 (Gesamtausschüttung: 70'000).

Modell 1

Ertragswert	CHF	CHF
Jahresergebnis 1. Bemessungsjahr =	78'000	
Jahresergebnis 2. Bemessungsjahr =		96'000
- Dividende auf Stammaktien (40% der Gesamtausschüttung)	-24'000	-32'000
- Dividende auf Vorzugsaktien (60% der Gesamtausschüttung)	-36'000	-48'000
verbleibendes Ergebnis	18'000	16'000
(Aufteilungsschlüssel: Stammaktien = 30%, Vorzugsaktien = 70%)		

Berechnung des zu kapitalisierenden Ergebnisses:	Stammaktien CHF	Vorzugsaktien CHF
1. Bemessungsjahr		
Stammaktien (30% von CHF 18'000)	5'400	
Dividende	24'000	
Vorzugsaktien (70% von CHF 18'000)		12'600
Dividende		36'000
	29'400	48'600
2. Bemessungsjahr		
Stammaktien (30% von CHF 16'000)	4'800	
Dividende	32'000	
Vorzugsaktien (70% von CHF 16'000)		11'200
Dividende		48'000
	36'800	59'200

Bewertung Wertpapiere ohne Kurswert

Berechnung des Ertragswertes		Stammaktien CHF	Vorzugsaktien CHF
Jahresergebnis 1. Bemessungsjahr		29'400	48'600
Jahresergebnis 2. Bemessungsjahr		36'800	59'200
	doppelt	36'800	59'200
		103'000	167'000
Massgebendes Ergebnis = Durchschnitt (:3)		34'333	55'667
kapitalisiert mit 10.5%		326'984	530'159
	doppelt	326'984	530'159
		653'968	**1'060'318**

Substanzwert		CHF	CHF
Aktienkapital		50'000	50'000
beschlossene Dividende (s. 2. Bemessungsjahr)		32'000	48'000
offene Reserven inkl. Vortrag: CHF 1'380'000			
Stammaktien (30% von CHF 1'380'000)		414'000	
Vorzugsaktien (70% von CHF 1'380'000)			966'000
		496'000	1'064'000

Unternehmenswert		CHF	CHF
Ertragswert		653'968	1'060'318
Substanzwert		496'000	1'064'000
		1'149'968	2'124'318
Durchschnitt (:3)		383'323	708'106
dividiert durch Anzahl Stammaktien (100) bzw. Anzahl Vorzugsaktien (100)		3'833	7'081
Stuerwert brutto abgerundet auf		**3'800**	**7'000**

Modell 2			
Ertragswert	CHF	CHF	CHF
Jahresergebnis 1. Bemessungsjahr	82'000		
Jahresergebnis 2. Bemessungsjahr		78'000	
Jahresergebnis 3. Bemessungsjahr			96'000
- Dividende auf Stammaktien (40% der Gesamtausschüttung)	28'000	24'000	32'000
- Dividende auf Vorzugsaktien (60% der Gesamtausschüttung)	42'000	36'000	48'000
verbleibendes Ergebnis	12'000	18'000	16'000

(Aufteilungsschlüssel: Stammaktien = 30%; Vorzugsaktien = 70%)

Berechnung des zu kapitalisierenden Ergebnisses	Stammaktien CHF	Vorzugsaktien CHF
1. Bemessungsjahr		
Stammaktien (30% von CHF 12'000)	3'600	
Dividende	28'000	
Vorzugsaktien (70% von CHF 12'000)		8'400
Dividende		42'000
	31'600	50'400
2. Bemessungsjahr		
Stammaktien (30% von CHF 18'000)	5'400	
Dividende	24'000	
Vorzugsaktien (70% von CHF 18'000)		12'600
Dividende		36'000
	29'400	48'600
3. Bemessungsjahr		
Stammaktien (30% von CHF 16'000)	4'800	
Dividende	32'000	
Vorzugsaktien (70% von CHF 16'000)		11'200
Dividende		48'000
	36'800	59'200

Berechnung des Ertragswert			Stammaktien CHF	Vorzugsaktien CHF
Jahresergebnis 1. Bemessungsjahr			31'600	50'400
Jahresergebnis 2. Bemessungsjahr			29'400	48'600
Jahresergebnis 3. Bemessungsjahr			36'800	59'200
verbleibendes Ergebnis		Total	97'800	158'200
Massgebendes Ergebnis = Durchschnitt (:3)			32'600	52'733
kapitalisiert mit 10.5%			310'476	502'222
		doppelt	310'476	502'222
Ertragswert			**620'952**	**1'004'444**

Substanzwert		CHF	CHF
Aktienkapital		50'000	50'000
beschlossene Dividende (s. 3. Bemessungsjahr)		32'000	48'000
offene Reserven inkl. Vortrag: CHF 1'380'000			
Stammaktien (30% von CHF 1'380'000)		414'000	
Vorzugsaktien (70% von CHF 1'380'000)			966'000
		496'000	1'064'000

Unternehmenswert		CHF	CHF
Ertragswert		620'952	1'004'444
Substanzwert		496'000	1'064'000
		1'116'952	2'068'444
Durchschnitt (:3)		372'317	689'481
dividiert durch Anzahl Stammaktien (100) bzw. Anzahl Vorzugsaktien (100)		3'723	6'895
Steuerwert brutto abgerundet auf		**3'700**	**6'800**

Beispiel Nr. 10 (RZ 54)

Genussscheine, die nur Anspruch auf einen Anteil am Bilanzgewinn verleihen.

Eine Handelsgesellschaft mit einem Aktienkapital von Fr. 300'000 (300 Aktien von je Fr. 1'000 nom.) sowie Fr. 71'500 offene Reserven inkl. Vortrag (nach Gewinnverteilung) hat 200 Genussscheine ausstehend, die nur Anspruch auf einen Anteil am Bilanzgewinn verleihen. Das Jahresergebnis beträgt im ersten Bemessungsjahr Fr. 15'000 (keine Dividende), im zweiten Bemessungsjahr Fr. 50'900 (Dividende: Fr. 15'000 auf Stammaktien, Fr. 5'000 auf Genussscheine).

Modell 2: Das Jahresergebnis des ältesten Bemessungsjahres beträgt Fr. 15'000 (Dividende: keine Dividende auf Stammaktien, Fr. 7'000 auf Genussscheine).

Genussscheine	Modell 1		CHF
Ausschüttung 1. Bemessungsjahr			5'000
Ausschüttung 2. Bemessungsjahr	doppelt		5'000
			10'000
Durchschnitt (:3)			3'333
kapitalisiert mit 11.5% (Kapitalisierungssatz 10.5%, plus 1 Prozent-Punkt)			28'986
dividiert durch Anzahl Genussscheine (200)			**145**
minus 10% Abzug auf Genussscheine			-14
			130
Steuerwert brutto (abgerundet auf)			**130**

Aktien			CHF	CHF
Berechnung des Ertragswertes				
1. Bemessungsjahr				
Jahresergebnis			15'000	
- Ausschüttung auf Genussscheine			0	15'000
2. Bemessungsjahr				
Jahresergebnis			50'900	
- Ausschüttung auf Genussscheine			-5'000	45'900
	doppelt			45'900
				106'800
Massgebendes Ergebnis = Durchschnitt (:3)				35'600
kapitalisiert mit 10.5%				339'048
	doppelt			339'048
Ertragswert				**678'096**
Substanzwert				
Aktienkapital				300'000
beschlossene Dividende (2. Bemessungsjahr)				15'000
offene Reserven inkl. Vortrag				71'500
				386'500
Unternehmenswert				
Ertragswert				678'096
Substanzwert				386'500
				1'064'596
Durchschnitt (:3)				354'865
dividiert durch Anzahl Aktien (300)				1'183
Steuerwert brutto abgerundet auf				**1'100**

Modell 2

Genussscheine			CHF
Ausschüttung 1. Bemessungsjahr			7'000
Ausschüttung 2. Bemessungsjahr			0
Ausschüttung 3. Bemessungsjahr			5'000
			12'000
Durchschnitt (:3)			4'000
kapitalisiert mit 11.5%			34'783
(Kapitalisierungssatz 10.5%, plus 1 Prozent-Punkt)			
dividiert durch Anzahl Genussscheine (200)			174
minus 10% Abzug auf Genussscheine			-17
			157
Steuerwert brutto (abgerundet auf)			**156**

Aktien			CHF
Berechnung des Ertragswertes			
1. Bemessungsjahr			
Jahresergebnis		15'000	
'- Ausschüttung Genussscheine		-7'000	8'000
2. Bemessungsjahr			
Jahresergebnis		15'000	
'- Ausschüttung Genussscheine		0	15'000
3. Bemessungsjahr			
Jahresergebnis		50'900	
'-Ausschüttung Genussscheine		-5'000	45'900
	Total		68'900
Massgebendes Ergebnis = Durchschnitt (:3)			22'967
kapitalisiert mit 10,5%			218'730
	doppelt		218'730
Ertragswert			**437'460**

Substanzwert			CHF
Aktienkapital			300'000
beschlossene Dividende (3. Bemessungsjahr)			15'000
offene Reserven inkl. Vortrag			71'500
			386'500
Unternehmenswert			
Ertragswert			437'460
Substanzwert			386'500
			823'960
Durchschnitt (:3)			274'653
dividiert durch Anzahl Aktien (300)			916
Steuerwert brutto abgerundet auf			**900**

Beispiel Nr. 11 (RZ 55)

Genussscheine die sowohl Anspruch auf einen Anteil am Bilanzgewinn als auch auf einen Anteil am Liquidationsergebnis verleihen.

Eine Industriegesellschaft mit einem Aktienkapital von Fr. 300'000 (300 Aktien von je Fr. 1'000 nom.) sowie Fr. 71'500 offene Reserven inkl. Vortrag (nach Gewinnverteilung) hat 200 Genussscheine ausstehend, die sowohl Anspruch auf einen Anteil am Bilanzgewinn als auch auf einen Anteil am Liquidationsergebnis verleihen (Aktien = 60 %, Genussscheine = 40 %). Das Jahresergebnis beträgt im ersten Bemessungsjahr Fr. 15'000 (keine Dividende), im zweiten Bemessungsjahr Fr. 50'900 (Dividende: Fr. 15'000 auf Aktien, Fr. 5'000 auf Genussscheine).

Modell 2: Das Jahresergebnis des ältesten Bemessungsjahres beträgt Fr. 15'000 (Dividende: keine Dividende auf Stammaktien, Fr. 7'000 auf Genussscheine).

Modell 1 Genussscheine	CHF	CHF
Jahresergebnis 1. Bemessungsjahr	15'000	
Jahresergebnis 2. Bemessungsjahr		50'900
- Dividende auf Aktien	0	15'000
- Dividende auf Genussscheine	0	5'000
verbleibendes Jahresergebnis	15'000	30'900
(Aufteilungsschlüssel: Aktien = 60%; Genussscheine 40%)		

Berechnung des zu kapitalisierenden Jahresergebnisses:	Aktien CHF	Genussscheine CHF
1. Bemessungsjahr		
Aktien (60% von CHF 15'000)	9'000	
Dividende	0	
Genussscheine (40% von CHF 15'000)		6'000
Dividende		0
	9'000	6'000
2. Bemessungsjahr		
Aktien (60% von CHF 30'900)	18'540	
Dividende	15'000	
Genussscheine (40% von CHF 30'900)		12'360
Dividende		5'000
	33'540	17'360

Berechnung des Ertragswertes			Aktien CHF	Genussscheine CHF
Jahresergebnis 1. Bemessungsjahr			9'000	6'000
Jahresergebnis 2. Bemessungsjahr			33'540	17'360
		doppelt	33'540	17'360
		Total	76'080	40'720
Massgebendes Ergebnis = Durchschnitt (:3)			25'360	13'573
kapitalisiert mit 10.5%			241'524	129'270
		doppelt	241'524	129'270
Ertragswert			**483'048**	**258'540**

Substanzwert	CHF	CHF
Aktienkapital	300'000	
beschlossene Dividende (2. Bemessungsjahr)	15'000	5'000
offene Reserven inkl. Vortrag: CHF 71'500		
Aktien (60% von CHF 71'500)	42'900	
Genussscheine (40% von CHF 71'500)		28'600
	357'900	33'600

Unternehmenswert	CHF	CHF
Ertragswert	483'048	258'540
Substanzwert	357'900	33'600
	840'948	292'140
Durchschnitt (:3)	280'316	97'380
dividiert durch Anzahl Aktien (300) bzw. Anzahl Genussscheine (200)	934	487
minus 10% Abzug auf Genussscheine		-49
		438
Steuerwert brutto abgerundet auf	**900**	**438**

Ertragswert	**Modell 2** CHF	CHF	CHF
Jahresergebnis 1. Bemessungsjahr	15'000		
Jahresergebnis 2. Bemessungsjahr		15'000	
Jahresergebnis 3. Bemessungsjahr			50'900
- Dividende auf Aktien			-15'000
- Dividende auf Genussscheine	-7'000		-5'000
verbleibendes Jahresergebnis	8'000	15'000	30'900
(Aufteilungsschlüssel: Aktien = 60%; Genussscheine 40%)			

Berechnung des zu kapitalisierenden Jahresergebnisses:	Aktien CHF	**Genussscheine** CHF
1. Bemessungsjahr		
Aktien (60% von CHF 8'000)	4'800	
Dividende	0	
Genussscheine (40% von CHF 8'000)		3'200
Dividende		7'000
	4'800	10'200
2. Bemessungsjahr		
Aktien (60% von CHF 15'000)	9'000	
Dividende	0	
Genussscheine (40% von CHF 15'000)		6'000
Dividende		0
	9'000	6'000
3. Bemessungsjahr		
Aktien (60% von CHF 30'900)	18'540	
Dividende	15'000	
Genussscheine (40% von CHF 30'900)		12'360
Dividende		5'000
	33'540	17'360

Berechnung des Ertragswertes			Aktien CHF	Genussscheine CHF
Jahresergebnis 1. Bemessungsjahr			4'800	10'200
Jahresergebnis 2. Bemessungsjahr			9'000	6'000
Jahresergebnis 3. Bemessungsjahr			33'540	17'360
		Total	47'340	33'560
Massgebendes Ergebnis = Durchschnitt (:3)			15'780	11'187
kapitalisiert mit 10.5%			150'286	106'540
		doppelt	150'286	106'540
Ertragswert			**300'572**	**213'080**

Substanzwert	CHF	CHF
Aktienkapital	300'000	
beschlossene Dividende (3. Bemessungsjahr)	15'000	5'000
offene Reserven inkl. Vortrag: CHF 71'500		
Aktien (60% von CHF 71'500)	42'900	
Genussscheine (40% von CHF 71'500)		28'600
	357'900	33'600

Unternehmenswert	CHF	CHF
Ertragswert	300'572	213'080
Substanzwert	357'900	33'600
	658'472	246'680
Durchschnitt (:3)	219'491	82'227
dividiert durch Anzahl Aktien (300) bzw. Anzahl Genussscheine (200)	732	411
minus 10% Abzug auf Genussscheine		-41
		370
Steuerwert brutto abgerundet auf	**700**	**370**

Beispiel Nr. 12 (RZ 55)

Genussscheine die sowohl Anspruch auf einen Anteil an Bilanzgewinn als auch auf einen Anteil am Liquidationsergebnis verleihen.

Eine Vermögensverwaltungsgesellschaft mit einem Aktienkapital von Fr. 300'000 (300 Aktien von je Fr. 1'000 nom.) sowie Fr. 71'500 offene Reserven inkl. Vortrag (nach Gewinnverteilung) hat 200 Genussscheine ausstehend, die sowohl Anspruch auf einen Anteil am Bilanzgewinn als auch auf einen Anteil am Liquidationsergebnis verleihen (Aktien = 60 %, Genussscheine = 40 %). Das Jahresergebnis beträgt im ersten Bemessungsjahr Fr. 15'000 (keine Dividende), im zweiten Bemessungsjahr Fr. 50'900 (Dividende: Fr. 15'000 auf Aktien, Fr. 5'000 auf Genussscheine).

Modell 2: Das Jahresergebnis des ältesten Bemessungsjahres beträgt Fr. 15'000 (Dividende: keine Dividende auf Stammaktien, Fr. 7'000 auf Genussscheine).

Modell 1 und 2		
Substanzwert	Aktien CHF	Genussschein CHF
Aktienkapital	300'000	
beschlossene Dividende (3. Bemessungsjahr)	15'000	5'000
offene Reserven inkl. Vortrag: CHF 71'500		
Aktien (60% von CHF 71'500)	42'900	
Genussscheine (40% von CHF 71'500)		28'600
	357'900	33'600
dividiert durch Anzahl Aktien (300) bzw. Anzahl Genussscheine (200)	1'193	168
minus 10% Abzug auf Genussscheine		-17
		151
Steuerwert brutto abgerundet auf	**1'100**	**150**

Beispiel Nr. 13 (RZ 63)

Berechnung der Rendite für die eventuelle Gewährung des Pauschalabzuges.

Der Steuerwert der Aktien einer Industriegesellschaft wurde auf Fr. 5'800 pro Aktie von Fr. 1'000 nom. festgesetzt. Die vorletzte/n Dividende/n (Fälligkeitsdatum im Jahr n-1) vor dem massgebenden Bewertungsstichtag (n) beträgt Fr. 400 pro Aktie und die letzte/n Dividende/n (Fälligkeitsdatum im Jahr n) Fr. 600 pro Aktie.

Rendite der Aktien		
vorletzte Dividende/n im Kalenderjahr vor dem massgebenden Bewertungsstichtag	CHF	400
letzte Dividende/n im Kalenderjahr des massgebenden Bewertungsstichtages	CHF	600
Durchschnitt (1'000 : 2)	CHF	500
Rendite der Aktien (CHF 500 : CHF 5'800 x 100)		**8.62%**
Grenzrendite für die Nichtgewährung des Pauschalabzuges gemäss RZ 63		
Der um 1 Prozent-Punkt erhöhte, auf 1/10 Prozent aufgerundete, durchschnittliche auf Quartalsbasis berechnete (ungerundete) 5-Jahres-Swapsatz (s. RZ 10 Abs. 2 bzw. RZ 60 Abs. 2)		**4.1%**

Da die Rendite der Aktien (8,62%) die Grenzrendite gemäss RZ 63 (3,02% + 1 Prozent-Punkt aufgerundet auf 1/10 Prozent = 4,1%) erreicht bzw. übersteigt, wird der Pauschalabzug gemäss RZ 61 ff. nicht gewährt.

Neuer Lohnausweis

Quelle: Eidgenössische Steuerverwaltung ESTV / Schweizerische Steuerkonferenz SSK

☞ *Aktuelle Version, gültig ab 1.1.2025.*

Wegleitung

zum Ausfüllen des Lohnausweises bzw. der Rentenbescheinigung

(Formular 11)

Gültig ab: 1. Januar 2025

Herausgeber

Schweizerische Steuerkonferenz (SSK) www.ssk-csi.ch

Eidgenössische Steuerverwaltung (ESTV) www.estv.admin.ch

Bestell-Nr. Formular 605.040.18
Bestell-Nr. Wegleitung 605.040.18.1d

A **Lohnausweis – Certificat de salaire – Salary certificate**
B **Rentenbescheinigung – Attestation de rentes – Pension statement**

C   **F** Unentgeltliche Beförderung zwischen Wohn- und Arbeitsort
AHV-Nr. – No AVS – OASI no.   Geburtsdatum – Date de naissance – Date of birth   Transport gratuit entre le domicile et le lieu de travail
Free transport between living place and work place

D   **E**   **G** Kantinenverpflegung/Lunch-Checks
Jahr – Année – Year   von – du – from   bis – au – to   Repas à la cantine/chèques-repas
Canteen meals/lunch checks

H

Nur ganze Frankenbeträge
Que des montants entiers
Only whole amounts

1. Lohn   soweit nicht unter Ziffer 2–7 aufzuführen   /Rente
   Salaire   qui ne concerne pas les chiffres 2 à 7 ci-dessous   /Rente
   Salary   if not to specify under figure 2–7   /Pension

2. Gehaltsnebenleistungen   **2.1** Verpflegung, Unterkunft – Pension, logement – Room and board   +
   Prestations salariales accessoires
   Fringe benefits   **2.2** Privatanteil Geschäftsfahrzeug – Part privée voiture de service – Personal use of the company car   +
     2.3 Andere – Autres – Others   +
          Art – Genre – Kind

3. Unregelmässige Leistungen – Prestations non périodiques – Irregular benefits   Art – Genre – Kind

   +

Bitte die Wegleitung beachten
Observer s.v.p. la directive
Please consider the guidance

4. Kapitalleistungen – Prestations en capital – Capital benefits
   Art – Genre – Kind

5. Beteiligungsrechte gemäss Beiblatt – Droits de participation selon annexe – Ownership right in accordance with supplement   +

6. Verwaltungsratsentschädigungen – Indemnités des membres de l'administration – Board of directors' compensation   +

7. Andere Leistungen – Autres prestations – Other benefits   +
   Art – Genre – Kind

8. Bruttolohn total / Rente – Salaire brut total / Rente – Gross salary total / Pension   =

9. Beiträge AHV/IV/EO/ALV/NBUV – Cotisations AVS/AI/APG/AC/AANP – Contributions OASI/DI/IC/UI/NBUV   –

10. Berufliche Vorsorge   2. Säule   **10.1** Ordentliche Beiträge – Cotisations ordinaires – Regular contributions   –
    Prévoyance professionnelle   2ᵉ pilier
    Company pension plan   2ⁿᵈ pillar   **10.2** Beiträge für den Einkauf – Cotisations pour le rachat – Purchasing contribution   –

11. **Nettolohn/Rente – Salaire net/Rente – Net salary / Pension**   ➡   =
    In die Steuererklärung übertragen – A reporter sur la déclaration d'impôt – Transfer to the tax declaration

12. Quellensteuerabzug – Retenue de l'impôt à la source – Withholding tax deduction

13. Spesenvergütungen – Allocations pour frais – Expenses reimbursement
    Nicht im Bruttolohn (gemäss Ziffer 8) enthalten – Non comprises dans le salaire brut (au chiffre 8) – Not included in gross salary (according to fig. 8)
      13.1 Effektive Spesen   **13.1.1** Reise, Verpflegung, Übernachtung – Voyage, repas, nuitées – Trip, room and board
           Frais effectifs
           Actual expenses   **13.1.2** Übrige – Autres – Others
                     Art – Genre – Kind
      13.2 Pauschalspesen   **13.2.1** Repräsentation – Représentation – Representation
           Frais forfaitaires
           Overall expenses   **13.2.2** Auto – Voiture – Car
                   13.2.3 Übrige – Autres – Others
                          Art – Genre – Kind
      13.3 Beiträge an die Weiterbildung – Contributions au perfectionnement – Contributions to further education

14. Weitere Gehaltsnebenleistungen   Art
    Autres prestations salariales accessoires   Genre
    Further fringe benefits   Kind

15. Bemerkungen
    Observations
    Comments

I   Ort und Datum – Lieu et date – Place and date   Die Richtigkeit und Vollständigkeit bestätigt
                                                                            inkl. genauer Anschrift und Telefonnummer des Arbeitgebers

                                                                            Certifié exact et complet
                                                                            y.c. adresse et numéro de téléphone exacts de l'employeur

                                                                            Correct and complete
                                                                            including exact address and telephone number of employer

Form. 11 dfe   01.21

Vorwort

Die vorliegende Wegleitung wurde von der erweiterten Arbeitsgruppe Lohnausweis der Schweizerischen Steuerkonferenz (SSK) erstellt. In der Arbeitsgruppe vertreten sind Mitarbeitende der kantonalen Steuerbehörden, der Eidgenössischen Steuerverwaltung sowie Vertreter der Wirtschaftsverbände. Die Wegleitung wird jeweils jährlich überarbeitet und nach Genehmigung aller in der Arbeitsgruppe einsitzenden Parteien verabschiedet. Ergänzend dazu besteht das Dokument der FAQ (frequently asked questions), welches jeweils aufgrund von Gesetzesänderungen oder Praxisanpassungen von der Arbeitsgruppe Lohnausweis der SSK überarbeitet wird.

Randziffern, bei welchen Änderungen zur letztjährigen Wegleitung vorgenommen wurden, sind jeweils mit einem schwarzen Balken neben der entsprechenden Randziffer gekennzeichnet. Damit können die jeweiligen Änderungen im Vergleich zur Vorversion einfach nachvollzogen werden.

Inhaltsverzeichnis

		Seite
	Formular Lohnausweis/Rentenbescheinigung	2
	Vorwort	3
	Allgemeines	5
	Wichtigste Abkürzungen	5
	Häufig gestellte Fragen (FAQ)	5
	eLohnausweis SSK	5
	Vorinformationen	6
I	Notwendige Angaben	7
II	Nicht zu deklarierende Leistungen	20
III	Pflichtverletzung	21
IV	Adressaten des Lohnausweises	21
V	Bestelladressen für Lohnausweisformular und Wegleitung	21

Allgemeines

Wichtigste Abkürzungen

AHV	Alters- und Hinterlassenen Versicherung
ALV	Obligatorische Arbeitslosenversicherung
BUV	Berufsunfallversicherung
BVG	Bundesgesetz über die berufliche Alters-, Hinterlassenen- und Invalidenvorsorge
DBG	Bundesgesetz über die direkte Bundessteuer
EO	Erwerbsersatzordnung
IV	Invalidenversicherung
NBUV	Nichtberufsunfallversicherung
Rz	Randziffer
StGB	Schweizerisches Strafgesetzbuch
StHG	Bundesgesetz über die Harmonisierung der direkten Steuern der Kantone und Gemeinden

Häufig gestellte Fragen (FAQ)

Antworten auf häufig gestellte Fragen finden Sie unter:
Schweizerische Steuerkonferenz SSK - FAQ

eLohnausweis SSK

Antworten auf häufig gestellte Fragen finden Sie unter:
eLohnausweis SSK

Vorinformationen

Das Formular «Lohnausweis/Rentenbescheinigung» (Formular 11) ist als Lohnausweis sowie als Bescheinigung für Entschädigungen von Verwaltungsräten zu verwenden. Zudem kann es zur Bescheinigung von Renten der zweiten Säule (BVG) sowie zur Bescheinigung von Leistungen der Arbeitslosenversicherung (ALV) eingesetzt werden (vgl. Rz 5). Für das Ausfüllen des Formulars ist diese Wegleitung **verbindlich**. Weitere Informationen finden Sie auf der Internetseite der Schweizerischen Steuerkonferenz (www.ssk-csi.ch), wo unter anderem auch die eingangs erwähnten Antworten zu häufig gestellten Fragen (FAQ) publiziert sind.

Jeder Arbeitgeber ist verpflichtet, jedem Arbeitnehmenden einen Lohnausweis auszustellen. Darin sind **sämtliche Leistungen** bzw. **geldwerten Vorteile** zu deklarieren, die dem Arbeitnehmer oder dem Pensionierten im Zusammenhang mit dem bestehenden, respektive ehemaligen Arbeitsverhältnis zugeflossen sind. Dieser Grundsatz sowie die nachfolgenden Bestimmungen gelten analog für Vorsorgeeinrichtungen BVG, die eine Rente ausrichten. Sie sind verpflichtet, das Formular 11 oder ein diesem inhaltlich entsprechendes eigenes Formular als Rentenbescheinigung auszustellen.

Nachfolgend wird aus Gründen der Übersichtlichkeit auf eine geschlechtsneutrale Formulierung verzichtet und davon abgesehen, der Regelung des Lohnausweises zusätzlich die analoge Regelung für das Ausfüllen der Rentenbescheinigung (vgl. insb. Rz 5) beizufügen. Aus dem gleichen Grund wird darauf verzichtet, neben den Arbeitnehmern jeweils auch die Pensionierten ausdrücklich zu erwähnen – letztere sind stets mitgemeint. Folglich sind sowohl alle geldwerten Vorteile, die dem Pensionierten aus seinem ehemaligen Arbeitsverhältnis zukommen, vom damaligen Arbeitgeber zu deklarieren als auch das sogenannte Ruhegehalt von den Vorsorgeeinrichtungen auf dem Formular 11 zu bescheinigen.

I Notwendige Angaben

Verwendung des Formulars 11 als Lohnausweis Buchstabe A
4

Dieses Feld ist anzukreuzen, wenn das Formular für die Bescheinigung von Leistungen dient, die auf Grund eines (unselbstständigen) Arbeitsverhältnisses ausgerichtet worden sind. Neben dem Regelfall, dass ein Lohn für eine Haupt- oder Nebenerwerbstätigkeit bescheinigt wird, fallen auch die Bezüge eines Verwaltungsratsmitglieds darunter. Ebenfalls ist dieses Feld anzukreuzen, wenn das Formular für die Bescheinigung von Ersatzeinkommen der Arbeitslosenversicherung wie Arbeitslosenentschädigung, Insolvenzentschädigung und weiteren Kostenbeiträgen verwendet wird.

Verwendung des Formulars 11 als Rentenbescheinigung Buchstabe B
5

Dieses Feld ist anzukreuzen, wenn die bescheinigten Leistungen auf einem Rentenanspruch beruhen. Bei der erstmaligen Ausrichtung einer Rente ist der Eidgenössischen Steuerverwaltung (ESTV), Abteilung Erhebung der Hauptabteilung Direkte Bundessteuer, Verrechnungssteuer und Stempelabgaben (DVS), 3003 Bern (Tel. 058 462 71 50), mit dem _Formular 565 «Rentenmeldung (2. Säule / 3. Säule)_ eine Meldung zu erstatten. Den Rentenempfängern ist unabhängig von der Meldung an die ESTV jährlich eine Rentenbescheinigung auf dem Formular 11 oder auf dem versicherungseigenen Formular auszustellen.

Für die Bescheinigung von Kapitalleistungen ist von den Versicherern nur das _Formular 563 «Meldung über Kapitalleistung (2. Säule / 3. Säule)»_ zu verwenden.

AHV-Nummer / Geburtsdatum Buchstabe C
6

AHV-Nummer

In diesem (linken) Feld ist die 13-stellige AHV Nummer (Sozialversicherungsnummer) anzugeben.

Geburtsdatum

In diesem (rechten) Feld ist das Geburtsdatum festzuhalten.

Massgebendes Kalenderjahr Buchstabe D
7

In diesem Feld ist das Kalenderjahr anzugeben, für das die Lohnzahlungen bescheinigt werden. Der Lohnausweis ist jährlich bzw. bei Wegzug oder Todesfall eines Arbeitnehmers sofort auszustellen. Er hat sämtliche Leistungen, die dem Arbeitnehmer im entsprechenden Kalenderjahr zugeflossen sind, zu umfassen. Eine Aufteilung auf mehrere Einzelausweise ist grundsätzlich unzulässig. Wurden indessen aus betrieblichen Gründen einem Arbeitnehmer vom selben Arbeitgeber mehrere Lohnausweise (z. B. für Tätigkeiten in verschiedenen Abteilungen oder aufgrund mehrerer Arbeitsverträge innerhalb der gleichen Unternehmung) ausgestellt, ist in Ziffer 15 des Lohnausweises («Bemerkungen») die Gesamtzahl der Lohnausweise anzubringen, z. B.: «Einer von zwei Lohnausweisen» (_vgl. Rz 66_).

Lohnperiode Buchstabe E
8

In diesen Feldern sind die genauen Ein- und Austrittsdaten des Arbeitnehmers anzugeben. Die Lohnperiode ist auch dann anzugeben, wenn der Arbeitnehmer das ganze Jahr bei derselben Gesellschaft beschäftigt war. Bei Arbeitnehmern mit mehreren kürzeren Arbeitseinsätzen innerhalb des Kalenderjahres (v. a. bei Temporärangestellten) genügt es, den Beginn des ersten Einsatzes und das Ende des letzten Einsatzes anzugeben. Wenn aus besonderen Gründen für mehrere Zeitabschnitte Lohnausweise ausgestellt werden, ist in Ziffer 15 aller Lohnausweise («Bemerkungen») die Gesamtzahl der Lohnausweise anzugeben, z. B.: «Einer von drei Lohnausweisen» (vgl. Rz 66).

Unentgeltliche Beförderung zwischen Wohn- und Arbeitsort

Buchstabe F

9

Dieses Feld ist anzukreuzen, wenn dem Arbeitnehmer keine Kosten für den Arbeitsweg erwachsen. In Betracht fallen insbesondere:

- **das zur Verfügung stellen eines Geschäftsfahrzeugs** durch den Arbeitgeber (vgl. Rz 21 – 25), sofern der Arbeitnehmer für den Arbeitsweg nicht mindestens 70 Rappen oder mindestens die Selbstkosten pro Kilometer bezahlen muss;
- **die Beförderung zum Arbeitsort** mittels Sammeltransports (v.a. im Baugewerbe);
- **die Vergütung der effektiven Autokilometerkosten** an Aussendienstmitarbeiter, die mit dem Privatfahrzeug überwiegend von zu Hause direkt zu den Kunden, also nicht zuerst zu den Büros ihres Arbeitgebers, fahren;
- das Zurverfügungstellen eines (aus geschäftlichen Gründen benützten) **Generalabonnements des öffentlichen Verkehrs**. Erhält ein Arbeitnehmer ein Generalabonnement, ohne dass eine geschäftliche Notwendigkeit besteht, ist dieses zum Marktwert unter Ziffer 2.3 des Lohnausweises zu deklarieren (vgl. Rz 19 und 26). In diesem Fall ist das Feld F nicht anzukreuzen.

Die Vergütung eines **Halbtaxabonnements** muss nicht bescheinigt werden.

Kantinenverpflegung/Lunch-Checks/Bezahlung von Mahlzeiten

Buchstabe G

10

Dieses Feld ist anzukreuzen, wenn dem Arbeitnehmer Lunch-Checks (vgl. Rz 18) abgegeben werden. Ein Hinweis ist auch dann anzubringen, wenn der Arbeitgeber dem Arbeitnehmer die Möglichkeit einräumt, das Mittag- oder Abendessen verbilligt in einem Personalrestaurant einzunehmen. Dies gilt auch dann, wenn nicht bekannt ist, ob der Arbeitnehmer davon tatsächlich Gebrauch macht.

Dieses Feld ist auch anzukreuzen bei Arbeitnehmern, die 40 % - 60 % der Arbeitszeit ausserhalb ihrer üblichen Arbeitsstätte tätig sind und deshalb eine Mittagessensentschädigung erhalten. Bei Arbeitnehmern, die mehr als 60 % der Arbeitszeit ausserhalb ihrer üblichen Arbeitsstätte tätig sind und deshalb eine Mittagessensentschädigung erhalten, ist im Lohnausweis ausschliesslich unter Ziffer 15 folgender Hinweis anzubringen: «Mittagessen durch Arbeitgeber bezahlt».

Name und Adresse

Buchstabe H

11

In diesem Feld ist die zum Zeitpunkt des Ausfüllens aktuelle und vollständige Wohnadresse (Name, vollständiger Vorname und Adresse) des Arbeitnehmers anzugeben. Die Grösse des Adressfeldes ermöglicht die Verwendung von Briefumschlägen mit Fenster sowohl links als auch rechts, wobei auf jeden Fall darauf zu achten ist, dass keinerlei vertrauliche Daten im Fenster sichtbar sind.

Unterschrift

Buchstabe I

12

An dieser Stelle sind Ort und Datum zum Zeitpunkt des Ausfüllens des Lohnausweises, der Name des Arbeitgebers (genaue Anschrift), die für das Ausfüllen des Lohnausweises zustän-

nen. Bei vollautomatisiert erstellten Lohnausweisen kann auf die Unterschrift verzichtet werden.

Lohn (soweit nicht unter Ziffer 2 bis 7 des Lohnausweises aufzuführen) — Ziffer 1

In diesem Feld sind sämtliche Leistungen des Arbeitgebers anzugeben, soweit sie nicht separat unter einer der Ziffern 2 bis 7 des Lohnausweises betragsmässig aufzuführen sind. Dies gilt unabhängig vom Verwendungszweck des Lohnes durch den Arbeitnehmer und auch dann, wenn infolge einer Verrechnung dem Arbeitnehmer nur ein Teil des Lohnes entrichtet wird. Zum Lohn gehören auch Leistungen, welche der Arbeitgeber für den Arbeitnehmer an Drittpersonen erbringt (z. B. Bezahlung der Wohnungsmiete, Übernahme von Leasingraten). — 13

Anzugeben sind (als Totalsumme) insbesondere:

- **das ordentliche Salär sowie die Taggelder aus Versicherungen**, die durch den Arbeitgeber ausbezahlt werden (z. B. Erwerbsausfallentschädigungen aus Kranken-, Unfall- und Invalidenversicherungen, Taggelder bei Mutterschaft); — 14

- **sämtliche Zulagen** (z. B. Geburts-, Kinder- oder andere Familienzulagen, Funktions-, Schicht-, Pikett-, Versetzungs-, Mittags-, Nacht-, Sonntags- und Wegzulagen, Prämien). Die Zulagen bilden auch dann Bestandteil des Lohnes im Sinne von Ziffer 1 des Lohnausweises, wenn sie in einem Gesamtarbeitsvertrag (GAV) geregelt sind; — 15

- **Provisionen**; — 16

- **Vergütungen für den Arbeitsweg:** Werden dem Arbeitnehmer die Arbeitswegkosten bezahlt, so wird der Betrag als Berufskostenentschädigung in Ziffer 2.3 deklariert. In diesem Fall ist kein Kreuz im Feld F zu setzen; — 17

- **alle Barbeiträge an die auswärtige Verpflegung am Arbeitsort** (z. B. Mittagszulagen). Die Abgabe von Lunch-Checks ist *gemäss der Wegleitung über den massgebenden Lohn, vgl. RZ 3007*, bis zur von der AHV festgelegten Limite (Stand 1.1.2022: CHF 180 pro Monat) mit einem Kreuz im Feld G des Lohnausweises zu deklarieren. Darüberhinausgehende Beiträge sind zusätzlich zum Lohn im Sinne von Ziffer 1 des Lohnausweises zu addieren. Bei Kantinenverpflegung vgl. Feld G des Lohnausweises (*Rz 10*). — 18

Gehaltsnebenleistungen — Ziffer 2

In den Feldern der Ziffern 2.1 bis 2.3 sind die durch den Arbeitgeber zu bewertenden Gehaltsnebenleistungen (fringe benefits) anzugeben. Als Gehaltsnebenleistungen gelten alle Leistungen des Arbeitgebers, die nicht in Geldform ausgerichtet werden. Sie sind grundsätzlich zum **Marktwert** bzw. **Verkehrswert** zu bewerten. Als Marktwert gilt der am Markt üblicherweise zu bezahlende bzw. der üblicherweise ausgehandelte Wert. Weitere vom Arbeitgeber nicht selbst bewertbare Gehaltsnebenleistungen sind unter Ziffer 14 des Lohnausweises anzugeben. — 19

Ist der Arbeitnehmer verpflichtet, einen Teil dieser Auslagen selber zu bezahlen bzw. dem Arbeitgeber zurückzuerstatten, ist lediglich der vom Arbeitgeber übernommene Differenzbetrag einzutragen.

Verpflegung und Unterkunft (Zimmer)   Ziffer 2.1

Im Feld zu Ziffer 2.1 ist der Wert anzugeben, der dem Arbeitnehmer dadurch zufliesst, dass er vom Arbeitgeber unentgeltlich Verpflegung und Unterkunft erhält. Die entsprechenden Ansätze können dem _Merkblatt N2 der ESTV_ entnommen werden. Dieses kann entweder heruntergeladen oder bei der zuständigen kantonalen Steuerbehörde (vgl. Anhang 1) bestellt werden.   20

Das Feld ist nicht auszufüllen, wenn dem Arbeitnehmer für die gewährte Verpflegung und Unterkunft ein Abzug vom Lohn vorgenommen wird, der mindestens den Ansätzen gemäss dem oben erwähnten Merkblatt N2 entspricht. Wird dem Arbeitnehmer nicht nur ein Zimmer, sondern eine Wohnung zur Verfügung gestellt, so ist diese mit dem Marktwert unter Ziffer 2.3 des Lohnausweises betragsmässig anzugeben (vgl. _Rz 26_).

Privatanteil Geschäftsfahrzeug   Ziffer 2.2

In diesem Feld ist der Wert anzugeben, der dem Arbeitnehmer dadurch zufliesst, dass er ein Geschäftsfahrzeug auch privat benützen darf. Übernimmt der Arbeitgeber sämtliche Kosten dafür und hat der Arbeitnehmer lediglich die Treibstoff- oder Energiekosten für grössere Privatfahrten am Wochenende oder in den Ferien zu bezahlen, so beträgt der zu deklarierende Betrag **pro Monat 0,9 % des Kaufpreises** inkl. sämtlichen Sonderausstattungen (exkl. Mehrwertsteuer), mindestens aber CHF 150 pro Monat, wenn der Kaufpreis weniger als CHF 16'667 beträgt. Bei ganzjähriger Privatnutzung gilt demnach beispielsweise folgender Ansatz:
Kaufpreis CHF 43'000: zu deklarierender Betrag = CHF 4'644 (12 x CHF 387).   21

Bei Leasingfahrzeugen tritt anstelle des Kaufpreises der im Leasingvertrag festgehaltene Barkaufpreis des Fahrzeuges (exkl. Mehrwertsteuer), eventuell der im Leasingvertrag angegebene Objektpreis (exkl. Mehrwertsteuer). Gleiches gilt, wenn dem Arbeitnehmer anstelle eines Geschäftsfahrzeugs ein Mietfahrzeug zur Verfügung gestellt wird. Zur Berechnung des Privatanteils ist der Marktwert des Fahrzeugs zu Beginn des Mietverhältnisses oder bei Miete von verschiedenen Fahrzeugen der durchschnittliche Wert der jeweiligen Fahrzeugkategorie massgebend. Der so ermittelte Betrag ist wie eine zusätzliche Lohnzahlung zu behandeln, die dem Arbeitnehmer neben dem eigentlichen Barlohn ausrichtet wird.

Übernimmt der Arbeitnehmer beträchtliche Kosten (z. B. sämtliche Kosten für Unterhalt, Versicherungen, Benzin und Reparaturen; die Übernahme ausschliesslich der Benzinkosten oder der Kosten für das Auflagen von Elektrofahrzeugen genügt dagegen nicht), so ist im entsprechenden Feld 2.2 des Lohnausweises keine Aufrechnung vorzunehmen. In den Bemerkungen unter Ziffer 15 des Lohnausweises ist folgender Text anzubringen: «Privatanteil Geschäftsfahrzeug im Veranlagungsverfahren abzuklären».   22

Neben der pauschalen Ermittlung des Privatanteils gemäss _Rz 21_ besteht die Möglichkeit der effektiven Erfassung der Privatnutzung. Voraussetzung dafür ist, dass ein **Bordbuch** geführt wird. Der im Lohnausweis zu deklarierende Anteil für die Privatnutzung wird so errechnet, dass die Anzahl der privat gefahrenen Kilometer (inklusive Arbeitsweg) mit dem entsprechenden Kilometeransatz multipliziert wird (z. B. 8'500 Privatkilometer x 70 Rappen = CHF 5'950).   23

In Fällen, in denen der **Privatgebrauch erheblich eingeschränkt** ist, z. B. durch fest installierte Vorrichtungen für den Transport von Werkzeugen ist keine Aufrechnung für den Privatanteil des Geschäftsfahrzeugs vorzunehmen.   24

In allen Fällen ist im Lohnausweis grundsätzlich das Feld F (unentgeltliche Beförderung zwischen Wohn- und Arbeitsort) anzukreuzen (vgl. _Rz 9_).   25

Andere Gehaltsnebenleistungen

Ziffer 2.3

26

Auf dieser Zeile ist vorab die Art einer allfälligen weiteren, vom Arbeitgeber ausgerichteten Gehaltsnebenleistung anzugeben, **die der Arbeitgeber bewerten kann** (vgl. auch Rz 62). Zusätzlich ist im entsprechenden Feld deren Wert einzutragen. Werden mehrere Gehaltsnebenleistungen ausgerichtet, so sind diese in der entsprechenden Zeile zu bezeichnen und deren Werte – soweit möglich – separat aufzuführen. Im Feld ist lediglich die Summe einzutragen. Eine steuerbare Gehaltsnebenleistung liegt z. B. dann vor, wenn der Arbeitgeber im eigenen Namen gewisse Auslagen (Lebenshaltungskosten) tätigt und alsdann die entsprechende Leistung (z. B. Mietwohnung, Konsumwaren) dem Arbeitnehmer und ihm nahestehende Personen zur Verfügung stellt.

In diesen Fällen ist der **Marktwert** bzw. Verkehrswert (vgl. Rz 19) einzusetzen. Stellt der Arbeitgeber eine eigene Wohnung unentgeltlich zur Verfügung, ist der ortsübliche Mietzins einzutragen. Für Expatriates ist die entsprechende Verordnung «*Expatriates-Verordnung, ExpaV*» massgebend. Auf eine Deklaration kann verzichtet werden, sofern es sich um Naturalgeschenke anlässlich besonderer Ereignisse (z. B. Weihnachten) handelt (vgl. Rz 72).

Unregelmässige Leistungen

Ziffer 3

27

Auf dieser Zeile ist vorab die Art der Entschädigung bzw. Leistung zu benennen, die dem Arbeitnehmer unregelmässig ausgerichtet worden ist. Zusätzlich ist im entsprechenden Feld der Betrag dieser Leistung einzutragen (wie bei mehreren Leistungen vorzugehen ist, vgl. Rz 26). Die gesonderte Angabe dieser unregelmässigen Leistungen liegt im Interesse des Arbeitnehmers, sofern ein **unterjähriges** Arbeitsverhältnis vorliegt. Bei einem ganzjährigen Arbeitsverhältnis kann auf die separate Deklaration von unregelmässigen Leistungen verzichtet werden. Stattdessen kann der entsprechende Betrag als Bestandteil des Lohnes in Ziffer 1 des Lohnausweises aufgeführt werden.

Als unregelmässige Leistungen gelten insbesondere:

- **Bonuszahlungen**, z. B. leistungsabhängige Gratifikationen oder Gewinnanteile. Vertraglich vereinbarte Zusatzentschädigungen, z. B. ein 13. oder 14. Monatslohn, sind dagegen nicht hier, sondern als Bestandteil des Lohnes in Ziffer 1 des Lohnausweises zu deklarieren;

- **Antritts- und Austrittsentschädigungen;**

- **Treueprämien;**

- **Dienstaltersgeschenke, Jubiläumsgeschenke;**

- **Umzugsentschädigungen** (pauschal oder effektiv); Ist der Umzug aufgrund eines äusseren beruflichen Zwangs notwendig (z. B. Sitzverlegung des Arbeitgebers) oder handelt es sich beim Arbeitnehmer um einen entsendeten Mitarbeiter gemäss ExpaV (vgl. RZ 26), gilt Rz 71. **Pauschal vergütete Umzugskosten** sind in jedem Fall unter Ziffer 3 aufzuführen (vgl. *Art. 2 Abs. 3 Bst. b ExpaV*).

Werden solche Leistungen vor oder nach der Zeit ausbezahlt, in welcher der Arbeitnehmer Wohnsitz in der Schweiz hatte, so sind sie ebenfalls in diesem Feld zu bescheinigen. Sie unterliegen allenfalls der Quellensteuer.

Kapitalleistungen

Ziffer 4

Auf dieser Zeile ist vorab die Art bzw. der Grund der Kapitalleistung anzugeben, die dem Arbeitnehmer ausbezahlt wird. Möglicherweise erfolgt die Besteuerung zu einem **reduzierten Steuersatz** (z. B. Kapitalleistung für Vorsorge). Zusätzlich ist im entsprechenden Feld der Betrag dieser Leistung einzutragen (wie bei mehreren Leistungen vorzugehen ist, vgl. _Rz 26_).

28

Als solche Kapitalleistungen fallen in Betracht:

- **Abgangsentschädigungen mit Vorsorgecharakter**;
- **Kapitalleistungen mit Vorsorgecharakter**;
- **Lohnnachzahlungen (inkl. Lohnnachgenuss)** usw.

Für Kapitalleistungen, die von Personalvorsorgeeinrichtungen ausgerichtet werden, ist ausschliesslich das _Formular 563_ zu verwenden (Adresse siehe _Rz 5_). Diese Leistungen sind somit nicht im Lohnausweis zu deklarieren.

Beteiligungsrechte gemäss Beiblatt

Ziffer 5

In diesem Feld ist das Erwerbseinkommen anzugeben, das dem Arbeitnehmer im entsprechenden Kalenderjahr aus Mitarbeiterbeteiligungen (z. B. Aktien und/oder Optionen usw.) zugeflossen ist (vgl. _ESTV Kreisschreiben Nr. 37_ «Besteuerung von Mitarbeiterbeteiligungen»). Der genaue Betrag ist auch dann anzugeben, wenn die Mitarbeiterbeteiligung von einer dem Arbeitgeber nahestehenden Gesellschaft (z. B. der ausländischen Muttergesellschaft) eingeräumt wurde. Das Erwerbseinkommen wird auf Grund der Differenz zwischen Verkehrswert und Abgabe- bzw. Erwerbspreis berechnet. Falls der Verkehrswert der Mitarbeiterbeteiligung von der Steuerbehörde genehmigt wurde, ist dies in Ziffer 15 des Lohnausweises zu vermerken (vgl. _Rz 68_).

29

Bei anwartschaftlichen Rechten auf Mitarbeiterbeteiligungen wie beispielsweise auf noch nicht steuerbaren Optionen, Phantom-Aktien, Stock Appreciation Rights, ist keine Deklaration in Ziffer 5, jedoch ein Hinweis in Ziffer 15 (vgl. _Rz 69_) des Lohnausweises vorzunehmen.

In allen Fällen von Mitarbeiterbeteiligungen sind neben weiteren Bescheinigungspflichten sämtliche Detailangaben auf einem Beiblatt zum Lohnausweis auszuweisen. Das Beiblatt muss die persönlichen Daten des Arbeitnehmers enthalten (Name, Vorname, Geburtsdatum usw.) und klar dem Lohnausweis zugewiesen werden können (Details für Beiblatt gemäss _Mitarbeiterbeteiligungsverordnung, MBV_). Wird der geldwerte Vorteil erst nach Beendigung des Arbeitsverhältnisses an eine in der Schweiz (_Art. 15 Abs. 1 MBV_) oder im Ausland ansässige Person (_Art. 15 Abs. 2 MBV_) ausgerichtet respektive bei fortbestehendem Arbeitsverhältnis nach Wegzug aus der Schweiz gewährt (_Art. 8 MBV_), muss der Arbeitgeber den zuständigen kantonalen Behörden eine Bescheinigung zustellen. Zusätzlich sind die Bescheinigungspflichten gemäss _AHVV_ zu beachten.

Verwaltungsratsentschädigungen

Ziffer 6

In diesem Feld sind alle Entschädigungen anzugeben, die einer Person in ihrer Eigenschaft als Mitglied des Verwaltungsrats oder eines anderen Leitungsorgans (z.B. Stiftungsrat) als Lohn für eine unselbstständige Tätigkeit ausgerichtet wurden.

30

Es sind dies vor allem:

- **Verwaltungsratsentschädigungen**
- **Sitzungsgelder**
- **Tantiemen**

Andere Leistungen

Ziffer 7

Auf diesen Zeilen ist die Art jeder anderen betragsmässig zu deklarierenden Leistung aufgrund des Arbeitsverhältnisses anzugeben, die **nicht in einer der Ziffern 1 bis 6 oder 14 des Lohnausweises** aufgeführt ist. Zusätzlich ist im entsprechenden Feld der Marktwert dieser Leistungen einzutragen (wie bei mehreren Leistungen vorzugehen ist, vgl. *Rz 26*).

31

Als weitere anzugebende Leistungen im Sinne von Ziffer 7 fallen in Betracht:

- **Trinkgelder**: Es gilt dieselbe Regelung wie bei der *AHV*. Trinkgelder müssen (nur) dann angegeben werden, wenn sie einen wesentlichen Teil des Lohnes ausmachen;

32

- **Taggelder** aus Kranken-, Unfall- und Invalidenversicherungen sowie bei Mutterschaft, sofern sie nicht unter Ziffer 1 deklariert sind (vgl. *Rz 14*);

33

- **Leistungen der Arbeitslosenversicherung**: Anzugeben sind alle Leistungen der ALV sowie anderer zusätzlicher Lohnausfallversicherungen, die durch den Arbeitgeber ausgerichtet werden (z. B. Kurzarbeits- und Schlechtwetterentschädigungen sowie Einarbeitungszuschüsse der ALV);

34

- **Leistungen der EO**: Anzugeben sind alle Leistungen der EO, die durch den Arbeitgeber ausgerichtet werden. Dazu gehören auch Taggelder bei Mutterschaft;

35

- **Vom Arbeitgeber übernommene Beiträge an Einrichtungen der kollektiven beruflichen Vorsorge** (2. Säule, inkl. Kaderversicherungen), die nach Gesetz, Statut oder Reglement vom Arbeitnehmer geschuldet sind. Die Beiträge können unter Ziffer 10 des Lohnausweises wieder in Abzug gebracht werden (vgl. *Rz 43*);

36

- **Alle Beiträge des Arbeitgebers an Versicherungen** des Arbeitnehmers bzw. dessen nahestehende Personen, wie Beiträge an:

37

    - Krankenkassen sowie
    - alle Formen der freien Vorsorge (Säule 3b), z. B. Lebens-, Renten-, Kapital- oder Sparversicherungen.

    Nicht zu deklarieren sind lediglich Beiträge des Arbeitgebers an die obligatorische Unfallversicherung nach UVG (BUV und NBUV) sowie Beiträge für vom Arbeitgeber abgeschlossene Kollektivkrankentaggeld- und Kollektiv-UVG-Zusatzversicherungen.

- **Alle vom Arbeitgeber für seinen Arbeitnehmer erbrachten Beiträge an anerkannte Formen der gebundenen Selbstvorsorge** (Säule 3a). **Dies gilt unabhängig davon, ob diese dem Arbeitnehmer vom Lohn abgezogen und anschliessend einbezahlt oder vom Arbeitgeber direkt zu Gunsten des Arbeitnehmers einbezahlt worden sind.** Diese Beiträge dürfen vom Arbeitgeber nicht im Lohnausweis abgezogen werden, sondern sind ausnahmslos von der Versicherungseinrichtung oder Bankstiftung in einer besonderen Bescheinigung *(Formular 21 EDP dfi)* dem Vorsorgenehmer auszuweisen.

38

- Vom Arbeitgeber übernommene Quellensteuern oder andere Steuern 39
- Vom Arbeitgeber für Kinder des Arbeitnehmers bezahlte Schulgelder 40

Bruttolohn total/Rente *Ziffer 8*

In diesem Feld ist das Total der Einkünfte gemäss den Ziffern 1 bis 7 des Lohnausweises 41
vor Abzug der Sozialversicherungsbeiträge, Quellensteuern usw. anzugeben.

Beiträge AHV/IV/EO/ALV/NBUV *Ziffer 9*

In diesem Feld ist der gemäss den massgebenden Bestimmungen **beim Arbeitnehmer** in 42
Abzug gebrachte Arbeitnehmeranteil für AHV/IV/EO/ALV/NBUV betragsmässig anzugeben.
Kein Abzug darf gemacht werden für Beiträge, die der Arbeitgeber bezahlt hat (Arbeitgeberbeiträge). Arbeitnehmern belastete Beiträge an Krankentaggeldversicherungen sowie Prämien für UVG-Zusatzversicherungen sind nicht abzugsfähig; sie dürfen nicht vom Bruttolohn abgezogen werden. Solche Beiträge können jedoch in Ziffer 15 ausgewiesen werden.

Analog ist vorzugehen, wenn der Arbeitnehmer in einem vergleichbaren Sozialversicherungssystem (internationale Sozialversicherungsabkommen) des Herkunftslands verbleibt.

Berufliche Vorsorge (2. Säule) *Ziffer 10*

In diesem Feld sind die im Bruttolohn enthaltenen, dem Arbeitnehmer nach Gesetz, Statut 43
oder Reglement vom Lohn abgezogenen Beiträge an steuerbefreite Einrichtungen der kollektiven beruflichen Vorsorge (2. Säule) anzugeben. Die Beiträge sind unabhängig davon zu deklarieren, ob es sich um eine obligatorische oder freiwillige Vorsorge im Rahmen des koordinierten Lohnes (Säule 2a) oder um eine zusätzliche berufliche Vorsorge (Säule 2b) handelt. Falls der Arbeitgeber den gemäss Gesetz, Statut oder Reglement vom Arbeitnehmer geschuldeten Beitrag ganz oder teilweise übernimmt, ist dieser Betrag zwar ebenfalls abzugsfähig, muss aber vorab in Ziffer 7 des Lohnausweises (vgl. *Rz 36*) deklariert werden.

Ordentliche Beiträge für die berufliche Vorsorge *Ziffer 10.1*

In diesem Feld sind die nach Gesetz, Statut oder Reglement geleisteten ordentlichen Beiträge für die berufliche Vorsorge (2. Säule) einzutragen. 44

Beiträge für den Einkauf in die berufliche Vorsorge *Ziffer 10.2*

In diesem Feld sind die im Bruttolohn enthaltenen, dem Arbeitnehmer vom Lohn abgezogenen Beiträge an Vorsorgeeinrichtungen (2. Säule) anzugeben, die der Verbesserung des Vorsorgeschutzes bis (höchstens) zu den vollen reglementarischen Leistungen dienen. 45

Es sind dies vor allem:

- Beiträge für den Einkauf von fehlenden Versicherungsjahren oder von fehlendem Spar- bzw. Deckungskapital;
- Beiträge für den Einkauf, der durch eine Änderung des Reglements oder des Vorsorgeplans bedingt ist;
- Beiträge für den Wiedereinkauf nach einer Scheidung.

Zusätzlich sind die vom Arbeitgeber übernommenen Arbeitnehmerbeiträge anzugeben, sofern sie in Ziffer 7 des Lohnausweises aufgeführt sind (vgl. *Rz 36*).

Vom Arbeitnehmer selber entrichtete, d. h. nicht vom Lohn abgezogene Einkaufsbeiträge an die berufliche Vorsorge, sind nicht durch den Arbeitgeber im Lohnausweis, sondern durch die Vorsorgeeinrichtung separat mit dem *Formular 21 EDP* zu bescheinigen.

46

Ziffer 11

Nettolohn/Rente

In diesem Feld ist der für die Steuererklärung massgebende Nettolohn anzugeben. Der Nettolohn wird dadurch ermittelt, dass vom Bruttolohn total (Ziffer 8) das Total der Abzüge (Ziffer 9 und 10) abgezogen wird.

47

Quellensteuerabzug

Ziffer 12

In diesem Feld ist der Totalbetrag (brutto) der Quellensteuern anzugeben, der einem ausländischen Arbeitnehmer ohne Niederlassungsbewilligung (z. B. Jahres- und Kurzaufenthalter, Grenzgänger usw.) oder einem ausländischen Mitglied des Verwaltungsrats im entsprechenden Kalenderjahr vom Bruttolohn in Abzug gebracht wurde.

48

Werden die Quellensteuern vom Arbeitgeber bezahlt, sind in Ziffer 7 des Lohnausweises (andere Leistungen) der Hinweis "Quellensteuer vom Arbeitgeber bezahlt" und der entsprechende Betrag anzugeben.

Spesenvergütungen (nicht im Bruttolohn enthalten)

Ziffer 13

In den Feldern der Ziffern 13.1 und 13.2 sind die Vergütungen anzugeben, die Spesenersatz darstellen und die deshalb nicht Bestandteil des Bruttolohnes im Sinne von Ziffer 8 des Lohnausweises bilden. Als **Spesenvergütungen** gelten vom Arbeitgeber ausgerichtete Entschädigungen für Auslagen, die dem Arbeitnehmer im Rahmen seiner **dienstlichen Tätigkeit**, z. B. auf Geschäftsreisen, entstanden sind.

49

Keine Spesenvergütungen sind Entschädigungen des Arbeitgebers, welche Auslagen abdecken, die vor oder nach der eigentlichen Arbeitstätigkeit anfallen. Solche Entschädigungen für **Berufsauslagen** sind beispielsweise Wegvergütungen (vgl. *Rz 17*) sowie Entschädigungen für die Nutzung privater Lagerräume. Solche Entschädigungen sind stets zum Bruttolohn zu addieren (vgl. die Ziffern 1 bis 7 des Lohnausweises) und können allenfalls vom Arbeitnehmer in der Steuererklärung als Berufskosten in Abzug gebracht werden.

50

Eine Vergütung von Spesen ist je nach Art der Entschädigung unterschiedlich im Lohnausweis zu deklarieren.

51

Es wird wie folgt unterschieden:

- **Effektive Spesenvergütungen** anhand von Belegen oder in Form von Einzelfallpauschalen, z. B. CHF 30 pro auswärtiges Abendessen (vgl. *Rz 52*, *53* und *54*);
- **Pauschale Spesenvergütungen** für einen bestimmten Zeitabschnitt, z. B. monatliche Auto- oder Repräsentationsspesen (vgl. *Rz 55*, *56*, *57* und *58*);
- **Spesenvergütungen** im Rahmen eines **genehmigten Spesenreglementes** (vgl. *Rz 59* und *60*).

Effektive Spesen

Ziffer 13.1

Alle effektiven Spesenvergütungen, die einem Arbeitnehmer ausgerichtet wurden (inkl. Spesenauslagen, welche über Unternehmenskreditkarten bezahlt werden), müssen deklariert werden. **Keine Deklarationspflicht** von Spesenauslagen besteht, wenn folgende Vorgaben eingehalten werden:

52

Eine Hochrechnung der Einzelfallpauschalen auf die Arbeitstage ist nicht zulässig:

- Übernachtungsspesen werden gegen Beleg zurückerstattet;
- Die Höhe der effektiven Spesenvergütung für Mittag- oder Abendessen entspricht in der Regel einem Wert von maximal CHF 35 bzw. die **Pauschale** für eine Hauptmahlzeit beträgt maximal CHF 30;
- Kundeneinladungen usw. werden ordnungsgemäss gegen Originalquittung abgerechnet;
- Die Vergütung der Kosten für die Benutzung öffentlicher Transportmittel (Bahn, Flugzeug usw.) erfolgt gegen Beleg;
- Für die geschäftliche Benutzung des Privatfahrzeuges werden maximal 70 Rappen pro Kilometer vergütet;
- Kleinspesen werden, soweit möglich, gegen Beleg oder in Form einer Tagespauschale von maximal CHF 20 vergütet.

Voraussetzung für die Anwendung der vorstehenden Pauschalen ist eine tatsächliche Reisetätigkeit.

Werden alle diese Vorgaben eingehalten, genügt es, im vorangestellten kleinen Feld zu Ziffer 13.1.1 des Lohnausweises ein Kreuz (X) einzusetzen. Auf die Angabe des effektiven Spesenbetrags kann verzichtet werden.

Effektive Reise-, Verpflegungs- und Übernachtungsspesen

Ziffer 13.1.1

Sind die Vorgaben gemäss Rz 52 nicht erfüllt (kein Kreuz im vorangestellten Feld) oder liegt kein genehmigtes Spesenreglement vor, sind die Reise-, Verpflegungs- und Übernachtungsspesen, die effektiv, d. h. gegen Beleg, vergütet worden sind, betragsmässig anzugeben.

53

Als solche Spesen fallen insbesondere in Betracht

- Effektive **Autospesen**;
- **Flug-, Taxi- und Bahnspesen**;
- **Spesen für Übernachtungen, Frühstück, Mittag und Abendessen**;
- **Spesen für Einladungen von Geschäftspartnern ins Restaurant oder zu Hause**;
- **Spesen für kleinere Verpflegungsauslagen unterwegs**.

Übrige effektive Spesen
Ziffer 13.1.2

Auf dieser Zeile ist vorab die Art sämtlicher übriger effektiver Spesen anzugeben. Zusätzlich ist im entsprechenden Feld der Betrag dieser Leistungen einzutragen. Dazu gehören unter anderem auch effektive Entschädigungen für Kosten an einen externen Arbeitsplatz (z. B. Homeoffice, Co-Working Space, aber auch Kosten für Büroinfrastruktur), d.h. gegen Beleg. Diese Kosten sind in jedem Fall betragsmässig aufzuführen und es ist der Vermerk «Spesen für externen Arbeitsplatz» anzubringen. Als übrige effektive Spesen fallen auch die vom Arbeitgeber (gegen Beleg) ausgerichteten Entschädigungen für die besonderen (abzugsfähigen) Berufskosten von Expatriates gemäss _ExpaV_ in Betracht. In diesem Fall ist die Anmerkung «Berufsauslagen für Expatriates» anzubringen und ist der ausbezahlte Spesenbetrag anzugeben. Besteht ein entsprechendes Ruling mit den Steuerbehörden, kann auf eine Bescheinigung der effektiven Expatriatesspesen verzichtet werden. Unter Ziffer 15 ist in diesen Fällen auf das Ruling hinzuweisen (siehe _Rz 65a_).

54

Pauschalspesen
Ziffer 13.2

Pauschale Spesenvergütungen (Einzelfallpauschalen gemäss _Rz 52_ fallen nicht darunter) sind bei allen Arbeitnehmern im Lohnausweis betragsmässig anzugeben. Das gilt auch bei Vorliegen eines genehmigten Spesenreglementes. Pauschale Spesenvergütungen müssen in etwa den effektiven Auslagen entsprechen.

55

Pauschale Repräsentationsspesen
Ziffer 13.2.1

In diesem Feld ist der Pauschalbetrag anzugeben (Einzelfallpauschalen gemäss _Rz 52_ fallen nicht darunter), der leitenden Angestellten oder dem Aussendienstpersonal für Kleinspesen (in der Regel Einzelauslagen unter CHF 50) und repräsentative Auslagen (z. B. für private Einladungen zu Hause) ausbezahlt wurde. Die Spesenpauschale muss ungefähr den effektiven Auslagen entsprechen. Der Frankenbetrag ist auch dann anzugeben, wenn ein genehmigtes Spesenreglement vorliegt.

56

Pauschale Autospesen
Ziffer 13.2.2

In diesem Feld ist ein Pauschalbetrag anzugeben, der einem Arbeitnehmer ausbezahlt wurde, welcher sein Privatfahrzeug oft geschäftlich verwenden muss (in der Regel mehrere tausend Kilometer pro Jahr). Die Spesenpauschale muss ungefähr den effektiven Auslagen entsprechen.

57

Übrige Pauschalspesen
Ziffer 13.2.3

Auf dieser Zeile ist vorab die Art sämtlicher übriger Pauschalspesen, die nicht pauschale Auto- oder Repräsentationsspesen darstellen (vgl. _RZ 56_ und _57_), anzugeben (z.B. Kostenbeteiligung an externen Arbeitsplatz wie Homeoffice/Co-working Space). Im Feld ist lediglich die Summe der Pauschalspesenvergütungen einzutragen (wie bei mehreren Leistungen vorzugehen ist, vgl. _Rz 26_). In Form einer Pauschale vergütete besondere Berufskosten von Expatriates sind nicht unter Ziffer 13.2.3 zu bescheinigen, sondern unter Ziffer 2.3 mit der Bemerkung «Pauschalspesen Expatriates» zum Lohn hinzuzurechnen _(Art. 2 Abs. 3 Bst. b ExpaV)._

58

Genehmigtes Spesenreglement: Arbeitgeber, welche die Spesen nicht nur effektiv gemäss _Rz. 52_ vergüten, können Rechtssicherheit für ihre Mitarbeitenden in einem genehmigten Spesenreglement erlangen. Ein Gesuch um Genehmigung eines Spesenreglements kann bei der Steuerbehörde des Sitzkantons gestellt werden. Es empfiehlt sich, Spesenreglemente inhaltlich nach dem _Musterreglement der Schweizerischen Steuerkonferenz_ aufzubauen. Die Genehmigung durch den Sitzkanton umfasst sowohl die Festsetzung der effektiven als auch der pauschalen Spesenvergütungen. Im Lohnausweis sind bei Vorliegen eines

59

genehmigten Spesenreglements nur die Pauschalspesen (vgl. Ziffer 13.2 des Lohnausweises) anzugeben. Bei der Veranlagung des Arbeitnehmers wird lediglich überprüft, ob die Höhe der ausbezahlten mit der Höhe der bewilligten Pauschalspesen übereinstimmt. Vom Sitzkanton genehmigte Spesenreglemente werden grundsätzlich von allen Kantonen anerkannt.

Unternehmen mit einem genehmigten Spesenreglement haben im Lohnausweis unter Ziffer 15 folgenden Vermerk anzubringen: «Spesenreglement durch Kanton XY (Autokennzeichen des Kantons) am ... (Datum) genehmigt.»   60

Beiträge des Arbeitgebers für die berufsorientierte Aus- und Weiterbildung – einschliesslich Umschulungskosten
Ziffer 13.3

In diesem Feld sind alle effektiven Vergütungen des Arbeitgebers für berufsorientierte Aus- und Weiterbildung – einschliesslich Umschulungskosten – eines Arbeitnehmers anzugeben, die dem Arbeitnehmer vergütet werden. Nicht anzugeben sind Vergütungen, die direkt an Dritte (z. B. Bildungsinstitut) bezahlt werden.   61

Immer zu bescheinigen sind jedoch effektive Vergütungen für Rechnungen, die auf den Namen des Arbeitnehmers ausgestellt sind.

Weitere Gehaltsnebenleistungen
Ziffer 14

Auf diesen Zeilen sind die Gehaltsnebenleistungen des Arbeitgebers aufzuführen (ohne Angabe des Betrags), die dieser nicht selbst bewerten kann und deshalb nicht unter Ziffer 2 deklariert hat. Als solche Gehaltsnebenleistungen gelten geldwerte Vorteile verschiedenster Art. In Betracht fallen insbesondere Waren oder Dienstleistungen des Arbeitgebers, die der Arbeitnehmer unentgeltlich oder zu **einem besonders tiefen Vorzugspreis** erworben hat.   62

Ein Hinweis auf solche Gehaltsnebenleistungen ist nicht notwendig, wenn es sich bei der Gehaltsnebenleistung um eine geringfügige jährliche Vergünstigung handelt (bis zu CHF 2'500, analog zur Regelung für geringfügige Jahreslöhne gemäss AHV-Recht, Stand 1.1.2025). Als geringfügig gelten die branchenüblichen Rabatte, sofern der Arbeitgeber die Waren usw. dem Arbeitnehmer ausschliesslich zu dessen Eigengebrauch und zu einem Preis, der mindestens die Selbstkosten deckt, zukommen lässt. Personalvergünstigungen an dessen nahestehenden Personen sind in Ziffer 2.3 zu deklarieren. Weitere Ausnahmen von der Deklarationspflicht sind in _Rz 72_ aufgeführt.

Bemerkungen
Ziffer 15

In dieser Ziffer sind alle zusätzlichen, erforderlichen Angaben zu machen, die nicht in einem der anderen Felder eingetragen werden. Zudem können freiwillig Angaben gemacht werden, die dem Arbeitnehmer und der Steuerbehörde im Veranlagungsverfahren dienlich sein können. Zu letzteren gehören zum Beispiel Angaben über die Höhe der im Bruttolohn enthaltenen Kinderzulagen, die Anzahl im Kalenderjahr geleisteter Schichttage und die Höhe der im Bruttolohn enthaltenen Krankenkassenbeiträge.   63

Erforderliche Angaben sind insbesondere:

- **Anzahl der Tage mit Erwerbsausfallentschädigungen:** Diese sind stets anzugeben, wenn die entsprechenden Erwerbsausfallentschädigungen nicht durch den Arbeitgeber ausbezahlt wurden und deshalb nicht im Bruttolohn gemäss Ziffer 8 enthalten sind. Erhält der Arbeitnehmer die Erwerbsausfallentschädigungen durch den Arbeitgeber, ist dieser Betrag stets im Lohnausweis (*Ziffer 7, resp. sofern nicht möglich in Ziffer 1 mit entsprechender Bemerkung in Ziffer 15*) zu bescheinigen.

- **Leistungen der Arbeitslosenversicherung:** Wird das Formular für die Bescheinigung von Ersatzeinkommen der Arbeitslosenversicherung verwendet, sind die Leistungen, respektive der Rechtserwerb beziehungsweise der Rechtsanspruch sowie die weiteren relevanten Angaben in Ziffer 15 zu bescheinigen;

- **Genehmigtes Spesenreglement:** Wurde ein Spesenreglement vom Sitzkanton des Arbeitgebers genehmigt (vgl. *Rz 59*), ist folgende Bemerkung anzubringen: «Spesenreglement durch Kanton XY (Autokennzeichen des Kantons) am ... (Datum) genehmigt». In diesem Fall ist in Ziffer 13.1.1 kein Kreuz zu machen;

- **Expatriatespesen:** Besteht ein durch die Behörden genehmigtes Expatriateruling, muss folgender Text angebracht werden: «Expatriateruling durch Kanton XY (Autokennzeichen des Kantons) am ... (Datum) genehmigt»;

- **Mehrere Lohnausweise:** Wurden vom Arbeitgeber für dasselbe Jahr ausnahmsweise mehrere Lohnausweise ausgestellt, ist folgende Bemerkung anzubringen: «Einer von ... Lohnausweisen» (vgl. *Rz 7*);

- **Rektifikat:** Wird ein bereits bestehender Lohnausweis für einen Arbeitnehmer ersetzt, ist im neuen Lohnausweis folgende Bemerkung anzubringen: «Dieser Lohnausweis ersetzt den Lohnausweis vom XX.XX.XXXX»;

- **Teilzeitanstellung:** Wurde der Arbeitnehmer mit einem reduzierten Beschäftigungsgrad angestellt, ist eine entsprechende Bemerkung, z. B. «Teilzeitbeschäftigung», anzubringen.

- **Mitarbeiterbeteiligungen:** Wurde der Verkehrswert von den Steuerbehörden genehmigt, ist folgender Vermerk anzubringen (vgl. *Rz 29*): «Verkehrswert durch Kanton XY (Autokennzeichen des Kantons) am ... (Datum) genehmigt»:

- Wenn aus der Abgabe der Mitarbeiterbeteiligungen noch kein steuerbares Einkommen fliesst, ist folgender Vermerk anzubringen: «Mitarbeiterbeteiligung ohne steuerbares Einkommen. Grund: ... (z. B. anwartschaftliche Mitarbeiteraktien)»;

- ...[1]

- **Umzugskosten:** Entstehen einem Arbeitnehmer aufgrund eines äusseren beruflichen Zwangs (z. B. Sitzverlegung des Arbeitgebers) Umzugskosten und werden diese durch den Arbeitgeber im tatsächlichen Umfang vergütet, sind diese Kosten unter den Bemerkungen im Lohnausweis zu bescheinigen (z. B. «Umzugskosten von CHF ... infolge Sitzverlegung vom Arbeitgeber bezahlt»). Ebenso nur in Ziffer 15 sind durch den Arbeitgeber bezahlte, effektive Umzugskosten gemäss Verordnung über den Abzug besonderer Berufskosten von Expatriates zu bescheinigen (*Art. 2 Abs. 2 Bst. a ExpaV*).

---

[1] Rz 70 aufgehoben per 1.1.2022

II Nicht zu deklarierende Leistungen

Grundsätzlich sind alle Leistungen des Arbeitgebers steuerbar und im Lohnausweis anzugeben. **Aus Gründen der Praktikabilität** müssen aber insbesondere folgende Leistungen nicht deklariert werden:

72

- Gratis abgegebene Halbtaxabonnemente des öffentlichen Verkehrs (für Generalabonnemente vgl. _Rz 9_);
- REKA-Check-Vergünstigungen bis CHF 600 jährlich (zu deklarieren sind lediglich Vergünstigungen, soweit sie CHF 600 pro Jahr übersteigen);
- Übliche Weihnachts-, Geburtstags- und ähnliche Naturalgeschenke bis CHF 500 pro Ereignis. Bei Naturalgeschenken, die diesen Betrag übersteigen, ist der ganze Betrag anzugeben (Ziffer 2.3 des Lohnausweises). Bargeldgeschenke sind immer als Lohnbestandteil im Lohnausweis zu deklarieren;
- Private Nutzung von Arbeitswerkzeugen (Mobiltelefon, Computer usw.) im üblichen Rahmen;
- Beiträge an Vereins- und Clubmitgliedschaften (nicht aber Abonnemente für Fitnessclubs) bis CHF 1'000 im Einzelfall. Bei darüber hinausgehenden Beiträgen ist der ganze Betrag anzugeben (Ziffer 15 des Lohnausweises);
- Beiträge an Fachverbände
- Branchenübliche Rabatte auf Waren, die zum Verzehr und Eigenbedarf bestimmt sind (vgl. _Rz 62_);
- Zutrittskarten für kulturelle, sportliche und andere gesellschaftliche Anlässe bis CHF 500 pro Ereignis (zu deklarieren sind lediglich Beiträge, soweit sie CHF 500 pro Ereignis übersteigen);
- Die Bezahlung von Reisekosten für den Ehegatten oder den Partner bzw. die Partnerin, die den Arbeitnehmer aus geschäftlichen Gründen auf Geschäftsreisen begleiten;
- Beiträge an Kinderkrippen, die für Kinder des Arbeitnehmers verbilligte Plätze anbieten. Kommen die Beiträge des Arbeitgebers jedoch nur bestimmten Arbeitnehmern zugute, sei es durch Bezahlung an den Arbeitnehmer oder direkt an die Krippe, sind sie im Lohnausweis unter Ziffer 1 zum Bruttolohn hinzuzurechnen oder in Ziffer 7 separat zu deklarieren;
- Gratis-Parkplatz am Arbeitsort;
- Kosten für ärztliche Vorsorgeuntersuchungen, die auf Verlangen des Arbeitgebers oder der Pensionskasse erfolgen;
- Gutschriften von Flugmeilen. Diese sind für geschäftliche Zwecke zu verwenden.

III Pflichtverletzung

Wer einen Lohnausweis nicht oder falsch ausfüllt, kann bestraft werden (Art. 127, 174 und 186 DBG, Art. 43, 55 und 59 StHG sowie Art. 251 StGB) und/oder haftbar (Art. 177 DBG, Art. 56 StHG) gemacht werden.

73

IV Adressaten des Lohnausweises

Der Lohnausweis ist für den Arbeitnehmer bestimmt. Einige Kantone, **zurzeit die Kantone Basel-Stadt, Bern, Freiburg, Jura, Neuenburg, Solothurn, Waadt und Wallis**, verlangen zudem von den Arbeitgebern, dass sie ein Exemplar des Lohnausweises direkt der kantonalen Steuerverwaltung zustellen. Im Kanton Luzern ist die direkte Zustellung des Lohnausweises an die Dienststelle Steuern freiwillig.

74

V Bestelladressen für Lohnausweisformular und Wegleitung

Auf den Internetseiten der Schweizerischen Steuerkonferenz (*www.ssk-csi.ch*) und der Eidgenössischen Steuerverwaltung (*www.estv.admin.ch*) können das Programm «eLohnausweis» sowie das Lohnausweisformular im PDF-Format heruntergeladen werden. Diese ermöglichen das Ausfüllen des Lohnausweises am Computer. Auf diesen Internetseiten ist auch die vorliegende Wegleitung abrufbar. In der Regel wird der Lohnausweis direkt aus einer Lohnsoftwareapplikation auf weisses Papier gedruckt. Besteht diese Möglichkeit nicht, können Lohnausweisformulare bei nachstehender Adresse bestellt werden:

75

BBL Verkauf Bundespublikationen
Fellerstrasse 21
3003 Bern

Online-Shop: *Bundespublikationen für Privatkunden*

verkauf.zivil@bbl.admin.ch
Tel. 058 465 50 00

Das Lohnausweisformular und die vorliegende Wegleitung können **in Ausnahmefällen** – z. B. wenn die PDF-Dokumente nicht vom Internet heruntergeladen werden können – bei der zuständigen kantonalen Steuerbehörde **bestellt** werden (vgl. Anhang 1, linke Spalte).

Auskünfte zum Lohnausweis erteilen die kantonalen Steuerbehörden (vgl. Anhang 1, rechte Spalte).

☞ *Der Anhang ist an dieser Stelle nicht abgedruckt.*

KS SSK

Kreisschreiben / Analysen SSK

Kreisschreiben / Analysen der Schweizerischen Steuerkonferenz (SSK)

QSt nP und jP; interkantonale Verhältnisse	E67	Ersatzbeschaffung	E54
Interkantonale Steuerausscheidung STAF	E66	Interkantonale Steuerausscheidung nP	E53
Verkehrs- und Infrastrukturunternehmen	E65	Interkantonale Steuerausscheidung jP	E52
Teilbesteuerung interkantonal	E64	Interkantonales Verhältnis im StHG	E51
Interkantonale Repartition der StA	E63	Vereinfachung und Koordination	E50
Trusts	E62	Öffentlich-rechtliches Arbeitsverhältnis	E40
Leasinggeschäfte mit Immobilien	E61	Telearbeit / Homeoffice im Unternehmen	E33
Ausscheidungsverluste	E59	Aufwandbesteuerung; ausserkantonale LS	E32
Interkantonale Verlustverrechnung	E58	F&E-Aufwand; zusätzlicher Abzug STAF	E31
Repartitionsfaktoren	E57	Neue Rechnungslegung; steuerrechtliche Analyse	E30
Vorgehen bei Sonderfällen	E56	Kapitalleistungen aus Leibrentenversicherungen	E20

Quellensteuerpflichtige Personen, interkantonale Verhältnisse

Quelle: Schweizerische Steuerkonferenz SSK

Verfahren bei interkantonalen Verhältnissen von quellensteuerpflichtigen Personen

Kreisschreiben Nr. 35 vom 26. August 2020

Inhaltsverzeichnis

1. Ausgangslage 3
2. Örtliche Zuständigkeit bei Quellensteuern 3
    2.1. Örtliche Zuständigkeit für die Abrechnung von Quellensteuern 3
    2.2. Örtliche Zuständigkeit bei nachträglicher ordentlicher Veranlagung (NOV) 4
    2.3. Örtliche Zuständigkeit bei Neuberechnung der Quellensteuer 5
3. Örtliche Zuständigkeit bei einem Wechsel zwischen ordentlicher Veranlagung und Besteuerung an der Quelle 6
    3.1. Örtliche Zuständigkeit bei einem Wechsel in die ordentliche Veranlagung 6
    3.2. Örtliche Zuständigkeit bei einem Wechsel zur Besteuerung an der Quelle 7
4. Örtliche Zuständigkeit bei Änderungen im Umfang der Steuerpflicht 8
    4.1. Örtliche Zuständigkeit bei Wechsel von beschränkter zu unbeschränkter Steuerpflicht und fortgesetzter Besteuerung an der Quelle 8
    4.2. Örtliche Zuständigkeit bei Wechsel von beschränkter zu unbeschränkter Steuerpflicht und Übertritt in die ordentliche Veranlagung 10
    4.3. Örtliche Zuständigkeit bei Wechsel von unbeschränkter zu beschränkter Steuerpflicht und fortgesetzter Besteuerung an der Quelle 12
    4.4. Örtliche Zuständigkeit bei Wechsel von unbeschränkter zu beschränkter Steuerpflicht und Rückfall zur Besteuerung an der Quelle 13
5. Zusammenarbeit zwischen den Kantonen 15
    5.1. Einreichung von Quellensteuerabrechnungen bei einer unzuständigen Steuerbehörde 15
    5.2. Weiterleitung von Anträgen auf nachträgliche ordentliche Veranlagung (NOV) sowie auf Erlass einer anfechtbaren Verfügung 15
    5.3. Wegzugsmeldung bei interkantonalem Wohnsitzwechsel von quellensteuerpflichtigen Personen 15
    5.4. Weiterleitung von Quellensteuern bei NOV 16
6. Inkrafttreten 17
Anhang 1: Übersicht über das in den Kantonen anwendbare Korrekturverfahren 18
Anhang 2: Formular für die Einforderung abgerechneter Quellensteuern 19
Anhang 3: Musterformular interkantonale Quellensteuer-Abrechnung 20

Abbildungsverzeichnis

Abbildung 1: Quellensteuer-Abrechnung 4
Abbildung 2: Nachträgliche ordentliche Veranlagung 4
Abbildung 3: Neuberechnung Quellensteuer - Verfahren kommt in allen Kantonen zur Anwendung 5
Abbildung 4: Neuberechnung Quellensteuer - Verfahren kommt in einem Kanton nicht zur Anwendung 6
Abbildung 5: Wechsel in die ordentliche Veranlagung 7
Abbildung 6: Wechsel zur Besteuerung an der Quelle 8
Abbildung 7: Wechsel von beschränkter zu unbeschränkter Steuerpflicht ohne nachträgliche ordentliche Veranlagung 9
Abbildung 8: Wechsel von beschränkter zu unbeschränkter Steuerpflicht mit nachträglicher ordentlicher Veranlagung 9
Abbildung 9: Wechsel von beschränkter zu unbeschränkter Steuerpflicht mit nachträglicher ordentlicher Veranlagung und Umzug innerhalb der Schweiz 10
Abbildung 10: Wechsel von beschränkter zu unbeschränkter Steuerpflicht mit nachträglicher ordentlicher Veranlagung - im gleichen Kanton 10
Abbildung 11: Wechsel von beschränkter zu unbeschränkter Steuerpflicht mit Übertritt in die ordentliche Veranlagung 11
Abbildung 12: Wechsel von beschränkter zu unbeschränkter Steuerpflicht mit Übertritt in die ordentliche Veranlagung - im gleichen Kanton 11
Abbildung 13: Wechsel von unbeschränkter zu beschränkter Steuerpflicht ohne nachträgliche ordentliche Veranlagung 12
Abbildung 14: Wechsel von unbeschränkter zu beschränkter Steuerpflicht mit nachträglicher ordentlicher Veranlagung 12
Abbildung 15: Wechsel von unbeschränkter zu beschränkter Steuerpflicht mit nachträglicher ordentlicher Veranlagung - im gleichen Kanton 13
Abbildung 16: Wechsel von unbeschränkter zu beschränkter Steuerpflicht mit Rückfall zur Besteuerung an der Quelle 14
Abbildung 17: Wechsel von unbeschränkter zu beschränkter Steuerpflicht mit Rückfall zur Besteuerung an der Quelle - im gleichen Kanton 14

☞ *Bitte beachten Sie, dass der Inhalt dieses Kreisschreibens aus Platzgründen nicht abgedruckt ist. Das Dokument ist jedoch in seiner Gesamtheit im eBook dieses Werkes enthalten.*

Interkantonale Steuerausscheidung STAF

Quelle: Schweizerische Steuerkonferenz SSK

Interkantonale Steuerausscheidung von Gesellschaften, welche die in der STAF[1] vorgesehenen Abzüge beanspruchen

Kreisschreiben 34 – vom 15. Januar 2020

1. Einleitung

Das Bundesgesetz über die Steuerreform und die AHV-Finanzierung (nachfolgend STAF) vom 28. September 2018 ist am 1. Januar 2020 in Kraft getreten. Das Gesetz führt einige zusätzliche Abzüge für die Kantons- und Gemeindesteuern, nicht aber für die Direkte Bundessteuer, ein. Das Bundesgesetz über die Harmonisierung der direkten Steuern der Kantone und Gemeinden (StHG) lässt den Kantonen eine gewisse Freiheit, einerseits bestimmte Abzüge einzuführen oder auch nicht und andererseits über deren Höhe zu bestimmen. Aufgrund dieses Ermessensspielraums bei der Gesetzgebung wird sich die Ermittlung des steuerbaren Reingewinns einer Unternehmung von Kanton zu Kanton erheblich unterscheiden. Dieser Umstand kann tendenziell interkantonale Doppelbesteuerungen fördern oder aber gegenteilig, zu Nichtbesteuerungen führen. Ziel dieses Kreisschreibens ist es, mittels verschiedener Beispiele diese Situationen zu regeln und zu gewährleisten, dass die bundesgerichtliche Rechtsprechung zur interkantonalen Steuerausscheidung eingehalten wird.

Das vorliegende Kreisschreiben zeigt mit verschiedenen Beispielen die Mechanismen der interkantonalen Steuerausscheidung für Unternehmen auf, welche STAF-Ermässigungen beanspruchen. In dieser Hinsicht können die Beispiele einige Berechnungen umfassen, die sich auf die Anwendung von STAF-Ermässigungen beziehen. Diese Berechnungen sind nur beispielhaft und stellen in keiner Weise Empfehlungen der schweizerischen Steuerkonferenz (SSK) dar. Das Ziel dieses Kreisschreibens ist einzig die Behandlung der interkantonalen Probleme, welche sich im Zusammenhang mit der Anwendung der STAF-Ermässigungen ergeben können.

Der zusätzliche Abzug für Forschungs- und Entwicklungsaufwand ist einfach nachzuvollziehen und erlaubt die Behandlung einer Vielzahl interkantonaler Probleme. Deshalb sind die Beispiele 2 bis 5 auf dieser Ermässigung aufgebaut. Die empfohlenen

---

[1] Bundesgesetz über die Steuerreform und die AHV-Finanzierung (STAF), in Kraft getreten am 1. Januar 2020.

Lösungen können aber sinngemäss auch auf andere STAF-Ermässigungen angewendet werden.

Um die Darstellung zu vereinfachen, konzentrieren sich die Beispiele auf die Gewinnausscheidung. Die Kapitalausscheidung ist einfacher und wird nur in den Beispielen 1 und 8 behandelt.

2. Anwendbare Grundsätze

Bei der interkantonalen Steuerausscheidung von juristischen Personen[2], welche STAF-Ermässigungen beanspruchen, gelten die folgenden Grundsätze:

2.1. Allgemeine Grundsätze für interkantonale Steuerausscheidungen beim Vorliegen von STAF-Ermässigungen

Die interkantonale Steuerausscheidung ist immer aus Sicht eines bestimmten Kantons und dessen gesetzlichen Bestimmungen vorzunehmen. Dieser Grundsatz galt schon vor der Einführung der Instrumente der STAF. Aufgrund der unterschiedlichen kantonalen Gesetzgebungen zu den STAF-Ermässigungen gewinnt dieser Grundsatz aber noch einmal an Bedeutung. Aus Sicht der steuerpflichtigen Person ist somit durch jeden Kanton, für den eine Steuerpflicht vorliegt, eine interkantonale Ausscheidung vorzunehmen.

Der auf die Kantone zu verteilende Gesamtgewinn ist von jedem Kanton auf der Basis seiner gesetzlichen Bestimmungen so festzulegen, wie wenn die gesamte Geschäftstätigkeit nur in seinem Kanton stattfinden würde. Bei der Steuerausscheidung aus Sicht eines Kantons muss die Summe der auf die Kantone verteilten Gewinne diesem Gesamtgewinn entsprechen. Ist die Summe der auf die Kantone verteilten Gewinne höher als dieser Gesamtgewinn, liegt eine verfassungswidrige interkantonale Doppelbesteuerung vor (Art. 127 Abs. 3 BV).

Die gesamten geltenden Grundsätze zur interkantonalen Steuerausscheidung sind grundsätzlich auch anwendbar, falls STAF-Ermässigungen geltend gemacht werden.

2.2. Spezifische Grundsätze für interkantonale Steuerausscheidungen beim Vorliegen von STAF-Ermässigungen

Aufgrund der unterschiedlichen kantonalen Umsetzung der STAF-Ermässigungen, ist die interkantonale Gewinnausscheidung[3] in drei Stufen vorzunehmen. Zuerst wird eine

---

[2] Das vorliegende Kreisschreiben behandelt nur interkantonale Steuerausscheidungen mit Ermässigungen nach STAF von juristischen Personen. Aufgrund der zu erwartenden geringen Anzahl Fälle wurden interkantonale Steuerausscheidungen von natürlichen Personen mit selbständiger Erwerbstätigkeit und Ermässigungen nach STAF nicht behandelt.

Ausscheidung vor Anwendung der STAF-Ermässigungen vorgenommen. In der zweiten Stufe werden die STAF-Ermässigungen berechnet und aufgeteilt. In der dritten Stufe wird die Entlastungsbegrenzung festgelegt und aufgeteilt. Jede Stufe setzt sich aus mehreren Schritten zusammen. Die Stufen einer Ausscheidung können wie folgt beschrieben werden:

1. Gewinnausscheidung vor Anwendung der STAF-Ermässigungen
   1.1 Gewinnbestimmung nach den handelsrechtlichen Abschlüssen;
   1.2 Allfällige steuerliche Korrekturen inklusive Abschreibungen auf beim Zuzug aufgedeckten stillen Reserven (Art. 61a DBG und 24c StHG);
   1.3 Verrechnung der Verlustvorträge;
   1.4 Erstellung der ersten Stufe der interkantonalen Steuerausscheidung[4] ;

2. Gewinnausscheidung nach STAF-Ermässigungen und vor Berechnung der Entlastungsbegrenzung im Sinne von Art. 25b StHG:
   2.1 Bestimmung der STAF-Ermässigungen:
       2.1.1 Abzug für Patente und vergleichbare Rechte;
       2.1.2 Zusätzlicher Abzug für Forschung und Entwicklung[5] ;
       2.1.3 Abzug für Eigenfinanzierung;
       2.1.4 Abschreibungen auf beim Übergang zur ordentlichen Besteuerung aufgedeckten stillen Reserven einer Statusgesellschaft nach dem alten Art. 28 Abs. 2 bis 4 StHG;
   2.2 Interkantonale Ausscheidung der STAF-Ermässigungen;

3. Ausscheidung der Entlastungsbegrenzung nach Art. 25b StHG:
   3.1 Festlegung der Entlastungsbegrenzung nach Art. 25b StHG auf dem Gesamtgewinn der Unternehmung;
   3.2 Interkantonale Ausscheidung der Entlastungsbegrenzung nach Art. 25b StHG.

Die stillen Reserven beim Zuzug, die beim Eintritt in eine Patent Box zu besteuernden Forschungs- und Entwicklungsaufwendungen oder auch die beim Übergang zur ordentlichen Besteuerung aufgedeckten stillen Reserven einer Statusgesellschaft[6] müssen für die gesamte Unternehmung festgelegt werden. Grundsätzlich sind diese Wertbestimmungen durch den Sitzkanton vorzunehmen (Punkt 3 nachfolgend). Jeder Kanton muss jedoch

---

[3] Für das ganze Kreisschreiben gilt, dass von einem Schweizer Reingewinn nach einer allfälligen internationalen Steuerausscheidung ausgegangen wird.

[4] Die gemäss Punkt 1.4 erstellte Ausscheidung dient auch zur Erstellung der Repartition der direkten Bundessteuer zwischen den Kantonen.

[5] Im ganzen Kreisschreiben entsprechen die Ausgaben für Forschung und Entwicklung 135% des Basiswertes.

[6] Status gemäss den Bestimmungen des alten Artikel 28 Abs. 2 bis 4 StHG.

sicherstellen, dass seine eigenen gesetzlichen Bestimmungen und Weisungen angewendet werden. Diese festgelegten Werte werden dann nach der angewendeten Ausscheidungsmethode auf die Kantone aufgeteilt.

Wenn die interkantonale Gewinnausscheidung nach einer quotenmässig indirekten Methode (Produktionsfaktoren, Umsatz oder andere Faktoren) vorgenommen wird, sind die STAF-Ermässigungen im Verhältnis der Betriebsquoten zuzuteilen. Wenn diese Ausscheidung auch ein nach der objektmässigen Methode ausgeschiedenes Spezialsteuerdomizil einer Immobilie beinhaltet, muss dieses den Abzug für Eigenfinanzierung gemäss den lokalisierten Aktiven übernehmen.

Wenn die interkantonale Gewinnausscheidung nach der quotenmässig direkten Methode vorgenommen wird, sind die Ermässigungen für Forschung und Entwicklung sowie für Patente und vergleichbare Rechte und die Abschreibungen auf beim Übergang zur ordentlichen Besteuerung aufgedeckten stillen Reserven einer Statusgesellschaft objektmässig zuzuteilen. Der Abzug für Eigenfinanzierung wird nach Massgabe der lokalisierten Aktiven zugeteilt.

Die Entlastungsbegrenzung (Art. 25b StHG) muss in einem ersten Schritt auf dem gesamten Reingewinn der Unternehmung berechnet werden. In einem zweiten Schritt wird die Entlastungsbegrenzung auf alle Kantone aufgeteilt. Die Aufteilung der berechneten Gesamtentlastungsbegrenzung auf die Kantone erfolgt zuerst im Verhältnis der zugeteilten STAF-Ermässigungen. Wenn bei einem Kanton die Entlastungsbegrenzung erreicht ist, erfolgt danach ein zusätzlicher Ausgleich zwischen den Kantonen. Dieser Ausgleich wird zuerst zwischen den Kantonen mit betrieblicher Anknüpfung und erst in zweiter Linie mit Kantonen mit Spezialsteuerdomizil vorgenommen.

Diese Berechnungen sind für jeden Kanton nach seinen eigenen gesetzlichen Bestimmungen vorzunehmen.

3. Veranlagungsverfahren und Meldeverfahren zwischen den Kantonen

Die Bestimmungen der Verordnung über die Anwendung des Steuerharmonisierungsgesetzes im interkantonalen Verhältnis (VO StHG), sowie das Kreisschreiben Nr. 16 der Schweizerischen Steuerkonferenz (SSK) sind auch bei interkantonalen Steuerausscheidungen mit STAF-Ermässigungen anwendbar.

Für das Veranlagungsverfahren und für die interkantonale Ausscheidung kommt dem Sitzkanton eine wesentliche Rolle zu. Man kann vom « Leader Kanton » sprechen. Für die juristischen Personen führt der Sitzkanton oder der Kanton mit der tatsächlichen Verwaltung in der Regel als erster das Veranlagungsverfahren durch. Er erstellt den Vorschlag der interkantonalen Steuerausscheidung für die Kantone, in welchen die Unternehmung über eine Betriebsstätte verfügt oder eine Anlageliegenschaft hält. Dieser Kanton kontrolliert die Steuererklärung und nimmt allfällige Korrekturen vor. Auf dieser Basis nimmt er seine

Veranlagung vor und erarbeitet für die anderen Kantone einen Vorschlag für die interkantonale Steuerausscheidung.

Bei der Erstellung der interkantonalen Ausscheidung einer Unternehmung mit STAF-Ermässigungen muss der Leader Kanton den anderen Kantonen insbesondere mindestens die folgenden Angaben übermitteln:

1. Die interkantonale Gewinnausscheidung vor Anwendung der STAF-Ermässigungen (Inhalte der Stufe 1, gemäss Punkt 2.2 vorstehend);

2. Wenn ein Kanton selber die STAF-Ermässigungen anwendet, die Grundlagen, welche zur Berechnung der STAF-Ermässigungen dienen, das heisst:

    2.1. Der Reingewinn aus Patenten und vergleichbaren Rechten (Boxengewinn);

    2.2. Der Forschungs- und Entwicklungsaufwand, welcher der steuerpflichtigen Person direkt oder durch Dritte in der Schweiz entstanden ist;

    2.3. Die am Ende der Besteuerung nach dem alten Artikel 28 Abs. 2 bis 4 StHG bestehenden stillen Reserven, einschliesslich des selbst geschaffenen Mehrwertes.

Aufgrund der unterschiedlichen kantonalen Gesetzgebungen fallen die Beträge der effektiven STAF-Ermässigungen (inklusive der Entlastungsbegrenzung) unterschiedlich aus. Es steht dem Leader Kanton frei, seine effektiven Beträge den anderen Kantonen zu übermitteln oder auch nicht. Zum besseren Verständnis und aus Gründen der Transparenz sind aber vollständige Übermittlungen der interkantonalen Ausscheidungen willkommen.

Jeder Kanton wendet für die Festlegung des Gewinnes und des steuerbaren Kapitals seine Gesetzgebung an. Sowohl im Sitzkanton als auch in Betriebsstätten Kantonen und in Kantonen mit Anlageliegenschaften haben die Veranlagungsbehörden das Recht, die für die Veranlagung nötigen Untersuchungen vorzunehmen.

Inhaltsverzeichnis der Beispiele

Beispiel 1 Zuzug einer Unternehmung in die Schweiz (Immigration) – Aufdeckung der stillen Reserven in der Steuerbilanz (Art. 61a DBG und 24c StHG) 7

Beispiel 2 Zusätzlicher Abzug von Forschungs- und Entwicklungsaufwand (Art. 25a StHG) – quotenmässig-indirekte Ausscheidung 9

Beispiel 3 Zusätzlicher Abzug von Forschungs- und Entwicklungsaufwand mit Überschreitung der Entlastungsbegrenzung (Art. 25a und 25b StHG) – quotenmässig-indirekte Ausscheidung 12

Beispiel 4 Zusätzlicher Abzug von Forschungs- und Entwicklungsaufwand – quotenmässig-direkte Ausscheidung 17

Beispiel 5 Zusätzlicher Abzug von Forschung- und Entwicklungsaufwand mit Überschreitung der Entlastungsbegrenzung (Art. 25a und 25b StHG) und noch nicht verrechneten Verlustvorträgen – quotenmässig-indirekte Ausscheidung 19

Beispiel 6 Abzug für Patente (Patentbox), zusätzlicher Abzug für Forschungs- und Entwicklungsaufwand, Abzug auf Eigenfinanzierung mit Überschreitung der Entlastungsbegrenzung (Art. 24b, 25a, 25a bis und 25b StHG) – quotenmässig-indirekte Ausscheidung 22

Beispiel 7 Aufgabe eines speziellen Steuerstatus mit Step-Up oder Anwendung des Sondersatzes, Überschreitung der Entlastungsbegrenzung (Art. 25b und 78g StHG) – quotenmässig-indirekte Ausscheidung 25

Beispiel 8 Kapitalsteuer – Aufgabe eines steuerlichen Spezialstatus mit Step-Up oder Anwendung des Sondersatzes, Goodwill aus Zuzug und Erleichterung der Kapitalsteuer (Art. 24c, 29 und 78g StHG) 29

Beispiel 9 Abzug für Patent mit Eintrittskosten und Überschreitung der Entlastungsbegrenzung (Art. 24b und 25b StHG) – quotenmässig-indirekte Ausscheidung 32

Beispiel 1 Zuzug einer Unternehmung in die Schweiz (Immigration) – Aufdeckung der stillen Reserven in der Steuerbilanz (Art. 61a DBG und 24c StHG)

Die Pharma AG ist per 30. Dezember 2020 in die Schweiz zugezogen und hat dadurch ihren Sitz in den Kanton A verlegt. Sie verfügt über eine Betriebsstätte im Kanton B und eine Kapitalanlageliegenschaft im Kanton C.

Die Aktiven in der Bilanz sind zum Verkehrswert bewertet. Der handelsrechtlich nicht verbuchte originäre Goodwill (selbst geschaffener Mehrwert) beläuft sich auf CHF 800'000. Der Goodwill wird in der Steuerbilanz mit einer Abschreibungsdauer von 10 Jahren geführt.

Steuerperiode 2020

Per 31. Dezember 2020 haben die Betriebsaktiven einen Wert von CHF 1'700'000 und werden im Verhältnis von 75% dem Kanton A und zu 25% dem Kanton B zugeteilt. Der Wert der Kapitalanlageliegenschaft beträgt CHF 950'000. Die Unternehmung weist im Jahr 2020 weder einen Gewinn noch einen Verlust aus. Das steuerbare Eigenkapital beträgt CHF 1'750'000.

Steuerausscheidung aus Sicht des Kantons A

Steuerperiode 2020 - Kapital	Total	**Kanton A**	Kanton B	Kanton C
Quoten Betriebsaktiven		75%	25%	
Betriebliche Aktiven	1'700'000	**1'275'000**	425'000	
Goodwill aus Zuzug (steuerlich)*	800'000	**600'000**	200'000	
Anlageliegenschaft	950'000			950'000
Steuerlich massgebende Aktiven	3'450'000	**1'875'000**	625'000	950'000
Total Aktivenquote		*54.4%*	*18.1%*	*27.5%*
Steuerbares Kapital	1'750'000	**952'000**	316'750	481'250

* Der originäre Goodwill wurde durch den gesamten Betrieb geschaffen. Aus diesem Grund erfolgt die Aufteilung nach der Quote der Betriebsaktiven.

Da 2020 kein steuerbarer Gewinn erzielt wird, ist auch keine Gewinnausscheidung vorzunehmen.

Steuerausscheidung aus Sicht der Kantone B und C

Da die gesetzlichen Grundlagen betreffend Goodwill aus Zuzug in allen drei Kantonen die gleichen sind, ist die Ausscheidung aus Sicht der Kantone B und C identisch mit derjenigen des Kantons A.

Steuerperiode 2021

Am 31. Dezember 2021 belaufen sich die betrieblichen Aktiven auf CHF 1'520'000 und werden zu 80% dem Kanton A und zu 20% dem Kanton B zugewiesen. Der Steuerwert des Goodwills beträgt CHF 720'000. Der Wert der Anlageliegenschaft beträgt CHF 930'000. Das steuerbare Kapital beträgt CHF 1'870'000. Die Gesellschaft erwirtschaftet einen Betriebsgewinn von CHF 180'000 und einen Immobilienertrag von CHF 20'000. Die steuerliche Abschreibung des Goodwills beläuft sich auf CHF 80'000. Somit beträgt der steuerbare Gewinn CHF 120'000. Der Betriebsgewinn wird auf Basis der quotenmässig-indirekten Methode nach Umsatz mit einem Vorausanteil von 20% ausgeschieden. Der Umsatzanteil des Kantons A beträgt 55%, im Kanton B werden 45% des Umsatzes erzielt.

Steuerausscheidung aus Sicht des Kantons A

Steuerperiode 2021 – Kapital	Total	**Kanton A**	Kanton B	Kanton C
Quoten Betriebsaktiven		*80%*	*20%*	
Betriebliche Aktiven	1'520'000	**1'216'000**	304'000	
Goodwill aus Zuzug (steuerlich)*	720'000	**576'000**	144'000	
Anlageliegenschaft	930'000			930'000
Steuerlich massgebende Aktiven	3'170'000	**1'792'000**	448'000	930'000
Total Aktivenquote		*56.5%*	*14.1%*	*29.4%*
Steuerbares Kapital	1'870'000	**1'056'550**	263'670	549'780

Steuerperiode 2021 – Gewinn	Total	**Kanton A**	Kanton B	Kanton C
Umsatzquoten		*55%*	*45%*	
Ertrag Anlageliegenschaft	20'000			20'000
Betriebsgewinn gemäss Buchhaltung	180'000			
Steuerliche Abschreibung Goodwill	-80'000			
Steuerbarer Betriebsgewinn	100'000			
- Vorausanteil 20%		**20'000**		
- Rest nach Quoten		**44'000**	36'000	
Steuerbarer Reingewinn	120'000	**64'000**	36'000	20'000

* Der originäre Goodwill wurde durch den gesamten Betrieb geschaffen. Aus diesem Grund erfolgt die Aufteilung nach der Quote der Betriebsaktiven.

Steuerausscheidung aus Sicht der Kantone B und C

Da die gesetzlichen Grundlagen betreffend Goodwill aus Zuzug in allen drei Kantonen die gleichen sind, ist die Ausscheidung aus Sicht der Kantone B und C identisch mit derjenigen des Kantons A.

Beispiel 2   Zusätzlicher Abzug von Forschungs- und Entwicklungsaufwand (Art. 25a StHG) – quotenmässig-indirekte Ausscheidung

Die Pharma AG ist in der Pharmakologie tätig. Sie betreibt selber Forschung und Entwicklung («F&E»). Ihr Sitz befindet sich im Kanton A. Zudem verfügt sie über ein sekundäres Steuerdomizil (Betriebsstätte) im Kanton B und eine Anlageliegenschaft im Kanton C.

Im Jahr 2020 realisiert die Gesellschaft einen betrieblichen Gewinn von CHF 180'000 und einen Immobilienertrag von CHF 20'000. Die F&E Aufwendungen, welche zur Ermässigung gemäss STAF berechtigen, betragen CHF 80'000. Der Betriebsgewinn wird nach der quotenmässig-indirekten Methode auf Basis des Umsatzes mit einem Vorausanteil von 20% ausgeschieden. Der Umsatz beträgt im Kanton A 61% und im Kanton B 39%.

Der Kanton A kennt einen zusätzlichen F&E Abzug von 50%, der Kanton B von 10% und der Kanton C von 30%.

Die Entlastungsbegrenzung gemäss Art. 25b Abs. 1 StHG beträgt in allen drei Kantonen 70%.

Steuerausscheidung aus Sicht des Kantons A

Steuerperiode 2020 – Gewinn	Total	**Kanton A**	Kanton B	Kanton C
Umsatzquoten		*61%*	*39%*	
Ertrag Anlageliegenschaft	20'000			20'000
Betriebsgewinn gemäss Buchhaltung	180'000			
Steuerliche Korrekturen	0			
Steuerbarer Betriebsgewinn	180'000			
- Vorausanteil 20%		**36'000**		
- Rest nach Quoten		**87'840**	56'160	
Steuerbarer Gewinn vor STAF-Ermässigungen	200'000	**123'840**	56'160	20'000
Quoten Betriebsgewinn		*68.8%*	*31.2%*	
Max. Abzug F&E				
Massgebende Kosten	*-80'000*			
Kantonaler Überabzug	*50%*			
	-40'000	**-27'520**	-12'480	0
Entlastungsbegrenzung (Art. 25b StHG) für die ganze Unternehmung *	0	**0**	0	0
Steuerbarer Reingewinn nach STAF-Ermässigungen	160'000	**96'320**	43'680	20'000
Verhältnis zwischen dem steuerbaren Reingewinn nach Entlastungsbegrenzung und dem steuerbaren Gewinn vor STAF-Ermässigungen		*78%*	*78%*	*100%*

*   In Übereinstimmung mit Art. 25b Abs. 1 StHG betragen die gesamten F&E Aufwendungen der Gesellschaft (CHF 40'000) weniger als 70% des gesamten Gewinns vor Verlustvorträgen und vor Nettobeteiligungserträgen (CHF 200'000). Die STAF-Abzüge führen nicht zu Verlusten (Art. 25b Abs. 3 StHG) und bedürfen keiner Begrenzung gemäss Art. 25b StHG.

Steuerausscheidung aus Sicht des Kantons B

Steuerperiode 2020 – Gewinn	Total	Kanton A	Kanton B	Kanton C
Umsatzquoten		61%	39%	
Ertrag Anlageliegenschaft	20'000			20'000
Betriebsgewinn gemäss Buchhaltung	180'000			
Steuerliche Korrekturen	0			
Steuerbarer Betriebsgewinn	180'000			
- Vorausanteil 20%		36'000		
- Rest nach Quoten		87'840	56'160	
Steuerbarer Gewinn vor STAF-Ermässigungen	200'000	123'840	56'160	20'000
Quoten Betriebsgewinn		68.8%	31.2%	
Max. Abzug F&E				
Massgebende Kosten	-80'000			
Kantonaler Überabzug	10%			
	-8'000	-5'504	-2'496	0
Entlastungsbegrenzung (Art. 25b StHG) für die ganze Unternehmung	0	0	0	0
Steuerbarer Reingewinn nach STAF-Ermässigungen	192'000	118'336	53'664	20'000
Verhältnis zwischen dem steuerbaren Reingewinn nach Entlastungsbegrenzung und dem steuerbaren Gewinn vor STAF-Ermässigungen		96%	96%	100%

Steuerausscheidung aus Sicht des Kantons C

Steuerperiode 2020 – Gewinn	Total	Kanton A	Kanton B	**Kanton C**
Umsatzquoten		*61%*	*39%*	
Ertrag Anlageliegenschaft	20'000			**20'000**
Betriebsgewinn gemäss Buchhaltung	180'000			
Steuerliche Korrekturen	0			
Steuerbarer Betriebsgewinn	180'000			
- Vorausanteil 20%		36'000		
- Rest nach Quoten		87'840	56'160	
Steuerbarer Gewinn vor STAF-Ermässigungen	200'000	123'840	56'160	**20'000**
Quoten Betriebsgewinn		*68.8%*	*31.2%*	
Max. Abzug F&E				
Massgebende Kosten	-80'000			
Kantonaler Überabzug	**30%**			
	-24'000	-16'512	-7'488	
Entlastungsbegrenzung (Art. 25b StHG) für die ganze Unternehmung	0	0	0	**0**
Steuerbarer Reingewinn nach STAF-Ermässigungen	176'000	107'328	48'672	**20'000**
Verhältnis zwischen dem steuerbaren Reingewinn nach Entlastungsbegrenzung und dem steuerbaren Gewinn vor STAF-Ermässigungen		*87%*	*87%*	**100%**

Beispiel 3 Zusätzlicher Abzug von Forschungs- und Entwicklungsaufwand mit Überschreitung der Entlastungsbegrenzung (Art. 25a und 25b StHG) – quotenmässig-indirekte Ausscheidung

Die Pharma AG ist in der Pharmakologie tätig. Sie betreibt selber Forschung und Entwicklung («F&E»). Ihr Sitz befindet sich im Kanton A. Zudem verfügt sie über ein sekundäres Steuerdomizil (Betriebsstätte) im Kanton B und eine Anlageliegenschaft im Kanton C.

Im Jahr 2020 realisiert die Gesellschaft einen betrieblichen Gewinn von CHF 120'000 und einen Immobilienertrag von CHF 80'000. Die F&E Aufwendungen, welche zur Ermässigung gemäss STAF berechtigen, betragen CHF 350'000. Der Betriebsgewinn wird nach der quotenmässig-indirekten Methode auf Basis des Umsatzes mit einem Vorausanteil von 20% ausgeschieden. Der Umsatz beträgt im Kanton A 30% und im Kanton B 70%.

Der Kanton A kennt einen zusätzlichen F&E Abzug von 50%, der Kanton B von 10% und der Kanton C von 35%.

Die Entlastungsbegrenzung gemäss Art. 25b Abs. 1 StHG beträgt in allen drei Kantonen 70%..

Sachverhaltsvariante

Der Kanton C hat keine gesetzliche Grundlage für einen zusätzlichen F&E Abzug. Im Übrigen gelten die gleichen Angaben wie im Ausgangssachverhalt.

Steuerausscheidung aus Sicht des Kantons A

Steuerperiode 2020 – Gewinn	Total	**Kanton A**	Kanton B	Kanton C
Umsatzquoten		*30%*	*70%*	
Ertrag Anlageliegenschaft	80'000			80'000
Betriebsgewinn gemäss Buchhaltung	120'000			
Steuerliche Korrekturen	0			
Steuerbarer Betriebsgewinn	120'000			
- Vorausanteil 20%		**24'000**		
- Rest nach Quoten		**28'800**	67'200	
Steuerbarer Gewinn vor STAF-Ermässigungen	200'000	**52'800**	67'200	80'000
Quoten Betriebsgewinn		*44.0%*	*56.0%*	
Max. Abzug F&E				
Massgebende Kosten	*-350'000*			
Kantonaler Überabzug	*50%*			
	-175'000	**-77'000**	-98'000	
Entlastungsbegrenzung (Art. 25b StHG) für die ganze Unternehmung*	35'000	**15'400**	19'600	
Ausgleich der Entlastungsbegrenzung zwischen den Kantonen**	0	**24'640**	31'360	-56'000
Steuerbarer Reingewinn nach STAF-Ermässigungen	60'000	**15'840**	20'160	24'000
Verhältnis zwischen dem steuerbaren Reingewinn nach Entlastungsbegrenzung und dem steuerbaren Gewinn vor STAF-Ermässigungen ***		*30%*	*30%*	*30%*

* Die Entlastungsbegrenzung muss zuerst auf dem steuerbaren Gesamtgewinn vor STAF-Ermässigungen der Unternehmung berechnet werden. Die Ermässigung darf insgesamt nicht mehr als CHF 140'000 betragen (CHF 200'000 x 70%). Der F&E Überabzug von CHF 175'000 muss somit insgesamt um CHF 35'000 reduziert werden.

** Der zusätzliche F&E Abzug von CHF 140'000 (CHF 175'000 ./. CHF 35'000) kann in dieser Höhe lediglich aufgrund der Erträge der Anlageliegenschaft gewährt werden. Der Immobilienertrag von CHF 80'000 ermöglicht die Erhöhung des Abzugs um CHF 56'000 (CHF 80'000 x 70%). Deshalb muss der Immobilienertrag denjenigen Teil der F&E Aufwendungen übernehmen, die 70% des Betriebsergebnisses übersteigen (CHF 140'000 ./. (CHF 120'000 x 70%)).

*** Da hinsichtlich des Gesamtgewinns der Unternehmung die Entlastungsbegrenzung von 70% erreicht ist, wird der steuerbare Gewinn jedes Kantons auf 30% des Gewinns vor STAF-Ermässigungen beschränkt.

Steuerausscheidung aus Sicht des Kantons B

Steuerperiode 2020 – Gewinn	Total	Kanton A	Kanton B	Kanton C
Umsatzquoten		*30%*	*70%*	
Ertrag Anlageliegenschaft	80'000			80'000
Betriebsgewinn gemäss Buchhaltung	120'000			
Steuerliche Korrekturen	0			
Steuerbarer Betriebsgewinn	120'000			
- Vorausanteil 20%		24'000		
- Rest nach Quoten		28'800	67'200	
Steuerbarer Gewinn vor STAF-Ermässigungen	200'000	52'800	67'200	80'000
Quoten Betriebsgewinn		*44.0%*	*56.0%*	
Max. Abzug F&E				
Massgebende Kosten	*-350'000*			
Kantonaler Überabzug	*10%*			
	-35'000	-15'400	**-19'600**	
Entlastungsbegrenzung (Art. 25b StHG) für die ganze Unternehmung	0	0	**0**	
Ausgleich der Entlastungsbegrenzung zwischen den Kantonen		0	**0**	0
Steuerbarer Reingewinn nach STAF-Ermässigungen	165'000	37'400	**47'600**	80'000
Verhältnis zwischen dem steuerbaren Reingewinn nach Entlastungsbegrenzung und dem steuerbaren Gewinn vor STAF-Ermässigungen		*71%*	*71%*	*100%*

Steuerausscheidung aus Sicht des Kantons C

Steuerperiode 2020 – Gewinn	Total	Kanton A	Kanton B	Kanton C
Umsatzquoten		30%	70%	
Ertrag Anlageliegenschaft	80'000			80'000
Betriebsgewinn gemäss Buchhaltung	120'000			
Steuerliche Korrekturen	0			
Steuerbarer Betriebsgewinn	120'000			
- Vorausanteil 20%		24'000		
- Rest nach Quoten		28'800	67'200	
Steuerbarer Gewinn vor STAF-Ermässigungen	200'000	52'800	67'200	80'000
Quoten Betriebsgewinn		44.0%	56.0%	
Max. Abzug F&E				
Massgebende Kosten	-350'000			
Kantonaler Überabzug	35%			
	-122'500	-53'900	-68'600	
Entlastungsbegrenzung (Art. 25b StHG) für die ganze Unternehmung*	0	0	0	
Ausgleich der Entlastungsbegrenzung zwischen den Kantonen**	0	16'940	21'560	-38'500
Steuerbarer Reingewinn nach STAF-Ermässigungen	77'500	15'840	20'160	41'500
Verhältnis zwischen dem steuerbaren Reingewinn nach Entlastungsbegrenzung und dem steuerbaren Gewinn vor STAF-Ermässigungen		30%	30%	52%

* Insgesamt übersteigen die Abzüge von CHF 122'500 70% des für die Berechnung der Entlastungsbegrenzung massgebenden Gewinnes nicht (CHF 200'000 x 70%). Aus Sicht des Kantons C ist auf Ebene des Unternehmens keine Begrenzung der Abzüge notwendig.

** Der zusätzliche F&E Abzug von CHF 122'500 kann in dieser Höhe lediglich aufgrund der Erträge der Anlageliegenschaft gewährt werden. Der Immobilienertrag von CHF 80'000 ermöglicht die Erhöhung des Abzugs um CHF 38'500 (CHF 122'500 ./. (CHF 120'000 x 70%)). Deshalb muss der Immobilienertrag denjenigen Teil der F&E Aufwendungen übernehmen, die 70% des Betriebsergebnisses übersteigen. Damit wird die Einhaltung der Entlastungsbegrenzung auch für den Sitz- und die Betriebsstätten Kantone sichergestellt.

Sachverhaltsvariante zum Beispiel 3

Steuerausscheidung aus Sicht der Kantone A und B – Sachverhaltsvariante

Für die Kantone A und B gelten die gleichen gesetzlichen Bestimmungen wie im Grundsachverhalt. Die Steuerausscheidung für die Kantone A und B ist gleich wie im Grundsachverhalt vorzunehmen.

Steuerausscheidung aus Sicht des Kantons C – Sachverhaltsvariante

Steuerperiode 2020 – Gewinn	Total	Kanton A	Kanton B	**Kanton C**
Umsatzquoten		*30%*	*70%*	
Ertrag Anlageliegenschaft	80'000			**80'000**
Betriebsgewinn gemäss Buchhaltung	120'000			
Steuerliche Korrekturen	0			
Steuerbarer Betriebsgewinn	120'000			
- Vorausanteil 20%		24'000		
- Rest nach Quoten		28'800	67'200	
Steuerbarer Gewinn vor STAF-Ermässigungen	200'000	52'800	67'200	**80'000**
Quoten Betriebsgewinn		*44.0%*	*56.0%*	
Max. Abzug F&E				
Massgebende Kosten	-350'000			
Kantonaler Überabzug*	0%			
	0	0	0	
Entlastungsbegrenzung (Art. 25b StHG) für die ganze Unternehmung	0	0	0	
Ausgleich der Entlastungsbegrenzung zwischen den Kantonen**	0	0	0	**-0**
Steuerbarer Reingewinn nach STAF-Ermässigungen	200'000	52'800	67'200	**80'000**
Verhältnis zwischen dem steuerbaren Reingewinn nach Entlastungsbegrenzung und dem steuerbaren Gewinn vor STAF-Ermässigungen		*100%*	*100%*	***100%***

* Der Kanton C hat den zusätzlichen F&E Abzug nicht ins Gesetz aufgenommen. Es kann kein Abzug vorgenommen werden.

** Der Kanton C (Spezialdomizil des Liegenschaftsorts), der keinen Zusatzabzug für F&E vorsieht, muss sich auch nicht an einem Ausgleich der Entlastungsbegrenzung beteiligen.

Beispiel 4 Zusätzlicher Abzug von Forschungs- und Entwicklungsaufwand – quotenmässig-direkte Ausscheidung

Die Pharma AG ist in der Pharmakologie tätig. Sie betreibt selber Forschung und Entwicklung («F&E»). Ihr Sitz befindet sich im Kanton A. Zudem verfügt sie über ein sekundäres Steuerdomizil (Betriebsstätte) im Kanton B und eine Anlageliegenschaft im Kanton C.

Im Jahr 2020 realisiert die Gesellschaft einen betrieblichen Gewinn von CHF 170'000 und einen Immobilienertrag von CHF 25'000. Die F&E Aufwendungen, welche zur STAF-Ermässigung berechtigen, betragen CHF 350'000. Der Betriebsgewinn wird nach der quotenmässig-direkten Methode auf Basis einer getrennten aussagekräftigen Buchhaltung ohne Vorausanteil ausgeschieden. Im Kanton A wird ein Betriebsgewinn von CHF 51'000 und im Kanton B einer von CHF 119'000 erwirtschaftet.

F&E wird ausschliesslich im Kanton B betrieben.

Die Kantone A und C kennen einen zusätzlichen F&E Abzug von 20%, der Kanton B von 10%.

Die Entlastungsbegrenzung gemäss Art. 25b Abs. 1 StHG beträgt in allen drei Kantonen 70%. .

Steuerausscheidung aus Sicht des Kantons A

Steuerperiode 2020 – Gewinn	Total	Kanton A	Kanton B	Kanton C
Ertrag Anlageliegenschaft	25'000			25'000
Betriebsgewinn gemäss Buchhaltung	170'000			
Steuerliche Korrekturen	0			
Steuerbarer Betriebsgewinn	170'000	**51'000**	119'000	
Steuerbarer Gewinn vor STAF-Ermässigungen	195'000	**51'000**	119'000	25'000
Max. Abzug F&E				
Massgebende Kosten		*350'000*		
*Kantonaler Überabzug**		***20%***		
		-70'000	-70'000	
Entlastungsbegrenzung (Art. 25b StHG) für die ganze Unternehmung		0	0	0
Ausgleich der Entlastungsbegrenzung zwischen den Kantonen	0	**0**	0	0
Steuerbarer Reingewinn nach STAF-Ermässigungen	125'000	**51'000**	49'000	25'000
Verhältnis zwischen dem steuerbaren Reingewinn nach Entlastungsbegrenzung und dem steuerbaren Gewinn vor STAF-Ermässigungen		***100%***	***41%***	*100%*

* Der zusätzliche Abzug für Forschungs- und Entwicklungsaufwand wird direkt dem Kanton B zugewiesen, da sämtliche F&E Aktivitäten im Kanton B ausgeübt werden und die quotenmässig-direkte Methode gewählt wurde. Die Entlastungsbegrenzung für die gesamte Unternehmung wird ebenfalls dem Kanton B zugewiesen. Wenn andere Kantone einen Nutzen aus den F&E Aktivitäten ziehen und aufgrund der Buchhaltung einen Anteil der F&E Kosten tragen, muss der zusätzliche Abzug für Forschungs- und Entwicklungsaufwand unter diesen Kantonen aufgeteilt werden. Die Aufteilung erfolgt objektmässig im Verhältnis der verbuchten F&E Aufwendungen.

Steuerausscheidung aus Sicht des Kantons B

Steuerperiode 2020 - Gewinn	Total	Kanton A	**Kanton B**	Kanton C
Ertrag Anlageliegenschaft	25'000			25'000
Betriebsgewinn gemäss Buchhaltung	170'000			
Steuerliche Korrekturen	0			
Steuerbarer Betriebsgewinn	170'000	51'000	**119'000**	
Steuerbarer Gewinn vor STAF-Ermässigungen	195'000	51'000	**119'000**	25'000
Max. Abzug F&E				
Massgebende Kosten	-350'000			
Kantonaler Überabzug	10%			
	-35'000		**-35'000**	
Entlastungsbegrenzung (Art. 25b StHG) für die ganze Unternehmung	0	0	**0**	
Ausgleich der Entlastungsbegrenzung zwischen den Kantonen	0	0	**0**	0
Steuerbarer Reingewinn nach STAF-Ermässigungen	160'000	51'000	**84'000**	25'000
Verhältnis zwischen dem steuerbaren Reingewinn nach Entlastungsbegrenzung und dem steuerbaren Gewinn vor STAF-Ermässigungen		100%	**71%**	100%

Steuerausscheidung aus Sicht des Kantons C

Da die gesetzlichen Grundlagen im Kanton C identisch mit denjenigen des Kantons A sind, ist die interkantonale Ausscheidung aus Sicht des Kantons A auch für den Kanton C gültig.

Beispiel 5 **Zusätzlicher Abzug von Forschung- und Entwicklungsaufwand mit Überschreitung der Entlastungsbegrenzung (Art. 25a und 25b StHG) und noch nicht verrechneten Verlustvorträgen – quotenmässig-indirekte Ausscheidung**

Die Pharma AG ist in der Pharmakologie tätig. Sie betreibt selber Forschung und Entwicklung («F&E»). Ihr Sitz befindet sich im Kanton A. Zudem verfügt sie über ein sekundäres Steuerdomizil (Betriebsstätte) im Kanton B.

Der Kanton A kennt einen zusätzlichen F&E Abzug von 50%, der Kanton B von 10%.

Die Entlastungsbegrenzung gemäss Art. 25b Abs. 1 StHG beträgt in beiden Kantonen 70%. Beide Kantone beschränken die steuerliche Abzugsfähigkeit nach Art. 25b Abs. 3 StHG auf den Gewinn nach Verrechnung von Verlustvorträgen.

Steuerperiode 2020

Im Jahr 2020 realisiert die Gesellschaft einen betrieblichen Verlust von CHF 40'000. Die F&E Aufwendungen, welche zur STAF-Ermässigung berechtigen, betragen CHF 90'000. Der Betriebsgewinn wird auf Basis des Umsatzes mit einem Vorausanteil von 20% geteilt. Im Kanton A wird 61% des Umsatzes realisiert, im Kanton B 39%.

Steuerausscheidung aus Sicht des Kantons A

Steuerperiode 2020 – Gewinn	Total	**Kanton A**	Kanton B
Umsatzquoten		**61%**	*39%*
Betriebsverlust gemäss Buchhaltung	-40'000		
Steuerliche Korrekturen	0		
Steuerbares Betriebsergebnis	-40'000		
- Vorausanteil 20%			
- Rest nach Quoten			
Verlustverrechnung			
Nettoverlust vor STAF-Ermässigungen*	-40'000	0	0

* Aufgrund der Gesamtverlustverrechnung wird keine interkantonale Ausscheidung vorgenommen und gemäss Art. 25b StHG werden auch keine STAF-Ermässigungen gewährt.

Der Verlust von CHF 40'000 kann auf die nächsten Steuerperioden vorgetragen werden.

Steuerausscheidung aus Sicht des Kantons B

Aufgrund der Gesamtverlustsituation führen die interkantonalen Ausscheidungen auch aus Sicht des Kantons B zu einem Verlustvortrag von CHF 40'000, der auf die folgenden Steuerperioden vorgetragen werden kann.

Steuerperiode 2021

Im Jahr 2021 erwirtschaftet die Gesellschaft einen Gesamtgewinn von CHF 100'000. Die für den zusätzlichen Abzug gemäss STAF qualifizierenden F&E Aufwendungen betragen CHF 320'000. Der Betriebsgewinn wird gemäss der quotenmässig-indirekten Methode auf Basis des Umsatzes nach einem Vorausanteil von 20% ausgeschieden. Der Umsatz beträgt im Kanton A 30% und im Kanton B 70%.

Steuerausscheidung aus Sicht des Kantons A

Steuerperiode 2021 – Gewinn	Total	Kanton A	Kanton B
Umsatzquoten		30%	70%
Betriebsgewinn gemäss Buchhaltung	100'000		
Steuerlicher Verlustvortrag 2020*	-40'000		
Betriebsgewinn nach Verlustverrechnung	60'000		
Steuerliche Korrekturen	0		
Steuerbarer Betriebsgewinn	60'000		
- Vorausanteil 20%		**12'000**	
- Rest nach Quoten		**14'400**	33'600
Steuerbarer Gewinn vor STAF-Ermässigungen	60'000	**26'400**	33'600
Quoten Betriebsgewinn		*44.0%*	*56.0%*
Max. Abzug F&E			
Massgebende Kosten	-320'000		
Kantonaler Überabzug	**50%**		
	-160'000	**-70'400**	-89'600
Entlastungsbegrenzung (Art. 25b Abs. 1 StHG) für die ganze Unternehmung**	90'000	**39'600**	50'400
Entlastungsbegrenzung (Art. 25b Abs. 3 StHG) für die ganze Unternehmung***	10'000	**4'400**	5'600
Ausgleich der Entlastungsbegrenzung zwischen den Kantonen	0	**0**	0
Steuerbarer Reingewinn nach STAF-Ermässigungen	0	**0**	0
Verhältnis zwischen dem steuerbaren Reingewinn nach Entlastungsbegrenzung und dem steuerbaren Gewinn vor STAF-Ermässigungen		*0%*	*0%*

* Die noch nicht verrechneten Verluste werden vor der Ausscheidung berücksichtigt.

** Gemäss Art. 25b Abs. 1 StHG kann die Gesellschaft maximal Abzüge von CHF 70'000 beanspruchen (Gewinn vor Verlustverrechnung von CHF 100'000 x 70%). Der ursprüngliche Abzug von CHF 160'000 muss somit um CHF 90'000 korrigiert werden.

*** Nach Anwendung von Art. 25b Abs. 1 StHG beläuft sich das Ergebnis auf einen Verlust von CHF 10'000 (CHF 60'000 ./. CHF 160'000 + CHF 90'000). Somit kommt die Entlastungsbegrenzung gemäss Art. 25b Abs. 3 StHG im Umfang von CHF 10'000 zur Anwendung, damit keine Verlustvorträge entstehen können.

Steuerausscheidung aus Sicht des Kantons B

Steuerperiode 2021 – Gewinn	Total	Kanton A	**Kanton B**
Umsatzquoten		*30%*	*70%*
Betriebsgewinn gemäss Buchhaltung	100'000		
Steuerlicher Verlustvortrag 2020	-40'000		
Betriebsgewinn nach Verlustverrechnung	60'000		
Steuerliche Korrekturen	0		
Steuerbarer Betriebsgewinn	60'000		
- Vorausanteil 20%		12'000	
- Rest nach Quoten		14'400	**33'600**
Steuerbarer Gewinn vor STAF-Ermässigungen	60'000	26'400	**33'600**
Quoten Betriebsgewinn		*44.0%*	*56.0%*
Max. Abzug F&E			
Massgebende Kosten	*-320'000*		
Kantonaler Überabzug	*10%*		
	-32'000	-14'080	**-17'920**
Entlastungsbegrenzung (Art. 25b Abs. 1 StHG) für die ganze Unternehmung*	0	0	**0**
Entlastungsbegrenzung (Art. 25b Abs. 3 StHG) für die ganze Unternehmung**	0	0	**0**
Ausgleich der Entlastungsbegrenzung zwischen den Kantonen**	0	0	**0**
Steuerbarer Reingewinn nach STAF-Ermässigungen	28'000	12'320	**15'680**
Verhältnis zwischen dem steuerbaren Reingewinn nach Entlastungsbegrenzung und dem steuerbaren Gewinn vor STAF-Ermässigungen		*47%*	*47%*

* Gemäss Art. 25b Abs. 1 StHG kann die Gesellschaft maximal einen Abzug von CHF 70'000 beanspruchen (Ergebnis vor Verlustverrechnung CHF 100'000 x 70%). Die Begrenzung gemäss Art. 25b Abs. 1 StHG hat keine Auswirkung.

** Da die STAF-Ermässigungen zu keinen Verlusten führen, kommt die Begrenzung gemäss Art. 25b Abs. 3 StHG nicht zur Anwendung.

Beispiel 6 **Abzug für Patente (Patentbox), zusätzlicher Abzug für Forschungs- und Entwicklungsaufwand, Abzug auf Eigenfinanzierung mit Überschreitung der Entlastungsbegrenzung (Art. 24b, 25a, 25a bis und 25b StHG) – quotenmässig-indirekte Ausscheidung**

Die Pharma AG ist in der Pharmakologie tätig. Sie betreibt selber Forschung und Entwicklung («F&E»). Ihr Sitz befindet sich im Kanton A. Zudem verfügt sie über ein sekundäres Steuerdomizil (Betriebsstätte) im Kanton B.

Im Jahr 2020 realisiert die Gesellschaft einen betrieblichen Gewinn von CHF 120'000.

Die STAF-Ermässigungen sind die folgenden:

- Der Reingewinn aus Patenten und vergleichbaren Rechten (Boxengewinn) beläuft sich nach Anwendung des Nexusquotienten auf CHF 100'000

- F&E Aufwendungen, die für den zusätzlichen Abzug qualifizieren, betragen CHF 90'000.

- Der Abzug für Eigenfinanzierung beläuft sich auf CHF 50'000.

Der Betriebsgewinn wird nach der quotenmässig-indirekten Methode auf Basis des Umsatzes mit einem Vorausanteil von 20% ausgeschieden. Der Umsatz beträgt im Kanton A 30% und im Kanton B 70%.

Beide Kantone ermässigen den Reingewinn aus Patenten und vergleichbaren Rechten um 90%.

Der Kanton A kennt einen zusätzlichen F&E Abzug von 20%, der Kanton B einen von 50%.

Nur der Kanton B lässt einen Abzug für Eigenfinanzierung zu.

Die steuerliche Entlastungsbegrenzung gemäss Art. 25b Abs. 1 StHG beträgt im Kanton A 10%, im Kanton B 70%.

Steuerausscheidung aus Sicht des Kantons A

Steuerperiode 2020 – Gewinn	Total	**Kanton A**	Kanton B
Umsatzquoten		*30%*	*70%*
Betriebsgewinn gemäss Buchhaltung	120'000		
Steuerliche Korrekturen	0		
Steuerbarer Betriebsgewinn	120'000		
- Vorausanteil 20%		**24'000**	
- Rest nach Quoten		**28'800**	67'200
Steuerbarer Gewinn vor STAF-Ermässigungen	120'000	**52'800**	67'200
Quoten Betriebsgewinn		*44.0%*	*56.0%*
Abzug Patentbox (**90%**)	-90'000	**-39'600**	-50'400
Maximaler F&E Abzug (**20%**)	-18'000	**-7'920**	-10'080
Abzug auf Eigenfinanzierung	0	**0**	0
Total der Abzüge	-108'000	**-47'520**	-60'480
Entlastungsbegrenzung (Art. 25b StHG) für die ganze Unternehmung	96'000	**42'240**	53'760
Ausgleich der Entlastungsbegrenzung zwischen den Kantonen	0	**0**	0
Steuerbarer Reingewinn nach STAF-Ermässigungen	108'000	**47'520**	60'480
Verhältnis zwischen dem steuerbaren Reingewinn nach Entlastungsbegrenzung und dem steuerbaren Gewinn vor STAF-Ermässigungen		**90%**	*90%*

Steuerausscheidung aus Sicht des Kantons B

Steuerperiode 2020 - Gewinn	Total	Kanton A	**Kanton B**
Umsatzquoten		*30%*	*70%*
Betriebsgewinn gemäss Buchhaltung	120'000		
Steuerliche Korrekturen	0		
Steuerbarer Betriebsgewinn	120'000		
- Vorausanteil 20%		24'000	
- Rest nach Quoten		28'800	**67'200**
Steuerbarer Gewinn vor STAF-Ermässigungen	120'000	52'800	**67'200**
Quoten Betriebsgewinn		*44%*	*56%*
Abzug Patentbox (**90%**)	-90'000	-39'600	**-50'400**
Maximaler F&E Abzug (**50%**)	-45'000	-19'800	**-25'200**
Abzug auf Eigenfinanzierung	-50'000	-22'000	**-28'000**
Total der Abzüge	-185'000	-81'400	**-103'600**
Entlastungsbegrenzung (Art. 25b StHG) für die ganze Unternehmung	101'000	44'440	**56'560**
Ausgleich der Entlastungsbegrenzung zwischen den Kantonen	0	0	**0**
Steuerbarer Gewinn nach STAF-Ermässigungen	36'000	15'840	**20'160**
Verhältnis zwischen dem steuerbaren Reingewinn nach Entlastungsbegrenzung und dem steuerbaren Gewinn vor STAF-Ermässigungen		*30%*	*30%*

* Der Abzug auf Eigenfinanzierung wird zwischen den Kantonen nach den gleichen Grundsätzen ausgeschieden wie andere Schuldzinsen. Somit wird der Abzug auf Eigenfinanzierung zwischen den Kantonen gemäss der Verteilung des Betriebsgewinns ausgeschieden.

Beispiel 7 **Aufgabe eines speziellen Steuerstatus mit Step-Up oder Anwendung des Sondersatzes, Überschreitung der Entlastungsbegrenzung (Art. 25b und 78g StHG) – quotenmässig-indirekte Ausscheidung**

Die Pharma AG ist in der Pharmakologie tätig. Ihr Sitz befindet sich im Kanton A. Zudem verfügt sie über ein sekundäres Steuerdomizil (Betriebsstätte) im Kanton B und eine Anlageliegenschaft im Kanton C.

Die Gesellschaft verliert ihren Status als Domizilgesellschaft per 31. Dezember 2019. Der Wert des originären Goodwills (selbst geschaffener Mehrwert) beträgt CHF 2'000'000. Die gesamte Aktivität der Gesellschaft wird im Ausland ausgeübt.

Die Kantone A und C wenden bei einem Statuswechsel die Step-Up Methode an: der Step-Up beträgt CHF 1'600'000 (CHF 2'000'000 x Auslandanteil von 80%). Im Zeitpunkt des Statuswechsels wird in den Kantonen A und C nichts besteuert.

Der Kanton B wendet den Sondersatz an. Die Gewinne der Jahre 2020 bis 2024 können bis zum Betrag von CHF 1'600'000 von einer speziellen Besteuerung profitieren.

Die Entlastungsbegrenzung gemäss Art. 25b Abs. 1 StHG beträgt in allen drei Kantonen 70%.

Steuerperiode 2019

Die Gesellschaft erwirtschaftet 2019 einen Betriebsgewinn von CHF 120'000 und einen Immobilienertrag von CHF 80'000. Der Betriebsgewinn wird nach der quotenmässig-indirekten Methode auf Basis von Erwerbsfaktoren ohne Vorausanteil ausgeschieden. Die Erwerbsfaktoren belaufen sich im Kanton auf 30% und im Kanton B auf 70%.

Steuerausscheidung aus Sicht der Kantone A, B und C

Steuerperiode 2019 - Gewinn	Total	Kanton A	Kanton B	Kanton C
Erwerbsfaktorenquoten		*30%*	*70%*	
Ertrag Anlageliegenschaft	80'000			80'000
Betriebsgewinn gemäss Buchhaltung	120'000			
Steuerliche Korrekturen	0			
Steuerlicher Betriebsgewinn	120'000			
- Vorausanteil 0%		0		
- Rest nach Quoten		36'000	84'000	
Steuerbarer Gewinn vor STAF-Ermässigungen	200'000	36'000	84'000	80'000
Erwerbsfaktorenquoten		*30%*	*70%*	
Aufgabe des Domizilstatus	0	0	0	
Entlastungsbegrenzung (Art. 25b StHG) für die ganze Unternehmung	0	0	0	0
Ausgleich der Entlastungsbegrenzung zwischen den Kantonen	0	0	0	0
Steuerbarer Reingewinn nach STAF-Ermässigungen	200'000	36'000	84'000	80'000
Verhältnis zwischen dem steuerbaren Reingewinn nach Entlastungsbegrenzung und dem steuerbaren Gewinn vor STAF-Ermässigungen		*100%*	*100%*	*100%*

Steuerperiode 2020

Die Gesellschaft erwirtschaftet 2020 einen Betriebsgewinn von CHF 200'000 und einen Immobilienertrag von CHF 60'000. Der Betriebsgewinn wird nach der quotenmässig-indirekten Methode auf Basis von Erwerbsfaktoren ohne Vorausanteil ausgeschieden. Die Erwerbsfaktoren belaufen sich im Kanton auf 40% und im Kanton B auf 60%.

Steuerausscheidung aus Sicht des Kantons A

Steuerperiode 2020 - Gewinn	Total	Kanton A	Kanton B	Kanton C
Erwerbsfaktorenquoten		*40%*	*60%*	
Ertrag Anlageliegenschaft	60'000			60'000
Betriebsgewinn gemäss Buchhaltung	200'000			
Steuerliche Korrekturen	0			
Steuerlicher Betriebsgewinn	200'000			
- Vorausanteil 0%		0		
- Rest nach Quoten		**80'000**	120'000	
Steuerbarer Gewinn vor STAF-Ermässigungen	260'000	**80'000**	120'000	60'000
Erwerbsfaktorenquoten		*40.0%*	*60.0%*	
Abschreibung des Goodwills*	-160'000	**-64'000**	-96'000	
Entlastungsbegrenzung (Art. 25b StHG) für die ganze Unternehmung**	0	**0**	0	0
Ausgleich der Entlastungsbegrenzung zwischen den Kantonen***	0	**8'000**	12'000	-20'000
Steuerbarer Reingewinn nach STAF-Ermässigungen	100'000	**24'000**	36'000	40'000
Verhältnis zwischen dem steuerbaren Reingewinn nach Entlastungsbegrenzung und dem steuerbaren Gewinn vor STAF-Ermässigungen		*30%*	*30%*	*67%*

* Der Goodwill von CHF 1'600'000 wird über 10 Jahre abgeschrieben.

** Gemäss Art. 78g StHG werden Abschreibungen auf stillen Reserven inkl. Goodwill, die bei Ende der Besteuerung nach Art. 28 Abs. 2 bis 4 StHG bisherigen Rechts aufgedeckt wurden, in die Berechnung der Entlastungsbegrenzung gemäss Art. 25b StHG einbezogen. Für die Gesellschaft kommt die Entlastungsbegrenzung insgesamt nicht zur Anwendung, da die Abschreibung von CHF 160'000 tiefer ist als 70% des Gewinns von CHF 260'000, also CHF 182'000.

*** Die Abschreibung des Goodwills von CHF 64'000 im Kanton A kann in dieser Höhe lediglich aufgrund der Erträge der Anlageliegenschaft gewährt werden. Der Immobilienertrag von CHF 60'000 ermöglicht die Erhöhung des Abzugs im Kanton A um CHF 8'000 (CHF 64'000 ./. (CHF 80'000 x 70%)). Deshalb muss der Kanton mit dem Immobilienertrag denjenigen Teil der Abschreibung übernehmen, der 70% des Betriebsergebnisses übersteigt.

Steuerausscheidung aus Sicht des Kantons B

Steuerperiode 2020 - Gewinn	Total	Kanton A	Kanton B	Kanton C
Erwerbsfaktorenquoten		*40%*	*60%*	
Ertrag Anlageliegenschaft	60'000			60'000
Betriebsgewinn gemäss Buchhaltung	200'000			
Steuerliche Korrekturen	0			
Steuerlicher Betriebsgewinn	200'000			
- Vorausanteil 0%		0		
- Rest nach Quoten		80'000	120'000	
Steuerbarer Gewinn vor STAF-Ermässigungen	260'000	80'000	120'000	60'000
Erwerbsfaktorenquoten		*40%*	*60%*	
Abschreibung des Goodwills	0	0	0	
Entlastungsbegrenzung (Art. 25b StHG) für die ganze Unternehmung*	0	0	0	0
Ausgleich der Entlastungsbegrenzung zwischen den Kantonen	0	0	0	0
Steuerbarer Reingewinn nach STAF-Ermässigungen	260'000	80'000	120'000	60'000
Verhältnis zwischen dem steuerbaren Reingewinn nach Entlastungsbegrenzung und dem steuerbaren Gewinn vor STAF-Ermässigungen		*100%*	*100%*	*100%*
- Gewinn steuerbar zum Sondersatz (80%)**	160'000	64'000	96'000	0
- ordentlich steuerbarer Gewinn (20%)**	100'000	16'000	24'000	60'000

*   Die Entlastungsbegrenzung ist beim Sondersatz nicht anwendbar.

** Im Kanton B wird der Gewinn zwischen dem Sondersatz und der ordentlichen Besteuerung danach aufgeteilt, wie im bisherigen Recht die Allokation bei der Domizilgesellschaft vorgenommen wurde. Auf den Immobilienertrag ist der Sondersatz nicht anwendbar.

Die Gesellschaft darf insgesamt Gewinne von CHF 1'600'000 dem Sondersatz zur Besteuerung zuweisen. Per 31. Dezember 2020 betragen die stillen Reserven, die noch zum Sondersatz besteuert werden können, CHF 1'440'000 (CHF 1'600'000 ./. CHF 160'000).

Steuerausscheidung aus Sicht des Kantons C

Da die gesetzlichen Grundlagen im Kanton C denjenigen im Kanton A entsprechen ist die interkantonale Ausscheidung aus Sicht des Kantons A auch für den Kanton C gültig.

Beispiel 8 **Kapitalsteuer – Aufgabe eines steuerlichen Spezialstatus mit Step-Up oder Anwendung des Sondersatzes, Goodwill aus Zuzug und Erleichterung der Kapitalsteuer (Art. 24c, 29 und 78g StHG)**

Die Pharma AG ist in der Pharmakologie tätig. Ihr Sitz befindet sich im Kanton A. Zudem verfügt sie über ein sekundäres Steuerdomizil (Betriebsstätte) im Kanton B und eine Anlageliegenschaft im Kanton C.

Im Jahr 2020 belaufen sich die unbeweglichen Aktiven auf CHF 3'000'000. Sie werden zu 50% dem Kanton A zugewiesen, zu 30% dem Kanton B und zu 20% dem Kanton C. Die beweglichen Aktiven von CHF 2'000'000 werden zu 62% dem Kanton A und zu 38% dem Kanton B zugewiesen. Die Beteiligungen von CHF 1'000'000 werden dem Sitz zugewiesen.

Die Gesellschaft macht stille Reserven auf einem aus dem Ausland stammenden Patent im Umfang von CHF 500'000 geltend. Dieses Patent wird vollumfänglich dem Sitz zugewiesen.

Der originäre Goodwill (selbst geschaffener Mehrwert) im Zusammenhang mit der Aufgabe des Spezialstatus beträgt CHF 1'000'000.

Das Eigenkapital gemäss Bilanz beträgt CHF 2'000'000.

Die Kantone A und C wenden beim Verlust eines Sonderstatus die Step-Up Methode an. Der Kanton B wendet den Sondersatz an.

Die Kantone A und B haben eine Reduktion von 50% der Kapitalsteuer eingeführt, die auf Beteiligungen entfällt. Der Kanton C hat diese Massnahme nicht eingeführt.

Steuerausscheidung aus Sicht des Kantons A

Steuerperiode 2020 – Kapital	Total	**Kanton A**	Kanton B	Kanton C
Unbewegliche Aktiven	3'000'000	**1'500'000**	900'000	600'000
Bewegliche Aktiven	2'000'000	**1'240'000**	760'000	
Beteiligungen	1'000'000	**1'000'000**		
Stille Reserven auf Patent	500'000	**500'000**		
Total Aktiven	6'500'000	**4'240'000**	1'660'000	600'000
Aktivenquoten		71.9%	28.1%	
Goodwill im Zusammenhang mit der Aufgabe des Sonderstatus (Step-Up)*	1'000'000	**719'000**	281'000	
Steuerlich massgebende Aktiven	7'500'000	**4'959'000**	1'941'000	600'000
Total Aktivenquote		66.1%	25.9%	8.0%
Steuerbares Eigenkapital vor Anwendung von Art. 29 StHG**	3'500'000	**2'313'500**	906'500	280'000
Reduktion von 50% auf Beteiligungen ***	-233'333	**-233'333**		
Steuerbares Eigenkapital	3'266'667	**2'080'167**	906'500	280'000

* Der originäre Goodwill wurde durch den gesamten Betrieb erwirtschaftet. Deshalb wird er nach Lage der Betriebsaktiven verlegt.

** Das Eigenkapital gemäss Bilanz beträgt CHF 2'000'000. Das steuerbare Kapital entspricht dem Eigenkapital plus stille Reserven auf Patenten von CHF 500'000 und Goodwill im Zusammenhang mit der Aufgabe des Sonderstatus von CHF 1'000'000.

*** Die Beteiligungen machen 13.333% der gesamten Aktiven aus (CHF 1'000'000 / CHF 7'500'000). Auf dem entsprechenden Eigenkapital kann ein Abzug von 50% geltend gemacht werden, d.h. CHF 233'333 (CHF 3'500'000 x 13.333% x 50%). Da die Beteiligungen dem Sitz zugewiesen werden, wird auch der entsprechende Abzug dem Sitz zugewiesen.

Steuerausscheidung aus Sicht des Kantons B

Steuerperiode 2020 - Kapital	Total	Kanton A	**Kanton B**	Kanton C
Unbewegliche Aktiven	3'000'000	1'500'000	**900'000**	600'000
Bewegliche Aktiven	2'000'000	1'240'000	**760'000**	
Beteiligungen	1'000'000	1'000'000		
Stille Reserven auf Patent	500'000	500'000		
Total Aktiven	6'500'000	4'240'000	**1'660'000**	600'000
Aktivenquoten		*71.9%*	*28.1%*	
Goodwill im Zusammenhang mit der Aufgabe des Sonderstatus (Step-Up)	0	0	**0**	
Steuerlich massgebende Aktiven	6'500'000	4'240'000	**1'660'000**	600'000
Total Aktivenquote		*65.2%*	*25.5%*	*9.2%*
Steuerbares Eigenkapital vor Anwendung von Art. 29 StHG*	2'500'000	1'630'000	**637'500**	230'000
Reduktion von 50% auf Beteiligungen **	-192'308	-192'308		
Steuerbares Eigenkapital	2'307'692	1'437'692	**637'500**	230'000

* Das Eigenkapital gemäss Bilanz beträgt CHF 2'000'000. Das steuerbare Kapital entspricht dem Eigenkapital plus stille Reserven auf Patenten von CHF 500'000. Da der Kanton B den Sondersatz anwendet, gibt es keine steuerbare Reserve auf Goodwill im Zusammenhang mit der Aufgabe des Sonderstatus.

** Die Beteiligungen machen 15.38% der gesamten Aktiven aus (CHF 1'000'000 / CHF 6'500'000). Auf dem entsprechenden Eigenkapital kann ein Abzug von 50% geltend gemacht werden, d.h. CHF 192'308 (CHF 2'500'000 x 15.385% x 50%). Da die Beteiligungen dem Sitz zugewiesen werden, wird auch der entsprechende Abzug dem Sitz zugewiesen.

Steuerausscheidung aus Sicht des Kantons C

Steuerperiode 2020 - Kapital	Total	Kanton A	Kanton B	**Kanton C**
Unbewegliche Aktiven	3'000'000	1'500'000	900'000	**600'000**
Bewegliche Aktiven	2'000'000	1'240'000	760'000	
Beteiligungen	1'000'000	1'000'000		
Stille Reserven auf Patent	500'000	500'000		
Total Aktiven	6'500'000	4'240'000	1'660'000	**600'000**
Aktivenquoten		*71.9%*	*28.1%*	
Goodwill im Zusammenhang mit der Aufgabe des Sonderstatus (Step-Up)	1'000'000	719'000	281'000	
Steuerlich massgebende Aktiven	7'500'000	4'959'000	1'941'000	**600'000**
Total Aktivenquote		*66.1%*	*25.9%*	*8.0%*
Steuerbares Eigenkapital vor Anwendung von Art. 29 StHG	3'500'000	2'313'500	906'500	**280'000**
Reduktion auf Beteiligungen	0	0		
Steuerbares Eigenkapital	3'500'000	2'313'500	906'500	**280'000**

Beispiel 9 Abzug für Patent mit Eintrittskosten und Überschreitung der Entlastungsbegrenzung (Art. 24b und 25b StHG) – quotenmässig-indirekte Ausscheidung

Die Pharma AG ist in der Pharmakologie tätig. Ihr Sitz befindet sich im Kanton A. Zudem verfügt sie über ein sekundäres Steuerdomizil (Betriebsstätte) im Kanton B und eine Anlageliegenschaft im Kanton C.

Im Jahr 2021 erwirtschaftet die Gesellschaft einen Betriebsgewinn von CHF 120'000 und einen Immobilienertrag von CHF 80'000.

Der Gewinn aus Patenten (Patentbox) beläuft sich nach Anwendung des Nexusquotienten auf CHF 100'000. Die Eintrittskosten in die Patentbox gemäss Art. 24b Abs. 3 StHG betragen CHF 350'000.

Der Betriebsgewinn wird nach der quotenmässig-indirekten Methode auf Basis des Umsatzes ausgeschieden, mit einem Vorausanteil von 20%. Die Umsätze werden zu 30% im Kanton A und zu 70% im Kanton B erwirtschaftet.

Der Kanton A besteuert die Eintrittskosten mit dem Sondersatz. Der Kanton B besteuert die Eintrittskosten ohne spezielle Regelung. Der Kanton C rechnet die Eintrittskosten auf die zukünftigen Gewinne der Patente an.

Die Kantone A und C wenden eine Reduktion der Gewinne aus Patenten in der Box von 90% an. Der Kanton B kennt eine Reduktion des Boxengewinns von 50%.

Die Entlastungsbegrenzung gemäss Art. 25b Abs. 1 StHG beläuft sich in allen drei Kantonen auf 70%.

Steuerausscheidung aus Sicht des Kantons A

Steuerperiode 2021 – Gewinn	Total	Kanton A	Kanton B	Kanton C
Umsatzquoten		*30%*	*70%*	
Ertrag Anlageliegenschaft	80'000			80'000
Betriebsgewinn gemäss Buchhaltung	120'000			
Steuerliche Korrekturen	0			
Steuerbarer Betriebsgewinn	120'000			
- Vorausanteil 20%		**24'000**		
- Rest nach Quoten		**28'800**	67'200	
Steuerbarer Gewinn vor STAF-Ermässigungen	200'000	**52'800**	67'200	80'000
Betriebsquoten		*44.0%*	*56.0%*	
Eintrittskosten für Patentbox*	0	**0**	0	
Steuerbarer Gewinn nach Eintrittskosten	200'000	52'800	67'200	80'000
Reduktion des Boxengewinns (**90%**)	-90'000	**-39'600**	-50'400	
Entlastungsbegrenzung (Art. 25b StHG) für die ganze Unternehmung	0	**0**	0	0
Ausgleich der Entlastungsbegrenzung zwischen den Kantonen	0	**2'640**	3'360	-6'000
Steuerbarer Reingewinn nach STAF-Ermässigungen	110'000	**15'840**	20'160	74'000
Verhältnis zwischen dem steuerbaren Reingewinn nach Entlastungsbegrenzung und dem steuerbaren Gewinn vor STAF-Ermässigungen		*30%*	*30%*	*93%*

* Der Kanton A besteuert die Eintrittskosten quotenmässig mit dem Sondersatz. Dies hat somit keine Auswirkung auf die interkantonale Ausscheidung des Gewinns.

Steuerausscheidung aus Sicht des Kantons B

Steuerperiode 2021 – Gewinn	Total	Kanton A	Kanton B	Kanton C
Umsatzquoten		*30%*	*70%*	
Ertrag Anlageliegenschaft	80'000			80'000
Betriebsgewinn gemäss Buchhaltung	120'000			
Steuerliche Korrekturen	0			
Steuerbarer Betriebsgewinn	120'000			
- Vorausanteil 20%		24'000		
- Rest nach Quoten		28'800	67'200	
Steuerbarer Gewinn vor STAF-Ermässigungen	200'000	52'800	67'200	80'000
Betriebsquoten		*44.0%*	*56.0%*	
Eintrittskosten für Patentbox*	350'000	154'000	**196'000**	
Steuerbarer Gewinn nach Eintrittskosten	550'000	206'800	**263'200**	80'000
Reduktion des Boxengewinns (**50%**)	-50'000	-22'000	**-28'000**	
Entlastungsbegrenzung (Art. 25b StHG) für die ganze Unternehmung	0	0	0	0
Ausgleich der Entlastungsbegrenzung zwischen den Kantonen	0	0	0	0
Steuerbarer Reingewinn nach STAF-Ermässigungen	500'000	184'800	**235'200**	80'000
Verhältnis zwischen dem steuerbaren Reingewinn nach Entlastungsbegrenzung und dem steuerbaren Gewinn vor STAF-Ermässigungen		*89%*	*89%*	*100%*

* Die Eintrittskosten in die Patentbox werden nach Betriebsquoten aufgeteilt.

Steuerausscheidung aus Sicht des Kantons C

Steuerperiode 2021 – Gewinn		Total	Kanton A	Kanton B	**Kanton C**
Umsatzquoten			30%	70%	
Ertrag Anlageliegenschaft		80'000			80'000
Betriebsgewinn gemäss Buchhaltung		120'000			
Steuerliche Korrekturen		0			
Steuerbarer Betriebsgewinn		120'000			
- Vorausanteil 20%			24'000		
- Rest nach Quoten			28'800	67'200	
Steuerbarer Gewinn vor STAF-Ermässigungen		200'000	52'800	67'200	80'000
Betriebsquoten			44.0%	56.0%	
Eintrittskosten für Patentbox*		0	0	0	
Steuerbarer Gewinn nach Eintrittskosten		200'000	52'800	67'200	80'000
Boxengewinn	CHF 100'000				
./. Anrechnung der Eintrittskosten	CHF 100'000				
Boxengewinn nach Anrechnung	0				
Reduktion des Boxengewinns (**90%**)*		0	0	0	0
Entlastungsbegrenzung (Art. 25b StHG) für die ganze Unternehmung		0	0	0	0
Ausgleich der Entlastungsbegrenzung zwischen den Kantonen		0	0	0	0
Steuerbarer Reingewinn nach STAF-Ermässigungen		200'000	52'800	67'200	80'000
Verhältnis zwischen dem steuerbaren Reingewinn nach Entlastungsbegrenzung und dem steuerbaren Gewinn vor STAF-Ermässigungen			100%	100%	100%

* Der Boxengewinn ist mit den Eintrittskosten von CHF 350'000 zu verrechnen. Für die Steuerperiode 2021 beträgt die Reduktion des Boxengewinns CHF 0.

Konzessionierte Verkehrs- und Infrastrukturunternehmen

Quelle: Schweizerische Steuerkonferenz SSK

Besteuerung der konzessionierten Verkehrs- und Infrastrukturunternehmen

Kreisschreiben 33 – vom 6. September 2011

Inhaltsverzeichnis

1. Gegenstand des Kreisschreibens 2
2. Kapitalsteuer 3
   Bemessungsgrundlage 3
3. Grundstückgewinnsteuern 3
3.1. *Wechsel von der besteuerten zur nicht besteuerten Sparte infolge Nutzungsänderung* 3
3.1.1. *Dualistisches System* 3
3.1.2. *Monistisches System* 3
3.2 *Wechsel von der nicht besteuerten zur besteuerten Sparte infolge Nutzungsänderung* 4
3.2.1. *Dualistisches System* 4
3.2.2. *Monistisches System* 4
3.3. *Veräusserungen* 4
3.3.1. *Dualistisches System* 4
3.3.2. *Monistisches System* 4
4. Interkantonale Steuerausscheidung 5
4.1. *Kapitalsteuer* 5
4.2. *Gewinnsteuer* 5
5. Inkrafttreten 5

☞ *Bitte beachten Sie, dass der Inhalt dieses Kreisschreibens aus Platzgründen nicht abgedruckt ist. Das Dokument ist jedoch in seiner Gesamtheit im eBook dieses Werkes enthalten.*

# Teilbesteuerung interkantonal

Quelle: Schweizerische Steuerkonferenz SSK

☞ *Dieses Kreisschreiben ist teilweise veraltet. Es ist zu beachten, dass Art. 7 Abs. 1 zweiter Satz StHG, Art. 18b DBG und Art. 20 Abs. 1 DBG aufgrund des Bundesgesetzes über die Steuerreform und die AHV-Finanzierung (STAF) per 1.1.2020 revidiert worden sind.*

Milderung der wirtschaftlichen Doppelbelastung und ihre Auswirkungen auf die interkantonale Steuerausscheidung
Kreisschreiben 32 – vom 01. Juli 2009

> Dieses Kreisschreiben ist nur von jenen Kantonen zu beachten, welche das Teilbesteuerungsverfahren anwenden.

1. Milderung der wirtschaftlichen Doppelbelastung

1.1. Unternehmenssteuerreformgesetz II

Mit dem Bundesgesetz über die Verbesserung der steuerlichen Rahmenbedingungen für unternehmerische Tätigkeiten und Investitionen (Unternehmenssteuerreformgesetz II) vom 23. März 2007 wurden sowohl im StHG wie auch im DBG gesetzliche Regelungen zur Milderung der wirtschaftlichen Doppelbelastung von Körperschaften und Anteilseignern eingeführt. Die Entlastung hat dabei auf der Ebene der Anteilseigner zu erfolgen.

1.2. Gesetzliche Regelung im StHG

Art. 7 Abs. 1 zweiter Satz StHG lautet wie folgt:

^{1} ... Bei Dividenden, Gewinnanteilen, Liquidationsüberschüssen und geldwerten Vorteilen aus Beteiligungen aller Art, die mindestens 10 Prozent des Grund- oder Stammkapitals einer Kapitalgesellschaft oder Genossenschaft ausmachen (qualifizierte Beteiligungen), können die Kantone die wirtschaftliche Doppelbelastung von Körperschaften und Anteilsinhabern mildern.

Diese optionale Bestimmung ist per 1.1.2009 in Kraft getreten.

1.3. Gesetzliche Regelung im DBG

Art. 18b DBG lautet wie folgt (Geschäftsvermögen):

^{1} Dividenden, Gewinnanteile, Liquidationsüberschüsse und geldwerte Vorteile aus Aktien, Anteilen an Gesellschaften mit beschränkter Haftung, Genossenschaftsanteilen und Partizipationsscheinen sowie Gewinne aus der Veräusserung solcher Beteiligungsrechte sind nach Abzug des zurechenbaren Aufwandes im Umfang von 50 Prozent steuerbar, wenn diese Beteiligungsrechte mindestens 10 Prozent des Grund- oder Stammkapitals einer Kapitalgesellschaft oder Genossenschaft darstellen.

^{2} Die Teilbesteuerung auf Veräusserungsgewinnen wird nur gewährt, wenn die veräusserten Beteiligungsrechte mindestens ein Jahr im Eigentum der steuerpflichtigen Person oder des Personenunternehmens waren.

Art. 20 Abs. 1 DBG lautet wie folgt (Privatvermögen):

1bis *Dividenden, Gewinnanteile, Liquidationsüberschüsse und geldwerte Vorteile aus Aktien, Anteilen an Gesellschaften mit beschränkter Haftung, Genossenschaftsanteilen und Partizipationsscheinen (einschliesslich Gratisaktien, Gratisnennwerterhöhungen u. dgl.) sind im Umfang von 60 Prozent steuerbar, wenn diese Beteiligungsrechte mindestens 10 Prozent des Grund- oder Stammkapitals einer Kapitalgesellschaft oder Genossenschaft darstellen.*

Diese Bestimmungen sind per 1.1.2009 in Kraft getreten.

1.4. Methoden zur Milderung der wirtschaftlichen Doppelbelastung

Die Milderung der wirtschaftlichen Doppelbelastung wird methodisch entweder über das Teilsatz- oder das Teilbesteuerungsverfahren herbeigeführt.

Beim **Teilsatzverfahren** werden die zur Entlastung berechtigenden Einkünfte oder Vermögenswerte nicht zum Steuersatz des gesamten Einkommens bzw. Vermögens, sondern zu einem in einem bestimmten prozentualen Ausmass reduzierten Steuersatz besteuert. Die Steuerlast wird dadurch ausschliesslich auf der Grundlage des Steuertarifes reduziert.

Beim **Teilbesteuerungsverfahren** werden die zur Entlastung berechtigenden Einkünfte oder Vermögenswerte nur in einem bestimmten prozentualen Ausmass in die Bemessung des steuerbaren Einkommens oder Vermögens miteinbezogen. Die Steuerlast wird dadurch sowohl auf der Ebene der Bemessungsgrundlage wie auch – als Folge der Bemessungsreduktion – einer entsprechend tieferen Progression reduziert.

Gestützt auf die gesetzliche Regelung von Art. 7 Abs. 1 zweiter Satz StHG fällt es in die Kompetenz der Kantone, zu entscheiden, ob sie überhaupt Milderungen der wirtschaftlichen Doppelbelastung vornehmen wollen, und falls ja, nach welcher Methode und in welchem Ausmass die Entlastung erfolgen soll.

1.5. Auslegungsfragen

1.5.1. Milderung bei Veräusserungsgewinnen von qualifizierten Beteiligungen des Geschäftsvermögens

Im DBG ist in Art. 18b Abs. 1 und Abs. 2 (in Kraft ab 1.1.2009) verankert, dass sich die Milderung der wirtschaftlichen Doppelbelastung auch auf Gewinne aus der Veräusserung von Beteiligungen des Geschäftsvermögens erstreckt, sofern diese Beteiligungsrechte mindestens 10% des Grund- oder Stammkapitals einer Kapitalgesellschaft oder Genossenschaft ausmachen und mindestens ein Jahr im Eigentum der steuerpflichtigen Person oder des Personenunternehmens waren.

Im Hinblick auf Art. 18b DBG dürfte es auch vor dem StHG zulässig sein, Kapitalgewinne auf Beteiligungen im Geschäftsvermögen in die Milderung der wirtschaftlichen Doppelbelastung mit einzubeziehen.

Den Kantonen dürfte es im Übrigen grundsätzlich freigestellt sein, ob sie – bei Beteiligungen im Geschäftsvermögen – die analoge Regelung von Art. 18b DBG übernehmen oder ob sie die Einkünfte aus qualifizierten Beteiligungen (einschliesslich Gewinne aus der Veräusserung solcher Beteiligungsrechte) ohne Anrechnung von damit zusammenhängenden Aufwendungen mildern wollen.

1.5.2. Vermögenssteuer

Gemäss Art. 14 Abs. 1 StHG wird das (Privat-)Vermögen zum Verkehrswert bewertet. Dabei kann der Ertragswert angemessen berücksichtigt werden.

Gemäss Art. 14 Abs. 3 StHG in der ab 1.1.2009 in Kraft getretenen Fassung werden immaterielle Güter und bewegliches Vermögen, die zum Geschäftsvermögen der steuerpflichtigen Person gehören, zu dem für die Einkommenssteuer massgeblichen Wert bewertet.

Nach dem Wortlaut dieser Bestimmungen lässt das StHG den Kantonen keinen Freiraum, bei der Vermögensbesteuerung die Milderung der wirtschaftlichen Doppelbelastung über das Teilbesteuerungsverfahren vorzunehmen.

2. Auswirkungen auf die interkantonale Steuerausscheidung

2.1. Methodenpluralismus

Aufgrund der weitgehenden Regelungsautonomie der Kantone ergeben sich zwangsläufig kantonale Unterschiede bezüglich Methode und Ausmass der Milderung der wirtschaftlichen Doppelbelastung. Zum Zeitpunkt der Inkraftsetzung von Art. 7 Abs. 1 zweiter Satz StHG per 1.1.2009 haben zahlreiche Kantone bereits Milderungsmassnahmen über das Teilsatzverfahren und Teilbesteuerungsverfahren eingeführt, während andere Kantone noch keine Entlastungen gesetzlich verankert haben. Zudem wird allgemein erwartet, dass ein Teil der Kantone, welche bereits Milderungsmassnahmen über das Teilsatzverfahren eingeführt haben, ihre Gesetzesnormen dem DBG anpassen und zum Teilbesteuerungsverfahren wechseln werden. Diese Ausgangslage bringt es mit sich, dass auf unabsehbare Zeit bei den interkantonalen Steuerausscheidungen ein Nebeneinander von Kantonen ohne Milderungsmassnahmen, von Kantonen mit dem Teilsatzverfahren und von Kantonen mit dem Teilbesteuerungsverfahren mit Entlastungen in unterschiedlicher Höhe anzutreffen sein wird.

2.2. Ausscheidungen mit einem oder mehreren Kantonen mit dem Teilbesteuerungsverfahren

Sind ein oder mehrere Kantone mit Milderungsmassnahmen über das Teilbesteuerungsverfahren bei den Einkünften aus qualifizierten Beteiligungen oder allenfalls gar bei der Vermögenssteuer (trotz Vorbehalt der StHG-Konformität gemäss Ziffer 1.5.2. hievor) an der interkantonalen Steuerausscheidung beteiligt, so ergeben sich zwangsläufig Kollisionskonflikte, wenn die entstehenden Differenzen nicht durch ein Korrektursystem ausgeglichen werden.

Falls ein an der Ausscheidung beteiligter Kanton bei der Vermögenssteuer über das Teilbesteuerungsverfahren eine Milderung bei den qualifizierten Beteiligungen vornimmt, so führt dies zunächst dazu, dass die beteiligten Kantone voneinander abweichende Aktivquoten ermitteln, welche als Grundlage für die proportionale Verteilung der Passiven und Schuldzinsen dienen. Dies wiederum hätte zur Folge, dass bei der interkantonalen Ausscheidung insgesamt nicht die gesamten Passiven und Schuldzinsen abgezogen werden könnten, was einen Verstoss gegen das Schlechterstellungsverbot darstellt (Ernst Höhn / Peter Mäusli, Interkantonales Steuerrecht, 4. Auflage, Bern 2000, § 4 N 19 ff.).

Weiter hat diese Ausgangslage zur Folge, dass die beteiligten Kantone den Vermögensertrag nach unterschiedlichen Kriterien ermitteln. Bei Kantonen, welche das Teilbesteuerungsverfahren anwenden, wird der Vermögensertrag auf der Basis der bemessungsreduzierten Beteiligungserträge ermittelt. Kantone, welche bei den qualifizierten Beteiligungserträgen keine Milderungsmassnahmen kennen oder das Teilsatzverfahren anwenden, werden den

Vermögensertrag auf der Grundlage des ungeschmälerten Bruttoertrages berücksichtigen. Da die privaten sowie beim Einzelunternehmer und Teilhaber von einfachen und stillen Gesellschaften auch die geschäftlichen Schuldzinsen grundsätzlich proportional nach Lage der Aktiven auf den Vermögensertrag verlegt werden, kann dies unter Umständen dazu führen, dass sich in einem Teilbesteuerungskanton aufgrund des bemessungsreduzierten Vermögensertrages nach der ersten Schuldzinsverlegung ein Schuldzinsenüberschuss ergibt, welcher von den übrigen Kantonen, welche noch über Vermögensertrag verfügen, zu übernehmen wäre. Aufgrund der Ausscheidung der Kantone, welche keine Milderungen kennen oder das Teilsatzverfahren anwenden, ergäbe sich unter Umständen gar kein oder ein tieferer Schuldzinsenüberschuss, weshalb diese Kantone entweder gar keine weiteren Schuldzinsen oder Schuldzinsen auf einer tieferen Basis übernehmen würden. Diese Konstellation führt ebenfalls zu einem Verstoss gegen das Schlechterstellungsverbot, indem von den involvierten Kantonen nicht die gesamten Schuldzinsen zum Abzug gebracht werden können.

2.3. Ausscheidungen mit Kantonen ohne Teilbesteuerungsverfahren

Sind hingegen an der interkantonalen Steuerausscheidung ausschliesslich Kantone ohne Milderungsmassnahmen oder Kantone mit Milderungsmassnahmen über das Teilsatzverfahren beteiligt, so ist dadurch die Bemessung der Beteiligungen bei der Vermögenssteuer wie auch die Bemessung der Einkünfte aus den Beteiligungsrechten bei der Einkommenssteuer nicht berührt. Diesfalls ergeben sich keine Kollisionskonflikte bei der interkantonalen Steuerausscheidung hinsichtlich Ermittlung der Aktivenquoten, der Ermittlung des Vermögensertrages sowie des vollständigen Abzuges der Passiven und Schuldzinsen.

2.4. Beschränkung des Schuldzinsenabzuges

Gemäss Art. 9 Abs. 2 Bst. a StHG in der ab 1.1.2009 in Kraft getretenen Fassung können die privaten Schuldzinsen im Umfang des nach den Artikeln 7 und 7a steuerbaren Vermögensertrages und weiterer 50'000 Franken abgezogen werden. Damit statuiert das StHG, dass für die Berechnung des maximalen Schuldzinsenabzuges bei Anwendung des Teilbesteuerungsverfahrens der bemessungsreduzierte Vermögensertrag aus den qualifizierten Beteiligungen massgebend ist. Sind ein oder mehrere Kantone mit Milderungsmassnahmen über das Teilsatzverfahren bei den Einkünften aus qualifizierten Beteiligungen an der interkantonalen Steuerausscheidung beteiligt, so ergeben sich unter Umständen beträchtliche Differenzen und damit Kollisionskonflikte bei der Bemessung des Vermögensertrages, der Berechnung der maximal abziehbaren Schuldzinsen sowie der Verlegung der Schuldzinsen wie auch eines allfälligen Schuldzinsenüberschusses über den Vermögensertrag.

3. Grundsätze bei der interkantonalen Steuerausscheidung

3.1. Bemessung von Aktiven und Vermögenserträgen nach übereinstimmenden Regeln

Grundsätzlich wird die interkantonale Steuerausscheidung von jedem beteiligten Kanton aus Sicht seiner Steuergesetzgebung vorgenommen. Für die Anwendung des Gesamtsteuersatzes muss in jedem Kanton das gesamte Einkommen und Vermögen ermittelt werden, wobei hierfür ebenfalls das betreffende kantonale Steuerrecht massgebend ist. Basierend darauf nimmt jeder Kanton die Ausscheidung des nach seinem Recht massgebenden Gesamteinkommens und –vermögens gemäss den interkantonalen Zuteilungsnormen vor und besteuert den auf ihn entfallenden Teil zum Satz des für ihn massgebenden Gesamteinkommens bzw. Gesamtvermögens (Höhn / Mäusli, a.a.O., § 5 N 19).

Grundsätzlich kann ein Steuerpflichtiger, der zwei oder mehreren Kantonen mit Vermögenssteuer und Einkommenssteuer angehört, verlangen, dass alle Kantone zusammen sämtliche Schulden und Schuldzinsen abziehen (BGer 15.10.1996; 2P.370/1994 = StE 1998 A 24.42.4 Nr. 1). Für die Ausscheidung des Vermögens verzichtet das Bundesgericht zwar auf einen einheitlichen Bewertungsmassstab. Bei der Schuldzinsenverlegung genügt es nach der Rechtsprechung des Bundesgerichtes jedoch nicht, wenn bei der Bewertung der Aktiven jeder Kanton seine eigenen Bewertungsregeln sowohl für die innerkantonalen als auch für die ausserkantonalen Vermögensobjekte anwendet. Dieses Verfahren hätte zur Folge, dass bei unterschiedlichen Bewertungsregeln der involvierten Kantone unter Umständen nicht die gesamten Schuldzinsen abgezogen werden können. Deshalb verlangt die Rechtsprechung, dass sämtliche **Aktiven** für die Schuldzinsenverlegung von allen beteiligten Kantonen nach **übereinstimmenden Regeln** bewertet werden. Im Bereich des Privatvermögens erweist sich die Bewertung zum Verkehrswert grundsätzlich als am zweckmässigsten (Höhn / Mäusli, a.a.O., § 19 N 19). In der Sphäre des Geschäftsvermögens werden immaterielle Güter und bewegliches Vermögen zum Einkommenssteuerwert bewertet (Art. 14 Abs. 3 StHG, in Kraft ab 1.1.2009).

Um eine vollständige Verteilung der Schuldzinsen zu gewährleisten, ist es nebst der Aktivenbewertung nach übereinstimmenden Regeln nach der bundesgerichtlichen Rechtsprechung zusätzlich noch erforderlich, dass auch der massgebende **Vermögensertrag**, auf den die Schuldzinsen proportional verlegt werden, für Zwecke der interkantonalen Steuerausscheidung nach einer für alle Kantone **einheitlichen Regel** ermittelt wird (BGE 120 Ia 349 = ASA 65, 582). Für die Einkünfte aus qualifizierten Beteiligungen erweist sich dafür die Berücksichtigung der Bruttoeinkünfte, ohne Berücksichtigung der beim Teilbesteuerungsverfahren vorgesehenen Bemessungsreduktion, als zweckmässigste Methode.

3.2. Ermittlung der Aktivenquoten / Vermögenssteuer

Kantone, welche trotz Vorbehalt der StHG-Konformität gemäss Ziff. 1.5.2 bei der Vermögenssteuer das Teilbesteuerungsverfahren für qualifizierte Beteiligungen anwenden, haben für die Ermittlung der Aktivenquoten beim Privatvermögen auf den Verkehrswert der Beteiligung und beim Geschäftsvermögen auf den Einkommenssteuerwert – d.h. auf die massgebenden Bruttowerte ohne Bemessungsreduktion – abzustellen.

3.3. Einkünfte aus Beteiligungen im Privatvermögen

Die Einkünfte aus Beteiligungen, welche nach dem Recht des veranlagenden Kantons zur Teilbesteuerung berechtigen, werden in einem ersten Schritt nach einem einheitlichen Massstab – den Bruttoeinkünften ohne Berücksichtigung der Bemessungsreduktion – in die Bemessungsgrundlage einbezogen. Nachdem die Zuweisung der Einkünfte und die Verteilung der Abzüge abgeschlossen ist, wird in einem zweiten Schritt eine Bemessungskorrektur sowohl des steuerbaren wie auch des satzbestimmenden Einkommens im Umfange der Entlastung nach kantonalem Recht in demjenigen Kanton vorgenommen, welchem die Einkünfte aus Beteiligungen zugewiesen werden („Reduktion wirtschaftliche Doppelbelastung"; **Fallbeispiel 1**).

3.4. Einkünfte aus Beteiligungen im Geschäftsvermögen

3.4.1. Gewinn aus der Sparte Beteiligungen

Das Netto-Ergebnis aus Beteiligungsrechten wird mittels einer Spartenrechnung ermittelt. Für Zwecke der interkantonalen Steuerausscheidung wird in einem ersten Schritt der steuerbare Gewinn aus der selbständigen Tätigkeit im Umfang der gewährten Bemessungsreduktion für den Gewinn aus der „Sparte Beteiligungen" erhöht („Aufrechnung"). Nachdem die Zuweisung der Einkünfte und die Verteilung der Abzüge abgeschlossen ist, wird in einem zweiten Schritt eine Bemessungskorrektur sowohl des steuerbaren wie auch des satzbestimmenden Einkommens im Umfange der Entlastung nach kantonalem Recht in demjenigen Kanton vorgenommen, welchem die Einkünfte aus selbständiger Erwerbstätigkeit zugewiesen werden (Abzug = „Reduktion wirtschaftliche Doppelbelastung"; **Fallbeispiel 2**).

3.4.2. Verlust aus der Sparte Beteiligungen

Das Netto-Ergebnis aus Beteiligungsrechten wird mittels einer Spartenrechnung ermittelt. Für Zwecke der interkantonalen Steuerausscheidung wird in einem ersten Schritt der steuerbare Gewinn aus der selbständigen Tätigkeit im Umfang der vorgenommenen Bemessungsreduktion für den Verlust aus der „Sparte Beteiligungen" reduziert („Abzug"). Nachdem die Zuweisung der Einkünfte und die Verteilung der Abzüge abgeschlossen ist, wird in einem zweiten Schritt eine Bemessungskorrektur sowohl des steuerbaren wie auch des satzbestimmenden Einkommens im Umfange der Entlastung nach kantonalem Recht in demjenigen Kanton vorgenommen, welchem die Einkünfte aus selbständiger Erwerbstätigkeit zugewiesen werden (Aufrechnung = „Reduktion wirtschaftliche Doppelbelastung"; **Fallbeispiel 3**).

3.4.3. Einkünfte aus Beteiligungen ohne Abzug des zurechenbaren Aufwandes

Die für den Spartengewinn und den Spartenverlust aus Beteiligungsrechten geltenden Regeln werden sowohl auf positive wie auch auf negative Einkünfte aus Beteiligungsrechten analog angewendet.

3.5. Beschränkung des Schuldzinsenabzuges

Die Einkünfte aus Beteiligungen, welche nach dem Recht des veranlagenden Kantons zur Teilbesteuerung berechtigen, werden in einem ersten Schritt nach einem einheitlichen Massstab – den Bruttoeinkünften ohne Berücksichtigung der Bemessungsreduktion – in die Bemessungsgrundlage einbezogen. Die für Zwecke der interkantonalen Steuerausscheidung maximal abzugsfähigen Schuldzinsen werden auf der Basis des nicht bemessungsreduzierten Vermögensertrages berechnet.

Nachdem die Zuweisung der Einkünfte und die Verteilung der Abzüge abgeschlossen ist, wird in einem zweiten Schritt eine Bemessungskorrektur sowohl des steuerbaren wie auch des satzbestimmenden Einkommens im Umfange der Entlastung nach kantonalem Recht in demjenigen Kanton vorgenommen, welchem die Einkünfte aus Beteiligungen zugewiesen werden („Reduktion wirtschaftliche Doppelbelastung").

Im Umfang der Differenz zwischen dem maximal abzugsfähigen Schuldzinsbetrag, der sich basierend auf dem bemessungsreduzierten Vermögensertrag ergibt und dem Schuldzinsbetrag, welcher auf der Basis des nicht bemessungsreduzierten Vermögensertrages resultiert, wird eine weitere Bemessungskorrektur sowohl des steuerbaren wie auch des satzbestimmenden Einkommens vorgenommen („Korrektur Schuldzinsbeschränkung"; **Fallbeispiel 4**).

Besteht nach Vornahme der Schuldzinsverteilung ein Überschuss der Vermögenserträge über die Schuldzinsen, so wird die „Korrektur Schuldzinsbeschränkung" im Verhältnis der von den Kantonen übernommenen Schuldzinsen auf sie verteilt (**Fallbeispiel 5**).

Besteht nach Vornahme der Schuldzinsverteilung ein Überschuss der Schuldzinsen über die Vermögenserträge, so wird die „Korrektur Schuldzinsbeschränkung" vollumfänglich dem Hauptsteuerdomizil zugewiesen (**Fallbeispiel 4**).

3.6. Verluste durch „Reduktion wirtschaftliche Doppelbelastung"

Entsteht durch die „Reduktion der wirtschaftlichen Doppelbelastung" aus der Sicht eines Kantons mit Teilbesteuerungsverfahren ein Verlust, so wird dieser im Rahmen der Steuerausscheidung dieses Kantons auf die übrigen Kantone, welche noch über positive Reineinkünfte verfügen, im Verhältnis dieser Reineinkünfte verlegt (technischer Ausgleich). Dabei mildert jeder Kanton die wirtschaftliche Doppelbelastung gemäss eigenem Recht (**Fallbeispiel 6**).

4. Gültigkeit

Das vorliegende Kreisschreiben ist ab Steuerperiode 2009 anwendbar.

Anhang:

Fallbeispiele 1 bis 6

Fallbeispiel 1:
Einkünfte aus Beteiligungen im Privatvermögen

Bruttoertrag aus qualifizierter Beteiligung: 20'000

Kanton A (Hauptsteuerdomizil):	Teilbesteuerungsverfahren, Besteuerung zu 50%
Kanton B (Liegenschaftskanton):	keine Milderung der wirtschaftlichen Doppelbelastung
Kanton C (Liegenschaftskanton):	Teilbesteuerungsverfahren, Besteuerung zu 60%

Interkantonale Steuerausscheidung:

	Total	Kt. A	Kt. B	Kt. C
Massgebliche Aktiven	3'000'000	2'550'000	300'000	150'000
Aktivenquoten in %	100.00%	85.00%	10.00%	5.00%

Einkommen: aus Sicht Kt. A	Total	Kt. A 50%	Kt. B 100%	Kt. C 60%
Nettoerträge Liegenschaften	48'000	30'000	12'000	6'000
Ertrag aus qualifizierter Beteiligung	20'000	20'000		
übriger Wertschriftenertrag	14'000	14'000		
Vermögensertrag vor Schuldzinsen	82'000	64'000	12'000	6'000
Verteilung der Schuldzinsen	-40'000	-34'000	-4'000	-2'000
Vermögensertrag nach Schuldzinsen	42'000	30'000	8'000	4'000
Einkünfte unselbständige Tätigkeit	200'000	200'000		
Reineinkommen vor Entlastung	242'000	230'000	8'000	4'000
Reduktion wirtschaftliche Doppelbelastung	-10'000	-10'000		
	232'000	220'000	8'000	4'000
Reineinkommen nach Entlastung	**232'000**	**220'000**	**8'000**	**4'000**

Einkommen: aus Sicht Kt. B	Total	Kt. A 50%	Kt. B 100%	Kt. C 60%
Nettoerträge Liegenschaften	48'000	30'000	12'000	6'000
Ertrag aus qualifizierter Beteiligung	20'000	20'000		
übriger Wertschriftenertrag	14'000	14'000		
Vermögensertrag vor Schuldzinsen	82'000	64'000	12'000	6'000
Verteilung der Schuldzinsen	-40'000	-34'000	-4'000	-2'000
Vermögensertrag nach Schuldzinsen	42'000	30'000	8'000	4'000
Einkünfte unselbständige Tätigkeit	200'000	200'000		
Reineinkommen vor Entlastung	242'000	230'000	8'000	4'000
Reduktion wirtschaftliche Doppelbelastung	0	0		
	242'000	230'000	8'000	4'000
Reineinkommen nach Entlastung	**242'000**	230'000	**8'000**	4'000

Einkommen: aus Sicht Kt. C	Total	Kt. A 50%	Kt. B 100%	Kt. C 60%
Nettoerträge Liegenschaften	48'000	30'000	12'000	6'000
Ertrag aus qualifizierter Beteiligung	20'000	20'000		
übriger Wertschriftenertrag	14'000	14'000		
Vermögensertrag vor Schuldzinsen	82'000	64'000	12'000	6'000
Verteilung der Schuldzinsen	-40'000	-34'000	-4'000	-2'000
Vermögensertrag nach Schuldzinsen	42'000	30'000	8'000	4'000
Einkünfte unselbständige Tätigkeit	200'000	200'000		
Reineinkommen vor Entlastung	242'000	230'000	8'000	4'000
Reduktion wirtschaftliche Doppelbelastung	-8'000	-8'000		
	234'000	222'000	8'000	4'000
Reineinkommen nach Entlastung	**234'000**	**222'000**	**8'000**	**4'000**

Fallbeispiel 2:
Einkünfte aus Beteiligungen im Geschäftsvermögen
Abzug des zurechenbaren Aufwandes / Spartengewinn

Betriebserfolg (Gewinn)	200'000
Erfolg Sparte Beteiligungen (Gewinn)	100'000
Einkünfte selbständige Tätigkeit (Gewinn)	300'000

Kanton A (Hauptsteuerdomizil):	Teilbesteuerungsverfahren, Besteuerung zu 50%
Kanton B (Liegenschaftskanton):	keine Milderung der wirtschaftlichen Doppelbelastung
Kanton C (Liegenschaftskanton):	Teilbesteuerungsverfahren, Besteuerung zu 60%

Interkantonale Steuerausscheidung:

	Total	Kt. A	Kt. B	Kt. C
Massgebliche Aktiven	2'000'000	1'600'000	300'000	100'000
Aktivenquoten in %	100.00%	80.00%	15.00%	5.00%

Einkommen: aus Sicht Kt. A	Total	Kt. A 50%	Kt. B 100%	Kt. C 60%
Nettoerträge Liegenschaften	50'000	30'000	14'500	5'500
Wertschriftenertrag	20'000	20'000		
Eigenkapitalzins EK 600'000 * 2%	12'000	12'000		
Verbuchte Schuldzinsen Geschäft	10'000	10'000		
Vermögensertrag vor Schuldzinsen	92'000	72'000	14'500	5'500
Verteilung der Schuldzinsen	-50'000	-40'000	-7'500	-2'500
Vermögensertrag nach Schuldzinsen	42'000	32'000	7'000	3'000
Einkünfte selbständige Tätigkeit	300'000	300'000		
Ausgleich Eigenkapitalzins	-12'000	-12'000		
Reineinkommen vor Entlastung	330'000	320'000	7'000	3'000
Reduktion wirtschaftliche Doppelbelastung	-50'000	-50'000		
	280'000	270'000	7'000	3'000
Reineinkommen nach Entlastung	**280'000**	**270'000**	**7'000**	**3'000**

Einkommen: aus Sicht Kt. B	Total	Kt. A 50%	Kt. B 100%	Kt. C 60%
Nettoerträge Liegenschaften	50'000	30'000	14'500	5'500
Wertschriftenertrag	20'000	20'000		
Eigenkapitalzins EK 600'000 * 2%	12'000	12'000		
Verbuchte Schuldzinsen Geschäft	10'000	10'000		
Vermögensertrag vor Schuldzinsen	92'000	72'000	14'500	5'500
Verteilung der Schuldzinsen	-50'000	-40'000	-7'500	-2'500
Vermögensertrag nach Schuldzinsen	42'000	32'000	7'000	3'000
Einkünfte selbständige Tätigkeit	300'000	300'000		
Ausgleich Eigenkapitalzins	-12'000	-12'000		
Reineinkommen vor Entlastung	330'000	320'000	7'000	3'000
Reduktion wirtschaftliche Doppelbelastung	0	0		
	330'000	320'000	7'000	3'000
Reineinkommen nach Entlastung	**330'000**	320'000	**7'000**	3'000

Einkommen: aus Sicht Kt. C	Total	Kt. A 50%	Kt. B 100%	Kt. C 60%
Nettoerträge Liegenschaften	50'000	30'000	14'500	5'500
Wertschriftenertrag	20'000	20'000		
Eigenkapitalzins EK 600'000 * 2%	12'000	12'000		
Verbuchte Schuldzinsen Geschäft	10'000	10'000		
Vermögensertrag vor Schuldzinsen	92'000	72'000	14'500	5'500
Verteilung der Schuldzinsen	-50'000	-40'000	-7'500	-2'500
Vermögensertrag nach Schuldzinsen	42'000	32'000	7'000	3'000
Einkünfte selbständige Tätigkeit	300'000	300'000		
Ausgleich Eigenkapitalzins	-12'000	-12'000		
Reineinkommen vor Entlastung	330'000	320'000	7'000	3'000
Reduktion wirtschaftliche Doppelbelastung	-40'000	-40'000		
	290'000	280'000	7'000	3'000
Reineinkommen nach Entlastung	**290'000**	280'000	7'000	**3'000**

Fallbeispiel 3:
Einkünfte aus Beteiligungen im Geschäftsvermögen
Abzug des zurechenbaren Aufwandes / Spartenverlust

Betriebserfolg (Gewinn)	350'000
Erfolg Sparte Beteiligungen (Verlust)	-100'000
Einkünfte selbständige Tätigkeit (Gewinn)	250'000

Kanton A (Hauptsteuerdomizil):	Teilbesteuerungsverfahren, Besteuerung zu 50%
Kanton B (Liegenschaftskanton):	keine Milderung der wirtschaftlichen Doppelbelastung
Kanton C (Liegenschaftskanton):	Teilbesteuerungsverfahren, Besteuerung zu 60%

Interkantonale Steuerausscheidung:

	Total	Kt. A	Kt. B	Kt. C
Massgebliche Aktiven	2'000'000	1'600'000	300'000	100'000
Aktivenquoten in %	100.00%	80.00%	15.00%	5.00%

Einkommen: aus Sicht Kt. A	Total	Kt. A 50%	Kt. B 100%	Kt. C 60%
Nettoerträge Liegenschaften	50'000	30'000	14'500	5'500
Wertschriftenertrag	20'000	20'000		
Eigenkapitalzins EK 600'000 * 2%	12'000	12'000		
Verbuchte Schuldzinsen Geschäft	10'000	10'000		
Vermögensertrag vor Schuldzinsen	92'000	72'000	14'500	5'500
Verteilung der Schuldzinsen	-50'000	-40'000	-7'500	-2'500
Vermögensertrag nach Schuldzinsen	42'000	32'000	7'000	3'000
Einkünfte selbständige Tätigkeit	250'000	250'000		
Ausgleich Eigenkapitalzins	-12'000	-12'000		
Reineinkommen vor Entlastung	280'000	270'000	7'000	3'000
Reduktion wirtschaftliche Doppelbelastung*)	50'000	50'000		
	330'000	320'000	7'000	3'000
Reineinkommen nach Entlastung	**330'000**	**320'000**	**7'000**	**3'000**

Einkommen: aus Sicht Kt. B	Total	Kt. A 50%	Kt. B 100%	Kt. C 60%
Nettoerträge Liegenschaften	50'000	30'000	14'500	5'500
Wertschriftenertrag	20'000	20'000		
Eigenkapitalzins EK 600'000 * 2%	12'000	12'000		
Verbuchte Schuldzinsen Geschäft	10'000	10'000		
Vermögensertrag vor Schuldzinsen	92'000	72'000	14'500	5'500
Verteilung der Schuldzinsen	-50'000	-40'000	-7'500	-2'500
Vermögensertrag nach Schuldzinsen	42'000	32'000	7'000	3'000
Einkünfte selbständige Tätigkeit	250'000	250'000		
Ausgleich Eigenkapitalzins	-12'000	-12'000		
Reineinkommen vor Entlastung	280'000	270'000	7'000	3'000
Reduktion wirtschaftliche Doppelbelastung*)	0	0		
	280'000	270'000	7'000	3'000
Reineinkommen nach Entlastung	**280'000**	**270'000**	**7'000**	**3'000**

Einkommen: aus Sicht Kt. C	Total	Kt. A 50%	Kt. B 100%	Kt. C 60%
Nettoerträge Liegenschaften	50'000	30'000	14'500	5'500
Wertschriftenertrag	20'000	20'000		
Eigenkapitalzins EK 600'000 * 2%	12'000	12'000		
Verbuchte Schuldzinsen Geschäft	10'000	10'000		
Vermögensertrag vor Schuldzinsen	92'000	72'000	14'500	5'500
Verteilung der Schuldzinsen	-50'000	-40'000	-7'500	-2'500
Vermögensertrag nach Schuldzinsen	42'000	32'000	7'000	3'000
Einkünfte selbständige Tätigkeit	250'000	250'000		
Ausgleich Eigenkapitalzins	-12'000	-12'000		
Reineinkommen vor Entlastung	280'000	270'000	7'000	3'000
Reduktion wirtschaftliche Doppelbelastung*)	40'000	40'000		
	320'000	310'000	7'000	3'000
Reineinkommen nach Entlastung	**320'000**	310'000	7'000	**3'000**

*) Aufrechnung des Verlusts aus der Sparte Beteiligungen im Umfang der Reduktionsquote

Fallbeispiel 4:
Teilbesteuerung der Einkünfte aus Beteiligungen im Privatvermögen
Beschränkung des Schuldzinsenabzuges
Brutto-Vermögensertrag + 50'000 < effektive Schuldzinsen

Kanton A (Hauptsteuerdomizil):	Teilbesteuerungsverfahren, Besteuerung zu 50%
Kanton B (Liegenschaftskanton):	keine Milderung der wirtschaftlichen Doppelbelastung
Kanton C (Liegenschaftskanton):	Teilbesteuerungsverfahren, Besteuerung zu 60%

Beschränkung des Schuldzinsabzuges:

	Brutto
Vermögensertrag brutto vor Reduktion der wirtschaftlichen Doppelbelastung:	100%
Ertrag aus qualifizierter Beteiligung	150'000
übriger Wertschriftenertrag	12'000
Bruttoertrag Liegenschaft Kt. B	14'000
Bruttoertrag Liegenschaft Kt. C	10'000
massgebender Vermögensertrag	186'000
zuzüglich Grundbetrag	50'000
maximal abzugsfähige Schuldzinsen	236'000
effektive Schuldzinsen	250'000
Aufrechnung Schuldzinsabzug	**14'000**

	Kt. A	Kt. B	Kt. C
Vermögensertrag netto nach Reduktion der wirtschaftlichen Doppelbelastung:	50%	100%	60%
Ertrag aus qualifizierter Beteiligung	150'000	150'000	150'000
Reduktion wirtschaftliche Doppelbelastung	-75'000	0	-60'000
übriger Wertschriftenertrag	12'000	12'000	12'000
Bruttoertrag Liegenschaft Kt. B	14'000	14'000	14'000
Bruttoertrag Liegenschaft Kt. C	10'000	10'000	10'000
massgebender Vermögensertrag	111'000	186'000	126'000
zuzüglich Grundbetrag	50'000	50'000	50'000
maximal abzugsfähige Schuldzinsen	161'000	236'000	176'000
effektive Schuldzinsen	250'000	250'000	250'000
Aufrechnung Schuldzinsabzug	**89'000**	**14'000**	**74'000**

Berechnung der "Korrektur Schuldzinsbeschränkung":			
abzugsfähige Schuldzinsen auf Basis des nicht bemessungsreduzierten Vermögensertrages	236'000	236'000	236'000
abzugsfähige Schuldzinsen auf Basis des bemessungsreduzierten Vermögensertrages	161'000	236'000	176'000
Korrektur Schuldzinsbeschränkung	**75'000**	**0**	**60'000**

Interkantonale Steuerausscheidung:

	Total	Kt. A	Kt. B	Kt. C
Massgebliche Aktiven	7'300'000	7'000'000	200'000	100'000
Aktivenquoten in %	100.00%	95.89%	2.74%	1.37%

Einkommen: aus Sicht Kt. A	Total	Kt. A 50%	Kt. B 100%	Kt. C 60%
Nettoerträge Liegenschaften	18'000	0	10'000	8'000
Ertrag aus qualifizierter Beteiligung	150'000	150'000		
übriger Wertschriftenertrag	12'000	12'000		
Vermögensertrag vor Schuldzinsen	180'000	162'000	10'000	8'000
Verteilung der Schuldzinsen	-236'000	-226'301	-6'466	-3'233
Vermögensertrag nach 1. Umlage	-56'000	-64'301	3'534	4'767
2. Umlage Schuldzinsen	0	8'301	-3'534	-4'767
Vermögensertrag nach 2. Umlage	-56'000	-56'000	0	0
Einkünfte unselbständige Tätigkeit	400'000	400'000		
Reineinkommen vor Entlastung	344'000	344'000	0	0
Reduktion wirtschaftliche Doppelbelastung	-75'000	-75'000		
Korrektur Schuldzinsbeschränkung	75'000	75'000		
	344'000	344'000	0	0
Reineinkommen nach Entlastung	**344'000**	**344'000**	**0**	**0**

Einkommen: aus Sicht Kt. B	Total	Kt. A 50%	Kt. B 100%	Kt. C 60%
Nettoerträge Liegenschaften	18'000	0	10'000	8'000
Ertrag aus qualifizierter Beteiligung	150'000	150'000		
übriger Wertschriftenertrag	12'000	12'000		
Vermögensertrag vor Schuldzinsen	180'000	162'000	10'000	8'000
Verteilung der Schuldzinsen	-236'000	-226'301	-6'466	-3'233
Vermögensertrag nach 1. Umlage	-56'000	-64'301	3'534	4'767
2. Umlage Schuldzinsen	0	8'301	-3'534	-4'767
Vermögensertrag nach 2. Umlage	-56'000	-56'000	0	0
Einkünfte unselbständige Tätigkeit	400'000	400'000		
Reineinkommen vor Entlastung	344'000	344'000	0	0
Reduktion wirtschaftliche Doppelbelastung	0	0		
Korrektur Schuldzinsbeschränkung	0	0		
	344'000	344'000	0	0
Reineinkommen nach Entlastung	**344'000**	**344'000**	**0**	**0**

Einkommen: aus Sicht Kt. C	Total	Kt. A 50%	Kt. B 100%	Kt. C 60%
Nettoerträge Liegenschaften	18'000	0	10'000	8'000
Ertrag aus qualifizierter Beteiligung	150'000	150'000		
übriger Wertschriftenertrag	12'000	12'000		
Vermögensertrag vor Schuldzinsen	180'000	162'000	10'000	8'000
Verteilung der Schuldzinsen	-236'000	-226'301	-6'466	-3'233
Vermögensertrag nach 1. Umlage	-56'000	-64'301	3'534	4'767
2. Umlage Schuldzinsen	0	8'301	-3'534	-4'767
Vermögensertrag nach 2. Umlage	-56'000	-56'000	0	0
Einkünfte unselbständige Tätigkeit	400'000	400'000		
Reineinkommen vor Entlastung	344'000	344'000	0	0
Reduktion wirtschaftliche Doppelbelastung	-60'000	-60'000		
Korrektur Schuldzinsbeschränkung	60'000	60'000		
	344'000	344'000	0	0
Reineinkommen nach Entlastung	**344'000**	**344'000**	**0**	**0**

Fallbeispiel 5:
Teilbesteuerung der Einkünfte aus Beteiligungen im Privatvermögen
Beschränkung des Schuldzinsenabzuges
Brutto-Vermögensertrag + 50'000 > effektive Schuldzinsen

Kanton A (Hauptsteuerdomizil):	Teilbesteuerungsverfahren, Besteuerung zu 50%
Kanton B (Liegenschaftskanton):	keine Milderung der wirtschaftlichen Doppelbelastung
Kanton C (Liegenschaftskanton):	Teilbesteuerungsverfahren, Besteuerung zu 40%

Beschränkung des Schuldzinsabzuges:

	Brutto
Vermögensertrag brutto vor Reduktion der wirtschaftlichen Doppelbelastung:	100%
Ertrag aus qualifizierter Beteiligung	280'000
übriger Wertschriftenertrag	12'000
Bruttoertrag Liegenschaft Kt. B	14'000
Bruttoertrag Liegenschaft Kt. C	10'000
massgebender Vermögensertrag	316'000
zuzüglich Grundbetrag	50'000
maximal abzugsfähige Schuldzinsen	366'000
effektive Schuldzinsen	250'000
Aufrechnung Schuldzinsabzug	0

	Kt. A	Kt. B	Kt. C
Vermögensertrag netto nach Reduktion der wirtschaftlichen Doppelbelastung:	50%	100%	40%
Ertrag aus qualifizierter Beteiligung	280'000	280'000	280'000
Reduktion wirtschaftliche Doppelbelastung	-140'000	0	-168'000
übriger Wertschriftenertrag	12'000	12'000	12'000
Bruttoertrag Liegenschaft Kt. B	14'000	14'000	14'000
Bruttoertrag Liegenschaft Kt. C	10'000	10'000	10'000
massgebender Vermögensertrag	176'000	316'000	148'000
zuzüglich Grundbetrag	50'000	50'000	50'000
maximal abzugsfähige Schuldzinsen	226'000	366'000	198'000
effektive Schuldzinsen	250'000	250'000	250'000
Aufrechnung Schuldzinsabzug	24'000	0	52'000

Berechnung der "Korrektur Schuldzinsbeschränkung":

abzugsfähige Schuldzinsen auf Basis des nicht bemessungsreduzierten Vermögensertrages	250'000	250'000	250'000
abzugsfähige Schuldzinsen auf Basis des bemessungsreduzierten Vermögensertrages	226'000	250'000	198'000
Korrektur Schuldzinsbeschränkung	24'000	0	52'000

Interkantonale Steuerausscheidung:

	Total	Kt. A	Kt. B	Kt. C
Massgebliche Aktiven	7'300'000	7'000'000	200'000	100'000
Aktivenquoten in %	100.00%	95.89%	2.74%	1.37%

Einkommen: aus Sicht Kt. A	Total	Kt. A 50%	Kt. B 100%	Kt. C 40%
Nettoerträge Liegenschaften	18'000	0	10'000	8'000
Ertrag aus qualifizierter Beteiligung	280'000	280'000		
übriger Wertschriftenertrag	12'000	12'000		
Vermögensertrag vor Schuldzinsen	310'000	292'000	10'000	8'000
Verteilung der Schuldzinsen	-250'000	-239'726	-6'849	-3'425
Vermögensertrag nach 1. Umlage	60'000	52'274	3'151	4'575
2. Umlage Schuldzinsen	0	0	0	0
Vermögensertrag nach 2. Umlage	60'000	52'274	3'151	4'575
Einkünfte unselbständige Tätigkeit	400'000	400'000		
Reineinkommen vor Entlastung	460'000	452'274	3'151	4'575
Reduktion wirtschaftliche Doppelbelastung	-140'000	-140'000		
Korrektur Schuldzinsbeschränkung	24'000	23'014	658	329
	344'000	335'288	3'808	4'904
Reineinkommen nach Entlastung	**344'000**	**335'200**	**3800**	**4900**

Einkommen: aus Sicht Kt. B	Total	Kt. A 50%	Kt. B 100%	Kt. C 40%
Nettoerträge Liegenschaften	18'000	0	10'000	8'000
Ertrag aus qualifizierter Beteiligung	280'000	280'000		
übriger Wertschriftenertrag	12'000	12'000		
Vermögensertrag vor Schuldzinsen	310'000	292'000	10'000	8'000
Verteilung der Schuldzinsen	-250'000	-239'726	-6'849	-3'425
Vermögensertrag nach 1. Umlage	60'000	52'274	3'151	4'575
2. Umlage Schuldzinsen	0	0	0	0
Vermögensertrag nach 2. Umlage	60'000	52'274	3'151	4'575
Einkünfte unselbständige Tätigkeit	400'000	400'000		
Reineinkommen vor Entlastung	460'000	452'274	3'151	4'575
Reduktion wirtschaftliche Doppelbelastung	0	0		
Korrektur Schuldzinsbeschränkung	0	0		
	460'000	452'274	3'151	4'575
Reineinkommen nach Entlastung	**460'000**	452'200	**3'100**	4'500

Einkommen: aus Sicht Kt. C	Total	Kt. A 50%	Kt. B 100%	Kt. C 40%
Nettoerträge Liegenschaften	18'000	0	10'000	8'000
Ertrag aus qualifizierter Beteiligung	280'000	280'000		
übriger Wertschriftenertrag	12'000	12'000		
Vermögensertrag vor Schuldzinsen	310'000	292'000	10'000	8'000
Verteilung der Schuldzinsen	-250'000	-239'726	-6'849	-3'425
Vermögensertrag nach 1. Umlage	60'000	52'274	3'151	4'575
2. Umlage Schuldzinsen	0	0	0	0
Vermögensertrag nach 2. Umlage	60'000	52'274	3'151	4'575
Einkünfte unselbständige Tätigkeit	400'000	400'000		
Reineinkommen vor Entlastung	460'000	452'274	3'151	4'575
Reduktion wirtschaftliche Doppelbelastung	-168'000	-168'000		
Korrektur Schuldzinsbeschränkung	52'000	49'863	1'425	712
	344'000	334'137	4'575	5'288
Reineinkommen nach Entlastung	**344'000**	334'100	4'500	**5'200**

Fallbeispiel 6:
Einkünfte aus Beteiligungen im Privatvermögen
Ausgleich eines Verlustes

Kanton A:	Hauptsteuerdomizil, Teilbesteuerungsverfahren, Besteuerung zu 60%
Kanton B:	Geschäftsort
Kanton C und D:	Liegenschaftskantone, keine Teilbesteuerung
Kanton E:	Liegenschaftskanton Teilbesteuerungsverfahren, Besteuerung zu 70%

Interkantonale Steuerausscheidung:

Einkommen:

aus Sicht Kt. A	Total	Kt. A	Kt. B	Kt. C	Kt. D	Kt. E
Massgebliche Aktiven	1'200'000	500'000	200'000	200'000	50'000	250'000
Aktivenquoten in % (1. Verlegung)	100.00%	41.67%	16.67%	16.67%	4.17%	20.83%
Aktivenquoten in % (2. Verlegung)	100.00%	52.63%		21.05%		26.32%
Nettoertrag aus Liegenschaften	-120'000			40'000	-210'000	50'000
Ertrag aus qualifizierter Beteiligung brutto	100'000	100'000				
Vermögensertrag Einzelfirma (EK-Zins)	5'000		5'000			
Vermögensertrag	-15'000	100'000	5'000	40'000	-210'000	50'000
Schuldzinsen (1. Verlegung)	-50'000	-20'833	-8'333	-8'333	-2'083	-10'417
Vermögensertrag nach 1. Verlegung	-65'000	79'167	-3'333	31'667	-212'083	39'583
Schuldzinsen (2. Verlegung)	0	-2'851	3'333	-1'140	2'083	-1'425
Vermögensertrag nach 2. Verlegung	-65'000	76'316	0	30'526	-210'000	38'158
Unselbständiger Erwerb Ehemann	80'000	80'000				
Selbständiger Erwerb Ehefrau	50'000		50'000			
Ausgleich Eigenkapitalzins	-5'000		-5'000			
AHV-Beiträge Ehefrau	-5'000		-5'000			
Vorsorgebeiträge Ehefrau	-8'000		-8'000			
Gewinnungskostenüberschuss	0	-210'000			210'000	
Reineinkommen	47'000	-53'684	32'000	30'526	0	38'158
1. Ausgleich	0	32'000	-32'000			
Reineinkommen nach 1. Ausgleich	47'000	-21'684	0	30'526	0	38'158
positive Reineinkommen in %				44.44%		55.56%
2. Ausgleich	0	21'684		-9'637		-12'047
Reineinkommen nach 2. Ausgleich	47'000	0	0	20'889	0	26'111
Reduktion wirtschaftliche Doppelbelastung	-40'000	-40'000				
Reineinkommen nach Reduktion wDB	7'000	-40'000	0	20'889	0	26'111
Technischer Ausgleich		40'000		-17'778		-22'222
	7'000	0	0	3'111	0	3'889
Reineinkommen nach Entlastung	7'000	0	0	3'100	0	3'800

Einkommen:
aus Sicht Kt. C

	Total	Kt. A	Kt. B	Kt. C	Kt. D	Kt. E
Massgebliche Aktiven	1'200'000	500'000	200'000	200'000	50'000	250'000
Aktivenquoten in % (1. Verlegung)	100.00%	41.67%	16.67%	16.67%	4.17%	20.83%
Aktivenquoten in % (2. Verlegung)	100.00%	52.63%		21.05%		26.32%
Nettoertrag aus Liegenschaften	-120'000			40'000	-210'000	50'000
Ertrag aus qualifizierter Beteiligung brutto	100'000	100'000				
Vermögensertrag Einzelfirma (EK-Zins)	5'000		5'000			
Vermögensertrag	-15'000	100'000	5'000	40'000	-210'000	50'000
Schuldzinsen (1. Verlegung)	-50'000	-20'833	-8'333	-8'333	-2'083	-10'417
Vermögensertrag nach 1. Verlegung	-65'000	79'167	-3'333	31'667	-212'083	39'583
Schuldzinsen (2. Verlegung)	0	-2'851	3'333	-1'140	2'083	-1'425
Vermögensertrag nach 2. Verlegung	-65'000	76'316	0	30'526	-210'000	38'158
Unselbständiger Erwerb Ehemann	80'000	80'000				
Selbständiger Erwerb Ehefrau	50'000		50'000			
Ausgleich Eigenkapitalzins	-5'000		-5'000			
AHV-Beiträge Ehefrau	-5'000		-5'000			
Vorsorgebeiträge Ehefrau	-8'000		-8'000			
Gewinnungskostenüberschuss	0	-210'000			210'000	
Reineinkommen	47'000	-53'684	32'000	30'526	0	38'158
1. Ausgleich	0	32'000	-32'000			
Reineinkommen nach 1. Ausgleich	47'000	-21'684	0	30'526	0	38'158
positive Reineinkommen in %				44.44%		55.56%
2. Ausgleich	0	21'684		-9'637		-12'047
Reineinkommen nach 2. Ausgleich	47'000	0	0	20'889	0	26'111
Reduktion wirtschaftliche Doppelbelastung	0	0				
Reineinkommen nach Reduktion wDB	47'000	0	0	20'889	0	26'111
Technischer Ausgleich	0	0		0		0
	47'000	0		20'889		26'111
Reineinkommen nach Entlastung	47'000	0	0	20'800	0	26'100

Einkommen:
aus Sicht Kt. E

	Total	Kt. A	Kt. B	Kt. C	Kt. D	Kt. E
Massgebliche Aktiven	1'200'000	500'000	200'000	200'000	50'000	250'000
Aktivenquoten in % (1. Verlegung)	100.00%	41.67%	16.67%	16.67%	4.17%	20.83%
Aktivenquoten in % (2. Verlegung)	100.00%	52.63%		21.05%		26.32%
Nettoertrag aus Liegenschaften	-120'000			40'000	-210'000	50'000
Ertrag aus qualifizierter Beteiligung brutto	100'000	100'000				
Vermögensertrag Einzelfirma (EK-Zins)	5'000		5'000			
Vermögensertrag	-15'000	100'000	5'000	40'000	-210'000	50'000
Schuldzinsen (1. Verlegung)	-50'000	-20'833	-8'333	-8'333	-2'083	-10'417
Vermögensertrag nach 1. Verlegung	-65'000	79'167	-3'333	31'667	-212'083	39'583
Schuldzinsen (2. Verlegung)	0	-2'851	3'333	-1'140	2'083	-1'425
Vermögensertrag nach 2. Verlegung	-65'000	76'316	0	30'526	-210'000	38'158
Unselbständiger Erwerb Ehemann	80'000	80'000				
Selbständiger Erwerb Ehefrau	50'000		50'000			
Ausgleich Eigenkapitalzins	-5'000		-5'000			
AHV-Beiträge Ehefrau	-5'000		-5'000			
Vorsorgebeiträge Ehefrau	-8'000		-8'000			
Gewinnungskostenüberschuss	0	-210'000			210'000	
Reineinkommen	47'000	-53'684	32'000	30'526	0	38'158
1. Ausgleich	0	32'000	-32'000			
Reineinkommen nach 1. Ausgleich	47'000	-21'684	0	30'526	0	38'158
positive Reineinkommen in %				44.44%		55.56%
2. Ausgleich	0	21'684		-9'637		-12'047
Reineinkommen nach 2. Ausgleich	47'000	0	0	20'889	0	26'111
Reduktion wirtschaftliche Doppelbelastung	-30'000	-30'000				
Reineinkommen nach Reduktion wDB	17'000	-30'000	0	20'889	0	26'111
Technischer Ausgleich		30'000		-13'333		-16'667
	17'000	0	0	7'556	0	9'445
Reineinkommen nach Entlastung	17'000	0	0	7'500	0	9'400

Interkantonale Repartition der StA

Quelle: Schweizerische Steuerkonferenz SSK

Interkantonale Repartition der Anrechnung ausländischer Quellensteuern

Kreisschreiben Nr. 31a vom 10.02.2023

1. Natürliche Personen 3
2. Personenunternehmen 3
3. Juristische Personen 3
   3.1. Allgemeine Regel 3
   3.2. Interkantonale Steuerausscheidung 3
   3.3. Berechnung der Repartition 4
   3.4. Verfahren 5
      3.4.1. Antrag auf Repartition 5
      3.4.2. Befristung der Repartition 5
      3.4.3. Streitigkeiten 5
4. Inkrafttreten 5

1. Natürliche Personen

Den Anrechnungsbetrag trägt der Wohnsitz-Kanton. Eine interkantonale Repartition findet nicht statt.

2. Personenunternehmen

Für Personenunternehmen (Personengesellschaften und Einzelunternehmen) gelten die nachstehend für die juristischen Personen geltenden Regelungen sinngemäss.

3. Juristische Personen

3.1. Allgemeine Regel

Die Anrechnung ausländischer Quellensteuern trägt grundsätzlich vollumfänglich immer der Sitz-Kanton. Gemäss BGE 2C_64/2013 hat der Sitzkanton den Rückerstattungsbetrag aus der Anrechnung auch dann zu gewähren, wenn infolge der Ausscheidung bei ihm kein Steuersubstrat verbleibt, sondern lediglich der Liegenschafts-Kanton einen steuerbaren Gewinn (insbesondere Wertzuwachsgewinn) besteuern kann. Obwohl dem Liegenschaftskanton keine quellensteuerbelasteten Erträge zugewiesen werden, muss er sich aufgrund des Schlechterstellungsverbotes an der Anrechnung ausländischer Quellensteuern beteiligen.

In wirtschaftlichen bedeutenden Fällen kann der Sitz-Kanton von den Betriebsstätte- oder allenfalls Liegenschafts-Kantonen die Übernahme eines angemessenen Teils des Anrechnungsbetrags verlangen.

Ein Fall gilt wirtschaftlich bedeutend, wenn der auf einen Betriebsstätte- / Liegenschafts-Kanton entfallende Anrechnungsbetrag pro Geschäftsjahr (bzw. Fälligkeitsjahr) mindestens CHF 5'000 beträgt.

3.2. Interkantonale Steuerausscheidung

Im Regelfall ist davon auszugehen, dass die mit ausländischen Quellensteuern belasteten Zins-, Lizenz-, Dienstleistungs- und nicht dem Beteiligungsabzug unterliegende Dividendenerträge im Rahmen der quotenmässig –indirekten Ausscheidungsmethode auf sämtliche konkurrierenden Kantone verteilt werden.

Sollte ein Kanton nachweisen können, dass in seiner Besteuerungsquote keine quellensteuer-belasteten Zins-, Lizenz-, Dienstleistungs- und nicht dem Beteiligungsabzug unterliegenden Dividendenerträge enthalten sind (quotenmässig-direkt oder objektmässige Ausscheidung), ist auf eine Repartition einzelfallweise zu verzichten.

Bei Verlusten im Sitz- und Betriebsstätte-Kanton muss letztendlich der Liegenschafts-Kanton die Anrechnung ausländischer Quellensteuern übernehmen.

3.3. Berechnung der Repartition

Die Berechnung des auf die Betriebsstätte-Kantone entfallenden Anteils des Anrechnungsbetrags geht vom Kantons- und Gemeindeanteil (Verhältnis Gewinnsteuern inkl. Kantonsanteil gem. Art. 196 Abs. 1 DBG)[1] aus. Der Bundesanteil (Verhältnis Gewinnsteuern abzüglich Kantonsanteil gem. Art. 196 Abs. 1 DBG)[1] darf nicht in die Berechnung miteinbezogen werden.

Der Kantons- und Gemeindeanteil (Verhältnis Gewinnsteuern inkl. Kantonsanteil gem. Art. 196 Abs. 1 DBG)[1] ist entsprechend der interkantonalen Gewinnausscheidung prozentual auf den Sitz-Kanton und die einzelnen Betriebsstätte-Kantone zu verteilen. Aus Gründen der Praktikabilität wird diese Berechnung für sämtliche Gesellschaften aller Branchen einheitlich vorgenommen.

Der auf den einzelnen Betriebsstätte-Kanton entfallende Anteil darf nicht höher sein als die im betreffenden Betriebsstätte-Kanton geschuldete Gewinnsteuer – auf Basis der Veranlagung des steuerbaren Reingewinns unter Berücksichtigung der STAF-Ermässigungen. Die Abklärungen betreffend der in den Kantonen bezahlten Gewinnsteuern haben ebenfalls durch den Sitz-Kanton, gestützt auf Angaben der Antragstellerin zu erfolgen. Die Betriebsstättekantone sind verpflichtet, dem Sitzkanton die erforderlichen Unterlagen, insbesondere die entsprechenden Schlussrechnungen, zur Verfügung zu stellen.

Beispiel einer Repartition:

	CHF	CHF	In %
Gewinnsteuer Direkte Bundessteuer	8'750'000		
Gewinnsteuer Kantone und Gemeinden[2]	18'850'000		
Total Gewinnsteuer	27'600'000		
Gewinnsteuer Direkte Bundessteuer	8'750'000		
Kantonsanteil gemäss Art. 196 Abs. 1 DBG: 21.2%	-1'855'000		
Gewinnsteuer Anteil Bund effektiv	6'895'000	6'895'000	24.981%
Gewinnsteuer Kantone und Gemeinden	18'850'000		
Kantonsanteil gemäss Art. 196 Abs. 1 DBG: 21.2%	+1'855'000		
Gewinnsteuer Anteil Kantone und Gemeinden effektiv	20'705'000	20'705'000	75.018%
		27'600'000	100.000%
Gewährte Anrechnung ausländische Quellensteuern	450'000		
Anteil Bund: 24.981%	112'418		
Anteil Kantone und Gemeinden: 75.018%	337'582		

---

[1] Die Kantone belasten dem Bund dessen Anteil. Dieser Anteil wird um den dem Kanton verbleibenden Anteil der direkten Bundessteuer gemäss Artikel 196 Abs. 1 DBG gekürzt. Die Aufteilung des dem Bund nicht zu belastenden Teils der Anrechnungsbeträge auf die Kantone und Gemeinden ist Sache der Kantone.
[2] Unter Berücksichtigung allfälliger STAF-Ermässigungen bei der Gewinnsteuer.

Steuerbare Quoten Gewinnausscheidung vor STAF-Ermässigungen (in %):

Zürich:	60%
Basel-Stadt:	25%
Bern:	10%
Ticino:	4%
Thurgau:	1%

Repartition:

Zürich:	60% von CHF 337'582	= CHF	202'549
Basel-Stadt:	25% von CHF 337'582	= CHF	84'395
Bern:	10% von CHF 337'582	= CHF	33'758
Ticino:	4% von CHF 337'582	= CHF	13'503
Thurgau:	1% von CHF 337'582	= CHF	3'376

Der Sitz-Kanton Zürich kann eine Repartition der Anrechnung ausländischer Quellensteuern von den Kantonen Basel-Stadt, Bern und Ticino verlangen. Auf den Kanton Thurgau entfallen weniger als der Mindestbetrag von CHF 5'000, weshalb eine Repartition mit diesem Kanton entfällt.

3.4. Verfahren

3.4.1. Antrag auf Repartition

Der Antrag auf Repartition muss die folgenden Angaben beinhalten:
- Firma;
- Fälligkeitsjahr;
- Art der Erträge (Dividenden, Zinsen, Lizenzen, Dienstleistungen);
- Datum des Antrags auf Anrechnung ausländischer Quellensteuern;
- Datum der Rechtskraft des Entscheids auf Anrechnung ausländischer Quellensteuern;
- Total im Sitz-Kanton gewährte Anrechnung ausländischer Quellensteuern;
- Anteil des Sitz-Kantons (Verhältnis Gewinnsteuern inkl. Kantonsanteil gem. Art. 196 Abs. 1 DBG) vor Repartition;
- Aufstellung über die prozentuale Gewinnausscheidung auf die betroffenen Sitz- und Betriebsstätten- und Liegenschafts-Kantone.

3.4.2. Befristung der Repartition

Der Sitzkanton, der eine Ausscheidung der Anrechnung ausländischer Quellensteuern beansprucht, hat seinen Antrag auf Repartition dem Betriebsstätte- oder allenfalls Liegenschafts-Kanton innert einem Jahr nach Eintritt der Rechtskraft des Entscheides über die Gewährung der Anrechnung ausländischer Quellensteuern zuzustellen.

Nach Ablauf der Jahresfrist ist der Anspruch auf die interkantonale Repartition verwirkt.

3.4.3. Streitigkeiten

Bei Streitigkeiten über die Anwendung dieses Kreisschreibens entscheidet der Vorstand der Schweizerischen Steuerkonferenz als Schlichtungsstelle.

4. Inkrafttreten

Dieses Kreisschreiben gilt für Erträge, die nach dem 31. Dezember 2019 fällig werden.

Trusts

Quelle: Schweizerische Steuerkonferenz SSK

Besteuerung von Trusts

Kreisschreiben 30 – vom 22. August 2007

Inhaltsverzeichnis

1. Einleitung 2
2. Trust 2
   - 2.1. Grundzüge des Trusts 2
   - 2.2. Abgrenzung zur Stiftung 3
   - 2.3. Abgrenzung zur fiducia 3
   - 2.4. Liechtensteinische Anstalt, Stiftung und Treuhänderschaft 3
   - 2.5. Haager Übereinkommen über das auf Trusts anzuwendende Recht und über ihre Anerkennung 3
3. Begriffe 4
   - 3.1. Settlor 4
   - 3.2. Beneficiary 4
   - 3.3. Trustee 4
   - 3.4. Protector 5
   - 3.5. Trust Deed 5
   - 3.6. Letter of Wishes 5
   - 3.7. Revocable / Irrevocable Trust 5
     - 3.7.1. Revocable Trust 6
     - 3.7.2. Irrevocable Fixed Interest Trust 6
     - 3.7.3. Irrevocable Discretionary Trust 6
4. Steuerliche Behandlung von Trust, Trustee und Protector 7
   - 4.1. Steuerliche Behandlung des Trusts 7
   - 4.2. Steuerliche Behandlung des Trustees und des Protectors 7
5. Steuerliche Behandlung von Settlor und Beneficiary 8
   - 5.1. Grundsätze der steuerlichen Behandlung 8
     - 5.1.1. Behandlung des Settlors 9
     - 5.1.2. Behandlung des Beneficiarys 9
   - 5.2. Beispiele 9
     - 5.2.1. Revocable Trust 10
     - 5.2.2. Irrevocable Fixed Interest Trust 11
     - 5.2.3. Irrevocable Discretionary Trust 12
6. Auskunft und Mitwirkungspflicht 13
7. Hinweise zur Verrechnungssteuer 13
   - 7.1. Vermögenserträge aus dem Trustvermögen 13
   - 7.2. Rückerstattung der Verrechnungssteuer 14
     - 7.2.1. Revocable Trust 14
     - 7.2.2. Irrevocable Fixed Interest Trust 14
     - 7.2.3. Irrevocable Discretionary Trust 14
8. Hinweise zu den Doppelbesteuerungsabkommen (DBA) 15
   - 8.1. Allgemeines 15
   - 8.2. Rückerstattung der schweizerischen Verrechnungssteuer 15
   - 8.3. Rückerstattung von ausländischen Quellensteuern 16
   - 8.4. Zinsbesteuerungsabkommen mit der EG 16

1. Einleitung

Mit der zunehmenden Internationalisierung wurde vermehrt der Wunsch nach einer einheitlichen steuerlichen Behandlung von Trusts auf Seiten der Steuerpflichtigen und der Behörden geäussert. Die derzeitig unterschiedliche Besteuerungspraxis in den Kantonen führt zu Problemen, die der Transparenz und Rechtssicherheit abträglich sind.

Das vorliegende Kreisschreiben bezweckt, die heutige uneinheitliche Besteuerungspraxis einer übereinstimmenden Regelung zuzuführen. Aufgrund der mannigfaltigen Erscheinungsformen des Trusts beschränken sich die nachstehenden Ausführungen auf die für die steuerliche Beurteilung notwendigen Wesensmerkmale. Hierzu werden in einem ersten Schritt die grundsätzliche Rechtsnatur eines Trusts sowie die im Zusammenhang mit einem Trustarrangement verwendeten Begriffe erläutert. Gestützt darauf werden in einem zweiten Schritt die steuerlichen Schlussfolgerungen gezogen.

2. Trust

2.1. Grundzüge des Trusts

Der Begriff bezeichnet ein Rechtsverhältnis, welches entsteht, wenn der Errichter (Settlor) auf der Grundlage einer Errichtungsurkunde (Trust Deed) bestimmte Vermögenswerte auf eine oder mehrere Personen (Trustees) überträgt mit der Aufgabe, diese zum Vorteil der Begünstigten mit Wirkung gegenüber jedermann zu verwalten und zu verwenden.

Beim Trust handelt es sich um ein historisch gewachsenes Rechtsinstitut, das ursprünglich aus England stammt und dementsprechend seinen Verbreitungsschwerpunkt in den common law-Staaten (Grossbritannien, USA, Australien, Kanada, Südafrika, Neuseeland) hat. Überdies sind trustähnliche Institute auch in anderen Ländern wie beispielsweise Japan, Panama, Liechtenstein, Mexiko, Kolumbien, Israel und Argentinien anzutreffen.

Der Trust erweist sich in der Praxis als enorm flexibles Instrument und wird häufig im Zusammenhang mit der Nachlassplanung und bei der so genannten asset protection (Bewahrung von Aktiven) von natürlichen Personen eingesetzt. Im Weiteren sind Trusts im angelsächsischen Rechtsraum auch eine dominante Erscheinung im Bereich der gemeinnützigen Institutionen und der Personalvorsorgeeinrichtungen sowie ein häufig verwendetes Instrument, um Mitarbeiteroptionspläne börsenkotierter Gesellschaften umzusetzen. Angesichts der Vielfalt der möglichen Erscheinungsformen des Trusts würde die Aufzählung aller Trustarten ein unmögliches Unterfangen darstellen und wäre für die steuerliche Beurteilung von geringem Nutzen. Vielmehr sind unabhängig von der Art des zu beurteilenden Trusts Grundsätze für die steuerliche Behandlung von Trust-Strukturen aufzustellen.

Der Trust kann entweder durch Rechtsgeschäft unter Lebenden oder durch eine Verfügung von Todes wegen errichtet werden.

Auch wenn er von seiner Anlage her Verwandtschaft mit einer schweizerischen Stiftung hat, fehlt es dem Trust an einer eigenen Rechtspersönlichkeit. Formeller, wenn auch nur treuhänderischer Träger des Trustvermögens ist der Trustee. Der Trust ist andererseits aber auch kein (blosser) Vertrag. Obwohl der Trust ursprünglich vom Settlor errichtet wird, ist er nach seiner Errichtung im Wesentlichen eine Rechtsbeziehung zwischen dem Trustee und den Beneficiaries, welche sich primär nach der Trusturkunde und sekundär nach den spezifischen Trustnormen der anwendbaren Rechtsordnung richtet. Bei der Ausgestaltung des Trusts hat der Settlor verhältnismässig grosse Freiheiten.

Sobald der Trust aber errichtet ist, bestehen seitens des Settlors, ähnlich wie im Fall eines Stifters einer schweizerischen Stiftung, grundsätzlich nur noch beschränkte Einflussmöglichkeiten. Nach der Errichtung des Trusts ist der Trustee primär verpflichtet, die Interessen der Beneficiaries und nicht diejenigen des Settlors zu wahren. Ein weiteres typisches Merkmal eines Trusts ist das komplexe Rechtsverhältnis, welches hinsichtlich des Trustvermögens besteht: Zivilrechtlicher Eigentümer (common law: legal interest) des Trustvermögens ist zwar der Trustee, er hat das Vermögen aber gesondert zu verwalten und es wird, etwa bei Tod oder Konkurs des Trustees, nicht als sein eigenes betrachtet, sondern unterliegt weiterhin dem auf den Trust anwendbaren Recht der Aussonderung zu Gunsten der Beneficiaries bzw. des neu zu bestellenden Trustees.

2.2. Abgrenzung zur Stiftung

Die schweizerische Stiftung dient, ähnlich wie der Trust, der Widmung eines Vermögens zu einem besonderen Zweck (Art. 80 ZGB). Die Stiftung erwirbt mit ihrer Errichtung die juristische Persönlichkeit. Dagegen fehlt es dem Trust an einer eigenen Rechtspersönlichkeit. Dem Trust kommt keine Rechtsfähigkeit und damit auch keine Vermögensfähigkeit zu. Im Unterschied zum Trust wird die Stiftung Eigentümerin des zweckgebundenen Vermögens.

2.3. Abgrenzung zur fiducia

Die schweizerische Treuhand (fiducia) beruht auf einem Vertragsverhältnis (Auftrag nach Art. 394 ff. OR). Der Treuhänder muss dem Auftrag zustimmen, damit das Vertragsverhältnis zu Stande kommt. Eine Zustimmung des Trustees ist dagegen für die Entstehung des Trusts nicht erforderlich. Daher kann der Settlor zu seinen Lebzeiten in Form eines einseitigen Rechtsgeschäftes oder einer Verfügung von Todes wegen irgendeine Person zum Trustee bestimmen. Eine solche Ernennung gleicht der Einsetzung eines Willensvollstreckers nach dem schweizerischen Erbrecht, das ihm die Stellung eines «selbständigen Treuhänders eigener Prägung» einräumt.

Der Trust ist kein (blosser) Vertrag. Obwohl der Trust ursprünglich vom Settlor errichtet wird, ist er nach seiner Errichtung im Wesentlichen eine Rechtsbeziehung zwischen dem Trustee und den Beneficiaries. Nach der Errichtung des Trusts ist der Trustee primär verpflichtet, die Interessen der Beneficiaries und nicht diejenigen des Settlors zu wahren.

2.4. Liechtensteinische Anstalt, Stiftung und Treuhänderschaft

Die Anstalten, Stiftungen und Treuhänderschaften nach liechtensteinischem Recht unterscheiden sich aufgrund ihrer Ausgestaltungsformen stark vom Rechtsinstitut des Trusts und werden deshalb im vorliegenden Kreisschreiben nicht weiter ausgeführt.

2.5. Haager Übereinkommen über das auf Trusts anzuwendende Recht und über ihre Anerkennung

Das Haager Übereinkommen über das auf Trusts anzuwendende Recht und über ihre Anerkennung ist in der Schweiz am 1. Juli 2007 in Kraft getreten. Es ermöglicht die zivilrechtliche Anerkennung von ausländischen Trusts auf der Grundlage international anerkannter Normen und soll dadurch die Rechtssicherheit in diesem Bereich erhöhen.

Die steuerliche Behandlung von Trusts ergibt sich weiterhin ausschliesslich aus dem Schweizer Steuerrecht. Art. 19 des Haager Übereinkommens sieht nämlich vor, dass das Übereinkommen die Befugnisse der Vertragsstaaten in Steuersachen unberührt lässt. Die Ratifikation des Haager Übereinkommens hat demnach keine Auswirkungen auf die steuerliche Behandlung von Trusts.

3. Begriffe

3.1. Settlor

Der Settlor ist jene Person, die durch Rechtsgeschäft unter Lebenden oder von Todes wegen einen Trust errichtet. Soweit er einen unwiderruflichen (irrevocable) Trust begründet, entreichert er sich definitiv, und es kommen ihm in Bezug auf das Trustvermögen grundsätzlich keine Rechte und Pflichten mehr zu. Alternativ kann der Settlor einen widerruflichen (revocable) Trust begründen. Dabei bleibt ihm weiterhin der Zugriff auf das Trustvermögen erhalten.

3.2. Beneficiary

Der Beneficiary ist die mit den Leistungen aus dem Trust begünstigte Person. Der Settlor kann sich selbst oder jede andere natürliche oder juristische Person im In- oder Ausland als Beneficiary einsetzen. Die Vermögenswerte des Trusts können bereits zu Lebzeiten des Settlors oder nach seinem Tode an den Beneficiary weitergeleitet werden.

Der Beneficiary kann sowohl allfällige Ansprüche auf Leistungen aus dem Trustvermögen als auch die pflichtgemässe Verwaltung des Trusts durch die Trustees gerichtlich einklagen. Er hat das wirtschaftliche Eigentum am Trustvermögen (common law: equitable interest). Im Weiteren besitzt er ein Aussonderungsrecht im Konkursfall des Trustees. Der Beneficiary verfügt also nicht nur über einen klagbaren Anspruch bezüglich der Begünstigung, sondern auch über gewisse Kontroll- und Aufsichtsbefugnisse, was ihn ebenfalls zu einer Art Organ macht. Kommt das Trustvermögen dem Trustee abhanden, so kann der Beneficiary die Rückgabe der entsprechenden Vermögenswerte an den Trust bzw. Trustee verlangen.

3.3. Trustee

Durch die Errichtung eines Trusts werden bestimmte Vermögenswerte auf eine oder mehrere natürliche oder juristische Personen übertragen (Trustees), welche diese zu verwalten und für einen vom Settlor vorgegebenen Zweck zu verwenden haben. Der Trustee hat die volle Verfügungsmacht (zivilrechtliches Eigentum) über das Trustvermögen, wobei er verpflichtet ist, gemäss den Trustbestimmungen das Trustvermögen zu Gunsten der Beneficiaries zu verwalten. Er verwaltet und verwendet das Trustvermögen im Rahmen der Trustbestimmungen in seinem eigenen Namen als selbständiger Rechtsträger gegenüber jedermann, aber gesondert von seinem eigenen Vermögen.

Gegenüber den Beneficiaries (und nicht etwa gegenüber dem Settlor) sowie gegenüber einem allfälligen Protector ist der Trustee verpflichtet, Einsicht in die Aufzeichnungen hinsichtlich der Verwaltung und Geschäftsführung zu gewähren.

3.4. Protector

Der Protector ist eine natürliche oder juristische Person, die vom Settlor freiwillig bestellt werden kann, um zu überwachen, ob der Trustee seine Verpflichtungen im Sinne des Settlors erfüllt. Die Befugnisse und Funktionen des Protectors können je nach Gutdünken des Settlors grösser oder kleiner sein. Sie ergeben sich im Detail aus den Trustbestimmungen.

3.5. Trust Deed

Formell muss der Trust durch eine schriftliche Vermögensverfügung, welche vom Settlor und Trustee zu unterzeichnen ist, errichtet werden (für die Entstehung des Trusts ist die Zustimmung des Trustees jedoch nicht erforderlich). In dieser für den Trustee verbindlichen Trusturkunde («Trust Deed») werden die Bestimmungen hinsichtlich der Verwaltung und Werterhaltung des Trustvermögens zu Gunsten der eingesetzten Beneficiaries festgehalten.

3.6. Letter of Wishes

Mittels eines allfälligen Letter of Wishes teilt der Settlor dem Trustee seinen Willen und seine Verfügungen mit. Diese Absichtserklärung ist anders als die Trust Deed rechtlich unverbindlich und stellt somit lediglich eine Vorstellung dar, wie der Settlor seinen Trust verwaltet haben möchte. Praktische Bedeutung hat der Letter of Wishes vor allem bei Irrevocable Discretionary Trusts.

3.7. Revocable / Irrevocable Trust

Es muss zwischen Revocable und Irrevocable Trusts unterschieden werden. Die letzteren werden zusätzlich in sog. Discretionary und Fixed Interest Trusts unterteilt.

Für die steuerliche Behandlung ist entscheidend, ob sich der Settlor aufgrund der Trusterrichtung definitiv seines Vermögens «entäussert» oder sich mittels rechtlicher oder wirtschaftlicher Vorkehrungen weiterhin den Zugriff auf das Trustvermögen vorbehalten hat.

Soweit der Settlor einen unwiderruflichen (irrevocable) Trust begründet, entreichert er sich definitiv, und es stehen ihm in Bezug auf das Trustvermögen grundsätzlich keine Rechte und Pflichten mehr zu. Alternativ kann der Settlor einen widerruflichen (revocable) Trust errichten. So liegt im Allgemeinen keine unwiderrufliche Entäusserung vor, wenn der Settlor sich selbst als Trustee oder Beneficiary eingesetzt hat. Ebenso wenig kann dies bei einer sonst wie gearteten Einflussmöglichkeit des Settlors auf den Trust angenommen werden. Die folgenden Indizien (beispielhafte Aufzählung unter Bezugnahme auf die Bundesgerichtspraxis zur Familienstiftung) helfen bei der Unterscheidung in Revocable und Irrevocable Trusts:

Wird der Settlor
- bei Kapital-Ausschüttungen aus dem Trustvermögen begünstigt?
- bei Ausschüttungen von Erträgen des Trustvermögens begünstigt?

Hat der Settlor das Recht,
- den Trustee abzuberufen und einen anderen zu ernennen?
- neue Beneficiaries zu begünstigen oder begünstigen zu lassen?
- den Protector zu ersetzen, welcher wiederum über Befugnisse verfügt, die einem Trustee gleichen?
- die Trusturkunde zu ändern bzw. ändern zu lassen?

- den Trust zu widerrufen?
- die Liquidation des Trusts zu fordern?
- eines Vetos bei Trustee-Entscheidungen bezüglich der Trustaktiven?

Die Bejahung einer der obigen Fragen spricht für eine steuerliche Behandlung als Revocable Trust.

3.7.1. Revocable Trust

Der Settlor behält sich beim Revocable Trust das Recht vor, den Trust zu einem späteren Zeitpunkt zu widerrufen und das verbleibende Vermögen zurückzuführen bzw. einem Dritten zukommen zu lassen. Der Settlor hat sich somit nicht definitiv seines Vermögens enteignet.

Für die steuerliche Behandlung ist nicht die Bezeichnung in der Trusturkunde (Trust Deed), sondern die wirtschaftliche Bedeutung entscheidend. Auch ein Trust mit der Bezeichnung «irrevocable» fällt bei nicht endgültiger «Entäusserung» in die Kategorie der Revocable Trusts.

Revocable Trusts werden beim Ableben des Settlors zu Irrevocable Trusts, ausser wenn das Widerrufsrecht einer weiteren Person zusteht oder auf diese übergeht.

3.7.2. Irrevocable Fixed Interest Trust

Beim Fixed Interest Trust gehen die Einzelheiten bezüglich der Beneficiaries und ihrer entsprechenden Rechte aus der Trusturkunde (Trust Deed) direkt hervor. Der Trustee besitzt somit bei diesem Trusttyp keine Ermessensfreiheit bei der Zuteilung der Einkünfte und/oder Vermögenswerte des Trusts. Der Trustee hat weder einen wirtschaftlichen Nutzen am Trustvermögen noch hat er eine selbständige Verfügungsfreiheit darüber. Bei der Errichtung des Irrevocable Fixed Interest Trusts entledigt sich der Settlor definitiv seines Vermögens.

Im Gegensatz zum Discretionary Trust, bei welchem die Rechte des Beneficiarys bloss anwartschaftlicher Natur sind, steht dem Beneficiary eines Fixed Interest Trust ein klagbarer Vermögensanspruch zu. Demzufolge kann der Beneficiary eines Fixed Interest Trust dem Nutzniesser gleichgestellt werden.

3.7.3. Irrevocable Discretionary Trust

Beim Discretionary Trust werden in der Trusturkunde (Trust Deed) normalerweise lediglich abstrakte Klassen von Beneficiaries bezeichnet. Der Entscheid darüber, wer letztlich in den Genuss von Zuwendungen des Trusts kommen soll, wird dem Trustee überlassen.

In einem allfälligen Letter of Wishes legt der Settlor dem Trustee seine Beweggründe, warum er einen Trust errichtet hat, dar und teilt diesem rechtlich unverbindlich mit, wie er seine Kompetenzen wahrnehmen soll.

Legt der Settlor auf bestimmte Angelegenheiten besonderen Wert, kann im Trust Deed vorgesehen werden, dass bestimmte Entscheide des Trustees der vorherigen Zustimmung eines Protectors bedürfen.

Im Zeitpunkt der Errichtung eines Discretionary Trusts findet noch keine Bereicherung des Beneficiary statt, da noch nicht feststeht, welche Personen in welchem Umfang und zu welchem Zeitpunkt wirklich einmal in den Genuss einer Zuwendung kommen werden. Die Rechte eines Beneficiarys sind somit bloss anwartschaftlicher Natur.

4. Steuerliche Behandlung von Trust, Trustee und Protector

4.1. Steuerliche Behandlung des Trusts

Das ausländische Recht gewährt dem Trust keine Rechtspersönlichkeit. Unter Bezugnahme auf das internationale Privatrecht (IPRG, Inkorporationstheorie) kann dies auch das schweizerische Steuerrecht nicht vorsehen.

Ein Trust ist auch keine «ausländische juristische Person» im Sinne von Art. 49 Abs. 3 DBG und Art. 20 Abs. 2 StHG, da diese gesetzliche Bestimmung nur Personengesamtheiten erfasst, welchen das schweizerische Privatrecht Rechtspersönlichkeit verleiht. Das schweizerische Privatrecht verleiht dem Trust jedoch keine Rechtspersönlichkeit.

Ein Trust fällt nach überwiegender Lehrmeinung auch nicht unter den Anwendungsbereich der Artikel 11 DBG und 20 Abs. 2 StHG. Die in diesen Bestimmungen vorgesehene autonome steuerliche Qualifikation will nur Einheiten erfassen, deren Mitglieder zueinander in einer «Personenverbindung» stehen. Es handelt sich dabei z.b. um Erbengemeinschaften oder auch um «partnerships» des angelsächsischen Rechts. Das diesen Instituten typische gemeinschaftliche Merkmal existiert in einem Trust nicht.

Es gibt demnach im aktuellen schweizerischen Steuerrecht keine gesetzliche Grundlage, welche es erlauben würde, einen ausländischen Trust für Steuerzwecke mit einer juristischen Person gleichzusetzen. Folglich muss davon ausgegangen werden, dass sich die Frage der beschränkten oder unbeschränkten Steuerpflicht des Trusts (z.B. mit der Begründung, dass sich ein oder mehrere Trustees in der Schweiz aufhalten) gar nicht erst stellt.

4.2. Steuerliche Behandlung des Trustees und des Protectors

Das dem Trust zugewendete Vermögen und die damit erzielten Einkünfte sind grundsätzlich nicht vom Trustee zu versteuern. Diese Sichtweise steht im Einklang mit dem Prinzip der Besteuerung nach der wirtschaftlichen Leistungsfähigkeit. Dieses Prinzip verlangt, dass einem Steuerpflichtigen kein Einkommens- oder Vermögenselement zugerechnet werden darf, über welches er keine Verfügungsmacht besitzt. Aus wirtschaftlicher Sicht ist der Trustee trotz formellem Eigentum nicht am Vermögen berechtigt.[1] Zudem bewegen sich die Risiken des Trustees lediglich im Rahmen der Haftung für sorgfältige Geschäftsführung in Analogie zum Auftragsrecht.

Mit Blick auf die oben erwähnte Begründung stellt sich auch die Frage nach dem Ort der tatsächlichen Geschäftsführung nicht, welche in der Lehre verschiedentlich als Begründung für die Verneinung der Steuerpflicht des Trustee angeführt wird.

Diese Ausführungen gelten auch für eine natürliche oder juristische Person mit Wohnsitz bzw. statutarischen Sitz oder tatsächlichem Verwaltungssitz in der Schweiz, die als Protector eines Trusts handelt. Eine Person, die allein als Protector agiert, ist ebenso wenig wie der Trustee rechtlich oder wirtschaftlich an den Vermögenswerten des Trusts berechtigt. Dessen Vermögenswerte können ihr infolgedessen nicht zugerechnet werden.

Klarerweise zu verbuchen und zu versteuern sind die Honorare bzw. Fees, welche der Trustee oder der Protector für seine Tätigkeit erhält. Dazu müssen diese offen gelegt und überprüfbar sein.

---

[1] Siehe hierzu die Unterscheidung in „legal interest" und „equitable interest" in Ziffer 2.1 bzw. 3.2

5. Steuerliche Behandlung von Settlor und Beneficiary

Die Konstellationen der möglichen Beziehungen an einem Trust sind sehr vielfältig. Eine steuerliche Beurteilung aller Ausgestaltungsformen ist deshalb unmöglich. Im Folgenden können nur die Grundsätze zur individuellen Behandlung von Settlor und Beneficiary dargestellt werden. Dabei wird davon ausgegangen, dass es sich um Fälle von Nachlassplanungen oder so genannter «asset protection» einer natürlichen Personen handelt (häufigste Anwendungsfälle).

5.1. Grundsätze der steuerlichen Behandlung

Die Vermögenswerte und Einkünfte des Trusts (Kapital, Kapitalgewinne, laufende Einkünfte) werden zum Zweck der Besteuerung entweder den Beneficiaries oder dem Settlor zugerechnet (Grundsatz der Transparenz). Dies ergibt sich aus der Tatsache, dass die entsprechenden Vermögenswerte nach dem geltenden schweizerischen Steuerrecht weder dem Trust noch dem Trustee zugerechnet werden können.[2]

Das Einkommen wird im schweizerischen Steuerrecht aufgrund der sogenannten Einkommenszugangstheorie definiert, welche besagt, dass das Einkommen den «Zugang» von Reinvermögen (einschliesslich Nutzungsrechte) während einer gegebenen Periode umfasst. Dabei wird Einkommen nicht schon bei dessen Entstehung, sondern erst bei der Realisation als zugeflossen betrachtet. Nach ständiger Doktrin und Praxis gilt Einkommen i.d.R. steuerrechtlich in jenem Zeitpunkt als zugeflossen und erzielt, in welchem der Steuerpflichtige eine Leistung vereinnahmt oder einen festen Anspruch darauf erworben hat, über welchen er tatsächlich verfügen kann, es sei denn, die Erfüllung des Anspruchs sei besonders unsicher. In diesem Fall ist auf den Zeitpunkt der tatsächlichen Erfüllung abzustellen. Voraussetzung des steuerauslösenden Zuflusses ist also ein abgeschlossener Rechtserwerb, welcher Forderungs- oder Eigentumserwerb sein kann. Blosse Anwartschaften und bedingte Rechtsansprüche führen dagegen nicht zu Einkommen.

Grundsätzlich stellen alle Zuflüsse aus dem Trust beim Begünstigten aufgrund der Einkommensgeneralklausel (Art. 16 Abs. 1 DBG, Art. 7 Abs. 1 StHG) steuerbares Einkommen dar, ausser es liegt eine Schenkung vor (Art. 24 lit. a DBG und Art. 7 Abs. 4 lit. c StHG).

Der Begriff der Schenkung folgt dabei nicht den Definitionen der kantonalen, nicht harmonisierten Erbschafts- und Schenkungssteuergesetze. Vielmehr definiert er sich in Abgrenzung zum Einkommens(steuer)begriff nach DBG und StHG. Er stützt sich auf das Zivilrecht, nach dem für eine Schenkung vier Voraussetzungen erfüllt sein müssen: Zuwendung unter Lebenden, Bereicherung aus dem Vermögen eines anderen, Unentgeltlichkeit und Schenkungs- bzw. Zuwendungswille.

Im Einschätzungsverfahren gilt nach Lehre und Rechtsprechung der allgemein anerkannte Grundsatz, dass die Steuerbehörde die Beweislast für steuerbegründende Tatsachen trägt, während den Steuerpflichtigen die Beweislast für Tatsachen trifft, welche die Steuerschuld aufheben oder mindern.

Im Weiteren bleiben Steuerumgehungs- und Missbrauchstatbestände vorbehalten.

---

[2] Vorne Ziffer 4

5.1.1. Behandlung des Settlors

5.1.1.1 Im Allgemeinen

Die Besteuerung des Settlors hängt davon ab, ob er einen Revocable oder einen Irrevocable Trust errichtet. Im Unterschied zum Irrevocable Trust entäussert sich der Settlor beim Revocable Trust nicht endgültig von dem dem Trust zugewendeten Vermögen. Siehe Beispiel in 5.2.

5.1.1.2 Settlor mit Wohnsitz in der Schweiz

Bei Errichtung eines Trusts ist der Settlor in den meisten Fällen im Ausland ansässig, er kann seinen Wohnsitz aber auch in der Schweiz haben. Hat der Settlor seinen Wohnsitz in der Schweiz, liegt nach schweizerischem Steuerrecht nur dann eine Entreicherung des Settlors vor, wenn ein anderes Steuersubjekt bereichert wird. Dies trifft nur bei der Errichtung eines Irrevocable Fixed Interest Trusts zu (vgl. Ziff. 5.1.2). In allen anderen Fällen werden das Vermögen und der Vermögensertrag weiterhin dem Settlor zugerechnet (vgl. auch Art. 335 ZGB und den allgemeinen Vorbehalt der Steuerumgehung). Diese Zurechnung erfolgt unter dem Vorbehalt der Besteuerung nach dem Aufwand (Art. 14 DBG und Art. 6 StHG), da nur Vermögen und Vermögensertrag aus inländischen Quellen in die Kontrollrechnung einfliessen.

5.1.2. Behandlung des Beneficiarys

Bei Irrevocable Fixed Interest Trusts stehen der Kreis der Begünstigten, Umfang und Zeitpunkt der Zuwendungen an die Beneficiaries fest. Aufgrund des bestehenden und bekannten Rechtsanspruchs kann damit eine Zurechnung zum Beneficiary im Umfang des anteiligen Trustvermögens erfolgen. Bei der Zuwendung ist zu prüfen, ob es sich um steuerbares Einkommen oder um eine einkommenssteuerfreie Schenkung handelt (Art. 24 lit. a DBG; Art. 7 Abs. 4 lit. c StHG).

Die Rechte der Beneficiaries von Irrevocable Discretionary Trusts sind bloss anwartschaftlicher Natur. Der Zeitpunkt und Umfang der allfälligen Zuwendungen sind nicht festgelegt, da diese im Ermessen des Trustees liegen. Bisweilen wissen die Beneficiaries gar nicht, dass sie Begünstigte eines Trusts sind. Aus diesem Grund kann die Zuwendung erst im Zeitpunkt der effektiven Auszahlung der Besteuerung unterworfen werden, wobei aber zu prüfen ist, ob es sich um steuerbares Einkommen oder um eine der Einkommenssteuer nicht unterliegende Schenkung handelt (Art. 24 lit. a DBG; Art. 7 Abs. 4 lit. c StHG). Im seltensten Fall, wo Umfang und Zeitpunkt der Zuwendung rechtsverbindlich festgelegt worden sind oder auch regelmässig erfolgen, kann die gleiche Behandlung erfolgen wie beim Fixed Interest Trust. Siehe Beispiel in 5.2.

5.2. Beispiele

Die Beispiele können - wegen der grossen Vielfalt - nicht alle Varianten umfassen. Sie beschränken sich auf die steuerliche Beurteilung der drei Grundvarianten (Revocable Trust, Irrevocable Fixed Interest Trust, Irrevocable Discretionary Trust). Die Beurteilung erfolgt in Anwendung der vorne dargestellten steuerlichen Grundsätze. Es wird davon ausgegangen, dass der Settlor im Zeitpunkt der Errichtung des Trusts lebt (inter vivos Trust) und es sich um einen Fall von Nachlassplanung oder so genannter asset protection einer natürlichen Personen handelt (häufigste Anwendungsfälle). Im Übrigen ist der Vorbehalt von Ziffer 5.1.1.2 zu beachten.

5.2.1. Revocable Trust

Es erfolgt eine steuerlich transparente Behandlung, da keine unwiderrufliche Entäusserung des Trustvermögens vorliegt (Zurechnung von Trustvermögen und –erträgen an den Settlor). Daraus ergibt sich die nachstehende steuerliche Behandlung:

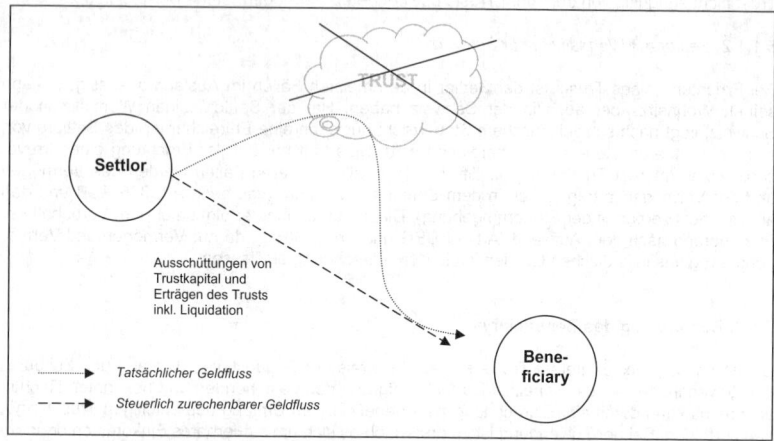

Lebensdauer des Trusts	Steuerliche Beurteilung
Gründung	Keine Steuerfolgen. Vermögen und dessen Erträge sind weiterhin vom Settlor an dessen Wohnsitz zu versteuern.
Ausschüttungen an den Beneficiary	Es liegt eine Schenkung vor. Die Festsetzung des Steuersatzes wird den Kantonen überlassen.
Liquidation	Bei Rückfluss an Settlor: Keine Besteuerung Bei Zufluss an Beneficiary: vgl. oben Ausschüttungen

5.2.2. Irrevocable Fixed Interest Trust

Der Beneficiary des Trusts kann dem Nutzniesser gleichgestellt werden (siehe hierzu ASA 55, 657 ff.), weshalb Trustvermögen und -erträge steuerlich dem Beneficiary zugerechnet werden. Daraus ergibt sich die nachstehende steuerliche Behandlung:

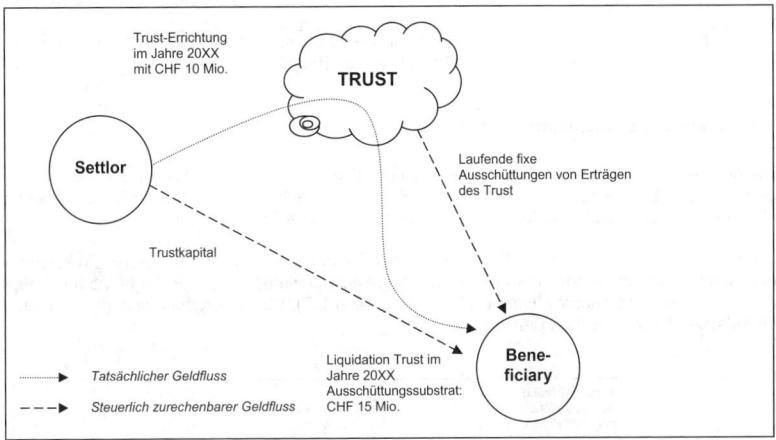

Lebensdauer des Trusts	Steuerliche Beurteilung
Gründung	Es liegt eine Schenkung vom Settlor an den Beneficiary im Umfang des Trustkapitals vor.[3] Die Festsetzung des Steuersatzes wird den Kantonen überlassen.
Ausschüttungen an den Beneficiary	Ausschüttungen an den Beneficiary stellen grundsätzlich steuerbares Einkommen dar (Art. 16 Abs. 1 DBG, Art. 7 Abs. 1 StHG). Dabei gilt das Einkommen in jenem Zeitpunkt als zugeflossen, in welchem der Begünstigte einen festen Anspruch auf die Trusterträge erworben hat oder in welchem er die Ausschüttung vereinnahmt. Der Beneficiary unterliegt für seinen Anteil am Trustvermögen der Vermögenssteuer. Ist dieser Anteil nicht feststellbar, kann der Ertrag kapitalisiert werden.[4] Aus der steuerlichen Zurechnung des Trustvermögens an den Beneficiary folgt, dass die Ausschüttung von Kapitalgewinnen (soweit als Privatvermögen vorliegt) und des eingebrachten Trustkapitals steuerfrei ist (Art. 16 Abs. 3 DBG und Art. 7 Abs. 4 lit. b StHG bzw. Art. 24 lit. a DBG und Art. 7 Abs. 4 lit. c StHG). Kann der Nachweis nicht

---

[3] Falls die Steuerhoheit gemäss kantonaler Gesetzgebung überhaupt bejaht werden kann.
[4] Z.B. mit Kapitalisierungssatz gemäss Kursliste ESTV

	erbracht werden, dass im konkreten Fall ein steuerfreier Kapitalgewinn oder eine Ausschüttung des Trustkapitals vorliegt, gilt der allgemeine Grundsatz, dass der gesamte Zufluss steuerbares Einkommen darstellt. Der Trust ist von seiner Rechtsnatur her ein dauerhaftes Gebilde, so dass das eingebrachte Trustkapital erst nach Ausschüttung aller Trusterträge ausgeschüttet werden kann.
Liquidation	Zur Behandlung des Liquidationserlöses siehe oben «Ausschüttungen an den Beneficiary».

5.2.3. Irrevocable Discretionary Trust

Hat der Settlor im Zeitpunkt der Errichtung seinen Wohnsitz in der Schweiz, werden das Vermögen und der Vermögensertrag weiterhin dem Settlor zugerechnet (vgl. Ziff. 5.1.1.2.). Es ergeben sich somit die gleichen Steuerfolgen wie bei einem Revocable Trust (vgl. Ziff. 5.2.1)

Hat der Settlor im Zeitpunkt der Errichtung seinen Wohnsitz im Ausland, kann das Trustvermögen weder dem Settlor noch dem Beneficiary zugerechnet werden (vgl. zur Frage, ob überhaupt ein Irrevocable Discretionary Trust vorliegt, obige Ziffer 3.7). Daraus ergeben sich die folgenden Grundsätze der steuerlichen Behandlung:

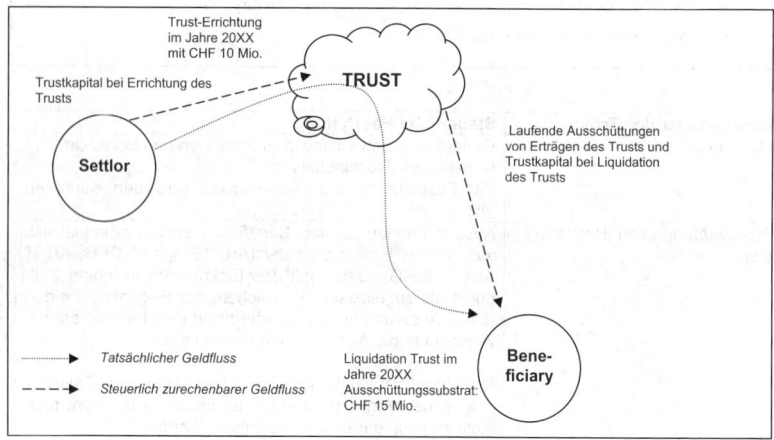

Lebensdauer des Trusts	Steuerliche Beurteilung (unter Vorbehalt von Ziff. 5.1.1.2.)
Gründung	Die Übertragung des Vermögens vom Settlor an den Trust bzw. an die Trustees gilt als Schenkung des Settlors im Umfang des Trustkapitals.
Ausschüttungen an den Beneficiary	Der Beneficiary wird für keinen Vermögensanteil am Trust steuerpflichtig. Ausschüttungen aus dem Trustvermögen an den Beneficiary können erst beim Zufluss respektive beim Erhalt des festen

	Rechtsanspruchs auf die Leistung besteuert werden.
	Ausschüttungen sind grundsätzlich als Einkommen des Beneficiarys zu betrachten (Art. 16 Abs. 1 DBG, Art. 7 Abs. 1 StHG). Die Besteuerung des Einkommens steht unter dem Vorbehalt des Nachweises, dass beim Zufluss kein oder nur teilweise Einkommen vorliegt (Nachweis des eingebrachten Trustkapitals, welches bei der Einbringung bereits als Schenkung behandelt wurde; Art. 24 lit. a DBG und Art. 7 Abs. 4 lit. c StHG; diese Feststellung bezieht sich allerdings lediglich auf das bei der Gründung oder später eingelegte Kapital, wobei die Nachweispflicht dem Steuerpflichtigen obliegt).
	Zu beachten ist ferner, dass der Trust von seiner Rechtsnatur her ein dauerhaftes Gebilde ist, so dass das eingebrachte Trustkapital erst nach Ausschüttung aller Trusterträge ausgeschüttet werden kann.
	Mangels steuerlicher Zurechnung des Trustvermögens an den Beneficiary kann die Ausschüttung weder ganz noch teilweise als privater Kapitalgewinn des Beneficiarys von der Besteuerung ausgenommen werden.
Liquidation	Zur Behandlung des Liquidationserlöses siehe oben «Ausschüttungen an den Beneficiary».

6. Auskunft und Mitwirkungspflicht

Die in der Schweiz steuerpflichtigen Settlors, Trustees oder Beneficiaries haben aufgrund von Artikel 126 DBG bzw. Art. 42 StHG alle erforderlichen Auskünfte zu erteilen, Belege, Urkunden oder Bescheinigungen Dritter einzureichen, um den Trust wie auch die entsprechenden geldwerten Leistungen bzw. Aufwendungen nachzuweisen.

Anzufügen bleibt, dass sich der Trustee bei der Prüfung der Verhältnisse durch eine externe Steuerrevision nicht auf sein Berufsgeheimnis berufen darf. Er hat den Trust mit sämtlichen Urkunden offen zu legen. Dies gilt auch für diejenigen Fälle, in denen der Trustee ein Anwalt ist, da es sich bei der Trustverwaltung nicht um eine eigentliche Anwaltstätigkeit handelt.

7. Hinweise zur Verrechnungssteuer

Nachstehend wird die Praxis der Eidgenössischen Steuerverwaltung (ESTV) festgehalten.

7.1. Vermögenserträge aus dem Trustvermögen

Die Zuwendungen des Trusts an Beneficiaries können nicht der Verrechnungssteuer unterliegen, weil Trusts nicht in Art. 4 Abs. 1 VStG genannt sind.

7.2. Rückerstattung der Verrechnungssteuer

Mangels Rechtspersönlichkeit kann der Trust die Rückerstattung der Verrechnungssteuer nicht selbst beantragen. Auch kann der Trust nicht als rückerstattungsberechtigte Handelsgesellschaft ohne juristische Persönlichkeit qualifiziert werden.[5] Art. 55 lit. c VStV kann auf den Trust nicht angewendet werden, da der Trust keine "Vermögensmasse" darstellt.

Im internationalen Verhältnis bleiben die Erläuterungen gemäss nachstehender Ziffer 8 ("Doppelbesteuerungsabkommen") vorbehalten.

7.2.1. Revocable Trust

Ein widerruflicher Trust ist steuerrechtlich dem Settlor zuzurechnen, der - eine allfällige Steuerumgehung vorbehalten - als Inhaber des Rechts zur Nutzung zu qualifizieren ist. Mithin hat der Settlor die Voraussetzungen zu erfüllen, die ihn zur Rückerstattung der auf den Erträgen des Trustvermögens erhobenen Verrechnungssteuern berechtigen.

7.2.2. Irrevocable Fixed Interest Trust

Soweit der Trustee das Trustverhältnis durch die Vorlage des Trust Deed nachweisen kann, ist ihm das Trustvermögen steuerlich nicht zuzurechnen. In diesem Fall gilt als Inhaber des Rechts zur Nutzung der Beneficiary. Falls der Beneficiary im Zeitpunkt der Fälligkeit der steuerbaren Leistung den Wohnsitz in der Schweiz hatte (Art. 22 Abs. 1 VStG), kann er in Analogie zur Regelung bei Treuhandverhältnissen die Verrechnungssteuer zurückfordern (Art. 61 Abs. 2 VStV).

7.2.3. Irrevocable Discretionary Trust

Beim Discretionary Trust räumt die Trusturkunde dem Beneficiary keine Ansprüche auf Ausschüttungen des Trusts ein. Es liegt vielmehr im Ermessen des Trustees, wann er den in der Urkunde genannten Beneficiaries welche Zahlungen aus dem Trust leisten will. Zwischen dem Zeitpunkt der Trusterrichtung und demjenigen einer effektiven Ausschüttung können das Trustvermögen sowie die darauf anfallenden Erträge den Beneficiaries nicht zugerechnet werden, es handelt sich um blosse Anwartschaften. Ebensowenig kann das Trustvermögen dem Settlor steuerlich zugerechnet werden, da dieser sich endgültig des Trustvermögens entäussert hat. Solange das Trustvermögen steuerlich keiner Person zugerechnet werden kann, besteht bis zur effektiven Ausschüttung keine Möglichkeit der Rückerstattung der Verrechnungssteuer. Dies steht auch im Einklang mit der direktsteuerlichen Behandlung, wonach bei Discretionary Trusts vor der effektiven Ausschüttung kein steuerlicher Zugriff möglich ist.

Hat der Settlor im Zeitpunkt der Errichtung seinen Wohnsitz in der Schweiz, gibt es wegen der fehlenden Bereicherung eines anderen Steuersubjekts keine Entreicherung des Settlors mit der Folge, dass das Vermögen und der Vermögensertrag weiterhin dem Settlor zugerechnet werden. Mithin gilt für die Rückerstattung der Verrechnungssteuer die gleiche Regelung wie für einen Revocable Trust und der Settlor hat die Voraussetzungen zu erfüllen, die ihn zur Rückerstattung der auf den Erträgen des Trustvermögens erhobenen Verrechnungssteuern berechtigen.

---

[5] Vorne Ziffer 4.1

8. Hinweise zu den Doppelbesteuerungsabkommen (DBA)

8.1. Allgemeines

Die von der Schweiz abgeschlossenen Doppelbesteuerungsabkommen regeln u. a. den Anspruch von im Ausland ansässigen Personen auf Rückerstattung der in der Schweiz auf Dividenden und Zinsen erhobenen Verrechnungssteuer und den Anspruch von in der Schweiz ansässigen Personen auf Rückerstattung der im Ausland erhobenen Quellensteuern.

Da der Trust nach Schweizer Recht keine „Person" ist, können die Bestimmungen der Doppelbesteuerungsabkommen nicht nach einheitlichen Regeln angewandt werden. Die konkreten Fälle sind aufgrund der jeweils darauf anwendbaren Doppelbesteuerungsabkommen zu prüfen.

Gewisse Doppelbesteuerungsabkommen, wie z. B. die Abkommen mit den USA, Kanada und Grossbritannien (durch Auslegung), enthalten Bestimmungen über Trusts. Sie bestimmen insbesondere, dass der Trust eine „Person" im Sinn des Abkommens ist. Diese Bestimmung allein bedeutet aber noch nicht, dass ein Anspruch auf Rückerstattung besteht. In den Genuss der Doppelbesteuerungsabkommen kommen nämlich nur Personen, welche a) im Sinn des Abkommens in einem Vertragsstaat steuerlich ansässig sind und b) die tatsächlichen Begünstigten der entsprechenden Einkünfte sind.

8.2. Rückerstattung der schweizerischen Verrechnungssteuer

Beantragt ein Trust ausländischen Rechts die Rückerstattung der schweizerischen Verrechnungssteuer, prüft die Eidgenössische Steuerverwaltung zuerst, ob der Trust nach dem Recht des anderen Vertragsstaats eine dort steuerlich ansässige „Person" (subjektive Steuerpflicht) ist, sei es dass der Trust selbst oder die Trustees im anderen Vertragsstaat Steuersubjekt sind. In diesem Fall hält die Eidgenössische Steuerverwaltung die Anwendung der Abkommensbestimmungen zur Reduktion der Doppelbesteuerung (Dividenden, Zinsen) für richtig und erstattet einen Teil der Verrechnungssteuer zurück; der Umstand, dass der Trust nach schweizerischem Recht (und nicht notwendigerweise nach dem Sinn des Abkommens) keine Rechtspersönlichkeit hat, ist vorliegend weniger bedeutend als die Tatsache, dass im anderen Vertragsstaat ein Steuersubjekt für die Erträge des Trusts vollumfänglich der ordentlichen Steuerpflicht unterliegt.

Näher zu prüfen ist die Rückerstattungsberechtigung, wenn die Trusterträge im anderen Vertragsstaat zwar der ordentlichen Besteuerung unterliegen, ein Abzugs- oder Anrechnungsmechanismus aber dazu führen kann, dass der Trust tatsächlich ganz oder teilweise transparent behandelt wird (und die an die Beneficiaries weitergeleiteten Einkünfte nicht besteuert werden). In diesem Fall ist es möglich, dass nicht abkommensberechtigte Personen (Personen, die nicht im Staat des antragstellenden Trusts ansässig sind) die tatsächlichen Begünstigten der Einkünfte aus Schweizer Quelle sind. Dies ist nur ein Beispiel unter vielen, welches zeigt, welche Schwierigkeiten sich bei der Anwendung der Abkommensbestimmung ergeben und wieso jeder Einzelfall nach dem anwendbaren Doppelbesteuerungsabkommen geprüft werden muss. In jedem Fall obliegt es dem ausländischen Begünstigten bzw. derjenigen Person, welche sich auf ein Doppelbesteuerungsabkommen beruft, der Eidgenössischen Steuerverwaltung die für die Behandlung des Antrags notwendigen Informationen zu liefern.

8.3. Rückerstattung von ausländischen Quellensteuern

Die Schweiz kennt das Institut des Trusts nicht; in diesem Sinn stellt sich die Frage, ob ein in der Schweiz ansässiger Trust gestützt auf ein DBA die Rückerstattung von ausländischen Quellensteuern beantragen kann, nicht. Hingegen fragt sich, ob die in der Schweiz ansässigen und für die Trusterträge anteilig in der Schweiz steuerpflichtigen Begünstigten die ausländischen Steuern, welche auf den an sie weitergeleiteten Trusteinkünften erhoben wurden, teilweise zurückfordern können.

Falls der Antragsteller in der Schweiz ordentlich steuerpflichtig ist und ihm die fraglichen Einkünfte nach dem Gesetz und den Grundsätzen dieses Kreisschreibens zugerechnet wurden, wird die Eidgenössische Steuerverwaltung einen entsprechenden Antrag bestätigen und diesen gemäss dem im Einzelfall anwendbarem Verfahren an den Begünstigten zurücksenden oder an die zuständige ausländische Steuerbehörde des Quellenstaats weiterleiten. Ob und in welchem Umfang dem Rückerstattungsantrag stattgegeben wird, hängt davon ab, wie der andere Vertragsstaat die Trusteinkünfte bzw. den Trust und seine Beneficiaries qualifiziert.

8.4. Zinsbesteuerungsabkommen mit der EG

Die Sonderbestimmungen für Trusts in der Wegleitung zur EU-Zinsbesteuerung sind nur für die Vornahme des Steuerrückbehalts und die freiwillige Meldung im Rahmen des Zinsbesteuerungsabkommen mit der EG massgebend.

Leasinggeschäfte mit Immobilien

Quelle: Schweizerische Steuerkonferenz SSK

Leasinggeschäfte mit gewerblichen oder industriellen Liegenschaften

Kreisschreiben 29 - vom 27. Juni 2007

1. Einleitung

1.1. Allgemeine Vorbemerkungen

Gegenstand dieses Kreisschreibens ist die steuerliche Behandlung von Leasinggeschäften mit gewerblichen oder industriellen Liegenschaften aus der Sicht des Leasingnehmers wie des Leasinggebers. Dabei wird folgende grundsätzliche Unterscheidung vorgenommen:

- Leasinggeschäfte, bei welchen nur eine Gebrauchsüberlassung vereinbart wird und am Ende der - allenfalls verlängerten - Leasingdauer das Leasingobjekt dem Leasinggeber zurückgegeben wird (nachfolgend die „Leasinggeschäfte Typ A"); und

- Leasinggeschäfte, bei welchen neben der Gebrauchsüberlassung vertraglich bestimmte Rechte und Pflichten in Bezug auf den Kauf des Leasingobjektes durch den Leasingnehmer am Ende der - allenfalls verlängerten - Leasingdauer definiert werden (nachfolgend die „Leasinggeschäfte Typ B").

Die Rechte und Pflichten in Bezug auf den Kauf des Leasingobjektes können sehr verschieden ausgestaltet sein. Wird für den Leasingnehmer ein Kaufrecht (als vorbestimmter Kauf oder als Kaufoption) vereinbart, verpflichtet sich der Leasinggeber, das Leasingobjekt im Zeitpunkt der Beendigung des Leasingvertrages zu dem sich aus dem Leasingvertrag ergebenden kalkulatorischen Restwert zu verkaufen oder zum Verkauf anzubieten. Bei einer Kaufverpflichtung des Leasingnehmers (als vorbestimmten Kauf oder als Verkaufsoption des Leasinggebers) verpflichtet sich dieser, das Leasingobjekt zum oben definierten Restbuchwert zu kaufen.

1.2. Leasingvertrag

Dem Leasinggeschäft mit gewerblichen oder industriellen Liegenschaften liegt ein detaillierter Leasingvertrag zugrunde. Aus diesem – oder aus anderen zwischen den Parteien ausgetauschten Dokumenten – gehen in der Regel die für die steuerliche Qualifikation des Geschäftes nach den nachfolgenden Ziffern erforderlichen Angaben hervor, so die Investitionskosten für das Gebäude und das Grundstück, die Leasingdauer und die berechneten Amortisationen.

1.3. Geltungsbereich

Dieses Kreisschreiben gilt für alle juristischen Personen und für selbständigerwerbende natürliche Personen.

2. Gewinnsteuer des Leasinggebers

2.1. Grundsatz

Die Leasingraten und die übrigen auf dem Leasingvertrag basierenden Vergütungen stellen beim Leasinggeber steuerbaren Ertrag dar.

Der mit dem Leasinggeschäft verbundene Aufwand (namentlich Refinanzierungs- und Verwaltungsaufwand sowie Abschreibungen) stellt grundsätzlich geschäftsmässig begründeter Aufwand dar und kann für die Ermittlung des steuerbaren Gewinnes bzw. Einkommens in Abzug gebracht werden.

2.2. Abschreibungen

2.2.1. Leasinggeschäfte Typ A

Der Leasinggeber kann die Leasingobjekte höchstens zu den für die entsprechende Art von Immobilien geltenden steuerlichen Abschreibungssätzen abschreiben. Diese Ansätze müssen nicht notwendigerweise mit den in den Leasingraten enthaltenen Amortisationsanteilen übereinstimmen. Erweist sich der für eine bestimmte Art von Immobilie definierte Abschreibungssatz als im Einzelfall nicht ausreichend, kann – in Absprache mit der zuständigen Steuerbehörde – ein individueller Abschreibungssatz angewendet werden. Die im nachfolgenden Absatz definierte Abschreibungsuntergrenze ist dabei einzuhalten.

Die Abschreibungsuntergrenze stellt den sogenannten steuerlichen Endwert dar, welcher dem Wert entspricht, den das Abschreibungsobjekt schätzungsweise unter ungünstigsten Verhältnissen in jenem Zeitpunkt für den Betrieb haben wird, in welchem es aus dem Unternehmungsvermögen voraussichtlich ausscheiden wird.

In aller Regel kann die Abschreibungsuntergrenze nicht unter den Erwerbspreis des Bodens sinken. Liegt ein substanzierter Antrag bezüglich einer eingetretenen Landentwertung vor, können auch ausserordentliche Abschreibungen unter den ursprünglichen Landerwerbspreis steuerlich zum Abzug zugelassen werden.

2.2.2. Leasinggeschäfte Typ B

Der Leasinggeber kann die Abschreibungen auf dem Leasingobjekt nach den Bestimmungen für Leasinggeschäfte des Typs A vornehmen.

Dem Leasinggeber ist es gestattet, sich bei Leasinggeschäften des Typs B bei der Ermittlung der planmässigen Entwertung des Leasingobjektes an den in der Option oder im Kaufrecht vordefinierten Preis und die Laufzeit des Leasingvertrages in dem Sinne zu orientieren, als auf den in den Leasingraten enthaltenen Amortisationsanteil abgestellt werden darf. Übersteigen die so ermittelten Abschreibungsanteile die Abschreibungen, welche beim betreffenden Leasingobjekt für Leasinggeschäfte des Typs A zugelassen sind, dürfen die Zusatzbeträge (steuerlich) nur als Wertberichtigungen und nicht als Abschreibungen geltend gemacht werden.

Werden die Kaufoption oder das Kaufrecht nicht ausgeübt und verbleibt das Leasingobjekt am Ende der Leasingdauer beim Leasinggeber, muss die Wertberichtigung aufgelöst werden. Erweisen sich die Wertberichtigungen als übermässig, ist der nicht anzuerkennende Teil steuerwirksam zugunsten einer versteuerten Reserve (sogenannter besteuerter Mehrwert) aufzulösen. Der anzuerkennende Teil der Wertberichtigung ist über das entsprechende Anlagekonto aufzulösen.

3. Gewinnsteuer des Leasingnehmers

3.1. Leasinggeschäfte Typ A

Beschränkt sich das Leasinggeschäft auf die Gebrauchsüberlassung (Leasinggeschäft Typ A), bilden die Aufwendungen des Leasingnehmers im Zusammenhang mit diesem Geschäft (so namentlich Leasingzinsen und Gebühren) – ungeachtet der Höhe der in den Leasingraten enthaltenen kalkulatorischen Abschreibungen – vollumfänglich geschäftsmässig begründeten Aufwand.

3.2. Leasinggeschäfte Typ B

Liegt ein Leasinggeschäft Typ B vor, bilden die Aufwendungen des Leasingnehmers (so namentlich Leasingzinsen und Gebühren) – mit Ausnahme der in den Leasingraten enthaltenen übersetzten kalkulatorischen Abschreibungen – geschäftsmässig begründeten Aufwand.

Die in den Leasingraten enthaltenen kalkulatorischen Abschreibungen werden bis zum Erreichen der Abschreibungsuntergrenze (siehe dazu die Definition unter Ziffer 2.2.1. dieses Kreisschreibens) der betroffenen Liegenschaft vollumfänglich zum Abzug zugelassen.

Die in der Leasingrate enthaltenen (kalkulatorischen) Abschreibungen bilden keinen geschäftsmässig begründeten Aufwand, sobald der kalkulatorische Restwert des Leasingobjektes unter den steuerlichen Endwert fällt. Dieser nicht zum Abzug zugelassene Teil der Leasingraten stellt als Gewinn versteuerte stille Reserven dar (sogenannter besteuerter Mehrwert).

Werden die Kaufoption oder das Kaufrecht ausgeübt, stellen die als Gewinn versteuerten stillen Reserven beim Leasingnehmer zusätzliche Anlagekosten der Liegenschaft dar. Der Gewinnsteuerwert der Liegenschaft entspricht in der Folge dem vereinbarten Kaufpreis zuzüglich der als Gewinn versteuerten stillen Reserven auf diesem Leasingobjekt.

Wird die Liegenschaft nicht erworben, kann der Leasingnehmer die als Gewinn versteuerten stillen Reserven auf dieser Liegenschaft steuerwirksam auflösen.

4. Grundstückgewinnsteuer: Anrechenbare Anlagekosten

4.1. Leasinggeber

Beim Verkauf einer Liegenschaft stellen beim Leasinggeber die ursprünglichen Kaufkosten die Anlagekosten dar, welche für die Grundstückgewinnsteuer Grundlage für die Ermittlung der steuerbaren Gewinne bilden. Bei Ausführung eines Bauvorhabens in Zusammenhang mit dem Leasinggeschäft (namentlich Neu-, An- oder Umbau des Leasingobjektes), ist auf die ursprünglichen Kaufkosten zuzüglich der effektiven Baukosten abzustellen.

Als Erlös gelten die beim Leasingnehmer in Ziffer 4.2. dieses Kreisschreibens definierten Anlagekosten, nämlich der vereinbarte Kaufpreis zuzüglich der als Gewinn versteuerten stillen Reserven auf diesem Leasingobjekt gem. Ziffer 3.2. dieses Kreisschreibens.

4.2. Leasingnehmer

Die als Gewinn besteuerten stillen Reserven stellen Anzahlungen im Hinblick auf das dereinst zu erwerbende Grundstück dar und werden grundstückgewinnsteuerlich bei einer allfälligen Weiterveräusserung des Objektes als Anlagekosten anerkannt. Die Anlagekosten des Leasingnehmers entsprechen somit dem Gewinnsteuerwert dieser Liegenschaft anlässlich der Einlösung der Kaufoption oder des Kaufrechtes (siehe Ziffer 3.2. dieses Kreisschreibens).

5. Inkrafttreten

Dieses Kreisschreiben ersetzt das Kreisschreiben der Konferenz staatlicher Steuerbeamter (heute Schweizerische Steuerkonferenz) betreffend die steuerliche Behandlung von Leasingverträgen über gewerbliche oder industrielle Liegenschaften vom 6. Februar 1980.

Dieses Kreisschreibens ist für Geschäftsjahre anwendbar, die im Kalenderjahr 2007 oder später enden.

Ausscheidungsverluste

Quelle: Schweizerische Steuerkonferenz SSK

Die Vermeidung von Ausscheidungsverlusten

Kreisschreiben 27 - vom 15. März 2007

1. Bisherige Praxis

Nach den Grundsätzen zur Vermeidung der interkantonalen Doppelbesteuerung muss ein Steuerpflichtiger, der in mehreren Kantonen steuerpflichtig ist, nicht mehr als sein gesamtes Reineinkommen bzw. seinen gesamten Reingewinn versteuern. Gemäss der bisherigen bundesgerichtlichen Rechtsprechung trat diese Regel gegenüber dem Grundsatz zurück, dass das Grundeigentum dem Kanton, in dem es liegt, zur ausschliesslichen Besteuerung vorbehalten bleibt. Das Schlechterstellungsverbot war in diesem Fall nicht anwendbar. Der Liegenschaftskanton musste Verluste, die am Wohnsitz (Hauptsitz) oder in anderen Kantonen angefallen waren, nicht übernehmen.

Diese Praxis führte in zahlreichen Fällen zu sogenannten Ausscheidungsverlusten. Der Steuerpflichtige musste im Liegenschaftskanton (Spezialsteuerdomizil) ein Einkommen versteuern, welches das gesamte Reineinkommen überstieg. Im Extremfall versteuerte eine Unternehmung am Spezialsteuerdomizil einen Reingewinn, obwohl die Gesamtunternehmung Verluste erlitten hatte.

2. Neue Praxis des Bundesgerichts

In seiner neueren Rechtsprechung hat das Bundesgericht in folgenden Fallkonstellationen die Ausscheidungsverluste explizit beseitigt:

- Geschäftsverlust (Verlustvorträge) im Sitzkanton und in weiteren Betriebsstättekantonen: Verrechnung mit dem Wertzuwachsgewinn aus der Veräusserung einer Betriebsliegenschaft im Betriebsstättekanton (BGE 131 I 249).

- Gewinnungskostenüberschuss aus einer im Privatvermögen gehaltenen Liegenschaft am Hauptsteuerdomizil: Verrechnung mit Einkünften aus einer ebenfalls im Privatvermögen gehaltenen Liegenschaft im Liegenschaftskanton (BGE 131 I 285).

- Geschäftsverlust im Sitzkanton: Verrechnung mit laufenden Liegenschaftserträgen aus Kapitalanlageliegenschaften im Spezialsteuerdomizil (BGE 132 I 220).

- Proportional zu den Aktiven zu verlegende Schuldzinsen eines Liegenschaftenhändlers (natürliche Person): Soweit der nach Lage der Aktiven zu übernehmende Schuldzinsenanteil den Vermögensertrag im Liegenschaftskanton übersteigt, erfolgt die Deckung des Schuldzinsenüberschusses in erster Linie mit den Netto-Vermögenserträgen der übrigen Kantone, in zweiter Linie mit dem übrigen Einkommen des Liegenschaftenhändlers (BGE 2P.84/2006).

Aufgrund dieser Entscheide drängt sich der Schluss auf, dass Ausscheidungsverluste in sämtlichen Fallkonstellationen zu vermeiden sind.

Den 1990 im Falle der Übernahme des Verlusts im Liegenschaftskanton durch das Hauptsteuerdomizil postulierte Vorrang der Verlustverrechnung in der Zeit (Rückbelastung der von einem Kanton übernommenen Verluste an andere Kantone in Folgeperioden der Verlustübernahme; vgl. BGE 116 Ia 127 und ASA 60, S. 270) hat das Bundesgericht in obigen Urteilen nicht angebracht. Da es den Vorrang der Verlustverrechnung in der Zeit aber auch nicht explizit ausgeschlossen hat, stellt sich die Frage, ob und in welchen Fällen dieser noch angewandt werden soll.

Gegen den Vorrang der Verlustverrechnung in der Zeit sprechen vor allem praktische Gründe: Das Steuerdomizil, das Verluste aus anderen Kantonen getragen hat, müsste nämlich in den sieben der Verlustübernahme folgenden Jahren überprüfen, ob in den anderen Kantonen Gewinne angefallen sind und ob somit zu seinen Lasten übernommene Verluste den anderen Kantonen zurückbelastet werden können. Eine solche Rückbelastung wäre nur möglich, wenn die betreffende Steuerperiode noch nicht rechtskräftig veranlagt ist oder wenn bei rechtskräftiger Veranlagung ein Nachsteuergrund gegeben ist (vgl. Höhn/Mäusli, Interkantonales Steuerrecht, 4. Aufl., Bern 2000, § 22, Rz. 18c), was mindestens als fraglich erscheint.

Der Vorrang der Verlustverrechnung in der Zeit (und die sich daraus ergebende Rückbelastung von Verlusten) wurde vom Bundesgericht zudem aufgestellt, als noch die Teilverlustverrechnungsmethode gebräuchlich war. Nur wenn die Verluste nach der Teilverlustverrechnungsmethode ermittelt werden, ist eine Rückbelastung überhaupt möglich. Seit der Steuerperiode 2001 wird nach der Gesamtverlustverrechnungsmethode verfahren (vgl. KS SSK 24 vom 17. Dezember 2003). Die Rückbelastung steht damit im Widerspruch zur Gesamtverlustverrechnung

Im Urteil vom 3. November 2006 (2P.84/2006, E. 5.2) stellte das Bundesgericht fest, es habe „bei Liegenschaftenhändlern bisher der Verrechnung von Aufwandüberschüssen in der Zeit den Vorrang vor der Verrechnung als Verluste im Sitzkanton oder in anderen Liegenschaftskantonen eingeräumt." Indem es in E. 6 seine „Aktivierungspraxis", welche den Vorrang der Verlustverrechnung in der Zeit umsetzte, aufgibt, hat es implizit auch den Vorrang der Verlustverrechnung in der Zeit aufgehoben. Daraus lässt sich schliessen, dass die Verlustübernahme definitiv zu erfolgen hat (keine Rückbelastung an andere Kantone in den Folgejahren).

3. Grundsätze

Gestützt auf die neue bundesgerichtliche Rechtsprechung sind Ausscheidungsverluste nach den folgenden Grundsätzen zu vermeiden. Dabei wird die bisherige Praxis und Rechtsprechung zu den Zuteilungsnormen (insbesondere zur Verlegung von Schuldzinsen und Schulzinsenüberschüssen) im interkantonalen Steuerrecht, zur Ersatzbeschaffung und zur Steuerausscheidung bei Liegenschaftenhändlern und Generalunternehmern im Übrigen unverändert weitergeführt. Das Kreisschreiben definiert lediglich Lösungsansätze zur Vermeidung von Ausscheidungsverlusten.

3.1. Natürliche Personen

3.1.1. Verluste und Gewinnungskostenüberschüsse sind in erster Linie mit anderen Einkünften im gleichen Kanton zu verrechnen. Nicht im gleichen Kanton verrechenbare Verluste und Gewinnungskostenüberschüsse trägt das Hauptsteuerdomizil zu Lasten der dort steuerbaren Einkünfte. Vorbehalten bleibt Ziffer 3.1.2.

3.1.2. Verluste und Gewinnungskostenüberschüsse aus Kapitalanlageliegenschaften des Geschäftsvermögens sind in erster Linie mit dem Geschäftsbetriebseinkommen zu verrechnen; umgekehrt sind (Geschäftsbetriebs-) Verluste in erster Linie mit Ertrag und Gewinnen aus Kapitalanlageliegenschaften des Geschäftsvermögens zu verrechnen.

3.1.3. Verluste und Gewinnungskostenüberschüsse, die am Hauptsteuerdomizil nicht mit dort steuerbaren Einkünften verrechnet werden können, haben in erster Linie die Kantone der Geschäftsorte und Betriebstätten zu übernehmen und in zweiter Linie die reinen Liegenschaftskantone. Sie werden im Verhältnis der in den betroffenen Kantonen steuerbaren Reineinkommen verlegt.

3.1.4. In den Liegenschaftskantonen erfolgt die Verrechnung von Verlusten mit Grundstückgewinnen des Geschäftsvermögens, ungeachtet ob diese Gewinne mit der Einkommens- oder mit der Grundstückgewinnsteuer erfasst werden. Kantone mit dem monistischen System der Grundstückgewinnsteuer verrechnen übernommene Verluste zuerst mit den wiedereingebrachten Abschreibungen und einen allenfalls verbleibenden Rest mit dem Wertzuwachsgewinn.

3.1.5. Eine Verrechnung von Verlusten und Gewinnungskostenüberschüssen mit Grundstückgewinnen des Privatvermögens ist in jedem Fall ausgeschlossen.

3.1.6. Die Übernahme von Verlusten und Gewinnungskostenüberschüssen ist definitiv. Weder das Hauptsteuerdomizil noch die sekundären oder Spezialsteuerdomizile belasten Verluste und Gewinnungskostenüberschüsse, die sie von einem anderen Steuerdomizil übernommen haben, an dieses zurück.

3.2. Juristische Personen

3.2.1. Verluste und Gewinnungskostenüberschüsse sind in erster Linie mit im gleichen Kanton steuerbaren Gewinnen / Erträgen zu verrechnen. Nicht im gleichen Kanton verrechenbare Verluste und Gewinnungskostenüberschüsse schmälern das nach Quoten zu verteilende Betriebsergebnis.

3.2.2. Ein negatives Gesamtbetriebsergebnis haben die Kantone mit Kapitalanlageliegenschaften zu übernehmen, zuerst jene, in denen sich Betriebstätten befinden, dann die reinen Liegenschaftskantone. Es wird im Verhältnis der in den betroffenen Kantonen steuerbaren Reingewinne verlegt.

3.2.3. In den Liegenschaftskantonen erfolgt die Verrechnung mit Grundstückgewinnen, ungeachtet ob diese Gewinne mit der Gewinnsteuer oder mit der Grundstückgewinnsteuer erfasst werden. Kantone mit dem monistischen System der Grundstückgewinnsteuer verrechnen übernommene Verluste zuerst mit den wiedereingebrachten Abschreibungen und einen allenfalls verbleibenden Rest mit dem Wertzuwachsgewinn.

3.2.4. Die Übernahme von Verlusten und Gewinnungskostenüberschüssen ist definitiv. Weder das Hauptsteuerdomizil noch die sekundären oder Spezialsteuerdomizile belasten Verluste und Gewinnungskostenüberschüsse, die sie von einem anderen Steuerdomizil übernommen haben, an dieses zurück.

4. Gültigkeit

Das Kreisschreiben ist grundsätzlich ab Steuerperiode 2006 anwendbar. Für frühere pendente Steuerperioden kann es auf Antrag der Steuerpflichtigen zur Vermeidung von Ausscheidungsverlusten ebenfalls angewendet werden.

5. Fallbeispiele

Seite

Natürliche Personen

1 Natürliche Personen mit Spezialsteuerdomizilen 5

2 Verlust aus selbständiger Tätigkeit 6

3 Verlust aus Kollektivgesellschaft 7

Juristische Personen

4 Gewinnungskostenüberschuss am Spezialsteuerdomizil 8

5 Gewinnungskostenüberschuss in sekundärem und Spezialsteuerdomizilen 9

6 Betriebsverlust; Kapitalgewinn am Spezialsteuerdomizil 10

7 Betriebsverlust; Kapitalgewinn am sekundären Steuerdomizil 11

8 Betriebsverlust; Kapitalgewinn am Hauptsteuerdomizil 12

9 Betriebsverlust; Kapitalgewinn am sekundären und Spezialsteuerdomizil 13

10 Betriebsverlust; Kapitalgewinne in mehreren Spezialsteuerdomizilen 14

11 Gesamtverluste 15

12 Betriebsgewinn; Kapitalverlust am Spezialsteuerdomizil 15

13 Betriebsgewinn; Kapitalgewinne und Kapitalverluste 16

Fall 1: Natürliche Person mit Spezialsteuerdomizilen

Ein Ehepaar mit Hauptsteuerdomizil im Kanton Zürich begründet im Kanton Bern ein Spezialsteuerdomizil (Geschäftsort) und in den Kantonen AG, GR und SG ein Spezialsteuerdomizil (Liegenschaftsort).

	ZH	BE	AG	GR	SG	Total
Massgebliche Aktiven	500'000	200'000	200'000	50'000	250'000	1'200'000
Aktivenanteile in % (1. Verlegung)	41%	17%	17%	4%	21%	100%
Aktivenanteile in % (2. Verlegung)			44%		56%	100%
Nettoertrag aus Liegenschaften			40'000	-110'000	50'000	-20'000
Ertrag aus Wertschriften	-					-
Vermögensertrag Einzelfirma (Fremdkapital- und Eigenkapitalzins)		5'000				5'000
Vermögensertrag	-	5'000	40'000	-110'000	50'000	-15'000
Schuldzinsen (1. Verlegung)	-21'812	-9'044	-9'044	-2'128	-11'172	-53'200
Vermögensertrag nach 1. Verlegung	-21'812	-4'044	30'956	-112'128	38'828	-68'200
Schuldzinsen (2. Verlegung)	21'812	4'044	-12'313	2'128	-15'671	
Vermögensertrag nach 2. Verlegung	-	-	18'643	-110'000	23'157	-68'200
Unselbständiger Erwerb Ehemann	42'000					42'000
Selbständiger Erwerb Ehefrau		50'000				50'000
Abzüglich Fremd- und Eigenkapitalzins		-5'000				-5'000
AHV-Beiträge Ehefrau		-5'000				-5'000
Vorsorgebeiträge Ehefrau		-8'000				-8'000
Gewinnungskostenüberschuss	-110'000			110'000		-
Reineinkommen	-68'000	32'000	18'643	-	23'157	5'800
1. Ausgleich *)	32'000	-32'000				
Reineinkommen nach 1. Ausgleich	-36'000	-	18'643	-	23'157	5'800
Positive Reineinkommen in %			44%		56%	
2. Ausgleich *)	36'000		-15'840		-20'160	
Reineinkommen nach 2. Ausgleich	-	-	2'803	-	2'997	5'800
Steuerbares Einkommen	-	-	2'800	-	3'000	5'800

Die Grenze, bis zu welcher der Geschäftskanton die auf ihn gemäss proportionaler Verlegung entfallenden Schuldzinsen übernehmen muss, besteht aus der Summe, die sich aus der Zusammenrechnung der für das Geschäft aufgewendeten Schuldzinsen und des Zinses für das investierte Eigenkapital ergibt (vgl. Höhn/Mäusli, § 22, Rz. 13c).

Der Gewinnungskostenüberschuss aus einer ausserkantonalen Liegenschaft ist in erster Linie vom Hauptsteuerdomizil zu übernehmen (Höhn/Mäusli, § 19, Rz. 25).

*) Verbleibende Aufwandüberschüsse (am Hauptsteuerdomizil) sind vorerst auf die Kantone der Geschäftsorte und Betriebsstätten und erst anschliessend auf die Liegenschaftskantone zu verlegen.

Fall 2: Natürliche Person mit sekundären und Spezialsteuerdomizilen
Verlust aus selbständiger Tätigkeit; Gewinn aus Verkauf Liegenschaft

Ein Ehepaar mit Hauptsteuerdomizil im Kanton Zürich begründet im Kanton Bern ein Spezialsteuerdomizil (Geschäftsort). Die Ehegatten besitzen Liegenschaften in den Kantonen AG, GR und SG, wo sie damit ein Spezialsteuerdomizil begründen. Die im Privatvermögen gehaltene Liegenschaft im Kanton GR wird mit Gewinn verkauft.

	ZH	BE	AG	GR	SG	Total
Massgebliche Aktiven	500'000	200'000	200'000	50'000	250'000	1'200'000
Aktivenanteile in % (1. Verlegung)	41%	17%	17%	4%	21%	100%
Aktivenanteile (2. Verlegung)			44%		56%	100%
Nettoertrag aus Liegenschaften		-	40'000	-10'000	50'000	80'000
Ertrag aus Wertschriften	-					-
Vermögensertrag Einzelfirma BE		-				
Vermögensertrag (vor Schuldzinsen)	-	-	40'000	-10'000	50'000	80'000
Schuldzinsen (1. Verlegung)	-20'500	-8'500	-8'500	-2'000	-10'500	-50'000
Vermögensertrag nach 1. Verlegung	-20'500	-8'500	31'500	-12'000	39'500	30'000
Schuldzinsen (2. Verlegung)	20'500	8'500	-13'640	2'000	-17'360	
Vermögensertrag nach 2. Verlegung	-	-	17'860	-10'000	22'140	30'000
Unselbständiger Erwerb Ehemann	30'000					30'000
Selbständiger Erwerb Ehefrau		-100'000				-100'000
Gewinnungskostenüberschuss	-10'000			10'000		
Uebernahme Verlust	-100'000	100'000				-
Reineinkommen	-80'000	-	17'860	-	22'140	-40'000
Positive Reineinkommen in %			45%		55%	
Ausgleich	40'000		-17'860		-22'140	
Steuerbares Einkommen	**-40'000**	**-**	**-**	**-**	**-**	**-40'000**

Die Berücksichtigung eines Eigenkapitalzinses entfällt, wenn die Unternehmung mit Verlust arbeitet, da in diesem Fall das Eigenkapital keinen Ertrag abwirft (Höhn/Mäusli, § 22, Rz. 13d).

Geschäftsverluste aus der am Geschäftsort betriebenen Einzelunternehmung sind in erster Linie von dem am Hauptsteuerdomizil steuerbaren Einkommen in Abzug zu bringen (Höhn/Mäusli, § 22, Rz. 11), in zweiter Linie von den Einkünften in den Spezialsteuerdomizilen (Liegenschaftsorte; im Verhältnis der dort steuerbaren Reineinkommen).

Der verrechenbare Verlustvortrag (aus selbständiger Tätigkeit) beträgt Fr. 40'000. In der Folgeperiode ist dieser in erster Linie mit den Einkünften am Geschäftsort, in zweiter Linie mit den Einkünften am Hauptsteuerdomizil und in dritter Linie mit den Einkünften in den Liegenschaftskantonen zu verrechnen.

Das negative Einkommen kann nicht mit dem Gewinn aus der Veräusserung der im Privatvermögen gehaltenen Liegenschaft im Kanton GR verrechnet werden.

Fall 3: Natürliche Person mit sekundären und Spezialsteuerdomizilen
Verlust aus Kollektivgesellschaft

Ein Ehepaar hat im Kanton Zürich das Hauptsteuerdomizil. Es besitzt Liegenschaften in den Kantonen AG, GR und SG, wo es damit ein Spezialsteuerdomizil begründet.

Der Ehemann ist Teilhaber an einer Kollektivgesellschaft mit Sitz im Kanton Aargau.

	ZH	AG	GR	SG	Total
Aktivenanteile in %	50%	20%	5%	25%	100%
Ertrag aus Liegenschaften	17'000	40'000	100'000	25'000	182'000
Ertrag aus Wertschriften	33'000				33'000
Vermögensertrag vor Schuldzinsen	50'000	40'000	100'000	25'000	215'000
Schuldzinsen	-25'000	-10'000	-2'500	-12'500	-50'000
Vermögensertrag nach Schuldzinsen	25'000	30'000	97'500	12'500	165'000
Nebenerwerb Ehemann	20'000				20'000
Selbständiger Erwerb Ehefrau	-90'000				-90'000
AHV-Beiträge	-5'000				-5'000
Reineinkommen (vor Verlust Kollektivges.)	-50'000	30'000	97'500	12'500	90'000
Verlust Kollektivgesellschaft (Anteil)		-50'000			-50'000
Uebernahme durch Hauptsteuerdomizil	-20'000	20'000			
Reineinkommen vor Ausgleich	-70'000	-	97'500	12'500	40'000
Positive Reineinkommen in %			*89%*	*11%*	
Ausgleich	70'000		-62'300	-7'700	
Reineinkommen nach Ausgleich	-	-	35'200	4'800	40'000
Sozialabzüge			-3'560	-440	-4000
Steuerbares Einkommen	-	-	31'640	4'360	36'000

Ein Anteil des Teilhabers am Verlust der Personengesellschaft muss primär vom Kanton des Hauptsteuerdomizils übernommen werden (Höhn/Mäusli, § 22, Rz 23).

Fall 4: Juristische Person mit sekundärem und Spezialsteuerdomizil
Gewinnungskostenüberschuss am Spezialsteuerdomizil

Die Baumarkt AG hat ihr Hauptsteuerdomizil im Kanton St. Gallen, ein sekundäres Steuerdomizil (Betriebsstätte) im Kanton Thurgau und Spezialsteuerdomizile (Anlageliegenschaften) in Basel und Zürich.

Der Gesamtgewinn im Jahr 2005 beträgt Fr. 60'000, der Nettoertrag der Anlageliegenschaft Basel beträgt Fr. 20'000, der Gewinnungskostenüberschuss der Anlageliegenschaft Zürich – Fr. 10'000.

Der Gesamtgewinn im Jahr 2006 beträgt Fr. 80'000, der Nettoertrag der Anlageliegenschaft Basel Fr. 20'000. Die Anlageliegenschaft Zürich wird im Jahr 2006 mit einem Gewinn von Fr. 30'000 verkauft (Fr. 20'000 Wertzuwachsgewinn; Fr. 10'000 wiedereingebrachte Abschreibungen).

Die Ausscheidung erfolgt nach quotaler indirekter Methode (2005 und 2006: 75 % SG und 25 % TG).

Steuerperiode 2005	SG	TG	BS	ZH	Total
Reingewinn					60'000
Nettoertrag Liegenschaft			20'000	-10'000	-10'000
Betriebsgewinn					50'000
Gewinnungskostenüberschuss				10'000	-10'000
Betriebsgewinn nach Quoten	30'000	10'000			40'000
Steuerbarer Gewinn	**30'000**	**10'000**	**20'000**	**-**	**60'000**

Steuerperiode 2006	SG	TG	BS	ZH	Total
Reingewinn					80'000
Nettoertrag Liegenschaft			20'000		-20'000
Wertzuwachsgewinn				20'000	-20'000
wiedereingebrachte Abschreibungen				10'000	-10'000
Betriebsgewinn nach Quoten	22'500	7'500			30'000
Steuerbarer Gewinn	**22'500**	**7'500**	**20'000**	**30'000**	**80'000**

Gewinnungskostenüberschüsse und Kapitalverluste auf Liegenschaften schmälern bei juristischen Personen das nach Quoten zu verteilende Betriebsergebnis.

Fall 5: **Juristische Person mit sekundärem und Spezialsteuerdomizilen**
Gewinnungskostenüberschüsse in sekundärem und Spezialsteuerdomizilen

Die Baumarkt AG hat ihr Hauptsteuerdomizil im Kanton St. Gallen, ein sekundäres Steuerdomizil (Betriebsstätte mit Anlageliegenschaft) im Kanton Thurgau und ein Spezialsteuerdomizil (Anlageliegenschaft) im Kanton Zürich.

Der Gesamtgewinn im Jahr 2005 beträgt Fr. 300'000. Der Gewinnungskostenüberschuss der Anlageliegenschaft Thurgau wird mit Fr. 50'000 und der Gewinnungskostenüberschuss der Anlageliegenschaft Zürich mit Fr. 10'000 ausgewiesen.

Der Gesamtgewinn im Jahr 2006 beträgt Fr. 200'000. Der Nettoertrag der beiden Anlageliegenschaften in den Kantonen TG und ZH beträgt je Fr. 0.

Die Ausscheidung erfolgt nach quotaler indirekter Methode (2005 und 2006: 70 % SG, 30 % TG).

Steuerperiode 2005	SG	TG	ZH	Total
Reingewinn				300'000
Gewinnungskostenüberschüsse		-50'000	-10'000	60'000
Betriebsergebnis				360'000
Gewinnungskostenüberschuss			10'000	10'000
Betriebsgewinn nach Quoten	245'000	105'000	-	350'000
Gewinnungskostenüberschuss		-50'000		-50'000
Steuerbarer Gewinn	**245'000**	**55'000**	**-**	**300'000**

Steuerperiode 2006	SG	TG	ZH	Total
Steuerbarer Gewinn	**140'000**	**60'000**	**-**	**200'000**

Sind dem Belegenheitskanton noch weitere steuerbare Einkünfte zur Besteuerung zugewiesen (andere Immobilien, Betriebsstätte), so ist der Gewinnungskostenüberschuss zunächst mit diesen Einkünften zu verrechnen (Höhn/Mäusli, § 21, Rz. 8 mit Hinweisen).

Gewinnungskostenüberschüsse und Kapitalverluste auf Liegenschaften schmälern bei juristischen Personen das nach Quoten zu verteilende Betriebsergebnis.

Fall 6: **Juristische Person mit sekundärem und Spezialsteuerdomizil**
Betriebsverlust; Kapitalgewinn am Spezialsteuerdomizil

Die Baumarkt AG hat ihr Hauptsteuerdomizil im Kanton St. Gallen, ein sekundäres Steuerdomizil (Betriebsstätte mit Anlageliegenschaft) in Basel und ein Spezialsteuerdomizil (Anlageliegenschaft) in Zürich.

Der Gesamtgewinn im Jahr 2005 beträgt Fr. 1'150'000, der Nettoertrag der Anlageliegenschaft Basel Fr. 50'000. Die Anlageliegenschaft Zürich wurde im Jahr 2005 mit einem Gewinn von Fr. 1'200'000 verkauft (Fr. 1'100'000 Wertzuwachsgewinn; Fr. 100'000 wiedereingebrachte Abschreibungen).

Der Gesamtgewinn im Jahr 2006 beträgt Fr. 100'000, der Nettoertrag der Anlageliegenschaft Basel Fr. 50'000.

Die Ausscheidung erfolgt nach quotaler indirekter Methode (2005 und 2006: 75 % SG und 25 % BS).

Steuerperiode 2005	SG	BS	ZH	Total
Reingewinn				1'150'000
Wertzuwachsgewinn			1'100'000	-1'100'000
Wiedereingebrachte Abschreibungen			100'000	-100'000
Nettoertrag Anlageliegenschaften		50'000		-50'000
Betriebsverlust n.Quoten	-75'000	-25'000		-100'000
Steuerbarer Gewinn vor Ausgleich	-75'000	25'000	1'200'000	
1. Ausgleich *)	25'000	-25'000		
2. Ausgleich *)	50'000		-50'000	
Steuerbarer Gewinn	**-**	**-**	**1'150'000**	**1'150'000**

Steuerperiode 2006	SG	BS	ZH	Total
Reingewinn				100'000
Nettoertrag Anlageliegenschaft		50'000		-50'000
Betriebsgewinn nach Quoten	37'500	12'500	-	50'000
Steuerbarer Gewinn	**37'500**	**62'500**	**-**	**100'000**

*) Der Gesamtbetriebsverlust ist in erster Linie auf jene Kantone mit Liegenschaften zu verlegen, die zugleich Betriebsstätten aufweisen (Höhn/Mäusli, § 28, Rz. 35c).

Wird im Spezialsteuerdomizil ein Kapitalgewinn erzielt, ist der restliche Betriebsverlust zuerst mit den wiedereingebrachten Abschreibungen und in zweiter Linie mit dem Wertzuwachsgewinn zu verrechnen. Im Kanton Zürich sind vorliegend wiedereingebrachte Abschreibungen von Fr. 50'000 und ein Wertzuwachsgewinn von Fr. 1'100'000 zu versteuern.

Fall 7: Juristische Person mit sekundärem und Spezialsteuerdomizil
Betriebsverlust; Kapitalgewinn am sekundären Steuerdomizil

Die Baumarkt AG hat ihr Hauptsteuerdomizil im Kanton St. Gallen, ein sekundäres Steuerdomizil (Betriebsstätte) im Kanton Zürich und ein Spezialsteuerdomizil (Anlageliegenschaft) in Basel.

Der Gesamtgewinn im Jahr 2005 beträgt Fr. 1'000'000, der Nettoertrag der Anlageliegenschaft in Basel Fr. 100'000. Die Betriebsliegenschaft im Kanton Zürich wurde im Jahr 2005 mit einem Gewinn von Fr. 1'200'000 verkauft (Fr. 1'000'000 Wertzuwachsgewinn; Fr. 200'000 wiedereingebrachte Abschreibungen).

Der Gesamtgewinn im Jahr 2006 beträgt Fr. 300'000, der Gewinnungskostenüberschuss der Anlageliegenschaft Basel – Fr. 50'000.

Die Ausscheidung erfolgt nach quotaler indirekter Methode (2005 und 2006: 75 % SG und 25 % ZH).

Steuerperiode 2005	SG	BS	ZH	Total
Reingewinn				1'000'000
Wertzuwachsgewinn			1'000'000	-1'000'000
Nettoertrag Anlageliegenschaft		100'000		-100'000
Betriebsverlust nach Quoten	-75'000		-25'000	-100'000
Ausgleich *)	75'000		-75'000	
Steuerbarer Gewinn	-	100'000	900'000	1'000'000

Steuerperiode 2006	SG	BS	ZH	Total
Reingewinn				300'000
Nettoertrag Anlagelieg.		-50'000		50'000
Betriebsgewinn				350'000
Übernahme zu Lasten Betriebsgewinn		50'000		-50'000
Gewinn nach Quoten	225'000		75'000	300'000
Steuerbarer Gewinn	225'000	-	75'000	300'000

*) Der Gesamtbetriebsverlust ist in erster Linie auf jene Kantone mit Liegenschaften zu verlegen, die zugleich Betriebsstätten aufweisen (Höhn/Mäusli, § 28, Rz. 35c).

Die wiedereingebrachten Abschreibungen auf der veräusserten Betriebsliegenschaft sind dem Betriebsergebnis zuzurechnen.

Zur Ausscheidung 2006: Gewinnungskostenüberschüsse und Kapitalverluste auf Liegenschaften schmälern bei juristischen Personen das nach Quoten zu verteilende Betriebsergebnis.

Fall 8: Juristische Person mit sekundärem Steuerdomizil
Betriebsverlust; Kapitalgewinn am Hauptsteuerdomizil

Die Baumarkt AG hat ihr Hauptsteuerdomizil im Kanton Zürich, wo sich auch eine Anlageliegenschaft befindet, und ein sekundäres Steuerdomizil (Betriebsstätte) im Kanton Thurgau.

Der Gesamtgewinn im Jahr 2005 beträgt Fr. 800'000. Die Anlageliegenschaft im Kanton Zürich wurde im Jahr 2005 mit einem Gewinn von Fr. 1'200'000 verkauft (Fr. 1'000'000 Wertzuwachsgewinn; Fr. 200'000 wiedereingebrachte Abschreibungen).

Der Gesamtgewinn im Jahr 2006 beträgt Fr. 300'000.

Die Ausscheidung erfolgt nach quotaler indirekter Methode (2005 und 2006: 75 % ZH und 25 % TG).

Steuerperiode 2005	ZH	TG	Total
Reingewinn		-	800'000
Wertzuwachsgewinn	1'000'000		-1'000'000
Betriebsverlust	-150'000	-50'000	-200'000
Ausgleich	**-50'000**	**50'000**	
Steuerbarer Gewinn	**800'000**	**-**	**800'000**
Steuerperiode 2006	**ZH**	**TG**	**Total**
Steuerbarer Gewinn	**225'000**	**75'000**	**300'000**

Der Wertzuwachsgewinn einer Anlageliegenschaft im Sitzkanton wird dem Sitzkanton zugewiesen. Demgegenüber werden wiedereingebrachte Abschreibungen einer Anlageliegenschaft im Sitzkanton nach Quoten auf Sitz und Betriebsstätten aufgeteilt (Höhn/Mäusli, § 28, Rz. 39; es wird hier offen gelassen, ob die Unterscheidung zwischen Kapitalanlageliegenschaften im Sitzkanton und solchen ausserhalb desselben noch sachgemäss ist).

Der Gesamtbetriebsverlust 2005 ist vorliegend definitiv mit dem Wertzuwachsgewinn im Sitzkanton Zürich zu verrechnen (keine Rückbelastung durch den Kanton Zürich an den Kanton Thurgau in den Folgejahren).

Fall 9: Juristische Person mit sekundärem und Spezialsteuerdomizil
Betriebsverlust; Kapitalgewinn am sekundären und Spezialsteuerdomizil

Die Baumarkt AG hat ihr Hauptsteuerdomizil im Kanton St. Gallen, ein sekundäres Steuerdomizil (Betriebsstätte samt Betriebsliegenschaft) im Kanton Thurgau und ein Spezialsteuerdomizil (Anlageliegenschaft) im Kanton Zürich.

Der Gesamtgewinn im Jahr 2005 beträgt Fr. 150'000. Die Betriebsliegenschaft im Kanton Thurgau wurde im Jahr 2005 mit einem Gewinn von Fr. 80'000 verkauft (Fr. 50'000 Wertzuwachsgewinn; Fr. 30'000 wiedereingebrachte Abschreibungen). Die Anlageliegenschaft im Kanton Zürich wurde im Jahr 2005 mit einem Gewinn von Fr. 200'000 verkauft (Fr. 170'000 Wertzuwachsgewinn; Fr. 30'000 wiedereingebrachte Abschreibungen).

Der Gesamtgewinn im Jahr 2006 beträgt Fr. 300'000.

Die Ausscheidung erfolgt nach quotaler indirekter Methode (2005 und 2006: 75 % SG und 25 % TG).

Steuerperiode 2005	SG	ZH	TG	Total
Reingewinn				150'000
Wertzuwachsgewinn		170'000	50'000	-220'000
wiedereingebr. Abschreibungen		30'000		-30'000
Betriebsverlust nach Quoten	-75'000		-25'000	-100'000
1. Ausgleich *)	75'000		-75'000	
2. Ausgleich *)		-50'000	50'000	
Steuerbarer Gewinn	-	150'000	-	150'000

Steuerperiode 2006	SG	ZH	TG	Total
Steuerbarer Gewinn	225'000	-	75'000	300'000

*) Der Gesamtbetriebsverlust (inkl. wieder eingebrachte Abschreibungen auf der Betriebsliegenschaft) ist in erster Linie auf jene Kantone mit Liegenschaften zu verlegen, die zugleich Betriebsstätten aufweisen (Höhn/Mäusli, § 28, Rz. 35c).

Nur wenn die Liegenschaftserträge in den Betriebsstättekantonen nicht ausreichen, sind die reinen Liegenschaftskantone im Verhältnis der Nettoerträge zur Verlustdeckung verpflichtet (Höhn/Mäusli, § 28, Rz. 35d).

Bei Vorliegen eines Kapitalgewinns ist der von anderen Kantonen übernommene Verlust in erster Linie mit den wiedereingebrachten Abschreibungen und in zweiter Linie mit dem Wertzuwachsgewinn zu verrechnen. Im Kanton Zürich sind vorliegend wiedereingebrachte Abschreibungen von Fr. 0 und ein Wertzuwachsgewinn von Fr. 150'000 zu versteuern.

Fall 10: Juristische Person mit Spezialsteuerdomizilen
Betriebsverlust; Kapitalgewinne in mehreren Spezialsteuerdomizilen

Die Baumarkt AG hat ihr Hauptsteuerdomizil im Kanton St. Gallen und Spezialsteuerdomizile (Anlageliegenschaften) in den Kantonen Genf und Zürich.

Der Gesamtgewinn im Jahr 2005 beträgt Fr. 270'000. Die Anlageliegenschaft in Genf wurde im Jahr 2005 mit einem Gewinn von Fr. 300'000 verkauft. (Fr. 200'000 Wertzuwachsgewinn; Fr. 100'000 wiedereingebrachte Abschreibungen). Die Anlageliegenschaft in Zürich wurde im Jahre 2005 mit einem Gewinn von Fr. 150'000 verkauft (Fr. 150'000 Wertzuwachsgewinn).

Steuerperiode 2005	SG	GE	ZH	Total
Gesamtgewinn				270'000
Wertzuwachsgewinn		200'000	150'000	-350'000
Wiedereingebrachte Abschreibungen		100'000		-100'000
Betriebsverlust	-180'000			-180'000
Gewinne/Verluste vor Ausgleich	-180'000	300'000	150'000	270'000
Positive Ergebnisse in %		*66.66%*	*33.33%*	
Ausgleich	180'000	-120'000	-60'000	
Steuerbarer Gewinn	-	180'000	90'000	270'000

Zur Vermeidung eines Ausscheidungsverlustes haben die Liegenschaftskantone den Betriebsverlust im Verhältnis der zugewiesenen Nettoerträge zu übernehmen (Höhn/Mäusli, § 28, Rz. 27e).

Steuerbar ist im Kanton Genf ein Gewinn von Fr. 180'000.

Fall 11: Juristische Personen mit sekundären und/oder Spezialsteuerdomizilen
Gesamtverluste

Resultiert in einer Steuerperiode ein Gesamtverlust, ist (für die Gewinnbesteuerung) keine interkantonale Steuerausscheidung vorzunehmen. Im Sinne von SSK-Kreisschreiben Nr. 24 ist der Gesamtverlust auf die folgende Steuerperiode vorzutragen. Dort wird er gemäss der für diese Steuerperiode geltenden Quoten verlegt.

Fall 12: Juristische Person mit sekundären Steuerdomizilen und Spezialsteuerdomizil
Betriebsgewinn; Kapitalverlust am Spezialsteuerdomizil

Die Baumarkt AG hat ihr Hauptsteuerdomizil im Kanton St. Gallen, sekundäre Steuerdomizile (Betriebsstätten) in den Kantonen Schaffhausen und Thurgau und ein Spezialsteuerdomizil (Anlageliegenschaft) im Kanton Zürich.

Der Gesamtgewinn im Jahr 2005 beträgt Fr. 50'000. Die Anlageliegenschaft im Kanton Zürich wurde im Jahr 2005 mit einem Verlust von – Fr. 200'000 verkauft.

Der Gesamtgewinn im Jahr 2006 beträgt Fr. 300'000.

Die Ausscheidung erfolgt nach quotaler indirekter Methode (2005 und 2006: 70 % SG, 10 % SH und 20 % TG).

Steuerperiode 2005	SG	ZH	SH	TG	Total
Reingewinn					50'000
Kapitalverlust		-200'000			200'000
Betriebsergebnis					250'000
Uebernahme Kapitalverlust		200'000			-200'000
Betriebsgewinn	35'000	-	5'000	10'000	50'000
Steuerbarer Gewinn	**35'000**	**-**	**5'000**	**10'000**	**50'000**
Steuerperiode 2006	SG	ZH	SH	TG	Total
Steuerbarer Gewinn	**210'000**	**-**	**30'000**	**60'000**	**300'000**

Soweit im Spezialsteuerdomizil (Anlageliegenschaft) keine weiteren Einkünfte vorhanden sind, schmälert bei juristischen Personen ein Kapitalverlust im Spezialsteuerdomizil wie ein Gewinnungskostenüberschuss das nach Quoten zu verteilende Betriebsergebnis.

Fall 13: Juristische Person mit sekundärem und Spezialsteuerdomizil
Betriebsgewinn; Kapitalgewinn und Kapitalverluste

Die Baumarkt AG hat ihr Hauptsteuerdomizil im Kanton St. Gallen, ein sekundäres Steuerdomizil (Betriebsstätte) im Kanton Schaffhausen und Spezialsteuerdomizile (Anlageliegenschaften) in den Kantonen Thurgau und Zürich.

Der Gesamtgewinn im Jahr 2005 beträgt Fr. 50'000. Die Anlageliegenschaft im Kanton Thurgau wurde im Jahre 2005 mit einem Verlust von – Fr. 200'000 und die Anlageliegenschaft im Kanton Zürich mit einem Gewinn von Fr. 100'000 verkauft (Fr. 80'000 Wertzuwachsgewinn; Fr. 20'000 wiedereingebrachte Abschreibungen).

Der Gesamtgewinn im Jahr 2006 beträgt Fr. 300'000.

Die Ausscheidung erfolgt nach quotaler indirekter Methode (2005 und 2006: 70 % SG, 30 % SH).

Steuerperiode 2005	SG	TG	SH	ZH	Total
Reingewinn					50'000
Wertzuwachsgewinn / Kapitalverlust		-200'000		80'000	120'000
wiedereingebrachte Abschreibungen				20'000	-20'000
Betriebsgewinn					150'000
Übernahme Kapitalverlust		200'000			-200'000
Betriebsverlust nach Quoten	-35'000		-15'000		-50'000
Ausgleich	**35'000**		**15'000**	**-50'000**	
Steuerbarer Gewinn	-	-	-	50'000	50'000
Steuerperiode 2006	SG	TG	SH	ZH	Total
Steuerbarer Gewinn	210'000	-	90'000	-	300'000

Der Kapitalverlust auf der Anlageliegenschaft im Spezialsteuerdomizil (Thurgau) schmälert in erster Linie das Betriebsergebnis, das nach Quoten auf Hauptsitz und Betriebsstätten aufgeteilt wird.

Zur Vermeidung eines Ausscheidungsverlustes haben die Liegenschaftskantone den Betriebsverlust im Verhältnis der zugewiesenen Nettoerträge zu übernehmen (Höhn/Mäusli, § 28, Rz. 27e).

Der Betriebsverlust ist in erster Linie mit den wiedereingebrachten Abschreibungen zu verrechnen.

Im Kanton Zürich ist vorliegend ein Wertzuwachsgewinn von Fr. 50'000 zu versteuern.

Interkantonale Verlustverrechnung

Quelle: Schweizerische Steuerkonferenz SSK

Verrechnung von Vorjahresverlusten in der interkantonalen Steuerausscheidung

Kreisschreiben vom 17. Dezember 2003

1. Bisherige Praxis

Die Berücksichtigung von Verlusten, die in früheren Steuerperioden entstanden sind, kann nach zwei Methoden erfolgen: der sog. Teilverlustverrechnung (Beispiel 3.6.1.6.1.2) und der sog. Gesamtverlustverrechnung (Beispiel 6.1.3). Bei der ersten Methode anerkennt jeder betroffene Kanton nur die durch ihn ermittelten Teilverluste und verrechnet sie mit dem ihm zur Besteuerung zugewiesenen Teilgewinn. Bei der Gesamtverlustverrechnung wird der verrechenbare Gesamtverlust aus früheren Perioden vom Gesamtgewinn in Abzug gebracht, und erst der Restbetrag wird nach den zuvor definierten Quoten den einzelnen Kantonen zur Besteuerung zugewiesen.

Gemäss bisheriger Lehrmeinung war bei der interkantonalen Steuerausscheidung der Teilverlustverrechnungsmethode der Vorrang einzuräumen (Höhn/Mäusli, Interkantonales Steuerrecht, 4. Auflage, § 27 Rz. 7). Diese, aus theoretischer Sicht bei der quotenmässig-direkten Ausscheidung wohl richtigere Methode liess sich in der Praxis schon bisher nur in einfachen Verhältnissen mit wenigen beteiligten Kantonen umsetzen, nicht aber in den komplexen Ausscheidungen von grossen Unternehmungen.

2. Neue Praxis unter dem Vereinfachungsgesetz

Mit dem Vereinfachungsgesetz werden die Zuzugskantone verpflichtet, bei Verlegung des Sitzes oder des Geschäftsortes innerhalb der Schweiz auch ausserkantonal erlittene und noch nicht verrechnete Vorjahresverluste mit späteren Gewinnen zu verrechnen (Art. 10 Abs. 2 und 4 bzw. Art. 25 Abs. 2 und 4 StHG; SSK KS 15, Ziff. 312). Dies kann bei Sitzverlegungen nach dem 1. Januar 2001 dazu führen, dass Kantone Verluste anrechnen müssen, die nicht in ihrem Hoheitsgebiet entstanden sind. Nichtbetriebsstättekantone mit Kapitalanlageliegenschaften müssen jedoch auch weiterhin keine Betriebsstätteverluste übernehmen.

Die Argumente, die zuvor gegen die Methode der Gesamtverlustverrechnung zu Recht angeführt worden sind, haben unter dem Vereinfachungsgesetz seit dem 1. Januar 2001 ihre Grundlage verloren oder sind doch stark relativiert worden. Für die Frage der Verlustübernahme durch andere Kantone spielt der Umstand, ob ein Steuerdomizil verlegt oder ganz aufgegeben wird, keine Rolle mehr, sofern diese Tatbestände nach dem 1. Januar 2001 verwirklicht worden sind.

Die Anwendung der Gesamtverlustverrechnungsmethode bewirkt für den Steuerpflichtigen eine – vom Vereinfachungsgesetz beabsichtigte – rechnerische Vereinfachung. Durch die Anwendung dieser Methode wird dem Grundsatz der interkantonalen Freizügigkeit am besten nachgelebt. Dies rechtfertigt es, nach dem 1. Januar 2001 einzig auf die Gesamtverlustverrechnungsmethode abzustellen, wie dies bisher schon für Banken (SSK KS 5), Telekommunikationsunternehmen (SSK KS 20) und Versicherungsgesellschaften (SSK KS 23) galt.

Schwierigkeiten treten bei dieser Methode einzig durch das (bis heute) harmonisierungsmässig zulässige Nebeneinander von monistischem und dualistischem Grundstückgewinnsteuersystem auf. Diesem Aspekt wird Rechnung getragen, indem der Wertzuwachsgewinn der Steuerperiode dem Kanton der gelegenen Sache zugewiesen wird und dieser Kanton u.U. aufgrund kantonalen Rechts in der gleichen Steuerperiode einen anteiligen Verlust gemäss seiner kantonalen Quote übernehmen muss. Dieser angerechnete Teilverlust wird in den folgenden Jahren korrigiert. Diese Lösung entspricht auch dem vom Bundesgericht aufgestellten Grundsatz der objektmässigen Zuweisung der Liegenschaftsgewinne an den Belegenheitskanton. Als Nachteil muss in Kauf genommen werden, dass die betroffenen Kantone in solchen Fällen immer in eigener Regie die noch nicht voll besteuerten Wertzuwachsgewinne nachführen müssen. Vgl. dazu Anhang 3 zu SSK KS 23 betreffend Interkantonale Steuerausscheidung von Versicherungs-gesellschaften und Beispiel 6.6.2.

3. Zeitpunkt der Anwendung der neuen Methode und Übergang

Die Methode der Gesamtverlustverrechnung findet Anwendung auf alle Veranlagungen ab Steuerperiode 2001. Sie gilt sowohl für juristische Personen als auch sinngemäss für Unternehmen von natürlichen Personen. Bestehen im Zeitpunkt des Methodenwechsels in einzelnen Kantonen noch verrechenbare Verlustvorträge, die bisher nach der Teilverlustverrechnungsmethode ermittelt worden sind, wird ab Steuerperiode 2001 die Summe der noch nicht verrechneten Vorjahresverluste mit dem Gesamtgewinn verrechnet (Beispiel 6.6.3).

4. Verrechnung von Vorjahresverlusten bei Fusionen mit ausserkantonalen Gesellschaften

Die gleiche Regelung, die für die Übernahme ausserkantonal erlittener Vorjahresverluste bei Sitzverlegungen gilt, ist auch bei Fusionen von Gesellschaften mit Geschäftsorten in verschiedenen Kantonen anwendbar. Unter dem Vorbehalt der Steuerumgehung und der Fusion mit einer liquidationsreifen Gesellschaft müssen bei Fusionen nach dem 1. Januar 2001 auch ausserkantonal erlittene, noch nicht verrechnete Vorjahresverluste eines Fusionsobjekts angerechnet werden, auch dann, wenn sie vor dem 1. Januar 2001 erlitten worden sind.

5. Beweislast

Nach Lehre und Praxis hat die Steuerbehörde die Verlustverrechnung vom Amtes wegen vorzunehmen, namentlich dort, wo sie mit Aufrechnungen in der aktuellen Steuerperiode Verrechnungssubstrat schafft. Der Steuerpflichtige hat dennoch die Pflicht, die Verlustvorträge als steuermindernde Tatsache geltend zu machen. Dabei obliegt ihm der Nachweis, dass frühere Verluste nicht bereits verrechnet worden sind. Als Grundlage dazu dienen die Veranlagungen des Wegzugskantons. Zwar lautet die Veranlagung bei einem Jahresendverlust, soweit er nicht mit übrigem Einkommen kompensiert werden kann, in der Regel auf Null. Der Betrag eines Jahresverlustes kann jedoch aus den der Veranlagungsverfügung zugrunde liegenden Berechnungen – namentlich bei Aufrechnungen – oder aus einer separaten Mitteilung der Steuerbehörde an den Steuerpflichtigen ersichtlich sein.

6. Beispiele

6.1. Teilverlust- vs. Gesamtverlustverrechnung
6.1.1. Ausgangslage:

Steuerperiode	Total	Kanton A	Kanton B	Kanton C
Vorperioden	-100	-35	-45	-20
2001	40	10	20	10
2002	60	10	30	20
2003	50	15	15	20
Total	50	0	20	30

6.1.2. Bisherige Methode: Teilverlustverrechnung

Steuerperiode	Total	Kanton A	Kanton B	Kanton C
Vorperioden	-100	-35	-45	-20
2001 Gewinn	40	10	20	10
Verlustverrechnung	-40	-10	-20	-10
steuerbar	0	0	0	0
2002 Gewinn	60	10	30	20
Verlustverrechnung	-45	-10	-25	-10
steuerbar	15	0	5	10
2003 Gewinn	50	15	15	20
Verlustverrechnung	-15	-15	0	0
steuerbar	35	0	15	20
Total	50	0	20	30

6.1.3. Neue Methode: Gesamtverlustverrechnung

Steuerperiode	Total	Kanton A	Kanton B	Kanton C
Vorperioden	-100	-35	-45	-20
2001 Gewinn	40			
Verlustverrechnung	-40			
steuerbar	0	0	0	0
2002 Gewinn	60			
Verlustverrechnung	-60			
steuerbar	0	0	0	0
2003 Gewinn	50	15		
steuerbar	50	15	15	20
Total	50	15	15	20

6.2. Gesamtverlustverrechnung mit Wertzuwachsgewinnen aus dem Verkauf von Liegenschaften
6.2.1. Ausgangslage

Steuerperiode 2001	Total	Sitz	Kanton A	Kanton B	Kanton C	Kanton D
Ausscheidungsquote	100%	45%	5%	10%	25%	15%
Gewinn 2001 gemäss ER	10'000					
Davon Wertzuwachsgewinn auf Liegenschaften	40'000	13'000	7'000		20'000	

Steuerperiode 2002	Total	Sitz	Kanton A	Kanton B	Kanton C	Kanton D
Ausscheidungsquote	100%	47%	7%	11%	22%	13%
Gewinn 2002 gemäss ER	50'000					
Davon Wertzuwachsgewinn auf Liegenschaften	15'000			15'000		

Der Sitzkanton und die Kantone A und D kennen das dualistische System (mit Verlustverrechnung). Die Kantone B und C kennen das monistische System (ohne Verlustverrechnung).

6.2.2 Lösung

Veranlagung 2001	Total	Sitz	Kanton A	Kanton B	Kanton C	Kanton D
Ausscheidungsquote	100%	45%	5%	10%	25%	15%
Gewinn 2001 gemäss ER	10'000					
./. objektmässiger Wertzuwachsgewinn	-40'000		13'000	7'000		20'000
Gesamtverlust	-30'000					
Anteil am Gesamtverlust (gemäss Quote)*			-13'000	-1'500		
Steuerbarer Reingewinn	***25'500	0	5'500	0	**20'000	0

*) Sitzkanton 45% von Fr. 30'000, maximal aber Wertzuwachsgewinn
   Kanton A 5% von Fr. 30'000, maximal aber Wertzuwachsgewinn

**) mangels gesetzlicher Regelung können keine Verlustanteile mit dem objektmässigen Wertzuwachsgewinn verrechnet werden.

***) Entspricht nicht dem satzbestimmenden Reingewinn, welcher nach kantonalem Recht zu ermitteln ist.

Veranlagung 2002	Total	Sitz	Kanton A	Kanton B	Kanton C	Kanton D
Ausscheidungsquote	100%	47%	7%	11%	22%	13%
Gewinn 2002	50'000					
./. objektmässiger Wertzuwachsgewinn	-15'000			15'000		
./. Gesamtverlustvortrag 2001	-30'000					
Steuerbarer Gesamtgewinn	5'000					
./. Vorausanteil (Annahme)	-1'000	1'000				
Zu verteilen nach aktuellen Quoten	4'000	1'880	280	440	880	520
Zuzüglich bereits verrechneter Teilverlust *		13'000	1'500			
Steuerbarer Reingewinn	***34'500	15'880	1'780	15'440	880	520

*) Hier muss jeder Kanton separat für sich eine Berechnung der noch nicht voll besteuerten Wertzuwachsgewinne führen.

***) Entspricht nicht dem satzbestimmenden Reingewinn, welcher nach kantonalem Recht zu ermitteln ist.

Kontrollrechnung	Total	Sitz	Kanton A	Kanton B	Kanton C	Kanton D
Besteuerter Gewinn 2001	25'500		5'500		20'000	
Besteuerter Gewinn 2002	34'500	15'880	1'780	15'440	880	520
Kontrolle: total besteuert	60'000	15'880	7'280	15'440	20'880	520
Davon						
- Wertzuwachsgewinne	55'000	13'000	7'000	15'000	20'000	0
- Gewinne aus Geschäftstätigkeit	5'000	2'880	280	440	880	520

6.3. Übergang von der Teilverlust- zur Gesamtverlustverrechnung

6.3.1 Ausgangslage

Die interkantonale Unternehmung X AG mit Betriebsstätten in den Kantonen A, B, C und D hat in den Jahren 1998 – 2002 folgende Ergebnisse ausgewiesen:

1998	- 3'000
1999	- 1'000
2000	2'000
2001	2'400
2002	1'000

Die Betriebsstätte im Kanton C wurde anfangs 1999, jene im Kanton D im Jahr 2000 eröffnet. Die Verlustverrechnung erfolgte im interkantonalen Verhältnis nach der Methode der Teilverlustverrechnung gemäss nachfolgender Veranlagung und Ausscheidung für die Steuerperiode 2000:

6.3.2 Teilverlustverrechnungsmethode (bis 2000)

Steuerperiode		Total	Sitz	Kanton A	Kanton B	Kanton C	Kanton D
1998	Quote	100%	60%	15%	25%		
	Verlust	-3000	-1800	-450	-750		
	Steuerbar	0	0	0	0		
1999	Quote	100%	50%	10%	20%	20%	
	Verlust	-1000	-500	-100	-200	-200	
	Steuerbar	0	0	0	0	0	
2000	Quote	100%	45%	5%	10%	25%	15%
	Gewinn	2000	900	100	200	500	300
	Steuerbar	600	0	0	0	300	300

Die Gesamtunternehmung verfügt per 1.1.2001 noch über einen Verlustvortrag von 2'000; da aber die Betriebsstättekantone C und D in der Steuerperiode 2000 bereits Gewinne von insgesamt 600 besteuert haben, können noch Verluste vom 2'600 verrechnet werden.

6.3.3 Uebergang zur Gesamtverlustverrechnungsmethode (ab Beginn der Steuerperiode 2001)

Geschäftsjahr	2002	2001	2000	1999	1998
Reingewinn bzw. Verlust	1000	2400	2000	-1000	-3000
Im Steuerjahr 2000 versteuert			-600		
Verlustverrechnung	-200	-1600 -800	-1400	800 200	1400 1600
Steuerbarer Gesamtgewinn	800	0	0	0	0

Steuerperiode		Total	Sitz	Kanton A	Kanton B	Kanton C	Kanton D
2002	Quote	100%	40%	10%	25%	10%	15%
	Gewinn	1000	400	100	250	100	150
	Verlustverrechnung	-200					
	steuerbar	800	320	80	200	80	120

Für den Vorstand der Steuerkonferenz
Der Präsident: Der Sekretär

Bruno Knüsel   Erwin Widmer

Repartitionsfaktoren

Quelle: Schweizerische Steuerkonferenz SSK

Regeln für die Bewertung der Grundstücke bei interkantonalen Steuerausscheidungen

ab Steuerperiode 2002
(Repartitionsfaktoren)

Kreisschreiben 22 vom 22. März 2018
geändert 26. August 2020

1. Allgemeines

Gemäss der bundesgerichtlichen Rechtsprechung sind im interkantonalen Verhältnis sämtliche Aktiven, jedenfalls für die Schuldzinsenverlegung, von allen beteiligten Kantonen nach übereinstimmenden Regeln zu bewerten. Da Grundstücke in den Kantonen unterschiedlich bewertet werden, ist aus Gründen einer korrekten Ausscheidung und sachgemässen Besteuerung eine einheitliche Referenzgrösse zu bestimmen. Dazu werden sogenannte Repartitionswerte herangezogen. Anhand einer gesamtschweizerischen Erhebung werden die erzielten Grundstückverkaufserlöse mit den jeweiligen kantonalen Steuerwerten verglichen und daraus die interkantonalen Repartitionswerte berechnet.

Die Repartitionswerte sind, ausser bei interkantonalen Ausscheidungen, auch anwendbar für die Ermittlung des im Betrieb einer Einzelfirma investierten Eigenkapitals und dessen Meldung an die AHV.

2. Repartitionswerte

Landwirtschaftliche Liegenschaften werden in allen Kantonen nach der Verordnung des Bundesrates über das bäuerliche Bodenrecht geschätzt, weshalb der interkantonale Repartitionswert für landwirtschaftliche Grundstücke in der Regel 100% beträgt.

Bei nicht-landwirtschaftlichen Liegenschaften wurden ab der Steuerperiode 2002 bis 2018 die Repartitionswerte auf der Basis von 70% der Referenzgrösse (Kanton mit tiefstem Medianwert) ermittelt. Ab der Steuerperiode 2019 basiert die Ermittlung der Repartitionswerte auf 100% der Referenzgrösse. Dadurch steigen zwar die Repartitionswerte, das Verhältnis unter den Kantonen bleibt aber im wesentlichen unverändert.

Der Repartitionswert beträgt in der Regel in Prozenten des kantonalen Steuerwertes:

Kanton	Nichtlandwirtschaftliche Grundstücke %			Landwirtschaftliche Grundstücke %
	Ab 2020	Ab 2019	2002 - 2018	ab 2002
AG	130	130	85	100
AI	110	110	110	100
AR	100	100	70	100
BE	125 [e]	155	100	100
BL	385	385	260	100
BS	140	140	105	100
FR	155	155	110	100
GE	145	145	115	100
GL	115	115	75	100
GR	140	140	115	100
JU	130	130	90	100
LU	115	115	95	100
NE	135	135	80	100
NW	140	140	95	100
OW	195	195	125/100 [a]	100
SG	100	100	80	100
SH	140	140	100	100
SO	335	335	225	100
SZ	125	125	140/80 [b]	100
TG	120	120	70	100
TI	155	155	115	100
UR	110	110	90	80/100 [d]
VD	110	110	80	100
VS	170	170	215/145 [c]	100
ZG	115	115	110	100
ZH	115	115	90	100

[a] Für den Kanton OW gilt bis und mit Steuerperiode 2005 der Repartitionsfaktor von 125%. Ab Steuerperiode 2006 beträgt er infolge Gesetzesrevision 100%.
[b] Für den Kanton SZ gilt bis und mit Steuerperiode 2003 der Repartitionsfaktor von 140%. Ab Steuerperiode 2004 beträgt er infolge Gesetzesrevision 80%.
[c] Für den Kanton VS gilt bis und mit Steuerperiode 2005 der Repartitionsfaktor von 215%. Ab Steuerperiode 2006 beträgt er infolge Gesetzesrevision 145%.
[d] Für den Kanton UR gilt bei den landwirtschaftlichen Grundstücken bis und mit der Steuerperiode 2018 der Repartitionsfaktor 80%. Ab der Steuerperiode 2019 beträgt der Repartitionsfaktor für landwirtschaftliche Grundstücke 100%.
[e] Für den Kanton BE gilt bis und mit Steuerperiode 2019 der Repartitionsfaktor von 155%. Ab Steuerperiode 2020 beträgt er 125%.

3. Gültigkeit

Dieses Kreisschreiben gilt ab Steuerperiode 2019. Es ersetzt das Kreisschreiben Nr. 22 vom 21. November 2006.

Vorgehen bei Sonderfällen

Quelle: Schweizerische Steuerkonferenz SSK

Vorgehen bei Sonderfällen mit Auswirkungen auf mehrere Steuerhoheiten

Kreisschreiben vom 28. November 2001

1 Einleitung

In letzter Zeit häufen sich die Anfragen, bei denen Beteiligungsübertragungen, Umstrukturierungen, Liquidationen und andere komplexe Steuerfälle interkantonale Anknüpfungspunkte zeitigen. Dabei sind die Steuern verschiedener Kantone und des Bundes betroffen. Die Zuständigkeit der involvierten Steuerbehörden, die Rechtsposition und die Praxisgrundsätze sind bei diesen Fallbehandlungen sehr oft unklar. Mit den vorliegenden Richtlinien werden die verwaltungsinternen Grundsätze des Vorgehens, der Koordination, des Zeitrahmens und des Entscheidfindungsprozesses festgelegt.

2 Ziel und Zweck

Ziel ist, dass in komplexen Fällen, bei denen bei der Festsetzung der Steuern verschiedene Kantone sowie der Bund involviert sind, nach klaren Praxisgrundsätzen eine einheitliche Rechtsposition durch alle involvierten Steuerinstanzen vertreten wird und die Auskunft innert nützlicher Frist seit der Anfrage erfolgt.

Zu diesem Zwecke wird die federführende Person des Kantons oder der Eidgenössischen Steuerverwaltung (ESTV) als Koordinationsstelle mit klar definierter Zuständigkeit bestimmt, die das verwaltungsinterne Verfahren leitet und für die Einhaltung der Auskunftsfrist verantwortlich ist.

Die Koordination beschränkt sich auf einzelne, wenige Sonderfälle mit interkantonalen Auswirkungen; ein pragmatisches Vorgehen im Einzelfall bleibt vorbehalten. Die Veranlagungskompetenz des zuständigen Kantons ist dabei gewährleistet.

Eine Koordination der Auskunft über die Festsetzung der Steuer gilt massgeblich für:

1. Übertragung einer Beteiligung von einer natürlichen Person an eine juristische Person
2. Umstrukturierungen und umstrukturierungsähnliche Tatbestände
3. Liquidationen

Andere und komplexe Steuerfälle mit interkantonalen Anknüpfungspunkten sollen analog abgewickelt werden.

3 Beteiligte Steuerbehörden

- Kantonale Steuerbehörde des Sitzkantons der übernommenen Gesellschaft
- Kantonale Steuerbehörde des Sitzkantons der übernehmenden Gesellschaft
- Kantonale Steuerbehörde der Wohnsitzkantone der Hauptaktionäre
- ESTV, Hauptabteilung DVS, Abteilung Revisorat

4 Anforderungen an die Anfragen von Steuerpflichtigen oder Steuervertretern

Beim Vorliegen einer der vorstehend aufgeführten Fälle hat die angefragte Steuerbehörde vom Steuerpflichtigen oder Steuervertreter ein konkretes Auskunftsbegehren mit dem konkreten und vollständigen Sachverhalt einzuverlangen mit mindestens folgenden Angaben:

- Name der Gesellschaft(en)
- Verkäufer
- Käufer
- Aktionäre (mitinteressierte Kantone)
- Schilderung des konkreten Sachverhalts mit einer ersten steuerrechtlichen Würdigung
- Organigramm alt und neu
- Finanzierungsmodell (eigene Mittel oder Darlehen)
- Besonderheiten der Transaktion (bei Beteiligungstransaktionen beispielsweise: nicht betriebsnotwendige liquide Mittel; Dividenden- und Ausschüttungspolitik; Aktionärsdarlehen; Bankdarlehen; Substanzdividende; Verkauf unter Nahestehenden usw.)

Die angefragte Steuerbehörde leitet das konkrete Auskunftsbegehren mit den Unterlagen an den Sitzkanton und eine Kopie an die ESTV, Hauptabteilung DVS, Abteilung Revisorat, weiter. Gleichzeitig informiert sie den Steuerpflichtigen oder den Steuervertreter, welche Steuerbehörde die Federführung hat.

5 Vorgehen der Steuerbehörden

51 Koordination

Der Sitzkanton der AG kann in der Regel als einziger die Leistungen zu Lasten der AG und zu Gunsten der Aktionäre feststellen. Die Koordinationsfunktion sowie die Information aller betroffenen Steuerbehörden wird deshalb wie folgt geregelt:

a) Allgemeine Fälle: der Sitzkanton der AG.

b) Liquidationsfälle: der Sitzkanton der AG in Liquidation.

c) Ist ein Kanton infolge seiner Arbeitsüberlastung oder Kapazitätsengpässen oder aus andern Gründen nicht in der Lage, die Koordinationsfunktion wahrzunehmen, so hat er die Koordinationsfunktion umgehend an einen anderen Kanton oder die ESTV abzutreten und der neuen Koordinationsstelle alle Akten der AG zur Verfügung zu stellen.

d) Die Koordinationsstelle informiert die Kantone, in denen ein Aktionär seinen Wohnsitz hat sowie die ESTV, Hauptabteilung DVS, Abteilung Revisorat, umgehend mit mindestens folgenden Angaben:

- Name der Gesellschaft(en)
- Verkäufer
- Käufer
- Aktionäre (mitinteressierte Kantone)
- Finanzierungsmodell (eigene Mittel oder Darlehen)
- Besonderheiten der Transaktion (bei Beteiligungstransaktionen beispielsweise: nicht betriebsnotwendige liquide Mittel; Dividenden- und Ausschüttungspolitik; Aktionärsdarlehen; Bankdarlehen; Substanzdividende; Verkauf unter Nahestehenden usw.).

Gleichzeitig erfolgt durch die Koordinationsstelle die Mitteilung an die anfragende Stelle, welche Steuerbehörde die Koordination vornimmt und welche weiteren Steuerbehörden im Entscheidprozess involviert sind.

52 Entscheidfindungsprozess

Die Koordinationsstelle übernimmt folgende Aufgaben:

1. Information der beteiligten Steuerbehörden
2. Zusammenstellung der notwendigen Unterlagen für die Entscheidfindung
3. Verfahrensleitung
4. Verfahrenskoordination unter Einbezug aller beteiligten Steuerbehörden und des Antragstellers bzw. der Antragsteller inklusive Berater (gegebenenfalls gemeinsame Sitzung)
5. Auskunftserteilung
6. Abstimmung des Entscheids
7. Mitteilung des Entscheids an die anfragende Stelle:
   a) bei allgemeiner Zustimmung durch die Koordinationsstelle
   b) bei unterschiedlichen Meinungen: Mehrheitsmeinung durch die Koordinationsstelle, abweichende Meinung durch den betreffenden Kanton.

Die beteiligten Steuerbehörden haben folgende Verpflichtungen:

- Eingabe aller für die Entscheidfindung relevanten Akten an die Koordinationsstelle
- Meldung der in die Entscheidfindung involvierten Mitarbeiterinnen und Mitarbeiter

53 Zeitrahmen

Die Entscheidung auf eine konkrete Anfrage treffen die beteiligten Steuerbehörden in der Regel innert Monatsfrist nach Kenntnisnahme des vollständigen Sachverhalts durch die letzte Behörde. Eine korrekte erste steuerliche Würdigung des Sachverhalts durch den Steuerpflichtigen oder seinen Berater beschleunigt das Verfahren.

54 Folgen der Nichteinhaltung dieser Vorgehensweise

Entscheidet ein Kanton ohne Rücksprache mit den übrigen beteiligten Kantonen und der ESTV, hat sein Entscheid keine Bindungswirkung für die übrigen Steuerbehörden. Eine definitive Auskunftserteilung ist für die betroffenen Steuerbehörden nur verbindlich, wenn alle Beteiligten mit der Lösung einverstanden waren.

Ersatzbeschaffung

Quelle: Schweizerische Steuerkonferenz SSK

Ersatzbeschaffung mit nur teilweiser Reinvestition

Kreisschreiben Nr. 19 des Vorstandes vom 31. August 2001

1. Ausgangslage

Bei Ersatzbeschaffung im geschäftlichen und privaten Bereich erfolgt ein vollständiger Steueraufschub, wenn der ganze Veräusserungserlös in ein Ersatzobjekt investiert wird. Wenn die Reinvestition jedoch geringer ausfällt als der Veräusserungserlös, stellt sich die Frage nach der Höhe des Steueraufschubs. In den Kantonen finden zur Bemessung des Steueraufschubs bei bloss teilweiser Ersatzbeschaffung zwei unterschiedliche Systeme Anwendung, die sogenannte absolute und die proportionale Methode. Das Nebeneinander von verschiedenen Methoden ist harmonisierungsrechtlich unerwünscht und kann bei Ersatzbeschaffung über die Kantonsgrenze hinaus zu einer Doppelbesteuerung oder zu einer Freistellung von realisierten Gewinnen führen. Eine Vereinheitlichung ist deshalb geboten.

2. Rechtsgrundlagen

Gemäss Art. 12 Abs. 3 StHG wird die Besteuerung aufgeschoben bei:

lit. d. *vollständiger oder teilweiser Veräusserung eines land- oder forstwirtschaftlichen Grundstückes, soweit der Veräusserungserlös innert angemessener Frist zum Erwerb eines selbstbewirtschafteten Ersatzgrundstückes oder zur Verbesserung der eigenen, selbstbewirtschafteten land- oder forstwirtschaftlichen Grundstücke verwendet wird;*

lit. e. *Veräusserung einer dauernd und ausschliesslich selbstgenutzten Wohnliegenschaft (Einfamilienhaus oder Eigentumswohnung), soweit der dabei erzielte Erlös innert angemessener Frist zum Erwerb oder zum Bau einer gleichgenutzten Ersatzliegenschaft in der Schweiz verwendet wird.*

Nach Absatz 4 dieser Bestimmung gelten die Regeln der Ersatzbeschaffung im Grundstückgewinnsteuerrecht in den Kantonen mit monistischem System auch für geschäftliche Gewinne, sofern diese Kantone die Gewinne von der Einkommens- und Gewinnsteuer ausnehmen oder die Grundstückgewinnsteuer auf die Einkommens- und Gewinnsteuer anrechnen (Art. 8 Abs. 4 und Art. 24 Abs. 4 StHG). Das StHG enthält keine Vorschriften darüber, wie der Aufschubsbetrag (latentes Steuersubstrat) zu berechnen ist.

Gemäss dem Wortlaut von Art. 12 Abs. 3 lit. d und e StHG wird ein Steueraufschub gewährt, soweit der (Veräusserungs-)**Erlös** (und nicht etwa der realisierte Veräusserungs**gewinn**) in die Ersatzliegenschaft reinvestiert wird. Die Reinvestition erfolgt vorab aus den freigewordenen bisherigen Anlagekosten, und der aufgeschobene Grundstückgewinn entspricht der Differenz zwischen den bisherigen Anlagekosten und den höheren Reinvestitionskosten.

3. Absolute Methode

Nach dieser auch Abschöpfungsmethode genannten Berechnungsart wird der bei der Veräusserung erzielte Grundstückgewinn soweit nicht besteuert, als der Veräusserungserlös für das Ersatzobjekt verwendet wird. Die absolute Methode ist das Ergebnis einer sinngemässen und praxisorientierten Gesetzesauslegung ("soweit der Veräusserungserlös........ verwendet wird"). Die Funktionsweise der Methode kann anhand der nachstehenden Beispiele dargestellt werden. Für den Fall, dass die Reinvestitionskosten unter den ursprünglichen Anlagekosten des ersetzten Objektes liegen, kann - im Gegensatz zur proportionalen Methode - sachgemäss kein Besteuerungsaufschub erfolgen.

3.1 Beispiele für Ersatzbeschaffung im Grundstückgewinsteuerrecht

- **Anlagekosten unter Reinvestitionskosten**

Veräusserungserlös	4'500'000
Anlagekosten	3'475'000
Reinvestition	3'800'000

Steueraufschub:	
Reinvestition	3'800'000
Anlagekosten	3'475'000
aufgeschobener Grundstückgewinn	325'000

Steuerbarer Grundstückgewinn:	
Veräusserungserlös	4'500'000
Reinvestition	3'800'000
besteuert	700'000

Anlagekosten Ersatzobjekt:	3'475'000

- **Anlagekosten über Reinvestitionskosten**

Veräusserungserlös	4'500'000
Anlagekosten	3'700'000
Reinvestition	3'500'000

Steueraufschub:	0

Steuerbarer Grundstückgewinn:	
Veräusserungserlös	4'500'000
Anlagekosten	3'700'000
besteuert	800'000

Anlagekosten Ersatzobjekt:	3'500'000

Die absolute Methode ist einfach und leicht verständlich. Der Steueraufschub wird gewährt, soweit der Grundstückgewinn für den Veräusserer nicht frei verfügbar ist, weil er in ein wiederum dem Eigengebrauch dienendes Ersatzobjekt investiert wird. Der nicht reinvestierte, frei verfügbare Erlösanteil wird dagegen richtigerweise in dem Zeitpunkt besteuert, in dem der Gewinn realisiert und der entsprechende

Erlös für die Entrichtung der Steuer in liquider Form zur Verfügung steht. Lehre und Rechtsprechung haben sich deshalb verschiedentlich für diese Methode ausgesprochen (M. Langenegger, Handbuch zur bernischen Vermögensgewinnsteuer, Bern 1999, N. 28 zu Art. 80a mit Hinweisen auf die Praxisfestlegung in NStP und div. Gerichtsentscheide; LGVE 1997 II Nr. 31). Die absolute Methode entspricht auch der Praxis zur Ersatzbeschaffung von Geschäftsliegenschaften bei der direkten Bundessteuer (M. Reich/M. Züger, Kommentar zum Schweizerischen Steuerrecht/DBG, N. 24 zu Art. 30; P. Locher, Kommentar zum DBG, N. 18 zu Art. 30). Von den Kantonen mit **monistischem System** ist sie für die **geschäftliche Ersatzbeschaffung** im Sinne von Art. 12 Abs. 4 bzw. 8 Abs. 4 und Art. 24 Abs. 4 StHG ohne weiteres anwendbar (Konferenz staatlicher Steuerbeamter, Harmonisierung des Unternehmenssteuerrechts, Muri/Bern 1995, S. 53).

3.2. Beispiele für geschäftliche Ersatzbeschaffung im monistischen System

- **Anlagekosten unter Reinvestitionskosten**

Veräusserungserlös	4'500'000
Anlagekosten	3'900'000
Buchwert (= Einkommenssteuerwert)	3'500'000
Reinvestition	4'000'000
Steueraufschub bei Grundstückgewinnsteuer	
Reinvestition	4'000'000
Anlagekosten	3'900'000
aufgeschoben	100'000

Steueraufschub (Übertrag stille Reserven) bei Einkommens-/Gewinnsteuer:	
Anlagekosten	3'900'000
Buchwert	3'500'000
aufgeschoben (nicht besteuert)	400'000

Steuerbarer Grundstückgewinn:	
Veräusserungserlös	4'500'000
Reinvestition	4'000'000
besteuert	500'000

Buchwert des Ersatzobjektes:	3'500'000
Anlagekosten Ersatzobjekt:	3'900'000

- **Anlagekosten über Reinvestitionskosten**

Veräusserungserlös	4'500'000
Anlagekosten	3'900'000
Buchwert (= Einkommenssteuerwert)	3'500'000
Reinvestition	3'800'000

Steueraufschub bei Grundstückgewinnsteuer:	
Reinvestition	3'800'000
Anlagekosten	3'900'000
aufgeschoben	0

Steueraufschub (Übertrag stille Reserven) bei Einkommens-/Gewinnsteuer:

Reininvestition	3'800'000
Buchwert	3'500'000
aufgeschoben (nicht besteuert)	300'000

Steuerbarer Grundstückgewinn:

Veräusserungserlös	4'500'000
Anlagekosten	3'900'000
besteuert	600'000

Steuerbares Einkommen/Gewinn:

Anlagekosten	3'900'000
Reinvestition	3'800'000
besteuert im Rahmen der Erfolgsrechnung	100'000

Buchwert des Ersatzobjektes: 3'500'000

Anlagekosten Ersatzobjekt: 3'800'000

4. Proportionale Methode

Bei dieser Methode wird der **Gewinn** (statt der **Erlös**) gemäss Art. 12 Abs. 3 lit. d und e StHG im Verhältnis der Reinvestition zum gesamten Veräusserungserlös aufgeteilt und aufgeschoben. Somit wird die Besteuerung auch für Gewinnanteile aufgeschoben, die bereits frei verfügbar sind (im folgenden Beispiel werden nur Fr. 159'490.-- besteuert, obschon ein Gewinn von Fr. 700'000.-- in liquider Form zur Verfügung steht). Die Berechnung entspricht der Methode bei Teilveräusserung eines Grundstücks. Beispiel:

Veräusserungserlös	4'500'000
Anlagekosten	3'475'000
Reinvestition	3'800'000

Grundstückgewinn vor Berücksichtigung der Ersatzbeschaffung:

Veräusserungserlös	4'500'000
Anlagekosten	3'475'000
Bruttogewinn	1'025'000

Steueraufschub Grundstückgewinnsteuer:

Quote = Reinvestition 3'800'000 zu Veräusserungserlös 4'500'000 = 84,44 %

Proportional aufgeschobener Gewinn
84,44 % von 1'025'000   865'510

Steuerbarer Grundstückgewinn:

Bruttogewinn	1'025'000
Proportional aufgeschoben	865'510
besteuert	159'490

Anlagekosten Ersatzobjekt:

Reinvestition	3'800'000
Proportional aufgeschoben	865'510
Differenz	2'934'490

Nach der proportionalen Methode ergibt sich konsequenterweise selbst dann ein Steueraufschub, wenn der Betrag der Reinvestition unter den ursprünglichen Anlagekosten liegt. Das widerspricht einer sach- und zeitgerechten Besteuerung von tatsächlich erzielten Gewinnen. Anderseits ist es geradezu stossend, dass bei endgültiger Veräusserung des Ersatzobjektes mit der proportionalen Methode ein erheblicher Gewinn besteuert werden kann, obschon objektbezogen ein deutlicher Verlust eingetreten ist. Wird in vorstehendem Beispiel das Ersatzgrundstück für Fr. 3'400'000.--, d.h. Fr. 400'000.-- unter den Gestehungskosten, veräussert, ist nach der proportionalen Methode dennoch ein Gewinn von Fr. 465'510.-- zu versteuern.

5. Empfehlung: absolute Methode

Die proportionale Methode weist im Vergleich mit der absoluten Methode verschiedene Nachteile rechtlicher und praktischer Natur auf. Sie steht nicht im Einklang mit dem Realisationsprinzip und kann im Einzelfall zu geradezu stossenden Ergebnissen führen. Die Schweizerische Steuerkonferenz empfiehlt daher den Kantonen, bei der Ersatzbeschaffung mit bloss teilweiser Reinvestition die absolute Methode anzuwenden und nötigenfalls die entsprechenden Anpassungen auf Gesetzes- oder Verordnungsstufe vorzunehmen. Mit der Vereinheitlichung der Methode können die eingangs erwähnten Doppelbesteuerungskonflikte vermieden werden. Es wird im weiteren geprüft, ob zusätzlich zu dieser Empfehlung eine normative Klarstellung im StHG vorgenommen werden soll.

Interkantonale Steuerausscheidung nP

Quelle: Schweizerische Steuerkonferenz SSK

☞ *Aufgrund des BG vom 22. März 2013 über die formelle Bereinigung der zeitlichen Bemessung der direkten Steuern bei den natürlichen Personen wurden bestimmte Artikel im StHG, die dieses Kreisschreiben betreffen, per 1.1.2014 gelöscht bzw. umgestellt: Aus Art. 68 aStHG wurde Art. 4b nStHG und aus Art. 66 aStHG wurde Art. 17 nStHG.*

Die interkantonale Ausscheidung bei Änderungen der Steuerpflicht während der Steuerperiode im System der einjährigen Postnumerandobesteuerung mit Gegenwartsbemessung (Natürliche Personen)

Kreisschreiben vom 27. November 2001

1 Allgemeines

Das am 1. Januar 2001 in Kraft getretene Bundesgesetz zur Koordination und Vereinfachung der Veranlagungsverfahren für die direkten Steuern im interkantonalen Verhältnis vom 15. Dezember 2000 hat die Änderung von Artikel 68 des Bundesgesetzes über die Harmonisierung der direkten Steuern der Kantone und Gemeinden (StHG) zur Folge. Diese Bestimmung legt die Wirkungen einer Änderung der Steuerpflicht von natürlichen Personen zwischen Kantonen mit Postnumerandobesteuerung fest. Sie hat folgenden Inhalt:

„[1] Bei Wechsel des steuerpflichtigen Wohnsitzes innerhalb der Schweiz besteht die Steuerpflicht auf Grund persönlicher Zugehörigkeit für die laufende Steuerperiode im Kanton, in welchem der Steuerpflichtige am Ende dieser Periode seinen Wohnsitz hat. Kapitalleistungen gemäss Artikel 11 Absatz 3 sind jedoch in dem Kanton steuerbar, in dem der Steuerpflichtige im Zeitpunkt der Fälligkeit seinen Wohnsitz hat. Artikel 38 Absatz 4 bleibt im Übrigen vorbehalten.

[2] Eine Steuerpflicht auf Grund wirtschaftlicher Zugehörigkeit in einem anderen Kanton als demjenigen des steuerrechtlichen Wohnsitzes besteht für die gesamte Steuerperiode, auch wenn sie im Laufe des Jahres begründet, verändert oder aufgehoben wird. In diesem Falle wird der Wert der Vermögensobjekte im Verhältnis zu Dauer dieser Zugehörigkeit vermindert. Im Übrigen werden das Einkommen und das Vermögen zwischen den beteiligten Kantonen in sinngemässer Anwendung der Grundsätze des Bundesrechts über das Verbot der interkantonalen Doppelbesteuerung ausgeschieden".

In der Form eines allgemeinen Kommentars hat die Schweizerische Steuerkonferenz in einem Kreisschreiben diese Bestimmung erläutert[1]. Neben einem kurzen Rückblick auf die anwendbaren Grundsätze beschreibt das vorliegende Kreisschreiben die Anwendung dieser Bestimmung in Bezug auf die Einkommens- und Vermögenssteuern. Erörtert werden somit Fragen im Zusammenhang mit dem Wechsel der Steuerpflicht bei persönlicher Zugehörigkeit (Wohnsitzverlegung), Fragen im Zusammenhang mit der Begründung, der Veränderung oder der Aufhebung der wirtschaftlichen Zugehörig-

---

[1] Kreisschreiben der SSK Nr. 15 vom 31. August 2001

keit in einem anderen Kanton als dem Wohnsitzkanton sowie Fragen bezüglich der Änderung der Natur der Zugehörigkeit während einer Steuerperiode.

Artikel 68 StHG findet Anwendung auf interkantonale Verhältnisse zwischen Kantonen mit einjähriger Postnumerandobesteuerung mit Gegenwartsbemessung. Nur diese werden im Rahmen dieses Kreisschreibens umschrieben.

Artikel 68 Absatz 1 StHG beinhaltet zwei verschiedene Besteuerungsarten vor: Die Besteuerung von Kapitalleistungen gemäss Art. 11 Abs. 3 StHG einerseits sowie die Besteuerung im ordentlichen Verfahren einer quellensteuerpflichtigen Person andererseits. Diese Punkte werden in anderen Papieren der SSK kommentiert[2].

Artikel 68 StHG bezieht sich einzig auf die periodischen Einkommens- und Vermögenssteuern. Die Grundstückgewinnsteuern, Erbschafts- und Schenkungssteuern oder Handänderungssteuern sind hingegen nicht betroffen. Die Befugnis, derartige Steuern im interkantonalen Verhältnis zu erheben, wird durch kantonales Recht geregelt. Dabei müssen immer auch die vom Bundesgericht in seiner Rechtsprechung aufgestellten Grundsätze über das verfassungsmässige Verbot der Doppelbesteuerung berücksichtigt werden.

2 Wohnsitzwechsel einer natürlichen Person

21 Grundsätze

Wechselt eine natürliche Person ihren Wohnsitz im Laufe einer Steuerperiode von einem Kanton in einen anderen, so ist sie auf Grund persönlicher Zugehörigkeit während der ganzen Periode in dem Kanton steuerpflichtig, in welchem sie am Ende der Steuerperiode ihren Wohnsitz hat. Die Ansässigkeit im Wegzugskanton vor dem Wohnsitzwechsel führt nicht zur persönlichen Zugehörigkeit. Es wird dadurch keine Steuerpflicht begründet.

Wechselt eine Person ihren Wohnsitz von einem Kanton in einen anderen und behält oder begründet sie im Wegzugskanton eine wirtschaftliche Zugehörigkeit, so besteht für die ganze Periode eine beschränkte Steuerpflicht in diesem Kanton.

22 Beispiele

| Beispiel 1 | Wohnsitzwechsel |

Herr X wohnt im Kanton A. Am 10. Oktober des Jahres N verlegt er seinen Wohnsitz vom Kanton A in den Kanton B. In der Steuerperiode N, welche dem Jahre N entspricht, ist Herr X im Kanton B steuerpflichtig.

---

[2] Kreisschreiben der SSK Nr. 16 vom 31. August 2001

| Beispiel 2 | Wohnsitzwechsel und Heirat |

Herr X und Frau Y heiraten am 10. Juni des Jahres N. Herr X, der bis dahin im Kanton A gewohnt hat, wechselt seinen Wohnsitz per 1. Juni des Jahres N in den Kanton B. Frau Y wohnte bereits vorher im Kanton B.
Das Ehepaar ist für die ganze Steuerperiode N im Kanton B steuerpflichtig.

| Beispiel 3 | Wohnsitzwechsel und Trennung des Ehepaares |

Herr und Frau O haben im Kanton A Wohnsitz. Sie trennen sich. Frau O behält ihren Wohnsitz im Kanton A. Herr O hingegen zieht am 1. März des Jahres N in den Kanton B um.

In der Steuerperiode N ist Frau O als Alleinstehende im Kanton A, Herr O als Alleinstehender im Kanton B steuerpflichtig

| Beispiel 4 | Wohnsitzwechsel und Aufenthalt |

Herr X wohnt im Kanton A. Im Februar des Jahres N zieht er in den Kanton B um, wo er sich bis Ende Herbst des Jahres N aufhält. Per 1. November des Jahres N verlegt er seinen Wohnsitz in den Kanton C.

Herr X ist für die ganze Steuerperiode N im Kanton C steuerpflichtig.

| Beispiel 5 | Tod des einen Ehegatten und Wohnsitzwechsel des Überlebenden |

Herr und Frau Z haben im Kanton A Wohnsitz. Herr Z stirbt am 10. Mai des Jahres N. Am 1. September desselben Jahres wechselt Frau Z ihren Wohnsitz in den Kanton B.

Bis zum Todestag von Herr Z werden die Einkommens- und Vermögenssteuern durch den Kanton A erhoben. Ab dem Todestag bis zum Ende der Steuerperiode N ist Frau Z im Kanton B steuerpflichtig.

3 Änderungen der wirtschaftlichen Zugehörigkeit ausserhalb des Wohnsitzkantons

31 Grundsätze

Artikel 68 Absatz 2 StHG regelt den Grundsatz der Einheit der Periode bei Begründung, Veränderung oder Aufhebung der wirtschaftlichen Zugehörigkeit ausserhalb des Wohnsitzkantons einer steuerpflichtigen Person. Hat die wirtschaftliche Zugehörigkeit während der Steuerperiode bestanden, gilt die beschränkte Steuerpflicht für die ganze Periode.

Im interkantonalen Verhältnis entsteht eine wirtschaftliche Zugehörigkeit gemäss Art. 4 Abs. 1 StHG, insbesondere im Zusammenhang mit Grundeigentum, mit einem Geschäftsbetrieb oder mit einer Betriebsstätte.

Die Begründung, Änderung oder Aufhebung der wirtschaftlichen Zugehörigkeit kann aus vielerlei Gründen erfolgen. Bei beschränkter Steuerpflicht infolge Grundeigentum kann die Ursache für die Zugehörigkeit in einem entgeltlichen oder unentgeltlichen Grundstückerwerb liegen. Die Zugehörigkeit kann mit der Eröffnung eines Geschäftsbetriebes, einer Betriebsstätte oder Änderung der Rechtsform eines Unternehmens entstehen oder auf Grund einer Schliessung erlöschen. Diese verschiedenen Möglichkeiten werden an Hand von Beispielen erläutert.

Bei Begründung, Änderung oder Aufhebung der wirtschaftlichen Zugehörigkeit im Laufe der Steuerperiode muss berücksichtigt werden , dass die Dauer der Zugehörigkeit kürzer ist als die Steuerpflicht (Art. 68 Abs. 2 StHG). In Bezug auf das Vermögen erlaubt diese Regelung eine indirekte der Dauer der wirtschaftlichen Anknüpfung entsprechende Besteuerung im Sinne von Art. 66 Abs. 4 StHG (sogenannte Gewichtungsmethode). Der Grundsatz, wonach sich das Vermögen nach dem Stand am Ende der Steuerperiode oder der Steuerpflicht bemisst, wird dabei nicht verletzt (Art. 66 Abs.1 StHG).

Die Berücksichtigung der verkürzten Dauer der wirtschaftlichen Zugehörigkeit durch die Verminderung des entsprechenden Vermögenswertes hat zur Folge, dass eine Korrektur vorgenommen werden muss. Nur so entspricht die Summe der zu besteuernden Vermögenswerte dem Vermögen am Ende der Steuerperiode. Um das Ganze zu vereinfachen, betrifft diese Korrektur den Wohnsitzkanton bzw. den Kanton des Geschäftsbetriebes, wenn die wirtschaftliche Zugehörigkeit durch die Eröffnung oder Schliessung eine Betriebsstätte begründet oder aufgehoben wird. Bei Begründung der wirtschaftlichen Zugehörigkeit im Laufe der Steuerperiode wirkt sie sich dies zu Gunsten, bei Aufhebung der wirtschaftlichen Zugehörigkeit innerhalb der Steuerperiode zu Lasten des Wohnsitzkantons oder des Kantons des Geschäftsbetriebes aus.

32 Beispiele zur entgeltlichen Übertragung eines Grundstücks

Beispiel 6 Kauf einer Liegenschaft ausserhalb des Wohnsitzkantons im Laufe der Steuerperiode

Die steuerpflichtige Person mit Wohnsitz im Kanton A erwirbt per 1. April 2002 eine Liegenschaft im Kanton B (Steuerwert: Fr. 300'000). Der Kaufpreis in der Höhe von Fr. 400'000 wird wie folgt finanziert:

Verkauf von Wertschriften:	100'000
Eigenkapital:	40'000
Hypothekarschuld auf der neuen Liegenschaft:	160'000
Erhöhung der Hypothek auf einer anderen Liegenschaft:	100'000

Die steuerpflichtige Person ist ebenfalls Eigentümerin einer Liegenschaft im Kanton C.

Vermögen der steuerpflichtigen Person am 31. Dezember 2002:

Wertschriften:	100'000
Liegenschaft im Kanton C (Steuerwert):	1'000'000
Liegenschaft im Kanton B (Steuerwert):	300'000
Schulden:	(460'000)
Nettovermögen:	940'000

Im Jahr 2002 erzieltes Einkommen:

Wertschriftenertrag:	5'000
Nettoliegenschaftsertrag Kanton C:	64'000
Nettoliegenschaftsertrag Kanton B:	22'500
Nettolohn:	140'000
Schuldzinsen:	(22'000)
Nettoeinkommen:	209'500

Ausscheidung der Vermögenswerte zur Bestimmung der steuerbaren Vermögensanteile in jedem beteiligten Kanton und Verteilung der Schuldzinsen

Vermögen am 31.12.2002	Total	Kanton A	Kanton B	Kanton C
Wertschriften	100'000	100'000		
Liegenschaft C*: Steuerwert 1'000'000 x 110%	1'100'000			1'100'000
Liegenschaft B**: Steuerwert 300'000 x 120%	360'000		360'000	
Korrektur zu Gunsten von A (360'000 / 360 x 90)		90'000	(90'000)	
Total der Vermögenswerte	1'560'000	190'000	270'000	1'100'000
Anwendbare Prozente für die Ausscheidung des Nettovermögens und der Schuldzinsen	100%	12.18%	17.31%	70.51%

Repartitionswert für den Kanton C : 110%
**Repartitionswert für den Kanton B: 120%*

Steuerbares Vermögen[3] in den Kantonen A und C*

	Total	Kanton A	Kanton B	Kanton C
Vermögen	1'560'000	190'000	270'000	1'100'000
Schulden	460'000	56'028	79'626	324'346
Nettovermögen	1'100'000	133'972	190'374	775'654
Differenz auf den Liegenschaftssteuerwerten**				
Kanton C (1'100'000 / 110 x 10)	(100'000)			(100'000)
Kanton B***(360'000 / 110 x10)	32'727		(32'727)	
Kanton A***(32'727 / 360 x 90)		(8'182)	8'182	
Steuerbares Vermögen A und C**	967'273	125'790	165'829	675'654

Zwecks Vereinfachung entsprechen die Beispiele den jeweiligen kantonalen Gesetzgebungen.
**Die Korrektur der Liegenschaftswerte im Hinblick auf die Ausscheidung erfolgt aus der Sicht der Kantone A (Hauptsteuerdomizil) und C. Die Repartitionswerte für die Kantone A und C betragen 110%, für den Kanton B 120%.*
***Zur Bestimmung des steuerbaren Vermögens der Kantone A und C muss der Steuerwert der Liegenschaft C (100/110 von 360'000 Franken) um Fr. 32'727 vermindert werden. Ein Teil dieser Verminderung (Fr. 8'182) geht zu Lasten des Kantons A.*

---

[3] In allen Beispielen entspricht „steuerbares Vermögen" dem Nettovermögen gemäss kantonalem Recht. Dieses berechnet sich nach dem Bruttovermögen abzüglich der Schulden. Ebenfalls berücksichtigt sind die Repartitionswerte, welche der Bestimmung der Liegenschaftswerte für die Ausscheidungen dienen.

Nettoeinkommen

Einkommen 2002	Total	Kanton A	Kanton B	Kanton C
Wertschriftenertrag	5'000	5'000		
Nettoliegenschaftsertrag C	64'000			64'000
Nettoliegenschaftsertrag B	22'500		22'500	
Bruttovermögensertrag	91'500	5'000	22'500	64'000
Schuldzinsen	(22'000)	(2'680)	(3'808)	(15'512)
	100%	12.18%	17.31%	70.51%
Nettovermögensertrag	69'500	2'320	18'692	48'488
Lohn	140'000	140'000		
Nettoeinkommen	209'500	142'320	18'692	48'488

Beispiel 7 — Verkauf einer Liegenschaft ausserhalb des Wohnsitzkantons

Eine im Kanton A wohnhafte Person verkauft am 31. März 2002 eine Liegenschaft. Die Liegenschaft liegt im Kanton C und hat einen Steuerwert von Fr. 300'000. Der Verkaufspreis beläuft sich auf Fr. 500'000. Nach der Tilgung einer Hypothekarschuld in der Höhe von Fr. 100'000 investiert die Person den restlichen Verkaufserlös in Wertschriften. Die steuerpflichtige Person ist gleichzeitig Eigentümerin einer Liegenschaft im Kanton B (Steuerwert: Fr. 500'000). Ende 2002 beträgt der Wert der Wertschriften Fr. 600'000. Die privaten Schulden belaufen sich insgesamt auf Fr. 300'000.

Ausscheidung der Vermögenswerte zur Bestimmung der steuerbaren Vermögensanteile in jedem beteiligten Kanton und Verteilung der Schuldzinsen

Vermögenswerte am 31.12.2002	Total	Kanton A	Kanton B	Kanton C
Wertschriften	600'000	600'000		
Liegenschaften*:				
Kanton B: Steuerwert 500'000 x 120%	600'000		600'000	
Kanton C*: Steuerwert 300'000 x 110% zu Lasten von A		(330'000)		330'000
Korrektur zu Gunsten von A		247'500		(247'500)
Total Aktiven	1'200'000	517'500	600'000	82'500
Anwendbare Prozente für die Ausscheidung des Nettovermögens und der Schuldzinsen	(100%)	43.12%	50%	6.88%

* Die Berücksichtigung der begrenzten Dauer der Zugehörigkeit zu einem Kanton erfolgt in zwei Etappen: a) Hinzufügen des Elementes Liegenschaft beim Kanton C, zu Lasten des Wohnsitzkantons, dann b) die Korrektur dieses Elementes C gemäss der begrenzten Dauer der Zugehörigkeit, mit entsprechender Korrektur beim Kanton A. Das Vorgehen kann verkürzt werden, indem beim Kanton C der Liegenschaftswert direkt proportional im Verhältnis zur Dauer der Zugehörigkeit (in unserem Beispiel: 300'000 x 110% / 360 x 90 = 82'500, Summe zu Lasten des Wohnsitzkantons) gekürzt wird.

Nettovermögen in den Kantonen A, B und C

	Total	Kanton A	Kanton B	Kanton C
Total der Vermögenswerte	1'200'000	517'500	600'000	82'500
Anwendbare Prozente für die Ausscheidung des Nettovermögens und der Schuldzinsen	100%	43.12%	50%	6.88%
Schulden	(300'000)	(129'360)	(150'000)	(20'640)
Nettovermögen	900'000	388'140	450'000	61'860

Steuerbares Vermögen in den Kantonen A, B und C*

Steurbares Vermögen in den Kantonen A und C				
Nettovermögen		900'000	388'140		61'860
Differenz auf der Liegenschaft im Kanton B: 600'000 /110 x 10		(54'545)		(54'545)	
Differenz auf der Liegenschaft im Kanton C: (82'500 / 110 x 10) zu Gunsten von Kanton A			7'500		(7'500)
Steuerbares Vermögen		845'455	395'640	395'435	54'360

Steuerbares Vermögen im Kanton B		900'000		450'000	
Differenz auf Liegenschaft B (600'000 / 120 x 20)		(100'000)		(100'000)	
Steuerbares Vermögen		800'000		350'000	

Repartitionswerte: A und C: 110%; B: 120%

Beispiel 8	**Verkauf einer Liegenschaft[4]**

Eine Person verkauft am 1. Juli 2002 eine im Kanton B gelegene Liegenschaft für Fr. 1'000'000 (Steuerwert: 850'000). Der Käufer übernimmt dabei eine Hypothekarschuld in der Höhe von Fr. 800'000. Am Ende des Steuerjahres besitzt die steuerpflichtige Person Wertschriften in der Höhe von Fr. 400'000. Die Schulden betragen Fr. 50'000.

---

[4] In den Beispielen 8 bis 13 wird angenommen, der Repartitionswert für die Liegenschaften in den verschiedenen Kantonen betrage 100%.

Ausscheidung der Vermögenswerte zur Bestimmung der steuerbaren Vermögensanteile in jedem beteiligten Kanton und Verteilung der Schuldzinsen

Vermögen am 31.12.2002	Total	Kanton A	Kanton B
Wertschriften	400'000	400'000	
Liegenschaft B:(850'000 / 360 x 180), max. 400'000		(400'000)	400'000
Aktiven	400'000	0	400'000
Anwendbare Prozente für die Ausscheidung des Nettovermögens und der Schuldzinsen	100%	0%	100%

Bemerkung: Wie dieses Beispiel zeigt, kann der Bruttovermögensanteil des Spezialsteuerdomizils, welcher im Verhältnis zur Dauer der Zugehörigkeit vermindert wird, dem Vermögen am Ende der Steuerperiode entsprechen oder grösser sein kann als dieses. In diesem Fall muss der Bruttovermögensanteil des Spezialsteuerdomizils der Höhe des Vermögens am Ende der Steuerperiode angepasst werden. Existieren mehrere Spezialsteuerdomizile und erweist sich der Bruttovermögensanteil des Kantons, in dem die wirtschaftliche Zugehörigkeit beendet wurde, höher als das Bruttovermögen des Hauptsteuerdomizils, so müssen die anderen Domizile den Teil nicht übernehmen, der zu Lasten des Hauptsteuerdomizil geht und dessen Bruttovermögen übersteigt (siehe Beispiel 9). Dieser Teil wird durch den Liegenschaftskanton übernommen.

Steuerbares Vermögen in den Kantonen A und B

Das steuerbare Vermögen am 31.12.2002 beträgt Fr. 350'000. Es wird zwischen den beiden Kantonen wie folgt aufgeteilt:

	Total	Kanton A	Kanton B
	100%		100%
Aktiven	400'000		400'000
Schulden	(50'000)		(50'000)
Steuerbares Vermögen	350'000		350'000

Beispiel 9   Verkauf einer Liegenschaft

Eine Person verkauft am 1. Juli 2002 eine im Kanton B gelegene Liegenschaft im Wert von Fr. 1'000'000 (Steuerwert: 1'000'000). Der Käufer übernimmt eine Hypothek in der Höhe von Fr. 800'000. Am Ende des Jahres besitzt die steuerpflichtige Person Wertschriften in der Höhe von Fr. 400'000. Gleichzeitig ist sie Eigentümerin zweier Grundstücke, die in den Kantonen C (Fr. 100'000) und D (200'000) liegen. Ihre Schulden betragen am 31.12.2002 Fr. 250'000.

Ausscheidung der Vermögenswerte zur Bestimmung der steuerbaren Vermögensanteile in jedem beteiligten Kanton und Verteilung der Schuldzinsen

	Total	Kanton A	Kanton B	Kanton C	Kanton D
Vermögen am 31.12 2002					
Wertschriften	400'000	400'000			
Liegenschaften	300'000			100'000	200'000
Liegenschaft B: Korrektur zu Lasten von A: (1'000'000 / 360 x 180) Korrektur zu Lasten von B (500'000-400'000)		(500'000) 100'000	500'000 (100'000)		
Total	700'000	0	400'000	100'000	200'000
In %	100%	0%	57.14%	14.29%	28.57%

Der Vermögenswert, der dem Kanton B zugeteilt wird und zu Lasten des Wohnsitzkantons A geht, ist höher als dessen Bruttovermögensanteil. Der Überschuss muss von dem Kanton B getragen werden.

Wenn die Korrekturen mehrerer Spezialsteuerdomizile betreffen und die Summe dieser Korrekturen zu Lasten des Wohnsitzkantons höher ist als das diesem Ort zuzurechnende Bruttovermögen, dann muss der Überschuss zwischen den Spezialsteuerdomizilen proportional aufgeteilt werden. Wie das nachfolgende Beispiel zeigt, dürfen die aufgeteilten Aktiven insgesamt nicht höher sein als die Aktiven, die am Ende der Steuerperiode steuerbar sind.

Beispiel:

Ein Steuerpflichtige mit Wohnsitz im Kanton A hat am Ende der Steuerperiode ein bewegliches Vermögen von Fr. 300'000. Am 1. Juli dieser Periode hat er zwei Liegenschaften verkauft. Die eine Liegenschaft (Steuerwert: Fr. 400'000) war im Kanton B, die andere Liegenschaft (Steuerwert: Fr. 500'000) im Kanton C gelegen.

Vermögen am Ende der Steuerperiode	Total	Kanton A	Kanton B	Kanton C
Wertschriften	300'000	300'000		
Liegenschaft im Kanton B: Korrektur zu Lasten des Kantons A: (400'000 / 360 x 180)		(200'000)	200'000	
Liegenschaft im Kanton C: Korrektur zu Lasten des Kantons A: (500'000 / 360 x 180)		(250'000)		250'000
Verteilung des Überschusses zu Lasten der Kantone B und C		150'000	(66'666)	(83'334)
Total der Vermögenswerte	300'000	0	133'334	166'666

Beispiel 10 Kauf und Verkauf einer Liegenschaft im Verlauf einer Steuerperiode

Eine im Kanton A wohnhafte Person erwirbt am 1. Mai 2002 eine Liegenschaft im Kanton B zum Preis von Fr. 450'000. Die Liegenschaft wird Ende Oktober zum Preis von Fr. 420'000 weiterverkauft. Zu diesem Zeitpunkt beträgt der Steuerwert Fr. 390'000. Am Ende der Steuerperiode besitzt die steuerpflichtige Person ein Vermögen in der Höhe von Fr. 270'000 (Wertschriften und Sparbuch).

Ausscheidung der Vermögenswerte zur Bestimmung der steuerbaren Vermögensanteile in jedem beteiligten Kanton und Verteilung der Schuldzinsen

Vermögen	Total	Kanton A	Kanton B
Wertschriften und anderes bewegliches Vermögen	270'000	270'000	
Liegenschaft im Kanton B: (390'000 / 360 x 180)		(195'000)	195'000
Vermögen für die Ausscheidung	270'000	75'000	195'000
Anwendbare Prozente für die Ausscheidung des Nettovermögens und der Schuldzinsen	100%	27.78%	72.22%

Steuerbares Vermögen in den Kantonen A und B

Am 31.12.2002 beträgt das steuerbare Vermögen der steuerpflichtigen Person Fr. 270'000. Es wird wie folgt unter den Kantonen ausgeschieden:

	Total	Kanton A	Kanton B
	100%	27.78%	72.22%
Steuerbares Vermögen	270'000	75'000	195'000

Beispiel 11 Unterbruch der wirtschaftlichen Zugehörigkeit: Verkauf einer Liegenschaft, kurz danach Kauf einer anderen Liegenschaft

Eine Person wohnt im Kanton A und ist Eigentümerin einer Liegenschaft im Kanton B (Steuerwert Liegenschaft 1: Fr. 300'000). Am 1. Mai 2002 verkauft sie diese zum Preis von Fr. 500'000. Der Erlös wird nach Bezahlung der Grundstückgewinnsteuer reinvestiert. Am 1. Oktober 2002 kauft diese Person ein Mietshaus im Kanton B (Liegenschaft 2). Der Kaufpreis beträgt Fr. 1'000'000. Der Kauf wird durch Eigenkapital (in der Höhe von Fr. 300'000) sowie durch eine Hypothek von Fr. 700'000 finanziert.

Nettovermögen am 31.12.2002:

Wertschriften:	100'000
Liegenschaft 2 (Steuerwert: 1'000'000):	1'000'000
Schulden:	(700'000)
Nettovermögen:	400'000

Ausscheidung der Vermögenswerte zur Bestimmung der steuerbaren Vermögensanteile in jedem beteiligten Kanton und Verteilung der Schuldzinsen

Vermögen am 31.12.2002	Total	Kanton A	Kanton B
Wertschriften	100'000	100'000	
Liegenschaft 2:	1'000'000		1'000'000
Korrektur zu Gunsten von A (1'000'000 / 360 x 270)		750'000	(750'000)
Liegenschaft 1, Steuerwert am 1.5.2002 : 300'000			
Korrektur zu Lasten von A : (300'000 / 360 x 120)		(100'000)	100'000
Total Aktiven	1'100'000	750'000	350'000
In %	100%	68.18%	31.82%

Steuerbares Vermögen in den Kantonen A und B

Das Nettovermögen am 31.12.2002 beträgt Fr. 400'000. Es wird zwischen den Kantonen wie folgt ausgeschieden:

	Total 100%	Kanton A 68.18%	Kanton B 31.82%
Steuerbares Vermögen	400'000	272'720	127'280

33 Beispiele zur unentgeltlichen Übertragung eines Grundstücks

Beispiel 12   Liegenschaftsabtretung durch Erbschaft

Vorbemerkung:
Der Tod einer Person beendigt ihre Steuerpflicht. Gemäss Art. 66 Abs. 1 StHG wird das Vermögen nach dem Stand am Ende der Steuerperiode oder der Steuerpflicht bemessen. Erbt der Steuerpflichtige während der Steuerperiode Vermögen, so wird dieses erst von dem Zeitpunkt an besteuert, in dem es anfällt (Art. 66 Abs. 3 StHG).

Beispiel:

Herr X, wohnhaft im Kanton A, ist Eigentümer einer Liegenschaft im Kanton B. Er stirbt am 30. 9. 2002. Einzige Erbin ist seine Tochter, Frau Y, die im Kanton C in einer selbstgenutzten Liegenschaft wohnt. In den Kantonen A und B wird bei Erbschaften an Nachkommen der ersten Linie keine Erbschaftssteuer erhoben.

Beim Tod liegt folgendes Inventar vor:

Wertschriften:	100'000	
Liegenschaft B:	300'000	(Steuerwert)
Schulden:	(100'000)	

Am Ende des Jahres 2002 setzt sich das Vermögen von Frau Y, das Erbe ihres Vaters miteinbezogen, aus folgenden Elementen zusammen:

Wertschriften:	150'000	
Liegenschaft C:	400'000	(Steuerwert)
Liegenschaft B:	300'000	
Schulden:	(340'000)	
Nettovermögen:	510'000	

Veranlagung von Herrn X (vom 1.1.2002 bis 30.9.2002)

Die Besteuerung von Herrn X endet sowohl im Wohnsitzkanton als im Liegenschaftskanton an seinem Todestag, dem 30.9.2002.

Vermögen am 30.9. 2002	Total	Kanton A	Kanton B
Wertschriften	100'000	100'000	
Liegenschaft	300'000		300'000
Total Bruttovermögen	400'000	100'000	300'000
In %	100%	25%	75%
Schulden	(100'000)	(25'000)	(75'000)
Steuerbares Vermögen für 270 Tage	300'000	75'000	225'000

Die Vermögenssteuer 2002 wird von den Kantonen A und B pro rata temporis (für 270 Tage) erhoben.

Veranlagung von Frau Y (vom 1.1 bis 30.12.2002)

Für die Veranlagung und sowie für die Steuerausscheidung wird der Wert des geerbten Vermögens (Aktiven und Passiven) proportional zur Zeitspanne zwischen dem Todeszeitpunkt und dem Ende der Steuerperiode im Verhältnis zur ganzen Periode gekürzt.

Vermögen au 31.12. 2002	Total	Kanton C	Kanton B
Wertschriften	150'000	150'000	
Liegenschaften	700'000	400'000	300'000
Korrektur Erbschaft per 1.10.			
Wertschriften: (100'000 / 360 x 270*)	(75'000)	(75'000)	
Liegenschaft: (300'000 / 360 x 270)	(225'000)		(225'000)
Total Aktiven	550'000	475'000	75'000
In %	100%	86.36%	13.64%
Schulden: 340'000	(340'000)	(293'624)	(46'376)
Korrektur Erbschaft per 1.10.			
Schulden (100'000 / 360 x 270)*	75'000	64'770	10'230
Steuerbares Vermögen	285'000	246'146	38'854

Tage ohne Erbschaft

Beispiel 13 Abtretung einer Liegenschaft durch Schenkung

Vorbemerkung: Art. 66 Abs. 3 StHG findet bei Schenkungen keine Anwendung[5]. Trotzdem muss beachtet werden, dass bei der Schenkung einer Liegenschaft eine interkantonale Doppelbesteuerung auftreten kann, wenn Schenker und Beschenkter in verschiedenen Kantonen wohnen. Die Ausscheidung wird vorgenommen wie wenn eine Veräusserung stattgefunden hätte.

Beispiel:
Herr X wohnt im Kanton A und ist Eigentümer einer Liegenschaft im Kanton B (Steuerwert: 300'000). Am 30. 9. 2002 schenkt er seiner Tochter Frau Y, die im Kanton C wohnt, diese Liegen-

---

[5] Vergleiche auch BGE vom 23.7.1999, K. Locher, Doppelbesteuerungspraxis, § 10, II, Nr. 27; siehe Walter Jakob/ Dieter Weber, in Kommentar zum Schweizerischen Steuerrecht I/1, Art. 66 StHG N. 2 und 6

schaft. Sie ist mit einer Hypothekarschuld in der Höhe von Fr. 100'000 belastet. Die Kantone A und B erheben keine Schenkungssteuern bei Zuwendungen an direkte Nachkommen.

Am 31.12.2002 hat Herr X das folgende Vermögen:
Wertschriften: 600'000

Das Vermögen von Frau Y setzt sich am 31.12.2002 wie folgt zusammen (die geschenkten Vermögenswerte miteinbezogen):
Wertschriften: 150'000
Liegenschaft C: 400'000
Liegenschaft B: 300'000
Schulden: (340'000)

Besteuerung von Herrn X in der Steuerperiode 2002 in den Kantonen A und B:

Ausscheidung der Vermögenswerte zur Bestimmung der steuerbaren Vermögensanteile in jedem beteiligten Kanton und Verteilung der Schuldzinsen

Vermögen	Total	Kanton A	Kanton B
Wertschriften	600'000	600'000	
Liegenschaft: (300'000 / 360 x 270) Korrektur zu Lasten von A		(225'000)	225'000
Steuerbares Vermögen	600'000	375'000	225'000
In %	100%	62.50%	37.50%

Besteuerung von Frau Y in der Steuerperiode 2002:

Ausscheidung der Vermögenswerte zur Bestimmung der steuerbaren Vermögensanteile in jedem beteiligten Kanton und Verteilung der Schuldzinsen

Vermögen am 31.12. 2002	Total	Kanton C	Kanton B
Wertschriften	150'000	150'000	
Liegenschaft C	400'000	400'000	
Liegenschaft B: 300'000 Korrektur zu Gunsten von C (300'000 / 360 x 270)	300'000		300'000
		225'000	(225'000)
Total Vermögenswerte	850'000	775'000	75'000
In %	100%	91.18%	8.82%
Schulden (C: 91.18% und B: 8.82%)	(340'000)	(310'012)	(29'998)
Steuerbares Vermögen	510'000	464'988	45'012

34 Eröffnung, Verlegung und Schliessung eines Geschäftsbetriebes oder einer Betriebsstätte

341 Grundsätze

Artikel 68 Absatz 2 StHG findet Anwendung bei einer wirtschaftlichen Zugehörigkeit auf Grund des Betreibens eines Geschäftes oder einer Betriebsstätte. Die Verlegung eines Geschäftsbetriebes in einen anderen Kanton sowie die Begründung oder Aufgabe einer Betriebsstätte machen es nicht mehr nötig, eine Zwischenbilanz zu erstellen. Hingegen ist bei Begründung oder Aufgabe eines Geschäftsbetriebes eine Eröffnungs- bzw. Liquidationsbilanz zu erstellen. In diesem Zusammenhang muss Art. 66 Abs. 2 StHG erwähnt werden. Er sieht vor, dass „sich für Steuerpflichtige mit selbständiger Erwerbstätigkeit und Geschäftsjahren, die nicht mit dem Kalenderjahr übereinstimmen, das steuerbare Geschäftsvermögen nach dem Eigenkapital am Ende des in der Steuerperiode abgeschlossenen Geschäftsjahres bestimmt".

Im Falle einer Eröffnung oder Schliessung einer Betriebsstätte können Aktiven oder Passiven von dieser Betriebsstätte in andere Steuerdomizile des Unternehmens (Sitz oder weitere Betriebsstätten) überführt werden. Zur Vereinfachung werden diese Überführungen im Allgemeinen bei der Korrektur auf Grund der kürzeren Dauer der Zugehörigkeit zum Domizil einer Betriebsstätte, die im Laufe der Steuerperiode begründet oder aufgehoben wird, nicht berücksichtigt. Die Korrektur wird zu Gunsten oder zu Lasten des Sitzkantons des Geschäftsbetriebes (bei Eröffnung oder Schliessung einer Betriebsstätte) oder des Wohnsitzkantons (bei Eröffnung oder Schliessung eines Geschäftsbetriebes) vorgenommen.

342 Beispiele

Beispiel 14	Eröffnung eines Geschäftsbetriebes

Eine im Kanton A wohnhafte Person eröffnet am 1.10.2002 ein Geschäft im Kanton B. Das erste Geschäftsjahr wird am 30.9.2003 abgeschlossen.

Elemente des Privat- sowie des Geschäftsvermögens:

Privatvermögen	31.12.2002
Steuerwert der Liegenschaft (Kanton A):	250'000
Wertschriften:	100'000
Schulden:	(200'000)

Geschäftsvermögen:
Eröffnungsbilanz des Geschäftes am 1.10.2002

Banken:	20'000
Geschäftsinventar am 1.10.2002:	60'000
Kassa:	20'000
Bankkredit:	(40'000)

Geschäftsbilanz am 30.9.2003 (Ende des ersten Geschäftsjahres)

Banken:	15'000
Debitoren:	10'000
Geschäftsinventar:	65'000
Geschäftskredit:	(30'000)
Nettogewinn vom 1.10.2002 bis 30.9.2003:	120'000

Einkünfte des Jahres 2002

Nettolohn vom 1.1. bis 30.9.2002:	90'000
Eigenmietwert:	15'000
Wertschriftenertrag:	3'500
Hypothekarzinsen:	(8'500)
Liegenschaftsunterhalt:	(3'000)
Berufsauslagen:	(6'000)

Ausscheidung der Vermögenswerte zur Bestimmung der steuerbaren Vermögensanteile in jedem beteiligten Kanton und Verteilung der Schuldzinsen

Vermögen am 31.12. 2002	Total	Kanton A	Kanton B
Liegenschaft, Steuerwert 250'000, Repartitionswert des Kantons A : 120%	300'000	300'000	
Wertschriften	100'000	100'000	
Geschäftsvermögen (1.10.2002)	100'000		100'000
Korrektur zu Gunsten von A : (100'000 / 360 x 270)		75'000	(75'000)
Total Vermögenswerte	500'000	475'000	25'000
In %	100%	95%	5%

Steuerbares Vermögen in den Kantonen A und B am 31.12. 2002*

	Total	Kanton A	Kanton B
Total Vermögenswerte	500'000	475'000	25'000
In %	100%	95%	5%
Schulden	(240'000)	(228'000)	(12'000)
Nettovermögen	260'000	247'000	13'000
Differenz auf der Liegenschaftssteurwert: (300'000 / 120 x 20)	(50'000)	(50'000)	
Steuerbares Vermögen	210'000	197'000	13'000

* Repartitionswerte für die Kantone A und B: 120%.

Nettoeinkommen in den Kantonen A und B

Einkommen 2002	Total	Kanton A	Kanton B
Nettoliegenschaftsertrag	12'000	12'000	
Nettowertschriftenertrag	3'500	3'500	
Nettovermögensertrag	15'500	15'500	
Schuldzinsen, 1. Ausscheidung	(8'500)	(8'075)	(425)
Schuldzinsen, 2. Ausscheidung		(425)	425
Nettolohn	90'000	90'000	
Berufsauslagen	(6'000)	(6'000)	
Einkommen aus selbständiger Erwerbstätigkeit	0		0
Nettoeinkommen	91'000	91'000	0

Beispiel 15   Überführung eines Geschäftsbetriebes in einen anderen Kanton

Eine im Kanton A wohnhafte Person betreibt ein Geschäft im Kanton B. Am 1. Juli 2002 überführt sie dieses Geschäft vom Kanton B in den Kanton C. Im Jahr 2002 beträgt das Einkommen aus selbständiger Erwerbstätigkeit Fr. 120'000 (unter Berücksichtigung von geschäftlichen Schuldzinsen in der Höhe von Fr. 2'000).

Elemente des Privat- sowie des Geschäftsvermögens

Privatvermögen	31.12.2002
Steuerwert der Liegenschaft:	250'000
Wertschriften:	100'000
Schulden:	(200'000)

Geschäftsvermögen:

Geschäftsbilanz im Kanton C	31.12.2002
Bank	15'000
Debitoren	10'000
Inventar Geschäftsaktiven	65'000
Geschäftskredit	(30'000)

Einkünfte 2002

Nettoeinkommen aus selbständiger Erwerbstätigkeit:	120'000
Eigenmietwert:	15'000
Wertschriftenertrag:	3'500
Private Schuldzinsen:	(8'500)
Privater Liegenschaftsunterhalt:	(3'000)

Ausscheidung der Vermögenswerte zur Bestimmung der steuerbaren Vermögensanteile in jedem beteiligten Kanton und Verteilung der Schuldzinsen

Vermögen am 31.12.2002	Total	Kanton A	Kanton B	Kanton C
Liegenschaft, Steuerwert 250'000, Repartitionswert Kanton A : 120%	300'000	300'000		
Wertschriften	100'000	100'000		
Geschäftsaktiven (31.12.2002)	90'000			90'000
Korrektur zu Gunsten des Kantons A (90'000 / 360 x 180)*		45'000		(45'000)
Korrektur zu Lasten des Kantons A und zu Gunsten des Kantons B (90'000 / 360 x 180)*		(45'000)	45'000	
Total Vermögen	490'000	400'000	45'000	45'000
In %	100%	81.64%	9.18%	9.18%

*Die Geschäftaktiven können auch nach Massgabe der Dauer der Anknüpfung direkt den Kantonen B und C zugeschieden werden.

Steuerbares Vermögen in den Kantonen A, B und C*

	Total	Kanton A	Kanton B	Kanton C
Total Aktiven	490'000	400'000	45'000	45'000
In %	100%	81.64%	9.18%	9.18%
Schulden	(230'000)	(187'772)	(21'114)	(21'114)
Differenz auf der Liegenschaft (300'000/120x20)	(50'000)	(50'000)		
Steuerbares Vermögen	210'000	162'228	23'886	23'886

*Repartitionswert für die Kantone A,B und C : 120%

Nettoeinkommen in den Kantonen A, B und C

Einkommen 2002	Total	Kanton A	Kanton B	Kanton C
Nettoliegenschaftsertrag	12'000	12'000		
Nettowertschriftenertrag	3'500	3'500		
Zinsen auf investiertem Kapital in der Höhe von 60'000, (Zinsfuss 5%)*	3'000		1'500	1'500
Netto Vermögensertrag	18'500	15'500	1'500	1'500
Private und geschäftliche Schuldzinsen: 8'500 + 2000	(10'500)	8'572	964	964
In %	*100%*	*81.64%*	*9.18%*	*9.18%*
Nettovermögensertrag nach Abzug der Schuldzinsen	8'000	6'928	536	536
Einkommen aus selbständiger Erwerbstätigkeit: 120'000 – 3000 + 2000	119'000		59'500	59'500
Nettoeinkommen	127'000	6'928	60'036	60'036

* In diesem Beispiel und auch in den anderen folgenden Beispielen wird der Zins zum Satz von 5% des investierten Eigenkapitals berechnet. Dies entspricht der Praxis des Bundesgerichts (cf. P. Locher, Einführung in das interkantonale Steuerrecht, S.102, § 10.III.3.b und S. 114, § 11.III.2). Einige Kantone verfolgen eine andere Praxis, die sich auf einen Teil der Doktrin stützt (Höhn/Mäusli, Interkantonales Steuerrecht, 4. Auflage, S. 309, § 22, Nr. 12 und f.).

| Beispiel 16 | Schliessung eines Geschäftsbetriebes |

Eine natürliche Person mit Wohnsitz im Kanton A betreibt ein Geschäft im Kanton B. Sie übergibt dieses am 31. Oktober 2002 ihrem Nachfolger.

Elemente des Privat- sowie des Geschäftsvermögens

Privatvermögen   31.12.2002

Steuerwert der Liegenschaft (Kanton A)   250'000
Wertschriften   400'000
Private Schulden   (200'000)

Geschäftsvermögen:

Übergabebilanz des Geschäftes vom 31.10.2002

Bank: 15'000
Debitoren: 10'000
Geschäftsinventar: 200'000
Geschäftskredit: (30'000)

Einkünfte 2002

Renten: 30'000
Eigenmietwert: 15'000
Wertschriftenertrag: 3'500
Einkommen aus selbständiger Erwerbstätigkeit gemäss Geschäftsabschluss 2002 (vom 1.1. bis 31.10), beinhaltet auch den Liquidationsgewinn, nach Abzug der geschäftlichen Schuldzinsen von 4'200   250'000
Private Schuldzinsen: (8'500)
Liegenschaftsunterhalt: (3'000)

Ausscheidung der Vermögenswerte zur Bestimmung der steuerbaren Vermögensanteile in jedem beteiligten Kanton und Verteilung der Schuldzinsen

Vermögen am 31.12. 2002	Total	Kanton A	Kanton B
Liegenschaft Steuerwert 250'000, Repartitionswert des Kantons A : 120%	300'000	300'000	
Wertschriften	400'000	400'000	
Geschäftsvermögen : Korrektur zu Lasten von A : (225'000 / 360 x 300)		(187'500)	187'500
Total Vermögen	700'000	512'500	187'500
In %	100%	73.21%	26.79%

Steuerbares Vermögen in den Kantonen A und B

	Total	Kanton A	Kanton B
Bruttovermögen	700'000	512'500	187'500
Schulden	(200'000)	(146'420)	(53'580)
Nettovermögen	500'000	366'080	133'920
Differenz auf der Liegenschaft*	(50'000)	(50'000)	
Steuerbares Vermögen	450'000	316'080	133'920

Der Repartitionswert für die Kantone A und B beträgt 120%.

Nettoeinkünfte in den Kantonen A und B

Einkommen 2002	Total	Kanton A	Kanton B
Nettoliegenschaftsertrag	12'000	12'000	
Nettowertschriftenertrag	3'500	3'500	
Zinsen auf investiertem Kapital von 195'000 (Zinsfuss 5%)*	8'125		8'125
Vermögensertrag	23'625	15'500	8'125
Private und geschäftliche Schuldzinsen : 8500 + 4'200 = 12'700	(12'700)	(9'297)	(3'403)
Nettovermögensertrag	10'925	6'203	4'722
Renten	30'000	30'000	
Einkommen aus selbständiger Erwerbstätigkeit: 250'000 – 8'125 + 4'200	246'075		246'075
Nettoeinkommen	287'000	36'203	250'797

entsprechend der Dauer des Betriebes: 9'750 / 360 x 300 = 8'125

Beispiel 17   Überführung einer Einzelfirma in eine GmbH

Eine Person mit Wohnsitz im Kanton A betreibt eine Einzelfirma im Kanton B. Am 1. Juli 2002 überführt sie diese Einzelfirma in eine Gesellschaft mit beschränkter Haftung (GmbH).

Elemente des Privat- und Geschäftsvermögens

Privatvermögen		31.12.2002
Private Liegenschaft, Steuerwert:		250'000
Wertschriften:		120'000
Beteiligung an der GmbH:		60'000
Private Schulden:		(200'000)

Geschäftsvermögen		
Bilanz der Einzelfirma	30.6.2001	30.6.2002
Banken:	5'000	15'000
Debitoren:	25'000	10'000
Inventar des Geschäftsvermögens:	60'000	85'000
Geschäftskredit:	(40'000)	(50'000)

Einkünfte des Jahres 2002

Nettogewinn 1.7.2001-30.6.2002, nach Abzug der geschäftlichen Schuldzinsen
von 3'500: 120'000
Lohn 1.7.2002-31.12.2002: 60'000
Eigenmietwert: 15'000
Wertschriftenertrag: 3'500
Private Schuldzinsen: (8'500)
Liegenschaftsunterhalt: (3'000)
Berufsauslagen: (4'000)

Ausscheidung der Vermögenswerte zur Bestimmung der steuerbaren Vermögensanteile in jedem beteiligten Kanton und Verteilung der Schuldzinsen

	Total	Kanton A	Kanton B
Private Liegenschaft	250'000	250'000	
Wertschriften	120'000	120'000	
Beteiligung an der GmbH	60'000	60'000	
Geschäftsaktiven der Einzelfirma. Korrektur zu Gunsten von B: (110'000 / 360 x 180)		(55'000)	55'000
Total	430'000	375'000	55'000
In %	100%	87.21%	12.79%

Steuerbares Vermögen in den Kantonen A und B

Steuerbares Vermögen am 31.12.2002	Total	Kanton A 87.21%	Kanton B 12.79%
Liegenschaft	250'000	250'000	
Wertschriften	120'000	120'000	
Beteiligung an der GmbH	60'000	60'000	
Einzelfirma B		(55'000)	55'000
Total	430'000	375'000	55'000
Schulden	(200'000)	(174'420)	(25'580)
Steuerbares Vermögen	230'000	200'580	29'420

Nettoeinkünfte in den Kantonen A und B

	Total	Kanton A	Kanton B
Eigenmietwert	15'000	15'000	
Wertschriftenertrag	3'500	3'500	
Zinsen auf investiertem Kapital: 60'000 x 5%	3'000		3'000
Liegenschaftsunterhalt	(3'000)	(3'000)	
Zinsen auf privaten und geschäftlichen Schulden: 8500 + 3'500 = 12'000	(12'000)	(10'465)	(1'535)

Einkommen aus selbständiger Erwerbstätigkeit: 120'000 – 3'000 + 3'500	120'500		120'500
Lohn	60'000	60'000	
Berufsauslagen	(4'000)	(4'000)	
Nettoeinkommen	183'000	61'035	121'965

35 Änderung des Grundes der Zugehörigkeit im gleichen Kanton

351 Grundsätze

Eine natürliche Person, die innerhalb der Schweiz ihren Wohnsitz verlegt, kann im Verlaufe der selben Steuerperiode im Wegzugskanton die wirtschaftliche Zugehörigkeit beibehalten oder begründen. Diesfalls ist sie in diesem Kanton für die ganze Periode beschränkt steuerpflichtig.

Eine Person, die ihren Wohnsitz in einem Kanton verlegt, in dem sie bis anhin kraft wirtschaftlicher Zugehörigkeit beschränkt steuerpflichtig war, wird für die ganze Periode im Zuzugskanton unbeschränkt steuerpflichtig.

Zudem kann die Natur der wirtschaftlichen Zugehörigkeit zu einem Kanton im Verlauf der Steuerperiode wechseln. Auch können der Umfang sowie die Natur der Ursache der wirtschaftlichen Zugehörigkeit im selben Kanton ändern. Diese verschiedenartigen Mutationen werden durch Art. 68 Abs. 2 StHG berücksichtigt.

352 Beispiele

Beispiel 18   Wechsel des Wohnsitzes unter Beibehaltung der wirtschaftlichen Zugehörigkeit

Herr und Frau T wohnen im Kanton A in einer Liegenschaft, deren Eigentümer sie sind. Am 30. April des Jahres N wechseln sie ihren Wohnsitz in den Kanton B. Sie behalten ihre Liegenschaft im Kanton A.

In der Steuerperiode N wird das Ehepaar T durch den Kanton B besteuert (Wohnsitz am Ende der Steuerperiode). Dieser muss eine interkantonale Steuerausscheidung zu Gunsten von A (Liegenschaftskanton) vornehmen. Der Kanton A besteuert das Ehepaar T als Grundeigentümer (beschränkte Steuerpflicht auf Grund der Liegenschaft).

Beispiel 19   Wechsel des Wohnsitzes unter Beibehaltung der wirtschaftlichen Zugehörigkeit

Frau V ist Ärztin und wohnt im Kanton A. Sie betreibt ihre Praxis im selben Kanton. Am 30. Juni 2002 wechselt sie ihren Wohnsitz in den Kanton B, behält jedoch ihre Praxis im Kanton A.

Der Kanton B veranlagt die Einkommens- und Vermögenssteuern der Steuerperiode 2002. Er nimmt eine interkantonale Ausscheidung zu Gunsten des Kantons A, dem Geschäftsort der selbständigen Erwerbstätigkeit, vor. Der Kanton A kann Frau V für die Steuerperiode 2002 als beschränkt Steuerpflichtige besteuern.

Vermögen am 31.12. 2002:

Wertschriften:	50'000
Geschäftsaktiven:	250'000
Geschäftsschulden:	(180'000)

Einkünfte 2002:

Wertschriftenertrag:	2'000
Einkünfte aus selbständiger Erwerbstätigkeit, nach Abzug der geschäftlichen Schuldzinsen von 9'000:	120'000

Ausscheidung der Vermögenswerte zur Bestimmung der steuerbaren Vermögensanteile in jedem beteiligten Kanton und Verteilung der Schuldzinsen

	Total	Kanton B	Kanton A
Wertschriften	50'000	50'000	
Geschäftsaktiven	250'000		250'000
Total	300'000	50'000	250'000
In %	100%	16.67%	83.33%
Schulden	(180'000)	(30'000)	(150'000)
Steuerbares Vermögen	120'000	20'000	100'000

Nettoeinkommen in den Kantonen A und B

	Total	Kanton B	Kanton A
Wertschriftenertrag	2'000	2'000	
Zinsen auf investiertem Kapital : 5% von 70'000	3'500		3'500
Schuldzinsen: 9'000 1. Ausscheidung 2. Ausscheidung	(9'000)	(1'500) (500)	(7'500) 500
Netto Vermögensertrag	(3'500)	0	(3'500)
Einkommen aus selbständiger Erwerbstätigkeit: 120'000 −3'500 + 9000	125'500		125'500
Nettoeinkommen	122'000	0	122'000

Beispiel 20 — Wechsel des Wohnsitzes und Aufgabe einer wirtschaftlichen Zugehörigkeit

Herr und Frau T wohnen im Kanton A in einer Liegenschaft, deren Eigentümer sie sind (Steuerwert Fr. 300'000). Am 30. April des Jahres N wechseln sie ihren Wohnsitz in den Kanton B. Sie verkaufen per Wegzugsdatum ihre Liegenschaft im Kanton A.

In der Steuerperiode N begründet das Ehepaar T im Kanton B eine unbeschränkte Steuerpflicht. Gleichzeitig begründen sie im Kanton A für das Wegzugsjahr auf Grund ihres Liegenschaftsbesitzes bis Ende Jahr eine beschränkte Steuerpflicht, obwohl die Liegenschaft verkauft wurde.

Steuerbares Vermögen in den Kantonen A und B

Vermögen am 31.12.N	Total	Kanton B	Kanton A
Wertschriften	400'000	400'000	
Liegenschaft A: Korrektur zu Lasten B (300'000 / 360 x 120)		(100'000)	100'000
Total	400'000	300'000	100'000
In %	100%	75%	25%

Beispiel 21 — Wechsel des Wohnsitzes in einen Kanton, in dem bereits eine wirtschaftliche Zugehörigkeit besteht

Herr X wohnt im Kanton A und betreibt eine Einzelfirma, einen Kolonialwarenladen, im Kanton B. Am 31. März des Jahres N wechselt er seinen Wohnsitz vom Kanton A in den Kanton B.

In der Steuerperiode N wird Herr X ausschliesslich durch den Kanton B besteuert.

Beispiel 22 — Zuteilung einer Anlageliegenschaft zum Betrieb einer Einzelfirma

Herr X wohnt im Kanton A, wo er ein Geschäft betreibt. Er ist Eigentümer eines Mietshauses im Kanton B. Am 1. Juli 2002 eröffnet er in dieser Liegenschaft eine Betriebsstätte.

Elemente des Privat- sowie des Geschäftsvermögen

Privatvermögen:	am 31.12.2002
Wertschriften:	200'000
Villa im Kanton A, Steuerwert :	500'000
Private Schulden:	(350'000)

Geschäftsvermögen	am 31.12.2002
Geschäftsaktiven:	300'000
Liegenschaft B, Steuerwert:	700'000
Geschäftsschulden:	(500'000)

Einkünfte 2002

Nettoeinkommen aus selbständiger Erwerbstätigkeit*:	165'000
Wertschriftenertrag	8'000
Private Schuldzinsen	(17'500)

Das Nettoeinkommen aus selbständiger Erwerbstätigkeit beinhaltet den Liegenschaftsertrag im Kanton B, vom 1.1. bis 30.6. 2002, in der Höhe von Fr. 25'000. In den Aufwendungen befinden sich ebenfalls Fr. 4'000 als Liegenschaftsunterhalt und -verwaltungskosten für die Zeitspanne vom 1.1. bis 30. 6. Die geschäftlichen Schuldzinsen betragen Fr. 25'000 und werden dem Geschäftsergebnis angelastet.

Ausscheidung der Vermögenswerte zur Bestimmung der steuerbaren Vermögensanteile in jedem beteiligten Kanton und Verteilung der Schuldzinsen

	Total	Kanton A	Kanton B
Wertschriften	200'000	200'000	
Villa (Kanton A)	500'000	500'000	
Geschäftsaktiven			
Nach Standort			
Mobilien:			
Kanton A	200'000	200'000	
Kanton B :	100'000		100'000
Korrektur zu Gunsten von A: (100'000 / 360 x 180)		50'000	(50'000)
Immobilien	700'000		700'000
Total	1'700'000	950'000	750'000
In %	100%	55.88%	44.12%

Steuerbares Vermögen in den Kantonen A und B

	Total	Kanton A : 55.88%	Kanton B : 44.12%
Brutto Privatvermögen	700'000	700'000	
Geschäftsvermögen	1'000'000	250'000	750'000
Total	1'700'000	950'000	750'000
Private und Geschäftsschulden	(850'000)	(474'980)	(375'020)
Steuerbares Vermögen	850'000	475'020	374'980

Nettoeinkommen in den Kantonen A und B

	Total	Kanton A	Kanton B
Wertschriftenertrag	8'000	8'000	
Ertrag Immobilien	25'000		25'000
Zins auf investiertem Kapital *	25'000*	6'250	18'750
Liegenschaftsunterhalt	(4'000)		(4'000)
Schuldzinsen 1. Ausscheidung	(42'500)	(23'749)	(18'751)
Schuldzinsen 2. Ausscheidung		9'499	(9'499)
Nettovermögensertrag	11'500	0	11'500
Einkommen aus selbständiger Erwerbstätigkeit** :	144'000	108'500	36'000
Nettoeinkommen	155'500	108'500	47'500

* *Der Zins auf dem investierten Kapital entspricht 5% des Eigenkapitals von Fr. 500'000 am Ende der Steuerperiode. Dieser Zins wird zwischen den Kantonen A und B im Verhältnis der Geschäftsaktiven aufgeteilt. Dabei wird vernachlässigt, dass die Liegenschaft während eines Teils des Jahres eine Anlageliegenschaft war. Eine andere Lösung wäre denkbar. Mit der hier vorgeschlagenen Lösung wird dem Anliegen nach Vereinfachung Rechnung getragen.*
***Das Einkommen aus selbständiger Erwerbstätigkeit setzt sich wie folgt zusammen:*

Gewinn gemäss Geschäftsergebnis	*165'000*
./. Liegenschaftsertrag B (vom 1.1. bis 30.6)	*(25'000)*
+ Liegenschaftsunterhalt B (vom 1.1. bis 30. 6)	*4'000*
./. Ertrag aus investiertem Kapital	*(25'000)*
+ Schuldzinsen des Geschäfts	*25'000*
Einkommen aus selbständiger. Erwerbstätigkeit auszuscheiden zwischen A und B	*144'000*

***Annahme: Das Einkommen aus selbständiger Erwerbstätigkeit wird zu 75% dem Sitzkanton, zu 25% dem Betriebsstättenkanton zugewiesen.*

4 Inkraftsetzung

Das vorliegende Kreisschreiben ist ab der Steuerperiode 2001 im Rahmen des Systems der Postnumerandobesteuerung anzuwenden.

Interkantonale Steuerausscheidung jP

Quelle: Schweizerische Steuerkonferenz SSK

☞ *Aufgrund des BG vom 22. März 2013 über die formelle Bereinigung der zeitlichen Bemessung der direkten Steuern bei den natürlichen Personen wurden bestimmte Artikel im StHG, die dieses Kreisschreiben betreffen, per 1.1.2014 gelöscht bzw. umgestellt: Aus Art. 68 aStHG wurde Art. 4b nStHG.*

Die interkantonale Ausscheidung bei Änderungen der Steuerpflicht während der Steuerperiode im System der einjährigen Postnumerandobesteuerung mit Gegenwartsbemessung

(Juristische Personen)

Kreisschreiben vom 27. November 2001

1 Allgemeines

Dieses Kreisschreiben behandelt verschiedene Fragen im Zusammenhang mit der interkantonalen Steuerausscheidung der Steuerfaktoren von juristischen Personen im System der einjährigen Gegenwartsbesteuerung. Es veranschaulicht die Anwendung des am 1. Januar 2001 in Kraft getretenen Art. 22 StHG. Unter Berücksichtigung der vom Bundesgericht festgelegten Kollisionsnormen in Bezug auf die interkantonale Doppelbesteuerung werden die nachfolgenden Grundsätze als anwendbar betrachtet:

- Als interkantonale Unternehmung gilt eine Unternehmung, die mit verschiedenen Kantonen in Beziehung steht, weil sie auf deren Gebiet ihren Sitz, die tatsächliche Verwaltung oder eine Betriebsstätte errichtet.

- Die interkantonale Unternehmung muss als eine Einheit betrachtet werden; jeder Kanton kann nur einen Teil der steuerbaren Elemente (Kapital und Gewinn) besteuern. Die Summe der Anteile darf grundsätzlich nicht mehr als 100 % betragen.

- Die Methoden für die Ermittlung der Quoten sind diejenigen, welche durch das Bundesgericht festgelegt wurden. Entweder werden getrennte Buchhaltungen für den Sitz und die Betriebsstätten erstellt (direkte Methode), oder es wird auf den Umsatz, die Produktionsfaktoren oder andere Kriterien abgestellt (indirekte Methode).

- Für die Festlegung der Quoten der Gewinnausscheidung sind die Angaben der Bemessungsperiode massgebend. Für die juristischen Personen entspricht die Bemessungsperiode im Postnumerandosystem dem Geschäftsjahr und der Steuerperiode.

- Ein Unternehmen hat keine Betriebsstätte in einem Kanton, wenn es in diesem Kanton nur für eine Anlageliegenschaft steuerpflichtig ist.

2   Artikel 22 StHG

Artikel 22 StHG, der am 1. Januar 2001 in Kraft getreten ist, lautet wie folgt:

Art. 22 Wechsel der Steuerpflicht

1 Verlegt eine juristische Person während einer Steuerperiode ihren Sitz oder die tatsächliche Verwaltung von einem Kanton in einen anderen Kanton, so ist sie in den beteiligten Kantonen für die gesamte Steuerperiode steuerpflichtig. Veranlagungsbehörde im Sinne des Artikels 39 Absatz 2 ist diejenige des Kantons des Sitzes oder der tatsächlichen Verwaltung am Ende der Steuerperiode.

2 Eine Steuerpflicht auf Grund wirtschaftlicher Zugehörigkeit im Sinne von Artikel 21 Absatz 1 in einem anderen Kanton als demjenigen des Sitzes oder der tatsächlichen Verwaltung besteht für die gesamte Steuerperiode, auch wenn sie während der Steuerperiode begründet, verändert oder aufgehoben wird.

3 Der Gewinn und das Kapital werden zwischen den beteiligten Kantonen in sinngemässer Anwendung der Grundsätze des Bundesrechts über das Verbot der interkantonalen Doppelbesteuerung ausgeschieden.

Nach der bundesgerichtlichen Rechtsprechung über das Verbot der interkantonalen Doppelbesteuerung zieht eine Veränderung der persönlichen oder wirtschaftlichen Zugehörigkeit eine Änderung der Steuerpflicht nach sich. Aus diesem Grund hat die Unternehmung im Prinzip anlässlich jeder Veränderung im interkantonalen Verhältnis eine Zwischenbilanz zu erstellen. In den Abs. 1 und 2 von Art. 22 StHG werden diese Regeln des interkantonalen Steuerrechts näher beschrieben. Das System der gebrochenen Steuerperioden wurde zugunsten der Einheit dieser Perioden aufgegeben, und der Beginn und das Ende der Steuerpflicht in einem Kanton decken sich nicht mehr zwangsläufig mit der persönlichen oder wirtschaftlichen Zugehörigkeit in diesem Kanton. Aus diesen Gründen müssen die Regeln des Verbotes über die interkantonale Doppelbesteuerung an das neue Recht angepasst werden, welches aus Art. 22 StHG hervorgeht, und sind somit „sinngemäss" anwendbar.

3 Die Auswirkungen der Sitzverlegung oder der tatsächlichen Verwaltung während der Steuerperiode

31 Grundsatz

Die Verlegung des Sitzes oder der tatsächlichen Verwaltung einer juristischen Person innerhalb der Schweiz zieht keine Aufteilung der Steuerperiode, während der die Verlegung vollzogen wird, nach sich. Das Prinzip der Einheit der Steuerperiode wird also aufrechterhalten. Die juristische Person ist während der ganzen Steuerperiode in den betreffenden Kantonen der Steuerpflicht unterworfen.

Bei Verlegung des Sitzes oder der tatsächlichen Verwaltung während der Steuerperiode liefert der Kanton, in welchem die Gesellschaft am Ende der Steuerperiode ihren Sitz hat, den anderen Kantonen die Daten nach Art. 39 Abs. 2 StHG, sofern in mehreren Kantonen eine Steuerpflicht besteht.

Im System der Postnumerando-Besteuerung bemisst sich das steuerbare Kapital nach dem Stand am Ende der Steuerperiode (vgl. Art. 31 Abs. 4 StHG. Im Übrigen erfolgt der Bezug der Kapitalsteuer bei über- oder unterjähriger Steuerpflicht pro rata temporis.

Mit dem Prinzip der Einheit der Steuerperiode wird der Gewinn einer Periode, in deren Verlauf eine Verlegung stattfand, nicht aufgeteilt, sondern als Ganzes behandelt. Sowohl der Wegzugs- wir der Zuzugskanton veranlagen einen Teil des gesamten Gewinnes der Periode. Die Festlegung dieses Teils bestimmt sich nach den Umständen und der Natur der Unternehmung. Im Allgemeinen und aus Gründen der Vereinfachung kann die Ausscheidung nach der Dauer der persönlichen Zugehörigkeit der Unternehmung in jedem der Kantone für die entsprechende Steuerperiode vorgenommen werden. Gegebenenfalls kann bei der Ausscheidung des Gesamtergebnisses der Steuerperiode der Erzielung von ausserordentlichen Gewinnen oder Verlusten, welche mit der Sitzverlegung zusammenhängen, Rechnung getragen werden.

32 Beispiele

Beispiel 1 — Sitzverlegung

Die X AG hat ihren Sitz im Kanton A. Der Jahresabschluss wird auf den 30. Juni erstellt. Am 1. Januar 2002 verlegt die X AG Ihren Sitz in den Kanton B. Die frühere Geschäftstätigkeit erfährt in diesem Kanton keine nennenswerten Änderungen. Der steuerbare Gesamtgewinn für das Geschäftsjahr 2001/2002 (Steuerperiode 2002) beläuft sich nach der Gesetzgebung des Kantons A auf Fr. 58'000, nach derjenigen des Kantons B auf Fr. 60'000. Für die Steuerperiode 2002 beträgt das steuerbare Kapital nach der Gesetzgebung des Kantons A Fr. 180'000, nach derjenigen des Kantons B Fr. 200'000.

Kanton A: Steuerperiode 2002 (vom 1.7.2001 bis 30.6.2002)

Nettogewinn gemäss Erfolgsrechnung	58'000
Steuerbarer Reingewinn (58'000 / 360 x 180) (Quote von 50%)	29'000
Gesamtkapital	180'000
Steuerbares Kapital (180'000 / 360 x 180) (Quote von 50%)	90'000

Kanton B: Steuerperiode 2002 (vom 1.7.2001 bis 30.6.2002)

Nettogewinn gemäss Erfolgrechnung	60'000
Steuerbarer Reingewinn (60'000 / 360 x 180) (Quote von 50%)	30'000
Gesamtkapital	200'000
Steuerbares Kapital (200'000 / 360 x 180) (Quote von 50%)	100'000

Beispiel 2 — Berücksichtigung ausserordentlicher Erträge

Die X AG hat ihren Sitz im Kanton A. Der Jahresabschluss wird auf den 30. Juni erstellt. Am 1. Januar 2002 verlegt die X AG Ihren Sitz in den Kanton B. Die frühere Geschäftstätigkeit erfährt in diesem Kanton keine nennenswerten Änderungen. Der steuerbare Gesamtgewinn für das Geschäftsjahr 2001/2002 (Steuerperiode 2002) beläuft sich nach der Gesetzgebung des Kantons A auf Fr. 58'000, nach derjenigen des Kantons B auf CHF 60'000. Dieser Gewinn beinhaltet einen ausserordentlichen Ertrag von Fr. 30'000. Dieser stammt aus der Veräusserung von beweglichen Aktiven zum Zeitpunkt des Wegzugs vom Kanton A in den Kanton B. Dieser ausserordentliche Gewinn wird prioritär dem Kanton A zugeteilt.

Kanton A: Steuerperiode 2002 (vom 1.7. 2001 bis 30.6 2002)

Nettogewinn gemäss Erfolgsrechnung	58'000
Steuerbarer Reingewinn: 30'000 + [(58'000-30'000): 360 x 180]	44'000

Kanton B: Steuerperiode 2002 (vom 1.7.2001 bis 30.6.2002)

Nettogewinn gemäss Erfolgsrechnung	60'000
Steuerbarer Reingewinn: (60'000-30'000): 360 x 180	15'000

Beispiel 3	Berücksichtigung eines ausserordentlichen Verlustes

Die X AG hat ihren Sitz im Kanton A. Der Jahresabschluss wird auf den 30. Juni erstellt. Am 1. Januar 2002 verlegt die X AG Ihren Sitz in den Kanton B. Die frühere Geschäftstätigkeit erfährt in diesem Kanton keine nennenswerten Änderungen. Der Gesamtgewinn für das Geschäftsjahr 2001/2002 (Steuerperiode 2002) beläuft sich nach der Gesetzgebung des Kantons A auf Fr. 58'000, nach derjenigen des Kantons B auf Fr. 60'000. Das Unternehmen hat bei der Sitzverlegung bewegliche Aktiven veräussert und dabei einen Verlust von Fr. 40'000 erlitten. Dieser ausserordentliche Verlust wird prioritär dem Kanton A zugeteilt.

Kanton A: Steuerperiode 2002 (vom 1.7.2001 bis 30.6.2002)

Nettogewinn gemäss Erfolgsrechnung	58'000
Steuerbarer Reingewinn: [(58'000+40'000): 360 x 180] – 40'000	9'000

Kanton B: Steuerperiode 2002 (vom 1.7.2001 bis 30.6.2002)

Nettogewinn gemäss Erfolgsrechnung	60'000
Steuerbarer Reingewinn: (60'000+40'000): 360 x 180	50'000

4 Die Auswirkungen bei der Änderung der wirtschaftlichen Zugehörigkeit während der Steuerperiode

41 Allgemeines

Die Steuerpflicht, die in einem anderen Kanton als dem Sitzkanton oder dem Kanton der tatsächlichen Verwaltung auf Grund wirtschaftlicher Zugehörigkeit im Sinne von Artikel 21 Absatz 1 StHG (Betriebsstätte oder Kapitalanlageliegenschaft) besteht, bleibt selbst dann für die ganze Steuerperiode erhalten, wenn die Dauer der wirtschaftlichen Zugehörigkeit kürzer als die Dauer der Steuerperiode ist. Die Begründung, Änderung oder Aufgabe der wirtschaftlichen Zugehörigkeit während einer Steuerperiode bricht diese nicht. Der Grundsatz der Einheit der Steuerperiode ist im Sitzkanton wie im Kanton mit der wirtschaftlichen Zugehörigkeit anwendbar. In der Botschaft vom 24. Mai 2000 (BBl **2000** 3898) zur Koordination und Vereinfachung der Veranlagungsverfahren für die direkten Steuern im interkantonalen Verhältnis, die besonders Art. 22 StHG betraf, ist im Fall der Änderung der wirtschaftlichen Zugehörigkeit während der Steuerpflicht folgendes festgehalten: „Der Kapitalanteil, der dem Kanton des Nebensteuerdomizils zukommt, wird entsprechend der kürzeren Dauer der Zugehörigkeit reduziert." Im Allgemeinen wird diese Korrektur zu Lasten oder zu Gunsten des Sitzkantons durchgeführt. Es handelt sich hier um eine Vereinfachung, indem man von der exakten Finanzierung der Änderung der wirtschaftliche Zugehörigkeit absieht.

42 Begründung einer Betriebsstätte während der Steuerpflicht

421 Allgemeines

Für den Sitzkanton und den Betriebsstättekanton ist das Kapital am Ende der Steuerperiode massgebend. Die Begründung einer Betriebsstätte verlangt keine Erstellung einer Zwischenbilanz. Die Steuerpflicht gilt im Sitzkanton und im Betriebsstättekanton während der ganzen Steuerperiode. Allerdings ist der reduzierten Dauer der steuerlichen Anknüpfung im Betriebsstättekanton Rechnung zu tragen.

Der Unternehmensgewinn der Steuerperiode, während der die Betriebsstätte begründet wurde, wird unter den beteiligten Kantonen (Sitz- und Betriebsstättekanton) nach der direkten oder der indirekten Methode ausgeschieden.

Im Hinblick auf die Begründung einer neuen Betriebsstätte kann die interkantonale Unternehmung bestimmte dem Sitz- oder einem Betriebsstättekanton zuzuweisende Aktiven realisieren. In der Regel ist der Ertrag aus der Veräusserung der beweglichen Aktiven Teil des Unternehmensgewinnes der Steuerperiode, der quotenmässig auf alle Kantone verteilt wird; darin eingeschlossen ist der neue Betriebsstättekanton. Ausnahmsweise kann bei der Ausscheidung des Gesamtergebnisses der Steuerperiode der Erzielung von ausserordentlichen Gewinnen oder Verlusten, welche mit der Begründung der Betriebsstätte zusammenhängen, Rechnung getragen werden. Handelt es sich bei den veräusserten Aktiven um Immobilien, sind die interkantonalen Bestimmungen über die Zuweisung des Besteuerungsrechts für Veräusserungsgewinne von Grundstücken anwendbar.

422 Beispiele

Beispiel 4   Begründung einer Betriebsstätte

Die X AG hat ihren Sitz im Kanton A und eine Betriebsstätte im Kanton B. Der Jahresabschluss wird auf Ende des Kalenderjahres erstellt. Am 1. Juli 2002 begründet sie im Kanton C eine Betriebsstätte. Am Ende der Steuerperiode 2002 (vom 1.1.2002 bis 31.12.2002) verteilen sich die Aktiven auf die Kantone A, B und C zu 45%, 35% und 20%. Das steuerbare Kapital beträgt Fr. 140'000. Aus der Erfolgsrechnung resultiert ein Unternehmensgewinn von Fr. 150'000. Nach der Zuweisung eines Präzipuums von 20% zu Gunsten des Hauptsitzes wird der Gewinn unter den Kantonen nach dem erzielten Umsatz aufgeteilt. Für das Geschäftsjahr 2002 betragen die Prozentsätze des Umsatzes in den Kantonen A, B und C 60%, 30% und 10%.

Aufteilung des Kapitals	Total	Kanton A	Kanton B	Kanton C
Steuerbares Kapital am 31.12.2002 Quotenmässige Ausscheidung (45/35/20%) Korrektur im Kanton C wegen der Begründung der Betriebsstätte: (28'000 / 360 x 180) zu Gunsten des Kantons A	140'000	63'000 14'000	49'000	28'000 (14'000)
Steuerbares Kapital	140'000	77'000	49'000	14'000

Für die Besteuerung des Kapitals erfolgt die Korrektur im Zusammenhang mit der Begründung der Betriebsstätte zu Gunsten des Sitzkantons. Der Art der Finanzierung dieser Betriebsstätte (Übertragung von Aktiven des Sitzes oder einer anderen Betriebsstätte, Fremdfinanzierung usw.) muss deshalb nicht auf den Grund gegangen werden.

Aufteilung des Gewinns		Total	Kanton A	Kanton B	Kanton C
Quoten nach dem Umsatz		100%	60%	30%	10%
Nettounternehmensgewinn	150'000				
Zuweisung des Präzipuums	(30'000)		30'000		
Anteilsmässig auszuscheidender Gewinn	120'000		72'000	36'000	12'000
Steuerbarer Gewinn		150'000	102'000	36'000	12'000

43 Aufhebung einer Betriebsstätte während der Steuerperiode

431 Allgemeines

Der Kanton, in dem die Betriebsstätte aufgehoben wurde, figuriert Ende Jahr nicht unter den Kantonen mit einem steuerlichen Anknüpfungspunkt. Dennoch kann er einen Teil des am Ende des Jahres ausgewiesenen Kapitals besteuern. Eigentlich müsste dieser Anteil nach dem Wert der Betriebsstätteaktiven im Zeitpunkt der Aufhebung der Betriebsstätte bestimmt werden. Der Wert dieser Aktiven würde im Verhältnis zur Dauer der steuerlichen Zugehörigkeit reduziert. Aus Gründen der Vereinfachung wird für diesen Teil jedoch der gleiche Wert angenommen, wie er sich für die Betriebsstätte am Ende der vorangegangenen Steuerperiode ergab, vermindert auf die Dauer der wirtschaftlichen Zugehörigkeit. Selbst bei dieser Berechnung wird die Quote auf das Kapital am Ende der Steuerperiode, in der die Betriebstätte aufgegeben wurde, angewandt.

Der Kanton, in dem sich die aufgehobene Betriebsstätte befand, kann nicht die ausschliessliche Besteuerung eventueller Kapitalgewinne geltend machen, die anlässlich der Schliessung angefallen sind. Vorbehalten bleibt die prioritäre Zuweisung eines Wertzuwachsgewinnes auf Immobilien. Wird die Zuweisung der Gewinne anhand der Produktionsfaktoren vorgenommen, wird der Produktionsfaktor Löhne in der Regel auf der Basis der Daten des Jahres bestimmt, in dem die Betriebsstätte aufgehoben wurde. Beim Produktionsfaktor Kapital könnte man für die aufgehobene Betriebsstätte aus Vereinfachungsgründen die Aktiven, wie sie sich im vorangegangenen Abschluss präsentierten, heranziehen und deren Wert je nach Dauer der steuerlichen Zugehörigkeit vermindern.

432 Beispiele

Beispiel 5   Aufhebung einer Betriebsstätte (Ausscheidung des Gewinnes nach Umsatz)

Die X AG hat ihren Sitz im Kanton A und Betriebsstätten in den Kantonen B und C. Der Jahresabschluss wird auf Ende des Kalenderjahres erstellt. Auf Ende September wird die Betriebsstätte im Kanton C aufgehoben.

Am Ende der Steuerperiode 2000 besteuerten die Kantone A, B und C Kapitalanteile von 45%, 35% und 20%. Am Ende der Steuerperiode 2001 (vom 1.1. bis 31.12. 2001) beträgt das steuerbare Kapital Fr. 140'000. Die Aktiven sind auf die Kantone A (Sitz) und B (Betriebsstätte) zu 60% und 40% verteilt. Aus der Erfolgsrechnung resultiert ein Unternehmensgewinn von Fr. 150'000 für 2001. Nach der Zuweisung eines Präzipuums von 10% zugunsten des Hauptsitzes wird der Gewinn unter den Kantonen nach dem Umsatz verteilt. Die Prozentsätze des Umsatzes betragen in den Kantonen A, B und C 60%, 30% und 10%.

Ausscheidung des Kapitals am 31.12.2001	Total	Kanton A	Kanton B	Kanton C
Steuerbares Kapital am 31.12.2001	140'000	84'000	56'000	
Aufteilung zu Gunsten des Kantons C wegen der Schliessung der Betriebsstätte im Jahr 2001: Berechnungsbasis: Quote per 31.12.2000, 20% von 140'000		(28'000)		28'000
Korrektur zu Lasten des Kantons C *		7'000		(7'000)
Steuerbares Kapital	140'000	63'000	56'000	21'000

* Die Berechnung des Anteils zu Gunsten des Kantons C und zu Lasten des Kantons A lässt sich auch einfacher darstellen. Die Zuweisung an C kann auch nach dem Anteil erfolgen, der ihm gemäss Dauer der Steuergehörigkeit zusteht, d.h. 140'000 x 20% / 360 x 270 = 21'000. Dieser Betrag wird beim Sitzkanton abgezogen.

Ausscheidung des Gewinns 2001		Total	Kanton A	Kanton B	Kanton C
Anteile gemäss Umsatz		100%	60%	30%	10%
Nettounternehmensgewinn	150'000				
Zuweisung des Präzipuums (10%)	(15'000)		15'000		
Zu verteilender Gewinn nach Anteilen	135'000		81'000	40'500	13'500
Steuerbarer Gewinn		150'000	96'000	40'500	13'500

Beispiel 6 Aufhebung der Betriebsstätte (Ausscheidung des Gewinnes nach Produktionsfaktoren)

Die X AG hat ihren Sitz im Kanton A und Betriebsstätten in den Kantonen B, C und D. Der Jahresabschluss wird auf Ende des Kalenderjahres erstellt. Auf Ende Juni 2001 wird die Betriebsstätte im Kanton D aufgehoben. Aus der Erfolgsrechnung resultiert ein Unternehmensgewinn von Fr. 250'000 für die Steuerperiode 2001. Die Steuerausscheidung wird aufgrund der Produktionsfaktoren vorgenommen.

Steuerausscheidung aufgrund der Produktionsfaktoren:

	Total	Kanton A	Kanton B	Kanton C	Kanton D
	die Beträge verstehen sich in Tausend Franken				
Steuerperiode 2000 Produktionsfaktoren					
Aktiven	4'300	2'000	1'000	500	800
Löhne, kapitalisiert mit 10%	42'000	20'000	10'000	4'000	8'000
Total	46'300	22'000	11'000	4'500	8'800
Quoten	100.00%	47.52%	23.76%	9.72%	19.00%
Steuerperiode 2001 Produktionsfaktoren					
Aktiven	4'000	2'000	1'200	800	
Korrektur zu Gunsten der Betriebsstätte im Kanton D		(400)			400*
Löhne, kapitalisiert mit 10%	40'000	20'000	12'000	5'000	3'000**
Total	44'000	21'600	13'200	5'800	3'400
Anteile	100.00%	49.09%	30%	13.18%	7.73%

* *Die Aktiven am Ende der Steuerperiode 2000 (800) werden um die Hälfte vermindert*
** *Effektive Löhne 2001*

44 Verlegung einer Betriebsstätte während einer Steuerperiode

441 Allgemeines

Während einer Steuerperiode kann eine interkantonale Unternehmung eine Betriebsstätte in einen anderen Kanton verlegen. In einem solchen Fall wird der Teil des Kapitals, der dem Zuzugskanton zugeteilt ist, von diesem Kanton und vom Wegzugskanton der Betriebsstätte besteuert. Die Aufteilung der Besteuerung erfolgt in der Regel pro rata temporis. Die Anteile des steuerbaren Reingewinns der Betriebsstätte im Wegzugs- und im Zuzugskanton hängen von der angewandten Ausscheidungsmethode (direkt oder indirekt) ab. Bei einer Gewinnausscheidung nach Produktionsfaktoren wird in der Regel der Anteil des Kantons, in welchem die Betriebsstätte am Ende der Steuerperiode ihren Sitz hat, pro rata temporis zwischen dem Wegzugs- und dem Zuzugskanton ausgeschieden.

442 Beispiele

Beispiel 7   Verlegung einer Betriebsstätte

Die X AG hat ihren Sitz im Kanton A und Betriebsstätten in den Kantonen B und C. Der Jahresabschluss erfolgt jeweils auf den 31. Dezember. Ende Juni 2002 verlegt die X AG ihre Betriebsstätte vom Kanton C in den Kanton D. Per Ende 2002 beträgt das steuerbare Kapital Fr. 140'000. Die Anteile der Kantone A, B und D betragen 60, 30 und 10%. Für die Steuerperiode 2002 beträgt der gesamte Reingewinn Fr. 400'000. Dieser wird unter den Kantonen nach dem erzielten Umsatz folgendermassen verteilt: Kanton A: 40%, Kanton B: 35%, Kanton C:15%, Kanton D: 10%. Der Sitzkanton hat Anspruch auf ein Präzipuum von 15%.

Ausscheidung des Kapitals	Total	Kanton A	Kanton B	Kanton C	Kanton D
Steuerbares Kapital am 31.12.2002 Anteilsmässige Aufteilung	140'000	84'000	42'000		14'000
Aufteilung zwischen den Kantonen C und D				7'000	(7'000)
Total	140'000	84'000	42'000	7'000	7'000

Im dargelegten Fall erfolgt die Ausscheidung zwischen D und C mittels Korrektur zu Lasten von D und zu Gunsten von C, im Allgemeinen pro rata temporis.

Ausscheidung des Gewinns	Total	Kanton A	Kanton B	Kanton C	Kanton D
Anteile 2002	100%	40%	35%	15%	10%
Nettogewinn der Steuerperiode 2002	400'000				
Präzipuum 15%	(60'000)	60'000			
zu verteilender Gewinn	340'000	136'000	119'000	51'000	34'000
Steuerbarer Gewinn	400'000	196'000	119'000	51'000	34'000

45 Begründung und Aufhebung einer Betriebsstätte im Verlauf einer Steuerperiode

Eigentlich stellt die sehr kurze Dauer einer Betriebsstätte für die Qualifikation als solche ein Hindernis dar. Darum rechtfertigt es sich nicht, dem Kanton, in dem im Verlauf einer Steuerperiode eine Betriebsstätte eröffnet und geschlossen wurde, einen Anteil des Kapitals und des Gewinns zur Besteuerung zuzuweisen. In der Tat ist die Zerstückelung der Steuerhoheit zu vermeiden. Dazu kommt, dass die Bestimmung der Quoten für das Kapital und den Gewinn der begründeten und in der selben Steuerperiode wieder aufgehobenen Betriebsstätte in der Praxis auf grosse Probleme stossen würde.

46 Kauf oder Verkauf einer Kapitalanlageliegenschaft während der Steuerperiode

461 Allgemeines

Eine Unternehmung, die in einem Kanton eine Kapitalanlageliegenschaft erwirbt, in dem sie weder den Sitz hat noch eine Betriebsstätte unterhält, wird nach der geltenden Rechtsprechung des Bundesgerichts wegen Grundbesitz auf dem Nettovermögen und der Nettorendite der Liegenschaft steuerpflichtig und nicht als interkantonales Unternehmen für einen Teil ihres Kapitals und Gewinnes. Dies ist jedoch kein Hinderungsgrund für die Anwendung von Art. 22 StHG in einem solchen Fall. Analog zu der in Art. 68 StHG aufgestellten Regel, wird durch die verkürzte Dauer der wirtschaftlichen Zugehörigkeit wegen Immobilienbesitz der Bruttowert der Liegenschaft im gleichen Verhältnis vermindert (Art. 68 Abs. 2 zweiter Satz StHG). Die beschränkte Steuerpflicht besteht, und zwar unabhängig von der Dauer der Zugehörigkeit, die durch das Eigentum an der Anlageliegenschaft begründet wird.

Der steuerbare Ertrag am Spezialsteuerdomizil wegen Grundbesitz ist derjenige, der während der Steuerperiode erwirtschaftet wurde. Der Anteil der Schulden und der Schuldzinsen wird im Verhältnis des Liegenschaftswertes, welcher gemäss der Dauer der wirtschaftlichen Zugehörigkeit vermindert wurde, zu den Gesamtaktiven der Unternehmung bestimmt.

462 Beispiele

Beispiel 8	Kauf einer Kapitalanlageliegenschaft

Die X AG hat ihren Sitz im Kanton A und eine Betriebsstätte im Kanton B. Das Geschäftsjahr entspricht dem Kalenderjahr. Am 1. Juli 2001 erwirbt sie eine Kapitalanlageliegenschaft im Kanton C.

Das steuerbare Kapital am Ende der Steuerperiode 2001 (vom 1.1. bis 31.12.2001) beträgt Fr. 200'000. Zu diesem Zeitpunkt belaufen sich die Aktiven auf Fr. 800'000 (Kanton A: 500'000; Kanton B: 200'000; Kapitalanlageliegenschaft Kanton C: 100'000). Die Kapitalanteile für die Kantone A und B werden nach der Lage der Aktiven bestimmt.

Aus der Erfolgsrechnung des Jahres 2001 geht ein Gesamtgewinn von Fr. 30'000 hervor. Die Passivzinsen betragen Fr. 25'000. Der Unternehmensgewinn wird aufgrund der erzielten Umsätze ausgeschieden, wobei dem Sitzkanton ein Präzipuum von 20% eingeräumt wird. Der Umsatz im Jahr 2001 wurde zu 60% im Kanton A und zu 40% im Kanton B erzielt.

Die Kapitalanlageliegenschaft wurde für Fr. 100'000 erworben. Diese Investition wurde bis Fr. 80'000 mittels eines Hypothekarkredits finanziert (Satz 5%). Die Nettorendite dieser Liegenschaft (Mieterträge abzüglich Unterhaltskosten und Abschreibungen) beträgt Fr. 8'000.

Aktiven	Total	Kanton A	Kanton B	Kanton C
Aktiven am 31.12.2001	800'000	500'000	200'000	100'000
Korrektur wegen Kauf der Kapitalanlageliegenschaft in C am 1.7.2001: (100'000 / 360 x 180)		50'000		(50'000)
Aktiven	800'000	550'000	200'000	50'000
In Prozent der Gesamtaktiven	100.00%	68.75%	25%	6.25%
Steuerbares Kapital nach Lage der Aktiven	200'000	137'500	50'000	12'500

Gewinnausscheidung		Total	Kanton A	Kanton B	Kanton C
Anteile		100%	60%	40%	
Gesamtgewinn	30'000				
Nettorendite der Kapitalanlageliegenschaft	(8'000)				8'000
+Schuldzinsen 6.25% von 25'000	1'562				(1'562)
	23'562				
Präzipuum zugunsten von A	(4'712)		4'712		
zu verteilender Gewinn nach Quoten	18'850		11'310	7'540	
Steuerbarer Gewinn		30'000	16'022	7'540	6'438

Beispiel 9   Verkauf einer Kapitalanlageliegenschaft während der Steuerperiode

Die X AG hat ihren Sitz im Kanton A und eine Betriebsstätte im Kanton B. Sie ist Eigentümerin einer Kapitalanlageliegenschaft im Kanton C. Das Geschäftsjahr fällt mit dem Kalenderjahr zusammen. Am 30. Juni 2001 veräussert die X AG die Kapitalanlageliegenschaft zu einem Preis von Fr. 200'000.–.

Am Ende der Steuerperiode 2000 waren die Aktiven wie folgt gelegen: CHF 500'000 im Kanton A, Fr. 200'000 im Kanton B und Fr. 100'000 im Kanton C. Am Ende des Geschäftsjahres 2001 (1.1. bis 31.12.2001) verfügt die Gesellschaft über die nachstehenden Aktiven: Fr. 540'000 am Sitz (Kanton A) und Fr. 360'000 am Ort der Betriebsstätte (Kanton B). Das steuerbare Kapital beträgt Fr. 200'000.

Der steuerbare Reingewinn für die Periode 2001 beträgt gemäss Jahresrechnung Fr. 30'000. Dieser Gewinn schliesst die Fr. 130'000 (wiedereingebrachte Abschreibungen und Wertzuwachsgewinn), die aus dem Verkauf der Kapitalanlageliegenschaft hervorgingen, nicht ein. Die Passivzinsen, die der Erfolgsrechnung belastet wurden, betragen Fr. 25'000. Der Betriebsgewinn von Fr. 30'000 wird aufgrund der erzielten Umsätze ausgeschieden, wobei dem Sitzkanton ein Präzipuum von 10% eingeräumt wird. Die Anteile für die Steuerperiode 2001, die anhand der Umsätze berechnet wurden, betragen 60% für den Kanton A und 40% für den Kanton B. Für die Periode von 1.1 bis 30.6. 2001 beträgt die Nettorendite der Liegenschaft im Kanton C Fr. 4'000.

Aktiven	Total	Kanton A	Kanton B	Kanton C
Aktiven am 31.12.2001	900'000	540'000	360'000	
Korrektur wegen Verkauf der Kapitalanlageliegenschaft am 30.6.2001: (100'000 / 360 x 180) zu Lasten des Kantons A		(50'000)		50'000
Aktiven	900'000	490'000	360'000	50'000
In Prozent der Gesamtaktiven	100%	54.44%	40%	5.56%
Steuerbares Kapital nach Lage der Aktiven	200'000	108'880	80'000	11'120

Gewinnverteilung		Total	Kanton A	Kanton B	Kanton C
Anteile		100%	60%	40%	
Gesamtgewinn	30'000				
Nettorendite der Kapitalanlageliegenschaft	(4'000)				4'000
+ Schuldzinsen 5.56% von 25'000	1'390				(1'390)
	27'390				
Präzipuum zugunsten von A	(2'739)		2'739		
anteilsmässig zu verteilender Gewinn	24'651		14'791	9'860	
Steuerbarer Gewinn		30'000	17'530	9'860	2'610

Der Gewinn aus dem Verkauf der Liegenschaft ist im Kanton C steuerbar.

5 Inkrafttreten

Die vorstehenden Richtlinien sind ab der Steuerperiode 2001 anwendbar.

Interkantonales Verhältnis im StHG

Quelle: Schweizerische Steuerkonferenz SSK

Aufgrund des BG vom 22. März 2013 über die formelle Bereinigung der zeitlichen Bemessung der direkten Steuern bei den natürlichen Personen wurden bestimmte Artikel in der VO StHG sowie im StHG bzw. DBG, die dieses Kreisschreiben betreffen, per 1.1.2014 geändert bzw. gelöscht bzw. umgestellt: Art. 1 und Art. 3 Bst. c VO StHG wurden aufgehoben, Art. 2 Abs. 2 VO StHG wurde geändert. Aus Art. 217 aDBG wurde Art. 106 nDBG.

Die Verordnung des Bundesrates vom 9. März 2001 über die Anwendung des Steuerharmonisierungsgesetzes im interkantonalen Verhältnis

Kreisschreiben vom 31. August 2001

1 Allgemeines

Das Bundesgesetz vom 15. Dezember 2000 zur Koordination und Vereinfachung der Veranlagungsverfahren für die direkten Steuern im interkantonalen Verhältnis (Vereinfachungsgesetz) erteilt dem Bundesrat die Kompetenz, auf dem Verordnungsweg die Probleme in Bezug auf die Anwendung des Bundesgesetzes vom 14. Dezember 1990 über die Harmonisierung der direkten Steuern der Kantone und Gemeinden (StHG) im interkantonalen Verhältnis zu regeln. Es geht vor allem darum, die Bedingungen der Anwendung von Artikel 39 Absatz 2 StHG[1] zu präzisieren und die Fälle zu regeln, in welchen die natürliche Person ihren Wohnsitz zwischen Kantonen wechselt, die unterschiedliche Systeme in Bezug auf die zeitliche Bemessung kennen.

Die Verordnung vom 9. März 2001 über die Anwendung des Steuerharmonisierungsgesetzes im interkantonalen Verhältnis (StHG-VO)[2] regelt jedoch nicht die Gesamtheit der Fragen, die das StHG und das Verhältnis der Kantone untereinander betreffen. Sie wird somit - falls nötig - noch vervollständigt.

---

[1] Diese Bestimmung hat folgenden Wortlaut: "Ist eine Person mit Wohnsitz oder Sitz im Kanton aufgrund der Steuererklärung auch in einem andern Kanton steuerpflichtig, so gibt die Veranlagungsbehörde der Steuerbehörde des andern Kantons Kenntnis von der Steuererklärung und von der Veranlagung".

[2] AS **2001**, 1058

2 Kommentar

21 Wohnsitzwechsel zwischen Kantonen mit unterschiedlicher zeitlicher Bemessung

Im Jahr 2001 haben einzig die Kantone Tessin, Waadt und Wallis noch das System der zweijährigen Veranlagung mit Vergangenheitsbemessung. Ab diesem Zeitpunkt ist dieses System nicht mehr vorherrschend in der Schweiz. In Erwartung der Vereinheitlichung der zeitlichen Bemessung der natürlichen Personen hat der Gesetzgeber dem Bundesrat die Kompetenz erteilt, den Fall des Wohnsitzwechsels zwischen den Kantonen, welche unterschiedliche Bemessungssysteme haben, zu regeln. Artikel 1 StHG-VO erklärt für diese Fälle die "Bestimmungen des kantonalen Rechts" für die Wohnsitzwechsel zwischen einem Kanton und dem Ausland anwendbar.

Der Verweis auf die Bestimmungen des kantonalen Rechts erklärt sich durch die Tatsache, dass das StHG selbst keine ausdrückliche Bestimmung bezüglich Beginn und Ende der Steuerpflicht im Fall des Wohnsitzwechsels von einem Kanton ins Ausland oder bei einer Wohnsitznahme in der Schweiz enthält. Im Grossen und Ganzen haben die Kantone in ihren Steuergesetzen eine Regelung analog der Bestimmung von Art. 8 DBG aufgenommen: im Fall eines Wohnsitzwechsels endet die unbeschränkte Steuerpflicht mit dem Wegzug ins Ausland und beginnt mit dem Zuzug der Person vom Ausland in den Kanton.

Folglich ist bei einem Wohnsitzwechsel zwischen Kantonen mit unterschiedlichem Bemessungssystem die natürliche Person bis zu ihrem Wegzug im Kanton, den sie verlässt, und ab Zuzug im Kanton ihres neuen Wohnsitzes steuerpflichtig.

Der Zuzugskanton muss seine Veranlagung auf die Einkünfte nach dem Wohnsitzwechsel stützen. Diese Bestimmung ist gültig, wie immer auch das System der zeitlichen Bemessung im betreffenden Kanton ist. Wenn der Zuzugskanton das System der zweijährigen Veranlagung mit Vergangenheitsbemessung anwendet, muss er zwangsläufig bei seiner Veranlagung auf die nach dem Zuzug erworbenen Einkünfte abstellen (vgl. Art. 15 Abs. 3 StHG, in seinem Wortlaut gültig ab 1. Januar 2001).

Beispiel:

Der Kanton A kennt das System der einjährigen Veranlagung mit Gegenwartsbemessung. Der Kanton B dasjenige der zweijährigen Veranlagung mit Vergangenheitsbemessung. Eine Person wechselt ihren Wohnsitz am 30. Juni des Jahres N vom Kanton A in den Kanton B. Der Kanton A wird die Einkünfte besteuern, welche diese Person zwischen dem 1. Januar und dem 30. Juni des Jahres n erworben hat, währenddem sich der Kanton B bei seiner Veranlagung für den Rest der Steuerperiode (vom 1.7. – 31.12 des Jahres N) auf die erworbenen Einkünfte seit dem Zuzug in den Kanton abstützt.

Nettoeinkünfte	Vom 1.1. bis 30.6.	Vom 1.7. bis 31.12	Ganzes Jahr
Unselbständige Erwerbstätigkeit	15'000	39'000	54'000
Immobilieneinkünfte (Kanton C)	12'000	12'000	24'000
Total der Einkünfte	27'000	51'000	78'000

Der Kanton A wird ein Einkommen (netto, vor den sozialen Abzügen) von 15'000 zum Satz von 54'000 (2 x 15'000 und 2 x 12'000) besteuern. Der Kanton B basiert seine Veranlagung auf einem Einkommen von 78'000 (2 x 39'000) zum Satz von 102'000 (2 x 39'000 und 2 x 12'000), wobei die Steuer pro rata temporis erhoben wird. Der Kanton C, wenn er das Postnumerandosystem anwendet, wird die Immobilieneinkünfte von 24'000 zum Satz von 78'000 besteuern. Würden die beiden Kantone A und B das System der Postnumerandobesteuerung anwenden, wäre der Steuerpflichtige für das ganze Steuerjahr im Kanton B auf der Basis von einem Nettoeinkommen von 54'000 zum Satz von 78'000 zu besteuern. Die Immobilieneinkünfte von 24'000 würden im Kanton C zum Satz von 78'000 erfasst.

22   In mehreren Kantonen der Steuerpflicht unterworfene Pflichtige

Artikel 39 Absatz 2 StHG schreibt vor, dass wenn eine Person mit Wohnsitz oder Sitz im Kanton aufgrund der Steuererklärung auch in einem andern Kanton steuerpflichtig ist, die Veranlagungsbehörde der Steuerbehörde des andern Kantons Kenntnis von der Steuererklärung und von der Veranlagung gibt. Artikel 2 StHG-VO präzisiert die Tragweite dieser Bestimmung in verschiedener Hinsicht.

Nach Artikel 2 Absatz 1 StHG-VO ist der Steuerpflichtige, der auf Grund seiner wirtschaftlichen Zugehörigkeit in einem Kanton steuerpflichtig ist, nicht von der Pflicht zur Mitwirkung an der Veranlagung auf Grund des kantonalen Rechts entbunden. Indessen kann die Pflicht zur Einreichung der Steuererklärung in diesem Kanton durch Einreichen einer Kopie der durch den Steuerpflichtigen in seinem Wohnsitzkanton oder Sitzkanton (Art. 2 Abs. 2 StHG-VO) abgegebenen Steuererklärung erfolgen. Dieses Prinzip, welches aus der Botschaft zum Vereinfachungsgesetz (Ziff. 1.3.3 [3]) hervorgeht, wurde anlässlich der Debatten im Nationalrat bestätigt, vor allem anlässlich des Rückzugs der Intervention Pelli, welche eine Änderung von Art. 39 Abs. 2 StHG vorsah. Diese wollte den Wohnsitzkanton verpflichten, unverzüglich den anderen Kantonen eine Kopie der durch den Steuerpflichtigen eingereichten Steuererklärung zukommen zu lassen.

Grundsätzlich spielt der Sitz- oder Wohnsitzkanton die "Leader-Rolle" im Veranlagungs- und Ausscheidungsverfahren. Dies zeigt sich bereits bei der Gewährung einer Fristerstreckung für die Einreichung der Steuererklärung. Wenn der Steuerpflichtige beim Wohnsitz- oder Sitzkanton eine solche Fristerstreckung verlangt, muss er selber die anderen Kantone über den entsprechenden Entscheid informieren.

Für die juristischen Personen führt der Sitzkanton oder der Kanton mit der tatsächlichen Verwaltung in der Regel als erster das Veranlagungsverfahren durch. Er erstellt den Vorschlag der interkantonalen Steuerausscheidung für die Kantone, in welchen die Unternehmung eine Betriebsstätte oder eine Anlageliegenschaft hat. Dieser Kanton kontrolliert die Steuererklärung und nimmt allfällige Korrekturen vor. Er erstellt die Veranlagung und erarbeitet für die anderen Kantone einen Vorschlag für die interkantonale Steuerausscheidung. Wenn die Kantone mit der Steuerausscheidung des Sitzkantons oder des Kantons mit der tatsächlichen Verwaltung nicht einverstanden sind, informieren sie die Veranlagungsbehörden dieses Kantons. Streitigkeiten zwischen Kantonen oder zwischen Kantonen und Steuerpflichtigen bezüglich der anzuwendenden Ausscheidungsmethode werden letztinstanzlich vor Bundesgericht entschieden.

Jeder Kanton wendet für die Festlegung des Gewinnes und des steuerbaren Kapitals der juristischen Personen seine Gesetzgebung an. Sowohl im Sitzkanton als auch im Betriebsstätte-

---

[3] Botschaft vom 24. Mai 2000 des Bundesrates zur Koordination und Vereinfachung der Veranlagungsverfahren

kanton und im Kanton mit der Anlageliegenschaft, haben die Veranlagungsbehörden das Recht die für die Veranlagung nötigen Untersuchungen vorzunehmen (Art. 46 Abs. 1 StHG). Werden diese Untersuchungen durch einen andern Kanton als derjenige des Sitzes oder der tatsächlichen Verwaltung vorgenommen, so bedingt dies eine enge Zusammenarbeit mit dem Sitzkanton.

Für die natürlichen Personen überprüft der Wohnsitzkanton des Steuerpflichtigen die Steuererklärung. Er führt die notwendigen Untersuchungen durch und fordert vom Steuerpflichtigen die nötigen Auskünfte für die Veranlagung und die Ausscheidung der steuerbaren Faktoren ein. Er übermittelt dem Kanton mit Spezial- oder Nebensteuerdomizil eine Kopie der Veranlagung sowie der interkantonalen Steuerausscheidung. Jeder Kanton wendet seine Gesetzgebung für die Festlegung des steuerbaren Einkommens und des steuerbaren Vermögens an. Der Kanton des Spezial- oder Nebensteuerdomizils kann vom Steuerpflichtigen die für die Veranlagung nötigen Auskünfte einverlangen. Er wird sich dabei zurückhalten, wenn der Wohnsitzkanton bereits eine Kontrolle durchgeführt hat. Als Allgemeinregel muss der Kanton mit dem Spezialsteuerdomizil des Grundeigentums seine Auskunftsanfragen auf die Faktoren begrenzen, die er direkt besteuert. Wenn immer noch Abweichungen unter den Kantonen bezüglich der Ermittlung des Einkommens (beispielsweise bei einem Eigenmietwert in einem Zweitkanton) existieren, ist in Sachen interkantonaler Doppelbesteuerung die Rechtsprechung des Bundesgerichtes anwendbar.

Wenn eine natürliche Person eine selbständige Erwerbstätigkeit in einem anderen Kanton ausübt und dort ein Spezialsteuerdomizil begründet, so sollten die Behörden des Wohnsitzkantons für die Überprüfung der Einkommen des Spezialsteuerdomizils mit den Behörden dieses Kantons von Anfang an eng zusammenarbeiten.

23 Spezialfälle

Artikel 3 StHG-VO präzisiert die Rolle eines jeden Kantons im Fall der der wirtschaftlichen Zugehörigkeit in der Schweiz (Buchstabe a), anlässlich des Sitzwechsels einer juristischen Person von einem Kanton in einen anderen (Buchstabe b) oder in besonderen Quellensteuerfällen (Buchstabe c).

---

für die direkten Steuern im interkantonalen Verhältnis (BBl 2000 3898).

Artikel 3 Buchstabe a StHG-VO übernimmt im interkantonalen Verhältnis die Bestimmungen von Artikel 217 Absatz 2 DBG. In der Regel ist der für die Erhebung der direkten Bundessteuer zuständige Kanton auch der "Leader-Kanton" im interkantonalen Verhältnis.

Artikel 3 Buchstabe b StHG-VO betrifft die juristischen Personen, die im Laufe des Geschäftsjahres ihren Sitz von einem Kanton in einen anderen verlegen. Diese juristischen Personen bleiben im Wegzugskanton steuerpflichtig. Die Steuerperiode bleibt auf jeden Fall einheitlich, d.h. sie wird nicht in Zeitabschnitte zerlegt. Der Sitzkanton am Ende der Steuerperiode ist der Sitzkanton im Sinne von Artikel 39 Absatz 2 StHG. Er führt in erster Priorität die Veranlagung durch und übermittelt dem früheren Sitzkanton seinen Ausscheidungsvorschlag. Es wird in diesen Fällen empfohlen, dass sich die betroffenen Kantone und die Steuerpflichtige vorgängig über die anzuwendende Ausscheidungsmethode einigen.

Artikel 3 Buchstabe c StHG-VO befasst sich mit dem speziellen Fall des Steuerpflichtigen (natürliche Personen), der seinen Wohnsitz in einen andern Kanton verlegt und dessen Einkünfte aus der unselbständigen Erwerbstätigkeit zuerst durch die Quellensteuer erfasst und anschliessend noch in die ordentliche Veranlagung einbezogen werden. In diesem Fall ist der Wohnsitzkanton am Ende der Steuerperiode in der Regel der "Leader-Kanton".

24 Quellensteuer

Artikel 4 StHG-VO betrifft die Personen, die der Quellensteuer unterworfen sind und für die das Prinzip der aufgeteilten Steuerperiode (pro rata temporis-Prinzip) im Fall eines Domizilwechsels in der Schweiz aufrechterhalten wird (ab 1.1.2001 anwendbarer Art. 38 Abs. 4 StHG).

Grundsätzlich hat der Wohnsitzwechsel einer Person, deren Einkommen aus der unselbständigen Erwerbstätigkeit der Quellensteuerpflicht unterliegt, die gleiche Wirkung wie ein Domizilwechsel ins Ausland (für den Wegzugskanton) oder eine Wohnsitznahme in der Schweiz (für den Zuzugskanton).

Artikel 4 StHG-VO betrifft die nicht dem Steuerabzug an der Quelle unterworfenen Einkommen („andere Einkünfte") des Steuerpflichtigen, die Gegenstand einer ordentlichen Veranlagung sind (vgl. Art. 34 Abs. 1 StHG).

25 Vorgehensweise im Fall der Ersatzbeschaffung von Immobilien in der Schweiz

Das StHG zwingt die Kantone ab dem Jahr 2001, die Ersatzbeschaffung von Liegenschaften von einem Kanton in den anderen zuzulassen. Die Person, welche ihre im Kanton A gelegene Liegenschaft verkauft, kann die Wiederanlage des Verkaufserlöses auf die Liegenschaft im Kanton B übertragen, sofern dieser als neuer Hauptwohnsitz gilt (Art. 12 Abs. 3 Bst. e StHG).

Die interkantonale Ersatzbeschaffung kann auch die zum Anlagevermögen gehörenden Betriebsliegenschaften betreffen, aber auch solche, welche einer juristischen Person gehören oder land- und forstwirtschaftliches Vermögen darstellen (Art. 8 Abs. 4, Art. 12 Abs. 3 Bst. d und Abs. 4 Bst. a, Art. 24 Abs. 4 StHG). Artikel 5 StHG-VO klärt die Frage nicht, welcher Kanton einen eventuellen Gewinn besteuert, der aus dem Verkauf der ersatzweise angeschafften Liegenschaft entsteht. Gemäss Artikel 5 Absatz 1 StHG-VO hat der Steuerpflichtige im Falle einer Ersatzbeschaffung in der Schweiz den Veranlagungsbehörden aller beteiligten Kantone die nötigen Auskünfte über die Abwicklung der Ersatzbeschaffung als Ganzes zu erteilen. Der Kanton, in dem die neu erworbene Ersatzliegenschaft liegt, muss vom Steuerpflichtigen alle nötigen Auskünfte über den Erwerb und die Veräusserung der im andern Kanton liegenden ersetzten Liegenschaft erhalten. Auch muss der Steuerpflichtige, der die Besteuerung der Einkünfte aus der Veräusserung einer Liegenschaft auf Grund der interkantonalen Ersatzbeschaffung aufschieben will, der Steuerverwaltung über die ausserhalb des Kantons erworbene Liegenschaft die Auskünfte erteilen und die Beweismittel einreichen. Schliesslich muss der Kanton, der die interkantonale Ersatzbeschaffung gewährt, über die spätere Veräusserung der Ersatzliegenschaft informiert werden.

Unabhängig davon, was für eine Liegenschaft veräussert worden ist (Privatliegenschaft, Liegenschaft der Land- und Forstwirtschaft, Geschäftsliegenschaft), steht der Entscheid über Gewährung oder Nichtgewährung der Ersatzbeschaffung dem Kanton zu, in dem die veräusserte Liegenschaft liegt. Wird die Ersatzbeschaffung gewährt, ist dieser Entscheid den Steuerbehörden des Kantons mitzuteilen, in dem sich die als Ersatz erworbene Liegenschaft befindet (Art. 5 Abs. 2 StHG-VO).

3 Inkraftsetzung

Die Verordnung über die Anwendung des Steuerharmonisierungsgesetzes im interkantonalen Verhältnis tritt mit Rückwirkung auf den 1. Januar 2001 in Kraft.

Vereinfachung und Koordination

Quelle: Schweizerische Steuerkonferenz SSK

☞ *Aufgrund des BG vom 22. März 2013 über die formelle Bereinigung der zeitlichen Bemessung der direkten Steuern bei den natürlichen Personen wurden bestimmte Artikel im StHG, die dieses Kreisschreiben betreffen, per 1.1.2014 gelöscht bzw. umgestellt: Aus Art. 66 aStHG wurde Art. 17 nStHG, aus Art. 67 aStHG wurde Art. 10 Abs. 2 nStHG, aus Art. 68 aStHG wurde Art. 4b nStHG und Art. 69 aStHG wurde aufgehoben.*

Koordination und Vereinfachung der Veranlagungsverfahren für die direkten Steuern im interkantonalen Verhältnis

Kreisschreiben vom 31. August 2001

1 Einleitung

Mit dem Bundesgesetz vom 15. Dezember 2000 zur Koordination und Vereinfachung der Veranlagungsverfahren für die direkten Steuern im interkantonalen Verhältnis[1] wurden verschiedene Änderungen beim Bundesgesetzes vom 14. Dezember 1990 über die Harmonisierung der direkten Steuern der Kantone und Gemeinden (StHG) vorgenommen. Diese Änderungen traten am 1. Januar 2001 in Kraft[2]. In der Folge werden diese Änderungen kurz erläutert[3].

2 Ziele des Bundesgesetzes vom 15. Dezember 2000

Das Bundesgesetz hat die folgenden vier Ziele:

21 Der Grundsatz der Einheit der Steuerperiode

Der Grundsatz der Einheit der Steuerperiode hat zur Folge, dass bei einer Änderung der Besteuerungsorte (Sitz- oder Wohnsitzwechsel, Begründung oder Aufhebung eines Nebensteuerdomizils) die Steuerperiode nicht in Zeitabschnitte zerlegt wird. Das Besteuerungsrecht der Kantone erstreckt sich auf die ganze Steuerperiode. Die Anwendung dieses Grundsatzes hat zum einen den Vorteil, dass nur eine Steuererklärung für die Steuerperiode eingereicht werden muss, und zum andern, dass die mit der Veranlagung von Zeitabschnitten verbundenen

---

[1] BBl 2000 6182
[2] Mit dem Bundesgesetz vom 15. Dezember 2000 wurde auch das DBG (Art. 215 Abs. 2 zweiter Satz) und das VStG (Art. 30 Abs. 1 und Art. 70b) geändert. Diese Änderungen betreffen die Koordination der gesetzlichen Grundlagen des Bundes und der Kantone in Bezug auf das Veranlagungsrecht.
[3] Die Anwendung der im Gesetz vom 15. Dezember 2000 enthaltenen Grundsätze wird in den Kreisschreiben 16 und 17 der Schweizerischen Steuerkonferenz (SSK) präzisiert.

Schwierigkeiten vermieden werden. Zudem werden dadurch auch die technischen Modalitäten der interkantonalen Steuerausscheidungen vereinfacht.

22 Koordination der Veranlagungszuständigkeit

Die Veranlagungszuständigkeit für die direkte Bundessteuer sowie für die direkten Steuern der Kantone für dieselbe Steuerperiode soll grundsätzlich einem einzigen Kanton zukommen. Diese Regel soll auch bei einer Änderung der persönlichen Zugehörigkeit innerhalb der Schweiz im Laufe der Steuerperiode gelten.

23 Das Ausfüllen einer einzigen Steuererklärung für in mehreren Kantonen steuerpflichtige Personen

Macht der Sitz- oder Wohnsitzkanton eines Steuerpflichtigen auf Grund der eingereichten Steuererklärung die Feststellung, dass für den Steuerpflichtigen auch in einem anderen Kanton eine Steuerpflicht besteht, hat er nach Art. 39 Abs. 2 StHG diesem Kanton Kenntnis vom Inhalt der Steuererklärung und von der Veranlagung zu geben. Diese Bestimmung ist die Grundlage einer interkantonalen Kooperation mit dem Ziel, den in mehreren Kantonen steuerpflichtigen Steuerzahler von seiner Pflicht zu dispensieren, zu Handen jeder kantonalen Steuerverwaltung eine dem jeweiligen Kanton entsprechende Steuererklärung auszufüllen. Die Steuererklärung des Sitz- oder Wohnsitzkantons hat auch für die anderen Kantone Gültigkeit. Diese haben denn auch das Recht, vom Steuerpflichtigen eine Abschrift der Steuererklärung zu verlangen. Der Steuerpflichtige kann diese Abschrift den Steuererklärungen der anderen Kantone beifügen. Die Folgen von Art. 39 Abs. 2 StHG für die in mehreren Kantonen steuerpflichtigen Personen sind in der Verordnung des Bundesrates vom 9. März über die Anwendung des Steuerharmonisierungsgesetzes im interkantonalen Verhältnis näher bestimmt[4].

24 Aufhebung von steuerlichen Hemmnissen zu Gunsten der Mobilität von Personen

Um die Mobilität der Personen nicht mit steuerlichen Hindernissen zu erschweren, sollte die Änderung der Voraussetzungen, die zu einer Steuerpflicht in der Schweiz führen, nicht grössere administrative Schwierigkeiten verursachen als eine Änderung dieser Voraussetzungen innerhalb eines Kantons (oder für die direkte Bundessteuer innerhalb der Schweiz). Auch

---

4 AS 2001 1058; siehe hiezu das Kreisschreiben 16 der SSK.

wenn die Berücksichtigung der steuerlichen Souveränität der Kantone nicht eine umfassende Anwendung dieses Grundsatzes ermöglicht, können doch die Folgen einer Änderung in der Steuerpflicht im interkantonalen Verhältnis auf das unbedingt Notwendigste beschränkt werden. Die Zuweisung des Besteuerungsrechtes für die ganze laufende Steuerperiode, innerhalb welcher eine natürliche Person eine Wohnsitzverlegung vornimmt, ist eine zweckmässige Lösung. Zudem führt sie zu einer tatsächlichen Vereinfachung der interkantonalen Beziehungen sowohl für den Steuerpflichtigen als auch für die kantonalen Steuerverwaltungen. Mit der Bestätigung des Grundsatzes des Vortrages von geschäftlichen Verlusten im interkantonalen Verhältnis wird eine weitere Schranke der Mobilität innerhalb der Schweiz beseitigt.

3 Die vom Gesetzgeber ergriffenen Massnahmen betreffend das StHG

31 Der Verlustvortrag im interkantonalen Verhältnis

311 Verbindlichkeit des Vortrags von Verlusten

Laut Art. 10 Abs. 2, Art. 25 Abs. 2 und Art. 67 Abs. 1 StHG ist die Verlustvortragsperiode nun in diesem Gesetz obligatorisch festgesetzt. Im System der zweijährigen Pränumerandobesteuerung umfasst diese die Verluste aus den der Steuerperiode vorangehenden drei Bemessungsperioden. Im System der einjährigen Postnumerandobesteuerung umfasst die Periode die Verluste aus den sieben der Steuerperiode vorangehenden Geschäftsjahren. Die Kantone können dementsprechend diese Perioden weder verkürzen noch verlängern. Diese Bestimmungen gelten ab dem 1. Januar 2001.

312 Verlustvortrag im interkantonalen Verhältnis

312.1 Juristische Personen

Der neue Sitzkanton kann bei einer Sitzverlegung einer juristischen Person von einem Kanton in einen anderen die Anrechnung der vor der Verlegung erlittenen Verluste nicht mehr verweigern (Art. 25 Abs. 4 StHG).

Beispiel:

Die Gesellschaft X AG hat ihren Sitz im Kanton A. Im Laufe ihrer ersten Geschäftsjahre (von n bis n+4) erleidet sie Verluste. Sie verlegt ihren Sitz im Laufe des Geschäftsjahres n+5 in den Kanton B. Für dieses Geschäftsjahr (n+5) weist die Gesellschaft ebenfalls einen Verlust aus. Ab dem folgenden Geschäftsjahr erzielt sie Gewinne. Der Kanton B wird die Anrechnung der in den Jahren n bis n+5 erlittenen Verluste nicht verweigern dürfen. Es gilt ausschliesslich die in Artikel 25 Absatz 2 StHG festgelegte Vortragsperiode.

312.2 Natürliche Personen

Die Art. 10 Abs. 4 und Art. 67 Abs. 2 StHG betreffen die interkantonale Verlegung von Verlusten „bei steuerrechtlichen Änderungen der Wohnsitzverhältnisse oder bei örtlichen Verlegungen von Betrieben innerhalb der Schweiz".

Beispiel: ***Wechsel des steuerrechtlichen Wohnsitzes***

Eine natürliche Person hat ihren Wohnsitz im Kanton A, wo sie eine selbstständige Erwerbstätigkeit ausübt. Sie verlegt ihren Wohnsitz in den Kanton B, wo sie ihre selbstständige Tätigkeit weiterführt. Sie kann im Kanton B die Anrechnung der im Kanton A erlittenen Verluste geltend machen.

Beispiel: ***Geschäftsbetrieb und steuerrechtlicher Wohnsitz***

Eine natürliche Person mit steuerrechtlichem Wohnsitz im Kanton A übt eine defizitäre selbstständige Erwerbstätigkeit im Kanton B aus (Spezialsteuerdomizil des Geschäftsbetriebs). Gemäss Praxis des Bundesgerichtes zum interkantonalen Doppelbesteuerungsverbot muss der Wohnsitzkanton die Geschäftsverluste übernehmen. Bei einem Wohnsitzwechsel der natürlichen Person vom Kanton A in den Kanton C muss letzterer - im Rahmen der Verlustvortragsperiode - die Verluste, die vor dem Wohnsitzwechsel entstanden sind, übernehmen.

Beispiel: ***Verlegung einer Einzelfirma von einem Kanton in einen anderen***

Eine natürliche Person ist im Kanton A wohnhaft. Sie übt eine defizitäre selbstständige Tätigkeit im Kanton B aus. Sie verlegt diese Tätigkeit vom Kanton B in den Kanton C. Sie wird im Kanton C die in den Kantonen B und A noch nicht verrechneten Verluste geltend machen können.

312.3 Inkrafttreten

Die am 1. Januar 2001 in Kraft getretene Regelung von Art. 25 Abs. 4 StHG gilt nicht für die im Jahre 2000 oder in früheren Jahren vorgenommenen Sitzverlegungen. In diesen Fällen gilt für den interkantonalen Verlustvortrag die kantonale Regelung und die Rechtsprechung des Bundesgerichtes bezüglich des verfassungsrechtlichen Verbots der interkantonalen Doppelbesteuerung. Andererseits gilt die Bestimmung in Art. 25 Abs. 4 StHG für die im Kalenderjahr 2001 oder im Steuerjahr 2001 vorgenommenen Sitzverlegungen.

Weder das Gesetz noch die Vollzugsverordnungen regeln die übergangsrechtlichen Fragen. Die Schweizerische Steuerkonferenz gibt hierzu die folgenden Empfehlungen ab:

a) Die gesetzlich vorgesehene Möglichkeit des interkantonalen Verlustvortrags betrifft Steuerpflichtige, die im Laufe des Jahres 2001 oder später abgeschlossenen Geschäftsjahres ihren steuerrechtlichen Wohnsitz, ihren Geschäftsbetrieb, ihren Sitz oder ihre tatsächliche Verwaltung innerhalb der Schweiz verlegt haben

b) In den unter Buchstabe a fallenden Situationen betrifft der Vortrag ausserkantonale Verluste, die vor dem Geschäftsjahr des Sitz- oder Wohnsitzwechsels erlitten wurden.

c) Für die Dauer des Verlustvortrags sei auf die seit 1. Januar 2001 geltenden Bestimmungen des StHG verwiesen.

d) Es obliegt dem Steuerpflichtigen, auf Grund der Veranlagungen des Wegzugkantons nachzuweisen, welcher Verlustbetrag aus früheren Steuerperioden noch nicht kompensiert wurde.

e) Für die Bestimmung des Verlustbetrags aus früheren Jahren, dessen Vortrag zulässig ist, gilt die Gesetzgebung des Wegzugkantons, insbesondere was die steuerliche Behandlung der Grundstückgewinne und den Wechsel der zeitlichen Bemessung angeht.

32 Änderungen in der Steuerpflicht von juristischen Personen

321 Verlegung des Sitzes oder der tatsächlichen Verwaltung

Art. 22 StHG entfaltet seine Wirkungen im interkantonalen Verhältnis[5].

---

[5] Siehe Botschaft des Bundesrates über eine neue Bundesverfassung vom 20. November 1996, Kommentar des Art. 118.

Art. 22 Abs. 1 StHG bestimmt, dass im Falle einer Verlegung des Sitzes oder der tatsächlichen Verwaltung im Laufe einer Steuerperiode von einem Kanton in einen anderen die juristische Person in beiden Kantonen für die ganze Steuerperiode steuerpflichtig ist. Die Verlegung des Sitzes innerhalb der Schweiz im Laufe der Steuerperiode bewirkt demnach am Stichtag der Verlegung keine Beendigung der Steuerpflicht im Wegzugskanton und keinen Beginn der Steuerpflicht im Zuzugskanton. Die Steuerperiode, während welcher die Sitzverlegung vorgenommen worden ist, wird nicht zerlegt. Dementsprechend entfällt auch die Pflicht der juristischen Person, eine Zwischenbilanz zu erstellen. Die Gesellschaft ist für die ganze Steuerperiode in beiden Kantonen steuerpflichtig. Um eine interkantonale Doppelbesteuerung zu vermeiden, müssen die Kantone die steuerbaren Elemente untereinander aufteilen (Art. 22 Abs. 3 StHG).

Art. 22 Abs. 1 StHG bezieht sich auf die Verlegung des Sitzes oder der tatsächlichen Verwaltung, d.h. auf eine Änderung der Steuerpflicht auf Grund persönlicher Zugehörigkeit. Wenn eine Unternehmung ihre tatsächliche Verwaltung in einen anderen Kanton verlegt, aber den Sitz im Wegzugskanton behält, muss im Lichte der Praxis des Bundesgerichtes zum Verbot der interkantonalen Doppelbesteuerung untersucht werden, ob der Sitz nach wie vor das Hauptsteuerdomizil begründet. Wenn nicht nur ein förmlicher Sitz vorliegt, bleibt die juristische Person im Sitzkanton auf Grund der persönlichen Zugehörigkeit steuerpflichtig. Am Ort der tatsächlichen Verwaltung begründet das Unternehmen eine Betriebsstätte. Im umgekehrten Fall ist Art. 22 Abs. 1 StHG für die Verlegung der tatsächlichen Verwaltung anwendbar. Befindet sich der Sitz der Unternehmung im Ausland, die tatsächliche Verwaltung aber in der Schweiz, fällt die Verlegung dieser Verwaltung in einen anderen Kanton unter die Regelung von Art. 22 Abs. 1 StHG.

Art. 22 Abs. 1 zweiter Satz StHG setzt die Aufgaben der Kantone im Veranlagungsverfahren fest. Die Steuerbehörde des Sitzes am Ende der Steuerperiode ist die Veranlagungsbehörde im Sinne von Art. 39 Abs. 2 StHG. Diesem Kanton obliegt es, dem andern Kanton den Inhalt der Steuererklärung und die Veranlagung mitzuteilen. Die Regeln der interkantonalen Steuerausscheidung gelten sinngemäss (Art. 22 Abs. 3 StHG) für die Ausscheidung der steuerbaren Elemente unter den Kantonen, in denen sich nacheinander der Sitz der juristischen Person befand.

Bei einer Sitzverlegung einer Unternehmung im Laufe einer Steuerperiode von einem Kanton in einen anderen wird der Gesamtgewinn der Periode auf die zwei Kantone aufgeteilt. In der Regel werden die steuerbaren Elemente im Verhältnis zur Dauer des in jedem betroffenen Kanton tatsächlich begründeten Sitzes zugeteilt. Wenn es die Umstände rechtfertigen, ist jedoch auch eine andere Ausscheidungsmethode denkbar, z.B. wenn der Gewinn eine ausserordentliche, beim Sitzwechsel erzielte Einnahme beinhaltet. Ebenso kann die Ausscheidungsmethode wichtige Änderungen bezüglich Tätigkeit am neuen Sitz berücksichtigen, die im Zusammenhang mit einer Umstrukturierung stehen. Auch eine mit dem Sitzwechsel einhergehende Begründung einer Betriebsstätte im Wegzugskanton kann die Ausscheidungsmethode beeinflussen.

Die Vielfalt von Situationen rechtfertigt es, auf die vom Bundesgericht in seiner mittlerweile mehr als hundert Jahre dauernden Rechtsprechung zum Verbot der interkantonalen Doppelbesteuerung entwickelten Grundsätze zu verweisen. Diese Grundsätze müssen auch in dem Fall analog angewandt werden, bei welchem eine Unternehmung in der gleichen Steuerperiode in mehreren Kantonen ihren Sitz hat. Das Bundesgericht hat sich diesbezüglich bis anhin nicht zur interkantonalen Ausscheidung der steuerbaren Elemente äussern können.

322   Änderung der Steuerpflicht auf Grund wirtschaftlicher Zugehörigkeit

Art. 22 Abs. 2 StHG behandelt die Folgen bei Begründung, Änderung oder Aufhebung von Nebensteuerdomizilen im interkantonalen Verhältnis. Dieses Nebensteuerdomizil kann jenes der Betriebsstätte oder jenes der Anlageliegenschaft sein. Gemäss den bis heute anwendbaren Grundsätzen bewirkt jede Änderung einer wirtschaftlichen Zugehörigkeit eine Aufteilung der Steuerperiode. Die neue Bestimmung will gerade diese Aufteilung unterbinden. Die Bestimmung wird einerseits die Aufgaben der interkantonalen Unternehmungen vereinfachen und andererseits das Verfahren der interkantonalen Ausscheidungen erleichtern. Die Durchsetzung dieser Bestimmung wurde erst durch die Vereinheitlichung des Systems der zeitlichen Bemessung bei juristischen Personen ermöglicht.

Beispiel:
Die Gesellschaft PC AG handelt mit elektronischem Material. Sie hat ihren Sitz im Kanton A. Im Laufe des Steuerjahres N (Kalenderjahr) reorganisiert sie sich. Die Gesellschaft schliesst ihren Verkaufsladen im Kanton C. Sie verlegt ihren Sitz vom Kanton A in den Kanton B zu Beginn des zweiten Semesters. Im gleichen Zeitpunkt eröffnet sie eine Betriebsstätte im Kan-

ton A. Drei Monate später eröffnet sie eine Betriebsstätte im Kanton D. Gemäss Rechtsprechung des Bundesgerichtes müsste die Gesellschaft per 1. April, 1. Juli und 1. Oktober des Jahres N eine Zwischenbilanz erstellen. Da die Steuerperiode nicht mehr aufgeteilt werden muss, ist diese Rechtsprechung nicht mehr anwendbar. Die Kantone A, B, C und D beteiligen sich am Gesamtgewinn und am Kapital der Steuerperiode N. Wenn die Ausscheidung auf Grund des Umsatzes vorgenommen wird, kann der Kanton B (Sitzkanton am Ende der Steuerperiode) in Zusammenarbeit mit der Gesellschaft die Umsätze der Betriebsstätte in den Kantonen C und D, jene der Betriebsstätte im Kanton A und jene der Sitzkantone A und B festlegen. Das Präzipuum zu Gunsten des Sitzes kann den Kantonen A und B zugeteilt werden.

Art. 22 Abs. 3 StHG beeinflusst die im Sinne der Rechtsprechung des Bundesgerichtes zum Verbot der interkantonalen Doppelbesteuerung anzuwendende Ausscheidungsmethode für das steuerbare Kapital. Laut Art. 31 Abs. 4 StHG bemisst sich das steuerbare Kapital nach dem Stand am Ende der Bemessungsperiode. Diese Regel gilt für alle Kantone, die einen Teil des Kapitals der interkantonalen Unternehmung besteuern, ungeachtet dessen, dass im Laufe der Steuerperiode eine Beendigung der wirtschaftlichen Zugehörigkeit in einem Kanton eingetreten ist (siehe Art. 22 Abs. 2 und 3 StHG). Der verkürzten Dauer der wirtschaftlichen Zugehörigkeit wird in diesem Fall Rechnung getragen[6].

33 Änderungen in der Steuerpflicht von natürlichen Personen

331 Änderung der persönlichen Zugehörigkeit

Das Bundesgesetz vom 15. Dezember 2000 hat die bisher anwendbaren gesetzlichen und richterlichen Regeln für die Aufnahme und Beendigung der Steuerpflicht in Folge eines Wohnsitzwechsels innerhalb der Schweiz tiefgreifend verändert. Diese Änderungen betreffen in erster Linie die Kantone, die das System der einjährigen Postnumerandobesteuerung kennen. Das StHG regelt auch den Wohnsitzwechsel innerhalb von Kantonen, die das System der zweijährigen Praenumerandobesteuerung anwenden. Die Verordnung des Bundesrates vom 9. März 2001 über die Anwendung des Steuerharmonisierungsgesetzes im interkantonalen Ver-

---

[6] Das Kreisschreiben 17 der SSK betreffend die interkantonale Steuerausscheidung für juristische Personen im Postnumerandosystem behandelt mehrere Anwendungsfälle zu Artikel 22 Absatz 3 StHG bei Änderung der Steuerpflicht im Laufe des Steuerjahres betreffend Spezial- oder Nebensteuerdomizilen.

hältnis befasst sich mit dem Wohnsitzwechsel zwischen Kantonen, die unterschiedliche Systeme der zeitlichen Bemessung kennen.

Unter Wohnsitz ist jener gemäss Art. 3 Abs. 2 StHG zu verstehen. Besteht kein solcher Wohnsitz in der Schweiz, finden die Bestimmungen des StHG auch Anwendung bei Verlegung des Aufenthaltsortes von einem Kanton in einen anderen oder wenn nach einem Aufenthalt ein steuerrechtlicher Wohnsitz in einem anderen Kanton begründet wird.

331.1 Wohnsitzwechsel zwischen Kantonen, die das System der einjährigen Postnumerandobesteuerung anwenden

Die am 1. Januar 2001 in Kraft getretene Bestimmung von Art. 68 Abs. 1 StHG ordnet an, dass im Fall eines steuerrechtlichen Wohnsitzwechsels innerhalb der Schweiz die Voraussetzungen für eine Steuerpflicht auf Grund persönlicher Zugehörigkeit für die laufende Steuerperiode im Wohnsitzkanton am Ende der Steuerperiode erfüllt sind. Vorbehalten bleibt die Besteuerung von Kapitalleistungen im Sinne von Art. 11 Abs. 3 StHG. Diese sind in dem Kanton steuerbar, in dem der Steuerpflichtige im Zeitpunkt der Fälligkeit seinen Wohnsitz hat. (siehe Ziff. 332.1). Ebenfalls vorbehalten bleibt der besondere Fall der Besteuerung an der Quelle (siehe Ziff. 332.2).

Im Falle eines Wohnsitzwechsels im Laufe eines Kalenderjahres kann einzig der Wohnsitzkanton am Ende des Jahres den Steuerpflichtigen für die ganze Steuerperiode besteuern. Der vorherige Wohnsitzkanton kann diese Person nicht auf Grund einer persönlichen Zugehörigkeit besteuern[7]. Der Umstand, dass eine Person während eines Teils des Jahres ihren Wohnsitz in einem anderen Kanton hatte, hindert diesen Kanton nicht, diese Person auf Grund einer wirtschaftlichen Zugehörigkeit zu besteuern.

Das Bundesgericht hat in seiner Rechtsprechung zum Verbot der interkantonalen Doppelbesteuerung hin und wieder mehrfache Steuerorte auf Grund persönlicher Zugehörigkeiten anerkannt. Im Falle eines alternierenden Wohnsitzes hat der Steuerpflichtige in zwei Kantonen abwechslungsweise einen steuerlichen Wohnsitz[8]. Art. 68 StHG verhindert eine interkantonale Steuerausscheidung auf Grund eines alternierenden Wohnsitzes nicht. Das Bundesgericht

---

[7] Siehe Beispiele im Kreisschreiben 18 der SSK.
[8] Peter Locher, Einführung in das interkantonale Steuerrecht, S. 52; Höhn/Mäusli, Interkantonales Steuerrecht, 4. Auflage, S. 93.

hat auch erkannt, dass ein nach den Grundsätzen der Familienbesteuerung gemeinsam veranlagtes Ehepaar je einen eigenen Wohnsitz begründen kann[9]. Wechselt ein Ehepartner seinen Wohnsitz von einem Kanton in einen anderen, findet Art. 68 StHG für ihn Anwendung.

331.2 Wohnsitzwechsel zwischen Kantonen, die das System der zweijährigen Pränumerandobesteuerung anwenden

Im Falle eines Wohnsitzwechsels innerhalb von Kantonen, die das System der zweijährigen Pränumerandobesteuerung anwenden, bestimmt Art. 15 StHG nach wie vor, dass die Steuerpflicht im Wegzugskanton mit dem Wohnsitzwechsel endet und gleichzeitig im Zuzugskanton beginnt. In diesem Kanton bestimmt sich das steuerbare Einkommen auf Grund der seit dem Zuzug vereinnahmten Einkünfte. Die Ausnahmebestimmung in Art. 15 Abs. 3 Bst. a StHG zu dieser Regel wurde per 1. Januar 2001 aufgehoben.

331.3 Wohnsitzwechsel zwischen Kantonen, die unterschiedliche Systeme der zeitlichen Bemessung anwenden

Der Wohnsitzwechsel zwischen Kantonen mit unterschiedlichen Systemen der zeitlichen Bemessung wird in der Verordnung des Bundesrates vom 9. März 2001 über die Anwendung des Steuerharmonisierungsgesetzes im interkantonalen Verhältnis geregelt. Ein solcher Wohnsitzwechsel muss von den Kantonen ähnlich wie ein Wohnsitzwechsel über die Landesgrenze behandelt werden[10].

332 Sonderfälle

332.1 Besteuerung von Kapitalleistungen im Sinne von Artikel 11 Absatz 3 StHG

Auf Grund von Art. 68 Absatz 1 zweiter Satz StHG sind Kapitalleistungen im Sinne von Art. 11 Abs. 3 StHG im Zeitpunkt der Fälligkeit im betroffenen Wohnsitzkanton steuerbar. Es handelt sich hierbei um Kapitalleistungen aus Vorsorge (Säulen 2 und 3a), sowie um Zahlungen bei Tod und für bleibende körperliche oder gesundheitliche Nachteile. Nach Art. 11 Abs. 3 sind diese Leistungen gesondert zu veranlagen und unterliegen einer vollen Jahressteuer. Der für die Veranlagung zuständige Kanton wird nach dem Fälligkeitsdatum der

---

[9] Peter Locher, a.a.O., S. 59; Höhn/Mäusli, a.a.O., S. 137; Martin Arnold, Der steuerrechtliche Wohnsitz natürlicher Personen im interkantonalen Verhältnis nach der neueren bundesgerichtlichen Rechtsprechung, ASA 68 449 und 481.
[10] Siehe das Kreisschreiben 16 der SSK.

Leistung bestimmt. Massgebend sind die Familienverhältnisse am Ende der Steuerperiode oder der Steuerpflicht.

Art. 68 Abs. 1 zweiter Satz StHG ist gesetzessystematisch dem siebten Titel des StHG zugeordnet, der die einjährige Veranlagung für natürliche Personen regelt. Man kann jedoch davon ausgehen, dass diese Bestimmung auch für Kantone mit zweijähriger Pränumerandobesteuerung oder für solche mit unterschiedlichen Systemen der zeitlichen Bemessung Anwendung findet.

332.2 Wohnsitzwechsel von Personen, die nach den Art. 32, 33 und 34 Abs. 2 StHG besteuert werden

Gemäss Art. 32 StHG werden ausländische Arbeitnehmer, welche die fremdenpolizeiliche Niederlassungsbewilligung nicht besitzen, für ihr Einkommen aus unselbstständiger Erwerbstätigkeit an der Quelle besteuert. Bei Verlegung des Wohnsitzes oder Aufenthaltsortes innerhalb der Schweiz werden sie von demjenigen Kanton besteuert, in dem sie bei Fälligkeit der steuerbaren Leistungen ihren Wohnsitz oder Aufenthaltsort haben. Werden diese Leistungen in der Folge ordentlich veranlagt (Art. 38 Abs. 2 StHG), bleiben die an der Quelle abgezogenen Steuerbeträge beim Kanton, der sie erhoben hat. Im Rahmen der ordentlichen Veranlagung besteuert jeder Kanton die Steuerpflichtigen im Verhältnis zur Dauer der Steuerpflicht (Art. 38 Abs. 4 StHG, anwendbar ab dem 1. Januar 2001)[11].

333 Wohnsitzwechsel im Laufe der Steuerperiode, in welcher der Wegzugskanton zum System der einjährigen Postnumerandobesteuerung wechselt

Im Falle eines Wohnsitzwechsels zwischen Kantonen, welche die einjährige Postnumerandobesteuerung anwenden, ist für die ganze Steuerperiode der Kanton des Wohnsitzes am Ende der Steuerperiode für die Veranlagung und den Bezug zuständig. Wenn der Wegzugskanton zu Beginn dieser Steuerperiode von der zweijährigen Pränumerandobesteuerung zur einjährigen Postnumerandobesteuerung übergeht, was für eine Mehrheit der Kantone bei einem Wohnsitzwechsel im Jahre 2001 zutrifft, bleibt die steuerpflichtige Person in diesem Kanton für die im Laufe der Bemessungslücke vereinnahmten ausserordentlichen Einkünfte im Sinne von Art. 69 StHG steuerpflichtig. Sie kann im Wegzugskanton auch die ausserordentlichen

---

[11] Siehe das Kreisschreiben 14 der SSK.

Aufwendungen geltend machen, sofern dieser Kanton die Anrechnung gemäss Art. 69 Abs. 4 Bst. a StHG vornimmt.

Beispiel:

Eine im Kanton A wohnhafte natürliche Person wechselt ihren Wohnsitz per 1. Juli 2001 in den Kanton B, welcher die einjährige Postnumerandobesteuerung anwendet. Für die Steuerperiode 2001 ist diese Person im Kanton B steuerpflichtig. Der Kanton A ist per 1. Januar 2001 von der zweijährigen Pränumerandobesteuerung zur einjährigen Postnumerandobesteuerung übergegangen. Der Kanton A wird diese Person für die ausserordentlichen Einkünfte der Jahre 1999 und 2000 besteuern. Die ausserordentlichen Aufwendungen derselben Jahre wird der Kanton A zum Abzug bringen, sofern er sich für die Lösung gemäss Art. 69 Abs. 4 Bst. a StHG entschieden hat.

334 Änderung der Steuerpflicht in Folge wirtschaftlicher Zugehörigkeit

334.1 Im Verhältnis zwischen Kantonen, die das System der einjährigen Postnumerandobesteuerung anwenden

Art. 68 Abs. 2 StHG regelt die Folgen einer Änderungen der Steuerpflicht im Laufe einer Steuerperiode bezüglich einer wirtschaftlichen Zugehörigkeit ausserhalb des Wohnsitzkantons. Diese seit dem 1. Januar 2001 in Kraft stehende Bestimmung untersagt eine zeitliche Aufteilung der Steuerperiode in Fällen der Begründung, der Änderung oder der Aufhebung eines Spezial- oder Nebensteuerdomizils.

Beispiel:

Eine im Kanton A wohnhafte natürliche Person kauft im Februar des Jahres N ein sich im Bau befindliches Chalet im Kanton B. Im Herbst des gleichen Jahres ist das Haus bezugsbereit. Im November schenkt diese Person das Haus einem im Kanton C wohnhaften nahen Verwandten. Die verschiedenen Änderungen der Steuerpflicht (Kauf der Liegenschaft, Beginn der wirtschaftlichen Nutzung und Schenkung) bewirken keine Aufteilung der Steuerperioden der betroffenen Personen. Die im Kanton A wohnhafte Person wird für die Steuerperiode N von diesem Kanton besteuert. Dieser Kanton wird zu Gunsten des Kantons B eine interkantonale Ausscheidung vornehmen. Der im Kanton C wohnhafte Verwandte wird für die Steuerperiode N von diesem Kanton besteuert. Dieser Kanton C wird zu Gunsten des Kanton B eine interkantonale Ausscheidung vornehmen. *Im Kanton B sind beide Personen für den jedem einzeln zugewiesenen Liegenschaftsertrag steuerpflichtig.*

Art. 68 Abs. 2 StHG gilt generell auch in Fällen von Änderungen betreffend Betriebsstätten ausserhalb des Wohnsitzkantons.

Beispiel:
Eine im Kanton A wohnhafte natürliche Person übt eine selbstständige Erwerbstätigkeit aus. Der Sitz der Einzelfirma ist im Kanton A. Im Laufe des Jahres N wurde eine Betriebsstätte im Kanton B eröffnet und die Betriebsstätte im Kanton C wurde in den Kanton D verlegt. Diese verschiedenen Änderungen der Steuerpflicht auf Grund wirtschaftlicher Zugehörigkeiten bewirken in keinem Kanton eine Aufteilung der Steuerperiode. Für die Steuerperiode N wird der Kanton A den Gewinn der Unternehmung auf die Kantone A (Sitz), B, C und D (Betriebsstätten) aufteilen.

Ist die Dauer einer wirtschaftlichen Zugehörigkeit in einem anderen Kanton kürzer als eine ganze Steuerperiode, wird der Grundsatz nach Art.1 66 Abs. 4 StHG (Besteuerung des Vermögens im Verhältnis zur Dauer der Zugehörigkeit) nicht durch eine Herabsetzung des Steuerbetrages umgesetzt, sondern durch eine betragsmässige Herabsetzung der dem Nebensteuerdomizil zugewiesenen Vermögensteile (siehe Art. 68 Abs. 2 zweiter Satz StHG). Diese Sonderregel gewährleistet eine gerechte Aufteilung der Schuldzinsen unter den Kantonen[12].

Die durch ein Spezial- oder Nebensteuerdomizil in Folge wirtschaftlicher Zugehörigkeit begründete Steuerpflicht erstreckt sich auf die ganze Steuerperiode. Für eine eventuelle Umrechnung von periodischen Einkünften ist demnach die Zeitdauer der Steuerpflicht am Hauptsteuerdomizil massgebend.

Beispiel:
Eine natürliche Person nimmt anfangs des zweiten Quartals des Jahres N in der Schweiz im Kanton A Wohnsitz. Einige Monate später, anfangs Oktober, kauft sie eine Zweitwohnung im Kanton B. Der Kanton A veranlagt die Person für die Steuerperiode N (unterjährige Steuer-

---

[12] Siehe das Kreisschreiben 18. der SSK.

pflicht vom 1.4. bis zum 31.12.). Der Kanton A nimmt eine interkantonale Ausscheidung zu Gunsten des Kantons B vor. Dieser veranlagt den Liegenschaftsertrag für eine Steuerperiode, die der Dauer der persönlichen Zugehörigkeit entspricht.

334.2 Im Verhältnis zwischen Kantonen, die das System der zweijährigen Pränumerandobesteuerung anwenden

Die Folgen einer Änderung in der wirtschaftlichen Zugehörigkeit ausserhalb des Wohnsitzkantons werden durch das StHG, durch die kantonalen Gesetze und durch das Bundesrecht zum Verbot der interkantonalen Doppelbesteuerung geregelt. Der Vollständigkeit halber sei auf die Bestimmung in Art. 17 Bst. d StHG hingewiesen, wonach das Einkommen und das Vermögen bei einer Änderung der für die Besteuerung im interkantonalen und internationalen Verhältnis massgebenden Grundlagen einer Zwischenveranlagung unterworfen sind.

334.3 Im Verhältnis zwischen Kantonen, die unterschiedliche Systeme der zeitlichen Bemessung anwenden

Die Anwendung der Regel gemäss Art. 68 Abs. 2 zweiter Satz StHG kann im Kanton mit einährigem Postnumerandobesteuerung zu Abweichungen der prozentualen Aufteilung der Schulden und Schuldzinsen unter Kantonen führen[13]. In diesen Fällen hat Artikel 68 Absatz 2 zweiter Satz für die Zuweisung der Schulden und Schuldzinsen zu Lasten der Kantone Vorrang.

4 Inkrafttreten

Das Gesetz vom 15. Dezember 2000 ist am 1. Januar 2001 in Kraft getreten und findet – wie das vorliegende Kreisschreiben - ab der Steuerperiode 2001 Anwendung.

---

[13] Im Falle einer unterjährigen Steuerpflicht scheidet der Kanton, welcher das Pränumerandosystem anwendet, die Gesamtwerte aus (und berechnet seine Steuer pro rata temporis), währenddem der Kanton, welcher das Postnumerandosystem anwendet, die Ausscheidung mit den pro rata temporis im Verhältnis zur Dauer der Steuerpflicht herabgesetzten Werten vornimmt.

☞ *Das Inhaltsverzeichnis ist nicht enthalten.*

Natürliche Personen im Ausland – Öffentlich-rechtliches Arbeitsverhältnis

Quelle: Schweizerische Steuerkonferenz SSK

Besteuerung von natürlichen Personen im Ausland mit einem Arbeitsverhältnis zum Bund oder zu einer andern öffentlich-rechtlichen Körperschaft oder Anstalt des Inlandes

Kreisschreiben 1 - vom 30. Juni 2010

Die nachfolgenden Ausführungen dienen einer rechtsgleichen Behandlung aller ins Ausland versetzten Bediensteten des Bundes oder einer andern öffentlich-rechtlichen Körperschaft oder Anstalt des Inlandes:

1. Direkte Bundessteuer

Die Besteuerung von natürlichen Personen im Ausland mit einem Arbeitsverhältnis zum Bund oder zu einer andern öffentlich-rechtlichen Körperschaft oder Anstalt des Inlandes ist in Art. 3 Abs. 5 DBG geregelt. Die direkte Bundessteuer wird für die ganze Steuerperiode (auch während der ganzen Tätigkeit im Ausland) erhoben, weil diese an das schweizerische Dienstverhältnis anknüpft.

Weitere Bestimmungen zur Steuerpflicht, örtlichen Zuständigkeit, Bemessung und Verfahrenspflichten sind in der bundesrätlichen Verordnung über die Besteuerung von natürlichen Personen im Ausland mit einem Arbeitsverhältnis zum Bund oder zu einer andern öffentlich-rechtlichen Körperschaft oder Anstalt des Inlandes vom 20. Oktober 1993 (SR 642.110.8) enthalten.

2. Kantonale Steuern

In den Kantonen richtet sich die Besteuerung ausschliesslich danach, ob die Bediensteten ihren steuerrechtlichen Wohnsitz in der Schweiz beibehalten oder nicht. Dabei bleibt der einmal begründete Wohnsitz einer Person bis zum Erwerb eines neuen Wohnsitzes bestehen (BGE vom 15.3.1991, ASA 60, S. 499; BGE vom 14.4.2009, 2C_576/2008).

2.1. *Aufenthalt zu Ausbildungszwecken*

Erfolgt der Aufenthalt zu Ausbildungszwecken, ist ohne Rücksicht auf die Dauer des Auslandaufenthaltes eine durchgehende Besteuerung vorzunehmen, beispielsweise für die Instruktoren während des Besuches einer ausländischen Generalstabs- oder Militärschule.

2.2. Aufenthalt zu Erwerbszwecken

2.2.1. Alleinstehende - Auslandaufenthalt bis zu einem Jahr

Dauert der ununterbrochene Aufenthalt bei Alleinstehenden weniger als ein Jahr, so wird gemäss bestehender Praxis in der Regel davon ausgegangen, dass die Steuerpflichtigen ohne Rücksicht auf ihren polizeilichen oder militärischen Status in der Schweiz weiterhin wohnhaft sind. In diesen Fällen bleibt die unbeschränkte Steuerpflicht in der Schweiz bestehen.

Dauert der ununterbrochene Aufenthalt im Ausland länger als ein Jahr, endet die unbeschränkte Steuerpflicht in der Regel mit der Abreise ins Ausland.

2.2.2. Ehepaarbesteuerung – Wohnsitz des Ehegatten verbleibt in der Schweiz

Verbleibt bei verheirateten Steuerpflichtigen ein Ehegatte und allenfalls auch Kinder weiterhin in der Schweiz, ist in der Regel anzunehmen, dass sich der steuerliche Wohnsitz beider Ehegatten am schweizerischen Aufenthaltsort der Familie befindet. Verheiratete Steuerpflichtige bleiben daher auch bei längerem Auslandaufenthalt in der Schweiz steuerpflichtig.

2.2.3. Militärische Einsätze der Swisscoy

Erfolgt der Aufenthalt im Rahmen der Swisscoy (z.B. Friedenserhaltende Massnahmen im Kosovo), ist ohne Rücksicht auf die Dauer des Auslandaufenthaltes eine durchgehende Besteuerung vorzunehmen. Der Aufenthalt erfolgt im Rahmen eines befristeten Arbeitsverhältnisses. Dieses dauert maximal sechs Monate und kann höchstens zweimal um jeweils sechs Monate verlängert werden. Obwohl sich Swisscoy Angehörige zu Erwerbszwecken bis zu 18 Monate im Ausland aufhalten, begründen sie dort keinen Wohnsitz, da die Absicht des dauernden Verbleibens am Einsatzort regelmässig fehlt (Urteil des Verwaltungsgerichts des Kt. BE vom 18.5.2009 [Nr. 100.2008.23382U]).

3. Vorbehalte

Vorbehalten bleiben in allen Fällen die Abweichungen im Zusammenhang mit Staatsverträgen, insbesondere Doppelbesteuerungsabkommen, und Abkommen über die Rechtsstellung internationaler Organisationen und ihrer Beamten, sowie diplomatische und konsularische Vertretungen.

Dieses Kreisschreiben ersetzt die Version vom 14. Juni 2000.

Telearbeit / Homeoffice im Unternehmen

Quelle: Schweizerische Steuerkonferenz SSK

Analyse zu den Auswirkungen von Telearbeit auf die interkantonale Steuerausscheidung von Unternehmen

Vom Vorstand der SSK genehmigt am 2. Februar 2022

(☞ *Stand: 26.4.2022*)

1. Einleitung

Infolge der COVID-19-Pandemie hat sich die Telearbeit als Arbeitsmethode in den Unternehmen dauerhaft etabliert. Da die Mitarbeitenden häufig in einem anderen Kanton bzw. einer anderen Gemeinde wohnen als der Arbeitgeber, stellt sich folgende Frage: Bedeutet Telearbeit eine Zuteilung von Gewinn/Kapital bzw. Einkommen/Vermögen des Unternehmens an den Ort des Telearbeitsplatzes des Arbeitnehmenden? Die vorliegende Analyse bietet einen Rahmen für Überlegungen zu dieser Frage. Die Frage wird aus der Perspektive dauerhafter Telearbeit und deren Bedingungen und nicht aufgrund der aussergewöhnlichen Situation der COVID-19-Pandemie behandelt.

In diesem Dokument wird der Begriff Telearbeit definiert als «das Arbeiten von einem mit technischen Kommunikationsmitteln ausgestatteten Platz ausserhalb der Räumlichkeiten des Arbeitgebers (in der Regel in einem privaten Lebensbereich)».

Im Bereich der interkantonalen Steuerausscheidung werden die Regeln vom Bundesgericht durch seine verschiedenen Rechtsprechungen festgelegt. Die vorliegende Analyse wendet die bestehenden Regeln auf die spezifische Problematik der Telearbeit an.

Die Analyse beschränkt sich auf bestimmte Themenbereiche. Erstens werden nur die Problematiken auf interkantonaler und interkommunaler Ebene behandelt, unter Ausschluss des internationalen Aspekts. Zweitens werden nur die Steuerausscheidungen/Anknüpfungen von Unternehmen (juristische Personen und selbständige Erwerbstätigkeit) analysiert. Schliesslich wird nur die Frage behandelt, ob am Ort der Telearbeit ein Steuerdomizil (Haupt-, Sekundär- oder Spezialsteuerdomizil) besteht, ohne auf die Problematik der Ausscheidungsmethoden einzugehen.

Wie aus der oben genannten Definition von Telearbeit hervorgeht, konzentriert sich die Analyse hauptsächlich auf die Auswirkungen der Telearbeit von Arbeitnehmenden auf das Unternehmen, das sie beschäftigt (das Unternehmen kann sowohl eine juristische Person, eine Einzelfirma als auch eine Personengesellschaft sein); der Vollständigkeit halber wird jedoch der Aspekt der Arbeit am Wohnsitz durch die Inhaberin/den Inhaber einer Einzelfirma bzw. die Gesellschafterin/den Gesellschafter einer Personengesellschaft in einem gesonderten Kapitel speziell behandelt.

Die vorliegende Analyse beginnt in Kapitel zwei mit einem Rückblick auf die wichtigsten allgemeinen Grundsätze in Bezug auf die Anknüpfung, ob persönlich oder wirtschaftlich. Anschliessend wird in Kapitel drei die Anwendung dieser Definitionen auf die besondere Situation der Telearbeit betrachtet.

In diesem Kapitel werden drei Problemstellungen untersucht: (i) Begründet Telearbeit eine Betriebsstätte, (ii) stellt die Telearbeit von Arbeitnehmenden, die einer Betriebsstätte eines Unternehmens zugeordnet sind, deren Existenz in Frage und (iii) kann Telearbeit eine tatsächliche Verwaltung begründen. Kapitel vier betrachtet die Auswirkungen der besonderen Situation der Arbeit am Wohnsitz der Inhaberin/des Inhabers einer Einzelfirma bzw. der Gesellschafterin/des Gesellschafters einer Personenunternehmung. Kapitel fünf schliesslich äussert sich zur Übertragbarkeit der interkantonalen Überlegungen auf die interkommunalen Angelegenheiten.

2. Allgemeine Grundsätze

2.1. Betriebsstätte (juristische Personen und selbständige Erwerbstätigkeit)

Im interkantonalen Verhältnis wird die Betriebsstätte definiert als «jede feste und dauerhafte Einrichtung, in der ein quantitativ und qualitativ bedeutender Teil der technischen oder kommerziellen Tätigkeit des Unternehmens ausgeübt wird».

Nach dieser Definition müssen die folgenden Bedingungen erfüllt sein, damit am Ort einer Aktivität eine Betriebsstätte begründet wird:

- Die Einrichtung muss fest und dauerhaft sein;
- Ein quantitativ und qualitativ wichtiger Teil der Tätigkeit muss in dieser Einrichtung stattfinden;
- Die Einrichtung muss Teil des Unternehmens sein.

Die Anerkennung einer Betriebsstätte setzt somit eine feste Einrichtung voraus. Dies bedeutet zunächst eine physische Geschäftseinrichtung, die an einem bestimmten Ort errichtet wurde. Es ist unerheblich, ob das Unternehmen Eigentümerin/Eigentümer oder Mieterin/Mieter der Einrichtung ist, aber es muss zumindest ein gewisses Verfügungsrecht über die Einrichtung haben. Die Einrichtung muss zweitens, um als feststehend eingestuft zu werden, dauerhaft sein; sie darf nicht nur einen vorübergehenden oder provisorischen Charakter haben[1].

Die qualitative Bedeutung ist erfüllt, sobald die Tätigkeit nicht nur untergeordnet und nebensächlich ist. Dieses Kriterium verlangt nicht, dass die Funktion direkt zum Gewinn des Unternehmens beitragen muss. Sie kann sich auf Hilfsfunktionen beschränken, die andere Betriebsstätten oder den Hauptsitz unterstützen[2].

Die quantitative Bedeutung soll verhindern, dass die steuerpflichtigen Elemente einem Ort zugewiesen werden, an dem die Tätigkeit völlig nebensächlich oder von ihrem Umfang her vernachlässigbar ist. Auf diese Weise will das Bundesgericht eine Aufsplittung des Steuersubstrats auf die verschiedenen Steuerhoheiten verhindern[3].

In der Praxis verlangen das Kreisschreiben Nr. 23 der SSK (Schweizerische Steuerkonferenz) zur «Steuerausscheidung von Versicherungsgesellschaften» sowie das Kreisschreiben Nr. 12 der SSK zur «Steuerpflicht der Krankenkassen nach dem Krankenversicherungsgesetz» mindestens drei Angestellte (Vollzeitäquivalente), um eine Betriebsstätte zu begründen. Eine zu geringe quantitative Anforderung an die Anzahl der Beschäftigten (sofern die Beschäftigten für die Beurteilung der Bedeutung der Betriebsstätte ausschlaggebend sind) würde dazu führen, dass das Vorhandensein einer Betriebsstätte praktisch immer bejaht werden müsste, was sowohl dem Erfordernis einer «quantitativ» relevanten Tätigkeit als auch dem vom Bundesgericht geäusserten Willen, eine Aufsplittung der Steuerhoheit zu vermeiden, widersprechen würde[4].

---

[1] Urteil des Bundesgerichts 2C_110/2018 vom 28. Februar 2019
[2] Urteil des Bundesgerichts 2C_797/2020 vom 18. März 2021 – Erwägung 3.1.1
[3] Urteil des Bundesgerichts 2C_797/2020 vom 18. März 2021 – Erwägung 3.2
[4] Urteil des Bundesgerichts 2C_216/2014 vom 15. Dezember 2016

Es sollte darauf hingewiesen werden, dass die Beurteilung des quantitativen Begriffs durch die Zählung der Anzahl der Beschäftigten ein vereinfachender, aber zutreffender Ansatz ist. Er kann jedoch nicht de facto auf alle Situationen angewendet werden. Diese Beurteilung muss insbesondere auf die Angestellten eines Unternehmens beschränkt werden und kann nicht auf die Inhaberin/den Inhaber eines Einzelunternehmens bzw. die Gesellschafterin/den Gesellschafter einer Personengesellschaft angewendet werden.

In jedem Fall muss das Kriterium der quantitativen und qualitativen Bedeutung unter Berücksichtigung der gesamten Umstände analysiert werden.

Schliesslich muss die Einrichtung grundsätzlich einen Bestandteil des Betriebs des Steuerpflichtigen darstellen und darf nicht Teil eines anderen unabhängigen Unternehmens sein.

2.2. Tatsächliche Verwaltung bei juristischen Personen

Grundsätzlich befindet sich das Hauptsteuerdomizil einer juristischen Person am Ort ihres Geschäftssitzes. Von diesem Grundsatz soll jedoch abgewichen werden, wenn die Geschäftsführung und Verwaltung des Unternehmens, d. h. die leitende Tätigkeit, die normalerweise am Ort des Sitzes ausgeübt wird, an einem anderen Ort stattfindet[5]. Die tatsächliche Verwaltung findet an dem Ort statt, an dem die wesentlichen Entscheidungen des Unternehmens getroffen werden, an dem das Unternehmen den tatsächlichen, effektiven und wirtschaftlichen Mittelpunkt seiner Existenz hat[6]. Die laufende Geschäftsführung unterscheidet sich einerseits von einer einfachen administrativen Ausführungstätigkeit und andererseits von der Tätigkeit der obersten Gesellschaftsorgane der Gesellschaft, die entweder auf das Treffen grundlegender Grundsatzentscheidungen mit strategischem Charakter oder auf die Kontrolle der eigentlichen laufenden Geschäftsführung beschränkt ist[7]. Es wird auch klargestellt, dass der blosse Wohnsitz der Aktionäre für die Festlegung der tatsächlichen Verwaltung nicht ausschlaggebend ist. Wenn die Führungstätigkeit an mehreren Orten ausgeübt wird, ist der Ort, an dem sie überwiegend ausgeübt wird, der Ort, an dem sich ihr Schwerpunkt befindet, ausschlaggebend[8].

Der tatsächliche Ort der Verwaltung der Gesellschaft wird in der Regel mithilfe einer Gesamtheit von Indizien unter Berücksichtigung des jeweiligen Einzelfalls erfasst.

Wird eine juristische Person tatsächlich von einem anderen Kanton als dem des statutarischen Sitzes aus verwaltet, befindet sich das Hauptsteuerdomizil in diesem anderen Kanton. Verfügt sie jedoch an ihrem eingetragenen Sitz über mehr als nur einen Briefkasten, kann dort ein sekundäres Steuerdomizil begründet werden, sofern die Bedingungen für das Vorliegen einer Betriebsstätte erfüllt sind[9].

---

[5] Urteil des Bundesgerichts 2C_627/2017 vom 1. Februar 2019 – Erwägung 2.3.4
[6] Urteil des Bundesgerichts 2C_627/2017 vom 1. Februar 2019 – Erwägung 2.2
[7] Urteil des Bundesgerichts 2A_321/2003 vom 4. Dezember 2003 – Erwägung 3.1
[8] Urteil des Bundesgerichts 2A_321/2003 vom 4. Dezember 2003 – Erwägung 3.1
[9] Urteil des Bundesgerichts 2C_627/2017 vom 1. Februar 2019 – Erwägung 2.3.6

3. Telearbeit innerhalb eines Unternehmens

3.1. Betriebsstätten im Zusammenhang mit Telearbeit durch Angestellte, die dem Hauptsteuerdomizil des Unternehmens zugeordnet sind

Kriterium der festen und dauerhaften Geschäftseinrichtung

Wenn der Arbeitnehmende im Rahmen der Telearbeit eine Fläche in seiner Wohnung dieser Arbeit widmet, ist es schwierig, das Vorliegen einer festen Einrichtung zu bestreiten. Der Aspekt der «festen Einrichtung» erfordert keine besonderen Voraussetzungen und ist in der Regel erfüllt. Auch das Merkmal der Dauerhaftigkeit kann erfüllt sein. Das Unternehmen hat jedoch kein wirkliches Recht, über die feste Geschäftseinrichtung am Wohnort des Arbeitnehmenden zu verfügen. Zum einen ist das Unternehmen in der Regel weder Eigentümerin/Eigentümer noch Mieterin/Mieter der gesamten oder eines Teils der Wohnung des Arbeitnehmenden. Andererseits bleibt der Zugang zu den Arbeitsräumen des Arbeitnehmenden unter der Kontrolle des Arbeitnehmenden, und das Unternehmen hat kein umfassendes Recht auf die Nutzung dieser Räume (das Unternehmen besitzt z. B. keinen Schlüssel zur Wohnung des Arbeitnehmenden). Das Unternehmen hat kein ausreichendes Nutzungsrecht. Folglich mangelt es am Kriterium einer festen Geschäftseinrichtung, damit die Wohnung des Arbeitnehmenden als Betriebsstätte eingestuft werden könnte.

Die Voraussetzung einer festen Geschäftseinrichtung ist auch nicht erfüllt, wenn der Arbeitgeber dem Arbeitnehmenden eine Entschädigung für die Nutzung eines Privatraums zahlt. Denn als Gegenleistung für die Entschädigung hat sich der Arbeitnehmende nicht verpflichtet, die Nutzung der Räumlichkeiten zu überlassen, wie es bei einem Mietvertrag für den Vermieter der Fall ist. Die Abfindung bietet keine echte Befugnis, frei über das Mietobjekt zu verfügen. Dasselbe gilt, wenn die Telearbeit nicht freiwillig ist, sondern vom Arbeitgeber angeordnet wird, da der Arbeitgeber in diesem Fall immer noch nicht die Befugnis hat, frei über die Räumlichkeiten zu verfügen.

In Fällen, in denen das Unternehmen über ein weitreichendes Recht auf die Nutzung der Räumlichkeiten verfügt, sollte eine detaillierte Analyse des Einzelfalls durchgeführt werden, um festzustellen, ob am Ort der Telearbeit eine Betriebsstätte begründet wird. Aber auch in einem solchen Fall muss das Kriterium der qualitativen und quantitativen Bedeutung zusätzlich erfüllt sein, damit eine Betriebsstätte angenommen werden kann.

Kriterium der quantitativ und qualitativ bedeutenden Aktivität

In seiner Rechtsprechung hat das Bundesgericht den Grundsatz aufgestellt, dass interkantonale Steuerausscheidungen nicht zu einer Zersplitterung des Steuersubstrats führen dürfen. Die Anerkennung einer Betriebsstätte am Ort der Telearbeit jedes Angestellten würde zu einer Situation führen, die diesem Grundsatz widerspricht.

Ohne formell zur Telearbeit Stellung zu nehmen, sah sich das Bundesgericht veranlasst, das Vorliegen einer Betriebsstätte aufgrund der Erledigung von administrativen Arbeiten am Wohnsitz im Zusammenhang mit einer Arztpraxis zu verneinen[10]. Diese Aktivität wurde sowohl quantitativ als auch qualitativ als zu gering angesehen.

Am Telearbeitsplatz verfügt das Unternehmen über höchstens einen Angestellten, wenn dieser Vollzeit am Wohnort arbeitet. Bei teilweiser Telearbeit beschäftigt das Unternehmen in Vollzeitäquivalenten am Wohnort weniger als einen Angestellten. Somit ist das quantitative Kriterium gemäss den in Kapitel 2.1 oben erwähnten Elementen grundsätzlich nicht erfüllt.

---

[10] Urteil des Bundesgerichts 2P_249/2006 vom 29. Januar 2007

Das Fehlen einer Aussenwirkung (Firmenschild oder Briefkasten, Aufnahmefähigkeit für Geschäftsbeziehungen) ist allein nicht ausschlaggebend und kann in den verschiedenen Rechtsprechungen unterschiedlich gewichtet werden[11]. Ein solches Fehlen ist jedoch ein Indiz, das gegen die Existenz einer Betriebsstätte spricht.

Wenn mehrere Angestellte des Unternehmens im selben Kanton/in derselben Gemeinde wohnhaft sind, ist eine konsolidierte Beurteilung der Anzahl der Angestellten nicht angemessen. Jeder Tätigkeitsort muss grundsätzlich unabhängig voneinander betrachtet werden und für sich selbst die Kriterien für eine Betriebsstätte erfüllen. In diesem Fall ist jeder Wohnsitz der Angestellten ein anderer Standort, der zu verschiedenen Personen gehört und nicht Gegenstand einer Konsolidierung sein kann.

Weitere Überlegungen

Die Kriterien, die das Vorhandensein einer festen Geschäftseinrichtung oder die quantitative Bedeutung der entfalteten Tätigkeit begründen, bleiben auch dann gleich, wenn der Telearbeitende ein leitender Angestellter des Unternehmens oder sogar der Geschäftsführer ist.

Schlussfolgerung

In Bezug auf die interkantonale Steuerausscheidung begründet Telearbeitende am Ort ihres Wohnsitzes grundsätzlich keine Betriebsstätte für das Unternehmen, das sie beschäftigt.

Selbst in dem besonderen Fall, in dem ein Unternehmen nach einem vollständig dezentralisierten Geschäftsmodell arbeitet, bei dem alle Mitarbeitende zur Telearbeit verpflichtet sind und das Unternehmen keine Arbeitsmöglichkeiten in seinen eigenen Räumlichkeiten anbietet, erlauben es die derzeitigen, von der Rechtsprechung bestimmten Regeln nicht, an den verschiedenen Orten der Telearbeit Betriebsstätten zu begründen.

3.2. Betriebsstätten im Zusammenhang mit Telearbeit durch Angestellte, die einem sekundären Steuerdomizil des Unternehmens zugeordnet sind

Wenn es keine Telearbeit gibt, werden Arbeitnehmende, die von einer Betriebsstätte abhängig sind, im interkantonalen Steuerrecht dieser Betriebsstätte zugeordnet. Im Falle von Telearbeit stellt sich die Frage, ob die Angestellten weiterhin der Betriebsstätte zugeordnet werden können oder ob sie direkt dem Hauptsteuerdomizil des Unternehmens, d.h. dem Sitz (oder dem Ort der tatsächlichen Verwaltung), zugeordnet werden müssen.

Um eine Betriebsstätte zu begründen, muss erstens die Voraussetzung einer festen Geschäftseinrichtung gemäss den in Kapitel 2.1 genannten Kriterien erfüllt sein. Im Falle einer intensiven Nutzung von Telearbeit kann es sein, dass ein Unternehmen seine eigenen Räumlichkeiten am Ort des sekundären Steuerdomizils aufgibt. Als Ersatz kann es sich beispielsweise damit begnügen, sporadisch Konferenzräume oder Büros für spezifische Bedürfnisse zu mieten. In diesem Fall mangelt es an der «Dauerhaftigkeit», das eines der notwendigen Kriterien für die Einstufung als Betriebsstätte ist, und der Unternehmen genutzte Standort kann nicht mehr als Betriebsstätte eingestuft werden. Somit werden die Angestellten steuerlich dem Hauptsteuerdomizil des Unternehmens zugeordnet.

---

[11] Erwogen im Urteil des Bundesgerichts 2P_249/2006, relativiert durch das Urteil 2C_797/2020

Für den Fall, dass das Unternehmen nicht auf seine eigenen festen Geschäftseinrichtungen verzichtet, muss die Zugehörigkeit der Telearbeitenden zu dieser Betriebsstätte in Betracht gezogen werden. Wenn die Telearbeit in Teilzeit ausgeübt wird und die Angestellten in der übrigen Zeit die Geschäftsräume der Betriebsstätte aufsuchen, wird deren Zugehörigkeit zu dieser Betriebsstätte nicht in Frage gestellt. Auch wenn die Angestellten die Telearbeit in Vollzeit ausüben und die Räumlichkeiten der Betriebsstätte nur für Sitzungen oder besondere Aufgaben aufsuchen, bleiben sie weiterhin dieser Betriebsstätte zugeordnet. Denn die physische Anwesenheit in den Räumlichkeiten der festen Geschäftseinrichtung ist nicht das entscheidende Kriterium für die Zuordnung der Angestellten zur Betriebsstätte, sondern vielmehr die rechtliche und wirtschaftliche Zuordnung.

Schlussfolgerung

Sofern das Unternehmen am Ort der Betriebsstätte noch über eine feste Geschäftseinrichtung verfügt und die Beschäftigten rechtlich und wirtschaftlich mit der Betriebsstätte verbunden bleiben, stellt die Telearbeit grundsätzlich weder die Existenz der Betriebsstätte noch die Verbindung der Beschäftigten zu dieser in Frage.

In Fällen, in denen das Unternehmen seine Räumlichkeiten zwar nicht aufgibt, aber deren Grösse, Sichtbarkeit und Funktion in einer Weise reduziert, die das Vorhandensein einer festen Geschäftseinrichtung in Frage stellt, muss eine detaillierte Analyse des gesamten Falls durchgeführt werden. Eine solche Analyse muss auch in Fällen durchgeführt werden, in denen das Unternehmen von Anfang an in sehr kleinen Räumlichkeiten an einem anderen Ort als dem des Hauptsitzes tätig ist.

3.3. Tatsächliche Verwaltung im Zusammenhang mit Telearbeit

Die Voraussetzungen für das Vorhandensein einer tatsächlichen Verwaltung an einem anderen Ort als dem des Hauptsitzes sind nicht deckungsgleich mit den Voraussetzungen für die Anerkennung einer Betriebsstätte.

Im interkantonalen Verhältnis wird, wie in Kapitel 2.2 erläutert, die tatsächliche Verwaltung an einem anderen Ort als dem des statutarischen Sitzes anerkannt, wenn die laufende Geschäftsführung an diesem Ort wahrgenommen wird.

Folglich verlegt in grösseren Unternehmen ein einzelner Mitarbeitender, der Telearbeit leistet, die tatsächliche Verwaltung nicht an den Ort seines Wohnsitzes, selbst wenn es sich um den Geschäftsführer handelt. In kleinen Strukturen hingegen, in denen die operative Führung des Unternehmens in den Händen einer einzigen Person liegt, kann der Ort der laufenden Verwaltung am Ort der Telearbeit liegen, sofern alle Bedingungen erfüllt sind.

4. Arbeit am Wohnsitz der Inhaberin/des Inhabers einer Einzelfirma bzw. der Gesellschafterin/des Gesellschafters einer Personengesellschaft

4.1. Allgemeine Grundsätze

Das Hauptsteuerdomizil einer natürlichen Person befindet sich immer am Ort ihres steuerlichen Wohnsitzes. Daher wird das Ergebnis der selbstständigen Tätigkeit standardmässig diesem Ort zugewiesen. Wenn der Mittelpunkt der selbstständigen Erwerbstätigkeit jedoch an einem anderen Ort ausgeübt wird, wird ein Spezialsteuerdomizil (Geschäftsort) begründet. Dieses Spezialsteuerdomizil befindet sich an dem Ort, an dem ein kommerzielles Unternehmen tatsächlich betrieben wird, d. h. an dem Ort, an dem sich die festen und dauerhaften Anlagen und Einrichtungen befinden (bei einfachen Gesellschaften und Einzelfirmen). Ein einfacher formeller Eintrag im Handelsregister oder ein einfacher Briefkasten bzw. ein Postfach reichen nicht aus, um ein Spezialsteuerdomizil zu begründen[12].

Bei Personengesellschaften befindet sich das Spezialsteuerdomizil des Geschäftsortes grundsätzlich am Ort des Sitzes der Gesellschaft, es sei denn, die tatsächliche Geschäftsführung der Gesellschaft wird von einem anderen Ort aus wahrgenommen[13].

Wird die Tätigkeit an mehreren Orten ausgeübt, können Betriebsstätten begründet werden, sofern die in Abschnitt 2.1 genannten Kriterien erfüllt sind.

4.2. Arbeit am Wohnsitz bei Einzelunternehmen

Wie in den allgemeinen Grundsätzen erwähnt, wird das Ergebnis der selbstständigen Tätigkeit grundsätzlich dem Wohnsitz der natürlichen Person zugewiesen, es sei denn, es besteht ein Nebensteuerdomizil.

Falls aufgrund der Bedeutung der Arbeit am Wohnsitz davon auszugehen ist, dass der Hauptort der selbständigen Erwerbstätigkeit am Hauptsteuerdomizil verbleibt, gibt es kein Spezialsteuerdomizil des Geschäftsortes. In diesem Fall ist ein zusätzliches Steuerdomizil am Ort, an dem ein Teil der selbständigen Erwerbstätigkeit ausgeübt wird, unter dem Gesichtspunkt der Betriebsstätte (sekundäres Steuerdomizil) zu betrachten.

Falls die selbstständige Erwerbstätigkeit an einem anderen Ort als dem Hauptsteuerdomizil ausgeübt wird und die Arbeit am Wohnsitz hauptsächlich in der Erledigung von administrativen Arbeiten besteht, ist der Geschäftsort als Spezialsteuerdomizil zu betrachten, dem das Ergebnis der selbständigen Erwerbstätigkeit vollständig zugerechnet wird (vorbehaltlich des Bestehens einer Betriebsstätte an einem anderen Ort). Die Tätigkeit am Wohnsitz des Einzelunternehmenden wird nicht ausreichen, um eine Betriebsstätte gemäss den Überlegungen in den Kapiteln 2.1 und 3.1 zu begründen.

4.3. Arbeit am Wohnsitz bei kaufmännischen Personengesellschaften

Eine kaufmännische Personengesellschaft begründet für alle Gesellschafterinnen/Gesellschafter ein einziges Nebensteuerdomizil am Ort der Geschäftstätigkeit.

Grundsätzlich befindet sich der Ort der Geschäftstätigkeit am gesellschaftsrechtlichen Sitz der Personengesellschaft gemäss der Eintragung im Handelsregister. Der eingetragene Sitz ist jedoch nicht massgeblich, wenn sich der zentrale Ort der laufenden tatsächlichen Geschäftsführung an einem anderen Ort befindet. Wenn die Geschäftstätigkeit an mehreren Orten ausgeübt wird, ist der Hauptort zu bestimmen.

Wird der Ort des gesellschaftsrechtlichen Sitzes als Hauptgeschäftsort angesehen, können die Gesellschafterinnen/Gesellschafter durch ihre Tätigkeiten an ihrem Wohnsitz eine Betriebsstätte der Personengesellschaft gemäss den allgemeinen Kriterien für das Vorliegen einer Betriebsstätte begründen. Anders als bei der Telearbeit eines Arbeitnehmenden wird das Kriterium der festen Geschäftseinrichtung am Wohnort des Gesellschafters oft erfüllt. Dies liegt daran, dass die Gesellschaft angesichts der rechtlichen und steuerlichen Überschneidung zwischen dem Gesellschafter und der Gesellschaft

---

[12] Nach Locher P., Einführung in das interkantonale Steuerrecht, 4. Auflage, 2015, S. 42 ff.
[13] Nach Locher P., Einführung in das interkantonale Steuerrecht, 4. Auflage, 2015, S. 43

oft die Verfügungsgewalt über die Räumlichkeiten hat. Um eine Betriebsstätte zu begründen, ist es jedoch noch erforderlich, dass die Arbeit am Wohnsitz im Lichte der Gesamtumstände als qualitativ und quantitativ bedeutende Tätigkeit anzusehen ist. Wie in Kapitel 2.1 erwähnt, ist in diesem Fall nicht die Anzahl der Beschäftigten ausschlaggebend, sondern vielmehr die Art und der Umfang der zu Hause ausgeübten Tätigkeiten.

Schliesslich stellt die Telearbeit die derzeitigen Regeln für die interkantonale Aufteilung der selbstständigen Erwerbstätigkeit anhand der Komponenten Lohn, Zinsen und Gewinn nicht in Frage.

5. Interkommunale Steuerausscheidung

Die Problematik der interkantonalen Steuerausscheidung fällt in den Zuständigkeitsbereich der jeweiligen Kantone. Es wird jedoch empfohlen, die oben aufgeführten Grundsätze auch bei der interkommunalen Steuerausscheidung anzuwenden. Von diesen Grundsätzen sollte nur insofern abgewichen werden, als die kantonalen Gesetze dies verlangen oder lokale Besonderheiten berücksichtigt werden müssen.

Aufwandbesteuerung; ausserkantonale Liegenschaften

Quelle: Schweizerische Steuerkonferenz SSK

Analyse zur Berücksichtigung von ausserkantonalen Liegenschaften bei der Besteuerung nach dem Aufwand

Vom Vorstand der SSK genehmigt am 25. August 2021 (☞ *Stand: 30.9.2021*)

1. Anlass für die vorliegende Analyse

Aufgrund einer Ende 2019 eingereichten Motion im Bundesparlament[1] stellte sich die Frage, ob und in welcher Weise bei der kantonalen Besteuerung von Aufwandbesteuerten ausserkantonale Liegenschaften in die Kontrollrechnung bzw. Veranlagung einzubeziehen sind. Dabei wurde geprüft, ob die Handhabung in allen Kantonen einheitlich ist oder vereinheitlicht werden kann.

2. Rechtliche Grundlagen und Praxis in den Kantonen

Wer bestimmte Bedingungen erfüllt, kann anstelle der ordentlichen Besteuerung eine Besteuerung nach dem Aufwand wählen (Art. 14 des Gesetzes über die direkte Bundessteuer [DBG] und Art. 6 des Steuerharmonisierungsgesetzes [StHG]). Dazu ist eine Kontrollrechnung vorgesehen. Den Kantonen steht es frei, ob sie eine Aufwandbesteuerung für kantonale Steuern zulassen oder nicht, bei Zulassung sind sie aber an die Vorgaben des StHG gebunden.

Für die kantonalen Steuern verlangt Art. 6 Abs. 6 Bst. a StHG die Deklaration «des in der Schweiz gelegenen unbeweglichen Vermögens und von dessen Einkünften» für die Kontrollrechnung. Diese Bestimmung ist auslegungsbedürftig, was in der Vergangenheit zu einer uneinheitlichen Handhabung durch die Kantone geführt hat.

Liegenschaften ausserhalb des Wohnsitzkantons unterliegen im Belegenheitskanton bereits einer Besteuerung aufgrund wirtschaftlicher Zugehörigkeit (Art. 4 Abs. 1 StHG), d.h. der steuerliche Vermögenswert dieser Liegenschaften und die Erträge daraus werden im jeweiligen Belegenheitskanton besteuert. Ein – nochmaliger – Einbezug ausserkantonaler Liegenschaften in die kantonalen Steuern des Wohnsitzkantons ohne entsprechende interkantonale Ausscheidung würde somit zu einer bundesgerichtlich unzulässigen interkantonalen Doppelbesteuerung führen.

---

[1] Motion 19.4557 von Marco Chiesa «StHG. Bei der Kontrollrechnung in Zusammenhang mit der Besteuerung nach dem Aufwand braucht es eine Korrektur» vom 19.12.2019; https://www.parlament.ch/de/ratsbetrieb/suche-curia-vista#k=19.4557.

Eine erste Umfrage bei den Kantonen hat gezeigt, dass die Mehrheit jener Kantone, die in ihrem kantonalen Recht überhaupt eine Aufwandbesteuerung zulassen, ausserkantonale Liegenschaften bei der Kontrollrechnung gestützt auf die Steuerrechtslehre und die Rechtsprechung des Bundesgerichts zur interkantonalen Doppelbesteuerung ausschliesslich satzbestimmend berücksichtigen.

Im Interesse einer gesamtschweizerisch einheitlichen Handhabung und somit einer horizontalen Steuerharmonisierung haben sich daher nun alle Kantone, die eine Aufwandbesteuerung für ihr kantonales Recht kennen, damit einverstanden erklärt, ab Steuerperiode 2022 ausserkantonale Liegenschaften ausschliesslich im satzbestimmenden Sinne in die Kontrollrechnung einzubeziehen. Bei vielen Kantonen erübrigt sich dabei in der Praxis ein Einbezug in die Kontrollrechnung ganz grundsätzlich, weil die aufwandbesteuerte Person im Wohnkanton auch ohne ausserkantonale Liegenschaften schon in der maximalen Progression besteuert wird.

3. Empfehlung an die kantonalen Steuerbehörden

Zur Vermeidung einer interkantonalen Doppelbesteuerung und mit Blick auf eine einheitliche Handhabung in allen Kantonen (horizontale Steuerharmonisierung) empfiehlt der Vorstand der SSK den kantonalen Steuerbehörden, ausserkantonale Liegenschaften für die Kontrollrechnung bzw. Veranlagung der kantonalen Steuern von Aufwandbesteuerten ab Steuerperiode 2022 ausschliesslich satzbestimmend einzubeziehen.

F&E-Aufwand; zusätzlicher Abzug STAF

Quelle: Schweizerische Steuerkonferenz SSK

Zürich, 4. Juni 2020

Analyse zum zusätzlichen Abzug von Forschungs- und Entwicklungsaufwand nach den Art. 10a und Art. 25a Steuerharmonisierungsgesetz

Hinweis

Die nachfolgenden Ausführungen basieren auf den im Zeitpunkt der Erarbeitung vorhandenen Quellen, welche laufend zitiert sind. Es handelt sich dabei um eine erste Analyse, welche in einem späteren Zeitpunkt an weitere Erkenntnisse und Erfahrungen in der Praxis angepasst werden kann.

Inhalt

Zusammenfassung

1. Gesetzliche Grundlage StHG 4
2. Allgemeines 4
3. Qualifizierender Forschungs- und Entwicklungsaufwand 5
3.1. Forschung und Entwicklung gemäss Art. 25a StHG 5
    3.1.1. Gesetzlicher Verweis auf das FIFG 6
    3.1.2. Wissenschaftliche Forschung 7
    3.1.3. Wissenschaftsbasierte Innovation 8
    3.1.4. Schematische Übersicht: Wissenschaftliche Forschung und wissenschaftsbasierte Innovation 9
3.2. Keine Forschung und Entwicklung gemäss Art. 25a StHG 10
    3.2.1. Markteinführung 10
    3.2.2. Marktverwertung 10
4. Qualifizierender Personalaufwand für Forschung und Entwicklung 10
4.1. Im Allgemeinen 10
4.2. Im Einzelnen 11
5. Forschungs- und Entwicklungsaufträge Dritter 12
6. Forschung und Entwicklung mit Auslandbezug 14
7. Subventionen und Fördergelder für Forschung und Entwicklung ... 14
8. Dokumentationsprinzip 15
8.1. Im Allgemeinen 15
8.2. Qualifizierende Forschung und Entwicklung 15
8.3. Qualifizierender Personalaufwand für Forschung und Entwicklung ... 15
9. Aktivierung von Personalaufwand für Forschung und Entwicklung 15
10. Gesamtaufwand einer Unternehmung 16
11. Verhältnis des Zusatzabzuges für Forschung und Entwicklung zur Patentbox 16
12. Beispiel zur Berechnung des Zusatzabzugs für Forschungs- und Entwicklungsaufwand 17

Zusammenfassung

Mit dem Bundesgesetz über die Steuerreform und die AHV-Finanzierung (STAF) sind die Kantone ermächtigt worden, auf dem Forschungs- und Entwicklungsaufwand, soweit er wissenschaftliche Forschung und wissenschaftsbasierte Innovation im Sinn des Bundesgesetzes über die Förderung der Forschung und Innovation (FIFG) darstellt und im Inland angefallen ist, einen Zusatzabzug von maximal 50 Prozent zu gewähren. Berechnungsgrundlage ist der direkt zurechenbare Personalaufwand für die qualifizierende Forschung und Entwicklung zuzüglich eines Zuschlags von 35 Prozent, aber höchstens der Gesamtaufwand, oder, wenn die Forschungs- und Entwicklungstätigkeit im Auftragsverhältnis durch Dritte ausgeübt wird, 80 Prozent des durch diese in Rechnung gestellten Betrages. Sofern der Auftraggeber der Forschung und Entwicklung abzugsberechtigt ist, kann der Auftragnehmer keinen Abzug geltend machen. Wenn ein Kanton den Abzug einführt, sind diese Vorgaben verbindlich.

Die Zulässigkeit des Zusatzabzuges für Forschungs- und Entwicklungsaufwand richtet sich nach folgenden Grundsätzen:

- **Qualifizierende Forschungs- und Entwicklungsaktivitäten:**
    - **Wissenschaftliche Forschung,** umfassend Grundlagenforschung und anwendungsorientierte Forschung, sofern
        - sie neuartig ist, d.h. der Gewinnung von neuen Erkenntnissen dient;
        - schöpferisch ist, d.h. auf originären, nicht offensichtlichen Konzepten und Hypothesen beruht;
        - mit Bezug auf das Endergebnis ungewiss ist;
        - systematisch einem Plan folgt und budgetiert wird;
        - zu Ergebnissen führt, die reproduzierbar sind.
    - **Wissenschaftsbasierte Innovation,** d.h. anwendungsorientierte Forschungsaktivitäten zur Entwicklung neuer Produkte, Verfahren, Prozesse und Dienstleistungen für Wirtschaft und Gesellschaft.
- **Keine qualifizierenden Forschungs- und Entwicklungstätigkeiten** sind Aktivitäten zur Markteinführung und Marktverwertung.
- Der **qualifizierende Personalaufwand** umfasst den Aufwand für jenes Personal, das eine direkte, aktive und unmittelbare Tätigkeit im Forschungs- und Entwicklungsbereich ausübt. Der Aufwand für Personal, das indirekte Unterstützungsleistungen oder Hilfsfunktionen ausführt, qualifiziert dagegen nicht.
- Die Qualifikationskriterien für eigene Forschungs- und Entwicklungsaktivitäten gelten sinngemäss für **Auftragsforschung durch Dritte.**
- Bei **Aktivierung von Forschungs- und Entwicklungsaufwand** wird der Zusatzabzug im Zeitpunkt des Anfalls des qualifizierenden eigenen Aufwandes bzw. Aufwandes für Dritte gewährt und nicht erst im Zeitpunkt der späteren Abschreibung des aktivierten Aufwandes.
- Der **Nachweis der Voraussetzungen** zur Geltendmachung des Zusatzabzugs obliegt den Steuerpflichtigen. Sie haben diesen anhand geeigneter Dokumentationen zu erbringen.

Zu den weiteren Aspekten hinsichtlich Auslandsbezug, Subventionen und Fördergelder sowie zum Gesamtaufwand und zum Verhältnis zur Patentbox vgl. Abschnitte 6, 7, 10 und 11.

1. Gesetzliche Grundlage StHG

> **Art. 10a Abzug von Forschungs- und Entwicklungsaufwand bei selbstständiger Erwerbstätigkeit**
>
> Für den Abzug von Forschungs- und Entwicklungsaufwand bei selbstständiger Erwerbstätigkeit ist Artikel 25a sinngemäss anwendbar.
>
> **Art. 25a Zusätzlicher Abzug von Forschungs- und Entwicklungsaufwand**
>
> [1] Die Kantone können auf Antrag Forschungs- und Entwicklungsaufwand, welcher der steuerpflichtigen Person direkt oder durch Dritte im Inland indirekt entstanden ist, um höchstens 50 Prozent über den geschäftsmässig begründeten Forschungs- und Entwicklungsaufwand hinaus zum Abzug zulassen.
>
> [2] Als Forschung und Entwicklung gelten die wissenschaftliche Forschung und die wissenschaftsbasierte Innovation nach Artikel 2 des Bundesgesetzes vom 14. Dezember 2012 über die Förderung der Forschung und Innovation.
>
> [3] Ein erhöhter Abzug ist zulässig auf:
>
> a. dem direkt zurechenbaren Personalaufwand für Forschung und Entwicklung, zuzüglich eines Zuschlags von 35 Prozent dieses Personalaufwands, höchstens aber bis zum gesamten Aufwand der steuerpflichtigen Person;
>
> b. 80 Prozent des Aufwands für durch Dritte in Rechnung gestellte Forschung und Entwicklung.
>
> [4] Ist der Auftraggeber der Forschung und Entwicklung abzugsberechtigt, so steht dem Auftragnehmer dafür kein Abzug zu.

2. Allgemeines

Am 1. Januar 2020 trat das Bundesgesetz über die Steuerreform und AHV-Finanzierung (STAF) in Kraft. Die Kantone können ab diesem Zeitpunkt fakultativ einen Zusatzabzug für Forschungs- und Entwicklungsaufwand nach Art. 25a StHG[1] einführen. Die Höhe ist auf maximal 50 Prozent des geschäftsmässig begründeten Forschungs- und Entwicklungsaufwandes begrenzt. Wird der Zusatzabzug eingeführt, sind die weiteren Bestimmungen von Art. 25a StHG zur Ausgestaltung des Abzugs für die Kantone verbindlich.

Der Zusatzabzug für Forschungs- und Entwicklungsaufwand kann von selbständig erwerbenden Steuerpflichtigen (Art. 10a StHG), von juristischen Personen mit Sitz oder tatsächlicher Verwaltung in der Schweiz (Art. 25a StHG), sowie von Betriebsstätten ausländischer Gesellschaften in der Schweiz geltend gemacht werden.

---

[1] Bundesgesetz vom 14. Dezember 1990 über die Harmonisierung der direkten Steuern der Kantone und Gemeinden (Steuerharmonisierungsgesetz, StHG; SR 642.14).

3. Qualifizierender Forschungs- und Entwicklungsaufwand

3.1. Forschung und Entwicklung gemäss Art. 25a StHG

Zunächst sind die Begriffe der wissenschaftlichen Forschung und der wissenschaftsbasierten Innovation systematisch im Recht einzuordnen. Sie entsprechen einer einheitlichen Definition nach Schweizer Recht aufgrund von Art. 25a StHG mit Verweis auf Art. 2 FIFG sowie den Ausführungen in der Botschaft zur SV17[2]. Gemäss Botschaft zur SV17 orientieren sich die Begriffe überdies auch an den Definitionen der OECD[3]. Vorrangig gilt aber die Auslegung nach Schweizer Recht, insbesondere mit Bezug auf die Ausführungen in der Botschaft zum FIFG[4].

Als weitere Auslegungshilfen können das OECD Frascati-Handbuch 2015[5] und das Oslo-Handbuch 2005[6] beigezogen werden. Weil das Frascati-Handbuch 2015 "Konzepte und Definitionen zur Identifizierung von Forschung und Entwicklung" vermittelt (im Speziellen zur Forschung und zur experimentellen Entwicklung) und Innovation nach Oslo-Handbuch 2005 nur durch Forschung nach Art. 2 FIFG entsteht, geht das Frascati-Handbuch 2015 zur Auslegung der wissenschaftlichen Forschung und der wissenschaftsbasierten Innovation dem Oslo-Handbuch 2005 vor.

Da die Schweiz keine dynamische Rechtsentwicklung kennt und die Botschaft zur SV17 auf die OECD-Handbücher der Jahrgänge 2015 und 2005 verweist, sind spätere Ausgaben dieser OECD Handbücher nicht anwendbar.

---

[2] Botschaft zum Bundesgesetz über die Steuervorlage 17 vom 21. März 2018 (Botschaft zur SV17), BBl 2018 2527 ff.
[3] Botschaft zur SV17, BBl 2018 2552.
[4] Botschaft zur Totalrevision des Forschungs- und Innovationsförderungsgesetzes vom 9. November 2011 (Botschaft zum FIFG), BBl 2011 8827.
[5] OECD, Frascati Manual Guidelines for Collecting and Reporting Data on Research and Experimental Development, 2015 (Frascati-Handbuch 2015), Leitlinien für die Erhebung und Meldung von Daten über Forschung und experimentelle Entwicklung, Paris 2018, abrufbar unter https://www.oecd-ilibrary.org/science-and-technology/frascati-handbuch-2015_9789264291638-de (zuletzt besucht am 27. März 2020).
[6] OECD, Oslo Manual Guidelines for Collecting and Interpreting Innovation Data, 3. Auflage, Paris 2005 (Oslo-Handbuch 2005) abrufbar unter https://ec.europa.eu/eurostat/documents/3859598/5889925/OSLO-EN.PDF/60a5a2f5-577a-4091-9e09-9fa9e741dcf1 (zuletzt besucht am 27. März 2020).

3.1.1. Gesetzlicher Verweis auf das FIFG

Als Forschung und Entwicklung gelten die wissenschaftliche Forschung und die wissenschaftsbasierte Innovation nach Art. 2 FIFG[7].

> **Bundesgesetz über die Förderung der Forschung und der Innovation (FIFG)**
>
> **Art. 2**
>
> In diesem Gesetz bedeuten:
>
> a. *wissenschaftliche Forschung (Forschung):* die methodengeleitete Suche nach neuen Erkenntnissen; sie umfasst namentlich:
>   1. *Grundlagenforschung:* Forschung, deren primäres Ziel der Erkenntnisgewinn ist,
>   2. *anwendungsorientierte Forschung:* Forschung, deren primäres Ziel Beiträge für praxisbezogene Problemlösungen sind;
> b. *wissenschaftsbasierte Innovation (Innovation):* die Entwicklung neuer Produkte, Verfahren, Prozesse und Dienstleistungen für Wirtschaft und Gesellschaft durch Forschung, insbesondere anwendungsorientierte Forschung, und die Verwertung ihrer Resultate.

"Die Bedeutung des Begriffs "Forschung und Entwicklung" entspricht derjenigen der Begriffe „wissenschaftliche Forschung" und „wissenschaftsbasierte Innovation" nach Artikel 2 FIFG. Diese Definition umfasst Forschung und Entwicklung in einem weiten Sinn, da sie neben der Grundlagenforschung auch die anwendungsorientierte Forschung sowie die wissenschaftsbasierte Innovation beinhaltet. Nicht darunter fallen namentlich Aufwendungen für die Markteinführung und -verwertung von Produkten. Die Übernahme einer im schweizerischen Recht bereits eingeführten Definition von Forschung und Entwicklung dient der Einheit der Rechtsordnung. Überdies orientiert sich die Definition des FIFG an den diesbezüglichen Ausführungen der OECD."[8].

Die Botschaft zum FIFG beschreibt die wissenschaftliche Forschung als methodengeleitete Suche nach neuen Erkenntnissen, und zwar bei der Grundlagenforschung mit dem primären Ziel des Erkenntnisgewinns und bei der Anwendungsforschung mit dem Ziel, Beiträge für die praxisbezogene Problemlösung zu gewinnen. Als wissenschaftsbasierte Innovation gilt die Entwicklung neuer Produkte, Verfahren, Prozesse und Dienstleistungen für die Wirtschaft und Gesellschaft durch Forschung, insbesondere durch die anwendungsorientierte Forschung und die Verwertung ihrer Resultate[9].

Nachahmungen, Kopien von Produkten, Produktkosmetik, Reverse Engineering oder Routineveränderungen etc. an Erzeugnissen oder Dienstleistungen stellen weder einen Erkenntnisgewinn noch eine Neuartigkeit für Wirtschaft und Gesellschaft dar und fallen nicht unter den Begriff der Forschung und Entwicklung nach FIFG.

Die experimentelle Entwicklung ist begrifflich und inhaltlich der wissenschaftlichen Forschung gleichgestellt.

---

[7] Bundesgesetz vom 14. Dezember 2012 über die Förderung der Forschung und der Innovation (FIFG; SR 420.1).
[8] Botschaft zur SV17, BBl 2018 2551 f.
[9] Botschaft zum FIFG, BBl 2011 8869.

3.1.2. Wissenschaftliche Forschung

Die Definition der wissenschaftlichen Forschung in Art. 2 lit. a FIFG – erläutert in der Botschaft FIFG[10] – gilt als anerkannte "Formaldefinition". Dabei gilt "Forschung" immer als "wissenschaftliche Forschung" und lässt sich in zwei leitende Forschungskategorien, in die Grundlagenforschung und in die anwendungsorientierte Forschung, einteilen.

Da sich die Definition im FIFG auch zur Auslegung an den entsprechenden Ausführungen der OECD orientiert, können die der wissenschaftlichen Forschung zuzuordnenden Aktivitäten unter Zuhilfenahme des Frascati-Handbuchs 2015 eruiert werden.

Wissenschaftliche Forschung, d.h. Forschung und experimentelle Entwicklung, beinhaltet gemäss Frascati-Handbuch 2015 fünf kumulativ erforderliche Grundsätze (Frascati-Grundsätze):

- Gewinnung von neuen Erkenntnissen (**neuartig**);
- Auf originären, nicht offensichtlichen Konzepten und Hypothesen beruhend (**schöpferisch**);
- Ungewissheit bezogen auf das Endergebnis (**ungewiss**);
- Einem Plan folgend und budgetiert (**systematisch**);
- Zu Ergebnissen führend, die reproduzierbar sind (**übertragbar und/oder reproduzierbar**)[11].

Die Verfolgung neuer Ziele durch die Schaffung von neuem Wissen bedeutet die Suche nach zuvor unentdeckten Phänomenen, Strukturen und Zusammenhängen als Hauptkriterium der wissenschaftlichen Forschung und der wissenschaftsbasierten Entwicklung. Keine Neuartigkeit liegt bei der Nutzung von bereits verfügbarem Wissen, ohne eine beabsichtigte Erweiterung des Kenntnisstandes, vor (Anpassung, kundenspezifische Gestaltung usw.)[12].

Diese allgemeinen Grundsätze dienen der praktischen Abgrenzung, was zum Kreis der qualifizierenden Forschung und Entwicklung gehören kann.

In diesem Sinne stellt im Lebenszyklus eines Produktes nach Frascati-Handbuch 2015 die Initialisierungsphase (z.B. Ideen, Machbarkeitsstudien, Marktforschung, Datensammlung) keine Forschung und Entwicklung dar. Dagegen sind im weiteren Verlauf der Arbeiten im Produktlebenszyklus – Tätigkeiten wie das Zeichnen, die Erstellung von Modellen, die Konstruktion und der Bau von Prototypen und Pilotanlagen – als Forschung und Entwicklung zu verstehen. Alle Tätigkeiten der nachfolgenden Phasen, wie die Überleitung in die Produktion, die Produktionseinrichtung und -steuerung, die Qualitätskontrolle, die Fehlerbehebung etc., stellen wiederum keine Forschung und Entwicklung dar[13].

---

[10] Botschaft zum FIFG, BBl 2011 8868 ff.
[11] OECD Frascati-Handbuch 2015, Kapitel 2, Ziffer 2.7.
[12] OECD Frascati-Handbuch 2015, Kapitel 2, Ziffer 2.21, Tabelle 2.1.
[13] OECD Frascati-Handbuch 2015, Kapitel 2, Ziffern 2.46 ff.

Illustration: Integrierter Produktlebenszyklus

Initialisierung	Forschung und Entwicklung	Überleitung in Produktion	Verkauf	Nachlauf
- Ideen - Machbarkeitsstudien - Marktforschung - Datensammlung	- Zeichnen/Design - Erstellung Modelle - Konstruktion - Prototyp/Versuchsphase - Test/Pilotanlage	- Zulassung - Bewilligung - Qualitätskontrolle - Fehlerbehebung	- Marketing - Werbung - Beratung - Support	- Entsorgung - Recycling - Service

3.1.3. Wissenschaftsbasierte Innovation

Die wissenschaftsbasierte Innovation wird in Art. 2 lit. b FIFG definiert. Gemäss Botschaft FIFG beinhaltet der Begriff zwei Elemente:

"Die Formaldefinition von Innovation besteht aus zwei Definitionsteilen: die Entwicklung neuer Produkte, Verfahren, Prozesse und Dienstleistungen für Wirtschaft und Gesellschaft einerseits "durch Forschung, namentlich durch anwendungsorientierte Forschung" (1. Definitionsteil), andererseits "durch die Verwertung ihrer Resultate" (2. Definitionsteil). Durch den ersten Definitionsteil wird ausgedrückt, dass die Innovationsförderung nach diesem Gesetz durch Förderung von Forschung, namentlich der anwendungsorientierten Forschung erfolgt, [...]. Durch den zweiten Definitionsteil wird ausgedrückt, dass zur Innovationsförderung nach diesem Gesetz essenziell die "Verwertung" der Forschungsresultate, d.h. die direkte Nutzung dieser Resultate zur Entwicklung neuer Produkte, Verfahren, Prozesse und Dienstleistungen für Wirtschaft und Gesellschaft gehört. Die vorliegende Formaldefinition von "Innovation" berücksichtigt, dass [...] im Innovationsprozess wissenschaftliche Forschung im Allgemeinen [...] eine zentrale Rolle spielt."[14]

Die Definition des FIFG stellt klar, dass die Innovation das Ergebnis von wissenschaftlicher Forschung sein muss, um in den Geltungsbereich des FIFG zu gelangen. Diesbezüglich ist die Definition von Innovation nach FIFG mit jener nach Oslo-Handbuch 2005 nicht identisch, weil das Oslo-Handbuch 2005 das Element der wissenschaftlichen Forschung nicht enthält. Somit kann die Definition von Innovation nach Oslo-Handbuch 2005 nicht in ihrer Gesamtheit für die Auslegung von Innovation im Sinne des FIFG übernommen werden.

Aus dem Oslo-Handbuch 2005 kann hingegen die Abgrenzung von Forschung und Entwicklung einerseits und Nicht-Forschung andererseits entnommen werden: *"Die grundlegenden Kriterien für die Unterscheidung von Forschungs- und Entwicklungs-Aktivitäten und Nicht-Forschungs- und Entwicklungs-Innovationsaktivitäten sind "das Vorhandensein eines nennenswerten Elements der Neuartigkeit und der wissenschaftlichen und/oder technologischen Ungewissheit" oder dass sie "zu neuem Wissen oder zur Nutzung von Wissen für die Entwicklung neuer Anwendungen führt".*[15]

Innovation im Sinne des Oslo-Handbuchs 2005 ist die Einführung eines neuen oder signifikant verbesserten Produktes (Ware oder Dienstleistung), eines Prozesses, einer neuen Marketingmethode sowie einer neuen Organisationsmethode im Inhouse-Geschäft, in einer Arbeitsplatzorganisation oder für externe Beziehungen. Als Minimalerfordernis muss die Innovation für das Unternehmen neu oder wesent-

---

[14] Botschaft zum FIFG, BBl 2011 8869.
[15] Oslo-Handbuch 2005, Ziffer 349.

lich neu sein[16]. Das Oslo-Handbuch sieht für den Begriff der Innovation vier separate Kategorien vor: Die Produktinnovation, die Prozessinnovation, die Marketing-Innovation und die Innovation der Organisation[17].

Weil Innovation gemäss Art. 2 FIFG enger gefasst ist als die Innovation im Oslo-Handbuch 2005, setzt Art. 2 FIFG voraus, dass für Innovation zwingend die Kriterien der Forschung, d.h. die Frascati-Grundsätze, erfüllt sein müssen. Das Oslo-Handbuch 2005 geht betreffend Innovation begrifflich weiter, indem für die Innovation, wie vorne erwähnt, keine Forschung verlangt wird. Innovation ohne Forschung qualifiziert danach nicht für den Zusatzabzug für Forschung und Entwicklung.

Zusammengefasst verlangt Art. 2 lit. b FIFG, dass die wissenschaftsbasierte Innovation auf der anwendungsorientierten Forschung beruht. Somit müssen die fünf vorgenannten Forschungsmerkmale des Frascati-Handbuchs 2015 auch bei der wissenschaftsbasierten Innovation kumulativ erfüllt sein.

3.1.4. Schematische Übersicht: Wissenschaftliche Forschung und wissenschaftsbasierte Innovation

---

Art. 2 FIFG

Wissenschaftliche Forschung (einschliesslich experimentelle Entwicklung)

Methodengeleitete Suche:
1. Grundlagenforschung = Erkenntnisgewinn
2. Anwendungsforschung = Beiträge für die praxisbezogene Problemlösung

- Anwendung wissenschaftliche Forschung aufgrund der fünf Kriterien nach OECD Frascati-Handbuch 2015

Wissenschaftsbasierte Innovation ist ein Zweig **der wissenschaftlichen Forschung** (Grundlagen- und Anwendungsforschung)

Entwicklung neuer Produkte, Verfahren, Prozesse und Dienstleistungen für Wirtschaft und Gesellschaft durch anwendungsorientierte Forschung und Verwertung ihrer Resultate

- Anwendung wissenschaftliche Forschung aufgrund der fünf Kriterien nach OECD Frascati-Handbuch 2015
- Innovation nach OSLO-Handbuch 2005
- Ausnahmen gemäss Botschaft zur SV17: Markteinführung und -verwertung

---

[16] Oslo-Handbuch 2005, Ziffern 146 und 148.
[17] Oslo-Handbuch 2005, Ziffern 155 ff.

3.2. Keine Forschung und Entwicklung gemäss Art. 25a StHG

Gemäss Botschaft zur SV17 sind Aufwendungen für die Markteinführung und -verwertung explizit vom Zusatzabzug für Forschung und Entwicklung ausgeschlossen[18].

3.2.1. Markteinführung

Zur Markteinführung gehören alle Massnahmen für die Marktbearbeitung im Zusammenhang mit Produkten, Dienstleistungen und Innovationen aller Art und die damit verbundenen vor- und nachgelagerten Aufwendungen, wie beispielsweise Verkaufsstrategien, Umfragen, Monitoring von Kundenverhalten, Nachbefragungen oder Bonus- und Imageprogramme.

Aufwendungen für Grundlagenforschung, Forschungsergebnisse, Innovationen und Technologien, Produkte und Dienstleistungen im Zusammenhang mit der Markteinführung qualifizieren ebenfalls nicht für den Zusatzabzug.

3.2.2. Marktverwertung

Zur Marktverwertung gehören die Aufwendungen für Massnahmen einer Unternehmung in Bezug auf den Verkauf oder Handel von Grundlagenforschung, Forschungsergebnissen, Innovationen und Technologien, Produkten und Dienstleistungen. Dazu zählt beispielsweise der Verkauf von Rechten, Marken, Lizenzen, Patenten, Software oder Franchising.

4. Qualifizierender Personalaufwand für Forschung und Entwicklung

4.1. Im Allgemeinen

Für den Zusatzabzug für Forschungs- und Entwicklungsaufwand qualifiziert nach Art. 25a Abs. 3 lit. a StHG der **direkt zurechenbare Personalaufwand für die Forschung und Entwicklung** einer Unternehmung. "Direkt zurechenbar" schliesst gemäss Botschaft zur SV17 Personalaufwendungen für Angestellte aus, die nicht im Bereich Forschung und Entwicklung tätig sind, aber auch Aufwendungen, die nur indirekt im Zusammenhang mit dem Personal stehen. Gestützt auf die Botschaft zur SV17 umfasst der Begriff Personalaufwendungen namentlich die Lohn- und Sozialversicherungsaufwendungen[19]. Nach Handbuch der Wirtschaftsprüfung[20] sind in den Personalaufwendungen auch Gratifikationen, Dienstaltersgeschenke, Bonus-Programme, Aus- und Weiterbildung enthalten.

Die Material-, Investitions- resp. Abschreibungskosten, Miete und die übrigen Gemeinkosten werden mit einem den qualifizierenden Personalaufwendungen für Forschung und Entwicklung hinzuzurechnenden Pauschalzuschlag in der Höhe von 35 Prozent abgegolten.

---

[18] Botschaft zur SV17, BBl 2018 2551.
[19] Botschaft zur SV17, BBl 2018 2590.
[20] Schweizer Handbuch der Wirtschaftsprüfung, Schweizerische Kammer Wirtschaftsprüfer Steuerexperten (Hrsg.), Band "Eingeschränkte Revision", Zürich 2014 (Handbuch der Wirtschaftsprüfung), Teil IV. Ziff. 3.6.

4.2. Im Einzelnen

Der Zusatzabzug für Forschungs- und Entwicklungsaufwand bemisst sich am Personalaufwand des direkt forschenden und entwickelnden Personals einer Unternehmung. Die gesetzliche Vorgabe knüpft eng an die Aufgaben und Funktionen der forschenden und entwickelnden Angestellten im Rahmen ihrer Tätigkeit in der Forschung und Entwicklung an. Mit anderen Worten verlangt die steuerliche Qualifikation beim Personalaufwand für Forschung und Entwicklung eine direkte, aktive und unmittelbare Tätigkeit der Angestellten im forschenden und entwickelnden Bereich. Es steht nicht die formale Qualifikation oder das Bildungsniveau der Angestellten im Vordergrund[21]. Entscheidend ist deren tatsächliche Funktion und direkte Tätigkeit in der Forschung und Entwicklung eines Unternehmens. Dazu zählt folgender Personenkreis: "*Personen, die Forschung- und Entwicklungsarbeiten durchführen, hochqualifizierte Wissenschaftler und Ingenieure (Forscher), technisches Fachpersonal mit langjähriger fachspezifischer Erfahrung und Ausbildung und sonstiges Personal, das in statistischen Einheiten, in denen Forschung und Entwicklung betrieben wird, direkt zur Durchführung von Forschung- und Entwicklungs-Projekten und -Aktivitäten beiträgt.*"[22] Es ist nicht notwendig, dass alle Angestellten im Forschungs- und Entwicklungsbereich in derselben Einheit oder Abteilung einer Unternehmung angestellt sind[23].

Nach Frascati-Handbuch 2015 erhalten die folgenden Berufsgruppen eine qualifizierende Klassifikation:

- *Forscher* sind Fachkräfte, die mit der Konzipierung und Hervorbringung neuer Kenntnisse befasst sind. Sie betreiben Forschung und verbessern bzw. entwickeln Konzepte, Theorien, Modelle, Techniken, Instrumente, Software oder Verfahren.
- *Technisches Fachpersonal und vergleichbares Personal* sind Arbeitskräfte, deren Hauptaufgaben fachspezifisches Wissen und Erfahrung in mindestens einem Fachbereich der Ingenieur-, Natur- und Lebens- oder Sozial- und Geisteswissenschaften und der Kunst erfordern. Sie sind in der Forschung und Entwicklung tätig, indem sie unter Aufsicht von Forschern wissenschaftliche und fachspezifische Aufgaben durchführen, die die Anwendung von Konzepten und operationellen Verfahren sowie die Nutzung von Forschungsausrüstung erfordern.
- Zur Kategorie *Sonstiges Personal* zählen gelernte und ungelernte Handwerker sowie Verwaltungs-, Sekretariats- und Bürokräfte, die bei Forschungs- und Entwicklungs-Projekten **direkt tätig** sind[24].

Identifikationsmerkmale für Forschungs- und Entwicklungs-Personal sind nach Frascati-Handbuch 2015 (im Folgenden als Positiv- und Negativliste):

Qualifizierende Tätigkeiten und Angestellte (Positivliste):
- *führen wissenschaftliche und fachspezifische Arbeiten für ein Forschungs- und Entwicklungs-Projekt durch (Planung und Durchführung von Experimenten oder Erhebungen, Bau von Prototypen usw.);*
- *planen und leiten Forschungs- und Entwicklungs-Projekte;*
- *verfassen Zwischen- und Abschlussberichte zu Forschungs- und Entwicklungs-Projekten;*
- *erbringen interne Dienstleistungen direkt für Forschungs- und Entwicklungs-Projekte (z.B. projektspezifische EDV- oder Bibliotheks- und Dokumentationsarbeiten);*

---

[21] Frascati-Handbuch 2015, Kapitel 5, Ziffer 5.33.
[22] Frascati-Handbuch 2015, Kapitel 5, Einleitung.
[23] Frascati-Handbuch 2015, Kapitel 5, Einleitung.
[24] Frascati-Handbuch 2015, Kapitel 5, Ziffern 5.35 ff.

nehmen direkte Unterstützungsaufgaben für die Finanz- und Personalverwaltung bei Forschungs- und Entwicklungsprojekten wahr.

Nicht qualifizierende Tätigkeiten und Angestellte (Negativliste):
Andererseits ist nicht das gesamte Personal, das an der Durchführung von Forschungs- und Entwicklungs-Aktivitäten beteiligt ist oder diese ermöglicht, als Forschungs- und Entwicklungs-Personal einzustufen. Bei der Erfassung des Forschungs- und Entwicklungs-Personals werden lediglich Personen berücksichtigt, die (wie oben beschrieben) direkt bei Forschungs- und Entwicklungs-Aktivitäten mitwirken. Arbeitskräfte, die in Einheiten, in denen Forschung und Entwicklung betrieben wird, indirekte Unterstützungs- oder Hilfstätigkeiten ausführen, zählen nicht zum Forschungs- und Entwicklungs-Personal. Beispiele indirekter Unterstützungs- und Hilfstätigkeiten sind:

- spezifische Dienstleistungen für Forschung und Entwicklung, die von zentralen IT-Abteilungen und Bibliotheken erbracht werden;
- Dienstleistungen zentraler Finanz- und Personalabteilungen für Forschungs- und Entwicklungs-Projekte und Forschungs- und Entwicklungs-Personal;
- die Erbringung von Sicherheits-, Reinigungs-, Wartungs- und Kantinendienstleistungen usw. für Forschung- und Entwicklung betreibende Einheiten[25].

Weitere Tätigkeiten, die nicht der Forschung und Entwicklung dienen, sind beispielsweise Arbeiten:

- im Produktionsprozess, sowie diesem vor- und nachgelagerte Tätigkeiten;
- für die Überwachung von Anlagen und zum Qualitätsmanagement;
- als Hilfstätigkeiten für die Forschung und Entwicklung wie IT-Infrastrukturmanagement;
- für allgemeine Leistungen im Unternehmen aus übrigen, nicht der Forschung und Entwicklung direkt dienenden Tätigkeiten, wie Einkauf, Verkauf, Marketing, Rechnungs- und Personalwesen, Führung der Unternehmung;
- für die Zulassung, die Bewilligung, die Zertifizierung oder die Typenprüfung.

5. Forschungs- und Entwicklungsaufträge Dritter

Art. 25a Abs. 4 StHG stellt sicher, dass bei Auftragsforschung der Zusatzabzug nicht doppelt (beim Auftraggeber und beim Auftragnehmer) oder mehrfach (im Falle von weiteren Subauftragnehmern) geltend gemacht wird.

Ist der Auftraggeber der Forschung und Entwicklung abzugsberechtigt, so steht dem Auftragnehmer dafür kein Zusatzabzug zu. Für die beteiligten Unternehmen besteht kein Wahlrecht. Ist der Auftraggeber in einem Kanton steuerpflichtig, der keinen Zusatzabzug vorsieht, steht der Zusatzabzug dem Auftragnehmer zu, sofern er in einem Kanton steuerpflichtig ist, der den Zusatzabzug gewährt. Gemäss Botschaft SV17 steht dem Auftragnehmer ebenfalls der Zusatzabzug zu, falls er in einem Kanton steu-

---

[25] Frascati-Handbuch 2015, Kapitel 5, Ziffern 5.4 ff.

erpflichtig ist, der den Zusatzabzug kennt und der Auftraggeber eine nicht steuerpflichtige Forschungsinstitution, z.B. Hochschule, ist[26].

Für die Kriterien von Forschung und Entwicklung gelten die Erläuterungen in den vorstehenden Ziffern 3 und 4 sinngemäss. Ausgeschlossen vom Zusatzabzug für Forschung und Entwicklung sind beispielsweise Aufwendungen für den Kauf von bereits entwickelten Produkten, Lizenzen, Know-how oder Anwendungen von Dritten sowie die Kosten für die Zertifizierung oder Bewilligung und Zulassung durch Behörden.

Nach Art. 25a Abs. 3 lit. b StHG qualifizieren 80 Prozent des Aufwandes für durch Dritte in Rechnung gestellte Forschung und Entwicklung für den Zusatzabzug für Forschung und Entwicklung. Um die Eigenforschung nicht zu diskriminieren, nimmt der Gesetzgeber eine Gewinn- und Gemeinkostenkomponente von 20 Prozent des vom Auftragnehmer in Rechnung gestellten Betrages vom Zusatzabzug aus. Unter beteiligungsmässig verbundenen Unternehmen darf der in Rechnung gestellte Betrag höchstens dem Drittvergleichspreis entsprechen, damit er geschäftsmässig begründet ist.

Aufgrund der bundesrechtlichen Konzeption des Zusatzabzuges für Forschungs- und Entwicklungsaufwendungen und den Ausführungen der Botschaft zur SV17 darf es zu keinen doppelten Zusatzabzügen kommen. Dies betrifft auch das Verhältnis von doppelten Zusatzabzügen für den qualifizierenden Personalaufwand für Forschung und Entwicklung im Zusammenhang mit der Auftragsforschung. Erteilt demnach ein Unternehmen eines Kantons, welcher den Zusatzabzug für Forschungs- und Entwicklungsaufwand vorsieht, einen Drittauftrag für Forschung und Entwicklung an ein anderes Unternehmen eines Kantons, welcher ebenfalls den Zusatzabzug für Forschungs- und Entwicklungsaufwand vorsieht, steht der Auftraggeberin der Auftragsforschung der Zusatzabzug zu. In der Folge muss das beauftragte Unternehmen seinen qualifizierenden Personalaufwand für Forschung und Entwicklung für den Anteil der ausgeführten Arbeiten für die Auftraggeberin entsprechend kürzen. Dieses Vorgehen gilt auch im Konzernverhältnis.

Illustration

Kürzung des eigenen Personalaufwandes für Forschung und Entwicklung (Berechnungsbasis für den Zusatzabzug) bei Auftragsforschung für Dritte, welche den Zusatzabzug geltend machen:

Rechnungsbetrag F&E-Leistungen an Auftraggeber	168.75
Berechnungsbasis für den Zusatzabzug (entspricht 135 % beim Auftragnehmer)	135
Kürzung qualifizierender Personalaufwand für Zusatzabzug F&E Auftragnehmer (100 %)	100
Eigener qualifizierender F&E-Aufwand beim Auftragnehmer	400
./. Kürzung zufolge Zusatzabzug beim Auftraggeber	-100
	300
+ Material- und Gemeinkostenzuschlag 35 %	105
Berechnungsbasis Zusatzabzug Auftragnehmer	**405**

---

[26] Botschaft zur SV17, BBl 2018 2591.

Gebühren und Administrativkosten von staatlichen Abnahme- und Prüfstellen qualifizieren nicht für den Zusatzabzug für Forschungs- und Entwicklungsaufwand, auch nicht als Auftragsforschung Dritter.

6. Forschung und Entwicklung mit Auslandbezug

Für den Zusatzabzug für Forschung und Entwicklung qualifiziert nur im Inland ausgeführte Forschung und Entwicklung. Dies betrifft den qualifizierenden Personalaufwand für Forschung und Entwicklung und die durchgeführte Auftragsforschung und -entwicklung Dritter.

Erteilen ausländische Unternehmen oder Institutionen einen Forschungs- oder Entwicklungsauftrag an ein Schweizer Unternehmen und wird die Forschung und Entwicklung in einem Kanton, welcher den Zusatzabzug gewährt, in der Schweiz ausgeführt, kann das Schweizer Unternehmen den Zusatzabzug beanspruchen.

Erteilt ein Schweizer Unternehmen in einem Kanton, welcher den Zusatzabzug für Forschungs- und Entwicklungsaufwand vorsieht, einen Auftrag ins Ausland, kann das auftraggebende Schweizer Unternehmen keinen Zusatzabzug für Forschungs- und Entwicklungsaufwand vornehmen, weil keine inländische Forschung und Entwicklung ausgeübt wird. Das kann beispielsweise auch bei einer Muttergesellschaft der Fall sein, wenn sie ihre Tochtergesellschaft im Ausland für Forschungs- und Entwicklungstätigkeiten beauftragt und sie deren Aufwendungen (z.B. nach der Kostenaufschlagsmethode) trägt.

Wird ein Forschungs- und Entwicklungsauftrag von einem ausländischen Unternehmen mit Entsandten in der Schweiz ausgeführt, liegt nur dann inländische Forschung und Entwicklung vor, wenn das ausländische Unternehmen in der Schweiz steuerpflichtig ist. In diesem Fall kann ein Schweizer Unternehmen eines Kantons, welcher den Zusatzabzug für Forschungs- und Entwicklungsaufwand vorsieht, für seinen Forschungs- und Entwicklungsauftrag den Zusatzabzug für Forschungs- und Entwicklungsaufwand geltend machen. Das in der Schweiz steuerpflichtige ausländische Unternehmen ist selber berechtigt, den Zusatzabzug für Forschungs- und Entwicklungsaufwand vorzunehmen, sofern der Auftraggeber aus einem Kanton stammt, welcher keinen Zusatzabzug für Forschungs- und Entwicklungsaufwand vorsieht oder, wenn die Auftraggeberin des ausländischen Unternehmens eine nicht steuerpflichtige Institution ist und die Steuerpflicht des ausländischen Unternehmens in einem Kanton besteht, welcher den Zusatzabzug für Forschungs- und Entwicklungsaufwand vorsieht.

7. Subventionen und Fördergelder für Forschung und Entwicklung

Der steuerliche Zusatzabzug für Forschungs- und Entwicklungsaufwand ist nicht mit anderen erfolgswirksam verbuchten staatlichen oder freiwilligen Fördergeldern Dritter (Stiftungen, Fonds, freiwillige Geldleistungen, etc.) koordiniert. Solche Leistungen Dritter bleiben für die Qualifikation und Berechnung des Zusatzabzuges für Forschungs- und Entwicklungsaufwand unbeachtlich.

8. Dokumentationsprinzip

8.1. Im Allgemeinen

Nach Art. 41 Abs. 2 StHG kann das steuerpflichtige Unternehmen der Steuerbehörde Beweise anbieten. Zudem ist es aufgrund von Art. 42 Abs. 2 StHG gehalten, Auskunft zu erteilen sowie u.a. Belege und Bescheinigungen über den Geschäftsverkehr vorzulegen. Aufgrund der Regeln zur Beweislastverteilung trägt das steuerpflichtige Unternehmen den Nachweis des qualifizierenden Forschungs- und Entwicklungsaufwandes und auch die Folgen einer Beweislosigkeit. Den Nachweis von im Inland durch Dritte durchgeführten Forschungs- und Entwicklungstätigkeiten, auch im Verhältnis mit einem oder mehreren Subunternehmen, erbringt das auftraggebende Unternehmen.

Die Unternehmen führen für das Geltendmachen eines für den Zusatzabzug für Forschung und Entwicklung qualifizierenden Aufwandes die geeigneten Dokumentationen.

8.2. Qualifizierende Forschung und Entwicklung

Der Nachweis von qualifizierender Forschung und Entwicklung kann anhand von Forschungs- und Entwicklungsprojektunterlagen (wie beispielsweise einem Projektbeschrieb mit Ziel, Inhalt, Methode, Zeit- und Kostenrahmen sowie mit Zwischenabrechnungen und Zwischen- oder Endergebnissen des Projektes) erfolgen.

8.3. Qualifizierender Personalaufwand für Forschung und Entwicklung

Da bei eigener Forschungs- und Entwicklungstätigkeit nur der direkt zurechenbare Personalaufwand für Forschung und Entwicklung für den Zusatzabzug qualifiziert, erfolgt der Nachweis dieser Aufwendungen üblicherweise anhand von Personallisten, Funktionen der Angestellten und deren Tätigkeits- und Stellenprofilen. Für alle Unternehmen gilt, dass jene Tätigkeiten, welche nicht direkt mit Forschung und Entwicklung verbunden sind, nicht für den Zusatzabzug qualifizieren. Aufwendungen für Forschung und Entwicklung von Angestellten mit verschiedenen Funktionen können anhand von geeigneten Unterlagen wie beispielsweise Stundenrapporten nachgewiesen werden.

Eine räumliche Abgrenzung des Forschungs- und Entwicklungsbereichs von anderen Bereichen in der Unternehmung ist nicht notwendig.

9. Aktivierung von Personalaufwand für Forschung und Entwicklung

Werden Eigenleistungen für Personalaufwendungen im Forschungs- und Entwicklungsbereich oder für Forschungsaufträge Dritter aktiviert, besteht nach Handbuch der Wirtschaftsprüfung die Möglichkeit, diese in der Produktionserfolgsrechnung als Umsatz oder in der Absatzerfolgsrechnung als Minderung des Personalaufwandes zu verbuchen. Unbeachtlich der Aktivierung von Forschungs- und Entwicklungsaufwand nach der erwähnten Brutto- oder Nettodarstellung in der Erfolgsrechnung qualifiziert Forschung und Entwicklung für den Zusatzabzug für Forschungs- und Entwicklungsaufwand im Zeitpunkt des verbuchten Personalaufwandes und nicht im Zeitpunkt der späteren Abschreibung einer Aktivierung.

10. Gesamtaufwand einer Unternehmung

Der qualifizierende Personalaufwand für Forschung und Entwicklung darf zusammen mit dem Pauschalzuschlag von 35 Prozent den geschäftsmässig begründeten Gesamtaufwand der Unternehmung nicht überschreiten (Art. 25a StHG). Der Aufwand für Forschung und Entwicklung Dritter im Inland unterliegt keiner solchen Begrenzung.

Als Gesamtaufwand einer steuerpflichtigen Unternehmung gilt der gesamte Aufwand gemäss der handelsrechtlich massgebenden Jahresrechnung unter Berücksichtigung der steuerlichen Korrekturen. Wurde qualifizierender Personalaufwand für Forschung- und Entwicklung aktiviert, kann er für die Berechnung des Gesamtaufwandes im Zeitpunkt der Entstehung in der Unternehmung mitberücksichtigt werden. Die spätere Abschreibung muss dann wieder aus dem Gesamtaufwand herausgerechnet werden.

11. Verhältnis des Zusatzabzuges für Forschung und Entwicklung zur Patentbox

Mit dem Zusatzabzug für Forschungs- und Entwicklungsaufwand werden die Aufwendungen für Forschungs- und Entwicklungsaktivitäten steuerlich begünstigt. Dagegen entlastet die Patentbox gemäss Art. 24a und 24b StHG den Gewinn aus Patenten und vergleichbaren Rechten.

Eine Beanspruchung des Zusatzabzuges für Forschungs- und Entwicklungsaufwand nach den Art. 10a und Art. 25a StHG schliesst eine spätere Geltendmachung der Patentbox nicht aus. In diesem Fall werden die bereits geltend gemachten Forschungs- und Entwicklungsaufwendungen einschliesslich Zusatzabzug grundsätzlich beim Eintritt in die Patentbox als Gewinn besteuert (Art. 8a und Art. 24b Abs. 3 StHG). Den Kantonen steht es frei, auf welche Art und Weise und zu welchem Zeitpunkt sie die Besteuerung der bereits geltend gemachten Forschungs- und Entwicklungsaufwendungen einschliesslich Zusatzabzug beim Eintritt in die Patentbox sicherstellen.

Nach Eintritt in die Patentbox entfallen grundsätzlich weitere Zusatzabzüge für Forschungs- und Entwicklungsaufwand. Wird jedoch nach der Beanspruchung der Patentbox weitere zusätzliche Forschung und Entwicklung für Patente und vergleichbare Rechte in der Patentbox betrieben (z.B. für die Weiterentwicklung des Patents), so kann der Zusatzabzug für Forschung und Entwicklung gerechtfertigt sein, wenn die fünf Kriterien nach dem OECD Frascati-Handbuch 2015 für wissenschaftliche Forschung gegeben sind und der Forschungs- und Entwicklungsaufwand über die üblichen Aufwendungen für die Weiterentwicklung hinausgeht. Sobald aber die Ergebnisse dieser Arbeiten für ein Patent, welches bereits für die Patentbox qualifiziert, Erträge generieren, ist dieser in den vergangenen Steuerperioden bereits berücksichtigte Forschungs- und Entwicklungsaufwand einschliesslich Zusatzabzug gemäss Art. 24b Abs. 3 StHG als Gewinn steuerbar. Grundlagenforschung dagegen kann nur soweit für den Zusatzabzug für Forschungs- und Entwicklungsaufwand qualifizieren, als sie nicht für Patente und vergleichbare Rechte gemäss Art. 24a StHG betrieben wird.

12. Beispiel zur Berechnung des Zusatzabzugs für Forschungs- und Entwicklungsaufwand

Gemäss Erfolgsrechnung	Aufwand	Zuschlag/ Reduktion	Zusatzabzug	Steuerbarer Reingewinn
Reingewinn				1.000
Im Aufwand enthalten: – Qualifizierender Personalaufwand für F&E[1)] – F&E-Aufwand Dritte	104 200	+35 % -20 %	140 160	
Berechungsbasis Zusatzabzug			300	
Zusatzabzug nach kantonalem Recht, max. 50 %[2)]			150	-150
Steuerbarer Reingewinn Kantons- und Gemeindesteuern				850

[1)] Maximal der Gesamtaufwand der Unternehmung
[2)] Unterliegt der kantonalen Entlastungsbegrenzung

Sowohl die Personalaufwendungen für Forschung und Entwicklung als auch die Aufwendungen für Auftragsforschung und -entwicklung müssen geschäftsmässig begründet sein.

3.2. Beispiel zur Berechnung des Zusatzbezugs für Einrichtungs- und Einführungsaufwand

Analyse des Vorstandes SSK zum neuen Rechnungslegungsrecht

Quelle: Schweizerische Steuerkonferenz SSK

Beschluss des Vorstandes vom 12. Februar 2013

Aktualisierung vom 5. Februar 2020

1. Entstehung des neuen Rechnungslegungsrechts

In der Botschaft vom 21. Dezember 2007[1] unterbreitete der Bundesrat dem Parlament unter anderem den Entwurf zur Änderung des Rechnungslegungsrechts (32. Titel des Obligationenrechts und spezialgesetzliche Bestimmungen). Das veraltete und lückenhafte Rechnungslegungsrecht sollte umfassend revidiert und durch rechtsformneutrale Bestimmungen ersetzt werden. Anfang April 2009 spaltete die ständerätliche Rechtskommission aus politischen Gründen das Rechnungslegungsrecht von den aktienrechtlichen Bestimmungen ab.[2] So entstand die eigenständige Vorlage zum neuen Rechnungslegungsrecht (Vorlage 2 von 08.011). Das Parlament verabschiedete in der Schlussabstimmung vom 23. Dezember 2011 das neue Rechnungslegungsrecht; das Referendum wurde nicht ergriffen. Am 21. November 2012 hat der Bundesrat die entsprechenden Bestimmungen und die erforderlichen Ausführungsbestimmungen auf den 1. Januar 2013 in Kraft gesetzt.[3]

Das neue Rechnungslegungsrecht knüpft grundsätzlich nicht an die Rechtsform des Unternehmens, sondern an dessen wirtschaftliche Bedeutung an. Die allgemeinen Vorschriften des neuen Rechnungslegungsrechts entsprechen der Buchführung und Rechnungslegung eines gut geführten KMU. Weitergehende Bestimmungen gelten für Unternehmen, die der ordentlichen Revision unterliegen, und für Konzerne. Unter bestimmten Voraussetzungen muss im Interesse des Kapitalmarkts oder zum Schutz von Personen mit Minderheitsbeteiligungen ein Einzelabschluss oder eine Konzernrechnung nach einem anerkannten Standard zur Rechnungslegung erstellt werden.[4]

---

[1] Botschaft vom 21. Dezember 2007 zur Änderung des Obligationenrechts (Aktienrecht und Rechnungslegungsrecht sowie Anpassungen im Recht der Kollektiv- und der Kommanditgesellschaft, im GmbH-Recht, Genossenschafts-, Handelsregister- sowie Firmenrecht), BBl 2008 1589 ff. (Geschäft 08.011).

[2] Vgl. Amtliches Bulletin des Ständerats vom 2009, S. 602

[3] AS 2012 S. 6679 sowie S. 6709

[4] Vgl. Medienmitteilung des Bundesrats vom 22. November 2012.

2. Steuerrechtliche Analyse des neuen Rechnunglegungsrechts

Der Wille des Gesetzgebers war es, das bisherige Recht zu modernisieren und zu präzisieren. Die Steuerneutralität war sowohl dem Bundesrat[5] als auch dem Parlament[6] wichtig und konnte grundsätzlich eingehalten werden. Die Veranlagungspraxis wird durch das neue Rechnungslegungsrecht insbesondere bei folgenden Punkten tangiert:

Pflicht zur Buchführung und Rechnungslegung
Einzelunternehmen und Personengesellschaften mit einem Umsatzerlös von mindestens CHF 500'000 unterliegen der Pflicht zur Buchführung und Rechnungslegung gemäss den Art. 957 ff. OR.[7] Darunter fallen neu auch Selbständig erwerbende, die einen freien Beruf ausüben.

Der für die Buchführungspflicht massgebende Umsatzerlös ergibt sich jeweils aufgrund des Vorjahres, wobei dieser um Skonti, Rabatte und Debitorenverluste vermindert wird.[8] Dasselbe gilt für Stornierungen.

Fällt der Umsatzerlös in einzelnen Geschäftsjahren unter CHF 500'000, muss lediglich über die Einnahmen und Ausgaben sowie über die Vermögenslage Buch geführt werden („Milchbüchlein-Rechnung", Art. 957 Abs. 2 und 3 OR). Aus steuerrechtlicher Optik ist die kontinuierliche Besteuerung der Periodenergebnisse auch in diesen Fällen sicherzustellen.

Auch bei vereinfachter Buchführung ist für steuerliche Zwecke eine Gliederung der Einnahmen und Ausgaben nach Arten erforderlich.

Die Frage, ob schweizerische Betriebsstätten ausländischer Unternehmen eine separate Jahresrechnung erstellen müssen, lässt sich aus dem OR nicht beantworten. Für den Vollzug der Art. 6 Abs. 2 und Art. 52 Abs. 2 DBG[9] ist eine separate Jahresrechnung aber unabdingbar.

Der Abschluss nach anerkanntem Standard gemäss Art. 962 ff. OR bildet nicht Grundlage für die steuerbare Gewinnermittlung.[10]

---

[5] Botschaft 2007, S. 1626 und Amtliches Bulletin des Nationalrats von 2010, S. 1818 (Antwort von Bundesrätin Widmer-Schlumpf auf die Frage 10.5527 von Nationalrat Noser vom 6. Dezember 2010 „Keine Verschärfung der Steuerpraxis durch die Revision des Rechnungslegungsrechts").
[6] Amtliches Bulletin des Ständerats von 2009, S. 1187 (Kommissionssprecher Janiak) und Amtliches Bulletin des Nationalrats von 2010, S. 1363 (Kommissionssprecher Roux).
[7] SR 220.
[8] Amtliches Bulletin des Ständerats vom 2005, S. 624.
[9] SR 642.11.
[10] Art. 962 Abs. 1 und Art. 962a Abs. 1 Ziff. 2 gemäss Botschaft 2007 wurden vom Parlament ersatzlos gestrichen (s. Amtliches Bulletin des Nationalrats von 2010, S. 1905 ff., Antrag Kaufmann).

Bewertung nach Veräusserungswerten

Muss die Bewertung infolge Einstellung der Tätigkeit oder von Teilen davon in den nächsten zwölf Monaten auf Veräusserungswerte umgestellt werden (Art. 958a Abs. 2 OR), so ist diese Neubewertung aufgrund des Massgeblichkeitsprinzips steuerwirksam. Handelsrechtswidrig unterlassene Neubewertungen sind im Rahmen einer steuerlichen Bilanzberichtigung zu korrigieren.

Zeitliche und sachliche Abgrenzung

Einzelunternehmen und Personengesellschaften können aufgrund der Milchbüchlein-Rechnung (Art. 957 Abs. 2 und 3 OR) auf die zeitliche Abgrenzung bis zu einem Umsatzerlös von CHF 500'000 verzichten. Deshalb betrifft Art. 958b Abs. 2 OR nur juristische Personen. Diese können neu bei einem Nettoerlös aus Lieferungen und Leistungen von bis zu CHF 100'000 oder Finanzerträgen von bis zu CHF 100'000 auf die zeitliche Abgrenzung verzichten. Massgebend für die Pflicht zur zeitlichen Abgrenzung ist das Überschreiten des Schwellenwertes entweder beim Nettoerlös aus Lieferungen und Leistungen oder bei den Finanzerträgen im Berichtsjahr.

Fremdwährung

Art. 958d Abs. 3 OR bildet die gesetzliche Grundlage für die Anwendung des Bundesgerichtsentscheids[11] zur steuerunwirksamen Behandlung der Differenzen aus der Umrechnung von der funktionalen Währung in die Darstellungswährung. An der bisherigen steuerlichen Praxis ändert sich nichts.

Die Berechnung der Steuerbemessungsgrundlage erfolgt mit Ausnahme des Grundkapitals sowie der von der ESTV bestätigten Reserven aus Kapitaleinlagen, welche zum historischen Kurs umzurechnen sind, durch Umrechnung zum Kurs des Bilanzstichtages.

Gründungs-, Kapitalerhöhungs- und Organisationskosten

Gründungs-, Kapitalerhöhungs- und Organisationskosten dürfen aufgrund von Art. 959 Abs. 2 OR inskünftig nicht mehr aktiviert werden. Steuerlich bilden sie geschäftsmässig begründeten Aufwand. Die handelsrechtlich notwendige Ausbuchung bestehender aktivierter Gründungs-, Kapitalerhöhungs- und Organisationskosten im Zeitpunkt der Erstanwendung des neuen Rechnungslegungsrechts gilt steuerrechtlich als geschäftsmässig begründeter Aufwand.

Umlauf- und Anlagevermögen

Art. 959 Abs. 3 OR regelt die Zuteilung von Aktiven zum Umlaufsvermögen und Anlagevermögen neu. Entsprechende Auswirkungen sind bei der Bilanzierung von Liegenschaften oder Wertschriften zu erwarten. Diese Präzisierung des bisherigen Rechts verändert die steuerrechtliche Praxis zur steuerneutralen Ersatzbeschaffung und zum gewerbsmässigen Liegenschaftshandel nicht.

Eigene Aktien

Gemäss Art. 959a Abs. 2 Ziff. 3 Bst. e OR sind die eigenen Kapitalanteile neu als Minusposten im Eigenkapital auszuweisen. Dass es sich dabei ausschliesslich um

---

[11] BGE 136 II 88 ff.; vgl. auch die Analyse der SSK vom 15. Februar 2011 zu diesem Bundesgerichtsentscheid vom 1. Oktober 2009.

eine Änderung der Darstellung handelt, welche die steuerrechtliche Praxis nicht ändert,[12] wurde vom Bundesgericht nicht bestätigt (Urteil des Bundesgerichts vom 14. November 2019 [2C_119/2018]). Art. 659a Abs. 2 OR, der die handelsrechtlichen Folgen des Erwerbs eigener Aktien regelt, wurde noch nicht an den neuen Art. 959a Abs. 2 Ziff. 3 Bst. e OR angepasst. Dieses gesetzgeberische Versehen führt zu einem Widerspruch zwischen dem Aktien- und dem Rechnungslegungsrecht. Die neueren, spezielleren und sachgerechteren Bestimmungen des Rechnungslegungsrechts gehen jedoch denjenigen des geltenden Aktienrechts vor.

Bei den eigenen Aktien handelt es sich sowohl zivil- als auch steuerrechtlich um einen effektiv vorhandenen Vermögenswert. Somit können unrealisierte Wertverluste zwischen dem Verkehrswert und den Anschaffungs6kosten von den Steuerpflichtigen in der Steuerbilanz gewinnsteuerwirksam geltend gemacht werden, auch wenn diese unter dem neuen Rechnungslegungsrecht handelsrechtlich nicht mehr verbucht werden dürfen. Werterholungen sind bis zu den Anschaffungskosten als Gewinn steuerbar.

Effektive Buchgewinne bzw. -verluste sind bei Veräusserung unabhängig von der handelsrechtlichen Verbuchung steuerwirksam. Der Minusposten „eigene Kapitalanteile" reduziert das steuerbare Eigenkapital. Der steuersystematische Zusammenhang zwischen der Verrechnungssteuer und der Einkommenssteuer erscheint gemäss Bundesgericht zu schwach, um die Massgeblichkeit der Handelsbilanz für die Kapitalsteuer zu durchbrechen.

Einzelbewertung von Beteiligungen und Liegenschaften
Für Beteiligungen und Liegenschaften gilt in der Regel die Einzelbewertung (Art. 960 Abs. 1 OR).

Abschreibungen, Wertberichtigungen und Rückstellungen
Abschreibungen spiegeln den nutzungs- und altersbedingten Wertverlust von abnutzbaren Wirtschaftsgütern wider, Wertberichtigungen andere Wertverluste. Abschreibungen können wie bisher steuerrechtlich nur im Zeitpunkt ihrer Verbuchung auf ihre geschäftsmässige Begründetheit überprüft werden. Wertberichtigungen werden steuerlich wie bisher den Rückstellungen gleichgestellt. Wertberichtigungen und bisherige Abschreibungen auf Beteiligungen können nach Art. 62 Abs. 4 DBG in jeder Steuerperiode auf die geschäftsmässige Begründetheit hin überprüft werden.

Die gemäss Art. 960a Abs. 4 OR handelsrechtlich zulässigen, zusätzlichen Abschreibungen und Wertberichtigungen bilden mit Ausnahme der bereits bisher zulässigen Einmalabschreibungen[13] aus steuerrechtlicher Sicht keinen geschäftsmässig begründeten Aufwand nach Art. 58 ff. DBG. Dasselbe gilt für die Bildung von Rückstellungen für das dauernde Gedeihen des Unternehmens (beispielsweise Wiederbeschaffungsreserven) gemäss Art. 960e Abs. 3 Ziff. 4 und Abs. 4 OR).

Schwankungsreserven
Um Schwankungen im Kursverlauf Rechnung zu tragen, darf gemäss Art. 960b Abs. 2 OR eine Wertberichtigung zulasten der Erfolgsrechnung gebildet werden, wenn

---
[12] Botschaft 2007, S. 1706.
[13] Botschaft 2007, S. 1711.

Aktiven zum Börsenkurs oder zum beobachtbaren Marktpreis am Bilanzstichtag bewertet werden. Die Schwankungsreserve darf die Differenz zwischen Buchwert und Anschaffungskosten nicht überschreiten.

Die Bildung der Schwankungsreserven gilt bei sämtlichen Unternehmen im Rahmen der üblichen Kursschwankungen als geschäftsmässig begründet.[14]

Anhang und Geldflussrechnung
Der Anhang (Art. 959c und Art. 961a OR) und die Geldflussrechnung (Art. 961b OR) sind Bestandteile der Jahresrechnung (Art. 958 Abs. 2 und Art. 961 Ziff. 2 OR) und müssen zusammen mit der Steuererklärung eingereicht werden.

Aufbewahrung der Geschäftskorrespondenz
Der Hinweis auf die Geschäftskorrespondenz wurde vollständig aus der Geschäftsbücherverordnung[15] gestrichen, da Art. 958f OR die Aufbewahrung nicht mehr generell vorschreibt. Die Unternehmen haben jedoch weiterhin denjenigen Teil der Geschäftskorrespondenz aufzubewahren, der einen teilweisen oder vollständigen Buchungsbeleg gemäss Art. 957a Abs. 3 OR darstellt. Jede Buchung muss belegt werden können (Art. 957a Abs. 2 Ziff. 2 und 5 OR). Die Geschäftskorrespondenz stellt einen Buchungsbeleg dar, sobald sie zum Nachweis der Begründung, Änderung oder Aufhebung buchungsrelevanter Rechte oder Pflichten des buchführungspflichtigen Unternehmens geeignet und notwendig ist.

Das neue Rechnungslegungsrecht will die Unternehmen nur von der Aufbewahrung derjenigen Geschäftskorrespondenz befreien, die für die Buchführung und Rechnungslegung ohne Erkenntniswert ist.[16]

Solange ein Unternehmen noch nicht die Bestimmungen des neuen Rechnungslegungsrechts anwendet (Art. 2 der Übergangsbestimmungen), muss es die Geschäftskorrespondenz gemäss bisherigem Recht aufbewahren. Die Geschäftsbücherverordnung wurde nicht eigenständig, sondern im Hinblick auf das neue Rechnungslegungsrecht angepasst. Dies ergibt sich explizit aus dem Ingress, der auf den neuen Art. 958f OR verweist.

Buchführung nach neuem Recht vor Ablauf der Übergangsfrist
Werden Buchführung und Rechnungslegung bereits vor Ablauf der Übergangsfrist nach neuem Recht erstellt, sind die nach neuem Recht erstellten Abschlüsse auch steuerlich massgeblich. Verfahrensrechtlich werden die Steuerpflichtigen an derjenigen Jahresrechnung behaftet, welche der Steuererklärung gestützt auf Art. 42 Abs. 3 StHG bzw. Art. 125 Abs. 2 DBG beigelegt wird.

---

[14] Botschaft 2007, S. 1713.
[15] SR 221.431.
[16] Vgl. den erläuternden Bericht vom 16. August 2012 zum Inkraftsetzen des Rechnungslegungsrechts und Erlass der neuen Verordnung über die anerkannten Standards zur Rechnungslegung (VASR) zur Teilrevision der Revisionsaufsichtsverordnung (RAV), S. 11.

Kapitalleistungen aus Leibrentenversicherungen

Quelle: Schweizerische Steuerkonferenz SSK

Besteuerung von Kapitalleistungen aus Leibrentenversicherungen (Säule 3b)

19. Juni 2024, gültig ab 1. Januar 2025

Inhaltsverzeichnis

1. Einleitende Bemerkungen 2
2. Regeln für eine einheitliche schweizerische Praxis 2
   - 2.1 Leibrentenversicherungen nach VVG 2
   - 2.2 Ausländische Leibrentenversicherungen 3
3. Begründung 4
4. Steuerliche Folgen bei verschiedenen Sachverhalten 5
5. Berechnungsbeispiele 7
   - 5.1 Rückkauf einer Leibrentenversicherung mit aufgeschobenen Rentenleistungen nach mehr als 5 Jahren 7
   - 5.2 Rückkauf einer Leibrentenversicherung mit aufgeschobenen Rentenleistungen nach weniger als 5 Jahren 8
   - 5.3 Rückkauf einer Leibrentenversicherung mit sofort beginnender Leibrente 8
   - 5.4 Rückgewähr im Todesfall 9
   - 5.5 Rückkauf einer ausländischen Leibrentenversicherung mit aufgeschobenen Rentenleistungen nach mehr als 5 Jahren 10
   - 5.6 Umrechnung des steuerbaren Betrages bei Versicherungen in Fremdwährung ... 10
6. Geltung 10

1. Einleitende Bemerkungen

Gestützt auf zwei Bundesgerichtsentscheide vom 16. Februar 2009 (2C_180/2008 = BGE 135 II 183 und 2C_255/2008 = BGE 135 II 195) hat der Vorstand der Schweizerischen Steuerkonferenz mit Datum vom 27. Oktober 2009 eine Empfehlung zur Besteuerung von Kapitalleistungen aus Leibrentenversicherungen (Säule 3b) abgegeben.

Mit dem Bundesgesetz vom 17. Juni 2022 über die Besteuerung von Leibrenten und ähnlichen Vorsorgeformen hat die Bundesversammlung unter anderem beschlossen, die Besteuerung von Leibrentenversicherungen anzupassen. Ziel dieser Gesetzesrevision ist es, den steuerbaren Ertragsanteil flexibel den jeweiligen Anlagebedingungen anzupassen. Die neuen Bestimmungen treten per 1. Januar 2025 in Kraft und haben auch Auswirkungen auf die Besteuerung von Kapitalleistungen aus Leibrentenversicherungen (Säule 3b). Die Empfehlung des Vorstandes der Schweizerischen Steuerkonferenz vom 27. Oktober 2009 ist deshalb zu aktualisieren.

2. Regeln für eine einheitliche schweizerische Praxis

2.1 Leibrentenversicherungen nach VVG

Bislang waren Rentenzahlungen aus Leibrentenversicherungen zu 40 Prozent steuerbar (vgl. Art. 7 Abs. 2 i.V.m. Art. 72b aStHG; Art. 22 Abs. 3 aDBG). Ab dem 1. Januar 2025 ist der steuerbare Ertragsanteil von Leibrentenversicherungen nach VVG wie folgt zu berechnen (vgl. 7 Abs. 2 Bst. a und b StHG; Art. 22 Abs. 3 Bst. a und b DBG):

Art. 22 Abs. 3

³ Leibrentenversicherungen sowie Leibrenten- und Verpfründungsverträge sind im Umfang ihres Ertragsanteils steuerbar. Dieser bestimmt sich wie folgt:

  a) Bei garantierten Leistungen aus Leibrentenversicherungen, die dem VVG unterstehen, ist der im Zeitpunkt des Vertragsabschlusses auf der Grundlage von Art. 36 Abs. 1 VAG bestimmte maximale technische Zinssatz (m) während der gesamten Vertragsdauer massgebend:

  1. Ist dieser Zinssatz grösser als null, so berechnet sich der Ertragsanteil, auf den nächstliegenden ganzen Prozentwert auf- oder abgerundet, wie folgt:

  $$Ertragsanteil = \left[1 - \frac{(1+m)^{22} - 1}{22 \cdot m \cdot (1+m)^{23}}\right] \cdot 100\,\%$$

  2. Ist dieser Zinssatz negativ oder null, so beträgt der Ertragsanteil null Prozent.

  b) Bei Überschussleistungen aus Leibrentenversicherungen, die dem VVG unterstehen, entspricht der Ertragsanteil 70 Prozent dieser Leistungen.

Diese Gesetzesänderung hat auch Auswirkungen auf die Besteuerung von Kapitalleistungen bei Rückkauf eines Leibrentenvertrages und bei Rückgewähr im Todesfall. Die bis anhin geltende Praxis zur Besteuerung bei Rückkauf sowie Rückgewähr wird zwar im Grundsatz weitergeführt. Neu wird jedoch in Fällen der Rückgewähr und des Rückkaufs, die als der Vorsorge dienend anzusehen sind, bei der Bemessungsgrundlage zwischen der garantierten Leistung nach Art. 22 Abs. 3 Bst. a DBG und einer allfälligen Überschussleistung nach Art. 22 Abs. 3 Bst. b DBG differenziert. Die Steuerberechnung erfolgt wie bisher nach Art. 38 DBG getrennt vom übrigen Einkommen zu einem Fünftel des Tarifs[1]. Gilt der

---

[1] Für die Kantons- und Gemeindesteuern kommt die gleiche Besteuerungsmethode zur Anwendung (vgl. Art. 7 Abs. 2 Bst. a und b StHG; Art. 11 Abs. 3 StHG). Der Lesbarkeit halber werden nachfolgend jedoch jeweils nur die Bestimmungen im DBG zitiert.

Rückkauf nicht als der Vorsorge dienend, ändert sich gegenüber der geltenden Praxis nichts (vgl. Botschaft zum Bundesgesetz über die Besteuerung von Leibrenten und ähnlichen Vorsorgeformen, BBl 2021 3028, Ziff. 3.3). Schematisch kann diese Besteuerung wie folgt dargestellt werden:

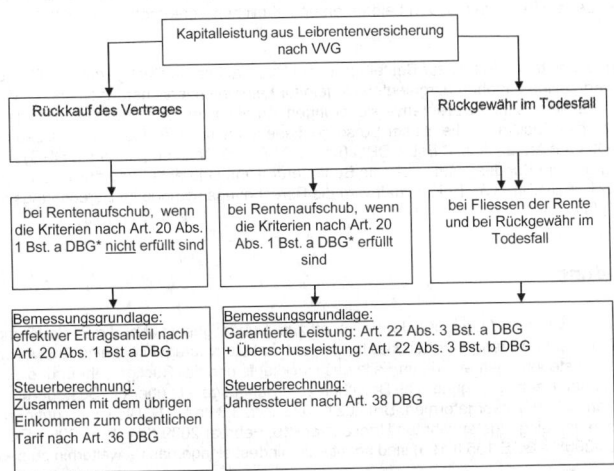

* mindestens 5 Jahre Vertragsdauer, Auszahlung nach 60. Altersjahr und Abschluss vor 66. Altersjahr

Für die steuerliche Behandlung ist es ohne Belang, ob der Rentenvertrag mit periodischen Prämien oder mit einer Einmalprämie finanziert wurde.

2.2 Ausländische Leibrentenversicherungen

Bei Leistungen aus ausländischen Leibrentenversicherungen ist der steuerbare Ertragsanteil ab dem 1. Januar 2025 wie folgt zu berechnen (vgl. 7 Abs. 2 Bst. c StHG; Art. 22 Abs. 3 Bst. c DBG):

Art. 22 Abs. 3
c) Bei Leistungen aus ausländischen Leibrentenversicherungen, aus Leibrenten- und aus Verpfründungsverträgen ist die Höhe der um 0,5 Prozentpunkte erhöhten annualisierten Rendite zehnjähriger Bundesobligationen (r) während des betreffenden Steuerjahres und der neun vorangegangenen Jahre massgebend:

1. Ist diese Rendite grösser als null, so berechnet sich der Ertragsanteil, auf den nächstliegenden ganzen Prozentwert auf- oder abgerundet, wie folgt:

$$Ertragsanteil = \left[1 - \frac{(1+r)^{22} - 1}{22 \cdot r \cdot (1+r)^{23}}\right] \cdot 100\,\%$$

2. Ist diese Rendite negativ oder null, so beträgt der Ertragsanteil null Prozent.

Der Grund, dass die Berechnungsmethode des steuerbaren Ertragsanteils für ausländische Leibrentenversicherungen von derjenigen für Leibrentenversicherungen nach VVG abweicht, ist, dass die steuerpflichtige Person in der Regel nicht in der Lage wäre, eine nach Art. 22 Abs. 3 Bst. a und b DBG rechtsgenügende Bescheinigung zur Ermittlung der Ertragsanteile einzureichen (vgl. Botschaft zum Bundesgesetz über die Besteuerung von Leibrenten und ähnlichen Vorsorgeformen, BBl 2021 3028, Ziff. 4.1).

Da wie erwähnt die geltende Praxis zur Besteuerung bei Rückkauf sowie Rückgewähr im Grundsatz weitergeführt wird, gelten die oben dargelegten Regeln für Leibrentenversicherungen nach VVG sinngemäss auch für ausländische Leibrentenversicherungen. Zu beachten ist einzig, dass in Fällen der Rückgewähr und des Rückkaufs, die als der Vorsorge dienend anzusehen sind, die Bemessungsgrundlage gestützt auf Art. 22 Abs. 3 Bst. c DBG (und nicht Art. 22 Abs. 3 Bst. a und b DBG) festgelegt wird (vgl. Botschaft zum Bundesgesetz über die Besteuerung von Leibrenten und ähnlichen Vorsorgeformen, BBl 2021 3028, Ziff. 3.3). Beispielhaft wird die Berechnungsmethode im Berechnungsbeispiel E unter Ziffer 5 dargestellt.

3. Begründung

Wie oben dargelegt wurde und auch aus der Botschaft zum Bundesgesetz über die Besteuerung von Leibrenten und ähnlichen Vorsorgeformen klar hervorgeht, hat die Neuregelung keine Auswirkungen auf die bisherige Besteuerungsmethode im Falle des Rückkaufs und der Rückgewähr und folglich auch nicht auf die geltende Rechtsprechung (vgl. Botschaft zum Bundesgesetz über die Besteuerung von Leibrenten und ähnlichen Vorsorgeformen, BBl 2021 3028, Ziff. 3.3 und 4.1). Die Überlegungen des Bundesgerichts in den eingangs erwähnten Urteilen vom 16. Februar 2009 (2C_180/2008 = BGE 135 II 183 und 2C_255/2008 = BGE 135 II 195) sind somit – zumindest sinngemäss – weiterhin zu beachten.

In den erwähnten Entscheiden hielt das Bundesgericht unter anderem fest, dass an sich die Zinskomponente über die Generalklausel von Art. 20 Abs. 1 DBG auch direkt und in ihrer tatsächlichen Höhe besteuert werden könnte. Dem stehe indessen entgegen, dass nach Ablauf der Aufschubphase (mit Beginn der Rentenzahlungen) die pauschalierende Methode der Besteuerung gemäss Art. 22 Abs. 1 DBG eingreife. Es sei daher mit Blick auf einen Rückkauf oder eine Rückgewähr in der Rentenphase ausgeschlossen, dass die in den Rentenzahlungen enthaltenen Ertragskomponenten pauschal, die in den Kapitalzahlungen enthaltenen Ertragskomponenten hingegen konkret berechnet würden (vgl. 2C_180/2008, E. 4.5; 2C_255/2008, E. 5.5).

Den Unzulänglichkeiten des Gesetzes könne indessen auch dadurch Rechnung getragen werden, dass bei Leibrenten von kurzer Dauer (weniger als fünf Jahre, vgl. Art. 20 Abs. 1 Bst. a zweiter Satz DBG), die schwerlich der Vorsorge zugerechnet werden könnten und die sich den «Zeitrenten» annäherten, nur die Zinskomponente als «Ertrag aus beweglichem Vermögen» im Sinne von Art. 20 Abs. 1 DBG erfasst werde (vgl. 2C_180/2008, E. 4.5; 2C_255/2008, E. 5.5). Der Begriff der Vorsorge sei in den Steuergesetzen nicht allgemein definiert. Es rechtfertige sich aber, hilfsweise (analog) auf die Begriffsumschreibung für rückkaufsfähige Kapitalversicherungen mit Einmalprämie in Art. 20 Abs. 1 Bst. a DBG abzustellen. Als der Vorsorge dienend gelte gemäss dieser Vorschrift die Auszahlung der Versicherungsleistung ab dem vollendeten 60. Altersjahr des Versicherten auf Grund eines mindestens fünfjährigen Vertragsverhältnisses, das vor Vollendung des 66. Altersjahres begründet wurde.

Das Bundesgericht hat im Weiteren geprüft, wie die Kapitalzahlungen aus Leibrenten zu besteuern sind. Es ist dabei im Fall der Rückzahlung einer Rentenversicherung ohne Vorsorgecharakter zu folgendem Schluss gekommen (vgl. 2C_180/2008, E. 5.4): Eine Rentenversicherung stelle keine Kapitalversicherung dar. Art. 20 Abs. 1 Bst. a DBG sei auf die Rentenversicherungen daher nicht direkt anwendbar. Da der Versicherung der Vorsorgecharakter fehle, komme auch Art. 24 Bst. b DBG nicht in Betracht. Die Aufzählung in Art. 20 Abs. 1 DBG habe indessen lediglich exemplifikativen Charakter. Es sei daher nicht ausgeschlossen, die Rückkaufsumme nur mit der Ertragskomponente der Einkommenssteuer zu unterstellen. Die gesetzliche Grundlage finde sich in Art. 20 Abs. 1 i.V.m. Art. 16 Abs. 1 DBG. Da die Renten noch nicht zu laufen begonnen haben und das «Rentenstammrecht» unangetastet sei, stellten sich bei deren Berechnung keine besonderen Schwierigkeiten.

Im Fall der Rückzahlung eines Rentenvertrages mit Vorsorgecharakter stellte sich die Frage, ob die Besteuerung nach Art. 37 oder nach Art. 38 DBG zu erfolgen hat. Dazu hält das Bundesgericht in E. 6.2 und E. 6.3 des Entscheides 2C_255/2008 fest, dass das Gesetz in erster Linie nach seinem Wortlaut auszulegen sei. Wenn der Wortlaut einer Bestimmung klar sei, erübrige es sich, für die Bedeutung und Tragweite der Norm auf weitere Auslegungselemente zurückzugreifen. Der Wortlaut von Art. 38 DBG sei klar. Das Gericht führt dazu wörtlich aus: «*Nach Absatz 1 werden gesondert besteuert (u.a.) die "Kapitalleistungen nach Art. 22 (DBG)". Es handelt sich um "Einkünfte aus Vorsorge" (vgl. Titel vor Art. 22 DBG), mithin Leistungen, die auf der Dreisäulenkonzeption beruhen (Richner/Frei/Kaufmann, in: Handkommentar zum DBG, 2003, N 1 und 4 zu Art. 22 DBG). Die freie Vorsorge (Säule 3b) ist teilweise – hinsichtlich der Leibrenten und Einkünfte aus Verpfründung – in Absatz 3 von Art. 22 DBG geregelt. Darunter fallen nach der Rechtsprechung nicht nur die wiederkehrenden Leistungen aus Leibrentenversprechen und Lebensversicherungen einschliesslich der Rückgewähr, wenn der Versicherte früher verstirbt, sondern auch die Kapitalleistungen aus dem Rückkauf solcher Verträge (Urteil 2A.40/1998 vom 10. August 1998, in: StE 1999 B 28 Nr. 6, zu Art. 21bis Abs. 3 BdBSt). Es findet auf diese Leistungen klarerweise Art. 38 DBG (und nicht Art. 37 DBG) Anwendung. Die Kapitalleistung aus Leibrente ist zu 40 Prozent zu versteuern, wobei die Steuer zu einem Fünftel der Tarife nach Art. 36 DBG berechnet wird.*» Nicht entscheidend war für das Bundesgericht, dass aufgrund von Art. 11 Abs. 3 StHG eine Besteuerung zum Vorsorgetarif nicht nahe lag.

4. Steuerliche Folgen bei verschiedenen Sachverhalten

<u>Rückkauf einer Rentenversicherung nach einer Vertragsdauer von mehr als 5 Jahren, nach dem 60. Altersjahr und bei Abschluss vor dem 66. Altersjahr bei aufgeschobener Rentenleistung</u>

Im Falle eines Rückkaufes einer Leibrentenversicherung findet Art. 22 Abs. 3 DBG gemäss Botschaft zum Bundesgesetz über die Besteuerung von Leibrenten und ähnlichen Vorsorgeformen sowie der Bundesgerichtspraxis nur auf Versicherungsverhältnisse Anwendung, die der Vorsorge dienen. Dabei werden hilfsmässig die Kriterien gemäss Art. 20 Abs. 1 Bst. a DBG herangezogen. Die für Kapitalversicherungen mit Einmalprämie in Art. 20 Abs. 1 Bst. a DBG verankerten kumulativ zu erfüllenden Kriterien für die Definition einer Kapitalversicherung als Vorsorge umfassen neben der minimalen Vertragsdauer von 5 Jahren auch die Auszahlung nach dem 60. Altersjahr und den Abschluss vor dem vollendeten 66. Altersjahr.

Es rechtfertigt sich, für die Definition als Vorsorge bei Rückkäufen von Rentenversicherungen ebenfalls die kumulative Erfüllung der Vorsorgekriterien zu verlangen. Dies entspricht auch den Ausführungen in den Materialien (vgl. Botschaft zum Bundesgesetz über die Besteuerung von Leibrenten und ähnlichen Vorsorgeformen, BBl 2021 3028, Ziff. 3.3) und den Erwägungen des Bundesgerichts. In E. 5.3 im Urteil 2C_180/2008 führt das Gericht wörtlich aus: «*Auch wenn es sich nicht um eine Kapital-, sondern eine Rentenversicherung handelt, müssen doch vergleichbare Verhältnisse hergestellt werden.*» Angemessen erscheint dies sodann mit Blick darauf, dass gemäss Bundesgerichtspraxis bei Rückkaufsummen der Steuersatz für Vorsorgeleistungen zur Anwendung gelangt.

Beim Rückkauf einer Rentenversicherung nach einer Vertragsdauer von mehr als 5 Jahren ist mithin zusätzlich zu prüfen, ob der Vertrag nach dem 60. Altersjahr der versicherten Person aufgelöst und vor dem vollendeten 66. Altersjahr abgeschlossen wurde. Sind diese Voraussetzungen erfüllt, wird die Rückkaufsumme im Umfang des gesamten steuerbaren Ertragsanteils (Summe aus steuerbarem Ertragsanteil aus den garantierten Leistungen sowie steuerbarem Ertragsanteil aus

Überschussleistungen [vgl. Art. 22 Abs. 3 Bst. a und b DBG]) mit einer separat vom übrigen Einkommen berechneten Jahressteuer nach Art. 38 DBG (1/5 des Tarifs nach Art. 36 DBG) erfasst.

Für die steuerliche Beurteilung spielt es dabei keine Rolle, ob die Rentenversicherung mit einer Einmalprämie oder mit periodischen Prämien finanziert wurde.

Rückkauf einer Rentenversicherung nach einer Vertragsdauer von weniger als 5 Jahren, vor dem 60. Altersjahr oder bei Abschluss nach dem 66. Altersjahr bei aufgeschobener Rentenleistung

Eine solche Versicherung dient gestützt auf die Ausführungen in den Materialien (vgl. Botschaft zum Bundesgesetz über die Besteuerung von Leibrenten und ähnlichen Vorsorgeformen, BBl 2021 3028, Ziff. 3.3) sowie nach den Erwägungen des Bundesgerichts nicht der Vorsorge. Somit ist lediglich die Differenz zwischen der Auszahlung und der geleisteten Einmaleinlage als Vermögensertrag im Sinne von Art. 20 Abs. 1 Bst. a DBG zusammen mit dem übrigen Einkommen zu besteuern.

Für die steuerliche Beurteilung spielt es dabei keine Rolle, ob die Rentenversicherung mit einer Einmalprämie oder mit periodischen Prämien finanziert wurde.

Rückkauf einer Rentenversicherung mit sofort beginnender Rente nach einer Vertragsdauer und Rentenlaufzeit von weniger als 5 Jahren

Der Rückkauf einer Rentenversicherung, aus welcher bereits Leistungen fliessen, stellt immer eine Vorsorgeleistung nach Art. 22 Abs. 3 DBG dar. Die Rückkaufssumme ist daher ebenso wie die Rentenleistungen im Umfang des gesamten steuerbaren Ertragsanteils (Summe aus steuerbarem Ertragsanteil aus den garantierten Leistungen sowie steuerbarem Ertragsanteil aus Überschussleistungen [vgl. Art. 22 Abs. 3 Bst. a und b DBG]) steuerbar. Die Besteuerung erfolgt mit einer separat vom übrigen Einkommen berechneten Jahressteuer nach Art. 38 DBG (1/5 des Tarifs nach Art. 36 DBG).

Rückgewähr aus einer Rentenversicherung im Todesfall (während der Aufschubszeit oder bei bereits fliessenden Renten)

Im Gegensatz zu einem Rückkauf durch die versicherte Person stellen Todesfallleistungen immer Vorsorgeleistungen dar. Da es sich indessen nicht um die Auszahlung einer Kapitalversicherung handelt, unterliegt die Rückgewährssumme im Umfang des steuerbaren Ertragsanteils (Summe aus steuerbarem Ertragsanteil aus den garantierten Leistungen sowie steuerbarem Ertragsanteil aus Überschussleistungen [vgl. Art. 22 Abs. 3 Bst. a und b DBG]) der Einkommenssteuer. Im restlichen Umfang wird die Rückgewähr im Todesfall als Rückzahlung des von der verstorbenen Person als Einlage geleisteten und noch nicht aufgebrauchten Kapitals betrachtet und unterliegt einer allfälligen Erbschaftssteuer (vgl. Botschaft zum Bundesgesetz über die Besteuerung von Leibrenten und ähnlichen Vorsorgeformen, BBl 2021 3028, Ziff. 3.3; 2P.301/2003 = BGE 131 I 409 und 2P.166/2004). Die Einkommenssteuer wird in Form einer separat vom übrigen Einkommen berechneten Jahressteuer nach Art. 38 DBG (1/5 des Tarifs nach Art. 36 DBG) erhoben.

5. Berechnungsbeispiele

5.1 Rückkauf einer Leibrentenversicherung mit aufgeschobenen Rentenleistungen nach mehr als 5 Jahren

A. hat am 20. Dezember 2015 im Alter von 55 Jahren eine Leibrentenversicherung mit aufgeschobenen Rentenleistungen abgeschlossen. Die Versicherung wird mit einer Einmaleinlage in der Höhe von Fr. 265'000 finanziert. Als Rentenbeginn ist der 1. Januar 2026 vereinbart. Am 30. Juni 2025 macht A. von seinem Rückkaufsrecht Gebrauch. Er erhält eine Kapitalleistung in der Höhe von Fr. 325'000 ausbezahlt, wovon Fr. 25'000 Überschussleistungen darstellen. Steuerfolgen?

Infolge der Laufzeit von mehr als 5 Jahren und der Auszahlung der Versicherungsleistung nach dem vollendeten 60. Altersjahr sowie dem Abschluss vor dem vollendeten 66. Altersjahr handelt es sich um eine Leistung aus Vorsorge. Der steuerbare Ertragsanteil berechnet sich gemäss Art. 22 Abs. 3 DBG wie folgt:

Steuerbarer Ertragsanteil aus garantieren Leistungen (14% der garantierten Leistungen von Fr. 300'000)[2]:	CHF	42'000.-
Steuerbarer Ertragsanteil aus den Überschussleistungen (70% der Überschussleistungen):	CHF	17'500.-
Gesamter steuerbarer Ertragsanteil:	CHF	59'500.-

Die Besteuerung des steuerbaren Ertragsanteils von Fr. 59'500 erfolgt gesondert vom übrigen Einkommen mit einer Jahressteuer nach Art. 38 DBG (1/5 des Tarifs nach Art. 36 DBG).

Die für die Besteuerung notwendigen Informationen werden vom Versicherer bescheinigt (vgl. Art. 127 Abs. 1 Bst. c DBG; Art. 19 VStG i.V.m. Art. 47 Abs. 6 VStV). Im Sinne einer Hilfestellung für die Steuerpflichtigen und die kantonalen Steuerbehörden wird die ESTV zudem jährlich eine Liste mit den aktuellen steuerbaren Ertragsanteilen im Sinne von Art. 22 Abs. 3 Bst. a DBG publizieren. In der Veranlagungspraxis muss die oben vorgenommene Berechnung somit nicht von der Veranlagungsbehörde vorgenommen werden.

---

[2] Massgebend für die Berechnung des steuerbaren Ertragsanteils auf den garantierten Leistungen ist der maximale technische Zinssatz gemäss FINMA im Zeitpunkt des Vertragsabschlusses (vgl. Art. 22 Abs. 3 Bst. a DBG). Für das Jahr 2015 betrug der maximale technische Zinssatz gemäss FINMA 1.25%, woraus sich gestützt auf die Berechnungsgrundlage in Art. 22 Abs. 3 Bst. a DBG ein steuerbarer Ertragsanteil von 14% ergibt (vgl. Botschaft zum Bundesgesetz über die Besteuerung von Leibrenten und ähnlichen Vorsorgeformen, BBl 2021 3028, Ziff. 4.1).

5.2 Rückkauf einer Leibrentenversicherung mit aufgeschobenen Rentenleistungen nach weniger als 5 Jahren

B. hat am 20. Dezember 2021 eine Leibrentenversicherung mit aufgeschobenen Rentenleistungen abgeschlossen. Die Versicherung wird mit einer Einmaleinlage in der Höhe von Fr. 265'000 finanziert. Als Rentenbeginn ist der 1. Januar 2031 vereinbart.

Am 30. Juni 2026 macht B. von seinem Rückkaufsrecht Gebrauch. Er erhält eine Kapitalleistung in der Höhe von Fr. 300'000 ausbezahlt, wovon Fr. 35'000 Überschussleistungen darstellen. Steuerfolgen?

Infolge der Laufzeit von weniger als 5 Jahren und dem nicht angetasteten Rentenstammrecht fehlt der Versicherung der Vorsorgecharakter. Steuerbar ist daher nur der realisierte Kapitalertrag:

Auszahlungsbetrag	CHF	300'000.-
Geleistete Einmalprämie	CHF	265'000.-
Steuerbarer Ertrag	CHF	35'000.-

Steuerbar gemäss Art. 20 Abs. 1 Bst. a DBG als Vermögensertrag zusammen mit dem übrigen Einkommen in der Steuerperiode 2026.

5.3 Rückkauf einer Leibrentenversicherung mit sofort beginnender Leibrente

C. hat am 20. Dezember 2021 eine Leibrentenversicherung mit sofort beginnenden Rentenleistungen ab 1. Januar 2022 von jährlich Fr. 12'000 abgeschlossen. Die Versicherung wird mit einer Einmalprämie in der Höhe von Fr. 265'000 finanziert. Am 30. Juni 2026 kauft C. den Rentenvertrag zurück, da sie ihrer Tochter einen Erbvorbezug für den Erwerb eines Hauses zukommen lassen will. Die Rückkaufssumme beträgt Fr. 220'000, wovon Fr. 10'000 Überschussleistungen darstellen. Steuerfolgen?

Trotz der Laufzeit von weniger als 5 Jahren handelt es sich um eine Versicherung mit Vorsorgecharakter, da bereits Rentenleistungen geflossen sind.

Steuerbarer Ertragsanteil aus garantieren Leistungen (1% der garantierten Leistungen von Fr. 210'000)[3]:	CHF	2'100.-
Steuerbarer Ertragsanteil aus den Überschussleistungen (70% der Überschussleistungen):	CHF	7'000.-
Gesamter steuerbarer Ertragsanteil:	CHF	9'100.-

Die Besteuerung erfolgt gesondert vom übrigen Einkommen mit einer Jahressteuer nach Art. 38 DBG (1/5 des Tarifs nach Art. 36 DBG).

Die für die Besteuerung notwendigen Informationen werden vom Versicherer bescheinigt (vgl. Art. 127 Abs. 1 Bst. c DBG; Art. 19 VStG i.V.m. Art. 47 Abs. 6 VStV. Im Sinne einer Hilfestellung für die Steuerpflichtigen und die kantonalen Steuerbehörden wird die ESTV zudem jährlich eine Liste mit den aktuellen steuerbaren Ertragsanteilen im Sinne von Art. 22 Abs. 3 Bst. a DBG publizieren. In der Veranlagungspraxis muss die oben vorgenommene Berechnung somit nicht von der Veranlagungsbehörde vorgenommen werden.

---

[3] Massgebend für die Berechnung des steuerbaren Ertragsanteils auf den garantierten Leistungen ist der maximale technische Zinssatz gemäss FINMA im Zeitpunkt des Vertragsabschlusses (vgl. Art. 22 Abs. 3 Bst. a DBG). Für das Jahr 2021 betrug der maximale technische Zinssatz gemäss FINMA 0.05%, woraus sich gestützt auf die Berechnungsgrundlage in Art. 22 Abs. 3 Bst. a DBG ein steuerbarer Ertragsanteil von 1% ergibt.

5.4 Rückgewähr im Todesfall

D. hat am 20. Dezember 2021 eine Leibrentenversicherung mit aufgeschobenen Rentenleistungen abgeschlossen. Die Versicherung wird mit einer Einmalprämie in der Höhe von Fr. 265'000 finanziert. Als Rentenbeginn ist der 1. Januar 2027 vereinbart. Am 30. Juni 2026 stirbt D. Die Rückgewährssumme in der Höhe von Fr. 300'000, wovon Fr. 35'000 Überschussleistungen darstellen, fällt an die Tochter als einzige Erbin. Steuerfolgen?

Trotz der Laufzeit von weniger als 5 Jahren und dem noch nicht angetasteten Rentenstammrecht handelt es sich um einen Vermögensanfall aus einer Leibrentenversicherung bei der Tochter.

Steuerbarer Ertragsanteil aus garantieren Leistungen (1% der garantierten Leistungen von Fr. 265'000)[4]:	CHF	2'650.-
Steuerbarer Ertragsanteil aus den Überschussleistungen (70% der Überschussleistungen):	CHF	24'500.-
Gesamter steuerbarer Ertragsanteil:	CHF	27'150.-

Die Besteuerung erfolgt gesondert vom übrigen Einkommen mit einer Jahressteuer nach Art. 38 DBG (1/5 des Tarifs nach Art. 36 DBG).

Die für die Besteuerung notwendigen Informationen werden vom Versicherer bescheinigt (vgl. Art. 127 Abs. 1 Bst. c DBG; Art. 19 VStG i.V.m. Art. 47 Abs. 6 VStV). Im Sinne einer Hilfestellung für die Steuerpflichtigen und die kantonalen Steuerbehörden wird die ESTV zudem jährlich eine Liste mit den aktuellen steuerbaren Ertragsanteilen im Sinne von Art. 22 Abs. 3 Bst. a DBG publizieren. In der Veranlagungspraxis muss die oben vorgenommene Berechnung somit nicht von der Veranlagungsbehörde vorgenommen werden.

Im restlichen Umfang, d.h. Fr. 272'850, unterliegt die Rückgewährssumme im Übrigen einer allfälligen Erbschaftssteuer am letzten Wohnsitz des Erblassers.

---

[4] Massgebend für die Berechnung des steuerbaren Ertragsanteils auf den garantierten Leistungen ist der maximale technische Zinssatz gemäss FINMA im Zeitpunkt des Vertragsabschlusses (vgl. Art. 22 Abs. 3 Bst. a DBG). Für das Jahr 2021 betrug der maximale technische Zinssatz gemäss FINMA 0.05%, woraus sich gestützt auf die Berechnungsgrundlage in Art. 22 Abs. 3 Bst. a DBG ein steuerbarer Ertragsanteil von 1% ergibt.

5.5 Rückkauf einer ausländischen Leibrentenversicherung mit aufgeschobenen Rentenleistungen nach mehr als 5 Jahren

E. ist im Jahr 2019 aus Frankreich in die Schweiz gezogen. Sie hat am 20. Dezember 2010 im Alter von 55 Jahren eine französische Leibrentenversicherung mit aufgeschobenen Rentenleistungen abgeschlossen. Die Versicherung wurde mit einer Einmaleinlage in der Höhe von Fr. 265'000 finanziert. Als Rentenbeginn ist der 1. Januar 2021 vereinbart. Am 30. Juni 2020[5] macht E. von ihrem Rückkaufsrecht Gebrauch. Sie erhält eine Kapitalleistung in der Höhe von Fr. 325'000 ausbezahlt, wovon Fr. 25'000 Überschussleistungen darstellen. Steuerfolgen?

Infolge der Laufzeit von mehr als 5 Jahren und der Auszahlung der Versicherungsleistung nach dem vollendeten 60. Altersjahr sowie dem Abschluss vor dem vollendeten 66. Altersjahr handelt es sich um eine Leistung aus Vorsorge. Der steuerbare Ertragsanteil berechnet sich gemäss Art. 22 Abs. 3 Bst. c DBG wie folgt:

Steuerbarer Ertragsanteil
(9% der gesamten Leistungen von Fr. 325'000)[6]: CHF 29'250.-

Die Besteuerung des steuerbaren Ertragsanteils von Fr. 29'250 erfolgt gesondert vom übrigen Einkommen mit einer Jahressteuer nach Art. 38 DBG (1/5 des Tarifs nach Art. 36 DBG).

Im Sinne einer Hilfestellung für die Steuerpflichtigen und die kantonalen Steuerbehörden wird die ESTV jährlich eine Liste mit den aktuellen steuerbaren Ertragsanteilen im Sinne von Art. 22 Abs. 3 Bst. c DBG publizieren.

5.6 Umrechnung des steuerbaren Betrages bei Versicherungen in Fremdwährung

Wenn Leibrentenversicherungen in Fremdwährungen abgeschlossen werden, erfolgt die laufende Besteuerung der Rentenleistungen in der Regel nach dem durchschnittlichen Kurs des betreffenden Bemessungszeitraums.

Bei Rückkauf oder Rückgewähr soll im Sinn einer pragmatischen Lösung sowohl für die Berechnung des steuerbaren Ertragsanteils (bei fehlendem Vorsorgecharakter bei Rückkauf) wie auch bei den übrigen Kapitalleistungen aus Leibrentenverträgen auf den Tageskurs im Zeitpunkt der Auszahlung abgestellt werden.

6. Geltung

Diese Empfehlung ersetzt diejenige vom 27. Oktober 2009

Geht an:
- Vorsteher der kantonalen Steuerverwaltungen
- Eidg. Steuerverwaltung

---

[5] Da die annualisierte Rendite zehnjähriger Bundesobligationen für zukünftige Jahre (noch) nicht bekannt ist, muss hier beispielhaft eine vergangene Steuerperiode verwendet werden, obwohl die neuen Bestimmungen für diese Steuerperiode nicht anwendbar sind. Das vorliegende Beispiel hat damit rein illustrierenden Charakter, gilt aber sinngemäss für die Steuerperioden nach Inkrafttreten der neuen Bestimmungen per 1. Januar 2025.

[6] Massgebend für die Berechnung des steuerbaren Ertragsanteils ist die Höhe der um 0,5 Prozentpunkte erhöhten annualisierten Rendite zehnjähriger Bundesobligationen während des betreffenden Steuerjahres und der neun vorangegangenen Jahre (vgl. Art. 22 Abs. 3 Bst. c DBG). Für das Jahr 2020 ergibt sich gestützt auf die Berechnungsgrundlage in Art. 22 Abs. 3 Bst. c DBG ein steuerbarer Ertragsanteil von 9% (vgl. Botschaft zum Bundesgesetz über die Besteuerung von Leibrenten und ähnlichen Vorsorgeformen, BBl 2021 3028, Ziff. 4.1).

KT ZH

Praxishinweise Kanton Zürich

Ausgewählte Praxishinweise Kanton Zürich

Sondersteuer bei Statuswechsel	**F12** Statuswechsel §§ 73 und 74 StG ZH	**F11**

Sondersteuer bei Statuswechsel

Quelle: Zürcher Steuerbuch (ZStB-Nr. 73.4), kantonales Steueramt Zürich

Sondersteuer auf realisierten stillen Reserven von Holding-, Domizil- und gemischten Gesellschaften

3. Juni 2020

Übergang von der Besteuerung als Holding-, Domizil- oder gemischte Gesellschaft zur ordentlichen Besteuerung (Statuswechsel): Sondersteuer für denjenigen Teil des Reingewinns, der auf die Realisation von stillen Reserven aus der Zeit der Statusbesteuerung entfällt.

1. Gesetzliche Grundlage

§ 2 der Übergangsbestimmungen (Sondersteuer) zur Änderung des Steuergesetzes vom 1. April 2019 (Steuervorlage 17) regelt die Steuerfolgen für Holding-, Domizil- und gemischte Gesellschaften (Statusgesellschaften), die mit dem Inkrafttreten der Steuervorlage 17 ihren besonderen Steuerstatus verlieren und neu der ordentlichen Besteuerung unterliegen. Danach werden die bei Ende der Besteuerung als Statusgesellschaft bestehenden stillen Reserven einschliesslich des selbst geschaffenen Mehrwerts, soweit diese bisher nicht steuerbar gewesen wären, im Fall ihrer Realisation innert der nächsten fünf Jahre gesondert besteuert. Die Höhe der von der juristischen Person geltend gemachten stillen Reserven einschliesslich des selbst geschaffenen Mehrwerts wird vom kantonalen Steueramt mittels Entscheid festgesetzt. Diese stillen Reserven unterliegen nicht der Kapitalsteuer.

2. Gegenstand der Sondersteuer

Gegenstand der Sondersteuer sind die per Ende der Besteuerung als Holding-, Domizil- oder gemischte Gesellschaft bestehenden stillen Reserven einschliesslich des selbst geschaffenen Mehrwerts,

- welche während der Besteuerung als Holding-, Domizil- oder gemischte Gesellschaft entstanden sind,
- soweit diese bisher (d.h. unter dem Steuerstatus) nicht steuerbar gewesen wären und
- soweit sie nicht bis spätestens 31. Dezember 2019 gewinnsteuerwirksam durch Bildung einer als Gewinn besteuert geltenden stillen Reserve aufgedeckt worden sind (sogenannte Aufdeckungslösung bzw. altrechtlicher Step-up; vgl. Zürcher Steuerbuch Nr. 73.3).

Bei Domizil- und gemischten Gesellschaften sind dies die auslandsbezogenen stillen Reserven im Umfang der steuerfreien Quote (nach Abzug von allfällig gewinnsteuerunwirksam aufgedeckten stillen Reserven).

Bei Unternehmen, welche aus dem Ausland in die Schweiz zugezogen sind und seit dem Zuzug als Statusgesellschaft besteuert worden sind, unterliegen die gesamten auslandsbezogenen stillen Reserven im Umfang der Differenz zwischen Verkehrs- und Gewinnsteuerwert bei ihrer Realisation der Sondersteuer, also auch jene, die vor dem Zuzug in die Schweiz gebildet worden sind.

Nicht Gegenstand der Sondersteuer sind die stillen Reserven auf

- Immobilien, da diese Reserven unter den bisherigen Steuerstatus steuerbar gewesen wären,
- Beteiligungen gemäss § 72 StG im Umfang der Differenz zwischen Verkehrswert und Gestehungskosten, da diese Reserven auch nach Statuswegfall über den Beteiligungsabzug auf Kapitalgewinnen gewinnsteuerfrei bleiben,
- inlandsbezogenen Aktiven und, im Umfang der steuerbaren Quote, auf auslandsbezogenen Aktiven, da auch diese Reserven unter den bisherigen Steuerstatus steuerbar gewesen wären,
- Aktiven, welche bei Eintritt in den Steuerstatus gemäss § 75 StG (in der bis 31.12.2019 geltenden Fassung) nicht besteuert worden sind und bei denen die Frist für die Erhebung der Jahressteuer noch nicht abgelaufen ist. Ist diese Frist dagegen abgelaufen, können die stillen Reserven auf diesen Aktiven aufgedeckt werden.

Bei Beteiligungen gemäss § 72 StG muss sichergestellt werden, dass Abschreibungen auf Beteiligungen, welche sich während der Zeit der Statusbesteuerung nicht gewinnsteuerwirksam ausgewirkt haben, bei deren „Wiedereinbringung" im Zusammenhang mit einer echten, buchmässigen oder steuersystematischen Realisation nicht zur Besteuerung gelangen. Dies kann nur über eine Anpassung des Gewinnsteuerwertes und der Gestehungskosten per Ende der letzten Steuerperiode unter der Besteuerung als Statusgesellschaft erfolgen (vgl. Zürcher Steuerbuch Nr. 73.3, Ziffer 2). Wurden Gewinnsteuerwert bzw. Gestehungskosten entsprechend angepasst, unterliegt die „Wiedereinbringung" der seinerzeitigen Abschreibung nicht der Sondersteuer.

3. Realisation

Gemäss § 2 Abs. 1 der Übergangsbestimmungen werden die stillen Reserven aus der Zeit der Statusbesteuerung bei ihrer Realisation innert der nächsten fünf Jahre von der ordentlichen Besteuerung ausgenommen und während maximal fünf Jahren der Sondersteuer unterworfen.

Als Realisation gelten die echte Realisation durch Verkauf, die buchmässige Realisation durch Aufwertung und die steuersystematische Realisation, insbesondere bei Wegzug in das Ausland.

Soweit im Reingewinn ausserordentliche Erfolgskomponenten, z.B. in Form von Buchgewinnen aus der Veräusserung von Aktiven oder Währungsgewinnen sowie ausserordentliche Wertberichtigungen oder Abschreibungen, enthalten sind, sind diese vor der Aufteilung des operativen Ergebnisses zu subtrahieren und dem ordentlich steuerbaren Gewinn oder dem Sondersteuerteil zuzuweisen, je nachdem, ob diese realisierten stillen Reserven der Sondersteuer unterliegen oder nicht. Ebenfalls vorab dem ordentlich steuerbaren Gewinn zuzuweisen sind Finanz- und Liegenschaftenerfolg.

Der nach Zuteilung von Finanzerfolg, Liegenschaftenerfolg und ausserordentlichen Erfolgskomponenten verbleibende ordentliche Reingewinn von ehemaligen Domizil- und gemischten Gesellschaften ist weiter in einen ordentlich steuerbaren und in einen der Sondersteuer unterliegenden Teil aufzuteilen. Diese Aufteilung kann schätzungsweise aufgrund des Durchschnitts der Summe der in- und auslandsbezogenen Ergebnisse der letzten drei Jahre vor dem Statuswechsel erfolgen, wenn davon ausgegangen werden kann, dass die operativen Tätigkeiten unverändert weitergeführt werden. Bei Veränderungen der operativen Tätigkeiten wie Umstrukturierungen muss der Nachweis, dass der Reingewinn realisierte stille Reserven aus der Zeit der Statusbesteuerung enthält, als steuermindernde Tatsache durch die Gesellschaft erbracht werden.

Der Beteiligungsertrag ist Teil des ordentlich steuerbaren Gewinns, da er in keinem Zusammenhang mit der Realisation stiller Reserven aus der Zeit der Statusbesteuerung steht. Der Beteiligungsabzug wird deshalb auf dem ordentlichen Reingewinn (ohne Sondersteuer) berechnet.

4. Steueraufwand

Der auf die Sondersteuer entfallende Teil des Aufwandes für die Staats- und Gemeindesteuern sowie die anteilige direkte Bundessteuer ist dem der Sondersteuer unterliegenden Teil des Reingewinns zuzuweisen.

5. Vorjahresverluste

Bei der Sondersteuerlösung können die Verluste des nicht steuerbaren Teils aus ausländischer Quelle aus der Zeit der Statusbesteuerung mit dem steuerbaren Gewinn nachfolgender Steuerperioden verrechnet werden, sofern und soweit keine gewinnsteuerunwirksame Aufdeckung von stillen Reserven bei Wegfall des Steuerstatus erfolgt ist. Solche Vorjahresverluste sind zunächst mit dem gesamten Reingewinn, vor Aufteilung in den ordentlich steuerbaren und den der Sondersteuer unterliegenden Teil, zu verrechnen.

6. Verfahren

Die bei Ende der Besteuerung als Holding-, Domizil- oder gemischte Gesellschaft bestehenden stillen Reserven einschliesslich des selbst geschaffenen Mehrwerts müssen von der steuerpflichtigen Gesellschaft anhand einer anerkannten Bewertungsmethode mit Einreichung der Steuererklärung 2019 oder bis 31. Dezember 2020 geltend gemacht werden. Ihre Höhe wird vom kantonalen Steueramt mittels anfechtbarem Entscheid festgesetzt.

7. Illustration

Gemischte Gesellschaft mit Statusverlust per 31.12.2019. Vom Gesamtgewinn entfallen 25% auf das Inland und 75% auf das Ausland (Durchschnitt der Summe der in- und auslandsbezogenen Ergebnisse der letzten drei Jahre vor dem Statusverlust; die unter dem Steuerstatus steuerbare Quote der auslandsbezogenen Ergebnisse ist dem Inlandteil zuzurechnen). Im Reingewinn gemäss Erfolgsrechnung von 150 ist ein nach § 64b StG ermittelter Reingewinn aus Patenten und vergleichbaren Rechten von 100, ein nach § 72 StG ermittelter Nettobeteiligungsertrag von 10, welcher dem Beteiligungsabzug unterliegt, sowie ein im Geschäftsjahr 2020 erzielter Buchgewinn aus dem Verkauf einer nicht für den Beteiligungsabzug nach § 72 StG qualifizierenden Beteiligung von 20 enthalten. Die gesamten stillen Reserven, welche bei ihrer Realisation während fünf Jahren der Sondersteuer unterliegen, betragen gemäss Entscheid des kantonalen Steueramts 250.

Der Gewinnanteil, welcher aus der Realisation stiller Reserven aus der Zeit der Statusbesteuerung stammt, bzw. der der ordentlichen Besteuerung unterliegende Reingewinn werden wie folgt berechnet:

Steuerperiode 1.1. – 31.12.2020	Total	ordentlich 25%	Sondersteuer 75%
Reingewinn gemäss Erfolgsrechnung	**150.0**		
- Nettobeteiligungsertrag	-10.0		
Basis Gesamtentlastungsgrenze	140.0		
- a.o. Erfolg aus Beteiligungsverkauf 2020	-20.0		
	120.0	30.0	90.0
Ermässigung Patentbox	-100.0	-25.0	-75.0
+ a.o. Erfolg wie oben	20.0	20.0	
	40.0		
Korrektur Entlastungsbegrenzung 30% (Minimalgewinn: 30% von 140)	2.0	0.5	1.5
	42.0		
+ Nettobeteiligungsertrag	10.0	10.0	
Steuerbarer Reingewinn	**52.0**	**35.5**	**16.5**
Beteiligungsabzug: 10.0/35.5 = 28.169%			
Restbestand stille Reserven			
Gemäss Entscheid Steueramt per 31.12.2019			250.0
- besteuert mit Einschätzung Steuerperiode 1.1.2020 – 31.12.2020			-16.5
Restbetrag für nachfolgende vier Steuerperioden			**233.5**

Statuswechsel §§ 73 und 74 StG ZH

Quelle: Zürcher Steuerbuch (ZStB-Nr. 73.3), kantonales Steueramt Zürich

Übergang von der Besteuerung als Holding-, Domizil- oder gemischte Gesellschaft zur ordentlichen Besteuerung (Statuswechsel): Auswirkungen auf die stillen Reserven und die Vorjahresverluste

24.05.2018

Stille Reserven inklusive Mehrwert aus der Zeit der Besteuerung unter einem kantonalen Steuerstatus können bei Wegfall des kantonalen Steuerstatus grundsätzlich im Umfang der bisherigen Freistellung gewinnsteuerunwirksam, durch Bildung einer als Gewinn besteuert geltenden stillen Reserve, aufgedeckt und nach Einsetzen der ordentlichen Besteuerung steuerwirksam abgeschrieben werden.

Gemäss § 73 Abs. 1 StG entrichten Kapitalgesellschaften und Genossenschaften, deren statutarischer Zweck zur Hauptsache in der dauernden Verwaltung von Beteiligungen besteht und die in der Schweiz keine Geschäftätigkeit ausüben, keine Gewinnsteuer, sofern die Beteiligungen oder die Erträge aus Beteiligungen längerfristig mindestens zwei Drittel der gesamten Aktiven und Passiven ausmachen.

Gemäss § 70 Abs. 1 StG können vom Reingewinn der Steuerperiode Verluste aus sieben der Steuerperiode vorangegangenen Geschäftsjahren abgezogen werden, soweit sie bei der Berechnung des steuerbaren Reingewinns dieser Jahre nicht berücksichtigt werden konnten.

Erfüllt eine Kapitalgesellschaft oder Genossenschaft, welche als Holdinggesellschaft gemäss § 73 StG besteuert wurde, die Voraussetzungen von § 73 Abs. 1 StG nicht mehr und wird deshalb neu ordentlich gemäss § 71 StG besteuert, kann sie die stillen Reserven, welche entstanden sind, während sie nach § 73 StG besteuert wurde, im Zeitpunkt des Übergangs zur ordentlichen Besteuerung ohne Gewinnsteuerfolgen in der Steuerbilanz offen legen.

Verluste, die während der Besteuerung als Holdinggesellschaft gemäss § 73 StG entstanden sind, können nach dem Statuswechsel (Übergang zur ordentlichen Besteuerung nach § 71 StG) nicht mehr zur Verrechnung gebracht werden.

Diese Praxisfestlegung gemäss Mitteilung vom 19. Juli 2012 entspricht den Grundsätzen, die sich aus dem Entscheid des Bundesgerichts 2C_645/2011 vom 12. März 2012 ergeben.

Diese für Holdinggesellschaften festgelegte Praxis kann sinngemäss auch auf den Übergang von der Besteuerung als Domizil- oder gemischte Gesellschaft zur ordentlichen Besteuerung angewendet werden. Daraus ergeben sich für die Behandlung der stillen Reserven und die Verrechnung von Vorjahresverlusten folgende Grundsätze:

1. Aufdeckung der stillen Reserven

Stille Reserven inklusive Mehrwert aus der Zeit der Besteuerung unter einem kantonalen Steuerstatus können bei Wegfall des kantonalen Steuerstatus grundsätzlich im Umfang der bisherigen Freistellung gewinnsteuerunwirksam, durch Bildung einer als Gewinn besteuert geltenden stillen Reserve, aufgedeckt und nach Einsetzen der ordentlichen Besteuerung steuerwirksam abgeschrieben werden.

Die Aufdeckung der stillen Reserven ist bei Wegfall des kantonalen Steuerstatus bis und mit der letzten Steuerperiode vor Inkrafttreten des Bundesgesetzes über die Steuervorlage 17 möglich.

2. Umfang der aufzudeckenden stillen Reserven

Im Allgemeinen:

Aus steuersystematischen Gründen können grundsätzlich nur jene stillen Reserven ganz oder teilweise steuerunwirksam aufgedeckt werden, welche in der Zeit zwischen Eintritt in den kantonalen Steuerstatus und dessen Verlust steuerfrei entstanden sind.

Bei Unternehmen, welche aus dem Ausland in die Schweiz zugezogen und seit dem Zuzug mit einem kantonalen Steuerstatus besteuert worden sind, können die gesamten auslandsbezogenen stillen Reserven im Umfang der Differenz zwischen Verkehrs- und Buchwert steuerunwirksam aufgedeckt werden, also auch jene, die vor dem Zuzug in die Schweiz gebildet worden oder entstanden sind.

Im Einzelnen:

Beim Wegfall des Holdingstatus können die stillen Reserven auf Immobilien nicht und jene auf den übrigen Aktiven vollständig gewinnsteuerunwirksam aufgedeckt werden.

Beim Wegfall des Status als Domizil- oder gemischte Gesellschaft können die stillen Reserven auf Immobilien und inlandsbezogenen Aktiven nicht, jene auf den auslandsbezogenen Aktiven im Umfang der bisherigen Freistellungsquote gewinnsteuerunwirksam offengelegt werden.

Mit Bezug auf Beteiligungen gemäss § 72 StG ist bei Wegfall des Status als Holding-, Domizil- oder gemischte Gesellschaft nur die Differenz zwischen Gestehungskosten und dem tieferen Gewinnsteuerwert vom Statuswechsel betroffen, da diese entweder bei einer Veräusserung, bei einer buchmässigen Aufwertung oder gestützt auf § 64 Abs. 1 Ziff. 5 StG bei einer Werterholung als Gewinn steuerbar wäre. Die Differenz zwischen Veräusserungserlös und Gestehungskosten dagegen bleibt über den Beteiligungsabzug auch nach Einsetzen der ordentlichen Besteuerung – wenn auch indirekt – gewinnsteuerfrei.

Andererseits muss sichergestellt werden, dass Abschreibungen auf Beteiligungen, welche sich während der Zeit der Statusbesteuerung nicht gewinnsteuerwirksam ausgewirkt haben, bei deren „Wiedereinbringung" im Zusammenhang mit einer echten, buchmässigen oder steuersystematischen Realisation nicht zur Besteuerung gelangen. Daraus ergibt sich für Gewinnsteuerwert und Gestehungskosten:

Verkehrswert der Beteiligung liegt über den Gestehungskosten:

- Der Gewinnsteuerwert der Beteiligung kann gewinnsteuerunwirksam bis auf die Gestehungskosten erhöht werden;
- Die Gestehungskosten bleiben unverändert.

Verkehrswert der Beteiligung liegt unter den Gestehungskosten:

- Der Gewinnsteuerwert der Beteiligung kann gewinnsteuerunwirksam bis auf den Verkehrswert erhöht werden;
- Die Gestehungskosten werden auf den Verkehrswert der Beteiligung reduziert.

3. Steuerlich nicht verrechnete Vorjahresverluste

Nicht verrechnete Vorjahresverluste aus der Zeit der Besteuerung als Holdinggesellschaft können nicht, jene während der Dauer der Besteuerung als Domizil- oder gemischte Gesellschaft nur im Umfang der steuerbaren Quote mit künftigen Gewinnen unter der ordentlichen Besteuerung verrechnet werden.

4. Abschreibung der steuerunwirksam aufgedeckten stillen Reserven

Die aufgedeckten stillen Reserven sind innert höchstens 10 Jahren abzuschreiben. Diese Abschreibungen unterliegen ab dem Inkrafttreten des Bundesgesetzes über die Steuervorlage 17 der Entlastungsbegrenzung.

5. Kapitalsteuer

Die gewinnsteuerunwirksam aufgedeckten stillen Reserven unterliegen gemäss § 79 Abs. 1 StG der Kapitalsteuer, soweit sie nicht in Vorjahren gewinnsteuerwirksam abgeschrieben worden sind. Die Erfassung dieser Reserven im steuerbaren Eigenkapital entfällt mit dem Inkrafttreten des Bundesgesetzes über die Steuervorlage 17 und der damit verbundenen Aufhebung von § 79 Abs. 1 Satz 2 StG.

Gesellschaften, welche für die Gewinnsteuer auf die Besteuerung nach §§ 73 und 74 StG verzichten, können für die Kapitalsteuer weiterhin die Besteuerung als Holding-, Domizil- oder gemischte Gesellschaft gemäss § 82 Abs. 1 StG geltend machen, wenn und solange die Voraussetzungen zur Besteuerung nach §§ 73 oder 74 StG bei der Gewinnsteuer erfüllt wären. Domizil- und gemischte Gesellschaften haben dazu der Steuererklärung das Ergänzungsblatt für Domizil- und gemischte Gesellschaften beizulegen.

D

Dictionnaire

Dictionnaire (d|f|i|e)

183 Tage
- f 183 jours
- i 183 giorni
- e 183 days

à fonds perdu-Zuschuss
- f prestation à fonds perdu
- i prestazione a fondo perso
- e à fonds perdu contribution

Abfindung
- f versement de capital
- i liquidazione in capitale
- e lump-sum settlement

Abgabe
- f droit
- i tassa
- e duty

Abgabe, Ausnahmen
- f exonération du droit
- i esenzione da tassa
- e tax exemption, duty

Abgabe, Emissionsabgabe
- f droit d'émission
- i tassa di emissione
- e stamp duty

Abgabe, Stempelabgaben
- f droit de timbre
- i tasse di bollo
- e stamp duty

Abgeltungssteuer
- f impôt libératoire
- i imposta liberatoria
- e final withholding tax

abgezogene Vermögenswerte
- f avoirs transférés
- i valori patrimoniali trasferiti
- e withdrawn assets

Abkommen, Anwendung
- f accord, application de l'
- i accordo, applicazione dell'
- e convention, application of the

Abkommen, Geltungsbereich
- f convention, champ d'application
- i convenzione, campo d'applicazione
- e convention, scope

Abkommen, zwischenstaatliches
- f convention internationale
- i convenzione internazionale
- e international convention

Abkommensvergünstigungen
- f avantages prévus par la Convention
- i benefici della Convenzione
- e treaty benefits

Abmeldung, als Steuerpflichtiger
- f déclaration d'assujettissement
- i annuncio dell'assoggettamento
- e de-registration, as taxable person

Abrechnung, Einreichung der
- f décompte, remise du
- i rendiconto, presentazione del
- e return, submission of the

Abrechnung, nach vereinbarten Entgelten
- f décompte selon les contre-prestations convenues
- i rendiconto secondo le controprestazioni convenute
- e reporting, based on agreed considerations

Abrechnung, nach vereinnahmten Entgelten
- f décompte selon les contre-prestations reçues
- i rendiconto secondo le controprestazioni ricevute
- e reporting, based on collected considerations

Abrechnung, zwischen Bund und Kantonen
- f décompte avec la Confédération et cantons
- i conteggio tra confederazione e cantoni
- e reporting, between federation and canton

Abrechnungsart
- f mode de décompte
- i sistema di rendiconto
- e reporting, form of

Abrechnungsart, Wechsel
- f mode de décompte, changement
- i sistema di rendiconto, cambiamento
- e form of reporting, change

Abrechnungsmethode, effektive
- f méthode de décompte effective
- i metodo di rendiconto effettivo
- e effective reporting method

Abrechnungsperiode
- f période de décompte
- i periodo di rendiconto
- e reporting period

Abrechnungsverfahren, vereinfachtes
- f procédure simplifiée
- i procedura di conteggio semplificata
- e simplified settlement procedure

Abschlagsrückerstattungen
- f remboursement par acomptes
- i rimborso per acconti
- e reimbursement, on account

Abschlussvollmacht
- f pouvoir de signature
- i firma autorità
- e signing authority

Abschreibungen
- f amortissements
- i ammortamenti
- e depreciation / amortisation

Abschreibungen, auf Gestehungskosten
- f amortissements sur le coût d'investissement
- i ammortamenti sui costi di produzione
- e depreciation, of production costs

Abschreibungen, Goodwill
- f amortissements, goodwill
- i ammortamenti, goodwill
- e depreciations, goodwill

Abschreibungen, selbst geschaffener Mehrwert
- f amortissements, valeur ajoutée générée en interne
- i ammortamenti, valore aggiunto generata internamente
- e depreciations, internally generated added value

Abschreibungen, wiedereingebrachte
- f amortissements récupérés
- i ammortamenti recuperati
- e depreciation, recovered

Absicht, dauernden Verbleibens
- f intention de s'établir
- i intenzione di stabilirsi durevolmente
- e intention to remain permanently

Absorption
- f absorption
- i incorporazione
- e merger

Abspaltung
- f séparation
- i separazione
- e spin-off

Abstammung
- f parentèle
- i discendenza
- e descent

Abtretung, von Forderungen
- f cession d'une créance
- i cessione del credito
- e assignment, of claims

Abzüge
- f déductions
- i deduzioni
- e deductions

Abzüge, allgemeine
- f déductions générales
- i deduzioni generali
- e deductions, in general

Abzüge, Bussen
- f déductions, amendes
- i deduzioni, multe
- e deductions, fines

Abzüge, finanzielle Sanktionen
- f déductions, sanctions financières
- i deduzioni, sanzioni pecuniarie
- e deductions, financial sanctions

Abzüge, Mitarbeit der Ehegatten
- f déductions, collaboration des époux
- i deduzioni, collaborazione dei coniugi
- e deductions, collaboration of spouses

Abzüge, Pauschalabzug
- f déductions forfaitaires
- i deduzioni complessive
- e lump-sum deduction

Abzüge, Selbständigerwerbender
- f déductions, activité lucrative indépendante
- i deduzioni, attività lucrativa indipendente
- e deductions, gainful activity self-employed

Abzüge, Sozialabzug
- f déductions sociales
- i deduzioni sociali
- e social deduction

Abzüge, Steuerabzug
- f déductions, retenue d'impôt
- i deduzioni, ritenuta d'imposta
- e tax deduction

Abzüge, Steueraufwand
- f déductions, charges d'impôts
- i deduzioni, oneri di imposta
- e deductions, tax expense

Abzüge, Unselbständigerwerbender
- f déductions, activité lucrative dépendante
- i deduzioni, attività lucrativa dipendente
- e employed, deductions

Abzüge, Vorsteuerabzug
- f déduction de l'impôt préalable
- i deduzione dell'imposta precedente
- e deductions, deduction of input tax

administrative Sanktionen
- f sanctions administratives
- i sanzioni amministrative
- e administrative sanctions

Adoption
- f adoption
- i adozione
- e adoption

Affidavit
- f affidavit
- i affidavit
- e affidavit

Agio-Lösung
- f solution dite de l'agio
- i soluzione aggio
- e agio solution

AHV
- f AVS
- i AVS
- e old age, survivors and invalidity insurance

AHV, Ergänzungsleistungen
- f AVS, prestations complémentaires
- i AVS, prestazioni complementari
- e complementary contribution

Aktenaufbewahrung
- f conservation, dossiers
- i conservazione, atti
- e record-keeping

Akteneinsicht
- f consultation des dossiers
- i esame degli atti
- e access records

Aktien
- f actions
- i azioni
- e shares

Aktien, Gratisaktien
- f actions gratuites
- i azioni gratuite
- e bonus shares

Aktiven, nicht betriebsnotwendige
- f actif / substance non nécessaire à l'exploitation
- i attivi non necessari all'azienda
- e assets, non-operating

Alimente
- f pension alimentaire
- i alimenti
- e alimony

allgemeine Abzüge
- f déductions générales
- i deduzioni generali
- e general deductions

Alters-, Hinterlassenen- und Invalidenversicherung
- f assurance vieillesse, survivants et invalidité
- i assicurazione vecchiaia, superstiti e invalidità
- e old age, survivors and invalidity insurance

Altersleistungen
- f prestations de vieillesse
- i prestazioni di vecchiaia
- e retirement benefits

Altersvorsorgefonds, anerkannter
- f fonds de pension reconnu
- i fondo di previdenza professionale riconosciuto
- e recognised pension funds

ALV
- f AC
- i AD
- e unemployment insurance

ALV, Taggeld
- f AC, indemnité journalière
- i AD, indennità giornaliere
- e unemployment insurance, daily allowance

amtliche Kontrolle
- f contrôle officiel
- i controllo ufficiale
- e official audit

Amtsblatt, Publikation von Entscheiden
- f feuille officielle, publication des décisions
- i foglio ufficiale, pubblicazione di sentenze
- e official gazette, publication of decisions

Amtsgeheimnis
- f secret de fonction
- i segreto d'ufficio
- e official secret

Amtshilfe
- f collaboration entre autorités
- i assistenza tra autorità
- e administrative assistance

Amtshilfe, Fristen
- f assistance administrative, délais
- i assistenza amministrativa, termini
- e administrative assistance, deadlines

Amtshilfe, internationale
- f assistance administrative internationale
- i assistenza amministrativa internazionale
- e administrative assistance, international

Amtshilfe, Steuerprüfung im Ausland
- f assistance administrative, contrôles fiscaux à l'étranger
- i assistenza amministrativa, controlli fiscali all'estero
- e administrative assistance, tax audits abroad

Amtshilfe, verstorbene Person
- f assistance administrative, personne décédée
- i assistenza amministrativa, persone defunte
- e administrative assistance, deceased person

Amtshilfe, Vollstreckung
- f assistance administrative, recouvrement
- i assistenza amministrativa, recupero
- e administrative assistance, recovery

Amtshilfe, Zustellung von Schriftstücken
- f assistance administrative, notification de documents
- i assistenza amministrativa, notifica di documenti
- e administrative assistance, service of documents

Amtspflichten
- f obligations des autorités
- i doveri dell'autorità
- e official obligations

Amtsträger
- f agents publics
- i funzionari
- e civil servants

Änderung, nachträgliche
- f modification ultérieure
- i modifica successiva
- e change, subsequent

Änderung, rechtskräftiger Entscheide
- f modification des décisions entrées en force
- i modificazione delle decisioni cresciute in giudicato
- e change to the assessment

Änderung, Vorsteuerabzug
- f modification de la déduction de l'impôt préalable
- i modifica della deduzione dell'imposta precedente
- e change, input tax deduction

Angemessenheit
- f adéquation
- i adeguatezza
- e reasonableness

Anhören, des Steuerpflichtigen
- f entendre le contribuable
- i diritto ad essere sentito del contribuente
- e hearing, of the person liable to taxes

Anlagefonds
- f fonds de placement
- i fondo d'investimento
- e investment funds

Anlagekosten
- f dépenses d'investissement
- i spese d'investimento
- e investment costs

Anlagevermögen, betriebliches
- f biens immobilisés de l'exploitation
- i beni immobili aziendali
- e fixed operating assets

Anlagevermögen, betriebsnotwendiges
- f immobilisations nécessaires à l'entreprise
- i capitale investito necessario all'attività aziendale
- e fixed assets, operationally necessary

Anleger
- f investisseurs
- i investitori
- e investors

Anleihe
- f emprunt
- i prestito
- e bond / loan

Anleihensobligationen
- f obligation d'emprunt
- i obbligazione di prestito
- e bond

Anmeldung, als Steuerpflichtiger
- f inscription comme contribuable
- i annuncio dell'inizio dell'assoggettamento
- e registration, as a person liable to taxes

Anpassung, der kantonalen Gesetzgebung
- f adaption de la législation cantonale
- i adeguamento delle legislazioni cantonali
- e amendment of the cantonal legislation

Anrechnung ausländischer Quellensteuern
- f imputation d'impôts étrangers prélevés à la source
- i computo di imposte alla fonte estere
- e recognition of foreign withholding taxes

Anrechnung, bei Grundstücken
- f imputation, méthode d'imputation
- i computo, sistema di computo dell'imposta
- e imputation, imputation method

Anrechnung, der Steuer
- f imputation de l'impôt
- i imputazione dell'imposta
- e tax credit

Anrechnung, Geschäftsverluste bei der Grundstückgewinnsteuer
- f crédit d'impôt sur les gains immobiliers pour pertes d'entreprise
- i credito d'imposta sugli utili immobiliari per perdite aziendali
- e tax credit on profit from real estate for business losses

ansässige Person
- f résident
- i residente
- e resident

Anschaffungskosten
- f frais d'acquisition, fortune
- i costi d'acquisto
- e cost of acquisition

Anschuldigung
- f griefs
- i imputazioni
- e accusation

Anspruch auf Vergünstigungen
- f droit aux avantages
- i diritto a benefici
- e entitlement to benefits

Ansprüche, aus Vorsorge
- f prétentions de prévoyance
- i pretese derivanti dalla previdenza
- e claims arising from providence

Anstiftung
- f instigation
- i istigazione
- e incitement

Anteile, an Grundstücken
- f parts d'immeubles
- i parti d'immobili
- e shares, of property

Antiquitäten
- f antiquités
- i antichità
- e antiques

Antrag, auf Rückerstattung
- f demande de remboursement
- i domanda di rimborso
- e request for refund

Antrag, der Behörden
- f proposition d'autorités
- i domanda / istanza dell'autorità
- e application, of the authorities

Antrag, der Steuerpflichtigen
- f demande du contribuable
- i domanda / istanza del contribuente
- e application, of the person liable to pay taxes

Anwendungsgebiete, Steuererleichterungen
- f zones d'application, allégements fiscaux
- i zone di applicazione, sgravio di imposta
- e application areas, tax relief

Anzeige
- f dénonciation à l'autorité
- i denuncia
- e denunciation

Anzeige, Selbstanzeige
- f dénonciation, annonce spontanée
- i denuncia, autodenuncia
- e denunciation, self-indictment

Arbeitgeber
- f employeur
- i datore di lavoro
- e employer

Arbeitgeberbeitragsreserven
- f réserves de cotisations d'employeur
- i riserve dei contributi del datore di lavoro
- e n.a.

Arbeitnehmer
- f salariés
- i salariati
- e employee

Arbeitnehmer, ausländische
- f travailleurs étrangers
- i lavoratori stranieri
- e foreign employee

Arbeitnehmer, ohne Niederlassungsbewilligung
- f travailleurs sans permis d'établissement
- i lavoratori senza permesso di domicilio
- e employees without residence permit

Arbeitnehmer, Quellensteuer
- f travailleurs, impôt à la source
- i lavoratori, all'imposta alla fonte
- e employees, source tax (on wages)

Arbeitsbeschaffungsreserven
- f réserves de crise
- i riserve di crisi
- e job creation reserve

Arbeitsbeschaffungsreserven, Übertragung
- f réserves de crise, transfert des
- i riservi di crisi, trasferimento di
- e job creation reserve, transfer of

Arbeitsentgelte, kleine
- f rémunérations, petites
- i rimunerazioni, piccole
- e remunerations, minor

Arbeitslosenversicherung
- f assurance-chômage
- i assicurazione contro la disoccupazione
- e unemployment insurance

Arbeitslosigkeit
- f chômage
- i disoccupazione
- e unemployment

Arbeitsverhältnis
- f activité pour le compte d'autrui
- i rapporto di lavoro
- e employment

Arbeitsverhältnis, öffentlich-rechtliches
- f activités de droit public
- i rapporto di lavoro di diritto pubblico
- e public law employment

Arbeitsverhältnis, zum Bund
- f activité / travail pour le compte de la Confédération
- i attività per conto della Confederazione
- e employment on behalf of the Confederation

Architekten
- f architectes
- i architetti
- e architects

Archivierung
- f archivage
- i archiviazione
- e archiving

Arrest / Beschlagnahme
- f séquestre
- i sequestro
- e attachment

Artist
- f artiste
- i artista
- e artist

Ärzte
- f médecins
- i medici
- e doctors

Aufbewahrung, Dauer / Frist
- f conservation, délais
- i conservazione, termini
- e safekeeping, time limits

Aufbewahrung, durch Behörden
- f conservation, autorités
- i conservazione, autorità
- e safekeeping, authorities

Aufbewahrung, durch Steuerpflichtige
- f conservation, contribuable
- i conservazione, contribuente
- e safekeeping, taxable person

Aufdeckung, stille Reserven
- f déclaration des réserves latentes
- i dichiarazione di riserve occulte
- e disclosure, hidden reserves

Aufdeckung stiller Reserven, Sondersteuer
- f déclaration des réserves latentes, imposition séparée
- i dichiarazione di riserve occulte, tassa separata
- e disclosure of hidden reserves, special tax rate

Aufenthalt, gewöhnlicher
- f séjourner de façon habituelle
- i soggiorno / dimora abituale
- e usual residence

Aufenthalt, Quellensteuer
- f séjour, imposition à la source
- i soggiorno / dimora, imposta alla fonte
- e residence, source tax

Aufenthalt, Unterbrechung
- f séjour, interruption
- i soggiorno, interruzione
- e residence, interruption

Aufenthaltsbewilligung
- f autorisation de séjour
- i permesso di soggiorno
- e residence permit

Auffangeinrichtung
- f institution supplétive
- i istituto collettore
- e substitute institution

Aufgabe, der Erwerbstätigkeit
- f cesser d'exercer un activité lucrative
- i cessazione dell'attività lucrativa
- e termination, gainful activity

Aufgeld
- f agios
- i aggio
- e premium

Auflösung, Ehe
- f dissolution, mariage
- i scioglimento, matrimonio
- e dissolution, marriage

Auflösung, Gesellschaft
- f dissolution, société
- i scioglimento, società
- e liquidation, business

Aufnahme, der Erwerbstätigkeit
- f début de l'activité lucrative
- i inizio dell'attività lucrativa
- e start of a gainful activity

Aufschubstatbestände
- f différé, faits justifiant un
- i differimento, fattispecie
- e tax deferral cases

Aufsicht
- f surveillance
- i vigilanza
- e public supervision

Aufsichtsbeschwerde
- f recours à l'autorité de surveillance
- i reclamo all'autorità di vigilanza
- e complaint of the supervisory body

Aufsichtsratsvergütungen
- f tantièmes
- i indennità per amministratore
- e supervisory board emoluments

Aufspaltung
- f division
- i divisione
- e division

Aufwand, geschäftsmässig begründet
- f charges justifiées par l'usage commercial
- i oneri giustificati dall'uso commerciale
- e expense, business related

Aufwand, geschäftsmässig nicht begründet
- f charges non justifiées par l'usage commercial
- i oneri non giustificati dall'uso commerciale
- e expense, non-business related

Aufwandbesteuerung
- f dépense, imposition d'après la
- i dispendio, imposta secondo il
- e expenses, tax based on

Aufwendungen, unausscheidbare
- f impenses indéductibles
- i spese indivisibili
- e expenses, non-deductible

Aufwendungen, wertvermehrende
- f impenses augmentant la valeur
- i costi che hanno aumentato il valore
- e value-increasing expenditure

Aufwertung
- f réévaluation
- i rivalutazione contabile
- e revaluation

Aufzeichnungen
- f enregistrements
- i documenti
- e records

Ausbeutung, von Bodenschätzen
- f exploitation de ressources naturelles
- i estrazione di risorse naturali
- e exploitation of mineral resources

Ausbildung
- f formation
- i formazione
- e training

Ausbildung, berufsorientierte
- f formation à des fins professionnelles
- i formazione professionale
- e professional education

Ausbildungskosten
- f frais de formation
- i costi di formazione
- e training costs

Auseinandersetzung, güterrechtliche
- f liquidation du régime matrimonial
- i scioglimento del regime dei beni
- e settlement, marital property rights

Ausfuhr / Export
- f exportation
- i esportazione
- e export

Ausfuhr, im Reiseverkehr
- f exportation dans le trafic touristique
- i esportazione nel traffico turistico
- e export in the touristic industry

Ausfuhrverfahren
- f procedure d'exportation
- i regime d'esportazione
- e export procedure

Ausgaben / Einnahmen, Aufstellung
- f dépenses / recettes, relevé
- i uscite / entrate, distinte
- e expenditure / receipts, statement

ausgenommene Leistungen
- f prestations exclues du champ de l'impôt
- i prestazioni escluse dall'imposta
- e exempt from the tax without credit, supplies

Ausgleichsfonds
- f fonds de compensation
- i fondo di compensazione
- e compensation fund

Ausgleichskasse
- f assurance de compensation
- i assicurazioni di compensazione
- e settlement fund

Ausgleichszahlung
f paiements compensatoires
i pagamenti compensativi
e compensatory payment

Ausgleichszins
f intérêt compensatoire
i interesse di compensazione
e compensatory interest

Auskunftspflicht, der Behörden
f renseignements des autorités
i informazione dell'autorità, obbligo d'
e obligation, to provide information of the authorities

Auskunftspflicht, des Steuerpflichtigen
f renseignements du contribuable
i informazione del contribuente, obbligo d'
e obligation, to provide information of the taxpayer

Auskunftspflicht, Dritter
f renseignements de tiers
i informazione di terzi, obbligo d'
e obligation, to provide information to third parties

Auskunftsrecht
f renseignements, droit d'obtenir des
i informazione, diritto d'
e right to receive information

Ausland
f étranger
i estero
e abroad

Ausland, Arbeitsverhältnis zum Bund
f étranger, activité pour le compte de la Confédération
i estero, attività per conto della Confederazione
e abroad, employment on behalf of the Confederation

Ausland, Leistungen aus dem
f étranger, prestations de l'
i estero, prestazioni dall'
e abroad, services from

Ausland, Lieferung / Beförderung ins
f étranger, livraison à l'
i estero, fornitura all'
e abroad, delivery / transport

Ausland, Sitz / Verwaltung im
f étranger, siège / administration
i estero, sede / amministrazione all'estero
e abroad, residence / management

Ausland, Sitzverlegung ins
f étranger, transfert de siège à l'
i estero, trasferimento di sede all'estero
e abroad, transfering the registered office

Ausland, Übertragung ins
f étranger, report hors de Suisse
i estero, trasferimento all'
e abroad, transfer

Ausland, Werte im
f étranger, éléments à l'
i estero, patrimonio all'estero
e abroad, values

Ausland, Wohnsitz im
f étranger, domicile à l'
i estero, domicilio all'estero
e abroad, place of domicile

Ausländer
f étrangers
i stranieri
e foreigner

ausländisch beherrschte Gesellschaft
f sociétés dominées par des étrangers
i società dominate da stranieri
e foreign controlled company

ausländische Betriebsstätte
f établissement stable sis à l'étranger
i stabilimento d'impresa all'estero
e permanent establishment abroad

ausländische Betriebsstätte, Verlustverrechnung
f établissement stable situé à l'étranger, déduction de pertes
i stabilimento d'impresa situato all'estero, compensazione di perdite
e permanent establishment abroad, offsetting of losses

ausländische Gesellschaft / Unternehmen
f société / entreprise étrangère
i società / imprese estera
e foreign company

ausländische Handelsgesellschaft
f société commerciale étrangère
i società commerciali estere
e trading companies, foreign

ausländische Liegenschaften, Verluste
f étranger, pertes sur des immeubles à l'
i estero, perdite su immobili all'
e foreign real estate, loss on

ausländische Personengesamtheiten
f communautés de personnes étrangères
i comunità di persone straniere
e foreign partnership

ausländische Staaten
f états étrangers
i stati esteri
e foreign states

ausländische Steuern
f impôts à l'étranger
i imposta estera
e tax, foreign

ausländische Währung
f monnaie étrangère
i valuta estera
e foreign currency

Auslandverluste
f pertes à l'étranger
i perdite all'estero
e foreign losses

Ausnahmen, ausgenommene Leistungen
f exceptions, prestations exclues du champ de l'impôt
i eccezioni, prestazioni escluse dall'imposta
e exempt from the tax without credit, supplies

Ausnahmen, von der Steuer
f exceptions, impôts
i eccezioni, tassa
e exceptions, tax

Ausnahmen, von der Steuerpflicht
f exonérations de l'assujettissement
i esenzione dall'assoggettamento
e exceptions, from the tax liability

Aussage verweigern
f refuser de déposer
i non rispondere al procedimento
e refuse to give evidence

Ausschluss, vom Vorsteuerabzug
f exclusion de la déduction de l'impôt
i esclusione della deduzione dell'imposta
e exclusion, from deduction of input tax

Ausschüttung
f distribution
i distribuzione
e distribution

Ausstand
f récusation
i ricusazione
e challenge

Austausch, Beteiligungsrechte
f échange de droits de participation
i scambio di diritti di partecipazione
e exchange, of investments

Austauschreparaturen
f réparation avec échange de pièces
i riparazioni con sostituzione di pezzi
e exchange repair

Ausübungspreis
f prix d'exercice
i prezzo di esercizio
e exercise price

automatisierte Kasse
f caisse enregistreuse
i cassa di registrazione automatica
e automated registration

B

Bank
f banque
i banca
e bank

Bankbürgschaft
f cautionnement d'une banque
i fideiussione bancaria
e bank guarantee

Bankgeheimnis
f secret bancaire
i segreto bancario
e bank secrecy

Bankkonto
f compte bancaire
i conto bancario
e bank account

Bankstiftungen
f fondations bancaires
i fondazioni bancarie
e bank foundations

Barauslagen
f dépenses en espèces
i spese in contanti
e out-of-pocket expenses

Barwert
f valeur actuelle
i valore monetario
e monetary value

Bauausführung
f chantier de construction
i cantiere di costruzione
e building site

Baukonsortien
f consortiums de construction
i impresa consortile
e construction consortiums

Baukreditzinsen
f intérêts du crédit à la construction
i interessi di credito di costruzione
e building loan interest

Bauleistungen
f travaux immobiliers
i prestazioni di costruzione
e construction services

Baurechtsvertrag, Einkünfte aus
f droit de superficie, revenus
i contratto di superficie, redditi
e ground rent contract, income from

Baurechtszinsen
f intérêts du droit de superficie
i interessi di diritto di superficie
e ground rent

Bausparabzug
f déduction pour l'épargne-logement
i deduzione per il risparmio mirato per l'alloggio
e deduction for building society savings

Baustelle
f chantier de construction
i cantiere di costruzione
e construction project

Beamte
f fonctionnaires
i funzionario
e civil servant

Befähigung verschaffen, zu verfügen
f pouvoir de disposer
i potere di disporre
e competence, to disposition

Beförderung, grenzüberschreitende
f transport transfrontalier
i trasporto all'estero
e transportation, cross-border

Beförderung, Transport
f transport
i trasporto
e transportation

Beförderungsleistungen
f prestations de transport
i prestazioni di trasporto
e transportation services

befreiter Anleger
f investisseurs exonérés
i investitori esentati
e exempt investor

Befreiung, Verzicht auf
f libération, renonciation à la
i esenzione, rinuncia all'
e exemption, waiver of

Befreiung, von der Steuerpflicht
f exemption, assujettissement à l'impôt
i esenzioni, obbligo d'imposta
e exemption, tax liability

Befreiung, von Einfuhren
f importations franches d'impôt
i importazioni esenti da imposta
e tax exempted imports

Befreiung, von Einkünften
f revenus exonérés
i redditi esenti da tassa
e tax exempt income

Befreiung, von Leistungen
f exonérées de l'impôt, prestations
i esenti dall'imposta, prestazioni
e exempt from the tax, supplies

Befreiungsmethode
f méthode d'exemption
i metodo dell'esenzione
e exemption method

Begehren, um gerichtliche Beurteilung
f demande de jugement
i domanda di decisione giudiziaria
e application, for a court ruling

Beginn, der Steuerpflicht
f début de l'assujettissement
i inizio dell'assoggettamento
e commencement, of the tax liability

Begründung, schriftliche
f motif, par écrit
i motivazione, per scritto
e written grounds

Begründung, von Beteiligungsrechten
f création de droits de participation
i costituzione di diritti di partecipazione
e creation, of investments

begünstigte Person
f bénéficiaire
i beneficiario
e beneficiary

Begünstigte, institutionelle
f bénéficiaires institutionnels
i beneficiari istituzionali
e institutional beneficiaries

Begünstigung
f entrave à l'action pénale
i favoreggiamento
e aiding and abetting

Beherbergung
f hébergement
i alloggio
e accommodation

behinderungsbedingte Kosten
f frais liés au handicap
i spese per disabilità
e costs incurred by disability

Behörden
f autorités
i autorità
e authorities

Beilagen, zur Steuererklärung
f annexes, déclaration d'impôt
i allegati, dichiarazione d'imposta
e attachments, to the tax return

Beiträge, an Vorsorgeeinrichtung
f cotisations de la prévoyance
i contributi di previdenza
e contributions, to providential institutions

Beitragsjahre, Einkauf
f années d'assurance, rachat
i anni d'assicurazione, acquisto
e contribution years, purchase

Belege
f pièces justificatives
i giustificativi
e supporting documentation

Bemessung, zeitliche
f imposition dans le temps
i determinazione del periodo fiscale
e assessment, time-based

Bemessungsgrundlage
f base de calcul
i base del calcolo
e measurement base

Bemessungsperiode
f périodes de calcul
i periodi di computo
e assessment period

Bergwerk
f mine
i miniera
e mine

Berichtigung
f rectification
i rettifica
e amendment

Berichtigung, Schreibversehen
f rectification, erreurs de transcription
i rettifica, errore di scrittura
e amendment, transcription error

berufliche Vorsorge
f prévoyance professionnelle
i previdenza professionale
e providence, occupational

Berufsgeheimnis
f secret professionnel
i segreto professionale
e professional secret

Berufskosten
f dépenses professionnelles
i spese professionali
e business expenses

Berufskosten, Pendler-Abzug
f déduction fiscale accordée aux pendulaires
i deduzione fiscale concessa ai lavoratori pendolari
e commuter Tax Benefits

berufsorientierte Aus- und Weiterbildung
f fins professionnelles, formation et formation continue à des
i professionale, formazione e formazione continua
e professional education and training

Beschäftigungsschwierigkeiten
f emploi menacé
i difficoltà d'occupazione
e employment difficulties

Bescheinigung
f attestation
i certificato
e certificate

Bescheinigung, Mitarbeiterbeteiligungen
f attestation, participations de collaborateur
i attestazione, partecipazioni di collaboratore
e certificate, employee participation

Bescheinigung, über Steuerabzug
f attestation, déduction de l'impôt
i certificato, deduzione d'imposta
e certificate, tax deduction

Bescheinigungspflicht, Dritter
f attestation de tiers, obligation
i obbligo di certificato di terzi
e obligatory certification, of third parties

beschränkte Steuerpflicht
f assujettissement limité
i assoggettamento limitato
e limited tax liability

Beschwerde, gegen Einspracheentscheid
f recours contre la décision sur réclamation
i ricorso contro la decisione sul reclamo
e objection decision, appeal against

Beschwerde, gegen Untersuchungshandlung
f plainte au sujet des actes d'enquête
i reclamo contro atti d'inchiesta
e administrative appeal, against investigatory activities

Beschwerde, in öffentlich-rechtlichen Angelegenheiten
f recours en matière de droit public
i ricorso in materia di diritto pubblico
e appeals in public-judicial matters

Beschwerde, in Strafsachen
f recours en matière pénale
i ricorso in materia penale
e appeal in criminal matters

Beschwerde, vor Bundesgericht
f recours devant le Tribunal fédéral
i Tribunale federale, ricorso al
e administrative appeal, to the Federal Court

Beschwerde, vor Bundesverwaltungsgericht
f recours devant le Tribunal administratif fédéral
i ricorso al Tribunale amministrativo federale
e appeal, to the Federal Administrative Court

Beschwerde, vor kantonalem Verwaltungsgericht
f recours devant le Tribunal administratif cantonal
i ricorso al Tribunale amministrativo federale
e appeal, to the Cantonal Administrative Court

Beschwerde, vor kantonaler Rekurskommission
f recours devant la commission cantonale de recours
i ricorso davanti alla commissione cantonale di ricorso
e administrative appeal, to the cantonal appeals commission

Beschwerdeverfahren
f procédure de recours
i procedura di ricorso
e appeal proceedings

Besitzdauer
f durée de la possession
i durata della proprietà
e tenure

Bestechungsgelder an Amtsträger und Private
f commissions occultes versées á des agents publics et á des personnes actives dans le secteur privé
i retribuzioni corruttive versate a pubblici ufficiali o a privati
e bribes to public officials and to individuals in the private sector

Besteuerung, nach dem Aufwand
f imposition d'après la dépense
i imposta secondo il dispendio
e lump-sum taxation

Beteiligung
f participation
i partecipazione
e investment

Beteiligung, Austausch
f participation, échange
i partecipazione, scambio
e investments, exchange

Beteiligung, Begriff
f participation, définition
i partecipazione, definizione
e investment, definition

Beteiligung, Begründung
f participation, création de droits de
i partecipazione, costituzione di diritti di
e investments, creation of

Beteiligung, Beteiligungsabzug
f participations, réduction pour
i partecipazioni, riduzione dell'imposta sul netto da
e deduction, investment

Beteiligung, Buchgewinne
f participation, bénéfice comptable
i partecipazione, utile contabile
e investment, book profit

Beteiligung, Buchverlust
f participation, perte comptable
i partecipazione, perdita contabile
e investment, book loss

Beteiligung, eigene
f participation, propres droits de
i partecipazione, propri diritti di
e own investments

Beteiligung, Ersatzbeschaffung
f participation, remplacement de
i partecipazione, sostituzione di
e investment, replacement of

Beteiligung, Haltedauer
f participation, durée de la possession
i partecipazione, durata della proprietà
e investment, tenure

Beteiligung, Handwechsel
f participation, transfert
i partecipazione, trasferimento
e investments, change of the majority

Beteiligung, Nettoertrag aus
f participations, rendement net des
i partecipazioni, ricavo netto da
e net income, from investments

Beteiligung, qualifizierte/wesentliche
f participation importante/qualifiée
i partecipazione determinante/qualificata
e investment, qualifying

Beteiligung, Übertragung
f participation, transfert
i partecipazione, trasferimento
e investments, transfer

Beteiligung, Verkauf
f participation, vente
i partecipazione, vendita
e investment, sale

Beteiligung, Verwaltung
f participation, gestion
i partecipazione, amministrazione
e investment, administration

Beteiligung, Verwaltungsaufwand
f participation, frais d'administration
i partecipazione, spese d'amministrazione
e investment, administrative expense

Beteiligung, zu Geschäftsvermögen erklärt
f participation, déclarée comme fortune commerciale
i partecipazione, dichiarata come sostanza commerciale
e investment, declared as business asset

Beteiligungsabzug
f réduction pour participations
i riduzione da partecipazioni
e investment deduction

Beteiligungsertrag
f rendement des participations
i ricavo di partecipazione
e income from investments

Beteiligungsgesellschaft
f sociétés de participation
i società di partecipazioni
e investment company

Betreibung
f procédure de poursuite
i esecuzione
e debt collection

Betreuung, Kinder/Jugendliche
f protection de l'enfance et de la jeunesse
i assistenza all'infanzia ed alla gioventù
e care, child and youth

Betrieb
f exploitation
i esercizio
e establishment

Betrieb, Übertragung
f exploitation, transfert
i esercizi, trasferimento
e enterprises, transfer

betriebliches Anlagevermögen
f biens immobilisés de l'exploitation
i beni immobili aziendali
e fixed operating assets

betriebsnotwendige Substanz
f substance nécessaire à l'exploitation
i sostanza necessaria all'esercizio aziendale
e intrinsic assets

betriebsnotwendiges Anlagevermögen
f immobilisations nécessaires à l'entreprise
i capitale investito necessario all'attività aziendale
e operationally necessary fixed assets

Betriebssparkasse
f caisse d'épargne d'entreprise
i cassa di risparmio dell'impresa
e mutual benefit association

Betriebsstätte, allgemein
 f établissement stable, en général
 i stabilimento d'impresa, in generale
 e permanent establishment, in general

Betriebsstätte, ausländische
 f établissement stable sis à l'étranger
 i stabilimento d'impresa all'estero
 e permanent establishment abroad

Betriebsstätte, Verluste aus
 f établissement stable, pertes sur un
 i stabilimento d'impresa, perdita subita da uno
 e permanent establishment, loss from

Betriebsstätten ausländischer Unternehmen, Sockelsteuer
 f établissements stables d'entreprises étrangères, impôt résiduel
 i stabilimenti d'impresa di imprese estere, imposta residua
 e permanent establishment of foreign companies, residual withholding tax

Betriebsstätten, von ausländischen Unternehmen
 f établissements stables d'entreprises étrangères
 i stabilimenti d'impresa di imprese estere
 e branch of foreign resident companies

bewegliches Vermögen
 f fortune mobilière
 i sostanza mobiliare
 e movable assets

Beweisabnahme
 f offre de preuves
 i ammissione delle prove
 e acceptance of the evidence

Beweisausforschung
 f recherche indéterminée de preuves
 i ricerca generalizzata e indiscriminata di prove
 e fishing expeditions

Beweismittel
 f moyens de preuve
 i mezzi di prova
 e proofs

Bewertung
 f évaluation
 i valutazione
 e valuation

Bewertung, Grundstücke
 f évaluation, immeubles
 i valutazione, immobili
 e valuation, property

Bewertung, Mitarbeiterbeteiligungen
 f evaluation des participations de collaborateur
 i stima delle partecipazioni di collaboratore
 e valuation, employee participation

Bewilligung
 f autorisation
 i autorizzazione
 e approval

Bezug, der Steuer
 f perception de l'impôt
 i riscossione dell'imposta
 e collection, of the tax

Bezug, Rechtsmittel
 f perception de l'impôt, voies de droit
 i riscossione dell'imposta, rimedio giuridico
 e collection of the tax, right of appeal

Bezugsprovision
 f commission de perception
 i provvigione di riscossione
 e subscription commission, commission

Bezugsteuer
 f impôt sur les acquisitions
 i imposta sull'acquisto
 e acquisition tax

Bezugsteuerpflicht
 f impôt sur les acquisitions, assujettissement
 i imposta sull'acquisto, assoggettamento
 e liability for acquisition tax

Bezugsteuerschuld
 f dette fiscale
 i debito fiscale
 e acquisition tax liability

Bezugsverjährung
 f prescription du droit de percevoir l'impôt
 i prescrizione del diritto di riscossione
 e time limitation for collection

Bilanz
 f bilan
 i bilancio
 e balance sheet

Bilanz, Unterbilanz
 f bilan déficitaire
 i bilancio deficitario
 e short balance

Bilanzvorschrift
 f bilan, règles concernant le
 i bilancio
 e balance sheet regulation

Bildung, Ausbildung
 f formation
 i formazione
 e education, training

Bildung, Weiterbildung
 f formation, formation continue
 i formazione, formazione continua
 e education, further education

Bildungsinstitutionen
 f coopération dans le domaine de la formation
 i cooperazione in materia di istruzione
 e educational institutions

Blockchain-Technologie
 f technologie de la blockchain
 i tecnologia blockchain
 e blockchain technology

Boni, Aufwand
 f bonis, charges
 i abbuoni, oneri
 e bonus, expenses

Boni, Einkommen aus Arbeitsverhältnis
 f bonis, revenus provenant d'un rapport de travail
 i abbuoni, proventi di un'attività dipendente
 e bonus, employment

Börse / Handel mit Anteilen
 f bourse
 i borsa
 e stock market

Börsenagent
 f agents de change
 i agenti di borsa
 e stock exchange agent

Bruder
 f frère
 i fratello
 e brother

Bruttobetrag
 f montant brut
 i cifra lorda
 e gross amount

Bruttoeinkünfte
 f revenu brut
 i redditi lordi
 e gross earnings

Bruttozinsklausel
- f clause de montant brut
- i clausole cosiddette di «gross-up»
- e gross interest clause, gross-up

Bücher, Geschäftsbücher
- f compte de résultats
- i libri contabili
- e financial statements

Bücher, Literatur
- f livres
- i libri
- e books

Buchforderungen
- f créances comptables
- i crediti contabili
- e book claims

Buchführung
- f comptabilité
- i contabilità
- e accounting

Buchführung, vereinfachte
- f comptabilité simplifiée
- i contabilità semplificata
- e simplified bookkeeping

Buchgewinn, auf Beteiligung
- f bénéfice comptable sur la participation
- i utile contabile sulla partecipazione
- e book profit, on investment

Buchhaltung
- f comptabilité
- i contabilità
- e bookkeeping

Buchprüfung
- f examen / contrôle des livres
- i esame di libri contabili
- e audit

Buchverlust, auf der Beteiligung
- f perte comptable sur la participation
- i perdita contabile sulla partecipazione
- e book loss, on the investment

Buchwert
- f valeur comptable
- i valore contabile
- e book value

Bundesbedienstete, im Ausland
- f fonctionnaires suisses à l'étranger
- i funzionari della confederazione all'estero
- e federal employee, abroad

Bundesgericht
- f Tribunal fédéral
- i Tribunale federale
- e Supreme Court

Bundesgericht, Beschwerde vor
- f Tribunal fédéral, recours devant le
- i ricorso al Tribunale federale
- e federal Court, administrative appeal to the

Bundesrechtspflege
- f procédure fédérale
- i procedura federale
- e federal administration of justice

Bundesstrafgericht
- f Tribunal pénal fédéral
- i Tribunale penale federale
- e federal Criminal Court

Bundesverwaltungsgericht
- f Tribunal administratif fédéral
- i Tribunale amministrativo federale
- e federal Administrative Court

Bundesverwaltungsgericht, Beschwerde vor
- f Tribunal administratif fédéral, recours devant le
- i Tribunale amministrativo federale, ricorso al
- e federal Administrative Court, appeal to the

Bürgerrecht
- f droit de cité
- i diritto di cittadinanza
- e citizenship

Bürgschaft
- f cautionnements
- i fideiussione
- e guarantee

Busse
- f amende
- i multe
- e fine

C

Cost plus
- f cost plus
- i cost plus
- e cost plus

Coupon, gesonderter
- f coupon distinct
- i coupon separato
- e coupon, separated

D

Darlehen, an Konzerngesellschaften
- f prêts à des sociétés du groupe
- i prestiti alle società del gruppo
- e intercompany loans

Darlehen, Forderung
- f prêt, créance
- i prestito, credito
- e loan, receivables

Darlehen, Schuld
- f prêt, dette
- i prestito, debito
- e loan, debt

Daten
- f données
- i dati
- e data

Datenformate, einheitliche
- f formats de données uniformes
- i formati di dati uniformi
- e data formats, uniform

Datenschutz
- f protection des données
- i protezione dei dati
- e data protection

Datenträger, ohne Marktwert
- f support de données sans valeur marchande
- i supporti di dati senza valore di mercato
- e data storage media, without market value

Dauer, der Steuerpflicht
- f durée d'assujettissement
- i durata d'assoggettamento
- e duration, of the tax liability

Dauer, Mindestdauer
- f durée minimale
- i durata minima
- e minimum duration

dauernde Lasten
- f charges durables
- i oneri permanenti
- e permanent charges

dealing at arm's lengh
- f dealing at arm's lengh
- i dealing at arm's lengh
- e dealing at arm's lengh

Deklaration
- f déclaration
- i dichiarazione
- e declaration

Denkmalpflege
 f restauration des monuments historiques
 i cura di monumenti storici
 e preservation of historic monuments

Depotbank
 f banque dépositaire
 i banca depositaria
 e depositary bank

derivative Finanzinstrumente
 f dérivés, instruments financiers
 i derivati, strumenti finanziari
 e derivates

Devisen
 f devises
 i divise
 e foreign currencies

Dienstaltersgeschenk
 f primes d'ancienneté
 i premio d'anzianità
 e length of service gift

Dienstbarkeit
 f servitude
 i servitù
 e servitude

Dienstleistung, Ort der
 f prestations de services, lieu des
 i prestazioni di servizi, luogo delle
 e service, place of a

Dienstleistungen, aus dem Ausland
 f prestations de services de l'étranger
 i prestazioni di servizi dall'estero
 e services, from abroad

Dienststelle
 f collectivité publique
 i ente pubblico
 e agencies

Dienstverhältnis
 f rapports de service
 i rapporto di dipendenza
 e employment

dingliche Rechte
 f droits de jouissance réels
 i diritti di godimento reali
 e right in rem

Diplomatie
 f diplomatie
 i diplomazia
 e diplomacy

Diskont
 f escompte
 i sconto
 e discount

Diskriminierungsverbot
 f règle de non-discrimination
 i non discriminazione regola
 e non-discrimination rule

Dividenden
 f dividendes
 i dividendi
 e dividends

Dividenden, Naturaldividenden
 f dividendes en nature
 i dividendi in natura
 e dividend in kind

Dividenden, Substanzdividende
 f dividendes, substance
 i dividendi, sostanza
 e dividends, substance

Dolmetscher
 f interprète
 i interpreti
 e interpreter

Domizilerklärung
 f déclaration de domicile
 i dichiarazione di domicilio
 e domicile deposition

Doppelbelastung, wirtschaftliche
 f double imposition économique
 i doppia imposizione economica
 e economic double taxation

Doppelbesteuerung, interkantonale
 f double imposition intercantonale
 i doppia imposizione intercantonale
 e double taxation, intercantonal

Doppelbesteuerung, internationale
 f double imposition internationale
 i doppia imposizione internazionale
 e double taxation international

Doppelbesteuerung, sonstige
 f double imposition, autres
 i doppia imposizione, altri
 e double taxation, others

Doppelbesteuerung, Vermeidung
 f double imposition, élimination
 i doppia imposizione, eliminazione
 e double taxation, avoidance

Drittbetreuung
 f garde assurée par un tiers
 i cura prestata da terzi
 e childcare by third parties

Druckerzeugnisse
 f imprimés
 i stampati
 e printed matter

Durchsuchung
 f perquisition
 i perquisizione
 e search

E

E-Books / E-Papers
 f livres / journaux électroniques
 i libri / giornali elettronici
 e e-books / e-papers

Effektenhändler
 f commerçant de titres
 i negoziatore di titoli
 e securities dealer

Effektenhändler, gewerbsmässiger
 f commerçant de titres professionnel
 i negoziatore di titoli professionale
 e commercial dealer in securities

Effektenhändler, Nummer
 f commerçant de titres, numéro du
 i negoziatore di titoli, numero di
 e dealer in securities, number

Effektenhändler, Registrierung
 f commerçant de titres, enregistrement des
 i negoziatore di titoli, registrazione
 e dealer in securities, registration

Effektenhändler, Umsatzregister
 f commerçant de titres, registre des négociations
 i negoziatore di titoli, registro delle negoziazioni
 e dealer in securities, transfer register

Effektenhändler, Verzeichnis
 f commerçant de titres, liste
 i negoziatore di titoli, elenco
 e dealer in securities, list

effektive Abrechnungsmethode
 f méthode de décompte effective
 i metodo di rendiconto effettivo
 e effective reporting method

Ehe, Scheidung
 f mariage, divorce
 i matrimonio, divorzio
 e marriage, divorce

Ehe, Trennung
 f mariage, séparation
 i matrimonio, separazione
 e separation, marriage

Ehe, ungetrennte
- f mariage, ménage commun
- i matrimonio, comunione domestica
- e marriage, unseparated

Ehegatten, Abzug bei Mitarbeit
- f époux, collaboration, déduction
- i coniugi, collaborazione, deduzione
- e spouses, deduction / collaboration

Ehegatten, Quellensteuer
- f époux, imposition à la source
- i coniugi, imposta alla fonte
- e spouses, source tax

Ehegatten, Steuerhinterziehung
- f époux, soustraction d'impôt
- i coniugi, sottrazione d'imposta
- e spouses, tax evasion

Ehegatten, Steuerpflicht
- f époux, assujettissement
- i coniugi, assoggettamento
- e spouses, liability to pay taxes

Ehegatten, Steuertarif
- f époux, barème de l'impôt
- i coniugi, tariffa fiscale
- e spouses, tax scale

Ehegatte, überlebender
- f conjoint survivant
- i coniuge superstite
- e surviving spouse

Ehegatten, Unterhaltsbeiträge
- f époux, pension alimentaire
- i coniugi, alimenti
- e spouses, alimony

Ehegatten, Unterzeichnung beider
- f époux, signatures des
- i coniugi, firma dei
- e spouses, signature in the case of

Ehegatten, Verfahren
- f époux, procédure
- i coniugi, procedura
- e spouses, proceedings

eigene Beteiligungsrechte / Aktien
- f propres droits de participation
- i propri diritti di partecipazione
- e own investments

Eigenfinanzierung, Abzug auf
- f autofinancement, déduction pour
- i autofinanziamento, deduzione per
- e notional interest deduction on equity

Eigenkapital
- f capital propre
- i capitale proprio
- e owner's equity

Eigenkapital, verdecktes
- f capital propre dissimulé
- i capitale proprio occulto
- e owner's equity, hidden

Eigenkapitalunterlegungssätze
- f taux de couverture du capital propre
- i tassi di copertura stabiliti
- e equity coverage rate

Eigenmietwert
- f valeur locative
- i valore locativo
- e rental value

Eigennutzung, der Liegenschaft
- f usage propre de l'habitation
- i utilizzazione a scopo personale di fondi
- e owner occupation

Eigentum
- f propriété
- i proprietà
- e property

Eigentumsbeschränkung
- f restriction à la propriété
- i restrizione del diritto di proprietà
- e restriction on title

Eigentumsförderung
- f encouragement à la propriété
- i sostegno della proprietà privata
- e promotion of ownership

Eigentumswechsel, unter Ehegatten
- f transfert de propriété entre époux
- i trasferimento di proprietà tra coniugi
- e property transfer, between spouses

Eigenverbrauch
- f prestation à soi-même
- i consumo proprio
- e own use

einfache Gesellschaft
- f société simple
- i società semplice
- e unregistered partnership

einfache Staatssteuer
- f impôt cantonal simple
- i imposta cantonale
- e simple state tax

Einfuhr
- f importation
- i importazione
- e import

Einfuhr, Gegenstände in kleinen Mengen
- f importation, biens en petites quantités
- i importazione, beni in piccole quantità
- e import, items in small quantities

Einfuhr, steuerbefreite
- f importations franches d'impôt
- i importazioni esenti da imposta
- e imports, tax exempt

Einfuhrdokument
- f document d'importation
- i documenti d'importazione
- e import document

Einfuhrsteuer
- f impôt sur les importations
- i imposta sull'importazione di beni
- e import tax

Einfuhrsteuer, Steuerpflicht
- f impôt sur les importations, assujettissement
- i imposta sull'importazione, assoggettamento
- e import tax, tax liability

Einfuhrsteuer, Veranlagung
- f impôt sur les importations, taxation à l'
- i importazione, imposizione dell'
- e import tax assessment

Einfuhrzollabgabe
- f droits de douane à l'importation
- i tributi doganali all'importazione
- e import customs duty

Eingabe
- f requête
- i allegato
- e complaint

eingetragene Partnerschaft
- f partenariat enregistré
- i unione domestica registrata
- e registered civil partnership

einheitliche Leitung
- f direction unique
- i direzione unica
- e common management

Einigung
- f accord
- i consenso
- e consensus

einjährige Steuerperiode
- f période fiscale annuelle
- i periodo fiscale annuale
- e one-year tax period

Einkauf, von Beitragsjahren
- f rachat d'années d'assurance
- i acquisto d'anni d'assicurazione
- e purchase, of contribution years

Einkauf, von Gütern
- f achat des marchandises
- i acquisto di beni
- e purchase, of goods

Einkommenssteuer
- f impôt sur le revenu
- i imposta sul reddito
- e income tax

Einkommenssteuerwert
- f valeur d'impôt sur le revenu
- i valore dell'imposta sul reddito
- e income tax value

Einkünfte, aus beweglichem Vermögen
- f revenus de la fortune mobilière
- i redditi a sostanza mobiliare
- e income from movable property

Einkünfte, aus Nutzniessung
- f usufruit
- i usufrutto
- e usufruct

Einkünfte, aus unbeweglichem Vermögen
- f revenus de la fortune immobilière
- i redditi a sostanza immobiliare
- e income, from immovable property

Einkünfte, aus Vorsorge
- f revenus de la prévoyance
- i redditi da fonti previdenziali
- e income, from providence

Einkünfte, ausländische
- f revenus / recettes de source étrangère
- i redditi da fonti estere
- e income, foreign

Einkünfte, ausserordentliche
- f revenus / recettes extraordinaires
- i redditi straordinari
- e income, extraordinary

Einkünfte, Ehegatten
- f revenus, conjoints
- i redditi, coniugi
- e income, spouses

Einkünfte, einmalige
- f revenus uniques
- i redditi di carattere straordinario
- e income, unique

Einkünfte, Ersatzeinkünfte
- f revenus acquis en compensation
- i proventi compensativi
- e compensating revenue

Einkünfte, Kinder
- f revenu, enfants
- i reddito, figli
- e income, children

Einkünfte, Nebeneinkünfte
- f revenus accessoires
- i redditi accessori
- e additional income

Einkünfte, nicht regelmässige
- f revenus à caractère non périodique
- i proventi non periodici
- e income, infrequent

Einkünfte, Quellensteuer
- f revenus, imposition à la source
- i redditi, imposta alla fonte
- e income, withholding tax / source tax

Einkünfte, Selbständigerwerbender
- f revenus, activité lucrative indépendante
- i redditi, attività lucrativa indipendente
- e income, self employed

Einkünfte, steuerfreie
- f revenus, exonérés de l'impôt
- i redditi, esenti da tassa
- e income, tax exempt

Einkünfte, übrige / andere
- f revenus en général
- i redditi, altri proventi
- e income, general

Einkünfte, Unselbständigerwerbender
- f revenus, activité lucrative dépendante
- i redditi, attività lucrativa dipendente
- e income, employed

Einkünfte, wiederkehrende
- f revenus périodiques
- i redditi di carattere periodico
- e income, periodical

Einlage, Eigenkapital
- f apport en capital propre
- i apporto capitale proprio
- e contribution, equity

Einlage, Rückzahlung
- f apport, remboursement
- i apporto, rimborso
- e investment, repayment

Einlage, Sachen
- f apport en nature
- i conferimento / apporto in natura
- e contribution in kind

Einlage, Stiftung
- f apport, fondation
- i apporto, fondazione
- e contributions, foundation

Einlage, Vorsorgeeinrichtung
- f versements à des institutions de prévoyance
- i versamenti a istituzioni di previdenza
- e contributions, to providential institutions

Einlageentsteuerung
- f dégrèvement ultérieur de l'impôt préalable
- i sgravio fiscale successivo
- e de-taxation

Einmalprämie, Versicherung
- f prime unique, assurance
- i premio unico, assicurazione
- e single premium, insurance

Einmalverzinsung, Obligation
- f intérêt unique, obligation
- i interesse unico, obbligazione
- e one-time interest, bond

Einnahmen / Ausgaben, Aufstellung
- f recettes / dépenses, relevé
- i entrate / uscite, distinte
- e receipts / expenditure, statement

Einschätzungsentscheid
- f décision de taxation
- i decisione di tassazione
- e assessment decision

Einschätzungsentscheid, Einsprache
- f réclamation contre la décision de taxation
- i reclamo contro una decisione di tassazione
- e objection, against assessment decision

Einschätzungsgemeinde
- f commune de taxation
- i comune di tassazione
- e assessment municipality

Einschätzungsverfahren
- f procédure de taxation
- i procedura di tassazione
- e assessment proceedings

Einschätzungsvorschlag
- f proposition de taxation
- i proposta di tassazione
- e assessment proposition

Einsprache, als Rekurs weiterleiten
- f réclamation, transmise à titre de recours
- i reclamo, trasmessa come ricorso
- e objection, forwarding as an administrative appeal

Einsprache, gegen Veranlagungsverfügung
- f réclamation contre la décision de taxation
- i reclamo contro una decisione di tassazione
- e objection, against assessment decision

Einsprache, Rückzug
- f réclamation, retrait d'une
- i reclamo, ritiro del
- e objection, withdrawal of an

Einspracheentscheid
- f décision sur la réclamation
- i decisione su reclamo
- e objection decision

Einspracheentscheid, Beschwerde gegen
- f décision sur réclamation, recours contre la
- i decisione sul reclamo, ricorso contro la
- e appeal against an objection decision

Einspracheentscheid, Rekurs gegen
- f décision sur réclamation, recours contre la
- i decisione sul reclamo, ricorso contro la
- e administrative appeal against a decision

Einstellungsverfügung
- f décision de non-lieu
- i decisione di archiviazione
- e order of cessation

Einvernahme
- f audition
- i audizione
- e hearing

Einvernehmen, gegenseitiges
- f commun accord
- i intesa reciproca
- e agreement, mutual

Einzelunternehmen
- f entreprise individuelle
- i impresa individuale
- e sole proprietorship

Einziehung
- f confiscation
- i confisca
- e confiscation

elektronische Bestätigung der Angaben
- f confirmation électronique des données
- i conferma dei dati per via elettronica
- e electronic confirmation

elektronische Bücher
- f livres électroniques
- i libri elettronici
- e e-books

elektronische Daten
- f données électroniques
- i dati elettronici
- e electronic data

elektronische Plattform
- f plateformes numériques
- i piattaforme online
- e e-commerce platform

elektronische Verfahren
- f procédures électroniques
- i procedure elettroniche
- e electronic procedures

elektronische Zeitungen
- f journaux électroniques
- i giornali elettronici
- e e-papers

elterliche Sorge
- f autorité parentale
- i autorità parentale
- e parental custody

elterliche Sorge, getrennt besteuerte Eltern
- f autorité parentale, parents imposés séparément
- i autorità parentale, genitori tassati separatamente
- e parental custody, separately-taxed parents

Emission, von Anteilen
- f émission des parts
- i emissione delle quote
- e issuance of parts

Emissionsabgabe
- f droit d'émission
- i tassa di emissione
- e stamp duty

Emissionsgeschäft
- f opération d'émission
- i negozio di emissione
- e security issuing

Emissionsprospekt
- f prospectus d'émission
- i prospetto d'emissione
- e underwriting prospectus

Emissionsrechte, Bezugssteuerpflicht
- f droits d'émission, impôt sur les acquisitions
- i diritti di emissione, imposta sull'acquisto
- e emission rights, liability for acquisition tax

Ende, der Steuerpflicht
- f fin de l'assujettissement
- i fine dell' assoggettamento
- e end of tax liability

Energiesparen
- f économiser l'énergie
- i risparmio di energia
- e energy saving

Enteignung
- f expropriation
- i espropriazione
- e expropriation

Entgelt
- f contre-prestation, définition
- i controprestazione, definizione
- e consideration, definition

Entgelt, nachträgliche Anpassung
- f contre-prestation, adaptation ultérieure
- i controprestazione, adeguamento successivo
- e consideration, subsequent adjustment

Entgelt, vereinbartes
- f contre-prestations convenues
- i controprestazione convenuta
- e consideration, agreed

Entgelt, vereinnahmtes
- f contre-prestations reçues
- i controprestazione ricevuta
- e consideration, collected

Entgeltsminderung
- f diminution de la contre-prestation
- i diminuzione della controprestazione
- e reduction of the consideration

Entlastung von der Verrechnungssteuer
- f dégrèvement de l'impôt anticipé
- i sgravio dell'imposta preventiva
- e relief from withholding tax

Entlastungsbegrenzung
- f limitation de la réduction fiscale
- i limitazione dello sgravio fiscale
- e limitation of tax reliefs

Entrichtung, der Steuer
- f paiement de l'impôt
- i pagamento dell'imposta
- e payment of taxes

Entschädigung
- f rémunération / indemnité
- i indennità
- e compensation

Entschädigung, für Nichtausübung
- f indemnité, pour renonciation à l'exercice
- i indennità, per mancato esercizio
- e indemnity, for abandonment

Entschädigung, Gerichtsverfahren
- f indemnité, dans la procédure
- i indennità, procedimento giudiziario
- e compensation, proceeding

Entscheid, Änderung rechtskräftiger Entscheide
- f décision, modification des décisions entrées en force
- i decisione, modificazione delle decisioni cresciute in giudicato
- e decision, change to the assessment

Entscheid, Beschwerdeentscheid
- f décision sur recours
- i decisione su ricorso
- e decision, administrative appeal

Entscheid, Einschätzungsentscheid
- f décision de taxation
- i decisione di tassazione
- e assessment decision

Entscheid, Einspracheentscheid
- f décision sur la réclamation
- i decisione su reclamo
- e objection decision

Entsendung, von Mitarbeitern
- f détachement de collaborateurs
- i distaccamento di collaboratori
- e assignment of employees

Entsorgungsgebühren
- f taxes d'élimination
- i tassa di smaltimento
- e disposal fees

Entstehung, Steuerforderung
- f naissance de la créance fiscale
- i nascere del credito fiscale
- e constitution of the tax claim

Entwicklungsaufträge
- f mandats de développement
- i mandati di sviluppo
- e development mandate

Entwicklungsträger
- f agences de développement
- i agenzie di sviluppo
- e development agencies

Erbeinsetzung
- f institution d'héritier
- i istituzione d'erede
- e institution of an heir

Erben / Erbberechtigte
- f héritiers
- i eredi
- e heir / inheritor

Erbengemeinschaft
- f hoiries / communauté héréditaire
- i comunione ereditaria
- e community of heirs

Erbenhaftung
- f héritiers, responsabilité des
- i responsabilità degli eredi
- e liability of the heirs

Erbenvertreter
- f représentant des héritiers
- i rappresentante degli eredi
- e representative of heirs

Erbfolge
- f droits de succession
- i successione
- e succession

Erbgang / Erbschaft
- f succession
- i successione / eredità
- e devolution of inheritance / inheritance

Erblasser
- f défunt
- i defunto
- e testator

Erbschaft / Erbgang
- f succession
- i eredità / successione
- e inheritance / devolution of inheritance

Erbschaftsklage
- f action en pétition d'hérédité
- i petizione d'eredità
- e inheritance suit

Erbschaftssteuerinventar
- f inventaire pour l'impôt sur les successions
- i inventario dell'imposta di successione
- e death duty inventory

Erbschaftsverwalter
- f liquidateur de la succession
- i amministratore dell'eredità
- e estate administrator

Erbteil
- f part successorale
- i parte di successione
- e distributive share

Erbteilung
- f partage successoral
- i divisione dell'eredità
- e division of the estate

Erbvertrag
- f pacte successoral
- i contratto successorio
- e family settlement

Erbvorbezug
- f avancement d'hoirie
- i anticipo ereditario
- e advance against inheritance

erfolgsneutrale Vorgänge
- f résultat, éléments sans influence sur le
- i risultato, operazioni senza influenza sul
- e profit-neutral transactions

Erfolgsrechnung
- f compte de résultat
- i conto economico
- e income statement

ergänzende Kapitalsteuer
- f impôt complémentaire sur le capital
- i imposta sul capitale posticipata
- e capital tax surtax

ergänzende Vermögenssteuer
- f impôt complémentaire sur la fortune
- i imposta sul patrimonio posticipata
- e wealth tax surtax

Ergänzungsleistungen
- f prestations complémentaires
- i prestazioni complementari
- e complementary contribution

Ergänzungssteuer
- f impôt complémentaire
- i imposta integrativa
- e supplementary tax

Ergänzungssteuer, internationale
- f impôt complémentaire international
- i imposta integrativa internazionale
- e top-up tax / supplementary tax, international

Ergänzungssteuer, schweizerische
- f impôt complémentaire suisse
- i imposta integrativa svizzera
- e top-up tax / supplementary tax, Swiss

Ergänzungssteuerbetrug
- f usage de faux, impôt complémentaire
- i frode dell'imposta integrativa
- e top-up tax fraud

Ergänzungssteuerhinterziehung
- f soustraction de l'impôt complémentaire
- i sottrazione dell'imposta integrativa
- e top-up tax evasion

Ergänzungssteuererklärung
- f déclaration de l'impôt complémentaire
- i dichiarazione dell'imposta integrativa
- e top-up tax declaration

Erlass, der Steuer
- f remise de l'impôt
- i condono dell'imposta
- e remission of the tax

Erlass, Rechtsmittel
- f remise de l'impôt, voies de droit
- i condono dell'imposta, rimedio giuridico
- e tax remission, right of appeal

Erlassgesuch
- f demande de remise
- i domanda di condono
- e request for remission

Ermässigung
- f réduction
- i riduzione
- e reduction

Ermässigung, bei Steuerhinterziehung
- f réduction, soustraction d'impôt
- i riduzione, sottrazione d'imposta
- e reduction, tax evasion

Ermässigung, Grundstückgewinnsteuer
- f réduction, impôt sur les gains immobiliers
- i riduzione, imposta sul maggior valore immobiliare
- e reduction, tax on profit from real estate

Ermessen, pflichtgemässes
- f appréciation consciencieuse
- i valutazione coscienziosa
- e fair discretion

Ermessensmissbrauch
- f abus de pouvoir
- i abuso d'arbitrio
- e abuse of discretion

Eröffnung, der Veranlagung
- f notification de la taxation
- i notificazione della tassazione
- e communication of the assessment

Errungenschaftsbeteiligung
- f participation aux acquêts
- i partecipazione agli acquisti
- e participation in acquired property

Ersatzbeschaffung
- f remploi
- i sostituzione di beni
- e replacement

Ersatzbeschaffung, Beteiligungen
- f remplacement de participation
- i sostituzione di partecipazione
- e replacement of investment

Ersatzeinkünfte
- f revenus acquis en compensation
- i proventi compensativi
- e compensating revenue

Ersatzgrundstück
- f immeuble de remplacement
- i fondo sostitutivo
- e compensating property

Ersatzneubau
- f construction de remplacement
- i immobile di sostituzione
- e replacement construction

Erschleichen, einer falschen Beurkundung
- f obtention frauduleuse d'une constatation fausse
- i conseguimento fraudolento di una falsa attestazione
- e obtaining, a fraudulent document

Erschleichen, eines Beitrages
- f obtention frauduleuse d'un subside
- i conseguimento fraudolento di contributi
- e obtaining, a fraudulent contribution

Ertrag, aus Beteiligungsrechten
- f rendement des participations
- i ricavo di partecipazione
- e income from investments

Ertrag, aus beweglichem Vermögen
- f rendement de la fortune mobilière
- i reddito da sostanza mobiliare
- e income from movable capital assets

Ertrag, aus kollektiver Kapitalanlage
- f produit provenant de fonds de placement
- i reddito da fondo d'investimento
- e income, from investment fund

Ertrag, aus unbeweglichem Vermögen
- f rendement de la fortune immobilière
- i reddito da sostanza immobiliare
- e income, from immovable property

Ertrag, Zinsertrag
- f rendement de l'épargne
- i redditi da risparmio
- e interest income

Ertragswert
- f valeur de rendement
- i valore di reddito
- e expectation value

Erwerb, eigener Beteiligungsrechte
- f acquisition des propres droits de participation
- i acquisto dei propri diritti di partecipazione
- e acquisition, of own investments

Erwerbspreis
- f prix d'acquisition
- i prezzo d'acquisto
- e purchase price

Erwerbstätigkeit, Aufgabe
- f activité lucrative, cessation
- i attività lucrativa, cessazione dell'
- e gainful activity, termination

Erwerbstätigkeit, Aufnahme
- f début de l'activité lucrative
- i assunzione dell'attività lucrativa
- e beginning, gainful activity

Erwerbstätigkeit, Aufwandbesteuerung
- f activité lucrative, imposition d'après la dépense
- i attività lucrativa, imposta secondo il dispendio
- e gainful activity, lump-sum taxation

Erwerbstätigkeit, beider Ehegatten
  f activité lucrative des deux conjoints
  i attività lucrativa dei due coniugi
  e gainful activity of both spouses

Erwerbstätigkeit, Nebenerwerbstätigkeit
  f activité lucrative accessoire
  i attività lucrativa accessoria
  e part-time activity

Erwerbstätigkeit, selbständige
  f activité lucrative indépendante
  i attività lucrativa indipendente
  e gainful activity, self-employed

Erwerbstätigkeit, Steuerpflicht
  f activité lucrative, assujettissement
  i attività lucrativa, assoggettamento
  e gainful activity, tax liability

Erwerbstätigkeit, unselbständige
  f activité lucrative dépendante
  i attività lucrativa dipendente
  e gainful activity, employed

Erwerbstätigkeit, vorwiegend selbständige
  f activité lucrative indépendante, prépondérante
  i attività lucrativa indipendente, preponderante
  e self-employed gainful activity, predominant

Expatriates
  f expatriés
  i espatriati
  e expatriates

Export/Ausfuhr
  f exportation
  i esportazione
  e export

Exportförderung
  f promotion des exportations
  i promovimento dell'esportazione
  e promotion of export

F

Fabrikationsstätte
  f usines
  i officina
  e place of manufacture

Fahrkosten, Abzug
  f frais de déplacement, déduction
  i spese di trasporto, deduzione
  e transport costs, deduction

Fahrkosten, private Nutzung von Geschäftsfahrzeugen
  f frais de déplacement, utilisation privée d'un véhicule de fonction
  i spese di trasporto, uso privato di veicoli aziendali
  e travel costs, private use of business vehicles

Fahrnis
  f objets mobiliers
  i bene mobile
  e movable property

Fahrzeug (privates), Fahrkosten
  f véhicule privé, frais de déplacement
  i veicolo privato, spese di trasporto
  e private vehicle, transport costs

Fahrzeugkaskoversicherung
  f assurance de corps de véhicule
  i assicurazione casco veicoli
  e automobile comprehensive insurance

Fälligkeit, der Steuer
  f échéance de l'impôt
  i scadenza dell'imposta
  e settlement date, of the tax

Fälligkeit, Verzugszins
  f échéance, intérêt moratoire
  i scadenza, interessi di mora
  e settlement date, of the interest on arrears

Familie
  f famille
  i famiglia
  e family

Familienbesteuerung
  f famille, imposition de la
  i famiglia, imposizione della
  e family taxation

Familienlasten
  f famille, charges de
  i famiglia, oneri familiari
  e family charges

familienrechtliche Verpflichtung
  f famille, obligations fondées sur le droit de la
  i famiglia, obblighi fondati sul diritto di
  e family law, obligations

Faustpfand
  f nantissement
  i pegno manuale
  e collateral / security

Festsetzung, der Steuer
  f fixation de l'impôt
  i determinazione della imposta
  e determination of the tax

Festsetzungsverjährung
  f prescription du droit de taxation
  i prescrizione del diritto di tassazione
  e time limitation for the establishment of the tax

Feststellungsverfügung
  f décision en constatation
  i decisione di accertamento
  e declaratory order

Finanzgesellschaft
  f société financière
  i società finanziaria
  e financial company

Finanzhilfe
  f aides financières
  i aiuti finanziari
  e financial assistance

Finanzierung
  f financement
  i finanziamento
  e finance

finanzielle Sanktionen
  f sanctions financières
  i sanzioni pecuniarie
  e financial sanctions

Finanzierungsaufwand
  f frais de financement
  i spesa di finanziamento
  e cost of financing

Finanzinstitution
  f établissement financier
  i istituzione finanziaria
  e financial institution

Finanzmarktinfrastruktur
  f infrastructure des marchés financiers
  i infrastruttura finanziaria
  e financial market infrastructure

Fonds
  f fonds
  i fondo
  e investment fund

Fondsleitung
  f direction du fonds
  i direzione del fondo
  e fund management

Forderung
  f créance
  i credito
  e claim

Forderungsverzicht
f abandon de créance
i rinuncia ai crediti
e cancelation of debt

Formmängel
f vices de forme
i lacune formali
e defect of form

Formulare
f formules
i moduli
e forms

Forschung und Entwicklung
f recherche et développement
i ricerca e sviluppo
e research and development

Forschungs- und Entwicklungsaufwand, zusätzlicher Abzug
f dépenses de recherche et de développement, déduction supplémentaire
i spese di ricerca e sviluppo, ulteriore deduzione delle
e research and development expenditures, further deduction

Frachturkunden
f documents de transport
i documenti di trasporti
e transportation documents

Franchise
f franchise
i franchigia
e franchise

freier Beruf
f profession libérale
i libera professione
e professional occupation

Freigabe, von Reservevermögen
f libération des montants libérés
i liberazione dei fondi di riserva
e release, of reserves

Freigrenze, für Zinsbeträge
f franchise, intérêts
i franchigia, interesse
e tax exemption limit, interest

Freiheitsstrafe / Gefängnisstrafe
f peine privative / emprisonnement
i pena privativa / detenzione
e detention / imprisonment

Freilassung, gegen Sicherheitsleistung
f mise en liberté sous caution
i libertà contro cauzione
e release against guaranty

Freistellung
f exemption
i esonero
e exemption

freiwillige Leistungen
f versements bénévoles
i prestazioni volontarie
e voluntary payments

freiwillige Versteuerung
f imposition volontaire
i imposizione volontaria
e voluntary taxation

Freizügigkeitspolice
f police de libre-passage
i polizza di libero passaggio
e transferable policy

Freizügigkeitsstiftung
f fondations de libre passage
i fondazioni di libero passaggio
e occupational mobility foundation

fremde Rechnung
f compte d'autrui
i conto di terzi
e for account of others

fremde Währung
f monnaie étrangère
i valuta estera
e foreign currency

Fremdkapital
f fonds étranger
i capitale di terzi
e outside capital

Fristen, Aufbewahrung
f délais, conservation
i termini, conservazione
e time limits, safekeeping

Fristen, Berechnung
f délais, calcul
i termini, calcolo
e time limits, calculation

Fristen, Ersatzbeschaffung
f délais, remploi
i termini, sostituzione
e deadline, replacement

Fristen, Erstreckung
f délais, prolongation
i termini, proroga
e time limits, extension

Fristen, Rechtsmittel
f délais, voies de droit
i termini, rimedio giuridico
e time limits, right of appeal

Fristen, Sperrfrist
f délai de blocage
i termine di blocco
e blocking period

Fristen, Steuererklärung / Abrechnung
f délais, déclaration / décompte
i termini, dichiarazione / rendiconto
e time limits, declaration / reporting

Fristen, Stillstand
f délais, suspension
i termini, sospensione
e time limitation, suspension

Fristen, Verjährungsfrist
f délais, prescription
i termini, prescrizione
e deadline, time limitation period

Fristen, Zahlung und Fälligkeit
f délais, paiement et échéance
i termini, pagamento e scadenza
e time limits, payment / settlement date

Fristwiederherstellung
f rétablissement du délai
i restituzione dei termini
e reinstatement of the time limit

Funktion
f fonction
i funzione
e function

Funktionen, Verlegung
f fonctions, transfert de
i funzioni, trasferimento di
e functions, transfer of

Fürsorgeeinrichtungen
f institutions de prévoyance
i istituzioni di previdenza
e welfare facilities

Fusion / Zusammenschluss
f fusion / concentration
i fusione / concentrazione
e merger / amalgamation

fusionsähnlicher Zusammenschluss
f concentration équivalant à des fusions
i concentrazioni aventi carattere di fusione
e merger-equivalent amalgamation

G

Gärtner
- f horticulteurs
- i orticoltori
- e horticulturist

Gastgewerbe
- f restauration
- i ristorazione
- e restaurants

Gaststaatgesetz
- f loi sur l'Etat hôte
- i legge sullo Stato ospite
- e Guest State Law

Gebiet
- f territoire
- i territorio
- e territory

Gebietskörperschaft, lokale
- f collectivités territoriales
- i corporazione territoriale locale
- e territorial corporation, local

Gebinde
- f emballages
- i imballaggi
- e casks

Gebrauch, Überlassung zum
- f mise à disposition à des fins d'usage
- i messa a disposizione per l'uso
- e availability, for use

Gebrauchtgegenstand
- f bien d'occasion
- i bene usato
- e used good

Gebühren, der Steuerverwaltung
- f émoluments de l'AFC
- i emolumenti dell'AFC
- e fees, of the tax administration

gebundene Vorsorgeversicherung
- f contrat de prévoyance liée
- i contratto di previdenza vincolata
- e bound providence insurance

Gefängnisstrafe / Freiheitsstrafe
- f emprisonnement / peine privative
- i detenzione / pena privativa
- e imprisonment / detention

Gegenleistung
- f contre-prestation
- i controvalore
- e reward / consideration

Gegenrecht
- f réciprocité, réserve de
- i reciprocità
- e reciprocal law

Gegenrechtsvereinbarung
- f conventions de réciprocité
- i accordo di reciprocità
- e reciprocal agreement

Gegenstand, Begriff
- f biens, définition
- i beni, definizione
- e good, definition

Gegenstand, beweglicher
- f bien mobilier
- i beni mobili
- e good, movable

Gegenstand, der Steuer
- f objet de l'impôt
- i oggetto dell'imposta
- e object, of the tax

Gegenstand, unbeweglicher
- f bien immobilier
- i beni immobili
- e good, immovable

Gegenwartsbemessung
- f système postnumerando
- i sistema postnumerando
- e assessment based on current year

Geheimhaltung
- f secret
- i segreto
- e confidentiality

Gehilfenschaft
- f assistance
- i complicità
- e assistance / aiding and abetting

Geldmarktpapiere
- f papiers monétaires
- i titoli del mercato monetario
- e money-market securities

Geldspiele
- f jeux d'argent
- i giochi in denaro
- e money games

Geldspiele, Einsatzkosten
- f jeux d'argent, coûts de mise
- i giochi in denaro, costi di spiegamento
- e money games, stake costs

Geldspiele, Gewinne
- f jeux d'argent, gains provenant de
- i giochi in denaro, vincite ai
- e money games, winnings

Geldspiele, Naturalgewinne
- f jeux d'argent, gains en nature
- i giochi in denaro, vincite in natura
- e money games, gains in kind

Geldstrafe
- f peine pécuniaire
- i pena pecuniaria
- e financial penalty / fine

Geldverkehr, Umsätze
- f marché monétaire, opérations
- i mercato monetario, operazioni
- e money-market, operations

Geldwäscherei
- f blanchiment d'argent
- i riciclaggio di denaro
- e money laundering

geldwerte Rechte
- f droits appréciables
- i diritti valutabili in denaro
- e pecuniary rights

geldwerte Vorteile
- f avantages appréciables
- i prestazioni valutabili in denaro
- e pecuniary benefits

Gelegenheitsgeschenke
- f présents d'usage
- i regali usuali
- e casual gifts

Gemeindesteueramt
- f office municipal d'impôts
- i ufficio comunale di tassazione
- e municipal tax office

Gemeindesteuern
- f impôts communaux
- i imposte comunali
- e community taxes

gemeinnützige juristische Personen
- f utilité publique, organisations d'
- i utilità pubblica, organizzazioni di
- e charitable organisation

gemeinnützige Zuwendungen
- f versements d'utilité publique
- i prestazioni di utilità pubblica
- e charitable donations

gemeinnützige Zwecke
- f utilité publique
- i utilità pubblica, scopo di
- e charitable purposes

gemeinsame elterliche Sorge, getrennt besteuerte Eltern
- f autorité parentale en commun, parents imposés séparément
- i autorità parentale in comune, genitori tassati separatamente
- e joint parental care, separately-taxed parents

Gemeinsamer Meldestandard
- f Norme commune de déclaration
- i standard comune di comunicazione di informazioni
- e Common Reporting Standard

Gemeinschaftsunternehmen
- f entreprises communes
- i impresa gestita in comune
- e cooperative venture

Gemeinwesen
- f collectivités publiques
- i ente pubblico
- e political units

gemischte Versicherung
- f assurance mixte
- i assicurazione mista
- e mixed insurance

gemischte Verwendung
- f double affectation
- i doppia utilizzazione
- e mixed use

Genossenschaft
- f sociétés coopératives
- i società cooperativa
- e cooperative

Genossenschaftsanteile
- f parts de sociétés coopératives
- i quote in società cooperative
- e share of cooperative

Genugtuungssumme
- f réparation du tort moral
- i riparazione morale
- e reparation sum

Genussscheine
- f bons de jouissance
- i buoni di godimento
- e participating certificate

Gerichtskosten
- f frais de justice
- i spese giudiziali
- e court costs

geringfügiger Steuerbetrag
- f montant insignifiant de l'impôt
- i ammontare d'imposta irrilevante
- e insignificant tax amount

Gesamtveräusserung
- f aliénation à titre universel
- i alienazione globale
- e global disposal

Geschäftsabschluss
- f compte de résultats
- i libri contabili
- e books of account

Geschäftsaufnahme
- f début de l'activité
- i inizio dell'attività
- e starting business activities

Geschäftsbereich
- f champ d'activité
- i campo di attività
- e business sector

Geschäftsbericht
- f rapport de gestion
- i rapporto di gestione
- e annual report

Geschäftsbetrieb
- f entreprise
- i impresa commerciale
- e business operations

Geschäftsbücher
- f livres comptables
- i libri contabili
- e financial statements

Geschäftseinrichtung, feste
- f installation fixe
- i sede fissa di affari
- e fixed place of business

Geschäftsergebnis
- f résultat commercial
- i risultato di esercizio
- e trading result

Geschäftsfahrzeug, private Nutzung
- f véhicule de fonction, utilisation privée
- i veicoli aziendali, uso privato
- e business vehicle, private use

Geschäftsführung
- f direction
- i direzione
- e management

Geschäftsjahr, Begriff
- f exercice, définition
- i esercizio, definizione
- e business year, definition

Geschäftsleitung
- f direction
- i direzione
- e management

Geschäftsort, Verlegung
- f exploitation de l'entreprise, transfert du lieu
- i esercizio, trasferimento del luogo
- e place of business, transfer

Geschäftssitz
- f siège social
- i sede sociale
- e registered office of the company

Geschäftsstelle
- f bureau
- i ufficio
- e office

Geschäftstätigkeit
- f activité commerciale
- i attività di impresa
- e commercial activity

Geschäftstätigkeit, keine
- f activité commerciale, aucune
- i attività commerciale, alcuna
- e commercial activity, no

Geschäftstätigkeit, untergeordnete
- f activité subsidiaire
- i attività marginale
- e commercial activity, minor

Geschäftsveräusserung
- f cession d'un fonds de commerce
- i lienazione di un'attività commerciale
- e alienation of business

Geschäftsverfahren
- f procédé commercial
- i procedura d'affari
- e procedure, trade practice

Geschäftsverkehr, wie unter Dritten
- f conditions proposées aux tiers
- i relazioni d'affari, tra terzi
- e dealing at arm's lengh

Geschäftsvermögen
- f fortune commerciale
- i sostanza commerciale
- e business assets

Geschäftsvermögen, Überführung ins
- f fortune commerciale, transfert à la
- i sostanza commerciale, trasferimento nella
- e business assets, transfer to

Geschenke
- f cadeaux / primes
- i regali
- e gifts

Geschenke, steuerfreie
- f primes exonérés de l'impôt
- i regali esenti da tassa
- e gifts, tax exempt

Gesellschaft, ausländische
- f société étrangère
- i società estere
- e foreign companies

Gesellschaft, einfache
- f société simple
- i società semplice
- e unregistered partnership

Gesellschaft, mit beschränkter Haftung
 f société à responsabilité limitée
 i società a garanzia limitata
 e company, limited liability

Gesellschaft, Personengesellschaft
 f société de personnes
 i società di persone
 e partnership

Gesellschaften, mit Beteiligungen
 f sociétés de participation
 i società di partecipazioni
 e investment company

Gesellschafter
 f associés
 i socio
 e partner

Gesellschafteranteile
 f parts sociales
 i quota sociale
 e partnership interest

gesperrte Mitarbeiteroptionen
 f options de collaborateur bloquées
 i opzioni di collaboratore bloccate
 e employee stock options with blocking period

Gestehungskosten
 f coût d'investissement
 i prezzo di costo
 e prime costs

Gesuch, um Erlass
 f demande de remise
 i domanda di condono
 e remission, request for

Gesuch, um Meldung
 f demande de déclaration
 i domanda di notifica
 e request for notification

Gewerbe
 f commerce
 i commercio
 e commerce

gewerbliche Tätigkeit
 f activité commerciale
 i attività di impresa
 e commercial activity

gewerbsmässiger Effektenhändler
 f commerçant de titres professionnel
 i negoziatore di titoli professionale
 e commercial dealer in securities

Gewinn, aus Veräusserung von Vermögen
 f bénéfices provenant de l'aliénation de la fortune
 i utili conseguiti dall'alienazione di sostanza
 e capital gain

Gewinn, Berechnung Reingewinn
 f bénéfice, détermination du bénéfice net
 i utile, determinazione dell'utile netto
 e profit, calculation of the net profit

Gewinn, Kapitalgewinn
 f gain en capital
 i utile in capitale
 e capital gain

Gewinn, Lotteriegewinne
 f loteries, gains faits dans les
 i lotteria, vincite alla
 e lottery wins

Gewinn, natürliche Personen
 f bénéfice, personne physique
 i utile, persona fisica
 e profit, partnerships

Gewinn, nichtausgeschütteter
 f bénéfices non distribués
 i utili non distribuiti
 e profits, undistributed

Gewinn, versteuerter
 f bénéfice imposé
 i reddito dichiarato
 e profit, taxed

Gewinnabsicht
 f but lucratif
 i intenzione di profitto
 e view to gain

Gewinnanteil
 f part au bénéfice
 i quota di utile
 e share of profit

Gewinnausscheidung
 f répartition du bénéfice
 i ripartizione dell'utile
 e tax apportionment, profit

Gewinnausschüttung
 f bénéfice, distribution de
 i utili, distribuzione di
 e dividend

Gewinnausschüttung, verdeckte
 f bénéfice, distribution dissimulée de
 i utili, distribuzione dissimulata di
 e dividend, hidden

Gewinnmarge
 f bénéfice, marge de
 i utile, margine di
 e profit margin

Gewinnsteuer
 f bénéfice, impôt sur le
 i utile, imposta sull'
 e profit tax

Gewinnsteuerwert
 f valeur déterminante pour l'impôt sur le bénéfice
 i valore dell'utile per scopi fiscali
 e taxable value of profit

Gewinnungskosten
 f frais d'acquisition
 i costi di conseguimento
 e production costs

Gewinnverkürzung
 f érosion de la base d'imposition
 i erosione della base imponibile
 e base erosion

Gewinnverlagerung
 f transfert de bénéfices
 i trasferimento degli utili
 e profit shifting

Gleichbehandlung
 f égalité de traitement
 i parità di trattamento
 e equal treatment

GloBE-Mustervorschriften
 f règles types GloBE
 i prescrizioni modello GloBE
 e GloBE model rules

Glücksspiel
 f jeux de hasard
 i giochi d'azzardo
 e game of hazard

Goodwill
 f goodwill
 i goodwill
 e goodwill

Goodwill, Abschreibungen
 f goodwill, amortissements
 i goodwill, ammortamenti
 e goodwill, depreciations

Grabunterhaltskosten
 f frais d'entretien de la tombe
 i costi di manutenzione della tomba
 e tomb maintenance costs

Gratifikationen
 f gratifications
 i gratificazioni
 e bonus

Gratisaktien
- f actions gratuites
- i azioni gratuite
- e bonus shares

Grenzbereinigung
- f rectification de limites
- i ricomposizione particellare
- e recomposition limits

Grenzgänger
- f frontaliers
- i frontalieri
- e frontier worker

Grosseltern
- f grands-parents
- i avi / nonni
- e grandparents

Grossrenovationen, von Liegenschaften
- f rénovations importantes d'immeubles
- i ristrutturazioni considerevoli di edifici
- e major property renovations

Grundbesitz, direkter
- f immeubles en propriété directe
- i possesso fondiario diretto
- e direct property ownership

Grundbuch, Eintrag im
- f registre foncier, inscription au
- i iscrizione nel registro fondiario
- e land register, registration in

Grundbuchamt
- f bureau du registre foncier
- i ufficio del registro fondiario
- e land registry

Grundeigentum, Ertrag
- f propriété foncière, rendement
- i proprietà immobiliare, reddito
- e real estate, income

Grundeigentümerbeiträge
- f contributions du propriétaire foncier
- i contributi dei proprietari d'immobili
- e contribution by owner of real estate

Gründeranteil
- f parts de fondateur
- i quota di fondatore
- e founder share

Grundkapital
- f capital-actions
- i capitale azionario
- e nominal capital

Grundpfand
- f gage immobilier
- i pegno immobiliare
- e mortgage

Grundstück
- f propriété foncière
- i fondo
- e property

Grundstückgewinn
- f gains immobiliers
- i utile da sostanza immobiliare
- e profit on real estate

Grundstückgewinnsteuer
- f impôt sur les gains immobiliers
- i imposta sul maggior valore immobiliare
- e tax on profit from real estate

Grundstückgewinnsteuer, Ermässigung
- f impôt sur les gains immobiliers, réduction
- i imposta sul maggior valore immobiliare, riduzione
- e tax on profit from real estate, reduction

Grundtarif
- f tarif de base
- i aliquota di base
- e base rate

Gründung
- f fondation
- i costituzione
- e formation

Gründungsjahr
- f année de fondation
- i anno di fondazione
- e year of foundation

Gruppenbesteuerung
- f imposition de groupe
- i imposizione di gruppo
- e group taxation

Gruppenersuchen
- f demandes groupées
- i domande raggruppate
- e group requests

Gruppenversicherung
- f assurance de groupe
- i assicurazione di gruppo
- e group insurance

Gutachten, von Sachverständigen
- f rapports d'experts
- i perizia
- e expert opinion, by specialists

Güter
- f biens
- i beni
- e assets

Güter, immaterielle
- f biens immatériels
- i beni immateriali
- e assets, intangible

güterrechtliche Auseinandersetzung
- f liquidation du régime matrimonial
- i scioglimento del regime dei beni
- e marital property rights settlement

Güterstand
- f régime matrimonial
- i regime dei beni
- e contractual regime

Güterzusammenlegung
- f réunion parcellaire
- i raggruppamento di terreni
- e pooling of assets

Guthaben
- f avoirs
- i crediti
- e credit

Guthaben, im Konzern
- f avoirs dans le groupe
- i crediti all'interno di un gruppo
- e internal group credit

Guthaben, Kundenguthaben
- f avoirs de clients
- i averi di clienti
- e client credit balance

H

Haft
- f arrêts
- i arresto
- e detention / imprisonment

Haftung, für die Steuer
- f responsabilité de l'impôt
- i responsabilità per la tassa
- e tax liability

Haltedauer, Beteiligung
- f durée de la possession, participation
- i durata della proprietà, partecipazione
- e tenure, investment

Handänderung
- f mutation
- i trasferimento di proprietà immobiliare
- e transfer of real estate

Handänderung, wirtschaftliche
 f mutation économique
 i trasferimento economica
 e economic transfer of ownership

Handänderungssteuer
 f impôt sur les mutations
 i imposta sul trasferimento
   di proprietà
 e property exchange tax

Handelsbestand
 f stock commercial
 i stock commerciale
 e commercial inventory

Handelsgesellschaft, ausländische
 f société commerciale étrangère
 i società commerciali estere
 e trading companies, foreign

Handelsplatz
 f plate-forme de négociation
 i sede di negoziazione
 e trading venue

Handelsregister
 f registre du commerce
 i registro di commercio
 e commercial registry

Handlung, strafbare
 f acte punissable
 i atto punibile
 e criminal actions

Handwechsel, von Beteiligungen
 f transfert de la majorité des
   participations
 i trasferimento della maggioranza
   delle partecipazioni
 e change of the majority of the
   investments

Härte, offenbare
 f conséquences manifestement
   rigoureuses
 i conseguenze particolarmente
   gravose
 e obvious hardship

Hauptniederlassung
 f siège principal
 i sede principale
 e principal residence

Hauptsitzgesellschaft
 f société de siège principal
 i società sede centrale
 e headquarters company

Hauptsteuerdomizil
 f domicile fiscal principal
 i domicilio fiscale principale
 e main tax domicile

Hausangestellte
 f employée de maison
 i domestica
 e domestic servant

Hausrat
 f mobilier de ménage
 i suppellettili domestiche
 e household contents

Heilbehandlungen
 f soins médicaux
 i cure mediche
 e healing treatments

Heimathafen
 f port d'attache
 i porto d'immatricolazione
 e home port

Heimatort
 f commune d'origine
 i luogo di origine
 e home town

Heirat
 f mariage
 i matrimonio
 e marriage

Herabsetzung, des Kapitals
 f réduction du capital
 i riduzione del capitale
 e reduction, of the capital

Herabsetzung, des Steuersatzes
 f réduction du taux de l'impôt
 i riduzione dell'aliquota
 e reduction, of the tax rate

Herabsetzungsklage
 f action en réduction
 i azione di riduzione
 e abatement suit

Hilfstätigkeit
 f activité auxiliaire
 i attività ausiliare
 e auxiliary activity

Hinterziehung, Steuerhinterziehung
 f soustraction d'impôt
 i sottrazione d'imposta
 e tax evasion

hoheitliche Tätigkeit, Begriff
 f activité relevant de la
   souveraineté publique, définition
 i attività sovrana, definizione
 e public service

Höherschätzung
 f taxation plus élevée
 i reformatio in peius della
   tassazione
 e write-up estimate

Holdinggesellschaft
 f société holding
 i società holding
 e holding company

Homeoffice / Telearbeit
 f télétravail / home office
 i telelavoro / home office
 e home office

Hotelgewerbe
 f hôtellerie
 i settore alberghiero
 e hotel business

Hypothekargläubiger
 f créancier hypothécaire
 i creditore ipotecario
 e mortgage creditor

I

ideelle Zwecke
 f buts idéaux
 i scopi ideali
 e non-profit purposes

Identifikation
 f identification
 i identificazione
 e identification

immaterielle Güter
 f biens immatériels
 i beni immateriali
 e intangible assets

Immobilienanlagefonds
 f fonds de placement immobiliers
 i fondi di investimento
   immobiliare
 e real estate investment funds

Immobiliengesellschaft
 f société immobilière
 i società immobiliare
 e real estate company

Immobilienvermietung
 f location d'immeubles
 i locazione di immobili / affitto
 e property rental

Import
 f importation
 i importazione
 e import

Indexierung
 f index
 i indice
 e indexation

indirekte Teilliquidation
- f liquidation partielle indirecte
- i liquidazione parziale indiretta
- e indirect partial liquidation

Information der beschwerdeberechtigten Person
- f information des personnes habilitées à recourir
- i informazione delle persone legittimate a ricorrere
- e information of the person entitled to appeal / of the taxpayer

Information, nachträgliche
- f information ultérieure
- i informazione ulteriore
- e subsequent information

Informationen
- f informations
- i informazioni
- e information

Informationen, vom Ausland übermittelt
- f renseignements transmis de l'étranger
- i informazioni trasmesse dall'estero
- e information, forwarded from abroad

Informationen, Ware
- f informations, marchandise
- i informazioni, merce
- e information, commodity

Informationsaustausch
- f échange de renseignements
- i scambio di informazioni
- e exchange of information

Informationsaustausch, auf Ersuchen
- f échange de renseignements sur demande
- i scambio di informazioni su domanda
- e exchange of information on request

Informationsaustausch, automatischer
- f échange automatique de renseignements
- i scambio automatico di informazioni
- e automatic exchange of information

Informationsaustausch, Finanzkonten
- f échange de renseignements, comptes financiers
- i scambio di informazioni, conti finanziari
- e exchange of information, financial accounts

Informationsaustausch, spontaner
- f échange spontané de renseignements
- i scambio spontaneo di informazioni
- e spontaneous exchange of information

Infrastrukturunternehmen
- f entreprises d'infrastructure
- i imprese d'infrastruttura
- e infrastructure companies

Ingenieure
- f ingénieurs
- i ingegneri
- e engineers

Inkasso
- f recouvrement
- i incasso
- e debt collection

Inland, Begriff
- f territoire suisse, définition
- i territorio svizzera, termine
- e swiss territory, definition

Inland, Leistungen im
- f territoire suisse, prestations sur le
- i territorio svizzera, prestazioni in
- e domestic supplies

Inland, Sitz im
- f territoire suisse, siège
- i territorio svizzero, sede
- e Switzerland, residence in

Inland, Wohnsitz im
- f territoire suisse, domicile
- i Svizzera, domicilio in
- e Switzerland, domicile in

Inländer, Begriff
- f domicilié en Suisse, définition
- i cittadino svizzero, termine
- e swiss resident, definition

inländische Gewinne, von Ausländern
- f bénéfices suisses réalisés par des étrangers
- i redditi conseguiti in svizzera, da stranieri
- e swiss profits, of foreigners

Inlandsteuer
- f impôt grevant les opérations sur le territoire suisse
- i imposta sulle prestazioni eseguite sul territorio svizzero
- e domestic tax

Insertionskosten
- f frais d'insertion
- i costi d'inserzione
- e insertion costs

Instandstellungskosten
- f frais de remise en état des immeubles
- i spese di riattazione degli immobili
- e repair costs

institutionelle Begünstigte
- f bénéficiaires institutionnels
- i beneficiari istituzionali
- e institutional beneficiaries

interkantonale Doppelbesteuerung
- f intercantonale, double imposition
- i intercantonale, doppia imposizione
- e intercantonal, double taxation

interkantonale Steuerausscheidung
- f répartition intercantonale
- i ripartizione intercantonale
- e intercantonal tax apportionment

interkantonale Verhältnisse
- f rapport intercantonal
- i rapporto intercantonale
- e intercantonal relationships

interkommunale Steuerausscheidung
- f péréquation intercommunale
- i ripartizione intercomunale
- e intercommunal tax apportionment

internationale Organisationen
- f organisations internationales
- i organizzazioni internazionali
- e international organisations

internationale Quellenbesteuerung
- f imposition transfrontalière à la source
- i imposizione alla fonte in ambito transfrontaliero
- e cross-border withholding tax

internationale Steuerausscheidung
- f répartition internationale
- i ripartizione internazionale
- e international tax apportionment

internationale Verhältnisse
- f base internationale
- i rapporti internazionali
- e international relationships

internationaler Verkehr
- f trafic international
- i traffico internazionale
- e international traffic

internationale Abkommen im Steuerbereich, Durchführung
- f conventions internationales dans le domaine fiscal, exécution
- i convenzioni internazionali in ambito fiscale, esecuzione
- e international agreements on tax matters, implementation

Invalidität
- f invalidité
- i invalidità
- e invalid

Invaliditätskosten
- f frais d'invalidité
- i spese per invalidità
- e invalidity costs

Inventar
- f inventaire
- i inventario
- e inventory

Investitionen
- f investissement
- i investimento
- e investment

Investitionskosten
- f investissements
- i investimenti
- e investment costs

Investmentgesellschaft, mit festem Kapital
- f sociétés d'investissement à capital fixe
- i società di investimento a capitale fisso
- e investment company, with fixed capital

Investmentgesellschaft, mit variablem Kapital
- f sociétés d'investissement à capital variable
- i società di investimento a capitale variabile
- e investment company, with variable capital

Investment-Klub
- f club d'investissement
- i club d'investimento
- e investment club

J

Jahreslohn
- f salaire annuel
- i salario annuo
- e annual salary

Jahresrechnung
- f comptes annuels
- i conto annuale
- e annual report

Jahressteuer
- f impôt annuel entier
- i imposta annuale
- e annual tax amount

Jubiläumsgeschenk
- f primes pour ancienneté de service
- i premi d'anzianità
- e anniversary gift

jüdische Gemeinde
- f communauté juive
- i comunità ebraica
- e jewish community

juristische Person, Begriff
- f personne morale, définition
- i persona giuridica, definizione
- e legal entity, definition

juristische Person, Besteuerung
- f personne morale, taxation
- i persona giuridica, tassazione
- e legal entity, taxation

juristische Person, Steuerstrafrecht
- f personne morale, dispositions pénales
- i persona giuridica, disposizioni penali
- e legal entity, fiscal offences law

K

Kalenderjahr, Steuerperiode
- f année civile, période fiscale
- i anno civile, periodo fiscale
- e calendar year, tax period

Kalenderjahr, Verjährung / Fälligkeit
- f année civile, prescription / échéance
- i anno civile, prescrizione / scadenza dell'imposta
- e calendar year, statute of limitations / settlement date

kalkulatorischer Zins, Sicherheitseigenkapital
- f intérêt notionnel, capital propre de sécurité
- i interesse figurativo, capitale proprio di garanzia
- e notional interest, security capital

Kapital
- f capital
- i capitale
- e capital

Kapital, Eigenkapital
- f capital propre
- i capitale proprio
- e owner's equity

Kapitalabfindung
- f versement de capital
- i liquidazione in capitale
- e lump-sum settlement

Kapitalabfindung, Vorsorge
- f versement de capital, prévoyance
- i liquidazione in capitale, previdenza
- e lump-sum settlement, providence

Kapitalausscheidung
- f répartition du capital
- i ripartizione del capitale
- e tax apportionment, capital

Kapitalband
- f marge de fluctuation du capital
- i forbice del capitale
- e capital band

Kapitalbeschaffung, kollektive
- f obtention collective de capitaux
- i raccolta collettiva di capitali
- e capital procurement, collective

Kapitalbeteiligung
- f participations en capital
- i partecipazione in capitale
- e capital investment

Kapitaleinlage
- f apport de capitaux
- i apporto di capitale
- e capital contribution

Kapitaleinlageprinzip
- f principe de l'apport de capital
- i principio degli apporti di capitale
- e capital contribution principle

Kapitaleinlageprinzip, Begrenzung
- f principe de l'apport en capital, limitation
- i principio degli apporti di capitale, limitazione
- e capital contribution principle, limitation

Kapitalerhöhung
f versements supplémentaires de capitaux
i aumento di capitale
e capital increase

Kapitalertrag
f rendement
i redditi
e investment income

Kapitalgesellschaft
f société de capitaux
i società di capitali
e corporate entity

Kapitalgewinn
f gain en capital
i utile in capitale
e capital gain

Kapitalgewinn, aus Beteiligungen
f gain en capital des participations
i utile in capitale di partecipazioni
e capital gain of investments

Kapitalgewinn, bewegliches Privatvermögen
f gain en capital, fortune privée mobilière
i utile in capitale, sostanza mobiliare privata
e capital gain, private owned movable assets

Kapitalherabsetzung
f réduction du capital
i riduzione del capitale
e reduction, of the capital

Kapitalleistung, aus Vorsorge
f prestations en capital, prévoyance
i prestazioni in capitale, della previdenza
e lump-sum benefit, providence

Kapitalleistung, übrige
f prestations en capital, autres
i prestazioni in capitale, altri
e lump-sum benefit, others

Kapitalmarkt
f marché des capitaux
i mercato dei capitali
e capital market

Kapitalsteuer
f impôt sur le capital
i imposta sul capitale
e capital tax

Kapitalsteuer, ergänzende
f impôt complémentaire sur le capital
i imposta sul capitale posticipata
e capital tax surtax

Kapitalverkehr
f circulation des capitaux
i traffico dei capitali
e capital transactions

Kapitalverluste
f pertes en capital
i perdita sul capitale
e capital loss

Kapitalvermögen
f capital mobilier
i capitale mobiliare
e capital assets

Kapitalversicherung, rückkaufsfähige
f assurance de capital susceptible de rachat
i assicurazione di capitale soggetta a riscatto
e endowment insurance, redeemable

Kapitalwert
f valeur en capital
i valore capitalizzato
e capital value

Kapitalzahlung, aus Versicherung
f prestations en capital
i pagamenti in capitale
e capital payment

Kapitalzuwachs, aus Erbschaft
f augmentation de fortune, succession
i aumento di capitale, successione
e capital appreciation, inheritance

Kassenobligation
f obligation de caisse
i obbligazione di cassa
e bond

Kaufpreis, Begriff
f prix d'achat, définition
i prezzo d'acquisto, definizione
e purchase price, definition

Kaufpreis, Finanzierung des
f prix d'achat, financement
i prezzo d'acquisto, finanziamento
e purchase price, financing

Kinder- und Jugendbetreuung
f protection de l'enfance et de la jeunesse
i assistenza all'infanzia ed alla gioventù
e child / youth care

Kinder, Einkommen
f enfants, revenu
i figli, reddito
e children, income

Kinder, Sozialabzug für
f enfants, réduction pour les
i figli, deduzione sociale per
e children, social allowance for

Kinder, Unterhalt für
f enfants, contribution d'entretien pour les
i figli, mantenimento dei
e children, maintenance for

Kinder, Vermögen
f enfants, fortune
i figli, patrimonio
e children, assets

Kinderbetreuungskosten
f frais d'entretien des enfants
i costi per la cura dei bambini
e costs for care of children

Kirche
f église
i parrocchia
e church

kleine Arbeitsentgelte
f petites rémunérations
i piccole rimunerazioni
e minor remunerations

kollektive Kapitalanlagen
f placements collectifs de capitaux
i investimenti collettivi di capitale
e collective investments

kollektive Kapitalanlagen, direkter Grundbesitz
f placements collectifs de capitaux, immeubles en propriété directe
i investimenti collettivi di capitale, possesso fondiario diretto
e collective investments, direct property ownership

kollektive Kapitalbeschaffung
f obtention collective de capitaux
i raccolta collettiva di capitali
e collective capital procurement

Kollektivgesellschaft
f société en nom collectif
i società in nome collettivo
e general partnership

Kollektivität, BVG
f collectivité, LPP
i collettività, LPP
e collectivity

Kollisionsnormen
f règles de conflit
i norme di conflitto
e conflict of law rules

Kommanditaktiengesellschaft
 f société en commandite par actions
 i società in accomandita per azioni
 e partnership limited by shares

Kommanditgesellschaft
 f société en nom commandite
 i società in accomandita
 e limited partnership

Kommissionär
 f commissionnaire général
 i commissionario generale
 e general commission agent

Kommissionsgeschäft
 f contrat de commission
 i contratto di commissione
 e commission transaction

kommunale Steuern
 f impôts communaux
 i imposte comunali
 e community taxes

Konkordat / Steuerabkommen
 f concordat / arrangements fiscaux
 i concordato / trattato fiscale
 e concordat / tax treaty

Konkurs
 f poursuite pour dettes
 i fallimento
 e bankruptcy

Konsortialdarlehen
 f prêts consortiaux
 i prestiti consorziali
 e syndicated loans

Konsultativgremium
 f organe consultatif
 i organo consultivo
 e consultative body

Konsum
 f consommation
 i consumo
 e consumption

Konsumentenpreise, Landesindex
 f indice suisse des prix à la consommation
 i indice nazionale dei prezzi al consumo
 e swiss consumer price index

Konto
 f compte
 i conto
 e account

Kontonummer
 f numéro de compte
 i numero di conto
 e account number

Kontrolle
 f contrôle
 i controllo
 e audit

Kontrollorgan
 f organe de contrôle
 i organo di controllo
 e supervisory body

Konzern
 f groupe
 i gruppo
 e group

Konzern, Guthaben im
 f groupe, avoirs dans le
 i gruppo, crediti all'interno di un
 e group, internal credit

Konzerngesellschaft, ausländische
 f société de groupe sise à l'étranger
 i società appartenente ad un gruppo
 e group company, foreign

Konzernverhältnis
 f sein d'un groupe
 i interno di un gruppo
 e group relationships

konzessionierte Unternehmen
 f entreprises titulaires d'une concession
 i imprese titolari di una concessione
 e licensed companies

koordinierter Lohn
 f salaire coordonné
 i salario coordinato
 e coordinated salary

körperliche Nachteile
 f dommages corporels
 i danno corporale
 e physical handicaps

Körperschaft
 f collectivité
 i corporazione
 e corporation

Körperschaft, lokale
 f collectivité locale
 i ente locale
 e local authority

Korporationen mit Teilrechten
 f corporations avec des droits partiels
 i corporazioni con diritto parziale
 e corporation with partial rights

Korrektur, Abrechnung
 f correction
 i correzione
 e correction

Korrektur, Entgelt
 f correction, contre-prestation
 i correzione, controprestazione
 e correction, consideration

Korrektur, Rechnung
 f correction, facture
 i correzione, fattura
 e correction, invoice

Korrektur, Vorsteuerabzug
 f correction, déduction de l'impôt préalable
 i correzione, deduzione dell'imposta precedente
 e correction, input tax deduction

Kosten, Anlagekosten
 f dépenses d'investissement
 i spese d'investimento
 e costs, investment costs

Kosten, Ausbildungskosten
 f frais de formation professionnelle
 i costi di formazione professionale
 e costs, training costs

Kosten, behinderungsbedingte
 f frais liés au handicap
 i spese per disabilità
 e costs incurred by disability

Kosten, Berufskosten
 f dépenses professionnelles
 i spese professionali
 e costs, professional expenses

Kosten, Denkmalpflege
 f frais de restauration de monuments historiques
 i costi per cura di monumenti storici
 e costs, for the preservation of historical monuments

Kosten, Fahrten
 f frais de déplacement
 i costi di trasporto
 e costs, for travel

Kosten, geschäftsmässig begründete
 f frais justifiés par l'usage commercial
 i costi aziendali giustificate
 e costs, business related

Kosten, Gestehungskosten
 f coût d'investissement
 i prezzo di costo
 e prime costs

Kosten, Gewinnungskosten
 f frais d'acquisition
 i costi di conseguimento
 e costs, production costs

Kosten, Gutachten
- f frais de rapports d'experts
- i costi per una perizia
- e costs, for expert opinions

Kosten, Kinderbetreuungskosten
- f frais d'entretien des enfants
- i costi per la cura dei bambini
- e costs for care of children

Kosten, Krankheitskosten
- f frais provoqués par la maladie
- i spese per malattia
- e costs of illness

Kosten, Liegenschaftenunterhalt
- f frais d'entretien, immeuble
- i spese di manutenzione
- e costs, maintenance costs

Kosten, nicht abziehbare
- f frais non déductibles
- i costi non deducibili
- e costs, non-deductible

Kosten, Steueramtshilfe
- f frais, assistance administrative fiscale
- i spese, assistenza amministrativa fiscale
- e costs, tax administrative assistance

Kosten, Umschulungskosten
- f frais de reconversion professionnelle
- i spese di riqualificazione
- e costs, re-training costs

Kosten, Verfahrenskosten
- f frais de procédure
- i spese procedurali
- e costs, of the procedures

Kosten, Verpflegungskosten
- f frais de repas
- i costi per pasti
- e costs, for food and board

Kosten, Verwaltungskosten
- f frais d'administration
- i spese d'amministrazione
- e costs, of administration

Kosten, Weiterbildungskosten
- f frais de formation continue professionnel
- i spese di formazione continua
- e costs, further education

Kosten, Wiedereinstiegskosten
- f frais de réinsertion professionnelle
- i costi di reinserimento professionale
- e costs, re-entry costs

Kostenaufschlag
- f coût majoré d'une marge
- i costo aumentato di un margine
- e cost plus

Kostenerkenntnis
- f décision sur les frais
- i riconoscimento di costi
- e cost recognition

Krankenversicherung
- f assurance maladie
- i cassa malattia
- e health insurance

Krankheitskosten
- f frais provoqués par la maladie
- i spese per malattia
- e costs of illness

Kredit
- f crédit
- i credito
- e credit

Kreditkartenkommission
- f commissions sur les cartes de crédit
- i commissioni su carte di credito
- e credit card commission

Kryptowährungen
- f cryptomonnaies
- i criptovalute
- e cryptocurrencies

Kultur
- f culture
- i cultura
- e culture

Kultus
- f culte
- i culto
- e cult

Kundenguthaben
- f avoirs de clients
- i averi di clienti
- e client credit balance

Kündigung
- f dénonciation, contrat
- i disdetta
- e notice

Künstler
- f artiste
- i artista
- e artist

Kunstwerke
- f œuvres d'art
- i opere d'arte
- e objects of art

Kurswert
- f cours
- i corso
- e market price

Kürzung, des Anspruchs
- f réduction du montant réclamé
- i riduzione della pretesa
- e reduction, of the claim

Kuxen
- f parts de mine
- i quote minare
- e shares in mines

L

Lager
- f stockage
- i deposito
- e storage

Landwirtschaft
- f agriculture
- i agricoltura
- e agriculture

land- und forstwirtschaftliche Grundstücke
- f immeubles ruraux et forestiers
- i terreni agricoli e boschi
- e agricultural and forestry property

landwirtschaftliche Heimwesen
- f domaines agricoles
- i azienda agricola
- e agricultural property

Lebensaufwand
- f train de vie
- i dispendio
- e cost of living

Lebensgemeinschaft, faktische
- f vie de couple de fait
- i convivenza di fatto
- e cohabitation, de facto

Lebenshaltungskosten
- f frais occasionnés par le train de vie
- i spese corrispondenti al tenore di vita
- e cost of living

Lebensinteressen, Mittelpunkt der
- f intérêts vitaux, centre des
- i interessi vitali, centro degli
- e vital interests, centre of

Lebenspartnerin / Lebenspartner
- f partenaire
- i concubino / concubina
- e life partner

Lebensversicherer
- f assureurs-vie
- i assicuratori vita
- e life assurer

Lebensversicherung, rückkaufsfähige
- f assurance sur la vie susceptible de rachat
- i assicurazione sulla vita riscattabile
- e life insurance, redeemable

Lehranstalt
- f établissement d'instruction
- i scuola
- e educational establishment

Lehrling
- f stagiaire / apprenti
- i apprendista
- e apprentice

Leibrente
- f rentes viagères
- i rendite vitalizie
- e life annuity

Leistungen, aus dem Ausland
- f prestations de l'étranger
- i prestazioni dall'estero
- e supplies, from abroad

Leistungen, aus Vorsorge
- f prestation de prévoyance
- i prestazione della previdenza
- e benefit, providential

Leistungen, im Inland
- f prestations sur le territoire suisse
- i prestazioni sul territorio svizzero
- e supplies, domestic

Leistungen, steuerbare
- f prestations imposables
- i prestazioni imponibili
- e taxable supplies

Leistungen, steuerbefreite
- f prestations exonérées de l'impôt
- i prestazioni esenti da imposta
- e supplies, exempt from the tax

Leistungen, von der Steuer ausgenommene
- f prestations, exclues du champ de l'impôt
- i prestazioni, escluse dall'imposta
- e supplies, exempt from the tax without credit

Leistungen, von Gesetzes wegen
- f prestations en vertu de la loi
- i prestazioni in virtù di una legge
- e supplies, prescribed by law

Leistungsbetrug
- f escroquerie en matière de prestations
- i truffa in materia di prestazione di tasse
- e contributions fraud

Leistungsempfänger
- f destinataire de la prestation
- i destinatario della prestazione
- e recipient of the supply

Leitung
- f direction
- i direzione
- e management

Leitung / Verwaltung, tatsächliche
- f direction / administration effective
- i direzione / amministrazione effettiva
- e management, actual

Leitung, einheitliche
- f direction unique
- i direzione unica
- e common management

letzter Wohnsitz
- f dernier domicile
- i ultimo domicilio
- e last residence

Liberierung
- f libération
- i liberare
- e contribution

Lieferung / Beförderung ins Ausland
- f livraison à l'étranger
- i fornitura all'estero
- e delivery / transport abroad

Lieferung, Ort der
- f livraisons, lieu des
- i fornitura, luogo della
- e delivery, place of

Lieferung, von Gegenständen
- f livraison de biens
- i fornitura di oggetti
- e delivery of goods

Liegenschaft
- f immeuble
- i immobile
- e real estate

Liegenschaft, Eigennutzung
- f habitation, usage propre
- i fondi, utilizzazione a scopo personale
- e owner occupation

Liegenschaft, Grossrenovationen
- f immeubles, rénovations importantes d'
- i edifici, ristrutturazioni considerevoli di
- e major property renovations

Liegenschaft, Instandstellungskosten
- f immeuble, frais de remise en état
- i immobile, spese di riattazione
- e property, repair costs

Liegenschaft, Unterhaltskosten
- f immeuble, frais d'entretien
- i immobile, spese di manutenzione
- e property, maintenance costs

Liegenschaft, Unternutzung
- f immeuble, sous-utilisation
- i immobile, utilizzazione limitata
- e real estate, under-utilisation of

Liegenschaft, Verluste aus ausländischer
- f immeubles à l'étranger, pertes
- i immobili all'estero, perdite su
- e real estate, loss on foreign

Liegenschaft, Zweckentfremdung
- f immeuble, changement d'affectation
- i immobile, modifica dello scopo d'utilizzazione
- e real estate, misuse of

Liegenschaftenhändler
- f agents immobiliers
- i commerciante d'immobili
- e real estate agent

Liquidation, Gesellschaft
- f liquidation, société
- i liquidazione, società
- e liquidation, business

Liquidationsgewinn
- f benefice de liquidation
- i utili di liquidazione
- e liquidation profit

Liquidationsüberschuss / -ergebnis
- f liquidation, excédent / produit de
- i liquidazione, eccedenza di
- e liquidation surplus / result

Lizenzgebühren
- f redevances
- i canoni
- e license fees

LoB-Klausel
- f règle de la limitation des avantages
- i regola della limitazione dei benefici
- e limitation-on-benefits rule

Lohn
 f salaire
 i salario
 e salary

Lohnausweis
 f certificat de salaire
 i certificato di salario
 e salary certificate

Lohnveredlung
 f travaillés à façon contrat d'entreprise
 i lavorazione
 e job processing

Löschung, im Handelsregister
 f radiation du registre du commerce
 i cancellazione dal registro di commercio
 e de-registration in the commercial registry

Löschung, im Register der Steuerpflichtigen
 f radiation du registre des contribuables
 i cancellazione dal registro dei contribuenti
 e de-registration in the register of taxable persons

Lotterie, Einsatzkosten
 f mises
 i costi delle poste giocate
 e cost of tickets / wager

Lotterie, Naturalgewinne
 f loteries, gains en nature
 i lotterie, vincite in natura
 e lotteries, gains in kind

Lotterie, zur Verkaufsförderung
 f loteries destinées à promouvoir les ventes
 i lotterie destinati a promuovere le vendite
 e promotional lotteries

Lotteriegewinne
 f gains faits dans les loteries
 i vincite alla lotteria
 e lottery wins

Luftfahrt
 f navigation aérienne
 i aviazione / aeronautica
 e aviation

M

Mahnung
 f sommation
 i diffida
 e reminder

Makler
 f courtier
 i mediatore
 e broker

Mäklerprovision
 f commission de courtage
 i provvigione di mediatore
 e finder's fee

Mängel, eines Entscheides
 f erreur dans la décision
 i vizi di una decisione
 e flaw, in a decision

Mantelhandel
 f manteau d'actions
 i mantello di azioni
 e shell trade

Margenbesteuerung
 f imposition de la marge
 i imposizione dei margini
 e margin taxation

Marktwert
 f valeur marchande
 i valore di mercato
 e market value

Massnahmen, gegen Missbrauch
 f mesures contre l'utilisation sans cause légitime
 i provvedimenti contro l'uso senza causa legittima
 e abuse, measures against

Medikamente
 f médicaments
 i medicinali
 e medication

Mehrheit, Beherrschung
 f majorité, domination
 i maggioranza, dominio
 e majority, control

Mehrheit, von Leistungen
 f pluralité de prestations
 i pluralità di prestazioni
 e plurality, of supplies

Mehrwert, selbst geschaffen
 f valeur ajoutée, générée en interne
 i valore aggiunto, generata internamente
 e added value, internally generated

Meldepflicht
 f obligation d'information
 i obbligo di comunicazione
 e obligation to notify

Meldeverfahren
 f procédure de déclaration
 i procedura di notifica
 e notification procedure

Meldeverfahren, Ordnungsbusse
 f procédure de déclaration, amende d'ordre
 i procedura di notifica, multa disciplinare
 e notification procedure, disciplinary fine

Meldeverfahren, Verzugszins
 f procédure de déclaration, intérêt moratoire
 i procedura di notifica, interesse di mora
 e notification procedure, interest on late payment

Meldung, Einspruch bei Versicherungsleistungen
 f opposition à la déclaration
 i opposizione alla notifica
 e appeal, against the notification

Meldung, Gesuch um
 f déclaration, demande de
 i notifica, domanda di
 e notification, request for

Meldung, statt Steuerentrichtung
 f déclaration remplaçant le paiement de l'impôt
 i notifica invece del pagamento
 e notification, instead of paying taxes

Meliorationskosten
 f frais d'amélioration foncière
 i costi di miglioria
 e cost of improvement

Methodenwechsel
 f méthode, changement
 i metodo, cambiamento
 e method, change

Mietertrag
 f revenu des locations
 i redditi di locazione
 e rental income

Mietwert
 f valeur locative
 i valore locativo
 e rental value

Militärversicherung
 f assurance militaire
 i assicurazione militare
 e military insurance

Minderjährige
 f mineurs
 i minorenni
 e minors

Mindestbesteuerung / Mindeststeuer
 f imposition minimale / impôt minimal
 i imposizione minima / imposta minima
 e minimum taxation / minimum tax

Mindestdauer
f durée minimale
i durata minima
e minimum duration

Mindestlohn / Mindestalter
f salaire et âge minima
i salario minimo ed età
e minimum salary and age

Mineralölsteuer
f impôt sur les huiles minérales
i imposta sugli oli minerali
e mineral oil tax

Minimalsteuer
f impôt minimal
i imposta minima
e minimum tax

Missbrauch
f abus
i abuso
e abuse

Missbrauch, des Ermessens
f abus de pouvoir
i abuso d'arbitrio
e abuse of discretion

missbräuchliche Steuerentlastung
f dégrèvement d'impôt, prétention abusive
i sgravio d'imposta, pretesa abusiva
e improper tax relief

Mitarbeit, der Ehegatten
f collaboration des époux
i collaborazione dei coniugi
e collaboration, of spouses

Mitarbeiteraktien
f actions de collaborateurs
i azioni dei collaboratori
e employee shares

Mitarbeiterbeteiligungen
f participations de collaborateur
i partecipazioni di collaboratore
e employee participation

Mitarbeiterbeteiligungsplan
f plan de participations de collaborateur
i piano di partecipazioni dei collaboratori
e employee participation plan

Mitarbeiteroptionen
f options de collaborateurs
i opzioni dei collaboratori
e employee stock options

Miteigentümer
f copropriétaire
i comproprietario
e joint tenant

Mitglieder
f membres
i socio / membro
e members

Mitglieder, der Verwaltung
f membres de l'administration
i membri dell'amministrazione
e members, of the administration

Mitgliederbeiträge
f cotisations de membres
i contributi
e membership fee

Mithaftung / Solidarhaftung
f responsabilité solidaire
i responsabilità solidale
e joint and several liability

Mittelpunkt, der Lebensinteressen
f centre des intérêts vitaux
i centro degli interessi vitali
e centre of vital interests

Mitversicherung
f coassurance
i coassicurazione
e co-insurance

Mitwirkung
f collaboration
i collaborazione
e collaboration

Mitwirkung, des Verkäufers
f participation du vendeur
i collaborazione del venditore
e involvement, of the vendor

Mitwirkungspflichten
f obligations de collaborer
i obblighi di collaborare
e obligations to collaborate

modifizierte Besteuerung nach dem Aufwand
f imposition modifiée d'après la dépense
i imposizione secondo il dispendio modificata
e modified taxation based on expenses

Monatshygieneprodukte
f produits d'hygiène menstruelle
i prodotti destinati all'igiene mestruale
e monthly hygiene products

Montagestelle
f montage ouvert
i montaggio
e installation project

Motorfahrzeug
f véhicule automobile
i veicolo a motore
e motor vehicle

Musiker
f musicien
i musicista
e musician

Mutterschaft
f maternité
i maternità
e maternity

Mutterschaftsurlaub
f congé de maternité
i congedo di maternità
e maternity leave

Mutterschaftsversicherung, Einkünfte aus
f assurance maternité, revenus
i assicurazione maternità, redditi
e maternity insurance, income

N

Nachbesteuerung, des Vermögens
f imposition complémentaire de la fortune
i imposta complementare
e additional taxation, of assets

Nachbesteuerung, vereinfachte
f rappel d'impôt simplifié
i ricupero semplificato d'imposta
e additional taxation, simplified

Nacherben
f appelés
i eredi sostituiti
e reversionary heirs

Nacherbschaft
f substitution fidéicommissaire
i eredità sostituita
e estate in expectancy

Nachforderung, Mehrwertsteuer
f demande de supplément de la TVA
i riscossione posticipata dell'IVA
e supplemental claim of VAT

Nachforderung, Steuerabzug
f paiement complémentaire, retenue
i pagamento arretrati, ritenuta
e tax appraisal, deduction for taxes

Nachkommen
f descendants
i discendente
e descendants

Nachlass
- f succession
- i successione
- e estate of inheritance

Nachlasswerte, Beiseiteschaffen
- f successorales, soustraction de valeurs
- i successione, distrazione di beni
- e estate assets under will, removal

Nachsteuer
- f rappel d'impôt
- i ricupero d'imposta
- e supplementary tax

Nachsteuerverfahren
- f procédure de rappel d'impôt
- i procedura di ricupero d'imposta
- e supplementary tax proceedings

nachträgliche Änderung
- f modification ultérieure
- i modifica successiva
- e subsequent change

nachträgliche Anpassung, des Entgelts
- f adaptation ultérieure de la contre-prestation
- i adeguamento successivo dell'controprestazione
- e subsequent adjustment, of the consideration

nachträgliche ordentliche Veranlagung
- f taxation ordinaire ultérieure
- i tassazione ordinaria ulteriore
- e posterior ordinary tax assessment

Nachweis
- f preuve
- i prova
- e proof

Nachweis, der effektiven Kosten
- f preuve de frais effectifs
- i prova dei costi effettivi
- e proof, of the effective costs

Nachweis, im Haftungsfall
- f preuve en cas de responsabilité
- i prova in caso di responsabilità
- e proof, in case of liability

Nachzahlung
- f acquitter l'impôt
- i pagamento successivo
- e additional payment

nahestehende Person
- f proches des personnes
- i persone vicine
- e related pary

Nahrungsmittel, Zubereitung / Service
- f préparation des denrées alimentaires
- i preparazione di alimenti
- e foodstuffs, preparation / service

Naturaldividenden
- f dividendes en nature
- i dividendi in natura
- e dividend in kind

Naturalleistungen
- f prestations en nature
- i prestazioni in natura
- e allowance in kind

natürliche Personen, im Ausland
- f personnes physiques domiciliées à l'étranger
- i persone fisiche, risiedano all'estero / svolongo
- e individuals, living abroad

natürliche Person, Begriff
- f personne physique, définition
- i persona fisica, definizione
- e individual, definition

natürliche Person, Besteuerung
- f personne physique, taxation
- i persona fisica, tassazione
- e individual, taxation

Nebeneinkünfte
- f revenus accessoires
- i redditi accessori
- e additional income

Nebenerwerbstätigkeit
- f activité lucrative accessoire
- i attività lucrativa accessoria
- e part-time activity

Nebentätigkeit
- f activité accessoire
- i attività accessorie
- e ancillary activities

Nennwert
- f valeur nominale
- i valore nominale
- e nominal value

Nennwerterhöhung
- f augmentation de la valeur nominale
- i aumento del valore nominale
- e increase in nominal value

Netto-Allphasensteuer
- f impôt général à la consommation
- i imposta sul valore aggiunto netto su ogni fase
- e net all-phase taxation

Nettoertrag, aus Beteiligung
- f rendement net des participations
- i ricavo netto da partecipazioni
- e net income, from investments

neue Tatsache
- f nouveau, fait
- i nuovi, fatti
- e new facts

Neugründung
- f fondation nouvelle
- i neocostituzione
- e new formation

Nexus-Regel
- f règle de nexus
- i regola del nexus
- e nexus rule

Nichtausübung, einer Tätigkeit
- f renonciation à une activité
- i mancato esercizio di un'attività
- e non-pursuit, of an activity

Nichtbesteuerung
- f non-imposition
- i non imposizione
- e non-taxation

Nichterbe
- f non héritier
- i non-erede
- e non-heir

Nichtigkeitsbeschwerde
- f pourvoi en nullité
- i ricorso per cassazione
- e plea of nullity

Niederlassungsbewilligung
- f permis d'établissement
- i permesso di domicilio
- e residence permit

Nominalwert
- f valeur nominale
- i valore nominale
- e nominal value

Normalsatz
- f taux normal
- i aliquota normale
- e standard tax rate

Notar
- f notaire
- i notaio
- e notary (public)

Nutzniesser, Steuerpflicht
- f usufruitier, assujettissement
- i usufruttuario, assoggettamento
- e usufructuary, tax liability

Nutzniessung, Einkünfte
 f usufruit
 i usufrutto
 e usufruct

Nutzniessung, Vermögen
 f usufruit, patrimoine
 i usufrutto, patrimonio
 e usufruct, assets

Nutzung, eines Gegenstandes
 f usage de biens
 i godimento di un valore
 e exploitation, of a good

Nutzung, im Ausland
 f exploitation à l'étranger
 i impiego all'estero
 e exploitation abroad

Nutzungsänderung
 f modification de l'affectation
 i modifica d'utilizzazione
 e change of use

Nutzungsberechtigter
 f bénéficiaire
 i beneficiario
 e beneficiary

Nutzungsrechte
 f droits de jouissance
 i diritti di godimento
 e usufructuary right

O

Obligation
 f obligation
 i obbligazione
 e bond

Obligation, Anleihensobligation
 f obligation d'emprunt
 i obbligazione di prestito
 e bond

Obligation, Einmalverzinsung
 f obligation, intérêt unique
 i obbligazione, interesse unico
 e bond, one-time interest

Obligation, Kassenobligation
 f obligation de caisse
 i obbligazione di cassa
 e bond

Obligation, Rückzahlung
 f obligation, remboursement
 i obbligazione, rimborso
 e bond, repayment

obligatorische Versicherung
 f assurance obligatoire
 i assicurazione obbligatoria
 e obligatory insurance

offenbare Härte
 f conséquences manifestement rigoureuses
 i conseguenze particolarmente gravose
 e obvious hardship

Offenlegung, freiwillige
 f divulgation volontaire
 i divulgazione volontaria
 e voluntary disclosure

öffentliche Hand
 f pouvoirs publics
 i poteri pubblici
 e public sector

öffentlicher Dienst
 f fonctions publiques
 i servizio pubblico
 e civil service

öffentlich-rechtliche Abgaben
 f contributions de droit public
 i tributi di diritto pubblico
 e public law contributions

öffentlich-rechtliche Aufgaben
 f tâches de l'administration publique
 i compiti di diritto pubblico
 e public law tasks / duties

öffentlich-rechtliche Eigentumsbeschränkung
 f restrictions de droit public
 i limitazione di diritto pubblico
 e public law restrictions

öffentlich-rechtliche Körperschaft
 f collectivité de droit public
 i corporazione di diritto pubblico
 e public law corporations

öffentlich-rechtliches Arbeitsverhältnis
 f activité / travail de droit public
 i rapporto di lavoro di diritto pubblico
 e public law employment

Onkel
 f oncle
 i zio
 e uncle

Online-Versandhandelsplattform
 f plateformes de vente par correspondance en ligne
 i piattaforme online di vendita per corrispondenza
 e online mail-order platform / e-commerce platform

Option, Mitarbeiteroptionen
 f options de collaborateurs
 i opzioni dei collaboratori
 e employee stock options

Option, Versteuerung MWST
 f option, imposition TVA
 i opzione, assoggettamento IVA
 e option, taxation VAT

Optionsanleihe
 f emprunt à option
 i prestito a opzione
 e convertible bond

ordnungsmässige Rechnungslegung
 f établissement régulier des comptes
 i rendiconto regolare
 e proper accounting

Ordnungswidrigkeiten
 f inobservation de prescriptions d'ordre
 i inosservanza di prescrizioni d'ordine
 e irregularities

ordre Public
 f ordre public
 i ordre public
 e ordre public / public policy

Organisationsdienstleistungen
 f travaux d'organisation
 i lavori organizzativi
 e organisational services

Organisationseinheit
 f unités organisationnelles
 i unità organizzative
 e organisational unit

Organisatoren
 f organisateurs
 i organizzatori
 e event organizers

Ort, der Arbeitsausübung
 f lieu d'affectation
 i luogo di servizio
 e place of employment

Ort, der Dienstleistungen
 f lieu des prestations de services
 i luogo delle prestazioni di servizi
 e place, of a service

Ort, der Leitung
 f siège de la direction
 i luogo della direzione
 e place, of management

Ort, der Lieferung
 f lieu des livraisons
 i luogo delle forniture
 e place, of delivery

P

Pachtzins
- f loyer
- i affitto
- e rent

Parteien, Beiträge an
- f partis politiques, versements
- i partiti, versamenti
- e political party, donation

Parteientschädigung
- f indemnité aux parties
- i spese ripetibili
- e damages

Partizipationsscheine
- f bons de participation
- i buoni di partecipazione
- e participation certificate / preference share

Partnerschaft, eingetragene
- f partenariat enregistré
- i unione domestica registrata
- e registered civil partnership

Parzellierung
- f parcellement
- i parcellamento
- e parcellation

Patenkind
- f filleul(e)
- i figlioccio
- e godchild

Patentbox
- f patent box
- i patent box
- e patent box

Patente
- f brevets
- i brevetti
- e patents

Patente und vergleichbare Rechte, Begriffe
- f brevets et droits comparables, définitions
- i brevetti e diritti simili, definizioni
- e patents and comparable rights, definitions

Patente, Behandlung von Verlusten
- f brevets, traitement des pertes
- i brevetti, trattamento fiscale delle perdite
- e patents, treatment of losses from

Patente, Berechnung Gewinn
- f brevets, détermination du bénéfice net provenant de
- i brevetti, determinazione dell'utile netto dai
- e patents, calculation of the profit from

Patente, Einkommen / Gewinn
- f brevets, revenu / bénéfice net provenant de
- i brevetti, reddito / utile netto dai
- e patents, income / profit from

Patente, Forschungs- und Entwicklungsaufwand
- f brevets, dépenses de recherche et de développement
- i brevetti, spese di ricerca e sviluppo
- e patents, expenditures of research and development

Patente, Vermögen / Kapital
- f brevets, patrimoine / capital propre
- i brevetti, sostanza / capitale proprio
- e patents, assets / capital

Pauschalabzug
- f déductions forfaitaires
- i deduzioni complessive
- e lump-sum deduction

pauschale Steueranrechnung
- f imputation forfaitaire d'impôt
- i computo globale dell'imposta
- e flat-rate, tax credit

Pauschalmethoden
- f méthodes forfaitaires
- i metodi forfetari
- e flat rate methods

Pauschalsteuersatz
- f taux forfaitaires
- i aliquota forfettaria
- e flat tax rate

Pension / Ruhegehalt
- f pension / retraite
- i pensione
- e pension

Person, ansässige
- f résident
- i residente
- e resident

Person, begünstigte
- f bénéficiaire
- i beneficiario
- e beneficiary

Person, berechtigte
- f personne admissible
- i soggetto qualificato
- e qualified person

Person, eng verbundene
- f personnes proches
- i persone strettamente vincolate
- e person, closely related

Person, eng verbundene; Definition
- f personne étroitement liée, définition
- i persona strettamente correlata, definizione
- e person, closely related; definition

Personal
- f personnel de l'entreprise
- i personale
- e staff

Personalsteuer
- f impôt personnel
- i imposta personale
- e personnel tax

Personalvorsorge
- f prévoyance en faveur du personnel
- i previdenza del personale
- e personnel providence

Personengesamtheiten, ohne juristische Persönlichkeit
- f communautés de personnes sans personalité juridique
- i comunità di persone senza personalità giuridica
- e partnership without legal personality

Personengesellschaft
- f société de personnes
- i società di persone
- e partnership

Personenunternehmung
- f entreprise de personnes
- i impresa di persone
- e partnership

Personenvereinigungen
- f groupements de personnes
- i unioni di persone
- e associations

Pfand, Faustpfand
- f nantissement
- i pegno manuale
- e collateral, security

Pfand, Grundpfand
- f gage immobilier
- i pegno immobiliare
- e mortgage

Pfand, Verpfändung
- f mise en gage
- i costituzione in pegno
- e pledge

Pfandbrief
- f lettre de gage
- i cartelle ipotecarie
- e mortage bond

Pflegekind
- f enfant placé
- i bambino in affidamento
- e foster-child

Pflegeleistungen
- f soins de santé
- i prestazioni di cura
- e care services

Pflichten, Amtspflichten
- f obligations des autorités
- i doveri dell'autorità
- e obligations, official obligations

Pflichten, des Antragstellers
- f obligations du requérant
- i obblighi dell'istante
- e obligations, of the petitioner

Pflichten, des Steuerpflichtigen
- f obligations du contribuable
- i obblighi del contribuente
- e obligations, of the taxable person

Pflichten, des Steuerschuldners
- f obligations du débiteur des prestations imposables
- i obblighi del debitore della prestazione imponibile
- e obligations, of the tax debtor

Pflichten, Verfahrenspflichten
- f obligations de procédure
- i obblighi procedurali
- e procedural obligations

pflichtgemässes Ermessen
- f appréciation consciencieuse
- i valutazione coscienziosa
- e fair discretion

Planmässigkeit
- f planification
- i secondo un piano
- e according to plan

politische Parteien, Zuwendungen
- f partis politiques, versements
- i partiti, versamenti
- e political party, donation

politische Unterabteilungen
- f subdivisions politiques
- i divisioni politiche
- e political subdivisions

Postnumerandobesteuerung
- f taxation postnumerando
- i tassazione postnumerando
- e postnumerando taxation

Praktikant
- f stagiaire
- i praticante
- e trainee

Prämien, für Versicherung
- f primes d'assurance
- i premi d'assicurazione
- e premium, for insurance

Prämien, für Vorsorgeeinrichtung
- f primes à des institutions de prévoyance
- i premi a istituzioni di previdenza
- e contributions, to providential institutions

Präponderanzmethode
- f méthode de la prépondérance
- i metodo della preponderanza
- e n.a.

Primärmarkt
- f marché primaire
- i mercato primario
- e primary market

Privatanteile
- f parts privées
- i quote private
- e private part (expenses)

Privataufwand
- f dépenses privées
- i spese private
- e cost of living

Privatbankiers
- f banquiers privés
- i banchieri privati
- e private banker

Privatentnahme
- f transfert dans la fortune privée
- i prelevamento privato
- e personal drawings

privates Fahrzeug, Fahrkosten
- f véhicule privé, frais de déplacement
- i veicolo privato, spese di trasporto
- e private vehicle, transport costs

Privatvermögen
- f fortune privée
- i sostanza privata
- e private assets

Privatvermögen, Überführung ins
- f fortune privée, transfert à la
- i sostanza privata, trasferimento nella
- e private assets, transfer to

Progression
- f progression
- i progressione
- e progression

Provision
- f commission
- i provvigione
- e commission

Provision, Bezugsprovision
- f commission de perception
- i provvigione di riscossione
- e commission, subscription commission

Provision, Vermittlungsprovision
- f commissions d'intermédiaire
- i provvigione di mediazione
- e commission, agents commission

provisorische Rechnung
- f bordereau provisoire
- i calcolo provvisorio
- e provisional invoice

Psychotherapie, Kosten
- f psychothérapie, frais
- i psicoterapia, costi
- e psychotherapy, costs

Q

qualifizierte Beteiligung
- f participation qualifiée
- i partecipazione qualificata
- e qualifying investment

Quasi-Ansässigkeit
- f quasi-résidence
- i quasi residenza
- e quasi-residency

Quellenbesteuerung des Erwerbseinkommens
- f imposition à la source du revenu de l'activité lucrative
- i imposizione alla fonte del reddito da attività lucrativa
- e withholding tax on earned income

Quellenbesteuerung und DBA
- f imposition à la source et CDI
- i imposizione alla fonte e CDI
- e source taxation and DTT

Quellenbesteuerung von Ersatzeinkünften
- f imposition à la source sur les revenus acquis en compensation
- i ritenuta alla fonte di proventi compensativi
- e source taxation of substitutive income

Quellenbesteuerung, Wechsel von der ordentlichen Besteuerung zur
- f imposition à la source, passage de l'imposition ordinaire à
- i ritenuta alla fonte, passaggio da tassazione ordinaria a
- e source taxation, switch from ordinary taxation to

Quellenbesteuerung, Wechsel zur ordentlichen Besteuerung
- f imposition à la source, passage à l'imposition ordinaire
- i ritenuta alla fonte, passaggio alla tassazione ordinaria
- e source taxation, switch to ordinary taxation

Quellenstaat
- f état de la source
- i stato d'origine
- e source country

Quellensteuer
- f imposition à la source
- i imposta alla fonte
- e withholding tax / source tax

Quellensteuer, Ablieferung der
- f impôt à la source, paiement de l'
- i imposta alla fonte, versamento dell'
- e withholding tax, payment of

Quellensteuer, Arbeitnehmer
- f impôt à la source, travailleurs
- i imposta alla fonte, lavoratori
- e source tax (on wages), employees

Quellensteuer auf Kapitalerträgen, Strafbestimmungen
- f impôts prélevés à la source sur des revenus de capitaux, dispositions pénales
- i imposte alla fonte riscosse sui redditi di capitali, disposizioni penali
- e withholding tax on capital income, penal provisions

Quellensteuer, ausländische
- f impôt à la source étranger
- i imposta alla fonte estera
- e withholding tax, foreign

Quellensteuer, Frist für Antrag
- f impôt à la source, date limite pour demande
- i imposta alla fonte, scadenza per richiesta
- e source tax, deadline for request

Quellensteuer, Meldepflicht
- f impôt à la source, obligation d'annoncer
- i imposta alla fonte, obbligo di segnalazione
- e source tax, obligation to register for

Quellensteuer, mit Aufenthalt / Wohnsitz in der Schweiz
- f impôt à la source, avec séjour / domicile en Suisse
- i imposta alla fonte, con dimora fiscale / domicilio in Svizzera
- e source tax (on wages), with residence / stay in Switzerland

Quellensteuer, nachträgliche ordentliche Veranlagung auf Antrag
- f impôt à la source, taxation ordinaire ultérieure sur demande
- i imposta alla fonte, tassazione ordinaria ulteriore su richiesta
- e source tax, compulsory ordinary tax assessment upon request

Quellensteuer, nachträgliche ordentliche Veranlagung von Amtes wegen
- f impôt à la source, taxation ordinaire ultérieure d'office
- i imposta alla fonte, tassazione ordinaria ulteriore d'ufficio
- e source tax, compulsory ordinary tax assessment ex officio

Quellensteuer, Nachzahlung
- f impôt à la source, paiement ultérieur
- i imposta alla fonte, pagamento supplementare
- e source tax, additional payment

Quellensteuer, nicht rückforderbare
- f impôts à la source étrangers non remboursables
- i imposte alla fonte estere non recuperabili
- e non-recoverable foreign withholding tax

Quellensteuer, notwendige Vertretung
- f impôt à la source, obligation d'être représenté
- i imposta alla fonte, rappresentanza obbligatoria
- e source tax, compulsory representation

Quellensteuer, obligatorische nachträgliche ordentliche Veranlagung
- f impôt à la source, taxation ordinaire ultérieure obligatoire
- i imposta alla fonte, tassazione ordinaria ulteriore obbligatoria
- e source tax, posterior compulsory ordinary tax assessment after withholding

Quellensteuer, ohne Aufenthalt / Wohnsitz in der Schweiz
- f impôt à la source, sans séjour / domicile en Suisse
- i imposta alla fonte, senza dimora fiscale / domicilio in Svizzera
- e source tax (on wages), without residence / stay in Switzerland

Quellensteuer, ordentliche Veranlagung
- f imposition à la source, procédure de taxation ordinaire
- i imposta alla fonte, procedura ordinaria di tassazione
- e source tax, ordinary assessment

Quellensteuer, örtliche Zuständigkeit
- f impôt à la source, compétence territoriale
- i imposta alla fonte, competenza territoriale
- e source tax, local authority to tax

Quellensteuer, Pauschalabzug
- f impôt à la source, déductions forfaitaires
- i imposta alla fonte, deduzioni complessive
- e source tax, lump-sum deduction

Quellensteuer, Rückvergütung AHV-Leistungen
- f impôt à la source, remboursement des prestations AVS
- i imposta alla fonte, rimborso delle prestazioni AVS
- e source tax, reimbursement of social security payments

Quellensteuer, Tarife
- f impôt à la source, barèmes
- i imposta alla fonte, tariffe
- e source tax, rate

Quellensteuer, Verfahren bei der
- f impôt à la source, perception de l'
- i imposta alla fonte, procedura
- e withholding tax, procedure in case of

Quellensteuer, Vermögen
 f impôt à la source, fortune
 i imposta alla fonte, sostanza
 e source tax, wealth

Quellensteuer, Voraussetzungen nachträgliche ordentliche Veranlagung
 f impôt à la source, conditions préalables pour la taxation ordinaire ultérieure
 i imposta alla fonte, condizione per la tassazione ordinaria ulteriore
 e source tax, condition for posterior ordinary tax assessment

Quellensteuer, Zins
 f impôt à la source, intérêts
 i imposta alla fonte, interessi
 e source tax, interest

Quellensteuerabzug, Ausgestaltung
 f retenue de l'impôt à la source, calcul
 i ritenuta d'imposta alla fonte, calcolo
 e source tax withholding, calculation

R

Rabatte
 f rabais
 i ribassi
 e rebates

Ratenzahlung
 f paiement par tranches
 i pagamento parziale
 e payment by instalments

Realisierung, stille Reserven
 f réalisation des réserves latentes
 i realizzazione delle riserve occulte
 e realisation of hidden reserves

Rechnung, Begriff
 f facture, définition
 i fattura, definizione
 e invoice, definition

Rechnung, Korrektur
 f facture, correction
 i fattura, correzione
 e invoice, correction

Rechnung, provisorische
 f bordereau provisoire
 i calcolo provvisorio
 e invoice, provisional

Rechnungsfehler
 f erreurs de calcul
 i errore di calcolo
 e calculation error

Rechnungsstellung
 f relevé
 i rendiconto
 e invoicing

Rechtseinheit
 f entité juridique
 i ente giuridico
 e legal entity

Rechtsgeschäfte
 f opérations juridiques
 i negozi giuridici
 e legal act

Rechtshilfe
 f entraide judiciaire
 i assistenza giudiziaria
 e legal assistance

Rechtskraft
 f entrée en force
 i passaggio in giudicato
 e legal force

Rechtsmittel, im ordentlichen Verfahren
 f voies de droit, procédure ordinaire
 i rimedio giuridico, procedura ordinaria
 e right of appeal, ordinary procedure

Rechtsmittel, sonstige
 f voies de droit, autres
 i rimedio giuridico, altri
 e right of appeal, others

Rechtsmittelbelehrung
 f voies de droit, indication des
 i rimedio giuridico, indicazione
 e instructions on the right of appeal

Rechtsschutz
 f protection juridique
 i protezione giuridica
 e legal protection

reduzierte Besteuerung
 f imposition réduite
 i imposizione ridotta
 e reduced taxation

reduzierter Steuersatz
 f taux réduit
 i aliquota ridotta
 e reduced tax rate

Referenten
 f conférenciers
 i conferenzieri
 e lecturers

Regionalpolitik
 f politique régionale
 i politica regionale
 e regional policy

Register, Steuerregister
 f registre fiscal
 i registro fiscale
 e tax register

Register, Umsatzregister
 f registre des négociations
 i registro delle negoziazioni
 e transfer register

Regularisierung, von Vermögenswerten
 f régularisation fiscale des avoirs
 i regolarizzazione fiscale di valori patrimoniali
 e regularisation of assets

Reihengeschäft
 f opération en chaîne
 i operazioni a catena
 e chain business

Reingewinn
 f bénéfice net
 i utile netto
 e net profit

Reingewinnsteuer
 f impôt sur le bénéfice net
 i imposta sull'utile netto
 e tax on net profit

Reinvermögen
 f fortune nette
 i sostanza netta
 e net assets

Reiseverkehr, Ausfuhr im
 f trafic touristique, exportation
 i traffico turistico, esportazione
 e touristic industry, export in the

Reklamecharakter
 f caractère publicitaire
 i carattere pubblicitario
 e publicity character

Rekurs, gegen Einspracheentscheid
 f recours contre la décision sur réclamation
 i ricorso contro la decisione sul reclamo
 e administrative appeal against a decision

Rekurskommission, Beschwerde vor kantonaler
f commission cantonale de recours, recours devant la
i commissione cantonale di ricorso, ricorso davanti alla
e appeals commission, administrative appeal to the cantonal

Rekurskommission, kantonale
f commission cantonale de recours
i commissione cantonale di ricorso
e cantonal appeals commission

Rekursschrift
f mémoire de recours
i ricorso
e appeal

Rekursverfahren
f procédure de recours
i procedura di ricorso
e appeal proceedings

Rekursverfahren, vor Steuerrekursgericht
f recours devant le Tribunal de recours
i ricorso davanti al Tribunale di ricorso
e administrative appeal, to the appeals Court

Rente
f rente
i rendite
e pension

Rente, Leibrente
f rentes viagères
i rendite vitalizie
e life annuity

Rentenalter, ordentliches
f âge ordinaire de la retraite
i età ordinaria della rendita
e ordinary retirement age

Reorganisation
f réorganisation
i riorganizzazione
e reorganization

Repartitionsfaktoren
f facteurs de répartition
i fattori di ripartizione
e n.a.

Reservefonds
f fonds de réserve
i fondo di riserva
e reserve funds

Reserven
f réserves
i riserve
e reserves

Reserven, Einlagen
f réserves, apport
i riserve, apporto
e reserves, contribution

Reserven, stille
f réserves latentes
i riserve occulte
e reserves, hidden

Reserven, unbesteuerte
f réserves non imposables
i riserve non tassate
e untaxed reserves

Reservenbildung, steuerfreie
f constitution de réserves franches d'impôts
i cumulazione di riserve non soggetta a imposte
e creation of reserves, tax free

Revision
f révision
i revisione
e revision

Revisionsgrund
f motif de révision
i motivo di revisione
e basis for revision

Richter, Vorführung vor den
f juge, présentation au
i giudice, portando prima del
e judge, bringing before the

Risikokapitalgesellschaft
f sociétés de capital-risque
i società di capitale a rischio
e venture capital company

Rückbaukosten
f frais de démolition
i spese di demolizione
e deconstruction costs

Rückerstattung, Abschlagsrückerstattung
f remboursement par acomptes
i rimborso per acconti
e reimbursement, on account

Rückerstattung, Anspruch
f remboursement, droit
i rimborso, diritto
e refund, entitlement

Rückerstattung, Antrag
f remboursement, demande
i rimborso, domanda
e refund, request

Rückerstattung, Ausländer
f remboursement, étrangers
i rimborso, stranieri
e refund, foreigners

Rückerstattung, bei unvollständiger Steuererklärung
f remboursement en cas de déclaration incomplète
i rimborso in caso di dichiarazioni incomplete
e refund in case of incomplete tax return

Rückerstattung der Verrechnungssteuer
f remboursement de l'impôt anticipé
i rimborso dell'imposta preventiva
e refund of withholding tax

Rückerstattung, durch den Bund
f remboursement par la Confédération
i rimborso da parte della Confederazione
e refund, by the federal government

Rückerstattung, durch den Kanton
f remboursement par le canton
i rimborso da parte del Cantone
e refund, by the canton

Rückerstattung, Kürzung
f remboursement, réduction
i rimborso, riduzione
e refund, reduction

Rückerstattung, ohne Antrag
f remboursement sans demande préalable
i rimborso senza previa istanza
e refund, without application

Rückerstattung, Personenvereinigung
f remboursement, groupements de personnes
i rimborso, unioni di persone
e refund, for partnerships

Rückerstattung, Quellensteuer
f restitution, impôt à la source
i rimborso, imposta alla fonte
e refund, source tax

Rückerstattung, Steuer
f remboursement de l'impôt
i rimborso dell'imposta
e refund, of the tax

Rückerstattung, Treuhandverhältnis
f remboursement, rapports fiduciaires
i rimborso da rapporti fiduciari
e refund, trust relationship

Rückerstattung, unrechtmässige
f remboursement injustifié de l'impôt / restitution d'impôt illégale
i rimborso illecita d'imposta
e refund, illegal

Rückerstattung, Untergang des Anspruchs
f remboursement, extinction du droit au
i rimborso, estinzione del diritto al
e refund, extinguishing the entitlement of

Rückerstattung Verrechnungssteuer, Frist für Antrag
f remboursement de l'impôt anticipé, délai applicable
i rimborso dell'imposta preventiva, termine
e refund of withholding tax, deadline for application

Rückerstattung, Verwirkung
f remboursement, déchéance du droit
i rimborso, perdita del diritto
e refund, forfeiture

Rückerstattung, Verzeichnis der Berechtigten
f remboursement, liste des participants
i rimborso, elenco degli aventi diritto
e list, of the entitled parties

Rückforderung, bezahlter Steuern
f restitution de l'impôt payé
i restituzione dell'imposta pagata
e reclaim, of taxes paid

Rückgriffsanspruch
f recours contre un tiers
i pretesa di regresso
e recourse application

Rückkauf, eigene Beteiligungsrechte
f rachat des propres droits de participation
i riscatto dei propri diritti di partecipazione
e repurchase, own investments

rückkaufsfähige Kapitalversicherung
f assurance de capital susceptible de rachat
i assicurazione di capitale soggetta a riscatto
e redeemable endowment insurance

Rückleistungspflicht
f assujettissement à une restitution
i obbligo di restituzione
e duty to make restitution

Rückstellungen
f provisions
i accantonamenti
e accruals

Rückvergütungen
f ristournes
i rimborsi
e reimbursements

Rückweisung, an die Vorinstanz
f renvoi à l'instance antérieure
i rinvio all'istanza precedente
e return, to the prior authority

Rückzahlung, Einlagen / Kapital
f remboursement d'apports / capital
i rimborso degli apporti / capitale
e repayment, contributions / capital

Rückzahlung, Einlagen in Vorsorge
f prévoyance, remboursement des versements
i previdenza, rimborso dei versamenti
e providence, repayment of contributions

Rückzahlung, Obligationen
f remboursement d'obligations
i rimborso di obbligazioni
e repayment, of bonds

Rückzug, der Strafverfügung
f révocation du prononcé pénal
i revoca della decisione penale
e revocation of the penal order

Rückzug, einer Einsprache
f retrait d'une réclamation
i ritiro del reclamo
e withdrawal of an objection

Ruhegehalt / Pension
f retraite / pension
i pensione
e pension

Ruhestandsleistung
f prestation de retraite
i prestazione di pensione
e retirement benefit

S

Sacheinlage
f apport en nature
i conferimento / apporto in natura
e contribution in kind

Sachgesamtheiten
f assemblages
i insiemi
e single unit

Saldosteuersätze
f taux de la dette fiscale nette
i aliquote saldo
e net tax rates

Saldosteuersatzmethode
f méthode des taux de la dette fiscale nette
i metodo delle aliquote saldo
e net tax rate method

Saldosteuersatzmethode, Wechsel
f méthode des taux de la dette fiscale nette, changement
i metodo delle aliquote saldo, modifiche
e net tax rate method, change

Sammlerstücke
f pièces de collection
i pezzi da collezione
e collection items

Samnaun
f Samnaun
i Samnaun
e Samnaun

Sampuoir
f Sampuoir
i Sampuoir
e Sampuoir

Sanierung
f assainissement
i risanamento
e reconstruction

Sanierung, Verluste
f assainissement, pertes
i risanamento, perdite
e restructuring, loss

Sanktionen, administrative
f sanctions administratives
i sanzioni amministrative
e sanctions, administrative

Sanktionen, finanzielle
f sanctions financières
i sanzioni pecuniarie
e sanctions, financial

Satzmilderung
f réduction du taux
i aliquota ridotta
e tax rate abatement

Säumnisurteil
f jugement par défaut
i sentenza contumaciale
e delinquent tax judgement

Satz, des Gesamteinkommens
- f taux du revenu total
- i aliquota applicabile al reddito complessivo
- e tax rate of the total taxable income

Satzbestimmung
- f calcul / détermination du taux
- i determinazione dell'aliquota
- e determining the tax rate

Schätzung
- f estimation
- i stima
- e estimation

Scheidung, Ehe
- f divorce
- i divorzio
- e divorce

Schenker
- f donateur
- i donatore
- e donator

Schenkung
- f donation
- i donazione
- e donation

Schichtarbeit
- f travail en équipes
- i lavoro a turno
- e shift work

Schiedsgericht
- f tribunal arbitral
- i tribunale arbitrale
- e court of arbitration

Schiedsverfahren
- f arbitrage
- i arbitrato
- e arbitration

Schifffahrt
- f navigation
- i navigazione
- e shipping

Schreibversehen
- f erreurs de transcription
- i errore di scrittura, svista manifesta
- e transcription error

Schuldbuchguthaben
- f avoirs figurant au livre de la dette
- i averi iscritti nel libro del debito
- e debt register credit balance

Schulden
- f dettes
- i debiti
- e debts

Schulden, Schuldzinsen
- f dettes, intérêts passifs
- i debiti, interessi su debiti
- e debts, interest costs

Schuldentilgung
- f remboursement des dettes
- i estinzione di debiti
- e amortization

Schuldenverzeichnis
- f état des dettes
- i elenco degli debiti
- e list of debts

Schuldner, der steuerbaren Leistung
- f débiteur de la prestation imposable
- i debitore della prestazione imponibile
- e debtor, of the taxable service

Schwarzarbeit
- f travail au noir
- i lavoro nero
- e illicit work

Schweigepflicht
- f obligation de garder le secret
- i obbligo del segreto
- e duty to maintain confidentiality

Schweizer Bürgerrecht
- f nationalité suisse
- i cittadino svizzero
- e Swiss citizenship

Schwester
- f sœur
- i sorella
- e sister

Sekundärberichtigung
- f ajustement secondaire
- i aggiustamento secondario
- e secondary adjustment

Sekundärmarkt
- f marché secondaire
- i mercato secondario
- e secondary market

selbständige Erwerbstätigkeit
- f activité lucrative indépendante
- i attività lucrativa indipendente
- e self-employed gainful activity

Selbstanzeige, straflose
- f dénonciation spontanée non punissable
- i autodenuncia esente da pena
- e self-denunciation, not subject to punishment

Selbstveranlagung
- f taxation par le contribuable lui-même
- i auto accertamento
- e self-assessment

Seriengülten
- f lettres de rentes émises en série
- i rendite fondiarie emesse in serie
- e ground-rent issued in series

Serienschuldbriefe
- f cédules hypothécaires
- i cartelle ipotecarie emesse in serie
- e promissory note issued in series

SICAF
- f SICAF
- i SICAF
- e SICAF

SICAV
- f SICAV
- i SICAV
- e SICAV

Sicherheitseigenkapital, Berechnung
- f capital propre de sécurité, calcul
- i capitale proprio di garanzia, calcolo
- e security capital, calculation

Sicherheitseigenkapital, kalkulatorischer Zins
- f capital propre de sécurité, intérêt notionnel
- i capitale proprio di garanzia, interesse figurativo
- e security capital, notional interest

Sicherheitsfonds
- f fonds de garantie
- i fondo di garanzia
- e collateral fund

Sicherheitsleistung
- f garanties
- i garanzie, prestazione di
- e lodging of security

Sicherstellung
- f sûreté
- i garanzie
- e security

Sicherstellung, Rechtsmittel
- f sûreté, voies de droit
- i costituzione di garanzie, rimedio giuridico
- e providing a surety, right of appeal

Sicherstellungsverfügung
- f sûreté, demande de
- i decisione di richiesta di garanzie
- e ruling requiring security

Sicherungsmassnahmen
- f mesures conservatoires
- i misure provvisionali
- e collateral measures

Signatur, qualifizierte elektronische
- f signature électronique qualifiée
- i firma elettronica qualificata
- e signature, qualified electronic

Sitz, der Unternehmung
- f siège de l'entreprise
- i sede dell'impresa
- e registered office of the company

Sitz, im Ausland
- f siège à l'étranger
- i sede all'estero
- e management abroad, place of

Sitzungsgelder
- f jetons de présence
- i gettoni di presenza
- e attendance fees

Sitzverlegung, in die Schweiz / in den Kanton
- f transfert de siège en Suisse
- i trasferimento di sede in Svizzera
- e transfering the registered office to Switzerland

Sitzverlegung, innerhalb der Schweiz
- f transfert de siège à l'intérieur de la Suisse
- i trasferimento di sede all'interno della Svizzera
- e transfering the registered office within Switzerland

Sitzverlegung, ins Ausland
- f transfert de siège à l'étranger
- i trasferimento della sede all'estero
- e transfering the registered office abroad

Sitzverlegung, vorübergehende
- f transfert de siège temporaire
- i trasferimento temporaneo
- e transfer of the registered office, temporary

Skonti
- f escomptes
- i sconti
- e discounts

Sockelsteuer
- f impôt résiduel
- i imposta residua
- e residual withholding tax

Sold, für Militär
- f solde du service militaire
- i soldo del servizio militare
- e pay, for military

Solidarbürgschaft
- f cautionnement solidaire
- i fideiussione solidale
- e joint warranty

Solidarhaftung / Mithaftung
- f responsabilité solidaire
- i responsabilità solidale
- e joint and several liability

Sondersatz
- f taux spécial
- i aliquota speciale
- e special rate

Sondersteuer, Aufdeckung stiller Reserven
- f imposition séparée, déclaration des réserves latentes
- i tassa separata, dichiarazione di riserve occulte
- e special tax rate, disclosure of hidden reserves

Sonderveranlagungen
- f taxation spéciale
- i tassazione speciale
- e special assessment

Sondervermögen
- f biens distincts
- i beni distinti
- e special assets

Sorgfalt
- f soin
- i diligenza
- e diligence

Sozialabzug, für Kinder
- f réduction pour les enfants
- i deduzione sociale per figli
- e social allowance for children

Sozialabzüge
- f déductions sociales
- i deduzioni sociali
- e social deduction

Sozialfürsorge
- f assistance sociale
- i assistenza sociali
- e social welfare

Sozialversicherung
- f prévoyance sociale
- i previdenza sociale
- e social security

Spaltung / Aufspaltung / Abspaltung
- f scission / division / séparation
- i scissione / divisione / separazione
- e demerger / division / spin-off

Spareinlagen
- f dépôts d'épargne
- i depositi a risparmio
- e savings

Sparkasse
- f caisse d'épargne
- i cassa di risparmio
- e savings institution

Sparverein
- f association d'épargne
- i associazione di risparmio
- e savings association

Spenden
- f dons
- i offerta / carità
- e donations

Sperrfrist
- f délai de blocage
- i termine di blocco
- e blocking period

Sperrfristverletzung
- f violation du délai de blocage
- i violazione del termine di blocco
- e violation of blocking period

Sperrkonto
- f compte bloqué
- i conto bancario bloccato
- e blocked account

Spesenreglement
- f règlements des remboursements de frais
- i regolamento spese
- e expense compensation regulations

Spezialwerkzeuge
- f outillages spéciaux
- i arnesi speciali
- e special tools

Spielbankengesetz
- f lois sur les maisons de jeux
- i legge sulle case da gioco
- e casino law

Spitalbehandlung
- f soins hospitaliers
- i cura ospedaliera
- e hospital treatment

Spitex
- f aide et soins à domicile
- i Spitex
- e home care

spontaner Informationsaustausch
- f échange spontané de renseignements
- i scambio spontaneo di informazioni
- e spontaneous exchange of information

spontaner Informationsaustausch, Fristen
- f échange spontané de renseignements, délais
- i scambio spontaneo di informazioni, termini
- e spontaneous exchange of information, deadlines

spontaner Informationsaustausch, Steuervorbescheid
- f échange spontané de renseignements, décision anticipée en matière fiscale
- i scambio spontaneo di informazioni, decisione fiscale anticipata
- e spontaneous exchange of information, ruling

Sportler
- f sportifs
- i sportivi
- e sportsman

sportliche Anlässe
- f manifestations sportives
- i manifestazioni sportive
- e sporting event

Sport-Toto-Klub
- f club de Sport-Toto
- i club di sport-toto
- e sport tote club

Sprungrekurs
- f réclamation, transmise à titre de recours
- i reclamo, trasmessa come ricorso
- e objection, forwarding as an administrative appeal

Staatenlose
- f apatrides
- i persone prive di cittadinanza
- e stateless

Staatsangehörigkeit
- f nationalité
- i nazionalità
- e nationality

Staatsbürgerschaft
- f citoyenneté
- i cittadinanza
- e citizenship

Staatsvertrag
- f convention internationale
- i convenzione internazionale
- e international treaty

Stammanteile
- f parts sociales
- i quote sociali
- e shares / interests

Stammkapital
- f capital social
- i capitale azionario
- e authorised capital

Statuswechsel
- f changement de statut
- i cambio dello status
- e change of status

Statutenänderung
- f modification des statuts
- i modificazione dello statuto
- e change to the articles of incorporation

Stellenwechsel
- f changement d'emploi
- i cambiamento di impiego
- e change of employment

Stellvertretung
- f représentation
- i rappresentanza
- e substitution

Stempelabgaben
- f droit de timbre
- i tasse di bollo
- e stamp duty

Stempelabgaben, kantonale
- f droit de timbre, cantonal
- i tasse di bollo, cantonale
- e stamp duty, cantonal

Step-up
- f step-up
- i step-up
- e step-up

Steuer, auf dem Umsatz im Inland
- f impôts, opérations faites sur le territoire suisse
- i imposta sulle operazioni eseguite nella Svizzera
- e tax, on domestic turnover

Steuer, ausländische
- f impôts à l'étranger
- i imposta estera
- e tax, foreign

Steuer, Ausnahmen von der
- f impôts, exceptions
- i tassa, eccezioni
- e tax, exceptions

Steuer, Einfuhrsteuer
- f impôt sur les importations
- i imposta sull'importazione di beni
- e tax, import tax

Steuer, Festsetzung
- f impôt, fixation
- i imposta, determinazione
- e tax, determination

Steuer, Überwälzung der
- f impôt, transfert
- i imposta, traslazione
- e tax, transfer

Steuerabkommen / Konkordat
- f arrangements fiscaux / concordat
- i trattato fiscale / concordato
- e tax treaty / concordat

Steuerabzug
- f retenue d'impôt
- i ritenuta d'imposta
- e tax deduction

Steueramnestie
- f amnistie fiscale
- i amnistia fiscale
- e tax amnesty

Steueramtshilfe
- f assistance administrative fiscale
- i assistenza amministrativa fiscale
- e administrative assistance in tax matters

Steueramtshilfe, Kosten
- f assistance administrative fiscale, frais
- i assistenza amministrativa fiscale, spese
- e administrative assistance in tax matters, costs

Steueranrechnung
- f imputation de l'impôt
- i imputazione dell'imposta
- e tax credit

Steueranrechnung, pauschale
- f imputation forfaitaire d'impôt
- i computo globale dell'imposta
- e tax credit, flat-rate

Steueraufschub
- f report de l'imposition
- i differimento fiscale
- e tax deferral

Steueraufwand
- f charges d'impôts
- i oneri di imposta
- e deductions, tax expense

Steuerausscheidung, interkantonale
- f répartition intercantonale
- i ripartizione intercantonale
- e intercantonal tax apportionment

Steuerausscheidung, interkommunale
- f intercommunale, péréquation
- i intercomunale, ripartizione
- e tax apportionment, intercommunal

Steuerausscheidung, internationale
 f internationale, répartition
 i internazionale, ripartizione
 e tax apportionment, international

Steuerausweis
 f mention de l'impôt
 i dichiarazione fiscale
 e tax voucher

steuerbare Leistungen
 f prestations imposables
 i prestazioni imponibili
 e taxable supplies

Steuerbefreiung, Einkommen / Leistungen / etc.
 f exonération de l'impôt, prestations / revenues / etc.
 i esenzione da imposta, prestazioni / redditi / etc.
 e tax exemption, supplies / income / etc.

Steuerbefreiung, Ende der
 f exonération de l'impôt, fin de l'
 i fine di un'esenzione fiscale
 e tax exemption, end of

Steuerbefreiung, Steuerpflicht
 f exemption, assujettissement à l'impôt
 i esenzioni, obbligo d'imposta
 e exemption, tax liability

Steuerbefreiung, Übergang zu einer
 f exonération de l'impôt, passage à une
 i passaggio a un'esenzione fiscale
 e tax exemption regime, transition to

Steuerbehörden
 f autorités fiscales
 i autorità fiscale
 e tax authorities

Steuerberechnung
 f calcul de l'impôt
 i calcolo dell'imposta
 e calculation of the tax / duty

Steuerbetrug
 f fraude fiscale
 i frode fiscale
 e tax fraud

Steuerbezug
 f perception de l'impôt
 i riscossione dell'imposta
 e tax collection

Steuerentlastung
 f dégrèvement d'impôt
 i sgravio d'imposta
 e tax relief

Steuerentlastung, missbräuchliche
 f dégrèvement d'impôt abusive
 i sgravio d'imposta abusiva
 e tax relief, improper

Steuerentlastung, ungerechtfertigte
 f dégrèvement d'impôt, sans cause légitime
 i sgravio d'imposta senza causa legittima
 e tax relief, illegal

Steuerentrichtung
 f paiement de l'impôt
 i pagamento dell'imposta
 e payment of the tax

Steuererhebung
 f perception/prélèvement de l'impôt
 i riscossione / prelievo dell'imposta
 e duty imposition

Steuererklärung
 f déclaration d'impôt
 i dichiarazione d'imposta
 e tax declaration

Steuererklärung, Beilagen
 f déclaration d'impôt, annexes
 i dichiarazione d'imposta, allegati
 e tax return, attachments

Steuererklärungspflicht
 f obligation de déposer une déclaration d'impôt
 i obbligo di allestire la dichiarazione fiscale
 e obligation to submit a tax declaration

Steuererlass
 f remise de l'impôt
 i condono dell'imposta
 e tax remission / tax waiver

Steuererlass, Ablehnungsgründe
 f remise de l'impôt, motifs de refus
 i condono dell'imposta, motivi di diniego
 e tax remission / tax waiver, grounds for refusal

Steuererlass, Begründung
 f remise de l'impôt, motivation
 i condono dell'imposta, motivazione
 e tax remission / tax waiver, substantiation of a request

Steuererlass, Behörde
 f remise de l'impôt, autorité
 i condono dell'imposta, autorità
 e tax remission / tax waiver, authority

Steuererlass, Gesuch
 f remise de l'impôt, demande
 i condono dell'imposta, domanda
 e tax remission / tax waiver, request

Steuererlass, Prüfung und Entscheid
 f remise de l'impôt, examen et décision
 i condono dell'imposta, verifica e decisione
 e tax remission / tax waiver, examination and decision

Steuererlass, Rechtsmittel
 f remise de l'impôt, voies de droit
 i condono dell'imposta, rimedi giuridici
 e tax remission / tax waiver, appeal

Steuererlass, Voraussetzungen
 f remise de l'impôt, conditions
 i condono dell'imposta, condizioni
 e tax remission / tax waiver, conditions

Steuererleichterungen
 f allégements fiscaux
 i sgravio di imposta
 e tax relief

Steuererleichterungen, Anwendungsgebiete
 f allégements fiscaux, zones d'application
 i sgravio di imposta, zone di applicazione
 e tax relief, application areas

Steuererleichterungen, Definitionen
 f allégements fiscaux, définitions
 i agevolazioni fiscali, definizioni
 e tax relief, definitions

Steuererleichterungen, Höhe
 f allégements fiscaux, montant
 i agevolazioni fiscali, ammontare
 e tax relief, amount

Steuererleichterungen, Voraussetzungen
 f allégements fiscaux, conditions
 i agevolazioni fiscali, condizioni
 e tax relief, conditions

Steuererleichterungen, Widerruf
 f allégements fiscaux, révocation
 i agevolazioni fiscali, revoca
 e tax relief, revocation / repeal

Steuerermässigung
 f réduction d'impôt
 i riduzione dell'imposta
 e tax relief

Steuerermässigung, Patente
- f réduction d'impôt, brevets
- i riduzione dell'imposta, brevetti
- e tax relief, patents

Steuerersparnis, ungerechtfertigte
- f économie d'impôt injustifiée
- i vantaggio, indebiti
- e tax savings, unjustified

Steuerfaktoren
- f éléments imposables
- i elementi imponibili
- e tax factors

Steuerforderung, Änderung
- f créance fiscale, modification
- i credito fiscale, modifica
- e tax claim, change

Steuerforderung, Entstehung
- f créance fiscale, naissance
- i credito fiscale, nascita
- e tax claim, constitution

Steuerforderung, Untergang
- f créance fiscale, extinction
- i credito fiscale, estinzione
- e extinguishing, tax duty

Steuerforderung, Verjährung
- f créance fiscale, prescription
- i crediti d'imposta, prescrizione
- e tax claim, time limitation of

Steuerforderung, Verpfändung
- f créance fiscale, mise en gage
- i credito fiscale, costituzione in pegno del
- e tax claim, pledge

steuerfreie Geschenke
- f primes exonérés de l'impôt
- i regali esenti da tassa
- e tax exempt gifts

Steuerfuss
- f taux d'imposition
- i aliquota
- e basis of taxation

Steuergefährdung
- f mise en péril de l'impôt
- i messa in pericolo dell'imposta
- e tax endangerment

Steuerhehlerei
- f recel
- i ricettazione fiscale
- e receiving untaxed goods

Steuerhinterziehung
- f soustraction d'impôt
- i sottrazione d'imposta
- e tax evasion

Steuerhinterziehung, Ehegatten
- f soustraction d'impôt, époux
- i sottrazione d'imposta, coniugi
- e tax evasion, spouses

Steuerhinterziehung, Ermässigung
- f soustraction d'impôt, réduction
- i sottrazione d'imposta, riduzione
- e tax evasion, reduction

Steuerhinterziehung, versuchte
- f soustraction d'impôt, tentative de
- i sottrazione, tentativo
- e tax evasion, attempted

Steuerhoheit
- f compétence fiscale
- i sovranità fiscale
- e tax jurisdiction

Steuernachbezug
- f perception ultérieure de l'impôt
- i riscossione successiva dell'imposta
- e subsequent tax collection

Steuernachfolge
- f succession fiscale
- i successione fiscale
- e tax succession

Steuernachforderung
- f reprise d'impôt
- i ripresa fiscale
- e tax re-adjustment

steuerneutrale Vorgänge
- f opérations sans incidence fiscale
- i operazioni senza incidenze fiscali
- e tax-neutral transactions

Steuerobjekt
- f objet de l'impôt
- i oggetto dell'imposta
- e taxable object

Steuerperiode
- f période fiscale
- i periodo fiscale
- e tax period

Steuerperiode, einjährige
- f période fiscale annuelle
- i periodo fiscale annuale
- e one-year tax period

Steuerperiode, zweijährige
- f période fiscale de deux ans
- i periodo fiscale biennale
- e tax period, two-year

Steuerpflicht
- f assujettissement à l'impôt
- i assoggettamento dall'imposta
- e tax liability

Steuerpflicht, Art der Erfüllung der
- f obligation fiscale, forme d'exécution de l'
- i obbligazione fiscale, modo di esecuzione dell'
- e tax liability, performance of the

Steuerpflicht, Ausnahmen
- f assujettissement à l'impôt, exonérations
- i assoggettamento dall'imposta, esenzioni
- e tax liability, exceptions from

Steuerpflicht, Befreiung
- f assujettissement à l'impôt, exemption
- i obbligo d'imposta, esenzioni
- e tax liability, exemptions

Steuerpflicht, Beginn der
- f assujettissement, début de l'
- i assoggettamento, inizio dell'
- e tax liability, commencement of

Steuerpflicht, beschränkte
- f assujettissement limité
- i assoggettamento limitato
- e tax liability, limited

Steuerpflicht, Dauer
- f assujettissement, durée d'
- i assoggettamento, durata d'
- e tax liability, duration of the

Steuerpflicht, Ende der
- f assujettissement, fin de l'
- i assoggettamento, fine dell'
- e tax liability, end of

Steuerpflicht, Überprüfung
- f assujettissement, contrôle
- i tassazione, esame
- e tax liability, review

Steuerpflicht, unbeschränkte
- f assujettissement illimité
- i assoggettamento illimitato
- e tax liability, unlimited

Steuerpflicht, unterjährige
- f assujettissement inférieur à douze mois
- i assoggettamento inferiore a un anno
- e tax liability less than twelve months

Steuerpflicht, Wechsel
- f assujettissement, modification
- i assoggettamento, modifica
- e tax liability, change

Steuerregister
- f registre fiscal
- i registro fiscale
- e tax register

© 2025 Daniel R. Gygax

Steuerrekursgericht
- f Tribunal de recours
- i Tribunale di ricorso
- e appeals Court

Steuerrekursgericht, Rekurs vor
- f Tribunal de recours, recours devant le
- i Tribunale di ricorso, davanti al
- e appeals Court, administrative appeal to the

Steuerrückbehalt
- f retenue d'impôt
- i ritenuta di imposta
- e tax retention

Steuerrückerstattung
- f remboursement de l'impôt
- i rimborso dell'imposta
- e tax refund

Steuerrückerstattung, Verjährung
- f remboursement de l'impôt, prescription
- i rimborso dell'imposta, prescrizione
- e tax refund, statute of limitations

Steuersatz
- f taux d'impôt
- i aliquota d'imposta
- e tax rate

Steuersatz, Herabsetzung
- f taux de l'impôt, réduction du
- i aliquota, riduzione dell'
- e tax rate, reduction of the

Steuersicherung
- f sûreté de l'impôt
- i garanzie
- e security for the tax

Steuerstrafrecht
- f dispositions pénales
- i disposizioni penali
- e tax criminal law

Steuersubjekt
- f sujet de l'impôt
- i soggetto fiscale
- e taxable person

Steuersubstitution
- f substitution fiscale
- i sostituzione fiscale
- e tax substitution

Steuertarif
- f barème de l'impôt
- i tariffa fiscale
- e tax scale

Steuertarif, für Ehegatten
- f barème de l'impôt, époux
- i tariffa fiscale, coniugi
- e tax scale, spouses

Steuerumgehung
- f éluder un impôt
- i eludere un'imposta
- e tax avoidance

Steuervergehen
- f délit fiscal
- i delitto fiscale
- e tax offence

Steuervergehen, qualifiziertes
- f délit fiscal qualifié
- i delitto fiscale qualificato
- e qualified tax offence

Steuervergünstigungen
- f allégements fiscaux
- i sgravi fiscali
- e tax benefits

Steuervertreter
- f représentant fiscal
- i rappresentante fiscale
- e tax representative

Steuervorbescheid
- f décision anticipée en matière fiscale, ruling
- i decisione fiscale anticipata, ruling
- e ruling

Steuerwiderhandlung
- f infraction fiscale
- i contravvenzione fiscale
- e tax infractions

Steuerzahlung
- f paiement de l'impôt
- i pagamento dell'imposta
- e payment of taxes

Stiefeltern
- f beaux-parents
- i matrigna/patrigno
- e step-parents

Stiefkind
- f enfant d'un premier lit
- i figliastro
- e step-child

Stiftung
- f fondations
- i fondazione
- e foundation

stille Reserven
- f réserves latentes
- i riserve occulte
- e hidden reserves

stille Reserven, Aufdeckung
- f réserves latentes, déclaration des
- i riserve occulte, dichiarazione di
- e hidden reserves, disclosure

stille Reserven, Realisierung
- f réserves latentes, réalisation
- i riserve occulte, realizzazione
- e hidden reserves, realisation

stille Reserven, Verfügung über Höhe
- f réserves latentes, décision sur le montant
- i riserve occulte, decisione sull'importo
- e hidden reserves, decision on the amount

stille Reserven, versteuerte
- f réserves latentes imposées
- i riserve occulte già tassate
- e taxed hidden reserves

Stillschweigen
- f secret, garder le
- i segreto, mantenere il
- e confidentiality

Stillstand, der Frist
- f suspension du délai
- i sospensione del termine
- e suspension, of the deadline

Stimmenmehrheit
- f majorité des voix
- i maggioranza dei voti
- e voting majority

Stipendien
- f bourses d'études
- i borse di studio
- e scholarships

Stockwerkeigentümergemeinschaft
- f communauté de copropriétaires par étages
- i comunione dei comproprietari
- e condominium community

strafbare Handlung
- f acte punissable
- i atto punibile
- e criminal actions

Strafbescheid
- f mandat de répression
- i decreto penale
- e penalty decision

Strafbestimmung
- f lois pénales
- i disposizione penale
- e penal regulations

Strafgerichtsbarkeit
- f voie pénale
- i giurisdizione penale
- e penal jurisdiction

Strafgesetzbuch
- f code pénal
- i codice penale
- e penal code

straflose Selbstanzeige
f dénonciation spontanée non punissable
i autodenuncia esente da pena
e self-denunciation, not subject to punishment

strafrechtliche Sanktionen
f sanctions pénales
i sanzioni penali
e penal sanctions

Strafurteil
f jugement pénal
i sentenza penale
e sentence

Strafverfahren
f procédure pénale
i procedimento penale
e criminal proceedings

Strafverfolgung
f poursuite pénale
i azione penale
e criminal prosecution

Strafverfolgung, Verjährung
f poursuite pénale, prescription
i azione penale, prescrizione
e prosecution, time limitation of

Strafverfügung
f décision pénale
i decisione penale
e appeal decision

Strafvollzug
f exécution de la peine
i esecuzione della pena
e execution of sentence

Studenten
f étudiants
i studenti
e students

Stundung
f sursis à la perception
i dilazione
e respite

Substanz, betriebsnotwendige
f substance nécessaire à l'exploitation
i sostanza necessaria all'esercizio aziendale
e assets, intrinsic

Subventionen
f subventions
i sussidi
e subsidies

systemrelevante Banken, Konzernobergesellschaften
f banques d'importance systémique, sociétés mères
i banche di rilevanza sistemica, società madri delle
e systemically important banks, group parent company

T

Taggeld, ALV
f indemnité journalière, AC
i indennità giornaliere, AD
e daily allowance, unemployment insurance

Tante
f tante
i zia
e aunty

Tantiemen
f tantièmes
i tantièmes
e percentage

Tarif
f barème
i tariffa
e scale

Täter
f auteur
i autore
e offender

Tätigkeit, Nichtausübung
f activité, renonciation à une
i attività, mancato esercizio di
e activity, not carrying out of

Tätigkeit, vorbereitender Art
f activité de caractère préparatoire
i attività di carattere preparatorio
e activities, of a preparatory nature

Tatsache, erhebliche
f fait important
i fatti rilevanti
e facts, significant

Tatsache, neue
f fait nouveau
i fatti nuovi
e facts, new

tatsächliche Verwaltung
f administration effective
i amministrazione effettiva
e actual administration

tatsächliche Verwaltung, Verlegung
f administration effective, transfert
i amministrazione effettiva, trasferimento
e actual administration, transfer

Tausch
f échange
i permuta
e exchange

Teilbesteuerung
f imposition partielle
i imposizione parziale
e partial taxation

Teilbetrieb
f partie distincte d'exploitation
i ramo di attività
e part of an establishment

Teilhaber
f associée
i socio
e partner

Teilung
f scission
i scissione
e division

Teilveräusserung
f aliénation partielle
i alienazione parziale
e partial disposal

Teilveräusserung, von Grundstücken
f aliénation partielle d'immeubles
i alienazione parziale d'immobili
e partial alienation of property

Teilvermögen
f part de patrimoine
i parte di un patrimonio
e part of assets

Telekommunikationsdienstleistungen
f services de télécommunications
i prestazioni di telecomunicazione
e telecommunications services

Termingeschäft
f opérations à terme
i operazione a termine
e forward transactions

Testamentsvollstrecker
f exécuteur testamentaire
i esecutore testamentario
e executor of a will

Thesaurierungsfonds
f fonds de thésaurisation
i fondi di tesaurizzazione
e growth fund

Tochtergesellschaft
- f filiale
- i filiale / affiliata / controllata
- e subsidiary

Todesfall
- f décès
- i caso di morte
- e death

Todesfallversicherung
- f assurance décès vie entière
- i assicurazione sulla vita
- e life assurance

Too-big-to-fail-Instrumente
- f instruments «too big to fail»
- i strumenti «too big to fail»
- e too-big-to-fail instruments

Transitverfahren
- f régime du transit
- i regime di transito
- e transit procedure

transparenter Rechtsträger, steuerlich
- f entité transparente sur le plan fiscal
- i entità fiscalmente trasparente
- e fiscally transparent entity

Transparenz
- f transparence
- i trasparenza
- e transparency

Transponierung
- f transposition
- i trasposizione
- e transposition

Transport
- f transport
- i trasporto
- e transportation

Treaty-Shopping
- f stratégies de chalandage fiscal
- i strategie di abuso di trattati fiscali
- e treaty-shopping

Trennung, Ehe
- f séparation, mariage
- i separazione, matrimonio
- e marriage, separation

Treuhandanlagen
- f placements fiduciaires
- i investimenti fiduciari
- e fiduciary investments

Treuhänder
- f fiduciaire
- i fiduciario
- e trustee

Treuhandverhältnis
- f rapports fiduciaires
- i rapporto fiduciario
- e trustee relationship

Trinkgelder
- f pourboires
- i mance
- e perquisites

Trust
- f trust
- i trust
- e trust

Trustbestimmungen
- f termes du trust
- i disposizioni del trust
- e trust provisions

Trustee
- f trustee
- i trustee
- e trustee

Tschlin
- f Tschlin
- i Tschlin
- e Tschlin

Two-Pillar Solution
- f solution à deux piliers
- i soluzione a due pilastri
- e two-pillar solution

U

Überbrückungsleistungen für ältere Arbeitslose
- f prestations transitoires pour les chômeurs âgés
- i prestazioni transitorie per i disoccupati anziani
- e bridging benefits for older unemployed

Überführung, ins Geschäftsvermögen
- f transfert à la fortune commerciale
- i trasferimento nella sostanza commerciale
- e transfer, to business assets

Überführung, ins Privatvermögen
- f transfert à la fortune privée
- i trasferimento nella sostanza privata
- e transfer, to private assets

Überlappung, der Steuerperioden
- f chevauchement de périodes fiscales
- i sovrapposizione dei periodi fiscali
- e overlapping of tax periods

Überlassung, zum Gebrauch
- f mise à disposition à des fins d'usage
- i messa a disposizione per l'uso
- e availability, for use

Überprüfung, Angaben
- f contrôle des informations
- i verifica delle informazioni
- e review, of information

Überprüfung, Steuerpflicht
- f contrôle d'assujettissement
- i esame della tassazione
- e review, tax liability

Überschuldung
- f surendettement
- i eccedenza dei debiti
- e over indebtedness

übertragbare Kosten
- f frais pouvant être reportés
- i spese riportabili
- e transferable costs

Übertragung, ins Ausland
- f report hors de Suisse
- i trasferimento all'estero
- e transfer abroad

Übertragung, steuerbarer Urkunden
- f transfert de titres imposables
- i trasferimento di documenti imponibili
- e assignment, of taxable documents

Übertragung, von Aktiven und Passiven
- f transfert des actifs et passifs
- i trasferimento di attivi e passivi
- e transfer, of assets and liabilities

Übertragung, von Arbeitsbeschaffungsreserven
- f transfert des réserves de crise
- i trasferimento di riservi di crisi
- e transfer, of job creation reserve

Übertragung, von Beteiligungsrechten
- f transfert des participations
- i trasferimento di partecipazioni
- e transfer, of investments

Übertragung, von Betrieben
- f transfert d'exploitations
- i trasferimento di esercizi
- e transfer, of enterprises

Überwälzung, der Steuer
- f transfert de l'impôt
- i traslazione dell'imposta
- e transfer, tax

Überwälzungsvorschrift
- f obligation de transfert
- i obbligo di traslazione dell'imposta
- e shifting regulation

UID
- f IDE
- i IDI
- e n.a.

umlauffähige Schuldtitel
- f titres de créance négociables
- i titoli di credito negoziabili
- e tradable promissory notes

Umrechnungskurs
- f cours de conversion
- i corso di conversione
- e exchange rate

Umsatz, im Ausland
- f opérations à l'étranger
- i cifra d'affari all'estero
- e turnover, abroad

Umsatzabgabe
- f droits de timbre de négociation
- i tassa di negoziazione
- e transfer stamp tax

Umsatzabstimmung
- f contrôle de la concordance des chiffres d'affaires
- i verifica della concordanza delle cifre d'affari
- e turnover adjustment

Umsatzbonifikation
- f bonifications
- i abbuono sulla cifra d'affari
- e turnover bonus

Umsätze, im Bereich des Geldverkehrs
- f opérations dans le marché monétaire
- i cifra d'affari nel traffico monetario
- e operations, in the money-market

Umsätze, steuerbare
- f opérations imposables
- i operazioni imponibili
- e taxable turnover

Umsatzgrenze
- f limite des opérations
- i limite della cifra d'affari
- e turnover limit

Umsatzregister, Effektenhändler
- f registre des négociations, commerçant de titres
- i registro delle negoziazioni, negoziatore di titoli
- e transfer register, dealer in securities

Umschulungskosten
- f frais de reconversion professionnelle
- i spese di riqualificazione
- e re-training costs

Umstrukturierung
- f restructuration
- i ristrutturazione
- e restructuring

Umtriebe, Vermeidung übermässiger
- f complications inutiles, éviter
- i complicazioni sproporzionate, evitare
- e inconvenience, avoidance of excessive

Umwandlung
- f transformation
- i trasformazione
- e conversion

Umweltschutz
- f protection de l'environnement
- i protezione dell'ambiente
- e environmental protection

unbedeutender Wert
- f valeur insignifiante
- i valore minimo
- e insignificant value

unbeschränkte Steuerpflicht
- f assujettissement illimité
- i assoggettamento illimitato
- e unlimited tax liability

unbesteuerte Reserven
- f réserves non imposables
- i riserve non tassate
- e untaxed reserves

unbewegliches Vermögen
- f fortune immobilière
- i sostanza immobiliare
- e land and buildings / immovable property

Unfallversicherung
- f assurance-accidents
- i assicurazione contro gli infortuni
- e accident insurance

ungerechtfertigte Steuerentlastung
- f dégrèvement d'impôt, sans cause légitime
- i sgravio d'imposta senza causa legittima
- e illegal tax relief

ungerechtfertigte Steuerersparnis
- f économie d'impôt injustifiée
- i risparmio fiscale ingiustificato
- e unjustified tax savings

ungetrennte Ehe
- f ménage commun
- i comunione domestica
- e unseparated marriage

Ungültigkeitsklage
- f action en nullité
- i azione di nullità
- e suit for annulment, rescission, cancellation

Unkostengemeinschaft
- f communautés de frais généraux
- i comunità di spese
- e cost-sharing partnership

unselbständige Erwerbstätigkeit
- f activité lucrative dépendante
- i attività lucrativa dipendente
- e employed gainful activity

Unterbeteiligung, Darlehensforderung
- f sous-participation, créances provenant de prêts
- i sottopartecipazione, crediti da mutui
- e subparticipation, loan receivable

Unterbilanz
- f bilan déficitaire
- i bilancio deficitario
- e short balance

Unterbrechung, Aufenthalt
- f interruption du séjour
- i interruzione del soggiorno
- e interruption, of residence

Unterbrechung, Verjährung
- f interruption de la prescription
- i interruzione della prescrizione
- e interruption, of the time limitation

Unterdeckung
- f découvert limité
- i copertura insufficiente
- e shortage of cover

Untergang, Anspruch auf Rückerstattung
- f extinction du droit au remboursement
- i estinzione del diritto al rimborso
- e extinguishing, entitlement of refund

Unterhalt, der Familie
- f entretien de la famille
- i mantenimento della famiglia
- e family maintenance

Unterhalt, für Kinder
- f contribution d'entretien pour les enfants
- i mantenimento dei figli
- e maintenance for children

Unterhaltsbeiträge, Ehegatten
 f pension alimentaire, époux
 i alimenti, coniugi
 e alimony, spouses

Unterhaltskosten, Liegenschaft
 f frais d'entretien, immeuble
 i spese di manutenzione, immobili
 e maintenance costs, property

Unterkunft
 f logement
 i alloggio
 e accommodation

Unternehmen, ausländisches
 f entreprise étrangère
 i imprese estere
 e foreign company

Unternehmen, unabhängiges
 f entreprise indépendante
 i impresa indipendente
 e business, independent

Unternehmen, verbundene
 f entreprises associées
 i imprese vicine
 e related / affiliated company

Unternehmensgewinne
 f bénéfice d'entreprise
 i utili di un'impresa
 e business profit

Unternehmensgruppen, grosse
 f groupes d'entreprises, grands
 i gruppi di imprese, grandi
 e multinational enterprises (MNEs)

Unternehmens-Identifikationsnummer
 f numéro unique d'identification des entreprises (IDE)
 i numero d'identificazione delle imprese (IDI)
 e company identity number

unternehmerische Tätigkeit
 f activité entrepreneuriale
 i attività imprenditoriale
 e business activity

Unternutzung, von Liegenschaften
 f sous-utilisation d'immeubles
 i utilizzazione limitata d'immobili
 e under-utilisation of real estate

Unterschrift
 f signature
 i firma
 e signature

Unterstellungserklärung
 f déclaration d'engagement
 i dichiarazione d'adesione
 e declaration of submission

Unterstützung, Abzug
 f subsides, déduction
 i sussidi d'assistenza, deduzione
 e assistance, deduction

Unterstützung, Einkommen
 f subsides, revenue
 i sussidi d'assistenza, reddito
 e assistance, income

Untersuchung
 f enquête
 i inchiesta
 e investigation

Untersuchungsmassnahmen
 f mesures d'enquête
 i provvedimenti d'inchiesta
 e investigation measures

Unterzeichnung, beider Ehegatten
 f signatures des époux
 i firma dei coniugi
 e signature, in the case of spouses

Unterzeichnung, elektronische
 f signature par voie électronique
 i firma per via elettronica
 e signature, electronic

Urheberrechte
 f droits d'auteur
 i diritti d'autore
 e copyright

Urkunden
 f pièces justificatives / titres
 i documenti
 e documents

Urkunden, Übertragung steuerbarer
 f titres imposables, transfert de
 i documenti imponibili, trasferimento di
 e taxable documents, assignment of

Urkunden, Umsatz von
 f titres, négociation de
 i titoli, negoziazione dei
 e titles, transfer of

Urkunden, Unterdrückung von
 f titres, suppression de
 i documenti, soppressione di
 e documents, suppression of

Urkundenfälschung
 f faux dans les titres
 i falsità in documenti
 e forgery of documents

Urproduktion
 f production naturelle
 i produzione naturale
 e original production

V

Veranlagung, einjährige
 f taxation annuelle
 i tassazione annuale
 e one-year assessment period

Veranlagung, nachträgliche
 f taxation subséquente
 i tassazione ulteriore
 e subsequent assessment

Veranlagungsverfahren
 f procédure de taxation
 i procedura di tassazione
 e assessment proceedings

Veranlagungsverfügung
 f décision de taxation
 i decisione di tassazione
 e assessment decision

Veranlagungsverfügung, Einsprache
 f décision de taxation, réclamation contre la
 i decisione di tassazione, reclamo contro una
 e assessment decision, objection against

Veranlagungsverjährung
 f prescription du droit de taxer
 i prescrizione del diritto di tassare
 e assessment limitation

Veranstalter
 f organisateurs
 i organizzatori
 e event organizers

Veräusserung
 f aliénation
 i alienazione
 e sale / alienation

Veräusserung, Teilveräusserung
 f aliénation partielle
 i alienazione parziale
 e partial disposal

Verbrechen
 f crime
 i crimine
 e crime

verbundene Unternehmen
 f entreprises associées
 i imprese vicine
 e related / affiliated company

verdeckte Gewinnausschüttung
 f distribution dissimulée de bénéfice
 i distribuzione dissimulata di utili
 e dividend, hidden

verdecktes Eigenkapital
  f capital propre dissimulé
  i capitale proprio occulto
  e owner's equity, hidden

Veredelung
  f perfectionnement
  i ferfezionamento
  e processing job

Verein
  f association
  i associazione
  e associations

vereinbarte Entgelte
  f contre-prestations convenues
  i controprestazioni convenute
  e agreed considerations

vereinfachte Nachbesteuerung
  f rappel d'impôt simplifié
  i ricupero semplificato d'imposta
  e simplified additional taxation

vereinfachtes Abrechnungsverfahren
  f procédure simplifiée
  i procedura di conteggio semplificata
  e simplified settlement procedure

Vereinfachungen
  f facilités
  i semplificazioni
  e simplifications

vereinnahmte Entgelte
  f contre-prestations reçues
  i controprestazioni ricevute
  e collected considerations

Verfahren
  f procédure
  i procedura
  e procedure

Verfahren, bei der Quellensteuer
  f procédure, perception de l'impôt à la source
  i procedura, riscossione dell'imposta alla fonte
  e procedure, for source tax

Verfahren, Beschwerdeverfahren
  f recours, procédure de
  i ricorso, procedura di
  e procedure, appeal proceedings

Verfahren, Ehegatten
  f procédure, époux
  i procedura, coniugi
  e proceedings, for spouses

Verfahren, Einschätzungsverfahren
  f taxation, procédure de
  i tassazione, procedura di
  e assessment proceedings

Verfahren, Rekursverfahren
  f recours, procédure de
  i ricorso, procedura di
  e procedure, recourse proceedings

Verfahren, Strafverfahren
  f procédure pénale
  i procedimento penale
  e criminal proceedings

Verfahren, Veranlagungsverfahren
  f taxation, procédure de
  i tassazione, procedura di
  e assessment proceedings

Verfahrensgarantien
  f garanties de procédure
  i garanzie procedurali
  e procedural guarantees

Verfahrensgrundsätze
  f principes généraux de procédure
  i principi di procedura
  e procedure principles

Verfahrenskosten
  f frais de procédure
  i spese procedurali
  e procedural costs

Verfahrenspflichten
  f obligations de procédure
  i obblighi procedurali
  e procedural obligations

Verfahrenspflichten, Verletzung von
  f obligations de procédure, violation
  i obblighi procedurali, violazione
  e procedural obligations, infringement of

Verfahrensrechte
  f droits de procédure
  i diritti procedurali
  e procedural rights

Verfügung, Strafverfügung
  f décision pénale
  i decisione penale
  e appeal decision

Verfügung, Veranlagungsverfügung
  f décision de taxation
  i decisione di tassazione
  e assessment decision

Verfügungssperre
  f blocage de décision
  i blocco dei beni
  e block disposal

Vergangenheitsbemessung
  f système praenumerando
  i sistema praenumerando
  e assessment based on prior years

Vergehen, Steuervergehen
  f délits fiscaux
  i delitti fiscali
  e offences, tax evasion

Vergünstigungen
  f avantages
  i benefici
  e benefits

Vergütung, der Mehrwertsteuer
  f remboursement de la TVA
  i rimborso dell'IVA
  e refund, of VAT

Vergütungszinssätze
  f taux de l'intérêt rémunératoire
  i tassi d'interesse rimuneratori
  e interest rates for refunds

Verhaltensmuster
  f modèle de comportement
  i modello di comportamento
  e behaviour pattern

Verheimlichung, von Werten
  f distrait des biens
  i dissimulazione di valori
  e concealment, of assets

Verjährung, Bezugsverjährung
  f prescription du droit de percevoir l'impôt
  i prescrizione del diritto di riscossione
  e time limitation for collection

Verjährung, des Rückvergütungsanspruchs
  f prescription du droit au remboursement
  i prescrizione del diritto alla restituzione
  e time limitation of the claim for reimbursement

Verjährung, Steuerforderung
  f prescription de la poursuite pénale
  i prescrizione dell'azione penale
  e time limitations of the tax claim

Verjährung, Strafverfolgung
  f prescription, poursuite pénale
  i prescrizione, azione penale
  e time limitation of prosecution

Verjährung, Unterbrechung
  f prescription, interruption
  i prescrizione, interruzione
  e time limitation, interruption

Verjährung, Veranlagungsverjährung
  f prescription du droit de taxer
  i prescrizione del diritto di tassare
  e assessment limitation

Verjährungsfrist
f prescription
i prescrizione
e time limitation period

Verkauf
f ventes
i vendite
e sales

Verkauf, Beteiligungsrechte
f vente des participations
i vendita di partecipazioni
e sale, investments

Verkauf, Betriebsmittel
f vente de moyens d'exploitation
i vendita di mezzi d'esercizio
e sale of operating means

Verkäufer
f vendeur
i venditore
e alienator

Verkehr, internationaler
f trafic international
i traffico internazionale
e traffic international

Verkehrsunternehmen
f entreprise de transport
i impresa di trasporto
e transport business

Verkehrswert
f valeur vénale
i valore di mercato
e market value

Verlagerungsverfahren
f report du paiement de l'impôt
i procedura di riporto del pagamento
e movement procedure

Verlegung, Funktionen
f transfert de fonctions
i trasferimento di funzioni
e transfer of functions

Verlegung, Sitz
f transfert de siège
i trasferimento di sede
e transfering the registered office

Verlegung, tatsächliche Verwaltung
f transfert de l'administration effective
i trasferimento dell'amministrazione effettiva
e transfer of the actual administration

Verlegung, Vermögenswerte
f transfert de valeurs patrimoniales / des actifs
i trasferimento dei beni patrimoniali / dei attivi
e transfer of assets

Verlegung, Wohnsitz
f transfert du domicile
i trasferimento del domicilio
e transfer of domicile

Verlobte / Verlobter
f fiancée / fiancé
i fidanzata / fidanzato
e fiancé

Verluste
f pertes
i perdite
e losses

Verluste, aus ausländischen Liegenschaften
f pertes sur des immeubles à l'étranger
i perdite su immobili all'estero
e loss, on foreign real estate

Verluste, aus Betriebsstätte
f pertes sur un établissement stable
i perdita subita da uno stabilimento d'impresa
e loss, from permanent establishment

Verluste, Buchverlust
f pertes, perte comptable
i perdite, perdita contabile
e loss, book loss

Verluste, Grundstückgewinnsteuer
f pertes, impôt sur les gains immobiliers
i perdite, imposta sugli utili immobiliari
e losses, tax on profit from real estate

Verluste, Kapitalverluste
f pertes en capital
i perdita sul capitale
e capital loss

Verluste, Sanierung
f pertes, assainissement
i perdite, risanamento
e loss, from restructuring

Verlustrisiko
f risque de pertes
i rischio di perdita
e downside risk

Verlustschein
f acte de défaut de biens
i attestato di carenza beni
e loss certificate

Verlustverrechnung
f déduction de pertes
i compensazione di perdite
e offsetting of losses

Verlustverrechnung, ausländische Betriebsstätte
f déduction de pertes, établissement stable situé à l'étranger
i compensazione di perdite, stabilimento d'impresa situato all'estero
e offsetting of losses, permanent establishment abroad

Verlustvortrag
f report des pertes
i perdite riportate
e loss carry-forward

Vermächtnis
f legs
i legato
e bequest

Vermächtnisnehmer
f légataire
i legatario
e Legatee / devisee

Vermietung
f location
i locazione
e renting

Vermittler
f intermédiaire
i intermediario
e intermediary

Vermittler, von Grundstücken
f intermédiaire, opérations immobilières
i intermediario, operazioni immobiliari
e intermediary, real estate

Vermittlungsprovision
f commissions d'intermédiaire
i provvigione di mediazione
e agents commission

Vermögen, bewegliches
f fortune mobilière
i sostanza mobiliare
e movable assets

Vermögen, Ertrag aus unbeweglichem
- f fortune immobilière, rendement
- i sostanza immobiliare, reddito
- e immovable property, income from

Vermögen, Kinder
- f fortune des enfants
- i patrimonio dei figli
- e assets of children

Vermögen, Nutzniessung
- f patrimoine, usufruit
- i patrimonio, usufrutto
- e assets, usufruct

Vermögen, unbewegliches
- f fortune immobilière
- i sostanza immobiliare
- e land and buildings / immovable property

Vermögensanfall, von Todes wegen
- f dévolution pour cause de mort
- i devoluzione per causa di morte
- e devolution, because of death

Vermögensentwicklung
- f évolution de fortune
- i evoluzione patrimoniale
- e asset development

Vermögensertrag
- f rendement de la fortune (mobilière)
- i reddito della sostanza (mobiliare)
- e income from (movable) assets

Vermögensertrag, besondere Fälle
- f rendement de la fortune, cas particuliers
- i reddito della sostanza, casi speciali
- e income from assets, specific cases

Vermögensmassen
- f masses de biens
- i masse patrimoniali
- e fund, estate

Vermögensrechte
- f droits patrimoniaux
- i diritti patrimoniali
- e property rights

Vermögenssteuer
- f impôt sur la fortune
- i imposta sulla sostanza
- e property / wealth tax

Vermögenssteuer, ergänzende
- f impôt complémentaire sur la fortune
- i imposta sul patrimonio posticipata
- e wealth tax surtax

Vermögensübergang
- f cession de fortune
- i trapasso di patrimonio
- e conveyance of property

Vermögensübertragung
- f transfert d'éléments de patrimoine
- i trasferimento di elementi del patrimonio
- e transfer of assets

Vermögensverwaltungskosten
- f frais d'administration, fortune
- i costi d'amministrazione, beni
- e costs of administration, fortune

Vermögenszuwachs
- f plus-values
- i plusvalore
- e capital appreciation

Verpachtung
- f affermage
- i affitto
- e rent

Verpflegung
- f pension
- i vitto
- e food and board

Verpflegungskosten
- f frais de repas
- i costi per pasti
- e costs, for food and board

Verpflichtungen, familienrechtliche
- f obligations fondées sur le droit de la famille
- i obblighi fondati sul diritto di famiglia
- e obligations, according to family law

Verpfründung
- f contrat d'entretien viager
- i vitalizio
- e maintenence and support for life

Verrechnung
- f compensation
- i compensazione / computo
- e offsetting

Verrechnung, von Verlusten
- f déduction de pertes
- i compensazione di perdite
- e offsetting of losses

Verrechnungspreise
- f prix de transfert
- i prezzi di trasferimento
- e transfer pricing

Verrechnungssteuer
- f impôt anticipé
- i imposta preventiva
- e withholding tax

Verrechnungssteueramt
- f office de l'impôt anticipé
- i ufficio dell'imposta preventiva
- e withholding tax office

Versandhandel
- f vente par correspondance
- i vendita per corrispondenza
- e mail-order trade

Versandhandelsplattform
- f plateformes de vente par correspondance
- i piattaforme di vendita per corrispondenza
- e mail-order platform

Versichertennummer
- f numéro d'assuré
- i numero d'assicurato
- e insurance number

Versicherung, Einmalprämie
- f assurance, prime unique
- i assicurazione, premio unico
- e insurance, single premium

Versicherung, obligatorische
- f assurance, obligatoire
- i assicurazione, obbligatoria
- e insurance, obligatory

Versicherung, Rückversicherung
- f assurance, réassurance
- i assicurazione, riassicurazione
- e insurance, reinsurance

Versicherung, vorzeitige Auflösung
- f assurance, réalisation anticipée
- i assicurazione, risoluzione anticipata
- e insurance, premature realisation

Versicherungsanspruch
- f droit de l'assurance
- i pretesa assicurativa
- e insurance claim

Versicherungsbestand
- f portefeuille de l'assureur
- i portafoglio di assicurazioni
- e insurance portfolio

Versicherungsgesellschaften
- f sociétés d'assurances
- i società di assicurazione
- e insurance companies

Versicherungsleistung
- f prestation d'assurance
- i prestazioni d'assicurazione
- e insurance benefit

Versicherungsprämien
- f primes d'assurance
- i premi d'assicurazione
- e insurance premiums

Versicherungsprämien, Abzug
- f primes d'assurance, déduction
- i premi d'assicurazione, deduzione
- e insurance premiums, deduction

Versicherungsumsätze
- f opérations d'assurance
- i operazioni di assicurazione
- e insurance turnover

Versicherungsverhältnis
- f contrat d'assurance
- i rapporto assicurativo
- e insurance relationship (contractual)

Verständigungsverfahren
- f procédure amiable
- i procedura amichevole
- e settlement proceedings

Vertragsstaat
- f état contractant
- i stato contraente
- e contracting state

Vertragsverhältnisse
- f contrat
- i rapporti contrattuali
- e contractual relationships

Vertreter
- f représentant
- i rappresentante
- e representative

Vertreter, Steuervertreter
- f représentant fiscale
- i rappresentante fiscale
- e tax representative

Vertreter, unabhängiger
- f agent indépendant
- i rappresentante indipendente
- e representative, independent

Vertreter, von Erben
- f représentant des héritiers
- i rappresentante degli eredi
- e representative, of heirs

Vertretung, notwendige
- f obligation d'être représenté
- i rappresentanza obbligatoria
- e duty to appoint a representative

Veruntreuung
- f détournement
- i appropriazione indebita
- e embezzlement

Verwaltung, von Beteiligungen
- f gestion de participations
- i amministrazione di partecipazioni
- e administration of investments

Verwaltung, im Ausland
- f direction à l'étranger
- i amministrazione all'estero
- e administration abroad, place of

Verwaltung, tatsächliche
- f administration effective
- i amministrazione effettiva
- e administration, actual

Verwaltungsaufwand, Beteiligungen
- f frais d'administration, participation
- i spese d'amministrazione, partecipazione
- e administrative expense, investments

Verwaltungsgericht, Beschwerde vor kantonalem
- f Tribunal administratif cantonal, recours devant le
- i Tribunale amministrativo federale, ricorso al
- e Cantonal Administrative Court, appeal to the

Verwaltungsgericht, kantonales
- f Tribunal administratif cantonal
- i Tribunale amministrativo cantonale
- e Cantonal Administrative Court

Verwaltungsrat
- f conseil d'administration
- i consiglio d'amministrazione
- e board of directors

Verwaltungsratsvergütungen
- f tantièmes
- i indennità per amministratore
- e board of directors emoluments

Verwaltungsstrafverfahren
- f procédure pénale administrative
- i procedura penale amministrativa
- e administrative criminal proceedings law

Verwaltungstätigkeit
- f activité d'administrateur
- i attività amministrativa / ausiliaria
- e administrative position

Verwendung, vorübergehende
- f utilisation temporaire
- i utilizzazione temporanea
- e temporary use

Verwendungsgrad
- f coefficient d'affectation
- i coefficiente di utilizzazione
- e level of use

Verwirkung, Recht
- f péremption d'un droit
- i perenzione di un diritto
- e forfeiture, right

Verwirkung, Rückerstattung
- f déchéance du droit, remboursement
- i perdita del diritto, rimborso
- e forfeiture, refund

Verzeichnis, Beilagen
- f liste des annexes
- i elenco degli allegati
- e list, of attachments

Verzeichnis, Steuerpflichtige
- f registre des contribuables présumés
- i ruolo dei contribuenti
- e register, of persons liable to pay taxes

Verzugszinssätze
- f taux de l'intérêt moratoire
- i tassi d'interesse moratori
- e default interest rates

Volljährigkeit
- f majorité
- i maggiore età
- e age of majority

Vollmacht, zum Abschluss
- f pouvoir de signature
- i firma autorità
- e signing authority

Vollstreckung
- f exécution
- i esecuzione
- e enforcement

Vollzug, des Gesetzes
- f exécution de la loi
- i esecuzione della legge
- e execution of the law

Vollzug, Strafvollzug
- f exécution de la peine
- i esecuzione della pena
- e execution of sentence

vorbereitende Tätigkeit
- f activité de caractère préparatoire
- i attività di carattere preparatorio
- e activities, of a preparatory nature

Vorempfang
- f avancement d'hoirie
- i anticipo
- e advance against inheritance

Vorladung
- f citation
- i citazione
- e summons

Vorprüfung, ausländischer Ersuchen
- f examen préliminaire des demandes étrangères
- i esame preliminare delle domande estere
- e preliminary assessment of foreign request

Vorräte
- f stocks
- i scorte
- e inventory

Vorsorge, Abzug von Beiträgen etc.
- f prévoyance, déduction des cotisations etc.
- i previdenza, deduzione dei contributi etc.
- e providence, deduction of contributions etc.

Vorsorge, Einkauf von Beitragsjahren
- f prévoyance, rachat d'années d'assurance
- i previdenza, acquisto d'anni d'assicurazione
- e providence, purchase of contribution years

Vorsorge, Einkünfte aus
- f prévoyance, revenus provenant de la
- i previdenza, proventi da fonti previdenziali
- e providence, revenues from

Vorsorge, gebundene Selbstvorsorge
- f prévoyance individuelle liée
- i previdenza individuale vincolata
- e providence, bound own providence

Vorsorge, Kapitalabfindung
- f prévoyance, versement de capital
- i previdenza, liquidazione in capitale
- e providence, lump-sum settlement

Vorsorge, Kapitalleistung aus
- f prévoyance, prestations en capital
- i previdenza, prestazioni in capitale
- e providence, lump-sum benefit

Vorsorge, Leistungen aus
- f prévoyance, prestation de
- i previdenza, prestazione della
- e providential benefit

Vorsorge, Rückzahlung von Einlagen
- f prévoyance, remboursement des versements
- i previdenza, rimborso dei versamenti
- e providence, repayment of contributions

Vorsorgebeiträge
- f cotisations de la prévoyance
- i contributi di previdenza
- e contributions, to providential institutions

Vorsorgeeinrichtung
- f institution de prévoyance
- i istituzione di previdenza
- e providential institution

Vorsorgekapital, Übertragung
- f capital de prévoyance, transfert
- i capitale di previdenza, trasferimento
- e retirement capital, transfer

Vorsteuerabzug
- f déduction de l'impôt préalable
- i deduzione dell'imposta precedente
- e input tax deduction

Vorsteuerabzug, Anspruch auf
- f déduction de l'impôt préalable, droit à la
- i deduzione dell'imposta precedente, diritto alla
- e input tax deduction, right to

Vorsteuerabzug, Ausschluss vom
- f déduction de l'impôt préalable, exclusion
- i deduzione dell'imposta precedente, esclusione
- e input tax deduction, exclusion of

Vorsteuerabzug, fiktiver
- f déduction fictive de l'impôt préalable
- i deduzione fittizia dell'imposta precedente
- e input tax deduction, deemed

Vorsteuerabzug, Korrektur
- f déduction de l'impôt préalable, correction
- i deduzione dell'imposta precedente, correzione
- e input tax deduction, correction

Vorsteuerabzug, Kürzung
- f déduction de l'impôt préalable, réduction de la
- i deduzione dell'imposta precedente, riduzione della
- e input tax deduction, reduction

Vorsteuerabzug, Leistungen im Ausland
- f déduction de l'impôt préalable, prestations à l'étranger
- i deduzione dell'imposta precedente, prestazioni all'estero
- e input tax deduction, for supplies abroad

Vorteile, geldwerte
- f avantages appréciables
- i prestazioni valutabili in denaro
- e pecuniary benefits

vorübergehende Verwendung
- f utilisation temporaire
- i utilizzazione temporanea
- e temporary use

vorzeitige Auflösung, der Versicherung
- f réalisation anticipée de l'assurance
- i risoluzione anticipata dell'assicurazione
- e premature realisation, of the insurance

Vorzugswert
- f valeur préférentielle
- i valore preferenziale
- e preferential value

W

Wahlmöglichkeit
- f possibilités de choix
- i possibilità di scelta
- e choice possibilities

Wahlrecht
- f droit d'option
- i diritto d'opzione
- e optional right

Währung, fremde
- f monnaie étrangère
- i valuta estera
- e currency, foreign

Wandelanleihe
- f emprunt convertible
- i prestito convertibile
- e convertible loans

Warenmuster
- f échantillons distribués
- i campione di merce
- e commercial sample

Warenvorräte
- f stocks de marchandises
- i depositi di merci
- e inventory of merchandise

Wasser
- f eau
- i acqua
- e water

Wechsel
- f effet de change
- i effetto cambiario
- e bill of exchange / promissory note

Wechsel, bei Saldosteuersatzmethode
- f changement, méthode des taux de la dette fiscale nette
- i modifiche, metodo delle aliquote saldo
- e change of the net tax rate method

Wechsel, der Methode
- f changement de la méthode
- i cambiamento del metodo
- e change, of the method

Wechsel von der ordentlichen Besteuerung zur Quellenbesteuerung
- f passage de l'imposition ordinaire à l'imposition à la source
- i passaggio da tassazione ordinaria a ritenuta alla fonte
- e switch from ordinary to source taxation

Wechsel von der Quellenbesteuerung zur ordentlichen Besteuerung
- f passage de l'imposition à la source à l'imposition ordinaire
- i passaggio dalla ritenuta alla fonte alla tassazione ordinaria
- e switch from source to ordinary taxation

Wegzug
- f départ
- i partenza
- e moving

Wegzugskanton
- f canton de domicile antérieur
- i cantone di partenza
- e canton from which departed

Weiterbidlung, berufsorientierte
- f formation continue à des fins professionnelles
- i formazione continua professionali
- e professional training

Weiterbildungskosten
- f frais de formation continue
- i spese di formazione continua
- e further education costs

Weiterleiten, von Mitteln
- f transmission de fonds
- i versamento di mezzi finanziari
- e transfer, of funds

Werbung
- f publicité
- i pubblicità
- e advertising

Werkstätte
- f atelier
- i laboratorio
- e workshop

Wert, Barwert / Kapitalwert
- f valeur actuelle / en capital
- i valore monetario / capitalizzato
- e monetary / capital value

Wert, Bewertung
- f valeur, évaluation
- i valore, valutazione
- e valuation

Wert, Buchwert
- f valeur comptable
- i valore contabile
- e book value

Wert, Eigenmietwert
- f valeur locative
- i valore locativo
- e rental value

Wert, Einkommenssteuerwert
- f valeur d'impôt sur le revenu
- i valore dell'imposta sul reddito
- e income tax value

Wert, Ertragswert
- f valeur de rendement
- i valore di reddito
- e expectation value

Wert, Gewinnsteuerwert
- f valeur déterminante pour l'impôt sur le bénéfice
- i valore dell'utile per scopi fiscali
- e taxable value of profit

Wert, Kurswert
- f valeur, cours
- i valore, corso
- e market price

Wert, Naturalleistungen
- f valeur, prestations en nature
- i valore, prestazioni in natura
- e value, allowance in kind

Wert, Nennwert
- f valeur nominale
- i valore nominale
- e nominal value

Wert, unbedeutender
- f valeur insignifiante
- i valore minimo
- e insignificant value

Wert, Verkehrswert / Marktwert
- f valeur marchande
- i valore di mercato
- e market value

Wert, Vorzugswert
- f valeur préférentielle
- i valore preferenziale
- e preferential value

Wert, Zeitwert
- f valeur résiduelle
- i valore attuale
- e fair value

Wertberichtigung
- f correction de valeur
- i rettifica di valore
- e depreciation / amortisation

Wertdifferenz
- f différence de valeur
- i differenza di valore
- e value gap

Wertfreigrenze
- f franchise-valeur
- i limite di franchigia secondo il valore
- e tax and duty free limit

Wertpapiere
- f papiers-valeur
- i carte-valori
- e securities

Wertpapiere, ausländische
- f papiers-valeur étrangers
- i carte-valori estere
- e securities, foreign

Wertschriften
- f titres
- i titoli
- e securities

wertvermehrende Aufwendungen
- f impenses augmentant la valeur
- i costi che hanno aumentato il valore
- e value-increasing expenditure

Wertverminderung
- f perte de valeur
- i perdita di valore
- e value reduction

Wertzerfall
- f effondrement de valeur
- i diminuzione del valore
- e decrease in value

wesentliche Beteiligung
- f participation importante
- i partecipazione determinante
- e qualifying investment

Wettbewerb
- f concurrence
- i concorrenza
- e competition

Wettbewerbsneutralität
  f neutralité concurrentielle
  i neutralità concorrenziale
  e competitive neutrality

Wettbewerbsverzerrungen
  f distorsion des conditions de concurrence
  i distorsione della concorrenza
  e distortion of competition

Wetten
  f paris
  i scommesse
  e bets

Widerhandlung
  f infraction
  i infrazione
  e contravention

Widerhandlung, im Geschäftsbetrieb
  f infractions dans une entreprise
  i infrazione nell'azienda
  e violations in business operations

Wiederausfuhr
  f réexportation
  i riesportazione
  e re-export

wiedereingebrachte Abschreibungen
  f amortissements récupérés
  i ammortamenti recuperati
  e recovered depreciation

Wiedereinstiegskosten
  f frais de réinsertion professionnelle
  i costi di reinserimento professionale
  e re-entry costs

Willensvollstrecker
  f exécuteur testamentaire
  i esecutore testamentario
  e executor of a will

Wirkung, aufschiebende
  f effet suspensif
  i effetto sospensivo
  e effect, suspensive

wirtschaftliche Doppelbelastung
  f double imposition économique
  i doppia imposizione economica
  e economic double taxation

wirtschaftliche Handänderung
  f mutation économique
  i trasferimento economica
  e economic transfer of ownership

Wochenaufenthalter
  f résidents à la semaine
  i dimoranti settimanali
  e weekly residents

Wohneigentum
  f propriété du logement
  i proprietà abitativa
  e home ownership

Wohneigentumsförderung
  f encouragement à la propriété du logement
  i promozione della proprietà d'abitazioni
  e home ownership promotion

Wohnrecht
  f droit d'habitation
  i diritto d'abitazione
  e right of occupation

Wohnsitz, im Ausland
  f domicile à l'étranger
  i domicilio all'estero
  e domicile abroad

Wohnsitz, im Inland
  f domicile en Suisse
  i domicilio in Svizzera
  e domicile, domestic

Wohnsitz, Quellensteuer
  f domicile, imposition à la source
  i domicilio fiscale, imposta alla fonte
  e domicile, source tax

Wohnsitz, Verlegung
  f domicile, transfert
  i domicilio, trasferimento
  e domicile, transfer

Wohnstätte
  f habitation permanente
  i domicilio fisso
  e place of residence, permanent

Wohnzwecken, zu
  f fins d'habitation, à des
  i scopo abitativo, a
  e living purposes, for

Z

Zahlstelle
  f agent payeur
  i agente pagante
  e paying agent

Zahlung, der Steuer
  f paiement de l'impôt
  i pagamento dell'imposta
  e payment of taxes

Zahlungserleichterungen
  f facilités de paiement
  i facilitazioni di pagamento
  e payment relief

Zahlungsunfähigkeit
  f insolvabilité
  i insolvibilità
  e insolvency

Zahlungsverzug
  f retard dans le paiement
  i pagamento tardivo
  e payments in arrears

Zahnarzt
  f dentiste
  i dentista
  e dentist

zeitgleiche Dividendenverbuchung
  f comptabilisation simultanée des dividendes
  i contabilizzazione simultanea dei dividendi
  e simultaneous recording of dividends

zeitliche Bemessung
  f imposition dans le temps
  i determinazione del periodo fiscale
  e time-based assessment

zeitliche Bemessung, Wechsel
  f imposition dans le temps, modification
  i basi temporali, modificazione
  e time-based assessment, change

Zeitung
  f journal
  i giornale
  e newspaper

Zeitwert
  f valeur résiduelle
  i valore attuale
  e fair value

zentrale Gegenpartei
  f contrepartie centrale
  i controparte centrale
  e central counterparty

Zerobond
  f obligation, à coupon zéro
  i obbligazione, a cedola zero
  e zero bond

Zession, von Forderungen
  f cession d'une créance
  i cessione del credito
  e cession, of claims

Zeugeneinvernahme
- f audition de témoins
- i interrogatorio di testimoni
- e hearing of witnesses

Zinsbesteuerung
- f fiscalité de l'épargne
- i fiscalità del risparmio
- e tax on interest

Zinsen, Baukredit
- f intérêts du crédit à la construction
- i interessi di credito di costruzione
- e interest, building loan

Zinsen, Baurecht
- f intérêts du droit de superficie
- i interessi di diritto di superficie
- e ground rent

Zinsen, Einmalverzinsung
- f intérêt unique
- i interesse unico
- e one-time interest

Zinsen, Schuldzinsen
- f intérêts passifs
- i interessi maturati su debiti
- e interest costs

Zinsen, verdecktes Eigenkapital
- f intérêts sur le capital propre dissimulé
- i interessi sul capitale proprio occulto
- e interest, on hidden owner's equity

Zinsen, Vergütungszins
- f intérêt rémunératoire
- i interesse rimunerativo
- e interest rates for refunds

Zinsen, Verzugszins
- f intérêt moratoire
- i interesse di mora
- e late payment, interest on

Zinsen, Zinsertrag
- f intérêts, revenues de l'épargne
- i interessi, redditi da risparmio
- e interest income

Zinsmeldung
- f déclaration d'intérêts
- i comunicazioni relative ai interessi
- e interest notification

Zinssatz, Drittvergleich
- f taux d'intérêt appliqué à des tiers
- i aliquota dell'interesse conforme al mercato
- e interest rate, applied to third parties

Zinszahlung
- f paiement des intérêts
- i pagamento di interessi
- e interest payment

Zivildienst, Taschengeld
- f service civil, argent de poche
- i servizio civile, piccole spese
- e community service, pocket money

Zolllagerverfahren
- f régime de l'entrepôt douanier
- i regime di deposito doganale
- e bonded warehouse procedure

Zollschuld
- f dette douanière
- i obbligazione doganale
- e customs duty

Zollüberwachung
- f surveillance douanière
- i vigilanza doganale
- e customs supervision

Zollveranlagung
- f procédure douanière
- i procedura d'imposizione doganale
- e customs assessment

Zugehörigkeit, persönliche
- f rattachement personnel
- i appartenenza personale
- e appurtenance, personal

Zugehörigkeit, wirtschaftliche
- f rattachement économique
- i appartenenza economica
- e appurtenance, economic

Zugriffsberechtigung
- f droit d'accès aux données
- i diritto d'accesso
- e access authorization

Zulagen, aus Arbeitsverhältnis
- f allocations provenant d'une activité
- i assegni di un'attività dipendente
- e allowances, from employment

Zusammenschluss / Fusion
- f concentration / fusion
- i concentrazione / fusione
- e amalgamation / merger

Zusatzstrafe
- f peine complémentaire
- i pena complementare
- e additional punishment

Zuschuss
- f versement supplémentaire
- i versamento suppletivo
- e allowance, supplementary benefit

Zuständigkeit
- f compétence
- i competenza
- e competence

Zustellung
- f notification
- i notificazione
- e notification / delivery

Zustellungsbevollmächtigter
- f destinataire autorisé
- i destinatario autorizzato
- e attorney, representative legitimated to be notified

Zuwendung
- f versement
- i prestazione
- e contribution

Zuwendungen, an politische Parteien
- f versements aux partis politiques
- i versamenti ai partiti
- e donation, political party

Zuwendungen, an Vorsorgeeinrichtungen
- f versements à des institutions de prévoyance
- i versamenti a istituzioni di previdenza
- e contributions, to providential institutions

Zuwendungen, gemeinnützige
- f versements d'utilité publique
- i prestazioni di utilità pubblica
- e donations, charitable

Zuwendungen, nicht begründete
- f avantages non justifiés procurés à des tiers
- i prestazioni non-giustificate
- e donations, unjustified

Zwangsmassnahmen
- f mesures de contrainte
- i provvedimenti coattivi
- e enforcement measures

Zwangsverwertungsverfahren
- f procédure de réalisation forcée
- i procedura di realizzazione dei beni
- e compulsory exploitation proceedings

Zwangsvollstreckung
- f exécution forcée
- i esecuzione forzata
- e enforcement of a judgement

Zweckentfremdung, von Liegenschaften
- f changement d'affectation d'immeubles
- i modifica dello scopo d'utilizzazione di immobili
- e misuse of real estate

Zweckverbände
 f groupements
 i consorzi
 e joint authority

Zweigniederlassung
 f succursale
 i succursale
 e branch

Zweiverdienerabzug
 f déduction sur le travail du conjoint
 i deduzione per coniugi con doppio reddito
 e gainful activity of both spouses

Zweiverdienerehepaare
 f couples mariés à deux revenus
 i coniugi con doppio reddito
 e spouses with double income

Zwischenabschluss
 f clôture intermédiaire
 i chiusura dei conti intermedia
 e interim financial statement

Zwischenveranlagung
 f taxation intermédiaire
 i tassazione intermedia
 e interim assessment

S

Stichwortverzeichnis

Direkt vergleichendes Stichwortverzeichnis

☞ *Bitte beachten Sie für die Lesbarkeit des Stichwortverzeichnisses folgende Notierung:*

StHG	24	Art. 24 StHG; das Stichwort findet sich in Artikel 24 des StHG. Es kann sich auch um das Stichwort eines noch nicht in Kraft getretenen Erlasses handeln, wenn im Text auf die zukünftige Änderung hingewiesen wird.
StHG	**24**	Art. 24 StHG; die Zahl ist fett: das Stichwort findet sich im Titel von Artikel 24.
StHG	[17]	Art. 17 StHG; die Zahl steht in einer Klammer: Das Stichwort findet sich in einem Absatz in Artikel 17, welcher nicht mehr oder noch nicht angewandt wird.
VO DBG C 7		Verordnung zum DBG C Art. 7; das Stichwort findet sich im Artikel 7 der mit C bezeichneten Verordnung zum DBG (hier: Berufskostenverordnung).
N	**1.5** 14a	Nebenerlass 1.5 Art. 14a; das Stichwort findet sich in Artikel 14a des mit 1.5 fett nummerierten Nebenerlasses (hier: Steueramtshilfegesetz, StAhiG). Dabei ist zu beachten, dass in der Regel nur die wichtigsten Stichwörter bzw. die Stichwörter in den Überschriften aufgeführt sind.
vgl. a.	↑ Wort	Verweis auf ein Synonym oder auch ein anderes in diesem Zusammenhang in den Erlassen gebräuchliches Wort.
VVO	A50	Verwaltungsverordnung A50; das Stichwort deutet auf das mit A50 indexierte Dokument (hier: das aktualisierte KS ESTV Nr. 5a, «Umstrukturierungen»). Eine entsprechende Legende findet sich nach dem Stichwortverzeichnis.

183 Tage
 VO DBG B 1
 OECD 15

A

à fonds perdu-Zuschuss
 StHG 7b, 24
 DBG 20, 60, 125
 VStG 5
 StG 5, 6 ff.
 StV 10
 StG ZH 20, 66, 79

Abfindung
 vgl. ↑ Kapitalabfindung

Abgabe
 vgl. ↑ Steuer

Abgabe, Ausnahmen
 vgl. a. ↑ Steuerbefreiung
 StG 3, **6**, **14**, **22**, 24, 46
 StV **16**, 25a

Abgabe, Emissionsabgabe
 StG 5 ff., 27 ff., 31 ff., 45 ff.
 StV 9 ff.

Abgabe, Stempelabgaben
 VStG 71
 VStV 46
 StG 1 ff.
 StV 1 ff.

Abgangsentschädigung
 vgl. a. ↑ Kapitalabfindung
 VVO A48

Abgeltungssteuer
 vgl. ↑ Quellenbesteuerung, internationale

Abkommen, Anwendung
 OECD 3, 25, 30
 N **1.8** 9; **3** 106

Abkommen, Geltungsbereich
 OECD **1**, 30
 N **1.2** 1; **2** 1; **5.1** 1, 79a

Abkommen, zwischenstaatliches
 StHG 6
 DBG 6, 14, 52
 OECD **1 ff.**
 VStV 21
 N **1.1** 1 ff.; **1.3** 1 ff.
 StG ZH 7
 EschG 2

Abkommensvergünstigungen
 OECD 1, 29

Abmeldung, als Steuerpflichtiger
 DBG 161
 MWSTG 14, **66**
 MWSTV 82

Abrechnung, Einreichung
 vgl. a. ↑ Deklaration
 VStG 38

 VStV 18 f., 21, 32 f., 41, 49
 StG 34
 StV 9 ff., 23 f., 28
 MWSTG **71**
 MWSTV **126 ff.**

Abrechnung, jährliche
 MWSTG 35, **35a**, 86a f., 115b
 MWSTV **76a ff.**, 123

Abrechnung, nach vereinbarten Entgelten
 MWSTG 10, 12, 39 ff., 48
 MWSTV 79, 81, **106** f., 126 f.
 VVO MI 15

Abrechnung, nach vereinnahmten Entgelten
 MWSTG 39 ff.
 MWSTV 79, 81 f., **106** f.
 VVO MI 15

Abrechnung, zwischen Bund und Kantonen
 DBG **196**
 OECD **4.4** 37 ff.
 VStG 57 f.
 N **1.2** 20 ff.

Abrechnungsart
 MWSTG **39**
 MWSTV 79, 81, **106** f.
 VVO MI 15

Abrechnungsart, Wechsel der
 MWSTG **39**
 MWSTV 79, 81, **106** f.

Abrechnungsmethode, effektive
 MWSTG **36**
 MWSTV 79, 81, 98, 106, **126**, 166

Abrechnungsperiode
 vgl. a. ↑ Steuerperiode
 MWSTG **35**, **47**

Abrechnungsverfahren, vereinfachtes
 StHG 11, 32, 35
 DBG **37a**, 83, 91
 VO DBG K 1, 21 f.
 StG ZH **37a**, 87, 94
 StV ZH **57a**

Abschlagsrückerstattungen
 VStG 29
 VStV **65** f.

Abschlussvollmacht
 OECD 5, 29

Abschreibungen
 StHG 10, 23 f., 24c, 28, 78g
 DBG 27, **28**, 30, 58, 61a, **62**, 64, 70
 MWSTG 31 f.
 MWSTV 70, 73
 N **1.2** 11; **4** 959b, 960a
 StG ZH 27 f., 64, 64c, 68, 72 f., 275, 278, UeB 2

Abschreibungen, auf Anlagevermögen
 N 4 959b, 960a
 VVO C78

Abschreibungen, auf Gestehungskosten
 StHG 28
 DBG 62, 70
 StG ZH 64, 72a

Abschreibungen, Goodwill
 vgl. ↑ Abschreibungen, selbst geschaffener Mehrwert

Abschreibungen, selbst geschaffener Mehrwert
 StHG 24c, 78g
 DBG 61a
 StG ZH 64c, UeB 2

Abschreibungen, wiedereingebrachte
 DBG 62, 70
 StG ZH 18, 64, 72a

Absicht, dauernden Verbleibens
 StHG 3
 DBG 3
 StG ZH 3

Absorption
 vgl. a. ↑ Fusion
 StHG 8, 24, 57b
 DBG 19, 61, 181a
 VStG 5
 StG 6, 9, 14
 StG ZH 19, 67, 241a

Abspaltung
 StHG 8, 24, 57b
 DBG 19, 61, 181a
 OECD 10
 VStG 5
 StG 6, 9, 14
 StG ZH 19, 67, 241a

Abstammung
 EschG 25

Abtretung, von Forderungen
 MWSTG 15, 44
 MWSTV **23 ff.**, 108, 134, **164**

Abzüge
 StHG 9 f., 23 ff., 28, 33, 35 f., 72d
 DBG 18b, 25 ff., 31 f., **33**, **35**, 37, 61, 66 f., 85, 92, 99b, 139, 205c
 VO DBG A 2; C 1; E 1 f.; F 1; G 1; H 1; I 1; K 7, 11; M 6
 OECD 7, 24
 VStV 38
 StG ZH 25 ff., 29 f., 46, 48, 49, 67, 69 f., 90, 95, 101b, 221, 282b
 EschG **19**
 VVO B84

Abzüge, allgemeine
StHG 9
DBG 25, **33** f.
VO DBG A 2
N **1.2** 11; **5.1** 81; **5.3** 7
StG ZH 25, **31** f., 34

Abzüge, Bussen
StHG 10, 25
DBG 27, 59
StG ZH 27, 65

Abzüge, finanzielle Sanktionen
StHG 10, 25
DBG 27, 59
StG ZH 27, 65

Abzüge, Mitarbeit der Ehegatten
StHG 9, 33, 36a
DBG 33, 85
VO DBG C 2
N **5.3** 7
StG ZH 31, 34, 90
VVO A75

Abzüge, Pauschalabzug
StHG 9, 33 f., 35b
DBG 26, 32, 85, 99b
VO DBG C 3 f., 5 ff., 9 ff.; F 5; I 4; K 1, 11
N **1.2** 11
StG ZH 26, 30, 90, 95, 101b

Abzüge, Selbständigerwerbender
vgl. a. ↑ Erwerbstätigkeit
StHG **10**
DBG 27 ff.
OECD 7
N **5.3** 7
StG ZH 27 ff.

Abzüge, Sozialabzug
StHG 9, 11, 33
DBG **35**, 37a, 38, 85
VO DBG A 2; E 2; K 1, 11
StG ZH 7, **34**, 37 f., 90, 274 f., 281

Abzüge, Steuerabzug
StHG 11, **33**, **36**, 37, 38a, 49, 56, 58 f.
DBG 37a, **85**, 88 ff., 92 ff., 99a, 100, 137 f., 175, 184, 187
VO DBG K 1, 2, 7
VStG 48 ff., 69
VStV 3 f., 26a, 42, **50**, 67 f.
StG ZH 37a, 89 f., 92, 95 ff., 101 ff., 102, 144 f., 235, 242, 262

Abzüge, Steueraufwand
vgl. a. ↑ Steueranrechnung
StHG 25
DBG 59
StG ZH 65, 221

Abzüge, Unselbständigerwerbender
vgl. a. ↑ Erwerbstätigkeit
StHG **9**, 33, 33b
DBG **26**, 85, 89a

VO DBG A 2; C 1 ff.; I 1 ff.
StG ZH **26**, 90, 93a
ESchG 5

Abzüge, Vorsteuerabzug
MWSTG 1, **28** ff., 40 f.
MWSTV **58** ff., 148

administrative Sanktionen
DBG 112a
VStG 36a
StG 32a

Adoption
ESchG 25

Affidavit
vgl. ↑ Domizilerklärung

Agio-Lösung
vgl. ↑ Transponierung

AHV
StHG 6 f., 9, 23, 32 f., 35, 75
DBG 14, 22, 24, 33, 56, 84 f., 203
VO DBG K 22 ff.; M 6
VStV 5, 8
StG 13, 17a, 22
N **5.1**; **5.3** 3 f.
StG ZH 22, 24, 31, 61, 88

AHV-Nummer
VStG 36a, 38
MWSTV 134
N **1.7** 20

AHV, Ergänzungsleistungen
StHG 7
DBG 24
VStG 8
StG ZH 24

Aktenaufbewahrung
StHG 42
DBG 112a, 126
VStG 36a, 62
StG 32a, 46
MWSTG 70, 76c
MWSTV 122, 137, 147
N **1.7** 17a; **4** 958 f.
StG ZH 109a, 135

Akteneinsicht
StHG 39, 41
DBG 103, 110 f., **114**, 142, 193
VO DBG O 1
VStG 36, 57
VStV 66
StG 32
N **1.5** 8, 15; **2** 36
StG ZH **124**, 248
ESchG 28, **31**

Aktien
vgl. a. ↑ Beteiligung
StHG 7
DBG 18b, 20
OECD 10
VStG 4 f.

VStV 9, **20** ff.
StG 1, 5 ff., 13 f., 17
StV 9
StG ZH 20, 35, 79
ESchG 25

Aktien, Gratisaktien
StHG 7
DBG 20
VStG 20 f., 25
VStV 20 f., 24, 69
StG 5
StV 9
StG ZH 20
VVO C17

Aktionärsoptionen
vgl. a. ↑ geldwerte Vorteile
VVO A84

Aktiven, nicht betriebsnotwendige
StHG 7a, 25a[bis]
VO StHG C 1
DBG 20a, 30, 64
StG ZH 20a, 28, 65b, 68

Alimente
vgl. ↑ Unterhaltsbeiträge

allgemeine Abzüge
StHG 9
DBG 25, **33** f.
VO DBG A 2
N **1.2** 11; **5.1** 81; **5.3** 7
StG ZH 25, **31** f., 34

Alters-, Hinterlassenen- und Invalidenversicherung
vgl. ↑ AHV

Altersleistungen
vgl. a. ↑ Leistungen, aus Vorsorge
N **5.3** 3

Altersvorsorgefonds, anerkannter
vgl. a. ↑ Vorsorgeeinrichtung
N **1.7** 3

ALV
StHG 9, 23
DBG 33, 56
VO DBG K 3
StG 13, 22
N **5.1** 2, 10
StG ZH 31, 61

ALV, Taggeld
vgl. ↑ Ersatzeinkünfte

amtliche Kontrolle
VStG 62
VStV 24
StG 46
N **1.2** 23

Amtsblatt, Publikation von Entscheiden
DBG 116
StV ZH 3, 11, 32

Amtsgeheimnis
vgl. a. ↑ Geheimhaltung
StHG 39
DBG 110 ff.
OECD 26
VStG 37
StG 33
MWSTG 74
MWSTV 108
N 2 50, 77; 3 84
StG ZH 120 f.

Amtshilfe
StHG 38a ff.
DBG 111 f., 112a, 195
OECD 26, 27
VStG 36 ff.
StG 32 ff.
MWSTG 74, 75 f.
N 1.1 11; 1.4 1 ff.; 1.5 1 ff.;
  1.5.1 1 ff.; 1.6 1 ff.; 1.7 1 ff.;
  1.8 1 ff.; 3 83
StG ZH 121
StV ZH 31
ESchG 28 f.

Amtshilfe, Fristen
N 1.4 14; 1.5 5; 1.5.1 12; 1.7 11

Amtshilfe, internationale
MWSTG 75a
N 1.4 1 ff.; 1.5 1 ff.; 1.5.1 1 ff.;
  1.6 1 ff.; 1.7 1 ff.; 1.8 1 ff.;
  3 46, 83, 84a, 100, 107

Amtshilfe, Steuerprüfung im Ausland
N 1.4 9, Anh.

Amtshilfe, verstorbene Person
N 1.5 18a

Amtshilfe, Vollstreckung
N 1.4 11 ff.

Amtshilfe, Zustellung von Schriftstücken
N 1.4 17; 1.5 2; 2 31a, 34 f.

Amtspflichten
StHG 39
DBG 109 ff.
StG ZH 119 ff., 248
ESchG 26, 28 ff.

Amtsträger
StHG 10, 25
DBG 27, 59
StG ZH 27, 65
VVO A96, A95

Änderung, nachträgliche
vgl. ↑ Korrektur

Änderung, rechtskräftiger Entscheide
StHG 51 ff.
DBG 147 ff.
VStG 59 f.

StG 44
MWSTG 85
StG ZH 155 ff.
ESchG 45 ff.

Änderung, Vorsteuerabzug
MWSTG 30 ff., 41
MWSTV 65 ff., 69 ff., 72 ff., 126, 128

Angemessenheit
N 5.1 1

Anhören, des Steuerpflichtigen
StHG 48
DBG 135, 143
N 2 55
StG ZH 142, 149
ESchG 41

Anlagefonds
vgl. ↑ kollektive Kapitalanlagen

Anlagekosten
StHG 8, 12
DBG 18 f.
StG ZH 18, 219, 224

Anlagevermögen, betriebliches
StHG 8, 24
DBG 18 f., 58, 61
N 4 960d
StG ZH 18, 64, 67

Anlagevermögen, betriebsnotwendiges
vgl. a. ↑ Substanz
StHG 8
DBG 30, 64
StG ZH 28, 68, 216

Anleger
StHG 7, 23
DBG 10, 56
VStG 5
VStV 38a
StG 17, 17a
StG ZH 9a, 61

Anleihe
vgl. a. ↑ Obligation
OECD 11
VStG 4a, 5
VStV 15, 18
StG 4
N 4 958e, 959c

Anleihensobligationen
vgl. a. ↑ Obligation
OECD 11
VStV 15, 18
StG 4
N 4 958e, 959c

Anmeldung, als Steuerpflichtiger
VStG 38, 40, 62
VStV 1, 17, 23, 31, 40, 46
StG 34, 37, 46
StV 1, 12, 19, 26
MWSTG 66, 77, 98

Anpassung, der kantonalen Gesetzgebung
StHG 72 f.

Anrechnung ausländischer Quellensteuern
N 1.1 24 ff., 30 ff.; 1.2 1 ff.;
  1.2.1 1

VVO C25

Anrechnung, bei Grundstücken
StHG 12
StG ZH 220 f., 267

Anrechnung, der Steuer
StHG 12, 27, 30, 33a f., 35a, 77
DBG 32, 82, 89 f., 99a, 162
VO DBG K 12 f.
OECD 23A, 23B
N 1.1 24 ff., 30 ff.; 1.2 1 ff.;
  1.2.1 1; 1.2.2
StG ZH 30, 82, 93 f., 101a f., 221, 267
StV ZH 78
VVO C25

Anrechnung, Geschäftsverluste bei der Grundstückgewinnsteuer
StG ZH 224a

ansässige Person
StHG 3, 20
DBG 3, 50
OECD Präambel, 1, 3, 4, 6, 8, 10 ff.,
  21 ff., 29
N 1.2 2 f., 13; 1.2.2 1; 1.3 1
StG ZH 3, 55
ESchG 2

Anschaffungskosten
DBG 34, 58
VStV 25a
N 4 959a, 960a ff.
StG ZH 33, 64

Anschuldigung
StHG 57a
DBG 183

Anspruch, auf Vergünstigungen
OECD 29

Ansprüche, aus Vorsorge
StHG 9
DBG 33, 204
VStG 7
VStV 43
N 5.3 3 f.
StG ZH 31

Anstiftung
StHG 56 f., 60
DBG 177, 181
OECD 4.4 31
N 2 5
StG ZH 237 f., 241, 264
ESchG 65, 68

Anteile, an Grundstücken
StHG 12
VO DBG F 1
OECD 6, 13
StG ZH 207, 216, 223

Anteilsrechte
vgl. ↑ Beteiligungsrechte

Antiquitäten
MWSTG 24a, 115a
MWSTV **48a**

Antrag, auf Rückerstattung
VStG **29** f.
VStV 12, **64**, **68**
N **1.1** 25 ff.

Antrag, der Behörden
DBG 103, 193 f.
VO DBG D 5; J 2
MWSTG 68
N 2 53; **6.2** 13
StG ZH 141, 243, 252 f.
StV ZH 42

Antrag, der Steuerpflichtigen
StHG 8, 33b, 35a, 51 f., 78c
DBG 18a, 89a, 99a, 132, 147, 150, 168, 193
VO DBG K 10 f., 14; M 5
OECD 25
VStG 29 ff., 42, **48** ff., 54, 62, 70b
VStV 3, 51 ff., 59 ff., 63, **64** f., 67, **68**
StG 39, 46
StV 21
MWSTG 13, 34 ff., 37, 39, 60 f., 68, 83, 90
MWSTV 104, 146, 151, 154 f.
N **1.2** 13 16; 2 85
StG ZH 18a, 93a, 101a, 114, 143a, 147, 149, 155, 157, 254 f., 159
ESchG 41, 45, 47, 50, 64

Anwalt
MWSTV 111
N **1.5** 8; 2 32, 46, 50
ESchG 19

Anwendungsgebiete, Steuererleichterungen
N **6.2** 1, 3; **6.3** 1 f.

Anzeige
DBG 188, 194
VO DBG D 5
VStG 37, 67
StG 33
StV 25
N 2 19; 4 7 25
StV ZH 27, 32, 67, **76**
ESchG 29, 76

Anzeige, Selbstanzeige
StHG 56, **57b**, 59
DBG 175, 177 f., **181a**, 186 f.
MWSTG **102**
N **1.7** 36; 2 13

StG ZH 235, 237 f., 241, **241a**, 261 f.
ESchG 68
VVO B15

Arbeitgeber
StHG 4, 7, 7c, 11, 32, 35, 37, 38a, 45
DBG 3, 5, 17, 17a, 24, 37a, 84, 88, 91, 95, 100, 127, 129, 137
VO DBG C 1, 6; I 1 f., 4; K 1, **5**, **23**; N 1, 7 f., 10, 12, 15, 17
OECD 15, 17, 21
VStV 45 f.
MWSTG 21
MWSTV 28, 47
N **4** 327
StG ZH 4, 17, 17a, 24, 37a, 88, 94, 98, 102, 136, 137a, 144
ESchG 5

Arbeitgeberbeitragsreserven
N **5.1** 81

Arbeitnehmer
StHG 32, 35
DBG 83 ff., 88, 91, 97a, 107, 127
VO DBG K 1, 5, 9 ff., 14 f.
OECD 15 f., 18 f.
VStV **45**
N **4** 327a f.; **5.1** 2, 7
StG ZH 87 f., 92, 94, 100, 104, 109, 136, 172
StV ZH 46
ESchG 5, 25a

Arbeitnehmer, ausländische
StHG 32 f., **35** f., 38
DBG 83 f., **89** f., 107
VO DBG K 5, **9** f., 12 f., **14** f.
OECD 15 f., 18 f.
VStV **45**
N **4** 327a f.; **5.1** 2, 7
StG ZH 87 f., **93** f., 104, 109, 172
StV ZH 46
ESchG 5, 25a

Arbeitnehmer, ohne Niederlassungsbewilligung
StHG 32, 33a f., 38
DBG 83 f., 89 f., 107
VO DBG K 5, 9 f., 12 f.
StG ZH 87 f., 93 f., 104, 109

Arbeitnehmer, Quellensteuer
StHG **32**, **35**
DBG **83**, **91**
VO DBG K 1, 4 f., 9 ff., 14 f.
StG ZH **87**, **94**
VVO A91

Arbeitsentgelte, kleine
StHG 11, 32, 35
DBG 37a, 83, 91
VO DBG K 21 ff.
StG ZH 37a, 87, 94
StV ZH 57a

Arbeitslosenversicherung
vgl. ↑ ALV
DBG 33, 56
VO DBG K 3
StG ZH 31, 61

Arbeitslosigkeit
VO DBG L 3
N **5.1** 8; **6.2** 3
StG ZH 183

Arbeitsortprinzip
vgl. ↑ Ort, der Arbeitsausübung

Arbeitsverhältnis
DBG 3, 5 f., 17, 95
VO DBG B 1 ff.; C 2; K 18 f.
OECD 19
N **5.1** 10
StG ZH 3, 4, 17, 98
ESchG 5

Arbeitsverhältnis, öffentlich-rechtliches
StHG 4, 35
DBG 3, 5 f., 17, **95**
VO DBG B 1 ff.; K 18 f.
OECD 19
N 3 83, 85, 89
StG ZH 3, 4, 17, **98**
VVO E40

Arbeitsverhältnis, zum Bund
StHG 4, 35
DBG 3, 5 f., 17, 95
VO DBG B 1 ff.; K 18 f.
OECD 19
N 3 83, 85, 89
StG ZH 3, 4, 17, 98
VVO E40

Arbeitswegkostenabzug
vgl. ↑ Pendlerabzug / Fahrkostenabzug

Architekten
MWSTV 111

Archivierung
vgl. ↑ Aufbewahrung

Arrest / Beschlagnahme
StHG 78
DBG 165, **170**
VStG 47
StG 43
MWSTG 76a, 93
MWSTV 134
N 2 46, 92
StG ZH **182**

Artist
vgl. ↑ Künstler

Ärzte
MWSTG 21
MWSTV 34 f., 97
N 2 50

atypische stille Beteiligungen
VVO B17

Aufbewahrung, Dauer/Frist
StHG	42
DBG	112a, 126
VStG	36a, 62
VStV	67
StG	32a, 46
StV	21
MWSTG	70, 76d
MWSTV	**137**
N	4 958 f.
StG ZH	135

Aufbewahrung, durch Behörden
StHG	39a
DBG	112a
VStG	36a
VStV	2, 67
StG	32a
StV	21
MWSTG	**76d**
MWSTV	**137**
StG ZH	109a ff.
StV ZH	29

Aufbewahrung, durch Steuerpflichtige
StHG	42
DBG	126
VStG	62
StG	46
MWSTG	**70**
MWSTV	122, **147**
N	**1.7** 17a; 4 958 f.
StG ZH	135

Aufdeckung stiller Reserven, Sondersteuer
StHG	78g
StG ZH	UeB 2

Aufdeckung, stille Reserven
StHG	**24c**, 25a^{bis}, 78g
VO StHG	C 1
DBG	**61a**
StG ZH	**64c**, 65b, UeB 2

Aufenthalt, gewöhnlicher
StHG	3 f., 6, 7 f., **32** ff.
VO StHG	A 3
DBG	3 ff., 8, 14, 17d, **83** ff., 105, 120, 159
VO DBG	C 9; K 9 ff.
OECD	4
VStG	9, 17, 22
VStV	25, **51** f., 58
StG	4
N	2 61, 64, 103
StG ZH	3 ff., 10, 17d, **87** ff., 108, 130, 199
ESchG	2

Aufenthalt, Quellensteuer
StHG	**32**, **35**, 38
DBG	83 ff., 88, **91** ff., 107
VO DBG	K 9 ff., 14 f.
VStV	58
StG	87 ff., 92, **94** ff., 104, 109, 187

Aufenthalt, Unterbrechung
StHG	3
DBG	3
StG ZH	3

Aufenthaltsbewilligung
vgl. ↑ Niederlassungsbewilligung

Auffangeinrichtung
StG	13

Aufgabe/Beginn, der Erwerbstätigkeit
StHG	11
DBG	23, 37b
VO DBG	A 3 f.; M **1**
StG ZH	23, 37b
EschG	25b

Aufgeld
StHG	7b, 24
DBG	20, 60, 125
OECD	11
VStG	5
StG	6
StG ZH	20, 66, 79

Auflösung, Ehe
vgl. ↑ Scheidung, Ehe

Auflösung, Gesellschaft
vgl. ↑ Liquidation, Gesellschaft

aufschiebende Wirkung
DBG	169
VStG	47
StG	43
MWSTG	86, 93
N	3 103
EschG	64

Aufschubstatbestände
StHG	8, 12, 24
DBG	**18a**, 30, 64
VO DBG	M 3
N	4 725a
StG ZH	**18a**, 28, **42** f., 68, 216

Aufsicht
DBG	2, 102, **103**, **104b**, 141
VO DBG	D **1**
OECD	16
VStG	5
VStV	36, 38a, 66 f.
StG	13, 17a, 21, 26, 28
N	2 90; **1**, 3, 100; **5.3** 1; **6.1** 12; **6.2** 16
StG ZH	110 f., **116**
StV ZH	**16**, 39

Aufsichtsbeschwerde
StG ZH	**111**
StV ZH	**16**, 39

Aufsichtsratsvergütungen
StHG	4, 7, 35
DBG	5, 17, **93**, 125
VO DBG	K 14 f.
OECD	**16**

StG
StG	6
N	4 663b^{bis}
StG ZH	4, 6, 17, **96**
VVO	C68

Aufspaltung
StHG	8, 24, 57b
DBG	19, 61, 181a
OECD	10
VStG	5
StG	6, 9, 14
StG ZH	19, 67, 241a

Aufstellung, Einnahmen/Ausgaben
StHG	42
DBG	125
MWSTV	128
StG ZH	134

Aufwand, geschäftsmässig begründet
StHG	9 f., **25 f.**
DBG	25, 27 f., **59**, 62 ff.
OECD	**4.4** 7
StG ZH	27, 64, **65**, 275, 278
VVO	A95

Aufwand, geschäftsmässig nicht begründet
StHG	24 f.
DBG	27, 34, 58
StG ZH	33, 64 f.
VVO	A96, A95

Aufwandbesteuerung
StHG	**6**, 78e
DBG	**14**, 205d
VO DBG	E **1** ff., 7
N	**1.2** 4
StV ZH	[1]
VVO	A90, E32

Aufwendungen, unausscheidbare
StG ZH	224

Aufwendungen, wertvermehrende
StHG	12
DBG	34, 58
VO DBG	G 1
MWSTV	70 f., 73 f.
StG ZH	18, 33, 64

Aufwertung
StHG	8, 24
DBG	18 f., 28, 58, 60, 62, 70
VO DBG	A 3
VStG	18
N	4 670, 960 ff.
StG ZH	18, 64, 66, **72a**, 275, 278, **282b**
StV ZH	53

Aufzeichnungen
vgl. a. ↑ Beilagen
StHG	42
DBG	125 f.
MWSTG	68, 70, 73, 79, 98
MWSTV	**48d**, 128, 134
StG ZH	134 f.

Ausbeutung, von Bodenschätzen
DBG 4, 21, 51
OECD 5f.
StG ZH 21

Ausbildung
StHG 7, 9f., 25
DBG 17, 27, 33, 35, 59
OECD 20
MWSTG 21
MWSTV 10
StG ZH 17, 27, 31, 34, 65
VVO A87, MBI 20

Ausbildung, berufsorientierte
StHG 7, 9f., 25
DBG 17, 27, 33, 35, 59
MWSTG 21
MWSTV 10
StG ZH 17, 27, 31, 34, 65
VVO A87

Ausbildungskosten
StHG 7, 9f., 25, 32
DBG 17, 27, 33, 59, 84
StG ZH 17, 27, 31, 65, 88
VVO A87

Auseinandersetzung, güterrechtliche
StHG 3, 7, 12
DBG 9, 12, 24
StG ZH 7, 24, 42, 216

Ausfuhr / Export
MWSTG 23, 53f., 59ff., 63
MWSTV 118; B 1f.

Ausfuhr, im Reiseverkehr
MWSTG 23
MWSTV B 1f.

Ausfuhrverfahren
MWSTG 53f., 60

Ausgaben / Einnahmen, Aufstellung
StHG 42
DBG 125
MWSTV 128
StG ZH 134

ausgenommene Leistungen
MWSTG 21f., 29, 45a
MWSTV 34ff., 150

Ausgleichsfonds
StG 13

Ausgleichskasse
StHG 11, 23
DBG 37a, 56
VO DBG K 22ff.
VStG 38a
StG ZH 37a, 61

Ausgleichszahlung
vgl. a. ↑ geldwerte Vorteile
VVO A58, 50

Ausgleichszins
vgl. ↑ Verzugszins

Auskunftspflicht, der Behörden
StHG 39, 71

DBG 110ff.
VO DBG O 1
OECD 26f.
VStG 36
StG 32
MWSTG 75
N 2 20, 40
StG ZH 120, **121**, 209
StV ZH 20, 27, **67**, 69
ESchG 29f.
VVO A34

Auskunftspflicht, des Steuerpflichtigen
StHG 42, 49
VO StHG A 5
DBG 123, 126, 136, 157, 167d, 174, 191
VStG **39**, 48, 62
VStV 6, 12, 22, 27, 42
StG **35**, 46
StV 3, 8, 16
MWSTG **68**
N 2 39
StG ZH 132, 135, 143, 166
ESchG 33
VVO A34

Auskunftspflicht, Dritter
StHG **44**, 49
DBG 123, **128**f., 136, 157, **158**f., 174, 191f.
VStG **49**, 62
StG **36**, 46
MWSTG **73**, 78
MWSTV **130**
N **1.7** 25; **2** 40
StG ZH 132, **137**, 143, 166, **167**
VVO A34

Auskunftsrecht
VO DBG O 1
MWSTG **69**
StV ZH 20
VVO B108

Ausland
StHG 4, 8, 35
DBG 4ff., 11, 51f., 91ff., 133
VO DBG K 4, 13, 16ff.
OECD 4
VStG 9, 24
StG 13
MWSTG 8, 23, 54, 105
MWSTV 3, 4, 9f., 12, 28, 41ff., 90
StG ZH 4ff., 8, 56f., 94ff., 12
StV ZH **3**
ESchG 2

Ausland, Arbeitsverhältnis zum Bund
StHG **3**
DBG 3, 6
VO DBG B 1f.; K 18f.
StG ZH 3
VVO E40

Ausland, Bezug von Leistungen aus dem
vgl. a. ↑ Bezugsteuer
MWSTG 1, 10, 23, **45**, 52
MWSTV 91, **111**, 126f., 144, 149

Ausland, Lieferung ins
MWSTG 18, 23
MWSTV 41ff., 63, 90

Ausland, Personenbeförderung ins
MWSTG 8
MWSTV 41ff.

Ausland, Sitz / Verwaltung im
StHG 4, 20f., 35ff., 38
DBG 4, 6f., 11, 51f., 91ff., 116, 126a, 136a, 173
VO DBG K 14ff.
OECD 4
VStG 9f., 24
VStV 17, 31, 36f.
StV 19
MWSTG 1, 10, 14, 45, 67, 107
MWSTV 5, 7, 9a, 91, 143f., 149, **151**ff., 166a
N **1.5** 22i^bis
StG ZH 4ff., 56ff., 60, 94ff., 128
StV ZH **3**
ESchG 25b
VVO MI 22

Ausland, Sitzverlegung ins
StHG 24d
DBG 8, 54f., 58, 61b, 79f.
VStG 4f., 12, 15f., 29
VStV **22**, 24, **33**
MWSTG 15, 93, 105
StG ZH 60, 64, 64d, 83f.
ESchG 25b

Ausland, Übertragung ins
StHG 8, 24
DBG 18, 19, 30, 61, 64
StG ZH 18f., 28, 67f.

Ausland, Werte im
DBG 6, 52
VStV 9
StG 22
StG ZH 5, 57

Ausland, Wohnsitz im
StHG 4, 35ff.
DBG 3f., 7, 13, 91ff., 105ff., 116, 126a, 136a, 165, 169, 173, 193
VO DBG B 1f.; I 2f.; K 14ff.; N 13f.
OECD 4
VStG 10, 47
VStV 9, 52
StG 22, 30, 43
MWSTG 105, 107
MWSTV 151f.
StG ZH 7, 12, 94ff., 104, 128, 143a, 181
StV ZH **3**
ESchG 2
VVO E40

Ausland-Ausland-Geschäfte
VVO A95

Ausländer
StHG 4
DBG 161
VStG 4, 7, **27**, **69**
VStV 9, 31, 34, 36, 43
StG 13f., 16, 17a, 19
MWSTG 17
StG ZH 4, 172
ESchG 2

ausländisch beherrschte Gesellschaft
OECD 9
VStV **9**

ausländische Betriebsstätte
StHG 8, 24d
DBG 6, 18, 52, 61b
VO DBG A 4, 6
OECD 5, 29
StG ZH 5, 18, 57, 64d

ausländische Betriebsstätte, Verlustverrechnung
DBG 6, 52
OECD 29
StG ZH 5, 57

ausländische Gesellschaft / Unternehmen
StHG 20, 24, 35, 37f.
DBG 11, 49, 55, 93, 100, 107, 181, 207a
VStG 24f.
VStV 14a, 36f.
StG 13f., 17a, **19**, 21, 25
StV 26
MWSTG 10, 14, 17, 95
MWSTV 7, **9a**, 28, 151f.
StG ZH **8**, 54, 60, 96, 102, 104, 241, 282b

ausländische Handelsgesellschaft
vgl. a. ↑ ausländische Personengesamtheiten
StHG 20
DBG 11, 49, 55, 181
OECD 3
VStG 9, 15, 24f., 30
VStV 17, 55
StG 9
StV 19
MWSTG 17
StG ZH **8**, 54, 60, 241

ausländische Konzerngesellschaft
vgl. a. ↑ Konzerngesellschaft
StHG 24, 37
DBG 100, 207a
VStV 14a
StG 14, 17a
StG ZH 102

ausländische Liegenschaften, Verluste
DBG 6, 52
StG ZH 5, 57

ausländische Personengesamtheiten
StHG 20
DBG **11**, 49, 55, 181
OECD 3
VStG 9, 15, 24f., 30
VStV 17, 55
StG 9
StV 19
MWSTG 17
N **2** 6f.
StG ZH **8**, 54, 60, 241

ausländische Quellensteuer, Anrechnung
N **1.1** 24ff., 30ff.; **1.2** 1ff.; **1.2.1** 1
VVO C25

ausländische Staaten
StHG 23
DBG 14, 56
VStG **28**
StG ZH 229

ausländische Steuern
StHG 6
DBG 14, 32, 34
N **1.1** 30ff.; **1.2** 1ff.; **1.2.1** 1
StG ZH 30, 33

ausländische Währung
StHG 31
DBG 80
VStV **4**
StG 14, **28**
StV 21f.
MWSTG 21, 54
MWSTV **45**, 58, 116
StG ZH 84f.

Auslandverluste
DBG 6, 52
OECD 29
StG ZH 5, 57

Ausnahmen, ausgenommene Leistungen
vgl. ↑ ausgenommene Leistungen

Ausnahmen, von der Steuer
vgl. a. ↑ Befreiung
StHG 5, 7, 8, 23
DBG 16, 19, 24, 30, 60f., 64
VStG **5**, **8**
StG **6**, 9, **14**, **22**
StV **16**, 25a
MWSTG 21f., 29, 45a
MWSTV 34ff., 150
N **6.1** 12
StG ZH 15f., 19, 24, 28, 62, 66ff.

Ausnahmen, von der Steuerpflicht
StHG 23
DBG 56

VStG 45
VStV 45
MWSTG 10
MWSTV 9f.
StG ZH 61
ESchG **10**ff., 18

Aussage verweigern
StHG 57a
DBG 183
N **2** 40
StG ZH 244

Ausscheidungsverluste
VVO E59

Ausschluss, vom Vorsteuerabzug
MWSTG **29**

Ausschüttung
StHG 7f.
DBG 18b, 20f., 58, 69, 131
OECD 10
VStV 28f., 35, 38f.
StG ZH 20f., 35, 64, 72

Ausstand
DBG **109**, 195
N **2** 29; **3** 92
StG ZH **119**
StV ZH 7
ESchV 2

Austausch, Beteiligungsrechte
StHG 8, 24
DBG 19, 61
StG ZH 19, 67

Austauschreparaturen
MWSTG 24

Ausübungspreis
StHG 7d
DBG 17b
StG ZH 17b

automatischer Informationsaustausch
N **1.4** 6; **1.6** 1ff.; **1.7** 1ff.; **1.8** 1ff.

automatisierte Kasse
MWSTG 26

B

Bank
OECD 26, 29
VStG 4, 5, 9f., 15f., 28, 40
VStV 19, **30**f., 36f., 56
StG 6, 13f., 17a, **19**, 36f.
StV 21, 23, 25a
MWSTG 21, 78, 93
MWSTV 66
N **1.5** 8, 21f.; **5.3** 5
StG ZH 121, 167
ESchG 29

Bankbürgschaft
DBG 169
VStV 10

Bankgeheimnis
vgl. a. ↑ Geheimhaltung
StHG 43
DBG 112
OECD 26
VStG 40
StG 37
MWSTG 78
N 2 30
StG ZH 249
ESchG 31

Bankkonto
N 1.4 5; 1.5 1, 3, 6 ff.; 1.5.1 2 ff.

Bankstiftungen
N 5.3 6
StG ZH 136

Barauslagen
StV ZH 21, **23** f.

Barwert
vgl. a. ↑ Wert
VStV 43, 47
ESchG 14, 56

Bauausführung
vgl. a. ↑ Betriebsstätte
StHG 4, 21
DBG 4, 51
OECD 5
StG ZH 4, 56

Baukonsortien
VStV 55

Baukreditzinsen
StG ZH 18, 27, 64, 221

Bauleistungen
MWSTG 8
VVO MBI 04

Baurechtsvertrag, Einkünfte aus
StHG 7
DBG 21
StG ZH 21, 30

Baurechtszinsen
StHG 7, 9
DBG 21, 32
OECD 6
StG ZH 21, 30

Bausparabzug
StHG **72d**

Baustelle
vgl. a. ↑ Betriebsstätte
StHG 4, 21
DBG 4, 51
OECD 5
StG ZH 4, 56

Beamte
vgl. ↑ Behörden

Befähigung verschaffen, zu verfügen
MWSTG 3, 7

Beförderung/Transport
DBG 5, 91
OECD 3
StG 3, 6, 22
MWSTG 7 f., 21, 23, 37
MWSTV 6, 41 ff.
StG ZH 4, 94
VVO MBI 09

Beförderung, grenzüberschreitende
MWSTG 8, 23
MWSTV 5a ff., 41 f.

Beförderungsleistungen
MWSTG 8, 23
MWSTV 5a ff., 14, 41 f.

befreiter Anleger
StHG 23
DBG 56
VStV 38a
StG 17, **17a**
StG ZH 61

Befreiung, Verzicht auf
MWSTG 10, **11**, 14, 93

Befreiung, von der Steuerpflicht
StHG 9, **23**, 24c ff., 78g
DBG 3, 6, **15**, 33a, **56**, 59, 61a f.
VStG 28
VStV 38a, 52
StG 17, **17a**
MWSTG 10 f., **14**, 93, 107, 113
MWSTV 9 f., 166a
StG ZH 14, 32, **61**, 64c ff., **170** f., 210, **218**
ESchG **10** f.
VVO A30

Befreiung, von Einfuhren
MWSTG 7, **53**
MWSTV 4a, 63, 77, 90, **113**, 166b; A 1 f.

Befreiung, von Einkünften
StHG 7, 78a
DBG 16, 20, **24**, 205a
VStG 3, 5, 8
StG 3
StG ZH 16, 20, **24**, 282a

Befreiung, von Leistungen
MWSTG **23**, 45a
MWSTV 41 ff., 63, **113**, 126 f., 143, 144 f., 149, 153; A 1 f.; B 1 f.

Befreiungsmethode
DBG 6, 52
OECD **23A**
StG ZH 5, 57

Begehren, um gerichtliche Beurteilung
N 2 21, 72, 78
StG ZH 245, 251a, **252** f., 256

Beginn, der Steuerpflicht
StHG 4b, 20, 22, 24c
VO StHG B 1
DBG **8**, **54**, 61a
VO DBG A 2 ff.; K 12 f.
VStG 12, 30, 32
VStV 17, 21, 31, 40, 46
StG 7, 11, 15, 20, 23, 26, **34**
StV 9 ff., **18** f., 26
MWSTG **14**, 48, 56, 66
MWSTV 9 f., **78**
N 5.2 60b
StG ZH **10**, 52, **59**, 64c, 199
StV ZH 29, 37, 49
ESchG 7
VVO MI 21

Begründung, schriftliche
StHG 41, 48, 50
DBG 132, 135, 140, 143, 167c
VO DBG L 18
OECD 25
VStG 42, 52, 54
StG 39
StV 16, 21
MWSTG 82, 83
StG ZH 126, 140, 147, 150, 251 f.
StV ZH 39
ESchG 32, 41, 64

Begründung, von Beteiligungsrechten
StG **5**, 6 f., **8** f.
StV **9** ff.

begünstigte Person
StHG 4a, 45
DBG 15, 129
OECD 10 ff.
VStG 21, 28
VStV 36, 62
MWSTG 107
MWSTV 90, 113, 126, **143** ff.
N 5.3 2
StG ZH 136
ESchG 8, 32

Begünstigte, institutionelle
StHG 23
DBG 56
VStG 28
MWSTG 107
MWSTV 90, 113, 126, **143** ff.

Begünstigung
N 2 17

Beherbergung
MWSTG 8, 21, 25
ESchG 12

Beherrschung
vgl. ↑ Stimmenmehrheit

behinderungsbedingte Kosten
StHG 9
DBG 33
StG ZH 31

Behörden
StHG 39 ff.
DBG 102 ff.
OECD 2 ff., 25 f., 29
VStV 34 ff.
VStV 1
StG 31 ff.
StV 1
MWSTG 65, 74 ff.
MWSTV 131 ff.
N 2 19 ff.
StG ZH 106 ff.
StV ZH 2 ff.
ESchG 26 ff.
ESchV 1

Beilagen, zur Steuererklärung
StHG 42, 71
DBG 124, **125**, 127, 174, 207a
VStG 25, 38 f., 62
StG 24, 46
StV 21
StG ZH 133, **134** f., 282b
StV ZH 40, 42
ESchG 33

Beiträge, an Vorsorgeeinrichtung
vgl. a. ↑ Vorsorge, Abzüge
VVO A63

Beitragsjahre, Einkauf
StHG 7, 9, 11
DBG 24, 33, 37b, **205**
VO DBG M 4
VStV 45
N 5.1 79b; 5.2 60a f.; 5.3 3a, 7a ff.
StG ZH 24, 31, 37b, 272
VVO A63

Belege
StHG 42
VO StHG A 5
DBG 123, 126
VO DBG I 2, M 5
VStG 38 ff., 48, 50, 62
VStV 2, 5, 17, 26, 27, 31, 46, 63
StG 34 f., 37, 46
StV 2, 16, 17, 19
MWSTG 70, 73, 78, 98
MWSTV 56, 122, 140, 147
StG ZH 132, 135
StV ZH 62

Bemessung, des Eigenkapitals
StHG 17, 31
StG ZH 85

Bemessung, des Einkommens
StHG 16
DBG 41
VO DBG A 1, 2 f.
StG ZH 50

Bemessung, des Reingewinns
StHG 31
DBG 80
StG ZH 84

Bemessung, des Vermögens
StHG 17
StG ZH 51

Bemessung, zeitliche
StHG 15 ff., 31
DBG 40 ff., 79 ff.
VO DBG A 1 ff.; B 5
MWSTG 34 f.
StG ZH 49 ff., 83 ff.

Bemessungsgrundlage
vgl. a. ↑ Steuerberechnung
StHG 6, 7 ff., 12, 13 f., **16** f., 24 ff., 29 f., **31**, 32, 35
DBG 14, 16 ff., 25 ff., 41, 57 ff., 80, 84, 92 ff.
VO DBG A 2 f.; K 2, 16, 22
VStG 4 ff.
VStV 14 ff., **20** ff., **28** ff., 39 ff., 43 ff.
StG 1, 5, **13**, 21
StV 9 ff., 26a ff.
MWSTG 24, 38, 46, **54**
MWSTV **45** ff.
StG ZH 16 ff., **25** ff., 38, 41, 63 ff., 78 ff., 88, 95 ff., 199, **219** ff.
ESchG 13 f.
VVO MI 07

beneficial owner
vgl. ↑ Nutzungsberechtigter

Bergwerk
DBG 4, 51
OECD 5
StG ZH 207

Berichtigung
StHG 24, 56
DBG 58, 62, 70, 178
StG ZH 64, 72a
ESchG 38

Berichtigung, Schreibversehen
StHG 52
DBG 150
VStG 60
MWSTG 85
StG ZH 159
ESchG 50 f.

berufliche Vorsorge
vgl. a. ↑ Vorsorge
StHG 4, 7, 9 f., 23, 35, 45
DBG 5, 22, 24, 27, 33, 37b, 38, 56, 59, 95 f., 129, 204 f.
VO DBG K 18 f.; M 4, 6
OECD 3, 18 f.
VStV 38a
StG 13, 17 f., 22
StV 18, 25
MWSTG 3, 15
N 5.1; 5.2; 5.3
StG ZH 4, 17, 22, 24, 31, 37, 61, 98 f., 134, 136, 270, 272
ESchG 10

berufliche Vorsorge, Freizügigkeit
N 5.1 79b; 5.2 60a
VVO A86

Berufsgeheimnis
vgl. a. ↑ Geheimhaltung
StHG 43
DBG 127
OECD 26
VStG 36
StG 32
MWSTG 68, 73, 78
N 2 30, 77
StG ZH 136
ESchG 31

Berufskosten
StHG 9, 11, 33
DBG 26, 37a, 85
VO DBG C 1 ff.; I 1 ff.
StG ZH 26, 37a, 90
VVO A87, B83

Berufskosten, Pendlerabzug
vgl. a. ↑ Fahrkosten, Abzug/privates Fahrzeug
StHG 9
DBG 26
VO DBG C 3, 5 f.
StG ZH 26

berufsorientierte Aus- und Weiterbildung
StHG 7, 9 f., 25
DBG 17, 27, 33, 59
StG ZH 17, 27, 31, 65
VVO A87

berufsorientierte Ausbildungskosten
StHG 7, 9 f., 25, 32
DBG 17, 27, 33, 59, 84
StG ZH 17, 27, 31, 65, 88
VVO A87

Bescheinigung
StHG 42, 45
DBG 126, 129, 172, 186
StG ZH 134 f., 261

Bescheinigung, Mitarbeiterbeteiligungen
StHG 45
DBG 129
VO DBG N 1 ff.
StG ZH 137a
VVO A82

Bescheinigung, über Steuerabzug
VStG 14, 33, 48 ff., 62
VStV 3 f., 41, 50, 53 f., 60, 67 f.

Bescheinigungspflicht, Dritter
StHG 43
DBG 127, **158**, 174, 192
N 5.3 8
StG ZH 136, 167, 234

beschränkte Steuerpflicht
StHG 4, 4b, 21
DBG 4 ff., 51 f.
VStV 51, 59
StG ZH 4 f., 6, 14, 56 f., 191

Beschwerdeverfahren
vgl. a. ↑ Rekursverfahren
StHG 50
DBG 140 ff.
VStV 54 ff.
N 1.5 19; 3 82 ff.
StG ZH 153 f.
ESchG 43

Beschwerde, gegen Einspracheentscheid
StHG 50
DBG 139, 140 ff.
OECD 4.4 5, 24 f.
VStG 54 f.
MWSTG 81, 86
N 1.2 18; 6.1 23
StG ZH 147 ff., 212
ESchG 43

Beschwerde, gegen Untersuchungshandlung
N 2 26 f.

Beschwerde, in öffentlich-rechtlichen Angelegenheiten
vgl. ↑ Beschwerde, vor Bundesgericht

Beschwerde, in Strafsachen
StHG 61
DBG 188
StG ZH 263

Beschwerde, vor Bundesgericht
StHG 57bis, 73
DBG 146, 182
VStG 3, 56, 58
VStV 1, 66
StV 1
N 1.3 6; 3 82
StG ZH 154, 214, 258

Beschwerde, vor Bundesverwaltungsgericht
MWSTG 68, 83, 86, 92 f.
N 6.1 23

Beschwerde, vor kantonalem Verwaltungsgericht
StHG 50, 57[bis]
DBG 145, 182
StG ZH 122, 153, 162, 178, 181, 185, 213, 252 ff., 259, 280
ESchG 43, 54, 61, 64

Beschwerde, vor kantonaler Rekurskommission
vgl. a. ↑ Steuerrekursgericht
StHG 50
DBG 132, 139, 140 ff., 169, 172
VStG 54 f., 58
VStV 66
StG ZH 147 ff., 212

Besitzdauer
vgl. a. ↑ Haltedauer
StHG 12
StG ZH 43, 219, 221, 225

Bestechungsgelder an Amtsträger und Private
StHG 10, 25
DBG 27, 59
StG ZH 27, 65
VVO A96

Besteuerung, nach dem Aufwand
StHG 6, 78e
DBG 14, 205d
VO DBG E 1 ff., 7
N 1.2 4
StV ZH [1]
VVO A90, E32

Beteiligung
StHG 7 ff., 8, 24, 24c, 25a[bis], 28 f.
VO StHG C 1
DBG 18, 18b, 20 f., 27, 56, 61 f., 64, 69 f., 207a
OECD 8, 10, 13
VStG 4 f., 12, 18
VStV 20, 23 f.
StG 1, 4, 5, 6 f., 8 f., 10 f., 13 f.
StV 9, 10
MWSTG 3, 10, 29, 73
N 1.2 5; 1.3; 4 663c
StG ZH 18, 18b, 20 f., 27, 35, 61, 64c, 65 f., 67 f., 72 f., 81a, 282b
ESchG 25a f.

Beteiligung, Austausch
StHG 8, 24
DBG 19, 61
StG ZH 19, 67

Beteiligung, Begriff
MWSTG 29
N 1.3 2; 4 960d

Beteiligung, Begründung
StG 5, 6 f., 8 f.
StV 9 ff.

Beteiligung, Beteiligungsabzug
StHG 28
DBG 69 f.
StG ZH 72 f., 282b
VVO A72

Beteiligung, Buchgewinne
DBG 61
StG ZH 67, 72a

Beteiligung, Buchverlust
DBG 61
StG ZH 67, 72a

Beteiligung, eigene
StHG 7
DBG 20
VStG 4a, 12
VStV 24a
N 4 659 f., 783, 959a, 959c
StG ZH 20
VVO A42, B114

Beteiligung, Ersatzbeschaffung
StHG 8, 24
DBG 30, 64
StG ZH 28, 68

Beteiligung, Haltedauer
StHG 7a, 24, 28
DBG 20a, 61, 64, 70
VStG 4a
StG ZH 20a, 67 f., 72a

Beteiligung, Handwechsel
vgl. a. ↑ Mantelhandel
StG 5, 7 f., 10
StV 10

Beteiligung, Nettoertrag aus
vgl. a. ↑ Beteiligungsabzug
StHG 28
DBG 69, 70, 207a
StG ZH 72, 282b

Beteiligung, qualifizierte / wesentliche
StHG 7 f., 24
DBG 18b, 20 f., 69, 207a
OECD 5, 29
MWSTG 3, 10, 29, 73
MWSTV 38
N 1.3 2; 4 959c, 960d
StG ZH 20a, 35, 61, 282b
ESchG 25a

Beteiligung, Übertragung
StHG 7a, 8, 12, 24
DBG 19, 20a, 61, 207a
StG 14
MWSTG 15, 38
MWSTV 81, 83, 102
StG ZH 19, 20a, 67, 72a

Beteiligung, Verkauf
StHG 7 f., 8, 12, 24
DBG 16, 18, 18b, 20a, 30, 58, 64, 70, 207a
StG 5, 7 f., 10, 13
StV 10, 18
MWSTG 10, 29
StG ZH 16, 18, 20a, 28, 64, 68, 72a, 282b

Beteiligung, Verwaltung
vgl. a. ↑ Holdinggesellschaft
StHG 28
DBG 69 f.
MWSTG 10, 29
N 1.3
StG ZH 72 f., 79

Beteiligung, Verwaltungsaufwand
StHG 28
DBG 18b, 70
StG ZH 72

Beteiligung, zu Geschäftsvermögen erklärt
StHG 8
DBG 18, 18b
StG ZH 18

Beteiligungsabzug
StHG 28
DBG **69**f.
StG ZH 72f., **282b**
VVO A72

Beteiligungsertrag
StHG 7, 28
DBG 18b, 20f., 69f., 207a
OECD 10
VStG 1, **4**, 13, 20, 21
VStV 9, **20**f., **26a**
N **1.2** 5; **1.3**; **1.8** 9
StG ZH 20, 35, 72f., 275

Beteiligungsgesellschaft
StHG 24, 28
DBG 69f., 207a
OECD 29
N **1.3** 1ff.; **1.8** 9; **4** 659b, 663c
StG ZH 72f.

Betreibung
StHG 78
DBG 165, 167, 169f.
VO DBG G 1; J 3; L 2
VStG **45**ff., 51, 58
VStV 8
StG **42**f.
StV 5
MWSTG 74, 86, **89**, 93
MWSTV 22, 134, **142**
StG ZH 181f.
VVO MBI 26

Betreuung, Kinder und Jugendliche
StHG 9
DBG 33
MWSTG 8, 21
StG ZH 34

Betrieb
StHG 8, 24
DBG 18a, 19, 61
StG 6
StG ZH 18a, 19, 67

Betrieb, Übertragung
vgl. a. ↑ Umstrukturierung
StHG 8, 24
DBG 19, 61
VStG 5
MWSTG 15, 38
MWSTV 81, 83, 102
StG ZH 19, 67, 216, 219
ESchG 25a

betriebliches Anlagevermögen
StHG 8, 24
DBG 18f., 58, 61
N **4** 960d
StG ZH 18, 64, 67

betriebsnotwendige Substanz
vgl. a. ↑ Anlagevermögen
StHG 7a
DBG 20a
StG ZH 20a

betriebsnotwendiges Anlagevermögen
vgl. a. ↑ Substanz
StHG 8
DBG 30, 64
StG ZH 28, 68, 216

Betriebssparkasse
VStG 9
VStV **54**, 68

Betriebsstätte, allgemein
StHG 4, 21, 23f., 24cf., 35, 38
VO StHG B 5; C 2
DBG 4, 6f., 13, 51f., 55f., 58, 60, 61af., 79f., 91, 93, 107, 161
VO DBG A 4, 6; K 4
OECD **5**, 7, 10ff., 21f., 24, 29
VStG 24f.
VStV 17
StG 13
StV 19, 26
MWSTG 7f., 10, 13, 67, 93, 95
MWSTV **5**, 6af., 9f., 77, 151, 166a
N **1.2** 2a, 11
StG ZH 4ff., 12, 56f., 60f., 64, 64cf., 66, 83f., 94, 96, 99, 109
ESchG 2, 10

Betriebsstätte, ausländische
StHG 8, 24d
DBG 6, 18, 52, 61b
VO DBG A 4, 6
OECD 5, 29
StG ZH 5, 18, 57, 64d

Betriebsstätte, Begriff
DBG **4**, 51
OECD **5**
MWSTV **5**

Betriebsstätte, Verluste aus
DBG 6, 52
OECD 29
StG ZH 5, 57

Betriebsstätten ausländischer Unternehmen, Sockelsteuer
N **1.2** 2a
VVO C25

Betriebsstätten, von ausländischen Unternehmen
MWSTG 10, 67, 93, 95
MWSTV **7**, 9, 77
VVO MI 22

bewegliches Vermögen
StHG 6ff., 14
DBG 14, **20**f., 32
VO DBG E 1
OECD 2, 13, 22
VStG 1, 4
StG ZH **20**f., 30, 39
ESchG 2

Beweisabnahme
StHG 41
DBG 115

VO DBG O 1
StG ZH **125**

Beweisausforschung
N **1.5** 7

Beweismittel
vgl. a. ↑ Nachweis
StHG 48, 51, 53, 57a
DBG 114, 132, 140, 147, 151, 167c, 183
OECD 26
VStV 67
StV 16
MWSTG 81
MWSTV 134
N **2** 25, 35, 46; **4** 963
StG ZH 124, 140, 147f., 155, 157, 160, 251, 255
StV ZH **6**f.
ESchG 41, 45, 47, 52, 64

Bewertung
vgl. a. ↑ Wert
StHG 7d, **14**f., 24, 53
DBG 17b, 58, 62, 84, 151
VO DBG C 6; N 4f., 12
StG 8
N **4** 670, 960ff.
StG ZH 17b, 21, **39**ff., 81, 88, 160
StV ZH 17
ESchG **13**ff., 17, 25a, 30

Bewertung, Grundstücke
StHG 14, 53
StG ZH 21, 39, 160
StV ZH 17
VVO E57

Bewertung, Wertpapiere ohne Kurswert
StHG 14f.
StG ZH 39f.
VVO D12

Bewilligung
MWSTG 7, 13, 23, 37, 63
MWSTV 18, 78ff., 81, 86, 117ff., 150; B 7

Bewilligung, Saldosteuersätze
MWSTG 37
MWSTV 78ff., 84, **86**

Bezug, der Steuer
StHG 37ff., 49
DBG 88, 100, 102f., 107, 121, **160**f., **162**f., 166
VO DBG J 2; K 6, 20, 24; L 17
VStG 2, 18, 47
VStV **8**f.
StG 43
MWSTG 86ff., 106
MWSTV 134, 149
StG ZH 102, 109f., **172**ff., **197**f., **260**, 269
StV ZH **46**ff., 50, 57, 77
ESchG 55, 78
EschV 8

Bezug, Rechtsmittel
StG ZH **178**
StV ZH 19

Bezugsprovision
StHG 11, 37
DBG 37a, 88, 100
VO DBG K **6**, 24
VStG **2**
StG ZH 37a, 92, 102

Bezugsteuer
MWSTG 1, 28, **45** ff.
MWSTV 91, **111** f., 126 f., 144, 149
VVO MI 14

Bezugsteuerpflicht
MWSTG **45**, 66
MWSTV 91, 111 f.

Bezugsteuerschuld
MWSTG **48**

Bezugsverjährung
DBG **121**, 185
MWSTG **91**, 106
StG ZH **131**
ESchG **63**

Bilanz
StHG 31, 42
DBG 79, 125, 186
VO DBG A 3 f., **6** f.
VStG 5
VStV 21 f.
StG 6, 13
StV 9 f., 12, 18 f., 25a, 32
N **4** 959 ff.
StG ZH 79, 83, 134, 261

Bilanz, Unterbilanz
StHG 10, 25
DBG 31, 67
N **4** 725
StG ZH 29, 70

Bilanzvorschrift
N **4** 959 ff.

Bildung, Ausbildung
StHG 7, 9 f., 25
DBG 17, 27, 33, 35, 59
OECD 20
MWSTG 21
MWSTV 10
StG ZH 17, 27, 31, 34, 65
VVO A87, MBI 20

Bildung, Weiterbildung
StHG 7, 9 f., 25
DBG 17, 27, 33, 59
MWSTG 21
MWSTV 10
StG ZH 17, 27, 31, 65
VVO A87, MBI 20

Bildungsinstitutionen
MWSTG 21
MWSTV 30, **38a**

Blockchain-Technologie
VVO D13

Boni, Aufwand
StHG 25
DBG 59
StG ZH 65

Boni, Einkommen aus Arbeitsverhältnis
StHG 7, 32
DBG 17, **83** f.
OECD 15
VStV 20, 69
N **4** 663b^{bis}
StG ZH 17, 87 f.

Börse
vgl. a. ↑ Finanzmarktinfrastruktur
OECD 29
VStG 21
VStV 33, **62**
StG 13 ff., 17 ff.
MWSTG 78

Börsenagent
StG **19**

Bruder
ESchG 21

Bruttobetrag
StHG 6
DBG 14
VO DBG K Anh.
OECD 10 f.
VStV 3 f., 25, 53 f.

Bruttoeinkünfte
StHG 32, 33a, 36
DBG 84, 92 ff.
VO DBG K 9, 14, 16 f., 20
StG ZH 88, 93, 95 ff.

Bücher, Geschäftsbücher
vgl. a. ↑ Buchhaltung
StHG 16, 31, 42
DBG 18, 28, 41, 62, 79, 125 f., 157, 186
VO DBG A 3, **4**, **6** f.
VStG 39 f., 48, 50, 62
VStV 2, 19, 31, 64
StG 1, 24, 35, 37, 46
StV 21
MWSTG 70, 73, 98
MWSTV 21, [76], 128, 134, 140
N **4** 957 ff.
StG ZH 18, 50, 83, 85, 132, 134 f., 166, 261

Bücher, Literatur
MWSTG 25
MWSTV **51** f.

Buchforderungen
VStG 4
StG 4

Buchführung
vgl. ↑ Buchhaltung

Buchführung, vereinfachte
StHG 42
DBG 28, 62, 125
StG ZH 134

Buchgewinn, auf Beteiligung
DBG 61
StG ZH 67, 72a

Buchhaltung
vgl. a. ↑ Geschäftsbücher
StHG 16, 31, 42
DBG 18, 28, 41, 62, 79, 125 f., 157, 186
VO DBG A 3, **4**, **6** f.
VStG **2**, 9, 21, 23, 32, 34, 45, 64
StV **2**, 9, 12, 17
MWSTG **70**, 72, 78
MWSTV 21, [76], 128, 134, 140
N **4** 957 ff.
StG ZH 18, 50, 83, 85, 132, 134 f., 166, 261
VVO MI 16

Buchprüfung
DBG 183
VStG **40**, 50, 62
VStV **2**, **7**, 24, 34, 63
StG 37, 46
StV **2**, **4**, 19
MWSTG 78
MWSTV 140

Buchverlust, auf der Beteiligung
DBG 61
StG ZH 67, 72a

Buchwert
vgl. a. ↑ Wert
StHG 14

Bundesbedienstete, im Ausland
DBG 3
VStV **52**

Bundesgericht
StHG 61
DBG 102, 112a, 147, 188, 197
VStG 3, 36, 58
StG 3, 32
MWSTG 75
MWSTV 141
N **2** 20, 25; **3**
StG ZH 263

Bundesgericht, Beschwerde vor
StHG 57bis, **73**
DBG **146**, 182
VStG 3, **56**, 58
VStV 1, 66
StV 1
N **1.3** 6; **3** 82
StG ZH **154**, **214**, **258**

Bundesrechtspflege
DBG 108
VStG 36
StG 3
StV 17
N **1.3** 6

Bundesstrafgericht
N 2 81

Bundesverwaltungsgericht
N 3 1, 86

Bundesverwaltungsgericht, Beschwerde vor
MWSTG 68, 83, 86, 92 f.
N **6.1** 23

Bürgerrecht
StHG 6, 32
DBG 3, 14, 83
VO DBG K 12 f.
OECD 3, 24 f.
StG ZH 87

Bürgschaft
DBG 169
VStV 10
StG 6
StV 6
MWSTG 21, 93
N **6.2** 23
StG ZH 46, 181

Bussen
vgl. a. ↑ finanzielle Sanktionen
StHG 10, 25, 55 f., 57a f., 59, 78c
DBG 27, 59, 166 f., 174 ff., 183, **185** ff., 192, 196 f.
VO DBG J 3
OECD 27
VStG 61 ff., 67
VStV 8
StG 45 ff.
StV 5
MWSTG 89, 96 ff., 100, 106
MWSTV 22
N 2 7 f., 10, 91, 93
StG ZH 27, 65, 130, 210, 215, 234 ff., 248, 260 ff.
StV ZH 5, 22, **75**
ESchG **65**, 67, **68** f., 71, 73 f.

C

Contingent Convertible Bonds (CoCos)
vgl. ↑ Pflichtwandelanleihe

cost plus
vgl. ↑ Kostenaufschlag

Coupon, gesonderter
VStG 5, **71**
VStV 15, 18, 28, 32, 62
StV 22

Covid-19
MWSTV 35
VVO B23

Covid-19 Erwerbsausfall
VVO B23

D

Darlehen, an Konzerngesellschaften
StHG 29
VO StHG C 1
DBG 33
MWSTG 18
StG ZH 81a

Darlehen, Forderung
vgl. a. ↑ Zinsertrag
StHG 13
DBG 125
OECD 22
VStG 4
StG 4, 13, 18
StV 21
MWSTG 18
N **6.1** 7, 11
StG ZH 38, 134, 136
ESchG 13

Darlehen, Schuld
vgl. a. ↑ Schuldzinsen
StHG 10, 13
DBG 13, 27, 125
VO DBG L 3 f.
OECD 22, 24
StG 4
N 4 725, 960e
StG ZH 27, 38, **46**, 134, 136
ESchG 19

Daten
vgl. a. ↑ Aufbewahrung
StHG 38b, **39a**
DBG 104a, **112a**
VStG 34a, 35a, **36a**
VStV 2, 67
StG **32a**, 41a
StV 21
MWSTG 65a, **76** ff.
MWSTV 10, 111, 131 ff., **134** ff., 147
N **1.4** 4, 18, 21; **1.5** 4a, 22g; **1.5.1** 11; **1.6** 2; **1.7** 11, 24, 28a; 2 18a ff.
StG ZH **109a** ff.
StV ZH 29

Datenformate, einheitliche
StHG 71
StG ZH 109c

Datenschutz
StHG 39a
DBG 112a
VStG 36a
MWSTG 76 ff., 135
MWSTV 131 ff.
N **1.5** 5a; **1.6** 5; **1.7** 6, 19, 38; 2 18a ff.
StG ZH 122, 171a

Datenträger, ohne Marktwert
MWSTG 45, 52
MWSTV 111

Dauer, Mindestdauer
StHG 3, 6 ff., 8, 11, 24
DBG 3 f., 14, 18b f., 20 f., 37b, 51, 61, 70, 205a
VO DBG M 6, 11
StG 9
StV 26b
MWSTG 11 f., 37, 39
MWSTV 5, 45, 78, 98
N **5.3** 2 f., 7; 7 3
StG ZH 3, 19 ff., 37b, 67, 225
ESchG 21

dauernde Lasten
vgl. a. ↑ Nutzungsrechte
StHG 9
DBG 33
VO DBG E 1
StG ZH 31

dealing at arm's length
vgl. ↑ Geschäftsverkehr, wie unter Dritten

Deklaration
vgl. ↑ Abrechnung / Steuererklärung

Denkmalpflege
StHG 9
DBG 32
StG ZH 30

Depotbank
VStG 10, 15
VStV **30** f.
MWSTG 21
MWSTV 66

derivative Finanzinstrumente
StG 19
MWSTG 21
VVO A60

Devisen / Devisenkurs
vgl. ↑ ausländische Währung

Dienstaltersgeschenk
DBG 17
StG ZH 17
ESchG 5

Dienstbarkeit
StHG 12
StG ZH 216
StV ZH 67

Dienstleistung, Begriff
vgl. a. ↑ Leistung
MWSTG 3, 9
MWSTV 9a, 10

Dienstleistung, Ort der
MWSTG **8**, 10, 23, 45
MWSTV 90, 126 f.
VVO MI 06

Dienstleistungen, Bezug aus dem Ausland
vgl. a. ↑ Bezugsteuer
MWSTG 1, 10, 23, **45**, 52
MWSTV 91, **111**, 126 f., 144, 149

Dienstleistungsgesellschaften
VVO A49
Dienststelle
MWSTG 12, 21
MWSTV 12, 38, 66
Dienstverhältnis
VStG 45
ESchG 5
dingliche Rechte
StHG 4, 21
DBG 4, 51
StG ZH 4, 56
ESchG 6
Diplomatie
StHG 23
DBG 15, 56, 133
OECD 28 f., 32
VStG **28**
MWSTG 107
MWSTV **143** ff.
N 3 48
StG ZH **14**, 61
VVO MI 17
Diskont
StHG 7d
DBG 17b
VO DBG N 11
StG ZH 17b
Diskriminierungsverbot
vgl. ↑ Gleichbehandlung
Dividenden
vgl. a. ↑ Beteiligungsertrag
StHG 7, 28
DBG 18b, 20 f., 69 f., 207a
OECD **10**
VStG 1, **4**, 13, 20, 21
VStV 9, **20** f., **26a**
N **1.2** 5; **1.3**; **1.8** 9
StG ZH 20, 35, 72 f., 275
Dividenden, Naturaldividenden
StHG 7
DBG 16, 20
OECD 10
VStG 4, 20
VStV 24
StG ZH 16, 20
Dividenden, Substanzdividende
StG ZH 275
ESchG 25b
Dolmetscher
StG ZH 246
Domizilerklärung
VStG 11, 62
VStV **34** ff.
Doppelbelastung, wirtschaftliche
vgl. ↑ Teilbesteuerung

Doppelbesteuerung, interkantonale
StHG 4b, 22, 38a
VO StHG A **2** ff.
StG ZH **5**, 7, 10, **57**, 59
Doppelbesteuerung, internationale
DBG 6 f., 52
OECD 4 f., 6 ff., 22, 23, 25
N **1.1** 1 ff.; **1.2** 1 ff.; **1.8** 9
StG ZH **5** f., 57
Doppelbesteuerung, Vermeidung
vgl. a. ↑ Zugehörigkeit
StHG 4b, 22, 38a
VO StHG A **2** ff.
DBG **6** f., 52
OECD 4 f., 6 ff., 22, **23** f., 25
N **1.1** 1 ff.; **1.2** 1 ff.; **1.4** 21; **1.8** 9
StG ZH **5**, 6 f., 10, **57**, 59
Doppelbesteuerung, sonstige
StHG 6
DBG 14, 105, 197
VStV 21
MWSTG 9
N **1.1** 1 ff.; **1.3** 1 ff.
StG ZH 13
Dreieckstheorie, Leistungsempfänger VSt
VVO C22
Dreiparteienverhältnis
MWSTG 20
Drittbetreuung
StHG 9
DBG 33
StG ZH 31
Druckerzeugnisse
MWSTG 25
MWSTV 50, 51
VVO MBI 03
dualistisches System
vgl. ↑ Grundstückgewinnsteuer im Privatvermögen
Durchlaufgesellschaft
vgl. ↑ ausländisch beherrschte Gesellschaft
Durchsuchung
N **1.5** 13; **2** 45, 48, 50

E

E-Books / E-Papers
MWSTG 25
MWSTV 50a, 51a
Effektenhändler
VStV 36
StG 13 f., 17, 18, 46
StV 2, 18 f., **20** f., **23**, 25 f., 32
Effektenhändler, gewerbsmässiger
StG 14, 17
StV 25a

Effektenhändler, Nummer
StV 21
Effektenhändler, Registrierung
StV **20**
Effektenhändler, Umsatzregister
StV 2, **21**
Effektenhändler, Verzeichnis
StV 23, 25
effektive Abrechnungsmethode
MWSTG **36**
MWSTV 79, 81, 98, 106, **126**, 166
Ehe, ungetrennte
StHG 3, 6, 11, 18, 40
DBG 9, 13 f., 33, 42, 113
StG ZH 7, 35, 47, 52, 123
VVO A75
Ehe, Scheidung
StHG 7, 9, 12, 18
DBG 23, 33, 36, 42
VO DBG K 13
N **5.3** 4
StG ZH 23, 31, 34 f., 42, 47, **52**, 180, 216, 219
StV ZH **36**
Ehe, Trennung
StHG 7, 9, 12, 18
DBG 23, 33, 36, 42
VO DBG K 13
N **5.3** 4
StG ZH 23, 31, 34 f., 42, 47, **52**, 180, 216, 219
StV ZH **36**
Ehegatten, Abzug bei Mitarbeit
StHG 9, 33, 36a
DBG 33, 85
VO DBG C 2
N **5.3** 7
StG ZH 31, 34, 90
VVO A75
Ehegatten, Quellensteuer
StHG 32 ff., 35a, 36a
DBG 83, 85, 89 f., 99a
VO DBG K 1 f., 9 f., 13 f.
StG ZH 87, 90, 93 f., 101a
Ehegatten, Steuerhinterziehung
StHG 57
DBG **180**
StG ZH **240**
Ehegatten, Steuerpflicht
StHG 3, 6
DBG 3, **9**, 12 ff.
VStV 57
StG ZH 7, 11 f., 199, **202**
ESchG 11
Ehegatten, Steuertarif
StHG 11, 18, 33
DBG 36, 42, 85
VO DBG K 1, 11, Anh.
StG ZH 35, 47, 90
VVO A75

Ehegatten, überlebender
StHG 11, 18
DBG 12, 37b, 42
StG ZH 11, 37b, 52
StV ZH 37, 49

Ehegatten, Unterhaltsbeiträge
StHG 3, 7, 9
DBG 9, 23, 33
StG ZH 7, 23 f., 31, 42, 216
VVO A75

Ehegatten, Unterzeichnung beider
StHG 57
DBG 113, 180
StG ZH 123, 240
StV ZH 2

Ehegatten, Veranlagung
StHG 18
DBG 42
VStV 57
StG ZH 52
ESchG 11

Ehegatten, Verfahren
StHG 18, 32, 33a f., **40**, 54, 57
DBG 13, 42, 83, 85, 89a, 109, **113** f., 117, 155, 180
VO DBG K 1, 9 f.
VStV 57
StG ZH 12, 52, 87, 90, 93a, **123** f., 164, **179** f., 216, 240
StV ZH 35 ff., 49

Ehepaarbesteuerung
VVO A75

eigene Beteiligungsrechte / Aktien
StHG 7
DBG 20
VStG **4a**, 12
VStV **24a**
N 4 659 f., 783, 959a, 959c
StG ZH 20
VVO A42, B114

Eigenfinanzierung, Abzug auf
StHG **25a**^{bis} f.
VO StHG C 1 ff.
StG ZH **65b**, 65c
VVO C103

Eigenkapital
StHG 8, 17, 23, 25a^{bis}, **29**, 31
VO StHG C 1 ff.
DBG 19 f., 58, 61b, 125, 131, 151
OECD 22
VStV 14a, 29
StV 9
N **4** 959
StG ZH 19, 51, 57, 61, 64, 65b, 78, **79**, 80 ff., **85**, 122, 160, 282b
StV ZH 44

Eigenkapitalunterlegungssätze
StHG 25a^{bis}
VO StHG C 1 f., 4
StG ZH 65b

Eigenkapitel, verdecktes
StHG 24, **29a**
DBG **65**, 125
StG ZH 64, **80**, 282b
VVO A38

Eigenmietwert
vgl. a. ↑ Wert
StHG 6 f.
DBG 14, 21
VO DBG F 5
OECD 6
StG ZH 21

Eigenmietwertzuschlag DBST
VVO B82

Eigennutzung, der Liegenschaft
vgl. a. ↑ Eigenmietwert
StHG 7
DBG 21
OECD 6
StG ZH 21

Eigentum
StHG 8, 12, 21, 23, 44
DBG 4, 18, 18b, 21, 51, 56, 128, 172, 207
VO DBG G 1
VStG
StG 13
MWSTG 21
MWSTV 2
N **5.1** 83a
StG ZH 4, 18, 21, 41 f., 56, 137, 216
ESchG 6, 17, 56 f.

Eigentumsbeschränkung
StHG 12
StG ZH 216
StV ZH 67

Eigentumsförderung
N **5.1** 79a, 83a
StG ZH 21

Eigentumswechsel, unter Ehegatten
StHG 12
StG ZH 42, 216

Eigenverbrauch
MWSTG 31 f., 70
MWSTV 69 ff., **92**, 126, 128

einfache Gesellschaft
StHG 20, 45
DBG 10, 13, 18, 129
OECD 3
VStV 24 f.
VStV 55
MWSTG 15
MWSTV 12
N **2** 6
StG ZH **8**, 12

einfache Staatssteuer
StG ZH 2, 37, 188, 191

Einfuhr
MWSTG 1, 23, 28 f., 32, 45, **50** ff., 96, 107, 112
MWSTV 3, 33, 111, **111b** ff., 148; A 1 f.

Einfuhr, Gegenstände in kleinen Mengen
MWSTG 7, 53
MWSTV 4a, 77, 166b; A 1 ff.

Einfuhr, steuerbefreite
MWSTG 7, **53**
MWSTV 4a, 63, 77, 90, **113**, 166b; A 1 f.

Einfuhrdokument
MWSTG 64
MWSTV 3

Einfuhrsteuer
MWSTG 1, **50** ff.
MWSTV **111b** ff.

Einfuhrsteuer, Steuerpflicht
MWSTG 51

Einfuhrsteuer, Veranlagung
MWSTG **62**
MWSTV 33, 112

Einfuhrzollabgabe
MWSTG 60

Eingabe
vgl. ↑ Rechtsmittel

eingetragene Partnerschaft
vgl. a. ↑ Ehe
StHG 3
DBG **9**, 12
N 2 29, 85; **5.1** 79b; **5.3** 2 f., 7
StG ZH 7, 11
ESchG **11**, 21, 23
VVO A75

einheitliche Leitung
StHG 24
DBG 61
MWSTG 13
MWSTV **15**, 77
StG ZH 67

Einigung
OECD 3 f., 25

Einkauf, in Säule 3a
N **5.3** 7a ff.

Einkauf, von Beitragsjahren
StHG 7, 9, 11
DBG 24, 33, 37b, **205**
VO DBG M **4**
VStV 45
N **5.1** 79b; **5.2** 60a f.; **5.3** 3a, 7a ff.
StG ZH 24, 31, 37b, 272
VVO A63

Einkauf, von Gütern
OECD 5, 7

Einkommen
vgl. ↑ Einkünfte

Einkommensteuer
StHG 2, 7 ff.
DBG 1, 9 ff., **16 ff.**
VO DBG A 1 ff.; K 1 ff.
VStG 22
VStV 51
N **1.2** 3
StG ZH 1, 7 ff., **16 ff.**
ESchG 25a

Einkommensteuerwert
vgl. a. ↑ Wert
StHG 8, 14
DBG 18a, 19
StG ZH 18 ff., 39

Einkünfte VSt, in Buchhaltung
VVO C27, C26

Einkünfte, aus beweglichem Vermögen
vgl. ↑ Ertrag

Einkünfte, aus Nutzniessung
StHG 7, 35
DBG 20, 21, 94
VO DBG K 17
OECD 6, 21
VStG 21
VStV 36, 62
StG ZH 20, 21 f., 97

Einkünfte, aus unbeweglichem Vermögen
vgl. ↑ Ertrag

Einkünfte, aus Vorsorge
vgl. a. ↑ Vorsorge
StHG 4, 4b, 7, 11, 35, 45
DBG 5, 17, 20, **22**, 24, 37b, **38**, 95 f., 105, 129, 161, **204**
VO DBG K 18; M 6
OECD 3, 18 f.
N 4 663b^bis, 959c; **5.1**; **5.3**
StG ZH 4, 17, 20, **22**, 24, 37, 98 f., 136, **270**
VVO A63

Einkünfte, ausländische
StHG 6
DBG 14
VStV 34

Einkünfte, ausserordentliche
StHG 77
VO DBG A 3
VStV 69
StG ZH **275**, 278

Einkünfte, Ehegatten
StHG 3
DBG 9
StG ZH 7

Einkünfte, einmalige
StHG 7, 11, 15
DBG 16, 23, 37, 40
VO DBG A 2 f.; K 3
StG ZH 16, 23, 36 f., 49

Einkünfte, Ersatzeinkünfte
StHG 7, 32
DBG 23, 84
VO DBG K **3**
StG ZH 23, 88
VVO C75

Einkünfte, Kinder
StHG 3
DBG 3, **9**, 13, 105
StG ZH 7, 12

Einkünfte, Nebeneinkünfte
StHG 7, 32 f., 35
DBG 17, 84 f., 92 f.
VO DBG K 16
OECD 15 f.
StG ZH 17, 88, 90, 95 f.

Einkünfte, nicht regelmässige
StHG 15
DBG 40
VO DBG A 2
StG ZH 49

Einkünfte, Quellensteuer
StHG 32, 35 f., 36
DBG 83 ff., 89 f., 91 ff., 99a
VO DBG K 1, 3, 9, 13 f., 16 ff., Anh.
N **1.1** 24 ff.; **1.2** 1 ff.; **1.3** 1 ff.; **1.8** 9
StG ZH 87 ff., 93 f., 94 ff., 101a
VVO C74-69

Einkünfte, Selbständigerwerbender
vgl. a. ↑ Erwerbstätigkeit
StHG 7, **8**, 16, 35
DBG 18 ff., 37b, 41, 92, 125
VO DBG K 16; M 1
OECD 7
StG ZH 18 ff., 37b, 95, 134

Einkünfte, steuerfreie
StHG 7, 78a
DBG 16, 20, **24**, 205a
VStG 3, 5, 8
StG 3
StG ZH 16, 20, **24**, 282a

Einkünfte, übrige / andere
StHG 6, **7**, 11, 35
DBG 14, 16, **23**, 37 ff., 91
VO DBG A 2; E 4
OECD 21, 23A f.
StG ZH 16, **23**, 36, 37a f., 94

Einkünfte, Unselbständigerwerbender
vgl. a. ↑ Erwerbstätigkeit
StHG 7, 7d ff., 9, 11, 32 ff., 35
VO StHG A 4
DBG **17**, 17b ff., 37a, 83 ff., 91, 125
VO DBG A 2; K 9; N 1 ff.
OECD 15
StG ZH **17**, 17b ff., 37a, 87 ff., 93, 94, 134
ESchG 5

Einkünfte, wiederkehrende
StHG 7, 11, 15
DBG 16, 23, 37, 40
VO DBG A 2; K 1, 3
StG ZH 16, 23, 36, 49, 275

Einlage, Eigenkapital
StHG 7b, 24
DBG 20, 58, 60, 67
VStG 5
StG 5, 8, 14
StV 9 f.
StG ZH 20, 64, 66, 70

Einlage, Rückzahlung
StHG 7b
DBG 20, 125
VStG 5
VStV 14, 20, 28
StG 6, 9, 14
StG ZH 20, 79

Einlage, Sachen
StG 8, 14
StV 9 f.

Einlage, Stiftung
StHG 26
DBG 66
VStG 5
StG 5
StG ZH 69

Einlage, Vorsorgeeinrichtung
vgl. ↑ Vorsorge, Abzüge

Einlageentsteuerung
MWSTG 31, **32**, 70, 113
MWSTV **72** ff., 78, 81, 126, **165**

Einmalprämie, Versicherung
StHG 7, **78a**
DBG 20, **205a**
VStG 7 f.
StG 21, 24
StG ZH 20, **282a**
VVO A36

Einmalverzinsung, Obligation
DBG 20
StG ZH 20, 275

Einnahmen / Ausgaben, Aufstellung
StHG 42
DBG 125
MWSTV 128
StG ZH 134

Einsatzkosten, Lotterie
StHG 9
DBG 33
StG ZH 31

Einschätzungsentscheid
vgl. a. ↑ Verfügung
StHG 41, **46**, 49
DBG 116, 130, **131**, 137
VStG **41**, **52**
StG 38
StG ZH 126, **139**, 144, 192, 204, **210**
StV ZH 8 ff., 43, **44**
ESchG 38 f.

Stichworte | Schweizer Steuergesetze 2025

Einschätzungsentscheid, Einsprache
vgl. a. ↑ Veranlagungsverfügung
StHG 48
DBG 132 ff., 139
VStG 42, 44, **53**
StG 39, 41
N **1.2** 18
StG ZH 140 ff., 146, 195, 204, **211**
StV ZH 45
ESchG 41 f.

Einschätzungsgemeinde
StG ZH 102, 104, 108 f., 169, 193 f., 198, 209, 243
StV ZH 29

Einschätzungsverfahren
vgl. a. ↑ Veranlagung
StHG 46 ff.
DBG 102 ff., 105 ff., **122** ff., **130** ff., 136 ff.
VStG 34 f., **38** ff., 48 ff.
VStV 1, **6**, 63, 66 f., 68 f.
StG 31, **34** ff., **38** ff.
StV 1
StG ZH 106 ff., **132** ff., **138** f., **140** ff., 143 ff., 192 ff., **209** ff.
StV ZH 29 ff., 32 ff., **44** f., 64
ESchG 26 f., **35** f., **38** ff., 41 f.

Einschätzungsvorschlag
StV ZH 44

Einsprache, als Rekurs weiterleiten
DBG 132
MWSTG 83
N **2** 71

Einsprache, gegen Strafbescheid
StG ZH 251a

Einsprache, gegen Veranlagungsverfügung
StHG 48
DBG 132 ff., 139
OECD 4.**4** 5, 24 f.
VStG 42, 44, **53**
StG 39, 41
MWSTG 83
N **1.2** 18
StG ZH **140** ff., 146, 195, 204, **211**
StV ZH 45
ESchG 41 f.

Einsprache, Rückzug
DBG 134
VStG 42
StG 39
StG ZH 141
ESchG 41

Einspracheentscheid
StHG 48, 50
DBG 103, **135**, 140 f.
VStG 42, 54
StG 39
StV 17
MWSTG 83
N **1.2** 18

StG ZH **142**, 147, 162, 178, 196, 211, 251a ff.
StV ZH 73
ESchG 41, 43

Einspracheentscheid, Beschwerde gegen
StHG 50
DBG 139, **140** ff.
OECD 4.**4** 5, 24 f.
VStG 54 f.
MWSTG 81, 86
N **1.2** 18; **6.1** 23
StG ZH 147 ff., 212
ESchG 43

Einspracheentscheid, Rekurs gegen
vgl. a. ↑ Beschwerde
StG ZH 147 ff., 178, 212
ESchG 43, 54, 61

Einstellungsverfahren
DBG 183
VO DBG C 4
MWSTG 103
N **2** 62, 70, 84, 87, 100
StG ZH 251a, 259

Einvernahme
VO DBG D 1
VStV **6**, 63
StV **3**
N **2** 20, 38 ff., 55
StG ZH 249
StV ZH **6**

Einvernehmen, gegenseitiges
StHG 9
DBG 32, 85
VO DBG F 7
OECD 4, 10 f., 25, 27
MWSTG 4, 62, 103
MWSTV 117, 146
StG ZH 15, 30, 62

Einwohnerkontrolle
StG ZH 109a

Einzelunternehmen
StHG 8
DBG 19
OECD 3, 7
VStV 20, 56
StG 9
StG ZH 19

Einziehung
N **2** 66 ff.

elektronische Bestätigung der Angaben
vgl. ↑ elektronische Verfahren

elektronische Bücher
MWSTG 25
MWSTV 50a, **51a**

elektronische Plattform
MWSTG 3, 15, **20a**, 23, 73
MWSTV **43a**, **48e**, 111b

elektronische Steuererklärung
StHG 38b, 71
DBG **104a**
StG ZH 109c f., 133

elektronische Verfahren
StHG 38b, 71
DBG **104a**
VStG **34a**, **35a**
StG **41a**
MWSTG **65a**
MWSTV 123
N **1.5** 4a; **1.7** 28a
StG ZH 109c, 133

elektronische Zeitungen
MWSTG 25
MWSTV **50a**, 51a

elterliche Sorge
StHG 3, 7, 9, 54
DBG **9**, 13, 23, 33, 35, 105, 155
VStV 57
N **2** 23
StG ZH 7, 12, 23, 31, 34 f., 47, 52, 164
VVO A75

elterliche Sorge, getrennt besteuerte Eltern
DBG 35
StG ZH 31, 34 f., 47

Emission, von Anteilen
vgl. a. ↑ Emissionsabgabe
VStV 31
StG 5 ff., 14
StV 9 ff.
VVO A69, A57

Emissionsabgabe
StG 5 ff., 27 ff., 31 ff., 45 ff.
StV 9 ff.

Emissionsgeschäft
vgl. a. ↑ Umsatzabgabe
StG 18 f.

Emissionsprospekt
VStV 17
StV 9, 11

Emissionsrechte, Bezugsteuerpflicht
MWSTG 1, 45
MWSTV **111a**

Ende, der Steuerpflicht
StHG 4b, 15, 17 f., 20, 22, 24d, 33a, 38
VO StHG B 1
DBG **8**, **35**, **54** f., 61b, 89, 105 ff., 181a
VO DBG A 2 ff.; K 9 ff., 13
VStG 29
VStV 33
StV 7, **25**
MWSTG 14 f., 66, 71
MWSTV 82
StG ZH **10**, 52, **59**, 64d, 93, 104, 108, 241a
StV ZH 29, 33, 37, 49

Energiesparen
StHG 9
DBG 32
VO DBG F 1 ff.; H 1 ff.
StG ZH 30

Enteignung
StHG 12
StG ZH 42, 216, 219
StV ZH 67

Entgelt
StHG 11, 12, 25
DBG 37b, 59
OECD 24
StG 5 f., 13, 16
StV 9, 21, **22**
MWSTG 1, **3**, 18, 24, 54
MWSTV 45
StG ZH 65, 216

Entgelt, nachträgliche Anpassung
MWSTG 41 ff., 54, 56 ff.
MWSTV **116**

Entgelt, vereinbartes
vgl. a. ↑ Abrechnungsart
MWSTG 10, 12, 39 ff., 48
MWSTV 79, 81, 106 f., 126 f.

Entgelt, vereinnahmtes
vgl. a. ↑ Abrechnungsart
MWSTG 39 ff.
MWSTV 79, 81 f., 106 f.

Entgeltsminderung
vgl. ↑ Rabatte / Skonti

Entlastung von der Verrechnungssteuer
N **1.1** 24 ff.

Entlastungsbegrenzung
StHG **25b**, 78g
StG ZH **65c**, UeB 2

Entrichtung, der Steuer
StHG 11, 37, 56
DBG 37a, 88, **163** ff., 175
VStG 11, **12 ff.**, **19** f., 28, 32, 38, 47
VStV 21 ff., **32**, **41**, **47**, **49**
StG 10 f., 17, 25, 34, 43
StV 9 ff., 24, 28
MWSTG 38, **56**, 63, 77 ff., **86** f., 93 f.
MWSTV **117** f.
N 2 12, 63
StG ZH 37a, 92, **173** ff., 235
ESchG 56 ff.
VVO MI 15

Entschädigung
vgl. a. ↑ Kapitalabfindung
StHG 4, 7, 35
DBG 5, 17, 23, 92 f.
VO DBG G 1; K 3, 14
OECD 15 f., 21
VStV 45
MWSTG 18
StG ZH 4, 17, 23, 95 f.

Entschädigung, für Nichtausübung
StHG 7
DBG 23
OECD 15 f., 21
StG ZH 23

Entschädigung, Gerichtsverfahren
DBG 195
VO DBG D 4, 6
MWSTG 84
N **2** 99 f.
StG ZH 152

Entscheid, Änderung rechtskräftiger Entscheide
StHG **51** ff.
DBG **147** ff.
VStG **59** f.
StG **44**
MWSTG **85**
StG ZH **155** ff.
ESchG **45** ff.

Entscheid, Beschwerdeentscheid
StHG 50, 57bis
DBG 143, 145 f.
VStG **54** ff., 58
N 3 112
StG ZH 149, 153 f., 213 f.

Entscheid, Einschätzungsentscheid
vgl. a. ↑ Verfügung
StHG 41, **46**, 49
DBG 116, 130, **131**, 137
VStG **41**, **52**
StG 38
StG ZH 126, **139**, 144, 192, 204, **210**
StV ZH 8 ff., 43, **44**
ESchG **38** f.

Entscheid, Einspracheentscheid
StHG 48, 50
DBG 103, **135**, 140 f.
VStG 42, 54
StG 39
StV 17
MWSTG 83
N **1.2** 18
StG ZH **142**, 147, 162, 178, 196, 211, 252 f.
StV ZH 73
ESchG 41, 43

Entsendung, von Mitarbeitern
MWSTV 28

Entsorgungsgebühren
MWSTV 14, **27**

Entstehung, Steuerforderung
vgl. a. ↑ Fälligkeit
StHG 7
DBG 20
VO DBG J 3
OECD 27
VStG **12**, 16
StG **7**, **15**, **23**
MWSTG **40**, 43, **48**, 56

MWSTV 45, [76] ff., 115
StG ZH 20
ESchG 7

Entwicklungsaufträge
DBG 29, 63
StG ZH 27, 65

Entwicklungsträger
N **6.1** 5

Erbeinsetzung
ESchG 3

Erben / Erbberechtigte
StHG 8, 11, **53a**, 56
DBG 10, 12, 18a, 37b, 153, **153a**, 156 ff., 174, 178
VO DBG L 9; M **11** f.
VStG 51
VStV 58 f., 69
MWSTG 16
StG ZH 9, 11, 18a, 37b, **162a**, 165 ff., 238
StV ZH 37, 59
ESchG 4 f., 8, **9**, 19, 23

Erbengemeinschaft
DBG **10**
VStV 58 f.
StG ZH **9**

Erbenhaftung
DBG 12, **13**
VStV 69
MWSTG 16
StG ZH 11, **12**
ESchG **9**, 57, 73

Erbenvertreter
StHG 53a, 56
DBG 153a, 157, 178
VStV 59
StG ZH 162a, 166, 168, 238
ESchG 32, 68, 72

Erbfolge
StHG 12
StG ZH 9, 42, 216, 219
ESchG 18, 30

Erbgang / Erbschaft
StHG 7, 12, 17, 24, 53a, 56, 58, 78d
DBG 13, 23, 37b, 60, 153a, 156 f., 178, 204, 205b[bis]
VO DBG M **11**
VStV **58** f.
StG ZH 12, 24, 42, 66, 162a, 165 f., 216, 219, 238
ESchG 2, 4 f., 7, 19, 24, 30, 35, 73

Erblasser
StHG 11, 53a f.
DBG 12 f., 37b, 153a, 155, 157 ff.
VStV 58 f.
MWSTG 16
StG ZH 11 f., 162a, 164, 166 f., 169
ESchG 2 f., 11, 19 ff., 23 f., 35

Erbschaft / Erbgang
- StHG 7, 12, 17, 24, 53a, 56, 58, 78d
- DBG 13, 24, 37b, 60, 153a, 156 f., 178, 204, 205b[bis]
- VO DBG M 11
- VStV 58 f.
- StG ZH 12, 24, 42, 66, 162a, 165 f., 216, 219, 238
- ESchG 2, 4 f., 7, 19, 24, 30, 35, 73

Erbschaftsklage
- ESchG 19

Erbschaftssteuerinventar
- ESchG 35 f., 38

Erbschaftsverwalter
- StHG 53a
- DBG 13, 153a, 157
- StG ZH 12, 162a, 166

Erbteil
- DBG 12
- MWSTG 16
- StG ZH 11
- ESchG 9, 25a f.

Erbteilung
- StHG 8, 12
- DBG 18a
- StG ZH 18a, 42, 216, 219
- ESchG 18, 25a, 30

Erbvertrag
- ESchG 3

Erbvorbezug
- StHG 12
- DBG 12
- MWSTG 16
- StG ZH 11, 42, 216, 219
- ESchG 4, 18, 30, 73

Erfahrungszahlen
- StHG 46
- DBG 130
- StG ZH 139

erfolgsneutrale Vorgänge
vgl. a. ↑ Ausnahmen
- StHG 8, 24
- DBG 19, 30, **60**, 61, 64
- StG ZH 19, 28, **66**, 67 f.

Erfolgsrechnung
- StHG 24, 31, 42
- DBG 29 f., 58, 63 f., 79, 125, 186
- StV 9, 12
- N **4** 959b
- StG ZH 28, 64, 68, 83, 134, 261

ergänzende Kapitalsteuer
- StG ZH 81

ergänzende Vermögenssteuer
- StHG 14
- StG ZH **41 ff.**, 81
- StV ZH 53

Ergänzungsleistungen
- StHG 7
- DBG 24

Ergänzungssteuer, internationale
- BV 197 Ziff. 15
- OECD 4.4 1, 4 ff., **10** f., 12 ff., 40
- VVO C104

Ergänzungssteuer, schweizerische
- BV 197 Ziff. 15
- OECD 4.4 1, 4 ff., **8** f., 12 ff.
- VVO C104

Ergänzungssteuerbetrug
- OECD 4.4 33
- VVO C104

Ergänzungssteuerhinterziehung
- OECD 4.4 30
- VVO C104

Ergänzungssteuererklärung
- OECD 4.4 19 f., 27, 29
- VVO C104

Erlass, der Steuer
vgl. ↑ Steuererlass

Ermässigung
- StHG 7, 11, 28
- DBG 18b, 20, 36, **69** f., **207**
- OECD 24
- N **1.2** 5; **2** 11 f.
- StG ZH 35, 72 f.
- ESchG **25a** f., 34
- ESchV 4

Ermässigung, bei Steuerhinterziehung
- StHG 56, 57b
- DBG 175, 178, 181a
- StG ZH 235, 241a
- ESchG 68

Ermässigung, der Steuer
vgl. a. ↑ Entlastungsbegrenzung
- StHG 8 f., 10a, 14, 24b, 25a ff., 29
- VO StHG B 1 ff.
- DBG 70, 207
- N **1.2** 5; **1.4** 7; **1.5.1** 9; **2** 11
- StG ZH 18b, 19a, 20, 27 f., 64b, 65a ff., 72 f., **81a**
- ESchG 25a f., 34
- ESchV 4

Ermässigung, Grundstückgewinnsteuer
- StHG 12
- StG ZH 225

Ermessen, pflichtgemässes
- StHG 46, 48, 57a
- DBG 130, 132, 183
- MWSTG 54, **79**, 86, 92
- N **2** 27, 77
- StG ZH 139 f., 248, 153
- StV ZH 5, 18
- ESchG 39, 41

Ermessensmissbrauch
- N **2** 27, 77
- StG ZH 153

Eröffnung, der Veranlagung
- StHG 41, **46**, 51 f.
- DBG 116, **131** ff.
- VStG 41 f., 52 f.
- StG 38 f.
- MWSTG 82 f.
- N **3** 49, 112
- StG ZH 126, **139** f.
- ESchG 32, 38 f.

Errungenschaftsbeteiligung
- N **5.3** 4

Ersatzbeschaffung
- StHG 8, 12, 23 f.
- VO StHG A **5**
- DBG 30, **64**
- StG ZH 28, 42, **68**, 216, 219
- ESchG 18
- VVO E54

Ersatzbeschaffung, Beteiligungen
- StHG 8, 24
- DBG 30, **64**
- StG ZH 28, **68**

Ersatzeinkünfte
- StHG 7, 32
- DBG 23, 84
- VO DBG K **3**
- StG ZH 23, 88
- VVO C75

Ersatzgrundstück
- StHG 12
- VO StHG A **5**
- StG ZH 42, 216

Ersatzneubau
- StHG 9
- DBG 32
- VO DBG F **2** ff.
- StG ZH 30
- VVO C100

Erschleichen, einer falschen Beurkundung
- N **2** 15

Erschleichen, eines Beitrages
- N **2** 12 f.

Ertrag, aus Beteiligungsrechten
- StHG 7, 28
- DBG 18b, 20 f., 69 f., 207a
- OECD **10**
- VStG 1, **4**, 13, 20, 21
- VStV 9, **20** f., **26** a
- N **1.2** 5; **1.3**; **1.8** 9
- StG ZH 20, 35, 72 f., 275

Ertrag, aus beweglichem Vermögen
- StHG 6, **7** f., 9, 28
- DBG 14, **20** f., 33, 205a
- VO DBG E 1
- OECD 10 ff.
- VStG 1, 4, 13, **20**, **21** ff.
- VStV **14** ff., **20** ff., 24 ff., **28** ff., 34 ff., 51 ff., 58 ff., 63 ff., 66 ff.
- StG ZH 20 f., 31, 282b

Ertrag, aus kollektiver Kapitalanlage
vgl. ↑ kollektive Kapitalanlagen

Ertrag, aus unbeweglichem Vermögen
StHG 6, 7, 26
DBG 14, **21**, 66
OECD **6**, 21
VStG 5
VStV 28
StG ZH **21**, 69

Ertrag, Zinsertrag
StHG 7
DBG 20
OECD 11
VStG 1, **4**, 5, 9, 12, 20, 21, 28, 69
VStV 14 ff., 17 ff., 54 f.
StV 22
MWSTG 21
MWSTV 66
N **1.2.1** 1; **1.8** 9
StG ZH 20, 136

Ertragsgutschrift, ausländischer Banken
VVO A66

Ertragswert
vgl. a. ↑ Wert
StHG 14
StG ZH 40 f., 43, 81
ESchG 15, 25a

Erwerb, eigener Beteiligungsrechte
StHG 7
DBG 20
VStG **4a**, 12
VStV **24a**
N 4 659 f., 783, 959a, 959c
StG ZH 20
VVO A42, B114

Erwerbspreis
StHG 7d, 12
DBG 17b
VO DBG N 4
VStG 4a
StG ZH 17b, 18, 64, **220**, 224

Erwerbstätigkeit, Aufgabe / Aufnahme
StHG 11
DBG 23, 37b
VO DBG A 3 f.; M **1**
StG ZH 23, 37b
ESchG 25b

Erwerbstätigkeit, Aufwandbesteuerung
StHG 6
DBG 14
N **5.3** 7

Erwerbstätigkeit, beider Ehegatten
StHG 9, 33, 36a
DBG 33, 85
VO DBG C 2
N **5.3** 7

StG ZH 31, 34, 90
VVO A75

Erwerbstätigkeit, Nebenerwerbstätigkeit
StHG 7, 9, 33
DBG **16**, 17, 18, 85
VO DBG A 2; C 10
StG ZH **16**, 17, 18, 90

Erwerbstätigkeit, selbständige
StHG 7, **8** f., **10** f., 16 f., 35, 42
DBG 18 ff., **27** ff., 37b, 41, 92, 125 f.
VO DBG A 3 f.; K 16; M 1 f.
OECD 7
N **5.1** 1, 3, 79c
StG ZH 18 ff., **27** ff., 37b, 50 f., 95, 134 f.
ESchG 25a f.
VVO A71

Erwerbstätigkeit, Steuerpflicht
StHG 3 f., 15 ff.
DBG 3 ff., 40 f.
N **5.3** 7
StG ZH 3 f., 49 ff.

Erwerbstätigkeit, unselbständige
StHG 7, 7d f., 9, 11, 32 ff., 35
VO StHG A 4
DBG 17 ff., **26**, 37a, 83 ff., 91, 125
VO DBG A 2; C 1; I 1, 4; K 9; N 11 ff.
OECD **15**
StG ZH 17 ff., **26**, 37a, 87 ff., 93, 94, 134, 172
StV ZH 46
ESchG 5, 25b

Erwerbstätigkeit, vorwiegend selbständige
StHG 8
DBG 18
StG ZH 18
ESchG 25a

Expatriates
vgl. a. ↑ Berufskosten
VO DBG I **1** ff., 4a

Export / Ausfuhr
MWSTG **23**, 53 f., 59 ff., 63
MWSTV 118; B 1 f.

F

Fabrikationsstätte
vgl. a. ↑ Betriebsstätte
DBG **4**, 51
OECD 5

Fahrkosten, Abzug
StHG 9
DBG 26
VO DBG C 3, 5 f.
StG ZH 26

Fahrkosten, private Nutzung von Geschäftsfahrzeugen
VO DBG C **5a**

Fahrnis
StHG 6
DBG 14

Fahrzeugkaskoversicherung
StV **27**

Fälligkeit, der Steuer
vgl. a. ↑ Entstehung, der Steuerforderung
DBG **161** ff., 167a
VO DBG J **1**, 3 f.; K **2**
VStG **16**, 38
VStV 18 f., 21, 26, 32, 36, 41, 47
StG **11**, **20**, **26**, 29, 34
StV **26**
MWSTG 56, 71, 86
StG ZH **173** f., 175
StV ZH **49**, **53** f., **71**
ESchG **59**

Fälligkeit, Verzugszins
DBG 161, 164
VO DBG J 3
VStG **16**
StG 29
MWSTG 57, 87
StG ZH 174 f.
StV ZH **49**, 51, 53 f.
ESchG 59 f.

Familie
StHG 6, 12
DBG 14, 34
VO DBG C 1; I 2; L 3
StG ZH 33, 42, 183, 216
StV ZH 9, 15
ESchG 11, 21

Familienbesteuerung
StHG **3**
DBG 9
StG ZH **7**
VVO A75

Familienlasten
StHG 33
DBG 85
OECD 24
StG ZH 90

familienrechtliche Verpflichtung
StHG 7, 9
DBG 24, 33
StG ZH 24, 31

Faustpfand
StHG **4**, 21, 35
DBG 5, 51, 94
VO DBG K 17
StG ZH **4**, 56, 97

Festsetzung, der Steuer
- StHG 15, 31, 47 f., 53, 57, 57b, 77
- DBG 40, 79, 85, 131, 135, 152, 175, 181a, 207a
- VO DBG E 3
- OECD 23A f.
- VStV 2
- StG 27
- MWSTG 42 f., 48, 56, 71, 79, 86, 102
- StG ZH 44, 49, 83, 90, 139, 142, 161, 195, 241a, 269, 281
- ESchG 27, 53 f., 71, 74
- ESchV 3

Festsetzungsverjährung
- MWSTG 42 f., 48

Feststellungsverfügung
- DBG 108
- OECD 4, 25
- StG ZH 108 f., 192

Feuerwehrsold
- StHG 7, 72n
- DBG 24
- StG ZH 24

Finanzgesellschaft
- OECD 26, 29
- StG 13
- StV 25a
- VVO MBI 14

Finanzhilfe
- N 6.1 11

finanzielle Sanktionen
- StHG 10, 25
- DBG 27, 59
- StG ZH 27, 65

Finanzierung
- StHG 7a
- DBG 20a
- N 6.1 21
- StG ZH 20a

Finanzierungsaufwand
- vgl. a. ↑ Schuldzinsen
- StHG 28
- DBG 18b, 70
- StG ZH 72

Finanzinstitution
- OECD 26, 29
- VVO MBI 14

Finanzmarktinfrastruktur
- VStG 5
- VStV 33
- StG 13, 19
- StV 23, 25a
- MWSTG 78

fishing expeditions
- vgl. ↑ Beweisausforschung

Fonds
- vgl. ↑ kollektive Kapitalanlage

Fondsleitung
- VStG 10
- VStV 30 f., 36
- MWSTG 21

Forderung
- vgl. a. ↑ Darlehen
- StHG 13
- DBG 125
- OECD 22
- VStG 4
- StG 4, 13, 18
- StV 21
- MWSTG 18
- N 6.1 7, 11
- StG ZH 38, 134, 136
- ESchG 13

Forderungsverzicht
- vgl. a. ↑ Sanierung
- VStG 5
- MWSTG 18

Formmängel
- N 3 49 f., 84, 97
- StG ZH 126

Formulare
- StHG 33a, 71
- DBG 89, 102, 124
- VO DBG G 1; K 5
- VStG 48
- VStV 1, 18 ff., 21, 26a, 32, 41, 47, 49 f., 52, 63 ff.
- StG 1
- StV 9 ff., 17, 23 ff., 28 ff.
- StG ZH 93, 133
- StV ZH 33 ff., 38, 48, 61, 70

Forschung und Entwicklung
- StHG 10a, 24b, 25a, 25b
- VO StHG B 5, 7 ff.
- DBG 29, 63
- MWSTG 21
- MWSTV 29 f., 38a, 111
- StG ZH 27, 64b, 65 f.
- VVO MBI 25

Forschungs- und Entwicklungsaufwand, zusätzlicher Abzug
- StHG 10a, 24b, 25a, 25b
- StG ZH 27, 64b, 65a
- VVO E31

Frachturkunden
- StG 3

Franchise
- vgl. ↑ Lizenzgebühren

freier Beruf
- vgl. ↑ selbständige Erwerbstätigkeit

Freigrenze, für Zinsbeträge
- VStV 16
- VVO B16

Freiheitsstrafe / Gefängnisstrafe
- StHG 59
- DBG 186 ff.

N
2 11, 14, 17, 21, 57 f., 73, 90, 103; 3 103; 7 305bis f.
- StG ZH 261 f.
- ESchG 74

Freilassung, gegen Sicherheitsleistung
- N 2 60

Freistellung
- vgl. ↑ Befreiungsmethode

freiwillige Leistungen
- StHG 9, 25
- DBG 33a, 59
- VStG 5
- MWSTG 3, 18
- StG ZH 32, 65

freiwillige Versteuerung
- MWSTG 107
- MWSTV 39, 150

Freizügigkeit BVG
- VVO A86

Freizügigkeitspolice
- StHG 7
- DBG 22, 24
- StG ZH 22, 24

Freizügigkeitsstiftung
- StHG 23
- DBG 56
- VStV 38a
- StG 13
- N 5.1 5; 5.3 3
- StG ZH 61

fremde Rechnung
- StV 25a
- MWSTG 23

fremde Währung
- VStV 4
- StG 14, 28
- StV 21 f.
- MWSTG 21, 54
- MWSTV 45, 58, 116
- StG ZH 84 f.

Fremdkapital
- StHG 29a
- DBG 65, 125
- StG ZH 80, 134

Fristen, Aufbewahrung
- StHG 42
- DBG 112a, 126
- VStG 36a, 62
- VStV 67
- StG 32a, 46
- StV 21
- MWSTG 70, 76d
- MWSTV 137
- N 4 958 f.
- StG ZH 135

Fristen, Berechnung
- N 3 44 ff.
- StV ZH 12 f.

Fristen, Ersatzbeschaffung
StHG 8, 12
DBG 30, 64
StG ZH 28, 42, 68, 216
ESchG 18

Fristen, Erstreckung
DBG 119, 166
MWSTG 90
N 3 47
StG ZH 129, 226
StV ZH 39, 62

Fristen, Rechtsmittel
StHG 48, 50 ff.
DBG 132, **133**, 140 f., **148**, 150, 169
OECD 25
VStG 32, 42, 53 ff., 58, 60
VStV **35**, 42
StG 39
MWSTG 64, 83, 90, 96, 114 f.
MWSTV 166
N **1.2** 14; 2 31; 3 44, 100
StG ZH 111, **140**, **147**, 149 ff., 153, 156, 159, 185 f.
StV ZH 13
ESchG 17 f., 32, 41, **46**, 50, 64, 78
ESchV 9

Fristen, Sperrfrist
StHG 7d, 14a, 24
DBG 17b, 19, 61
VO DBG N 3 f., 11 f.
StG 9
StG ZH 17b, 19, 39a, 67
ESchG 25b

Fristen, Steuererklärung / Abrechnung
DBG 124
VStG 31
VStV 18 f., 21 f., 26 f., 32, 41, 49, 65
StG 34
StV 9 ff., 19, 24, 28
MWSTG 56, 71 f., 98
MWSTV 78 f., 81, 98, 166
StG ZH 133, 226
StV ZH 39, 41, 62
ESchG 34

Fristen, Stillstand
StHG 47
DBG 120 f., 185
VStG 4a, 17
StG 30
MWSTG 42, 56, 59, 91
N **1.5** 5; 3 46
StG ZH 130 f.
ESchG 40

Fristen, Verjährungsfrist
vgl. a. ↑ Verwirkung
StHG **47**, **58**, **60**
DBG **120**, **184** f., **189**
VStG **17**, **32** f.
VStV 12, 42

StG 30
StV 8
MWSTG 42, 59, 91, 105 f.
N **1.1** 27; **1.7** 16; 2 11
StG ZH 130 f., 161, **215**, 242, 264
ESchG **40**, 63
VVO A94, B112

Fristen, Zahlung und Fälligkeit
DBG 161, 163 f., 166
VStG 16, 31
VStV 18 f., 21 f., 32, 41, 49
StG 11, 20, 26, 34
StV 24, 28
MWSTG 56 f., 61, 86, 88
MWSTV 156
StG ZH 175
StV ZH 51, 53
ESchG 59 f.

Fristwiederherstellung
DBG 133
N 2 31; 3 50
StG ZH 126, 129
StV ZH 15
ESchG 32

Funktionen, Verlegung
StHG 24c f.
DBG 61a f.
StG ZH 64c f.

Fürsorgeeinrichtungen
VStV 45 f., **53**

Fusion / Zusammenschluss
StHG 8, 24
DBG 19, 61
OECD 10
VStG 5
StG 6, 9, 14
MWSTG 38
StG ZH 19, 67, 216, 219

fusionsähnlicher Zusammenschluss
StHG 8, 24, 57 b
DBG 19, 61, 181a
OECD 10
VStG 5
StG 6, 9, 14
MWSTG 38
StG ZH 19, 67, 241a

G

Gärtner
MWSTG 21, 28
VVO MBI 02

Gastgewerbe
MWSTG 8, 21, 25
MWSTV 53, 56
VVO MBI 08

Gaststaatgesetz
StHG 4a, 23
DBG 15, 56
VStG 28

MWSTG 107
MWSTV 90, 143 ff.

Gebiet
OECD 30
VStV 67
MWSTG 3, 4, 8, 21
MWSTV **1**, 41, 43
N **6.1** 10; **6.2** 1 ff.; **6.3** 1 f.
StG ZH 199, 203

Gebinde
MWSTG 18

Gebrauch, Überlassung zum
MWSTG 7, 21, 23
MWSTV 2, 10

Gebrauchtgegenstand
MWSTG 21
MWSTV 48a, 90

Gebühren, der Steuerverwaltung
DBG 123, 183, 195
VO DBG D 4; L 18; O 1 ff.
VStG 44
StG 41
MWSTG 84
N **1.5** 18; **1.5.1** 4
StG ZH 111, 122, 132, 142, 171
StV ZH 17, 20 f., 26

gebundene Vorsorgeversicherung
vgl. a. ↑ Vorsorge
StHG 4, 9, 35, 45
DBG 5, 22, 33, 96, 129
VO DBG K 19
N **5.3** 1 ff.
StG ZH 4, 22, 31, 99, 136

Gefängnisstrafe / Freiheitsstrafe
StHG 59
DBG 186 ff.
N 2 11, 14, 17, 21, 57 f., 73, 90, 103; 3 103; 7 305bis f.
StG ZH 261 f.
ESchG 74

Gegenleistung
StHG 7a
DBG 20a
StG 5, 8, 16
MWSTG 3
StG ZH 20a
ESchG 4, 18

Gegenrecht
StHG 23
DBG 56
VStG 28
MWSTG 3
MWSTV 151
StG ZH 61
ESchG 10, 22

Gegenrechtsvereinbarung
ESchG 10

Gegenstand, Begriff
MWSTG 3
MWSTV 62

Gegenstand, beweglicher
MWSTG 3, 21, 28a, 31
MWSTV 48a, 63, 90

Gegenstand, der Steuer
StHG 6, 7 ff., **13** f., **24** ff., **29** f., 32, 35
DBG 14, **16** ff., **25** ff., **57** ff., 84, 92 ff.
VO DBG K 3, 16 ff.
VStG **4** ff.
VStV **14** ff., **20** ff., **28** ff., **39** ff., **43** ff.
StG 1, **5**, **13**, 21
StV 9 ff., 26a ff.
MWSTG **18** ff., 45, **52**
MWSTV **26** ff.
StG ZH **16** ff., **25** ff., **38**, 41, **63** ff., **78** ff., 88, 95 ff., 199, **219** ff.
ESchG **3** ff.

Gegenstand, unbeweglicher
MWSTG 3, 24, 31 f., 70
MWSTV 79, 127

Gegenwartsbemessung
vgl. ↑ zeitliche Bemessung

Gehaltsnebenleistungen
vgl. ↑ Nebeneinkünfte

Geheimhaltung
StHG 39, 43
DBG **110** ff., 127
OECD 26
VStG 36, **37**, 40
StG 32, **33**, 37
MWSTG 68, 73, **74**, 78
MWSTV 108
N **1.1** 34; **1.4** 21 f.; **1.5** 15, 22h; **1.7** 26; **2** 30, 50, 77; **3** 84, 103
StG ZH **120** f., 136, 249
ESchG **28** f., 31

Gehilfenschaft
StHG 56 f., 60
DBG **177** f., 181, 189, 191
N **2** 5
StG ZH 237 f., 241, 264
ESchG 65, 68

Geldmarktpapiere
vgl. a. ↑ Obligation
StG 4, 14
VVO C20

Geldspiele
StHG 7, 9
DBG 24, 33
VStG 1, **6**, 12 f., 16, **20a** f., 38, 64
VStV 41 ff., 60, 68
MWSTG 21
MWSTV 10
StG ZH 24, 31

Geldspiele, Einsatzkosten
StHG 9
DBG 33
StG ZH 31

Geldspiele, Gewinne
StHG 7, 9
DBG 24, 33
VStG 1, **6**, 12 f., 16, **20a** f., 38, 64
VStV 41 ff., 60, 68
StG ZH 24, 31

Geldspiele, Naturalgewinne
StHG 7, 9
DBG 24, 33
VStG 1, **20a**, 38, 64
VStV 41a, 41c
StG ZH 24, 31

Geldstrafe
vgl. a. ↑ Bussen
StHG 10, 25, 59
DBG 27, 59, 186 f.
N **2** 14, 17; **7** 305bis f.
StG ZH 27, 65, 261 f.
ESchG 74

Geldverkehr, Umsätze
MWSTG 21

Geldwäscherei
N **7** 305bis

geldwerte Leistungen
vgl. ↑ geldwerte Vorteile

geldwerte Rechte
DBG 158
StG ZH 167

geldwerte Vorteile
vgl. a. ↑ verdeckte Gewinnausschüttung
StHG 7, 7d ff., 32, 35, 37, 45
DBG 17, 17b ff., 18b, 20, 84, 97a, 100
VStG 4, 20
VStV 14, 20 f., 28
MWSTV 128
N **4** 663b[bis]
StG ZH 17, 17b ff., 20, 35, 88, 100, 102
VVO B86

Gelegenheitsgeschenke
ESchG 12

Gemeindesteueramt
StG ZH 106 f., 109a, 109c f., 122, 133, 172, 177 f., 209, 226, 251a, 260
StV ZH 29, 31 f., 39 ff., **43**, 47 f., 56, 58 f., 67, 69, 75 f.

Gemeindesteuern
vgl. a. ↑ kommunale Steuern
StHG 1, 11, 25, 33b, 36a f.
DBG 59, 100
OECD 2
VStG 3, 22, 24, 31
StG ZH 33, 37a, 90 f., 93, 102 f., 104, 145, **187** ff., 204, 243
StV ZH **64** ff.

gemeinnützige juristische Personen
StHG 23
DBG 56
VStG 24
StG 6
MWSTG 3, 10, 21
MWSTV 38a
StG ZH 61, 218
ESchG 10

gemeinnützige Zuwendungen
StHG 9, 25
DBG 33a, 59
VStG 5
MWSTG 3, 18
StG ZH 32, 65

gemeinnützige Zwecke
StHG 9, 23, 25
DBG 33a, 56, 59
VStG 5, 24
StG 6
MWSTG 3, 21
StG ZH 32, 61, 65, 218

gemeinsame elterliche Sorge, getrennt besteuerte Eltern
DBG 35
StG ZH 31, 34 f., 47

Gemeinsamer Meldestandard
N **1.6** 1 ff., 7; **1.7** 2, 7 ff.

Gemeinschaftsunternehmen
OECD 8
VStV 55

Gemeinwesen
StHG 39a
DBG 112a
VStV 26a
MWSTG 3, **12**, 18, 21, 37
MWSTV **12** f., 29, **38** f., 66, 97 f.
N **2** 14 ff.
StG ZH 109a
VVO MBI 19

gemischte Versicherung
StV 26a

gemischte Verwendung
MWSTG **30**
MWSTV 126

Genossenschaft
StHG 20, 24, 27 ff.
DBG 49, 56, 60 f., 64 f., **68** ff., 125, 131, 207a
VStG 4a f., 9
VStV 11, **23** ff.
StG 4 f., 8, 10, 12 f., 36
StV 7, 9 ff., **12**, 17, 18, 25
StG ZH 54, 66 ff., **71** ff., **79** f., 282b

Genossenschaftsanteile
StHG 7 f., 8, 28
DBG 18, 18b, 20 f., 27, 56, 61, 64, **69** f., 207a
OECD 8, 10, 13
VStG 4 f., 12, 18

VStV 20, 23 f.
StG 1, 4, **5**, 6 f., **8** f., 10 f., 13 f.
StV **12**
MWSTG 3, 10, 29, 73
StG ZH 18, 20 f., 27, 35, 61, 67 f., 72 ff., 282b
ESchG 25a f

Genugtuungssumme
StHG 7
DBG 24
MWSTG 18
StG ZH 24

Genussscheine
StHG 7c
DBG 17a
VO DBG N 1
OECD 10
VStG 4 f., 18
VStV 9, **20** f.
StG 1, 5, 7, 9, 13 f.
StV **11** f.
StG ZH 17a

Gerichtskosten
StG ZH 111, 151
ESchG 19

geringfügiger Steuerbetrag
MWSTG 7, 53
MWSTV 4a, 77, 166b; A 1 ff.

Gesamtveräusserung
StG ZH **223**

Geschäftsabschluss
vgl. ↑ Jahresrechnung

Geschäftsaufnahme
VO DBG A 3
VStV 17, 31, 40, 46
StV 18 f., 26

Geschäftsbereich
StHG 57
DBG 181
StG ZH 241, 262

Geschäftsbericht
VStV 21, 23
StV 9, 12, 17
N 4 663b[bis]

Geschäftsbetrieb
vgl. a. ↑ Personenunternehmung
StHG 4, 8 f., 21, 24, 24c f., 57b
VO StHG B 5; C 2
DBG **4**, 6 f., 13, 18 f., 51 f., 55, 58, 60, 61a f., 79 f., 161, 181a
VO DBG A 4, 6; C 2
OECD 5, 26
VStG **24**
MWSTG 100
N **2 6**
StG ZH 4 ff., 12, 18 f., 31, 56 f., 60, 64, 64c f., 66, 83 f., 241a
ESchG 18, 25a

Geschäftsbücher
vgl. a. ↑ Buchhaltung
StHG 16, 31, 42
DBG 18, 28, 41, 62, 79, 125 f., 157, 186
VO DBG A 3, **4**, 6 f.
VStG 39 f., 48, 50, 62
VStV 2, 19, 31, 64
StG 1, 24, 35, 37, 46
StV 21
MWSTG 70, 73, 98
MWSTV 21, [76], 128, 134, 140
N **4** 957 ff.
StG ZH 18, 50, 83, 85, 132, 134 f., 166, 261

Geschäftseinrichtung, feste
vgl. a. ↑ Betriebsstätte
DBG 4, 51
OECD 5
MWSTV 5

Geschäftsergebnis
DBG 58
StG ZH 64

Geschäftsfahrzeug, private Nutzung
vgl. a. ↑ Privatanteile / Naturalleistung
VO DBG C **5a**

Geschäftsführung
vgl. ↑ Geschäftsleitung

Geschäftsjahr, Begriff
StHG 31
DBG 79
MWSTG 34
MWSTV [76]
N **4** 957 ff.
StG ZH 83
StV ZH 29

Geschäftsjahr, sonstiges
StHG 10 f., 16 f., 25, 77
DBG 29 ff., 37b, 41, 52, 63 f., 67, 80, 207a
VO DBG A 3, 6
VStV 21
StG 9
StV 11, 18, 22, 24, 28
MWSTG 14, 34, 72
MWSTV 9, 9a, 140
N **4** 957 ff.
StG ZH 28 f., 37b, 51 f., 68, 70, 84, 275, 278, 282b

Geschäftsleitung
vgl. a. ↑ Sitz
StHG 4, 23, 35
DBG 5, 56, 93
OECD 3 ff., 7 ff., 13, 15, 22
VStG 15
VStV 17, 22
StG 35, 46
MWSTG 15
StG ZH 4, 61, 96
ESchG 25

Geschäftsort, Verlegung
vgl. ↑ Sitzverlegung

Geschäftssitz
vgl. ↑ Sitz, der Unternehmung

Geschäftsstelle
vgl. a. ↑ Betriebsstätte
DBG 4, 51
OECD 5
MWSTV 5
N **6.1** 5

Geschäftstätigkeit
DBG 4, 51
VO DBG A 3 f.
OECD 3, 5, 7, 19, 21, 29
VStG 6, 9
VStV 17, 31, 39, 46
StG 22
StV 18, 25 f.
MWSTG 10, 14 f., 28 ff., 53, 66
MWSTV 7 ff.

Geschäftstätigkeit, untergeordnete
OECD 5, 29

Geschäftsveräusserung
MWSTG 38
MWSTV 101 ff.

Geschäftsverfahren
OECD 12, 26

Geschäftsverkehr, wie unter Dritten
StHG 24
DBG 33, 58
OECD 7, 9, 11, 12
MWSTG 24, 32, 54
MWSTV **26**, **94**
N **1.5.1** 9 ff.

Geschäftsvermögen
StHG 7a, **8**, 10, 12, 14, 17
DBG 18 f., 18b, 20a, 27
VO DBG M 3
VStV 24a
StG ZH **18**, 20a, 27, 39, 51, 221
ESchG 25a f.

Geschäftsvermögen, gewillkürtes
vgl. ↑ Beteiligungen, zu Geschäftsvermögen erklärt

Geschäftsvermögen, Überführung ins
StHG 7a, 12
DBG 20a
StG ZH 20a

Geschenke
StHG 7, 12, 24
DBG 17, 24, 60
MWSTG 31
MWSTV B 1
N **2** 46, 66, 93
StG ZH 17, 24, 66, 216, 219
ESchG **4**, 5, 12

Geschenke, steuerfreie
ESchG 12, 18

Gesellschaft, ausländische
vgl. a. ↑ Unternehmen
StHG 20, 24, 35, 37 f.
DBG 11, 49, 55, 93, 100, 107, 181, 207a
VStG 24 f.
VStV 14a, 36 f.
StG 13 f., 17a, **19**, 21, 25
StV 26
MWSTG 10, 14, 17, 95
MWSTV 7, **9a**, 28, 151 f.
StG ZH 8, 54, 60, 96, 102, 104, 241, 282b

Gesellschaft, einfache
StHG 20, 45
DBG 10, 13, 18, 129
OECD 3
VStG 24 f.
VStV 55
MWSTG 15
MWSTV 12
N 2 6
StG ZH 8, 12

Gesellschaft, mit beschränkter Haftung
vgl. ↑ Kapitalgesellschaft

Gesellschaft, Personengesellschaft
StHG 7a, 8, 20, 24, 45
DBG 10, 13, 18 ff., 20a, 49, 55, 61, 129, 181
VO DBG M 11
OECD 3, 7, 13
VStG 24 f., 49
VStV 17, 20, 55
StG 13
StV 18, 25
MWSTG 3, 15, 17
MWSTV 12
N **1.2** 2, 9, 11; **2** 6 f.
StG ZH 8, 15, 19, 216, 216, 229, 241, 262

Gesellschaften, mit Beteiligungen
StHG 24, 28
DBG 69 f., 207a
OECD 29
N **1.3** 1 ff.; **1.8** 9; 4 659b, 663c
StG ZH 72 f.

Gesellschafter
vgl. a. ↑ Teilhaber
StHG 21, 44 f.
DBG 4, **10**, 13, 51, 55, 128 f.
VStG 27
VStV 28, 55, 60
StG 6
MWSTG 15, 17
StG ZH 8 f., 12, 56, 137

Gesellschafteranteile
DBG 10, 13
StG ZH 8, 12

Gestehungskosten
StHG 24, 28
DBG 58, 62, 70, 207a
StG ZH 64, 72a, 282b

Gesuch, um Erlass
DBG 103, **167c**, 167d, 205e, 207b
VO DBG L 5 ff.
VStG 18, 62
VStV 27
StG 12, 46
StV 17
MWSTG 64, 92
StG ZH 130, 183, 197
StV ZH 25
ESchG 60, 62

Gesuch, um Meldung
VStG 20, 70c
VStV 24, **25** f.
N **1.3** 5

Gewerbe
vgl. ↑ Geschäftsbetrieb

gewerbliche Tätigkeit
vgl. ↑ Geschäftstätigkeit

gewerbsmässiger Effektenhändler
StG 14, 17
StV 25a

gewerbsmässiger Wertschriftenhandel
StHG 8
DBG 18
StG ZH 18
VVO A 81

gewillkürtes Geschäftsvermögen
vgl. ↑ Beteiligungen, zu Geschäftsvermögen erklärt

Gewinn, Berechnung Reingewinn
StHG 24, 26
DBG 58 ff.
VO DBG A 3 f., 6 f.
OECD 7
StG ZH **64** ff.

Gewinn, Kapitalgewinn
StHG 7 f., 24, 28
DBG 16, 18, 18b, 20a, 70, 207 f.
VO DBG A 3
OECD 13
VStG 5
VStV 28 f., 32
StG ZH 16, 18, 64, 72a

Gewinn, natürliche Personen
vgl. ↑ Einkommensteuer

Gewinn, nichtausgeschütteter
OECD 10

Gewinn, Veräusserung von Vermögen
StHG 7 f., 8, 12
DBG 16, 18, 20a
OECD 2, 13
StG ZH 16, 18, 20a, 216 ff.

Gewinn, versteuerter
StHG 29
DBG 58, 80, 125
StG ZH 64, 79, 84

Gewinnabsicht
MWSTG 10

Gewinnanteil
StHG 7
DBG 18b, 20, 56
VStG 4
VStV 9, **44**, 60
MWSTG 18
StG ZH 20, 35

Gewinnausscheidung
vgl. a. ↑ Steuerausscheidung
StHG 22
DBG 52
StG ZH 57

Gewinnausschüttung
StHG 7 f.
DBG 18b, 20 f., 58, 69, 131
OECD 10
VStV 28 f., 35, 38 f.
StG ZH 20 f., 35, 64, 72

Gewinnausschüttung, verdeckte
vgl. a. ↑ geldwerte Vorteile
StHG 24
DBG 58, 65
StG ZH 64

Gewinnmarge
StHG 24
DBG 58

Gewinnsteuer
vgl. a. ↑ Einkommensteuer
StHG 2, **24**, 27, 77
DBG 1, **57** ff., 68 f.
VO DBG A 7
OECD 7, 8 ff., 24
N **1.2** 5
StG ZH 1, **63** ff., 71 ff.

Gewinnsteuerwert
vgl. a. ↑ Wert
StHG 24
DBG 61, 207a
StG ZH 64, 67, 72a, 282b

Gewinnungskosten
vgl. a. ↑ Berufskosten
StHG 9, 36
DBG 26, 92
VO DBG C 1 ff.; I 1 ff.
VStV 29
StG ZH 26, 95

Gewinnverkürzung
OECD 29

Gewinnverlagerung
OECD 29

Gleichbehandlung
OECD 24

GloBE-Mustervorschriften
OECD 4.4 2 ff.
VVO C104

Glücksspiel
vgl. ↑ Geldspiele

Goodwill
vgl. ↑ Mehrwert, selbst geschaffen

Goodwill, Abschreibungen
vgl. ↑ Abschreibungen, selbst geschaffener Mehrwert

Grabunterhaltskosten
ESchG 19

Gratifikationen
vgl. a. ↑ Nebeneinkünfte
StHG 33
DBG 17, 84 f.
N 4 663b^{bis}
StG ZH 17, 88, 90
ESchG 5

Gratisaktien
StHG 7
DBG 20
VStG 20 f., 25
VStV 20 f., 24, 69
StG 5
StV 9
StG ZH 20
VVO C17

Gratisoptionen
vgl. a. ↑ geldwerte Vorteile
VVO A84

Grenzbereinigung
StHG 12
StG ZH 42, 216, 219
ESchG 18

Grenzgänger
StHG 35
DBG 91
VO DBG K 1, 8, 14 f.
OECD 15
StG ZH 94

Grosseltern
ESchG 21, 23

Grossrenovationen, von Liegenschaften
MWSTV 71, 74

Grundbesitz, direkter
vgl. a. ↑ kollektive Kapitalanlagen
StHG 7, 13, 20, 23, 26, 45
DBG 10, 20, 49, 56, 66, 72, 129
VStG 5
VStV 28
StG ZH 9a, 20, 38, 54, 61, 69, 77, 81 f., 135

Grundbuch, Eintrag im
DBG 172
StG ZH 207
StV ZH 67
ESchG 30

Grundbuchamt
StG ZH 209
StV ZH 67, 69 f.

Grundeigentum, Ertrag
vgl. ↑ Ertrag, aus unbeweglichem Vermögen

Grundeigentümerbeiträge
VO DBG G 1
StG ZH 221

Gründeranteil
OECD 10

Grundkapital
StHG 7 ff., 24, 28 f.
DBG 18, 18b, 20 f., 33, 61, 64, 69 f., 125, 207a
OECD 24
VStG 4a f.
VStV 9, 20, 22 f., 26a
StG 5 f., 8 f., 14
StV 9, 12
StG ZH 18, 20 f., 35, 67 f., 72 f., 79, 282b

Grundpfand
StHG 4, 6, 21, 35
DBG 5, 14, 51, 94
VO DBG K 17
OECD 11
VStV 15
StG 4
MWSTG 93
StG ZH 4, 56, 97, 109, 208, 210
StV ZH 68 f.
ESchV 11

Grundsteuer
StG ZH 205 ff., 243, 251a f., 260
StV ZH 53, 67 ff., 75

Grundstück
vgl. a. ↑ Liegenschaft
StHG 4, 7, 8, 12, 14, 21, 35
VO StHG A 5
DBG 4 ff., 13, 18, 32, 51 f., 55, 94, 161, 172, 173, 207
VO DBG F 1
OECD 6, 11
MWSTG 8, 21
MWSTV 5, 104, 150
StG ZH 4 f., 12, 18, 27, 39, 40 ff., 56 f., 60, 64, 97, 207 f., 216 ff.
StV ZH 69
ESchG 2, 15 ff., 25a

Grundstückgewinn
StHG 3, 12, 19
DBG 34, 59
StG ZH 219, 225

Grundstückgewinnsteuer
StHG 2, 12, 19, 23
DBG 34, 59
StG ZH 16, 33, 205, 214, 216 ff.
StV ZH 69, 70 f.

Grundstückgewinsteuer, Anrechnung Geschäftsverluste
StG ZH 224a

Grundstückgewinsteuer, Ermässigung
StHG 12
StG ZH 225

Grundtarif
DBG 36
StG ZH 35, 47, 223
ESchG 22

Gründung
vgl. a. ↑ Begründung, von Beteiligungsrechten
StHG 5, 23
DBG 54
StG 5 f., 36
MWSTG 38
MWSTV 134, 143
StG ZH 59

Gründungsjahr
StHG 5, 23, 31
DBG 79
VO DBG A 7
StG ZH 83

Gruppenbesteuerung
MWSTG 13, 15, 67, 73
MWSTV 15 ff., 77
VVO MI 03

Gruppenersuchen
N 1.5 3, 6, 14a; 1.5.1 2 f.

Gruppenersuchen, Inhalt
N 1.5 6; 1.5.1 3

Gruppenversicherung
DBG 22
VStV 45
StG ZH 22

Gutachten, von Sachverständigen
DBG 123, 183
StV 3
N 2 43
StG ZH 132
StV ZH 7, 17
ESchG 28

Güter
OECD 5, 7
StG 3, 22
StG ZH 42, 216, 219
ESchG 18

Güter, immaterielle
vgl. a. ↑ Patente
StHG 6, 8a, 14, 24a f., 25b, 29
DBG 14, 20
OECD 12
MWSTG 3
MWSTV 111
N 4 959a; 6.2 8
StG ZH 19a f., 39, 64a f., 65c, 81a
VVO MBI 25

güterrechtliche Auseinandersetzung
StHG 3, 7, 12
DBG 9, 12, 24
StG ZH 7, 24, 42, 216

Güterstand
StHG 3, 12
DBG 9
StG ZH 7

Güterzusammenlegung
StHG 12
StG ZH 42, 216, 219
ESchG 18

Guthaben
vgl. ↑ Darlehen

Guthaben, im Konzern
VStV 14a

Guthaben, Kundenguthaben
VStG 4, 5, 9, 16
VStV 14f., 16f., **19**, 44
VVO A79, B16

H

Haft
N 2 52ff.

Haftung, für die Steuer
StHG 24, 37, 56f.
DBG 12, **13**, **55**, 61, 88, 92, 100, 177
VStG 10, **15**, 41
VStV 26, 35
StG 10, 38
MWSTG 15f., **49**, 51, 82, 102
MWSTV 22, 24f., 164
N 2 12
StG ZH 11f., **60**, 67, 92, 95, 102, 130, 237
StV ZH **68**
ESchG **9**, 57, 73

Haltedauer, Beteiligung
vgl. a. ↑ Mindestdauer
StHG 7a, 24, 28
DBG 20a, 61, 64, 70
VStG 4a
StG ZH 20a, 67f., 72a

Handänderung
StHG 12
StG ZH 42, 215f., 218ff., 226f.
StV ZH 67, 69ff.
ESchG 18, 30

Handänderung, wirtschaftliche
StHG 12
StG ZH 216

Handänderungssteuer
DBG 59
MWSTG 2, 24
N **5.1** 80
StG ZH 33

Handel, mit Anteilen
vgl. a. ↑ gewerbsmässiger Wertschriftenhandel
VStG 21
VStV 33, **62**
StG 13ff., 17ff.
MWSTG 78

Handelsbestand
StG 14
StV 25a

Handelsgesellschaft, ausländische
StHG 20
DBG 11, 49, 55, 181
OECD 3
VStG 9, 15, 24f., 30
VStV 17, 55
StG 9
StV 19
MWSTG 17
StG ZH **8**, 54, 60, 241

Handelsplatz
vgl. a. ↑ Finanzmarktinfrastruktur
VStV 33

Handelsregister
DBG 161, **171**
VStG 9, 47
VStV **11**, 23
StG 4f., 7, 43
StV 7, 9, 12

Handlung, strafbare
StHG 56, 60
DBG 178, 189
VStG 37, 64
StG 33, 47
MWSTG 74, 103
MWSTV 134, 149
N 2 9, 14
StG ZH 236ff., 264
StV ZH **28**, 76
ESchG 68

Handwechsel, von Beteiligungen
vgl. a. ↑ Mantelhandel
StG 5, 7f., 10
StV **10**

Härte, offenbare
DBG 166, 167, 167c
VO DBG K 11
VStG 18, 20, 29
StG 12
StG ZH 183
ESchG 62

Hauptniederlassung
vgl. ↑ Zweigniederlassung

Hauptsitzgesellschaft
vgl. a. ↑ Sitz, der Unternehmung
OECD 29

Hauptsteuerdomizil
vgl. a. ↑ Zugehörigkeit, persönlicher
StG ZH 3, 55

Hausangestellte
ESchG 21

Hausrat
StHG 13
StG ZH 38

Heilbehandlungen
MWSTG 8, 21
MWSTV 34f., 97

Heimathafen
OECD 8

Heimatort
vgl. ↑ Bürgerrecht

Heirat
vgl. a. ↑ Ehe
StHG 11, **18**
DBG 33, **42**, 113
VO DBG K 1f., 12
StG ZH 7, 35, 47, **52**, 123
StV ZH 35

Herabsetzung, des Kapitals
vgl. a. ↑ Rückzahlung, Einlagen / Kapital
VStG 4a
StG ZH 282b

Herabsetzung, des Steuersatzes
VStG 13

Herabsetzungsklage
ESchG 13

Hilflosenentschädigung
vgl. ↑ Unterstützung

Hilfstätigkeit
vgl. a. ↑ Geschäftstätigkeit, untergeordnete
OECD 5, 29
MWSTV 5

Hinterziehung, Steuerhinterziehung
StHG 53, 56ff.
DBG 120, 152ff., **175**ff., 181f., 182ff., 186ff., 194, 196f.
OECD Präambel, 29
MWSTG 96f., 105
N 2 11, 12
StG ZH 130, 162f., **235**ff., 241f., 243ff., 261
StV ZH 75
ESchG **68**ff., 73f., 78

Hochseeschiff
vgl. ↑ Schifffahrt

hoheitliche Tätigkeit, Begriff
MWSTG 3, 18

Höherschätzung
StG ZH 142, 149

Holdinggesellschaft
vgl. a. ↑ Verwaltung, Beteiligung
MWSTG 29
MWSTV 21

Homeoffice
vgl. ↑ Telearbeit
Hotelgewerbe
MWSTG 8, 21, 25
VVO MBI 08
Hypothekargläubiger
vgl. a. ↑ Grundpfand
DBG 94
VO DBG K 17
StG ZH 97
Hypothekarzinsen
vgl. a. ↑ Schuldzinsen
VVO C74

I

ideelle Zwecke
StHG 26a
DBG 66a
StG ZH 69a
Identifikation
N 1.5 6, 14a; 1.5.1 3
immaterielle Güter
vgl. a. ↑ Patente
StHG 6, 8a, 14, 24a f., 25b, 29
DBG 14, 20
OECD 12
MWSTG 3
MWSTV 111
N 4 959a; 6.2 8
StG ZH 19a f., 39, 64a f., 65c, 81a
VVO MBI 25
Immobilienanlagefonds
vgl. ↑ kollektive Kapitalanlagen, direkter Grundbesitz
Immobiliengesellschaft
StHG 12
DBG 207
StG ZH 216
Immobilienvermietung
vgl. a. ↑ Liegenschaft
StHG 7
DBG 21
OECD 6, 21
MWSTG 21
StG ZH 21
VVO MBI 17
Import
vgl. ↑ Einfuhr
Indexierung
DBG 39, 205b
StV 26b
MWSTG 5
StG ZH 48
indirekte Teilliquidation
vgl. a. ↑ Vermögensertrag, besondere Fälle
VVO A59, B11

Information der beschwerdeberechtigten Person
N 1.5 14 f., 17, 21a, 22b
Information, nachträgliche
N 1.5 21a
Informationen
vgl. a. ↑ Daten
StHG 39a
DBG 112a
VStG 36a
VStV 2, 67
StG 32a
StV 21
MWSTG 76 ff.
MWSTV 10, 111, 122, 131 ff., 134 ff., 147
N 1.5 22 f.; 1.6 3, 5, 7; 1.7 23
StG ZH 109a ff.
StV ZH 29
Informationen, vom Ausland übermittelt
N 1.5 22e; 1.7 20 f.
Informationen, Ware
OECD 5, 12
MWSTV 5, 10, 111
Informationsaustausch
vgl. a. ↑ Amtshilfe
OECD 26
N 1.3 7; 1.4 4 ff.; 1.5 1, 6 ff., 16 ff., 21a, 22a ff.; 1.5.1 2 ff.; 1.6 1 ff.; 1.7 1 ff.; 1.8 1 ff.; 3 84
StV ZH 31
Informationsaustausch, auf Ersuchen
N 1.4 5; 1.5 1, 3, 6 ff.; 1.5.1 2 ff.; 1.8 5
Informationsaustausch, automatischer
N 1.4 6; 1.6 1 ff.; 1.7 1 ff.; 1.8 1 ff.
Informationsaustausch, Finanzkonten
N 1.6 1 ff.; 1.7 1 ff.; 1.8 1 ff.
Informationsaustausch, spontaner
N 1.4 7; 1.5 1, 3, 22a ff.; 1.5.1 5 ff.
Infrastrukturunternehmen
vgl. ↑ Verkehrsunternehmen
Ingenieure
MWSTG 8
MWSTV 111
Inkasso
OECD 27
MWSTV 21
Inland, Begriff
MWSTG 3
MWSTV 1

Inland, Leistungen im
MWSTG 1, 10, 14, 18, 21, 23, 45, 53 f., 60, 107
MWSTV 9a
Inland, Sitz im
vgl. ↑ Sitz, der Unternehmung
Inland, Wohnsitz im
vgl. a. ↑ Aufenthalt
StHG 3 f., 6, 7 f., 32 ff.
VO StHG A 3
DBG 3 ff., 8, 14, 17d, 83 ff., 105, 120, 159
VO DBG C 9; I 2; K 9 ff.; N 15
OECD 4
VStG 9, 17, 22, 47
VStV 25
StG 4
StG ZH 3 ff., 10, 17d, 87 ff., 108, 130, 199
ESchG 2
Inländer, Begriff
VStG 9
StG 4
inländische Gewinne, von Ausländern
DBG 6, 52
VStG 24
VStV 34
StG ZH 5, 57
Inlandsteuer
MWSTG 1, 10 ff., 18 ff., 24 f., 26 f., 28 ff., 34 ff., **65**
MWSTV 7 ff., 22 ff., 45 ff., 58 ff., [76], 77 ff., 122 ff.
Insertionskosten
StG ZH 221
Instandstellungskosten
StHG 9
DBG 32
VO DBG F 1; G 1
MWSTV 70 f., 73 f.
StG ZH 30
institutionelle Begünstigte
StHG 23
DBG 56
VStG 28
MWSTG 107
MWSTV 90, 113, 126, **143** ff.
interkantonale Doppelbesteuerung
StHG 4b, 22, 38a
VO StHG A 2 ff.
StG ZH 5, 7, 10, **57**, 59
interkantonale Steuerausscheidung
vgl. a. ↑ Doppelbesteuerung
StHG 4b, 22, 38a
VO StHG A 2 ff.
StG ZH 5, 7, 10, **57**, 59
VVO E53, E52

interkantonale Verhältnisse
vgl. a. ↑ Doppelbesteuerung
StHG 4b, 74
VO StHG A 2, 5
DBG 6, 52, 105 f.
StG ZH 10, 59, **104**
VVO E51

interkantonale Verlustverrechnung
VVO E58

interkommunale Steuerausscheidung
StG ZH 191, **193** f., 203, 219

internationale Abkommen, Durchführung
N 1.1 1 ff.; 3 83

internationale Organisationen
StHG 4a, 23
DBG 15, 56
VStG **28**
StG ZH 14, 61
VVO B20, MI 17

internationale Steuerausscheidung
vgl. ↑ Doppelbesteuerung

internationale Transporte
DBG 91
StG ZH 94
VVO C69

internationale Verhältnisse
vgl. a. ↑ Doppelbesteuerung
StHG 3 f.
DBG 3 ff., 105 f.
OECD 28
StG ZH 3 ff.
ESchG 2

internationaler Verkehr
StHG 4, 35
DBG 5, 91
OECD 3, 8, 13, 15, 22
MWSTG 23
MWSTV 41 ff., 115
StG ZH 4, 94

Invalidität
StHG 11
DBG 37b
VO DBG M 1
StV 26b
N 5.1; 5.2; 5.3
StG ZH 37b

Invaliditätskosten
vgl. ↑ behinderungsbedingte Kosten

Inventar
StHG 54, 56, 58
DBG **154** ff., 165, 174, 178, 184
OECD 6
MWSTG 89
StG ZH **163** ff., **238**, 242
StV ZH 58 f., 61 f., **63**
ESchG 31 f., **35** ff., 58, 64

Investitionskosten
StHG 9
DBG 32
VO DBG F 4
StG ZH 30
VVO C100

Investmentgesellschaft, mit festem Kapital
StHG 20
DBG 49
VStG 9 f.
VStV 31
StG 4
MWSTG 21
StG ZH 54
VVO A70, A69

Investmentgesellschaft, mit variablem Kapital
VStG 10
VStV 31
VVO A70, A69

Investment-Klub
VStV **60**
VVO C24

J

Jahreslohn
N 5.1 7 f., 79c

Jahresrechnung
vgl. a. ↑ Geschäftsbücher
StHG 16, 31, 42
DBG 18, 28, 41, 62, 79, 125 f., 157, 186
VO DBG A 3, **4**, **6** f.
VStV **2**, 9, 21, 23, 32, 34, 45, 64
StV **2**, 9, 12, 17
MWSTG **70**, 72, 78
MWSTV 21, [76], 128, 134, 140
N **4** 957 ff.
StG ZH 18, 50, 83, 85, 132, 134 f., 166, 261

Jahressteuer
StHG 11, 15
DBG 38, 40
StG ZH 37, 275, 278, 282b
StV ZH 77

jährliche Abrechnung
MWSTG 35, **35a**, **86a** f., 115b
MWSTV **76a** ff., 123

Jubiläumsgeschenk
DBG 17
StG ZH 17
ESchG 5

jüdische Gemeinde
StG ZH 61
ESchG 10

juristische Person, Begriff
StHG 20
DBG **49**

OECD 3
StG ZH 54

juristische Person, Besteuerung
StHG 2, **20** ff., 24, 29, 35
DBG 1, **49** ff., 61, **71** ff., 92 ff.
VO DBG A 6 f.; K 16 ff.
VStG 24
StG ZH 1, **54** ff., **76** ff., 95 ff., **203**
StV ZH 29

juristische Person, Steuerstrafrecht
StHG 57
DBG **181** f.
StG ZH **241**

K

Kalenderjahr, Steuerperiode
StHG **15** ff., 31, 35a, 38 f., 77
DBG **40** ff., **79** f., 99a, 107, 207a
VO DBG A 2 f., 6 f.; K 12 f.
VStG 5, 29 f., 70b
VStV 16, 50, 54
MWSTG **34** f., 47
MWSTV [76]
StG ZH 2, **49** ff., **83** ff., 93, 101a, 173, 188, 190, 269, 274 ff.
StV ZH 29, 33 ff.

kalkulatorischer Zins, Sicherheitseigenkapital
StHG 25a^bis f.
VO StHG C 3, 5
StG ZH 65b
VVO B84

Kapital
vgl. ↑ Grundkapital

Kapital, Eigenkapital
StHG 8, 17, 23, 25a^bis, **29**, 31
VO StHG C 1 ff.
DBG 19 f., 58, 61b, 125, 131, 151
OECD 22
VStV 14a, 29
StV 9
N **4** 959
StG ZH 19, 51, 57, 61, 64, 65b, 78, **79**, 80 ff., **85**, 122, 160, 282b
StV ZH 44

Kapitalabfindung, aus Vorsorge
vgl. ↑ Kapitalleistung, aus Vorsorge

Kapitalabfindungen für wiederkehrende Leistungen
StHG 4b, 7, 11
DBG 17, 23, **37**
VO DBG K 3
OECD 15, 21
VStV 45
N **4** 663b^bis
StG ZH 17, 23, **36**, 275
ESchG 5
VVO A48

Kapitalausscheidung
vgl. a. ↑ Steuerausscheidung
StHG 22
StG ZH 57

Kapitalband
StHG 7b
DBG 20
VStG 5
StG 7, 9
N 4 653s ff., 959c
StG ZH 20

Kapitalbeschaffung, kollektive
vgl. a. ↑ Obligation
VStG 5
StG 4

Kapitalbeteiligung
vgl. ↑ Beteiligung

Kapitaleinlage
vgl. a. ↑ Einlage, ins Eigenkapital
StHG 24, 25
DBG 60, 67
VStG 5
StG 5
StV 9 f.
StG ZH 66, 70

Kapitaleinlageprinzip
vgl. a. ↑ Rückzahlung,
Einlagen / Kapital
StHG 7b
DBG 20, 125
VStG 5
VStV 20, 28
StG ZH 20, 79
VVO A74

Kapitaleinlageprinzip, Begrenzung
StHG 7b
DBG 20
VStG 5
StG ZH 20

Kapitalerhöhung
StG 5 ff., 36
StV 9, 12, 19

Kapitalertrag
vgl. ↑ Ertrag

Kapitalgesellschaft
StHG 20, 24, 27 ff.
DBG 49, 56, 60 f., 64 f., **68** ff., 125, 131, 207a
VStG 4a f., 9
VStV 11, **21** f., 24 f.
StG 4 f., 8, 10, 12 f., 36
StV 7, 9 ff., **11**, 17, 18, 25
StG ZH 54, 66 ff., **71** ff., **79** f., 282b

Kapitalgewinn
StHG 7 f., 24, 28
DBG 16, 18, 18b, 20a, 70, 207 f.
VO DBG A 3
OECD 13

VStG 5
VStV 28 f., 32
StG ZH 16, 18, 64, 72a

Kapitalgewinn, aus Beteiligungen
vgl. ↑ Verkauf, von Beteiligungen

Kapitalgewinn, bewegliches Privatvermögen
StHG 7
DBG 16, 20a
StG ZH 16, 20a

Kapitalherabsetzung
vgl. a. ↑ Rückzahlung,
Einlagen / Kapital
VStG 4a
StG ZH 282b

Kapitalleistung, aus Vorsorge
StHG 4, 4b, 7, 11, 35, 45
DBG 17, 22, 24, **38**, 95 f., 105, 161, 204
VO DBG K 3, **19**, Anh.
OECD 3, 18 f.
N 5.1 83 f.; **5.3**
StG ZH 17, 22, 24, **37**, 98 f., 190, 270
StV ZH 53
ESchG 5
VVO A48

Kapitalleistung, übrige
StHG 7, 11
DBG 17, 23
VO DBG A 2
OECD 15, 21
VStG 7
VStV 43, 47
N 4 663b^bis
StG ZH 17, 23
ESchG 5

Kapitalleistung, Wohnsitz
StHG 4b
DBG 105
StG ZH 190

Kapitalmarkt
VStG 13
StG 13

Kapitalsteuer
StHG 2, 22, **29** f.
OECD 2, 22
StG ZH 1, **78**, 81 f., 85, 187, 276

Kapitalsteuer, ergänzende
StG ZH 81

Kapitalverkehr
MWSTG 21
MWSTV 66

Kapitalverluste
DBG 70
VO DBG L 4
N 4 725
StG ZH 72a

Kapitalvermögen
vgl. ↑ bewegliches Vermögen

Kapitalversicherung, rückkaufsfähige
StHG 7, **78a**
DBG 20, 24, **205a**
VStG 7 f.
StG 22, 24
StV **26a** f., 30a
StG ZH 20, 24, 45, **282a**

Kapitalwert
vgl. a. ↑ Wert
VStV 43, 47
ESchG 14, 56

Kapitalzahlung
vgl. ↑ Kapitalleistung /
Kapitalabfindung

Kapitalzuwachs, aus Erbschaft
StHG 7, 17, 24
DBG 24, 60
StG ZH 24, 51, 66
ESchG 3 f.

Kassenobligation
vgl. a. ↑ Obligation
VStG 16
VStV 15, **19**
StG 4

Kassenzettel
MWSTG 26
MWSTV 57

Kaufpreis, Begriff
StG ZH 220, 222

Kaufpreis, Finanzierung des
StHG 7a
DBG 20a
StG ZH 20a

Kinder- und Jugendbetreuung
StHG 9
DBG 33
MWSTG 8, 21
StG ZH 34

Kinder, Einkommen
StHG 3
DBG 3, **9**, 13, 105
StG ZH 7, 12

Kinder, Sozialabzug für
StHG 9, 33
DBG 35, 85
VO DBG K 1, 11
StG ZH 7, 31, 34, 90

Kinder, Unterhalt für
StHG 7, 9
DBG 23, 33
VO DBG K 1, 11
StG ZH 23, 31
VVO A75

Kinder, Vermögen
StHG 3, 54
DBG 155
StG ZH 7, 164

Kinderbetreuungskosten
StHG 9
DBG 33
StG ZH 31, 34

Kirche
StHG 23
DBG 56
StG ZH 61
ESchG 10

Kirchensteuer
DBG 59
OECD 2
StG ZH 201 ff.
StV ZH 66

kleine Arbeitsentgelte
StHG 11, 32, 35
DBG 37a, 83, 91
VO DBG K 21 ff.
StG ZH 37a, 87, 94
StV ZH 57a

kollektive Kapitalanlagen
StHG 7, 13, 20, 23, **26**, 45
DBG **10**, 20, 49, 56, **66**, **72**, 129
OECD 29
VStG 4 f., 9 ff., 15, **26** f.
VStV 26a, **28** ff., 34 ff.
StG 1, 4, 6, 13 f., 17a
MWSTG 21
MWSTV 66
StG ZH **9a**, 20, 38, 54, 61, **69**, 77, 81 f., 135
VVO A69

kollektive Kapitalanlagen, Anleger
VVO A70

kollektive Kapitalanlagen, direkter Grundbesitz
StHG 7, 13, 20, 23, 26, 45
DBG 10, 20, 49, 56, 66, 72, 129
VStG 5
VStV 28
StG ZH 9a, 20, 38, 54, 61, 69, 77, 81 f., 135

kollektive Kapitalbeschaffung
vgl. a. ↑ Obligation
VStG 4
StG 4

Kollektivgesellschaft
vgl. ↑ Personengesellschaft

Kollektivität, BVG
N 5.1 1

Kommanditaktiengesellschaft
DBG 49
StG 5 f., 12 f.
StV 7, 9 ff.
StG ZH 54

Kommanditgesellschaft
vgl. ↑ Personengesellschaft

Kommissionär
vgl. ↑ Vertreter, unabhängiger

Kommissionsgeschäft
MWSTG 54

kommunale Steuern
StHG 1, 11, 25, 33b, 36a f.
DBG 59, 100
OECD 2
VStG 3, 22, 24, 31
StG ZH 33, 37a, 90 f., 93, 102 f., 104, 145, **187** ff., 204, 243
StV ZH **64** ff.

Konkordat / Steuerabkommen
StG ZH 266

Konkurs
StHG 53a, 78
DBG 153a, 161, 167, 170
VO DBG L 14
VStG 16, 29, 45 f., 58
VStV 5, 8
StG 42 f.
StV 5
MWSTG 74, 86, 93
MWSTV 24, 134
N 4 725a
StG ZH 162a, 182
VVO MBI 26

Konsortialdarlehen
VVO A92

konsularische Vertretung
vgl. ↑ Diplomatie

Konsultativgremium
MWSTG 109
MWSTV 157 ff.

Konsum
MWSTG 25
MWSTV 53, **54** f.

Konsumentenpreise, Landesindex
DBG 39, 205c
StV 26b
MWSTG 5
StG ZH 48

Konto
VStG 5
VStV 36
MWSTG 51
N 1.5 6; 1.6 1 ff.; 1.7 1 ff.

Kontonummer
N 1.5 6; 1.6 1 ff.; 1.7 2, 4

Kontrolle
DBG 88, 100, 103
OECD 9, 24
StV 21
MWSTG 42, **78**, 96, 104
MWSTV 22, **140**
N 1.2 23
StG ZH 92, 102

Kontrollorgan
MWSTG 68

Konzern
StHG 7c
DBG 17a, 70
VO DBG N 1
VStV 14a
MWSTV 28, 45, 128
N 4 963 ff.
StG ZH 17a, 72a

Konzern, Guthaben im
VStV **14a**

Konzerngesellschaft, ausländische
StHG 24, 37
DBG 100, 207a
VStV 14a
StG 14, 17a
StG ZH 102

Konzernverhältnis
VStV **26a**

konzessionierte Unternehmen
vgl. ↑ Verkehrsunternehmen

koordinierter Lohn
N **5.1** 8

körperliche Nachteile
StHG 11
DBG 23
StG ZH 23b, 37

Körperschaft
StHG 7, 23
DBG 112, 181
OECD 2, 4, 19, 26 f.
VStG 24
StG ZH 61, 241, 262
ESchG 10

Körperschaft, lokale
StHG 23
DBG 56
OECD 2, 4, 19, 26 f.
ESchG 10

Körperschaft, lokale
OECD 2 ff., 19, 26 f.

Korporationen mit Teilrechten
StG ZH 82

Korrektur, Abrechnung
MWSTG 72, 96, 102
MWSTV 129
VVO MI 15

Korrektur, Entgelt
MWSTG 41 ff., 54, 56 ff.
MWSTV 116

Korrektur, Rechnung
MWSTG 27

Korrektur, Vorsteuerabzug
MWSTG 30 ff., **41**
MWSTV **65** ff., 69 ff., 72 ff., 126, 128

Kosten, Anlagekosten
StHG 8, 12
DBG 18 f.
StG ZH 18, 219, 224

Kosten, Ausbildungskosten
StHG 7, 9 f., 25, 32
DBG 17, 27, 33, 59, 84
StG ZH 17, 27, 31, 65, 88
VVO A87

Kosten, behinderungsbedingte
StHG 9
DBG 33
StG ZH 31

Kosten, Berufskosten
StHG 9, 11, 33
DBG 26, 37a, 85
VO DBG C 1 ff.; I 1 ff.
StG ZH 26, 37a, 90
VVO A87, B83

Kosten, Denkmalpflege
StHG 9
DBG 32
StG ZH 30

Kosten, Fahrten
DBG 26
VO DBG C 5 f., 9, 11
StG ZH 26

Kosten, geschäftsmässig begründete
vgl. ↑ Aufwand

Kosten, Gestehungskosten
StHG 24, 28
DBG 58, 62, 70, 207a
StG ZH 64, 72a, 282b

Kosten, Gewinnungskosten
StHG 9, 36
DBG 26, 92
VO DBG C 1 ff.; I 1 ff.
VStV 29
StG ZH 26, 95

Kosten, Gutachten
DBG 123, 183
VO DBG O 1
StG ZH 132
StV ZH 17

Kosten, Kinderbetreuungskosten
StHG 9
DBG 33
StG ZH 31, 34

Kosten, Krankheitskosten
StHG 9
DBG 33
VO DBG L 3
StG ZH 32
VVO A56, MBI 21

Kosten, Liegenschaftenunterhalt
StHG 9
DBG 32
VO DBG F 1 f.; G 1
MWSTV 70 f., 73 f.
StG ZH 30
VVO C100

Kosten, nicht abziehbare
StHG 9 f.
DBG 27, **34**
VO DBG C 1; G 1
StG ZH 27, 33

Kosten, Steueramtshilfe
VO DBG O 1 ff.
N 1.4 26; 1.5 18; 1.5.1 4

Kosten, Umschulungskosten
StHG 7, 9 f., 25, 32
DBG 17, 27, 33, 59, 84
StG ZH 17, 27, 31, 65, 88

Kosten, Verfahrenskosten
DBG 135, **144**, 167d, 183, 185, 195, 198
VO DBG L 18
VStG **44**, 51
StG 41
MWSTG **84**, 92, 106
StG ZH 118, 150b f., 251a
StV ZH **16** ff.
ESchG **42, 49**

Kosten, Verpflegungskosten
StHG 6
DBG 14, 26
VO DBG C **6**, 9, 11
StG ZH 26

Kosten, Verwaltungskosten
StHG 9
DBG 32
VO DBG E 1; F 1; G 1
OECD 7
StG ZH 30

Kosten, Weiterbildungskosten
StHG 7, 9 f., 25, 32
DBG 17, 27, 33, 59, 84
StG ZH 17, 27, 31, 65, 88
VVO A87

Kosten, Wiedereinstiegskosten
vgl. ↑ Bildung

Kostenaufschlag
StHG 24
DBG 58
OECD 7, 9, 11 f.

Kostenerkenntnis
N **2** 96

Krankenversicherung
StHG 9, 23
DBG 33, 56
VO DBG K 3
StG ZH 31, 61

Krankheitskosten
StHG 9
DBG 33
VO DBG L 3
StG ZH 32
VVO A56, MBI 21

Kredit
VO DBG L 3

StG 22
StV 25a
MWSTG 21
MWSTV 66

Kreditkartenkommission
MWSTV **46**

Kryptowährungen
VVO D13

Kultur
MWSTG 8, 10, 21
MWSTV **36**, 97
VVO MBI 23

Kultus
StHG 23
DBG 56
VStG 24
StG 6
MWSTG 3, 21
StG ZH 61, 201, 218

Kundenguthaben
VStG 4, 5, 9, 16
VStV 14 f., **16** f., **19**, 44
VVO A79, B16

Kündigung
OECD 30, **32**
StG ZH **266**

Künstler
StHG 35
DBG 92, 107
VO DBG K **16**, Anh. 4
OECD 12, **17**
MWSTG 8, 21, 53 f.
MWSTV **36**, 48a
StG ZH **95**, 109
VVO C72

Kunstwerke
OECD 12
MWSTG 24a, 53 f., 115a
MWSTV **36**, 48a

Kurswert
vgl. a. ↑ Wert
StV 22
MWSTV 54
MWSTV 45, 116

Kürzung, des Anspruchs
DBG 70
VStG **57** f.
StG ZH 72a

Kuxen
vgl. a. ↑ Aktien
OECD 10

L

Lager
OECD 5
MWSTG 23, 58
MWSTV 4 f., 14, 78 f., 81, 115, 118, 150

land- und forstwirtschaftliche Grundstücke
StHG 8, 12, 14
DBG 18
OECD 6
StG ZH 40 ff., 81, 216, 219
ESchG 15, 18, 25a
VVO A83

land- und forstwirtschaftliche Grundstücke, Bewertung
StHG 14
DBG 18
OECD 6
StG ZH 40 ff., 81, 219 ff.
ESchG 15, 18, 25a
VVO A83

land- und forstwirtschaftliche Grundstücke, Kapitalgewinne
StHG 8, 12, 14
DBG 18
OECD 6
StG ZH 216
ESchG 15, 18, 25a
VVO A83

Landwirtschaft
DBG 18
OECD 6
MWSTG 21, 25, 28
N 3 83
StG ZH 18
ESchG 18
VVO MBI 01

landwirtschaftliche Heimwesen
StHG 12
StG ZH 42, 216, 219
ESchG 18

Leasinggeschäfte, mit Immobilien
MWSTV 2
VVO E61

Lebensaufwand
StHG 46
DBG 130
StG ZH 139

Lebensgemeinschaft, faktische
DBG 109
N 2 29; 5.3 2
StG ZH 119
ESchG 21

Lebenshaltungskosten
vgl. a. ↑ Privataufwand
StHG 6
DBG 14
VO DBG L 2

Lebensinteressen, Mittelpunkt der
vgl. a. ↑ Aufenthalt
OECD 4

Lebensmittel, Zubereitung / Service
MWSTG 25
MWSTV 53 ff.

Lebenspartnerin / Lebenspartner
vgl. a. ↑ Partnerschaft
ESchG 21

Lebensversicherer
VStV 38a
StG 17a
StV 26, 28

Lebensversicherung, rückkaufsfähige
StHG 7, 78a
DBG 20, 24, 205a
VStG 7 f.
StG 22, 24
StV 26a f., 30a
StG ZH 20, 24, 45, 282a

Lehranstalt
DBG 3

Lehrling
OECD 20
VVO C73

Leibrente
StHG 7, 9
DBG 22, 33
VStG 7, 13
VStV 47, 50
StV 26a
StG ZH 22, 31
VVO E20

Leistung, an Zahlungs statt
MWSTG 24

Leistung, Begriff
MWSTG 3

Leistungen, Bezug aus dem Ausland
vgl. a. ↑ Bezugsteuer
MWSTG 1, 10, 23, **45**, 52
MWSTV 91, **111**, 126 f., 144, 149

Leistungen, aus Vorsorge
StHG 4, 4b, 7, 11, 35, 45
DBG 5, 17, 20, **22**, 37b, **38**, 95 f., 105, 129, 161, **204**
VO DBG K 18 f.; M 6
OECD 3, 18 f.
N 4 663b[bis], 959c; 5.1; 5.3
StG ZH 4, 17, 20, 22, 24, **37**, 98 f., 136, **270**
VVO A63

Leistungen, im Inland
MWSTG 1, 10, 14, 18, 21, 23, 45, 53 f., 60, 107
MWSTV 9a

Leistungen, steuerbare
MWSTG 10, 12, 25, 31, 37, 113
MWSTV 77, 79, 99

Leistungen, steuerbefreite
MWSTG 23, 45a
MWSTV **41** ff., 63, **113**, 126 f., 143, 144 f., 149, 153; A 1 f.; B 1 f.

Leistungen, von der Steuer ausgenommene
MWSTG 21 f., 29, 45a
MWSTV 34 ff., 150

Leistungen, von Gesetzes wegen
MWSTG 3

Leistungsbetrug
N 2 14

Leistungsempfänger
MWSTG 20 f., 26, 41
MWSTV 31, 57, 59

Leitung
vgl. ↑ Geschäftsleitung

Leitung / Verwaltung, tatsächliche
vgl. a. ↑ Sitz
StHG 20 ff.
DBG 50, 52, 105
OECD 4, 8, 13, 15, 22
N 1.5 22i[bis]
StG ZH 55, 57, 108

Leitung, einheitliche
StHG 24
DBG 61
MWSTG 13
MWSTV **15**, 77
StG ZH 67

letzter Wohnsitz
DBG 159
ESchG 2

Liberierung
StG 14

Lieferung / Beförderung ins Ausland
MWSTG 18, 23
MWSTV 41 ff., 63, 90

Lieferung, Begriff
vgl. a. ↑ Leistung
MWSTG 3

Lieferung, Ort der
MWSTG 7, 9, 45
MWSTV 3 f., 90
VVO MI 06

Lieferung, von Gegenständen
MWSTG 3, 7, 21, 23, 25, 28, 53 f., 60
MWSTV 4, 14, 90, 144, 148

Liegenschaften
vgl. a. ↑ Grundstück
StHG 8 f., 12, 23
DBG 13, 18a, 21, 32, 51 f., 55 f., 207
VO DBG F 1, 3 f.; G 1; H 1; M 3
OECD 6, 13
MWSTG 8, 21
MWSTV 5, 104, 150
StG ZH 7, 12, 21, 28, 30, 60 f., 68, 81, 207, 216, 221
StV ZH 67
ESchG 18, 30
VVO MBI 17

Liegenschaft, Eigennutzung
vgl. a. ↑ Eigenmietwert
StHG 7
DBG 21
OECD 6
StG ZH 21

Liegenschaft, Grossrenovationen
MWSTV 71, 74

Liegenschaft, Instandstellungskosten
StHG 9
DBG 32
VO DBG F 1; G 1
MWSTV 70 f., 73 f.
StG ZH 30

Liegenschaft, Unterhaltskosten
StHG 9
DBG 32
VO DBG F 1 f.; G 1
MWSTV 70 f., 73 f.
StG ZH 30
VVO C100

Liegenschaft, Unternutzung
DBG 21
StG ZH 21

Liegenschaft, Verluste aus ausländischer
DBG 6, 52
StG ZH 5, 57

Liegenschaft, Zweckentfremdung
StHG 14
StG ZH 41, 81

Liegenschaftenhändler
StHG 4, 8, 21
DBG 4, 13, 18, 51
StG ZH 4, 12, 18, 56, 221

Liquidation, Gesellschaft
StHG 7b, 24
DBG 20, 54 f., 79 f., 207
VO DBG L 14 ff.; M 1 ff., 6, 9, 11
OECD 13
VStG 4, 5, 15, 29
VStV 9, 22 f., 28, 33, 62
StG 6
MWSTG 14 f., 38, 66
StG ZH 12, 20, 59 f., 64, 83
StV ZH 31
ESchG 25b

Liquidationsgewinn
StHG 11
DBG 37b, 58
VO DBG M 1 ff.
VStG 15
VStV 20 ff., 24, 33, 69
StG 5
StG ZH 37b, 64
VVO A73

Liquidationsüberschuss / -ergebnis
StHG 7, 7b f., 11, 24
DBG 18b, 20, 37b, 55, 58, 207
VO DBG M 1 ff.
VStG 4a, 15
VStV 20 ff., 24, 33, 69
StG 5
StG ZH 18b, 20, 37b, 64
VVO A73

Lizenzgebühren
vgl. a. ↑ immaterielle Güter
StHG 8a, 24b
OECD 12, 24
N 1.2 1, 8, 11; 1.2.1 1; 1.8 9

LoB-Klausel
vgl. ↑ Anspruch auf Vergünstigungen

Lohn
vgl. ↑ Einkünfte, Unselbständigwerbender

Lohnausweis
DBG 125
StG ZH 134, 261
VVO D11

Lohnveredlung
MWSTG 53 f.

Löschung, im Handelsregister
DBG 161, 171, 207
VStG 47
VStV 11
StV 7
MWSTG 95
StV ZH 31

Löschung, im Register der Steuerpflichtigen
MWSTG 14, 66, 82
MWSTV 82

Lotterie, Einsatzkosten
StHG 9
DBG 33
StG ZH 31

Lotterie, Naturalgewinne
StHG 7, 9
DBG 24, 33
VStG 1, 20a, 38, 64
VStV 41a, 41c
StG ZH 24, 31

Lotterie, zur Verkaufsförderung
StHG 7, 9
DBG 24, 33
VStG 1, 6, 12 f., 16, 20a f., 38, 64
VStV 41b, 41c, 60, 68
StG ZH 24, 31

Lotteriegewinne
vgl. a. ↑ Geldspiele
StHG 7, 9
DBG 24, 33
VStG 1, 6, 12 f., 16, 20a f., 38, 64
VStV 41 ff., 60, 68
StG ZH 24, 31, 275

Luftfahrt
StHG 4, 35
DBG 5, 91
OECD 3, 6, 8, 13, 15, 22
StG 22
StV 27
MWSTG 23
MWSTV 41, 113
StG ZH 4, 94

Lunch-Check
vgl. ↑ Einkünfte, Unselbständigwerbender

M

Mahnung
StHG 43, 46, 55
DBG 127, 130, 165, 167d, 174
VO DBG K 23
VStG 16, 45
StG 29, 42
MWSTG 86 f., 98
StG ZH 136, 139, 234
StV ZH 5, 8, 17, 42, 57
ESchG 39, 60

Makler
vgl. ↑ Vermittler

Mäklerprovision
vgl. ↑ Vermittlungsprovision

Mängel, eines Entscheides
StHG 50
DBG 140
N 3 49
StG ZH 147, 149

Mantelhandel
vgl. ↑ Liquidation / Handwechsel

Margenbesteuerung
MWSTG 24a, 28a
MWSTV 48a ff.

Marktwert
vgl. a. ↑ Wert
StHG 7d, 14 f., 24
DBG 16, 17b, 58, 69, 207a
VO DBG N 4 f., 12
StG 8, 16
StV 9 f.
MWSTG 24, 45, 52, 54, 108
MWSTV 111
N 4 670, 960b
StG ZH 17b, 21, 39 f., 43, 72, 220, 282b
ESchG 13 f., 17 f.

Massgeblichkeit
vgl. ↑ Gewinn, Berechnung Reingewinn

Massnahmen, gegen Missbrauch
vgl. ↑ Steuerentlastung, missbräuchliche

Medikamente
MWSTG 25
MWSTV 34, **49**

Mehrheit, Beherrschung
StHG 24
DBG 61
OECD 9
VStV 9
StG 5, 7 f., 10
StV 10
StG ZH 67
ESchG 25a

Mehrheit, von Leistungen
MWSTG **19**, 52
MWSTV **31 ff.**, **112 ff.**

Mehrwert, selbst geschaffen
StHG 24c f., 25a^{bis}, 78g
VO StHG C 1
DBG 61a f.
StG ZH 64c f., 65b, UeB 2

Mehrwertausgleich
StG ZH 221

Meldepflicht
StHG **45**
DBG 129, 174, 192
VO DBG K 5
VStG 40
VStV 40
N **1.6** 1 ff.; **1.7** 2, 7, 9 f., 15 ff.; **1.8** 1 ff.
StG ZH 136 ff., 234
StV ZH 27, **67**

Meldeverfahren
VStG 1, 11, **19** f., 38 f., 61 f., 70c
VStV 24 ff., **26a**, **38a**, 45, **47** ff.
MWSTG 27, 31, **38**
MWSTV 63, 81 f., **83**, 90, **101** ff., 126 f.
VVO B104, C23, MI 11

Meldeverfahren (Art. 9 AIA EU)
N **1.8** 9

Meldeverfahren, Dividenden an ausländische Gesellschaften
VStG 20, 70c
VStV **26a**
N **1.3**
VVO B104, C23

Meldeverfahren, Frist
VStG 16, 20, 70c
VStV 26 f.
VVO B104

Meldeverfahren, Konzernverhältnis
VStG 20, 70c
VStV **26a**
N **1.3**
VVO C23

Meldeverfahren, Ordnungsbusse
VStG 20, 64, 70c
VVO B104

Meldeverfahren, Verzugszins
VStG 16, 70c
VVO B104

Meldung, Einspruch bei Versicherungsleistungen
VStG 19
VStV **48** f.

Meldung, Gesuch um
VStG 20, 70c
VStV 24, **25** f.
N **1.3** 5

Meldung, statt Steuerentrichtung
VStG 1, 11, **19** f., 38 f., 61 f., 70c
VStV 24 ff., **26a**, **38a**, 45, **47** ff.
N **1.3** 3
VVO B104, C23, MI 11

Meliorationskosten
StG ZH 221

Methodenwechsel
MWSTG 37
MWSTV 78, **79**, **81**, **98**, 106 f., 166

Mietertrag
StHG 7
DBG 20, 21
OECD 6
StG ZH 20, 21

Militärversicherung
StHG 76
DBG 22, **202**
StG ZH 22

Minderjährige
StHG 54
DBG 35, 155, 157
VO DBG A 5; I 2
N **2** 23
StG ZH 7, 34, 164, 166

Mindestbesteuerung / Mindeststeuer
BV 129a, 197 Ziff. 15
OECD **4.3**; **4.4** 1 ff.
VVO C104

Mindestdauer
vgl. a. ↑ Haltedauer
StHG 3, 6 ff., 8, 11, 24
DBG 3 f., 14, 18b f., 20 f., 37b, 51, 61, 70, 205a
VO DBG M 6, 11
StG 9
StV 26b
MWSTG 11 f., 37, 39
MWSTV 5, 45, 78, 98
N **5.3** 2 f., 7; **7** 3
StG ZH 3, 19 ff., 37b, 67, 225
ESchG 25a

Mindestlohn / Mindestalter
N **5.1** 7

Mineralölsteuer
MWSTV 145

Minimalsteuer
StHG 27

Missbrauch
OECD Präambel, 29
VStG 5, 8
N **1.1** 28 ff.
StG ZH 153

Missbrauch, des Ermessens
N **2** 27, 77
StG ZH 153

missbräuchliche Steuerentlastung
OECD Präambel, 29
N **1.1** 28 ff.; **1.2** 6

Mitarbeit, der Ehegatten
StHG 9, 33, 36a
DBG 33, 85
VO DBG C 2
N **5.3** 7
StG ZH 31, 34, 90
VVO A75

Mitarbeiteraktien
StHG 7c f.
DBG 17a f.
VO DBG N 1, 4 f., 7 f., 11 f., 15
StG ZH 17a f.
VVO A89, A82

Mitarbeiterbeteiligungen
vgl. a. ↑ geldwerte Vorteile
StHG 4, **7c** ff., **14a**, 32, 35, 37, 45
DBG 5, 17, **17a** ff., 84, 93, 97a, 100, 129
VO DBG N 1 ff.
VStG **4a**
StG ZH 4, 17, **17a** ff., **39a**, 89, 96, **100**, 102, 137a
VVO A89, A82

Mitarbeiterbeteiligungen, bei der Arbeitgeberin
VVO A89

Mitarbeiterbeteiligungen, Bescheinigung
StHG **45**
DBG 129
VO DBG N 1 ff.
StG ZH 137a
VVO A82

Mitarbeiterbeteiligungen, Bewertung
StHG 7d, **14a**
DBG 17b
VO DBG N 4 f., 12
StG ZH 17b, **39a**
VVO A89, A82

Mitarbeiterbeteiligungen, Definition
StHG **7c**
DBG **17a**
StG ZH **17a**
VVO A82

Mitarbeiterbeteiligungsplan
VO DBG N 4 ff., 11
VStG **4a**
VVO A82

Mitarbeiteroptionen
StHG 7c f., 7 f., 37, 45
DBG 17a f., 17d, 97a, 100
VO DBG N 1, 5, 7 f., 15
StG ZH 17a f., 17d, 100, 102
VVO A89, A82

Mitarbeiteroptionen, gesperrte
StHG 7d, 7 f., 32
DBG 17b, 17d, 97a
StG ZH 17b, 17d, 100
VVO A82

Miteigentümer
StHG 44
DBG 128
VStG 49
StG ZH 137

Mitglieder
StHG 24
DBG 60
VO DBG K 16
OECD 28
VStG 9
VStV 55
MWSTG 3, 21
MWSTV 16 ff.
StG ZH 66, 119, 210
StV ZH 8 f.
ESchG 28

Mitglieder, der Verwaltung
StHG 4, 35, 45, 57b
DBG 5, 93, 125, 129, 181 f.
VO DBG K 14
OECD 16
StG ZH 4, 96, 134, 136, 241

Mitgliederbeiträge
StHG 9, 26
DBG 66
StG ZH 69

Mithaftung / Solidarhaftung
vgl. a. ↑ Haftung
StHG 24, 56, 57b
DBG 12, **13**, **55**, 61, 92, 177, 181a
OECD **4.4** 6
VStG 10, 15, 41
VStV 35, 69
StG 10
MWSTG 15 f., **49**, 51, 82, 102
MWSTV 22
StG ZH 12, **60**, 95, 241a

Mittelpunkt, der Lebensinteressen
vgl. a. ↑ Aufenthalt
OECD 4

Mitversicherung
StV 28

Mitwirkung
StHG 7a, 57, 57a, **71**
DBG 20a, 117, **177**, 181, 183
OECD **4.4** 31
VStV 2

N 1.5 15, 21
StG ZH 20a, 127, 237, 240 f., **244**, **267**
StV ZH 43

Mitwirkung, des Verkäufers
StHG 7a
DBG 20a
StG ZH 20a

Mitwirkungspflichten
StHG 42
DBG 124 f., **126**, **157**
StG ZH 107, 133 f., **135**, **166**, 209, 248, 267
ESchG 26

modifizierte Besteuerung nach dem Aufwand
StHG 6
DBG 14
VO DBG E 4
N 1.2 4
StV ZH [1]
VVO A90

Monatshygieneprodukte
MWSTG 25

monistisches System
vgl. ↑ Grundstückgewinnsteuer im Privat- und Geschäftsvermögen

Montagestelle
vgl. a. ↑ Betriebsstätte
StHG 4, 21
DBG 4, 51
OECD 5
StG ZH 4, 56

Monteur-Klausel
vgl. ↑ 183 Tage

Motorfahrzeug
VO DBG C 5
N 4 327b
VVO MBI 05

Münzen
MWSTG 21, 23
MWSTV 48a

Musiker
vgl. ↑ Künstler

Mutterschaft
N 5.1 8

Mutterschaftsurlaub
N 5.1 8

Mutterschaftsversicherung, Einkünfte aus
vgl. ↑ Einkünfte, andere / übrige

N

Nachbesteuerung, des Vermögens
vgl. a. ↑ Regularisierung, von Vermögenswerten
StHG 14
StG ZH 41 ff.

Nachbesteuerung, vereinfachte
StHG **53a**
DBG **153a**
StG ZH **162a**

Nacherben
ESchG 7 f., 23

Nacherbschaft
ESchG 7 f.

Nachforderung, Mehrwertsteuer
MWSTG 64

Nachforderung, Steuerabzug
StHG 49
DBG 138
VStG 26a
StG ZH 145

Nachkommen
ESchG **11**, 23

Nachlass
vgl. a. ↑ Erbschaft
StHG 56, 58
DBG 13, 153a, 156 f., 178
StG ZH 12, 162a, 165 f., 238
ESchG 24, 35, 73

Nachlasswerte, Beiseiteschaffen
StHG 56, 58
DBG **178**, 184
StG ZH **238**, 242
ESchG 68 ff.

Nachsteuer
StHG 24, **53** f., 56, 57a f., 78d
DBG 19, 61, **151** ff., 161, 181a, 205b[bis]
VO DBG J 3
StG ZH 19, 67, 130, **160** ff., 172, 210, 215 f., 237, 241a, 255
StV ZH 46, **52**
ESchG **52** f.
ESchV **3**, 6 f., 12

Nachsteuerverfahren
StHG 53, 57a
DBG 152, **153**, 183
StG ZH 161, **162**, 248
ESchG 53

nachträgliche Änderung
vgl. ↑ Korrektur

nachträgliche Anpassung, des Entgelts
MWSTG 41 ff., 54, 56 ff.
MWSTV 116

nachträgliche ordentliche Veranlagung
StHG 33a f., 35a f., 38
DBG 89 f., 99a f., 107, 136a
VO DBG K 9 ff., 14 f.
StG ZH 93 f., 101a ff., 104, 143a
VVO A91

Nachweis
vgl. a. ↑ Beweismittel
StHG 11
DBG 37b, 124, 133
VStV 2, 20, 24a, 42, 64
StG 6, 17, 22
StV 2, 18, 21, 25a
MWSTG 15, 20, 23, 28, 51, 64, 81, 92
MWSTV 59, 69, 72, 88, 145
StV ZH 12, 15

Nachweis, der effektiven Kosten
StHG 28, 33b, 35b
DBG 26, 70, 89a, 99a f.
VO DBG C 4 f., 7, 9 f.; I 2; K 10, 15
StG ZH 26, 72, 93a, 101a f.

Nachweis, im Haftungsfall
DBG 13, 55
VStG 15
StG ZH 12, 60

Nachzahlung
StHG 38a, 49
DBG 107, **138**
StG ZH 145

nahestehende Person
vgl. a. ↑ Person, eng verbundene
StHG 7, 23 f.
DBG 20, 33, 56, 58
OECD 5, 7, 9, 11, 12
VStV 20
MWSTG 3, 24, 31, 38, 107
MWSTV **26**, 52, **94**
N 1.5.1 9 ff.; 2 17; 4 663b^bis f.
StG ZH 20, 61, 64

Naturalbezüge, Arbeitnehmer
VVO C76, D11

Naturalbezüge, Selbstständigerwerbender
VVO C77

Naturaldividenden
StHG 7
DBG 16, 20
OECD 10
VStG 4, 20
VStV 24
StG ZH 16, 20

Naturalleistungen
StHG 7, 32
DBG 16, 84, 88, 100
VO DBG K 16
StG ZH 16, 88, 92, 102

natürliche Person, Begriff
StHG 3 f.
DBG 3 ff., 9 ff.

OECD 3
StG ZH 3 f., 7, 8 ff.

natürliche Person, Besteuerung
StHG 2, 3 ff., **32 ff.**
DBG 1, 3 ff., **83 ff.**, **91 ff.**, 125 f., 204 ff.
VO DBG K 9 ff., 14 ff.
VStG 22, 30
VStV 51
MWSTG 16
StG ZH 1, 3 ff., **87 ff.**, **94 ff.**, 134 f., 187

natürliche Personen, im Ausland
StHG 3
DBG 3, 6
VO DBG B 1 ff.; K 18 f.
StG ZH 3
VVO E40

Nebeneinkünfte
StHG 7, 32 f., 35
DBG 17, 84 f., 92 f.
VO DBG K 16
OECD 15 f.
StG ZH 17, 88, 90, 95 f.

Nebenerwerbstätigkeit
vgl. a. ↑ Erwerbstätigkeit
StHG 7, 9, 33
DBG **16**, 17, 18, 85
VO DBG A 2; C 10
StG ZH **16**, 17, 18, 90

Nebenleistungen
MWSTG 19, 21

Nebensteuerdomizil
vgl. ↑ wirtschaftliche Zugehörigkeit

Nebentätigkeit
MWSTG 23
MWSTV 89

Nennwert
vgl. a. ↑ Wert
StHG 7a
DBG 20a
VStG 4a
VStV 20
StG 5 ff., 9 ff.
StV **9**, 21

Nennwerterhöhung
DBG 20
VStV 24
StG 5 ff.
StV **9**

Netto-Allphasensteuer
MWSTG 1

Nettoertrag, aus Beteiligung
vgl. a. ↑ Beteiligungsabzug
StHG 28
DBG 69, **70**, 207a
StG ZH 72, 282b

neue Tatsache
vgl. ↑ Tatsache

Neugründung
vgl. ↑ Gründung

Nexus-Regel
OECD **4.3**

Nichtausübung, einer Tätigkeit
StHG 7
DBG 23
StG ZH 23

Nichtbesteuerung
OECD Präambel, 29
MWSTG 9

Nichterbe
ESchG 4

Nichtigkeitsbeschwerde
vgl. ↑ Beschwerde, in Strafsachen

Niederlassungsbewilligung
StHG 32, 39a
DBG 83, 112a
VO DBG K 12 f.
StG ZH 87

Nominalwert
vgl. ↑ Nennwert

Normalsatz
MWSTG 25, 55

Notar
StG 36
StG ZH 121, 209
StV ZH **67**, 69 f.
ESchG 29
VVO MBI 18

Nutzniesser, Steuerpflicht
StHG 4, 21
DBG 4 f., 51, 94
StG ZH 4, 56, 97
ESchG 8, 56 f.
ESchV 11

Nutzniessung, Einkünfte
StHG 7, 35
DBG 20, 21, 94
VO DBG K 17
OECD 6, 21
VStG 21
VStV 36, 62
StG ZH 20, 21 f., 97

Nutzniessung, Vermögen
StHG 13
OECD 6
StG ZH 38
ESchG 6, **14**

Nutzung, eines Gegenstandes
MWSTG 3, 7, 21, 23
MWSTV 69 f., 73

Nutzung, im Ausland
MWSTG 23

Nutzungsänderung
MWSTG 31 f.
MWSTV 70, 73
StG ZH 41
VVO MI 10

Nutzungsberechtigter / Begünstigter
vgl. a. ↑ Nutzniesser
StHG 4a, 45
DBG 15, 129
OECD 10 ff.
VStG 21, 28
VStV 36, 62
MWSTG 107
MWSTV 90, 113, 126, **143** ff.
N 5.3 2
StG ZH 136
ESchG 8, 32

Nutzungsrechte
vgl. a. ↑ dauernde Lasten
StHG 4, 7, 21
DBG 4 f., 20 f., 51, 94
OECD 5 f., 21
VStG 21
VStV 36, 62
StG ZH 4, 20, 21 f., 56, 97

O

Obligation
StHG 7
DBG 20
OECD 11
VStG 4, 16
VStV 14 ff.
StG 1, 4, 13 f.
MWSTG 93
N 4 958e, 959c; **5.3** 5
StG ZH 20, 275
VVO A93, A60

Obligation, Anleihensobligation
vgl. a. ↑ Obligation
OECD 11
VStV 15, **18**
StG 4
N 4 958e, 959c

Obligation, Derivate
VVO A60

Obligation, Einmalverzinsung
DBG 20
StG ZH 20, 275

Obligation, Kassenobligation
VStG 16
VStV 15, **19**
StG 4

Obligation, Rückzahlung
DBG 20
VStV 14
StG ZH 20, 275

obligatorische Versicherung
StHG 9
DBG 33
StG 4
N **5.1** 2 f., 7, 10
StG ZH 31, **271**

OECD/G20 Mindestbesteuerung in der Schweiz
OECD **4.4** 1 ff.

offenbare Härte
DBG 166, 167, 167c
VO DBG K 11
VStG 18, 20, 29
StG 12
StG ZH 183
ESchG 62

öffentliche Hand
StG 6
StV 18, 25

öffentlicher Dienst
OECD **19**

öffentlich-rechtliche Abgaben
MWSTG 18, 24

öffentlich-rechtliche Aufgaben
VStG 36
StG 32
MWSTG 75
N 2 30

öffentlich-rechtliche Eigentumsbeschränkung
StHG 12
StG ZH 216
StV ZH 67

öffentlich-rechtliche Körperschaft
DBG 3
VStG 69
N 2 12

öffentlich-rechtliche Vorsorgeleistung
N **5.1** 80; **5.3** 1
VVO C71

öffentlich-rechtliches Arbeitsverhältnis
StHG 4, 35
DBG 3, 5 f., 17, **95**
VO DBG B 1 ff.; K 18 f.
OECD **19**
N 3 83, 85, 89
StG ZH 3, 4, 17, **98**
VVO E40

Onkel
ESchG 23

Online-Deklaration
vgl. ↑ elektronische Plattform

Online-Versandhandelsplattform
vgl. ↑ elektronische Plattform

Option
vgl. a. ↑ Kapitalgewinn, aus beweglichem Privatvermögen
VVO A60

Option, Aktionärs-/Gratisoptionen
vgl. a. ↑ geldwerte Vorteile
VVO A84

Option, Mitarbeiteroptionen
StHG 7c f., 7 f., 37, 45
DBG 17a f., 17d, 97a, 100
VO DBG N 1, 5, 7 f., 15
StG ZH 17a f., 17d, 100, 102
VVO A89, A82

Option, MWST
MWSTG 22
MWSTV **39**, **150**

Optionsanleihe
vgl. a. ↑ Obligation
VStG 4a

Ordnungsbusse
VStG 20, 64, 67
StG 47
N 2 3

Ordnungsbusse, Meldeverfahren
VStG 20, 64, 70c
VVO B104

Ordnungswidrigkeiten
VStG **64**, 67
StG **47**
N 2 3

Ordre public
StHG 10, 25
DBG 27, 59
OECD 26 f.
StG ZH 27, 65

Organisationsdienstleistungen
MWSTG 21

Organisationseinheit
MWSTG 18
MWSTV 38

Organisatoren
DBG 92
VO DBG K 16
MWSTG 8, 23
MWSTV 14, 97, 153
StG ZH 95

Ort, der Arbeitsausübung
StHG 4, 35
DBG 5, 91 ff.
VO DBG K 16
OECD 15
StG ZH 4, 94 ff.

Ort, der Dienstleistungen
MWSTG **8**, 10, 23, 45
MWSTV 90, 126 f.
VVO MI 06

Ort, der Leitung
vgl. a. ↑ Geschäftsleitung
OECD 5
VStV 17, 22

Ort, der Lieferung
MWSTG 7, 9, 45
MWSTV 3 f., 90
VVO MI 06

P

Pachtzins
vgl. ↑ Verpachtung

Parallelität, des Instanzenzuges
VVO B10

Parteien, Beiträge an
StHG 9
DBG 33
StG ZH 31, 61

Parteientschädigung
MWSTG 84
StG ZH 152

Partizipationsscheine
StHG 7c
DBG 17a, 18b, 20
VO DBG N 1
VStG 4 f.
VStV 20
StG 1, 5 ff., 13 f.
StV 9
StG ZH 17a, 79

Partnerschaft, eingetragene
vgl. a. ↑ Ehe
StHG 3
DBG 9, 12
N 2 29, 85; 5.1 79b; 5.3 2 f., 7
StG ZH 7, 11
ESchG 11, 21, 23
VVO A75

Parzellierung
StG ZH 224

Patenkind
ESchG 21

Patentbox
vgl. a. ↑ Steuerermässigung, Patente
StHG 8a, 14, 24b, 25b, 29
VO StHG B 1 ff.
StG ZH 19a, 64a f., 65c, 81a
VVO C102

Patente
vgl. a. ↑ immaterielle Güter
StHG 6, 8a, 14, 24a f., 25b, 29
VO StHG B 1 ff.
DBG 14
OECD 12
MWSTV D Anh.
N 1.2.1 1
StG ZH 19a, 64a f., 65c, 81a
VVO MBI 25

Patente und vergleichbare Rechte, Begriffe
StHG 24a
StG ZH 64a
VVO MBI 25

Patente, Behandlung von Verlusten
StHG 24b, 25b
VO StHG B 6
StG ZH 65c

Patente, Berechnung Gewinn
StHG 8a, 24b, 25b
VO StHG B 1 ff.
StG ZH 19a, 64b, 65c
VVO C102

Patente, Einkommen/Gewinn
StHG 8a, 24b, 25b
VO StHG B 1 ff.
StG ZH 19a, 64b, 65c
VVO C102

Patente, Forschungs- und Entwicklungsaufwand
StHG 24b
VO StHG B 7 ff.
StG ZH 64b
VVO E31

Patente, Vermögen/Kapital
StHG 14, 29
StG ZH 81a
VVO MBI 25

Pauschalabzug
StHG 9, 33 f., 35b
DBG 26, 32, 85, 99b
VO DBG C 3 f., 5 ff., 9 ff.; F 5; I 4; K 1, 11
N 1.2 11
StG ZH 26, 30, 90, 95, 101b

Pauschalbesteuerung
vgl. ↑ Aufwandbesteuerung

pauschale Steueranrechnung
vgl. ↑ Anrechnung ausländischer Quellensteuern

Pauschalmethoden
MWSTG 30
MWSTV 47, 65, 66

Pauschalsteuersatzmethode
MWSTG 37
MWSTV 77, 97 ff., 107, 127 f., 166
VVO MI 13

Pendlerabzug, Berufskosten
vgl. a. ↑ Fahrkosten, Abzug/privates Fahrzeug
StHG 9
DBG 26
VO DBG C 3, 5 f.
StG ZH 26

Pension/Ruhegehalt
vgl. a. ↑ Rente
StHG 4, 6, 35
DBG 5, 14, 95 f.
VO DBG K 18
OECD 3, 18 f.
VStG 7 f., 13
VStV 43, 46 f., 50
StG ZH 4, 98 f.
ESchG 5

Person, ansässige
StHG 3, 20
DBG 3, 50
OECD Präambel, 1, 3, 4, 6, 8, 10 ff., 21 ff., 29
N 1.2 2 f., 13; 1.2.2 1; 1.3 1
StG ZH 3, 55
ESchG 2

Person, begünstigte
StHG 4a, 45
DBG 15, 129
OECD 10 ff.
VStG 21, 28
VStV 36, 62
MWSTG 107
MWSTV 90, 113, 126, 143 ff.
N 5.3 2
StG ZH 136
ESchG 8, 32

Person, berechtigte
OECD 29

Person, eng verbundene
vgl. a. ↑ nahestehende Person
OECD 5
MWSTG 3, 24, 38, 107
MWSTV 26, 52, 94

Person, eng verbundene; Definition
OECD 5
MWSTG 3
N 1.5.1 9

Personal
StHG 10, 25
DBG 27, 59
VO DBG C 6
VStG 9
StV 2
MWSTG 21, 24
MWSTV 47, 53, 69, 72, 94
StG ZH 27, 65, 117, 121

Personalsteuer
StG ZH 89, 187, 199 f.
StV ZH 65

Personalvorsorge
vgl. ↑ Vorsorge

Personengesamtheiten, ohne juristische Persönlichkeit
StHG 20
DBG 11, 49, 55, 181
OECD 3
VStG 9, 15, 24 f., 30
VStV 17, 55
StG 9
StV 19
MWSTG 17
N 2 6 f.
StG ZH 8, 54, 60, 241

Personengesellschaft
StHG 7a, 8, 20, 24, 45
DBG 10, 13, 18 ff., 20a, 49, 55, 61, 129, 181
VO DBG M 11
OECD 3, 7, 13
VStG 9, 15, 24 f., 30, 49
VStV 17, 20, 55
StG 13
StV 18, 25
MWSTG 3, 15, 17
MWSTV 12
N 1.2 2, 9, 11; 2 6 f.
StG ZH 8, 15, 19, 216, 216, 229, 241, 262

Personenunternehmung
vgl. ↑ Personengesellschaft / Einzelunternehmung

Personenvereinigungen
vgl. ↑ Personengesamtheiten

Pfand, Faustpfand
StHG 4, 21, 35
DBG 5, 51, 94
VO DBG K 17
StG ZH 4, 56, 97

Pfand, Grundpfand
StHG 4, 6, 21, 35
DBG 5, 14, 51, 94
VO DBG K 17
OECD 11
VStV 15
StG 4
MWSTG 93
StG ZH 4, 56, 97, 109, 208, 210
StV ZH 68 f.
ESchV 11

Pfand, Verpfändung
DBG 127
VO DBG K 2; M 6
VStG 46
VStV 60
StV 25a
MWSTG 18, 44, 99
MWSTV 2, 24, 108
N 2 46, 92; 4 663b^{bis}; 5.1 83a; 5.3 4
StG ZH 136, 220

Pfandbrief
VStG 40
VStV 15
StG 4, 37
StV 23
MWSTG 78

Pflegekind
ESchG 21

Pflegeleistungen
vgl. a. ↑ Krankheit
DBG 3
MWSTG 8, 21
MWSTV 34 f., 97
VVO MBI 21

Pflichten, Amtspflichten
StHG 39
DBG 109 ff.
StG ZH 119 ff., 248
ESchG 26, 28 ff.

Pflichten, des Antragstellers
VStG 48
VStV 12, 51 ff., 64
N 1.2 16

Pflichten, des Steuerpflichtigen
StHG 40, 42, 46, 55, 57, 57a
VO StHG A 5
DBG 12, 113, 124, 126, 136, 174, 181 ff., 196 f.
VO DBG B 7 f.
VStG 14 f., 40
VStV 23
StG 24, 34 f., 37, 46
MWSTG 15 f., 39, 66 ff., 82, 92, 98, 105
MWSTV 122 ff.
StG ZH 11, 123, 133 ff., 142 f., 166, 234 ff.
StV ZH 2 ff., 18, 41, 75
ESchG 9, 33, 39, 42
VVO MI 21

Pflichten, des Steuerschuldners
StHG 37 f., 49
DBG 88, 100, 107, 136 ff.
VO DBG K 5 f.
StG ZH 92, 102, 109, 143 ff., 153 ff.

Pflichten, Verfahrenspflichten
StHG 40, 42, 46, 55, 57, 57a
VO StHG A 5
DBG 12, 113, 124, 126, 136, 174, 181 ff., 196 f.
VO DBG B 7 f.
VStG 14 f., 40
VStV 23
StG 24, 34 f., 37, 46
MWSTG 15 f., 39, 66 ff., 82, 92, 98, 105
MWSTV 122 ff.
StG ZH 11, 123, 133 ff., 142 f., 166, 234 ff.
StV ZH 2 ff., 18, 41, 75
ESchG 9, 33, 39, 42

pflichtgemässes Ermessen
StHG 46, 48, 57a
DBG 130, 132, 183
MWSTG 54, 79, 86, 92
N 2 27, 77
StG ZH 139 f., 248, 153
StV ZH 5, 18
ESchG 39, 41

Pflichtwandelanleihe
vgl. a. ↑ Anleihe
VStG 5
StG 6

Planmässigkeit
N 5.1 1

politische Parteien, Zuwendungen
StHG 9
DBG 33
StG ZH 31, 61

politische Unterabteilungen
OECD 2 ff., 19, 26 f., 29

Praktikant
OECD 20
VVO C73

Prämien, für Versicherung
StHG 9, 33
DBG 22, 32 f., 85, 204, 205a
VStV 44, 46
StG 1, 21 ff., 24
StV 26 ff., 30a
StG ZH 22, 30 f., 90, 282a

Prämien, für Vorsorgeeinrichtung
vgl. ↑ Vorsorge, Abzüge

Präponderanzmethode
vgl. a. ↑ Erwerbstätigkeit, vorwiegend selbständige
VVO C12

Preise, Ehrengaben, Stipendien
VVO A88

Primärmarkt
vgl. a. ↑ Emission, von Anteilen
VVO A69, A57

Principal-Gesellschaft
VVO B109

Privatanteile
VO DBG C 5a
VVO C77, D11, MI 08

Privataufwand
StHG 9
DBG 34
VO DBG C 1
StG ZH 33

Privatbankiers
VStV 56

Privatentnahme
StHG 8, 42
DBG 18, 125
StG ZH 18, 134

privates Fahrzeug, Fahrkostenabzug
StHG 9
DBG 26
VO DBG C 3, 5 f.
StG ZH 26

privatrechtliche Vorsorgeleistung
N 5.1 80
VVO C70

Privatvermögen
StHG 7 f., 9, 12
DBG 16, 20 f., 32
VO DBG F 1; G 1; H 1; M 3
StG ZH 16, 20 f., 30

Privatvermögen, Überführung ins
StHG 8
DBG 18 f., 207
VO DBG A 4
StG ZH 18 f.
ESchG 25b

Progression
DBG 39
StG ZH 48

Progressionsvorbehalt
vgl. ↑ Doppelbesteuerung, Vermeidung

Provision
StHG 7
DBG 17
StG ZH 17, 221

Provision, Bezugsprovision
StHG 11, 37
DBG 37a, 88, 100
VO DBG K 6, 24
VStG 2
StG ZH 37a, 92, 102

Provision, Vermittlungsprovision
DBG 55, 173
StG 14
StG ZH 60, 221

provisorische Rechnung
StHG 77
DBG 161 f.
VO DBG J 1, 3, 5
StG ZH 127, 173, 179 f., 274, 277
StV ZH 49, 50

Psychotherapie, Kosten
vgl. ↑ Krankheitskosten

Psychotherapie, Leistung
MWSTG 21
MWSTV 35

Q

Qualified Intermediaries
VVO C21

qualifizierte Beteiligung
vgl. a. ↑ Beteiligung
StHG 7 f., 24
DBG 18b, 20 f., 69, 207a
MWSTG 3, 10, 29, 73
MWSTV 38
N 1.3 2; 4 959c, 960d
StG ZH 20a, 35, 61, 282b
ESchG 25a

Quasi-Ansässigkeit
VO DBG K 14
VVO A91, E67

Quellenbesteuerung des Erwerbseinkommens
StHG 32 ff., 35 f., 38 f., 49
DBG 83 ff., 91 ff., 107, 126a, 136 f.
VO DBG K 1 ff.

StG ZH 87 ff., 94 ff., 104, 128, 143 ff.
VVO A91, B80, E67

Quellenbesteuerung und DBA
VVO B81, C75-C68

Quellenbesteuerung von Ersatzeinkünften
StHG 32
DBG 84
VO DBG K 3
StG ZH 88
VVO A91, C75

Quellenbesteuerung, internationale
N 1.8.1 1

Quellenbesteuerung, Wechsel von der ordentlichen Besteuerung zur
VO DBG K 13
VVO A91, E67

Quellenbesteuerung, Wechsel zur ordentlichen Besteuerung
StHG 4b, 33a f., 35a f., 38 f.
DBG 89 f., 99a f., 107, 136a
VO DBG K 9 f., 12, 15
StG ZH 93 f., 101a f., 104, 143a
VVO A91, E67

Quellenstaat
N 1.8 9

Quellensteuer
StHG 2, 32 ff., 35 ff., 59
DBG 1, 37a, 83 f., 91 ff., 107, 167, 167b
VO DBG I 4; K 1 ff.; L 5, 7
N 1.1 24 ff.; 1.3 1
StG ZH 1, 87 f., 94 ff., 104, 109, 187, 235, 242 f., 262
StV ZH 57a
VVO B81, B80, C75-C68

Quellensteuer auf Kapitalerträgen, Strafbestimmungen
N 1.1 28 ff.

Quellensteuer, Ablieferung
StHG 38
DBG 100, 107
VO DBG K 2, 23
StG ZH 102, 104

Quellensteuer, Arbeitnehmer
StHG 32, 35
DBG 83, 91
VO DBG K 1, 4 f., 9 ff., 14 f.
StG ZH 87, 94
VVO A91

Quellensteuer, ausländische
DBG 32
N 1.1 30 ff.; 1.2 1 ff.; 1.2.1 1
StG ZH 30

Quellensteuer, Frist für Antrag
StHG 33b, 35a
DBG 89a, 99a
VO DBG K 10, 14
StG ZH 93a, 101a
VVO A91

Quellensteuer, Meldepflicht
VO DBG K 5
VVO A91

Quellensteuer, mit Aufenthalt / Wohnsitz in der Schweiz
StHG 32 ff., 38
DBG 83 ff., 107
VO DBG K 9 ff.
StG ZH 87 ff., 104
VVO A91, C75

Quellensteuer, nachträgliche ordentliche Veranlagung auf Antrag
StHG 33b, 35a
DBG 89a, 99a, 136a
VO DBG K 10 f., 14, 19
StG ZH 93a, 101a
VVO A91

Quellensteuer, nachträgliche ordentliche Veranlagung von Amtes wegen
StHG 35b
DBG 99b
VO DBG K 15
StG ZH 101b
VVO A91

Quellensteuer, Nachzahlung
StHG 49
DBG 138
StG ZH 145

Quellensteuer, nicht rückforderbare
vgl. a. ↑ Anrechnung ausländischer Quellensteuern
N 1.2 1 ff.
VVO C25

Quellensteuer, notwendige Vertretung
VO StHG A 7 f.
DBG 126a, 136a
StG ZH 128, 143a
StV ZH 3, 9 f.

Quellensteuer, obligatorische nachträgliche ordentliche Veranlagung
StHG 33a
DBG 89
VO DBG K 9
StG ZH 93
VVO A91

Quellensteuer, ohne Aufenthalt/Wohnsitz in der Schweiz
StHG 35 ff., 38
DBG 91 ff., 107
VO DBG K 14 ff.
StG ZH 94 ff., 104
VVO A91, B81, C75-C68

Quellensteuer, örtliche Zuständigkeit
StHG 38 f.
DBG 107 f.
StG ZH 104, 109
VVO A 91, C 75

Quellensteuer, Pauschalabzug
StHG 33a, 35b
DBG 85, 99b
StG ZH 90, 101b

Quellensteuer, Rückvergütung AHV-Leistungen
StHG 32 f., 35
DBG 84 f.

Quellensteuer, Tarife
StHG 33
DBG 85
VO DBG K 1, 8, 11, 19, Anh.
StG ZH 89 f.
VVO A 91, B 80

Quellensteuer, Verfahren
StHG 49
DBG 136 ff., 167, 167b, 193
VO DBG I 4; K 12 ff.; L 5, 7
StG ZH 109, 143 ff., 153 f., 172
StV ZH 46

Quellensteuer, Vermögen
StHG 33a
StG ZH 93

Quellensteuer, Voraussetzungen nachträgliche ordentliche Veranlagung
StHG 33a f., 35a f.
DBG 89 f., 99a f.
VO DBG K 14
StG ZH 93 f., 101a f.
VVO A 91

Quellensteuer, Zins
StHG 33a, 35a
DBG 89, 99a
VO DBG K 12, 19
StG ZH 93, 101a f.

Quellensteuerabzug, Ausgestaltung
StHG 11, **33**, 36, 37, 38a, 49
DBG 37a, **85**, 88, 92 ff., 100, 137 f.
VO DBG K 1, 2, 7
StG ZH 37a, **90**, 92, 95 ff., 101, 102, 144
VVO A 91

quellensteuerpflichtige Person, interkantonale Verhältnisse
VVO E 67

R

Rabatte
StHG 25
DBG 59
MWSTV 46, 126 f.
StG ZH 65

Ratenzahlung
DBG 166
VO DBG J 2
StG ZH 177
ESchG 61

Realisierung, stille Reserven
StHG 8, 11, 24d, 78g
DBG 18a, 37b, 61b
VO DBG A 3; M 3, 6, 9
StG ZH 18a, 37b, 64d, 275, 278, UeB 2

Rechnung, Begriff
MWSTG 3, 26 f.
MWSTV 103, 155

Rechnung, Korrektur
MWSTG 27

Rechnung, provisorische
StHG 77
DBG 161 f.
VO DBG J 1, 3, 5
StG ZH 127, 173, 179 f., **274**, 277
StV ZH 49, 50

Rechnungsfehler
vgl. a. ↑ Schreibversehen
StHG 52
DBG 150
VStG 60
MWSTG 85
StG ZH 159
ESchG 50 f.

Rechnungslegung, ordnungsmässige
vgl. a. ↑ Buchhaltung
VStV 14a
N 4 958c

Rechnungsstellung
VStV 57
MWSTG 4, 25, **26** f., 40, 48
MWSTV 3, 45, **48c**, 57, **96**, 103, 155
VVO MI 16

Rechtseinheit
VStV 11
StV 7

Rechtsgeschäfte
StHG 12, 39a
DBG 112a
StG ZH 216
StV ZH 67, 70
ESchG 18

Rechtshilfe
StHG 38a
N 2 30; 3 84

Rechtskraft der Steuerforderung, Voraussetzungen
MWSTG **43**, 48, 72, 88 ff., 105

Rechtsmittel, im ordentlichen Verfahren
StHG 48 f., 50, 73
DBG 132 ff., 139, 140 ff., 145, 146
VStV 42
StG 39

MWSTG 81 ff.
N 3
StG ZH 140 ff., 147 ff., 153, 154
StV ZH 75

Rechtsmittel, sonstige
StHG 40, 51 f., 57[bis]
DBG 113, 147 ff., 168, 172, 182
VO DBG D 6
OECD 25 f.
VStG 51, 53 f., 56, 58 ff.
VStV 48, 60
StG 43
StV 17
MWSTG 85, 93
MWSTV 141
N **1.3** 6; **3**
StG ZH 123, 126, 146, 150a, 155 ff., 159, 178, 181, 185 f., 195 f., 211, 212 ff., 252 ff., 263
ESchG 9

Rechtsmittelbelehrung
StHG 41
DBG 116
VStV 42, 54
StG 39
MWSTG 82
N 2 27, 53, 63; 3 49, 112
StG ZH 126

Rechtsschutz
vgl. ↑ Rechtsmittel

reduzierte Besteuerung
OECD Präambel, 29

reduzierter Steuersatz
MWSTG 25, 55

Referenten
StHG 35
DBG 92, 107
VO DBG K 16, Anh. 4
MWSTG 8, 21
StG ZH 95, 109
VVO C 72

Regionalpolitik
N **6.1**; **6.2**; **6.3**; **6.4**

Register, Steuerregister
DBG 122
VStV 67
MWSTG 26 f., 45, 74, 82, 98
MWSTV 78, 82
StG ZH 109a ff., 122
StV ZH **29** f., 47

Register, Umsatzregister
StG 46
StV 2, **21**

Regularisierung, von Vermögenswerten
vgl. ↑ Selbstanzeige

Reihengeschäft
MWSTG 23
MWSTV 3
VVO A 58

Reingewinn
vgl. a. ↑ Gewinn
StHG 24 f., 28, 31
DBG 57, **58**, 67 ff., 79, **80**, 151, 207a
VO DBG A 3 f., 6 f.
StG ZH 63, **64**, 70 ff., 83, **84**, 122, 139, 160, 282b

Reingewinnsteuer
vgl. ↑ Gewinnsteuer

Reinvermögen
StHG 13, 29
DBG 55
StG 8
StG ZH 38, 60, 81

Reisebüro
MWSTG 8, 21, 23, 29
MWSTV 14, 153
VVO MBI 12

Reiseverkehr, Ausfuhr im
MWSTG 23
MWSTV B 1 f.

Reklamecharakter
MWSTG 25
MWSTV 50 ff., **52**

Rekurs, gegen Einspracheentscheid
vgl. a. ↑ Beschwerde
StG ZH 147 ff., 178, 212
ESchG 43, 54, 61

Rekurskommission, Beschwerde vor kantonaler
vgl. a. ↑ Steuerrekursgericht
StHG 50
DBG 132, 139, **140** ff., 169, 172
VStG 54 f., 58
VStV 66
StG ZH 147 ff., 212

Rekurskommission, kantonale
vgl. a. ↑ Steuerrekursgericht
StHG 50
DBG 104
VStG 35
StG ZH 112 ff., 280

Rekursschrift
StG ZH 147 f.
ESchG 64

Rekursverfahren
vgl. a. ↑ Beschwerdeverfahren
StG ZH 147 ff., 178, 181, **185**, 212
ESchG 43, 61, **64**
ESchV 1

Rekursverfahren, vor Steuerrekursgericht
vgl. a. ↑ Rekurskommission
StG ZH 147 ff., 212
ESchG 43

Rente
vgl. a. ↑ Ruhegehalt / Pension
StHG 6, 76
DBG 14, 95 f., 202, **204**

VO DBG E 1; K 3, 10
VStG 4, 8
VStV 15, 43, 46 ff.
StG 4
StG ZH 45, **270** f.
ESchG 5 f.

Rente, Leibrente
StHG 7, 9
DBG 22, 33
VStG 7, 13
VStV 47, 50
StV 26a
StG ZH 22, 31
VVO E20

Rentenalter, ordentliches
VO DBG M 6
N 5.1 10 ; 5.3 3

Reorganisation
vgl. ↑ Umstrukturierung

Repartition StA, interkantonale
VVO E63

Repartitionsfaktoren
vgl. a. ↑ Bewertung, Grundstücke
VVO E57

Reserven
StHG 29
DBG 58, 64, 69
VStG 5
VStV 24
StG 6
N 4 959c
StG ZH 64, 72 f.

Reserven, Einlagen
vgl. ↑ Einlagen, ins Eigenkapital

Reserven, stille
StHG 8, 11, 24, 24b ff., 25a^bis, 29, 78g
VO StHG C 1
DBG 18 ff., 30, 37b, 61 ff., 64, 80, 125
VO DBG A 4; M 3
N 4 959c
StG ZH 19, 28, 37b, 64b ff., 65b, 67 f., 79, 84, UeB 2

Reserven, unbesteuerte
DBG 207a
StG ZH 282b

Residualsteuer
vgl. ↑ Quellensteuer, nicht rückforderbare

Revision
StHG 51
DBG 6, 120, **147** ff.
VStG 59
VStV 66
StG 44
MWSTG 85
N 1.2 22; 2 84 ff.
StG ZH 5, 130, **155** ff.
StV ZH 13
ESchG 45 ff.

Revisionsgrund
StHG 51
DBG 147
N 2 84
StG ZH 155
ESchG 45 ff.

Richter, Vorführung vor den
N 2 42

Rückbaukosten
StHG 9
DBG 32
VO DBG F 2 ff.
StG ZH 30
VVO C100

Rückerstattung der Verrechnungssteuer
VStG 21 ff.
VStV 51 ff.
N 1.1 24 ff.

Rückerstattung der Verrechnungssteuer, Frist für Antrag
vgl. a. ↑ Verwirkung
VStG 17, **32** f.
N 1.1 27
VVO A94, B112

Rückerstattung, Abschlagsrückerstattung
VStG 29
VStV 65 f.

Rückerstattung, Anspruch
VStG 14, **21** ff., 33, **48** ff., 69, 70d
VStV 12, 24, 26 f., 38a, **51** ff., 58, 62, **63** ff., **66** ff.
StG 8
MWSTG 53, **59** ff., 82, 88, 102
MWSTV 57, 143, 146

Rückerstattung, Antrag
VStG 29 f.
VStV 12, **64**, 68
N 1.1 25 ff.

Rückerstattung, Ausländer
VStG 29, **69** f.
VStV 52

Rückerstattung, bei unvollständiger Steuererklärung
VStG 23, 64, 70d
VVO A94

Rückerstattung, durch den Bund
VStG 34, **51**
VStV 63 ff.

Rückerstattung, durch den Kanton
VStG 31, 35, **52**, 55
VStV 66 f.

Rückerstattung, Kürzung
VStG 52, 57 f.

Rückerstattung, ohne Antrag
VStG 29
VStV 69

Rückerstattung, Personenvereinigung
VStG 24
VStV 55

Rückerstattung, Quellensteuer
StHG 38a
DBG 138
StG ZH 145

Rückerstattung, Steuer
StHG 38a
DBG 107, 162, 168
VO DBG K 7, 19
VStG 1, 21 ff., 33 ff., 48
VStV 3, 12 f., 24 ff., 51 ff.
StV 8
MWSTG 53, 59 ff., 82, 88, 107
MWSTV 57, 143, 146
N 1.1 24 ff., 28 f.
StG ZH 175, 179 f., 267
StV ZH 54, 71, 75
ESchV 9

Rückerstattung, Treuhandverhältnis
VStV 61

Rückerstattung, unrechtmässige
StHG 56, 58
DBG 175, 184
VStG 21, 51, 57, 61 ff.
StG 46
MWSTG 57, 96
N 1.1 28 f.
StG ZH 235, 242

Rückerstattung, Untergang des Anspruchs
VStG 32 f.
N 1.1 27
VVO A94, B112

Rückerstattung, Verjährung
VStG 32 f.
VStV 12, 42
MWSTG 59
N 1.1 27
VVO A94, B112

Rückerstattung, Verwirkung
VStG 23, 25, 32 f., 64, 70d
VStV 12, 42, 53, 56
N 1.1 27
VVO A94, B112

Rückerstattung, Verzeichnis der Berechtigten
VStV 53, 55

Rückforderung, bezahlter Steuern
DBG 168
VStV 42

Rückgriffsanspruch
StHG 49
DBG 138
VStG 46
N 2 102
StG ZH 145

Rückkauf, eigene Beteiligungsrechte
StHG 7
DBG 20
VStG 4a, 12
VStV 24a
N 4 659 f., 783, 959a, 959c
StG ZH 20
VVO A42, B114

rückkaufsfähige Kapitalversicherung
StHG 7, 78a
DBG 20, 24, 205a
VStG 7 f.
StG 22, 24
StV 26a f., 30a
StG ZH 20, 24, 45, 282a

Rückleistungspflicht
VStG 58
N 2 12, 63

Rückstellungen
StHG 10, 23 f.
DBG 27, 29 f., 58, 63 f.
N 4 958, 959a, 960, 960e
StG ZH 27 f., 64, 68, 275, 278

Rückvergütungen
StHG 25
DBG 59
VStV 12
StV 8
StG ZH 65

Rückweisung, an die Vorinstanz
StHG 73
StG ZH 149

Rückzahlung, Einlagen / Kapital
StHG 7b
DBG 20, 125
VStG 5
VStV 14, 20, 28
StG 6, 9, 14
StG ZH 20, 79

Rückzahlung, Einlagen in Vorsorge
StHG 7
DBG 22
StG ZH 22

Rückzahlung, Obligationen
DBG 20
VStV 14
StG ZH 20, 275

Rückzug, der Strafverfügung
N 2 78

Rückzug, einer Einsprache
DBG 134
VStV 42
StG 39
StG ZH 141
ESchG 41

Ruhegehalt / Pension
vgl. a. ↑ Rente
StHG 4, 6, 35

DBG 5, 14, 95 f.
VO DBG K 18
OECD 3, 18 f.
VStG 7 f., 13
VStV 43, 46 f., 50
StG ZH 4, 98 f.
ESchG 5

Ruhestandsleistungen
OECD 3, 18

Ruling
vgl. a. ↑ Steuervorbescheid, Auskunftsrecht
VVO B108

S

Sacheinlage
vgl. a. ↑ Einlage, ins Eigenkapital
StG 8, 14
StV 9 f.

Sachgesamtheiten
MWSTG 19
MWSTV 32 f., 88, 112

Saldosteuersätze
MWSTG 35, 37
MWSTV 84 ff.; C 1 ff.
VVO MI 12

Saldosteuersätze, Bewilligung
MWSTG 37
MWSTV 78 ff., 84, 86

Saldosteuersatzmethode
MWSTG 35, 37
MWSTV 77 ff., 90, 99, 100, 107, 127, 166
VVO MI 12

Saldosteuersatzmethode, Wechsel
MWSTG 37
MWSTV 78, 79, 81, 107, 166

Sammlerstücke
MWSTG 21, 24a, 115a
MWSTV 48a ff., 63, 90

Samnaun
MWSTG 4
MWSTV 77

Sampuoir
MWSTG 4
MWSTV 77

Sanierung
StHG 24
DBG 60, 167
VO DBG L 4, 14 ff.
VStG 5, 6, 12
StV 17
StG ZH 66
VVO A77

Sanierung, Verluste
StHG 10, 25
DBG 31, 67
StV 17
StG ZH 29, 70

Sanktionen, administrative
DBG 112a
VStG 36a
StG 32a

Sanktionen, finanzielle
StHG 10, 25
DBG 27, 59
StG ZH 27, 65

Satz, des Gesamteinkommens
StHG 4b, 6
DBG 7, 14
VO DBG E 4
StG ZH 5 f.

Satzbestimmung
StHG 15
DBG 40
VO DBG A 2 ff.; E 3
StG ZH 5 f., 49

Satzmilderung
StHG 11
DBG 37b
StG ZH 37b

Säule 3a
VVO A63, B84
N 5.3 1 ff.

Säumnisurteil
N 2 76

Schätzung
vgl. a. ↑ pflichtgemässes Ermessen
VStG 38
MWSTG 8, 79
StG ZH 39
StV ZH 18

Scheidung, Ehe
StHG 7, 9, 12, 18
DBG 23, 33, 36, 42
VO DBG K 13
N 5.3 4
StG ZH 23, 31, 34 f., 42, 47, 52, 180, 216, 219
StV ZH 36

Schenker
EschG 2, 4, 11 f., 21, 24, 57

Schenkung
StHG 7, 12, 24
DBG 24, 60, 204
StG ZH 24, 42, 66, 216, 219
EschG 3 f., 7, 18, 30, 32, 34, 78
EschV 4 f.

Schichtarbeit
DBG 26
VO DBG C 6
StG ZH 26

Schiedsgericht
N 3 119a

Schiedsverfahren
OECD 3, 25

Schifffahrt
StHG 4, 35
DBG 5, 91
OECD 3, 6, 8, 13, 15, 22
StG 22
MWSTV 1, 113
StG ZH 4, 94
VVO C69

Schmiergelder
vgl. ↑ Bestechungsgelder

Schreibversehen
StHG 52
DBG 150
VStG 60
MWSTG 85
StG ZH 159
EschG 50 f.

Schuldbriefe
vgl. ↑ Serienschuldbriefe

Schuldbuchguthaben
VStG 4
VStV 14, 18

Schulden
vgl. a. ↑ Darlehen
StHG 10, 13
DBG 13, 27, 125
VO DBG L 3 f.
OECD 22, 24
StG 4
N 4 725, 960e
StG ZH 27, 38, 46, 134, 136
EschG 19

Schulden, Schuldzinsen
StHG 9 f., 35
DBG 27, 33, 65, 70, 94
VO DBG E 1; K 17
OECD 24
N 1.2 11
StG ZH 27, 31, 72, 80, 97, 136

Schuldentilgung
DBG 34
StG ZH 33

Schuldenverzeichnis
DBG 125
StG ZH 134

Schuldner, der steuerbaren Leistung
StHG 37 f., 49
DBG 37a, 88, 100, 107, 136 ff.
VO DBG K 5 f.
OECD 11 f.
VStG 10, 12, 21
VStV 5
StG ZH 37a, 92, 102, 109, 143 ff., 153 f.

Schwarzarbeit
StHG 11

DBG 37a
StG ZH 37a
StV ZH 57a

Schweigepflicht
StHG 39, 43
DBG 110 ff., 127
OECD 26
VStG 36, 37, 40
StG 32, 33, 37
MWSTG 68, 73, 74, 78
MWSTV 108
N 1.1 34; 1.4 21 f.; 1.5 15, 22h; 1.7 26; 2 30, 50, 77; 3 84, 103
StG ZH 120 f., 136, 249
EschG 28 f., 31

Schweiz
vgl. ↑ Inland

Schweizer Bürgerrecht
StHG 6, 32
DBG 3, 14, 83
VO DBG K 12 f.
OECD 3, 24 f.
StG ZH 87

Schwester
EschG 21

Securities Lending
VVO A58

Sekundärberichtigung
N 1.1 18
VVO B111

sekundäres Steuerdomizil
vgl. ↑ Betriebsstätte

Sekundärmarkt
vgl. a. ↑ Börse / Handel mit Anteilen
VVO A69, A57

selbständige Erwerbstätigkeit
StHG 7, 8 f., 10 f., 16 f., 35, 42
DBG 18 ff., 27 f., 37b, 41, 92, 125 f.
VO DBG A 3 f.; K 16; M 1 ff.
OECD 7
N 5.1 1, 3, 79c
StG ZH 18 ff., 27 f., 37b, 50 f., 95, 134 f.
EschG 25a f.
VVO A71

Selbstanzeige, straflose
StHG 56, 57b, 59
DBG 175, 177 f., 181a, 186 f.
MWSTG 102
N 1.7 36; 2 13
StG ZH 235, 237 f., 241, 241a, 261 f.
VVO B15

Selbstveranlagung
VStG 38
StG 34
MWSTG 66

Seriengülten
VStG 4
VStV 14, 15, 17 ff.

Serienschuldbriefe
VStG 4
VStV 14, 15, 17 ff.
SICAF
vgl. a. ↑ Investmentgesellschaft, mit festem Kapital
VVO A70, A69
SICAV
vgl. a. ↑ Investmentgesellschaft, mit variablem Kapital
VVO A70, A69
Sicherheitseigenkapital, Berechnung
StHG 25a^{bis}
VO StHG C 2, 5
StG ZH 65b
Sicherheitseigenkapital, kalkulatorischer Zins
StHG 25a^{bis} f.
VO StHG C 3, 5
StG ZH 65b
VVO B84
Sicherheitsfonds
StG 13
Sicherheitsleistung
DBG 166
VStV 10
StV 6
MWSTG 21, 86, 90, 93 f., 98
MWSTV 114 f., 118
N 2 60
Sicherstellung
DBG 127, 166, **169**, 173
VO DBG L 12
VStG 47, 51
VStV 9 f.
StG 43
StV 6
MWSTG 56, 92, **93** f.
MWSTV 114 f., 134
StG ZH 136, **181**
StV ZH 69
ESchG 58
ESchV 11
Sicherstellung, Rechtsmittel
DBG 169
VStG 47
StG 43
MWSTG 93
StG ZH 181
ESchG 64
Sicherstellungsverfügung
StHG 78
DBG 169 f.
VStG 47
StG 43
MWSTG 93
StG ZH 181 f.
ESchG 64

Sicherungsmassnahmen
OECD 27
MWSTG 44, **94**
MWSTV 134
Signatur, qualifizierte elektronische
vgl. ↑ elektronische Verfahren
Sitz, der Unternehmung
vgl. a. ↑ tatsächliche Verwaltung
StHG 20 ff.
DBG 50, 52, 105
OECD 4, 29
VStG 9, 24
VStV 17, 31, 46
StG 4
StV 19, 26
MWSTG 7 f., 10, 13
MWSTV 7 ff., 18, 77, 151
StG ZH 55, 57, 108
ESchG 10, 25a
Sitz, im Ausland
vgl. a. ↑ Verwaltung
StHG 4, 20 f., 35 ff., 38
DBG 4, 6 f., 11, 51 f., 91 ff., 116, 126a, 136a, 173
VO DBG K 14 ff.
OECD 4
VStG 9 f., 24
VStV 17, 31, 36 f.
StV 19
MWSTG 1, 10, 14, 45, 67, 107
MWSTV 5, 7, 9a, 91, 143 f., 149, 151 ff., 166a
N 1.5 22i^{bis}
StG ZH 4 ff., 56 ff., 60, 94 ff., 128
StV ZH 3
ESchG 25b
VVO MI 22
Sitzungsgelder
StHG 4, 7, 35
DBG 5, 17, 93
VO DBG K 14 f.
OECD 16
MWSTG 18
N 4 663b^{bis}
StG ZH 4, 17, 96
Sitzverlegung, in die Schweiz / in den Kanton
vgl. ↑ Beginn der Steuerpflicht
Sitzverlegung, innerhalb der Schweiz
StHG 10, 22, 24 f., 57b
VO StHG A 3
DBG 60, 181a
StG ZH 59, 66, 190, 241a
Sitzverlegung, ins Ausland
StHG 24d
DBG 8, 54 f., 58, 61b, 79 f.
VStG 4 f., 12, 15 f., 29
VStV **22**, 24, 33

MWSTG 15, 93, 105
StG ZH 60, 64, 64d, 83 f.
ESchG 25b
Sitzverlegung, vorübergehende
DBG 8, 54
VStV 20
Skonti
StHG 25
DBG 59
MWSTV 46, 126 f.
StG ZH 65, 174
Sockelsteuer
vgl. ↑ Quellensteuer, nicht rückforderbare
Sold, für Feuerwehr
StHG 7, 72n
DBG 24
StG ZH 24
Sold, für Militär
StHG 7
DBG 24
MWSTG 18
StG ZH 24
Solidarbürgschaft
ESchV 11
Solidarhaftung / Mithaftung
vgl. a. ↑ Haftung
StHG 24, 56, 57b
DBG 12, **13**, **55**, 61, 92, 177, 181a
VStG 10, 15, 41
OECD **4.4** 6
VStV 35, 69
StG 10
MWSTG **15** f., **49**, 51, 82, 102
MWSTV 22
StG ZH 12, **60**, 95, 241a
Sonderfälle, interkantonal
VVO E56
Sondersatz
MWSTG 25
Sondersteuer, Aufdeckung stiller Reserven
StHG 78g
StG ZH UeB 2
Sondervermögen
OECD 20
Sorgfalt
StHG 51
DBG 13, 55, 147
StV 2
N **1.6** 1 ff.; **1.7** 2, 9, 11; **1.8** 1 f.
StG ZH 12, 60, 155
ESchG 45
Sozialabzug, für Kinder
StHG 9, 33
DBG 35, 85
VO DBG K 1, 11
StG ZH 7, 31, 34, 90

Sozialabzüge
StHG 9, 11, 33
DBG 35, 37a, 38, 85
VO DBG A 2; E 2; K 1, 11
StG ZH 7, 34, 37 f., 90, 274 f., 281

Sozialfürsorge
VStG 5
VStV 45 f., 53
StG 6

Sozialversicherung
StHG 23
DBG 56
VO DBG C 2
VStV 38a
StG 13, 17a
MWSTV 34
StG ZH 61

Spaltung / Aufspaltung / Abspaltung
StHG 8, 24, 57b
DBG 19, 61, 181a
OECD 10
VStG 5
StG 6, 9, 14
StG ZH 19, 67, 241a

Spareinlagen
vgl. ↑ Kundenguthaben

Sparkasse
VStG 4, 5, 9, 16, 40
VStV 16, 19, 36, 54, 56, 68
StG 37
StV 25a
MWSTG 78
StG ZH 121
ESchG 29

Sparverein
VStG 9
VStV 54, 68

Spende
StHG 9, 25
DBG 33a, 59
VStG 5
MWSTG 3, 18
StG ZH 32, 65

Sperrfrist
StHG 7d, 14a, 24
DBG 17b, 19, 61
VO DBG N 3 f., 11 f.
StG 9
StG ZH 17b, 19, 39a, 67
ESchG 25b

Sperrfristverletzung
StHG 24
DBG 19, 61
StG 9
StG ZH 19, 67

Spesenreglement
vgl. ↑ Berufskosten

Spezialsteuerdomizil
vgl. ↑ Geschäftsbetrieb, Grundstück

Spezialwerkzeuge
MWSTV 31

Spielbankengesetz
StHG 7
DBG 24
StG ZH 24

Spitalbehandlung
vgl. a. ↑ Krankheit
MWSTG 21
MWSTV 97

Spitex
vgl. a. ↑ Krankheit
MWSTG 21
MWSTV 97

spontaner Informationsaustausch
N 1.4 7; 1.5 1, 3, 22a ff.;
1.5.1 5 ff.

spontaner Informationsaustausch, Fristen
N 1.5.1 12

spontaner Informationsaustausch, Steuervorbescheid
N 1.5.1 9 f., 16

Sportler
StHG 35
DBG 92, 107
VO DBG K 16, Anh. 4
OECD 17
MWSTG 8, 21
StG ZH 95, 109
VVO C72

sportliche Anlässe
MWSTG 21
MWSTV 97
VVO MBI 24

Sport-Toto-Klub
VStG 6
VStV 60

Sportverbänden, internationale
VVO B20

Sprungrekurs
vgl. ↑ Einsprache, als Rekurs weiterleiten

Staatenlose
OECD 24

Staatsangehörigkeit
vgl. ↑ Staatsbürgerschaft

Staatsbürgerschaft
vgl. a. ↑ Bürgerrecht
StHG 6, 32
DBG 3, 14, 83
VO DBG K 12 f.
OECD 3, 24 f.
StG ZH 87

Staatsvertrag
vgl. a. ↑ Abkommen, zwischenstaatliches
OECD 1 ff.
N 1.1 1 ff.; 1.3 1 ff.
ESchG 2

Stammanteile
vgl. ↑ Aktien

Stammkapital
vgl. ↑ Grundkapital

statische Treuhandgesellschaften
StG 19a

Statuswechsel
StG ZH 75
VVO F11

Statutenänderung
StV 9

Stellenwechsel
StHG 7
DBG 24
VStV 45
StG ZH 24

Stellvertretung
MWSTG 20, 51

Stempelabgaben
VStG 71
VStV 46
StG 1 ff.
StV 1 ff.

Stempelabgaben, kantonale
DBG 200
VStG 3
StG 3

Step-up
vgl. ↑ Aufdeckung, stille Reserven

Steuer, auf dem Umsatz im Inland
vgl. ↑ Inlandsteuer

Steuer, ausländische
StHG 6
DBG 14, 32, 34
N 1.1 30 ff.; 1.2 1 ff.; 1.2.1 1
StG ZH 30, 33

Steuer, Ausnahmen von der
vgl. a. ↑ Befreiung
StHG 5, 7, 8, 23
DBG 16, 19, 24, 30, 60 f., 64
VStG 5, 8
StG 6, 9, 14, 22
StV 16, 25a
MWSTG 21 f., 29, 45a
MWSTV 34 ff., 150
StG ZH 15 f., 19, 24, 28, 62, 66 ff.

Steuer, Einfuhrsteuer
vgl. a. ↑ Einfuhr
MWSTG 1, 50 ff.
MWSTV 112 ff.

Steuer, Festsetzung
StHG 15, 31, 47 f., 53, 57, 57b, 77
DBG 40, 79, 85, 131, 135, 152, 175, 181a, 207a
VO DBG E 3
OECD 23A f.
VStV 2
StG 27
MWSTG 42 f., 48, 56, 71, 79, 86, 102
StG ZH 44, 49, 83, 90, 139, 142, 161, 195, 241a, 269, 281
ESchG 27, 53 f., 71, 74
ESchV 3

Steuer, Überwälzung der
VStG 14, 32, 41, 46, 63
VStV 12, 24, 26a, 38a
StV 8
MWSTG 6, 92
ESchG 24

Steuerabkommen / Konkordat
StG ZH 266

Steuerabzug / Rückbehalt
StHG 11, 33, 36, 37, 38a, 49, 56, 58 f.
DBG 37a, 85, 88 ff., 92 ff., 99a, 100, 137 f., 175, 184, 187
VO DBG K 1, 2, 7
VStG 48 ff., 69
VStV 3 f., 26a, 42, 50, 67 f.
StG ZH 37a, 89 f., 92, 95 ff., 101 ff., 102, 144 f., 235, 242, 262

Steueramnestie
vgl. ↑ straflose Selbstanzeige

Steueramtshilfe
vgl. ↑ Amtshilfe, internationale

Steueramtshilfe, Kosten
VO DBG O 1 ff.
N 1.4 26; 1.5 18; 1.5.1 4

Steueranrechnung
StHG 12, 27, 30, 33a f., 35a, 77
DBG 32, 82, 89 f., 99a, 162
VO DBG K 12 f.
OECD 23A, 23B
N 1.1 24 ff., 30 ff.; 1.2 1 ff.; 1.2.1 1; 1.2.2
StG ZH 30, 82, 93 f., 101a f., 221, 267
StV ZH 78
VVO C25

Steueraufschub
StHG 8, 12, 24
DBG 18a, 30, 64
VO DBG M 3
StG ZH 18a, 28, 42 f., 68, 216

Steueraufwand
vgl. a. ↑ Steueranrechnung
StHG 25
DBG 59
StG ZH 65, 221

Steuerausscheidung, interkantonale
vgl. a. ↑ Doppelbesteuerung
StHG 4b, 22, 38a
VO StHG A 2 ff.
StG ZH 5, 7, 10, 57, 59
VVO E53, E52

Steuerausscheidung, interkommunale
StG ZH 191, 193 f., 203, 219

Steuerausscheidung, internationale
vgl. ↑ Doppelbesteuerung

Steuerausweis
MWSTG 27
StG ZH 122

steuerbare Leistungen
MWSTG 10, 12, 25, 31, 37, 113
MWSTV 77, 79, 99

Steuerbefreiung, Einkommen / Leistungen / etc.
StHG 7, 24c ff., 78g
DBG 16, 20, 24, 61a f., 205a
VStG 3
StG 3, 6, 14, 22, 24, 46
StV 16, 25a
MWSTG 18, 23, 31, 53, 96
MWSTV 41 ff., 63, 113, 126 f., 143, 144 f., 149, 151, 153
StG ZH 24, 64c f.
ESchG 12, 18

Steuerbefreiung, Ende der
StHG 24c, 78g
DBG 61a
StG ZH 64c

Steuerbefreiung, Steuerpflicht
StHG 9, 23, 24c ff., 78g
DBG 3, 6, 15, 33a, 56, 59, 61a f.
VStG 28
VStV 38a, 52
StG 17, 17a
MWSTG 10 f., 14, 93, 107, 113
MWSTV 9 f., 166a
StG ZH 14, 32, 61, 64c ff., 170 f., 210, 218
ESchG 10 f.
VVO A30

Steuerbefreiung, Übergang zu einer
StHG 24d
DBG 61b
StG ZH 64d

Steuerbehörden
StHG 39 ff.
DBG 102 ff.
OECD 2 f., 25 f.
VStG 34 f.
VStV 1
StG 31 ff.
StV 1
MWSTG 65, 74 ff.
MWSTV 131 ff.
N 2 19 ff.

StG ZH 106 f.
StV ZH 2 ff.
ESchG 26 ff.
ESchV 1

Steuerberechnung
vgl. a. ↑ Steuersatz
BV 128 ff.
StHG 6, 11, 15, 18, 27 f., 30, 33
DBG 7, 14, 36 ff., 40, 42, 68 ff., 85, 92 ff.
VO DBG A 2 f.; E 3 f.; K 1, 8, 11, 19, Anh.; M 10
VStG 13
VStV 18 ff., 21 ff., 32 f., 41, 49
StG 8 ff., 16, 24, 28
StV 9 ff., 26a ff.
MWSTG 24 f., 45 f., 54, 61, 63, 70, 73
MWSTV 45 ff., 58, 128
StG ZH 2, 6 f., 35 ff., 43, 47 f., 57, 71, 81 f., 89 f., 95 ff., 200, 225
ESchG 13 f., 21 ff., 25a

Steuerbetrug
StHG 59
DBG 186, 193
VStG 67
StG 50
MWSTG 103
N 2 14
StG ZH 261
ESchG 74 ff., 78

Steuerbezug
StHG 37 ff., 49
DBG 88, 100, 102 f., 107, 121, 160 f., 162 f., 166
VO DBG J 2; K 6, 20, 24; L 17
VStG 2, 18, 47
VStV 8 f.
StG 43
MWSTV 134, 149
StG ZH 102, 109 f., 172 ff., 197 f., 260, 269
StV ZH 46 f., 50, 54, 77
ESchG 55, 78
ESchV 8

Steuerentlastung
MWSTV 143, 146
N 1.1 24 ff.; 1.2 1 ff.; 1.3 1 ff.

Steuerentlastung, missbräuchliche
OECD Präambel, 29
N 1.1 28 ff.; 1.2 6

Steuerentlastung, ungerechtfertigte
OECD Präambel, 29
N 1.1 28 ff.; 1.2 6

Steuerentrichtung
StHG 11, 37, 56
DBG 37a, 88, **163** ff., 175
VStG 11, **12** ff., **19** f., 28, 32, 38, 47
VStV **21** ff., 32, **41**, 47, **49**
StG 10 f., 17, 25, 34, 43
StV 9 ff., 24, 28
MWSTG 38, **56**, 63, 77 ff., **86** ff., 93 f.
MWSTV **117** f.
N 2 12, 63
StG ZH 37a, 92, **173** ff., 235
ESchG 56 ff.
VVO MI 15

Steuererhebung
vgl. a. ↑ Veranlagung / Bezug
StHG 2
DBG 2
OECD 2
VStG 1, 4, 38
VStV 1 ff.
StG 1, 34
MWSTG 1
StG ZH 1
ESchG 1

Steuererklärung
StHG 38b, 39, 40, 42, 46, 57, 71
VO StHG A 2
DBG 104a, 113, **124** f., 130 f., 151, 162, 174, 180, 207a
VStG 31, 39, 62
VStV 1, 27, 69
StG 35, 46
StV 1
StG ZH 109a, 109c, 109d, 122 f., 126 f., **133** f., 138, 160, 173, 226, 240, 274, 277, 282b
StV ZH 8, **32** ff., **38** ff., 70
ESchG 32, **34**, 38
ESchV 4 f.

Steuererklärung, Beilagen
StHG 42, 71
DBG 124, **125**, 127, 174, 207a
VStG 25, 38 f., 62
StG 24, 46
StV 21
StG ZH 133, **134** f., 282b
StV ZH 40, 42
ESchG 33

Steuererklärung, elektronische
StHG 38b, 71
DBG **104a**
StG ZH 109c f., 133

Steuererklärungspflicht
StHG 42
VO StHG A 2
DBG 124
StG ZH 133, 226
StV ZH 38

Steuererlass
StHG 56, 58, 73
DBG 103, **167** ff., 175, 184

VO DBG L 1 ff.
VStG 18
VStV 27
StG 12, 53
StV 17
MWSTG 61, **64**, **92**, 96, 101
N 2 11; 3 83
StG ZH **183** ff., **197**, 235, 242, 260
StV ZH 19
ESchG 55, 60, **62**, 64
VVO B13

Steuererlass, Ablehnungsgründe
DBG 167a
VO DBG L 2 ff.

Steuererlass, Begründung
DBG 167c
VO DBG L 18
StV ZH 25

Steuererlass, Behörde
DBG **167b**, **167e**
VO DBG L 8
StG ZH 184

Steuererlass, Gesuch
DBG 103, **167c**, 167d, 205e, 207b
VO DBG L 5 ff.
VStG 18, 62
VStV 27
StG 12, 46
StV 17
MWSTG 64, 92
StG ZH 130, 183, 197
StV ZH 25
ESchG 60, 62

Steuererlass, Kosten des Gesuchs
DBG 167d
VO DBG L 18
StV ZH 19, 25

Steuererlass, Prüfung und Entscheid
DBG 167 ff.
VO DBG L 10 ff.
StG ZH 184

Steuererlass, Rechtsmittel
DBG 73
DBG 167d, **167g**
StV 17
MWSTG 92
StG ZH 185
StV ZH 19

Steuererlass, Voraussetzungen
DBG 167
VO DBG L 2 ff.
StG ZH 183

Steuererlass, Zwangsvollstreckung
DBG 167
VO DBG L 14 ff.

Steuererleichterungen / -vergünstigungen
StHG 5, 23
OECD 1 ff.

N 6.1 12, 19; 6.2 1 ff.; 6.3 1; 6.4 1 ff.
StG ZH **15**, **62**

Steuererleichterungen, Anwendungsgebiete
N 6.2 1, 3; 6.3 1 f.

Steuererleichterungen, Definitionen
N 6.2 2 f.; 6.3 1; 6.4 1 ff.

Steuererleichterungen, Höhe
N 6.2 11; 6.4 9

Steuererleichterungen, unrechtmässige
OECD Präambel, 29
N 6.2 19

Steuererleichterungen, Voraussetzungen
N 6.2 6 ff.

Steuerermässigung
vgl. a. ↑ Entlastungsbegrenzung
StHG 8 f., 10a, 14, 24b, 25a ff., 29
VO StHG B 1 ff.
DBG 70, 207
N 1.2 5; **1.4** 7; **1.5.1** 9; 2 11
StG ZH 18b, 19a, 20, 27 f., 64b, 65a ff., 72 f., **81a**
ESchG 25a f., 34
ESchV 4

Steuerermässigung, Patente
StHG **8a**, 14, **24b**, 25b, 29
VO StHG B 1 ff.
StG ZH **19a**, **64b**, 65c, 81a
VVO C102

Steuerersparnis, ungerechtfertigte
StHG 25a^{bis}
VO StHG C 1
DBG 70
OECD Präambel, 29
VStG 21
StG ZH 65b, 72a

Steuerfaktoren
StHG 46, 48, 57
DBG 130 f., 135, 157, 180
StG ZH 139, 142, 166, 173, 240

Steuerforderung, Änderung
MWSTG **41** ff., 54, **56** ff., 72
MWSTV 116

Steuerforderung, Entstehung
vgl. a. ↑ Fälligkeit
StHG 7
DBG 20
VO DBG J 3
OECD 27
VStG **12**, 16
StG 7, **15**, **23**
MWSTG **40**, **43**, **48**, **56**
MWSTV 45, [76] ff., 115
StG ZH 20
ESchG 7

Steuerforderung, Untergang
VStG 17
Steuerforderung, Verjährung
StHG 47
DBG 120 f.
VStG 17, 70a
MWSTG 42 f., 48, 56, 70, 91
MWSTV 117
StG ZH 130 f.
Steuerforderung, Verpfändung
vgl. a. ↑ Pfand
MWSTG 44
MWSTV 108
steuerfreie Geschenke
ESchG 12, 18
Steuerfuss
StG ZH 2, 43, 48, 53, 86, 89, 188, 203
Steuergefährdung
VStG 62
VStV 9
StG 46
MWSTG 94
N 1.1 29, 31; 2 11
Steuerhehlerei
MWSTG 99, 101
Steuerhinterziehung
StHG 53, 56 ff.
DBG 120, 152 ff., 175 ff., 181 f., 182 ff., 186 ff., 194, 196 f.
OECD Präambel, 29
MWSTG 96 f., 105
N 2 11, 12
StG ZH 130, 162 f., 235 ff., 241 f., 243 ff., 261
StV ZH 75
ESchG 68 ff., 73 f., 78
Steuerhinterziehung, Ehegatten
StHG 57
DBG 180
StG ZH 240
Steuerhinterziehung, Ermässigung
StHG 56, 57b
DBG 175, 178, 181a
StG ZH 235, 241a
ESchG 68
Steuerhinterziehung, versuchte
StHG 56 f., 58
DBG 176, 181, 184
StG ZH 236, 238, 214 f.
ESchG 69 f.
Steuerhoheit
StHG 1
StG 3
StG ZH 190, 192
Steuernachbezug
MWSTV 149
Steuernachfolge
DBG 12 f.
VStV 57

MWSTG 16, 49
StG ZH 11 f.
Steuernachforderung
StHG 38a, 49
DBG 107, 138
StG ZH 145
steuerneutrale Vorgänge
vgl. ↑ Ausnahmen
Steuerobjekt
vgl. a. ↑ Gegenstand der Steuer
StHG 6, 7 ff., 13 f., 24 ff., 29 f., 32, 35
DBG 14, 16 ff., 25 ff., 57 ff., 84, 92 ff.
VO DBG K 3, 16 ff.
VStG 4 ff.
VStV 14 ff., 20 ff., 28 ff., 39 ff., 43 ff.
StG 1, 5, 13, 21
StV 9 ff., 26a ff.
MWSTG 18 ff., 45, 52
MWSTV 26 ff.
StG ZH 16 ff., 25 ff., 38, 41, 63 ff., 78 ff., 88, 95 ff., 199, 219 ff.
ESchG 3 ff.
VVO MI 04
Steuerperiode
StHG 4b, 10, 15 ff., 25, 31, 35a, 38
DBG 31, 39, 40 ff., 79 ff., 99a, 107
VO DBG A 2 ff.; 6; B 5; K 12 f.
OECD 15
MWSTG 34 f., 47
MWSTV [76]
StG ZH 49 ff., 83 ff., 101a, 108, 190
StV ZH 29
Steuerpflicht
StHG 3 ff., 20 ff., 32 ff.
DBG 3 ff., 49 ff., 83 ff.
VO DBG A 2 ff.
VStG 10 f.
StG 10, 17, 25, 34
MWSTG 10 f., 45 ff., 51, 66
MWSTV 9 ff., 102
StG ZH 3 ff., 54 ff., 87 ff., 187 ff., 199, 201 ff., 217
ESchG 2, 8 f., 17
VVO MI 02, 21
Steuerpflicht, Art der Erfüllung
VStG 11
Steuerpflicht, Ausnahmen
StHG 23
DBG 56
VStG 45
VStV 45
MWSTG 10
MWSTV 9 f.
StG ZH 61
ESchG 10 ff., 18

Steuerpflicht, Befreiung
StHG 9, 23, 24c ff., 78g
DBG 3, 6, 15, 33a, 56, 59, 61a f.
VStG 28
VStV 38a, 52
StG 17, 17a
MWSTG 10 f., 14, 93, 107, 113
MWSTV 9 f., 166a
StG ZH 14, 32, 61, 64c ff., 170 f., 210, 218
ESchG 10 f.
VVO A 30
Steuerpflicht, Beginn der
StHG 4b, 20, 22, 24c
VO StHG B 1
DBG 8, 54, 61a
VO DBG A 2 ff.; K 12 f.
VStG 12, 30, 32
VStV 17, 21, 31, 40, 46
StG 7, 11, 15, 20, 23, 26, 34
StV 9 ff., 18 f., 26
MWSTG 14, 48, 56, 66
MWSTV 9 f., 78
N 5.2 60b
StG ZH 10, 52, 59, 64c, 199
StV ZH 29, 37, 49
ESchG 7
VVO MI 21
Steuerpflicht, beschränkte
StHG 4, 4b, 21
DBG 4 ff., 51 f.
VStV 51, 59
StG ZH 4 f., 6, 14, 56 f., 191
Steuerpflicht, Ende der
StHG 4b, 15, 17 f., 20, 22, 24d, 33a, 38
VO StHG B 1
DBG 8, 35, 54 f., 61b, 89, 105 ff., 181a
VO DBG A 2 ff.; K 9 f., 13
VStG 29
VStV 33
StV 7, 25
MWSTG 14 f., 66, 71
MWSTV 82
StG ZH 10, 52, 59, 64d, 93, 104, 108, 241a
StV ZH 29, 33, 37, 49
Steuerpflicht, Überprüfung
VStG 40
VStV 17, 46
StG 37
StV 19
MWSTG 77 f., 98
MWSTV 134
Steuerpflicht, unbeschränkte
StHG 3, 20
DBG 3, 6, 50, 52
VStV 24a, 51
StG ZH 3, 5, 55, 57, 189, 199

Steuerpflicht, unterjährige
StHG 15, 17
DBG 40
VO DBG A 2 ff.; K 9
StG ZH 49, 51

Steuerpflicht, Wechsel
StHG 4b, 22, 33a, 35a, 37, 38 f.
DBG 54, 89, 99a, 105 f., 107
VO DBG K 9 f., 12 ff.
StG ZH 54, 93a, 101a
VVO E67

Steuerregister
DBG 122
VStV 67
MWSTG 26 f., 45, 74, 82, 98
MWSTV 78, 82
StG ZH 109a ff., 122
StV ZH 29 f., 47

Steuerrekursgericht
vgl. a. ↑ Rekurskommission, kantonale
StHG 50
DBG 104
StG ZH 112 ff., 280

Steuerrekursgericht, Rekurs
vgl. a. ↑ Rekurskommission
StG ZH 147 ff., 212
ESchG 43

Steuerrückerstattung
vgl. a. ↑ Rückerstattung
StHG 38a
DBG 107, 162, 168
VO DBG K 7, 19
VStG 1, 21 ff., 33 ff., 48
VStV 3, 12 f., 24 ff., 51 ff.
StV 8
MWSTG 53, 59 ff., 82, 88, 107
MWSTV 57, 143, 146
N 1.1 24 ff., 28 f.
StG ZH 175, 179 f., 267
StV ZH 54, 71, 75
ESchV 9

Steuersatz
BV 128 ff.
StHG 6, 11, 15, 18, 27 f., 30, 33
DBG 7, 14, 36 ff., 40, 42, 68 ff., 85, 92 ff.
VO DBG A 2 f.; E 3 f.; K 1, 8, 11, 19, Anh.; M 10
VStG 13
StG 8 ff., 16, 24
StV 28
MWSTG 25, 37, 46, 55, 115
MWSTV 49 ff.
N 1.2 9
StG ZH 2, 6 f., 35 ff., 43, 47 f., 57, 71, 81 f., 89 f., 95 ff., 200, 225
ESchG 22 f., 25a
VVO MI 07

Steuersatz, Herabsetzung
VStG 13

Steuersicherung
vgl. a. ↑ Sicherstellung
DBG 169 ff.
StG 19a
MWSTG 93 ff.
StG ZH 181 ff.

Steuerstrafrecht
StHG 55 ff.
DBG 174 ff.
VStG 61 ff.
StG 45 ff.
MWSTG 96 ff.
N 2 2 ff.
StG ZH 234 ff.
StV ZH 75 f.
ESchG 65 ff.

Steuersubjekt
vgl. a. ↑ Steuerpflicht
MWSTG 10 ff.
MWSTV 7 ff., 12 ff.
StG ZH 217
ESchG 57

Steuersubstitution
MWSTG 17, 49

Steuertarif
vgl. a. ↑ Steuersatz
BV 128 ff.
StHG 6, 11, 15, 18, 27 f., 30, 33
DBG 7, 14, 36 ff., 40, 42, 68 ff., 85, 92 ff.
VO DBG A 2 f.; E 3 f.; K 1, 8, 11, 19, Anh.; M 10
N 1.2 9
StG ZH 2, 6 f., 35 ff., 43, 47 f., 57, 71, 81 f., 89 f., 95 ff., 200, 225
ESchG 22 f., 25a

Steuertarif, für Ehegatten
StHG 11, 18, 33
DBG 36, 42, 85
VO DBG K 1, 11, Anh.
StG ZH 35, 47, 90
VVO A75

Steuerumgehung
DBG 70
OECD Präambel, 29
VStG 21
N 2 12 f., 14 ff.
StG ZH 72a

Steuervergehen
StHG 59 ff.
DBG 120, 152, 186 ff., 190, 194
VO DBG D 2, 5
OECD 4.4 33 ff.
N 7 305bis ff., 333
StG ZH 130, 261 ff., 264
StV ZH 76
ESchG 74

Steuervergehen, qualifiziertes
StHG 59
DBG 186
N 7 305bis f., 333
StG ZH 261

Steuervertreter
StHG 40, 56 f.
DBG 116, 117, 126a, 136a, 177, 181 f., 193
VStV 57, 59
MWSTG 67, 83
MWSTV 155
StG ZH 127 f., 143a, 237
StV ZH 3, 9 f., 15
ESchG 32, 65, 68, 72

Steuervorbescheid
N 1.5.1 8 ff., 16
VVO B108

Steuerwiderhandlung
DBG 190
VO DBG D 2
ESchG 65, 73, 78

Steuerzahlung
vgl. ↑ Entrichtung, der Steuer

Stiefeltern
ESchG 23

Stiefkind
ESchG 21, 23

Stiftung
StHG 20, 26, 29, 45
DBG 49, 66, 71, 129
VStV 11
StG 9
MWSTG 3, 18, 21, 37
MWSTV 12, 38, 97
StG ZH 54, 69, 76, 81 f., 136
ESchG 3 f.

stille Reserven
StHG 8, 11, 24, 24b ff., 25a^{bis}, 29, 78g
VO StHG C 1
DBG 18 ff., 30, 37b, 61 ff., 64, 80, 125
VO DBG A 4; M 3
N 4 959c
StG ZH 19, 28, 37b, 64b ff., 65b, 67 f., 79, 84, UeB 2

stille Reserven, Aufdeckung
StHG 24c, 25a^{bis}, 78g
VO StHG C 1
DBG 61a
StG ZH 64c, 65b, UeB 2

stille Reserven, Realisierung
StHG 8, 11, 24d, 78g
DBG 18a, 37b, 61b
VO DBG A 3; M 3, 6, 9
StG ZH 18a, 37b, 64d, 275, 278, UeB 2

Direkt vergleichendes Stichwortverzeichnis | **Stichworte**

stille Reserven, Verfügung über Höhe
StHG 78g
stille Reserven, versteuerte
StHG 8, 24, 24b
DBG 19, 61, 125
StG ZH 19, 64b, 67, 79
Stillschweigen
vgl. ↑ Schweigepflicht
Stillstand, der Frist
StHG 47
DBG 120f., 185
VStG 4a, 17
StG 30
MWSTG 42, 56, 59, 91
N 1.5 5; 3 46
StG ZH 130f.
ESchG 40
Stimmenmehrheit
StHG 24
DBG 61
OECD 9
VStV 9
StG 5, 7f., 10
StV 10
StG ZH 67
ESchG 25a
Stipendien
vgl. a. ↑ Unterstützung
VVO A88
Stockwerkeigentümergemeinschaft
VO DBG G 1
VStG 24
VStV 55
MWSTG 21
strafbare Handlung
StHG 56, 60
DBG 178, 189
VStG 37, 64
StG 33, 47
MWSTG 74, 103
MWSTV 134, 149
N 2 9, 14
StG ZH 236ff., 264
StV ZH 28, 76
ESchG 68
Strafbescheid
N 2 64
StG ZH 244, 250, 251f., 255
StV ZH 22, 73, 75
Strafbestimmungen
VStG 61f.
StG 45f.
MWSTG 96ff.
N 1.1 28ff.; 1.2 23; 1.5 22jff.; 1.7 32ff.; 2 1ff.; 7 305^{bis}f.
StG ZH 251
ESchG 65ff., 78
Strafgerichtsbarkeit
StHG 57bis

DBG 182
N 2 20
Strafgesetzbuch
StHG 59
DBG 192
VStG 62
StG 46
N 2 2ff.; 7 305^{bis}f.
ESchG 28
straflose Selbstanzeige
StHG 56, 57b, 59
DBG 175, 177f., 181a, 186f.
MWSTG 102
N 1.7 36; 2 13
StG ZH 235, 237f., 241, 241a, 261f.
VVO B15
strafrechtliche Sanktionen
DBG 112a
VStG 36a
StG 32a
MWSTG 76f., 76d
Strafverfahren
StHG 53, 57a, 61
DBG 153, 182f., 185, 188f.
VStG 51, 57
VStV 26f., 37, 69
MWSTG 42, 56, 76a, 104, 106
MWSTV 134
N 2 19, 62
StG ZH 162, 243ff., 248, 250
StV ZH 76
ESchG 67, 71, 76
Strafverfolgung
StHG 56, 57b, 59
DBG 120, 152f., 175, 177f., 181a, 186ff.
OECD 26
VStG 62
StG 46
MWSTG 102, 103
N 2 12, 17, 20, 52
StG ZH 130, 235, 237f., 241a, 261
ESchG 75
Strafverfolgung, Verjährung
StHG 58, 60
DBG 184f., 189
VO DBG D 5
MWSTG 105f.
N 2 11
StG ZH 242, 264
ESchG 66, 70
Strafverfügung
MWSTG 105
N 2 67, 70, 72, 78, 84, 87
Strafvollzug
StHG 60
N 2 10, 17, 52, 90
Studenten
OECD 20
VVO C73

Stundung
DBG 120
VO DBG L 12, 14
VStV 5
StG 12, 30, 46
StV 17
StG ZH 130, 177
ESchG 60f., 63
ESchV 11
Substanz, betriebsnotwendige
vgl. a. ↑ Anlagevermögen
StHG 7a
DBG 20a
StG ZH 20a
Subventionen
StHG 9
DBG 32
MWSTG 18
MWSTV 29
StG ZH 30
VVO MI 05
Swiss Finance Branch
VVO B109
systemrelevante Banken, Konzernobergesellschaften
StHG 28
DBG 70
VStG 5
StG ZH 72

T

Taggeld, ALV
vgl. ↑ Ersatzeinkünfte
Tante
ESchG 23
Tantiemen
StHG 4, 7, 32, 35
DBG 5, 17, 84, 93, 125
VO DBG K 14f.
OECD 16
StG 6
N 4 663b^{bis}
StG ZH 4, 6, 17, 88, 96
VVO C68
Tarif
vgl. ↑ Steuertarif
Täter
StHG 60
DBG 188f., 191
StG ZH 264
Tätigkeit, Nichtausübung
StHG 7
DBG 23
StG ZH 23
Tätigkeit, vorbereitender Art
OECD 5

Tatsache, erhebliche
StHG 41, 54
DBG 115, 155
VStG 39, 48, 62
VStV 2, 27
StG 46
MWSTG 62, 68, 80
StG ZH 125, 164
ESchG 35

Tatsache, neue
StHG 51, 53
DBG 142, 147, 151
VStV 17
N 2 84; 3 99
StG ZH 155, 160
StV ZH 31
ESchG 45, 52

tatsächliche Verwaltung
vgl. a. ↑ Sitz
StHG 20 ff.
DBG 50, 52, 105
OECD 4, 8, 13, 15, 22
N 1.5 22i^{bis}
StG ZH 55, 57, 108

tatsächliche Verwaltung, Verlegung
StHG 7b, 10, 22, 24 f., 24c f.
VO StHG A 3; B 5
DBG 20, 54 f., 58, 60, 61a f., 79 f.
VStG 5
VStV 22
StG ZH 20, 59 f., 64 f., 64c f., 83 f.

Tausch
StHG 8, 24
DBG 19, 61
OECD 26, 28 f.
StG 16
StV 21
MWSTG 24
StG ZH 19, 67, 219

Teilbesteuerung
StHG 7, 8
DBG 18b, 20
StG ZH 18b, 20
VVO A68, A67

Teilbesteuerung, interkantonal
VVO E64

Teilbetrieb
vgl. a. ↑ Betrieb
StHG 8, 24
DBG 19, 61
StG 6
StG ZH 19, 67

Teilhaber
vgl. a. ↑ Gesellschafter
StHG 21, 44 f.
DBG 4, 10, 13, 51, 55, 128 f.
VStG 27
VStV 28, 55, 60
StG 6
MWSTG 15, 17
StG ZH 8 f., 12, 56, 137

Teilung
vgl. ↑ Spaltung

Teilveräusserung
StHG 28
DBG 70
StG ZH 72a

Teilveräusserung, von Grundstücken
StG ZH 224
ESchG 17 f.

Teilvermögen
MWSTG 38
MWSTV 81, 83, 101 f.

Telearbeit
StHG 4, 35, 43, 45
DBG 5, 91, 127, 129
VO DBG K 5a
VVO E33

Telekommunikationsdienstleistungen
MWSTG 10
MWSTV 10, 14, 145
VVO MBI 13

Termingeschäft
VStV 62
MWSTG 21
MWSTV 66

Testamentsvollstrecker
vgl. ↑ Willensvollstrecker

Thesaurierungsfonds
vgl. ↑ kollektive Kapitalanlagen

thin capitalization
vgl. ↑ verdecktes Eigenkapital

Tochtergesellschaft
StHG 24
DBG 61
StG ZH 67

Tod, Ehegatten
StHG 18
DBG 42
StG ZH 52

Todesfall
DBG 153
StV ZH 15, 58 f.
ESchG 3, 7, 35, 78

Todesfallversicherung
StHG 7, 11
DBG 23, 38
VStG 5
StV 26a f.
StG ZH 23, 37
ESchG 3

Too-big-to-fail-Instrumente
StHG 28
DBG 70
VStG 5
StG ZH 72

transfer pricing
vgl. ↑ Verrechnungspreise

Transitverfahren
MWSTG 23, 64
MWSTV 41 ff., 115

transparenter Rechtsträger, steuerlich
OECD 1

Transparenz
N 1.5 22i^{bis}

Transponierung
vgl. a. ↑ Vermögensertrag, besondere Fälle
VVO B11

Transport
DBG 5, 91
OECD 3
StG 3, 6, 22
MWSTG 7 f., 21, 23, 37
MWSTV 6, 41 ff.
StG ZH 4, 94
VVO MBI 09

Treaty-Shopping
OECD 29

Trennung, Ehe
StHG 7, 9, 12, 18
DBG 23, 33, 36, 42
VO DBG K 13
StG ZH 23, 31, 34 f., 42, 47, 52, 180, 216, 219
StV ZH 36

Treuhandanlagen
VStV 61
MWSTG 21
MWSTV 66

Treuhänder
StHG 43
DBG 127
OECD 26
StG 36
StG ZH 136

Treuhandkonto
VVO C14

Treuhandverhältnis
VStV 61
StV 18
VVO C15

Trinkgelder
DBG 17, 84, 100
StG ZH 17, 92, 102

Trust
N 1.7 13, 17
VVO E62

Tschlin
vgl. ↑ Valsot

Two-Pillar Solution
OECD 4.3; 4.4 1 ff.
VVO C104

U

Überbrückungsleistungen für ältere Arbeitslose
StHG 7
DBG 24
StG ZH 24

Überführung, ins Geschäftsvermögen
StHG 7a, 12
DBG 20a
StG ZH 20a

Überführung, ins Privatvermögen
StHG 8
DBG 18f., 207
VO DBG A 4
StG ZH 18f.
ESchG 25b

Überlappung, der Steuerperioden
StG ZH 276
StV ZH 78

Überlassung, zum Gebrauch
MWSTG 7, 21, 23
MWSTV 2, 10

Überprüfung, Angaben
VStG 40, 50, 52, 57
VStV 34, 37
StG 37
StV 19
MWSTG 77f., 98
MWSTV 112, 131, 134
ESchG 38

Überprüfung, Steuerpflicht
VStG 40
VStV 17, 46
StG 37
StV 19
MWSTG 77f., 98
MWSTV 134

Überschuldung
VO DBG L 4
N 4 725

übertragbare Kosten
StHG 9
DBG 32
VO DBG F 4
StG ZH 30
VVO C100

Übertragung, ins Ausland
StHG 8, 24
DBG 18, 19, 30, 61, 64
StG ZH 18f., 28, 67f.

Übertragung, steuerbarer Urkunden
StG 1, 13f.

Übertragung, Aktiven und Passiven
vgl. a. ↑ Umstrukturierung
StHG 24
DBG 54, 61, 207a

OECD 5
StG ZH 59, 67, 282b

Übertragung, von Beteiligungsrechten
StHG 7a, 8, 12, 24
DBG 19, 20a, 61, 207a
StG 14
MWSTG 15, 38
MWSTV 81, 83, 102
StG ZH 19, 20a, 67, 72a

Übertragung, von Betrieben
vgl. a. ↑ Umstrukturierung
StHG 8, 24
DBG 19, 61
VStG 5
MWSTG 15, 38
MWSTV 81, 83, 102
StG ZH 19, 67, 216, 219
ESchG 25a

Überwälzung, der Steuer
VStG 14, 32, 41, 46, 63
VStV 12, 24, 26a, 38a
StV 8
MWSTG 6, 92
ESchG 24

Überwälzungsvorschrift
VStG 63

UID
MWSTG 26, 66, 74

Umrechnungskurs
VStV 4
StG 28
StV 21

Umsatz, ausgenommener
vgl. ↑ Leistungen, von der Steuer ausgenommene

Umsatz, befreiter
vgl. ↑ Leistungen, von der Steuer befreite

Umsatz, im Ausland
MWSTG 10, 14, 23, 54
MWSTV 9f.

Umsatzabgabe
StG 13ff.
StV 18ff.
VVO A57

Umsatzabstimmung
MWSTV 128

Umsatzbonifikation
StHG 25
DBG 59
StG ZH 65

Umsätze, im Bereich des Geldverkehrs
MWSTG 21

Umsätze, steuerbare
vgl. ↑ steuerbare Leistungen

Umsatzgrenze
MWSTG 10, 12, 14, 45
MWSTV 9f., 78f., 81f., 86f., 97, 166a

Umsatzregister, Effektenhändler
StV 2, 21

Umschulungskosten
StHG 7, 9f., 25, 32
DBG 17, 27, 33, 59, 84
StG ZH 17, 27, 31, 65, 88

Umstrukturierung
StHG 8, 12, 24
DBG 19, 61
OECD 10
VStG 5
StG 6, 9, 14
MWSTG 29, 38
MWSTV 83, 102
StG ZH 19, 67, 72a, 216, 219
VVO A50

Umtriebe, Vermeidung übermässiger
VStG 20
VStV 19, 45, 54
StV 21, 24, 28
MWSTG 80

Umwandlung
StHG 8, 24, 57b
DBG 19, 61, 181a
VStG 5
StG 6, 9, 14
StV 21
N 2 10
StG ZH 19, 67, 216, 219, 241a

Umweltschutz
StHG 9
DBG 32
VO DBG F 1 ff.
StG ZH 30

unbedeutender Wert
MWSTG 7, 53
MWSTV 4a, 77, 166b; A 1 ff.

unbeschränkte Steuerpflicht
StHG 3, 20
DBG 3, 6, 50, 52
VStV 24a, 51
StG ZH 3, 5, 55, 57, 189, 199

unbesteuerte Reserven
DBG 207a
StG ZH 282b

unbewegliches Vermögen
StHG 6f., 12, 14
DBG 14, 21
OECD 2, 6, 13, 21f.
StG ZH 21, 30, 39ff., 205ff.
ESchG 13, 15

Unfallkosten
VVO A56

Unfallversicherung
StHG 9
DBG 33
VO DBG K 3
StG 22
StG ZH 31, 271

ungerechtfertigte Steuerentlastung
OECD Präambel, 29
N 1.1 28 ff.; 1.2 6

ungerechtfertigte Steuerersparnis
StHG 25a[bis]
VO StHG C 1
DBG 70
OECD Präambel, 29
VStG 21
StG ZH 65b, 72a

ungetrennte Ehe
StHG 3, 6, 11, 18, 40
DBG 9, 13 f., 33, 42, 113
StG ZH 7, 35, 47, 52, 123
VVO A75

Ungültigkeitsklage
ESchG 19

Unkostengemeinschaft
MWSTG 21

unselbständige Erwerbstätigkeit
StHG 7, 7d f., 9, 11, 32 ff., 35
VO StHG A 4
DBG 17 ff., 26, 37a, 83 ff., 91, 125
VO DBG A 2; C 1; I 1, 4; K 9; N 11 ff.
OECD 15
StG ZH 17 ff., 26, 37a, 87 ff., 93, 94, 134, 172
StV ZH 46
ESchG 5, 25b

Unterbeteiligung, Darlehensforderung
StG 4, 13, 18
StV 21
VVO A92

Unterbilanz
StHG 10, 25
DBG 31, 67
N 4 725
StG ZH 29, 70

Unterbrechung, Aufenthalt
StHG 3
DBG 3
StG ZH 3

Unterbrechung, Verjährung
StHG 47
DBG 120 f., 185
OECD 27
VStG 17
StG 30
MWSTG 42, 91
N 2 84
StG ZH 130 f.
ESchG 66

Unterdeckung
N 4 725; 5.1 81a

Untergang, Anspruch auf Rückerstattung
VStG 32 f.
N 1.1 27
VVO A94, B112

Unterhalt, der Familie
StHG 9
DBG 34
VO DBG C 1
StG ZH 33

Unterhalt, für Kinder
StHG 7, 9
DBG 23, 33
VO DBG K 1, 11
StG ZH 23, 31
VVO A75

Unterhaltsbeiträge, Ehegatten
StHG 3, 7, 9
DBG 9, 23, 33
StG ZH 7, 23 f., 31, 42, 216
VVO A75

Unterhaltskosten, Liegenschaft
StHG 9
DBG 32
VO DBG F 1 f.; G 1
MWSTV 70 f., 73 f.
StG ZH 30
VVO C100

Unterkunft
StHG 6
DBG 14, 16
VO DBG C 9; I 2 ff.
MWSTG 25

Unternehmen, ausländisches
vgl. a. ↑ Gesellschaft
StHG 20, 24, 35, 37 f.
DBG 11, 49, 55, 93, 100, 107, 181, 207a
VStG 24 f.
VStV 14a, 36 f.
StG 13 f., 17a, 19, 21, 25
StV 26
MWSTG 10, 14, 17, 95
MWSTV 7, 9a, 28, 151 f.
StG ZH 8, 54, 60, 96, 102, 104, 241, 282b

Unternehmen, unabhängiges
OECD 7, 9

Unternehmen, verbundene
OECD 9
VStV 26a
MWSTG 3, 24, 38

Unternehmensgewinne
vgl. ↑ Gewinn

Unternehmensgruppen, grosse
BV 129a, 197 Ziff. 15
OECD 4.3; 4.4 1 ff.
VVO C104

Unternehmens-Identifikationsnummer
vgl. ↑ UID

unternehmerische Tätigkeit
vgl. ↑ Geschäftstätigkeit

Unternutzung, von Liegenschaften
DBG 21
StG ZH 21

Unterschrift
vgl. a. ↑ elektronische Verfahren
StHG 40 ff.
DBG 113, 124 f., 180
VStV 3
MWSTG 83
N 2 38, 68
StG ZH 123 f., 126, 133 f., 240
StV ZH 2, 4
ESchG 31

Unterstellungserklärung
MWSTG 7
MWSTV 3

Unterstützung, Abzug
StHG 9, 11
DBG 33, 36
StG ZH 31, 34
ESchG 21

Unterstützung, Einkommen
StHG 7, 9
DBG 24, 33
StG ZH 24, 31

Untersuchung
StHG 46, 48, 57bis
DBG 130, 135, 143 f., 182 f., 190 ff.
VO DBG D 2 ff.
VStG 52, 54
N 2 20, 32, 37
StG ZH 138, 142, 151, 243 ff., 254

Untersuchungsmassnahmen
DBG 103, 183, 190 ff., 195
VO DBG D 1 ff.
OECD 4.4 36
VStG 44, 54, 57
VStV 66
StG 41
MWSTG 100

Unterzeichnung, beider Ehegatten
StHG 57
DBG 113, 180
StG ZH 123, 240
StV ZH 2

Unterzeichnung, elektronische
vgl. ↑ elektronische Verfahren

Urheberrechte
vgl. a. ↑ immaterielle Güter
StHG 6
DBG 14
OECD 12
MWSTG 21
MWSTV 36

Urkunden
StHG 42, 59
DBG 126, 140, 157, 186, 200
OECD 31
VStG 3, 39 f., 48, 50, 71
VStV 8
StG 3, 5, 13 f., 16, 17, 18, 27, 35, 37
StV 16, 18, 22, 25a
N 2 16
StG ZH 135, 166, 261
ESchG 74

Urkunden, Übertragung steuerbarer
StG 1, 13 f.

Urkunden, Umsatz von
StG 1

Urkunden, Unterdrückung von
N 2 16

Urkundenfälschung
StHG 59
DBG 186
N 2 15 f.
StG ZH 261
ESchG 74

Urproduktion
vgl. ↑ Landwirtschaft

V

Valsot
MWSTG 4

Veranlagung, Ehegatten
StHG 18
DBG 42
VStV 57
StG ZH 52
ESchG 11

Veranlagungsverfahren
StHG 46 ff.
DBG 102 ff., 105 f., 122 ff., 130 ff., 136 ff.
VStG 34 f., 38 ff., 48 ff.
VStV 1, 6, 63, 66 f., 68 f.
StG 31, 34 ff., 38 ff.
StV 1
MWSTG 62, 65 ff.
MWSTV 122 ff.
StG ZH 106 ff., 132 ff., 138 f., 140 ff., 143 ff., 192 ff., 209 ff.
StV ZH 29 ff., 32 ff., 44 f., 64
ESchG 26 f., 35 f., 38 ff., 41 f.

Veranlagungsverfügung
StHG 41, 46, 49
DBG 116, 130, 131, 137
VStG 41, 52
StG 38
MWSTG 42 f., 62, 65, 79, 82 f.
StG ZH 126, 139, 144, 192, 204, 210
StV ZH 8 ff., 43, 44
ESchG 38 f.

Veranlagungsverfügung, Einsprache
StHG 48
DBG 132 ff., 139
VStG 42, 44, 53
StG 39, 41
MWSTG 83
N 1.2 18
StG ZH 140 ff., 146, 195, 204, 211
StV ZH 45
ESchG 41 f.

Veranlagungsverjährung
StHG 47
DBG 120
MWSTG 42, 48
StG ZH 130
ESchG 40

Veranstalter
DBG 92
VO DBG K 16
MWSTG 8
MWSTV 14, 97, 153
StG ZH 95

Veräusserung
StHG 8, 12, 14, 24, 28
DBG 16, 18 ff., 20, 60, 172
VO DBG M 3
OECD 2, 13
StG 14
MWSTG 21, 24, 38, 54
MWSTV 9, 62, 83, 105
StG ZH 16, 18, 20, 39, 42 f., 66, 81, 216, 221, 275
ESchG 18

Veräusserung, Teilveräusserung
StHG 28
DBG 70
StG ZH 72a

Verbrechen
StHG 51, 53
DBG 147, 151
N 7 305bis, 333
StG ZH 155, 160
ESchG 45

verbundene Unternehmen
OECD 9
VStV 26a
MWSTG 3, 24, 38

verdeckte Gewinnausschüttung
vgl. a. ↑ geldwerte Vorteile
StHG 24
DBG 58, 65
StG ZH 64

verdecktes Eigenkapital
StHG 24, 29a
DBG 65, 125
StG ZH 64, 80, 282b
VVO A 38

Veredelung
MWSTG 23, 53 f., 64

Verein
StHG 20, 26 f., 29
DBG 49, 66 f., 71
VStG 9
VStV 54, 68
StG 9
MWSTG 3, 10, 37
StG ZH 54, 69 f., 76, 81 f.

vereinbarte Entgelte
vgl. a. ↑ Abrechnungsart
MWSTG 10, 12, 39 ff., 48
MWSTV 79, 81, 106 f., 126 f.

vereinfachte Nachbesteuerung
StHG 53a
DBG 153a
StG ZH 162a

vereinfachtes Abrechnungsverfahren
StHG 11, 32, 35
DBG 37a, 83, 91
VO DBG K 1, 21 ff.
StG ZH 37a, 87, 94
StV ZH 57a

Vereinfachung, interkantonal
VVO E 50

Vereinfachungen
MWSTG 80
MWSTV 55

vereinnahmte Entgelte
vgl. a. ↑ Abrechnungsart
MWSTG 39 ff.
MWSTV 79, 81 f., 106 f.

Verfahren
StHG 39 ff., 55 ff.
DBG 102 ff., 174 ff.
VStG 38 ff., 61 ff.
VStV 59
StG 34 ff., 45 ff.
MWSTG 62, 65 ff., 81 ff., 96 ff.
MWSTV 122 ff., 131, 141 ff., 155
N 1.2 16 f.; 1.5 5, 16 ff.; 1.5.1 2; 2 19 ff., 47, 62 ff.; 3 90 ff.; 6.1 19
StG ZH 44, 106 ff., 192 ff., 209 ff., 234 ff.

Verfahren, bei der Quellensteuer
StHG 49
DBG 136 ff., 167, 167b, 193
VO DBG I 4; K 12 ff.; L 5, 7
StG ZH 109, 143 ff., 153 f., 172
StV ZH 46

Verfahren, Beschwerdeverfahren
StHG 50
DBG 140 ff.
VStG 54 ff.
N 3 82 ff.
StG ZH 153 f.
ESchG 43

Verfahren, Ehegatten
StHG 18, 32, 33a f., **40**, 54, 57
DBG 13, 42, 83, 85, 89a, 109, 113 f., 117, 155, 180
VO DBG K 1, 9 f.
VStV 57
StG ZH 12, 52, 87, 90, 93a, **123** f., 164, **179** f., 216, 240
StV ZH 35 ff., 49

Verfahren, Einschätzungsverfahren
vgl. ↑ Veranlagung

Verfahren, Rekursverfahren
vgl. a. ↑ Beschwerdeverfahren
StG ZH 147 ff., 178, 181, **185**, 212
ESchG 43, 61, **64**
ESchV 1

Verfahren, Strafverfahren
StHG 53, **57a**, 61
DBG 153, 182 f., 185, 188 f.
VStG 51, 57
VStV 26 f., 37, 69
MWSTG 42, 56, 76a, **104**, 106
MWSTV 134
N 2 19, 62
StG ZH 162, **243** ff., 248, 250
StV ZH 76
ESchG 67, 71, 76

Verfahren, Veranlagungsverfahren
vgl. ↑ Veranlagung

Verfahrensgarantien
MWSTG **104**

Verfahrensgrundsätze
StHG 39 ff., 51, 57bis
DBG **109** ff., 147, 153, 182
StG ZH 115, **119** ff., 155, 162, 171
StV ZH 2 ff.
ESchG 28, 45
ESchV **1** f.

Verfahrenskosten
DBG 135, **144**, 167d, 183, 185, 195, 198
VO DBG L 18
VStG **44**, 51
StG 41
MWSTG **84**, 92, 106
StG ZH 118, 150b f., 251a
StV ZH **16** ff.
ESchG 42, 49

Verfahrenspflichten
StHG 40, **42**, 46, **55**, 57, 57a
VO StHG A **5**
DBG 12, 113, **124**, **126**, **136**, **174**, 181 ff., 196 f.
VO DBG B 7 f.
VStG 14 f., 40
VStV 23
StG 24, 34 f., 37, 46
MWSTG 15 f., 39, **66** ff., 82, 92, 98, 105
MWSTV **122** ff.

StG ZH 11, 123, **133** ff., 142 f., 166, 234 ff.
StV ZH 2 ff., 18, 41, 75
ESchG 9, **33**, 39, 42

Verfahrenspflichten, Verletzung von
StHG 46, **55**, 57, 57a, 58
DBG 123, **174**, 181, 182 f., **196** f.
OECD **4.4** 29 ff.
VStG 40, 48, 63
VStV 12, 27
StG 37
StV 8
MWSTG **98**, 105
StG ZH 132, 139, 142, **234**, 241 ff., 248
StV ZH 5, 18, 41, 75
ESchG 39, 42, 65, 72

Verfahrensrechte
StHG 40, **41**
DBG 113, **114** ff., 167d, 167g
VStG 15
MWSTG 15 f., 62, **65** ff., 69
MWSTV **122** ff.
StG ZH 123, **124** ff., 185, 248
StV ZH 19
ESchG 31 f., 42

Verfügung, Strafverfügung
MWSTG 105

Verfügung, Veranlagungsverfügung
StHG 41, **46**, 49
DBG 116, 130, **131**, 137
VStG **41**, 52
StG 38
MWSTG 42 f., 62, 65, 79, **82** f.
StG ZH 126, **139**, 144, 192, 204, **210**
StV ZH 8 ff., 43, 44
ESchG **38** f.

Verfügungssperre
StV ZH 60

Vergehen, Steuervergehen
StHG **59** ff.
DBG 120, 152, **186** ff., 190, 194
VO DBG D 2, 5
N 7 305bis f., 333
StG ZH 130, **261** ff., 264
StV ZH 76
ESchG 74

Vergünstigungen
OECD 1, 29

Vergütung, der Mehrwertsteuer
MWSTG 107
MWSTG 57, **151** ff.
VVO MI 18

Vergütungszins
DBG 162 f.
VO DBG J 2, 4, 5; P **1** ff.
VStG 70c
MWSTG **61**, **88**, 94, 108
MWSTV 146, 156

StG ZH **174**, 175 f.
StV ZH **51**, **54**, 75
ESchG **60**
ESchV 8 f., 10

Vergütungszinssätze
VO DBG P **1** ff.

Verhaltenskodex Steuern 2021
VVO D15

Verhaltensmuster
N **1.5** 3; **1.5.1** 2

Verheimlichung, von Werten
StHG 56, 58
DBG 178, 184
StG ZH **238**, 242

Verjährung, Bezugsverjährung
DBG **121**, 185
MWSTG **91**, 106
StG ZH **131**
ESchG 63

Verjährung, des Rückvergütungsanspruchs
vgl. a. ↑ Rückerstattung, Verwirkung
DBG 168
VStG 17, 32 f.
VStV 12, 42
StV 8
N **1.1** 27
VVO A94, B112

Verjährung, Steuerforderung
StHG 47
DBG **120** f.
VStG 17, 70a
MWSTG 42 f., **48**, 56, 70, 91
MWSTV 117
StG ZH **130** f.

Verjährung, Strafverfolgung
StHG 58, 60
DBG 184 f., 189
VO DBG D 5
MWSTG **105** f.
N 2 11
StG ZH **242**, **264**
ESchG **66**, 70

Verjährung, Unterbrechung
StHG 47
DBG 120 f., 185
OECD 27
VStG 17
StG 30
MWSTG 42, 91
N 2 84
StG ZH **130** f.
ESchG 66

Verjährung, Veranlagungsverjährung
StHG 47
DBG **120**
MWSTG 42, 48
StG ZII **130**
ESchG 40

Verjährungsfrist
vgl. a. ↑ Verwirkung
StHG 47, 58, 60
DBG 120, 184 f., 189
VStG 17, 32 f.
VStV 12, 42
StG 30
StV 8
MWSTG 42, 59, 91, 105 f.
N 1.1 27; 1.7 16; 2 11
StG ZH 130 f., 161, 215, 242, 264
ESchG 40, 63
VVO A94, B112

Verkauf
vgl. ↑ Veräusserung

Verkauf, Beteiligungsrechte
StHG 7 f., 8, 12, 24
DBG 16, 18, 18b, 20a, 30, 58, 64, 70, 207a
StG 5, 7 f., 10, 13
StV 10, 18
MWSTG 10, 29
StG ZH 16, 18, 20a, 28, 64, 68, 72a, 282b

Verkauf, Betriebsmittel
MWSTV 2, 95, 128

Verkäufer
StHG 7a
DBG 13, 20a, 55, 173
OECD 13
VStV 24a, 62
StG 10, 14
StV 21
MWSTG 2, 38
MWSTV 83, 105
StG ZH 12, 20a, 60, 217
StV ZH 69
ESchG 17 f.

Verkehr, internationaler
StHG 4, 35
DBG 5, 91
OECD 3, 8, 13, 15, 22
MWSTG 23
MWSTV 41 ff., 115
StG ZH 4, 94

Verkehrsunternehmen
StHG 23
DBG 56
StG ZH 61, 218, 225

Verkehrswert
vgl. a. ↑ Wert
StHG 7 d, 14 f., 24
DBG 16, 17b, 58, 69, 207a
VO DBG N 4 f., 12
StG 8, 16
StV 9 f.
MWSTG 24, 45, 52, 54, 108
MWSTV 111
N 4 670, 960b

StG ZH 17b, 21, 39 f., 43, 72, 220, 282b
ESchG 13 f., 17 f.

Verlagerungsverfahren
MWSTG 36, 63
MWSTV 77, 117 ff., 126

Verlegung, Funktionen
StHG 24c f.
DBG 61a f.
StG ZH 64c f.

Verlegung, Sitz
vgl. ↑ Sitzverlegung

Verlegung, tatsächliche Verwaltung
StHG 7b, 10, 22, 24 f., 24c f.
VO StHG A 3; B 5
DBG 20, 54 f., 58, 60, 61a f., 79 f.
VStG 5
VStV 22
StG ZH 20, 59 f., 64 f., 64c f., 83 f.

Verlegung, Vermögenswerte
StHG 24c f.
DBG 61a f.
StG ZH 64c f.

Verlegung, Wohnsitz
StHG 4b, 6, 10, 38 f.
VO StHG A 2, 4
DBG 8, 14, 105
VStG 16
StG 43
N 5.2 60b
StG ZH 10, 169, 190

Verlobte/Verlobter
ESchG 21

Verluste
StHG 10, 23 f., 24b, 25, 25b
DBG 6, 27 f., 31, 52, 62, 67
VO DBG M 9
VStG 29
StG 6
StV 17
N 4 725; 6.1 7, 21
StG ZH 27, 29, 70, 220, 224, 275, 278

Verluste, aus ausländischen Liegenschaften
DBG 6, 52
StG ZH 5, 57

Verluste, aus Betriebsstätte
DBG 6, 52
OECD 29
StG ZH 5, 57

Verluste, Buchverlust
DBG 61
StG ZH 67, 72a

Verluste, Grundstückgewinnsteuer
StG ZH 224a

Verluste, Kapitalverlust
DBG 70
VO DBG L 4
N 4 725
StG ZH 72a

Verluste, Sanierung
StHG 10, 25
DBG 31, 67
StV 17
StG ZH 29, 70

Verlustrisiko
StHG 10
DBG 29, 63
StG ZH 27

Verlustschein
VO DBG L 16
VStV 8
StV 5
MWSTG 15, 91
ESchG 63

Verlustverrechnung
StHG 10, 23 ff., 25, 25b
DBG 6, 28, 31, 52, 62, 67
StG ZH 5, 29, 57, 65c, 70, 224, [275], [278]
StV ZH 71

Verlustverrechnung, ausländische Betriebsstätte
DBG 6, 52
OECD 29
StG ZH 5, 57

Verlustvortrag
StHG 10, 25, 25b
DBG 6, 31, 52, 67
VO DBG M 9
StG ZH 5, 29, 57, 65c, 70

Vermächtnis
StHG 7, 11 f., 24
DBG 24, 60, 204
StG ZH 24, 42, 66, 216, 219
ESchG 3, 8, 18, 30

Vermächtnisnehmer
StHG 11
DBG 37b
VO DBG M 11 f.
StG ZH 37b
ESchG 8, 19, 32

Vermietung
vgl. a. ↑ Ertrag, aus Vermögen
StHG 7
DBG 20, 21
OECD 6, 21
MWSTG 21, 23
StG ZH 20, 21

Vermittler
OECD 5, 29
StG 13, 17
MWSTG 21, 23

Vermittler, von Grundstücken
StHG 4, 21
DBG 4, 13, 51, 55, 173
MWSTG 23
StG ZH 4, 12, 56, 60
VVO B113

Vermittlungsprovision
- DBG 55, 173
- StG 14
- StG ZH 60, 221

Vermögen, bewegliches
- StHG 6 ff., 14
- DBG 14, 20 f., 32,
- VO DBG E 1
- OECD 2, 13, 22
- VStG 1, 4
- StG ZH 20 f., 30, 39
- ESchG 2

Vermögen, Ertrag aus unbeweglichem
- StHG 6, 7, 26
- DBG 14, 21, 66
- OECD 6, 21
- VStG 5
- VStV 28
- StG ZH 21, 69

Vermögen, Kinder
- StHG 3, 54
- DBG 155
- StG ZH 7, 164

Vermögen, Nutzniessung
- StHG 13
- OECD 6
- StG ZH 38
- ESchG 6, 14

Vermögen, unbewegliches
- StHG 6 f., 12, 14
- DBG 14, 21
- OECD 2, **6**, 13, 21 f.
- StG ZH 21, 30, 39 ff., 205 ff.
- ESchG 13, 15

Vermögensanfall, von Todes wegen
- StHG 7
- DBG 24
- StG ZH 24
- ESchG 3

Vermögensentwicklung
- StHG 46
- DBG 130
- StG ZH 139

Vermögensertrag
- StHG 6, 7 f., 9, 28
- DBG 14, **20** f., 33, 205a
- VO DBG E 1
- OECD 10 ff.
- VStG 1, **4**, 13, **20**, **21** ff.
- VStV 14 ff., **20** ff., 24 ff., **28** ff., 34 ff., 51 ff., **58** ff., 63 ff., 66 ff.
- StG ZH **20** f., 31, 282a

Vermögensertrag, besondere Fälle
- StHG 7a
- DBG 20a
- StG ZH 20a

Vermögensmassen
- VStG 24
- VStV 55

Vermögensrechte
- StHG 7
- ESchG 6

Vermögenssteuer
- StHG 2, 6, **13** ff., 15, 17, 72d
- DBG 34
- VStG 22
- VStV 51, 58
- StG ZH 1, 33, **38** ff., 47, 187, 273

Vermögenssteuer, ergänzende
- StHG 14
- StG ZH **41** ff., 81
- StV ZH 53

Vermögensübergang
- ESchG 2 f., 6 f., 13, 18, 21 f., 24

Vermögensübertragung
- vgl. a. ↑ Umstrukturierung
- StHG 8, 24
- DBG 19, 61
- OECD 5
- VStG 5
- MWSTG 38
- MWSTV 81, 83, 102
- StG ZH 19, 67, 216, 219
- ESchG 25a

Vermögensverwaltungskosten
- StHG 9
- DBG 32
- StG ZH 30

Vermögenswerte, Regularisierung
- vgl. ↑ Selbstanzeige

Vermögenszuwachs
- OECD 2

Verpachtung
- StHG 7, 8
- DBG 18a, 20, 21
- OECD 6
- MWSTG 21
- StG ZH 18a, 20, 21
- VVO A76

Verpflegung
- DBG 16, 26
- VO DBG C 6, 9, 11
- MWSTG 25
- StG ZH 16, 26

Verpflegungskosten
- StHG 6
- DBG 14, 26
- VO DBG C 6, 9, 11
- StG ZH 26

Verpflichtungen, familienrechtliche
- StHG 7, 9
- DBG 24, 33
- StG ZH 24, 31

Verpfründung
- StHG 7
- DBG 22
- StG ZH 22

Verrechnung, von Verlusten
- StHG 10, 23 ff., 25, 25b
- DBG 6, 28, **31**, 52, 62, **67**
- StG ZH 5, **29**, 57, 65c, **70**, 224, [275], [278]
- StV ZH 71

Verrechnungspreise
- StHG 24
- DBG 58
- OECD 7, 9, 11, 12
- MWSTG 56
- VVO A49

Verrechnungssteuer
- StHG 7
- DBG 20
- VStG 1 ff.
- VStV 1 ff.
- N 1.1 24 ff.; 1.2 16 ff., 20 ff.; 1.3 1 ff.
- StG ZH 20

Verrechnungssteueramt
- VStG 25, **52** ff., 57 f.
- VStV 66

Versandhandel
- MWSTG 7
- MWSTV **4a**, 77, **111b**, 166b

Versandhandelsplattform
- vgl. ↑ elektronische Plattform

Versichertennummer
- StHG 39
- DBG 112a

Versicherung / Rückversicherung
- OECD 29
- StG 21 f.
- MWSTG 21
- MWSTV 16
- VVO MBI 16

Versicherung, Einmalprämie
- StHG 7, **78a**
- DBG 20, 205a
- VStG 7 f.
- StG 21, 24
- StG ZH 20, **282a**
- VVO A36

Versicherung, obligatorische
- StHG 9
- DBG 33
- StG 13
- N 5.1 2 f., 7, 10
- StG ZH 31, 271

Versicherung, vorzeitige Auflösung
- VStV 43
- N 5.1 10; 5.3 3

Versicherungsanspruch
- DBG 204
- VStG 7
- VStV 43, 60

Versicherungsbestand
VStG 7
VStV 43
Versicherungsgesellschaften
StHG 23, 25
DBG 56, 59
VStV 45 f., **53**
MWSTG 21
MWSTV 16
StG ZH 61, 65
VVO MBI 16
Versicherungsleistung
StHG 7
DBG 20
VStG 1, 7 f., 12 f., 16, **19**, 33
VStV 43 f., 48 ff., **60**
StG ZH 20, 221
Versicherungsprämien
StHG 9, 33
DBG 22, 32 f., 85, 204, 205a
VStV 44, 46
StG 1, 21 ff., 24
StV **26** ff., 30a
StG ZH 22, 30 f., 90, 282a
Versicherungsprämien, Abzug
StHG 9, 33
DBG 32 f., 85
StG ZH 31, 90
Versicherungsumsätze
StG 21 f.
MWSTG 21
MWSTV 16
VVO MBI 16
Versicherungsverhältnis
DBG 127
VStV 45, 47
StG ZH 136
Verständigungsverfahren
OECD 3 f., **25**
N **1.1 2** ff.
Vertragsverhältnisse
StHG 7, 43
DBG 20, 205a
StG ZH 20
Vertreter
StHG 40, 56 f., 57b
VO StHG A 7 f.
DBG 109, 113, 116 f., 126a, 136a, 157, 177, 181 f., 193
OECD 25
MWSTG 102
MWSTV 134
N **1.4** 21; **2 6**; **3** 45
StG ZH 119, 127 f., 143a, 166, 168, , 237, 241 f.
StV ZH 3, 9 f., 15
ESchG 32, 65, 68, 72

Vertreter, Steuervertreter
StHG 40, 56 f.
DBG 116, **117**, **126a**, **136a**, 177, 181 f., 193
VStV **57**, 59
MWSTG 67, 83
MWSTV 155
StG ZH **127** f., 143a, 237
StV ZH 3, 9 f., 15
ESchG 32, 65, 68, 72
Vertreter, unabhängiger
OECD 5, 29
Vertreter, von Erben
StHG 53a, 56
DBG 153a, 157, 178
VStV 59
StG ZH 162a, 166, 168, 238
ESchG 32, 68, 72
Vertretung, notwendige
VO StHG A 7 f.
DBG **126a**, **136a**
StG ZH 128, **143a**
StV ZH 3, 9 f.
Veruntreuung
StHG 59
DBG **187**, 193
StG ZH 262
Verwaltung, im Ausland
vgl. a. ↑ Sitz
StHG 4, 20 f., 35 ff., 38
DBG 4, 6 f., 11, 51 f., 91 ff., 116, 126a, 136a, 173
VO DBG K 14 ff.
OECD 4
VStG 9 f., 24
VStV 17, 31, 36 f.
StV 19
MWSTG 1, 10, 14, 45, 67, 107
MWSTV 5, 7, 9a, 91, 143 f., 149, **151** ff., 166a
N **1.5 22i**[bis]
StG ZH 4 ff., 56 f., 60, 94 ff., 128
StV ZH 3
ESchG 25b
VVO MI 22
Verwaltung, tatsächliche
vgl. a. ↑ Sitz
StHG 20 ff.
DBG 50, 52, 105
OECD 4, 8, 13, 15, 22
N **1.5 22i**[bis]
StG ZH 55, 57, 108
Verwaltung, von Beteiligungen
vgl. a. ↑ Holdinggesellschaft
StHG 28
DBG **69** f.
MWSTG 10, 29
N **1.3**
StG ZH 72 f., 79

Verwaltungsaufwand, Beteiligungen
StHG 28
DBG 18b, 70
StG ZH 72
Verwaltungsgericht, Beschwerde vor kantonalem
StHG 50, 57[bis]
DBG **145**, 182
StG ZH 122, **153**, 162, 178, 181, 185, 213, **252** ff., 259, 280
ESchG **43**, 54, 61, 64
Verwaltungsgericht, kantonales
StHG 50
DBG 145
StG ZH 113 f., 116, 118 f., 122, 153, 245, 256
ESchG 43
Verwaltungsrat
StHG 4, 35, 45
DBG 5, **93**, 129
VO DBG K 14 f.
OECD 16
StV 9
MWSTG 18
N 4 663b[bis]
StG ZH 4, **96**, 134, 136
VVO C68
Verwaltungsratsvergütungen
StHG 4, 7, 35
DBG 5, 17, 93, 125
VO DBG K 14 f.
OECD **16**
StG 6
N 4 663b[bis]
StG ZH 4, 6, 17, 96
VVO C68
Verwaltungsstrafverfahren
DBG 191 f., 195
VO DBG D 4, 6
VStG 61 f., **50**
StG 45 f., **50**
MWSTG 15, 100 ff.
N **2 1** ff.
Verwaltungsverfahren
VStG 59
StG 44
MWSTG 81, 85
Verwendung, vorübergehende
MWSTG 23, 53 f., 64
MWSTV 63
Verwendungsgrad
MWSTG 30, 38
MWSTV 68, **105**, 126
Verwirkung, Recht
StHG 53
DBG **152**
VStG **23**, **25**, 32 f.
VStV 53, 56
N **1.1** 27
StG ZH **161**, 193
ESchG 52

Verwirkung, Rückerstattung
VStG 23, 25, 32 f., 64, 70d
VStV 12, 42, 53, 56
N 1.1 27
VVO A94, B112

Verzeichnis, Beilagen
vgl. ↑ Beilagen

Verzeichnis, steuerbefreite Institutionen
StG ZH 171a

Verzeichnis, Steuerpflichtige
vgl. ↑ Steuerregister

Verzugszins
StHG 53 f.
DBG 151, 153a, 162, **164**, 166 f., 196 f.
VO DBG J 2, **3**, 5; P 1 ff.
OECD 27
VStG 15, **16**, 45, 47
VStV 8, 10, 12
StG 29, 42 f.
StV 5 f., 8
MWSTG 57 f., 87, 89 f., 93, 108
MWSTV 22
N 2 12
StG ZH 162a, **174**, 175 f.
StV ZH 51, **54**, 56, 68, 71, 75
ESchG 52, **60**
ESchV 6 f., 10

Verzugszinssätze
VO DBG P 1 ff.

Volljährigkeit
VO DBG A 5
StG ZH 7, 34, **52**, 199
StV ZH 34

Vollmacht, zum Abschluss
OECD 5, 29

Vollstreckung
DBG 165, 169
OECD 26 f.
VStG 47
VStV 8
StG 43
StV 5
MWSTG 89 f., 92
MWSTV 134
N 2 91
StG ZH 181
ESchG 19

Vollzug, des Gesetzes
StHG 39, 74
DBG 104, 109 ff., 117, 122, 139, 165
VO DBG F **9**
OECD 26
VStG 31, 35, 37, 55, **73**
StG 33, **54**
MWSTG 74, 107
MWSTV 117
StG ZH 119 f., 127

Vollzug, Strafvollzug
StHG 61
N 2 10, 17, 52, 90

vorbereitende Tätigkeit
OECD 5

Vorempfang
DBG 12
StG ZH 11
ESchG 4, 73

Vorladung
N 2 42

Vorräte
MWSTV 113
N 4 959a, 960c

Vorsorge, Abzug von Beiträgen etc.
StHG 9, 10, 25
DBG 27, 33, 59
VO DBG M 6
StG 22
N 5.1 81; **5.2** 60a f.; **5.3**
StG ZH 27, 31, 65, 134, 136
VVO A63, B84

Vorsorge, Einkauf von Beitragsjahren
StHG 7, 9, 11
DBG 24, 33, 37b, **205**
VO DBG M 4
VStV 45
N 5.1 79b; **5.2** 60a f.; **5.3** 3a, 7a ff.
StG ZH 24, 31, 37b, 272
VVO A63

Vorsorge, Einkünfte aus
StHG 4, 4b, 7, 11, 35, 45
DBG 5, 17, 20, **22**, 24, 37b, **38**, 95 f., 105, 129, 161, **204**
VO DBG K 18; M 6
OECD 3, 18 f.
N 4 663b^bis, 959c; **5.1**; **5.3**
StG ZH 4, 17, 20, **22**, 24, **37**, **98** f., 136, **270**
VVO A63

Vorsorge, gebundene Selbstvorsorge
StHG 4, 9, 35, 45
DBG 5, 22, 33, 96, 129
VO DBG K 19
N 5.3 1 ff.
StG ZH 4, 22, 31, 99, 136

Vorsorge, Kapitalabfindung aus
vgl. ↑ Vorsorge, Kapitalleistung aus

Vorsorge, Kapitalleistung aus
StHG 4, 4b, 7, 11, 35, 45
DBG 17, 22, 24, **38**, 95 f., 105, 161, **204**
VO DBG K 3, **19**, Anh.
OECD 3, 18 f.
N 5.1 83 f.; **5.3**

Vorsorge, Leistungen aus
StHG 4, 4b, 7, 11, 35, 45
DBG 5, 17, 20, **22**, 24, 37b, **38**, 95 f., 105, 129, 161, **204**
VO DBG K 18 f.; M 6
OECD 3, 18 f.
N 4 663b^bis, 959c; **5.1**; **5.3**
StG ZH 4, 17, 20, **22**, 24, **37**, **98** f., 136, **270**
VVO A63

Vorsorge, Rückzahlung von Einlagen
StHG 7
DBG 22
StG ZH 22

Vorsorgebeiträge
vgl. a. ↑ Vorsorge, Abzüge
VVO A63

Vorsorgeeinrichtung
StHG 23
DBG 56
OECD 3 f., 29
VStV 38a
StG 13, 17a
StV 18, 25
MWSTG 3, 15
N 5.1 80; **5.2** 60a f.; **5.3** 1
StG ZH 61
ESchG 10

Vorsorgekapital, Übertragung
N 5.3 3a

Vorsteuerabzug
MWSTG 1, **28** ff., 40 f.
MWSTV 58 ff., 148
VVO MI 09

Vorsteuerabzug, Anspruch auf
MWSTG 29, 40, 113
MWSTV 58 ff., 75

Vorsteuerabzug, Ausschluss vom
MWSTG 29

Vorsteuerabzug, fiktiver
MWSTG 28a
MWSTV 48c, **63**, 90

Vorsteuerabzug, Korrektur
MWSTG 30 ff., **41**
MWSTV 65 ff., 69 ff., 72 ff., 126, 128

Vorsteuerabzug, Kürzung
MWSTG 33
MWSTV 30, 75, 126, 128, 165

Vorsteuerabzug, Leistungen im Ausland
MWSTG 29

Verwirkung, Rückerstattung (rechts)
StG ZH 17, 22, 24, **37**, 98 f., 190, 270
StV ZH 53
ESchG 5
VVO A48

Vorteile, geldwerte
vgl. a. ↑ verdeckte Gewinnausschüttung
StHG 7, 7d ff., 32, 35, 37, 45
DBG 17, 17b ff., 18b, 20, 84, 97a, 100
VStG 4, 20
VStV 14, 20 f., 28
MWSTV 128
N 4 663b^bis
StG ZH 17, 17b f., 20, 35, 88, 100, 102
VVO B86

vorübergehende Verwendung
MWSTG 23, 53 f., 64
MWSTV 63

vorzeitige Auflösung, der Versicherung
VStV 43
N 5.1 10; 5.3 3

Vorzugswert
vgl. a. ↑ Ertragswert
ESchG 17 f.

W

Wahlmöglichkeit
VO DBG F 3
MWSTG 39, 64, 114
MWSTV 9, 9a, 45, 68, 77, 166

Wahlrecht
StG 15

Wahlrecht, DBA oder Art. 9 AIA EU
N 1.8 9

Währung, fremde
VStV 4
StG 14, 28
StV 21 f.
MWSTG 21, 54
MWSTV 45, 58, 116
StG ZH 84 f.

Wandelanleihe
vgl. a. ↑ Obligation
VStG 4a f.

Wandlungskapital
vgl. a. ↑ Pflichtwandelanleihe
StG 6

Warenmuster
MWSTG 31

Warenvorräte
MWSTV 113
N 4 960c

Wasser
VO DBG G 1; H 1
StG 22
MWSTG 18, 24 f.
MWSTV 14, 48, 97, 145

Wechsel
VStG 4
VStV 15, 19
StG 4
VVO A92

Wechsel von der ordentlichen Besteuerung zur Quellenbesteuerung
VO DBG K 13
VVO A91, E67

Wechsel von der Quellenbesteuerung zur ordentlichen Besteuerung
StHG 4b, 33a f., 35a f., 38 f.
DBG 89 f., 99a f., 107, 136a
VO DBG K 9 f., 12, 15
StG ZH 93 f., 101a f., 104, 143a
VVO A91, E67

Wechsel, bei Saldosteuersatzmethode
MWSTG 37
MWSTG 78, 79, 81, 107, 166

Wechsel, der Methode
MWSTG 37
MWSTG 78, 79, 81, 98, 106 f., 166

Wegzug
StHG 4b, 22, 24
DBG 8, 58, 60
VStG 4
VStV 69
StG ZH 10, 64, 66
StV ZH 31

Wegzugskanton
StHG 4b
StG ZH 10

Weiterbildung, berufsorientierte
StHG 7, 9 f., 25
DBG 17, 27, 33, 59
MWSTG 21
MWSTV 10
StG ZH 17, 27, 31, 65
VVO A87

Weiterbildungskosten
StHG 7, 9 f., 25, 32
DBG 17, 27, 33, 59, 84
StG ZH 17, 27, 31, 65, 88
VVO A87

Weiterleiten, von Mitteln
MWSTG 18
MWSTV 30

Werbung
MWSTG 31
MWSTV 52, 69, 72

Werkstätte
vgl. a. ↑ Betriebsstätte
DBG 4, 51
OECD 5
MWSTV 5

Wert, Barwert / Kapitalwert
VStV 43, 47
ESchG 14, 56

Wert, Bewertung
StHG 7d, 14 f., 24, 53
DBG 17b, 58, 62, 84, 151
VO DBG C 6; N 4 f., 12
StG 8
N 4 670, 960 ff.
StG ZH 17b, 21, 39 ff., 81, 88, 160
StV ZH 17
ESchG 13 ff., 17, 25a, 30

Wert, Buchwert
StHG 14

Wert, Eigenmietwert
StHG 6 f.
DBG 14, 21
VO DBG F 5
OECD 6
StG ZH 21

Wert, Einkommenssteuerwert
StHG 8, 14
DBG 18a, 19
StG ZH 18 ff., 39

Wert, Ertragswert
StHG 14
StG ZH 40 f., 43, 81
ESchG 15, 25a

Wert, Gewinnsteuerwert
StHG 24
DBG 61, 207a
StG ZH 64, 67, 72a, 282b

Wert, Kurswert
StV 22
MWSTG 54
MWSTV 45, 116

Wert, Naturalleistungen
DBG 16, 84
StG ZH 88

Wert, Nennwert
StHG 7a
DBG 20a
VStG 4a
VStV 20
StG 5 ff., 9 ff.
StV 9, 21

Wert, unbedeutender
MWSTG 7, 53
MWSTV 4a, 77, 166b; A 1 ff.

Wert, Verkehrswert / Marktwert
StHG 7d, 14 f., 24
DBG 16, 17b, 58, 69, 207a
VO DBG N 4 f., 12
StG 8, 16
StV 9 f.
MWSTG 24, 45, 52, 54, 108
MWSTV 111
N 4 670, 960b
StG ZH 17b, 21, 39 f., 43, 72, 220, 282b
ESchG 13 f., 17 f.

Wert, Vorzugswert
ESchG 17f.

Wert, Zeitwert
MWSTG 31f.
MWSTV 69, **70**, 72, **73**

Wertberichtigung
StHG 28
DBG 62
N 4 959b, 960a f.
StG ZH 64

Wertdifferenz
StHG 13
StG ZH 38

Wertfreigrenze
MWSTG 53
MWSTV A 1 f.

Wertpapiere
StHG 14 f.
DBG 125, 169
VStG 28, 71
VStV 60, 62
MWSTG 21
MWSTV 66
N 4 960b
StG ZH 39 f., 134, 181
ESchV 11

Wertpapiere, ausländische
VStG 71
StG 1, 13 f., 16
StV 22

Wertpapiere, ohne Kurswert
StHG 14 f.
StG ZH 39 f.
VVO D12

Wertschriften
StHG 14 f.
DBG 125, 169
VStG 28, 71
VStV 60, 62
MWSTG 21
MWSTV 66
N 4 960b
StG ZH 39 f., 134, 181
ESchV 11

Wertschriftenhandel, gewerbsmässiger
StHG 8
DBG 18
StG ZH 18
VVO A81

Wertschriftenverzeichnis
DBG 125
StG ZH 134

wertvermehrende Aufwendungen
StHG 12
DBG 34, 58
VO DBG G 1
MWSTV 70 f., 73 f.
StG ZH 18, 33, 64

Wertverminderung
MWSTG 60

Wertzerfall
ESchV 11

wesentliche Beteiligung
vgl. a. ↑ Beteiligung
StHG 7 f., 24
DBG 18b, 20 f., 69, 207a
MWSTG 3, 10, 29, 73
MWSTV 38
N **1.3** 2; 4 959c, 960d
StG ZH 20a, 35, 61, 282b
ESchG 25a

Wettbewerb
VStG 39
MWSTG 1, 3, 9, 21, 23, 25, 54, 80
N **6.1** 1

Wettbewerbsneutralität
MWSTG 1, 21, 23, 25

Wettbewerbsverzerrungen
MWSTG 9

Wetten
vgl. ↑ Geldspiele

Widerhandlung
StHG 56 f.
DBG 178, 180, 190, 193
VO DBG D 2, 4
VStG 61 f., **67**
StG 45 f.
StG ZH 238

Widerhandlung, im Geschäftsbetrieb
DBG 181a
MWSTG **100**
N **1.7** 34; **2** 6
StG ZH 241a
ESchG **65**, 73, 78

Wiederausfuhr
MWSTG 59, **60** f.

wiedereingebrachte Abschreibungen
DBG 62, 70
StG ZH 18, 64, 72a

Wiedereinstiegskosten
vgl. ↑ Bildung

Willensvollstrecker
StHG 53a, 56
DBG 13, 153a, 157, 178
VStV 48
StG ZH 12, 162a, 166, 168, 238
StV ZH 59
ESchG 19, 31 f., 68

wirtschaftlich Berechtigter
vgl. ↑ Nutzungsberechtigter

wirtschaftliche Doppelbelastung
vgl. ↑ Teilbesteuerung

wirtschaftliche Handänderung
StHG 12
StG ZH 216

Wochenaufenthalter
StHG 38
DBG 91, 107
StG ZH 94, 104

Wohneigentum
StHG 72d
OECD 6, 13, 22
N **5.1** 79b, 83a

Wohneigentumsförderung
N **5.1** 79b, 83a
VVO A62

Wohnrecht
vgl. a. ↑ dauernde Lasten
StHG 7
DBG 21
OECD 6
StG ZH 21 f.

Wohnsitz, im Ausland
StHG 4, 35 ff.
DBG 3 f., 7, 13, 91 ff., 105 ff., 116, 126a, 136a, 165, 169, 173, 193
VO DBG B 1 ff.; I 2 f.; K 14 ff.; N 13 f.
OECD 4
VStG 10, 47
VStV 9, 52
StG 22, 30, 43
MWSTG 105, 107
MWSTV 151 f.
StG ZH 7, 12, 94 ff., 104, 128, 143a, 181
StV ZH 3
ESchG 2
VVO E40

Wohnsitz, im Inland
vgl. a. ↑ Aufenthalt
StHG 3 f., 6, 7 f., **32** ff.
VO StHG A 3
DBG 3 ff., 8, 14, 17d, **83** ff., 105, 120, 159
VO DBG C 9; I 2; K **9** ff.; N 15
OECD 4
VStG 9, 17, 22, 47
VStV 25
StG 4
StG ZH 3 ff., 10, 17d, **87** ff., 108, 130, 199
ESchG 2

Wohnsitz, Quellensteuer
StHG **32**, **35**, 38
DBG 83 ff., 88, 91 ff., 107
VO DBG K **9** ff., 14 ff.
VStV 58
StG ZH **87** ff., 92, **94** ff., 104, 109, 187

Wohnsitz, Verlegung
StHG 4b, 6, 10, 38 f.
VO StHG A 2, 4
DBG 8, 14, 105
VStG 16
StG 43
N **5.2** 60b
StG ZH 10, 169, **190**

W

Wohnstätte
vgl. ↑ Wohnsitz

Wohnzwecken, zu
MWSTG 21, 22

Z

Zahlstelle
VStV 31, 35, 41

Zahlung, der Steuer
vgl. ↑ Entrichtung, der Steuer

Zahlungserleichterungen
DBG 166
StG 12
MWSTG 90
MWSTV 115
StG ZH 177 f.
StV ZH 19
ESchG 61
ESchV 11

Zahlungsunfähigkeit
DBG 13
VStV 5
StG ZH 12

Zahlungsverzug
MWSTG 94

Zahnarzt
MWSTG 21
MWSTV 34 f.

zeitgleiche Dividendenverbuchung
VVO B105

zeitliche Bemessung
StHG 15 ff., 31
DBG 40 ff., 79 ff.
VO DBG A 1 ff.; B 5
MWSTG 34 f.
StG ZH 49 ff., 83 ff.

zeitliche Bemessung, Wechsel
StHG 77
StG ZH 273 ff., 276 ff.
StV ZH 77

zeitliche Wirkung, Praxisfestlegungen MWST
VVO MI 20

Zeitung
MWSTG 25
MWSTV 50 f.

Zeitwert
vgl. a. ↑ Wert
MWSTG 31 f.
MWSTV 69, 70, 72, 73

zentrale Gegenpartei
vgl. a. ↑ Finanzmarktinfrastruktur
VStG 5
StG 13, 19
StV 23, 25a

Zerobond
vgl. ↑ Obligation

Zession, von Forderungen
MWSTG 15, 44
MWSTV 23 ff., 108, 134, **164**

Zeugeneinvernahme
DBG 192
N **2** 41
StG ZH 132, 248, **249**
StV ZH 6

Zinsbesteuerung
N 1.8 9; 1.8.1 1

Zinsen, Baukredit
StG ZH 18, 27, 64, 221

Zinsen, Baurecht
StHG 7, 9
DBG 21, 32
OECD 6
StG ZH 21, 30

Zinsen, Einmalverzinsung
DBG 20
StG ZH 20, 275

Zinsen, Schuldzinsen
StHG 9 f., 35
DBG 27, **33**, 65, 70, 94
VO DBG E 1; K 17
OECD 24
N **1.2** 11
StG ZH 27, 31, 72, 80, 97, 136

Zinsen, verdecktes Eigenkapital
StHG 24
DBG 65
StG ZH 64

Zinsen, Vergütungszins
DBG 162 f.
VO DBG J 2, 4, 5; P 1 ff.
VStV 70c
MWSTG 61, 88, 94, 108
MWSTV 146, **156**
StG ZH 174, 175 f.
StV ZH 51, **54**, 75
ESchG 60
ESchV 8 f., 10

Zinsen, Verzugszins
StHG 53 f.
DBG 151, 153a, 162, **164**, 166 f., 196 f.
VO DBG J 2, **3**, 5; P 1 ff.
OECD 27
VStG 15, **16**, 45, 47
VStV 8, 10, 12
StG **29**, 42 f.
StV 5 f., 8
MWSTG 51, **87**, 89 f., 93, 108
MWSTV 22
N **2** 12
StG ZH 162a, **174**, 175 f.
StV ZH 51, **54**, 56, 68, 71, 75
ESchG 52, **60**
ESchV 6 f., 10

Zinsen, Zinsertrag
StHG 7
DBG 20
OECD 11
VStG 1, **4**, 5, 9, 12, 20, 21, 28, 69
VStV 14 ff., 17 ff., 54 f.
StV 22
MWSTG 21
MWSTV 66
N 1.2.1 1; 1.8 9
StG ZH 20, 136

Zinssatz, Drittvergleich
StHG 25a^bis
VO StHG C 5
StG ZH 65b

Zinssätze und Abzüge
VVO B84

Zinssätze, Fremdwährungen
VVO B85

Zivildienst, Taschengeld
StHG 7
DBG 24
StG ZH 24

Zolllagerverfahren
MWSTG 23, 64

Zollschuld
MWSTG 51, 56

Zollüberwachung
MWSTG 23

Zollveranlagung
MWSTG 56, 58 f., 61 ff.

Zugehörigkeit, persönliche
StHG 3, 4b, 20
DBG 3, 6, **50**, 52, 105
OECD 4
StG ZH 3, 5, **55**, 57

Zugehörigkeit, wirtschaftliche
StHG 4, 4b, 21 f.
VO StHG A 2 f.
DBG 4 ff., 11, 51 f., 55, 106
OECD 5
StG ZH 4 f., 8, 10, 51, 56 f., 59 f.

Zugriffsberechtigung
DBG 112a
VStV 36a
StG 32a
StV 21
MWSTG 76d
StG ZH 109a

Zulagen, aus Arbeitsverhältnis
StHG 7
DBG 17, 92
VO DBG K 16
StG ZH 17, 95

Zusammenschluss / Fusion
StHG 8, 24
DBG 19, 61
OECD 10
VStG 5
StG 6, 9, 14
MWSTG 38
StG ZH 19, 67, 216, 219

Zusatzstrafe
DBG 188

Zuschuss
StHG 7b, 24
DBG 20, 60, 125
VStG 5
StG 5, 6 ff.
StV 10
StG ZH 20, 66, 79

Zuständigkeit
StHG 1, 4b, 38 f., 42, 46
VO StHG A 2 ff.
DBG 1 f., 104 ff., 107 f., 124, 130 f.
VO DBG B 5
OECD 3
VStG 30 ff., 38
VStV 1, 8, 51 ff., 63, 66 f.
StG 1, 34
StV 9 ff., 19
MWSTG 1, **62**, 65 f., 71, 86, 101, 103
N 2 21 ff., 48 ff., 90; 3 92
StG ZH 1, 104, 106 ff., 133, 138 f., 169, 172, 176, 187, 205, 226, 243, 260
StV ZH **14**, 32 ff., 44 ff., 64
ESchG 1, 34 f., 38, 55
ESchV 1

Zustellung
StHG 48, 50
DBG 117, 124, 132, 140 f., 161, 164, 169, 193
VO DBG J 3
MWSTG 93
N **1.4** 17; **1.5** 2; 2 31a, 34 f.
StG ZH 111, 123, 127, 133, 140, 147, 150, 153, 185 f., 252
StV ZH 9 ff., **33**, **38**, 51, 53, 75
ESchG 32, 41, 46, 59, 64

Zustellungsbevollmächtigter
VO StHG A 7 f.
DBG 117, 126a, 136a
StG ZH 127 f., 143a
StV ZH 3, 9 f.
ESchG 32

Zuwendung
StHG 9 f., 25
DBG 27, 33, 58 f.
MWSTG 3, 18
N 2 46, 66, 93
StG ZH 27, 31 f., 64 f.
ESchG 2 ff., 14, 20 f., 24

Zuwendungen, an politische Parteien
StHG 9
DBG 33
StG ZH 31, 61

Zuwendungen, an Vorsorgeeinrichtungen
vgl. ↑ Vorsorge, Abzüge

Zuwendungen, gemeinnützige
StHG 9, 25
DBG 33a, 59
VStG 5
MWSTG 3, 18
StG ZH 32, 65

Zuwendungen, nicht begründete
vgl. a. ↑ geldwerte Vorteile
StHG 24
DBG 58
StG ZH 64

Zuzugsgemeinde
StG ZH 190

Zwangsmassnahmen
VO DBG D 1
N **1.5** 13, 19; **2** 20

Zwangsverwertungsverfahren
StG ZH 220

Zwangsvollstreckung
vgl. a. ↑ Sicherstellung
DBG **165**
VO DBG L **14** ff.
VStG **45** ff.
VStV **8**
StG **42** f.
StV **5**
MWSTG 89, 93
MWSTV 24

Zweckentfremdung, von Liegenschaften
StHG 14
StG ZH 41, 81

Zweckverbände
MWSTV 12, 97
StG ZH 203, 218
ESchG 10

Zweigniederlassung
vgl. a. ↑ Betriebsstätte
DBG 4, 51
OECD 3
VStG 17
StG 13
StV 19, 21, 26
MWSTV 5

Zweiverdienerabzug
vgl. ↑ Erwerbstätigkeit, beider Ehegatten

Zweiverdienerehepaare
vgl. ↑ Erwerbstätigkeit, beider Ehegatten

Zwischenabschluss
VO DBG A 4, 6

Zwischenveranlagung
vgl. ↑ zeitliche Bemessung

Vergleiche

Steuerbelastungsvergleiche

Steuerbelastungsvergleiche und Ranglisten auf Taxbooks.ch

Die untenstehenden Steuerbelastungsvergleiche werden kostenlos von unserem Partner Taxbooks.ch zur Verfügung gestellt. Die Zahlen stammen aus Quellen der ESTV, den entsprechenden Steuergesetzen bzw. Erlassen selbst sowie aus einschlägigen Steuerbelastungsprogrammen. Das Zusammenführen der Zahlen erfolgte nach bestem Wissen und Gewissen durch das Redaktionsteam. Es handelt sich dabei nicht um eine amtliche Veröffentlichung. Massgebend sind alleine die Veröffentlichungen durch die Bundeskanzlei oder durch die Staatskanzleien der entsprechenden Kantone.

Natürliche Personen
Einkommenssteuern natürliche Personen im Jahr 2024 (alphabetisch geordnet)
Einkommenssteuern natürliche Personen im Jahr 2024 (nach Höhe der Steuerbelastung)
Vermögenssteuern natürliche Personen im Jahr 2024 (alphabetisch geordnet)
Vermögenssteuern natürliche Personen im Jahr 2024 (nach Höhe der Steuerbelastung)
Milderung der wirtschaftlichen Doppelbelastung im Jahr 2025

Juristische Personen
Gewinnsteuern juristische Personen im Jahr 2024 (alphabetisch geordnet)
Gewinnsteuern juristische Personen im Jahr 2024 (nach Höhe der Steuerbelastung)
Kapitalsteuern juristische Personen im Jahr 2024 (alphabetisch geordnet)
Kapitalsteuern juristische Personen im Jahr 2024 (nach Höhe der Steuerbelastung)
Kapitalsteuern Holdinggesellschaften im Jahr 2024 (alphabetisch geordnet)
Kapitalsteuern Holdinggesellschaften im Jahr 2024 (nach Höhe der Steuerbelastung)

Spezialsteuern
Handänderungssteuern im Jahr 2025
Erbschafts- und Schenkungssteuern im Jahr 2025

Die ausführlichen Tabellen können unter «www.taxbooks.ch/taxrates» eingesehen und heruntergeladen werden.

Scan to download.